Dicionário do Folclore Brasileiro

LUÍS DA CÂMARA CASCUDO

Dicionário *do* Folclore Brasileiro

13ª edição
Conforme a última edição
revista pelo autor

"Nós, mentalmente, 'continuamos'.
Somos uma sequência, embora
haja quem se julgue inicial.

Nada do que existe,
culturalmente, é
contemporâneo.

Flores de raízes
milenárias."

Luís da Câmara Cascudo

Cascudo e a redescoberta do Brasil

Laurentino Gomes

O Brasil, ao longo do século XX, superadas as ilusões do período anterior à república, foi sendo redescoberto aos pedaços. Euclides da Cunha desvendou os sertões de Canudos. Guimarães Rosa revolucionou a linguagem literária ao se debruçar sobre a paisagem e os tipos humanos do Vale do Jequitinhonha. Carlos Drummond de Andrade cantou Itabira e as montanhas de Minas Gerais. Gilberto Freyre estudou casas-grandes e senzalas na Zona da Mata de Pernambuco. Erico Verissimo fez das lutas dos gaúchos a matéria-prima de sua obra épica. Antonio Candido decifrou a cultura caipira do interior paulista. Na mesma trilha seguiram Jorge Amado, Rachel de Queiroz, Graciliano Ramos, João Cabral de Melo Neto, Ariano Suassuna, José Lins do Rego, Mário de Andrade, Manoel de Barros e Dalton Trevisan, entre outros grandes artistas e intelectuais. Aplicavam a receita de uma das mais célebres e citadas frases do escritor russo Liev Tolstói: "Se queres ser universal, começa por pintar a tua aldeia". Nenhum, porém, foi tão longe e mergulhou tão profundamente na realidade regional brasileira como o potiguar Luís da Câmara Cascudo.

Autor de mais de 170 livros e surpreendente quantidade de artigos, crônicas e outros textos dispersos em revistas e jornais, Câmara Cascudo redescobriu o Brasil inteiro sem jamais renunciar à sua identidade local e provinciana. Gostava de se definir como um "professor de província", a salvo dos modismos e das influências nocivas que, no seu entender, distorciam o trabalho de muitos intelectuais no ambiente urbano e cosmopolita. Na "Nota da primeira edição" de sua obra mais conhecida, o *Dicionário do folclore brasileiro*, anunciava o propósito de trabalhar "nos limites do conhecimento provinciano, registrar o essencial, o característico, dando um roteiro do material existente e mais facilmente consultado". Fez do Rio Grande do Norte e, por extensão, o Nordeste brasileiro, o laboratório da redescoberta de um Brasil real, concreto, simples, belo e plural, que sempre existiu, mas por muito tempo ficou escondido nos livros, nos ensaios e em outras produções literárias. Como bem definiu Gustavo Wanderley, um dos curadores de uma exposição sobre o grande folclorista brasileiro no Museu da Língua Portuguesa, em São Paulo, "o principal legado de Câmara Cascudo foi trazer um Brasil imerso que precisava ser descoberto".

Para entender a importância do trabalho de Câmara Cascudo, como também de seus contemporâneos escritores e estudiosos regionalistas, é preciso observar a paisagem brasileira do ponto de vista do século anterior: a do império tropical, recém-saído das lutas da Independência e do tumultuado período da Regência. Ali estava um país mais imaginário do que real. O Brasil do Segundo Império era, essencialmente, uma miragem, território de faz de conta, em que a aparência contrastava violentamente com a realidade. O Brasil, ou pelo menos sua classe dirigente, que incluía os intelectuais, sonhava profundamente em ser determinada coisa, mas era outra bem diferente, às avessas do desejo original.

Na aparência, o Brasil de faz de conta tinha os traços de um país europeu. Tinha um imperador e uma imperatriz. Havia príncipes e princesas, duques, barões, condes, viscondes, comendadores e fidalgos. Em Petrópolis, casarões, palácios e jardins imitavam a arquitetura de Versailles e Viena. No Rio de Janeiro, a vida noturna era animada, tanto quanto nas grandes capitais europeias. Dançarinas e cantores do Teatro alla Scala, de Milão, faziam longas temporadas na cidade. Havia saraus literários, concertos e cafés elegantes por onde circulavam homens de fraque, cartola e casaca, acompanhados de mulheres vestidas à última moda de Paris.

Em resumo, na paisagem, nas leis e nos costumes, o Brasil aparentava ser uma terra civilizada, rica, elegante e educada. Como se fosse uma extensão da Europa nos trópicos. Esse Brasil de sonhos, no entanto, confrontava-se com outro, real e bem diferente. Nas ruas e nas regiões ermas do país, a paisagem era dominada pelo isolamento, pela escravidão, pela pobreza e pelo analfabetismo. Era esse o Brasil real, negado nos círculos oficiais e intelectuais do Rio de Janeiro, criando uma contradição difícil de sustentar no longo prazo.

Foi esse o Brasil, verdadeiro e profundo, a matéria-prima do trabalho de toda uma vida de Câmara Cascudo. Como diz Constância Duarte, grande pesquisadora da literatura brasileira, "Cascudo introduziu no cenário nacional o testemunho de uma experiência sertaneja e a cosmovisão de um mundo nordestino, até então muito pouco conhecido e geralmente ignorado pela elite intelectual do país". Fez isso de forma simples, em linguagem sedutora, leve e fácil de entender, própria do falar do sertanejo, sem a aridez dos textos que em geral caracterizam a produção acadêmica.

Maior erudito do folclore brasileiro, era um intelectual sério, disciplinado e trabalhador. Sua vasta produção passeava por temas tão diversos quanto música erudita e popular, história regional, religiosidade, folguedos e festividades, danças e literatura populares, com frequentes incursos pelos debates acadêmicos e esboços biográficos. Notabilizou-se em particular pelo interesse relacionado ao folclore, que considerava a mais genuína expressão da cultura popular brasileira, viva e em constante transformação. Em suas pesquisas, além da leitura, mantinha extensa rede de coleta de informações, através de correspondência ou, principalmente, pelo contacto direto com as pessoas. Tinha especial interesse pela oralidade, de onde brotavam preciosas informações que dificilmente seriam encontradas em documentos históricos e oficiais.

Por essas e outras razões, o trabalho de Câmara Cascudo é ainda hoje, e seguramente sempre será, o ponto de partida e referência para qualquer estudioso interessado em entender o Brasil.

-ASSOMBRADO :

Assombrar, dar sombra, ensombrar, bem-assombrado, valia desde possíveis finais do séc.XV, tambem assustar, surpreender, atemorizar. E o que diz Gil Vicente no Auto Nuv da Cananéia, 1534:-

  -Que minha filha he tentada
  D'espritos que não tem cabo.
  E minha casa assombrada.

Belzebu confessava:-

  -Pois d'abinicio
  Assombrar he meo officio.

-E Deos Padre não assombrava
NA Molsem com terremotos
Cada vez que lhe falava ?
Cant'eu vi que assombrava
Com temores seus devotos.

João de Barros, Primeira Decada, 1552:-"Ficarão mui assombrados e sem esperan-
-ça de nos poder offender por guerra."

Já não daria a sugestão do agradavel, simpático parecer, como no Côrtes de Jupiter, 1519:-

Vice-consulado de Portugal
Natal: 24/7/54.

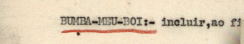

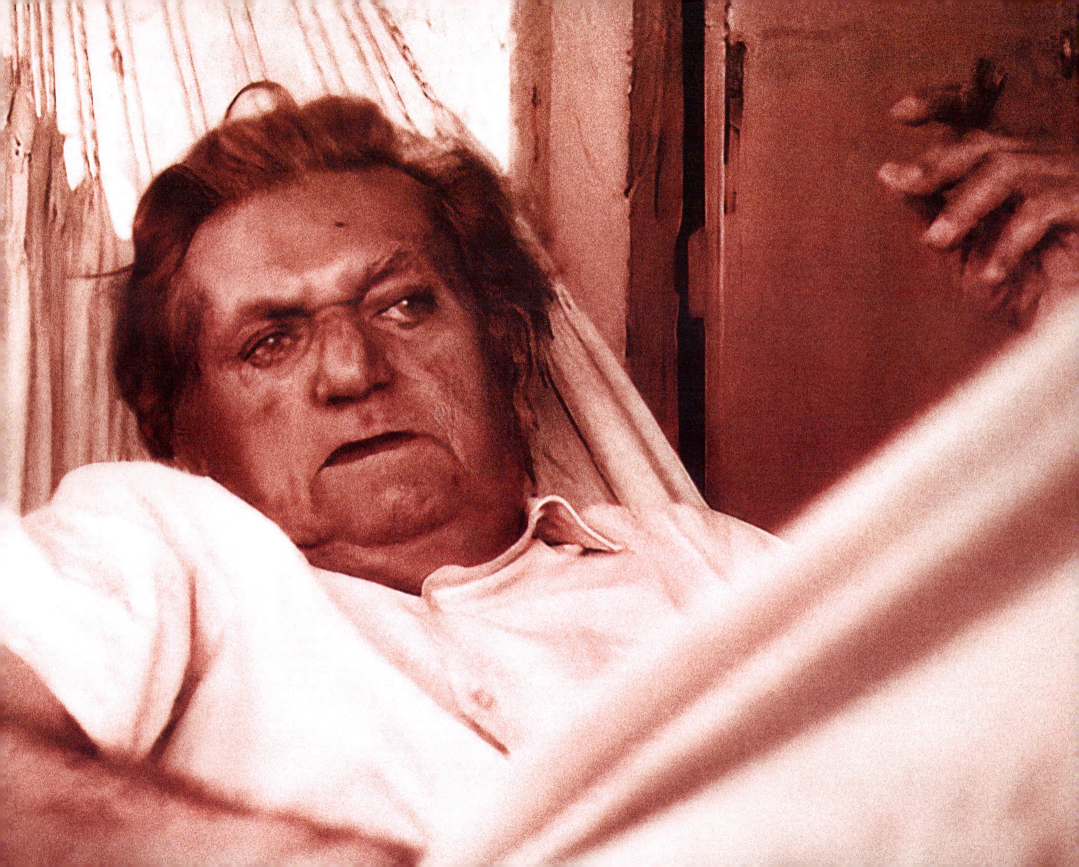

Dicionário
do Folclore
Brasileiro

© Instituto Câmara Cascudo e Eduardo Luís da Câmara Cascudo, 2024

13ª Edição, Global Editora, São Paulo 2024

Jefferson L. Alves – diretor editorial
Gustavo Henrique Tuna – gerente editorial
Flávio Samuel – gerente de produção
Maurício Negro – projeto gráfico e capa
Equipe Global Editora – produção editorial e gráfica

O trecho citado na página 5 integra a obra de Luís da Câmara Cascudo *Tradição, ciência do povo*. 2. ed. São Paulo: Global Editora, 2013, p. 89.

Dados Internacionais de Catalogação na Publicação (CIP)
(Câmara Brasileira do Livro, SP, Brasil)

Cascudo, Luís da Câmara, 1898-1986.
　Dicionário do folclore brasileiro : edição comemorativa de 70 anos / Luís da Câmara Cascudo. – 13. ed. – São Paulo : Global Editora, 2024.

　ISBN 978-65-5612-644-9

　1. Folclore - Brasil - Dicionários I. Título.

24-216133 　　　　　　　　　　　　　　　CDD-398.03981

Índices para catálogo sistemático:
1. Folclore brasileiro : Dicionários　　　398.03981

Cibele Maria Dias - Bibliotecária - CRB-8/9427

Obra atualizada conforme o
NOVO ACORDO ORTOGRÁFICO DA LÍNGUA PORTUGUESA

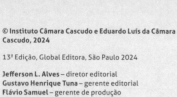

Global Editora e Distribuidora Ltda.
Rua Pirapitingui, 111 – Liberdade
CEP 01508-020 – São Paulo – SP
Tel.: (11) 3277-7999
e-mail: global@globaleditora.com.br

 grupoeditorialglobal.com.br　　 @globaleditora

 /globaleditora　　 @globaleditora

 /globaleditora　　 /globaleditora

 blog.grupoeditorialglobal.com.br

Direitos reservados.
Colabore com a produção científica e cultural.
Proibida a reprodução total ou parcial desta obra sem a autorização do editor.

Nº de Catálogo: **4756**

*À Dahlia,
Animadora Incomparável,
Dedico.*

Nil Consuetudine Majus.
Ovídio, Ars Amatoria, *II*, 345.

O que é da terra, é da terra, e fala da terra.
Evangelho de São João 3, 31.

Nota da décima segunda edição

Esta edição do *Dicionário do Folclore Brasileiro* partiu de um pedido dos herdeiros de Luís da Câmara Cascudo: que a obra fosse restaurada, a fim de recuperar e respeitar, na íntegra, o conteúdo da última edição trabalhada pelo autor, a de 1979.

O estabelecimento de texto foi supervisionado pela Família Cascudo, que, em parceria com a editora, fixou os critérios, acompanhou todas as revisões e fez a revisão final da obra, tendo inclusive realizado a atualização bibliográfica das obras de autoria de Câmara Cascudo que aparecem citadas no *Dicionário*, de forma a torná-las acessíveis ao leitor interessado. A ortografia seguiu o Acordo Ortográfico, tendo como referência o Vocabulário Ortográfico da Língua Portuguesa (VOLP) em sua quinta edição.

O texto desta obra reflete a tradição do povo brasileiro, que foi recolhida e registrada por Câmara Cascudo, sem nenhum julgamento de valor de sua parte.

É com orgulho que entregamos ao público uma obra de inestimável importância para a compreensão do folclore brasileiro e das nossas raízes culturais.

Os editores

Nota da nona edição

Luís da Câmara Cascudo escreveu o *Dicionário do Folclore Brasileiro* embasado na pesquisa paciente, séria e profunda dos usos e costumes de nossa gente, comparando-os com os de outros povos. Em nota da primeira edição, em 1954 (INL), Cascudo dá uma satisfação ao seu público a respeito do "nascimento" deste *Dicionário*:

> As três fases do estudo folclórico — colheita, confronto e pesquisa de origem — reuni-as quase sempre como forma normativa dos verbetes. Procurei registrar bibliografia e também assinalar a possível fonte criadora. Não haverá nada de mais discutível que este debate erudito de origem, mas era indispensável mencionar sua existência, para que a fixação passasse além do pitoresco e do matutismo regional.

Em 1959, em nota da segunda edição, o autor é mais preciso e comenta:

> Se não nos é possível atinar para que vivemos, todo o esforço consciente é tentar sentir o como viveram e vivem em nós as culturas interdependentes e sucessivas, de que somos portadores, intérpretes, agentes e reagentes no tempo e no espaço...

Tempos depois, Antônio Houaiss[1] fez críticas severas ao *Dicionário*, principalmente em relação a conceitos e atualização, bem como ausência de bibliografia. Cascudo dá a devida resposta.

Prosseguindo, em nota da quarta edição, em agosto de 1979, Cascudo assim escreve:

> Um Dicionário é labor interminável e, fixando elementos da Cultura Popular, a tentação é para torná-lo Enciclopédia. Pelas cartas enviadas de todos os recantos do Brasil, deduzo o crescente interesse pelo assunto, já não mais limitado a constatação de "curiosidade" mas exigindo-se indicação das origens.

E finalmente em nota da quinta edição, Cascudo reclama de seu estado de saúde, afirmando não ter mais ânimo para prosseguir a caminho de novos registros e alterações para o referido *Dicionário*.

De grande valor sócio-histórico e cultural, a reedição do *Dicionário do Folclore Brasileiro*, com as devidas atualizações, aliás sempre desejadas pelo autor, informará o que há de mais recente, resgatando o passado, informando a dinamização dos fenômenos folclóricos, trazendo a público a valorização de nossa cultura espontânea que deve ser respeitada, principalmente pelos brasileiros.

> Todos os países do mundo, raças, grupos humanos, família, classes profissionais, possuem um patrimônio de tradições que se transmite oralmente e é defendido e conservado pelo costume. Esse patrimônio é milenar e contemporâneo. Cresce com os sentimentos diários desde que se integre nos hábitos grupais, domésticos e nacionais. Esse patrimônio é o Folclore.[2]

A preservação e a valorização de nossa cultura espontânea são a garantia da autenticidade da cultura brasileira, e o *Dicionário do Folclore Brasileiro*, de Luís da Câmara Cascudo, é a base, o ponto de apoio para o início daquele estudo, preservação e valorização.

São Paulo, novembro de 2000.

Laura Della Monica

---

1 HOUAISS, Antônio. *Críticas avulsas*. Bahia, Publicação da UFBA, série II, n. 23, 1960.
2 CASCUDO, Luís da Câmara. *Folclore do Brasil*. Rio de Janeiro: Fundo de Cultura, 1967.

Nota da oitava edição

(Exceto as edições de bolso)

Ao reeditar o *Dicionário do Folclore Brasileiro*, de Luís da Câmara Cascudo, a Global Editora dá sua contribuição, permitindo a um número cada vez maior de leitores o acesso ao que há de mais vivo no folclore nacional.

Pioneiro em numerosas pesquisas de cárater folclórico, Luís da Câmara Cascudo conquistou e ampliou espaços à medida que desenvolvia suas análises e reflexões sobre o mundo material e espiritual que integra a história da cultura popular.

O *Dicionário do Folclore Brasileiro* tornou-se um clássico e constitui um orgulho para seus editores levar a todas as bibliotecas públicas do país uma obra capaz de suscitar a investigação e o aprendizado, contribuindo para o conhecimento e a cultura popular.

São Paulo, janeiro de 2000.

Laura Della Monica

Nota da quinta edição

Anuncio não haver alteração no texto deste *Dicionário do Folclore Brasileiro*. Meu estado de saúde não permite a tarefa das pequenas alterações no texto publicado e o pequeno registro bibliográfico dos estudiosos falecidos depois de 1979. Sob a égide editorial da Itatiaia, tradicional e famosa, cumpra o *Dicionário* seu bom destino feliz partindo das alturas de Belo Horizonte.

Natal, dezembro de 1983.

Luís da Câmara Cascudo

Nota da quarta edição

Para esta quarta edição, aliás quinta por ter havido da segunda uma reimpressão nas Edições de Ouro, trago correções, melhoria bibliográfica, alguns verbetes lembrados e reclamados pelos leitores e originais de Carlos Krebs e Moarci Sempé, gaúchos, e a homenagem aos companheiros falecidos depois de 1972. Um Dicionário é labor interminável e, fixando elementos da Cultura Popular, a tentação é para torná-lo Enciclopédia. Pelas cartas enviadas de todos os recantos do Brasil, deduzo o crescente interesse pelo assunto, já não mais limitado a constatação da "curiosidade" mas exigindo-se indicação das origens. Não comportando notícia suficiente em pequenos registros, divulguei resposta nos dois tomos da *História da Alimentação no Brasil*,[1] Brasiliana, 323, 323-A, São Paulo, 1967, 1968; *Civilização e Cultura*,[2] dois volumes, MEC - José Olympio, Rio de Janeiro, 1973, nos oito ensaios da *Tradição, Ciência do Povo*, Perspectiva, São Paulo, 1971; nas 333 mímicas pesquisadas na *História dos Nossos Gestos*. Edições Melhoramentos, São Paulo, 1976, e nos 63 documentos, alguns originais, contidos na *Antologia da Alimentação no Brasil*, LTC Editora, Rio de Janeiro, 1971.

O Instituto Nacional do Livro editou sozinho as três primeiras edições, animando-me ao esforço das indagações e leituras longas. Agora, sob a direção de Herberto Sales, edita a quarta, em convênio com as Edições Melhoramentos. Augusto Meyer (1902-1970) não apenas apadrinhou a tarefa, mas sugeriu-a, como narrei na nota da primeira edição. Sem este clima e a minha invejável vocação pela gratuidade no trabalho erudito, não seria possível o *Dicionário do Folclore Brasileiro* que se não enobrece a Cultura também não a desfigura na falsidade das afirmativas e carência de fontes legitimadoras. Não permiti a imaginação suprir o documento.

A estatística das omissões é sempre fácil e natural aos incapazes do exemplo. Prefiro expor a minha emoção agradecendo as vozes generosas de aplausos, em correspondência privada ou jornais, denunciando a permanência miraculosa da flor da simpatia nos espíritos sempre unidos em ressonância compreensiva às iniciativas culturais, desinteressadas financeiramente, mas constantes e leais em serviço do entendimento brasileiro.

Natal, agosto de 1979.

Luís da Câmara Cascudo

---

1 Segunda Edição publicada na Coleção "Reconquista do Brasil", vols. 79 e 80, Itatiaia-Edusp,1983. (N.E.)
2 Segunda Edição publicada na Coleção "Clássicos da Cultura Brasileira", vol. 1, Itatiaia, 1983. (N.E.)

Nota da terceira edição

É uma história nova sem nenhuma novidade, e uma perpétua novidade sem nenhuma cousa de novo.

Padre Antônio Vieira, *História do Futuro*, I, 173.

Novos verbetes e tentativas de atualização bibliográfica valem as intenções desta terceira edição. As sugestões vieram de vários pontos do Brasil e foram atendidas na relação lógica da divulgação útil. Agradeço a simpatia com que tem sido registrado esse *Dicionário*.

Após anos de estágio, reaparece a edição já devendo registrar informação nova. Destinado ao serviço prático do conhecimento público, esse documentário da Cultura Popular Brasileira cumpre destinação sentimental marcando entre o sucessivo, a existência do permanente na memória coletiva.

À diretora Maria Alice Barroso devo a liberação dos originais, com interesse inesquecível, dedicação constante, afetuosa obstinação.

Natal, abril de 1972.

Luís da Câmara Cascudo

Nota da segunda edição

Pro captu lectoris habent sua fata libelli.

Terenciano Mauro

Bem desejava eu que esta segunda edição fosse correta e diminuída, e não revista e aumentada como se apresenta.

De 1954 para dezembro deste 1959 as águas rolaram nas viagens, leituras e correspondência, indicando a indispensabilidade dos acréscimos. Gordura e não inchamento. Nova redação mereceram os assuntos essenciais e doutrinários. Cerca de 200 verbetes novos foram incluídos. A bibliografia atualizou-se quanto foi possível ao autor. Fotografias dão imagens aos que desconhecem os objetos.

A curiosidade amável com que este *Dicionário* foi acolhido ultrapassou qualquer cálculo de vaidade inconfessada. Não publiquei as cartas nem divulguei os registros. *Habent sua fata libelli*. O *Dicionário* nasceu sob estrela benigna.

* * *

O Diretor do Instituto Nacional do Livro, José Renato Santos Pereira, animou-me gentilmente a dar neste volume curso ao que possuísse. Tudo quanto colhi, recebi e li fica à disposição dos olhos dos leitores. A sabedoria, leitora e perguntadeira do autor, represa-se totalmente nas paredes do *Dicionário*. Não escapa a orientação de ser julgamento notório ou inconsciente do autor, naquela *autorité irrésistible des préferences personnelles*, de que fala Pierre Gaxotte.

* * *

Alguns verbetes foram escritos e assinados, na primeira e nesta segunda edição, por amigos, atendendo meu pedido. Aqui agradeço e reagradeço a colaboração generosa de Alceu Maynard Araújo (São Paulo) sobre Roda-Pagode; de Édison Carneiro (Rio de Janeiro) sobre Samba, Tempo, Vodum; de Felte Bezerra (Aracaju) sobre Lambe-Sujo; de Gonçalves Fernandes (Recife) sobre Tabus; de Hélio Galvão (Natal) sobre Mutirão, Sela; de Luís Heitor Correia de Azevedo (Paris) sobre Modinha; de Manoelito de Ornelas (Porto Alegre) sobre Maragato; de Nélson Romero (Rio de Janeiro) sobre Fábula, Lenda, Novela, Mito; de Renato Almeida (Rio de Janeiro) sobre Carta do Folclore Brasileiro; de Teo Brandão (Maceió) sobre Quilombo; de Veríssimo de Melo (Natal) sobre Fórmulas de Escolha.

Tive ainda notas, recortes de jornais que Monteiro Lobato dizia *inacháveis*, livros raros, folhetos esgotados, fotografias, trabalhos inéditos ou em via de impressão, fraternalmente comunicados, emprestados ou doados. São meus credores: Alba Frota (Fortaleza); Armando Bordalo da Silva (Belém); Frei Bonifácio Müller (Olinda); Bruno de Meneses (Belém); Carlos Galvão Krebs (Porto Alegre); Celso de Carvalho (Diamantina); Dante de Laytano (Porto Alegre); Donatila Dantas (Rio de Janeiro); Édison Carneiro (Rio de Janeiro); Almirante Ernesto de Melo Batista (Belém); Flávio Galvão de Almeida Prado (São Paulo); Getúlio César (Recife); Giselda Joffely Pereira da Costa (Recife); Guilherme Santos Neves (Vitória); Jaime Griz (Recife); Jordão Emerenciano (Recife); Pe. Jorge O'Grady de Paiva (Rio de Janeiro); Nilo Pereira (Recife); Oscar Ribas (Luanda, Angola); Rossini Tavares de Lima (São Paulo); Zaída Maciel de Castro (Rio de Janeiro). E aqui agradeço a colaboração afetuosa de Marcel Gautherot, João Alves de Melo Vale, Augusto Severo Neto, na documentação fotográfica, de alta expressão artística, contida neste *Dicionário*.

* * *

Um professor de Universidade norte-americana estranhou, em registro gentilíssimo, a falta da bibliografia no final do volume. A explicação vem da própria mentalidade pessoal do autor, *parva sed mihi*, convencer-me da utilidade da informação bibliográfica no verbete consultado, orientando a curiosidade, e não dispersá-la na relação informe e terminal, de impossível fixação das origens temáticas. Preferi servir água no copo a mandar o consulente dessedentar-se no rio.

* * *

Bem a contragosto, e timidamente, avanço o sinal, olhando as confusões *técnicas* no campo da Antropologia Cultural, Etnografia e Folclore, contidas neste *Dicionário*.

Desde que Ruth Benedict definiu *Anthropology is the study of human beings as creatures of society*, tenho andado de consciência tranquila e metabolismo basal inalterado.

Estamos, nesse ponto, certos ou errados, mas juntos.

O estudo dos seres humanos como criaturas de sociedade, e como surgiu, mantém-se, modifica-se a mecânica da convivência, é justamente a única e real finalidade da Antropologia, da Etnografia, do Folclore e das outras Ciências do Homem.

Partindo da base das pesquisas para o vértice da conclusão, as disciplinas do Social se confundem na verificação, conhecimento e orientação de como tem sido realizado o processo da convivência, dos infra-homens do musteriano aos ajuntamentos da ONU.

Ninguém estuda Pré-História, História Natural, Geologia pelos elementos componentes, reduzindo ao material examinado o destino da análise especulativa. Se essa constelação inteira não se destina ao esclarecimento do Homem através da quarta dimensão, o sonho é apenas sono, entorpecimento cultural, esplendor de erudição inútil.

Se não nos é possível atinar *para que* vivemos, todo o esforço consciente é tentar sentir o *como* viveram e vivem em nós as culturas interdependentes e sucessivas, de que somos portadores, intérpretes, agentes e reagentes no tempo e no espaço.

Certamente sou um dos raros vacinados contra a moléstia gramatical das classificações, quadros, esquemas e limitações topográficas para a marcha pesquisadora.

Assim, de mão ao peito, informo que encontrei no povo do Brasil o material deste *Dicionário* e todas as coisas aqui registradas participam indissoluvelmente da existência normal do homem brasileiro.

Este não é apenas um livro de boa-fé, *lecteur*, mas depoimento humano e fraternal do cotidiano, do natural, do imediato, do trivial, sem disfarce de festa, sonoridade de convenção, rumor de escola disputante.

Como professor de província, vivo longe da sedução irresistível das doutrinas sucessivas que impõem aos devotos a mutabilidade incessante de deduções e até de mentalidades, tornadas incapazes de constituir pontos de referência para apreciação pessoal.

Guardo a independência tranquila, anônima e obstinada de não amarrar os olhos aos calcanhares de nenhuma entidade solar.

Quanto possa significar este *Dicionário* como trabalho individual, distante da informação bibliotecária e dos centros de consulta; a multidão de assuntos determinando definição, rumo, posição, nos limites dos verbetes; a explicação interpretativa, exigida e dada com simplicidade de intenção serena, compreendem aqueles que fazem do próprio esforço uma dádiva em prol do comum, do coletivo e do nacional, indistinto.

Na impossibilidade de separar, na vastidão do mar, as águas das distantes fontes colaboradoras, deixo aos olhos que leem este *Dicionário do Folclore Brasileiro* o julgamento do meu interesse em servir.

Assim me contaram!
Assim vos contei!

Cidade do Natal.
Natal de 1959.

Luís da Câmara Cascudo

Nota da primeira edição

Qui de terra est, de terra loquitur.

Ser Giovanni Fiorentino, *Il Pecorone*, XIII.

Publicado em 1939 *Vaqueiros e Cantadores*[1] (Livraria do Globo, Porto Alegre), comecei lentamente a pôr em ordem um temário do Folclore Brasileiro para simplificar as consultas pessoais. Lendas, mitos, superstições, indumentária, bebidas e comidas tradicionais, os santos favoritos do hagiológico nacional, os folcloristas, vinte outros temas foram sendo colocados em ordem alfabética, com a indispensável bibliografia.

Em 1941, a ideia de um *Dicionário do Folclore Brasileiro* apareceu como um plano para dez anos de trabalho sereno, sem pressa e sem descanso.

---
1 Segunda edição no prelo, Itatiaia, 1984.

Em meados de 1942, Artur César Ferreira Reis, já residindo no Rio de Janeiro, amanheceu com um programa alucinante. Queria uma *História do Brasil* em vinte e um volumes, cada um escrito por um historiador na província, e mais alguns tomos gerais, publicados depois dos primeiros, dando conclusões de conjunto. Entrei sonhando também, solidário com o Artur Reis, e ficamos uns meses numa correspondência de namorados, trocando palpites. Alguns capítulos seriam tratados por todos os historiadores, para se dar unidade à obra. Tudo planejado, esquemado, decidido, atinamos faltar o editor. Qual seria o editor suficientemente talentoso e maluco para essas andanças? Fiquei encarregado de dirigir-me ao Instituto Nacional do Livro, que, oficial e aparelhadamente, seria capaz da façanha. Escrevi uma carta ao Augusto Meyer, Diretor do Instituto do Livro.

Aí começa a outra parte da história. Augusto Meyer não se interessou pela nossa *História do Brasil* em tantos volumes copiosos e sonoros. Escreveu-me a 24 de agosto de 1943, dia de São Bartolomeu, com uma proposta inesperada. Estava totalmente empenhado na *Enciclopédia Brasileira* e, como não tivesse esta incluído no programa um *Dicionário de Folclore*, convidava-me a elaborar esse volume. Eis como, realmente, este *Dicionário* tomou forma e vida teimosa.

Como não nascera ainda editor para a nossa *História do Brasil*, adiamos, Artur Reis e eu, para tempos melhores, seu aparecimento. Artur mergulhou noutros estudos e eu fui ao *Dicionário* como missão de Távola Redonda.

Depois de fases de fanático e cético, apenas em outubro de 1952 entreguei os originais ao Augusto Meyer, Diretor do Instituto Nacional do Livro, padrinho, *par droit naturel*, deste livro.

* * *

Pedi a vários amigos a redação de verbetes que aparecem assinados. Devo a outros informações raras e curiosas do muito que ignoro. Deixo os meus melhores agradecimentos a estes colaboradores preciosos: – Alceu Maynard Araújo (São Paulo); Maestro Antônio Sá Pereira (Rio de Janeiro); Domingos Vieira Filho (São Luís do Maranhão); Édison Carneiro (Rio de Janeiro); Felte Bezerra (Aracaju); Professor Doutor Gonçalves Fernandes (Recife); Maestro Guerra Peixe (Rio de Janeiro); Guilherme Santos Neves (Vitória); Hélio Galvão (Natal); José Aluísio Vilela (Viçosa, Alagoas); José Antônio Gonçalves de Melo Neto (Recife); General José Bina Machado (Rio de Janeiro); José Olímpio de Melo (Teresina); Maestro José Siqueira (Rio de Janeiro); Luís Heitor Correia de Azevedo (Rio de Janeiro); Manuel Diégues Júnior (Rio de Janeiro); Mário Melo (Recife); Professor Nélson Romero (Rio de Janeiro); Neri Camelo (Fortaleza); Osvaldo R. Cabral (Florianópolis); Renato Almeida (Rio de Janeiro); René Ribeiro (Recife); Saul Alves Martins (Belo Horizonte); Teo Brandão (Maceió); Veríssimo de Melo (Natal); Maestro Vila-Lobos (Rio de Janeiro); Vítor Gonçalves Neto (Teresina); Professor Antônio Gomes Filho (Rio de Janeiro).

* * *

Transcrevi muitos verbetes de *Linguagem Médica Popular do Brasil* (Rio de Janeiro, 1937), do Professor Doutor Fernando São Paulo e do *Vocabulário Pernambucano*, de Pereira da Costa (Recife, 1937), com a generosa autorização do Professor Doutor Fernando São Paulo (Cidade do Salvador) e do Doutor Carlos Pereira da Costa (Recife), filho do grande historiador e folclorista pernambucano.

Para quem fizer o recenseamento das omissões e não análise do trabalho realizado, este *Dicionário* está incompleto. Não era possível fixar o Brasil inteiro no plano folclórico, mas, nos limites do conhecimento provinciano, registrar o essencial, o característico, dando um roteiro do material existente e mais facilmente consultado. As contribuições subsequentes, noutras edições ou adendos, ampliarão a paisagem aqui esboçada.

* * *

A nomenclatura é a tradicional. Chamo Dança Dramática apenas aos folguedos caracterizados pela coreografia, Caiapós, Caboclinhos etc. Fandango (Marujada), Congos ou Congadas, Pastoris, Bumba Meu Boi, são mantidos, como autos, ações de dramatização onde o bailado é elemento constante, mas não determinante.

* * *

Incluí mitos, lendas, figuras indígenas de outrora e contemporâneas. Pertencem não apenas ao fabulário indígena, mas também às populações mestiças, correndo nas *estórias* contadas pelos caçadores, seringueiros, lenhadores da região. As figuras velhas, Caipora, Jurupari, Curupira, Mantintapereira, Mapinguari, Capelobo, já não carecem de justificação. Sua popularidade credencia a legitimidade do cômputo geral. Assim foi o critério para convocar Macunaíma, Poronominare, Baíra, Gu-ê-Krig etc.

Ao contrário da lição de mestres, creio na existência dual da cultura entre todos os povos. Em qualquer deles há uma cultura sagrada, oficial, reservada para a iniciação, e a cultura popular, aberta apenas à transmissão oral, feita de *estórias* de caça e pesca, de episódios guerreiros e cômicos, a gesta dos heróis mais acessível à retentiva infantil e adolescente. Entre os indígenas brasileiros haverá sempre, ao lado dos segredos dos entes superiores, doadores das técnicas do cultivo da terra e das sementes preciosas, o vasto repositório anedótico, fácil e comum. O segredo de Jurupari é inviolável e castigado com a morte o revelador, mas há *estórias* de Jurupari sem a unção sagrada e sem os rigores do sigilo, sabidas por quase todos os homens das tribos. São exemplos positivos das duas culturas. A segunda é realmente folclórica. O nascimento de Poronominare e as *estórias* do Jabuti marcam suficientemente as duas áreas temáticas.

* * *

As três fases do estudo folclórico – colheita, confronto e pesquisa de origem – reuni-as quase sempre como forma normativa dos verbetes. Procurei registrar bibliografia e também assinalar a possível fonte criadora. Não haverá nada de mais discutível que este debate erudito de origem, mas era indispensável mencionar sua existência, para que a fixação passasse além do pitoresco e do matutismo regional.

* * *

A parte etnográfica exigiu maior atenção e esforço, porque a bibliografia brasileira na espécie é a menor. Apaixonou maiormente o folclore musical, a literatura oral. Usos, costumes, gestos, modismos, indumentária, os complexos sociais têm despertado atenção muito pobre. A alimentação e as festas possuem registro apreciável, mas não alcançam áreas suficientes para uma visão de conjunto e menos ainda para uma sistemática. Impunha-se a necessidade dos calendários folclóricos em cada estado e a sempre desejável e adiada *História da Cozinha Brasileira*, com documento e vagar.

Toda a alegria do trabalhador está na sinceridade do esforço, na emoção da tarefa, na lealdade da intenção. Como nas moedas do Papa Inocêncio XI, posso escrever o modo cristão de servir: *Quod habeo, tibi do...*

Cidade do Natal.
377, Junqueira Aires.
Março de 1954.

Luís da Câmara Cascudo

AARU. É um bolo que os cocozus preparam, socando num pilão um tatu moqueado, inteiro, até trituração completa dos ossos, e depois misturando-o à massa de mandioca feita beiju (Roquete Pinto, *Rondônia*, 163. Anuário do Museu Nacional, Rio de Janeiro, 1917). Cocozus são indígenas da região central de Mato Grosso.

ABABÁ-LOALÔ. Ver *Babalaô*.

ABADÁ. Túnica branca, de mangas perdidas, que os negros malês vestem para a oração noturna, em certas noites de lua. João do Rio (*Religiões do Rio*, 5) informa que essa oração se chama *aluma gariba*.

ABAFO. Ver *Jogo de baralho*.

ABALÁ. Receita de Sodré Viana (*Caderno de Xangô*, 43): "À mesma massa, preparada da mesma maneira que para o acarajé, junta-se um pouco de azeite de dendê, e pimenta à vontade. Com uma colher de sopa, vai-se tirando a massa, em pequenas quantidades — uma xícara pequena, mais ou menos — e embrulhando-se em folhas verdes de bananeira. Cada porção de massa leva um camarão seco, bem cozido, inteiro. Os embrulhinhos são postos a cozinhar em banho-maria, até que a massa esteja bem cozida. Serve-se frio, na própria folha". Creio ser o mesmo abará.

ABALAÚ-AIÊ. Orixá da varíola no culto jeje-nagô no Rio de Janeiro e Bahia. É o mesmo Obaluaiê do Rio de Janeiro, Babaiú-aiê de Cuba, Afomã, Xaponã, Saponã, Omonulu, contraído comumente em Omulu. Nos xangôs do Recife diz-se Abalu-aiê, Abalu-aê, Abaluché, identificado como São Sebastião (Gonçalves Fernandes, *Xangôs do Nordeste*, 25, 27, 45, Rio de Janeiro, 1937). Ver *Omulu, Baru* e *Humulu*.

ABARÁ. Prato da cozinha afro-baiana. Manuel Querino (*Costumes Africanos no Brasil*, 185, Rio de Janeiro, 1938) ensina: "Põe-se o feijão-fradinho em vaso com água até que permita desprendê-lo da casca e, depois de ralado na pedra com cebola e sal, junta-se um pouco de azeite de cheiro (dendê), revolvendo-se tudo com uma colher de madeira. Finalmente, envolvem-se pequenas quantidades em folhas de bananeira, como se faz com o acaçá, e coze-se a banho-maria". Feijão-fradinho é uma variedade do *Dolychos monachalis*, uma espécie que tem o caroço miúdo, branco ou pardo, com mancha preta. Ver *Abalá, Acarajé*.

ABARÉM. Ver *Aberém*.

ABC. Na literatura oral e popular brasileira são abundantes os A.B.C., versos que se iniciam pelas letras do alfabeto, inclusive o *til*, sequência. Os versos são quadras, os mais antigos, sextilhas ou hendecassílabos, com rimas simples. O gênero é antigo e Santo Agostinho, em 393, compunha uma poesia contra os donatistas, *Psalmus contra Partem Donati*, também conhecida como *Psalmus Abecedarius*, porque as vinte estrofes seguem a ordem alfabética. Outro velho exemplo é o *Versus de Bella que Fuit Acta Fontenneto Auctore ut Videtur Angelbert*, narrando a batalha de Fonteneto ou Fontenoy, em Bourgogne, a 25 de julho de 841, entre os netos de Carlos Magno. Esse canto do séc. IX é em versos trocaicos, na disposição alfabética, com o ritmo de três por quatro. Na Renascença o gênero popularizou-se. Na Espanha, Juan de Encina escreveu ABC poético como Lope de Vega. Em Portugal, Luís de Camões compôs um ABC em tercetos, na fórmula ABB, CDD, EFF:

"Ana quisestes que fosse
O vosso nome de pia,
Para mor minha agonia.

Bem vejo que sois, senhora,
Extremo de formosura
Para minha sepultura.

Cleópatra se matou
Vendo morto a seu amante;
E eu por vós em ser constante."

Gonçalo Fernandes Trancoso é autor de um ABC sentencioso. No Brasil, o ABC narra histórias de cangaceiros valentes, bois fugitivos, batalhas famosas, biografia de santos. Um índice de consagração, para o povo no interior, é a existência do ABC laudatório ou apenas registrando as façanhas. Há ABC da batalha de Ituzaingo, a 20 de fevereiro de 1827, como há um outro contando como se encontrou a imagem de Nossa Senhora da Conceição Aparecida, os de Lucas da Feira, de bichos, de valentões, de bodes, vacas, onças etc.

"ABC cantai agora
A minha biografia
Apontando aqui no Norte,
Minha fulgente magia,
E me assista em todo tempo,
Nossa Senhora da Guia!

Bom Deus e pai do meu ser,
Em uma era ditosa,
Em mil oitocentos e tanto
Era um cravo e uma rosa;
Crescendo, encontrei, mudança,
Estranha e vagarosa.

Com dois meses já falava,
Mostrando a inteligência;
Os meus pais me criavam
Com perfeita paciência;
Eu a ambos respeitando
Com a mais pura reverência."

Esse ABC é a biografia de Nicandro Nunes da Costa, poeta e cantador popular, 1829-1918. Os três primeiros versos do ABC do bode dos Grossos, Rio Grande do Norte, darão imagem de outro gênero:

"Havia um bode nos Grossos,
Do senhor Francisco Gome;
Para a pega desse bode,
Nunca nasceu esse home;
Se não é como eu digo,
As parença me consome...

Boi de fama corredô
Sendo ele em demasia,
Não era capaz de fazer
O qu'esse bode fazia,
Quando avistava vaqueiro,
Avuava... não corria!

Correndo pelo sentido,
O povo se admirava;
Parecia qu'esse bode
O diabo lhe ajudava;
Pois, cavalo bom de gado
A ele nem se chegava..."

Exemplos do *til*, em ABC do Nordeste e de Mato Grosso:

"O til é letra do fim,
Vai-se embora o navegante;
O til, por ser pequenino,
Contém um prazer jucundo.

Me procure quem quiser,
Cada hora, cada instante,
Me acharão sempre às ordens:
Jesuíno Alves Brilhante.

Relógio para baiano
É mais que Pedro Segundo;
Botina e chapéu-de-sol
São as grandezas do mundo!"

ABEBÉ. Leque da deusa Oxum, quando de latão, e da deusa Iemanjá, quando pintado de branco. O leque é de forma circular, tendo recortada no centro, a figura de uma sereia (Édison Carneiro, *Candomblés da Bahia*, 115, Bahia, 1948).

ABERÉM. É um conduto na culinária afro-baiana, inevitável nos cardápios de festas típicas na cidade do Salvador. Manuel Querino dá uma lição (*Costumes Africanos no Brasil*, 185): "Prepara-se o milho como se fora para o acaçá, e dele se fazem umas bolas semelhantes às de bilhar, que são envolvidas em folhas secas de bananeira, aproveitando-se a fibra que se retira do tronco para atar o aberém. É servido com caruru e também com mel de abelhas. Dissolvido em água com açúcar, é excelente refrigerante. Havia ainda o aberém preparado com açúcar, cujas bolas, do tamanho de um limão, eram ingeridas sem outro qualquer elemento adocicado." Beaurepaire Rohan informa que o aberém é um bolo de massa de milho ou de arroz moído na pedra, envolto em folhas de bananeira, dentro das quais é cozido. Segundo Jacques Raimundo, o vocábulo é iorubano (*O Elemento Afro-negro na Língua Portuguesa*, 96, Rio de Janeiro, 1933). O mesmo que Abarém.

ABIÃS. Na escala da hierarquia feminina, no candomblé baiano, a abiã é a pré-noviça, iniciada nos ritos primeiros. "... Não pertencem ainda, realmente, ao candomblé. Estão num estágio anterior à iniciação, tendo concorrido somente a ritos parciais. São um grupo à parte, ora sob a direção imediata da mãe, ora, e mais comumente, sob o controle da mãe-pequena ou de uma filha mais velha, especialmente designada pela mãe. São uma reserva de efetivos, de potencial humano para os candomblés de amanhã." (Édison Carneiro, *Candomblés da Bahia*, 97, Bahia, 1948).

ABOIO. Canto sem palavras, marcado exclusivamente em vogais, entoado pelos vaqueiros quando conduzem o gado. Dentro desses limites tradicionais, o aboio é de livre improvisação, e são apontados os que se salientam como *bons no aboio*. O canto finaliza sempre por uma frase de incitamento à boiada: *ei boi, boi surubim, ei lá*. O canto dos vaqueiros, apaziguando o rebanho, levado para as pastagens ou para o curral, é de efeito maravilhoso, mas sabidamente popular em todas as regiões de pastorícia do mundo. Antonil, que escrevia em princípios do séc. XVIII, informou: "Guiam-se as boiadas, indo uns tangedores diante, cantando, para serem desta sorte seguidos do gado". (*Cultura e Opulência do Brasil por suas Drogas e Minas*, 268, São Paulo, 1923). José de Alencar evocava-o: "O aboiar dos nossos vaqueiros, ária tocante e maviosa com que eles, ao pôr-do-sol, tangem o gado para o curral, são os nossos *ranz* sertanejos... Quem tirasse por solfa esses improvisos musicais, soltos à brisa vespertina, houvera composto o mais sublime dos hinos à saudade". Os vaqueiros aboiam quando querem orientar os companheiros dispersos durante as *pegas* de gado. "No *Romance do Boi da Mão de Pau*", o cantador Fabião das Queimadas descrevia a fuga do boi famoso na ribeira do Potengi, Rio Grande do Norte: "Aí eu me levantei, / Saí até choteando, / Porque eu tava peiado, / Eles ficaram mangando, / Quando foi daí a pouco, / Andava tudo aboiando." (*Vaqueiros e Cantadores*, 123, São Paulo, Global, 2005). Aboiam na porteira do curral, atraindo o gado que volta. "Feitosa com os vaqueiros, / Depois de andar poltreando, / Rebanharam muito gado, / À tarde vinham chegando, / Na porteira do curral, / Garcia estava aboiando." (*idem*, 315). Quer no coice (atrás) ou na guia (adiante) da boiada, o vaqueiro sugestiona inteiramente o gado, que segue, tranquilo, ouvindo o canto. Não conheço o vocábulo em documento anterior ao séc. XIX, Creio-o brasileiro, levado a Portugal, porque lá o registro era referente ao aboiar, pôr uma boia nalguma coisa. Cândido de Figueiredo incluiu aboiar como falar ou cantar aos bois, dizendo-o do Minho e Brasil, e aboiar, cantar aos bois, em Minas Gerais. Morais não o dicionarizou nesta acepção, nem mesmo na quarta edição do seu dicionário, 1831. Os livros recentes de Portugal consignam o vocábulo, e Gonçalo Sampaio estudou, musicalmente, no Minho, as toadilhas de aboiar (XXII). Essas não são os aboios do nordeste brasileiro. Têm letra e são respondidas em coro nalgumas paragens. "No fim da toada todas as pessoas da lavoura, homens e mulheres, repetem em berro, demorando muito na segunda palavra: *Ei boi!*" (Gonçalo Sampaio, *Cancioneiro Minhoto*, XXIII). No sertão do Brasil o aboio é sempre solo, canto individual, entoado livremente. Jamais cantam versos, tangendo gado. O aboio não é divertimento, É coisa séria, velhíssima, respeitada. Aboia-se no mato, para orientar a quem se procura. Aboia-se sentado no mourão da porteira, vendo o gado entrar. Aboia-se guiando o boiadão nas estradas, tarde ou manhã. Serve para o gado solto do campo e também para o gado curraleiro, vacas de leite, mas em menor escala. Aboiar para vacas de leite não é aboio para um vaqueiro que se preze e tenha vergonha nas ventas. Gonçalo Sampaio julgava as toadilhas minhotas de aboiar como provindas de melodias arcaicas, mais do que possivelmente gregas. A cantilena apresenta características das músicas da flauta de Pã. As notas sucedem-se por graus conjuntos da escala diatônica. Dizia-se da mais remota origem que se conservava em Portugal. Pã era pastor, e as melodias da siringe pertenciam ao apascento dos rebanhos. "Se, portanto, referirmos todas estas melodias aos modos e tons dos antigos gregos, verificamos que todas elas pertencem ao modo lídio, isto é, ao modo maior da música moderna, ou modo *tritus* de S. Ambrósio, caracterizado por ter os semitons da sua escala situados do III para o IV grau e do VII para o VIII; mas, enquanto que umas estão no atual tom de *fá maior*, quer dizer, no autêntico do modo lídio, que é o tom autêntico do *tritus* ou 5º tom litúrgico de S. Gregório, estão outras no nosso tom de *dó maior*, isto é, no hipolídio dos gregos, que corresponde ao tom plagal do *tritus* ou 6º tom gregoriano. Vê-se, pois, que, na passagem dos cantos de aboiar do primeiro grupo tonal para os do segundo, se fez uma modelação do hipolídio para o lídio autêntico, ou – como dizemos hoje – uma modulação para a subdominante, que é, como ninguém ignora, uma modulação que os gregos empregavam com frequência e a única que adotavam. Isto induz muito claramente à probabilidade de que todas as toadas de aboiar, que não pertencem ao tom de dó, também sejam arcaicas, visto que para todas elas a modulação se fez segundo a única forma de modular usada pelos antigos." XXVI. Simultaneamente, e creio que desconhecendo a pesquisa alheia, Carlos M. Santos, da ilha da Madeira (*Tocares e Cantares da Ilha*, Estudo do Folclore da Madeira, Funchal, 1937), encontrava vestígios orientais nos cantos da ceifa. A Madeira possuiu, durante muito tempo, prisioneiros mouros empregados nos trabalhos rurais. Mantiveram e espalharam canto, ritmo, dança. Tangendo os bois atrelados ao trilho da eira, o boieiro canta para despertá-los de seu passo sonolento. "O seu maior pitoresco reside na *boiada*, série de interjeições semelhantes a vocalises, usada como cantiga de instigação aos bois para a marcha da debulha. Ao terminar o 1º verso, o boieiro instiga com ela os animais: oh, oh, oh, oh... Chega a meio do 2º verso, continua: ah, ah, ah, ah... depois, no fim, e assim por diante, sem nunca perder a entoação ou o fio da cantiga. Esta canção tem bastante acentuado o estilo oriental, principalmente na neuma, e extraordinária semelhança com a mourisca, donde parece ter saído" (85-86). Carlos M. Santos traduziu as interjeições do boieiro como vestígios indiscutíveis da neuma. Informa a impossibilidade da notação musical exata. Só a gravação mecânica seria fiel. É identicamente o caso brasileiro. O aboio não tem letra, frases, versos, senão o excitamento final e este mesmo já falado e não mais cantado. A fixação é igualmente impossível pela indivisão dos períodos musicais. Um aboio no pentagrama é um pinguim no Saara. Um estudioso, desaparecido antes dos trinta anos, Juvêncio Mendonça, pesquisou, a meu pedido, a música dos aboios, que foi ouvir no próprio ambiente sertanejo. Suas conclusões coincidem inteiramente com as seduções dos portugueses Gonçalo Sampaio e Carlos M. Santos, que ele ignorou, desconhecendo a bibliografia na espécie. "Colocar no leito de Procusto dos compassos a melopeia arrítmica que acompanha ou faz esquecer às morosas boiadas as suas longas jornadas para os matadouros, seria, a meu ver, um contra-senso. Acho, todavia, a maior facilidade e exatidão figurá-la no ritmo livre e quironômico do canto gregoriano. O tema do aboio é um só. Como à cera de abelha, o sertanejo o torna interminável na forma, conservando a mesma essência. E nisso, parece-me, reside uma espécie de *charme* dos bois, e também um passatempo através das longas caminhadas como eu via, de Uauá a Laranjeiras ou Aracaju, mais de 60 léguas de sertão adusto. Como se infere, é o aboio um dos raros tipos de música subjetiva, que se amolda ao clima, às vozes, muitas vezes maravilhosas, dos boiadeiros. Donde terá vindo? Do *plain-chant* importado ou das nênias indígenas? Não me parece tão fácil dizer, porquanto se descobre no mesmo uma analogia impressionante com a música melismática. Ou bem pode ser um hibridismo, como já o é nossa raça. Seja como for, o certo é que, rigorosamente, a música polifônica jamais poderá figurar toda a folclórica, sem a desfigurar. Certas canções ficam verdadeiramente contrafeitas na camisa de força do compasso. É como tomar um introito e pô-lo em binário ou ternário, ou alternativamente. Ao passo que o gregoriano, tanto figura os compassos, empregando somente as apóstrofes, como tem recursos para o ritmo caprichoso e muitas vezes admirável de alguns cantos. Naturalmente não para todos, pois alguns cantos folclorísticos não passam de composições polifônicas de intuitivos, desfiguradas pela faculdade criadora e embrionária de vários intérpretes. Até onde chegará a veracidade do conceito filosófico: "O povo não pode criar uma só música?" (Juvêncio Mendonça, notas inéditas em meu poder). A origem oriental do aboio parece-me fora de dúvida. Amigos que têm ouvido cantos melopaicos na África muçulmânica, na Costa de Marfim, afirmam a impressionante semelhança desses gemidos melódicos intermináveis e assombrosos de sugestão, *se trainant sur les troits éternelles mémes notes*, como anotou o General Baratier (*Au Congo*, 50). Os negros peulhs do Sudão, povo de cultura pastoril milenar, possuem segredos incríveis de sugestão pelo canto sobre o gado. Baratier (*Epopées Africaines*, 95) conta que, precisando levar uma manada de bois selvagens, que eram abatidos a fuzil pela ferocidade intratável, aconselharam-no que entregasse o gado a um *peuhl*, encarregando-o de agrupar os bois e fazê-los marcharem na coluna militar. Era o quase impossível. "Sa figure s'illumine. Je l'accompagne au parc. Il y entre en sifflant doucement à bouche close, et les boeufs, qui ont d'abord baissé la tête, prêts à charger, se remettent à brouter. Lui s'approche, circule au milieu d'eux, les caresse, les pousse, les fait avancer, tourner à son gré, les conduit hors de l'enclos, et le fusil à la bretelle, appuyé sur un des animaux domptés, me regarde victorieux: – Y a paré, mon lieutenant". Si je ne l'avais vu, je ne l'aurais cru." Esse *sifflant doucement à bouche close* é uma maneira de aboio, bem diverso do brasileiro, mas de eficácia idêntica.

"Inácio da Catingueira,
Criado de João Luís,
É doutô preto, formado,
É vigário da matriz.
Tanto fala como *aboia*,
Como sustenta o que diz.
Por isso é cabra de fama,
Por isso sabe dançar,
Por isso eu digo cantando:
Só lá se sabe *aboiar!*..."

(Rodrigues de Carvalho, 179, 280, *Cancioneiro do Norte*, Paraíba, 1928).

ABOIO CANTADO, ABOIO EM VERSOS. J. de Figueiredo Filho (*O Folclore no cariri*, Fortaleza, 1962) dedica o cap. V ao *aboio em versos*, poemas de assunto pastoril, mesmo improvisados. Serão de relativa modernidade porque o aboio nordestino, secular, típico, legítimo, não tinha letra, constando unicamente de uma monodia, apoiada numa vogal, espécie de *jubilatione* do canto gregoriano, destinada a tanger o gado. Essa modalidade, de origem moura, berbere, da África setentrional veio para o Brasil, possivelmente, da ilha da Madeira, dos escravos mouros aí existentes. Veio o aboio sem que viesse a inicial moura. Em Portugal existe esse *aboio cantado*, que não conheci, versos descritivos, líricos ou satíricos. Registrou Gonçalo Sampaio (*Cancioneiro Minhoto*, XXII. Porto, 1940): "Nas vessadas de maior importância, quer dizer nas lavradas dos campos mais extensos, é de antiquíssimo costume minhoto incitar o gado cantando. Chama-se a isto *aboiar*. O canto, entoado invariavelmente pelo rapazito que dirige os bois, à soga, ou pela tangedeira, munida da respectiva aguilhada, é sempre uma melodia lenta, em compasso ternário e bem adaptada ao andar vagaroso e certo daqueles animais. Por via de regra não tem letra que vá além das exclamações *ei, boi! ei lá, boizinho!* todavia numa ou noutra localidade adaptam-lhe excepcionalmente dísticos, em que se pedem cigarros, vinho ou petiscos para o homem do arado". Luís Romano ("Cabo Verde – Uma Civilização no Atlântico Médio", "Aboios", *Ocidente*, n. 346, vol. LXXII, 89-101, Lisboa, fevereiro, 1967) anotou a letra de aboios na ilha de Santo Antão, dizendo-o *cantigas de curral de trapiche*, engenhos de açúcar, e "servem para encorajar o trabalho em que o homem fala com o boi como se fosse um companheiro de desdita". Esses aboios são hoje bastante raros. Versos sem rima, de metro irregular, comentando a labuta ou expressando imagens amorosas, zombeteiras ou solicitadoras de ofertas, como as toadilhas de aboiar em Portugal peninsular, Minho. Semelhantemente ocorre na Colômbia: (Ciro Mendia, *En Torno a la Poesia Popular*, Medellin, 1927), cantos de trabalho nos trapiches, na indústria açucareira, usados durante o serviço noturno, quadras e décimas, de temas variados sem denominação especial. Funcionalmente é o aboio do arquipélago de Cabo Verde. É exemplo da *tradesong*, canção de trabalho, sem as permanências do verdadeiro aboio, tangedor de boiada. *Cantar aos bois* era aboiar, emitido em voz-de-cabeça, falsete, agudo, prolongado, impressionante pelo efeito sugestivo, magnético, dominador, sobre o gado unicamente bovino. *O aboio cantado* ou *aboio em versos* já constitui forma literária, utilização poética, dentro do complexo tradicional do aboio, outrora na base fundamental da entonação, canto sem palavras. É um novo gênero.

ABORÉ. Grau hierárquico entre os mestres, feiticeiros, pais de terreiro, babalaôs do culto *jeje-nagô* no Rio de Janeiro. Título dado ao babalorixá mais velho, mais antigo ou mais graduado, o mesmo que babanlá. Do iorubano *aboh-rèh*, o sacerdote-chefe de um terreiro (Jacques Raimundo, *O Negro Brasileiro*, 143, Rio de Janeiro, 1936; João do Rio, *Religiões do Rio*, 4).

ABRAZÔ. O mesmo que ambrozô. "Comida africana, constante de pequenos bolos, feitos com farinha de milho ou de mandioca, azeite de dendê, pimenta e outros temperos, e fritos no mesmo azeite. Algumas vezes dão-lhe também o nome de ambrazô. Beaurepaire Rohan, seguindo a Silvio Romero, consigna a dicção efetivamente como originária de Pernambuco, e com a sua exata expressão, mas com aquela pouco vulgar variante de ambrazô, crendo assim derivada de ambrosia, pelo sabor primoroso da comida, concluindo, contudo: "Não sei, porém. se os ingredientes que entram na sua composição justificam a sua comparação com a ambrosia dos deuses.". Quanto a nós, sem comentários, mantemos o nome de abrazô, com que a comida é vulgarmente conhecida, e assim apregoada pelas pretas africanas, em outros tempos, vendendo-a pelas ruas. Com o desaparecimento do elemento africano entre nós, desapareceu também da nossa culinária o abrazô, como tantas outras coisas próprias dos usos e costumes daquela gente" (Pereira da Costa, *Vocabulário Pernambucano*). Conhecido igualmente no Extremo Norte: "Abrazô. Alimento de farinha de milho ou mandioca, ou pequeno bolo com azeite de caiaué ou dendê, pimenta e outros condimentos. Hoje, raro. Procedência africana, certamente importado do Maranhão e Bahia. Ambrazô." (Alfredo da Mata, *Vocabulário Amazonense*, 18, Manaus, 1939). Há realmente na doçaria brasileira os bolos "ambrósia", de vários tipos, mas são originários da Europa, embora com modificação das receitas locais.

ABRIDEIRA. A inicial, primeiro copo, primeira dança, primeiro prato. O inverso de *Saideira* (ver). Diz-se, também, *Abre*, e, nessa acepção, Henry Walter Bates, em 1849, ouviu no Alto Amazonas: "... seguindo o costume universal do Amazonas, onde parece aconselhável, por causa da alimentação fraca de peixe, cada qual tomava meia xícara de cachaça, o *Abre*, como eles chamam" (*O Naturalista no Rio Amazonas*, I, 299, S. Paulo, 1944).

ABUNÃ. Comida feita de ovos de quelônios (tartaruga, tracajá, muçuã, mucanguê [?], arapuçá [?]). Amazonas. Vide *Arabu* (A. J. de Sampaio, *A Alimentação Sertaneja e do Interior da Amazônia*, 201, São Paulo, 1944).

ABUSÃO. O mesmo que superstição, agouro, crendices. As *Ordenações Filipinas* (livro V, título 3, § – 3) definem a abusão como "... as superstições dos que abusam ou usam mal de várias coisas, por sua natureza desproporcionadas para o fim que intentam como são: benzer com espada que matou homem, ou que passou o Douro e Minho três vezes; passar doente por marchieira ou lameira virgem; cortar rolos em figueira baforeira; cortar sobro em limiar da porta, dar a comer bolo para saber parte de algum furto; ter mandrágoras em suas casas com esperança de ter valimento com pessoas poderosas; passar água por cabeça de cão, para saber algum proveito, etc."

ABUXÓ. Fava usada pelo pai de santo nas cerimônias do terreiro e tida pelos crentes como possuidora de várias virtudes, sobretudo curativas (Jacques Raimundo, *O Negro Brasileiro*, 143, Rio de Janeiro, 1936). Xoxó. Foi produto de importação africana para Bahia.

ACAÇÁ. Na cozinha afro-baiana é um dos pratos indispensáveis ao paladar coletivo. Há quem diga não gostar, mas come escondido (Jacques Raimundo, *A Influência Afro-negra na Língua Portuguesa*, 98). "Espécie de bolo de arroz ou de milho moído em pedra, fermentado ou não, cozido em ponto de gelatina consistente e envolto, enquanto quente, em folhas verdes de bananeira, dobradas em forma retangular, de modo que fique o bolo protuberante no centro e achatado para as bordas. Esta comida, oriunda da África, acha-se de todo vulgarizada entre as famílias baianas, as quais dela se servem à guisa de pirão para comer o vatapá e caruru, ou dissolvida ligeiramente em água e açúcar, como bebida refrigerante substancial, a que chamam garapa de acaçá, muito aconselhado às mulheres que amamentam. Há também o acaçá de leite, que é em ponto menor, somente de fubá de arroz com açúcar e leite de coco, cozido em ponto menos consistente como uma gelatina trêmula e muito grata ao paladar." (Beaurepaire Rohan, *Dicionário de Vocábulos Brasileiros*, Rio de Janeiro, 1889). Segundo a mesma fonte, há em Pernambuco a pamonha de garapa, idêntica, não registrada em Rodolfo Garcia. Pereira da Costa averbou no *Vocabulário Pernambucano* como *pamonha*, dando o uso de dissolvê-la na água com açúcar, o que não existe no Rio Grande do Norte e estados vizinhos: "Espécie de bolo de fubá de milho ou arroz cozido com água e sal até ficar gelatinoso, e envolto em folhas verdes de bananeira; e depois de frio dissolvido em água e açúcar, tornando-se assim uma alimentação refrigerante e substancial, com o nome de garapa de pamonha, mui aconselhada às mulheres que amamentam." 534-535. É termo dos *iorubanos*. É a pamonha dos tupis e a pacute dos negros *sandeh*, *mambetus* e *medjé* do Sudão (Caetano Casati, *Dix Années en Equatoria*, 182, Paris, 1892). A receita de Manuel Querino merece divulgação: "Deita-se o milho com água em vaso bem limpo, isento de quaisquer resíduos, até que se lhe altere a consistência. Nestas condições, rela-se na pedra, passa-se numa peneira ou urupema e, ao cabo de algum tempo, a massa fina adere ao fundo do vaso, pois, nesse processo se faz uso de água para facilitar a operação. Escoa-se a água, deita-se a massa no fogo com outra água, até cozinhar em ponto grosso. Depois, com uma colher de madeira, com que é revolvida no fogo, retiram-se pequenas porções que são envolvidas em folhas de bananeira, depois de ligeiramente aquecidas no fogo." (180-181, *Costumes Africanos no Brasil*). Ver *Afurá*.

ACADEMIA. Ou Cademia. Jogo ginástico infantil, muito antigo e muito espalhado por todo o Brasil. Maria Cadilla de Martínez (*Juegos y Canciones Infantiles de Puerto Rico*, 68-69, San Juan, 1940) o denomina *La Peregrina*, dizendo-o (baseada no *Onomasticon*, de Júlio Pólux, cap. 14) idêntico ao *Jogo dos Odres* dos romanos e às *Ascólias* dos gregos, popularíssimo nas dionisíacas campestres. Estes, pelo que vejo nos camafeus, era um jogo de equilíbrio em cima de odres feitos com a pele do bode e untados de azeite para que melhor escorregassem os contendores. Cadilla de Martínez diz que "Los odres se substituyen con dibujos de rayas sobre el suelo." E assim descreve *La Peregrina*: "Los jugadores dibujan sobre la tierra una equis. A esta enmarcan con un cuadrado sobre el cual ponen, por el norte y sur, dos rectángulos que llaman *cajones*. Sobre el cajón de la parte superior hacen tres figuras a las que llaman *globos*, que recuerdan los odres inflados en su forma. El del centro en siempre mayor que los dos laterales. Tomando un pedazo de madera, vidrio, loza o alguna piedra pequeña, el que empieza a jugar lo lleva con un solo pié hacia arriba o hacia abajo del dibujo pasándolo por todas las figuras, y cuidando de que en ningún caso el objeto toque las rayas del dibujo, porque si lo hace pierde el turno de jugar. Cuando van hacia arriba o hacia abajo se permite a los jugadores descansar en el centro de la equis donde las lineas de la misma son tangentes. A esto llaman el *hacer plancha*. Cuando el objeto que arrastran toca una línea, se suceden los turnos y otro niño empieza a jugar y aquel que primero hace todo el recorrido, gana el juego." A *academia* no Brasil é dividida em *corpo* (*ABC*), *asas*, *braços* ou *descanso* (DD), *pescoço* (E) e *cabeça* ou *lua* (F). Jogam impelindo com um único pé uma pedra chata até a *Lua* e volvendo ao princípio do *corpo*, a primeira casa, sem socorrer-se do outro pé. Apenas no *descanso* é permitido pôr um pé de cada lado. A outra forma de jogar a academia é colocar a pedra na primeira casa e ir saltando num só pé através de todo o desenho e voltar. Passa a pedrinha para a segunda casa e assim sucessivamente até a *lua* e regresso ao princípio. Perde a vez de jogar quem *tica* (toca) o solo com os dois pés ou pisa nas linhas do gráfico. A *academia* ou *cademia* é conhecida como *amarelinha* ou *marelinha* no Rio de Janeiro, *maré* em Minas Gerais, e recentemente *avião*, no Rio Grande do Norte. Na Bahia dizem *pular macaco*. Em Portugal: *jogo da macaca* ou *pular macaca*, *jogar macaca* (Norte). Pela Extremadura é *jogo do homem*. Na Espanha: *cuadrillo*. No Chile é a *rayuela*, assim como no Peru. Na Colômbia é *coroza* ou *golosa*. Na Espanha denominam-na também *infernáculo, reina mora, pata coja*. No Chile a conhecem também, e mais popularmente, por *luche*. Na França é *marelle* de onde provém os nossos *amarelinha* e *maré*. Nos Estados Unidos é jogo de *Elementary and Junior High School*, e tem nome de *hop scotch*. Bernard S. Mason e Elmer D. Mitchell, no *Active Games and Contests* (New York, 119), esclarecem: "Hop Scotch is a very old contest, know to many country with local variations. It requires very little space and the equipment costs nothing". Sobre o assunto, ver Augusto César Pires de Lima (*Jogos e Canções Infantis*, Porto, 1943) registrando oito variantes; a) pedra que é empurrada com o pé diz-se *patela* em Portugal) e Eugênio Pereira Salas (*Juegos y Alegrias Coloniales en Chile*, "Los juegos de la Calle: La Rayuela", 179, Santiago, 1947). O modelo brasileiro fixado abaixo é um dos mais populares. (A), cabeça, céu ou lua; (B), inferno ou pescoço; (CC), braços, asas ou descanso; (DDD), corpo ou quadro.

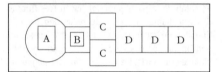

ACAÉ-RAISAUA. Casta de japó, o grande, que tem a ponta do bico vermelho, porque, segundo reza a lenda, foi furtar ao Solo fogo. (*Icteridae*) (Stradelli, *Vocabulário Nheengatu-Português*). É um engano de Stradelli. O jacaré furtou o fogo de Tupana, engolindo-o e mergulhando numa fuga perfeita. O tuxaua das rãs, Iuí, embriagou o jacaré com caxiri de macoari e uma moça matou-o, empurrando-o para cima dos curabis. Procuraram o fogo no interior do jacaré e ninguém o avistava. Finalmente a gente japu encontrou o fogo bem perto do ouvido. Tirou-o, entregando-o a Iuí.

"I tin oiusapí catu paa tatá resé."

Seu bico, contam, queimou-se bem no fogo.

"Asuhiuara cuera opitá arama ana piranga iapuetá tin."

Daí é que foi para o bico do japu ficar encarnado (Brandão de Amorim, "*Lendas em Nheengatu e em Português*", 373, 377, *Revista do Instituto Histórico e Geográfico Brasileiro*, tomo 100, vol. 154, 2º de 1926).

AÇAÍ. Macerato dos frutos da palmeira açaí, saboroso e nutritivo, e de uso generalizado em toda a região (Amazônia), e a que juntam sempre o açúcar e, de acordo com o desejo individual, a farinha-d'água ou de tapioca (Alfredo da Mata, *Vocabulário Amazonense*, 46-47). A palmeira, cujos frutos dão o macerato, é também denominada açaizeiro. O mesmo autor registra: "Açaizeiro. Grácil palmeira de duas espécies (*Euterpe olearea* M. em toiças, e *E. precatoria* M. isoladas), de frutos arredondados e pequenos, roxeados ou quase negros, de que fazem o macerato, bebida muito saborosa. As espécies da terra firme (*E. catinga* Wall. e *E. longispathacea*, Barbosa Rodrigues ou açaí-chumbo) são de inferior qualidade. Juçara no Alto Amazonas e Maranhão. A *E. precatoria* é o palmito no Alto Amazonas, por costumarem comer o palmito, que é tenro e mole. *Palma-de-rosário* em Bolívia e *Iuiú chonta* no Peru. Açaí." (47). As casas, públicas ou residenciais, que vendem o açaí preparado, penduram uma bandeira vermelha anunciando a bebida popularíssima. "Vejamos a técnica. Primeiro o açaí fica de molho em água quente ou ao sol. Depois é posto num alguidar de madeira, de fundo arredondado. A amassadeira, munida de touca e avental, começa a manejar a multidão de coquinhos. É um movimento para diante e para trás, de sorte que o açaí vai-se atritando contra o fundo do alguidar e desprende a polpa. As mãos da amassadeira já estão tintas de um vermelho carregadíssimo. Põe água e continua a operação. Por fim, com uma coité, vai retirando tudo do alguidar e depositando numa gurupema. É a fase final. Daí surge o caldo grosso, servido em pequenas cuias. Come-se com açúcar e farinha-d'água. Depois, um copo d'água. Há outra espécie de açaí, o branco. A única diferença é que, sendo amassado sem ter sido posto de molho, não apresenta a coloração vermelho-escura, que se desprende da casca. A amassadeira limpa com limão as mãos impregnadas de açaí. A tinta forte, que parece eterna, larga todinha." (Umberto Peregrino, *Imagens do Tocantins e da Amazônia*, 35-36). A tradição consagra o açaí como de suprema delícia no Pará e Amazonas. O versinho secular canta, nas memórias fiéis do povo inteiro:

"Foi ao Pará
Parou;
Bebeu açaí,
Ficou!"

Agassiz, que visitou a cidade de Belém do Pará, em agosto de 1865, descreve sua impressão sobre o popular açaí: "... as senhoras da casa me fazem conhecer a famosa bebida extraída dos frutos da palmeira açaí. Esses frutos são do tamanho dos da amoreira de espinho e de cor castanho muito escuro. Depois de fervidos, são espremidos e dão suco abundante, de cor púrpura análoga à do sumo de amoras. Depois de passado na peneira esse suco tem a consistência do chocolate. O gosto é enjoativo, mas dá um prato muito delicado, quando se lhe ajunta um pouco de açúcar e "farinha-d'água", espécie de farinha dividida em grossos fragmentos, fornecida pelos tubérculos da mandioca. Na Província do Pará, as pessoas de todas as classes são apaixonadas por essa bebida, e há mesmo um provérbio que diz:

"Who visits Para is glad to stay, Who drinks Açaí goes never away."

(*Viagem ao Brasil*, 188, 140 da versão inglesa de onde copiei os versinhos. Versão brasileira de Edgar Sussekind de Mendonça, S. Paulo, 1938, do original francês, Paris, 1869).

ACALANTO. "Canção para adormecer crianças. É palavra erudita, designando o ato de acalentar, de embalar. No seu sentido musical equivalente, por exemplo, ao da palavra francesa *berceuse* e da inglesa *lullaby*, foi utilizada por extensão e pela primeira vez pelo compositor brasileiro Luciano Gallet. Popularmente, nossos acalantos são chamados *cantigas de ninar*." (Oneyda Alvarenga, "*Comentários a Alguns Cantos e Danças do Brasil*," *Revista do Arquivo Municipal*, LXXX, 209, S. Paulo). Cantiga de ninar: "O acalanto, canção ingênua, sobre uma melodia muito simples, com que as mães ninam os filhos, é uma das formas mais rudimentares do canto, não raro com uma letra onomatopaica, de forma a favorecer a necessária monotonia, que leva a criança a adormecer. Forma muito primitiva, existe em toda parte e existiu em todos os tempos, sempre cheia de ternura, povoada às vezes de espectros de terror, que os nossos meninos devem afugentar dormindo. Vieram as nossas de Portugal, na sua maior parte, e vão passando por todos os berços do Brasil e vivem em perpétua tradição, de boca em boca, longe das influências que alteram os demais cantos." (Renato Almeida, *História da Música Brasileira*, 106). *Kalebja* polonesa, *Wiegenlied* alemão, *Canción de cuña* espanhola. Os nossos indígenas tinham acalantos de extrema doçura, como um, de origem tupi, onde se pede emprestado ao Acutipuru o sono ausente ao curumi. No idioma nheengatu o acalanto se diz cantiga do macuru. Macuru é o berço do indígena (Barbosa Rodrigues, *Poranduba Amazonense*, 287). Em quase todos os acalantos, o final adormecedor é uma sílaba que se canta com várias notas, á-á-á-á, ú-ú-ú-ú, o *ru* galaico, ainda popular nas cantigas de berço portuguesas. Creio que esse processo, de entonação primária, é uma reminiscência melismática, um índice oriental de sua origem, através da Península Ibérica. Registraram acalantos em Portugal, entre outros: Armando Leça, *Música Popular Portuguesa*, Porto, s/d; Jaime Lopes Dias, *Etnografia da Beira*, vol. VI, Lisboa, 1942; Maria Clementina Pires de Lima Tavares de Sousa, *Folclore Musical*, Porto, 1942; Luis Chaves, *Natal Português*, Lisboa, 1942; Gonçalo Sampaio, *Cancioneiro Minhoto*, Porto, 1944; Jaime Cortesão, *O Que o Povo Canta em Portugal*, Rio de Janeiro, 1942; em Porto Rico, Maria Cadilla de Martínez, *Juegos y Canciones Infantiles de Puerto Rico*, San Juan, 1940; no Uruguai, Ildefonso Pereda Valdes, *Cancionero Popular Uruguayo*, Montevideo, 1947; no Brasil, Sílvio Romero, *Cantos Populares do Brasil*, Lisboa, 1883; Alexina de Magalhães Pinto, *Os Nossos Brinquedos*, Lisboa, 1909; Pereira da Costa, *Folclore Pernambucano*, *Revista do Instituto Histórico e Geográfico Brasileiro*, Rio, 1908; Amadeu Amaral, *Tradições Populares*, São Paulo, 1948; Lindolfo Gomes, *Contos Populares Brasileiros*, 2ª edição, São Paulo, 1948; Rodrigues de Carvalho, *Cancioneiro do Norte*, 2ª edição, Paraíba, 1928; Cecília Meireles, "Infância e Folclore", *A Manhã*, Rio, 1943; Afonso A. de Freitas, *Tradições e Reminiscências Paulistanas*, São Paulo, 1921; Mariza Lira e Leonor Posada, *Uma, Duas Argolinhas*, Rio, 1941; Heitor Vila-Lobos, *Guia Prático*, coleção de músicas, Rio, s/d; Frei Pedro Sinzig, O.F.M., *O Brasil Cantando*, Petrópolis, 1938; Gilberto Freyre, *Casa Grande & Senzala*, 5ª edição, Rio, 1946; Veríssimo de Melo, *Acalantos*, Fortaleza, 1949; "Dorme-Nenês", Evanira Mendes, *Folclore*, 3, S. Paulo, 1952, 24, solfas e análise musicológica.

Para o estudo geral ver ainda, J. Leite de Vasconcelos, *Opúsculos*, VII, "Canções do Berço", 780-927, com onze solfas e notas preciosas, Lisboa, 1938; *The Oxford Dictionary of Nursery Rhymes*, edited by Iona and Peter Opie, Oxford University Press, Neasden, Londres, 1951, com quinhentos acalantos e cantigas tradicionais de berço, com pesquisas sobre origens, confrontos, registros bibliográficos, etc.

ACAMBUAÇABA. Ver *Acangatara*.

ACANGAPEMA. "Achata-cabeça, arma de guerra, espécie de maça larga e chata na extremidade oposta à empunhadura e que ao mesmo tempo serve de remo" (Stradelli, *Vocabulário Nheengatu-Português e Português-Nheengatu*). É a grande arma tradicional indígena, registrada por todos os cronistas coloniais. As formas e decorações variam de tribo a tribo, assim como as dimensões e acabamento. Enfeitadas de penas vistosas ou com tecidos de palha no meio, aparecem nas coleções etnográficas em todos os museus do mundo. O nome mais popular no séc. XVI era tacape, sendo ainda conhecidas como borduna e cuidaru. Feitas de madeiras resistentes e pesadas, as acangapemas partiam a cabeça de um golpe, daí provindo a denominação na língua tupi. O verbo matar é *iucá*, nome de uma madeira forte e dura, jucá (*Caesalpinea ferrea*, Martius), cinquenta por cento superior ao carvalho. Do jucá, também conhecido como *pau-ferro*, eram feitos os tacapes ou acangapemas, em sua maioria.

ACANGATARA. "Cocar, enfeite de cabeça, espécie de coroa de penas de cores vistosas, mais raramente de outras matérias, usado nas festas e danças, e diversos de tribo a tribo e conforme a condição de quem o porta. É riqueza ambicionada pelos tuxauas, porque, pelo costume, sendo o dono da casa quem oferece os enfeites aos convidados, precisa ter sempre muitas acangataras para satisfazer a todos, segundo a sua qualidade." (Stradelli, *Vocabulário*). Diz-se também canitar, *heysset kannittare*, escreveu Hans Staden em 1557. Marcgrave chamou-o *acambuaçaba*. "Têm mais um ornato feito de penas vermelhas, a que chamam *Kanitare* e que amarram em roda da cabeça." (Staden, *Viagem ao Brasil*, 148, Rio de Janeiro, 1930).

ACARÁ. O mesmo que acarajé. Denomina também uma garça branca (*Herodias egretta*, Gm), Guiratinga e Acaratinga (Rodolfo Garcia. "Nomes de Aves em Língua Tupi", 9, 25, *Boletim do Museu Nacional*, vol. V, n.º 3, Rio de Janeiro, 1929). Os peixes *cichlidae* são chamados acarás, com trinta e oito espécies (Alberto Vasconcelos, *Vocabulário de Ictiologia e Pesca*, Recife, 1938). No idioma ioruba, acará vale dizer pão, bolo. Na ritualística dos candomblés jeje-nagôs acará tem outra significação. "Para prevenir o abuso, os pais de santo, sempre que duvidam da autenticidade da manifestação, podem pôr em prática a seguinte medida: mandar a filha de santo comer *acará*, isto é, pedaços de algodão molhados em azeite, em chamas." (Édison Carneiro, *Negros Bantos*, 118, Rio de Janeiro, 1937).

ACARAJÉ. É um bolo de feijão-fradinho (ver *Abará*) com um molho especial de pimenta malagueta, cebola, camarões, mais suculento que o abará. Manuel Querino ensina a receita, com toda a fidelidade: "A principal substância empregada é o feijão-fradinho depositado em água fria até que facilite a retirada do envoltório exterior, sendo fruto ralado na pedra. Isto posto, revolve-se a massa com uma colher de madeira, e, quando a massa toma a forma de pasta, adicionam-se-lhe, como temperos, a cebola e o sal ralados. Depois de bem aquecida numa frigideira de barro, aí se derrama certa quantidade de azeite de cheiro (azeite de dendê), e com a colher de madeira vão-se deitando pequenos nacos de massa e com um ponteiro ou garfo são rolados na frigideira até cozer a massa. O azeite é renovado todas as vezes que é absorvido pela massa, a qual toma exteriormente a cor do azeite. Ao acarajé acompanha um molho, preparado com pimenta malagueta seca, cebola e camarões, moído tudo isso na pedra e frigido em azeite de cheiro, em outro vaso de barro" (*Costumes Africanos no Brasil*, 181). Jacques Raimundo: "A forma iorubana deve ser *acará-jé*, pão para ser comido." (*A Influência Afro-Negra na Língua Portuguesa*, 98, Rio de Janeiro, 1933). Ver *Acará*.

ACAUÃ. (*Herpetotheres Cachinnans*, Lin.) Cauã, Macauã. "Só se ouve cantar Cauã, / Não se vê um só preá" ("Desafio de Nogueira e Nicandro", Rodrigues de Carvalho, *Cancioneiro do Norte*, 303). Gonçalves Dias (*Dic. Língua Tupi*): "Acauã, e também macauoã, ave conhecida: mata cobras, sustenta com elas os filhos, e pendura-lhes, como troféu, as peles na árvore em que habita. Os indígenas, quando esperam algum hóspede, afetam conhecer pelo canto destas aves o tempo em que aquele deve chegar. Os ovos, secos e feitos em pó, são contraveneno do das cobras. Tem esta ave a cabeça grande, cor cinzenta, barriga, peito e pescoço vermelhos, costas pardas, asas e cauda pretas, malhadas de branco." Os velhos cronistas do Brasil colonial haviam registrado a superstição ao redor da acauã e seu misterioso prestígio n'alma do indígena. D'Evreux (*Viagem ao Norte do Brasil*, 293, Rio de Janeiro, 1929) lembra que certos pássaros noturnos tinham um piado queixoso, enfadonho e triste, sendo conhecidos como *uira jeropari*, pássaro de jurupari, sinônimo demoníaco na catequese. Informa: "... dizem que os diabos com eles convivem, que, quando põem, é um ovo em cada lugar, e assim por diante, que são cobertos pelo diabo, e que só comem terra." Ferdinand Denis, anotando D'Evreux, escreveu: "Lery já tinha asseverado o efeito que faz nos índios o canto melancólico do macauã. A crença nos mensageiros das almas, nos pássaros proféticos, ainda não se extinguiu de todo, pois ainda existe na poderosa nação dos guaiacurus, depois de haver exercido antigamente sua poderosa influência em todas as tribos dos tupis, porém o padre Ivo deu-lhe extensão que nunca teve, visível alteração nas antigas ideias mitológicas. O nome deste pássaro respeitado é escrito em português acauã, e também macauã: nutre-se de répteis, e não tem esse aspecto sinistro, que lhe dá o nosso bom missionário. Pensa hoje em dia a maior parte dos índios que a missão deste pássaro é anunciar-lhe a chegada de algum hóspede." (426, Jean de Lery, *Viagem à Terra do Brasil*, 140, São Paulo, 1941; André Thevet, *Cosmographie Universelle*, 927; Gabriel Soares de Sousa, *Tratado Descritivo do Brasil em 1587*, 271): "Oacaoam são pássaros tamanhos como galinhas, têm a cabeça grande, o bico preto, voltado para baixo, a barriga branca, o peito vermelho, o pescoço branco, as costas pardas, o rabo e asas pretas e brancas. Estes pássaros comem cobras que tomam, e quando falam, se nomeiam pelo seu nome; em os ouvindo, as cobras lhes fogem, porque lhes não escapam; com as quais mantêm os filhos. E quando o gentio vai de noite pelo mato que se teme das cobras, vai arremedando estes pássaros, para as cobras fugirem." Abbeville chama-a macucuaá (*História da Missão dos Padres Capuchinhos na Ilha do Maranhão*, 187, São Paulo, 1945). É uma ave austera, cheia de gravidade e senso, que faz gosto vê-la. Andando devagar e compassadamente, como compete a um ente que tem direito ao culto dos homens, dá vontade de cumprimentá-la como a um desembargador. O combate com a cobra lembra o embate do mirmilão com o reciário. A acauã ataca e se abriga no escudo da asa estendida, até que fisga a cabeça da cobra. E, adeus cobra. Os chipaias, indígenas do Pará, não caçam nem pescam ouvindo-lhe o grito. Os orizes, no séc. XVIII, quase a divinizavam (Luís da Câmara Cascudo, *Informação de História e Etnografia*, 158, Coleção Mossoroense, Mossoró/RN, Fundação Vingt-un Rosado, 1991). "Em outros lugares, afirma-se que, surpreendendo um homem, ele o obriga a todos os papéis, até mesmo a chocar pedra, por via do seu canto agourento e fantástico. A vitima se compenetra e passa, então, os dias, sentada em calhaus, estirando os braços no ar, à espera que dos seixos rompa a ninhada impossível." (Osvaldo Orico, *Vocabulário de Crendices Amazônicas*, 19, São Paulo). No rio Solimões há uma tradição explicando a origem da proteção do acauã ao homem. Um caçador se transviara no mato e encontrara uma cobra grande, *boia uaçu*. Pela madrugada ouviu o canto da acauã e fugiu, indo dizer-lhe que uma grande traíra (Caracinídeos) escondera-se perto dali. A acauã acompanhou-o, matou a cobra e assou-a. Depois levou o homem para sua terra (Barbosa Rodrigues, *Poranduba Amazonense*, 187). No Amazonas diz-se *pegada pela acauã* a uma moléstia nervosa em que a doente, despertando do estado semiletárgico, grita o nome da ave, imitando-lhe o canto onomatopaico. A doente começa por uma grande tristeza, dores de cabeça, tendo suores frios, delíquios. (Barbosa Rodrigues, "Lendas, Crenças, Superstições", in *Antologia do Folclore Brasileiro*, vol. 1, 215-216, 9ª ed., São Paulo, Global, 2004) assistiu a uma moça *pegada pela acauã* em Faro: "Aí numa rede estava deitada uma tapuia ainda moça, solteira, reclinada molemente, como se dormisse, com o sorriso nas faces, parecendo dormir, porém completamente sem sentidos. Arfava-lhe o peito fortemente, parecendo querer estalar, quando, cantando, pronunciava as palavras: uacauan!... uacauan!... que repetia seguidamente, terminando numa gargalhada estrídula como a do pássaro. Passados alguns momentos de silêncio, recomeçava o canto... servi-me d'água fria. Borrifei-lhe as faces. Teve como que um movimento de susto e parou de cantar. Com uma colher descerrei-lhe os dentes e dei-lhe alguns goles, que engoliu, produzindo ânsias. Momentos depois, estendeu convulsamente os braços, arqueou o corpo para trás, fez um movimento de espreguiçar-se e entreabriu os olhos. Reanimou-se... Perguntando-lhe o que sofria ou estava sentindo, respondeu-me que uma ligeira dor de cabeça, opressão no peito e muito cansaço. Durante o acesso, os membros estavam no seu estado normal; não havia contração nervosa; o pulso era pequeno e sumido; a pele do corpo seca, coberta de suor frio na fronte; as extremidades também frias, e o peito arfava com força. Começa por tristeza e dores de cabeça. É um verdadeiro caso de histerismo. A causa desta moléstia, toda nervosa e contagiosa, é o efeito da superstição. Aquela que ouve cantar a uacauã fica certa de que eminente lhe está uma desgraça. A imaginação começa a trabalhar, e o resultado é terminar sempre a tristeza por um ataque nervoso, em que o doente arremeda o pássaro, dando não só a entonação do canto, como modulando as sílabas. Esta moléstia é própria de Faro, e parece estar localizada no lago Grande ou Algodoal, porque ai é, por assim dizer, endêmica. O canto da uacauã aí faz com que muitas mulheres a um tempo sintam-se logo incomodadas e cantem." Luís Dolzani escreveu um conto "O Acauã" sobre esse tema, muito comentado outrora. (*Revista Brasileira*, tomo III, 211, Rio de Janeiro, 15 de fevereiro de 1880). Sumariando as superstições de São Paulo, Cornélio Pires informa que o canto da acauã prenuncia a chuva (173, *Conversas ao Pé do Fogo*, 3ª ed., São Paulo, 1927). Luís da Câmara Cascudo (*Canto de Muro*, "Triste Fim de Raca", 99-108, 4ª ed., São Paulo, Global, 2006) descreve a batalha da acauã com uma jararaca. Já em 1819 von Martius registrava a prestigiosa presença da acauã amazônica: "Não menos significativo é aos olhos dos índios o *câoá, acauang, oacôoam*, igualmente um pequeno abutre, cuja principal nutrição consiste em cobras. Consideram-no protetor contra as mesmas, dizendo que ele clama o seu nome para afugentar as cobras venenosas, e os índios lhe arremedam o canto, quando passam em caminhos onde receiam encontrá-las com o fito de assustá-las" (*Viagem pelo Brasil*, 3º, 193, Rio de Janeiro, 1938). Gonçalves Dias informa que a acauã ou macauoãn "mata cobras, sustenta com elas os filhos, e pendura-lhes como troféu as peles na árvore em que habita" (*Dicionário da Língua Tupi*, Lipsia, 1858).

AÇOBÁ. Grau hierárquico no sacerdócio jeje-nagô no Rio de Janeiro, segundo João do Rio (4, *Religiões do Rio*). Babá que se encarrega do preparo de feitiços em cabaça. Açobá. Do iorubano *asohgbá*, o indivíduo que prepara cabaças (Jacques Raimundo, *O Negro Brasileiro*, 143).

ACORDEONA. Realejo, gaita, fole, ver *Sanfona*.

ACUAÇÃO. Ver *Acuar*.

ACUAR. Tradição em Carapicuíba (município de Cotias, S. Paulo) que obriga o visitante a pagar a acuação, espécie de pedágio ou multa afetuosa, cobrada pelos moradores da localidade, imitando os cães acuando caça. O visitante satisfaz a exigência sob pena da cordial "matilha" não abandonar o alarido ao derredor da pessoa estranha (informação de Flávio Galvão de Almeida Prado). Corresponde a costumes comuns na Península Ibérica não sob a forma ladrante, mas sob cantos, palmas, acompanhamento, etc. Pagar o piso, a patente, a multa, o chão, em Portugal. A multa é paga em bebidas imediatamente consumidas.

Açubá. O primeiro tempo da oração entre os malês, oração da manhã.

Acutipuru. Cutia enfeitada (Stradelli) ou salta-sem-barulho (Alf. da Mata) no idioma tupi. Quatipuru. Caxinguelê. *Sciurus aestuans, S. pyrrhonotus*, Wgn, *S. irrosatus*, Gray, *S. peruanus*, Allen. "Pequeno mamífero roedor, de cauda muito comprida e largamente enfeitada de pelos longos e sedosos, que costuma trazer levantada e como que para servir de umbrela ao corpo, o que lhe dá um aspecto elegantíssimo, aumentado, se é possível, pela elegância dos movimentos." "O acutipuru tem toda a admiração do indígena, porque, segundo afirmam, é um dos poucos animais que sabem descer das árvores mais altas, de cabeça para baixo. Acresce que para muitos é sob a forma de acutipuru que a alma da gente sobe ao céu, logo que o corpo acaba de apodrecer." (Stradelli, *Vocabulário*). Barbosa Rodrigues (*Poranduba Amazonense*, 288) recolheu um acalanto com o acutipuru, símbolo do sono:

"Acutipuru re puru
/ Acutipuru tu emprestas
Ne ré pocêi cuá taira çupé
/ O seu sono este filho a
Inti u quire putare
/ Não dormir quer
Re puru uquir arama
/ Tu emprestas dormir para."

Não sei como o acutipuru adormece os curumins amazônicos, sendo um dos mais inquietos bichos da fauna nortista. Ver *Instrumentos Musicais*.

Adágio. "Os adágios são as mais aprovadas sentenças, que a experiência achou nas ações humanas, ditas em breves e elegantes palavras", define o Padre Antônio Delicado. (*Adágios Portugueses Reduzidos a Lugares-Comuns*, 1651, primeira coleção publicada em língua portuguesa). Os adágios têm forma rítmica e, em sua maioria, com sete sílabas, mantendo a tradição da redondilha maior, tradicional no idioma. O povo brasileiro não faz distinção entre adágio, anexim, rifão, máxima, ditado, dito, ignorando a nomenclatura erudita, aforismo, apotegma, exemplo, sentença. É uma das formas clássicas da sabedoria, espécie de condensação de experiência, malícia, ironia e sátira, em conceitos breves. Um provérbio do séc. XV dizia: de couro alheio, grande correia. No Brasil deduz-se: pimenta no olho dos outros é refresco. Afrânio Peixoto estudou os "Adágios Brasileiros" (em *Miçangas*, 61, São Paulo, 1931), havendo coleções esparsas nos livros folclóricos, inédita a mais completa (1932) de Leonardo Mota. Parcialmente publicadas as pesquisas de Sebastião Almeida Oliveira (*Revista do Arquivo Municipal*, S. Paulo, XLV e avulsos; Cristóvão de Mauriceia, *Espírito e Sabedoria*, Rio de Janeiro, 1938, 2000 adágios em 218 seções, ordem alfabética; Pereira da Costa, *Folclore Pernambucano*; reuni provérbios sobre negros, *Vaqueiros e Cantadores* e Leonardo Mota alguns centos, *No Tempo de Lampião*, Rio de Janeiro, 1930, especialmente amostras do grande "Adagiário Brasileiro"). São modelares na espécie as pesquisas de Giuseppe Pitré (Palermo, 1880, *Proverbi Siciliani*, em quatro volumes), as coleções de Wander, iniciadas em 1866, com 45 000 provérbios alemães, e a russa de Dalh, com 25 000. Os estudos mais recentes atualizam, em técnica e classificação, a paremiologia, que é setor indispensável de análise na literatura oral. Os volumes de Reinsberg-Duringsfeld, com documentação internacional, o de W. Bonser e T. A. Stephens (*Proverb Literature*, Londres, 1930) com amplíssima bibliografia mundial, a coleção mexicana de Dario Rubio, 2 vols., 1940, a do Prof. Archer Taylor (*The Proverb*, editado pela Harvard University Press, 1931, 223 pp), as séries espanholas de Francisco Rodrigues Marin (mais de 50 000), os 10 volumes do espanhol J. M. Sbarbi Osuna (Madrid, 1874-78), a de B. J. Whiting (*Proverbs in The Earlier English Drama*, 1930, 505 pp), o do chileno Benedicto Chuaqui sobre a confrontação paremiológica árabe-chilena, os comentários de Augusto Malaret fixam os aspectos mais modernos do assunto, no cotejo das variantes e informação interpretativa. Como a maioria absoluta dos gêneros populares, sua universalidade é o segredo da mobilidade e acomodação psicológica. Adapta-se aos países e aos idiomas, figurando flora e fauna, modismos e peculiaridades locais, fingindo fruta da terra. Apenas o indumento é conterrâneo. O espírito ocorre idêntico em qualquer parte onde o motivo se apresente, semelhantemente, determinando a reação infalível. Uma série alfabética de adágios, da coleção de Leonardo Mota, e pessoal: Água fria não escalda pirão; Boi sonso é que arromba curral; Cada um com a sua certeza; Daquilo que uns não gostam, outros enchem a barriga; Em fandango de galinha, barata não se mete; Filho de burro, um dia dá coice; Galinha ciscadeira acha cobra; Homem brincando, Morte rondando; Jacaré é prá quem é e não prá quem quer; Lagartixa sabe em que pau bate a cabeça; Mulher de janela, nem costura nem panela; Ninguém se fie em cachorro de cozinha nem em moça que anda sozinha; Ovo gabado, ovo gorado; Pé de galinha não mata pinto; Quem anda na garupa não pega na rédea; Raposa, cai o cabelo mas não deixa de comer galinha; Sombra de pau não mata cobra; Tempo é remédio; Urubu caipora se atola em lajeiro; Vaqueiro novo faz o gado desconfiar; Xexéu e virabosta, cada qual do outro gosta. Bibliografia: Pedro Chaves, *Rifoneiro Português*, Pôrto, 1928; J. Rebêlo Espanha, *Dicionário de Máximas, Adágios e Provérbios*, Lisboa, 1936; Prof. Dr. J. A. Pires de Lima, *O Corpo Humano no Adagiário Português*, Porto, 1946 (o mais completo no gênero); o brasileiro Mário Lamenza, *Provérbios*, Rio de Janeiro, 1938, e o espanhol Castillo de Lucas, *Refranero Médico*, Madrid, 1944. Luis de Hoyos Sainz e Nieves de Hoyos Sancho, *Manual de Folclore*, 263-269, 279, bibliografia, Archer Taylor, *An Index To The Proverb*, F.F.C. 113, Helsinki, 1934. Christovam Araújo, *Os Bichos nos Provérbios*, Rio de Janeiro, 1950: José Perez, *Provérbios sobre Provérbios, Provérbios Brasileiros, A Coprolalia em Provérbios*, três tomos, S. Paulo, 1961: Otacílio de Azevedo, *Adágios, Meizinhas e Superstições*, Fortaleza, Ceará, 1966, documentário nordestino em quadrinhas felizes.

Adarrum. O mais poderoso, irresistível e tradicional ritmo de atabaques, determinando a incorporação do orixá a uma filha de santo. "Há casos, porém, em que o *santo* demora a manifestar-se. Redobram os músicos de atividade e nada conseguem. Existem toques especiais para tais emergências. Assim, "não há santo que resista ao *toque adarrum*", informam-me os negros. Como tivemos ocasião de verificar, eu e o Dr. Hosannah de Oliveira, a *possessão* pelos "estados de *santo*" alcança com o toque *adarrum* até pessoas estranhas ao culto, assistentes ou curiosos, quase sempre do sexo feminino" (Artur Ramos, *O Negro Brasileiro*, 163-164, Rio de Janeiro, 1934). A "queda no santo" pode às vezes demorar. Há danças e toques especiais para tais emergências. O toque *adarrum*, por exemplo, que é um ritmo apressado, forte, contínuo, marcado a unissono por todos os atabaques e pelo agogô, tem a propriedade de evocar qualquer santo. No candomblé do Gantois, certa vez, manifestou-se, com esse toque, o orixá Xangô que há doze anos, conforme me informou a *mãe do terreiro*, não se dignava aparecer. Foi um verdadeiro delírio e todos os crentes se rojaram ao solo, aos gritos de *Xangô mirerê, ta biau!* (*Idem*, 172). Creio ser o adarrum a mesma dança do trovão a que Geoffrey Gorer assistiu no Dahomey, denominada de *adahoum*. *The most dramatic of the thunder dances is the adahoun*, 221. Xangô é orixá do trovão.

Adê. Capacete da deusa Oxum nos candomblés de Angola.

Adivinha. Ver *Adivinhação*.

Adivinhação. Enigma, adivinha; gênero universal, favorito de todos os povos em todas as épocas. A Esfinge propunha perguntas enigmáticas a Édipo. Os deuses falavam sob forma obscura, exigindo interpretações. Decifrar os oráculos era solucionar adivinhações. O de Delfos ordena que se entregue o exército a um homem de três olhos. Temêmos deu o comando a um zarolho que vinha a cavalo. A salvação da Grécia estava nas trincheiras de madeira. Os gregos venceram em Salamina. O navio era trincheira de madeira. As fórmulas são rápidas, na maioria suscetíveis de metrificação para facilitar a assimilação mnemônica. Teófilo Braga (*As Adivinhas Populares, Era Nova*): "O que constitui, em rigor, uma adivinhação? Duas coisas: a primeira, é a redução de qualquer objeto da natureza a uma personificação, isto é, um esboço de formação mítica; a segunda, é o desenvolvimento desse mito, não no seu sentido interno (teologia) ou na sua descrição externa (epopeia ou conto) mas nas analogias acidentais e imprevistas, e é nisto que consiste o problema e a dificuldade da solução." 241. João Coutinho de Oliveira (*Folclore Amazônico, Adivinhas*, Belém, 1943): "Nas adivinhas é que vamos encontrar o mecanismo da formação das ideias e dos conceitos formulados por analogia, antinomia ou assimilação, evidenciando o formidável poder de descrição ou definição que possui o nosso povo. Note-se, ainda, na preocupação de insular o objeto definido na conceituação da fórmula enigmática, a arte refinada, sutil, aguçada, com que se entretece a ideia objetiva!" (4). Alcides Bezerra (*Antologia do Folclore Brasileiro*, vol. 2, "Adivinhas", 253-262, 6ª ed., São Paulo, Global, 2004): "É insuperável a dificuldade de investigar a origem das adivinhas brasileiras. Delas há, e em grande número, de procedência portuguesa, delas há de criação indígena, isto é, do selvagem e do mestiço, e quem sabe se também não nas temos vindas da África na cativa onda negra? As vindas de Portugal têm símiles no celeiro tradicional dos outros povos latinos, e são provavelmente de diversas origens, pois o velho reino foi sucessivamente habitado, sem falar nas populações pré-históricas, de iberos, lígures, fenícios, romanos, germânicos e árabes, que trouxeram no seu seio, berberes e egípcios. Todos eles concorreram, sem dúvida, para o patrimônio das adivinhas" (461). As adivinhações africanas têm presença, embora mínimas ou inteiramente diluídas, no Brasil. Joaquim Ribeiro citou-as (*O Elemento Negro*, 174, Rio de Janeiro, sem data). A predileção negra pelas adivinhas foi registrada abundantemente pelos viajantes na África. O Padre Bouche, citado em Rocha Pombo (*História do Brasil*, II, 485), informa: "Nas reuniões, os negros se divertem com os jogos de espírito. Propor e decifrar enigmas é uma diversão muito grata aos negros, mesmo às crianças. Passam horas e horas entretidos com estes brinquedos de espírito. Eles têm enigmas muito interessantes pela exatidão das características. Julgue-se por este exemplo sobre piroga: Sou comprida e delgada, estou no comércio e não chego nunca ao mercado." As adivinhações não enunciadas, comumente, por uma fórmula popular, fixando atenção. *Que é, que é? O que é o que é? Q'al é a cousa, q'al é ela?* (Portugal e Brasil). *Que cosa y cosa? Que será, que será?* (Espanha, Centro e Sul-América). *Indovinala, grillo!* (Itália). *Devine, devinaille! Devine pour toi, devinette! Devinn, devinel?* (França, Flandres). *What is that? Ma riddle, ma riddle, You may tell me this riddle not! A riddle, a riddle, Perhaps a teegle!* (Inglaterra, Estados Unidos, Antilhas Britânicas). Riddle, Ratsel, devinette, Indovinelli, o nome passou para Espanha pelos Pirineus, *divineta* no Aragão, *endevinela* na Catalunha e Valência e *cosadiella* nas Astúrias. Na região da Galícia ficou sendo *adiviña* e assim se transmitiu para Portugal, adivinha, adivinhação, formas que persistem no Brasil. A primeira coleção impressa é do séc. XVII, com arranjo literário e intenção moral, feita por Francisco Lopes (*Passatempo Honesto*, Lisboa, 1603), mas o material era popular e se mantém na tradição oral brasileira. A adivinhação do *Vinagre* e o *Vinho* dirá dessa persistência. A citação superior é a de Francisco Lopes e a inferior é a popular no Brasil nordestino.

"Nós somos dois irmãozinhos
Ambos de uma mãe nascidos,
Ambos iguais nos vestidos,
Porém não na condição;
Para gostos e temperos.
A mim me procurarão,
Para mesas e banquetes
Falem lá com meu irmão...
Que a uns faz perder o tino,
E a outros a estimação.
Somos iguais no nome,
Desiguais no parecer;
Meu irmão não vai à missa,
Eu não a posso perder.
Entre bailes e partidas
Todos lá me encontrarão;
Nos trabalhos da cozinha
Isso é lá com meu irmão!..."

Na portuguesa fala o vinagre e na brasileira, o vinho. As adivinhas brasileiras são quase totalmente de origem portuguesa ou feitas sob os modelos clássicos dos enigmas, vindos dos *acertijos* castelhanos, denominação genérica. O mesmo ocorreu em toda a América espanhola, Antilhas etc. e, no Pacífico, até as Filipinas. As adivinhas foram, em caráter sistemático e geral, estudadas por Robert Petsch em fins do séc. XIX (*Neue Beitrage Zur Kenntnis des Volksratsels*, Berlim, 1899) e quarenta anos depois pelo Prof. Archer Taylor ("Bibliography of Riddles", tomo n. 126 da *Folk-lore Fellows Comunications*, Helsinki, Finlândia, 1939). No continente americano as três maiores coleções publicadas foram *Adivinanzas Rioplatenses*, Buenos Aires, 1911, pelo Prof. Robert Lehmann-Nitsche, em número de 1130, com uma classificação para dividir os grupos: Biomórfico (ligadas às funções fisiológicas, psicológicas, sociais, humanas e animais), zoomórfico, antropomórfico, fitomórfico, poikilomórfico (miscelânico), comparativo, descritivo, narrativo, aritmético, parentesco, criptomórfico, homônimo, burlesco, doutrinal, artificial, erótico (suprimido). Em 1916 (*Journal of Ameriean Folk-Lore* XXIX, n.º CXIV) imprimiu-se a do Prof. J. Alden Mason (*Porto-rican Folk-Lore. Riddles*, edited by Aurélio M. Espinosa). Consta de 800 adivinhas com 1288 variantes: "riddles of a general character; riddles which involve jest, play upon words, etc.; riddles which involve arithmetical problems; riddles which involve short anecdotes or folk-tales; ridlles without answers." A falta dessas respostas não é sua inexistência mas o desaparecimento de bons informadores. No Brasil há soluções para algumas *without answers*. A terceira coleção é a de Elsie Clews Parsons (*Folk-Lore of The Antilles, French and English*, III, New York, 1943), com 1178 exemplos, *parallels and bibliography*. Demais publicações raramente alcançam metade desses algarismos: *Adivinanzas Corrientes en Chile*, com 795, Santiago de Chile, 1911, e a recente de Rafael Jijena Sánchez, *Adivina Adivinador*, com 500, Buenos Aires, 1943. As adivinhas, de impossível identificação autoral, atravessam séculos, anônimas, populares, transmitidas oralmente, independendo da fixação letrada ou da simpatia erudita. Uma das adivinhações redigidas por Francisco Lopes na forma literária (Lisboa, 1603), é sobre o sal. O elemento que sugere ao povo sua característica, provir o sal da água e nela dissolver-se, resiste, nas fórmulas múltiplas em que o esquema temático se apresenta. A superior é a de Francisco Lopes. A 1ª e a 2ª são brasileiras; colhidas em Natal por mim e por Leonardo Mota (*Cantadores*, 375, Rio de Janeiro, 1921) no Ceará:

"Sem ser carne nem pescado,
Sou dentro d'água nascido,
E se depois de criado
For a minha mãe tornado,
Serei logo consumido.

E sem tanger nem cantar,
A todos dou muito gosto,
Que sem mim não há gostar,
Mas escondido hei de andar
Em outro traje decomposto.

D'água nasce,
Na água cresce;
Se botar n'água,
Desaparece...

N'água nasci,
N'água me criei;
Se n'água me botarem,
N'água morrerei."

Elsie Clews Parsons registra uma variante da ilha de Anguilla, Antilhas Britânicas: "Somet'ing live in water, Still water kill," parecendo a versão brasileira do Pará: – Gera-se na água e acaba na água. José Coutinho de Oliveira, denunciando o motivo essencial que impressionara o povo e por este tornado elemento dominante (Parsons, III, 441, Coutinho, 19, n.º 101):

"Alto como uma torre,
Verde como couve,
Doce como mel,
E amarga como fel."

High as a house.
Low as a mouse.
Bitter as gall,
Sweet after all.

É o coco, *nox nucifera* (Alcides Bezerra, *in Antologia do Folclore Brasileiro*, vol. 2, 262, 6ª ed., São Paulo, Global, 2004). A versão inglesa, valendo identicamente *walnut-tree, nut, hull, meat*, é texto de Catharine Ann Mc Collum anotado por Kenneth Wiggins Porter (JAFL, 56, n. 220, 99). É a mesma no Tennessee, Massachusetts, entre os negros estudantes de New Orleans, alemães da Pennsylvania. Alguns elementos ocorrem em todo continente e ilhas.

Uma outra, popularíssima, é papel:

1 — Cai da torre,
Não se lasca;
Cai na água
Se espapaça...

2 — Cae de una torre
Y no se lastima;
Entra en el rio
Y se vuelve harina.

3 — Lo tiro en el água
Y se rompe;
Lo tiro en el suelo,
No se rompe.

4 — Cai no seco, não quebra,
Cai dentro d'água quebra.

5 — Una cousa'chi dum rocha
e não quebrou,
Dá no mar
E quebrou.

6 — Mama on tini un plat
I so'ti un l'ai'

I tombe a té'
I pas cassé.
I tombe en de l'eau
I cassé.

7 — A thing comes down on a rock and does not break it strikes the sea and breaks.

8 — You can throw it from a miranet and it won't die. Throw it into water and it will die.

1 – coleção do autor; 2 – Rafael Jijena Sánchez, n.º 345; 3 – J. Alden Mason, n.º 429b; 4 – Coutinho de Oliveira, n.º 89; 5, 7 – texto no dialeto crioulo de Cabo Verde e versão de Elsie Clews Parsons (*Folk-Lore From The Cape Verde Island*, II, n.º 178, 245); 6 – Elsie Clews Parsons, colhida na ilha de Trinidad (*Folk-Lore of the Antilles, French and English*, III, 367); 8 – adivinhação turca, Zavarin, Brusa, n. 43, citado no estudo "Annamese, Arabic and Panjabi Riddles", por M. B. Emeneau e Archer Taylor, FAFL, 58, 227, 15.

OVO

1 — Uma igrejinha branca,
sem porta, sem tranca.

2 — Uma casinha branca,
sem chave e sem tranca.

3 — Uma casinha branca,
sem porta, nem tranca?

4 — Unha sirexiña branca
sin porta nin tranca?

1 – coleção pessoal; 2 – Coutinho de Oliveira, do Pará; 3 – Teófilo Braga, e 4 – versão da Galícia. Luz foco luminoso artificial, bugia, vela, candeia, lâmpada:

1 — Do tamanho duma bolota
enche a casa até a porta

2 — Pequenina como uma bolota,
enche a casa até a porta.

3 — Chiquitita como una bellota,
y llena la casa hasta la boca.

4 — Tamaño como una almendra
y toda la casa llena.

5 — Un pitit baute boudin rempli
yun maison.

6 — Una cosa con un aglà,
Per tota casa và.

7 — Una cosa con una abellota,
Que tota la casa retrota.

1 — coleção do autor; 2 — Teófilo Braga, n. 23 (*As Adivinhas Portuguesas*, Era Nova, 253, Lisboa, 1881); 3 — J. Alden Mason, n. 336; 4 — Rafael Jijena Sánchez, n. 269; 5 — E. C. Parsons, n. 18, de Martinica; 6 — da ilha de Maiorca; 7 — de Valencia, ambas divulgadas por Teófilo Braga, idem. Não conheço adivinhações eróticas e sim intencionalmente dispostas a falsas suposições pela sugestão aparentemente obscena. Dois exemplos dirão das habilidades anônimas na espécie. As brasileiras pertencem à "Poranduba Catarinense" (*Revista do Instituto Histórico e Geográfico Brasileiro*, 184, pág. 49 e 51, 1944) de Com. Lucas A. Boiteux. As versões são de Cabo Verde, Parsons, *cit.* ns. 212, nota, e 237, assim como a tradução inglesa. A primeira adivinha é fechar os olhos, dormir; e a segunda, brincos de orelha.

> Vou-me embora para casa,
> fazer o que Deus mandou:
> pregar pelo com pelo
> qu'a menina dentro ficou.
>
> Menina, vamos prá cama
> Fazer o que Deus mandou,
> Cabelo pra baixo, cabelo pra cima,
> Menina dentro ficou.
>
> *Girl, let us to bed*
> *To do what God ordains,*
> *Hair below, hair above,*
> *Girl within, stays.*
>
> A carne da mulher é dura...
> e mais duro é quem na fura;
> metendo o duro no mole
> fica numa dependura.
>
> Pega um dur', meta no mole,
> Fica dois pendurad'
> (*Take a hard one, put it in a soft one, makes two hanging*).
> -*Ear-rings in ears.*

As adivinhas que têm forma literária ou que vieram até nós sob essa forma, são as mais rebuscadas e escuras. Esse "anzol" é brasileiro do Ceará, Leonardo Mota, idem, 359, e espanhol, encontrado por J. Alden Mason em Puerto Rico, n. 53:

> Torto assim, mas assim torto,
> Roubo a vida ao mais direito...
> Sem ser de veneno feito,
> Quem me engole fica morto;
> Dou sustento, dou conforto
>
> Com mortífero aparato;
> Dos mortos faço meu fato,
> E tenho condição tal,
> Que, solto, não faço mal,
> Mas, quando estou preso, mato.

> Me visten de carne muerta
> para ir a prender a un vivo;
> mi derecho ha sido tan tuerto,
> que no prendo sin ser prendido.

Ver *Adivinhas*, de Veríssimo de Melo, Natal, 1948. São 168, tendo o autor reunido variantes estrangeiras, José Maria de Melo (*Enigmas Populares*, ed. Noite, Rio de Janeiro, 1950, excelente coleção, confrontos, etc.), Rossini Tavares de Lima (*Poesias e Adivinhas*, S. Paulo, 1947).

ADIXÁ. Quinta oração dos malês muçulmanos, a última. Todas as orações finalizavam pela expressão: — *Ali-ramudo-li-lai*, Louvor ao Senhor do Universo. E saudavam uns aos outros: — *baricada subá*, Deus lhe dê bom dia.

ADJÁ. Pequena campainha de metal, também usada nos candomblés, soando para convidar os crentes a assistir à cerimônia de dar comida ao santo. As sinetas e campainhas sempre tiveram a função do *populum voco, congrego clerum*, por todas as partes do mundo. De madeira, metal ou vidro, funcionaram, oficial e liturgicamente, nessa finalidade. Na África, informa Chatelain que o arauto emprega sempre uma campainha ou a buzina de corno. *Sometimes he first calls the people's attention by striking a native bell,* or *by sounding a bull's horn* (271, *Folk-Tales of Angola*).

ADJULONÁ. Assobios de folhas de buriti entre os indígenas carajás. Formam-se de uma tira estreita de folha de buriti, que se enrola em espiral, achatando-a em seguida. Para que conserve a sua forma, passa-se em torno do apito uma estreita atadura de embira. Esses apitos medem cerca de 3 cm de largura por 1-2 ½ cm de altura, possuindo, às vezes, mas nem sempre, uma lingueta central. Para assobiar, põe-se o apito horizontalmente com uma das pontas na boca (Fritz Krause, "Nos Sertões do Brasil", LXXXVIII, 188, *Revista do Arquivo Municipal*, São Paulo). Parece-me de área etnográfica bem maior. Era muito usado pelos meninos nordestinos, aproveitando-se qualquer folha tenra e resistente. Chamava-se *assobio-de-folha*.

ADJUNTO. Ajuda, arrelia, faxina, adjutório, muxirão, mutirão, putirão, suta, boi de cova, ajuri, bandeira, etc., etc., trabalho coletivo e gratuito em auxílio de uma tarefa agrícola, consertos de parede de açude, abertura de estrada, remodelação ou construção de casa, etc. É universalmente conhecido e os indígenas brasileiros o empregavam antes da vinda dos europeus. No Rio Grande do Norte, até fins do séc. XVIII, teve acepção de reunião, de conluio, ajuntamento ilegal para prática reprovada. Nesse documento que descobri no arquivo da Catedral de Natal, vê-se que o defunto era criminoso por ter participado de um adjunto de jurema, palavra que encobria um ato de rebeldia religiosa dos indígenas, reavivando sua perdida religião: "Aos dois de junho de mil e setecentos e cinquenta e oito anos faleceu da vida presente Antônio, índio preso na cadeia desta cidade, por razão do sumário, que se fez contra os índios da aldeia de Mepibu, os quais fizeram *adjunto de jurema*, que se diz supersticioso; de idade de vinte e dois anos, ao julgar, e pouco mais, ou menos; faleceu confessado e sacramentado; foi sepultado no adro desta Matriz de Nossa Senhora da Apresentação da Cidade do Natal do Rio Grande do Norte; foi encomendado pelo Reverendo Coadjutor João Tavares da Fonseca; e pelo seu assento fiz este, em que por verdade me assinei: Manuel Correia Gomez, Vigário." Ver *Mutirão*.

ADJUTÓRIO. Ver *Adjunto*.

ADO. Gulodice negra da Bahia. Milho torrado, reduzido a pó e temperado com azeite de dendê, podendo juntar-se-lhe mel de abelhas. Ao milho torrado e ralado na pedra, depois de passado em peneira, adicionava o africano um pouco de açúcar e a isso chamavam fubá de milho (Manuel Querino, *Costumes Africanos no Brasil*, 186). Fubá e farinha em quimbundo, língua de Angola.

ADO-CHU. Massa de ervas e sangue de animais sacrificados no culto jeje-nagô e posta no alto da cabeça rapada da iauô catecúmena que está sendo iniciada para a religião negra. "Só então notei que tinha na cabeça uma esquisita espécie de cone. — É o *ado-chu*, que faz vir o santo, explica Antônio. É feito com sangue e ervas. Se o *ado-chu* cai, santo não vem." (João do Rio, *Religiões do Rio*, 21). A iauô dança longa e convulsivamente, equilibrando o *ado-chu*. Com a coagulação, a massa se prende fortemente à cabeça da mulher.

ADUBALÉ. Saudação das filhas e filhos de santo nos candomblés baianos e xangôs pernambucanos. Deitam-se à porta do Peji, de bruços, e tocam com o rosto no solo. Repetem a saudação ao pai ou mãe de santo ou ante algum ogã protetor individual. Nos regulamentos de alguns "Xangôs" do Recife mencionava-se, em caráter indispensável, o adubalé ou adobalê: "Na hora do toque, todos os de santo tomam a bênção, fazem o seu adobalé, vão aos pés da mãe de santo, fazem o adobalé, tomam a bênção aos pés da mãe-pequena... É dever dos filhos fazerem adubalé nos pés de seu babalorixá." (Gonçalo Fernandes, *Xangôs do Nordeste*, 26, 28). O mesmo que dobalé.

ADUFE. Pandeiro quadrado, oco, de madeira leve, coberto com dois pergaminhos delgados, com um cascavel dentro ou soalhas enfiadas em arames perpendiculares, o qual se toca com todos os dedos, exceto os polegares, que servem para o susterem. Instrumento músico muito usado nas folias do Espírito Santo em Portugal e Brasil, romarias, "indispensável mesmo nos pastoris e ranchos de Reis", informa Renato Almeida (*História da Música Brasileira*, 114). No Brasil não se conhece o adufe com guizos. Popularíssimo no Minho, onde se mantêm vestígios vivos de ritmos galaicos. Macedo Soares escrevia adufo. Jorge Ferreira de Vasconcelos (*Ulisipo*, ato IV, cena 4) menciona: "Onde vai mulata com adufe, que se derrete toda no canário." Luciano Gallet (*Estudos de Folclore*, 59, Rio de Janeiro, 1934) diz o adufe "instrumento de procedência africana, adotado no Brasil". É árabe. Certamente africanos e portugueses o conheceram e trouxeram para o Brasil, permanecendo ainda em ambos os continentes. Adufe, adufo, do árabe *adduff*. Karl von den Steinen encontrou em Mato Grosso (Cuiabá) adufes com moedas laterais servindo de guizos. ADUFO, *pequenos tambores* que são batidos com as mãos diretamente (Gonçalves Fernandes, *Xangôs do Nordeste*, 43). Citadíssimo nas versões portuguesas da Bíblia.

AFOFIÊ. Muito citada por Artur Ramos como uma pequena flauta de taquara com bocal de madeira, usada nos candomblés da Bahia. Édison Carneiro retifica: "Não se usa nos candomblés. É uma flauta a que Artur Ramos se referia muito, mas que nunca vi. Não parece instrumento africano, mas o nome que os africanos davam à flauta (que certamente usavam aqui). Mas, nos candomblés, jamais!" (carta de 15-XI-1959).

AFOMÃ. Ver *Omulu*.

AFONÃ. Ver *Baru*.

AFONJÁ. Nome nagô de Xangô, orixá do relâmpago e do trovão (Donald Pierson, *Brancos e Pretos na Bahia*, 362, São Paulo, 1945).

AFONSO ANTÔNIO DE FREITAS. Nasceu na cidade de São Paulo, a 12 de junho de 1868 e faleceu na capital paulista em 29 de abril de 1930. Dedicou-se à História e Etnografia, publicando estudos sobre os indígenas guianás de São Paulo (1910), a distribuição geográfica das tribos indígenas na época do descobrimento (*Anais do I Congresso de História*, 2º, 489); Vocabulário Nheengatu, vernaculizado pelo português falado em São Paulo (Língua Tupi-Guarani), volume 75 da *Brasiliana*. Tradicionalista, evocou "Folganças Populares do Velho São Paulo" e em *Tradições e Reminiscências Paulistanas* (S. Paulo, 1921) registrou uma dúzia de brincadeiras infantis, fixando a música do "Zé Cabeleira", o famoso criminoso Cabeleira, de Pernambuco, e a ronda "Chora Menina". Essas informações, especialmente sobre as rondas infantis, são indispensáveis para quem estude, sistematicamente o assunto.

AFONSO ARINOS DE MELO FRANCO. Nasceu em Paracatu, Minas Gerais, a 1º de maio de 1868 e faleceu em Barcelona, Espanha, a 19 de fevereiro de 1916. Bacharel em Direito pela Faculdade de São Paulo, 1889, jornalista, advogado, professor da Faculdade de Direito de Ouro Preto (Minas Gerais), representou o Instituto Histórico Brasileiro no VII Congresso Internacional de Americanistas, reunido em Berlim. Foi um dos mais poderosos tradicionalistas, evocando o passado com a precisão, o colorido e o movimento que sua inteligência e cultura fundamentavam. Fixou aspectos e figuras, fazendo conferências sensacionais sobre os autos e "reisados", determinando uma época de revivescência nesses estudos. Dirigiu, em dezembro de 1915, no Teatro Municipal de São Paulo, a representação sumária das loas do Natal e Reis, marujada (o fandango nortista), o reisado das borboletas, a dança do pinicapau, o bumba meu boi, o cateretê do Norte e o lundu do Sul, sendo os personagens apresentados pelos elementos da sociedade paulistana. As viagens e leitura ampliavam esse amor pela etnografia e folclore. Bibliografia essencial: *Pelo Sertão*, Rio de Janeiro, 1898, várias reedições, contos do interior paulista e mineiro, costumes, fisionomias, reminiscências populares; *Histórias e Paisagem*, reunião de artigos e contos esparsos, edição póstuma, Rio de Janeiro, 1921; entre os trabalhos coletados nesse volume está "Mão Pelada", um mito mineiro; *Lendas e Tradições Brasileiras*, ignoro a *princeps*, tenho a segunda edição, Rio de Janeiro, F. Briguiet & Cia., 1937. É o mais típico dos trabalhos de Afonso Arinos, coletânea póstuma, estudos e conferências: Lendas e tradições brasileiras; As Amazonas e o seu rio, as Iaras; O São Francisco e suas lendas; A Serra das Esmeraldas; As minas de prata; o Caboclo d'agua; A capela da montanha, algumas igrejas do Brasil e suas tradições; O culto de Maria nos costumes, na tradição e na história do Brasil; Santos Populares; Superstições; Festas e danças; Festas tradicionais brasileiras.

AFOXÉ. Rancho negro do carnaval. Os negros se trajam principescamente e cantam canções em língua africana, geralmente em nagô. O mais notável desses ranchos é o Otum, Obá de África, com sede no Garcia. Termo às vezes empregado para designar candomblés de qualidade inferior (Édison Carneiro, *Candomblés da Bahia*, 115-116, Bahia, 1948). Festas profanas, de caráter público, nos terreiros do culto jeje-nagô. Em São Paulo, informa o Prof. Rossini Tavares de Lima, *afoxé* é sinônimo do piano de cuia, xaque-xaque, aguê, cabaça, "instrumento idiofone sacudido, que aparece especialmente nas cerimônias religiosas afro-brasileiras e hoje (1967) também nas orquestras populares."

AFRÂNIO PEIXOTO. Júlio Afrânio Peixoto nasceu em Lençóis, Bahia, a 17 de dezembro de 1876 e faleceu no Rio de Janeiro a 12 de janeiro de 1947. Doutor em Medicina pela Faculdade da Bahia em 1897, fixou residência na Capital Federal, sendo professor de Higiene na Faculdade de Medicina e de Medicina Legal na Faculdade de Direito, exercendo brilhante magistério. Conferencista, pedagogo, divulgador de assuntos científicos, crítico, poeta, ensaísta, escrevendo o conto, o romance, o poema, a crônica, com facilidade e beleza, deixou impressão radiosa de sua palavra ágil e clara e da técnica incomparável da exposição. Sua bibliografia compreende cinquenta volumes. Sugeriu em 1928 a criação de uma associação para a pesquisa sistemática do folclore, quando a "Folk-Lore Society" de Londres comemorava o meio centenário de sua fundação com um congresso internacional. Propôs o programa de Hoffmann-Krayer. Foi sempre um animador desses estudos. *Trovas Populares Brasileiras*, colecionadas e prefaciadas, Rio de Janeiro, 1919, *Tristão e Iseu*, Rio de Janeiro, 1930, *Miçangas*, Poesias e Folclore, São Paulo, 1931. Reeditado.

AFURÁ. Bolo de arroz fermentado e moído na pedra. Serve-se com água açucarada, na qual se dissolve, formando uma bebida refrigerante, apreciada na África entre os nagôs e igualmente pela população da capital baiana, informa Jacques Raimundo (*O Negro Brasileiro*, 99). É uma espécie de acaçá.

AFUZILADOS. Tradição de culto popular em São Gabriel, Rio Grande do Sul, dedicado a dois soldados, os irmãos Meira, fuzilados por indisciplina. No local da execução foi erguida pequenina capela que é centro de interesse devoto, ardendo constantemente velas. Os afuzilados são grandes intercessores de seus companheiros de farda e do povo em geral. Os óbolos e ofertas vêm de todos os recantos do Estado e mesmo do Rio de Janeiro. "Hoje, quem for a São Gabriel e entrar no pátio interno do quartel, ora ocupado pelo 3º Regimento de Cavalaria Motorizada, verá a capelinha dos "afuzilados" sempre cheia de flores, coroas, imagens de santos, candelabros, notas de dinheiro e um sem-número de silenciosas testemunhas das promessas atendidas. À sua frente, dezenas de velas votivas que, assegura a tradição, nunca se apagam por mais que o vento sopre." (Carlos Galvão Krebs, *Os Afuzilados*, Revista do Globo, n.º 702, Porto Alegre, novembro de 1957). Não foi possível fixar datas.

AGANJU. É um deus nagô, filho de Obatalá, o céu, e de Odudua, a terra. Aganju simboliza a terra firme. Era irmão e esposo de Iemanjá, as águas (Nina Rodrigues, *Os Africanos no Brasil*, 330). Ver *Oganju*.

AGÊ-XALUCÁ. Ver *Oxanbim*.

AGOGÔ. Instrumento idiofone, constituído por uma dupla campânula de ferro, que se percute com um pedaço de metal, produzindo dois sons, um de cada campânula. Nos mais modernos candomblés da Bahia, as danças nos "barracões" se iniciam pela saudação da "Mãe de Santo", batendo no agogô para que os tambores deem o ritmo que será mantido. É um nome jeje-nagô. Entre os bantos o agogô se denomina *Ngonge*, servindo para reunir o povo quando de proclamações oficiais. Heli Chatelain descreve: "The ngonge is made of iron, and consists of a double bell in the shape of U, each leg of the U representing one bell. There are no clappers in these bells. They are rung, or rather played, by striking with a piece of iron on either cup alternately." (*Folk Tales of Angola*, 271). É usado igualmente nas orquestras populares do carnaval e mesmo nas exibições do maracatu pernambucano, onde o dizem gonguê, nome, no Rio Grande do Norte, de um pequeno tambor cilíndrico para dança. Agogô é o *rubembe* dos povos de Lunda, segundo o Major Dias de Carvalho.

AGOSTO. Oitavo mês do ano. Nos países latinos é o mês das desgraças e das infelicidades. *Agosto, desgosto*. Pereira da Costa (*Folclore Pernambucano*, 116): "Agosto é um mês aziago, é um mês de desgostos; e é de mau agouro para casamentos, mudanças de casas e empreendimento de qualquer negócio de importância"; Rafael Jijena Sánchez anota, nas tradições orais argentinas: "No lavarse la cabeza en el mes de agosto porque se llama a la muerte." (*Las Supersticiones*, 142, Buenos Aires, 1939). Leonardo Mota (*Violeiros do Norte*, 221-222, São Paulo, 1925): "Agosto é o mês desmancha-prazeres da humanidade. A sua primeira segunda-feira é o famigerado dia aziago do ano inteiro. A maior hecatombe dos tempos modernos, essa pavorosa conflagração europeia, que ainda convulsiona vários povos, rebentou precisamente a 1º de agosto de 1914, o que fez com que a musa traquinas dos "Pingos e Respingos" do *Correio da Manhã*, do Rio, divulgasse a canção que se popularizou na música da modinha "Santos Dumont" e começava:

"Mês terrível, funesto mês de agosto,
Mês de desgosto, mês trágico e fatal:
Soou pelo espaço o trom de guerra,
Corre na terra sangue em caudal!"

AGOURO. Ver *Abusão*.

AGOXUM. O mesmo que Axogum; ogã sacrificador, ogã da faca, sacerdote auxiliar dos candomblés. Ver *Axogum*.

ÁGUA. Para fazer uma criança falar depressa, dá-se-lhe a beber água de chocalho ou água em que tiver estado de molho bilro de fazer renda. Água coada em camisa traz a amizade de quem a bebe. Em noite de São João tomam-se três pratos, um sem água, outro com água limpa e o terceiro com água suja; quem faz a experiência aproxima-se com os olhos vendados e põe a mão sobre um deles; o prato sem água não dá casamento, o de água suja indica que o casamento será com viúvo, e o de água limpa, casamento com solteiro. Água da lavagem da camisa de uma mulher, dada a beber a um rapaz fá-lo deixar outros amores e apaixonar-se pela dona da camisa. É preciso, porém, que já tenha sido usada. Para curar frieiras, lava-se o pé em água em que se tenha lavado também os pés de três galinhas (Studart nos 15, 16, 42, 62, 90, 145, *in Antologia do Folclore Brasileiro*, vol. 2, 32, 33, 34, 36, 39, 6ª ed., São Paulo, Global, 2004). Não se bebe água com luz na mão. Leonardo Mota, II, 219. Faz mal beber água de noite, sem primeiro abanar com a mão a superfície da água, dizendo três vezes: Acorda, Maria! Maria estaria dormindo na água, em espírito, porque é dona das águas doces, e antes de beber água de noite, deve-se acordar o seu espírito, para não o engolir. Esta crença de Maria da água doce, como me foi contada, deve estar em relação mais próxima à influência negra: Maria seria Oxum, deusa dona da água doce, como o cultuam nos xangôs pernambucanos (Gonçalves Fernandes, 82 e nota 23, *O Folclore Mágico do Nordeste*, Rio de Janeiro, 1938). Oxum, Axum não tem nome de Maria e sim Iemanjá, que é Maria e dona Maria, como registrou na Bahia Jorge Amado (Iemanjá dos cinco nomes, *Mar Morto*, Rio de Janeiro, 1936): "Porém, as mulheres do cais, que são simples e valentes, Rosa Palmeirão, as mulheres da vida, as mulheres casadas, as moças que esperam noivos, a tratam de Dona Maria, que Maria é um nome bonito, é mesmo o mais bonito de todos, o mais venerado e assim o dão a Iemanjá como um presente, como se lhe levassem uma caixa de sabonetes à sua pedra no Dique." (99). Mas nos xangôs pernambucanos (candomblés), Oxum pode ser chamada assim. A intercorrência católica é possível. Maria, Míriam, é *Stella Maris*, estrela-do-mar, protetora dos navegantes. Na mais solene das orações dos Templários, era Maria invocada como Estrela-do-Mar: "Marie, étoile des mers, conduis-nous au port du salut!". As águas vivas e correntes não podem ser atravessadas pelos animais fabulosos nem pelos feiticeiros, em qualquer parte do mundo. Não devem ser poluídas com atos fisiológicos e presenciar amores. "Uriná n'água é a mesma coisa que na boca da madrinha, porque a água é que serve pra batizá." (Cornélio Pires, *Conversas ao Pé do Fogo*, 138, São Paulo, 1927). Quem cospe n'água, cospe em Nosso Senhor. Gonçalves Fernandes, na série do "Faz Mil!", compendia: — beber água com candeeiro na mão, morre sem fala; olhar o rosto refletido n'água de fundo de cacimba, o diabo pode levar a alma da pessoa para as profundezas do inferno (n⁰ˢ 13, 92). Nos países cristãos é obrigatório o persignar-se ao entrar n'água. Hesíodo, no *Trabalhos e Dias*, aconselhava semelhantemente. Ver *Mar, Rio, Lagoa, Fonte*. O poder divino do elemento é de tal eficácia que a sombra dos mortos não atravessa água. Era a crendice comum a toda a Europa, e o fundamento clássico provinha de gregos e romanos com a necessidade do barqueiro Caronte, transportando as almas dos mortos de uma para outra margem do mundo infernal. Os *despachos* (bruxedos dos pais de terreiro, babalôs, babalorixás) ou *coisa-feita*, da feitiçaria clássica europeia, atirados para água corrente são dificílimos de anulação. Encontrado o *feitiço* e jogado n'água, torna-se inoperante. A água é um elemento de conservação das *forças* para o bem e para o mal. Feitiço preparado para água só pode ser desmanchado n'água e por um *mestre* superior em conhecimentos e prática. Em Portugal há a superstição de acordar a água antes de bebê-la. Jaime Lopes Dias informa: "As pessoas que dormem com água à cabeceira, não a devem beber sem primeiro a agitarem (acordarem). (Juncal)." (*Etnografia da Beira*, III, 161, Lisboa, 1929). "Quando alguém sai para o campo, de madrugada ou antes do nascer do sol, e tem sede, não deve beber água nem nas fontes nem nos ribeiros, sem primeiro atirar uma pedra para *acordar a água*." (Penha Garcia, *Etnografia da Beira*, V, 220, Lisboa, 1939). Cuspir na água é cuspir na cara de Nosso Senhor (Vale do Lobo, *Etnografia da Beira*, I, 186, 2ª edição, Lisboa, 1944).

ÁGUA DE OXALÁ. Cerimônia por meio da qual se muda toda a água dos potes e das quartinhas do candomblé, com a água que as filhas vão buscar, de madrugada, à fonte mais próxima, em longa procissão. Cerimônia de purificação dos candomblés (Édison Carneiro, *Candomblés da Bahia*, 116, Bahia, 1948).

ÁGUA DOS AXÉS. Líquido que contém um pouco do sangue de todos os animais sacrificados, em todos os tempos, no candomblé (Édison Carneiro, *Candomblés da Bahia*, 116, Bahia, 1948).

ÁGUA-PANADA. Infusão feita com pão estorricado, muito usada pela medicina caseira para afecções intestinais (Domingos Vieira Filho, *A Linguagem Popular do Maranhão*, S. Luís, 1953). É de origem portuguesa. "Água-panada, água preparada lançando-lhe uma côdea de pão torrado, na proporção de 60 gramas para um litro de água; dá-se aos doentes como bebida refrigerante" (*Dicionário* do Dr. Frei Domingos Vieira).

AGUADEIROS. Vendedores de água quando não havia serviço de canalização domiciliar. Em Natal eram denominados *canequeiros*. Transportavam o líquido colhido nas bicas e xafarizes públicos, em barris, depois em vasos de folha de flandres, equilibrados à cabeça, contendo 30 litros. As escravas utilizavam potes de barro. Rugendas fixou em desenho conhecido uma dessas cenas no velho Rio de Janeiro, evocadas pelos pesquisadores como figuras típicas nas vilas e cidades dos finais do séc. XVIII em diante. Os aguadeiros tinham amuletos defensivos contra o *mau-olhado* e superstições propiciatórias do êxito. As primeiras cargas traziam um galhinho de arruda ou mesmo simples folha, boiando. Deixavam que o líquido *esborrotasse*, transbordando, para *dar sorte*. Enchendo apenas *na conta* era agouro. Equilibrados os canecões ou barris a cabeça, era preceito não ajudar com o apoio da mão. Consistia prova de velha prática conduzi-los, direitos e firmes, até arriar, descer o caneção em casa do freguês. O primeiro a encher deveria ser homem, e não mulher, *para não atrasar*. Os aguadeiros caminhavam num passo miúdo, quase a trote, sem tocar no caneção, sob pena da zombaria dos companheiros. Alguns amarravam na asa do vaso um cordel com uma figa de osso ou madeira. A *labuta* era das 5 às 10 e das 3 às 6 da tarde. Carregar água de noite era *chamar desgraça* para quem dela se servisse. Em certa noite do ano, as almas dos aguadeiros vêm *tirar água* na Bica de São Pedro, em Olinda.

AGUARÁ. Nenhum pormenor tenho sobre esse orixá. João do Rio (*Religiões do Rio*, 28) informa simplesmente: "Em pouco tempo estava relacionado com Exu, o diabo... e as divindades beiçudas, esposas dos santos — Aquará, etc.".

AGUARDENTE. Ver *Jeribita*.

AGUÊ. Piano de cuia nas orquestras afro-brasileiras da Bahia. Cabaça grande, envolta num trançado de algodão, à semelhança de rede de pescaria, tendo presos pequenos búzios nos pontos de intersecção das linhas. Esta rede fica um pouco folgada em torno da cabaça, de modo que, agitada, esta produza ruído, que é aumentado pelo rolar de alguns seixos no interior do instrumento (Manuel Querino, *Costumes Africanos no Brasil*, 106). Também conhecido por amalé, xaque-xaque, cabaça (Renato Almeida, 114, *História da Música Brasileira*).

AGUIRI. Amuleto dos negros brasileiros descendentes de escravos sudaneses. Usam o aguiri especialmente os chefes religiosos, babalorixás. "Pai Rosendo, de quem Mãe Maria é filha, estava na festa e, a meu pedido, mostrou-me o aguiri da Costa pelo qual já enjeitou dois contos de réis. O aguiri livra de todos os perigos aqueles que o trazem debaixo do braço direito. Mas não só livra como dá sorte também. O aguiri consta de três pequenas caixas de couro em forma de pentágono unidas por um cordão. Dentro das caixinhas é que estão os "preparos" (Pedro Cavalcânti, *in Xangôs do Nordeste*, 98, Gonçalves Fernandes). Ver *Oguiri*.

AGULHA. Em noite de São João, duas agulhas metidas numa bacia d'água indicam casamento, se as agulhas se ajuntarem. Quebrar uma agulha ao coser um vestido é sinal que não viverá para usá-lo; a agulha com que se cose a mortalha deve ir com o defunto para a cova (Studart, n⁰ˢ 59, 85, 122, *in Antologia do Folclore Brasileiro*, vol. 2, 34, 36, 37, 6ª ed., São Paulo, Global, 2004). "Agulha que fura o dedo denuncia que a dona do vestido não será grata a quem o fez. Quem encontrar agulha de coser não deve se servir dela, pois é condutora de grandes infortúnios, principalmente se coseu roupa de defunto" (Studart, n.º 334). Quando uma agulha se enterra em alguém, é conveniente extraí-la logo, porque percorrerá todo o corpo, determinando a morte ao atingir o coração.

AIACÓ. Mãe da noite (João do Rio, *Religiões do Rio*, 28; Luciano Gallet, *Estudos de Folclore*, 58). Nenhum pormenor sobre esse orixá, casada com ente poderoso, mas sem possibilidade momentânea de identificação. João do Rio escreveu *aya-có*, Gallet, *aiacó*.

AIAPÁ. "Chocalhos feitos do caroço da fruta de um cipó e, algumas vezes, de casco de unha-de-veado, usados no artelho da perna direita pelos que puxam a dança e outras vezes amarrados na extremidade de longas varas, com que marcam o compasso" (Stradelli, *Vocabulário*, 363). Nas gravuras de Bry aparecem, nas danças coletivas indígenas do séc. XVI, essas guizeiras, presas abaixo do joelho, para ritmar o bailado. Hans Staden (*Viagem ao Brasil*): "... amarram-me numa perna umas coisas que chocalhavam... (70) ... Depois começaram as mulheres a cantar e, conforme um som dado, tinha eu de bater no chão com o pé; em que estavam atados os chocalhos, para chocalhar em acompanhamento do canto" (71). Sobre os tupinambás da Bahia, informa Gabriel Soares de Sousa: "... e nos pés uns cascavéis de certas ervas da feição de castanhas, cujo tinido se ouve muito longe"(*Tratado Descritivo do Brasil em 1587*, 372). Os tempés chamam-nos *auáiú* e são ligas com guizos feitos de frutos secos do pequi, *Caryocar brasiliensis*. Conhecem os bororós esse instrumento cadenciador. Essas guizeiras usadas nos tornozelos são universais. Ocorre nos tupis brasileiros como nos yaquis do Estado de Sonora, México, gente da raça nahua (*Mexico Music*, pub. Museum of Modern Art of New York, maio de 1940), onde se chamam *tenabari*; nos *calusaris* da Romênia, no bailado *du cheval* (Curt Sachs, *Histoire de la Danse*, Paris, 1938, 6ª ed., *planche-X*) e nos negros de Moçambique, onde o denominam *maganzas*. Arnon de Melo (*África*, Rio de Janeiro, 1939): "Os meninos têm às pernas *maganzas*, espécie de pequenas cabaças cheias de sementes, que fazem ruído, quando eles se movimentam." (180). Ver *Maçaquaias*.

AIAPÉ. Ver *Guararás*.

AI - A - SARI. Terceira oração dos malês muçulmanos.

AIDJE. Ver *Rói-Rói* e *Zumbidor*.

A - I - É. Festa religiosa e profana dos negros baianos no primeiro dia do ano. "No primeiro de janeiro costumavam dar uma função, para a qual se cotizavam com antecedência; era a festa chamada de *A-i-é*, isto é, festa de todos. O objetivo era cumprimentar o Ano-Novo, augurando felicidades e boa colheita na agricultura." (Manuel Querino, 52-53, *Costumes Africanos no Brasil*).

AI-LÁ. Segunda oração dos negros malês muçulmanos.

AIOCÁ. Princesa de Aiocá, um dos cinco nomes dados na Bahia a Iemanjá, orixá das águas do culto jeje-nagô. "Iria agora com Iemanjá, dona Janaína dos canoeiros, Princesa de Aiocá dos negros, correr por baixo das águas. Talvez ela o levasse para a terra de Aiocá que era a sua terra." (Jorge Amado, *Mar Morto*, 93). "Iemanjá, que é dona do cais, dos saveiros, da vida deles todos, tem cinco nomes doces que todo mundo sabe. Ela se chama Iemanjá, sempre foi chamada assim e esse é seu verdadeiro nome, de dona das águas, de senhora dos oceanos. No entanto, os canoeiros amam chamá-la de dona Janaína, e os pretos, que são seus filhos mais diletos, que dançam para ela e mais que todos a temem, a chamam de Inaê, com devoção, ou fazem suas súplicas à Princesa de Aiocá, rainha dessas terras misteriosas que se escondem na linha azul que as separa das outras terras. Porém, as mulheres do cais, que são simples e valentes, Rosa Palmeirão, as mulheres da vida, as mulheres casadas, as moças que esperam noivos, a tratam de dona Maria, e mesmo o mais bonito, e mesmo o mais bonito de todos, o mais venerado e assim o dão a Iemanjá como um presente, como se lhe levassem uma caixa de sabonetes à sua pedra no Dique. Ela é sereia, é a mãe-d'água, a dona do mar, Iemanjá, dona Janaína, dona Maria, Inaê, Princesa de Aiocá. Ela domina esses mares, ela adora a lua que vem ver nas noites sem nuvens, ela ama as músicas dos negros. Todo ano se faz a festa de Iemanjá, no Dique e em Mont'Serrat. Então a chamam por todos os seus cinco nomes, dão-lhe todos os seus títulos, levam-lhe presentes, cantam para ela." (*Idem*, 99-100). "... quando fosse (é o fim de todos eles...) com Iemanjá para as terras do Sem Fim de Aiocá, terra natal dos marítimos, onde está a única mulher que eles, realmente, devem possuir: Janaína, misteriosa de cinco nomes" *Idem*, 160). Aiocá: O fundo do mar. Usado, principalmente, em expressões como Rainha ou Princesa do Aiocá, referentes à mãe-d'água. Arucá (Édison Carneiro, *Candomblés da Bahia*, 116, Bahia, 1948). Ver *Iemanjá*.

AIPIM. Mandioca doce, macaxeira (*Manihot aipi*, Pohl), aipimacaxera de Marcgrave. Gabriel Soares de Sousa: "Dá nesta terra outra casta de mandioca, a que o gentio chama aipins, cujas raízes são da feição da mesma mandioca, e para se recolherem estas raízes as conhecem os índios pela cor dos ramos, no que atinam poucos portugueses. E estas raízes dos aipins são alvíssimas; como estão cruas sabem às castanhas cruas de Espanha; assadas são muito doces e têm o mesmo sabor das castanhas assadas, e d'avantagem, as quais se comem também cozidas e são muito saborosas; e de uma maneira e da outra são ventosas como as castanhas. Destes aipins se aproveitam nas povoações novas, porque como são de cinco meses, se começam a comer assadas, e como passam de seis meses, fazem-se duros, e não se assam bem; mas servem então para beijus e para farinha fresca, que é mais doce que a da mandioca, as quais raízes duram pouco debaixo da terra, e como passam de oito meses, apodrecem muito... Os índios se valem dos aipins para nas suas festas fazerem deles cozidos seus vinhos, para o que os plantam mais que para os comerem assados, como fazem os portugueses" (*Tratado Descritivo do Brasil em 1587*, São Paulo, 1938, 195-196). O cauim da macaxeira era bebida apreciadíssima, e cronistas, viajantes e missionários dos séculos XVI e XVII elogiam o sabor e registram o cerimonial do seu fabrico e degustação. Mastigada a raiz pelas mulheres indígenas, ferviam em grandes jarras e novamente mastigadas e impregnadas de saliva eram postas num recipiente cheio d'água fresca. Punham um pouco de milho e levavam ao fogo, para uma segunda fervura. Depois a bebida era guardada em vasos meio enterrados e repousavam dois ou mais dias. Era esse o fabrico, segundo testemunhas como Hans Staden, Gabriel Soares de Sousa, Jean de Lery e Frei Claude d'Abbeville. Os gabos são variados. Fernão Cardim: "Os índios fazem vinho dela, e é tão fresco e medicinal para o fígado que a ele se atribui não haver entre eles doentes do fígado" (70-71). Marcgrave: "Da raiz da aipimacaxera, seca e cozida, prepara-se uma bebida alvacenta como leite desnatado; é de agradável sabor, um pouco ácida; é servida morna; tem o nome de cavimacaxera" (*História Natural do Brasil*, 67, São Paulo, 1942). Caapimacaxeira. Ainda é fabricada e bebida por certas tribos no Pará e Amazonas. Foi a primeira bebida oficial nos banquetes e festas indígenas recebendo europeus.

AIRÁ. "Foi, também, nesses candomblés afro-bantos que notei a maior frequência do aparecimento do orixá nas suas formas Xangô de Ouro e Airá, resultado das modificações *kêtu* à mitologia jeje-nagô. O observador não terá grandes dificuldades para identificá-los. Xangô de Ouro é o Xangô de meninos ou meninas, dos adolescentes em geral, e traja-se das mais variegadas cores: Barreto Vermelho! / Meu Pai São Jerônimo! / Pelo ronco do trovão, / Eu me chamo Xangô de Ouro! / Enquanto Airá é o Xangô dos velhos, vestindo-se apenas de branco e vermelho, ou melhor, de branco com barras vermelhas. O seguinte cântico, colhido por mim no candomblé de Paim, dirige-se a este *velho* Xangô: – Airá! / Dá quem quê! / 'luwá mi! / Só Mãe-e-Mãe Celeste! / Orixá kêlesse lewá / Airá! / A-ê-ô! / O terceiro verso deste cântico – 'luwá mi (*Oluwá mi*) – significa "meu senhor", em nagô, o que prova o conceito em que têm o orixá os negros bantos da Bahia" (Édison Carneiro, *Negros Bantos*, 52-53). Kêtu é um ramo dos jejes.

AI-I-Ú. Jogo africano de tabuleiro, com frutos escuros, muito apreciado pelos escravos e carregadores na Cidade de Salvador, Bahia, até princípios do século XX. Manuel Querino descreve-o: "Nas horas de descanso entretinham-se (os africanos libertos) a jogar o *A-i-ú*, que consistia num pedaço de tábua, com doze partes côncavas, onde colocavam e retiravam os *a-i-ús*, pequenos frutos cor de chumbo, originários da África, e de forte consistência. Entretinham-se largo tempo nessa distração" (95, *Costumes Africanos no Brasil*). O Prof. Melville J. Herskovits (*Pesquisas Etnográficas na Bahia*, 1943) faz ressaltar a importância desse jogo e sua área de influência na África: "Uma sobrevivência africana muito significativa, ora desaparecida e que vem mencionada neste trecho do livro, não recebeu a atenção que merece. É onde Querino fala dos *bantos* empregando seu tempo livre em um jogo que ele denomina *a-i-ú*, *ayú* na Nigéria, *adji* no Daomei, *wari* entre o povo Ashanti. Trata-se de uma das mais características e mais largamente espalhadas formas africanas de recreação, até agora encontrada sob mais de cem formas diferentes em todo o continente e no Novo Mundo." (Cf. M. J. Herskovits, "Wari in the New World", *Journal of the Royal Anthropological Institute*, vol. I, XII (1932), pp. 23-27; 13).

AJÁ. Do ioruba *ajá*, entre os nagôs, é o espírito benfazejo que leva pessoas, arrebatando-as num redemoinho de vento, para em lugares desertos ou nas florestas, de três e nove anos, instruí-las acerca da magia e de toda a sorte de mezinhas (Jacques Raimundo, O *Negro Brasileiro*, 36, Rio de Janeiro, 1936). Ver *Oxambim*.

AJÊ-XALUGÁ. Deus da medicina, deus da saúde para os nagôs, assim como Ajá e Ochanbin; Nina Rodrigues (342, *Africanos no Brasil*), que escrevia Agê Chalugá. Quando rebentou o ventre de Iemanjá, nasceram quinze orixás. Ajê-Xalugá é o décimo segundo, conforme A. Ellis resumido por Nina Rodrigues, 331. Seu culto está desaparecendo. "... como Ajê-Xalugá, deus da saúde, cuja memória vai-se perdendo com o passar do tempo" (Édison Carneiro, 59, *Negros Bantos*).

AJIBONÃ. Auxiliar da mãe de santo, acompanhando a filha de santo, o cavalo de santo, ou a Iauô que está cumprindo os preceitos da iniciação. Jibonã. "A mulher *feita* tem *mãe de santo* que lhe observa os preceitos a cumprir, dirigindo-lhe as cerimônias, e bem assim outra pessoa, como auxiliar daquela, e que tem o nome de *Jibonã*." (Manuel Querino, *Costumes Africanos no Brasil*, 74). Agibonã (João do Rio, *Religiões do Rio*, 4). Jacques Raimundo fixou a grafia. Do iorubano *ajiibuwoh ohná*, a que vigia a câmara do trabalho – de *ji*, vigiar, com pref. *a*, o que vigia; *ibuwóh*, câmara; *obná*, trabalho, serviço (*O Negro Brasileiro*). Ver *Iaque-Que-Rê*.

AJÓ. Oração recitada durante o preparo de um ebó, feitiço, nas antigas macumbas do Rio de Janeiro. João do Rio e Hernani de Irajá (*Feitiços e Crendices*, 40) escreveram Ojó, mas Jacques Raimundo (*O Negro Brasileiro*, 160) evidenciou tratar-se do vocábulo iorubano *ãjò*, oração, reza.

AJUCÁ. Festa da jurema entre os indígenas e mestiços do Brejo dos Padres, Tacaratu, Pernambuco, registrado por Carlos Estêvão ("Ossuário da gruta do Padre em Itaparica e algumas notícias sobre os remanescentes indígenas do Nordeste," *Boletim do Museu Nacional*, XIV-XVII, Rio de Janeiro, 1942, 165-167). Reunidos os indígenas na serra, as raízes da jurema (ver *Jurema*) são raspadas, lavadas as raspas e maceradas de encontro às pedras, espremida a massa numa vasilha com água fresca. Pouco a pouco a mistura se torna vermelha e espumosa. Retiram a espuma e um mestre, com o cachimbo de raiz de jurema, aceso, defuma a bebida, soprando pelo fornilho e a fumaça saindo pelo cano do cachimbo, em cruz. As velhas sabedoras de alguns segredos e senhoras das cantigas tribais, as "Cantadeiras", assistem à cerimônia. Todos acendem os cachimbos, que passam de boca em boca, fraternal e simbolicamente, fechando o círculo da solidariedade sagrada. Uma "Cantadeira", tocando o maracá, canta invocações a Jesus Cristo, Deus, Mãe de Deus, Nossa Senhora, Padre Eterno, Padre Cícero, etc., pedindo bênçãos e felicidades para todos os presentes. O chefe serve então a bebida sagrada, individualmente, apenas alguns goles, sorvidos com o máximo respeito. Terminada a libação, o resto é derramado num buraco feito para este fim." Todas essas cenas passaram-se ao som das cantigas e ao toque dos maracás. Quando uma cantadeira cansava, a outra principiava. Os cachimbos, hora por outra, percorriam o círculo, passando de mão em mão e de boca a boca. Ao terminar, homens e mulheres puseram-se de pé. As *cantadeiras* começaram então, com os maracás, a benzer a todos os presentes, um a um, inclusive eu, sempre cantando... Prosseguindo, Pastora (Maria Pastora, uma das *Cantadeiras*) mandou chamar e benzeu todos que se encontravam por perto e não tiveram permissão para assistir ao *Ajucá*. Por fim, as duas despediram-se, fazendo protestos de solidariedade ao chefe. Antes, porém, de irem embora, Maria Pastora, de pé, balbuciou uma prece aos dois espíritos protetores da aldeia." Um dos *reinos* no catimbó é *Vajucá*, talvez corrução de *Ajucá*. (Ver Luís da Câmara Cascudo, *Meleagro*, 98-99, Rio de Janeiro, Agir, 1978).

AJUDA. Ver *Adjunto*.

AJURI. Aiuri, ajuntamento, reunião (rio Negro, Amazonas). É a reunião que se efetua a pedido do dono do trabalho, que precisa de adjutório para levar a efeito algum trabalho, que precisa fazer-se no menor tempo possível, como seria: derrubar o mato, barrear as paredes das casas de taipa, etc. O dono do serviço, que se prepara sempre com certa antecedência, pelo tempo em que dura o trabalho, trata os convidados largamente, tanto de comida como de bebida, e no fim há geralmente ladainhas e danças. É prática de boa vizinhança, e os que acodem ao convite têm por sua vez o direito de ver retribuído, quando for preciso, o auxílio que prestam. É o mesmo que no Baixo Amazonas chamam *potirum* (Stradelli, *Vocabulário*, cit. 365). Ver *Mutirão*, *Adjunto*.

ALABÁ. O mesmo que elegbará, orixá jeje, o mesmo Exu dos negros (João do Rio, *Religiões do Rio*, 28; Artur Ramos, O *Negro Brasileiro*, 39). Ver *Doú* e *Alabá*.

ALABÊ. O chefe dos tamberes nos candomblés jeje-nagôs da Bahia (Donald Pierson, *Brancos e Pretos na Bahia*, 364). "O alabê dirige os tocadores de tabaque e a sua importância fica limitada aos momentos em que faz ressoar o seu instrumento, que os negros acreditam ser uma espécie de telégrafo entre os mortais e os orixás" (Édison Carneiro, *Candomblés da Bahia*, Revista do Arquivo Municipal, São Paulo, LXXXIV, 132).

ALAFI. Personagem que nas macumbas do Rio de Janeiro acompanha os que se mascaram de espírito, guardando-lhes a entrada da porta. João do Rio (*Religiões do Rio*, 44), grafou atafim ou confidente, que Jacques Raimundo diz ser erro (*O Negro Brasileiro*, 146).

ALAFREQUETE. Ver *Aniflaquete*.

ALAMBICA. Jerimu (abóbora) cozido com toucinho; sopa de jerimu com leite (José Saturnino, *Língua Portuguesa*, II, 199-200, Natal, 1942). Talvez apenas no Rio Grande do Norte.

ALAMOA. Duende feminino que aparece na ilha Fernando de Noronha. É uma mulher branca, loura, nua, tentando os pescadores ou caminhantes retardados. Transforma-se num esqueleto, endoidecendo o namorado que a seguiu. Aparece também como uma luz ofuscante, policolor, perseguindo quem foge dela. Sua residência é o Pico, elevação rochosa, de mil pés de altura, absolutamente inacessível. "Às sextas-feiras a pedra do Pico se fende e na chamada porta do Pico aparece uma luz. A *alamoa* vaga pelas redondezas. A luz atrai sempre as mariposas e os viandantes. Quando um destes se aproxima da porta do Pico, vê uma mulher loura, nua como Eva antes do pecado. O níveo corpo é mal coberto pela coma loura que vai quase ao chão. Os habitantes de Fernando chamam-na *alamoa*, corruptela de alemã, porque para eles mulher loura só pode ser alemã... O enamorado viandante entra a porta do Pico, crente de ter entrado num palácio de Venusberg, para fruir as delícias daquele corpo fascinante. Ele, entretanto, é mais infeliz que o cavalheiro Tannhauser. A ninfa dos montes transforma-se de repente numa caveira baudelairiana. Os seus lindos olhos, que tinham o lume das estrelas, são dois buracos horripilantes. E a pedra logo se fecha novamente atrás do louco apaixonado. Ele desaparece para sempre" (Olavo Dantas, *Sob o Céu dos Trópicos*, 28, Rio de Janeiro, 1938). Pereira da Costa apenas cita (*Folclore Pernambucano*, 9) "a lenda da *alamoa*, essa fulva e cruel donzela, a fada e o gênio mau da ilha presidiária de Fernando de Noronha, levando o terror por toda parte nas suas correrias noturnas, lenda vulgaríssima ali, e que Gustavo Adolfo recolheu da tradição popular entre os velhos presidiários, é indubitavelmente uma reminiscência holandesa". No Rio Grande do Sul, município de Santa Maria, havia uma povoação "Alemoa", hoje "Otávio Lima". Em Portugal, *alemoa* ou *alamoa* são sinônimos de alemã e denominam mulheres altas, gordas, grandes, brancas, de amplos seios, também conhecidas por *amazonas* e *almajonas* no Minho e na Beira Alta, alamoas em Famalicão (J. Leite de Vasconcelos, *Tradições Populares de Portugal*, 279, Porto, 1882). O mito de Fernando de Noronha nada tem de holandês. É um processo comum de convergência entre os mitos ígneos, luzes, fachos, fogos-fátuos, e os de mulher encantada, sereia, mãe-d'água, fantasma lúbrico noturno, etc. Ainda há uma terceira acepção, registrada por Mário Melo (*Arquipélago de Fernando de Noronha*, 67-68, Recife, 1916): o espectro guarda um tesouro, oferecendo-o aos corajosos. "No alto da baliza (Pico) aparece uma luz peregrina, alma errante de linda francesa, algumas vezes encarnada em ser humano. Viram-na sentenciados aos quais a francesa lhes ofereceu um tesouro. Certo dia, um presidiário pescava sozinho ao escurecer. Sentiu presa ao anzol. Ergueu a vara. Era o rosto da francesa em corpo de sereia. O pescador correu e a visão lhe chamou miserável por não ter querido desenterrar o tesouro. E a luz há de viver no Pico como fogo-fátuo, até que um dia o ouro que o espírito guarda seja dado a alguém." Não há nome de *alamoa* nem sedução sexual mas outros elementos ocorrem, tesouro, sereia, a ligação luminosa, etc. A pele, olhos e cabelos da alamoa são as da convencional Iara, pele branca, olhos azuis, cabelo louro. O encontro noturno com uma mulher bonita, que se muda em esqueleto ou corpo morto é um tema popular, havendo mesmo cantigas narrando essa aventura. Pereira da Costa (*Folclore Pernambucano*, 461) recolheu uma "modinha" no assunto, ainda cantada no Rio Grande do Norte. O primeiro a registrar, literariamente, o mito da *alamoa* foi o poeta Gustavo Adolfo (*Risos e Lágrimas*, Recife, 1882). As figuras agora fundidas, a luz do Pico e a Alamoa, estavam perfeitamente distintas e assim o poeta as decantou no seu esquecido livrinho de 1882. Fácil é encontrar o elemento da *alamoa* na "Dama Branca" que vagueia nas praias de Cananeia, em São Paulo. É uma *alamoa* sem os clarões, a promessa do ouro, mas despertando a fome sexual. Dalmo Belfort de Matos ("Folclore Praiano de São Paulo", *Revista do Arquivo Municipal*, LVII, 1939) escreve: "Dama branca, mulher misteriosa que surge nas praias de Cananeia, trajando longo vestido de seda branca, e o olhar mais misterioso ainda. Ninguém sabe quem é. Não responde às perguntas dos praieiros. Mas, se alguém a segue, encaminha-se para o Morro de São João, que domina a cidade. E nunca mais se tem notícias do seu perseguidor" (155). Ver *Jogo de Baralho*.

ALARDO. Festa popular no Estado do Espírito Santo. "Alardo: dramatização popular, que envolve duas hostes adversárias, os *cristãos* e os *mouros*, empenhados em lutas pela posse da imagem de São Sebastião. Partes da Festa: Tomada das figuras. Reverência ao santo (pelos *cristãos*). Embaixadas (três de cada hoste). Combates corpo a corpo. Procissão da imagem. Batismo dos *mouros*, vencidos. Compromisso dos festeiros. Duração e época da festa: Dois dias, 19 e 20 de janeiro. Às vezes realiza-se a festa no ciclo do Natal. Região do Espírito Santo: norte do Estado; Conceição da Barra (maior incremento), São Mateus, Itaúna, Mucuri. Armas usadas: espadas, lanças, alabardas, adagas e sabres, além de espingardas para tiros de pólvora seca. Cada bando tem o seu vistoso pavilhão, azul o dos *cristãos*, vermelho o dos *mouros* (Guilherme Santos Neves, Vitória, Espírito Santo). Alardo, resenha da gente de guerra, revista que se passa à tropa, mostra, parada militar, aparato guerreiro.

ALBERTO FARIA. Nasceu na cidade do Rio de Janeiro a 19 de outubro de 1869 e faleceu na ilha de Paquetá, Distrito Federal, a 8 de setembro de 1925. Fixou-se, desde 1881, em Campinas, São Paulo, ensinando, dirigindo jornais onde mantinha seções diárias que se tornaram célebres pela erudição e originalidade dos assuntos, filológicos e folclóricos, ou de literatura comparada, professor no Ginásio de Campinas, colaborando em revistas e jornais do Rio de Janeiro, era admirado e compreendido entre os mais completos conhecedores da bibliografia brasileira, pesquisador e divulgador ágil e claro. Bibliografia essencial: "Aérides", *Literatura e Folclore*, Rio de Janeiro, 1918 (Jacinto Ribeiro dos Santos, Ed.); "Acendalhas", *Literatura e Folclore*, Rio de Janeiro, 1920 (Leite Ribeiro & Maurilo, eds.). Uma sua conferência, "Poesia Popular do Brasil", realizada no Centro de Ciência, Letras e Artes de Campinas, a 24 de dezembro de 1909, foi publicada pela revista do mesmo nome, n°s 23 e 24, ano VIII, fascículo 3-4, Campinas, 1910, sendo uma das mais interessantes exposições dos temas, com os cotejos e informações preciosas. Foi republicada na *Antologia do Folclore Brasileiro*, vol. 2, 135--155, 6ª ed., São Paulo, Global, 2004. Na Academia Brasileira de Letras, de que era membro, Alberto Faria fez conferência que a revista respectiva divulgou. São assuntos de interesse etnográfico e folclórico: "Nariz e Narizes", n.º 39, março de 1925; "Sinos", n.º 44, agosto de 1925; "Andorinhas", n.º 137, maio de 1933; "O Galo Através dos Séculos", n.º 140, agosto de 1933. No *Almanaque Garnier*, Rio de Janeiro, 1909, há um pequeno estudo sobre "Os Jogos Infantis", 235-239.

ALBERTO FIGUEIREDO PIMENTEL. Nasceu na cidade de Macaé, província do Rio de Janeiro, a 11 de outubro de 1869, e faleceu no Rio de Janeiro a 5 de fevereiro de 1914. Publicou uns dez volumes de versos, romances, crônicas. Na "Gazeta de Notícias" tornou famosa a sua seção "Binóculo", registrando a vida social de então. Divulgou na sociedade o corso de carruagens, a batalha de flores e elevou às condições de indispensabilidade elegante o *five o'clock tea*. Era a suprema autoridade nos assuntos de protocolo e indumentária. Esse cronista cheio de exigências cerimoniáticas foi o popularizador da literatura infantil, traduzindo, adaptando, registrando da tradição oral, os contos populares mais conhecidos, obtendo dezenas de edições, lidas por todo o Brasil: *Contos da Carochinha*, 1894; *Histórias da Avozinha*, 1896, e *Histórias da Baratinha*, 1896. Esses volumes continuam sendo reeditados e são o índice da popularidade tradicional do conto oral, amado pelas crianças e sabido por todas as idades.

ALCEU MAYNARD ARAÚJO. Nasceu em Piracicaba, São Paulo, a 21 de dezembro de 1913, falecendo na capital paulista em 26 de fevereiro de 1974. Com vários cursos distintos, bacharelou-se em Ciências Jurídicas e Sociais, São Paulo, 1952. Professor, diretor de escolas especializadas, possuía elevada capacidade de investigador, conhecimentos básicos, que o exercício pedagógico determinava magistral comunicação. Viajou todo Brasil, interessando-se pelos mais diversos ângulos folclóricos, divulgando-os em livros essenciais no plano sistemático. Pertenceu à Academia Paulista de Letras. Os trabalhos mais característicos: *Folclore Nacional*, três tomos, 1964; *Medicina Rústica*, 1961; *Poranduba Paulista*, 1957, todos editados em São Paulo. Ver Bráulio do Nascimento, *Bibliografia do Folclore Brasileiro*, Rio de Janeiro, 1971. Valoriza os livros de Alceu Maynard Araújo a profusão documental de desenhos e fotografias.

ALCIDES BEZERRA. João Alcides Bezerra Cavalcânti nasceu na cidade da Paraíba, hoje João Pessoa, a 24 de outubro de 1891, e faleceu no Rio de Janeiro em 29 de maio de 1938. Bacharel pela Faculdade de Direito do Recife em 1911, desempenhou vários cargos na Paraíba, inclusive o de diretor-geral da Instrução Pública, deputado estadual, procurador da República, etc. Em 1922 assumiu a direção do Arquivo Nacional, no Rio de Janeiro, em cujas funções se encontrava quando morreu. Historiador, filósofo, sociólogo, ensaísta, sua bibliografia tem todos esses aspectos, expressos com segurança e honestidade cultural. Concorreu para a divulgação dos estudos do folclore, examinando temas demopsicológicos. Bibliografia essencial: "Restos de Antigos Cultos na Paraíba", *Revista do Instituto Histórico e Geográfico Paraibano*, vol. 3º, 9, Paraíba, 1911; "Demopsicologia", "Adivinhas", mesma revista, vol. 4, 1913; "Análise Folclórica de um Romance", no *Boletim de Ariel*, n.º 191, Rio de Janeiro, 1934. O estudo sobre as "Adivinhas" foi transcrito em *Antologia do Folclore Brasileiro*, vol. 2, 253-262, São Paulo, Global, 2004.

ALECRIM. (*Rosmarinum officinale*, L.) Alecrim de casa, alecrim de cheiro, alecrim das hortas, rosmarim dos alemães, que, o chamam também *Kranzenkraut*, erva para coroas, tecendo com elas as grinaldas entre louros e mirtos. Na farmacopeia popular é um vulnerário, para banhos, chá para rouquidão, tosse, sufocação. Possui virtudes miríficas, quando retirado ao andor de Nosso Senhor dos Passos na sexta-feira da "Procissão do Encontro". Muito prestigioso na bruxaria portuguesa e ibero-

-americana. Desvia o mau-olhado com seu olor. J. Leite de Vasconcelos (*Tradições Populares de Portugal*, 109, Porto, 1882) recolheu uma quadrinha alusiva ao poder medicamentoso dessa labiada, registrada em Vila Nova de Gaia:

"Quem pelo alecrim passou
E não cheirou,
Se mal estava,
Pior ficou!..."

Do *Cancioneiro Guasca* (J. Simões Lopes Neto, 80, 95):

"Deita-te em cama de rosas,
Travesseiro de alecrim:
No meio deste teu sono
Solta um suspiro por mim.
Alecrim metido n'água
Pode estar quarenta dias!
Um amor longe do outro
Murcha as suas alegrias."

Do *Cancioneiro de Trovas do Brasil Central* (A. Americano do Brasil, 97):

"Alecrim que tanto cheira
Na cabeça de meu bem
Estou bem desconfiado
Que foi dado por alguém.

Alecrim seco se chama
Uma esperança perdida,
Quem não ama o que deseja
É melhor não ter mais vida."

É igualmente condimento culinário, indispensável nas gemadas frias. Enfeitam com alecrim o caixão que leva o cadáver das crianças. "Me contaram que na casa dele não se usa alecrim como tempero... — Por quê? — Porque ele tem cisma com alecrim. Diz ele que Deus fez alecrim foi para se enfeitar caixão de defunto" (Leonardo Mota, *No Tempo de Lampião*, 122, Rio de Janeiro, 1930). Em Portugal, Idanha-a-Nova, Beira:

"Quem pelo alecrim passou
e um raminho não cortou
de Jesus se não lembrou."

(Jaime Lopes Dias, *Etnografia da Beira*, vol. V, 200, Lisboa, 1938). O Sr. A. Pinto de Almeida ("Notas de Medicina Popular de Valbom," 77, Gondomar, *Arquivos de Medicina Popular*, Porto, 1944) registra um ensalmo para defumar. A *mulher de virtude*, bruxa, rezadeira, faz arder alecrim, incenso, mostarda em grão, raminhos de oliveira, carqueja, carquejuda e brasas, passando o consulente através da fumaça, em forma de cruz. Se o doente está de cama, benzem-no no leito, repassando o braseiro fumegante encruzilhadamente. Acompanha o ensalmo onde só se fala no alecrim, todo-poderoso:

"Assim como o alecrim é bento
Eu te defumo em louvor ao SS.
    Sacramento. (3 vezes).
E assim como as pessoas da SS.
    Trindade,
Creio que elas podem
Donde este mal veio requerido
    ou empecido
Para lá torne. (3 vezes).
Assim como Nossa Senhora
Defumou a camisa de seu Bendito
    Amado Filho para cheirar,
Também eu defumo o teu corpo
    para sarar. (3 vezes).
Assim como Nossa Senhora passou
    pelo alecrim e o abençoou,
Assim eu te defumo para te desligar
    de todo o mal que no teu
    corpo entrou." (3 vezes).

Depois também se diz o Credo e há quem diga a oração do anjo custódio. As cinzas do brasido, depois de espargidas com água (3 partes) em cruz, para que não causem mal a quem quer que seja, são deitadas numa encruzilhada ou num riacho de água corredia (77).

ALEXINA DE MAGALHÃES PINTO. Nasceu em São João Del-Rei, Minas Gerais, a 4 de julho de 1870. Surda, vitimou-a uma locomotiva em Correias, Estado do Rio de Janeiro, a 17 de fevereiro de 1921. Com vocação ao magistério, viajou pela Europa em 1892, tornando-se pioneira da moderna didática. No intenso convívio infantil e popular, coligiu vasto documentário da literatura oral, romances, contos, provérbios, divertimentos, sendo a primeira brasileira a valorizar a cultura tradicional do seu povo, divulgando-a em livros popularíssimos nas primeiras décadas do séc. XX: *Contribuição do Folklore brasileiro para a biblioteca infantil*, Rio de Janeiro, 1907; *Nossos Brinquedos*, Lisboa, 1909; *Cantigas das Crianças e do Povo* e *Danças Populares*, Rio de Janeiro, 1911; *Provérbios Populares, Máximas e Observações Usuais*, coligidos na tradição oral, Rio de Janeiro, 1917. Algumas boas pesquisas estão incluídas no "Anuário Brasileiro Garnier", Rio de Janeiro, 1908, 1910, 1911, 1912.

ALFAZEMA. (*Lavandula vera, Lavandula officinalis*, L.) *Aspic* dos franceses e *Lavandel* dos alemães, aromático, sedativo, é o perfume tradicional dos enxovais de crianças recém-nascidas, uma das folhas clássicas para os "banhos de cheiro." F. C. Hoehne (*O Que Vendem os Hervanários na Cidade de São Paulo*, 27, S. Paulo, 1920) lembra que o nome científico de lavandula deve provir do latim *lavare*, lavar, banhar-se, porque os romanos usavam alfazema nos seus banhos e ainda hoje o consumo é geral, especialmente na Europa. No sul da França é planta nativa.

ALFELÔ. Alfeolo, felô, e em Portugal alfélua, alféloa. Os árabes levaram-no à Península. Era um dos doces mais antigos e mais típicos, popularíssimo em sua simplicidade para fazer e comer. De *al-helua*, genérico de doces. Pasta de mel ou açúcar em "ponto grosso", esfriam-no manipulando, puxando-o, até embranquecer. Torcem-no como uma coluninha salomônica. Vendido embrulhado em papel. Fernão Lopes citava, em meios do séc. XV: "E tais hi havia, que se mantinham com alféloa" (*Crônica de D. João I*, parte I, cap. 148). Diz-se felô, quando de açúcar branco, e *puxa-puxa*, sendo feito de melaço, mel de engenho (de cana-de-açúcar). O livro 1º das *Ordenações do Reino*, título 101, proibia que houvesse homem com a profissão de alfeloeiro e obreiros, acrescentando: "porém se algumas mulheres quiserem vender alféolas e obreias, assim nas ruas e praças, como em suas casas, podê-lo-ão fazer sem pena." Dessa proibição quinhentista nasceu a exclusividade feminina para a venda dos doces. A presença de vendedores do outro sexo é relativamente recente. (Ver Gilberto Freyre, *Açúcar*, 64-65, Rio de Janeiro, 1939).

ALFÉLOA. Ver *Alfelô*.

ALFENIM. Massa de açúcar seca, muito alva, vendida em forma de flores, animais, sapatos, cachimbos, peixes, etc. Do árabe *al-fenie* (Morais) valendo alvo, branco. Os árabes trouxeram-no para a Península Ibérica, onde se divulgou. — "Oh meu rosto de alfeni!" diz Gil Vicente no *Velho da Horta*; "Minha ama he tudo alfeni," canta Antônio Prestes no *Auto do Desembargador*. Sinônimo de delicado, melindroso, grã-fino, afeminado. Muito antes do séc. XVI o alfenim era tradicional. Acompanhava, numa salva de prata, a festa do Espírito Santo, na antiga nobreza portuguesa. Frei Gaspar Frutuoso (*Saudades da Terra*) conta que um donatário da ilha da Madeira enviou a Roma um seu fidalgo para "visitar o Papa com hum grande serviço, indo o Sacro Palacio todo feito de açúcar, e os Cardeais de alfenim, da estatura de hum homem." Em Portugal o alfenim foi doce de abadessados, subido à aristocracia do paladar, aparecendo nas festas das "grades" e sendo oferecido nos tabuleiros de xarão aos príncipes e ministros. É também doce de romarias, inseparáveis dos arraiais. No Brasil é gulodice democrática, exposto ao público em todas as festas religiosas e vendido nas ruas, em todas as cidades do litoral e do interior, no Nordeste. As flores e figurinhas que enfeitavam os complicados bolos de noiva e outros com pretensões artísticas eram feitas *em ponto de alfenim*.

ALFÉOLO. Ver *Alfelô*.

ALFINETE. As superstições ligadas ao alfinete são as decorrentes da lei de contiguidade simpática, de Hubert e Mauss, que Frazer abundantemente documentou. O alfinete (como outro objeto que tenha tido contato com o corpo humano) conduz elementos invisíveis e poderosos sempre ligados com o todo de que se separou. O Barão de Studart (n.º 216, *in Antologia do Folclore Brasileiro*, vol. 2, 42, 6ª ed., São Paulo, Global, 2004): Alfinete apanhado no chão dá felicidade no dia em que é apanhado. Gonçalves Fernandes encontrou exemplo inverso (n.º 62, *O Folclore Mágico do Nordeste*): — Faz mal apanhar alfinete na rua. Colhido por mim pelo interior do Rio Grande do Norte e Paraíba: — Quem recebe um alfinete deve tocar a ponta em quem o deu, sob pena de inimizade; alfinete que serviu a vestido de noiva deve ter a ponta quadrada e atirado fora para não ser utilizado por outra pessoa, diminuindo a felicidade da noiva. Em Portugal cura-se tresolho, terçolho, furúnculo palpebral; hordéolo, treçol, terçol no Brasil, facilmente: "pega-se num alfinete, passa-se pelo tresolho, e põe-se numa fonte ou água corredia; quem o apanhar, fica com a doença, e quem lá o pôs fica bom" (Armando Leão, "Notas de Medicina Popular Minhota", 32, *in Arquivos de Medicina Popular*, Porto, 1944). "Dar os alfinetes". Convencional certa porção de dinheiro, que se dá às senhoras de qualidade, quando casadas, para as suas despesas particulares ou adornos de suas pessoas. É privativa da linguagem do Direito Civil, e ainda está em uso" (Dr. Frei Domingos Vieira, *Dicionário*, Porto, 1871). Não desapareceu na legislação portuguesa contemporânea. Informa o Prof. Rossini Tavares de Lima (São Paulo): "Contou um rabequista de Ribeirão Fundo, município de Juquiá, S. Paulo, a Frederico Lane, que um músico despeitado pela melhor execução de outro pôde arruinar a rabeca do desafeto, espetando no instrumento, em lugar escondido, um alfinete e quebrando-o, depois, de modo a deixar a ponta embutida. Informações idênticas foram prestadas pelo violeiro Joaquim Pereira, esclarecendo que, em relação à viola, a ponta do alfinete é geralmente espetada por debaixo do cavalete. O mesmo efeito, acrescentou, obtém-se com a introdução de um fio de cabelo na caixa do instrumento". O alfinete que foi utilizado em mortalha de defunto, oculto num travesseiro, faz a alma da morto *chamar* a do vivo. Dois alfinetes, amarrados em cruz com linha preta, trazem a desgraça à residência em que foram escondidos. O contrafeitiço é urinar em cima.

ALHO. (*Allium sativum*) Diaforético, tosses, influenza, dor de dentes; friccionado nos pulsos e dado a cheirar, vale o éter etílico. Usam-no com chá, lambedor (xarope), triturado. O alho plantado na noite de São João nasce antes do amanhecer. O olor afasta todas as feitiçarias, porque nenhuma resiste à barreira invisível determinada por ele. Onde existir alho, não há bruxaria por perto. Os animais fabulosos fogem dele, mula sem cabeça e lobisomens. O caipora foge de quem mastiga alhos. Essa tradição europeia transferiu-se ao Brasil, onde se popularizou. Identicamente na África o alho afasta os perigos ocultos, feitos pela mão humana. É um amuleto natural. O odor do alho tem essa repulsa por toda parte e tradicionalmente. No *Mil e Uma Noites*, "história contada pelo provedor do sultão de Casgar", um mercador de Bagdá lava as mãos cento e vinte vezes, depois de haver-se servido de um guisado de alho, narrando as aventuras do seu casamento, atribuladíssimo, por ter-se esquecido de limpar-se do cheiro de uma comida adubada com alhos. Na Grécia, era proibida a entrada no templo de Cibele aos que tinham comido alho. Alfonso, Rei de Castela, fundara a *Orden de la Banda*, a cujos cavaleiros era defeso o emprego do alho em qualquer iguaria, sob pena de exclusão da corte durante um mês. Para os marinheiros gregos modernos, uma trança de alho, pendurada no mastro, é *mascotte* contra a tempestade. No adagiário as referências ao alho aludem às suas qualidades alimentares. Do Padre Antônio Delicado, na primeira coleção de anexins publicada em língua portuguesa (Lisboa, 1651): Em tempo nevado, o alho vale um cavalo; Onde alhos há, vinho haverá; Alho e pimenta o fastio ausenta (este último é do *Dic.* Domingos Vieira). Esperta como um alho; Vivo como o alho; Com alho e pão vive o homem são. "Desse dia em diante tio Cosme começou a respeitar o Saci e nunca mais foi ao mato sem levar ao pescoço um bentinho tendo dentro um dente de alho descascado, única coisa neste mundo com que o Saci embirra, e da qual foge às léguas, tossindo e espirrando." ("O Saci-Pererê," *Resultado de um Inquérito*, 106, São Paulo, 1917). Horácio (*Epodos*, III) tem um poema contra o alho, "Allium detestatur", dedicado a Mecenas. O alho excitava ao combate, e os gregos empregavam-no como indispensável na alimentação dos atletas (Aristófanes, *Les Acharniens*, *Les Chevaliers*). Na ilha de Lesbos, no primeiro dia de maio, as moças colhem várias flores e plantas votivas, que suspendem às portas e janelas. Uma dessas plantas é o alho, afastador do mau-olhado: "l'ail détourne le mauvais oeil" (G. Georgeakis e L. Pineau, *Le Folklore de Lesbos*, 301-302, Paris, 1894). Barbosa Rodrigues ("Lendas, Crenças, Superstições," in *Antologia do Folclore Brasileiro*, vol. 1, 9ª ed., 215-234, São Paulo, Global, 2004) informa que a Iara, o boto sedutor, o Piraiauara, fogem ao cheiro do alho, abandonando imediatamente a conquista. O alho é um dos elementos mais vivos no folclore de Portugal de onde o tivemos. Luis da Silva Ribeiro (*O Alho nas Tradições Populares*, Agra do Heroismo, 1944) recolheu extenso documentário português: "Antigamente se tenía por seguro que si um imán ilheu e peninsular, se frotaba con ajo o cebolla perdía toda su virtud magnética. Por ello los timonelles tenian prohibido tomar alimentos adobados con aquellos vegetales" (*Nuestra Marina de Guerra*, 10-11, Buenos Aires, 1948). O profeta Maomé não comia alho ou cebola porque o olor desagradava aos anjos que o visitavam: "O mesmo grave doutor (*Soyuti*) nos diz que o anjo Gabriel detestava o cheiro das plantas hortaliças, e que Muhammad não comia nem alho, nem cebola, nem alho porro porque os anjos vinham visitá-lo, não querendo que os mesmos fossem incomodados com isso", nota dos tradutores (Prof. José Khoury e Angelina Bierrenbach Khoury) de *"Os Prolegômenos ou Filosofia Social"* de Ibn Khaldun (1332-1406), S. Paulo, 1958, pág. 145. Ibn Khaldun, referindo-se a Maomé, informa (pág. 146): "jamais tocou em cebola ou alho." Raquel Mussolini, em sua *Mi Vida con Benito Mussolini*, trechos transcritos na imprensa de Madrid (20-7-1949), recorda que o príncipe Aimone de Savoia, indo visitá-la em Brione, começou apresentando desculpas por haver comido alho, pouco tempo antes. O alho foi trazido pelos portugueses para o Brasil do séc. XVI e o mais surpreendente é o seu domínio sobre a fauna fantástica dos seres apavorantes que o desconheciam. No fundo dos rios ou recesso da matas tropicais, botos e curupiras tiveram pelo alho a mesma evitação dos entes sobrenaturais na Europa. Uma *cabeça* de alho, folhas de arruda e uma pedrinha de sal, encerrados em saquinho discretamente usado, é poderoso amuleto. O centro de irradiação foi Pará-Amazonas, divulgado pelos nordestinos em torna-viagem.

ALICALI. Juiz nas velhas macumbas do Rio de Janeiro (João do Rio, *Religiões do Rio*, 6). Conselheiro ou juiz entre os malês. Na Bahia é xerife.

ALIJENU. Espíritos diabólicos para os negros malês. "Os alufas, superiores, apesar da crença, usam dos aligenum, espíritos diabólicos chamados para o bem e o mal, num livro de sortes, marcado com tinta vermelha" (João do Rio, *Religiões do Rio*, 7). Artur Ramos diz que os *aligenum* são invocados pelos malês (*O Negro Brasileiro*, 64). Jacques Raimundo escreve *alijenu*, do haussá *aljinnu*, pl. de aljan ou aljani, o espírito do mal; a palavra é de origem arábica (*O Negro Brasileiro*, 146).

ALI-MANGARIBA. Quarta oração dos malês muçulmanos.

ALIMENTAÇÃO. O folclore da alimentação deve ser tão variado e complexo como sua própria História.
Um tanto aflorada nas superstições alimentares, a vastidão temática compreende toda a etiqueta tradicional da mesa, o respeito, que é um vestígio religioso inapagável.

Os alimentos no túmulo resistiram até fins do século XVIII apesar das proibições eclesiásticas. Ainda guardam comida na véspera de São João, noite de 23 para 24 de junho, para o espírito do futuro noivo vir servir-se, visível em sonho. O *presente* de Iemanjá atirado às águas do mar onde ela mora[1], evoca a comida privativa de cada orixá no culto jêje-nagô, do Rio Grande do Sul ao Recife. O cuidado nos candomblés, macumbas, xangôs, catimbós no resguardo aos restos de alimentos, armas terríveis no poder dos inimigos, baseados na lei da participação, o *totum ex parte* indivisível, é ainda vivo nas crendices populares brasileiras. Pedaço de pão mastigado é o melhor material no preparo do feitiço amoroso.

Sentar-se à mesa sem armas é uma herança imemorial. Quando o rei D. João I de Portugal encontrou-se em Ponte da Barca com o duque de Lancastre, João de Gand, seu futuro sogro, cumpriu o preceito. E "ally sedesarmarão e asemtaramse a comer ambos", informa Fernão Lopes (*Crônica de D. João I*, XCI. Fins do século XIV). "O sertanejo nortista não se senta armado à mesa de refeição", registra o sr. Francisco de Assis Iglésias, observando homens do Maranhão e Piauí. Identicamente, em todo o Nordeste (Finais do século XX).

O repúdio pela nudez. Comer despido é ofender o Anjo da Guarda. Comer com o chapéu na cabeça é comer com o Diabo. Quando cai comida no chão, da boca ou do garfo, é sinal de parente *passando necessidade*. Não se levanta comida do solo porque é das almas. Vinho derramado é alegria. Sal derramado é agouro. Donzela não serve sal, não corta galinha nem *passa* palitos. Recebe-se o prato com a mão direita e devolve-se com a esquerda. A direita é de bênção para o prato cheio. A esquerda é maldição para o prato vazio. Beber sobejos é ficar sabendo os segredos de quem deixou. Terminando refeição amiga deixa-se o guardanapo aberto para o convidado voltar. Deve deixar-se um pouquinho de comida no prato. É a *cerimônia*. Não se joga pão fora. É corpo de Deus. Antes de findar o repasto não se cruza o talher. Agouro. Farinha no chão é prenúncio de fartura. Engasgar-se com saliva é sinal de fome-velha. Das aves o pedaço de honra é o uropígio, oferecido ao homenageado. Enquanto se come, evita-se dizer *nome feio* para não desrespeitar o Anjo da Guarda que assiste o comer dos cristãos. Mulher não deve beber vinho primeiro do que os homens. Mesmo que haja pessoa de respeito à mesa, o primeiro pedaço é dado ao dono da casa para não desejar sua morte. Se ele recusar, o perigo passou. Donzela não deve ficar na cabeceira da mesa senão não casa. Acabada a refeição, os convivas postos nas extremidades da mesa, levantando-se, devem saudar-se para que um deles não morra antes de findar o ano. Dezenas e dezenas de reminiscências acusam a surpreendente vitalidade dos interditos sagrados na alimentação.

Um dos mais conhecidos e vulgares na Europa e América é o tabu dos treze, evitar treze convidados na mesma mesa de refeição. A tradição sinistra do dia treze e do número treze é muito anterior ao Cristianismo. Mommsen não encontrou um só decreto em Roma datado do dia 13[2]. A exclusão sistemática é visivelmente deliberada. Já Hesíodo, sete séculos antes de Cristo, aconselhava não semear no décimo-terceiro dia. Salomon Reinach observa: "Le treizième jour du mois fût déjà évité par les anciens, en qualité DE TRITHÉ de la seconde décade." Na festa em Asgard, onde morreu o deus Balder, estavam presentes treze seres divinos. Onde o algarismo mantém seu misterioso prestígio é no número de convidados para refeições. Treze pessoas à mesa é um acontecimento desagradável. O ministro Oliveira Lima contou-me que, num jantar íntimo em Bruxelas, um dos convivas saiu à procura de amigo para evitar o treze ameaçador, enquanto os doze diplomatas esperavam, pacientes e compreensivos. Várias vezes tenho assistido a essa repulsa na Europa, vezes obrigando a um comensal servir-se em mesa separada. Treze pessoas na mesma refeição determinarão infelicidade para o anfitrião, sua família ou algum convidado. Dentro de um ano morrerá um deles. Morrerá o primeiro que deixar a mesa ou o último a levantar-se. A explicação clássica é constituir uma tradição da *ceia larga*, na Quinta-Feira-Maior, em que Jesus Cristo reuniu os doze discípulos para a Páscoa, fazendo a derradeira refeição comum. Eram treze à mesa. Judas de Iscariotes, o traidor, foi o primeiro a deixar os companheiros e retirar-se (*João*, XIII, 30). E suicidou-se (*Mateus*, XXVII, 5). Morreu antes do Mestre. Daí em diante, numa viva recordação da tragédia divina, treze pessoas à mesa evocam o destino inevitável da Morte, atraindo o infortúnio. Os cristãos tiveram o cuidado de evitar a repetição que lembrava o doloroso evento. Criaram a devoção

---

[1] Os bantos têm, naturalmente, seres sobrenaturais que recebem ofertas sob as águas marítimas ou fluviais, onde moram. Em Angola, Kianda é festejada em Luanda, como em Axi-Luanda, e ilhas, jogando os pretos alimentos e objetos de culto nos locais indicados como residência da deusa Kianda, Kixímbi em Mbaca, Kituta no rio Cuanza e no vale de Lucala. Inútil lembrar a antiguidade e universalidade desses ritos. No centro de Roma ainda atiram hoje moedas de prata nas fontes públicas, como faziam no lago Curtius no tempo do imperador Augusto (Suetônio, *Augustus*, LVII). Rara seria a fonte europeia onde não encontraram vasos votivos, moedas, ex-votos. Creio que essa forma é anterior à construção dos templos nas margens.

[2] Mommsen conhecia mais de 200 000 inscrições latinas do *Orbis Romanus*.

das *trezenas*, treze dias de orações, dedicadas notadamente a Santo Antônio de Lisboa, falecido em 13 de junho de 1231.

O sr. Assis Iglésias ouviu em Caxias, Maranhão, fevereiro de 1919, o cego Raimundo Leão de Sales entoando a cantiga original, e para mim única na espécie, o traje feito de alimentos, aprendida com um cearense, também cego:

"Mandei fazê um liforme
Bem feito, com perfeição,
Mode botá na cidade
No dia de uma enleição,
E o qual admirô
A toda população.
O chapéu de arroz doce,
Forrado de tapioca,
As fitas de alfenim
E as fivelas de paçoca
E a camisa de nata
E os botões de pipóca.
A ceroula de soro
E a calça de coalhada,
O cinturão de mantêga
E o broche de carne assada,
O sapato de pirão
E as biqueiras de cocada.
As meias de mingáu
E os véus de gergelim,
E as aspas de pão de ló
E o anelão de bulim,
As fitas de gordura
E as luvas de toicim.
O colete de banana
O fraque de carne frita,
O lenço de marmê
E o lecre de cambica,
O colarim de bolacha
E a gravata de tripa.
O relógio de queijo,
A chave de rapadura,
A caçuleta de doce
E o trancelim de gordura.
Quem tem um liforme deste
Pode julgar-se em fartura."

O sr. Iglésias explica que *bulim* é bolinho, *toicim*, toucinho, *marmê*, farinha puba, farinha ferventada, *cambica* é vinho da palmeira buriti, *Mauritia vinifera*. Uniforme, roupa exterior masculina, é o *liforme*. A antiguidade dos versos denuncia-se no relógio de algibeira ter ainda chave para dar corda. E o uso do trancelim. No vocabulário usual as referências aos alimentos, como frases-feitas, locuções, imagens comparativas, exclamações de protesto e desabafo são incontáveis e diariamente entendidas em todas as classes sociais. Hildegardes Vianna colecionou cento e oitenta e sete na Bahia. Édison Carneiro reuniu dúzias na cidade do Salvador. Nenhuma indagação da linguagem popular deixa de registrar numerosos exemplos em qualquer recanto do Brasil.

Trago o meu depoimento.

ABACAXI: desajeitado, canhestro, malamanhado. Dificuldade, problema complicado. *Descascar o abacaxi*, resolver habilmente a situação. Mau dançarino. Mulher gorda, sem donaire. Denominação dos escravos enviados furtivamente de Pernambuco para o Ceará, para alforriarem-se.

AFIAMBRADO: vestido com elegância, chibante, faceiro, no trinque, roupa nova.

ÁGUA: banalidade, vulgaridade, monotonia. *A festa foi uma água*. Falhar o plano, *deu água*. Acabou em *água de bacalhau*, diz-se em Portugal. *Água morna*, os apáticos, os neutros. *Água suja*, conflito, balbúrdia, mexericos.

ALFENIM: maneiroso, delicado, melindroso, afetado, artificial. Amável mas fátuo ou leviano. Empregado identicamente nos autos portugueses do século XVI.

ANGU: complicação, chafurdo, briga, bagunça. *Angu de caroço*.

ARROTAR: denúncia de repleção integral. "Quem bem arrotou, bem almoçou". Suetônio lembra o imperador Vitélio arrotando para provar haver jantado (*Vitellius*, VII). Ostentação. Exibicionismo. Arrotar grandeza, valência, riqueza. Comer sardinha, arrotar tainha. Faminto em casa e arrotando na rua. Arrotar o que não comeu. Tobias Barreto fala dos que *comem francês e arrotam alemão*.

ARROZ-DOCE: vulgar, comum, banal.

ARROZ DOCE DE PAGODE: infalível nas festas.

AZEITES: Mau humor, zanga, capricho.

AZEITONA: mulatinha frajola. *Morder azeitona*, gostar de beber. No *Auto da Ave Maria*, 1530, Antônio Prestes, diz *casou co'azeitona*, significando o bebedor.

BACALHAU: azorrague de couro. Mulher magra. *Bacalhau de porta de venda*.

BADEJO: os peixes serranídeos são considerados entre os mais lindos da nossa ictiofauna. Belo, atraente, grande, volumoso. Festa badeja, frevo badejo, clube badejo. Nesse sentido a imagem viajou do sul para o norte. Os badejos nortistas são os serigados.

BAGO DE JACA: fácil, cômodo, acessível; sem personalidade, demasiado tímido; subserviente, submisso.

BANANA: covarde, tolo, amaricado sempre concordante. Banana-mole. Bananzola. Moraes já registrara nessa acepção. Gesto obsceno, de sugestão fálica; pôr a mão ou o antebraço no sangradouro do outro, oscilando este com a mão fechada. *Dar bananas*. Adeus de mão fechada. Com o nome de *banana* é recriação brasileira. Veio de Portugal onde o denominam *as armas de São Francisco, manguito, mangarito*. Herman Urtel não mencionou o sinônimo brasileiro quando estudou o gesto em Portugal. Comum na Espanha. Itália, França, *très vulgaire et obscéne*, escreve A. Mitton aludindo sua *signification ithyphallique*. Membro viril.

BATATA: acertado, justo, eficiente. *Foi ou é na batata*. No alvo. *Morder a batata* é beber cachaça.

BEBA ÁGUA: resigne-se, console-se, acomode-se.

BEBER JUREMA: feitiçaria, catimbó, macumba. Praticar, exercer, fazer feitiços.

BOCADO: sinônimo de subsistência, alimentação diária. "Preciso ganhar o *meu bocado*". *Não posso perder o bocado de minha família*. Prato. Pirões.

BIFE: o inglês, comedor de *beef*.

BISCOITAR: surrupiar, apropriar-se astuciosamente, com esperteza mas indevidamente. Sugestão do biscoito, fácil de conduzir e consumir. Abiscoitar.

BODE: farnel de caçador e de trabalhador ferroviário ou rodoviário.

BOFE: velha meretriz. Mulher gorda, feia, avelhantada, ainda desejosa.

BOM-ESTÔMAGO: tolerante em excesso, resignado, bonachão. Engole-tudo.

BREDO: namoro, derriço.

BROMAR: estragar-se, transformar-se inferiormente. Piorar em vez de melhorar, degenerar, involuir. *Ia ser um rapaz culto mas bromou*. Estado do açúcar que não atinge a cristalização, dando apenas qualidade inferior, o mascavado. Diz-se que o açúcar *bromou*.

BUCHO: o mesmo que *bofe*. Edison Carneiro informa na Bahia: *Bucheiro*, homem que tem predileção por mulheres feias. *Buchada*, grupo de mulheres feias.

CACHAÇA: vicio, mania, hábito, predileção. *A cachaça dele é a política*.

CAFÉ-PEQUENO: facilidade, proveito imediato, sucesso obtido sem custo. *Foi café-pequeno*.

CANA-DE-AÇÚCAR DESCASCADA: *pedaço de cana descascada*, sorte inesperada, ensejo favorável, favor espontâneo. Ia a pé mas peguei uma *carona* num automóvel, pedaço de cana descascada.

CANJA: idêntico ao *café-pequeno*. Êxito sem custo. *É ou foi canja*. *Na canja*, vida boa.

CARNE-SECA: passadismo; costumes antiquados; avarice, economia exagerada; velho ranzinza, teimoso.

CATOLÉS: seios de adolescente. *Anda mostrando os catolés na rua*.

CEBOLA: interjeições de protesto, negativa ou desdém: *Cebolas! Cebolinha! Cebolório!* Velhos relógios de bolso, de prata maciça, dos antigos modelos. *Cebolão*, relógio maior, de algibeira. No elemento feminino, as sexualmente exaltadas, de fácil excitação amorosa, são acusadas de ter *a cebola quente*.

CHÁ: gosto, requinte, retoque essencial, característica mais apreciada. *O chá é mandar chumbar um dente a ouro e pôr uma coroa na frente*. Cornélio Pires. "*Aí é que está o chá!*" (J. M. Cardoso de Oliveira). No interior de São Paulo *servir de chá* é ser objeto de zombaria. *Não dar um chá*, não ter importância, pouca vantagem, sem resistência, desvalorizado. *Não tomar chá em criança*, não ter modos, educação, maneiras.

COCADA: bofetão, tapa, cocorote, murro na cabeça ou na face. Derriço, faceirice, prosa fiada, elogio fácil. Ferida na cabeça. *Fazer cocada*, chamego, libidinagem, namoro grudado. Na Bahia correio entre namorados ou amantes.

COIRANA: courana, coerana, *Cestum leviegatum*, Schl, uma solanácea, extremamente amarga e picante. A *coerana* já esteve muito em voga, quando o seu nome significava o mesmo que atualmente quer dizer a palavra *roedeira*, isto é: ciúmes, ciumadas, amores contrariados, pretensões não cabíveis entre namorados, despeito, etc., escreve Getúlio César:

"Se coerana se vendesse,
Uma folha era um tostão;
Eu bem sei quem tá *roendo*
Mas, não dá demonstração."

Roer coirana é estar ciumado. Altera-se para courama, *roer courama, roer um couro*, na mesma intenção.

COLHER: facilidade imediata, vantagem obtida sem demora. *Foi ou é de colher*.

COMER: supor, presumir, julgar. "*Eu o comia por médico e era um charlatão*". Explica-se o estado psicológico ou a situação social pela espécie alimentar. *Comendo pimentas*, furioso, decepcionado, cheio de ira. *Comendo areia*, desempregado, faminto, azarado. *Comendo barata*, enfrentando dificuldades, fatos desagradáveis. *Comendo fogo*, ambiente hostil, áspero, antipático. *Comendo água*, embriagando-se. *Comendo prego*, na batalha pela manutenção. *Comer rama*, embebedar-se. *Comer verbena*, beber cachaça. *Comer pedras, comer queijo de brisa*, sem meios de subsistência. *Come-longe*, indivíduo pálido, macerado, hipoêmico. *Comer insosso*, amarguras diárias, sucessivas. *Comer com a testa*, não conseguir, falhar o plano e vê-lo realizado por outrem. *Comer couro*, ser surrado, sovado. *Comer calado*, pacientemente. *Comer safado*, contrariedades, contratempos. *Comer brisa*, passar fome, não querer comer. *Comer da banda podre*, adversidades, *Comer brocha*, o mesmo que *comendo pregos. Comer*, copular. A fecundação por via oral é uma tradição mitológica mantida nas versões populares a menção de ervas e frutos que engravidam. *Comer gerumba*, suportar trabalhos pesados, curtir desapontamentos, forçado pelas conveniências, ou pela necessidade, e análogos estados d'alma. *Comendo corda*, acreditando em mentiras. *Comeu junça*, sexualmente forte. A junça, *Cyperus esculentus*, Linneu, dizem ser tônico afrodisíaco, nos tubérculos terminais das raízes. *Comer salgado*, enfrentar situação dificultosa, precariedades.

CONFEITO: decoração açucarada nos bolos de festa. Remate, coroação, para findar. *"Para confeito da questão, não me pagou!"*

> Para confeito da obra
> Uma viola na mão.

CUSCUZ: seios flácidos, disfarçados sob a blusa.

DENDÊ: coisa gostosa, apreciável, pitéu, excelente. "Fez ontem o *seu dendê* em frente a nossa tenda de trabalho o velho maracatu 'Porto Rico'", noticiava no Recife o jornal *Pernambuco*, n.º 104, 1914. Dificuldade, empecilho, obstáculo; *aí é que está o dendê!*

DERRAMA-MOLHO: pequena barcaça, estreita ou de boca diminuta.

EMPADA: preguiçoso, lerdo, poltrão, negligente. Visita inoportuna.

FARINHA: abundância, fartura, quantidade. *Gente como farinha*.

FAROFA: vaidade, presunção, gabolice, mentiras, ostentação falsa. *Farofeiro*.

> Por fora muita farofa,
> Por dentro mulambo só.

FEIJÃO: comida diária, o trivial, o passadio comum. *Fui serrar os feijões de papai. Feijão todo dia*, o ritmo cotidiano, inalterável. *Feijão com coco*, festa suspeita, confusa, convidados desiguais.

FILÉ: moça nova, sadia, atraente. Rapaz afeminado.

FRUTA: aguardente; *gostar da fruta*, cachaceiro. *Fruta verde*, mocinha; jovem namorada curiosa de agrados. *Fruta nova*, pessoa estranha, estrangeiro. Meretriz recém-chegada. Aplicada ao indivíduo estranho era corrente em Portugal, na primeira metade do século XVI. No *Auto da Ave-Maria*, Antônio Prestes escreveu:

> "D'onde vem a fruta nova
> não n'a vi senão agora."

POR FRUTA: acidental, ocasional, não frequente: *vou à cidade por fruta*.

FURRUNDUM: doce de cidra ralada, com rapadura ou açúcar mascavo. Entre os caipiras de São Paulo e fronteiras de Minas Gerais é também discussão, barulho, briga.

GALINHA: covarde, moleirão, assustado. Pederasta. Mulher lasciva e fácil. *Galinha morta*, incapaz de reação. Inerte. Abúlico. *Comendo galinha*, mulher de resguardo, parturiente.

GALINHEIRO: a mais alta galeria nos teatros, também denominada *poleiro* e *paraíso. Poulailler, Paradis*, em França, origem do nome no Brasil. "Quem faz opinião no teatro é o *galinheiro*".

GALO: brigão, provocador, arruaceiro. Mulherengo, bordeleiro. Ter grande potência sexual. *Comendo um galo*, apressado, inquieto, atarefado, ansioso. Um *galo na testa*, hematoma. *Salgar o galo*, bebida matinal. *Cabeça de galo*, ovos cozidos com pirão. *Cocktail. Rabo de galo*, cachaça e vinho.

GANÇO: bebedeira, pileque, carraspana. *Viver no ganço. Está de ganço. Gancista. Deu a ganga*, zangar-se deblaterar, irar-se dizendo desaforos.

GARAPA: solução fácil; banalidade, vulgaridade. *Foi aquela garapa. Engarapar*, enganar, iludir, persuadir, convencer. Moraes registou no seu Dicionário: "Engarapar, v. at. *Dar garapa* § fig.Fazer a boca doce a alguém, para o reduzir àquilo que queremos". Antônio de Moraes Silva foi senhor de engenho em Pernambuco.

GOIABA: proveito. Ganho desonesto. *Comendo goiaba*, outrora vida de cáften e presentemente receptador de contrabandos. *Olho da goiaba*, ânus. Na gíria dos ciganos em São Paulo, Minas Gerais, pelo sul do país, *morder na goiaba* é fazer negócio, entrar em acordo de compra, permuta ou venda.

GOIABADA: solução imprevista; transação mais rendosa e fácil que se pensava. *Que tal o negócio? Goiabada, amigo! Na goiabada*, tratamento carinhoso, abundante, sem previsão da finalidade. *Está na goiabada, vamos ver o que sai*.

GOMA: contar vantagem, autoelogio, alardear importância. Mentira, exagero, filáucia. *Vive contando uma goma danada!* Tumor no perióstio, *exostoses molles. Engomado, nas gomas*, elegante, caprichoso na indumentária. *Gomeiro*, pábulo.

GRUDE: bolo de goma de mandioca, açúcar, leite de coco. Os grudes de Estremoz eram os mais famosos do Rio Grande do Norte. Goma líquida para colar couro, papel, fazenda. Briga, barulheira, altercação, rezinga. Namoro agarrado.

GUABIRABA: é um adjetivo que significa zangado ou irritado. *Estar nas guabirabas*, desconfiado. É uma mirtácea comum a todo território nacional, fruta e doce.

JACA, JAQUEIRA: negócio sem embaraço, pronto, rápido, lucrativo. Jaca, chapéu alto. *Jaca mole*, molenga, aparvalhado, imbecil. *Conseguiu o emprego? Foi jaqueira!*

JENIPAPO: mancha azul-negra nos glúteos ou na cintura, *mancha mongólica*, tida como indicativa de mestiçagem. *Fidalgo de jenipapo*, ironizavam com os mulatos ricos no tempo do Império.

JERIMUM: o mesmo que melancia, na linguagem popular.

LIMÃO: temperamento azedo, constante mau-humor, zangadão irritante. Falhando o plano, errado o cálculo, *deu limão*. Pormenor característico, vivacidade comunicante, simpatia envolvente, não existindo, dizem *faltar limão. Limão de cheiro*, mocinha airosa, agradável, simples. No *Auto dos Cantarinhos*, meados do século XVI, Antônio Prestes cita o *limão de gentileza*, como elogio a uma namorada em Lisboa.

LINGUIÇA: homem magro, comprido, desajeitado. *Encher linguiça*, ocupar o tempo com banalidades; discurso sem assunto digno de audição; palavrório; chantagem verbal.

MACAXEIRA: braços alvos e roliços. Perna branca. Na Bahia, anota Hildegardes Vianna, *descascar aipim* é desnudar perna branca. Aipim é macaxeira. Membro viril. *Nas macaxeiras* é vida folgada, o rato dentro do queijo.

> Minha gente venha ver
> A vidinha do preá;
> Metido nas macaxeiras,
> Comendo sem trabalhar.

MADURO: todo objeto em situação propícia. Bom ensejo. *No ponto*. O *negócio está maduro e se não aproveitar apodrece*. Idade madura. Maturidade. *Já estou maduro para as frutas verdes*. Jinjibirra.

MALASSADA: carne mal-assada, à inglesa, ligeiramente passada. Frigideira ou fritada improvisada. *Demi-vierge. Donzela de candeeiro; quae virgo putatur impudica vero est*. Nesse sentido "malassada" é a *donzela fiambre*, dos séculos XVII e XVIII, não empregada verbalmente no Brasil na mesma vulgarização da Espanha e Portugal.

MAMATA: rendimentos abundantes sem trabalho; função vantajosa sem esforço; fortuna tranquila. Mamavero. Marmionda. Melgueira.

MANGABA: É u'a mangaba!... Essa expressão exclamativa é aplicada a uma fruta gostosa; a um alimento qualquer de sabor esquisito e agradável; a um objeto que exprima superioridade. *Cheirando a mangaba*, bêbado.

MANGABINHA: namorada ardente, excitadora, provocando luxúria.

MANGA-VERDE: negócio prematuro; aviso ou promessa inoportuna; intromissão indébita. Compromisso incumprível.

MANJUBA: é a mesma pititinga, *Menidia brasiliensis*, a sardinha nacional. Genérico de alimentação, comida, passadio. Manjubar, comer. Intercorrência de *manjar*. Dinheiro ilícito, lucro vergonhoso; gorjeta; *molhar a mão*, pepineira, mamata.

MANTEIGA: melindroso, molenga, cheio de dengues, susceptibilidades, agastando-se por tudo, Manteiguinha, namorada *derretida*.

MARMELADA: negócio excuso, tratantada, desonestidade proveitosa. Malandragem.

MELAÇO: mel-de-furo exportado do Brasil para Portugal onde lhe davam esse nome. Por extensão, o mesmo que *garapa*. "A festa começou muito bem mas acabou que era *um melaço*". Namoro quente. *Está num melaço daqueles... Nobreza do melaço*, diziam no Rio de Janeiro da aristocracia rural fluminense. *Barão do mel de furo*, zombavam em Pernambuco dos senhores de engenho feitos barões do Império.

MELADURA: gorjeta. Ganho demasiado. *Tirar meladura*, aproveitar-se. *Comigo ninguém tira meladura*. É a quantidade de caldo de cana comportável na caldeira, na fabricação do açúcar.

MELANCIA: seios volumosos. Mulher gordalhona, pesada, lenta.

MELÕES: despesas, gastos diários. "Preciso arranjar com que comprar os melões".

MINGAU: pessoa sem energia, inútil, molenga; covarde, assustada; choro fácil, incontido, sem motivo. *Comendo mingau*, ajudado pela amante. Caruchué. Mantido sem despesas pessoais. Parasitando.

MOLHO: de molho, em observação, na espera; sem confiança; em prova.

MOQUECA: *estar de moqueca*, encolhido; arredado. Adoentado. Fora da circulação.

OVA: negativa peremptória. *Uma ova!* De modo algum! Não e não!

OVO: coisa repleta, cheia, completa. *A sala ficou um ovo*. A princesa D. Isabel Maria, Regente do Reino, 1826/1828, dizia: "Portugal é um ovo, pequenino mas cheio!"

PAÇOCA: misturada, confusão de coisas amarfanhadas, fitas, rendas, panos revolvidos. *Seco na paçoca*, destemido, forte, resistente; interior de S. Paulo.

PAIO: pagador crédulo, bonachão, mão-rota, o *coronel*. *Pague o paio e bata o bombo!*

PAMONHA: desprovido de iniciativa, parvalhão, submisso, lerdo, pesadão. Pamonhice no Maranhão. Escrevendo em outubro de 1835, o português João Loureiro informava do Rio de Janeiro para Lisboa: "Esse Império dá cuidado pelo estado convulso do Norte, e Sul, e pelas dezarmonias pessoaes, e intrigas do centro; mas tudo segue com esperanças no Novo Regente, *que não he Pamonha* (advinhe o significado desta palavra) e he homem de mãos limpas, e de Constancia". O Novo Regente era o padre Diogo Feijó.

PANELINHA: minoria influente, unida, decisiva, dominadora.

PANQUECA: o frito de ovos, manteiga, açúcar e canela, denomina quem viva sossegado, sem cuidados e preocupações. *Está na panqueca*. "Vadiação regalada, boa vida", anota Amadeu Amaral.

PAPA-ANGU: homem ridículo, sem compostura, tolo. Papangu era o farricoco, mascarado que afastava à chicote os curiosos atrapalhadores na procissão de Cinzas no Recife, Olinda, e noutras cidades nordestinas. No Recife desapareceu à volta de 1831 mas em Natal veio até depois de 1870. Pessoa grotesca pelas feições ou traje. Houve no Recife, 1846, Um jornalzinho com esse nome, *O Papa-Angu*.

PAPA-ARROZ: o natural do Maranhão.

PAPA-GOIABA: o fluminense, natural da província do Rio de Janeiro.

PAPA-JERIMUM: o natural do Rio Grande do Norte.

PAPA-MAMÃO: o natural de Olinda.

PAPO: arrogante, ameaçador, mandão. Falar *de papo grosso*, ou *de papo cheio*. *Garganta*. Falastrão. *Está no papo*, coisa resolvida, possuída, questão liquidada.

PÃO-PÃO, QUEIJO-QUEIJO: razões últimas e lógicas. Referência ao farnel suficiente para trabalho e jornada em Portugal: *Queijo e pão é refeição!*; *De pão e queijo não deixes sobejo*. Equivalência e satisfação irrecorríveis. Elas por elas.

PÃO COM DOIS PEDAÇOS: máximo proveito; facilidade absoluta; êxito.

PÃO-DOIDO: amalucado; leviano, inconsequente; recadeiro de políticos e de namorados, sem descanso na tarefa inquietante. Pão-doido é o que retiram o miolo para assar.

PÃO-DORMIDO: pobre em roda de ricos. *Come pão dormido e arrota galinha*. Passar altivamente com os próprios recursos. *Pão dormido mas não quero o seu peru*. O senador Nilo Peçanha dizia ter sido criado *com paçoca e pão dormido*.

PÃO-DURO: avarento, cauíra, usurário. Defensor de costumes mortos. Modelo do mau-gosto antigo. Mendigo rico.

PAPINHA: negócio vantajoso sem muita labuta; namoro farto; recompensa sem merecimento. *Estar* ou *viver nas papinhas*, tratado esplendidamente e sem retribuição, *Papinha e de colher*, fartura e agrado.

PASTEL DE NATA: "Conhecer a força dos pastéis de nata", reconhecer e respeitar o poderio ou prestígio de alguém. Frase colhida no Recife por Pereira da Costa nos primeiros anos do presente século. O caipira paulista, significando castigo, sofrer lição pesada, diz: "Conhecer o rigor da *mandaçaia*." A mandaçaia, *Melipona anthioides*, Lep, é uma abelha produzindo mel delicioso e ferroando dolorosamente.

PATO: o pagante, a *vítima*, crédulo, imbecil, pacóvio. O *otário*. Pedaço de charque correspondendo à omoplata.

PEIXÃO: mulher bonita, de formas opulentas. Pancadão.

PEIXE: *Pegar peixe*, cochilar. "É peixe de fulano", ser o favorito.

PEIXE CARO: visita rara, ausência nas festas, recusa de convites. *Vender o peixe* é valorizar a causa própria, argumentando com veemência. *Vender o peixe caro* é apreçar demasiado o merecimento.

PEIXE FRESCO: prostituta nova. Estreante político ou literário. Primeiros namoros. Debutante.

PEIXE PODRE: sem valia, sem significação, desprezível. Refugo, destroço humano.

PEIXINHO: o preferido, o mimado, o favorito. O mesmo que *peixe*.

PEPINEIRA: negociata, tramoia venturosa com abundantes resultados. Clima propício para determinada produção. O pepinal, *pepiniere*, deu em França a mesma intenção satírica, de onde, possivelmente, a tivemos. Pândega, patuscada, esbórnia. Pechincha. Compra barata.

PEPINO: temperamento, gênio, propensão, tendência. "De pequenino é que se torce o pepino." Em França é ter paixão, amor ardente: *avoir un pépin pour quelqu'un*. Membro viril.

PERU: assistente impertinente, indesejável, obstinado. *Peru calado ganha um cruzado*, Aperuar, acompanhar jogo ou acontecimento social sem participação responsável. Namorado, porque *sabe fazer roda*. Ostentação, pompa incabida, exibicionismo. Apaixonado teimoso na perseguição.

PIABA: pequena quantia, coisa de pouca importância, *Na piaba*, penúria. *Piabando*, vivendo com recursos limitados. *Piabeiro*, pescador indolente.

PINHÕES: exclamativa de repulsa, protesto, desagrado; *Ora, pinhões!* Correspondente ao português: *E peras!* Sabe o que mais? Pinhões!

PIPOCAS: exclamação de desabafo, *ora pipocas!* Ora, sebo!

PIRÃO: genérico de alimentos. *Ganhar pros pirões! Vou aos pirões!* Mulher. Ao distraído, insistentemente provocado, dizia-se no Recife de 1924: *Pega o pirão, esmorecido!*

PITOMBA: pancada, pedrada, cocre, tiro, na cabeça. *Levou uma pitomba no quengo*. Exclamativa: *Ora, pitombas!* "Pequenos pedaços de carne do Ceará, charque, quase que perdido provindos dos que se cortam por imprestáveis, ou para perfazer as pesadas", Pereira da Costa.

PONTO DE BALA: Não se alude ao projétil de arma de fogo mas simplesmente ao *ponto* em que a calda do açúcar refinado, com essência de fruta, atinja a densidade indispensável para o esfriamento e feitura *de balas*, bolas, rebuçados, vendidos em cartuchos de papel.

PRATO: genérico de alimentação, subsistência. *Só ganha pro prato*.

PUBA: *estar na puba*, isto é, estar no trinque, estar muito bem vestido e ataviado, informa Amadeu Amaral. Casquilhice, faceirice no trajar, segundo Valdomiro Silveira.

PUXA-PUXA: recadeiro, serviçal, fâmulo espontâneo nas intrigas ou correspondências de amor. Leva-e-trás. Namoro, para o caipira paulista.

QUEIJO: corpo feminino, as partes mais volumosas. *Comer queijo* é acalcanhar o calçado. Quem come muito queijo fica sem memória. No século XVII, 1665, D. Francisco Manoel de Melo versejava:

"Sempre ouvi por regra aceita
De Galeno que aja glória
Que tira o queijo a memória
A toda gente direita."

Comendo queijo de brisa, curtindo fome. *Foi queijo*, valeu a pena. Facilidade. Ver *Queijo do Céu*.

QUITANDA: biscoitos, bolo ou qualquer doce de forno, e também saúde, posição social, para o interior de São Paulo.

RAPADURA: *lamber a rapadura detrás dum pau*, esperar indefinidamente pelo inimigo para matá-lo (Nordeste). *Entregar a rapadura*, desistir de alguma empresa ou plano (São Paulo).

ROER: ter ciúmes. Roedeira, roendo, ciúmes, despeito amoroso.

ROSCA: face, mais vulgarmente, o nariz. *Disse-lhe as verdades nas roscas da venta*. Marido passeando ou dançando com a esposa é *pão com rosca*.

SAL: graça, espírito, talento. *Bom de sal*, temperado. *Sal e pimenta*, cabelo grisalho.

SIRI: o rapaz que conduzia o lampeão ou facho iluminando a marcha dos figurantes do Bumba Meu Boi (Natal, RN).

SOPA: coisa, negócios, conquista amorosa, sem custo e prontamente. *É sopa! Foi uma sopa! Sopa no mel*, o cúmulo do êxito.

SUCO: essência, o principal, a superior, a excelência. *É o suco!*

SURURU: o saboroso molusco. *Mytilus alagoensis*, J. Lima, ou *Mytilus mundahuensis*, E. D., significa barulho, confusão, balbúrdia, alteração da ordem. Há em São Luís do Maranhão uma festa de estudantes com essa denominação. Clitóris.

TAIOBA: nádegas: Negócio inconfessável mas vantajoso. *Roendo taioba sem ninguém saber*.

TARECO: biscoito de farinha de trigo, ovos, açúcar, de forma discoide, pequenino e duro. Miudezas caseiras bugigangas e bagatelas domésticas: pequeninos objetos, misturados, confusos. Cacarecos.

TERERÉ: é a infusão da erva-mate (*Ilex paraguaiensis*, St. Hil.) na água fria, sul do Mato Grosso e Paraguai, ao contrário do chimarrão que é feito com água quente, tradicional no Rio Grande do Sul e províncias vizinhas. O tererê não determina o mesmo efeito no plano da convivência que o semialimento gaúcho. Daí as frases alusivas: *Tererê não resolve, deixe de tererê, isto é tererê*, valendo circunlóquio, inutilidade verbal, paliativo. A frase divulgou-se, depois de 1930, por todo o Brasil.

TOMATES: testículos. Exclamação: *Uns tomates!*

UVA: beleza, sabor, suficiência para ser cobiçada; completa. *É uma uva!* Já era empregada em Portugal no século XVI.

VINAGRE: usurários, agiotas, emprestando dinheiro a juros altos, executando as penhoras sem piedade. *Vinagrada, vinagreira, ação do vinagre*, eram aplicados no mesmo sentido, notadamente no Recife em princípios do século XX onde Pereira da Costa os registrou.

XARÉU: o peixe *Caranx hippos* no vocabulário nordestino valia mentira, imaginação. Todos afirmavam ter ceado xaréu quando a comida fora outra bem diversa. *Comi cação, arrotei xaréu*. Ficou o delicioso carangídeo valendo petas e lorotas. Os nascidos na "Cidade Alta", em Natal, têm o apelido de xarias, comedores de xaréus. Os da "Cidade Baixa", a Ribeira, são os canguleiros, apreciadores do cangulo. *Pegou xaréu*, mentir.

Os utensílios da cozinha, o desenvolvimento da técnica culinária, preparo dos adubos, carnes, peixes, crustáceos, moluscos, aves de capoeira, peças de caça, possuem exigências tradicionais, respeitos, critérios que devem ser mantidos para o melhor resultado.

O próprio combustível, lenha ou carvão, é motivo supersticioso, sendo escolhido, aceso, extinto, com certas precauções adequadas.

O persignar-se, fazer o *sinal da cruz*, ocorria frequentemente como fórmula propiciatória nas velhas cozinheiras, afastando a *tentação do demônio* vir estragar os alimentos em elaboração. *Tentação* não é a sedução diabólica mas o ato da intervenção malévola de Satanás, provocando a raiva, o desabafo blasfêmico, o pecado da ira.

O fogo mantém seu milenar prestígio sagrado. Deve ser respeitado. Não se apaga o lume com água. Acende-se pelas extremidades e não pelo meio. Não se revolve o braseiro com instrumento metálico, já proibido no tempo de Hesíodo. Não se cospe e nem se urina no fogo. Fica tuberculoso e seca as urinas. Quem joga cabelo no fogo, endoidece. Não se pisa a brasa para extingui-la. Varre-se para um canto, deixando-a apagar. A comida demorando a cozer ou assar, vira-se os tições de fogo, de baixo para cima. Não se pragueja acendendo o lume. O Diabo vem ajudar. Não se faz a comida *descomposto*, com pouca roupa, semidesnudo.

As panelas, frigideiras, caçarolas, têm personalidade distinta. Certos alimentos só podem ser feitos em determinadas vasilhas. Mudando, não dão certo. Quando uma panela queima a comida várias vezes, *avesa-se*, habitua-se, vicia-se. O remédio é pô-la à parte por imprestável. Só deve mexer uma pessoa senão *desgosta*, tira o sabor do acepipe. Mexe-se da direita para a esquerda, primeiro. Depois, às avessas. Não se deixe a colher dentro da panela nem descansando no bordo para não *atrasar*. Não se remexe comida com faca porque *faz mal*. Não se prova mais de três vezes porque faz o pitéu ficar *aguado*, insosso, insípido, Prova-se jogando *a prova* na boca e não servindo no garfo ou na colher. *Destempera*. O caldo custando a engrossar, balança-se a panela três vezes. Não se bate com a colher na panela de arroz ou de canjica porque queimará inevitavelmente. Comida demorando muito joga-se sal no fogo ou vira-se os tições ao contrário. Tudo andará depressa. Quando se espreme limão na comida evita-se deixar cair os caroços porque, ficando, *dão azar*. Pisar, inadvertidamente, com os pés, carvão, pimenta-do-reino, hortaliça verde, provoca barulho em casa. O contrafeitiço é jogar no chão três pitadas de sal. Inchar as bochechas quando o arroz ferver, fá-lo-á crescer. Não se contam os pedaços da comida na panela porque não darão rendimento, minguam. A limitação pela contagem é um antiquíssimo tabu asiático que passou à Europa.

Fogo feito com papel queimado *não segura o gosto* dos quitutes. Quando se faz na Bahia *comida de azeite* tira-se sempre um pouquinho e joga-se no matinho verde para os "meninos", Cosme e Damião. Pedaço de cortiça ou grãos de milho seco, na panela, fazem amolecer a carne dura. Para os grandes assados ficarem *no ponto*, a cozinheira benze-se quando os enforna. Chamando pelo Diabo a força da comida fica para ele. Deve-se sempre lavar as duas mãos e nunca uma só. Agouro. Quando os tições começam a *pipocar*, esturrando, atira-se um dente de alho dentro do fogo. É o Diabo bufando e o alho o afugenta. Quando a fervura demora muito para *abrir*, muda-se a posição da panela e da tampa. As mulheres grávidas ou menstruadas sofrem restrições quando cozinham. A mulher *de lua* não bate ovos, não mexe canjica, não tempera galinha, não assa porco. Se for assar bolo, este queima de um lado. *Perde a mão*, durante o catamênio. A grávida ajuda a crescer a massa de bolos, arroz, cozidos com verdura, mas não deve assar coisa nenhuma. Resseca ou incha, sem tomar tempero. Não faz linguiça porque apodrece. Não *enche* peru nem recheia galinha. Não *trata* de peixe grande nem esmaga pimentas. Não faz sarrabulho nem panelada para não abortar. Não prova comida adubada porque não tem paladar certo, equilibrado, justo.

Cozinheira que faz rumor, batendo as panelas e frigideiras, está *catucando* o *Demônio*. Deixando cair a primeira vasilha que pegar pela manhã *atrasa* o dia todo. Queimando-se, muitas vezes no mesmo dia, deve rezar pelas almas do Purgatório. Se queimar a língua, alguém da família está com fome.

"Cozinheira zangada,
Comida queimada!"

ALMA. A alma só abandona o corpo no último suspiro. a) Fica na terra durante três dias, b) até a missa do sétimo dia, c) até a família vestir a roupa do luto, d) não *sobe* enquanto o cadáver estiver *de fora*, sem ser enterrado. Representação: forma humana, feições reconhecíveis, irradiando uma sensação de frio extremo, ao redor. A voz pode ser a mesma possuída quando vivo, ou outra, quase sempre de exagerado acento nasal. Veste branca, roupa talar, longa, rojante, ou como usava. Materializa-se pela voz, pelo corpo inteiro, por uma parte apenas. Visível a todos ou a determinada pessoa ou animal. Presença: a alma permanecerá na terra, enquanto dever promessas ou não cumprir a sentença que lhe impôs o Juiz Divino. Julgamento: a alma é levada ao Tribunal Celeste pelo Anjo da Guarda. Lê-se a relação de todos os bons e maus atos da vida terrena desde a idade da razão. A alma é colocada diante de São Miguel, que sustém a balança com que pesa os pecados cometidos e as virtudes exercidas. Deus dá a sentença. Devendo alguma promessa no mundo, a alma não entrará no céu. Influência egípcia da psicostasia. A alma era levada ao tribunal por Anúbis e pela deusa Mâit (a Verdade) até a presença de Osíris e seus quarenta e dois assistentes. Depois da confissão negativa da alma, Anúbis punha na balança o seu coração e Mâit noutro prato o seu emblema, uma pena, e dava uma pancada para aliviar o peso do coração. Tôt dizia o resultado. O padre Antônio Vieira, no sermão da primeira dominga da Quaresma, pregado em São Luís do Maranhão, 1653, cita as *balanças de São Miguel* o *Anjo, onde as almas se pesão*. Pereira da Costa (*Folclore Pernambucano*, 83-84) resume as tradições mais populares: "Quando morremos, o espírito se evola imediatamente, mas não vai para o seu destino, o céu ou o inferno, segundo as suas obras praticadas neste mundo; e, enquanto o cadáver não baixa à sepultura, permanece junto ao mesmo. Os nossos índios, porém, acreditavam que o espírito só se apartava do corpo depois do seu completo estado de decomposição; e enquanto não ia para a lua, lugar destinado à sua morada e descanso eterno, percorria as florestas, assistia às suas conversas, às suas danças, e era testemunha, enfim, de todas as suas ações. Para outras tribos, apesar de originárias todas de um mesmo tronco, o tupi, a vida remuneradora dos justos era passada em localidades encantadoras, que se afiguravam no reverso das *montanhas azuis*, a Serra Geral, que percorre a vasta extensão da costa austral do Brasil, e cujas montanhas viam a uma certa distância; mas os espíritos infiéis e pusilânimes eram proscritos dessa mansão, como anatematizados e votados a misérias e privações, erravam por desertos estéreis e se acolhiam ao covis das feras. Segundo a crendice popular, para verificar-se o destino final dos espíritos, é preciso um julgamento prévio. O espírito, apenas desprendido da matéria, comparece perante o arcanjo S. Miguel, e tomando ele a sua balança, coloca em uma concha as obras boas e na outra as obras más, e profere o seu julgamento em face da superioridade do peso de umas sobre as outras. Quando absolutamente não se nota o concurso de obras más, o espírito vai imediatamente para o céu; quando são elas insignificantes, vai purificar-se no purgatório; e quando não tem em seu favor uma só obra boa sequer, vai irremissivelmente para o inferno, donde só sairá quando se der o julgamento final, *dia de juízo*, seguindo-se então a ressurreição da carne. À morte dos justos e bons, que atravessaram a sua passagem por este mundo, sem pecados, assiste um anjo, invisivelmente, empunhando uma espada flamejante para os defender de Satanás que, ainda mesmo nesse extremo momento da vida, comparece junto ao leito para arrebatar-lhe a alma; e São Pedro, na sua qualidade de porteiro do céu, espera-os nos seus umbrais para dar-lhes ingresso no paraíso. O recém-nascido, que não foi amamentado e morre batizado, não participando, portanto, de coisa alguma deste mundo, é um serafim, anjo da primeira jerarquia celestial, e vai imediatamente para as suas regiões ocupar um lugar entre os seus iguais; o que recebeu amamentação e as águas do batismo é simplesmente um anjo, porém, antes de entrar no céu passa pelo purgatório, para purificar-se dos vestígios da sua efêmera passagem pela terra, expelindo o leite com que se amamentou; e o que morre pagão fica eternamente privado da luz e glória celestiais, e vai habitar as sombrias regiões do Limbo. A mulher casada que não teve filhos, quando morre, vai vender azeite às portas do inferno, para alimentar o fogo eterno a que são condenados os maus e os perversos, que morreram fora da graça de Deus". "Quando a alma do que morreu aparece e fala ao que está vivo, eriçam-se os cabelos, treme a pele em convulsões de frio, confrange-se o ventre e emudece a língua: o vidente é a estátua do medo. Os mais corajosos e destemidos, porém, ousam falar-lhe, e para saberem o que pretendem, dirigem-lhe esta conhecida frase: 'Eu te requeiro da parte de Deus e da Virgem digas o que queres.' E então faz a alma o seu pedido, geralmente de missas e orações para a sua salvação e entrada na celestial mansão. Aparecem também as almas para indicarem o lugar da existência de tesouros que em vida ocultaram, e outras vezes fazem estas revelações em sonhos, quando conhecem que as pessoas a quem desejam beneficiar são tímidas e medrosas. Revelado o lugar, com a indicação mesmo de certos sinais particulares, deve o indivíduo guardar o mais absoluto segredo, ir só e rezar umas tantas orações para afugentar o diabo, que não deixa de comparecer em semelhantes ocasiões, com o fim de impedir a extração do tesouro, porque, enquanto permanecer oculto, a alma absolutamente não se salva. Se, porém, a pessoa fizer revelações e for acompanhada, encontrará efetivamente todos os sinais indicados, como sejam mesmo certos objetos, mas o tesouro converter-se-á em carvão, e a outrem será depois revelado... As almas do outro mundo aparecem somente à noite, trajando vestes talares e envolvidas em mantos roçagantes, de um pano branco e áspero, e o seu corpo é de uma frieza de gelo. As caveiras também falam", 98-99. Tivemos essas tradições por intermédio de Portugal, onde continuam vivas e atuais. São igualmente assombrosas as *procissões das almas*, apenas visíveis para uma ou outra criatura ou quem tenha uma palavra a menos no latim da cerimônia batismal, assim como as *missas das almas*, celebradas e assistidas por uma multidão de espíritos, numa parada espantosa de penitência sobrenatural. Procissões e missas das almas são de presença antiquíssima em quase todos os países da Europa. Na igreja das Mercês de Cima, em Ouro Preto, Minas Gerais, existe a versão antiga das *missas das almas*. Uma foi assistida pelo sacristão João Leite, que a descreveu. Augusto de Lima Júnior (*Histórias e Lendas*, 156, Rio de Janeiro, 1935): "Quando o padre celebrante voltou-se para dizer o *Dominus Vobiscum*, João Leite constatou que era uma simples caveira que ele tinha no lugar da cabeça. Assustou-se e nesse momento reparando nos assistentes, agora de pé, viu que também eles não eram mais do que esqueletos vestidos", 157. Em Lima Duarte, Minas Gerais, sobrevive a mesma tradição dessas missas d'alva fantásticas (Lindolfo Gomes, *Contos Populares*, II, 21, S. Paulo, s/d.). Alphonse Daudet recolheu a versão da Provence em *Les trois messes basses Lettres de Mon Moulin*. Na sistematização dos *Motif-Indez of Folk Literatura*, de Stith Thompson, II, E490, *Meeting of the dead*, e o E491, *Procession of the dead*, e E492, *Mass of the dead*, com bibliografia europeia e indiana. Registrei, entre colonos portugueses, uma variante ("A mulher curiosa", *Os Melhores Contos Populares de Portugal*, Rio de Janeiro, 1944). Teófilo Braga encontrou a do Algarve. A. Santos Graça narra episódio igual na Póvoa: "A tia Jacinta afirmou que, num serão, carecera de acender uma candeia e que, dando pela falta de lumes, viera à porta ver se passava alguém para lhos pedir. Abrindo o postigo, viu que vinham ao longe muitas luzes e, quando estas se abeiraram, pediu um lume, que lhe foi entregue pelo postigo. Acessa a candeia, quando ia entregar a vela que tinha recebido, já o grupo se tinha distanciado, reparando ela, então, que em lugar de uma vela lhe tinha entregado uma tíbia! Fora no dia seguinte confessar-se, sendo-lhe dado o conselho de à mesma hora esperar novamente o grupo e entregar à que fosse sem luz o que lhe tinha sido dado. Eram almas boas que andavam a pedir orações; "A crença do Poveiro nas almas penadas", separata da *Homenagem a Martins Sarmento*, Póvoa de Varzim, Portugal, 1934. O Prof. Aurélio M. Espinosa encontrou na Espanha uma visão em Córdoba ("La Calle de la Pierna", *Cuentos Populares Españoles*, I, n.º 95, Stanford University, Califórnia, 1923, U. S. A., 95) e outra na Ciudad Real (*La averi-*

guarona, 96). Teófilo Braga *O Povo Português*, etc., 226, Lisboa, 1885, I) informa: "A procissão dos defuntos faz-se todos os dias às Trindades; ninguém as vê senão as pessoas que têm uma palavra de menos no batismo. E estas são as que sabem as pessoas que hão de morrer, porque as veem na procissão." Essas sinistras procissões de mortos percorriam a Idade Média, espalhando um pavor inenarrável. Em janeiro de 1091 um pároco de Bonneval, indo visitar enfermos, encontrou um desses cortejos assombrosos, reconhecendo alguns mortos, Richard de Bienfaite, Baudoin de Meules, filho de Gisbert, Conde de Brionne, conta Orderic Vidal, segundo a citação do Conde de Puymaigre *Folk-Lore*, 250, Paris, 1885). Esse elemento foi catalogado por Stith Thompson, S242, *Ghosts punish introders into procession of ghosts*. Há citações em que almas voltam ao mundo para receber absolvição dos pecados. Pereira da Costa, *opus cit*. 90, citando o frade franciscano Frei Antônio de Santa Maria Jaboatão (*Novo Orbe Seráfico Brasílico*), conta esse episódio que teria ocorrido no convento de S. Francisco na Vila de Igaraçu, no ano de 1687: "Em uma ocasião, sendo já alta noite, e estando só desperto o padre guardião Frei Daniel da Assunção, ouviu tocar a capítulo, sem ele o mandar. Homem de espírito que era, e sem temer, saiu da sua cela, deu volta aos corredores de cima e não encontrando a religioso algum, porque todos estavam recolhidos e entregues ao sono, e o convento em profundo silêncio, desceu ao claustro, e passando pelo capítulo viu ali prostrado um religioso; e chegando-se a ele, e perguntando quem era e o que fazia ali, respondeu o desconhecido padre: Sou F. Era, religioso desta Província, que, falecendo na apostasia, foi Deus servido ter misericórdia de mim, e para poder conseguir esta, e gozar da sua bem-aventurança, me mandou venha pedir absolvição da censura que contra mim foi promulgada. – Assim o absolveu o padre guardião, e o espírito desapareceu." Outros espíritos voltam à forma humana, solicitando confissão. Uma *estória* corre a zona do Seridó, no Rio Grande do Norte, há quase dois séculos. O padre Manual Gomes da Silva era capelão na povoação do Acari em meados do séc. XVIII e muito amigo de um grande fazendeiro, Antônio Pais de Bulhões. Uma tarde o padre foi chamado para confessar seu amigo que se dizia gravemente enfermo. Encontrou-o bem, vestido de preto, mas afirmando ter momentos de vida. O padre pediu que lhe servissem o jantar vendo Bulhões em ótimo estado. Mas o fazendeiro gritou: Morro sem confissão! E morreu quase repentinamente. Manuel Dantas (*Homens de Outrora*, Rio de Janeiro, 1941), que nascera no Acari, recolheu a tradição: "Era madrugada, quando ao dirigir-se o padre à sacristia para revestir-se dos ornamentos sacerdotais, acercou-se-lhe um peniten-

te, pedindo que o ouvisse de confissão. Completamente às escuras, via somente o vulto, sem distinguir-lhe as feições, e tendo-o ajoelhado aos seus pés, escutou-lhe as mazelas da alma, das quais o purificou com a absolvição em nome de Deus. – Sabe a quem acaba de confessar? – pergunta-lhe o desconhecido. – A um cristão que, atormentado pelo pecado, veio procurar alívio no tribunal da penitência. – Não, senhor; a alma de Antônio Pais de Bulhões, ao qual, em artigo de morte, o senhor deixou de confessar. – E virando-se, o padre viu-lhe nas costas um fogo vivo, que lhe ofuscou a vista e perturbou-lhe a razão" (35). Quem morre com dente chumbado a ouro, trancelim, medalhinha, anel, botões, não pode entrar na bem-aventurança, sem que retirem o ouro do seu cadáver. José Tomás de Aquino Pereira faleceu na cidade de Jardim do Seridó, Rio Grande do Norte, a 4 de fevereiro de 1912. Sepultaram-no com sua vistosa farda de tenente-coronel da Guarda Nacional. O dólmã ia sem os botões dourados, atendendo a recomendação expressa do morto, fiel à sentença de que ninguém leva ouro para debaixo da terra sob pena de não ver o céu. Um vigário de Sousa, na Paraíba, aparecia aos amigos pedindo que arrancassem um dente coberto de ouro que estava na sua caveira. Ainda sofria por causa dessa fração do metal precioso soldado aos seus restos materiais. Novembro é o *mês das almas*, das novenas e promessas às almas mais sofredoras do purgatório. Tradicionais as "missas das almas", pela madrugada. As fiéis contam maravilhas e há mesmo convergência da devoção para os contos populares, sendo frequente a intervenção de mulheres velhas salvadoras, depois identificadas como *almas* (Silva Campos, LXXVII, Teófilo Braga, *Contos*, 7º, Consiglieri Pedroso, *As tias*, Mt-501 de Aarne-Thompson, *The Three Old Women Helpers*, Irmãos Grimm, 14º *Melhores Contos Populares de Portugal*, *As fiandeiras*, 153, com bibliografia). As *alminhas*, pequenos painéis representando "almas em pena", facilmente encontradas nas estradas de Portugal, suplicando orações e auxílio, no Brasil correspondiam às *caixinhas das almas*, que Melo Morais Filho evocava: "Ninguém há por aí que não tenha visto à porta de certas igrejas, dentro de tabernas e, nas ex-províncias do Brasil, em várias boticas, a *caixinha das almas*, com figuras pintadas no alto, brancas e negras, com olhos de brasa e boca de fogo, levantando os braços no meio de labaredas vermelhas, listradas de amarelo... E o que representam elas? As almas do purgatório que pedem sufrágio; as vítimas do pecado, que imploram, para aliviar-lhes as penas, a piedosa lembrança dos vivos" (*Festas e Tradições Populares do Brasil*, 248, Rio de Janeiro, 1946). Nas sextas-feiras ou segundas-feiras, havia à meia-noite a famosa *encomendação das almas*,

procissão exclusiva de homens, vestindo buréis brancos e a cabeça oculta pelo capuz, desfile de amortalhados, com conjunto orquestral, flautas, violoncelos, rabecas, iam os penitentes, com matracas e campainhas, até os cruzeiros, cantando alto "ofícios" e ladainhas que apavoravam até as telhas das casas. Cantavam as "lamentações" havendo Irmandades com grandes cantoras para essas litanias. Em vozes atordoadoras, pediam orações para os condenados à morte, os presos da cadeia, os perdidos na mata, os mortos sem confissão, para quem andasse sobre as ondas do mar. A procissão era iluminada por velas, recobertas de papel ou flandres. Era comum a presença dos disciplinantes, açoitando-se com chibatas de couro cru, fio de corda de linho com pedaços de pregos e cacos de vidro, e pondo tal violência que terminavam cobertos de sangue e riscados como tatuagens vermelhas. Lendas e tradições confundiam-se. A procissão das almas (do outro mundo), vinda da memória dos colonos portugueses, articulava-se à encomendação das almas, feita por gente viva. Melo Morais Filho depõe: "Corria na tradição, aviventada por testemunhas autênticas, que o imprudente que tentasse profanar o mistério, só via um rebanho de ovelhas (eram as almas) e um frade sem cabeça que lhe entregava uma vela de cera, vindo-a buscar na manhã seguinte. E não a encontrava! Dizem alguns que o frade encantado era uma alma penada; e outros que era o demônio disfarçado para assombrar e tentar as criaturas" (*Opus cit.*, 227-228). Todas as portas e janelas fechavam-se hermeticamente durante as horas da sinistra procissão. Os próprios penitentes encarregavam-se de rebentar a pedradas todo objeto visto através de janela aberta ou porta aberta. Essas "encomendações" foram desaparecendo na segunda metade do séc. XIX. Estão extintas no Brasil. Pela América espanhola ainda resistem, re aparecendo numa ou noutra paragem. Reginald Fisher informa que "Los Hermanos Penitentes" do New México ainda se flagelam (*Notes on the relation of the Franciscans to the Penitentes*, El Palácio, Santa Fé, XLVIII, 263, New Mexico, 1941). *A Caixinha das Almas*, tão comum nas igrejas, reunindo óbolos para o sufrágio das "almas do purgatório", é de origem portuguesa, complementando o painel das *Alminhas*, que não tivemos, ou dele não tenho conhecimento no Brasil (Flávio Gonçalves, "Os Painéis do Purgatório e as Origens das 'Alminhas' Populares", 36-37, sep. do *Boletim da Biblioteca Pública Municipal de Matosinhos*, n.º 6, Matosinhos, Portugal, 1959). Viajando por Minas Gerais em 1817, Augusto de Saint-Hilaire registrou na raia de Ouro Preto: "Vê-se, em todas as tabernas, um tronco em que estão pintadas figuras rodeadas de chamas, e que é destinado a receber as esmolas que se querem fazer às almas do Purgatório; aposta-se em proveito das almas, e fazem-se-lhes promessas, a fim de encontrar os objetos perdidos... Estive em Vila do Príncipe durante a quaresma. Três vezes por semana, ouvia passar pela rua uma dessas procissões que chamam *Procissão das Almas*, e que têm por objetivo obter do céu a libertação das almas do Purgatório. São ordinariamente precedidas por uma matraca: nenhum sacerdote as acompanha; e são unicamente constituídas pelos habitantes do lugar, possuidores de voz mais agradável" (*Viagem pelas Províncias do Rio de Janeiro e Minas Gerais*, I, 200, 294, Brasiliana, 126, S. Paulo, 1938, trad. de Clado Ribeiro de Lessa). Saint-Hilaire diz ter visto também uma *Procissão das Almas* em Itabira. Ver Luís da Câmara Cascudo, *Dante Alighieri e a Tradição Popular no Brasil*, "Procissão das Almas", 159-163, Natal/RN, Fundação José Augusto, 1979.

ALMA-DE-CABOCLO. (*Piaya cayana*). O mesmo que alma-de-gato. Ver *Alma-de-Gato*.

ALMA-DE-GATO. (*Piaya cayana*). Alma-de-caboclo. No Nordeste há uma marcada antipatia sertaneja contra a alma-de-gato, denunciando uma superstição latente. Pereira da Costa (*Vocabulário Pernambucano*, 28): "A gente supersticiosa tem por mau agouro o canto desta ave." Antiguaçu. Stradelli: "Vive de insetos que caça entre a folhagem das árvores, correndo ao longo dos ramos com ademanes todos seus particulares, que lembram o andar dos ratos." Não seria engano? Gatos pelos ratos? Alfredo da Mata: "Ave trepadora (*Piaya cayana*, L.) pelos índios chamada atinguaçu. A superstição empresta ao seu cântico maus presságios e fins agoirentos. Este cuculídeo é conhecido no Sul pelos nomes de rabo-de-escrivão, rabo-de-palha, Maria Caraíba. Canto original a imitar a modulação de aves diversas. Atingau. Amazônia." Ver *Tincuã*.

ALMA-DE-LESTE. Ver *Alma-de-Mestre*.

ALMA-DE-MESTRE. Ou alma-de-leste, palmípede procelária, *Thalassidroma wilsoni*. Alcião. Os marinheiros atribuem a esta ave uma particularidade curiosa. Quando voam para o mar, é sinal de bom tempo; quando voam em direção à terra, é a borrasca que se aproxima (Alberto Vasconcelos, 6, *Vocabulário de Ictiologia e Pesca*, Recife, 1938).

ALOURIXÁ. Ver *Iyalorixá*.

ALPARCA. Ver *Alparcata*.

ALPARCATA. Alparcata, alpercata (mais comumente usado no Nordeste), alparca, alpregata, pracata, pragata, do árabe *pargat*, alparca, e o artigo *al*. O Padre Antônio Vieira escrevia sempre "alpargata." Sandália de couro, que se prende ao pé por meio de correias. Há vários modelos, que mais e mais se complicam na industrialização da moda feminina e masculina. São tradicionais as alparcatas dos frades. O mais antigo tipo do sertão nordestino é simplíssimo. Consta de duas faixas estreitas, partindo dos lados da palmilha, cruzando sobre o peito do pé, onde sustentam uma fina tira de sola, que passa entre o polegar e o segundo dedo. É o mais antigo calçado do mundo em pleno uso moderno. Era clássico no Egito, na época dos Ptolomeus. Denominava-se *Baxae*, feito de folhas ou cascas de palmeira, tecido de junco, salgueiro, esparto ou papiro. Depois utilizaram o couro. Viera possivelmente da Assíria. Passou à Grécia, onde tomou o nome de *Pédilon*, e em Roma *solea*, diversificando-se enormemente, tendo algumas lavores artísticos e recamados de joias. A expansão romana levou esse calçado, entre outras formas, no modelo militar das *calígulas*, pela Europa inteira e Ásia, onde já o conheciam secularmente. Os árabes levaram a alparcata a Portugal, onde é comum, mas não vi o tipo velho do sertão brasileiro. Os negros africanos usaram muito no Brasil, especialmente os escravos vaqueiros e tangerinos no ciclo da pecuária, no interior, sendo desconhecido na orla atlântica. Sua conservação no sertão nordestino explica-se pelo isolamento em que essa região ficou, dois séculos, sem estradas e comunicações maiores com as cidades e vilas do litoral. Já não é de fácil encontro nos mercados e feiras sertanejas, porque a influência citadina modifica a alparcata, obrigando-a a uma multidão de correias e fivelas na intenção decorativa. Registre-se, entretanto, a presença normal no Brasil de um calçado que já era quatro vezes secular antes da Era Cristã.

ALPARGATA. Ver *Alparcata*.

ALPERCATA. Ver *Alparcata*.

ALPREGATA. Ver *Alparcata*.

ALUÁ. Bebida fermentada, de abacaxi, aluá de abacaxi, ou de milho, aluá de milho, e açúcar. Em Pernambuco usam também o aluá de arroz. "Do árabe *heluon*, o doce. Doce bastante usado no Oriente, composto de farinha de arroz, manteiga e jagra, que é o mesmo que o açúcar da palmeira. É semelhante ao nosso manjar branco". Recolhido por Bluteau no Suplemento (*Dic. D. Vieira*). "Bebida refrigerante, fermentada, feita de arroz cozido, água e açúcar." No Ceará dão o nome de *aluá* a uma bebida feita de milho torrado, fermentada com água e rapadura, ou preparada com a farinha de milho torrado e açúcar, e que também assim feita em Pernambuco, tem o nome de quimbembé, como escreve Beaurepaire Rohan, o que ignoramos, uma vez que conhecemos o vocábulo, mas com outras acepções. Conhecida em outros lugares com denominações diferentes, em alguns, porém, tem a de *aluá*, como na Bahia e Rio de Janeiro, nomeadamente; nesta última parte, porém, teve grande voga, e até época não muito remota, como escreve Castro Lopes: "Pelas tardes de verão ninguém jamais ouviu apregoar o sorvete de caju e abacaxi, mas somente o refrigerante aluá." Sobre a etimologia do vocábulo, *aloá* ou *aluá*, variam as opiniões, se vem do africano, asiático ou do tupi. Morais, que escreve aloá, diz que é derivado do vocábulo luá, água, na língua dos negros aussás, da Costa da Mina; e Macedo Soares, pensando que vem do tupi, acha que o termo *aluá* seja corruptela de *aruá*, coisa agradável, boa coisa, gostosa, apreciável. O de que não resta dúvida, é que os nossos índios, do Alto São Francisco, quer os habitantes das ilhas, quer os do continente, descendentes dos aldeados dos extintos núcleos, ainda usam, apaixonadamente, de uma bebida fermentada e espumante, a que dão o nome de *aloá*, preparada em grandes talhas de barro, acaso reminiscência do velho *cauim* dos seus antepassados, espécie de vinho de caju, mandioca ou milho, e depositados na *igaçaba* ou no camocim (Pereira da Costa, *Vocabulário Pernambucano*). No Rio Grande do Norte e Paraíba diz-se *aluá*. Reaparece durante as festas de São João, Natal e novenários dos santos padroeiros, com alguma preferência da parte do povo. O sertão a conhece também mas é bebida do agreste e litoral. O vocábulo está na Amazônia. "Aluá, bebida que resulta da fermentação do milho, do arroz, do ananás e outros frutos." (Alfredo Augusto da Mata, *Vocabulário Amazonense*). Escrevendo em novembro de 1881, França Júnior evocava a popularidade do aluá durante o reinado de D. Pedro I na capital do Império: "No primeiro reinado, o refresco em voga foi o aluá... O pote de aluá saía para o meio da rua, e o povo refrescava-se ao ar livre, a vintém por cachaça." Macedo Soares apenas admitia a possibilidade do vocábulo provir do nheengatu, *aluá* de *aruá*, escrevendo embora: "Não parece palavra da língua geral." Pereira da Costa, citando Antônio Carmelo, evidencia o sinônimo que Macedo Soares sugerira. Antônio Carmelo: "As pretas africanas, à sombra de gameleiras parasitadas. vendem o aluá fresquíssimo." *Mocororó* no Maranhão. *Caramburu* em S. Paulo, Capelo e Ivens (*De Benguela às Terras de Iacca*, I, 333) falam numa cerveja de milho entre os ambundos, a *ualuá*, como o massongo *ualla*, de milho fermentado, *kimbombo* dos bailundos e a *garapa* doutras paragens africanas. Um antigo proprietário de escravos no nordeste do Brasil, o Coronel Filipe Ferreira, dizia-me ser o aluá bebida fabricada pelos negros, sempre que era anunciada uma festa para eles. Os homens bebiam-no como refresco, especialmente quando a cachaça acabava. Manuel Querino ensina a fazer o aluá, dando "aruá" como sinônimo: "O milho demorado n'água depois de três dias dá a esta um sabor acre, de azedume, pela fermentação. Coa-se a água, adicionam-se pedaços de rapadura e, diluída esta, tem-se bebida agradável e refrigerante. Pelo mesmo processo se prepara o aluá ou aruá da casca do abacaxi." (184-185, *Costumes Africanos no Brasil*). No Rio Grande do Norte empregam o açúcar bruto ou o branco (em quantidade menor) e raramente a rapadura. A vasilha onde o aluá fermentará durante três dias deve ser pote ou jarra, obrigatoriamente de barro.

ALUFÁ. Nome genérico para o negro muçulmano no Rio de Janeiro. "Agora os orixás e os alufás só falam o eubá. – Orixás, alufás? fiz eu admirado – São duas religiões inteiramente diversas. Vai ver." (João do Rio, *Religiões do Rio*, 2). Alufá quer dizer doutor, teólogo, devoto, marabu. Nina Rodrigues: "Os sacerdotes ou verdadeiros marabus chamam-se na Bahia *alufás*." (94, *Africanos no Brasil*).

ALUJÁ. Uma dança negra no Brasil, trazida pelos escravos africanos, segundo Luciano Gallet (61, *Estudos de Folclore*, Rio de Janeiro, 1934). "A orquestra toca *a rebate*, isto é, toca o *alujá*, uma espécie de marcha, enquanto os *encantados* fazem a volta do *canzuá*, saudando, com os braços unidos sobre o ventre, o busto inclinado, a assistência." (Édison Carneiro, 117, *Negros Bantos*, Rio de Janeiro, 1937). "Os passos constantes são o *alujá*, em roda da casa, dando com as mãos para a direita e para a esquerda" (João do Rio, 21, *Religiões do Rio*). Trata-se de dança religiosa, executada exclusivamente nos recintos do culto.

ALUMA GARIBA. Ver *Dadá*.

ALUMIAÇÃO. Diz-se em Manaus, Amazonas, da exposição votiva de milhares de velas acesas ao redor dos túmulos no Dia de Finados, 2 de novembro, nos cemitérios públicos. A tradição cristã de simbolizar a vida humana, ou a fé, na chama das velas, significa também a presença de orações e lembranças aos mortos, desde o período das catacumbas, na era das perseguições imperiais. Nos países católicos as velas são acesas nas sepulturas no Dia de Finados, aniversário do falecimento ou qualquer data oblacional, durante o Advento, na manhã do dia de Natal, Todos os Santos (1º de novembro) ou Dia de Ano (1º de janeiro). Há uns cinquenta anos as velas eram previamente "bentas", mas hoje já não há essa exigência. As velas acessas nos cemitérios são tradicionais, desde o México. Ver *Finados, Vela*.

ALUVAIÁ. É o orixá Exu dos negros bantos. Édison Carneiro: "O pai de santo Manuel Paim, a quem interroguei sobre esse *despacho*, me garantiu que Aluvaiá é um Exu da nação Angola." (*Negros Bantos*, 45).

ALVÍSSARAS. Prêmio ou recompensa que se dá a quem anuncia boas notícias ou o encontro de coisas perdidas. Frei Manuel Calado (*O Valeroso Lucideno*): "... e o Governador João Fernandes Vieira deu dois escravos de alvíssaras a uma sentinela que trouxe nova de que vinham aqueles quatorze índios do Governador Dom Antônio Filipe Camarão" (Liv. III, cap. III, Lisboa, 1468). Nas antigas "Lapinhas" era a canção inicial, *jornada das alvíssaras*:

"Alvíssaras, meu bem, alvíssaras
Alvíssaras que já cheguei!
Venho ver o Deus Menino
E agora descansarei!..."

Pedir alvíssaras a Nossa Senhora é uma tradição religiosa muito familiar entre católicos no Brasil. Dá direito a pedir uma graça à Virgem-Mãe, que nada recusará aos que lhe pedem nesse dia. Na noite de Sexta-Feira da Paixão para o Sábado de Aleluia, alguns minutos antes da meia-noite, reza-se o *rosário das alvíssaras*. Nas contas que representam os "padre-nossos" diz-se: *Alvíssaras, minha Mãe clemente, que vosso Filho ressuscitou inocente!* No segundo padre-nosso: *Alvíssaras, minha Mãe dolorosa, que vosso Filho ressuscitou da morte!* E no terceiro: *Alvíssaras, minha Mãe da luz, que vosso Filho ressuscitou da cruz!* e em todos os *padre-nossos* vão-se alternando esses dizeres. Nas contas da ave-marias, sem alteração: *Mãe de Deus!* À meia-noite o *rosário das alvíssaras* está rezado, oferece-se e pede-se uma *graça*. Em Portugal as alvíssaras são grupos de rapazes e moças que cantam versos em louvor da Ressurreição de Cristo no Sábado de Aleluia ou Domingo da Ressurreição, indo à porta da igreja ou às casas dos amigos, recebendo amêndoas, passas e tremoços (Jaime Lopes Dias, *Etnografia da Beira*, I, 145, 2ª ed. Lisboa, 1944; J. A. Pombinho Júnior, "Retalhos de um Vocabulário", Separata do vol. XXXVII da *Revista Lusitana*, 11; Veríssimo de Melo, "Dai-me as Alvíssaras", *A República*, Natal, 9 de março de 1949).

AMADEU AMARAL PENTEADO. Nasceu em Monte Mor, município de Capivari, São Paulo, a 6 de novembro de 1875 e faleceu na cidade de São Paulo a 24 de outubro de 1929. Poeta, ensaísta brilhante, advogado, foi um grande animador dos estudos do folclore na acepção científica, tentando interessar a fundação de institutos e associações para pesquisas sistemáticas, classificação, confrontos, etc. Bibliografia essencial: *O Dialeto Caipira*, ed. O Livro, S. Paulo, 1920, gramática, vocabulário. Sob a direção de Paulo Duarte (Instituto Progresso Editorial S. A. São Paulo) publicam-se as *Obras Completas*. O primeiro volume (*Tradições Populares*, S. Paulo, 1948) reuniu os trabalhos esparsos referentes ao folclore.

AMADEU AMARAL JÚNIOR. Nasceu na cidade de São Paulo a 10 de novembro de 1910, falecendo na mesma cidade a 20 de dezembro de 1944. Autodidata, curioso de todos os assuntos, especialmente etnográficos e folclóricos, viajou pelo norte e sul do país, reunindo material que divulgou com nitidez e precisão. Sua produção, esparsa em jornais paulistas e cariocas e revistas várias, está sendo coligida para publicação em volumes (1947). Entre seus trabalhos destacam-se as "Superstições Paulistas" na *Revista Nova* – (S. Paulo, 1931), em vários números e na *Revista do Arquivo Municipal*, igualmente de S. Paulo, o "Reisado, Bumba Meu Boi e Pastoris" (LXIV, 273), e "Cantos de Macumbas" (LXVIII, 201).

AMALÁ. Caruru com arroz ou pirão de mandioca. Prato afro-baiano é uma comida sagrada do orixá Iansã, deusa iorubana dos ventos das tempestades, uma das três esposas de Xangô.

AMALÉ. Ver *Aguê*.

AMANACI. Mãe-da-chuva. Casta de pássaro, cujo canto é prenúncio certo de próxima chuva (Stradelli, *Vocabulário Nheengatu*).

AMANAIARA. Ver *Chuva*.

AMANA-MANHA. Mãe-da-chuva. Casta de sapo, que somente se ouve quando está para chover. (Stradelli, *Vocabulário Nheengatu*).

AMAO. Personagem divina que ensinou aos indígenas camanaos, do rio Negro, Amazonas, o processo de fazer beiju, farinha de mandioca, farinha de tapioca e várias outras coisas. Depois desapareceu para sempre. Brandão, de Amorim (*Lendas em Nheengatu e Português*, 289) ouviu a lenda em nheengatu. "No princípio do mundo, contam, apareceu, entre outras criaturas uma moça bonita. Não sabia de homem, seu nome era Amao. Uma tarde Amao foi para a beira do rio, aí sentou-se. No mesmo momento passou por junto dela porção de peixe, pele deles, contam, brilhava de verdade. Ela meteu a mão no rio, pegou um peixe. O peixe fez-se forte na mão dela, pulou direito na sua concha, furou-a, depois tornou a saltar para o rio. Desde aí sua barriga foi crescendo, quando chegou madureza de sua lua, ela teve um menino. A criança já tinha duas luas, quando a mãe dele foi pescar de puçá peixinho na cabeça da correnteza. O menino ela deixou deitado em cima da pedra. Já era meio-dia, Amao saiu, foi ver o menino, encontrou-o já morto. Carregou seu corpo que foi, chorou durante a noite; quando o sol apareceu, o menino falou deste modo: Minha mãe, repara como os animais e pássaros estão rindo de nós. Eles mesmos me espantaram para eu morrer. Agora, para eles não escarnecerem de ti, defuma-os com resina para virarem pedra. Assim somente ele falou. Já com a tarde, Amao enterrou seu filho, à meia-noite virou pedra todos os animais. De manhã, contam, cururu, cujubim, pássaro-pajé, lontra, estavam já de pedra. Cobra-grande, raia, taiaçu, tapir somente não viraram de pedra porque foram comer para a cabeceira. Amao voou logo para a cabeceira, passou em cima duma pedra grande, aí encontrou taiaçu e tapir dormindo. Amao surrou primeiro no tapir, depois surrou no taiaçu, morreram ambos. Depois retalhou o tapir, o taiaçu, jogou carne deles no rio, deixou somente uma coxa de tapir, outra do taiaçu em cima da pedra; aí as virou pedra. Como cobra-grande e raia ainda estavam comendo no fundo d'água, ela fez um laço na beira do rio para agarrá-las. Já noite grande ouviu uma coisa batebatendo no laço, foi ver, encontrou a cobra-grande com a raia. Jogou nelas com resina, viraram de pedra imediatamente. Depois voltou para ensinar todos os trabalhos à gente da terra dela. Sentou um forno, mostrou como a gente faz beiju, farinha, farinha de tapioca, porção de coisas. Depois de ensinar tudo, Amao sumiu-se desta terra, ninguém sabe para onde!"

AMARAL JÚNIOR AMADEU. Ver *Amadeu Amaral Júnior*.

AMARAL PENTEADO, AMADEU. Ver *Amadeu Amaral Penteado*.

AMARELINHA. Ver *Academia*.

AMARELO. Ver *Cores*.

AMAZONAS. Frei Gaspar de Carvajal encontrou, as amazonas no dia 24 de junho de 1541 na foz do rio Jamundá. "Íamos desta maneira caminhando e procurando um lugar aprazível para folgar e celebrar a festa do bem-aventurado São João Batista, precursor de Cristo, e foi servido Deus que, dobrando uma ponta que o rio fazia, víssemos alvejando muitas e grandes aldeias ribeirinhas. Aqui demos de chofre na boa terra e senhorio das amazonas" 58. "Começaram os espanhóis, arcabuzeiros e balestreiros, atirando aos indígenas que lutavam como bichos bravios. Quero que saibam qual o motivo de se defenderem os índios de tal maneira. Hão de saber que eles são súditos e tributários das amazonas, e conhecida a nossa vinda, foram pedir-lhes socorro e vieram dez ou doze. A estas nós as vimos, que andavam combatendo diante de todos os índios como capitãs, e lutavam tão corajosamente que os índios não ousavam mostrar as espáduas, e ao que fugia diante de nós o matavam a pauladas. Eis a razão por que os índios tanto se defendiam. Estas mulheres são muito alvas e altas, com o cabelo muito comprido, entrançado e enrolado na cabeça. São muito membrudas e andam nuas em pêlo, tapadas as suas vergonhas, com os seus arcos e flechas nas mãos, fazendo tanta guerra como dez índios. E em verdade houve uma destas mulheres que meteu um palmo de flecha por um dos bergantins, e as outras um pouco menos, de modo que os nossos bergantins pareciam porco-espinho." (60-61. *Descobrimento do Rio das Amazonas*, São Paulo, 1941). "Os espanhóis, dirigidos por Francisco de Orellana, mataram umas sete e oito amazonas, afracando a resistência indígena. Desceram os brancos o rio, levando um prisioneiro que narrou as notícias surpreendentes, quando interrogado pelo capitão. As mulheres residiam no interior, a sete jornadas da costa. Eram sem marido. Dividiam-se, numerosas, em setenta aldeamentos de pedra, com portas, ligadas às povoações por estradas amparadas, dum e doutro lado, com cercas, exigindo pedágio aos transeuntes. Quando lhes vinha o desejo, faziam guerra a um chefe vizinho e trazendo prisioneiros, que libertavam depois de algum tempo de coabitação. As crianças masculinas eram mortas e enviadas aos pais e as meninas criadas nas coisas da guerra. A rainha se chamava Conhori. Há riqueza imensa de ouro, prata, serviços domésticos em ouro para as fidalgas e de pau para as plebeias. Na cidade principal havia cinco casas grandes, com adoratórios dedicados ao sol. As casas de devoção são os Caranai. Tem assoalho no solo e até meia altura, os tetos forrados de pinturas coloridas. Nesses templos estão ídolos de ouro e prata em figuras femininas e muitos objetos preciosos para o serviço do sol. Vestem finíssima lã de ovelha do Peru. Usam mantas apertadas, dos peitos para baixo, o busto descoberto, e um como manto, atado adiante com uns cordões. Trazem cabelos soltos até o chão e na cabeça coroas de ouro, da largura de dois dedos." Frei Gaspar de Carvajal já as ouvira citar nos arredores de Quito e sabiam que os indígenas desciam 1.400 léguas para vê-las. Iam moços e voltavam velhos. O jesuíta Alonso de Rojas, na sua relação, 111, insiste, repetindo Carvajal, com a novidade de batizar as mulheres com o nome clássico de "amazonas" e, para justificar a etimologia, declara que "eram umas mulheres que não tinham mais de um seio, muito grande de corpo... A estas índias chamam comumente amazonas." O Padre Cristobal de Acuña, companheiro de Pedro Teixeira na descida do rio das Amazonas, esquecido o nome de Orellana, noventa e sete anos depois, fala: As amazonas não foram encontradas em 1639 como tinham sido em 1541. Moram no rio Conuris, confusão de Conhori, nome da rainha, para Frei Carvajal. O aldeamento principal era perto do monte Iacamiaba, que denominaria a população feminina. A história das amazonas já se espalhara pelos rios e Evreux (82, *Viagem ao Norte do Brasil*) registra a fama que alcançaram no Maranhão mulheres guerreiras, separadas de homens, sendo mulheres e filhas dos tupinambás, retiradas da companhia e domínio deles, guiadas e seduzidas por uma delas, localizadas numa linda ilha. O resto era a narrativa de Frei Carvajal, que também é o espírito santo de orelha de Frei André Thevet. A tradição nunca se popularizou no povo brasileiro. Ficou fixada nos livros, nas memórias letradas, nos registros viageiros. Não há *estória* popular conservando traço dessas icamiabas valentes. Há muita exploração intelectual e industrialização poética, estirando e minguando pormenores. Em Portugal, a tradição se manteve, diversamente do alheamento popular brasileiro. "Almazonas, almajonas, mulheres grandes, gordas, deitam os seios para trás e assim alimentam os filhos nas costas. Para Minho, Beira Alta. Chamam também em Famalicão, alamoas". (J. Leite de Vasconcelos, 279). Um bom resumo do assunto, exposto com nitidez, é "O reino das mulheres sem lei" (Ângelo Guido, *Ensaios de mitologia amazônica*, Porto Alegre, 1937). O mito ia perdendo a intensidade na proporção que subia para o Sul. A notícia que Gabriel Soares de Sousa alcança saber, em 1587, já é esvaecida e tênue: Informa que os ubirajaras se batiam sempre com os amoipiras de um lado "e pelo outro com umas mulheres, que dizem ter uma só teta, que pelejam com arco e flecha, e se governam e regem sem maridos, como se diz das amazonas; das quais não podemos alcançar mais informações, nem da vida e costumes destas mulheres" (413, *Tratado Descritivo do Brasil em 1587*). Spix e Von Martius desenganaram-se das amazonas (*Viagem pelo Brasil*, III): "Pelo geral interesse que o assunto desperta, confie o leitor na declaração de que nós, o Dr. Spix e eu, não poupamos trabalhos para obter alguma luz ou certeza sobre o caso. Entretanto, não avistamos em parte qualquer amazona, nem ouvimos de pessoa fidedigna, de origem europeia, informação que de longe se referisse a essa tradição fabulosa" (169).

AMBROSIA. Ver *Abrazô*.

AMBROZÔ. Comida feita de farinha de milho, azeite de dendê, pimenta e outros temperos (Rodolfo Garcia, *Dicionário de Brasileirismos*; Beaurepaire Rohan, 5, *Dicionário de Vocábulos Brasileiros*, Rio de Janeiro, 1889, dada como peculiar a Pernambuco). Ambrozô. Ver *Abrazô*.

AMBU. Ver *Imbu*.

AMELÊ. O mesmo que piano de cuia, cabaça, xaque-xaque, aguê ou agê. Ver *Aguê*.

AMENDOIM. Mendobi de Fernão Cardim, mandubi de Marcgrave, amendoí de Gabriel Soares de Sousa, menduí de Claude d'Abbeville, manobi de Jean de Lery (*Arackis kipogaea*, Lin.), amendoim, por uma possível intercorrência de *amêndoa*, processo semântico visível de *amendoí* de Gabriel Soares de Sousa em 1587. Assado ou cozido, o amendoim é mastigado em todo o Brasil e por todos os dentes, indispensável no *cock-tail* e, cobertinho de sal, espalhado pela indústria norte-americana ao mundo. A curiosidade do amendoim, já popular e substituindo pinhões e confeitos em fins do século XVI no Brasil, é sua tradição de ser trabalho, de plantio e colheita, exclusivamente feminino. Homem não se metia na cultura do amendoim. Gabriel Soares de Sousa informa: "Plantam-se estes amendoís em terra solta e úmida, em a qual planta e benefício dela não entra homem macho; só as índias os costumam plantar, e as mestiças; e nesta lavoura não entendem os maridos, e tem para si que se eles ou seus escravos os plantarem, que não hão de nascer. E as fêmeas os vão apanhar; e segundo seu uso hão de ser as mesmas que os plantem; e para durarem todo o ano, curam-no no fumo, onde os tem até vir outra novidade (203, *Tratado Descritivo do Brasil em 1587*).

AMERABA. Ver *Ameríndio*.

AMERICANO DO BRASIL (ANTÔNIO). Nasceu na cidade de Bonfim, Estado de Goiás, a 28 de agosto de 1892 e foi assassinado em Santa Luzia, no mesmo Estado, a 20 de abril de 1932. Médico em 1917, pela Faculdade de Medicina do Rio de Janeiro, defendeu a tese *Doutrina Endocrinológica*, estudando as teorias de Schafer sobre as secreções internas. Até 1919 foi secretário do Interior e Justiça em Goiás, ingressando no Corpo Médico do Exército, sendo capitão em 1922. Voltou a exercer o secretariado do Interior e Justiça, assim como da Fazenda, em Goiás, sendo, em 1920, eleito deputado federal pelo Partido Democrata. Publicou livros de História, Geografia, estudos sobre limites, etc. Seu livro, *Cancioneiro de Trovas do Brasil Central*, 286, edição de M. Lobato, XV, *in* 16º, S. Paulo, 1925, compendia versos, desafios, A.B.C., danças tradicionais, etc., constituindo uma das mais legítimas autoridades na informação goiana.

AMERÍNDIO. Indígena do continente americano. Ameraba.

AMIGA. Caldo preparado com o do feijão, engrossado com farinha sessada, convenientemente temperado, e com pimenta (Pereira da Costa, *Vocabulário Pernambucano*). O mesmo que *remate* (ver). Também, no Recife, o denominam apito. Com esse nome pode ser tomado antes da refeição, *consommé*.

AMORI. Prato afro-baiano, feito com as folhas da mostardeira, sem cortar, fervidas e temperadas, como o efó, fritas depois no azeite de dendê. Chamavam também latipá.

AMORIM, ANTÔNIO BRANDÃO. Ver *Brandão de Amorim, Antônio*.

AMUCUTUCUMUCARIÁ. Ver *Cariapemba*.

AMULETO. A definição de Frei Domingos Vieira: Medalha, inscrição, carântula, bentinho, venera, nômina, figa, figura ou qualquer objeto que se traz dependurado ao pescoço, cosido ao fato, ou conservado com cuidado, na persuasão de que ele pode prevenir as doenças, curá-las, destruir os malefícios, e desviar todas as calamidades. De uso imemorial, o amuleto é uma constante etnográfica em todos os povos e épocas, medos, persas, assírios, egípcios, como norte-americanos, brasileiros, chineses e australianos. A arqueologia revela o costume milenar com objetos encontrados nas sepulturas do Egito, na civilização pré-helênica, etruscos, incas, astecas, maias, em todos os continentes e lugares. Diferenciam os amuletos dos talismãs porque os primeiros são, como ensinou Wundt, objetos mágicos passivos, protegendo, defendendo, guardando o portador, e os segundos uma força ativa, suscetível de ser dirigida pelo dono do talismã como ataque, determinando sortilégios e magias. A figa é um dos amuletos mais conhecidos no mundo clássico greco-romano. Breve, oração-forte, caborge, mascote, patuá. Ver *Talismã*. Um grande informador é o Professor G. Bellucci, que reuniu e sistematizou em tábuas explicativas, os amuletos italianos, fontes, pela origem romana, de quase todos os conhecidos: *Gli Amuleti, un Capitolo di Psicologia Popolare, Perugia*, 1908, e especialmente *Amuleti Italiani Contemporanei, Catalogo Descritivo*, Perugia, 1898. Conf. o meu "Gorgoneion," estudo sobre alguns amuletos populares no Brasil, separata do livro em homenagem ao Professor Dr. Luis de Hoyos Sáinz, Madrid, 1949 (*Meleagro*, 81-86, Rio de Janeiro, Agir, 1978). Essa série de amuletos de Portugal, colecionada pelo mestre J. Leite de Vasconcelos (*Boletim de Etnografia*, n.º 4, 52-53, Lisboa, 1929), servirá para ponto de referência à presença dos amuletos no Brasil: agnus-Dei, alho (cabeça, dente), âmbar, amêndoa, amuletos considerados em geral ou no conjunto (arreliques ou arrelicas, diches, cambolhada), âncora, anel, animais (vários), argola (argolinha metálica), armação de carneiro (cornos), arruda (galho), azeviche, azougue (mercúrio), batata, bentinhos, bicha (víbora), bicho (das sezões, dos dentes, etc.), boi (corno de), bolota, bolsinhas, breve, breve da marca, brizio, cabeça (alho saudador, víbora), cabra (corno de), campainha, chocalhinho, canudo com azougue, carneiro (armação, corno de), carocha (corno de), caroço (de tâmara, etc.), castanha, casulo, cebola, chave, chavelho, chibo (corno de), cobra d'água (pedra de), conchas, contas (de várias substâncias), coração (de vidro, latão, etc.), coral, corda de enforcado, cordão umbelical, cores, cornacha, cornacho, cornecho, cornicha, cornicho de carneiro branco, cornipo, corno de veado, carneiro, etc., correia, cruz, cravo (metálico), crescente lunar, dente de vários animais, escapulário, escrito, espelho, estanca sangue (pedra), ferradura, ferro, figa, fita, fórmulas mágicas e religiosas, galo (esporão de), garrafa, grão-besta (unha de), hexalfa (moeda, sino-saimão), hipocampo, javali (dentes soltos ou dispostos semilunarmente), lacre, lagartixa, leituário, letras de virtude, lua (meia-lua), mão (de toupeira), mascote, medalhas (veneras, verônicas), medida, meia-lua, mercúrio (azougue), moedas como orifícios (vintém de S. Antônio, etc.), moeda com hexalfas, nó, nômina, noz de três esquinas, orações, osso, ouriço (queixo de), palavras de virtude, pedras várias (de ara, de raio, etc.), pentalfa (sino-saimão), ponta (corno), "Portele-Bonheur", prego metálico, rabada (vassoura), rabo de boi, ramos (raminhos), rosário, sal, santos (imagens de), sapo espetado num pau (no campo), sapo (pedra de), saquinho (lat. *saculus*), sator-arepo (medalha com esta fórmula), saudador (cabeços de, isto é, cabeça de Cristo trazida por saudador), sino-saimão, talismã, terra de sepultura, tesoura, toupeira (mão de), trevo de quatro folhas, unhas (de vários animais), vassoura ou rabada, veado (corno de), vegetais (vários), venera (medalha religiosa), verônica (medalinha), vestes sacerdotais (fragmentas), víbora (cabeça de). Os amuletos mais prestigiosos no extremo-norte brasileiro, são: o pássaro uirapuru, o olho do boto, a canela de socó e o rabo de tamacoaré (um lagarto), convenientemente *preparados* pelo pajé ou mesmo feiticeiro urbano, sabedor da *pajelança*.

AMURÊ. É o casamento dos negros malês. "Depois de tudo combinado, os noivos, padrinhos e convidados dirigiam-se, no dia aprazado, à casa do sacerdote. Aí reunidos, após ligeira pausa, o *Lemane* falava aos nubentes, inquirindo se o casamento era da livre vontade dos contraentes, aconselhava-os a que refletissem maduramente para que não houvesse arrependimento futuro. Decorridos alguns instantes cada cônjuge respondia que o casamento era de seu gosto e de espontânea vontade. Ato contínuo, a noiva, vestida de branco, trazendo o rosto coberto por véu de filó, e o noivo de bombachas, no estilo turco, entregava uma corrente, e aquela colocava num dos dedos do noivo um anel, ambos de prata — era a aliança — dizendo um ao outro: *Sadáca da Alamabi* - que quer dizer: Ofereço-vos em nome de Deus. Ajoelhavam-se e o *Lemane* dava começo à cerimônia, dizendo os deveres de cada um; depois, exortava-os a que procedessem bem, sem discrepância de suas obrigações. Por fim, erguiam-se os nubentes e beijavam a mão do sacerdote. Estava assim o ato concluído, retirando-se todos para a casa do banquete. Aí, sentados, a noiva adiantava-se até o meio da sala, batia palmas, recitava uma canção e voltava ao seu lugar. Seguia-se o jantar de bodas, constante de galinhas, peixes, frutas, etc., com exclusão de bebidas alcoólicas. A união conjugal entre os malês era um verdadeiro culto, observando-se com rigor, do mesmo modo que a amizade fraternal. O malê indigente não estendia a mão à caridade pública: os parceiros cotizavam-se e o amparavam. De índole boa, morigerados, não se imiscuíam, talvez por prescrições religiosas nos levantes e insurreições, aqui tão comuns entre outros africanos. Severa e inflexível era sua moral. A mulher que faltava aos deveres conjugais ficava abandonada de todos, ninguém a cortejava; mas nem por isso o marido podia tocá-la. À esposa infiel apenas se permitia ausentar-se de casa, à noite, acompanhada por pessoa de confiança do marido." (Manuel Querino, 117-118, *Costumes Africanos no Brasil*).

AMUXÃ. Amuxan. João do Rio (44, *Religiões do Rio*) escreveu anuxam. Nas macumbas do Rio de Janeiro era um personagem que acompanhava as figuras que representavam os "espíritos". Personagem privativa do culto de Egungum, a cuja guarda fica o açoite sagrado ou ixã, Rio de Janeiro. Do iorubano *amúshan*, o que segura ou empunha o ixã, do iorubano *isham*, o açoite listrado de branco. (Jacques Raimundo, *O Negro Brasileiro*, 147).

ANA. Sant'Ana. Casada com São Joaquim, é a mãe da Virgem Maria e avó materna de Jesus Cristo. Não há alusão do Novo Testamento, e o primeiro registro ocorreu no séc. IV, nos livros de Santo Epifânio (315-403). O Imperador Justiniano mandou erguer um templo a Sant'Ana em Constantinopla, no ano de 550. Somente no séc. XVI foi instituída sua festa e escolhido o dia votivo, 26 de julho, pela bula de 1º de maio de 1584 do Papa Gregório XIII. Diz-se comumente *mês de Sant'Ana* a julho. É protetora das mulheres casadas, especialmente grávidas. Oram durante todo período de gestação, fazendo repetidas "novenas" e oferecendo *à senhora Sant'Ana*. As suas devotas são fidelíssimas e as intervenções são incontáveis em Portugal e Brasil. Os mitologistas e mitógrafos discutem a convergência de Sant'Ana com uma deusa caldaica, Anahm, Anahid, Anahites, Anahita, Anat, o princípio feminino da fecundidade, identificada com Ártemis, Cibele, Afrodite, égides de cultos orgiásticos na Grécia e Roma. As semelhanças com Cibele são vivas. Uma misteriosa deusa romana, vinda de Cartago, era Ana Perena. Os plebeus, reunidos no monte Sacro, 493 antes de Cristo, foram alimentados e animados por ela, resistindo aos patrícios de Roma. Construíram-lhe um templo, com festas nos idos de março. Era representada como uma anciã, de feições serenas e acolhedoras. Outra deusa é Ana Purnã Dévi, deusa da riqueza e da liberalidade para os hindus das classes mais desprotegidas e abandonadas. Concede o pão cotidiano e vive assentada em cima de lótus, segurando, com as mãos ambas, uma grande colher. Hermann Steuding ensina que Ana Perana ou Perena simboliza o culto do tempo, o passar dos anos, deusa do ano novo com a sua festa começada a 15 de março, antes da reforma de Numa, primeiro mês romano, dedicado à morte. Ana Perena era deusa da renovação, um sinônimo de reprodução, sintetizado no ciclo sempre novo do Tempo. Ártemis e Cibele são deusas da fecundidade; Ártemis no Peloponeso era o princípio fecundo e vitalizador, que vive nas águas correntes, fontes e rios, passando a ser venerada pelos caçadores e agricultores como indispensável às árvores e aos bosques. Terminou deusa da caça morando nas florestas. Cibele, Grande Deusa, Grande Mãe, Reia, esposa de Saturno, Mãe dos deuses, é a personalização da terra (Commelin). Afrodite recebera de Júpiter o encargo de dirigir eternamente *las graciosas tareas del matrimonio* (Steuding). Sant'Ana protege as mães durante o parto, tornando-os rápidos e felizes; dá filhos às estéreis. Os templos a Anah ou Ana Perena eram nas elevações. Ártemis e Afrodite tinham domínios sobre as águas vivas. Afrodite, de *afrôs*, espuma, da água do mar. Nas orações mais antigas a Sant'Ana reaparecem os elementos do culto da Vênus de Babilônia, as águas e o monte. Teófilo Braga (*O Povo Português*, etc.) cita uma oração de Viana do Castelo, cantada pelas mulheres.

"Senhora Sant'Ana
Subiu ao monte;
Aonde se assentou
Abriu uma fonte.

Oh água tão doce!
Oh água tão bela!
Anjinho do Céu,
Vinde beber dela!"

Esta oração é corrente no Brasil e alguns versos aparecem nas cantigas de candomblé.

ANAANTANHA. "Tem os índios outra sorte de feitiçaria, que os singulariza. Fazem uma figura do diabo num pedaço de madeira mole e sonora: esta estátua, do tamanho de três a quatro pés, é muito feia pela sua imensa cauda, e grandes lanhos. Chamam-lhe Anaatanha, que parece dizer: imagem do diabo, porque *Tanha* significa figura e *Anaan* diabo. Depois de haverem soprado sobre os enfermos, trazem os piayas esta figura para fora da casa-grande. Aí eles a interrogam, esbordoam-na a cacete, como para obrigar o diabo, bem a seu pesar, a deixar o enfermo." (Pierre Barrére, *Nouvelle relation de la France équinoxiale, contenant la description des côtes de la Guiana, de l'Isle de Cayenne, le commerce de sette colonie, les divers changements arrivés dans ce pays*, etc., etc. Paris, 1743). Ferdinand Denis, anotando a *Viagem ao Norte do Brasil*, de Frei Ivo d'Evreux, de onde citei o trecho acima, adianta (nota 102): "O verídico Barrére, que escreveu mais de um século depois de Ivo d'Evreux, fala de uma piaya fazendo uma estatueta de Anaanh, gênio do mal, que não é senão o Anhangá do Padre Nóbrega e de Anchieta, cuja terrível missão sobre a terra foi tão bem descrita por João de Lery, que sempre lhe chamou aignan. Deem-lhe nas ilhas ou nos continentes os nomes de Uracan, de Hyorocan, de Jeropary, de Maboya, de Amignao, reconheçam-se os gênios secundários, como seus mensageiros (apenas citarei um, o malicioso Chinay, que faz emagrecer os pobres índios, sugando-lhes seu sangue). Anhanga teve sempre fama terrível nos séculos XVII e XVIII. Este tipo primitivo da escultura religiosa dos tupis foi infelizmente aberto em madeira muito mole, e por isso não pôde resistir à ação do tempo, ou à invasão das formigas; duvidamos que se encontre um só espécime de dois séculos atrás." Frei Ivo d'Evreux, que esteve na ilha do Maranhão de 1613 a 1614, no domínio francês, é o único a informar da existência de uma escultura religiosa entre os indígenas do Brasil. Nenhum vestígio restou aos arqueólogos e etnógrafos para decidir sobre a fase de uma representação antropomórfica ligada ao culto aborígene. O nome dessa representação só encontramos em Barrére, dedicada a Anhanga, Anaantanha. Frei Ivo d'Evreux registrou a existência de ídolos com uns rudimentos de culto, elemento excepcional. Apenas as demais fontes bibliográficas mencionam o uso do maracá como ritmador de danças sagradas e porta-voz divino mas sem liturgia inerente. D'Evreux escreveu: "... é frequente na ilha e nos países vizinhos edificarem os feiticeiros pequenas choupanas de palha em lugares longínquos nos matos; aí colocam pequenos ídolos de cera ou de madeira, uns maiores, outros menores, porém os maiores não têm mais que um côvado. Aí em certos dias vão eles levando consigo fogo, água, carne ou peixe, farinha, milho, legumes, penas de cor e flores. Destas carnes fazem uma espécie de sacrifício a esses ídolos, queimam resinas cheirosas, enfeitam-nos com penas e flores, e aí se demoram muito tempo sozinhos: crê-se que era a comunicação destes espíritos. Crescia este mau costume, e estendia-se às aldeias vizinhas de Juniparã, onde morava o Rev. Padre Arsênio, a ponto dele encontrar estes ídolos de cera na vizinhança dos bosques e algumas vezes nas próprias casas. Livrou-se deles por meio de exorcismos que fez em sua capela contra estes diabos tão insolentes como atrevidos, e depois não ouvi mais falar nisto." 310. Há essa tradição que se desacompanhou de comprovantes. O Padre Cristobal de Acuña, companheiro de Pedro Teixeira na descida pelo rio Amazonas, de São Francisco de Quito ao Pará, 1639, endossava a notícia de d'Evreux, exceto a reverência e a oblação. "Os ritos dessa gentilidade são quase em geral os mesmos; adoram ídolos que fabricam com as suas mãos, atribuindo a uns o poder sobre as águas, e assim lhes põem por divisa um peixe na mão; a outros escolhem por donos das lavouras e a outros por protetores de suas batalhas. Dizem que estes deuses desceram do céu, para acompanhá-los e fazer-lhes bem; não usam de nenhuma cerimônia para adorá-los, mas antes os têm esquecidos a um canto até o momento em que necessitam deles; assim, quando têm de ir à guerra, levam na proa das canoas o ídolo em que depositam as esperanças de vitória; e quando saem a fazer as suas pescarias, deitam a mão àquele a quem entregaram o domínio das águas; mas nem em uns nem em outros fiam tanto, que não reconheçam possa haver outro maior." (N.º XL, 205). O Padre Nóbrega (99) informa que o cerimonial dos pajés era rápido e sugestivo, pondo eles "uma cabaça que traz em figura humana" numa casa escura e "mudando sua própria voz em a de menino" faz promessas e recebe presentes. Staden crê que esses maracás eram tidos na conta de um deus (134) como Morisot, comentando Rolox Baro (239), dizia que neles viajava o próprio diabo, *le Diable que se faifoit porter dans une calebasse*. Laet, anotando Marcgrave (279), alude a uns postes fincados na terra, ao redor do qual dispunham ofertas. D'Evreux fala numa grande boneca, *grosse marionnette*, que movia o queixo, triturando as sementes oferecidas para que, simbolicamente, as multiplicasse (175) assim como uma "árvore-de-maio", carregada de algodão, prognosticando farta colheita (176). Os "ídolos" não foram encontrados até 1875, quando Barbosa Rodrigues publicou um ensaio sobre o "ídolo amazônico achado no rio Amazonas", uma onça assentada sobre uma tartaruga e, em 1883, José Veríssimo obtinha um outro, de xisto argiloso, representando um peixe fluvial, o acará bararoá. Os "ídolos" são amuletos propiciatórios, *mascottes* de caça e pesca, como já dissera o Padre Cristobal de Acuña em 1639. O exemplar antropomórfico não apareceu (José Veríssimo, *Estudos Brasileiros*, 95-109, Pará, 1889). Frei Claude d'Abbeville, que visitou o Maranhão em 1612, informara sobre a religião local: "Têm uma outra superstição: a de fincar à entrada de suas aldeias um madeiro alto com um pedaço de pau atravessado por cima; aí penduram quantidade de pequenos escudos feitos de folhas de palmeira e do tamanho de dois punhos: nesses escudos pintam com preto e vermelho um homem nu. Como lhes perguntássemos o motivo de assim fazerem, disseram-nos que seus pajés o haviam recomendado para afastar os maus ares." 253. (Frei Ivo d'Evreux, *Viagem ao Norte do Brasil*, tradução de César Augusto Marques, segunda ed. Rio de Janeiro, 1929; Gaspar de Carvajal, Alonso de Rojas e Cristobal de Acuña, *Descobrimento do Rio das Amazonas*, tradução e notas de C. de Melo Leitão, Brasiliana, São Paulo, 1941; Padre Manuel da Nóbrega, *Cartas do Brasil*, 1549-1560, Rio de Janeiro, 1931; Morisot anota a viagem de Rolox Baro no livro de Pierre Moreau, *Relations Véritables et Curieuses de l'Isle de Madagascar et du Brésil*, Paris, Augustin Courbé, 1651. Rolox Baro, 195-246, as notas de Morisot, 247-307; George Marcgrave, *História Natural do Brasil*, tradução de Mons. José Procópio de Magalhães, São Paulo, 1942; Claude d'Abbeville, *História da Missão dos Padres Capuchinhos na Ilha do Maranhão*, tradução de Sérgio Milliet, notas de Rodolfo Garcia, São Paulo, 1945).

ANAMBURUCU. O mais velho dos três orixás das águas, Anamburucu, Iemanjá e Oxum. O mesmo que Nanamburucu, Nanã, Anã, Onanã. Nina Rodrigues não a encontrou na Bahia nem João do Rio na Capital Federal. Fernando Ortiz, recenseando o *hampa* de Cuba, não a citou nas Antilhas. Não se conhece menção de seu nome nos grandes pesquisadores dos negros sudaneses, A. B. Ellis, Bowen, Foà, Delafosse, Frobenius, entre iorubanos e daomianos, ao correr da orla atlântica até o Congo. Nem a mencionam no hagiológio banto. Manuel Querino revelou-a, dizendo-a identificada com Sant'Ana e tendo como insígnias a espada e uma pequena vassoura de palha, enfeitada de búzios. Seu dia votivo era a terça-feira, outrora pertencente à Oxumanré (Nina Rodrigues, *L'Animisme Fétichiste des Nègres de Bahia*, 124, Bahia, 1900). Oxun-manré, Oxumaré, é orixá do arco-íris. Ultimamente a tríade se diferenciou nas finalidades jurisdicionais. Anamburucu popularizou-se sob o nome de Nanam; é orixá da chuva; Iemanjá, orixá da água salgada, e Oxum da água doce, mãe-d'água doce, como a chamara João do Rio, em 1904, ouvindo as macumbas cariocas. Nanam, Anamburucu, segundo o quadro sinótico de Donald Pierson (*Brancos e Pretos na Bahia*, 345-348, Brasiliana, S. Paulo, 1945) personaliza a chuva, tendo a pedra como fetiche (pedra marinha, naturalmente); o bode, galinha e a noz obi como alimentos sagrados, branco e azul escuro, cores votivas, contas brancas, vermelhas e azuis, pulseiras de alumínio (para as filhas de santo) sendo seu dia a quarta-feira e não a terça, como anotara Manuel Querino (*Costumes Africanos no Brasil*, 50). Artur Ramos (*O Negro Brasileiro*, 54): "... e o grito é *bu-bu-bubu*, possivelmente onomatopaico da chuva caindo." Jacques Raimundo (*in Novos Estudos Afro-Brasileiros*, 252, Rio de Janeiro, 1937) julga-a criação local, com nome iorubano. Os dois orixás, Iemanjá e Oxum, tinham sido identificados com Nossa Senhora do Rosário e Nossa Senhora da Conceição na Bahia, Nossa Senhora da Conceição no Rio de Janeiro e Santa Maria Madalena, para os babalorixás pernambucanos. Impunha-se a presença de um terceiro, anterior, genetriz, e Anamburucu apareceu, depois, correspondendo a Sant'Ana, mãe de Nossa Senhora, égides de Iemanjá e Oxum. Não tenho informação sobre cerimonial de Nanam ou Anamburucu nem de cantigas em que ela seja mencionada. Manuel Querino diz que os jejes conhecem Anamburucu sob o nome de Tobossi. No catimbó de algumas cidades do Nordeste (Natal, João Pessoa, Recife) os "mestres" incluem na *linha* (canto votivo) de "Mestre Carlos" uma invocação ao *Rei Nanã*, repetida quatro vezes. Não há pormenores sobre esse "Rei Nanã," história, façanhas, ritual. Há uma *linha* dedicada a *Nanã Giê, Menina do Mar*, ditada por um dos "mestres" de catimbó mais ilustres, João Germano das Neves. A linha de *Nanã Giê*: *Nanã Giê, oh Nanã Giá / Nanã bicô, já vem do mar; / Nanã me conhece, Menina do Mar, / Valei-me Nanã p'ra nós melhorar!* Luís da Câmara Cascudo, *Meleagro*, 167 (a *linha* de Nanangiê, Nanagiá, Nanabicô, Menina do Mar, Rio de Janeiro, Agir, 1978). São visíveis as deturpações de Anamburucu, Nanã, Anã, Onanã. Waldemar Valente (*Sincretismo Religioso Afro-Brasileiro*, 148-150, S. Paulo, 1955) estuda *Nanã*, também no Recife, Nanãburucu, Nanãbrucu. Indica a terça-feira, a cor roxa, dia votivo o 16 de julho. Citando Frobenius (*Mythologie de L' Atlantide*, Paris, 1949), informa que o sábio alemão encontrara a deusa Burucu em Togo, deusa de *qualidades procriadoras*, passando depois para Porto Novo (Daomé). As crianças nascidas pela proteção de Burucu usam nomes com as sílabas *nana*, Nanatoki, Nanakénu, Nanasonja, etc. A pretensão de dizê-la orixá brasileira viera da convergência de *Nana, Aná*, com Sant'Ana. Nãna, Naná, Nanã, são diminutivos carinhosos de Ana. Nenhuma ligação com a chuva. Édison Carneiro (*Candomblés da Bahia*, 45, Bahia, 1948) registra o 26 de julho como data consagrada (*Dia de Sant'Ana*; 16 é *N. Sª do Carmo*). "Dança como pessoa de idade, como vovó, como se tivesse um filho nos braços." Mãe de todos os orixás. Anamburucu, pelo exposto, não tem no candomblé brasileiro as funções possuídas na África e está lentamente desaparecendo sua jurisdição pluvial, aculturando-se, pela confusão verbal, com a Senhora Sant'Ana. Ver *Chuva, Dandalunda, Iara*.

ANDA-A-LUA. Ver *Mãe-da-Lua*.

ANDAI-MEU-AMOR. Ver *Fandango*.

ANDAR. (Verbo) Quando a criança demora a andar, levam-na para que faça a volta à própria casa, em três primeiras sextas-feiras do mês. Põem-se os pés da criança dentro de um pilão e finge-se bater com a mão-de-pilão, três dias. Passa-se areia do rasto de poldro novo nos joelhos da criança. Segura-se o menino pelas mãos, puxando-se, e diz-se: Vamos para missa, fulano? por três vezes. Amarram-se nos jarretes duas medidas da imagem de São José. São José, caminhador sempre a pé, tem a tradição de peregrino, pernas infatigáveis.

ANDORINHA. Entre os indígenas caxinauás, de raça pano, no Território do Acre, há uma lenda da *txunô*, andorinha, conhecida literariamente em todo o Brasil. Um menino, *ba-kö*, divertia-se na roça, perseguindo uma andorinha e conseguiu agarrá-la. A *txunô* disse que não a matasse que ela o levaria para o céu onde viviam todos os antepassados do menino. O *ba-kö* aceitou, e a andorinha mandou--o segurar-se às suas penas e subiu. Entrou para o céu, encontrando o irmão de seu pai, sobrinhos, amigos. Contou sua história a um tio e este lhe mostrou legumes, casas bonitas e o chão coberto de areia branca e fina. Lá de cima veem tudo. O tio do menino fez comida e o *ba-kö* comeu e satisfez--se. E ficou vivendo no céu (Resumo, 4801-4850, J. Capistrano de Abreu, *Rã-Txa hu-ni-ku-î*. Rio de Janeiro, 1941. Sobre o assunto: Alberto Faria, "Andorinhas", *Revista da Academia Brasileira de Letras*, n.º 137, 139). Uma superstição paulista apela para a andorinha no sentido de fazer nascer dentes sadios: "Pinchar o dente de leite de u'a criança in riba do teiado, dizeno: — andurinha, andurinha, levai meu dente, trazei-me otro, fais nascê dente" (Cornélio Pires, 139, *Conversas ao Pé do Fogo*, 3ª ed. São Paulo, 1927). Ver *Fandango, Mana-Chica*.

ANDRADE, MÁRIO DE. (1893-1945) — Ver *Mário de Andrade*.

ANEL. Bolo do anel: Bolo de festa natalícia de solteiros, contendo um anel na massa. Quem o encontrar na fatia que receber, casa durante o ano. Corrida do Anel. Uso ainda corrente no Rio Grande do Norte, municípios de Baixa Verde, Touros, Ceará-Mirim, Macaíba, nas praias dos três primeiros e pelo interior de todos. Depois da cerimônia do casamento católico, um dos rapazes presentes recebe o anel da noiva, amarra-o a um lenço, fugindo a cavalo, perseguido por toda a comitiva, em disparada veloz, léguas e léguas, até alcançá-lo. Se o rapaz chegar à residência dos nubentes ou à casa onde se realizará a festa, dando, em primeiro lugar, a notícia da próxima vinda dos recém-casados, está livre. É uma reminiscência do rapto nupcial, simbolizada pela aliança de ouro, vestígios do *quâm-fang*, tomada da mulher, e do *brût-loufti*, corrida atrás da desposada (Max Müller, *Essais Sur la Mythologie Comparée*, 307, tradução de Georges Perrot, Paris, 1874). É feita sempre a cavalo. Kerginaldo Cavalcânti assistiu a ela em 1914, na cidade de Macaíba à povoação do Poço Limpo, num percurso de cinco léguas. "Deixamos a Macaíba com a alegria n'alma, desejosos de ver surgir a ampla *estrada do fio*, estrada percorrida pelo fio telegráfico, para darmos lugar à tradicional corrida do anel... eu me achei colocado entre os que iam correr, para tomarmos do cavaleiro escolhido a aliança, o anel da noiva. Ajustados os cavaleiros, eles emparelharam-se na estrada e o Targino, designado para correr com o anel, encaminhou-se para a noiva fazendo caracolar o belo animal. Chegado, apeou-se e, tomando a aliança da noiva, abraçou-a, e dum salto montou-se e meteu as esporas no seu árdego cavalo que se lançou numa carreira desenfreada. Ao tomar-nos umas vinte e cinco braças de dianteira, partimos--lhe no encalce em toda disparada: as esporas riscavam sem cessar os cavalos e os gritos de estímulo para ainda mais os fazerem correr eram incessantes... O Simeão em cima do *ruço*, fora quem levara vantagem e o seu cavalo esguio e forte devorava o espaço com a velocidade de seta. Dos dois corredores, em breve, uma distância de duas braças os separava; o Targino esporeava e chicoteava o cavalo sem piedade e o Simeão descarregava com violência a grossa chibata que empunhava... Cinco minutos mais e os dois cavaleiros se acharam lado a lado; o Simeão estirou o braço para receber o anel, o Targino quis passá-lo para a outra mão, não o fez com a precisa habilidade, perdeu o equilíbrio e precipitou-se no espaço. A queda foi terrível, felizmente a areia frouxa do tabuleiro atenuara-lhe os efeitos. E o Targino, levantando-se vermelho, indignado, entregou o anel ao Simeão, que prosseguiu, vitorioso, a carreira infernal... E de novo a carreira começou com os mesmos transportes e emoções. O cavalo de Simeão era inconteste o melhor, não houve quem dele se aproximasse e a oitenta braças dos demais cavaleiros ele ufano gritava com entusiasmo" (*Contos do Agreste*, Natal, 87-98, 1914). No Ceará usavam a "Corrida do Chapéu" (Juvenal Galeno, *Cenas Populares*, 156, Ceará, 1902; Luís da Câmara Cascudo, *Superstição no Brasil*. "Vestígios contemporâneos do casamento por captura", 233--235, 6ª ed., São Paulo, Global, 2002; Wilhelm Giese, "Roubar a Noiva", sep. *Douro-Litoral*, n.º V-VI da 6ª série, Porto, 1954). "Dádiva de Anel." Dádiva de lenço ou de anel é malquerença futura; para evitá-la é preciso retribuir a dávida com uma moeda de dez réis (Studart, n.º 299, *in Antologia do Folclore Brasileiro*, vol. 2, 46, 6ª ed., São Paulo, Global, 2004). "Jogo do Anel": Divertimento para crianças e pessoas adultas, constando de um anel oculto entre as palmas das mãos fechadas e fingidamente depositado nas mãos de todas as pessoas presentes. Pergunta-se quem tem o anel e o perguntado indicará um dos componentes, pagando prenda quando não coincidir com o verdadeiro depositário. O jogo do anel é uma das "Fórmulas de Escolha", para início de jogo de prendas. O jogo é, para nós, de origem portuguesa. Ver *Corrida do Chapéu*.

ANEXIM. É o mesmo que adágio, provérbio, rifão, exemplo, sentença, ditado, aforismo, apotegma, máxima, dito. Anexim, segundo Bluteau, é um dito, expresso em uma linguagem rude, que se usa para comprazer ao povo, quando alguém se quer entender dele; a frase *anexim de ditos* exprime a ideia de coleção e de fato o povo aplica, quase sempre, muitos adágios ao mesmo tempo; Rodrigues Lobo (*Corte na Aldeia*) não afiança o uso dos anexins a uma pessoa delicada (*Dicionário Português, Frei Domingos Vieira*; o verbete é de Adolfo Coelho). No Brasil não se faz diferença alguma entre os vários nomes. Ditado, dito, provérbio, rifão, máxima, adágio, são as formas mais populares. Ver *Adágio*.

ANGOERA. Mito do Rio Grande do Sul na região missionária. Angoera é o fantasma, a visão, no idioma tupi, forma contrata de *anhagoera*. Dizem que foi indígena amigo dos padres jesuítas e um dos fiéis. Guiou-os para as terras melhores, ajudando a construir igrejas e casas. Era homem sisudo, grave, secarrão. Foi batizado com o nome de Generoso e ficou alegre, vivo, sacudido. Morreu, mas sua alma não abandonou os *pagos* onde viveu. Continua intrometido na vida da campanha gaúcha, divertindo-se sem cessar. Espécie cristã de Saci Pererê, Angoera explica todos os rumores insólitos, estalos nos móveis novos, forros do teto, tábuas do chão, vimes dos balaios, movimentos das chamas e candeias e velas, sopros, misteriosos sussurros. J. Simões Lopes Neto (*Lendas do Sul*, Pelotas, 1913) explica o passado: "E muitas vezes, até o tempo dos Farrapos, quando se dançava o fandango nas estâncias ricas ou a chimarrita nos ranchos do pobrerio, o Generoso intrometia-se e sapateava também, sem ser visto; mas sentiam-lhe as pisadas, bem compassadas no rugo das violas... e quando o cantador era bom e pegava bem de ouvido, ouvia, e por ordem do Generoso repetia esta copla, que ficou conhecida como marca de estância antiga, sempre a mesma:

"Eu me chamo Generoso,
Morador em Pirapó:
Gosto muito de dançar
Co'as moças, de paletó."

ANGOIA[1]. Instrumento de percussão utilizado nas danças populares, jongo. Consta de uma cestinha, com alça, contendo sementes ou pedrinhas. Segura-se com os dois polegares, batendo-se o compasso com os demais dedos. Anguaia. Usada em S. Paulo e em Alagoas. Cestinha, caxixi, mucaxixi.

ANGONA. O mesmo que Tambu (São Paulo). Ver *Tambu*.

---
1 No texto original: "Angóia"(N.E.).

ANGU. Pirão, purê, pureia, papa: massa mole de fubá de milho ou de farinha de mandioca, feita em água e sal, ou com leite, ou com caldo de peixe, de carne ou de camarão, para comer com guisado respectivo ou de carne frita ou assada; assim, angu de milho, toucinho e carne de porco, em Minas; pirão de farinha de mandioca para comer com cozido (a que no Rio Grande do Norte chamam "fervido", na Amazônia "maniçoba", etc.): o angu de feijão é mais geralmente chamado tutu. Quando feitos com leite, os angus são mais nutritivos. No vatapá da Bahia, entra angu de maizena. Um exemplo de angu completo é o que Sodré Viana indica, em seu *Caderno de Xangô*, sob o nome de "vatapá": Fubá de arroz (ou pó de arroz ou flor de arroz) ou miolo de pão dormido, macerado em água fria, coentro, gengibre, sal, pimenta, cebola, azeite de dendê e leite de coco. Para comer com arroz branco ou acaçá. O angu assado tem o nome de "cobu". O angu de banana (de São Tomé, caturra ou de banana-d'água) é chamado "quibebe de banana", no Estado do Rio, onde comumente é dado o nome de "pirão" ao angu de farinha de mandioca (feito com água fria, quente ou leite), para comer com carne fresca ou seca, ovos escaldados, etc. (A. J. de Sampaio, *A Alimentação Sertaneja e do Interior da Amazônia*, 206-207). Sinônimo de alimento, "quem tem dó de angu não cria cachorro". Vocábulo africano. Parece-nos vindo através da ilha de S. Tomé, onde as papas, semelhantes ao *Infundi* de Angola, são o angu. Pereira da Costa denomina *bolão* de *angu* a uns bolinhos de arroz servidos com o esparregado de camarão seco e pisado, quiabo, maxixe, bredo, quitoco, azeite de dendê e pimenta, com peixe de salga ou seco, enfim, o vatapá. "Prá ganhar o angu, dança-se nu."

ANGUITE. Espécie de angu de negra mina ou caruru da Bahia (Beaurepaire Rohan, *Dicionário de Vocábulos Brasileiros*).

ANGUZADA. Mistura de angu e carne de peixe (A. J. de Sampaio, 207, *A Alimentação Sertaneja e do Interior da Amazônia*).

ANGUZÔ. Esparregado de ervas, semelhante ao caruru, segundo Beaurepaire Rohan, dando-se esse nome em Pernambuco (Recife). Come-se com angu de arroz. Algumas vezes apresentam-no como o próprio angu. Pereira da Costa (*Vocabulário Pernambucano*) cita um trecho do "Diabo a quatro" n.º 174, 1878): "Vai-se ao cemitério no dia de finados por ostentação ou por folia. Se é vedada a entrada do clássico violão, o peixe frito, a galinha assada, o anguzô, o fiqueira e até a popularíssima cana... esses tem lá foros de cidade."

ANHANGA. Anhanga e não anhangá, espectro, fantasma, duende, visagem. Há Mira-nhanga, Tatu-anhanga, Suaçu-anhanga, Tapira-anhanga, isto é, visagem de gente, de tatu, de veado e de boi. Em qualquer caso e qualquer que seja, visto, ouvido ou pressentido, o Anhanga traz para aquele que o vê, ouve ou pressente certo prenúncio de desgraça, e os lugares que se conhecem como frequentados por ele são mal-assombrados. Há também Pirarucu-anhanga, Iurará-anhanga, etc., isto é, duendes de pirarucu e tartaruga, que são o desespero dos pescadores, como os de caça o são do caçador (Stradelli, *Vocabulário*). É um dos mitos mais antigos do Brasil colonial, registrado pelos cronistas da época. Os padres Manuel da Nóbrega, José de Anchieta, Fernão Cardim, disseram-no um ente malfazejo. Frei André Thevet (168, 1558) informava: "voyent souuent un mauvais esprit tantost en une forme, tantost en une autre, lequel ils nomment en leur langue *agnan* et les persecute bien souuent jour et nuit, non seulement l'âme, mais aussi le corp." Jean de Lery chamou-o *aygnhan*. Hans Staden, 1557, diz que os indígenas "não gostam de sair das cabanas sem luz, tanto medo tem do diabo, a quem chamam *ingange*, o qual frequentemente lhes aparece." Um grande americanista e poeta, Gonçalves Dias, traduzia Anhanga (ele escrevia Anhangá) como contração de *Mbai-aiba*, a coisa-má, *Brasil e Oceânia* (102, 1867). Tastevin e Teodoro Sampaio, tupinólogos, traduziram por alma, espírito maligno, o diabo, alma de finados. Gustavo Barroso disse-o igualmente *un Dieu des cauchemars*, como a velha acepção do clássico Jurupari. Gonçalves Dias afirmara identicamente, no seu poema "Canto do Piaga": "esta noite era a lua já morta – Anhangá me vedava sonhar!" Couto de Magalhães, em lição espalhada, criando uma hierarquia divina para os tupis, escrevera: "Anhangá é o deus da caça do campo; Anhangá devia proteger todos os animais terrestres contra os índios que quisessem abusar de seu pendor para a caça para destruí-los inutilmente." "O destino da caça do campo parece estar afeto ao Anhangá. A palavra Anhangá quer dizer sombra, espírito. A figura com que as tradições o representam é de um veado branco, com olhos de fogo. Todo aquele que persegue um animal que amamenta corre o risco de ver o Anhangá, e a sua vista traz febre e, às vezes, a loucura" (136). Confundem-no com o Jurupari. Joanes de Laet, anotando Marcgrave, dissera o mesmo: "Juripari et Anhanga significant simpliciter diabolum." Barbosa Rodrigues insurge-se contra o engano: "... se tem querido que o Anhanga amazonense seja por isso o mesmo Jurupari, quando não é aquele mais do que um núncio de desgraça, uma alma perdida, penada, que não foi para o céu, que vagueia no espaço sem que para isso Jurupari concorresse ou dela se apossasse, ou então é um duende que não é mau e antes protetor e conservador (no Pará); somente algum mal comete quando se vai de encontro ao que ele quer, isto é que se poupe, na caça, o animal que mama ou amamenta e o pássaro que choca ou cria. O Jurupari não tem encarnação alguma e o Anhanga tem. A encarnação deste, quando aparece ao homem, é sempre sob a forma de um veado, de cor vermelha, de chifres cobertos de pelos, de olhar de fogo, de cruz na testa, conhecido por *Suaçu Anhanga*, que não é mais do que o *Suaçu Caatinga*, do Sul, ou *Cervus Simplicicornis*, de Illeger, conhecido hoje por "Catingueiro" e que Azara denomina "Guazu Birá" (*Poranduba Amazonense*, 94). A classificação do Guaçubirá é atualmente *Mazama simplicornis*, III. Nessa acepção de veado fantástico existe o mito no nordeste brasileiro, mas se perdeu o nome e ignoram a função patronal do encantado bicho. Nunca o veado se tornou tabu e todas as tribos o matam e o comem, secando-lhe a carne no moquém. Karl von den Steinen lembra que os bororos não flechavam o veado campestre, conhecido como o Suçuapara (veado dos chifres tortos), *Cervus campestris*. A crença geral é que um veado, saindo inopinadamente, anuncia um acontecimento grave, se conseguir escapar com vida. Essa superstição se mantém mesmo entre a população mestiça que trabalha na extração da borracha, e naturalmente se infiltrou pelos moradores brancos. Um velho caçador tradicional dos sertões do Rio Grande do Norte e Ceará, de apelido Mandaí, embora profissional, não caçava nos dias de sexta-feira por ser, dizia, dia da caça e não do caçador. Nas tardes e noites de sexta-feira, havendo luar, o caçador via aparecer um veado branco com os olhos de fogo, que mastigaria o cano da espingarda, como se fosse cana-de-açúcar. No Morro Branco, arredores da cidade do Natal há três veados fantásticos que assombram. Registrei essa versão no *Histórias Que o Tempo Leva...* (S. Paulo, 31, 1924). Uma lenda dos tarianos do Uuaupés, de raça aruaca (Rio Negro, Amazonas), foi recolhida por Brandão de Amorim (*Lendas*, cit., 463). Uns veados devastavam uma roça e os donos da plantação mataram e levaram os corpos para moquear. Pela manhã encontraram, em vez de carne de veado, carne humana em cima do moquém. Jogaram ao rio a moqueada. "Duas luas depois, contam, apareceram do Papuri pessoas que procuravam seu avô e sua mulher, que se tinham daí sumido. Já então essa gente soube que aqueles dois veados, que estragavam suas roças, era gente". Esse episódio sucedeu na povoação de Iauretê Cachoeira. Couto de Magalhães, 128, explica a origem do Anhanga, égide da caça: "Concebe-se sem esforço o papel importante que a caça deve representar em povos que não criam animal doméstico algum, e que, por conseguinte, só se alimentam dos que são criados nos bosques espontaneamente. Partindo dessas ideias, haverá nada de mais natural do que haver milhares de histórias em que Anhanga figurasse como fazendo malefícios aos homens? Da minha coleção de contos eu tomarei uma lenda, ao acaso, para servir de exemplo: "Nas imediações da hoje cidade de Santarém, um índio tupinambá perseguia uma veada que era seguida do filhinho que amamentava, depois de havê-la ferido; o índio, podendo agarrar o filho da veada, escondeu-se por detrás de uma árvore e fê-lo gritar; atraída pelos gritos de agonia do filhinho, a veada chegou-se a poucos passos de distância do índio; ele a flechou; ela caiu; quando o índio, satisfeito, foi apanhar sua presa, reconheceu que havia sido vítima de uma ilusão do Anhanga; a veada, a quem ele, índio, havia perseguido, não era uma veada, era sua própria mãe, que jazia morta no chão, varada com a flecha, e toda dilacerada pelos espinhos." Barbosa Rodrigues, 137, ouviu uma anedota dos indígenas manaus sobre o Anhanga. O veado comeu a roça de duas moças e elas o insultaram. O veado ficou furioso e gritou, no idioma dos manaus: *Mané, mané, macaré*: quero, quero-te comer! Uma das moças subiu para uma árvore, gritando pela companheira que acudiu. O veado fugiu. Há uma distância infinita entre os episódios de Barbosa Rodrigues e Couto de Magalhães. O Anhanga não devora nem mata. Vinga os animais vitimados pela insaciabilidade dos caçadores. O encontro de um veado que fuja sem ferimentos determina a morte a quem o vê no dia de núpcias. É superstição anotada no Brasil, entre os indígenas guaranis e na França, nas tradições da Bretanha (Daniel Gouveia, *Folclore Brasileiro*, II-III, Rio de Janeiro, 1926). "Casou-se um cristão um dia e pelo terreiro estando a espairecer a cavalo, junto com os seus companheiros, veio de repente um veado do campo, escapando da morte que lhe queriam dar; entrou naquele terreiro onde se achava o homem que se tinha casado, e se bem que a gente quisesse apanhá-lo para o matar, contudo o veado safou-se e foi-se. Então um índio, que se achava aí entre os cristãos perguntou com grande tristeza: "Qual de nós que estamos aqui é que tem de morrer esta noite? Assim disse o homem e de noite faleceu o cristão que se tinha casado." (Pe. Antônio Ruiz *Conquista Espiritual*). "En Bretagne, on croit à l'apparition fantastique de la biche de saint Nennoch; elle court, dit-on, la Bretagne à la tombée du jour, et c'est en vain que lhes chiens lui montrent les dents, que les chasseurs lui lancent des balles... Les marides qui l'aperçoivent le jour de leur noces, sont surs de mourir dans la nuit." (Pitré Chevalier, *Voyage in Bretagne*, cit. por Paul Sébillot). O Anhanga é um mito de confusão verbal. O Anhanga que sacudia de pavor ao selvagem era o Anga, a alma errante, o fantasma, o espírito dos mortos, apavorador. Não tinha corporificação. Era a coisa-má, o medo informe, convulso, prendendo aos tímidos dentro das ocas, ao calor do fogo, cercados pela noite escura dos trópicos. O Anhanga dos olhos de fogo e com o corpo de veado seria o nume protetor da espécie, convenção totêmica, superstição regional dos tupis, pois não se transmitiu aos outros indígenas e, passando para os mestiços, já perdera a função de padroeiro da caça de campo. Dele existe a sobrevivência da proibição da caça nas sextas-feiras (intercorrência do dia católico) e a reminiscência de respeitar a caça num período de vinte e quatro horas. Era o dia da caça e não do caçador, como ensinava o velho Mandaí. Certo de que a materialização do mito já denuncia uma mentalidade superior ao do indígena brasileiro no século do descobrimento e colonização, é de lógica pensar que o mito inicial, o *ur-mythus*, seria apenas o Anga, a alma sem corpo, espalhando medo. A hierarquia, uma descoberta exclusiva de Couto de Magalhães, daria aos nossos avós do séc. XVI uma mentalidade capaz de diferenciações sociais, divisão de funções jurisdicionais, delimitadas e lógicas, bem afastada do quanto lhes conhecemos na simplicidade tribal. O Anhanga, no processo de sua divulgação, ainda receberia a participação africana? O substantivo *caça* em nbundo é apenas *n'hanga* e caçador é *ri-nhangã*. Sendo Anhanga um mito de caça é natural que os negros caçadores o conhecessem no Brasil, assimilando-o aos vocábulos quase homófonos de seu idioma. O Anhanga, outrora preferencialmente sob a forma de veado, tornou-se visagem onimoda, tomando feição de qualquer animal para *assombrar* os caçadores seringueiros ou viajantes. Há o *inhambu-anhanga, tatu-anhanga, suaçu-anhanga, tapiira-anhanga*, fantasma de inhambu, de tatu, de veado, de anta ou boi e mesmo fingindo gente, *mira-anhanga*, sempre com os clássicos intuitos de punição à malvadeza cinegética.

ANHUMA. Inhuma, Inhaúma, Cauintaú (*Palamedea cornuta*, Lin.). Uma excrescência que tem à cabeça, dá felicidade na caça a quem a trouxer. Saint Hilaire registrou a tradição: "O nome de Inhaúma não é provavelmente senão a corruptela da palavra *Inhuma*, nome este que no Brasil se dá a uma ave, cujo nome científico agora me escapa. Como muitos lugares tem o nome de Inhuma ou Inhumas, parece-me certo que esta ave, hoje tão rara, era antigamente comum. Exterminaram-na caçadores para obterem a espécie de chifre que traz à cabeça e a que se atribuem numerosas virtudes." (*Segunda Viagem do Rio de Janeiro, a Minas Gerais e a São Paulo* (1822), 20, São Paulo, 1932). No Maranhão chamavam-lhe *unicorne*. Escreveu Frei Francisco de Nossa Sᵃ dos Prazeres Maranhão ("Poranduba Maranhense", sep. da *Revista de Geografia e História*, São Luís, Maranhão, 1946): "Unicorne, ave pouco maior que galinha, escura nas costas e cinzenta na barriga; tem asas extraordinariamente grandes, com dois ferrões nos encontros, e na cabeça um corno, de meio palmo de comprimento, delgado para a ponta, e na base da grossura de pena de escrever. Quando quer beber mete primeiro o corno n'água para repelir o veneno, que nela tem deixado os bichos venenosos, e só então bebem as outras aves, que por ela, assim como os quadrúpedes da África, esperam a *abada*; daqui se tirou ser ele contraveneno. Dizem que ele também tem virtude magnética. Esta ave se chama em algumas partes Anhuma ou Inhuma. Sua carne não se come, por ser esponjosa. O corno e esporões dos encontros das asas tem maravilhosas virtudes bezoárticas contra todo veneno, e contra a malignidade dos humores, chamando-os por suor de dentro para fora etc." (págs. 182-183). "A Poranduba" é de 1820. Ver *Unicorne*.

ANIFLAQUETE. Orixá dos "xangôs" do Recife e candomblés do Rio de Janeiro e Pará, com variedade nominal, Lafrequete, Alafrequete, Inafrequete, Nafrequente, Verequete, Averequê, etc. Waldemar Valente (*Sincretismo Religioso Afro-Brasileiro*, 138-139, São Paulo, 1955) informa que Aniflaquete *não desce* e encarrega-se de chamar os orixás da África para o Brasil. O galo é o seu animal sacrificial e "come arroz". Julga-o forma corrompida de *Avrikiti*, um *vodum* daomiano.

ANIMAL. Feito por Deus, tem linguagem e organização, com chefe, leis, amigos, aliados, inimigos. A etiologia tradicional explica as conformações exóticas. O morcego (quirópteros) provém de ratos velhos. Certos gafanhotos (saltatórios) são metamorfoses de galhos secos. Os muçuns (enguias, simbrânquios) são fios da cauda do cavalo, caídos na lama ou urina humana, que se transformam. O mesmo na Escócia (condado de Kent), França (Poitou), Sicília. O burro e o jumento tem as orelhas grandes, porque não decoraram seu nome, e Nosso Senhor puxou-as fortemente. Há o interdito de matar certas espécies. Quem mata um gato, tem sete anos de atraso, e quem mata um cão, deve uma alma a São Lázaro. Espécies abençoadas e amaldiçoadas, segundo o auxílio ou impiedade para com Jesus Cristo quando criança. As vozes denominam ou aludem à passada participação cristã. Galo: Cristo nasceu! O boi: aonde? A ovelha: Em Belém! O peru: Mente, mente, mente! O pato: Assa, assa, assa! Os dois últimos foram condenados. Os três primeiros, com a bênção divina, tem destino idêntico. Um estudo de M. Guéchot sobre "Noël et l'Épiphanie" em Dijon, mostra a presença de animais na representação da Natividade: "A Dijon, on introduisait les animaux dans la représentation: le boeuf et l'âne de la crèche, qu'on appelait les réchauds de la Nativité, le coq de la Passion et l'agneau de Saint Jean-Baptiste. Ils parlaient à leur manière: le coq, ou du moins l'acteur qui en jouait le rôle, entonnait d'une voix perçante: Christus natus e... est; le boeuf avec un long mugissement demandait ubi; l'agneau répondait dans un bêlement: In Bethle... cm; sur quoi l'âne concluait: Hi-hamus (eamus, allons--y)." (*Littérature et Beaux Arts*, 1044, Paris, 1900). Nos fabulários os animais simbolizam as virtudes e vícios humanos: valentia (leão), espertezá (raposa, macaco, coelho, tartaruga, jabuti), estupidez agressiva (onça, anta, touro), obstinação (jumento, burro, mula), luxúria (bode, jumento), etc. Muitos desses animais eram dedicados aos deuses da Grécia e conservam os característicos do culto desaparecido, numa sobrevivência através dos contos e facécias, com as convergências e deturpações naturais. Literatura Oral: Os animais caracterizam a fábula, o exemplo moral em que os bichos tomam a função consciente do pecado e da virtude humana. *O Animal Tales, Animal Stories* são, tipicamente, a fábula, doutrinária, ensinadeira, orientadora, romântica, satírica, mas sempre rápida. Intensa, nítida. La Fontaine: "L'apologue est composé de deux parties, dont on peut appeler l'une le corps, l'autre, l'âme. Le corps est la fable; l'âme, la moralité" (*Fables, preface*). Desde a mais antiga coleção do *Aisópu mythoi* de temas populares, seis séculos antes de Cristo, o enredo entre animais, por uma transferência moral de nossas inferioridades, constituiu o melhor gênero, na literatura culta e oral. Sobre os mesmos fundamentos, cada povo arquiteta suas fábulas, com a pretensão de corrigir o erro alheio, ou preveni-lo, na linguagem entendida por todas as idades da inteligência. As séries do "Panchatantra", "Hitopadexa", "Calila e Dimna", "Livro de Sindibad", são vividas por animais, cenas que se reproduzem, infinitamente, nos fabulários europeus da Idade Média, desde o *Ronan du Renart* até as fábulas inglesas de Odon de Cerington. Identificar origens é apenas uma hipótese erudita. Muitas dessas fábulas estão no Brasil com outros animais, animadas com a alegria sentenciosa de outrora. Renart e Isengrim, subindo um e descendo outro nos baldes do poço, repete-se no coelho e no lobo, *Brer* Rabbit e *Brer* Fox, divulgada pela voz de Uncle Remus (XVI de Joel Chandler Harris). No *Roman du Renart*, este abocanha o galo chanteclair, que se liberta, fazendo-o abrir a boca, para responder aos insultos do rendeiro Lancelin. É o mocho e a raposa, que Teófilo Braga ouviu em Airão (n.º 243, *Contos Tradicionais do Povo Português*). O Prof. Aurélio M. Espinosa registrou as versões de León e Ávila, entre a zorra e o alcaravão (nᵒˢ 258 e 259, *Cuentos Populares Españoles*). É o caso da canção (*Cyanocorax cyanoleucus*) e a raposa (Gustavo Barroso, *Terra de Sol*). É o conto do Capelão das Monjas, o décimo do *Canterbury Tales*. O tema, crítica da vaidade, é bibliograficamente inesgotável nos fabulários. De Portugal nos vieram os animais clássicos da fábula, com seus títulos tradicionais, o leão, o tigre, o lobo, a raposa espertíssima, fiel ao modelo do Renart sem escrúpulos e sem derrotas. O elefante não ocorre para o Brasil como para os contos populares dos americanos de fala castelhana. O tipo de força bruta é para nós a anta (*Tapirus americanus*, Briss) e nas águas a baleia, possivelmente, nesta parte, de aplicação ensinada pelos escravos negros. Não conheço fábulas ou facécias europeias figurando a baleia, mas as conheço africanas. Em muitos contos, a raposa continua seu papel de astúcia e tranquilidade cínica, enfrentando os bichos fortes e locais, mais robustos, mais violentos e menos hábeis, a onça, por exemplo, (*Felix onça*) substituta do lobo do urso, do tigre, ferozes, estúpidos e resistentes. Essa raposa, *raposinha gaiteira* dos contos de Adolfo Coelho, mantém no Brasil sua hierarquia. Da África não tivemos menor contingente. O número de *animal tales* africano é incalculável. Um bom depoimento é o "Where Animals Talk," de R. H. Nassau (*West African Folk-lore Tales*, Londres, 1914). A insistência dos assuntos clássicos, tratados por Esopo e nos anteriores anônimos da Índia e Pérsia, por Bábrio, Aviano e os isopetes vários, indica a circulação dos contos e fábulas orientais, levados pelos árabes, e sua adaptação subsequente, adaptação mesológica e psicológica. Em alguns *resultados*, epimítios ou moralidades, já não parecem as da possível fonte original. Mas, pensando na vitória da raposa medieval sobre os crédulos, os confiados, os de boa-fé, deduz-se a feroz lógica do mais hábil, sobrevivendo. W. H. I. Bleek, em 1864, reunindo quarenta e duas fábulas e *estórias* hotentotes, só pôde, honestamente, denominar: *Reynard the Fox in South Africa*. Heli Chatelain lembra a surpresa, não para ele, dos que leram a monumental antologia do Dr. C. G. Buttner sobre os negros de Zanzibar (*Anthologie aus der Suaheli-Literatur*, Berlin, 1894), verificando que, de todo material divulgado, apenas uma *estória* era inteiramente africana, *only story is enterely African*. A maioria ou totalidade, vinha de origens árabes, *either wholly or in large measure of Arabian origin*. A primeira viagem de Leo Frobenius é de 1904-1906. Vinte anos de distância entre o suíço-norte-americano e o etnógrafo alemão. Os dez anos de vida africana de Heli Chatelain (*Folk-Tales of Angola*, 1894) baseiam as observações do seu volume de *estórias* e dos seus cinco livros gramaticais kimbundu. A informação de Chatelain resume-se: "Nos contos populares africanos o mundo dos animais, como também o mundo dos espíritos, é organizado e governado igualmente ao mundo dos homens. Em Angola o elefante é o soberano supremo de todos os animais selvagens. O leão é o primeiro fidalgo, espécie de vice-rei, chefe dos bichos brabos. As serpentes obedecem à pitão. O chefe do povo de barbatanas é o *dilenda*, o maior peixe fluvial de Angola. O chefe da tribo empenada é a *kakulu ka humbi*, a grande águia. Entre os animais domésticos, o cetro é do touro. Entre os gafanhotos é o *dingundu*. Formigas e térmitas possuem seu rei ou rainha. Cada soberano tem sua corte, consistindo de *ngolambole*, *tandala* e oficiais, seu armamento de *ma-kotas*, talqualmente sucede com os *sobas* negros." Esses animais agem de acordo com suas tradicionais vantagens físicas e morais, num plano inalterável de ação. Nas fábulas africanas o elefante é o mais alto equilíbrio de força e sabedoria. O leão é forte, mas não é moralmente nobre, como no folclore europeu, não tendo a prudência do elefante. A hiena é o tipo do ímpeto brutal, aliado à estupidez sórdida. O leopardo é o poder dos vícios, combinado com os desejos inferiores. A raposa e o chacal são famosos pela astúcia. O chacal ardiloso e sutil só deparei em alguns apólogos populares da Índia, colhidos por Flora Annie Steel no Punjab (*Bioc*, I, 122). Nos demais fabulários é repugnante pela sua avidez e sujeira. O macaco é ativo e sagaz. O coelho ou a lebre, prudente e ágil. A tartaruga, logozé dos jejes, awon, ajapá (fada calva) dos nagôs mbaxi de Angola, o *Brer Terrapin* das velhas plantações de algodão e arroz no sul dos Estados Unidos, é de comprovada habilidade. A perdiz, ao contrário, tola e crédula. O mbambi, veadinho, é simples, veloz, inofensivo. O ngulungu (*Tragelaphus gratus ou scriptus*) é vaidoso e maluco. A pomba é símbolo de pureza e castidade. O cão, diversamente das *estórias* na Europa, personifica tudo quanto é servil, subalterno, desprezível. Ainda ocorre, no mesmo sentido de inteligência e finura, o sapo ou a rã, *kazundu*, uma réplica banta ao macaco (Kahima) e à raposa na solércia com que se defende de adversários imponentes. A aranha, todo-poderosa *anansi, nanci, anan* da Costa do Ouro, revive nas Antilhas (coleção de Elsie Clews Parsons) e Guiana. No Brasil só encontrei um documento (Silva Campos, *Contos e Fábulas Populares da Bahia*, XXXIV). Do pouco que temos da literatura oral ameríndia deduzimos que o jabuti (*Testudo tabulata*) e a micura (raposa, traduz Couto de Magalhães, coletaneador dos contos entre os indígenas do idioma tupi) determinaram dois ciclos de episódios onde a finura derrota a força física centuplicada pela certeza do predomínio. Charles Frederik Hartt reunira e publicara um ano antes de Couto de Magalhães os seus *Amazonian Tortoise Myths*, com variantes, 1875, oito sucessos do jabuti. Muitas dessas aventuras são narradas no nordeste, leste e sul do Brasil como façanhas do macaco ou do sapo. Uma *estória* universal, a corrida do veado e do jabuti (Couto de Magalhães), K. 11. 3 de Stith Thompson, trava-se entre o sapo e o veado no Nordeste (Sílvio Romero). Fora do âmbito indígena o jabuti, pequena tartaruga terrestre, não manteve seu prestígio, trazendo contribuição pessoal para as *estórias* mestiças, já assimiladas e sabidas em todo o Brasil. Nos contos populares brasileiros a raposa e o macaco substituem o jabuti, a micura dos indígenas e o coelho africano, todo-poderoso nas terras onde se fala o castelhano. Macaco e raposa já são heróis arteiros nas *estórias* mais antigas da Europa e Ásia, assim como, apenas no anedotário predominantemente pornográfico o papagaio, também de presença secular nos novelários do Oriente. Reaparece na tradição oral a fama da sugestão magnética de certos animais sobre outros. O jacaré deixa-se devorar pela onça, sem tentar defender-se e fugir (Cônego Francisco Bernardino de Sousa, *Lembranças e Curiosidades do Vale do Amazonas*, 258-259, Pará, 1873; Aurélio Pinheiro, *A Margem do Amazonas*, 137, S. Paulo, 1937). Os saguins (Hapálidas) aguardam, imóveis e resignados, que o gavião (*Falconida*) faça sua escolha (Júlio Belo, *Memórias de um Senhor de Engenho*, 147, Rio de Janeiro, 1938). Os animais têm *espírito* que lhes sobrevive e aparece com a forma física anterior. Em Alagoas intitula-se *zumbi*, zumbi do cavalo, zumbi do cachorro, na pura reminiscência angolesa (*Geografia dos Mitos Brasileiros*, "Mitos de Alagoas", 387-388, 3ª ed., São Paulo, Global, 2002). No Rio Grande do Norte, município de Macau, corre pelo vale o cavalo do engenheiro Gato (Gates), assombrando quem o vê. Na pajelança do Pará-Amazonas os bichos intervêm, fazendo o espírito baixar nos pajés, mestres ou médiuns, ditando conselhos e receitas médicas. Renato Almeida (146, *História da Música Brasileira*) informa: "Não são os orixás nem os espíritos dos mestres catimbozeiros que descem, mas os animais, *Coroanas*, que se encarnam nos pajés, para operar as curas. Baixam por uma corda imaginária, o jacaretinga, a mãe-do-lago, a cobra-grande e outros bichos fantasiosos e fantásticos." Transmitem também enfermidades. A lagartixa produz dermatoses, e o gato provoca asma. Também lhes são transferidas moléstias humanas, por contato direto na parte afetada, ou amarrando-lhes fios que envolveram o corpo doente. O sapo é o companheiro clássico da feitiçaria e sua vítima inevitável, cortado, boca cozida e cheia de cabelos, aparas de unhas e pedaços de pano, resistindo dias e dias, enquanto a pessoa alvejada está sofrendo e agonizando. Os cupins (térmitas) também ajudam. Os feitiços depositados na sua casa são devorados, e o esfeitiçado vai padecendo até sucumbir. A participação do animal no folclore e etnografia tradicional é variada e ampla. Para o povo, o animal é portador de memória, prevenção, simpatia, defeitos, virtudes e possui linguagem compreensível entre os de sua espécie e, para muitos "entendidos", haverá uma linguagem de comunicação geral para todas as famílias zoológicas. A altura animal é *porte*. Dando-lhe a imagem mímica de animal, a mão deverá estar em vertical, com os dedos unidos. Tratando-se de criaturas humanas, a mão fica em pronação. Na literatura oral, ver Christovam Araujo, *Os Bichos nos Provérbios*, Rio de Janeiro, 1950.

ANJINHOS. Anéis de ferro, com parafuso, presos a uma tábua, para apertar os polegares dos criminosos, obrigando-os a confissão. Não era instrumento privativo de escravos e o uso não desapareceu no século XIX e ainda resistiu à primeira década do subsequente, pelo menos em forma notória.

ANJO. Anjinho, criança, cadáver de criança menor de cinco anos. O mesmo em Portugal. Morais dicionarizou o vocábulo, na acepção popular, depois de 1831. Sílvio Romero (*Cantos Populares do Brasil*), introdução: "No Ceará ainda se usa em alguns pontos do centro, uma espécie de velório por morte de crianças, *anjinhos*, como chamam. Consiste em dar tiros de pistolas e rouqueiras e cantar rezas e poesias na ocasião de levar para o cemitério o *anjinho*" (XI). Leonardo Mota (*Violeiros do Norte*, 255-256, S. Paulo, 1925: "... contou-me em Timbaúba o ex-deputado federal Jáder de Andrade que, há tempos, naquela cidade, um negro apareceu, todo choroso. Queria inumar no Cemitério Público os despojos de um filhinho menor e pedia, para isso, os devidos esclarecimentos aos empregados do serviço funerário. Quando um destes indagou, pernóstico, *de que morrera o cadáver*, o pai, lacrimoso, apostrofou: "Cadave o quê, diabo! Tu chama meu filhinho de cadave só porque ele era preto e pobre. Se ele fosse filho de branco rico, tu chamava era de "anjo", cabra senvergonho!" Pereira da Costa (*Folclore Pernambucano*, 111): "Menino só é anjo e vai para o céu três dias depois de morto, e espera no limbo, mansão etérea e sombria, onde não há pena nem glória, pelo decorrer desse tempo; e quando uma criancinha adormecida no seu berço está a sorrir, conversa, em sonhos, com outras criancinhas, como ela, que morreram pagãs." *Angelito* na Espanha e países do idioma castelhano. Na Argentina, descreve Orestes di Lullo (*El Folklore de Santiago del Estero*, Tucumán, 1943): "El Velório del Angelito. – A la noticia del fallecimiento de un "angelito" niño de cierta edad –, la gente acude a la casa mortuaria como a una fiesta. Se le hace o forma un "cielo" con sábanas, espécie de palio, se adorna un rincón con colchas floreadas, flores naturales y artificiales, y sobre una mesa, que colocan debajo del palio, ponen el cadáver de la criatura al cual le adosan un par de alitas de papel para facilitarle el vuelo. Durante la noche beben, cantan y bailan. El padrino o la madrina deben costear el baile porque si no los ángeles del cielo no lo recibirán con música celestial. Al amanecer lo conducen al cementerio al son del bombo, guitarra y violín. Y la cañita pa'l camino que no falte" (70).

ANJO CORREDOR. No folclore do Estado das Alagoas, o "Anjo Corredor" é um homem com um cacete ou cajado, que caminha sem parar a vida toda, batendo nas cancelas dos engenhos. As crianças, quando ouvem falar, trepam-se nas cumeeiras das casas, e as mães de família fecham as portas (informação de Teo Brandão). Seria útil uma pesquisa sobre esse curioso Anjo Corredor para o qual convergem os mitos do Judeu Errante, na única materialização que conheço no Brasil. O Anjo Corredor, como se deduz, age apenas percutindo nas porteiras e o rumor anuncia sua aproximação fantástica (Luís da Câmara Cascudo, *Geografia dos Mitos Brasileiros*, 384, 3ª ed., São Paulo, Global, 2002). Ver *Judeu Errante*.

ANJO DA GUARDA. Anjo custódio, encarregado por Deus para acompanhar e defender cada pessoa. A Igreja católica manteve o *daimon* grego e o *genius* latino, tutelares e com assistência vitalícia. Os povos latinos traduzem o seu anjo da guarda como um conselheiro, orientando pelo mistério do pressentimento. O Brasil recebeu e conserva a tradição recebida de Portugal. Como o anjo da guarda está sempre presente a todos os nossos atos, o povo exige a obediência de um protocolo, com incontáveis mostras de respeito ao invisível e divino companheiro. Não se dorme despido, senão o anjo vai-se embora. Não se deve dormir com sede, porque o anjo pode afogar-se, querendo beber água. Essa superstição denuncia a unidade do protetor com o protegido, a ponto de sofrer as necessidades materiais que afetam ao homem, diversas das que sentiria sua substância imaterial. A vigilância mais viva ocorre durante o sono, quando a alma está livre do corpo, e nos atos reflexos, espontâneos, irresistíveis. Esse guardião pode ausentar-se, momentaneamente. Numa festa religiosa na cidade de São José de Mipibu, no Rio Grande do Norte, junto a sua velha mãe, completamente embriagada e adormecida, gemia uma mocinha, resignada e surpresa: "Meu Deus! Como o anjo da guarda de minha mãe está longe..." Para indicar a persistência da crença, registro duas orações ao "Santo Anjo da Guarda," a primeira portuguesa, beirã (Jaime Lopes Dias, *Etnografia da Beira*, VI, 245), e a outra brasileira, da cidade do Natal, colhida por mim no bairro do Alecrim:

1 — "Anjo da minha guarda,
Companheiro, amigo meu,
Peço-te que não te apartes de mim,
Que me leves a bom fim,
Entregues a minha alma,
Ao verdadeiro Senhor
Como ele me entregou a ti,
Meu anjo, real guardador."

2 — "Anjo da minha guarda,
Semelhança do Senhor,
Que para mim foi criado,
Para ser meu guardador!
Guardai-me, anjo bendito,
Que esta graça sabeis,
Que me livreis do maldito,
Comigo não tenha poder.
Ave da Vera Cruz,
Padeceis e a mim satisfarás;
Meu Deus, sejais por mim,
Ninguém seja contra mim."

As Ordenações Filipinas mandavam realizar uma procissão em louvor do anjo da guarda. Falando aos juízes e vereadores, dispunha o livro I, título XLVI, Procissões, 48. "Item, mandamos aos juízes e vereadores... E assim mesmo farão outra procissão solene, por comemoração do Anjo da Guarda, que tem cuidado de nos guardar e defender..." O Dia do Anjo é 19 de julho. Numa carta da Bahia, em 9 de agosto de 1549, o Padre Manuel da Nóbrega citava essa procissão: "... e estiveram aqui por *Dia do Anjo*, onde batizamos muitos; tivemos missa cantada com diácono e subdiácono. Leonardo Nunes e outro clérigo com leigos de boas vozes regiam o coro; fizemos procissão com grande música, a que respondiam as trombetas. Ficaram os índios espantados de tal maneira, que depois pediam ao Padre Navarro que lhes cantasse como na procissão fazia." (*Cartas do Brasil*, 86, Rio de Janeiro, 1931).

ANÕES. Vivem em todos os folclores do mundo, em função de guardar tesouros e zombar da paciência dos homens. Não tem, na literatura oral portuguesa e brasileira, muita assistência. Um dos contos mais populares na Europa ocorre entre anões, pulpícanos ou curilos bretões, mas vindo para Portugal (Teófilo Braga, *Contos Tradicionais do Povo Português*, I, n.º 82) se passa entre bruxas, e no Brasil é "uma gente esquisita" (*Contos Tradicionais do Brasil*, 31, 13ª ed., São Paulo, Global, 2004) e em Costa Rita *brujas* (Carmem Lyra, *Los Cuentos de mi Tia Panchita*, 22). No Mt. 503 de Aarne-Thompson (Marchenty-pen) é *the Little People*. Dos goiassis falam o Padre Cristóvão de Acuña em 1639, "tão pequenos como criancinhas de peito" (*Novo Descobrimento do Grande Rio das Amazonas*, n.º LXX), o jesuíta Simão de Vasconcelos, "anões de estatura tão pequena, que parecem a afronta aos homens" (*Antologia do Folclore Brasileiro*, vol. 1, 53, 9ª ed., São Paulo, Global, 2004), e Alexandre Rodrigues Ferreira, citando a "espécie de pigmeus, de estatura tão curta que não passam de cinco palmos." Não deixaram vestígio no espírito popular.

ANTA. (*Tapirus americanas*, Briss). Era o maior mamífero do Brasil pré-colonial. É extremamente forte, com uma carreira irresistível, quase em linha reta, arrastando quanto encontra. Figura no fabulário brasileiro, ao lado do jabuti, da onça e de outros animais, sempre com o papel da força bruta e do arrebatamento orgulhoso, confiado na resistência física. No Pará-Amazonas creem numa anta-cachorro fantástica, *Tapira-iauara*, que Inácio Batista de Mouro (*De Belém a S. João do Araguaya*, Rio de Janeiro, 1910) descreve: "animal gigantesco, que tem a forma de onça e as mãos com cascos como pé de anta, com as quais cava a tera, para derribar a árvore em cujo ramo se refugia o adversário, que dela foge" (136). Ocorre repetidamente na toponímia nacional, fazendas de gado e engenhos de açúcar, indicando a presença das antas no local ou, mais raramente, reminiscência portuguesa das *antas*, monumentos megalíticos. No Rio Grande do Norte houve a povoação de Anta Esfolada, animal assombroso que espavoria os arredores e foi solenemente exorcismado por um missionário capuchinho nas primeiras décadas do séc. XIX. A povoação de Anta Esfolada passou a Vila de Nova Cruz (1888) e a cidade, sede do município do mesmo nome (1919). "É o maior quadrúpede da planície. Os índios chamam-lhe tapira. Muito tímida, sempre que o caçador a persegue, cai n'água. Come frutos, erva e barro salgado. Da classe dos paquidermes, tem a forma de porco, a tromba do elefante, a crina do cavalo e o olfato do cão. Quando a sururu a laça, ela reage correndo. Às vezes vence, parte a grande cobra; às vezes é vencida, sendo quebrada pelos anéis poderosos do ofídio." (Raimundo Morais, *O Meu Dicionário de Cousas da Amazônia*, I, 56, Rio de Janeiro, 1931).

ANTÔNIO. Santo Antônio. Um dos santos de devoção mais popular no Brasil. É orago de 228 freguesias, o maior número. Segue-se São José com 71. E não é possível contar o total das capelas e oratórios privados onde o santo de Lisboa é venerado. Suas festas quase desapareceram, mas o prestígio se mantém nos assuntos de encontrar casamento e deparar as coisas perdidas. Trouxeram os portugueses o culto antonino, que se divulgou e fixou através dos tempos. Incontáveis as orações que lhe são dedicadas, especialmente citadas as *Trezenas* e a recitação do *responso*, infalível na obtenção de "graças." As "trezenas" são treze dias oferecidos ao santo, com orações e leituras de exemplos de sua vida, terças-feiras seguidas. O "responso" é devido a Julião de Spira, reunido ao ofício-divino comemorativo da festa antonina. Sabem-no de cor, em latim e nas muitas versões portuguesas, mais ou menos ingênuas e fiéis. O original latino é o seguinte:

Si quaeris miracula,
Mors, errar, calamitas

Daemon, lepra fugiunt,
Aegri surgunt sani.

Cedunt mare, vincula;
Membra resque perditas,
Petunt, et accipiunt
Juvenes et cani.

Pereunt pericula,
Cessat et necessitas:
Narrent hi, qui sentiunt.
Dicant Paduani

Uma tradução, conservada oralmente na minha família, há mais de um século, reza:

Quem milagres quer achar
Contra os males e o demônio,
Busque logo a Sant'Antônio
Que só há de encontrar.

Aplaca a fúria do mar,
Tira os presos da prisão,
O doente torna são
O perdido faz achar.

E sem respeitar os anos
Socorre a qualquer idade;
Abonem esta verdade
Os cidadãos paduanos.

Fernando de Bulhões nasceu em Lisboa a 15 de agosto de 1195 e faleceu em Arcela, perto de Pádua, na Itália, a 13 de junho de 1231. Santo Antônio de Lisboa ou Santo Antônio de Pádua é *il santo di tutto il mondo*, como escreveu o Papa Leão XIII em 1895, sétimo centenário de seu nascimento. Frade regrante de Santo Agostinho, passou para a Ordem de São Francisco, em 1220, tomando o nome de Antônio. Ficou três anos em França (1224-1227), ano em que voltou e ficou eleito padre-provincial da Itália superior. Uma tradição maravilhosa envolveu-o ainda em vida. Tinha o dom de pregar e ser entendido por todos os estrangeiros. Ficou sendo famoso o seu sermão aos peixes de Rimini, quando os homens não o quiseram ouvir (*Fioretti di San Francesco*, XXXIX e XL). Veio em espírito a Lisboa, fazendo o cadáver de um assassinado negar por um sinal de cabeça e de mão a culpabilidade atribuída a Martin de Bulhões, seu pai. Foi canonizado um ano depois de morto, pelo Papa Gregório IX. É o mais popular dos santos portugueses. Seu nome batiza igrejas, ruas e continua sendo um dos mais escolhidos para menino, em Portugal e Brasil. Rara será a cidade, vila ou povoado sem uma rua de Sant'Antônio ou uma igreja de Sant'Antônio, em todas as terras do idioma português. Apesar das mudanças e bajulações corográficas, o Brasil possui setenta localidades com o nome de Santo Antônio (*Guia Postal-Telegráfico do Brasil*, 1940). Nos momentos de comoção geral apelava-se para o santo como para uma arma de suprema eficácia. Justificando-se sua intervenção quando de lutas armadas, na Bahia, Santo Antônio foi capitão na Fortaleza da Barra, em 1705, alferes no bairro da Mouraria em 1800, com 120$ anuais, sargento-mor em 1810 e tenente-coronel em 1814, com o soldo anual de 720$, pago até 1907. Em São Paulo foi coronel. Capitão em Goiás. Soldado na Paraíba e Espírito Santo. Tenente-coronel no Rio de Janeiro em 1814. Capitão de cavalaria de Vila Rica (Ouro Preto, Minas Gerais). Tenente no Recife, com 34$400 anuais. Vereador em Iguaraçu, Pernambuco. Grão-cruz da Ordem de Cristo em 1814, dada pelo Príncipe Regente D. João. Na Igreja de Santo Antônio na cidade do Natal (anterior a 1763) existe uma imagem do orago com o tratamento popular de *capitão*, embora desacompanhado de documentos. O santo recebeu bastão de comando da mão do governador da colônia do Sacramento, General Sebastião Xavier da Veiga Cabral, e em 1814 do próprio Príncipe Regente. Nos dias de festa, a imagem existente no Convento de Santo Antônio no Rio de Janeiro usava um chapéu orlado de arminho, espada, banda e dragonas de oficial superior (José Carlos de Macedo Soares, *Santo Antônio de Lisboa Militar no Brasil*, Rio de Janeiro, 1942; Ataliba Nogueira, *Santo Antônio na Tradição Brasileira*, 1933; Frei Pedro Sinzig, *Catálogo da Exposição Antonina do Rio de Janeiro*, 1931). Santo Antônio de Riets, Oberimental, Tirol, usa chapéu emplumado, banda e bastão militar. Em 1731 o almirante espanhol Mondemar atribuía ao santo a tomada de Oran. "Dom Mondemar participou logo ao rei o feliz acontecimento, e o monarca, grato ao santo, ordenou que daí por diante fosse pago ao Convento de Santo Antônio de Alicante uma esmola no valor do soldo de um almirante" (J. C. de Macedo Soares, 110). O dia *santificado*, 13 de junho, foi extinto pelo Papa Pio IX em 11 de junho de 1852. Fora, desde a bula do Papa Inocêncio XVIII, de 27 de janeiro de 1722, *festa de preceito* em toda América, espanhola e portuguesa, mantida nas residências e irmandades da colônia portuguesa, com as exigências do culto. Alguns séculos depois da morte de Sant'Antônio não aparecera ainda, nos devocionários, alusão aos poderes do santo para deparar objetos perdidos e aproximar noivos para candidatas ansiosas. João Ribeiro (*O Folclore*, 98, 108) explicava-a por um processo de confusão verbal. No *Poema de Santo Antônio*, de Simões Lopes, enumerário de cinquenta milagres do santo, não se menciona o de aparecer o que se perdeu. João Ribeiro crê ter sido Frei Bernardo de Brito o autor do primeiro sinal (*Monarquia Lusitana*, livro XIV, tomo IV); sugere-se a proteção de Santo Antônio para as coisas perdidas em vez da intercessão habitual do santo flamengo Jeron de Olanda. Creio melhor na já existência, na edição *princeps*, 1597, da fama do santo nessa especialidade policial. "O que quer dizer que São Jeron faz aparecer as coisas que se tem perdidas; porém, com a proteção de Santo Antônio nos remediaremos nas nossas perdas sem recorrer a valias estranhas." (318). Frei Bernardo de Brito divulgava a necessidade de recorrer-se a um santo de casa, também precioso na técnica de São Jeron. Esse nacionalismo encontrou razões equipolentes para exigir de Santo Antônio que defendesse Portugal e suas colônias sempre que inimigo mais forte atacasse. Essa mentalidade explica o santo tribuno, orador sacro, pacífico por natureza e finalidade, aparecendo como guia de exército e general vitorioso, com soldos, dragonas e condecorações. O Santo Antônio de Padova, *Pavie*, na França sofreu uma transformação comum nos processos de convergência semântica. O grande pregador que se muda em encontrador de perdidos está explicado por João Ribeiro: "Como quer que seja, o milagre veio de França. Os pescadores tem-no, a Santo Antônio, em grande veneração, porque o supõem o santo das *épaves*, restos de naufrágio ou *Saint Anthoine de Pave*, como se dizia outrora. *Épaves*, diz Gui Coquille são "les choses mobilières égarées des quelles on ne sçait le maistre." Com o mesmo sentido se encontrava *épave* em Rabelais. A esta luz esclarecem-se todas as dúvidas, se as houvesse ainda (100-101). Padova-Pádua se confundiu, por metátese, com *expavidus*, *épaves*, coisas sem dono, perdidas. O Santo Antônio de Pádua, ex-Padova, ficou sendo o deparador das coisas perdidas. Dessa habilidade decorre a notoriedade de casamenteiro quase infalível. Encontrar noivo é também um milagre da paciência incrível. Essa ampliação fixou, mais profundamente, o poder de Fernando de Bulhões. Em Portugal e Brasil diz-se que o santo era visitado comumente pelo Menino Deus, e a iconografia antonina reproduz abundantemente a tradição. As moças submetem as imagens de Santo Antônio a todos os suplícios possíveis, na esperança de um rápido deferimento. "... algumas chegam até mesmo a tirar o Menino Jesus dos braços de Santo Antônio para restituí-lo somente depois de realizado o milagre; viram o santo de cabeça para baixo, tiram-lhe o resplendor e colocam sobre a tonsura uma moeda pregada com cera; e por fim, quando tarda o milagre, e cansadas já de tanto esperar, atam o santo com uma corda, e deitam-no dentro de um poço, o que deu lugar, de uma vez, a desaparecer a imagem, porque era de barro e derreteu-se completamente ao contato d'água!" (Pereira da Costa, *Folclore Pernambucano*, 120). A identificação do santo pela imagem material nos viera de gregos e romanos, pretendendo, ameaçando e suplicando seus deuses através da representação física. A imagem de Marte, no seu templo em Esparta, era amarrada, para não abandonar os guerreiros. J. C. de Macedo Soares, 131-135, conta episódio curioso, um processo e condenação jurídica do Santo no Brasil. Em Santo Antônio das Queimadas, arraial à margem do rio Itapirucu-açu, distrito da Vila Nova da Rainha, comarca de Jacobina, Bahia (começos do séc. XIX), um escravo pertencente a Santo Antônio cometeu crime de morte e fugiu. O senhor do escravo era responsável pela pena pecuniária devida pelo servo até os limites do seu próprio valor (Art. 28 do *Código Criminal do Império*). O santo foi intimado da petição inicial, citado para depoimento ou assistir ao processo, retirado do altar e transportado para a Vila de Água Fria, onde respondeu ao júri e foi condenado a perda dos bens. Terras e escravos foram levados a hasta pública e arrematados.

"Meu Santo Antônio querido,
Eu vos peço, por quem sois;
Dai-me o primeiro marido,
Que o outro arranjo depois.

Meu Santo Antônio querido
Meu santo de carne e osso,
Se tu não me dá marido
Não tiro você do poço."

(Ataliba Nogueira, 45, 49). O mesmo autor cita trecho do sermão de Antônio Vieira em 1656, no Maranhão denunciando a prestigiosa ascendência do santo: "Se vos adoece o filho, Santo Antônio; se vos foge o escravo, Santo Antônio; se mandais a encomenda, Santo Antônio; se esperais o retorno, Santo Antônio; se requereis o despacho, Santo Antônio; se aguardais a sentença, Santo Antônio; se perdeis a menor miudeza da vossa casa, Santo Antônio; e, talvez, se quereis os bens alheios, Santo Antônio" (56). Santo Antônio que procurava os escravos fugidos era o mais antipático dos oragos. Ainda alcancei as alusões ao Santo Antônio *amarrador*, ressonância de uma espécie de capitão de mato com jurisdição sobrenatural. As moças, por natural associação de ideias, incluíram nas orações as imagens dos grilhões, algemas, laços e nós, aparelhagem para conter o negro fujão. Havia também a tradição mágica e universal referente aos nós, aos laços, citados ou feitos, nos ebós, mandingas, feitiços, com a pretensão de prender quem pronuncia o nome durante a operação. Pereira da Costa registrou essa oração, *idem*, 122, da primeira metade do séc. XIX, e bem expressiva como processo de sincretismo supersticioso: "Padre Santo Antônio dos cativos, vós que sois um amarrador certo, amarrai, por vosso amor, quem de mim quer fugir; empenhai o vosso hábito e o vosso santo cordão, como algemas fortes e duros grilhões, para que façais impedir os passos de Fulano, que de mim quer fugir; e fazei, ó meu bem-aventurado Santo Antônio, que ele case comigo sem demora. Ave-Maria a oferece-se ao milagroso santo." De sua constante popularidade em Portugal é índice essa quadrinha minhota:

Santo Antônio tem um nicho
A cada canto de aldeia;
Reza-lhe o povo à noitinha.
Depois de comer a ceia.

(Fernando de Castro Pires de Lima, *Cantares do Minho*, n.º 2101, segundo volume, Porto, 1942). Nas *Ordenações do Reino*, confirmadas por D. João IV, mas vindas desde os Afonsos e Filipes, título III, lê-se a menção supersticiosa condenada pela lei e resistindo, poderosa, nesse meado do séc. XX: "outros levam as imagens de santos junto da água, dali fingem que os querem lançar com ela, e tomam fiadores, que se até certo tempo o dito lhes não der água, ou outra coisa que pedem, lançarão a dita imagem na água" (Ver ainda *Os Três Santos de Junho no Folclore Brasílico*, Gastão de Bettencourt, Livraria Agir Editora, Rio de Janeiro, 1947).

SANTO ANTÔNIO PRETO: muito venerado pelos escravos no Brasil era o Santo Antônio de cor preta. Podia ser apenas a comum imagem, pintada de negro por solidarismo e sublimação dos seus devotos. No hagiolário católico há um Santo Antônio Preto, terceiro franciscano, nascido de família muçulmana em Barca da Cirenaica. África do Norte, aprisionado por cristãos e feito remeiro nas trirremes sicilianas, vendido como escravo a um camponês de Noto, na Sicília. Convertido, liberto, tomou o hábito franciscano, fazendo vida de piedade e assistência, tido em vida no aroma de santidade. Faleceu a 14 de março de 1549, em Noto, perto de Siracusa. Há no Museu de Goiana (Pernambuco) a imagem de um Santo Antônio Preto, exemplar magnífico que reproduzi em "O Cruzeiro", pág. 78, n.º de 16-6-1951, Rio de Janeiro, conhecida por "Santo Antônio Cartaginês ou Catajerônimo" e ainda "Cantajarona", corrução de Caltagirone, na Sicília, representando outro santo franciscano, falecido em 1515 e não preto. Creio que não se trata do Santo Antônio Preto, de Noto, mas a devoção e carinho dos escravos seriam ao verdadeiro Santo Antônio de Lisboa, com o pigmento escuro, que o aproximava dos seus amigos escravos. Há no convento da Penha, no Recife, um Santo Antônio barbado. Tratando-se de convento de Capuchinhos, era natural que o *vulto* estivesse dentro da Regra.

ANTÔNIO CONSELHEIRO. Ver *Conselheiristas*.

ANTÔNIO SILVINO. Manuel Batista de Moraes ("Antônio Silvino" é nome de guerra), nasceu em Afogados da Ingazeira, Pernambuco, em 1875 e faleceu em Campina Grande, Paraíba, em agosto de 1944. Conheci-o pessoalmente na Penitenciária do Recife. Disse-me haver nascido na Paraíba e batizado em Pernambuco. O mais famoso rei do cangaço no seu tempo, *Rifle de Ouro*, "Governador do Sertão", de Ceará a Pernambuco, em quatorze anos de tropelias e violências (1900-1914). Valente, atrevido, arrojado, com gestos generosos e humanos, respeitado de donas e donzelas, nenhum cangaceiro, antes dele, despertou maior interesse para os cantadores e poetas sertanejos, motivando um número incalculável de folhetos vorazmente decorados e divulgados nas feiras e cantigas. O grande poeta popular Francisco das Chagas Batista (1885--1929), paraibano, foi o cronista poético de Antônio Silvino, autor de malvadezas e bondades. Em 28 de novembro de 1914 foi ferido e preso na Lagoa de Lajes, Taquaritinga, Pernambuco, cumprindo sentença na Penitenciária do Recife, sendo indultado pelo Governo Federal, deixando a prisão em fevereiro de 1937 (Gustavo Barroso, *Ao Som da Viola*, Rio de Janeiro, 1921: *Heróis e Bandidos*, Rio de Janeiro, 1917; Luís da Câmara Cascudo, *Flor de Romances Trágicos*, Rio de Janeiro, Cátedra, Natal, Fundação José Augusto, 1982; Mário Souto Maior, *Antônio Silvino, Capitão do Trabuco*, Rio de Janeiro, 1971).

Antropomorfismo. Ver *Anaantanha*.

Anu, Anu-Chorado, Anu-Corrido, Anu--Velho. Ver *Fandango*.

Anuia. Ver *Anujá*.

Anujá. Anuiá, cabeça-de-ferro, mandi-chorão (*Trachycoristes galeatus*); no Amazonas vive esse peixe nos igapós, morando nos buracos da margem, onde o indígena, conhecendo-lhe os hábitos, pesca-o à mão. Há uma frase popular amazônica denunciando o fato: Não sou anujá! valendo "não sou tolo, sei defender-me". Corresponde ao nordestino: "não sou moré," porque o moré, amoré, amboré (*Eleotris gyrinus*) é peixinho das locas na beira-mar e apanhado pelos meninos à mão.

Anum. Anu-preto (*Crotophaga, Ani*, Linnaeus), anum-branco, quiriru, *guira-guira*; de *anu-ani*, aparentado que vive na sociedade (de iguais) e o radical *anã*, parente, seguido do sufixo *um*, preto, negro. Batista Caetano, Macedo Soares, Pereira da Costa, Rodolfo Garcia. Figura o anum nas superstições de todo o Brasil e dá nome a uma dança no Rio Grande do Sul, fixada por João Casimbra Jacques (*Ensaio sobre os Costumes do Rio Grande do Sul*, 93, Porto Alegre, 1883). Dança. "Para dançar, formavam os cavalheiros com seus pares uma grande roda; as senhoras não sapateavam, se limitando a imprimir ao corpo certos meneios assistidos de castanholas, como nas *fieiras* atuais, fazendo a tudo isto frente aos seus pares ou aos cavalheiros que na roda lhes ficavam ao lado. Eram então as danças em ordem e debaixo de marcas, como nas quadrilhas atuais, e começavam assim: depois de roda feita no *anu*, por exemplo, dizia o marcante: – roda grande! – a esta voz todos se davam as mãos; o marcante: – tudo cerra! e a um tempo, de mãos dadas, cerravam a sapateada; à voz de – cadena! – faziam os dançantes mão direita de dama, como na quadrilha. Então cantava o tocador da viola (duas, três quadras):

"O anu é pássaro preto,
Passarinho de verão;
Quando cant'à meia-noite
Dá uma dor no coração...

Folga, folga, minha gente,
Que uma noite não é nada;
Se não dormires agora,
Dormirás de madrugada!"

Durante o canto, cada cavalheiro tomava a mão de sua dama e passava-lhe o braço por cima da cabeça, como na *meia canha* e no *pericon* e, assim dispostos, cumprimentavam-se com a cabeça, mutuamente. Começando em seguida tudo isto, a *roda grande* cessava logo, e dizia o par marcante: *Olha o dois!* – o que todos executavam batendo palmas e dando uma sapateada harmônica para um lado e, em seguida, para outro; e a estas seguiam-se muitas outras marcas." Duas outras quadrinhas do anu (anum, no Norte):

"E se tu, anu, soubesses,
Quanto custa um bem-querer,
Oh! pássaro, não cantarias
Às horas do amanhecer.

O anu é pássaro preto,
Páss'ro de bico rombudo;
Foi praga que Deus deixou
Todo negro ser beiçudo."

"Desconfiem do anum. É preto, cínico, imperturbável, mas muitíssimo amigo da morte que lhe confia segredo. Revoando continuamente perto das latadas e dos alpendres onde fazemos a sesta, está predizendo infelicidades. Anuncia o inverno e a seca. Se fica pousado numa árvore que tenha sombra e verdura, teremos chuvas. Para que isto se dê, é preciso que o anum pouse três ou sete dias seguidos. Quem tira ovos de anum procura luto para a família. No sul do Brasil, o anum tem outras especialidades. Comer coração de anum, pensando numa moça, torna-a apaixonada. Passar o bico do anum no rasto da mulher desejada dá o mesmo resultado. O anum receitado para essa *macumba* é o anum branco, guira-guira, apelidado no Sul quiriru, escrevi no "Avifauna no Folclore Brasileiro" (*Informação da História e Etnografia*, 153, Recife, 1940). "O anu preto tem sido considerado na literatura de vulgarização como devorador de carrapatos. A observação, entretanto, parece invalidar completamente esta suposição. Examinando os primeiros conteúdos gástricos, logo nos surpreendemos com a ausência de quaisquer vestígios desses acarinos, mesmo nos casos em que os anus eram abatidos junto ao gado numa atitude que sempre víamos ser interpretada como de caça aos ixodídeos" (João Moojen, "Observação sobre a Alimentação do Anu Preto", *Boletim do Museu Nacional*, 4, 30-12-1942, Rio de Janeiro). Canto de anum branco traz morte (Studart, n.º 214). São também "sinais" de desgraça: sapo, gato preto (isto é, o "fantasma" de um gato), anu empoleirado numa árvore, perto da casa (Donald Pierson, *Brancos e Pretos na Bahia*, 323). Pereira da Costa (*Folclore Pernambucano*, 124) regista os poderes do fígado de anum para despertar amor: "Para *abrandar o coração* dos apaixonados esquivos, é de grande eficácia o fígado do anum, torrado e reduzido a pó, e aplicado em uma bebida qualquer; mas, para que produza os almejados fins, deve a própria pessoa recitar repetidamente esta oração, ao pisar: Eu te piso, eu te repiso, / E te reduzo a granizo / No pilão / De Salomão, / Que sete estrelas o prendam / Lhe dê força de luar, / Para que possa abrandar / O seu duro coração. / Quem isto beber / Quem isto chupar, / Há de amar / Até morrer". Esse é processo nordestino. No Amazonas o pó do fígado do anum é posto, numa pitada, na saliva de quem se deseja atrair, diz-me A. Pinto de Medeiros.

Anuxa. Ver *Amuxã*.

Aparecida. Santuário-basílica na cidade de Aparecida-do-Norte, município de São Paulo, outrora pertencente a Guaratinguetá, e tornado independente em 1928. O Conde de Assumar, Dom Pedro Miguel de Almeida Portugal e Vasconcelos, governador de S. Paulo e Minas Gerais passava por Guaratinguetá, rumo a Vila Rica, onde faria solene entrada a 1º de dezembro de 1717. Os pescadores estavam encarregados de suprir a mesa e, debalde, no rio Paraíba, subia e descia a canoa de João Alves, Domingos Garcia e Filipe Pedroso. Defronte do porto de Iguaçu, João Alves pescou uma pequenina imagem de barro, mutilada. Adiante a tarrafa trouxe a cabeça que faltava. Daí em diante o pescado abundou milagrosamente. Filipe Pedroso ficou com a imagem (38 centímetros) escura, e as devoções apareceram para a Senhora Aparecida. Do humilde oratório que Atanásio Pedroso, filho de Filipe, construíra, surgiu uma Capela em 1745, com sua primeira Missa. Igreja em 1852, substituída por edifício maior em 1888, bento pelo 8º Bispo de S. Paulo, Dom Lino Deodato Rodrigues de Carvalho. Em 1900, ano-jubilar, grande afluência de romeiros de todos os recantos do País. Em 1904, solene coroação na presença do Núncio Apostólico, presidida pelo 11º Bispo de S. Paulo, Dom José de Camargo Barros. É datado de 8 de setembro de 1908 o "ABC de Nossa Senhora Aparecida," divulgadíssimo no Brasil. A Capela de 1745 passa a ser a Basílica, por ato pontifício de 5 de setembro de 1909 (Pio X), e em 16 de julho de 1930 o Papa Pio XI declara Nossa Senhora Aparecida, Padroeira Principal do Brasil. Durante o Império, D. Isabel, Princesa Imperial, Herdeira do Trono, visitara o local. É centro de peregrinação constante, embora com maior intensidade em maio, setembro e dezembro, acorrendo os devotos do centro e sul do País, em maioria. Desde 1946 constroem um templo de grandes proporções. Ver Pe. João Batista Lehmann, *Na Luz Perpétua*, I, 382-386, Juiz de Fora, Minas Gerais, 1935; Luís da Câmara Cascudo, *Vaqueiros e Cantadores*, "A.B.C. de Nossa Senhora Aparecida", 93-95, São Paulo, Global, 2005; Pius Parsch, *Testemunhas do Cristo*, II, 387-400, Mosteiro de S. Bento, Bahia, 1942; Luis da Câmara Cascudo, *Lendas Brasileiras*, "A Virgem Aparecida", 103-108, 9ª ed., São Paulo, Global, 2005; Conceição Borges Ribeiro, "Alguns Aspectos do Culto de Nossa Senhora Aparecida", *Folclore*, I, CPFMA, 7-37, S. Paulo, 1952.

Apariá. Ver *Preá*.

Apartação. Divisão do gado que, criado solto no sertão nordestino, era reunido para ser entregue aos donos por intermédio dos vaqueiros. Constituía uma das festas tradicionais, atraindo os melhores cavaleiros para a vaquejada, derruba de novilhos e touros. Servia-se jantar copioso e havia baile, com violas e cantadores, em desafio, historiando as vitórias do dia. O gado de toda a ribeira era criado solto, com ausência total de qualquer cerca nas terras indivisas. Pelo inverno era preciso reunir toda a boiada para entregá-la aos diversos donos. Dezenas de vaqueiros *davam campo* ao gado, procurando-o nos matos e serras, levando-o aboiando, para o grande curral de uma fazenda escolhida. Para festejar esse agrupamento, a vaquejada era indispensável, o divertimento que selecionava, pela agilidade e robustez, cavalos e cavaleiros. As vaquejadas ainda são popularíssimas no Nordeste, mesmo nalgumas cidades do interior.

Entre os bons divertimentos
Do centro deste sertão,
É bonito e tem que "vê"
Um dia de "apartação."

(Rodrigues de Carvalho. *Cancioneiro do Norte*, 189).

De um cantador norte-rio-grandense, Fabião das Queimadas:

"Eu peço a vamicês todos
Os senhores que aqui estão,
Olhe lá, escutem bem,
O que diz Fabião:
Vou contar o sucedido
De uma Apartação!"

(Luís da Câmara Cascudo, *Vaqueiros e Cantadores*, 112, São Paulo, Global, 2005).

Ver *Vaquejada, Boi*.

Apereá. Ver *Preá*.

Aperta-Cunha. Diz-se que há aperta-cunha quando muitas pessoas se comprimem em um lugar estreito; apertão; aglomeração em sítio exíguo. É também uma brincadeira de criança que consiste em expulsar por meio de apertões, de um banco ou outro qualquer assento largo, as mais fracas ou as que não encontram um bom ponto de apoio. (Domingos Vieira Filho, "A Linguagem Popular no Maranhão", sep. vol. IV da *Revista de Geografia e História*, S. Luís, Maranhão, 1953). O mesmo que Espreme, sinônimo do mesmo jogo no Nordeste.

Apito. Ver *Amiga*.

Apolônia. Santa Apolônia, Santa Polônia, Polonha, Pelonha, defende seus devotos da dor de dentes. A oração corrente em todo o nordeste brasileiro é a seguinte: "Estava Senhora Santa Pelonha em sua cadeira de ouro sentada, com a mão posta no queixo; passa Nosso Senhor Jesus Cristo e perguntou: — O que te dói, Pelonha? — Um dente, Senhor! — Pois, Pelonha, do sul ao norte e do nascente ao poente, ficará esta criatura livre, sã e salva de dor de dentes, pontada, nevralgia (neuvralgia, neuralgia), estalicídio e força de sangue. Padre-nosso, ave-maria, oferecido às cinco chagas de Nosso Senhor Jesus Cristo." Apolônia era uma moça de Alexandria, martirizada no ano de 248. "Antes de ser queimada viva, tiraram-lhe logo todos os dentes com seixos e lhe martirizaram todo o rosto." (Croiset, *Ano Cristão*, 138, fevereiro, Lisboa, 1797). Depois do suplício: "Os seus dentes principalmente foram ajuntados como santas relíquias, e foram logo dispersos por diferentes Igrejas da Cristandade" (140). "Pode-se dizer que logo depois do seu martírio é que os fiéis têm tido recurso a ela em muitas enfermidades, e singularmente nas dores de dentes." Acham-se nos mais antigos Breviários de muitas igrejas orações particulares para pedir a Deus pela intercessão desta Santa, o ser livre de muitas enfermidades corporais, e singularmente nas dores dos dentes. Eis aqui a que se lê em um dos mais antigos Breviários da igreja de Colônia: "ó Deus, por amor de quem a bem-aventurada Apolônia, Virgem e Mártir, sofreu com tanta constância, que se lhe arrancassem todos os dentes; nós vos suplicamos nos concedais que todos aqueles que imploram a sua intercessão sejam preservados das dores da cabeça, e dos dentes, e que depois das misérias deste desterro, vós lhes façais a graça de chegar à glória eterna. Por nosso Senhor Jesus Cristo vosso Filho, que sendo Deus vive e reina convosco em a unidade do Espírito Santo, por todos os séculos dos séculos. Amém" (140). Numa das mais populares comédias do séc. XV, *La Celestina*, de Fernando de Rojas (ato IV) encontra-se a menção: "Una oración, señora, que dijeron que sabías de Sancta Polonia para el dolor de las muelas" (91). A devoção continua no Brasil. A oração de Santa Apolônia é rezada no nordeste brasileiro com um raminho de arruda ou de alecrim. Recita-se a oração e faz-se uma cruz sobre a região dolorida, repetidamente, até o final da reza. A oração de Santa Apolônia, tão deturpada nos sertões do Brasil, ainda resiste na Europa. L. S. Sauvé registrou uma, encontrada na França (*Folk-Lore des Hautes Vosges*): "Sainte Appoline, assise sur une pierre de marbre, Notre Seigneur passant par là, lui dit: — Appoline, qui fait-tu là? — Je suis ici par mon chefe, par mon saint, pour mal de dents. — Appoline, retourne-toi, si c'est une gouthe de sang elle tombera; si c'est un ver, il mourra" (35). (A. Castillo de Lucas, *Folklore Médico-Religioso*, 31-39. "S. Apolonia, Abogada de la dentadura," Madrid, 1943).

Aponom. Doce da Bahia. "Faz-se uma cocada com coco verde, cravo e açúcar, ponto mais ou menos mole. Quando estiver meio fria, mistura-se com farinha do reino. Formam-se pequenas pirâmides. Vai ao forno em tabuleiros." (Hildegardes Vianna, *A Cozinha Bahiana*, "Seu Folclore, Suas Receitas", 38, Bahia, 1955).

Aquará. Ver *Aguará*.

Ar. As superstições e significações de "ar" no Brasil são sobrevivências portuguesas. Frei Domingos Vieira (*Dicionário Português*, na edição que Adolfo Coelho dirigiu, Porto, 1871 resume: "Na linguagem vulgar, o substantivo *ar* tem variadíssimas significações; doença ou certa disposição física ou moral, que se crê depender do clima e da temperatura particular a um país; a respiração, habitação, o espaço aberto, maneira, modo de proceder, de falar; o exterior de qualquer coisa, a aparência; emprega-se *com* frequência, quando se fala do exterior do corpo humano, tomado como sinal de bom ou mau estado de saúde; e de certos traços que constituem parecenças com alguém; semelhança, analogia, atmosfera." Ar é o sinônimo português da paralisia. *Paralisias, que o vulgo chama ar*, ensinava o velho doutor Duarte Madeira. "Dar um ar, ter um acidente de paralisia; chama o vulgo este acidente, *ar*, porque nos corpos humanos causa como que os mesmos efeitos que nas plantas, que a malignidade dos ares faz secar." *No* Brasil, hemiplegia, estupor, hemorragia cerebral, moléstia de Bell. Ramo de ar, ar-de-vento, um ar, são as causas do derrame. Studart (*in Antologia do Folclore Brasileiro*, vol. 2, 39, 6ª ed., São Paulo, Global, 2004): Para evitar o ar-de-vento (hemiplegia) diz-se *Credo, Ave-Maria*, e cospe-se três vezes para dentro da camisa (n.º 150). Alcides Bezerra ("Restos de Antigos Cultos na Paraíba", *Revista do Instituto Histórico Paraibano*, vol. III, 32, 1911) descreve o processo de uma feitiçaria na Paraíba para afirmar o diagnóstico: "Certa vez vimos a Francisca fazer uma *cura*. Começou ela botando água na tigela e benzeu-a. Depois de uma prece longa, estando a tigela entre ela e o doente, deu começo a chamar pelas diversas espécies de ares: *ar de morto, ar de vivo, ar quente, ar frio, ar de inchação, ar de ventosidade, ar de dormência*, e muitos outros de que não nos lembramos, enquanto ia pingando o azeite doce na dita tigela d'água. Cada *ar*, cada pingo. Este toma a forma esférica, ao cair na água, se não ultrapassa certo tamanho. Se toma tal forma, o doente não tem o *ar chamado*. Quando chega o *ar* que ela presume o doente ter, de propósito deixa cair um pingo de azeite maior, que se espalha por toda a água. É esta a prova que o coração sofre do *ar* invocado. Conhecido o *ar*, ela faz então a oração contra a moléstia, oração misteriosa, que não revela a ninguém. A Francisca por preço nenhum nos quis vender as suas fórmulas." De um modo geral, a povo faz depender do *ar* quase a totalidade das doenças, pelo menos as internas. Teófilo Braga (*O Povo Português nos seus Costumes, Crenças e Tradições*, Lisboa, 1885) estudando as personalizações de elementos e fenômenos naturais, termina: *enfim a doença no* ar *mau* (2º, 171). Quando indígenas e africanos explicavam sempre a moléstia como vingança de inimigo ou maldade de inveja, o português aponta o *ar* como respiração, atmosfera, vento, trazendo a morte invisível. Afrânio Peixoto (*Miçangas*, S. Paulo, 1931): "Ar-de-vento — lufada ou golpe de ar, que resfria subitamente, causando doença. Por extensão chama-se ao efeito o nome da causa suposta de tais males" (47). "Ramo de ar, amaurose, gota serena" (58). Além de ar mau, diz-se em Portugal ar ruim. Raminho de ar ou apenas raminho é paralisia em Portugal. A. Lima Carneiro e F. C. Pires de Lima (*Notas Comparativas da Medicina Popular Luso-Brasileira*, Lisboa, 1940) registram um ensalmo contra o ar ruim, colhido em S. Simão de Novais, Minho. Expressa nitidamente o complexo etnográfico "ar", de onde provém a oníomoda tradição brasileira: Deus te deu, Deus te criou; / Deus te desencanhe, se alguém te encanhou; / Deus te desenfeitice, se alguém te enfeitiçou; / Deus te tire todo o mal que no teu corpo entrou. / Eu talho-te, em nome de Deus, / O ar do monte, / O ar da encruzilhada, / O ar da fonte, / O ar do lume, / O ar do Sol, / O ar do estrume, / O ar da peneira, / O ar da bruxa feiticeira, / O ar diabólico, / Todos os maus ares, / Todo o mal que no corpo entrou, / Em louvor de São Silvestre, / Tudo quanto eu faço te preste (Talha-se *com* a imagem de Nosso Senhor em cruz), 4-5. Diz-se em Portugal: Antes um tiro, qu'uma ponta d'ar (Dr. Armando Leão, *in Arquivo de Medicina Popular*, 25, Porto, 1944). O Sr. A. Pinto de Almeida (*idem*, 76) transcreve uma oração contra o bruxedo, onde se afirma: "Eu te retiro todos os males, e ar do ribeiro, e ar dos salgueiros, ar dos corisqueiros, ar de morto, ar de vivo, ar de morto requerido, ar de vizinho mau, ar de vizinho bom, etc.". O processo que Alcides Bezerra encontrou na Paraíba, a identificação da moléstia pela forma dos pingos de azeite n'água, é fórmula tradicional da bruxaria portuguesa, e o Prof. Joaquim Roque, estudando as rezas e benzeduras do Baixo Alentejo (*Arquivo de Medicina Popular*, Porto, 1944) informa: "A natureza da doença é primeiramente verificada por meio de umas pingas de azeite que, com um ramo de oliveira, se deixam cair dentro dum pires com água" (53). Fernando São Paulo (*Linguagem Médica Popular no Brasil*, Rio de Janeiro, 1936) resume excelentemente versões tradicionais e clássicas (I, 99-106). O processo já ocorria nas *Denunciações do Santo Ofício na Bahia*, 1591 (São Paulo, pág. 552, 1925).

Ara. Pedra de ara. Indispensável para certas feitiçarias amorosas, especialmente prender o amante, torná-lo ou mantê-lo fiel. O fragmento da pedra de ara é amuleto. No título III das *Ordenações do Reino*, tratando de feiticeiros, lê-se: "Estabelecemos que toda a pessoa de qualquer qualidade, de cidadão que seja, que de Lugar Sagrado ou não Sagrado tomar pedra de ara, ou Corporais, ou parte de cada uma dessas coisas, ou qualquer outra coisa Sagrada, para fazer com ela alguma feitiçaria, morra morte natural." Tirar um pedaço da pedra de ara merecia pena de morte, desde os Afonsos portugueses ou Filipes castelhanos. Na confissão de Paula de Sequeira, 20 de agosto de 1591, diz-se: "confessou mais que avera dez ou doze anos que nesta cidade Maria Vilela, natural do Porto, mulher de Miguel Ribeiro, morador nesta cidade, na rua de São Francisco, lhe disse que ela usava de muitas coisas para fazer querer-lhe bem seu marido e que primeiro pegara com Deus para isto, porém depois que viu que Deus não quisera melhorar-lhe o seu marido, pegou com os diabos para isso, dizendo-lhe mais que ela mandara com muito trabalho buscar à igreja da Vila Velha um pedaço de pedra de ara e que lha trouxera um moço que então segundo sua lembrança estava com Cosme Rangel ao qual moço não sabe o nome e vendo ela confessante isto, lhe pediu uma pequena para dar ao dito seu marido a qual lha deu e ela confessante a deu moída em pó em um copo de vinho ao dito seu marido Antônio de Faria uma vez ("Primeira Visitação do Santo Ofício." *Confissões da Bahia*, 50, Rio de Janeiro, 1935). Há uma tradição de que mulher não deve tocar pedra de ara, sob pena de ficar estéril. O Barão de Studart registrou essa superstição no Ceará: – Pôr a mão sobre a pedra de ara faz a mulher não ter mais filhos (n.º 230, *in Antologia do Folclore Brasileiro*, vol. 2, 42, 6ª ed., São Paulo, Global, 2004). Pedra de ara, a que se põe no meio do altar, consagrada e ungida pelo bispo, sobre a qual se pousa o cálice e a hóstia e se oferece o sacrifício da missa. As pedras de ara são de mármore ou de outra qualquer pedra. São forradas de lona, fustão ou pano de linho, e nelas se coloca o cálice, hóstia, vaso sacramental, ou as partículas sem ele. Nas superstições populares portuguesas, a pedra de ara é também empregada nos filtros e amavios (*Dicionário da Língua Portuguesa*, Domingos Vieira, ed. 1871, Porto). As orações-fortes mais poderosas são escondidas debaixo da pedra e aí ficam até que três, cinco, sete missas de defuntos sejam ditas sobre ela. Sempre o número ímpar porque, já dizia Virgílio, agradava aos deuses, "numero deus impari gaudet" (Écloga VIII, 75). Em Portugal invoca-se a pedra de ara contra as trovoadas. Dizem, quando as trovoadas estão iminentes:

Pedra de ara preciosa,
Não se diz missa sem vós,
O sangue de Jesus Cristo
Caia sobre nós.

(Jaime Lopes Dias, *Etnografia da Beira*, VI, 250, Lisboa, 1942).

ARAÃ. Interjeição que, entre os indígenas tupis, exprimia a saudade ou a surpresa agradável, segundo Beaurepaire Rohan. Deve ser o mesmo *arãhy* que o poeta Lourival Açucena (1827-1907) dizia "interjeição ou explosão de voz, em tupi, traduzindo a saudade" (*Versos* 36, 37, Natal, 1927):

"Da extremosa Margarida
O amor já não se gaba:
Mas eu decanto, arahy,
O amor de Porangaba."

ARABU. Pirão de ovos de tartaruga, tracajá ou outro quelônio, com farinha e açúcar, Amazonas. Ver *Abunã* (A. J. de Sampaio, *A Alimentação Sertaneja e do Interior da Amazônia*, 207, S. Paulo, 1944).

ARAÇANGA. Cacete curto com que os jangadeiros matam o peixe depois de ferrado no anzol. Buraçanga, puraçanga, torete (Alberto Vasconcelos, *Vocabulário de Ictiologia e Pesca*). O mesmo no Almirante Alves Câmara (*Ensaio sobre as Construções Navais Indígenas do Brasil*, Rio de Janeiro, 1888, e reds.).

ARACI. Mãe do dia, cigarra. No Rio Negro, todavia, hoje se ouve correntemente com idêntico significado *aramanha* ou *daridari*, palavra baré. Aramanha é muito usado também no Baixo Amazonas (Stradelli, *Vocabulário Nheengatu Português*, etc.).

ARAÇOIA¹. Saia de plumas de ema (*Rhea americana*), que os indígenas usavam ao redor da cintura, em certas cerimônias, festas religiosas, danças. Frei Ivo d'Evreux: "Nos rins usam de uma roda de penas de cauda de ema, presa por dois fios d'algodão, tintos de vermelho, cruzando-se pelos ombros, à maneira de suspensórios, de sorte que ao vê-los emplumados, dir-se-ia que são emas, que só têm penas nestas três partes do corpo... Quis saber por intermédio do meu intérprete porque trazem sobre os rins estas penas de ema: responderam-me que seus pais lhes deixaram este costume para ensinar-lhes como deviam proceder na guerra, imitando a ema, pois quando ela se sente mais forte, ataca atrevidamente o seu perseguidor, e quando mais fraca abre suas asas, despede o voo e arremessa com os pés areia e pedras sobre seus inimigos: assim devemos fazer, acrescentavam eles. Reconheci este costume da ema, vendo uma pequena, criada na aldeia de Vasap, que era perseguida diariamente por todos os rapazinhos do lugar: quando eram só dois ou três, ela os acometia, e dando-lhes com o peito, atirava-os por terra, porém quando era maior o número, preferia fugir (*Viagem ao Norte do Brasil*, 80-81). Jean de Lery: "As plumas, que são pardas, ligam-se pela haste central, ficando soltas as pontas, que se encurvam à maneira de uma rosa e formam grandes penachos denominados *araroie*, os quais são usados amarrados à cintura por um cordel de algodão. E como a parte larga fica para fora e a estreita junto da carne, parece que, assim adornados, carregam à cinta uma capoeira de frangos." (*Viagem à Terra do Brasil*, 104-105, trad. Sérgio Milliet, Ed. Martins, São Paulo, 1941). Claude d'Abbeville, "Tudo isso é admirável, porém, nada em comparação com seus mantos a que chamam *acoiave*; são tecidos com as mais belas penas e descem até o meio das coxas e às vezes até os joelhos. Usam-no de quando em quando, não porque tenham vergonha da nudez, mas por prazer; não para esconder o corpo, mas sim como adorno, e para se mostrarem mais belos em seus festins e solenidades (*História da Missão dos Padre Capuchinhos na Ilha do Maranhão*, 218-219, trad. Sérgio Milliet, ed. Martins, São Paulo, 1945). Gabriel Soares de Sousa: "Ornam-se mais estes índios, para suas bizarrices, de uma roda de pena de ema, que atam sobre as ancas, que lhes faz tamanho vulto que lhes cobre as costas todas de alto a baixo." (372). Frei André Thevet descreve semelhantemente dizendo-o manto, elogiando a beleza das penas empregadas (*Les Singularités de la France Antarctique*, 123, ed. Maison, Paris, 1878). Evocando a indumentária do matador dos prisioneiros Gabriel Soares de Souza registra: "... enfeitá-lo bem, pintá-lo com lavores de jenipapo em todo o corpo, põem-lhe na cabeça uma carapuça de penas amarelas e um diadema, manilhas nos braços e pernas, das mesmas penas, grandes ramais de contas brancas sobraçadas, e seu rabo de penas de ema nas ancas, etc." (*Tratado Descritivo do Brasil em 1587*, 398, Brasiliana, São Paulo, 1938). Marcgrave: "Também muitas penas de avestruz, ou penas de cauda de arara, amarram quase em roda e ligam com fio mais grosso, e prendem nos quadris, assim como cobrem o ânus e descem quase aos joelhos, e chamam este ornato araçoia" (*História Natural do Brasil*, 271, S. Paulo, 1942). O manto citado por Abbeville, Marcgrave denomina *Guara-abucu*, 1. c. Plínio Airosa traduz: Guara-abucu. Guará abucu. Guará, segundo Batista Caetano, pode ser tomado como o designativo genérico das penas de enfeite; *abucu*, ou talvez *abuçu*, eriçado, peludo, etc. Assim: amontoado de penas de enfeite, as penas de enfeite longas, amontoadas como madeixas (*in* Marcgrave, *Glossário*, XCIII). Será uma imagem indígena comparando o guerreiro emplumado a uma ave com suas pernas revoltas, tal-qualmente sugeria a visão do indígena com sua araçoia ornamental. Há uma velha confusão entre essa parte típica da indumentária indígena e o boné de penas, a carapuça de que fala Gabriel Soares e demais cronistas do séc. XVI. Esta se dizia *acangaop* ou *acan-asso-íaue* (Abbeville, 218), valendo *acang-aób*, roupa de cabeça, e *acan-açoiaba*, cabeça coberta, cobertura da cabeça (Plínio Airosa, notas, 3, 4 *in* Abbeville). As gravuras de Bry, reproduzidas frequentemente, revelam outra peça individual tupi, uma roda de penas de ema dispostas sobre as nádegas, sem que cobrisse outra qualquer região do corpo (Ver Métraux, *La Religion des Tupinamba*, planche I, II e III, gravuras em Hans Staden, pág. 77, 129, 149; Lery, gravura a págs. 114, 156, 172, 176, etc., assim como em Thevet). Staden a fixou excelentemente mas deu outro nome: "Usam eles mais um enfeite de penas de avestruz, enfeite grande e redondo, que amarram na parte de detrás, quando vão à guerra contra os seus inimigos, ou fazem alguma festa. Chama-se enduap." (149). O enduape é a araçoia, a cintura completa ou aberta lateralmente. Métraux (*La Civilisation Matérielle des Tribus Tupi-Guaranis*) informa que *Ces rondanches étaient aussi arborées par les Tapuya* (148). Faltou-nos o nome. Barleu adianta: "... trazem pendurado às costas um feixe de plumas de ema, o qual aberto tem a circunferência de uma roda de carro." (*Res Brasiliae*, 283, trad. de Cláudio Brandão, Rio de Janeiro, 1940). Ferdinand Denis, anotando "Uma Festa Brasileira": "O *araroie*, ou armamento de guerra, que se compunha de um disco ornado de penas de nhandu ou ema, caindo sobre os rins do guerreiro" (Ed. Epasa, Rio de Janeiro, 1944, 86), escurece a identificação. Staden escrevera: "... na nuca colocaram-se uma outra coisa, feita de penas de pássaros, que excedia a cabeça e que se chama na língua deles *Araçoia*" (*Viagem ao Brasil*, 70-71, trad. de A. Lötgren, Rio de Janeiro, 1930). Certo é tratar-se do acan-açoiaba, o boné de penas, citado nos cronistas e fixados, abundantemente, nos desenhos da época (Métraux, II, 130). A distinção perfeita entre os mantos e uma espécie de murça ou pelerine usada pelos tupinambás, é clara nas gravuras de Bry, ilustrado a segunda versão brasileira de Claude d'Abbeville, 116 para as murças; 192 para os mantos e os discos orlados de penas de ema.

ARACU. Na astronomia indígena do Amazonas é o grupo de estrelas que forma a empunhadura da espada do Órion na constelação do mesmo nome. Dizem também Moquentaua ou Pari. Agenor Couto de Magalhães informa sobre o aracu: "Este peixe, em certas épocas do ano (agosto a novembro), predomina nos mercados de Belém e Manaus. Todos eles pertencem ao gênero Leporíneos Anostomídeos, cujos tipos principais são: a piava ou piaba, chimboré, tanchim, etc." (234).

ARAMAÇÁ. Aramaçã, patruça, urumaçã, maraçapeba, linguado, solha. Ver *Solha*.

ARANHA. Quando Nossa Senhora ia fugindo para o Egito, com São José e o Menino Deus, perseguida pelos soldados do Rei Herodes, escondeu-se numa gruta e a aranha teceu rapidamente uma teia na entrada, cobrindo-a inteiramente. Os soldados, passando, não procuraram os fugitivos dentro da gruta porque a teia mostrava que há muito tempo pessoa alguma entrara ali. Se o tivesse feito, a teia estaria rompida. Deixando o refúgio, Nosso Senhor abençoou a aranha e sua teia. Não devemos matar aranha que faz teia e sim afugentá-la. A teia é uma garantia de felicidade. O Barão de Studart registrou a seguinte superstição comum a todo o Brasil: "Não se deve espanar teia de aranha, para não espantar a felicidade" (n.º 21). Aranha é amuleto. Aranha dentro de um saquinho cura moléstias de garganta. As aranhas caranguejeiras não gozam desse prestígio tradicional. São mortas apenas avistadas. Os dentes são aproveitados como amuletos de dentição. A criança que usa dentes de aranha carangue-

---
1 No texto original: "Araçóia" (N.E.).

jeira terá uma dentadura branca, forte e resistente. O dente da caranguejeira é encastoado em ouro e, há poucos anos, era de fácil encontro nas joalherias no nordeste e norte brasileiro. Literatura Oral: Ocorre o mesmo tema da aranha protetora numa *estória* de Bingo, conto dos negros fãs, na África, reunida por Blaise Cendrars à sua *Anthologie Nègre* (Paris, 1927, "Bingo et l'Araignée"). Perseguido por Nzamé, Bingo ocultou-se numa caverna. Nzamé perguntou ao camaleão e este negou ter avistado o fugitivo e ainda correu a avisá-lo do perigo. Bingo voltou à gruta, andando de costas, deixando o rasto às avessas. Ndanabo, a aranha, "tend sa toile à l'entrée, une toile épaisse et forte et, dans les fils de la toile, Caméléon, en hâte jette les mouches et les insectes." Quando Nzamé veio vindo, deparou à víbora, Vière, que denunciou o esconderijo de Bingo. Nzamé chegou até a gruta. Viu os rastos que saíam e a teia de aranha cobrindo a abertura de entrada. Convenceu-se de ter perdido Bingo e foi-se embora. Bingo deixou a gruta. Deu ao camaleão o dom de mudar as cores do corpo, sempre que desejasse enganar o inimigo e fugir. A Ndanabo, disse Bingo, abençoando-a: "Ta présence donnera le bonheur." Vière, a víbora, ficou com a cabeça esmagada (19--20). Da Costa do Ouro e Costa do Marfim irradia--se, ao longo da orla litorânea do continente africano, o ciclo da *Anansi-asem*, *estórias* da Aranha Anansi, com a prestigiosa popularidade da tartaruga, *awon*, na Costa dos Escravos, e o coelho, *Rabbit, Kabulu*, entre sudaneses e bantos. Inescrupulosa, amoral, simulada, traiçoeira, Anansi vence a todos, sem escolher processo ou recusar elemento. Consagra-a, para o negro, sua invejável confiança pessoal, a certeza da vitória. Os pretos tishis chamam-na *Ajia Anansi*, o Pai Anansi, antepassado do homem exemplo de sabedoria irresistível e de finura permanente. Há uma bibliografia excelente sobre Anansi, suas transformações e aventuras, sua esposa Tacuma, seus cantos e discursos, sempre com voz fanhosa, fantástica, privativa do herói, narrando as vitórias com o indescritível acento nasal característico. Os estudos de William C. Bates, *Nancy Stories*, de Marta Warren Beckwith, *Jamaica Anansi Stories* e *Jamaican Folk-lore* fixam o assunto. Anancy, tema africano, até a curva do golfo da Guiné, emigrou para América e se tornou, com a mesma força de expressão e simpatia, uma *estória* do povo, inicialmente entre os escravos, hoje entre seus descendentes e população crioula e branca, das Guianas Holandesas, subindo pela Trinidad, até os Estados Unidos. Elsie Clews Parsons reuniu algumas dezenas dessas *estórias* nos três volumes do seu *Folk-lore of the Antilles and English* (o terceiro volume é de resumos confrontados, edição póstuma, 1943, dirigida por Miss Gladys A. Reichard). Essas *estórias* estão no Brasil mas sem Anansi. Os episódios adaptaram-se a outros personagens, macaco, jabuti, raposa, micura. Carlos Frederico Hartt contou (*Amazonian Tortoise Myths*, Rio de Janeiro, 1875) como o jabuti enganou a anta e a baleia, fazendo-os puxar uma corda em cuja extremidade julgavam encontrar-se o quelônio: "How the tortoise provoked a contest of strength between the tapir and the whale" (*O Selvagem*, Rio de Janeiro, 1876, registrou o mesmo episódio, tomo XI, onde o gigante e a baleia medem, sem saber, as forças pensando cada um que o jabuti está na ponta da corda) (215-219). O Padre Constantino Tastevin encontrou e publicou a *estória* (*Revista do Museu Paulista*, XV, 419), substituindo apenas o gigante pelo Curupira. Na América espanhola o duelo se verifica provocado sempre pelo *tio Conejo*, entre o elefante e a baleia, como está no *Cuentos de Mi Tia Panchita* (São José de Costa Rica, 1936, Carmen Lira, "Como tio Conejo les jugó sucio a tia Ballena y a tio Elefante"). Nos Estados Unidos é "Brer Tarrypin e Brer B'as," a tartaruga e o urso. O "Brer Tarrypin" amarra as costas num tronco de árvore submersa (Joel Chandler Harris, XXVI, *Mr. Terrapin shows his strength*, "Uncle Remus, his songs and his sayings"). Na África os exemplos dão outros heróis, mesmo numa só região. Os negros tongas da Zambézia dizem que o sucesso ocorreu entre o elefante e o cavalo-marinho (hipopótamo) iludidos pelo coelho (José Osório de Oliveira, *Literatura Africana*, 187, Lisboa, 1944). Para os maputos de Moçambique, o coelho é substituído pelo simba, uma espécie de gato selvagem (J. Serra Cardoso, *O Simba, Moçambique*, n.º 4, 82-84, Lourenço Marques, 1935). Na ilha de S. Vicente, nas Antilhas, Anansi toma o lugar do jabuti, coelho, tartaruga e simba. Elsie Clews Parsons registrou: "Nancy pretends to pull against whale and elephant" (I, 101) mas em Maria Galante já o coelho, Lapin, retomou seu posto (II, 263) *Zamba et Baleine*. Silva Campos (1880-1940) encontrou no recôncavo da Bahia uma *estória* popular, "A Aranha Caranguejeira e o Quibungo", onde, pela primeira vez, do meu conhecimento, aparece a Anansi típica e completa em sua voracidade, inteligência e crueldade cínica. A aranha Anansi é a *Mygale*, a nossa caranguejeira. A aranha atravessa um rio nas costas do urubu e não o deixa comer uma fruta sequer. Dormiu na casa do jacaré e distraiu-se, devorando os ovos que pôde. Escapou e foi encontrar o quibungo (um macacão peludo, que come crianças, ensinava Silva Campos) pescando. A aranha aproximou-se e comeu todos os peixes do quibungo. Este ia castigar a famélica, mas iludiu-se com a promessa de ficar bonito, um segredo técnico da aranha. Amarrado, para ficar bonito, o quibungo serviu de almoço à aranha que, longamente, tirou pedaço sobre pedaço da carne do bicho e foi-se embora, deixando-o todo cortado e preso pelos cipós a um tronco. Ninguém queria libertar o quibungo. Finalmente, o cupim se apiedou e roeu os cipós. O quibungo procurou a aranha inutilmente. Esta, escondida num couro de veado, bebeu água na fonte guardada pelo quibungo, dizendo-se assim magra por uma malvadeza da aranha. Quando acabou de matar a sede, mostrou-se e fugiu (Silva Campos, *Contos e Fábulas Populares do Brasil*, 217). Couto de Magalhães registrara identicamente o episódio no Pará, ouvindo-o no idioma tupi, nas aventuras da raposa e da onça (*Felix onça*). Esta é amarrada pela raposa sob pretexto de escapar ao fim do mundo pela ventania, e abandonada. A onça pede que a libertem mas não ousam fazê-lo temendo sua brutalidade ingrata. Os cupins dilaceram os cipós, soltando a onça e esta, antes de ir-se embora, engole os cupins (XVII). No episódio XIX a raposa aparece disfarçada no bicho Folha Seca, *çoo Cáa xirica*, o bicho Folharal da *estória* conhecida em todo continente. O papel da aranha, no conto recolhido por Silva Campos, fiel à Anansi da Costa do Ouro, é o documento único da presença desse elemento no Brasil. O enredo é sabido e a aranha apenas desempenhou função confiada à raposa, a micura (*mucura, Didelphys*). Anansi é familiar aos negros da Guiana Holandesa. Na América do Sul, Central e México não é facilmente citada. Na Guiana Holandesa os *Bush Negroes*, negros da mata, descendentes da massa escrava dos séculos XVII e XVIII, são de origem fanti-ashanti, da Costa do Ouro, reino tradicional do *Ajia Anansi*, o Pai Anansi: "A forma cultural do *Bush Negroes* é predominantemente fanti-ashanti, da Costa do Ouro." (Artur Ramos, III, 239). Essa influência no Brasil é nenhuma (Nina Rodrigues, 347, Artur Ramos, III, 324). Os temas, sendo comuns, emigraram ou encontraram no continente ciclo idêntico. Anansi, para o ouvido nacional, ficou na terra africana. Edmundo Krug ("O Histórico das Nossas Superstições," *Revista do Instituto Histórico e Geográfico Sergipano*, n.º 16, vol. XI, Aracaju, 1942): "Aranhas, quando encontradas casualmente nas diversas horas do dia, são pronunciadoras de agouro ou de felicidade. Este fato é idêntico em os países de origem germânica: encontradas ao amanhecer, são portadoras de más notícias, deparadas à noite, prenunciam fortuna, felicidade. As teias desses animais, leves como são, fogem facilmente com qualquer sopro, com qualquer movimento de ar ou de vento, e havendo uma correlação entre a fuga das teias e a felicidade, elas não devem ser espanadas, porque levam consigo a frágil fortuna. Na mitologia germânica as aranhas, isto é, as fazedeiras de teias, eram consideradas sagradas, sagradas por serem animais prediletos da deusa Freia; sagrado também era tudo que tivesse alguma relação com esses animais, como sejam as teias, que também na nossa superstição experimentam papel proeminente" (34). O episódio da aranha, salvando o Menino Jesus (Luís da Câmara Cascudo, *Contos Tradicionais do Brasil*, 252-253, 13ª ed., São Paulo, Global, 2004), aparece em Portugal, F. Xavier d'Ataíde Oliveira, *Contos Tradicionais do Algarve*, I, 282, Tavira, 1900, e Antti Aarne, "The Types of the Folk-Tale," 233, FF. *Communications*, vol. XXV, n.º 74, Helsinki, 1928, cita-a em "The Man saved by a Spider Web," igualmente registrada por Stith Thompson, *Matif-Index of Folk-Literature*, I, 349, Bloomington, 1932, "Spiderweb over hole saves fugitive," com fontes judaicas de Ben Gurion e Grunbaum e Qvigstad sobre a variante da Lapônia. Ocorre entre as lendas sobre Maomé, fugindo de Meca para Medina e ocultando-se numa gruta, onde uma aranha salvou--o, estendendo sua teia; Ester Paneta, *L'Arabo Parlato a Bengasi*, Iº, 176-177, Roma, 1943, conto XXI, "Bubres" ou "La Lucertolo." Está evidentemente verificada a origem oriental do conto e sua expansão africana através dos árabes e vinda para o Brasil pelos dois elementos, escravos negros e colonos portugueses, ambos sabedores do conto (Luís da Câmara Cascudo, "Por Que a Aranha é Abençoada," revista *Tabu*, n.º II, Recife, 1951). "Teia de Aranha." Como hemostático é popular. Petrônio (*Satyricon*, XCVIII) cita o seu uso em Roma no tempo do Imperador Nero: "Giton longe blandior, quam ego, primum araneis oleo madentibus vulnus; "Mais Giton, qui s'entendait bien mieux que moi à cajoler son monde, commença par penser avec des toiles d'araignée trempées dans de l'huile la blessure."

ARAPARI. O Cruzeiro do Sul para as tribos indígenas do rio Solimões, segundo o padre Constantino Tastevin, Amazonas.

ARAPARU. Taboca em que sopram os pescadores caboclos para chamar o peixe e cujo som possui também o privilégio de despertar e trazer à tona as "cunhãs" que o boto levou para o fundo dos lagos e rios (Osvaldo Orico, *Vocabulário de Crendices Amazônicas*, 26, São Paulo, 1937, Pará, Amazonas). Ver *Uaraperu*.

ARAPERU. Ver *Uaraperu*.

ARARA. Dança cômica, divertimento comum no Amazonas, Estado do Rio de Janeiro, Pernambuco, Paraíba, Rio Grande do Norte. Corresponde ao *Vilão da Mala* (ver *Vilão*). Os pares dançam ao redor de um homem que empunha um bastão, tem um chapéu à cabeça, um xaile, etc. Num dado momento grita: "arara!" Todos trocam as damas e se o homem do bastão consegue ficar com alguma, o dançarino que ficou sem par será o novo arara. Dancei muitas vezes o arara em Natal. Mário Ipiranga Monteiro, "Duas Danças Amazônicas," Manaus 1952, registrou-a no extremo norte do País. Não há, no Nordeste e no Sul, música especial para o arara.

ARARAPARI. Ornamento de dança. É a enxó indígena, o pururé, machadinha de pedra polida, encabada no braço mais curto de um pau curvo em ângulo reto, ornado de plumas brancas de mutum (*Crax*), em grupos de três, no braço mais comprido, e dois no mais curto. É usado pelo tuxaua e seus companheiros, e acompanha a acangatara de chefe. Astronomia. Para as tribos tupis o ararapari é o cinto de Órion, ou as Três Marias, como são conhecidas popularmente as estrelas que o formam, e liga-se à lenda do Jurupari. Contam que, uma noite de festa, a anta (*Tapirus americanus*, Briss) saiu da casa da dança, sem despir os ornamentos, com perigo de ser vista pelas mulheres. Jurupari, que a tinha visto sair, saiu atrás dela e, para dar um exemplo, a agarrou e jogou no céu, onde ficou até hoje. A anta, porque era pesada, foi cair de um lado, é o Sete-Estrelo, ou Ursa Maior. O ararapari, porque mais ligeiro, subiu direito e foi cair em cima do jirau do mocaentaua (grelha de secar carne). Esta é a lenda; hoje, porém, nem a acangatara grande nem o ararapari são ornamentos cuja vista seja vedada às mulheres. Tendo assistido a mais de uma festa e tomado parte nelas, o ararapari era usado francamente na forma do costume na presença das mulheres, nem me consta que haja um ararapari especial para os dias da dança de Jurupari, de onde são excluídas as mulheres (Stradelli, *Vocabulário Nheengatu*).

ARCO-DE-FLORES. Ver *Jardineira*.

ARCO-ÍRIS. Arco, arco celeste, arco da chuva, olho de boi, conhecido em Portugal e no sul do Brasil como arco-da-velha. Erasmo Braga (*Leitura*, I, 94): "Sobre o oriente nublado apareceu um lindo arco-íris duplo. — Lá está o arco-da-velha, gritou Joãozinho. — Tio Carlos, é verdade que o arco-íris está bebendo água no córrego, e engole as crianças que andam pela beira do rio?" Sobre o arco-íris, Luís da Câmara Cascudo (*Informação de História e Etnografia*, Coleção Mossoroense, Mossoró/RN, Fundação Vingt-un Rosado, 1991): "O sertanejo não gosta do arco-íris porque furta água. No litoral se distrai bebendo água nos rios, lagoas, fontes. Não bebe água do mar como as nuvens. Ao princípio da sucção é fino, transparente, incolor. Depois fica largo, colorido, radioso. Farto, desaparece. Você é como o arco-íris — diz o sertanejo — bebeu, sumiu-se! Para o sertão o arco-íris sorve a água das nuvens. Bebe a dos riachos e córregos. Quando se dissipa, deixa o céu limpo de névoas, nuvens anunciando chuvas. Há um remédio para fazê-lo ir-se embora. O arco-íris é inimigo das linhas retas. Riscam desenhos direitos, põem filas de pedrinhas, gravetos, pauzinhos. O arco desmancha a galhardia seticolor, e viaja. Não conheço lenda sertaneja sobre o arco-íris. Para as populações indígenas, de quase todo o continente americano, é uma víbora que *ataja la lluvia y no deja llover*. O arco-íris víbora é a materialização mais espalhada no mundo. Na terra americana é sempre maléfico e odiado. Na Europa é figura de carinho e com respeitos sobrenaturais. Os gregos e romanos diziam-no sinal luminoso da passagem de Íris, voando do Olimpo à terra, com mensagem de Juno. Na poesia guerreira dos Edas, as sagas do Niebelungnot, o arco-íris é Bifroest. A morada dos deuses nórdicos, Asgard, é cercada pelo rio Mota-Bifroest, é a ponte que transpõe o rio. Caminho eterno dos pés divinos." (201-203). Quem passa por debaixo do arco-íris muda de sexo e o recobrará, se o repassar em sentido contrário. Na Córsega, Finisterra (França) e norte da Inglaterra há a mesma tradição de dispor pedras em filas para desfazer o *arc-en-ciel* (P. Sébillot, *Le Paganisme Contemporain chez les Peuples Celto-Latins*, § 99, Paris, 1908). A serpente, personalizando um fenômeno meteorológico, é universal. Para os gregos e romanos era o símbolo dos rios, pela sinuosidade e rapidez do curso. Na África a serpente é o arco-íris para sudaneses e bantos, a N'Tyama, cavalo de Nz'ambi, a Mu-kyama, etc. (Pe. Tastevin, *Les Idées Religieuses des Africains*, 8, 10). Robert Lehmann-Nitsche (*Mitologia Sudamericana*) reuniu os depoimentos indígenas sobre o arco-íris, mostrando a maioria coincidir com a imagem serpentina. Os albaneses também creem que o "arc-en-ciel est un serpent qui descend sur la terre pour boire de l'eau Gihac." Joaquim Ribeiro estudou extensamente o assunto (*A Tradição e as Lendas*, 19-34. Rio de Janeiro, 1929), Paul Sébillot (*Le Folk-lore*, 118) resumiu as versões européias: "Sa puissance en bien ou en mal est considérable; il peut dessécher les étangs et les rivières, avaler les poissons, enlever les navires, flétrir les plantes sur lesquelles se pose une de ses extrémités, changer le sexe de ceux qui passent dessous: là ou il touche la terre se trouvent des merveilles ou des présents: l'eau qui y est puisée guérit les maladies." A representação do tempo, ano, defuntos, vida subterrânea, encarnação de ressuscitados tem igualmente grandes áreas de fixação, oráculo de Piton, símbolos de adivinhos e médicos, etc. No Panteão mexicano há multidão de deuses com nomes terminais em *coatl*. *Coatl* é serpente e traduzir-se-á: o que contém água, *co*, vasinho, o continente, e *atl*, água. As serpentes eram os emblemas dos *Lares Compitales ou Viales*. Indicava o lugar consagrado *sacer locus*. Por isso Pérsio mandava pintar duas serpes, mostrando a santidade do local: *pinge duos angues* (*Sátira*, I). O arco-íris serpente desapareceu nas tradições brasileiras mas sobrevive a impressão indecisa e vaga de uma grandeza maléfica. Osvaldo Lamartine reuniu uma série de comparações populares no agreste do Rio Grande do Norte. Destaco: *beber como o arco-íris*. Arco-da-velha, comum em Portugal e Brasil, tem merecido comentários e pesquisas (João Ribeiro, *Frases Feitas*, 151-154, I, Rio de Janeiro, 1908; Luís Chaves, *Ocidente*, XXVII, 257). João Ribeiro: "A ideia de *velha*, reunida a arco, provém da corcova ou corcunda que é própria tanto do arco como da velha... Esta analogia tenho para mim que é a fonte mais segura; os fabulários e isopetes medievais contaram a história do *arco da velhice*, isto é, da corcova valetudinária e senil, ocasião de motejo para os rapazes." Cita Francesco Pera, que simula um diálogo entre a *Gioventù* que quer comprar, por zombaria, o *arco da Vecchieza*, respondendo esta que de futuro a mocidade o possuirá, envelhecendo (153, 154). Ver *Velha*.

ARCO MUSICAL. Ver *Berimbau de Barriga* e *Urucungo*.

ARÉ. O mesmo que Tamandaré, o Noé dos indígenas da raça tupi-guarani.

AREIA-GULOSA. Solo da beira de certos rios, coberto de areia, onde os animais se atolam facilmente. Areia engolideira. Fig. Mulher sem-vergonha, para a qual não há homem que chegue (Peregrino Júnior, *Matupá*, 184, Rio de Janeiro, 1933). É folclore amazônico.

ARGOLINHA. Correr argolinha. Antiquíssima justa em Portugal, muito citada desde o séc. XV. Pendendo de um arco ou poste enfeitado, uma argolinha deve ser tirada pela ponta de lança do cavaleiro, em desfilada. A argolinha enfiada na lança era oferecida a uma autoridade ou às moças e senhoras, havendo prêmios. Desde o séc. XVI que se *corre argolinha* no Brasil (Fernão Cardim, *Tratados da Terra e Gente do Brasil*, 335, Rio de Janeiro, 1925) e vez por outra reaparece, em qualquer ponto do território, pois em todo ele se conheceu e usou. Uma das mais famosas corridas de argolinha foi em janeiro de 1641, promovida no Recife pelo Conde João Maurício de Nassau, em homenagem à aclamação Del-Rei D. João IV de Portugal. O Governador do Brasil holandês dividiu os cavaleiros em duas quadrilhas de holandeses e portugueses, realizando a linda festa registrada por Frei Manuel Calado (*O Valeroso Lucideno*, livro II, cap. II): "... se armou a corda da argolinha; estavam postos muitos anéis de ouro com custosas pedras e trancelins do mesmo, e voltas de cadeias de ouro, e cortes de tela e seda, e começaram todos a correr, sendo o Príncipe João Maurício o primeiro, com umas lanças de um pau mui agudo, e de comprimento de dez até doze palmos, e os portugueses com lanças de vinte e cinco palmos. E o primeiro prêmio levou Henrique Pereira, que foi uma cadeia de ouro, miúda, de três voltas; o segundo prêmio foi um anel de um diamante de preço, o qual ganhou João Fernandes Vieira, mas como o seu competidor no pôr das lanças foi o Secretário do Príncipe, os juízes lhe quiseram dar o prêmio, e mandaram que tornassem a correr outras três lanças, porém nunca o Secretário se pôde melhorar, e tanto que a João Fernandes Vieira se julgou o prêmio, ele o aceitou, e o deu ao Secretário, dizendo-lhe que a ele pertencia por melhor cavaleiro; os mais dos outros prêmios levaram os cavaleiros portugueses." O mesmo que *correr manilhas*. Nas festas feitas no Rio de Janeiro pelo Governador Salvador Correia de Sá e Benevides, quando da aclamação Del-Rei D. João IV, correram manilhas em abril de 1641. "Ao sábado se correram manilhas, sendo os opositores vinte cavaleiros, não faltando o Governador, nem o Capitão Duarte Correia, que também em todas as festas luziu bizarro, e bizarreou lustroso." (16, *Relação da Aclamação que se fez na Capitania do Rio de Janeiro, etc.*, Lisboa, 1641, reimpressão de 1940). Hércules Florence desenhou a entrega de prêmio na sorte das cavalhadas de Sorocaba em 1830. O Ministro Francisco de Paula Ferreira de Resende (1832-1893) descreveu a que assistiu em meados do século XIX em Queluz, Minas Gerais: "... mas de todos o mais importante e que termina a festa, é o jogo da argolinha. E esse jogo é o seguinte: no meio do circo levantam-se dois postes aos quais se prende uma corda ou um arame um pouco frouxo; e deste arame pende na ponta de um fio ou de uma fita uma pequena argola, mas presa por tal feitio que, sendo tocada ou antes enfiada por uma lança, imediatamente se desprende na ponta da lança. Feito isto, todos os cavaleiros se colocam em fila, defronte e bem longe da argolinha; e cada um por sua vez saindo da fila, firma-se na sela, enrista a lança e fazendo o cavalo disparar, passa por entre os dois postes onde está a argolinha e tenta tirá-la. Parece que a empresa não é, entretanto, das mais fáceis; porque se alguns apenas chegam a tocá-la, muito menos são ainda aqueles que desfrutam o prazer de conseguir tirá-la. Se, porém, algum a tira, a música toca, as palmas e os bravos ressoam por todo o imenso círculo, e o feliz vencedor na festa de que tratamos, ia levá-la ao camarote onde se achava reunida a Câmara Municipal, cujo presidente, tomando a argolinha que voltava para o seu lugar primitivo, em lugar dela, colocava uma pequena fita que o vencedor ia oferecer a uma senhora ou a uma pessoa de importância ou da sua predileção, a qual retribuía a fineza, atando à lança, em lugar da pequena fita que recebia, uma ou mais peças de ricas e largas fitas ou outros quaisquer objetos de valor que o cavaleiro guardava ou depois atava ao braço." (*Minhas Recordações*, 135, Rio de Janeiro, 1944, ed. José Olympio). Ver *Cavalhada*.

ARGUEIRO. Os remédios populares para retirar o argueiro do olho são: esfregar a pálpebra, dizendo:

"vai-te argueiro, pro olho do companheiro!" (três vezes); colocar uma semente de alfavaca (*ocimum*) na pálpebra e esfregá-la. A semente de alfavaca vai buscar o argueiro e pega-se nele, facilitando a extração. Diz-se, esfregando a pálpebra:

"Corre, corre, cavaleiro,
Vai na porta de São Pedro;
Vai dizer a Santa Luzia
Que mande uma pontinha de lenço
Pra tirar este argueiro..."

"Corre, corre, cavaleiro,
Pela porta de S. Pedro.
Vai dizer a Santa Luzia
Tire este argueiro do meu olho."

Santa Luzia (ver *Luzia*) é protetora dos olhos. A segunda estrofe é do *Folclore Brasileiro*, pág. 90, Daniel Gouveia, Rio de Janeiro, 1926.

ARIAXÉ. Banho de cheiro no Pará, banho de folhas no ritual jeje-nagô, para as iauôs e feitura do "santo." "Os banhos rituais durante a *feitura do santo* (banhos de folhas) chamam-se, segundo Manuel Lupércio, *ariaxé*, diz ele que em nagô (Édison Carneiro, *Negros Bantos*, 113). Para a iniciação da iauô: "Em seguida procede à colheita das ervas preciosas, que são de vinte e uma espécies diferentes; e o banho há de conter dezesseis folhas de cada qualidade. Acontece, às vezes, que esta porção não é suficiente para o efeito desejado; neste caso, aumenta-se a quantidade de folhas até que produza resultado. Concluído o banho, a iniciante fica privada de qualquer ação consciente, ignorando dali em diante tudo quanto se lhe passa em torno." (Manuel Querino, *Costumes Africanos no Brasil*, 70). Ver *Banho de Cheiro*.

ARIGAU-BARI. Instrumento dos indígenas orarimugudodes, do rio Araguaia, Mato Grosso, bororos estudados pelo Padre Dom Antônio Colbacchini. O arigau-bari é uma espécie de maracá, com uma empunhadura de corda. Deduz-se que soa, vibrando no ar, num movimento circular, como um berra-boi. Colbacchini informa que o arigau-bari é um instrumento "che imita il latrare del cane."

ARINOS. Ver *Afonso Arinos de Melo Franco*.

ARIPÁ. Veneno preparado pelos escravos africanos no Brasil e propinado aos inimigos. Artur Ramos: "O veneno aripá, preparado da cabeça da cobra cascavel, era também muito conhecido e utilizado pelos negros e caboclos, nos tempos da escravidão." (*O Negro Brasileiro*, 134).

ARITICA. Feijão com rapadura. O mesmo que granfanja. Rio Grande do Norte. Comunicação do Prof. Raimundo Guerra ao Prof. José Saturnino (*Língua Portuguesa*, 197, Natal, 1942).

ARLEQUIM. Brigão, provocador, metido a valentão, galinho de campina; personagem do auto popular do bumba meu boi, espécie de ajudante-de-ordens, ou moço de recados do cavalo-marinho, capitão, o chefe do folguedo, tipo esse que vem do *arlechino* do antigo teatro italiano, em cujas peças contemporâneas do aparecimento daquele nosso auto invariavelmente figurava, revestido, porém, de um caráter burlesco, apalhaçado (Pereira da Costa, *Vocabulário Pernambucano*). Só conheço o arlequim no bumba meu boi pernambucano. O cavalo-marinho, que é tratado por "capitão" e representa ser o proprietário da fazenda, dirige-se aos vaqueiros, por intermédio do arlequim:

"Ó arlequim
Ó pecados meus,
Vai chamar Fidélis
E também Mateus.

Ó meu arlequim,
Vai chamar Mateus,
Venha com o boi
E os companheiros seus."

E o arlequim dá conta do recado:

"Ó Mateus, vem cá
Sinhô está chamando.
Traze o teu boi
E venhas dançando.

Só achei o Mateus,
Não achei Fidélis;
Bem se diz que negro
Não tem dó da pele."

(Pereira da Costa, *Folclore Pernambucano*, 263-264).

A adaptação do arlequim no elenco pernambucano do bumba meu boi é da segunda metade do século XIX. O padre Lopes Gama, no seu *Carapuceiro*, descreve o auto, aludindo às figuras, não incluindo, ainda em 1840, o arlequim, chamado pelos sertanejos e mesmo popularmente *arreliquim*...

AROCÁ. O mesmo que Aiocá, um dos nomes de Iemanjá, orixá d'água salgada, dono das águas. "Cosme e Damião" – Doú e Alabá foram catar conchinhas na mesa do Arocá. Aqui mesa do Arocá significa a mesa da mãe-d'água, vale dizer, o fundo do mar (57). "Os negros dão-lhe (a Iemanjá) os mais diversos nomes. Artur Ramos registrou, na Bahia, as designações Janaína, Dona Janaína, Princesa do Mar, Princesa do Aiocá ou Arocá, acrescento eu." (72) (Édison Carneiro, *Negros Bantos*, Rio de Janeiro, 1937).

ARRAIA. Brinquedo feito com uma cruzeta de cana ou madeira leve, coberta de papel de cor. Dirigem-na com três cordéis presos, equidistantemente, aos três lados da armação. Na parte inferior pende uma cauda comprida, de pano. Dirigida contra o vento, para *empinar*, a arraia sobe alto, quanto possa o cordão soltar-se e combate com outras arraias, obedecendo a um código convencional. A extremidade da cauda era, nas arraias de combate, armada de rucega, caco de vidro ou fragmento de lâmina de navalha, para cortar o fio da inimiga. O nome provém da semelhança com os peixes batoides, com a cauda longa e fina. As arraias podem ser retangulares, losangulares, paralelogrâmicas, com forma de aves, estrelas, triângulos, etc. Chamam-lhes também corujas, mas o nome mais popular é papagaio. Ver esse vocábulo.

ARRAIA-GRANDE. Ver *Jamanta*.

ARRAIS. Patrão de lancha. O que dirige as pequenas embarcações dentro dos portos (Alberto de Vasconcelos, *Vocabulário de Ictiologia e Pesca*). Chefe de pescarias. Mestre que fica na praia vendo, pela mancha à flor-d'água, a direção e volume dos cardumes, orientando a marcha das barcas. *Olho de arrais não é de rapaz*. Do árabe, *alraza*, o que é eleito pelo povo para comandar o barco, etc. O arrais é o homem que sabe o segredo dos pesqueiros, onde os peixes comem; no meio do mar. Basbaque.

ARRANCA-LÍNGUA. Monstro gigantesco, macacão de mais de dez metros de alto, que atacava os rebanhos bovinos de Goiás, abatendo as vacas e arrancando-lhes apenas a língua, deixando o corpo intacto. A imprensa goiana, mineira e carioca registrou o mito, divulgando os depoimentos espavoridos dos fazendeiros. O mito ainda resiste, embora se tenha amplamente provado tratar-se de uma epizootia (Luís da Câmara Cascudo, *Geografia dos Mitos Brasileiros*, 259-261, 3ª ed., São Paulo, Global, 2002).

ARRASTA-PÉ. Baile reles. O mesmo que bate-chinela (Leonardo Mota, *Cantadores*, 366). O mesmo que fobó ou forró. Ver *Choro, Samba*.

ARREIRO. Ver *Mata-Borrão*.

ARRELIA. Ver *Adjunto*.

ARRIBAÇÃ. Ver *Ribaçã*.

ARROTO. "Quem bem almoçou, bem arrotou." No *Dicionário de Domingos Vieira*, ed. 1871, Porto, registra-se: "Costume descortez, geralmente usado pelo nosso povo e burguesia, e que entre os alarves era tido por prova de grande agradecimento depois de um jantar." "Entre eles (*Alarves*) he sinal de agradecimento arrotar, na mesa, porque dizem, he dar mostras de que estais satisfeito." Manoel Godinho, *Relação do Caminho da Índia*, cap. 18, fol. 107). A *Relação* é de 1665, e a viagem do jesuíta de 1663. Alarves era sinônimo popular de Árabes, notadamente os nômades. Apodo aos rústicos, deseducados, glutões, já no séc. XVI. O arroto ainda é índice de repleção digestiva, elogio indireto à excelência da refeição. "Comer até arrotar." Pela Índia e Pérsia, a tradição é que a Vaca Sourabhi nasceu de um arroto de Daksa, o criador, depois de haver bebido muito néctar, festejando a criação humana. Pelo mesmo processo nasceram as 41 vacas, "mães do mundo." O arroto imprevisto é defesa antimágica contra o bruxedo à distância, a praga irrogada, ou o feitiço por ingestão. Arrotar é livrar-se dele. Tem o mesmo efeito liberatório do espirro.

ARROZ DE AUSSÁ. Arroz de haussá, arroz cozido n'água sem sal, ficando um *puré*. Come-se – com um molho substancial, de sabor incomparável, "Faz-se o arroz branco e ligado, sem outro tempero que não sal. Com cebolas picadas frita-se charque gordo, depois de escaldado e cortado em pedacinhos. Uma vez estando o charque bem tostado, dispõe-se o arroz na orla de uma travessa e, na cavidade central, despeja-se o charque frito com a respectiva gordura. Serve-se com molho de acarajé. Sobremesa indispensável: banana." (Sodré Viana, *Caderno de Xangô*, 45). Manuel Querino especificava que o molho devia conter pimenta malagueta seca, cebola e camarões, tudo ralado na pedra. A origem do quitute pertence aos negros haussás, muçulmanos da Costa dos Escravos, Nigéria, Aussá (Manuel Querino), Ussá (Macedo Soares, Beaurepaire Rohan). Haussás (Nina Rodrigues).

ARRUÁ. Ver *Aruá*.

ARRUDA. *Ruta graveolens*, *rue* dos franceses, *Raute*, *Gartenraute*, *Weinraute* dos alemães, amuleto no catimbó, contra o mau-olhado; afugenta com sua presença as forças contrárias. Serve para os banhos de cheiro, propiciadores de felicidades (Pará, Amazonas). Emenagogo e abortivo. Fortificante nervoso, sudorífico, afamado como aperitivo, razão por que os romanos a empregavam como tempero. Sementes são inseticidas e anti-helmínticas, F. C. Hoehne, *O Que Vendem os Ervanários da cidade de São Paulo*, S. Paulo, 1920). Indispensável nas macumbas, catimbós, candomblés. As figas de Guiné são preferencialmente feitas com essa rutácea. Figa de Guiné, de arruda, é de irresistível efeito afastador de malefícios. De sua popularidade restam as comparações: *velha como arruda* ou *conhecida como arruda*. Aparece nos cancioneiros de Portugal e Brasil. Foi sempre planta cultivada em casa, nos quintais, cuidada e querida como uma precaução terapêutica. Na comédia *Celestina*, fins do séc. XV (ato IV), diz Lucrécia: "Jesus, señora! Más conocida es esta vieja que la ruda." Na Inglaterra significava a amargura, o desgosto, *rue* por *ruth*. Shakespeare cita-a no *Hamlet*, ato IV, cena V; Ofélia oferecendo-

-a a Laertes: "there's rue for you; and here's some for me; – we may call it herb-grace o' Sundays; – O, you must wear your rue with a difference." E no *The Life and Death of King Richard II*, ato III, cena IV, onde o jardineiro (*Gardener*) do Duque de York diz, referindo-se à rainha destronada: "Here did she fall a tear; hare, in this place, / I'll set a bank of rue, sour herb of grace; / Rue, even for ruth..." Afugentava os demônios na Grã-Bretanha. Jean Baptiste Debret (*Viagem Pitoresca e Histórica ao Brasil*, II, 168, S. Paulo, 1940) resume as funções mágicas da arruda: "É superstição que mantém em voga a erva de arruda, espécie de amuleto muito procurado e que se vende todas as manhãs nas ruas do Rio de Janeiro. Todas as mulheres da classe baixa, em que constituem as negras os cinco sextos, a consideram um preventivo contra os sortilégios, por isso tem sempre o cuidado de carregá-la nas pregas do turbante, nos cabelos, atrás da orelha e mesmo nas ventas. As mulheres brancas usam-na em geral escondida no seio. A acreditar-se na credulidade generalizada, essa planta, tomada como infusão, asseguraria a esterilidade e provocaria o aborto, triste reputação que aumenta consideravelmente a sua procura. Veem-se comumente, nas ruas, negras com cestos de frutas à cabeça exclamar, ao encontrarem uma vendedora que supõem sua inimiga: *Cruz, Ave-Maria, Arruda!* colocando subitamente os dois índices sobre a boca. Para se resguardarem de um perigo iminente, elas dizem: *toma arruda, ela corrige tudo*. Essa planta odorífera, de pequeninas folhas finas e compridas, e cujo tronco fibroso e ramalhudo ergue-se a três ou quatro pés de altura, cresce nos jardins, por assim dizer sem cuidados, e vende-se a dez réis o galho, o que é suficiente para cinco ou seis pessoas. Usam-na com êxito sob forma de fumigação contra dores reumatismais, ou ainda como fricção, esquentando-se as folhas previamente sobre a brasa." Debret (1768-1848) viveu no Rio de Janeiro de 1816 a 1831. A arruda continua sendo vendida nos ervanários e seu prestígio, intato na confiança popular.

ARTUR RAMOS. Ver *Ramos*.

ARU. Casta de pequeno sapo, que vive de preferência nas clareiras do mato e acode, numeroso, logo que se abre um roçado. Onde aru não aparece, a roça não medra. Aru transforma-se oportunamente em moço bonito, empunha o remo e vai buscar a mãe da mandioca, que mora nas cabeceiras do rio, para que venha visitar as roças e as faça prosperar com o seu benéfico olhar. Somente as roças bem plantadas e que agradam à mãe da mandioca prosperam e tem a chuva oportunamente. Aru foge das que não são conservadas bem limpas, e que são invadidas das ervas daninhas, e quando desce com a mãe da mandioca lhes passa na frente sem parar (Stradelli, *Vocabulário*). Brandão de Amorim (*Lendas*, 293) colheu em S. Gabriel, Rio Negro, creio que entre indígenas aruacos, embora narrada no idioma nheengatu, a lenda de Aru, chefe indígena, novo, forte, insaciável de prazer sexual. Aru encontrou, pescando na ilha da Palha, uma moça maravilhosamente bonita e estuprou-a. A moça, que era Seusi, filha da lua e mãe das plantas, abortou imediatamente um pequenino sapo, chato e feio, que matou e com o sangue pintou o tuxaua e lhe presenteou com uma membi (flauta), feita com os restos do batráquio, amarrado com fios do seu cabelo. Aru voltou para a aldeia, tocando a membi encantada, e seus companheiros, apavorados de ouvir o canto da lontra (irara, mustélidas, *Tayra barbara*) tão perto do povoado, fugiram, precipitando-se no rio Negro. O tuxaua acompanhou-os, pulando também. Quando voltaram à tona d'água, "todos eles eram já cururu, para ficarem sendo neste mundo arus-cururus."

ARUÁ. Molusco gasterópode, gênero ampulária, uruá, arruá. "Pequeno molusco gasterópode, espécie de búzio ou concha, espiral, ovoide, de um verde escuro quase preto, que se encontra nos alagadiços, água doce, contendo uma espécie de marisco que se come guisado. É provável que também exista nos rios, porquanto, como refere Fernando Halfed, entre os mariscos, conchas e búzios que encontrou no S. Francisco, menciona um a que chama de *arruá*, naturalmente o próprio *aruá*, como se chama entre nós. Lopes Gama no seu periódico *O Carapuceiro* (nos 62 e 74 de 1842) faz referência a um *tempo de toque do aruá*, e da *catinga do aruá*. Entre nós chama-se de *boca ele aruá* as que são recurvadas, quase semicirculares, como a do molusco, de movimentação, para abrir e fechar. Aruá, concorrentemente, no Ceará designa uma espécie de ostra de água doce, arredondada, que se prende às pedras (*Glossário Cearense*) e nas Alagoas, como escreve Alfredo Brandão, entre os crustáceos aparecem o pitu, o caranguejo e o aruá, que Teotônio Ribeiro registra como caranguejo, que se cria às bordas dos riachos e produz os vinhos róseos, muito medicinais. Também entre nós o *lambedor de aruá* é muito preconizado como de virtudes peitorais. A dicção vem do tupi, *aroim*, marisco, caranguejo ou de *aroaim*, segundo Martius, e assim como Gonçalves Dias escreve no seu *Dicionário*, consignando ainda o vocábulo *aruá*, concha do rio Branco, que também se encontra em outros lugares ao norte do país. Finalmente, estudando Macedo Soares o termo *aluã*, com que é conhecida a popular e refrigerante bebida do Norte, e que entre nós se chama *aloá*, acha possível que seja corrutela de *aruá*, coisa agradável, boa coisa, gostosa, apreciável. Efetivamente o *aluã* tem na Bahia o nome de *aruá*: "As pretas africanas, à sombra de gameleiras parasitadas, vendem o *aruá* fresquíssimo." (Antônio Carmelo Pereira da Costa, *Vocabulário Pernambucano*). Manuel Querino escreve *aluá* ou *aruá* (185). Alfredo da Mata: "Caramujo de invólucro em geral globoso, feitio de caracol com sifão respiratório e quatro antenas. É um dos maiores gasterópodes operculados do gênero ampulária, entre nós. Cozido, é alimento no Brasil norte. Tribo de índios, já extinta." Vicente Chermont de Miranda (*Glossário Paraense*, 107). Hildebrando Lima, Gustavo Barroso (*Pequeno Dicionário Brasileiro da Língua Portuguesa*, 2ª edição, 1939) consignam aruá como vocábulo obsceno: fazer aruá, ou comer uruá ou aruá, "si mulier mulierem fricat, ea 'fazer uruá' appellatur." Lesbismo, onanismo. "Ainda hei de te ver fazendo uruá com as polacas, marinheiro desmoralizado"! (Peregrino Júnior, *História da Amazônia*, 123, Rio de Janeiro, 1936). Homem tolo, apático, crédulo, imbecil. "Aquilo é besta como aruá, é besta que amarga!" (Leonardo Mota, *No Tempo de Lampião*, 122). Uma tradição ensina que o aruá sobe nos paus até onde alcançará a futura enchente. "Os aruás subiram nas estacas de dentro d'água no Persinunga meia braça: até ali irá a enchente." (Júlio Belo, *Memórias de um Senhor de Engenho*, 47, Rio de Janeiro, 1938). O Dr. Raimundo Brito Passos Pinheiro, de Cajipió, Maranhão, agricultor, informou-me de uma particularidade curiosa do uruá. "Nos meses sem chuva, eles (uruás) se escondem de tal modo que é difícil encontrá-los. No ano seguinte, logo nas proximidades das chuvas, ou apenas com a presença dos trovões, *começam a cantar*, de dentro dos seus esconderijos." O Dr. Brito Passos refere-se a uma casta de gaviões no litoral maranhense que "passam em meio dos campos onde havia água, procuram os fendilhamentos naturais do solo, introduzem o bico adunco e imitam o ribombar do trovão longínquo. Feito isso, aguardam os acontecimentos... Na maioria das vezes o pobre aruá manifesta musicalmente o seu contentamento pela aproximação das chuvas que julga prestes a chegar, sendo logo em seguida localizado e perseguido no próprio alojamento terrestre pelos seus implacáveis inimigos dos ares." (Notas manuscritas em meu arquivo).

ARU-APUCUITÁ. Remo de aru. Assim chamam no rio Negro (Amazonas) uns velhos remos, ou melhor, uns restos de remos que, de tempo em tempo, se encontram nas suas margens, e têm o aspecto de objetos longamente enterrados, de que só restam as partes mais duras. Pelo feitio, tão diferente dos que hoje se usam, dir-se-ia pertencerem a alguma antiga tribo extinta. A tradição os liga à lenda de Aru, e seriam os restos do remo, de que ele se serve, quando traz a mãe da mandioca. Afirmam que trazem prosperidade a quem os encontra. Basta queimar um pedacinho do remo de Aru, quando se queima o roçado, para que nunca mais abandone a roça e para que ela traga sempre a mãe da mandioca. O remo, de madeira duríssima, é do formato de uma pá de forneiro, com um metro e pouco de altura, sendo o comprimento da pá de mais de um terço. Do lado, empunhaduras, muito cuidadosamente trabalhadas, acabam em ponta, parecendo indicar que eram ao mesmo tempo remos e armas de guerra. Que são objetos muito antigos o diz o estado em que se acham. As partes moles da madeira já não existem, e em muitos casos são substituídas por depósito silicoso. Dos remos atualmente usados, os que se lhe aproximam com a diferença de não serem apontados do lado da empunhadura, são os que usam os apamaris (Stradelli, *Vocabulário*). Esses remos-clava são conhecidos pelos indígenas de raça tupi, que os chamavam *tamaranas*. Claude d'Abbeville, no desenho representando François Carypyra, registrou essa arma-utensílio, fazendo-a empunhar pelo guerreiro (Abbeville, 160-161).

ARUARU. Orixá do sarampão, sarampo, rubéola (Manuel Querino, *Costumes Africanos no Brasil*, 51).

ARUBÉ. Massa feita de mandioca puba, misturada com sal, alho e pimenta da terra, a qual desfazem no molho do peixe ou carne e lhes serve de tempero à mesa. Também a chamam uarubé (Beaurepaire Rohan). É prato popular no Pará, ou era, há sessenta anos passados. Verbete de A. J. de Sampaio: "Massa de mandioca, pimenta e alho, para molho de peixe, na Amazônia; é molho mais saboroso do que a própria mostarda (Raimundo Morais, *Igaraúnas*, 82); massa de mandioca, sal e muita pimenta malagueta (Gastão Cruls, *Amazônia Misteriosa*). Na Bahia, o nome semelhante, aribé, designa frigideira de barro (Sodré Viana). Segundo Alfredo da Mata, leva também substâncias aromáticas. Henry Walter Bates, em 1849, descreve o arubé no baixo Amazonas "em forma de pasta amarela, feita do suco venenoso da raiz da mandioca, fervido antes da precipitação do polvilho ou tapioca, e temperado com pimenta malagueta. É conservado em vasilhas de pedra durante algumas semanas, antes de ser usado, e é o mais apetitoso condimento para o peixe."

ARUCÁ. Ver *Aioca*.

ÁRVORE. Europeus, africanos e ameríndios têm pela árvore o mesmo sentimento religioso. Todos os cultos possuem bosques sagrados, árvores dedicadas aos deuses, entes sobrenaturais vivendo dentro das árvores, ritual para as homenagens e súplicas a esses deuses que presidem a vida da semente, fecundação, germinação, conservação, reprodução. Os doze volumes do *The Golden Bough* compendiam a presença dos cultos agrários dispersos pelo mundo e sua atualidade nos costumes tradicionais de todos os povos da terra. O carvalho era de Júpiter; a oliveira, de Minerva; a murta, de Vênus; a vinha, de Baco. Como Júpiter tivera Minerva sem ajuda da esposa, Juno quis conceber e procriar sem o marido. Flora indicou-lhe uma flor dos campos de Olene, na Acaia. Juno fecundou-se pelo contato dessa flor, e nasceu o deus da guerra, Marte. Tempos depois, Juno comeu alface selvagem em demasia, e nasceu Hebe. Veio essa *estória* pela Europa, na voz do povo e memória dos cancioneiros. Menéndez y Pelayo lembra um trecho dum romance de fins do séc. XIV ou começos do XV, de Tristão e Iseu. Beijam-se e choram esses dois namorados, e nasce uma flor do pranto:

"Alli nace un arboledo,
Que azucena se llamaba,
Cualquier mujer que la come
Luego se siente preñada."

Adônis nasceu de Mirra, árvore do bálsamo. A árvore se abriu e o filho apareceu. Na América meridional, o deus reformador Jurupari nasceu filho de virgem. Ci fecundou-se, comendo a porumã (*Pourouma cecropiefolia*, Aublet), deixando o sumo molhar-lhe o sexo. A árvore, ente sensível, participando da vida social, é um elemento de articulação diária no mecanismo da sociedade primitiva. Não somos capazes de compreender essa colaboração psicológica numa cidade. Algumas semanas de floresta, de proximidade da mata, mostrarão a presença visível da árvore, isolada com seu feitiço ou reunida com seu mistério, na vida humana. Participação confusa de rumores, seduções, medos, segredos entrevistos e que atraem e enrolam a curiosidade como o puxavão de um vício. Toda a Europa e a África estão cheias de árvores que se vingam, choram e tem história local. São passíveis de adoecer e morrer com as moléstias humanas, a elas transmitidas por um cerimonial primitivo e rápido. Na Bulgária deixa-se a malária com um salgueiro, rodeando-o a correr. Na Grécia um padre amarra um cordão ao pescoço do doente de febre e na manhã seguinte amarra-o a uma árvore. O mesmo na Itália. A árvore adoece e o doente fica bom, mas readoecerá, se passar perto da árvore que aceitou a transferência da enfermidade. Frazer (*Le Rameau D'Or*, II, 260-270, versão francesa de R. Stiébel e J. Toutain, Paris, 1908) resume algumas dezenas de exemplos. Joaquim Ribeiro (*A Tradição e as Lendas*, 71) supõe que os nossos indígenas tiveram um culto à palmeira. Uma palmeira salvou-se, no dilúvio, o Noé americano, Tamandaré ou Aré. Num auto jesuítico (*Jesus na festa de São Lourenço*, ed. da Academia Brasileira de Letras, "Primeiras Letras," 178-179, Rio de Janeiro, 1923) há uma alusão demasiado clara a essa fitolatria:

"Acabe-se o antigo rito
Não haja aqui mortandade,
Acabem-se os feitiços
E o augúrio que vós tínheis,
Nas aves e feras do mato;
Não adoreis a palmeira,
A cruz haveis de adorar."

Certo é que a documentação quinhentista não autoriza a menção de culto, mas houve, indiscutivelmente, um elemento de participação religiosa ameríndia pela árvore. Laet (*in* Marcgrave, 279) e Frei Cláudio d'Abbeville (258) registram os altos madeiros fincados à entrada das aldeias, recebendo ofertas de escudos tecidos de folhas de palmeira (ver *Anaantanha*). Dos africanos escravos ficaram no Brasil vestígios fitolátricos, na confusão sincrética dos candomblés baianos. Nina Rodrigues (337), Artur Ramos (*O Negro Brasileiro*, 38), Nina Rodrigues (*L'Animisme Fétichiste des Nègres de Bahia*, pág. 35, 1900), Édison Carneiro (*Negros Bantos*, 94-101) citam o Ifá, cujo fetiche é o fruto do dendezeiro (*Elais guineensis*) e a gameleira branca (*Ficus doliaria*, Mart), morada do orixá nagô Iroco, o Logo dos jejes e que, para os negros bantos, corresponde ao orixá Catendê ou Tempo. Nina Rodrigues (*L'Animisme Fétichiste des Nègres de Bahia*, 35-36): "La gameleira (*Ficus religiosa?*), arbre qui croît en abondance dana l'Etat de Bahia, est le typide de la plantedieu. Sous les nom d'Iroco, ce végétal aux grandes dimensions est l'objet d'un culte fervent. Plus d'une mere-de-terreiro m'a conjuré de nejamais laisser abattre une gameleira qui a poussé dans un terrain qui m'appartient, car ce sacrilège a causé de grands malheurs à bien des gens. Sur le chemin qui conduit de l'Engenho de Baixo à celui de Guaíba, propriétés de la famille des barons de S. Francisco, une vieille gameleira étend son ombre épaisse; c'est Iróco de la population locale, objet d'une très vive adoration fétichiste. Le voyageur qui passe là se découvre avec respect et de loin lui envoie un baiser. Personne n'oserait y toucher. On raconte, sous forme de légende, qu'aux époques lointaines le propriétaire d'un moulin à sucre des environs avait ordonné à un des ses esclaves d'abattre l'arbre. Humble mais résolu, l'esclave refusa, en disant qu'il préférait le châtiment dont il était menacé, deux cents coup de fouet, plutôt que de toucher seulement à l'Iróco. Un autre esclave, plus courageux, eut l'audace de commettre ce sacrilège: il tomba foudroyé au premier coup de hache qu'il porte. Au lieu de lait, l'incision faite au tronc laissait couler un sang vif... Autour du tronc du superbe végétal j'ai trouvé des vestiges de sacrifices: des coquillages marins, quartinhas (espèce de petite cruche à gueule large) en terre avec de l'eau, etc." Artur Ramos (*O Negro Brasileiro*, 38): "A fitolatria fetichista entre os afro-brasileiros está representada, em primeira linha, no culto à gameleira (*Ficus religiosa?*), que os nagôs chamam *Iroco*, os jejes, *Loco*. Nos bosques e nas matas, nos caminhos do Garcia, do Retiro, do Rio Vermelho, etc., na Bahia, a gameleira Iroco é preparada diretamente como fetiche, a quem tributam as homenagens do culto. Iroco, preparada, não pode ser tocada por ninguém. Torna-se sagrada, tabu. Se a cortarem, correrá sangue em lugar da seiva, e será fulminado aquele que o fizer." A gameleira branca (*Ficus doliaria*, Mart) continua merecendo as honras da fidelidade sudanesa e banto. Descrevendo ("Linhas Gerais das Casas de Candomblé," *Revista do Arquivo Municipal*, S. Paulo, LXXI), Édison Carneiro informa: "Entre as árvores sagradas, encontram-se especialmente, a gameleira branca, morada do deus Loko, excelente lugar para se deixarem oferendas, e talvez outras, como, por exemplo, Zacaí, Umpánzu, no Bate-Folha, sempre com um pano branco ou vermelho amarrado com um grande laço no tronco e restos de velas ali acesas pelos devotos." (132). A transferência de moléstias, que James Georges Frazer fixou na Europa (II, 263), o português trouxe para o Brasil. As febres maláricas, varíola, dor de dentes, acne, podem ser transmitidas às árvores. Para as febres amarra-se um fio de algodão ao pescoço e o doente dorme uma noite com ele. Pela manhã, antes do sol, ou passado o acesso febril, o doente ou alguém de seu sangue (pai, filho, irmão, primo carnal) amarra o fio de algodão a uma árvore, no tronco e não num galho, rezando, ininterruptamente, salve-rainha, credo, ofício de Nossa Senhora, e deixa-o lá, andando, sem olhar para trás. Na dor de dentes, acne, dor de cabeça, estalicídio (defluxo repetido, escorrência nasal e não asma), dores nevrálgicas, traz-se o algodão, que foi longamente friccionado na parte doente ou embebido de saliva, catarro, etc., e escondido num oco de árvore. Oculto o algodão, retira-se a pessoa, sem dar as costas, olhando sempre para onde ficou a doença, até que o lugar desapareça entre outras árvores. Não se deve tocar em cordão, fio, algodão, coisa alguma encontrada em oco de árvore ou amarrada ao tronco, sob pena de receber a moléstia ali condensada. Quem ficou restabelecido em sua saúde com esse processo, livre-se de passar por debaixo de árvore que adoeceu por ele. Recairá, e com violência. Certas árvores hospedam, como os carvalhos, as hamadríadas, almas do outro mundo. Noutras, os fogos-fátuos, boitatá, batatão, ardem sem calor e sem fumo. Umas vibram toda a folharia rumorejante, como se soprasse um pé de vento impetuoso, e não há a menor aragem. Há iluminação misteriosa, vozes, músicas, ao redor de certas árvores, sinais indiscutíveis de tesouro enterrado. Também a tradição guarda a memória de árvores que se locomovem durante a noite, voltando ao pouso primitivo, ao alvorecer. José Lins do Rêgo (*Banguê*, Rio de Janeiro, 1934): "Estava bem perto das cajazeiras mal-assombradas. Diziam que elas mudavam de lugar à meia-noite. Fiz carreira para atravessar o escuro." (131).

ÁRVORE-DO-NATAL. Álamo, abeto, pinheiro, cortado em maio e replantado na praça da aldeia, símbolo votivo do espírito fecundador da vegetação, assegurando, pelas homenagens recebidas, a continuidade das colheitas. Anúncio entusiástico da vinda da Primavera. *Mai ist da!* Maio chegou! gritam os germanos. Era crença na Europa do Norte, passando à central, espalhada pela França, Inglaterra, Itália, penínsulas Ibérica e Balcânica. Árvore-de-maio, inicialmente, sozinha no seu conteúdo mágico e figurada pelos mastros decorados, *maypole*. O culto, muito anterior ao Cristianismo, é de presença jubilosa nas populações rurais da Europa, com expansão mais vasta. Enfeitada de grinaldas, fitões, frutos, luzes, bandeiras, serve de irresistível centro aos folguedos aldeões, farândolas, cirandas, pau de fitas e bailados coletivos ao derredor do pinheiro ornamental, ao som de cantos privativos, *Mai-Lieder, Maifeier, Mai-songs*. Ó pinheiro! Ó pinheiro! como são verdes tuas folhas! *Ó Tannenbaum! Ó Tannenbaum! Wie gruen sind deine Blaetter!* entoavam os velhos alemães. Mannhardt, Frazer, Duchêsne, Van Gennep, estudaram o assunto e sua convergência para as festividades do Natal cristão, de maio para dezembro, depois do século IV. Os mastros ou árvores-de-maio ainda estão vivas na Europa, cercadas por um ambiente de alegria respeitosa e constante, que fez Brand perguntar: "les mais d'ailleurs ne sont-ils pas de vraies idoles paiennes?" Árvore-de-maio tem ritual típico, danças, cantigas, as *maias* em Portugal. "*E nós cá corremos touros / E fazemos grandes Maias*," lembrava o poeta fidalgo João Roiz Castelo Branco (*Cancioneiro Geral*, de Garcia de Resende, 1516). *Maio-moço, verde-maio*, um rapaz ou um casal jovem, *Vegetationspaar, epouses de Mai, Maipaar*, seguido por grupos foliões. A árvore-do-natal nasce dessa tradição, através do cerimonial milenar de maio, aculturando-se ao ciclo do Natal de Jesus Cristo. Menos popular nos países onde coincide com o rigor invernal, transforma-se na *acha-do-Natal, bûche-de-Nöel, yule-log* indo para a grande fogueira pública ou para a lareira doméstica, valendo um prognóstico de tranquilidade e bem-estar no próximo ano. Para substituir a árvore legítima aparecem as árvores-de-natal reduzidas, naturais ou imitando espinheiros ou pinheiros, os vulgarizadíssimos *maj Stanger* escandinavos, que se derramaram por toda Europa, *arbre de Noë, Christmastrees, Weihnachtsbaum*, ornadas de fitas prateadas, coroas, globos de vidro reluzentes, brinquedos, rodeadas de luzes, postas na sala de refeições, perto do lume, presidindo a Noite Divina. Uma versão oral alemã informa ter sido Martin Lutero (1483-1546) quem primeiro iluminou, no recinto familiar, uma pequenina árvore, cantando um coral. Seria depois de 1525, quando o reformador se casou. Certo é que em 1605 a árvore-do-Natal era conhecida na Alemanha. Para a França sua voga realiza-se durante o reinado de Luís Filipe (1830-1848) e na Inglaterra, depois de 1840, pela influência do Príncipe Consorte, Alberto de Saxe-Coburgo-Gota, casado com a Rainha Vitória. Nos Estados Unidos o costume foi levado pelos mercenários alemães enviados pelo Rei George III da Inglaterra na guerra da Independência. Os presentes, as *festas* do Natal, eram outrora distribuídos ao pé do presépio (ver *Presépio*) na América Latina e não pelo mais ou menos recente Papai Noel (ver *Papai Noel*). A árvore-do-natal veio para o Brasil no começo do século XX. A primeira, na cidade do Natal, exibiu-se em 1909. É possível algumas bem anteriores mas sem repercussão maior na atenção pública. Ainda não conquistou a simpatia no interior do país. É atualmente um elemento decorativo, de grande beleza e porte, substituídas as folhas pelas lâmpadas multicores, exposta nas ruas e praças como contribuição das Prefeituras Municipais à Noite de Natal. Semelhantemente surge nas residências particulares, uso recente e sem raízes no tempo. Nenhuma expressão religiosa. Nenhuma ligação com o motivo do nascimento do Menino-Deus. É uma sobrevivência pagã, agora inarredável, dentro do ciclo do Natal cristão.

ÁS DE ESPADA[1]. Ver *Espadilha*.

ASSOBIO. Assobiar de noite chama as cobras. Três assobios bem longos atraem o vento. Gustavo Barroso: "Logo que o vento abranda, esmorece em sopros estafados, gritam uns para os outros, para os meninos, que sempre, curiosamente, vem olhar a queima – Assobia! Assobia, menino! É crença geral que um certo assobio demorado e longo tem a singular propriedade de chamar o vento... Põe um pequeno ao lado, encarregado de assobiar ao vento, açulando-o. Muitas vezes ele mesmo o faz." (*Terra de Sol*, 64, Rio de Janeiro, 1912). O vento atender ao assobio é vulgar na crença de todos os marinheiros europeus. Conde von Luckner: "O capitão lança o boné ao chão e pisa-o aos pés; depois, põe-se a assobiar, o que a bordo de um veleiro é proibido, pois se costuma dizer que atrai a tempestade." (*O Último Corsário*, 84, Lisboa, 1934). Paul Sébillot: "La croyance commune dans les marines européennes, d'aprés laquelle on fait venir le vent en sifflant, existe en Annam, dans l'intérieur de l'Afrique, etc." (*Le Folk-lore*, 129). Assobiar para o vento, trazendo-o para a embarcação, é uso secular nos marinheiros ingleses e norte-americanos. *To whistle for a wind* é uma frase conhecidíssima. Wyatt Gill encontrou essa tradição no sul do Oceano Pacífico. Sébillot (*Le Folk-lore de France*, I, 139, Paris, 1904) inclui entre os atos interditos durante a noite o assobiar, *sifler*. Assobio, chama (do verbo chamar), instrumento musical, espécie de apito ou silvo, que imita o pio de aves, atraindo-as para o caçador. Pereira da Costa (*Folclore Pernambucano*, 119): "Quando o vento encasseia nas viagens de embarcações costeiras, o canoeiro assobia para chamá-lo." Nos Xangôs pernambucanos assobiar atrai infalivelmente os *eguns*, almas dos mortos (informação de René Ribeiro). Ver *Vento*.

ASSOBIO-DE-FOLHA. Ver *Adjuloná*.

ASSOMBRAÇÃO. Terror pelo encontro com entes fantásticos, aparição de espectros, ato de espavorir-se; casa mal-assombrada, onde aparecem almas do outro mundo. Uma assombração, um grande medo. Rumores, vozes, sons misteriosos, luzes inexplicáveis.

ASSUADA. Ver *Vaia*.

ASSUMI. O jejum anual dos negros malês, muçulmanos, no Rio de Janeiro e Bahia. "Na semana em que a religião católica celebra a festa do Espírito Santo, começava o jejum anual do malê, pela forma seguinte: levantavam-se de madrugada, coziam o inhame e o pisavam para comer com *efó*, bola de arroz machucado ou fubá, com leite e mel de abelhas. As refeições eram feitas às quatro horas da madrugada e às oito horas da noite. Durante esse intervalo de tempo, o malê nem água bebia, assim como não absorvia a saliva. Às sextas-feiras não trabalhavam, por ser dia consagrado às orações. O jejum é efetuado no intervalo de uma lunação, isto é, se começava na lua nova, terminava na lua nova seguinte. O cardápio era apenas constituído de inhame com azeite de cheiro e sal moído, bolas de arroz machucado com açúcar e água, em grandes cuias. Nesse dia dançavam apenas as mulheres, trazendo em volta do pescoço uma faixa de pano, que seguravam pelas extremidades. Quando uma terminava a dança, passava o exercício a outra, retirando o pano e com ele envolvendo o pescoço da parceira. Aquelas que possuíam certa ascendência social, além do pano no pescoço, exibiam-se nas danças com uma cauda de boi à imitação de espanejador. No último dia de jejum realizavam grande festa em casa do maioral da seita, havendo missa. Nenhuma bebida alcoólica era usada nessa festa. No ato de sacrificar o carneiro, introduziam a ponta da faca na areia e sangravam o animal, proferindo a palavra *bi-si-mi-lai* (Em nome de Deus clemente e misericordioso). Corresponde esta cerimônia ao sacrifício de Isaac" Manuel Querino, 120-121, *Costumes Africanos no Brasil*).

ASSUSTADOS. Ver *Choro*.

ASTROS. O povo brasileiro guarda claros vestígios do culto astrolátrico, herdado de europeus, negros e ameríndios, Recebeu-os dos elementos de sua etnia. A impressão deslumbrante do sol, da lua, da multidão luminosa das estrelas, o mistério dos fenômenos meteorológicos acusam-se nos costumes, nos gestos, respeitosos de veneração, na obediência maquinal dos interditos, outrora rituais e agora arrolados na classe confusa do *faz mal*. O maior contingente carregou-o o português, resumo de povos, e portador das tradições do Oriente pelo moçárabe. Seguiu-se o escravo negro e, fechando a raia, o indígena. O Sol, a Lua, as estrelas são invocados nas orações e ensalmos supersticiosos mas de incrível prestígio popular, com alusões e tintas ao hagiológico católico. Há oração do sol e oração das estrelas, poderosos ensalmos para atração e fixação amorosa. O dia, pela presença do sol, é venerado, dando as horas especiais para súplicas e bruxedos, horas fechadas e horas abertas, primeiro e último clarão solar, o meio-dia (há uma oração do meio-dia), etc. Decorrentemente, o fogo participa dessa religião instintiva, mas já se articulando aos cultos larários, tal-qualmente em Roma. É então a inviolabilidade da chama, das brasas, a trempe, a pedra do fogão, o cerimonial para pedir fogo, etc. A lua é invocada abundantemente nas parlendas infantis e há apelos e pedidos ao astro, fiéis à tradição universal de que ela multiplica e aumenta as coisas submetidas à sua influência. As estrelas curam enfermidades, ínguas (adenites), chamadas como *estrelinhas do céu e estrela religiosa* em Portugal (Alexandre Lima Carneiro e Fernando de Castro Pires de Lima, *Arte de Talhar a Íngua*) e *estrela donzela* ou *estrela santa* no Brasil (Gustavo Barroso, *Ao Som da Viola*, Afrânio Peixoto, *Miçangas* e notas pessoais). Vide *Sol, Lua, Estrela, Dia, Fogo*.

ATABAQUE. Tabaque, tambores primários, feitos com peles de animais, distendidas sobre um pau oco, e que são utilizados para marcar o ritmo das danças religiosas (batucajés) e produzem o contado com as divindades (Renato Almeida, 11, *História da Música Brasileira*, ed. Briguiet, Rio de Janeiro, 1942). A origem do atabaque é dada como africana. Do árabe *attaplo*, no plural, porque de ordinário se toca em dois ao mesmo tempo. Espécie de tambor ou caixa de cobre com o fundo redondo e couro de uma só parte, empregado nas grandes orquestras. Frei Domingos Vieira: "timbale, atabal, atabale. Espécie de tambor afunilado, e com o couro só de um lado." "Com grande matinada de atabaques, buzinas, chocalhos etc." (João de Barros, *Década*, I, Liv. III, Cap. I). No *Livro de Linhagens*, do Colégio dos Nobres, da segunda metade do séc. XIV, na descrição da Batalha do Salado, encontra-se: "E os gritos deles e das trombas e anafiis e d'altancaros e atavaques e gaitas assi reteniam." Nuno Marques Pereira (*Compêndio Narrativo do Peregrino da América*, I, 123, a primeira edição é de Lisboa, 1728) evidencia a popularidade do instrumento entre os escravos negros no Brasil setecentista: "Estrondo dos tabaques, pandeiros, canzás, botijas e castanhetas, com tão horrendos alaridos que se me apresentou a confusão do inferno." A existência do tambor entre os indígenas brasileiros foi registrada pelos cronistas coloniais do séc. XVI: Thevet (195), Fernão Cardim (339), Gabriel Soares de Sousa (*Tratado Descritivo do Brasil em 1587*, 383, 390-1, 399, 408). Métraux (*La Civilisation Matérielle des Tribus Tupi-Guarani*, 224, Paris, 1928) julga que o tambor de couro veio aos tupinambás por intermédio dos guaranis do Paraguai, lembrando a longa usança do tambor nas Guianas e Baixo Amazonas. É a base da música negra e Geoffrey Gorer (*Africa Dances*, 304, London, 1938) crê que os africanos o inventaram: "The basis of negro music is the drum, which is very probably a negro invention." A presença é universal e uma constante etnográfica nas civilizações mais rudimentares do mundo: australianos, polinésios, etc. Artur Ramos ensina: "No Brasil os atabaques tiveram duas procedências: dos negros sudaneses e dos bantos. Na Bahia, há várias espécies de atabaques iorubanos, desde os pequenos *batás* até os grandes *ilus* e *batás-cotós* (tambores de guerra). Nos candomblés de nossos dias, verifiquei três espécies de atabaques: um grande, a que dão os negros o nome de *rum*; um médio, ou *rumpi*, e um terceiro, menor, *lé*. No Rio de Janeiro, afora os nomes genéricos de *tabaques* ou *atabaques*, há um tambor pequeno, a que dão o nome de *surdo*, provavelmente pelo som surdo que produz, quando percutido com a mão." (*O Negro Brasileiro*, 160-161). Num velho inquérito (*Movimento Brasileiro*, n.º 3, março de 1929, Rio de Janeiro), fixando a sinonímia dos instrumentos musicais dos negros, com informações subsequentes, escrevi: "Atabaque ou tabaque é nome genérico para os tambores, nas festas religiosas afro-brasileiras, candomblés e macumbas, e danças populares, sambas, bambelôs zambês. Os de maior tipo, dois metros a um metro e meio, são ingono, engoma, ingomba, ngomba, angoma, angomba do Congo, correspondendo ao rum baiano; zambê, menor, mais estreito, valendo o rumpi; gonguê, mangonguê, perenga (Goiás-Mato Grosso) é o mesmo "surdo" ou "chama", pequenino, percutido à mão, trazendo-o o tocador amarrado ao cinto. É o menor tambor da família, o ritmador

---

[1] No texto original: "Ás-de-Espada" (N.E.).

por excelência, de sonoridade seca, persistente, atravessando a massa de todo batuque. É ainda de dimensões mais reduzidas que o *lé*. Os mangonguês na cidade do Natal dizem sempre o *chama*, do verbo "chamar", porque rara pessoa desatende o convite do seu ritmo, deixando de entrar no folguedo. São redondos ou quadrados, com sessenta e quatro centímetros de contorno, com uns vinte centímetros de diâmetro. É o tamborzinho mais visto nas documentações de festas tradicionais na África." Geoffrey Gorer encontrou-os, abundantes, no Senegal, Daomé, etc., embora não lhes dê o nome local. Sua divulgação no Brasil parece indiscutivelmente feita pela mão do escravo negro, como ainda continua soando nas reuniões festeiras do povo. A forma e uso são outras "constantes" negras. Mas sua presença entre a indiaria é historicamente comprovada. Ver *Tambor*.

ATADURA. Ver *Nó*.

ATAFIM. Ver *Alafi*.

ATAÍDE. João Martins de Ataíde, nascido na Cachoeira da Cebola, município de Ingá, Paraíba, em 24 de junho de 1880, faleceu na cidade do Limoeiro, Pernambuco, em 7 de agosto de 1959. Com Chagas Batista constituiu a dupla criadora de milhares e milhares de versos, material indispensável para os cantadores e leitores sertanejos. Imaginação inesgotável, com as imagens originais que encantavam seu público, descrevendo todos os motivos do interesse popular, fácil e brilhantemente, a partir de 1930 foi o maior poeta, o mais lido, pelo sertão e pela população pobre das cidades e vilas do Nordeste. Autor de desafios, romances, sátiras, episódios de interesse momentâneo, manteve incontestável domínio. Além de centenas de folhetos, deixou um documentário, *O Trovador do Nordeste*, Recife, 1937, anotado pelo Prof. Valdemar Valente, volume de trechos selecionados e típicos, merecendo reedição ampliada.

ATAPU. Uatapu no Pará. Macedo Soares cita Juvenal Galeno, Ceará: Búzio grande ou caramujo, que serve de trombeta. O jangadeiro toca o búzio para chamar os companheiros, ou para chamar fregueses ao mercado do peixe. Guatapu, guatapi. Ver *Búzio*.

ATARÉ. Pimenta-da-costa. Um dos condimentos tradicionais na cozinha afro-baiana. É a pimenta malagueta.

ATINGUAÇU. Ver *Alma-de-Gato*.

ATIRADEIRA. O mesmo que tiradeira, estilingue, funda, setra, baladeira, *meine Zatta* na Alemanha; *fionda* na Itália. Em Santa Catarina, informa Osvaldo R. Cabral ("A Setra, a Funda e o Bodoque", Comunicado da Comissão Nacional de Folclore, n.º 75, de 31 de janeiro de 1949): "... nas zonas de influência alemã, mesmo os meninos brasileiros a conhecem pelo nome de *schloida*, do alemão *Schleuder* (funda, catapulta). Ver *Baladeira*.

ATIRAR. Convite feito pelo que dança ou puxa uma das pessoas de roda para com ele dançar. Ele *atirou* na noiva, isto é, foi sapateando até chegar em frente dela, aí sempre dançando, com os braços estendidos para frente, estalou duas castanholas, inclinando ao mesmo tempo a cabeça, em mesura respeitosa. Ela aceitou o convite e entrou dançando na roda (Rodolfo Tesfilo, *Lira Rústica*, 223, Lisboa, 1913). Nas danças coletivas de roda entre os negros bantos havia duas formas típicas de convidar um par ou bailarino solista a substituir quem dançava anteriormente. Em Angola há a umbigada, samba, e no Congo a saudação, mesura, vênia. Ambos vieram para o Brasil e continuam. O *atirar* é uma peculiaridade do sertão do Ceará.

ATÔ. Tábuas em que os malês escreviam as orações, com tinta de arroz queimado (João do Rio, *Religiões do Rio*, 6). As orações malês que davam a invulnerabilidade eram escritas no atô. Levava-se o atô e o negro bebia a oração (Nina Rodrigues, *Os Africanos no Brasil*, São Paulo, 1933).

ATURIÁ. Furo no Estreito de Breves, Pará. O "furo" é um caminho natural entre dois rios, braço de rio que liga dois caudais, ou entre um rio e um lago (Alf. da Mata). "Esse furo é que possui um sentido lendário. Os pescadores e os tripulantes de embarcações, que por aí passam, costumam jogar n'água uma peça de roupa qualquer. Segundo dizem, é para abrandar a cólera da rainha das águas e da velha pobre, que lá habitam. É uma usança que encontra similar na superstição de vários povos e em diferentes lugares. Lembra o mito das *yemanias* ou *yemayas*, deusas dos arroios e das fontes dos negros de Cuba; a visão das russalcas, que habitam os lagos e rios do norte da Europa; e também a *Iemanjá* dos nossos negros da Bahia. Segundo a informação do Padre Etienne Brasil, para abrandar o gênio dessa náiade africana, terrível pela sua lubricidade costumava-se oferecer feijão e cebolas com azeite de dendê. Na época de sua festa anual, os devotos lançavam n'água alimentos e dinheiro, prática essa de que ficaram vestígios em certos pontos da Bahia" (Osvaldo Orico, *Vocabulário de Crendices Amazônicas*, 28-29). "*Drepanocarpus lunatis*." Planta ribeirinha, arbustiva, que só vinga no estuário. Vive em família, debruçada na borda dos canais e ilhas. Tem o sinal da maré alta deixado pelo sedimento fluvial na ramaria. Há também um furo, no Estreito de Breves, chamado do Aturiá, em cujo cotovelo os navegantes de barcos e canoas não passam sem deixar uma peça de roupa, calça, camisa, saia, anágua, ceroula, e até mesmo lençóis, redes e colchas, a fim de abrandar a ira dos espíritos do fundo ali: a iara e a velha pobre. Nessa volta do Aturiá, quando a transpõem de dia, veem-se as margens cobertas de roupas. Isso recorda, diz Frederico Hartt, os espíritos aquáticos da Rússia, os russalcas, que tem semelhanças flagrantes com os amazônicos. São belas raparigas que possuem, como as iaras, palácios no fundo dos rios, dos lagos, recobertos de ouro, pedras preciosas e para onde levam os homens que seduzem. Quando fingem ser pobres, urdem ninhos de palha ou pena colhida ao correr da *semana verde*. Nas proximidades de Pentecostes fazem-se ofertas aos russalcas de roupas, trapos suspensos ao ramo das árvores, na beira dos rios, exatamente como no Aturiá, à velha pobre e à iara (Raimundo Morais, *O Meu Dicionário de Cousas da Amazônia*, I, 67-68). (Ver Charles Frederick Hartt, *Mitologia dos Indígenas do Amazonas*, notas de Luís da Câmara Cascudo, inédito). Henry Walter Bates atravessou o furo citado em setembro de 1849, registrando a tradição (*O Naturalista no Rio Amazonas*, I, 258-259, São Paulo, 1944). No rio Içana, Rio Negro, há superstição idêntica (Dionísio Cerqueira, *Reminiscências das Fronteiras*, 240-241, Rio de Janeiro, 1928).

AUAIÚ. Ligas de tornozelo, ornadas de guizos feitos com os frutos secos do pequi, *Cayocar brasiliensis*, usados pelos tembés para ritmar as danças. Ver *Aiapá*, *Guararás*, *Maçaquaias*.

AUTO. Forma teatral de enredo popular, com bailados e cantos, tratando de assunto religioso ou profano, representada no ciclo das festas do Natal (dezembro-janeiro). Lapinhas, pastoris, fandango ou marujada, chegança ou chegança de mouros, bumba meu boi, boi, boi calenba, boi de Reis, congada ou congos, etc. etc. Desde o século XVI os padres jesuítas usaram o auto religioso, aproveitando também figuras clássicas e entidades indígenas, como poderoso elemento de catequese. As crianças declamavam, dançavam, cantavam, ao som de pequenos conjuntos orquestrais, sempre com intenção apologética. O gênero popularizou-se. Para ele convergiram as danças dramáticas, algumas realizadas à porta ou adros das igrejas em Portugal, bailados com espadas, desfiles e apresentações corporativas, que participavam da procissão de *Corpus Christi*, bailados infantis, rondas, etc. As origens não são idênticas nem os estudiosos aceitam as hipóteses ou deduções oferecidas. Dos autos populares brasileiros o mais nacional, como produção, é o bumba meu boi, resumo de *reisados* e *romances* sertanejos do Nordeste, diferenciados e amalgamados, com modificações locais, pela presença de outros personagens no elenco. Outros autos vieram de Portugal, com alterações como a chegança de cristãos e mouros. Outros foram formados com elementos portugueses, música, versos, assuntos, mas construídos e articulados em todas as suas peças no Brasil, como o fandango ou marujada. A origem erudita ligar-se-á, quanto aos autos de enredo religioso, aos *miracles* e *mystères*, estes saídos da liturgia das festas do Natal e Páscoa, e aqueles dos cânticos em louvor dos santos, materializações de cenas de suas vidas, populares desde o séc. XII na França, Inglaterra, Itália, Alemanha, etc. Em Portugal, os autos tiveram forma poética, sete sílabas (na contagem atual, octossilábica antigamente), redondilha, quintilha, com influência castelhana quase decisiva. O vocabulário, pura e rudemente plebeu, encantava o auditório e, mesmo com alguma polidez, Gil Vicente usava linguagem franca e sacudida. Terminava por uma dança simples, a *chacota*, e as árias ou cânticos se diziam *vilancetes*, de motivos religiosos da Natividade. Eram representados nas igrejas, adros ou mesmo no interior, nos serões da corte real, aguardando a missa do galo ou da meia-noite, Del-Rei Dom Manuel até D. Sebastião, quando o Santo Ofício tornou o ambiente irrespirável para o livre auto, com suas liberdades populares, que eternizam a glória de Gil Vicente. No Brasil as mais antigas menções informam que os autos eram cantados à porta das igrejas, em louvor de Nossa Senhora do Rosário (quando dirigido por escravos ou libertos), o orago, ou na matriz. Depois levavam o enredo, com as danças e cantos, nas residências de amigos ou na praça pública, num tablado. Alguns autos reduziram-se a um puro bailado, Sem assunto figurado, e se fixaram no carnaval, como o maracatu pernambucano, que não parece ter sido auto. Do perdido destino de festa votiva, reminiscência pura da coroação dos reis do Congo, o maracatu, mesmo carnavalesco, conserva a tradição de ir até uma igreja fazer reverência, antes de meter-se no *frevo* dos três dias do deus Momo. Para uma visão genérica dos principais autos: Melo Moraes Filho, *Festas e Tradições Populares do Brasil*, revisão, prefácio e notas de Luís da Câmara Cascudo à 3ª ed. Rio de Janeiro, 1946: idem, *Serenatas e Saraus*. 1º tomo, Rio de Janeiro, 1902; Guilherme de Melo, *A Música no Brasil*, 2ª ed. Rio de Janeiro, 1947; Gustavo Barroso, *Ao Som da Viola*, Rio de Janeiro, 1921; Mário de Andrade, *As Danças Dramáticas do Brasil*, Rio de Janeiro, 1946: Oneyda Alvarenga, *Música Popular Brasileira*, Porto Alegre, 1950: Luís da Câmara Cascudo, *Literatura oral no Brasil*, cap. X, 2ª ed., São Paulo, Global, 2006: idem, *Folclore do Brasil*, "Festas tradicionais, Folguedos e Bailes", Natal/RN, Fundação José Augusto, 1980; Théo Brandão, *Folguedos Natalinos de Alagoas*, Maceió, 1961; Renato Almeida, *Tablado Folclórico*, S. Paulo, 1961; Rossini Tavares de Lima, *Folguedos*

Populares do Brasil, S. Paulo, 1962; idem, *Folclore de São Paulo*, 2ª ed. S. Paulo, 1962; J. de Figueiredo Filho, *O Folclore no Cariri*, Fortaleza, 1962; Alceu Maynard Araújo, *Folclore Nacional*, 1º e 2º tomos. S. Paulo, 1964.

AUTOMÓVEL ENCANTADO. Os choferes profissionais de longas viagens noturnas, transportando cargas do Nordeste para os Estados do Sul e do Centro do Brasil, narram a existência de veículos encantados, aparecendo e desaparecendo misteriosamente, embora denunciados pelas luzes ofuscantes dos faróis ou pela mancha vermelha da lâmpada traseira. Raro será o motorista sem uma *estória* impressionante nesse gênero. O chofer de praça, nas cidades, dá igual depoimento dos automóveis fantásticos, nas altas horas da madrugada citadina (Luís da Câmara Cascudo, "Superstições e Estórias de Chofer," *O Estado de S. Paulo*, setembro de 1958). O folclore da máquina é tão rico e variado como qualquer dos congêneres. Motores que trabalham espontaneamente, luzes que se acendem sem iniciativa técnica, rumores típicos de mecanismos que estão, quando verificados, absolutamente parados, são *estórias* vivas em centenas de exemplos nas usinas e parques industriais. Atesta-se, como escreve B. A. Botkin, que "are evidence enough that machinery does not destroy folk-lore." Bem ao contrário.

AVEREQUÊ. Ver *Aniflaquete*.

AVES. Participam do folclore e etnografia em todos os aspectos. A plumagem ornamenta a indiaria, determinando cerimonial para seu uso e fabrico, ensinado por um deus. As aves têm uma explicação para suas cores, hábitos e canto. Totens e tabus dão temas às *estórias* tradicionais nas tribos e ao histórico da família, desde o período escuro da migração. Os bororos descendem da arara vermelha (*Psittacidae*). Os parecis vêm de utiariti (*Falco sparverius*), dando esse mesmo nome aos seus médicos-sacerdotes. Os guaicurus queixaram-se ao caracará (*Milvago Chimachima*) de que nada haviam recebido na distribuição dos bens do mundo. O caracará aconselhou-os a se apoderarem de tudo pela violência. Os guaicurus seguiram a sugestão, começando por matar o caracará. No dilúvio, quando Aré estava trepado no cimo da palmeira, a sapacuru (*Ardeidae?*) foi buscar areia no bico, e essas elevações acima da linha da enchente são as montanhas. A sapacuru ainda orientou Aré para que construísse uma jangada e fosse procurar uma companheira. As saracuras (*Rallidae*) salvaram os indígenas caingangs durante o dilúvio. Fizeram as águas descer, atirando cestinhos de terra, conduzidos no bico, e erguendo a serra Geral. Os carajás viviam debaixo da terra (Karl von den Steinen) ou no fundo do rio Araguaia (Padre Antônio Colbacchini) e vieram para a superfície, ouvindo o grito estridente da sariema (*Microdactydae*). Os mutuns (*crax*) vivem na constelação do Cruzeiro do Sul e uma espécie deles (*crax tomentosa*) saúda-o em abril antes da meia-noite, quando as estrelas se levantam mais brilhantes (Schomburg). O Cruzeiro é chamado pelos indígenas das Guianas e fronteiras setentrionais do Brasil, *pai-do-nutum, pai-pódole* (Koch-Grunberg). No Amazonas, dois caçadores veem um mutum e vão flechá-lo, mas a ave é um homem que os convida para o céu. Voam os três e se transformam em estrelas. A ema, *suri* em quíchua (*Rhea americana*), é a Via-Láctea para a maioria das tribos tupi-guaranis (Lehmann-Nitsche). Os tangarás (*Pipridae?*) com sua dança inimitável, em agosto, são os filhos de Chico Santos, que bailavam mesmo nos dias de preceito católico (Luís da Câmara Cascudo, *Geografia dos Mitos Brasileiros*, "Os filhos de Chico Santos (Paraná)", 303-305, 3ª ed., São Paulo, Global, 2002). Barbosa Rodrigues reúne alguns mitos ornitomórficos, crianças que viram estrelas depois de mortas como o xincuã, tincuã (*Cuculidae*). O Saci, Saci-Pererê, mito de convergência, já possui sua encarnação na ornitofauna, o *sem-fim* (*Tapera noevia*), cujo assobio é sem possibilidades de localização. É o mesmo Crispin, que Lehmann-Nitsche estudou na Argentina ("Las Tres Aves Gritonas," 223-228, *Revista da Universidad de Buenos Aires*, abril de 1928). Há no Brasil outra ave saci (*Sinallaxis cinnamomea*), chamada também cucutiê, mariquita-do-brejo e saci-pererê. O carão (*Aramus scolopaceus*, Gm) era uma menina. Seus sete irmãos se transformaram no Sete-Estrelo, Pleiades. O carão canta, quando vê no firmamento os irmãos. O Príncipe de Wied-Neuwied registrou o canto do Saci (ele escreveu *sossi*). Durante horas e horas, no meio da mata, ouve-se a cantiga interminável com duas notas, si-bemol, dó, até a obsessão. Como não é possível dizer, pelo canto, onde está o Saci, fizeram-no onipresente. O jacamim (*Psophidae*) casou, e sua mulher, que era de outra tribo, tornou-se ave, como ele. Seus filhos, nascidos de ovos, foram Pínon e Seuci, que são constelações, Pínon, Cobra-Grande, Ophiucus, e Seuci as Pleiades. Sete-Estrelas (Barbosa Rodrigues, no Rio Branco, Amazonas). Ave que não se vê, como a juruti-pepena, no Pará, cujo canto agoureiro deve ser esconjurado por um pajé, sob pena de tornar alguém aleijado. Ave-amuleto irresistível para o amor, jogos, negócios, como uirapuru ou irapuru (*Pipridae*), comumente falsificado pela aceitação comercial. Alguns têm os nomes que repetem no canto onomatopaico, quero-quero, tetéu, tero-tero (*Caradriidas*) maria-já-é-dia e bem-te-vi (*Tiranidae*), marie-é-dia (*Trogloditidae*), chii-chii, genérico para andorinhas, joão-tenenem (*Synallaxis spixi*, SCL), etc. Aves marcam as horas com o canto infalível: os inambus (*Tinamidae*), piando ao entardecer; anhupocas (*Palamedeidae*), à meia-noite, "ob cantum a media nocte, quo expergefaciens quasi horologii, vices gerere dicitur," notara Von Martius; o cujubi (*Cracidae*), ao amanhecer – "renheengári curi, opai ára opé, coema oúri ramé," cantarás para todo o sempre, quando a manhã vier (Couto de Magalhães). As aves sociáveis, gregárias, isoladas, aos pares, caçando ou pescando, sozinhas, as formas diversas da nidificação, escolha das árvores, os inimigos e aliados, são outros tantos assuntos-núcleos do folclore (Ver *Avifauna e Flora nos Costumes, Superstições e Lendas Brasileiras e Americanas*, do Padre Carlos Teschauer, S. J. 3ª ed. Porto Alegre, 1928). Procurar as aves pelo nome, quando ligadas às lendas, mitos e literatura oral brasileira. *Ave*: pessoa que serve de *médium* aos caruanas. "Ave, a pessoa que ficou atuada pelo caruana, cantou numa voz fanhosa." (Dalcídio Jurandir, *Marajó*, 201, Rio de Janeiro, 1947). Ver *Pássaros*.

AVESSO. Aversus, contrário, oposto, diverso, diferente, esquisito, aversão, antipatia, ódio, fora do comum, extravagante. A confusão de *aversus* e *adversus* justifica, desde o período romano, a série de superstições ligadas aos objetos às avessas, postos de maneira inversa ao normal. Roupa ao avesso é, na quase totalidade, de mau agouro, e sua antiguidade é espantosa no pavor que causa a todo mundo. Talvez seja uma das mais velhas e mais universais superstições, especialmente onde se irradiou a influência de Roma. Continua intata na Europa e todo continente americano, de idioma inglês, espanhol e português.

AVIÃO. Ver *Academia*.

AVIÚ. Espécie de camarão minúsculo, com que os nativos das regiões do Tocantins preparam um tipo especial de sopa, engrossada com farinha de tapioca (Nunes Pereira, Josué de Castro, *Geografia da Fome*, 331, Rio de Janeiro, 1946). "Estranhando a sopa de camarões, informaram-nos que ela era feita com 'aviú', um camarão microscópico, que só dá em determinada praia de Cametá. Tem a mesma forma, o mesmo gosto, mas é um camarão em escala milesimal. Pescam-nos com mosquiteiros. Dizem que têm propriedades melhores que as glândulas que utilizou Voronoff." (Lísias Rodrigues, *Roteiro do Tocantins*, 274, ed. José Olympio, Rio de Janeiro, 1943).

AVOANTE. Ver *Ribaçã*.

AVÓ-D'ÁGUA. O mesmo que mãe-d'água, Iara. Noraldino Lima (*No Vale das Maravilhas*, Belo Horizonte, 1925): "Essa lenda da mãe-d'água, para uns, ou da avó-d'água, para outros, é profundamente humana e como que rege os destinos do pescador do São Francisco." (165).

AVOETE. Ver *Ribaçã*.

AXÉS. Líquido de estranho e ativo cheiro, em que se mistura o sangue de todos os animais sacrificados, em todos os tempos, no candomblé (Édison Carneiro, "Linhas Gerais da Casa de Candomblé," *Revista do Arquivo Municipal*, LXXI, 129).

AXEXÊ. Cerimônia fúnebre do culto iorubano. Noticiando o falecimento de "Mãe Aninha", a poderosa mãe de santo baiana, o *Diário da Bahia*, 5-1--1938, informava: "Sete dias após a morte do chefe do terreiro de Aché de Opô Afonjâ, haveria no seu terreiro de São Gonçalo do Retiro a cerimônia do axexê. Esta cerimônia consiste nos ritos funerários pelo descanso eterno da falecida mãe de santo, à semelhança das missas de sétimo dia da religião católica. Nesta reunião tomam parte todos os *ogãs, filhas e pais*, quando se reza então pela falecida, apagando os seus passos no terreiro. Finalmente, no sétimo dia realiza-se o *cerrum* com cânticos fúnebres da seita a que pertencia, encerrando-se deste modo as últimas homenagens." Manuel Querino, que escrevia *achêchê*, informa: "De volta da necrópole, no dia do enterramento, reúnem-se para cantar e dançar até a véspera da missa do sétimo dia: é o achêchê, cerimônia preliminar dos sufrágios. Acabada a missa, no Convento de S. Francisco, o templo preferido, reuniam-se de novo para repetir as danças e cânticos, ao som dos tabaques, durante o dia, terminando sempre às seis horas da tarde, quando todos se retiravam. Esta cerimônia representava preces pelo espírito." (104-105, *Costumes Africanos no Brasil*). Ver Roger Bastide, *Estudos Afro-Brasileiros*, 3ª série, "O Ritual Angola do Axexê," 75-104, sep. "Sociologia," I, n.º 3, S. Paulo, 1953). Ver *Entame*.

AXOQUÊ. Deus para certos negros malês. "Axoquê! – Axoquê! – ó mãe Dandá! – – Ela é Dandalunda!" O termo axoquê é outra designação de Deus, segundo o pai de santo Manuel da Formiga, na seita malê: "Deus tinha o nome de Axoquê..." Este pai de santo conta as aventuras de um camarada que se pôs a trabalhar "para descobrir os mistérios de Axoquê; nunca encontrando uma afirmativa natural, dizia ele que Axoquê era um encanto desigual dos outros, que não estava na altura de nenhum ente procurar conhecer fundamental que é Axoquê..." Na sua pitoresca linguagem, Manuel da Formiga continua o seu informe, acrescentando que o tal "reconheceu que Axoquê é o rei dos encantos, dono do mundo, entende a religião conforme o diâmetro, empregando-lhe nomes naturais..." (Édison Carneiro, "O mundo religioso do negro na Bahia," trabalho apresentado ao Congresso Afro-Brasileiro da Bahia, 72-73, 1937).

AXOGUM. Espécie de vice-babalaô, ogã encarregado especialmente de sacrificar os animais destinados ao cerimonial jeje-nagô. Agoxum. Ogã de faca.

Axuí. Cidade de ouro, no interior do Maranhão. Ruas, palácios, igrejas, imagens, tudo era de ouro puro. Na última década do século XVIII, um escravo de nome Nicolau confessou ao Governador do Maranhão, General Antônio Fernando de Noronha, a existência da Axuí fabulosa. Toda a população da cidade acreditou, e duzentos soldados foram enviados para a conquista da cidade do ouro, pelos campos de Lagarteira e matas do Munim. Nicolau desapareceu e a expedição regressou, trazendo cansaço e decepção.

Axum. A mãe-d'água doce (João do Rio, *Religiões do Rio*, 3). Na Bahia, é Oxum, orixá do rio africano do mesmo nome. Ver *Oxum*.

Azeite de Dendê[1]. óleo extraído do fruto da palmeira dendê, *Elaeis guineensis*, dendezeiro. Azeite de cheiro na Bahia. Óleo de palma em Portugal e possessões.

Azia. Azedume, calor de estômago, hipercloridia. Contra a azia diz-se, três vezes: Azia, ave-maria! O ensalmo é o seguinte, também popularíssimo:

"Santa Iria
Tem três filhas;
Uma fia,
Outra cose
E outra cura
O mal de azia!..."

É, como se sabe, de origem portuguesa, e no Minho sobrevivem variantes aplicadas às queimaduras, etc.

"Filhas de Eva,
Três filhas tinha;
Uma cosia,
E outra ia à lenha,
Outra em fogos ardia,
Tudo pelo poder da Virgem Maria,
Qu'isto d'aqui não lavraria."

Repete-se, como a oração brasileira da azia três vezes (Dr. Armando Leão, in *Arquivos de Medicina Popular*, 33, Porto, 1944). Valdomiro Silveira divulgou uma outra fórmula do sertão de S. Paulo e Minas Gerais (*Mixuangos*, Rio de Janeiro, 1937): "Azia, azia, Mané Gracia, uma perna cheia, outra vazia." Descansa um pouco; depois repite; para outra vez; e por derradeiro repite a mesma coisa C'as três vezes "tá curado." (187).

Aziago. Dia aziago, infausto, agourento, infeliz. As sextas-feiras, coincidindo com o dia 13, são aziagas. O mês de agosto é aziago. Dias ou meses que predispõem à infelicidade. O dia mais aziago do ano é 24 de agosto, dia do São Bartolomeu, quando o diabo se solta do inferno. Pereira da Costa (*Folclore Pernambucano*): "O diabo aparece furtivamente, iludindo a vigilância dos arcanjos, que o trazem sob as suas vistas, armados de flamejantes espadas; mas, no dia de S. Bartolomeu, a 24 de agosto, solta-se, licenciadamente, e fica em plena liberdade. Por isso é prudente a gente prevenir-se para não cair nas suas ciladas. (71). "Agosto é um mês aziago, é um mês de desgosto; e é de mau agouro para casamentos, mudanças de casas e o empreendimento de qualquer negócio de importância." (116). A primeira sexta-feira de agosto é dia perigoso para negócio e viagens. João Alfredo de Freitas: "Há uns dias durante o ano, a que chamam *aziagos*, que trazem sempre um desastre para os pobres viventes. É nesses dias que se soltam as almas. Elas, as prisioneiras que passam uma vida tristonha e macambúzia, sentem o maior dos prazeres, em verem-se livres um momento. Um milhão de ideias invadem-lhes o crânio e, então, quantas pilhérias não imaginam fazer aos habitantes do nosso planeta, que as temem em excesso?" (349). Dizem ser uma reminiscência do massacre de São Bartolomeu em Paris, onde pereceram milhares de luteranos. Mas o 24 de agosto de 1572 foi uma quinta-feira. Bluteau registra o vocábulo *azar* como origem de aziago. A tradição é comum a todos os países latinos e os dias faustos e infaustos pertenciam a Roma, com sua tabela de sacrifícios e lustrações para as horas más, dando-nos também as *horas abertas*, em Portugal e Brasil. A superstição dos dias aziagos nos veio da Europa. "Em dia de São Bartolomeu tem o demo uma hora de seu." (Jaime Lopes Dias, *Etnografia da Beira*, vol. III, 158, Lisboa, 1929). Do poeta popular Leandro Gomes de Barros, contando a história do *boi misterioso*:

"A 24 de agosto,
Data esta receosa
Por ser a em que o diabo pode
Soltar-se e dar uma prosa,
Se deu o famoso parto
Da vaca misteriosa."

Azul e Encarnado. São as cores que denominam os dois *cordões*, nas velhas lapinhas e nos pastoris atuais, fiéis ao passado. Cada *cordão* possui mestra e contramestra, além das pastorinhas aclamadas durante a representação. Nos antigos circos de cavalinho era indispensável a existência de duas artistas polarizadoras do entusiasmo da assistência, a estrela do Norte, encarnada, e a estrela do Sul, azul. Nas cavalgatas tradicionais, como ainda assisti em janeiro de 1951, em Bebedouro, arredores de Maceió, os *partidos* são o azul e o encarnado, o primeiro dirigido por Oliveiros e o segundo por Roldão (ver *Cavalgata*). O espírito se mantém muito vivo no Nordeste. Em dezembro de 1952, no teatro Carlos Gomes, em Natal, o pastoril representado pelas alunas da Escola Doméstica levou o auditório ao delírio, na competição entre Azul e Encarnado. Identicamente nas capitais do Norte, desde Salvador, as cores tem fanáticos, que se despojam do último níquel, em homenagem ao Azul ou ao Encarnado, e ficam cobertos de fitinhas, tiras de papel, borboletas, faixas, medalhas, com a cor preferida, no peito, no pescoço, nos braços, no chapéu e mesmo amarrada à cabeça. No Recife a rivalidade ficou secular, continuando pelas relações sociais. Há uma explicação religiosa sobre a utilização dessas cores. O encarnado virá do manto de Jesus Cristo, e o azul do manto de Nossa Senhora. Antes dessa justificação é de pensar-se que o azul era o "partido dos cristãos" e o encarnado o "partido dos mouros" nas mais antigas cheganças. Em Paris eram famosas as querelas e rixas entre *les Bleus et les Rouges*, soldados das várias tropas que compunham a *Maison du Roi*. Ver *Cores*.

---

1 No texto original: "Azeite-de-Dendê" (N.E.).

B

BABA. Ver *Babalaô*.

BABA DE MOÇA[1]. Um dos doces velhos e populares do Brasil, indispensável como sobremesa "leve". Teve seus devotos. Gilberto Freyre divulgou uma receita antiga do Engenho Judiá, em Pernambuco, famoso nessa especialidade, oferecida aos hóspedes da casa (*Açúcar*, 148-149, Rio de Janeiro, 1939) "Faz-se com leite de um coco ralado, espremido em um guardanapo, uma libra (500 gramas) de açúcar em ponto de pasta, e 10 gemas de ovo bem batidas; vai ao fogo em um tachozinho até tomar ponto, e então é que se acrescentam as gemas de ovo; deita-se depois o doce em vasilhas, e polvilha-se com canela."

BABAIU-AIÊ. Ver *Humoulu*.

BABAL. Ver *Moça*[2].

BABALAÔ. Sacerdote dos cultos jeje-nagôs, ababá-loalô, babalau, baba, babaloxá, babalorixá, mestre, zelador, pai de santo, peji-gan (dono do altar). O radical é sempre babá, o pai. Para seus direitos e deveres, jurisdição e misteres, ver *pai de santo*. O babalaô não tem na Bahia o prestígio ritualístico da mãe de santo, embora dirija, no Rio de Janeiro e Recife, maior número de *terreiros* ou barrações religiosos. Sobre a situação do babalaô e do babalorixá ou pai de santo na Bahia, escreve Édison Carneiro ("Candomblés da Bahia", *Revista do Arquivo Municipal de São Paulo*, LXXXIV, São Paulo, 136, 1942): "Fora do candomblé, havia antigamente o babalaô, o adivinho, cuja ciência as mães deviam consultar, às vésperas de festas ou em seguida à calamidade que desabasse sobre a casa. A importância desses sacerdotes, consagrados ao culto de Ifá, deus nagô da adivinhação, era igual à das mães: os babalaôs são ainda hoje considerados *irmãos* das mães e, portanto, *tios* das filhas. Vivendo fora da comunidade, representavam uma poderosa força de reserva, mobilizável em caso de necessidade. Atualmente, há apenas dois babalaôs na Bahia (1942), Martiniano do Bonfim e Felisberto Sowzer, ambos filhos de africanos de Lagos (Nigéria), e concorrentes entre si. Ambos querem garantir-se a posição, cuja existência periclita, ameaçada pela intromissão de pais e mães, que acumulam à posição de chefe a de *olhador*, para determinar o orixá que possui a iniciada, para prevenir doenças, para resolver disputas conjugais, etc. O mundo do candomblé, desta maneira, se restringe ainda mais, dentro das suas próprias fronteiras, pela supressão dos serviços do babalaô, enquanto os chefes aumentam o seu poderio espiritual e econômico, pela solução dos problemas individuais e pelo pagamento recebido em troca das consultas às forças ocultas da adivinhação (Nota). Há 50 anos passados, tal pagamento não chegaria para enriquecer ninguém, como hoje sucede. A acreditar na velha Isabel, que foi à casa de Justina, na Quinta das Beatas, *botar mesa*, era regra, então, pagar-se apenas trezentos e setenta réis ($370), sobre os quais se dormia na véspera. Para dar *de comer à cabeça*, porém, já se pagavam 4$000."

BABALAU. Ver *Babalaô*.

BABALORIXÁ. É o pai de santo, zelador, pai de terreiro, o mestre, guia terreno, governador espiritual e administrador do candomblé. O feminino de babalorixá é alourixá, mãe de santo. A distinção entre babalorixás e babalaôs é que estes últimos diziam o futuro, consultando Ifá, o Opelê, e chegavam a eluô, videntes, quando os primeiros ficavam sempre adstritos ao culto, através dos orixás. Nalguns casos, babalaôs e babalorixás se confundem nas funções e consultas particulares. Para a nomenclatura exata, babalaô, o adivinho, o vidente, é de classe espiritualmente superior ao babalorixá. Babalorixás são mais chamados assim nos *xangôs* pernambucanos. Babalaôs, babalau (segundo Nina Rodrigues), ababalaôs. O radical é do iorubano *babanlá, de babá, pai*. É, sob o ponto de vista policial e amedrontador para o vulgo, o feiticeiro, catimbozeiro, candomblezeiro, macumbeiro, o bruxo das artes negras e assombrosas. Ver *Babalaô*.

BABANLÁ. Ver *Aboré*.

BABASSUÊ. Terreiro de candomblé de Santa Bárbara, em Belém do Pará. Tem diferenciações dos candomblés da Babia e dos xangôs do Recife, Alagoas e Sergipe e das macumbas do Rio de Janeiro. Provirá de *barbara-suéra*. O melhor documentário é de Oneyda Alvarenga ("Babassuê", Discoteca Pública de São Paulo, 1950), estudando os discos gravados no Pará em julho de 1938: "... se vê que este *babassuê, batuque de Santa Bárbara, batuque de mina, candomblé*, e talvez ainda *pajelança*, funde tradições religiosas negro-africanas, nagôs e jejes (seu elemento básico, possivelmente), a crenças recebidas da pajelança amazônica, culto de inspiração ameríndia, cujo correspondente mais franco é o catimbó nordestino e nortista. Este babassuê equivale, pois, quem sabe, ao candomblé de caboclo baiano e a outras misturas religiosas afro-ameríndias, que existem no país, mostrando predominância ora de uma ora de outra das tradições" (pág. 9-10). Ver *Feitiçaria*.

BABAU. Nome popular do mamulengo, fantoche, na zona da mata em Pernambuco. "Brincadeira popular, obrigatoriamente presente às festas do *hinterland*. O mesmo que mamulengo. Forma primitiva da marionete. No babau são figuras de proa: Cabo 70, preto Benedito, Zé Rasgado, Simão e Etelvina. Tem como ambiente a vida dos engenhos e das fazendas, preferencialmente. O babau nada tem a ver com o bumba meu boi, como alguns autores querem fazer crer. O bumba meu boi e o cavalo-marinho, estes sim, são irmãos gêmeos." (Zilde de E. Maranhão, *Matolão*, 130, Recife, 1952). No bumba meu boi pernambucano há um *babau*, figura de cavalo com queixada de boi. No Rio Grande do Norte correspondia ao *bate-queixo*, já desaparecido.

BABOLOXÁ. Ver *Babalaô*.

BACABA. Frutos da bacabeira, palmeiras das espécies *Oenocarpus bacaba* e *O. distischus*. Alfredo da Mata: "Substância oleaginosa resultante de maceração e expressão dos frutos da bacabeira, e que chamam impropriamente *vinho de bacaba*. Colorido creme e propriedades nutritivas por sua riqueza em gorduras, porém de sabor menos apreciado que o açaí. Obtém-se pela decocção dos frutos, óleo fixo verde-claro, de gosto agradável e de uso culinário. Empregado em iluminação no interior da Amazônia. Do tupi *iba caua*, fruta gordurosa" (51, *Vocabulário Amazônico*, Manaus, 1939). Bacabada é uma bebida feita com o sumo do fruto da bacabeira. Servem-na com farinha-d'água, semelhantemente ao açaí.

BACARÁ. Ver *Jogo de Baralho*.

BACARAÍ. O feto da vaca morta em estado de prenhez, e que muita gente aproveita como alimento apetitoso, informa Beaurepaire Rohan.

BACO. Festa de Baco. Realizava-se na província de Pernambuco uma festa dedicada ao deus do vinho com procissão, banquete, cânticos, etc., reminiscência da grande dionisíaca, que ocorria no mês de *Elafebolion* (março) na Grécia e depois em Roma, durante o outono. A festa de Baco terminou em 1869 e era ligada à celebração da Páscoa. Pereira da Costa descreve: "Depois da festividade de Nossa Senhora dos Prazeres, celebrada na Dominga de Pascoela, na sua linda igreja dos montes Guararapes, erguida em memória dos dois grandes feitos de armas ali feridos em 1648 e 1649, contra o batavo invasor, seguia-se uma série de festas até o domingo imediato e no qual tinha lugar a festa do deus Baco. Para o lugar denominado Batalha, onde passa o riacho Jordão, cujas águas são vermelhas, do sangue que ali correra em um combate parcial, que se travou em uma das batalhas dos Guararapes como reza a tradição popular, afluía pela manhã imensa multidão, e guardadas as solenidades das festas pagãs, tinha lugar o batismo de Baco nas águas do Jordão. Terminado o ato, dispunha-se toda gente em ordem de marcha para os Prazeres, formando pelotões, conduzindo cada indivíduo um galho de árvore, e no fim vinha Baco, com uma coroa de folhas na cabeça, montado sobre uma pipa que, disposta em forma de charola, era conduzida aos ombros dos circunstantes, revezadamente. Baco trazia uma garrafa com vinho na mão direita e um copo na esquerda, de cujo líquido vinha fazendo libações, e a representação do seu papel, na solenidade, cabia privativamente ao juiz da festa, anualmente eleito pelos foliões. Desfilava então o préstito, entoando um cântico tirado por uns tantos e respondido em coro por toda a gente, cujos versos tinham por estribilho: 'Bebamos,

---

1 No texto original: "Baba-de-moça" (N.E.).

companheiros, / Bebamos, companheiros, / O suco da uva, / O vinho verdadeiro.' Em face dessa festividade, dir-se-ia que estávamos em pleno paganismo, e ao tempo no reinado de Nero, em que Roma se inebriava em suas danças báquicas, após a procissão da divindade. Entre nós, efetivamente, se guardava na sua festa a tradição mitológica, em que Baco é algumas vezes representado sobre um tonel, com um copo em uma das mãos e na outra um tirso, vara ornada de heras e de pâmpanos, da qual se servia para fazer brotar fontes de vinho. Nas proximidades da igreja ao fundo se nota uma eminência por onde descia a procissão, e a sua passagem por ai, observada distintamente, era de um aspecto belíssimo e imponente, porquanto, em movimento o numeroso cortejo, conduzindo cada circunstante um galho de árvore cortado na ocasião da sua organização, dir-se-ia um enorme e compacto arvoredo a descer a colina, cuja verdura resplendia como esmeralda aos raios solares. A procissão entrava por um dos flancos da capela, isoladamente construída no extremo do extenso pátio, dava uma volta sobre o mesmo, envolvendo o templo, e dissolvia-se depois, cantando sempre no trajeto o seu hino báquico. Esta usança, que vinha aliás de longínquas eras, não podia continuar a ser tolerada em um país católico; compenetradas dos seus deveres, por fim, as autoridades eclesiásticas reclamaram dos poderes públicos a sua interferência, no intuito de obstar a continuação de semelhante prática. Houve tentativas pacíficas, mas infrutíferas, até que em 1869 expediu o Governo uma numerosa força de infantaria e cavalaria, que obstou a execução da tradicional festividade e desde então nunca mais se tentou a sua celebração." (*Folclore Pernambucano*, 200-202 e *Antologia do Folclore Brasileiro*, vol. 1, 322-323, 9ª ed., São Paulo, Global, 2004). Os versos ainda são parcialmente cantados pelo interior do Nordeste e cidades do litoral, pelos velhos e velhas, recordando o passado. As estrofes que estão desaparecendo ainda resistem confundidas nos brindes cantados, os *drinking song* brasileiros.

Baço. Ver *Passarinha*.

Bacurau. O que possui *estórias* na tradição oral é o bacurau-mede-légua (*Nyctidromos albicollis*). Ao anoitecer e às primeiras horas da noite, passeia pelas estradas, caçando insetos, refletindo a luz nos imensos olhos redondos. Há um ditado, possivelmente incompleto, quando se garante uma afirmativa: *é dizendo e bacurau escrevendo...* As penas da asa do bacurau curam dor de dentes, esfregadas neles. Dispostas entre a manta e a sela, aprumam o cavaleiro de tal maneira que não há salto de cavalo capaz do desmontá-lo.

"Quero dar a despedida
Como deu o bacurau;
Uma perna no caminho,
Outra no galho do pau..."

Ver Luís da Câmara Cascudo, *Canto de Muro*, "O Bacurau-mede-légua", 49-53, 4ª ed., São Paulo, Global, 2006.

Bacuri. (*Platonia insignis*, Mart). Do mesocarpo do fruto fazem compota, sorvete, refresco. "As porções do fruto, tiradas as sementes, usam com a farinha-d'água torrada, em merendas e sobremesa. Desde o Amazonas até o Maranhão." Alfredo da Mata. Com a industrialização, a calda do bacuri popularizou-se no sul do país nas sorveterias. Pacuri.

Badofe. Espécie de massa comestível que se obtém com o cozimento de língua-de-vaca ou taioba, misturada a molho especial (Édison Carneiro, *A Linguagem Popular da Bahia*, Rio de Janeiro, 1951). Língua-de-vaca, *Chaptalia intergrifolia*, Baker. Taiobas, aráceas, *Colocasia antiquorum* e *Xunthosoma violaceum*, Shott.

Baeta. Tecido grosso de lã. Apelido do natural ou morador de Minas Gerais. José Maria da Silva Paranhos, em março de 1851, escrevia: "O Chefe de Polícia, ou fosse para se mostrar generoso no primeiro entrudo a que presidia no Rio de Janeiro, ou fosse porque também é sujeito aos ataques febris do carnaval, ou finalmente, porque no conselho de estado sanitário se decidisse que esse espontâneo e passageiro delírio era excelente preservativo contra as dentadas da terrível bicha, o fato é que embuçado em suas vestes de baeta, que recordam o apelido familiar da sua província..." (*Cartas ao Amigo Ausente*, 60, Rio de Janeiro, 1953). *Êta/Baeta! Quem não puder/ Não se meta!* A coberta de baeta, encarnada ou azul, era uma das primeiras dádivas que o amo fazia aos recém-comprados escravos. Constituía elemento típico do socorro público, distribuído pelo Governo Imperial aos doentes pobres, durante as epidemias. Duas frases recordam seu uso popular: *puxar as baetas*, desafiar; *rasgar as baetas*, romper as relações.

Bagre[1]. É denominação genérica dos silúridas brasileiros, peixes de pele, com barbilhões desenvolvidos. A tradição brasileira popularizou as espinhas do bagre como causadoras de feridas dificilmente cicatrizáveis, úlceras dolorosas, valendo como veneno. Os pescadores falam nessas espinhas como perigosas. Nas *estórias* populares aparecem como determinando aleijões e desencantando monstros com sua picada. Era corrente no século XVI a fama. João de Barros (*Décadas*, II, fol. 142) informa de uma famosa peçonha da Samatra, "que compõem com a espinha do peixe, a que neste reino chamamos bagre". Na África ocorria identicamente. Os negros bijagós, da Guiné portuguesa, "usam frechas, mas não são ervadas, e em lugar de ferro, lhes põem umas espinhas de um pescado chamado bagre, que eles têm por peçonhento, e o é." (André Álvares d'Almada, *Tratado Breve dos Rios de Guiné do Cabo Verde*, 53, 1954, ed. Lisboa, 1946).

Bagre[2]. Dança da *marujada* na festa de S. Benedito em Bragança, Pará. Bordalo da Silva, que a estudou, escreve: "É o *bagre* espécie de quadrilha dançada em roda, marfada em francês deturpado e com grande número de participantes. Os pares formam círculo e o marcador comanda, determinando os passos: *Eia avante*. Os pares, pelas mãos, vão até ao centro do círculo e voltam à posição primitiva. *Granchê de dublê*, grita o marcador, e os cavalheiros metem o braço direito no braço direito da dama e dão uma volta e enfiam o braço no braço da dama seguinte, até a terceira dama, quando o marcador avisa: *Já cheguei*. Daí, em seguida, sempre comandando o *granchê de dublê*, prossegue o marcador, até alcançar o seu par e, igualmente, os demais participantes. Nesse ponto o marcador comanda novamente: *Ei Chavá* – e o cavalheiro dá uma volta com a sua dama e dança igualmente com a seguinte, avançando sempre, até alcançar o seu par. Restabelecida a roda pelos pares, dançando, sempre, pelo apoio simples de uma das pernas, e lançando a outra, alternadamente, vão os pares, ao comando do marcador, *enfiando o bagre*, isto é, entrelaçando-se, seguros pelas mãos, enfiando a cabeça por debaixo do braço do par seguinte, até voltar à primitiva posição. O *bagre* é uma dança em que o compasso musical é o binário simples, em ré maior, sendo o ritmo o mesmo do retumbão, no entanto mais *allegro*. Os *tocadores*, para dar mais ênfase a esse ritmo e mais entusiasmo à dança, cantam versinhos de improviso e os cavalheiros, de quando em vez, batem os pés com o mesmo propósito." ("Contribuição ao Estudo do Folclore Amazônico na Zona Bragantina", *Boletim do Museu Paraense Emilio Goeldi*, Série Antropológica, n.º 5, Belém, Pará, gentilmente enviado ainda em composição). Ver *Marujada, Retumbão*.

Baiana[1]. Indumentária que caracteriza a negra, a mestiça da capital baiana, tornando-se tradicional. Divulgou-se o traje pela fotografia e desenhos, teatro e citação literária: vestida de baiana, uma baiana, dizem do tipo inconfundível pelo vestuário típico. Cardoso de Oliveira evoca o tipo da baiana, "de chinelas nas pontas dos pés, torso branco à mouresca, custoso pano da Costa, saia de seda e cabeção de crivo, com os braços e o pescoço nus, cheios de pulseiras e cordões de ouro, e pendente da cintura uma enorme penca de miçanga de prata" (90, *Dois Metros e Cinco*, Rio de Janeiro, 1909). Donald Pierson retrata pormenorizadamente: "...muitas negras usam ainda a *vestimenta baiana*. Este traje se compõe de uma saia muito rodada, de várias cores combinadas, medindo geralmente cerca de 2 a 4 metros de roda na bainha, usada bufante e armada por uma anágua, ou saia de baixo, muito engomada; uma bata, isto é, blusa branca comprida e solta, em geral de fazenda de algodão, mas às vezes de seda, usualmente enfeitada de renda larga, às vezes usada muito frouxa no pescoço e deixada escorregar de um dos ombros; um *pano da Costa*, isto é, um comprido manto de algodão listrado, às vezes atado sobre um dos ombros e preso debaixo do braço oposto, outras vezes enrolado com uma ou duas voltas em uma grande faixa em torno da cintura e amarrado bem justo; um *torso* ou turbante de algodão ou seda, atado à volta da cabeça; simples chinelas sem presilhas, de saltos baixos; muitos colares de coral, búzios ou contas de vidro, às vezes tendo corrente de metal, usualmente prata; brincos de turquesa, coral, prata ou ouro, e muitos braceletes de búzios, ferro, cobre ou outro metal. O balangandã, a princípio ornamento muito importante, quase desapareceu. Como variante da bata, uma blusa branca é, às vezes, usada presa por dentro da saia, e o pano da Costa é, às vezes, substituído por um xale de lã ou seda. Frequentemente se veem os calçados habituais da classe baixa, isto é, os tamancos, de sola de madeira e bico de couro; ou, ocasionalmente, chinelos de pano. Algumas mulheres andam descalças. O *torso*, que comumente se diz ser de origem árabe, foi provavelmente trazido para o Brasil pelos haussás e outros adeptos negros de Maomé, importados das áreas imediatamente ao sul do Saara (309-310, *Brancos e Pretos na Bahia*, São Paulo, 1945). Ver *Sudaneses*.

Baiana[2]. Capa de couro que serve para a condução de roupa, usada sobre a sela (carona, no Nordeste), e na primeira acepção no Ceará (Raimundo de Magalhães, *Vocabulário Popular*, Pará, 1911). Ver *Mamalucas*.

O traje da baiana tornou-se o mais típico como expressão brasileira. As vistosas roupagens portuguesas, notadamente do Minho, não conquistaram a preferência nacional. Naturalmente o modelo dos princípios do séc. XIX complicou-se para os efeitos decorativos. Temos os documentos em Rugendas e Debret e os desenhos ilustrativos do *Viagem ao Brasil*, de Luís Agassiz (1865-1866). Num baile de máscaras em Londres, fevereiro de 1865, a Princesa Imperial do Brasil compareceu vestida de *preta baiana*. "Num baile de máscaras, em 27 de fevereiro nas vésperas do carnaval de 1865, Dona Isabel informa que se fantasiou de *preta bahiana* e o marido de *mouro*. Calcule-se o sucesso da *preta bahiana*, na suntuosa corte inglesa." (Guilherme Auler, "A Redentora e o Recife", *Arquivos*, 21/47, 84, Sec. de Educação e Cultura, Recife, 1952-1965). Auler encontrara a informação na correspondência da princesa para o pai, o Imperador D. Pedro II. A preferência é indiscutível e constituiria surpresa a escolha da indumentária das escravas negras da Bahia, por parte da herdeira do trono do Brasil.

BAIANÁ[1]. Baile popular, dança de gente pobre, fobó, fungangá, brincadeira em Pernambuco. Baianá é vocábulo popular na zona sul deste Estado até fronteiras com Alagoas. Ascenso Ferreira ("O Maracatu", *Arquivos da Prefeitura Municipal do Recife*, 2º, 151, Recife, 1942): "Valfrido-Pé-de-Cabra (Valfrido Côrte Real de Sousa), figura clássica de senhor de engenho, que se apeava do pedestal de seu cavalo para ombrear-se gostosamente com todos os cabras de Palmares, nos seus baianás, sambas e reuniões carnavalescas."

BAIANÁ[2] OU BAIANAL. Estudado por Theo Brandão, *Folguedos Populares de Alagoas*, notadamente no "Folguedos Natalinos de Alagoas". Maceió, 1961, com o nome de baianas a partir da década de 1920, classificado de "Danças-Cortejos". O Prof. Rossini Tavares de Lima fixou no bairro de S. Francisco, município de S. Sebastião, litoral norte de S. Paulo, uma variante, constituída por um grupo de homens vestidos de mulher, com *moranga*, toalha branca na cabeça, bailando ao som de viola, rabeca e sanfona, com o nome de *baianas*. Em Natal havia folguedo semelhante, homens vestidos de mulher, com violões e pandeiros, as *maxixeiras*, exibindo-se unicamente na segunda-feira de Carnaval e completamente desaparecido depois de 1930.

BAIANI. Orixá dos negros iorubanos na Bahia. Representavam-no os três *filás*, espécie de capacetes enfeitados de búzios assentados sobre o couro marroquim de diversas cores, tendo nas extremidades guizos. Cada um desses *filás* tem dezesseis correias pendentes e decoradas de búzios. A festa de Baiani é no último domingo de setembro quando encerram as atividades religiosas do ano. Às quatro horas da tarde os atabaques soam e todos ocupam, hierarquicamente, seus lugares. Manuel Querino (*Costumes Africanos no Brasil*, 56, 91) é o melhor informador de baiani: "Repleta a sala de pessoas da seita e de curiosos ou espectadores, a mãe do terreiro ou pessoa de imediata confiança faz colocar no centro da sala uma pequena talha com água, uma garrafa com mel de abelhas, outra com azeite de cheiro, pequena cuia, acaçás e um prato. Isto feito, as pessoas filiadas à seita ajoelham-se, tocando a testa no solo e entoando cânticos em louvor do santo do dia. Acolitada por duas mulheres, a mãe do terreiro despacha o ebó para Exu, a fim de que não haja qualquer desarmonia ou perturbação. Depois disto, a um sinal convencionado, os tabaques aceleram os toques, e surgem da camarinha homens e mulheres a dançar, conduzindo na cabeça os capacetes (*filás*), símbolos do santo Baiani.

Depois de terem dançado suficientemente, retiram-se da sala com grande acompanhamento, em visita a diversos pontos do *terreiro*. Todos cantam com alacridade e satisfação. Recolhidos todos novamente à sala, continua a festividade. Na versão dos africanos, esta cerimônia significa que baiani sai em procissão, com o fim de despedir-se dos lugares visitados, e assim dão por findas as funções obrigatórias do ano. Sem embargo, qualquer pessoa pode, particularmente, cumprir promessas ou outras obrigações" (91-92). Nos *xangôs* do Recife há um *baianenin* sem referências esclarecedoras. É descendente de Xangô, informa o babalorixá Adão a Gonçalves Fernandes (*Xangôs do Nordeste*, 59). Jacques Raimundo (*O Negro Brasileiro*, 149) informa ser "baiani qualquer objeto pertencente a Xangô, especialmente o seu ídolo, venerado no último domingo de setembro, o mais próximo de 30, o dia que no hagiológio romano se consagra a São Jerônimo; do iorubano *báyanni*, objeto ou ídolo venerado pelos crentes do deus do trovão".

BAIANO. Dança viva, com coreografia individual, permitindo improvisações e habilidades de pés e velocidade de movimentos de corpo consagradores na apreciação popular. Era o baile do Birico e do Mateus (Rio Grande do Norte) ou de Mateus e Fidélis (Pernambuco) no bumba meu boi, sempre aplaudidos:

Toca bem esta viola
No baiano gemedô,
Que o Mateus e o Fidélis
São dois cabra cansadô…
O tocador da viola
Chama-se Feliciano;
Oh que belo mulatinho
Para dançar o baiano!

O baiano não era apenas dançado pelo povo mas executado também nas salas da sociedade. O Padre Miguel do Sacramento Lopes Gama (no *Carapuceiro*, n.º 77, Recife, 24-12, 1842), estudando os "Passatempos do Natal", escrevia: "Em funções de batizados, casamentos, havia os minuetos rasteiros, os cotilhões e de ordinário arrematava-se tudo com o baiano, que então não se reputava dança imoral, como hoje, em que os costumes vão-se apurando, como se vê e todos admiram." A confusão na nomenclatura impossibilita a fixação de características. Já não se dança o baiano que sempre vi dançar nos circos de cavalinho e bumba meu boi, por um, dois e três homens. Pereira da Costa (*Vocabulário Pernambucano*, 66): "Dança rasgada, lasciva, movimentada, ao som de canto próprio, com letras, e acompanhamento a viola e pandeiro, e originário dos africanos, transformação das suas danças nacionais como o maracatu e o batuque. Do

baiano muito em voga ainda, principalmente nos divertimentos e folganças rústico-campestres (o autor escrevia há quarenta anos passados), vem a música assim chamada pelo tom abaianado que a caracteriza." Sílvio Romero (*Cantos Populares do Brasil*, XV-XVI): "*O baiano* é dança e música ao mesmo tempo. Os figurantes, em uma toada certa, tem a faculdade do improviso e fazem maravilhas, os tocadores de viola vão fazendo o mesmo, variando os tons. Dados muitos giros na sala, aquele para, vai dar uma umbigada noutro que se acha sentado e este surge a dançar. O movimento se anima, e, passados alguns momentos, rompem as cantigas e começam os improvisos poéticos. Aí se exerce uma força verdadeiramente prodigiosa e os cantos inspirados por motivos de ocasião e sempre com vivíssima cor local, ou varrem-se para sempre da memória, ou decorados e transformados, segundo o ensejo, vão passando de boca em boca, e constituindo esta abundante corrente de cantos líricos, que esvoaçam por toda a extensão do Brasil. *O baiano* é um produto do mestiço; é a transformação do maracatu africano, das danças selvagens e do fado português." Aluísio Alves (*Angicos*, Rio de Janeiro, 1940): "Baiano ou baião. Dança sapateada, em que os personagens davam castanholas do começo ao fim. Estes eram convidados da seguinte maneira: sentados ou de pé, esperavam que o tocador se aproximasse, requebrando-se, e lhes fizesse uma cortesia, que constava de um cumprimento aberto, no qual a viola continuava a tocar. O primeiro contemplado, após o tocador sentar-se, saía pelo salão, dando castanholas, e logo jogava o *lenço da sorte* a outro. E assim, sucessivamente, vinham dançar muitos dos presentes" (331). O Sr. Júlio Monteiro (citado na *História da Música Brasileira*, Renato Almeida, segunda edição, Rio de Janeiro, 1942) informa dançar-se o baião, sinônimo de *baiano*, como uma parte do samba, havendo outra maneira diversa do que se usa em Sergipe e nos Estados do Sul: em vez da embigada, atira-se com os dedos um estalo de castanhola na direção da pessoa escolhida, até que se forma a quadra e, dada a vênia ao cantor, começa o baião" (161). Entre os cantadores sertanejos o baião não é canto nem dança. É uma breve introdução musical, executada antes do "desafio", antes do debate vocal entre os dois cantadores. Denominam-se também rojão, rojão de viola, mais comumente. O pequenino trecho executado depois de cada cantador cantar (sextilha, décima, etc.) chama-se rojão ou baião (Luís da Câmara Cascudo, *Vaqueiros e Cantadores*, 202, São Paulo, Global, 2005):

"Aderaldo quando ouviu
O baião que fez Siqueira."

O baião pode ser tocado a viola apenas, sem canto. Evocava o poeta Ferreira Itajubá (1876-1912):

"Como é doce o rojão das violas
[nas aldeias!
A lua cheia de abril refrescando
[as areias!…"

Luís Heitor ("Danças Sertanejas," *Cultura Política*, 46, Rio de Janeiro, 1944): "O baião não é outra coisa senão o *baiano*, designação regional e uma das mais persistentes do samba… O que o baião apresenta de especial, realmente, é o movimento rítmico sincopado" (302-303). No *Diário de Pernambuco*, de 14 de novembro de 1829, fala-se num "matutinho alegre, dançador, deslambido, descarado, que não tivesse dúvida em "quebrar o coco, e riscar o baiano" com umas poucas negras cativas no meio de uma sala perante mais de 20 pessoas sérias" (E. Sales Cunha, *Folclore de Alagoas e Outros Assuntos*, 107-108, Rio de Janeiro, 1956).

BAIÃO. Dança popular muito preferida durante o século XIX no nordeste do Brasil. Falando sobre as danças, escreveu Rodrigues de Carvalho: "No norte do Brasil: a ciranda, São Gonçalo, maracatu, rolinha doce doce, o baião, que é o mais comum entre a canalha, e toma diversas modalidades coreográficas" (*Cancioneiro do Norte*, 71, segunda edição, Paraíba do Norte, 1928). O mesmo que baiano (ver *Baiano*). O mesmo que rojão. Pequeno trecho musical executado pelas violas

nos intervalos do canto no desafio (Luís da Câmara Cascudo, *Vaqueiros e Cantadores*, 202, São Paulo, Global, 2005). Ver *Rojão*. A partir de 1946 o grande sanfoneiro pernambucano Luís Gonzaga divulgou pelas estações de rádio do Rio de Janeiro o baião, modificando-o com a inconsciente influência local dos sambas e das congas cubanas. O baião, vitorioso em todo o Brasil, conserva células rítmicas e melódicas visíveis dos cocos, a rítmica (de percussão) com a unidade de compasso exclusivamente par. O maestro Guerra Peixe registrou como características melódicas: Escala de dó a dó – *a*) todos os graus naturais; *b*) com o sétimo grau abaixado (si bemol); *c*) com o quarto grau aumentado (fá sustenido); *d*) com qualquer mistura de dois dos modos anteriores, ou mesmo os três; *e*) algumas vezes em modo menor clássico europeu; *f*) raramente, no modo menor, com o sexto grau maior. E os ritmos melódicos: semicolcheia, colcheia, semínima e mínima prolongada em compasso de dois por quatro. Harmônicas: emprego dos acordes de, em modo maior: *a)* I, V, IV graus, em ordem variável; *b)* I, II graus, com a terceira do acorde alterada (fá sustenido); modo menor, I, IV grau, com a terceira alterada (fá sustenido). Esses baiões eram executados nas sanfonas do sertão. Hoje estão orquestrados e tornados indispensáveis, contra-atacando o domínio do bolero, que recua. Ver *Desafio, Xaxado, Rojão*.

BAIÃO DE DOIS[1]. Prato popular no Ceará. "Aos domingos, fazíamos ali um almoço, ajantarado, de lamber o beiço; delicioso baião de dois com toucinho, isto é, arroz e feijão cozinhados juntos." (Gustavo Barroso, *Liceu do Ceará*, 123, Rio de Janeiro, 1940).

BAILE. Dança, reunião de danças, bailado, baile das flores, baile das estrelas. Descompostura, agressão verbal pública, dar um baile. Na França, diz-se *donner un bal à quelqu'un: le maltraiter en paroles ou en action* (Larousse). O baile popular compreende sambas, cocos, sapateados. O baile paulista, mineiro e do Rio Grande do Sul era o Fandango, com suas incontáveis partes. O baile da classe média era das danças européias, valsas, polcas, *schottischs*, quadrinhas, lanceiros, agora com *fox-trots*, rumbas, congas, *swings, jitterbug*, etc. Difícil, no ponto de vista do povo, definir o baile, idêntico à batucada, ao *assustado* (se for improvisado), ao forrobodó, ao *arrasta-pé*. Ver *Mana-Chica, Fandango*, especialmente o verbete *dança*. Os pastoris e bailes pastoris são autos do ciclo do Natal, cantados e dançados por meninas e moças, em louvor do nascimento de Jesus Cristo. A indumentária própria, nalguns lugares, vive a tradição dos *cordões*, azul e encarnado, com seus partidários fanáticos e barulhentos, a música velha e doce. Pertencem os pastoris a um gênero eminentemente popular no nordeste e norte do Brasil, reaparecendo no mês de dezembro e possuindo auditório fiel. Renato Almeida estudou os bailes pastoris (*História da Música Brasileira*, 225) e Ascenso Ferreira fez uma deliciosa reportagem histórica, com ilustrações de Luís Cardoso Aires e documentação musical (*Arquivos*, Prefeitura Municipal do Recife, 1º e 2º, nºs. 135, de 1943). Pereira da Costa (*Folclore Pernambucano*, 189), Gustavo Barroso (*Ao Som da Viola*), Sílvio Romero (*Cantos Populares do Brasil*), Melo Morais Filho (*Serenatas e Saraus*, I, Rio de Janeiro, 1902) transcreveram e estudaram bailes pastoris. O baile, na acepção clássica, é uma reunião de danças, bailados independentes um do outro e sem intenção temática. Trata-se, evidentemente, de mera, simples e poderosa expressão lúdica. Desde que apareça um motivo central, um enredo orientador da coreografia, será um auto, isto é, uma ação figurativa de assunto, uma representação, que psicologicamente ultrapassa o sentido real do baile, bailarino,

---
1 No texto original: "Baião-de-Dois" (N.E.).

bailar, sinônimos de folguedo, folgador, folgança. O baile pastoril, em Portugal notadamente, tomou outro rumo funcional. Sendo executado diante do presépio, simulacro do grupo de São José, Nossa Senhora e o Menino-Deus, com os animais-testemunhas e no dia de Reis, 6 de janeiro, com pastores e os Magos Reis do Oriente, reuniu, ao redor do motivo da oblação ao Deus-Menino, as apresentações das diversas entidades que vinham saudá-lo, trazendo ofertas. Assim, nos finais do séc. XVIII e ao correr do séc. XIX, tivemos nos bailes pastoris pequeninos autos simbólicos de homenagens, sem interligação, todos convergindo para o presépio, hoje desaparecido porque os pastoris são públicos e dançam em tablados, ao ar livre, ao som de solfas diversas e com ampla percentagem, alheias ao espírito votivo. Esses antigos bailes foram colecionados por Melo Moraes Filho, no primeiro tomo do *Serenatas e Saraus*, havendo as mais inesperadas inspirações, *Baile da Aguardente, Baile da Patuscada, Baile do Meirinho, Baile do Caçador*, etc. Ver ainda o primeiro tomo do *Folclore Brasileiro*, de Sílvio Romero, Rio de Janeiro, 1954.

BAINHA. João do Rio (*Religiões do Rio*, 28) cita apenas, num extenso rol de orixás dos cultos negros do Rio de Janeiro, este nome, *Baynha*...

BAIO. Dança popular no Piauí. "As danças prediletas são: o xerém e o baio. O xerém lembra um pouco o ritmo da polca e o baio assemelha-se ao antigo miudinho do sul do país. Os pares fazem piruetas, no meio da roda formada pelos dançadores, soltam-se dos braços um do outro, requebram, fingem que vão enlaçar-se de novo, e, ao se aproximarem um do outro, tiram graciosamente o corpo, o que provoca riso nos circunstantes. O baio tem ritmo vivo, parecido com o da arcaica chula, obrigando os dançadores a movimentos rápidos dos pés, e a sapateados difíceis e elegantes. Quando a dama escapava ao amplexo do cavalheiro, este cantarolava: "Ai meu Deus eu caço, / mas não acho / Zefa na volta do braço." Aproximei-me da roda dos cantadores. Ou cantam estrofes apaixonadas, ou fuzilam versos, desafiando os parceiros." (Francisco de Assis Iglésias, *Caatingas e Chapadões*, 2º, 437-438, S. Paulo, 1958). Ver *Xerém*.

BAÍRA. Ou Bairi, a entidade civilizadora dos indígenas parintintins ou cauaiuas do rio Madeira, no Amazonas, de raça tupi. Suas aventuras têm um sabor de malícia e de zombaria, lembrando o Macunaíma dos taulipangues e o Porominare dos barés. Ensinou aos parintintins a caça com visgo, a pesca com *sangab* (outro peixe fingido e posto nágua para atrair o bando), furtou o fogo ao urubu e mandou-o aos seus indígenas, por intermédio do sapo, que se tornou um pajé poderoso, o flechar de jirau ou de escada, os adornos com dentes de onça,

etc. (Nunes Pereira, *Bahira e suas Experiências*, segunda edição, Manaus, Amazonas, 1945).

BAIRI. Ver *Baíra*.

BAITATÁ. Ver *Boitatá*.

BALA. Projétil de arma de fogo. Imagem de rapidez, "como uma bala". Subtende luta de extermínio. "Se a polícia chegá, qué que nós faz? Morre tudo na bala e ninguém vai!" Refrão de coco alagoano. Ponto de bala: não alude ao projétil mas simplesmente ao *ponto* em que a calda do açúcar, refinado com essência de fruta, atinja à densidade indispensável para o esfriamento e feitura de balas, bolas, rebuçados, vendidos em cartuchos de papel (Luís da Câmara Cascudo, "Folclore da Alimentação", *Revista Brasileira de Folclore*, n.º 7, setembro-dezembro de 1963, Rio de Janeiro). Ver *Alimentação*.

BALADEIRA. Pequena arma infantil, de madeira e borracha, usada por toda criança do Nordeste para matar passarinhos ou outras aves. Tem a forma de um Y e é feita com uma forquilha de madeira resistente. Nas suas extremidades superiores amarram-se dois pedaços de borracha (da espessura de um dedo). As outras pontas ficam seguras num pedaço de couro ou pano, formando a funda, onde se colocam pequenas pedrinhas ou seixos que serão atirados ao alvo com o impulso da borracha distendida. Osvaldo R. Cabral (*A Setra, a Funda e o Bodoque*, Comunicado da Comissão Nacional de Folclore, n.º 75, de 31/1/49) descreve-a com o nome de *setra*, conforme a denominação usada em Santa Catarina.

BALAIO. Ver *Bambaquerê*.

BALANÇA-FLANDRE. Ver *Samba*.

BALANGANDÃS. Coleção de ornamentos de prata que as crioulas trazem pendentes da cintura, nos dias de festa, principalmente na do Senhor do Bonfim, registrou Beaurepaire Rohan (*Dicionário de Vocábulos Brasileiros*, Rio de Janeiro, 14) como sendo *barangandano*. Igualmente fixaram Macedo Soares e Manual Querino, este ajuntando a forma *balançançam*, tipicamente onomatopaica. O vocábulo irradiou-se da Bahia, onde o objeto se tornou popular: "Quem não tem balangandãs / Não vai ao Bonfim!", diz uma cantiga. Pereira da Costa não recolheu o termo no seu extenso *Vocabulário Pernambucano*, mas Mário Sette (*Anquinhas e Bernardas*, 11, São Paulo, 1940) transcreve versos antigos com outra grafia: "Ou que trazem bicos, rendas / Berenguendés e fazendas". Os balangandãs são um conjunto de miniaturas em prata e ouro, campainhas, figas, corações, dentes, chifres, tubos, placas, frutos, chaves, cadeados, bichos, pernas, sapatinhos, tesouras, conchas, cem outras peças, algumas deliciosamente lavradas, e todas reunidas, confusamente, e presas na mesma argola de metal e penduradas da cinta das mestiças, mulatas e negras da Bahia. Nas noites de novena do Senhor Bom Jesus do Bonfim, em Itapagipe, janeiro, havia, e ainda há em proporções menores, uma verdadeira competição de balangandãs, alguns legítimas obras de arte, pela delicadeza e nitidez do desenho e acabamento. O vocábulo é conhecido em todo o Brasil e há colecionadores que possuem espécimes maravilhosos. Meneses de Oliva ("Tentativa de Classificação dos Balangandãs", *Arquivos do Museu Histórico Nacional*, vol. II, Rio de Janeiro, 1941) ensina: "Não é possível afirmar com segurança quando foram os balangandãs primeiramente fabricados no Brasil, embora seja crença geral que tenha sido a cidade do Salvador o centro da sua maior produção. Primando pela ausência de ornatos barrocos, afastada assim a influência portuguesa, só podiam ter sido fabricados pelos negros islamizados do Doamei e de nações vizinhas, os malês, que conheciam a fundição dos metais, e que em levas sucessivas chegaram à Bahia. Acredito porém, que em Pernambuco, Minas Gerais e Rio de Janeiro tenha vivido também grande número de artistas peritos nesse ramo das artes menores brasileiras, embora não lhes conheçamos os nomes" (38). Meneses de Oliva divide os balangandãs, pela presença em maior percentagem de certos elementos, nas classes: devocional, votiva, propiciatória, evocativa e decorativa (Meneses de Oliva, "A Santa do Pau Oco e Outras Histórias", *Classificação dos Balangandãs*, 39-55, com bibliografia, Rio de Janeiro, 1957). Debret, na primeira década: do século XIX, assinalava, sem nomear, o balangandã no Rio de Janeiro, quando informava: "É raro que uma vendedora negra ambulante se mostre na rua sem seu pequeno amuleto (*era a figa de arruda*) ao pescoço, o que não a impede de usar também dois outros à cintura, de cambulhada com cinco a seis talismãs, de forma e de natureza diferentes." (*Viagem Pitoresca e Histórica do Brasil*, trad. Sérgio Milliet, ed. Martin, São Paulo, II, 54, 1940). Os balangandãs são amuletos destinados a afastar o mau-olhado e as forças inimigas, que vivem no ar e são dirigidas pelas pessoas desafetas. Na heterogênea coleção de berloques, há também reminiscências religiosas de muitas civilizações, lembretes amorosos, objetos de simpatia ou apenas explicáveis pela sua beleza, perdida na memória a explicação racional do uso. Na minha coleção há objetos de prata, trabalhados em Portugal, Porto e Braga. Ver *Penca*.

BALÃO FACEIRO. Dança de Campos, Estado do Rio de Janeiro, fazendo parte de uma espécie de quadrilha denominada *Mana-Chica*, ver.

BALÊ. Nos candomblés pernambucanos, especialmente nos do Recife, onde são denominados *xan-*

gôs, balê é um quartinho retirado, fora do barracão das festas, e destinado a hospedar o espírito dos mortos, antes da grande viagem definitiva para o outro mundo. Roger Bastide informa: "Balê é a casa dos mortos, é onde ficam as almas dos defuntos antes da grande viagem para o além; suas paredes são muito grossas, sem fendas nem interstícios, para que o espírito não possa sair nem atormentar os vivos; é impossível, do lado de fora, saber se há ou não, no interior, uma vela acesa." Todos os anos, na sexta-feira santa, pelo menos um em desses xangôs, evocam-se os mortos; algumas vezes, contudo, acontecia que, nas trevas do sono, o pai ouvia uma voz; era uma alma que falava, que o tirava do sono, do leito, e o fazia descer, ainda titubeante, pelo jardim de bananeiras e aproximar-se dos muros do balê; então o morto falava, dava ordens, aconselhava..." (*Imagens do Nordeste Místico em Branco e Preto*, 157, Rio de Janeiro, 1945).

BALOGUM. Ver *Ogum*.

BAMBÁ. Borra de azeite fino de dendê. Farófia de bambá, farinha de mandioca temperada no bambá. Vocábulo angolês, segundo Macedo Soares, registrando quatro outras significações: 1) dança dos negros africanos, em círculo de homens e mulheres que cantam o estribilho: "Bambá, sinhá bambá, querê!" ao som de palmas cadenciadas, em aplauso a um ou dois dançarinos que, no centro, executam vários passos e figuras; 2) jogo de cartas. "Em Itaipu, em uma das casas de negócio, todos os dias joga-se o *bambá* tão descaradamente que se privam os fregueses de chegarem ao balcão." (*O Fluminense*, de 1-IV-1881); 3) desordem, confusão, sarilho, como sói haver nas danças desse gênero; 4) dança qualquer que acaba em desordem. Do bundo, *mbamba*, jogo, divertimento, em círculo, formando roda. Rio de Janeiro, Minas Gerais, São Paulo, Bahia, Mato Grosso, etc. Sinonímia: bambaquerê, bangulê, bendenguê, batuque, candombe, candomblé, canjerê, cateretê, jongo, samba, bambaré, banzé, chinfrim, sarilho ("Dicionário Brasileiro da Língua Portuguesa", *Anais da Biblioteca Nacional*, vol. XIII, 73, 1888, Rio de Janeiro). Citando J. Romaguera Correia (*Vocabulário Sul-Rio-Grandense*, Pelotas, 1898), Rodolfo Garcia indica outro bambá: jogo entre os campeiros, por meio de quatro metades de caroços de pêssegos (689, "Dicionário de Brasileirismos", *Revista do Instituto Histórico e Geográfico Brasileiro*, vol. 127, Rio de Janeiro, 1915).

BAMBAÊ. Dança ou batuque de caixas, típica da região de Cajapió e S. Bento, também chamada *farra de caixa*. À semelhança do *tambor de crioula*, no bambaê não dispensam os dançadores a clássica umbigada ou punga (Domingos Vieira Filho, *A Linguagem Popular do Maranhão*, São Luís, 1953).

BAMBAQUERÊ. Dança popular no velho Rio Grande do Sul, de par solto, fazendo parte dos antigos fandangos, denominação genérica do baile, reunião de danças. Era espécie de quadrilha, segundo a descrição de Cezimbra Jacques, compreendendo dezenas de danças, cada uma com seu nome típico, tirana, tatu, cará, balaio, xará, chimarrita, ribada, quero-mana, serrana, dandão, galinha-morta, recortado etc., etc. Macedo Soares dizia essa dança de origem africana, com o estribilho: bambá, sinhá, bambá querê (ver *Bambá*), conhecida da Bahia até Mato Grosso, embora sem alusão ao Rio Grande do Sul, onde foi uma das mais populares (*Dicionário Brasileiro de Língua Portuguesa*). Pereira da Costa escreve: "Aqui, em Pernambuco não conhecemos dança alguma africana com um ou outro nome, mas que efetivamente existiu, em outros tempos, apesar de apagadas as suas reminiscências, comprovam estes versos, estribilho de uma dança abaianada, com toada própria, e que talvez, assim mesmo desfigurados, tragam a origem, entre nós, dos próprios bambás africanos: – ô bamba de lêlê, ê bambá de quero / tanta moça bonita, ó bambá / mas não é pra você." (70, *Vocabulário Pernambucano*). Ver *Fandango*.

BAMBELÔ. Samba, coco de roda, danças em círculo, cantada e acompanhada a instrumento de percussão (batuque), fazendo figuras no centro da roda um ou dois dançarinos, no máximo. O étimo é o vocábulo quimbundo *mbamba*, jogo, divertimento, em círculo. Rio Grande do Norte, pelas praias da capital, o mesmo que coco de roda. Ver *Coco, Bate-Caixa, Zambê*.

BANANEIRA. (*Musa sapientum, L. Musa paradisiaca*). Tem suas *estórias* e mistérios. Na noite de São João quem meter uma faca na bananeira verá o nome do futuro noivo ou noiva, escrito com as letras tremidas do tanino. Quando vai dar o cacho, a musácea geme como uma mulher em dores de parto. Frei João Pacheco (no *Divertimento Erudito*, Lisboa, 1734, Tratado II, Capítulo II, artículo X) registra a tradição: "Quando o cacho quer brotar, a fruta (e tem cada uma delas 40, 50 e mais bananas) dá gemidos como mulher, que quer parir. Na Bahia há opinião que é a fruta proibida por Deus a Adão." (293). Pereira da Costa (*Folclore Pernambucano*, 112) informara identicamente: "A bela musácea, conhecida pelo nome vulgar de bananeira, tão comum entre nós, em suas variadas espécies, é um vegetal que se remonta às origens da criação do mundo – porque Adão e Eva comeram dos seus frutos no paraíso terreal; e, efetivamente, a sua origem asiática, magistralmente discutida e comprovada por Alph. de Candolle e a sua classificação botânica de *Musa paradisiaca*, imposta pelo sábio Lineu, autorizam, não há dúvida, a popular legenda." Chamavam-lhe figueira-de-Adão (Fernão Cardim, *Tratados da Terra e Gente do Brasil*, 71). Gabriel Soares de Sousa (1587) registrava: "Quem cortar atravessadas as pacobas ou bananas, ver-lhes-á no meio uma feição de crucifixo, sobre o que contemplativos têm muito que dizer." (*Tratado Descritivo do Brasil em 1587*, 209). John Luccock encontrava a mesma tradição no Rio de Janeiro de 1808 (*Notas Sobre o Rio de Janeiro*, versão brasileira, São Paulo, 1942): "Não há um bom católico, neste país, que corte uma banana transversalmente, porque seu miolo apresenta a figura de uma cruz." (31). A banana fornece à culinária brasileira mingaus, *cartolas*, saladas, frutos secos, farinha, variada colaboração. As folhas envolvem acepipes, peixes assados, pratos afro-baianos, guloseimas. Quando a bananeira não dá frutos, manda-se abraçá-la por um homem. Fatalmente vêm frutos. Abrosetti registra semelhantemente, na Argentina (*Supersticiones y Leyendas*, 72). Ver Luís da Câmara Cascudo, "O mais popular africanismo no Brasil", *Made in Africa*, 11-17, 2ª ed., São Paulo, Global, 2002; idem *História da Alimentação no Brasil*, "O caso das bananas", 113-118, 4ª ed., São Paulo, Global, 2011; "A Banana no Paraíso", *Revista de Etnografia e História*, n.º 14, Porto, Portugal, 1967.

BANDEIRA. As irmandades religiosas têm seus estandartes assim como os santos padroeiros. No primeiro dia da festa votiva há a cerimônia do *levantamento da bandeira*, içá-la à extremidade de um mastro enfeitado, entre música e salvas de foguetões. Depois da festa, há o *arreamento da bandeira*, com solenidade idêntica. Nas festas populares de São Gonçalo, em Recife, a bandeira do santo saía pelas ruas, acompanhada de séquito, que ia dançando animadamente. Na *folia do Divino*, um alferes conduz a bandeira do *Divino* acompanhando o peditório das esmolas para a festa. Essa tradição provém da bandeira das corporações, significando, com sua presença simbólica, a solidariedade de todo o grupo. Ter a bandeira era a oficialização da associação profissional. Dizia-se então *ofício embandeirado*, reconhecido pelo rei. As bandeiras dos oragos proclamam a autenticidade das homenagens aos seus méritos tradicionais. O Prof. Rossini Tavares de Lima (S. Paulo) distingue, em boa lógica, a *Bandeira do Estandarte*, confundidos como sinônimos. "A bandeira é fixada no pau pela extremidade; o estandarte pelo centro e, na maioria das vezes, por meio de um cordel. Nas Irmandades, predominam os estandartes; popularmente, a bandeira. Assim são as bandeiras que, pela mão de alguém, vão de casa em casa a recolher donativos para as festas do *Divino, Reis, São João* e outros santos. Mas há também bandeira em molduras. Aqui, em São Paulo: *Santa Cruz, Santa Rita, São João* e outros santos de junho, *Divino*. Estas são içadas em mastros." Divulgou-se a bandeira quadrada ou retangular, como signo do Rei e depois pavilhão nacional. O estandarte prendia-se, como atualmente, a uma haste atravessada no alto de uma lança, quase privativo da cavalaria. Os *vexilos* romanos podiam apresentar ambas as formas, horizontal na lança ou vertical, como as bandeiras contemporâneas, origem dessas insígnias. O povo é que não distingue *bandeira* de *estandarte*, provindos de *bandaria, banda, bando*, grupo sob o mesmo símbolo, e *extendere*, ostentar, expor, o brasão do reino ou do senhor feudal. A tradição imemorial da bandeira mantém-se nos grupamentos contemporâneos de profissionais a carnavalescos. *Rir a bandeiras despregadas*, rir escancaradamente, sem rebuço, tirado do antigo uso de levar a bandeira tendida ao sair de uma praça que se entregou" (*Tesouro da Língua Portuguesa*, Dr. Frei Domingos Vieira, Porto, 1871).

BANDEIRA FURTADA. Ver *Pedro* (São).

BANGUÊ[1]**.** Vocábulo que, tendo várias significações, aparece no folclore e etnografia brasileira, determinando confusão aos que ignoram suas múltiplas acepções. Além de notas pessoais, este verbete é redigido com as informações de Macedo Soares e Pereira da Costa. I) Cadeirinha, liteira puxada por dois animais, um atrás e outro adiante, dentro de varais, com assento para duas a quatro pessoas e cortinado de couro nas portinholas. Viajava-se deitado. Comum a Mato Grosso, Goiás, Minas Gerais, São Paulo, Rio de Janeiro e Índia Portuguesa onde lhe chamavam *banghi*, liteira rasa, coche de coice; II) canal de ladrilho das tachas, nos engenhos de açúcar, por onde corre a espuma que transborda com a fervura, no momento da decoada ou excesso de fogo. Rio de Janeiro e Bahia; III) conjunto do aparelho de um engenho de açúcar, fornalha, tachas, paiol, etc. Foi o primeiro nome dos engenhos com força a vapor, diferenciando-os dos engenhos propriamente ditos ou almanjarras, que eram de tração animal. Empregado em quase todo o Brasil, especialmente da Bahia para o norte; IV) padiola de transportar material de construção, terra, barro, tijolos, caliça. Bahia. Macedo Soares o estende para todo o Norte, mas não o encontro nesse emprego; V) padiola de conduzir cadáveres, carro da misericórdia. "Há mais um esquife chamado do banguê, em que se sepultam os escravos, de que dão seus senhores dois cruzados, de cujo rendimento se satisfaz a despesa dos três que o carregam e o da cruz e o capelão, que os acompanham à sepultura, e se pagam os 240 réis de emolumentos aos sa-

---

[1] No texto original: "Bangüê" (N.E.).

cristães das respectivas igrejas onde se sepultam." (Documento ms. da Biblioteca Nacional, citado por Macedo Soares). Também na Bahia o esquife dos escravos se denominava *banguê*. Uma quadrinha baiana recolhida por Vale Cabral:

"Negro jejê quando morre,
Vai pra tumba do banguê;
Os parentes vão dizendo:
Aribu tem que comê."

Loreto Couto, em meados do século XVIII, cita um "clérigo do banguê" em Pernambuco (Recife), com a missão de acompanhar o enterramento dos defuntos pretos que não pertencessem à Irmandade do Rosário; VI) cocho de couro para curtir couros ou fazer decoada. Minas Gerais e Mato Grosso; VII) canoa de pele ou couro, o mesmo que *pelota*. Bahia.

BANGUELO. Pessoa sem dentes; sem os incisivos. Benguelo. Leonardo Mota (*Cantadores*, 140, Rio de Janeiro, 1921):

Acho ser coragem sua
Me convidar pra "martelo",
Que eu não respeito outro homem
Quanto mais um amarelo,
Que, além de amarelo, é torto,
E, além de torto, banguelo.

O costume de limar os dentes, por motivos estéticos ou religiosos, é encontrado em lugares diversos. Letourneau e Topinard registram essa tradição na Austrália, onde as crianças tinham os incisivos arrancados e outros limados em ponta. Frazer colheu muita notícia. O vocábulo interessa à etnografia brasileira por estar ligado com uma fonte exportadora de escravos em Angola. Os negros banguelas ou ganguelas, luimbas, loenas, cortam os dentes. Serpa Pinto (*Como Eu Atravessei África*, 1, 178): "Todos os homens cortam em triângulo os dois incisivos da frente na maxila superior, formando uma abertura triangular com o vértice apoiado na gengiva. Esta operação é feita com uma faca em que vão batendo pequenas pancadas."

BANGULÊ. Danças dos negros, ao som da puíta, de cantigas obscenas, palmas e sapateados (Macedo Soares, *Dicionário Brasileiro de Língua Portuguesa*). Ver *Bendenguê*.

BANHO. A popularidade dos banhos n'água corrente é um hábito lógico de qualquer povo equatorial. Indígenas e africanos tinham o banho como um divertimento, exercício, volúpia, indispensável cada dia. O hábito continua. Os banhos curativos, trazidos pelos portugueses, banhos mornos, quentes, sedativos, tornaram-se vulgares em todo o Brasil. O banho integrante do cerimonial das iniciações já era familiar ao indígena. Na iniciação nos cultos de Jurupari, o mais nacional dos cultos ameríndios, várias vezes o rapaz ou a moça – esta quando do primeiro catamênio – banham-se nas águas do rio, acompanhados pelos padrinhos ou madrinhas, segundo o caso. Os africanos mantinham e mantêm essa tradição. Nos candomblés da Bahia foram sempre conhecidos, durante o período de aprendizagem das filhas de santo, os banhos de ervas aromáticas, rituais (ver *Ariaxé*) ou os na água dos córregos e fontes próximas ao barracão (ver *Maionga*). A população mestiça, especialmente do Norte e Nordeste, usa os banhos de cheiro, para livrar-se do mau-olhado e das infelicidades que perseguem alguém, vítima de um *despacho*, *ebó* ou *coisa-feita* (ver *Banho de Cheiro*). O banho, indispensável nas iniciações (ver *Iniciação*), fiel uso de gregos (mistérios, grandes e pequenos de Elêusis) e romanos (Saturnais, Hilárias, Dionisíacas, etc.) vieram pela Idade Média, onde o cavaleiro, depois do banho ritual da purificação, velava as armas, já vestido de branco, símbolo de pureza, de quem se libertou dos feios pecados. Uma ordem honorífica da Inglaterra, *Knights of Baths*, fundada em 1399, por Henry IV, relembra esse cerimonial. Os banhos sagrados dos hindus, no Ganges, na lua cheia de novembro, continuam sua imponência pela multidão de fiéis. Esses banhos de purificação, de que o batismo é expressão mais viva, têm sua *constância* nos banhos de São João, comuns na Península Ibérica e espalhados por todo o continente americano.

"Meu São João,
Eu vou me lavar;
As minhas mazelas!
No rio deixar!...

Meu São João,
Eu já me lavei;
As minhas mazelas
No rio deixei!..."

Canta-se no Brasil. Do México até Argentina, os cultos joaninos seguem sua prestigiosa ação, modificados ou diminuídos mas sensíveis na maioria dos lugares e versões. Esses banhos limpam os pecados. Na Grécia mítica era tradicional a lenda de Medeia rejuvenescer com os banhos mágicos. Por isso Pélias morreu diluído na caldeira superaquecida, querendo voltar a ser moço. O cerimonial de veneração à água (ver *Água*) ainda sobrevive, disfarçado em pragmática de higiene ou de respeito: não bater n'água com o calcanhar; não fazer ato fisiológico dentro d'água; não começar o banho sem molhar os pulsos, a testa e o peito ou persignar-se (recomendações já feitas por Hesíodo); não tomar banho, despido, com o sexo diverso, não cuspir em cima d'água, não praticar ato sexual dentro d'água e se estiver n'água viva (rio ou mar) não blasfemar ou praguejar com o santo nome de Deus e dos seus santos.

BANHO DE CHEIRO[1]. "Frase assaz conhecida no Amazonas e vulgarizada em quase todo o Brasil para indicar os banhos aromáticos, em particular os das festas joaninas a que juntam ervas e cascas, flores e essências e resinas, com os melhores augúrios populares, porque têm o condão de conservar a felicidade, afastar o caiporismo, destruir o enguiço, ou readquirir os favores da sorte. Até o *panema*, o *urucubacado*, volverá ao bom tempo de outrora nos amores em negócios... sob o influxo benéfico do banho de cheiro." (Alfredo da Mata, *Vocabulário Amazonense*, 57). Ildefonso Tavares informou a Osvaldo Orico (*Vocabulário de Crendices Amazônicas*, São Paulo, 1937) sobre a receita do preparo desses banhos: "Os trevos, ervas e cipós são pisados e as raízes e paus, ralados dentro de uma bacia ou cuia pitinga, com água, e guardados até a hora do banho. Em seguida, deita-se água limpa pelo corpo e esfrega-se com o sumo dos ingredientes, concluindo por despejar à cabeça o líquido perfumoso e vestir a roupa sem enxugar o corpo. Os ingredientes, entretanto, têm as suas virtudes especiais" (35). No *Novos Estudos Afro-Brasileiros*, "Notas sobre o Catimbó", divulguei o banho de cheiro nordestino, muitas vezes tomado por mim: "As plantas aromáticas são naturalmente tidas como as mais apropriadas para os banhos de cheiro que servem para as moléstias de pele, contra o azar, mau-olhado, a *jettatore*. O banho de cheiro é feito com sete plantas: arruda, alecrim, manjericão, malva rosa, malva branca, manjerona e vassourinha. As plantas são fervidas e a água servida tépida. Depois faz-se uma fricção rápida de aguardente de cana" (94, Rio de Janeiro, 1937). O banho de cheiro se diz *ariaxé* no idioma nagô e é ritual na feitura das filhas de santo e mesmo para fixar o santo, *assentá-lo* no seu fetiche material. Manuel Querino (70, *Costumes Africanos no Brasil*) informa sobre o banho de cheiro das candidatas a *filhas de santo*: "Em seguida, procede à colheita das ervas preciosas, que são de vinte e uma espécies diferentes; e o banho há de conter dezesseis folhas de cada qualidade. Acontece, às vezes, que esta porção não é suficiente para o efeito desejado; neste caso, aumenta-se a quantidade de folhas até que produza resultado. Concluído o banho, a iniciante fica privada de qualquer ação consciente, ignorando dali por diante tudo quanto se lhe passa em torno." No banho de cheiro nunca se usa sabonete nem toalha. Deixa-se a água enxugar no corpo para concentrar os efeitos. *Sete-Forças* é banho aconselhado no catimbó nordestino. Consta de raspa de raiz de jurema, folhas de malva branca, manjericão, hortelã, alecrim (da folha miúda), arruda e capim santo.

---

1 No texto original: "Banho-de-Cheiro" (N.E.).

Ferve-se junto. Macera-se. Coa-se. Deixa-se a água *serenar* (exposta ao ar livre) três noites. Mistura-se e o banho está pronto para a madrugada. Banho de cheiro não pode ser tomado com o sol de fora. As madrugadas de preceito, de uso aconselhado pelos antigos, são: Dia de Ano-Bom, Sábado da Aleluia para Domingo da Ressurreição, São João, Natal e também Dia da Hora (ascensão do Senhor). Receita do Pará – O escritor Bruno de Meneses, grande sabedor do folclore paraense, enviou-me de Belém essa fórmula preciosa: "Pataqueira, cipó-catinga, corimbó, chama, casca preciosa, priprioca, manjerona, orisa arataiaçu, catinga-de-mulata, japana, coré, vai-e-volta, boiussu, umiri, cipó-uira, bergamota, fava de baunilha, serragem de pau-d'angola, tudo bem macerado, numa infusão dormida ao sereno, para o banho da meia-noite, tanto faz sozinho como acompanhado, não enxugando o corpo com toalha." Em Belém o vendedor de ervas para o banho de cheiro é denominado "cheiro-cheiroso", e a época tradicional é pelo São João. Ver *Ariaxé*. (Ver Luís da Câmara Cascudo, *Folclore da Brasil*, "Banhos de cheiro. Defumações. Defesas Mágicas", 193-251, Natal/RN, Fundação José Augusto, 1980).

BANHO DE SARGENTO. Lavar o rosto. "Tomei um banho de sargento, isto é, lavei a cara, os braços." Moacir C. Lopes, *Maria de Cada Porto*, 15, Rio de Janeiro, 1959). *Meia-sola*, em São Paulo, informa o prof. Rossini Tavares de Lima.

BANHO DE TARTARUGA. Banho em banheira, com água de temperatura inalterável.

BANTOS. Grupo de cerca de cinquenta milhões de homens na África Central e Sudeste, falando duzentas e setenta e quatro línguas e dialetos aparentados. Banto é família linguística e não etnográfica ou antropológica. O domínio de Portugal na Guiné, Angola e Moçambique facilitou a exportação escrava em grande massa para o Brasil, onde o negro de Angola era sinônimo de cativo e a popularidade dos bantos se afirmou, desde o séc. XVII, nas agremiações e irmandades de Nossa Senhora do Rosário, onde eles dirigiram e defenderam suas festas sob a égide católica. Guiné se tornou a fonte única da remessa negra mesmo para os documentos oficiais. Estudando esse vocábulo, Cândido Mendes de Almeida (*Ordenações do Reino*, nota ao parágrafo 7, título XVII, Livro IV) informava: "Esta expressão compreendia todos os países da África que outrora abasteciam o mercado do Brasil de escravos." Durante muitos anos os historiadores davam aos bantos quase a totalidade da influência religiosa, nos costumes e superstições do povo brasileiro. Quando foram enviados para a América do Sul, os bantos tinham elementos fortes da cultura árabe e por esse intermédio lendas, mitos, tradições orientais vieram nas suas memórias. Os negros do Congo tiveram permissão para elegerem um rei e uma rainha, coroados com fausto, dentro das igrejas e visitados pelo povo. Esses soberanos percorriam processionalmente as ruas da cidade, acompanhados de música e danças. Em 1943 assisti a um desses préstitos na cidade de Jardim do Seridó, Rio Grande do Norte, e há semelhantemente na cidade de Caicó, no mesmo Estado. As congadas ou congos recordavam a Rainha Ginga de Angola e suas andanças guerreiras e um dos maracatus mais antigos e bonitos do Recife, em Pernambuco, é o de Cabinda Velha. Angola e Congo ainda são as denominações mais conhecidas como *terras de negros*. Trouxeram os bantos muitos elementos etnográficos e folclóricos ou reforçaram os existentes com sua participação entusiástica e a predileção viva pelo canto e pela dança coletiva. Certo que os indígenas possuíam esse encanto pelas danças de roda, instrumentos de sopro, cantos, mas o negro valorizou essas *constantes* no seio da sociedade em formação. A maioria brasileira conheceu de perto o escravo negro e dele recebeu cantigas, ritmos, *estórias*, assombrações e não do indígena, afastado e anulado depressa. Não é privativo e originário do africano tudo quanto recebemos por seu intermédio mas, indubitavelmente, foi um repercussor poderoso e decisivo, logo depois do português. Jogos ginásticos como a chamada capoeira (Angola) e o complexo etnográfico do samba, agora com centos de danças aglomeradas sob esse nome, são dádivas ou difusões que tivemos dos bantos. Tomou parte vivíssima nos nossos autos, alguns de modelo clássico europeu, como os pastoris, lapinhas, cheganças de cristãos e mouros e mesmo o marujada, chamado no Nordeste fandango, representando os papéis humildes ou vistosos, mas sempre de impagável realce pessoal na alegria de sua insubstituível cooperação. As danças de roda são universais e milenárias, para que possamos apontar o africano como responsável. Curt Sachs (*Histoire de la Danse*, 50, Paris, tradução de L. Kerr, 1938): "L'Europe du premier âge de la pierre nous fournit un exemple de cet ordre dans le style franco-cantabrais; dans la caverne de Tuc d'Audubert (Ariège), on a trouvé sur le sol des traces de talons formant un cercle; l'on prétend y voir des empreintes de pas de jeunes garçons et de jeunes filles." Como exemplo sincrético na aculturação de ritos religiosos tornados ao alcance da representação popular, sem as iniciações que dão às religiões negras aquele aspecto de hierarquia e mistério sedutor, temos na Bahia os chamados *candomblés de caboclo*, mistura afro-ameríndia que também reaparece na pajelança amazônica, na macumba do Rio de Janeiro e nos catimbós do nordeste, norte do Brasil. O papel do *quimbanda, embanda, banda*, feiticeiro, pai de santo, correspondente ao babalaô ou babalorixá jeje-nagô, ou ao pajé, paié dos tupis-guaranis ou ao bruxo, feiticeiro, dos brancos, viveu e vive no Brasil sua missão secreta de religião dispersa, dia a dia mais ampla e mais assimiladora de elementos heterogêneos, numa interdependência que findará pela unidade incaracterística. Há influência idiomática na linguagem comum, especialmente no valor prosodial e na toponímia nacional. Artur Ramos (*As Culturas Negras no Novo Mundo*, 326, Rio de Janeiro, 1937) informa que os tambores de origem angola, conguense, não têm o couro distendido por cordas de cunhas, com fabricação mais simples. Menciona os grandes *tambus* e os pequenos *candongueiros*, os ingonos, angomba, angoma, tambores usados nos batuques comuns e a puíta ou cuíca, popularíssima, além do melancólico berimbau de barriga, o urucungo soturno, ainda visível em certas feiras ou acompanhando as peripécias do jogo da *capoeira*, entre os negros e mestiços da Bahia. A capoeira pernambucana, paraibana, norte-rio-grandense, do Ceará e Piauí, não tem acompanhamento instrumental ou vocal. Nas *estórias* orais há o ciclo do Quibungo, espécie de ogre, papão peludo e negro, antropófago. É um ciclo quanto ao número de episódios mas já eivado de influências clássicas europeias, e não se irradiou além da Bahia litorânea, capital e recôncavo (Luís da Câmara Cascudo, *Geografia dos Mitos Brasileiros*, "Quibungo", 235-239, 3ª ed., São Paulo, Global, 2002). São bantos os préstitos do maracatu (de nome possivelmente tupi) vistos no carnaval de Pernambuco e que recordam os desfiles dos soberanos coroados nas festas do Rosário (Luís da Câmara Cascudo, *Made in Africa*, "O reino do Congo na terra do Brasil", 25-32, 2ª ed., São Paulo, Global, 2002).

BANZÉ. Banzé de cuia, uma das danças do bailado *Moçambique* em Minas Gerais, São Paulo e Brasil Central. Na cidade do Natal, no Rio Grande do Norte, havia, até a primeira década no século XX, o zambê, possivelmente a mesma dança, independente. Era o samba. Ver *Zambê*.

BANZÉ DE CUIA[1]. Ver *Banzé*.

BAPO. Instrumento musical dos bororos orarimugudoge do rio Araguaia, Estado do Mato Grosso. São maracás, cabaços com sementes ou fragmentos de conchas. O *bapo-rogu* é o tipo menor. São ritmadores de cantos e dança. *Il ritmo dei canti è fortemente accentuato dal rumore assordante dei Bapo*, estudou o Padre Antônio Colbacchini, o etnógrafo de *I Bororos Orientali Orarimugudoge del Mato Grosso, Brasile*, 114, Torino, 1925. O baporogu é usado nos cantos de caça e pesca e nas cerimônias fúnebres. *Le zucchette o Bapo servono per marcare il ritmo dei balli*, 116, 3ª parte.

---

1 No texto original: "Banzé-de-Cuia" (N.E.).

BARADABÁS. Dança de Campos, Estado do Rio de Janeiro, pertencente à quadrilha Mana-Chica.

BARALHO[1]. Significa confusão, tumulto, luta. "Não lhe deixariam prender D. Jorge em baralha," escreve Fernão Lopes de Castanheda (*História da Índia*, VII, cap. 60). Foi o nome dado em Portugal ao jogo de cartas. "Na Corte na Aldeia", Rodrigues Lobo (Diálogo 1º) dizia "O voto é que se jogue com toda a baralha." É de origem oriental, conhecido por árabes, chineses, hindus. Numa crônica de Giovanni de Juzzo de Vavelluzzo, conservada nos arquivos de Viterbo (província de Roma), há uma informação decisiva: "No ano de 1379 foi introduzido em Viterbo o jogo de cartas, que veio do país dos sarracenos, e denominado por eles *naíb*." Naíb é chefe, capitão, dirigente. Sua expansão foi prodigiosa. Em Paris, numa *ordonnance* do Prévot, em 22 de janeiro de 1398, proibia-se jogar cartas nos dias comuns. Os baralhos eram pintados a mão e valiam muito. Em 1392 o Rei Carlos VI mandava o seu "argentier" Charles Poupart pagar 56 soldos *parisis* a Joaquim Gringonneur, pintor, "pour trois jeux de cartes à or et diverses couleurs, de plusiers devises, pour porter devers ledit seigneur pour son esbattement." As gravuras em madeira e depois a impressão metálica espalharam o baralho abundantemente. Da Itália passou para a Alemanha, que se tornou centro de exportação. Da França e da Itália veio para Portugal, se este não o teve pela mão do castelhano, que o conhecera dos árabes. No século XVI jogava-se imensamente em Portugal, e Gil Vicente, no *Auto da Feira*, indica o caminho das cartas, então chamadas *naipes*:

"E trago de Andaluzia
Naipes, com que os sacerdotes
Arrenegam cada dia,
E joguem té os pelotes."

As cartas maiores ou nobres eram os reis, damas e valetes, *rois, reines e valets*. Os quatro reis eram representados por David, Alexandre, César e Carlos Magno; as rainhas por Palas (Minerva), Argina, Raquel e Judite; os valetes, Heitor (um dos oficiais de Carlos VII), Ogier (Ogier le Danois, famoso cavaleiro andante), Lancelot (Lancelote do Lago, da Távola Redonda) e Lahire (nome de guerra de um gentil-homem de Carlos VII, Etienne de Vignolles). E assim vieram até o século XVII. Antes, naturalmente, variavam em forma e expressão. Os naipes tiveram significação simbólica. Copas, de *coeurs*, o clero; espada, *piques*, lanças, nobreza; paus, *trèfles*, trevo, o povo; paus, o trabalhador; ouro, *carré*, losango dourado, o comerciante, o burguês, traficante. Num auto de Antônio Prestes, em meados do século XVI, *Auto do Mouro Encantado*, vemos que já em Portugal diziam ouro, copas, paus, espada, rei, sota (pela rainha, que chamamos dama) e conde (pelo atual valete, também denominado cavalo). Valete é servo e o cavalo era símbolo de cavaleiro (ver *Cavalo*). No século XIX os nomes das figuras nobres eram sota, cavalo e rei. *Vive da orelha da sota* ou *não larga a orelha da sota* eram sinônimos de jogador inveterado. A variedade dos jogos de cartas (ver *Jogos de Baralho*) quase responde pela impossibilidade de registrá-los. Cartomania. Adivinhação pelas cartas. Muito popular desde o século XVI. Servem-se de 32 cartas comuns. As copas e os paus são geralmente bons e felizes. Copas e ouros anunciam pessoas louras. Paus e espadas morenas. Espadas e ouro dizem dos perversos, infelizes, mal-aventurados. As combinações são infinitas e a profissão é vasta e proveitosa. Há muitos livros de cartomania, uma verdadeira bibliografia da credulidade irreprimível em proveito dos astutos e bem falantes. São citadas as cartomantes célebres, Maria Ambruget, sob Luís XIV, Fiasson, na Regência, e contemporaneamente, Mlle. Lenormand e Mme. de Tébas. Tarot. 78 folhas que se dividem nos 22 arcanos maiores e 56 arcanos menores, todos representados por figuras que, segundo sua colocação na consulta, predizem o futuro. Court de Gébelin ensinava que o *tarot* é de origem egípcia. Sua popularidade na Europa, desde fins da Idade Média, veio pela mão dos ciganos, que se diziam egípcios e possuidores do segredo do *tarot*. Os arcanos menores são os naipes, *coupes*, copas, *bâtons*, paus, *epées*, espadas e *deniers*, ouro. Os arcanos maiores são: *bateleur*, o consultante; *la papesse*, consultante; *imperatrice*, ação, iniciativa; *empereur*, vontade; *pape*, inspiração; *amoureux*, amor; *chariot*, triunfo, proteção providencial; *justice*, justiça; *ermite*, prudência; *roue de fortune*, destino; *force*, força; *pendu*, provocação, sacrifício; *morte*, morte; *tempérance*, temperança, economia; *diable*, força maior, moléstia; *maison dieu*, ruína, decepção; *étoiles*, esperança; *lune*, inimigos ocultos, perigo; *soleil*, felicidade material, casamento fecundo; *jugement*, mudança de situação; *mât*, cabeçada, loucura; *monde*, sucesso assegurado. Muitas cartomantes, as das cidades, preferem trabalhar com o *tarot* em vez do baralho comum.

BARALHO[2]. Brincadeira típica do carnaval maranhense do passado, que consistia em grupos de negros esmolambados e pintalgados de tapioca que percorriam as ruas da cidade, empunhando chapéus de sol e sombrinhas desmanteladas numa atoarda infernal. "... e as lestas crioulas de lestas sandálias de ruflo estrepitoso, orisa, jasmins e rosas na carapinha, *negrinhas do baralho*, no conceito e cólera das famílias escandalizadas." (João da Costa Gomes, "Artur Azevedo", in *Raml*, 37, vol. II, S. Luís, 1919). Baralho era termo depreciativo, e na crônica policial dos jornais antigos volta e meia se fazia menção às "negras do baralho". *O Carapuça*, jornal abolicionista de 1884, noticiando uma esbórnia no Cutim do Padre, registrava: "Grande pândega houve no Cutim nestes últimos dias, promovida pelo *povinho do baralho*." (ed. de 2 de julho de 1884, S. Luís – Domingos Vieira Filho, *A Linguagem Popular do Maranhão*, S. Luís, 1953).

BARÃO. Figura do *Boi de Mamão* (ver) do Paraná, correspondendo à *Bernúncia* (ver) de Santa Catarina. Na foto, o *Barão* está devorando uma criança. Apresentado durante o II Congresso Brasileiro de Folclore em Curitiba, Paraná, agosto de 1953.

BARÃO DE STUDART. Ver *Studart*.

BARBA. Todos os antigos preceitos e convenções sobre a barba herdaram os brasileiros de Portugal. Manuel Querino, nos velhos costumes da Bahia, evocava: "Para um rapaz fazer a barba, pela primeira vez, era mister licença paterna. Solenizavam esse acontecimento, reunindo-se os parentes, para saudar o escanhoado moço" (*Costumes Africanos no Brasil*, 319). Esse costume resistiu até os primeiros anos do séc. XX no interior brasileiro. Em Roma, a primeira barba cortada era oferecida no altar da Fortuna Barbata, cerimônia eminente, anunciando, num verdadeiro rito de passagem (Van Gennep), a elevação do adolescente aos direitos iniciais da cidadania. Era a *depositio barbae*. Os antigos não faziam a barba nas terças-feiras, quando o diabo está solto, nem às sextas-feiras, porque nesse dia a fizeram os judeus a Nosso Senhor. Puxar a barba, raspá-la aos inimigos, eram insultos ou castigos supremos. Na Idade Média, nos forais e costumes de Castelo Bom, território de Leão, entre as punições para peões estava: "*al peon messen la barba*". *Messar* era puxar os cabelos da barba. J. Leite de Vasconcelos (*A Barba em Portugal*, Lisboa, 1925) estudou, comparadamente, as tradições etnográficas na espécie. Muitos elementos viveram ou sobrevivem no Brasil. Alguns ditos picarescos são semelhantes, como esse de Nise (128), e um nordestino, que recolhi no sertão:

"Deus te dê o que deu às cabras:
Chavelhos e barbas.

Deus te dê o que deu ao bode:
Catinga, barba e bigode."

Uma quadrinha portuguesa da Vila do Conde (99), e outra brasileira do *Cancioneiro Guasca*, de J. Simões Lopes Neto (59):

"Azeitona miudinha,
Q'azeite pode render?
Homem sem barba na cara
Que respeito pode ter?

Lagoa que não tem junco,
Que lagoa pode ser?

Homem que não tem barba,
Que vergonha pode ter?"

Foi orgulho legítimo de europeu: um fio valia como caução para empréstimos, garantia absoluta. A frase de Dom Francisco de Quevedo, na sua *Premática del Tiempo* (165), equivalia às vaidades inglesas no teatro de Shakespeare, cioso em citar grandes barbas valorosas, embora não as usasse. Em Portugal e Brasil, até fins do séc. XIX os barbeiros usavam a bacia de latão, com a reentrância para adaptar-se ao pescoço do freguês – cena curiosa que Debret fixou (1, pr. 11, *Viagem Pitoresca e Histórica do Brasil*, São Paulo, 1940). Para escanhoar, informa Leite de Vasconcelos, havia o dedo do barbeiro ou a noz posta do lado que a navalha devia correr: "Quando o barbeiro metia na boca do freguês o dedo ou a noz, chamava-se à barba: de caroço ou dedo" (28). Ainda em certas feiras do interior do Brasil, o barbeiro ambulante ordena à vítima confiada: "*faça bochecha!*" Manuel Querino recorda essa técnica na Bahia de outrora: Para o bom êxito daquela ablução era necessário que o freguês tornasse o rosto saliente, enchendo a boca de ar, no momento em que o africano dizia amavelmente: "*Ioiô, fazê buchichim*" (320). Na matéria pogonológica, Leite de Vasconcelos resume a história da barba. Na primeira metade do séc. XVII usa-se barba. Na segunda metade, raspa-se e aparecem as grandes cabeleiras. Algumas famílias fidalgas, lembradas do séc. XVI, tempos das barbas no cinto, conservaram-se barbudas. D. João IV ficou apenas de bigodes, cabeleira pequena. Com El-Rei D. Pedro II de Portugal a barba diminuiu, diminuiu e findou. D. João V dominou num reino de escanhoados. O séc. XVIII é contra o barbadão. O XIX permite alternativas, marcando-se o declínio. As barbas virgens do Imperador Pedro II não fizeram escola. A lição de Deniker é que o uso de raspar cabelos da cabeça e rosto, o hábito da depilação, é mais espalhado entre os povos que têm o sistema piloso pouco desenvolvido. As barbas ruivas são suspeitíssimas. Os ingleses dizem que a de Caim era avermelhada. Shakespeare registrou a tradição, no *Merry Wives of Windsor*, ato 1, cena IV. Simples, querendo fixar seu amo, aduz o pormenor: "with a little yellow beard; a Caincoloured beard" (*Complete Works*, 45). Os portugueses dizem: "Homem ruivo e mulher barbuda, de longe se saúda... Barba ruiva, má espécie. Homem de barba ruiva, uma faz, outra cuida" (Estremadura). "Rothart, schlimme Art," diziam alemães. Bluteau divulgou um velhíssimo ditado: "Queixadas sem barbas não merecem ser honradas." O respeito pelas barbas é o último vestígio de seu prestígio. Folclore: Um dos mitos mais populares do Piauí é o *Barba Ruiva* ou *Barba Branca*, ligado à gênese da lagoa de Paranaguá. Onde está a grande lagoa, erguia-se um pequeno bosque com uma fonte abastecendo a população esparsa em derredor. Uma moça, dando nascimento a um menino, resolveu matá-lo, para esconder o parto. Arranjou a criança num tacho de cobre e atirou-o à fonte. Morava uma mãe-d'água nesse poço. Aparou o tacho, salvando o recém-nascido. A fonte cresceu tanto que cobriu o bosque e toda a superfície da povoação, tornando-se a lagoa de Paranaguá, que ficou "encantada" e cheia de rumores, vozes e luzes errantes. Começaram os habitantes da vizinhança a ver, em certas ocasiões, um homem alto robusto, muito branco, com cabelos e barbas ruivas, surgindo da lagoa. Não ataca pessoa alguma mas procura abraçar e beijar as mulheres que vão lavar roupa. Vezes o encontram deitado à margem como dormitando. Falam, e Barba Ruiva volta para a lagoa sem responder. Em certas versões possui barba ruiva pela manhã e branca ao entardecer, dando a duplicidade do nome (Luís da Câmara Cascudo, *Lendas Brasileiras*, 17-21, 9ª ed., São Paulo, Global, 2005; Joaquim Nogueira Paranaguá, *Do Rio de Janeiro ao Piauí pelo Interior do País*, Rio, 1905; Gustavo Luís Guilherme Dodt, *Descrição dos Rios Parnaíba e Gurupi*, 100-3, São Paulo, 1944, 274; João Alfredo de Freitas, "Legendas e Superstições do Norte do Brasil", in *Antologia do Folclore Brasileiro*, vol. 2, 59-73, 6ª ed., São Paulo, Global, 2004; Basílio de Magalhães, *O Folclore no Brasil*, 99, Rio de Janeiro, 1929). O Padre Bouche conta um episódio variante, tradicional na Costa dos Escravos, grande fonte de exportação de escravos para o Brasil (*La Côte des Esclaves*, 294, Paris, 1885), onde uma feiticeira abandonou o filho recém-nascido numa floresta, recusando alimentá-lo. O menino pediu a proteção de Xangô e o deus destruiu a floresta pelo fogo e transformou-a numa lagoa. No rio de São Francisco corre uma outra versão. A mãe jogou o filho no rio (para ocultar o parto) e um peixe dourado (*Coryphaena hipporus, Lin.*) segurou o menino, conservando-o preso, dentro da boca. Nadando para cima e para baixo do rio o dourado só demora minutos para comer, pondo seu protegido sobre uma pedra. O menino está sempre pequenino, mas com os cabelos brancos (Manuel Ambrósio, *Brasil Interior*, 59, São Paulo, 1934). A lagoa do Bonfim, antiga Puxi, município de Papari, e a de Extremoz, outrora Guagiru ou Tissuru, município do Ceará-Mirim, Rio Grande do Norte, eram apenas fontes que inundaram as terras como castigo de infanticídios. Sobre a primeira barba, Leonardo Mata (*Violeiros do Norte*, São Paulo, 1925) narra: "Antigamente, para um rapaz sertanejo fazer a barba pela primeira vez tinha de pedir licença ao pai. Ainda hoje em lugares do alto sertão nordestino perdura este costume. O Padre Vicente Bezerra, vigário da freguesia cearense de Aurora, andava em desobriga pelas capelas de sua paróquia, quando um rapagão matuto lhe perguntou: "Seu vigaro, a gente fazê a barba à primeira vez, sem licença do pai da gente, é pecado venial ou mortal?" (240). *Luto da Barba*. Até princípios do séc. XX e sobre-existindo em recantos do Brasil e Portugal, não se fazia a barba, havendo defunto na família. Filhos, genros, netos, só a faziam para a missa do sétimo dia. Quando o Rei D. Manuel faleceu (13/12/1521), ordenou-se aos barbeiros de Lisboa que não barbeassem a ninguém nem cortassem cabelo, como manifestação pública de tristeza. Conservar a barba por um acontecimento lutuoso, trágico, desagradável era forma tradicional de luto, de mágoa visível, de nojo. Júlio César deixou crescer a barba, quando da derrota do seu lugar-tenente Titúrio, e só a fez depois de vitorioso; Augusto ficou de barba e cabelos longos, sabendo da catástrofe de Varo com as três legiões na Germânia (Suetônio, Júlio César, LXVII, Augusto, XXIII) e semelhantemente fez o Imperador Calígula, quando sua irmã Drusila faleceu (*idem*, Calígula, XXIV). Marco Antônio e Otávio Augusto conservaram barbas como luto pela morte de Júlio César. Os acusados absolvidos pelo tribunal em Roma cortavam os cabelos e faziam a barba deixados compridos como sinal de mágoa pela acusação. Iam ao Capitólio render graças aos deuses, e a este costume alude um epigrama de Marcial (*Lib*. 11, LXXIV). Os primeiros romanos, até mais ou menos o ano 454, quando Ticínio Mena trouxe os primeiros barbeiros profissionais da Sicília para Roma, usavam grandes barbas e cabeleiras, *magna intonsis*, como poetava Tibulo (*Elegias*, II, 1). Os hebreus usavam barbas. O costume de conservar a barba como luto proviria dos egípcios (Heródoto, *Euterpe*, XXXVI). Em Portugal o rei D. Fernando (1345-1383) foi o primeiro a fazer a barba e cortar o cabelo. Imitado pelos fidalgos espalhou-se a moda, e daí o apelido de *chamorros*, tosquiados, dado pelo rei de Castela aos portugueses na batalha da Aljubarrota. O caso do fio de barba de D. João de Castro como penhor encontra fundamento na tradição. Frei Joaquim de Santa Rosa de Viterbo (*Elucidário*, I, 122, Lisboa, 1865) informa que no séc. XII era comum juntar-se fios de barba nos selos de cera, firmando a imutável fidelidade ao que se afirmara na escritura. O Concílio Cartaginense, IV de 398, decidiu que os religiosos não fossem cabeludos nem rapados: "Clericus nec comam nutriat, nec barbam radat." Há muita notícia curiosa em Viterbo, *opus cit*.

BÁRBARA. Santa. Invocada ao lado de São Jerônimo, para afastar as tempestades, grandes chuvas e especialmente os trovões. Foi mesmo sinônimo de paiol de pólvora o *Santa Bárbara do Forte*, porque protegia o depósito contra o perigo de explosões. Por uma associação de ideias, a santa, que sempre viveu alheia à especialidade que obteria depois da morte, foi obrigada a sair despida pelo Cônsul Marciano.

Rezou: "Seigneur, vous, qui êtes mon soutien et qui couvrez le ciel de nuages, couvrez mon corps qu'il ne soit pas exposé aux regards des impies. Et il descendit du ciel un ange qui lui apporta une tunique blanche." (Jacques de Voragine, *Legende Dorée*, II, 321). A alusão da santa ao céu nublado constituiu-a égide dos escampados celestiais. É tradição que recebemos de Portugal. No Brasil, reza-se:

"Santa Bárbara a bendita,
Que no céu está escrito;
Com papel e água benta,
Aplacai esta tormenta!"

Em Portugal, J. Leite de Vasconcelos ("Tradição da Atmosfera em Portugal", *Era Nova*, 222):

"Santa Bárbara bendita
Que no céu estais escrita
Com papel e água benta,
Abrandai esta tormenta."
(Modim)

"S. Bárbara bendita.
Se vestiu e se calçou,
Ao caminho se botou,
A Jesus Cristo encontrou;
E Jesus lhe perguntou:
— Tu, Bárbara, onde vais
— Vou espalhar as trovoadas
Que no céu andam armadas,
Lá na serra do Marão,
Onde não haja palha nem grão,
Nem meninos a chorar,
Nem galos a cantar." (Vila Real).

A tradição, vinda de Espanha, continua viva na América Latina.

BARBOSA RODRIGUES, JOÃO. Nasceu no Rio de Janeiro a 22 de junho de 1842, falecendo na mesma cidade em 6 de março de 1909. Botânico, antropologista, arqueólogo, etnógrafo, sem cursos regulares e oficiais, tornou-se indiscutida autoridade. Dirigiu o Jardim Botânico do Amazonas (Manaus) e o do Rio de Janeiro. Completou as classificações de Von Martius, Spruce e Wallace, descobrindo imensa quantidade de espécies novas de palmeiras. Seus trabalhos sobre orquídeas são clássicos, constando de 17 volumes (1869-72). Deixou cerca de 60 obras. Explorou os rios Capim, Tapajós, Trombetas, Urubu, Jatapu, Jamundá e o Jauaperi, onde pacificou os crixanás. Seus comentários sobre o Muiraquitã despertaram interesse cultural na época, assim como as memórias, relatórios das viagens científicas, vocabulários confrontados, etc., evidenciam o infatigável pesquisador. Bibliografia essencial. "Poranduba Amazonense", volume XIV dos *Anais da Biblioteca Nacional*, Rio de Janeiro, 1890, XV, 334, e a Música de um Çairé. Lendas mitológicas, contos zoológicos, astronômicos e botânicos, cantigas; nos volumes XV (1892) e XVI (1894) da mesma publicação saíram vocabulários e notas complementares da Poranduba. Na *Revista Brasileira*, "O Canto e a Dança Silvícola", tomo IX, 32, Rio de Janeiro 1881; "Lendas, Crenças e Superstições", idem, X, 24, Rio de Janeiro, 1881. Bibliografia: Nunes Pereira, *Um Naturalista Brasileiro na Amazônia*, Manaus, 1942; Dilke de Barbosa Rodrigues Salgado, *Barbosa Rodrigues, Uma Glória do Brasil*, Rio de Janeiro, 1945.

BARCA. Almeida Garrett supunha que barca fosse uma espécie de *barcarola* mas nunca assistiu à contraprova de sua dedução meramente etimológica. Parece antes ter sido um enredo dramático, declamação e canto, figurando nos programas das festas reais. Aires Teles de Meneses, descrevendo as festas que se fizeram pelo casamento do Príncipe D. Afonso, a 18 de abril de 1490, com D. Isabel de Castela, escreveu:

"Depois ledos tangedores,
À vinda da princesa,
Fizeram fortes rumores,
Espanto da natureza;
Barcas e loas fizeram
E outras representações
Que a todos gram fazer deram
Conforme suas tenções."

(Teófilo Braga, *História do Teatro Português*, I, 12-13, Porto, 1870). Na capital da Paraíba há barca como uma variante da marujada, que se diz fandango no Nordeste. Representam-na durante as festas de São João, nas proximidades e no dia. As figuras são o mestre, general, comandante, piloto, médico-prático-barbeiro, o padre, o ração, o vassoura, dois gajeiros e dois grupos masculinos de marujos, em filas, comandados pelos respectivos *guias*. Na barca, excepcionalmente, há uma mulher, de cabeleira loura, chamada a *saloia*. Na marujada ou fandango, chegança, nos autos que recordam a vida marítima, não há a presença feminina. A saloia da barca, embora um rapaz fantasiado de moça, é a única. Muitas "jornadas" da barca são idênticas ao fandango (marujada). A saloia está prisioneira de Rodolfo de Mascarenhas, comandante da fortaleza de Dil (Diu), e os assaltantes são os marujos da barca, comandados pelo senhor Roberto Horgan (Morgan?). O final é épico: "Está preso o comandante / Está liberta a saloia / E os soldados destroçados / Que vão correndo à toa". (Gonçalves Fernandes, *O Folclore Mágico do Nordeste*, cap. VIII, Rio de Janeiro, 1938). Da popularidade das barcas em Portugal quinhentista ainda há uma rápida alusão do *moço*, na farsa de Gil Vicente, *O Juiz da Beira*: "Sempre sei noites de barcas..." A barca ocorre em vários autos tradicionais como a chegança ou marujada, onde é carregada pelos marujos uma pequena barquinha, com as velas abertas, ao som de cantos até o local onde está armado o tablado para a representação, tablado que tem, às vezes, forma de navio. Na chegança ou chegança dos mouros, estes no momento do assalto à barca, onde estão os cristãos (lugar de toda a ação), levam uma barquinha e vão cantando. A barca é também o ex-voto típico dos naufrágios, oferecido ao santo salvador, ocorrendo barcas conduzidas pelos sobreviventes nas procissões do Bom Jesus do Bonfim, na Bahia, e Nossa Senhora de Nazaré, em Belém do Pará. As procissões dos santos navegantes protetores, Senhor do Bonfim, Nossa Senhora dos Navegantes, São Pedro, são fluviais ou marítimas. Um dos barcos leva o altar com o orago e os demais seguem, com foguetes e música. Participando de uma festa religiosa, como elemento característico, só registro a festa de São Benedito no Estado do Espírito Santo onde a imagem ou o mastro votivo ficam a bordo de uma barca empavezada e puxada a braço por centenas de fiéis. Essa barca de rodas, levada triunfalmente pelos devotos, é uma reminiscência típica de cultos desaparecidos e de origem asiática. O mais prestigioso era o de Isis Pelagia ou Fária, trazida num carro de forma de nave com um mastro, uma verga, entre as aclamações do povo egípcio e especialmente na ilha de Faros. O carro de Ísis reapareceu na Grécia como o carro panatenaico, nas grandes Panateneias, com um mastro e uma verga, trazendo o peplum de Atenas que servia de vela. Vinha triunfalmente no meio da *metoikoi*, grande procissão, do Ceramico até o Pelasgikon, à entrada da Acrópole, onde se detinha. São os mais antigos modelos e deles, certamente, decorrem os usos que se mantêm na mesma finalidade. Ver *Fandango*.

BARQUÍSSU. O santuário do candomblé baiano na liturgia dos negros bantos; o mesmo que gonzému. "O santuário do candomblé, o *pêji* jeje-nagô, chama-se, aqui, *gonzému* ou, mais comumente, Barquíssu, como neste cântico para Iemanjá: "No barquíssu de Maria / Nasceu a *frô*." (Édison Carneiro, *Negros Bantos*, 114, Rio de Janeiro, 1937).

BARREADO. "É o prato tradicional do Estado do Paraná. É feito só de carne, que fica a cozinhar durante mais de 12 horas, dentro de um panelão de barro hermeticamente fechado, que se enterra e sobre o qual se acende uma fogueira. O cozimento se faz com o próprio calor, sem que seja adicionada água alguma. A carne fica tão cozida que se desfia à toa, tomando o aspecto de um pirão. Conta-se que no litoral, os caboclos que se alimentam somente de peixe abusam do *barreado* no carnaval e morrem de *estupor*, com o ventre inchado e empedrado. Manda a tradição que não se beba água, nem durante a ingestão do barreado nem mesmo até duas horas depois da refeição. A única bebida permitida é a cachaça. O barreado é comido com acompanhamento de banana e farinha-de-goma (mandioca)." (Marisa Lira, *Migalhas Folclóricas*, 164, ed. Laemmert, Rio de Janeiro, 1951). Tanto ameríndios como africanos conhecem esse processo. Os indígenas do Maranhão chamavam-lhe *biaribu* "cozinhado em covas cobertas com folhas verdes, lenha e fogo." (Francisco de Paula Ribeiro, "Índios do Maranhão", *Revista Trimestral do Instituto Histórico Brasileiro*, vol. III, 190). O autor escrevia em 1819. Os negros da África equatorial preparam as melhores peças de caça com essa forma. Os indígenas sioux, do leste do Mississippi e do Ohio, do grupo dos assinoboines, entre o Yellowione River e o lago Winipeg, eram denominados *stoneboilers* porque cozinhavam o alimento em buracos cavados no solo e rodeados de pedras aquecidas. O nome de barreado provirá de Barreiro (município de São Paulo), onde o processo era tradicional. Augusto Emílio Zaluar (*Peregrinação pela Província de São Paulo*, 52, ed. Cultura, São Paulo, 1943; a primeira edição é de 1863) cita, sem nomear, o futuro *barreado:* "No terreiro da fazenda do Sr. José Celidônio encontram-se ainda umas toscas panelas de barro à superfície da terra, ou antes emborcadas no solo, que são dignas de observar-se, pois era aí que os indígenas cozinhavam a sua alimentação. O processo era simples: depois de lhe introduzir a comida que queriam preparar, cobriam a boca do utensílio com varas e folhas secas, e, pondo-lhe por cima uma camada de terra, largavam-lhe o fogo, e conseguiam assim os mesmos resultados que os discípulos de Brillat-Savarin obtêm hoje, auxiliados pelos elegantes e artísticos fogões modernos. Espero que esta descoberta arqueológica não será infrutuosa de todo para os amantes da arte culinária." Ver *Biaribu*. Ver Luís da Câmara Cascudo, *História da Alimentação no Brasil*, 88-89, 4ª ed., São Paulo, Global, 2011. Erland Nordenskiold estudou a expansão desses fornos subterrâneos, *Erdofens*, evidenciando antiguidade e divulgação entre os indígenas de toda a América do Sul.

BARRIGA VERDE. Nome dado aos naturais do Estado de Santa Catarina. Alude ao colete verde dos soldados de um batalhão de fuzileiros, constituído pelo Brigadeiro Silva Pais, e que se extinguiu a 20 de novembro de 1832. O Batalhão de *Barriga Verde* tomou parte nas guerras externas e lutas internas com brilho e realce de valentia.

BARROSO GUSTAVO DODT. Ver *Gustavo Barroso*.

BARU. É um orixá citado por João do Rio (*Religiões do Rio*, 28) sem pormenores de elementos que o identifiquem. Artur Ramos (*O Negro Brasileiro*, 39) possibilita ser o mesmo Wari-waru, orixá da varíola.

João do Rio citava, na sua lista, a Obaluacê, santo da varíola, 28, atualmente Abaluaiê ou Abalaú-aiê. Na Bahia é mais conhecido por Xapanã, Saponã, Afonã, e especialmente Omonolu, contraído para Omolu.

BASEADO. Ver *Maconha*.

BASÍLIO DE MAGALHÃES. Nasceu em S. João Del-Rei, Minas Gerais, a 17 de junho de 1874, e faleceu em Lambari, no mesmo Estado, a 14 de dezembro de 1957. Diplomou-se pela Escola de Minas, em Ouro Preto. Professor de História em S. Paulo e no Rio de Janeiro, onde dirigiu o Instituto de Educação. Senador e Deputado Federal por Minas Gerais. Em 1930 abandonou a política. Dedicou-se inteiramente ao magistério e ao jornalismo. Historiador eminente, pesquisador honesto e tenaz, mereceu a reputação distinta de autoridade real, nos assuntos em que se distinguiu. Sua bibliografia é vasta e reveladora da competência legítima. *Expansão Geográfica do Brasil Colonial* (2ª ed. aumentada, S. Paulo, 1935) é livro clássico, assim como seus estudos sobre o bandeirismo paulista. Mestre do folclore brasileiro, foi um dos primeiros a dar-lhe profundeza e significação erudita, com o *Folk-lore no Brasil* (1ª ed. Rio de Janeiro, 1928, 2ª, idem, 1937), *O Café na História, no Folclore e nas Belas-Artes* (Rio de Janeiro, 1937) e a seção "O Povo Brasileiro Através do Folk-Lore", que manteve durante anos na revista carioca *Cultura Política*. Foi um humanista, de excelente base erudita, valorizando a especialidade que muito lhe deve.

BASTÃO DE RITMO[1]**.** Tacapu, waranga, cauacauá, carutana, murucu. Stradelli descreve como "longa haste ornamentada de plumas e de desenhos em alto-relevo e munida de uma ponta de lança móvel, e alguma rara vez de um ferrão de arraia, num dos lados, e no outro de um maracá, aberto na própria madeira em que é feito o murucu, acabando em ponta ou endurecido ao fogo. É a insígnia dos chefes de muitas tribos do uaupés e japurá, e dela se servem hoje para puxar as danças, como já se serviam para guiar os próprios guerreiros na peleja. O murucu é geralmente usado pelas tribos que usam o torocana, parecendo, por isso mesmo, arma tupi-guarani." (559, *Vocabulário*). Dessa imagem dos afluentes do rio Amazonas, na última década do séc. XIX, fixa a informação de Gabriel Soares de Sousa, em 1587, entre os tupinaês da Bahia: "Costumam estes índios em seus cantares tangerem com um canudo, e tão grosso que cabe um braço, por grosso que seja, por dentro dele; o qual canudo é aberto pela banda de cima, e quando o tangem, vão tocando com o fundo do canudo no chão, e toa tanto como os seus tambores, de madeira que eles tangem." (*Tratado Descritivo do Brasil em 1587*, 409, São Paulo, 1938). Os modelos variam em dimensões, desenhos e acabamento. A função ritmadora compreende o elemento exorcista, afastador dos malefícios, tal-qualmente a sonoridade dos sinos afugenta os demônios nas tradições populares católicas. Renato Almeida estudou o assunto, expondo bibliografia (*História da Música Brasileira*, 39-41): "O bastão mais interessante que me foi dado ver (*Ms. Museu Nacional*, 2698) era de um chefe indígena do Paraná, com 1,16 m. Inteiramente fechado, tem dentro alguma coisa que cai lentamente, como a areia de uma ampulheta, e faz um ruído muito suave, como se fosse barulho de chuva." Nordenskiold, no segundo quadro dos elementos da Oceania na América do Sul, incluiu o bastão de ritmo na Melanésia, no Brasil amazônico e oriental (*Origin of The Indian Civilizations in South America*, "Comparative Ethnographical Studies", IX, 263, Goteborg, 1931). Alfred Metraux ("Le Bâton de Rythme", *Journal de Société de Américanistes de Paris*", XIX, Paris, 1927) repete o quadro-mapa no *Civilisation Matérielle des Tribus Tupi-Guarani*, 225, Paris, 1928, em dezesseis pontos sul-americanos, inclusive entre os botocudos (*apud* Manizer), dizendo-o de origem malaio-polinésia e distribuído pela influência tupi, como supusera Stradelli.

BASTARDA. Ver *Sela*.

BASTO. Ver *Jogo de Baralho*.

BATA. Roupa de estar na câmara, logo que se levanta da cama, registrou o dicionário de Morais. Para homem era uma espécie de *robe de chambre*, de pano fino. Para mulher, um casabeque curtinho, de rendas, enfeitado de fitas, feito de seda ou de fazenda cara. Chamam-lhe atualmente *liseuse*. Os dicionários espanhóis registram o vocábulo como *ropa talar con mangas*. Bata é vocábulo quimbundo, significando casa, morada, residência, no sentido material da construção.

BATÁ-COTÔ. Tambor de guerra. Era um tabaque usado principalmente pela tribo egbá, por ocasião dos levantes. Consistia numa grande cabaça, coberta na parte superior por um pedaço de couro que produzia um som infernal, diferente dos outros. Depois da insurreição de 1835, fora proibido na Alfândega o despacho desse elemento de desordem. Efetivamente, tinha razão o fisco: quando o africano ouvia o toque do batá-cotô, ficava alucinado (Manuel Querino, *Costumes Africanos no Brasil*, 107). Os negros egbá são iorubanos (sudaneses). A insurreição a que alude Manuel Querino durou horas, das 10 da noite de 24 de janeiro de 1835 às 8 da manhã seguinte, na cidade do Salvador e arredores. O chefe de Polícia da Bahia, Francisco Gonçalves Martins, depois Visconde de São Lourenço, calculou em sessenta ou mais o número dos negros mortos em luta (Nina Rodrigues, *Africanos no Brasil*, 79, São Paulo, 1933).

BATATÁ. Ver *Boitatá, Macaxera*.

BATATAL. Ver *Boitatá*.

BATATÃO. Ver *Boitatá, Macaxera*.

BATE-BATE. Coquetel de aguardente, açúcar e limão, revolvido com misturador elétrico ou a mão; substitui-se o limão pelo maracujá, abacaxi, outro sumo de fruta, tomando a bebida o nome dessa última, bate-bate de maracujá, etc. O mesmo que *batida*, sempre gelado. Há segredos para fabricantes e reclames em determinados *bares*, famosos pelas *batidas*, mineira, carioca, paulista, baiana, etc. Folclore: canoas tripuladas com remeiros fantásticos ou lanchas com equipagem misteriosa, fazendo-se anunciar pelo rumor das remadas ou do motor, e desaparecendo bruscamente, nos rios e lagoas do Pará. Modalidade local do navio-fantasma. José Carvalho (*O Matuto Cearense e o Caboclo do Pará*, Belém, 1930): "Você já ouviu falar no 'bate-bate'? – Que é o 'bate-bate'? – São canoas e remadores que andam à noite; são vistos distintamente, mas que, procurados e chamados à fala, desaparecem e... não é ninguém! Ahn! – com este nome eu não conheço; mas o caso comigo tem acontecido muitas vezes! – E contou: "Uma noite, eu ia ali pelo igarapé Paupuru para a Fazenda Grande. A noite – dizia ele – estava clara como o dia. Eu ia pelo igarapé e não tinha chegado ao lago (Croari) quando descendo, vinha, à minha frente, uma canoa com remadores. E eu os vi de longe (O bater dos remos na falca da canoa, quando remam, ouve-se a grandes distâncias). E como não levasse fósforos e quisesse acender o cigarro, parei a canoa e esperei pela outra, para pedir fogo. Mas quando a canoa e os remadores se aproximaram da minha, desapareceram. Eu chamei e ninguém me respondeu. Mas a canoa, sem eu a ver, passou tão perto da minha que estava parada. Admirado do caso, fiquei a olhar para baixo, na direção em que iam os remadores, e lá, mais adiante, apareceram eles de novo e desceram o igarapé, remando como vinham! – E só viu isto uma vez? – perguntei. Uma só, não! Vi noutros pontos e mais de uma vez! – E há por aqui quem tenha visto também? – Ora, se há! O senhor pergunta por isto a todos os pescadores e eles lhe contarão a mesma história! Nesse mesmo dia, interpelei o serrão: Tinha ele, uma noite, no mesmo igarapé, visto a canoa e os remadores misteriosos. Como o caso do João Vitorino, tinham passado por ele, desaparecendo, ao se aproximarem; e quando surgiram mais abaixo, iam fumando (ele vira o fogo dos cigarros) e conversando (ele ouviu as vozes). Intrigado, porém, com a *história*, disse alto: Vou ver que gente é aquela! Virou a canoa e meteu o remo atrás da outra. Mas, por mais que remasse, não podia aproximar-se da outra, que guardava sempre a mesma distância. Até... que saiu do rio... e não viu mais ninguém. – Quem sabe mais, aqui, desta história? – Quem sabe! Todo o mundo! De fato, interpelando vários pescadores, todos me contaram o seu caso, idêntico aos dois primeiros... Não são vistos somente remadores e canoas, mas, igualmente, grandes embarcações que desaparecem misteriosamente. Nesse mesmo lago Croari, um pouco acima do igarapé Paupuru, onde se deram os dois fatos acima referidos, um meu parente afim, alto funcionário da Alfândega de Belém (cujo nome não estou autorizado a declinar aqui), contou-me, e conta ainda a quem o queira ouvir, que vindo ele, numa noite, em canoa, em companhia de diversas pessoas da família, inclusive senhoras, viram subindo o lago, em direção à sua canoa, o barulho de uma embarcação que lhes parecia uma grande lancha, a vapor. É comum andarem lanchas por ali. Supondo ser, de fato, uma embarcação e sendo noite, desapareceu a *lancha* e o lago ficou deserto e tranquilo como dantes." (36-38). Ver *Batida*.

BATE-BAÚ. Modalidade de samba na Bahia. Ainda há, na Bahia, quem se lembre de uma modalidade de samba, hoje desaparecido, o *bate-baú*. Neste, as negras dançavam aos pares um de cada vez. E, inclinando o busto para trás, as pernas arqueadas, uniam o baixo ventre, produzindo um ruído igual ao de uma caixa de madeira que se fechasse de vez. Tudo no ritmo do samba (Édison Carneiro, *Negros Bantos*, 131-132). Ver *Quebra-Bunda*.

BATE-CAIXA. O mesmo que jongo. De uma publicação do Conservatório Dramático de São Paulo (*Folclore Nacional, São Paulo*, 1946) sabe-se: "O jongo aí (em São Bento do Sapucaí, São Paulo) é uma dança de roda, com acompanhamento de caixa-surda. No centro da roda ficam os mais idosos com os instrumentos. E os dançadores da roda, girando sempre, num andamento lento e monótono, cantam em diólogo com os instrumentistas: 'Cabelo de Santo / É ouro só / Os óio do santo / É ouro só / Os dentes do santo / É ouro só'. Este jongo ou bate-caixa é realizado nas festas do Divino Espírito Santo". Difere essencialmente do jongo típico e do seu irmão nordestino, o bambeló, com as contorções, reviravoltas e agilidades incríveis. Ver *Jongo*.

BATE-CHINELA. Ver *Arrasta-Pé*.

BATECONDÊ. O mesmo que cabra-cega, cobra-cega, tantanguê, pintainho. Ver *Cabra-Cega*.

BATE-COXA. Dança ginástica do baixo S. Francisco, registrada em Piaçabuçu, Alagoas. "A dança do bate-coxa não se confunde com a capoeira. Os pra-

---

[1] No texto original: "Bastão-de-Ritmo" (N.E.).

ticantes são da mesma origem, descendentes de escravos. Acreditamos que a dança do bate-coxa seja mais violenta, onde os dois contendores, sem camisa, só de calção, aproximam-se, colocam-se peito a peito, apoiando-se nos ombros, direito com direito. Uma vez apoiados os ombros, ao som do canto de um grupo que está próximo, ao ouvir o *ê boi*, ambos os contendores afastam a coxa o mais que podem e chocam-se num golpe rápido. Depois da batida a coxa direita com a direita, repetem à esquerda, chocando-se bruscamente ao ouvir o *ê boi* do estribilho. A dança prossegue até que um dos contendores desista e se dê por vencido; o que levar uma queda após a batida é considerado perdedor. Outras vezes sorteiam qual deve bater primeiro, então o que perde na sorte espera firme a pancada, cabendo-lhe a seguir dar a sua. Como na capoeira, na dança do bate-coxa formam uma roda para cantar. Nesta, o acompanhamento é feito apenas por um tocador de ganzá. – "São horas de eu virá negro, / ê boi... / Minha gente venha vê / com meu mano vadiá, / ê boi..." (Alceu Maynard Araújo e Aricó Junior, "Cem Melodias Folclóricas", *Documentário Musical Nordestino*, S. Paulo, 1957). Ver *Esquinado, Pernada, Quebra-Bunda, Capoeira*.

BATE-PAU. O mesmo que pica-pau, dança no vale do rio das Garças: "É dança de roda com exceção dos dois violeiros que ficam no centro e dirigem o folguedo. Os dançarinos, aos pares, formam a roda, munidos cada um de um cacete, que seguram pelo meio com ambas as mãos. A música é viva, alegre, repinicada nas violas em compasso que vai cada vez mais rápido. Os figurantes ficam defrontando seus pares, mantendo certa distância que dê para serem chocados os porretes, inicialmente embaixo, na altura da barriga, depois, com um gingado de corpo acompanhando o ritmo da toada, voltam-se para o vizinho que estava costa a costa com ele e, ao defrontá-lo novamente, faz chocar os cacetes, desta vez em cima, na altura da testa. Os violeiros cantam: 'Pula pra cá / Pula pra lá / Macaco no gaio / Não quer caçá.' A dança não para. As violas repinicam. Há risos entre assistentes e dançarinos, dos trejeitos para acertar as batidas. Cantam os violeiros: "Pito pitou / Canudo rachou / Papo da véia / Rebentou." Quase sempre quatro versinhos curtos. O compasso amiúda. O dedilhado nas violas vai atingir um frenesi. Os dançarinos estão atentos. O ritmo é perfeito. Mas ainda mais se acelera a toada arrelienta. Já não se aguentam mais. Os dançarinos guardam silêncio, atentos ao ritmo da música que acompanham, entrechocando os cacetes. Um par, entre vaia dos companheiros, salta para fora. Estreita-se a roda. Há demonstração de destreza inconcebível. Mas tem seu fim. Um após outro, num relance, erra os golpes; então, entre risos e caçoadas, termina a dança." (Francisco Brasileiro, "Monografias sobre o Rio das Garças", *Revista do Arquivo*, CXLIV, 346, S. Paulo, 1951). Ver *Maculelê*.

BATE-PÉ. Dança popular no interior de São Paulo, Luís Martins ("Costumes Populares Paulistas", *Cultura Política*, n.º 12, 1942, Rio de Janeiro): "O bate-pé é um divertimento nitidamente paulista, sem a vivacidade, o colorido, a graça das danças do Norte. É monótono e enfadonho, mas goza das preferências de quase todo caipira, capaz de passar horas e horas a massar o chão num sapateado rápido e cadenciado pelo dedilhar de um violão em compasso binário." (223).

BATER-ESTACA. Na linguagem do tropeiro paulista, *bater-estaca* é acampar. Isso ocorre quando, ao término de uma caminhada, a tropa não conseguiu atingir o pouso mais próximo. Então, o grupo é obrigado a providenciar um acampamento, *bater-estaca*. As estacas servem para prender os animais. Encostada a tropa e descarregada a carga, é preciso evitar a surpresa de um temporal. Arrumam-se, então, os volumes em lugar levemente inclinado, abrindo-se ao redor um rego de pequena profundidade para escoamento das águas, no imprevisto de uma chuva. Por sobre a carga entendem-se os couros, para resguardá-la. E assim passa-se a noite, com os animais presos às estacas (Rossini Tavares de Lima, S. Paulo).

BATERIA. Conjunto de instrumentos de percussão. Coleção de bebidas.

BATIDA. O mesmo que bate-bate (ver), aguardente, açúcar e sumo de fruta. "Nesse botequim anônimo, de uma porta, e vizinho do 'Águia de Ouro', estiveram Jorge Amado, Eneida e outros escritores, recentemente, apreciando aperitivos regionais. Ficaram surpreendidos com a variedade de *batidas* guardadas em grandes boiões de vidro, de boca larga e enfileirados numa prateleira. Anotamos algumas: carambola, laranja, caju, marapuama, jucá, maracujá, bacuri, tamarindo e outras." (Pedro, Tupinambá, "São Benedito da Praia", *Folha do Norte*, Belém, Pará, 4-1-1959). Ver *Colete*. Batida é rastro, pegada, vestígios seguidos dos pés. Fui na batida dele... *Batida de Ovos*, gemada. Doce sumário de gemas batidas com açúcar, canela e polvilho. Rapadura, com tratamento especial, tendo erva-doce, castanha de caju de sabor peculiar é sobremesa favorita dos sertões nordestinos. Batida do Cariri, Batida do Seridó. Ver *Bate-Bate*.

BATISMO. País católico em sua maioria e outrora em sua totalidade, o Brasil possui as mesmas tradições que na espécie são conhecidas e seguidas em Portugal. A criança pagã está exposta a todos os perigos, inclusive do limbo (ver *Pagão*). O essencial é batizar-se logo o recém-nascido, 30, 60, 90 dias depois. Para escolha do nome, ocorriam as tradições domésticas, santo do dia, promessas, etc. (Ver *Nome*). Sendo o padrinho ou madrinha substitutos de pai e mãe, não há homenagem mais alta e afetuosa que convidar alguém *para levar um filho à pia*. Os padrinhos oferecem o enxoval do afilhado. Se o menino chora durante a cerimônia do batizado, não morrerá criança. É tradição de quase toda a Europa, inclusive a Inglaterra. É preciso chorar quando cai a água lustral na cabecinha. Se vomitar o sal, será idiota ou semianalfabeto. Será associação de ideias às frases do ritual católico: "Accipe sal sapientiae: propitiatio sit tibi in vitam aeternam." Se o padre não pronunciar todas as palavras do latim, a criança fica meio pagã e verá os fantasmas ou mesmo a procissão das almas na noite de 2 de novembro (Dia dos Mortos). Para que a sétima filha não seja bruxa, deve-se batizá-la na primeira sexta-feira do ano, antes de o sol se pôr, alguns minutos (Afrânio Peixoto, *Miçangas*, 28). Evita-se a bruxa, sendo a filha mais velha madrinha da irmã mais nova. Dando nome de santa de altar. Santa de altar – a que tem imagem numa igreja, a santa conhecida, popular. Quando se batiza a criança, deve-se colocar uma peneira debaixo da cama da madrinha, para não ficar brava (Afrânio, *idem*, 22). O padrinho deve tirar a criança dos braços da madrinha de apresentar, com a mão direita. A madrinha, quando o padre despeja a água e diz "Eu te batizo", põe a mão direita no ombro da criança e deve fazer mentalmente um voto pela felicidade do afilhado. Voltando para casa, o padrinho deve apresentar o afilhado ao pai e depois à mãe. Na igreja, depois do batizado, o padrinho abençoa o afilhado, fazendo sua mão roçar os lábios da criança e pronunciando alto a fórmula: "Deus te faça feliz!" É a primeira bênção e tem todo valor. A mãe não deve ver o filho antes do pai, nem assistir ao batizado. Ver *Madrinha, Padrinho*.

BATOQUE. Botoque, chehembetá, metara, tembeta, tambetá, pedra de beiço; disco ou cilindro de pau, pedra, resina, que os indígenas colocavam no lábio inferior, comumente. Havia os para as orelhas, narinas, faces, etc. Era um índice de maturidade, realizando-se a operação aos cinco ou seis anos de idade, mas os batoques definitivos só eram entregues quando o menino se tornara capaz de empunhar armas e lutar pela tribo. Além do elemento ornamental, distintivo de cada *sib* (*clã*), o tambetá, objeto posto pela mão do pajé, impedia a entrada dos maus espíritos pela boca, defendendo-a sempre. Algumas metaras, com um polido maravilhoso, são extremamente bonitas em sua simplicidade (A. Metraux, *La Civilisation Matérielle des Tribus Tupi-Guarani*, 163, Paris, 1938). O uso do batoque labial é antigo por toda a América, África e Oceania.

BATUCADA. Baile popular, com instrumentos de percussão, palmas, canto uníssono, com ou sem refrão, trejeiteando, em gesticulação improvisada, os dançantes. O rock 'n' roll é uma batucada dos pretos americanos, com música gravada. A coreografia da batucada é a dispersão da dança em roda inicial, origem de todos os bailados, no Paleolítico. As danças em círculo ou fileiras paralelas ainda são universais, posto que milenárias. Ao som da batucada toda a gente sabe dançar, confusa, espontânea e totalmente. Batucar, bater insistentemente. Ver *Batuque*.

BATUCAJÉ. Dança de negro, título genérico para os bailados religiosos. "São eles (os atabaques) que marcam o ritmo das danças religiosas (*batucajés*), e produzem o contato com as divindades." (Artur Ramos, *O Negro Brasileiro*, 162). Também, pelo mesmo autor, das danças profanas: "A esta enumeração de danças negras ou adaptadas pelo negro brasileiro, nós podemos acrescentar outras, como os *batucajés*, na Bahia, o batuque do *jarê*, no interior do mesmo Estado, as *danças do tambor*, no Maranhão, a *dança cambinda*, também chamada *piauí*, etc. Estas danças negro-brasileiras do tipo do batuque reduzem-se, afinal de contas, ao motivo primitivo da dança de roda..." (11, 139). Nina Rodrigues não se decidiu sobre o caráter sacro ou profano do batucajé (*Africanos do Brasil*, 234). *O Pequeno Dicionário Brasileiro da Língua Portuguesa* (1939) traduz o batucajé: "dança dos negros da Bahia".

BATUQUE. Dança com sapateado e palmas, ao som de cantigas acompanhadas só de tambor quando é de negros, ou também de viola e pandeiro, quando entra gente mais asseada, dizia Macedo Soares numa definição que se vulgarizou. Os instrumentos de percussão, de bater, membranofones, deram batismo à dança que se originou no continente africano, especialmente pela umbigada, batida de pé ou vênia para convidar o substituto do dançador solista. Batuque é denominação genérica para toda dança de negros na África. Nome dado pelo português. Com o nome específico de batuque não há coreografia típica. Será propriamente a dança em geral, o ajuntamento para baile. Uma lei de D. Manuel proibia o batuque em Portugal quinhentista. O Major A. C. P. Gamito, que visitou a África Austral em 1831, cita os bailes populares, cateco, gondo, pembera, "que só a prática sabe distinguir," mas já lhes chama a todos batuques: "Estes batuques duram até outubro." (*O Muata Casembe*, I, 132, Lisboa, 1937). "Batuque, dança indecente que finaliza com umbigadas." (Elias Alexandre da Silva Correia, *História de Angola*, I, 89, Lisboa, 1937). Os exploradores portugueses, que conheceram o negro na África, chamavam batuque aos tambores ou à dança. "Recebendo-nos com a maior amabilidade, não faltando batuques (danças), caçadas e excursões." (H. Capelo e R. Ivens, *De Banguela às Terras de Iacca*, I, 56, Lisboa, 1881). "Logo que ele (o soba Mavanda) chegou, os homens formaram em linha, com os batuques atrás, e as mulheres e rapazes desviaram-se para longe. Começaram os batuques, e os homens imóveis do corpo, cantando as suas monótonas toadas e batendo as palmas." (Serpa Pinto, *Como Atravessei África*, I, 205, Londres, 1881). Batuque é o baile. "De repente, a um sinal dado, os *cachiequi* enchem a noite de gritos estridentes enquanto as *úcuas* e *gomas*, com as suas vozes graves, marcam o compasso tresloucado do batuque... Os velhos foram-se juntando por perto de foguinhos, comentando a habilidade dos dançarinos e a perícia dos tocadores, a recordar os velhos tempos antigos de batuques sangrentos, ao som dos tambores de guerra. Em pouco tempo a batucada foi esmorecendo..." (Albano Neves e Sousa, "Batuque," *Panorama*, n.º 21, Lisboa, 1944). Georg Wilhelm Freyreiss (1789-1825), naturalista alemão, falecido no sul da Bahia, descreve em 1814-15 uma viagem que fez a Minas Gerais, em companhia do Barão de Eschwege. Teve ocasião de assistir a um batuque e registrá-lo: "Entre as festas merece menção a dança brasileira o batuque. Os dançadores formam roda e, ao compasso de uma guitarra (viola), move-se o dançador no centro, avança e bate com a barriga na barriga de outro da roda, de ordinário pessoa do outro sexo. No começo, o compasso da música é lento, porém, pouco a pouco, aumenta, e o dançador do centro é substituído cada vez que dá uma umbigada; e assim passam noites inteiras. Não se pode imaginar uma dança mais lasciva do que esta, razão também por que tem muitos inimigos, especialmente entre os padres. Assim, por exemplo, um padre negou a absolvição a um seu paroquiano, acabando desta forma com a dança, porém, com grande descontentamento de todos. Ainda há pouco dançava-se o batuque em Vila Rica (*Ouro Preto atual*) numa grande festa e na presença de muitas senhoras, que aplaudiam freneticamente. Raro é ver outra dança no campo porém, nas cidades, as danças inglesas quase que substituíram o batuque." (Luís da Câmara Cascudo, *Antologia do Folclore Brasileiro*, vol. 1, 78, 9ª ed., São Paulo, Global, 2004). Com o nome de batuque ou batuque-boi há uma luta popular, de origem africana, muito praticada nos municípios de Cachoeira e de Santo Amaro e capital da Bahia, uma modalidade de *capoeira*. Executam-na ao som do pandeiro, ganzá, berimbau e cantigas. A tradição indica o batuque-boi como de procedência banto, tal-qualmente a *capoeira*, cujo nome tupi batiza o jogo atlético de Angola. Édison Carneiro (*Negros Bantos*): "A luta mobilizava um par de jogadores, de cada vez. Estes, dado o sinal, uniam as pernas firmemente, tendo o cuidado de resguardar o membro viril e os testículos. Havia golpes interessantíssimos, como a *encruzilhada*, em que o lutador golpeava coxa contra coxa, seguindo o golpe com uma raspa, e ainda como o *baú*, quando as duas coxas do atacante davam um forte solavanco nas do adversário, bem de frente. Todo o esforço dos lutadores era concentrado em ficar em pé, sem cair. Se, perdendo o equilíbrio, o lutador tombasse, teria perdido, irremediavelmente, a luta. Por isso mesmo, era comum ficarem os batuqueiros em *banda solta*, isto é, equilibrados numa única perna, a outra no ar, tentando voltar à posição primitiva (X, 164). No Rio Grande do Sul, Porto Alegre, é uma modalidade do candomblé baiano ou da macumba carioca. Dança e canto no norte de Portugal, A. Lima Carneiro ("Canções e Danças de Monte-Córdova", sep. de *Douro-Litoral*, VI da terceira série, Porto): "A moda do Batuquinho, / Quem n'havia d'inventar? / Bate, bate, Batuquinho, / Se tu queres... / Quem n'havia de inventar?" p. 16. Batuque é denominação para os cultos afro-brasileiros no Pará e Amazonas, e na Bahia sinônimo de *capoeira* ou *pernada*. Ver *Carimbó, Coco, Samba*. Em S. Paulo diz-se *dançar tambu* (Prof. Rossini Tavares de Lima). Tambu é um dos tambores do jongo. Para notar-se a diversidade coreográfica, do batuque, o príncipe de Wied-Neuwied, em 1815, informava, numa praia do Espírito Santo: "O filho do hospedeiro, que era muito hábil na fabricação de guitarras (violas) tocava, e o resto da meninada dançava o batuque, entregando-se a estranhas contorções do corpo, batendo palmas e estalando dois dedos de cada mão, alternadamente, imitando as castanholas dos espanhóis." Castanholas no batuque?... Da irresistível comunicação rítmica do batuque narra Wied-Neuwied: "Quando a nossa gente dançava o batuque nas noites de luar, tocando a viola (guitarra) e acompanhando sempre com palmas, estas eram repetidas pelos selvagens do outro lado da lagoa." Esses selvagens eram os Botocudos, antigos Aimorés, inimigos irreconciliáveis do grupo que bailava fora do alcance de seus arcos implacáveis. Mas, na hora do batuque, colaboravam à distância (*Viagem ao Brasil*, 188). Região do Rio Doce, Espírito Santo e Bahia.

BATUQUE-BOI. Espécie de *Pernada*. Bahia.

BAZULAQUE. Doce feito de coco ralado e mel de furo: "quando tem bastante consistência para ser cortado em talhadas, chamam-lhe *pé de moleque*." (Beaurepaire Rohan). Macedo Soares opina que o verbete está errado. Certo parece ser badulaque, denominando em Portugal, segundo Bluteau, um guisado de fressura de carneiro, com cebola, toucinho, azeite e vinagre, coentro, hortelã, etc. É muito usado no Mosteiro de Alcobaça para ceia dos monges. O guisado monacal, de fígado e bofes picados aos pedacinhos, talvez comparassem ao coco ralado, lembra Macedo Soares. Em qualquer espécie, o bazulaque ou badulaque é o conhecido sambongo ou sabongo, popular de Pernambuco para o norte e, creio, nos Estados vizinhos e próximos ao sul. O sabongo, em ponto de cortar, dá cocada e não pé de moleque, inteiramente diverso.

BEBER FUMO. Foi a denominação inicial para o uso do tabaco, fumar. *Beber fumo* é a imagem comum nos cronistas dos sécs. XVI e XVII, traduzindo a deglutição da fumaça como o engolir do alimento. No idioma tupi os verbos *comer* e *beber* diziam-se *Ú*. Fumar, seria *Ú-pitima*, comer ou beber o tabaco. Semelhantemente no quimbundo de Angola o beber é *nua*. Os negros fumavam a maconha, diamba, liamba. *Cannabis sativa*, Linneu; *dikanha* no singular e *makanha* no plural. Fumar era o mesmo que *beber* maconha, *Nua makanha*. Essa identidade favoreceu a permanência do *beber fumo* entre os indígenas e a escravaria africana no Brasil. Ainda hoje, na linguagem do povo, diz-se *comer água*, por beber aguardente. Heli Chatelain admirava-se em Luanda com o *"Kimbundo instead of saying to smoke tobacco one says to drink tobacco. Smoke is classified with the liquids."* (Luís da Câmara Cascudo, *Made in Africa*, "Beber fumo", 171-174, 2ª ed., São Paulo, Global, 2002). Ver *Fumar*.

BEBIDA. O ato de beber possui a contemporaneidade simbólica de um cerimonial. Beber à saúde de alguém, erguer o brinde de honra, são atos indispensáveis no protocolo social. Não se compreende banquete ou festa íntima sem os copos erguidos, numa homenagem coletiva. Ainda resistem os hábitos milenários ligados à bebida: não deixar o copo vazio, *aut bibat, aut abeat* (ou bebe ou sai), as punições humorísticas para os maus bebedores; os simpósios, beber juntos, transformados em conferências culturais; derramar um pouco do líquido no solo antes de servir-se, vestígio da *libatio*, a libação na Grécia e em Roma, início cerimonial de oblação aos deuses no começo da refeição; o convite para beber como manifestação afetuosa de amizade, etc. O fato de *beber à saúde* denuncia a relação entre o líquido e o sangue, a vida orgânica, significando a intenção simbólica da representação, quando o sangue era bebido nas taças de crânio dos adversários vencidos e absorvia-se o vigor, a força, o dinamismo do inimigo, as suas virtudes de resistência e valentia. Bebedouro natural ou cacimba feita para o gado. Ponto habitual de encontro. Malhada. Sei onde é a bebida dele... Ver Luís da Câmara Cascudo, *Superstição no Brasil*, "Deixar o copo vazio", 297-299, 6ª ed., São Paulo, Global, 2002. Ver *Cachaça*.

BEDEGUEBA. Chefe, patrão, o homem autoritário, o mandão local, teatralizando as ordens com excesso de voz e de gestos, segundo o vocabulário do Nordeste. Homem desprezível, inferior, degenerado. "É um bedegueba qualquer!" "O 'velho' em certos pastoris da Paraíba, figura masculina adulta, que dirige o auto, fazendo o papel de palhaço, de tesoureiro, de defensor das mulheres, elemento de ordem, disciplina e respeito" (José Lins do Rêgo, "O Bedegueba dos Pastoris", *Cruzeiro*, Rio de Janeiro, 20-XII-1947). Ver *Velho*.

BEIFES. Nome sob o qual conhecem no Rio Grande do Sul os gêmeos dos candomblés jeje-nagô; Beji, Ibeji no Rio de Janeiro e Bahia. Ver *Ibeiji, Dois-Dois*.

BEIJA-FLOR. (*Trochilidae*). Anuncia visitas e, quando não encontra por onde sair, é briga de marido com mulher ou vice-versa. Em todo o fabulário americano, o beija-flor está cheio de complicações religiosas e sobrenaturais, explicáveis pela rapidez fulgurante de voo, o brilho espetacular das penas e sua incrível delicadeza com que visita as corolas das flores, não buscando mel mas insetos. É mensageiro do outro mundo para os indígenas. Os uananas do rio Negro criam que o coração dos tuxauas valentes subia para Uansquem na forma de um beija-flor. Na emigração dos astecas, veio na vanguarda, guiando o povo. O povo diz que a borboleta *vira* beija-flor, associando a beleza das cores. O Padre Simão de Vasconcelos (1597-1671) viu essa transformação, própria para desorientar incrédulos: "Sou testemunha, que vi com meus olhos uma delas (borboleta) meia ave, e meia borboleta, ir-se aperfeiçoando debaixo da folha de uma latada, até tomar vigor e voar." (*in* Teschauer, *Avifauna e Flora*, 82). Os beija-flores, no tempo frio, procuram um lugar reservado, metem o bico na árvore e dormem até o verão. O Padre Teschauer, resumindo Sahagum, Valde Cebro, Lopes de Gomara, Duran, mostra a antiguidade da crendice da ave viver seis meses dormindo e meio ano acordada. Não foi Marcgrave quem repetiu a conversa no Brasil da primeira metade do séc. XVII. Joannes de Laet, o anotador e editor da *Historia Naturalis Brasiliae* (Amsterdam, 1648), é o responsável: "A natureza e propriedade desta avezinha é tal que não dura mais que as flores das plantas, de cujo mel vive; quando estas caem, a ave se firma com o biquinho, nos troncos das árvores, e por seis meses fica imóvel até que renasçam as flores, o que se confirma com muitas testemunhas inteiramente seguras." (198 da versão brasileira). O Padre Fernão Cardim (*Tratado da Terra e Gente do Brasil*, 52, 53), na parte já concluída em 1601, dissera semelhantemente: "Nas Antilhas lhe chamam o pássaro ressuscitado, e dizem que seis meses dorme e seis meses vive... tem dois princípios de sua geração; uns se geram de ovos como outros pássaros, outros de borboletas, e é coisa para ver, uma borboleta começar-se a converter neste passarinho, porque juntamente é borboleta e pássaro, e assim se vai convertendo até ficar neste formosíssimo passarinho; coisa maravilhosa, e ignota aos filósofos, pois um vivente sem corrução se converte noutro." No séc. XVI Gabriel Soares de Sousa o chama Gainambi, Guinambi-aratica, e que os portugueses o diziam *Pegafrol*. Marcgrave denominava-o *Bloemen Specht*. Gregório de Matos em fins do séc. XVII escrevia *picaflor* e Morais dicionarizou esse vocábulo, aliás *beijaflor, chupamel*, esclarecia. A mais antiga citação do nome, que se popularizou, entre os muitos dados ao *Trochilidae*, está em Nuno Marques Pereira (*Compêndio Narrativo do Peregrino da América*, publicado em 1728):

"E logo por esses ares,
Remontando o beija-flor,
Tocando ia nas asas,
Com donaire um belo som."

BEIJI. Ver *Dois-Dois*.

BEIJU. Bolo de massa de mandioca ou de tapioca, do tupi *mbeiú*, o enroscado, o enrolado, alimento característico indígena e amplamente descrito pelos cronistas coloniais do séc. XVI. Beijus de tapioca, feitos da polme da massa de mandioca, em forma cilíndrica, ocos, chamados também *crespos* ou *punhos*, dados por Gabriel Soares de Sousa como inventados pelas mulheres portuguesas, delicados e transparentes, indispensáveis nos cardápios da dieta brasileira do interior, talvez os *mbeiúcica*, beijus de massa, beijus secos; beijus de massa, os mais populares entre a indiada de ontem e o povo de hoje, o *mbeiú-as'u* fatalmente encontrado nas malocas amazônicas e paraenses como as festas da *farinhada* do Nordeste; manapensas, beijus temperados com sal, açúcar, erva-doce e assados entre folhas de banana ao calor do fogo; beijus-secos, beijus-de-sola, ditos comicamente; tarupá, beiju amazônico de onde se extrai a cachaça de mandioca ou um líquido da tarupá fermentada n'água, a *tiquira*, bebida tradicional; beiju de coco; beiju ensopado no leite do coco, *mbeiú-membeca*, beiju mole; beiju-curucaua, com castanha ralada de caju, prato regional amazonense, etc. No extremo-norte do Brasil poderíamos dividir, quanto ao alimento básico, *povos da farinha* e *povos do beiju*, numerosos e fiéis à técnica de sua utilização. As bebidas normais e clássicas, vindas da mandioca, são feitas pela mastigação do beiju, provocando a fermentação. Ver Luís da Câmara Cascudo, *Folclore do Brasil*, 104-105, Natal: Fundação José Augusto, 1980.

BEIRADEIRO. O morador à margem das estradas. Rodolfo Garcia registra o vocábulo como sendo "pequeno negociante que comercia quase exclusivamente com os cassacos das linhas férreas em construção, acompanhando as turmas em seu avançamento." (*Dicionário de Brasileirismos*, 96). Atualmente o nome independe da profissão. A residência é o suficiente. Beradeiro.

BEJI. Os gêmeos nos candomblés jeje-nagô, identificados com São Cosme e São Damião. Ver *Ibeiji, Doú* e *Alabá*.

BELISCÃO DE FRADE[1]. Dado com os nós dos dedos médios e indicador. Diz-se também beliscão de beata.

BEM-CASADOS. Nome de um biscoito de goma, tendo um menor no dorso. Arbusto vindo de Madagascar, vulgarizado no Brasil, *dois-amigos, dois-irmãos, coroa-de-cristo*, com duas pequeninas flores de um vermelho brilhante: *Euphorbia splendens*, Boer. Veio por intermédio da África, Oriental e Ocidental, onde é disseminada, servindo de cerca-viva, notadamente ao redor de monumentos votivos distanciados de áreas povoadas. Ver *Santa Bona* e *São Lúcio*.

BEM-TE-VI. (*Pitangus sulphuratus*). Só sabe dizer o seu nome malicioso para avisar que alguém se aproxima dele. O bem-te-vi pequeno (*Pitangus lictor*) também possui mania idêntica. Nosso Senhor Jesus Cristo não gostava deles. Tanto gritaram *bem-te-vi*, que os soldados do Rei Herodes iam descobrindo o esconderijo onde Nossa Senhora se abrigava durante a fugida para o Egito. O bem-te-vi anuncia visitas. Pergunta-se: "Quem tu vistes, bem-te-vi? Homem ou mulher"? Se o pássaro canta imediatamente, é homem e, se demorar, é mulher.

"Ai, meu passarinho verde,
Ai, meu lindo bem-te-vi,
Eu já sei que vai cantar
E por isso eu fico aqui.

Cala a boca, passarinho,
Cala a boca, bem-te-vi,
Não me faça recordar,
Dum amor que já perdi."

Ver Luís da Câmara Cascudo, *Canto de Muro*, "Lavadeira e Bem-Te-Vi", 141-146, 4ª ed., São Paulo, Global, 2006.

BENDENGUÊ. Jongo, dança dos negros da Costa, ao som da puíta e cantigas africanas, espécie de bangulê (Macedo Soares).

BENDITOS. Canto religioso com que são acompanhadas as procissões e, outrora, as visitas do Santíssimo. Denomina o gênero o uso da palavra *bendito*, iniciando o canto, uníssono. Renato Almeida: "Há uma certa influência francesa, ou melhor, o aproveitamento de benditos franceses, como o popularíssimo *Queremos Deus*, que é o *Nous voulons Dieu*, de F. V. Moreau." (*História da Música Brasileira*, 132).

BENEDITO. Santo popular na Sicília, nascido em Sanfratello e falecido em Palermo a 4 de abril de 1589, com 65 anos de idade. Preto e humilde, não aprendeu a ler e chegou a guardião do seu convento. Profeta e taumaturgo, era venerado em toda a ilha e sua imagem foi divulgada antes da canonização regular. Também com ele se verificou o milagre das rosas. Trazia o lixo dos dormitórios do convento numa aba do hábito, quando o Vice-Rei da Sicília, encontrando-o, quis ver o que levava. Benedito mostrou-lhe a aba cheia de flores. Sua cor popularizou-o entre os negros, e no Brasil teve prestigioso culto tradicional. "Tinham também os africanos a São Benedito por seu patrono, talvez pela particularidade de ser santo de cor preta, e em seu louvor celebravam festas religiosas, em que se exibiam diversões profanas, de uma reminiscência íntima dos costumes pátrios, sendo a representação dos congos, principalmente, uma dessas diversões." (Pereira da Costa, *Folclore Pernambucano*, 213-214). Em Sergipe, no Lagarto (cidade em 1880), a procissão de São Benedito a 6 de janeiro era famosa, atraindo multidão. Por essa ocasião participavam os congos e também as taieiras, mulatas faceiras, vestidas de branco, bailando e cantando pelas ruas:

"Meu São Benedito,
É santo de preto;
Ele bebe garapa,
Ele ronca no peito.

Meu São Benedito,
Venho lhe pedir
Pelo amor de Deus
Pra tocar cucumbi.

Meu São Benedito,
Não tem mais coroa;
Tem uma toalha
Vinda de Lisboa.

Meu São Benedito,
Foi do mar que vieste;
Domingo chegaste,
Que milagre fizeste!"

(Melo Morais Filho, *Festas e Tradições Populares do Brasil*, "A Procissão de São Benedito no Lagarto", Rio de Janeiro, 1946, 97-107; Sílvio Romero, *Cantos Populares do Brasil*, 187-188, Rio de Janeiro, 1897; Guilherme Melo, "História Artística," *Dicionário Histórico-Geográfico e Etnográfico Brasileiro*, I, Rio de Janeiro, 1922). Dois municípios (Ceará e Piauí) têm seu nome. Os devotos são ainda sertanejos e as populações mestiças das praias do Nordeste e Norte e mesmo pequenas vilas do Sul. Na massa negra das cidades maiores, São Benedito goza de prestígio diminuto, substituído pelos santos católicos, identificados com os orixás africanos. É um dos índices do negro católico sem instrução religiosa sudanesa a devoção a São Benedito, que não foi aculturado com os orixás, permanecendo na sua personalidade anterior e pura. Curioso é que o processo de sincretismo haja convertido São Jorge, alvo, louro, olhos azuis, em Odé, Oxóssi, Ogum, Santo Antônio em Exu, São Jerônimo em Xangô, e haja esquecido um santo preto, com tradição de culto amplo e velho. A exclusão de São Benedito do panteão jeje-nagô no Brasil constituirá ainda uma defesa dos seus orixás, escolhendo os santos brancos como impossibilidades de personificação africana viver neles aos olhos da fiscalização repressora dos amos e policiais. São Benedito lhes sugeria uma espécie de corixá católico, fisicamente lembrando os santos da costa africana. A viva tradição católica de São Benedito junta-se confusa reminiscência de dança sacra em seu louvor. Na Igreja de Nossa Senhora do Rosário, em Cunha, São Paulo, onde há uma imagem de São Benedito, persiste a crença de o santo ter inventado a dança moçambique, tão popular na região. "São Benedito, santo de cor, que deixou para os negros uma das diversões rítmicas mais atraentes e que fora de seu invento – a dança de moçambique – São Benedito era trabalhador na roça, e para descanso, ele inventou a dança de moçambique, assim dizem os moçambiqueiros de Cunha." (Alceu Maynard Araújo, comunicação à Comissão Nacional de Folclore, documento n.º 4, de 8-3-1948). São Benedito da Praia. Em 1953 foi encontrada uma malota boiando numa praia de Marajó, com uma imagem de S. Benedito, que foi conduzida para Belém; e o Sr. Manuel Sarmanho, do bar "Águia de Ouro" no Mercado Público "Ver o Peso", colocou-a num altar. O culto popular começou realmente em 1957; mastro cheio de ofertas de produtos locais, caixa de esmolas, bandeira do Santo, derrubado ao final e os objetos disputados indistintamente pela assistência. Antes, reza-se a *ladainha branca* (por ser entoada de dia) e a imagem que estava num altar externo volta pelas mãos dos devotos ao interior do "Águia de Ouro," onde recebe promessas e orações o ano inteiro. Não há intervenção religiosa de sacerdotes. O culto divulga-se e estudou-o Bruno de Meneses ("São Benedito da Praia", Folclore do "Ver o Peso", Belém, Pará, 1959), São Benedito, Bragança, Pará. É a principal festa religiosa e popular do município, promovida pela respectiva Irmandade, que data de 3 de setembro de 1798 e realiza a solenidade ininterruptamente, de 18 a 26 de dezembro, embora o dia do santo seja 3 de abril. Durante os festejos exibe-se a famosa marujada, exclusivamente feminina, dirigida pela Capitoa (ver *Marujada*), com algumas danças típicas. Bordalo da Silva estudou essa festa na sua "Contribuição ao Estudo do Folclore Amazônico na Zona Bragantina", *Boletim do Museu Paraense Emílio Goeldi*, série Antropológica, n.º 5, em publicação; gentilmente comunicado pelo autor. Muito raro pela África portuguesa o nome de

---

[1] No texto original: "Beliscão-de-Frade" (N.E.).

"Benedito", batizando negro. Não deparei nenhuma imagem pintada de preto nem santo com essa cor. A melanina não impôs, como aos escravos africanos no Brasil, utilização plástica (Luís da Câmara Cascudo, *Made in Africa*, "Santo Preto", 165-166, 2ª ed., São Paulo, Global, 2002).

BENTINHOS. Escapulário contendo a gravura do padroeiro da Irmandade religiosa, ou orações-fortes. Em Portugal é a insígnia devocional, constando de uma imagem impressa em pano branco e cosido este sobre pano preto, conduzida ao pescoço. Bluteau diz que é *bentinho* porque se benze para dar virtude. No Brasil ouço sempre no plural. Quem usa os bentinhos do Carmo, não morre em pecado mortal e sem absolvição. Quem usa os bentinhos do Rosário, fica no purgatório até o primeiro sábado depois da morte; Nossa Senhora vai buscar e leva para o céu. Até poucos anos era indispensável ao pescoço dos sertanejos nordestinos, mesmo nos cangaceiros assassinos, devotíssimos dos escapulários. Usado sempre em Portugal e Brasil, mereceu condenação expressa em todas as Constituições do Bispado de Lamego (1683); encontra-se, expressa e claramente, a reprovação contra "os que trazem *nominas*, nomes, orações, ou palavras escritas, ao pescoço", crendo que por sua virtude nunca será ferido na guerra, ou nas brigas, ou que não morrerá em fogo, nem afogado, ou de morte súbita e que tudo lhe sucederá prosperamente.

BENTO. Santo da Igreja católica (480-543), festejado a 21 de março, patriarca fundador da Ordem dos Beneditinos, criador do convento em Monte Cassino. No Brasil, herança popular de Portugal, São Bento afugenta e domina as cobras venenosas. Quando alguém vai atravessar um caminho, onde há desconfiança de existir cobras, declama:

"São Bento, água benta!
Jesus Cristo no altar!
As cobras deste caminho
Afastem que eu vou passar!"

Quem vê uma cobra pode imobilizá-la, dizendo alto: "Esteja presa por ordem de São Bento!" As mulheres prendem as cobras com o simples gesto de dar um nó à orla da saia ou no manto que levam. Dando-se um nó numa palha, obtém-se o mesmo resultado. Indispensável é qualquer gesto ser precedido pela fórmula: "Por ordem de São Bento!" Indo-se por um trecho de estrada ou mato, onde vivem cobras, é aconselhável ir-se dizendo: "São Bento! São Bento! São Bento!", enquanto durar a travessia suspeita. A origem da crendice deve ser o episódio que Jacques de Voragine narrou na *Legende Dorée* (11, 56): "Mandaram duas garrafas de vinho ao santo e o menino portador só entregou uma, escondendo a outra para bebê-la no regresso. São Bento agradeceu a oferta, mas recomendou ao rapaz que não bebesse da garrafa oculta e antes a entornasse para ver o que continha. O rapaz entornou-a e de dentro caiu uma grande serpente." Esse domínio e poder de fazê-las aparecer, logicamente, justifica o direito de afugentá-las. Nos processos da feitiçaria branca e preta, é tradicional o poder mágico dos nós como imobilizador, detentor do movimento por simpatia.

BENTO MILAGROSO. "Fez furor em todo o Recife, lá para o ano de 1913, aparecendo profeta e curandeiro, atraindo para aquela zona (Beberibe, arredores do Recife) grande massa popular da capital e do interior de Pernambuco, no fervor da sugestão coletiva. Seu prestígio cresceu assustadoramente em todo o Nordeste e suas *curas* correram todas as estradas pela boca do povo." (Gonçalves Fernandes, *O Sincretismo Religioso no Brasil*, 39, Ed. Guaíra, Curitiba, 1914). Bento Milagroso empregava apenas água e orações. Os poetas populares publicaram vários folhetos, narrando as vitórias do homem. Chamava-se Bento José da Veiga Pessoa e faleceu no Recife a 30 de setembro de 1930, com 64 anos de idade.

BENZINHO-AMOR. Ver *Fandango*.

BERADEIRO. Ver *Beiradeiro*.

BERIMBAU. Pequenino instrumento sonoro, feito de ferro (os mais antigos) e de aço (os relativamente modernos). Consta de dois braços que se ligam, arqueando-se, com uma lingueta no meio. Toca-se levando o berimbau à boca, prendendo-o nos dentes e fazendo a lingueta vibrar, puxando-a com o dedo indicador. Dá-se um som monótono, espécie de zumbido. Jorge Ferreira de Vasconcelos (*Aulegrafia*, Lisboa, 1619) citou o berimbau ou birimbau. Foi trazido ao Brasil pelos portugueses, e o padre Fernão Cardim, em dezembro de 1583, descrevendo as festas da Natividade na Bahia, informa: "Tivemos pelo Natal um devoto presépio na povoação, aonde algumas vezes nos ajuntávamos com boa e devota música, e o irmão Barnabé nos alegrava com seu berimbau." (301, *Tratado da Terra e Gente do Brasil*, Rio de Janeiro, 1925). Não sei como possa alguém alegrar-se com o berimbau. A suprema habilidade é alguém pronunciar, através da lingueta percutida, a palavra p-i-o-l-h-o. João Ribeiro, estudando *apia há*, *apihá* (*Frases Feitas*, Rio de Janeiro, 1908), escreveu: "Estou convencido, porém, de que é *apia ha* o nome do instrumento (que aliás podia estender-se ao da cantiga, como sucedeu à *lira*) e acredito que talvez seja o mesmo a que chamam berimbau, pois que é ainda uma das façanhas dos bons tocadores deste rude instrumento tirarem as palavras *piau-o* ou *piolho* (no Brasil piau é nome de um peixe), e ainda melhor *a-pia-há*" (258). É dado geralmente como instrumento negro. Creio que o berimbau do irmão Barnabé seria uma *marimba*, também denominada *marimbau* e mesmo confundida com o berimbau. Mário de Andrade (*Música, Doce Música*, S. Paulo, 1934): "O princípio sonoro do berimbau é conhecido universalmente. Nas suas formas primárias o encontramos nas ilhas de Salomão, nas Marquesas, em Havaí, no oeste africano, em Niassa, na Nova Guiné, no Congo. E é curioso de verificar que, muitas vezes, também adstrito ao mundo infantil (Curt Sachs, *Geist und Werden der Musikinstrumente*, cap. 8). Mas nem sempre. Na Europa o berimbau é de uso geral; e se chamou *tromp* (ant) e agora *guimbarde* na França, *tromp* entre os escoceses, *jew's harp*, entre ingleses, *birimbao* na Espanha, *guimbarda* ainda na Espanha e na Itália, onde o conhecem também por *tromba*, ao passo que na Alemanha o chamam de *Maultrommel*, de *Brummeisen*, de *Mundharmonica*, de *Judenharfe*, e finalmente de *Aura*, pelo que me ensinam os meus livros. E o Reimann de 1929 ainda me ensinou o nome latino dele, *Crembalum* (119). A origem africana do berimbau, pelo exposto, parece difícil.

BERIMBAU DE BARRIGA[1]. Instrumento musical dos escravos africanos por eles popularizado no Brasil. Transmitido aos mestiços, é ainda possível ouvi-lo entre a Bahia e o Maranhão e no Sul, arredores do Rio de Janeiro e Minas Gerais. Debret (*Viagem Pitoresca e Histórica ao Brasil*, trad. bras., São Paulo, 1940, I) descreve o berimbau de barriga, como chamamos no Nordeste, urucungo na parte meridional: "Este instrumento se compõe da metade de uma cabaça aderente a um arco formado por uma varinha curva, com um fio de latão, sobre o qual se bate ligeiramente. Pode-se ao mesmo tempo estudar o instinto musical do tocador, que apoia a mão sobre a frente descoberta da cabaça, a fim de obter pela vibração um som mais grave e harmonioso. Este efeito, quando feliz, só pode ser comparado ao som de uma corda de tímpano, pois é obtido, batendo-se ligeiramente sobre a corda com uma pequena vareta, que se segura entre o indicador e o dedo médio da mão direita" (253). Debret fixou o tocador de urucungo, *negro trovador*, num desenho fidelíssimo (prancha 41), tendo no mesmo quadro um tocador de marimba. Na descrição de Debret falta dizer que a meia cabaça é posta no ventre nu do músico. Algumas varetas têm um pequenino cabacinho, com sementes, fazendo um minúsculo maracá. Ao som melancólico e profundo da corda de latão, percutida pela vareta, responde a pancada rítmica do maracá, no justo momento do contato com a corda. É o instrumento dos capoeiras de outrora (Manuel Querino, *Costumes Africanos no Brasil*, 273; Renato Almeida, *História da Música Brasileira*, 115). Rucumbo, uricungo. O instrumento é conhecido em toda a África setentrional. As caixas sonoras feitas de cabaços são, desde incalculável tempo, utilizadas na Índia, nos instrumentos sagrados bramânicos e búdicos. O povo intermediário para o negro foi o árabe, também grande conservador do gênero. O mesmo que arco musical. Luís da Câmara Cascudo (*Civilização e Cultura*, 597, São Paulo, Global, 2004): "Riemann, observando a semelhança entre os mais antigos arcos musicais egípcios e o arco de guerra, não duvidou decidir-se que aqueles provinham desse. Há 4000 anos o egípcio cavou a parte interior do arco no intuito de prolongar o som. Usava a corda de tripa de cabra ou de fio de linho torcido. Em todas as regiões onde o arco de caça e guerra preponderava há uma dança, servindo os arcos de compassadores. Ainda resistem muitas na África, América, Polinésia e, no Brasil, uma dança de carnaval, *caboclinhos*, com os figurantes vestidos de indígenas, onde o ritmo é dado pelo entrechoque dos arcos. O ravanastrom do Indostão (uma ou duas cordas em madeira aplainada, com caixa de ressonância cilíndrica nos finais, e arco) era também árabe e seduziu os pesquisadores que nunca conseguiram demonstrar sua velhice avançada, a ponto de constituir-se pré-avô. O arco musical está, nos dias atuais, com o título de criador de todos os instrumentos de corda. "Dell'arco musicale si fanno derivare tutti gli instrumenti a corda provvisti di manico" (Renato Biasutti, *Razza e Popoli della Terra*, Iº, 605, Torino, 1953). A lira, cítara, harpa, o grupo das guitarras, violas, violões com sua consequência em violinos, violoncelos, violetas, tiveram esse ancestral que continua prestante e presente. O arco musical foi trazido para a América pelos escravos africanos e sua técnica segue sendo negra. Não se aclimatou na Europa mas dura, popular, na África central e austral, Índia, Melanésia, Polinésia. Não há prova de instrumento de corda pré-colombiano." Ver *Uucungo*. (Ver Albano Marinho de Oliveira, *Berimbau, O Arco Musical da Capoeira*, col. Antônio Viana, I, Salvador, Bahia, 1958).

BERNAR-FRANCÊS. Romance muito espalhado na América Ibérica. No Brasil, Sílvio Romero recolheu uma versão do "Bernal Francês" no Rio de Janeiro (*Cantos Populares do Brasil*, 6); Pereira da Costa (*Folclore Pernambucano*), duas de Pernambuco, "Bernar Francês", uma de Goiana e outra do Recife (354 e 357); o Com. Lucas A. Boiteux ("Poranduba Catarinense", *Revista do Instituto Histórico e Geográfico Brasileiro*, vol. 184, Rio de Janeiro, 1944), duas mais do "Bernaldo Francês", na povoação de Canavieiras, ilha de Santa Catarina, e Tijucas, essa truncada (18 e 20). É tema da esposa infiel, romance que se amplia com as convergências de motivos semelhantes, como a *adúltera*. Na ausência

---

[1] No texto original: "Berimbau-de-Barriga" (N.E.).

do marido, a mulher ama Bernar Francês. O marido, voltando, faz-se passar pelo amante, e pela manhã manda matar a esposa. Bernar Francês sabe a notícia e procura a sepultura da amada, onde lhe ouve a voz, aconselhando-o e despedindo-se. São incontáveis as variantes que abrangem França, Itália, Espanha. Em Portugal, Almeida Garrett foi o primeiro a divulgar esse romance (1828); *Obras Completas*, I, 356 e 433, Lisboa, 1904). As versões mais recentes estão no *Romanceiro Minhoto* (Porto, 1943), de Joaquim Alberto Pires de Lima e Fernando de Castro Pires de Lima (*Bernardo Francês*, 37), com a bibliografia portuguesa. Gonçalo Sampaio divulgou a música (*Cancioneiro Minhoto*, 155, Porto, 1940). Até a morte de Garrett, o "Bernar Francês" não fora encontrado na Espanha com a abundância posteriormente verificada nos livros de Menéndez y Pelayo, Milá y Fontanals, Menéndez Pidal (*El Romancero*, 200), que admite ter sido o enamorado Bernar Francês um personagem histórico, recebendo a 18 de maio de 1492 a doação da quantidade de terra onde pudessem pastar quatro mil ovelhas, na divisa de Tovilas, na vila de Setenil, prêmio de serviços prestados "en la guerra de los moros". Na América o romance foi encontrado na Califórnia por Aurélio M. Espinosa, *Los Romances Tradicionales en California*; em Puerto Rico por Maria Cadilla de Martinez, *La Poesia Popular en Puerto Rico*; no Chile por Julio Vicuña Cifuentes, *Romances Populares y Vulgares*; na Argentina por Juan Alfonso Carrizo, *Cancionero Popular de Tucumán*, I, e Ismael Moya, *Romancero*, II; no México por Vicente T. Mendoza, *El Romance Español y el Corrido Mexicano*, com transcrição dos tipos espanhóis e judeus (Catalunha) e Extremadura castelhana.

BERNARDA. Revolta, intentona, motim, levantamento. João Ribeiro (*Frases Feitas*, 2ª série, 285, Rio de Janeiro, 1909) julgava o vocábulo ter sido "tomado às bravatas do famoso Bernardo del Carpio, o invencível cavaleiro". Pereira da Costa (*Vocabulário Pernambucano*, 89, Recife, 1937) discorda. O espanhol usa *bernardinas* na acepção de mentiras, asneiras, parvoíces e não bravatas ou insurreições. Bernardinas corresponde às portuguesas *bernardices*, relativas à tradição, em parte falsa, da ignorância, simplicidade e toleima dos frades bernardos, beneditinos da reforma de S. Bernardo. Crê-se ainda que bernarda, revolução, ingressou nos dicionários portugueses indo do Brasil, onde já era corrente e vulgar em 1821, sempre ao redor dos movimentos populares da Independência. A origem, divulga Pereira da Costa, está numa frase do Ministro Tomás Antônio de Vila-Nova Portugal (1754-1839), ministro de D. João VI no Brasil (1817-21), e que denominou *bernarda*, tolice, asneira, à revolução constitucionalista do Porto em 1820. Os jornais da época divulgaram o dito que se fixou no vocabulário popular. Essa explicação foi publicada em outubro de 1821. O verbete é dicionarizado quase meio século depois.

BERNÚNCIA. Animal fabuloso que foi introduzido na dança do boi de mamão, em Santa Catarina. A Bernúncia é feita, como o boi, de uma armação de madeira, recoberta de pano preto, pintado de várias cores, e sob a qual se abrigam dois indivíduos. Possui grandes mandíbulas, que se fecham estrepitosamente. A sua entrada em cena verifica-se depois da dança do boi, do cavalinho e da cabrinha – e é o momento culminante do auto (Oswaldo Melo Filho, *O Boi de Mamão no Folclore Catarinense*). Não canta. Rosna, apenas. A Bernúncia come gente. À sua entrada, os circunstantes debandam, mas sempre algum retardatário se deixa apanhar. Então, o indivíduo que *faz* a parte dianteira do *bicho* aciona as mandíbulas, aproveita-se do descuido, agarra o circunstante e o engole, puxando-o para dentro da goela, sob a assuada dos assistentes. Enquanto não consegue apanhar outro, ginga de um lado para outro, ao compasso da música e da cantoria dos comparsas, abrindo e fechando a bocarra. Ao sair de cena, os cantores entoam:

"Olé, olé, olé, — olé, olé, olé,
Arreda do caminho
Que Bernúncia qué passá."

(Melo Filho, op. cit.)

Maria de Lurdes Henriques recolheu em São Francisco do Sul os seguintes versos cantados pelos cantadores do auto, à entrada da Bernúncia em cena:

"Que dê ela, onde está?
Manda ela prá cá
Que venha brincar,
A Bernúncia é dana,
A Bernúncia engole gente
E é boa pra pular
Arretira, Bernúncia
Arretira pra fora
Que nós temos que ir embora!

Coro: Bernúncia!"
Coro: (responde o mesmo).

(Correio Folclórico).

Álvaro Tolentino informa que a Bernúncia foi introduzida na dança, em São José, por volta do ano de 1923, por um preto de nome Filipe Roque de Almeida, trazida por ele dos sertões do Itajaí (Álvaro Tolentino, *Boletim da Comissão Catarinense de Folclore*, n.º 5). O bicho teria sido *inventado* por um indivíduo daquelas paragens que procurou fazê-lo o mais grotesco possível e, antes de exibi-lo na dança do boi, foi mostrá-lo a uma tia, escancarando a boca, o que proporcionou à velha tal susto que a mesma o esconjurou, nervosa, repetindo o sinal da Cruz: "Abrenúncio! Abrenúncio!"

Aliás, o que ela disse foi *Abrenunço!* – e estava batizada a nova figura da dança. Ainda o mesmo autor cita, entre outros, os seguintes versos, cantados à aproximação da Bernúncia:

"Arreda, arreda,
Se não ela te come!
Arreda do caminho,
Que a Bernúncia 'tá com fome!"

Várias interpretações têm sido procuradas para explicar a introdução deste novo elemento no auto da dança do boi de mamão. Para uns era uma *encarnação* do Bicho Papão. (Oswaldo F. de Melo, Walter Spalding), para outros, a do basilisco (um bicho que veio do mar, segundo uma explicação colhida na praia por Otan d'Eça). Ninguém sabe qual a intenção do criador da figura. Quanto ao nome, Joaquim Ribeiro aventou a hipótese de ser uma corrutela de *Bern-wulf* ou de *Bern-onça*. Mas a opinião geralmente aceita é a de que, de fato, o nome da *fera* se tenha originado da exclamação de esconjuro (Oswaldo F. de Melo, Fr. Odorico G. Durieux, in "Boletim da Comissão Catarinense de Folclore", n.º 5). A figura da Bernúncia é hoje conhecida em todo o litoral de Santa Catarina, onde se dança o boi de mamão. Sem ela, o auto não estará completo e não satisfaz o povo (Oswaldo R. Cabral, Florianópolis, Santa Catarina). A Bernúncia é uma convergência dos monstros processionais, tão antigas e comuns na Europa, para um auto. Conserva dos animais simbólicos de sua classe o mutismo e a agressividade característica, espavorindo a assistência e sendo andrófago. Lembra, materialmente, a Coca, a Santa Coca, que desfilava nas procissões de Corpus Christi em Portugal e Espanha (especialmente na Galícia) sendo vencida por São Jorge. O aspecto era idêntico. O nome parece-me bem uma deturpação do esconjuro *abrenuntio*, dado pela voz matuta e velha, *abrenunço*. Coca, que deu a nossa Cuca das acalantos infantis, provém de Coco, o fantasma, o assombro, o medo; ver *Cuca*. Sobre o assunto ver: Van Gennep, *Manual du Folk-lore Français Contemporain*, ed. Picard, Paris, III; volume traz a bibliografia das "Monstres et géants processionnels"; Henri Dontenville, *La Mythologie Française*, 132-150, "La procession du dragon", Payot, Paris, 1948; Louis Dumont, *La Tarasque*, ed. Gallimard, Paris, 1951 (8ª ed.); Walter F. Piazza, *Aspectos Folclóricos Catarinenses*, Florianópolis, 1953. Os monstros deglutantes são de antiquíssima participação processional. Nos préstitos em Roma incluíam o Manducus, com imensa bocarra, entrechocando a dentuça apavorante, e a Lamia que devorava as crianças que arrebatavam do ventre, ainda vivas (Piautus, *Rudens*, II, IV, Horácio, *Arte Poética*, "Neu prensae Lamiae vivum puerum extrahat alvo)."

BERRA-BOI. O mesma que *Zumbidor* (ver) e *Aidje*.

BERTOLDO. Desde as últimas décadas do séc. XVIII (1783) popularizou-se *em Portugal* o "Astúcias de Bertoldo", dando conta das aventuras do rústico e jovial labrego na corte do Rei Albuíno, dos longobardos. Era inesgotável de recursos para livrar-se dos perigos, respondendo com espírito às questões apresentadas pelo rei, rainha e fidalgos. Seguiu-se o "Simplicidades de Bertoldinho", *filho do sublime e astucioso Bertoldo*, em nada herdeiro da sagacidade paterna mas uma espécie integral de João Bobo. Completou a série a "Vida de Cacasseno, filho do simples Bertoldinho e neto da astuto e sagaz Bertoldo", também simplório e desastrado. Esses folhetos foram editados e reeditados em Portugal, com abundância, e passaram para o Brasil, certamente muito cedo. Durante o séc. XIX espalharam-se por todo o território, constituindo uma das leituras amenas para os sertanejos do interior. As reedições não cessaram ainda e Bertoldo, Bertoldinho e Cacasseno seguem fazendo rir ao seu público em Portugal e Brasil.

O autor dos dois primeiros é o cantor popular italiano Giulio Cesare Croce (1550-1620), com obras completas publicadas em 1598 e 1617. "O astutte sottilissime di Bertoldo e o le piacevoli e ridiculose simplicità di Bertoldino" tiveram ampla popularidade na Europa, traduzidos para o francês, alemão, espanhol, grego, português, etc. O "Cacasseno" é de autoria de um contemporâneo de Giulio Cesare Croce, o poeta Camilo Scagliero Della Fratta. Habitualmente aparecem os três episódios juntos num só folheto.

BESTA. Ver *Ilária*.

BESTIALIDADE. Para o interior do Brasil a cópula com animais é raramente uma depravação genesíaca. Quase sempre é o uso de uma tradição terapêutica, teimosamente defendida e secreta. As afecções venéreas, dizem, transmitem-se ao animal que serve de fêmea, pela emissão do esperma. Chama-se bestialidade *fazê matrimonho cum animá*. Por se tratar de depravação, o nome será: *comê bicho bruto*. Ver *Matrimônio*.

BEZERRA, ALCIDES. Ver *Alcides Bezerra*.

BIARIBU. Modo peculiar aos selvagens de cozinhar a caça ou o peixe em cavas na terra (*Pequeno Dicionário Brasileiro da Língua Portuguesa*, 2ª ed., Rio de Janeiro, São Paulo, 1939). "Cozinhando em cavas cobertas com folhas verdes, lenha e fogo" (Francisco de Paula Ribeiro, "Índios do Maranhão", *Revista do Instituto Histórico Brasileiro*, III, 190). Ver *Barreado*.

BIATATÁ. É uma superstição da Bahia, forma confusa em que o nome denuncia deturpação do *mboitatá*, a cobra de fogo, um dos mais antigos mitos do Brasil, já citado pelo venerável José de Anchieta em 1560. Donald Pierson informa: "Dizem que o *biatatá* é uma mulher que habita o mar, aparecendo sobre a água apenas de noite e aumentando gradualmente de tamanho até adquirir proporções enormes e lançar uma sombra imensa e aterrorizadora" (*Pretos e Brancos na Bahia*, 325). Os fantasmas que crescem e diminuem são universais, europeus, africanos, asiáticos, etc. O velho mboitatá, boitatá, batatão, não possuía esse vício. Em S. Paulo a forma *bitatá* (Cornélio Pires, *Conversas ao Pé do Fogo*, 177) evidencia a origem do nome esdrúxulo na aparência mítica do boitatá legítimo. Ver *Boitatá*.

BICHARÁ. Poncho de bicharà é poncho de lã grossa, branca e preta, com listas ao comprido, deste também se chamam ponchos de Mostardas, por serem feitos em uma povoação deste nome, onde se criam muitas ovelhas; é citação de Antônio Álvares Pereira Coruja (*Coleção de Vocábulos e Frases Usados na Província de S. Pedro do Rio Grande do Sul*, por Macedo Soares).

BICHO. Todo animal que não é homem, nem ave, nem peixe. Todo animal, seja homem, ave ou peixe, de formas colossais, ou estranhas à espécie ou muito feios. Visão, alma do outro mundo, *coisa* extraordinária, fenomenal e inexplicável, o *mbaú* dos guaranis, o *zumbi* dos negros de Angola e do Congo, o *papão*, fig. *coca* come-criança (dos portugueses). "Olha o bicho!", dizem as amas brasileiras, metendo medo às crianças; "olha o zumbi!", dizem as negras; "olha o papão!", dizem as portuguesas, todas no mesmo sentido e com a mesma intenção (Macedo Soares). Matar o Bicho: beber álcool pela manhã; do francês *tuer le ver*, origem da frase. No tempo de Francisco I da França, morreu em Paris uma mulher, e encontraram um verme vivo, atravessando-lhe o coração. Os médicos tentaram-no matar com o antídoto clássico, o midiral, resistindo o verme a todos os líquidos, exceto o vinho. Quando o puseram no vinho, sucumbiu imediatamente. Espalhou-se a notícia de que o vinho matava os vermes mais teimosos em viver. Um livro raro (*Journal d'un bourgeois de Paris sous le Règne de François Ier.*) registrou a explicação inicial: "Par quoy il ensuyt qu'il est expédient de prendre du pain et du vin au matin, de peus de prendre de ver." Bebia-se para prevenir a vinda do verme e para matá-lo, se já estivesse no organismo. A frase passou a Portugal, onde *ver* ficou sendo *bicho*. Jaime Lopes Dias (*Etnografia da Beira*, segunda edição, I, Lisboa, 1944, 125):

"Como estás bem contente,
Meu amigo no teu nicho,
Vem dar-nos aguardente
Pra matadela do bicho."

No Brasil, no mesmo sentido, é popular.

BICHO DO FUNDO. Amazonas e Pará. Ver *Caruanas* e *Companheiro do Fundo*.

BICHO DO MATO. Rei ou governador das caças, é um caboclo grande e cinzento, que não permite se mate *bicho novo*, nem que esteja amamentando; interdita a caçada das fêmeas, e, se isso acontecer, é preciso um voto propiciatório: levar-lhe um beiju e deixá-lo no mato para o bicho, do contrário o caçador será sempre infeliz (Urbino Viana, "Os Xerentes", *Revista do Instituto Histórico e Geográfico Brasileiro*, tomo 101, vol. 155, 46, Rio de Janeiro, 1928). E, noutras regiões do norte brasileiro e para a população mestiça, o Pai do Mato, um gigante benéfico, com os atributos jurisdicionais do Curupira ou da Caipora.

BICHO TUTU. Ver *Tutu*.

BICHO VISAGENTO. "Entidade sobrenatural, nome genérico para todos os sobrenaturais da mata ou da água." Amazonas. (Eduardo Galvão, *Santos e Visagens*, um estudo da vida religiosa de Itá; Amazonas, S. Paulo, 1955). Visagento é o que produz ou determina o fenômeno da visagem. Ver *Visagem*.

BICUDA, BICUDO. Faca de ponta; peixe marítimo, *Sphyraena barracuta*: a faca de lâmina larga e ponta acerada, lambedeira, "porque lambe o sangue". Bicudo — Aves galbulídeas e flingilídeas. Alcunha dos portugueses no movimento da Independência do Brasil. Escravo africano importado clandestinamente ao redor de 1850. Famanaz: "Não tenho medo / D'homem bicudo, / O pé sacudo / Sacudo a mão!"

BIFE. *Beef*, alcunha do inglês em Portugal e no Brasil.

BIJAJICA. Bolinho, tipo rosca, feito de polvilho, ovos, açúcar, tudo frito em banha (Pe. Alvino Bertoldo Braun, "Coisas do Planalto", *Boletim Trimestral da Comissão Catarinense de Folclore*, n.º 3, 19, Florianópolis, março de 1950).

BINGA. Chifre de boi usado pelos pedreiros para servirem-se de água nos trabalhos de seu ofício. Tabaqueiro ou cornimboque, no Alto S. Francisco (Pereira da Costa, *Vocabulário Pernambucano*). Artifício, isqueiro. Como vasilha para água corresponde, no Rio Grande do Sul, à guampa que conheço feita, artisticamente, em prata. Ver *Guampa*.

BIRICO. No Rio Grande do Norte foi um dos antigos e popularíssimos *compères* do bumba meu boi. Ao lado de Mateus (a negra Catirina apareceu há meio século apenas), Birico era inesgotável de pilhérias, contando *causos* (anedotas), fazendo, com seu companheiro, rir a assistência. Desapareceu do elenco, ficando apenas Catirina e Mateus, no Rio Grande do Norte. Para o sul não havia Birico. O nome denuncia a presença dos negros fulahs, ou *fula*, de epiderme mais clara, no nordeste brasileiro. Birico é uma povoação *au pays foullah* (Blaise Cendrars, *Anthologie Nègre*, 225, Paris, 1927).

BISCA. Ver *Sueca*, *Jogo de Baralho*.

BITATÁ. Ver *Boitatá*.

BLOCO. No vocabulário do carnaval é um grupo com indumentária uniforme tendo um hino-marcha, composto para o folguedo, e que se exibe nos três dias da folia, cantando qualquer cantiga popular. O bloco usa a mesma fantasia ou a muda em cada dia. Há bloco exclusivamente de moças, de rapazes e moças, e só de rapazes. Vezes aparece estandarte e o bloco fica com alguma fama. São grupos improvisados nas vésperas do carnaval, sem maiores exigências, embora surja mesmo dança privativa, executada pelos componentes. Confundem-no com os cordões e ranchos e o nome é usado indiferentemente. Outrora só blocos tomavam encargos de críticas e sátiras políticas e sociais. Hoje é apenas um grupo que se diverte. Os blocos são sempre acompanhados de um pequeno conjunto musical, saxofone, violões, banjos, pandeiros.

BOA-HORA. Parto, *delivrance*, como se diz modernamente ou como nos tempos de antanho, livramento, bom-sucesso, descanso, e daí estas invocações da Virgem Maria, ditadas pela piedade cristã, e bem assim a da boa-hora. (Versos de um novenário). "Deus lhe dê uma boa-hora!" Votos de um parto feliz, propício (Pereira da Costa, *Vocabulário Pernambucano*, 106).

BOA-MÃO. É uma virtude nata na criatura feliz. Tudo se multiplica e todos os trabalhos são perfeitos para quem tem *boa-mão*. Para colocar ovos no choco, bater ovos para bolos, catar piolhos, abençoar com a primeira compra uma casa comercial ou um balcão de frutas e doces, é preciso ter *boa-mão*. As roseiras e fruteiras, animais domésticos e aves da capoeira multiplicam-se inexplicavelmente. Não é condição adquirida, mas virtude natural, espontânea, congênita. Há quem tenha *boa-mão* para certos misteres e *mão má* para outros.

BOBÓ. Comida africana, mui usada na Bahia, feita de feijão-mendubi, ali chamado feijão-mulatinho, bem cozido em pouca água com algum sal, um pouco de banana-da-terra quase madura. Reduzido o feijão a massa pouco consistente junta-se-lhe por fim azeite de dendê em boa quantidade, para o comerem só, ou incorporado com farinha de mandioca. Há também o bobó de inhame (*Beaurepaire Rohan*). O vocabulário de Costa Rubim registra "iguarias de feijão com abóbora". No Amazonas pulverizam pimenta, e o azeite de dendê é substituído pelo azeite de caiaué (palmeira *Elaeis melanococa*, Gaertn). Alfredo da Mata consigna bobó como sinônimo vulgar de bofe, pulmão. Tolo, imbecil, parvo.

BOCA DE PITO. "*Fazer uma boca de pito* é expressão muito usada no interior de São Paulo, na hora do café. Presume-se que o café, antecipando o cigarro, realce as qualidades deste." (Frederico Lane, *Vorta Boi, Vorta!*, 144, São Paulo, 1951). Pito é o cachimbo. Pitar é o verbo fumar.

BOCHINCHE. Batuque reles, chinfrim (Macedo Soares).

BODE. Mulato, mestiço, *cabra*. Faiodermo, filho de branco e negra. *Bode-preto*, sinônimo do Diabo. Marido enganado. A acepção mais popular no Brasil é a do tipo étnico, mulato, acusando-se pelo odor acre das axilas, bodum, catinga de bode, inconfundível. Valete no baralho francês, de cartas de jogar. Farnel de viagem. Refeição que operários e caçadores transportam para o local do trabalho. Alimentos levados individualmente para um piquenique. Cabra é denominação depreciativa, alvo de sátiras populares, com as exceções, *cabra-macho*, *cabra-homem*, destemidos e afoitos. Bodes, cabras e cabritos que os portugueses levaram ao Brasil indicam inclusão secular na alimentação. A carne de bode era o *prato todo o dia* no sertão, bode-seco com farinha. "Cabrito de gente pobre é bode velho!" Bode, alta potência geradora, insaciável. *Bodejar*, falar confusa, gaguejadamente, ou perseguir mulheres. *Fama de bode*, conquistador. "Bode de Guarabira", famoso pelo barulho noturno junto ao curral das cabras, mas era capado. O poeta Luís Gama (Luís Gonzaga Pinto da Gama, 1830-1882), orador, abolicionista, advogado de fama, era bode, mestiço, escrevendo um famoso poema "Quem sou eu?" divulgado em todo o Brasil (Arlindo Veiga dos Santos, *Lírica de Luís Gama*, 58-60, São Paulo, 1944). O povo intitulou o "Quem sou eu?" *Bodarrada*, onde se expunha a amplidão social da espécie:

"Se negro sou, ou sou bode,
Pouco importa, o que isto pode?
Bodes há de toda a casta,
Pois a espécie é muito vasta...
Há cinzentos, há rajados,
Baios, pampas e malhados,
Bodes negros, bodes brancos,
E, sejamos todos francos,
Uns plebeus e outros nobres,
Bodes ricos, bodes pobres,
Bodes sábios, importantes,
E também alguns tratantes...
Aqui nesta boa terra,
Marram todos, tudo berra;
Nobres, condes e duquesas,
Deputados, senadores,
Gentis-homens, veadores;
Belas damas emproadas,
De nobreza empantufadas,
Repimpados principotes,

Orgulhosos fidalgotes,
Frades, bispos, cardeais,
Fanfarrões imperiais,
Gentes pobres, nobres gentes,
Em todos há meus parentes.
Entre a brava militança;
Fulge e brilha alta bodança;
Guardas, cabos, furriéis,
Brigadeiros, coronéis,
Destemidos marechais,
Rutilantes generais,
Capitães de mar e guerra,
— Tudo marra, tudo berra: —
Na suprema eternidade,
Onde habita a Divindade,
Bodes há santificados,
Que por nós são adorados.
Entre o coro dos anjinhos,
Também há muitos bodinhos,
O amante da Siringa
Tinha pelo e má catinga;
O deus Mendes, pelas contas,
Na cabeça tinha pontas;
Jove, quando foi menino,
Chupitou leite caprino;
E, segundo o antigo mito,
Também Fauno foi cabrito.
Nos domínios de Plutão,
Guarda um bode o Alcorão;
Nos lundus e nas modinhas,
São cantadas as bodinhas;
Pois se todos tem rabicho,
Para que tanto capricho?
Haja paz, haja alegria,
Folgue e brinque a bodaria,
Cesse, pois, a matinada,
Porque tudo é bodarrada."

Bode Negro, Bode Sujo, são sinônimos diabólicos, acompanhando a bruxa europeia às reuniões do Sabat. Desaparecem uma hora por dia, quando visitam no Inferno ao amigo Satanás. Na Inglaterra acreditam semelhantemente. Pela projeção do imaginário *Bafomet* dos Templários, dizem-no familiar e hóspede nos templos maçônicos. É a *Lazazel*, o Bode Expiatório dos Israelitas, conduzindo para os descampados a carga dos pecados judeus (*Levítico*, 16, 20-23). Goza da fama de dispensar água. No sertão afirmam que jumento não morre de fome nem bode de sede. O dr. Nogueira Paranaguá (*Do Rio de Janeiro ao Piauhy pelo Interior do Paiz*, 119, Rio de Janeiro, 1905) informa: "É, não só importante fonte de renda, como útil, pela resistência de que é dotado este animal, que pode passar muitos meses sem beber água, apresentando-se sempre nédio, além de fornecer abundante leite." Permite prognóstico sobre chuvas, enfrentando-se, chifre contra chifre, fingindo duelar, ou alinhando-se, antes de escurecer, nas proximidades do beiral da residência, procurando abrigo. O leite da cabra transmite ao lactante o caráter inquieto, buliçoso, arrebatado do animal ama de leite, vivo, arteiro, endiabrado. Essa é a justificativa da intranquilidade sexual de Zeus, amamentado pela cabra Amalteia. Daí o *cabritar, cabriolar*. Na Alemanha, o velho rabugento e resmungão é *Der alte Meckerer*, de *meckern*, o berrar das cabras. O pequeno corno, chavelho do cabrito, posto na algibeira, alivia dores de cabeça. Foi o leite de cabra a grande alimentação infantil no Brasil velho. "Children are frequently suckled by boats", registrou Henry Koster em 1810, no sertão nordestino. Eram as *comadres*. "The goat that has been so employend always obtains the name of Comadre." O arqueólogo Woolley encontrou em Ur, na Caldeia, de 3.500 anos antes de Cristo, estatuetas de cabras e bodes, com as patas erguidas, deliciosamente esculpidas em madeira, incrustadas de ouro e lápis-lazúli: (*Ur Excavations, Royal Cemitery*, Oxford, 1934). Teria intenção aprotopaica. Aparece contemporaneamente em miniaturas, nas pulseiras elegantes. É amuleto defensivo.

BODÉ. Apelido de Manuel Joaquim Ferreira Esteves, major da Guarda Nacional e pequeno chefe político da freguesia de São José no Recife, Pernambuco. Pertencia ao Partido Conservador, e sua morte, num conflito eleitoral dentro da Matriz de São José de Ribamar, onde se realizava a eleição geral em dezembro de 1884, deixou uma profunda impressão popular, mesmo nas outras províncias, expressa em canções e mesmo adágios e frases ainda correntes. *Amigo era Bodé e morreu de faca... Não sou Bodé!... Bodé já morreu!*, significando ironicamente as dedicações extremas e o espírito de sacrifício pessoal em proveito alheio. "No dia 1º de dezembro de 1884 na Matriz de São José, da cidade do Recife, por ocasião das eleições para deputados à Assembleia Geral, foi assassinado o Major Manuel Joaquim Ferreira Esteves, conhecido pelo apelido de Bodé. Tendo de há muito se ligado ao Partido Conservador, nunca trepidou na execução das ordens que vinham dos chefes. Era o principal representante do Partido naquela freguesia difícil. Na sua firmeza, na sua constância, na sua fidelidade, descansava o Partido Conservador, para as lutas eleitorais em São José. Por isso mesmo é que dava trabalho e inspirava receios à gente do partido contrário. José Mariano todos sabem que é hoje o eixo em torno do qual gira a massa popular do Recife, gente inclinada às desordens e à anarquia, principalmente o povo de São José, que se esmera em querer o seu ídolo arredando todas as dificuldades do caminho desse semideus da política liberal. Foi assim que a semana passada, na ocasião em que a mesa eleitoral funcionava, um grupo considerável correu à Matriz de São José. Ao chegarem à matriz, arrojaram-se como uns desesperados pela escada que conduz ao consistório, onde estava a mesa formada e no exercício das suas funções. Ouviu-se um tiro. Era o início da luta. Bodé, que nunca recuou ante perigo algum, não hesitou. Desprezando a superioridade do número dos que o agrediram, foi logo respondendo com outro tiro. Os tiros falharam. Brilharam então as facas de ponta e cantou o pau. Nessa ocasião, dizem que Nicolau, capanga e boleeiro de José Mariano, num golpe certeiro, deu em Bodé a facada que o matou. Ferido, Bodé foi conduzido à sua casa, muito perto da matriz. Em casa é que expirou poucos instantes depois da luta." (Félix Cavalcanti de Albuquerque Melo, *Memórias de um Cavalcanti*, 126-27, São Paulo, 1940). Cantavam-se, ainda, nos primeiros anos do século XX, versos alusivos, que se foram dispersando. Resistiu uma cantiga em que Bodé era citado no estribilho. Os versos podiam ser quaisquer:

"O morcego bateu asas
Da cidade pra Ribeira;
Minha gente venha ver
Um morcego na carreira!

Ai, Bodé!
Bodé do coração!
Mataram Bodé
Na Matriz de São José!"

No Recife o povo denominou Campina do Bodé a um largo que, há poucos anos, teve o nome oficial de Praça Sérgio Loreto.

BODOQUE. O velho arco de pelouros português, *arc-á-balle, Pellet bow, Tonkugelbogen*, vindo do *arcus balista* romano. O árabe dizia *bondok* o projétil, pedra, bola de chumbo, bala de barro cozido, fruta seca etc., e bodoque significou *la pelota de barro para tirar con la ballesta* ou besta, bodoque. Passou o nome do projétil à arma que apenas em 1498 foi retirada do serviço ativo militar na Península Ibérica e pouco antes na França, Itália, Inglaterra. Continuou como arma popular para animais de menor porte e aves. Arco com duas cordas de linho, paralelas e afastadas por travessas de madeira, com uma pequenina rede entre elas. Vulgaríssimo no Brasil onde está praticamente desaparecendo, mas resistindo no interior. Nunca foi industrializado mas pertenceu ao artesanato tribal e doméstico e mesmo infantil, como ainda pude verificar e dele participar, no Nordeste. Erland Nordenskiold demonstrou que o bodoque foi instrumento trazido pelo europeu e não de produção ameríndia, tornando-se vulgar entre os indígenas (Frederico Lane, "The Pellet Bow Among South American Indians", sep. dos *Anais do XXXI Congresso Internacional de Americanistas*, S. Paulo, 1955; Luís da Câmara Cascudo, *Superstição no Brasil*, "Bodoque", 226-228, 6ª ed., São Paulo, Global, 2002). De seu declínio em Portugal resta-nos o depoimento de Garcia de Resende na *Miscelânea*, nas primeiras décadas do século XVI:

"Vimos tanto costumar
Todos Arcos de Pelouros,
Tanto com eles folgar
Nas cidades, hortas, mar,
Como agora com tesouros;
Não havia homem algum
Que se contentasse de um,
Havia deles mil tendas,
Muitas compras, muitas vendas,
Agora não vemos nenhum."

BOI. Pelas regiões da pecuária vive uma literatura oral louvando o boi, suas façanhas, agilidade, força, decisão. Especialmente no Nordeste, onde outrora não havia a divisão das terras com cercas de arame, modificando a fisionomia social dos agrupamentos, motivando uma psicologia diversa, os bois eram criados soltos, livres, nos campos sem fim. Novilhos eram *beneficiados*: ferra, assinalação na orelha, castração. Cada ano os vaqueiros campeavam o gado para a apartação, separando-se as boiadas segundo os ferros e a inicial da ribeira, impressa a fogo na coxa. Alguns touros e bois escapavam ao cerco anual e iam criando fama de ariscos e bravios. Eram os barbatões invencíveis, desaparecidos nas serras e várzeas, bebendo em olheiros escondidos e sesteando nas malhadas distantes. Vaqueiros destemidos iam buscar esses barbatões, com alardes de afoiteza e destemor. Vezes, o boi escapava e sua fama crescia pela ribeira. Cantadores encarregavam-se de celebrar suas manhas, velocidade e poderio. Outros cantadores levavam, cantando, esses versos para outras regiões. O boi ficava célebre. Um dia, inesperadamente, um vaqueiro ou um grupo surpreendia-o, corria horas e horas em seu encalço, alcançando-o, derrubando-o, pondo-lhe a máscara e trazendo-o, ao grito do aboio vitorioso, para o curral. Como não era possível conservar esse animal fugitivo e feroz, abatiam-no a tiros, aproveitando a carne. Novas cantigas narravam sua captura, a derradeira batalha e o sacrifício. Nalguns versos o boi era transfigurado, tornava-se gigantesco e o cantador, humoristicamente, fazia a divisão dos melhores e piores pedaços com as pessoas conhecidas da redondeza. Bois, touros, novilhos, vacas, o ciclo do gado, possuem sua gesta gloriosa. O boi-barroso nos pampas do Rio Grande do Sul é, visivelmente, uma importação nordestina. Na terra gaúcha o louvor é ao cavalo e não ao gado, que não mereceu consagração na insistência poética popular. Desde fins do séc. XVIII os touros valentes tiveram poemas anônimos realçando-lhes as aventuras bravias. Ver Luís da Câmara Cascudo ("Tradições Populares da Pecuária Nordestina", *Doc. da Vida Rural* n.º 9, Ministério da Agricultura, Rio de Janeiro, 1956), com extenso documentário. Os primeiros elementos foram publicados por José de Alencar ("Nosso Cancioneiro", *O Globo*, Rio de Janeiro, 1874), infelizmente com a técnica de Almeida Garrett, fundindo arbitrariamente as versões independentes. Ver Sílvio Romero ("Cantos Populares do Brasil", in *Folclore Brasileiro*, 1º, Rio de Janeiro, 1954), Pereira da Costa (*O Folclore Pernambucano*), Gustavo Barroso (*Ao Som da Viola*, Rio de Janeiro, 1921), Rodrigues de Carvalho (*Cancioneiro do Norte*), A. Americano do Brasil (*Cancioneiro de Trovas do Brasil Central*), Luís da Câmara Cascudo (*Vaqueiros e Cantadores*, São Paulo, Global, 2005). Ver *Apartação, Bumba Meu Boi, Vaquejada, Maconha, Menstruação*.

Boi-Barroso. Ver *Sarna*.

Boi-Bumbá. É o bumba meu boi do Pará e Amazonas. Peregrino Júnior define: "Festa popular, que se realiza em Belém e nos arredores, pelo São João. Consiste na exibição de um boi de pau e pano, conduzido por dois personagens – Pai Francisco e Mãe Catirina –, que são acompanhados por dois ou três cavalos e uma orquestra composta de rabecas e cavaquinhos. É uma variante transparente do bumba meu boi no Nordeste." (*Histórias da Amazônia*, 276, Rio de Janeiro, 1936). No III Colóquio Internacional de Estudos Luso-Brasileiros, reunido em Lisboa, setembro de 1957, Peregrino Júnior apresentou um estudo descritivo sobre "O Boi-Bumbá no Pará". Bruno de Meneses ("Boi-Bumbá," *Auto Popular*, Belém, Pará, 1958) fez uma pesquisa sobre o folguedo, reunindo música, enredo, desenvolvimento etc., de maneira excelente. O bumba meu boi no Nordeste exibe-se no ciclo das festas do Natal e o boi-bumbá paraense, durante o São João. O elenco inclui o senhor da fazenda, dona Maria sua mulher, a moça branca filha do casal, amo (feitor da fazenda), rapaz fiel (vaqueiro), dois vaqueiros, rapazes (vaqueiros auxiliares), Pai Francisco (preto velho), Mãe Catirina (sua mulher), Cazumbá, preto velho e seu companheiro, Mãe Guimã (mulher deste), *diretor* dos indígenas, que é o chefe da maloca, *doutor curador* e seu ajudante, um padre e o sacristão, um menino que serve de *rebolo* (segura os chifres do boi, rebolando-se enquanto Pai Francisco amola a faca para fazer o *repartimento*), o *tripa* do boi (homem debaixo da armação, movimentando-a), maloca dos indígenas e roda de brincantes. Pai Francisco mata o boi para satisfazer *desejo* de Mãe Catirina e faz a divisão da carne e vísceras. O fazendeiro manda prendê-lo pelos indígenas, previamente batizados por um falso sacerdote. O *doutor curador* ensina a Pai Francisco a técnica de espirrar em vários pontos do boi até despertá-lo. Bailados, desafios, saudações. O boi-bumbá outrora visitava casas amigas e agora fica num local determinado para a exibição; terreiro, barracão, tablado. Acultura-se com outros folguedos como grupos figurando indígenas, pássaros, etc. Ver *Bumba Meu Boi*[1], *Congados*.

Boi-Calemba[1]. Ver *Bumba Meu Boi*[1].

Boi de Cova[2]. Ver *Adjunto*.

Boi de Fita[3]. "Dois bois que deverão correr, o maior, o mais corredor, o mais gordo, o mais bonito, não se apanha pela cauda. Nas pontas dos chifres enlaçam-se duas fitas, de cores diferentes. A corrida consiste não na queda, mas em tirar cada vaqueiro o laço do seu lado, que será entregue à esposa, à namorada, ao vigário, ou a outra pessoa conceituada. Se não se consegue arrancar o laço e o boi *ganha os paus*, então os vaqueiros são apupados estrepitosamente." (Hélio Galvão, "O Boi de Fita", *Diário de Natal*, 18-7-1949, Rio Grande do Norte).

Boi de Mamão[4]. Toma esse nome o auto do bumba meu boi em Santa Catarina. "A origem dessa denominação boi de mamão não nos foi possível assinalar. Há quem fale de que, nas representações desses autos populares, há muitos anos atrás, usava-se mamões verdes para a confecção da cabeça do boi, de onde teria surgido o termo local, que logo se teria espalhado por todo o litoral catarinense. Nada há, porém, de positivo." (Osvaldo Ferreira de Melo, "O Boi de Mamão no Folclore Catarinense", Departamento Estadual de Estatística, série C.N.1, Florianópolis, Santa Catarina, setembro de 1949). O folguedo consta essencialmente do boi malhado, o vaqueiro Mateus, as figuras do urubu, do feiticeiro, coberto de folhas e pequenos arbustos, que vem benzer o boi (derrubado por Mateus e beliscado pelo urubu), o cavalinho, a cabra ou cabrinha, a Bernúncia (ver *Bernúncia*), que finaliza a representação, noturna e ao ar livre, com um grupo de cantadores e acompanhados os cantos (todas as figuras têm a cantiga ao som da qual fazem seu bailado) por percussão, chocalhos, reco-recos, pandeiros. Noutros bois de mamão aparecem o Virbulino, variante do feiticeiro, o urso, mesmo um sultão (em São José), variante do urso, o cururu e a jaruva (em Nova Trento) e houve uma espécie de grande carneiro, distribuindo marradas e que foi eliminado por inconveniente. Era o arreceio. Os srs. Jaime e Altair Mason citam, no boi de mamão no município de Orléans, as *Catirinas*, homens vestidos de mulher ("Festejos de Natal e Reis no Município de Orléans", *Boletim Trimestral da Comissão Catarinense de Folclore*, n.º 6, 56, Florianópolis, dezembro de 1950; Walter F. Piazza *Aspectos Folclóricos Catarinenses*, Florianópolis, 1953). Ver Fernando Corrêa de Azevedo, "O Boi de Mamão no Litoral Paranaense", *Revista Brasileira de Folclore*, 6, Rio de Janeiro, 1963; Kleide Ferreira do Amaral Pereira, "O Boi de Mamão do Litoral de Santa Catarina", *Revista Brasileira de Folclore*, 8/10, Rio de Janeiro, 1964.

Boi de Reis[5]. Ver *Bumba Meu Boi*[1].

Boi-Marrequeiro[6]. Boi ensinado a disfarçar a aproximação do caçador e assim possibilitar um bom tiro nas marrecas (Anátidas). "Marrecas e jaçanãs são aves aquáticas caçadas em grande escala. Às margens dos lagos de Viana descem numerosos bandos de marrecas, cujas caçadas rendem muitos milheiros de aves. O caçador serve-se do boi-marrequeiro e da antiga granadeira, carregada com chumbo grosso. O boi ensinado procura iludir as espertas aves. Colhe aqui uma erva, além outra, mudando as patas vagarosamente, para dar a impressão despreocupada de que pasta tranquilo. O caçador, amparado pelo animal, acompanha-o e vai tomando chegada. Finalmente, quando as aves estão reunidas como um bloco, leva a arma ao rosto, faz pontaria e procura desfechar o tiro, no momento em que percebendo sua imprudência, aflitas, as marrecas levantam o voo. O tiro parte, o caçador recebe um forte couce da arma, mas espalha a morte entre centenas de aves. A mesma cena repete-se noutra enseada; e no fim do dia a safra é abundante." (J. Silvestre Fernandes, "Baixada Maranhense", *Revista de Geografia e História*, I, 43-44, São Luís, Maranhão, 1946).

Boi na Vara[7]. "No nosso Estado de Santa Catarina – e cremos ser o único Estado do Brasil onde se efetuam – as *brincadeiras de boi* são realizadas unicamente nos municípios da orla litorânea, desde São Francisco do Sul até Laguna, onde são os verdadeiros divertimentos populares. Um dos nossos informantes (Sr. Carlos George Du Pasquier) disse que "a época de sua realização é na Semana Santa, inicia-se na quarta e prolonga-se até o Sábado de Aleluia". Entretanto, cabe-nos afirmar que, na localidade de Santa Luzia, no município de Tijucas, assistimos a um *boi na vara* em dias subsequentes à Páscoa de 1949, e, em outra época do ano, na primavera de 1948, na localidade de Terra-Nova, no mesmo município de Tijucas, assistimos ao aludido folguedo. E o que é o *boi na vara*? Eis como Apolinário Porto Alegre, que assistiu à realização deste habitualismo, na ilha de Santa Catarina, na localidade de Saco dos Limões, o descreve ("Viagem a Laguna", 1896, in *Província de São Pedro*, n.º 8, março de 1947, Porto Alegre): "Imaginem um comprido varejão forte e grosso, mas flexível, tendo seis ou sete metros de lonjura e talvez enterrado quase um metro pela extremidade mais cheia e robusta, para ficar firme no solo. Da outra extremidade pende um laço bem atado que vem prender-se às guampas dum boi escolhido, como capaz de luta. No meio do varejão há uma figura de homem em tamanho natural, feita de panos e trapos. Quando o cornígero preso estica o laço tentando desprender-se, a vara curva-se e o boneco como que fica suspenso e ameaçador sobre sua cabeça. O boi que o vê arremete contra ele, e a vara volta à posição vertical, levando consigo o boneco. Aquele recua de novo, este torna ainda à segunda posição. E repetem-se assim as mesmas cenas, enfurecendo por fim a alimária, a ponto de às vezes rebentar as prisões, atirar-se em todas as direções, investindo contra o povo que cai até dentro d'água." No município de Araquari (antigo Parati), ao se prender o boi à vara, se armam vários laços, a fim de se evitar a sua evasão (informação do Dr. Vítor A. Peluso Jr.). Em São José, à cauda do animal se amarrava uma lata e formava-se um semicírculo de batedores de latas para irritar o boi (informação do Major Álvaro Tolentino de Sousa). "Os *bois na vara* que presenciamos não tinham o boneco-espantalho e a alimária era irritada com um pau. O folguedo se realiza até o completo esgotamento do animal, quando, então, matam-no e repartem a sua carne entre os participantes da *brincadeira*." (Walter F. Piazza, "Contribuição ao Folclore do Boi, no Brasil", *Boletim Trimestral da Comissão Catarinense de Folclore*, n.º 8, 71-74, Florianópolis, junho de 1951).

Boi-Santo. Movimento supersticioso ocorrido no Ceará, 1918-1920, com repercussão nas regiões nordestinas. Participa do ciclo do *Padre Cícero* (ver). Em 1900 o Padre Cícero recebeu um novilho zebu de presente e mandou-o para uma sua propriedade, no município do Crato (Baixa do Dantas), a cargo de um seu servidor, o negro José Lourenço. Esse, encantado pela beleza e mansidão do zebu, que tinha o nome de Mansinho, e não conhecendo outro tipo daquela raça na região, ficou impressionado pela majestade, imponência e figura do boi, começando a fazer-lhe promessas e dirigir-lhe orações. Uma vez prometeu um feixe de capim verde, em plena estiagem, e ao pagar o voto trouxe capim furtado. Mansinho recusou comer a promessa e mugiu

---

1 No texto original: "Boi Calemba" (N.E.).
2 No texto original: "Boi-de-Cova" (N.E.).
3 No texto original: "Boi-de-Fita" (N.E.).
4 No texto original: "Boi-de-mamão" (N.E.).
5 No texto original: "Boi-de-Reis" (N.E.).
6 No texto original: "Boi Marrequeiro" (N.E.).
7 No texto original: "Boi-na-Vara" (N.E.).

como se admoestasse ao José Lourenço. O negro convenceu-se de que o *espírito* do seu padrinho Padre Cícero podia, vez por outra, atuar no corpo do zebu e dedicou ao animal inteira devoção. Foi o primeiro crente do *boi-santo*. Com o passar dos anos, o culto espalhou-se, os fiéis multiplicaram-se, as romarias apareceram e Mansinho virou boi Ápis, comendo em manjedoura enfeitada, usando fitas nos chifres, cauda e testículos, coberto de rosários, terços, bentinhos, estampas de santos aos quais comunicava forças mágicas ou revigorava as existentes. Serviam ao boi papas, mingaus, bolos, com vênias e carícias, sob a orientação respeitosa de José Lourenço. Excremento, urina, baba, pelos, raspas dos cascos, fragmentos dos cornos, eram relíquias, amuletos, remédios específicos, comprados em pequeninas porções e por preços altos, ao *beato* José Lourenço. Os fios da cauda do *boi-santo* eram trazidos ao pescoço, escondidos nas carteiras, encastoados em ouro, determinando fortuna, sorte, ventura, felicidade nos negócios. O Deputado Floro Bartolomeu da Costa (1876-1926), chefe político do Juazeiro, onde residia o Padre Cícero, convenceu ao reverendo que o *boi-santo* estava sendo demasiado poderoso e causando péssima impressão. Mansinho foi vendido e morto em 1912, no Juazeiro, com grande desolação dos devotos e prantos de José Lourenço. Os mendigos do Crato e mais distanciados da cidade é que aceitaram, por esmola, a carne de Mansinho, da qual nenhum romeiro cometeu o sacrilégio de servir-se. Cessada a manifestação do culto material, muitos anos Mansinho continuou lembrado pelos seus fiéis e os saquinhos de seda, com restos de seus resíduos, valiam dinheiro forte. Documentação e crítica em Floro Bartolomeu (*Juazeiro do Padre Cícero*, Rio de Janeiro, 1923); M. Dinis (*Mistérios do Juazeiro*, Juazeiro, 1935); Lourenço Filho (*Juazeiro do Padre Cícero*, S. Paulo, sem data); Abelardo F. Montenegro (*História do Fanatismo Religioso no Ceará*, 59, Fortaleza, 1950).

BOIEIRA. Ver *Vênus*.

BOITATÁ. Baitatá, Batatá, no Centro-Sul, Biatatá na Bahia, Batatal em Minas Gerais, Bitatá em São Paulo, *Jean de la foice* ou *Jean Delafosse* em Sergipe e Alagoas, João Galafuz em Itamaracá, Batatão, no Nordeste; de *mboi*, cobra ou *mboi*, o agente, a coisa, e *tatá*, fogo, a cobra de fogo, o fogo da cobra, em forma de cobra, a coisa do fogo, um dos primeiros mitos registrados no Brasil. O Padre José de Anchieta, a 31 de maio de 1560, informara: "Há também outros (fantasmas), máxime nas praias, que vivem a maior parte do tempo junto do mar e dos rios, e são chamados *baetatá*, que quer dizer *cousa de fogo*, o que é o mesmo como se se dissesse *o que é todo fogo*. Não se vê outra cousa senão um facho cintilante correndo para ali; acomete rapidamente os índios e mata-os, como os curupiras; o que seja isto, ainda não se sabe com certeza." (128-129, *Cartas, Informações, Fragmentos Históricos*, etc., do Padre José de Anchieta, Rio de Janeiro, 1933). Couto de Magalhães (*O Selvagem*, Rio de Janeiro, 1876) arquitetou uma teogonia ameríndia, dando hierarquia aos mitos dos indígenas. Sobre o Boitatá escreveu: "Mboitatá é o gênero que protege os campos contra aqueles que os incendeiam; como a palavra o diz, mboitatá é *cobra de fogo*; as tradições figuram-na como uma pequena serpente de fogo, que de ordinário reside n'água. Às vezes transforma-se em um grosso madeiro em brasa, denominado *méuan*, que faz morrer por combustão aquele que incendeia, inutilmente os campos." (138). O nome mais popular é boitatá. Proveio da intercorrência do vocábulo português *boi* (*boves*), substituindo o *mboi*, *bói* tupi, cobra, como em *socó-mboi*, que deu socó-boi (*Ardea scapularis*, III), socó-cobra pelo comprido pescoço, que lembra uma cobra, e nada possuindo que justificasse o socó-boi. Certos que nos escapa a interpretação exata dada pelos indígenas do Brasil colonial ao Boitatá, fundamentando a impressão pessoal do General Couto de Magalhães. O Boitatá é, para todo o Brasil, o fogo-fátuo, correspondendo à *ronda-dos Lutinos* na França, Flandres, a *Inlicht*, a *luz-louca* da Alemanha, onde minúsculos anões correm com archotes, tal-qualmente os sul-americanos "Iacãundis, que quiere decir cabeza encendida," ensina Mayntzhusen, o *fogo dos druidas*, o *fogo de Helena*, antepassados do santelmo que os romanos identificavam com a presença de Cástor e Pólux; é o *Jack with a lantern* dos ingleses, que se passou, com a forma de um fantasma que guiava, com uma lanterna, os viandantes através de charcos e lamaçais alemães; é o sinistro *Moine des Marais*, com ocupações idênticas. Por toda parte veem-se luzes loucas, azuladas e velozes, assombrando. Em Portugal são as alminhas, as almas dos meninos pagãos, a alma que deixou dinheiro enterrado, não se salvando enquanto o tesouro estiver inútil, almas em penitência. É o *farol dos Andes*, Argentina e Uruguai, clarão que se escapa onde jaz uma riqueza escondida (Ambrosetti). Em Portugal é ainda a transformação de quem amou sacrilegamente, irmão e irmã, compadre e comadre. Na Argentina, na zona pampiana, dizem-na *luz mala*, e na região missionária, *víbora de fuego*, para conservar "los respectos que se deben entre compadre y comadre," escreve Ambrosetti. O Bitatá paulista é o *espírito dos não batizados*. Esta é a explicação do *feux-follet* na França, na Holanda, na ilha de Creta. No Brasil, em maioria absoluta das informações, o Boitatá é uma alma-penada, *purgando os pecados:* a) Castigo de união incestuosa ou sacrílega; o fogo purificador ocorre universalmente nesse tipo de mito; nalgumas lendas astrais o sol e a lua foram irmãos que se amaram, lenda da *tapera da lua* no Brasil (Luís da Câmara Cascudo, *Antologia do Folclore Brasileiro*, vol. 2, 129-131, 6ª ed., São Paulo, Global, 2004); b) Alma de menino pagão; c) A explicação ameríndia desapareceu e resta apenas a tradição do fogo-fátuo europeu, com suas superstições. Gustavo Barroso (*O Sertão e o Mundo*, Rio de Janeiro, 1923) encontrou na *Anthologie Nègre*, de Blaise Cendrars (ed. La Sirène, Paris, 1921) um conto fã, "La Legende de Bingo", com os elementos típicos do Boitatá brasileiro. O deus Nzamé casou com Mboia, uma moça muito bonita e nasceu Bingo, o herói. Tempos depois, Bingo tirou uns peixes de Nzamé e este atirou-o num abismo. Mboia precipitou-se atrás do filho. Nunca mais o encontrou, mas continua procurando-o, sob forma luminosa e sonora, através da floresta. Blaise Cendrars (*Anthologie Nègre*; ed. Au Sanas Pareil, Paris, 1927): "Parfois, la nuit, avez-vous vu dans la forêt une flamme errante qui va çá et là s'agitant? Avez-vous entendu une voix de femme qui s'en va bien loin, appelant, appelant sous les ramures? Ne craignez rien! c'est Mboya que cherche son enfant, Mboya qui jamais ne l'a retrouvé. Une mère ne se lasse pas" (19). As semelhanças semânticas entre *Mboia* e *Mboi* são indiscutíveis e o mito etiológico dos fãs sudaneses é de impressionante beleza. Não há, entretanto, vestígios desse mito no Brasil e seria notável a sobrevivência dessa influência Ashanti, um dos povos negros de menor ou quase nula "presença" nas tradições e no folclore brasileiro. Fernando Ortiz (*Glossário de Afro-negrismo*, La Habana, 1924) registra uma divindade indígena das Antilhas que denuncia a sobrevivência *mboi* indígena ou de *mboia* africana: "Mabuya – Divindad de los indoantillanos. Los conquistadores la identificaban con el diablo o espiritu del mal. Mboia es serpiente en varias lenguajes indianas de Suramérica. En Cuba se mano tiene la influencia de tal raiz en Mabuya, lagartija noturna, Babuyal, Buije, etc. Quiere Wiener que el Mabuya americano sea originado por el vocablo bori, de los pueblos negros del África septentrional (op. cit. vol. III, pág. 223) pero no logra demonstrar su tesis, a pesar de la aproximación semántica de ambos vocablos" (282). Não existe versão popular comprovadora da função do Boitatá defender campos e relvado. Está, em definitivo, europeizado. O Boitatá não pertence à classe dos *Fire Origin Myths*, classificados por Walter Hough (*Anais do XX Congresso Internacional de Americanistas*, Rio de Janeiro, 1924, I, 179). O Boitatá não é um mito ligado à origem do fogo. Mito ígneo, articula-se aos punitivos, de ação meramente catalítica, quando representa uma *alma-penada*, ou exemplificadora, lembrando os castigos do incesto. No sertão do nordeste brasileiro conhecem-no também como sendo o *fogo corredor*. Encontrei essa denominação igualmente entre os pescadores de caranguejos, habituados a vê-lo, com seu penacho azul e luminoso, bailar sobre a lama dos mangues. Valdomiro Silveira (*Mixuangos*. "Fogo de Batatá," Rio de Janeiro, 1937): "É que uma língua de fogo azulego, mais comprida que grossa, de seus três palmos de extensão, erguera-se da várzea, fora até o alto do campo, topetara com o andaguaçu, pairara por sobre os cochos; pareceu dançar ou pular como uma caninana em fúria, partiu-se em duas ou três, que andaram passeando pelo ar e depois se esvaeceram, uma por uma." (21-22). Descreve o Batatá, Boitatá, Batatão nas terras paulistas e mineiras. Em certas regiões dos Estados Unidos, no Texas, por exemplo, chamam-no *Will-o-the-wisp* (John William Blackwell, *Will-o-the-wisp of lhe Esperanza, Texas Folk-lore Society Publications*, XVII, 118-119, Austin, 1941). Ver *Mãe do Fogo, Embaa-Tatá*. De mboi-tatá, cobra de fogo, já personalização do vago *mbae-tatá*, cousa de fogo, do Padre Anchieta (1560), Stradelli registra no Amazonas o fogo-fátuo, um dos atributos do boitatá, originando-se de *embaé-tatá*, fogo-nada, falso fogo, escrevendo: "Disso por corrupção procede Boitatá do Baixo Amazonas."

BOI VAQUIM. Trata-se de um ser místico do Rio Grande do Sul, descrito pelo historiador Contreiras Rodrigues. É um boi alado, com asas e guampas de ouro, levantadas como as vacas, portanto meio avacado. Mete medo aos campeiros, porque chispa fogo nas pontas das guampas e tem os olhos de diamante. É preciso muita coragem para laçá-lo, braço forte, cavalo bom de pata e de rédeas. Supõe Contreiras Rodrigues que o mito tivesse vindo do norte, através das tropas de Sorocaba (Rossini Tavares de Lima, S. Paulo).

BOIA[1]. Refeição, alimentos já preparados, *rancho* na cadeia ou quartel, servido em horário aos presos ou soldados. *Boia do Governo*, almoço e jantar quando em serviço oficial. Pereira da Costa explicava: "Boia, na acepção de rancho de cadeia ou quartel, vem do feijão servido que, por mal cozido, fica *boiando*." No sentido alimentar é brasileirismo. Em Portugal *boia de salvação* é cortiça ou barril fechado, lançado ao ameaçado de afogamento. *Não ver boia* é estar sem esperança de êxito. Materializaria, evidentemente, a imagem da refeição, indispensável à vida.

---

1 No texto original: "Bóia" (N.E.).

BOIÚNA. *Mboi*, cobra, *una*, preta, o mais popular dos mitos amazônicos. Alfredo da Mata (*Vocabulário Amazonense*): "Cobra escura, a Mãe-d'água, de tanto destaque no folclore amazonense por transformar-se em as mais disparatadas figuras: navios, vapores, canoas... Ela engole pessoas. Tal é o rebojo e cachoeiras que faz, quando atravessa o rio, e o ruído produzido, que tanto recorda o efeito da hélice de um vapor. Os olhos quando fora d'água semelham-se a dois grandes archotes, a desnortear até o navegante. Os acontecimentos os mais inverossímeis são atribuídos à boiúna." (67). Parece ter sido origem de um ciclo mítico. Couto de Magalhães recolheu a lenda etiológica "Como a Noite Apareceu" e nela a Cobra-Grande (Mboiaçu) casa uma filha e manda para ela a noite dentro de um caroço de tucumã, a palmeira *Astrocarium tucuman*, Mart. (*O Selvagem*, 172). Barbosa Rodrigues (*Poranduba Amazonense*, 233 e 239) encontrou nos rios Solimões e Negro também mitos do serpentário, cobra-grande nascida de mulher com fantasma, coisa-má, *maá aiua*, ou de um ovo de mutum, que tinha um cabelo dentro, abandonada pela mãe, voou para o céu onde se tornou estrela, *Aé uana aii cuáo iuaca opé*; hoje ela aparece no céu... É a constelação da Serpente, com sessenta e quatro estrelas. Lalande dizia ser o símbolo da introdução do mal no mundo. Não havia, entretanto, o culto ofídico no Brasil indígena, e os raros elementos reunidos pelos pesquisadores na Bahia (Nina Rodrigues, Artur Ramos, Édison Carneiro) são vestígios do culto *vodum*, religião do Daomé, trazido para o Brasil pelos africanos escravos, com rareada e tênue influência do extremo-norte do país. O prestígio da Boiúna se limita ao pavor determinado por sua voracidade e multiplicidade das transformações para fazer o mal. Nenhum cerimonial, nenhuma liturgia, nenhuma oferenda mereceu a Cobra-Grande no Pará e Amazonas, zona de sua jurisdição assombrosa. Não se torna moça ou rapaz para seduzir gente. Ataca para matar, sem a menor intervenção sexual. Para ela convergiu o mito da Mãe-d'água, despido de suas formas sugestivas de beleza, canto e amor. Mãe-d'água Boiúna é a dona das águas do rio. Martius ouviu essas *estórias* em setembro de 1819, no Amazonas (*Viagem pelo Brasil*, III, Rio de Janeiro, 1938): "Têm-se visto enormes serpentes, esverdeadas ou pardas, nadando como se fossem troncos flutuantes, e, segundo dizem, crianças e adultos já foram arrebatados, quando acaso elas saem em terra. A esse monstro os índios dão o nome de Mãe-d'água (paranamaia), temem encontrá-lo e ainda mais medo têm de matá-la, porque então é certa a própria ruína, bem como a de toda a tribo." (135-136). Paranamaia é mãe do rio, *paraná*, rio, e *maia*, mãe, mas sua representação pelo ofídio é indiscutida não apenas no Brasil mas em toda a América, onde os rios ou as águas-vivas são simbolizadas pela serpente, a que contém água, como no vocábulo *nauat, coatl*, significando cobra, *co*, o continente, e *atl*, água. Abguar Bastos (*Safra*, Rio de Janeiro, 1937): "E a mãe-d'água? – Um dos caboclos chamou o companheiro: Olha aqui, Jingo. O moço pergunta pela mãe-d'água. Mãe-d'água é uma cobra, sim senhor. – Não vira mulher? – Que eu saiba, não senhor. – E a uiara? – Uiara? – Sim, também não conhecem? – Que é uiara, entonces? – Uma jovem, de cabelos compridos, que aparece nos lagos. – Ah! Isto aqui não é uiara, não senhor. É visage." (194). Numa versão do Acre a Cobra-Grande é uma linda moça que aparece numa festa de São João e a todos deslumbra. Um curioso vai espreitá-la no quarto e lá encontra uma serpente que enchia, até o teto, o aposento. A cobra fugiu para o rio e nunca mais surgiu moça alguma nos bailes de São João. Francisco Peres de Lima (*Folclore Acreano*, Rio de Janeiro, 1938, p. 110) é o único a registrar essa Melusina do rio Purus. As lendas do Navio Fantasma ocorrem no mito da Boiúna. Primeiro os caboclos moradores às margens dos rios paraenses e amazonenses iam oferecer víveres ou auxílio a veleiros que desapareciam imediatamente. Era a Cobra-Grande. Depois o veleiro passou a navio transatlântico. Raimundo Morais (*Na Planície* Amazônica, Manaus, 1926): "Nos quartos minguantes, quando a lua recorda um batel de prata, logo depois das doze badaladas, a Boiúna reponta nos moldes bizarros duma galera encantada, guinda alta, velas pandas, singrando e cruzando silenciosamente as baías. O pano desse navio macabro é feito de mil despojos fúnebres. A giba, o sobre a proa, o sobre grande, a sobregatinha, a bujarrona, o velacho, o traquete, a gávea, o joanete, a rabeca dos camisas, véus, lençóis, mortalhas, sambenitos remendados, costurados, cerzidos – sinistro sudário de milhões de covas; os mastros, as vergas, as caranguejas são tíbias, fêmures, costelas de esqueletos fugidos das campas; as borlas dos topes são caveiras amareladas de pescadores impenitentes; os estais, as enxárcias, as adriças, os brandais são cabelos de defuntos roubados por Satanás. E sobre tudo isto uma linha azulada de fogo, santelmo ou fátuo, que recorta, ao paiol mortiço de chamas funéreas, a árvore da embarcação levantada para a fuligem escura do céu. Veleira deitada na bolina sobre uma das amuras, querena ao léu, niguém a pega. Sempre que algum temerário a persegue, na insistência curiosa das investidas arriscadas, a galera-fantasma colhe as asas de grande ave bravia, orça, muda de rumo, e, voando com a rapidez do albatroz, deixa na esteira alva a espuma lampejante do enxofre luciferiano. É uma visão provinda com certeza do seio ígneo de Plutão. Quem a vê fica cego, quem a ouve fica surdo, quem a segue fica louco. A Boiúna, entretanto, ainda toma outras formas. Se engana a humanidade, mascarada de navio a vela, também a engana no vulto de transatlântico; Em noites calmas... rompe a solidão, o ruído de um vapor que vem. Percebe-se ao longe a mancha escura, precedida pelo marulho cachoante no pavilhão. Seguidamente destacam-se as duas luzes brancas dos mastros, a vermelha de bombordo e a verde de boreste. Sobre a chaminé, grossa como uma torre, vivo penacho de fumo, que se enrola na vertigem dos turbilhões moleculares, estendendo-se pela popa fora, na figura dum cometa negro. Momentos depois, já se escuta o barulho nítido das máquinas, o bater fofo das palhetas, o badalar metálico do sino, o conjunto, em suma, dos rumores nascidos das usinas flutuantes, que são as naves marinhas do século XX. Em terra, sobre o trapiche, à luz vacilante duma lamparina de querosene, alguns indivíduos discutem a propriedade do *steam*: "É do *Lloyd*, é da *Bootn*, é da *Lamport*, é da *Italiana*." Por fim o desconhecido vaso se aproxima, recoberto de focos elétricos, polvilhado de poeira luminosa, como se uma nuvem de pirilampos caísse sobre um marsupial imenso dos idos, pré-históricos. Diminui a marcha, tem um escale da amurada pendurada nos turcos e o chicote duma espia pendente da castanha da proa. Avança devagar. O telégrafo retine, mandando atrás, a fim de quebrar o fraco seguimento, e uma voz clara, do passadiço para o castelo de vante, ordena: "Larga!" A âncora, num choque surdo e espadanante, toca n'água, a amarra corre furiosa pelo escovém, e a mesma voz, estertórica, novamente domina: "Aguenta! Como diz o filame?" "De lançante," respondem. "Arreia só 45 e dá volta." Em seguida ressoa o sinal de pronto para a casa das máquinas e tudo cai de súbito no silêncio tumular das necrópoles. As pessoas que se achavam na margem resolvem, nesse ínterim, ir a bordo. "Com certeza é lenha que o vapor precisa", comentam. Embarcam numa das montarias do porto e seguem gracejando, picando a remada, brincando. Mal se avizinham do clarão que circunda o paquete e tudo desaparece engolido, afundado na voragem. Fauce gigantesca tragou singularmente o majestoso transatlântico. Asas de morcego vibram no ar, pios de coruja se entrecruzam, e um assobio fino, sinistro, que entra pela alma, corta o espaço, deixando os caboclos aterrados de pavor, batendo o queixo de frio. Examinam aflitos a escuridão em redor, entreolham-se sem fala, gelados de medo, e volvem à beirada, tiritando de febre, assombrados. Foi a Boiúna, a Cobra-Grande, a Mãe-d'água que criou tudo aquilo, alucinando naquele horrível pesadelo as pobres criaturas." (83-86). A Boiúna é uma rainha amazônica sem desejos de emigração para outras regiões. Não aparece nos rios de Mato Grosso e Goiás, nos limítrofes ao Pará, nos rios São Francisco, Paraguai, Paraná. O início seria a sucuri ou sucuriju (*Eunectes murinus*), serpente d'água, preando gado e animais de estatura média. Para ela desceram todos os mitos europeus, vestindo-a de assombros.

BOLA. Pequeno doce de forma arredondada, de açúcar refinado em ponto vítreo, envolto em papel; bola de açúcar queimado, bola de coco, bola de goiaba. Rebuçado. O crânio, a cabeça. Tratos à bola: pensar, estudar, maquinar. Bolar: raciocinar, planejar. O mesmo que *Boleadeira* (ver). Jogo. Pelota. As bolas são popularíssimas e existiram em todas as civilizações antigas. Feitas de couro, de madeira, de vegetais, de borracha, são atiradas à mão nua e aparadas, quando de retorno, perdendo quem as deixa cair. Jogam-na também contra o solo, repelindo-a, quando ressalta (*la balle au bond*). Jogam duas e três pessoas, recebendo-a no impulso (*Pila trigonalis* dos romanos). Os gregos conheceram a *Sphaeromaquia*, a luta entre grupos com uma bola. Havia, entre os romanos e gregos, dezenas de jogos com a bola, exercício não apenas comum aos ginásios como divertimento das termas (Agripa, Nero, Tito, Trajano), existindo mesmo associações de Pilicrepi, jogadores de bola. Conheciam igualmente a bola de vidro, *pila vitrea*.

BOLARO. Trata-se de um espírito que os tucanos, em conversa com estranhos, chamam de Curupira. Caracterizam-no como indivíduo de pés virados para trás, que vagueia de preferência pelos igarapés em que se escondem os instrumentos de Jurupari, defendendo a estes da curiosidade feminina e infantil; chupa o cérebro de suas vítimas (Egon Schaden, "Ensaio Etno-Sociológico sobre a Mitologia Heroica de Algumas Tribos Indígenas do Brasil", 146, Universidade de São Paulo, Faculdade de Filosofia, Ciências e Letras, *Boletim LXI*, "Antropologia", n.º I, São Paulo, 1946). Sobre o pormenor do Bolaro chupar o cérebro de suas vítimas, ver o *Capelobo* e também o mesmo nome *in Geografia dos Mitos Brasileiros*, 225-228, 3ª ed., São Paulo, Global, 2002.

BOLEADEIRAS. Laço de força centrífuga, constituído de três esferas de ferro ou pedra, ligadas por corda de couro. Foi utensílio típico do gaúcho sul-rio-grandense, uruguaio e argentino, prendendo animais bravos no pasto e sendo arma de luta. Foram inicialmente usadas as boleadeiras com duas bolas, evolução da *"bola perdida"*, esfera amarrada à ponta de uma soga, corda. O laço típico media 2,40 m no ramal maior, o segundo 2,30 e o menor 1,20. Havia boleadeiras para a dança de nhandus (emas) e a pega de poldros. As bolas pesam de 150 a 250 gramas. Os *tiros* máximos alcançam 25 m de distância. O etnógrafo argentino Mario A. Lopez Osornio (*Las*

Boleadoras, Buenos Aires, 1941) escreveu um ensaio extremamente informativo e documentado na espécie. John Luccock descreveu as boleadeiras ou bolas em 1813: "As bolas são em número de três, redondas e com cerca de três polegadas de diâmetro. Constam, na parte exterior, de uma espécie de bolsa, feita de couro tornado macio por embebição; enche-se o saco com areia e fecha-se sua abertura bem apertado; ao secar, o couro contrai-se, tornando-se a bola dura como pedra. A cada bola se fixa um loro, de três a quatro pés de comprido, composto de tentos trançados como o laço, reunindo-se os três por um nó, a dois pés de distância da bola. Pode-se chamar a isso de empunhadura das bolas, pois a pessoa que delas usa segura o nó com a mão direita e, tendo-lhes imprimido velocidade suficiente, volteando-as por cima da cabeça com toda a força, joga-as de encontro às pernas do cavalo ou do boi que pretende apanhar. Em sua trajetória, as bolas espalham-se a maior distância do que permitem as correias e, ao alcançarem as pernas, enrolam-se nelas e, apesar de apenas lhe imprimirem fraco aperto, bastam para impedi-lo de fugir." (137). "Estava eu a cavalgar ao lado do rapaz, quando uma perdiz levantou voo, poucas jardas à nossa esquerda. No mesmo instante, ele fincou as esporas nos plancos do animal e, volteando as bolas em sua mão direita, saiu a toda brida, debruçado para frente. Dera o cavalo uns vinte pinotes, quando ele arremessou as bolas, atingindo o pássaro. Tomei nota do ponto da queda e apressei-me em sua direção, certo de que ele o estava procurando, umas jardas aquém do local. Pensamos que ele teimava em sua opinião, mas verificamos que com razão, pois que, ao cabo de muitas pesquisas, se encontrou o pássaro em meio de umas taquaras, pisadas de encontro ao chão pelo cavalo. Nós outros, estrangeiros, não nos podemos furtar à expressão do nosso pasmo ante a prova que dera de destreza de mão e golpe de vista certeiro. Quanto a ele, recebeu nossos gabos com grande indiferença, dando mostras de pensar que nada fizera de extraordinário, e seus companheiros eram evidentemente da mesma opinião." (*Notas sobre o Rio de Janeiro e Partes Meridionais do Brasil*, trad. de Milton da Silva Rodrigues, São Paulo, 1942, 149). São reminiscências do Rio Grande do Sul, onde as bolas, visivelmente fora da moda, ainda têm manejadores de invulgar agilidade.

"Retovei as boleadeiras,
Nova inhapa o laço tem.
Heup! heup! A toda rédea,
Prisco a prisco rompe além…

Saquei da cintura as bolas
E na volteada escorreguei,
Mas sacudi, meio a rumo,
E nos garrões lhe cruzei.

Quê — puxa!… (lhe retruquei)
Como hei de arrimar,
Se só a tiro de bolas
Daqui lhe posso chegar?"

As boleadeiras parecem alcançar, em fins do séc. XVII, seu tipo anterior, com duas esferas. Osornio fixa o ponto de partida: "Es decir que, hasta el año 1554, último del expedicionário Schmidel, no se habla; de Hondas ni Boleadoras. Es ese expedicionário quien menciona por primera vez y muy superficialmente, el hecho de que unos nativos matasen al su jefe, con unas piedras atadas a un cordel." 7. O nome de *bolas* e *boleadeiras* é comum nas regiões do rio da Prata. No poema *Santos Vega*, de Hilário Ascasubi, usam-se, indiferentemente, os dois vocábulos:

"Y afirmándose el trabuco
Por delante, desató
Apriesa las boliadoras
Y a toparse enderezó…

Pero ahi mismo lo midió
Medio del lao de enlazar
El teniente, y le soltó
Las bolas, con tal certeza,
Que, al tiro, se las ató
El las manos al rocín…"

(*Poetas Gauchescos*, Hidalgo, Ascasubi, Del Campo, ed. Losada, 167-168, Buenos Aires, 1940). Não parece haver documentação indiscutível para o autoctonismo ameríndio das boleadeiras. O processo ergológico de sua evolução será da esfera ou disco de pedra perfurada na extremidade de um bastão, servindo de instrumento agrícola e de arma de guerra e caça, arremessando-se ou volteando-se como um montante. Já constava da aparelhagem epipalcolítica e os bosquímanos a conheciam e empregavam sob o nome de *kwe* (V. Lebzelter, *Die Vorgeschichte Von Sud Und Sudwestafrika*, Lipsia, 1930). A técnica era idêntica à da *pedra perdida* que apareceu, em tempo histórico, ligada a uma corda e não mais ao bastão. Seria um objeto surgido pelo implemento ecológico sem os esforços interpretativos da difusão. Carlos Galvão Krebs (*Diário de Notícias*, Porto Alegre, 11-1-1959) informa que as boleadeiras eram denominadas também de *três Marias*, e alguns modelos chegaram ao luxo do marfim, aparelhados de prata, lavrada a mão. "São utilizadas principalmente para apanhar animais na carreira, já fora do alcance do laço. Ao jogá-las, o gaúcho as faz girar sobre a cabeça, segurando uma das bolas, menor que as outras duas, e chamada *manica* ou *manicla*. No momento azado solta-as na direção do animal visado, calculando a velocidade deste e das próprias boleadeiras. Geralmente são atiradas sobre as *cruzes* do animal, ponto de encontro das paletas com o espinhaço. Batendo no alvo, as boleadeiras caem para as patas e aí se enrolam, maneando e derrubando a vaca ou o cavalo que se desejava apanhar. Com a utilização dos aramados, com o costeio permanente, mais a alta do preço do gado, as boleadeiras foram abandonadas. Constituem hoje peça de museu ou elemento altamente decorativo na indumentária gaúcha, amarradas à cintura, para demonstração de traje de época como as usam os tradicionalistas do Rio Grande do Sul, Uruguai e Argentina." Ver *Bola*.

BOLE-BOLE. Espécie de samba na Bahia. Citando Eros Volúsia, Renato Almeida (*História da Música Brasileira*, 163) esclarece: "O corpo todo entra em jogo; entra em jogo toda a alma, e, instintivamente, giram pupilas, tremem testas, abanam orelhas, incham e desincham bochechas e o bole-bole das caras se torna mais interessante do que o das ancas em rotação."

BOMBA. Ver *Xipoca*.

BOMBO. Bumbo, tambor grande, zabumba, bumba. Não teve no Brasil a popularidade portuguesa, figurando nas festas de arraial, nos conjuntos músicos tradicionais, constituindo mesmo, entre os *ranchos* e as *folias*, o grupo denominado *bombo*, como o bombo de Lavacolhos, Fundão, Beira Baixa, com dois bombos, dois tambores ou caixas, três ferrinhos e um pífaro (Jaime Lopes Dias, *A Beira Baixa ao Microfone da Emissora Nacional*, Lisboa, 1936, 92). A partir do séc. XIX, aparece nas pequenas bandas de música locais. Tornou-se, entretanto, indispensável nos zabumbas de carnaval, grupos de bombos que ritmavam o canto do Zé-Pereira. Em 1837 o Padre Lopes Gama informava que o Bombo ou Zabumba chegara ao Recife no governo do General José César de Meneses, 1774-1787. Parte daí sua divulgação no nordeste e norte brasileiro. Para o sul é anterior, mas a popularidade datará das primeiras décadas do século XIX e nunca pôde competir, nas danças tradicionais, com o prestígio dos tambores, em maioria de origem africana. Ver *Zabumba*.

BOM JESUS DA LAPA. É a mais tradicional devoção popular do rio São Francisco, compreendendo extenso raio em ambas as margens. Do lado da Bahia, em Pirapora, ergue-se um maciço calcário, de noventa metros, recortado em galerias, grutas e corredores pela erosão. Em 1691, um português, Francisco Mendonça Mar, pintor, deixando a cidade do Salvador, atingiu a chamada Lapa, aí se instalando e fazendo vida solitária. Trazia um crucifixo que se tornou centro de orações. O ermitão da Lapa abrigava peregrinos e doentes, e a Lapa transformou-se em lugar de milagres, atraindo a visita de centenas de conversos. O ermitão ordenou-se sacerdote em 1706, tomando o nome de Francisco da Soledade, e faleceu depois de 1722. A povoação nascida ao redor da Lapa passou a ser Vila do Bom Jesus da Lapa em 1890 e cidade em 1923. É de irresistível encanto sua posição. A gruta guarda o túmulo do fundador, o crucifixo (o segundo, porque o primeiro desapareceu num incêndio) e é uma verdadeira igreja natural, com púlpitos, naves, arcadas, decorações. Milhares e milhares de ex-votos enfeitam as paredes, e uma multidão procura o Bom Jesus da Lapa, suplicando milagres. É o protetor das populações do rio e seu prestígio alcança o interior do Brasil, para o norte e sul. Na gruta há a Cova da Serpente emplumada, como a Quetzalcoatl mexicana, e que sairia para voar e matar a todos. Frei Clemente, dizem, em fins do séc. XVIII, mandou que rezassem o Ofício de Nossa Senhora. Cada vez que o Ofício fosse rezado, cairia uma pena à serpente. Rezaram tanto que, abrindo-se a gruta, a serpente desaparecera, desplumada e vencida. (Luís da Câmara Cascudo, *Lendas Brasileiras*, "A Serpente Emplumada da Lapa", 49-54, 9ª ed., São Paulo, Global, 2005; Pe. Turíbio Vilanova Segura, *Bom Jesus da Lapa*, Resenha Histórica, S. Paulo, s. d. (1937?). Há outras devoções populares ao Bom Jesus, sendo as mais famosas e frequentadas pelos romeiros a do *Bonfim* (ver) na cidade do Salvador, e a de *Pirapora*, em S. Paulo (ver), centros de interesse religioso com forte prestígio popular. O Bom Jesus da Lapa mobiliza as devoções de todas as regiões do rio S. Francisco. Aires do Casal em 1817 cita a "famosa e célebre capela do Bom Jesus da Lapa," advertindo que "não corresponde à ideia, que dela formam os leitores, da sua descrição feita pela exageradora pena de Rocha Pita". A enfática narrativa de Rocha Pita está na sua *História da América Portuguesa* (1730), livro VII, 80--88, ed. Garnier, Rio de Janeiro, sem data. Ver *Rio Condutor de Oferendas*.

BOM JESUS DE PIRAPORA. Em 1724 ou 1725 foi encontrada no lugar Pirapora, margem do rio Tietê, São Paulo, uma imagem do Bom Jesus. Quiseram-na levar para Parnaíba, a vila mais próxima, mas a imagem resistiu, a exemplo tradicionalíssimo da devoção católica europeia. Construíram uma capela, doado o patrimônio por José de Almeida Novais. Em 1897 foi paróquia. Possui igreja ampla, com duas torres, sendo a devoção a justificação maior do desenvolvimento e manutenção de Pirapora. De 3 a 6 de agosto realiza-se a festa religiosa, que reúne peregrinos de vários estados limítrofes e de quase todas as zonas paulistas. A imagem é do Bom Jesus no Pretório, depois de açoitado. O culto é idêntico aos demais centros de peregrinação. Vendem *medidas*, tocam na imagem, banham-se no rio, acompanham a procissão cantando. Durante os quatro dias da festa há intensa exibição de motivos e elementos folclóricos, danças, cantos, alimentação, superstições (Mário Wagner Vieira da Cunha, "Descrição da Festa de Bom Jesus de Pirapora", *Revista do Arquivo Municipal*, XLI, S. Paulo, 1937, 5).

BONDE. Veículo de tração animal ou elétrica. É um brasileirismo. Pelo Dec. 4.244, de 15 de setembro de 1868, o Visconde de Itaboraí, presidente do Gabinete, emitiu um empréstimo nacional, até 30 mil contos, com juros pagáveis em ouro, mediante apresentação da apólice, cautelas, *bonds*, operação financeira que despertou atenção geral. Em novembro a Botanical Garden Road Company fez circular os primeiros veículos no Rio de Janeiro e o carioca aplicou aos carros o nome abrasileirado das pequenas apólices, *bondes*, registrado na Imprensa da época e posteriormente vulgarizado por todo o Brasil. Tomar bonde errado, enganar-se, equivocar-se. Comprar bonde, fazer negócio falso, desastroso. Dono do bonde, pseudoimportância. Perder o bonde, deixar passsar uma boa oportunidade.

BONECA. Boneco, figura representando criatura humana, desenho. *Calunga* (ver). Indispensável na magia simpática do envultamento, onde é a presença simbólica da vítima nos processos do feitiço, catimbó, muambas, coisa-feita, canjerê, no plano universal e milenar. As bonecas de pano, "bruxas", brinquedos de criança pobre, indústria doméstica, precária e tradicional no Brasil, são documentos expressivos da Arte Popular, indicando as preferências por determinadas cores, feitios de trajes, tipos antropológicos, índices da seleção indumentária na região do fabrico. São coleções indispensáveis nos museus etnográficos, atestando as tendências e orientações da estética coletiva, modificações, persistências, sobrevivências. Enfeite com que os tropeiros guarnecem a madrinha do lote, o animal que "abre a marcha" nos "comboios" de transporte muar. Como documento da lúdica infantil surge desde as primeiras épocas do neolítico europeu, nas palafitas e megalitos. Ver *Calunga*.

BONFIM. O Senhor Bom Jesus do Bonfim na igreja do mesmo nome, bairro de Itapagipe, cidade do Salvador, Bahia, é centro de tradicional e popularíssima festa em janeiro de cada ano, reunindo dezenas de milhares de pessoas, com alto interesse etnográfico e folclórico. É a mais ampla, intensa e curiosa festa religiosa baiana, atraindo visitantes e devotos dos estados vizinhos. A história é simples. Em 1745, o capitão de mar e guerra da marinha portuguesa Teodósio Rodrigues de Faria trouxe para a Bahia uma imagem do Senhor Crucificado, semelhante à que era venerada em Setúbal. A imagem chegou pela Páscoa da Ressurreição, 18 de abril de 1745, e foi exposta na capela de N. Sª da Penha, em Itapagipe. Fundou-se uma associação para divulgar a devoção e a construção de um templo para o Bom Jesus do Bonfim. Concluiu-se, sendo o Crucificado trasladado solenemente para sua igreja, a 24 de junho de 1754. As novenas eram pela Páscoa e, partindo de 1773, começaram a ser celebradas na segunda dominga depois da Epifania, Dia de Reis. O histórico está no livro do Dr. José Eduardo Freire de Carvalho Filho, *A Devoção do Senhor Jesus do Bonfim e sua História*, Bahia, 1923. A *casa dos milagres* guarda incontável número de ex-votos, atestando a intervenção divina. Itapagipe fica a uns seis quilômetros do centro da cidade. Cada janeiro, à velha maneira portuguesa das romarias, com arraial de barraquinhas, foguetes do ar, bebidas, ranchos, cantos, bandeiras de papel, gente enfeitada por dentro e por fora, amores, andanças individuais e coletivas, desafios (descantes e desgarradas), enfim a romaria portuguesa do Minho, o espetáculo interessa a todos os ângulos da observação. No Brasil apenas mais duas devoções competem na popularidade com o Bom Jesus do Bonfim: N. Sª da Penha de Irajá, no Rio de Janeiro, e N. Sª de Nazaré, em Belém do Pará, ambas vindas, com lendas, imagens, costumes e cerimônias, de Portugal. A segunda e a sexta-feira no Bonfim deixaram fama de alegria delirante pela presença dos ranchos, danças, músicas. Manuel Querino deixou uma página curiosa evocando a segunda-feira do Bonfim (335). Outro elemento para a sugestão do povo foi a identificação do Senhor do Bonfim com o maior dos orixás iorubanos, Orixalá ou Oxalá, que tem templo africano em cima de monte, o monte Oqué. Os negros são fanáticos pelas festas do Bonfim. As razões serão múltiplas, sabendo-se a tentação irresistível da música, dança, movimento associativo, de todas as delícias da comunicabilidade, sobre o negro. Um episódio tradicionalíssimo na festividade é indicado como de procedência africana ou de sua influência: a lavagem da nave central da igreja, na quinta-feira anterior ao início do novenário. Centenas de homens e mulheres, a pretexto de lavar a igreja, cantam, dançam, bebem, comem, sacudindo toneladas d'água e quebrando centos de vassouras. Era uma cena dionisíaca, de livre expansão humana, dentro de um recinto dedicado a culto severo. Depois da *lavagem*, os padres mandavam verdadeiramente lavar a igreja, suja e repleta de resíduos do ágape interminável. Um arcebispo da Bahia, Dom Luís Antônio dos Santos, proibiu a lavagem da Igreja do Bonfim, na portaria de 9 de dezembro de 1889. A 17 de janeiro de 1890 foi preciso levar a Guarda Cívica para a Ladeira do Bonfim, que dá acesso ao templo, detendo o povo que pretendia não renunciar às danças na igreja, como outrora se fazia em Portugal e Brasil. Sobre a significação *da lavagem*, escreve o Prof. Roger Bastide (*Imagens do Nordeste Místico*, 121, Rio de Janeiro, 1945): "Mas, que água é essa? Uma água qualquer? Não, é a água da fonte sagrada, é a água tirada do poço de Oxalá. Assim, o sincretismo se une, em minha opinião, em torno da água, e é dirigido pela própria cerimônia da lavagem." Roger Bastide informa que a *lavagem* na igreja fora primitivamente uma *promessa* de um soldado português, que não morrera na guerra do Paraguai (1865-70). Lavou o átrio e daí em diante a devoção virou hábito (120). Varrer e lavar igrejas por promessas é tradição portuguesa e vestígio oblacional romano.

BOQUE. É a cova de cerca de oito centímetros de circunferência por outros tantos de profundidade, que os meninos no *jogo do pinhão* abriam no solo, e destinada a receptáculo dos tentos arremessados pelos jogadores (Afonso A. de Freitas, *Vocabulário Nheengatu*, 94, São Paulo, 1936).

BORÁ. Som grave, oriundo do sopro que se faz nas mãos fechadas. O bom tocador de borá dá todas as notas da escala musical, para isto combinando sopro e dedos; Minas Gerais, Saul Martins.

BORBOLETA. Significa para o povo uma mensageira. Anuncia alma dos mortos ou presságios agoureiros. *Psiké* vale ao mesmo tempo espírito, alma, borboleta, para os gregos. Uma borboleta de cores claras será felicidade, arauto de alegrias, fortuna assegurada. Justamente o inverso da negra, aliada da morte e do destino fatal. A borboleta negra é a *coisa-má* em Portugal, na Espanha, na Itália. Na França, é alma do morto que faz sua penitência. Na Rússia é desagradável enviada do infortúnio. Na China é aviso da morte, evitada com orações e sacrifícios. Entre os orientais é sempre recadeira silenciosa do outro mundo. Na Pérsia é o espírito dos mortos. No Devonshire é o espírito de criança que morreu sem batizar-se. No Egito o espírito deixava o corpo na hora da morte sob a forma de uma borboleta. Pela Ásia Menor há crença idêntica. Passaria à Grécia e a Roma, derramando-se pela Europa e vindo às terras da América. A borboleta escura, crepuscular, é a encarnação da bruxa (Machado de Assis, *Memórias Póstumas de Brás Cubas*, XXX-XXXI; Ademar Vidal, *1930, História da Revolução na Paraíba*, 194, S. Paulo, 1933). Numa denúncia de 16 de agosto de 1591, D. Lúcia de Melo acusa uma amiga de transformar-se em borboleta noturna (*Denunciações da Bahia*, 342, S. Paulo, 1935).

BORDUNA. Ver *Acangapema*.

BORÉ. Instrumento de sopro dos indígenas tupis, flauta de cana ou taboca, gaita. Buré. Ver *Toré*.

BORRACHA. Saco de couro, odre, para vinho ou água, vulgar na Península Ibérica desde remotíssima idade. Bota, na Espanha e França. Citada comunissimamente nos clássicos portugueses do séc. XVI. A borracha, conhecida nos sertões desde a época bandeirante, sécs. XVII-XVIII, e do ciclo do gado, era de couro tal-qualmente continua usada no interior, conduzida pelos vaqueiros, cheia d'água, quando vão demorar nos serviços do campo. "Borracha seca não mata a sede." "Borracha cheia, sede de longe." "Quem não bebeu água de borracha não sabe o que é sertão." Diz-se em Portugal: "Não é tacha beber por borracha, quando não há taça." "Não vás sem borracha a caminho, e quando a levares, não seja sem vinho." Essas vasilhas de couro, recobertas no Brasil por uma camada impermeabilizadora de goma elástica, denominou os produtos da *Hevea*, seringueiras, caucho, etc.

BOTA. A fêmea do boto que, no Pará e Amazonas, deixa-se possuir sexualmente pelos pescadores e seringueiros, afeiçoando-se, perseguindo-os, rondando-lhes as águas da residência, numa obstinação amorosa. O amante arrisca-se a contrair a uiara, *doença de boto:* crises nervosas, sufocação, fases convulsivas de angústia. Von Martius, *Viagem pelo Brasil*, III, nota 23, em 1819, dizia haver o mesmo *vício vergonhoso* com a fêmea do peixe-boi, funcionalmente impossível, pelo Amazonas, Rio Negro, Solimões.

BOTADA. "Ato de *botar* o engenho a moer, nas fazendas de açúcar, precedido de bênção do capelão e seguido de jantar dado pelo senhor de engenho aos seus lavradores, vizinhos e amigos." (Macedo Soares). No sul do país era a festa da moagem. Melo Morais Filho (*Festas e Tradições Populares do Brasil*): "Era da tradição que, não se benzendo o engenho em cada safra do ano, tudo corria mal: os escravos morriam ou decepavam as mãos nas moendas; um desastre qualquer perturbava a paz da família; um acontecimento fatal punha em atraso a vida do fazendeiro." (285, "A Festa da Moagem"). Henry Koster, senhor de engenho no Jaguaribe, arredores de Paulistas, Pernambuco, 1813, descreveu a *botada* (*Travels in Brazil*, I, 394, 324-325 da tradução brasileira): "Tudo ficou pronto pelo fim do mês (agosto) e mandei buscar um padre para benzer o engenho. Sem que essa cerimônia seja realizada, nenhuma das pessoas empregadas no engenho, seja homem livre ou escravo, quer começar sua tarefa, e se algum acidente sobrevém, é explicado como justo castigo do céu pela falta da observância religiosa. O padre veio e disse a missa, depois da qual almoçamos e fomos para o engenho. O feitor e muitos outros homens livres e negros estavam ao pé da máquina, e certa quantidade de canas de açúcar estavam prestes a ser levada aos cilindros, e quatro negros, encarregados dessa operação, estavam nos seus postos. Duas velas acesas foram colocadas perto dos cilindros sobre a plataforma que sustenta a cana, e foi disposta entre elas uma pequena imagem do Nosso Salvador na cruz. O padre tomou seu breviário e leu várias orações e, em certos momentos, com um ramo de arbusto, preparado para esse gesto, mergulhado n'água benta, aspergia o engenho e os presentes. Alguns negros se precipitavam para frente, no desejo de receberem uma boa quantidade desse líquido santificado. Depois o mestre das caldeiras levou-nos para a seção do engenho, que ele dirigia, e aí houve nova aspersão. Quando voltamos à parte do engenho onde ficam os cilindros, o padre tomou uma grande cana e eu outra, e a um sinal combinado, a porta d'água foi aberta e a roda começou a mover-se, e segundo a tradição, as duas canas que o padre e eu segurávamos na mão foram as primeiras esmagadas. Ouvira falar muito dessa cerimônia pelas pessoas da região, e confesso que, mesmo que algumas pessoas encontrassem qualquer coisa de ridículo, só a vi como digna de muito respeito... Os carros, os bois e seus condutores não tinham recebido as bênçãos do padre. Chegaram algum tempo depois, trazendo cargas de canas, os carros enfeitados com as maiores, postas como bandeiras e nelas suspensos os lenços e as fitas. Cada carro se deteve na porta da residência, e o padre satisfez o desejo do "carreiros". Essa bênção era dada em todo o Brasil e toda a América espanhola. A fórmula quase desapareceu com a prática da cerimônia esquecida. Muito raramente um engenho de açúcar inicia a moagem com a bênção de outrora. Cada ano diminuem os proprietários fiéis ao passado. Dificilmente se encontra a fórmula latina da bênção. A que transcrevo estava manuscrita, num *Manuale Sacerdotum*, datada de 1883, pertencente ao Cônego Estêvão José Dantas: "Adjutorium nostrum in nomine Domini. — Qui fecit coelum et terram. Domine, exaudi, etc. Dominus vobiscum, etc. Oremus. Benedic, Domine, hunc locum, machinam vapore actam, vasa et omnia ad extrahendum, condensandumque sacharum praeparata; benedic etiam hos arundineos fructus; rege, guberna et serva omnes hic ministrantes. Adesto, Domine, labori et industriae nostrae, ut largitatis tuae in hac vita utentes donis, tuo in altera lumine et gaudio frui perenniter mereamur. Per Christum Dominum nostrum. Amen". Ver *Peja*.

BOTAR. Ouvi dos pajés este verbo *botar*: ação do boto tornar uma criatura inteiramente feliz; pois, mesmo morta, ficará encantada e mensageira do bem para os seus. Quando uma pessoa vai à margem do rio, ao sol da manhã ou da tarde, deixando a sombra refletir num perau, se um boto vermelho, nessa ocasião, passar-lhe sob a sombra, isto é, *cortá-la*, ficará *botada*; mas para que a criatura *botada* fique encantada, é preciso que, depois de morta, seja o seu corpo posto à mercê das águas, e que seja posto por qualquer parente ou amigo, pois Iara há de transformá-lo em boto vermelho como os outros são. E quem quiser ser feliz, basta ir, às manhãs e às tardes, à margem do rio, porque estas são as ocasiões em que os botos mais suspiram." (Quintino Cunha, *Pelo Solimões*, 303, Paris, sem data). Ver *Sombra*.

BOTIJA. As antigas botijas de barro vidrado, que traziam genebra da Holanda e da Bélgica, foram instrumentos musicais. Eram curtas, bojudas, com uma asa. Segurando-a pela asa, atritava-se com uma moeda ao longo do pescoço da botija, produzindo-se um som vivo e alegre, ritmador de sambas e de emboladas urbanas. Rodrigues de Carvalho registrou-a entre os cantadores de desafio (*Cancioneiro do Norte*, 337-338, Paraíba, 1928): "Ao lado do tocador de viola, que é ao mesmo tempo o cantador, o contendor em desafio empunha um botijão, manejando num vibrante ti-rin-tim-tim uma chave de porta, segura entre o polegar e o anular, ou produz o mesmo som com uma moeda de cobre, o dobrão." Vez por outra reaparece a botija, agora a garrafa de cerveja, com resultados idênticos. A mais antiga menção que conheço é do século XVIII, primeiras décadas, e sendo usado pelos escravos negros da Bahia nos seus *calundus* (ver *Calundus*). Nuno Marques Pereira (*Compêndio Narrativo do Peregrino de América*, a primeira edição é de 1728, Lisboa; sexta ed., Rio de Janeiro, 1939, I, 123): "estrondo dos tabaques, pandeiros, canzás, botijas e castanheiras; com tão horrendos alaridos que se representou a confusão do Inferno." O mesmo que dinheiro enterrado. Ver *Sonho* e *Tesouro*.

BOTO. Golfinho do Amazonas, boto vermelho, boto branco, piraia-guará, ou pira-iauara, peixe-cachorro, *Inia geoffrensis*, Blainville, cetáceo fluvial de citação indispensável no folclore do Pará. O boto seduz as moças ribeirinhas aos principais afluentes do rio Amazonas e é o pai de todos os filhos de responsabilidade desconhecida. Nas primeiras horas da noite transforma-se num bonito rapaz, alto, branco, forte, grande dançador e bebedor, e aparece nos bailes, namora, conversa, frequenta reuniões e comparece fielmente aos encontros femininos. Antes da madrugada pula para água e volta a ser o boto. José Carvalho (*O Matuto Cearense e o Caboclo do Pará*, Pará, Belém, 1930) conta dois *casos* tradicionalíssimos na região: "Minha avó conta (dizia-me um paraense, meu empregado) que num baile em que ela estava, no igarapé dos Currais, apareceram dois moços, alvos, bonitos e desconhecidos. Dançaram muito. Ela dançou com um deles. Beberam, também, muito. (Esta observação é o principal da história.) Antes, porém, de amanhecer, desapareceram eles, sem que pessoa alguma soubesse para onde tinham ido. A casa em que dançavam ficava distante do rio; mas no meio do caminho havia um poço com pouca água. Com o dia, viram que nesse poço estavam dois botos. Ora, ali nunca se tinha visto boto. Os moradores e convidados foram buscar arpões; arpoaram os botos, puxaram-nos para terra e os mataram. Partiram as cabeças dos mesmos, donde exalou o cheiro da pura cachaça! (26). No Cachoeiri moravam duas moças órfãs, visitadas durante a noite por desconhecidos vestidos de branco. Desconfiaram que os namorados eram botos, e dois homens armaram-se de arpões de inajá e esperaram a noite. Apareceu apenas um dos rapazes misteriosos. Atiraram-no com três arpões e o moço conseguiu alcançar o rio e jogar-se para dentro d'água, mergulhando. No outro dia apareceu boiando, morto, um grande boto, com três arpões de inajá fincados no dorso (resumo da pág. 27). É comum a alusão ao *filho de boto*, significando, no Pará, sem-pai, filho natural. Há mesmo depoimento sincero das mães, dando o boto como legítimo responsável. Umberto Peregrino registrou um desses fatos (*Imagens do Tocantins da Amazônia*, Rio de Janeiro, 1942): "O Dr. Gete Jansen me refere o caso recente de uma mulher que, levando o filho num serviço médico, quando lhe perguntaram o nome do pai, para o competente registro, respondeu com absoluta convicção: — Não tem, não senhor, é filho de boto. A mulher era casada, tinha outros filhos, cuja paternidade atribuía pacificamente ao marido, mas aquele teimava em dar como filho de boto. — Este é filho de boto, eu sei. — Não houve quem a demovesse, o registro foi feito à sua revelia." (97). Nenhum cronista colonial alude ao boto, nem a outro mito antropomórfico. Os homens-peixes, Ipupiaras de Fernão Cardim, Gabriel Soares de Sousa, Barleu, Marcgrave, Simão de Vasconcelos, não possuíam direito à transformação. Nenhum fantasma seduzia ou engravidava. Ipupiaras matavam apenas, incapazes de frequentar festas e fazer serenatas às cunhãs enamoradas. Não se fala em Mãe-d'água, nem o português criara o vocábulo nheengatu *iara*, a sereia, com os encantamentos de Melusina, casando no fundo das águas. Os elementos do boto, como os da iara, não existiam no Brasil dos sécs. XVI e XVII. O boto foi estudado em fevereiro de 1790 por Alexandre Rodrigues Ferreira, descobridor científico do cetáceo. As primeiras menções do boto sedutor aparecem no séc. XIX. Um dos observadores iniciais foi Henry Walter Bates, que ficou onze anos, 1848-59, na região amazônica, estudando fauna e flora. Bates (*The Naturalist on the River Amazons*, Londres, 1864, segunda ed.), descrevendo o boto, alude à superstição amatória: "Muitas histórias misteriosas são referidas acerca do boto, como é chamado o golfinho maior do Amazonas. Uma delas era de que o boto tinha o hábito de assumir a forma de uma bela mulher, com os cabelos pendentes até os joelhos, e saindo à noite, a passear nas ruas de Ega, encaminhar os moços até ao rio. Se algum era bastante afoito a segui-la até a praia, ela segurava a vítima pela cintura e a mergulhava nas ondas com um grito de triunfo. Nenhum animal do Amazonas é sujeito a tantas fábulas quanto o boto; é provável que isso não se originasse dos índios, mas dos colonos lusitanos." (357). Couto de Magalhães, criando uma hierarquia dos deuses tupis, disse do boto: "A sorte dos peixes foi confiada ao Uauiará. O animal em que ele se transforma é o boto. Nenhum dos seres sobrenaturais dos indígenas forneceu tantas lendas à poesia americana como o Uauiará. Ainda hoje no Pará não há uma só povoação do interior que não tenha para narrar ao viajante uma série de histórias, ora grotescas e extravagantes, ora melancólicas e ternas, em que ele figura como herói. O Uauiará é um grande amador das nossas índias; muitas delas atribuem seu primeiro filho a alguma esperteza desse deus, que ora as surpreendeu no banho, ora transformou-se na figura de um mortal para seduzi-las; ora arrebatou-as para debaixo d'água, onde a infeliz foi forçada a entregar-se a ele. Nas noites de luar no Amazonas, conta o povo do Pará que muitas vezes os lagos se iluminam e que se ouvem as cantigas das festas e o bate-pé das danças com que o Uauiará se diverte." (*O Selvagem*, 137, 1876). O mesmo informou José Veríssimo, mas, lentamente, ficou restrito o amavio às mulheres, e a Mãe-d'água tomou o lugar do boto, que se podia mudar em moça atraente. Em 1865, Luís Agassiz não registrou superstições sobre o boto (mas um exemplar, que conseguiu obter, ficara mutilado pela avidez com que os indígenas colhiam amuletos do corpo do *encantado* (*Viagem ao Brasil*, trad. Edgar Sussekind de Mendonça, S. Paulo, 1938): "Era realmente um boto! mas... horrivelmente mutilado. Um índio cortara-lhe uma nadadeira, soberano remédio contra doenças; outro lhe arrancara um dos olhos para dele fazer um feitiço que, colocado junto da moça a quem ama, conquistar-lhe-ia irresistivelmente o afeto; e assim para tudo mais" (392-3). Bates tivera dificuldades em fazer arpoar um boto. "Consegui-o, afinal, do caipira, oferecendo-lhe uma elevada retribuição, quando as suas finanças estavam muito por baixo; mas ele se arrependeu do seu feito, depois, declarando que a felicidade o havia abandonado daí por diante." (357). Stradelli informava, em fins do séc. XIX: "apesar do respeito que lhe têm como feiticeiro (que à vontade se muda de boto em gente e de gente em boto), todavia o matam, para tirar-lhe os olhos, os dentes e o vergalho, cousas todas a que atribuem virtudes extraordinárias." (*Vocabulário Nheengatu-Português*, etc., 603). Barbosa Rodrigues e Brandão de Amorim, que reuniram as melhores séries de lendas e tradições amazônicas, não mencionam um só episódio em que o boto assuma uma das características. Apenas, na lenda baré de Poronominare, o boto vira gente, *mira*, para curar o herói. Pouco a pouco o mito se completa e afirma num plano único de sexualidade e fecundação. As moças seduzidas não sucumbem, e o contato explica apenas a misteriosa paternidade. Transformado em rapaz branco ou preto, dizem alguns informantes que o homem conserva sempre o chapéu, para que não vejam o orifício que tem no alto da cabeça. O jesuíta Simão de Vasconcelos dera esse pormenor no séc. XVII: "Dos homens-peixes e peixes-mulheres, vi grandes lapas, junto ao mar, cheias de ossada dos mortos; e vi suas caveiras, que não tinham mais diferença de homem ou mulher, que um buraco do toutiço, por onde dizem que respiravam." O velho Ipupiara colonial matava, abraçando, e comia ao cadáver apenas os olhos, narizes, extremidades de pés e mãos e as genitálias (Fernão Cardim, 89). O boto é unicamente um fecundador irresistível, faminto, virando as canoas em que viajam mulheres, sentindo o odor feminino em grandes distâncias. O olho do boto, seco, é um amuleto de incrível eficácia amorosa. Não há mulher que resista, sendo olhada através de um olho de boto, *preparado*, isto é, depois de passar pelos processos da pajelança amazônica, feitiçaria poderosa. José Carvalho (*opus cit.*) escreveu: "Um caboclo, no porto de Alenquer, foi a bordo de um *gaiola* (vapor) vender seu *olho de boto*, preparado com todas as regras do rito do pajé. E ofereceu-o ao comandante. – Para que serve? perguntou este. – Ora, "seu" comandante, para amores! – E explicou: – É só olhar para a *pequena* por esta *cajila*, e ela fica logo entregue! – O comandante pegou no *olho de boto* e, sem segunda intenção, ocasionalmente, olhou, por ele, para o caboclo. E este, se remexendo todo, sorrindo, revirando os olhos, voz afeminada, explanou: – Deixe disso, "seu" comandante! – Diante dessa evidência, dessa prova fulminante, o comandante comprou a *cajila*, e comprou-a cara!" (61). O boto possui essa tradição clássica em assuntos amorosos. Aulo Gélio lembra essa fama (*Noites Áticas*, I, 342): "Delphinos venereos esse et amasios", os delfins são voluptuosos e enamorados. Gélio, Teofrasto, Plínio, o Moço, Apião contam as aventuras e predileções dos delfins, seus amores e dedicações, morrer de saudades, quando faleceu um menino por quem se afeiçoara um deles. Essa aproximação humana fê-lo merecer honras excepcionais. Uma outra espécie delfínica, o boto tucuxi (*Steno tucuxi*) "tem a virtude, diz a crendice regional, de amparar a náufrago, empurrando-o para terra." Alfredo da Mata, (68-69). E é, como sabe, herança velha, já aproveitada nas fábulas. O delfim é um símbolo da Eucaristia. Cônego A. Xavier Pedrosa ("Figuras e Símbolos Eucarísticos", *Fronteiras*, ano VIII, n.º 5, Recife, maio de 1939): "Às vezes o peixe aparece representado por um golfinho, porque este é tido como grande amigo do homem, segundo uma antiga e lendária tradição. A iconografia cristã aproveitou essa tradição, querendo significar que o Cristo na Eucaristia deu a maior prova do seu amor aos homens, morrendo e imolando-se continuamente por eles no divino sacramento." (4). Há no Chile essa tradição dos peixes procriadores, mas resiste ainda a lenda de sua origem esclarecedora. Todos os homens alcançados pelas águas diluviais transformavam-se em peixes. Lehmann-Nitsche, citando Diego de Rosales ("El Dilúvio Según los Araucanos de la Pampa", *Revista del Museu de la Plata*, XXIV, Buenos Aires, 1919): "Y de los que se transformaron en peces, dicen que pasada la inundación o diluvio, salían del mar a comunicar con las mujeres que iban a pescar o cojer mariscos, y particularmente acariaban a las doncellas, engendrando hijos en ellas, etc." (32). Não há menção de que esses peixes chilenos tornassem a forma humana. No fabulário europeu, seres que vivem no fundo do mar raptam ou seduzem moços ou moças e levam as conquistas para palácios submarinos, como os Morgans da ilha de Ouessant ou as Groac'h da ilha de Loc, na Bretanha. Até o séc. XVIII acreditou-se na história do Peixe Nicolau, o homem-peixe de Liérganes. Esses, como os velhos tristões greco-latinos, não amavam as mulheres da terra nem tomavam aspecto humano para tentá-las. Ao contrário, Júpiter e Netuno tomavam feições animais, quando amavam gente da terra. O delfim, consagrado a Vênus, deusa marinha na evocação primitiva de Afrodite, era, na Grécia e Roma, amigo de rapazes novos e não de predileções femininas. Inseparável de Afrodite, aparece nos mosaicos e frescos de Pompeia, Cápua, Basilicata, guardados nas seções reservadas do museu de Nápoles. César Famin ensina (*Cabinet Secret du Musée de Naples*, Paris, 1832): "Consagrava-se (o delfim) a Afrodite, porque os movimentos do animal, muito parecidos com os de um navio, que, ao impulso das ondas, se eleva e desce, tem semelhança notável com os que acompanham o ato sexual." (nota à prancha XXXIV). Bates, em meados do séc. XIX, só encontra o boto-sereia e suas aventuras com as cunhãs paraenses. Não me consta serem anteriores a 1860. O boto sobreviveu hermafrodita, como Stradelli anotou, terminando pela fixação morfológica no Inia e na Mãe-d'água, um para as moças e outro para os rapazes. Com os elementos clássicos do delfim mediterrâneo e da sereia atlântica, o europeu determinou a função dos dois mitos, diferenciados e típicos. O boto sensual amazônico é uma réplica masculina da Mãe-d'água, ambos inexistentes nos pavores das noites coloniais do Brasil. O boto sedutor é um mito de convergência europeia (Luís da Câmara Cascudo, *Geografia dos Mitos Brasileiros*, "Ipupiaras, Botos e Mãe-d'água...", 147-168, 3ª ed., São Paulo, Global, 2002). A tradição do boto conquistador, amoroso das cunhãs do Pará e Amazonas, não parece muito antiga. Em 1819 von Martius descreveu as assombrações das matas e dos rios e nada registrou sobre as façanhas amatórias do delfinídeo. Referiu-se a sua pesca e características sem realce (*Viagem pelo Brasil*, 3º, 224 e 235, Rio de Janeiro, 1938). Henry Walter Bates, 31 anos depois (1850), já encontra o boto com todos os elementos supersticiosos, um crime sua arpoação. Bates informa: "Nenhum animal do Amazonas é assunto de tantas fábulas como o boto; mas é provável que estas não tenham sido inventadas pelos índios mas pelos colonizadores portugueses. Só depois de muitos anos consegui que um pescador arpoasse botos para mim, pois ninguém mata esses animais voluntariamente, embora sua gordura forneça excelente azeite para as candeias. O povo supersticioso acredita que o emprego desse óleo nas candeias traria a cegueira." (*O Naturalista no Rio Amazonas*, 2º, 251-252, S. Paulo, 1944). Agassiz, em 1865, vê o boto já prestigiadíssimo (*Viagem ao Brasil*, 392-393, S. Paulo, 1938). Como nenhuma figura encantada, marítima ou fluvial, tivesse os atributos do boto nos séculos XVI, XVII e XVIII, as lendas e proezas que lhe são atestadas seriam de origem branca e mestiça, com projeção nas malocas indígenas ribeirinhas e não nascida destas. Ver *Companheiro do Fundo*. "As gentes planiciárias acreditam piamente na influência dos botos. Antigamente, só os masculinos. Hoje, nas botas, quando se apaixonam por algum seringueiro, depois de possuídas e violadas por encantamento ou falta de mulher. O boto protege sempre: ampara as canoas em banzeiro e temporais; enxota os cardumes para as margens, a fim de que fiquem ao alcance dos terrapeadores, nos remansos e praias; acompanha as embarcações, em que viajam grávidas e de mês. Atiram-lhe responsabilidades de atos que não praticou: é sempre o culpado de adultérios e deflorações. Nas últimas eleições, desapareceu uma urna, no município de Benjamin Constant, que era transportada numa canoa. Caiu nágua e deu vitória ao candidato oposicionista. "Foi o boto que levou a urna pro fundo para proteger o caboclo da lei!" Informação do senador Álvaro Maia (Amazonas, 1967). O boto conquistador e transformista é um platometídio ou iniídio, *Inia geoffroyensis*, Blainv, que dizem *branco* ou *vermelho* segundo a densidade do matiz ventral, e que atinge a mais de três metros. O tucuxi é um delfinida, *Sotalia brasiliensis* ou *Steno tucuxi*, nadando em grupos, com bufados foliões, com a fama de ajudar o náufrago a salvar-se, empurrando-o com o focinho para a margem do rio, tal-qualmente a toninha, delfinida marítima. Tucuxi é a designação genérica para os botos amazônicos. "Vocês sabem que os caboclos não arpoam nem matam tucuxis. Com os vermelhos não querem graça: comem gente e a gordura dá coceira e doença ruim... Os tucuxis cortavam a proa, em rondas alegres, cintilando em brilhos metálicos. Os remadores fitavam-nos com simpatia, embora, em certa época do mês, eles perseguissem as mulheres, adivinhando segredos que os homens não adivinham. Possuem faro mais apurado que de cachorros de caça." (Alvaro Maia, *Gente dos Seringais*, 239-240). Esses atributos mágicos não imunizam o boto-vermelho de ser a espécie mais perseguida, escrevia Stradelli na última década do séc. XIX, para obtenção do vergalho, dentes e olhos, disputados pela pajelança e hoje um tanto como *souvenir*. A crendice sempre pertenceu aos mestiços e não aos nativos da selva, e teria dado expansão à presença do nordestino, afeito ao sobrenatural no plano de normalidade. Ver *Bota*.

BOTOQUE. Ver *Batoque*.

BOZÓ. Jogo de dados de três a cinco peças, dependendo a vitória de combinadas convenções, em três lanços, prima, segunda e, em caso de empate, *a negra*. Confunde-se com o *poker de dados*. Macedo Soares menciona um bozó como sendo "jogo que se faz com uma bola", baseado em Vale Cabral. Citou outro, sem localização geográfica, denominando-o *buzo*, "jogo com rodelas de casca de laranja, verdes de um lado e brancas do outro; ganha-se ou perde-se como no jogo de *cruz ou cunho* (também do buzo), apostando um dos jogadores pelo lado que cair para cima." Discute a origem, de búzio, latim *buccinum*, e informa que: "O nosso buzo, jogo usual entre os negros novos, é palavra bunda." Sua ligação com o *bosum* dos Fanti-Ashanti, orixá desses negros, que quase nada, exceto o vocábulo acima, deixaram na mítica e vocabulário do Brasil, é bem possível. Artur Ramos (*O Negro Brasileiro*, 40, *Culturas Negras no Novo Mundo*, 326) registrou a transformação do *bosum* para *bozó*, *fazer bozó*, *botar bozó*, como sinônimos de enfeitiçar. Nina Rodrigues (*Os Africanos no Brasil*, 347) dera o nome *bosum* como sinônimo de orixá em nagô. O bosum, bozó, buzo serão comum exemplo da convergência e, possivelmente, uma reminiscência da liturgia fânti, perdida para nós. O bosum seria uma espécie de ifá, uma consulta oracular, feita através do jogo que lhe guardou o nome.

BRACATINGA. Arbusto cuja exsudação anuncia mudança de temperatura. É uma leguminosa mimosácea, *Mimosa escabrella*, Benth. "Bracatinga chorou, tempo mudou." (Leonardo Mota, *No Tempo de Lampião*, 158, Rio de Janeiro, 1930).

BRADADOR. Mito do interior de São Paulo e de Santa Catarina. Berrador, Barrulheiro (Luís da Câmara Cascudo, *Geografia dos Mitos Brasileiros*, "O Bradador (São Paulo, Minas Gerais, Paraná, Santa Catarina)", 266-268, 3ª ed., São Paulo, Global, 2002). Edmundo Krug (*A Superstição Paulistana*, S. Paulo, 1910) chama-o *Bicho Barulhento* (29) "que ninguém ainda viu, porém, cuja voz se ouve à noite e que é tão perverso que mata aquele que o vir." É a réplica brasileira à Zorra de Odeloca, à Zorra Berradeira do Algarve, responsável pelos gritos noturnos, como o argentino Kaparilo, de Santiago del Estero (J. Leite de Vasconcelos, *Tradições Populares de Portugal*, Porto, 1882, 302; Luís Chaves, *Mouras Encantadas*, Lisboa, 1924, 37; Orestes di Luno,

El Folclore de Santiago del Estero, Tucumán, 1943, 182). O Bradador no Brasil ainda não tomou forma especial, ou não se decidiu pelas que lhe apontam os assombrados ouvintes de seus berros horrendos. Ver *Gritador*.

BRAGUINHA. Ver *Machete*.

BRANDÃO DE AMORIM, ANTÔNIO. Nasceu em Manaus, Amazonas, a 7 de agosto de 1865 e faleceu em 27 de outubro de 1926 na cidade de Belém, Pará. Educado em Portugal, onde cursou os dois primeiros anos de Medicina na Universidade de Coimbra, voltou ao Brasil, sendo secretário do Museu Botânico do Amazonas, quando Barbosa Rodrigues o dirigia. Pela família materna descendia dos indígenas Manau Camandri, da maloca de Mariuá. Foi proprietário de seringais, colaborando na imprensa, pertencendo a partidos políticos. Deixou todas essas atividades. Suas viagens e contatos com os indígenas amazônicos fizeram-no grande conhecedor de mitos e tradições ameríndios. Coligiu, fielmente, esplêndidas lendas em nheengatu, traduzindo-as com nitidez e precisão absolutas. Não estudou o que coligiu, mas o seu trabalho é uma das mais completas e altas contribuições que possuímos nos domínios da literatura oral indígena. Bibliografia: "Lendas em Nheengatu e em Português", *Revista do Instituto Histórico e Geográfico Brasileiro*, tomo 100, volume 154, 2º de 1926, Rio de Janeiro, 1928.

BRÁS. Santo, bispo, mártir, festejado a 3 de fevereiro. Foi martirizado no ano de 316, em Sebasto, na Armênia. Defensor das moléstias de garganta e especialmente dos engasgos. O gesto mais comum no Brasil é bater-se nas costas do engasgado, dizendo-se: "São Brás! São Brás!" até que desapareça o incômodo. Jacques de Voragine (*Legende Dorée*, I, 142) narra a intervenção do santo retirando uma espinha de peixe que se atravessara na garganta de uma criança, quase sufocando-a. Uma imagem do santo em Bopfinger representa a cena. Antes de ser decapitado, pediu para curar os doentes da garganta e ouviu uma voz deferindo o pedido. "Ipse autem oravit ad dominum, ut quicumque infirmitatem gutturis vel alia quacumque infirmitate eius patrocinia postularet, exaudiretur et continuo liberaretur. Et ecce vox de coelis ad eum venit, quod sic fieret, ut oravit." G. de Francesco (*Santos como Auxiliares nas Enfermidades*) informa: "O antigo costume de bênção de São Brás, o sopro (*Anblaseln*) dos enfermos da garganta, ante os quais o sacerdote apresenta velas cruzadas, ainda se pratica hoje no dia de São Brás, na Suíça, na Áustria, no sul da Alemanha e em outros lugares. Um informe acerca deste costume já foi descrito no século V depois de Jesus Cristo pelo célebre médico Aetius Amideus. Em suas obras (edição de Basileia, 1535, capo 50) menciona a "benedictio candelarum contra morbum gutturis" (*Acta Ciba*, ano X, 4-5, 86-87, 1943). Em Portugal a popularidade do santo se fixa na mnemônica, utilizando-se os três primeiros dias de fevereiro em tenção do taumaturgo: "No 1º jejuarás, o 2º guardarás e no 3º irás a S. Brás" (Armando Leão, "Notas de Medicina Popular Minhota", *Arquivo de Medicina Popular*, I, 41, Porto, 1944). Ver ainda A. Castillo de Lucas (*Folclore Médico-Religioso*, "Hagiografias Paramédicas", San Blás, 19, Madrid, 1943). O Arcipreste de Talavera escrevia em 1438 no Corbacho: "espina o hueso comiendo se le atravesase en el garguero, que Sant Blás non le pusiese cobro."

BRASIL, ANTÔNIO AMERICANO DO. Ver *Americano do Brasil (Antônio)*.

BREJEIRA. Masca de fumo que os antigos viciados costumavam mastigar indefinidamente, como ocorre aos modernos ruminantes de chicles ou goma açucarada. Antonil registra no *Cultura e Opulência do Brasil por suas Drogas e Minas*, Lisboa, 1711, o uso da "masca", 2ª parte, cap. VIII, escrevendo sobre o tabaco: "O mascá-lo não é tão sadio: porém assim como fumado pela manhã em jejum moderadamente serve para dessecar a abundância dos humores do estômago, assim o uso imoderado o relaxa; e pela continuação obra menos, altera o gosto, faz grave o bafo, negros os dentes, e deixa os beiços imundos." O costume já era popular entre os indígenas tupis, notadamente os potiguaras, traduzidos como provindos de *potin-guaras*, comedores de fumo, em vez do clássico e lógico *poti-guaras*, comedores de camarão. O reparo é de Anthony Knivet. Brejeira vale também no Nordeste, pelo menos sabidamente no Rio Grande do Norte, por falcatrua, habilidade desonesta, falsidade. "Ele ganhou a eleição mas fizeram uma *brejeira* e apareceu derrotado." Brejeira, como masca de fumo, provirá de Brejo, região úmida no Estado da Paraíba fornecedora de bons tabacos, o famoso *tabaco do Brejo*. Brejeiro é igualmente o natural dos brejos, tido como hábil, astucioso, evitando com manhas as dificuldades. Brejeiro não se aperta. Em Portugal a acepção era de malicioso, despudorado, desonesto; de brejo, onde era possível fazer coisas brejeiras.

BREVE. Saquinho de pano ou couro, contendo uma oração qualquer, muitas vezes banal, pendente do pescoço por uma fita ou torçal, e supersticiosamente usado a impulsos de piedosas crenças ou como garantia contra toda sorte de perigos e dificuldades. "Trazem pendentes do pescoço um trambolho chamado *breve da marca*" (*O Carapuceiro*, n.º 67, de 1842; Pereira da Costa, *Vocabulário Pernambucano*, 125). João Alfredo de Freitas ("Legendas e Superstições do Norte do Brasil") conta a história de um famoso *breve* que, sendo descosido, revelou apenas ser uma série de obscenidades (*Antologia do Folclore Brasileiro*, vol. 2, 59-73, 6ª ed., São Paulo, Global, 2004). Pereira da Costa (*Folclore Pernambucano*, 132-133) narra mais dois casos em que os *breves* milagrosos continham versinhos:

"Breve me pedes,
Breve te dou;
Dá-me um garrote
Qu'eu breve me vou.

Tenha eu rancho
E o meu cavalo,
Que para a burra
Não dá-me abalo."

O primeiro era infalível como protetor nos negócios e o segundo para conceder uma *boa hora* nos partos. Franklin Távora (*Lourenço*, Crônica Pernambucana, Revista Brasileira, VII, 403, Rio de Janeiro, 1881): "Tome esta oração. Ela serve para você se lembrar de mim, e para livrar dos perigos. Era uma oração prodigiosa, um *breve*, cosido dentro de um saquinho de cetim, e preso a um rosário de contas tão límpidas como as lágrimas que se deslizavam pelas faces da moçoila."

BRIDGE. Ver *Jogo de Baralho*.

BRIGA DE CANÁRIOS. Os indígenas tupis chamavam ao canário *Guirá-nheengatu*, o pássaro que fala ou canta bem, e as referências velhas são unânimes ao seu trinado (Gabriel Soares de Sousa, *Notícia do Brasil*, II, cap. LXXXVIII, ed. Martins, São Paulo, 1945, anotada pelo Prof. Dr. Pirajá da Silva; Jorge Marcgrave, *História Natural do Brasil*, 211, São Paulo, 1942; Fernão Gardim, *Tratados da Terra e Gente do Brasil*, 53, ed. Leite, Rio de Janeiro, 1925). O nome de *Guirá-nheengatu* foi substituído pelo de canário, pertencente ao *Canariensis passer*, o canário imperial, das ilhas Canárias, pela semelhança entre ambos. E o novo nome apagou o velho tupi. O *Canariensis passer* é grande cantor e dele escreveu Luís de Camões (*Elegias*, VI):

"Em quanto o pobre ninho ajusta
    [e tece
O sonoro canário, modulando
Engana a grave pena que padece."

O fringílida brasileiro (*Sicalis flaveola*, Lin) e o sulista (*Sicalis pelzeni*) de Sclater, além de canto, *corrido* ou *de estalo*, *seguido* ou *de açoite*, é famoso por ser ave de briga. Seu nome popular é canário-da-terra, para diferenciá-lo do canário imperial, alienígena e que lhe deu batismo. As brigas de canários são muito populares pelo Brasil inteiro, e há devotados criadores, apostadores e assistentes para esses duelos. Juntas as gaiolas dos campeões abrem a portinha especial, e o mais valente invade o território inimigo, iniciando o ataque, às bicadas ferozes. Há épocas para esses duelos, e os interesses financeiros não são pequenos. Há uma vasta literatura oral no assunto, anedotas, reminiscências de grandes lutadores, manias, superstições, previsões e mesmo memória das batalhas maiores, com os canários vindos de outros Estados, enfrentando os heróis locais, em pugnas memoráveis. Ver *Galo, Canário*.

BRIGAÇÃO. Ver *Obrigação*.

BRINCADEIRA. Ver *Jogo*.

BRINCO. Adorno de orelha, que consta de uma argola com pingentes. No século passado designava ornatos de metal doutras partes do corpo, como broches, braceletes, etc. (Dr. Fr. Domingos Vieira, *Dicionário*). A variedade infinita dos brincos não se ajustará à pobreza de sua definição no *Tesouro da Língua Portuguesa* (I, 823, Porto, 1817). De uso universal, ocorre nas sepulturas da Idade do Bronze. Os museus guardam modelos preciosos, egípcios, assírios, cipriotas, fenícios, gregos, etruscos, romanos, de todas as raças, épocas e feitios. Na Europa foi usado por ambos os sexos até fins do século XVIII e entre, os povos selvagens o costume de ostentá-lo é tradicional. É um dos usos indispensáveis nos indígenas da raça tupi-guarani. "Rien n'est aussi répandu parmi les Tupi-Guarani que la coutume de se perforer le lobe de l'oreille pour y introduire soit une plume ou un bâtonnet" (Metraux, *La Civilisation Matérielle des Tribus Tupi Guaranis*, 171, Paris, 1928). A perfuração do lóbulo da orelha para o primeiro brinco é uma cerimônia da iniciação em quase todo o mundo. Certamente o brinco era, de princípio, um amuleto destinado a obstar a entrada dos maus espíritos no corpo humano. Não seria outra interpretação dos brincos, pulseiras, colares, ornamentos do septo nasal e lábios, defesas mágicas nos possíveis caminhos naturais para as forças do mal. Estudando esses enfeites de lábio e lóbulo da orelha, Robert Lehmann-Nitsche fixou um aspecto etnográfico que se tornou banal pelo esquecimento dos valores religiosos que ele representou durante: "... la interpretación de aquellas piezas como adornos, corresponde un todo al concepto tan difundido que cualquier tratamiento del cuerpo humano con substancias colorantes, etc.; cualquiera mutilación intencional, cualquiera implantación de piezas ajenas, es debida a la necesidad estética del hombre primitivo, o sea al sentimiento de lo bello que manifiesta de un modo tan curioso. Hoy en día, empero, que nuestras opiniones respecto a la psicología y mentalidad primitiva tanto es profundizado, que se atribuye importancia fundamental al pensar mágico de los pueblos primitivos, cabe preguntar si en estas mismas ideas no pueden basarse las costumbres arriba detalladas. Bien puede suponerse, entonces, que el botoque labial y auricular, haya debido espantar los espíritus malignos, impidiendo así, indirectamente, su entrada en el cuerpo humano, por la boca y oído, mientras que todas aquellas cosas llevadas en el tabique nasal deben producir el mismo efecto, en parte, directamente, cual tranquera o pasador. Andando los tiempos y acostumbrándose los indivíduos a llevar esos objetos antiespirituales, poco a poco fué olvidado su verdadero destino, utilizándolos, los portadores, para exponentes de sus sentimientos artísticos"; Robert Lehmann-Nitsche, "piedras labradas para el lábio y el lóbulo y collares de conchas", "Comunicaciones" del Museo Nacional de História Natural de Buenos Aires, II, n.º 13, 15 de julio de 1924, 130. Ver A. Bembo e J. Imbelloni, *Deformaciones Intencionales del Cuerpo Humano de Caracter Étnico*, 136-142, Buenos Aires, sem data.

BRINQUEDO, BRINCADEIRA. São sinônimos de jogos rondas, divertimentos tradicionais infantis, cantados, declamados, ritmados ou não, de movimento, etc. Brinquedo é ainda o objeto material para brincar, carro, arco, boneca, soldados. Também dirá a própria ação de brincar. Brinquedo de dona de casa, de cabra-cega, de galinha-gorda (dentro d'água), de chicote queimado. Jogo é vocábulo erudito em via de aclimatação pela propaganda da ginástica educacional. Até poucos anos, jogo subentendia baralho, dados, fichas, pedras. Os brinquedos em ronda são quase todos cantados e a influência portuguesa é preponderante ou ainda sensível. As brincadeiras de meninos, as mais populares, são logicamente as mais universais, de livre movimentação individual. Menos preferidas são as que restringem o direito de alguma improvisação no gesto e na carreira. Esgotam depressa o desejo de brincar e monotonizam o grupo. Essa tendência para a excitação e descarga de uma força viva em ação intensa e desinteressada apaixonou etnógrafos e sociólogos, levando-os a fundamentar a criação da arte por esse potencial lúdico: Allier, Frobenius. Certo que no domínio sexual o brinquedo é uma constante de imprevisível grandeza. Nos velhos *romances*, brincar é a junção carnal: "Apanhei a Claralinda / Com D. Carlos a brincar, / De braços e boquinhas, / Não podiam desgarrar, / Da cintura para baixo, / Não tenho que lhe contar." (Pereira da Costa, *Folclore Pernambucano*, 314, ver 313, 319). A brincadeira infantil explicará ainda mais Frobenius: "le jeu de l'enfant représente la source fondamentale qui jaillit des nappes souterraines les plus sacrées et d'où procédent toute civilisation, toute force créatrice" (*Histoire de la Civilisation Africaine*, trad. Back e Ermont, 6ª ed., Paris, 1936, 24). A possessão do jogo, que nos acompanha sempre, fixada na memória, capaz de ser reconstituída pela vontade, é um índice desse ignorado e latente poderio interior. As brincadeiras dificilmente desaparecem e são das mais admiráveis *constantes* sociais, transmitidas oralmente, abandonadas em cada geração e reerguidas pela outra, numa sucessão ininterrupta de movimento e de canto, quase independente da decisão pessoal ou do arbítrio administrativo, na velha tendência modificadora. Infalivelmente, as crianças brincam como gostam de brincar, escolhendo livremente o processo de encaminhar e expandir essa força viva, pura e ampla, que as possui totalmente. Ignoramos qual a verdadeira participação africana e indígena nos brinquedos dos meninos brasileiros da época colonial. A mais alta percentagem dos brinquedos é europeia: ritmos, cantos, mímicas, os trechos declamados, a movimentação aparentemente livre, mas apenas repetidora de um desenho invisível, que se cumpre misteriosa e maquinalmente. Dos brinquedos materiais dir-se-á identicamente; o papagaio de papel, sua luta, o pião, suas batalhas, os arcos, o joão-galamastro, a redução de animais, gente, mobiliário, tem ares de uso por todo o mundo, e no tempo desafiam as origens. A ideia do brinquedo brasileiro é apenas a modificação local. Na essência, o brinquedo mantém suas características ou seu dinamismo típico. De maneira geral as brincadeiras ou brinquedos brasileiros têm fundamentos em Portugal, e os processos de transformação explicam-se pelo acréscimo de formas regionais, determinadas pela natureza ambiental ou grau de inteligência infantil. São formas novas obedecendo a fórmulas antigas, construção com um velho material, dando a ilusão do novo e do moderno. Não conheço registro das brincadeiras africanas, e os cronistas coloniais, homens sisudos, informavam apenas que os piás e curumins ameríndios se iam exercitando na arte da caça e da pesca com pequeninos arcos, pequeninas flechas e pequenina aparelhagem para matar peixinhos nos córregos. As breves linhas de Marcgrave não elucidam nem permitem tradução prática. Sobre brinquedos, estudos, informações simples, cotejos, informação, ver João Ribeiro, *O Folclore*, Rio de Janeiro, 1919; Lindolfo Gomes, *Nihil Novi*, Juiz de Fora, Minas Gerais, 1927; Afonso A. de Freitas, *Tradições e Reminiscências Paulistanas*, 155-188, S. Paulo, 1921; Alexina de Magalhães Pinto, *Os Nossos Brinquedos*, Coleção Icks, Lisboa, 1909; *Cantigas das Crianças e do Povo – Danças Populares*, Rio de Janeiro, 1916 (algumas brincadeiras de roda); Alberto Faria, "Jogos Infantis", *Almanaque Garnier*, Rio de Janeiro, 1909, 235-239; Gilberto Freyre, *Casa Grande & Senzala*, II, 4ª ed., Rio de Janeiro, 1943 (enumeração rápida dos brinquedos dos meninos da Casa Grande, influência como expressão social na educação branca nos engenhos de açúcar); Figueiredo Pimentel, *Meus Brinquedos*, editado no Rio de Janeiro em fins do séc. XIX pela Livraria Quaresma (não obtive esclarecimentos da editora); *Uma, Duas Angolinhas*, Mariza Lira e Leonor Posada, Rio de Janeiro, 1941, darão o panorama dos brinquedos mais tradicionais do Brasil. A bibliografia para comparação será, inicialmente: Teófilo Braga, *O Povo Português*, I, cap. V, Lisboa, 1885; A. Adolfo Coelho, *Jogos e Rimas Infantis*, Porto, 1883; J. R. dos Santos Júnior, *Lengalengas e Jogos Infantis*, Porto, 1938; Jaime Lopes Dias, *Etnografia da Beira*, VI, Lisboa, 1942, 123-267, compreendendo brinquedos propriamente ditos, objetos, processos de feitura, etc., para origem de alguns jogos, em Portugal. Francisco Rodrigues Marin, *Varios Juegos Infantiles del Siglo XVI*, Madrid, 1933 e o livro de Giuseppe Pitré, *Giuocchi Fanciulleschi Siciliani*, Palermo, 1883 e o de Dom Francisco Maspons, *Jochs de la Infancia*, Barcelona, 1874, registrando jogos velhíssimos, que foram transplantados para o Brasil pela colonização europeia. Na América é impossível indicar a multidão de livros que dedicam capítulos ao assunto dos jogos infantis. Um dos mais completos volumes é o de Maria Cadilla de Martínez, *Juegos y Canciones Infantiles de Puerto Rico*, San Juan, Puerto Rico, 1940, dando informação a todo continente, e mais o estudo publicado no *Anuário da Sociedad Folklórica de México*, III, México, 1943, "Mas Juegos Tradicionales de Puerto Rico," 67, Juan Alfonzo Carrizo reuniu numerosas rondas na seção "Rimas Infantiles", no *Cancioneiro Popular de Tucumán*, 371-427, Buenos Aires, 1937, tomo 1º, Vicente T. Mendonza, "Origen de tres Juegos Mexicanos", *Anuário de la Sociedad Folklórica de México*, II, 77, México, 1942, estabeleceu comparações que aproximam esses brinquedos dos nossos, no Brasil, provindos de origem comum e aqui diferenciados. Para os Estados Unidos, com bibliografia incalculável, Newell, *Games and Songs of American Children* (Harper and Brothers, New York and London, 1903); B. A. Botkin, *A Treasury of American Loquies* e *Singing and Play-Party*, 1944, *Play Rhymes and Catche Colloquies* e *Singing and Play-Arty Games*, 768-818; John Harrington Cox, "Singing Games", *South Folk-lore Quarterly*, VI, n.º 4, 1942, 183-261, são bons orientadores; J. Huizinga, "Homo Ludens", *El Juego y la Cultura*, Fondo de Cultura Económica, México, 1943; Mário Cabral, *Crítica e Folclore*, 9-62, Aracaju, Sergipe, 1952; Acrisio Cruz, "Carência Lúcida e Escolaridade", *Neurobiologia*, VI, 4º. Ver *Jogo*.

BROTE. Do holandês *brood* (que ainda no século XVII se grafava *broot*), pão: uma espécie de bolacha dura, com dimensões várias (há o tipo brotinho), vendida nos Estados do Nordeste. Nas viagens marítimas e em expedições terrestres os holandeses usavam o *hart broot*, isto é, pão duro, com maior capacidade de resistência ao tempo do que o *weeck broot* ou pão mole. Um e outro foram usados pelos flamengos invasores do nordeste do Brasil (1630-1654) e deles passou o vocábulo para o português da região. Ambrosius Richshoffer refere-se ao *hart broot*, chamando-o de *biscoito* (ou pão cozido duas vezes) ou, no original, "das bisquit eder zweygebacken Brodt": *Reise Nach Brasilien*, 1629-1632 (Haia, 1930), pág. 36, trad. por Alfredo Carvalho *Diário de um Soldado da Campanha das Índias Ocidentais* (Recife, 1897), pág. 45. Que o vocábulo se fixou logo no português de Pernambuco comprova o fato de ser usado por uma testemunha presencial da ocupação. Frei Manual Calado (*O Valeroso Lucideno*, Lisboa, 1648, pág. 220): "Os do Supremo Conselho do arrecife não se descuidaram, mas antes mandaram ao seu Governador Henrique Hus mais gente de guerra, pólvora e balas, vinho, aguardente, cerveja, manteiga, queijo e *broth*, para que não lhe faltasse o mantimento", etc. Em fins do mesmo século, já era vocábulo popularizado na forma atual, como se verifica do seguinte trecho (*Gregório de Matos, Obras Completas*, Edições Cultura, S. Paulo, 1943, Soneto XXV, pág. 241):

"Outro vem, que casou
[em Moçambique
E vive com a ração de vinho
[e brote,
Que o sogro deu e o clérigo
[cacique."

Pereira da Costa (*Vocabulário Pernambucano*, separata do vol. XXXIV da Rev. do Inst. Arqueológico, Hist. e Geog. de Pernambuco, pág. 123, Recife, 1937), sobre o verbete, diz apenas: "espécie de bolacha pequena, arredondada, havendo uma espécie menor, chamada brotinho." Ainda está por esclarecer quem primeiro determinou a etimologia da palavra; em 1934, Mário Marroquim (*A Língua do Nordeste*, S. Paulo, 1934, pág. 145) consignara *brote* e *bró*, sugerindo, cautelosamente, que "ambas terão vindo do holandês *brood*, pão." Gilberto Freyre indicou a mesma etimologia ao acentuar a contribuição holandesa à cozinha pernambucana, lembrando que "a única palavra holandesa que até hoje se identificou na língua do Nordeste é um nome de comida: brote" ("Cozinha Pernambucana", artigo na revista *Espelho*, edição dedicada a Pernambuco, ano III, n.º 22, Rio de Janeiro, pág. XI). Brote é realmente o único vocábulo de origem holandesa que persiste no português do Norte; sendo que Pichilingue (ver) caiu em desuso há muito tempo, e deve ser considerado arcaísmo. *Bró*, segundo a opinião de Mário Marroquim, teria a mesma procedência de brote, embora designe "uma farinha extraída do caule da palmeira ouricuri e muito usada no sertão durante as secas." (liv. cit.). (Antonio Gonçalves de Melo Neto, Recife).

BRUNO DE MENEZES. Bento Bruno de Menezes Costa nasceu em Jurunas, bairro da cidade de

Belém, Pará, a 21 de março de 1893, e faleceu em Manaus, Amazonas, a 2 de julho de 1963. Estava participando de um festival folclórico e dando um curso de cooperativismo no Banco de Crédito da Amazônia, do qual era técnico. Aposentara-se em janeiro de 1956 como Diretor do Departamento de Cooperativismo da Secretaria da Agricultura do Pará, onde prestara serviços relevantes na difusão e organização do serviço em que se especializara. Fora uma das mais vivas e legítimas expressões da cultura popular no extremo-norte brasileiro. Sabia de todas as manifestações do espírito popular. Informador sempre idôneo, documento oral imediato, simpatia comunicante, colaboração afetuosa para os consulentes incontáveis. Poeta magnífico, jornalista, ensaísta, expositor admirável, era o Embaixador do Pará, com as credenciais da cultura, sinceridade, emoção. O romance *Candunga*, 1954, recebeu o prêmio "Estado do Pará". Os poemas *Batuque* viram a 5ª edição em 1966. *Onze Sonetos* conquistaram o prêmio "Cidade São Jorge de Ilhéus" em 1960. Parte preciosa de sua produção está esparsa em jornais e revistas, documentário original, nítido e verdadeiro. Para o volume da *Antologia da Alimentação no Brasil* (Luís da Câmara Cascudo, São Paulo, 2ª ed., Global, 2008), escreveu interessantíssima pesquisa sobre "cozinha do Extremo Norte Pará-Amazonas" (pág. 61-90)." Dois volumes divulgaram indagações pessoais, com repercussão e louvor: *Boi Bumbá*, Auto popular, Belém, Pará, 1958 (letra e música); *São Benedito da Praia*, folclore do Ver o Peso, Belém, Pará, 1959.

Bruxa. É no Brasil a bruxa europeia, via Portugal, velha, alta, magra, enrugada, horrorosa de feiúra e hedionda de sujeira, coberta de trapos, com um saco cheio de coisas misturadas e confusas, andando de noite, misteriosa, sinistra, silenciosa. Tem duas funções clássicas. A mais poderosa pertence ao ciclo da angústia infantil e se reduz às ameaças noturnas, quando o sono desobedece à vontade materna, e a criança resiste, insone e apavorada. Para a gente grande a bruxa guarda o nome de feiticeira, e sob esse título possui a mesma jurisdição assombrosa de outrora. Cornélio Pires (*Conversas ao Pé do Fogo*, terceira ed. S. Paulo, 1927) descreve a Bruxa: "É úa véia magra, andeja, cabeluda, cuma troxinha de ropa... O marido dela pra mim é o Judeu Errante. É uma peste pra dá duença in criança, máo oiado, lumbriga e amarelão." (155). Mantém-se a tradição europeia da sétima filha. Manuel Ambrósio (*Brasil Interior*, "Palestras Populares, folclore das Margens do S. Francisco", Januária, Minas Gerais, editado em São Paulo, 1934) informa: "A muié que pare incarriado seis fia fêmea, condo é pra tê as sete bota logo o nome de Adão, tudo trocado, sinão a menina vem, e logo sãe bruxa. Assim que chega no sete ano vira aquela barbuletona, entra pela fechadura da porta da muié parida e chupa o embigo das criança que morre c'o mal de sete dia, conde a parteira não é boa mestra e esquece de botá a tesoura aberta debáxo da cama da parida, onde a criança nasce" (21). O arsenal histórico dos esconjuros e defesas contra a perversidade das bruxas está desaparecendo. Na porta do quarto onde vivia menino novo estava pregada à parede o sino-salamão, sinal de salamão, a estrela de seis raios, ou a cruz feita com palhas-bentas do domingo de Ramos, um molho de gravatá para que a bruxa, se entrasse, fosse obrigada a contar fio por fio, durando a operação toda a noite. Punham uma lâmina virgem escondida. As bruxas fogem das lâminas de aço. A soleira tinha uma camada de sal. A bruxa não pisa nem calca ao sal, que lhe recorda o Mar-Sagrado, onde todas as suas forças se anulam. Todos os insetos crepusculares, fazendo irrupção brusca pelas salas, atraídos pela luz, são metamorfoses da bruxa, borboletas, besouros, sapos, corujas. Havia maneiras de identificar-se a bruxa. Na igreja, deixava-se o missal aberto, e a bruxa não podia deixar a nave, senão com o livro fechado. Suspender o ferrolho da porta impedia-se de sair igualmente. Ia até a porta e voltava, inquieta. Muitas vezes ouvi depoimentos sobre essas verificações. No nordeste brasileiro, uma sova de pinhão-de-purga (*Gatropha curcas*) desarmava a bruxa de todos os seus segredos. Elas não podem atravessar água corrente. A função atual da bruxa é ensinar ou rezar *orações-fortes* para questões amorosas, fazer feitiço para a mesma finalidade, aplicar remédios tradicionais, de mistura com ensalmos, simpatias, mímicas, conservados com sigilo e ministrados com imperturbável confiança. Em cada povoação e vila, cidade e sede de município, haverá sempre uma velha misteriosa, rezadeira, cercada pelo halo de prestigiosa fama de sabedoria e poder. É a bruxa, a feiticeira, paupérrima, faminta, miserável, poderosa e digna de esmolas. *Bruxa* ou *bruxa de pano* é o nome da boneca de trapos, boneca de pano, possivelmente em todo o território brasileiro. Pode representar a criatura humana no processo de *envultamento*.

Bruxedo. Ver *Catimbó*.

Bucha. Comida pela manhã; qualquer refeição necessária, para matar a fome. "Comi uma bucha pra aguentar o trabalho." Pequeno lanche para aguardar o almoço ou jantar tardios. Café com bucha: pão, queijo, biscoito, beiju. Identicamente em Portugal. Jaime Lopes Dias (*Etnografia da Beira*, VI, Lisboa, 1942): "Bucha – comi uma bucha, uma côdea ou uma parva, um pedaço de pão ou coisa que não chega a ser refeição." (259). "Café sem bucha, meu boi não puxa." (Leonardo Mota, *No Tempo de Lampião*, 157, Rio de Janeiro, 1930).

Buchada. Um dos pratos tradicionais do Norte brasileiro, com admiradores fervorosos. Há várias receitas populares, dependendo da maior ou menor paciência culinária ou desejo de impressionar os convidados. A verdadeira buchada, do tempo antigo, exige ciência de tempero e quase intuições misteriosas de cálculo. Come-se ao findar a segunda fervura. É preciso prever a hora do almoço, para que a buchada esteja *no ponto* e não requentada. Só é servida a buchada ao almoço. Serve o carneiro, ovelha, cabrito. Caracteriza o entrouxamento das vísceras do estômago (bucho) do animal. Costura-se depois, com linha branca. Uma das receitas mais completas é a de Sodré Viana, transcrita neste verbete. Apenas é de notar que a buchada legítima não ferve dentro do bucho senão tripas, e estas não cortadas mas amarradinhas, como novelos. Pelo Nordeste, as tripas não são, como as demais vísceras, cortadas miudinhas. Sodré Viana (*Caderno de Xangô*, Bahia, sem data (1939): "Bem limpo o fato do carneiro ou do cabrito, leva-se ao fogo a aferventar bastante. Escorre-se a água e lava-se novamente com limão e sal. Em seguida, cortam-se bem, miúdas as tripas, o fígado, o sangue coalhado e aferventado à parte, só se deixando inteiro o bucho propriamente dito. Faz-se o tempero dos miúdos com hortelã, bastante pimenta-do-reino, cominho, alho, sal, salsa, cebola roxa, tudo bem ralado, e um pouco de vinagre. Misturam-se bem esses temperos aos miúdos. Coloca-se tudo no bucho, depois deste aberto e estendido sobre uma mesa, e junta-se a cabeça do carneiro ou do cabrito, depois de cozida à parte, nos mesmos temperos. Costura-se o bucho como se fosse uma trouxa, ensacando tudo. Bastante água na panela, à qual se junta uma colher de sal e um bom pedaço de toucinho. No mínimo, cinco horas de fervura em fogo brando. Faz-se o pirão do caldo, esmagando-se o toucinho sobre ele, com as costas da colher de pau." (75-76). É a buchada do sertão da Bahia, quase a nossa, que não traz a cabeça do carneiro dentro do bucho e sim do lado de fora, com pedaços do livro, o *folhoso*, segundo estômago dos ruminantes, as tripas mais grossas, unhas, cartilagens, etc. Cálix de cachaça obrigacional, *abrideira*. A buchada pernambucana é idêntica à baiana. Em qualquer delas é prato ritual o sarapatel. A panelada não é a buchada. Ou melhor, é a buchada sem o entrouxamento. As vísceras vêm cortadas, misturadas, sem o trabalho do bucho cozido. Em Portugal come-se o bucho do porco, cheio com as *miudezas*. Jaime Lopes Dias (*Etnografia da Beira*, VI, Lisboa, 1942): "Tanto o bucho como a bexiga são cheios, pela matança, com miudezas do porco" (88). Há na Beira (*opus cit.*, 206) os *maranhos*, que são miúdos de gado, feitos com arroz, cravo e hortelã, acondicionados dentro de pequenos sacos feitos das tripas dos animais.

Bucumbi. Ver *Cucumbi*.

Bumba-Canastra. Ver *Bunda-Canastra*.

Bumba Meu Boi[1] [1]. Boi-Calemba, Bumba (Recife), Boi de Reis, Boi-Bumbá (Maranhão, Pará, Amazonas), Três-Pedaços (Porto da Rua, Porto de Pedras) em Alagoas, Folguedo do Boi, Reis do Boi em Cabo Frio, Estado do Rio de Janeiro (Macedo Soares), sendo a primeira denominação a mais vulgar e geograficamente conhecida. *Bumba* é interjeição, *zás*, valendo a impressão de choque, batida, pancada. Bumba Meu Boi será "Bate! Chifra, meu Boi!", voz de excitação repetida nas cantigas do auto, o mais popular, compreendido e amado do Nordeste, o "folguedo brasileiro de maior significação estética e social" para Renato Almeida (1). Exibe-se dos meados de novembro à noite de Reis, 6 de janeiro, pertencendo ao ciclo do Natal e sua presença no carnaval é reprovada pelos tradicionalistas. Apresenta-se em terreiro livre, campo aberto, não demandando tablado e atendendo aos convites para residências particulares. A mais antiga menção é a do padre Miguel do Sacramento Lopes Gama (1791-1852) no seu periódico *O Carapuceiro*, de 11 de janeiro de 1840, no Recife, já constituído com figuras, bailados e enredo (2). Datará das últimas décadas do séc. XVIII e seu ambiente foi o litoral, engenhos de açúcar e fazendas de gado, irradiando-se para o interior. Henry Koster (3), que viveu onze anos em Pernambuco (1809-1820), não o cita, embora o faça minuciosamente para outros autos vividos nas zonas canavieiras e em Itamaracá. O Nordeste deve ter sido sede de formação e de conforto. O Bumba Meu Boi no Brasil Central e Estados do extremo Norte e Sul foi exportação nordestina. Normalmente não aparece em Alagoas, Sergipe e Espírito Santo. O Rio Grande do Sul, com os elementos sugestivos para sua criação pastorícia, escravaria, espírito satírico, não o conta no seu folclore tradicional. *Influência Europeia*. A figura poderosa do touro tem a mais diversa e prodigiosa bibliografia no domínio mítico, hinos védicos, lendas hindus, tradições brâmanes, iranianas, turianas, eslavônicas, germânicas, escandinavas, francas, celtas, gregas, latinas que Angelo de Gubernaiis (4) compendiou e debateu com suficiência e paixão assim como Frazer (5) através dos cultos agrários. O touro, o boi (Zeus, Poseidon, Dionisius: imagem da potência fecundante; atributo solar e lunar égide da conservação física; sagrado no Egito, Caldeia, Fenícia, Creta, Cartago) mereceu figurar nos préstitos, engalanado, festejado, divinizado, e uma sobrevivência é sua participação material em cerimônias religiosas da Igreja Católica, com intervenção sacerdotal, o boi de São Marcos (25 de abril), levado

---

1 No texto original: "Bumba-Meu-Boi" (N.E.).

aos templos, assistindo a missas perto do altar-mor, acompanhado pelos fiéis numa devoção indiscutível. Julio Caro Baroja (6) estudou-o na Extremadura espanhola e Rodney Gallop (7) em Penafiel e Braga, "A Boi Bento (sacred ox) figures in several Portugueses religious processions" nas festas de *Corpus Christi*, como comparecia na mesma data em Marselha e em Aix (França) e na procissão de São Zopito em Loreto, Aprutino (Itália) nas comemorações do Pentecostes, até poucos anos. Sem inclusão direta na liturgia cristã, houve o *Boef Gras* em Paris na época do carnaval (8), com séquito de luxo espaventoso e também na Galícia, o *Buey Gordo*, em Orense, conforme a citação de Vicente Risco (9). No planalto de Huila, Mossâmedes, Angola, há a *On-dye Lwa*, saimento do *Boi Sagrado*, que os padres A. Lang e C. Tastevin registraram (10), préstito ligado aos deuses da vegetação e aos manes do Rei, propiciando chuvas regulares pois é festa de verão. Não encontro em nenhuma cerimônia votiva ou lúdica africana (11) influências sensíveis no auto brasileiro, criação genial do mestiço, sem intuito, expressão ou sentido sagrado, exceto para pesquisadores vocacionalmente dedicados às comprovações expressas sob "l'autorité irresistible des preférences personnelles", como diz Pierre Gaxotte. Naquelas exibições o boi é animal vivo, cumprindo missão de atrair e fixar a benevolência dos deuses agrários, sem bailado do personagem central e longe de qualquer volição humorística e recreativa. É forma protocolar, hierárquica, sagrada, respeitosa, imutável pela inflexibilidade do costume. Teófilo Braga (12), que nunca assistira a um Bumba Meu Boi, nunca o compreendera, sugeriu que o folguedo era reminiscência do *Boi Geroa* dos *Ba-Nianecas* ou *Va-Nianecas* de Huila, o *Muene Hambo*, o mesmo *On-dye lwa* de Lang-Tastevin. É preciso muita imaginação interpretativa para confronto semelhante. Houve também em Espanha e Portugal os touros fingidos, feitos de vime, bambu, arcabouço de madeira frágil e leve, recoberto de pano, animado por um homem no seu bojo, dançando e pulando para afastar o povo e mesmo desfilando diante dos Reis. Foram as touras, corpos de canastra com cabeças de fingimento (Bluteau, Moraes, Domingos Vieira), imitando as corridas de touros reais, repetindo no plano da simulação risível as afoitezas e agilidades dos toureiros famosos. Na tourinha a finalidade era divertir, alegrar, distrair a multidão. É dessa toura que fala Garcia de Resende na *Miscelânea*, Lisboa, 1554: "Vimos grandes judarias, / judeus, guinolas, & touras." (13). Não havia enredo, temática, declamação. Era unicamente ação lúdica. Luís Chaves (14) lembra que, na Vila Real, brincavam de *tourinhas* os rapazes do seu tempo. A *armação* constava de uma tábua com um pau pregado na extremidade, saliente para ambos os lados, fingindo chifres. O rapaz que a dirigia atacava os companheiros *toureadores* com a falsa cornamenta. No Concelho de Vila do Conde, pelo Natal, "fazem o bicho da manta em que uma pessoa, coberta de um pano, a imitar um animal, com os braços de fora em ar de chifres, investe contra os presentes", escreve Ernesto Veiga de Oliveira (15). Ismael del Pan (15-A) registra a *Fiesta de la Vaca* (25 de janeiro) em San Pablo de los Montes, Toledo, onde o essencial para o gáudio público era "La Vaca, que se armava de un palo, adornado con cintas y flores, en cuyo extremo van sujetos unos ingentes cuernos de toro o de vaca, asimismo extraordinariamente exornados. Y el mozo que representa La Vaca va dando cornadas con el emblema astado, haciendo correr delante de él a todos los forasteros." São estes os únicos elementos europeus determinantes longínquos do folguedo brasileiro típico. O auto, como existe no Brasil, não ocorre em paragem alguma do mundo. Noutro volume examinei, mais devagar, o assunto (16). Origem: O boi de canastra português surgiu no meio da escravaria rural, sem a imitação da tourada, bailando, saltando, espalhando o povo folião. Havia grito, correria, emulação. No "Reisado da Borboleta, do Maracujá e do Pica-Pau", que Sílvio Romero (17) recolheu em Sergipe, o boi afugenta o auditório, tendo ao lado o vaqueiro negro, com a toada característica de sua função: "Olha o boi, olha o boi, / Que te dá; / Ora, entra pra dentro, / Meu boi marruá." Ainda em janeiro de 1900, Max Schmidt (18) vê em Rosário, Mato Grosso, o boi assustando as crianças, mas sendo assistido por um *médico* para curá-lo do seu desmaio. Não há outro assunto. Alceu Maynard Araújo (19), informa que em São Luís de Paraitinga, S. Paulo, 1951, comparece o boi fingido, com a ocupação exclusiva de defender dos meninos atrevidos e curiosos a figura hirta da Miota. Recordava, na limitação funcional, os modelos espanhóis e portugueses do século XVI. O boi, espalhador de pavores infantis, é imagem na cantoria sertaneja. O cantador João Faustino (Serrador) afirmava que seu nome "faz mais medo a cantador / Do que boi faz a menino" (20). O animal figurado no Bumba Meu Boi não é uma reminiscência tauromáquica ibérica, mas um legítimo boi de era, afeito ao trabalho rural, com sua escolta de vaqueiros e não de *espadas*, *capinhas* e *bandarilheiros*. Formação: Registrando-o no Recife de 1840, o Padre Lopes Gama acha-o "tolo, estúpido e destituído de graça, um agregado de disparates" (2). Sílvio Romero (17) descreve-o, apesar da simpatia, sem relevo e cor: "O Bumba Meu Boi vem a ser um magote de indivíduos, sempre acompanhados de grande multidão, que vão dançar nas casas, trazendo consigo a figura de um boi, por baixo da qual oculta-se um rapaz dançador." Melo Morais Filho (21), outro apaixonado, não estimula curiosidade maior: "O Bumba Meu Boi é o divertimento da gente de pé rapado." Mas acrescenta: "Tirai da véspera de Reis o Bumba Meu Boi, e ficai certos de que roubareis à noite da festa o que ela tem de mais popular em todo o norte do Brasil, e de mais nosso, como assimilação de produto elaborado." Podia dizer recriação, fusão, conjunção, mas, ao redor de 1880, o folclore era uma predileção de efeito negativo para a valorização do pesquisador. Sequências mentais do criticismo setecentista que, na frase de Menéndez y Pelayo, tornava os homens incapazes de "comprender la poesía y el sentido de las leyendas populares". Pablo Antonio Cuadra (22) estudando as festas do touro Guaque ou Huaco na Nicarágua escreve: "Al Guaque en Nicaragua que es una armazón en forma de toro, bajo la cual va un hombre, acompaña siempre una gran mascarada en que se imitan faces de fieras y pájaros: el coyote, lobo o adive mejicano, el puma, el tigre, el buitre o 'zopilote'. Este toro es la bestia principal en la zoológica mojiganga, la cual baila en determinadas procesiones, al son de tamboriles y de pitos." Sem enredo verbal, o touro Guaque ou Huaco funda um bailado que se torna nacional. Assim começou o Bumba Meu Boi no Brasil. A movimentação ginástica do boi de canastra trouxe o vaqueiro e o auto se criou pela aglutinação incessante de outros bailados de menor densidade na apreciação coletiva. O centro de maior e mais forte atração fez gravitar ao seu derredor os motivos comuns ao trabalho pastoril e figuras normais dos povoados e vilas próximas, capitão de mato, vigário, *doutor-curador*, cobrador de impostos, o valentão, escravo fujão, e as visões da literatura oral nos duendes velhos, Caipora Bate-Queijo, Corpo-Morto, Gigante e entes naturais, burrinha, ema, urubu. Abria-se a porta para a colaboração inesgotável dos títeres bailarinos, da Europa e dos arredores nacionais, sangue novo para a perpetuidade do folguedo. A par do boi dançador, dos vaqueiros, as permanentes mantêm as presenças das *damas e galantes*, figurantes nas procissões do *Corpo de Deus* em Portugal do séc. XVIII, e conservam seu aspecto sereno, composto, cantando, com discreta monotonia devota, as loas sagradas, sem que tomem parte na estúrdia barulhenta dos vaqueiros e mais figurantes. O rancho da Burrinha na Bahia era popularíssimo (21) como na Venezuela, nas festas do Natal, é o da *Burriquita* (23). Fundiu-se no Bumba Meu Boi. "O mais apreciado em Pernambuco era o *cavalo-marinho* (Sílvio Romero, 24). Foi para o Bumba, como, já em 1873, Celso de Magalhães registrava no Maranhão a vitória do Bumba Meu Boi sobre o *cavalinho*. De reinados, ranchos, bailes e danças autônomas nasce, cresce e se amplia o Bumba Meu Boi. No Nordeste, área indiscutível de sua formação, desenvolvimento e duração, quase cada ano há modificação no elenco, numa substituição que denuncia a incessante conquista do nível da atenção coletiva. Não é preciso citar o *Siebung* (peneiramento), de Richard Thurnwald, para compreender-se que essa dinâmica de adaptação é a justificativa de sua permanência funcional. O processo de concatenação, de ajustamento dos vários temas, é uma assombrosa audácia técnica, mantendo uma unidade temática na multiformidade dos motivos conjugados na representação. Os vaqueiros, que permanecem em cena todo o tempo da exibição, de horas e horas, improvisam sempre, enfrentando o bom-humor feroz da assistência aparteadora, admiráveis na rapidez, prontidão e felicidade das réplicas fulminantes, inventando cantigas, caricaturando a severidade das *damas* e *galantes*, arremedando animais, fantasmas, críticas, que atravessam a exibição humilde e enaltecedora da inteligência popular do Brasil. Comparando-se número e participação dos figurantes, desde 1840 no Recife do *Carapuceiro*, com as colheitas de Pereira da Costa (25) nos finais do século XIX e de Samuel Campelo (26) e Ascenso Ferreira (27) na mesma cidade, evidencia-se que não há e não houve homogeneidade no auto que se recompõe cada ano na exigência das predileções e curiosidades do povo. Nascido dos escravos e pessoas pobres, agregados dos engenhos e fazendas, trabalhadores rurais e de rudes ofícios nas cidades, sem a participação feminina (não que influísse a ordem régia de D. Maria Primeira em 1789, proibindo mulheres no palco, e sim pela impossibilidade do auxílio mulheril nas circunstâncias sociais em que nasceu o auto) é o único folguedo brasileiro em que a renovação temática dramatiza a curiosidade popular, atualizando-a. E sua alteração não prejudica a essência dinâmica do interesse folclórico, antes o revigora numa expressão indizível de espontaneidade e verismo. Merecia um *levantamento* completo e uma pesquisa fiel às suas raízes e contemporaneidade, recenseamento de participantes (Amadeu Amaral Júnior, 28; Luís da Câmara Cascudo, 16), variantes, coreografia, indumentária, tão diversa, e a música, bonita, clara e fácil. Temática. O boi dança, com os vaqueiros, dois e três e é morto por motivos variados e até sem razão (Pereira da Costa). Ressuscita, comum e tradicionalmente por uma *ajuda*, como se lê em Gil Vicente (*Farsa dos Almocreves*), um clister, substituído por um menino empurrado à força pelo traseiro da armadura: ou não ressuscita (versão de Gustavo Barroso, 29); volta a viver pelo oferecimento de ouro, fazenda de gado, engenho de açúcar, uma moça bonita; por uma série de espirros do vaqueiro (*Boi-Bumbá*, Pará, Bruno de Meneses, 30) ou pelo puxão da cauda (Édison Carneiro, 31). Intervenção contínua de sucessivos personagens, mudáveis segundo tempo e lugar, inclusive indígenas no Norte do País. Final em bailado e canto geral, uníssono, imitando a moenda, o tear, o carrossel, ou em desafios (Belém do Pará). Orquestra, instrumentos de corda. Repartição. Era cena infalível e que está rareando. O boi, morto, era simbolicamente repartido, com destinações irônicas. Renato Almeida registrou-a em Canassari (Bahia, 32) e Florival Seraine (33) em Acaraú (Ceará), transformada em venda, avaliando-se por quantidade de feijão, milho, farinha, cachimbo, crueira, etc. Nota Édison Carneiro (34) que "a divisão se faz sem tomar conhecimento dos desejos e intenções do Dono do Boi, tanto o boi pertence aos que com ele lidam". Artur Ramos, na fase da sedução freudiana (35), batizou a cena em *repasto totêmico*. Verifica-se a satisfação lógica de cerimonial cinegético milenar, comum e ainda normal pelo mundo. Já obrigava na lenda etólia de Meleagro, matando o javali de Calidon, a presentear a princesa Atalanta com a cabeça da peça porque esta dera o primeiro golpe no monstro (Ovídio, *Metamorfoses*, VIII, IV). Na Europa o costume continua inalterado e Jaime Lopes Dias (36) evocou-o quando registrou as montarias de oleiros, na Beira. Qualquer caçador não profissional (porque nesse caso a caça é destinada à venda) sabe que o lombo dos veados ou dos porcos do mato pertence a certas autoridades ou amigos que muito estranhariam o abandono do dever consuetudinário. Essas divisões lembram as repartições cômicas nas *deixas* testamentárias (ver *Testamento*), fontes de hilaridades e bom-humor irônico. Jaime Lopes Dias (37) lembra que, na Beira, entre Reis e carnaval, os rapazes dividem e distribuem entre os habitantes um suposto burro. E em Riba-Côa, Sabugal, o Sr. Joaquim Manuel Correia (38) registrou o testamento do galo e sua divisão em porções enormes para os moradores locais. O Prof. J. C. dos Santos Júnior (39) cita em Trás-os-Montes a fabulosa repartição do porco bispo, uma ave minúscula (*Erithacus rubecula melophilus*, Hartert) e que fornece dezenas de arrobas de carne aos amigos. Rafael González Sol (40), da República de El Salvador, descrevendo a festa do Tunco do Monte, o *cujtan cuyanet*, onde os animais representados pelo arcabouço sob o qual baila um homem são aprisionados, mortos e divididos ficticiamente pelos caçadores. E há o cerimonial: "Chan no lomu, chan tu mayordomu: ni gordura, ya guichan señor cura: ni lengua, ya guichan nã Rosenda." etc. O Bumba Meu Boi é um auto de excepcional plasticidade e o de mais intensa penetração afetuosa e social. Foi o primeiro a conquistar a simpatia dos indígenas que o representam, preferencialmente, como os timbiras do Maranhão (41) e é difundido pelo Sul através da memória fiel dos nordestinos emigrados. O negro está nos congos. O português no fandango ou marujada. O mestiço, crioulo, mameluco, dançando, cantando, vivendo, está no Bumba Meu Boi, o primeiro auto nacional na legitimidade temática e lírica e no poder assimilador, constante e poderoso. Bibliografia: (1) Renato Almeida, *História da Música Brasileira*, Rio de Janeiro, 1942; (2) Luís da Câmara Cascudo, *Antologia do Folclore Brasileiro*, vol. 1, 186-187, 9ª ed., São Paulo, Global, 2004; (3) Henry Koster, *Viagens ao Nordeste do Brasil*, trad. de Luís da Câmara Cascudo, S. Paulo, 1942; (4) Angelo de Gubernatis, *Zoological Mythology*, I, 1-282, London, 1872; (5) J. G. Frazer, Le *Rameau D'Or*, III, Paris, 1911; (6) Julio Caro Baroja, "El Toro de San Marcos", *Revista de Tradiciones Populares*, tomo 1, cad. 1-2, Madrid, 1944; (6-a) M. Garcia Matos, "Curiosa História del Toro de San Marcos en un Pueblo de la Alta Extremadura", *Revista de Dialectologia y Tradiciones Populares*, IV, 600, Madrid, 1948; (7) Rodney Gallop, *Portugal, A Book of Folk-Ways*, 117. Cambridge, 1936: "He was said to attract more attention than the holy images in same procession"; (7-a) J. Leite de Vasconcelos, *Tradições Populares de Portugal*, 178, Porto, 1882; (7-b) idem, Estudo *Etnográfico*, 28-29, Porto, 1881; (7-c) Jaime Lopes Dias, *Etnografia da Beira*, VII, 132, Lisboa, 1948; (8) Louis Barron, *Paris Pitoresque*, 1800-1900, Paris, s. d.; (9) Vicente Risco, "Notas sobre las Fiestas de Carnaval en Galicia", *Revista de Dialectologia y Tradiciones Populares*, IV, cad. 3-340, Madrid, 1948; (10) A. Lang e C. Tastevin, *La Tribu des Va-Nyaneka*, 159-161, Corbeil, 1937; (11) Geoffrey Gorer, *Africa Dances*, London, 1938; (12) Sílvio Romero, *Uma Esperteza*, 50, Rio de Janeiro, 1887; (13) Garcia de Resende, *Miscelânea*, "Crônica del-Rei D. João II, III", 185, Lisboa, 1902; (14) Luís Chaves, "Bumba Meu Boi no Brasil", *Ocidente*, LVI, n.º 254, Lisboa, 1959; (15) *Trabalhos de Antropologia e Etnologia*, vol. XV, fasc. 1-12, pág. 108, Porto, 1954; (15-a) Ismael del Pan, "Recuerdo Folklorico de Algunas Fiestas Tradicionales Españolas", *Revista de Tradiciones Populares*, tomo 1, 195, Madrid, 1944; (16) Luís da Câmara Cascudo, *Literatura oral no Brasil*, cap. X, 464-478, 2ª ed., São Paulo, Global, 2006; (17) Silvio Romero, *Folclore Brasileiro*, I, 52, 333, Rio de Janeiro, 1954; (18) Max Schmidt, *Estudos de Etnologia Brasileira*, 17, S. Paulo, 1942; (19) Alceu Maynard Araújo, *Poranduba Paulista*, 1º, 84, S. Paulo, 1957; (20) Leonardo Mota, *Cantadores*, 151, Rio de Janeiro, 1921; (21) Melo Morais Filho, *Festas e Tradições Populares do Brasil*, 86, Rio de Janeiro, 1946; (22) Fabio Antonio Cuadra, "Los Toros en la Arte Popular", *Cuaderno del Taller S. Lucas*, n.º 4, 71, Granada, Nicarágua, 1944;. (23) Onza, *Tigre y Leon*, n.º 66, Diciembre de 1944, Caracas, Venezuela; (24) Silvio Romero, *Estudos Sobre a Poesia Popular do Brasil*, 30, Rio de Janeiro, 1888; (25) Pereira da Costa, *Folklore Pernambucano*, Rihgb, LXX, 11, Rio de Janeiro, 1908; (26) Samuel Campelo, in *Novos Estudos Afro-Brasileiros*, 230-242, Rio de Janeiro, 1937; (27) Ascenso Ferreira, "O Bumba Meu Boi", *Arquivos*, Prefeitura Municipal do Recife, 121-157, nos 1-2, 1944; (28) Amadeu Amaral Júnior, "Reisado, Bumba Meu Boi e Pastoris", *Revista do Arquivo Municipal*, LXIV, S. Paulo, 1940; (29) Gustavo Barroso, *O Sertão e o Mundo*, 202, Rio de Janeiro, 1923; (30) Bruno de Meneses, *Boi-Bumbá*, Belém, Pará, 1958; (31) Édison Carneiro, *Negros Bantus*, 172, Rio de Janeiro, 1937; (32) Renato Almeida, "O Bumba Meu Boi de Camassari", *Cultura Política*, n.º 19, Rio de Janeiro, 1942; (33) Florival Seraine, "Reisado no Interior Cearense", sep. *Revista do Instituto do Ceará*, Fortaleza, 1954; (34) Édison Carneiro, *Dinâmica do Folklore*, 45, Rio de Janeiro, 1950; (35) Artur Ramos; *O Folk-lore Negro do Brasil*, 127, Rio de Janeiro, 1935; (36) Jaime Lopes Dias, *Etnografia da Beira*, III, 116-117, Lisboa, 1929; (37) Jaime Lopes Dias, *Etnografia da Beira*, VII, 86, Lisboa, 1948; (38) Joaquim Manuel Correia, *Terras de Riba-Côa*, Conselho de Sabugal, Lisboa, 1946; (39) J. C. dos Santos Júnior, "Duas Notas de Etnografia Trasmontana", *Las Ciencias*, ano VI, n.º 3, Madrid, s. d.; (40) Rafael González Sol, *Fiestas Cívicas, Religiosas y Exibiciones Populares en El Salvador*, 27-28, San Salvador, 1945; (41) S. Fróis Abreu, *Na Terra das Palmeiras*, Rio de Janeiro, 1931; (42) Mário de Andrade, "Danças Dramáticas do Brasil", *Boletim Latino-Americano de Música*, VI, Rio de Janeiro, 1946; (43) Oneyda Alvarenga, *Música Popular Brasileira*, Porto Alegre, 1950; (44) Guilherme de Melo, *A Música no Brasil*, 59-72, Rio de Janeiro, 1947, (exceto a aproximação do Bumba Meu Boi, com o *Monólogo do Vaqueiro* de Gil Vicente, é uma excelente fonte de informação); (45) Gustavo Barroso, *Ao Som da Viola*, Rio de Janeiro, 1921; (46) Rodrigues de Carvalho, *Cancioneiro do Norte*, Paraíba, 1928; (47) Luís da Câmara Cascudo, *Tradições Populares da Pecuária Nordestina*, 61-73, Rio de Janeiro, Ministério da Agricultura, Serviço de Informação Agrícola, 1956; (48) Adelino Brandão, *Recortes de Folclore*, Araçatuba, S. Paulo, 1956; (49) Téo Brandão, *Um Auto Popular Brasileiro nas Alagoas* (inédito, Maceió, 1959; (50) Dante de Laytano, "O Folclore do Rio Grande do Sul", sep. *Província de S. Pedro*, n.º 17, Porto Alegre, 1952. Eduardo Campos, *Estudos de Folclore Cearense*, "O texto teatral do Bumba Meu Boi", 7-38, Fortaleza, 1960. Os festivais folclóricos, realizados nos diversos Estados, com representações de outras regiões, têm divulgado o *folguedo do boi*, colaborando, decisivamente, os nordestinos residentes no Brasil Meridional e Central, facilitando sua inclusão, mesmo sucinta e breve, nas festas locais, com ou sem a tradição pastoril, como no Amazonas, onde Robert Avé-Lallemant encontrou-o em 1859, em Manaus, incluído no ciclo do São João (*Viagem pelo Norte do Brasil*, II, 104, Rio de Janeiro, 1961), ou na recente Brasília, visto em agosto de 1965.

Bumba Meu Boi[2] [1]. Panela grande na Bahia. "Os bumba meu boi são panelas enormes para cozinhar para muita gente. Toda casa de família tem seu *bumba meu boi*" (Hildegardes Viana, *A Cozinha Bahiana*, 15, Bahia, 1955).

Bunda-Canastra. Bumba-canastra, virar *bunda-canastra*, cambalhota, apoiando a cabeça no solo, impelir o corpo, virando-o para a frente, no sentido contrário à posição do rosto. Canastra é denominação popular das costas, espáduas, também canastro. "Eu fiquei tão satisfeito chega fiquei em temê de largá meu cavalo e virá bundacanasca no capim." (Leonardo Mota, *Cantadores*, 322, Rio de Janeiro, 1921).

Buopé. Herói epônimo dos indígenas tarianas, aruacos residentes no rio Caiari, afluente do rio Negro, Amazonas. O rio Caiari tomou o nome de Buopé, Waupés, Uapés. Buopé, guia do seu povo, chefe invencível, derrotou todos os inimigos, guardando conduta generosa para os vencidos, poupando os velhos, as crianças e as mulheres, sem humilhar os próprios adversários, tornados fatalmente seus amigos devotados ante a magnanimidade do soberano dos tárias. O poema de suas façanhas, declamado em nheengatu, foi recolhido por Brandão de Amorim, *Buopé maramunhangauaetá*, "Guerras de Buopé", e publicado na *Revista do Instituto Histórico e Geográfico Brasileiro*, II, tomo 100, vol. 154, Rio de Janeiro, 1928, na coleção "Lendas em Nheengatu e em Português". O Conde Ermano Stradelli também divulgou o mesmo assunto no ensaio "Legenda del Taria", vol. VI, 141-148 (Memoria della Societá Geografica Italiana, Roma, maio de 1869). E também, de Stradelli, "L'Uaupés e gli Uaupés", idem, número de maio de 1890, "Inscrizioni indígene della regione dell Uaupés", idem, fasc. V, maio de 1900. E há registro longo em Natterer, Wallace, Spruce, Koch-Grumberg, Hamilton Rice, etc. Os tarianas, filhos do sangue do Trovão, foram grandes divulgadores do culto de Jurupari, impondo-o aos povos submetidos como a religião nacional. Buopé deve ter vivido no último quartel do século XVII.

Buraçanga. Ver *Araçanga*.

Buraco. Ver *Jogo de Baralho*.

Buré. Ver *Boré*.

Buriti. Vinho e doce de buriti. Alfredo da Mata: "Palmeira das espécies *Mauritia vinifera*, Mart. e *M. armata*. Preparam com o macerato dos frutos saborosa bebida – o vinho de buriti, e também excelente doce. Incisões na espadice e talos libertam apreciável quantidade de seiva acre-doce" (72). Buritizada, doce da polpa do fruto, é rica em vitamina A. (A. J. Sampaio). Palmeira miriti.

Burrinha. Folguedo popular. Na Bahia descreve-o Manuel Querino: "A burrinha é um indivíduo mas-

---

1 No texto original: "Bumba-Meu-Boi" (N.E.).

carado, tendo um balaio na cintura, bem acondicionado, de modo a simular um homem cavalgando uma alimária, cuja cabeça de folha de flandres produzia o efeito desejado. A música se compunha de viola, canzá e pandeiro. O divertimento semelhava-se aos dos ternos: a diferença, apenas, estava na presença da burrinha dançando, e nas chulas. Assim, depois de *tirado o Reis* entravam cantando:

"Minha burrinha bebe vinho
Bebe também aguardente:
Arrenego deste bicho
Que tem vício feito gente.

Xô-xô, bichinho,
Xô-xô, ladrão,
Cadeado do meu peito.
Chave do meu coração.

Bota a burrinha pra dentro,
Pro sereno não molhar,
O selim é de veludo.
A colcha de tafetá.
Xô-xô, bichinho, etc."

(*Costumes Africanos no Brasil*, 254-255). O rancho da burrinha, que *tirava os Reis* no dia 6 de janeiro, ocorria noutros lugares do Brasil e convergiu para o bumba meu boi, onde aparece, dançando ao som das cantigas:

"Minha burrinha come milho
Come palha de arroz.
Arrenego desta burra
Que não pode com nós dois!

Olêlê, olêlê!
Olêlê, como há de ser!"

Burrinha de padre, ver *Mula sem Cabeça*.

Burro. Ver *Jogo de Baralho*.

Busca-Pé. Nome brasileiro da bicha de rabear portuguesa. Fogo de artifício da noite de São João, o mais popular, indispensável e característico nas festas de junho. Dado o domínio do foguete por todo o séc. XVIII, o busca-pé, convergência lógica para o tipo do rojão horizontal e rasante, possuiu clima invejável para as sublimações e carências lúdicas de meninos e rapazes, dedicados a espavorir gente velha, debandar reuniões graves, espantar bailarinos, tornar intransitáveis as ruas, com verdadeiras batalhas infatigáveis, duma para outra calçada, entre grupos afeitos ao manejo chispante dos pequeninos projetis, ruidosos e foliões, perseguindo, pela deslocação do ar, quem os evitava. Havia duas técnicas nas lutas com a arma do busca-pé: *jogar de espada*, atirando-o ao alto para que caísse sobre o adversário, em calculado tiro de elevação; ou *ciscando*, jogá-lo, rasteiro, na direção dos pés inimigos espalhando a defesa pelo imediatismo do ataque. As ruas ficaram iluminadas por centenas e centenas daqueles jatos traçantes, rampantes, vindos das alturas, raspando o calçamento, espirrando fagulhas e espoucando ameaças, numa invasão luminosa e agressiva de pirilampos belicosos. Todo o séc. XIX foi o reinado absoluto do busca-pé. Em qualquer ponto do Brasil participou das alegrias sonoras ao precursor. Fogo incomparável para proletário e burguês, moleque esfarrapado e filho-família, integra-se no patrimônio das recordações felizes. Debalde as autoridades policiais tentavam coibir os excessos funcionais e o uso abusivo dos busca-pés inesgotáveis, intencionalmente perturbadores da normalidade festiva. Limitavam ou mesmo proibiam a produção, perseguiam os famigerados jogadores de busca-pé, conhecidos ou clandestinos, situavam patrulhas nos pontos estratégicos. O busca-pé reaparecia, invencível e numeroso, chuva de fogo fugitivo, assaltando as rodas familiares, dissolvendo os folguedos desfilantes, enfrentando a polícia repressora, num contra-ataque imprevisto e nutrido de arremessos infalíveis. Que júbilo, um busca-pé aparecendo, coleante, rápido, cercado, de faíscas, num salão de baile, na hora solene duma *Quadrilha Imperial* ou giro sentimental da valsa caprichada... *Tempus fugit!* O busca-pé, praticamente, desapareceu depois de 1930.

Butarga. Conserva de ovas de peixe, caviar brasileiro. "Conserva de ovas de peixe, salgadas, caviar. As ovas de curimãs prestam-se magnificamente a este gênero de conserva e são de grande rendimento." "Deste peixe (tainha) aproveitam mais as ovas, acaso melhores que o famoso caviar russo." (José Veríssimo, *A Pesca na Amazônia*; Alberto Vasconcelos, *Vocabulário de Ictiologia e Pesca*, 25, Recife, 1938).

Búzio. Os grandes búzios eram empregados no Brasil como buzinas, uso universal, sagrado e profano. As antigas barcaças e botes de pescarias trocavam saudações na linguagem dos toques do búzio. O som agudo dos búzios chamava o vento, ouvido a distâncias grandes. Outrora era o toque do búzio que anunciava peixe fresco ou carne verde. Era, soado repetidamente, um pedido de socorro, apelo ao auxílio coletivo. As barcas de certo porte saudavam-se por intermédio do búzio. No rio de São Francisco era usual esse protocolo. As embarcações menores, canoas, ajoujos, botes, saudavam mas não tinham direito a reciprocidade na saudação (J. M. Cardoso de Oliveira, *Dois Metros e Cinco*, 476-477, Rio de Janeiro, 1909). O búzio também é usado no sertão, e, quando sopram, estão chamando gente. Às vezes é a simples reunião para o almoço. Seu apelo rouco e profundo congrega vizinhos e acostados para os trabalhos imediatos, queima de pasto, ameaça de rompimento da parede do açude. Não atender ao búzio era uma atitude anti-social reprovada por todos. Búzios e obediências vão desaparecendo. "Certa noite vibrava um trovão nervoso, qual o clamor das trevas friorentas. Acudiu toda a população rural ao pátio da casa-grande debaixo do aguaceiro pesado, convocada pelo búzio imperativo. O açude estava a pique de arrombar..." "Um dia tocou o búzio. Lavrava incêndio no canavial." (José Américo de Almeida, *Bagaceira*, 201, 325, Paraíba, 1928). Nas religiões hindus o búzio é de presença litúrgica indispensável. A *çankha* é uma concha marinha empregada na Índia como trombeta. É mascote, amuleto, dedicado ao deus Vixnu. O som afasta os demônios e excita o ardor dos deuses benévolos. O Budismo utiliza também a *çankha*, dando com ela sinal das refeições e dos ofícios e mais atos habituais dos monges. Isaac Newton (*Dicionário Musical*, 50, Maceió, 1904): "Os canoeiros e barcaceiros do Baixo São Francisco, como também do Norte e Manguaba, no Estado de Alagoas, na simplicidade de suas crenças, dão a este instrumento atributos providenciais acreditando que os sons dele vibrados têm o poder de atrair os ventos, quando em calmarias; pelo que, em suas precisas viagens, não cessam de o tocar, sempre que o vento lhes falta. Neste instrumento apenas se podem tirar três notas distintas: tônica, quinta e oitava." Usadíssimo em Portugal, em todos os países de ciclo pastoril. "De longe, lá do monte, para *enregar* ou *desenregar* (começar ou levantar o trabalho), chamam-se os jornaleiros – ganhões e malteses – com cornetas, que vieram substituir as velhas cincas de concha, búzios marinhos, as buzinas das serras, que ora chamavam ao trabalho, ora incitavam as populações a rebate, e usam-se ainda nas fainas marinhas e no pastoreio (a chamada das vesadas, etc.)." (Luis Chaves, *Páginas Folclóricas*, 38, Porto, 1941). Naturalmente estão rareando os búzios legítimos, mas o nome se transferiu para os cornos de boi. preparados para fim idêntico. Os grandes vaqueiros, vez por outra, levam esses búzios (chifres de boi) amarrados na sela, quando vão *dar campo* às reses desaparecidas ou difíceis, espalhadas nas chapadas das serras. O primeiro vaqueiro que consegue derrubar o animal, sopra vitoriosamente o *buzo*, avisando os companheiros do seu sucesso. Toques repetidos e curtos valem por chamados para um auxílio imediato. Era bem a função dos olifantes. Os babalaôs consultam os orixás sobre o futuro, jogando pequeninos búzios numa esteira e deduzindo a resposta do *encantado* pela posição em que ficaram. Os colares, pulseiras, brincos e broches de búzios, vendidos na Bahia, têm igualmente função apotropaica, reagindo como amuletos afastadores dos maus eflúvios. Getúlio César (*Folha da Manhã*, Recife, 14-X-1951. "Os Búzios") reuniu muita informação folclórica no assunto. Os grandes búzios, que servem para escorar portas, avisam da má sorte, quando soam. Os indígenas amavam fazer braceletes, colares e enfeites de cintura com pequeninos búzios e davam grande apreço a esses enfeites, devendo ter, naturalmente, efeito mágico e terapêutico (Hans Staden, *Viagem ao Brasil*, 148, trad. Alberto Lofgren, Rio de Janeiro, 1930; Frei. André Thevet, *Les Singularités de la France Antarctique*, 166 ("et les tiennent chers et en grande estime"), ed. Maisonneuve, Paris, 1878; Jean de Lery, *Viagem à Terra do Brasil*, 102-103, ed. Martins, São Paulo, 1941). O búzio tem o efeito ambivalente, temido e desejado, dando possivelmente sucesso e desgraça. Serviu de moeda bastante tempo no Brasil. A *cypraea moneta*, cauri, no Congo denominado *niimbu*, passou a ser chamada no Brasil *jimbo*, *zimbo* ou *gimbo* e ainda corre como sinônimo do dinheiro. Cauri é da língua hindustani, *kauri*, e valeu moeda na China, desde o segundo milênio antes de Cristo, passando para a África através do índio e daí para o Brasil com os escravos africanos. Sobre o assunto, Artur Nehl Neiva. "Proveniência das Primeiras Levas de Escravos Africanos," *Anais do IV Congresso de História Nacional*, quarto volume, Rio de Janeiro, 1950. Há uma praia do Zimbo na Bahia, ao norte de Itapoã, como há a praia dos Búzios, ao sul da cidade do Natal, ambas documentadamente zonas de colheita de búzios para resgate. O uso das conchas como amuletos, em braceletes e colares, é atestado pelo encontro desses objetos nas sepulturas neolíticas, denunciando sua antiguidade.

Caamanha. Mãe do mato. Ente fantástico que se supõe habitar a mata e que parece ser o próprio Curupira (Stradelli, 386, *Vocabulário Nheengatu*).

Caapepena. Ver *Sinalização*.

Caapi. A bebida extraída do cipó deste nome (*Banisteria caapi*), isto é, a infusão da casca previamente socada num pilão especial, mal diluída em um pouco de água. É bebida que usam no rio Uapés (Amazonas) para completar a bebedeira do caxiri, e que é tomada pelos velhos e homens feitos com exclusão dos moços e das mulheres. O seu gosto é um amargo, para mim, repugnante, e o único efeito que me produziu foi náusea e vômito. Não tinha bebido antes a quantidade de caxiri suficiente, me explicou o meu colega paié (pajé), em cujo conceito eu devo ter diminuído imensamente. Pelo que contam os que a usam, os seus efeitos são muito parecidos com os do ópio. Completando a bebedeira, deixa-os prostrados em uma meia sonolência, durante a qual, dizem eles, gozam de visões e de sonhos encantadores. Martius afirma que o caapi é extraído da raiz. Eu tenho assistido mais de uma vez ao seu preparo e vi sempre usar-se a casca (Stradelli, *Vocabulário Nheengatu*, 387).

Caapora. Ver *Caipora*.

Cabaça, Cabaço. (*Crescentia cuyete* e *Crescentia lagenaria* Lin.). "São de grande uso doméstico. Cortam em dois, retiram a polpa, secam, e este rústico vasilhame substitui a louça caseira; a água é conduzida nele e comumente o empregam como medida. O diâmetro varia de seis polegadas a um pé e é quase sempre de forma oval. Inteiro chamam *cabaça* e, partido pela metade, *cuia*. É uma planta rampante, nascendo espontaneamente em muitos lugares, mas, noutros, o povo semeia entre mandiocas." (Henry Koster, *Viagens ao Nordeste do Brasil*, 203-204, S. Paulo, 1942). Anotando Koster, escrevi (224, nota 10, cap, VIII): "Dessas cucurbitáceas, a *lagenaria*, cabaço, e *cuyete*, cuité, são de uso múltiplo e secular entre os utensílios domésticos, herdados da indiaria. Os cabaços serviam para guardar sementes do replantio do milho, arroz, nata para manteiga e mesmo certas peças de roupa, como enxovais de criança. Os tipos maiores eram denominados *cumbucas*, e nelas vinha água doce para beber. Os espécimes de menor vulto levavam água para o trabalhador no campo ou, amarrados pelo gargalo, acompanhavam o vaqueiro ou o comboieiro nas estradas. O mel de abelhas era sempre guardado em cabacinhas, antes que a garrafa de vidro se popularizasse." Carlos Estevão de Oliveira recolheu uma tradição dos índios apinajés do Alto Tocantins (são da família jê, havendo outros apinajés no rio Tapajós, que são tupis), onde a origem da tribo é explicada como tendo Mebapame (o Sol) sacudido os goronis, ou jamarus (*Cucurbita lagenaria*) no rio Tocantins e deles surgido o primeiro casal apinajé ("Os Apinajés do Alto Tocantins", *Boletim do Museu Nacional*, vol. VI, n.º 2, Rio de Janeiro, 1930). Não encontrei lenda ou mito tradicional brasileiro em que figurasse o cabaço. Nos *Diálogos das Grandezas do Brasil*, Brandônio alude aos cabaços que podem conter dois alqueires e meio de farinha, que são cinco de Portugal. Ver o estudo de C. V. Hartman, "Le Calabassier de L'Amerique Tropicale, *Crescentia cujete*, Étude d'ethnobotanique", *Journal de la Société des Américanistes*, tomo VII, Paris, 1910. Viterbo (*Elucidário*) registra, de princípios do séc. XV, o cabaço como medida de capacidade, *um cabaço de vinho*. Sua antiguidade em pleno uso na península, nos documentários de peregrinações, como utensílio para água ou vinho, aparecendo nas mais velhas iconografias de Santos, junto aos bordões de viagem, e mesmo nos ferros artísticos, como na famosa grade da Sé de Lisboa, séc. XII, nas grutas dos eremitas, na Ásia, identicamente no povo do interior do Brasil, surgindo nos registros de alta recreação turística, como nota de estranha e curiosa utilização brasileira, como se vê na grade da entrada do Convento de S. Francisco em João Pessoa. O uso é, como se sabe, universal. Em Portugal ainda há um provérbio, alusivo ao plantio do cabaceiro: Se queres bom cabaço, semeia-o em março (Luís Chaves, *Páginas Folclóricas*, 17, Porto, 1941). Sobre o uso da *Cucurbita* e *Lagenaria* nos Estados Unidos, entre os algonquinos, Atlântico Médio, Carolinas até o Baixo Mississipi, decoração, utilizações, elementos de civilização local, paralelo com a América tropical, ver o livro de Frank G. Speck, *Gourds of the South Eastern Indians: A Prolegomenon on the Lagenaria Gourd in the Culture of the Southeastern Indians*. Boston, Mass, 1941. Ver *Aguê*.

Cabaçal. Conjunto instrumental de percussão e sopro, tocando marchas, galopes, modinhas, rodas e valsas pelos sertões de Pernambuco, Paraíba e Ceará. Constituem um cabaçal dois zabumbas, espécie de bombos ou tambores, e dois pifes, soprados verticalmente (gaita), ou horizontalmente. Os componentes são extremamente dedicados à função, ignorando os rudimentos musicais e tendo, às vezes, surpreendente execução pessoal. Há um pequeno estudo sobre o cabaçal no *Boletim Latino-Americano de Música*, VI, 601, Martim Braunwieser (Rio de Janeiro, 1946). Informa Oneyda Alvarenga (*Música Popular Brasileira*, 306-307, ed. Globo, Porto Alegre, 1950): Cabaçal (s. m.) — Nome com que pelo menos na Paraíba, em Pernambuco e no Ceará é designado um conjunto instrumental composto comumente de dois zabumbas e dois pifes. "Os dois pifes tocam a melodia em movimento paralelo em intervalos de terças, às vezes sextas, e de passagem uma quinta; e os zabumbas marcam o ritmo da melodia" (Notas da Missão de Pesquisas Folclóricas do Departamento de Cultura de São Paulo). Do conjunto costumam participar também ganzá e tamborim. Um dos zabumbas pode ser substituído por um tarol. O conjunto é utilizado em danças e danças dramáticas, como, por exemplo, no coco, no toré, no bumba meu boi, nos cabocolinhos. Além do mais, o cabaçal fornece a música para os bailes populares, para as festas de rua, religiosas ou profanas, ocasião em que tocam de tudo o que conhecem: marchas, valsas, baiões, etc. Manuel Diegues Júnior, em notas sobre danças de Alagoas e Pernambuco, registra uma variante desse conjunto, composta de três pífanos e um zabumba, chamada *esquenta-mulher*. Renato Almeida, registrando um conjunto de duas flautas de taquara, zabumba, caixa, e excepcionalmente pratos, registra esquenta-mulher como nome dado à música com que tais conjuntos "entram numa localidade do interior, para fazer qualquer festa com dança. O nome vem do fato de atribuírem os seus músicos tal sortilégio aos (ao) que tocam, que nenhuma mulher lhes pode resistir, ficando ao ouvi-los, *esquentadas*..." Ignoro a origem e a razão da palavra cabaçal. Derivada de cabaça? Entre os três grupos que Frederico Rondon menciona entre os bororos ocidentais, há o dos cabaçais, do rio Cabaçal e dos campos da Caiçara, presumivelmente extintos. É a única outra aplicação da palavra que conheço. Quanto ao conjunto, em Portugal, e creio que na Europa em geral, há associações instrumentais semelhantes a essa, Jaime Lopes Dias, por exemplo, registra a existência, na Beira, dum grupo chamado bombo, que participa das romarias, "constituído por dois bombos, duas caixas ou tambores, dois pífaros e dois ferrinhos e, além destes, pelo grupo coral". Sobre os cabaçais do Ceará o Sr. J. de Figueiredo Filho, do Crato, escreveu um estudo pormenorizado, e o pianista e compositor Aluísio de Alencar Pinto pesquisou musicalmente o conjunto. Ver J. de Figueiredo Filho, *O Folclore no Cariri*, "Bandas Cabaçais do Cariri", 77-90, desenhos e documentação musical, excelente pesquisa do grande folclorista cearense. Ver *Zabumba*.

Cabeça. Não se deve apoiar a cabeça nos portais nem permitir às crianças elevar a mão e deixá-la na cabeça. Não se bate na cabeça das crianças porque ficarão *rudes* (difíceis de educar). As interpretações psicanalíticas identificam a cabeça com as representações fálicas, com a imagem da força viril e, decorrentemente, com a energia máscula, autoridade, poder de comando, etc. Não aceitando a generalização, há o complexo etnográfico da cabeça, símbolo de direção, aptidão, inteligência, chefia, superioridade, equilíbrio, etc. A explicação natural era a cabeça guardar o cérebro e este o *juízo*, a sabedoria, vontade, mando. Troca da Cabeça: Ver *Despacho*.

Cabeça-Chata. Apelido dos naturais do Ceará.

Cabeça de Cuia[1]. No Piauí intimidam-se as crianças com este nome. É um sujeito que vive dentro do rio Parnaíba. É alto, magro, de grande cabelo

---

[1] No texto original: "Cabeça-de-Cuia" (N.E.).

que lhe cai pela testa e, quando nada, o sacode, faz suas excursões na enchente do rio e, poucas vezes, durante a seca. Come de 7 em 7 anos uma moça de nome Maria; às vezes, porém, também devora os meninos quando nadam no rio, e por isso as mães proíbem que seus filhos se banhem. Há homens que deixam de se lavar no rio, sobretudo nas enchentes, com medo de serem seguros pelo tal sujeito encantado. Originou-se de um rapaz que, não obedecendo a sua mãe, maltratando-a e abandonando sua família, foi pela mãe amaldiçoado e condenado a viver durante 49 anos nas águas do Parnaíba. Depois que ele comer as sete Marias, tornará ao estado natural, desencantando-se. Conta-se que sua mãe existirá enquanto ele viver nas águas do rio (Vale Cabral, *Achegas ao Estudo do Folclore Brasileiro*, 345-346, Rio de Janeiro, 1884). Cabeça de Cuia. "Este ser desconhecido vai traiçoeiramente se aproximando, pouco a pouco, do indivíduo, e se este não se evadir em tempo, será apanhado por ele e submergido incontinenti. É representado por uma figura animada que tem a cabeça à semelhança de uma cuia. Ninguém, porém, ainda conseguiu ver-lhe o corpo." (João Alfredo de Freitas, *Superstições e Lendas do Norte do Brasil*, Recife, 1884; Luís da Câmara Cascudo, *Geografia dos Mitos Brasileiros*, 268-271, 3ª ed., São Paulo, Global, 2002). Também ocorre no Maranhão (Astolfo Serra, *Terra Enfeitada e Rica*, 84, São Luís do Maranhão, 1941).

CABEÇA DE FERRO[1]. Ver *Anujá*.

CABEÇA DE PROA. Costumam os barqueiros do Alto S. Francisco colocar em suas embarcações curiosas figuras de proa que se tornaram tradicionais com seu estilo grotesco e original, fisionomias leoninas e humanas ao mesmo tempo, entalhadas na madeira e grosseiramente coloridas, cujos autores são anônimos artistas ribeirinhos da grande artéria fluvial... O característico de tudo é a expressão leonina, mas em algumas o tipo animal se afirma com mais força, enquanto em outras se vê justamente o contrário – a afirmação antropomórfica. Todavia a todas une um parentesco estilístico que se não deve desprezar... Se uma ou outra traem no colorido, nas sobrancelhas em parênteses, nos bigodes e na cabeleira o traço dos imaginários e santeiros coloniais, a maioria nos espanta pelo seu quê oriental, enigmático. Dir-se-ia que a esta afeiçoou um escopro egípcio e àquele um formão assírio, babilônio ou persa. Ao lado disso, o olhar de uma, fuzilando sob a contração duma testa carnuda de basta carapinha, lembra os fetiches africanos." (Gustavo Barroso, *Anais do Museu Histórico Nacional*, II, 369, Rio de Janeiro, 1943). A universalidade das figuras de proa dificulta a fixação de origem. Negros e brancos a empregavam.

Entre os indígenas a menção sabida é o maracatim, maracá amarrado na extremidade do barco conduzindo guerreiros ao combate. As interpretações são diversas ou vagas. "A embarcação é típica; um barco tosco, com dois toldos de palha de buriti; na proa, em forma de emblema, a figura da cabeça de um animal. Sobrevivência totêmica? Antiga tradição romana ou assíria? Quem o sabe?" (Artur Ramos. *A Aculturação Negra no Brasil*, "O Folk-lore do São Francisco", 277, São Paulo, 1942). "Depositam sua confiança na figura de proa, imagem de monstro toscamente falquejada, ora uma cabeça de dragão, ora de leão ou cavalo, a qual avisa aos remeiros, por meio de três gemidos, que a barca vai afundar." (M. Cavalcânti Proença, *Ribeira do S. Francisco*, 134, Rio de Janeiro, 1944). "O uso das figuras, erroneamente chamadas de totêmicas, na proa das barcas, começou já em nosso século. Acredita-se que os donos de barca tenham adotado o uso das figuras de proa, como meio de atrair a curiosidade da gente das fazendas sobre a embarcação, e assim aumentar as possibilidades de negócios. Loja ambulante a barca antigamente precisava de todos esses recursos primitivos de publicidade. Além das *caras de pau* na proa, as barcas usavam uma corneta-buzo – feita de chifre de boi, que os barqueiros faziam soar perto dos portos, anunciando sua chegada." (Wilson Lins, *O Médio São Francisco*, 120, Bahia, 1952. As proas esculpidas, antropomórficas ou zoomórficas, eram tradicionais nas naus guerreiras e comerciais das talassocracias do Mediterrâneo, Grécia insular e Roma, simulando Deuses e Heróis protetores. As barcas no Nilo já as ostentavam no tempo de Ramsés II, 1298-1285 antes da Era Cristã. Divulgaram-se no Atlântico pela navegação de Fenícios, Egípcios, Cartagineses, inclusive aos povos africanos da orla ocidental. No oceano Índico seria tarefa árabe. Portugueses e Castelhanos trouxeram-nas ao Novo Mundo, onde sobrevivem. Dizem ainda no Brasil "Figura de Proa" ao indivíduo envolvido nos altos episódios políticos. "Emproado" é o vaidoso de falsa importância. Ver Paulo Pardal, "Carrancas do São Francisco", Rio de Janeiro, 1974, documentado e suficiente. Excelente bibliografia.

CABEÇAS VERMELHAS. No Piauí (Oeiras) crê-se que o cadáver do maçom é arrebatado pelos *cabeças vermelhas*, que são entes demoníacos. O corpo de um maçom, durante o velório, foi visitado por quatro homens vestidos de azul com gorros vermelhos. Pela manhã, o cadáver havia desaparecido. Um famoso tocador de viola, que fizera *pauta com o Cão*, ia sendo levado para o cemitério por doze carregadores, quando "dois sujeitinhos de carapuça vermelha" surgiram e "lutaram terrivelmente com os carregadores, em número de doze. E isto deu-se, não obstante vir o corpo coberto de santos". (Leônidas e Sá, "Folclore Piauiense", *Literacultura*, vol. III, 369, Teresina, 1913). Ver *Vaqueiro Misterioso*.

CABELEIRA. Assassino, chefe de malta, ladrão, tornado famoso pela sua coragem e destemor. Forte, bonito, com uma extensa cabeleira que lhe deu o apelido, José Gomes, filho de Joaquim Gomes, com o pai e em companhia do mameluco Teodósio, espalhou o terror nos arredores do Recife, durante ano e anos, despovoando zonas inteiras e constituindo um pavor coletivo. Cantava-se, como ainda hoje, quase duzentos anos depois:

"Fecha a porta, gente.
Cabeleira aí vem!
Matando mulheres,
Meninos também..."

Como o respeito às mulheres e às crianças era uma tradição imemorial. Cabeleira mais monstruoso se fizera, esfaqueando mulheres e abatendo crianças a tiro, depois de fazê-las subir a uma árvore. Durante a administração de José César de Meneses, Capitão-General e Governador de Pernambuco, José Gomes foi cercado num canavial em Pau-d'Alho (Engenho Novo) e preso, assim como o pai e o mulato Teodósio. Foram julgados, mas a atitude de Cabeleira na prisão, sua mocidade e mostras de arrependimento emocionaram. Dos quatro juízes, três votaram pela prisão perpétua e apenas um sentenciou-o à morte. O Governador José César decidiu-se pela pena de morte e no mesmo ano de 1776, o Cabeleira, Joaquim Gomes e Teodósio foram enforcados no Largo das Cinco Pontas, no Recife, ante grande multidão. Logo a musa popular elevou-o à plana heroica e os versos correram mundo. Era comum, por todo o séc. XIX, chamar-se cabeleira ao homem valente, destemido, audaz. Fernandes Gama (*Memórias Históricas da Província de Pernambuco*, IV, 360, Pernambuco, 1848) informa: "José César fez marchar contra esses malvados diferentes partidas militares, com ordem de os conduzirem vivos a esta cidade; e tendo essas partidas, com algum prejuízo, porque os facínoras resistiram, conseguido prendê-los foram eles processados, e afinal condenados pela Junta de Justiça a morrerem enforcados; sentença que cumpriram quatro dias depois de proferida, e subiram ao patíbulo, dando mostras de grande contrição e arrependimento de seus delitos. Os trovadores daquele tempo compuseram cantigas alusivas à vida e morte do Cabeleira, e ainda hoje as velhas cantam essas trovas, quando acalentam os netinhos." Franklin Távora (1842-1888) publicou a vida romanceada do salteador (*O Cabeleira*, "Narrativa Pernambucana", Tip. Nacional, Rio de Janeiro, 1876), várias vezes reeditada. Sílvio Romero (*Cantos Populares do Brasil*) divulgou do Cabeleira os trechos que pôde registrar no Recife. Ver Sylvio Rabelo, *Cabeleira Aí Vem!* Farsa, Recife, 1965. Luís da Câmara Cascudo, "Cabeleira", 159-167, *Flor de Romances Trágicos*, Rio de Janeiro: Cátedra, Natal: Fundação José Augusto, 1982. As datas extremas do cabeleira seriam 1751 e não 1749 e 1776. Ver *Zé do Vale*.

CABELOS. Foram mantidas no Brasil as tradições portuguesas ligadas ao cabelo. Pela primeira vez só podia ser cortado por mão de homem. Os cachinhos eram distribuídos às pessoas amigas da família. Os pais usavam, como berloques, os cachinhos encastoados em ouro. Como autopenitência, que nenhum padre aconselharia e que era uma reminiscência egípcia (Heródoto, *Euterpe*, XXXVI), deixava-se crescer o cabelo, e as mulheres cortavam-no com a mesma intenção religiosa. Era um supremo sacrifício para os dois sexos cortar ou não cortar os cabelos. George Sand decepou a cabeleira e enviou-a a Musset como um despojo bárbaro de sua dedicação sexual. Promessas de doar o cabelo aos santos são ainda tradicionais no Brasil, e é comum encontrarem-se cabelos nas *casas de milagres*, onde estão reunidos os ex-votos: Bom Jesus de Bonfim, na Bahia; São Francisco, no Canindé, Ceará; Aparecida, em São Paulo, etc. É o índice mais expressivo de masculinidade. Ter cabelos no peito é sinônimo de valentia (*brave à trois poils*, dizem os franceses). Pela lei da contiguidade simpática, os cabelos são material precioso para os processos de bruxaria. Os da cabeça enlouquecem ou matam. Os das partes pudendas anulam a virilidade. Nem sempre, verdadeiramente, os cabelos significam essa energia fecundadora. Em sua maioria, popularmente, traduzem a força física. Essa tradição se filia ao episódio de Sansão, com sua irresistível energia muscular, desaparecida desde que Dalila fez rapar a cabeça do herói. A força ou a vida, colocadas exteriormente, pertencem a uma concepção universal da *alma exterior*, tão antiga quanto vulgar pelo mundo inteiro. Na Grécia, sabemos as histórias de Niso, rei de Mégara, e de Ptérelas, rei dos Táfios. Ambos tinham a vida num cabelo de ouro no meio da cabeça. Meleagro tinha a vida numa acha de lenha. Quando arrancaram o fio de cabelo ou queimaram a acha de lenha, os príncipes sucumbiram. (Frazer, *Le Folklore Dans L'Ancien Testament*, 235-246). A trunfa era um símbolo exterior e visível de arrojo pessoal, destemor, cacho usado pelos valentões de outrora, inclusive os cangaceiros do Nordeste. Correspondia à *tresse* que, desde Luís XIII, foi regular na tropa francesa, e tanto se popularizou na República e sob Napoleão, com a *cadenette* dos hussardos. A moda viera da Hungria, caminho do Oriente. Os deuses e semideuses da Grécia e Roma, todos ou quase todos depilados e de cabelo curto, informam que a sim-

---
[1] No texto original: "Cabeça-de-Ferro" (N.E.).

bologia freudiana não seria tão onipotente como acreditamos. Não posso crer que o cabelo constituísse o símbolo da potência criadora ou da força física poderosa e o deus ou o atleta teimassem em cortá-lo, rente e ralo, como atualmente usamos e vemos nas classes militares. Outras convenções, entretanto, continuam vivas e sempre obedecidas. Pena Popular do Cabelo Cortado. Foi usadíssima a pena, tida como infamante, de cortar o cabelo às *mulheres de má vida*, expulsando-as da cidade. Essa pena de cortar, aparar, rapar os cabelos constituiu uso legalíssimo e os portugueses o tiveram por intermédio do Código Visigótico. Empregavam-no antes, durante e depois do domínio árabe. Era a descalvação. Descalvar é descobrir a coroa dos montes, despindo de arvoredo a região cimeira. Punha-se a cabeça condenada em estado de calvície. Dizemos ainda *mostrar a calva*, ou *ficou com a calva à mostra*, quando da exposição do defeito oculto, da divulgação do crime escondido, da publicidade da maroteira identificada. A descalvação era aplicada aos crimes de felonia, falsidade, covardia. O cavaleiro que dizia ter perdido o cavalo sem ser verdade, *rapavam-lhe a cabeça* e expulsavam-no como aleivoso, informa Alexandre Herculano (*História de Portugal*, VIII, 103, Lisboa, 1916). O mesmo ocorria à sentinela encontrada a dormir ou ao guerreiro que abandonava a luta sem motivo razoável. Ficava o homem de calva à mostra. Jaime Lopes Dias (*Pelourinhos e Forças do Distrito de Castelo Branco*, 18, Lisboa, 1935) informa: "Há quem se lembre de, já neste século, em Almeida, terem sido levadas ao pelourinho mulheres de vida escandalosa, para lhes cortarem ali os cabelos e depois as expulsarem a toque de caixa para fora da povoação." A. Thierry (*Récits des Temps Mérovingiens*, Nelson, ed. 369, Paris, 1937) registrou: "Par son ordre, la concubine de Chlodowig fut buttue de verges et on lui coupa les cheveux, signe d'infamie que les coutumes germaniques infligeaient avant toute punition, à la femme adultère et à la fille debauchée." O cabelo apenas aparado parcialmente era outra penalidade. Era a tosquia. Também constituía pena infamante para os cavaleiros. Era índice de traição. Teófilo Braga (*O Povo Português nos seus Costumes, Crenças e Tradições*, I, 264) cita uma canção de Martim Soares, do Cancioneiro da Vaticana, aludindo ao uso da tosquia:

"Praz-me con el, pero tregoa lhes dey,
que o nom mate, mays trosquiarey
como quem trosquia falso traedor."

Nos colégios do meu tempo, e não raro atualmente (1951), o aluno que aparecia com o cabelo muito aparado era motivo de chufas e vaias inevitáveis. Não se tratava apenas do aspecto novo na cabeça do colega, mas atuavam as velhas e seculares imagens, inconscientes e poderosas, atirando-nos para uma manifestação reprovadora, derradeiro vestígio do castigo que o tempo fizera desaparecer na sua legitimidade jurídica. Havia mesmo uma parlenda, cantada ou declamada, numa inacabável sequência monótona:

"Cabeça pelada!
Urubu camarada!
Quem te pelou?
Foi a besta melada,
Comendo coalhada
No meio da estrada!"

Era bem uma reminiscência da tosquia penal. Em Portugal havia canto semelhante:

"Quem te tosquiou,
Que as orelhas te deixou?
Para trás e por diente,
Como o burro do Vicente?"

Na Espanha essas chutas têm nome de *cobrar la renta del pelado*. Resiste, evidentemente, a associação de ideia do castigo com a simples visão do cabelo cortado, aparado, rapado. (Luís da Câmara Cascudo, "Leges Et Consuetudines Medievais nos Costumes Populares do Nordeste Brasileiro", *Anhembi*, n.º 4, vol. II, 30-33, São Paulo, 1951). Da antiguidade de oferecer a cabeleira como homenagem votiva ou fúnebre há o testemunho de Homero (*Odisseia*, canto IV). No palácio de Menelau, a deusa Minerva, com as feições de Nestor, diz: "A última homenagem que podemos render aos desgraçados mortos é despojarmo-nos da nossa cabeleira sobre seus túmulos!". Os cabelos cortados significam, para as mulheres, renúncia completa. Assim fazem as freiras e monjas, ao ingressarem nas ordens religiosas, e identicamente as monjas do budismo na China.

Viterbo (*Elucidário*, I, 151-152, Lisboa, 1865) recorda muitas tradições referentes ao cabelo. O cabelo preso ou solto indicava o estado civil da mulher. "... Havia muita diferença de uma mulher andar com touca (*cum touca*), ou em cabelo (*in capillo*); do primeiro modo andavam as viúvas com a cabeça coberta; assim como as casadas andavam com ela descoberta; mas com os cabelos atados, ou anelados; porém as donzelas e solteiras, e que ainda estavam debaixo de pátrio poder, e geralmente todas as que não eram casadas, andavam com a cabeça descoberta, e os cabelos soltos, e compridos." Com as mesmas orações, cerimônias e bênçãos que acompanhavam o oferecimento da primeira barba a Deus (*barbatoriam celebrare*), fazia-se outrora, pela mão do bispo ou do sacerdote, a entrega do primeiro cabelo cortado (*tamquam primitiae niventutis*). Viterbo informa que, segundo a Lei Sálica, título 28 e título 68, na ocasião da festividade capilatória, que se celebrava aos doze anos, costumavam os pais do menino dar aos outros irmãos alguns presentes. As longas barbas e cabelos compridos dos reis merovíngios serviam-lhes de símbolo de poder. Rapados e tonsurados, estavam depostos da dignidade real. Ver *Penteado*.

CABELOURO. Tendão ou ligamento que vai da cabeça à extremidade vertebral do boi. *Cabelo louro*. Quem o come fica bonito, especialmente se o fizer atrás de uma porta.

CABIDELA. Guisado de galinha, pato, peru, ganso, um galináceo doméstico, no molho feito com o sangue da ave, dissolvido em vinagre. Diz-se também galinha de molho pardo. No Portugal Quinhentista era um guisado de miúdos e cabos de aves, de onde vinha o nome, cabo, cabadela, cabedela. Camões fazia, na abertura do auto *El-Rei Seleuco*, o moço dizer: "Pois, senhores, coração, bofes, baço, e toda a outra mais cabedela, não se podem comer senão com cominhos". (*Autos*, ed. Marques Braga, 85, Lisboa, 1928). Fernão Mendes Pinto (*Peregrinação*, cap. 97) escreve *cabedelas*. No verbete de Morais, lê-se: "Cabedela: O fígado, moela, pescoço, pontas de asas da galinha, pato, peru, etc., cozido tudo em molho pardo." No Brasil só conheço a cabidela de aves. É prato tradicional, de festa domingueira de almoço de casamento ou batizado. Manuel Querino dá uma receita: "Antes de dar o golpe no pescoço da ave, deita-se um pouco de vinagre na vasilha que tiver de recolher o sangue. Depois de imergida em água fervente e depenada, é passada em labaredas para despi-la de qualquer penugem, e em seguida é lavada com limão e água e cortada aos pedaços. Tempera-se com sal, vinagre, alho, manteiga, cominho e pimenta-do-reino em pó, hortelã, cebola, tomate, toucinho e chouriço e leva-se ao fogo para cozer. Isto feito, deita-se o vinagre com sangue, que é o que constitui o molho pardo, e, à proporção que este é despejado, revolve-se a panela com a colher de madeira para que o sangue não talhe." (*Costumes Africanos no Brasil*, 200).

CABINDA. Dizem cambinda no Brasil, região ao norte de Angola, entre o rio Zaire, o ex-Congo belga e o Atlântico. É de vastíssimo prestígio o vocábulo no Nordeste brasileiro. Cabinda, sambinda, talqualmente Congo e Guiné, foi sinônimo do escravo africano. *Cambindas* eram também denominados os grupos dançantes de negros que folgavam pelo Recife em préstito, até a porta da Matriz, depois convergindo, funcionalmente, para o Carnaval, no ritmo solene dos desfiles fascinantes dos maracatus. Esses grupos distinguiram-se pelo nome evocador, Cambinda Estrela, Cambinda Leão Coroado, Cambinda Elefante, aclamados como glórias locais, nas ruas e pontes da capital pernambucana. Realizavam, como expressão do desenvolvimento coreográfico e impulsão lúdica uma *embaixada* que saudava os Santos da Igreja, os *grandes* da cidade e conquistava o povo pela melodia, movimentação, depois, pela sugestão variada e vistosa dos trajes. Como os mais antigos grupos dançantes tiveram nome de cambindas, seriam eles a velocidade inicial e básica do que se constituiu em maracatu. O mais tradicional maracatu do Recife, Maracatu Elefante, alude insistentemente nas cantigas como sendo Cambinda Elefante: "Cambinda Elefante / Na rua! / Chegou Cambinda Elefante / Dando viva à Nação! / Vamos vê Cambinda Elefante, / Nossa Rainha já se coroou! / Vamos vê Cambinda Elefante, / Vadiá com alegria!" (Luís da Câmara Cascudo, *Made in Africa*, "Cabinda Velha", 122-129, 2ª ed., São Paulo, Global Ediora, 2002). Cabinda, cambinda, foi a denominação inicial do maracatu, certamente composto pelos seus negros, confundidos com os angolanos, criadores do samba e da capoeira. Uma das antigas toadas de maracatu afirmava: "Porto Rico é Nação brasileira!". Não alude ao atual Estado norte-americano nas Grandes Antilhas mas às povoações velhas africanas: Porto Rico em Santo Antônio do Zaire, e Porto Rico, em Cabinda. Daí tinha vindo a imagem. Ainda cantam, nos engenhos de Pernambuco, reminiscências de senzalas e eitos, recolhido pelo poeta Jaime Griz:

"Ó! Sinhô!
Ó! Sinhô!
Preto Cambinda chegou!"...

CABOCLO-D'ÁGUA. Criatura fantástica que vive no rio São Francisco, tendo o domínio sobre as águas e os peixes. Favorece tudo aos amigos, *compadres* do caboclo-d'água, e persegue ferozmente aos pescadores e barranqueiros, com que antipatiza, virando canoas, erguendo ondas, derrubando as barreiras, afugentando pescarias. Manuel Ambrósio (*Brasil Interior*, 60, S. Paulo, 1934): "Mora sempre nas ribanceiras mais profundas, ermas, sossegadas. Seu corpo é monstruoso, com as proporções de um gigante descomunal. Visto ao luar, caminhando por alvas e prateadas coroas, semelha-se a uma casa grande em movimento. Sua cabeça é disforme e tem a configuração de um rodeio de carro de bois, quando parada à tona da água, ou dela surgindo inesperadamente, se espia o canoeiro ou viandante descuidado para o engolir." Noraldino Lima (*No Vale das Maravilhas*, 160, Belo Horizonte, 1925): "O tipo do caboclo-d'água que recolhe maior número de depoimentos é o seguinte: baixo, grosso, musculoso, cor de cobre, rápido nos movimentos e sempre enfezado." Por uma convergência do mito do Curupira-Caapora, os barqueiros do São Francisco oferecem fumo ao caboclo-d'água. M. Cavalcânti Proença: "Supersticiosos, como todos os mais, oferecem o seu fuminho ao Caboclo-d'água, embora sorriam e neguem o fato, quando interpelados." (*Ribeira do São Francisco*, 134, Rio de Janeiro,

1944). Entre outros, um elemento evidencia a reunião de atos supersticiosos no mesmo tipo fluvial. Crendices negras, indígenas, europeias sobrevivem no Caboclo-d'água, interdependentes e equilibradas. Manuel Ambrósio (*Brasil Interior*, 61) informa: "Para evitar suas ciladas, quem viaja para longe, sozinho, e tem de arrostar temerosas travessias, finca sua faca no fundo da canoa, e o monstro, que isto adivinha, de forma alguma acomete o transeunte, limitando-se, quando muito, a segui-lo a grande distância." Na magia branca e negra é sabido o poder das lâminas de aço, afastadoras, pelo reflexo e força de agressão, de todas as influências más. Quem dorme com uma lâmina nua está defendido de larvas, empusas, lâmias, todos os fantasmas do terror noturno. Frédéric Boutet (*Dictionnaire des Sciences Occultes*, 195-196, Paris, s. d., 1937), escrevendo sobre os "Loup-garous et Vampires", fala num vampiro que assombra os poloneses, pequeno espectro, *blême aux yeux clos*, que mata os cavaleiros: "Un seul moyen de salut; mettre pied à terre à l'instant, enfoncer dans le sol, avec un signe de croix, um poignard." Ver Lúcio Cardoso, *Maleita*, Rio de Janeiro, 1934, com alusões e referências ao mito; D. Martins de Oliveira, *Caboclo-d'Água*, Rio de Janeiro, 1938, com abundantes citações no texto do romance, O Caboclo-d'água também é chamado Bicho-d'água, Rolão, Romão (ver *Romãozinho*), Romãozinho, Moleque, Moleque-d'água, Caboclo, Negro-d'água. Sobre o Negro-d'água escreve José A. Teixeira (*Folclore Goiano*, 391, S. Paulo, 1941): "Habita as margens dos rios que correm pelo vão do Paraná. É todo preto. Cabeça pelada. Mãos e pés de pato. Aparece entre pedras, à tardinha ou em noites de luar, a canoeiros e pescadores do Tocantins e seus afluentes. E procura virar a canoa. É bobagem atirar bala: bate no couro peludo do negro e mergulha na água."

CABOCO. O indígena, o nativo, o natural; mestiço de branco com índia; mulato acobreado, com cabelo corrido. Morais fazia provir de cobre, cor de cobre, avermelhado. Diz-se comumente do habitante dos sertões, caboclo do interior, terra de caboclos, desconfiado como caboclo. Foi vocábulo injurioso e El-Rei D. José de Portugal, pelo alvará de 4 de abril de 1755, mandava expulsar das vilas os que chamassem aos filhos indígenas de caboclos: "Proíbo que os ditos meus vassalos casados com as índias ou seus descendentes sejam tratados com o nome de *cabouço-los*, ou outro semelhante que possa ser injurioso." Macedo Soares registra a sinonímia tradicional do caboclo: caburé, cabo-verde, cabra, cafuz, curiboca, cariboca, mameluco, tapuia, matuto, restingueiro, caipira. Da antiga denominação de caboclo aos mestiços avermelhados ainda há a imagem da cor no maribondo caboclo, boi caboclo, formiga caboclo, pomba caboda, todas com tonalidades vermelhas ou tijolo. Era, até fins do séc. XVIII, o sinônimo oficial de indígena. Hoje indica o mestiço e mesmo o popular, um caboclo da terra. Discute-se ainda a origem do vocábulo, indígena ou africano. Folclore: Gustavo Barroso (*Ao Som da Viola*, Rio de Janeiro, 1921) fixou o "Ciclo dos Caboclos" (403-419) com documentário poético e anedotal. O caboclo no folclore brasileiro é o tipo imbecil, crédulo, perdendo todas as apostas e sendo incapaz de uma resposta feliz ou de um ato louvável. Gustavo Barroso lembra que essa literatura humilhante é toda de origem branca, destinada a justificar a subalternidade do caboclo e o tratamento humilhante que lhe davam. Os episódios vêm, em boa percentagem de fontes clássicas, com a mera substituição da vítima escolhida. O caboclo é o Manuel Tolo, o Juan Tonto europeu, aclimatado no Continente americano com o nome de João Bobo, uma espécie de *sábio* de Gotham. Há muitas histórias em louvor do caboclo, sua inteligência, registradas no citado livro, assim como no de José Carvalho (*O Matuto Cearense e o Caboclo do Pará*, 9-15, Belém, 1930). Namoro de caboclo é aquele em que a namorada ignora quem é seu apaixonado. Num outro episódio entre o caboclo, o padre e o estudante, repete-se o motivo do *melhor sonho* (Mt-1626, de Aarne-Thompson). Quem tiver o mais bonito sonho comerá o queijo. Pela manhã o padre descreveu a ascensão para o céu; o estudante sonhara com o próprio paraíso. O caboclo informou que, vendo um dentro do céu e outro já perto, comera o queijo, porque ambos não mais precisariam. E tinha comido mesmo (Gustavo Barroso, 413-414). É a fábula XVII do *Disciplina Clericalis*, de Padre Afonso (1062-1110), entre dois burgueses e um camponês, a caminho de Meca. Um dos divulgadores na novelística italiana foi Geraldo Cíntio (I, n.º 3 do *Ecatommit*), que a diz sucedida em Roma, no ano de 1527, com um filósofo, um astrólogo e um soldado. O tema está em quase todos os idiomas, formas e literaturas, dispensando bibliografia ilustradora. O caboclo aceitou, com a sujeição física, essa popularidade pejorativa para oficializar a inferioridade de seu estado (Luís da Câmara Cascudo, *Trinta Estórias Brasileiras*, "O Preço do Sonho", 30-32, Porto, 1955). Devíamos escrever caboco, como todos pronunciam no Brasil, e não caboclo, convencional e meramente *letrado*. Caboco vem de *caá*, mato, monte, selva, e *boc*, retirado, saído, provindo, oriundo do mato, exata e fiel imagem da impressão popular, valendo o nativo, o indígena, *caboco-brabo*, o roceiro, o *matuto-bruto*, chaboqueiro, bronco, crédulo mas, vez por outra, astuto, finório, disfarçado, zombeteiro. *Cabôco* é a pronúncia nacional, mesmo para os letrados que escrevem "Caboclo". *Caa-boc*, tirado ou procedente do mato, registra mestre Theodoro Sampaio.

CABOCOLINHA. É a mesma *caipora* em todo o Nordeste; *Comadre frorzinha* em Pernambuco. Vale dizer "Indígena", gente do mato, caboco-bruto, filho das brenhas. É, entretanto, tratamento afetuoso, dedicado às "moreninhas", com intenção erótica.

CABOCOLINHOS. Cabocolinhos, grupos fantasiados de indígenas, com pequenas flautas e pífanos percorrem as ruas nos dias de carnaval nas cidades do nordeste do Brasil. Executam um bailado primário, ritmado ao som da pancada das flechas nos arcos, fingindo ataque e defesa, em série de saltos e simples troca-pés. Não há enredo nem fio temático nesse bailado, cuja significação visível será a da apresentação das danças indígenas aos brancos, nos dias de festa militar ou religiosa. Outrora os cabocolinhos visitavam os pátios das igrejas antes do alardo nas ruas, lembrados da passada função homenageadora. É uma reminiscência do antigo desfile indígena, com a dança, os instrumentos de sopro e o ruído dos arcos guerreiros. Rodrigues de Carvalho (*Cancioneiro do Norte*, 63-64) descreve: "Entre esses folguedos típicos, convém destacar os cabocolinhos, restos de diversão indígena: dezesseis ou vinte figuras com o rosto pintado a açafrão, ostentando trajes de cores berrantes, com enfeites de espelhinhos e penachos à cabeça, empunham arcos com flechas, que são manejados ao som de um tambor e de uma gaita. Simulam um combate, como de tribos inimigas; e em plena luta surge o rei, de capa e espada, cortejado por dois culumins, na gíria do folguedo os perós-mingus. Por entre as alas dos contendores, arrasta a espada, pronuncia uma catadupa de RR arrogantes, fala do seu alfange e do seu cutelo, diz uma loa em língua bunda, e se acalmam as hostes aguerridas. Acolita tudo isto o tipo de bobo, o matroá, sarcasmo atirado à lendária boçalidade e estultícia do caboclo. Há também o *birico*, variante daquele tipo. Ainda hoje é muito comum nas cidades e vilas da Paraíba este brinquedo, no Ceará apenas imitado pelos *caboclos* — oito figuras, trajadas mais ou menos burlescamente, de capacete emplumado à cabeça, e a dançarem uma espécie de quadrilha, ou contradança, nas casas onde são convidadas." Aires da Mata Machado Filho (*Cultura Política*, 10, Rio de Janeiro, dezembro de 1941) estuda "Os Caboclinhos" em Diamantina, Minas Gerais, pertencendo aos festejos populares, quando da Festa do Divino, com cantos e bailados, um deles europeu, que é o enrolamento de fitas ao redor de um mastro durante a ronda. Em vez de rei, matroá e birico, aparecem cacique, caciquinho, cacicona (mulher que a todos manda), mamãe-vovó, papai-vovô, o capitão-com-pó, cantando loas para a licença policial e louvores ao Espírito Santo. Ocorre também uma figura curiosa, o Pantaleão, que o autor identifica com o Pantalone da comédia italiana. O Padre Fernão Cardim, em 1584, registra os antepassados dos cabocolinhos atuais: "Foi o padre recebido dos índios com uma dança mui graciosa de meninos todos empenados, com seus diademas na cabeça, e outros atavios das mesmas penas, que os faziam mui lustrosos, e faziam suas mudanças, e invenções mui graciosas" (297). "Os portugueses têm muita escravaria destes índios cristãos. Têm eles uma confraria dos Reis em nossa igreja, e por ser antes do Natal, quiseram dar vista ao padre visitador de suas festas. Vieram um domingo com seus alardos à portuguesa, e a seu modo, com muitas danças, folias, bem vestidos e o rei e a rainha ricamente ataviados com outros principais e confrades da dita confraria; fizeram no terreiro da nossa igreja seus coracóis, abrindo e fechando com graça por serem mui ligeiros, e os vestidos não carregavam muito a alguns porque os não tinham" (342-343, *Tratados da Terra e Gente do Brasil*, Rio de Janeiro, 1925). Teo Brandão, *O Auto dos Caboclinhos*, Maceió, 1952, é o mais amplo debate partindo dos modelos locais. Evidencia a penetração da influência africana. Ver *Caiapós*. Guerra Peixe, "Os Caboclinhos do Recife", *Revista Brasileira de Folclore*, n.º 15, Rio de Janeiro, 1966; Renato José Costa Pacheco, "Cabocleiro ou Brinquedo de Caboclo", *Torta Capixaba*, 231-234, Vitória, 1962.

CABORÉ. Ave noturna, espécie de mocho, *Athena brasiliensis*, Lath, de pio ululado e lúgubre, tido como agoureiro. Tipo de caboclo um tanto mais claro. Indígenas cariris, aliados aos janduís na famosa campanha insurrecional de 1688, na última década do séc. XVII, no Rio Grande do Norte. Vasilha para fazer café na Bahia. *Caburé* ou *Cauré* no Amazonas, onde é um tipo de gavião. *Caá-por-é*, mora ou vive no mato. *Strix brasiliana*, Lath. Pessoa que tem os olhos grandes.

CABORJE. É nome do tamuatá ou camboatá (*Calictídeos*) e também de um peixinho, combó ou bacu (*Doras marmoratus*) que sobe a correnteza dos rios, deixando-se pegar à mão. Fernando Halfed descreve-o cantando como sapo, cobrindo-se de espuma. No rio São Francisco é sinônimo de prostituta, M. Cavalcânti Proença: "... O povo nunca as chama de mulheres de vida alegre, mas pelo nome de um peixe, também comum na beira da água e fácil de apanhar: o caborje." (*Ribeira do S. Francisco*, 140, Rio de Janeiro, 1944). Amuleto, patuá, mandinga defensora. Bernardo Guimarães (*O Ermitão do Muquém*, 4, Rio de Janeiro, sem data, Garnier editor): "Um preto velho, famoso feiticeiro, respeitado e temido pelo vulgo, lhe tinha dado certa mandinga ou *caborje*, amuleto temível e milagroso, que o preto inculcava como um preservativo infalível contra balas, contra raios, contra cobras e contra toda e qualquer espécie de perigos. Gonçalo, supersticioso como todo homem ignorante acreditava piamente em todas essas virtudes da mandinga, e a trazia cuidadosamente cosida em seu cinturão de couro de lontra." Bentinho, patuá nesta última acepção.

Cabra. Quarteirão de mulato com negro; cabrocha, cabrito, cabriola. Mulato escuro. Um plural curioso é *cabroeira*, reunião de cabras. Há longa criação no adagiário contra o cabra. Não há doce ruim nem cabra bom. Cabra bom nasceu morto. Cabra quando não furta é porque se esqueceu. Cabra valente não tem semente. Valentia de cabra é matar aleijado (*Vaqueiros e Cantadores*, 166, São Paulo, Global, 2005). A origem, segundo Bluteau, é "nome dado pelos portugueses a alguns índios que acharam ruminando como cabras o bétel, que sempre traziam na boca". Aplicado aos naturais da Índia, não se fixou, nesta acepção, no Brasil, onde os indígenas foram denominados inicialmente "negros" e depois "índios", mulato, vezes havendo confusão com o próprio mulato. Franklin Távora (*Cabeleira*, 265, Rio de Janeiro 1902): "Cabra também ali é (em Pernambuco) voz sinônima do homem, ou talvez mais particularmente de homem forte, sujeito destemido e petulante. *F. é cabra danado*, é frase muito usada no vulgo." Cabra tem o leite mais denso, saboroso e forte que o da vaca, ensina o sertanejo. O leite é aconselhado para as crianças fracas. O animal, entretanto, é tido como simpático ao diabo. Uma da *orações-fortes* demoníacas é a famosa "Oração da Cabra Preta" (ver *Orações*). Pereira e Sousa (*Dicionário Teórico e Prático*, etc., Lisboa, 1825) registrou a tradição portuguesa contra a cabra: "É animal malfazejo, a saliva venenosa, o seu hálito murcha as plantas e impede às vides brotarem." No sertão do nordeste do Brasil chamam-na, às vezes, *comadres*, como apelido genérico. Escrevendo, em princípios do século XIX, Henry Koster observou nessa região: "As crianças são aleitadas frequentemente pelas cabras, o que aumenta o preço desses animais. A cabra que serve empregada nesse serviço recebe o nome de *comadre*, termo usado entre a mãe e a ama das crianças, e é comum dar-se essa denominação às cabras que não têm essa ocupação, não tendo a honra de nutrir seus jovens senhores ou senhoras." (*Viagens ao Nordeste do Brasil*, 214, São Paulo, 1942, tradução de Luís da Câmara Cascudo. Em *Meleagro*, 151, L. C. Cascudo transcreve a "Oração da Cabra Preta", Rio de Janeiro: Agir, 1978). A carne da cabra não mereceu grande conceito em Portugal, quanto a do cabrito, cabrito-assado. "Comida da cabra, quem quiser que acabe." Numa sátira ao Cardeal da Cunha, Regedor das Justiças no tempo do Marquês de Pombal, dizia-se: "Este alarve Regedor, / *Vil como carne de cabra!*" Bouché-Leclercq informa da existência de uma estela à porta de um templo romano advertindo que deveriam penetrar os que estivessem em condições de pureza, tendo evitado certos alimentos, lentilhas, carne de cabra, queijo, durante determinado número de dias. Ver *Bode*.

Cabra-Cabriola. Terrível papão para meter medo aos meninos e contê-los nas suas travessuras. Segundo os nossos contos populares, a Cabra-Cabriola é um horrível monstro, de enormes faces e dentes agudíssimos, a deitar fogo pelos olhos, pelas narinas e pela boca, e que nas suas excursões noturnas, para dar pasto à sua voracidade, astuciosamente penetra nas próprias habitações e devora quantos meninos encontra. Em um desses contos o monstro fala assim: "Eu sou a Cabra-Cabriola, / Que come meninos aos pares, / Também comerei a vós, / Uns carochinhos de nada." (Pereira da Costa, *Folclore Pernambucano*, 140). Adelino Brandão, *Recortes de Folclore*, 61-64, Araçatuba, S. Paulo, 1956, registrou versões ouvidas no Ceará e no Pará.

Cabra-Cega. Jogo infantil, que consiste em uma criança vendada, a cabra-cega, agarrar uma outra que a substituirá no posto. O mesmo que *Cobra-Cega*, *Batecondê* (ver), etc. Muito comum em Portugal e Espanha, de onde veio para o Continente americano. Rodrigo Caro, citado por Maria Cadilla de Martínez (*Juegos y Canciones Infantiles de Puerto Rico*, 76) informa ter sido jogo popular entre crianças da Roma Imperial, onde a denominavam *musca aenea*, *chalké muia*, na Grécia. É de fácil encontro no documentário da Idade Média e Renascimento. Em Espanha e América espanhola chamam-na *La Gallina Ciega* (*Dias Geniales o Lúdricos*, Diálogo VI). Lope de Vega (*Adonis y Venus*), ato segundo, menciona: Jacinto: "Ganimedes diga un juego." Ganimedes: "Juguemos a la Gallina Ciega." No auto português, *Auto do Nascimento de Cristo e Edito do Imperador Augusto César*, impresso de 1667, e escrito por Francisco Rodrigues Lobo, há menção, num diálogo entre o camponês Mendo e o pastor Fábio. Fábio: "Sea mucho en ora buena / Y qual ha de ser el juego?" / Mendo: "Eu só sei a Cabra-cega / E mais o escondoirelho". O jogo se inicia por perguntas e respostas entre uma criança e a cabra-cega. Em Portugal diz-se: "Cabra-cega, donde vens? / De Vizela (ou de Castela) / Que trazes na cesta? / Pão e canela. / Dás-me dela? / Não, que é para mim e para minha velha. / Zigue-tanela!" diz a criança que está ao lado, fingindo dar um beliscão na cabra-cega (Augusto C. Pires de Lima, *Jogos e Canções Infantis*, 54, segunda edição, Porto, 1943). No Brasil é mais corrente o diálogo: "Cabra-cega de onde vens? / Do castelo / Trazes ouro ou trazes prata? / Trago ouro! / Vá beijar no cu do besouro. / Trago prata! / Vá beijar no cu da barata." Em Sergipe, Clodomir Silva (*Minha Terra*, 8-9, Rio de Janeiro, 1926) informou: "Cabra-cega, / Non me nega; / Donde vem? / Do sertão! / Trais oro, prata ou requeijão? / Trago oro. / Pois rode, como besoro." No *Denunciações da Bahia*, 567, Pero de Moura, em outubro de 1592, aludo aos *olhos fechados como a cabra-cega* (ed. São Paulo, 1925).

Caburé. Ver *Caboré*.

Cação. O mesmo que tubarão, ipiru dos indígenas tupis, esqualo. Certas espécies anunciam-se por um cheiro de melancia. Graça Aranha (*O Meu Próprio Romance*, 43, Rio de Janeiro, 1931): "A maré enche num cheiro de melancia, que é o odor dos tubarões." Os pescadores do Norte falam em cações encantados; o pintadinho com uma rabanada atira um bote de pesca para o ar e apara a tripulação na boca; o cação-espelho tem um resplendor na testa, encadeando os jangadeiros, deslumbrando-os com sua luz ofuscadora; o cação-areia, quando pendurado, fica reduzido ao couro em cima dos ossos, nem uma migalha de carne, só água. Ver *Tintureira*.

Cachaça. Aguardente do mel da cana-de-açúcar, outrora a cachaça legítima, ou do caldo da cana, cana, caninha. A mais difundida e vulgar bebida brasileira no âmbito popular. O nome veio de Portugal onde era conhecida nas quintas fidalgas do Minho. Sá de Miranda (1481-1558), refere-se na sua carta a Antônio Pereira, senhor de Basto:

"Ali não mordia a graça,
Eram iguais os juízes,
Não vinha nada da praça.
Ali, da vossa cachaça!
Ali, das vossas perdizes!"

É o mais antigo registro que encontrei. A denominação não se tornou comum em Portugal nem na Espanha, onde era feita das borras. Seria a primeira bebida destilada no Brasil do séc. XVI porque em 1610 o viajante francês Pyrard de Laval, na Bahia, informava: "Faz-se vinho com o suco da cana, que é barato, mas só para os escravos e filhos da terra." Guilherme Piso e Jorge Marcgrave, vivendo em Pernambuco (1638-1644), mencionam a cachaça como a espuma esfriada do caldo de cana, depois da primeira fervura na fabricação do açúcar. Era mais garapa e o teor alcoólico, nenhum. Antonil, em 1711, escreve: "O caldo bota fora a primeira escuma, a que chamão cachaça." É a significação corrente na América espanhola, da Argentina ao México, incluindo Cuba. Creio que desde os finais ou segundo terço do séc. XVI a cachaça era produzida e consumida no Brasil sob o nome de aguardente (Antonil, 1711), e Nuno Marques Pereira (1728) registra aguardente da terra e aguardente do Reino, que seria a bagaceira portuguesa. As primeiras menções deparadas estão na quinta das *Cartas Chilenas*, 1788-89 para Afonso Arinos de Melo Franco, ou 1786-87, segundo M. Rodrigues Lapa, versos 58-59 e 325-326, notadamente esses últimos:

"Pois a cachaça ardente que
[o alegra,
Lhe tira as forças dos robustos
[membros."

Saint-Hilaire já podia em 1819 dizer: "A cachaça é a aguardente do País." Tornou-se nacional com os movimentos políticos em prol da independência. Bebida dos patriotas, recusando os vinhos estrangeiros, especialmente portugueses. A Rua da Quitanda, na cidade de São Paulo, foi o Beco da Cachaça, e em 1867 Richard Burton encontrou uma Rua da Cachaça em São João Del-Rei. Os grandes engenhos fabricavam açúcar e também cachaça, com a profusa, vasta e clandestina coadjuvação das engenhocas, sacudidas pela animação mercantil depois da abertura dos portos em 1808, como deduzia Henry Koster em 1810, vendo-as por toda a parte, destilando aguardente. Alguns engenhos dispensaram o açúcar porque aguardente é moeda aquisitiva de escravos africanos, indispensável com os rolos de fumo, no processo das permutas. Parati é um centro produtor no sul, ficando sinônimo da boa cachaça. A cachaça possui sinonímia infindável e seus bebedores guardam ritos especiais para degustá-la, dependendo de ocasião e pessoa, havendo fórmulas velhas para convidar, beber, repetir, agradecer. Quase sempre resiste um traço da libatio romana, oferenda aos deuses Lares, jogando-se, antes ou depois de provar, uma pequenina parte ao solo. Sobre o folclore da cachaça: José Calasans, *Cachaça, Moça-Branca*, Bahia, 1951, excelente documentário; Luís da Câmara Cascudo, n'*A República*, em Natal, "Folclore da Cachaça", 14-4-1943; "A Propósito da Cachaça", 9-1-1944; "Um Rito da Cachaça", *Diário de Natal*, 16-11-1949. Adelino Brandão, *Recortes de Folclore*, Araçatuba, S. Paulo, 1956, "Diabo, Mulher e Cachaça, Ainda a Cachaça e a Mulher na Sinonímia Popular, um Tema Inesgotável, a Cachaça". Vale hábito, mania, preferência, vício. "Todos os membros desta Casa, a começar por V. Excia. Sr. Presidente, cuja *cachaça* neste assunto é conhecida, têm provavelmente, como eu, o vício natural e vespertino da leitura dos nossos jornais". (Ruy Barbosa, discurso em 11-XI-1914 no Senado Federal, *Tribuna Parlamentar*, III, 279, Rio de Janeiro, 1955). Na *Revista de Etnografia*, n.º 11, do Porto, publiquei um "Prelúdio da Cachaça", pesquisa de Cultura Popular, ampliada e publicada pelo Instituto do Açúcar e do Álcool, 1968 (edição atual – São Paulo, Global, 2006). Pelo menos no Peru (Ricardo Palma, *Las Mejores Tradiciones Peruanas*, Barcelona, 1917), empregam *cachaza* como teima, mania ou determinação. O hábito de *hacer las once*, um pequeno *lunch*, motivou a *aguardiente*. Diz Palma: "Once las letras son del aguardiente". Hernani de Carvalho, *No Mundo Maravilhoso do Folclore*, "A Cachaça Vista pelo Folclore", 155-159, Rio de Janeiro, 1966. Wied-Neuwied, *Viagem ao Brasil*, 327, registrava a *cachaza*, "aguardente de mel, vinda da Baía, a melhor de todas", escrevia em meados de 1816 em Ilhéus. Creio ter sido o primeiro estrangeiro a dar à cachaça sua denominação popular em português. Von Martius escrevia *branntwein* (1817-1820), e uma vez *cachassa*.

CACHIMBO. Instrumento de fumar, de madeira, osso, barro. Era usual entre os indígenas. Os portugueses revelaram o cachimbo "brasiliense" aos espanhóis. Antes do português no Brasil, nenhum europeu fumou cachimbo no séc. XVI. O cachimbo tupi era o *petim-buáb*, dando *pitinguá* e *petibáu*. Também *canguera* ou *cangoeira*, de *acang* osso, era o cachimbo tubular, por semelhar o osso longo e oco. Fumar em tupi, *pitar*, do verbo *pitéra*, chupar. Decorrentemente, *pito* é cachimbo e *piteira*, por onde se fuma ou chupa o tabaco, *petim*, *petun*, *pitim*, *betun*. Cachimbo ainda *petibáu*, de *petim-mbáu*, canudo de tabaco, o tubo de fumar (Teodoro Sampaio): Luís da Câmara Cascudo, "Interlúdio do Fumo", *Jornal do Comércio*, 27-11-1966, Rio de Janeiro. Bebida feita com mel de abelhas e aguardente. "E bebia cachimbo, mistura de aguardente e mel de abelha dos cortiços pendurados no beiral do alpendre" (Graciliano Ramos, *Infância*, 140, Rio de Janeiro, 1945). Meladinha. Soldado da Polícia Militar no interior de Pernambuco. Civil, paisano, agregado às diligências policiais no sertão (Paraíba).

CACHOLA. Jogo da cachola em Santa Catarina, São Bento do Sul, variedade do *Cara* ou *Cunha*. "Aproveitando a oportunidade que reunia grande número de afeiçoados às corridas (de cavalos), surgiu no local das corridas o *jogo da cachola*, que fez empobrecer muitos jogadores, sendo que muitos deles, ao voltar das corridas, haviam perdido a safra de erva-mate, o cavalo e os arreios. O *jogo da cachola* era bem simples: uma moeda de 40 réis de cobre era o *cacholeiro*. Essa moeda era posta em cima de uma ripinha que formava uma trave de balanço. O reador servia para bater na ponta dessa trave, impulsionando o *cacholeiro*, que subia para os ares rodopiando, para cair logo em seguida, nas imediações. Denominavam-se *cruz* ou *cara* (*valor* ou *emblema*) as faces da moeda, e cada apostador escolhia uma dessas faces, colocando ambos o dinheiro no chão. Aquele que tivesse a felicidade de acertar recolhia todo o dinheiro, recolocando o cacholeiro na extremidade da ripa que servia de trave. Surgia então novo parceiro e novamente a sorte de ambos era posta em jogo, além do grande número de apostadores constante da assistência, que faziam suas apostas fora, entre si. Grandes somas de dinheiro passavam rapidamente entre as mãos dos jogadores, podendo-se mesmo considerar essa uma das causas do empobrecimento de muitos pioneiros, desbravadores das matas da nossa zona." (Josef Zipperer Sen. *São Bento no Passado*, 81, Curitiba, 1954). Ver *Tejo*, *Cara* ou *Cunha*.

CACHORRINHA-D'ÁGUA. Animal encantado do rio São Francisco. Vive nadando e aparece enxugando-se ao sol nas margens. Tem os cabelos brancos e uma estrela de ouro na testa. Quem a vê receberá riquezas sem fim (J. M. Cardoso de Oliveira, 490, *Dois Metros e Cinco*, segunda ed., Rio de Janeiro, 1909; Richard Burton, *The Highlands of Brazil*, II, 211-212, Londres, 1869).

CACHORRO. Quando uiva, está chamando desgraça para seu dono. Ouvindo o uivo, diz-se: "Todo o agouro para teu couro!". Ou emborca-se um sapato virando-se a palmilha para cima. O cão se calará. Cachorro cavando na porta de casa está cavando a sepultura do dono; se cavar areia com o focinho para a rua vale o mesmo. Com o focinho voltado para casa, cavando para fora, é anúncio de dinheiro. Dormindo com a barriga para cima, mau agouro. Deitado, com as patas dianteiras cruzadas, bom agouro. Rodando sem destino pela casa, está afugentando o diabo. Dormindo e ganindo, está sonhando. Urinando na porta é prognóstico feliz. Quando está uivando é porque vê almas do outro mundo ou a morte aproximando-se. Os cães eram sacrificados a Hécate e avisavam de sua presença invisível uivando, assim como viam os deuses, os lêmures, as sombras dos mortos (Ovídio, *Fastos*, I, 389; Horácio, *Epodos*, V). Para o cachorro não crescer, pesa-se com sal. Para não fugir, enterra-se a ponta da cauda ou os escrotos debaixo do batente da porta, ou, sendo na fazenda de criar, no mourão da porteira. Não é bom erguer o cão pelas orelhas, para que não fique mofino (covarde). Para não ficar hidrófobo, deve ter nome de peixe. Quem mata um cão deve uma alma a São Lázaro. Puxando a cauda do cão torna-o ladrão. Para livrá-lo da tosse, põe-se-lhe ao pescoço um rosário feito com pedaços de sabugo de milho. Cachorro com a orelha cortada em Sexta-Feira da Paixão fica imune de hidrofobia. Quem sofre de pesadelo deve fazer um cachorro dormir debaixo da cama. Para perder o faro, passa-se uma bolinha de sebo na ponta da cauda e dá-se-lhe a comer. Para readquirir o faro, esfrega-se-lhe no focinho sangue de tatu ou de veado. Daniel Gouveia registrou: "Não se deve cuspir nos cães porque depois de nossa morte, na longa travessia que se fará até chegar à casa de São Miguel, onde serão julgadas as nossas almas, sentimos uma grande sede e neste longo percurso só encontramos a casa de São Lázaro; aí, se não cuspimos nos cães, somos servidos com água boa e fria, e ao contrário, somos acossados por dentadas implacáveis", *Folclore Brasileiro*, 59-60). O cachorro que é *pesunho* (que tem um dedo suplementar) vê perfeitamente o lobisomem e o persegue. Ver *Cão*, *Cachimbo*.

CACHUCHA. Ver *Maria Cachucha*.

CACIMBA ROUBADA. O desaparecimento de um poço no alto sertão nordestino é tido, nalgumas paragens, como resultado de uma ação mágica de transporte. A água foi roubada e reaparecerá noutro local, conforme a vontade da pessoa sabedora da fórmula encantada. O processo é o seguinte: leva-se um cabaço que não tenha sido utilizado ainda e retira-se lentamente água da cacimba, unicamente da superfície, entre meia-noite e madrugada, horas em que a água está dormindo. Em silêncio cuidadoso o cabaço é conduzido e enterrado em lugar previamente escolhido, com três palmos e três dedos de profundidade. Durante as operações de colher água e enterrar o cabaço reza-se em voz baixa uma fórmula onde é citada a gravidez de Nossa Senhora (Cristo guardado), os três dias do Santo Sepulcro e Cristo no Sacrário. A tirada do poço é sempre em noite de escuro. Na primeira Lua Nova ou Quarto Crescente, a nova fonte brotará, desaparecendo a antiga. Diz-se então que a cacimba foi roubada. A condição de silêncio é indispensável e sua desobediência explica o fracasso. Quando o cabaço d'água é levado para o local preferido o caminho escolhido é o que não tenha animais nem possíveis encontros humanos, interrompendo o encantamento com o rumor das vozes. A água, despertando, não se fixará, então, no canto para onde foi conduzida. Giselda Joffily Pereira da Costa (Recife) recolheu documentário em Pernambuco (Bom Jardim, Garanhuns, Águas Belas, Jaboatão). No município do Bom Jardim, a data especial é pelo São João. Indicaram várias "cacimbas roubadas", dando os nomes dos furtadores. Quando uma cacimba está secando e desconfiam que alguém deseja roubá-la, rezam: "Com dois (olhos) te botaram, / Com três eu te tiro; / São as três palavras / Da Santíssima Trindade; / Padre, Filho, Espírito Santo!" É a fórmula corrente em Jaboatão. Para uma cacimba não ser roubada, joga-se dentro uma moeda de prata, *dinheiro de cruz*, moedas portuguesas com a Cruz de Cristo. Atirar moedas ao gênio das fontes é oblação muitas vezes milenar. Ver *Rio Dormindo*.

CACORÊ. "Expressão com que os bugres nhambiquaras designam os acessos repentinos de fúria, zanga, desespero, raiva" e que passou para o vocabulário popular de Mato Grosso, garimpo do rio das Garças, Araguaia, etc. (Francisco Brasileiro, "Monografia Folclórica Sobre o Rio das Garças", 378-385, *Revista do Arquivo Municipal*, CXLIV, S. Paulo, 1951).

CAÇULA. O filho ou filha mais nova. Bater caçula ou fazer caçula, caçular, é bater o milho, arroz, etc., em pilão, um casal, às pancadas alternadas, bate um e bate outro. Vocabulário quimbundo. Discussão, teima, obstinação. Não quero bater caçula com você.

CACUMBU. Faca velha, desgastada pelo amolamento. "Em toda cozinha há um cacumbu, ou seja, uma faca de mesa que devido ao uso ficou pequena e pontuda. Diz o baiano: Quem muito espera, a faca vira cacumbu. Quem muito espera se gasta que nem cacumbu". (Hildegardes Viana, *A Cozinha Bahiana*, 17, Bahia, 1955). Machado, foice, serrote quase imprestáveis pelo uso. Um cacumbu de enxada. Pessoa muito velha e magra: um cacumbu de gente.

CACURI. É uma armadilha para pegar peixes, espécie de barragem, com curral, pari, paritá, tomando a correnteza dos rios amazônicos a montante. Astronomia: Cacuri é, para os indígenas que falam o nheengatu nos Estados do Pará e Amazonas, uma constelação correspondente ao Cruzeiro do Sul. Os indígenas explicam que as quatro estrelas da *Cruz Australis* formam o quarto do cacuri e as estrelas do centro são os peixes presos na armadilha. O Saco-de-Carvão (Mancha Magelânica) é um peixe-boi (*Trichecus inunguis*, Desmarest) e as estrelas Alfa e Beta do Centauro são pescadores que vêm arpoá-lo. Stradelli (*Vocabulário Nheengatu*, 390), que registrou o verbete, informa que antigamente o pescador mais moço, Beta do Centauro, que hoje está na proa da canoa, pronto para fisgar o peixe-boi, estava mais para trás, no jacumã, no leme. O velho, Alfa, permutou o lugar. Essa substituição, mantida na memória indígena, é índice da antiguidade da observação do firmamento noturno.

CADÁVER. Corpo, defunto. O homem morreu. A alma saiu sob a forma de ave, escondida no último suspiro. Ou a alma conserva a conformação humana, mas em substância transparente, impalpável, como uma fumaça branca. Nem todos têm o direito de tocar no cadáver. Somente aqueles que sabem vestir defuntos, pessoas de boa vida, especializadas, com a seriedade e compostura de uma exposição de ofício religioso. Trabalham depois de rezar e vão vestindo peça por peça, falando com o morto, chamando-o pelo nome: dobre o braço, Fulano, levanta a perna, deixe ver o pé! Se o cadáver enrijece, é porque ninguém morrerá naquela casa proximamente, e se estiver flácido, está chamando gente para o outro mundo. Os olhos são fechados com a polpa dos dedos, devagar: "Fulano, fecha os olhos para o mundo e abre-os para Deus!" Não deve levar ouro. Nem mesmo um dente obturado a ouro permitia-se outrora. Arrancava-se ao morto, antes que aparecesse a alma, chorando e pedindo a extração que lhe estava retardando o fim definitivo. Ainda na primeira década do séc. XX os militares sepultados com fardas vistosas tinham os botões dourados retirados na hora do enterro, para não prejudicá-los no outro mundo com a ostentação de vaidade. Na *Lei das XII Tábuas* havia referência a essa proibição; Tábua X, VI: "Que não se enfeite de ouro o defunto; mas, se os seus dentes são obturados com ouro, que seja permitido inumar ou queimar este ouro com ele". A exigência tradicional era mais radical. O cadáver fica sempre com os pés voltados para a porta da rua e quando é carregado no féretro conserva-se a direção. Sai para a sepultura pelos pés, ao inverso de como entrara no mundo. O sacerdote católico faz exceção. Deixa a câmara mortuária com a cabeça para a porta porque tem a *sagrada coroa*. Agulhas e alfinetes que serviam para a mortalha seguem com ela. O que tocar no cadáver ao cadáver pertence. Outrora punha-se no caixão fúnebre uma moeda de prata *de cruz* (moedas portuguesas com a Cruz de Cristo, dinheiro de cruz), e já se tinha perdido a explicação desse óbolo de Caronte, o direito de pedágio, na passagem da barca ou da ponte simbólicas. As mãos não podem ir soltas e, sim, com o terço ou rosário amarrando os pulsos. As cores do rosário dependem do estado social do morto, negro para homem e mulher casada, azul para moças, branco para crianças que já fizeram a primeira comunhão, roxo para viúvas. Para o defunto não ficar assombrando a casa, pela lembrança obstinada na memória dos parentes, beijava-se a sola do sapato. Os sapatos são limpos cuidadosamente para que não levem poeira, terra, areia. Levando qualquer areia, a alma volta, saudosa, atraída pela recordação da família. A presença da areia é elemento comprovador da lei da contiguidade simpática. Reza-se o Padre Nosso, Salve Rainha e Credo, mentalmente, para afastar o regresso da ideia do morto, tendo-se cuidado em não articular palavra. Não se deixa o morto com a face visível. Cobrem-na com um lenço, que é levado no féretro. A face velada é uma reminiscência da Iniciação. Descobrir-se-ia diante do Julgador. Se uma pessoa é assassinada, meta-se-lhe na boca uma moeda de prata e ponha-se o cadáver de bruço; o assassino, por mais que queira, não se afastará do local do crime ou de suas vizinhanças. O cadáver do assassinado sangra sempre na presença do assassino. Quando uma pessoa é assassinada e a ferida continua sangrando, é que o morto está pedindo justiça ("vox sanguinis fratris tui clamat ad me de terra", *Gênese*, IV, 10). Outro processo de deter a fuga do assassino é traçar com o sangue do morto um círculo no próprio jarrete. O cadáver de bruços e o círculo detêm o matador; o primeiro pela inversão da posição normal do morto, impossibilitando a derradeira viagem da alma, mesmo com o óbolo na boca, e determinando o contrário movimento ao fugitivo; o segundo o prenderá pela sugestão mágica da figura, diversa da linha reta. Amarrar uma fita ou tira de pano na perna daria o mesmo resultado. É o poder das ligaduras, ataduras, inutilizando a volição do "ligado, atado, amarrado". É conhecida a ação do nó na bruxaria. Enquanto o cadáver estiver exposto, não se recusa dar esmola. Para demais pormenores de velório, enterro, sepultura, cerimônias dos sete e trinta dias, julgamento da alma, etc., ver Luís da Câmara Cascudo, *Superstição no Brasil*, "Anúbis, ou o culto do morto", 17-34, 6ª ed., São Paulo, Global, 2002; José Nascimento de Almeida Prado, "Trabalhos Fúnebres na Roça", sep. da *Revista do Arquivo*, CXV, São Paulo, 1947. Cadáver do Afogado. Uma vela acesa numa cabaça ou cuia posta em cima de água parará onde o corpo estiver submerso. Essa crendice, como outras referentes ao cadáver, veio de Portugal. "Para se saber o sítio onde se encontra o corpo de pessoa afogada no rio, coloca-se na água um pedaço da vela mística (a última a ser apagada no candeeiro das Trevas) acesa sobre um pedaço de cortiça e deixa-se esta seguir ao sabor da corrente. No sítio onde a vela se apagar, ali se encontrará o cadáver (Caria)." (Jaime Lopes Dias, *Etnografia da Beira*, 223, Lisboa, 1939, vol. V). No Brasil o corpo estará onde a vela ficar boiando em círculo, rodando sem continuar a viagem. A vela independe de ser a última do Ofício das Trevas. De sangrar o cadáver na presença do agressor, recorda-se o corpo de Henrique II, em Fontevrault, jorrando sangue pela boca na presença de Ricardo Plantageneta, o Ricardo Coração de Leão, que combatera seu pai, cujo cadáver visitava. Essas crendices vieram de Portugal, que as recebera de várias raças, épocas e momentos de civilização. São ainda encontradas pela Europa, Ásia e África. Johann Emanuel Pohl (1782-1834) visita os poracramecrãs do rio Maranhão e registra que esses indígenas, um ano depois da morte do companheiro, reabrem a cova e narram tudo quanto se passou depois de sua morte, especialmente na sua família (*Viagem no Interior do Brasil*, 2, 155, Rio de Janeiro, 1951). A ideia do morto-vivo é quase universal e um elemento contemporâneo é o *Recado pelo Morto* (ver). Ver *Defunto*.

CADEIRINHA. Duas pessoas entrelaçam os braços, formando assento em que uma pessoa pode ser transportada, apoiando as mãos ao pescoço dos dois carregadores. Assim Madame Agassiz desembarcou em Fortaleza em 1866. Há brincadeira infantil com esse nome, Maria Cadeira e ainda Maria Cadeirinha, em que a criança é embalada ao som de cantigas próprias e, bruscamente, desfeito o assento, atirada ao chão. Ver José Jambo da Costa, "Cadeirinha", *Diário de Notícias*, 6-2-1955, Rio de Janeiro. Ver *Maria Cadeira*.

CADEMIA. Ver *Academia*.

CAFÉ. *Coffea arabica*, tornou-se popular em princípios do séc. XIX, alcançando os sertões no meado da centúria (Afonso d'E. Taunay, *História do Café no Brasil*, 15 volumes, Rio de Janeiro, 1939-1943; Basílio de Magalhães, *O Café na História, no Folclore e nas Belas Artes*, Rio de Janeiro, 1936; Teixeira de Oliveira, *Vida Maravilhosa e Burlesca do Café*, Rio de Janeiro, 1942). Estimulante pelo alcaloide, nutritivo pelos hidratos de carbono, reconfortante, animador, indispensável das velhas refeições, era veículo de encantos e bebida preferida para filtros amorosos, coado na fralda da camisa da candidata, misturado com excretos humanos, com poderes irresistíveis. Era contraveneno, antibáquico, podendo, sozinho, alimentar durante dias de marcha ou de trabalho. No Brasil era bebida de escritores, fonte de inspiração, comadre do cigarro fumegante. Venceu o chá que entre nós, para o povo, era sinônimo de socorro terapêutico. A borra ou o próprio líquido, atirados em superfície plana e branca, parede caiada, dava anúncios, profecias, *palpites* para o jogo do bicho, conforme o desenho que a nódoa simulava. Idênticos ou variantes do *marc de café* na Europa (Fréderic Boutet, *Dictionnaire des Sciences Occultes*, 214-218, Paris, 1937). Nos cafezais, plantios e especialmente colheita, operação obrigatoriamente manual, nasce um rico folclore de cantigas, sátiras, lirismos, superstições, fórmulas normativas de trabalho, ao derredor da tarefa fatigante, como nas *apanhas* do algodão.

CAFOFA. Comida feita de pedacinhos de carne-seca frita, misturados com farinha. Difere da paçoca em não ser levada ao pilão (Leonardo Mota, *Cantadores*, 370). Diz-se também *comboeiro*. A rolinha-cascavel (*Scardafella squamosa*) tem esse nome, pomba-cafofa, palo-cafofo, fogo-apagou, no sul do País.

CAFUNAR. Cafunar castanha, jogo infantil com castanhas de caju que são tentos e prêmios ao mesmo tempo. Atira-se uma castanha, impelida com o impulso do dedo médio ou indicador sobre o polegar, para que caia dentro de um pequeno buraco cavado numa determinada distância. Os pontos, que dão direito às castanhas que erraram a pontaria, são proporcionais à vizinhança do orifício.

CAFUNÉ. No *Dicionário de Morais*, 4ª ed., 1831, define-se: "Cafuné, estalos, que são dados na cabeça, como quem cata, com as unhas, para adormecer". Jaques Raimundo, Antonio Macedo Soares, Renato Mendonça, Thomas Lindley, John Luccock, acreditam que o uso tenha sido trazido para o Brasil pelos portugueses, "um dos costumes portugueses mais repugnantes", adverte Luccock. É o *fingir estalidos inseticidas* que Camilo Castelo Branco põe num dos personagens da *Corja*. Catar ou fingir catação de piolhos e lêndeas é uso utilitário e processo prolongador de êxtase da preguiça, em quase todo o mundo. Roquete Pinto descreve o ato entre os parecis brasileiros do Mato Grosso, como Malinowski entre os nativos do noroeste da Melanésia. Sobre os negros da Angola, onde viveu nove anos, Heli Chatelain informa: "What a comforting power there is in being 'loused' no one can imagine, who has not seen the blissful expression on the face of the Loand girl, when, her head sweetly resting on another's lap, she is being relieved of her troublesome customer. It is a token of friendship to catch another's lice; and not an atom of shame attaches to those concerned. As the operator is pretty sure to be himself invaded by the tiny host, he or she often does the work gratuitously, with the understanding that the kindness will be returned (reciprocity)". (*Folk-Tales of Angola*, 268, Boston and New York, 1894). Chatelain conta uma briga entre escolares angolenses porque um havia recusado catar o outro. O Prof. Roger Bastide (*Psicanálise do Cafuné*, Curitiba – S. Paulo, 1941, 55-75) considera-o um substituto dos divertimentos lésbicos, tendo função útil, representando uma salvaguarda da moral pelo desvio do recalque sexual que o divertimento determina. Expilly (*Mulheres e Costumes do Brasil*, 366-369, S. Paulo, 1935) dedicou uma longa referência ao cafuné, uma distração e um prazer, tendo partidários entusiastas, como o baile e o teatro. O cafuné, porém, independe da catação, e a explicação profilática é falsa. Pertenço à zona geográfica do cafuné, meu velho conhecido pessoal. O comum é o sono sobrevir depois de uma meia hora de cafunés. O estalo é provocado pela unha do polegar, comumente, ou do mínimo. Se é a vagarosa fricção que agrada aos brasileiros do Norte, homens e mulheres, ou o estalo, não posso decidir-me. Ouvi muitas vezes a pedido: "Estale alto! Cafuné calado não tem graça". Ainda está resistindo no sertão, nas fazendas de gado, nos engenhos de açúcar do agreste, nas praias do Atlântico. É preciso lembrar que o cafuné é tão favorito de homens quanto de mulheres. Criei-me no sertão, onde a escravaria negra sempre fora insignificante, como em todo ciclo pastoril, e assisti aos maridos e rapazes da fazenda, nos domingos depois do almoço, pedirem cafuné, deitados nas esteiras de piripiri, na sombra dos alpendres ou das latadas. Elisabeth Barbosa Monteiro ("Uma noite à espera de Lampião", *Itaytera*, n.º III, 209, Crato, 1957, Ceará) conta que seu sogro, mesmo sob a ameaça de um assalto de Lampião à cidade do Crato, não dispensou os cafunés da velha mestiça Maria Isabel. "A chave de minha casa, afirmava, está ali, nas mãos do Coração de Jesus! Maria Isabel, continue os cafunés!" O escritor Oscar Ribas, natural de Luanda, Angola, onde reside, grande pesquisador e estudioso da etnografia e folclore de sua terra, apesar de privado da visão, enviou-me (25-1-1958) um pequenino ensaio sobre o cafuné, de onde retiro as notas subsequentes. "Etimologicamente, cafuné, aportuguesamento do quimbundo *kifune*, o verdadeiro termo local de emprego corrente, resulta de *kufunata*: vergar, torcer. Compreende-se: para a produção do ruído, tem que se vergar o polegar, quer estalando sozinho, quer também com o indicador, pelo toque das duas unhas a do polegar na do indicador. O cafuné, segundo os apreciadores, para ser verdadeiramente apetitoso, devia estalar forte, ou, conforme o vulgo, *gritar*. Esse efeito, no entanto, não era obtido por todas as mulheres. Em resultado, existirem autênticos especialistas. Mesmo não *gritando*, o saber *pôr* cafunés, na classe baixa, constituía, a par da *jimbumba* (tatuagem), um dos predicados femininos. Do mesmo modo que uma mulher sem *jimbumba* se assemelhava ao bagre, assim ela, desprovida dessa habilidade, não conquistava o título de *perfeita*. Era a mulher que competia *por* cafunés. Quando alguém os pretendesse, pedia a pessoa íntima. O homem, se fosse solteiro, solicitava-os a uma parente. Se namorava, à conversada, à hora do idílio. E se casado, à cara-metade. Em regra, as mães, para adormecerem as crianças, aconchegavam-nas a essa estalejante carícia. O cafuné não apenas existe onde se fala o quimbundo, de Luanda a Malange, mas também se empregou, como ainda se emprega, em toda a Província. Na área de Benguela, entre os umbundos, diz-se *xicuanli*. Entre os quiocos e lundas, *coxoholeno*. A sua extinção nos grandes centros, ou, mais precisamente, a sua enorme decadência, deve-se a dois importantes fatores: as dificuldades econômicas e a vertiginosa corrida para o Progresso. No primeiro caso, as criaturas dadas a esse prazer, com a maior soma de trabalho verificada em toda parte, deixaram de possuir a antiga largueza de ócio, a base fundamental do cafuné. E, no segundo, as atuais gerações, pela aversão que sentem por tudo que tresanda a tradicionalismo, nem sequer pensam em tal coisa. Por isso, a decadência; por isso, a aparente extinção. Daqui, o usar-se, só em reduzidíssima escala, como que em desfolhamento de saudades. Constituiu o cafuné uma inveterada prática angolana, muito apreciada pela doce sonolência despertada. Usaram-no homens e mulheres, adultos e crianças. Mas só as mulheres o aplicavam. A operação compreendia três partes: a preparatória, a entorpecedora e a finalizante. Na preparatória, friccionava-se, com o indicador direito, lentamente, suavemente, aqui, ali, acolá, em todo o couro cabeludo. Na entorpecedora, à medida que se esfregava, vergava-se o polegar respectivo, como que matando um piolho, daí se arrancando, com habilidade, o estalido do suposto esmagamento. E, na finalizante, consequentemente no final da fictícia catagem, aplicava-se, não uma mão, mas ambas, cada qual em seu lugar. Na prodigalização desse mimo ou passatempo, isto conforme as circunstâncias, a operadora permanecia sentada, de ordinário em esteira ou *luando* (esteira que se enrolava no sentido da largura), com as pernas estendidas, e o paciente, deitado, com a cabeça recostada no seu colo. A hora mais propícia era a da tarde, sobretudo quando o calor apertava, ou, então, de noite, após o jantar. De dia, fora de casa, a uma sombra do quintal ou duma árvore próxima. E de noite, também no quintal, quando a família, em ameno entretenimento, quer de cavaqueira, quer de passatempos, seroava, ou, tipicamente, *sanguilava*, mormente ao luar". Também no Brasil o cafuné é monopólio feminino:

"Eu adoro uma iaiá,
Que quando está de maré,
Me chama, muito em segredo,
Pra me dar seu cafuné.
Abre o cabelo de banda,
Dá-lhe quatro cafuné,
Raiva de homem não dura
Pra mansidão de muié.

Não sei que jeito ela tem
No revolver dos dedinhos,
Qu'eu fecho os olhos, suspiro,
Quando sinto os estalinhos."

Wilson Lins, *O Médio São Francisco*, "O Cafuné", 193-199, Bahia, 1952, defende a tradição: "... o cafuné é um hábito característico das sociedades pastoris, onde o trabalho é obrigação e diversão, e, pelo menos no São Francisco, onde subsiste uma das mais velhas organizações agropastoris do país, o cafuné não desapareceu... O cafuné não encobre recalques nem disfarça complexos. É sadio como a terra moça que ele ajudou a desbravar, acompanhando os pioneiros, rastejando as boiadas através dos sertões virgens. O seu leve sabor sensual não vem do mundo impenetrável dos complexos, e sim da suave poesia dos desejos satisfeitos. A mulher colonial, no sertão do São Francisco, casava cedo demais, para ser uma ansiosa, uma necessitada de macho, que o simples contacto de uns dedos moles nos cabelos levasse a transportes e êxtase". Identicamente o autor cita a precocidade masculina na iniciação sexual e a desnecessidade de estímulos para a função genesíaca. Identicamente poderá dizer de todo o sertão nordestino, meu conhecido mais de vida que de livro.

"Só quero mulher
Que faça café,
Não ronque dormindo,
E dê cafuné."

Ver "Cafuné", em *Made in Africa*, 67-72, e "O cafuné em Angola", do prof. Oscar Ribas, de Luanda, transcrito no final do livro; 2ª ed., São Paulo, Global, 2002.

CAFUZ. Cafuzo, carafuz, carafuzo, mestiço de negro com indígena. Couto de Magalhães (*O Selvagem*, 75, primeira edição, Rio de Janeiro, 1876): "O cruzamento do índio com o negro deu em resultado uma linda raça mestiça, cor de azeitona, cabelos corridos, inteligente e com quase todas as qualidades e defeitos da precedente (mameluca, indígena com branco, mamalaco, mameluco), e que é conhecida no Norte com o nome de *cafuz*, e no Sul com o nome de *caburé*". Pela associação da cor diz-se no Nordeste aos *cafus* ou *cafuis*, significando ao lusco-fusco, anoitecer.

CAGUIRA[1]. É termo de São Paulo, em sentido figurado, na acepção de pessoa infeliz. A infelicidade do *caguira* difere essencialmente da do *caipora*, porque a deste é perene, interminável, eterna, ao passo que a do *caguira* é transitória ou, no pior dos casos, intermitente. O *caipora* é infeliz por ter sido avistado pelo duende vingativo; o *caguira* o é incidente e transitoriamente, em determinado momento, pelas dificuldades criadas por competidores em seus interesses". (Afonso A. de Freitas, *Vocabulário Nheengatu*, 95, São Paulo, 1936). Ver *Correr Caguira*.

CAIAPÓS. É o tipo da dança dramática, espécie de *cabocolinhos* (ver), representada em São Paulo pelas cidades e vilas do interior, por um grupo de homens vestindo indumentária indígena, guiado pelo cacique (tuxaua-pajé), e um curumi (menino). Usam apenas instrumentos de percussão, tambor, caixa, pandeiro, reco-reco, e os indígenas são armados de arco e flecha. Não há música nem canto. O curumi finge estar sendo perseguido por inimigos brancos e cai morto, cercado pelo bailado dos companheiros. O tuxaua faz ação de pajé, defumando-o, dançando em torno e ressuscita-o, seguindo todos para repetir o baile noutro ponto. Ocorre nas festas de Natividade e Reis, Divino Espírito Santo e Sábado de Aleluia (Alceu Maynard Araújo, "Caiapó", *Paulistânia*, n.º 40, 42-43, São Paulo, 1951). Rossini Tavares de Lima estudou extensamente "Caiapós, dança de inspiração ameríndia" (*Folclore*, n.º I, órgão da Comissão Paulista de Folclore, 1952), com várias modificações no sul de Minas Gerais e Estado do Rio de Janeiro, além de São Paulo. O curumi é substituído por uma menina, *bugrinha*, constantemente raptada, recuperada, e o raptor paga uma multa. Noutras paragens, Poços de Caldas, Minas Gerais, há preliminarmente um encontro guerreiro com os Congos, que são vencedores, na festa de S. Benedito. Em Parati, Estado do Rio, denominam a dança *cabocos*. Em Poços de Caldas os guerreiros bailam percutindo os *cambitinhos*, paus que lembram os moçambiques no Brasil

---

1 No texto original: "Cagüira" (N.E.).

e os pauliteiros de Miranda do Douro, em Portugal. Ver *Cabocolinhos*.

CAIÇARA. Cerca, tapume, curral de varas ou ramagens. Trincheira, parapeito feito pelos indígenas. Discutem se anterior ou posterior à colonização europeia no continente, nessa acepção de defesa militar: Erland Nordenskiold, *Palisades and Noxious Gases Among the South-American Indians*, Ymer, 3, Stockholm, 1918: *Paliçadas e Gases Asfixiantes entre os Indígenas da América do Sul*, tradução do prof. Protásio Melo, introdução e notas do prof. Luís da Câmara Cascudo, Biblioteca do Exército Editora, Rio de Janeiro, 1961. Ainda por todo o séc. XVIII *caiçara* era o curral de gado pelo Nordeste. Denomina municípios no Amazonas, Goiás, Paraíba e Rio Grande do Norte, além de distritos no Rio Grande do Sul e Rio Grande do Norte. "Caiçarinha" no Ceará e Pernambuco. Pessoa natural do litoral em S. Paulo. Para o sul do País, malandro, vagabundo, cínico. Carlos Borges Schmidt, "Lavoura Caiçara", (*Documentário da Vida Rural*, n.º 14, CIA, Rio de Janeiro, 1958), estudou a produção da farinha na zona caiçara paulista, litoral norte, notadamente a região de Ubatuba.

CAIÇUMA. Bebida fermentada de frutas, geralmente pupunhas (*Guilielma speciosa*), ou milho cozido e mascado para facilitar a fermentação. O milho grosseiramente pilado e empastado com água morna é posto a cozinhar em popecas de folhas de arumã ou pacova; quando cozido, uma parte é desmanchada pura e simplesmente na água, outra é desmanchada nela depois de conscientemente mascada. É um serviço em que se empregam todos os que estão presentes na casa, sem distinção. A bebida fica pronta no terceiro dia e é servida depois de cuidadosamente escumada (Stradelli, *Vocabulário Nheengatu*, 408). Espécie de molho feito com o sumo da raiz de mandioca e previamente exposta ao sol para destruir sua toxicidade. Usam-no assim, ou misturado a tubérculos reduzidos a produto farináceo. Tucupi engrossado com farinha, até a consistência de papa (ver Chermont de Miranda, *Coleção de Vocábulos Peculiares à Amazônia e Especialmente à Ilha de Marajó*, Belém, 1905). Entre os índios ticunas no rio Solimões, *caiçuma* é o sumo fermentado e grosso da macaxeira (Alfredo Augusto da Matta, *Vocabulário Amazonense*, Manaus, MCMXXXIX). Ver *Pamonha*.

CAINAMÉ. Duende dos macuxis pauxianas, uapixanas, do Alto Uraricuera, Rio Branco, Amazonas: "Entre todos eles, qualquer ato contrário aos princípios adotados, se não era punido pelas armas, era castigado por essa endemoninhada personalidade. E o pavor que sentiam de Cainamé era tal, que não precisava ser o atingido esbordoado ou ferido por este, pois temiam muito mais serem *soprados*. Quando isto sucedia, a vítima começava a definhar e, às vezes, morria. Se alguém indagava, de algum desses infelizes, a origem do mal que os afligia, eles respondiam, tristemente e muito desconfiados: "Foi Cainamé que *soprou*, seu branco, e eu vou morrer"; Antônio Cantanhede, *O Amazonas por Dentro*, Contos, Lendas e Narrativas, 176-177, Manaus, 1950. Deve ser o mesmo Canaimé que Stradelli descreve, "Rio Branco, note de viaggio". *Bollettino della Società Geografica Italiana*, vol. II, fasc. IV, 266, Roma, 1889: "Canaimé, la Divinità spaventosa che travia e fa morire di febbre e di fame l'indigeno nella savanna, che dirige la freccia del nemico, che sottrae la preda a quella del cacciatore: che, serpente, fuoco, giaguar, fa morire i bambini lasciati soli nella capanna, e dalla cui ira l'indigeno cerca sempre schermirsi; quella stessa che incendia i campi, abbatte gli alberi della foresta, sommerge i fragili schifi, e che tutta si rivela nella sua maestosa grandezza in seno della tempesta tra i lampi e i tuoni, come l'irato Dio dell'Olimpo greco. Ma divinità senza forma, immateriale, di cui l'indigeno non si face mai un'idea esatta, che non plasmò, che non modellò sopra nessuna immagine, vaga come la nube, che a sera dopo la tempesta vede rosseggiando dissolversi nel cielo violaceo, ma appunto per ciò piu terribile e spaventosa". Note-se a imprecisão ameaçadora do Canaimé de 1888 para a limitação funcional do Cainamé contemporâneo.

CAIPIRA. Homem ou mulher que não mora na povoação, que não tem instrução ou trato social, que não sabe vestir-se ou apresentar-se em público (Valdomiro Silveira, *Os Caboclos*, 193, São Paulo, 1920). Habitante do interior, canhestro e tímido, desajeitado, mas sonso. Jogo de dados, correspondendo a um quadro numerado, muito comum nas festas sertanejas. Beaurepaire-Rohan (*Dicionário de Vocábulos Brasileiros*, Rio de Janeiro, 1889) registrou: "Caipira. s. m. (S. Paulo), nome com que se designa o habitante do campo. Equivale a labrego, aldeão e camponês em Portugal; roceiro no Rio de Janeiro, Mato Grosso e Pará; tapiocano, babaquara e muxuango, em Campos dos Goitacases; matuto em Minas Gerais, Pernambuco, Paraíba do Norte, Rio Grande do Norte e Alagoas; casaca e bahiano no Piauí; guasca no Rio Grande do Sul; curau em Sergipe; e finalmente tabaréu na Bahia, Sergipe, Maranhão e Pará". (*Etim*. Tem-se atribuído diversas origens ao vocábulo *caipira*; duas há, porém, que têm merecido particular atenção da parte daqueles que se dão a esses estudos, e são caapora e curupira, ambos vocábulos da língua tupi: caapora, cuja tradução literal é *habitador do mato* (*Dic. Port. Bras.*), diz bem com a ideia que temos da gente rústica; mas cumpre atender a que o termo caipira, tão usual no Brasil já como substantivo e já como adjetivo, conserva melhor a forma do vocábulo tupi, bem que tenha significação diferente, como o discutirei no respectivo artigo. Curupira designa um ente fantástico, espécie de demônio, que vagueia pela mato, e só como alcunha injuriosa poderia ser aplicada aos camponeses. Em Ponte-do-Lima, reino de Portugal, é vulgar o vocábulo *caipira*, não mais com a significação de rústica, se não com a de *sovino, mesquinho* (J. Leite de Vasconcelos). Não obstante esta diferença de acepção, não podemos duvidar de que aquele homônimo seja de origem brasileira, e é esse um fenômeno linguístico de fácil explicação. Em verdade, do Minho vem muita gente ao Brasil, e dela não poucos indivíduos, depois de ter adquirido pelo trabalho uma tal ou qual fortuna, regressam para sua província. Durante os longos tempos que habitaram entre nós, familiarizaram-se com certos vocábulos, e é natural que, já restituídos à pátria, usem deles maquinalmente em suas conversações, e desta sorte os naturalizem no seu país, ainda que alterados em sua significação primitiva, como aliás acontece no Brasil a respeito de muitas palavras portuguesas, que têm aqui um sentido mui diferente do que lhes dão em Portugal". Alberto Bessa (*A Linguagem Popular e a Gíria Portuguesa*, esboço de um Dicionário de Calão, Lisboa, 1901) consigna caipira no vocabulário português valendo *vadio, malandro*. Teófilo Braga, prefaciando o livro de Alberto Bessa atinou estupefaciente etimologia: "Caipira, como injúria plebeia, vem do hebreu *Kippur*, fórmula de expiação, e porventura da condenação da crença dos *cábiras*". O *Yom Kippur*, dia santo no Ano-Novo judaico, logo depois do Ano-Bom, *Rosh Hashannah*, é realmente o Dia da Expiação e do Arrependimento, pedido de perdão ao Senhor, cantando-se o *Kol Nidra* diante da *Torah*. Daí para *caipira*, há muito caminho. Teodoro Sampaio, *O Tupi na Geografia Nacional*, 3ª ed. Bahia, 1928, faz provir *caipira* de *cai-píra*, o envergonhado, o tímido. Caipirada, caipirismo, reunião ou modos de caipiras.

CAIPORA. É o Curupira tendo os pés normais. De *caá*, mato, e *pora*, habitante, morador. O Padre João Daniel, missionário no Amazonas, 1780-97, informa sobre a significação primitiva do vocábulo: "Do que se infere que o diabo disfarçado em figura humana, *Coropira*, tem muita comunicação com os irmãos mansos e já aldeados; e muito mais com os bravos, a que chamam *Caaporas*, isto é, habitadores do mato". ("Tesouro Descoberto no Rio Amazonas", *Revista do Instituto Histórico e Geográfico Brasileiro*, II, 482). O Curupira é um caapora, residindo no interior das matas, nos troncos das velhas árvores. De defensor de árvores passou a protetor da caça, tal-qualmente sucedeu à Diana greco-romana. Discute-se a existência do Caapora quinhentista, contemporâneo do Curupira, e não simples fusão posterior. Frei André Thevet (em inédito citado por Métraux, *La Religion*, 63) informa do pavor dos indígenas a um "esprit que les assiege durant la nuit", chamado Agnan, Raa-Onan ou Kaa-Gerre. Jean de Léri denomina-o Kaegerre. Gonçalves Dias (*Brasil e Oceânia*, 106) traduz facilmente Kaa, mato, e Gerre ou Guerre, corruptela de Guara, habitante, morador. O mesmo que *pora*, Kaagerre é informe e ameaçador como o Curupira de Anchieta. Os indígenas defendiam-se andando com um tição flamejante durante as jornadas noturnas. Esses fantasmas da noite fogem da claridade que os homens dominam. Negros e orientais viajam com fogos, amedrontando os bichos fabulosas que povoam as horas escuras. É mito tupi-guarani emigrando do Sul para o Norte. Couto de Magalhães fixou-o como um grande homem coberto de pelos negros por todo o corpo e cara, montado sempre num porco de dimensões exageradas. Émile Allain cita esse "géant velu monté sur un énorme pore sauvage". Ambrosetti, estudando o Caapora da Argentina, faz coincidir o desenho: "es un hombre velludo, gigantesco, de gran cabeza, que vive en los montes, comiendo crudos los animales que el hombre mata y luego no encuentra". (*Superstíciones*, 87). Em qualquer direção, pelo interior do Brasil, o Caapora-Caipora é um pequeno indígena escuro, ágil, nu ou usando tanga, fumando cachimbo, doido pela cachaça e pelo fumo, reinando sobre todos os animais e fazendo pactos com os caçadores, matando-os quando descobrem o segredo ou batem número maior das peças combinadas. O Caipora pequenino e popular é o velho Curupira sem a influência platina que Couto da Magalhães aceitou, e possivelmente representa o Caapora inicial, o selvagem apenas, agigantado pelo medo que espalhava no mistério da floresta. O próprio Couto de Magalhães, querendo escrever em nheengatu *gigante morador do mato*, grafou *Caapora-assu*. Se o Caapora fosse um gigante, dispensaria o sufixo *açu*, aumentativo. Por todo o nordeste do Brasil duas imagens verbais pintam o duende: fumar como o Caipora e assobiar como o Caipora. Dizem, nessa região, comumente o Caipora, fazendo-o sempre uma indiazinha, amiga do contato humano, mas ciumenta e feroz quando traída. Quem a encontra fica infeliz nos negócios e tudo quanto empreender. Do Maranhão para o sul o Caipora é o tapuia escuro e rápido. No Ceará, além do tipo comum, aparece com a cabeleira hirta, olhos de brasa, cavalgando o porco, caititu, e agitando um galho de japecanga (*Smilax*). Engana os caçadores que não lhe trazem fumo e cachaça, surra impiedosamente os cachorros. Em Pernambuco (Barbosa Rodrigues) apresenta-se com um pé só, e este mesmo redondo, como o *pé de garrafa*, e o segue o cachorro Papa-Mel. Na Bahia é uma cabocla quase negra ou um negro velho, e também um negrinho em que *só se vê uma banda* (Silva Campos), lembrando os *Ma-Tébélés* africanos (Blaise Cendrars) ou os *Nisnas* clássicos, evocados por Gustave Flaubert na *Tentação de Santo Antão*. Em Sergipe, quando não o satisfazem, mata o viajante a cócegas. No Extremo Sul reaparece o homem agigantado. No Rio Grande do Sul (J. Simões Lopes Neto. *Lendas do Sul*, 89, Pelotas, 1913). No Paraná é também um gigante peludo. Em Minas Gerais e Bahia, ao longo do rio S. Francisco, é um "caboclinho encantado, habitando as selvas", com o rosto redondo, um olho no meio da testa (Manuel Ambrósio). Por onde emigra, o nordestino vai semeando suas figuras e crenças. O Caipora, ou a Caipora, popularizadíssimo em sertão, agreste e praia, vai alargando a área geográfica do domínio. No Chile há o *Anchimallén*, anão guia e protetor dos animais, ligando-se aos mitos ígneos, porque se pode transformar em fogo-fátuo. O *Anchimallén* entra em acordo com caçadores, mas exige sangue humano nos contratos. Dá igualmente infelicidade e anuncia a morte. Há vagas semelhanças com o *Yastay* argentino, guiando as manadas de guanacos e vicunhas, defendendo-as da dizimação ou deixando-as matar se o caçador lhe oferece coca e farinha de *chaclión* (farinha de milho). O *Yastay* mata quem não cumpre o pacto. O mesmo sucede nas regiões da erva-mate com a Coamanha, mãe-da-erva, apaixonando-se, auxiliando, enriquecendo o namorado, mas perseguindo e vingando bestialmente seu amor abandonado. O Caipora, com o contato do focinho do porco, da vara de ferrão, do galho de japecanga ou da ordem verbal imperativa, ressuscita os animais mortos sem sua permissão, apavorando os caçadores. Não conheço nem creio que exista ligação do mito do Caipora com o Batatão, o Boitatá ígneo. Bibl.: Couto de Magalhães, *O Selvagem*, 137; Gonçalves Dias, *Brasil e Oceania*, 105; Beaurepaire Rohan, *Dicionário de Vocábulos Brasileiros*; Barbosa Rodrigues, *Poranduba Amazonense*, no estudo do "Kurupira"; Manuel Ambrósio, *Brasil Interior*, 71; Cornélio Pires, *Conversas ao Pé do Fogo*, 154; Luís da Câmara Cascudo, *Geografia dos Mitos Brasileiros*, 3ª ed., São Paulo, Global, 2002, com registro de depoimento de caçadores contemporâneos. Donald Pierson, *Brancos e Pretos na Bahia*, 324-325, S. Paulo, 1945, encontrou a versão de que "o caipora pode ser afastado mastigando-se alho", e registra um episódio que é variante do Mapinguari, em Silva Campos, LXXVI: "O Caipora existe mesmo. Assim como um soco no braço da gente deixa sinal vermelho, o Caipora também deixa sinais. Conheço um imigrante português, homem honrado e digno de fé, que foi avisado para não caçar às sextas-feiras. Ele riu-se do aviso e foi ao mato procurar jacus: achou um e atirou. O jacu voou para ele com as garras estendidas e arranhou-o cruelmente. Ele atirou outra vez. O jacu voltou e arrancou-lhe os olhos. Então ele ouviu uma voz dizer: "Você sabe que não deve caçar nas sextas-feiras". Era o Caipora. O homem voltou cambaleando para casa e caiu sem sentidos na porta. Conheci bem esse homem". Essa interdição da caça nas sextas-feiras, como na *estória* do Mapinguari do rio Purus, referente aos domingos, identifica a influência católica da catequese. Ver *Curupira, Quilaino, Ossonhe*.

CAIPORA-FÊMEA. Ver *Flor-do-Mato*.

CAIPORINHA. Figura secundária do auto popular de bumba meu boi, representando um caboclinho de tanga, com uma enorme cabeça, arranjada com uma urupema coberta com um pano branco, convenientemente disposto, e apertado em torno do pescoço, deixa ver dois orifícios correspondentes aos olhos, simbolizando assim o próprio mito do caipora, consoante com as nossas lendas populares: "Um medonho caboquinho no queixo, montado num porco-espinho". (Pereira da Costa, *Vocabulário Pernambucano*, 153). Encontra-se a caiporinha em muitos bumba meu boi com indumentária diferente: cabeleira longa, saia branca curta, cabeção decotado, dançando rapidamente, sem cantar, ao som do coro: "Esta Caiporinha / Dança muito bem, / Só quer que lhe chamem / Maricas meu bem!".

ÇAIRÉ. Dança e canto religioso na Amazônia. De *çai*, salve, e *erê*, tu o dizes, segundo Barbosa Rodrigues, ou de *ça-ierê*, a corda em giro, espécie de dança de rapazes (Teodoro Sampaio), versão mais lógica. "Além da dança e do canto festivo têm os tapuios no dia de alguma festa religiosa, como a de S. Tomé (Solimões), S. João (Santarém), ou Santo Antônio (Ereré), Santa Rita (Rio Negro), um canto, antes uma saudação religiosa, introduzida nessas festas pelos missionários e chamada *çairé* ou *turiua*. Esta é uma espécie de procissão de mulheres em que carregam o instrumento do mesmo nome de *çairé*. A procissão dirige-se à igreja, à casa do juiz da festa, à do vigário, etc., e aí as palavras da saudação não são as mesmas e sim próprias a quem se dirigem... O instrumento denominado *çairé* é um semicírculo de madeira de um metro e quarenta centímetros de diâmetro, contendo dentro dois outros menores, colocados um a par do outro, sobre o diâmetro do maior. Da união dos dois parte um raio do grande, que, excedendo a circunferência, aí forma uma cruz. Os menores têm também o seu raio perpendicular ao diâmetro comum, rematados em cruz. Estes arcos são envolvidos por algodão batido, enleados por fitas, e enfeitados com espelhinhos, doces, frutas, etc. Da cruz do raio maior parte uma longa fita. Este instrumento, inventado pelos missionários para perpetuar e firmar mais a religião entre os índios, tem uma significação bíblica. O *çairé* perpetua o dilúvio e as três pessoas da SS. Trindade, creio eu e assim explico: o arco significa a arca de Noé, os espelhos a luz, os biscoitos e frutas, a abundância que havia na mesma arca, o algodão e o tamborinho a espuma e o ruído das águas, o movimento dado ao *çairé*, o balouçar da mesma arca, e as três cruzes, sendo a superior maior, as três pessoas distintas da SS. Trindade, e um só Deus verdadeiro, representado pela cruz maior e mais elevada... Quando se festeja algum santo, por alguma promessa, levantam em casa um altar, onde colocam a imagem milagrosa, aos pés da qual fica o *çairé*. Preparam junto à casa uma grande *ramada*, isto é, uma grande palhoça, onde é servido o jantar aos convidados e fazem-se as danças. Dias antes da festa preparam grande quantidade de *tarubá* ou *mukururu*, que é a *alma da festa*. Se a ladainha, que sempre acompanha estas promessas, é feita na igreja, o *çairé* sai da casa, em procissão, e se dirige para o templo. A ordem da procissão é a seguinte: abre a marcha um tapuio, levando uma bandeira branca onde a imagem do santo festejado é pintada; logo após o *çairé*, carregado por três tapuias velhas, que o suspendem pelo diâmetro, seguindo-se atrás delas uma moça segurando a ponta da fita que parte da cruz superior. Ao lado desta vai outra moça, levando debaixo do braço um tamborinho, cuja vaqueta é enfeitada de fitas de diversas cores. Segue atrás o mulherio vestido à *bandarra* isto é, com trajes de festa e de folia: camisa de gola de renda, saia alva, tendo a *maneira* aberta para deixar ver um crivo da camisa por onde a carne transparece, flores nos cabelos, e muito perfume de periperioca e pataquera. Em seguida vão os tapuios, fechando o préstito. Durante o trajeto as velhas vão inclinando o *çairé* ora para frente, ora para trás, e a moça da fita, saltando de um para outro lado, cadenciando o movimento e os saltos, pela entoação do canto das três *mestras*, cujo compasso é marcado por pancadas no tamborim. O canto é sempre pela língua geral, e repetido em coro pelo mulherio. Este é triste e monótono e sempre a letra é sobre motivo religioso. Assim, em procissão, vão saudar o juiz da festa e levá-lo para a igreja, assim como o vigário; depois da ladainha são levados para a ramada, onde se serve o jantar. Durante este, enquanto os convivas regalam-se, as cinco mulheres, figuras obrigadas, rodeiam a mesa, cantando e saudando os convivas. Findo o jantar, levam o vigário para casa, precedido pelo *çairé*... O Padre João Daniel, no seu *Tesouro*, descreve o *çairé* como festa de meninos e meninas; a ser exato o seu dizer, esta tradição perdeu-se, pois que no Amazonas hoje esta festa é privativa das mulheres e em geral velhas (*Porandaba Amazonense*, 279-282, 1890). Está desaparecido no Amazonas e ocasionalmente reaparece no Pará. Ver Stradelli, *Vocabulário da Língua Geral*, 637; Mario Ypiranga Monteiro, *Fundação de Manaus*, na I ed., 1948; José Veríssimo, *Cenas da Vida Amazônica*, 68-70; Cônego Francisco Bernardino de Sousa, *Lembranças e Curiosidades do Vale do Amazonas*, 207-8; Bernardo da Costa e Silva, *Viagens no Sertão do Amazonas*, 153-155, Porto, 1891; Henry Walter Bates, *O Naturalista no Rio Amazonas*, I, 336; Herbert H. Smith, *Brazil the Amazons and the Coast*, 396, New York, 1879; Matoso Maia, *Estudos Sobre a Estrada Madeira-Mamoré-Rio-Madeira*, 129; Osvaldo Orico, *Vocabulário de Crendices Amazônicas*, 217; Peregrino Júnior, *Histórias da Amazônia*, 63-65: Ernesto Cruz, Belém, 165; Bento de Figueiredo Aranha, "As Explorações e os Exploradores do Rio Uaupés", 76, *Arquivo do Amazonas*, vol. I, n.º 3 (1907): Nunes Pereira, *O Sairé e o Marabaixo*, Rio de Janeiro, 1956. A única ilustração que conheço é a que figura em H. H. Smith. Barbosa Rodrigues divulgou duas solfas do *çairé*. É ainda dedicado às festas do Espírito Santo. Devia o *çairé* ter sido primitivamente bailado indígena em fila e daí a denominação de *a corda girante* ou *em giro*. Os missionários jesuíticos aproveitaram-no como dança para crianças, segundo o Padre João Daniel (séc. XVIII) e mesmo utilizando músicas e letras portuguesas, tal-qualmente informa Frei João de S. Joseph Queirós, quarto Bispo do Pará, dizendo usar-se no *çairé* versos de uma tragicomédia do Padre Antônio de Macedo e que se representara em Lisboa a Filipe II em Santo Antão. O instrumento, o *çairé* armado que passou a significar a dança e a festa, é o popular *Arco Festivo* em Portugal, tão conhecido nas festadas do Norte, ranchos de romarias e desfiles de oferendas, arco enfeitado e de grande efeito ornamental, a deduzir-se do desenho que está em H. H. Smith, comparado com os arcos que tantas vezes vi nos cortejos tradicionais e populares.

CAIR NO SANTO. Entrar em transe, possessão mediúnica nos candomblés. Indica a chegada do orixá no corpo do seu *cavalo*, mulher que se dedicou ao culto de um *encantado* da costa da África. "O santo subiu para cabeça", dizem também. A mulher, filha de santo, é levada para o Peji, onde a vestem com as cores e atributos do Orixá que ela está personalizando. Daí em diante, para os que creem, é o próprio Encantado o dancarino.

CAJILA. Amuleto protetor para dar caça, pesca, negócios, amores, com tradição inabalável nos Estados do Pará, Amazonas, Território do Acre, etc. O tambatajá (ver *Tajás*) é cajila famosa para pescarias. "Há, também, cajila para os caçadores. O caçador de veados, por exemplo, ensopa a sua roupa toda no sangue e no esterco do veado morto recentemente, e pode ganhar o mato, que o veado não se espantará com sua aproximação. (Aqui, o fenômeno parece natural; o veado, que tem um faro admirável, sente o próprio cheiro.) Há cajila para onça. (Essa é do Ceará. Um cearense a trouxe para cá.) É um pequeno osso, osso especial que tem a onça; quem o conduzir no seu bornal pode-se gabar de ser bom matador de onça. Nenhuma escapa. Ele e eu vascolejamos, um dia, a ossada de uma grande onça morta recentemente, mas, infelizmente, não encontramos mais o "ossinho" especial... Há a cajila para cobra. Esta não é bem cajila, é um antídoto prodigioso, contra o veneno ofídio. É o dente do colmilho do jacaré. Essa crença está espalhada por todo o Brasil, e, talvez, na América do Sul. Encontrei-a referida nos trabalhos do Padre Tanhasseur (Teschauer) do Rio Grande do Sul. Os índios amazônicos a conhecem e encomendam aos seringueiros, para tal fim, dentes de jacaré... Disse eu que havia cajila para negócios, o irapuru (ver *Uirapuru*) preparado. Mas há, também, o olho de boto (ver *Boto*). Esse é para amores." (José Carvalho, *O Matuto Cearense e o Caboclo do Pará*, 29, 61, Belém, Pará, 1930).

CAJU. (*Anacardium occidentale* L.). É a mais popular das frutas brasileiras, no Norte e Nordeste, ao alcance dos pobres, com o prestígio do tradicionalismo nos variados usos. Como sua frutificação coincide com o final do ano e início do outro, *acaiú* significa o ano, para o indígena de raça tupi. Guardavam as castanhas de cada colheita, valendo uma o tempo hoje correspondente aos doze meses. O pedúnculo carnudo e sumarento dá o vinho e o vinagre, a castanha é gulodice secular, gabados, caju e castanha, em todos os cronistas do Brasil colonial. A presença do caju na África, Ásia e Oceania é posterior à chegada do português ao Brasil, centro irradiante do *Anacardium*. Garcia da Orta não o citou nos seus *Colóquios dos Simples e Drogas da Índia*, Goa, 1563, porque o caju aclimatou-se na Índia depois da publicação do seu livro. A vitalidade do fruto, mantendo íntegras as força germinativas, possibilita o transporte do cajueiro para distâncias enormes. Das folhas às raízes, o cajueiro pertence à terapêutica popular, e a época da colheita abre para as populações pobres auxílios inesperados e regulares, embora nenhum dos aproveitadores pense no cultivo de tão querida árvore. Ainda dizem no Nordeste: tenho quarenta cajus, valendo quarenta anos. Ver Pinheiro Domingues, "Acajou", *Revista Filológica*, n.º 5, 21, Rio de Janeiro, 1941; Óton Machado, "Estudos Novos Sobre uma Planta Velha", sep. de *Rodriguésia*, n.º 17, Rio de Janeiro, 1944, ensaio de grande informação; João Peretti, "Cajueiro", *in Novos Ensaios*, Recife, 1945. "Não sou besta como o caju, que nasce com a cabeça para baixo". Marcgrave registrara que "os indígenas contam os anos de idade pelas castanhas do caju, guardando uma cada ano". (*História Natural do Brasil*, 95). Também comparara a castanha a um rim de ovelha. Mauro Mota, *O Cajueiro*, Rio de Janeiro, 1956. *Novena de Caju*. Belém e município do Pilar, informa Felicitas (*Danças do Brasil*, 79-80, Rio de Janeiro, 1958), festejam Nossa Senhora da Conceição ou Santa Luzia (8 ou 13 de dezembro) com uma novena cantada diante do altar que deve ser privado e doméstico. Beijam os pés da imagem, batendo as palmas. Com tambor, bombo e pífaro, percorre o grupo as residências amigas em ritmo de marcha. "Apesar de ser uma dança religiosa e as canções destituídas de qualquer malícia, a dança é de natureza excitante e sensual". Felicitas não alude à razão do nome. Coincidência com o mês dos cajus?

Cajuada. Ver *Garapa*.

Calage, Roque. Ver *Roque Calage*.

Calais. Ver *João de Calais*.

Calandrim. Calandrínia (*Dactyloctenium aegyptium* Willd.). É uma gramínea. "A montaria levava na proa um *tajapurá*. – Pra que isso, minha gente? – Zé Pocema explicou: – É o calandrim... – Cá... o quê? – Calandrim, D. Lalá. Uma planta que tira o caipora dos pescadores. Os pescadores de tartaruga levam elas dentro dum paneiro, na montaria, pra ter sorte na pesca" (Peregrino Júnior, *Histórias da Amazônia*, 59).

Calango. Dança popular em Minas Gerais: Bicas, Caratinga, Barbacena, e também no Estado do Rio de Janeiro. Informa-me Antônio Gomes Filho tratar-se de canto e baile que são realizados isolada ou conjuntamente. Dançar o calango. Cantar o calango. A dança é em ritmo quaternário, dois por quatro, par enlaçado e sem complicações coreográficas, repetindo os passos do comum samba urbano ou o antigo tango ou tanguinho carioca. A música é que se repete na característica do refrão típico. Em Barbacena:

"Calango tango
Do Calango da lacraia,
Nunca vi nêgo d'Angola
Qu'usa chapéu de paia."
"Calango tango
Do Calango da lacraia,
Macaco que vai na roça
Come o mio e deixa a paia!"

Este refrão, sem outros versos da sequência mineira, é conhecido no nordeste brasileiro, sem que exista a dança. No calango cantado o solista diz quadrinhas e o coro repete o refrão. O solista é sempre improvisador. Há também desafio, com versos improvisados ou decorados parcialmente sobre os temas preferidos, gesta de animais, aventuras e proezas do macaco, cavalo, cabrito, etc., debatidos entre os dois cantadores e obrigados a refrão. O auditório, sentado, toma parte viva. O instrumento comum é a sanfona antiga, de oito baixos. Também conhecida em S. Paulo, assunto de um trabalho do prof. Francisco Pereira da Silva, de Caçapava (Rossini Tavares de Lima).

Calço. Golpe, inesperado dado com o pé na perna do antagonista no jogo da capoeira. Patada. Nos domínios do catimbó é auxílio financeiro em geral. Calço de Sessão, boró, pagamento adiantado do serviço que vai ser prestado pelo "mestre"; calço da marca, fumo misturado com incenso, empregado durante a sessão, fumado no cachimbo pelo catimbozeiro. (Luís da Câmara Cascudo, *Meleagro*, Rio de Janeiro: Agir, 1978).

Calhambola. Escravo fugido, vivendo em quilombo, com outros, ou isoladamente, em mocambo. "Negros fugidos que vivem em quilombos e se chamam vulgarmente calhambolas", alvará de 3 de março de 1741. *Canhamboras*, vide *Quilombos*. Errantes e famintos, os canhamboras surgiam inopinadamente nas casas retiradas, pedindo alimento ou mesmo exigindo. Com o pavor que a figura de um negro esfarrapado, barbudo, de olhos assombrados ia impondo, espalhava-se uma série de histórias horríveis, multiplicação da força física e dos poderes do canhambora. Pouco a pouco o escravo fugido foi passando para a forma espantosa de um ente fabuloso, noturno visitador de fazendas e residências afastadas das vilas, aparecendo nos caminhos, invulnerável, infatigável, apavorador. As províncias que possuíam grandes massas de escravos, Pernambuco, São Paulo, Minas Gerais, Rio de Janeiro, arredores da Corte, viviam cheias de tradições tremendas dos quilombolas, canhemboras, canhamboras, etc. Lentamente o negro fujão ia convergindo para os soberanos da mata, caiporas, sacis, bicho-homem, pai do mato. "O Saci-Pererê", Resultado de um inquérito, 148-149, São Paulo, 1916: "Um caboclo velho, barbado e tido na zona como incapaz de mentir, conta que, quando moço, era caçador apaixonado. Saiu um dia para a diversão e não tendo reparado que esse dia era santo, soltou os cachorros no mato. Depois de muito esperar, ouviu o latido do melhor cachorro da matilha e logo após uma quantidade enorme de porcos do mato que, grunhindo, passaram junto dele; esperou o último porco, um homem alto, coberto de pelos, só tendo nua uma roda, em torno do umbigo. Era o Canhambora, disse ele, e voltei num carreirão para casa e até hoje nunca mais cacei". Com a libertação dos escravos em 1888, os derradeiros canhambolas desaparecem das estradas para acabar os dias em paz, perto das vilas.

Calundu. Mau-humor, neurastenia, irritação, frenesi. Até meados do século XVIII era o mesmo que candomblé ou macumba, festa religiosa dos africanos escravos, com canto e dança ao som dos batuques. Gregório de Matos citava calundus, fins do século XVII:

"Que de quilombos que tenho
Com mestres superlativos,
Nos quais se ensinam de noite
Os calundus e feitiços..."

Nuno Marques Pereira (no *Compêndio Narrativo do Peregrino da América*, princeps, 1728) descreve os calundus legítimos (pág. 123 da ed. 1939, 1º volume): "Perguntou-me como havia eu passado a noite. Ao que lhe respondi: Bem de agasalho, porém desvelado; porque não pude dormir toda a noite. Aqui, acudiu ele logo, perguntando-me que causa tivera. Respondi-lhe que fora procedido do estrondo dos tabaques, pandeiros, canzás, botijas e castanhetas, com tão horrendos alaridos, que se me representou a confusão do Inferno. E para mim, me disse o morador, não há coisa mais sonora, para dormir com sossego... se eu soubera que havíeis de ter este desvelo, mandaria que esta noite não tocassem os pretos seus calundus. Agora entra o meu reparo (lhe disse eu). Pois, Senhor, que coisa é calundus? São uns folguedos, ou adivinhações (me disse o morador), que dizem esses pretos que costumam fazer nas suas terras, e quando se acham juntos também usam deles cá para saberem várias coisas, como as doenças de que procedem, e para adivinharem algumas coisas perdidas; e também para terem ventura em suas caçadas, e lavouras; e para outras muitas coisas". Essa explicação de morador português na Bahia, setecentista, denuncia a antiguidade e regularidade do culto religioso dos africanos na terra brasileira. Calundus (sempre no plural) perdeu atualmente essa acepção e só se conhece como os sinônimos acima registrados.

Calunga. Boneca, figurinha de pano, madeira, osso, metal: desenho representando a forma humana ou animal. Rapaz auxiliar nas carroças e caminhões automóveis: o mesmo que lambaio. Planta, *Simaba ferruginea*, St. Hil. Nome vulgar dos peixes *Pagrus*. Nos maracatus do Recife, os calungas são duas bonecas (às vezes uma única), Dom Henrique e Dona Clara, que vão nas mãos dançantes das negras e recebem as espórtulas dos admiradores. Mário de Andrade identificou-as como sobrevivência totêmica: "A Calunga dos Maracatus", in *Antologia do Negro Brasileiro*, de Édison Carneiro, 272-279, Porto Alegre, 1950. No idioma quioco vale dizer *mar*, e aparece nessa acepção nos cantos de macumba e candomblés cariocas e baianos, dedicados aos *santos d'água*. Em quimbundo é tratamento de pessoa ilustre, de homem nobre. Heli Chatelain ensina: "Kalunga is a yet mysterious word which frequently recurs in the Bantu languages." (*Folk-Tales of Angola*, 294, Boston and New York, 1894). Significa a Morte, o Inferno, o Oceano, Senhor (título de respeito), exclamação de surpresa e de encanto, etc. Ver *Boneca*.

Cama de Casal. O leito do casal mantém as tradições do culto doméstico romano, resistindo nos países neolatinos e conservadas sem oposição maior pelo catolicismo. Em Roma era o *lectus genialis*, consagrado ao gênio que presidia ao nascimento dos homens. "Geniales eos proprie esse lectos qui puellis nubentibus sternuntur, dictos ita a generandis liberis", escreveu Sérvio. Ornavam-no as imagens dos ancestrais do marido e era armado na sala, à entrada da casa, objeto de respeito e venerado pela tradição familiar sob a proteção dos lares. Quando o homem passava a novas núpcias, mandava fazer um novo *lectus genialis*. O uso do mesmo leito era crime atroz, como o denominou Cícero. O "Rituale Romanum" (Tit. VIII, cap. 8, 238, Ratisbona, 1929) indica o *benedictio thalami*, bênção ao leito nupcial: "Benedic, Domine, thalamum hunc: ut omnes habitantes in eo, in tua pace consistant, et in tua voluntate permaneant, et senescant, et multiplicentur in longitudinen dierum, et ad regna caelorum perveniant. Per Christum, Dominum nostrum. Amen." (*Et aspergatur aqua benedicta*). No Brasil, a praxe consuetudinária manda arranjá-lo por mulher casada, parenta ou não da nubente, mas obrigatoriamente casada e sabidamente feliz no matrimônio. Ninguém pode sentar-se nem depor objetos usados sobre o leito. Constituirá sempre possuidor de respeito supersticioso. Não pode *ser* maculado com a presença de uma mulher que não seja a esposa. É o derradeiro móvel vendido na época de asfixia financeira. Vender cama é denúncia de absoluto desespero econômico. Moça solteira não dorme em cama de gente casada. Visita à cama dos noivos: é um costume ainda comuníssimo a visita ao quarto dos noivos no dia do casamento. Nas cidades do interior a assistência por vezes exigia visitar a cama dos noivos, estabelecendo-se verdadeira romaria, especialmente quando ocorria casamento de família rica. Mas junto à curiosidade há o vestígio vivo de uma homenagem ao *lectus genialis*, com mais de dois mil anos de culto. "Nessa ocasião, sério tumulto surgiu repentino, pois o *sereno*, segundo o costume da época, queria invadir a casa para ver a cama dos noivos. O leito nupcial... O leito nupcial causava arrepios, produzia insônia a muitos pais humildes que tinham filhas para casar. O mobiliário, as peças de cozinha, se arrolavam nas obrigações do noivo; o enxoval da moça, o leito, obrigatoriamente, estavam a cargo do progenitor da nubente. E, mesmo naqueles tempos de coisas baratas, uma cama dupla, em jurema, com quatro colunas, suportes do lastro e da armação do cortinado, uma cama para casal com todos os seus pertences custava várias centenas de mil réis! Por fim o sereno viu, e saiu apressado para alcançar a cerimônia religiosa, que era, segundo a educação de outrora, religiosamente assistida." (Coriolano de Medeiros, *O Tambiá da Minha Infância*, 78, Paraíba, 1942). O General Dionísio Cerqueira, *Reminiscências da Campanha do Paraguai*, 452, Rio de Janeiro, s. d., já capitão, voltando da guerra, participou da seguinte e curiosa cerimônia: "Alta noite, quando toda a gente foi repousar, minha mãe mandou fazer uma cama muito grande e deitou-nos, a todos os filhos, por ordem da idade e também a irmãzinha. Saiu: e voltando pouco depois com o pai, disse-lhe: Estão aí todos cinco, graças a Deus. E ambos caíram de joelhos e oraram contritos num transbordamento de gratidão e de fé". Fernão Lopes (*Crônica de D. João I*, XCV), narrando o casamento do Rei, fevereiro de 1387, informa: "... e depois da çea, ao serão, ho Arçebispo e outros perlados, cõ muitas tochas acçesas, lhe bemzerão a cama daquellas bemções que a Igreija pera tall aucto ordenou".

CAMA DE GATO. A expressão popular tem duas acepções. É divertimento infantil, com cordéis entrançados pelos dedos das duas mãos, formando uma rede que se deve desmanchar com um único lance. E é também usada, popularmente e na gíria de futebol, como uma das mais violentas quedas provocadas que conhecemos. Quando o jogador pula para cabecear uma bola, o outro o escora pelas pernas: dá-se o desequilíbrio e o primeiro cai espetacularmente. Houve *cama de gato*. É falta grave. Entre a rapaziada no Nordeste, usa-se a *cama de gato* como uma das mais estúpidas brincadeiras de que já fomos vítimas. Um dos jovens fica por trás do que foi escolhido, de gatinhas, enquanto um outro o empurra pelos peitos. Tombando de costas, a vítima encontra a resistência do que está de gatinhas e quase sempre cai de pernas para o ar, completamente tonto. (Veríssimo de Melo, Universidade do Rio Grande do Norte, Natal).

CAMALEÃO. Dança rural norte-rio-grandense, "de vários pares, e miudinha como uma *chula*", Aluísio Alves (*Angicos*, 332) que registrou a música, Cantavam-na com versos populares, figurando o camaleão, e o estribilho: Amarra Camaleão. / Amarra meu bem também.

"Camaleão foi à missa
Lá na torre de Belém,
O padre que celebrou
Era camaleão também.

Camaleão foi a palácio
Foi falar com o Presidente;
Foi coisa que eu nunca vi,
Camaleão falar com gente."

CAMARGO. Bebida serrana. Café muito forte, bem quente, com ou sem açúcar, dentro do qual se ordenha leite gordo, o apojo, depois de ter apojado o terneiro (Pe. Alvino Bertoldo Braun, "Coisas do Planalto", *Boletim Trimestral da Comissão Catarinense de Folclore*, n.º 3, 19, Florianópolis, março de 1950).

CAMARÕES. Os Dois Camarões (*mocoin muã*), nome dado às estrelas Castor e Pólux pelos tarianas, indígenas aruaques do rio Uaupés, afluente do rio Negro, Amazonas. *Mocoin muã* é uma frase tupi.

CAMBANRANGUANGÊ. É o nome do orixá Xangô na linha de Caboclo (Sodré Viana, *Caderno de Xangô*, 20). Édison Carneiro ouviu chamar *Jambanranguanje* (*Negros Bantos*, 54).

CAMBICA. Sopa de jerimum com leite de vaca e açúcar. No Amazonas, polpa de frutas, murici, etc., dissolvida no leite. Laudelino Freire diz sinônimo de farinha de mandioca, jamais ouvido por mim. Não é vocábulo urbano no Nordeste mas usado, outrora, no velho sertão.

CAMBIRERA. Mito existente na zona das Missões Jesuíticas, a noroeste do Estado do Rio Grande do Sul. Modificado ao sabor da imaginação popular em decorrência de várias interpolações folclóricas, ainda é muito lembrado na região em torno e no município de São Borja. Basicamente, a *Cambirera* é tida como sendo uma fêmea peluda que, em suas variantes, assume diversas formas animalescas, macaca ou cadela. Tem os seios muito grandes e pendentes, os quais atira para as costas quando corre. Certa vez roubou um menino e levou-o para uma furna, escondendo-o. Mais tarde, feito homem sua vítima, passou a coabitar com ele, vindo a ter um filho que matou quando foi abandonada por seu prisioneiro. É usada no campo para assustar os meninos quando entram em ereção. A peonada, notando o crescimento do membro dos guris – o que lhes dá caraterísticas de homem adulto – costuma dizer-lhes entre gargalhadas: – "olha que a *Cambirera* te pega!". No município de Itaqui (RS) o termo passou a servir para designar pessoa feia, de má catadura ou presença desagradável. Em certas zonas do município de Santiago (RS) é tida como uma mulher que, por não ter querido amamentar seu filho, é transformada em fêmea de seios muito grandes, flácidos e secos. Atrai os homens, babando em seu redor até que caem estonteados. Dá-lhes de mamar, então, em desespero, porque seus seios não tem mais leite. Os que são apanhados por ela ou desaparecem ou ficam idiotas. O termo designativo é de pura origem guarani, significando "seios flácidos de anciã, ubre de vaca que foi recentemente ordenhada" (Antonio Ortiz Mayans, *Diccionario Español-Guarani Guarani-Español*, Buenos Aires 1973, 773). Câmara Cascudo, consultado, traduziu como "leite que não mais existe, peito que foi". Ensina, ainda, o Mestre – citando L. Leite de Vasconcellos, *Tradições Populares de Portugal* e Mário Melo, *Arquipélago de Fernando de Noronha* – ser mito que "com o nome de *Alamoa* (ver) vive ainda no Arquipélago de Fernando de Noronha. É reminiscência nórdica, de mulher alta, branca, possante, ardentemente sexual, atraindo e fazendo desaparecer o enamorado. As *Alamoas* têm mamas volumosas que atiram às costas, quando correm. O mito veio de Portugal, onde são *Alemoa*, *Alamoa*, *Almajonas*, *Amazonas*, do Minho e da Beira Alta, zonas exportativas de emigrantes para o Brasil". Na província de Corrientes, na Argentina, descendentes de índios chamam de *Cambirera* o ubre da vaca velha, que não dá mais leite. Na zona missioneira, lembrado, ainda, por pessoas muito idosas, a *Cambirera* chega a confundir-se com o *Lobisomem*. Seria, então, uma mulher casada que, nas noites de sextas-feiras, aparecia nas estradas atacando os homens e copulando com eles até deixá-los esgotados e idiotizados. Também aí ela é peluda como uma macaca, repetindo-se os seios grandes e flácidos. Um dia o marido desconfiou e chegada a sexta-feira foi deitar-se sem dizer nada, mas fingiu dormir e ficou espiando "por entre os olhos". Viu, então, que a mulher virava seus sapatos para que ele ferrasse no sono e não acordasse. O homem desvirou os sapatos e saiu atrás dela que, transformada em um animal peludo, de seios imensos, espojava-se no chão grunhindo e babando e atacou-o. Mas ele matou-a com um pau. E depois de morta ela se transformou em sua mulher, outra vez. A *Cambirera* é mito antigo que, com o tempo, vem sendo esquecido. Raro, muito raro foi o informante de menos de 70 anos de idade e quase todos, ao serem arguidos, confirmaram não terem transmitido a crendice aos filhos (Moacir Matheus Sempé, São Borja, RS).

CAMBONO. Cambone, auxiliar nas *sessões de terreiro* em S. Paulo, umbandas, no Rio de Janeiro, onde é o *iniciado*, Cambono de ebó, já sabedor adiantante. Ver *Umbanda*, redação do prof. Édison Carneiro.

CAMPANHA. Sineta. sino; ver *Som*.

CAMPEIRO. São Campeiro, santo imaginário, de campear, mostrar, andar no campo e mesmo procurar. É o santo dos objetos perdidos no interior do Brasil, na parte norte do país. Sílvio Romero e Pereira da Costa registraram-no (*Antologia do Folclore Brasileiro*, 230, I, 131). Prometem pedaços de velas que serão acesas e deixadas ao ar livre, debaixo das árvores, à margem das estradas, nas cavidades das grutas. O ritual popular é igual ao do "Negrinho do Pastoreio", do Rio Grande do Sul.

CAMPISTA. Ver *Jogo de Baralho*.

CAMPOS. João da Silva Campos (1880-1940). Ver *Silva Campos*.

CANÁRIO. Os indígenas tupis chamavam ao canário *Guirá-nheengatu*, o pássaro que fala ou canta bem, e as velhas referências são unânimes ao trinado do fringilídeo (Gabriel Soares de Souza, LXXXVIII; Jorge Marcgrave, *História Natural do Brasil*, 211; Fernão Cardim, *Tratados da Terra e Gente do Brasil*, 53, ed. Leite Ribeiro, Rio de Janeiro, 1925). O nome de *Guirá-nheengatu* foi substituído pelo de canário pertencente ao *Canariensis passer*, o Canário Imperial, das ilhas Canárias, pela semelhança entre ambos. E o novo nome apagou o velho *guirá*. Do canário canarino poetou Luís de Camões (*Elegias*, VI):

"Em quanto o pobre ninho
[ajusta e tece
O sonoro Canário, modulando
Engana a grave pena que padece."

Nuno Marques Pereira, à volta de 1725, ainda louvava o brasileiro, chamando-o *mazombinho*, nascido no Brasil:

"O Mazombinho Canário,
Realengo em sua cor,
Deu tais passos de garganta,
Que a todos os admirou."

O fringílida nacional, *Sicalis flaveola*, Linneu, e o sulista, *Sicalis pelzelni*, Sclater, além de canto, *corrido* ou *de estalo*, *seguido*, ou *de açoite*, é famoso por ser ave de briga. Seu nome popular é canário da terra, diferenciando-o do Canário Imperial, alienígena, e que lhe deu batismo. De usos e costumes do Canário, ver o meu *Canto de Muro*, "O Canário da Goiabeira", 85-93, Rio de Janeiro, 1959. Briga de Canário. As brigas de canários, divulgadas no Brasil inteiro, têm seus devotos criadores, apostadores e assistência fiel aos duelos ferozes. Juntas as gaiolas dos campeões, abrem a portinha especial, e o mais valente invade o território inimigo, iniciando combate de incrível violência. Bicadas que parecem faiscar, arrancando penas, fisgando o pescoço, numa tenacidade cega. Há época para os prélios, e os interesses financeiros não são pequenos. Há uma vasta literatura oral no assunto, anedotas, reminiscências de famigerados lutadores, manias, superstições, previsões e mesmo narrativas de batalhas memoráveis, com os canários vindos de outros Estados, enfrentando os heróis locais, em pugnas que deixaram gloriosas lembranças. O escritor Raimundo Nonato (*Memórias de um Retirante*, 28-29, Rio de Janeiro, 1957) confidencia uma dessas proezas, em Mossoró (1920), onde a astúcia do jovem sertanejo não venceu a desconfiança do velho bodegueiro: "O negócio de 'seu' Beta era outra coisa. Possuía sacas de gêneros, arroz, farinha, caixas de sabão, bebidas e miudezas. O dono tinha a mania de criar canários, motivo por que se preocupava muito mais com os passarinhos do que mesmo com a venda. De uma feita, levei um canário cinzento, pegado nas Cajazeiras, para botar com o *Príncipe*, o melhor representante dos seus tipos. A meninada foi olhar a briga e, com surpresa, no primeiro encontro, quando os bichos se fisgaram, "seu" Beta mandou abrir a gaiola, desconfiado, pois o *Príncipe* levava séria desvantagem. Passados dias, quando o fato estava esquecido, pintei o meu canário todo com anilina azul, dando-lhe aquelas características exteriores do bugre. Avisados os companheiros, todos ficaram sabendo do truque, e lá me fui para a venda. Ele, de princípio, não quis passar o *Príncipe* com um passarinho vagabundo daquele. Dada, porém, a insistência e o valor das apostas que já subiam a dois cruzados, resolveu aceitar, desceu a gaiola do torno, e preparou a luta. Abertas as portas, quando o meu canário pintado fisgou, em grande forma, o do bodegueiro, a gaiola ficou cheia de penas. Espantado com aquilo, Beta gritou furioso: – Tira, tira, que eu não tenho canário para brigar com pavão! E enquanto animava, com assobios, o *Príncipe*, rugia, entre os dentes: – Retirante safado. Se eu não tomar sentido, ele finda trazendo um carcará! Ver *Galo*.

Cana-Verde, Caninha-Verde. Dança cantada no sul e centro do Brasil, constando de uma roda de homens e mulheres, divididos os sexos em seções que se defrontam, cantando e permutando os lugares, formando pares. Bibliografia: Oneyda Alvarenga (*Música Popular Brasileira*, 179-182, Editora Globo, Porto Alegre, 1950). Em Portugal é uma das mais populares danças do Minho com coreografia e música diversa do Brasil, onde, pelas várias regiões onde é dançada, vai mudando de forma e passos. Os negros brasileiros dançam-na com prazer, com ritmo e maneiras peculiares à raça.

Canastra. Ver *Jogo de Baralho*.

Candango. Nome popular do trabalhador na construção da cidade de Brasília, nova capital do Brasil. Estendeu-se a todos os colaboradores da obra comum. Envolve a imagem da tenacidade obrigatorial e da servidão jubilosa e entusiástica. Denominação dada pelos africanos de Angola aos portugueses e aplicada, na zona canavieira do Nordeste brasileiro, ao senhor de engenho. Acepção vulgar de subalterno, imperfeito, inferior. Vocábulo quimbundo. O nome transfigurou-se, por influência letrada, em título de honra, glorificando o operário de Brasília, passando à imprensa, romances, estudos, eloquência. Geralmente aceito na população adventícia brasiliense, Donatila Dantas, entre 300 operários, apenas encontrou um único que não aceitava o *candango* como sinônimo de sua própria ação construtora. Era o tratamento humorístico dado, uns aos outros, nas horas de trabalho em Brasília. O Presidente da República Dr. Juscelino Kubitschek, em discurso lido em Brasília (4-1-1960), exalta o *candango*: "Os futuros intérpretes da civilização brasileira, ao analisar este período de nossa história, hão de deter-se com assombro ante a figura bronzeada desse titã anônimo, que é o *candango*, herói obscuro e formidável da construção de Brasília e para o qual desejo ter neste discurso a palavra calorosa do merecido louvor... Enquanto os descrentes sorriam da pretendida utopia da cidade nova que eu me dispusera a construir, os *candangos* se encarregaram de responder por mim, trabalhando dia e noite para que até aí se cumprisse, no meu governo, a letra da Constituição... A aparência triste de um inválido esmorecido, com que Euclides da Cunha pintou o retrato do nosso sertanejo, tende a apagar-se do panorama brasileiro. Não a encontrareis no tipo do *candango*, a quem devemos esta cidade" (*Diário Carioca*, Rio de Janeiro, 5 de janeiro de 1960). Ver Francisco Manuel Brandão, *Brasília, Folclore e Turismo*, Rio de Janeiro, 1958; Donatila Dantas, *Candango*, Poesia, Rio de Janeiro, 1959.

Candeeiro. Pereira da Costa (*Vocabulário Pernambucano*, 173) registra como uma ronda infantil: Folguedo infantil, de danças e canto próprio, obedecendo a letra a estes versos iniciais:

"Anda à roda Candeeiro,
Anda à roda sem parar;
Todo aquele que errar,
Candeeiro há de ficar."

Velho estribilho de um coco de roda, cantado nas praias da cidade do Natal em princípios do séc. XX:

"Candeeiro ôôôI
Está na mão de ioiô!
Candeeiro ááál
Está na mão de iaiá!"

Ver *Fandango*.

Candiru. (*Vandellia cirrhosa*, Cuv-e-val) Bagrinho de três centímetros de comprimento e meio de diâmetro. Na pajelança amazônica o candiru figura no preparo de feitiços, especialmente como remédio de excitação sexual. "O candiru é outro peixinho multifário na Amazônia. Ao que me parece, no entanto, só chega até onde vai a maré, pois nunca lhe ouvi pronunciar o nome nas pescarias que fiz nos altos rios do nosso sistema hidrográfico. Ninguém o come. Tendo o hábito de entrar em qualquer orifício do corpo humano, do qual muitas vezes só o arrancam depois de morta a vítima, é antes um nadador adstrito à pajelança. Faz parte da burundanga e da feitiçaria. Entra nas puçangas que os mandingueiros fabricam para encaiporaro, perder e destruir o adversário. Isto, além das propriedades secretas e maravilhosas que possui de distender o membro de outros animais quando tocados, batidos ou surrados por ele numa espécie de flagelação." (Raimundo Morais, *O Homem do Pacoval*, 218, São Paulo, 1938).

Candomblé. Festa religiosa dos negros jeje-nagôs na Bahia, mantida pelos seus descendentes e mestiços. Lugar onde esta festa se realiza. Macumba no Rio de Janeiro. Xangô em Alagoas e Pernambuco. Sede religiosa do culto negro, com o barracão onde as filhas de santo cumprem sua longa iniciação sob a direção do pai de santo ou mãe de santo. Terreiro. O "candombe" do Rio da Prata é diverso, constituindo festa profana, semelhante aos reisados, congos, maracatus, coroamento de reis nas festas de N. Sª do Rosário. Os negros de origem banta dão o mesmo nome aos centros de sua devoção. Há candomblés chamados *de caboclo*, onde a influência indígena e mestiça predomina. Ver Melville J. Herskovits, "Estrutura Social do Candomblé Afro-Brasileiro", *Boletim do Instituto Joaquim Nabuco*, vol. 3, Recife, 1954, e a bibliografia sobre Xangô, o verbete Orixá. Ver *Feitiçaria*.

Candongueiro. Instrumento de percussão usado nas danças populares do interior paulista, especialmente nos jongos. "O candongueiro é um atabaque menor, sendo mais afunilado e, consequentemente, o seu som é mais agudo." (Alceu Maynard Araújo, "O Jongo de Taubaté", *Jornal de São Paulo*, 8-2--1948). Ver *Sangavira, Tambu*.

Cangá. Instrumento músico africano, feito de cana ou bambu, com orifício, e tendo as extremidades fechadas pelos gomos da própria cana (Pereira da Costa, *Vocabulário Pernambucano*, 175).

Cangaceiro. Diz-se, no nordeste do Brasil, do criminoso errante, isolado ou em grupo, vivendo de assaltos e saques, perseguido, perseguindo, até a prisão ou morte numa luta com tropa da Polícia ou com outro bando de cangaceiros. Os tipos de cangaceiros são os mais variados, e múltiplas as razões que os levaram ao crime. Há, desde uma tendência criminosa, a sugestão irradiante dos grandes cangaceiros, determinando a fugida de rapazes para juntar-se ao grupo, até o primeiro homicídio por motivo de honra privada, sempre julgado como punição justa. O *outlaw* passa a *viver debaixo do* cangaço, oculto pelos protetores políticos ou pessoas a quem paga para que o informem dos movimentos da Polícia – os *coiteiros* – e chefiando a malta que lhe obedece especialmente nos momentos de luta. Há figuras de relativa nobreza, corajosos, incapazes de uma violência contra moças, crianças ou velhos, como Jesuíno Brilhante, e há os repugnantes, brutos, como Lampião, trucidado em Sergipe. A bibliografia sobre o assunto, pesquisas de suas origens, a influência social na sociedade sertaneja, as tentativas de explicação da figura do criminoso, que o sertão compreende e desculpa por sua antiguidade, espécies de Robin Hood, de Wat Tiler, ingleses, ou dos norte-americanos Jess James, Wild Bill ou Sam Bass, são numerosas. Para uma visão do cangaceiro nordestino, Gustavo Barroso, *Heróis e Bandidos*, Rio de Janeiro, 1917, *Almas de Lama e de Aço*, São Paulo, sem data (1930); na poesia popular, Luís da Câmara Cascudo, *Vaqueiros e Cantadores*, 166-172, São Paulo, Global, 2005; Ademar Vidal, *Terra de Homens*, Rio de Janeiro, 1944. Todos os cangaceiros nordestinos determinaram uma verdadeira gesta poética, descrevendo-lhes a vida terrível, os combates, opiniões, etc. Leonardo Mota, *No Tempo de Lampião*, Rio de Janeiro, 1930; Alcides Bezerra, "O Banditismo" (suas causas biopsíquicas), *Revista do Instituto Histórico e Geográfico Paraibano*, vol. 4, 9-29; Walfrido Moraes, *Jagunços e Heróis*, "A Civilização do Diamante nas Lavras da Bahia", Rio de Janeiro, 1963; Rui Facó, *Cangaceiros e Fanáticos*, "Gênese e Lutas", Rio de Janeiro, 1963; Luís da Câmara Cascudo, *Flor de Romances Trágicos*, Rio de Janeiro: Cátedra, Natal: Fundação José Augusto, 1982.

Cangaço. É a reunião de objetos menores e confusos utensílios das famílias humildes, mobília de pobre e de escravo, informa Domingos Vieira (Porto, 1872). Troços, tarecos, burundangas, cacarecos, cangaçada, cangaçaria. Nunca ouvi dizer-se cangaçais ou cangaceira. Vale também pedúnculo e espata dos coqueiros. Cangaço ou catemba de coco. Engaço, bagaço em Moraes (1831). De *canga*, com o sufixo *aço*? Beaurevaire Rohan registra "o conjunto de armas que costumam conduzir os valentões". (1889). É, para mim, a menção mais antiga. Para o sertão é o *preparo, carrego, aviamento*, parafernália do cangaceiro, inseparável e característica; armas, munições, bornais, bisaco com suprimentos, balas, alimentos secos, meizinhas tradicionais, uma muda de roupa, etc. *Tomar o cangaço, viver no cangaço, andar no cangaço, debaixo do cangaço*, são sinônimos do bandoleiro, assaltador profissional, ladrão de mão armada, bandido:

"Há quatro coisas no mundo
Que alegra uma cabra macho;
Dinheiro e moça bonita,
Cavalo estradeiro-baixo,
Clavinote e cartucheira;
P'ra quem anda no cangaço."

(Luís da Câmara Cascudo, Flor de Romances Trágicos, 189, Rio de Janeiro: Cátedra, Natal: Fundação José Augusto, 1982).

CANJICA DA MORTE[1]. "Contou ex-aluna que, em Santo Antônio da Platina, no Paraná, quando morre alguém logo se cuida de preparar a canjica, que não pode faltar no *guardamento* ou velório. Soca-se grande quantidade de milho em um pilão, depositando-o no tacho para cozinhar. A seguir, pilam o amendoim, acrescentando-lhe o leite e juntam tudo com o milho. Adoçam a vontade e fica pronto o alimento, que é servido à meia noite, para quem vier guardar o defunto." (Rossini Tavares de Lima, São Paulo).

CÂNHAMO. Ver *Maconha*.

CANHOTO. Nome do diabo, um dos mais populares, e ligado, na maioria dos casos, aos acontecimentos amorosos, seduções, bastardias. Seria Canhoto uma réplica católica do Asmodeu. Apesar do nome, canhoto, esquerdo, desastrado, é um demônio hábil na sua especialidade conquistadora. Luís Edmundo (*O Rio de Janeiro no Tempo dos Vice-Reis*, 340, Rio de Janeiro, 1932): "O Canhoto! Monstro com o dom de transformar-se em cavalheiro capaz de seduzir a melhor dama, mas sem poder dissimular dois pés de pato, amplos e feios, duende explosivo que arrebentava, em cacos, diante de qualquer cruz, deixando, com o estampido muito grande, uma nuvem azulada e um cheirinho de enxofre".

CANICÁNI. Espécie de grega desenhada como enfeite na borda das vasilhas de barro (Stradelli).

CANINANA. É uma cobra não venenosa *Drymarchon corais* ou *Spilotes pulatua*, L., mencionada nos cronistas do século XVI. O sertanejo afirma que a caninana voa como um pássaro, dando saltos espantosos, e é atraída pela cor vermelha. Nas imagens comparativas sertanejas diz-se *parecia uma caninana*, para significar alguém possuído de intensa cólera. No *Vocabulário da Língua Brasílica* (manuscrito do séc. XVII, vol. XX da col. Departamento de Cultura, São Paulo, 1938), falando-se da caninana, informa-se: "Dizem os naturais que se gera nos ares, e é certo."

CANINDÉ. São Francisco das Chagas do Canindé, vila em 1846, Cidade do Canindé em 1914, sede municipal do Ceará. Centro de romarias de todo o norte brasileiro em devoção ao orago que ali se venera desde 1775. A capelinha é, desde 1915, majestoso templo cuidado pelos frades franciscanos e, anteriormente, pelos capuchinhos. O Papa Pio XI elevou o santuário em 30 de novembro de 1925 a Basílica menor, com honras e privilégios decorrentes do predicamento. Há anos em que 100.000 romeiros encaminham-se para o Canindé e é rara a residência nos sertões nordestinos sem o *registro* da imagem e sua *medida*, cujo contacto pode produzir milagres. "Quem não foi a Canindé / Cristão não é", afirmam. E também: "Meu São Francisco das Chagas, / Meu santo do Canindé, / Eu sei que santo não voga / Naquilo que Deus não qué!" Ver Padre Paula Barros, "Notas", *Revista do Instituto do Ceará*, vol. 16, 48-59; Augusto Rocha, *Santuário de S. Francisco do Canindé*, Canindé, 1911 (registra muitos milagres); Des. Álvaro Gurgel de Alencar, *Dicionário Geográfico e Descritivo do Estado do Ceará*, 72-76, Fortaleza, 1939; Raimundo Girão e Antônio Martins Filho, *O Ceará*, 139-141, Fortaleza, 1939. Ver *Francisco, Reino*.

CANITAR. Ver *Acangatara*.

CANIVETE. Ver *Facão*

CANJERÊ. Feitiço, na acepção de *coisa-feita*, muamba, ebó, despacho, dança negra de fundo religioso. Aires da Mata Machado Filho (*O Negro e o Garimpo em Minas Gerais*, 65 e segs., Rio de Janeiro, 1943): "Tratando desta palavra, escreve Renato Mendonça: Reunião de escravos para cerimônias fetichistas, acompanhadas de danças. Etim.: Termo africano. Área geog.: Minas Gerais." (*A Infl. Afric. no Porto. do Brasil*, pág. 95). Mais tarde, tratando de danças africanas, diz Jacques Raimundo: "Em Minas Gerais, chama-se *canjerê* a uma reunião de indivíduos com práticas feiticistas, para atrair incautos, sob a promessa de livrá-los de moléstias e outros males, mas com o fito delituoso de, burlando-os, lhes extorquir dinheiro e outros haveres; no Rio de Janeiro é um como sinônimo de macumba, dizendo-se também *canjirê* ou *conjerê*, e cremos que em Minas se usa igualmente nesse sentido mais restrito. É palavra de aspecto e sabor banto; a forma *canjerê* faz lembrar o quiçuaíle *konjele* (o *l* e o *r*, aliás brandíssimos, confundem-se frequentemente), mas pode objetar-se que se aparente com o quimbundo (*ka'nzo*) *kanzere* (a casinha ou palhoça), do rodopio, rodeio ou saracoteio, com perda do elemento determinado." (*Negro Brasileiro*, págs. 55 e 56). Que saibamos, *canjerê* não é em Minas sinônimo de *macumba*, mas significa simplesmente feitiço. Designa também a dança do *canjerê*, que, pelo menos em nossos dias, não tem nenhum sentido feiticista, sem embargo da evidente procedência afronegra. Divide-se em duas partes. Na primeira põe-se o verso, enquanto os pares rodopiam, ao som da sanfona. Na segunda, soltam-se os pares, ficando o cavalheiro em frente à dama, marcando os dois o ritmo em sapateio:

"Acorda, Maria, e vem vê, (bis)
Caldeirão sem tampa fervê. (bis)

Acorda Maria, vem vê (bis)
A dança do canjerê. (bis)

Acorda, Maria, e vem cá, (bis)
Vem vê os boneco dançá." (bis)

Vão-se repetindo os versos, enquanto a dança dura. Ver *Catimbó, Invoco*.

CANJICA. Canjiquinha, creme de milho verde, papa de milho verde, com a massa do milho, leite de vaca ou de coco, açúcar, enfeitado com letras e desenhos de canela e pequeninos "confeitos", da própria canjica. Prato tradicional, indispensável e típico nas festas do mês de São João (junho), a primeira das comidas de milho. Nalguns estados do Sul chamam canjica ao mungunzá, milho cozido com leite. No princípio do século XIX era popularíssima em São Paulo. Em *Viagem pelo Brasil*, I, 242, Martius escreveu: "No mais é a *canjica*, igualmente preparada com milho; e nunca falta ao jantar essa comida nacional dos paulistas. Põem-se de molho, na água, os grãos de milho, socados em pilão tocado por água (negro velho), e depois açúcar, cozidos com água ou leite, em forma de papa, e então servidos com açúcar melado. A canjica, de cujo invento se ufana o paulista, é comida gostosa porém indigesta, devida ao calor do clima. Não raro se ouve dizer: Se não houvéssemos sido os primeiros a descobrir as minas de ouro, teríamos bastante merecido da pátria, inventando a canjica e as redes, que primeiro imitamos dos índios." Há meio século que a canjica e a rede para dormir são julgados hábitos do Norte brasileiro.

CANOEIRO. Daniel P. Kidder (1840), citado por Pereira da Costa (*Vocabulário Pernambucano*, 182), registra uma tradição entre os canoeiros do Recife, desaparecida, e sem confronto no folclore brasileiro: "A minha primeira visita foi a Olinda, em canoa, passeio que a fresca da manhã tornava muito agradável. Os canoeiros são geralmente negros altos e robustos, bastando um para cada canoa. Usam entre si de títulos honoríficos correspondentes aos postos militares, até o de coronel, eleitos por sufrágio da corporação e as suas honras não são puramente nominais. Sempre que um canoeiro de posto inferior ou subalterno encontra a embarcação de um superior, tem de saudá-la por meio de uma, duas, três ou quatro pancadas com a vara na água; o número das pancadas é graduado pelo posto do indivíduo, o qual, por sua vez, responde com uma só pancada. A omissão desta continência é considerada um crime entre a comunidade aquática, e sujeita a castigo. No caso, porém, de um canoeiro, mercê da destreza ou da sorte, vencer o superior em velocidade, fica dispensado de fazer-lhe a continência." A Corporação dos Canoeiros desapareceu em fins do séc. XIX.

CANTADOR. Cantor popular nos estados do nordeste, este e centro brasileiro. É um representante legítimo de todos os bardos, menestréis, *glee-men*, *trouvères*, *meistersängers*, *minnesingers*, escaldos, dizendo pelo canto, improvisado ou memorizado, a história dos homens famosos da região, os acontecimentos maiores, as aventuras de caçadas e de derrubas de touros, enfrentando os adversários nos desafios que duram horas ou noites inteiras, numa exibição assombrosa de imaginação, brilho e singularidade na cultura tradicional. Analfabetos ou semiletrados, têm o domínio do povo que os ama e compreende. Independem das cidades e dos cultos. Vivem no ambiente limitado, zona de conforto restrita mas real, para uma existência fabulosa de miséria e de encanto intelectual inconsciente. *Vaqueiros e Cantadores*, 87-91, Porto Alegre, 1939: "Curiosa é a figura do cantador. Tem ele todo o orgulho do seu estado. Sabe que é uma marca de superioridade ambiental, um sinal de elevação, de supremacia, de predomínio. Paupérrimo, andrajoso, semifaminto, errante, ostenta, num diapasão de consciente prestígio, os valores da inteligência inculta e brava mas senhora de si, reverenciada e dominadora. São pequenos plantadores, donos de fazendolas, por *meia* com o fazendeiro, mendigos, cegos, aleijados, que nunca recusam desafio, vindo de longe ou feito de perto. Não podem resistir à sugestão poderosa do canto, da luta, da exibição intelectual ante um público rústico, entusiasta e arrebatado. Caminham léguas e léguas, a viola ou a rabeca dentro de um saco encardido, às vezes cavalgando animal emprestado, de outras feitas a pé, ruminando o debate, preparando perguntas, dispondo a memória. São cavaleiros andantes que nenhum Cervantes desmoralizou. Os que têm meios de vida, afora a cantoria, tudo abandonam para entestar com um adversário famoso. Nada compensaria sua ausência da pugna, assim como a recompensa material é sempre inferior às alegrias interiores do batalhador. Deixam o roçado, a miunça, a casinha, e lá se vão, palmilhando o sertão ardente, procurando aventuras. Doutra forma não foram Amadis de Gaula, Palmeirim da Inglaterra, os cavaleiros da Távola Redonda, os do Santo Graal, caçadores de duelos, defensores dos fracos, vencedores de gigantes e de anões mágicos. Dessas *tournées* ficam os versos celebrando os combates e a fama derramada nas regiões atravessadas, teatro da luta ou da derrota imprevista. Admirável é que o tempo não lhes vença o ânimo nem apouque a admiração do povo. Continuam como eram. Agora em menor porção mas sempre queridos, cercados, cantando valentias, passando fome, vendendo folhetos, sonhando batalhas. Seu público não mudou. É o mesmo. Vaqueiros, mascates, comboieiros, trabalhadores de eito, meninada sem profissão certa e que trabalha em tudo, mulheres. Nas feiras são indispensáveis. Rodeados como os *camelôs* nas ci-

---
[1] No texto original: "Cangica da Morte" (N.E.).

dades, de longe ouvimos a voz roufenha, áspera, gritante. Nos intervalos, o canto chorado da viola companheira. Perto, cem olhos se abrem, contentes de ver mentalmente o velho cenário combativo de seus avós. Ninguém interrompe. Não há insulto, pilhéria, a pilhéria dos rapazes espirituosos das capitais. Há silêncio e ouvido atento. Os cegos são acompanhados pelas esposas ou filhos... Curiosamente, é raro o cantador que tem boa voz. Ouvindo-os em desafio acelerado e floreado, tem-se a mesma impressão que Jacquemont registrou dos Vetálicas do Hindustão. Ouvimos apenas *des sons glapissantes ou nasillards*. Nenhuma sonoridade. Nenhuma delicadeza. Nenhuma nuança. Ausência de tons graves. O cantador, como o rapsodo, canta acima do tom em que seu instrumento está afinado. Abusa dos agudos. É uma voz dura, hirta, sem maleabilidade, as veias intumescidas pelo esforço, a face congesta, os olhos fixos para não perder o compasso, não o compasso musical, que para eles é quase sem valor, mas a cadência do verso, o ritmo, que é tudo. Nenhuma preocupação de desenho melódico, de música bonita. Monotonia. Pobreza. Ingenuidade. Primitivismo. Uniformidade... Não se guarda a música de colcheias, martelos e ligeiras. A única obrigação é respeitar o ritmo do verso. Case-se este com qualquer música, tudo o mais estará bem. O sertanejo não nota o desafinado. Nota a arritmia." (*op. cit.*). Ver também Renato Almeida, *História da Música Brasileira*, 116-119; Leonardo Mota, *Cantadores*, Rio de Janeiro, 1921; *Violeiros do Norte*, São Paulo, 1925; *Sertão Alegre*, Belo Horizonte, 1928. Em *Vaqueiros e Cantadores*, 334-357, São Paulo, Global, 2005, há uma biografia dos mais famosos cantadores. Para o Sul, José Nascimento de Almeida Prado, "Cantadores Paulistas de Porfia ou Desafio", *Revista do Arquivo Municipal*, CXV, São Paulo, 1947; F. Coutinho Filho, *Violas e Repentes* (Repentes populares, em prosa e verso. Pesquisas folclóricas no Nordeste brasileiro), Recife, 1953.

CANTIGAS DE NINAR. Ver *Acalanto*.

CANTORIA. Ato de cantar, a disputa poética cantada, o desafio entre os cantadores do nordeste brasileiro.

"Respondeu Manuel Raimundo:
Canto, pois não, sim senhor,
Sou novo na cantoria,
Mas não temo cantador,
Depois que me esquenta o sangue,
Canto seja com quem for.

....

Umas trezentas pessoas
Em pouco tempo 'afluía',

Cada qual mais desejosa
De assistir à cantoria;
Cada um interrogava
Qual dos dois apanharia?"

Trechos da "Peleja de Manuel Raimundo com Manuel Campina" e da "Peleja de Serra-Azul com Azulão."

CANTURIÃO. Ver *Caruru*.

CANUDOS. Ver *Conselheiro*.

CANZA. Ver *Casaca*.

CANZÁ. Ver *Ganzá*.

CANZACA. Ver *Casaca*.

CANZUÁ DE QUIMBE. Terra dos mortos, o outro mundo. Édison Carneiro (*Negros Bantos*, 49): "... a mansão dos mortos, o Canzuá de Quimbe, como a chamam os negros bantos da Bahia."

CÃO. No seio do povo brasileiro diz-se sempre como sinônimo demoníaco, Satanás, Diabo, Lúcifer, Belzebu. Cachorro pertence ao vocabulário socialmente superior. De um velho poeta norte-rio-grandense, Lourival Açucena (1827-1907), dois versinhos, retirados de dois lundus seus, registram a vulgaridade do verbete (*Versos*, 61, 93, Natal, 1927, edição do centenário do poeta):

"Marília, de ti se queixam,
Meu amor, minha paixão,
Porque te falo e me dizes:
'Ora, isto não é Cão?'

Clorinda, tu és um anjo
Na candura e na feição,
Mas a Deus aprouve dar-te
Travessas asas de Cão!"

Na sinonímia portuguesa, dedicada ao diabo, não encontro *cão*. Ia mesmo de encontro à tradição clássica que faz deste animal o símbolo da fidelidade e da dedicação devotada. Quem mata um cão deve uma alma a São Lázaro. O cão com a tocha acesa na boca é o sinete do Santo Ofício. Na *Mahabharata*, o Rei ludistria renuncia acompanhar Indra no seu carro alado para o céu porque o deus recusara a entrada ao cão que acompanha o herói (liv. X, 343 da ed. Brasileira, S. Paulo, 1943). Para os muçulmanos é o cão *imundo*, contaminando qualquer sacrifício, obrigando o sacerdote às purificações. Foram os árabes os condenadores do cão entre os africanos. Heli Chatelain, habituado com as aventuras heroicas do cão europeu, surpreendeu-se vendo o cão africano, na literatura oral banta, figurando como símbolo de servilismo, sordidez e covardia "... but the dog, on the contrary, personifies all that is mean, servile, and despicab-

le." (*Folk-Tales of Angola*, 22). O desprestígio moral do cão seria trazido ao Brasil pelos africanos arabizados. Mesmo assim não há explicação convincente para o cão demoníaco. Em Angola, e na maioria dos idiomas bantos onde o português se projetou, a palavra fascinante para o negro insultar o companheiro foi sempre *diabu*, mais no sentido de feiticeiro do que de perversidade espontânea irresistível. Só no Brasil há, na sinonímia, o Cão, Cão-Coxo, Cão-Preto. Noutros idiomas (inglês, francês, italiano, alemão) valerá um insulto dizer alguém *cão*. Mas o bicho não sai da terra, bem longe de Satanás *et omnibus pompis eius*... Nos Açores, entretanto, o Demônio é chamado Cão-Negro e Cão-Tinhoso. Como os açorianos foram grandes povoadores do Brasil, vindos especialmente na primeira metade do séc. XVIII, devemos aos *casais* o Cão, valendo Diabo? Não vou esquecer que Vespasiano chamou o filósofo Demétrio *cão* "Canem appellare", informa Suetônio (*Vespasiano*, XIII). O nome dos cínicos de *Kyon*, cão, não era pejorativo, continha a acepção de liberdade natural. Em Petrônio (*Satyricon*, LXXIV) vemos Fortunata insultar o esposo Trimálquio: "Ultimo etiam adjecit: Canis!" O cão, fiel corajoso, valente das histórias populares não nos veio da África nem do Oriente. Na literatura tradicional da Índia, *Katha Sarit Sagara*, *Panchatantra*, *Hitopadeça*, *Calila e Dimna*, o cão aparece raramente e quase nunca como centro de interesse; é apenas pormenor dispensável. Explica-se por ser, nessa região, um animal imundo. Com a influência muçulmana o africano rotulou o cão com o mesmo desprezo. Nas fábulas de Esopo e de Fedro o cão não tem papel simpático nem nobre. Esopo diz que eles são "descontentes e irascíveis". Creio que o seu papel nobre vulgarizou-se na Idade Média, com as caçadas aristocráticas e especialmente com a divulgação do *Roman de Renart*, onde o cão, mesmo sem ação saliente na corte de Noble, o Leão, distancia-se das arteirices e sabedorias velhacas da raposa (Leopold Sudre, *Les Sources du Roman de Renart*, ed. E. Bouillon, Paris, 1893). "O cão que uiva é porque está vendo alma do outro mundo. Diz-se o esconjuro. 'Todo agouro para o teu couro.' Identicamente, em Roma, acreditava-se no cão ter o poder de enxergar a sombra dos mortos, os espectros que acompanhavam Hécate nas encruzilhadas, *Ekáte Trioditês*, a Trivia sinistra. O cão era votado a Hécate e a saudava com um ulular aterrador, como ainda hoje nas noites de luar". Ver *Cachorro*.

CAPANGA. Valentão que se põe ao serviço de quem lhe paga, para lhe ser o guarda-costas; acompanhá-lo sempre armado, em suas viagens; auxiliá-lo em obter satisfação de quem o ofendeu e servir-lhe de agente nas campanhas eleitorais. Na Bahia lhe chamam também *jagunço* e *peito-largo* e em outras províncias *espoleta*: Beaurepaire Rohan. "Bolsa de

couro, *mocó* no nordeste ou *bocó*; na Bahia *capanga*, guardando objetos para a viagem. Usam-na a tiracolo." Do quimbundo *kappanga*, "entre sovaco" (Antenor Nascentes). "O comerciante que comprava dos garimpeiros o produto de suas faiscarias, naturalmente os protegia, mandando-lhes avisos quando as tropas de Dragões del-Rei saíam em batida aos garimpos. Dessa proteção viria a chamar-se *capanga*, o guarda-costa" (Aires da Mata Machado Filho). Beaurepaire Rohan registra *capangueiro* (Minas Gerais), o comprador de pequenas partidas de diamantes, diretamente aos garimpeiros, que, legalmente, não poderiam desfazer-se das pedras. Capangada, capangagem, reunião de capangas. *Kapanga* é povoação em Katanga, antigo Congo Belga, fronteira de Portugália, Angola.

CAPELA. É este o nome que se dá aos grupos de foliões dos festejos populares sanjoanescos, ornados de *capelas de folhagens*, marchando em grupos, em demanda do *milagroso banho* e de volta, em animadoras passeatas. Os seus cânticos obedecem sempre a estes tradicionais versos de estribilho: "Capelinha de melão / É de São João, / É de cravo, é de rosa, / de manjericão." "Os índios acudiam a todos os festejos dos portugueses com muita vontade", escreve Frei Vicente do Salvador em 1624, "porque são muito amigos de novidades, como no dia de S. João Batista, por causa das fogueiras e *capelas*." (Pereira da Costa, *Vocabulário Pernambucano*, 187). O nome comum, e mais popularizado no Norte e Sul do Brasil é *rancho*, na significação de grupo festivo, com instrumentos musicais. Esses ranchos percorriam as residências amigas, cantando e sendo recepcionados com pequeninas refeições típicas (comidas de milho). Ver *João* (São).

CAPELA DE BUGIOS. Grupo de macacos. Ver *Tropa de Monos*.

CAPELINHA DE MELÃO. Realiza-se no Rio Grande do Norte, não um desfile cantado no caminho do banho oblacional da noite, ou madrugada, de São João, mas um pequenino auto, bailado entremeado de cânticos, modalidade de pastoril. Em junho de 1956 foi representado em Boqueirão, município de Touros, e resiste noutras paragens. Um grupo par, de moças, vestidas e calçadas de branco, com uma capelinha de flores de melão de São Caetano (*Momordica charantia*, Linneu), ao redor de um diadema ornado de papel crespo, coroando-as artisticamente. Exibem-se em tablado ao ar livre, com orquestra de violão e rabeca, presentemente sanfona, violões e pandeiros. Há uma clarineta solista. Cada pastorinha ostenta larga tira de papel crepom, encarnado ou azul, outrora de cetim, partindo do ombro esquerdo e findando por um vistoso laço na cintura direita. Cordões azul e encarnado. No meio das duas alas marcha a *Diana*, figura clássica, com as faixas azul e encarnada entrecruzando-se no busto. Levam na mão uma lanterninha com vela acesa e uma bandeirola com a efígie do santo. Vão cantando, meneando o corpo:

"Que bandeira é essa
Que vamos levando?
É a de São João
Que vamos festejando.

Festejamos todas
Com muita alegria,
Festejar São João,
Hoje no seu dia!"

Subindo ao palco-tablado, abandonam as lanternas, tendo unicamente a bandeirinha na mão. O baile consta de oito a dez partes, com coreografia e cantos próprios. Todas as *partes* terminam com o "Capelinha de Melão". No final da última *parte*, duas *pastorinhas*, tirando as capelas, amarrando à cabeça panos orlados de moedinhas de papelão dourado ou canutilho, fingindo *ciganas*, substituídas agora pelas *baianas*, vêm de bandeja na mão pedir *esmolas* na assistência masculina, ao som de canto especial, respondido pelo coro das que ficaram no tablado. (Luís da Câmara Cascudo, *Folclore do Brasil*, "Festas Tradicionais, Folguedos e Bailes", 19-58, Natal: Fundação José Augusto, 1980).

CAPELOBO. Cupelobo, animal fantástico, de corpo humano e focinho de anta (*Tapirus americanus*) ou de tamanduá (*Myrmecophagideae*), sai à noite para rondar os acampamentos e barracões no interior do Maranhão e do Pará, matando cães e gatos recém-nascidos para devorar. Encontrando bicho de porte ou caçador, rasga-lhe a carótida e bebe o sangue. Só pode ser morto com um tiro na região umbilical. É o lobisomem dos índios, dizem. Denuncia-se pelos gritos e tem o pé em forma de fundo de garrafa, semelhante ao *Pé de Garrafa*, com o qual se confunde parcialmente. No rio Xingu, certos indígenas macróbios podem-se tornar capelobos, embora ignoremos como se processa a transformação. (Luís da Câmara Cascudo, *Geografia dos Mitos Brasileiros*, "Ciclo dos Monstros-Capelobo", 225-228, 3ª ed., São Paulo, Global, 2002). S. Fróis Abreu (*Na Terra das Palmeiras*, 188-189, Rio de Janeiro, 1931): "Acreditam que nas matas do Maranhão, principalmente nas do Pindará, existe um bicho feroz chamado cupelobo... Um índio timbira andando nas matas do Pindará chegara a ver um desses animais que dão gritos medonhos e deixam um rastro redondo, como fundo de garrafa. O misterioso animal tem corpo de homem, coberto de longos pelos; a cabeça é igual à do tamanduá-bandeira e o casco como fundo de garrafa. Quando encontra um ser humano, abraça-o, trepana o crânio na região mais alta, introduz a ponta do focinho no orifício e sorve toda a massa cefálica: 'Supa o miolo', disse o índio." Ver *Bolaro*.

CAPEPENA. *Caá-pepena*, mato quebrado, galhos dobrados, indicando rumos, caminhos. "Mato quebrado para assinalar o lugar por onde o caçador passou em procura de caça, para poder voltar pelo mesmo caminho. Ainda assim a assinalação é efetuada de modo que, quem não é prevenido e não seja bom mateiro, dificilmente se pode dirigir por ela." (Stradelli, *Vocabulário Nheengatu*, 387, RIHGB, tomo 104, vol. 158, 2º de 1928). Ver *Sinalização*.

CAPITÃES DA AREIA. Grupos de menores, residindo nos trapiches e armazéns nas docas da cidade do Salvador, Bahia, abandonados de qualquer cuidado doméstico ou assistência social, vivendo de furtos e assaltos, tendo chefes e rudimento de organização. Deram assunto ao romance de Jorge Amado *Capitães da Areia*, ed. José Olympio, Rio de Janeiro, 1937. Correspondiam aos índios e maloqueiros de Aracaju, Sergipe.

CAPITÃO DE CAMPO AMARRA NEGRO[1]. *Brinquedo de correr*, do meu tempo, e que Veríssimo de Melo registrou ("Origem de um Jogo Popular", *Folclore*, n.º 6, Vitória, Espírito Santo, maio-junho de 1950). É uma variante da manja, mancha, jote, tempo-será, vale quem ticô, etc. Escolhido o *negro* (Veríssimo escreve *negra*), este fica a boa distância dos companheiros, gritando: "É tempo!" Ou o clássico: "Capitão de campo, amarra negro!" Esta frase também era dita pelos companheiros. E todos corriam perseguindo o negro fujão, que se podia salvar chegando sem ser tocado ao lugar convencionado, casa, mancha, etc. Quem tocasse no *negro*, tomaria suas funções. Todos os outros eram os capitães de campo. É uma reminiscência típica da ação dos desaparecidos capitães de campo ou capitães de mato, encarregados de perseguir e prender os escravos fugitivos. Foram extintos mais ou menos em 1887, no auge da campanha abolidonista, mas resistiram até 1888. A figura, brutal e cruel, mas corajosa e tenaz, ficou no espírito popular. No bumba meu boi havia um capitão de campo que ia, armado até os dentes, prender o negro fujão e voltava vencido e com o escravo montado nas costas, vitorioso, num desabafo sublimador. Pereira da Costa publicou no *Jornal do Recife*, 21 de agosto de 1901, um estudo sobre o Capitão de Campo:

"Capitão de Campo,
Veja que o mundo virou.
Foi ao mato pegar negro,
Mas o negro lhe amarrou."

(Sílvio Romero, "Reisado do Cavalo-Marinho e Bumba Meu Boi", Folclore Brasileiro, I; Cantos Populares do Brasil, ed. José Olympio, Rio de Janeiro).

---

1 No texto original: "Capitão-de-Campo-Amarra-Negro" (N.E.).

CAPITARI. O macho da tartaruga. Tem a missão de riscar com a orla do casco os limites do terreno onde as tartarugas vão desovar. Raimundo Morais (*O Meu Dicionário de Cousas da Amazônia*, I, 108) registrou: "É menor que a fêmea e tem o rabo mais comprido. Pelo tempo da desova, nos tabuleiros e praias, antes da postura anual, quem sai da água primeiro e escala a terra é o capitari. Ele percorre toda a área destinada à cova dos ovos. Abre com o casco, algo inclinado, um sulco na areia e deixa demarcado o terreno em que as tartarugas devem desovar". "Só depois disto é que as assaltantes invadem o leque de areias" (Raimundo Morais, *O Homem do Pacoval*, 213, São Paulo, 1938). Amazonas, Pará. Ver *Viração*.

CAPITOA. Ver *Marujada*.

CAPIXABA. Nome dado aos naturais do Estado do Espírito Santo. De *cô-pixa*ba, a lavoura, a roçada, segundo Teodoro Sampaio.

CAPOEIRA. Jogo atlético de origem negra, ou introduzido no Brasil pelos escravos bantos de Angola, defensivo e ofensivo, espalhado pelo território e tradicional no Recife, cidade do Salvador e Rio de Janeiro, onde são recordados os mestres, famosos pela agilidade e sucessos. Desde princípios do séc. XIX foi reprimido pela Polícia e possuiu devotos e admiradores, de todas as classes, tornando, nas festas populares, um perigo de vida assistir à passagem das bandas de música ou certos préstitos carnavalescos preferidos por uns grupos e inevitavelmente atacados pelas maltas adversárias, ferindo e matando espectadores inocentes. Sílvio Romero informava, na segunda metade do séc. XIX: "A Polícia nunca pode extirpar este cancro. Os capoeiras usam navalhas como armas e sabem um jogo de pulos, pontapés e cabeçadas todo original" (*Poesia Popular Brasileira*, *Música Popular Brasileira*, 243, Edit. Globo, Porto Alegre, 1950). No Rio de Janeiro e Recife a capoeira é jogo de rua, arma do malandro, com uma nomenclatura especial para os golpes, especialmente numerosos quando atirados pelas pernas: raspas, rasteiras, tesouras, rabo de arraia. Há cabeçadas heroicas, e as mãos funcionam, em certos golpes, como no balão, que atira o inimigo por cima do ombro ou da cabeça. A crônica oral cita os grandes capoeiras invencíveis, aparecendo nas festas e desfazendo o encanto delas, aumentado o prestígio próprio e o do grupo. Na Bahia o capoeira luta com adversários, mas possui um aspecto particular e curioso, exercitando-se amigavelmente, ao som de cantigas e instrumentos de percussão, berimbau, ganzá, pandeiro; marcando o aceleramento do jogo o ritmo dessa colaboração musical. No Rio de Janeiro e Recife não há, como não há notícia noutros Estados, a capoeira sincronizada, capoeira de Angola e também o batuque-boi. Nos primeiros anos do regime republicano no Brasil, o Chefe de Polícia do Rio de Janeiro, Sampaio Ferraz, enfrentou a capoeiragem numa guerra de morte. Os capoeiras dividiam-se em dois grandes grupos, guaiamus e nagôs, protegidos e utilizados por muitos políticos como elementos de intimidação dos inimigos. A luta durou o ano de 1890, e Sampaio Ferraz, surdo a ameaças e pedidos, prendeu capoeiras ricos e pobres, brancos e pretos, filhos de quintandeiras e de almirantes, acabando com a instituição temível. Bibliografia: Manuel Querino, *Costumes Africanos no Brasil*, 270-278, Rio de Janeiro, 1938; Édison Carneiro, *Negros Bantos*, 147-160, 161-165; Pereira da Costa, *Folclore Pernambucano*, 240-242, *Vocabulário Pernambucano*, 190-192; Melo Morais Filho, *Festas e Tradições Populares do Brasil*, 401-413; Sílvio Romero, "Poesia Popular Brasileira", *Revista Brasileira*, 273; Renato de Almeida, *História da Música Brasileira*, 110-112, "O Brinquedo da Capoeira", *Revista do Arquivo Municipal*, 155-162, LXXXIV. Este último ensaio registra as músicas e cantos da capoeiragem esportiva na Bahia (Santo Antônio de Jesus), onde o autor assistiu a uma demonstração. O Prof. Melville J. Herskovits, da Northwestern University (Evanston, Illinois), informou ter visto jogos semelhantes em vários pontos do Continente americano e na África, "Jogo da Capoeira", *Col. Recôncavo*, n.º 3, desenhos de Caribé, Bahia, 1951. Ver Édison Carneiro, *Dinâmica do Folklore*, VI. *Capoeira de Angola*, Rio de Janeiro, 1950; idem, *A Sabedoria Popular*, "A Pernada Carioca", 90-94, *Capoeira de Angola*, 198-206, *Batuque*, 207-215, Rio de Janeiro, 1957. Já em 1824, o vocábulo era popular no Rio de Janeiro, aplicado aos desordeiros que empregavam esse jogo de agilidade. Bem antes de 1889, Beaurepaire Rohan (*Dicionário de Vocábulos Brasileiros*, Rio de Janeiro, 1889), dizia-o trazido pelos escravos africanos para o Brasil. Ver *Bate-Coxa*, *Pernada*. O Prof. Adolfo Morales de los Rios (1858-1928) publicou uma série de artigos sobre "Capoeiras e Capoeiragem," nºs de 18 de junho, 19 de julho, 6 e 16 de setembro, 18 de outubro de 1926 do *Rio Sportivo*, Rio de Janeiro. Estudei a capoeira em sua origem angolana (*Folclore do Brasil*, Natal: Fundação José Augusto, 1980); *n'golo* no sul da Angola, *básula* na ilha de Luanda, disputada entre marujos da navegação para Mosaamedes e populares de Muazanga, nome da ilha de Luanda, diante da cidade do mesmo nome, os axiluandas, nativos. O *n'golo* é luta em que o vencedor poderá casar sem pagar dote e pertence ao ciclo da iniciação feminina. O nome "capoeira", que tomou no Brasil, refere-se aos moradores das *capoeiras*, antigas roças, terrenos semidesertos, refúgio de malandros, arruaceiros e valentões capadócios. Ver *Batuque, Bate-Coxa, Batuque-Boi, Pernada*.

CAPOTE. Duelo de trabalho entre as raspadeiras de mandioca. Desafiam-se sentadas em torno à tulha da preciosa raiz, de quicés em punho, e começam a luta, duas a duas. Uma raspa as mandiocas do coleto ao meio e as atira assim meio raspadas à outra, que as vai acabando de raspar. A luta torna-se renhida; o movimento dos quicés não para. Chega, porém, o momento em que a mais ágil para o trabalho, à espera da adversária, que se atrasou, e demorando-se esta em dar-lhe mandiocas raspadas até o meio, vai a companheira, atirando-lhe por cima uma chuva de cascas de raiz, ganhando a parada e dando o *capote*. (Rodolfo Teófilo, *Lira Rústica*, 226, Lisboa, 1913). Essa disputa é ainda encontrada nas *desmanchas*, farinhadas no Nordeste do Brasil, onde o autor viveu. A faca velha, sem cabo, ou a faca pequena, diz-se *quicé* nessa região; do tupi, lâmina cortante, instrumento de corte, segundo Teodoro Sampaio.

CAPUCO. Brinquedo infantil. Duelo em que o sabugo de milho funciona como sabre, batendo um no outro até partir-se em pedaços. Com o nome de *capuco* só conheço em Sergipe. "Sapuco é a espiga de milho depois de tirados os caroços. Os meninos iam buscá-lo nos quintais, no monturo, no chiqueiro, arrancando-o dos dentes e da lama dos porcos. A briga de capucos era como jogar pião, empinar papagaio, botar sal e pimenta em cima de sapo, dos maiores divertimentos da criançada. Toda uma cerimônia rodeia o encontro de dois jogadores de capucos; medem-se tamanho e grossura; discutem-se as condições do encontro, quantas vezes um capuco deve bater no outro, se até quebrar ou se até um certo número de pancadas. O exame da peça é minucioso, pois a fraude abunda. Raro o capuco que não tenha espetado no miolo um fio de ferro, um arame fino. Tudo é examinado rigorosamente. As cabeças se inclinam sobre essas armas de batalha, essas espadas de gramínea que se vão cruzar; conflitos, dedos machucados; sangue aparecia, mães acorriam alarmadas, grossos cocorotes, puxavantes de orelhas. "Menino, eu já disse que não quero ver você de capuco na mão!" Todo menino de Itaporanga tinha o índex escalavrado pelo jogo do capuco. *Capuco famanão* era o que contava numerosas vitórias e desafiava qualquer campeão." (Gilberto Amado, *História da Minha Infância*, 88, ed. José Olympio, Rio de Janeiro, 1954).

CARA OU CUNHA. Jogo de aposta, jogando-se uma moeda para o ar e apostando-se numa das faces, verso ou anverso. Cara ou Coroa. *Cara y Cruz* na Espanha. Em Roma, era popular e dizia-se *caput aut navia*, referência à moeda que tinha a efígie de Jânus num lado, e uma nau no verso contrário. Ver *Cachola*.

CARACALHO. Ver *Catacá*.

CARÁ, CARÉ. Figuras do baile fandango, no Rio Grande do Sul. Ver *Bambaquerê, Fandango*.

CARACARÁ. Ver *Carapinhé*.

CARACAXÁ. Instrumento idiofone. Reco-reco, reque-reque. Pode se apresentar sob a forma de um pedaço de bambu ou taquara com talhos transversais, um caneco cilíndrico de lata com uma tira ondulada do mesmo material, pregada na parte exterior, ou uma cabaça comprida, na qual se adapta um pedaço de madeira denteada. Executa-se raspando-o com uma vareta de madeira ou ferro (Rossini Tavares de Lima, S. Paulo). Uso nacional. Vi em Luanda, Angola, caracaxá de mais de um metro, denteado, sobre cuja superfície saliente o executando passava os dedos, ornados de unhas artificiais metálicas, como os japoneses percutem as cordas do *koto*.

CARAFUZ, CARAFUZO. Ver *Cafuz*.

CARAJURU. Matéria corante vermelho-sangue, extraida do cipó do mesmo nome (*Arrabidaea chica*). É obtida pela maceração das folhas em vasilhas apropriadas e repetidas lavagens, ficando depositada no fundo como um pó impalpável. Seca ao sol, vem ao mercado em saquinhos de turi. Os pajés usam o carajuru, especialmente soprado (ver *Sopro*) por eles, em muitas das suas cerimônias e pajelanças. Quem for pintado de carajuru da lua não tem medo de nada. Se não houver alguma coisa mais forte que lhe destrua os efeitos, pode arrostar tudo; não há mal nem doença que lhe entre (Stradelli, *Vocabulário Nheengatu*, 398).

CARANGUEJO. Brincadeira de roda, com cantiga e coreografia própria. Cantam versos, quadrinhas, variados, tendo ou não relação com o assunto, mas o estribilho caracteriza a ronda:

"Caranguejo não é peixe.
Caranguejo peixe é;
Caranguejo só é peixe
Na enchente da maré!

Palma! Palma! Palma
Pé! Pé! Pé!
Caranguejo só é peixe
Na enchente da maré!"

É conhecido, possivelmente, em todo o Brasil. A Profª Zaide Maciel de Castro recolheu uma variante em Parati, Estado do Rio de Janeiro, *Danças Brasileiras*, Pub. n.º 2, Prefeitura do Distrito Federal, 1959. O refrão é diverso:

"Ó pó, ô pó, ô pó.
A mão, a mão, a mão
Balanceia minha gente
No meio deste salão –
'stá tão bom!"

No Nordeste, obedecendo ao mote, batem as palmas e o pé, sem volteio e pares enlaçados, como se verifica em Parati. Dança-se no Rio Grande do Sul. Paixão Cortes e Barbosa Lessa (*Manual de Danças Gaúchas*, Porto Alegre, 1956), registram coreografia. Ver *Guaiamum, Fandango, Crustáceos*.

CARAPINHÉ. É um gavião (*Falconidas*)(*Milvago chimachima*, Vieill). Caracará, carcará. Denomina "um brinquedo infantil que consiste em pegar uma pessoa, com dois dedos de uma das mãos, a pele das costas de outra mão, puxando-a, ao mesmo tempo que eleva e abaixa repetidamente os braços, dizendo: *cará... carapinhéééé!* É, evidentemente, um arremedo dos movimentos do gavião a arrebatar a vítima no bico. Este brinco, popularíssimo em todo o Estado (*de São Paulo*), fazem-no os adultos, ou crianças maiores para divertir as pequeninas" (Amadeu Amaral, *Dialeto Caipira*, 108, São Paulo, 1920).

CARAXÁ. Ver *Catacá*.

CARCARÁ. Ver *Carapinhé*.

CARETAS. "Na noite de Sexta-Feira da Paixão, saem à rua os *caretas*, mascarados asquerosos e sórdidos, armados de forte chibata, para defenderem-se das investidas da canzoada, assarapantada com o estranho espetáculo. São os guardiões da Quinta do Iscariotes, lugar que recorda, talvez o Haceldama (Campo do Sangue), que a ficção histórica ou melhormente a História faz crer haver sido adquirido com os 30 sestércios pagos pela pretensa traição do apóstolo ao seu mestre, onde são plantadas, por enfeite, diversas árvores durante a noite notadamente palmeira e bananeiras." (L. Gonzaga dos Reis, "Alto Parnaíba", 71, *Revista do Instituto Histórico e Geográfico do Maranhão*, n.º 3, agosto de 1951). Essa Guarda do Judas, livrando-o de ser arrebatado antes da madrugada da Aleluia, existe por todos os recantos onde os Judas pagam a tradicional felonia, mas não costumam, como no município maranhense, ter denominação e disfarce especiais.

CARETA. A falsa-cara, cara-pequena, é um processo milenar de intimidação, defesa instintiva de primitivos e ainda empregado pelas crianças. A careta dos *atuados, cavalo de santo*, possuídos pelo orixá, reproduz a máscara da entidade representada, ou mantém fisionomia que seja ritualmente próxima ao orixá, como um dos seus atributos característicos. Careta era sinônimo popular de máscara. Encaretado, mascarado, careta de Carnaval, máscara carnavalesca. Quem briga, faz careta. Ver *Máscara*.

CARIAPEMBA. Entidade maléfica para os escravos africanos. Pereira da Costa (*Folclore Pernambucano*, 71): "Os negros africanos trouxeram-nos também o seu contingente de superstições, e se tinham vagas noções de um ente supremo, tinham-nas, porém, positivamente, de um gênio mau, o seu Cariapemba dos escravos africanos era de feição igual ao demônio de todos os povos. Perseguia-os de um modo atroz, aparecia-lhes visivelmente, e introduzia nos seus corpos, tornando-os endemoniados, endiabrados. A esse fenômeno chamavam eles *mitu guá Cariapemba*, e depois do seu contato com os portugueses, possessos, energúmenos, terríveis; ou os arrebatavam, conduzindo-os aos seus antros horríveis, a cujos indivíduos chamavam eles *amucutucumuca riá, Cariapemba*, o arrebatado do demônio: *guá Diabu*, segundo Cannecatim no seu *Dicionário da Língua Bunda ou Angolense*, Cariapemba, como se vê, é Demônio de Angola, um satanás banto."

CARIBÉ. Carimé, carimbé, bebida feita de água fria, em que foi espremido um fruto qualquer ou foram desmanchados uns ovos crus de tracajá ou tartaruga, misturada com farinha de mandioca (Stradelli). Mingau de farinha fina. Pará-Amazonas.

CARIMÃ. Bolo preparado com a massa da mandioca e água, em forma de discos achatados e secos ao sol, para papas e mingaus. Gabriel Soares de Sousa o cita, já popular, no séc. XVI, como também os naturalistas do domínio holandês, Piso e Marcgrave.

CARIMBÁ. Bebida refrescante feita com água, mel de abelhas e farinha de mandioca: Stradelli. Amazônia. Confundem geralmente com *Carimbé* (ver) e *Carimã* (ver).

CARIMBÉ. Ver *Caribé, Carimbá*.

CARIMBÓ. "Atabaque, tambor, de origem africana. É feito de um tronco, internamente escavado, de cerca de um metro de comprimento por 30 cm de diâmetro. Sobre uma das aberturas se aplica um couro descabelado de veado, bem teso. O tocador senta-se sobre o tronco e bate no couro com uma cadência típica, servindo-lhe de vaquetas as próprias mãos. Usa-se o carimbó no batuque, dança trazida da África pelos cativos." (Peregrino Júnior, *Pussanga*, 187-188, 2ª ed. Rio de Janeiro, 1930). Dança negra, brasileira, de roda, em Marajó, arredores de Belém, no Pará. Num círculo de homens e mulheres, uma dançarina, às vezes ou comumente, vestida de baiana, vai para o centro, e baila, trejeiteando, requebrando-se, com o acompanhamento de percussão (o carimbó, pandeiros, reco-reco e, ocasionalmente, instrumentos de corda). É a mesma figuração coreográfica do *Batuque* (ver) e da *Marujada de Bragança* (ver). O passo típico é a bailarina, num dado momento, volteando, enfunando violentamente as vestes, jogar a barra da saia sobre o parreiro mais próximo, cobrindo-o e causando hilaridade. Se jogar a saia e não cobrir o visado, é substituída na posição que ocupava na roda. A dança do carimbó ocorre na área pastoril de Soure (Marajó), nas zonas de lavradores e pescadores do Salgado (Curuçá, Marapanim, Maracanã), tanto na *terra firme*, como nas praias, informa Bruno de Meneses. Ver *Varrição*, *Retumbão*.

CARIMÉ. Ver *Caribé*.

CARIOCA. Apelido do natural da cidade do Rio de Janeiro. Nome do rio histórico local. Mais traduções que letras no nome. A mais prestigiada virá de *cariyó*, *carió*, *cari-boc*, o mestiço, descendente de branco, e *oca*, casa, morada, residência; ou de *carí-oca*, a casa do branco, segundo mestre Teodoro Sampaio. Inútil pesquisar a individualização desse mestiço ou branco, denominador do rio, elemento essencial. Para mim a versão é primária e simples. De *acarioca*, a casa, o moradouro dos peixes acaris. Quando construíram o palácio do Ministério da Educação, os azulejos ornamentaram-se, abundante e alusivamente, de acaris. Há mapas do séc. XVI com a indicação: *Acari-oca*.

CARITÓ. Prateleira junto à parede e que é o armário dos pobres. Dependência escusa, suja e escura das casas humildes. Casebre, cochicholo, choupana semiarruinada. Quarto-depósito de velharias inúteis, cobertas de poeira, ao abandono. Moça velha, solteirona. "Bota pó, Vitalina, tira pó, / Moça velha não sai mais do caritó!"

CARLOS MAGNO E OS DOZE PARES DE FRANÇA. Volume popularíssimo em Portugal e Brasil, leitura indispensável por todo o sertão, inúmeras vezes reimpresso e tendo ainda o seu público leitor fiel e devotado. Fornece material aos cantadores e muitos episódios tiveram redação em versos, constituindo temas de cantos e leituras entusiásticas.

"Você falou-me em Roldão,
Conhece dos Cavaleiros,
Dos Doze Pares de França?
Dos destemidos guerreiros?
Falarás-me alguma coisa
De Roldão mais Oliveiros?
Sei quem foi Roldão.
O Duque Reguiné
E o Duque de Milão,
E o Duque de Nemé…
Sei quem foi Galalão,
Bonfim e Geraldo,
Sei quem foi Ricardo
E Gui de Borgonha,
Espada medonha,
Alfanje pesado!"

(Leonardo Mota, *Cantadores*, 63, ed. Castilho, Rio de Janeiro, 1921). O volume atual é uma reunião de vários livros, de épocas diversas. "O original francês tem o título de *Conquêtes du Grand Charlemagne*. É de 1485. Quarenta anos depois espalhava-se a primeira edição castelhana, fonte das impressões em Portugal. Essa edição castelhana é de Sevilha, 1525, *Historia del Emperador Carlos Magno y de los Doze Pares de Francia; y de la Cruda Batalla que Ovo Olivero con Fierabrás, Rey de Alejandría, Hijo del Grande Almirante Balán.* A impressão é de Jacó Cromberger e saiu em Sevilha a 24 de abril de 1525. Rapidamente esgotada a primeira, saíram várias em 1528, 1533, 1547, 1548, etc. Na de 1570 aparece o nome do tradutor do francês para o castelhano. "Por onde yo, Nicolás de Piamonte, propongo de trasladar la dicha escriptura de lenguaje francés en romance castellano, sin discrepar, ni añadir, ni quitar cosa alguna de la escriptura francesa." Teófilo Braga (*O Povo Português nos seus Costumes, Crenças e Tradições*, II, 474) informa que a crônica do Imperador Carlos Magno popularizou-se intensamente em Portugal e foi reimpressa em Lisboa por Domingos Fonseca em 1615; fólio de trinta folhas, a duas colunas; em Coimbra, outra edição, 1732, in 8º. A tradução de Jerônimo Moreira de Carvalho compreendia duas partes, a primeira impressa em Lisboa, 1728, e a segunda em 1737, abonada por Inocêncio. O prólogo da edição de Nicolau de Piamonte (em 1570) diz que o livro é dividido em três partes. Jerônimo Moreira de Carvalho, para tornar o volume mais atraente, misturou a segunda parte com as narrativas de Boiardo e de Ariosto, no sincretismo das gestas. Anos depois, em 1745, surgiu uma *verdadeira terceira parte da história de Carlos Magno, em que se escrevem as gloriosas ações e vitórias de Bernardo del Carpio e de como venceu em batalha aos doze pares de França*. Seu autor, o Padre Alexandre Caetano Gomes Flaviense, graduado em Cânones, protonotário apostólico e natural de Chaves, divulgara a réplica castelhana à epopeia dos Doze Pares, na criação de Bernardo del Carpio. Simão Tadeu Ferreira reuniu as três partes num só volume. São essas as fontes bibliográficas do livro indispensável aos nossos cantadores, segundo Menéndez y Pelayo (*Orígenes de la Novela*, II, 27, ed. Glem, Buenos Aires, 1943): "*El Speculum Historiale* de Vicente de Beauvais, el poema francés de *Fierabrás*, y acaso un compendio de la *Crónica de Turpin*, son las fuentes de este librejo, apodado por nuestros rústicos, *Carlomano*, que, a pesar de su disparatada contextura y estilo vulgar y pedestre, no solo continúa ejercitando nuestras pensas populares y las de Epinal y Montbelliard en Francia, no solo fué puesto en romances de ciego por Juan José López, sino que inspiró a Calderón su comedia *La Puente de Mantible*." A popularidade segue no Brasil seu curso ininterrupto. Crianças são batizadas com os nomes queridos, especialmente Roldão, Ricarte, Floripes, etc. O folclorista C. Néri Camelo encontrou em Piracuruca, Piauí, um cidadão chamado Raimundo Duque Demene, que é o Duque de Naimes da História e citado na *Chanson de Roland* (C. Néri Camelo, *Alma do Nordeste*, 177, Rio de Janeiro, 1936). Ver Luís da Câmara Cascudo, *Cinco Livros do Povo*, Introdução à Novelística Brasileira, "Informação sobre a História de Carlos Magno e dos Doze Pares de França", 438-449, João Pessoa, Paraíba: Editora Universitária, 1979. Durante a campanha do Contestado, o Monge José Maria (ver) denominou Doze Pares de França aos seus vinte e quatro guardas pessoais e que abriam, na hora da luta, a marcha à frente da vanguarda: Sobre a "História do Imperador Carlos Magno e dos doze pares de França", ver Luís da Câmara Cascudo, *Vaqueiros e Cantadores*, 134-135, 177, São Paulo, Global, 2005. Johann Emanuel Pohl (1782-1834) assistiu em Vila Boa (Goiás), na Páscoa de 1819, a uma representação de Carlos Magno, "na qual as personagens femininas são representadas por homens. O traje é efetivamente custoso, em geral veludo, guarnecido de ouro puro. As joias, tomadas de empréstimo e cedidas de boa vontade, cintilam à luz do sol" (*Viagem no Interior do Brasil*, I, 332, Rio de Janeiro, 1951). A peça compreendia repetidos combates. Foi continuada nos dias santos imediatos. Pohl achou-a "enfadonha e arrastada".

CARNAVAL. Foi, até meados do séc. XIX, o entrudo brutal e alegre que Debret pintou e de que todos os velhos recordam. Pelo norte, centro e sul do Brasil, o movimento era igual. Água, farinha do reino, fuligem, goma, ensopando os transeuntes. Água molhando famílias e ruas inteiras, em plena batalha. Criados, outrora escravos, carregando bilhas, latas, cântaros, para suprimento dos patrões empenhados na guerra. Henry Koster mostrou que o entusiasmo era o mesmo pelo interior de Pernambuco, nas senzalas e casas-grandes, nivelando amos e servos na alegria igualitária do entrudo. Depois o entrudo admitiu formas mais doces com as laranjinhas de cheiro e borrachas com água perfumada. Em 1886 na cidade de São José de Mipibu, no Rio Grande do Norte, durante o último dia do entrudo, toda gente se molhou, inclusive o vigário e o juiz de Direito. Ninguém, exceto doentes e criancinhas de peito, escapou enxuto. Era a herança fiel e completa do entrudo português, com suas alacridades absolutas, aquela que fazia Filinto Elísio, em 1808, chorar em Paris com saudades do bródio lusitano:

"Viva o meu Portugal! Viva a laranja,
Que derriba o chapéu; viva a seringa.
Que ensopa o passageiro; viva a bola
De barro, pespegada
Na saresma do ginja, ou carapuça
Da farfante saloia cavaleira;
Viva a folha, rascando pela esquina.
Que assusta a velha zorra!"

Nos *Sketches of Portugal Life, Manners, Costume and Character*, Londres, 1826, o seu autor, A. P. D. G., resume o entrudo lisboeta como tivemos, até princípios do séc. XX, na maioria das cidades brasileiras: "the frolics of the Carnival consist in throwing hair power and water in each other faces and over their clothes; and pelting the passengers in the streets with oranges, eggs and many other missiles besides throwings buckets of water on them." Todas as lembranças clássicas de saturnálias, februálias, florais, festas orgiásticas assírias, medo-persas, babilônicas, reviviam no carnaval. Imperadores e ministros jogavam ovos podres e talos de hortaliças, emporcalhando fardões e sujando sedas. O sisudo D. Pedro II acabou dentro de um tanque. O arquiteto Grandjean de Montigny morreu em 1850 de uma pleuris consequente de um entrudo excepcionalmente animado. Nenhuma crônica grega superava essa explosão de vida dionisíaca, arrebatada, furiosa e brutal em sua espontaneidade. Juntem-se os aspectos violentos e bestiais de pilhérias, denúncias, histórias infamantes improvisadas no momento e gritadas como proclamações radiosas, enfim outro traço evidente da *corredela* do entrudo português. Do ponto de vista folclórico e etnográfico, o carnaval é um índice anual de sobrevivências e elementos reais da psicologia coletiva, adiantamento ou atraso educacional, não falando nas revelações que a psicanálise permite verificar em massa. Música, indumentária, alimentação, vocabulário, elevação ou pobreza espiritual são trazidos ao alcance do estudo e da observação durante as setenta horas carnavalescas. Creio que as cantigas e danças se afirmaram, multiplicando-se, ano a ano, no séc. XIX, com os cordões, ranchos, grupos, clubes, carros alegóricos, canções e ritmos postos em circulação na época. O carnaval dos grupos e dos ranchos, das escolas de samba no Rio de Janeiro não é o carnaval do Recife, o carnaval da participação coletiva popular na onda humana que se desloca, contorce e vibra na coreografia, a um tempo pessoal e geral do *frevo* (ver *Frevo*), com a sugestão irresistível de suas marchas-frevos pernambucanas, insubstituíveis e únicas. Bibliografia: Renato Almeida. *História da Música Brasileira*, 196-202; Melo Morais Filho, *Festas e Tradições Populares do Brasil*, 125--132 (Bahia); Luís Edmundo, *O Rio de Janeiro do meu Tempo*, III, Rio de Janeiro, 1938; Mário Sette, *Maxambombas e Maracatus*, Recife, 1938; Anita Seppilli, "Origens do Carnaval", XCVII, 7-34, *Revista do Arquivo Municipal*; Luís da Câmara Cascudo, *História da Cidade do Natal*, "Divertimentos", 385--392, Natal, RN: EDUFRN, 2010. Para a repercussão social do carnaval, ver *Antologia de Carnaval*, organizada por Wilson Lousada, ed. Cruzeiro, Rio de Janeiro, 1945. Ver *História do Carnaval Carioca*, Eneida, Rio de Janeiro, 1958. Ver *Entrudo*.

CARNE DE SOL[1]. Ver *Carne do Ceará, Jabá*.

CARNE DE VENTO[2]. Ver *Carne do Ceará*.

CARNE DO CEARÁ[3]. O atual charque ou jabá, carne do Rio Grande (R. G. do Sul), onde é fabricada em sua maioria. Foi, de fins do séc. XVII em diante, indústria comum na região das salinas do Rio Grande do Norte e Ceará (Camucim e Aracati) e na povoação de Oficinas, no primeiro Estado. A carne, aberta em mantas e posta em salmoura, secava ao sol, sendo vendida para todo o Norte. Em 1746 era abundante a exportação de carne-seca de boi do Ceará (Pereira da Costa, *Vocabulário Pernambucano*, 202). Um cearense, José Pinto Martins, fundou em 1780 o primeiro estabelecimento para fabricação de carne do Ceará no Rio Grande do Sul, uma légua da foz do rio Pelotas, na sua margem direita. O vocábulo charque é quíchua, *ch'arqui*. Trinta anos depois, em 1810, a carne vinda do Rio Grande do Sul conservava o antigo nome de *carne do Ceará*. Henry Koster (*Viagens ao Nordeste do Brasil*, 175, 517), escrevendo sobre a Capitania do Ceará, informa: "Antigamente eram exportadas, para outras capitanias, grandes quantidades de carne de boi seca e salgada, mas a mortandade no gado, devido às secas frequentes, tornou inevitável a cessação deste comércio. Agora a região se supre no Rio Grande do Sul, a fronteira meridional dos domínios portugueses. Vinda do Rio Grande do Sul para Pernambuco, a carne-seca ainda conserva o nome de carne do Ceará". "A parte animal é geralmente carne do Ceará, carne salgada que vem do Rio Grande do Sul." Em 1821 o nome charque popularizara-se. Mary Graham, visitando o comércio de comestíveis do Recife, escreve: "Vi e provei hoje carne-seca, o charque da Sul América espanhola; parece, quando pendurada em mantas nas portas das lojas, com pedaços de couro grosso esfarrapado; preparam-na cortando a carne em longas tiras, limpas dos ossos, que são ligeiramente salgadas, compridas e secas ao ar". Carne do Sertão, Carne-Seca, Carne de Vento, Carne de Sol: carne em mantas, salgada e exposta ao ar para enxugar e secar. Resiste menos que a carne do Ceará, charque ou jabá. A carne de Sol é uma base da alimentação do Nordeste, insubstituível e indispensável. François Pyrard de Laval, visitando a cidade do Salvador em 1610, encontrou a carne de Sol exposta à venda, com grande consumo local.

---

[1] No texto original: "Carne-de-Sol" (N.E.).
[2] No texto original: "Carne-de-Vento" (N.E.).
[3] No texto original: "Carne-do-Ceará" (N.E.).

CARNE DO SERTÃO[4]. Ver *Carne-do-Ceará*.

CARNEIRO ENCANTADO. No lugar Passagem de S. Antônio, Maranhão, fronteira com o Piauí, margens do rio Parnaíba, os viajantes veem um carneiro gigantesco, com uma estrela resplandecente na testa. Às vezes o brilho parece extinguir-se e bruscamente se aviva, com uma luminosidade deslumbrante. Dizem que, há muito tempo, os ladrões assassinaram nesse lugar um monge missionário que voltava trazendo esmolas para o convento. Mataram e roubaram o frade. Terminado o crime, foram tocados pelo remorso e, cheios de arrependimento, sepultaram o cadáver, enterrando as esmolas, inclusive o ouro, perto do corpo. Vez por outra o monge aparece, durante a noite, transformado no grande carneiro branco e tendo na testa a estrela radiante que é o símbolo da riqueza enterrada; J. A. de Freitas, *Algumas Palavras Sobre o Fetichismo Religioso*, Recife, 1883; F. J. Santana Neri, *Folklore Brésilian*, Paris, 1889. Ocorre no Piauí um mito idêntico com o nome de carneiro de ouro. "Conta-se que se dá em Campo Maior, na serra de S. Antônio, a aparição de um enorme carneiro de ouro, que se tem apresentado a algumas pessoas de dia, e a outras que o veem à noite, de longe, da vila, todo vestido de luz. Dizem que ele berra junto a uma enorme corrente de ferro, como que indicando que naquele lugar existem grandes riquezas e grandes encantos. Mas, como uma só pessoa ou mesmo duas e três não possam levar para sua casa aquele enorme achado precioso, volvem à vila e reúnem povo para buscar o velocino. Em chegando porém, ao lugar, desaparecem o carneiro e a corrente. Isto ouvi contar, em 1884, por uma velha de mais de 80 anos, antiga moradora em Campo Maior e que afirma ter visto de longe o carneiro de ouro com sua estrela de brilhantes na testa." (Leônidas Sá, *Folclore Piauiense*, "Litericultura", IV, 126, Teresina, 1913).

CARNE-SECA. Ver *Carne do Ceará, Jabá*.

CAROARA. Ver *Caruara*.

CARPIDEIRAS. Não tivemos, no Brasil, a carpideira profissional, chorando o defunto alheio, mediante pagamento. Portugal conheceu as velhas carpideiras que "Choram o meu e o alheio; / Por uma quarta de centeio." Citou-as Teófilo Braga, em *O Povo Portuguez nos seus Costumes, Crenças e Tradições*, I, 198 e segs., Lisboa, 1885. Foram conhecidas em quase toda a Europa, e a tradição de chorar, cantar, dançar e ter uma refeição dedicada aos mortos é possivelmente universal e milenar. Para nós, do Brasil, indígenas e africanos escravos usavam a mesma prática, mas recebemos dos portugueses a carpideira espontânea, lamentando o defunto, gratuita e vocacionalmente,

---

[4] No texto original: "Carne-do-Sertão" (N.E.).

ou tendo *lembranças* de alimentos, dinheiro, roupa, em recompensa da mágoa colaborante e ruidosa. Ainda resiste o *chorar o defunto* no interior brasileiro, executado por velhas ligadas por laços de parentesco, amizade ou sedução trágica, diante do cadáver excitando as lágrimas da família com frases exaltadas e gesticulação inimitável e dramática. São elas, *fazendo o quarto ao defunto*, guarda, sentinela, velório, as iniciadoras do canto das *Incelências*, *Excelências* (ver), entoadas com a voz mais sinistra e apavorante, embora de impressão inesquecível para a assistência. São sabedoras das *rezas de defunto* votivas. Essas orações e cantos das *Excelências* duram até o saimento do enterro. Há, nessas localidades, velhas de fama ilustre, indispensáveis no cerimonial popular, de irresistível provocação para o pranto. Não se compreende *defunto sem choro*, índice de suprema indiferença e abandono total. No túmulo de Minnakht, em Tebas, 1500-1450 a.C., e oito séculos antes que Roma fosse fundada, estão as carpideiras do Egito. Os romanos divulgaram oficialmente a indispensabilidade ritual das carpideiras, dividindo-as em duas classes: a Prefica, paga para cantar os louvores do morto, e a Bustuária, que acompanhava o cadáver ao local da incineração, pranteando-o estridentemente, segundo a tabela dos preços. Uma curiosa modalidade, muda e simbólica, é a *chorona*. Ver *Chorona*.

CARRANCA. Ver *Cabeça de Proa*.

CARRANQUINHA. Ver *Carrasquinha*.

CARRASQUINHA. Uma das rodas infantis mais populares no Brasil. Carranquinha. É portuguesa de origem e Augusto C. Pires de Lima a incluiu na sua coleção de *Jogos e Canções Infantis*, 89, Porto, 1943. É cantiga de roda e as meninas fazem os movimentos citados na solfa:

"A moda da Carrasquinha
É moda bem singular;
Faz pôr o joelho em terra
Não pode se levantar!

Fulana sacode a saia,
Fulana levanta os braços,
Fulana tem dó de mim,
Fulana dá-me um abraço!"

O quarto verso da primeira quadra tem muitas variantes, uma das mais conhecidas, "e a gente fica pasmada". Na segunda quadra a indicação do movimento é dada à mesma menina.

CARREGADEIRA. Ver *Saúva*.

CARREIRO. Carreiro de santiago é a via-láctea. Todas as almas devem atravessar o carreiro de santiago no caminho do céu. J. Leite de Vasconcelos, *Tradições Populares de Portugal*, 25, Porto, 1882:

"S. Tiago de Galiza
Vós sendes tão intresseiro.
Ou em morte ou em vida
Hei-de ir ao vosso mosteiro

S. Tiago de Galiza
É um cavaleiro forte;
Quem lá não for em vida
Há-de ir lá depois da morte."

O poeta norte-rio-grandense Ábner de Brito findou o seu *Via-Láctea* usando a imagem tradicional:

"És por certo o caminho sacrossanto
Aberto em meio do infinito manto.
Por onde o poeta, quando morre,
                  [passa."

CARRETILHA. O mesmo que *carritia*, versos de cinco sílabas usados nos *desafios* sertanejos.

"Cantador que anda
Tomando peitica,
Apanha que fica
Com a orelha bamba;
Quando se amocamba
O ninho desmancho,
Não acha agasalho,
Encontra é trabalho
Pesado e de gancho…"

CARRITIA. Ver *Carretilha*.

CARRO. É a Ursa Maior. Na França, carro de David; carro de Osíris no Egito; carro de Tor na Suécia. Em Portugal dizem-no também barca, barca de David, barquinha, barca da vida. Gaston Paris mostrou que o nome mais geral era carro.

CARTA DA SECA. Entre os prognósticos que anunciam uma longa estiagem e mesmo a seca no Nordeste, os sertanejos capitulam o vento sul, franco, soprando pela madrugada. Chamam-no *a carta da seca*. Carta é sinônimo de aviso, anúncio, proclamação do arauto, cartão de visita. Creem justamente nesse título ao vento sul quando o fenômeno durante o mês de março, mês de São José, verificando-se o equinócio a 21 (ver *Chuvas*). "O dia 26 apresentou-se com uma cara de condenado: limpo, sem uma nuvem, soprando vento franco pela madrugada, vento sul; é a carta da seca dizem os sertanejos; é esse franco vento sul, pela madrugada, sinal de que não haverá mais inverno, conforme atestam as experiências sertanejas." (Felipe Guerra, *Secas Contra a Seca*, 73-74, Rio de Janeiro, 1909).

CARTOLA. Prato ligeiro de sobremesa, feito de bananas fritas, queijo assado, açúcar e canela. Nordeste do Brasil.

CARUANAS. "Gênios que vivem no fundo dos rios e são chamados a auxiliar os pajés nas suas práticas fetichistas. Bichos do fundo. Chermont deriva de *caru-ana* tupi, sem explicar a significação. Parece-nos que a terminação *ona* seja contração de *anga-ang-an-ana*, espírito e *caru* uma aliteração de *catu*, bom. As caruanas são tidas, ou são tidos *os* caruanas, como espíritos benfazejos. Os pajés os invocam para curar os pacientes, livrá-los de embaraços, de feitiços, etc." (José Coutinho de Oliveira, *Folclore Amazônico*, 237, Belém, Pará, 1951). Eduardo Galvão, que realizou uma interessante pesquisa religiosa no Amazonas, encontrou o vocábulo *caruanis* e não mais *caruanas*. Caruana não provirá de *cariua*, sábio poderoso, senhor de segredos, feiticeiro, mágico (Montoya, Baptista Caetano, Stradelli) e o sufixo *ramo, rama, rana, namo*, valendo *semelhante, parecido, igual*? Daria, hipoteticamente, *cariuarana, cariuana, caruana*. Ver *Companheiro do Fundo, Bicho do Fundo*.

CARUANIS. Ver *Caruanas*.

CARUARA. Caroara. Duende invisível, *bicho* fantástico amazônico. "Um *bicho* que inspira muito medo, é o que descrevem, à semelhança do bicho-de-pau que aparece nos quintais e capoeiras. Chamam de caroara. Como os outros, possui também mãe. É extremamente perigoso para as mulheres menstruadas, que, nessa condição, evitam andar pelo quintal ou atravessar as trilhas que dão nas roças ou nos caminhos para apanhar água. O cheiro da mulher nesse estado, afirma-se, atrai a caroara, ou a mãe do caroara, que *flecha* a vítima. Os efeitos dessas *flechadas* são semelhantes aos do reumatismo. Aparecem dores, inchação dos membros e dificuldade de articulação. Em Itá, existem muitas mulheres com esses sintomas, e cuja doença é atribuída às *flechadas* de caroara. Aos homens, esses bichos não parecem fazer qualquer mal." (Eduardo Galvão, *Santos e Visagens*. Um estudo da vida religiosa de Itá, Amazonas, 106-107, S. Paulo, 1955). Reumatismo. Teodoro Sampaio, *O Tupi na Geografia Nacional*, 184, Bahia, 1928, registra: "Caruara *s.c, carú-uara*, o que come ou corrói; a comichão, o prurido; a sarna, a bouba. No norte do Brasil, é uma moléstia que ataca o gado, trazendo-lhe inchação e paralisia nas pernas e corrimentos. Com o mesmo nome se conhece uma espécie de formiga, que dá nas árvores, cuja mordedura coça como sarna, e também uma qualidade de abelha, cujo mel é nocivo." A cidade de Caruaru em Pernambuco, significa *caruaru-ú*, aguada das caruaras, água que produzia a moléstia no gado.

CARURU. Iguaria indígena constando de um esparregado de bredos, *hera vulgar cararu*, escreveu Piso, médico do conde de Nassau, 1638-1644: "Come-se este bredo como legume e cozinha-se em lugar de espinafre; é do mesmo sabor e eficácia, juntando-se suco de limões para condimento... é de facílima digestão." Antes de 1693, o poeta Gregório de Matos citava a *moqueca, petitinga, cararu*, Cararu, caroru, caruru, foram variantes gráficas, do séc. XVII. Viajou o caruru para África Ocidental e Oriental. *Calulu* em Moçambique, Angola, Congo, Cabinda, São Tomé, *funji de peixe* em Luanda, *obbé* na Nigéria e Daomé, *caloulou* do padre Lafitte, *carourou*, do padre Bosche. As pretas minas da Costa do Ouro (Gana), as do Daomé (Padre Vicente Ferreira Pires, 1797) fazem o *caruru* de mistura com bolos de milho e peixe, e mesmo galinha cozida. O *caruru* transformou-se na África, partindo do pirão do brasileiro *caá-riru*, os bredos, ajudado pelo quiabo, planta africana que toma o nome de *calulu*, pela sua participação. O *caruru* brasileiro, histórico, citado por Saint-Hilaire, von Martius, Gregório de Matos, Guilherme Piso, comido pelo padre Pires no Daomé, era um esparregado, esmagado de ervas, acompanhando outra comida, peixe ou carne. O caruru, calulu por metátese, mencionado por Lafitte e Bosche na Nigéria e Daomé, compreendia já o peixe defumado, azeite de dendê. Era o *obbé*. Esse *obbé* é o *caruru* que se popularizou, ampliado em soluções culinárias na cidade do Salvador. Em 1802 era vendido pelas ruas, índice de mercado e preferência coletiva (Luís da Câmara Cascudo, *A Cozinha Africana no Brasil*, Luanda, 1964; *História da Alimentação no Brasil*, 150, 4ª ed., São Paulo, Global, 2011). Sodré Viana (*Caderno de Xangô*, 50-51), ensina a fazer, porque comer todos sabem: "Quiabos bem cortados, depois de lavados e enxutos com uma toalha, para evitar a baba. Os mesmos temperos e o mesmo processo do efó (ver *Efó*). Apenas para cortar ainda mais a viscosidade dos quiabos, espreme-se meio limão na panela, ao iniciar-se a fervura. Serve-se quente, com arroz branco, acaçá ou aberém." (ver *Acaçá, Aberém*). O padre Lopes Gama citava, furioso, a popularidade do caruru no Recife de 1838 (*O Carapuceiro*, n.º 6). Alfred Russel Wallace, em março de 1852, provou o primitivo *caruru* no Alto Rio Negro, ao redor da cachoeira que guarda essa denominação: "Tive ocasião de comer ali, pela primeira vez, a curiosa erva fluvial denominada *caruru*, que cresce nos rochedos; experimentamo-la como salada e também cozida com peixe; de qualquer maneira, é muito gostosa; e, quando cozida, muito se parece com o espinafre." (*Viagens pelo Amazonas e Rio Negro*, Brasiliana, 156, 447, S. Paulo, 1939). Essa erva, provada por Wallace é a *Mourera fluviatilis*, o *caruru-de-cachoeira*, um podostomácea. Os *carurus* da Bahia são portulacáceas e amarantáceas, *talinum patens, caruru-língua-de-vaca*, e *Amaranthus oleracea*, o *caruru miúdo*, os mais divulgados. Caruru vem do tupi, *caá-riru*, a erva de comer. (Ver A. J. de Sampaio, *A Alimentação Sertaneja e do Interior da Amazônia*, 231, Brasiliana, 238, S. Paulo, 1944).

CARURU-DOS-MENINOS. Refeição oferecida pelo devoto dos Ibeiji ou os Gêmeos identificados com São Cosme e São Damião, no dia oblacional, 27 de setembro, na cidade do Salvador e noutros pontos da Bahia. O prato especial é o caruru (ver *Caruru*). "O caruru não é o único prato da comida da festa de S. Cosme e S. Damião, que se divide em duas fases: caruru-dos-meninos (com ritual) e caruru dos grandes, a vontade. Os adultos são convidados entre as pessoas íntimas, conhecidas da família do devoto. A festa não é feita para os grandes: pertence exclusivamente aos meninos, que são os verdadeiros comensais. D. Maria São Pedro de Jesus deu o grito de caruru-dos-meninos. Sobre a pequena mesa estavam todos os pratos da festa: caruru, pipocas, amendoim, farofa de azeite, cana picadinha, banana frita, arroz branco, abará, abóbora, acarajé, milho branco, coco em pequenos pedaços, galinha em molho pardo e ovo cozido. Uma bacia foi cheia com caruru e todo o cardápio de S. Cosme. No chão, sobre um pano forrado, D. Maria São Pedro pôs o alimento, chamando os sete meninos mais jovens. Sete crianças entre 5 e 8 anos ficaram abaixadas em torno da bacia com caruru. As outras crianças e os adultos, inclusive os dois repórteres, começaram a bater palmas, em ritmo forte, enquanto D. Maria fazia a chamada dos meninos: "Vem cá, vem cá, Dois-Dois! / Vem cá, vem cá, Dois-Dois!" Os pequenos comensais mantêm as mãos, por um minuto e silenciosamente, no caruru, começando em seguida o jantar simbólico de S. Cosme e S. Damião. Os meninos vão comendo o caruru com sofreguidão, comendo a parte do alimento sagrado que lhes coube. Aparecem cantigas que todos versejam com entusiasmo, sempre no ritmo das palmas: "Eu te dou de comê, Dois-Dois! / Eu te dou de bebê, Dois-Dois!" Os versos são repetidos várias vezes, não passando de sete, dando sequência a outros:

"São Cosme mandou fazer
Uma camisinha azul.
No dia da festa dele
São Cosme quer caruru!

Vadeia, Cosme, vadeia,
Vadeia, Cosme, na areia!
Vadeia, Cosme, vadeia,
Vadeia, Cosme, na areia!"

Outros cânticos são entoados:

"Eu tenho pai,
Que me dá de comê.
Eu tenho mãe.
Que me dá de bebê."

Comido o alimento santo, os meninos esperam o sinal de levantar as mãos. Todos estão satisfeitos, e as crianças, ou estão sérias, ou sorriem. Começa então a segunda parte da festa. As palmas recomeçam e se inicia o canto: "Louvado seja, ó meu Deus, / Que Cosme e Damião comeu!". Repetem-se três vezes estes versos. Depois, os sete meninos e a dona da casa seguram nas bordas da bacia balançando-a no ritmo lento da cantiga: "Vamos levantar / O cruzeiro de Maria! / No céu, no céu / Com muita alegria.". Em seguida os meninos carregam a bacia para dentro de casa. Principia-se, então, o caruru dos grandes, que comem de mistura com as outras crianças que não tiveram o privilégio de participar do caruru-dos-meninos." (Cláudio Tavares, "O Caruru de Dois Dois", *Revista do Globo*, 56-57, 426, Porto Alegre, 1947). O alimento coletivo servido em vaso comum é oriental e ainda hoje típico nas festas tradicionais árabes. É visível influência popular muçulmana, através dos "devotos" da Costa dos Escravos. Ver *Omalá*. *Dois-Dois*.

CARUTANA. Ver *Bastão de Ritmo*.

CARVALHO. José, nasceu na cidade do Crato, Ceará, a 11 de fevereiro de 1872, e faleceu no Rio de Janeiro a 15 de dezembro de 1933. Autodidata, emigrante no Amazonas, tabelião, advogado, fura-vidas, observou com graça e simplicidade inimitáveis as figuras populares, fixando, em páginas despretensiosas e fiéis, documentos legítimos para o trabalho folclórico. Seu volume *O Matuto Cearense e o Caboclo do Pará*, Belém do Pará, 1930, é indispensável para o confronto entre os dois folclores. José Carvalho, com reminiscências pessoais e notas oportunas, escreveu um livro claro e de grande informação para a etnografia e literatura oral, 2ª edição pela Imprensa Universitária da Universidade Federal do Ceará, com nota do Reitor Walter de Moura Cantídio, Fortaleza, 1973.

CARVÃO. Uma tradição comum a todo o Brasil afirma que o tesouro enterrado só será visível arrancado do solo por quem o mereceu receber das almas, através do sonho. Às vezes quem sonhou com a botija com o dinheiro enterrado conta o sonho aos amigos e um desses, com mais coragem, vai desenterrar o ouro. Encontrará carvão. Carvão enterrado é sinal certo de ouro desencantado por um atrevido que não recebeu o direito de ficar rico. As histórias são inúmeras e há mesmo testemunhas de vista afirmando a existência do carvão substituindo a riqueza que não era destinada ao desenterrador afoito. Essa transformação do ouro em carvão é um elemento velhíssimo na literatura oral europeia e comum em Portugal, de onde tivemos o tema. Os tesouros ocultos pelas mouras encantadas na península Ibérica transmudam-se em carvão, quando vistos por olhos intrusos. "A destruição de algumas antas fez-se pela autoridade eclesiástica e em uma das obras da serra d'Ossa achou-se cinzas e carvão, vestígios de um evidente rito funerário. Nas crenças populares os tesouros de fadas transformam-se muitas vezes em carvão." (Teófilo Braga, *O Povo Português*, etc. II, 63). D. Francisco Manuel de Melo, no *Escritório Avarento*, escrito em novembro de 1655, na Bahia, alude à crendice que seria popular em sua pátria: "Fadas de mãe são como tesouro de moira encantada, ou escondida; ao primeiro és-não-és, eis carvão tudo" (*Apólogos Dialogais*, 62, Rio de Janeiro, 1920). Teófilo Braga (*Contos Tradicionais do Povo Português*, I, 162-163, Porto, 1883) registra um conto dos arredores do Porto onde os tições de uma borralheira mudam-se em barras de ouro. Na Beira Baixa, o *mouro do Cabril* paga um serviço com uma grande mão cheia de carvões, tornados em moedas de ouro (Jaime Lopes Dias, *Etnografia da Beira*, VI, 23, Lisboa, 1942). Ver Luís Chaves, *Contos de Mouras Encantadas*, 29, Lisboa, 1924; *Páginas Folclóricas*, 184, Porto, 1942.

Casa. Morada, residência. Casa de esquina, morte ou ruína. Casa do meio, vida sem receio. Quando se muda de residência, o dono da casa deve fechar a residência que deixou e ele próprio abrir a nova e entrar com o pé direito. Não abrir porta do quintal primeiro que a principal. Não passar pela janela alimentos feitos. A primeira coisa que se manda para a casa nova é o sal, a segunda o carvão, a terceira a farinha. Varre-se a casa com vassoura nova e quem varreu levanta o lixo. Duas vassouras varrendo a mesma casa varrem toda a felicidade. Quem apanha o lixo que outra pessoa varreu, leva todo o bem que possa acontecer à primeira. A mudança de uma casa para outra é no sábado, porque o primeiro dia na nova residência deve ser o dia de Deus (domingo). Para saber se será feliz, contam-se os caibros da coberta, dizendo: *ouro, prata, cobre*. A felicidade será na ordem relativa ao metal citado ao final. Não se varre à noite para não se morrer inchado (Studart). "Quando alguém muda de uma casa para outra, a primeira coisa que deve enviar é um pouco de sal e, ao entrar na casa, pisar com o pé direito; e tratará de fazer logo o fogo." Studart, 292. Varre-se a casa das portas para dentro e nunca atirando o lixo fora; sim, apanhando-o, para não enxotar a felicidade. Sair de casa ao toque de meio-dia traz desgraça (Studart). Sendo alto mais de um palmo o batente de uma casa, essa é infeliz para comércio, quem nela se estabelecer não fará negócio e abrirá falência em pouco tempo (Studart). Dispõe-se primeiro a cozinha do que a sala de visitas. Em caso contrário não haverá demora na casa. O oratório deve ficar voltado para a rua. Essas superstições foram trazidas pelos portugueses e suas variantes são populares em toda a Europa. (Paul Sébillot, *Le Paganisme Contemporain Chez Les Peuples Celto-Latins*, Paris, 1908, "Le Maison", 201 e segs. Studart, in *Antologia do Folclore Brasileiro*). Imagem de Independência. "Ter casa própria". Casamento, Casal, Acasalar, decorrem do substantivo *casa*. "Quem casa quer casa, bem lonje da casa em que casal "conselho de orientação preventiva. Não haverá outra origem para *Família*: – "O latim 'Familia' manteve-se no *famille, familie, family*, neolatinos e germânicos, provindo de *famulus, famel*, criado, servo, fâmulo, serviçal, doméstico, com a raiz de *faama*, do sânscrito *d'hâman*, casa, morada, residência, do radical *dhã*, pôr, pousar, assentar. Seria, visivelmente, o conjunto das pessoas sob o mesmo teto, obedientes e dependentes da mesma autoridade e proteção": Luís da Câmara Cascudo, *Civilização e Cultura*, São Paulo, Global, 2004, págs. 173-186, ver o estudo sobre *Abrigo*, a história da Casa. Não esquecendo o vocabulário básico, nascido de *Domus*, a casa latina – Domicílio, Domínio, Doméstico...

Casa dos Milagres. Ver *Romaria*.

Casaca. Cassaca, canzá, ganzá, canzaca, também conhecido, em certas localidades, pelo nome de reco-reco. Instrumento de música, usado nas "bandas de congo" em quase todos os recantos do Estado do Espírito Santo. Feito num cilindro de pau, escavado na parte superior, coberta por uma tala de bambu ou taquara denteada. A escavação serve de caixa de ressonância. Via de regra se esculpe, na extremidade de cima, uma cabeça. No lugar dos olhos costumam colocar tentos (sementes vermelho-pretas) ou rodelas de chumbo. Tamanho variável, em média sessenta centímetros. Sobre a parte denteada *rascam* uma vareta – é o reco-reco (Guilherme Santos Neves, Vitória, Espírito Santo).

Casamento. As superstições e prognósticos ligados ao casamento são os que existem no mundo em mais alta percentagem. Universais, incontáveis, pela unidade do assunto, transmitem-se fielmente, constituindo um número que desafiará colheita e fixação. Superiores às superstições de caça e pesca, as superstições para anunciar o casamento denunciam a importância capital do sexo, o lírico poder do amor, onipotente e onipresente. Os santos casamenteiros, Santo Antônio, São João, São Gonçalo, Nossa Senhora de Lurdes e da Conceição, têm milhares de adivinhações e fórmulas para que o devoto pressinta o futuro amoroso. Impossível o registro dessas tradições, em sua maioria de origem europeia, abundantes e variadas em todos os continentes, idiomas e recantos da Terra. Trata-se aqui exclusivamente da cerimônia do matrimônio e das superstições principais decorrentes do ato, antes, durante e depois dele. E alude-se a uma quantidade ínfima, na impossibilidade de recolher e conhecer as que existem. O casamento deve ser em dia da semana e não no domingo. Moça que casa no dia de Santana, 26 de julho, morre de parto. Toda a roupa, sapatos da noiva, deve gastar-se em seu uso pessoal; dando-os, dará parte de sua felicidade. Vestindo a noiva será ocasião de provocar a boa sorte para as moças. Prender com um alfinete o vestido branco da noiva, pôr na cabeça a grinalda de flores de laranjeira, é grande anúncio de próximo matrimônio. Escreve-se o nome das moças no solado do sapato dos noivos ou num papel que é posto dentro do calçado. Os noivos, especialmente a noiva, podem, durante a bênção matrimonial, ir chamando mentalmente pelo nome de suas amigas e estas irão casando, sucessivamente. As tradições supersticiosas ainda se ligam às três fases do casamento, como na Grécia clássica. *Écdosis*, dia do casamento; *pompé*, o cortejo nupcial; *télos*, a parte ritualística. Durante a manhã que antecede ao cortejo, a noiva é quase um tabu, não podendo praticar certos atos que se revestiriam de agouro para o futuro. Não pode ver nem provocar sangue, matando uma ave ou ajudando na cozinha. Não pode sair de sua casa exceto para a Casa de Deus (igreja). Não deve falar no nome de pessoas infelizes no casamento ou de má conduta. Na ida para a igreja, o par deve ser o último, e, ao voltar, casados, será o primeiro. O noivo só deve ver a noiva vestida para a cerimônia e não nos hábitos diários. O noivo não deve tocar objeto algum que vá ser usado pela noiva na cerimônia do casamento, exceto ouro e vidro. Não deve a noiva assistir à leitura dos *banhos* (proclamas) de seu casamento na igreja. Durante a cerimônia do casamento os prognósticos são numerosos. Quem tropeçar na porta da igreja, levantar primeiro depois do casamento, pisar as pedras da rua, morrerá antes do cônjuge. Não podem olhar para trás na ida e na vinda da igreja. Serão felizes se chover durante o casamento ou depois da cerimônia. Choverá se a noiva gostava de comer na panela em que os alimentos são feitos. Em casa a mulher entra primeiro. Senta em primeiro lugar, no sofá onde ficava longamente em exposição ao lado do marido, enquanto dançavam. Abre o baile dançando com o marido ou com o seu padrinho de casamento. Oferecerá a noiva as flores do seu ramo, oficialmente os cravos, às amigas e rapazes, mordendo os botões. Os presenteados casarão logo. Os casamentos do sertão brasileiro guardam muitas tradições que têm sido registradas. As *Corridas do Anel e do Chapéu* (ver), a recepção dos recém-casados com tiros de rifles, foguetões, vivas e os cantadores *louvando*, o jantar infindável, com as saúdes, e o baile eram e ainda são conservados em muitos lugares. O noivo não pode ir com a noiva para o quarto nupcial. Irá a mulher e depois o homem. Só o noivo tem o direito de tirar o véu da noiva, que será doado ao oratório da casa. Quem se deitar em primeiro lugar indicará o sexo do primeiro filho. Se for o marido, homem. Se for a esposa, mulher. Quem apagar a luz, morrerá primeiro, assim como o que deixar a cama na manhã seguinte. Noutras paragens esses sinais são anúncio da determinação do sexo dos filhos e não da morte dos casados. Quem não fizer uma festa, por mais humilde que seja, quando casar, será *miserável* (pobre ou avarento) a vida inteira. Na primeira semana depois de casados a mulher não podia usar vestidos de cores vivas nem o marido roupa escura. O protocolo, ainda obedecido no sertão, é *amanhecer de branco*, marido e mulher. No primeiro domingo depois do casamento o casal oferecerá um almoço (ou os sogros oferecerão) aos padrinhos do casamento e aos amigos mais íntimos. É o *almoço da boda*, finalizando as festas matrimoniais.

Casamento de Viúvos. Ver *Viúva*.

Cascavel. Ver *Espia-Caminho*.

Cassaca. Ver *Casaca*.

Cassaco. Ver *Timbra*.

Castelinho. Ver *Jogo de Baralho*.

Castelo. Casa de estudantes, rapazes do comércio, república, *chateau*. Na Paraíba, na segunda metade do séc. XIX, era um palanque armado durante os dias de carnaval, de onde partiam brincadeiras ruidosas e entrudos furiosos, molhando os transeuntes até que o pessoal de outro castelo o atacava, apossando-se da praça. "As classes humildes escolhiam a animação dos *castelos*. No centro da rua do Grude, por exemplo, firmavam um palanque, enfeitado de bandeirolas azuis e encarnadas, fazendo centro a um círculo de toda espécie de vasos que pudessem conter água colorida a zarcão e perfumada a essência de cravos comprada nas boticas, por cem réis a oitava. Era o castelo. No alto, o pessoal de ambos os sexos, armado de canecos e seringas, aguardava o ataque, enquanto o chefe tangia um búzio, transmitindo desafios. Quem por ali passava, era totalmente molhado, recebendo confirmação do *batismo* – uma pedra de sal introduzida na boca. O búzio soava sempre; por fim, indivíduos de outro castelo aceitavam o repto. E avançavam, latas d'água à cabeça, barris ao ombro, seringas de dois litros e capacidade cuidadosamente embraçadas, todos na atitude de realizarem assalto violento, conquistarem o reduto. A luta começava, água vai, água vem, seguindo-se vasos esgotados ao lado e muques em ação. Primeiro, safanões, negaças, empurrões, por fim o cacete rijo. Consequência: várias cabeças rachadas, muitos vestidos em farrapos, contusões sem conta e o carcereiro Zé Ricardo recebendo três mil e duzentos réis de hospedagem na Casa de Detenção." (Coriolano de Medeiros, *O Tambiá da Minha Infância*, 40-41).

CATACÁ. Consiste em dois pedaços de tábua, ou, mais comumente, de taboca, um dentado e outro não, que o tocador toca fazendo passar mais ou menos rapidamente e com mais ou menos força o pedaço liso sobre o dentado. Apesar da habilidade do tocador, o efeito, está claro, não pode ser grande coisa; todavia, no meio dos outros instrumentos primitivos, tocado por quem sabe marcar o tempo, nem sempre destoa (Stradelli, *Vocabulário Nheengatu*). Corresponde o catacá amazônico ao caracalho dos indígenas tambés. Reco-reco, caracaxá.

CATANA. "Na frase *meter a catana*, falar mal de outrem, detratar, *dizer cobras e lagartos*, acepções estas que perfeitamente se harmonizam com a origem da palavra *catana*, que, segundo Bluteau, vem do vocábulo japonês *katana*, espada, alfange, terçado, faca, armas cortantes, e destarte consoantemente com as expressões da locução correspondente cortar *a pele alheia*. É assim que D. Francisco Manuel do Melo dizia já no seu tempo (meados do séc. XVII) a um desses tristes maldizentes, *cortadores da pele alheia*: "Pois você é uma boa catana." A introdução do vocábulo em Portugal veio das relações comerciais que os portugueses tiveram com os japoneses nos sécs. XVI e XVII: e estudando Gonçalves Viana a sua origem filológica, cita uns versos do poema quinhentista *Malaca Conquistada*, do notável poeta Francisco de Miranda, em que o termo vem já assim empregado na acepção própria de arma de combate: "E nos deram do mal já tardo aviso, / Mil crises, mil catanas d'improviso." Entre nós, porém, já o termo era corrente na segunda metade do séc. XVII, como se vê deste verso de Gregório de Matos, em um dos seus romances: "Golpes, mil catanadas, tiros." E assim até presentemente: "Aquilo que reluz do canto são espadas, catanas e parnaíbas... Da mão, em vez do chiqueirador de buranhém, que trazia, pendia agora uma catana fora da bainha." (Franklin Távora). O termo teve também entrada na Espanha, com a voz de *Catan*, e teve naturalmente também extensão nas suas colônias, como ocorreu em Portugal. Que chegou ao Chile, comprovadamente, colhemos de Zorobabel Roiz, que escreve, contemporaneamente, que o poviléu dá o nome depreciativo de catana ao sabre dos policiais e *serenos*, citando esta quadrinha do "El Huérfano": "De la cintura le pende / Una cortante catana. / Que a la cosa mas pequeña / Sale fuera de su vaina." (Pereira da Costa, *Vocabulário Pernambucano*, 211, Recife, 1937). Catana era designação popularíssima do sabre ou facão policial e *meter a catana* era o comando de espaldeirar indistinta ou individualmente. Também se relacionava com as atividades verbais dos faladores. *O Pequeno Dicionário Brasileiro da Língua Portuguesa*, S. Paulo, 1951, registra catanada, espadeirada: rês que só tem um chifre, por fratura do outro rente ao crânio (Marajó, Pará): raízes adventícias (sapopemas) e espatas que protegem a inflorescência das palmeiras, também denominadas *catembas*.

CATECATE. Ver *Cumacanga*.

CATERETÊ. Dança rural do sul do Brasil, conhecida desde a época colonial em S. Paulo, Minas e Rio de Janeiro. Couto de Magalhães informa tê-la incluído o Padre José de Anchieta nas festas da S. Cruz, São Gonçalo, Espírito Santo, São João e Nossa Senhora da Conceição, compondo versos no seu ritmo e solfa, dizendo-a *profundamente honesta*. Podia até ser dançada sem mulheres. E ainda a dançam assim em certas paragens de Goiás, a catira. Stradelli crê o cateretê indígena. Artur Ramos, africano. Ezequiel, citado por Teófilo Braga, deduziu-o como a dança do séc. XVI que se chamou *carretera* em Portugal. A dança tem algns elementos fixos, apresentando variações na música e na coreografia. Duas filas, uma de homens e outra de mulheres, uma diante da outra, evolucionam, ao som de palmas e de bate-pés, guiados pelos violeiros que dirigem o bailado. As figuras são diversas e há tradição de bons dançadores, especialmente nos tempos do sapateado indispensável. Bibliografia: Luciano Gallet, *Estudos de Folclore*, 68, Rio de Janeiro, 1934; Oneyda Alvarenga, "Cateretês do Sul de Minas Gerais", *Revista do Arquivo Municipal*, XXX, 31, S. Paulo; Renato Almeida, *História da Música Brasileira*, 161, Rio de Janeiro, 1942; Luís Heitor, "A Catira em Goiás", *Cultura Política*, n.º 36, 232, Rio de Janeiro, 1944. O mesmo que catira e xiba. Alceu Maynard Araújo e Manuel Antônio Franceschini (*Danças e Ritos Populares de Taubaté*, São Paulo, 1948) descrevem um cateretê dançado unicamente por cinco pares de dançantes masculinos. Ver Dalmo Belfort de Matos, "O Cateretê", *Boletim Latino-Americano de Música*, VI, 193-212. Rio de Janeiro, 1946. Rossini Tavares de Lima (*Folclore de São Paulo*, "Cateretê ou Catira", 2ª ed., S. Paulo, s.d.), escreve-me em 10-IV-1967: "Sugiro que tire a frase: "A dança tem alguns elementos fixos", etc., até "coreografia". Eu acho que é das raras que têm elementos fixos. Aliás no livro *Folclore de São Paulo*, escrevo: "Eis os elementos essenciais da dança: duas fileiras, em geral, de homens; sapateado e palmeado e o canto da *Moda de viola*, em intervalos diferentes." Replico. Curiosamente, a *moda* é cantada para "o descanso dos dançadores." Os elementos não fixos, aludidos (sem que negasse os permanentes típicos) é a feição pessoal assumida por alguns dançadores no *serra-abaixo* e sobretudo no *Recortado*, na troca de lugares onde há exibições coreográficas e não sob modelos imutáveis, como no *Cururu* ou em certas danças gaúchas, as mesmas, diferenciadas pela elegância e donaire do par. Tanto assim que

"Parece uma coisa à toa
Mas tem muito que sabê;
Que não é qualquer pessoa
Que dança o Cateretê!"

CATIMBÓ. Feitiço, coisa-feita, bruxedo, muamba, canjerê e também o conjunto de regras e cerimônias a que se obedece durante a feitura do encanto. Reunião de pessoas, presidida pelo "mestre", procedendo à prática do catimbó, baixo-espiritismo, medicamentoso, conselhos de bem viver, uso de amuletos, orações, remédios, dietas e feitiços para afastar forças inimigas ou provocar a correspondência amorosa ou simplesmente sexual. Catimbó quer dizer cachimbo, usado pelo mestre. O catimbó não é religião. Não tem ritos maiores, como o candomblé baiano, o xangô pernambucano, sergipano ou alagoano, ou a macumba carioca. Com breve liturgia o mestre defuma os assistentes com o fumo do seu cachimbo e recebe o espírito de um mestre defunto, mestre Carlos, Xaramundi, Pinavaruçu, Faustina, Anabar, indígenas, negros feiticeiros como Pai Joaquim, bons e maus. Todos *acostam*, receitam e aconselham. Cada um deles é precedido pelo canto da *linha*, melodia privativa que anuncia a vinda do *mestre* ou da *mestra*. Não há indumentária especial, escola de filhas de santo, comidas votivas, decoração, bailados, instrumentos musicais. O mestre é o curandeiro, o bruxo. Há naturalmente, a presença de elementos negros e ameríndios, nomes de tuxauas e de orixás, rezas católicas, num sincretismo inevitável e lógico. O catimbó é prestigioso nos arredores das grandes cidades, consultório infalível para pobres e ricos, embora sem a espetaculosidade sonora do candomblé, da macumba e dos xangôs nordestinos. Na *Pajelança* (ver) amazônica intervêm animais conselheiros, mutuns, boiúnas, cavalos-marinhos, cobras, jacarés, ao lado de mestres e mestras. O catimbó aproxima-se velozmente do baixo-espiritismo, perdendo a ciência dos remédios vegetais e a técnica de São Cipriano e da bruxa de Évora. Representa, como nenhuma outra entidade, o elemento da bruxaria europeia, da magia branca, clássica, vinda da Europa, herdeira dos bruxos que o Santo Ofício queimou e sacudiu as cinzas no mar. O mestre é uma sobrevivência do feiticeiro europeu e não um colega do babalorixá, babalaô ou pai de terreiro banto ou sudanês. Catimbó não é sinônimo de candomblé, macumba, xangô, grupo de Umbanda, casa de mina, tambor de crioulo, etc. É uma presença da velha feitiçaria, deturpada, diluída, misturada, bastarda, mas reconhecível e perfeitamente identificável. Foi motivo de quase vinte anos de observação pessoal para o *Meleagro* (Edição atual – Rio de Janeiro: Agir, 1978). A Discoteca Pública de São Paulo publicou extensa e preciosa documentação colhida no Nordeste e Norte do Brasil: *Catimbó*, São Paulo, 1949. Ver Roger Bastide, *Les Religions Africaines au Brésil*, 241-254, Paris, 1960. Ver *Feitiçaria*.

CATIRA. Ver *Cateretê*.

CATOLÉ. Palmeira, *Syagrus comosa*, Mart, do Nordeste até Minas Gerais, Mato Grosso e Goiás. Os frutos são comestíveis e aparecem nas feiras como *rosários de catolé* ou *coco catolé*. Produz óleo. As palhas cobrem casas e são forrageiras. Homem pequeno. "Põe-te em pé, catolé", diz-se ao indivíduo de estatura reduzida, fingindo vê-lo acoçorado. Dança de roda no tipo do coco de roda, simulando umbigada e dando castanhola quando se fazia menção ao catolé. *Quebrar catolé* é falhar cartucho na espingarda. A dança apareceu muitos anos nos finais dos Pastoris no Recife, baiado quase cômico do *Velho* com a *Mestra*. Refrão: "Catolé é doce que só mel / Mas a casca amarga que só fel: / Minha comadre, tome catolé! / Meu compadre tome se quisé!"

CATOPÉS. Préstito dançante, de negros, em Minas Gerais (Serro, Conceição), modalidade de congos, mas praticamente sem enredo. Função exibicional no carnaval e que outrora, possivelmente, esteve ligada ao séquito dos festejos religiosos, novenário do orago, comemoração do Divino, N. Sª do Rosário, etc. Os Reis e a Corte, espetacularmente adornados, desfilam, com lances coreográficos ao som de pandeiros, reco-recos, sonoros: João Dornas Filho, "A Influência Social do Negro Brasileiro", *Revista do Arquivo Mumcipal*, LI, 109-110, S. Paulo, 1938; Oneyda Alvarenga, *Música Popular Brasileira*, 122-124, Porto Alegre, 1950. Guilherme de Melo, *A Música no Brasil*, 53, Rio de Janeiro, 1947, informa que, no Rio de Janeiro, durante as festas pelo casamento da Princesa Real D. Maria com seu tio D. Pedro, realizadas em junho de 1760, apresentou-se a *dança de Catupé*. Hermes de Paula (*Montes Claros*, 611-617, Rio de Janeiro, 1957) descreve os *catopês* ou *dansantes* na cidade de Montes Claros, Minas Gerais, incluindo letra e música dos cantos de acompanhamento.

CAUÃ. Ver *Acauã*.

CAUACAUÁ. Ver *Bastão de Ritmo*.

CAUÍ, CAUIM. Água do bêbado, cachaça e, em geral, toda bebida fermentada espirituosa (Stradelli, *Vocabulário Nheengatu*, 407).

CAUINTATU. Ver *Anhuma*.

CAURÊ. (*Falco albigularis*, Daud., fam. *Falconidae*). Também chamado coleirinha e tem-tenzinho. Etim.: contração de *caá*, mato, e *buré* por *porê*, morador;

morador do mato, porque procura habitualmente as selvas, fugindo da vizinhança dos centros populosos. Na bacia do Prata é conhecido pelo nome equivalente de caburé (Cf. Teschauer). Usa-se também cauaré. A queda do *b*, ou a sua mudança para *u*, é comum e frequente no tupi amazônico. Ao cauré atribui a superstição popular na Amazônia virtudes misteriosas, tais como as de aumentar a fortuna e dar felicidade a quem quer que possua um fragmento do seu ninho, que, retalhado, se vende a bom preço no mercado do Pará. Mas o Dr. Goeldi verificou que o que ali passa por ninho de cauré é simplesmente o ninho de um cipselídeo (*Panyptila cayanensis*), de Cabanis, ao qual move aquele dura guerra, perseguindo-o até em seu abrigo e aí montando guarda, a ponto de ser tomado pelo povo por dono e inquilino legítimo do ninho quem não é senão um mero salteador cf. Dr. E. Goeldi, "A Lenda Amazônica do Cauré", *Boletim do Museu Paraense*, vol. III, págs. 430 e seguintes). Amazônia, Rodolfo Garcia, "Nomes de Aves em Língua Tupi", *Boletim do Museu Nacional*, 19-20, vol. 3, setembro de 1929, Rio de Janeiro. O Padre Teschauer reuniu (*Avifauna e Flora*, 3ª ed., 63-64) as superstições sobre o cauré, as penas das asas que dão vitória em tudo e o ninho que vale por talismã. A descoberta de Goeldi, provando que o ninho famoso não pertencia ao cauré e sim a um andorinhão por ele perseguido implacavelmente, não afetou a prestigiosa popularidade do nobre salteador. O ninho continua sendo vendido como uma ex-propriedade do ladrão e nunca da vítima, dona legítima e esbulhada na obstinação supersticiosa do povo. Ver *Caboré*.

CAVALHADA. Desfile a cavalo, corrida de cavaleiros, jogo de canas, jogo de argolinhas (ver *Argolinhas*) ou de manilha. A tradição dos desfiles de cavaleiros nas festas oficiais é imemorial, mas Roma tornou-os indispensáveis nas procissões cívicas, triunfos e mesmo festividades sacras. Em Portugal, desde velho tempo, a cavalhada era elemento ilustre das festas religiosas ou políticas e guerreiras. Mesmo nas vésperas de São João havia desfile de que fala um documento da Câmara de Coimbra, citado por Viterbo, aludindo, em 1464, "à cavalhada na véspera de São João com sino e bestas muares." (*Elucidário*, 216, ed. Lisboa, 1865). No Brasil aparecem desde o século XVII com as características portuguesas. O autor assistiu em Bebedouro, arredores de Maceió, Alagoas, janeiro de 1952, a uma cavalhada. Os cavaleiros, sempre em número par, vestem branco, e os prêmios simbólicos são faixas de fazendas vistosas, na maioria azuis e encarnadas, cores que dividem as duas alas. Cada ala tem o seu *maquinador*, reminiscência do *mantenedor* clássico. O maquinador da direita é do Cordão Encarnado e denomina-se Roldão obrigatoriamente, e o da esquerda, do Azul, Oliveiros.

Depois da corrida de argolinhas, os cavaleiros, em ordem, foram render as graças diante da capela e desfilaram precedidos pelo conjunto instrumental *Esquenta Mulher* (ver). Na *Miscelânea* de Garcia de Resende, estrofe 174, há registro dessa cavalhada inseparável dos grandes dias de festa:

"Vimos costume bem chão
Nos reis ter esta maneira,
Corpo de Deus, São João,
Haver canas, procissão,
Aos domingos Carreira..."

Uma descrição clássica da cavalhada fê-la José de Alencar (*O Sertanejo*, Rio de Janeiro, 1875). Alceu Maynard Araújo (*Poranduba Paulista*, I, "Cavalhadas," 117-152, S. Paulo, 1957). Théo Brandão (*Folguedos Natalinos de Alagoas*, cap. XIV, Maceió, 1961). É a *corrida de argolinha*, clássica, como ocorria em Natal na primeira década do presente século. Com o nome de *cavalhada* o desfile converge para o auto de "Cristãos e Mouros", Augusto Meyer, *Guia do Folclore Gaúcho*, "Cavalhadas", Rio de Janeiro, 1951; Hermes de Paula, *Montes Claros*, "Cavalhada", 632-638, Rio de Janeiro, 1957, embora o autor registre, como folguedo autônomo, a *Tirada da Argolinha*, havendo mesmo uma pequenina *marcha*, executada pela música, animando o *galope*; Nelson Vianna, *Foiceiros e Vaqueiros*, "Cavalhadas de Outrora", Rio de Janeiro, 1956; Cyro dos Anjos, *Explorações no Tempo*, "Mouros e Cristãos Cruzam as Espadas", Rio de Janeiro, 1963, descrevendo a "Cavalhada". Carlos Rodrigues Brandão, *Cavalhada de Pirenópolis*. Um estudo sobre representações de Cristãos e Mouros em Goiás, Goiânia, 1974.

CAVALO. No ciclo do gado o animal favorito não é o touro, o novilho, o boi ou a vaca, mas o cavalo. Nessas regiões o bom cavaleiro é título acima de todos. A tradição mesmo desfigurada dos Marialvas perdura num halo de consagração. Ter cavalo e andar a cavalo eram títulos de elevação social, refletindo a pura tradição jurídica das *Ordenações do Reino*. No livro V, tít. CXXXVIII, "Das Pessoas que são Escusas de Haver Pena Vil" (baraço, pregão, açoites), incluem-se na exceção "as pessoas que provarem que costumam sempre ter cavalo de estada em sua estrebaria, e isto, posto que peães, ou filhos peães sejam...". Cavalo de estada é o que está na estrebaria, tratado em casa e não almargio, *al margem*, comendo solto a erva dos pastos e lezírias. Nas justificações para familiar do Santo Ofício, o montar a cavalo era elemento de valimento. Dois sapateiros, em princípios do séc. XVIII, obtiveram o difícil diploma por satisfazerem o requisito da nobreza, vivendo à Lei da Nobreza. "E que suposto no seu princípio tiveram ambos o ofício de sapateiros, depois que se ausentaram para o Alentejo se trataram com gravidade, e decência, *andando a cavalo*, e tendo seus criados." (Antônio Sardinha, *Da Hera nas Colunas*, 177, Coimbra, 1929). Havia a nobilitação pelo cavalo, recordando as regras da Cavalaria Vilã dos Conselhos. A simples posse do cavalo fazia o cavaleiro, com seus direitos e prerrogativas. O cavaleiro que não tinha o seu cavalo próprio para guerra perdia a dignidade e a exceção da julgada com que seus bens eram honrados. Nos forais dos sécs. XII e XIII o chefe de família que possuísse uma granja, uma junta de bois, quarenta ovelhas, um jumento e duas camas era obrigado a comprar cavalo de sela e passava a Cavaleiro Vilão. O coutamento, seu valor no cálculo das indenizações, era de mil soldos. Quem o matasse pagava essa quantia, metade para a família e metade para o fisco. Quem o desonrava, matando-lhe o cavalo ou privando-o dele de qualquer modo, era multado em 500 soldos. Não sendo em batalha, quem o derribasse ou fizesse apear à força, tinha multa de 60 soldos. Quem montasse o cavalo sem licença do dono tinha pena pecuniária que variava conforme o ato fosse praticado de dia ou de noite. Em juízo o cavaleiro vilão considerava-se igual aos cavaleiros de linhagem, ricos-homens ou infanções, quanto à consideração do seu juramento e palavra. Acompanhava o rei na batalha e este era o caminho da nobreza com brasão e título. Pertencia à arma nobre, arma móbil por excelência, na primeira fila das arrancadas, mesnadas e fossados, rumo às terras de mouro. O cavalo era a explicação para aproximar-se do rei e fazer-se notar no combate. Começava a usar armas defensivas, o escudo, a loriga, a cota, o elmo reluzente. Ia nascer um fidalgo no alto da sua sela senhorial. A *honra* do cavaleiro era o cavalo. O cavalo de sela, no sertão velho e ainda vivo, era privativo do cavaleiro. Ninguém o montava sem alta permissão do proprietário. Era uma distinção notável o empréstimo a um amigo ou visitante ilustre. Comentava-se no lugar a ocorrência, digna do registro oral. Às vezes o cavalo era montado exclusivamente pelo dono durante toda a existência. Tinha direito aos versos dos cantadores e, quando morria de velho ou de mordida de cobra, o dono guardava-lhe os cascos, mostrando-os aos amigos na evocação das proezas passadas. Certos privilégios do cavaleiro medieval resistiram até os nossos dias. Segurar no estribo para que alguém montasse era homenagem indiscutível e altíssima. Lembremos o Imperador Henrique IV segurando o estribo em Canossa para que o Papa Gregório VII montasse a sua mula (1077). Conservar ou não as esporas dentro de casa indica o grau de amizade com o fazendeiro. Nas ribeiras os estatutos ou protocolos e costumes inflexíveis permitiam anomalias que apenas a Idade Média explicava. Em determinadas regiões era lícito entrar-se de casa adentro com o chapéu na cabeça mas sem esporas. Nas residências amigas verificava-se o contrário. As esporas dos cavaleiros, tinindo, arrastando as rosetas nos tijolos, as *chilenas* do Sul, anunciavam o companheiro, o irmão, o par, o igual. Muitos fazendeiros do séc. XIX jamais permitiram que os seus escravos vaqueiros, mesmo tendo grandes regalias e gabos, usassem as duas esporas. Só podiam usar uma, em qualquer calcanhar, mas uma só. O mesmo com os próprios filhos menores, até o pungir da barba, que lhes dava a maioridade, ou o casamento. A mulher e o cavalo eram os dois ciúmes reais do sertanejo. "Mulher, cavalo e cachorro bom de caça, quem empresta nem para si presta!"

"Fui moço, hoje sou velho,
Morro quando Deus quiser;
Duas coisas apreciei:
Cavalo bom e mulher!"

Nem sempre a mulher está no primeiro plano. Perde às vezes para o cavalo:

"Minha mulher, meu cavalo,
Morreram no mesmo dia.
Antes morresse a mulher,
O cavalo é qu'eu queria.
Cavalo custa dinheiro,
A mulher não faltaria."

Há variantes na Colômbia (Ciro Mendía, *En Torno a la Poesía Popular*, 94, Medellín, 1927), Guatemala (Adrián Recinos, "Algunas Consideraciones Sobre el Folk-lore de Guatemala," *Journal of American Folk-Lore*, vol. XXIX, c. CXIV, 565, 1916) e Espanha (Francisco Rodríguez Marín, *Cantos Populares Españoles*, IV, 407, Sevilha, 1883):

"Mi mujer y mi caballo
Se me murieron a un tiempo;
Qué mujer, Di qué demonio!
Mi caballo es lo que siento!
Mi cabano me costó
Ciento cincuenta doblones
Y mi mujer solamente
Dichos y amoestaciones."

Nas Cruzadas o cavalo criou o cavaleiro, e já havia a tradição nobilíssima dos cavalos árabes. O muçulmano ama sua mulher e o seu cavalo como supremos dons de Deus Clemente e Misericordioso. Para o Oriente é um grande inspirador de poesias e de heroísmo. É, pela elegância, fidalguia, sensibilidade e coragem, o rei dos animais ilustres. Westermarch (*Suivances Paiennes dans la Civilisation Mahometane*, 128) informa: "O mais nobre de todos os animais é o cavalo. É de um sangue fidalgo, semelhante a um xerife. É uma bênção para o seu dono e para a casa do seu dono. Os espíritos malignos fogem do lugar onde se encontra um cavalo: quando ele relincha põe todos em fuga ou quebra a cabeça de quarenta deles. O respeito supersticioso que cerca o cavalo na África do Norte data de uma época provavelmente muito antiga." Quando será que um vaqueiro, do Nordeste ou um gaúcho do Rio Grande do Sul deixe de ter assunto e louvor relativos ao seu cavalo valoroso? A figura fingindo o cavaleiro montado, presente no bumba meu boi, etc., já era usual na Europa no séc. XV. Ver Veríssimo de Melo, "O Cavalo no Adagiário Brasileiro", sep. da *Revista de Dialectologia y Tradiciones Populares*, tomo VII, cad. 3º, Madrid, 1951; Luís da Câmara Cascudo, "Legas e Consuetudines Medievais nos Costumes do Brasil", *Miscelânea de Estudios Dedicados a Fernando Ortiz*, 1º, 346-349, referente ao cavalo, La Habana, 1955.

CAVALO DE TRÊS PÉS. Animal assombroso que apavora as estradas desertas. Veiga Miranda alude a esse mito no romance *Mau-Olhado*, 132, São Paulo, 1925. "É um cavalo sem cabeça, com asas e três pés, que aparece à noite nas encruzilhadas, correndo, dando coices e voando (Bauru, São Paulo). É um cavalo sem a pata dianteira, que imprime no barro três pegadas fundas, ataca os viajantes pelas estradas; e aquele que pisar em seu rastro será imensamente infeliz (Capital, São Paulo). É uma das transformações do Saci, em forma de cavalo de três pés, que corre pelas estradas assustando todos os que encontra (Ribeirão Preto, São Paulo)." (Rossini Tavares de Lima, "Mitos do Estado de São Paulo", sep. da *Revista do Arquivo Municipal*, CXIX, 23, 1948).

CAVALO FANTASMA. Ninguém o vê, mas o sente pelas passadas firmes. Uma luz clara, que dele emana, desenha na rua o seu vulto... As pisadas tornam-se mais fortes, assim como também, a luz, à proporção que o cavalo se aproxima do observador (ou vidente). Diminui o clarão e o ruído dos passos, à medida que dele se afasta o animal. Passeia em certas ruas de Angra dos Reis, sempre a horas caladas de certas noites. *Folclore Fluminense*, "Lendas e Tradições", n.º 29. Original enviado ao I Congresso Brasileiro de Folclore, Rio de Janeiro, agosto de 1951.

CAVALO-MARINHO. Animal encantado que vive no mar ou nos rios. De origem oriental, o cavalo-marinho, de resplandecente alvura, crinas e cauda de fios dourados, aparece nos contos tradicionais e nos episódios narrados como pessoais. Ocorre nas *Mil e uma Noites* (primeira viagem de Simbad) e há vários registros seus no Brasil. O Cônego Francisco Bernardino de Sousa (*Lembranças e Curiosidades do Vale do Amazonas*, 93, Pará, 1873) registra uma versão antiga, referente a uma ilha denominada Cavalo-Marinho, no rio Uaicurupá, município de Vila Bela da Imperatriz (hoje Parintins): "É crença geral entre os índios, e que se foi transmitindo também à gente civilizada que por ali habita, que no cimo da colina existe um lago, que é habitado por um grande peixe, que tem as formas de um cavalo. Daí, pois, o nome de ilha do Cavalo-Marinho. Sendo ela toda de terra firme, isto é, não sujeita às inundações, de belo aspecto e de terreno próprio para a lavoura, é, entretanto, tal o terror que incute o fantástico monstro que ninguém ousou ainda explorar a ilha, achando-se ela completamente deserta. No verão, e quando as praias mostram-se descobertas, encontram-se em diferentes pontos uns como resíduos, nos quais notam-se ossos, cabelos, escamas, penas, etc. Dizem os índios que são as fezes lançadas pelo peixe misterioso." Quem encontrar o cavalo-marinho ficará rico com os cabelos das crinas e caudas, todos de ouro puro e reluzente. Ver Luís da Câmara Cascudo, *Geografia dos Mitos Brasileiros*, "Cavalo-Marinho (Amazônia)", 285-287, 3ª ed., São Paulo, Global, 2002. Personagem do bumba meu boi: Lopes Gama, em janeiro de 1840, informa que o "sujeito do cavalo-marinho é o senhor do boi, da burrinha, da caipora e do Mateus." Pereira da Costa descreve: "O cavalo-marinho, trajando de capitão, com o seu chapéu armado e dragonas, aparece montado a cavalo, mas fingidamente, com uma armação que pende à cintura, para representar o animal." Gustavo Barroso assim desenha o cavalo-marinho ou capitão: "É um mestiço alto, de chapéu armado com plumas, casaco de enfeites dourados, montado num cavalo de pau, com saiote comprido, que envolve as pernas do indivíduo. Sobre a garupa traz uma boneca de pano, a Zebelinha, sua filha. Seguem-no, ladeando, dois meninotes de roupas berrantes: Galante e Arrelequinho." Artur Ramos (II, 112, nota 8) sugere ser o cavalo-marinho o hipopótamo, chamado *anguvo* entre os lundas. Chamam-no cavalo-marinho por ter as orelhas parecidas com as do cavalo. Serpa Pinto (*Como Eu Atravessei África*, 327, Londres, 1881), no breve vocabulário, dá o *sea-horse* inglês como sendo o *ougueve* em abundo, *gunvo* em Ganguela, *vuo* no cafreal de Tete. O dominicano Frei João dos Santos (*Etiópia Oriental*, I, Lisboa, 1891) dedica os capítulos II e IV do Livro Segundo aos "cavalos-marinhos, a que os cafres chamam zovo, outros zood", pormenorizando sobre a caça e hábitos desses animais e informando que "têm muita semelhança com os nossos cavalos somente na frontaria do rosto, olhos e orelhas, e quase no rinchar" (171). Trata-se do hipopótamo, etimologicamente *cavalo do rio*. Cavalo-marinho é ainda o hipocampo, comum nos nossos rios, cavalinhos-do-mar no Alenteio. O hipopótamo, tão pouco popular no fabulário africano, não estaria dirigindo, na tradução portuguesa, um dos mais vivos autos tradicionais do Brasil. Nem tampouco o hipocampo (*Hippocampus punctulatus*). Acresce que o cavalo-marinho não é representado no bumha meu boi por um animal e sim por um cavaleiro, associação do cavaleiro-vaqueiro. Passa, durante sua exibição, fazendo piafés e corcovos. Sílvio Romero (*Cantos Populares do Brasil*, 182) registrou o *reisado* do cavalo-marinho já integrado no bumba meu boi e o camandongo: "Cavalo-marinho, / Por tua mercê, / Mande vir o Boi. / Para o povo vê." Personalizava o proprietário, o fazendeiro, cavaleiro, enfim, e não o animal. Desapareceu no Rio Grande do Norte, mas resiste no sertão da Paraíba e do Ceará.

Nome popular do hipocampo (*Hippocampus punctulatus*). Na Europa, especialmente na Itália, usam-no como berloque de prata, amuleto contra o mau-olhado, a jetadura. "In current use at Naples, under the name of *cavalli marini*, as preservative against jettatura", informa W. L. Hildburgh. Na terapêutica popular brasileira o cavalo-marinho é vendido nos mercados públicos, seco, para ser torrado e, misturado com sene, bebido como chá contra tosses rebeldes, puxado (asma), etc. Informa Carlos Borges Schmidt: "As virtudes curativas do cavalo-marinho correm por todo o litoral brasileiro, segundo afirmam os insulares de São Sebastião. Pelo que dizem, é excelente medicamento para a cura da asma e de moléstias outras, crônicas, do aparelho respiratório... Os *cavalinhos* devem ser secos ao fogo, dele não recebendo, porém, a sua ação direta. A seguir precisa que sejam bem pulverizados. Sobrevinda a necessidade de sua aplicação, aquele pó é misturado com água e dado ao paciente sem que este saiba o que está bebendo... O original medicamento deve ser ministrado preferencialmente à noite, ou pelo menos em quarto ou sala escura. Somente mesmo não havendo outro jeito é que poderá ser dado durante o dia." (*Revista do Museu Paulista*, nova série, vol. I, 211-212, "Alguns Aspectos da Pesca no Litoral Paulista", São Paulo, 1947). Ver *Hipocampo*.

CAVALO POBRE. Ver *Jogo de Baralho*.

CAVALO DO RIO. É um cavalo encantado que domina o rio São Francisco. Tem um poder quase igual ao Caboclo do Rio, perseguindo embarcações, virando-as, alagando a carga, empobrecendo aqueles a quem dedica sua antipatia. Ouvem-lhe os relinchos atordoadores e a bulha rítmica das patadas nas margens. O melhor amuleto afugentador do Cavalo do Rio é sua própria representação na proa da embarcação. Noraldino Lima alude a essa crendice (*No Vale das Maravilhas*, 127, Belo Horizonte, 1925), falando na "embarcação, pesadíssima muitas vezes, com a guarnição, o toldo, a cordoalha, a carga e a cabeça de cavalo, recurva e grotesca, a desafiar, guiadora, os maus-olhados da viagem."

CAVALO DO SANTO. Filha de Santo é a mulher que se dedicou ao seu culto, cumpridos os deveres da iniciação nos candomblés e macumbas. Édison Carneiro adverte que a expressão é geralmente empregada nos candomblés afro-bantos, não sendo conhecida nos candomblés jeje-nagôs da Bahia (*Negros Bantos*, 117, nota). "Quando o Orixá se manifesta numa pessoa, diz-se que o santo lhe *subiu à cabeça*, e a esse estado especial chamam os negros *cair no santo*. A filha de terreiro *feita* e o *cavalo do santo*, isto é, o instrumento de que o Orixá se utiliza para as suas manifestações e de que não pode prescindir." (Artur Ramos, *O Negro Brasileiro*, 170).

CAVALO SEM CABEÇA[1]. É assombração comum nas regiões pastoris. Penitência sobrenatural dos maus fazendeiros. Gustavo Barroso cita um cavalo sem cabeça que aparece nos pátios do Alhambra, na Espanha (*As Colunas do Templo*, 327, Rio de Janeiro, 1932). Os padres que esquecem o juramento da castidade reaparecem nos lugares do pecado como cavalo sem cabeça. Cornélio Pires: "E o Cavalo sem Cabeça?... Esse... é bão num se falá... que Deus me perdoe... diz-que são os padre que andaro troceno as muié dos otro" (*Conversas ao Pé do Fogo*, 155, 3ª ed., São Paulo, 1927). Duende também chamado Mula sem Cabeça (Amadeu Amaral, *Dialeto Caipira*, III. São Paulo, 1929), Karl von den Steinen registra o Cavalo sem Cabeça na mesma acepção da Mula sem Cabeça ou Burrinha de Padre: "Esses Cavalos sem Cabeça são mulheres que em vida tiveram relações com sacerdotes; o castigo, porém, ameaça apenas as que anteriormente já tiveram outro compromisso e que viveram com o sacerdote durante sete anos" (*Entre os Aborígines do Brasil Central*, "Crendices Populares de Cuiabá", trans. *Antologia do Folclore Brasileiro*, vol. 1, 154-166, 9ª ed., São Paulo, Global, 2004).

CAVAQUINHO. Instrumento de cordas (4), menor que a viola, de vasta popularidade como acompanhador e mesmo solista nas orquestras do povo, Adrien Balbi (*Essai Statistique sur le Royaume de Portugal et D'Algarve*, II, CCXIII, Paris, 1822) escreveu: "Joaquim Manuel, mulato do Rio de Janeiro, dotado de um raro talento para a música, famoso sobretudo por tocar perfeitamente uma pequena viola francesa de sua invenção, denominada *cavaquinho*." Guilherme Melo (*A Música do Brasil*, Dic. Hist. Geog. Etn. do Brasil, II, 1652, Rio de Janeiro, 1922) aceitou o registro de Balbi, adiantando que Joaquim Manuel vivia em 1822 e fora possível aluno de música no Conservatório dos Jesuítas. O cavaquinho é português, tendo esse mesmo nome em Portugal e também os de braguinha, braga, machete, machetinho, machete de braga, igualmente conhecido e tradicionalmente fabricado na ilha da

---

1 No texto original: "Cavalo-sem-Cabeça" (N.E.).

Madeira, de onde foi exportado para a América do Sul e do Norte, Antilhas, ilhas do Pacífico, etc. (Carlos M. Santos, *Tocares e Cantares da Ilha*, 33--43, Funchal, 1937; Luís da Câmara Cascudo, "O Cavaquinho é Brasileiro", *Fronteiras*, n.º 11, Recife, novembro de 1939).

CAXAMBU. Grande tambor negro e a dança executada ao som desse instrumento, Virgílio Martins de Melo, *Viagem à Comarca da Palma*, Rio de Janeiro, 1876: "Apreciam muito a dança; porém a mais comum é a que executa-se ao som do tambor, a que chamam caxambus. Essa dança, porém, nada tem de elegante, nem artística; ao contrário, é grosseira e brutal como todas as coisas africanas, e consiste em uns trejeitos e gatimonhas." Cacumbu, cacumbi, cucumbi. Lino d'Assunção, citado por Macedo Soares, informa ser o caxambu um "grande barril tapado com uma pele esticada". O caxambu figura como instrumento noutras danças e mesmo num bailado, *jongo*, em São Paulo, Minas Gerais e Goiás.

CAXINGUELÊ. Ver *Acutipuru*.

CAXIRI. Ver *Pamonha*.

CAXIXI. É uma cestinha fechada e com sementes, usada no jogo da capoeira, na Bahia, e também no candomblé. Mucaxixi. No coco de Alagoas denomina-se peneira. "Hoje está sendo usada também peneira. Este modesto instrumento é uma das criações da nossa arte popular. Compõe-se de uma pequena cesta feita de cipó de titara, com um fundo de folha de flandres, toda fechada e cheia de caroços de chumbo. Os catadores enfiam os polegares na asa da peneira e batem com os outros dedos, o que provoca um ruído característico e que serve de acompanhamento aos cocos." (José Aluísio Vilela, "O Coco de Alagoas", Origem, Evolução Dança, Modalidades, memória apresentada ao Congresso Brasileiro de Folclore). *Angoia* e *Cestinha* em S. Paulo.

CELSO DE MAGALHÃES. Celso Tertuliano da Silva Magalhães nasceu na Fazenda Descanso, Município de Penalva, Província do Maranhão, aos 11 de novembro de 1849, e faleceu na cidade de São Luís a 9 de junho de 1879. Bacharelou-se na Faculdade de Direito do Recife, na turma de 1873, com o nome de Celso da Cunha Magalhães (Clóvis Beviláqua, *História da Faculdade de Direito do Recife*, I, 206, Rio de Janeiro, 1927). Colaborou ativamente na imprensa maranhense e pernambucana. Na faculdade foi um dos estudantes mais conhecidos e admirados, discutindo e escrevendo sobre teatro, política, crítica, polemicando. Tomou parte na vida literária e boêmia, cantando e sabendo música para compor solfas das modinhas e lundus. No jornal *O Trabalho* publicou uma série de artigos sobre a "Poesia Popular Brasileira", nos n.ºs 2 a 11, em 1873. Sílvio Romero estudou longamente a contribuição de Celso de Magalhães, escrevendo: "Comecemos pelo primeiro, Celso de Magalhães. Este moço, recentemente falecido na flor dos anos, é o promotor destes estudos (poesia popular no Brasil). Seu trabalho, o primeiro na data, é ainda hoje o melhor pelo critério. A Celso de Magalhães devemos esta justiça póstuma – foi um inspirado poeta e um romancista vivace, que tem rivais entre nós: como crítico, porém, e nesses assuntos (folclore), ele está quase só." "A Poesia Popular no Brasil", *Revista Brasileira*, I, 435, Rio de Janeiro, 1879). Celso de Magalhães reunira romances tradicionais, quadrinhas, danças, etc. Seu estudo terminou nos n.ºs 16 e 17 de *O Domingo*, em São Luís do Maranhão, maio e agosto de 1873, segundo informações de Domingos Vieira Filho. Os trabalhos de Celso de Magalhães, um precursor na sistemática e seriedade dos estudos folclóricos, estão esparsos e presentemente perdidos para os estudiosos. Uma edição seria homenagem lógica. O Departamento de Cultura do Estado do Maranhão publicou *A Poesia Popular Brasileira*, de Celso da Cunha Magalhães, prefácio e notas de Domingos Vieira Filho, S. Luís, 1966, 95 pp. Biografia e bibliografia pessoal e crítica.

CERIMÔNIA. Um pouco de comida que é costume deixar-se em cada prato na refeição em casas alheias, por parecer mal comer tudo: deixar a cerimônia (Pereira da Costa, *Vocabulário Pernambucano*, 225).

CERRA-BAILE. Figura do baile fandango, no Rio Grande do Sul. Ver *Fandango*.

CEUCI. O nome da mãe do Jurupari, da virgem que ficou prenhe pelo sumo da cucura do mato (rio Negro) ou do purumã (Solimões), que, enquanto comia, lhe escorria pelos seios abaixo. É este um dos segredos da religião do Jurupari, que não pode ser velado nem conhecido pelas mulheres, e que os próprios moços não aprendem senão depois de chegados à puberdade, nas festas da iniciação, pelos lábios do pajé. É a sina da maioria dos fundadores de religiões nascerem de virgem (Stradelli, *Vocabulário Nheengatu*, 415). Também se diz Ceuici. Jurupari proibira, sob pena de morte, que as mulheres fossem ouvi-lo durante a doutrinação aos guerreiros. Ceuci, desobedecendo, escondeu-se para ver o filho revestido com a pompa de tuxaua. Morreu a um gesto mágico de Jurupari, que não reconheceu sua mãe. O reformador não lhe restituiu a vida. Levou-a para o céu transformando-a nas Plêiades, chamadas Ceuci pelos indígenas. Jorge Hurleiy (*Itarana*, 61-69, Belém, 1934) estudou o mito de Ceuci.

CEUCI-CIPÓ. Cipó da Ceuci. Casta de lianas de cujas raízes e caule extraem, pisando-os no pilão, uma poção que os tocadores dos instrumentos sagrados tomam na véspera das festas em que devem tocar, para se purificar. As paciúbas do Jurupari não podem ser tocadas por gente impura, e os tocadores que as tocarem sem se ter purificado correm risco de morte. O efeito da beberagem é de um forte vomitório, e a purificação é completada com banhos prolongados (Stradelli, *Vocabulário Nheengatu*, 415).

CHAGAS BATISTA. Francisco das Chagas Batista, nasceu em 1885 na serra do Teixeira, e faleceu na cidade da Paraíba em janeiro de 1929. Publicou mais de 100 folhetos de versos, romances, sátiras, narrativas romanceadas, divulgando seleções, *Lira do Poeta* e *Poesias Escolhidas*, reeditadas. *Cantadores e Poetas Populares*, Paraíba, 1929, 256 pp. é um excelente documentário, único na espécie e na legitimidade. F. Chagas Batista, como assinava, foi o cronista poético de Antonio Silvino, registrando as proezas do cangaceiro com sedutora e original linguagem. Fundando a Livraria Popular Editora na Capital paraibana, imprimiu centenas de folhetos, espalhando-os pelo Nordeste. Foi o divulgador do incomparável Leandro Gomes de Barros (1865--1918), o maior e mais autêntico dos poetas populares da época, revelando dezenas de poetas do povo que lhe devem movimento e vida na memória coletiva. Chagas Batista prestou inesquecível e preciosa colaboração à poesia popular, apaixonado por ela, seu cultor, valorizando-a numa incessante edição de quanto poderia interessar o povo, sem inveja, sem ciúme, com entusiasmo incomparável.

CHAGUINHAS. Francisco José das Chagas foi enforcado na manhã de 20 de setembro de 1821 no Largo da Forca, hoje Praça da Liberdade, na cidade de S. Paulo. A tradição afirma que a corda se rompeu três vezes antes de o supliciado sucumbir. Diziam-no inocente. A piedade popular consagrou Chaguinhas como um mártir e o tornou poderoso intercessor, invocado como se tivesse merecido a canonização regular. Na Praça da Liberdade fica a capela da Santa Cruz dos Enforcados, e nas segundas-feiras há uma romaria de devotos, acendendo velas e orando às almas aflitas do Purgatório, ou suplicando a intervenção de Chaguinhas. Os degraus do pátio ficam cobertos de cera. É uma das tradições mais populares na capital paulista (Paulo Cursino de Moura, *São Paulo de Outrora*, 91-95; Rute Guimarães, "Santa Cruz dos Enforcados", *Revista do Globo*, n.º 432, Porto Alegre, abril de 1947). Chaguinhas havia participado de um levante militar em Santos, onde os soldados cometeram depredações, mortes e estupros. Foram condenados sete à pena de morte, e comutada a dos outros, de igual sentença, em degredo ou carrinho temporário. "A decisão devia subir ao Conselho Supremo, para aí ser proferido o julgamento definitivo; mas, antes disso, mandou o Governo executar os condenados à forca; cinco, oriundos do litoral, em Santos, e dois, de serra acima, na capital. Ao ser enforcado um desses, Francisco José das Chagas, conhecido por "Chaguinhas", partiu-se a corda da forca e sobre ele caiu a bandeira da Misericórdia, que, como era de uso, impedia a consumação da pena. Correu uma comissão à casa do Governo, suplicando fosse o ato suspenso, enquanto se implorasse a clemência do Príncipe Regente. Não foi logo atendida. Insistiu, alegando não haver outra corda própria para a operação. Mandou-se fazê-la com outra, sem demora fornecida. Enquanto se esperava, aumentava a agonia do condenado, a favor de quem se levantara forte movimento de piedade. Impressionada apenas pelo fato a que assistia a multidão olvidava as vítimas inocentes, imoladas pelo criminoso. O algoz já não era ele, mas quem queria puni-lo às pressas, sem atender à lei" (Tobias Monteiro, "História do Império", *Elaboração da Independência*, 527-528, Briguiet, Rio de Janeiro, 1927).

CHAMA. O mesmo que pio, instrumento de sopro que imita o canto de aves, atraindo-as para a espera do caçador (ver *Pios*). "Pássaro de gaiola com alçapão, para com o seu canto *chamar* a outros para a pega. Dentro da gaiola vai a chama." (Macedo Soares). A este termo, que também é corrente no Sul, ocorre o vernáculo *reclamo*, que Macedo define: "Ave ensinada, ou domesticada, que chama, cantando, outras para os laços, ou redes." (Pereira da Costa, *Vocabulário Pernambucano*, 227). Ver *Gonguê*.

CHAMA-MARÉ. Ver *Crustáceos*.

CHAMARRITA. Ver *Fandango*.

CHAMBRE. Havia duas espécies de uso indispensável até os primeiros anos do séc. XX. O *chambre*, camisola ou *camisolo*, de dormir, longo, folgado, de mangas amplas, com pequeno decote para o pescoço, feito de tecido fino, opaco, alcançando quase os pés, vestido antes de dormir, e comum aos dois sexos. O *camisolo* feminino ostentava pequenina gola, de fazenda macia, unicamente de efeito ornamental. O chambre masculino dizia-se *camisolão* e constituía falta de respeito, compostura, indecência, usá-lo fora do quarto de dormir. O outro *chambre*, privativo dos homens, era realmente o *robe de chambre*, mais vistoso, com uma cinta para prendê-lo à cintura. Envergando-o sobre a camisa e a ceroula, o dono da casa podia passar o dia inteiro, atendendo negócios, recebendo toda gente. Era traje tradicional de fazendeiros, senhores de engenhos, negociantes ricos, proclamando-se o estado social com a simples visão dessa veste talar. Todas as pessoas de categoria inferior, socialmente, não ousavam vestir *chambre* e aparecer com ele à varanda residencial, despedindo amigos. Deputados Gerais, Senadores do Império, Presidentes de Província, todos os "grandes", não abandonavam o *chambre* em casa. Henry Koster, em novembro de 1810, hospedado na casa-grande de um Capitão-Mor Cavalcanti, no Espírito Santo, Paraíba, descreve: "O dono da casa vestia uma camisa, ceroulas e um longo roupão, chamado *chambre*, e um par de chinelas. É a indumentária típica de pessoas que nada têm a fazer. Quando um brasileiro começa a usar um desses *chambres* têm-no logo na conta de importante e lhe dedicam, subsequentemente, muito respeito" (*Viagens ao Nordeste do Brasil*, Brasiliana, 221, 98, S. Paulo, 1942). *Abrir* o *chambre* era fugir, abandonar o Partido, a questão ou o posto. *Chambrear* era acumpliciar-se, aderir; *serrar* as refeições alheias sem convite, parasitar.

CHÃO, PAGAR O. Ver *Acuar*.

CHAPÉU. Representa a criatura humana. Representa a cabeça, sede do juízo, do raciocínio, da vontade. Outrora, como toda gente não dispensava o chapéu, sair sem ele dizia-se *sem cabeça*, andar sem a cabeça. Perdeu a cabeça? Perdi minha cabeça! eram frases alusivas ao uso do chapéu. Tollenare, que residiu no Recife de 1816 a princípios de 1817, narra a história de um curandeiro que, não podendo ir pessoalmente atender a uma mulher que fora mordida por uma cobra e já quase agonizava, enviou o seu chapéu. Puseram-no na cabeça da moribunda e esta escapou e viveu ("O chapéu milagroso" in *Antologia do Folclore Brasileiro*, vol. 1, 90-91 9ª ed., São Paulo, Global, 2004). Mulher não punha chapéu de homem na cabeça, porque: a) brigava com o dono; b) fazia mal. Estar à mesa com o chapéu à cabeça afugentava Jesus Cristo ou o anjo da guarda que sempre assiste às refeições. Entrar com o chapéu na cabeça dentro de casa é chamar a morte ou a infelicidade nos negócios ou na saúde. Os discípulos de Freud dizem que o chapéu, representação do corpo, é símbolo fálico. Um sinal dá-lhes razão: chapéu colocado ao inverso diminui a potência ou anula para ato subsequente. Nos contos populares há, entre os objetos mágicos, o chapéu que torna invisível seu portador (D. 1520, 11 na sistemática do Prof. Stith Thompson, *Motif-Index of Folk-Literature*, II, 225). O Saci-Pererê usa barretinho encarnado, carapuça vermelha que dá os poderes milagrosos que possui. Se alguém lhe arrebata a carapuça, o Saci dará montões de ouro para reaver o chapeuzinho (*O Saci-Pererê, Resultado de um Inquérito*, 180, S. Paulo, 1917). Esse elemento é uma herança do Fradinho da Mão Furada e do Pesadelo europeu. Em Portugal o Fradinho da Mão Furada (o Saci aparece com a mão furada nalguns lugares paulistas, *Inquérito*, 57) usa barrete encarnado e causa o pesadelo. Este, quando personalizado, traz a carapuça, e ambos darão quanto se peça para recuperar o chapéu que lhes for tomado (J. Leite de Vasconcelos, *Tradições Populares de Portugal*, 289-290), Há também um Pretinho do Barrete Encarnado, em Lagoa e Estombar, que "aparece sempre à hora de maior calma". (Teófilo Braga, *O Povo Português*, etc., II, 152). A tradição dos fantasmas ou entes assombrosos terem o poder situado no chapéu já era popular em Roma ao tempo do Imperador Nero. Petrônio *(Satyricon*, XXXVIII) conta que, no banquete de Trimalcião, um conviva, antigo carregador de lenha, ficara rico subitamente por haver conseguido apoderar-se do chapéu de um *incubo quum incuboni pileum rapuisset thesaurum invenit*, encontrando um tesouro. O chapéu do incubo era o *pileum, pileus, pilos*, carapuça afunilada e vermelha que os divinos Castor e Pólux usavam, *pileatis fratribus*, como lhes chama Catulo (*Ad Contubernales*, XXXVII). O *pilos* é exatamente o chapéu do Saci-Pererê paulista, mineiro, fluminense ("O Chapéu do Saci-Pererê", *Revista do Arquivo Municipal*, LXXXV, 175). O *pilos* é um dos temas sugestivos pela sua explicação ainda desconhecida. É o barrete frígio, índice da liberdade, e que ainda coroa a cabeça da República, mas já ocorria, num modelo cônico, nos relevos hititas, figurando nas processões de homens, animais e deuses nos rochedos de Yasili-Kaya, que Sartiaux denominou "protótipo estranho e poderoso das Panateneias". A Frígia é a região exaltada e mística que criou os *mistérios*, as festas de aproximação divina e humana, os cultos estáticos e orgiásticos, com os processos mais sugestivos de purificação. É o reino de Midas, que seria juiz entre Apolo e Pã, e as orelhas de burro talvez fossem apenas uma cobertura de cabeça privativa de sacerdotes ou soberanos (Robert Lehmann-Nitsche, "Koenig Midas Hat Eselsoren", registro no *Boletim do Museu Nacional*, 419, XIV-XVII). O costume religioso de trazer o Santíssimo Sacramento, *Nosso Pai*, para os moribundos, e este ser conduzido sob uma umbela aberta e que entrava desta forma na casa onde estava o doente, determinou outra superstição: chapéu de sol aberto dentro de casa está chamando o Santíssimo, isto é, a extrema-unção, derradeiro sacramento da religião católica, o último que um cristão recebe. Como evocação do símbolo de autoridade, há os exemplos do chapéu de Hermann Gessler, *avoyer* imperial em Uri e Schwytz, que devia ser saudado como se fora o próprio magistrado, provocando a rebeldia de Guilherme Tell; o *chaperon* vermelho e azul de Etienne Marcel, *prévôt des marchands* de Paris, cobrindo a cabeça trêmula do Delfim Carlos (o futuro Carlos V), na noite de 23 de fevereiro de 1358. Na França, no Hérault, a viúva confirma sua autoridade em casa e negócios, usando o chapéu do marido defunto. Quando um dos filhos esquece o respeito devido, "elle lui montrait le chapeau du père, et le coupable, êmu à cette vue, rentrait aussitôt dans le devoir." (André Varagnac, *Civilisation Traditionnelle et Genres de Vie*, 200, Paris, 1948). Em alemão há *der Hut*, chapéu, e *die Hut*, guarda, custódia, proteção, e daí o verbo *Hüten, behüten*, guardar, defender. A frase "Behüt' Dich Gott", será "Deus te guarde", ou "Deus te cubra com o chapéu". Tirar o chapéu, de chapéu na mão, varrendo as calçadas com o chapéu, significavam as cortesias exageradas ou louvaminheiras. Já não se ouvirá o *Hats off!* que anunciava a presença do Rei da Inglaterra. O declínio do chapéu no continente americano (e na Europa de verão) está fazendo desaparecerem as tradições ligadas ao seu uso milenar. Ver *Corrida do Chapéu*.

CHAPÉU DE SOL. *Guarda-Sol, Guarda-Chuva*, exceto as *Sombrinhas* femininas, elegantes, ornadas, leves. *Umbraculum* em Roma, *Skiádeion* na Grécia. *Paraguas, Parapluie, Regenschirm, Umbella*. Na Pérsia antiga *Saiaban*, estendido sobre a cabeça imóvel dos seus soberanos ornamentais. Inventara-o a própria Palas-Atenas, recebendo em Atenas, no 12 de Skirophoron, junho, uma festa processional onde compareciam os Guarda-Sóis abertos, de pano branco. Era a Skirophoria. Onze séculos antes de Cristo os chineses usavam. Divulgou-se pela Ásia. No Japão "Condutor da Umbela" é título do Imperador. Parece haver-se perdido o uso na Europa, e apenas no séc. XVI reaparece em Florença, comprado em Bizâncio. Ornando tapeçarias, porcelanas, presente nos préstitos policolores. Há um servo para conduzi-lo sobre a cabeça do Imperador ou do Doge, do membro da "Senhoria", do senador imponente. É um atributo dos Reis. No brasão dos Doges havia a Umbela. Os portugueses trouxeram-no das Índias. João de Barros (Décadas, III, X) descreve-o em Cananor, 1526. Divulga-se pela África Negra, em branco, amarelo, rubro, propriedade dos régulos, enorme, abrigando quase todo séquito, guardando o Rei e suas mulheres enfeitadas, os fiéis guarda-costas. No séc. XVIII derrama-se por toda a Europa. O primeiro inglês inseparável do Guarda-Sol foi Jonas Hanway (1712-1786). Chamavam-no *Roundel*. Foram seus fabricantes prestigiosos. Marco Polo cita-o na corte do Cublai-Can. Em 1856, Sir Richard Francis Burton, que fora Cônsul da Inglaterra no brasileiro Santos, vê o Guarda-Sol triunfal na Índia, na Abissínia, entre os árabes ilustres de Meca e Medina e do Senaa, umbelas de cetim vermelho, como ostentavam os Imperadores de Marrocos, Beis da Argélia e Túnis. Era objeto sagrado, votado à Afrodite, Eros, Deméter, Prosérpina, indispensável nos cortejos, cobrindo as estátuas processionais, ritualmente. De onde viera o Guarda-Sol? Da Mesopotâmia, informa Penzer. Emblema da Realeza para babilônios e assírios. Os relevos da Nimrud Gallery, Nineveh Gallery, no Museu Britânico, guardam os antecedentes testificadores. Indispensável aos faraós. Significa o Firmamento. O Universo. O Sol. Desfilando, jamais está imóvel mas circularmente cintila, lembrando o curso dos astros no infinito. É o elemento distintivo da Rainha nos Maracatus do Recife. Redondos, vermelhos, orlados de guisos, fitas, franjas esvoaçantes, como os que surgem nos pagodes de Burma, rodando sempre, como o radio-sol tropical. Em seda bordada a ouro, na Basílica de S. Pedro em Roma, acólito típico da liturgia católica, desdobrado sobre o condutor do Santíssimo. Nas saídas da Extrema Unção, "Nosso Pai Fora", o sacerdote era, inevitavelmente coberto pela sagrada umbela. Por isso o Guarda-Sol aberto dentro de casa "está chamando a Morte". *To open an umbrella into the house will bring bad luck*, afirmam na Inglaterra. Em forma de lótus resguardou o sossego do Buda. Panateneias de Atenas. Florália em Roma. Citam-no Ovídio, Martial, Tibulo, Amiano Marcelino, Juvenal. Nosso Imperador D. Pedro II não o abandonava, como Neville Chamberlain na Grã-Bretanha. Luís da Câmara Cascudo, *Seleta*, Ed. José Olympio, Rio de Janeiro, 1972.

CHAPONÃ. Ver *Omulu, Xapanã*.

CHARLES FREDERIK HARTT. Nasceu em Fredericton, New Brunswick, Canadá, a 25 de agosto de 1840 e faleceu no Rio de Janeiro a 18 de março de 1878. Acompanhou Agassiz, em 1865-66, ao Brasil como geólogo. Professor no Vassar College, Poughkeepsie, New York, e Universidade de Cornell, Ithaca, New York, regressou ao Brasil em 1867, estudando a geologia dos Abrolhos. Voltou em 1870, com a *Morgan Expedition*, chefiando-a, sempre em pesquisas geológicas. Diretor da Comissão Geológica do Império, em 1874, visitou longamente o Amazonas. Trabalhador de excepcional capacidade de investigação, inteligência ágil e brilhante. Hartt fixou, com nitidez, muitos elementos do folclore brasileiro, especialmente no domínio mítico indígena. Foi o primeiro estrangeiro a recolher e comentar os contos tradicionais indígenas. Sua autoridade como geólogo foi decisiva. No *Aurora Brasileira*, em Cornell, outubro e novembro de 1873, publicara pequenos estudos sobre o jabuti, curupira, etc. *Amazonian Tortoise Myths*, Rio de Janeiro, William Scully Publisher, 1875. "Mitos Amazônicos da Tartaruga", tradução e notas por Luís da Câmara Cascudo, ed. Arquivo Público Estadual de Pernambuco, Recife, 1952 (Edição atual – São Paulo: Perspectiva, 1990). "Contribuições para a Etnografia do Vale do Amazonas", *Arquivos do Museu Nacional*, tomo VI, Rio de Janeiro, 1885. É soberbo estudo na espécie etnográfica e, págs. 134-174, fixa uma preciosa "Mitologia dos Índios do Amazonas", reunindo também os ensaios publicados na Cornell University em 1873. O coordenador desta antologia anotou demoradamente essa "Mitologia" quase ignorada e de necessária divulgação. O estudo "Amazonian Tortoise Myths", traduzido e anotado pelo autor deste dicionário, foi publicado pelo *Arquivo Público Estadual de Pernambuco*, "Mitos Amazônicos da Tartaruga", Recife, 1952.

CHAROLA. Andor de procissão, mas, em Portugal e Brasil, obrigando a cantos durante o seu desfile. Registrando a charola de rapazes, Bluteau ensinava: "Era como um andorzinho, coberto com papel ou papelão a modo de arco ou abóbada com suas varas atravessadas, em que lhe pegavam os rapazes, e com ele andavam cantando pela Quaresma cantigas da Paixão, porque levaram na charola imagenzinhas de barro da Paixão de Cristo." O Ministro Francisco de Paula Ferreira de Resende (1832-1893) assistiu à passagem da charola em Minas Gerais, nos meados do séc. XIX, na cidade de Queluz. "Eu, por exemplo, muitas vezes tinha empregado a palavra no sentido que geralmente a ela se dá de alguma coisa que se faz em ar de pouco caso ou de brincadeira; entretanto que só foi em Queluz que cheguei a saber qual a verdadeira origem dessa palavra ou o que é que propriamente se chama charola; pois que ali é que fui ver uma pela primeira vez. A charola é, pois, a condução de um pequeno andor em que vai um Senhor dos Passos pequenino; e esta condução, que tem lugar à noite e no escuro ou com muito poucas luzes, faz-se cantando e correndo ou pelo menos em passo muito apressado; de sorte que mais parece uma confusão ou um tumulto do que mesmo um ato sério ou religioso." (*Minhas Recordações*, 339, Rio de Janeiro, 1944). Para as aproximações semânticas entre charola e carola, carol, carole, ver Luís da Câmara Cascudo, "Charola e Carola". *A República*, Natal, 11-3-1945.

CHARUTO. Bebida feita com mel de abelha; designação pejorativa dos negros (Rodolfo Garcia, "Dicionário de Brasileirismos", *Revista do Instituto Histórico e Geográfico Brasileiro*, tomo 76). Era o *mulsum* dos romanos, quatro partes de vinho e uma de mel. O Imperador Augusto perguntou a Pólio, que tinha cem anos robustos e serenos, a razão de sua fortaleza. O risonho velho respondeu: "Intus mulso, foris oleo."

CHATEAU, CHATÔ. Ver *Castelo*.

CHAUFFEUR DE CAMINHÃO. Viajei, curumiaçu, menino-grande, de Mossoró a Souza, a cavalo, com minha mãe. Esta, vez por outra, usava de liteira. Foi em 1909. Quase cem léguas, no ritmo das andaduras tradicionais, com *descanso* quando o Sol esquentava e *arrancho* ou *dormida*, ao entardecer. Coincidia acompanhar-nos um comboio de burros-mulos, os mais famosos, quartais ou simples jumentos, incansáveis e lentos. A légua, de seis quilômetros, era a unidade. "Que distância para lá?" "Umas cinco léguas puxadas, das grandes!" Hoje a dimensão é o tempo. "Duas horas, de estrada boa!" Uns 150 quilômetros. Esse vocábulo ainda não se usa no sertão nordestino.

A rodovia, começando em 1915, fez-se para rodas e não para os cascos. Um comboio antigo vencia de oito a doze léguas por dia, com *descanso* e *dormida*. Carregava 140 a 160 quilos, cada animal. Não poderia competir com o caminhão de três a doze toneladas, vencendo distâncias jamais sonhadas pelos comboeiros, *tiradores* de cantigas.

Esse assunto de transportes velhos está sendo magnificamente estudado por José Alípio Goulart. Marcos Vinícius Vilaça expõe a presença do caminhão na cultura popular, na sociologia do cotidiano, antes de qualquer outro anotador.

O *chauffeur* de caminhão impôs-se como uma figura essencial na paisagem social dos sertões. A estrada, com suas vilas, cidades, povoações, postos de abastecimento que são sementes de fixação demográfica, povoa-se com ele. Vai, como os velhos comboios, determinar a venda e o abrigo para comer e dormir. Constitui o aproximador, divulgador, valorizador da cidade. É a comunicação verbal eficiente, a voz informadora dos sucessos, anedotas, pilhérias, modas, bebidas, modismos de expressão em voga. Atravessando as distâncias, outrora incríveis e desertas, espalha o rumor citadino, boatos, críticas, elegâncias. Tem outros processos de amavio, sedução, conquista. Os presentes aliciadores prolongam a tentação urbana das cidades-grandes, latas de biscoitos artísticos, perfumes fortes, joias reluzentes, revistas ilustradas. Difunde as músicas do Carnaval, marchas-frevos, toadas capitosas, sambas cariocas, canções e boleros, ensopados de luxúria. É prático, inquieto, mordido pela serpente da velocidade, embaixador da urgência. Desmoralizou o conceito finlandês de Deus não ter criado a pressa. "God did not create hurry."

"Oh! Coisa boa.
Só é namorar
Com chauffeur de caminhão.
Quando vem de Parazinho.
Carregado de algodão!"

Cantavam assim as cabrochas ansiosas em Baixa Verde, de quarenta anos passados. Parazinho hoje é município no Rio Grande do Norte. As polcas, sacudidas nas harmônicas, foles, realejos, irradiavam o halo prestigioso do motorista irresistível. Entre os meios de conhecimento, anteriores aos telefones locais, telégrafo, havido em centros maiores, e rádios de pilha, estava o *chauffeur de caminhão*, disseminador de notícias. "Um chauffeur me disse..." Também é poderoso veículo de intercomunicação entre os núcleos de povoações, vivas nos percursos percorridos. Traz encomendas, remédios, sapatinhos catitas, alpercatas complicadas, cintos espantosos. Foi o arauto do blusão, camisa-esporte, *slack*, viajar sem chapéu, óculos de cor, sem grau, com a caixa à cintura, motivos de inveja moça, novo corte de cabelo, estilos de conservar ou não o bigode. Estabelecia o contágio inevitável. Contador de estórias fantásticas, mentiras encantadoras, lorotas e graças às meninas bamboleantes e curiosas. "Mi leva!..."

Depois veio o rádio-portátil, as melodias e solfas derramadas no ar, como venenos auditivos, para a moléstia incurável do desejo emigratório. Dos chistes, sátiras, devoções e votos propiciatórios, está o documentário nas frases pintadas nos para-choques, fórmulas indispensáveis em todo o Continente, índices da agilidade mental popular, no plano do humor e da observação.

Vai fazer nascer cafés, hotéis, dormidas. Levou a *comida de lata*, dispensando a trempe vagarosa. Fez o sertão mastigar salsichas, presuntos, sardinhas, doces e frutas de longe, maçãs, peras, uvas, azedas e atraentes. Estão em toda a parte. Convergem para as grandes feiras, numa impressionante parada de onipresença geográfica. Trazem os produtos distantes, numa incessante circulação econômica, empurrando para a unidade do conhecimento as regiões isoladas e longínquas. É o condutor de soldados que sanearam a praga cangaceira. O caminhão, vencendo a caatinga, derrotou a magia dos patuás bandoleiros, apagando-lhes a esperança da impunidade. Nas horas tristes da seca, enche de sobreviventes afoitos os *pau de arara*, rumando para a salvação sulista.

Venceu a indispensabilidade do transporte marítimo, revelando a penetração do *hinterland* misterioso. Anulou a barreira úmida do São Francisco. Os pneumáticos esmagaram a limitação das fronteiras estaduais. Minas Gerais avizinhou-se do Recife e Mato-Grosso de Natal. O caboclo dominou a máquina, improvisando soluções impossíveis e benéficas. É o primeiro autofalante, instintivo, facundo, inesgotável, transmitindo, ampliando, plantando o registro sonoro dos acontecimentos. É o noticiarista vocacional dessa imprensa-falada, insuperável e complexa, entre imaginação e veracidade. Agora, enfrenta um concorrente respeitável, menos veloz, com roteiros regulares e demoras certas, mais seguro no efeito pelo volume humano transportado: o ônibus, *sopa*, *jardineira*, o *coletivo* rotineiro, importante e nova via de escoamento para o Folclore. Ver Otávio Carvalho Andrade. *Homem na Estrada*, São Paulo, 1963. "Memórias de um *chaufleur* de caminhão."

CHAVE[1]. Amuleto significando o poder de abrir e fechar, ligar e desligar, afastando dificuldades; ciência do mistério, ser iniciado nos segredos, ter a *chave de Salomão*, conhecer de tudo. Muito usado em metais preciosos, como pendente de colar e pulseira, adorno feminino, ultimamente industrializado e comum. A citação das chaves, poder das chaves, é fácil nas orações populares e algumas seculares. A chave do Sacrário é citadíssima nas orações fortes e bruxarias. No catimbó e magia branca há sempre uma chave, de prata ou de aço, virgem, isto é, sem uso, para a cerimônia de *fechar o corpo*. A oração privativa desse processo é dita pelo *mestre*, enquanto vai fingindo fechar todas as juntas do corpo, as entradas (olhos, nariz, boca, ouvidos), os pontos fracos (pulsos, jarretes, antebraço, região poplítea), etc. Já era citada na feitiçaria medieval e permanece na tradição europeia. "Feche-me a morada, Sr. Padre Liberato. – Fecho, sim. Faze o Ato de Contrição. Vamos a isto. – Punha-se a ler num livro, ao mesmo tempo que, com a chave do Sacrário, fazia cruzes nos olhos, nos ouvidos, na boca da mulher." Antero de Figueiredo, *Senhora do Amparo*, 107, 2ª ed., Lisboa, 1920; Luís da Câmara Cascudo, *Meleagro*, Pesquisa do Catimbó e Notas da Magia Branca no Brasil, 39-40, Rio de Janeiro: Agir, 1978).

CHAVE[2]. É o mesmo que se diz em São Paulo *Gêmeo* (ver) e no sertão nordestino palmo de gato: a distância medida entre os extremos do polegar e do indicador, estendidos. Em Portugal diz-se *chave da mão*: o espaço que há entre o polegar e o índex, ou da raiz do dedo polegar até o dedo mínimo, espaço em que os dedos da mão fechada fazem força. "Ficou o bicho na chave da mão, livre das unhas agudas da águia." (Diogo Fernandes Ferreira, *Arte da Caça*, 36). Ver *Palmo de Gato, Gêmeos*.

CHAVE DO PÉ. Distância desde o peito do pé até a extremidade do calcanhar (Fr. Domingos Vieira, *Tesouro da Língua Portuguesa*, II, 200, Porto, 1873). Ver *Palmo de Gato*.

CHEGANÇA. Auto popular brasileiro do ciclo do Natal. O mesmo que cristãos e mouros. Em Portugal era dança no séc. XVIII, proibida por D. João V em maio de 1745, sob pena de prisão no Aljube e no Tronco. Era extremamente lasciva e sensual, mas se tornara popularíssima e o povo cantava: "Já não se dançam cheganças / Que não quer a nosso Rei. / Porque lhe diz Frei Gaspar / Que é coisa contra a lei." (Júlio Dantas, *O Amor em Portugal no Século XVIII*, 161, Porto, 1917). O Frei Gaspar citado é Frei Gaspar da Encarnação, franciscano, amigo do rei, ex-reitor da Universidade. Era dança de par solto, "ancas contra ancas, peneirando-se, coxas contra coxas". Como sucedeu com o fandango, a chegança na Brasil se transformou em auto, Guilherme Melo divide em chegança dos marujos, que é a marujada ou fandango, e chegança de mouros, ou chegança propriamente dita. Os episódios aparecem constituindo séries na fandango, como no Ceará (Gustavo Barrosa, *Ao Som da Viola*), ou isolados, independentes, como ocorre em Natal. Bibliografia: Mário de Andrade, *Música do Brasil*, Curitiba-S. Paulo, 1941; D. Martins de Oliveira, *Marujada*, Rio de Janeiro, s. d.; Antônio Osmar Gomes, *A Chegança*, Rio de Janeiro, 1941; Renato Almeida, *História da Música Brasileira*, 2ª ed., Rio de Janeiro; Oneyda Alvarenga, "Comentários a Alguns Cantos e Danças no Brasil", *Revista do Arquivo Municipal*, S. Paulo, LXXX. A chegança é representada como cenas marítimas, culminando pela abordagem dos mouros, que são vencidos e batizados. Os episódios mais curiosos são a descoberta do contrabando dos guardas-marinha, as lutas e brigas entre oficiais, a tempestade, as canções líricas, etc. Convergem abundantemente quadrinhas populares. Na Paraíba a chegança denomina-se *Barca* (ver). A chegança é relativamente recente no Rio Grande do Norte. Sua primeira representação se realizou no teatro Carlos Gomes, Natal, na noite de 18 de dezembro de 1926 e foi posteriormente encenada no bairro das Rocas. Sua popularidade data de 1926. Do teatro passou à rua. Jamais possuiu a tradicionalidade do fandango e do bumba meu boi. Na chegança alagoana não há as figuras do Ração e do Vassoura nem das dois guardas-marinha. O Capelão responde pelas despesas da comicidade. A orquestra é composta de instrumentos de percussão, pandeiros (em Maceió), caixa e pequeno bombo (Natal). Em Alagoas apresentam também cheganças unicamente com elementos femininos. Diégues Júnior informa a existência da *Chegança Flor do Mar*, mestre José Ramires de Santana, no município de Marechal Deodoro, antiga Alagoas, na praia de Boa Viagem, em 1951. Théo Brandão, *Folguedos Natalinos de Alagoas*, cap. VII, Maceió, 1961. Ver *Cavalhada*.

CHEGANÇA DOS MARUJOS. Ver *Fandango*.

CHEIO. Ver *Maconha*.

CHEIRO. É vulgar no Nordeste o "cheiro" em vez do beijo, especialmente para crianças. É uma aspiração delicada junto à epiderme da pessoa amada. As narinas sorvem o odor que parece indizível perfume. Entre o povo o hábito é tradicional: "Dê cá um cheirinho pra mamãe!" Naturalmente a gente grande não desaprendeu a técnica e apenas mudou a orientação: "Eu ainda dou um cheiro naquela malvada." Morais não registrou. *O Pequeno Dicionário Brasileiro da Língua Portuguesa*, fixou "Cheiro (Bras. Nordeste) aspiração nasal voluptuosa." É uma carícia de origem chinesa. "Os chineses não dão beijos... Não dão beijos, ou dão-nos de uma maneira muito diferente da nossa, sem o uso dos lábios mas aproximando a fronte, o nariz, do objeto amado, e aspirando detidamente... O china beija o filhinho tenro, beija a face pálida da esposa, como ele, e nós beijamos as flores, aspirando-lhes o perfume; a assimilação é graciosa... Tendo agora por conhecida, e é coisa que não se contesta, a extrema agudeza olfativa dos chineses (os negociantes cheiram as moedas de ouro que julgam falsas, e assim conhecem o grau maior ou menor da liga de cobre), podemos talvez conceber uma vaga ideia do prazer da mãe, aspirando sobre a carne fresca do filho um ambiente que ela não confunde com outro; o prazer do mandarim apaixonado, conquistando à brisa o perfume de uns cabelos negros, que ele aprendeu a adorar." (Wenceslau de Morais, *Traços da Oriente*, 19-20, Lisboa, 1895). O esquimó possui igualmente essa carícia (R. E. Peary, *My Artic Journal*, New York, 1893). Naturalmente o português trouxe-a da China para o Brasil. Ver Luís da Câmara Cascudo, *Superstição no Brasil*, "O cheiro, carícia nordestina", 236-238, 6ª ed., São Paulo, Global, 2002. Para o povo, *cheiro* vale intuição, *não cheirar bem* é má impressão inicial da observação. *Cheiro de santidade*: os grupos étnicos possuem olores típicos, identificadores do estrangeiro, independente da falta de asseio e sujeira. "Conheço-o pelo cheiro!" Pearl S. Buck, vivendo quarenta anos na China, demorou a readaptar-se à fragrância norte-americana, dizendo-a intolerável, embora imperceptível às narinas nacionais. Asiáticos e africanos-negros têm grande sensibilidade olfativa, sentindo o adventício sem que o vejam. Um meu amigo africano, visitando o Brasil, farejava *cheiro de negro* em damas e senhoras, oficialmente brancos. Nos recintos fechados das capitais europeias, cinemas, auditórios, anfiteatros, percebemos a diversidade das emanações, comparando-as às habituais do nosso ambiente nacional. Ver Faris Antonio S. Michaele, *Breve Introdução à Antropologia Física* (suas relações com a Antropologia Cultural), 135-136, Curitiba, 1961. Nos animais o *cheiro* é decisivo para a orientação e reconhecimento. John A. Hunter lembra os burros de Quênia não suportando o odor do europeu, somente atendendo aos condutores nativos ou velhos moradores locais. Os mais solenes e milenares sacrifícios às divindades tomavam a forma de gases perfumados, resultado da combustão das vítimas ofertadas, para que alcançassem o destino simbólico da homenagem: "A oferta queimada é de cheiro suave ao Senhor" (*Levítico*, 2,2). Assim gregos e romanos. Na comédia *Os Pássaros*, de Aristófanes (414 antes de Cristo), as aves constroem nas alturas a *Nefelococcigia*, Cidade das Nuvens e dos Cucos, obrigando Júpiter e demais olímpicos à humilhante capitulação, por não mais receberem os aromas oblacionais.

CHEREMBETÁ. Ver *Batoque*.

CHIBA. Ver *Xiba*.

CHIBAMBA. Fantasma do sul do Estado de Minas Gerais. Serve para amedrontar as crianças que choram. Anda envolto em longa esteira de bananeira, ronca como porco e dança compassadamente. "Evém o Chibamba, neném, ele papa menino, cala a boca!... (Vale Cabral, "Achegas ao Estudo do Folclore Brasileiro", trans. *Antologia do Folclore Brasileiro*, vol. 1, 304-306, 9ª ed., São Paulo, Global, 2004; *Geografia dos Mitos Brasileiros*, 209-210, 3ª ed., São Paulo, Global, 2002). Ocorre no Estado de São Paulo. "É um negro velho que morreu no tronco de tanto apanhar, na época da escravidão; chama para si todo o sofrimento, auxiliando os seus companheiros, quando são açoitados (Socorro, São Paulo); é um ser fantástico que ronca como porco e é coberto com folhas de bananeira (capital, São Paulo); é um fantasma que vive enrolado com folhas de bananeira e ronca como porco e dança compassadamente; é utilizado para amedrontar as crianças que choram (Palmital, São Paulo); é um saci ou um cabrito que aparece em determinadas festas causando terror (Bocaina, São Paulo)." (Rossini Tavares de Lima, "Mitos do Estado de São Paulo", *Revista do Arquivo Municipal*, CXIX, 23, 1948).

CHICO. Dança e canto do baile rural do Rio Grande do Sul, fandango. Ocorre também em S. Paulo (Cananeia) onde o registrou Alceu Maynard Araújo. Balbi, já em 1822, cita uma dança popular brasileira denominada *chioo*, que Mário de Andrade lia *chiba* e Augusto Meyer prefere *chico*, mais logicamente (Augusto Meyer, *Guia do Folclore Gaúcho*, Chico, 53-54, Rio de Janeiro, 1951). Em S. Paulo é bailado de roda, com sapateado masculino, violeiros, cantos, e posições de quadrilha, *grand chaine, changer, tour de main*, etc. Ver *Fandango*.

CHICO-PUXADO, CHICO DE RONDA[1]. Ver *Fandango*.

CHIMARRÃO. Mate amargo, servido quente e sorvido pela bomba, contido numa cuia ou porongo. Do espanhol *cimarrón*, chucro, bruto, bárbaro, vocábulo empregado em quase toda a América Latina, do México ao Prata, designando os animais domesticados que se tornaram selvagens. "E assim esta palavra foi também empregada pelos colonizadores do Prata, para designar aquela rude e amarga bebida dos nativos, tomada sem nenhum outro ingrediente que lhe suavizasse o gosto." (*Elucidário Crioulo*, de Antonio Carlos Machado *in História do Chimarrão*, de Barbosa Lessa, 57). Outra versão: *Marron* em português, além de outros significados, quer dizer *clandestino*, e *cimarrón*, em castelhano, tem idêntico significado. Ora, sabe-se que o comércio de mate e o preparo da erva foram em tempos passados proibidos no Paraguai, o que não impedia, entretanto, que *clandestinamente* continuasse em largo uso naquela então colônia espanhola. *Vocabulário Sul-Rio-Grandense*, Luís Carlos de Morais, 72, *in História do Chimarrão*, 57, Barbosa Lessa. É uma presença viva e poderosa na poética popular do Rio Grande do Sul. Ver Valdomiro Sousa, *Chimarrão*, Porto Alegre, 1951. *Ilex paraguayensis*. Ver *Mate, Tereré*.

CHIMARRETE. Ver *Fandango*.

CHIMARRITA. Uma das danças do fandango no Rio Grande do Sul e São Paulo. Dançavam-na nas festas de N. Sª da Penha, no Rio de Janeiro, com o nome reinol de chamarrita (Melo Morais Filho, *Festas e Tradições Populares do Brasil*, "A Festa da Penha"). Chamarrita é dança portuguesa da Madeira e dos Açores. Na Madeira a chamarrita é diversíssima da gaúcha. "Para o bailar não se buscam, propriamente, pares. Os componentes dispõem-se em filas e andam à roda, uns atrás dos outros. O passo lento, segundo o ritual musical, tem qualquer coisa de estranho." (Carlos M. Santos, *Trovas e Bailados da Ilha*, 53, Funchal, 1942). Nos Açores a *chama-rita* é dançada num rodopio vivo. (Gervásio Lima, *Festas do Espírito Santo*, 67, Angra do Heroísmo, 1932). Os açorianos vieram em 1747 para o Rio Grande do Sul e trouxeram sua *chama-rita*, que se tornou a chimarrita, irradiada para a Argentina, onde se tornou popular (Carlos Vega, *Danzas y Canciones Argentinas*, 308, Buenos Aires, 1936). Era dança de roda, cantada, com solo e coro, na Madeira e Açores, e no Rio Grande do Sul a uníssono. Renato Almeida (*História da Música Brasileira*, 176-179) estudou a chimarrita, também denominada limpa-banco devido ao fato de não ficar gente sentada, sem dançar, ouvindo-a. Sílvio Júlio ("Duas Velhas Danças Gaúchas", *Anuário do Museu Imperial*, IX, 45-61, Petrópolis, 1948) publicou a mais demorada pesquisa sobre a chimarrita, divulgando conclusões originais e os processos modificativos da dança e sua expansão presentemente como tema poético, no Rio Grande do Sul. Rossini Tavares de Lima (*Folclore de São Paulo*, 49-51, S. Paulo, s. d.) descreve a *chimarrete*, registrada em Carapicuíba, arredores da cidade de S. Paulo: "Chimarrete é uma dança de fila frente a frente, de um lado as mulheres e do outro os homens, com o violeiro ao centro. Batem as palmas enquanto o violeiro executa um trecho musical. Depois o violeiro canta uma quadrinha e todos permanecem em silêncio. No momento, porém, que ele passa a entoar o estribilho os participantes o acompanham e fazem o *valseado*, cavalheiro tirando dama ou vice-versa. Encerrado o estribilho, volta-se ao palmeado, nova quadra, etc." Nenhuma permanência dos modelos

---

[1] No texto original: "Chico-de-Ronca" (N.E.).

da Madeira e dos Açores. A *chimarrete* faz parte do *fandango*. É um dos bailados, no Sul.

CHINA. Mulher de índio, mulher de cor morena carregada, mulher pública (Roque Calage, *Vocabulário Gaúcho*, 1926). Ocorre no Brasil meridional e, ocasionalmente, nos Estados do Este. Meretriz. O diminutivo *chinita*, de acento carinhoso, dirige-se indistintamente às moças do interior, muito citado em poesia e canto regional. O vocabulário de chilenismos de Lenz registra China como *niña, muchacha, mujer del pueblo bajo, querida, manceba, mujer pública*, etc. Identicamente no Peru, Bolívia, Argentina, Uruguai, etc.

CHING-CHING. Dança popular em Bragança, Pará, durante as festas de São João, e presentemente desaparecida. Bordalo da Silva (Belém) estudou-a, parecendo-lhe estar também ligada às antigas comemorações do Divino Espírito Santo. É o *Pau de Fita, Trançado, Engenho* ou *Moinho*. Um rapaz sustinha um bastão trazendo na extremidade superior uma pomba de madeira e da qual partiam dezenas de fitas multicores que iam prender-se às mãos das *pastoras*, em número de doze. O instrumento era a viola e não havia canto. No bailado, faziam e desfaziam o trançado policolor no poste. Escreve Bordalo da Silva: "O que há, no entanto, de tipicamente local é o ritmo e a maneira de dançar. O rapaz que segurava o bastão central mantinha na perna direita, presa à altura do joelho, uma espécie de jarreteira de algodão trançado, com chocalhos de folhas de flandres, nas pontas dos fios. Ao som da viola ele fazia tinir os chocalhos, movimentando a perna direita, que projetava para a frente com batidas de pé no chão. As *pastoras* dançavam no mesmo ritmo, lançando também a perna direita à frente, batendo o pé e rodopiando ora numa direção, ora noutra. O *Ching-Ching* se assemelha à dança do *Pau de Fita* dos Estados do Sul do país, tendo, possivelmente, a mesma origem açoriana, recebendo, no entanto, em Bragança, nítida influência indígena, que lhe deu feição local."

CHIQUEIRA. Ver *Quero-Quero*.

CHIRIPÁ. "Vestimenta feita de um pedaço retangular de fazenda, com um certo recorte nas extremidades, para assentar bem, e três botões. Uma das extremidades é abotoada ao redor da cintura, passando a parte pendente por entre as pernas e a outra extremidade, com uma casa próxima a cada ponta, é abotoada nos dois botões restantes, junto a cada quadril. No sul de Mato Grosso, por influência paraguaia e correntina, o chiripá é de uso muito frequente. O correntino é geralmente mais longo que o paraguaio, imitando quase uma bombacha. Usam para a confecção dessas peças de vestuário fazendas leves, ao contrário do que era usual no Rio Grande do Sul antigo, onde a baeta vermelha e outros materiais espessos eram de uso corrente. No tempo das feiras de Sorocaba, o chiripá parece não ter sido incomum em São Paulo. *Chiripa*, termo confundido com *chiripá*, é usado entre os paraguaios para uma espécie de pala." (Frederico Lane, *Vorta Boi, Vorta!* 147, São Paulo, 1951). Pala, poncho (ver *Poncho*) de fazenda leve.

CHOCO. Ver *Couvade*.

CHORADO. Dança na *marujada* em Bragança, Pará, por ocasião dos festejos de S. Benedito, 18-26 de dezembro. Bordalo da Silva descreve-a: "Há também uma dança denominada *chorado*, em que os participantes fazem roda e uma mulher sai sozinha para dançar. Decorridos alguns momentos, ela escolhe o seu par, batendo mais fortemente com os pés no solo, em direção ao eleito e fazendo-lhe com os dedos ligeiro aceno. Um só par dança de cada vez. O ritmo é o do retumbão, em sol maior, e o sapateado repinicado em gestos propositados é a nota dominante desta dança." ("Contribuição ao Estudo do Folclore Amazônico na Zona Bragantina", *Boletim do Museu Paraense Emílio Goeldi*, série Antropológica, n.º 5, Belém, Pará, cópia gentilmente enviada pelo autor). Em fins do séc. XIX, Graça Aranha (1869-1931) viu dançar o *chorado* no vale do rio Doce, Espírito Santo, incluindo-o no romance *Chanaan* (primeira edição, 1902, Rio de Janeiro) numa evocação de soberbo simbolismo. Os mestiços Felicíssimo e Joca fazem a música tocar o *chorado*, saudosos da dança antiga, perdida no meio das valsas alemãs, entre colonos alemães. "Alguém perguntou ao agrimensor o que ia dançar. Felicíssimo, cambaleando, com os olhos tortos e compridos, saiu para o meio da sala, gritando com voz difícil: 'É o *chorado*, meu povo!' E não o pôde dançar. Mas, de repente, como um fauno antigo, Joca pulou na sala e principiou a dançar. A sua alma nativa esquecia por um momento essa dolorosa expatriação na própria terra, entre gente de outros mundos. Arrebatado pela música que lhe falava às mais remotas e imorredouras essências da vida, o mulato transportava-se para longe de si mesmo e transfigurava-se numa altiva e extraordinária alegria. Todo o seu corpo se agitava num só ritmo; a cabeça erguida tomava uma expressão de prazer ilimitado, a boca entreaberta, com os dentes em serra, sorria; os cabelos animavam-se livremente, ou empinados e eriçados, ou moles caindo sobre a fronte; os pés voavam no assoalho e, às vezes, paravam, sacudindo-se os membros numa dança desenfreada; as mãos, ora baixas, estalando castanholas, ora unidas, saindo dos braços retesados, ora espalmadas no ar, e nesse gesto, ébrio de música, perfilado nas pontas dos pés, ele parecia, com os braços abertos, querer voar. Umas vezes, corria pela sala saracoteando o corpo, com os pés juntos num passo miúdo e repinicado; outras, obedecendo ao compasso da música, vinha lânguido, requebrado, de cabeça inclinada e olhos compridos, e achegava-se a alguma mulher, quase de rastros, suspenso, querendo arrebatá-la numa volúpia contida, mas que se adivinhava febril, vertiginosa. Depois, erguia-se num salto de tigre, retomava a sua doidice, como num grande ataque satânico, agitava-se todo, convulso, trêmulo, quase pairando no ar, numa vibração de todos os nervos, rápido, imperceptível, que dava a ilusão de um instantâneo repouso em pleno espaço, como a dança de um beija-flor. Nesse momento a orquestra podia parar, fazer um silêncio que desequilibrasse tudo, Joca não percebia a falta dos instrumentos, pois todo ele, no seu corpo triunfal, na sua alegria rara, no impulso da sua alma, vivendo, espraiando-se na velha dança da raça, todo ele era movimento, era vibração, era música. A cena continuou algum tempo com esse único personagem. Joca procurou um par, uma mulher que acudisse aos seus apelos, que correspondesse aos seus movimentos. Ninguém veio, ninguém sentiu o ímpeto de sacudir-se, de remexer-se ao ritmo daquela dança. Todos tinham curiosidade e nada mais. Desolado, tomado de uma repentina tristeza, de uma saudade das suas companheiras de mocidade, das mulheres negras, que sentiam como ele, pouco a pouco foi cansando... O peito ofegava, as pernas morenas não se retesavam com a mesma energia de pouco antes, com a flexibilidade vigorosa do pau-d'arco... Exausto, ele derreou o corpo combalido, e o último intérprete das danças nacionais foi cedendo o terreno aos vencedores, enquanto outra música, outra dança, invadia o cenário. Era a valsa alemã, clara, larga, fluente como um rio." (*Chanaan*, 184-187, 3º ed. Rio de Janeiro, sem data). Esse *chorado* é apenas o lundum, o *doce lundu chorado* de Nicolau Tolentino e, que Caldas Barbosa levara à corte de Dona Maria Primeira de Portugal, que todo o Brasil dançou, vivido nos palcos onde o aplaudiu. Tollenare em 1818, o *belo landum chorado* que, em novembro de 1842, dava saudades ao Padre Lopes Gama no seu *Carapuceiro*. O lundum dissolveu-se numa série de danças, espalhando o sangue e perdendo o nome. Nesse *chorado* amazônico ainda uma parte da velha denominação vibra, num título de protesto e queixa. Ver *Marujada, Retumbão*.

CHORINHO. Ver *Choro*.

CHORO. Choro é um nome genérico com várias aplicações. Pode designar um conjunto de instrumentos, em geral flauta, oficleíde, bandolim, clarinete, violão, cavaquinho, pistão e trombone, com um deles solando. Por extensão, chamam-se *choros* também as músicas executadas por esses grupos de instrumentos, que acabaram tomando um aspecto próprio e característico. Por fim, *choro* é denominação de certos bailaricos populares, também conhecidos como *assustados* ou *arrasta-pés*. Essa parece ter sido a origem da palavra, conforme explica Jacques Raimundo, que diz ser originária da contracosta, havendo entre os cafres uma festança, espécie de concerto vocal com danças, chamado *xolo*. Os nossos negros faziam em certos dias, como em São João, ou por ocasião de festas nas fazendas, os seus bailes, que chamavam de *xolo*, expressão que, por confusão com a parônima portuguesa, passou a dizer-se *xoro*, e, chegando à cidade, foi grafada *choro*, com *ch* (Jacques Raimundo, *O Negro Brasileiro*, 62). Como várias expressões do nosso popularíssimo, teve logo a forma diminutiva de *chorinho*. O *choro* é carioca, Veio da Cidade Nova, por volta do meado do século passado, e depois se tornou coisa muito nossa. Antigamente era comum ouvi-lo pelas noites a fora, passeando pelas ruas, em intermináveis serenatas. Os *choros* tocavam músicas populares comuns, a que depois deram um traço próprio e uma expressão típica. Foi um dos fatores que mais contribuíram para a fixação dos elementos da música carioca. Se, em geral, é sentimental, muitos são alegres, espevitados, como aquele magnífico "Apanhei-te Cavaquinho", de Ernesto Nazareth. A modulação do *choro* foi sempre curiosa, passando do modo maior para o menor e volvendo ao maior, ou vice-versa, variando sempre o modo nas suas três partes. Não tinha canto. Há alguns anos, porém, começaram a aparecer letras para os *choros* e a dividi-los em duas partes apenas, e assim já os há numerosos (Renato Almeida, *História da Música Brasileira*, 112). Chorão é o músico que toca nos *choros*. Um desses *chorões* veteranos, Alexandre Gonçalves Pinto, publicou em 1936 *O Choro*, evocando os companheiros da boêmia carioca nos últimos anos do séc. XIX e primeira década do XX.

CHORONAS. No museu do Instituto Histórico de Vitória de Santo Antão, em Pernambuco, janeiro de 1954, vi duas bonecas vestidas de branco, com véus negros de gaze cobrindo-lhes a cabeça, o rosto e ombros, as faces sulcadas de lágrimas e com grandes lenços nas mãos. Eram as *choronas*, representação das carpideiras e com uso nos costumes da região. O Sr. Abrão Meireles fotografou-as, e o presidente do Instituto, Sr. José Aragão Bezerra Cavalcanti, estudioso de História local, teve a bondade de informar-me sobre o motivo: "Quanto às carpideiras foram adquiridas, em número de quatro, há cerca de setenta e cinco a oitenta anos, por Manoel Maria de Holanda Cavalcanti, cidadão dos mais influentes na Vitória daquele tempo, e que exercia a dupla profissão de boticário (ainda existe a Farmácia, Popular, por ele fundada em 1870), e amador de essas e ataúdes. As carpideiras eram colocadas sobre essas ou catafalcos na Matriz de Santo Antão, por ocasião das missas fúnebres, ou ainda no cemitério, no dia dos finados, na capela da família Holanda Cavalcanti. Constituíam nota de distinção e só as famílias de certo destaque, é claro, contratavam esse trabalho. Não conheço aqui outro uso ou emprego dessas bonecas em qualquer parte. O povo, aqui, as chamava de *choronas*, talvez por ligar o seu ofício ao costume, ainda hoje vigente entre nós, na zona rural e nos subúrbios desta cidade, de *chorar* os defuntos durante toda a noite até o amanhecer, cantando loas apropriadas, vulgarizadas entre o povo, e, ao mesmo tempo, comendo e bebendo, uso este de certo modo condenado pela Igreja e até proibido pela Polícia." (carta de 2-5-1954). Ver *Carpideiras*.

CHOURIÇO. No Nordeste do Brasil é um doce de sangue de porco com especiarias, conhecido em Portugal como morcela e registrado no dicionário de Morais como sendo também feito no Brasil. Nunca ouvi dizer *chouriça*, mas sempre *chouriço*. Na acepção popular portuguesa dizemos *linguiça de porco*. A. J. de Sampaio (*A Alimentação Sertaneja e do Interior da Amazônia*, 240, São Paulo, 1944): "Chouriço: linguiça, geralmente de produção caseira; tripa cheia de carne de porco picada e temperada, ou de sangue cozido com temperos; diversas variedades: chouriço doce ou morcela, isto é, linguiça de sangue com açúcar e tempero; chouriço de sarrabulho ou simplesmente sarrabulho: de sangue, com tempero, mas sem açúcar. Doce de chouriço: sangue de porco, farinha de mandioca e outros ingredientes." Esse doce de chouriço é o chouriço do sertão nordestino. Uma receita secular de chouriço, documento de família do autor, vai aqui transcrita para indicar uma das mais velhas e deliciosas sobremesas de outrora: uma tigela de farinha de mandioca peneirada e outra tigela contendo os seguintes temperos: erva-doce, pimenta-do-reino (bem pilada em almofariz), um pouco de gengibre pisado com um pouquinho de farinha, cravo pilado, castanha assada de caju (bem seca), gergelim pisado com um pouco de farinha e tudo passado na peneira, junto tudo e misturado numa tigela. Faz-se o mel da rapadura, esfria-se e mistura-se no fogo brando com o sangue de porco, até ferver, mexendo-se com colher de pau para não encaroçar. Depois de bem fervido, coa-se e adiciona-se à farinha e aos temperos. Depois vai-se despejando devagar a banha derretida de porco e mexendo-se sem parar em fogo esperto, para que fique a mistura perfeita. O chouriço só está no ponto de tirar quando se vai despregando do tacho, deixando o fundo da vasilha limpo. Demora umas duas horas. Enfeita-se com castanhas inteiras e come-se frio, com farinha bem fina.

CHULA. No Brasil tivemos a *chula* canto e dança, independentes. O bailado resiste no Rio Grande do Sul, dançado por homens, preferencialmente, numa coreografia agitada, ginástica, difícil. Melo Moraes Filho descreveu-a, um tanto mansa, no Rio de Janeiro, meados do séc. XIX. Guilherme Melo cita-a na Bahia. Pelo Nordeste tradicional, de Sergipe ao Piauí, a *chula* era cantada ao violão, buliçosa, erótica, assanhadeira. Pereira da Costa e Rodolfo Garcia, recenseando vocabulários pernambucanos, não registraram nenhuma *chula*. Era, entretanto, vulgar e comum. Ouvi-a cantar, tantas vezes, por meu pai (1863-1935) e Deolindo Lima (1885-1944), com o boleado dos timbres maliciosos. Grande cantor fora o poeta Lourival Açucena (1827-1907), deixando fama em letra e solfa. (Ver Renato Almeida, *História da Música Brasileira*, 172; Oneyda Alvarenga, *Música Popular Brasileira*, 158; Guilherme Melo, *A Música no Brasil*, 30). Mário de Andrade (*Ensaio Sobre Música Brasileira*, S. Paulo, 1928) registra várias *chulas* com o nome de *fandangos*, de fácil e natural confusão. O Prof. Isaac Newton, *Dicionário Musical* (Maceió, 1904), não conhecia o bailado, pouco espalhado pelo Norte: "Chula: música lasciva, profana". O problema das origens, em Portugal, é complexo e confuso: conjunto instrumental, convergência para os grupos do Natal e Reis onde, em caso de recusa ao recebimento e ofertas, uma voz solava aculiosa crítica, não cantada mas apregoada e seria o começo da *chula*, pouco decorosa, irrespeitosa, zombeteira; depois dança, bailado na pisa das uvas ao lagar, posteriormente, canto autárquico. A *chula* gaúcha será uma reminiscência legítima dessa elaboração inicial, e a *chula-cantada*, presença de finais do séc. XVIII, com dança de par, rapariga e rapaz, como bailam do Douro às fronteiras de Espanha, onde o *fandango* tentou e em parte a substituiu e determinou a *muinera*, galega, virtualmente acrobática, como assisti em Vigo. Essas formas estão no Rio Grande do Sul. A *chula nordestina* era canto seresteiro ou de salão cordial. Para o estudo em Portugal, ver Fernando de Castro Pires de Lima (*A Chula, Verdadeira Canção Nacional*, Lisboa, 1962), com excelente documentação, e prólogo magistral de Mário de Sampaio Ribeiro, debatendo as velocidades iniciais da *chula* no tempo. A nossa *chula*, *cantiga*, quase desapareceu. *Chulado*, *chuladio*, embriagado.

CHUPADA. *Piterapaua*, processo curativo indígena. Ver *Sucção*.

CHURRASCO. Alimentação rio-grandense do Sul, especialmente do camponês, era tão simples quanto substancial. Consta, em campanha, do churrasco, pedaço de carne cortada em tira comprida e atirada ao braseiro do fogão gaúcho (João Cezimbra Jacques, *Assuntos do Rio Grande do Sul*, 33, Porto Alegre, 1912). É a carne de espeto, assada rapidamente, comida com a farinha, às vezes temperada com molho de salmoura ou simples água de sal. "Trozo de carne vacuna soasada en las brasas para que sea jugosa." (Vocabulário de Eleuterio F. Tiscornia no *Poetas Gauchescos*, 318, Buenos Aires, 1940). O Padre Martin Dobrizhoffer, catequista dos abipões, informava, há duzentos anos: "Preparam a carne espetando-a num pau, que cravam no chão ao pé do fogo, até ficar pronto um lado." (Southey, *História do Brasil*, V, 532). O processo é universal. O nome tivemos através do Rio Grande do Sul. Em setembro de 1820, Saint-Hilaire, sem dar nome especial, descrevia o churrasco gaúcho: "Logo pousado no lugar onde pousei, meu soldado fez uma grande fogueira; cortou a carne em compridos pedaços da espessura de um dedo, fez ponta em uma vara de cerca de dois pés de comprimento e enfiou-a à guisa de espeto em um dos pedaços de carne, atravessando-a por outros pedaços de pau, transversalmente, para estender bem a carne; enfiou o espeto obliquamente ao solo, expondo ao fogo um dos lados da carne, e quando julgou suficientemente assado, expôs o outro lado. Ao fim de um quarto de hora, esse assado podia ser comido, parecendo uma espécie de *beefsteak* suculento, porém de extrema dureza." (*Viagem ao Rio Grande do Sul*, 158, São Paulo, 1939). O mesmo que *barbecue* norte-americano.

CHUVA. Na época das estiagens prolongadas, as secas do Nordeste, conserva-se a tradição católica da oração *ad petendam pluviam*, conhecida em toda terra cristã. Consta do Missal Romano e será de fácil encontro "Ad Petendam Pluviam:" "Deus, in quo vivimus, movemur et sumus: pluviam nobis tribue congruentem; ut, praesentibus subsidiis sufficienter adjuti, sempiterna fiducialius appetamus. (Secreta): Oblatis, quaesumus, Domine, placare muneribus: et opportunum nobis tribue pluviae sufficientis auxilium. (Post Communnio): Da nobis, quaesumus, Domine, pluviam salutarem: et aridam terrae faciem fluentis caelestibus dignanter infunde." As procissões públicas reaparecem em muitas regiões do sertão brasileiro, implorando chuvas. As cantoras entoam *benditos* e versos que variam interminavelmente: "Rainha de eterna glória / Mãe de Deus, doce e clemente, / Dai-nos água que nos molhe, / Dai-nos pão que nos sustente." (Melo Morais Filho, *Festas e Tradições Populares do Brasil*, "Preces para pedir chuva"). Aires da Mata Machado Filho (*O Negro e o Garimpo em Minas Gerais*, 46-47): "Citemos agora algumas superstições que cercam as preces para pedir chuvas, certamente conhecidas em outros lugares. Em procissões, rezando em comum, levam-se pedras na cabeça, de determinado lugar para o cemitério. Quando a seca se prolonga e o milho começa a embonecar, nas poucas lavouras dos arredores, molham-se os cruzeiros ao meio-dia. Outro recurso muito eficaz, o mais eficaz de todos eles, consiste em *contrariar* os santos. Quando ainda havia igreja no vizinho lugar denominado Chapada, hoje em ruínas, levava-se para ali o S. Sebastião da igreja local, trazendo-se, em troca, da Chapada para S. João, a imagem do Senhor do Bonfim, tudo processionalmente, com rezas e cânticos. Enquanto não chovia os santos não voltavam para seus lugares." Identicamente no Rio Grande do Norte. Em 1779 as imagens de Nossa Senhora da Conceição do Apodi e Nossa Senhora dos Impossíveis da serra do Lima, no Patu, foram permutadas, vindo as duas em procissão, num percurso onde houve sermão e cânticos. Caiu uma chuva tão forte que o padre vigário fez voltar as procissões para suas respectivas sedes, e ainda brotou uma fonte de água onde os dois andores defrontaram. (Mons. Francisco Severino, *A Diocese da Paraíba*, 101-102). É a mais antiga menção anotada. A permuta de imagens não é privativa da rogação pelas chuvas. Separar o santo de sua igreja, obrigando-o a fazer o milagre, é velha fórmula usual por onde o catolicismo mantém as formas mais doces e mais primitivas no espírito popular. Na Bahia, de 2 a 21 de abril de 1942, o Senhor Bom Jesus do Bonfim deixou sua igreja na colina de Itapagipe e ficou na igreja de N. Sª da Conceição da Praia, para interessar-se pelo fim mais rápido da guerra, terminada dois anos depois. Pedir chuva a Deus é hábito humano e milenar. Os registros são múltiplos. Petrônio (no *Satyricon*, XLIV) evocou a procissão feminina, pés nus, cabelos esparsos, fronte velada, alma purificada, a pedir a Iupiter Pluvius o milagre das chuvas, subindo as encostas para o templo: "Antea stolatae ibant, nudis pedibus, in clivum, passis capillis, mentibus puris, et Jovem aquam exorabant: itaque statim urceatim pluebat, et omnes ridebant", justamente como os sertanejos agricultores, quando a chuva dissolve a procissão rogatória. Para provocar a chuva não sobreviveu o formulário dos pajés indígenas e os babalorixás negros não confidenciam segredos nesse plano de interferência semidivina. Os africanos, ainda hoje, são, por intermédio de seus feiticeiros, grandes provocadores de chuvas. Não há, no saldo folclórico do negro brasileiro, do mestiço, elementos que caracterizem o cerimonial para que a chuva venha. Nos candomblés baianos há um orixá da chuva, Anamburucu. O português personalizou-o em Maria-Molha ou Maria das Pernas Longas. O indígena admitia que alguém a governasse, o manda-chuva, senhor da chuva, *ammanaiara*. O brasileiro não herdou, que me conste, esse traço. Pede chuva a São Sebastião ou ao padroeiro local. Submete o futuro inverno às adivinhações, prognósticos, experiências. Não sabe, ou esqueceu, o segredo de trazer a água das nuvens. Prognósticos: 1º de janeiro dia limpo, sol claro, sinal de bom inverno; chuvoso indica inverno fraco ou estiagem prolongada. Identicamente no dia 12 de fevereiro. Ou se o sol nascer detrás de uma barra escura o prognóstico é favorável. O mesmo no dia de Natal (25 de dezembro). Chuvas parciais em outubro, pequena vegetação verde (ramas), relâmpago para o poente (oeste), bom sinal. Se houver nuvem escura, em barra, no crepúsculo vespertino de 16 de outubro, outro indício de inverno. As chuvas em novembro são de mau agouro. Chuvas em dezembro, ramas, babugens (vegetação rasteira, recém-brotada), relâmpagos para cima, grandes sinais promissores. Relâmpago na véspera da Conceição (7 de dezembro), excelente anúncio. Véspera de Natal com sinais de inverno é certo o inverno. Chuva no domingo de carnaval ou semana santa? Inverno na certa. O jumento anda de lado, as moscas se agrupam, voejando inquietas, as rãs coaxam? Chuvas próximas! Os franceses dizem: "Saute crapaud, nous aurons de l'eau." A lua com auréola, halo, é inverno. Os portugueses ensinam: *Lua com circo traz água no bico.* Manhã encarnada, tarde atolada. Leonardo Mota registrou no Ceará o provérbio português: *Vermelhão no sertão, velha no fogão.* Em Portugal: *Manhã ruiva, vento ou chuva* (Luís Chaves, *Páginas Folclóricas*, 27). Correspondem ao inglês: "Evening red, morning grey, sign of a very fine day." Os norte-americanos: "Red in the morning, sailor take warning; red at night, sailor delight." O joão-de-barro (*Furnarius rufus* Gm), também chamado maria-de-barro, amassa-barro, forneiro, quando constrói a entrada de sua casinha orientada para o nascente, não há inverno seguro. Se o fizer para o poente é porque espera chuvadas e se defende, pondo a abertura ao contrário do caminho da chuva. Formigas de roça abrindo formigueiros nas baixas e leitos secos dos rios? Ano seco. Desaparecimento das abelhas de ferrão? Estiagem longa. Aumento nas fontes e olhos-d'água é inverno. O juazeiro (*Zizyphus joazeiro* Mart.) florescer cedo, a oiticica (*Phlenaria umbrosissima*) a carnaúba (*Copernicia cerilera*, Mart.)? Inverno! Dia de São José é um dia de prova, experiência de São José. O dia 19 de março coincide quase com o primeiro equinócio no hemisfério boreal, iniciando a primavera. Se chove neste dia, o inverno é infalível. O carreiro de santiago é a Via-Láctea. Depois de meados de dezembro observa-se o carreiro. Se as manchas são pálidas, indecisas, será fraco o inverno. Pouco visíveis, mau inverno. Experiência de Santa Luzia é uma das mais tradicionais e populares no Nordeste e Norte do Brasil. Está registrada na quase totalidade dos volumes de viagem e de folclore. Euclides da Cunha inclui a observação em *Os Sertões* (130, 14ª ed., Rio de Janeiro, 1938): "É o prelúdio da desgraça. Vê-se acentuar-se até dezembro. Precautela-se. Revista, apreensivo, as malhadas. Percorre os logradouros longos... E espera, resignado, o dia 13 daquele mês, porque em tal data usança avoenga lhe faculta sondar o futuro, interrogando a Providência. É a experiência tradicional de Santa Luzia. No dia 12, ao anoitecer, expõe ao relento, alinhadas, seis pedrinhas de sal, que representam, em ordem sucessiva da esquerda para a direita, os seis meses vindouros, de janeiro a junho. Ao alvorecer de 13 as observa; se estão intatas, pressagiam a seca; se a primeira apenas se dilui, transmudada em aljôfar límpido, é certa a chuva em janeiro; se a segunda, em fevereiro; se a maioria ou todas, é inevitável o inverno benfazejo. Esta experiência é belíssima. Em que pese ao estigma supersticioso, tem base: positiva e é aceitável desde que se considere que dela se colhe a maior ou menor dosagem de vapor d'água nos ares, e, dedutivamente, maiores ou menores probabilidades de depressões barométricas, capazes de atrair o afluxo das chuvas." Dia de S. Luzia, 13 de dezembro, é aproximação do solstício de inverno (no hemisfério norte), passando a 21. Outra experiência de S. Luzia exclui as seis pedrinhas de sal. Basta reparar se chove no dia 13 de dezembro, porque choverá em janeiro; 14 de dezembro é fevereiro; 15 de março, 16 de abril, 17 de maio, 18 de junho, mês clássico do inverno brasileiro. Em Portugal é justamente o inverno: "Chuva de São João, tira vinho e azeite e não dá pão! Chuva junhal, fome geral!" Compreende-se que o junho português é o mês das ceifas do Sul e as segadas do Norte (Luís Chaves, *opus cit.*, 19). Em Portugal existe a tradição, de onde nos veio. Teófilo Braga (*O Povo Português*, etc., II, 323): "Temos a experiência dos primeiros sete dias de janeiro, por onde o povo regula qual há de ser o aspecto meteorológico dos sete meses subsequentes. Em Beja, pelo São João, também se põe doze montinhos de sal em cima de uma tábua que se passa pelo lume, com o mesmo intuito de prognóstico do ano. O Quendos (Calendas) designa os doze dias antecedentes e seguintes ao Natal, nos quais os supersticiosos veem os representantes dos doze meses do ano. Chamam-se Requendas os dias observados com o mesmo intuito em outros meses (Baião). Há nos Açores esta crença localizada nos últimos dias de dezembro." Luís Chaves (*Páginas Folclóricas*, 22, Porto, 1942): "Chama-se *têmporas* a previsão do tempo, que se faz desde o dia de Santa Luzia (13 deste mês) até véspera do Natal. No dia 25 começa a nova previsão, mas ao invés da primeira. O dia 25 regula o da entrada do Ano Novo; dia 26 prevê ou marca o tempo até dia 5 de janeiro, véspera de Reis, que indica o tempo do resto de janeiro. A combinação das duas previsões dá o prognóstico do tempo do ano... Em Guimarães, por exemplo, as previsões chamam-se *arremedares* ou *arremedas* do ano; a primeira é o *arremedar*, a segunda *desarremedar*, e esta prevalece sobre a primeira, como "prova real". Joaquim Pires de Lima (*Tradições Populares de Entre Douro e Minho*, 73, colaboração com o Dr. Fernando Pires de Lima, Barcelos, 1938) denomina a experiência de *Têmporas de Santa Luzia*. "Esta superstição está muito arraigada ao povo do Minho." Crê o autor que a "têmporas" seja de origem muçulmana. Na noite de 23 para 24 de ramadã ficará determinado tudo quanto há de acontecer no ano seguinte, por ter sido nesta noite de Alcadir que o Alcorão foi revelado a Maomé (74). São têmporas ou experiências semelhantes às *cabañuelas del tiempo* em Espanha e que se espalharam pela América de fala castelhana. No dicionário da língua espanhola da Real Academia, a *tiempo* é dada como em agosto: "Cabañuela. f. d. de Cabana. 2. pl. Cálculo que, observando las variaciones atmosféricas en los doce, diez y ocho o veinticuatro primeros días de enero o de agosto, forma el vulgo para prognosticar el tiempo que hay de hacer durante cada uno de los meses del mismo año o del siguiente. *Fiesta judaica en Toledo.*" María Cadilla de Martínez estudou a *cabañuela del tiempo* em Porto Rico (*Costumbres y Tradicionalismos de mi Tiera*, Puerto Rico, 1938), informando sobre as várias maneiras de dispor a *cabañuela*, contando-a em agosto, em janeiro, e uma inteiramente igual às *experiências* do sertão brasileiro e do Minho português: "En la víspera del nuevo año, – treinta y uno de diciembre, los jibaros toman una tabla de madera bien seca sobre la cual, en orden consecutivo, colocan doce granos de sal que dejan durante esa noche al sereno. A la mañana siguiente los examinan uno a uno, anotando sus apariencias. Dicen encontrar algunos secos, outros húmedos y otros mojados de lo cual concluyen que de igual manera será la temperatura de los meses que por turno corresponden a ellos." D. José Maria Llorente opinou para D. María Cadilla de Martínez que a *cabañuela del tiempo* são vestígios do rito judaico da Festa dos Tabernáculos, celebrada ao ar livre nas sinagogas, ao começar a semeadura e ao findar a colheita. "Existía un ritual cabalístico para hacerlas. Los pronósticos se hacian para el siguiente año." No *Almanach des Traditions Populaires* (2º ano, pág. 3, Paris, 1883) encontrei o registro do calendário bretão, *Kompod Brezounck*, de M. L. F. Sauvé. Sobre o mês de janeiro, *Gwenvem*, informa Sauvé que os doze primeiros dias são "jours mâles d'après lesquels on peut savoir si le temps sera beau ou mauvais, pendant chacun des mois de l'année." Ver Luís da Câmara Cascudo, *Informação de História e Etnografia*, Coleção Mossoroense, Mossoró/RN, Fundação Vingt-un Rosado, 1991 (estudo sobre "Superstições Meteorológicas," 193--211); Des. Felipe Guerra, *Secas Contra a Seca*, 8-9, Rio de Janeiro, 1909; Cônego A. Xavier Pedrosa, *Santa Luzia, sua Vida e seu Culto*, Rio de Janeiro, 1940, 38-44; D. Antônio de Almeida Lustosa, *A Seca do Ceará em 1942*, 17-21, Niterói, 1943. Valdomiro Silveira descreve, *Mixuangos*, Rio de Janeiro, 1937, uma tradição dos sertões de São Paulo e Minas Gerais, comum à Europa; molhar-se o pé da cruz ou a imagem do padroeiro para obter-se chuva, Sébillot, *Le Puganisme Contemporain chez les Peuples Celto-Latins*, 244, Paris, 1908; James George Frazer, *Le Rameau D'Or*, I, 119-120, Paris, 1903; Luís Chaves, *Páginas Folclóricas*, 30, Porto, 1942. Escreve V. Silveira, op. cit., 82: "Houve uma seca horrível. O pessoal do Aterradinho e redondezas, depois de ter rezado as rezas que eram tidas por mais fortes, pedindo chuvas, resolveu fazer romaria a uma cruz, a conselho do Valentim: assegurava ele não haver perigo de insucesso. Armou-se a romaria. Juntaram-se umas cinquenta pessoas. Cada qual carregava seu balde, sua bilha, sua moringa cheia de água." Cf. P. Saintyres, *De L'Immersion des Idoles Antiques aux Baignades des Statues Saintes dans le Christianisme*, "Rue de l'Histoire des Religions", Paris, 1933, CVIII, 144-192. O Dr. Elói de Sousa, grande conhecedor das tradições meteorológicas do sertão nordestino, informa sobre as seguintes *observações* ligadas à proximidade das chuvas: a floração do cardeiro (*Cactácea*) do lado do nascente, neblina à hora da missa do Natal, nuvens soltas no ar tirante a cor de flor de pau-d'arco, a lua com a boca voltada para o Norte (as pontas do crescente lunar na direção do Norte), pés das orelhas dos jumentos suadas, escaramuça das ovelhas nos pátios das fazendas, os capados (carneiros e bodes) a investir nos chiqueiros, vadiando, brincando com as cascas de feijão e os sabugos de milho, o ervanço (grão-de-bico) quando nasce embastido é sinal de inverno comprido; quando a barriguda (*Chorisia speciosa* St. Hil.) flora é sinal de inverno que virá do Norte ou do Sul, conforme o lado da floração; quando os formigueiros se mudam da beira do rio é sinal de inverno próximo. Gustavo Barroso (*Ao Som da Viola*, "As Experiências de Chuva", 719-724) registrou algumas dessas tradições, correntes no Ceará. Parar as Chuvas. Ao inverso das orações e ensalmos pela vinda da chuva, as águas abundantes são detidas, nas invernias prolongadas que trazem grandes enchentes, por outra série de rogativas e atos tradicionais. Nas noites de tempestade, rezam o "Magnificat", o Creio em Deus Padre, até a frase *foi morto*, terminando-se, quando a chuva cessa, a oração iniciada. Diz-se, bem alto: *Santa Clara, clareas o dia!* por três vezes. Atira-se fumo (tabaco) ao telhado (Pará), numa oferenda a São Pedro. Atira-se três punhados de farinha ao ar ou colocam um prato com farinha ao ar livre. Expõe-se um rosário de contas brancas ao relento ou joga-se para cima da casa. Uma vasilha com água e um rosário, debaixo da chuva, fá-la-ão deter-se. Santa Clara sempre possuiu em Portugal a virtude de dissipar os nevoeiros de chuva, clareando o dia pela associação de seu nome. No *Diário de Navegação de Pero Lopes* de *Souza*, 206-207 (ed. comentada pelo Com. Eugênio de Castro, Rio de Janeiro, 1940, 1º volume), há um registro, referente ao dia 12 de agosto de 1531: "Quis Nossa Senhora e a Bem-Aventurada Santa Clara, cujo dia era, que alimpou a névoa, e reconhecemos ser a ilha da Cananeia." São Jerônimo é mais invocado nas trovoadas. Santa Bárbara, além de partilhar o domínio sobre os trovões, afugenta as chuvas demasiada prolongadas, dissolvendo as nuvens escuras. A explicação talvez provenha do que se lê na *Legende Dorée*, II, 321, ed. Garnier, de Jacques de Voragine, recordando a súplica da virgem cristã quando o procônsul Marciano a obrigou a sair nua: "Seigneur, vous, qui êtes mon soutien et qui couvrez le ciel de nuages, couvrez mon corps qu'il ne soit pas exposé aux regards des impies. Et il descendit du ciel un ange qui lui apporta une tunique blanche." Diz-se: "Santa Bárbara, bendita, / Que no Céu está escrito / Com papel e água benta, / Abrandai esta tormenta!". O versinho é conhecido em Portugal e Espanha e se espalhou pela América ibérica. *Journal of American Folklore*, XXIII, 22; Ramón A. Laval, *Oraciones, Ensalmos y Conjuros del Pueblo Chileno*, 154, Santiago, 1910; Rodríguez Marín, *Cantos Populares Españoles*, I, 998-999; *Biblioteca de las Tradiciones Populares*, tomo IV, 119; Barbara Freire-Marreco, "New Mexican Spanish Folk-lore", *Journal of American Folk-lore*, n.º CXIV, 527: "Santa Bárbara, bendita, / Que en el cielo estás escrita / Con papel y água bendita, / Santa Bárbara, doncella, / Líbranos del rayo y de la centella." Também há pedido a São José, por coincidir seu dia oblacional com as proximidades do solstício do verão europeu: "Meu senhor São José, / Nosso protetor, / Pedi a Jesus, / Que aplaque o rigor." José A. Teixeira (*Folclore Goiano*, 411) informa que no sertão de Goiás há o seguinte: "Para impedir que chova, ou para fazer parar a chuva, faz-se o "olho de sol", "olho de boi," rodando o calcanhar e o dedão em círculo no chão. O que se obtém é a figura de um círculo, representativo do Sol. Esta magia, "dissemos, é também de origem ritual. Provém do culto do Sol, na antiguidade". O Barão de Studart registrou: "Trazer à porta da casa um quadro da Sagrada Família faz cessar a chuva; três braças de linha atiradas ao telhado, oferecidas a Santa Clara para fazer passar a chuva, fazem o Sol aparecer." *Antologia do Folclore Brasileiro*, vol. 2, n.ºs 191 e 231, 41, 43, 6ª ed., São Paulo, Global, 2004. Chuva com Sol. "Chuva com sol é que a raposa está casando" (Studart, n.º 203, opus cit.); "Casa a raposa com o rouxinol." (Pereira da Costa, *Vocabulário Pernambucano*, 239). Identicamente em Portugal, já citado na comédia *Eufrosina*, 35, de Jorge Ferreira de Vasconcelos, ed. 1561: "Quando faz sol e chove, dizem que casa a raposa." Em Espanha e países ibero-americanos "cuando llueve y hace sol se casa la zorra con el rexiñol." Em Portugal é comum explicar-se o fenômeno dizendo que é a Velha que vai casar. A Velha será personificação meteorológica. Paul Sébillot (*Le Folk-lore*, 119) lembra que os gregos diziam ser Júpiter brigando com Juno, e pela Europa afirmam que "le diable bat sa femme, sa fille ou sa mère; des divinités ou des sorciers s'amusent". Ainda em Portugal, informa Jaime Lopes Dias (*Etnografia da Beira*, 1, 186, 2ª ed., Lisboa, 1944): "Quando chove e faz sol estão as bruxas a pentear-se, ou está Nossa Senhora a lavar os cueiros do Menino (Idanha-a-Nova); está Nossa Senhora a lavar o seu lençol ou então as velhas a casar (Vale de Lobo)." Não há referência à raposa nessa região portuguesa. No Brasil, a frase comum é o casamento da raposa ou a citação do noivo, que é o rouxinol. João Ribeiro (*O Folclore*, XL-XLI), examinou o tema, as várias interpretações, sem decidir-se. Lindolfo Gomes (*Contos Populares*, I, 22-23) registrou em Coronel Pacheco, município de Juiz de Fora, Minas Gerais, um conto etiológico. A raposa casa com o lobo, e o leão, que tudo pode, oferece-lhe uma tarde de sol para a festa ou de chuva, tradicional indício de felicidade conjugal. A raposa pediu... os dois. E houve chuva e sol. É visivelmente de origem literária. O mestre do folclorismo em Minas Gerais crê que a frase *casamento da raposa* foi criada através do vocábulo *raposeiro*, que designa o sol de inverno, e igualmente *cama*. A raposa representa nos contos populares a figura velhaca, a sabedoria inescrupulosa, o cinismo invencível. Essa dubiedade hábil em atravessar os episódios difíceis vive no vocabulário como *raposaria*. A cor da raposa, tons neutros, miméticos, ajudando-lhe no disfarce, tem essa fama de indecisa, de vaga, de infixa. Raposeiro é, como vimos, o sol do inverno, pálido, rápido na luz e na treva, de impossível confiança. O casamento seria ocasião suprema da raposa definir-se, no mínimo, em matéria preferencial amorosa. Mesmo nesse dia, há sol e chuva, calor e frio, luz e penumbra, enfim, dubiedade, vagueza, indecisão, formas que escondem a habilidade canalha da raposa. João Ribeiro, citando as 1300 comparações populares da Andaluzia, de Rodríguez Marín, lembra o "cardo de zorra qu'está frío y quema". Valdomiro Silveira (*Os Caboclos*, 109, S. Paulo, 1920) registra essa acepção verbal: "... e despediu-se do doutor com um casamento de raposa, rindo e chorando." Ver Luís da Câmara Cascudo, *Superstição no Brasil*, "Ad petendam pluviam", 57-64, "Experiências de Santa Luzia", 65-69, 6ª ed., São Paulo, Global, 2002. Em Roma havia uma procissão em que os penitentes iam com os pés nus, suplicando chuva aos deuses. Era a *Nudi Pedalia*. Ver *Chuva*.

CI. Mãe. Forma antiga. Hoje, em todo o Amazonas, usa-se mais correntemente de Mai ou Manha. Ci, todavia, além de ser conservado em muitas terminações, como Iaci, Coaraci, é ainda usado em muitos lugares sempre que se refere a alguma das mães, que, conforme a crença indígena, foi a origem e hoje preside ao destino das coisas que dela se originaram. O indígena não concebe nada do que existe sem mãe. Simplista, estende a necessidade de uma mãe, que ele teve para existir, a tudo o que existe; o pai, desde que ele acredita nas virgens parideiras, não é de necessidade absoluta. A mãe, pois, é sempre necessária para que haja vida. Por força disso tudo, mãe é a *ci*. Como verdadeira mãe, que é, não abandona os seres que lhe devem a vida, vigia-lhes o desenvolvimento, guia-os e protege-os para que consigam o próprio destino, acompanhando-os e protegendo-os da nascença até à morte. A criação é, pois, devida à fecundidade das mães das coisas, animadas e inanimadas, ou melhor, das coisas, porque, para o indígena que acredita na *ci*, não há coisas animadas e inanimadas: todas as coisas têm alma. A ela é devida a sua conservação. Sem a mãe não há vida, nem a vida se conserva. A *ci* é indispensável para a conservação e perpetuação, como o foi para a primeira produção. Mas onde se origina e quem é que mantém a fecundação das mães? O Sol, não; a Lua, menos. O primeiro é a mãe do dia, e a segunda, a mãe das frutas, mas em virtude disso mesmo nem esta nem aquele podem ser o fecundador das mães das coisas, o princípio masculino. Será este Tupana, o deus tupi? Talvez, pois para eles Tupana é, como parece poder asseverar-se, o ser indefinido, que paira acima de tudo no além, imaterial, informe, misterioso, como a causa que faz nascer, desenvolver e morrer todas as coisas do Universo, sendo ao mesmo tempo princípio gerador e destruidor. Se este é, todavia, o conceito tupi, de Tupana, nunca nenhum indígena o explicou, nem mostrou pensá-lo. O que têm repetidamente afirmado é que todas as coisas, os astros, as serras, os lagos, os rios, as plantas e as próprias pedras têm alma, sentem; e que todas têm uma mãe que vive da mesma vida, têm as mesmas necessidades, lutas, prazeres e instintos das coisas que lhe deram o ser e são estas mães, começando pelo Sol e pela Lua, e não Tupana, que, quando precisam, se engenham de tornar propícias. Quem isto consegue vive na abundância de tudo, é feliz em tudo! Ai daquele que as ofende, que as desrespeita! Para ele só há desgostos e misérias. Como quer que seja, Tupana parece alheio aos negócios desta baixa Terra; as que tudo regulam são as mães (Stradelli, *Vocabulário Nheengatu*, 438). Esse conceito de mãe, *mater*, origem, o mais primitivo e claramente exposto pelo Conde Ermano de Stradelli, aclara a reação religioso-política de Jurupari, combatendo o visível matriarcado que a doutrina explica e justifica. Elemento de valorização da paternidade é a *couvade*, o falso nascimento do filho unicamente do pai, e a concepção, já popular no séc. XVI, de que as mães eram apenas sacos ou terra guardando a semente humana, que nada lhes devia. Ver *Couvade, Tupã*.

CÍCERO. Ver *Padre Cícero, Covas*.

CIDADES SUBMERSAS. Vivem no fundo das águas brasileiras, cidades castigadas no seu orgulho. Em certos momentos as vozes de seus encantados habitantes ressoam em cantos, atravessando os ares sons de clarins, rufos de tambor; gritos, aclamações, aplausos, rumores confusos de festas, batalhas, préstitos. Olavo Bilac (*Últimas Conferências e Discursos*, 330, Rio de Janeiro, 1924): "A mais bela lenda da cidade encantada é amazônica. Na foz do rio Gurupi, a 9 milhas da cidade de Viseu, no Pará, existe um grande rochedo, em que se cava uma profunda gruta. É crença, entre os povos, que ali, sobre o rochedo, houve uma cidade, que foi por uma inundação arrastada para o fundo do rio: nas noites claras de luar, ouve-se distintamente, lá embaixo, um rumor de vozes humanas e de repiques de sinos. No Sul, encontrei esta mesma lenda, ouvida em Santos, de pescadores de São Vicente." No lago Uaçu próximo ao rio Pindaré, no Maranhão, há outra cidade submersa, com vozes de homens e bimbalhar de sinos (Osvaldo Orico, *Vocabulário de Crendices Amazônicas*, 160, São Paulo, 1937). No Pará ainda há a cidade de Maiandéua, no rio do mesmo nome, ouvindo-se o canto dos galos e os tambores que batem (Santana Néri, *Folk-lore Brésilien*, 181, Paris, 1889). No Amazonas, dentro das águas do rio Madeira, está a cidade de Sapucaia-Oroca, outrora povoada pelos indígenas muras, que ainda bailam e são vistos através do cristal do rio (Cônego Francisco Bernardino de Sousa, *Lembranças e Curiosidades do Vale do Amazonas*, 261, Pará, 1873). Na Lagoa Santa, em Minas Gerais, na noite de Natal, cantam os carrilhões e o coro dos frades debaixo da água, numa catedral que era o edifício grande de uma cidade que Nosso Senhor afogou mas os moradores estão vivendo (Mário de Andrade, "Uma Conferência", *Revista do Brasil*, 23, vol. XXVII, n.º 109, S. Paulo, 1925). Debaixo do serrote do farol, em Jericoacoara, no Ceará, está uma cidade encantada (Olavo Dantas, *Sob o Céu dos Trópicos*, 194, Rio de Janeiro, 1938). São as If brasileiras, as mais populares. Não há Estado do Brasil que não possua cidade escondida no fundo de uma lagoa. A universalidade do tema garante divulgação.

CIECIÊ-ETÊ. Ver *Crustáceos*.

CIGANOS. Saíram os ciganos da Índia, Sind e Pendjab, vagueando pelo Afeganistão, Pérsia, Armênia, Ásia Menor em fora, entrando na Europa pela Grécia, derramando-se pela península Balcânica, vindo à Valáquia, Moldávia, Hungria, onde são notados em 1417. Surgem nas terras germânicas um ano depois e, em 1427, estão em Paris. Em 1447 chegam à Catalunha. Nesse mesmo séc. XV estão em Portugal. De sua popularidade há traço no sempre admirável Gil Vicente (*Farsa das Ciganas*), onde Martina, Cassandra, Giralda e Lucrécia confabulam em mau castelhano, diante do Rei D. João III, no seu Paço de Évora, no ano de 1521, ou 1525, segundo Braamcamp Freire, que entende a primeira data errada, pois El-Rei não deixara Lisboa em 1521. O mais antigo documento mencionando ciganos no Brasil é um alvará de D. Sebastião, em 1574, comutando a pena de galés do cigano Johan de Torres em degredo no Brasil, podendo trazer mulher e filhos. Nesse séc. XVI os ciganos aprendem o caminho do Brasil ou são empurrados pelos crimes de furto ou blasfêmia. Estão regularmente citados nas *Denunciações da Bahia*, 1591-93 (págs. 269, 285, 303, 308, 385, 388, 398, 400, ed. S. Paulo, 1925) e mesmo nas *Confissões da Bahia* (45, 57, 127, etc., ed. Rio de Janeiro, 1935). Em abril de 1594 o cigano Diogo Sanches residia em Igaraçu, Pernambuco, "mercador de lógea de marcearia", sedentário e rico (*Denunciações de Pernambuco*, 265, ed. S. Paulo, 1929). Na Bahia e Rio de Janeiro viveram permanentemente, alguns fazendo fortuna na revendagem de escravos, e mesmo houve uma rua que lhes guardou reminiscência, Rua dos Ciganos, hoje da Constituição, no Rio de Janeiro. Deram festas, receberam títulos da Ordenança, bailaram diante dos príncipes. Profissionalmente foram sempre os mesmos, soldadores, trocadores de animais, caldeireiros, as mulheres lendo a sorte na palma da mão, traçando baralho e adivinhando o futuro. Segue-lhes, como uma sombra, a fama de gatunos, raptores de crianças, turbulentos e suspicazes. Uma legislação ininterrupta tentou limitar-lhes a vagabundagem, proibindo-lhes o uso da língua, dos costumes, o hábito errado, a indumentária complicada e vistosa, as saias rodadas, de ramagens, coloridas de vermelho, amarelo-ouro, iaiá de ouro, iaiá de prata, azul-ferrete, negro, colares, pulseiras e arrecadas de ouro, berloques, incontáveis figas, meias-luas, corninhos, moedas falsas, argolões, tranças amarradas de fitas, panos orlados de moedinhas, na cabeça. A barganha de animais foi sempre a predileção. Viajam por todos os Estados do Brasil, a cavalo, carroça ou caminhão. Têm um chefe autoritário e obedecido. Dizem-se fiéis muçulmanos, greco-ortodoxos ou católicos, segundo a região atravessada. Sua religião ainda não foi revelada, misto de superstições e tradições que aceitam no país hospedador. No Rio de Janeiro veneravam a Senhora Sant' Ana, chamada por eles *Cigana Velha*. Dizem que Sara pertence à sua raça e vão festejá-la no santuário Les Saintes Marie, perto de Arles, na Provença. Na Espanha é a Santa Virgen de Triana (Sevilha), denominada *La Gitana*. Em Portugal e Brasil, São Sebastião. Querem muito aos santos, fazendo promessas, cobrindo-os de enfeites, injuriando-os, surrando-os, atirando-os fora quando não satisfazem as rogativas. Apesar do renome secular de músicos e bailadores, pouca influência deixam no Brasil na espécie. Aproveitam versos populares, traduzindo-os para o calão ou geringonça e cantando-os ao som de violão, violino, o instrumento clássico, e atualmente a sanfona, indispensável nos seus acampamentos. Não há novidade em sua alimentação, comida e bebida. Nem conhecemos superstição ou mito que tenham dado ao folclore brasileiro. Algumas cerimônias suas deixaram funda impressão no ambiente, como o gade (ver *Gade*), quase desaparecido mesmo nos núcleos sedentários ciganos. Ao vocabulário forneceram poucas palavras realmente populares, como ganjão ou gajão (homem não cigano), calão e geringonça (língua cigana), pirar ou dar o pira (fugir). Dizemos ciganar e ciganagem para enganador, enredador, mentiroso e os hábitos errantes, sem pouso certo. Cigano vem de tziganes (Itália), gitano (Espanha), Zigeuner (Alemanha), Cyganes (Valáquia e Moldávia), tchingenes (Turquia), siganos, ciganos (Portugal). A bibliografia brasileira é reduzida. Inicia-se, naturalmente, com o estudo de F. Adolfo Coelho, *Os Ciganos de Portugal*, Lisboa, 1892; Melo Morais Filho, *Cancioneiro dos Ciganos*, "Poesia Popular dos Ciganos da Cidade Nova", Rio de Janeiro, 1885; idem, *Os Ciganos do Brasil*, "Contribuição Etnográfica", Rio de Janeiro, 1886 (a Liv. Briguiet publicará nova edição destes últimos dois volumes, anotados pelo autor deste dicionário); idem, *Fatos e Memórias* (V, Parte III e IV, "Quadrilhas de Ciganos" e "Memórias do Largo do Rocio"), Rio de Janeiro, 1904; idem, *Festas e Tradições Populares do Brasil*, "Um Casamento de Ciganos em 1830", ed. Briguiet, Rio de Janeiro, 1946; José B. d'Oliveira China, "Elementos Ciganos na Gíria Brasileira", *Revista do Arquivo Municipal*, São Paulo, volumes II, III, IV, V, VII, IX, XII, XIII, XIV, XV, XVI, XVII e XXX; idem "Os Ciganos do Brasil", *Revista do Museu Paulista*, tomo XXI, 323-670, São Paulo, 1937, a mais completa informação no assunto; idem, *Os Ciganos do Brasil*, 329, São Paulo, Imprensa Oficial, 1936, XIII; João Dornas Filho, "Os Ciganos em Minas Gerais", *Influência Social do Cigano*, *Vocabulário Cigano*, sep. da *Revista do Instituto Histórico e Geográfico de Minas Gerais*, vol. III, 138-187, Belo Horizonte, 1948. Renato José Costa Pacheco, "Vocabulário de Mucurici e dos Ciganos", na coletânea *Torta Capixaba*, 225-228, Vitória, 1962.

CIGARRA. Quando canta, está chamando o sol. Morre de cantar, rebentando. Como o homóptero muda a casca, deixa a velha, esta, sendo encontrada, sugere a ideia do inseto morto, vazia a carapaça, exalada a carne em sons. Transforma-se também em graveto seco. O canto que Anacreonte disse *melodioso*, na ode clássica, e Homero comparou à doçura dos lírios não tem devotos entre o povo, e sim nos poetas letrados. Os gregos afirmavam que o canto da cigarra provocava o sono, e esta tradição não desapareceu de todo no povo. Alberto Faria (*Acendalhas*, Rio de Janeiro, 1920), num longo e erudito estudo sobre o assunto, ressaltou uma imitação feita pelos meninos de Sorocaba (S. Paulo), traduzindo a cantiga: "Nhá mãe, quero mé (1)! — O mé é de seu pai! Mé... é... é... Mé... é" (Além do citado Alberto Faria, 53-75, "De Gubernatis", *Zoological Mythology*, II, 223-224, New York, 1872). Não conheço superstição alguma ligada às cigarras. Anuncia chuva quando canta e também anuncia sol. Depende do estado do tempo. Não é, pelo exposto, boa indicadora meteorológica. Essa dubiedade já fora assinalada por Pohl no interior dos sertões brasileiros: "O canto frequente das cigarras anunciava chuvas para breve" (pág. 199) e "O forte zumbido das cigarras (*Tettigonia Tibicen*) anunciava-nos seca duradoura." (*Viagem no Interior do Brasil*, 2º, Rio de Janeiro, 1951, pág. 307). Ver *Araci*.

CIGARRA-CORA, CIGARRA-DOIDA. Ver *Jaquiranaboia*.

CIMÉ, CIMBÉ, CIBÉ. Bebida feita com água em que foi desmanchado e deixado tufar um pouco de farinha de mandioca. É bebida refrescante, e, se não se limita a beber somente a água, que toma um gosto levemente acidulado, mas remexendo-se com os dedos enquanto se bebe, ingere-se também a farinha molhada. Igualmente substancial (Stradelli, *Vocabulário Nheengatu*, 417). O mesmo que xibé. Luís da Câmara Cascudo, *Made in Africa*, "Démeter bebeu Gongoenha...", 104-105, 2ª ed., São Paulo, Global, 2002. Ver *Jacuba*.

CINZA. É o símbolo da humildade, do arrependimento e da penitência. Cobrir-se de cinzas constituía a expiação tradicional das culpas, a expressiva e muda súplica à misericórdia divina. Assim, no Antigo Testamento, o profeta Jonas "cobriu-se de saco e assentou-se sobre a cinza" (III, 6); Jó exclama: "Arrependo-me no pó e na cinza" (XLII, 6); Isaías aconselha que o pecador "estenda debaixo de si saco e cinza" (LVIII, 5). Na Quarta-Feira de Cinzas, quando a Quaresma principia, o sacerdote faz na testa dos penitentes uma cruz com cinza, cinza das palmas que restaram do Domingo de Ramos, admoestando-os com as palavras de Deus a Adão, depois do pecado: "Lembra-te de que és pó e ao pó voltarás! Memento, homo, quia pulvis es et in pulverem reverteris." (*Gênese*, III, 19). Outrora a cinza era *tomada* no sexto domingo antes da Páscoa, mas o Papa São Gregório Magno, no séc. VI, mudou-a para a quarta-feira, depois do carnaval, início quadragesimal. Para a tradição folclórica a cinza é um isolante mágico, defendendo o corpo da penetração dos poderes inimigos e malignos. As cinzas da palha seca do Domingo de Ramos, atiradas ao ar, fazem cessar a tempestade. São hemostáticas e revulsivas. As cinzas do borralho, barrando a soleira das portas, defendem a entrada das bruxas e dos entes malvados e poderosos, perturbadores do sono das crianças pagãs. Têm, no catimbó, os mesmos poderes do sal esterilizador. As coisas-feitas, muambas, feitiços, ebó, cobertas de cinzas, são inoperantes e, se enterradas na cinza, provocam o choque de retorno contra o agente.

CIPÓ DE CEUCI. Ver *Ceuci-Cipó*.

CIRANDA. Dança infantil, de roda, vulgaríssima no Brasil e vinda de Portugal, onde é bailado de adultos. Samba rural no Estado do Rio de Janeiro (Parati) e também dança paulista de adultos, terminando o baile rural do fandango, em rodas concêntricas, homens por dentro e mulheres por fora. Música e letra são, em maior percentagem, portuguesas, e uma das rondas permanentes, na literatura oral brasileira, atestando a velha observação de que as cantigas infantis são as mais difíceis de renovação porque as crianças permanecem conservadoras, repetindo as fases de cultura peculiares a esse ciclo cronológico. Florestan Fernandes, "As Trocinhas do Bom Retiro", *Revista do Arquivo*, CLXIII, 57, S. Paulo, 1947; Alceu Maynard Araujo e Aricó Junior, *Cem Melodias Folclóricas*, 15 D.M. 10, S. Paulo, 1957; E. Sales Cunha, *Aspectos do Folclore de Alagoas e Outros Assuntos*, 53-55, Rio de Janeiro, 1956; Veríssimo de Melo, "Rondas Infantis Brasileiras", 283-285 (com excelente documentação brasileira e portuguesa), *Revista do Arquivo*, CLV, S. Paulo, 1953. Em Portugal: *Danças Regionais*, ed. do Comissariado Nacional da Mocidade Portuguesa Feminina, Lisboa, s. d. e número nas páginas; Augusto C. Pires de Lima, *Jogos de Canções Infantis*, Porto, 1943, pág. 72; Luís Chaves, *Páginas Folclóricas*, 58-59, Porto, 1941).

"Ó ciranda, ó cirandinha,
Vamos todos cirandar;
Vamos dar a meia volta,
Meia volta vamos dar;
E depois da volta dada,
Cavalheiro troque o par."

(versão de Natal. R.N. Brasil).

"Ó ciranda, ó ciranda,
Vamos nós a cirandar;
Vamos dar a meia volta,

Meia volta vamos dar.
Vamos dar a outra meia,
Outra meia e troca o par."

(versão de Portugal).

A Profª Zaíde Maciel de Castro (*Danças Brasileiras*, publicação n.º 2, Prefeitura do Distrito Federal, agosto de 1959) registrou uma ciranda, de Parati, Estado do Rio de Janeiro, roda dupla de pares, damas e cavalheiros separados, com figuras comandadas pelo violeiro. "Olha a chuva! Olha a cobra no caminho!", para que os dançarinos façam meia volta.

CIRANDINHA. Ver *Fandango*.

CIRCULAÇÃO. A marcha descrevendo um círculo é de alta expressão simbólica e participa, há milênios, da liturgia popular de quase todo o mundo. Conhecemos as procissões religiosas ao redor de uma praça, volteando capela ou igreja, ao redor de um pátio interno ou claustro conventual. Ver *Rosaura*. Circulando as árvores ou postes plantados para as festas de São João, cantam os versos apropriados, assim como há a volta à fogueira na mesma noite. No cerimonial de tomar-se compadre, primo ou noivo na noite de São João, a posição das duas personagens é circulando a fogueira votiva e dizendo alto a fórmula consagrada: "São João disse, São Pedro confirmou, que nós fôssemos... (compadres, primos, irmãos, noivos, etc.), que Jesus Cristo mandou!". Só se unem para o abraço final. Nos antigos casamentos, no sertão do Nordeste, os recém-casados, vindos das fazendas, com os padrinhos e convidados a cavalo, saindo da igreja, faziam uma volta à praça. Nas promessas populares aos cruzeiros, chantados diante das igrejas, os terços ou orações eram ditas andando ao redor deles, assim como diante da santa coluna. Nos exorcismos e rezas fortes das velhas rezadeiras às crianças doentes, o uso velho é dizer as rezas andando à volta do berço, da caminha ou da rede do enfermo. Da antiguidade do preceito registra-se a determinação de Numa, segundo rei de Roma, ordenando aos sacerdotes que orassem aos deuses andando circularmente, imitando o movimento do Universo (Plutarco, *Numa*, XIX, *Camille*, VI). É a tradição mais seguida pelos peregrinos no Santo Sepulcro, em Jerusalém. Os muçulmanos praticam igualmente essa cerimônia, a *tawaf*, ao redor da Caaba, em Meca. O Código de Manu prescrevia que a noiva fizesse três vezes a volta à lareira do seu novo lar. Na Índia denomina-se *pradaxina* essa circulação ao derredor de objeto sagrado. Corresponde ao *deisul* na Irlanda, *deazil* dos escoceses, tradição corrente na Grécia, Roma, Egito, entre celtas e teutões, na China, Japão, Tibete, etc. N. M. Penzer compendiou excelente documentação na espécie, *The Ocean of Story*, I, 190-193, Londres, 1924.

CIRCUM-AMBULAÇÃO. Ver *Roda*.

CÍRIO DE NAZARÉ. Festa religiosa, no segundo domingo de outubro, em Belém do Pará. Determina incalculável assistência humana, vinda dos Estados vizinhos e do interior. Festa tradicional, desde a segunda década do séc. XVIII, ambienta a exibição de danças, cantos, bebidas e alimentos locais, pagamento de promessas na velha forma portuguesa, amortalhados, penitentes, transportes de botes com náufragos, "ex-votos" de cera, todos os elementos vivos que constituem a colorida romaria em Portugal. É a festa mais concorrida de todo o Nordeste e Extremo-Norte do Brasil, e possivelmente a que reúne maior massa de devotos e curiosos. Ao redor de 1700, o mulato Plácido José de Sousa mantinha na sua casinha, nos arredores de Belém, na estrada de Utinga ou Maranhão, grande devoção por uma imagem de N. Sª de Nazaré, encontrada nas redondezas e réplica da que se venera em Nazaré, na Estremadura portuguesa, recordando o milagre de Dom Fuas Roupinho, alcaide de Porto de Mós, em 14-9-1182. A capelinha de taipa erguida pela mão dos primeiros fiéis, portugueses e mestiços, atraiu popularidade e espalhou milagres. Em 8 de setembro de 1793, houve, solenemente, o primeiro Círio, instituído por Dom Francisco de Sousa Coutinho, Governador e Capitão General do Grão-Pará e Rio Negro. A imagem foi levada processionalmente do palácio do Governo para sua pequenina ermida, com acompanhamento de povo e excepcional aparato militar, cavalaria, infantaria, clarins, bandeiras, continências. A imagem (trinta centímetros) foi conduzida no colo do Arcipreste José Monteiro de Noronha, governador do bispado, numa serpentina azul e branca, rodeada de fidalgos. Ano a ano a festa se ampliou, incluindo o Carro dos Milagres (ex-votos) e a luxuosa berlinda-altar, que, em 1885, começou a ser puxada pelos fiéis nos lugares alagados pelas enchentes da Guajará. Desde 1805, figura um grupo representando Dom Fuas Roupinho. A festa consta, essencialmente, dessa procissão inicial, denominada *Círio*, como a de Nazaré e em tantas localidades na Estremadura e norte de Portugal, fontes do modelo inspirador; promessas da oferta de cera, velas pará os altares e mesmo, caracteristicamente, pelo grande círio que era aceso durante a festividade na igreja. Paróquia em 1861. A atual basílica, em românico, sob sugestão de "S. Paolo fuori le Mura" em Roma, começou em 1909 e terminou em 1937. Título de Basílica pelo Papa Pio XI, em 1923. É o quarto templo que a piedade paraense dedicou a N. Sª de Nazaré, bem conhecida e amada, desde meados do século XVII (Artur Viana, "As Festas Populares do Pará", *Anais da Biblioteca e Arquivo Público do Pará*, III, Belém, 1905; Manuel Braga Ribeiro, "História Religiosa do Pará", *Dicionário Histórico, Geográfico e Etnográfico Brasileiro*, I, 226, Rio de Janeiro, 1922; Ernesto Cruz, *Belém*, Aspectos Geo-Sociais do Município, 180-186, Rio de Janeiro, 1945; Padre Florêncio Dubois, *A Devoção à Virgem de Nazaré, em Belém do Pará*, 2ª ed., Belém, 1953). Há uma documentação incontável, esparsa em revistas e jornais. O Círio de Nazaré teve várias modificações, mas sem diferença substancial em sua realização, motivadas pela exigência disciplinar das autoridades eclesiásticas, nem sempre tolerantes com os demasios populares da tradição. Rodney Gallop (*Portugal*, A Book of Folk-Ways, Cambridge, 160, 1936) indica o *Círio* como a festa mais representativa da Estremadura portuguesa: "A type of religious festival peculiar to Estremadura, which has lost much during the last twenty years, is the Cirio..." Ver *Vela*.

CIRIRI. Ver *Siriri*.

CISMA. Desconfiança, suspeita, aviso misterioso, aura premonitória. "La mañana después del neufragio Paullino anunció que habia recibido, una premonición aciaga, scisma, y se negó a avanzar." (A. Hamilton Rice, *El Rio Negro* (*Amazonas*) *y sus Grandes Afluentes de la Guyana Brasilieña*, 65, Cambridge, Massachusetts, 1934). Paulino era tuxaua dos macuxis, homem tranquilo, de bons costumes e enérgico. Hamilton Rice não conseguiu demovê-lo, e o macuxi voltou, a pé, pela mata, vencendo sozinho a série de cachoeiras e a distância até Tipurema, fiel na obediência da *cisma* que o alertara de não continuar viagem rio acima. Continua em pleno prestígio nas populações brasileiras do litoral e sertões.

CLARA. Pela confusão verbal é Santa Clara a dissipadora dos nevoeiros. Para o Brasil mandou Portugal a crendice velha. Já em 12 de agosto de 1531, no *Diário de Navegação de Pero Lopes de Souza*, há o vestígio inconfundível: "Quis a Nossa Senhora e a bem-aventurada Santa Clara, cujo dia era, que alimpou a névoa, e reconhecemos ser a ilha de Cananeia." Para alimpar o dia, grita-se "Santa Clara, clareai o dia!" Existe ainda a oferenda de farinha à santa. Põe-se a farinha num canto sossegado. O rosário, dentro d'água, num prato ao relento, é aconselhado também. Luís da Câmara Cascudo, *Informação de História e Etnografia*, "Superstições Meteorológicas, 198, Coleção Mossoroense, Mossoró/RN, Fundação Vingt-un Rosado, 1991. Na edição do *Diário de Navegação*, comentado pelo Com. Eugênio de Castro, a citação está a I, 206-7, Rio de Janeiro, 1940. O Dia de Santa Clara é 12 de agosto. Não encontrei referência à Santa Clara no *Carmina Mágica*, de J. Leite de Vasconcelos. Curioso é não ser a S. Clara festejada a 12 de agosto, santa italiana do séc. XIII, fundadora das monjas Clarissas, padroeira recomendada contra escuridões e trevas visuais, e sim Saint Clair, Bispo de Nantes, no sec. III, comemorado no primeiro de junho. Esse S. *Clair* e não a S. *Claire*, dissipa nevoeiro e dá vista aos cegos.

CLISTER. Ver *Mezinha*.

COARACI. O Sol no idioma tupi, ou nheengatu. De *coá*, este, *ara* dia, *ci*, mãe deste dia, mãe do dia, a explicação da origem da luz diurna. Stradelli diz que se ouvia pronunciar *Coraci* no Pará e baixo Amazonas. Guaraci. Couto de Magalhães, que arquitetara uma teogonia indígena, escreveu que o Sol é o criador de todos os viventes, encarregado de dirigir o reino animal e com subdeuses protetores das espécies. Sujeitos a Coaraci, com o domínio sobre os seres privativos de sua jurisdição, vivem Anhangá, protegendo a caça do campo, Caapora, a do mato, Guirapuru, os pássaros, Uauiará, os peixes. A irmã e esposa do Coaraci é Jaci, a Lua, tendo semelhantemente sua corte, com funções idênticas às do seu irmão. Não há vestígios que fundamentem a existência de um culto astrolátrico entre os indígenas do Brasil. Os indígenas nenhuma devoção possuíam para o Sol. Ver *Jaci*.

COARACI-TAJÁ. Tajá do Sol. Casta de Caladium, cujas folhas são largamente manchadas de vermelho vivo, que ressalta sobre o verde-escuro das margens e nervuras centrais. A sua raiz é venenosa, e no rio Uaupés me foi afirmado que se servem dela para envenenar as mulheres condenadas a morrer, por ter visto a máscara de Jurupari ou ter surpreendido alguns dos segredos do rito por ele estatuído, e cujo conhecimento, só consentido aos iniciados, é vedado às mulheres, sob pena de morte. A propinação é feita em qualquer comida ou bebida; para matar parece que é suficiente pequena quantidade de sumo da raiz, que não é denunciado por nenhum cheiro ou gosto repugnante (Stradelli, *Vocabulário Nheengatu*, 419). Dissera o mesmo Alfred Russel Wallace, visitando o Uaupés em março de 1852: "From the moment the music was first heard not a female, old or young, was to be seen, for it is one of the strangest superstitions of the Wapés Indians, that they consider it so dangerous for a woman ever to see one of these instruments, that having done so is punished with death, generally by poison." (*Travels on the Amazon and Rio Negro*, cap. XII, 241).

COATÁ. Quatá ou cuatá. Espécie de macaco negro, tendo a pele da cara cor-de-rosa e sem pelos (o *Ateles paniscus*), de movimentos relativamente tardos e que, ao caminhar, imprime à cauda ondulação à maneira de arpéu. Habita quase todo o território brasileiro, sendo bastante conhecido em São Paulo. O seu nome é onomatopaico das vozes do animal qua-táa. Rastejando a origem do nome deste interessante animal, escreveu o notável naturalista Alexandre Rodrigues Ferreira: "Não deixarei de escrever o que os índios fabulizam a respeito deste macaco. Dizem eles que, tendo um desafio com o gavião real, este lhe disse: Com que me pretendes matar? Porventura parece-te que com o teu rabo me vencerás? Então o quatá, mostrando-lhe as mãos, disse: 'Quá taá!' e que, vendo o gavião seu desembaraço, lhe protestou que dali em diante seriam muito amigos." (Afonso A. de Freitas, 144, *Vocabulário Nheengatu*, 1936, São Paulo).

COATI. Ver *Quati*.

COBRAS. São divididas pelo povo em duas grandes classes: de sangue frio, que são as venenosas, e de sangue quente, as inocentes. Daniel Gouveia (*Folclore Brasileiro*, Rio de Janeiro, 1926): "Quando as cobras vão beber, para que não sejam vítimas de seu próprio veneno, deixam escondida numa folha sua peçonha. Se, porventura, alguém tirar-lha, quando ela vier e não encontrar, tão danada fica que morrerá. Em Portugal é também corrente esta crença, porém lá elas deixam sobre pedras" (57). São Bento governa as cobras, que lhe obedecem milagrosamente. Diz-se, vendo cobra: "Esteja presa por ordem de São Bento!" E a cobra fica imóvel. Um ensalmo nordestino para atravessar-se caminho que tem cobras assim reza:

"São Bento, pão quente,
Sacramento do altar
Toda cobra do caminho
Arrede qu'eu vou passar!..."

Quando uma mulher via uma cobra, virava o cós da saia-branca e a cobra ficava presa. Mulher menstruada matava cobra só em tocá-la de leve. Assobiar de noite chama cobra. Cobra não morde quem traz azougue no bolso (mercúrio). A tradição portuguesa em que a cobra procura as mães que amamentam os filhos, surpreendendo-as durante o sono, sugando-lhes o seio e pondo a ponta da cauda na boca da criança para que não chore, é corrente por todo o interior do Brasil. Uma vez, estando na fazenda de um tio, município de Augusto Severo, expliquei a impossibilidade mecânica do movimento de sucção na cobra. Não podia mamar, evidentemente. Ninguém aceitou a aula e vários lembraram episódios comprovadores da tradição que J. Leite de Vasconcelos registrara em Portugal (*Tradições Populares de Portugal*, 143, Porto, 1885). Cobra- -Norato. Uma das lendas mais conhecidas no extremo norte brasileiro, Amazonas e Pará. Uma mulher indígena tomava banho no paraná do Cachoeiri, entre o rio Amazonas e o rio Trombetas, município de Óbidos, Pará, quando foi engravidada pela *Cobra-Grande* (ver). Nasceram um menino e uma menina, que a mãe, a conselho do pajé, atirou ao rio, onde se criaram, transformados em cobras-d'água. O menino, Honorato, Norato, e a menina, Maria Caninana, andavam sempre juntos. Norato era bom e Maria má, virando embarcações, matando náufragos, perseguindo animais. Mordeu a Cobra de Óbidos e esta, estremecendo, abriu uma rachadura na praça da cidade. Norato foi obrigado a matar a irmã para viver sossegado. À noite, a Cobra- -Norato desencantava-se, tornando-se rapaz alto e bonito, indo dançar nas festas próximas ao rio. Na margem ficava o couro da cobra, imenso e aterrorizador, mas inofensivo. Se alguém deitasse um pouco de leite na boca da cobra imóvel e desse uma cutilada na cabeça, que merejasse sangue, acabar-se-ia a penitência e Honorato voltaria a ser um rapaz. Ninguém tinha coragem; mas um soldado em Cametá, no rio Tocantins, cumpriu as exigências e Honorato desencantou-se (José Carvalho, *O Matuto Cearense e o Caboclo do Pará*, 19-21, Belém do Pará, 1930; Inácio Batista de Moura, *De Belém a S. João do Araguaia*, 136, Rio de Janeiro, 1910). Cobra de Óbidos. Dorme debaixo da terra uma grande cobra; a cauda está dentro do rio Amazonas e a cabeça debaixo do altar-mor da matriz da cidade. No dia em que a cobra despertar, derrubará a cidade inteira. Na lenda da Cobra-Norato vê-se que Maria Caninana, irmã do encantado, mordeu a Cobra de Óbidos, para que ela destruísse Óbidos. A cobra não acordou mas estremeceu, causando uma depressão na praça principal de Óbidos. Cobra-Grande. O mito da Boiúna, *mboi-una*, cobra preta, da *mboia-açu*, cobra-grande e de ampla influência nas populações marginais do Amazonas e afluentes. Martius (*Viagem pelo Brasil*, III, 135-136) registrou essa força assombrosa do medo que os indígenas possuíam do monstro, com as dimensões multiplicadas pelo terror. Diziam-no Mãe-d'Água e Mãe do Rio (*Paranamaia*), título mais lógico, mas as *estórias* só mencionavam a voracidade da Cobra- -Grande, arrebatando crianças e adultos que se banhavam. Nenhuma transformação ou atuação miraculosa. Como um vestígio da crença, recusavam-se a matar a cobra, "porque então é certa a própria ruína, bem como a de toda a tribo". Esse registro, de 1819, denuncia a existência de um mito ainda entrevisto e anotado por Barbosa Rodrigues (*Poranduba*, 233, 239), e Couto de Magalhães (*Selvagem*, 162, ed. de 1876). Uma moça engravidara da coisa-má, *maá-aiua*, ou bebendo um ovo de mutum, onde havia um cabelo humano, tendo uma grande cobra por filho, seguindo-a por toda parte. A mulher conseguiu esconder-se; a cobra procurou-a, chamando-a, no fundo do rio e pela mata, e, desiludida, voou para o céu, onde se transformou em estrelas. É a constelação do Serpentário, com suas sessenta e quatro estrelas, anunciando, na Europa, o inverno e para a região amazônica, o verão. O Serpentário aparece no céu em setembro e é o tempo das roças, princípio do tempo de Coaraci, o Sol, *coraci ara iupirun-gaua*. Couto de Magalhães ouviu a lenda *Mai Pituna oluquau ãna*, como a noite apareceu e nela, numa época em que não havia noite, a filha da Cobra-Grande, *Boia-Uaçu menbira*, casou e pediu ao *pai*, rubra, a noite. A Cobra-Grande mandou a noite dentro de um caroço de tucumã (*Astrocarynum tucuma*, Mart.). Senhora dos elementos, a Cobra-Grande tinha os poderes cosmogônicos, e o conto, da classe dos etiológicos, explica a origem de animais, aves, peixes, o dia e a noite. Esse mito desapareceu em sua compreensão popular e já na primeira metade do séc. XIX estava disperso e confuso, vivendo em fases que eram os pequeninos contos maravilhosos, ouvidos pelo General Couto de Magalhães e Barbosa Rodrigues, referindo-se aos mitos astrolátricos, lembrando a origem de uma constelação do hemisfério boreal, marcando divisão na tarefa agrícola. Será, evidentemente, do ciclo dos mitos d'água de que a cobra é um dos símbolos mais universais e antigos. Ver *Fandango*.

COBRA DE CRISTA. Cobra que nasce de ovo posto por um galo bem velho. Ostenta a crista altaneira do pai. Adulta, vive oculta nos pântanos, alagados, terrenos encharcados com vegetação cúmplice. Ataca caçadores e viajantes unicamente durante a noite. A tradição contraditória fá-la assaltar dando silvos espantosos ou silenciosa e sinistra, erguendo-se na ponta da cauda, como um inopinado fantasma, ferir os descuidados. Quem transitar onde dizem existir *Cobra de crista*, vá rezando: São Brás! São Brás!.

COBRA ENCANTADA. A tradição das Cobras Encantadas vive em quase todo o Brasil num plano diverso das formas anteriormente registradas. É uma princesa condenada a viver num corpo de serpente, até que um homem de coragem *quebre* o encanto, restituindo-lhe a forma humana, encantadora. A Cobra Encantada é guardiã de grandes tesouros que passarão para a propriedade do vencedor. O processo do desencantamento, em quase totalidade dos casos, obriga o sacrifício de uma vida de cristão, untando-se com o seu sangue a cobra. Noutras ocorrências, bastará ferir-se a encantada. É um elemento característico das *mouras encantadas* de Portugal. Uma Princesa-Cobra custodia riquezas sem conto em Jericoacoara, Ceará, sendo indispensável o sangue humano (Olavo Dantas, *Sob o Céu dos Trópicos*, "Lendas, Aspectos e Curiosidades do Brasil", 194-196, Rio de Janeiro, 1938). Há outra princesa-cobra em Pedra Talhada, Vila Bela, Pernambuco (Mário Melo, *Revista do Instituto Arqueológico Pernambucano*, XXIX, p. 33, nºs 135-142, Recife, 1930). Já tem havido tentativas. Na Gruta Esperança, vizinha à cidade de Utinga, Bahia, em fevereiro de 1968 assassinaram o popular José Preto para *desencantar* uma cobra, possuidora de montões de ouro (*Estado de São Paulo*, edição de 8-2-1968). Essa encantada necessita do sangue de três vítimas.

COBRA-GRANDE. Boiúna, ver *Boiúna*, o mito mais poderoso e complexo das águas amazônicas. Mágica, irresistível, polifórmica, aterradora. "A Cobra-Grande tem a princípio a forma de uma sucuriju ou uma jiboia comum. Com o tempo adquire grande volume e abandona a floresta para ir para o rio. Os sulcos que deixa à sua passagem, transformam-se em igarapés. Habitam a parte mais funda do rio, os *poções*, aparecendo vez por outra na superfície. Durante nossa estadia em Itá, houve ocasião em que nenhum pescador atreveu- -se a sair para o rio à noite, pois em duas ocasiões seguidas foi avistada uma Cobra-Grande... pelos olhos que alumiavam como tochas. Foram perseguidos até a praia, somente escapando porque o corpo muito grande encalhou na areia. Esses pescadores ficaram doentes do pânico e medo da experiência que relatavam com real emoção." (Eduardo Galvão, *Santos e Visagens*, 98-99, Brasiliana, 284, S. Paulo, 1955). Eduardo Galvão confirma a Cobra-Grande tornar-se *navio encantado*. Misabel Pedrosa disse-me que a Cobra-Grande mora debaixo do cemitério do Pacoval, na ilha de Marajó (1964). Ver *Boiúna e Cobra-Maria*.

COBRA-MANDADA. "A expressão está na cantiga popular por *cobra mundiada*: "Os olhos dele são de cobra mundiada." Expressão, aliás, um tanto esquisita porque a cobra é que mundia a presa. Diz- -se que a mulher em estado de gravidez, olhando para uma serpente, por mais venenosa, a reduz à impotência. A cobra fica, por sua vez, mundiada. Mas o caso não é esse. Os olhos da criança que não quer dormir é que parecem os da cobra em atitude de mundiar." (José Coutinho de Oliveira, *Folclore Amazônico*, 240, Belém, Pará, 1951). *Mundiar* é sugestionar, seduzir, magnetizar, enfeitiçar. Minha interpretação é diversa. O feiticeiro, catimbozeiro, pajé de sete fôlegos, *mestre de saber*, pode tomar a forma animal e cumprir missão malévola ou mesmo enviar cobras, morcegos, aves, para *trabalho da esquerda*. Um episódio esclarece. Uma vez, na então Estação Experimental do Pium, arredores de Natal, assistia eu ao trabalho preparatório da *lavoura seca*, quando surgiu uma cobra entre os trabalhadores de enxada, coleando, teimosa, dando a impressão de intencionalmente dirigir-se a um dos enxadeiros. Este matou-a, dizendo: "Esta cobra é mandada!..." O silêncio dos companheiros era uma concordância. Karl von den Steinen (*Entre os Aborígines do Brasil Central*, 701, S. Paulo, 1940) refere-se a um sapo conduzindo feitiço e que vagou entre duas povoações de quilombolas, repelido por ambas. "De um dos quilombos enviou-se certa vez um sapo, em cujo dorso se pendurava uma bolsinha (uma pequena *bruaca*) com veneno para matar alguém do povoado vizinho; o destinatário, no entanto, notando a chegada do animal, gritou *vai-te embora* e acrescentou alguns versinhos que, por sua vez, deviam produzir algum mal na outra aldeia. O sapo, carregando a pequena mochila de veneno, caminhava, assim, de uma aldeia para outra." O *veneno* de que fala Karl von den Steinen é o feitiço. O caso fora anotado em 1887. É o sapo *mandado* na sua legitimidade funcional.

COBRA-MARIA. Animal fabuloso do rio Solimões, Amazonas, cobra gigantesca, com poderes mágicos. É uma variante local de Cobra-Grande, a Mboia-Açu. É uma tapuia encantada em uma cobra. Vejamos: a filha de um pajé deixou-se levar pelo amor de um emigrado, concebendo dois filhos gêmeos: José e Maria. Quando o velho pajé soube do caso, calou-se e, quando as crianças nasceram, matou a filha e atirou-as na água, morrendo José; Maria foi protegida da Iara e hoje faz tudo quanto quer; é muita coisa na água. Aparece sempre à noite. Os seus olhos são como os de Anhangá, duas tochas de fogo. Não tem ouvido falar numa cobra enorme, que derruba barrancos, afunda canoas, encalha navios e tem feito muitos valentes agonizar de fraqueza? Pois é a Cobra-Maria (Quintino Cunha, *Pelo Solimões*, 322, Paris, sem data).

COBRA-MUNDIADA. Ver *Cobra-Mandada*.

COBRÃO. Ver *Cobreiro*.

COBREIRO. Cobrero. Erupção cutânea atribuída à passagem sobre a pele, ou sobre a roupa utilizada, de cobra ou outro animal peçonhento. É *herpes zoster*, zona (fogo selvagem, fogo de santo antônio). Qualquer dermatose zosteriforme. Às vezes, *cobrero* é usagre. Expressão empregada em todo o Brasil, corresponde à velha palavra *cobrelo* (Fernando São Paulo, *Linguagem Médica Popular no Brasil*, I, 240; Rio de Janeiro, 1936). A inflamação, diz o povo, cinge o paciente e se as extremidades se encontram o doente morrerá. O Padre Pedro Rodrigues (*Vida do Padre Anchieta*, Anais da Biblioteca Nacional, V, XIX, 42) informa semelhantemente: "vai cingindo uma pessoa pela cinta com um vergão de um dedo, e em chegando de ponta a ponta, não há, ordinariamente, mais remédio de vida". Sílvio Romero ensina um remédio tradicional (*Cantos Populares do Brasil*, 357): "Pedro, que tendes? / Senhor, cobreiro. / Pedro, curai. / Senhor, com quê? / Água das fontes, / Erva dos montes". Pereira da Costa (*Folclore Pernambucano*, I, 128) registra outra fórmula: "Sapo, sapão / Lagarto, lagartão. / Aranha, escorpião, / Víbora, vibrão, / E todos quantos são / Maus ou peçonhentos, / Que por ordem de São Bento, / E mando de São Brás, / Fiques no entendimento, / Que não lavrareis mais; / E por ser verdade isto / Peço eu a Jesus Cristo / Pelas suas cinco chagas, / Que nos livre dessas pragas, / E a Senhora d'Agrela / Que livre este pecador / Da comichão, do ardor, / Que lhe causa esta mazela, / Em nome de Deus, amém". Rezam-se três padre-nossos e três ave-marias. Em Portugal chamam-no também *cobrão*, por ter a dermatose a configuração aproximada de uma cobra. Jaime Lopes Dias (*Etnografia da Beira*, I, 2ª ed.: "O povo chama-lhe *cobrão* e atribui a origem ao fato de uma cobra ter passado sobre a roupa que o doente vestiu, ou pôs em contacto com o corpo." (176). A origem portuguesa da terapêutica popular brasileira é evidente. Evoca-se, no ensalmo citado, a Senhora d'Agrela, invocação desconhecida no Brasil. Pereira da Costa registrou-o em Pernambuco num livro que tem mais de cinquenta anos de publicado (1908).

COBRERO. Ver *Cobreiro*.

COBREÚVA. Ver *Gemada*.

COCA. Ver *Cuca*.

COCADA. Doce de coco, com açúcar branco ou escuro, consistente, cortada a massa em forma de quadrinhos ou discos. A cocada é uma das gulodices mais antigas e espalhadas no Brasil. É doce de tabuleiro, vendido nas ruas. *Cocada* significa bofetão, tapa, cocorote, murro na cabeça ou na face. Derriço, faceirice, prosa-fiada, elogio fácil. Ferida na cabeça. *Fazer cocada*: xamego, libidinagem, namoro grudado. Na Bahia, correio entre namorados ou amantes (Luís da Câmara Cascudo, "Folclore da Alimentação", Revista Brasileira de Folclore, n.º 7. setembro-dezembro de 1963, Rio de Janeiro).

COCAÍNA. Ver *Pó*.

COCALOBA. Ver *Cuca*.

COCO. Dança popular nordestina, cantado em coro o refrão que responde aos versos do *tirador de coco* ou *coqueiro*, quadras, emboladas, sextilhas e décimas. É canto-dança das praias e do sertão. A influência africana é visível, mas sabemos que a disposição coreográfica coincide com as preferências dos bailados indígenas, especialmente dos tupis da costa. As modificações e variedades são incontáveis. Outrora o coco era dançado nos salões de boa sociedade em Alagoas e Paraíba. Chamam-no samba, pagode, zambê, bambelô. Na Paraíba e Rio Grande do Norte o comum é a roda de homens e mulheres com o solista no centro, cantando e fazendo passos figurados até que se despede convidando o substituto com uma umbigada ou vênia ou mesmo simples batida de pé (ver *Umbigada*). Os instrumentos são, em maioria absoluta, de percussão, ingonos, cuícas, pandeiros e ganzás e nos bailes mais pobres simples caixotes que servem de bateria animada. Nunca vi instrumento de corda acompanhando coco, tal-qualmente Pereira da Costa registrou, no Recife, viola e violão. Os instrumentos prediletos são ganzá, pandeiro e bombo (ingono, o bombo afunilado) e os menores, *chama*, de som mais agudo, chamando para a dança e de tamanho reduzido. Oneyda Alvarenga ("Comentários a Alguns Cantos e Danças no Brasil", *Revista do Arquivo Municipal*, LXXX, 219, São Paulo), informa: "Embora a coreografia seja em todos a mesma, existe uma variedade enorme de tipos de coco, tomando suas designações dos mais diversos elementos; por exemplo: dos instrumentos acompanhantes (coco de ganzá, coco de zambê); da forma do texto poético (coco de décima, coco de oitava); do lugar em que é executado ou a que o texto se refere (coco de usina, coco de praia); do processo poético-musical (coco de embolada). A forma dos cocos é uma estrofe-refrão. O refrão ou segue a estrofe ou se intercala nela. Poeticamente, apenas, o refrão é fixo, constituindo o caracterizador do coco. As estrofes, quase sempre em quadras de sete sílabas, são tradicionais ou improvisadas. A estrofe solista, em principal nos chamados especialmente cocos de embolada, revela com frequência o corte poético-musical da embolada. Os cocos obedecem geralmente aos compassos 2/4 ou C. Há também uma espécie de cocos mais lentos e mais líricos, de ritmo muitas vezes bem livre, não destinados à dança, sendo englobáveis, portanto, no gênero das canções". Luís Heitor ("Cocos de Jangadeiros", *Cultura Política*, n.º 43, 240, Rio de Janeiro, 1944) escreve: "A meu ver o coco representa a fusão mais harmoniosa entre a musicalidade cabocla e a negra. É o verdadeiro *curiboca* da nossa música. A linha melódica continua a ter as singularidades que assinalam o canto sertanejo, em relação à tonalidade; bem como a ausência de pieguice e o espírito chistoso do caboclo. Mas o canto *a tempo*, marcado pelo ruído dos instrumentos percutidos e pelas palmas dos circunstantes, e a feição coreográfica, com os dançarinos executando seus passos, isolada e sucessivamente, no meio do círculo formado pelos demais, deixam transparente, a contribuição africana. Por isso mesmo, creio, a expansão desse gênero em terras cearenses foi menos intensa: é sabido que o estado é um dos que apresentam menor coeficiente de sangue negro em sua constituição étnica. Alagoas, ao contrário, berço do coco, representa um perfeito equilíbrio entre a porção mameluca e a negra que se fundiram para formar o *pardo* característico do índice de Nina Rodrigues". Não sei bem se a presença negra explica a incidência maior do coco. Afastando o Rio Grande do Norte (8,98, em 1890), um tanto maior que o Ceará (8,65), encontramos a extrema popularidade da dança na Paraíba com percentagem africana bem menor (7,08). A Bahia, com 20,39, não manteve o coco no mesmo nível de divulgação e simpatia como Alagoas (10,14). Pelo que ouvi e vi em Maceió (janeiro de 1952) o coco é problema que demanda pesquisas rítmicas e musicais extensas e pacientes. Há o coco solto, balamento, pagode de entrega, coco amarrado em dez pés de glosa, pagode de gancho, samba trenado, coco voltado, coco de fundamento conforme a maneira de cantar, disposição estrófica ou temática. O fundamento é o não afastar-se o cantador do assunto. Amarrar é comentar, glosar para terminar com o mote. Os modos de dançar são três: travessão, cavalo manco, tropel repartido e sete e meio, na acepção de formas coreográficas, variáveis e incontáveis. O sapateado, quase sempre, contracanta a cantiga de forma surpreendente. E há uma infinidade de nomes dados pelos famosos cantadores de cocos, topado de Xico Paizinho, ramado de Zé Imbuzeiro, falado de Zé Rubina, dobrado de Manuel Catuaba, tranquiado de Jacu, etc. José Aloísio Vilela, de Viçosa, Alagoas, reuniu informações preciosas do seu "O Coco de Alagoas" (memória enviada em 1951 ao Congresso Brasileiro de Folclore e fonte dessas notícias), além dos dados de observação direta da dança e fornecidos pelo grande pesquisador alagoano. Sobre a origem, Vilela crê ter sido dos negros de Palmares, ocupados em quebrar o coco, horas e horas, e decorrentemente uma cantiga de trabalho, ritmada pela cadência das pedras, partindo os frutos das palmeiras pindobas. Esses primeiros cantos deixaram rasto. Eram os cocos soltos, sem glosas:

> "Éh bango, banga êh!
> Caxinguelê,
> Come coco no cocá".

A frase *quebra-coco* ou *vamos quebrar coco* indicaria convite para a tarefa ou para o canto que se tornou dança. Daí, deduzo, o *quebra-coco* contemporâneo não mais referir-se ao trabalho e unicamente ao baile. E os gritos de excitamento, *quebra*, dirigir-se-iam inicialmente ao coco e posteriormente ao baile. Demais existe o nome que denuncia ofício, trabalho. Alagoas, de extensos coqueirais magníficos, reivindica com fundamento a prioridade do coco dançado. Um estribilho que meu pai ouviu cantar na Paraíba, ribeira do Piancó, mais ou menos em 1875 ou 76, assim dizia:

> "Quebra coco, quebra coco,
> Na ladeira do Piá!
> Quando há coco maduro
> Só se apanha coco lá!..."

Tornado depois refrão. Piá será legitimamente Pilar, região de cocais. O coco alagoano é bem diverso, como coreografia, dos paraibanos e norte-rio-grandenses, mais simples. Coco-medo, pavor infantil, acepção portuguesa e castelhana de espantalho para criança, não tivemos no Brasil. "O coco com que as amas assombram ou acalentam os meninos desta e ainda de maior idade". (Frei Luís de Souza, *Vida de D. Frei Bertolomeu dos Mártires*, I, 18 ed. Cultura, São Paulo, 194?) não se divulgou entre nós. Uma das mais antigas referências à dança do coco fez o *Diário de Pernambuco*, em 1829, no seu n.º 246: "Um matutinho alegre, dançador, *a quebrar o corco* e riscar o baiano no meio de uma sala". (cit. em Pereira da Costa). Sobre a dança ver Théo Brandão, "O Coco em Alagoas", *Diário de Notícias*, 21-XI-1954; idem, "O Coco de Alagoas", 5-XII-1954, *Diário de Notícias*, Rio de Janeiro. No *Diário de Pernambuco*, de 14-XI-1829, Recife, cita-se "um matutinho alegre, dançador, deslambido, descarado, que não tivesse dúvida em quebrar o coco e riscar o baiano com umas poucas negras cativas no meio de uma sala perante mais de 20 pessoas sérias". É a mais antiga referência que conheço e denunciadora irrespondível da origem da dança, pelo canto de trabalho, quebrando os cocos. Dançar era *quebrar coco* e ainda presentemente é voz de excitamento: "quebra! quebra o coco!" e apenas posteriormente teria relação com o requebro, requebrar, requebrado, quebrar repetidamente. Atraiu elementos de outras danças populares, crescendo pelos elementos rítmicos. Do canto de quebrar coco na ladeira do Pilar, a mais velha cantiga, passa a dança de roda, depois de filas paralelas, dentro de esquema que podemos dizer clássico e já em Alagoas, sua pátria, bailam atualmente (Viçosa), de par, lado a lado dupla, com *tropel e valsado*, caminho da independência coreográfica para dança de sala e não coletiva ao ar livre, como nascera. Verificar-se-ia o mesmo que o batuque, nome português (de *bater*) ao que seria samba em Guiné, Congo, Angola, como há tantos anos (1942) divulguei anotando Henry Koster. Diferenciaram-se, divergiram, tornando-se complexos coreográficos inteiramente distintos. (Aloisio Vilela, *O Coco de Alagoas*, Maceió, 1961). Ver *Bambelô, Batuque, Embolada, Feijão, Jongo, Samba, Zambê*.

Cocó. Ver *Totó*.

Coco Catolé. Ver *Catolé*.

Coerana. Solanácea, gênero *Cestrum*, com muitas espécies. O fruto é de sabor desagradável e acre, dando imagem à locução "roer coerano" ou "roer coirana" como sinônimo de quem está despeitado, invejoso, ciumento, fingindo desprezar o que deseja (Rodolfo Garcia, *Dicionário de Brasileirismos*, 915). "Se coerana se vendesse, / Cada frutinha a tostão... / Eu bem sei quem está roendo, / Mas não dá demonstração..." De *Cui*, pimenta, e *Rana*, semelhante (nheengatu). A frase *roer coerana, coirana*, passou a *roer coirana* e *roer couro*, significando a mesma coisa.

Cocho. É o nome de um recipiente de madeira que pode ser feito de tronco de árvore, no qual se coloca comida para os animais. Mas é também a denominação de uma viola de cinco cordas de tripa de mico ou de coati, usada ainda hoje em Mato Grosso. Von den Steinen, no século passado, a descreveu como sendo violino, que os próprios moradores daquela região fabricavam de madeira de salgueiro. O vocábulo registrado pelo etnólogo alemão era *koschó* e ele deve ter se enganado ao relacioná-lo ao violino. Com a designação de *cocho* recolhemos dois exemplares em Cáceres, feitos de figueira brava. Parece haver sido utilizado outrora em São Paulo (Rossini Tavares de Lima, S. Paulo).

Coirana. Ver *Coerana*.

Coisa-Feita. Ver *Canjerê, Catimbó, Invoco*.

Colcheia. Mote em dois versos para ser glosado em décimas, rimando no feitio clássico. A colcheia, na décima que a glosava, aparecia com o quarto e o último verso. Na poética tradicional sertaneja denomina-se "colcheia" a uma sextilha, ABCBDB. Melo Morais Filho (*Festas e Tradições Populares do Brasil*) registra ainda a colcheia, indispensável na exibição poética de outrora: "...os convivas entusiasmados proferiam longos discursos, os rapazes recitavam colcheias" (25) (Luís da Câmara Cascudo, *Vaqueiros e Cantadores*, "Modelos do Verso Sertanejo", 19-24, São Paulo, Global, 2005).

Coleirinha. Ver *Cauré*.

Colete. O mesmo que *Bate-Bate* e *Batida* (ver). Em Natal denomina-se especialmente o *bate-bate de caju*, sumo de caju, açúcar e aguardente, gelado, alcoviteiro, recadeiro de namorados. *Colete-Curto*, mesmo significado e também pessoa desclassificada, inferior, parasito. Colete de mangas, coisa desnecessária, artificial, inútil. Ver *Colete de Couro*.

Colete de Couro. Ver *Quebra-Quilos*.

Comadre, Compadre. De Portugal herdou o brasileiro a tradição dos compadres e comadres, espécie de irmandade de auxílio mútuo, respeitosa "intimidade e ligação espiritual inquebrantável. Entre si, compadres e comadres eram invioláveis e de confiança sagrada. Colocavam-se imediatamente abaixo dos irmãos legítimos. Um compadre estava autorizado a tudo dizer, aconselhar e ralhar ao outro, dizendo *as verdades*, expondo *regras de bem viver*, sem que a amizade pudesse sofrer diminuição e agastamento. As comadres eram como irmãs dos compadres, admoestando-os, rindo, indo mesmo ao direito do ralho e do conselho moral. Gustavo Barroso (*O Sertão e o Mundo*, 12 e *As Colunas do Templo*, 324) aproxima-os dos *Ulam* albaneses, dos *Pobratimes* sérvios, dos *Adelfopoitos* gregos. A união sexual de compadre e comadre constituía horroroso pecado, punível com castigos de excepcional severidade extranatural, causando pavor sua possibilidade (*Denunciações da Bahia*, 365). Juan B. Ambrosetti (*Supersticiones y Leyendas*) estudou a instituição do *compadrazgo* na região das Missões, argentino-brasileira. "El compadrazgo entre aquella gente tiene una gran importancia; es uno de los vínculos más sagrados que pueden unir a dos personas, y en muchos casos de la vida, allí, en medio del desierto, este lazo moral es lo único que puede oponerse al egoísmo innato tan desarrollado en las sociedades semiprimitivas" (79). No Brasil o compadre era a mesma constante psicológica, explicando a solidariedade dos grandes fazendeiros e senhores de engenhos com seus vizinhos e trabalhadores humildes, ligados pelo laço irrevogável do título de compadres. A obrigação de defender e auxiliar o *compadre pobre* era um direito natural e seu repúdio figura na literatura oral brasileira, fazendo o *compadre rico* a figura antipática de avarento castigado ao final. No Nordeste brasileiro há o *Fogo da Comadre com o Compadre*, modalidade do Batatão, Boitatá ou Fogo-Fátuo. É uma luz vermelho-azulada, extremamente brilhante, que gira num círculo e se divide em números pares, sempre volteando, antes de desaparecer. É o castigo do casal prevaricador. Ambrosetti registrou semelhantemente: "Si los compadres, olvidando el sacramento sagrado que los une, no hicieran caso de él, faltando la comadre a sus deberes conyugales con su compadre, de noche se transformarán los dos culpables en *mboi-tatá*, es decir, en grandes serpientes o pájaros que tienen en vez de cabeza una llama de fuego. Estos se pelearán toda la noche, echándose chispas y quemándose mutuamente hasta la madrugada, para volver a comenzar la noche siguiente, y así per sécula seculorum, aun después de muertos. No sé hasta qué punto temerán algunos compadres al *mboi-tatá*" (81-82). No Nordeste brasileiro o castigo é posterior à morte. O *Fogo da Comadre com o Compadre* representa a expiação de duas almas. Para fazê-lo afastar-se reza-se a Salve-Rainha, riscando-se o chão em cruz ou pondo dois pauzinhos encruzados. Compadres de São João: Durante a Noite de São João, 23 para 24 de junho, rapazes e moças se fazem compadres e comadres, mediante a recitação da fórmula tradicional: "São João disse, São Pedro confirmou, que nós fôssemos compadres, que Jesus Cristo mandou!..." Os dois ficam separados pela fogueira e mudam de lugar cada vez que a fórmula é dita. Na terceira vez trocam aperto de mão e abraço gritando: "Viva nós, compadre!" Embora sem a tradição severa do compadrio religioso, pela testemunha ao batismo de um filho, o compadre de São João, em certos pontos sertanejos, determina amizade segura e séria. A fórmula de S. João faz igualmente primos e noivos. A origem do vocábulo *com-madre, com-padre*, indica sua importância velha, substitutos normais dos pais. Comadre Cabra. Escrevendo sobre o interior do Nordeste, informa Henry Koster (*Viagens ao Nordeste do Brasil*) numa viagem que realizou em 1810: "As crianças são aleitadas frequentemente pelas cabras, o que aumenta o preço desses animais. A cabra que serve empregada nesse serviço recebe o nome de *comadre*, termo usado entre a mãe e a ama das crianças, e é comum dar-se essa denominação às cabras que não têm essa ocupação, não tendo a honra de nutrir seus jovens senhores ou senhoras" (211 da tradução brasileira). No planalto do Paraná o Boitatá é ainda a transformação do compadre e da comadre, mesmo quando legalizam o amor pelo casamento. Explica um sertanejo paranaense a outro, vendo a bólide e benzendo-se: "É o Boitatá. Quando compadre e comadre casam, eles viram aquilo." (Plínio Salgado, *O Cavaleiro de Itararé*, 154-155, 2ª ed., Rio de Janeiro, 1937). Durante muitos séculos o compadrio constituiu impedimento canônico para justas núpcias. Roberto, o Piedoso, Rei da França, foi excomungado pelo Papa Gregório V, por se ter casado com sua comadre. Berta, viúva do Conde de Chartres. Constituiu justo impedimento para que o Papa Inocêncio VI autorizasse o casamento de Dom Pedro I de Portugal e Inês de Castro (Carlos Olavo, *João das Regras*, 152-3, Lisboa, sem data). J. G. Frazer registrou a cerimônia tradicional na Sardenha, durante a festa de São João, onde os rapazes e moças se fazem comadres e compadres (*Le Rameau D'Or*, III, 155-156, Paris, 1911). Luís da Câmara Cascudo ("Compadre e Comadre", *Revista de Dialectología y Tradiciones Populares*, tomo XII, cad. 3, Madrid, 1956) estuda mais extensamente o assunto, com documentação histórica; Jaime Lopes Dias, *Etnografia da Beira*, VII, 156, Lisboa, 1948, sobre os compadres do magusto em Portugal. Há nesse país a *quinta feira de compadre e quinta feira de comadre*, duas semanas anteriores ao carnaval. Gastão de Bettencourt (em carta de 19-8-1953), cita os *compadres do vime* (Alentejo). Julio Vicuña Cifuentes (*Mitos y Supersticiones*, Santiago, 1947) informa sobre o *compadrazgo* no Chile. Naturalmente, a instituição nasce com o desenvolvimento do catolicismo, porque não há outra fonte para o fortalecimento desse vínculo espiritual. O *compadrio de São João* ainda é muito popular no Norte e Nordeste do Brasil, onde esses "parentés á plaisanterie", como diz Marcel Mauss, mantêm prestígio como se não se tratasse dum *joking relationships*.

COMADRE FLORZINHA. A "Cumade Fulôzinha" vive na Zona da Mata e sertão pernambucanos. Caboquinha ágil, de grande cabeleira derramada nas costas, servindo-lhe de chicote e tentáculos, olhos escuros, lampejantes, é zombeteira, malvada, ocasionalmente prestimosa, como a maioria dos duendes rurais na Europa, inquietos, perturbadores, faceciosos. Transforma-se em animais até seu porte, em moça nova e também em menino magro. Desaparece sem deixar rastos. Diverte-se emaranhando crina e cauda dos cavalos, cabelo de menino vagante nos matos, surrando os cães, as crianças fujonas, perseguindo-as, levando-as para longe. Oculta no matagal, desorienta caçadores e viajantes com insistentes e longos assobios assombradores. Evidentemente proteje a caça contra os matadores desapiedados. Às vezes presenteia alguém, coma exigência de não repartir a oferta. Orgulha-se da misteriosa ascendência selvagem, dando um nó na trança de uma moça porque a chamou "pelo santo nome de Maria". Detesta, como o *Curupira*, pimenta no seu mingau, matando um caçador atrevido neste sacrilégio. E adora fumo como a *Caipora*, de quem é lógico sinônimo: — (Prof. José de Oliveira Primo, Carpina: Pintor Paulo de Assis Cavalcanti, Arcoverde, Pernambuco). Ver *Caipora, Curupira, Saci-Pererê*. Não lhe deparo registo em livro anterior a 1950. Sinonimiza, como a *Caipora*, infortúnio, desventura, insucesso, enfim o "Caiporismo". "Comadre Fulôzinha pegou-o, e nunca mais se aprumou".

COMBOIEIRO. Ver *Cafofa*.

COMBOIOS. Ver *Margem*.

COMER. As horas da alimentação outrora estavam ainda muito fiéis às tradições semirreligiosas do costume patriarcal. Nas cidades a refeição reunia a família, conversava-se. No interior era uma hora silenciosa e rápida, depois da oração inicial, manducação respeitosa porque Nosso Senhor assistia. Não se podia comer seminu ou com assuntos desrespeitosos. Havendo gente de fora, as mulheres da família, nas residências mais avançadas, serviam, discretamente. Noutras, não havia de mulher senão a velha dona da casa, que não vinha à mesa, lugar dos homens. Nos meados do séc. XVIII é que apareceu o garfo. Mesmo até 1910 o comum, no povo do sertão e pequenos lavradores e fazendeiros, era servir-se como o Rei Luís IX de França. Cortava-se a carne e punha-se no prato. Comia-se à mão e com a providencial colher. A comida em comum estabelecia um vínculo, uma obrigação tácita de auxílio e amizade, pelo menos de não agressão. Comer no mesmo prato era uma afirmativa de fraternidade. Vinha do árabe. "Un comune cibo stabilisce un legame indissolubile, un AHD, *patto* che implica una maledizione condizionata in caso di transgressione." (Ester Panetta, *Forme e Soggetti della Letteratura Popolare Libica*, 85, nota 4, Milão, 1943). O comer fixava. Perséfona ficou no Hades, por ter comido sete bagos de romã. Quem bebe água da fonte de Trevi, em Roma, ou de Buykos, em Istambul, come as roscas de Utrera ou o açaí do Pará voltará, irresistivelmente, a esses lugares. O ato mais solene do matrimônio em Roma, a *confarreatio*, era comer o *panis farreus* ante o altar dos Lares do marido. Identicamente na Grécia, na fase do casamento grego, o *telos*, em que a noiva comia um pouco de pão, de bolo ou frutos secos. O *Lectisternio* era a suprema oferenda aos deuses romanos. Consistia num banquete, de que os ídolos participavam. Provar o sal da casa alheia era aliar-se aos seus interesses (ver *Sal*). Uma reminiscência é o indispensável banquete diplomático ou político, homenagem, promessa típica de aliança geral de todos os aderentes. Em Florença, o assassino que conseguisse tomar uma sopa de pão e vinho sobre o túmulo do assassinado não podia mais ser objeto de vingança da família do morto, tal o poder obrigacional do alimento. Dante menciona esse costume no "Purgatório", XXXIII, terceto 12. Sobre o assunto, ver Luís da Câmara Cascudo, *Superstição no Brasil*, "Perséfona e os 7 bagos da romã", 6ª ed., 40-46, São Paulo, Global, 2002; idem, *História da Alimentação no Brasil*, "Introdução", 17-68, 4ª ed., São Paulo, Global, 2011; idem, "Folclore da Alimentação", *Revista Brasileira de Folclore*, n.º 7, setembro-dezembro de 1963, Rio de Janeiro. Ver *Comida, Refeições, Alimentação*.

COMIDA. Transcende do simples ato de alimentar-se a significação da comida. É ainda hora semissagrada de silêncio, compostura, severidade. Manda-se *respeitar a mesa*. Não se come trazendo armas, chapéu na cabeça ou despido. Um banquete, comida coletiva, é a maior homenagem social. Certos alimentos determinam o regresso ou fixam quem lhes provou o sabor no local de origem (Luís da Câmara Cascudo, *Superstição no Brasil*, "Perséfona e os 7 bagos da romã", 40-46, 6ª ed., São Paulo, Global, 2002). Os romanos ofereciam aos deuses uma refeição solene e pública, o *Lectisternio*, nos dias de calamidade. O ato mais importante no matrimônio em Roma era a *Confarreatio*, onde a noiva comia um pedaço do *panis farreus*, correspondente ao bolo, pão, fruto seco, na Grécia. Origem do "Bolo de Noiva", primeiro gesto da esposa, dividindo as rações no novo lar. Comer junto é aliar-se. Companheiro vem de *cum panis*. Comer o pão ou provar o sal é irmanar-se, solidarizar-se. Ainda no séc. XIV, em Florença, no tempo de Dante Alighieri, o assassino que conseguisse tomar uma sopa de pão e vinho sobre o túmulo do assassinado não podia mais ser perseguido pela família do morto ("Purgatório", XXXIII, 12). Para os janízaros, o símbolo da união sagrada era a grande panela, *kazan*. Transmitia-se força, energia, valor, manducando-se carne, cérebro, medula, do vencido ou do parente (endocanibalismo). Integra-se a divindade no fiel pela absorção do seu corpo: teofagia. A hora de alimentar-se é sagrada, evita-se a palavra suja e o gesto obsceno. Se cai um pedaço é porque algum parente sofre necessidade. Não se deixa o pão no solo. A tradição milenar da mulher cozer a refeição afastava-a da comida com os homens, hábito espalhado pelo mundo inteiro. Em várias regiões (Ásia, África, Melanésia, América do Sul) não se olha quem está comendo. Como um ato de purificação (herança de Roma), lava-se a mão antes de comer. Ora-se antes e depois de alimentar-se. Silêncio nas refeições conventuais até o *Deo Gratia*. Na Inglaterra, até o *toast* ao Rei. Os romanos beijavam a mesa, *osculatique mensam* (Petrônio, *Satyricon*, LXIV). Jesus Cristo ou o Anjo da Guarda assistem à refeição. Lugar de honra. Presidir a comida. Servir-se em primeiro lugar. Não se recusa esmola quando se come. Intervenção religiosa nos tabus alimentares, carne com peixe, frutas e leite, comidas quentes e frias, bebidas durante ou depois da refeição (Luís da Câmara Cascudo, *Superstição no Brasil*, "O vínculo obrigacional pela alimentação em Comum", 218-219, "Promessa de jantar aos cachorros", 279-282, 6ª ed., São Paulo, Global, 2002).

COMIDA À CABEÇA. Dar comida à cabeça tem por fim satisfazer um preceito dos candomblés da Bahia, para obter saúde, ensina Manuel Querino. É um ato secreto, de finalidade terapêutica, havendo a consulta aos oubis, pequenina fruta africana, cuja posição, ao cair, dirá a boa ou má direção dos desejos do consulente. Há, finalizando, uma matança ritual de aves, aproveitada parte na cerimônia e parte na refeição dos convidados e oficiantes. Manuel Querino registrou-a (*Costumes Africanos no Brasil*, 63, Rio de Janeiro, 1938). Ver *Obori*.

COMPANHEIRO DO FUNDO. "Entre os sobrenaturais que se acredita habitar o fundo dos rios e dos igarapés ou dos *poções*, estão os *companheiros do fundo*, também chamados *caruanis*. Habitam um reino encantado, espécie de mundo submerso. O reino é descrito à semelhança de uma cidade, com ruas e casas, mas onde tudo brilha como se revestido de ouro. Os habitantes desse reino do fundo dos rios têm semelhança com criaturas humanas: sua pele é muito alva e os cabelos louros. Alimentam-se de uma comida especial que, se provada pelos habitantes deste mundo, os transforma em *encantados* que jamais retornam do reino. Os *companheiros do fundo* agem como espíritos familiares dos pajés ou curadores. A concepção desses companheiros é algo de vago para o leigo. Alguns acreditam que sejam os botos, considerados extremamente malignos. Outros distinguem entre *companheiros* e botos, classificando estes últimos em uma categoria especial de seres encantados. Uma ou outra concepção lhes atribui realidade, existência. No primeiro caso, as criaturas tomam a forma do boto, mas, no *fundo*, têm a semelhança de humanos." (Eduardo Galvão, *Santos e Visagens*, "Um Estudo da Vida Religiosa de Itá", Amazonas, pág. 92, S. Paulo, 1955). Ver *Caruanas, Bicho do Fundo*.

COMPORTA. Dança portuguesa da segunda metade do séc. XVIII e que se popularizou no Brasil. Miguel do Sacramento Lopes Gama, aludindo às danças no seu tempo (*Carapuceiro*, n.º 10, 17-2-1838), escreve: "Tínhamos o coco, o sabão, e a *comporta*, que se dançavam ao som de uma cítara". Recordando os bailes passados (*Carapuceiro*, n.º 65, de 12-11-1842), informa:

"Em bodas e batizados
É que se dava função,
Dançavam-se os minuetos,
Comporta, o coco e o sabão,
Ao som de cetra e viola
Também era muito usado
O dançar das umbigadas
O belo landum chorado.
Aqui pelo nosso mato,
Qu'stava então mui tatamba,
Não se sabia outra coisa
Senão a dança do samba."

Nicolau Tolentino cita a popularidade da comporta em Lisboa (*Obras Seletas*, 156. ed. D. Barreira, Porto s. d.):

"E que mal te fez na porta.
Pai que ronda de quadrilha.
Cabeleira loira e torta.
Dizer que peçam à filha
Um bocado de comporta?"

E fala também: "Lhe manda ternos amor, / Sobre as asas da comporta". Morais dicionariza comporta como "Moda que se canta à viola entre gente do vulgo". Na edição de 1801, Tolentino anotou, ou alguém por ele: "Comporta, moda que canta a gente da plebe". O erudito Mário de Sampaio Ribeiro informou ao anotador da edição que cito, Augusto César Pires de Lima, que a comporta era "uma das modinhas brasileiras que mais divulgação alcançaram". Mas o *Carapuceiro* incluiu-a decididamente entre as danças populares no Recife de fins do séc. XVIII e princípios do XIX.

CONGADAS, CONGADOS, CONGOS. Autos populares brasileiros, de motivação africana, representados no Norte, Centro e Sul do país. Os elementos de formação foram: A) coroação dos Reis de Congo; B) préstitos e embaixadas; C) reminiscências de bailados guerreiros, documentativos de lutas, e a reminiscência da Rainha Njinga Nbandi, Rainha de Angola, falecida a 17 de dezembro de 1663, a famosa Rainha Ginga, defensora da autonomia do seu reinado contra os portugueses, batendo-se constantemente com os sobados vizinhos, inclusive o de Cariongo, circunscrição de Luanda. No *congos do Rio Grande do Norte*, o rei local é Henrique, rei cariongo, transformado em rei de congo, ou rei congo, noutras paragens. Especificamente, como vemos e lemos no Brasil, nunca esses autos existiram no território africano. É trabalho da escravaria já nacional com material negro, tal qual ocorre com o fandango, dança em Espanha e Portugal e auto no Brasil, ao derredor da xácara da "Nau Catarineta". A) a coroação dos reis de congo, denominação comum que abrangia sudaneses e bantos, já era realizada na igreja de N. Sª do Rosário no Recife, em 1674, N. Sª do Rosário dos Homens Pretos, aparecendo Antonio Carvalho e Ângela Ribeira sendo rei e rainha de congo (*Arquivos*, 1º e 2º, 55-56, Diretoria de Documentação e Cultura. Prefeitura do Recife, 1949-1950). As autoridades prestigiavam a solenidade para quietação e disciplina da escravaria, que se rejubilava vendo o seu rei *coroado*. Em certas ocasiões, a festa alcançava esplendor pelo empréstimo de joias, adereços e trajes riquíssimos, cedidos pelos amos. Reunidos os escravos e mesmo mestiços e forros, iam buscar o régio casal, processionalmente, levando-o à igreja, onde eram coroados pelo vigário. De ida e volta o cortejo executava bailados, jogos de agilidade e simulação guerreira, choque de armas brancas, dança de espadas, a *danse des Matassins*, tão vulgarizada no mundo, especialmente nos sécs. XVI e XVII e já velha na Roma imperial. N. Sª do Rosário, padroeira dos Pretos, sofreu a concorrência de S. Benedito e de Santa Ifigênia, também pretos, e também *Santo Antônio Preto* (ver). A imagem de N. Sª do Rosário era, às vezes, pintada de negro, num solidarismo racial instintivo. Johann Emanuel Pohl assistiu à festa de S. Ifigênia, em Traíras, Goiás, 1819, com espetacular magnificência (ver *Ifigênia*). As Irmandades de N. Sª do Rosário ajudavam, tenazmente, essas coroações, que as enalteciam. Regressando às sedes, casas alugadas ou cedidas, havia baile, comida farta, bebida, alegria estridente. Melo Morais Filho descreve a aparatosa "Coroação de um Rei Negro em 1748" na Igreja de N. Sª da Lampadosa, no Rio de Janeiro (*Festas e Tradições Populares do Brasil*, 381-386, Rio de Janeiro, 1946). Essas coroações foram a velocidade inicial dos autos, como ainda vemos no Rio Grande do Sul (Dante de Laytano, *As Congadas no Município de Osório*, Porto Alegre, 1945) e em S. Paulo, aí na intenção de S. Benedito, Guaratinguetá, (Alceu Maynard Araújo, *Poranduba Paulista*, 153-162, S. Paulo, 1957). No Rio Grande do Norte (Caicó e Jardim do Seridó), a coroação resiste travestida de *Dança do Espontão* (ver *Espontão*), onde há Rei e Rainha que vão solenemente à missa dominical acompanhados de séquito, tambores e lanças, mas já coroados porque os sacerdotes recusam colaboração. Ao redor de 1914, Henry Koster registrou a coroação dos Reis do Congo, março, em Itamaracá, bem pobremente vivida (*Viagem ao Nordeste do Brasil*, 353-355, trad. de Luís da Câmara Cascudo, S. Paulo, 1942), durante o novenário de N. Sª do Rosário. Em Minas Gerais, há, identicamente (João Dornas Filho, "Influência Social do Negro Brasileiro", *Revista do Arquivo Municipal*, LI, S. Paulo, 1938), e em junho de 1818 Von Martius assistiu a uma na festa do Tijuco. O Rei Velho entregou a coroa ao Rei Novo, na Igreja da Madre de Deus, e não houve intervenção eclesiástica (*Viagem pelo Brasil*, 2º, 129-130, Rio de Janeiro, 1938). Mas os escravos deliravam de alegoria ruidosa.

B) Os préstitos, *reinos* e *embaixadas*, desdobramento de trechos tornados autônomos da *coroação*, aglutinam danças e cantos independentes, aculturando-os ao enredo do folguedo cuja unção religiosa diluiu-se. Houve, em janeiro de 1760, um "Reino do Congo" no Rio, numa festa oficial. Um modelo é o *Maracatu* (ver), constando de puro cortejo coreográfico, com Rainha, estandartes, músicos, cortes, bonecas, juntando-se posteriormente indígenas emplumados e saltadores, (ver *Embaixada*). Essas *embaixadas* deram grande impulso à ação dos autos, mensagem, intimação, resposta, duelo verbal em altiva declamação, ao sabor enfático das orgulhosas precedências da diplomacia africana. A *embaixada* anuncia-se com um bailado e é recebida com cerimonial ginástico. O Embaixador *dá missão* com aprumo incomparável e dança ao terminar o recado. Segue-se uma cena de luta do Enviado com os fiéis do monarca deprecado. Um bom exemplo da transformação do préstito em *embaixada*, e esta em auto guerreiro, é a congada de S. Paulo, vale do Paraíba, zonas da Mogiana, Paulista, Sorocabana, vale da Ribeira, Bragantina e sul do Estado, resumidas por Alceu Maynard Araújo (*Documentário Folclórico Paulista*, 47-49, S. Paulo, 1952), com documentação fotográfica de Piracaia, junho. Verifica-se o ataque dos Mouros ao Rei de Congo. Preso o filho do atacante. Embaixada moura. Troca de enviados. Discussão. Debates. Batalha entre *mouros* e *cristãos* (os do Rei de Congo) com a vitória destes. Não temos pormenores do *Reinado dos Congos* assim como da *Dança dos Congos*, apresentadas no Paço do Conselho da cidade do Salvador em 6 de junho de 1760, festejando-se o casamento da Princesa Real (depois Rainha D. Maria Primeira) com seu tio, depois El-Rei D. Pedro III. Guilherme de Melo, (*A Música no Brasil*, 52, Rio de Janeiro, 1947) informa que "o Reinado dos Congos se compunha de mais de oitenta máscaras, com fardas ao seu modo de trajar, riquíssimas pelo muito ouro e diamantes de que se ornavam". Da Dança dos Congos adianta que "se apresentam os ourives em forma de embaixada". A exibição dos bailados indígenas sempre ocorria em forma preliminar de visita, comitiva, chegada, embaixada ao Rei ou às pessoas protetoras que os recepcionavam. Nicolau Lanckmann, enviado do Imperador Frederico a Portugal, para levar a Princesa Eleanor, filha Del Rei D. Duarte, em 1451, assistiu a danças dos *Etíopes* em Lisboa (*Jornadas de Nicolau Lanckmann*, anexo ao *Uma Sobrinha do Infante*, 95, Luciano Cordeiro, Lisboa, 1894). As representações do Rei de Congo eram comuns em Portugal, e Teófilo Braga, citando João Pedro Ribeiro, refere-se à festa de N. Sª do Rosário no Porto: "Acabou, porém, já no Porto, outra mascarada, em que se representava a Corte Del-Rei de Congos, com seu Rei e Rainha e imaginária Corte, com que os pretos se persuadiam render culto à sua Padroeira." (*O Povo Português nos seus Costumes, Crenças e Tradições*, 2, 313, Lisboa, 1885).

C) Ciclo da *Rainha Ginga* e dos autos guerreiros. Em junho de 1818, no Tijuco (Diamantina, Minas Gerais), Von Martius presenciou a festa do *Rei Congo e Rainha Xinga*. Coroação, préstito, visitando as pessoas gradas. O Reinado dos Congos de 1760 na Bahia, a deduzir-se pelo título, devia ter sido préstito com alguns bailados. O *Reinado* democratizou-se em *Reisado* (ver). As danças guerreiras nasceram de reconstituições sintéticas, comemorativas de campanhas felizes. A dança era uma homenagem votiva, bailando-se aos deuses e aos soberanos. Todos os antigos autos e danças dramáticas tinham o sentido oblacional e, quando ocorria um préstito, iniciava-se diante das Igrejas ou Catedrais, dançando-se nos adros ou mesmo no interior dos templos, como ainda bailam gravemente os Gigantones ante o altar-mor do Apóstolo de Espanha, em Santiago de Compostela, ou os *seises* na *Capilla-Mayor* de Sevilha ou as "Calendas" em Vila do Conde, Congadas, Congados, Congos e autos semelhantes vinham à porta da Matriz, incluídos nas devoções populares do ciclo do Natal. No Brasil, o elemento indígena convergiu, num ou noutro lugar, para os Congos (ver *Cucumbi, Boi-Bumbá, Quilombos, Maracatu, Ticumbi*). Da Bahia ao Amazonas, os autos e danças dramáticas não têm figuras femininas e nas áreas tradicionais de sua representação, da Bahia ao Ceará, a Rainha Ginga não comparece, e sim um seu Embaixador. Em Minas Gerais e Rio Grande do Sul, em préstitos, está a Rainha Ginga, silenciosa e desfilando, soberba, ao lado do Rei de Congo, seu impossível esposo, pois, historicamente, foi inimigo tenaz e tantas vezes derrotado. No Rio Grande do Norte, onde os Congos são vivos há quase século e meio, o Embaixador, desatendido pelo Rei de Congo (Henrique, Rei Cariongo), entra em peleja, mata o Príncipe Sueno e leva o próprio Rei prisioneiro. Não há ressurreição e nenhum papel feminino, embora, à volta de 1956, apareça uma muda Rainha Ginga que nada tem que dizer e limita-se a balancear o corpo nos bailados (cidade do Natal e fotos que ilustram o *Danças do Brasil*, de Felicitas). Na versão baiana de Melo Morais Filho é um *caboclo* (indígena) o matador do Príncipe, que volta a viver, e há luta entre os dois partidos. Na variante pernambucana de Pereira da Costa o auto finaliza em festas e pazes. Em Atibaia, S. Paulo, (informação do Sr. João Batista Conti) não há morte do Príncipe e intervenção do feiticeiro, e sim uma guerra entre o Rei e um General invasor, vencido e batizado, lembrando as *Cheganças* ou *Cristãos e Mouros* (ver). Em Goiás, o Congado é uma embaixada da Princesa Miguela ao Rei seu primo que recebe belicosamente o emissário e, depois de breves escaramuças, o proclama Duque e Mirante-Mor. (Pereira da Costa, "Folklore Pernambucano", *Rev. Inst. Hist. Bras.*, tomo LXX, parte II, 211-216, 270-277, Rio de Janeiro, 1908; Gustavo Barroso, *Ao Som da Viola*, Rio de Janeiro, 1921; João Nogueira, "Os Congos", *Revista do Instituto do Ceará*, XLVIII, 89, Fortaleza, 1934; Mário de Andrade, "Os Congos", *Lanterna Verde*, n.º 2, Rio de Janeiro, 1935 (transcrito na *Antologia do Folclore Brasileiro*, vol. 2, 301-318, 6ª ed., São Paulo, Global, 2004); Renato Almeida, *História da Música Brasileira*, 2ª ed. Rio de Janeiro, 1942; idem, versão goiana, de Goiânia, *Dom Casmurro*, 11 e 13 de junho de 1942, Rio de Janeiro; Artur Ramos, *O Folclore Negro do Brasil*, Rio de Janeiro, 1935; Luís Edmundo, *O Rio de Janeiro no Tempo dos Vice-Reis*, Rio de Janeiro, 1932, p. 185; Luís da Câmara Cascudo, *Literatura Oral no Brasil*, 460-464, 2ª ed., São Paulo, Global, 2006; Oneyda Alvarenga, *Música Popular Brasileira*, 90-105, Porto Alegre. 1950; Édison Carneiro, *Dinâmica do Folklore*, 51-63, Rio de Janeiro, 1950; Diégues Junior, *Danças Negras do Nordeste*, "O Negro no Brasil", Rio de Janeiro, 1940; Felicitas, *Danças do Brasil*, Congo, 99-102, Rio de Janeiro, 1958; Augusto Meyer, *Guia do Folclore Gaúcho*, 60-62, Rio de Janeiro, 1951; Roger Bastide, "As Congadas do Sul do Brasil", *Província de S. Pedro*, n.º 10, Porto Alegre, 1948; Osvaldo R. Cabral, "As Danças de Congos no Sul do Brasil", comunicado n.º 146 à CNFL, 19-X-1949, Rio de Janeiro; Rossini Tavares de Lima, "Folguedos Populares de São Paulo", *A Congada*, 260-263, sep. *IV Centenário da Fundação da Cidade de São Paulo*, 1954); Dante de Laytano, *As Congadas do Município de Osório*, Porto Alegre, 1945; Théo Brandão, *Folguedos Natalinos de Alagoas*, Maceió, 1961; Alceu Mayard Araújo, *Folclore Nacional*, 1º vol., "Festas, Bailados, Mitos e Lendas", São Paulo, 1964); Rossini Tavares de Lima, *Folguedos Populares do Brasil*, "Congada, Congado, Congos", com documentação musical, Ed. Ricordi, S. Paulo, s. d.; Waldemar de Almeida Barbosa, "O Congado no Oeste Mineiro", *Revista Brasileira de Folclore*, 11, Rio de Janeiro, 1965. Em Osório, Rio Grande do Sul, a 3 de janeiro de 1977, na Igreja de N. S. da Conceição, durante a Missa, antes da Consagração, o Pe. Matheus Canela, pela 15ª vez, coroou Rainha Ginga do Congo a preta Maria Teresa Teodoro de Oliveira, de 104 anos de idade, e Rei do Congo, a Otávio do Nascimento, pela quarta vez, ao som de cânticos e tambor. À tarde, depois do jantar, os Soberanos desfilam entre alas de Moçambiques e Quicumbis (Cucumbis), representando antigas etnias africanas, denominando danças tradicionais no Brasil: "Correio do Povo", 4.1.1977, Porto Alegre-RS.

CONSELHEIRISTAS. Epíteto dado pela imprensa brasileira em 1897 aos *Jagunços* (ver) capitaneados por Antônio Conselheiro (ver *Conselheiro*) em seu arraial de Canudos. Pretendia, em duplo sentido, ligar o movimento rebelde no sertão da Bahia às inspirações do Partido Monarquista, chefiados pelos sobreviventes Conselheiros do Império, que desaparecera em 15 de novembro de 1889. Nenhuma prova posterior documentou a suspeição que possuíra adeptos exaltados.

CONSELHEIRO. Antônio Conselheiro, Bom Jesus Conselheiro, Santo Antônio Aparecido, apelidos de exaltação fanática dados pelos jagunços (ver *Jagunço*) de Canudos ao seu chefe, Antônio Vicente Mendes Maciel, nascido em Quixeramobim, Ceará, em 1828, e falecido de disenteria no arraial de Canudos em setembro de 1897 (Euclides da Cunha informa 22 de agosto), no sertão da Bahia. Por motivos ignorados, tidos como desgostos domésticos, abandonara o Ceará, entregando-se a uma vida nômade, pregando moral rígida e severa, usando indumentária de monge. Seguido por uma multidão fascinada, errou pela província de Sergipe e fixou-se no interior da Bahia, onde ergueu o povoado de Canudos à margem do rio Vasa Barris. Frugal, austero, exigente, disciplinador, casto, possuiu domínio integral sobre as populações vizinhas que lhe davam os títulos divinos e uma obediência ilimitada. Em suas peregrinações ajudado pelo povo fiel, construiu igrejas e cemitérios, pregando um Evangelho ríspido e sugestivo que seduzia os auditórios encantados. Ao redor de Canudos, cercava-o o prestígio indisputável de um santo vivo. Exigente nos prolongados jejuns, abstinência de álcool, trabalho diário, Antônio Conselheiro inconscientemente preparava seu rebanho para a estupenda resistência que o imortalizaria, em formal desmentido às leis ecológicas e nutricionistas. Depois da proclamação da República (1889), dizia-se monarquista e não reconhecia leis do Governo e menos o casamento civil. Faziam milagres a água em que bebia e as folhas de árvore que o abrigara. Tolerado e, mesmo, protegido, ia vivendo com seu povo, quando houve rompimento com um comissário de Polícia do Juazeiro, a quem o Conselheiro comprara e pagara madeiras que jamais foram entregues. O comissário aproveitou-se do cargo e os jagunços reagiram às imposições policiais. Canudos tornou-se aos olhos oficiais um foco de insubmissão e povoado de facínoras em armas. Começou a luta que parecia ser uma simples diligência de patrulha. Quatro expedições foram enviadas contra Canudos. Uma força militar, da Bahia em janeiro de 1896 foi repelida. O Coronel Febrônio de Brito, em janeiro de 1897, com tropa do Exército, teve um final de derrota. O Coronel Moreira César, março de 1897, caiu mortalmente ferido e sua força foi desbaratada deixando abundante armamento e munição aos jagunços. Em setembro do mesmo 1897 o General Artur Oscar de Andrade Guimarães comandou a quarta expedição, com canhões, generais, e quase 5.000 homens do Exército e Polícias Estaduais. Depois de encontros em que os jagunços se batiam com desespero, Canudos foi cercado e os últimos quatro defensores do reduto foram mortos na manhã de 5 de outubro de 1897. O arraial foi incendiado, bombardeado, destruído. Exumado o cadáver de Antônio Conselheiro, deceparam-lhe a cabeça, que foi conduzida para a capital baiana "para estudos". Ver *Sebastianismo*. Sobre a campanha de Canudos, que Euclides da Cunha iluminou para sempre, ver: Dantas Barreto, *A última Expedição a Canudos*, Porto Alegre, 1898; Manuel Benício, *O Rei dos Jagunços*, Rio de Janeiro, 1899; Euclides da Cunha, *Os Sertões*, Rio de Janeiro, 1902 (22 edições); Henrique Duque Estrada de Macedo Soares, *A Guerra de Canudos*, Rio de Janeiro, 1903; José Calazans, *O Ciclo Folclórico do Bom Jesus Conselheiro*, Bahia, 1950; Odorico Tavares, *Imagens da Terra e do Povo*, "Canudos, Cinquenta Anos Depois", 233-291, Rio de Janeiro, 1951; Abelardo F. Montenegro, *Antônio Conselheiro*, Fortaleza, 1954; Canudos é um centro de vivo interesse sociológico e folclórico, já determinando, com a figura poderosa de Antônio Conselheiro, uma bibliografia que alcança o romance (João Felício dos Santos, *João Abade*, Rio de Janeiro, 1958; Paulo Dantas, *O Capitão Jagunço*, São Paulo, 1959). O arraial de Canudos desaparecerá sob as águas da represa projetada para Cocorobó. O poeta José Augusto Garcez dedicou-lhe um poema, "Canudos Submerso", vol. XXVI do *Movimento Cultural de Sergipe*, Aracaju, sob sua direção, 1956; José Calazans, *No Tempo de Antônio Conselheiro* (inclui *Subsídios para a Bibliografia da Campanha de Canudos*), Bahia, 1959.

CONSOADA. Refeição tomada à noite nos dias de jejum. É um pequeno banquete doméstico, participando todos os da família. Reminiscência dos ágapes cristãos, não desapareceu inteiramente a impressão religiosa de seu conjunto. É especialmente conhecido nos países católicos durante a Quaresma e dos dias da Semana Santa a Sexta-Feira, o jejum-maior, obriga a melhor consoada. Numa canção do *Cancioneiro da Vaticana*, a de n.º 73, alude-se à tradição: "Como em dia de Páscoa queria bem comer". Em Roma, depois da semeadura, 15 de dezembro, e depois da colheita, 21 de agosto, havia a *Consualia* ao deus *Consus*, de *conserere*, semear, ou de *conditus*, oculto. Era festa pública, nos campos, dando-se liberdade aos animais de trabalho, coroados de flores e desfilando processionalmente. Não há, visivelmente, outro liame além do nome que considero a origem da nossa consoada. As refeições comuns, domésticas ou públicas, são tão antigas e divulgadas nas religiões que será impossível indicar origem real.

CONTAR. Mantendo a tradição do poder aos números sobre os objetos enumerados, crendo em sua limitação pela simples alusão ao total, o povo conserva atos que denunciam a persistência religiosa de um hábito milenar. O fato de alguém contar alguma coisa predisporá à sua extinção ou multiplicação na ordem inversa do desejo humano. O Barão de Studart (n.º 121) lembra que contar os piolhos que se tiram da cabeça faz aumentar-lhes o número. Contar ovos no choco fá-los-á gorar. Contar os pintos de uma ninhada é anunciar-lhes o gogo (gosma) infalível. Contar as peças de caças abatidas é quase certo não aparecer nenhuma mais. O pescador não conta o peixe, enquanto estiver pescando, e sim quando deixar a pescaria. Se contar, os peixes fogem do anzol. Nos bandos de ovelhas, cabritos, bezerros, contar é limitar o número fatalmente. Os portugueses dizem: *Do contado come o lobo*, e em França corre o provérbio: *Brebis comptées, le loup les mange*. Quem conta estrelas cria verruga no dedo. Contar os frutos de uma árvore é agouro. Quase sempre, depois de contados, apodrecem antes de amadurecer ou caem ainda verdes. Sir James George Frazer (*Le Folklore dans L'Ancien Testament*, versão de E. Audra, Paris; 1924, liv. III, cap. V. *Le péché du Cens*), reuniu as superstições sobre o assunto, mostrando sua força no espírito popular europeu, africano, asiático, etc. No *Antigo Testamento*, "Samuel", 2, XXIV, "Crônicas", I, XXI.

CONTO POPULAR. É a *estória* de Trancoso, conto de Fadas, da Carochinha, etc. É de importância capital como expressão de psicologia coletiva no quadro da literatura oral de um país. As várias modalidades do conto, os processos de transmissão, adaptação, narração, os auxílios da mímica, entonação, o nível intelectual do auditório, sua recepção, reação e projeção determinam valor supremo como um dos mais expressivos índices intelectuais populares. O conto ainda documenta a sobrevivência, o registro de usos, costumes, fórmulas jurídicas, esquecidas, mortas no tempo. A moral de uma época distanciada continua imóvel no conto que ouvimos nos nossos dias. A *experimenta*, o luto-branco, a adoração pelo mantel, a posse jurídica pelo sapatinho, poligamia, astrologia legal, a fome sexual do senhor que não exclui a própria filha, as aventuras, a cavalaria andante, de provas para a conquista matrimonial, mil aspectos passados ressurgem nos contos doces de outrora, como vestígios de civilizações desaparecidas. A Novelística, que se tornou uma das mais apaixonantes atividades de pesquisa cultural no séc. XIX, consagrou o conto popular, transmitindo oralmente, mostrando sua maravilhosa ancianidade e o texto, jamais uno e típico, mas tecido de elementos vindos de muitas origens, numa fusão que se torna nacional pelo narrador (presença do ambiente mesológico, fauna, flora, armas, vocabulários) e internacional pelo conteúdo temático. A Maria Borralheira, Cinderela, está em todos os idiomas e terras mas raramente num bloco compacto, com os episódios que julgamos constituir a verdadeira história. Está nos elementos que se combinam, tecendo variantes, tidas como originárias da própria terra onde são ouvidas. As colheitas realizadas pela Europa, África, Ásia, Oceania, América, em milhares e milhares de tomos, contendo os contos mais conhecidos e amados, os estudos comparativos dos elementos formadores, as tentativas de fixar as origens, ou a velocidade inicial do tema principal da *estória*, suas deduções para a pedagogia, literatura infantil moderna, psicanálise, psicologia geral, são altos motivos de existências inteiras votadas em seu serviço. Depois da reunião de uma massa abundante de contos, ouvidos nos países mais longínquos e pelas vozes simples do povo, fixados sem deformação letrada e sem falso preconceito estético de aformoseamento, surgiu a necessidade da sistemática, o imperativo da classificação simplificadora para o estudo final comparativo. As pesquisas esclareceram que os contos populares, nas áreas estudadas do mundo, não são incontáveis nem demasiado complexos. Partem de temas primitivos e obedecem a uma seriação articulada de elementos, de soluções psicológicas, uso de objeto, encontro de obstáculos, comuns e semelhantes. Talvez existam dez mil motivos fundamentais (Aurélio N. Espinosa) e a literatura oral dos contos tradicionais se reduz a uma combinação desses dez mil motivos entre si. A variedade dos fios formadores dá a ilusão do inesgotável na imaginação popular. A variedade está limitada aos processos de articulação, de engrenagem psicológica, de um episódio no outro, através de raças, idiomas e séculos. Uma das *estórias* mais antigas que conhecemos, a dos Dois Irmãos, Anepu e Batau, terá seus 3.200 anos e o papiro está no Museu Britânico. C. W. von Sysow, estudando a circulação dos contos populares, informa a existência de duas versões, éctipos distintos, um eslavo e outro indo-persa. O conto egípcio não se divulgou pela Europa. Encontrou em contos populares do Brasil e Portugal elementos temáticos do episódio dos Dois Irmãos. O sacrifício do boi para que a mulher coma o fígado reaparece em duas versões brasileiras, *Querino, Vaqueiro do Rei* (Rio Grande do Norte), e o *Boi Leição*, de Alagoas, publicadas no *Contos Tradicionais do Brasil*. Esse elemento resiste independente de todo texto episodial e figura em muitas *estórias*. Classificação: A classificação pelo método de Antti Aarne, cujo livro *Verzeichnis der Marchentypen* foi traduzido para o inglês e ampliado pelo Prof. Stith Thompson, tomando o nome, hoje conhecido por método Aarne-Thompson, divide-os em três grandes grupos: *Animal Tales*, contos de animais, *Ordinary Tales*, *estórias* populares, e *Jokes and Anecdotes*, gracejos e anedotas. O que existe de definitivo é a sistematização dos elementos formadores dos contos, os elementos mais representativos do enredo. A lista dos temas, os *Mt* (convenção de *Marchentypen*), abrange 2499 motivos, numerados e compreendidos nas diversas subdivisões dos três grupos gerais. 1-99, Animais selvagens; 100-149, Animais selvagens e domésticos; 150-199, Homem e animais selvagens; 200-219, Animais domésticos; 220-249, Pássaros; 250-274, Peixes; 275-299, Outros animais e objetos. Essas são as subdivisões dos contos de animais. O Prof. Stith Thompson completou Antti Aarne, publicando os seis volumes do seu *Motif-Index of Folk-Literature*, Bloomington, Indiana, Estados Unidos, 1932-1936, sistematizando os elementos da literatura popular universal. Os elementos foram divididos em vinte e quatro séries, correspondendo letras do alfabeto inglês, e numerado o tema propriamente dito. Por exemplo, a letra T é sexo. De To (Tzéro) a T99 os elementos versam sobre o amor; T100-T199, casamento; T200-T299, vida matrimonial; T300-T399, castidade e celibatarismo; T400-T499, relações sexuais ilícitas; T500-T599, concepção e nascimento; T600-T699, cuidado com a criança. A seriação de Stith Thompson é a seguinte: A) Motivos mitológicos; B) Animais; C) Tabu; D) Magia; E) Morte; F) Maravilhas; G) Ogres; H) Testes; I) Sabedoria e Tolice; J) Decepções; K) Reversão da Fortuna; L) Regulando o Futuro; M) Sorte e Agouro; N) Sociedade; O) Punição e Recompensa; P) Cativos e Fugitivos; Q) Crueldade incomum; R) Sexo; S) Natureza da vida; T) Religião; U) Trações de caráter; V) Humor e X) Miscelânea dos grupos de motivos. É, na espécie, a mais completa organização para o estudo da literatura popular como concepção metodológica. Noutro plano, avulta o estudo dos contos dos irmãos Grimm, feito pelos Profs. Johannes Bolte, de Berlim, e Georg Polivka, de Praga, *Anmerkungen zu den Kinder-und-Hausmarchen der Bruder Grimm*, em cinco volumes, 1913-1932, fixando todas as variantes dos contos alemães recolhidos pelos Grimm. Como esses contos são espalhados por quase todos os idiomas, o trabalho de Bolte-Polivka é bem, na frase de Stith Thompson, "the most indispensable book in the whole field of popular narrative". De minha parte, tenho uma classificação do conto popular, recebida com simpatia pelos mestres do folclore no plano da literatura oral. Não fixa o elemento formador do conto como o método Aarne-Thompson, mas apenas agrupa o material em divisões obedecendo às características mais típicas do bloco de episódios. Minha classificação, já utilizada em vários livros, responde perfeitamente às necessidades técnicas dos grupos primários simples, reunidos sob o critério da maioria, da presença, de um determinado grupo de temas. Contos de Encantamento: correspondem aos contos de Fadas, *estórias* da Carochinha, *Tales of Magic, Tales of Supernatural, Cuentos, Conti, Racconti, Fairy Play, Marchen, Skarki, Mi-soso* dos negros de Angola. Caracteriza-os o elemento sobrenatural, miraculoso, mirífico. Contos de Exemplo: Contos morais, Exemplo, *Exempli, enxemplo, Fireside storics, Stories, Ordinary Folk-Tales*, Novela no sentido geral. Há sempre a intenção doutrinária. Conseja, Conselha. Casos Edificantes, exemplo dos Sermonários, *Libro de los Ejemplos del Conde Lucanor y de Patronio*, por D. Juan Manuel, *The Exemple of Jacques de Vitry*, etc. Contos de Animais: Fábulas, *Animal Tales, Animal stories*. Contos Religiosos: *Religious Tales, Ji-sabu* de Angola. Presença ou interferência divina característica. Não se localiza, como a Lenda. Contos Etiológicos: Explicam a origem de um aspecto, forma, hábito, disposição de um animal, vegetal, mineral. A solha (*Solea brasiliensis*) ficou com a boca torta por ter zombado de Nossa Senhora, imitando-lhe a voz. *Tales of Origin*, segundo *Séan Ó Suilleabhain, Antiologischen Motive*, de Lehmann-Nitsche. Contos de Adivinhação: *Riddle-Tales, Rattselmarchen, Ji-Nongonongo* angolês. Contos Acumulativos: *Cumulative Tales, Formula Tales, Tales arranged in chains*. Contos em que os episódios são sucessivamente encadeados. Fases temáticas consecutivamente articuladas. Kettenmarchen. Incluo nesta seção os contos de nunca acabar, *Endless Tales, Unfinisked Tales, Cuentos de nunca acabar*, e os *Trava-Língua, Tangue Twisters*. Facécias: *Facetiae*, Anedotas, *Jokes, Schwank, Contra-Favole, Merry Tales, Merrie Jest*, Patranha de *rir e folgar*. A Patranha de Juan Timoneda, séc. XVI confundindo-se com a Novela, o Exemplo, a Rondalle, não parece merecer o nome. Natureza Denunciante: O ato criminoso é revelado inesperadamente, pelos ramos, pedras, flores, frutos, aves, etc. Virgílio, *Eneida*, III, 22; Ovídio, *Metamorfoses*, XI, IV. *Grous de Ibicus*, Mt-780 de Aarne-Thompson. XVI de Sílvio Romero, 27 de Teófilo Braga. Demônio Logrado: Ciclo em que o Demônio é sempre vencido pela astúcia do homem ou da mulher, com ou sem intervenção divina. Ciclo da Morte: Intervém a Morte, aliada ou inimiga, inevitavelmente vencedora. Nome: Seria Novela o que atualmente dizemos Conto? Parece. Era o gênero mais popular. Gil Vicente, *Auto da Lusitânia*, refere-se àqueles que "se enfadam nas capelas e folgam de ouvir novelas que durem noites e dias!". No mesmo séc. XVI, é o livro de Gonçalo Fernandes Trancoso, *Contos e Histórias de Proveito e Exemplo*, Lisboa, 1585, a primeira coleção de contos ouvidos alguns na tradição oral mas, como é natural, todos fixados na Novelística letrada do Renascimento. Os contos do Trancoso espalharam-se rapidamente. Em 1618 já neles se fala no Brasil, numa Capitania do Nordeste, a Paraíba, *Diálogos das Grandezas do Brasil*, 149 (ed. da Academia Brasileira de Letras, 1930). E pelo Nordeste ficou denominando todo gênero. Para o sul do Brasil, pela influência francesa de Mme. d'Aulnoy, *contes de Fées*, e de Charles Perrault, *Contes du Temps passé*, posteriormente, *Contes de ma mère l'Oye*, o gênero se diz *contos de Fadas*. Para o Norte e Nordeste, *estórias de Trancoso*. Também Contos da Carochinha têm divulgação, sinônimo dos contos tradicionais. A citação mais antiga que conheço é na *Feira de Anexins*, de Dom Francisco Manuel de Melo, escrito entre 1654-1657: "Espere; contar-lhe-ei uma história. – A da Carochinha?" *História* era, como sobrevive o nome geral, para todos os contos. Ouvir histórias, contar histórias, saber histórias. Diz-se sempre no plural. No singular assume a gravidade da História legítima, a distância entre *History* e *Story*. D. Francisco Manuel de Melo conhecia no seu tempo uma *estória* da Carochinha, a unidade, o modelo. Em março de 1736 já Carochinha batizava o gênero inteiro: "Deixemos histórias da Carochinha, e entremos verdadeiramente a discorrer." (Cavaleiro de Oliveira, *Carta K*, ed. Lisboa, 1855). São esses, no Brasil, os nomes amados e velhos, *estórias* de Trancoso, *estórias* de Fadas, que interessam ao Brasil todas as coleções porque a interdependência é visível. A riqueza bibliográfica exclui a possibilidade de um registro, para não estender demasiado o verbete. As obras italianas, francesas, espanholas, interessam muito à nossa literatura oral e um bom indicador será M. Menéndez y Pelayo, *Orígenes de la Novela*, nos cinco primeiros tomos.

Dos milhares de livros publicados com o subtítulo de "contos populares" poucas dezenas resistem ao exame detido, revelador de sua pureza, fidelidade registradora, honesta fixação vocabular, incidência dialogal, posição e movimento psicológico dos personagens. A participação cultural do colecionador é uma atitude criminosa quando se referir ao texto e sempre preciosa quanto às notas, informações e comentários. As melhores coleções portuguesas, onde encontramos os fios mais próximos dos contos tradicionais do Brasil, não são abundantes. As indispensáveis principais são: A. Adolfo Coelho, 1847-1919, *Contos Populares Portugueses*, Lisboa, 1879, republicados e resumidos numa edição de 1914, *Contos da Carochinha*, Lisboa, e *Contos Nacionais para Crianças*, Porto, 1882, seleção dos mesmos contos; Teófilo Braga, 1843-1924, *Contos Tradicionais do Povo Português*, dois volumes, Porto, 1883, reeditados em 1915, bibliografia, notas de confrontos; Z. Consiglieri Pedroso, 1851-1910, *Contos Populares Portugueses*, Lisboa, 1910, e uma edição pela The Folk-Lore Society de Londres, versão de Miss H. Monteiro e introdução de W. R. S. Ralston, *Portuguese Folk Tales*, Londres, 1882; de Antônio Tomás. Pires, falecido em 1913, *Contos Populares Recolhidos da Tradição Oral na Província do Alentejo*, 1919 (não conheço o volume mas a pureza do pesquisador é garantida por J. Leite de Vasconcelos, *Etnografia Portuguesa*, I, 268-270, notas 1-2, Lisboa, 1933); Ataíde de Oliveira, *Contos Tradicionais do Algarve*, dois tomos, 1900-1905, mas suspeitos de modificação literária pelo coletaneador. Alfredo Apell, 1875-1926, publicou, Lisboa, 1920, o *Contos Populares Russos*, onde os cotejos com os contos populares de Portugal e Brasil, sínteses e sugestões, fazem do volume um informador para o assunto. Elsie Clews Parsons, 1875-1941, ouvindo os emigrantes do Cabo Verde, residentes nos Estados de Massachusetts e Connecticut, reuniu 133 contos portugueses, séries de provérbios e *piadas*, ou *refolhos*, e adivinhações, *Folk-Lore From The Cape Verde Islands*, dois volumes, o 1º em inglês e o 2º escrito na prosódia cabo-verdiana, publicação XV da American Folk-Lore Society, 1923. Na coleção "Clássicos e Contemporâneos", dirigida pelo Prof. Jaime Cortesão, Rio de Janeiro, 1944, publiquei *Os Melhores Contos Populares de Portugal*, seleção e estudo, alguns de Adolfo Coelho, Teófilo Braga, Consiglieri Pedroso e outros registrados diretamente de um colono português no Brasil. *Contos Brasileiros*: As coleções de contos tradicionais no Brasil são raras. Há multidão de volumes com *estórias*, mas essas deformadas ou "preparadas" com intuitos educacionais sob critério variável, insusceptível de apreciação. As coleções brasileiras são: Sílvio Romero, *Contos Populares do Brasil*, primeira edição em Lisboa, 1885, com estudo inicial e notas comparativas de Teófilo Braga, segunda edição no Rio de Janeiro, 1897, sem as notas e estudo de Teófilo Braga, aumentando dezoito contos, ficando 88 no total; há terceira e quarta, 1907. Romero dividiu os contos em três seções, origem europeia, indígena e africana e mestiça. Lindolfo Gomes, *Contos Populares*, episódicos, cíclicos e sentenciosos, colhidos da tradição oral no Estado de Minas Gerais (ed. São Paulo, sem data), dois volumes, o segundo com o subtítulo: Narrativas maravilhosas e lendárias, seguidas de cantigas de adormecer, da tradição oral no Estado de Minas. São *estórias*, lendas, acalantos, num total de 92. João da Silva Campos, "Contos e Fábulas Populares da Bahia", publicados (são 81) no livro O *Folclore no Brasil* do Prof. Basílio de Magalhães, com estudo inicial de 155 págs., Rio de Janeiro, 1928, segunda edição na *Revista do Instituto Histórico e Geográfico Brasileiro*, vol. 172, 1937, Rio de Janeiro, publicado em 1939, com separatas. Reuni cem *estórias*, com bibliografia e cotejos, *Contos Tradicionais do Brasil*, Rio de Janeiro, 1946, algumas transcrições e na sua maioria absoluta ouvidos diretamente, com os registros fiéis aos narradores, mencionados no texto. Para estudo do assunto, o clássico livro do Prof. Stith Thompson, *The Folktale*, New York, 1946 (The Dryden Press) e subsidiariamente o meu *Literatura Oral*, cap. VIII. Com o título de *Folclore Brasileiro*, a Liv. José Olympio editou "Cantos Populares do Brasil" e "Contos Populares do Brasil", com anotação de quem escreve este Dicionário. Ver Luís da Câmara Cascudo, *Trinta Estórias Brasileiras*, Porto, 1955; idem: *Contos Tradicionais do Brasil*, 13ª ed. São Paulo, Global, 2004.

CONTRAFEITO. Chama-se assim ao papagaio, a vulgaríssima trepadora (*Psittacus*) da nossa ornitologia, que, por contrafação, fica com as cores vermelha e amarela, convenientemente dispostas, sobre a verde, que lhe é própria, ostentando-se assim como uma plumagem linda e variada. "Os papagaios são de cor verde-amarela, quando não contrafeitos pelo homem" (Artur Orlando). "Os papagaios são abundantes, e os habitantes os contrafazem, variando-lhes as penas, de cor escarlate e amarela com o humor de rãs rajadas. Os papagaios assim contrafeitos e que falam vendem-se por alto preço." (Fernando Halfeld). *Papagaio que fala muito vai para Lisboa*. "É sabido que o sangue de sapo concorre para a mudança do matiz verde das penas do papagaio, para o vermelho um tanto mosqueado de amarelo. Não houve mais papagaio verde; todos ficaram lindamente *papagaios contrafeitos*." (*A Província*, n.º 172, 1915; Pereira da Costa, *Vocabulário Pernambucano*, 253). Ver *Tapiragem*.

CONVIDADO. Ver *Fandango*.

COPAS. Ver *Jogo de Baralho*.

COQUE. Ver *Totó*.

COQUEIRO. Ver *Coco*.

CORACI. Ver *Coaraci*.

CORAÇÕES. Ver *Pão por Deus*.

CORCUNDA. Se não é amuleto para si, o corcunda o é para os outros. Os maus encontros, anulados com o gesto disfarçado de fazer-se uma figa, ficam completamente inoperantes, se a figa for atirada (fingimento) sobre o primeiro corcunda deparado. Encontrar-se um corcunda pela manhã é sinal de bom agouro para os negócios, exames e viagens. Uma figura de corcundinha, em ouro, prata, azeviche, coral, etc., é muito usada contemporaneamente como *portebonheur*. Dá sorte esfregar a palma da mão direita numa corcunda. Casa em que morar corcunda não há incêndio. Sabido como um corcunda, rir como um corcunda, são alusões à sua astúcia, arteirice e o espírito jovial e folgazão de que o dizem possuidor. A tradição europeia é viva e poderosa nesse particular. As fadas corcundas, *Fées bossues*, são as sabedoras de maiores segredos de força mágica. Os sábios corcundas, Esopo, Crates de Tebas, Scarron, Santeul, Pope, ficaram na memória popular e ainda ligam à corcunda o valor específico de denunciar a inteligência. Os anões corcundas eram os guardadores de tesouros incalculáveis e encantados, como os Niebelungos, custódios do ouro do Reno. Assim o corcunda, inteligente, espirituoso, bem humorado, vigia de riquezas, acabou *mascote*. E Santeul, que era corcunda, cantou-os na famosa canção da primeira metade do séc. XVIII:

"Depuis longtemps je me suis aperçu
De l'agrément qu'on a d'être bossu.
Polichinelle en tous lieux se connu
Toujours chéri, par tout si bien venu
Qu'en êut-on dit s'il n'êut été
[bossu?
Tous les bossus ont ordinairement
Le ton comi que et beaucoup
[d'agrément;
Quand un bossu se montre de côte
Il regne en lui certaine majesté
Qu'on ne peut voir sans en être
[enchanté!"

CORDÃO. Grupo de foliões com roupas de fantasia, cantando e dançando, mais ou menos ritmicamente durante os três dias do carnaval ou de certas festas tradicionais religiosas. São João, etc. O étimo dirá que a forma primitiva seria o desfile a um por fundo, numa corda que aumentava e diminuía, segundo a cadência ou animação coreográfica. Não há tipo musical ou dança típica para os cordões. Cantam e dançam como desejam. Não encontro o vocábulo nos dicionários portugueses, na acepção que conhecemos no Brasil. Cordões de Carnaval: eram grupos de mascarados, velhos, palhaços, diabos, rei, rainha, sargento, baianas, índios, morcegos, mortes, etc. Vinham conduzidos por um mestre, a cujo apito de comando obedeciam todos. O conjunto instrumental era de percussão: adufes, cuícas, reco-recos, etc. Os "velhos" fazendo seus *passos*, que se chamavam *letras*, cantavam marchas lentas e ritmadas, do tipo do *ó raio, ó Sol, suspende a Lua!* enquanto os palhaços cantavam chulas e ritmo acelerado como o *Quére, Quêrê, Querê, ó Ganga*. E assim atravessam as ruas, nos dias e noites de carnaval. Só mais tarde, uns trinta ou quarenta anos atrás (*o autor escreve* em 1941), esses *cordões* se foram transformando e melhoraram, nascendo assim os ranchos (Renato Almeida, *História da Música Brasileira*, 201). *Cordões de Bicho:* dançados na época das festas joaninas na Amazônia e conhecidos também em outros lugares da América, são uma dança dramática, que se baseia no princípio geral da morte e da ressurreição do totem. Sai o cordão da Onça, do Pavão, da Garça, ou de outro qualquer animal, cantando até chegar ao local da representação. O bicho foi morto por um caçador desprevenido, que é preso e levado ao rei ou à rainha do cordão, por dois vistosos índios. Desculpa-se o caçador, mas o soberano só lhe restituirá a liberdade se ele ressuscitar o bicho. Sai afoito o caçador em busca dum doutor em medicina, que encontra finalmente. Mas esse não consegue o milagre, que o animal está morto. Aconselha então que se procure um pajé, capaz do sortilégio. Nova corrida do caçador. Descobre o curandeiro e este faz a sua entrada, agitando o maracá. Começam as visagens e os passes mágicos. O pajé avisa que o animal está semimorto, dorme apenas e, depois de muitas artimanhas, o bicho de estimação se ergue e retoma-se a dança com ele à frente. Depois de muita cantoria, o cordão se vai, entoando a despedida (idem 278). *Os Cordões de Bichos*, grupos com fantasias de animais ou levando uma figura de anjmal, são populares na Amazônia e a eles se refere Henry Walter Bates (*O Naturalista no Rio Amazonas*, 194, trad. de Cândido de Melo Leitão, Brasiliana, S. Paulo, 1944), citando um São João em Egas: "A maioria dos mascarados se fantasiam em animais, touros, veados, magoaris, onças, etc., com auxílio de leves armações, cobertas de velhos panos tintos ou pintados, e com a forma do objeto representado." (1850). Jorge Hurley fixa igualmente esses cordões em Curuçá (*Itaranas*, 133-140; Belém, Pará, 1934). Todos esses folguedos são durante o S. João.

COR DE BISPO[1]. "Quem já ouviu falar em *cor de bispo?* É mais ou menos comum a procura, p. ex., de fita *cor de bispo*, retrós *cor de bispo*, etc. É a cor escarlate, ou solferina, assim chamada por ser a cor de uma parte das vestes episcopais." (R. F. Mansur Guérios, "Fazendas & Armarinhos", *Revista Filológica*, n.º 24, 304, Rio de Janeiro, junho de 1944). *Solferino* é tonalidade entre escarlate e roxo. Foi denominação dada em Paris em homenagem à vitória do Imperador Napoleão III em Solferino, 24 de junho de 1859, sobre os austríacos, comandados pelo Imperador Francisco José Solferino, Lombárdia, província de Mântua, Itália.

CORÉ. Melancia cortada em pedaços e que se come com farinha seca; Domingos Vieira Filho, *A Linguagem Popular do Maranhão*, S. Luís, 1953.

CORES. Como por toda parte do mundo, no Brasil as cores têm significação religiosa, supersticiosa e convencional. Se ainda, com todas as revoluções históricas, as cores, mantendo a linguagem ritualística, dizem o luto, alegria, honra, tristeza, morte, o luto negro só tomou maior popularidade em Portugal no séc. XVI. Antes o *burel* (branco) competia vitoriosamente com o *dó* (negro) como cores dedicadas ao luto. Ainda hoje as cores são usadas como interpretações de sentimentos individuais. É crença antiga como o chão. A Igreja Católica fixou nas cores dos paramentos litúrgicos as expressões da homenagem espiritual de todos os fiéis em cada dia do ano. Branco, pureza, alegria, dedicados aos santos não martirizados, à Virgem Maria. Vermelho é sangue, sangue dos mártires, língua de fogo de Pentecostes. Roxo, mortificação, tristeza, recolhimento, Advento, Setuagésima, Quaresma, Semana Santa, Quatro Tempos, Vigílias, Rogações. Verde, futuro, confiança, domingos depois de Pentecostes. Negro, luto, missa dos defuntos, Sexta-feira da Paixão, Finados. Na Heráldica a escala das cores (esmaltes e metais) corresponde à mesma linguagem. Os santos africanos (orixás jeje-nagôs) têm suas cores e suas *filhas* usam essas cores como os fidalgos usavam as cores das casas onde serviam como vassalos. Oxalá é branco, Xangô é vermelho. Omulu é preta. Anamburucu é azul-escuro. Uma tradição brasileira é a *promessa* para usar, por determinado tempo, as cores do Santo. Azul, Nossa Senhora, azul e branco, Nossa Senhora de Lurdes, branco e marrom, Santa Teresinha do Menino Jesus, vermelho e branco, o Sagrado Coração de Jesus, vermelho, o Santíssimo Sacramento, roxo, Nosso Senhor dos Passos ou o Crucificado, branco, São João Batista, etc. Nos bailes pastoris os cordões "azul" e "encarnado", rivais irreconciliáveis, vinham das cores devocionais dos dois Sagrados

---

1 No texto original: "Cor-de-Bispo" (N.E.).

Corações de Maria e de Jesus, Branco, Preto: são as cores de alegria, pureza, candura, tristeza, amargura, renúncia, morte. O branco é a cor das roupas tradicionais do segundo dia de casamento e do luto, quando não havia roupa preta. Nas antigas missas de sétimo dia quem não possuía preto ia de branco. O preto ainda é a cor do protocolo, grande gala, casamento, posses solenes, recepções, beija-mão de Rei ou festa de Presidente. Branco era o luto usado em Portugal. Nas exéquias do Rei D. Fernando de Portugal, 1383, o Rei de Castela, Dom João I, levava "um saio preto e a rainha ia em umas andas vestidas de almáfega preta. Os portugueses que com ela andavam levavam burel, como os outros", portugueses, entende-se (idem X). Em 1433, narrando Rui de Pina (*Crônica Del-Rei D. Duarte*, cap. 2º) a aclamação desse príncipe alude expressamente à modificação do luto. Deixava-se a burel, que era o branco, pelo dó, fazenda negra: "El-Rei tornou a seu Paço, e leixou as vestiduras Reais, e tomou dó de preto, e hos Ifantes tomaram burel, segundo sempre atee aqui se custumou; por que despois em tempo d'El-Rei D. Manuel, por cujo mandato esta crônica se compôs, geralmente determinou, e mandou, que por nenhum Rei, nem Príncipe, nem por outra alguma pessoa se nom trouxesse em seus Reinos burel sob certa pena, e assi se comprio". A ordem de D. Manuel não foi bem recebida pelo povo fiel ao luto branca. Morrendo a rei (13-XII-1521), na *Miscelânea* de Garcia de Resende (estrofe 261) explica-se o pouco sentimento popular pelo desaparecimento do Rei Venturoso, justamente provindo da proibição do burel e a oficialização do luto negro:

"Vimos gram pranto fazer
Pelos reis quando morriam;
Burel, grande doo trazer,
Cousa mui digna de ser,
Pois tam gram perda perdiam.
Vimos burel defendido,
E vimos pouco sentido
Um rei que depois morreu,
Porque o doo se perdeu,
Foi também nojo perdido."

O nome de dó, mesmo o chamar-se *pano de dó*, *chita-de-dó*, resiste ao tempo no Brasil. Ainda se diz e se escreve, tal-qualmente no séc. XV, antes da proibição Del-Rei D. Manuel. Leonardo Mota (*No Tempo de Lampião*, Rio de Janeiro, 1930): "O homem que me der um bofetão, a famia pode comprar a chita de dó porque nem que seja à traição, eu dou-lhe um tiro!" (198). Vermelho: sua popularidade na indumentária popular, uso entre a indiaria pela pintura com a urucu (*Bixa orellana*), a predileção portuguesa, explicariam a *constante* etnográfica no Brasil se não constituísse cor sagrada, simbolização do sangue, afugentador dos maus espíritos, dos elementos adversos, assombração de inimigos e oblação religiosa. Gilberto Freyre (*Casa Grande & Senzala*, I, 205-212) resumiu bibliografia, registrando muita notícia sobre a divulgação da cor vermelha no continente. É identicamente, na África, Ásia, Oceania e Europa. A explicação aceita pelos antropologistas é a defesa religiosa do primitivo pela exteriorização da símbolo do sangue, princípio da vida e mais alto sacrifício oferecido aos deuses; As interpretações subsequentes são naturalmente posteriores à dissolução religiosa dos grupos e sua expansibilidade, determinando a criação de outros núcleos. O Prof. Lehmann-Nitsche ("El Revestimiento con Ocre Rojo de Tumbas Prehistóricas", *Revista do Museu de La Plata*, XXX, 321-327, Buenos Aires, 1927) lembra o uso de pintar com vermelho os ossos humanos desde épocas pré-históricas. Os esqueletos de Grimaldi, Cro Magnan, com incontáveis outros que Ales Hrdlicka encontrou nos túmulos dos indígenas norte-americanos, o mesmo na Austrália, ilhas oceânicas, Américas Central e Sul, pintados com ocre vermelha, denunciam tradição universal e decorrentemente um fundamento comum psicológico que é a defesa da sepultura pela ilusão do elemento vivo, representado pela cor rubra, sangue e possivelmente também o fogo. Karl von den Steinen assistiu aos bororos pintando as ossadas de seus defuntos como Stieda encontrou os esqueletos da Rússia remota, igualmente cobertos de uma camada vermelha. Um grande pesquisador, Sonny, citado por Lehmann-Nitsche (323), fez notar que no cerimonial do enterramento do Papa Leão XIII havia uma reminiscência desses cultos desaparecidos. Sobre o féretro papal estendeu-se uma manta de seda vermelha. Se a cor vermelha, na liturgia católica, quer dizer sacrifício, o sangue vertido pela Igreja, a predisposição para o martírio, o manto vermelho será uma testemunha desses sentimentos, uma vigilância silenciosa mas eloquente dessas convenções. Taylor, estudando os primitivos australianos, informa: "Le moyen de rendre, quoi que ce soit, tapu (sacré) est de le peindre en rouge". Lehmann-Nitsche crê que a correlação entre a cor vermelha e o sangue ou o fogo será uma mera casualidade, dizendo-a apenas *pintura assustadiza*. Aceito a cor como representando o fogo ou o sangue, tabus defensivas dos despojos humanos. A função decorativa, ornamental, seria posterior. Resta-nos a imagem do *rouge* nas faces femininas, convencionalmente valendo sangue e saúde. Certo é que o povo usa o vermelho pelo brilho da cor, obedecendo à sugestão pelo colorido primário, sedutor e violento. Luís Chaves escreveu: "A predileção pelo vermelho, a cor mais forte, é característica da estética primitiva, dos povos bárbaros, das crianças, e das massas anônimas." (*Páginas Folclóricas*, 103, Porto, 1942). Na primeira Elegia de Tibulo alude o poeta à estátua de Príapo, vigiando o pomar, pintada de *minium*, um óxido de chumbo de coloração rubra (Liv. I, Iª Elegia). Na *História Natural* de Plínio (Liv. XXXIII, cap. 37) registra-se que os acensores faziam cobrir de vermelho a imagem de Júpiter. Amarelo é o desespero, cor do ódio, sinal da raiva, do desejo de vingança, da humilhação e opróbrio. O Concilio de Latrão, 1215, ordenara que os judeus trouxessem na roupa um distintivo amarelo. Era a cor da traição. Na França, quando da condenação do Condestável de Bourbon, em 1521, e do Príncipe de Condé, em 1653, como traidores, a soleira e porta principal dos palácios desses fidalgos foram pintadas de amarelo. E o *riso amarelo* ainda anota a significação duma falsa e convencional alegria. Ver *Azul* e *Encarnado*.

CORETO. Reunião de amigos onde as saudações, com vinho, são cantadas. As *Saúdes Cantadas* (ver) são mencionadas por José de Alencar, *Tronco de Ipê*, XXIII; Afonso Celso, *Giovanina*, quadro oitavo; Graça Aranha, *Chanaan*, V; Manuel Querino, *A Bahia de Outrora*, 226, Bahia, 1946; Valdomiro Silveira, *Mixuangos*, 146, Rio de Janeiro, 1937; Pereira da Costa, *Folclore Pernambucano*, 291. Alexina de Magalhães Pinto reuniu, no *Cantigas das Crianças e do Povo*, algumas "Coretos de Mesa" e "Coretos de Bando de Rua", cantadas em Minas Gerais. O Prof. Luís Heitor Corrêa de Azevedo recolheu letra e música de alguns desses *drinkings songs* mineiros. Coreto vale dizer *pequeno coro*. Aires da Mata Machado Filho, *O Negro e o Garimpo em Minas Gerais*, 22, Rio de Janeiro, 1943, informa: Uma das festas típicas mais antigas do município de Diamantina é a 'coreto'". Consiste numa reunião para beber, cantando. Ainda hoje são lembrados os coretos de Filipe Mina e seus parceiros. O nosso distinto amigo Sebastião Soares de Abreu, cuja família é antiga senhora de minas em S. João da Chapada, deu-nos o texto de uma das canções que, no dizer dos antigos, aí se entoavam:

"Oia como bebe
Esse povo do Brasi
Enxuga um garafom
Mai depressa q'um funi.
Mi'a Santa Catarina
Santa de cabelo loro
É uma santa milagrera
Qui mora ni pé do moro."

Citemos, de caminho, algumas das canções que hoje em dia se ouvem nos coretos de gente de qualidade. Sua característica dominante é o sabor lusitano, onde não faltam reminiscências do mar e das aldeias distantes, na santa terrinha:

"Zum... zum... zum...
Lá no meio do mar...
É o vento que nos atrasa
É o vento que nos atrapalha
Para no porto chegar...
Zum... zum... zum...
Lá no meio do mar..."

Um dos mais populares coretos em Minas Gerais é o "Peixe Vivo":

"Como pode o peixe vivo
Viver fora d'agua fria
Não poderei viver (bis)
Sem a tua
Sem a tua
Sem a tua companhia!"

Ver Veríssimo de Melo, *Populário Natalense*, "Uma Cantiga de Beber", 61-62, Natal, 1957. Ver *Saúde Cantada* e *Vivório*.

CORIMBÓ. Ver *Retumbão*.

CORNÉLIO PIRES. Nasceu em Tietê, S. Paulo, a 13 de junho de 1884, e faleceu na capital paulista, em 16 de fevereiro de 1958, sendo sepultado em sua terra natal. Trabalhou em jornais, sendo antes empregado no comércio, professor de educação física na Escola Normal de Botucatu. Convivendo com o caipira paulista, soube fixá-lo com clareza e veracidade, registrando anedotário regional, fatos e acontecimentos que documentam excelentemente a vida do interior de S. Paulo. Sua extensa bibliografia, leve e de comunicativa alegria emocional, mereceu o elogio crítico e muitos livros seus espalharam-se por todo o Brasil, começando pela "Musa Caipira", em 1910, e terminando pela "Enciclopédia da Anedota e Curiosidades", 1956. O "Conversas ao Pé do Fogo", 3ª ed., 1927, é a produção mais típica de sua observação e verve.

CORNIMBOQUE. Ver *Binga*.

CORNOS. Símbolo da energia sexual, da potência física, "recordam os animais" votivos aos deuses da fecundação e reprodução da espécie. O touro solar, a vaca lunar, o bode de Mendes, são os mais tradicionais. Multiplicando a vida pelo seu prolongamento no tempo, por um processo associativo o povo transformou o corno em amuleto afugentador da esterilidade e das forças invisíveis e inimigas. Erguem o chifre ou mesmo o esqueleto da cabeça bovina no alto de uma vara, dominando a plantação. É um uso que nos veio da Europa e se conserva em todo Brasil interior, especialmente nas zonas agrícolas. Evoca o corno da Abundância, arrancado à cabra Amalteia, que amamentara a Júpiter, símbolo da fortuna material, especialmente alimentar, inextinguível. O chifre nos roçados sertanejos e caipiras do Brasil provém, confusa e teimosamente, dessas fontes. José A. Teixeira (*Folclore Goiano*, S. Paulo, 1941) resume: "Uma magia muitíssimo disseminada em Goiás é o uso de um chifre de boi nas roças. Ou ainda a cabeça inteira, com os dois chifres. O chifre traz prosperidade à lavoura, afasta as pragas e as inclemências do tempo. Protege-a ainda do *mau-olhado*. Este uso do chifre do boi, aliás, é geral ao país todo. Rodrigues de Carvalho, referindo-o no Nordeste, acrescenta que existe ainda nas cidades, onde o bodegueiro, cioso de cobres e negócios, coloca um chifre bem no alto da balança. Leonardo Mota registra-o em Ilhéus, na Bahia, onde os carroceiros colocam o chifre nos varais dos veículos – para que lhes não sobrevenham acidentes no trabalho. E acrescenta – no Nordeste, o chifre protege as plantações, e nos lares e casas de comércio afasta a *jettatura*. Em Minas e em São Paulo, eu mesmo tive ocasião de verificar a existência deste uso" (409). Os amuletos imitando chifres, lisos ou retorcidos, trazidos como defesa contra o mau-olhado, são universais e continuam no uso popular, especialmente nas Penínsulas Ibérica e Itálica, entre povos latinos. W. L. Hildburgh ("Indeterminability and Confusion as Apotropaic Elements in Italy and in Spain", 133--149, *Folk-Lore*, LV, n.º 4, December, 1944, Londres) estudou o material colhido recentemente. Um dos amuletos mais poderosos é uma variante da *figa*, a chamada *mão cornuda*, os dedos indicador e mínimo estendidos paralelamente, simulando chifres, e os demais dobrados sobre a palma. É de uso imemorial e nos modelos, em ouro e prata, reaparecem como alfinetes de gravata, barretes, berloques, com refinamentos de lavor artístico. Etnograficamente, os dois mais antigos objetos feitos com chifres e ainda em uso são a buzina e o corno inteiro para carregar rapé, tabaco torrado. Outrora, os usos em utensílios domésticos eram maiores. Certo que ainda encontramos pentes, marrafas, caixas de rapé, castões de bengala, etc.; mas não mais na sociedade alta. Na *Guerras do Alecrim e da Manjerona*, Sevadilha usa um corninho com medo do quebranto: "Quer Deus, que trago um corninho por amor do quebranto!" (Antônio José da Silva, ato I, cena II). Em Portugal velho era semelhante, origem da superstição exportada: "O chifre é empregado para afastar o quebranto ou ação maléfica. Em muitas marinhas (Aveiro) vê-se espetado numa vara um retorcido chavelho, como amuleto de virtudes poderosíssimas contra os malefícios das bruxas e contra o mau-olhado de certos vizinhos." (Teófilo Braga, *O Povo Português*, II, 184). A *mão cornuta ou cornuda*, fingindo cornos, conhecemos no Brasil, por *isola*. Da antiga acepção de força, soberba, prosápia, ainda há a imagem verbal de *quebrar os cornos a alguém*, valendo rebater, reprimir, abater a insolência, humilhar a arrogância, não havendo ligação com o sentido sexual do vocábulo. Cornos, como epíteto do marido enganado pela mulher, por cornos, por chifres, cornear, chifrar, é de uso antiquíssimo e para mim inexplicável. Os animais cornudos vivem acasalados (veados, corças, búfalos, cervos, gazelas) ou as fêmeas reunidas ao redor de um macho, ciumento, brigão e único, assim são os touros, bodes, carneiros, etc. Mas na Grécia clássica a frase *kérata poiein*, fazer corno, aludia à situação do esposo traído, universalmente aplicada na espécie. Em meados do séc, XIV, quando o Rei Fernando de Portugal arrebatou Dona Leonor Teles ao marido, este, João Lourenço da Cunha, fugiu para Espanha e por lá viveu, ostentando no chapéu um corno dourado, singular identificação do símbolo. Ainda no séc. XVIII, El-Rei D. José de Portugal, pela lei de 15 de março de 1751, mandava abrir rigorosa devassa pelo costume picaresco de colocarem cornos às portas das pessoas casadas. Um depoimento de Pêro Vilela, a 12 de setembro de 1618, na capital baiana, informava que *alguns maus christãos* tinham substituído a coroa de espinhos da Cruz dos Paços da porta da cidade, indo para o Carmo, por uma, coroa de cornos (*Livro de Denunciações*, etc., cidade do Salvador da Bahia no ano de 1618, ed. Biblioteca Nacional, Rio de Janeiro, 1936, p. 37). A utilização de cornos para transporte de líquidos, pólvora, buzinas de caça, bocetas de rapé, foi impulso do colonizador português, trazendo a técnica e o material idôneo, o gado bovino, ausente da América. Os africanos empregavam os cornos em muito maior percentagem que os amerabas porque possuíam bois e búfalos. Os chifres, mesmo imitados, eram e são insígnias de poder e atributos ornamentais de sobas e soberanos, negros. Não se verificou no continente americano. Sobre a antiguidade e variedade utilitária e simbólica, ver o estudo de E. Pottier no *Dicionário de Daremberg e Saglio*. Creio a origem da cerâmica prender-se ao *keramos*, vaso feito de chifre e não de barro, milenarmente posterior. Ver *Figa*.

CORNUDA. Ver *Tintureira*.

COROACANGA. "Altas horas da noite, em plena escuridão uma bola de fogo faísca no alto das árvores, dardeja no cimo das palmeiras e anda em ziguezague pelos campos, espalhando faíscas azuladas e amedrontando os seres e as coisas. É a Coroacanga. O estranho acontecimento dá-se geralmente nas noites de sexta-feira. O povo acredita que certas mulheres tenham "parte" com o Diabo e por isso, altas horas da noite, em virtude de seus sortilégios, deixam o corpo na rede e a cabeça anda rolando, assim, pelos ares, provocando assombramentos e dardejando fogo, da maneira mais impressionante deste mundo. Quando o galo canta, elas voltam ao estado primitivo." (Astolfo Serra, *Terra Enfeitada e Rica*, 81-82, São Luís do Maranhão, 1941). É um mito da baixada maranhense, nas terras de Viana. Ver *Cumacanga*. O mesmo que Curacanga. Luís da Câmara Cascudo (*Geografia dos Mitos Brasileiros*, 299-303, 3ª ed., São Paulo, Global, 2002). Idêntico ao Catecate da Bolívia e à Kefke do Peru, Cabeça Errante (*opus cit.*, 435-437).

CORPO DE DEUS. Ver *Corpus Christi*.

CORPO FECHADO. Imune, invulnerável, à prova de bala, faca, coice de animal, graças a processos secretos de feitiçaria tradicional. O corpo fechado pode resultar de amuletos conduzidos ao pescoço, livrando o portador, de todos os perigos, morte súbita, águas vivas e mortas, prisão, faca fria e bala quente, agravo (injúria) ou por se ter submetido o imunizado ao cerimonial do feitiço, muamba, catimbó, macumba, de variadas formas, quase dependendo de cada "mestre" a maneira e cerimonial do ato. *Curado* é sinônimo de *corpo fechado*. Num catimbó em Natal *fechei o corpo* e registrei no ensaio "Catimbó": "O cliente paga *o calço da sessão*, a quantia estipulada para fechar o corpo. Fecha-se a sala, acende-se a velaria, o *mestre* abre a sessão. Depois da defumação, goladas de *cauim* (aguardente), o mestre sopra água e a despeja numa bacia nova de Flandres. O candidato se descalça, entra para a bacia, equilibrando-se, com o pé direito sobre o esquerdo, e reza o "Creio em Deus Padre" até a passagem *morto e sepultado*, substituindo-a pela frase *guardado e fechado seja o meu corpo para todos os meus inimigos, encarnados e desencarnados*. O mestre, apanhando a chavezinha de aço, aproxima--se, declamando: "Fecha-te órgão pelo Vajucá,/ Pra todos os males que no mundo há, / Fecha-te corpo, guarda-te, irmão, / Na santa cova de Salomão!" E faz o gesto de fechar, com a chave, todas as articulações, começando pelo pé direito, junta por junta, dizendo, em cada operação, o mesmo versinho. Terminado o serviço, entregam ao cliente uma garrafinha contendo um pouco da água que estava na bacia. Deverá ir jogá-la no mar, à meia-noite. O *mestre*, de outra parte, fará o mesmo. Nessa noite o candidato beberá *cauim* legítimo, aguardente com raiz de jurema". Estudei alguns dos elementos etnográficos dessa cerimônia. As alusões à *cova de Salomão* e o pé direito sobre o esquerdo mereceram pesquisas e amplos exames clássicos. Além do estudo citado, ver Augusto Meyer, *Prosas dos Pagos*, 55; Manuel Ambrósio, 203, *Tragédia Policiana*, 1547; de Sebastián de Fernández, publicada por Menéndez y Pelayo, *Orígenes de la Novela*, vol. XV, 115; *Denunciações da Bahia*, 55; Saintyves, *Essai sur les Grottes dans les Cultes Magico-Religieux et dans le Symbolique Primitive, du Culte des Grottes dans le Bassin Mediterranéen, aux Premiers Siècles de L'Ere Chrétienne*. A citação da *Tragédia Policiana* se refere à posição de um pé sobre outro, durante orações fortes (Luís da Câmara Cascudo, *Meleagro*, "Fechar o Corpo", 67-71, Rio de Janeiro: Agir, 1978).

CORPO-SANTO. Materialização do santelmo, fogo--santelmo, chama azulada, que surge nas extremidades dos mastros e cordoame dos navios em tempo de tempestade. Essa tradição dos navegantes portugueses, especialmente dos Açores, onde "o têm por tão seu advogado nas tormentas do ar, que crêem de todo seu coração que aquelas exalações que nos tempos fortuitos e tormentosos aparecem sobre os mastros, ou em outras partes das naus, são o santo que os vem visitar e consolar. E tanto que acertam de ver aquela exalação acodem todos ao convés a o salvar com gritos e alaridos, dizendo: "Salva, salva, Corpo Santo". "Relação de Naufrágio da Nau Santa Maria da Barca de que era capitão D. Luís Fernandes de Vasconcelos", etc. (*História Trágica-Marítima*, vol. I, 124, Porto, 1936). O santo que personalizava o meteoro era São Frei Pedro Gonçalves ou Sant'Elmo, Santo Pedro Telmo, dominicano espanhol do séc. XIII, festejado a 15 de abril. Nas oitavas da Páscoa era festejadíssimo pelos marítimos de Lisboa, conduzido em procissão a Enxobregas, com folias, canto e dança ("Relação" citada, Teófilo Braga, *O Povo Português*, II, 277; Frei Vicente do Salvador, *História do Brasil*, 161). No Recife Santo Telmo possuiu capelinha erguida pelos pescadores nos meados do séc. XVI, denominada "Corpo Santo". Tornou-se igreja famosa, templo luterano durante o domínio holandês (1630-54). Matriz em 1655, reconstruída em 1703, demolida e reerguida em 1800-1812 e finalmente destruída em outubro de 1913, com tradição de festas bonitas e devocionário popular, marcando a velhice do orago (Henry Koster, *Viagens ao Nordeste do Brasil*, 280. Luís da Câmara Cascudo, nota primeira, São Paulo, 1942). O Corpo Santo continua a ser saudado pelos pescadores de mar alto com a frase: "Deus te salve, Corpo Santo!" É sinal de bonança. Ver Augusto César Pires de Lima, *Estudos Etnográficos, Filológicos e Históricos*, II, "Fogo de Santelmo", 7-76, Porto, 1948.

CORPO-SECO. Homem que passou pela vida semeando malefícios e que seviciou a própria mãe. Ao morrer nem Deus nem o Diabo o quiseram; a terra o repeliu, enojada da sua carne; e, um dia, mirrado, defecado, com a pele engelhada sobre os ossos, da tumba se levantou em obediência ao seu fado, vagando e assombrando os viventes nas caladas da noite (Leôncio de Oliveira, *Vida Roceira*, 12, citado por Basílio de Magalhães, 109). Mulher que teve relações com o Demônio. Veiga Miranda (*Mau--Olhado*, São Paulo, 1925): "Mulheres que viravam lobisomem, outras que dormiam com a capeta, sem saber, e depois apareciam com moléstias horríveis, descandando a pele toda. Essas relações com o Tinhoso traziam às vezes, em consequência, uma enfermidade estranha: o corpo da mulher ia definhando, ia diminuindo de tamanho, até ficar como o de uma verdadeira criança. A criatura possuída do demônio, se morria, era como o lobo: nenhum bicho, nem os corvos, nem as formigas, nem as vespas, lhe atacaria o cadáver. Enterrada, à própria terra, anos e anos, repugnava "operar a decomposição das suas carnes" (121). A tradição é europeia. Os amaldiçoados e mortos sem penitência não serão desfeitos pela terra. O corpo seca. A deambulação é convergência do mito das almas-penadas.

CORPOS CHRISTI. A mais pomposa, concorrida e rica das procissões católicas em Portugal e que manteve a tradição no Brasil. O maior número possível de devotos acompanhava o pálio sob o qual ia a Santa Hóstia, Corpo de Deus, numa custódia de ouro, erguida nas mãos da primeira autoridade sacerdotal. Não havia desculpas para uma ausência nem se queria faltar. Valia como demonstração de fé, exibição de prestígio sagrado, popularidade obstinada através de séculos. Em Portugal datam do séc. XIII (Teófilo Braga) com o máximo esplendor de tropas, fidalgos, cavaleiros, andores, danças, cantos. Todas as Corporações eram obrigadas a uma representação e esta consistia num grupo que dançava, simbolizando povos vencidos ou gente bíblica. Depois que D. João I consagrou o Reino a São Jorge (porque Sant'Iago ficara padroeiro de Espanha) a imagem seguia a procissão, montada num cavalo, rodeada de oficiais em grande gala, o chamado Estado de São Jorge. Bichos mansos e ferozes, dragões, torres, serpentes, a Coca, o farricoco, mil figuras de interpretação difícil desfilavam por Lisboa, Porto, Guimarães, espalhando assombros. No Brasil, numa carta de 9 de agosto de 1549, o Padre Manuel da Nóbrega, da Bahia, informava: "Outra procissão se fez dia de Corpus Christi, mui solene, em que jogou toda a artilharia, que estava na cerca, as ruas muito enramadas, houve danças e invenções à maneira de Portugal." (*Cartas do Brasil*, 86, Rio de Janeiro, 1931). Essa procissão deixava impressão de espanto nos estrangeiros e o povo a considerava mais de efeito aristocrático que de sua predileção, atendendo o motivo espiritual que se consagrava. Constitui tema de melhor pesquisa folclórica e etnográfica pela multidão de assuntos convergentes, associados à representação religiosa. Bibliografia essencial: Melo Morais Filho, *Festas e Tradições Populares do Brasil;* João da Silva Campos, *Procissões Tradicionais da Bahia;* Renato de Almeida, *História da Música Brasileira*, 127; Vieira Fazenda, "Antiqualhas e Memórias do Rio de Janeiro", *Revista do Instituto Histórico e Geográfico Brasileiro*, tomo 86, volume 140. João Ribeiro lembrou uma tradição bem velha: "Uma superstição popular ainda subsiste sobre o encontro formidável de João e Cristo. É a de que se Corpus Christi, festa móvel, cair no dia de S. João, o mundo acabará. E acabará pelo fogo". O *Folk-Lore*, 307, Rio de Janeiro, 1919. No ano de 1943 *Corpus Christi* coincidiu com o São João. Quarenta dias depois do Domingo da Ressurreição é a Quinta-Feira da Ascensão (Dia da Hora). Dez dias depois é o domingo de Pentecostes, Dia do Divino Espírito Santo. O domingo imediato é o da Santíssima Trindade e na primeira quinta-feira é o *Corpus Christi*, Corpo de Deus.

CORREDOR. Fêmur. Bater o corredor: extrair o tutano do osso. No sertão apreciam muito o tutano do corredor do boi. Dividido o fêmur ao meio, cozinham e depois batem o osso para tirar o tutano, que comem com rapadura. Eles (os sertanejos) dizem: "cabra tu não me baterás o corredor – o mesmo que – não me matarás." (Rodolfo Teófilo, *Lira Rústica*, 228, Lisboa, 1913).

CORRER CAGUIRA. No jogo infantil do pinhão, *correr caguira* consiste em um dos parceiros traçar cruzes no chão, através da reta que o pinhão tenha de percorrer até o *boque*, impulsionado pelo golpe desferido pelo jogador. Os traços eram acompanhados pelas palavras sacramentais – rabo de gato sessenta e quatro – e o caso é que o prático, no mais das vezes, realmente *corria caguira*, porque os traços, produzindo sulcos no chão, desviavam a direção do pinhão, impedindo-o de cair no *boque*. (Afonso A. de Freitas, *Vocabulário Nheengatu*, 96, São Paulo, 1936).

CORRIDA DO ANEL. Ver *Anel*.

CORRIDA DO CHAPÉU. É uma modalidade da *Corrida do Anel* (ver *Anel*), realizada depois das núpcias, no Estado do Ceará. "Eu e a Francisquinha, a pedido do Meneses, saímos a campo para nos tirarem o chapéu; e então os camaradas viram-se doidos, meninos. Eu no ruço, e ela num castanho corredor, empurramo-nos na vargem, velozes como o pensamento; e a outra gente atrás, pega não pega, e sem poderem pegar-nos. Depois, quando estávamos cansados da brincadeira, deixamo-nos agarrar... – Quem tirou o chapéu da noiva? Foi o Meneses; e o meu, o João da Baixa d'Areia. Nunca me ri tanto em dias da vida." (Juvenal Galeno, *Cenas Populares*, 156, segunda edição, Ceará, 1902). O chapéu, peça nobre, tem sabida significação sexual, representando, para outros etnógrafos, a própria individualidade. Tollenare (*Notas Dominicais*) registrou um episódio num engenho pernambucano. Um *curado de cobra*, não podendo atender ao chamado duma mulher, que fora picada de cobra e já se esvaía em sangue, enviou apenas o seu chapéu. "Colocaram-no sobre a moribunda que imediatamente ficou aliviada" (*Antologia do Folclore Brasileiro*, vol. 1, "O Chapéu Milagroso", 90-91, 9ª ed., São Paulo, Global, 2004). Ver *Anel*.

CORRIOLA. Dança popular no interior de São Paulo. Numa roda, homens e mulheres dançam num pequeno movimento de valsa ao som de canto e viola de um *mestre*. A originalidade da corriola é o final. O *mestre* vai impondo a cada pessoa uma sentença, num versinho, e ninguém deixa a roda sem cumprir a lei, cantar como galo, grunhir de porco, cacarejar de galinha, mugir de vaca, rezar uma oração, abraçar alguém, como num jogo de prendas (Alceu Maynard Araújo, Manuel Antônio Franceschini, *Danças e Ritos Populares de Taubaté*, 39, São Paulo, 1948, Publicações do Instituto de Administração, n.º 33). Ver *Fandango*.

CORRUBIANA. Ver *Cruviana*.

CORTA-JACA. Dança ginástica, solta, com coreografia individual como nos *frevos* do Recife. Dançavam-na no Rio de Janeiro, Bahia, etc. Denominou depois uma espécie de *tanguinho*, composto por Francisca Gonzaga, 1847-1935, em 1897 (Mariza Lira, *Chiquinha Gonzaga*, XIX, Rio de Janeiro, 1939). Esse "Corta-Jaca" de Francisca Gonzaga foi dançado em todo Brasil, por mais de uma dezena de anos. Rossini Tavares de Lima informa-me: "É uma dança que se caracteriza pela movimentação dos pés, sempre muito juntos e quase sem flexão das pernas. Estes dão a impressão de deslizar, apesar de se ouvir muito bem o sapateado. É rápida e difícil, exigindo esforço do dançador. Vi dançada por tropeiros e campeiros do sul de São Paulo". Não se divulgou além da Bahia e, ao sul, depois de São Paulo. Em 1919-1922, no Rio de Janeiro, era popular, dançado como *samba-de-salão*, sem as características fixadas, dança de par, sem o *puladinho*, com *marcha macia*, deslizante.

CORUJA. O Velho Coruja, professor Antônio Álvares Pereira Coruja, nasceu em Porto Alegre, Rio Grande do Sul, a 31 de agosto de 1806, e faleceu no Rio de Janeiro em 4 de agosto de 1889. Professor primário em sua cidade natal, era deputado provincial em 1835, envolvendo-se na Revolução Farroupilha, sendo preso e solto no ano de 1836. Fixou-se na capital do Império, fundando o Colégio Minerva, que teve grande reputação e frequência. O Velho Coruja foi um dos escritores didáticos mais respeitados do seu tempo, publicando gramáticas, aritméticas, resumos de História, além de críticas e estudos sobre a sua Província. Morreu sem saber que existia o Folclore, mas muitos estudos seus são páginas deliciosas de vivacidade, com muita informação sobre figuras e pormenores da época. Na *Antologia do Folclore Brasileiro*, vol. 1, há um estudo do Velho Coruja sobre "As Alcunhas de Porto Alegre e Outras Alcunhas", 188-201, 9ª ed., São Paulo, Global, 2004.

CORUJAS. Naturalmente as Bubônidas e Estrigídeas e afins têm no Brasil a mesma fama tétrica europeia. Anunciam a morte, quando voam sobre a casa dos enfermos, e avisam desgraças, pela simples audição do canto lúgubre. Uma espécie é mesmo denominada *rasga-mortalha* (ver *Rasga-Mortalha*) e o doente estará irremediavelmente perdido. Menino, recordo-me do tiroteio promovido pelos criados alarmados pelo insistente canto duma coruja, estando meu pai acamado. Finalmente trouxeram a ave morta, os grandes olhos abertos, para o próprio quarto do doente, aos gritos de alívio: "Foi você quem morreu, agoureira!" Meu pai faleceu quarenta anos depois. Como todo velho sertanejo, dizia não acreditar no canto da coruja, mas não gostava de ouvi-lo. E, sempre que era possível, fazia abater a núncia tenebrosa. Palas Atenas nunca prestigiou sua ave votiva nas terras do Brasil. Quem come carne de coruja fica adivinhando o futuro. "Avnitor comestes, que adevinhades", diz uma cantiga do *Cancioneiro da Vaticana*. O avnitor em Portugal foi substituído pelo mocho velho, e no Brasil pela coruja, sempre melhor que o abutre (Luís da Câmara Cascudo, *Superstição no Brasil*, "A carne da coruja adivinha", 119-121, 6ª ed., São Paulo, Global, 2002).

CORUPIRA. Ver *Curupira*.

COSME E DAMIÃO. Santos, irmãos gêmeos, martirizados em Egeia, Cilícia, Ásia Menor, a 27 de setembro de 287, durante a perseguição do Imperador Diocleciano. Patronos dos cirurgiões. São chamados os médicos *anargiros*, por não receberem pagamento dos seus serviços, sempre gratuitos. Os corpos foram transportados para Roma, no pontificado do Papa São Félix, para a igreja que tem seus nomes, SS. Cosme e Damiano, utilizando o *templum Divi Romuli*, erguido por Maxêncio a seu filho Rômulo, morto em 309. O culto divulgou-se intensamente pela Europa, especialmente na Itália, Flandres, França, Espanha, Portugal, onde várias igrejas foram construídas sob seu patronato. A "Confrérie et College de Saint Côme", fundada em Paris, 1226, reunindo cirurgiões, era a mais famosa associação médica da Europa e veio até a Revolução Francesa. Ainda no séc. XIX eram padroeiros de confrarias médicas e nas primeiras décadas pagava-se na Universidade de Coimbra 480 réis pelo registro do diploma de médico e 100 réis pelo exame de boticário, na tabela devida ao cofre da Irmandade dos Santos Cosme e Damião. Padroeiros de Igaraçu, em Pernambuco, no ano de 1530 por Duarte Coelho. Têm secularmente a simpatia de seus devotos em Portugal e Brasil, assegurando alimentação, afastando o contágio epidêmico, livrando os partos gemelares. Os negros bantos tiveram seu culto e os jeje-nagôs identificaram Cosme e Damião como os orixás sudaneses IBEIJI (ver). São os Ibeiji africanos representados nos candomblés baianos pelos duplos católicos Cosme e Damião, que recebem festas no seu dia oblacional, com ofertas de alimentos e reunião de amigos para danças, comidas e bebidas. Em escala menor ocorre com os Santos Crispim e Crispiniano, a 25 de outubro. Estão ligados ao culto dos deuses da reprodução, fecundação, germinação e moléstias sexuais como era notório nos *ex-votos* fálicos (*membri virilli di cera*), existentes na sua igreja em Isernia, Molisa (Campobasso), na Itália. No Brasil os santos anargiros estão mais dedicados em defender da fome, das doenças do sexo e dos partos duplos. Bibliografia essencial: Artur Ramos, *O Negro Brasileiro*, cap. XIII; Basílio de Magalhães, *Cultura Política*, 16, 328; Métraux, *La Religion des Tupinambas*, "Les Jumeaux-Mythique", 31; J. A. Pires de Lima, *São Cosme e São Damião*, sendo Boletim do Douro Litoral, II série, Porto, 1945; Silva Carvalho, *O Culto de S. Cosme e S. Damião em Portugal e no Brasil;* Jacques de Voragine, *Legende Dorée*, II, 153-156, ed. Garnier. Gonçalves Fernandes registrou: "Outro processo mágico para a cura da hemorragia de após parto, a que denominam *frouxo*, é a reza dos santos gêmeos Cosme e Damião:

"São Cosme
São Damião
Dei sangue
Desde cirtão (cristão)"

(*O Folclore Mágico do Nordeste*, 52, Rio de Janeiro, 1938). Na bibliografia, juntar-se o estudo "São Cosme e São Damião, os Padroeiros dos Médicos", pelo Dr. John Gerlitt. *Acta Ciba*, ano X, 4-5, 90, maio de 1943. Ver *Doú* e *Alabá*, *Dois-Dois*, *Ibeiji*.

Costa, Francisco Augusto Pereira da. Ver *Pereira da Costa*.

Cotaluna. É o fantasma do rio Gramame, em João Pessoa, Paraíba. Pelo inverno é uma sereia, meia mulher, meia peixe, sem cantar, mas arrebatando os descuidados banhistas e mutilando-os, como o velho Ipupiara do séc. XVI. "Há quem fale até na sua antropofagia", escreveu Ademar Vidal, revelador desse peixe tropical. Seu aparecimento, mulher branca, cabelos negros, olhos sedutores, pintam a sereia, a ondina, a Mãe-d'Água, emigrada de terras distantes e aqui amalgamada com o bruto Ipupiara, devorador de afogados. Mulher bonita, com a extremidade ictiforme, diz evidentemente a origem velha do nascimento. A fórmula de seduzir não está claramente fixada. Cantando? Falando? Agarrando? Certo é que não há o elemento sexual, porque a Cotaluna invernal espalha indizível terror. Durante os meses de estio Cotaluna é uma ondina, mulher inteira, atraente, empolgadora, sensual; com aparições raras no dorso da água clara e fina do Gramame. Não promete riquezas nem possui palácios fluviais. Seu encanto é imediato, físico, como o da Alamoa da ilha de Fernando de Noronha. Embriaga os sentidos e o desejo da posse explica a loucura que fere seus namorados. Interessantemente, há quem volte dos braços frios dessa Morgana paraibana. Há quem tenha vivido amorosamente com a Cotaluna e depois voltado. Volta sem memória e sem vontade. Deixou a própria alma nos lábios da nixe nordestina. A Cotaluna do verão, mito sexual, guarda muitos dos vestígios africanos, mas tamanha é a influência da sereia mediterrânea, que a pele continua branca e as feições permanecem da raça colonizadora. Também outrora, na Alemanha, quem ouvira a Iara ficara desnorteado até lançar-se ao rio para segui-la. A Cotaluna cede. Mas seu preço é a inteira vida mental do namorado (Luís da Câmara Cascudo, *Geografia dos Mitos Brasileiros*, 376-382, 3ª ed., São Paulo, Global, 2002). A fonte informadora é Ademar Vidal, *Lendas e Superstições*, 31-32, Rio de Janeiro, 1949.

Cousa-Feita. Ver *Despacho*.

Couto de Magalhães, José Vieira. Nasceu na cidade de Diamantina, Minas Gerais, a 1º de novembro de 1836, e faleceu no Rio de Janeiro em 14 de setembro de 1898. Bacharel em 1859, doutor em Direito, em 1860, chegou a General de Brigada. Presidiu as províncias de Goiás, 1862, Pará, 1864, Mato Grosso, 1867, por ocasião da guerra com o Paraguai, prestando relevantes serviços. Presidia a província de São Paulo, quando se proclamou a República (novembro de 1889). De suas iniciativas destacam-se a navegação nos rios Araguaia, Marajó e Tocantins, organizações da Companhia Minas and Rio Railway, Sociedade de Imigração São Paulo, etc. É o iniciador dos estudos do Folclore no Brasil, publicando pequenos estudos, em 1859, sobre mitos brasileiros, transcritos em jornais do Rio de Janeiro (Basílio de Magalhães, *O Folclore no Brasil*, 15-16). Seus dois principais estudos, "Família e Religião entre os Selvagens" – "Antropologia do Brasil", 1873, e "Ensaios de Antropologia, Religião e Raças Selvagens", 1874, foram reunidos e publicados sob o título *O Selvagem*, curso da língua geral segundo Ollendorf, compreendendo o texto original das lendas tupis. Origens, costumes, região selvagem. Impresso por ordem do Governo, Tipografia da Reforma, Rio de Janeiro, 1876. Segunda edição, 1913, e terceira, 1935, ambas em São Paulo.

Couvade. Do francês *couver*, latim *cubare*, covada, choco, é o resguardo tomado pelo pai, antes, durante ou depois do parto da mulher. Ele, e não ela, toma as precauções minuciosas de dieta, posição e movimento. A existência do filho dependerá do fiel cumprimento da couvade. Esses costumes, com variadas superstições conexas, está espalhado em todo o mundo. Comuníssima às tribos do continente americano, tem área geográfica muito maior. Seu ambiente é universal. Lumholtz encontrou-a no México, Gastchet entre klamath do Oregon, Elsie Clews Parsons entre os zunis do Arizona e do Rio Grande, Duarte Barbosa em Malabar, e África de Leste, De Chaillu na África Equatorial, Man nas ilhas de Andaman, Goot na China, Hagen nos papuas da Nova Guiné, Thurston na Índia, Risley em Bengala, Hose e Mac Dougall em Bornéu, Spencer, Baldwn e Gillen na Austrália, Strabão registrou entre os bascos, Marco Polo na Tartária e Turquestão Chinês, Batchelot entre os ainos, na Ásia Oriental. No Brasil, os cronistas coloniais observaram a tradição, Anchieta, Frei Vicente do Salvador, Fernão Cardim, Padre João Daniel, Ivo d'Evreux. Diodoro da Sicília (*Bibliothèque Historique*, II, 14-15, liv. V, Paris, 1912), citando a *couvade* na Córsega, informa que "dés qu'une femme a accouché, le mari se couche sur le lit, comme s'il était malade, et s'y tient pendant un nombre fixe de jours comme une accouchée". Frei José de Santa Rita Durão (*Caramuru*, Canto, II, verso LXII) fixa a *couvade* brasileira numa oitava rima:

"Ali chegando a esposa fecundada
A termo já feliz, nunca se omite
De pôr na rede o pai à prole amada,
Onde o parente e amigo o felicite;
E como se a mulher sofrera nada
Tudo ao pai reclinado então se
[admite,
Qual fora tendo sido em modo sério,
Seu próprio, e não das mães, o
[puerpério."

O problema etnográfico da *couvade* tem uma bibliografia de interpretadores, apaixonando pesquisas e conclusões (Luís da Câmara Cascudo, *Informação de História e Etnografia*, "Uma interpretação da couvade", 171-191, Coleção Mossoroense, Mossoró/RN, Fundação Vingt-un Rosado, 1991). Exponho as opiniões e bibliografias relativas. Dois resumos preciosos são *A Couvade*, de Rodolfo F. Schuller, *Boletim do Museu Goeldi*, VI, Pará 1909, e *La Couvade*, de Paul Hermant, no *Bulletin de la Société Royale Belge de Géographie*, n.º I, XXX, année, Bruxelles, 1906. Embora não tivesse concordado eu com as conclusões de Schuller e de Hermant, as monografias divulgam toda a matéria, situando o leitor em posição de discutir o problema. Gilberto Freyre, *Casa Grande & Senzala*, I, 229 e seguintes: "Sociologicamente talvez represente a *couvade* o primeiro passo no sentido de reconhecer-se a importância biológica do pai na geração" (nota 86). "A própria *couvade*, complexo da cultura tão característico das tribos brasílicas, talvez possa alguém arriscar-se a interpretá-la pelo critério da bissexualidade" (229). Por essa segunda versão, Gilberto Freyre crê possível ter sido a *couvade* um costume estabelecido pelos efeminados, diferenciados sexuais, indivíduos de forte influência e sugestão mística sobre a maioria (*Soldado 494 da Companhia-Escola de Engenharia em Ouro Fino, Os Silvícolas Brasileiros e a Teoria da Pré-Formação*, Ouro Fino, Minas Gerais, 1945). O Soldado 494, e o agrônomo Vingt-Un Rosado. Aceita minha conclusão sobre o *couvade*, exibição dos direitos exclusivos, da paternidade, de acordo com a epigênese. O silvícola, e todos os primitivos, aceitavam o espermatozoidismo, o princípio humano fecundador originário do homem sem a participação feminina que se limitava a recepção e guarda, como a terra guarda a semente, e um saco ao conteúdo (Vingt-Un Rosado, *Os Silvícolas Brasileiros e o Preformismo*, Santa Luzia de Mossoró, 1949). A *couvade* não é apenas a participação do filho ao grupo racial ou social (Levy Bruhl) nem há indicação de influência totêmica. Todos os estudiosos no Brasil descrevem-na mais ou menos igualmente (além dos citados, ver "Uma Interpretação da Couvade", onde registro as sínteses bibliográficas). Esse princípio resiste e há poucos anos explicava a sucessão imperial na Turquia, de sobrinho a sobrinho e não de filho a filho. No Brasil colonial o indígena casava com a sobrinha materna (filha de uma irmã), mas não o podia fazer com a filha de um irmão. Do pai provinha legitimidade, a sucessão. Os romanos e gregos conheceram, como fórmulas de adoção jurídica, os partos simulados feitos pelo adotante. A interpretação de *couvade* é, pois, essa afirmativa orgulhosa do primitivo de que era origem exclusiva do filho, do descendente, da família, nascendo-lhe como Minerva saíra da cabeça, ou Baco da coxa de Júpiter, sem o direito materno. Possível reação viva contra o matriarcado, vemos a epigênese entre judeus e na civilização atual o Pai é símbolo de potestade, de poder, de autoridade, cabeça de casal e dominador oficial. Na Santíssima Trindade católica não há o elemento feminino, indispensável na suprema triangulação divina da suprema grandeza criadora. Uma outra razão, da existência matriarcal, é a crença indígena, que tão bem Stradelli registrou, na tradição da Ci (ver CI), origem de todos os seres criados, Ci, a mãe independente do fecundador masculino. Coaraci e Jaci, o Sol e a Lua, eram femininos e fecundos. Essa independência criadora explicará a *couvade* como um cerimonial para a valorização da paternidade. Ver *Ci, Parto*.

Covada. Ver *Couvade*.

Covas. Sepulturas, sepulcros. É lugar sagrado para as religiões. Um ato desrespeitoso sobre um túmulo é a maior ofensa (ver *Mijar na Cova*). Famosas foram até o Renascimento as Covas de Salomão, lugar subterrâneo e misterioso onde o Rei da Magia ensinava a ciência miraculosa. Pela Península Ibérica substituíram as *Covas de Salomão* as Covas de Salamanca, onde havia um curso fabuloso de feitiçaria (ver *Salamanca do Jarau*). No *Denunciações da Bahia*, em 25 de agosto de 1591, o licenciado Gaspar Manuel alude a um mancebo que "estivera de caminho para ir às covas mágicas". A terra, areia, das covas é utilizada em bruxaria na África e no Brasil dos catimbós assim como no Haiti, Cuba, Jamaica, etc. O mesmo ocorria na Europa na ciência das bruxas medievais. Os devotos do Padre Cícero (ver *Cícero*) costumam levar um pouco da terra da sepultura do sacerdote no Juazeiro, Ceará, pondo-a num saquinho e este ao pescoço, relíquia, amuleto e remédio (ver *Sujo*). "Las más nuevas investigaciones han descubierto demás la estreptomicina, droga antibiótica que se extrae de un microbiol del suelo, preferentemente de la tierra de los cementérios, llamado *actionomices, griseus*, con un poder bacterioestático superior a todos los medicamentos conocidos." (Jesús Taboada, "La Medicina Popular en el Valle de Monterey", *Revista de Dialectología y Tradiciones Populares*, tomo III, cuaderno I, 37-38, Madrid, 1947).

COVEIRO. Tem superstições e hábitos inseparáveis da profissão. A primeira enxadada, abrindo a sepultura, deve ser do lado direito do coveiro. Do lado esquerdo está *chamando* quem abre a cova. Quando a terra é empurrada será na direção dos pés e não da cabeça do caixão. Cobre-se a parte dos pés para que o defunto *fique* no cemitério. Feito a sepultamento e levantado a coculo de areia ou fechada a parede de tijolos, os três primeiros passos devem ser dados de frente e não se olha para trás. Quem olha para trás, *s'assombra*. Na cidade de S. Paulo os coveiros africanos cantavam outrora uma melopeia. "O serviço de enterramento de cadáveres nas igrejas ou nos cemitérios contíguos era feito por pretos africanos, as quais, à proporção que iam pondo terra sobre o cadáver, socavam este com uma grossa mão de pilão, cantando: "Zoio que tanto vê, Zi corpo que tanto trabaiou. Zi boca que tanto fala. Zi boca que tanto ri, zi comeu e zi bebeu. Zi perna que tanto andô. Zi pé que tanto pisô". Iam assim cantando, até acabarem de cobrir com terra a sepultura. Esta prática era feita à noite, altas horas, funebremente, num cantochão, roufenho, macabro, aterrador." (Paulo Cursino de Moura, *São Paulo de Outrora*, 58, São Paulo, 1943).

CRAMBAMBALI. "Mudamo-nos para o rancho, onde o Sr. Copsy preparou-nos um *Crámbámbali*, mistura nativa, altamente recomendável nestas altitudes geladas, de que provamos diversos copos." (Richard F. Burton, *Viagens aos Planaltos do Brasil*, 253-254, Brasiliana n.º 197, S. Paulo, 1941). Burton acrescenta em nota: "Darei a receita com as palavra do autor: Derrame numa panela grande e funda uma garrafa de boa aguardente branca, junte uma quantidade suficiente de açúcar, esquente, e deixe fervendo. Junte gradualmente uma garrafa de Porto, e, quando o fogo decrescer, junte um pouco de canela e umas poucas fatias de lima. Apague o fogo e eis ai a perfeito *Crámbámbali*. As fatias de lima querem parecer-me limão. No cap. XV Burton cita *Cram bi-ba-bámbali-i-i! Canção báquica brasileira*" (p. 249).

CRAMONDONGUE. Assombração de Minas Gerais. "... e o Cramondongue, que é um carro de bois que roda à disparada, sem precisar de boi nenhum para puxar." (J. Guimarães Rosa, *Sagarana*, 174, Rio de Janeiro, 1946).

CRAPOR. Ver *Jogo de Baralho*.

CRAVO. Oitenta espécies de cravos espalharam sua presença pelo mundo. (Cariofiláceas). Eram flores populares na Europa da séc. XV e famosas as espécies de Malmaison, Régence, Fiamenga, China, Espanhol, etc. Cravo Branco era a flor tradicional dos amorosos, indispensável no código de sinais dos namorados. Um cravo valia por mensagem, pergunta e resposta. Posto com o cálix para baixo, amor ausente; para cima, presente; à direita, sim; à esquerda, não; na altura do ombro direita, muita; no ombro esquerdo, pouco. Entrega de cravo branco era declaração amorosa, um sim notório. Rompê-lo na presença de pessoa interessada, rompimento. Trazê-lo pela metade, arrependimento. Servia, como chá, para dor de cabeça. Era a flor incomparável para o ramo das noivas, acompanhando-as ao altar e sendo depois distribuído pelas moças e rapazes. Cada cravo mordido pela noiva, amuleto irresistível para casamento próximo. Envio de ramo de cravos, simpatia.

CRENDICES. Ver *Abusão*.

CRESCE-MÍNGUA. É o fantasma mais popular, porque existe em todas os países conhecidos, e não há relação ou pesquisa folclórica que deixe de registrar sua amável presença assombradora. Em Caracas havia uma variante, o *Enano de la Torre*, que aparecia pequenino e sereno e bruscamente ficava da altura da torre da catedral, fazendo perder os sentidos às raras testemunhas dessa elástica e sobre-humana personalidade. Entre os africanos que viviam no Brasil da séc. XIX e princípios do XX falava-se em Gunucô (vide *Gunocô*), que tinha a mania de aparecer num bamburral, estirando-se como um coqueiro e minguando como um pé de coentro. Na capital de São Paulo o Cresce-Míngua é duplo. "São dois homens pequeninos que ficam nas estradas junto às porteiras. Quando alguém deles se aproxima, eles aumentam de tamanho, chegando a atingir oito metros de altura, e desaparecendo nas curvas. Consta que as pessoas que os veem terão má sorte" ("Folclore Nacional, Resultado de um Inquérito", etc., sep. da *Revista do Arquivo Municipal*, CXVII, São Paulo, 1948). Em Teresina (Piauí), na Praça Conselheiro Saraiva (antiga "das Dores"), há ou havia um *Cresce e Míngua*, chamado *Não se Pode* (ver *Num se Pode*; João Ferry, *Chapada do Corisco*, 28-29. Teresina, 1952. Ver *Num si Pode*.

CRIANÇA. Ver *Parto*.

CRIMINOSO. Passatempo infantil no Rio Grande do Norte contemporâneo (Assu) e na Paraíba (Itabaiana). Consta de um paralelepípedo de madeira, onde desenham nas quatro faces uma chinela, uma varinha, um *varão* (vara) e as grades, significando prisão para o *criminoso*. Mas o jogo predileto dos meninos era o do *criminoso*, formado por quatro parceiros, cada qual fazendo girar na calçada um cepo de madeira com quatro faces, em cada uma delas desenhadas as figuras da *chinela, varinha, varão e grades* (criminoso). À pessoa que jogava o cepo, e a face da *chinela* ficava para cima, cabia-lhe uma alpercata ou sapato; à que jogasse a *varinha*, correspondia um palito de fósforo; à que tocasse por sorte o *varão*, davam-lhe um pedaço de pau um pouco maior que a *varinha* e o *criminoso* (aquele que, jogando o cepo, tocava a sorte das *grades* ficarem para cima) era a vítima. O brinquedo consistia, daí por diante, num diálogo iniciado pela *chinela*: "Varinha, quantos bolos dou nesse criminoso? — Dez! — Quentes ou frios? — Quentes!" Aí o criminoso apelava: "Me valha, varão!" E o varão ditava: "Dê quentes, ou dê frios!" (Celso da Silveira, Natal).

CRIOULO. Nativo, descendente de europeus, nascido no continente. Descendente de negros africanos, mas nascido no Brasil. Preto. O negro brasileiro é assim comumente tratado pelos seus companheiros de cor. Escravos nascidos na casa do senhor (Morais). *Natus hic ex utrisque parentibus nigritis appellatur criôlo*, escreveu Marcgrave (*Historia Naturalis*, Lib. VIII, cap. IV, Amstelodami, 1648). O que é local. Cana crioula, gente crioula, costumes crioulos.

CRISTÃOS E MOUROS[1]. Luta simulada entre Cristãos e Mouros, representada por ocasião de festas religiosas ou acontecimento social de relevo. No Brasil eram vistas a cavalo as duas alas inimigas, como Saint-Hilaire assistiu em Minas Gerais, ou de pé, armados os castelos à beira-mar, como Henry Koster presenciou na ilha de Itamaracá. Não conheço registo brasileiro anterior ao séc. XVIII. Em Portugal há menção desde o séc. XV, com incontáveis variantes, aparecendo as figuras de Carlos Magno, Oliveiros, Ferrabrás, o Almirante Balão, a princesa moura Floripes, etc. Mouriscada em Portugal. A velha *mourisca* portuguesa, como Bluteau registrou, não a tivemos no Brasil, "Compunha-se de muitos moços vestidos à mourisca, com seus broquéis e varas a modos de lanças, com o seu rei de alfanje na mão, e este dando o sinal se começava a travar, ao som do tambor, uma espécie de batalha". Os *mouros* só intervêm no Brasil para enfrentar e perder ante os cristãos. Essa mourisca vinha das obrigações devidas pelos mouros forros em ocasiões de festa (*Monarquia Lusitana*, tom, 6, fol. 16, col. 2) e concorria em todas as solenidades, como se lê na *Jornada de Nicolau Lanckmann*, representante de Frederico III, nas núpcias com Dona Leonor, irmã de D. Afonso V de Portugal, descrevendo as festas em Lisboa (Luciano Cordeiro, *Uma Sobrinha do Infante*, Lisboa, 1894, 109, 112, 113, 118, 119). Mourisco era ainda uma dança de par, baile mourisco, que Lopo d'Almeida registrou em carta a El-Rei D. Afonso V: "... mandaram bailar meu sobrinho com Beatriz Lopes bailo mourisco". (*opus cit.*, 173) e que ainda resiste na ilha da Madeira (Carlos M. Santos, *Tocares e Cantares da Ilha*, 65-72, Funchal, 1937, *Trovas e Bailados da Ilha*, 291, Funchal, 1942). Rodney Gallop cita uma *moreska* em Curzola, na Dalmácia (*Portugal*, "A Book of Folk-Ways", 175, Cambridge, 1936). A luta de Cristãos e Mouros ainda se vê em Portugal. Gallop estudou uma assistida no Sobrado, perto do Porto, entre mouriscos e bugios. No Brasil os Cristãos e Mouros conservam o aspecto cavalheiresco de justa leal, findando pela rendição e conversão dos mouros. Quando a chegança, onde os mouros participam, é tipicamente um assunto naval, o Cristãos e Mouros é página de cavalaria, com volteios, floreado de lanças, interpelações e diálogos em linguagem arrogante belicosa. Martius assistiu à cavalgata luxuosa no Tijuco, comemorando a aclamação de D. João VI. Cristãos e mouros vestiam veludo azul e vermelho, bordados a ouro, e fizeram um lindo jogo de agilidade, com rondas e giros fidalgos, antes da batalha (*in Antologia do Folclore Brasileiro*, vol. 1, 94-98, 9ª ed., São Paulo, Global, 2004), e em Ilhéus viu o desfile com o embate subsequente (idem, 98-99). Saint Hilaire descreve identicamente. Na inauguração da cidade de Goiânia (1942), Renato Almeida estudou o baile equestre, de cristãos e mouros vestidos a caráter, em batalha sob o esquema das velhas quadrilhas de cavaleiros. Não havia cantos e música; como aliás não há nessa cavalgata. Esses torneios existem secularmente na Península, desde a expulsão dos árabes. Garcia de Resende narra o encontro do Rei D. João II em Alvisquer, ribeira de Santarém, com seu cunhado, D. Manuel, vestido, assim como o séquito, de mouros. "Houve uma galante escaramuça, que pareceu muito bem",

---

[1] No texto original: "Cristãos-e-Mouros" (N.E.).

informa o cronista. Sobre as danças populares de Portugal para confronto da origem e modificações das brasileiras, ver M. Sousa Pinto, *Danças e Bailados*, Lisboa, 1924, e os estudos do folclorista português Luís Chaves, *Danças Religiosas*, sep. da *Revista de Guimarães*, fasc. 4 de 1941; *Danças, Bailados e Mímicas Guerreiras*, sep. do vol. III de *Ethnos*, Lisboa, 1942; *Páginas Folclóricas* (3ª parte, "Pantominas, Danças & Bailados Populares"), Porto, 1942. No México, Robert Ricard, "Sur les Fêtes de Moros y Cristianos au Mexique", *Journal de la Société des Américanites de Paris* (JSAP), XXIV, 51-84, 287-291, 1932, XXIX, 220-27, 1937, XXX, 357-376, 1930; *Compte Rendu de la XVI e Semaine de Missiologie de Louvain*, 122-132, Bruxelles, 1938; John E. Englekirk, "Notes on the Repertoire of the New Mexican Spanish Folktheater", *Southern Folk-Lore Quarterly*, vol. IV, n.º 4, Gainesville, Flórida, dezembro, 1940. O Prof. Englekirk informa que na dedicação da primeira igreja no New Mexico, na *ciudad de San Juan de los Caballeros*, a 8 de setembro de 1958, foi representado o drama *Moros y Cristianos*, de caráter popular. O tema é idêntico. Os mouros são vencidos e batizados. Ver Aurélio M. Espinosa Jr., *The Field of Spanish Folk-Lore in America*, 33, onde denomina "the obiquituos Moros y Cristianos", *Southern Folk-Lore Quartely*, V, 1, Março de 1941. O folclorista sansalvadorenho Dr. Rafael Gonzales Sol, *Fiestas Cívicas, Religiosas y Exhibiciones Populares de El Salvador*, 1945, informa que o auto de Moros y Cristianos é representado em dezesseis lugares somente no El Salvador. Os combates simulados entre cristãos e mouros eram uma tradição aristocrática portuguesa. Teófilo Braga (*História do Teatro Português*, I, 278, Porto, 1870) recorda uma das festas famosas onde a cena se repetiu: "Manuel Machado de Azevedo, cunhado de Sá de Miranda, recebeu o Infante D. Luís e o Cardeal D. Henrique, então Arcebispo de Braga, em sua residência, no batizado do seu filho, festivamente. Houve 'Comédia' no Solar de Crasto onde ele morava". O Marquês de Montebelo, na vida de Manuel Machado de Azevedo, descreve (págs. 56-58, cap. VI) as festas. Entre estas houve esse entremez: "Apenas aviam los Infantes recebido sus salvas, quando de entre los arboles de la otra parte les hizieron una salva de mas de dos mil mosquetes, y arcabuzes y todos en un tiempo tan conformes, que todos se oyeron juntos, y ninguno fué segundo. Assi lo tenia Bernadim Machado prevenido, y de entre los nublados de la polvora, que toldaron el Sol, el Ayre y el Rio salieron doze barcas, imitando otras tantas galeras, que divididas en dos partes, fingieron una batalla de Maltezes (oy se dize assi, que entonces era de Rodes) y Turcos. Estes, con sus Abitos, de que Bernardin Machado que en aquel dia era Gran Maestre, dando a mas de ochenta la misma Cruz que traía. Venció San Juan paró la batalla, aclaró-se el ayre". A festa é anterior ao ano de 1523, em dezembro, Solimão venceu Villiers de L'Isle Adam, expulsando os Cavaleiros de São João da ilha de Rodes. Embora o título popular se mantenha "Cristãos e Mouros", recordando os embates da conquista da Península aos muçulmanos, na representação do auto o mouro é turco, vindo da Turquia, onde seu Deus é Rei. É convergência temática para o ciclo das guerras marítimas no Mediterrâneo, entre os Cavaleiros de Rodes e depois de Malta contra os turcos e posteriormente corsários argelinos. A Cavalgata de Cristãos e Mouros ou o auto, com os episódios de bordo, são ainda representados no Brasil, especialmente em São Paulo, Minas Gerais, Rio Grande do Sul e Nordeste (Rio Grande do Norte e Ceará, neste figurando como cena do "Fandango"), Goiás, etc. Ver ainda Jaime Lopes Dias, *Etnografia da Beira*, V, "A Descoberta da Moura", 147-150, Lisboa, 1939; Renato Almeida, *História da Música Brasileira*, 216-225, Rio de Janeiro, 1942; Mário de Andrade, *A Música do Brasil*, 49-55, Curitiba, 1941; "As Danças Dramáticas do Brasil", *Boletim Latino-Americano de Música*, VI, Rio de Janeiro, 1946; Nieves de Hoyos Sancho, "Las Luchas de Moros y Cristianos en el Brasil", *Revista de Índias*, nºs 57-58, Julio-Diciembre, 1954. Ver *Chegança*.

CRISTEL. Ver *Mezinha*.

CRUSTÁCEOS. "E muito curioso o que se diz do caranguejo pela expressão de algumas locuções populares: *Perdeu a cabeça por causa de camaradas; não morre enforcado, porque não tem pescoço; e por morrer um caranguejo não se cobre o mangue de luto;* e o povo diz ainda que o caranguejo só é gordo nos meses que não tem R: maio, junho, julho, julho e agosto. O *siri magro carrega água para o gordo*. (Pereira da Costa, *Folclore Pernambucano*, 52-53). Diz-se ainda que uma moça ficou encantada num casco do caranguejo guajá. São vestígios de tradições desaparecidas. Não consegui identificar essas *estórias*. O Ciécié-etê, que Marcgrave estudou na *História Natural do Brasil* (1648, a "princeps" de Amsterdão), 185 da versão brasileira (São Paulo, 1942), é conhecido no Sul por *Chora-Maré* e no Norte por *Chama-Maré*, por agitar sempre a pinça direita, várias vezes mais desenvolvida que a esquerda, num movimento de quem acena. O siri-patola é encantado. Essas informações são dadas incompletas pelos pescadores, ou melhor, mariscadores dos mangues, dizendo sempre ter ouvido, quando meninos, muitas *estórias* de caranguejos, siris e goiamuns, esquecidas depois. Alguns pescadores dos mangues contam lendas e superstições sobre os crustáceos. Os caranguejos são governados por uma espécie de rei, caranguejo cujo casco mede uns vinte centímetros e tendo patas de trinta e mais centímetros. Chamam-no, na cidade do Natal e mangues do município de Canguaretama, "garrancho". É um crustáceo esverdeado, misterioso, rarissimamente visto pelos mariscadores. Vive no fundo da lama, num buraco muito profundo, com a entrada escondida. Nenhum pescador de mangue o vê duas vezes na vida. O "garrancho" só deixa o buraco para sair uma vez por ano, à meia-noite da Sexta-Feira da Paixão. E anda até o primeiro cantar do galo. Volta, mete-se em casa e não há mais quem o enxergue. Quem conseguir arrancar ao menos uma pata ao garrancho está com a vida garantida, porque nunca mais lhe faltará caranguejo, siri ou goiamum. Basta trazer a pata do garrancho no bolso e riscar com ela na lama do mangue. O pescador Francisco Ildefonso disse-me (27-V-1947) que era sempre uma mentira, quando se afirmava ter visto o garrancho ou conseguido uma patinha para dar sorte. Ele havia prendido um, enorme, pesadão, na gamboa de Garatuba Grande, em Canguaretama, amarrara-o com uma embira num galho de mangue e ao voltar encontrara o cipó intato, com o mesmo nó e do garrancho nem rasto. Este é o crustáceo que tem a figura de uma moça encantada no casco, muito mais nítida e perfeita que seus vassalos. E tem também a cruz, bem clara. Por isso sai no dia em que a cruz se ergueu com o Salvador. Essa tradição, do caranguejo com uma cruz, tem registro velho e área geográfica de crendice bem longe dos mangues do Rio Grande do Norte. São Francisco Xavier atirou ao mar, perto das Molucas, na Oceânia, seu crucifixo para acalmar uma tempestade. Um caranguejo susteve o crucifixo no casco e entregou a relíquia ao santo, quando este desceu na primeira praia. Como lembrança ficou com uma cicatriz cruciforme no casco (P. Saintyves, *Les Saints Successeurs des Dieux*, 245-246, Paris, 1907). Em certos dias da Semana Santa há uma Procissão de Caranguejos. "E dizem que os caranguejos faziam, igualmente, sua procissão de Ramos. À noite desse domingo, saíam de poãs erguidas, sustendo raminhos de mangue." (Maria Stela de Novais, *Cidade da Vitória*, 150 (ms.). Refere-se ao Domingo de Ramos. Ver *Caranguejo, Siri*.

CRUVIANA. Frio da madrugada, friagem com ou sem neblina, baixa brusca de temperatura, chuva fria e fina. Graviana no Ceará. Corrubiana em Minas Gerais. Cruviana na Bahia, interior do Paraíba e Rio Grande do Norte. O vocábulo aparece nos versos do desafio nordestino. Não conheço personalização da cruviana. Há o registro do Sr. Daniel Gouveia (*Folclore Brasileiro*, V, Rio de Janeiro, 1926): "Aparece a Coruviana à procura daqueles que se deitam nus". É um vento frio, que sopra de oeste, também denominado cruviana na bacia do Purus (Acre). Será termo trazido daí pelos nordestinos emigrantes em torna-viagem? (Ver Bernardino José de Sousa, *Onomástica Geral da Geografia Brasileira*, Corrubiana, Cruviana, Bahia, 1927; Fernando São Paulo, *Linguagem Médica Popular no Brasil*, Cruviana, I, Rio de Janeiro, 1936).

CRUZ. Afugenta os seres diabólicos e os bichos de assombração. Feita com a palha seca do Domingo de Ramos, afasta o perigo do raio e dissipa a tempestade. Os vultos brancos das almas do outro mundo não resistem ao sinal da cruz ou mesmo à cruz viva dos dois dedos indicadores cruzados, na improvisação imediata ao próprio sentimento de pavor. As cruzes de madeira marcam sepulturas cristãs em todo o mundo e também os lugares onde alguém faleceu de morte violenta, assassinato ou acidente. Junto às cruzes põem pedrinhas representando orações, equilibradas no transepto ou agrupadas ao pé (ver *Pedras*). A cruz de madeira assinalava jurisdição regular, domínio de quem a chantava sobre a terra adquirida mesmo sem sinais exteriores de posse efetiva. Como é o primeiro dos sinais contra o Demônio, estende-se seu poder às coisas sinistras que perturbam a vida normal. Na massa dos bolos ou pães risca-se a cruz para que não se estrague durante a noite ou tempo de espera. Ovos onde são traçadas as cruzes não goram. Uma cruz de toucinho amarrada às crinas do cavalo que o Saci-Pererê cavalgou durante a noite, deixando-as emaranhadas, tem o poder de desfazer o trabalho do Saci. Cruz no batente das portas, soleiras, pelo lado de fora, não permite o ingresso, de tudo que for ruim. Em Minas Gerais, fronteira de São Paulo e Goiás, molha-se o cruzeiro para obter-se a chuva do céu (ver *Chuva*), conservando-se desta força uma tradição europeia muito difundida. José A. Teixeira (*Folclore Goiano*, 427, São Paulo, 1941): "Processo para fazer chover: molhar um cruzeiro – os homens e mulheres carregam cântaros e cabaços de água; chegados ao cruzeiro, dão-lhe um banho solene". No plano de retardar ou dissipar os poderes infernais, a cruz é infalível. Ver *Santa Cruz*. É universal sua presença. As representações da cruz da América pré-colombiana positivam essa expansão independente do símbolo cristão. Adán Quiroga (*La Cruz en América*, Ed. Americana, Buenos Aires, 1942), que estudou minuciosamente o assunto, opina pela cruz significar um símbolo da chuva (Ver P. Saintyves, "Le Culte de la Croix chez les Indiens de L'Amerique du Nord", *Revue de l'Histoire des Religions*, Paris, 1916; "Le Culte de la Croix dans le Boudhisme, en Chine, au Nepal et au Thibet", idem, Paris, 1917; "La Croix en Afrique et dans l'Amérique du Sud", idem, Paris, 1918; artigo "Croix" no *Dictionnaire d'Archéologie Chrétienne*, de D. Fernando Cabrol, III, Paris, 1914; Gustavo

Barroso, *Aquém da Atlântida*, "A Cruz na América", Rio de Janeiro, 1931).

CRUZ DE PALHA. Sinal de vedação posto pelos indígenas amazônicos, significando a proibição formal à penetração branca. "Major: os araras botaram cruz de palha na estrada do Zé Matias. Botaram agora de tarde. Mande Zé Matias arrumar borracha no armazém. Tire a cruz de palha hoje de noite. Diga ao José Mourão que vá substituir o Zé Matias esta semana. A estrada dá mais leite. A cruz de palha era o aviso mortal dos índios. Consistia em dois trançados de bacaba, aviso de que não fosse para diante. Arrancá-la era desobedecer, condenar-se à morte. Descuidado, Zé Matias enveredou pela estrada e caiu varado de frechas" (Álvaro Maia, *Beiradão*, 195, Rio de Janeiro, 1958). *Araras* são indígenas caraíbas do Madeira e baixo Xingu, errantes e hostis, reduzidos a grupos diminutos e primários (Curt Nimuendaju).

CRUZ-DIABO. Fantasia carnavalesca representando o diabo. "... Cruz-diabo é uma criação carnavalesca dos maranhenses, que consiste numa roupa encarnada com muitos galões e lantejoulas, calções e casacas e uma cabeça de papelão preta em forma de mitra, com dois grandes chifres; Inácio Raposo, "Mestre Cuia", Rio, 1937 (Domingos Vieira Filho, *A Linguagem Popular do Maranhão*, S. Luís, 1953).

CUANDU. É um pequeno roedor (*Coendu prehensilis*), chamado também ouriço-cacheiro e porco-espinho. Nas *estórias* populares para crianças, seu nome é *Luís Cacheiro*. Cabelo de cuandu: diz-se de quem o tem espetado e áspero. "Esses espinhos são utilizados pela crendice popular como um excelente tempero nas defumações domésticas, havendo quem assegure ter o espinho de cuandu a propriedade de "espetar" todo o mal que entre em casa." (Osvaldo Orico, *Vocabulário de Crendices Amazônicas*, 205).

CUATÁ. Ver *Coatá*.

CUBA. Indivíduo poderoso, influente, atilado, matreiro (Pernambuco). Em Minas Gerais dizem *cuébas*, e em São Paulo *mancueba*: Beaurepaire Rohan, *Dicionário de Vocábulos Brasileiros*, 2ª ed., Salvador, Bahia, 1956. A primeira é do Rio de Janeiro, 1889. Feiticeiro competente, prático. Pessoa astuta. "Sou cuba, sou feiticeiro, / Desfaço qualquer engano". *Cubar*, na linguagem popular, é observar atentamente, olhar com cuidado. "Eu estava cubando os passos dele". Não convergiu para o vocabulário do catimbó, pajelança, candomblé. Ligava-se à velha bruxaria, autônoma, anterior aos cultos organizados, de atuação pessoal. "Mestre Remígio era um cuba no feitiço", dizia-se em Natal de 1900.

CUCA. Papão feminino, fantasma informe, ente vago, ameaçador, devorando as crianças, papona. Amadeu Amaral (*O Dialeto Caipira*, São Paulo, 1920): "Entidade fantástica com que se mete medo às criancinhas. "Durma, meu benzinho, / que a cuca, j'ei vem", diz uma cantiga de adormecer. Por extensão, entre adultos, atos destinados a atemorizar: "Eu cá não tenho medo de cucas". A palavra e a superstição, esta quase de todo delida já em S. Paulo, existem espalhadas pelo Brasil. Num dos seus contos goianos, escreveu Carvalho Ramos: "Ah, sim, a bruxa... Essa, decerto, levou-a a cuca num pé de vento, à hora da meia-noite..." Em Pernambuco significa mulher velha e feia, espécie de feiticeira, e é também o mesmo que quicuca, ticuca, rolo de mato (Garcia). Beaurepaire Rohan registra as variantes corica, curuca, corumba, das terras do Norte. A cuca paulista é em tudo semelhante ao vago *papão* luso-brasileiro, ao *bicho* e ao *tutu* de vários Estados, ao *negro velho* de Minas. Diz uma quadrinha popular portuguesa, citada por Gonçalves Viana, *Palestras Filológicas*: "Vai-te papão, vai-te, embora / de cima desse telhado, / deixa dormir o menino / um soninho descansado". Diz uma quadrinha mineira, visivelmente aparentada com a precedente: "Olha o negro velho / em cima do telhado, / Ele está dizendo, / quer o menino assado". Outra, ainda mais próxima da portuguesa, e também de Minas (citada, como a primeira, por Lindolfo Gomes): "Vai-te, coca, sai, daqui / para cima do telhado; / deixa dormir o menino / o seu sono sossegado". Vê-se esse exemplo que em Minas se diz *coca*. A forma portuguesa é *coco*. Na procissão de Passos, em Portimão, havia um indivíduo vestido de túnica cinzenta e coberto com um capuz, a quem chamavam *coca* (Leite de Vasconcelos, segundo Lindolfo Gomes). A essa figura correspondia, nas antigas procissões do Enterro, em Minas (Lindolfo Gomes) e na dos Passos, em S. Paulo, o *farricoco*. Lê-se no *S. Paulo Antigo*: "Adiante dessa soleníssima procissão era costume, parece que até o ano de 1856, ir o pregoeiro, chamado Farricoco ou a Morte, vestido de uma camisola de pano de cor preta, tendo na cabeça um capuz do mesmo pano, que lhe cobria o rosto, com dois buracos nos olhos, e lhe caía sobre o peito... sendo que as crianças, ao avistarem esse feio personagem, ficavam apavoradas, pois umas choravam e outras tapavam com as mãos os seus olhos". Em Espanha há *coca*, serpente de papelão que, na Galiza e outras províncias, sai no dia de "Corpus Christi"; há também mala *cuca*, maliciosa e de má índole. G. Viana (*Palestras*) refere-se ainda a uma palavra castelhana *coco*, entidade fantástica, que se julga habituada a devorar criaturas humanas, como o papão. A sinonímia entre papão e coco ou coca está estabelecida no seguinte dístico das *Orações Acadêmicas* de Frei Simão, citado por G. Viana: "O melhor poeta um coco, / o melhor vate um papão". Coco encontra-se ainda em Gil Vicente, no *Auto da Barca do Purgatório*, onde parece indicar o diabo: "Mãe, e o coco está ali". Rubim parece que dava a coco a significação geral de entidade fantástica; definindo *bitu*, chama-lhe "coco para meter medo às criancilhas", e define identicamente *boi-tatá*; 123-24. *Geografia dos Mitos Brasileiros* (Luís da Câmara Cascudo, 3ª ed., São Paulo, Global, 2002), Coca e Cuca (p. 200-207), registra a crendice documentadamente. Ver *Farricoco*. Coco é o medo, a cabeça humana iluminada, apavorando. "Conviene abstenerse de haver miedo a las criaturas con el bu, el coco, y demás fantasmas" (Monlau). Identicamente no *Lazarillo de Tormes*, em Lope de Vega. Em Portugal, além de Gil Vicente, há o registro de Frei Luís de Sousa: "Semelhantes vistas são o coco, com que as amas assombram, ou acalentam os meninos desta, e ainda de maior idade". (*Vida de D. Fr. Bertolameu dos Mártires*, cap. I). O coco, nessa acepção, não se aclimatou no Brasil. A coca e a cuca são sinônimos de pavores ou de paponas insaciáveis. Cuca é avô em *nbundo* e o trago, que se engole de uma vez, no idioma tupi. Assim, os elementos indígenas e africanos concorrem para a dispersão do mito nos elementos característicos. Cuca, ensina Teodoro Sampaio, é uma coruja. Coca serve para prefixo a um mito pertencente ao ciclo de angústia infantil português e não emigrado para o Brasil, a cocaloba, denunciando na Europa a mesma origem, agressiva e faminta. Armando Lessa, "Músico Saminheiro" (*Ocidente*, vol. V), registrou nas "monodias de berço" (acalantos) muitos versos portugueses que ainda são cantados no Brasil nas cantigas de embalar, citando-se o "Vai-te coca, vai-te coca, / lá de cima do telhado", e muitas alusões ao *papão*, 91-92, e outras informações em Amadeu Amaral Júnior ("Superstições do Povo Paulista", *Revista Nova*, n.º 4, 621-623, S. Paulo, 1931). Atualmente a presença da cuca é infinitamente superior à coca semidesaparecida. Mesmo assim a cuca é apenas um elemento nas cantigas de adormecer. Não conheço exemplo da cuca europeia. Parece criação convergencial no Brasil. Para *coca* ver *Geografia dos Mitos Brasileiros*, 200-207, 3ª ed., São Paulo, Global, 2002.

CUCUÍ. Tuxaua (chefe) dos cusses do alto rio Negro. A tradição conservou sua história valente e bárbara, de antropófago, cheio de valentia e fereza. Foi vencido pelos tárias (aruacos) e morreu em consequência de ferimentos de combate. Seu acampamento preferido guarda-lhe nome na extrema com a Venezuela, na margem esquerda do rio Negro, denominada Pedra do Cucuí. Creio que Cucuí viveu em fins do séc. XVII e princípios do XVIII. É muito popular nas *estórias* indígenas do rio Negro, guerras, caçadas, amores.

CUCUMBI. Variante de congos, congada, quilombos, ticumbi, já desaparecida sob essa denominação exceto em Sergipe. Préstito, com pequeno enredo e bailados guerreiros, popular na Bahia e no Rio de Janeiro: Melo Morais Filho, *Festas e Tradições Populares do Brasil*, 82 e segs. 167-178, Rio de Janeiro, 1946; Manuel Querino, *Costumes Africanos no Brasil*, 266, Rio de Janeiro, 1938; Oneyda Alvarenga, *Música, Popular Brasileira*, 119-122, Porto Alegre, 1950; Luís Edmundo, *O Rio de Janeiro no Tempo dos Vice-Reis*, Rio de Janeiro, 1932; Renato Almeida, *História da Música Brasileira*, 262, Rio de Janeiro, 1942. O centro de interesse é a luta entre o rei negro e o rei indígena. Melo Morais Filho escreve também *bucumbis*. Provirá de *cucumbe*: "...depois da refeição lauta do cucumbe, comida que usavam os congos e munhambanas nos dias da circuncisão de seus filhos" (Melo Morais Filho, 169). Guilherme de Melo (*A Música no Brasil*, 51-52, Rio de Janeiro, 1947) chama-lhe quicumbe, dançados na cidade do Salvador, nos Paços do Conselho, em 6 de junho de 1760, por ocasião dos festejos do casamento da Princesa D. Maria com seu tio D. Pedro, os futuros Maria Primeira e D. Pedro III de Portugal, assim como a *dança dos congos*, o *Reinado dos congos*, que deviam ser mesma coisa, taieras e uma *dança dos meninos índios*. Sílvio Romero (*Folclore Brasileiro*, I, 363, Rio de Janeiro, 1954) cita um verso das taieras: "Meu Sam Benedito, / Venho lhe pedir / Pelo amor de Deus / P'ra tocar cucumbi". E anota: "Cucumbi, instrumento africano", incluído na relação de Luciano Gallet (*Estudos de Folclore*, 59, Rio de Janeiro, 1934), como "instrumentos de procedência africana, adotados no Brasil, alguns já fora de uso". Verificar-se-ia o mesmo processo do instrumento denominar a dança, como sucedera ao *carimbó, zambê, caxambu*. No Rio de Janeiro os cucumbi incluíram-se no carnaval. Ver *Quilombo* e *Ticumbi*. No Rio Grande do Sul diz-se *quicumbi* (maquiné, em Osório, rincão dos panta, no Rio Pardo) e *ensaio*, em Bojuru, S. José do Norte: "O Folclore do Rio Grande do Sul", comunicado do Instituto de Tradições e Folclore da Divisão de Cultura, Secretaria de Educação e Cultura do Rio Grande do Sul, *Revista do Ensino*, janeiro de 1958, Porto Alegre, pág. 30. Ver *Congadas*.

CUCURA. No rio Negro; purumã, no rio Solimões; casta de fruta de uma árvore, que se parece alguma coisa com uma embaúda. Dá em cachos uma drupa suculenta de sabor adocicado, e um único caroço, coberta por uma pele geralmente dura e mais ou menos coberta de pelos. Há várias qualidades, umas cultivadas, outras do mato. A *cucura* ou *purumã* silvestre figura na lenda de Jurupari como aquela que com seu sumo impregnou a Ceuci, que descuidada a comeu sem reparar que, correndo pelos seios abaixo, o sumo que lhe escorria dos lábios a molhava toda. É segredo que não deve ser conhecido senão pelos iniciados. A mulher que o vier a conhecer, morre (Stradelli, *Vocabulário Nheengatu*. 424). A *purumã* é a *Pourouma cecropiefolia*, Aubl. A fecundação independente do elemento masculino é tradição clássica e reaparece nas lendas, especialmente etiológicas, como a da Mandioca (Mani). Júpiter tivera Minerva sem a participação de Juno e esta, enciumada da independência divina, quis conceber e procriar. A deusa Flora indicou-lhe uma flor que crescia em Olene, na Acaia, fecundando pelo contato. Assim nasceu Marte. Hebe foi concebida espontaneamente, por Juno ter comido muito alface selvagem. A Idade Média e até fins do séc. XVII estão cheios de documentos oficiais sobre esses casos de Lucina *sine concubitu*, como no espalhado é querido romance de "Dona Ausenda":

"Allí nace un arboledo — que
[azucena se llamaba,
Cualquier mujer que la come
[luego se siente preñada."

CUFUZO. Ver *Cafuz*.

CUIA. Medida para cereais, correspondente a dez litros, comum no Nordeste. O negociante sabido compra a cuia de 10 litros e vende a cuia de 5.1/16 de alqueire. Cabaço onde o gaúcho toma o mate-chimarrão, sorvendo-o por uma *bomba* (canudo de metal terminado por uma tampa com orifícios). A cuia velha continha cinco tigelas. Cada tigela valia um litro. O Padre Simão de Vasconcelos, citando a fome que houve na Bahia em 1564, informava: "Os índios das aldeias, levados do aperto, chegavam a vender-se a si mesmos por coisas de comer; e houve tal que entregou sua liberdade por uma só *cuya de farinha*". Vasconcelos escrevia no séc. XVII. É a vasilha feita com o fruto da *Crescentia cujete*, Lin., partido ao meio. Cada banda tem o nome de cuia. É usado como prato e copo no sertão velho. São famosas as cuias negras, ornamentadas artisticamente, vendidas em Santarém, no Pará. O emprego viera dos indígenas aos colonizadores. Ao romper do Sábado de Aleluia, gritava-se outrora nas ruas: "Aleluia! Aleluia! Carne no prato! Farinha na cuia!" Aludindo à carestia de 1860, o periódico do Recife, *O Vapor dos Traficantes*, n.º 192, divulgava: "Libra de carne a pataca / E cuia de farinha a selo / Não fazem bom cabelo". A pataca valia 320 réis e o selo 480. Morais, no dicionário de 1813, não registra a cuia como medida popular no seu tempo e no Recife, onde ele morara longamente. Pereira da Costa.

CUIBA. "Jogo infantil dos negros em que, entram duas pessoas, cada uma com o seu sabugo de milho seguro pela metade. Cada um tem a sua vez de bater com toda a força na que o outro segura. O que primeiro quebra o sabugo do contrário é o que ganha. *Etim-sumba* (Cannecatim)". Dante de Laytano, *Os Africanismos do Dialeto Gaúcho*, Porto Alegre, 1936). Ver *Capuco*.

CUÍCA. Puíta no Nordeste, barrilzinho com uma pele de um lado, tendo presa ao centro, pela parte de dentro, uma varinha ou tira de couro. Atritando-a com um pano úmido, produz som profundo e rouco. Grande ritmador dos sambas e dos cordões carnavalescos, instrumento musical dos candomblés e macumbas, é quase indispensável nos bailes populares, mestiços e negros. Veio para o Brasil por intermédio dos escravos bantos, especialmente de Angola, onde lhe chamam puíta, tal-qualmente no Nordeste. Em Portugal conhecem-na como *ronca* e na Espanha *zambomba*, usada outrora nas festas de Natividade e Reis. "Hoy solo se usa rara vez en Carnaval", informa o *Dicionario de la Música Ilustrado* (II, Barcelona). O Prof. Armando Leça escreve: *Cuíca*: Marsupiais, com forma e feição de rato; uma terrestre, *Philander philander*, e a Cuíca d'água, *Chironectes minimus*, também dita *iapó*. A primeira passa as horas de sol escondida no oco das árvores, saindo durante a noite para assaltar ninhos e galinheiros.

"É como a cuíca,
De dia, dorme; de noite, risca!"

"Há poucos meses cantaram-nos em Campo Maior o "Menino do Senhor", com acompanhamento de zambomba ou ronca, cuíca no Brasil (nota de R. Laparra: O zambomba que se ouve nas ruas pelo Natal serve para acompanhar as pastorais, Vilancicos do Natal)". (*Música Popular Portuguesa*, 178 e nota, Porto, sem data). Afonso Duarte (*O Ciclo do Natal na Literatura Oral Portuguesa*, 28-29, Barcelos, seg ed., 1937), descrevendo uma Noite do Natal em Barrancos, Beja, registrou: "É a noite da zambomba; uma bilha de barro, um pote, ou um alcatruz de nora, a que se tapa o bocal com uma pele umedecida e ao meio do qual se prende uma varinha - a *canabória* ou *gamboa*, a que chamam *gamonita*. E, esticada a pele, como um tambor, é só passar, com força, a mão encerada, num movimento rítmico vertical pela varinha, para que se produza o som rouco que acompanha os cantares da *noite boa*, em volta da fogueira". E ainda: "Zambomba, em Barrancos, ou rouca, em Elvas, instrumento inventado para imitar o mugir do boi e em cujo ato de magia se quer representar o trabalho dos campos, preludiando já de longe o despertar da primavera; o mesmo instrumento é que se usa na Romênia no acompanhamento dos cantos do Ano Novo tal como Mlle. Réa Ipcar o descreve: "C'est un tonnelet fermé d'un côté par une peau traversée d'une corde de crin, sur lequelle on fait glisser les mains enduites de resines". A cuíca na Romênia diz-se *buhal*, do russo *buhaj* e do turco *buga*, touro. Tancred Banateanu, estudando o "Plugusor, une coutume agraire roumaine" (*Rivista di Etnografia*, n.º 2-3, Nápoles, 1948), mostra sua popularidade na Bucovina, Moldávia, Dobrudja, Muntênia e parte da Oltênia. Diz-se *bikal* e *bukác* na Tcheco-Eslováquia, *rummeltopf* ou *brummtopf* na Alemanha, existindo na Hungria, a oeste do Danúbio, ao norte e sul do lago Balaton e monte Bakony, em 177 lugares. Conclui Banateanu: "O objeto parece ser arcaico, um objeto de ritual mágico, imitando o mugido do touro, animal divinizado como símbolo da prosperidade, da fecundidade, objeto servido nos cultos de fertilidade, cultos agrários. Existia provavelmente, em época antiga, numa grande área de expansão: no centro e para o leste da Europa, cremos nós". D. Julio Caro Baroja, diretor do Museu do Povo Espanhol, Madrid, respondendo a minha consulta, esclareceu sobre o assunto: "Considérase aqui como propio exclusivamente de las fiestas navideñhas y así, hay muchas figuritas de barro de ellas de los nacimientos o pesebres que aparecen tocándolo. Las zambombas modernas se hacen de latas, de hojadelata con un pequeno trozo de cuero de conejo, una caña y papeles de colores como adorno (fig. 1), las antiguas se hacían con ollas o recipientes de barro, agujerados por la base. Parece ser objeto incorporado a la cultura nacional no mucho antes de la mitad del siglo XVII. Así, las viejas canciones catalanas de Navidad que enumeran diferentes instrumentos, no hablan de la "zombomba" y tampoco de la "chicharra". En este momento no recuerdo estudio "Friction-Drum" en *The Royal Antropological Institute of Great Britain and Ireland*, XXXVII, 1907, págs. 67-92 (pl. XII-XIV con bibliografia anterior de Aranzadi para España). Para Cataluña, Amades, "Música de Natal". No Brasil, o escritor Pedro Dantas estudou a cuíca, "Sobre um instrumento grotesco", *Revista Nova*, n.º 2, 281, junho de 1931, São Paulo, sendo o primeiro a relacionar a identidade da puíta julgada africana com o zambomba espanhol, o rommelpot de Holanda, o pouti-poute de Nápoles, indicando a procedência oriental. Ver *Puíta, Zambomba*.

CUIDARU. Ver *Acangapema*.

CUMACÁ. Cumacas, *Elcomarrhiza amylacea*, Barb. Rodr., cipó asclepiadáceo empregado na *pajelança* amazônica. "Há no Amazonas uma planta, o *cumacaa*, cuja fécula, empregada como goma ou posta na tinta, acreditam que desarma o indivíduo a quem se fala, ou torna favorável aquele que com a tinta escreve. O tapuio, com uma camisa engomada com cumacá, desarma a ira de seu patrão, e o juiz, que tiver de lavrar uma sentença, a dará favorável, escrevendo-a com a tinta onde houvera fécula." (Barbosa Rodrigues, "Lendas, Crenças e Superstições", in *Antologia do Folclore Brasileiro*, vol. 1, 215-234, 9ª ed., São Paulo, Global, 2004).

CUMACANGA. O lobisomem, cuja cabeça se solta do corpo, e que denominam cumacanga, é sempre a concubina de um padre, ou a sétima filha do seu amor sacrílego. O corpo fica em casa e a cabeça, sozinha, sai, durante a noite da sexta-feira, e voa pelos ares como um globo de fogo (Santana Néri, *Folk-Lore Brésilien*, 31, Paris, 1889). Curucanga: "Quando qualquer mulher tem sete filhas, a última vira curacanga, isto é, a cabeça lhe sai do corpo, à noite, e, em forma de bola de fogo, gira à toa pelos campos, apavorando a quem a encontrar nessa estranha vagabundeação. Há, porém, meio infalível de evitar-se esse hórrido fadário: é tomar a mãe a filha mais velha para madrinha da ultimogênita." (Basílio de Magalhães, *Folclore no Brasil*, 98). A cumacanga é do Pará e a curacanga, idêntica, é do Maranhão. A cabeça luminosa é um elemento comum aos mitos do fogo, punição, encanto, indicação de ouro ou contos etiológicos. Os indígenas caxinauás, panos do território do Acre, explicam a origem da Lua como uma cabeça que subiu aos céus (Capistrano de Abreu, *Rã-Txã-Hu-Ni-Ku-Í*, 471, Rio de Janeiro, 1941). Para os indígenas bolivianos o catecate, cabeça em fogo, deixa o sepulcro para vir procurar vingar-se de quem matou o seu corpo (M. Rigoberto Paredes, *Mitos, Superstíciones y Supervivencias Populares de Bolívia*, 47, La Paz, 1936). No Peru é a keike, cabeça de feiticeira que atravessa, em forma de bola ígnea, os ares, indo para a assembleia das bruxas, enquanto o corpo da mágica fica em casa (Federico Alfonso Pezet, *Peruvian Folk-Lore*, 466, *Proceedings of the Nineteenth International Congress of Americanists*, *Washington*, 1917). Na carucanga ocorrem os elementos típicos da bruxa europeia, setimogênita, etc. Teófilo Braga, *O Povo Português nos seus Costumes, Crenças e Tradições*, II, 181-182, Lisboa, 1885; J. Leite de Vasconcelos, *Tradições Populares de Portugal*, 287, Porto, 1882; C. Consiglieri Pedroso, *O Lobisomem*, 8; Carlos Camilo Calderón,

Diccionario Folklórico del Perú, "Kepke", Lima, 1945; Efrain Morote Best, *in Perú Indígena*, vol. IV, n.º 9, abril de 1953, Lima; Julia Herminia Rivera Cereceda, "Las Cabezas que Vuelan", *Archivos Peruanos de Folklore*, n.º 1, 94-105, Cuzco, 1955. Ver *Kefké*.

CUMATÊ. (*Myrcia atramentifera*, Barb. Rodr). Mirtácea de que os indígenas e mestiços e hoje boa parte de artistas locais na Amazônia, especialmente em Santarém, aproveitam a matéria corante, adstringente, para dar a rica e brilhante coloração negra, lembrando os lindos xarões chineses e japoneses, nas tradicionais "cuias de Santarém". Sobre o fundo negro como ébano o artista desenha, com as tintas fornecidas pela mata próxima, motivos regionais ou convencionais, sempre de efeito vistoso e sugestivo.

CUNAN. Ver *Cunuaru-Icica*.

CUNANARU. Ver *Cunuaru-Icica*.

CUNUARU-ICICA. Resina que se encontra no oco de certos paus resinosos e que se pretende provir de uma exsudação da rã cunuaru, que neles habitualmente se encontra morando. É uma resina que coagula em camadas, as quais se fracionam em pedaços de forma irregular; o seu cheiro é aromático e se lhe atribui a virtude de tornar *marupiara* o pescador ou o caçador que a encontra e dela se serve para preparar suas flechas ou brear a linha para pescar. A virtude que adquirem os objetos com ela fabricados só pode ser neutralizada por alguma influência contrária mais forte, que no momento atue sobre o caçador ou o pescador – como se alguém dos seus lhe fizer *saruá*, – o que explica as falhas e mantém a crença (Stradelli, *Vocabulário Nheengatu*, 430). O mesmo que cunan e cunauaru, *Hyla resinifictrix*, Goeldi. Alfredo da Mata, *Vocabulário Amazonense*: "No folclore amazonense prenuncia a felicidade, é por isto respeitado pelos índios. A ressonância dos sons que emite, no entanto, durante a noite torna-o terror da criançada" (120). José Coutinho de Oliveira, *Folclore Amazônico*, 242, Belém, Pará, 1951, informa: "Adolfo Siqueira, funcionário antigo do Museu Paraense Emílio Goeldi e que serviu com todos os seus diretores, estudioso conhecedor da nossa história natural, nos garantiu que tal não se verifica. O que se dá é que o sapo busca sempre, para fazer o ninho, velhos troncos de breu-branco, nos quais se acha depositada a resina da planta". A icica é do breu-branco (*Protium heptaphyllum*, Aubl) e não do *cunuaru*.

CUPELOBO. Ver *Capelobo*.

CUPENDIEPE. Indígenas de asas que os apinajés (jê) diziam existir no Alto Tocantins. Carlos Estêvão de Oliveira registrou a tradição ouvida de indígenas apinajés: "Antigamente existiu no Alto Tocantins uma estranha nação de índios possuidores de asas e que só andavam à noite, voando como os morcegos. Eram conhecidos por *cupendiepes* e habitavam em um morro, dentro de uma caverna. Quando voavam, conduziam os *machados de lua*, com os quais degolavam as pessoas e os animais. Certa vez, os apinajés, reunindo os guerreiros de dez aldeias, foram atacá-los. Chegando ao morro, taparam as entradas da caverna com palhas secas, incendiando-as em seguida. Nesse ataque, morreu um velho cupendiepe, ficando preso um menino que, não tendo ainda asas, não pôde fugir. A fim de pegá-lo, os apinajés entraram na caverna. Depois de prolongada busca, batendo com longas varas por todos os lugares, encontraram-no suspenso em um canto do teto, como se fora um morcego. Os apinajés, desejando criá-lo, levaram-no para a aldeia. Não conseguiram, porém, o seu intento. Sempre chorando, o pequeno cupendiepe recusava toda alimentação que não fosse o milho e não se deitava para dormir. Os apinajés lembraram-se então da posição em que o haviam encontrado e fincaram no chão duas forquilhas, atravessando nelas uma vara. Nesta é que ele, pendurado pelos pés, dormia um pouco. Afinal, alguns dias depois de haver chegado à aldeia, morreu. No assalto dado à gruta dos cupendiepes, os apinajés arrecadaram grande número de machados de lua e inúmeros enfeites"; "Os Apinajés do Alto Tocantins", 91-92, *Boletim do Museu Nacional*, IV, n.º 2, junho de 1930, Rio de Janeiro. Os machados de lua são de forma semilunar, também denominados machados de âncora (Ihering), e constituem elemento quase típico da etnografia jê. Ver *Morcego*.

CURADO. Ver *Corpo Fechado*.

CURADO DE COBRA, CURADOR DE COBRA. São sinônimos nalgumas regiões e diferenciados perfeitamente noutras. O primeiro é o imune do veneno ofídico. O segundo é o mestre, curandeiro, sabedor de segredos para dirigir as cobras e tornar alguém invulnerável às dentadas venenosas. A tradição do curandeiro, superior aos dentes das cobras, é secular e universal. Africanos e europeus disputam o direito de haver enviado às terras americanas o primeiro curador de cobras. Conheci no município de Augusto Severo, Rio Grande do Norte, o negro Antônio Gambeu, criando cobras, de todos os tamanhos e tipos, quase vivendo da venda da gordura das cobras (para reumatismo), peles e maracás da cascavel, produto de seguro mercado sertanejo. Gambeu vivia no meio das cobras e o vi, muitas vezes, caçá-las, com a mão nua, metendo o braço nas cavidades das pedras, puxando de lá cobras estrebuchantes e coleadoras, extraindo-lhes o veneno pela pressão do dedo nas gengivas. Fora mordido vezes inúmeras e morreu centenário. Um episódio famoso no engenho Salgado, Ipojuca, Pernambuco, tornou-se clássico pelo registro que dele fez L. F. Tollenare, "Notas Dominicais", transcrito na *Antologia do Folclore Brasileiro*, vol. 1, 90-91, 9ª ed., São Paulo, Global, 2004: "... direi que um indivíduo *curado* é um fascinador de cobras; toda a gente do engenho viu o negro, de que falo, cingir-se o corpo com um destes répteis e fazê-lo obedecer a todas as suas ordens. Parece que, com o auxílio de certas preparações, de que fazem mistério, se pode exercer grande império sobre estes animais. Os que conhecem o segredo são chamados *curados;* mas, nem todos os *curados* sabem curar, isto é, ensinar o processo. O ensino é acompanhado de momices religiosas. Um dos meus amigos que não era supersticioso nem incrédulo, e de cuja veracidade não posso duvidar, assegurou-me que uma das suas negras fora mordida por uma cobra; estava inchada, o sangue saía-lhe pelos olhos, boca e orelhas; ia perecer. Mandaram chamar um feiticeiro ou *curado*, morador na vizinhança; ele não pôde vir logo; mas mandou... o seu chapéu. Colocaram-no sobre a moribunda, que imediatamente ficou aliviada. De tudo isto o meu amigo foi testemunha ocular. O que ele não viu, e lhe foi contado pelos seus contramestres, foi que, à tarde, o feiticeiro veio ver a doente, que já não o estava mais, colocou-se no batente da porta, chamou a cobra culpada, *que compareceu*, fê-la percorrer o quarto e, com grande terror dos assistentes, enroscar-se várias vezes em volta da negra, que nenhum mal sofreu, e matou-a depois. Repito que esta parte dramática da operação meu amigo não viu. Mas viu operar-se, à sua vista, a cura por meio do chapéu. Não lhe perdoei não haver examinado o chapéu para nele descobrir alguma planta ou droga a que se pudesse atribuir o milagre". O registro de Tollenare é de 1816. Henry Koster também se refere aos negros curadores do veneno ofídico. Luís da Câmara Cascudo, *Tradições Populares da Pecuária Nordestina*, 83-84, Rio de Janeiro, Ministério da Agricultura, Serviço de Informação Agrícola, 1956. Ver *Mordido de Cobra*.

CURADOR. Ver *Mordido de Cobra*.

CURADOR DE RASTO. Diz-se no sertão do Nordeste aos feiticeiros ou simples *curiosos*, que fazem cair os bichos (vermes) das bicheiras dos animais sem que os vejam, usando apenas a força das fórmulas oracionais. São ensalmos numéricos em colocação decrescente que obrigam a diminuição das entidades sob sua influência na mesma ordem em que foram os números indicados. Toda a Europa conhece essa tradição e a emprega não apenas como força mágica como também acalantos (A. A. Barb, "Animula Vagula Blandula", Notes on Jingles, Nursery-Rhymes and Charms, *Folk-Lore*, LXI, 15-30, Londres, 1950; João Ribeiro, *O Folclore*, XVIII, Rio de Janeiro, 1919). Um dos modelos mais antigos é uma oração para inflamação de glândulas, registrada por Marcellus Burdigalensis, Marcelo de Bordéus ou Marcellus Empiricus, do séc. V: "Novem glandulae sorores, / Octo glandulae sorores, / Septem glandulae sorores" e para findar: "Una fit glandula, / Nulla fit glandula." O ensalmo mais popular entre os curadores de rasto é o seguinte:

"Mal que comeis
A Deus não louvais!
E nesta bicheira
Não comerás mais!
Hás de ir caindo:
De dez em dez,
De nove em nove,
De oito em oito,
De sete em sete,
De seis em seis,
De cinco em cinco,
De quatro em quatro,
De três em três,
De dois em dois,
De um em um!
E nesta bicheira
Não ficará nenhum!
Há de ficar limpa e sã
Como limpas e sãs ficaram
As cinco chagas
De Nosso Senhor."

Riscam no ar uma cruz e os bichos caem. Gustavo Barroso (*Terra de Sol*, 198, Rio de Janeiro, 1912); Lourenço Filho (*Juazeiro do Padre Cícero*, 254, ed. Melhoramentos, São Paulo, s. d.); Aires da Mata Machado Filho (*O Negro e o Garimpo em Minas Gerais*, 52, ed. José Olympio, Rio de Janeiro, 1944) registram o ensalmo. Vi empregarem no sertão com diferença: "Bichos que comeis, / A Deus não louveis, / Antes caireis, / De dez em dez", etc. Os elementos ocorrem noutras orações da mesma espécie em Portugal, correntes na Beira e no Minho. Havia em Portugal, popular no séc. XVI, uma outra oração para fazer caírem os vermes das feridas do gado. Num depoimento no Santo Ofício, a 24 de janeiro de 1592, dado por João Roiz Palha, cristão velho, lê-se: "... confessando disse que avera cinquenta e dous anos (*seria* 1540) que em Portugal no termo do Moura uma ou duas vezes encantou os bichos de certo gado cujo dono lhe não lembra... o qual encantamento era para os bichos caírem, ao gado de maneira seguinte: tomava nove pedras do chão e dizia as palavras seguintes, encanto bizandos com o diabo maior e com o menor, e com os outros todos, que aos três caíram todos, e estas palavras dizia nove vezes, e cada vez que se acabava de dizer, lançava uma das ditas pedras para encontrar o lugar onde andava o gado e desta culpa disse que pede perdão... e que o fazia por que naquele tempo o viu fazer geralmente a quase todos os pastores daquela terra." (*Confissões da Bahia*, 121, Ed. da Soc. Capistrano de Abreu, Rio de Janeiro, 1935). Rodney Callop, *Portugal*, "A Book of Folk-Ways", 66, Cambridge, 1936, registra outro ensalmo, contemporâneo, para fazer desaparecer parasitos nas crianças: "The spell consists in saying: Nine bichos on the child, eight bichos on the child, seven... six... and so on down to 'No bichos on the child', by which time it is confidently believed that the bichos will have been compelled to disappear". As duas fórmulas, uma da primeira metade do séc. XVI e outra dos nossos dias, usadas em Portugal e baseadas ambas no poder dos números e sua ação sugestionadora, denunciam a antiguidade do processo na fonte de onde a recebemos. Há, identicamente, pela América Latina o mesmo uso, Rafael Cano (*Del Tiempo de Ñaupa*, 191-197, Buenos Aires, 1930) coligiu vários processos de "curas de palabra o por secreto, curación por el rastro", com base na sugestão numérica decrescente. Há uma variante em Santa Catarina, Mário Campos Birnfeld ("Tia Chica", *Boletim Trimestral da Comissão Catarinense de Folclore*, n.º 8, 59, Florianópolis, julho de 1951): "Bichas. Sobre a cabeça do paciente, que deve estar sentado, fazer o sinal da cruz com uma folha de laranjeira, enquanto diz três vezes:

> "De 10 que se parem em 9,
> De 9 que se parem em 8,
> De 8 que se parem em 7,
> De 7 que se parem em 6,
> De 6 que se parem em 5,
> De 5 que se parem em 4,
> De 4 que se parem em 3,
> De 3 que se parem em 2,
> De 2 que se parem em 1,
> De 1 que se derreta e que fique
> [nenhuma.
> Em nome de Deus e da Virgem
> [Maria, Amém."

Depois disso, atirar ao mar, ao rio, etc., a folha de laranjeira". No séc. XIV, Dom Pedro Gómez de Albornoz, Arcebispo, denunciava no seu *Libro de la Justicia de la Vida Espiritual* a existência dessa superstição em Sevilha, citando a "los que acomiendan las bestias perdidas... con palabras vanas et de escarnio." (Menéndez y Pelayo, *História de los Heterodoxos Espanoles*, III, 382, Emecé, Buenos Aires, 1945). Luís da Câmara Cascudo, *Tradições Populares da Pecuária Nordestina*, "Curador de rasto", 53-55, Rio de Janeiro, Ministério da Agricultura, Serviço de Informação Agrícola, 1956. D. José Tomás Gomes da Silva (1873-1949), primeiro Bispo de Aracaju (1911-1949), norte-rio-grandense do Martins, sabedor da cultura popular, solucionou, sábia e definitivamente, o problema de um casal ilegitimamente constituído. A mulher desejava o matrimônio e o companheiro concordava, mas ocultava-se quando Dom José Tomás viajava por perto da fazenda. Uma manhã, o prelado procurou-o na casa-grande e, não o encontrando, pediu que lhe mostrassem as pegadas do dono da casa. Indicadas, abençoou-as lentamente, como num cerimonial. Depois declarou: "Diga ao seu marido que ele está *casado pelo rasto!* Devem ir juntos à matriz, receber as benções!" E retomou a viagem. O fazendeiro, reaparecendo, não duvidou do efeito da fórmula. Apareceu a D. José Tomás, contrito e convicto, realizando-se efetivamente o casamento canônico.

CURAU. Espécie de angu, feito de milho verde, moído e cozido com açúcar (S. Paulo). Jacques Raimundo, *O Elemento Afro-Negro na Língua Portuguesa*, 123, Rio de Janeiro, 1933.

CURIMBÓ. Ver *Retumbão*.

CURINQUEÃS. Gente fabulosa que os cronistas do rio Amazonas informavam existir. "Outra é de homens gigantes, de 16 palmos de alto, adornados de pedaços de ouro por beiços e narizes, e aos quais todos os outros pagam respeito; têm por nome curinqueãs" (Pe. Simão de Vasconcelos, *Antologia do Folclore Brasileiro*, vol. 1, "Das Gentes Monstruosas", 53, 9ª ed., São Paulo, Global, 2004).

CURITIBANO. Baile em Campo Largo, Paraná, registrado por Mariza Lira, *Migalhas Folclóricas*, 83-84, ed. Laemmert, Rio de Janeiro, 1951. "Dança de roda aos pares. Parece destinada aos jovens casadoiros. As quadrinhas cantadas são declarações amorosas, despeitos, ciúmes. A roda dos pares, sem número determinado, começa a movimentar-se numa espécie de saracoteios ritmados pela música binária, tocada em gaita. Dentre os pares, um é escolhido para começar o prélio poético. O par solista dá uma volta, dançando em torno da roda, e depois separa-se. O moço tira o verso numa toadinha macia, meio piegas:

> "O lírio é criminoso
> Pelo cheiro que ele tem
> Eu também sou criminoso
> Por te amar e querer bem."

Juntas as mãos, fazem um volteio, pretexto, talvez, para a resposta da moça:

> "O lírio da beira d'água
> Está rodeado de a.b.c.
> O meu coração só pede
> Que eu me case com você."

O par, já enleado, vai bailando até o ponto da roda de onde saiu. Há a substituição. Sai o par seguinte. Repetem toda a fase do baile, do par anterior, e assim sucessivamente, até que todos os pares tenham cantado". Ver *Fandango*.

CURRE-CURRE. Jogo infantil com castanhas de caju. Um jogador guarda na mão uma quantidade de castanhas, ignorada pelos companheiros. E pergunta: "Curre-curre?" — Respondem: "Eu cerco! Por quanto?" Dizem um número qualquer. Coincidindo com a quantidade de castanhas da mão do primeiro jogador, este perde. Em caso contrário, ganhará. Agreste e litoral sul do Rio Grande do Norte. Informação de Hélio Galvão.

CURRUMBU. Ver *Sabongo*.

CURUCANGA. Ver *Cumaganga*.

CURUPÉ. Casta de formiga de cabeça achatada. No Japurá dizem que enfiam a cabeça desta formiga na ponta da flecha, para não errarem o alvo (Stradelli, *Vocabulário Nheengatu*, 434).

CURUPIRA. Um dos mais espantosos e populares entes fantásticos das matas brasileiras. De *curu*, contrato de *corumi*, e *pira*, corpo, corpo de menino, segundo Stradelli. O Curupira é representado por um anão, cabeleira rubra, pés ao inverso, calcanhares para frente. A mais antiga menção de seu nome fê-la o venerável José de Anchieta, de São Vicente, 30 de maio de 1560: "É coisa sabida e pela boca de todos corre, que há certos demônios e que os brasis chamam corupira, que acometem aos índios muitas vezes no mato, dão-lhe de açoites, machucam-nos e matam-nos. São testemunhas disto os nossos irmãos, que viram algumas vezes os mortos por eles. Por isso, costumam os índios deixar em certo caminho, que por ásperas brenhas vai ter ao interior das terras, no cume da mais alta montanha, quando por cá passam, penas de aves, abanadores, flechas e outras coisas semelhantes, como uma espécie de oblação, rogando fervorosamente aos curupiras que não lhes façam mal". Nenhum outro fantasma brasileiro colonial determinou oferenda propiciatória. Demônio da floresta, explicador dos rumores misteriosos, desaparecimento de caçadores, esquecimento de caminhos, pavores súbitos, inexplicáveis, foi lentamente o Curupira recebendo atributos e formas físicas que pertenciam a outros entes ameaçadores e perdidos na antiguidade clássica. Do ser informe e sinistro, que Anchieta registrou, passa a ter os pés invertidos como aqueles que Aulo Gélio citou no *Noites Áticas*, Liv. IX, IV, "vestigia pedum habentes retro porrecta"; os fixados por Santo Agostinho, "quibusdam plantas versus esse post crura" (*De Civitate Dei*, lib. XVI, cap. VII), vivos na *Crônica de Nurenberg*, onde se lembra o apelido erudito de sua anomalia podálica, Opistópodos. Sem os poderes sobre a caça e a força espantosa surgem os mutaiús do Padre Cristóvão de Acuña (1539), os matuiús do Padre Simão de Vasconcelos (1663), como povo indígena, vivendo ao redor do rio Amazonas, e tendo os pés virados, deixando rasto mentiroso na areia. É o enganador, *numen mentium*, como o chamou Marcgrave, fazendo o homem perder-se na selva tropical. É um mito comum aos tupis-guaranis, vindo do sul para o norte, mas não se poderá afirmar ser esta a sua origem temática, podendo vir perfeitamente do norte para o sul, divulgado pelo contato dos aruacos, pelo Orinoco, rio Negro e rio Branco. Sempre com as características da função e variantes físicas, invencível, dirigindo a caça, senhor dos animais, protetor das árvores, percute-lhes o tronco e as sapopemas, quando ameaça tempestade, verificando a resistência. Bate com o calcanhar, no Alto Amazonas, com o imenso pênis, no Baixo Amazonas, ou com o machado feito de um casco de jabuti, no rio Tapajós. No rio Solimões aparece com longas orelhas como os Enotocetos de Megastenes. Varia de tamanho, corpo, membros. Barbosa Rodrigues compendiou as modificações somáticas do Curupira amazônico e paraense. Tem quatro palmos de altura em Santarém; é calvo, com o corpo cabeludo, no rio Negro; sem orifícios para as secreções, no Pará; com dentes azuis ou verdes e orelhudo, no rio Solimões, sempre com os pés voltados para trás e de prodigiosa força física, engana caçadores e viajantes, fazendo-os perder o rumo certo, transviando-os dentro da floresta, com assobios e sinais falsos, como o Roulon dos Vosges, "son plaisir est d'érrer dans la forêt et d'y égarer les passants", como informava Victor Hugo (*Le Rhin*, lettre XXI), ou como os ágeis Skogsrá dos bosques da Suécia, estudados por C. W. von Sydow. Sua predileção em procurar mulheres não é tão típica como nos seus irmãos da Argentina e do Paraguai, o curupi, fixado por Ambrosetti (*Supersticiones y Leyendas*) e Narciso R. Collman (*Nuestros Antepassados*). Faz contratos com os caçadores, dando-lhes armas infalíveis, a troco de alimentos sem pimenta ou alho, que abomina, exigindo acima de tudo segredo absoluto. Pune com a morte ou o abandono, equivalente a fome fatal, os que esquecem os pactos. É o Máguare da Venezuela, o Selvage da Colômbia, Chudiachaque dos incas no Peru, o Cauá dos cocamas bolivianos, o Pocai dos macuxis do Roraima, o Iuorocô dos pariquis do rio Iatapu, ensinava Barbosa Rodrigues. E ainda esclareceu que o Curupira era asiático, vindo em migrações pré-colombianas. Dos nauas passara aos caraíbas e destes aos tupis-guaranis. Entre os aruacos (arawak) o Curupira parece-nos fraternalmente com um *Spirit of the Bush*, o Konokokuyuha do rio Orinoco, com inúmeros episódios idênticos. Creio que o Curupira, como o reformador Jurupari, viesse do norte. Protetor das árvores, o Curupira ficou sendo nume da caça pelo mesmo processo que identificou Diana, deusa dos bosques, com Ártemis, deusa da caça. Bibliografia essencial: Barbosa Rodrigues, *Poranduba Amazonense*; Gustavo Barroso, *Mythes, Contes et Légendes des Indiens*; Osvaldo Orico, *Mitos Ameríndios*; Luís da Câmara Cascudo, *Geografia dos Mitos Brasileiros*, 3ª ed., São Paulo, Global, 2002, e notas à Poranduba, edição Briguiet; Charles Frederik Hartt, *Mitologia dos Índios do Amazonas*. Do Maranhão para o sul até o Espírito Santo, onde reaparece com o nome de Curupira (Graça Aranha, *Chanaan*), o seu apelido constante é caipora. Ver *Caipora, Saci, Kilaino, Matuiú*. Eduardo Galvão, *Santos e Visagens*, 99-102, Brasiliana, 284, S. Paulo, 1955, presta informação recente e nítida: "Currupira é um gênio da floresta. Na cidade ou nas capoeiras de sua vizinhança imediata não existem currupiras. Habitam mais para longe, *muito dentro* da mata. A gente da cidade acredita em sua existência, mas ela não é motivo de preocupação porque os currupiras não gostam de locais muito habitados. Em Maria Ribeira, freguesia de Itá, existe na trilha que vai para a mata, uma sapopema gigantesca. É morada de currupira. Moradores que são obrigados a passar pelo local já têm sentido o *remorso* (calafrio) de uma visagem... Gostam imensamente de fumo e de pinga. Seringueiros e roceiros deixam esses presentes nas trilhas que atravessam, de modo a agradá-los ou pelo menos distraí-los. Na mata os gritos longos e estridentes dos currupiras são muitas vezes ouvidos pelo caboclo. Também imitam a voz humana, num grito de chamada, para atrair vítimas. O inocente que ouve os gritos e não se apercebe que é um currupira e dele se aproxima perde inteiramente a noção do rumo". O Estado de São Paulo, pela lei de 11 de setembro de 1970, assinada pelo Governador Roberto Costa de Abreu Sodré, "institui o *Curupira* como símbolo estadual do guardião das florestas e dos animais que nelas vivem". No Horto Florestal da capital paulista há um monumento ao *Curupira*, inaugurado no Dia da Árvore, 21 de setembro.

CURURU. Dança, canto em desafio, relacionados com as festas religiosas no plano da louvação popular, Mato Grosso, Goiás, S. Paulo: A. Americano do Brasil, *Cancioneiro de Trovas do Brasil Central*, 264, S. Paulo, 1925; Mario Neme, "Cururu dos Paulistas", *Planalto*, n.º 15, 15-XII-1941, S. Paulo. Karl von den Steinen, *Entre os Aborígines do Brasil Central*, 701, S. Paulo, 1940; Max Schmidt, *Estudos de Etnologia Brasileira*, 14-15, 109-110, 114-115, S. Paulo, 1942; Renato Almeida, *História da Música Brasileira*, 169, Rio de Janeiro, 1942; Mário de Andrade, *Pequena História da Música*, 182, S. Paulo, 1944; João Chiarini, "Curusu", *Revista do Arquivo Municipal*, CXV, S. Paulo, 1947; Alceu Maynard Araújo, *Documentário Folclórico Paulista*, 23, S. Paulo, 1952; Fausto Teixeira, *Estudos de Folclore*, 65-73, Belo Horizonte, 1949. Cururu é desafio, cantado, improvisado, obedecendo às *carreiras* que são postas pelo *pedestre*. Carreira é a rima (Chiarini). *Pedestre* é o cantor que não participa do desafio e sua função é iniciar a *carreira* e fechá-la quando está *cansada*, esgotada, fraca, desinteressante. Cabe também ao pedestre fazer referência a cada cantador no final do cururu, terminando a *carreira do dia*, nomes aplaudidos pela assistência, destacando-se o vencedor (Maynard). *Carreira* é também a *linha*. Maneira pela qual devem cantar. Na "carreira de Santa Cruz", as rimas são em *uz*; de "São João", em *ão*. As principais *carreiras* são da "Escritura, S. João, do A, Jesus Amado, Santa Cruz, São Pedro, São Paulo (difíceis), São Salvador, do Dia". Divisão: Louvação, saudando o povo e ao final os festeiros, iniciando-se pelos oragos; Arribada: é o canto inicial, sem letra, *lá-lá-lá-lá*. Baixão: e um *lai-lai-lai* com que finalizam a cantoria de uma *carreira*. Cantar na Folha ou Cantar na Letra (equivalendo ao *cantar teoria* do Nordeste) é usar motivos da Escritura Sagrada, vida de santos, apologética. Batida é o verso desafiando o adversário, fazendo-lhe perguntas. Instrumentos Acompanhantes: violas, com cinco cordas duplas. O músico é o instrumentalista. Cururuzeiro é o cantor do cururu. Cantam de dois, havendo um companheiro que faz a segunda voz. O cururuzeiro mais ovacionado é o vencedor. Cantam quadras, sextilhas, décimas, liberdade de ritmo, apenas fiel ao da viola. O combate poético tem suas exigências quanto à polícia vocabular, pois é dedicado a um santo. Canturião é o bom cantor e canturino o iniciante. Em Goiás é uma dança em que os violeiros exibem as habilidades de rimar sobre os mais variados assuntos. Em S. Paulo é tradicional o cururu diante dos altares. Ultimamente, apresentam-se ao ar livre, festas públicas, nos recintos fechados profanos, estações de rádio, teatros, barracões. Karl von den Steinen registrou o cururu em Mato Grosso (1887-1888), dança preferida, apenas de homens e com caracaxás, violino, tamborim e mesmo uma marimba dos negros. Bailavam em círculo. O rei e a rainha entravam para o meio da roda, oferecendo cachaça a cada dançador, voltando para seu lugar, substituídos por outro par, com funções idênticas. Max Schmidt, em 1900, Rosário, Mato Grosso, assiste a um cururu e a outros no decorrer da viagem de visita aos indígenas gautós. O cururu é baile indispensável, mesmo entre os mestiços e aborígines, nos arredores de Cuiabá. Dançam em duas filas e depois fazem a grande roda. É o momento de animação maior e o baile dura até o amanhecer. Não fala no rei e na rainha, que deviam pertencer a outro grupo festeiro, que Karl von deu Steinen não identificou. Origem. Invenção jesuítica para efeitos catequéticos, dança respeitosa, mesurada, limpa de excitação sexual. A registrada por Max Schmidt é mais intensa e comunicativa. Mário de Andrade escreve: "... os processos coreográficos desta dança têm tal e tão forte sabor ameríndio, pelo que sabemos das danças brasílicas com a cinematografia atual, que não hesito em afirmar ser o cururu uma primitiva dança ameríndia, introduzida pelos jesuítas nas suas festas religiosas, fora (e talvez dentro) do templo. E esse costume e dança permaneceram vivos até agora". Chiarini discorda: "Não aceitamos a sua origem ameríndia, mas sabemos que não lhe são estranhas influências em comunhão do misticismo feiticista ameríndio e os ofícios dos jesuítas. O cururu é cantoria luso-afro-indígena". Não me foi possível identificar os elementos indígenas ou africanos no caruru. Antes, o caruru semelha dança e canto laudatórios de origem portuguesa, diferenciados no Brasil. Os instrumentos, viola, pandeiro, o ritmo, o estilo dos versos, a especificação temática, os típicos e característicos *lá-lá-lá-lá* e *lai-lai-lai*, inseparáveis dos *viras* do Minho, de Nazaré e do Alentejo, a dança, se dança é o leve volteio que dá o cururuzeiro ao iniciar e findar a *trovação*, a cantoria de improviso sob moldes imutáveis pelo costume, a marcha lenta do princípio, quando se apresentam em linha, as finalidades devocionais e séria da exibição, a estrofe quadrada, a volta à dominante, o mensuralismo melódico, a obrigação subordinante da letra (livre, ou *ad libitum*), à solfa (medida, simétrica, rítmica), nada, absolutamente nada, lembra influência ameríndia ou africana. Mesmo como um processo adaptacional de catequese teríamos, logicamente, alguma referência de uma dança anterior, habitual nas festas indígenas e que fosse matéria-prima para a utilização subsequente, um ponto de partida. Não há. Dança de roda já vivia no paleolítico superior. Possivelmente o bailado de Gogul, Lérida, na Espanha epipaleolítica, fosse cantado, a deduzir-se pela movimentação das figuras femininas que o compõem. Não conheço nos informadores da África um elemento que recorde ou sugira o cururu. Como coreografia é banal e vulgar para qualquer região do mundo, não possibilitando indicação de proveniência. Ninguém vai alegar existência do cururu em Portugal, porque, visivelmente, não há. Cururu é sapo em nheengatu, mas ninguém registrou que os cururuzeiros paulistas, goianos e mato-grossenses dançassem acocorados, aos saltos, imitando os batráquios, como na dança dos cabindas. Cururu virá da mesma cepa das loas, das louvações, pequenas representações, com ou sem bailado, vivas nos fins do séc. XVIII e que passaram a significar apenas a louvação-poesia, a saudação-poética, com a intercorrência do desafio em versos improvisados, elemento português e não ameríndio ou africano. Alceu Maynard Araújo supõe que cururu seja corrução de cruz no idioma tupi: "Possivelmente cururu vem da deturpação do vocábulo cruz, que o gentio pronunciava *curuce curu*". A repetição da última sílaba é bem do sabor das línguas primitivas. E, como dança catequizadora, era realizada diante da cruz. "Em tupi dizia-se *curuçá* e em guarani *curuzu*" (Teodoro Sampaio). Curuzu-cururu dá rumo possível para um processo semântico. Apenas para o nome. No Solimões, Barbosa Rodrigues recolheu a dança do cururu: "Yá munhan moracé / Cururu..." Vamos dançar cururu (*Poranduba Amazonense*, 315, 316, Rio de Janeiro, 1890). João Ribeiro, *O Folk-Lore*, "Cururu e Ciriri", Rio de Janeiro, 1919, informa: "... vim a saber se pratica entre os bororos de Mato Grosso a cerimônia ritual e funerária que chamam *bacururu*, e que é celebrada entre clamores e algazarra grande. As palavras *bacururu* e *cururu* têm radicais comuns. Não é inverossímil que dos bororos tenha vindo o nome da dança do cururu". O nome, apenas, como veio d'África o nome *Moçambique*, para dança que nada mais conservou da origem denominativa. A dança-desafio *cururu* em S. Paulo tem-se divulgado em estudos, fixação mecanográfica mas ignoro se o folguedo difundiu-se além das fronteiras tradicionais. Ver Rossini Tavares de Lima, *Folclore de São Paulo*, estudando os modelos paulista e mato-grossense, toadas, ritmos, solfas, 2ª ed. Ricordi, S. Paulo, s. d. (1962?); Alceu Maynard Araújo, *Folclore Nacional*, II, "Cururu Rural", 83-111, "Cururu Urbano", 113-120, S. Paulo, 1964. O Barão de Santa-Anna Nery, *Folk-Lore Brésiliense*, 247, Paris, 1889), informou: "Les indiens civilisés ont la danse du crapaud cururu; les danseurs sautillent, accroupis, formant cercle, et chantent en choeur". Há no Cariri, Ceará, a dança do *Sapo-Cururu*, executada com os bailarinos agachados, deslocando-se em pequenos saltos, como assisti em Fortaleza em 1963. Os pífeiros das "Bandas Cabaçais do Cariri", tocam um baião *Sapo-Cururu*, obrigando-os à posição batraquial (J. de Figueiredo Filho, *O Folclore no Cariri*, solfa entre 84-85, Fortaleza, 1962). Ver *Machete, Sapo-Cururu*.

Cuscuz. Prato nacional de mouros e árabes, milenar, favorito, fundamental na alimentação diária. Fazem-no de arroz, trigo, cevada, milhetos, sorgos. Quando o milho americano, *Zea mayz*, apareceu ao correr do séc. XVI, determinou domínio imediato. Há de várias espécies, sobremesa ou gulodice, com mel de abelhas ou açúcar; com carnes, peixes, crustáceos, legumes, tâmaras, passas de uva, valendo uma refeição completa, ou ainda molhado no leite de vaca, cabra, ovelha, camela, comida improvisada de viagem, um farnel abreviado e substancial. O modelo clássico, elaboração culinária complicada e paciente, corresponde ao cuscuz paulista. André Álvares D'Almada, escrevendo na segunda metade do séc. XVI, notara em Casamança, fronteira da Guiné portuguesa, o "cuscuz cozido com grandes postas de carne dentro". No séc. XVIII fabricavam um cuscuz doce no mosteiro de Celas, em Coimbra, petisqueira afamada. Seria parecido com o nosso, leite de coco açucarado, massa de milho, arroz, mandioca ou macaxeira (aipim). Os Bérberes, seus inventores, levaram-no à Península Ibérica onde se divulgou, tal-qualmente por toda a África, entre negros maometanos e árabes, do Atlântico ao indico e orla litorânea do Mediterrâneo. O português trouxe o cuscuz para o Brasil desde inícios do povoamento, utilizando o milho, que ficou basilar, e a adição de leite de coco, complementar inseparável, ignorada na geografia do cuscuz, solução primária em pleno prestígio nacional. O tipo *composto*, almoço árabe e mouro ou jantar de preto muçulmano (o cuscuz não se projetou fora desse mundo de Maomé), continua integral em S. Paulo e Minas Gerais. Em Portugal já não possui a visível aceitação do séc. XV e registrada em Gil Vicente, mas a *bola*, de Vila Real, Trás-os-Montes, é um cuscuz mouro. Para maior informação, Luís da Câmara Cascudo, *História da Alimentação no Brasil*, "História do Cuscuz", 186--190, 4ª ed., São Paulo, Global, 2011.

Cuspo. Cuspe no vocabulário popular. Ver *Saliva*.

Cutilada. Conjunto instrumental e coral que se exibe no alto sertão da Paraíba e Pernambuco durante as festas religiosas do orago local. Consta comumente de dois pífanos, um maior e outro menor, um bombo (zabumba) e um tambor, aparecendo em Pernambuco a sanfona (acordeona ou concertina). A *cutilada* comparece ao adro da igreja, executando seu programa vocal e instrumental, postando-se os figurantes em formação circular. Os pífanos tocam melodias bastante desenvolvidas para as suas possibilidades, notadamente os temas com a sensível abaixada. Um desses motivos, ouvido em Bonito de Santa Fé (Paraíba), recolhido pelo maestro José Siqueira, aparece na sua *Quarta Dança Brasileira*, para grande orquestra.

Cuxá. Cuxã. Arroz de cuxá. Acepipe tradicional no Maranhão. Domingos Vieira Filho envia-me a receita preciosa, em 25 de junho de 1954, de S. Luís do Maranhão: "Farinha seca (é uma farinha branca, extraída da mandioca, mais saborosa que a d'água, que tem a cor amarela) peneirada, a que se adiciona gergelim torrado e socado ao pilão com uns camarões secos, sal e um bobó de vinagreira. Soca-se, diz a informante, minha querida mãe, que sabe fazer um cuxá de primeira, a farinha com camarão e o gergelim já torrado, bota-se um pouco de sal e leva-se ao fogo, com o bobó de vinagreira batida, adicionando--se alguma água até ferver e cozinhar, tomando a consistência de uma papa. Serve-se quentinho com arroz. É um delícia". É, pois, um molho de folhas de vinagreira (*Hibiscus bifurcatus*, fanfã, majorana) e quiabo, com gergelim torrado e reduzido a pó, de mistura com farinha de mandioca, derramando-se sobre o arroz cozido. Jacques Raimundo (*O Elemento Afro negro na Língua Portuguesa*, 124, Rio de Janeiro, 1933) informa ser vocábulo da Guiné Superior.

Dã. Danh-gbi, Dangbé, Danhgbwe, a serpente sagrada do Daomé, trazida pelos negros jejes para o Brasil. A presença da serpente tem sido registrada em muitos candomblés, terreiros e xangôs do norte do Brasil. Ver *Vodu*.

Dabaru. Ndabaru. Palavra baré ou baniva. É o nome de um velho instrumento de suplício indígena, formado por dois fortes esteios fincados no chão, unidos por uma forte travessa à altura de quatro a cinco metros. À travessa estava suspenso por uma corda um grosso bloco de pedra, pronto a despencar sobre o paciente, logo que fosse cortada a corda. A morte era produzida pelo esmagamento, e a pessoa que, por um acidente qualquer, escapava da prova tremenda, era considerada como protegida por Tupana, e daí em diante venerada e obedecida como sagrada. O dabaru era o instrumento de que se servira Cucuí para matar as moças, que, segundo a lenda, lhe serviam de comida (Stradelli, *Vocabulários Nheengatu-Português e Português-Nheengatu*, 574).

Dabucuri. "*Tauúcuri, taua-oú-curi*, banquete, festa de convite, dada de tribo a tribo, em sinal de amizade e boa vizinhança. A tribo que resolveu obsequiar a outra previne-a da qualidade do dabucuri. A obsequiada prepara as bebidas, que variam conforme as comidas, que podem consistir em frutas, produtos da roça, carás, inhames, ou em caça ou peixe. Qualquer que seja o dabucuri, é geralmente constituído de uma única espécie de comida, que é trazida com as solenidades da pragmática. No dia aprazado, a tribo que dá o dabucuri chega à tardinha, trazendo a comida, geralmente já pronta e preparada para ser logo comida. No porto, se vêm por água, ou a uma certa distância da casa, se vêm por terra, se organiza o cortejo. Os tocadores na frente, puxando o préstito, em seguida os que trazem o dabucuri e atrás destes o resto do povo, se dirigem para a casa onde deve haver a festa. Quando cala a música, rompe o canto, em que se ouve sempre como estribilho voltar o nome da fruta, caça ou peixe, de que consta o dabucuri. Quando o préstito chega à porta da casa, para, não entra em mó, mas um a um, o tuxaua em frente, depois os tocadores e o resto do povo: últimos os que trazem o dabucuri. As mulheres dão a volta e vão à cozinha onde estão as mulheres da casa. Dentro da maloca, todos os homens estão em pé, estendidos em linha, que vai da porta até o fundo, à esquerda de quem entra. O tuxaua, o primeiro a entrar, para na frente do primeiro homem e troca com ele os cumprimentos de estilo, e passa adiante, trocando seus cumprimentos com o segundo homem, enquanto o segundo que entrou troca os cumprimentos com o primeiro, e assim sucessivamente, até que todos sejam entrados e todos tenham trocado os cumprimentos do estilo. Os recém-chegados, quando têm acabado de cumprimentar todos os homens, que se acham estendidos em linha, vêm um a um alinhar-se à direita de quem entra, de forma que, quando é acabada a cerimônia do cumprimento, se encontram em duas linhas, uma em frente da outra, e os que trazem o dabucuri vão deixá-lo no chão sobre umas esteiras, ou simplesmente folhas de bananeira, aí dispostas para esse fim. Então vêm as mulheres da casa, trazendo as bebidas e trocando com os recém-chegados também os cumprimentos de costume; logo começa o banquete. Este dura, interpolado de danças, enquanto há que comer e beber. A duração de um bom dabucuri é de três dias. Acabada a festa, os que receberam o dabucuri acompanham processionalmente os que vieram dá-lo até o porto, ou a uma certa distância, se a viagem é por terra, e aí, feitas as despedidas, cada um volta à sua casa. É o que tenho visto e observado mais de uma vez nas minhas viagens ao Uaupês, tendo assistido e tomado parte em dabucuri de todas as espécies e até em dabucuri dado em nossa honra, isto é, do meu companheiro de jornada no Uaupês, Max J. Roberto, e minha". (Stradelli, *Vocabulários Nheengatu-Português e Português-Nheengatu*, 670-671). A tradição do dabucuri, instituída pelo próprio Jurupari como processo de confraternização tribal, apaga-se lentamente pela dificuldade de alimentação, mas não está inteiramente desaparecida. Na população mestiça amazônica ainda é visível a conservação desta festa, disfarçada em manifestação de amizade a um proprietário mais abastado. O cerimonial, tão bem fixado pelo Conde de Stradelli, é que ano a ano é esquecido.

Dadá. Orixá sudanês, protetor dos vegetais. É o primeiro dos quinze filhos de Iemanjá, saídos do seu ventre depois da violação de Orungã. Nina Rodrigues encontrou o fetiche de Dadá no terreiro ou pejí da mãe de santo Isabel, descrevendo: "Dadá, tel que je l'ai vu au Pejí, ou sanctuaire d'Isabelle, est formé d'un tissu de coquillages, entièrement couvert par une espèce d'entonnoir fait avec la moitié supérieure d'une calebasse coupée horizontalement. Les coquillages étant retenus par une de leurs extrémités la surface de l'idole se trouve hérisée de petites pointes: les pointes des coquillages. De chaque côté du goulot de l'entonnoir, un petit morceau de miroir ordinaire est enchâssé. Isabelle m'a demandé si je voyais bien mon image dans la glace et sur ma réponse affirmative, elle m'a dit que ceux qui ne s'y voyaient pas bien étaient près de mourir. On peut évaluer les services importants que l'idole a du lui rendre, parce que l'inclinaison des morceaux de glace est telle que, selon la position donnée à l'idole, il est très facile ou très difficile à une personne debout de s'y voir. De la circonférence inférieure de l'entonnoir, pendent de longs rubans, quelque chose comme des jambes". (34-35, *L'Animisme Fétichiste des Nègres de Bahia*, Bahia, 1900). João do Rio cita Dadá no Rio de Janeiro. Fernando Ortiz (*Los Negros Brujos*) informa que, na Hampa afrocubana, Dadá é a "Naturaleza, o Dios de los niños recién nacidos" (56). O prognóstico da morte pelo não encontro do reflexo no espelho é quase universal (Frazer, *Le Rameau d'Or*, I, 224, segs.). A vida humana pode estar contida no reflexo, visto num espelho ou noutra superfície polida. Seu desaparecimento implica a morte inevitável. Na noite de São João, quem não se vê na água posta ao relento morrerá antes do outro 24 de junho. Sobre "Alma, Sombra, Reflexos", ver Gonçalves Fernandes, *Cultura Política*, n.º 41, 163, Rio de Janeiro, junho de 1944. Nos candomblés pernambucanos, Dadá está presente (Gonçalves Fernandes, *Xangôs do Nordeste*). "Dadá vê-se acima do Xangô. É representada por uma espécie de capa pequena, com capuz, toda coberta de pequenos búzios brancos, bem ao centro dois espelhos pequenos. Está dependurada na parede" (Luís da Câmara Cascudo, *Superstição no Brasil*, "Narcisus ou o tabu do reflexo", 100-103, 6ª ed., São Paulo, Global, 2002).

Dádiva do Anel. Ver *Anel*.

Dama Branca. Ver *Alamoa*.

Dama de Branco. Visagem, assombração, fantasma, duende que aparece aos garimpeiros do rio das Garças: "passeia à noite pelas estradas. Segue à frente dos cavaleiros, leve e inalcançável. Vai de porteira a porteira. Desaparece às vezes na sombra de uma curva do caminho. Anda pelos arredores dos velhos casarões, como se espairecesse de um tédio. Atribuem-lhe o poder de vigiar pelos *enterros, guardados* ou *achados* (ouro, riqueza escondida). Vê-la é uma graça. É sinal de sorte" (Francisco Brasileiro, "Monografia sobre o Rio das Garças", sep. *Revista do Arquivo*, CXLIV, 352, S. Paulo, 1951). Reminiscência da *dame blanche* ou *femme blanche* da França, Alemanha, Inglaterra, cuja presença anunciava a morte de um príncipe-soberano ou acontecimento notável. A Dama Branca não estava ligada aos tesouros enterrados. Ver *Visão*.

Dança. Teria sido a mais antiga manifestação oblacional, a primeira manifestação grupal de homenagem às forças sobrenaturais. Os vestígios do bailado em círculo estão na gruta de Tuc d'Audoubert, Ariège, França, datando do madaleniano. Os feiticeiros desenhados nas rochas de "Trois Frères" (Ariège) dançam seduzindo cervos e vestindo as peles dos animais representados. A marcha guerreira de Cingle de la Mola Remigia e os homens-touros do barranco de Gasulla (Castellón) são bailados visíveis na Espanha epipaleolítica, como o é o círculo feminino de Gogull, Lérida. Dançar em círculo é a primeira técnica, a mais universal e contemporânea (ver *Circulação*; e Luís da Câmara Cascudo, *Superstição no Brasil*, "Andar de roda", 266-268, 6ª ed., São Paulo, Global, 2002). Dançam em círculo as crianças e todos os primitivos-contemporâneos. A documentação do Brasil do séc. XVI referente às danças indígenas é o círculo, com os pajés defumando os guerreiros, transmitindo-lhes o espírito da coragem. As danças só podiam ser expressões sagradas e depois o instinto lúdico diversificou-as.

Ainda há a dança de S. Gonçalo (ver *Gonçalo*) e as intencionais, cururu e congadas, quando articuladas aos préstitos religiosos do Divino ou de N. Sª do Rosário. Dançar para recreação é conquista milenar do homem às exigências dos cultos rurais. Durante milênio só existiram os bailados para pedir chuva, caça, vitória aos deuses e agradecer-lhes as mercês ou abrandar-lhes a possibilidade dos castigos ameaçadores. Danças para imitar animais e peixes e atraí-los e comemorar pescas e caçadas abundantes ainda são cerimônias dos nossos dias, ameríndios, melanésios, polinésios, australianos, africanos, etc. O europeu trouxe para o Brasil (e para todo o continente e domínio insular) os bailes de par, homem e mulher, e parte daí a iniciativa do dançarino solista, o par independente, dominador e sugestionador. A influência europeia plasmou a multiplicidade criadora dos bailados *nativos*, técnica dos brancos e essência inspiradora local. Todos os povos dançaram e dançam e será milagre absoluto um baile inteiramente novo, original, sem cores e elementos recebidos por aculturação. As danças são divididas de acordo com o critério de quem as estuda e daí a multidão classificadora, servindo para simplificar ou complicar, tal-qualmente o estado de espírito do crítico analista. Há, decorrentemente, danças de caça, de pesca, sagradas, profanas, reminiscências de cultos desaparecidos, amálgamas desnorteantes de presenças rítmicas, explicando o fenômeno dinâmico da lúdica coletiva que, às vezes, como no frevo, é individual e é geral, sem que deixe de pertencer às duas imensas volições determinantes. Indígenas, africanos e portugueses, três grandes raças bailadoras, são responsáveis pela imensidade das danças brasileiras, incessantemente acrescidas pelas modas deformantes ou imitações mutiladoras. Até o séc. XVIII dançava-se acompanhando as procissões e bailava-se dentro das igrejas. À roda de 1914, os autos populares do Nordeste e do Sul, do ciclo do Natal, ainda começavam as danças exibindo-se nos adros das capelas, matrizes e catedrais, uma homenagem ao Deus-Menino. Os *seizes* dançam na Capilla-Mayor de Sevilha e os *Gigantones* têm seu grave bailado diante do túmulo do Apóstolo Santiago, em Compostela e na procissão das *Calendas*, em Vila do Conde (Portugal). Os préstitos, embaixadas, de que era esplendor o maracatu do Recife, não tiveram outro nascimento ou maior ambiente de conservação motora. Partindo de um vértice de ângulo sagrado, imediato, utilitário, a dança se amplia, desmesuradamente, alargando-se no oceano do divertimento, da alegria expansiva, da lúdica irrefreável, biológica, humaníssima. As danças evocativas, isoladas, para a assistência, desapareceram no tempo para, o domínio das coletivas, de participação geral, de colaboração instintiva, onde cada par, ou cada dançarino, inconscientemente, leva a célula motora de uma modificação imperceptível, mas poderosa, como processo evolutivo, ou dispersivo, verificável no futuro. As danças, num modo geral, nunca desaparecem. Mudam de nome. Há uma corrente de interdependência, de trocas de elementos rítmicos, de posições, e nesse aculturamento o velho batismo perde presença e ganha apelido. A permanência rítmica é um dos mais assombrosos fenômenos de persistência na coreografia popular. Uma classificação abrangedora das danças é como uma jaula para conter as nuvens, os ventos, das aragens aos furacões. Ver os indispensáveis: Renato Almeida, *História da Música Brasileira*, Rio de Janeiro, 1942; Augusto Meyer, *Guia do Folclore Gaúcho*, Rio de Janeiro, 1952; Alceu Maynard Araújo, *Documentário Folclórico Paulista*, S. Paulo, 1952; Oneyda Alvarenga, *Música Popular Brasileira*, Porto Alegre, 1950; Mário de Andrade, "As Danças Dramáticas do Brasil," *Boletim Latino-Americano de Música*, VI, 49-97, Rio de Janeiro, 1946; Guilherme Melo, *A Música no Brasil*, Rio de Janeiro, 1947; Melo Morais Filho, *Festas e Tradições Populares do Brasil*, Rio de Janeiro, 1946; Maria Amália Corrêa Giffoni, *Danças Folclóricas Brasileiras* (Sistematização pedagógica) S. Paulo, 1955; Rossini Tavares de Lima, *A.B.C. de Folclore*, S. Paulo, 1952; J. C. Paixão Côrtes e L. C. Barbosa Lessa, *Manual de Danças Gaúchas*, Porto Alegre, 1956; Rossini Tavares de Lima, *Folguedos Populares de São Paulo*, S. Paulo, 1954; Dante de Laytano, *O Folclore do Rio Grande do Sul*, Porto Alegre, 1952; Osvaldo R. Cabral, "Folguedos Populares de S. Catarina", *Boletim Trimestral da Comissão Catarinense de Folclore*, nᵒˢ 15/16, Florianópolis, 1953; Édison Carneiro, *A Sabedoria Popular*, Rio de Janeiro, 1957; Manuel Diégues Júnior, *Danças Negras do Nordeste*, "O Negro no Brasil," 293-302, Rio de Janeiro, 1940; Antônio Americano do Brasil, *Cancioneiro de Trovas do Brasil Central* (danças populares antigas e atuais, dos sertões goianos, 256-286), S. Paulo, 1925; Nicanor Miranda, *A Dança de São Vito*, S. Paulo, 1949; Cornélio Pires, *Sambas e Cateretês*, S. Paulo, 1933; Rossini Tavares de Lima, *Melodia e Ritmo no Folclore de S. Paulo*, S. Paulo, 1954 (estuda cururu, fandango, cateretê, batuque, samba e jongo). Ver os verbetes sobre as principais danças brasileiras, com bibliografia essencial. Ver Alceu Maynard Araújo, *Folclore Nacional*, os dois primeiros tomos, "Festas, Bailados, Mitos e Lendas" e "Danças, Recreação, Música", São Paulo, sem data. É um documentário de excepcional valor, atendendo aos aspectos mais diversos da informação sistemática. Luís da Câmara Cascudo, *Folclore do Brasil*, "Festas Tradicionais, Folguedos e Bailes", 19-58, "Dança, Brasil", 159-179, Natal: Fundação José Augusto, 1980.

DANÇA DE CUPIDO. Ver *Jardineira*.

DANÇA DE SÃO GONÇALO. Ver *Gonçalo*.

DANÇA DO ESPONTÃO. Ver *Espontão*.

DANÇA DO PEIXE. Divertimento popular, a que Henry Walter Bates assistiu na ilha de Catuá, Solimões, em novembro de 1850. E uma curiosa reunião temática de rondas infantis portuguesas e danças indígenas do Brasil Central e Setentrional. A escolha dos nomes, a técnica para escapar, a substituição do fugitivo pelo responsável pela evasão, a improvisação poética do ocorrido, são possíveis presenças europeias, tão legítimas como o emprego dos apodos e apelidos, a perseguição, a denominação inicial retirada da ictiofauna, constam das predileções ameríndias. O canto entoado em círculo é que não ouso localizar em região alguma do mundo na sua forma inicial. Como a região visitada por Bates não era realmente povoada e a brincadeira, de adultos, rapazes e moças, compreendia os mestiços de Ega e de outras terras amazônicas, o documento denuncia o processo aculturador em vitoriosa expressão funcional. Todos o conheciam e todos nele tomaram parte. "O divertimento favorito era a *pira-purasseia* ou dança do peixe, um dos jogos originais dos índios, embora atualmente um pouco modificado. Rapazes e moças, misturados, faziam roda, deixando um no meio, que representa o peixe. Marchavam todos em redor, em fila indiana, os músicos no meio dos outros, e cantavam coro monótono mas agradável, cuja letra era inventada (sob uma certa forma) por um do bando que atuava como chefe. Acabada a cantiga, todos se davam as mãos e se perguntava à pessoa que estava no meio que qualidade de peixe podia ser. A tais perguntas o do meio tinha que responder e depois corria para a roda, procurando fugir, e se conseguia escapar, a pessoa culpada ia para o seu lugar. Marcha e coro recomeçavam e a brincadeira durava horas e horas. O tupi era a língua mais usada, mas às vezes também se cantava e falava em português. Os detalhes da dança variavam às vezes. Em vez dos nomes dos peixes serem dados pela pessoa do centro, dava-se o nome de algum animal, flor ou outro objeto a cada novo ocupante. Havia boa oportunidade para demonstrar inteligência na invenção dos apelidos, e frouxos de riso saudavam algum epíteto particularmente feliz. Assim, um rapaz muito magro foi chamado o magoari; um homem úmido, de olhos garços e de perfil que lembrava comicamente o de um peixe, foi batizado jaraqui, espécie de peixe, e que foi considerada a melhor saída; uma mocinha, mameluca, de olhos claros e cabelos castanhos, recebeu o galante nome de rosa-branca; um rapaz que recentemente chamuscara as sobrancelhas pela explosão de um foguete foi alcunhado Pedro Queimado. Em resumo, todos receberam sua alcunha, e de cada vez o cognome era introduzido na cantiga, quando todos marchavam à roda" (*O Naturalista no Rio Amazonas*, 2ª, 263-264, S. Paulo, 1944). Em 1819, von Martius assistira na Barra do Rio Negro (futura Manaus) à *pirá-poracé*, descrevendo-a: "Entre estes (*jogos de sociedade*), o preferido é a *dança-do-peixe*, cuja música demos no *Suplemento Musical*. Os índios formam um círculo em torno de um deles, que figura o peixe, e o coro pergunta que espécie de peixe ele é, ao que responde esse homem: "Sou um peixe, de fato". Ao passo que os circunstantes cantarolam todos os nomes de peixe em monótona toada, e ameaçam o prisioneiro de entorpecê-lo com o timbó ou lançar-lhe a tarrafa, ele procura escapulir do círculo e, se o consegue, vai para o meio aquele cujo descuido permitiu a fuga. Singelo como é esse jogo, diverte os índios o dia inteiro, sobretudo quando está à mão alguma bebida, para excitar-lhes alegria" (*Viagem pelo Brasil*, 3ª, 219-220, Rio de Janeiro, 1938). A comparação dos dois documentos, Bates (1850) e Von Martius (1819) evidencia o processo aculturativo português, confundindo-se posteriormente com o *Carneiro sai* ou a *Linda roseira*. Ver *Jacundá*.

DANÇA DO TAMBOR. Ver *Tambor*.

DANÇA DO TIPITI. Também denominada *índios tarianos*, *índios aimorés*, *dança do pau de fita* e *tipiti*, realiza-se no Estado do Amazonas presentemente. "A respeito do famoso *tipiti*, ele é antes um auto popular, com coreografia, mas mudo ou quase mudo. O tipiti mesmo é uma dança muito conhecida no Brasil: a dança do pau de fita, comum às populações do interior do Amazonas. Via-a dançar, pela primeira vez, em Carvoeiro, mas dança-se em Tefé, Benjamin Constant, Maués e possivelmente em outros municípios do Amazonas. Só essa dança é dividida em várias partes, sobressaindo-se pela movimentação em: *tipiti simples*, *tipiti duplo*, *rede* e *crochê*. O auto completo divide-se em: *tipiti*, *cacetão* (cacete de um metro e vinte centímetros), *cacetinho cruzado*, *cacetinho doido*, *palma* (jogo de mãos ritmado), *trança do lenço*, *anta* e *queda*. O *cacetinho* é a mesma dança de paus dos pauliteiros de Portugal. A *anta* é uma evolução circular, em que cada brincante sai pulando num pé só, tendo o outro pé seguro pelo companheiro de trás e uma das mãos pousada no ombro do companheiro da frente: a *queda* resume-se numa evolução circular, todos os brincantes de mãos dadas com os pés fincados para a frente e o corpo caindo para trás. Quem não aguentar vai para o chão. Todos esses passos são musicados e cantados. Existem duas músicas diferentes para o auto: uma ainda não conheço bem e a outra, dançada em Manaus, por ocasião do 3º Festival Folclórico de 1959, é a mesma dos Lanceiros. Quanto ao nome verdadeiro ao auto, varia, recebendo, porém, respectivamente para a cidade de Tefé (os dois primeiros), Benjamin Constant e Maués, o segundo, e Manaus, o terceiro. A exibição do auto demora de duas horas. Todos os brincantes trajam a caráter, rigorosamente à moda indígena. Tomam parte rapazes e moças, em número igual, podendo variar de doze a trinta e seis ou mais brincantes. As fitas são geralmente de duas cores para maior efeito, porém há quem prefira cores diversas. O mastro ou pau tem três metros, terminando por um florão ou simplesmente um tope. Em Manaus, pela dificuldade de obter-se trajes indígenas, moças e rapazes trajam fantasias à vontade, mesmo porque só se dança a primeira parte; isto é, o *tipiti*. A letra dos *Lanceiros*, cantada em Manaus, é esta:

"Dança, dança, dançador,
Dança com valor,
Dancemos todos juntos,
Cada qual com seu amor.

Trança e retrança,
Volta a trançar,
Que o tipiti
Vai começar.

Lá-lá, um passo pra lá,
Lá-li, um passo pra qui,
Dancemos todos em roda,
Tecendo o tipiti.

(Canta-se para trançar).

Destrança as tranças,
Ó meu amor,
Que o tipiti
Já se acabou."

Canta até destrançar completamente. Depois canta novamente para tecer outra parte, e assim por diante" (Mario Ipiranga Monteiro, Manaus, Amazonas). Ver *Pau de Fita* e *Trançado*.

Dandá. É a raiz de uma gramínea que, introduzida na boca, abrandava o mau humor da pessoa com quem se tratava negócio (Manuel Querino, *Costumes Africanos no Brasil*, 98, nota, Rio de Janeiro, 1938). É uma ciperácea, *Cyperus esculentus*, L, a *Ndanda*, de Angola, *Cyperus rotundus*. Ver *Junça*.

Dandalunda. É um dos nomes de Iemanjá Anamburucu, Dona Janaína, segundo Édison Carneiro (72, *Negros Bantos*). O mesmo que Mãe Dandá. São nomes do candomblé baiano. Ver *Iemanjá*.

Dandão. Ver *Bambaquerê*, *Dão-Dão*, *Fandango*.

Dão-Celidão. Ver *Fandango*.

Dão-Dão. Dança ou série de figuras coreográficas pertencentes ao fandango, considerado este como um baile rural e não dança específica. Renato Almeida informa que o dão-dão é um grande bailado, que põe em rebuliço todo o salão. Dandão. Rio Grande do Sul e também dança no fandango de São Paulo.

Dar o Nó. Imagem popular e corrente do vínculo conjugal, *les noeud du mariage*. Francisco de Andrade (*Primeiro Cerco de Diu*, 1, 11, Lisboa, 1589), alude: "Com firme e conjugal nó lhe juntarão". Camões fala no "nó desta amisade" (*Lusíadas*, VII, 63). No cerimonial católico não existe esse pormenor, também ausente do matrimônio entre gregos e romanos. Para os astecas havia o indispensável *The Tying of the Tilmantli*, figurando em desenho no *Códice Mendocino*. "A priest after the inevitable moral homily, united them in marriage by tying together the corners of their mantles", George Peter Murdock, *Our Primitive Contemporaries* (385, New York, 1957). Georg C. Vaillant (*La Civilización Azteca*, 142, México, 1944): "Todos decían discursos complicados y después se ataban los mantos de los novios, para simbolizar su unión". Victor W. von Hagen (*The Aztec Man and Tribe*, 63, New York 1958): "Tied together – spliced, in the Menckenian American colloquial – was not merely a figure of speech in Aztec society. Marriage was symbolized by the actual tying together of the edges of the tilmantli cloaks of bride and groom, and once so joined, they were supposed to be *hitched* for life". A origem é a Índia. Edward B. Tylor (*Antropologia*, trad. Antonio Machado y Álvares, 500, Madrid 1912), fixa a inicial: "En el matrimonio de la Índia se ve cómo las ceremonias expresan este sentido en una metáfora todavia más patente, como cuando se enlazan los faldones del novio y las guarniciones de vestido de la novia como signo de unión". O Padre Aluísio de Souza, goano, disse-me ser uma cerimônia habitual e contemporânea em Goa, Damão, etc.

Daú. Iguaria preferida pelos indígenas mundurucus e que, vez por outra, aparece, ligeiramente modificada, na cozinha improvisada e trivial dos velhos seringueiros. A base era a castanha-do--pará, *Bertholletia, excelsa*, H.B.K. tocari, tururi. Descascadas, lavadas, fervidas, maceradas, são postas numa marmita, coberta de folhas, exposta à fumaça durante uma semana. As castanhas fermentam, exalando um odor que os mundurucus dizem maravilhoso. Piladas, voltam para a marmita, onde ficam de muquém, secando. "Ainsi preparé le Dahú se conserve três long-temps... Le Dahú est le plat favori des Mundurucus", informa Henri Coudreau, *Voyage au Tapajoz*, 128, Paris, 1897.

Décima. Composição de dez versos octonários em Portugal e que se divulgaram no Brasil nas últimas décadas do séc. XVII. Exemplo é essa, a XLIII, de Gregório de Matos, *a uma Dama, pedindo de antemão paga ao Poeta*:

"Senhora, de vós Cupido
Hoje se queixa agravado,
Porque sendo deus vendado,
Vós o fazeis deus vendido;
Queixoso, como ofendido,
Se mostra nesta contenda;
E é mui justo que se ofenda
De vós, pois não lhe convém,
Que sobre a venda que tem,
Lhe ponhais vós outra venda."

Pelo séc. XVIII-XIX foi a *Décima* a forma preferida para *glosar o mote* em versos de improviso, repetindo-o na quarta e décima linhas, como essa de Lourival Açucena (1827-1907), tradicional vate boêmio e sereneiro da velha cidade do Natal. Mote: "Escorei Nossa Senhora, com bacamarte na mão!"

"Contra a Virgem que se adora
Renhida questão se trava,
Mas eu, tomando a palavra,
Escorei Nossa, Senhora!
Os ímpios saem, vão embora,
Receando a conclusão,
Por que eu lhes disse então
Que afinal sustentaria
A pureza de Maria
Com bacamarte na mão!"

Esse tipo, clássico, ABBAACCDDC, era o mais popular para os mais antigos poetas do sertão, durante o séc. XIX, ao lado dos *versos*, quadrinhas. A *Décima* dizia da nobreza e *sabedoria*, do improvisador, índice de cortesia, distinção, elegância. Na Espanha dizem ter sido Vicente Espinel (1550--1624), autor de *la invención de la décima*, (Angel Valhuena y Prat, *La Novela Picaresca Española*, 861, Madrid, 1943).

Dedos. São vários os passatempos e jogos infantis tendo os dedos como objeto de interesse. Fixa a atenção infantil, distraindo-a. Ensina, em certos casos, o nome dos dedos. Uma dessas mnemônicas brasileiras é calcada sobre vocábulos nacionais. Partindo do mínimo, diz-se: *paca, mondé, sururu, porco-do-mato, tatu*. Indica-se dedo por dedo e a criança interessa-se. A denominação de *dedo mindinho, seu vizinho, maior de todos, fura-bolo, cata-piolho* é de origem portuguesa. As formas eruditas são: mínimo ou auricular, anular, médio, indicador e polegar. Em Roma eram: *Pollex, index, digitus, medius digitus, digitus annulam, digitus auricularis* ou *minimus*, dando as formas portuguesas que se vulgarizaram. O anular teve esse nome da superstição romana de que um nervo partido do coração terminava nesse dedo, também chamado apenas vizinho do mínimo, *qui minimo est proximus* (Aulo Gélio, *Noites Áticas*, 2º, Liv. X, 16, ed. Garnier). Não é demais que o povo o diga *seu vizinho*, referindo-se ao mínimo. O médio conserva a tradição obscena de representar, quando apontado isoladamente, o membro viril. Pérsio (*Sátiras*, II, verso 33) o chama infame, *Infami digito*. Com ele a feiticeira Proselenos mistura saliva e poeira num bruxedo repugnante. Petrônio (*Satyricon*, cap. CXXXI), "Mox turbatum sputo pulverem medio sustulit digito." Marcial (*Epigramas*, liv. II, XXVIII, *In Sextillum*) alude à tradição: "digitum porrigito medium", num gesto que se mantém contemporâneo em sua obscenidade. As duas brincadeiras mais conhecidas no Brasil são: a) Dedo mindinho, seu vizinho, maior de todos, fura-bolo, cata-piolho. Depois toca-se a palma da mão da criança, perguntando: onde está o bolinho que deixei aqui? O rato (ou o gato) comeu – responde. Vai-se subindo pelo braço, cocegando e dizendo em cada parada: aqui descansou, aqui almoçou, aqui comeu, aqui parou, e sobe-se até as axilas, fazendo cócegas: *está aqui, está aqui!* Há variantes, isto é, fórmulas – interrogativas – encadeadas: "Cadê o bolo? O gato comeu. Cadê o gato? Fugiu pro mato. Cadê o mato? O fogo queimou. Cadê o fogo? A água apagou. Cadê a água? O boi bebeu. Cadê o boi? Está mastigando milho. Cadê o milho? A galinha ciscou (espalhou). Cadê a galinha? Está botando ovo. Cadê o ovo? O frade bebeu. Cadê o frade? Está dizendo missa. Cadê a missa? Está na igreja". E continua--se perguntando até querer-se parar e dizer-se ter encontrado o que se procura, escondido no sovaco da criança. b) Toca-se em cada dedo da criança, dizendo: "Este diz que quer comer; este diz não ter o quê; este diz que vai furtar; este diz que não vá lá; este diz que Deus dará!" Uma forma portuguesa é a de Cabeceira de Basto, registrada por J. Leite de Vasconcelos ("Carmina Mágica", *Era Nova*, 547, Lisboa, 1881): "Este diz que quer pão; este diz que não há; este diz que Deus dará; este que furtará; este diz: alto lá!" As fórmulas são universais. Ver João Ribeiro (*O Folclore*, XVII), Gustavo Barroso (*Através dos Folclores*, "Dedo Mindinho", 132), Sam M. Shiver, ("Finger Rhymes", *Southern Folk-Lore Quarterly*, V, 221-234, Flórida, 1941). Montaigne (*Essais*, II, XXVI) escreveu uma página deliciosa sobre os dedos polegares. Ver *Manuelagem, Mnemônica*. Popular medida de extensão: dois dedos de grossura, de altura, de comprimento; dois dedos de literatura, de inglês, de latim. Habilidade, competência: tem dedo de mestre. (Luís da Câmara Cascudo, *Superstição no Brasil*, "Apontar e mostrar o dedo", 327-329, 6ª ed., São Paulo, Global, 2002).

Defumação. O padre Lopes Gama, no seu precioso *O Carapuceiro*, Recife, 1838, estudando "Olhados, Quebrantos e Malefícios", consultadas as velhas pretas feiticeiras, aplica-se o antídoto: "Em consequência deste santo acordo, cuidam logo de lhe aplicar os remédios mais aprovados para *quebranto*, que vêm a ser defumadores de cascas de alhos, de raspas de chifre, e sobretudo de palhinhas e lixo de encruzilhadas, que é remédio santo para toda a laia de malefícios e arte diabólica... Também aproveita muito o defumador de cupim, e de penas de galinha, contanto que seja preta; porque sendo de outra qualquer cor, já não tem virtude; que na ocasião de aplicar a fumaça é indispensável a seguinte e mui piedosa oração: "Nossa Senhora defumou o seu Bento Filho para cheirar; eu defumo o meu para sarar"; e isto deve repetir-se três vezes, porque o número três é simbólico e misterioso. A *oração* é portuguesa, conceituada e antiquíssima, assim como o processo defumatório e o *lixo das encruzilhadas*, material privilegiado, correndo igualmente na feitiçaria de Angola. Para as várias técnicas, componências e finalidades, ver "Banhos de Cheiro, Defumações e Defesa Mágica" no *Folclore do Brasil*, Natal: Fundação José Augusto, 1980. A origem mágica da Defumação funda-se nas plantas votivas ou dedicadas aos deuses, determinando ação protetora e de combate às forças adversas, malévolas e agressivas. Certos aromas afugentam os seres sobrenaturais. Bruxas em Portugal, *como* os duendes das matas brasileiras, curupiras, caiporas, sacis, não toleram arruda, alho, cravo, alecrim. O breve fumo da palha seca do Domingo de Ramos faz cessar a chuva forte ou evita a tempestade com trovoada. Queimar certas essências, ervas, raspas de raízes, folhas, sementes, é processo de milênios no plano da oferenda propiciatória. Os animais sacrificados aos deuses só os alcançam no estado de fumo, gases, aroma. Romanos e gregos tiveram a *lustratio*, geral nas cidades em cada quinquênio, o *lustro*, e também privadas e particulares como reverência, expiação ou terapêutica preventiva. Na *lustratio* era indispensável a *fumigatio* oblacional, origem remota da *defumação* que se popularizou em todo Brasil, notadamente no extremo Norte, onde são de fácil encontro os elementos para sua realização habitual. Um bom símbolo é a incensação no cerimonial católico, valendo homenagem e também evitação dos espíritos malfazejos, cercando os mortos insepultos: "Deinde incenset corpus defuncti, et tumulum". Expressivo na liturgia da encomendação, onde o sacerdote, *accipit thuribulum, et eodem modo circuit feretrum, et corpus incensat*. Defumação, evidente.

Defunto. Qualificativo que as viúvas dão ao falecido esposo para não pronunciar o seu nome, informa Pereira da Costa (*Vocabulário Pernambucano*, 278). Dirigir-se ao morto pelo designativo de defunto, o finado, o falecido, é tradicional no Brasil, provindo de Portugal. É uma reminiscência viva do poder mágico e evocador do nome, susceptível de fazer retomar ao convívio humano o desaparecido. Esse elemento psicológico da mentalidade primitiva, universal nos povos desse nível, resiste ao tempo e, despido de explicações e mantido pelo hábito maquinal, continua na linguagem das viúvas e das irmãs dos defuntos, as mulheres. Sigmundo Freud (*Totem e Tabu*, Rio de Janeiro, 1933, versão brasileira revista pelo Prof. J. P. Porto Carreiro): "Um dos costumes mais singulares mas também instrutivos do tabu, durante o luto dos primitivos, é a proibição de mencionar o nome do morto. O costume é extremamente difundido, recebeu numerosas variantes e teve importantíssimas consequências. Além dos povos australianos e polinésios, que em geral nos demonstram os costumes do tabu no seu maior desenvolvimento, ainda se encontra a mesma interdição em outros povos, tão afastados uns dos outros e diferentes entre si como os samoiedos da Sibéria e os todas das Índias do Sul; os mongóis da Tartária e os tuaregues do Saara; os ainos do Japão e os acambas e nandis da África Central; os tinguanos nas Filipinas e os habitantes das ilhas Nicobar, Madagáscar e Bornéu. Entre alguns desses povos a proibição e as consequências que dela derivam ficam em vigor somente durante o tempo do luto: entre outros são permanentes, mas parece que em todos os casos se atenuam com o afastamento do ponto de vista do falecimento. Esse evitar do nome do defunto é observado, em geral, com extraordinário rigor. Assim, certas tribos sul-americanas consideram que o pronunciar do nome de um defunto, na presença dos parentes sobreviventes, é-lhes ofensa gravíssima; a pena aplicada é nada menos do que a correlata ao homicídio". Frazer (97-98): "A estranheza desse tabu de nome diminui, se nos lembrarmos de que os selvagens veem no nome uma parte essencial e uma propriedade importante da sua personalidade, pois atribuem um pleno valor objetivo às palavras". (*Idem*, 100). Luís da Câmara Cascudo, *Superstição no Brasil*, "Anúbis, ou o culto do morto", 17-34, 6ª ed., São Paulo, Global, 2002, estudando-se, o nome do morto, o cadáver, velório, enterro e sepultura, três, sete, nove dias depois, o luto da barba, viagem para o outro mundo, o anjo e o pagão, o julgamento. Ver *Cadáver, Falecido*. As coisas que lhe pertenceram guardam parcelas da força mágica pessoal. Abelhas, laranjeiras, certas roseiras, jasmins, morrem, acompanhando quem as criou ou plantou, notadamente se o enterro passar por perto. Continuidade simpática.

Deixada. Abandonada pelo esposo. O folclorista cearense C. Nery Camelo, na cidade do Ceará-Mirim, R. N., perguntou ao empregado do hotelzinho se a proprietária era casada ou solteira. Resposta: "Nem casada, nem solteira, nem viúva. É deixada!" Nery Camelo registrou o modismo.

Deixado. "Falando de crendices, noto, de passagem, que é comum nestas bandas a oferenda de comida e quejandos como ato propiciatório para se atrair boa sorte. Chamam-lhe *deixado* e consiste em se fazer um prato de comida como se fosse servir a uma pessoa e levá-lo, depositando à beira da estrada, de preferência em uma encruzilhada. Jamais consegui saber a que divindade era feita tal oferta. Creio que sobrou apenas o ato de se fazer a oferenda, esquecendo-se a quem era ela dedicada. O procedimento por si só bastava. Curioso, porém, é de se notar que nos garimpos do Alto Araguaia, na mesma zona diamantífera, há uma adiantada corutela (*povoação*) situada nas margens do grande rio com o nome de deixado. Os carajás, índios que habitam esse mesmo rio, porém centenas de léguas mais abaixo, praticam semelhantes ofertas, aliás, muito difundidas por todo o país" (Francisco Brasileiro, "Monografia sobre o Rio das Garças", *Revista do Arquivo*, CXLIV, 360, S. Paulo, 1951). Já em maio de 1560 o Padre Anchieta informava desses *deixados* pelos indígenas, dedicados ao curupira. Guardava-se fumo no oco das árvores, ainda há poucos anos, como ofertas ao caipora (no Norte) ou ao Saci (no Sul). Os alimentos nas encruzilhadas eram comuns no culto de Hécate lunar ou noturna em Roma e Grécia e se propagou aos Lares, nos *fanos*, lugares sacros, sem sinais exteriores, mas bem marcados pela tradição oral. Do devoto do *fano* nasceu o *fanático*, intérprete de sua liturgia, independendo da exigência ortodoxa greco-romana. Semelhantemente, negros sudaneses e bantos põem ofertas nas estradas desertas para que sejam aproveitadas pelos *manes* ou deuses rurais. Em certas festas de candomblé a *comida* de Exu é posta *no mato*, à margem do caminho silencioso. O *deixado* participa dessas origens. Viajando pelo Amazonas, em 1819, Von Martius anotava: "Talvez por causa desse medo de fantasmas costumam eles (*indígenas*) colocar, num ou noutro ponto da mata solitária, objetos de sua vida diária, por exemplo, armas, molhos de ervas ou de penas de pássaro, quer como silenciosa oferenda expiatória às potências tenebrosas, quer como sinal de encorajamento, indicando que essa solidão, tão cheia de impressões sinistras, já percorrida por seres humanos, está livre do influxo dos malignos demônios". (*Viagem pelo Brasil*, 3º, 218, Rio de Janeiro, 1938).

Deixe os Patos Passar. "Frase irônica com que se promete a realização de algo em tempo que nunca sobrevirá". (Leonardo Mota, *Violeiros do Norte*, 269). É tema de uma *estória* popular, semiesquecida, reduzida a um período adverbial de tempo, de impossível fixação. Dia de são-nunca-de-tarde. Trata-se de uma quantidade incontável de patos atravessando o rio, de um em um, lentamente nadando. Quando a criança pede que a *estória* tenha interesse, o narrador avisa, impassível: deixe os patos passar! Só depois da passagem de todos os patos, haverá curso na *estória*. É tipo denominado por Antti Aarne *Endles Tales*, *estórias sem fim* (Mt. 2300; Z II no *Motif-Index* de Stith Thompson, V, 414, Bloomington, 1935): "Hundreds of sheep to be carried over one stream one at a time, etc. The wording of the tales so arranged as to continue indefinitely". Há variantes no *Era Uma Vez* de Viriato Correia e João do Rio, *A História dos Gafanhotos*, 57-65, oitava ed. Cervantes alude ao conto sem fim, tendo por figuras as cabras (*Don Quijote*, I, XX). Ramón Alvear Laval, *Cuentos Chilenos de Nunca Acabar*, Santiago de Chile, 1910; Martti Haavio, *Kettenmarchenstudien*, FF Communications, LXXXVIII e XCIX, Helsinki, 1929 e 1931. Variante do séc. XIV, Novellino, *Le Cento Novelle Antiche*, XXXI, "Qui conta d'uno novellatore di messere Azzolino", 42, Ed. Vallardi, Milano, 1924. Pedro Afonso, "Disciplina Clericalis", tomo CLVII da *Patrologiae de Migne*, ed. 1899, fábula X, corresponde à XII, B — "ejemplo del rústico", 125, da ed. de Angel Gonzales Palencia, Madrid — Granada, 1948, motivo já vulgarizado no séc. II na Península Ibérica. Luís da Câmara Cascudo, *Literatura Oral no Brasil*, "uma Estória sem Fim", 358-359, 2ª ed., São Paulo, Global, 2006.

Dele. Ver *Ogum*.

Demanche. Instrumento do xangô em Recife. Registrado pelo maestro Guerra Peixe, no terreiro de Francisco Gomes de Albuquerque, *terreiro de Junsadidere*, na Rua do Rio, Casa Amarela. É uma muleta de quarenta centímetros, usada debaixo do braço, na axila, e sem função visível. Apenas significará valor ainda ignorado pelos observadores (1951).

Demônio. No politeísmo grego era entidade protetora ou maléfica. Um "Bom Diabo", como ainda dizemos, *Agathodaemones*, que Sócrates dizia ser a esposa Xantipa, ou um "Mau Demônio", *Cacodaemones*, ficando nesta acepção entre os cristãos.

Dendê. Dendezeiro, palmeira, *Elaeis guineensis*, Jacq. O fruto é o fetiche do orixá Ifá nos candomblés da Bahia, desvendando o futuro. O azeite é indispensável na culinária afro-brasileira. "O azeite fino e limpo é chamado de *flor* e o que fica na borra *bambá*. A palha posta a secar ao sol fornece o oguxó (*bagaço para fazer fogo*). Da amêndoa do coco dendê extrai-se o *xoxó* utilizado pelos pretos como amaciador de cabelos e lustrador de peles foveiras (canelas fubentas)" (Hildegardes Viana, *A Cozinha Bahiana*, Bahia, 1955). *Dendê* é "pitéo, gostosidade, ou coisa boa, apreciável; causa difícil, obstáculo", informava Pereira da Costa no *Vocabulário Pernambucano* (Recife, 1937). Apesar da palmeira estender-se por todo o litoral africano do Atlântico, contracosta e orla do Índico, o óleo seria muitíssimo tempo unicamente empregado como cosmético, avivador da cor da pele, e não colaborador culinário. Valentim Fernandes, 1506-1510, Duarte Pacheco Pereira, 1506-1508, o capitão André Álvares D'Almada, 1594, mencionam o *vinho de palma*, ensinam a fabricá-lo com a seiva da *Elaeis guineensis*, aludem abundantemente à produção do azeite, mas dizê-lo utilizado na alimentação, não deparei rasto. Era ornamento, e, como todo ornamento, disputado pelo intercâmbio comercial. O enfeite, com ou sem função mágica, foi o mais longínquo objeto negociável no Paleolítico. Ainda hoje... O primeiro registo, encontrado por mim, é na *Relação do Reino de Congo e das Terras Circunvizinhas* (Roma, 1591), informações do português Duarte Lopez aproveitadas e traduzidas pelo italiano Filippo Pigafetta. No Livro-II, cap. I, leio: "O azeite faz-se da polpa do fruto... e usam-no como o azeite e a manteiga; e arde; e com ele se untam os corpos; e *é boníssimo na comida*." Anterior, nada encontrei, n'África portuguesa e em Portugal de 1963, onde pesquisava para a minha *História da Alimentação no Brasil*, notadamente para o capítulo "Mitos e Realidades da Cozinha Africana no Brasil", onde azeite de dendê foi soberano mais de dois séculos. Quem tinha a tradição do azeite era o português, recebida do mouro, valorizador da azeitona, plantador de olivais. Quando o português enfrentou África levava quinhentos anos, mínimos, de óleo de oliva nos usos e costumes. Não teria sido um iniciador, dada a indispensabilidade do condimento que o viciara? As iguarias complicadas e gostosas da Guiné e Angola, de lenta e cuidada elaboração, acima da aplicação nativa, são técnicas portuguesas, com o *material-da-terra*, como Gabriel Soares de Souza descrevia no Brasil de 1587. Creio, até prova expressa em contrário, que o preto bebia o vinho e esfregava o óleo no corpo, como fazia na Bahia com o xôxô, de que fala Hildegardes Vianna, sabedora eminente do assunto. Nada mais. Ver Édison Carneiro, *Ladinos e Crioulos*, "O Azeite de Dendê," 72-75, Rio de Janeiro, 1964.

Dengué. Milho branco, cozido com um pouco de açúcar. (Manuel Querino, *Costumes Africanos no Brasil*, 185).

Dentes. São amuletos, possuidores de potência mágica defensiva contra o maléfico mau-olhado, maus ares. Pela associação da cor e resistência, os dentes fortes são postos ao pescoço das crianças, propiciando dentição fácil e sólida. Os dentes do cão, aranha caranguejeira e do jacaré são facilmente encontrados nos colares infantis (Pereira da Costa, *Folclore Pernambucano*, 109). Os dentes do tubarão, cação-lixa (*Genglymostoma cirratum*) e do lobo eram usadíssimos na Europa medieval e renascentista como amuletos: livravam as crianças do pavor. O emprego maior era servirem de *épreuves*. Encastoados em ouro e prata, tocavam os alimentos e bebidas destinados aos soberanos e príncipes. Escureciam, encontrando veneno. Entre os africanos e ameríndios, o dente do inimigo abatido era um dos troféus mais cobiçados. Enfiados num fio de algodão, constituíam o colar de honra, tanto mais glorioso quanto mais extenso. No *Caramuru* (IV, XV) Santa Rita Durão registra o costume:

"Cupaíba, que empunha a feral maça,
Guia o bruto esquadrão da crua
[gente;
Cupaíba, que os míseros que abraça
Devora vivos na batalha ardente;
A roda do pescoço um fio enlaça
Onde, de quantos come, enfia um
[dente,
Cordão, que em tantas voltas traz
[cingido,
Que é já, mais que cordão, longo
[vestido."

Ligar-se-á à ideia da transferência simbólica da força do vencido para o vencedor. Popularíssimo no Brasil o hábito da criança atirar o dente, arrancado ou caído na primeira dentição (dentes de leite), para cima do telhado da casa, dizendo: "Mourão, Mourão, toma teu dente podre, dá cá o meu são!" (Studart, Gustavo Barroso, Afrânio Peixoto, Pereira da Costa, Sílvio Romero). Atira-se igualmente o dente por cima da cabeça, de costas, sem se voltar, para não ver onde caiu. A tradição nos veio de Portugal, onde existe, com muitas variantes na fórmula, mas imutável no sentido. (J. Leite de Vasconcelos, *Tradições Populares de Portugal*, Opúsculos, V: Jaime Lopes Dias, *Etnografia da Beira*, vol. III: Barbosa Sueiro, "A propos du jet de la dent," *Revue Anthropologique*, XXX, Paris: José do Pinho, *Algumas Sobrevivências do Culto Fálico em Portugal*, citada por J. R. dos Santos Júnior no seu estudo "Nótula sobre o Arremesso dos Dentes," fasc. IV, vol. V do *Trabalhos da Sociedade Portuguesa de Antropologia e Etnologia*, Porto; Fernando de Castro Pires de Lima, "Os Dentes da Etnografia Portuguesa," sep. do *Boletim dos Hospitais da Santa Casa de Misericórdia do Porto*, série I, número especial, Porto, 191; J. G. Frazer, *Le Rameau D'Or*, capo II, Paris, 1903, mostrou a universalidade desse costume, assim como Paul Sebillot, *Le Folk-Lore*, Paris, 1913, e os comentários de André-Schillings, J. de Vries e P. Saintyves, na *Revue Antropologique*, Paris, números de 1929 e 1930, XXXIV e XL. O dente é colocado no esconderijo de animais de forte dentição, ratos, lobos, morcegos, raposas, etc., ou jogado para o cimo das casas, com o pedido de uma substituição valiosa, dente sadio, branco e resistente. O hábito pode ser examinado em três fases: A) Arremesso: B) Posição; C) Fórmula do apelo. O arremesso já foi estudado por P. Saintyves, que lhe evidenciou a significação de um rito de fecundidade: "La valeur du jet magique comme rite de fécondité" (*Revue Anthropologique*, XXXIX, 407, Paris, 1929). A posição de quem atira com o dente é muito variada, mas o arremesso para trás dirá do afastamento definitivo de um elemento indesejável para o corpo. Para trás é para o passado (J. R. dos Santos Júnior). Era, classicamente, a posição sagrada nos esconjuros gregos e romanos. Na écloga VIII, Vergílio manda que Amarílis lance as cinzas por cima da cabeça ao rio e não olhe para trás:

"Fer cineres, Amarylli, foras, rivoque
[fluenti,
Transque caput iace; nec respexeris..."

Anotando o *Satyricon* de Petrônio (cap. CXXXIV), Héguin de Guerle mostrou que a tradição romana era atirar por cima da cabeça, *trans caput*, tudo quanto havia servido no cerimonial religioso da expiação. Acreditavam que o contato atrai todas as penas que a cerimônia tinha afastado. O não olhar para trás – *nec respexeris* – lembra a proibição que transformou numa estátua de sal a mulher de Ló, por se ter voltado para ver Sodoma incendiada pelos anjos. Orfeu perdeu Eurídice, por ter-se voltado. Nas lendas indígenas do norte do Brasil a tradição é a mesma, como em qualquer parte do mundo. Na lenda amazônica do Poronominare, o boto (*Pira-uaiuara*) recomendara ao herói: "Tu te hás de sentar naquele pau, não hás de olhar para trás – Reaupyka kuri nhaa myrá rese, nty kuri remaan sakakuera kytym." (A. Brandão de Amorim, *Lendas em Nheengatu e em Português*, RIHGB, t. 100, vol. 154, 137 e 157, Rio de Janeiro, 1928). A fórmula do apelo se fundamenta na simpatia mágica. Mourão é a pedra que divide do lume a pilheira, onde estão as cinzas. Prende-se ao culto larário e à sugestão dos objetos sólidos, compactos, inabaláveis. Todas as frases ditas no arremesso do dente dirigem um pedido ao animal de dentes fortes e brancos. O Barão de Studart registrou uma tradição ainda existente em todo o Nordeste e Norte brasileiro. Quem vê o primeiro dente a uma criança deve dar-lhe um presente de coisa dura e de cor clara, para os dentes serem fortes e alvos (n.º 134, na *Antologia do Folclore Brasileiro*, vol. 2, 38, 6ª ed., São Paulo, Global, 2004). Está perfeitamente dentro da versão exposta e com os universais fundamentos da magia simpática. Creio haver confusão na representação dos dentes como objetos fálicos. Há, entretanto, vestígio dessa crendice, partindo do órgão da geração para a figura de vida humana. Na ciência dos sonhos os dentes são existências, parentes, gente do sangue. Studart: Sonhar com dentes é morte; se com os da frente, é morte de parente próximo. O Sr. Edmundo Krug lembrou o chrenecruda ou chrenecrunda dos francos, "que é o atirar para detrás, por cima dos ombros, de um objeto, que nos é prejudicial a nós ou à nossa saúde, porém sem nos voltarmos, a fim de não vermos onde esse objeto cai." (*Revista do Instituto Histórico Sergipano*, n.º 16, 41). Carlos Pascal estudou essa tradição de não olhar para trás, ligada aos cultos funerários (*Scritti Varii di Letteratura Latina*, 369, "Una Superstizione Antica," Milano, 1920, Luís da Câmara Cascudo, "Gorgoneion," estudo de amuletos brasileiros, separata do *Homenaje a Don Luís de Hoyos Sainz*, I, 67-77, Madrid, 1949; Luís da Câmara Cascudo, *Superstição no Brasil*, "Não olhe para trás!", 73-78, 6ª ed., São Paulo, Global, 2002). Ver *Idade pelos Dentes*. Leo Kamer, *Folklore of the Teeth*, New York. 1928.

Derressol. Doce feito de mel de cana e coco ralado, espécie de sapongo. Alt. de *dez-reis-só*, que era como apregoavam o custo de um tablete dessa saborosa guloseima os negrinhos vendedores (Domingos Vieira Filho, A *Linguagem Popular do Maranhão*, S. Luís, 1953).

Desafio. Disputa poética, cantada, parte de improviso e parte decorada, entre os cantadores. É gênero que recebemos de Portugal e conhecido em todo o Brasil, mantido especialmente no Nordeste brasileiro, mais no sertão do que na orla litorânea. Os instrumentos de acompanhamento são a viola e a rabeca no Norte, a sanfona, o violão, no Sul, sem que se possam fixar preferências. Velhos cantadores do passado, como o negro Inácio da Catingueira, usavam o pandeiro. O desafio é o canto amebeu dos pastores gregos, duelo de improvisação entre pastores, canto alternado, obrigando resposta às perguntas do adversário. (Ver Charles Barbier, "Une Étude sur les Idylles de Théocrite," *Oeuvres Complètes de Théocrite*, ed. Garnier, 33--34, Paris, 1899). São vestígios claros em Teócrito (*Idílios* V, VIII e IX), Vergílio (*Éclogas* III, V e VII). A técnica do canto amebeu fora empregada por Homero (*Ilíada*, I, 604, *Odisseia*, CCIV, 60). Horácio alude a uma disputa entre os bufões Sarmentus e Messius Cicerus (*Sátiras*, I. V). Devia ser muito conhecido nas populações rurais, porque Vergílio atesta sua vitalidade nessa região. Passa à Idade Média, reaparecendo na Europa com os *jongleurs*, *trouvères*, *troubadours*, *minnesingers* na França do sul e do norte, Flandres, Alemanha, com o nome de *disputa*, *tenson*, *jeux-partis*, diálogos contriditados ao som de laúdes ou viola, a viola de arco, avó da rabeca sertaneja. Também podia dispensar instrumentos musicais, como se vê num códice do séc. XIV, o *Cancioneiro de Heidelberg*, na miniatura *guerra de Wartburg*. No *Cancioneiro Português* que pertenceu a Ângelo Colocci, encontrado na livraria do Conde Brancutti pelos romanistas Molteni e Monaci, há, nas primeiras folhas, um fragmento de poética provençal do séc. XIV, publicado por Teófilo Braga (*Era Nova*, 414-420, Lisboa, 1881) onde o desafio aparece sob a denominação de tenção: "Outras cantigas fazem, os trocadores, que chamã *tenções*, porque son feytas por maneiras de razon que huã aja contra outro em quaes diga *que* por bem tever na prima cobra et o outro responda-lhe na outra dizendo o contrayro. Estas podem fazer *d'amor* ou *d'amigo* ou *d'ecarnho*, ou de *mal dizer*, pero que devem de ser de meo. E destas poden fazer quantas cobras (*coplas*) quiseren, fazendo cada huũ a sua parte. Se hy houver d'haver fiida, fazem ambos senhas, ou duas duas, ca non conven de fazer cada huu mays cobras nen mais fiidas que o outro." Os cantos mais preferidos dos mestres-cantores alemães eram os *Wettgesange*. Nos velhos cancioneiros ibéricos equivalem às *Perguntas y Respuestas*, *desafio* em Portugal, *pallo*, *payada*, *payada-de-contrapunto*, espalhada por toda a América, desde o México à Argentina (ver Luís da Câmara Cascudo, *Vaqueiros e Cantadores*, 180-248, São Paulo, Global, 2005). Não há informação ameríndia para fixar a presença do desafio na América pré-colombiana ou pré-cabralina. Os árabes conheciam o desafio, e a influência é visível na música dos cantadores sertanejos. O desafio na África é uma projeção árabe. Como o desafio é, em linha reta, vindo do canto amebeu e este pertence ao ciclo pastoral, acompanhado pelos instrumentos de sopro, os cantadores do Nordeste cantam o desafio, o velho, o legítimo, o verdadeiro, sem acompanhamento musical. No intervalo entre a pergunta e a resposta executam um pequenino trecho, exclusivamente musical, enquanto um dos adversários prepara o verso seguinte. Noutros exemplos, embora sem o acompanhamento ao canto, fazem ouvir um arpejo no fim de cada verso, jamais coincidindo com a voz humana. (Ver *Baião e Rojão*). Os antigos africanistas não depararam o desafio no continente negro, aonde o árabe podia tê-lo levado há mais de dez séculos. Não conheço registros africanos do desafio na primeira metade do séc. XIX. O desafio era, mesmo na capital do reino do Brasil, divertimento típico, indispensável nas festas portuguesas no Rio de Janeiro. "Já se sabe que houve nesse dia função; os convidados do dono da casa, todos d'além-mar, cantaram ao desafio segundo o costume; os convidados da comadre, que eram todos da terra, dançaram o fado." (Manuel Antônio de Almeida, *Memórias de um Sargento de Milícias*, 8, São Paulo, 1925). Ver *Quadrão*.

DESEJO. Vontade que a mulher grávida terá de comer alguma coisa, difícil ou fácil, fruta fora da época, peixe, quando não os há; fazer determinadas ações. Não satisfazendo o *desejo*, a mulher *perde a barriga*, abortando, e o feto fica com a boca aberta, denunciando a insatisfação que o matou. Fernando São Paulo (*Linguagem Médica Popular no Brasil*, I, 295) registrou: "Desejo, malacia, pica, dejejo, dijejo. Grande é a importância concedida ao apetite pervertido da mulher grávida, da histérica, da clorótica. O máximo respeito merece o *dejejo* da gestante, o qual, ordinariamente, é satisfeito." O costume é universal e um velho *romance* popular, o de "Dona Aldonça," alude à tradição:

"Ai, dizei-me, ó Valdivinos,
Que levas na aba da capa?
- Amêndoas verdes, meu tio,
Desejo de uma pejada."

No *Panchatantra* (liv. IV, 284, ed. Bolufer, Madrid, 1922) lê-se: "es que ésa, como si fuera mujer preñada, tiene ahora deseos de comerse tu corazón." Na Índia diz-se *Dohada*, e constitui tradição imemorial, com exigências e ritos especiais. O Prof. Bloomfield estudou ("The Dohada or Craving of Pregnan Woman," *Journ. Amer. Orient.* vol. IX; 1-24, 1920) e o Prof. N. M. Penzer comentou eruditamente, reunindo documentação exaustiva ("On the Dohada, or Craving of the Pregnant Woman, as a motif in Hindu Fiction," *The Ocean of Story*, I, 221-228, Londres, 1924). Paul de Saint-Victor (*Hommtes et Dieux*, 208-209, ed. Calmann-Lévy, Paris, s. d.) informa um delicioso episódio na corte do Rei Carlos II (1661-1700) de Espanha. Não podendo tolerar mais a Duquesa de Terra Nova, camareira-mor, a Rainha Marie-Louise d'Orléans deu-lhe duas sonoras bofetadas. A camareira, neta de Fernando Cortés, queixou-se ao rei, acompanhada por quatrocentas damas de sua família. O rei foi ouvir a mulher. Essa limitou-se a dizer: "Señor, esto es um antojo!" Antojo é o *desejo*. Carlos II, radiante, autorizou-a a dar mais duas dúzias de bofetadas na Duquesa de Terra Nova, e explicou a esta: "Cailla os, estas bofetadas son hijos del antojo!" "Or, les *envies* de la grossesse avaient force de loi en Espagne. Lorsqu'une femme enceinte, fût-ce une paysanne, désirait voir le roi, il se mettait au balcon pour la satisfaire."

DESFEITEIRA. Dança humorística do Amazonas, em salão, numa espécie de sorte. Os pares dançantes são obrigados a passar diante da música, violão, flauta, cavaquinho, às vezes trombone. Num dado momento, para a música, e o cavalheiro que estiver dançando diante dos músicos é obrigado a cantar um verso, uma quadrinha. Se errar, gaguejar, atrapalhar-se, receberá uma vaia e pagará uma prenda, ficando assim *desfeiteado*. Não há dança especial e os versos são comuns. O Sr. Mário Ipiranga Monteiro enviou à Comissão Nacional de Folclore (doc. 177, de 31-3-1950) um comunicado sobre a desfeiteira, resumido aqui.

DESPACHO. Feitiço, muamba, coisa-feita, ebó. Fernando São Paulo (*Linguagem Médica Popular no Brasil*, I): "ato de fetichismo; concretização de sortilégio." "Não sei o qui é, seu doutô. A Maria come direito, drome, o mêis e a obra é certo, mais anda zonza, serrindo sozinha. Parece até despacho. Aquilo é coisa-feita!" É curioso o menosprezo que dicionaristas têm conferido a *despacho*, já assaz conhecido no linguajar comum e em vários escritos. "O despacho, ou *ebó*, da Mãe-d'Água, salgada, é um alguidar com pentes, alfinetes, agulhas, pedaços de seda, dedais, perfumes, linhos, tudo o que é feminino." (João do Rio, *As Religiões do Rio*, 40). Um *despacho* de olhos e dentes de carneiro, com certas orações e mais algumas partes de animais do culto, obriga a uma morte ou punição, conforme as rezas, mas sem que a vítima se queixe a alguém. O carneiro é o símbolo: sofrer, morrer calado. (Hernani de Irajá, *Feitiços e Crendices*, 35). "Despacho: é a designação técnica de um dos atos mais vulgares do fetichismo. Compreende o *ebó* e o *feitiço*. Despachar *ebó* é dar cumprimento a uma promessa... Fazer feitiço. É o processo para arruinar outrem, e diversos são os meios de que se servem os feiticeiros." (Manuel Querino, "A Raça Africana e os seus Costumes na Bahia," *Anais 5º Cong. Bras. de Geografia*, 653). "O *ebó* ou *despacho* é um feitiço de procedência jeje-nagô... Muitas vezes o *ebó* ou *despacho* se reduz a uma pequena quantidade de pipocas, embrulho com farinha e azeite de dendê ou outros objetos utilizados nas feitiçarias, que são jogados na direção da pessoa a quem se quer malfazer... Uma das finalidades mais interessantes do *ebó* é a *troca da cabeça*, que consiste em "mudar a cabeça," isto é, em transmitir os males de uma pessoa a outra. O feiticeiro prepara o *despacho*, fixando nele as atribuições (doenças ou desgostos morais) da pessoa que deseja livrar-se delas. Esse *despacho* é, em seguida, colocado num lugar frequentado; o malefício é transmitido à pessoa que pisar no *despacho*, tocá-lo ou examiná-lo. Neste caso se dará a *troca das cabeças*." (Artur Ramos, *O Negro Brasileiro*, 208-209, 1940). Os fundamentos dessa operação da magia são fixados por *Sir* James Georges Frazer (*Le Rameau D'Or*, versão francesa de R. Stiébel e J. Toutain, I, Paris, 1903): "... les príncipes fondamentaux sur lesquels elle est basée peuvent se ramener à deux. Le premier est que l'effet ressemble à la cause qui le produit; le deuxième, que des choses qui ont été jadis en contact et ont cessé de l'être continuent à avoir l'une sur l'autre la même influence que si leur contact avait persisté. Du premier de ces principes le souvage déduit qu'il peut produire ce qu'il désire, en l'imitant; du second, il déduit qu'il peut influencer de loin, à son gré toute personne et tout objet dont il possède une simple parcelle" (4). A primeira é a magia simpática e a segunda, a magia imitativa. À primeira estão ligados os ritos da purificação, comuns em todas as religiões do passado e contemporâneas. Obedecendo às necessidades religiosas de purificar-se, depois de ter tido contato com um morto, objetos do sacrifício, certas moléstias, especialmente as de pele, impressionantes pelo aspecto, o romano, como o grego, submetia-se ao cerimonial, e a reunião, os restos das coisas que haviam servido para o ato da purificação, chamavam-se *purgamenta*, de purgar, limpar, purificar, restabelecer a pureza. Atiravam o *purgamenta* por cima da cabeça, nas ruas, encruzilhadas ou dentro d'água dos rios ou do mar. Quem, acidentalmente, pisasse esse *purgamenta*, teria, por contágio, a pena que mereceria o crime expiado pelo cerimonial, ou ficaria com o estado inferior de quem fizera a purificação, antes do sacrifício. Esse *purgamenta* é uma legitima *troca de cabeça* africana. É um ebó dos romanos; o horror de calcar essas coisas aparece no *Satyricon* de Petrônio (CXXXIV, 320, ed. Garnier): "Quod purgamentum nocte calcasti in trivio, aut cadaver?" A presença da magia europeia, do bruxedo branco, na feitiçaria negra é maior do que se possa deduzir. Bibliografia, além da citada pelo Prof. Dr. Fernando São Paulo, *Meleagro*, onde reuni a documentação possível. Fora de qualquer possibilidade de influência negra, houve o *despacho*, tal-qualmente o vimos nas encruzilhadas da cidade do Salvador. Plínio (*História Natural*, XXVIII) cita um dos remédios mais populares em Roma para curar a febre pela sua transferência ao vizinho. Cortavam as unhas do doente e pregavam à porta do vizinho com cera. Quem as tocasse ficaria com a febre, que desapareceria do doente. Identicamente, Platão indica em Atenas o hábito das imagens de cera, presas às portas, túmulos, encruzilhadas, levando malefícios, doenças e tristezas de uns para os outros (*Leis*, XI, 12). Na Grécia os filtros para despertar o amor podiam ter efeito, quando eram friccionados na soleira da porta da pessoa desejada. Tocando esta o batente, tornar-se-ia apaixonado (*Teócrito*, III). Na Baviera transmite-se a febre a quem encontrar o papel escrito pelo doente, enviando a moléstia. No Oldemburgo é com uma moeda que ficou no leito e depois atirada à rua. Frazer, II, 233-275, registrou incontáveis processos de transferência de males e de pecados no *Le Rameau D'Or*, em todas as épocas, continentes e raças. (Luís da Câmara Cascudo, *Meleagro*, Rio de Janeiro: Agir, 1978). Ver *Canjerê*.

DESPEDIDA. São muito populares os versos, quadrinhas, iniciados pela frase: "Quero dar a despedida. Eu vou dar a despedida. Vou-me embora, vou-me embora," etc. Em certos autos tradicionais, como o bumba meu boi e alguns pastoris, há a jornada da despedida, "Adeus, meu Menino / Adeus minha flor" ou "Despedida, meus senhores," etc. No bumba meu boi há:

"Despedida, despedida,
Despedida rigorosa;
Vamos dar a despedida
Como deu o cravo à rosa!

Despedida, despedida.
Eu canto por derradeiro;
Adeus, até para o ano,
Na entrada de janeiro!

Despedida, despedida,
Despedida do amor;
Adeus, até para o ano,
Se nele nós vivo for!"

É uma tradição peninsular, não apenas ao finalizar os bailes populares, em que as últimas quadras são destinadas aos adeuses ao auditório, como também descendem das serenatas em que a despedida era obrigatória a ritual; "La despedida te echo, Ahí te va la despedida, Echemos la despedida, La despedida te doy," etc. etc.

DETERMINAÇÃO E PREVISÃO DO SEXO. Ver *Sexo*.

DIA. Como uma reminiscência dos cultos solares, permanecem as populações do interior brasileiro e nas orlas do mar e rios tendo o dia como uma entidade sagrada, com direitos a uma liturgia e interditos tradicionais. As relações sexuais são proibidas durante o dia, assim como todo ato fisiológico voltado para o nascente. Era conselho de Hesíodo, oito séculos antes de Cristo: "Ne satisfaire jamais aux nécessités de la nature, debout et en face du soleil. Lors même que cet astre est couché, garde-toi, pour soulager, de te tourner vers l'Orient." (trad. de Henri Patin). As horas do meio-dia eram poderosas. Os anjos estavam cantando as glórias de Deus. Quem blasfemasse, praguejasse, arriscava-se a ter cumprida fielmente a praga, blasfêmia ou maldição, realizando-se, se coincidisse com o momento em que os anjos diziam o amém, assim seja. Era irrevogável. O meio-dia, *pino do meio-dia*, era a hora mais solene, misteriosa e sagrada do dia. As melhores orações e votos aos viajantes, filhos ausentes, eram feitos neste momento. Deus teria disposições melhores para ouvir e satisfazer ao pedinte. O instintivo respeito sertanejo ao dia é possível vestígio das crenças solares, articuladas com os cultos das horas, celebração das Horaias. O Barão de Studart anotou: "O esconjuro ou praga rogada ao meio-dia tem mais efeito que em outra hora qualquer," (*Antologia do Folclore Brasileiro*, vol. 2, nº 307, 46, 6ª ed., São Paulo, Global, 2004). Ninguém deve benzer-se às duas primeiras badaladas do meio-dia ou da ave-maria, mas sim à terceira badalada, porque então anula os efeitos de qualquer praga (n.º 308, 46, opus cit.). A Oração do Meio-Dia é uma das *rezas-fortes* mais poderosas, guardadas em saquinhos, nôminas, ao pescoço. "Deus te salve, hora do meio-dia em que o Senhor seguiu. Se encontrares Fulano dá-lhe três solavancos no coração, assim como Jesus Cristo deu no ventre da Virgem Maria. Fulano, com dois olhos te vejo, com três cravos encravados no teu coração, com três hóstias consagradas, com três meninos pagãos e três cálices de missa consagrados. São Marcos fazei-me o vosso milagre. Vos peço, prendais o coração de Fulano nas minhas vontades; que Fulano chegue para mim como as ervas do campo se chegam ao pé da Cruz, manso como um cordeiro. Tudo que tiver me dará, tudo que souber me dirá, nada me há de negar. Fulano não possa ver, estar nem comer e beber sem comigo vir falar. Fulano, andará chorando atrás de mim como as almas andam atrás da luz de Deus." No cômputo dos comportamentos, alinhados na classe do *faz mal*, Gonçalves Fernandes informou que não se deve: a) não tirar o chapéu na hora do meio-dia; b) chamar nome na hora do meio-dia (II, 76-77). Não se sai de casa na hora do meio-dia; traz desgraça, registrou o Barão de Studart (n.º 300, 46, opus cit.). (Luís da Câmara Cascudo, *Superstição no Brasil*, "Ôrai", 110-113, 6ª ed., São Paulo, Global, 2002). Ver *Horas*.

DIA DE SÃO PAGAMIÃO. Santo também imaginário, como *São Nunca*, tem porém *dia certo*, que é o de pagamento da féria, salário ou vencimento de qualquer procedência. *Hoje é dia de São Pagamião*. "Não tende visto juízes, que só fazem justiça àqueles que lhe têm oferecido, ou cousas leves que voam, ou de peso e bom tinido, por serem muito devotos do *Santo Pagar-me-ão*, que muita gente festeja dentro da palma da mão? (*O Barco dos Patoteiros*, n.º 84, Recife, 1866)" – Pereira da Costa, *Vocabulário Pernambucano*, Recife, 1937. Ver *Santos sem Dia*.

DIA DE SÃO NUNCA. Ver *Santos sem Dia*.

DIA DE SÃO PAGA MIÃO. Ver *Santos sem Dia*.

DIA DO FURTO TRADICIONAL. Na noite da Sexta-Feira da Paixão para o Sábado da Aleluia ou deste para o Domingo da Ressurreição havia em todo o Brasil a tradição de furto de aves domésticas para um grande almoço no dia imediato. A tradição ainda não desapareceu de todo, e estava espalhada por toda a América espanhola. Na Bolívia denominava-se *kjespiche*. No interior de S. Paulo é o "Dia da Malvadeza" (ver *Malvadeza*) na Quinta-Feira Santa. Reuniam-se as alegres irresponsabilidades populares numa espécie de reminiscências das festas romanas, as Lupercais em fevereiro, as Hilárias em abril e as Saturnálias em dezembro, de que o carnaval é sobrevivência típica. Na África e Ásia resiste a mesma tradição ligada a outros ciclos religiosos e possivelmente de fundo cultural agrário. Uma explicação é pensar o povo que a morte de Jesus Cristo elimina o direito de autoridade, de propriedade, de posse, dando às coisas o domínio geral. Em Roma o povo saqueava o palácio imperial, quando do falecimento do Imperador. Esse hábito é um dos elementos constantes na psicologia popular, considerando sem dono o que pertenceu ao morto. Bem de defunto é de toda a gente, afirmavam. O Papa João IX, no Concílio de Ravena em 898, proibiu, sob pena de excomunhão, o assalto e furto dos bens dos cardeais, arcebispos e bispos, pela multidão, quando da morte desses prelados.

DIABO. No Brasil é o diabo português, com os mesmos processos, seduções e pavores. Como não me foi possível compreender um demônio entre os indígenas ou negros escravos, creio que negros e ameríndios ajudaram ao satanás dos brancos, ampliando-lhe domínio e formas mas sem que lhe dessem nascimento. Continua o diabo metamorfoseando-se diversamente em bode, porco, mosca, morcego. As histórias dos súcubos desapareceram mas os diabos machos ainda tentam e, vez por outra, enfrentam cantores afamados, batendo-se no *desafio*. Na Argentina, o mais glorioso dos cantadores, Santos Vega, sucumbiu numa *payada de contrapunto* com Juan Sin Ropa, que era mestre Belzebu. No sertão do Brasil os cantadores vencem sempre ao demônio, porque cantam as velhas orações de força irresistível, como exorcismo, ladainhas, *ofícios* de Nossa Senhora, *Magnificat*, etc. O cantador Joaquim Francisco de Santana (1877-1917), pernambucano, morreu com a fama de haver derrotado o diabo num *desafio* em Camutanga (*Vaqueiros e Cantadores*, 340, São Paulo, Global, 2005). Para o Brasil não emigrou a divisão clássica dos bons e maus demônios (*agathodaemones, cacodaemones*), mas a personalização absoluta da maldade, atração para o mal, a inversão do bem, o *avesso do direito*. A sinonímia em Portugal é rica. Antero de Figueiredo (*Senhora do Amparo*, Lisboa, 1920) registrou-a em boa porção: "Ele é o tanso que apalerma; o carocho que sarna; e enguiço que tolhe; o azango que encanzina; o onzoneiro que engoda; o diacho que zaranza; o nico que nos aborrece; o careca que nos rala; o dianho que nos enreda; o tição negro que enfarrusca; a coisa-má que ataranta; o caipira que conspira; ele é o mafarrico, perturbador; demo, descaminhador; o malasartes, enrodilhador. O tatro, o trado, o tardo que nos agasta, nos atiça, e nos obriga a impetiçar com tudo e com todos. O porco-sujo imundo; o cão tinhoso repelente; o tisnado, o zarapelho, o fusco, o cornudo, que entende com a gente, nos tira a paciência, nos impertina, nos arrelia. O demônio que nos tenta e perde; o barzebu que nos engana e corrompe; o satanás que nos arrasta e lança nas profundas dos infernos !" (44-45). Gustavo Barroso (*Inteligência das Coisas*, Rio de Janeiro, 1923): "Toda a glória de Satã soçobra ao vendaval desses motejos. Cada um é certeira pedrada. E os sertanejos do Brasil lhe dão piores: esmulambado e mulambudo, cambito, cão, dedo, moleque e fute; pé-de-peia, pé-preto e pé-de-pato, futrico, figura, bode, capa-verde, gato preto, malino, sapucaio, Pêro Botelho e bicho; rapaz, tinhoso, capeta, capiroto, coxa, coisa, sujo, maioral, ele, maldito, demo, cafute e droga" (219-220). Junte-se ainda o excomungado, drale, bode sujo, inimigo, mofino, maldito, não-sei-que-diga, tição, diacho, encapetado, dianho. A respeito de dianho, Rodney Gallop, citando J. Leite de Vasconcelos (*Portugal, A Book of Folk-Ways*, 58), lembra a possibilidade de ser uma corrupção de *Dianus* (Janus) ou *Diana* (Jana) e também apenas o diabo. Creio ser apenas o diabo, todo-poderoso, vestígio semântico, cuja origem será galaico *dianu*. Os poderes e hábitos demoníacos no Brasil são idênticos aos europeus. Aceitava contratos para dar riquezas em troco da alma do contratante, entregue em certo dia e comumente sendo ludibriado. Transformando-se em moscas, podia *fazer mal*, sugando saliva ou gota de sangue humano que ficasse descoberto. O hábito é cobrir a saliva ou o sangue humano com uma ligeira camada de areia. Esse demônio-mosca é o belzebu, Baal-sébud, coberto de moscas que pousavam no sangue dos sacrifícios, atirado sobre o ídolo, dos filisteus. O diabo negro, magro, chifrudo, com rabo, é ainda o tipo tradicional. Não pode tomar a forma dos animais abençoados, boi, jumento, ovelha, galo, ligados ao nascimento de Jesus Cristo. Foge naturalmente dos cruzeiros, sinal-da-cruz, água-benta, preferindo conversar à meia-noite, nas encruzilhadas, com seus devotos. No primeiro século do descobrimento, XVI, a presença do diabo era oficialmente proclamada no Brasil, e o documentário da Visitação do Santo Ofício, dois volumes da Bahia e um de Pernambuco, registra sua comunicação com as bruxas fiéis, algumas sabendo até criá-los em vidrinhos, como filhinhos, tornando-se o familiar, espécie de diabinho doméstico, servo da feiticeira. As *estórias* do diabo, tentações e logros são, na mais alta percentagem, vindos de Portugal, variantes e adaptações das façanhas ocorridas na Península Ibérica. Na literatura oral o diabo é personagem inevitavelmente derrotado. Na classificação brasileira do conto popular há o ciclo do demônio logrado, caracterizando-se pela constância desse elemento negativo (Pereira da Costa, I, 16-75; Lindolfo Gomes, ciclo do diabo, *in* "Contos Populares," *Folclore Pernambucano*, 56; Gustavo Barroso, *Ao Som da Viola*, 710-716. Sobre as origens, Anita Seppilli, *"Revista do Arquivo Municipal"*, S. Paulo, LXXXV, *O Diabo na Literatura e na Arte*, 9-12; Ruth Guimarães, *Os Filhos do Medo*, ed. Globo, Porto Alegre, 1950). Do grego *diabolos*, *diabolum* em latim, "caluniador", é o mais vulgar dos sinônimos malditos, o mais comum nos idiomas neolatinos. Também o "tentador" clássico, ousando aproximar-se de Jesus Cristo no deserto (Mateus, 4, Lucas, 4). Pereira da Costa, *Folk-lore Pernambucano*, Recife, 1974, regista informação longa e erudita. Mario Souto Maior realizou resenha sugestiva, "Território da Danação. O Diabo na Cultura Popular do Nordeste", Rio de Janeiro, 1975; Altimar de Alencar Pimentel, *O Diabo e outras Entidades Míticas do Conto Popular*, Paraíba, Rio de Janeiro, 1969.

DIAMBA. Ver *Maconha*.

DINHEIRO. Quando dado pelo diabo, pelo saci-pererê, etc., é preciso benzê-lo, sob pena de desaparecer ou transformar-se em folhas secas. Aliás as moedas de ouro de Cornélio Agripa eram folhas das árvores. A primeira moeda ganha deve ser benzida, isto é, persignar-se com ela o vendedor, para que venham outras. Sobre dinheiro enterrado, ver *Sonho* e *Tesouro*.

DINO. São Dino. Studart: "Para encontrar coisas perdidas promete-se gritar três vezes por São Dino. Achada a coisa, diz-se: "São Dino é o santo mais milagroso da corte celeste" (*Antologia do Folclore Brasileiro*, vol. 2, nº 182, 40, 6ª ed., São Paulo, Global, 2004). Ver *Longuinho*.

DIOGUINHO. Diogo da Rocha Figueira, o famoso bandido de São Paulo, de atuação na última década do séc. XIX. Continua vivendo nas *estórias* tradicionais do Oeste paulista, ampliadas as façanhas, mortes, sevícias e proezas onde a valentia pessoal se obscurecia na brutalidade selvagem e sádica. Nasceu em Botucatu a 9 de outubro de 1863 e morreu combatendo uma força policial comandada pelo Ten.-Cel. Pedro da França Pinto, a 1º de maio de 1897, no porto Pedrinhas, margem do rio Mogi-Guaçu, diante do refúgio do facínora. Atingido em cheio por uma descarga, Dioguinho caiu da canoa onde vinha no rio, desaparecendo. Não encontraram seu cadáver. Não sabia nadar e estava sobrecarregado de armas e munição abundante. Joãozinho, João Dabney da Silva, ainda mais feroz que o irmão, de quem era companheiro inseparável, sucumbiu na mesma ocasião e seu corpo foi achado e sepultado. Afirmava-se que o bandido sobrevivera e voltaria para vingar-se. Alto, magro, musculoso, ágil, atirando maravilhosamente, gostando de música, lendo quase todas as noites o *Horas Marianas*, um livro de orações devotas, para tornar-se invulnerável, Dioguinho mantevo o tipo clássico do matador, insensível, arrebatado, matando para experimentar uma arma nova ou provar a excelência da pontaria. Guardava as orelhas das vítimas, num sinistro rosário que o acompanhava sempre, como amuleto. Era empregado pelos fazendeiros amigos para as vinganças políticas e domésticas que exercia a troco da garantia de homizio. Foi preciso enviar para a região dominada um delegado de polícia da capital paulista. Antônio de Godói Moreira e Costa, que inutilizou a rede protetora de Dioguinho, prendeu e processou os coiteiros, afastou os suspeitos cúmplices, transmissores de notícias e conseguiu fixar o pouso do assassino e contra ele enviar a tropa que o matou. Dioguinho é tema vivo na memória popular paulista, em vasto anedotário, versos, cantigas e folhetos. Alguns de valor relativo, como "Dioguinho," de Silvestre da Mata, "Narrativa de um Cúmplice em Dialeto" (Biblioteca do *Correio Paulistano*, São Paulo, 1903). A melhor fonte, documentada e completa, é *História Completa e Verídica do Famoso Bandido Paulista, Diogo da Rocha Figueira, mais conhecido pelo Cognome de Dioguinho, por um Delegado de Polícia*, São Paulo, 1949, do Sr. João Amoroso Neto.

DIREITO E ESQUERDO. Há uma sugestão verbal poderosa sobre os vocábulos "direito" e "esquerdo," com registro milenar, dessa impressão quase universal. Direito, *directus*, *dirigo*, dirigir, ordenar, alinhar, regular, é o inverso do "esquerdo," *sinistra*, tendo todos os valores negativos na tradição popular e clássica. Era o lado esquerdo o bom agouro para Cícero e Plauto, mas Vergílio, Ovídio, Tácito, Valério Máximo, Fedro, Quintino Cúrcio, Sílio Itálico, Flínio o Moço o mencionam como malévolo, desasado, desastrado. Nesta acepção, sinistro é desastre, naufrágio, incêndio em inglês, francês, espanhol, italiano, *sinister*, *sinistre*, *sinistro*, *sinistra*. Pé direito é certo para entrar e sair, e pé esquerdo é péssimo anúncio de infelicidades, ao iniciar marcha (ver *Pé Direito* e *Pé Esquerdo*. Identicamente a mão direita brande a espada, arrancando da cinta, ostenta o cetro, dirige a flecha, a clava, o arpão, a chave abridora, a ordem do comando, a bênção apostólica. "O coração do sábio está à sua destra; mas o coração do tolo está à sua esquerda," ensina o Rei Salomão (*Eclesiastes*, X, 2). Com a mão direita faz-se a homenagem. Roldão, morrendo em Roncesvales, descalçou a luva direita e estendeu-a para o céu: "son dextre gant il a vers Dieu tendu." Os "benditos de Deus" estarão à sua direita e irão para o reino dos céus; os "malditos" ficarão à esquerda e irão para o fogo eterno (Mateus, XXV, 34 e 41). No Gólgota, segundo a tradição popular, Dimas, o Bom Ladrão, foi crucificado à direita de Jesus Cristo. Do lado direito, em Roma, vinha o bom agouro, espirros, cantos de aves, rumores, voos de aves. Da esquerda apavoravam, obrigando a expiações. Esquerda, canha, canhota, canhestra, sestro eram sinônimos desgraçados de má sorte, de sinistro futuro. No *Cancioneiro da Vaticana* há uma alusão ao *corvo seestro*, que anuncia desventuras (Cantiga 601). O lado direito é o da varonilidade. O esquerdo pertence às mulheres. Se o movimento fetal é à direita, nascerá menino. Menina, se for à esquerda. Se subir uma escada, pondo o pé direito em primeiro lugar, terá um filho. Direito é o lado nobre, valorizador. Dar a direita, sentar-se à direita, ficar à direita é posição de honra, de destaque, de distinção. Os políticos da direita defendem a tradição, a continuidade, a permanência mesmo na evolução. Hipócrates (*Aforisma*, V, 48) é a fonte mais antiga: "Os fetos masculinos estão principalmente na direita e os femininos na esquerda." E no *Aforisma* V, 38, ensinava que numa mulher grávida de dois gêmeos, se uma das mamas enfraquece, ela abortará de um ou de outro feto; do rapaz, se é do lado direito, da menina se for a mama esquerda. "É sobejamente conhecida a significação supersticiosa que o povo dá aos diferentes lados, direito, esquerdo, frente ou dianteira e atrás. O lado direito é o lado da força, é o lado bom e forte. O lado esquerdo é o lado mau e fraco. Para diante é o futuro. Para trás, o passado." (J. R. Santos Júnior, "Nótula sobre o Arremesso dos Dentes," Trabalhos da Sociedade Portuguesa de Antropologia e Etnologia, V, fasc. IV, 7, Porto, 1932). É a corrente linguagem do Senhor Don Quijote: "Dios le dé a vuesa merced buena manderecho ou Déjate de esas sondices y vamos con pié derecho a entrar en nuestro lugar." (Cervantes de Saavedra, *Don Quijote de la Mancha*, II, LXII e LXXII). Ver *Sexo*. (Determinação e previsão do). O Prof. Dr. Gregório Marañón, estudando a intersexualidade neurilateral, três vezes cita a feminilidade do lado esquerdo do corpo e a masculinidade do lado direito, tal-qualmente proclama o povo ("Una Interpretación Hipocrática de Intersexualidad," *Arquivos de Medicina Legal e Identificação*, n.º 15, Rio de Janeiro, 1938). Para maiores notícias, influência do hemisfério esquerdo, determinando a maioria de movimentos mais fortes e numerosos do lado direito ou esses movimentos provocaram a predominância do hemisfério esquerdo onde se localizam os centros diversos da linguagem, etc. (Luís da Câmara Cascudo, *Superstição no Brasil*, "Pé Direito!", 145-152, 6ª ed., São Paulo, Global, 2002). Ver Daniel Fryklund, "Les Changements de Signification des Expressions de *Droit* et de *Gauche* dans les Langues Romanes et Spécialement en Français," these pour le doctorat, Upsal, 1907.

DIVINO. Festa religiosa, em Portugal, estabelecida nas primeiras décadas do séc. XIV, pela Rainha D. Isabel (1271-1336), casada com o Rei D. Diniz de Portugal (1261-1325). Começou pela construção da Igreja do Espírito Santo em Alenquer (D. Fernando Correia de Lacerda, *História, Morte e Milagres, Canonização e Trasladação de Santa Isabel Sexta Rainha de Portugal*, 185-189, Lisboa, 1680). Devoção rapidamente propagada, tornou-se uma das mais intensas e populares, já regulamentada no Código Afonsino, que a excluía das defesas, e regulada pelo Rei D. João III. Foi trazida para o Brasil no séc. XVI. Império do Divino, palanques, coretos armados para o assento do Imperador do Divino, criança ou adulto, escolhido para presidir a festa e que gozava de direitos majestáticos, libertando presos comuns em certas localidades portuguesas e brasileiras. Para a organização da festividade havia a Folia do Divino, bando precatório pedindo e recebendo auxílios de toda a espécie. A Folia constituía-se de músicos e cantores, com a Bandeira do Divino, ilustrada pela Pomba simbólica, recepcionada devocionalmente por toda a parte. Essas *Folias* percorriam grandes regiões, gastando semanas ou meses inteiros. Foram festas de alta receptividade coletiva no Brasil e Portugal, mas estão decadentes, relativamente às áreas geográficas de sua existência histórica. De seu prestígio basta lembrar que o título de Imperador do Brasil foi escolhido, em 1822, pelo Ministro José Bonifácio de Andrada e Silva, porque o povo estava mais habituado com o nome do *Imperador* (do Divino) do que com o nome de Rei. A festa, missa cantada, procissão, leilão de prendas, exibição de autos tradicionais, cavalhadas, etc., positivava um centro de interesse real. Em certas vilas ou cidades, o

Imperador do Divino, com sua corte solene, dava audiência, com as reverências privativas de um soberano. Vivem ainda no Estado do Rio de Janeiro, São Paulo, Minas Gerais, Paraná, Santa Catarina, Maranhão, Amazonas, Espírito Santo, Goiás, Distrito Federal, etc. A festa do Divino é móvel. Quarenta dias depois do Domingo da Ressurreição é a quinta-feira da Ascensão do Senhor (Dia da Hora) e dez dias depois é Domingo de Pentecostes, dia do Divino Espírito Santo. Para registro e estudo ver: Manuel Antônio de Almeida, *Memórias de um Sargento de Milícias*, cap. XIX; Melo Morais Filho, *Festas e Tradições Populares do Brasil*, Rio de Janeiro, 1946; Renato Almeida, *História da Música Brasileira*. 125-126, Rio de Janeiro, 1942; Alceu Maynard Araújo, *Documentário Folclórico Paulista*, S. Paulo, 1952; idem, *Poranduba Paulista*, S. Paulo, 1957; Dante de Laytano, *As Congadas do Município de Osório*, Porto Alegre, 1945; Oneyda Alvarenga, *Música Popular Brasileira*, Porto Alegre, 1950; Valderez de Sousa Muller, *Aspectos Tradicionais da Festa do Divino no Paraná*, Curitiba, 1956; Walter F. Piazza, *Aspectos Folclóricos Catarinenses*, "Festividades do Divino," 31-66, Florianópolis, 1953; Mário Ipiranga Monteiro, *Festas do Divino Espírito Santo*, doc. 214, Cnfl. Rio de Janeiro, 1950; Domingos Vieira Filho, *A Festa do Divino Espírito Santo*, São Luís, 1954; José A. Teixeira, *Folclore Goiano*, 71-84, S. Paulo, 1941; Mariza Lira, *Migalhas Folclóricas*, "A Festa do Divino", 114-125, Rio de Janeiro, 1951. Auguste de Saint-Hilaire encontrou as *Folias do Divino* nas províncias do Rio de Janeiro, Minas Gerais, Goiás e Mato Grosso (*Viagem pelas Províncias do Rio de Janeiro e de Minas Gerais*, II, 236; *Viagem às Nascentes do Rio São Francisco e pela Província de Goiás*, II, 179, 285, respectivamente, S. Paulo, 1938 e 1937) desde 1817 a 1822. Em Portugal há longa bibliografia sobre as festas do Divino na metrópole e domínios ultramarinos: Teófilo Braga, *O Povo Português nos seus Costumes, Crenças e Tradições*, II, 283-291, Lisboa, 1885; Luís Chaves, *Folclore Religioso*, "A Festa do Espírito Santo no Folclore," 97-118, Porto, 1945; Jaime Lopes Dias, *Etnografia da Beira*, I, 85-87, Lisboa, 1944 (2ª ed.): VI, 73-76, Lisboa, 1942: VII, 129-132, Lisboa, 1948: VIII, 85-111, Lisboa, 1953; idem, *Problemas* de *Folclore* "A Festa do Divino como Elemento Cultural Comum de Área Luso-Brasileira," 31-38, Lisboa, 1956. Ver *Folia*.

Dobradiça. Antigo *passo*, anterior ao frevo no Recife, dançador solto ou de par, marca o compasso da *marcha* carnavalesca dobrando repetidamente a cintura, num sucessivo movimento de bisagras, dando a imagem de dobradiças em ação ininterrupta. Era popularíssimo antes da conflagração europeia (1914-1918) e não desapareceu totalmente. J. A. Hunter (*Hunter*, New York, 1952, versão brasileira de Jacob Guinsburgo, S. Paulo, 1960, 116-117), descrevendo uma dança dos guerreiros masai, de Quênia, informa: "Empunhando as lanças, os homens inclinaram-se para a frente, projetando as nádegas. Depois, endireitaram-se de súbito e enfunaram o peito. À medida que o seu êxtase crescia, estas curiosas convulsões aceleravam-se no tempo até movimentarem-se como pistões." Esse bailado, de euforia cinegética, viajaria, entre povos de cultura idêntica na região da África Oriental, para Tanganica, através de Ruanda e Burundi, bifurcando-se para o Congo e para Moçambique, pela Zambézia. Para Angola, por Catanga. Veio para o Brasil sem as lanças, agitadas quando o bailarino volta à verticalidade momentânea.

Dodoron. Melodia cantada durante a festa de São Gonçalo, no morro de São Paulo na Bahia. Renato Almeida: "Consegui uma melodia cantada, com versos tradicionais, da festa de São Gonçalo, que se celebra no morro de São Paulo, na Bahia, e que chamam de *Dodoron*, não sei por que razão. A festa é mesclada com pastoris, devido naturalmente ao fato da coincidência das datas. Começa o *Dodoron* com as novenas comuns, seguidas de uma espécie de dança acompanhada por uma caixa. As moças fazem duas filas e cantam as jornadas, semelhantes às dos pastoris, ou alusivas ao orago celebrado. Depois vêm os homens e formam uma roda, sendo cada qual ladeado por duas damas. Começam então a cantar o *Dodoron* e a pular." (123, *História da Música Brasileira*).

Dois-Dois. É a denominação popular baiana dos Ibejê, Beiji, os santos Cosme e Damião festejados a 27 de setembro. Festejam-no com refeições oferecidas a sete crianças (ver *Caruru-dos-Meninos*), seguindo-se o almoço dos adultos e danças, diante do peji ou altar onde estão os dois irmãos gêmeos, protetores da espécie e mesmo, por natural associação de ideia, da multiplicação dos recursos e sua conservação. "No sentido popular de festa como dança, com canto e música, a celebração de S. Cosme e S. Damião começa depois do caruru dos grandes (refeição servida depois do caruru-dos-meninos). Todos recomeçam a bater palmas e cantam os versos do folclore, consagrados aos dois mais queridos santos. As crianças brincam, formando círculos, e as moças e os rapazes transformam o ritual nas despreocupadas e baianíssimas rodas de sambas, onde as cabrochas se requebram com dengues e dóceis e sensuais ondulações dos quadris. Acontece sempre tocar uma pequena orquestra, quando poucos os ritmos de um atabaque e de um agogô. Os versos do folclore de S. Cosme e S. Damião são pitorescos, ingênuos e destituídos de malícia. Alguns chegam a alcançar uma profunda beleza infantil e poética, única no manancial da trova popular. Vejamos:

> "Cadê sua camisa,
> Dois-Dois!
> Dois jogando bola,
> Dois jogando bola,
> Com ela,
> Dois jogando bola.
>
> Quem não tem pena,
> Mamãe;
> Quem não tem dó,
> De ver Dois-Dois
> Na roda brincando só?
>
> Cosme e Damião,
> Ogum e Alabá,
> Veio da Aldeia,
> Lá do arraiá.
>
> Bata palma sereia do mar,
> Bata palma sereia do mar,
> Dois-Dois,
> Ele quer vadiar!
> Dois-Dois,
> Ele quer vadiar!
>
> Cosme e Damião,
> Ogum e Alabá,
> Vamos catar conchinha
> Na beira do mar.
> Cosme e Damião,
> Sua casa cheira,
> Cheira a cravo,
> Cheira a rosa
> E a flor de laranjeira."

É interessante ressaltar uma curiosa obrigação que se faz precisa para o bem da devoção, quando se prepara o caruru. Dela tomei conhecimento ao participar com os outros convidados da comida de Cosme (*O Rito dos Sete Quiabos*). Toda vez que se cortam em pedacinhos os quiabos para o caruru, deixam-se sete entre eles, os maiores, inteiros. Nisto está um preceito: a pessoa em cujo pratinho cair um dos sete quiabos tem por fatal obrigação oferecer no próximo ano uma missa a S. Cosme e a S. Damião. Outro detalhe que merece nota é o modo de servir a comida de Dois-Dois aos participantes da festa. Por lei, o alimento sagrado tem que ser servido em pratinhos de sobremesa com talheres pequenos. Isto é muito infantil e gracioso. Conta-se que nos candomblés de invocação de Dois-Dois, o devoto, ao ser possuído, durante a possessão fetichista, pelos Ibeji, começa a falar como criança, a trocar letras e a dizer *mamá, papá, quelo*, etc. (Cláudio Tavares, "O Caruru de Dois-Dois," *Revista do Globo*, 426, 56-57, Porto Alegre, 1947). Ver *Beifes, Beji, Cosme e Damião, Gêmeos, Ibeiji* e também *Caruru-dos-Meninos*.

Dona Janaína. Ver *Iemanjá*.

Dona Maria. Ver *Iemanjá*.

Donzela. Coluna de madeira, em geral de tornearia e jacarandá, e de altura proporcionada, em que, em outros tempos, se colocavam os candeeiros de latão, com dois bicos para pavio, alimentados com azeite de coco ou de carrapato. Vem daí a frase de dúvidas ou de consciência, de *donzela de candeeiro* (Pereira da Costa, *Vocabulário Pernambucano*). No Portugal-Velho era a virgem de mais de vinte e cinco anos. Banquinha de cabeceira. Velador, como se transmitiu ao uso brasileiro. Moça-donzela, de menor idade. Ver *Virgem*.

Donzela Teodora. Novela de origem árabe, que recebemos de Espanha através de tradução portuguesa. As mais antigas redações, já em castelhano, foram descobertas por Hermann Knust num códice do Escurial e publicadas em 1879 (*Mittheilungen aus dem Eskurial*, 307-317, Tubingen), julgadas por Menéndez y Pelayo como do séc. XIV ou fins do XIII. Há outra redação de Abu-Bequer-Al-Warrac, escritor do segundo século da Hégira e do que Pelayo (antes dele Gayangos) divulgou um resumo. A mais antiga edição foi impressa em Toledo, por Pedro Hagembach, em 1498. Multiplicaram-se as edições castelhanas durante os sécs. XVI, XVII e XVIII, espalhando-se pela América Latina. Menéndez y Pelayo e Teófilo Braga indicam como a primeira edição em português a de Carlos Ferreira, também denominado Lisbonense, na imprensa de Pedro Ferreira, in-4º, Lisboa, 1735. Encontrei na Biblioteca Nacional de Lisboa uma edição vinte e três anos anterior: *História da Donzela Teodora em que Trata da sua Grande Fermosura e Sabedoria*, "traduzida de castelhano em português por Carlos Ferreira Lisbonense, Lisboa ocidental. Na oficina dos herdeiros de Antônio Pedroso Galvão, MDCC, XII. Com todas as licenças necessárias, e Privilégio Real. À ata de Miguel de Almeida e Vasconcelos Mercador de Livros na Rua Nova." Esta edição lisboeta de 1712, até prova em contrário, será a primeira. Ficou sendo, em Espanha e Portugal, o tipo da moça sábia e astuta. Tirso de Molina cita-a no seu *El Vergonzoso en Palácio* (1611-1612): "Miren aquí que criatura / o que Doncella Teodor!" (*Obras Completas*, I, 341, Ed. Aguilar, Madrid, 1946). Com o nome de *Doncella Teodor*, Lope de

Vega escreveu uma comédia. O *Índice Expurgatório da Santa Inquisição* incluiu o folheto na sua relação de 1624. A "Donzela Teodora" figura em certas coleções, especialmente orientais, do *Mil e Uma Noites*, Boulaq, Cairo, Bombaim, Beirute, e nas versões de Hammer (alemã), Mardrus (francesa), Burton (inglesa), Hennings (alemã), Payne (inglesa). Até este momento, 1951, nenhuma coleção do *Mil e Uma Noites* em português, editada em Portugal ou Brasil, incluiu a *estória* da "Donzela Teodora". O nome de Teodora veio do árabe *Tawaddoude*. Depois de 1840, a *"Donzela Teodora"*, com outras novelas, começou a ser impressa no Rio de Janeiro pelos editores Laemmert. Continua sendo reimpressa nessa capital como em São Paulo. Há várias versões poéticas em quadrinhas (Portugal) e em sextilhas (Brasil), ABCB e ABCBDB (Luís da Câmara Cascudo, *Vaqueiros e Cantadores*, 27-44, São Paulo, Global, 2005). Um mercador húngaro que morava em Bagdá (Túnis, comumente, Babilônia nas velhas edições) educou brilhantemente uma escrava bonita e inteligente. Empobrecendo, o vendedor aceitou a sugestão da escrava e ofereceu-a por 10.000 dobras de ouro ao rei (Sultão Harum al-Rachid, Miramolim Almançor). O rei, surpreso com o preço, submeteu Teodora a um exame público com os sábios de sua corte, e a donzela venceu a todos. O rei pagou o preço pedido e restituiu-a ao dono que, noutras versões, é um moço, filho do velho mercador, tornado pobre pela dissipação da fortuna. Os assuntos da arguição reaparecem independentes noutras *estórias* e adivinhações populares de fundo oriental (Luís da Câmara Cascudo, *Cinco Livros do Povo*, "Introdução à Novelística Brasileira," João Pessoa: Editora Universitária UFPb, 1994, textos clássicos, confrontos, pesquisas, etc.).

Dor. Há para o povo uma concepção utilitária da sensação dolorosa. Creem que o acontecimento se fixará indelevelmente na memória infantil, se for gravado com um sofrimento. Mesmo que o menino esteja sem culpa. O historiador Vieira Fazenda conta um episódio expressivo. "Tremenda bofetada levou um conhecido nosso, quando, menino, se meteu a ir ver uma execução. Deu-a um sujeito de capote, exclamando: — Isto serve para te lembrares sempre do dia de hoje! A vítima não procurou o Vidigal, safou-se, e 70 anos depois ainda se recordava da lição." (*Antiqualhas e Memórias do Rio de Janeiro*, "Os Padecentes," *Revista do Instituto Histórico e Geográfico Brasileiro* (RIHGB), tomo 86, vol. 140, pág. 104, 1921). Esse Vidigal citado era o comandante da Polícia da Corte, Miguel Nunes Vidigal, depois marechal-de-campo. Falecido no Rio de Janeiro em 10-6-1843 (Cel. Laurêncio Lago, *Brigadeiros e Generais de D. João VI e D. Pedro I no Brasil*, 133, Rio de Janeiro, 1938). Exemplava-se a criança, batendo-lhe, ante o suplício da forca, para que jamais esquecesse a punição que irremediavelmente recaíra sobre o criminoso. Não era apenas a intenção de que a *letra entra com o sangue*, mas a ideia de que a dor conserva, indelevelmente, a imagem simultânea à sua provocação. A flagelação ritual nas iniciações (ver *Iniciação*) não teria, intimamente, outro significado imediato e real. Creio pouco que a flagelação tivesse o caráter intimidativo que alguns etnógrafos lhe emprestam. Talvez esse critério explique, nas incisões e tatuagens tribais, a sua importância como marca indelével e ao mesmo tempo mantenedora, pela impressão dolorosa, do segredo confiado ao iniciante, quando da recepção nos *mistérios*. Todos os povos de cultura primária, isto é, inicial e fundamental, descreem dos remédios insípidos ou doces, julgando-os anódinos. Esse conceito continua popular e profundamente arraigado na mentalidade coletiva. Todos os atos, ações, movimentos, provocando sofrimentos físicos, ganham os valores da importância, da seriedade, do interesse espiritual mais profundo. Mesmo quando o processo das *iniciações* abrandou-se, facilitando o acesso de novos fiéis, de menor capacidade na resistência da *prova*, ficaram, como uma substituição compensadora, os choques emocionais, as fórmulas apavorantes, o prévio mistério intimidador, dando a indispensável auréola sugestiva ao neófito. O cerimonial da circuncisão, acrescido, na África negra, do longo período de isolamento até a cicatrização, dores que a convivência não diminui e antes duplica pelas galhofas, zombarias e humilhações destinadas à virilização do caráter do iniciando, é uma dessas *iniciações* cruéis e decorrentemente inesquecíveis em toda a subsequente vida do *novo homem*. Não é de menor valimento a presença de dor nas *iniciações* indígenas, de rapazes e raparigas, variando de grupo étnico, mas baseadas na indispensabilidade dolorosa. Um desses vestígios ainda resiste nos *trotes* que sofrem os *calouros* nas Universidades e cursos militares, insuportáveis, mas por eles prestigiados quando passam a *veteranos*, no ano seguinte impostos aos companheiros, na mesma exigência anterior. Em todas as antigas sociedades secretas, europeias, africanas, asiáticas, nos jogos infantis, entregues às crianças a uma orientação independente da fiscalização adulta, a dor é inevitável presença, provocada pelos participantes, na imposição da efêmera autoridade de comando. O prof. Raoul Allier, definindo *la douleur*, limitou-se, serenamente, a escrever: "C'est un phénomène simple, qui échappe à l'analyse..." Mas, acompanha o homem, como sua respiração normal.

Dor-de-Cotovelo. Dor-de-viúva. Fernando São Paulo (*Linguagem Médica Popular no Brasil*, I): "Dor-de-viúva: dor *sui generis*, mais ou menos forte, rápida, por traumatismo no cotovelo, graças à situação do nervo cubital na goteira epitrócleo-olecraniana. É tida como *divertida, gostosa.*" Equipara-se à *dor-de-cotovelo*. Vai citado o exprimir de A. Bessa, (*A Gíria Portuguesa*): "Dor-de-cotovelo (pop.) – Ciúme; interesse por outra pessoa." Aulete (*Dic. Contemporâneo*) dá: "*Dor-de-cotovelo* – Ciúme." E o velho Bluteau (*Vocabulário Português & Latino*, 1712): "Dizemos, proverbialmente, dor-de-cotovelo, dor-de-marido, ainda que doa, logo esquecido." (315). Identicamente se mantém em Portugal, como se vê nessa quadrinha (Fernando de Castro Pires de Lima, *Cantares do Minho*, I, Barcelos, 1937, 122):

"O meu amor, coitadinho,
Anda de costas voltadas,
Se tem dor-de-cotovelo
Ponha-lhe urtigas pisadas."

Identicamente na Espanha, Rodríguez Marín (*Cantos Populares Españoles*, IV, 61, Sevilha, 1883) registra versos alusivos. E anota: "A la pasajera pero molestísima sensación que produce cualquier golpe en el codo o en la rótula se llam a comunmente *el dolor del viudo.*"

Dor-de-Viúva. Ver *Dor-de-Cotovelo*, *Viúva*.

Dormir. Durante o sono a alma deixa o corpo e viaja. Fica também à mercê das forças inimigas. Pode ser tentada e afastar-se definitivamente. A pessoa não acordará mais. É a morte de muita gente, cujo diagnóstico os doutores explicam de formas complicadas. Para evitar os assaltos do maldito às almas desprotegidas, há orações para recitar, em voz alta ou mentalmente, antes de adormecer. Recomenda-se a alma a Deus. Dormir é desarmar-se perante o mistério. Gonçalves Fernandes reuniu (*Folclore Mágico do Nordeste*, 77) alguns desses monitórios que previnem o perigo: Não dormir com sede, porque o anjo da guarda levanta-se de noite para beber água e pode afogar-se no pote; não dormir com a casa sem água, pode a alma ter sede e ir beber água nas cacimbas, nos rios, etc., e, se cair dentro d'água, corpo morre; não dormir em cima de mesa, porque é agouro, e não dormir com os pés para a porta da rua, pelo mesmo motivo. Esses dois últimos são explicados: respeitar a mesa das refeições (não pôr chapéu, sapatos, dinheiro solto, etc.). Quem se deita na mesa, toma o lugar da comida, provocando *atraso*. Os pés para a porta é associação de ideia mortuária, o saimento do caixão fúnebre, sempre deixando a casa com os pés para diante. Se saísse primeiro a cabeça, todos os demais membros da família acompanhariam o defunto em prazo breve. Dessa deslocação da alma e suas viagens noturnas, há vestígios por toda parte, e se tivemos a participação portuguesa, os indígenas a conheciam igualmente. Karl von den Steinen observou longamente entre os bororos de Mato Grosso essa tradição. Veiga Miranda registrou uma curiosa crendice (*Mau-Olhado*, S. Paulo, 1925). Quando a mãe do ouro atravessa o firmamento, espalhando luzes, a mulher que formular um pedido, enquanto durar o clarão desse meteoro, obterá o que desejou. "Mas ficar-lhe-ia pertencendo para sempre: todas as noites, enquanto dormisse, o seu corpo sairia todinho da pele, sem ninguém perceber, sem a própria pessoa, ao dia seguinte, lembrar-se, e ia aparecer no palácio da mãe do ouro." (31-32). Identicamente entre os negros africanos. A tradição religiosa dos Fan sudaneses conserva essa mobilidade da alma. Nzamé fez Secumé e Mbongvé. Os corços têm duas partes distintas, Gnul, a matéria, e Nsissim. Blaise Cendras (*Anthologie Nègre*, Paris, 1927): "Nsissim, c'est qui produit l'ombre et Nsissim c'est la même chose, c'est Nsissim qui fait vivre Gnoul, c'est Nsissim qui va se promener la nuit quand on dort, c'est Nsissim qui s'en va quand l'homine est mort, mais Nsissim ne meurt pas." (6). O homem que dorme apresenta para o povo um mistério e algo de sagrado pela sua inexplicabilidade. A evasão da sensibilidade perceptiva, ausência da matilha fiel dos sentidos, a imobilidade da morte na evidência vital, a viagem pelo sonho, sempre constituíram uma poderosa sugestão para o devaneio popular. Dormir é libertar o Espírito, permitir a jornada da Alma para mundos de identificação impossível. (Ver *Sonho*). Daí os cuidados e cautelas que cercam a pessoa adormecida, corpo-sem-alma, velado pelo Anjo da Guarda. A morte é um sono que a divindade tem o poder de interromper. Cemitério, onde se dorme, *koimêtêrion*, de *koimaô*, deitar-se, dormir, é uma denominação cristã, porque Jesus Cristo não ressuscitava, mas despertava os mortos (*Lucas*, 8, 52-55, *Marcos*, 5, 39-43, *João*, 11, 12). A bênção católica aos defuntos é uma sanção tranquilizadora de descanso: "Requiescat in pace," repousai em paz... O sono e o sonho foram as primeiras evidências de uma existência independente dos sentidos. O homem não conseguiu explicar aquela evasão do real-imediato e tangível senão admitindo uma substância ideal, consciente e alheia ao comando da relação material cotidiana. Estava deitado, imóvel, inerme e inerte e, entretanto, viajava, amava, lutava, sofria, sentindo a própria personalidade como centro da incompreensível aventura. Foi a verificação direta de uma outra vida, com problemas e complexos parecidos com a existência diária e terrena mas numa atmosfera dessemelhante e perturbadora. Quem dorme está morto. Alguma coisa voltando fá-lo-á retomar a plenitude funcional. Se aquele *alter ego* viajante não regressar à sua base, o corpo não se movimentará mais. Dormir é um modo interino de morrer, dizia Machado de Assis. Não se deve despertar bruscamente quem dorme, para dar tempo ao retorno da alma. Tal crença, popularíssima no Brasil, é quase universal: Taylor, *Antropologia*, 402; Frazer, *Le Rameau D'Or*, I, 193, com longa bibliografia, e ainda *Lucas*, VIII, 55, *Marcos*, V, 43, Jesus Cristo no episódio da filha de Jairo. Não seria o sono a primeira imagem do Sobrenatural? Exceto pela revelação, fórmula volitiva da própria divindade, o homem não alcançaria a sensação do *outro eu* sem o sonho, tese velha de Edward Burnett Tylor (1832--1917), que incluía na classe decididora o sono e a morte, sono perpétuo. O Padre Schmidt concorda com a possibilidade, mas adianta que o conhecimento do incognoscível podia ser o fruto da experiência imediata e vital de todo o mundo interior de pensamentos, sentimentos, vontades, que cada um de nós conduz em si mesmo, postulando uma solução causal. Não podendo deduzir do *mundo interior* do homem pré-histórico e acreditando ser lógica formal admitir a sensação espacial do desdobramento anímico através do sonho, expressão material, imediata e personalíssima de "experiência" intransferível, não indico a solução onírica como origem da religião, mas o processo inicial para compreensão perceptiva do *alter ego* (Luís da Câmara Cascudo, *Civilização e Cultura*, capítulo 12, "Religião", 527-555, São Paulo, Global, 2004). De interesse etnográfico a pesquisa e fixação sobre as posições de dormir, denunciando a imagem próxima do lume, às vezes desaparecido nas gerações fixadas em regiões tropicais; ou dispostos na direção da entrada do aposento, numa atitude instintiva de vigilância e defesa, como mantêm certos animais, sapos, aranhas, adormecidos na entrada do refúgio, fechando-a com o próprio corpo. A necessidade do sono determinou o abrigo, reforço ao resguardo das horas inermes. O sono trouxe o sonho, sua dimensão metafísica. Ver *Sonho*.

Doú e Alabá. João do Rio (*Religiões do do Rio*, 28) cita Doú e Alabá no meio de uma série de orixás. Édison Carneiro explica (*Religiões Negras*, Rio de Janeiro, 1936): "Na linguagem popular, o parto duplo se chama dois-dois. João do Rio encontrou, nas macumbas cariocas, mais dois possíveis orixás, Doú e Alabá, ligados ao culto de Ibeji. Na Bahia, Doú e Alabá não são orixás. Doú é a criança que nasce em terceiro lugar no parto triplo ou nasce normalmente depois de um parto duplo. E Alabá é a criança que vem depois de Doú, num ou noutro caso. Já hoje, porém, os irmãos *mabaças* se intitulam, individualmente, Doú" (44-45). Num candomblé de Belmonte, na Bahia, cantava-se: "A mochila é de Neném / A capanga é de Doú. / Ai-ai-ai, / Doú!" (*Negros Bantos*, 57). Sobre os gêmeos na Guiné portuguesa informa Landerset Simões: "Os gêmeos são criados como os restantes filhos; apenas se lhes destinam nomes especiais: Alassamá e Sene." (*Babel Negra*, 81, Porto, s. d.). Ver *Gêmeos, Ibeiji*.

Dué. Ou Ndué, ser divino e maléfico dos tarianas do rio Negro no Amazonas. Dué ressecou a terra e matou todos os viventes, fazendo um sol grande, *kuarasy uasu* (estiagem prolongada), e depois acendendo fogos (incêndios do mato seco). Dué procurou os ossos dos mortos e os ressuscitava, gente, animais, aves, peixes. Tupalla, sabendo das proezas de Dué, desceu para castigá-lo, barrando a foz de um rio que encheu, cobrindo tudo. Homens e bichos refugiaram-se nas serras. Depois de três luas a terra secou. Dué nunca mais foi encontrado. (Brandão de Amorim, 459, *Lendas em Português e Nheengatu*).

Dunga. Valentão. Dois-de-paus (Beaurepaire Rohan). Chefe de malta, de capoeiras, outrora, provocador, famanaz, atrevido, afoito. Chefe político local, mandão, prestigioso. *Dunga da Travessa:* Pereira da Costa, cita um periódico do Recife em 1859, *O Vapor dos Traficantes*, n.º 94, referindo-se ao qualificativo particular de certos dungas: "Os bandidos *dungas da travessa* trataram a coisa de resto." O poeta popular Fabião das Queimadas empregava a frase: *"bicho dunga da travessa."*

Ebó. Farinha de milho branco e sem sal. Depois de cozida, certas tribos africanas adicionavam azeite de dendê ou o ouri. Outro processo é misturar-se o milho com feijão-fradinho torrado e, com um pouco d'água, fazer ferver. Juntar então o sal e o azeite de cheiro (dendê) (Manuel Querino, *Costumes Africanos no Brasil*, 185). Do ioruba *egbó*, milho cozido em água (Jacques Raimundo, *O Elemento Afro-Negro na Língua Portuguesa*, 127). Foi o prato de resistência da primeira refeição de Oxalá no palácio do seu filho Oxum-Guiam, quando voltou da prisão, libertado por Xangô, também seu filho. Na festa de Oxalá nos candomblés da Bahia do rito jeje-nagô, há ainda a fabricação e uso do ebó. Ebó significa também o feitiço, a coisa-feita, muamba, o despacho. Ver *Canjerê*, *Despacho*.

Ebômin. "As filhas se dividem ainda entre si, por ordem de antiguidade; as *iaôs* são as iniciadas de pouco tempo e as *ebômins* as de mais de sete anos de *feitas*." (Édison Carneiro, "Candomblés da Bahia," *Revista do Arquivo Municipal*, LXXXIV, 133, S. Paulo). Ver *Iaôs*.

Eclipse. Os eclipses, inexplicáveis para os sertanejos, importam sempre consequências calamitosas. Quando a *folhinha* marca um eclipse lunar, para que não morram os algodoais, os agricultores vão acordar os algodoeiros a gritos, pancadaria em latas, tiros de espingarda e clamores de búzios: a *lua cris* só será funesta se surpreender adormecidos os capulhos (Leonardo Mota, *Violeiros do Norte*, 220, São Paulo, 1925). Criança morena de pais brancos nasceu durante o eclipse. Os gritos, tiros, alarmas seriam para afastar do astro a sombra do monstro ameaçador. É uma tradição quase universal e já anotada no Brasil.

Ecu. Bailado dos candomblés baianos. Donald Pierson descreve-o: "Todas as *filhas de santo* começaram a dançar novamente, atirando os braços de um lado para outro, o dedo indicador da mão direita comprimindo o polegar da esquerda. A dança é muito animada. Repentinamente, uma das filhas de santo, sacudindo violentamente os ombros para frente e para trás, começa a ajoelhar-se gradualmente, vira de costas, conservando sempre o dedo indicador da mão direita firmemente em contacto com o polegar da esquerda. Levanta-se, então, vagarosamente, fazendo simultaneamente os mesmos gestos; põe-se de pé e reúne-se de novo às outras filhas de santo. Um dos ogãs diz que esta dança é conhecida por *ecu*." (*Brancos e Pretos na Bahia*, 371, São Paulo, 1945).

Ecuru. Farófia de massa de feijão-fradinho, diluída em mel de abelhas ou azeite de dendê e sal. A massa é preparada tal-qualmente o acarajé. Dividem-se os pedacinhos como no acaçá, cozinha-se em banho-maria (Manuel Querino, *Costumes Africanos no Brasil*, 183). Jacques Raimundo diz vir do iorubano *ekuru*, pasta ou pão de feijão (*O Elemento Afro-Negro na Língua Portuguesa*, 127).

Édison Carneiro. Nasceu na cidade do Salvador em 12 de agosto de 1912, mudando-se em 1939 para o Rio de Janeiro, onde faleceu a 2 de dezembro de 1972. Bacharel em Direito, 1935. O pai, Prof. Souza Carneiro, publicara em 1937 (Brasiliana, São Paulo), *Mitos Africanos no Brasil*, denunciando a predileção ambientadora do filho, interessado vivamente pelo complexo aculturativo afro-brasileiro na Bahia, onde intensa e vastamente verificava-se o processo antropológico e social. Revelou-se pesquisador dedicado, documentador excelente, tendo comunicação persuasiva e clara. No Rio de Janeiro, onde viveu trinta e três anos, dirigiu a "Campanha de Defesa do Folclore Brasileiro", 1961-1964, de que fora, em 1958, o inspirador, promovendo desfiles de grupos regionais, cursos, conferências, entrevistas, defendendo a autenticidade da Cultura Popular. Publicou História, estudando Castro Alves, Quilombo dos Palmares, Cidade do Salvador. Sobre assuntos folclóricos, *Religiões Negras*, 1936; *Negros Bantos*, 1937, Rio de Janeiro; *Candomblés da Bahia*, 1948, Salvador; *Antologia do Negro Brasileiro*, Porto Alegre, 1950; *Linguagem Popular da Bahia*, 1951; *Sabedoria Popular*, 1957, Rio de Janeiro. Ver Bráulio do Nascimento, *Bibliografia do Folclore Brasileiro*, Rio de Janeiro, 1971.

Efifá. Feitiço que consiste em "uma forquilha de pau, preparada com besouro, algodão, linhas e ervas," para retenção de amantes (João do Rio, *As Religiões no Rio*, 31). Jacques Raimundo ensina ser Edifá, do iorubano *édi-ifá*, o feitiço de *Ifá*, o santo que preside aos mistérios do amor (*O Negro Brasileiro*, 152).

Efó. Cortam-se em pedacinhos folhas de língua-de-vaca ou de taioba, depois de bem afervantadas. Escorre-se a água, espremendo as folhas contra uma peneira de trama grossa. Tempera-se com camarões secos, descascados e bem moídos, cebola ralada, coentro, pimenta e sal. Adiciona-se um pedaço de peixe seco (garoupa) ou bacalhau, dando-se preferência aos pedaços da cabeça, com os respectivos ossos. Cozinha-se tudo em pouca água, até ficar a pasta bem cozida e bem enxuta. Põe-se azeite de dendê, mexe-se bem. Serve-se em terrina, na qual, antes de ir para a mesa, põe-se um pouco de azeite de dendê quente. Arroz branco, acaçá ou aberém acompanha (Sodré Viana, *Caderno de Xangô*, 52-53). Jacques Raimundo faz provir de voc. ioruba *èfò*, espinafre (*O Elemento Afro-Negro na Língua Portuguesa*, 127).

Efum. É a cerimônia de pintar a cabeça da iauô, candidata ao posto de filha de santo. Rapada a cabeça, pintam-na com as cores do orixá ao qual se votará. A escolha da cor, dependente desse orixá, é feita pelo babalaô, que adivinhou ou *viu*. Esse efum será apagado com uma infusão de ervas também dedicadas ao mesmo orixá (Roger Bastide, *Imagens do Nordeste Místico em Branco e Preto*, 53). Artur Ramos (*O Negro Brasileiro*, 49) informa: "Depois da lavagem e fricção da cabeça, vem uma cerimônia a que os afro-baianos dão o nome de *efum*, que consiste em pintar a cabeça e as faces da noviça com traços de cor e com as disposições características da origem étnica, semelhante às cicatrizes usadas primitivamente pelas várias tribos ou nações importadas, e hoje apenas substituídos por traços de tintas, nos candomblés."

Efún-Oguêdê. Corta-se a banana de São Tomé, não madura, e põem-se a secar as fatias ao sol. Secas, são piladas e passadas numa peneira média. Essa farinha de bananas é o *Efún-oguédé*. Bahia.

Égua. Ver *Ilária*.

Egum. Ver *Egungum*.

Egungum. O mesmo que *Egum*, cerimônia nas macumbas cariocas, onde eram invocados os espíritos bons e protetores (João do Rio, *As Religiões no Rio*, 38). Jacques Raimundo: "do iorubano *égun*, a mascarada em que se supõe que uma pessoa morta volta à vida, o culto das almas dos mortos. Diz-se também *egungum*, do iorubano *egungum*, com redobro" (*O Negro Brasileiro*, 153). Nina, Rodrigues (*Os Africanos no Brasil*, 353) registra: "...Egungum, grotesca aparição da alma do finado. Não passa de uma farsa combinada entre os chefes e diretores do candomblé e pessoa de confiança que, vestida de longas roupas brancas, vem responder às invocações que, em momento oportuno, lhe são feitas. Nada mais curioso do que a ingênua credulidade dos circunstantes. Alguns me garantiram ter visto o morto comparecer à festa, em geral à noite, mas por vezes em pleno dia, comer, dançar e retirar-se como veio."

Egussi. Pevide de abóbora ou melancia (Manuel Querino, *Costumes Africanos no Brasil*, 188).

Eledá. Anjo da guarda entre os feiticeiros do Rio de Janeiro (João do Rio, *As Religiões no Rio*, 3). Jacques Raimundo diz originar-se do iorubano *ehelehdá*, salvador (*O Elemento Afro-Negro na Língua Portuguesa*, 127).

Elegbá, Eleubá. Nome complementar de Exu; do iorubano *ehléhgbá*, pessoa de qualidades salientes ou ostensivas. A Exu chama-se também Elegbará ou Eleubará, do iorubano *ehlégbára*, o deus do mal ou da desgraça, satã. Quanto à vocalização, cf. *eubá*, do ior. *ehgbá*, nome da tribo de Abeocuta (Jacques Raimundo, *O Negro Brasileiro*, 153). Ver *Exu*.

Elegbará. Ver *Alabá*.

Elegbará, Eleubará. Ver *Elegbá*, *Eleubá* e *Leba*.

Eluô. Ou videntes. Roger Bastide julga o eluô o grau supremo da ordem dos babalaôs (*Imagens do Nordeste Místico em Branco e Preto*, 108, Rio de Janeiro, 1945), videntes entre os jeje-nagôs, ou um dos mais altos graus de sabedoria entre os babalaôs.

Vidente era o supremo título sagrado em Israel (I, *Samuel*, IX, 9).

EMA. (*Rhea americana*). Nhandu, nhanduguaçu de Marcgrave e do Padre Fernão Cardim, descrita por Pero de Magalhães Gândavo em 1576 (*História da Província Santa Cruz*, 114-115, ed. Anuário do Brasil, Rio de Janeiro, 1924), que aludia ao uso de suas plumas para os capacetes militares, tradicional na Grécia, Roma, etc., retiradas às avestruzes. Os indígenas brasileiros com as plumas da ema (Nhandu) teciam as araçoaias (ver *Araçoaia*) que Lery, Thevet, Frei Ivo d'Evreux registraram, este último fixando a significação simbólica (*Viagem ao Norte do Brasil*, 81, trad. César Augusto Marques, Rio de Janeiro, 1929), imitar o guerreiro a fúria da ema perseguida, arremessando areia e pedras sobre os seus inimigos. Gabriel Soares de Sousa (*Tratado Descritivo do Brasil em* 1587, LXXVII) gaba-lhe a carne: "... cuja carne é dura, mas muito gostosa; das penas se aproveita o gentio e fazem delas uma roda de penachos, que pelas suas festas trazem nas costas, que têm em muita estima." Abundavam nas campinas e tabuleiros do Nordeste mas estão praticamente desaparecidas pela destruição sistemática, não respeitando época de choco nem as crias novas. Constituiu alimento apreciado e era exposta nos mercados e feiras nordestinas a carne da ema, em mantas, como carne de gado. Comum igualmente na fronteira do Sul do país, onde era caçada a laço pelos gaúchos. No Rio Grande do Norte, seu número, dizem os cronistas batavos, justificou a escolha da ema para o brasão holandês da Capitania do Rio Grande, dado pelo Conde João Maurício de Nassau. Creio antes ser uma homenagem de Nassau aos janduís, seus aliados fiéis, e confusão entre nhandu-í, ema pequena, por antonomásia o corredor (o moto do brasão era *Velociter*). Janduí é nhanduí (Luís da Câmara Cascudo, *O Brasão Holandês do Rio Grande do Norte*, "Os Holandeses no Rio Grande do Norte," 56-58, Natal, 1949). Dizem que a ema tem esporões debaixo das asas e acicata-se para correr mais. Henry Koster registrou: "Entramos numa campina e, pela segunda vez, vi uma ema, espécie de avestruz. Não obstante os esforços para impedi-lo, os cães perseguiram-na e, muito a contragosto, tive de esperar que voltassem. A ave fugiu com grande velocidade, batendo as asas, mas sem deixar o solo. As emas vencem os melhores cavalos. A cor desta que vi era cinzento-escuro. Era alta, incluindo o pescoço, muito grande, parecendo, à primeira vista e à distância, um homem a cavalo. Os sertanejos estão persuadidos de que a ema se esporeia, excitando-se a correr, e que essas esporas, ou pontas ósseas, ficam sob as asas e quando estas são agitadas, as asperidades picam e ferem. Afirmam que uma ema capturada após longa carreira estava com os flancos ensanguentados." (*Viagens ao Nordeste do Brasil*, 198-199, Brasiliana, trad. notas de Luís da Câmara Cascudo, São Paulo, 1942). Figura no bumba meu boi onde há um bailado da ema. Cantam:

"Olha a ema! Olha a ema!
Peneiro é!
Lá do meu sertão!
Peneiro é!
Todo passo avoa,
Peneiro é!
Só Ema não!
Peneiro é!"

Alusão à marcha balançada da ema, diz-se *estar na ema*, *montar a ema* como sinônimos de embriaguez.

EMAPU. "Porta-cigarro, isto é, o porta-cigarro cerimonial, usado nas festas indígenas no Uaupês e mais afluentes do alto rio Negro. É uma forquilha de madeira escolhida, caprichosamente trabalhada e esculpida, de uns cinquenta e sessenta centímetros de alto, destinada a receber entre as suas duas pernas o cigarro cerimonial, que gira, entre uma figuração e outra, entre os homens que estão descansando, ouvindo as lendas e tradições da tribo, contadas pelos velhos. O emapu, do lado onde se empunha, é apontado de modo a poder ser facilmente fincado no chão, quando ninguém fuma." (Stradelli, *Vocabulário da Língua Geral Português-Nheengatu e Nheengatu-Português*, Revista do Instituto Histórico Brasileiro, tomo 104, volume 156, 2º de 1928, 440).

EMBAÉ-TATÁ. Ver *Boitatá*.

EMBAIXADA. O envio das embaixadas, imemoriais e universais, devia constituir centro de interesse para o folclore, como determinante de festas populares, exibição das curiosidades típicas, desfile de todos os orgulhos locais. A narrativa das embaixadas históricas é documentário vivo para o folclore. Os pretos africanos, decorrentemente, conheceram e usaram, até abusaram das embaixadas, com o aparato negro, impressionador e sem fim. No séc. XVIII mandaram os soberanos pretos embaixadas ao Brasil (1750 e 1795), esta em nome do Rei Dagomé. Eram dois embaixadores. Um faleceu na Bahia e o outro regressou, com dois padres, com o intuito de converter ao catolicismo o real amo. Em 1824 o Rei do Bari enviou um embaixador para reconhecer a independência do Brasil. O Conde de Nassau recebera, na primeira metade do séc. XVII, embaixadas africanas, com representações, danças, todos os elementos protocolares da época. A embaixada continua vivendo nos autos tradicionais brasileiros de origem negra ou predominando nos elementos negros que a conservam. Congos ou Congada têm o maior centro de interesse no assunto da *embaixada*. Não deve esse nome ser usado como sinônimo de um auto ou de uma dança dramática. A *embaixada* é a parte inicial ou central do auto, um dos temas característicos, constituindo o *recado* ou a *mensagem* existente em certos autos de Portugal. É uma divisão de certos autos (congadas, cristãos e mouros) e não o título que possa abranger toda encenação. "A embaixada destina-se a anunciar a ordem da realização do espetáculo e a convidar o público a assistir. Constituem-na três ou quatro homens, trajando à antiga, calção e meia, sapato, capa, chapéu de dois bicos com plumas, espadim, mais ou menos o trajo de fidalgo do séc. XVII, a que o povo chama *vestido de príncipe*. Os embaixadores, montados a cavalo, acompanhados de outro cavaleiro menos luxuosamente vestido, o *recado*, pelas 10 ou 11 horas do dia do espetáculo dirigem-se à porta da igreja paroquial da freguesia, onde ele se realiza, a saudar o patrono ou orago e o santo festejado nesse dia." (Luís da Silva Ribeiro, *Algumas Palavras sobre o Vilão do Teatro Popular da Ilha de São Miguel*, 4, Angra do Heroísmo, 1945). Esse processo lusitano, originado nos bandos para proclamação, ilustra a primeira fase do auto, ainda vivo e contemporâneo no Brasil.

EMBANDA. Chefe das macumbas ou terreiros no Rio de Janeiro. O mesmo que *Umbanda* (ver). Em quimbundo, *umbanda* é a arte de curar, dando *quimbanda*, curandeiro, médico do povo, *Native doctors*, como diz Heli Chatelain, meu informante. *Imbanda* e *Embanda* são indistintamente empregados pelos quisamas e povos do Cuanza e mesmo em Luanda. Os remédios naturais para curar as moléstias são *milongo*, a *milonga* que no Amazonas deu amuleto. Quando o enfermo submete-se aos tratamentos mágicos, diz-se *má-umbanda* e não *mi-longo*, os objetos empregados na assistência. O quimbanda que atende no plano médico, comum, é o *quimbanda quia qusaka*, mas se o processo for por intermédio de consultas e orientações dos Espíritos, o quimbanda será o *Quimbanda Quia Dihamba*, origem da *muamba*. O Quimbanda, curandeiro, nada tem a ver com o feiticeiro, bruxo, o *Muloji*, *nganga muloji*, senhor Feiticeiro.

EMBIGADA, EMBIGO. Ver *Umbigada*, *Umbigo*.

EMBIRICICA. Fieira de peixes feita com o cipó envira ou embira. Cambada. No sentido figurado, gente que acompanha, em Belém, do Pará, os cordões de Marujos pelo Carnaval, ou Boi-Bumbá pelo São João, as Pastorinhas pelo Natal. "Vem embiricica assim, minha gente, Só entram as Pastorinhas, embiricica de fora" (Raimundo Morais, *O Meu Dicionário 1*, 166). A embiricica de pesca é uma tira de sola, tendo numa extremidade um ponteiro, de osso ou madeira resistente, e na outra um cabaço, a "boia". Enfiam o pescado pelas guelras no ponteiro, e a boia conserva a cambada dentro d'água enquanto dura o serviço, ficando o peixe sempre fresco. Em pescaria de açude o ponteiro fica no cinto do pescador, e na jangada finca-se num pau da embarcação. (Informação do etnógrafo Oswaldo Lamartine de Faria.)

EMBOICI. Ver *Louva-a-Deus*.

EMBOLADA. Canto, improvisado ou não, comum às praias e sertão do Brasil. A característica, além da sextilha, é o refrão típico. Quando dançada diz-se coco de embolada (ver *Coco*).

"Mulher casada que duvida
[do marido
Leva mão no pé do ouvido
Pra deixar de duvidá...
Rapaz solteiro, namorou mulher
[casada
Está com a vida atrapalhada
Na ponta do meu punhá...
Óia os peixe do má! Baliá!
Óia os peixe do má, a sambá!..."

EMENDAR A CAMISA. Forma tradicional e bárbara do duelo sertanejo, de uso velho e vez por outra reaparecido. Amarradas uma à outra as pontas das fraldas da camisa, impossibilitando a fuga e dando uma aproximação extrema, os dois valentes decidiam a questão a arma branca, punhal ou faca de ponta. Leonardo Mota (*No Tempo de Lampião*, 38-40) narra um desses episódios, contemporâneos, entre os cangaceiros Zé Pinheiro e Antônio Godê, no Juazeiro, Ceará.

EMPELICADO. Diz-se das crianças que nascem com a cabeça coberta duma membrana a que os anatômicos chamam *pelica*, a qual o vulgo considera como presságio de fortuna (Dr. Fr. Domingos Vieira, *Tesouro da Língua Portuguesa*, 3º, Porto, 1873). Nas *Denunciações da Bahia* (ed. Paulo Prado, S. Paulo 1925, 303) a ciganinha Francisca Roiz, em agosto de 1591, denuncia Joana Ribeira por ter embruxado seu filho, "o qual nasceu empelicado e tirando-lhe a pelica a tomou e levou para sua casa." O menino morreu e a mãe encontrou a pelica guardada em salmoura, naturalmente para venda como amuleto poderoso, *membranas da sorte*, eficaz para as travessias marítimas, compradas a preço elevado pelos marinheiros e traficantes do séc. XVI. Anunciava-se, na Inglaterra, a venda pelos jornais. Charles Dickens, no início do *David Copperfield*, informa: "Nasci com a membrana da sorte (*caul*), que depois foi anunciada à venda no jornal, com o preço de 15 guinéus." No séc. IV já São João Crisóstomo escrevia que as parteiras vendiam as membranas fetais não rotas a preços altos para toda espécie de fins mágicos. Na Inglaterra acreditava-se não ser possível uma pessoa afogar-se, trazendo um *caul* como amuleto. Os marinheiros do Almirante Nelson pagavam a vinte e mais esterlinos um *caul*. Com a segurança e conforto das viagens marítimas, o *caul* baixou de cotação, chegando um exemplar, em bom estado, a ser vendido em Londres por um xelim e seis pences. A guerra de 1914-18, com os ataques dos submarinos alemães, determinou uma *alta* no mercado. O *caul* alcançou, em 1916, 25,3 por um deles! (*Acta Ciba*, 8-9, 187, 1944). Não tenho informações se a luta naval em 1939-45 trouxe prestígio à membrana da sorte. No Brasil não há essa superstição sobre o amuleto e sim sobre a pessoa que nasceu com a pelica. Manuel Ambrósio (*Brasil Interior*, 202, S. Paulo, 1934) recolheu uma quadrinha alusiva à tradição que recebemos de Portugal:

"Cand'eu vim de minha mãe,
Já nasci implicado;
De bruço caí no chão
E já nasci bautizado."

Fernando São Paulo (*Linguagem Médica Popular no Brasil*, I, 335, Rio de Janeiro, 1936): "Empelicado – Indivíduo feliz, sempre vitorioso no lutar pelo viver, visto como nasceu envolto pelo saco âmnico íntegro, ou com a cabeça enrolada nas membranas fetais." Pereira da Costa (*Folclore Pernambucano*, I, 120): "Os indivíduos que nasceram empelicados, ou choraram no ventre materno, adivinham também, e são muito felizes; e em ano bissexto não terão bexigas e serão mesmo isentos de moléstias contagiosas e da peste."

ENCAMISADA. Cortejo carnavalesco de outrora, saindo na segunda-feira, vestidos de longas camisas e mascarados de branco, fazendo momices. Meu pai, nascido em 1863, que tomou parte nalgumas encamisadas no interior do Rio Grande do Norte e da Paraíba, dizia-me não haver canto nem dança, mas apenas momices, e o grupo visitava as casas dos amigos, onde eram servidas refeição leve e bebidas. A graça estava na suprema alegria de não ser identificado, sendo morador em povoação pequena e de toda a gente conhecida. Primitivamente fora ataque a guerreiro, onde os soldados punham camisas sobre as couraças como disfarce. Depois, mascarada noturna, com archotes. Tornou-se desfile, incluído nas festividades públicas, ignoro se com o uso de máscaras. Nas festas no Rio de Janeiro pela aclamação de Dom João VI, realizadas em março de 1641, "foi o princípio das festas uma Encamisada em que passaram mostra alegrando todas as ruas da cidade cento e dezesseis cavaleiros." (*Relaçam da Aclamação*, etc., Lisboa, 1641, reedição de 1940, 14). Nesse estilo seria parte nos cortejos da procissão do Corpo de Deus, durante o séc. XVII, pois nas recomendações da Câmara de Guimarães, em 1734, proibiu-se que se lançasse água nas ruas ou foguetes "no dia da encamisação, sob pena de seis mil réis pagos de cadeia." Francisco de Paula Ferreira de Resende (1832--1893), Ministro do Supremo Tribunal Federal, ainda assistiu a Encamisadas em Minas Gerais. "Era um grande bando de cavaleiros, todos vestidos de branco dês da cabeça até os pés, e que, envolvidos em uns amplos mantos ou em alguma coisa que me parecia grandes lençóis, percorreram as ruas da cidade, parando aqui e acolá, para anunciarem o programa de todas as festas que iam ter lugar." (*Minhas Recordações*, 132, Rio de Janeiro, 1944, Ed. José Olympio). Muito citada no Portugal do séc. XVII, notadamente como desfile-de-pregão de festas, cortejo-de-anúncio. Descreve Nelson Vianna: "Já na véspera, houvera as impressionantes e tradicionais encamisadas. E os entusiasmados cavaleiros que iam ter a honra de tomar parte nas cavalhadas, haviam percorrido, à luz dos archotes, as principais ruas da cidade, numa demonstração antecipada da magnificência que iriam ostentar as comemorações" (*Foiceiros e Vaqueiros*, 193, Rio de Janeiro, 1956). Era assim em Montes Claros, Minas Gerais contemporânea. Não era de feição folgazã, como meu pai participara no último terço do séc. XIX.

ENCANTADOS. Ver *Menino do Rancho*.

ENCANTERIA. Espécie de pajelança no Piauí. Conheço apenas a informação de José Olímpio de Melo (Teresina), que assistiu a uma sessão de encanteria a 17-5-1938, dirigida pelo pai de terreiro Gonçalo José de Barros. Num salão amplo, há num canto o *alô* (oratório), pequena mesa com toalha branca, tendo as estampas de Santa Bárbara (a Virgem), N. Sª do Monte Serrat e uma pombinha de metal, representando o Espírito Santo. Numa garrafa há um líquido de cheiro agradável, que serve para friccionar braços e cabeça dos indivíduos em transe. Há uma forquilha central (*Guna*), em cuja base fica uma laje com velas acesas. A sessão durou das 19,50 às 24 horas. Cantam em uníssono, diante do alô, a quadra: "Pede, pede, pecador / Pede de joelhos / Vem rezar este um padre-nosso / Vem rezar pela Mãe de Deus." Repetem doze vezes, substituindo o *um* do terceiro verso pelo número imediato. Depois, o pai de santo, acompanhado de todos, ficou no meio da sala, dançando ao redor da *Guna*. O pai de santo chama-se Gonçalo Civiliano (Silvano), informa não ser macumba nem espiritismo e sim encanteria. O movimento, da direita para a esquerda, em círculo, com o pai de santo no centro, era coletivo, e cada figurante girava sobre si mesmo. Cada *doutrina* (estrofe, canto) possui solfa especial. Provoca-se desta forma a manifestação do *moço*, espírito humano ou animal, existindo uma doutrina privativa de cada moço. O pai de santo entoa o primeiro verso, até que algum moço se apose do *aparelho* e este cante sua doutrina, dançando atuado. Na fase de possessão, a devota aproxima-se da *Guna*, deixando a roda onde a cantiga ficou mais acelerada e viva. Incensa-se a sala para afastar os espíritos maus e abrandar os fortes e turbulentos, como os do leão e do touro, mais assíduos nas manifestações. O pai de santo dirigiu-se ao alô, onde um iniciado, paramentado de vermelho e azul, com colares variegados, predominando o amarelo-ouro, curvou-se sobre a mesa e cantou, curvado, sendo acompanhado pelos ouvintes. Manifestou-se o espírito do caboclo, um dos mais *fortes*. O *aparelho*, dançando e contorcendo-se, agarrou-se à *Guna* (forquilha central). Recomeçaram os cantos e as danças. Findou a cerimônia com rezas cantadas ao pé do alô. Nesse terreiro manifestam-se o touro, o caboclo, o leão que, por vezes, atua com tal violência que o *aparelho* fica prostrado durante vários dias. Algumas *doutrinas*:

"Ô ilta, companheira, ilta,
Ô ilta, vamos trabalhar
É la no mar...
Quem passa tem canoa,
Passarim avoa,
Passo voador
É lá no mar."

OUTRA:
"Eu venho de Passagem Franca
Lavandeira não deixou eu passar
Eu passo, lavandeira,
Eu passo,
Eu passo, lavandeira,
Eu passo..." (coro).

OUTRA:
"Eu sou reis tubarão,
Um homem só não me aguenta!
(coro) Eu sou reis tubarão,
Tubarão, tubarão!"

OUTRA:
"No romper da madrugada,
Lá no mar deu-se o sinal;
Eu sou caboclo velho índio,
Sou da linha secular.
(coro) Ô, minha mãe, ô minha mãe;
Precisando, mande me
[chamar!
Eu sou irmão do Salvador,
Eu sou da linha secular."

OUTRA:
"Mas que força é esta
Que do mar chegou? (bis)
Foi o légua (Legbá?) que nesta
[eira entrou?

Dan-din, dan-dô,
Ô diga a légua que chegou!"
[repetida muitas vezes].

OUTRA:
"Venho d'aldeia (bis)
Venho d'aldeia, caboclo,
Venho d'aldeia...
Tu não bambeia, tu não bambeia,
Tu não bambeia, caboclo,
Tu não bambeia!..."

OUTRA:
"Cação do mar chegou,
Pra atuar...
Ora viva meu mestre,
Meu chefe e rei do mar!"

OUTRA:
"Eu caboclo Mariano,
Quem manda na linha sou eu;
Ó na morada dos caboclo,
Só se vê encanteria,
Ó lá se vem os caboclo
Da serraria..."

OUTRA:
"Eu sou tombo, tombo,
Eu sou tombador...
(coro) Venho da Casa de Mina,
Vou pra casa de Nagô.

Boto, boto, boto do mar,
Eu venho brincar
Ao som da maracá!"

ENCAPELAR. Puxar, imprevistamente, o chapéu do amigo até as orelhas. Não constitui a provocação mas pilhéria graciosa no tempo-velho. Teria origem no cerimonial do doutoramento universitário, quando o candidato recebia o capelo, tomava capelo, ficando encapelado. *Encapelar* era vincular bens para construção ou manutenção de capelas. Visivelmente, verificava-se outra fonte. A variedade de chapéus, finais do séc. XVIII para meados do XIX, de castor, feltro, seda entretelada, de copa alta e boas abas convidativas, prestava-se para *encapelar* jovialmente. Dizia-se também *folgar*, tornar *folgado* o chapéu. "A briga foi porque *folguei o chapéu dele* e ele não gostou!" Ainda alcancei o *encapelar* na Bahia de 1918, sob a violência do puxão cordial. Possivelmente seria tradição europeia.

ENCOMENDAÇÃO DAS ALMAS. Até meados do séc. XIX nas sextas-feiras da Quaresma ou durante novembro (mês das almas) saíam procissões noturnas em sufrágio das almas do purgatório. Muitas não eram dirigidas pelos sacerdotes. Entre onze horas e meia-noite, os homens vestindo cogulas brancas, que lhes encobriam inteiramente as feições, levando lanternas, iniciavam o desfile, que era guiado por uma grande cruz. Cantavam rogatórias, ladainhas, rezando rosários, e detinham-se ao pé dos cruzeiros, para maiores orações, em voz alta. Certas procissões conduziam instrumentos de música, e as orações eram cantadas. Revestiam-se do maior mistério, e era expressamente proibido alguém ver a encomendação das almas, não fazendo parte do préstito. Todas as residências nas ruas atravessadas deveriam estar hermeticamente fechadas e de luzes apagadas. Qualquer janela que se entreabrisse era alvejada por uma saraivada de pedras furiosas. A encomendação das almas deixava, pelo seu aparato sinistro e sigiloso, a maior impressão no espírito do povo. Afirmava-se que o curioso que conseguisse olhar a procissão veria apenas um rebanho de ovelhas brancas, conduzido por um frade sem cabeça. Algumas encomendações permitiam a flagelação penitencial, e muitos devotos feriam-se cruelmente, durante a noite, necessitando tratamento de muitos dias. Ainda ouvi as descrições de velhos moradores de Natal, que tinham ouvido, tremendo de medo, as "lamentações" assombrosas da encomendação, que vieram até depois do "ano do cólera," 1856, assustando a todos com o sinistro batido das matracas e gemidos dos flagelantes (Ver Melo Morais Filho, *Festas e Tradições Populares do Brasil*, "Encomendações das Almas," ed. Briguiet, Rio de Janeiro, 1946; Pereira da Costa, *Folclore Pernambucano*, 100, *Revista do Instituto Histórico Brasileiro*, tomo LXX, parte II, Rio de Janeiro, 1908; Francisco de Paula Ferreira de Resende, *Minhas Recordações*, 340, ed. José Olympio, Rio de Janeiro, 1944; Luís da Câmara Cascudo, *História da Cidade do Natal*, 147-149, Natal/RN, EDUFRN, 2010). Essas procissões foram vulgares na Europa desde o séc. X. A tradição está, praticamente, desaparecida. José Nascimento de Almeida Prado, *Trabalhos Fúnebres na Roça* (sep. *Revista do Arquivo*, CXV, S. Paulo, 1947) registrou a "Recomendação das Almas," no sul paulista. Em Portugal, de onde nos veio o costume, ver Augusto César Pires de Lima e Alexandre Lima Carneiro, *A Encomendação das Almas* (sep. *Douro-Litoral*, III-IV da 4ª série, Porto, 1951); Margot Dias e Jorge Dias, *A Encomendação das Almas*, Imprensa Portuguesa, Porto, 1953, com trechos melódicos. Viterbo (*Elucidário*, 1, 318) citando o Agiol. Lusit. 9 de abril, letra C, fala no *Grande* Afonso Fernandes Barbuz, de Arrifana de Sousa (Penafiel) "de ilustre prosápia e ferreiro por ofício" e que "foi o autor de se encomendarem as almas à noite com a campainha: ação piedosa, que em algumas partes se usa dando umas tantas badaladas no sino." Rossini Tavares de Lima, *A Gazeta*, 14-III-1959, escreve, sob o título "Acordai Irmão das Almas, Acordai Vamos Rezar...": "Os recomendadores de almas são grupos folclóricos típicos do período da quaresma, que aparecem nas circunvizinhanças das nossas cidades. Eles apresentam homens e mulheres, amortalhados de branco ou apenas com toalhas na cabeça, que cantam de casa em casa, noite adentro, orações aos santos e às almas, exigindo que os donos da habitação, lá dentro, com as portas e janelas cerradas, os acompanhem, rezando com eles. Em Santa Rosa de Viterbo, o grupo denomina-se terno e só as mulheres usam toalhas na cabeça." Pesquisa em 1956. As Encomendações das Almas em Portugal cantam orações e súplicas diante das igrejas e capelas, preferencialmente defronte dos cruzeiros, sem a visita domiciliar, ocorrente em São Paulo.

ENCRENCA. Complicação, problema confuso, dificuldades, decorrentemente, barulho, briga, motim. Verbo *encrencar*, e *encrenqueiro* ou *encrencador*, o agente motor, responsável. Pertenceu à gíria dos gatunos no Rio de Janeiro, na mesma acepção, e é vocábulo nacional. Curiosa é a informação de Pereira da Costa, *Vocabulário Pernambucano*: "O termo *encrenca*, teve curso, avolumou-se mesmo, em 1911, no período de agitação política das candidaturas ao governo do Estado, mas, desde algum tempo antes, que era conhecido entre nós, parecendo-nos que é originário do Rio de Janeiro, e particularmente do *argot* dos gatunos fluminenses. "Começou a fazer sucesso a dona *Encrenca* que há pouco chegou de Jaboatão... O amigo João Gonzaga / casado com dona *Encrenca* / tem de filhos uma penca (*A Pimenta*, ns. 534 e 547, Recife, 1907). Entretanto, há uma corrente que diz que o termo *encrenca* vem do alemão: *Ich bin krank* (eu estou doente), e que foi ouvindo alemães queixarem-se de estar doentes, que os catarinenses começaram a falar-nos que tinham *uma encrenca* ou estavam *na encrenca*, quando, por sua vez, adoeciam." O vocábulo teria vindo do Estado de Santa Catarina para o então Distrito Federal de onde se espalhou. J. Capistrano de Abreu escrevia a João Lúcio de Azevedo, em dezembro de 1924: "Talvez a palavra *encrencada* não lhe seja familiar; o sentido é claro; a ortografia será curiosa se, como afirma Lauro Muner, proceder de *krank*." *Correspondência*, II, 312, I. N. L., Rio de Janeiro, 1954).

ENCRUZILHADA. Onde os caminhos se cruzam, *quadrifurcus*, *quatrivium*, lugar clássico de invocações e encantamentos para todos os povos. Local dos demônios, chamados pelo poder rogatório, e dos deuses noturnos, sinistros e misteriosos. Aí deixavam, gregos e romanos, oferendas a Hécate, viajando de noite, saudada pelo ulular dos cães espavoridos. Aí depositavam dádivas aos espectros, fantasmas, lêmures, almas dos corpos sem sufrágios e que se haviam tornado agressivas e malfazejas *Lemuralia*, *Lustratio*. Recanto dos bruxedos, reuniões feiticeiras, pouso do Diabo. Seis séculos antes de Cristo, o profeta Ezequiel viu o rei de Babilônia consultando a sorte numa encruzilhada: "Rex Babylonis in bivio, in capite duarum viarum, divinationem quaerens" (XXI, 21). A feiticeira Genebra Pereira no *Auto das Fadas* (Gil Vicente, Lisboa, 1511), confessava: "Ando nas encruzilhadas / Às horas que as bem fadadas / Dormem sono repousado." Terreno constantemente trilhado, recomendam o *lixo das encruzilhadas* como elemento mágico, pela participação do contacto humano. A tradição foi trazida pela superstição portuguesa ao Brasil. Os indígenas não a possuíam e os escravos africanos já a encontraram, poderosa, no Novo Mundo.

ENDEZ. Ver *Indez*.

ENDILOGUM. A sorte mostrada pelos búzios, jogados pelo babalaô. Jacques Raimundo descreve *ediolocum*, do ior. *êdi-olókun*, o encantamento ou feitiço de Olukun (*O Negro Brasileiro*, 153).

ENFIADO. Ver *Fandango*.

ENGENHO NOVO. Dança popular nordestina, pertencente aos cocos de ganzá, dançada em roda, soltos ou componentes, cantada a letra no ritmo de dois por quatro, na forma típica da "embolada," batendo-se as palmas. O refrão característico é o seguinte:

"Engenho Novo,
Engenho Novo,
Engenho Novo,
Bota a roda pra rodar!..."

No Sul do país (S. Paulo e Minas Gerais), o engenho novo é dança, diversa, também chamada guarapá. Valdomiro Silveira (*Mixuangos*, 162-163, Rio de Janeiro, 1937) descreve: "Preparava-se uma roda de engenho novo. O Dinis foi quase arrastado: pois um fandangueiro firme como aquele, um cantador de peito, ia agora entrar no guarapá com a moçada e com os rapazes que tinham gás para uma cantoria ou força nas mãos e nos pés para palmas e sapateado? Entrou, ficou junto da Candinha, com o braço direito debaixo do seu braço direito e o esquerdo sobre o braço esquerdo de uma ruivinha, à proporção que nos outros também faziam o mesmo, uns de costas para o centro, outros para as paredes. A Candinha foi quem abriu a dança, caminhando até o centro, cantando e voltando até o seu lugar, tornando a voltar ao centro e cantando ainda: "Engenho Novo, menina. / Tá de tremer..." Ao mesmo tempo cantavam todos, lindamente, com muita alegria, arrastando ao de leve os pés nas idas e vindas: "Engenho Novo, menina, / Tá de tremer..." A Candinha desprendeu o braço direito do braço de Dinis, passou-o sobre o de um irmão mais velho, ficou com o braço esquerdo por debaixo do braço esquerdo do Dinis, todos os mais fizeram o mesmo. E o guarapá continuou muito tempo: "Bota a cana nele, menina, / Deixa moer..." Ver *Fandango*, *Guarapá*.

ENGUIÇO. Num dicionário brasileiro é "Mau-olhado, quebranto, caiporismo, mau agouro, empecilho, estafermo, desarranjo" (*Pequeno Dicionário Brasileiro da Língua Portuguesa*, 328, São Paulo, 1939). Em Morais, ed. 1831: "O mal, que se causa de ser olhado por algum torto, ou outro tal acidente; e consiste em ficar acanhado, etc. – Coisa pequena, enfadonha de fazer" (698). O *Dic. de Domingos Vieira* repete Morais. Registrando "enguiçar" informa: "Dar enguiço; influir, causar mau sucesso quem tem algum defeito. Figuradamente: Passar com a perna por cima da cabeça d'alguém" (III, 150). Completar-se-ia, dizendo que passar com a perna sobre a cabeça de quem faz esse alguém ficar do mesmo tamanho. Não cresce. Fica, como dizia Morais, acanhado. Para *desenguiçar*, a perna deve ser passada no sentido contrário.

ENIGMA. Ver *Adivinhação*.

ENSALMO. Oração supersticiosa, composta ordinariamente de palavras tiradas dos salmos, com que os curandeiros e impostores prometem curar enfermidades. O mesmo que rezas, com os trechos dos salmos, ou sem eles. As rezas são comumente dedicadas à cura das moléstias. Para modelo do ensalmo numérico, ver *Curador de Rasto*.

ENTAME. Velório, entre escravos da Guiné, registrado por von Martius na Fazenda São Roque, perto do arraial das Flores, Vão do Paraná, fronteira de Goiás e Minas Gerais. A denominação não reaparece em nenhuma outra fonte. "Não achamos viva alma, nem ao pátio, nem na espaçosa habitação, e já surpresos queríamos retirar-nos, quando um grito angustioso ressoou em afastada palhoça. Ali encontramos toda a família e numerosa criadagem preta chorando em volta de um corpo, que estava cosido num lençol de algodão a modo das múmias do Egito. Explicaram-nos que a morte de uma escrava negra era o motivo dessa lúgubre solenidade, pois os africanos não se deixam demover de prestar, segundo os costumes pátrios, os últimos deveres aos mortos. As lamentações são feitas pelos negros com tal sentimento e convicção, que os fazendeiros consideram pouco prudente negar para isso o consentimento. Estas práticas, chamadas de *entame* pelos negros, são celebradas, em Guiné, de portas fechadas, e degeneram frequentemente na mais licenciosa extravagância, razão por que o Sr. Frota só com a sua presença julgava poder contê-los" (*Viagem pelo Brasil*, 2º, 232, Rio de Janeiro, 1938). A visita de von Martius foi em julho-agosto de 1818. Nos velórios africanos, tal-qualmente nos greco-romanos, o cadáver em exposição tem o rosto descoberto. O envolvimento total com a mortalha ocorria especialmente entre egípcios (tradição vinda da Mesopotâmia) e transmitida aos judeus que a conservaram. Na maioria dos povos árabes a face velada não se verifica durante o velório, exceto, naturalmente, para mulheres, mas essas não são expostas à visita pública. De onde teriam os negros da Guiné recebido os elementos desse curioso *axexê*? Ver *Axexê*.

ENTERRO DOS OSSOS. Reunião festiva em que as pessoas mais íntimas aproveitam o que restou da festa solene da noite anterior, bebendo, comendo, dançando. Em Corumbá, Mato Grosso, o enterro dos ossos, até 1930, era um préstito carnavalesco, no primeiro domingo depois do carnaval, em que os clubes e cordões mais populares saíam, conduzindo cada qual o seu caixão mortuário. Os foliões, vestindo negro, com a caveira pintada, traziam conjuntos instrumentais, que executavam músicas fúnebres. Dentro dos caixões havia o farto recheio de galinhas, perus, churrasco, cabrito, aguardente de Tamandaré, etc. "Em quase todas as esquinas das ruas centrais havia uma parada, e o povo se desmanchava em risos, gozando o sacrilégio ou simplesmente a gulodice e a sem-cerimônia dos impagáveis foliões." (Lobivar Matos, "Danças, Crendices e Festas Populares em Mato Grosso," *Cultura Política*, n.º 46, 314, Rio de Janeiro, 1944). Correspondia ao *torna-boda* em Portugal. Frei Domingos Vieira, Rafael Bluteau, H. Brunswich, populares no séc. XVIII e que denominam *bodito* na Beira (Jaime Lopes Dias, *Etnografia da Beira*, vols. V e VII, 1939, 1948). "No hay boda sin tornaboda," escrevia D. Iñigo López de Mendonça, marquês de Santillana (1398-1458), no *Refranes que Dicen las Viejas Tras el Fuego* (Sevilha, 1508).

ENTRUDO. Tempo de divertimento que compreende os três dias que precedem a Quarta-Feira de Cinzas; festas e divertimentos próprios desse tempo (Dr. Fr. Domingos Vieira). O quinhentista Fernão Soropita falava ser a "honrada festa do entrudo, onde a gula com a ira e a luxúria têm particular assistência." Entrudo, de *Intróito*. Ver *Carnaval*.

ENVULTAMENTO. É o processo mágico de transferir para uma representação humana (boneca de cera ou pano) a sensibilidade vital do representado. Tudo quanto se fizer sobre o boneco repetir-se-á sobre a criatura distante. É o *envoutement d'amour* ou *envoutement de haine*, de imemorial uso na feitiçaria universal. É empregado por todos os mágicos e mestras, suprema solução para o amor ou o ódio. O Conde Bagouen, estudando a caverna de Montespan, Alto Garona, datando do paleolítico superior, não aceita os animais de barro ali encontrados como índices totêmicos e sim *envoutements*, cerimonial mágico para atingir idealmente os animais escolhidos para a futura caça. Fácil é o encontro entre gregos e romanos. Luciano de Samosata (*Diálogo das Cortesãs*, IV), onde Bacchis ensina Melita a reconquistar seu amante, consultando a mágica Fânias, levando qualquer coisa pertencente ao namorado: calçado, peça de roupa, cabelos. (Teócrito, *II Idílio*, Horácio, *Epodos*, XVII, Vergílio, *Écloga VIII*, Ovídio, *Heroicas*, VI) – "simulacraque cerua fingit," *Amores*, III, elegia VII... "une sorcière aurait-elle gravé mon nom sur de la cire rouge, et m'aurait-elle enfoncé une aiguille dans le foie?" Qualquer envultamento contém um objeto pertencente à vítima ou parte de seu corpo, unhas, cabelo, pelos, roupa, secreções. Frazer simplificou a magia, fazendo-a partir de dois princípios: a) O efeito é semelhante à causa que o produziu; b) As coisas que estavam reunidas e deixaram de estar, continuam tendo uma sobre outra a mesma influência, como se o contato ou a união houvesse persistido. Do primeiro princípio o homem deduziu o poder produzir o que quiser, imitando. Do segundo compreende ser possível influenciar de longe, à sua vontade, toda pessoa e todo objeto dos quais possua uma parcela. (*Le Rameau D'Or*, I, 4, Paris, 1903, trad. R. Stiébel). As torturas infligidas às imagens de Santo Antônio, S. Onofre, S. Gonçalo, S. Cosme e S. Damião lembram a estátua de Marte, amarrada no templo de Esparta, os insultos a Príapo, guardião dos pomares e jardins. Em Chatarpour, Madras, os hindus desenham as figuras sagradas de Indra e do deus da chuva Mega Raja com as cabeças para baixo. Os deuses apressam-se em fazer cair chuva para livrar-se da posição humilhante (Ver o estudo da Sra. Virgínia Rodrigues Rivera, "Representaciones Humanas en la Magia, Muñecos Mágicos," *Anuário de la Sociedad Folklórica de México*, III, 1942, com documentação contemporânea, espanhola e francesa). Dos *trabalhos* para despertar o amor, o envultamento é o mais encontrado. Há uma fórmula de envultamento na "Oração do Sol" (Luís da Câmara Cascudo, *Meleagro*, Rio de Janeiro: Agir, 1978). Ver *Sol*. O mais antigo registro e o encontro de imagens de cera e de argila, representando criaturas humanas, e destinadas ao envultamento, destruição, pelo fogo ou subtorturas, datam do reino do faraó Ramsés III, mil e cem anos antes de Cristo.

ÉQUÉDI. Na hierarquia feminina dos candomblés baianos são servas voluntárias das filhas de santo, ajudando-as, por devoção aos orixás, nos trabalhos do vestuário e ornamento. "As équédis são servas das filhas, pelo fato de, não tendo o poder de receberem em si os orixás, se empregarem em funções subalternas, dedicando-se ao cuidado das vestimentas e dos adornos com que se apresentam, possuídas pelos santos, as filhas." (Édison Carneiro, "Candomblés da Bahia," *Revista do Arquivo Municipal*, LXXXIV, 133, São Paulo). Ver *Iaôs*.

ERAN-PATERÊ. É um naco de carne verde, bem fresca, salgada e frita no azeite de cheiro (Manuel Querino, *Costumes Africanos no Brasil*, 187).

ERÊ. É um orixá filho de Xangô: "Erê, filho de Xangô, conforme registrei na Bahia" (Artur Ramos, *O Negro Brasileiro*, 39). Erê é apenas um espírito inferior, um companheiro da filha de santo. Todas as pessoas que têm santo, têm também um *erê*, que pode ser de Cosme, de Damião, de Doú ou de Alabá. Este erê como que suaviza as obrigações da *feita* em relação ao seu Orixá... No candomblé da Gomeia, pude notar a existência de perto de doze *erês* de Ibêji, cada qual com um nome especial. – Sambangola, Pé-de-Pavão, Beké, Estrelinha, Cavunje, Chico-Chico, Deuandá, Bom-Nome, Mbámbi, Dourado, Cardeal... Todos esses *seres* falam uma linguagem infantil e se conduzem como verdadeiras crianças, fazendo estrepolias incríveis (Édison Carneiro, *Negros Bantos*, 57-58).

ERVA-MATE. Ver *Mate*.

ERVA-MIJONA. Ver *Espia-Caminho*.

ESCADA. Não passar debaixo de uma escada é superstição espalhadíssima no Brasil, especialmente nas cidades do litoral. "Joaquim Nabuco não era supersticioso. Mas não passava por debaixo de uma escada" (Afonso Lopes de Almeida, O *Gênio Rebelado*, 27, Rio de Janeiro, 1923). Ademar Nóbrega ("Superstições e Simpatias," *Revista da Semana*, 8-VI-1946, Rio de Janeiro) registra a crendice numa boa reportagem na Capital Federal. A escada é a imagem da subida, da elevação, do acesso social, econômico, financeiro. Passar por debaixo de quem se eleva é simbolicamente renunciar, afastar-se de quem sobe, progride, vence. Decorrentemente, perde a boa sorte quem passa debaixo de uma escada. Luís da Câmara Cascudo, *Superstição no Brasil*, "Passar debaixo da escada", 306-308, 6ª ed., São Paulo, Global, 2002; estudei o motivo, idêntico na França, Bélgica, Holanda, Itália, Espanha, Portugal. Na Espanha acresce ameaça para as moças "que si pasan por debajo de una escalera no se casarán y tendrán mala suerte" (José A. Sánchez Pérez, *Supersticiones Españolas*, 120, Madrid, 1948).

ESCALDADO. Carne, peixe, crustáceos cozidos no molho especial. A variedade dos molhos ou caldos é grande. Um dos mais tradicionais é feito com azeite doce, tomate, cebola, coentro, sal, jiló, quiabo e ovos inteiros. Quando este caldo ferve, põem dentro o peixe tratado, os camarões, etc. Caracteriza o escaldado ser o caldo preparado inicialmente e nele ferver-se o peixe, etc. O pirão escaldado é a farinha seca, pondo-se por cima colheradas do caldo, bem quente.

ESCOLHA. Ver *Fórmulas de Escolha*.

ESPADA. Ver *Jogo de Baralho*.

ESPADILHA. Ás de espada. Houve ou ainda há um jogo com esse nome. Meu pai gabava-se de ser grande jogador de espadilha, mas não tive curiosidade de pedir-lhe informações, julgando-o de vida eterna. Era popular no sertão. Não o encontro nos dicionários. Há uma alusão, numa poesia do poeta popular Nicandro Nunes da Costa (1829--1918), glosando o mote: "Tudo são honras da casa" (Francisco das Chagas Batista, *Cantadores e Poetas Populares*, 27, Paraíba, 1929):

"Grelha, espeto, frigideira,
Tesoura, agulha, dedal,
Mesa, muro, horta, quintal,
Bule, prato, chocolateira,
Caldeirão, tacho, sopeira,
Meu estro em rima se apraza,
Não deixo nem uma vaza,
Para entrares na espadilha;
Novela, Bíblia, Cartilha:
Tudo são honras da casa."

Ver *Jogo de Baralho*.

ESPELHO. Deve ser coberto durante a primeira semana de luto; não se deve olhar à noite; não se fala diante dele; quebrando-se sem motivo, anuncia a morte do dono da casa; menino que careteia diante dele terá pavores noturnos. São superstições, inumeráveis, espalhadas por todos os recantos do mundo. Na França, muito se comentou a morte do Duque de Morny (1811-65), anunciada pelo grande espelho do *hall*, inexplicavelmente quebrado. Os estudos de Frazer, Rank, Freud, Jung sobre as representações e equivalências da alma, espírito, sopro vital, vida entre os antigos, primitivos e povos de cultura rudimentar, evidenciaram a universalidade desse complexo etnográfico e religioso. As superfícies polidas, refletindo as imagens, significam a existência do *duplo*, o outro eu, passível de perigos e riscos, como também a sombra do corpo, outra representação ou duplicação do eu. Não visar a própria imagem n'água, na noite de S. João, é uma profecia mortal. Em Portugal e Brasil aconselha-se acordar a água que dorme, antes de bebê-la nas horas tardias da noite. Na margem dos rios límpidos, à noite, grita-se: *acorda, Maria!* porque fará mal adormecer-se junto a ela. Os povos primitivos viam na imagem uma vida autônoma e soberana, como Narciso olhando sua projeção n'água da fonte. O mito prestar-se-á para prova. Quando Cefiso interrogou o adivinho Tirésias sobre Narciso, o vidente prometeu que ele viveria enquanto se não visse — *Si se non viderito*. Quando Narciso avistou essa *imaginis umbra*, apaixonou-se e morreu de langor (Ovídio, *Metamorfoses*, III, VI). A imagem era não apenas ele mesmo, mas tendo também os elementos exteriores da representação ideal, livre e aparentemente independente do próprio representado. A larga utilização de espelhos (ver *Dadá*) na liturgia primitiva, na astrologia, na ornamentação mágica, ocorre como amuleto defensivo, repelindo as forças adversas, que não podem vencer a face brilhante, impenetrável, do vidro cintilante. W. L. Hildburgh ("Indeterminability and Confusion as Apotropaic Elements in Italy and in Spain," *Folk-Lore*, LV, London, 1944) mostrou como os amuletos contra o mau-olhado, *jettature, evil eye* são tanto mais eficazes quanto maior número de superfícies polidas possuam. Peratoner informa: "Martim de Arles conta que as mulheres supersticiosas colocavam, em seu tempo, sobre os ombros das crianças, a fim de desviarem o efeito funesto dos olhares de certas mulheres velhas, *pedaços de espelhos*, de couro de raposa e anéis de cabelo. Isto equivalia seguramente ao *fascinum*" (138). Não se põe menino de peito diante de espelho, sob pena de se lhe retardar a fala (Studart, n.º 5, *in Antologia do Folclore Brasileiro*, vol. 2, 31, 6ª ed., São Paulo, Global, 2004; Gonçalves Fernandes, "A Alma, a Sombra e o Reflexo," *Cultura Política*, n.º 41, 163-166, Rio de Janeiro, 1941). A ornamentação com espelhinhos, tão comum na indumentária dos nossos autos tradicionais, é um documento dessa crença ainda viva por toda parte do mundo. Em certos altares da China e mesmo numa capela católica (da Ceia, em Portugal), há espelhos decorativos, assim como nos chapéus das lavradeiras de Espanha, Portugal e França e possivelmente da Itália, centro e sul. Ver Luís da Câmara Cascudo, *Superstição no Brasil*, "A defesa mágica do espelho", 223-225, 6ª ed., São Paulo, Global, 2002.

ESPERANÇA. Inseto ortóptero, da família dos locústidas de linda cor verde, origem possível do nome. Quando pousa em alguém, está anunciando um acontecimento agradável, diz a tradição popular.

ESPIA-CAMINHO. Leguminosa, papilonácea, gênero *Clitória, Clitoria cajanifo*lia, *Clitoria guyenensis*, que, até pouco tempo, obrigava as mulheres do povo, mesmo carregando água, lenha, trouxas de roupa, a pararem para destruí-la, numa aversão incoercível e tradicional. José Américo de Almeida registra: "O senhor de engenho, tão fechado, passara por ela, sem olhá-la. Baixara-se adiante. Parecia estar a colher as flores marginais. De fato, colhera-as. E, esperando-a, oferece-lh'as — um molho azul — com um riso arregaçado no focinho insaciável. Aceitara, sem ver, com uma humilde confusão. Mas, reparando, era a florzinha indiscreta — *espia-caminho* — que as mulheres tanto hostilizavam. As lavradeiras deitavam a trouxa no chão para arrancá-las ou a espezinhavam furtivamente. Jogara-a fora, como quem solta um inseto nojento, pegado inadvertidamente" (A *Bagaceira*, 65-66, Paraíba, 1928). Getúlio César informou-me: "Cresce um metro ou menos, sem espinhos. Prefere as margens dos caminhos porque é um vegetal exigente; só nasce em terra boa, e as margens dos caminhos são ricos pela poeira, restos de comida, urina e fezes deixadas pelos viandantes e animais. É também conhecida por *erva mijona* e *cascavel*, devido às suas vagens, quando secas, terem, quando balançadas, as estridências do guizo das cobras cascavel... A forma das suas flores é que guarda uma modalidade interessante. Apresenta-se como uma boceta feminina, completamente aberta, sendo que uma, de flores escuras e grandes, rara, é chamada *boceta de negra*. As pétalas formam os grandes lábios e, no centro, os estames e androceu, guardados pela carena, que os envolve, dá a parecença de um clitóris; daí o seu gênero Clitória. Essa é a razão das mulheres embirrarem com essa flor. Não é uma superstição. Elas arrancam ou destroem as flores do *espia-caminho* por julgarem-na imoral. Ouvi de uma camponesa que comigo trabalhava, quando passamos por um renque de *espia-caminho*: "Que fulô mais sem-vergonha! o diabo só nasce nos camín só prá se mostrá, mostrá a sua imoralidade!..." A informação do grande folclorista pernambucano é suficiente para esclarecer a repugnância feminina pela flor obscena.

ESPÍRITO. Alma, fantasma, visagem, assombração. Espírito Encostado: Alma de um morto que se alia com a alma dum vivo, *encostando-se*, para desempenhar, junto a esta, poderio ordinariamente maléfico. O espírito encostado constitui assunto interessante na esfera do baixo espiritismo e se relaciona com a psiquiatria e a neurologia. "Pró Janjão, coitado, remédio de botica non dá vorta. O qui ele tem é esprito incostado, e é esprito de caboco ruim." (Fernando São Paulo, *Linguagem Médica Popular no Brasil*, 2, 10, Rio de Janeiro, 1936). Ver *Alma* e *Sopro*.

ESPIRRO. É sempre saudado com uma exclamação votiva de felicidade: *Salve! Viva! Saúde! Deus te salve!* O costume é universal e antiquíssimo. Xenofonte discursava pelos soldados, animando-os, quando um deles espirrou, e as aclamações do exército aplaudiam o prognóstico como o mais feliz augúrio. "Eumolpus conversus salvere Gitona jubet," escreveu Petrônio (*Satyricon*, XCVIII). Para os gregos o espirro fora o primeiro sinal de vida do homem feito por Prometeu. Aristóteles engenhou uma explicação, fazendo-o sempre digno de veneração por partir da cabeça, sede da alma, origem dos nervos, imagem da divindade. Os romanos diziam que o espirro era mau anúncio, quando da meia-noite ao meio-dia, favorável do meio-dia à meia-noite. Era pernicioso, quando se deixava o leito ou a mesa. Espirrando nesta ocasião, o romano voltava a dormir ou a comer, segundo o caso, interrompendo o elo que se formaria, idealmente, contra ele. P. Saintyves reuniu e estudou as superstições sobre o espirro e o bocejo (*L'Éternuement et le Bâillement dans la Magie, L'Ethnographie et le Folklore Médical*, Paris, 1921). O espirro, que pressagia o bem ou o mal, está registrado por Homero (*Odisseia*, XVII), Plínio (*História Natural*, XXVIII), Propércio (*Elegias*, II, III), Catulo (XLV). Quando o doente espirra, não morre neste dia. Espirro para a esquerda é má notícia, e para a direita, boa nova. Para o Brasil o caminho foi Portugal. Teófilo Braga escreveu: "Entre as superstições bascas, o espirro é um mau presságio, que tem de ser atalhado. Em Portugal, se se não saúda quem espirra, pode o diabo entrar nessa pessoa. Contra este agouro estabeleceu-se um bom presságio. Quando se espirra, já se não morre nesse dia" (*O Povo Português nos seus Costumes, Crenças e Tradições*, II, 93, Lisboa, 1885). Sobre o folclore do espirro, a mais completa notícia é a de N. M. Penzer, (*Sneezing Salutations, The Ocean of Story*, "Somadeva's Katha Sarit Sagara," III, 303-315, Londres, 1952). O espirro é defesa, mesmo instintiva, contra o bruxedo à distância. Feitiçaria *não entra* em quem estiver espirrando. Ver *Arroto*.

ESPONTÃO. Meia lança usada como distintivo pelos sargentos de infantaria até fins do séc. XVIII, *spontone, esponton*, com uso idêntico, desde a Idade Média, em França e península italiana. Denomina uma dança guerreira, que acompanhava a procissão e festa de Nossa Senhora do Rosário no Nordeste do Brasil. A dança do espontão ainda existe nos municípios de Jardim do Seridó e Caicó, no Rio Grande do Norte, onde a elas assisti em 1943 e 1944. Desde madrugada de 31 de dezembro, um grupo de negros com espontões, uma lança e uma bandeira branca, percorre as ruas, ao som de três tambores trovejantes. O chefe é o portador da lança, *capitão da Lança*. Nas residências visitadas, o grupo se detém e dança, agitando a lança e os espontões, em acenos guerreiros, saltos e recuos defensivos, num *ad libitum* impressionante. Não há canto. É bailado de guerra, ao som do tambor marcial.

ESPREME. Ver *Aperta-Cunha*.

ESQUENTA-MULHER. Conjunto orquestral popular em Alagoas. Consta de dois ou três pifes (flautas) de taquara, uma caixa, dois zabumbas (bombos médios), e um par de pratos de metal. Abre obrigatoriamente o desfile da cavalhada, tocando também durante a exibição dos quilombos e nalgumas festas do interior. Ouvia-a tocar no bairro de Bebedouro, Maceió, em janeiro de 1952, nos quilombos, e abrindo o préstito da solene cavalhada que se exibira. Ver *Zabumba*.

ESQUERDO. Ver *Direito* e *Esquerdo*.

ESQUINADO. Dança outrora popular no Norte do Brasil, Espírito Santo, Ceará, Piauí e Maranhão, onde a cantora Dilu Melo ouviu-a cantar pela avó. Damas de um lado e cavalheiros do outro avançam em passo rítmico, diagonalmente, em esquina:

"Vamos dançar, minha gente,
A dança do esquinado;
É um pouco de baiano
Um tanto balanceado,
Cavalheiros duma banda
E as donas de outro lado...
Esquinado!
Esquinado! Esquinado!
Esquinado!"

O maestro Vila-Lobos aproveitou o tema do esquinado no seu "Choro n.º 12," recebendo-o do Sr. Santos Vieira, em 1912, músico de uma charanga no Espírito Santo. O tema popular espírito-santense é o seguinte:

Os pares chocavam-se na altura dos ombros, Fred. Blanchod (*Estranhos Costumes do Continente*

Negro, 340, ed. Liv. Tavares Martins, Porto, 1946, trad. de Crisanto de Melo) cita uma dança africana do Bornéu, em que as bailarinas chocam bruscamente uma contra a outra a anca direita. Ver *Bate-Coxa*.

ESQUIPADO. Dança rural sulista, de roda. Marcha de cavalo de sela. Ver *Fandango*.

ESTARDIOTA. Ver *Sela*.

ESTILINGUE. Sinônimo de *baladeira*, não somente em S. Paulo, Estado do Rio, como no Nordeste.

ESTÓRIA. Na acepção do conto popular, narrativa tradicional, correspondente ao *story*, proposta por João Ribeiro (*Folclore*, 84-85) e Gustavo Barroso (artigo em *A Manhã*, 22-XI-1942, Rio de Janeiro), comentando os estudos da Sociedade Brasileira de Folclore, fundada a 30-4-1941, onde a grafia é sugerida oficialmente: Lembro a necessidade de ser empregada *estória* para as narrativas, os contos tradicionais, ficando História para o sentido oficial do vocábulo. Os ingleses dizem *Story* e *History*. Parece haver necessidade em distinguir História do Brasil da História da Carochinha. É natural que essa distinção se possa dar pela simples fixação ideográfica. Não alteraria o câmbio bancário nem a tensão arterial de ninguém (11, Natal, 1942). Sílvio Romero empregou a grafia e em Portugal o Conde de Sabugosa, no prefácio do *Damas dos Tempos Idos*, citando Walter Scott, propôs igualmente a *estória*. Doutra forma é intraduzível a frase *stories are not History*, no sentido claro do período. Não há gramaticalmente diferença entre *History* e *Story* e a *História* significa também a narrativa fabulosa. Os ingleses sabem muito bem dessa unidade. Gordon Hall Gerould, *preceptor in English in Princeton University*, bacharel em Literatura por Oxford, escreveu, como subtítulo do seu clássico *The Grateful Dead*, "The History of a Folk Story," (Publications of the Folk-Lore Society, LX, Londres, 1908). Ver *História*.

ESTRADA. Ver *Margem*.

ESTRADA DA LIBERDADE. Certo modo no repartimento do cabelo, e obedecendo a um penteado particular, uso este que se remonta aos tempos da nossa Independência, com certos tons de patriotismo (Pereira da Costa, *Vocabulário Pernambucano*, 327). Era o risco no meio da cabeleira, quase até a nuca. Santos Dumont usou-o até ficar calvo.

ESTRELA. Há um respeito misterioso sobre as estrelas. Os costumes de venerá-las estão desaparecidos, mas os vestígios existem, visíveis e diários. Quem aponta uma estrela ou as enumera terá verrugas, tantas quantas as estrelas contadas. É uma sobrevivência da proibição da contagem, os tabus dos números, fazendo diminuir ou aumentar na relação inversa da conta. Ver *Contar*. As superstições gerais astrolátricas foram trazidas pelos colonizadores portugueses, alguns de origem oriental, divulgadas na península durante a dominação árabe e mantidas nas colônias sob os lumes vivos das constelações tropicais. Entre as *orações fortes* uma das mais notáveis e velhas é a *Oração das Estrelas*: "Valei-me a oração das estrelas que são nove. Juntem-se todas as nove estrelas e vão dar nove abalos no coração de Fulano. Se ele estiver bebendo, não beberá. Se estiver comendo, não comerá. Se estiver conversando, não conversará. Se estiver dormindo, não dormirá, enquanto não vier falar-me. Valei-me a oração das estrelas! Se a oração das estrelas não me valer, valei-me as sete camisas do Menino Jesus. Se as sete camisas não me valerem, valei-me a hóstia consagrada. Se a hóstia não me valer, Fulano, tu não sabes que os padres nas santas missas veem a hóstia consagrada, e assim sejas tu para mim. Fulano tu correrás atrás de mim como São Marcos correu ao pé da igreja pela mulher de Caim. Fulano, Deus acaba tudo quanto quer e eu acabarei com tudo quanto quiser, com todos os pensamentos que tiveres com outras (ou outros). Só poderás olhar para mim. Padre-nosso, ave-maria, glória-ao-padre, oferecendo-se a Nossa Senhora do Desterro e da Conceição. "São invocadas para a cura das ínguas. Sai-se à noite fora de casa, coloca-se a mão direita sobre a parte inflamada, fita-se uma estrela qualquer e diz-se três vezes: "Minha estrela donzela, esta íngua diz que morrais vós e viva e cresça ela, eu digo que crescais vós e morra ela!" (Gustavo Barroso, *Ao Som da Viola*, 524, Rio de Janeiro, 1921; Afrânio Peixoto, *Miçangas*, 38, S. Paulo, 1931). Os Drs. Alexandre Lima Carneiro e Fernando de Castro Pires de Lima ("Arte de Talhar a Íngua", in *Arquivos de Medicina Popular*, I, Porto, 1944, 89-95) reuniram muitas versões portuguesas, ocorrendo, em quase todas, a invocação da estrela, estrelinha do céu, estrela religiosa, estrela, minha estrela reluzente, estrela luzente, estrela pequenina, etc., com dizeres semelhantes: "Estrelinha, a minha íngua diz que seques tu, mas eu digo que seque ela e medres tu." Estrela Cadente: "O sertanejo descreve a estrela cadente como um cometa. A estrela, correndo, assusta-o, infalivelmente. "Deus te guie", resmunga, como seu bisavô minhoto ou algarvino. Ou "Deus te guie, Zelação!" De inalação. A impressão de que o cometa anuncia calamidades está gravada em sua alma. Quando uma estrela aparece, rápida, riscando de fogo a noite, o doente morrerá... "Deus te salve, Deus te tenha! Que na terra nunca venhas!" O "Deus te guie" destina a estrela para o mar. Se caísse na terra, seria o fim do mundo, que acabará pelo fogo." (Luís da Câmara Cascudo, *Informação de História e Etnografia*, 203-4). A passagem do aerólito, luminoso pelo atrito, concederá o que se pede, desde que o desejo seja enunciado enquanto durar o clarão. É superstição espalhadíssima pela Europa. "Pelas 22 horas, um aerólito despenhando-se no espaço, corta o azul do céu, com a faixa coruscante da sua trajetória. Lembrei-me da superstição popular, e desejei, com um frêmito vibrante de toda a minha alma, que o Argos atingisse Natal." (Sarmento de Beires, *Asas que Naufragam*, 242, Lisboa, 1927): "Toda vez que *corre uma estrela*, uma alma entra no céu."

ESTRELA DA MANHÃ. Ver *Vênus*.

ESTRELA DA TARDE. Ver *Vênus*.

ETÉ. Praga, maldição, desejo ou intuito manifesto em palavras, procedimento ou acenos, para que suceda mal a alguém. João do Rio (*As Religiões no Rio*, 32) registra o termo e, em parte, o fato, como alude a frase feita *jogar o eté*; do ior. *entéh*, desgraça, opróbrio, repreensão (Jacques Raimundo, *O Negro Brasileiro*, 154).

ETU. Feitiço que se obtém com um punhado de terra do cemitério. João do Rio (31): mezinha ou pó a que se atribuem qualidades curativas. Do ior. *èhtú*, pó medicinal (Jacques Raimundo, 154, *O Elemento Afro-Negro na Língua Portuguesa*).

ETU-TU. Oração entoada enquanto se preparava a pedra de Santa Bárbara, amuleto contra as tempestades (Manuel Querino, 81, *Os Costumes Africanos no Brasil*).

EXCELÊNCIA. É um canto entoado à cabeça dos moribundos ou dos mortos, cerimonial de velório, ainda existente na Paraíba, Rio Grande do Norte e Pernambuco e, possivelmente, noutros Estados. Cantam sem acompanhamento instrumental, em uníssono, em série de doze versos ritualmente. Gonçalves Fernandes (*Folclore Mágico do Nordeste*, 67): "As *Excelências* são cantadas ao pé do morto, enquanto os benditos são cantados à sua cabeça." Informa Aluísio Alves (*Angicos*, 320): "Acreditava-se que a *inselência* tinha o poder de despertar no moribundo o horror ao pecado, incitando-o ao arrependimento. Ainda em 1937, vi ser chamada de Angicos para um sítio distante uma dessas velhas cantoras de *inselências*... das pessoas que cercam o doente, deitado numa rede, e raramente, em cama, umas se destacam para receber à porta o sacerdote, sempre cantando, e as outras permanecem no mesmo lugar." (332). Gonçalves Fernandes registra músicas das excelências. Aluísio Alves informa que não são unicamente cantadas aos doentes e aos defuntos, mas pertencem às rogativas contra o perigo da peste e tempestade. Getúlio César (*Crendices do Nordeste*, 139-142) escreve que a *excelença* facilita a entrada no céu, e são frases rimadas, indo sempre do número um até doze. Uma *excelença* que Nossa Senhora deu a Nosso Senhor, / Esta *excelença* é de grande valor. / Duas *excelenças* que Nossa Senhora deu a Nosso Senhor, etc., / Três *excelenças* que Nossa Senhora, etc. Há a excelência das horas. Já é uma hora que os anjos vieram te ver, / E ele vai, e ele vai, e ele vai também com você. / Já são duas horas que os anjos, etc. / Já são três horas que os anjos, etc. "Retirando-se o cadáver para o enterro, no momento em que estão cantando uma *excelença*, as cantadeiras acompanham o cortejo até terminá-la, porque, dizem, quando se principia a cantar uma *excelença*, Nossa Senhora se ajoelha para só se levantar quando terminam, e não sendo terminada, ela ficará de joelhos e, o espírito, devido a esse desrespeito, não ganhará a salvação." (Getúlio César, cit., 142). As excelências são igualmente cantadas em Portugal (Jaime Lopes Dias, *Etnografia da Beira*, III, 59, Lisboa, 1929). Certos romances de origem bíblica, cantados em Marrocos, não podem ser interrompidos... "cuando se principian a cantar es obligatório acabarlos." (Ramón Menéndez Pidal, *El Romancero*, 124, Madrid, s. d.). Sobre as *Inselencias* (excelências), ver José Nascimento de Almeida Prado ("Trabalhos Fúnebres na Roça," 42-56, sep. da *Revista do Arquivo*, CXV, São Paulo, 1947, com documentário musical e registro do cerimonial). As *excelências* são cantadas em Portugal também na região do Douro e Minho. Augusto César Pires de Lima (*Estudos Etnográficos, Filológicos e Históricos*, 3º, 183-194, Porto, 1948) registra "Doze Excelências que deu o Senhor à Senhora da Graça" e anota: "Cantam-nas as romeiras, primeiro uma vez; a seguir começam: *duas excelências, etc.*, e cantam-na duas vezes; depois *três excelências*, etc., três vezes, e assim por diante, até doze. É pecado começar a oração, não a acabando." Luis Marinho, *A Incelença*, peça dramática com 15 textos musicais ("A Afilhada de N. S. da Conceição; Um Sábado em 30; A Incelença," Universidade Federal de Pernambuco, Imprensa Universitária, Recife, 1968). Ver *Reza de Defunto*.

EXCRETOS. Terapêutica, superstições. Ver *Secreções*.

EXIBIÇÃO DA PROVA DE VIRGINDADE. Mesmo ao redor de 1870 era costume nos sertões do nordeste brasileiro a exibição aos parentes dos panos íntimos da desposada, comprovando a virgindade anterior ao matrimônio. Uma frase expressiva era afirmar: *aquela não mostra os panos*, denunciando a impossibilidade de provar a donzelice indispensável ao casamento. A exibição ocorreu do Rio Grande do Norte a Alagoas, e muito provavelmente, para o norte e para o sul dessa região. Identicamente na Espanha e Itália. Ver Luís da Câmara Cascudo, "Exibição da Prova de Vingindade," *Revista Brasileira de Medicina*, vol. XIV, n.º 11, novembro de 1957, Rio de Janeiro. Ver *Gade*.

EXPEDITO, SÃO. Ver *Logunedê*.

EXTRAVAGÂNCIA. Ver *Mana-Chica*.

EXU. É o representante das potências contrárias ao homem. Os afro-baianos assimilam-no ao demônio dos católicos; mas, o que é interessante, temem-no, respeitam-no (ambivalência), fazendo dele objeto de culto. "Nada se faz sem Exu" — assevera-me Maria José, neta de africanos — "para se conseguir qualquer coisa, é preciso fazer o *despacho de Exu*, porque, do contrário, ele atrapalha tudo!" *O despacho de Exu* é a cerimônia inicial, ou *padê*, nos terreiros. Os pretos costumam chamá-lo o *homem das encruzilhadas*, porque onde há encruzamento de estradas, ou de ruas, lá está Exu, que é preciso *despachar*, dando-lhe pipocas e farinha com azeite de dendê. Nina Rodrigues consigna ainda os termos Bará ou Elegbará e Ortiz os de Ichu, Eleguá como sinônimos de Exu. Nos dias presentes, ouvi, na Bahia, chamarem-no ainda os negros Senhor Leba, provavelmente deturpação de Elegbará. Aliás, Leba estaria conforme a origem daomeana *lêgba* (diabo). O fetiche de Exu é uma massa de barro em que os negros modelam uma cabeça, onde os olhos e a boca são representados por conchas incrustadas no barro, e ainda fragmentos de ferro e outros ornamentos preparados. São-lhe consagrados os primeiros dias de todas as festas fetichistas, e as segundas-feiras, visto como o seu *despacho* é condição indispensável ao prosseguimento das cerimônias. Os animais que se sacrificam são o bode, o galo, o cão... Exu é uma divindade fálica, que na África exigia sacrifícios humanos e no Brasil se contenta com animais *tidos por tipos de satiríasis*, como anota Nina Rodrigues. (Artur Ramos, *O Negro-Brasileiro*, 34-5). Pierson registrou, no quadro esquemático, que Exu tem o barro, ferro e madeira como fetiches, come tudo (todos os pratos podem figurar no seu assento), tem as cores vermelha e preta como distintivo para os vestidos e contas de suas *filhas*, que usam pulseiras de bronze. Nas correspondências entre deuses africanos e santos católicos do Brasil, Cuba e Haiti, Artur Ramos (*As Culturas Negras no Novo Mundo*, 242-3) indica São Jorge no Rio de Janeiro, São Jerônimo e Santo Antônio na Bahia. Édison Carneiro informa que Exu é chamado em queto (nagô) Embarabô e na *nação* Congo, Bombonjira (*Negros Bantos*, 46). W. B. Seabrook registrou papa Legba como guardião das portas e protetor das encruzilhadas, entidade perfeitamente benévola, oposta ao Exu feroz, que a tradição negra conserva no Rio de Janeiro e Bahia. O Prof. Roger Bastide defende a ambivalência de Exu orixá protetor do grupo. Léo Frobenius (*Histoire de la Civilisation Africaine*, Paris, 1936, 151) escreve que "est explicitement démontré qu'Edschou, comme le prove le fait qu'il dirige les cérémonies de divination, est aussi le dieu de l'ordre de l'image du monde." Identifica-o, através de tronos e santuários, onde ocorrem os quatro pilares sustentadores do mundo, com a personalização da estrutura do globo, evidenciando sua concordância simbólica com objetos idênticos na ilha de Creta, Egito, Etrúria, Sardenha e os delganos (Iacutos) do nordeste asiático. No budismo japonês há Binaisquia, um demônio confuso e atrapalhador que é afastado, antes de qualquer serviço religioso, com fórmula exorcista, para que não perturbe a cerimônia. Exu, demônio ou orixá amável, ainda não se definiu, claro e nítido, para uma fixação definitiva na hagiologia jeje-nagô no Brasil, permanecendo ainda mais temido que amado ou esperado na incorporação mística, orixá obscuro, terrível em sua grandeza misteriosa e ameaçadora, pelo desconhecimento dos limites jurisdicionais do seu domínio. O mesmo que Elegbá ou Eleubá, Leba. Luís da Câmara Cascudo, *Made in Africa*, "Ausência do Diabo Africano," 106-112, 2ª ed., São Paulo, Global, 2002, onde exponho documento e argumentação tendentes a excluir o velho Exu da classe demoníaca.

EXU-BARÁS. Ver *Ogum*.

EXU-OGUM. Ver *Ogum*.

Facão e Canivete. Denominações de festas familiares, maiores ou menores no Recife, na primeira metade do séc. XIX. Miguel do Sacramento Lopes Gama, no seu *Carapuceiro* (n.º 19, de 4 de abril de 1842), escrevia: "Na capital de certa província, até bem pouco tempo, chamavam aos bailes de grande tom *facão*; quando eram de menos importância, de *canivetes*, e em uns, e outros o que fervia era o lundum, e estalavam as embigadas com o nome de *pungas*, e cantavam todos:

"Cabeça de bagre,
Não tem que chupar;
Isto mesmo é amor,
Isto mesmo é amar."

Mas hoje já vão admitindo as quadrilhas."

Fadas. Entidades femininas de poderes mágicos, comumente possuindo a varinha de condão, miraculosa. Fada-má, confundindo-se com a Bruxa. Fada-boa, a madrinha benéfica e generosa. Maior presença no sul do Brasil, denominando os contos orais; de "Trancoso" ou da "Carochinha," esta denominação francesa. A fonte divulgadora teria sido Charles Perrault, *fées*, de rápida expansão pela Europa na segunda metade do séc. XVII. De *fata, fatum*, destino. As fadas *fadam*, predestinando: "Fademos, manas, fademos!..." Denunciam o conto popular de recriação letrada. As fadas, nas estórias brasileiras, foram trazidas pelos portugueses, com vivos matizes das *mouras encantadas*, premiando o herói com amor ou riquezas infindáveis. Não existiam na literatura oral africana, de fonte autêntica, e naturalmente ausentes nas memórias indígenas. Creio sua circulação datar do séc. XVIII.

Fado. Canção popular portuguesa, especialmente cantada em Lisboa e Coimbra, de origem brasileira, vinda do lundu, já divulgada entre o povo, quando a corte portuguesa se estabeleceu no Brasil, 1808. No romance *Memórias de um Sargento de Milícias*, Manuel Antônio de Almeida, embora em 1854-55, evoca o Rio de Janeiro do tempo de Dom João, príncipe regente e depois (1815) primeiro e último rei do Brasil. Descrevendo uma festa de batizado, surgem canto legitimamente português, o desafio, e dança brasileira, o fado. "Já se sabe que houve nesse dia função; os convidados do dono da casa, todos d'além-mar, cantaram ao desafio, segundo o costume; os convidados da comadre, que eram todos da terra, dançaram o fado." (Cap. I, Mário de Andrade, *Música, Doce Música*, "Origens do Fado," S. Paulo, 1934; Renato Almeida, *História da Música Brasileira*, 78-79). Era o fado brasileiro dança. M. A. Almeida desenha a coreografia: "Daí a pouco começou o fado. Todos sabem o que é o fado, essa dança voluptuosa, tão variada que parece filha do mais apurado estudo da arte. Uma simples viola lhe basta, melhor que nenhum outro instrumento. O fado tem diversas formas, cada qual mais interessante. Ora é uma figura só, homem ou mulher, que dança no meio da casa por algum tempo, fazendo passos dos mais difíceis, tomando as mais airosas posições, acompanhando-as com estalos de dedos e aproximando-se da pessoa que lhe agrada; diante dela faz-lhe negaças e viravoltas, e finalmente bate palmas, o que quer dizer que a escolheu para substituta. Assim corre a roda toda, até que todos tenham dançado. Outras vezes dançam juntos um homem e uma mulher, seguindo com a maior certeza o compasso da música; ora, acompanham-se a passos lentos, ora, a passos apressados; depois repelem-se; juntam-se de novo; o homem às vezes busca a mulher com passo ligeiro, a qual, fazendo um pequeno movimento com o corpo e braços, recua vagarosamente; outras vezes é ela quem procura o homem, que recua por seu turno, até que enfim voltam à primeira figura. Há também a roda em que dançam muitas pessoas, interrompendo certos compassos com palmas e um sapateado às vezes estrondoso e prolongado, às vezes brando e breve, porém sempre igual e ritmado. A música é diferente para cada caso, sempre tocada a viola. Muitas vezes o tocador canta em certos compassos uma cantiga de feitura verdadeiramente poética. Quando o fado começa, custa a acabar; termina sempre pela madrugada, quando não leva de enfiada dias e noites seguidas." (Cap. VI). É a mais nítida, e talvez única, evocação do fado, dançado no Brasil. Compare-se com o "lundu sedutor" a que Tollenare assistiu na cidade do Salvador (*Antologia do Folclore Brasileiro*, vol. 1, 91-92, 9ª ed., São Paulo, Global, 2004). Dança-se em S. João da Barra e Campos, no Estado do Rio de Janeiro, sapateado, com palmas, canto ao som de pandeiro e viola.

Fagundes. Fagundes era o nome de família de um visionário ambicioso, que se desequilibrou, sonhando com as minas do Xingu e mil riquezas lá imaginadas, do que a Câmara deu-lhe concessão. O público apelidou-o Barão de Caiapó. Por um gracejo, aliás, pouco na altura da representação nacional, por pilhéria de um espirituoso representante da Nação, foi dado a esse pobre desequilibrado um diploma de deputado, com o qual tomou assento na Câmara e só à força o desalojaram. Daí por diante, essa Câmara tomou-lhe o nome, ficando conhecida por "Câmara dos Fagundes" (Ernesto Matoso, *Cousas do meu Tempo*, 193, Imp. Counouilhou, Bordeaux, 1916). A Câmara dos Fagundes corresponde à sessão de 1879, da décima sétima legislatura, 1878-1881. Pertenciam a essa legislatura José Bonifácio, Gaspar da Silveira Martins, Joaquim Nabuco, Rui Barbosa, Paulino de Sousa, Andrade Figueira, Martim Francisco, Afonso Celso (Ouro Preto), Afonso Pena (depois Presidente da República), Pedro Leão Veloso, Barão Homem de Melo, etc. A imprensa do Partido Conservador divulgou uma chuva de versinhos, alguns transformados em canções e que se espalharam por todo o Império, ridicularizando a Câmara dos Fagundes. Ernesto Matoso publicou mesmo a "Fagundeira," poema heroico, em oitava rima. Muitos desses versos vieram até as primeiras décadas do período republicano.

Falar. Para a criança que custa a falar dão a beber água num chocalho. Quem fala muito é porque bebeu água de chocalho, em menino. Dá-se a beber água em que esteve de molho bilro de fazer renda. Evita-se mostrar a criança num espelho, que faz retardar a fala infantil. Os dois primeiros "remédios" são explicáveis, pela associação do apelo à voz, pelos instrumentos sonoros e o bilro, de movimento incessante. O espelho-tabu é a mística do reflexo-alma.

Falecido. Ver *Defunto*.

Falos. Há vestígios do culto fálico no folclore brasileiro? Os nossos indígenas tinham danças fálicas e Koch-Grunberg a elas assistiu e descreveu uma delas, bem expressiva, com membros de palha e representação do orgasmo. Não posso localizar a leitura, crendo ter sido no *Zwei Jahre Unter den Indianern*, I, Berlim, 1909. Há menos documentário referente aos africanos no Brasil. Parte essencial do material existente foi-nos trazido, entretanto, pelo escravo negro e pelo colono português. Alguns símbolos fálicos ainda resistem nos gestos obscenos (ver *Gestos*), o médio estendido (Petrônio, *Satyricon*, CXXXI; Pérsio, *Sátiras*, II, v. 33; Marcial, *Epigramas*, II, XXVIII, VI, LXX), a figa, etc. (Marcial *Epigramas* I, LXVI). Os motivos usados nos amuletos citados por Pereira da Costa, cornos de coral, búzios, bivalves, sementes, corninhos, têm outra significação, prendendo-se aos animais cornudos, dedicados ao Sol ou à Lua, símbolos de potência criadora, mas alheios à representação material do falo. Os amuletos fálicos são numerosos no Brasil (Rio de Janeiro, Bahia, Recife) e se foram trazidos pelo escravo negro, a origem é greco-romana, e podem ser examinados facilmente no Museu Degli Studi de Nápoles, na seção secreta que reúne os salvados artísticos de Pompeia, no Museu de Nápoles, "Gabinete Secreto" de César Famin (princeps em 1882). Consultei uma versão espanhola de Joaquim López Barbadilho (Roux & Barré, Madrid, 1921, *Herculanum et Pompéi*, 8º vol., Paris, 1840). Um desses espécimes é o falo tríplice, que Artur Ramos registra como "Escultura de origem angola-conguense: boneco das macumbas do Rio" (fig. 17 do *As Culturas Negras no Novo Mundo*, ed. Civilização Brasileira, Rio de Janeiro, 1937). As fontes de Pereira da Costa foram reduzidas e a mais abundante é um volume raro, *Cultos Indecentes e Costumes Obscenos* ("Ensaio histórico, filosófico, moral e arqueológico sobre o culto ao falo e outras divindades que presidem à geração, seguido de um esboço sobre a Libertinagem," versão do latim e do espanhol, Recife, Tipografia do Jornal do Recife, Rua do Imperador, n.º 47, 1878) de que possuo um exemplar. Os objetos fálicos são no Brasil amuletos, mas pertencem tipicamente ao culto, tal-qualmente vemos nos restos do culto pompeiano (Roux & Barré, cit.). Há à venda pequeninos falos de chifre, com cinco e sete centímetros de longo, furados na extremidade, para que possam ser conduzidos pendurados. Aconselha-se trazer em lugar oculto, sob pena de *perder as forças*. Conserva, multiplicando, a potência viril, e torna o seu possuidor atraente para o sexo feminino. Há corniboques, com quinze e vinte centímetros, na forma fálica. Podem ser objetos de curiosidade, mas refletem uma intenção, que o tempo consagrou como votiva ao pai da criação material. Vi, em várias povoações norte-rio-grandenses, paraibanas e cearenses, cabides com o formato de falos, em ângulo quase agudo com a parede, findando por uma esfera de madeira mais ou menos alongada ou piriforme. Há exemplos semelhantes em Herculana e Pompeia, feitos em bronze. Os falos pequeninos, como berloques, são comuníssimos em bronze, osso, prata, nas coleções daquelas cidades sepultadas pelo Vesúvio, em 23 de agosto do ano de 79 depois de Cristo. Um Documento Arqueológico. Em 1944, quando construíam o campo de aviação da cidade de Mossoró, Rio Grande do Norte, foram encontrados dois falos, de calcário, a deduzir-se pelo formato. Um deles foi destruído. O outro, medindo cinquenta e um por dezesseis e meio centímetros, está no Museu Municipal de Mossoró, oferta do etnógrafo Vingt-Un Rosado (*Boletim Bibliográfico*, órgão da Biblioteca Pública Municipal de Mossoró e do Museu Municipal, n.º 12, pág. 31, maio de 1949).

FALSETE. Voz de fingimento, esganiçada, falsa voz, *voz de cabeça*, sobre laringeia, imitando a voz infantil ou feminina, fora do registro normal, característico da pessoa; *voix mixte* dos cantores franceses. Inversa da *voz de peito*, na legitimidade da emissão sonora. É, universalmente, o timbre dos mascarados. Representa, vocalmente, outro indivíduo.

FAMALIÁ. Diabinho preto, conservado dentro de uma garrafa (Saul Martins, folclore da região norte-mineira do vale do São Francisco). Familiar, citado nas *Denunciações da Bahia em 1591*. Era tradição europeia a fabricação de demônio auxiliar, guardado em casa e pronto para o serviço do seu possuidor. *O Livro de São Cipriano* ensina a fazer um *Familiar* (II, 134-135, Rio de Janeiro): "Matai um gato preto e, depois de morto, tirai-lhe os olhos e metei-os dentro de um ovo de galinha preta, mas notando-se que cada olho deve ficar separado em cada ovo. Depois de feita esta operação, metei-os entre uma pilha de estrume de cavalo, e torna-se preciso que o estrume esteja bem quente, para ali ser gerado o diabinho. Diz S. Cipriano que se deve ir todos os dias junto da dita pilha de estrume, isto por espaço de um mês, tempo que leva a nascer o diabinho. Palavras que se devem dizer junto da pilha de estrume onde está o diabinho: Ó grande Lúcifer, eu te entrego estes dois olhos de um gato preto para que tu, meu grande amigo Lúcifer, me sejas favorável nesta apelação que faço a teus pés. Meu grande ministro e amigo Satanás e Barrabás, eu vos entrego a mágica preta, para que vós lhe ponhais todo o vosso poder, virtude e astúcias que vos foram dadas por Jesus Cristo; pois eu vos entrego estes dois olhos dum gato preto, para deles nascer um diabo para ser minha companhia eternamente. Minha mágica preta, eu te entrego a Maria Padilha, a toda a sua família e a todos os diabos do inferno, mancos, catacegos, aleijados e a tudo quanto for infernal, para que daqui nasçam dois diabos para me dar dinheiro, porque não quero dinheiro pelo poder de Lúcifer, meu amigo e companheiro doravante." Fazei tudo isto que vos acabamos de indicar e no fim dum mês mais dia menos dia, nascer-vos-ão dois diabinhos com a figura dum lagarto pequeno. Logo que esteja nascido o diabinho, metei-o dentro de um canudinho de marfim, ou buxo e dai-lhe de comer ferro ou aço moído. Quando estiverdes senhor dos dois diabinhos, podeis fazer tudo quanto vos agradar; por exemplo: Desejais dinheiro? Basta abrir o canudo e dizer assim: "Eu quero já aqui dinheiro," que imediatamente vos aparece, com a condição única de que não podeis dar esmolas aos pobres nem com ele mandar dizer missas, por ser dinheiro dado pelo demônio. "Esse diabinho é o *Familiar*. João Ribeiro (*Denunciações da Bahia*, S. Paulo, 423, 1925) em 22-8-1591: "Denunciou mais que há mais de um ano que nesta cidade, falando com uma mulher por sobrenome a Nóbrega à sua porta dela lhe disse que sua filha dela por nome Joana que estava em Lisboa tinha um Familiar o qual se ela aqui tivera fizera tudo o que quisera." Pelas *Confissões da Bahia*, 62 (Rio de Janeiro, 1935) sabe-se que o *Familiar* da jovem Joana Nóbrega, moradora à Rua Cataquefarás, em Lisboa, tinha o nome de Baul e vivia num anel.

FANDANGO. Com vários sentidos no Brasil. Fandango é o bailado dos marujos ou *marujada* e ainda *chegança dos marujos* ou *barca* nalguns Estados da Nordeste e Norte. No Sul (Paraná, Santa Catarina, S. Paulo e Rio Grande do Sul) *fandango* é baile, festa, função, em que se bailam várias danças regionais. Seria, nesta acepção, vindos das repúblicas do *Prata, fiesta gauchesca con baile*, como define Eleutério F. Tiscornia (*Poetas Gauchescos*, anotações, 321, Buenos Aires, 1940). Em São Paulo dizem fandango uma dança aproximada do *cateretê* e outras vezes sinônimo da *chula*. O Padre Covarrubias fala em fandangos dançados pelos Coroados diante dos túmulos (Renato Almeida, *História da Música Brasileira*, 173-174). Como baile ou dança individual de par, tal-qualmente se originou na Espanha, o norte da Brasil não conhece. Fandango é sempre um auto popular, já tradicional na primeira década do séc. XIX, convergência de cantigas brasileiras e de xácaras portuguesas, distinguindo-se a nau *Catarineta* (ver), o "Su'Alteza a quem Deus guarde" que é o *Capitão da Armada* (Jaime Cortesão, *O Que o Povo Canta em Portugal*, 142, Rio de Janeiro, 1942), e mesmo chulas e cantos religiosos. O fandango (Nordeste e Norte) ou marujada (leste e sul do Brasil) é representado no ciclo do Natal, com personagens vestindo fardas de oficiais de Marinha e marinheiros, cantando e dançando ao som de instrumentos de corda. Não há em Portugal conjunto semelhante, embora uma boa percentagem temática seja de origem portuguesa, das odisseias marítimas. É um mosaico de temas, organizado anonimamente no Brasil. A música é toda de influência europeia, pelas soluções melódicas e quadratura da estrofe musical cantada. No fandango ocorre, nalguns estados (Ceará, Bahia, Paraíba, onde o chamam "Barca"), a presença de mouros que atacam a nau e são vencidos e batizados, episódios que constituem a *chegança* ou *chegança de mouros*. Em Pernambuco e Rio Grande do Norte não há mouros nem lutas guerreiras. Nem mesmo o trecho amoroso da *saloia* como há na *barca* de Paraíba. No Rio Grande do Norte, onde o fandango é exibido desde princípios do séc. XIX ininterruptamente, consta de vinte e quatro jornadas (partes), sendo a nau catarineta a décima sexta. As *chulas* e outras cantigas populares são a 19ª (Passarinho preso canta!), a 22ª (Adeus, ó bela menina!) e a 23ª (Adeus, meu lindo amor!). O "Su'alteza a quem Deus guarde," que é o *Capitão de Armada* em Portugal, é a 21ª jornada. O elenco se compõe do mar-e-guerra, imediato, médico (papel novo), capitão, piloto, mestre, contramestre, dirigindo estes últimos as duas alas de marujos (onze por banda), e calafate numa dessas filas, o gajeiro na outra, dois cômicos, o ração e o vassoura. Orquestra de rabeca (violino), violão, viola e, recentemente, cavaquinho e banjo. Os dois grupos, com sua oficialidade, vêm puxando um naviozinho branco, com todas as velas abertas, e cantando a primeira jornada até o tablado, armado em frente à matriz ou no local escolhido previamente (jamais dentro de sala, sempre ao ar livre) e aí decorre a representação, que dura umas três ou quatro horas pela repetição das cantigas. Bibliografia essencial: Renato Almeida, *História da Música Brasileira*, sobre o baile campestre, os vários tipos de dança, o auto; Oneyda Alvarenga, sobre o fandango, dança popular, "Comentários a Alguns Cantos e Danças do Brasil," *Revista do Arquivo Municipal*, S. Paulo, LXXX; Gustavo Barroso, *Ao Som da Viola*, Rio de Janeiro, 1921, transcreve a letra completa, com a ocorrência dos mouros, assim como o faz D. Martins de Oliveira, *Marujada*, 155, Rio de Janeiro, sem data; Pereira da Costa, resumos, indicações, notas, *Folclore Pernambucano*, 244; Gonçalves Fernandes, O *Folclore Mágico do Nordeste*, Rio de Janeiro, 1938, o cap. VIII transcreve a "Barca" paraibana; Mário de Andrade, *Música do Brasil*, 69, 74, estudando barcas, fandangos, cheganças dos marujos. A mais antiga informação é de Henry Koster que assistiu ao auto do fandango na ilha de Itamaracá em 1814. Descreve sumariamente, mencionando o capitão, o piloto, ou mestre, o mestre, contramestre, capelão (figura desaparecida no Rio Grande do Norte), ração, vassoura e gajeiro, que é o demônio tentador na cantiga (*Viagens ao Nordeste do Brasil*, 406, São Paulo, 1942; *Travels in Brazil*, II, 103, London, 1817; Ver *Literatura Oral no Brasil*, cap. X, 415-454, 2ª ed., São Paulo, Global, 2006). Com os assuntos da marujada foi levado no Parque Infantil Pedro II, em São Paulo, o bailado da marujada pelas crianças dos parques infantis e da Biblioteca Infantil, na manhã de 11-7-1937 (*Anais do Primeiro Congresso da Língua Nacional Cantada*, 723, São Paulo, 1938). Ver "O Fandango", Maceió, sep. da *Revista do Instituto Histórico de Alagoas*, 1937, pesquisa de Téo Brandão. Fandango de Januária, rio S. Francisco, Minas Gerais. Dançam oito homens de cada lado, com voltas e sapateados. Cantam versos comuns, quadrinhas, e o coro responde: — Fandangô! (Manuel Ambrósio, *Brasil Interior*, 124-126, S. Paulo, 1934). Alceu Maynard Araújo envia a seguinte nota: "No Brasil, na região norte-nordeste, fandango é a denominação de uma dança dramática, sinônimo de *marujada*. No Sul, a partir de São Paulo até Rio Grande do Sul, é o conjunto de danças rurais, com as mais variadas coreografias. Receberam influência hispânica e houve reforçamento de sua prática, graças principalmente aos açorianos. No litoral sul paulista dividem o fandango em dois grupos distintos: rufado ou batido e bailado ou valsado. Nos rufados ou batidos, entra predominantemente o bater de pés, que no valsado é nulo. Há um grupo, que seria misto, onde há bater de pés e valsados, denominado rufado-valsado. Registrou-se cerca de cem denominações das modalidades do fandango na região sulina brasileira: andai-meu-amor, andorinha, anu, anu-chorado, anu-corrido, anu-velho, bamba, querê, benzinho-amor, candeeiro, cará, caranguejo, cerra-baile, chamarrita ou chimarrita ou chimarrete, chico, chico-puxado, chico de ronda, chula, cirandinha ou sereninha, cobra, convidado, corriola, curitibano, dandão, dão-celidão, enfiado, engenho-novo, esquipado, faxineira, feliz-amor, feliz-meu-bem, galinha-morta, graciana, João Fernandes, macaco, mandado, manjericão, mantiquira, marrafa, meia-canha, mico, mono, monada, morro-seco, nhá-Maruca, Nhaninha, o marujo, passado, pagará, passa-pachola, pega-fogo, perição, pericó, pinheiro, pica-pau, pipoca, quero-mana ou querumana, recortado, retorcida, ribada, rodagem, sabão, salu, sapo, sarrabalho, Senhor Sampaio, sereia, serrana, serrador, sinh' Aninha, sinsará, tatu, tirana, tirana-grande, tiraninha, tição, tirolito ou pirulito, tontinha, trançado, ubatubana, vamos na chácara, velho-vai-moça-fica, vilão de agulha, vilão de lenço, vilão da mala, volta-senhora. "A denominação nordestina é fandango e não marujada e menos ainda *folgança dos marujos*, no registro de Sílvio Romero. A brasilidade do fandango, auto popular, é indiscutível, não o confundindo com dança marinheira e menos ainda com xácara. Auto, sequência de temas com um leve fio de articulação, menos temático do que o próprio dinamismo, como o nosso fandango não há em Portugal. Ver *Chico, João Fernandes, Marujada, Nau Catarineta, Retorcida, Ribada, Sabão, Saiá-Saiá, Sala, Samba, Sarrabulho, Serrana, Tonta, Volta-Senhora, Tatu, Xará*. Fandango é também espada, sabre, facão, especialmente da polícia. Vale briga, barulho, luta, conflito. João Ribeiro (*O Elemento Negro*, 85, Rio de Janeiro, sem data) registra: "fandango, espada velha, não inteira, reduzido facão," africanismo. Fandango-Auto só existe no Nordeste. Para o sul e região central do Brasil vive o Fandango-Baile. Este, mereceu pesquisa e extensa documentação (Rossini Tavares de Lima, *Folclore de São Paulo*, "Fandango," 35-52, S. Paulo, s. d.; Alceu Maynard Araújo, *Folclore Nacional*, II, "Fandango", 129-192, S. Paulo, s. d.). O Fandango-Auto registrei-o no meu *Literatura Oral no Brasil*, as vinte e quatro *jornadas*, notas e comentários 418-454, 2ª ed., São Paulo, Global, 2006).

FANHOSO. Falar fanhoso, fala pelo nariz, *voix nasillarde*, fina e trêmula. É a voz dos espectros, almas do outro mundo, esqueletos fantasmas que não podem descerrar as mandíbulas, figuras assombrosas, animais atemorizantes, dotados de linguagem. Miss Mary Pamela Milne-Rome estudando as *Nancy Stories*, estórias da aranha Anansi, na Jamaica, 1890, informa: "His voice, also, is peculiar; he is said to speak through his nose." Os negros narrando as façanhas da invencível heroína da Costa do Ouro empregavam o *indescribable nasal accent*. É a voz dos animais astuciosos, a raposa manhosa, o camarada macaco fingindo-se inocente, o coelho sagaz. O rei, a onça, o papão, os gigantes, os monstros, falam sempre alto e grosso.

FARIA, ALBERTO. Ver *Alberto Faria*.

FARICOCO, FARRICOCO. Correspondia ao maceiro da misericórdia no Rio de Janeiro, ao gato da misericórdia ou simplesmente o gato, afastando o povo com a matraca, e agredido brutalmente pelos moleques, na Bahia, os farricocos do Ceará e do Pará e ainda este nome em São Paulo ou *A Morte*, seguindo a procissão dos Passos. Esses encarregados de anunciar o desfile religioso ou defender a ordem das filas contra a intrusão dos meninos e vadios sofriam ataques, pedradas, obrigando as Irmandades a substituí-los posteriormente nas procissões dos fogaréus ou dos Passos. Dizia-se também farricoco aos irmãos condutores dos andores, desde que envergassem a vestimenta típica, ainda corrente nas procissões de Sevilha, de aparatosa impressão popular. A Ordem Terceira do Carmo de Ouro Preto, na sessão de 14 de fevereiro de 1796 tratou da criação dos farricocos: "Foi proposto pelo Ir. Procurador na presença de toda a Mesa que era o mais custoso nas procissões da Ordem o acharem Irmãos que carregassem os andores tanto pelo peso dos mesmos, e igualmente que devem ter como pela falta que fazem nas alas, para a coluna dos Irmãos, e como nesta mesma Ordem antigamente se costumava haver farricocos à imitação do que se usa na corte de Lisboa, e outras cidades europeias, o que ouvido por todos determinaram se comprasse algodão e se mandasse tingir cento, noventa, e duas varas para se fazerem os trinta, dois farricocos de que se precisam." (Francisco Antônio Lopes, *História da Construção da Igreja do Carmo de Ouro Preto*, 96, Publicação do Serviço do Patrimônio Histórico e Artístico Nacional, n.º 8, Rio de Janeiro, 1942; João da Silva Campos, *Procissões Tradicionais da Bahia*, Bahia, 1941; Melo Morais Filho, *Festas e Tradições Populares do Brasil*, ed. Briguiet, Rio de Janeiro, 1946; Gustavo Barroso, *Coração de Menino*, Rio de Janeiro, 1939; Paulo Cursino de Moura, *São Paulo de Outrora*, Ed. Martins, São Paulo, 1943). Ver *Cuca*.

FARINHA. Abundância, quantidade, grande número: Gente como farinha.

"Tu com a serra,
Eu com a linha;
Ganhamos dinheiro
Como farinha."

(da parlenda "O Serrador")

Esta farinha é a da mandioca, pão dos brasileiros, e ainda a que se refere este vulgaríssimo ditado, meninada, em altos brados, ao romper da Aleluia: Aleluia! Aleluia! Peixe no prato, farinha na cuia! Que o ditado tem já os seus cajus, verifica-se desta paródia, que vem em um artigo político publicado em *O Liberal Pernambucano* na sua edição de 11-5-1857: Aleluia, Aleluia! Perfídia nos pratos, mamata na cuia! Casa de Farinha: A dependência de uma fazenda ou casa de habitação rural, onde se fabrica a farinha de mandioca, e ainda rudimentarmente montada. Farinha de Barco: A que vem por mar, deixando o mau gosto e cheiro da maresia, e assim depreciada no mercado. Farinha de Foguete: A que era exposta à venda na concorrência de uma calamidade pública, uma rigorosa seca, que afligiu a Capitania em fins do séc. XVIII, cuja venda tinha lugar na praça da Polé, hoje da Independência, e era anunciada por um foguete do ar; daí a sua denominação de farinha de foguete, que a tradição ainda mantém. Farinha de Guerra: A de má qualidade, servida no rancho dos quartéis e reservada às tropas em mobilização. Farinha de Pau: a mesma de mandioca. "Passaram tantas fomes e necessidades que muitas vezes não tinham que comer mais que caranguejos do mato, farinha de pau e fruta brava do campo" (*Campanha Contra os Índios*, 1560). "Por este mantimento da mandioca se fazer da raiz de um pau, que se planta de estaca, e que em tempo de um ano está em perfeição de se poder comer, lhe chamam em Portugal *farinha de pau*". (*Diálogos das Grandezas do Brasil*). "A farinha de pau, como chamam algumas vezes a de mandioca, tem os seus fervorosos adeptos mesmo nas altas classes." (Dr. Otávio de Freitas). Farinha do Reino: A de trigo, assim chamada desde os tempos coloniais, pela sua procedência da Metrópole, o Reino de Portugal. Farinha Seca: Em estado natural. Ditados: *Comer a vergonha com farinha seca*; *de pouca farinha o meu pirão tem medo*; *mel em casa é destruição de farinha*; *pólvora com farinha* (Pereira da Costa, *Vocabulário Pernambucano*, 334-335). A informação, referindo-se ao Recife, Pernambuco, aplica-se a quase todo Brasil nas várias acepções da *farinha*. Pólvora com farinha é o cabelo grisalho. A farinha, fácil de produzir, conservar e conduzir, possibilitou a penetração do sertão brasileiro. O português e o negro africano habituaram-se rapidamente à farinha como alimento indispensável (e às vezes único), podendo independer das exigências mais complexas do estômago. A farinha aligeirou a bagagem das Bandeiras e excursões caçadoras de ouro e indiada nos sécs. XVII-XVIII. Fernando São Paulo (*Linguagem Médica Popular no Brasil*, I, 390-397) registra excelente verbete sobre os vários tipos de farinha, conhecidos pelos cronistas coloniais, farinha de guerra, de pau, de lancha, d'água, de mistura, seca, etc.

FAROFA DO CASCO. Aberta a tartaruga, tirados os ovos, vísceras, quartos, filé, o casco (carapaça) fica, aparentemente, limpo por dentro. Levado, porém, ao forno, depois de lavado e temperado com sal e limão, escorrega-lhe abundante gordura para o fundo, sob a ação do calor. Essa gordura, misturada no próprio casco, com farinha-d'água torrada, é a farofa. Cada prato de tartaruga é comido com a farofa do casco, como se usa com o pão. As famílias pobres fazem render o acepipe, levando durante dois, três, quatro dias e até a semana inteira, o casco ao forno e adicionando-lhe novas doses de farinha para diárias farofas (Raimundo Morais, *O Meu Dicionário de Cousas da Amazônia*, I, 181-182).

FAVELA. Laudelino Freire registra *favela* como sendo um arbusto da caatinga baiana, que deu nome a um morro, celebrizado na Guerra de Canudos (1897). Depois da guerra, os soldados que voltaram ao Rio de Janeiro, foram abrigados em barracões no morro da Providência, os quais passaram a ser chamados pelo povo de *favelas* e *favela*, também não demorou a se designar o próprio morro, tal como o homônimo baiano e, a seguir, todos os outros ajuntamentos de casas de outros morros ou das zonas mais desocupadas e abandonadas do Rio. As casas das favelas são os barracos e no geral estes se constroem com tábuas de caixotes e pedaços de lata, havendo também os de pau-a-pique. A cobertura é de folhas de zinco e ainda de lata, protegida com pedras que a impede de ser arrancada pelo vento. Uma porta e uma janela arejam e permitem o acesso ao barraco (Rossini Tavares de Lima, São Paulo). A Favela, *Jatropha phyllacantha*, Mart, euforbiácea, atinge de três a cinco metros, divisa natural entre a caatinga e o agreste. Estende-se do Piauí à Bahia. A favela, habitação e bairro pobre, tem sido motivo de alto interesse, literário e musical, na inspiração popular.

FAXINA. Ver *Adjunto*.

FAXINEIRA. Ver *Fandango*.

FAZER AS ONZE. "Uma ligeira refeição a essa hora para esperar o jantar, um petisco, ou um lanche (do inglês *lunch*), segundo a fraseologia moderna. Um caldo, espécie de remate grosso, com que as moças biqueiras na comida *fazem as onze*." (*O Diabo a Quatro*, n.º 25 de 1875). "Registrando Z. Rodrigues o novo termo, cita a respeito o juízo de Aroma, que escreve: "Palavra inglesa que ha desterrado por completo y sin motivo la española de *once*. Qué mas dice *tomar lunch* que *hacer las once*? Nada, absolutamente nada". Citando também a Cuervo, consigna umas frases suas sobre a locução *Tomar las once*, verificando-se, assim, que a nossa antiga frase teve também voga nas repúblicas do Prata e do Pacífico, e naturalmente, originária da pátria comum, a Espanha. Ainda com uma certa voga entre nós, principalmente entre uns tantos espíritos intransigentes, cremos que a locução *fazer as onze* vem dos tempos patriarcais de almoço às sete horas e jantar às três, fazendo-se de permeio, às *onze horas*, uma ligeira refeição, um petisco, para esperar pela *janta*." (Pereira da Costa, *Vocabulário Pernambucano*, 337-338).

FAZ-MAL. Ver *Tabu*. (I).

FEDE. Ver *Jogo de Baralho*.

FEDE A BREU. Grupo de foliões pela festa do Natal até Dia de Reis, 6 de janeiro, visitando as casas amigas em horas altas da noite, com avisos prévios ou de surpresa, cantando versos laudatórios, acompanhados por instrumentos de corda. A finalidade era uma refeição improvisada, alegremente oferecida, seguindo-se recitativos e modinhas. Quando o homenageado recusava-se abrir a porta ao som da música e das aclamações cordiais, o grupo entoava o despique, ocasionando, às vezes, lutas e ferimentos:

"Esta casa fede a breu,
Nela mora algum judeu;
Se não é o dono da casa,
É algum parente seu."

A tradição manteve-se na cidade do Natal, RN, até 1912, barulhenta e popular, tendo a participação dos poetas e músicos boêmios. Naturalmente existiu noutras regiões do Brasil, embora desconheça registro. Dizia-se um *Fede a Breu* relativamente ao grupo e à função. Informação do escritor Pereira da Silva, norte-rio-grandense, várias vezes deputado federal pelo Amazonas, velho e fiel participante do folguedo. É uma reminiscência das *Janeiras* ou *Reis* em Portugal. A alusão ao breu associava ao castigo inquisitorial dos *cristãos-novos*, penitenciados pelo Santo Ofício no auto de fé. O breu ativava a combustão das fogueiras punidoras do judaísmo. O Prof. J. A. Pires de Lima, em novembro de 1938, assistiu em Coimbra a um bando de rapazes cantar à porta de residências, pedindo o *Pão por Deus* na véspera de Finados. E havia o verso de despique, do *Fede a Breu* em Natal:

"Esta casa cheira a breu;
Mora aqui algum judeu!"

(No Crepúsculo, 122, Porto, 1951).

FEIJÃO. "Certos passos característicos do bailado popular do coco (ver *Coco*) e particularizados por acentuação própria, com as denominações de *feijão preto, mulatinho e miudinho*". (Pereira da Costa, *Vocabulário Pernambucano*, 339). O *miudinho* era espécie de maxixe, já citado em 1832. Ver *Miudinho*.

FEIJÃO-DE-AZEITE. Ver *Humulucu*.

FEIJÃO-MIÚDO. Ver *Mana-Chica*.

FEIJOADA. O prato mais nacional e popular do Brasil, preferido por todas as classes e em todo o ano. A feijoada completa é uma inominável reunião de verduras e carnes, de porco, gado, linguiça, paio, salsichas, charque, carne de sol, orelha de porco (Minas Gerais), abóbora, aipim (macaxera), etc., etc. As receitas são incontáveis e variadas. Os tipos de feijão-mulatinho, enxofre e preto são os preferidos. Manuel Querino e Sodré Viana só falam no feijão-mulatinho, como bons baianos. Cariocas e paulistas decidiram-se pelo preto. A maioria popular gosta... de qualquer receita da feijoada, segundo Sodré Viana: Depois de bem lavado, o feijão-mulatinho (só serve mulatinho) fica de molho, enquanto se aprestam os outros ingredientes, charque com a gordura dosada ao sabor de cada um, toucinho, orelhas de porco bem limpas dos cabelos que costumam trazer. Tempera-se de sal, não esquecendo que a linguiça e o charque são, por si mesmos, bastante salgados. Põe-se tudo a ferver, à noite, durante três horas. Na manhã seguinte, a panela vai novamente ao fogo até a hora do almoço, tendo-se acrescentado duas ou três folhas de louro. Para servir, separam-se as carnes, escorre-se todo o caldo do feijão e, com o fundo de uma garrafa de fundo chato, esmagam-se os caroços até que fiquem transformados em pasta. Junta-se-lhes novamente o caldo e mexe-se bem, para que toda a pasta se dissolva nele. Feijão na terrina. Carne, em travessa. Molho de pimenta e limão, a que se ajuntam um pouco de caldo de feijoada e grandes rodelas de cebola. Nota: Os sertanejos da Bahia têm uma medida, que não falha, para calcular a quantidade de feijão em relação ao número de pessoas convidadas. Juntam-se as duas mãos em cuia e enchem-se de grão. Para cada pessoa, essa quantidade. E como somos muito hospitaleiros, sempre se bota uma ração a mais na panela (*Cadernos de Xangô*, 57-58). Bebe-se a *abrideira*, cálice de cachaça indispensável. Há quem coma toda feijoada bebendo *a branca*. Os técnicos desaconselham. Não encontro documento da *feijoada completa* anterior ao séc. XIX.

FEITIÇARIA. É nome genérico para designar todas as práticas de magia popular e tradicional, com ou sem cerimônias religiosas, como o candomblé baiano ou a macumba do Rio de Janeiro. As influências são numerosas e amalgamadas em séculos de uso e confiança. Da bruxaria europeia, tornada poderosa na Idade Média, dizendo-se possuidora de segredos egípcios e das sibilas romanas, procedem incontáveis processos terapêuticos e mágicos, especialmente amorosos, filtros, benzeduras, orações, ensalmos, com a irresistível convergência do cristianismo. A leitura dos processos do Santo Ofício denuncia a contemporaneidade de superstições que as julgam legitimamente africanas ou locais no Brasil. O africano trouxe um cerimonial coletivo, a festa litúrgica, aos seus deuses na presença dos orixás, ligando ao *ludus* votivo, a dança, o canto, o ritmo, elementos igualmente característicos das cerimônias religiosas indígenas, as raras que foram registradas pela suspicácia dos cronistas do séc. XVI atacados pela monomania do diabo. Mário de Andrade distribuiu, no plano geográfico, a feitiçaria nacional de origem africana ou de inspiração ameríndia numa curta série que se deve pensar como tendo o elemento do bruxedo europeu em doses altas e permanentes. A seriação de Mário de Andrade é a subsequente:

Macumba: Rio de Janeiro.
Linha de Mesa: Rio de Janeiro.
Candomblé: Bahia.
Candomblé ou Religião de Caboclo: Bahia.
Xangô: Pernambuco, Paraíba (também Alagoas).
Catimbó: todo o Nordeste.
Pajelança: Amazônia e Norte do Piauí.
Tambor de Mina e Tambor de Crioulo: Maranhão.
Babassuê: Pará.

(Mário de Andrade, "Geografia Religiosa do Brasil," Publicações Médicas, 84, agosto de 1941, São Paulo. Ver Luís da Câmara Cascudo, Meleagro, Rio de Janeiro: Agir, 1978).

FEITIÇO. O que é artificial, falso, fingido, não natural. Despacho. Ebó. Coisa-feita. Muamba. O objeto que contém a feitiçaria, transmitindo os males pelo contato. Fetiche. Amuleto protetor. Ver *Catimbó, Despacho, Invoco*.

FEITO EM PÉ. Diz-se do *santo*, nos candomblés jeje-nagôs e bantos, que não mereceu o cerimonial preparatório para assentar no seu sacerdote, babalaô, babalorixá, pai de santo. "Há pessoas que não *fazem* santo, como as demais, prescindindo de se recolherem à camarinha, de rasparem a cabeça, de observarem preceitos. Destas pessoas se diz que o seu respectivo santo foi *feito em pé*. Por exemplo, Germina do Espírito Santo não tem pai nem mãe de santo, segundo me informa Manuel Lupércio, seu marido: Ninguém botou a mão na cabeça dela..." (Édison Carneiro, *Negros Bantos*, 113). "O chefe da seita deve ter sido *feito*, por sua vez, devendo ter passado algum tempo, em geral sete anos, no mínimo, como *filho* de algum candomblé. Mas já hoje essa exigência decaiu de importância nos candomblés não nagôs. Assim, Zé Pequeno, Germina, Idalice, outros pais e mães nunca foram *feitos*. Para estes casos se criou uma tapeação, digamos, jurídica: os interessados afirmam que os seus respectivos santos foram *feitos em pé*, ou seja, eram tão evidentes e tão poderosos que dispensaram a intervenção de terceiros. Daí o vasto número de pais e mães improvisados, que tanto têm comprometido a pureza e a sinceridade dessas religiões" (Idem, "Candomblés da Bahia", Revista do Arquivo Municipal, n.º 131, LXXXIV).

FELIZ-AMOR. Ver *Fandango*.

FELIZ-MEU-BEM. Ver *Fandango*.

FELÔ. Rebuçado de açúcar, em ponto fraco, de modo a constituir uma massa maleável. Corr. de Alféloa, do arábico *Al-helâwa* (Dozy e Engelmann, *Glossaire*, 112). No velho português chamava-se alfeloeiro, segundo Viterbo (*Elucidário*, 55), aquele que fazia doce de qualquer qualidade, e isso constituía profissão ilícita, porque uma lei Del-Rei D. Manuel, de 1496, prescreve "que não haja alfeloeiros, e que pena haverão." (Rodolfo Garcia, *Dicionário de Brasileirismos*, Revista do Instituto Histórico e Geográfico Brasileiro, 76, 778). O dicionário português de Frei Domingos Vieira pormenoriza: "Pasta de melaço, em ponto forte, de sorte que fica alva depois de manipulada, reduzindo-se ao feitio de uns pãezinhos torcidos." Morais informa que são as mesmas puxa-puxas ou simplesmente puxas. Ver *Alfelô*.

FÊMEA. Ver *Maconha*.

FÊMUR. Ver *Corredor*.

FERNANDES, JOÃO BATISTA RIBEIRO DE ANDRADE. Ver *João Ribeiro*.

FERRA. Marcação de gado com as letras do proprietário ou da fazenda, estância, etc.; *yerra, hierra*, nos países platinos, a principal reunião de vaqueiros no tempo em que o gado pastava nos campos indivisos e as cercas de arame eram hipóteses. Tangido o gado para um curral, fazia-se a apartação entre os vários donos, aproveitando-se a presença para derrubadas, cavalhadas festivas, que terminavam com bailes ruidosos, casamentos e brigas. A cerca de arame, dividindo os pastos, o gado, deu nova fisionomia ao sertão e mesmo à psicologia do senhor da fazenda, vaqueiros e agregados. As grandes ferras desapareceram porque são feitas em cada fazenda. Outrora eram motivos de alto interesse social, atraindo cantadores, valentões, os melhores vaqueiros para alguns dias de vida intensa e fraternal. Uma longa bibliografia literária fixou a ferra nortista, ou a marcação sulista. *A Marcação*, M. Pereira Fortes, S. Paulo, 1940. É motivo de fácil encontro em todos os poetas sertanistas (Gustavo Barroso, *As Colunas do Templo*, 349, Rio de Janeiro, 1932; Francisco Alves de Andrade e Castro, *Subsídios para o Estudo dos Usos e Costumes Pastoris no Nordeste*, "Marcas de ferro a fogo usadas no Ceará," Ed. Instituto do Ceará, Fortaleza, 1947). Vergílio registra a ferra do gado do seu tempo (*Geórgica*, I, 263, III, 158).

FERRADO. Diz-se do legume cozido em mistura com toucinho. Feijão ferrado, arroz ferrado. Folclore da região norte-mineira do vale do São Francisco (Saul Martins).

FERRADURA. Amuleto de felicidade, atraindo a sorte e afastando o mau-olhado e desgraças para quem o possuir. Só será valiosa se for encontrada, casualmente, na rua, não tendo forças propiciatórias, quando comprada ou furtada. Pregam no alto das portas, pelo lado de dentro, em cima dos balcões ou na soleira. No balcão *chama dinheiro* e evita *o fiado*, vendas a crédito. Osvaldo Orico (*Vocabulário de Crendices Amazônicas*, 105, S. Paulo, 1937) escreve: "Algumas pessoas mais exigentes acham que a ferradura só produz efeitos benéficos, quando é encontrada na rua, com a boca voltada para o futuro possuidor. Do contrário, não terá as propriedades de talismã." É vendida como joia, em metais preciosos, miniaturas para pulseiras, broches, brincos, anéis, alfinetes de gravata, etc. Há tipos maiores, de madeira, decorados e ornamentados para a entrada das salas elegantes. A tradição europeia emigrou para o Brasil, especialmente para cidades do litoral e de maiores vultos. Não está espalhada pelo interior, onde os animais são raramente ferrados. Na Europa é uma das superstições mais populares e conhecidas. Edwin e Mona A. Radford (*Encyclopedia of Superstitions*, Philosophical Library, New York, 1949) informam: "A horseshoe nailed over the door lintel of a house will bring good luck to all inside. General belief... It is lucky to find a horseshoe in the road." As superstições coligidas pelo casal Radford são da Inglaterra. O Almirante Nelson tinha uma ferradura pregada no mastro grande da "Victory." Estava aí para defender a esquadra das tempestades e atrair a boa sorte. A origem é dada como uma proeza de S. Dunstan, que era ferreiro e foi procurado pelo diabo, para que lhe consertasse o calçado. S. Dunstan, reconhecendo-o, amarrou-o no muro e tratou-o com tanta violência que Satanás suplicou, aos berros, misericórdia. O santo libertou-o, depois de fazê-lo prometer que jamais entraria num lugar onde estivesse exposta uma ferradura. Radford sugere que essa superstição tenha sido divulgada pelos romanos na Inglaterra, não referente, evidentemente, a S. Dunstan, mas reminiscência de que o prego metido na soleira das casas afastava a infelicidade. Um dos auspícios populares ainda era no séc. XIX: "that the horseshoe may never be pulled from your threshold." Em Roma, republicana e imperial, uma cerimônia indispensável era o *Clavus annalis*. O magistrado que tivesse a maior autoridade em Roma batia um cravo no muro entre as celas de Júpiter e de Minerva e era repetido em épocas de calamidades públicas como supremo apelo às divindades (Daremberg & Saglio, *Clavus*), J. Leite de Vasconcelos, *Lusa*, n.º 11, Viana do Castelo, agosto de 1917, sugere uma interpretação curiosa: "Talvez se possa explicar também pela ideia de desprezo, ou analogia, o uso da ferradura como amuleto. Há aqui duas ideias: a do ferro, e a forma do objeto. Deixando de lado a primeira, falarei somente da segunda. Era frequente nos antigos simbolizar a ideia de vitória, figurando um cavaleiro que atropelasse ou pisasse um vencido. Desta ideia de atropelamento, representada especialmente no casco do cavalo, viria a da suposição de que a ferradura expulsava ou aniquilava os maus espíritos. Aquilo que na religião e magia tem, a princípio, significação real, torna-se, com o decorrer dos tempos, mero símbolo, às vezes, muito afastado da função primitiva." Em nota, acrescenta: "Lamento não ter presente o livro do Dr. Laurence (*The Magic of the Horseshoe*, Boston, 1898) que só conheço por citações. É possível que lá encontre alguma explicação diferente da minha." Artur Coelho, a meu pedido, leu em Nova Iorque o "Dr. Laurence" numa edição de 1851. É uma tentativa de história da Magia em todos os aspectos, incluindo os talismãs e *charms*. Nada adianta sobre a origem da superstição da ferradura que, na Europa, é ligada ao culto de S. Dunstan ou de Santo Elói, com o mesmo episódio acima registrado.

FERRA-FOGO. "Dança velha que os negros tinham de entoar em coro, fazendo de orquestra para o baile dos senhores, no tempo da escravidão" (J. Guimarães Rosa, *Sagarana*, 66, Rio de Janeiro, 1946). É informação de Minas Gerais. Existe também em Goiás e A. Americano do Brasil descreveu como uma dança de roda ou de fila. Os dois dançantes se encontram no meio do plano, batem com os pés, com as mãos, fazem uma meia volta, balanceiam, travesseiam, e o cavalheiro conduz a dama ao seu lugar (*Cancioneiro de Trovas do Brasil Central*, 276-277, São Paulo, 1925).

FESTA. Individualizando-a, *a Festa*, entende-se o Natal, *mês de festa*, dezembro. É a época de dar e receber *festas*, presentes com reciprocidade cordial, correspondendo a *étrenne*. Falando nas *três festas do ano*, indicavam-se em Portugal antigo o Natal, Páscoa e São João, a primeira e última fixas e a segunda móvel. Dezembro é mês de verão, época em que a sociedade foge para as praias, sítios e lugares da montanha, fase de viva comunicação nas festividades improvisadas, antes e depois do Natal, com seu cortejo de tradições ainda vivas. Os viajantes e naturalistas registraram esse êxodo das cidades e as alegrias sociais na praia e montanha. Sobre esse aspecto Koster, Waterton, Tollenare escreveram a crônica das festas nos arrabaldes ao redor do Recife. Estão ligadas ao Natal as expressões correntes de missa de festa, pedir as festas, passar fora as festas, apresentar ou desejar boas festas; *Happy Christmas, Christmas tide, Noël*. Na Europa, mês de inverno, o Natal é mais íntimo, caseiro, familiar.

FETICHE. Objetos representando uma força divina; mascote, amuleto, talismã. George Peter Murdock (*Nuestros Contemporáneos Primitivos*, México, 1945) em nota à pág. 80, esclarece: "El término *fetiche* se ha usado, por desgracia, tan a menudo para referirse a cualquier objeto muy apreciado o considerado como sagrado por el hombre, que es preciso que lo definamos. Tal como lo usamos aquí y en todo el libro, tiene el significado concreto que le dió hace ya mucho tiempo Julius Lippert (*Kulturgeschichte der Menschheit*, II, 364, Stutgart, 1887). Hablando con propiedad, un fetiche es cualquier cosa, inanimada, en la que reside un espíritu extraño; es un objeto adorado o apreciado, no por sí mismo, ni por algún poder vago o místico asociado a él, sino sólo en virtud de su "posesión", por un ser espiritual definido. Un término tan útil no merece que se le olvide." Do português *feitiço*.

FIGA. É um dos mais antigos amuletos contra o mau-olhado, *Evil eye, Böse blick, mal de ojo, daño de aojamiento*, etc. A figa latina, *ficus, fica* italiana, é a mão humana, em que o polegar está colocado entre o indicador e o médio. É uma representação do ato sexual, em que o polegar é o órgão masculino e o indicador e o médio o triângulo feminino. O símbolo da reprodução anula as influências negativas da esterilidade, adversas à vida. Outro tipo comum da figa é a mão cornuda, *mano cornuta*, os dedos indicador e mínimos estendidos paralelamente e os demais dobrados. Chamamos no Brasil a essa figa o *isola*, dizendo-a isolar, afastar o perigo dos malefícios. A mão cornuda repete os cornos, atributos da potência viril (ver *Cornos*), touro solar, vaca lunar, bode de Mendes, cabra amalteia, cornucópia, etc. São votados às forças da criação e reprodução. A figa contra a jetatura, o fascínio, é amuleto itifálico, ligado, ao culto obsceno. Figas e falos eram trazidos pendentes dos colares femininos e infantis em Roma, fazendo rugir Varrão: "pueris turpicula res in collo suspenditur, nec quid obsit rei obscoena causa." Popularíssima entre os povos latinos, a figa é de fácil encontro desde a pobre escultura tosca de arruda até os berloques de relógio, alfinetes de gravata, *bijou*, de pulseira e colar, em ouro, platina, coral, tendo incrustações preciosas. Dante cita-a na *Divina Comédia* (Inferno, XXV). Shakespeare põe na boca de Iago a frase: "Virtue! a fig'tis in ourselves." (*Otelo*, I, III). Em bronze, barro, esculpida, desenhada, gravada, em afrescos, mosaicos, peças votivas, a figa aparece em todas as coleções etnográficas, fartamente deparada nas escavações de Herculana e Pompeia, como nos túmulos pré-românicos, esparsa por todo o círculo mediterrâneo. Era gesto material de desprezo, quando figurada contra alguém. Pistoia ergueu uma imensa figa de mármore no alto do castelo de Carmignano, desafiando Florença, que lhe declarou guerra imediata. A figa-joia, sempre articulada ao amuleto, resistiu e mantém as credenciais de outrora. Escrevendo nas primeiras décadas do séc. XVIII, Doutor Brás Luís d'Abreu (*Portugal Médico*, 626, Coimbra, 1726) mencionava a figa como ornato, galantarias, "dixes, à digites, a que hoje vulgarmente chamamos figa, cuja matéria costuma ser de ouro, de prata, de marfim, de coquilho ou de azeviche."
Fortunée Levy adianta: "Confeccionadas nas mais variadas matérias, são dos mais diversos acabamentos. São de ouro, osso, azeviche, de unicórnio, coral (vermelho e branco). De unhas bem polidas, pontiagudas, com anéis, com pulseiras com babado de renda na manga. E temos ainda essas encantadoras figas de cor, para várias finalidades: a preta, que livra do mau olhado; a vermelha, que dá sorte, e é de cor de guiné; a amarela, boa para a memória; a rosa, que significa recordação; a verde, cor de arruda, que é também a da esperança. A figa esconjura o mal, o contratempo, a inveja, e provoca os bons fados. A crença popular aconselha a quem perder uma figa não procurá-la, pois levou consigo todo o mal que devia cair sobre a pessoa. As guardadas nos armários atraem dinheiro; as achadas são ótimas como mascote, boa sorte; umas racham-se, partem-se ao meio pela força do quebranto." ("Figas," *Cultura Política*, 48). Adquiri no mercado público da cidade do Salvador, na Bahia, uma cruz feita com três figas. A origem africana das figas é insustentável. Proveio de cultos orgiásticos, especialmente das ilhas do Mediterrâneo, radicando-se em Roma, de onde se irradiou. Para as séries mais antigas, ligadas ao culto, ver Roux e Barré (*Herculanum et Pompéi*, vol. VIII, Paris, 1840). Em Portugal, há o registro de J. Leite de Vasconcelos (*Figas*, Porto, 1925). Ver Luís da Câmara Cascudo (*Meleagro*, Rio de Janeiro: Agir, 1978), os estudos clássicos de Bellucci, as notas de N. M. Penzer (The Expression "To Make the Fig to a Person" no *The Pentamerone of Giam Battista Basile*, vol. 1º, 103, Londres, 1932). Ver *Isola, Olhado*. Gabriela Martin, "As Origens Clássicas da Figa", Estudos Universitários, janeiro-junho, 1977, UFPE, Recife.

FÍGADO. Para o povo o fígado é a fonte do sangue, como Galeno ensinava. O sangue vem do fígado, e como o sangue é a vida, a alma (Empedocles) "Sanguis enim eorum pro anima est" (*Deuteronomium*, XII, 23), não há víscera mais importante nem mais responsável pelo temperamento pessoal e atos humanos. (Ver *Sangue*). A tradição popular, de que a lepra é uma moléstia do sangue, criou no fígado o específico de eficácia suprema. Explicam que a lepra é o apodrecimento do sangue, e este apodrece porque o fígado, sua fonte, está doente. O remédio é substituí-lo por uma instintiva e horrorosa opoterapia: comer fígado sadio, fígado novo, fígado cru, de criança forte, alegre, bem disposta. Nasce a figura assombrosa do Papa-Figo, comedor de fígado, comuníssimo no Brasil. Gilberto Freyre registrou, (*Casa-Grande & Senzala*, II, 524-525): "E havia ainda o Papa-figo – homem que comia fígado de menino. Ainda hoje se afirma em Pernambuco que certo ricaço do Recife, não podendo se alimentar senão de fígado de criança, tinha seus negros por toda parte, pegando menino num saco de estopa." No vocabulário se manteve *figadal* como sinônimo de íntimo, profundo, entranhado, intenso. Amigo ou inimigo *figadal* é de viva expressão evocativa, lembrando amizade ou antipatia que se firma no próprio sangue. *Bom fígado, mau fígado* é imagem inteira de temperamento. Ter *fígado* é coragem, altivez, destemor. Era o sinônimo latino e o clássico de coração, órgão da sensibilidade, sede dos afetos; "Cogit amare jecur," o fígado faz amar... Horácio (*Odes*, IV, I, 12) dirigindo-se a Vênus, pergunta: "Sit torrere jecur quaeris idoneum," se procuras um fígado para tuas flamas. Léon Halévy traduziu *jecur* por *coeur*, dando sentido atual (*Oeuvres Complètes D'Horace*, traduction de la Collection Panckouchke). Anacreonte diz que o Amor estendeu o arco e a flecha e o foi ferir *au milieu du foie*, no meio do fígado. Não falou em coração. O fígado bastava. São essas algumas das origens que justificam o prestígio popular e a quase supremacia do fígado sobre outros órgãos no corpo humano. No idioma tupi, ou nheengatu, *piá* ou *peá* vale dizer fígado ou coração (Charles Frederik Hartt, Stradeli). Fígado, centro da vida, foi a víscera escolhida para ser incessantemente devorada e renovada em Prometeu. Na *Anthologic Grecque* (Épigrammes Amoureuses, trad. Maurice Rat, 59, Garnier, Paris, s. d.) há um epigrama de Macedonius, poeta do tempo do Imperador Justiniano, citando coração e fígado como órgãos vulneráveis ao Amor: "Laisse, Amour, mon coeur et mon foie: si tu tiens à me frapper, passe à quelque autre partie de mon corps." No *Don Quijote de la Mancha*, I, XXVII ainda se lê: "estaba enamorado hasta los hígados." Ver *Papa-Figo*.

FIGUEIREDO FILHO, J. (JOSÉ) DE. Nasceu no Crato, Ceará, em 16 de julho de 1904, falecendo em Fortaleza a 29 de agosto de 1973. Farmacêutico, filho de farmacêutico, publicou em 1948, Liv. Ipê, São Paulo, o interessante *"Meu Mundo é uma Farmácia"*. Professor competente, historiador, jornalista, animador do movimento cultural na região, divulgou, entre outros, dois livros de variada e autêntica informação dignos de estima e reedição: *O Folclore no Cariri*, Imprensa Universitária do Ceará, 1962, e *Folguedos Infantis Caririenses*, na mesma editora, 1966.

FIGUEIREDO PIMENTEL. 1869-1914. Ver *Alberto Figueiredo Pimentel*.

FILHA DE SANTO[1]. A sacerdotisa dos candomblés baianos, mulher dedicada ao culto de um orixá, tendo essa posição religiosa depois de um verdadeiro curso no *terreiro*, aprendendo o rito, danças, cantos, cerimonial, fazer a indumentária do seu santo, as iguarias que lhe são oferecidas, etc. O principal papel da filha de santo é servir de *cavalo*, de corpo, de instrumento, de *medium*, de "aparelho" ao orixá que nela se incorpora em determinadas ocasiões do culto, dançando sua dança, cantando sua cantiga, perfeitamente reconhecível pelos gestos, timbre de voz e ritmo do bailado que executa. Essa iniciação da filha de santo é lenta e custosa, exigindo dedicação surpreendente, porque ficará, enquanto viver, pertencendo espiritualmente ao seu orixá, trabalhando para ele, porque ajudará com seu trabalho externo, noutra qualquer profissão, para a manutenção do candomblé onde foi iniciada, isto é, *feita*. A gradação dos postos é, segundo Édison Carneiro (*Revista do Arquivo Municipal*, LXXXIV, 132): "Abiã; são as que cumprem apenas alguns ritos parciais; Ékédi; são as servas das filhas de santo, pelo fato de, não tendo o poder de receberem em si os orixás, se empregarem em funções subalternas, dedicando-se ao cuidado das vestimentas e dos adornos com que se apresentam, possuídas pelos santos, as filhas; Iaô ou Iauô; é a iniciante oficial, a iniciada de pouco tempo, tendo passado por algumas cerimônias; Ébômin; são as filhas de santo com mais de sete anos de *feitas*, de iniciação completa, podendo funcionar na plenitude do conhecimento ritualista." O Prof. Roger Bastide (*Imagens do Nordeste Místico em Branco e Preto*, 97, Rio de Janeiro, 1945) informa diversamente: "Esse culto público constitui apenas uma pequena parte da religião. Toda a vida, desde o nascimento até a morte está marcada para mística. Deixemos nossa jovem 'yauô.' Mas seu desenvolvimento espiritual não para. Existe toda uma hierarquia que vai de sete em sete anos, e que faz com que a 'yauô' passe em seguida a ser *vodum* (é só então que a filha de santo tem o direito de usar um colar feito de contas vermelhas e de pedacinhos de coral, chamado Rungéfe), depois *ebamy*, por fim *alourixá*. Herskovits, em carta que me escreveu recentemente, confirma essa ascensão, excetuando num ponto, pois afirma ser possível ser *alourixá*, isto é, mãe de santo, a qualquer momento, desde que possuam os poderes necessários. Reconheço que é assim que as coisas se passam, mas trata-se apenas do resultado de uma desagregação, por ação do tempo, de um afastamento contínuo da tradição antiga e de um regulamento que, em sua origem, devia ser escrupulosamente respeitado." Identicamente registra Édison Carneiro (*Revista do Arquivo Municipal*, LXXXIX, 131): "O chefe de seita deve ter sido feito, por sua vez, devendo ter passado algum tempo, em geral sete anos, no mínimo, como *filho* de algum candomblé. Mas já hoje essa exigência decaiu de importância nos candomblés não nagôs. Assim, Zé Pequeno, Germina, Idalice, outros pais e mães nunca foram *feitos*. Para estes casos se criou uma tapeação, digamos, jurídica: os interessados afirmam que os seus respectivos santos foram *feitos em pé*, ou seja, eram tão evidentes e tão poderosos que dispensaram a intervenção de terceiros. Daí o vasto número de pais e mães improvisados, que tanto têm comprometido a pureza e a sinceridade dessas religiões." Tanto menor o tempo de iniciação e fáceis de aprender as cantigas e, o cerimonial, frouxa a disciplina e tolerante o espírito diretor, mais deturpado, impuro e criminoso o candomblé, perdida sua significação religiosa e sua seriedade como grupo associado pelo liame sagrado, com elevação pelo fidelismo e consciência litúrgica. A Iniciação da Filha de Santo. O orixá escolhe o seu *cavalo* de várias formas. Diretamente, fazendo a mulher entrar em estado de possessão, falando língua estrangeira, correndo, gritando, subindo às árvores, chorando, etc., ou indiretamente, fazendo-se encontradiço numa pedra, numa concha, num pedaço de ferro, de forma estranha, que a moça leva a uma mãe de santo ou a um pai de santo e este identifica o orixá. A moça foi chamada pelo *encantado* e deve atender ao apelo sob pena de uma vida infeliz e difícil. Artur Ramos (*O Negro Brasileiro*, 48, 49, Rio de Janeiro, 1934) descreve esse curso entre os descendentes dos jeje-nagôs ou fiéis aos seus cultos na Bahia: "Conhecido o orixá, a futura filha de santo tem que juntar o dinheiro para a cerimônia da iniciação. Nesse dia, a iniciante submete-se, num sítio retirado, ao ar livre, a um banho de folhas aromáticas que só os pais e mães de santo conhecem, e troca completamente de vestes. De volta ao terreiro, recolhe-se ao quarto que lhe é destinado, enquanto se prepara o *fetiche* a quem vai servir, pelos processos já descritos: sacrifícios de animais, etc. Começa-se então a epilação da postulante, que em tempos passados era completa (cabeça, axilas, púbis...) e hoje apenas limitada à cabeça. Esta é completamente raspada e em seguida lavada com uma infusão de plantas, cena esta acompanhada de cânticos fetichistas. Usa-se também, em alguns terreiros, em vez de simples lavagem da cabeça, um novo banho completo. Mas é a fricção enérgica da cabeça raspada, com a infusão de folhas aromáticas, e a ingestão de algumas destas infusões, que hão de produzir o fenômeno da *entrada do santo*, estado psicopatológico especial... Depois de lavagem e fricção da cabeça, vem uma cerimônia a que os afro-baianos dão o nome de *efun*, que consiste em pintar a cabeça e as faces da noviça com traços de cor e com as disposições características da origem étnica, semelhantes às cicatrizes usadas primitivamente pelas várias tribos ou nações importantes e hoje apenas substituídas por traços de tintas, nos candomblés. Depois da *entrada do santo*, a filha de santo permanece longo tempo, de meses a ano, no interior da casa. Até um ano, toma o nome de *Iauô*. Neste lapso de tempo, várias restrições lhe são impostas: proibição de sair de casa, abstinência de relações sexuais, privações de certos alimentos... Depois de iniciada, há uma nova cerimônia a que os afro-baianos chamam *dia de dar o nome*. Derrama-se na cabeça da iniciada sangue dos animais sacrificados e em seguida é celebrada uma festa solene, com atabaques e cânticos, finda a qual a filha de santo é proclamada *feita*, e fica pertencendo à mãe de terreiro que lhe fez o santo."

FINADOS. Não se caça nem se pesca no dia 2 de novembro, Dia dos Mortos. As superstições portuguesas, proibições e respeitos do Dia de Finados continuam em todo o Brasil, especialmente entre as populações do interior e das praias. As assombrações e cortejos fúnebres, visitas macabras de esqueletos e caveiras pertencem a esse dia simbólico. As almas dos afogados passeiam por cima das águas do mar e dos açudes, espalhando pavor. É o dia em que as almas visitam os lugarem onde viveram ou foram assassinados seus corpos. Nas *horas abertas* é preciso ter-se coragem para atravessar os sítios onde houve morte de homem e mesmo as encruzilhadas e cantos sombrios. A comemoração *Omnium Fidelium Defunctorum*, datando do séc. X, mantém tradição imemorial em todos os cultos religiosos. A decoração dos túmulos e a visita aos cemitérios ambientam, no espírito popular, crendices incontáveis. As sepulturas são cobertas de flores, com exibição de castiçais de prata, velas acesas, outrora guardadas, o dia inteiro, pelos escravos fiéis (Melo Morais Filho, *Festas e Tradições Populares do Brasil*, o "Dia de Finados"). Os negros iorubanos realizavam os adamorixás, funerais com preces, cantos e danças. Noutros lugares as refeições fúnebres tinham cerimonial impressionante pela compostura e silêncio dos componentes. Melo Morais Filho (*opus cit.*) registrou a "Festa dos Mortos" em Alagoas e Rio de Janeiro, constando de bailados, jejuns, sacrifícios de animais e banquetes. Ver *Alumiação*.

FINCA. É o mesmo que jogo do pião. "O jogo da finca, isto é, do pião. Agrupavam-se oito a dez meninos ou rapazes, cada um com o seu pião de jitaí, saído do torno afamado do borracho Luís Xavier. Assentavam ao solo a *casquinha*, um pequeno fragmento de louça, e todos lhe atiravam o pião; aquele que mais se aproximasse da *casquinha* era o *Defende*, e trabalhava sozinho; o que fizesse ponto mais afastado punha seu pião sobre a *casquinha*. Num espaço de quinze metros para um lado e outro, era o pião inerte puxado pelos bicos dos outros tangidos a sustância. Como se disse, o Defende trabalhava só e o que conseguisse chegar primeiro, com o pião sacrificado, ao limite, seria o vencedor. Antes de começar a finca, o segundo em pontos encordoava seu pião e dizia, de braço erguido para o arremesso: — Dá licença, seu Defende? E o Defende respondia, também de pião encordoado: — Toda vez que quiser, mas a primeira é minha, a segunda é sua; deu champra, pôs; deu bica, valeu; tirou o cabeçalho, pagou. E ao pião imóvel arremessava o primeiro golpe. Como se vê, o jogo tinha a sua técnica e o seu vocabulário." (Coriolano de Medeiros, *O Tambiá da Minha Infância*, 86-87). Em linhas gerais é o jogo do pião em todo o Brasil. Ver *Pião*.

---
[1] No texto original: "filha-de-santo" (N.E.).

Fininho. Ver *Maconha*.

Firo. Popular e antigo jogo para todas as idades no Brasil. É uma variante do ponga (ver *Ponga*). Jogam duas pessoas, com nove tentos cada uma. Ganhará aquele que conseguir alinhar três tentos em linha reta. O adversário tudo fará para obstar essa colocação, dispondo os seus de modo a interromper a fila do inimigo. Depois de colocadas as dezoito pedras, nove para cada jogador, o vitorioso tem direito a retirar um tento do adversário e a partida continua como se fosse o jogo de damas. O Prof. J. Imbelloni (*Concepto y Praxis del Folklore como Ciencia*, 31, Buenos Aires, 1943), escreve: "El professor Parker se ha dedicado a copiar muchos de tales esquemas de los templos de Ceylon e las columnatas de Egipto. Ha logrado demostrar que los dibujos lineales empleados actualmente por los niños de Inglaterra en sus juegos son los mismos que figuran en los monumentos de la mayor antigüedad. En especial el esquema que aparece en la isla de Ceylon (donde se le conoce con el nombre de *narenchi keliya*) y en el templo de Kurná del Egipto, que se remonta a Ramsés I o Seti (siglo XIX a. C.) es el conocido trazada del *ta-te-ti* de nuestros niños." O *ta-te-ti* argentino é o nosso Firo ou Ponga. Em Portugal, de onde nos veio o jogo, tem o nome de Firo ou Alguergue, jogo das pedrinhas coloridas, que Bento Pereira identificou com o milenar *Ludus ex Duodeviginti Scrupis*, o jogo das dezoito pedrinhas, o número exato dos tentos no Firo. E também o chama Jogo-do-Cantinho, no Norte de Portugal (Augusto César Pires de Lima, *Jogos e Canções Infantis*, 49, ed. Domingos Barreira, Porto, 1943). Na França é denominado *Marelle Assisse*.

Flor-do-Mato. Um dos nomes do Caipora-fêmea no folclore da Paraíba. Tem os mesmos atributos de guiar a caça e gostar de fumo. "Só favorece ao pobre caçador, quando por sua vez se vê beneficiada em alguma coisa. Não o sendo, fica sumítica, irada, e se vinga escondendo a caça, afugentando-a para longe, gostando de brincar, debicando ou fazendo com que o homem se canse e nada consiga. Depois assobia, vaiando. Chega até a dar boas e gostosas gargalhadas de deboche... Para fazê-la mansa, para fazer flor (boa e ajudando a gente), é necessário levar no bornal uma lembrança, que se bota num pé de pau e ela vai buscar. E como sei que Flor-do-Mato gosta muito de fumo mapinguinho, a fuma é sempre o que eu levo. Esse mito da mata se apresenta como se fora uma menina de doze anos, toda simpatia, com os cabelos louros e estirados, aparecendo mais comumente nos tabuleiros, quando sai dos seus domínios à procura de mangabas e ameixas adstringentes. É sempre vista pelos caçadores. Em geral estes votam-lhe grande admiração e respeito. As exceções constituem aqueles que se utilizam de pimenta. É coisa que aborrece Flor-do-Mato. Mas ela sabe vingar-se" (Ademar Vidal, *Geografia dos Mitos Brasileiros*, 381-382, 3ª ed., de Luís da Câmara Cascudo, São Paulo, Global, 2002).

Flor Roxa. "Todo mundo sabe que, no samambaial, nasce uma Flor Roxa, muito bonita, toda sexta-feira à meia-noite. É difícil pegar essa flor, mas quem conseguir fica livre de picada de cobra e ponta de faca. É "corpo fechado" pra sempre!" (*Nas Terras do Rei Café*, Francisco Marins, Edições Melhoramentos, São Paulo).

Flores. Nas tradições populares as flores são de uso medicamentoso. Como elemento decorativo pessoal, sempre foi pouco empregado pelo sexo masculino e pelo feminino tem significação amorosa e intencionalmente simbólica. É de origem europeia. O Conde Francis de Castelnau, visitando Barbacena, em 1843, anotou: "As mulheres, que deviam ter razões particulares para não escrever, têm o costume de se corresponderem por meio de flores, que mutuamente se enviam." (*Expedição às Regiões Centrais da América do Sul*, I, 133, trad. Olivério M. de Oliveira Pinto, Brasiliana, n.º 266, S. Paulo, 1949). Ver *Cravo*.

Fobó. Ver *Arrasta-Pé, Baianá, Samba*.

Fofa. Dança portuguesa do séc. XVIII que se conheceu no Brasil. Em 1761 o Padre Bento Capeda, escrevendo sobre os jesuítas, informava que o Padre Manuel Franco, do Colégio de Olinda, "dançava a fofa, que é dança muito desonesta, com mulheres-damas."

Fogo. Portugueses, africanos e ameríndios tiveram o culto do fogo ou sua veneração pelo caráter utilitário. Afugentava fantasmas noturnos em qualquer parte do mundo. Os indígenas viajavam com o tição fumegante como uma custódia contra os assombros da mata. Nenhum animal fantástico ousou jamais enfrentar o clarão do fogo. Viajantes no continente americano ou africano dão depoimento idêntico. Não há culto mais amplo nem mais antigo. O fogo, representação do sol, aquecendo, assando e depois cozendo os alimentos, preparando as peles, afiando armas, deu a impressão de conforto, segurança e tranquilidade, criando ambiente para a vida em comum. Onde estava o lume, estava a família. A lareira se tornou sede religiosa, centro irradiante de tradições, narradas pelos mais velhos aos mais novos ao calor reconfortante. Os gregos tiveram a personalização divina em Héstia, fogo doméstico, e Hefaístos, fogo industrial. As religiões mais primitivas têm no fogo a velocidade inicial. Em Portugal a pedra em que se assenta o lume chama-se lar. Com o lume nasceu o culto dos mortos, os deuses larários, penates, os antepassados. A chama simbolizava a vida humana, a alma, efêmera e luminosa. Com o cristianismo, as lâmpadas, velas, *fogo-novo* do sábado de Aleluia dizem da antiguidade desses cultos, vestígios poderosos de sua vitalidade milenar e universal. Os portugueses trouxeram maior número de tradições, capitalizadas através de séculos nos vários povos que viveram no território lusitano. A imaculabilidade do fogo é a exigência imediata e se conserva em todo o interior do Brasil. Nas cidades, onde apenas resistem as chamas breves dos acendedores de cigarro, o homem não vê o fogo nos fogões elétricos, a gás, fechados, brancos, limpos, sem a visão direta do enclausurado deus, destronado pela fada eletricidade. Pelas praias e sertões onde há fogão de lenha e carvão, fogueiras ao ar livre, o culto ainda aparece, nos fios de hábitos que são reminiscências vivas, sobrevivências dos rituais mortos. Quem brinca com fogo, urina na cama. Quem cospe no fogo, fica tísico. Quem queima couro, fica pobre. Quem queima os cabelos, fica doido. Quem urina no fogo, morre de moléstias nos rins ou na bexiga (seca as urinas). Quando alguém se muda para outra casa ou vai ocupar residência nova, a primeira operação a fazer é acender o fogo. O primeiro tição aceso não deve entrar pelos fundos da casa sob pena do proprietário ser infeliz nos negócios; deve entrar pela porta principal. Ninguém deve arrumar a fogueira com os pés e sim com paus; arrumando com os pés andará para trás (maus negócios, moléstias, infelicidade). Não se apaga fogo com os pés, pisando, mas batendo com galhos de árvores. O fogo purificador, como processo terapêutico, é de tão larga área quanto o próprio mundo. As garrafas (beberagens) prestigiosas no sertão eram fervidas, enterradas, serenadas (postas ao sereno). O lume doméstico não pode ser extinto com água e sim afastando-se a lenha, espalhando-se as achas, dificultando a comunicação. Apagar fogo com água é tentar a sorte, perdendo quanto ganhou ou economizou. Como o fogo sertanejo das cozinhas do povo é aceso entre as três pedras que equilibram a panela única, esta *trempe* possui qualidades terapêuticas e direitos ao respeito de todos. Origem do Fogo. Os bororos orarimugudoges (Mato Grosso) tiveram o fogo porque o macaco (guko) sabia obtê-lo pelo atrito de dois pauzinhos de *riru* (Colbacchini, I, *Bororos Orientali Orarimugudoge*, 216, Torino, 1925). Brandão de Amorim (*Revista do Instituto Histórico e Geográfico Brasileiro*, vol. 154, 341) conta a lenda do fogo entre os tarianas mas no idioma tupi, *tatá ipyrungaua*, em que é tirado de um moço misterioso que vivia no fundo do rio. Dois pescadores bateram-lhe nas costas com a tanga e esta ficou ardendo. Conservaram então a mãe do quente, *Sacu-Manha*, e o moço ensinou a assar o pescado e manter o lume. Noutra lenda, 371, Tupana deixa o *fogo* numa pedra e o jacaré o engole. Diversos animais tentaram readquiri-lo, embriagando o jacaré. Finalmente o tuxaua das rãs, Iuí, embebedou-o com o vinho de macoari, fê-lo apaixonar-se e os rapazes mataram-no com os curabis afiados. Não se encontrava o fogo dentro do corpo do jacaré mas o Japu (*Ostinops decumanus*, Pall) descobriu-o escondido atrás da orelha e tirou-o com o bico, que ficou, para sempre, com a extremidade rubra como uma brasa. A mãe do fogo, *Tatá-Manha*, divulgou-se. O Conde de Stradelli registra diversamente a façanha do Japu: "Segundo a lenda, o bico ficou vermelho pelo sinal que lhe ficou da sua ida ao sol, de onde trouxe o *fogo* para a terra. Antes da terra não havia fogo. É o Prometeu indígena, e já me foi explicado que não foi o japuaçu que foi furtar o fogo no sol, mas um pajé, que por punição foi mudado em japu, ficando-lhe o bico vermelho como sinal da causa da sua metamorfose." (*Vocabulário da Língua Geral*, 456). Walter Hough estudou a origem dos mitos ígneos no Novo Mundo ("Fire Origin Myths of the New World," *Anais do XX Congresso Internacional de Americanistas*, 179, 184, Rio de Janeiro, 1924). Os temas brasileiros citados pertencem: *Preservational* (bororo), *Benefaction Myths*, o 1º colhido por Brandão de Amorim; *Raptorical*, os dois últimos (jacaré e o japu), na classificação de Walter Hough (Ver Luís da Câmara Cascudo, *Superstição no Brasil*, "Prometeu", 87-91, 6ª ed., São Paulo, Global, 2002). Ver *Luz*.

Fogo como Proibição de Conduta. Ver *Tabu* (III).

Fogo-Fato, Fogo-Fátuo. Ver *Embaé-Tatá*.

Fogo Morto. No Nordeste, especialmente na região produtora de açúcar, diz-se do engenho que não funciona mais. No Rio Grande do Sul é uma tradição supersticiosa, ligada ao culto do fogo. Onde se fazia o fogo, sagrava-se o local com a presença do elemento divino. Mesmo pelo sertão do Nordeste, afirma-se não ser de bom conselho fazer-se fogo no fogo, isto é, fazer-se uma fogueira sobre os vestígios de outra. Roque Callage (*in Antologia do Folclore Brasileiro*, vol. 2, 231-232, 6ª ed., São Paulo, Global, 2004) conta, nitidamente: "Foi uma vez numas carreteadas pela fronteira no tempo em que não havia trem de ferro, quando as carretas gemiam o dia inteiro pelas estradas reais, sem que ninguém lhes passasse pela frente como agora. Um carreteiro muito rico que possuía de seu, além de dinheiro e campo, mais de cem juntas de bois invernados, e andando em viajada grande resolveu, à tardinha, no momento mesmo em que o sol se mergulhava numa sangueira de nuvens coloradas, fazer pouso na costa de uma restinga, poucas braças afastada da estrada. Era lugar de sossego e de bom pasto para a boiada, tocando-a para o campo que estava ali mesmo coberto de flechilhas. E feito isto, que era o principal, o carreteiro não perdeu tempo no resto. Antes que escurecesse de um tudo, mandou o piá trazer lenha do mato a fim de preparar o fogo para o amargo imprescindível e requentar o feijão com charque e mais o arroz guisado. Era esse o remate invariável dos que durante o dia por ali andam *peludiando*, na ruindade dos caminhos. Mas ao lado, quase encostado às carretas, viu o carreteiro os vestígios do *fogão* de alguém que ali sesteara ou pousara na véspera. Para se livrar de maior trabalho, enquanto o guri embrombeiro não voltava, aproveitou os gravetos e os tições que ainda ardiam entre as cinzas, e, no mesmo lugar, bem em cima do outro, começou o seu fogo que logo vingou em grossas labaredas, junto da carretama. Ao voltar da restinga, o piá deu logo com aquela barbaridade, coisa do diabo, que nenhum herege faria! Fogão de carreteiro, em cima de outro fogão, é sinal certo de desgraça! Pois o gaúcho pagou caro aquela heresia. Alta noite, já meio chamuscado, despertou aos gritos do piazinho. As labaredas do improvisado fogão cresciam em línguas enormes, começando a lamber de baixo para cima as carretas. Uma e outra ardiam em chamas com toda a carga que conduziam. Ao forte sopro do vento, mais aumentava o fogo, maior era o clarão no escampado perdido na noite. O carreteiro e o guri, correndo que nem veados, iam e vinham da sanga próxima, trazendo água e atirando-a no fogaréu. Mas tudo foi inútil: a fogueira crescia, crepitante como fogo em bamburral. A sanga já estava quase "cortada" e nada do fogo apagar-se. Mas logo que o arroio secou, a fogueira se extinguiu quase como por milagre. Tudo tinha fica reduzido a cinzas! Tudo, e ainda não era tudo. Pois não é que a boiada se tinha sumido! E nada mais: depois de uma semana de peripécias, ao bater de volta na querência, a primeira notícia fresca que deram ao carreteiro foi de que a sua china se tinha bandeado para outro, levando ainda por cima uma guaiaca de onças e uma tropilha de baios. O carreteiro ficou louco. E desde esse dia nunca mais se fez fogo em lugar que foi fogão de outro. E quem o fizer terá o mais triste dos fins." No culto de Vesta não se reacendia a chama sobre os resíduos deixados e assim em toda cerimônia romana e grega das tradições religiosas dos Penates. No México, entre os indígenas mixtecos, há uma veneração especial à deusa Titna, Ñihi, *Diosa Abuela*; "... la diosa no admite que se use un tizón que haya servido con anterioridad," informa a Sra. Virgínia Rodrigues Rivera (*Revista Hispanica Moderna*, ano XI, n.º 1-2, 174, New York, 1945). Ver Luís da Câmara Cascudo, *Superstição no Brasil*, "Prometeu", 87-91, 6ª ed., São Paulo, Global, 2002.

FOGO-NADO. Ver *Embaé-Tatá*.

FOGO-SANTELMO. Ver *Corpo-Santo*.

FOGO DO TARTARUGA. É uma tradição do Estado do Ceará, originada de fato trágico ocorrido mais ou menos em 1841. Manuel de Morais Rêgo, apelidado Tartaruga, conduzido preso para a cidade de Fortaleza, foi assassinado à margem da lagoa da Ponciana, na fazenda Flora, debaixo de um juazeiro frondoso. O crime ficou impune. Essa tragédia, apesar de ocorrida há mais de cem anos e de ser fato comum àquela época, mantém-se particularmente viva na memória do povo por uma razão muito especial: "no local do crime, todos os anos, no começo do inverno, aparece o fogo do Tartaruga. Alguns moradores da vizinhança, que o viram mais de perto, descrevem o fogo do Tartaruga como uma tocha, que se ergue do chão até certa altura, baixa depois um tanto, sobe novamente a uma altura menor, torna a baixar e desaparece. Muita gente, nas fazendas vizinhas, na época própria, tem visto, quando a noite escurece, um clarão na lagoa da Ponciana. Quem primeiro o avista, grita para os companheiros: 'Olha o fogo do Tartaruga!' E todos correm a vê-lo, e percebem, na direção apontada, o clarão conhecido. Quando, no princípio das chuvas, aparece o fogo do Tartaruga mais persistente e mais nítido, é considerado por toda gente como um prenúncio de bom inverno. Naqueles sertões, todos acreditam na existência real desse fogo misterioso; variam, porém, as explicações do fenômeno. Dizem os beatos que, tendo o Tartaruga falecido em estado de pecado mortal, sua alma ainda hoje pena no fogo do Purgatório. Afirmam outros que é um "fogo sagrado", que assinala o local de um crime perverso, que ficou impune. Os mais sabidos explicam que é fogo-fátuo, produzido por matéria fosforada em decomposição. Falam outros em fosforescência da lama da lagoa, molhada com as primeiras chuvas. Os mais céticos, não obstante as respeitáveis testemunhas de vista, admitem que tudo é crendice, ou mentira. Mas no consenso geral do povo da região, o fogo do Tartaruga é uma perfeita realidade, pois que é visto, periodicamente, há mais de um século." (Esperidião de Queiroz Lima, *Antiga Família do Sertão*, 195-196, Rio de Janeiro, 1946, Ed. Agir).

FOGUEIRA DE GUIA. Era tradicional nos Estados do Nordeste até os primeiros anos do séc. XX, acender-se uma fogueira no pátio das residências, nos lugares escarpados ou regiões de acesso difícil, a fim de guiar os viajantes transviados. Meu pai afirmava-me ter-se orientado pelo clarão de uma *fogueira de guia*, no sertão da Paraíba, ao redor de 1880. Juvenal Lamartine, grande sabedor, informa: "Quando anoitecia, fazia-se em frente à casa da fazenda uma fogueira e, de meia em meia hora, um escravo ou moleque (cria de casa) buzinava forte, até nove ou dez horas da noite. Essa usança desapareceu de vez do sertão e vinha do tempo em que as fazendas eram muito distanciadas umas das outras, de ermos despovoados e caminhos mal abertos, sujeitando, não raro, o viajante desorientado a dormir nos matos, exposto ao tempo e aos bichos". (*Velhos Costumes do meu Sertão*, 15, Natal, 1965). A zona mencionada era o sertão do Seridó, presentemente com vinte e dois municípios no Rio Grande do Norte. Reminiscência das almenaras que ardiam no alto das atalaias, fachos acesos nas eminências das serras e penedias, desde tempo imemorial, destinando-se aos sinais da vigilância defensiva na costa marítima ou pontos estratégicos no interior, como facilitar o acesso às entidades amigas e aliadas.

FOGUEIRA DE PANEIRO. Tradição em regiões do extremo norte, ocorrendo festividade em 30 de junho, em louvor a São Marçal. O folclorista e historiador Francisco Manoel Brandão, *O Fluminense*, 27-6-1965, informa sobre a fogueira de paneiro no Amazonas, no ciclo das festas juninas. No boi-bumbá os índios ou caboclos-guerreiros saem a prender Pai Francisco, depois do fracasso dos vaqueiros e dos rapazes, cantando ao derredor do *boi morto*:

"Somos cabocos-guerreiro
Que viemos do Alongá,
Prender o Pai-Francisco
Na noite de São Marçá!"

Procura-se nesse trecho do auto-popular ver onde estaria a influência do jesuíta, notada por José Veríssimo na ação catequista dos discípulos de Inácio de Loiola.

FOGUETE. Rojão, em Portugal, o *cohete* da *fiesta* espanhola, semeado por toda a América, foguetão, *fogo do ar*, indispensável complemento nas festividades religiosas no Brasil, já nos finais do séc. XVII. Trazido de Portugal, alegria das romarias, arraiais e *festadas*, viera da China, onde constituía característica nas solenidades sagradas e profanas como os *panchões* espoucantes que de tudo participam. Divulgou-se pela Europa, notadamente meridional, *artifice de réjouissance*, propagando o júbilo, atraindo multidão, consagrando homenagem, saudando os oragos. Em qualquer região brasileira haverá recordação significativa da função social política do foguete, proclamando vitórias partidárias no Império e na República, anunciando concentrações entusiásticas, ou valendo zombaria, apupos, galhofa, quando atirados *sem bomba* de estouro, ou os *de assobio*, derramando na altura a vaia anônima dos adversários. Em certas regiões de outrora, o baile do casamento começava quando os três foguetes confirmavam a virgindade da noiva. Na velha cidade do Natal anterior a 1920, três estampidos de foguetões avisavam: "Telegrama do Rio!", sacudindo os nervos correligionários. Um, novidade local. Dois, notícia do sertão. No sertão, avisava parto feliz. Um, menina. Dois, menino. Três, gêmeos. Fora o telégrafo sertanejo, marcando a *descida da cabeça do rio* nas cheias do inverno. Por onde a torrente passava, o foguete subia, estalando no ar, na comunicação do encontro alvissareiro. Impossível procissão, novena, pagamento de promessa, sem foguetes. No Recife de 1715 os foguetes, incendiando um barril de pólvora, mataram quatorze pessoas. O Padre Perereca, *Memórias para Servir à História do Brasil* (I, 211), registra a abundância do foguetório no tempo do Rei Velho, D. João VI. Maria Graham, *Diário de uma Viagem ao Brasil*, informava em 1821: "A despesa anual em foguetes e outros fogos é enorme. Os usados no Brasil vêm todos das Índias Orientais e da China. Algumas vezes, quando os produtos manufaturados são aqui inveníaveis, o comerciante embarca-os a bordo de um navio português que vai à Índia e obtém em troca foguetes, que nunca deixam de dar lucro." Alfred Russel Wallace, no Pará de 1848, escrevia: "Os foguetes são uma parte essencial das cerimônias, sendo considerados como que um ato religioso." Continua uma presença indiscutível e prestigiosa na cultura popular do Brasil.

FOLCLORE. É a cultura do popular, tornada normativa pela tradição. Compreende técnicas e processos utilitários que se valorizam numa ampliação emocional, além do ângulo do funcionamento racional. A mentalidade, móbil e plástica, torna tradicional os dados recentes, integrando-os na mecânica assimiladora do fato coletivo, como a imóvel enseada dá a ilusão da permanência estática, embora renovada na dinâmica das águas vivas. O folclore inclui nos objetos e fórmulas populares uma quarta dimensão, sensível ao seu ambiente. Não apenas conserva, depende e mantém os padrões imperturbáveis do entendimento e ação, mas remodela, refaz ou abandona elementos que se esvaziaram de motivos ou finalidades indispensáveis a determinadas sequências ou presença grupal. Tanto o *fandango* ou *cristãos e mouros* ficam inalterados, como uma seleção incessante atualiza o elenco do bumba meu boi, perpetuando bailados ou fazendo-os desaparecer, para ressuscitá-los depois, sempre com feitio e cor das predileções típicas ambientais. O conteúdo do folclore ultrapassa o enunciado de 22 de agosto de 1846, quando William John Thoms (1803-1885) criou o vocábulo. Nenhuma disciplina de investigação humana imobilizou-se nos limites impostos, quando do seu nascimento. Qualquer objeto que projete interesse humano, além de sua finalidade imediata, material e lógica, é folclórico. Desde que o laboratório químico, o transatlântico, o avião atômico, o parque industrial determinem projeção cultural no plano popular, acima do seu programa específico de produção e destino normais, estão incluídos no Folclore. "The industrial folk-tales and songs are evidence enough that machinery does not destroy folklore," diz Botkin. Não apenas contos e cantos, mas a maquinaria faz nascer hábitos, costumes, gestos, superstições, alimentação, indumentária, sátiras, lirismo, assimilados nos grupos sociais participantes. Onde estiver um homem aí viverá uma fonte de criação e divulgação folclórica. O folclore estuda a solução popular na vida em sociedade. Como há dez anos passados, e ao contrário da lição dos mestres, creio na existência dual da cultura entre todos os povos. Em qualquer deles haverá uma cultura sagrada, hierárquica, veneranda, reservada para a iniciação, e a cultura popular, aberta à transmissão oral e coletiva, *estórias* e acessos às técnicas habituais do grupo, destinada à manutenção dos usos e costumes no plano do convívio diário. Desta forma, encontro folclore hotentote, australiano e esquimó, diverso do estatuto formal da organização tribal. Não será *degradação* doutrinária, mas uma sistematização de conhecimentos e normas funcionais paralela às exigências da vida oficial da comunidade. Os problemas delimitadores do folclore são idênticos aos das ciências ou das técnicas em fase de desenvolvimento. Os quadros sociológicos, geográficos, antropológicos, entre 1859 e 1959, desnorteariam roteiros dedutivos e cada uma dessas atividades denuncia a invasão no terreno outrora privativo e solitário de colaborações imprevistas. Certo é que seu conceito "s'elargit d'autant plus qu'elle se remplit," como dizia Montaigne sobre a alma, e o debate não fixa o resultado interpretativo, mas o direito da observação, atormentando-nos pelas opiniões, *non par les choses mesmes*, tal-qualmente há 400 anos passados. O folclore deve estudar todas as manifestações tradicionais na vida coletiva. A bibliografia do folclore brasileiro tornou-se rica e vasta, incomportando-se numa síntese. Os estudos sobre os gêneros estão distribuídos nos respectivos verbetes. As exposições gerais, panorâmicas e de maior informação, seguem-se. A não indicação do local da publicação subentende-se haver sido o Rio de Janeiro (Sílvio Romero, *Folclore Brasileiro*, três volumes, 1954; *Estudos sobre a Poesia Popular do Brasil*, 1888; Couto de Magalhães, *O Selvagem*, 1876, com reedições; Celso da Cunha Magalhães, *A Poesia Popular Brasileira*, Maranhão, 1966; Basílio de Magalhães, *O Folk-Lore no Brasil*, 1928; João Ribeiro, *O Folk-Lore*, 1919; Amadeu Amaral, *Tradições Populares*, S. Paulo, 1948; Gustavo Barroso, *Ao Som da Viola*, 1921; Afrânio Peixoto, *Miçangas*, S. Paulo, 1931; Artur Ramos, *O Folk-Lore Negro do Brasil*, 1935; *Estudos de Folclore*, 1952; Oswaldo R. Cabral, *Cultura e Folclore*, Florianópolis, 1957; Aires da Mata Machado Filho, *Curso de Folclore*, 1951; Rossíni Tavares de Lima, *A. B. C. do Folclore*, S. Paulo, 1952; Guilherme Melo, *A Música no Brasil*, 1947; Oneyda Alvarenga, *Música Popular Brasileira*, Porto Alegre, 1950; Mário de Andrade, *As Danças Dramáticas do Brasil*, 1946; Édison Carneiro, *Dinâmica do Folclore*, 1951, *A Sabedoria Popular*, 1957; Joaquim Ribeiro, *Introdução do Estudo do Folk-lore Brasileiro*, 1934, *Folk-lore Brasileiro*, 1956; Paulo de Carvalho Neto, *Concepto de Folklore*, Montevideo, 1956, *Folklore y Psicoanálisis*, Buenos Aires, 1956, *Folklore y Educación*, Quito, Equador, 1961; Renato Almeida, *Inteligência do Folclore*, 1957; *Manual de Coleta Folclórica*, 1965; Alceu Maynard Araújo, *Folclore Nacional*, três tomos, S. Paulo, sem data (1964); Luís da Câmara Cascudo, *Literatura Oral no Brasil*, 2ª ed., São Paulo, Global, 2006; *Antologia do Folclore Brasileiro*, vols. 1 (9ª ed.) e 2 (6ª ed.), São Paulo, Global, 2004; *Folclore do Brasil*, Natal: Fundação José Augusto, 1980; Manuel Diegues Júnior, "Formação do Folclore Brasileiro," *Revista Brasileira de Folclore*, n.º 4, Rio de Janeiro, 1962.

FOLE. O mesmo que harmônica, sanfona, acordeona, realejo, gaita no Rio Grande do Sul. Fole é mais usado no nordeste do Brasil. Em Portugal diz-se no Algarve *fole*, aludindo-se ao harmônio. "Nas vigílias, os foles ainda farão rodopiar os dançarinos?" (Armando Leça, *Música Popular Portuguesa*, 11, Porto, s. d.). Ver *Acordeona, Gaita, Sanfona*.

FOLGUEDO DA TRANÇA. Ver *Trança*.

FOLGUEDO DO BOI. Ver *Bumba Meu Boi* [1].

FOLIA. Era no Portugal velho uma dança rápida, ao som do pandeiro ou adufe, acompanhada de cantos. No dicionário de Frei Domingos Vieira é sinônimo de baile. Fixou-se posteriormente, tomando características, épocas, modos típicos, diferenciadores. É um grupo de homens, usando símbolos devocionais, acompanhando com cantos o ciclo do Divino Espírito Santo, festejando-lhe a véspera e participando do dia votivo. Especialmente nas Beiras a folia do Espírito Santo popularizou-se e resiste (Teófilo Braga, *O Povo Português nos seus Costumes, Crenças e Tradições*, II, 285-286, Lisboa, 1885; Jaime Lopes Dias, *Etnografia da Beira*, I, 85-97, Lisboa, 1944). Não tem em Portugal o aspecto precatório da folia brasileira, mineira ou paulista. Jaime Lopes Dias, *opus cit.*, informa que a folia é "espécie de confraria, meio sagrada, meio profana, instituída para implorar a proteção divina contra pragas e malinas que às vezes infestavam os campos." Já não usam instrumentos musicais, como outrora: pandeiros, violas, adufes, etc. Há o rei, o pajem, o alferes, dois mordomos e seis fidalgos. Há a bandeira, com o Espírito Santo (a pomba) pintado ou desenhado, a varinha de madeira, com fitas de seda e flores artificiais e uma coroa de folha de flandres, ornamentada. O rei leva a varinha, o alferes a bandeira, o pajem a coroa, os mordomos lanternas, um dos fidalgos o tambor e os outros instrumentos, quando eram usados. Os seis fidalgos dividem-se em dois grupos, a *fala* ou *sonora* e o *segundo-contra*, *baixo-falsete* ou *tipi*, cantando os versos tradicionais, improvisados ou decorados, bendito, louvado, etc. De Ressurreição a Pentecostes a folia percorre as ruas onde é de praxe passar a procissão e, depostas as insígnias na igreja, vai jantar. Esse jantar é protocolar, com cardápio especial, e tem um cântico para cada um aos pratos. No final, cada um dos componentes recebe do anfitrião um ramo de flores, obrigando a novo canto. Passeiam em desfile, e no domingo de Pentecostes também. No dia de Corpus Christi proclamam os novos chefes da folia, que são, depois de aclamados, visitados e recebem as insígnias dos postos. Essa é a folia do Espírito Santo na Beira. No Brasil a folia é bando precatório que pede esmolas para a festa do Divino Espírito Santo (folia do Espírito Santo) ou para a festa dos Santos Reis Magos (folia de Reis). Melo Morais Filho (*Festas e Tradições Populares do Brasil*, "A Festa do Divino," ed. Briguiet, Rio de Janeiro, 1946) alude indiferentemente à folia e à bandeira, como sinônimos dos mesmos "ranchos de rapazolas, brancos, crioulos e mestiços, vestidos de branco, com as jaquetas enfeitadas de laçarotes de fitas, trazendo chapéus de palha, com laços verdes, escarlates, cor-de-rosa, etc., que desdobravam-se em longas e flutuantes pontas sobre os ombros e as costas." Era assim na província do Rio de Janeiro. A indumentária foi ficando mais simples, embora, numa ou noutra parte, apareça roupa ornamentada ou elementos mascarados e cômicos. Saint Hilaire (*Viagem às Nascentes do Rio São Francisco e pela Província de Goiás*, trad. Clado Ribeiro Lessa, II, 179, Brasiliana, São Paulo, 1937) encontrou uma folia do Divino no sertão de Mato Grosso, em 1819. Compunha-se apenas de uma tropa de homens a cavalo, conduzindo burros carregados de provisões. Um homem trazia uma bandeira, outro um violão e o terceiro um tambor. Nada mais. Satisfaziam a promessa de esmolar pelo Divino, organizando a folia. "Estes peditórios duram, às vezes, vários meses, e é às tropas encarregadas de fazê-lo que se dá o nome de folia." Era da Capela de Curralinho, perto de Vila Boa, e a festa realizar-se-ia a 12 de agosto... Essas folias têm versos próprios para pedir, agradecer e retirar-se, dando as despedidas. Andam sempre de dia. As folias de Reis andam à noite, no mister idêntico de esmolar para a festa dos Reis Magos (Ver Alceu Maynard Araújo, "Folia de Reis de Cunha," sep. *Revista do Museu Paulista*, III, 416-448, São Paulo, 1949). Da véspera do Natal (24 de dezembro) até Candelária (2 de fevereiro) a folia de Reis, representando os próprios Reis Magos, sai angariando auxílios. Se percorre sítios e fazendas, é a folia de Reis de Caixa, e se apenas o perímetro urbano, folia de Reis apenas, ou folia de Reis de banda de música, folia de Reis de banda, folia de Reis de música (Alceu Maynard Araújo, cit.). Com violões, cavaquinho, pandeiro, pistão e tantã cantam à porta das casas, despertando os moradores, recebendo esmolas, servindo-se de café ou de pequena refeição. O chefe do grupo é o alferes da folia de Reis. Feita a festa, a 6 de janeiro (Santos Reis Magos), realizam uma ceia no dia de Nossa Senhora das Candeias, ou Candelárias, 2 de fevereiro. Alceu Maynard Araújo registrou versos e muita documentação musical, colhendo notas sobre os presépios, pastoras, etc. A folia de Reis não é tão popular como a folia do Divino, que é viva em vários Estados do Sul do Brasil. Da popularidade da folia em Portugal das primeiras décadas do séc. XVI há expressiva documentação em Gil Vicente:

FRÁGOA D'AMOR:

"Parece-me bem bailar
E andar n'uma folia
Ir a cada romaria
Com mancebos a folgar."

TEMPLO D'APOLO:

"Canta-me por vida vuestra
Em Portuguesa folia
La causa de su alegria."

TRIUNFO DO INVERNO

"Em Portugal vi eu já
Em cada casa pandeiro,
E gaita em cada palheiro;
E de vinte anos a cá
Não há ni gaita nem gaiteiro.
A cada porta hum terreiro,
Cada aldeia dez folias.
Cada casa atabaqueiro;
E agora Jeremias
He nosso tamborileiro"

Há folias peditórias nas festas de São Benedito, semelhantes às do Divino e no Amazonas, embarcadas em canoas, com música e canto, obedecendo a uma disciplina rígida (Eduardo Galvão, *Santos e Visagens*, S. Paulo, 1955). Ver *Meia-Lua*. Também em S. Paulo as Folias são fluviais, nas festas do Divino, em Piracicaba, Tietê (Alceu Maynard Araújo, *Documentário Folclórico Paulista*, "Festa do Divino Espírito Santo," "Marinheiros," "Irmãos da Canoa," "Festa de Nossa Senhora dos Navegantes," 59-72, S. Paulo, 1952). Flávio de A. P. Galvão. "Festa do Divino em Piracicaba," *Estado de São Paulo*, edição de 11-X-1959. Zaide Maciel de Castro e Araci do Prado Couto pesquisaram o motivo do estudo "Folias de Reis," 1955, ainda inédito, mas parcialmente publicado no *O Jornal*, do Rio de Janeiro, "Os Foliões de Reis," 1-12-1957; "O Alferes da Bandeira," idem, 15-12-1957: "Músicos e Cantores de Folia," idem, 22-12-1957; "Palhaços de Folia," idem, 29-12-1957. Ver *Divino, Reis, Reisado*.

FOME. Os sertanejos do Nordeste personalizam a fome numa figura esquelética de velha, enorme, com um chapéu imenso. Chamam-na mesma "A Velha do Chapéu Grande." Numa correspondência na *A República*, Natal, 16-V-1907, lê-se: "Março foi inteiramente seco. Abril começou seco e assim se conserva até hoje, de modo que já podemos considerar empoleirada no seu trono a terrível "velha do chapéu grande." A *malesuada fames* virgiliana (*Eneida*, VI, 276) é representada por uma velha, porque a velha é, em todos os cultos agrários, o símbolo da esterilidade, da infecundidade, das forças improdutivas ou malévolas.

FORÇAS. Energia vital e mágica, que existe em toda entidade humana. Transmite-se por irradiação para todos os objetos manuseados, levando uma percentagem da potência individual, e diminuindo necessariamente a resistência física e espiritual. *Totum ex parte*. Daí o perigo das fotografias e a posse de qualquer coisa de uso pessoal em mãos inimigas, que podem agir, pela parte obtida, sobre o todo a que pertencia a fração. Saint Hilaire ainda encontrou em Mato Grosso, Goiás, Minas Gerais, a tradição de quebrar as joias de família antes de vendê-las (ver *Joias*). Impregnar com o cheiro do suor uma peça de roupa é torná-la mais privativa e íntima. Os indígenas tupari, do Alto Rio Branco, esfregam as flechas nas axilas, afirmando: "Ela tem o meu cheiro, assim voltará outra vez para mim" (Franz Caspar, *Tupari*, S. Paulo, sem data, 203). "Os objetos feitos pelos tuparis com esmero especial ou com os quais haviam trabalhado muito, eles não deram antes de comer com gestos cerimoniosos o seu *alento*, conforme diziam. O seu *alento* entrara durante muito tempo nesses objetos, e eu não podia, de modo nenhum, levá-lo comigo, mas eles tinham de retomá-lo com gesticulações mágicas," (idem, 210). Readquiriam as *forças* que se haviam passado para a matéria laborada. "Sim, tire a camisa! ordenou enérgica e puxou a manga. Percebi ter ela algum intento especial, e obedeci à índia autoritária. Sem demora, as duas mulheres começaram a me esfregar a cabeça, rosto, costas nuas, peito e braços, com ambas as mãos, com gestos esquisitos e movimento de deglutição, semelhante aos que os homens fizeram quando estavam me vendendo seus objetos. Kamatsuka observou meu rosto espantado. — Cozinhamos para você, e lhe demos de comer. Agora precisamos comer outra vez o nosso alento que está dentro de você. Continuaram, por algum tempo ainda, naquela estranha ocupação.

Não satisfeitas, algumas mães trouxeram-me os filhos, dizendo-me para comer de dentro deles o meu aleito. — Você brincou com eles e os carregou! Por isso, não devia partir sem retirar de dentro deles o meu sopro que entrara nas crianças e fazê-lo voltar para mim, pois, mais tarde, poderia me fazer falta" (p. 217). São informações de finais de 1948. Até certo ponto, e em boa percentagem, essa crença resiste poderosamente no interior do Brasil, especialmente nos sertões. Mesmo nas cidades maiores, há cuidado de mandar lavar previamente a roupa presenteada, evitanto a comunicação e perda de *forças*. As *forças* se enfraquecem com o rompimento de certas normas (ver *Tabu*). Há uma série de ações que deve ser obedecida no ritmo habitual da conduta para não *quebrar as forças*. O conjunto dessas regras consuetudinárias diz-se Preceito. Ver *Preceitos, Furto*.

FORMA. Desenho composto pelas dançadeiras de São Gonçalo, quase sempre parecido com utensílio doméstico. Cada forma toma o nome da coisa que representa; folclore norte-mineiro da região do rio São Francisco (Saul Martins, Belo Horizonte).

FORMIGAS. São citadas nos livros de viagens as formigas comestíveis. São de velha preferência indígena e continuam apreciadas, em vários países do continente. Frei Ivo d'Evreux, que esteve no Maranhão (16-3-14), assistiu a uma caçada às formigas, com processos especiais de colheita: "Caçam os selvagens somente as formigas grossas como um dedo polegar, para o que se abala uma aldeia inteira de homens, mulheres, rapazes e raparigas. A primeira vez que vi esta caçada, não sabia o que era, e nem onde ia tão apressada gente, deixando suas casas para correr após as formigas voadoras, as quais agarram, metem-nas numa cabaça, tiram-lhes as asas para fritá-las e comê-las. Caçam-nas também por outra maneira, e são as raparigas e as mulheres, que, sentando-se na boca da caverna, convidam-nas a sair por meio de uma pequena cantoria, assim traduzida pelo meu intérprete: "Vinde, minha amiga, vinde ver a mulher formosa, ela nos dará avelãs." Repetiam isto à medida que iam saindo, e que iam sendo agarradas, tirando-se-lhes as asas e os pés. Quando eram duas as mulheres, cantava uma e depois a outra, e as formigas que então saíam, eram da cantora." (*Viagem ao Norte do Brasil*, 206, Rio de Janeiro, 1929; *Antologia do Folclore Brasileiro*, vol. 1, 43, 9ª ed., São Paulo, Global, 2004). Essas formigas são as tanajuras. Stradelli estudou-as neste verbete: "Tanaiura, tanajura, atta, a fêmea de uma casta de saúva, que, quando ovada e na proximidade da postura, sai do ninho à procura de lugar onde pôr. Na ocasião, as tanajuras são objeto de uma perseguição encarniçada de todos os pássaros insetívoros da localidade e do próprio homem, que secunda o trabalho dos pássaros, não tanto para impedir a formação de novos formigueiros, como porque para muitos são um petisco muito apreciado; especialmente quando moqueadas, são servidas com molho de tucupi bem apimentado. As tanajuras parece que sabem desta perseguição, e é por isso, afirmava-me uma das minhas mestras de língua geral que elas não saem senão à tardinha e muitas vezes até depois do sol posto. A parte comestível é o abdome ovado; o gosto é de uma bolinha de sebo, que com o molho e bom apetite se torna perfeitamente comível" (66). Gilberto Freyre lembra o naturalista inglês Hasting Charles Dent, que passou um ano no Brasil, 1883-84 "e que não quis deixar de provar a formiga ou a tanajura frita. "Having read in my cookery book a recipe for fried tanajuras, a kind of ant," — escreve Dent — "I was most anxious to come across the insect and try the dish." Um dia — era 30 de setembro — o ar se encheu de nuvens de tanajuras gordas. O naturalista reservou algumas para a sua coleção e as outras não teve dúvida em juntar para uma ceia bem à brasileira (Foi isto nos tempos idílicos do indianismo: Gonçalves Dias estava brilhando na poesia, José de Alencar no romance; e o cozinheiro nacional tentando os estrangeiros românticos da marca de Dent a provarem tanajura com farofa na ceia ou no almoço). Dent pegou uma centena de tanajuras, botou-as em água fervente e arrancou-lhes as partes gordas, que pôs então a frigir em banha, com sal e pimenta. "I confess" - diz ele — "I tried my first tanajuras with much delicacy but finding it excellent ate half a dozen and finally finished the whole lot." Era uma delícia" (*Açúcar*, 33-34). Fui um excelente caçador de tanajuras, mas nunca as comi. As formigas de asa ficam pousadas numa saliência qualquer, extremidade de caibro ou galho de árvore. Vão chegando outras e por fim é um enxame inquieto, esvoaçando sem afastar-se. Estende-se uma toalha ou urupemba por baixo e diz-se, alto: "Tanajura cai, cai! Pela vida do teu pai!" E as tanajuras, que já no séc. XVII acreditavam nas cantigas que prometiam moças bonitas e avelãs, despencam em cima da urupemba ou toalha estendida, aos centos e centos. Os que gostam, aproveitam, como o Conde de Stradelli e o Dr. Dent. Ver *Saúva* e *Tanajura*.

FORMIGA DE ROÇA. Ver *Saúva*.

FÓRMULAS DE ESCOLHA. Antes de iniciar um jogo, uma brincadeira qualquer, as crianças têm necessidade de sortear um dos companheiros para dirigi-los e distribuir posições. A fim de evitar descontentamentos e brigas, há meios pacíficos e democráticos de selecionar os que irão comandá-los e participar do brinquedo.

É a isto que chamamos fórmulas de escolha ou fórmulas de sorteio. São, geralmente, pequenos versos dialogados ou sortes – às vezes cantados – por intermédio dos quais se escolhem os que irão liderar o jogo, o *capitão-de-campo-amarra-negra*, o *jote*, a *cobra-cega*, etc.

No artigo "Jogos e Brinquedos do Brasil," Luís da Câmara Cascudo (1) ressalta a importância da manifestação folclórica, registrando o popularíssimo *Sapatinho de Judeu*, que os romanos denominavam *Par et Impar* e na América Latina é conhecido pela denominação de *Pares-Y-Nones:* "Uma moeda ou pedrinha oculta na mão fechada e pergunta: — Sapatinho de Judeu? Mão de baixo (ou de cima) quero eu! Mão de cima (a que não foi citada) não dou eu! Coincidindo, a pedra indica quem deve iniciar o brinquedo."

Em Natal, brincamos muito de *Par ou Ímpar*: Dois meninos põem uma das mãos para atrás, e, depois de contar até três, apresentam, simultaneamente, os dedos que querem. Somados, vence o que acertou o número, seja par ou ímpar. Uma outra modalidade do *Par ou Ímpar*, chamada no sertão norte-rio-grandense *Passa-Pedra*, semelhante ao *Sapatinho de Judeu*, mas sem as palavras sacramentais, consiste apenas em adivinhar em qual das mãos o companheiro esconde a pedrinha. Espanhóis e portugueses conhecem igualmente a fórmula de escolha, a que denominam, respectivamente, *Dar la piedra* e *Dar a pedrinha*. Também no folclore hispano-americano ocorre denominação idêntica, sendo a expressão *dar la piedra* fixada em várias descrições de jogos cubanos, conforme está no *Archivos del Folklore Cubano*, II.

Maria Cadilla de Martínez (III, 66) informa no seu livro *Juegos y Canciones Infantiles de Puerto Rico*, que Julio Pólux, Ovídio, Plínio e outros autores latinos mencionaram em suas obras o jogo *Par et Impar*, o que demonstra ser o mesmo comum às crianças romanas. Jogavam, como nós, de mãos fechadas, guardando nelas pedrinhas ou moedas, que apresentavam aos seus companheiros. Em Porto Rico, o jogo é chamado *Pares y Nones*, como também nas Ilhas Canárias, segundo atesta Luiz Diego Cuscoy (IV, 89) no seu *Tradiciones Populares*. Em Portugal, tanto Augusto César Pires de Lima (V, II) quanto J. R. dos Santos Júnior (VI, 336) aludem a uma fórmula de escolha parecida. Aluísio de Almeida (VII, 115) confirma a aceitação do *Par ou Ímpar* entre as crianças paulistas, como preliminar para muitos jogos infantis, frisando, todavia, que as meninas preferem o antigo sistema lusitano, pondo um objeto numa das mãos, atrás das costas, e mandando adivinhar onde está ele.

Como fórmula de escolha, usa-se muito em todo o país o jogo de *cara ou coroa* ou *cara ou cunha*. É o *ostracinda* dos gregos: *caput et navis* dos romanos; *la tejuela*, *Castilla o León*, na Espanha antiga e, modernamente, *dia o noche* ou *cara o cruz*, como se designa também em Porto Rico e nas Canárias. No Chile (Valdívia) atira-se uma *chancha* ao ar, pedindo-se em seguida o *Cari o sello*. É também o *head-or-tail* dos norte-americanos. No Brasil, os meninos escolhem *cara ou coroa* e atiram a moeda para o ar. Caindo, examina-se qual das faces ficou para cima, cara ou coroa. Vence o que adivinhar. É ainda por esse mesmo processo que os nossos jogadores de futebol sorteiam as suas barras. Para se verificar a importância da manifestação folclórica na antiguidade, basta ler o que escreveu John Lubbock, citado pelo Prof. Armando Vivante (VIII, 270): "... tirar cara o cruz, hoy simple entretenimiento de niños, solía ser un medio sagrado y solemne de consultar a los oráculos."

Outra maneira de selecionar, muito frequente em Natal, é aquela em que dois meninos se aproximam, um do outro, de passada em passada, colocando o calcanhar do pé direito, por exemplo, em frente dos dedos do pé esquerdo. Ao se unirem, vence o que cobrir o pé do outro em primeiro lugar. Esta fórmula de sorteio é corrente em Portugal e dela nos dá notícia Augusto César Pires de Lima, V, 11. Também no Chile (Valdívia), conforme decreve Abdón Andrade Coloma, IX, 96, usa-se a mesmíssima fórmula: "... se realiza este sorteo (para tener derecho a elegir compañero primero), mediante el "contar los pasos," el cual consiste en lo siguiente: Se colocan los dos competidores frente a frente, y a cierta distancia (no muy lejos, es claro), colocan ambos el talón del pie derecho fijo en una parte, para después poner el pie izquierdo inmediatamente antes; cada uno de estos dos realiza esta operación a su debido turno. Así se van acercando, triunfando aquél cuyo pie queda encima del pie de su adversario."

Anotamos, em Natal, várias outras modalidades de fórmulas de escolha. Uma das mais populares, depois das mencionadas, parece que é esta a que as crianças denominam *Panelinha de ioiô*: Um dos meninos vai batendo na cabeça dos outros e dizendo, destacando bem as sílabas:

"Panelinha de ioiô
Foi ao mato e se afundou;
Testo, panela,
Bolou, fe…dou!"

O menino que tiver a sorte de ser ticado, ao pronunciar a sílaba *dou*, estará livre. Repete-se a mesma fórmula tantas vezes quantas forem necessárias. Escolhido o penúltimo, já se sabe que o Jote ou o Tica será o último.

Algumas dessas fórmulas de sorteio são claras, compreensivas e interessantes, como esta, que obedece ao mesmo processo da anterior:

"Fui na lata de biscoito,
Tirei um, tirei dois,
Tirei três, tirei quatro,
Tirei cinco, tirei seis,
Tirei sete, tirei oito,
Tirei nove, tirei dez!"

O menino que for ticado, ao ouvir pronunciar o número dez, estará fora.

Em Minas Gerais, Fausto Teixeira, X., arrolou versão idêntica. J. R. dos Santos Júnior (VI, 338) em Portugal, encontrou esta, que se aproxima do modelo recolhido em São Paulo pelos estudiosos do Centro de Pesquisas Folclóricas "Mário de Andrade" (XI):

"A galinha da poila (papona)
Põe os ovos à manada.
Põe um, põe dois, põe três,
Põe quatro, põe cinco, põe seis,
Põe sete, põe oito,
Arrecolhe o teu biscoito."

Aliás, em Tenerife, nas Canárias, Luís Diego Cuscoy, IV, 13, coligiu símile da mesma fórmula portuguesa e paulista, mas como parte integrante do jogo *Pico-pico-mazarico*:

"La gallina, la jabada,
Puso un huevo en la cebada;
Puso uno, puso cuatro,
Puso cinco, puso seis,
Puso siete, puso ocho:
Que te guardes este bizcocho
Hasta mañana a las ocho."

Na Galícia, em Espanha, conforme o testemunho de Fermin Bouza Brey (XII, 14), são correntes diálogos semelhantes, independentes do *Pico-pico-mazarico*, como *juegos de ejercício respiratório*:

"Unha pega, pegalara,
Puxo un hovo na Quitán.
Puxo un… rebolou,
Puxo dous, rebolou,
Puxo tres, rebolou,
Puxo catro, rebolou…" etc.

Duas variantes chilenas foram anotadas por Oreste Plath, XIII, 51:

1º) "La gallina castellana
Puso un huevo
En la callana:
Puso uno,
Puso dos,
Etc., etc.,
Puso ocho,
Esta mañana
A las ocho,
Pelado, mocho."

2º) "La gallina
Francolina
Puso un huevo
En la cocina;
Puso uno,
Puso dos,
Etc., etc.,
Puso ocho,
Puso pan de bizcocho."

Esta variante argentina foi consignada por Juan Alfonso Carrizo, XIV, 398:

"La gallina papanata
Puso un huevo en la canasta.
Puso uno, puso dos,
Etc., etc.
Puso nueve, puso diez."

O mesmo autor argentino acrescenta ainda versões espanholas arroladas por Sergio Hernández de Soto e D. Francisco Rodríguez Marín.

Fórmulas semelhantes, confundindo-se, às vezes, com *mnemonias* (expressão apresentada por Luís da Câmara Cascudo para as parlendas que têm por fim ensinar alguma coisa aos meninos, nomes ou números, veja-se o nosso *Parlendas*, XV, 33), são de imensa difusão nas Américas e Europa. Luís da Câmara Cascudo, XVI, anotou esta em Natal, para ensinar a contar, mas que já temos ouvido também como fórmula de sorteio:

"Una, duna, tena, catena.
Bico de pena,
Solá, soladá,
Gurupi, gurupá;
Conte bem
Que são dez!"

Acompanhemos a dispersão da fórmula de escolha, partindo de Natal até onde foi possível chegar:

Rodrigues de Carvalho (XVII, 60) registra versão idêntica à nossa, na Paraíba; e Lindolfo Gomes (XVIII, 242) esta, em Minas Gerais:

"Una / tena / cadena / catuna / bananá / sim-sim / pés-pés / contem bem / que são dez."

Em São Paulo, pela equipe do Centro de Pesquisas Folclóricas "Mário de Andrade":

"Una, duna, catena, / Saco de pena, / Vila, Vilão / Conte bem / Que doze são."

Em Portugal, Teófilo Braga (XIX, 350) oferece esta versão antiga:

"Una, Duna, / Tena, Catana, / Singela, Romana, / De bico de pés, / Catanove / São dez."

No mesmo país, Augusto César Pires de Lima (V, 119) indica variante mais moderna:

"Una, duna, tena, catena, / Corrimpim, corrimpão, / Toleirão, cabanão, / Conta bem, que dez são."

J. R. dos Santos Júnior (VI, 329) ainda em Portugal, coligiu inúmeras versões da mencionada fórmula, uma das quais é esta:

"Una, duna, tena, catena, / Cigarra, bugalha, carrapiz, carrapez, / Conta bem que são dez."

Em Tenerife, conforme Luis Diego Cuscoy e Fermin Bouza Brey (XII, 9), dizem assim:

"Una dona, tena, catona, / quina, quineta, / estando la reina, / en su gabineta / vino el ladrón (vino cuadrin) / rompió el cordón, / (mató o cuadrón) / cuéntalas bien, / que las viente son."

Em Porto Rico, a saudosa folclorista Maria Cadilla de Martinez (III, 216) escreveu a propósito: "Para achar suertes usan los niños el contarse los unos a los otros dándose palmadas en el pecho. En estos casos el que recibe el último número convenido es agraciado para jefe de un juego o para desempeñar un puesto determinado, aunque no sea de jefe." E cita este modelo de seu país:

"Una, dona, tena, catena, / saco, mulaco, mira, vellón; / cuéncale, biéncale, las doce, / la son."

Versões argentinas da referida fórmula de escolha foram consignadas por Juan Alfonso Carrizo (XX, 44) no seu *Cancioneiro Popular de la Rioja*, e José Vicente Solá (XXI, 339) no *Dicionário de Regionalismos de Salta*. Ei-las:

1º) "Una, doli, treli, catoli, / Quili, quileti, / Cinta de oro, / Pan de curu cu-ru. / Dice la reina / Que salgas tu." (Carrizo).

2º) "Una, dona, trena, cadena, / puchito de vela, / yuta, pue." (Solá).

Também Félix Coluccio (XXII, 254), na Argentina, registra outra versão de seu país, acrescentando que se trata de uma variante do jogo infantil *Mancha*. Vejam apenas um fragmento:

"Uni, duli, treli, candole, / dijo la rana / desde su caranole." Etc.

No Chile, duas versões da fórmula de escolha foram recenseadas pelo Sr. Oreste Plath (XIII, 52):

1º) "Una, / dona, / trena / cadena / puchito / de vela; / sobaco, / macaco, / los ojos de un paco; / pinto, / pinto, / saco, / la roncha / del veinticinco; / chorro, / morro, / caliente — y pedorro."

2º) "Una, / dola / canela, / zumaca, / tabaca, / velita, / velón / cuéntalas bien, / que doce son."

Sob a denominação geral de *conchas*, R. Olivares Figueroa (XXIII, 158 e 159) registra inúmeras rimas infantis, incluindo aí esta variante venezuelana:

"Una, dona, / tena, / catona, / quina, quineta, / Estaba la reina / en su camareta. / Vino Gil: rompió cuadril. / Vino Antón: / rompión cuadrón. / Cuéntalas bien / que las veinte son."

No Peru, Efrain Morote Best (XXIV, 8) recolheu duas variantes:

1ª) "Una / Dona / Trena / Cadena / Salsa / Boca, / Chorro / Pinto / Qet / Bon / Pof / Tis."

2ª) "Una / Dona / Trena / Cadena / Zamba / Loca / Tis/Pus / El que / Jede (hiede) / Mucho / Menos / Más."

Na República Dominicana, Edna Garrido (XXV, 9) aponta quatro versões de sua pátria, duas das quais são estas:

1ª) "Una, / dona / tena / catena / zumba / la bala / y dale / con ella."

2ª) "Una, dona, / trena, cadena, / estaba la reina / en su gabinete. / Vino Jina, / apagó el candil. / Camarón, camarón / cuéntalas bien / que las veinte son."

A popularidade e dispersão da fórmula de sorteio, como se vê, é alucinante. Ela, somente, já poderia fornecer material suficiente para um estudo amplo. Vamos, entretanto, fazer uma pausa aqui, oferecendo por último uma variante da Romênia. Está citada pelo Prof. Paul G. Brewster (XXVI, 114) no seu trabalho *Some Traditional Games From Roumania* e foi uma informação de Miss Valerica Osoianu, estudante da Universidade de Iasi. Descrevendo um curioso jogo da palha (straw-game), que nos parece versão legitima do jogo "O Anel," indica Paul G. Brewster que um rapaz é escolhido pela recitação da seguinte rima:

"Unu-i malea / Dona-i colea / Trei e rugu / Cintu rugu/ Hai, lute!" / (Go!, traduz Brewster).

Mas, voltemos a divulgar novas fórmulas de escolha, recolhidas por nós em Natal:

"Lá em cima do piano
Tem um copo de veneno;
Para quem beber primeiro,
— Mor…reu!"

Em São Paulo, além da versão quase idêntica, anotada pela equipe do Centro de Pesquisas Folclóricas "Mário de Andrade," Florestan Fernandes (XXVII, 55) apanhou esta:

"Em cima do piano / Tem um copo de veneno, / Quem bebeu morreu. / Anabu, anabu, / Quem sai és tu."

Também em Minas Gerais, Fausto Teixeira, X., oferece outra fórmula semelhante à nossa.

Neste outro modelo natalense, mais usado entre meninas, uma delas sai perguntando às outras, uma por uma:

— "Você tem uma bonequinha?
— Tenho.
— Ela é muito engraçadinha?
— É.
— Quantos anos ela tem?
— Seis.
— Um, dois, três, quatro, cinco, seis!"

A criança que coincidir com o número seis é a que estará livre. Não há número fixo. Dizem o que querem. Semelhantemente anotou a equipe do Centro de Pesquisas "Mário de Andrade." Fausto Teixeira, X., recoltou-a desta maneira:

"— Você tem uma bonequinha? / — Tenho. / — Que cor é a calcinha dela? / — Branca. /— Então mostre a cor."

Quem for apontado, – explica o folclorista mineiro – quando é pronunciada a última sílaba, deverá mostrar em sua roupa alguma parte da cor citada. Se a mostrar, estará livre de ser o *pegador*, e a contagem continua entre as demais participantes do brinquedo.

Outras fórmulas, que parecem mais antigas, apresentam palavras ou expressões enigmáticas, naturalmente adulteradas pelo uso diário. Vejam esta, que aliás, por exceção, tem uma musiqueta própria, conforme nos informa o Prof. Garibaldi Romano:

"Um poli-é
De poli-poli-tano;
Um navio que passou pela
 [Espanha.
Venha cá, eu lá não vou.
Um poli-é,
De poli-poli-tano!"

Em Minas Gerais, segundo Fausto Teixeira (*op. cit*), dizem assim:

"Un no ni / de napolitana; / um vapor / que passou pela Espanha / vene quá… / lá não vou; / un no ni."

A versão paulista, recolhida pela equipe do Centro de Pesquisas "Mário de Andrade," é esta:

"Unipon, / unipon, poniponi / um navio / que passava / pela Espanha."

A fórmula de escolha citada, que parecerá à primeira vista pura invenção de menino brasileiro, é de uso corrente em Espanha, tendo Luís Diego Cuscoy (IV, 41) consignado esta versão nas Canárias:

"Un don din, / de la poli, politana; / Un don, din, / que no sirve / para nada. / Niña, ven aqui! / Yo no quiero ir. / Un don, din."

Nesta variante venezuelana, coligida por Olivares Figueroa (XXIII, 159), há visível contaminação com uma quadrinha popular muito nossa conhecida e que diz assim, no Brasil:

Marciano Curiel Merchán (XXVIII, 163) por sua vez, divulga este modelo da Extremadura:

"Un don, din, de la poli, polí carpa, / un cañón que no llega nunca a Francia. / Niña, ven aquii; yo no quiero ir. / Un, don, din."

Esta é a mesma fórmula de seleção consignada por Edna Garrido (XXV, 62) na República Dominicana:

"Un don dín / a la poli / politana. / Un cañón / que nos sirve / de enseñanza. / — Niño, ven acá. / — Yo no puedo ir. / Un don dín."

Na Argentina, Juan Alfonso Carrizo (XX, 46) registra esta variante, afirmando que "es rima para contar y sortearse en los juegos:"

"Un, don, din, / De la poli-poli-tana. / Un cañón / que pasaba por España, / Niño, ven aqui. / — No quiero venir, / Un, don, din."

No Peru, Efraín Morote Best (XXIV, 49) anotou:

"Por la meca / Politana / Un camión / Que pasaba / Por España, / Niño, ven aquí / — No quiero venir / Un don din / Un don din."

Outra fórmula de escolha, recolhida por nós em Natal, tem também grande dispersão pelo mundo. Note-se que muitas vezes conseguimos identificar variantes apenas por uma palavra, como, por exemplo, *colorê*, da nossa versão, cujo sentido ignoramos. Vejamos a versão natalense e a seguir de outras regiões brasileiras e países:

"Une, une, ni, tê,
Salomé minguê.
Um sorvete colorê,
Une, une, ni, tê."

Em Minas Gerais, informa Fausto Teixeira, X:

"Une, dune, trê… / Salamê mingoê; / o sorvete colorê / Une, dune, trê!"

Em São Paulo, segundo o Centro de Pesquisas Folclóricas "Mário de Andrade," XI:

"Une, dune, trê, / Salomé, minguê, / Um sorvete colorete, / Une, dune, trê, / É você, é você!"

Observem a persistência das rimas nas versões acima, mesmo quando já perderam qualquer sentido.

Variante argentina, citada por Juan Alfonso Carrizo (XIV, 419):

"Un, du, li, truá. / A la, re, min, duá, / Flete, flete, / Colorete. / Un, du, li, truá."

"O anel que tu me deste, / Era de vidro e se quebrou; / O amor que tu me tinhas, / Era pouco e se acabou."

Vejamos:

"Una, do, lin, dual, / de la li-ber-tad. / Oso, fete, / Colorete, / la sortija / que me diste, / fué de vidrio, / y si rompió, y el amor / que me tuviste, / fué poquito y se aca-bó."

Nesta versão peruana, recolhida por Efraín Morote Best (XXIV, 45), há apenas a palavra "colorito" para identificar e o fato de ambas as versões serem fórmulas de escolha:

"Pito / Pito / Colorito / De la cerda (o seda) / Verdadera / Pin / Pon / Fuera!"

Noutra fórmula natalense, de sentido mais claro, sempre há uma palavrinha estropiada para atrapalhar, justamente a mais importante, a que decide a sorte:

"Uma pulga na balança
Deu um salto e foi à França;
Os cavalos a correr,
As mocinhas a brincar,
A que for a mais bonita
Será boi-ar!"

E o que quer dizer *boi-ar*? Quem sabe!

Numa versão carioca, anotada por Marisa Lira e Leonor Posada (XXIX, 69), vem a fórmula simplificada:

"Uma pulga / na balança / Deu um pulo / Foi à França."

E Cecília Meireles (XXX), estudando o jogo "Surubico, Maçarico," menciona:

"Salta, pula na balança, / dá um pincho, põe-te em França."

Domingos de Azevedo (XXX, 67), divulgando o mesmo jogo em Portugal, sob a denominação de "Pico, pico, celoririco." conclui:

"… De redondo, de redondo, / como a pulga na balança, / Dá um pincho, / Põe-se em França."

Não temos dúvida em afirmar que a nossa fórmula de escolha, tão sem pé sem cabeça, nada mais é do que um fragmento disperso do jogo do "Pico, Pico," de extensa difusão latina. Também Augusto César Pires de Lima, V. 55, anotando-o em Portugal, assim refere o trecho correspondente ao fragmento natalense:

"… A sobrancelha é redonda / Como o prato na balança; / Dá um pincho e põe-te em França."

Como fórmulas de sorteio, as crianças natalenses, meninas, principalmente, utilizam, às vezes, trechos de rondas infantis. Foi o que se deu com "Dona Chica", a nós comunicada como fórmula de seleção e também como cantiga de roda, com musiqueta própria. Ei-la.

"Atirei um pau no gato, tó-tó,
Mas o gato, tó-tó,
Não morreu, reu-reu;
Dona Chica, cá-cá,
Admirou-se, se,
Do berru, do berru
Que o gato deu!"

Berru — está visto — é berro. As crianças dizem *berru* para facilitar a acentuação das sílabas. Aliás, esse processo de acentuação forçada é que mutila sensivelmente as palavras, inclusive o significado.

Colhemos ainda em Natal estas duas versões de uma mesma fórmula:

"Fui à feira comprar uva
Espinhei um pim no pé;
Amarrei com fita verde,
Com o nome de Mané."

Já temos encontrado no cancioneiro popular norte-rio-grandense quadrinhas semelhantes àquela fórmula. Possivelmente, trata-se de uma adaptação. *Pim no pé* é uma corrutela de "espinho no pé."

Em São Paulo, a equipe do Centro de Pesquisas Folclóricas "Mário de Andrade" recolheu esta variante:

"Fui ao mato cortar lenha / O capim cortou meu pé, / Amarrei com fita verde / Cabelinho de José."

A outra versão natalense é esta, usada como fórmula de escolha, mas tudo indica tratar-se de quadra popular adaptada àquela função:

"Fui à feira comprar uva,
Encontrei uma coruja;
Eu pisei na cauda dela,
Me chamou de cara suja."

Quadrinha semelhante podemos encontrar no cancioneiro paulista. É informação de Aluísio de Almeida, VII:

"Fui indo por um caminho / encontrei uma coruja, / Pisei no rabo dela, / Me xingou de cara suja."

Aí estão modelos natalenses, com algumas variantes no país e estrangeiro, do que chamamos fórmulas de escolha ou fórmulas de sorteio. O Prof. Florestan Fernandes (XXVII, 54), prefere denominar "fórmulas de seleção."

Sendo a preliminar de todos os jogos infantis, sua importância é incontestável. Denuncia o valor da hierarquia entre as crianças, num brinquedo, e é a maneira mais razoável de conquistar posições num jogo popular. A não ser assim, através dessas curiosas fórmulas de escolha, só haveria duas maneiras de selecionar os dirigentes de um jogo: pela força ou arbitrariamente, uns constrangendo os outros, processos esses que repugnam até mesmo à consciência infantil (Veríssimo de Melo, professor de Etnografia do Brasil, Faculdade de Filosofia, Universidade do Rio Grande do Norte, Natal).

BIBLIOGRAFIA: I "Jogos e Brinquedos do Brasil," Luís da Câmara Cascudo, *in Correio da Noite*, Rio de Janeiro, 15-4-47; II *"Archivos del Folklore Cubano"*, vol. V, n.º 2, *Apud* Felix Colucio, *in Folklore de las Américas*, edição "El Ateneo," Buenos Aires, pág. 163, 1948; III *Juegos y Canciones Infantiles de Puerto Rico*, Maria Caddila de Martínez, San Juan, Puerto Rico, 1949; IV *Tradiciones Populares — Folklore Infantil*, Luis Diego Cuscoy, Instituto de Estudios Canarios, La Laguna de Tenerife, 1944; V *Jogos e Canções Infantis*, Augusto César Pires de Lima, Domingos Barreira Editor, 2ª edição, Porto, 1943; VI "Lengas-Lengas e Jogos Infantis," J. R. dos Santos Júnior, Sep. da *Revista do Instituto de Antropologia da Universidade do Porto*, Porto, 1937; VII "Notas de Folclore Infantil Sul-Paulista," Aluísio de Almeida, *in Revista do Arquivo Municipal*, n.º CVIII, São Paulo, 1946; VIII "Juego — Culto — Religión," Armando Vivante, *In Revista del Instituto de Antropologia de la Universidad Nacional de Tucumán*, vol. 4, Marzo, 1949; IX "Folklore de Valdívia," Abdon Andrade Coloma, *in Archivos del Folklore Chileno*, Fasc. 1, Santiago, Chile, s.d.; X "Brinquedos de Contagem," Fausto Teixeira, *In Diário de Minas*, 17-7-49; XI "Fórmulas para Brincar de Pegador ou de Pique," Seleção de uma equipe do Centro de Pesquisas Folclóricas "Mário de Andrade," *in Correio Paulistano*, São Paulo, 9-7-50; XII "Contactos del Folklore Canario con el Gallego-Portugues," Luis Diego Cuscoy e Fermin Bouza Brey, Sep. do Boletim do *Douro-Litoral*, n.º 4, 3ª Série, Porto, 1949; XIII *Folklore Chileno — Aspectos Populares Infantiles*, Oreste Plath, Prensas de la Universidad de Chile, Santiago, Chile, 1946; XIV "Cancionero Popular de Tucumán," Juan Alfonso Carrizo, Tomo I, *Espasa-Calpe* Argentina, s.d.; XV *Parlendas*, Veríssimo de Melo, Edição da Sociedade Brasileira de Folclore, Natal, 1949; XVI "Dinamogenias Infantis," Luís da Câmara Cascudo, *in A República*, Natal, 4-3-45; XVII *Cancioneiro do Norte*, Rodrigues de Carvalho, Tip. da Livraria São Paulo, Paraíba do Norte, 1928; XVIII *Nihil Novi*, Lindolfo Gomes, Tip. Brasil, Juiz de Fora, Minas, 1927; XIX "Os Jogos Populares e Infantis," Teófilo Braga, *in Era Nova*, Lisboa, 1880-1881; XX "Cancionero Populàr de la Rioja," Juan Alfonso Carrizo, *Espasa-Calpe* Argentina, tomo II, s.d.; XXI *Dicionário de Regionalismos de Salta*, José Vicente Solá, Sebastián de Amorrortu y Hijos, S-R-L, Buenos Aires, 1950; XXII *Dicionário Folklórico Argentino*, Félix Coluccio, "El Ateneo," Buenos Aires, 1950; XXIII *Folklore Venezolano*, Olivares Figueroa, Tomo I, Ediciones del Ministério de Educación Nacional, Caracas, 1948; XXIV, "Algunas de Nuestras Rimas Infantiles," Efraín Morote Best, Sep. da *Revista Universitária del Cuzco*, n.º 96, Cuzco, 1949: XXV "El Folklore del Niño Dominicano," Edna Garrido, *in Boletin del Folklore Dominicano*, ano II, n.º II. Ciudad Trujillo, 1947; XXVI "Some Traditional Games From Roumania," Paul G. Brewster, Sep. do *Journal of American Folk-Lore*, April, June, 1949; XXVIII "As Trocinhas do Bom Retiro," Florestan Fernandes, Sep. da *Revista do Arquivo Municipal*, n.º CXIII, São Paulo, 1947; XXVIII "Juegos Infantiles de Extremadura," Marciano Curiel Merchán, *in Revista de Dialectología y Tradiciones Populares*, Tomo I, Cad. 1 e 2, pág. 163, Madrid, 1944; XXIX *Uma, Duas Argolinhas*, Marisa Lira e Leonor Posada, Livraria Jacintho, Rio de Janeiro, 1941; XXX "Tradições Populares de Villa-do-Conde," Domingos de Azevedo, *in Boletim Douro-Litoral*, 2ª série, I, Porto, 1944. (*Veríssimo de Melo*, Natal, 1951).

FORRÓ. Ver *Arrasta-Pé*.

FORROBODÓ. Divertimento, pagodeiro, festança. "Após a tal sessão houve um grande forrobodó. (*O Alfinete*, n.º 13, de 1890)." Em honra ao sexto aniversário d'*A Pimenta* houve um espalhafatoso forrobodó" (*A Pimenta*, n.º 373, de 1905). Forrobodó ou Forrobodança é um baile mais aristocrático que o Chorão do Rio de Janeiro, obrigado a violão, sanfona, reco-reco e aguardente. Nele tomam parte indivíduos de baixa esfera social, a ralé... A sociedade que toma parte no nosso forrobodó ou forrobodança é mesclada; há de tudo. Várias vezes verificam-se turras ou banzés, sem que haja morte ou ferimentos. Fica sempre tudo muito camarada, muito bem, obrigado" (*A Lanceta*, n.º 121, de 1913). Alberto Bessa consigna o vocábulo como brasileiro, com as expressões de *baile ordinário, sem etiqueta*; e Beaurepaire Rohan, como privativamente do Rio de Janeiro, com as de *baile, sarau chinfrim*. O termo tem curso no Ceará, para designar os *bailes da canalha*, como escreve Rodrigues de Carvalho, e entre nós, porém, desde muito, e antes mesmo do aparecimento do livro de Rohan, em 1889, como se vê destes trechos: "Um arremedo de folhetim cheirando a forrobodó." (*América Ilustrada*, n.º 25, de 1882). "Ao ator Guilherme, na noite do seu forrobodó." (*O Mefistófeles*, n.º 15, de 1833). O termo, portanto, quer originário do Rio de Janeiro quer não, já tem entre nós os seus cajus (Pereira da Costa. *Vocabulário Pernambucano*, 349-350). Usa-se em Natal, na imprensa anterior a 1930, como sinônimo de baile popular, pagode, samba movimentado, entre o povo. Carlos Betencourt e Luís Peixoto escreveram uma revista teatral, "Forrobodó," que foi muito representada e aplaudida por todo o Brasil (1917-19). Ver *Samba*.

FÓSFOROS. Palitos de fósforos, popularizados no Brasil, inicialmente pelo litoral, nos últimos trinta anos do séc. XIX. Para o interior o conhecimento foi mais lento. Foram descobertos pelo químico alemão Rudolf Christian Böttger, em 1848, e aperfeiçoados, na forma atual, pelo industrial sueco J. E. Lundström, em 1866. Os fósforos suecos eram universalmente usados e ainda os vi em Natal, abundantes, vindos de Jönköping, os chamados *jocopingue*, excelentes. Houve indústria local em vários pontos do Brasil, fumacentos e perigosos, acendendo pela fricção em qualquer parte. Depois é que apareceram os fósforos de *segurança*, riscando na caixinha própria, *com* as superfícies de atrito. Pereira da Costa (*Vocabulário Pernambucano*, 533-534) informa: "Palito de Fogo: O antigo fósforo de pau, formando maços, unidos nas extremidades, e envolvidos em pó de serra, de fabricação local (Recife), e que inflamavam, riscando-se em qualquer parte, desprendendo então um fumo espesso, sufocante. *Palito de Fogo, ideia dos homens, três magos por um vintém*; assim apregoavam a mercadoria os seus vendedores ambulantes. Depois apareceram uns fósforos em caixinhas, importados da Europa, e sendo isto ao tempo da instalação da iluminação a gás carbônico, tivemos, assim, a denominação vulgar de *fósforos do gás*." "Quando só havia fósforos do gás e palitos de fogo, invenção dos homens, três maços por um vintém, não se via destas calamidades." (*América Ilustrada*, 1872). Apesar da introdução do moderno fósforo, que originariamente apareceu entre nós, importado da Europa, e com o nome vulgar de *segurança*, por somente inflamar riscando-se na própria caixinha, fazendo, assim, desaparecer a rudimentar indústria, de fabricação do antigo, originário, a sua denominação corrente de *palito de fogo*, ou simplesmente *palito*, ainda não desapareceu de todo. "O Lira puxa cigarros, risca cinco ou seis palitos," (*América Ilustrada*, n.º 36, de 1878), Até mais ou menos 1930 eram correntes os fósforos de palito de madeira e de cera, mas estes últimos foram retirados, praticamente, do consumo, pela força superstíciosa de julgá-los agoureiros e anunciadores de infelicidades. Era a ideia associada à vela fúnebre dos moribundos e velórios. O fósforo de cera dava azar, e ninguém, ou quase ninguém, o comprava. Três fumantes não devem acender o cigarro no mesmo fósforo, sob pena de falecer um deles, dentro de um ano. Não se deve jogar o palito inteiro depois de servido e sim que brá-lo primeiramente. Não se deve ter fósforo aceso, inútil, na mão, porque atrai a morte. Quando três fósforos falham, e o quarto se inflama, este deve ser apagado pelo sopro e não servido; acende-se outro para o uso. Usar toda a caixa de fósforos, servindo-se unicamente de um lado do atrito dá sorte. Quem furta caixa de fósforos não fica rico. Quando o fósforo se apaga antes de chegar ao cigarro, anuncia novidade, boa ou má. Perder caixa de fósforos dá azar para o dia seguinte. Quem se queima, casualmente, na chama do fósforo vai ganhar no negócio que estiver tratando. Guardar fósforos queimados com os intactos na mesma caixa dá azar, retarda a sorte.

FRANCISCO. Francisco (João) Bernardone nasceu e faleceu em Assis, Úmbria, Itália (1182-1226). Fundou a Ordem dos Franciscanos (1209), das Clarissas (1212), e a Ordem Terceira (1221). Quando de um retiro no monte Alverne, Apeninos, recebeu os estigmas da Paixão de Cristo, as *chagas* nas mãos, nos pés e no lado. O Papa Gregório IX canonizou-o em 1228, dois anos depois de sua morte. São Francisco de Assis. São Francisco das Chagas. Ver *Canindé*.

FRANCO, AFONSO ARINOS DE MELO. Ver *Afonso Arinos*.

FRASCO. Medida para secos, valendo dois litros. Apesar do nome, usam uma caixinha de madeira: um frasco de farinha, um frasco de arroz, etc. Zona do Tocantins, Pará, Goiás, zona dos rios Mearim e Itapicuru no Maranhão; zona do coco babaçu no Piauí, até Floriano Peixoto, Amarante. Informação de Neri Camelo.

FREITAS. Ver *Afonso Antônio de Freitas* e *João Alfredo de Freitas*.

FREVO. Dança de rua e de salão, é a grande alucinação do carnaval pernambucano. Trata-se de uma marcha de ritmo sincopado, obsedante, violento e frenético, que é a sua característica principal. E a multidão ondulando, nos meneios da dança, fica a ferver. E foi dessa ideia de fervura (o povo pronuncia *frevura, frever*, etc.), que se criou o nome de *frevo*. A primeira coisa que caracteriza o *frevo* é ser, não uma dança coletiva, de um grupo, um cordão, um cortejo, mas da multidão mesma, a que aderem todos que o ouvem, como se por todos passasse uma corrente eletrizante. Igualmente é dançado em salão, como marcha, sem embargo de que, por vezes, os pares se desfaçam em roda, a cujo centro fica um dançarino, obrigado a fazer uma *letra* (um passo ou uma gatimônia qualquer) depois do que é substituído por outro e assim sucessivamente. O *frevo* é uma marcha, com divisão em binário e andamento semelhante ao da marchinha carioca, mais pesada e barulhenta e com uma execução vigorosa e estridente de fanfarra. Nele o ritmo é tudo, afinal a sua própria essência, ao passo que na marchinha a predominância é melódica. Divide-se em duas partes e os seus motivos se apresentam sempre em diálogos de trombones e pistões com clarinetes e saxofones. Mário Melo diz que o frevo nasceu da polca-marcha e foi o Capitão José Lourenço da Silva (Zuzinha), ensaiador das bandas da Brigada Militar de Pernambuco, quem estabeleceu a linha divisória entre o *frevo* e a polca-marcha, que começa na introdução sincopada em quiálteras. O grande interesse do *frevo* está na sua coreografia... O frevo apareceu em 1909 no depoimento de Pereira da Costa (Renato Almeida, *História da Música Brasileira*, 194-5). A coreografia dessa dança de multidão é, curiosamente, individual, *ad libitum*. Centos e centos de dançarinos ao som da mesma música excitante dançam diversamente. Raro o gesto igual, fortuita a atitude semelhante. No delírio da mobilidade mantém o pernambucano (o *frevo* está-se derramando pelo Brasil) a feição pessoal, instintiva, de improvisação e variabilidade personalíssimas. O *frevo* é sempre dançado ao som das marchas-frevos típicas. A presença do *frevo* nos salões, nos clubes carnavalescos é posterior a 1917. Neste ano, primeiro carnaval a que assisti no Recife, estive em quase todos os bailes, acompanhando amigos prestigiosos, e só encontrava o *frevo* (dizia-se apenas o passo, fazer o passo) nas ruas. "O termo frevo, vulgaríssimo e corrente entre nós, apareceu pelo carnaval de 1909: "Olha o frevo!", era a frase de entusiasmo que se ouvia no delírio da confusão e apertões do povo unido, compacto ou em marcha, acompanhando os clubes." (Pereira da Costa, *Vocabulário Pernambucano*, Recife, 1937). Ver *Passo* [2]. Oswaldo de Almeida, (1882-1953) deu em 1907 ao conjunto coreográfico do *Passo* em efervescência da exibição o nome de *Frevo*, consagrado pela aceitação do uso popular no Recife. Unidade rítmica com gesticulação *ad libitum*. Mário Melo, "Origem e significado do Frevo", Anuário do Carnaval Pernambucano, Recife, 1938; Ruy Duarte, "História Social do Frevo", Ed. Leitura, Rio de Janeiro, 1968; Valdemar de Oliveira, "Frevo, Capoeira e Passo", Recife, 1971; "Ritmos e Danças", 1, "Frevo", Governo de Pernambuco e Secretaria de Educação e Cultura, (Leonardo Silva), Recife, 1977, com um disco de seis marchinhas típicas.

FRIAGEM. Friagem é o termo regional por que são conhecidas as quedas bruscas de temperatura no ocidente da planície amazônica (Raimundo Morais, *Na Planície Amazônica*, 117, Manaus, 1926).

FUMAR. Constituiu outrora e ainda resiste no interior do Brasil como um ato de maioridade civil. Era a máxima falta de respeito fazê-lo na presença de parentes velhos e de superiores. Ainda persiste a proibição tácita ou expressa em repartições de administração pública, assim como o hábito de pedir-se a indispensável permissão para fumar aos chefes de serviço ou autoridade superior presente. Dar um cigarro a um filho ainda é um ato de emancipação e suprema homenagem. "Quando dei fé, a festa já tinha acabado, e meu pai estava me dando um cigarro, que ele mesmo tinha enrolado para mim, o primeiro que eu pitei na vista dele... E foi falando: Meu filho, tu nasceu para vaqueiro, agora eu sei." (J. Guimarães Rosa, *Sagarana*, 41). No Brasil os indígenas chamavam-no Petum, Pitima, Betin, Petigma, conforme Thevet, Lery, Hans Staden, Fernão Cardim. O uso era a folha seca, enrolada, acesa numa extremidade, aspirando-se pela outra, expelindo a fumaça pela boca e narinas. Frei André Thevet foi o primeiro a descrever o petum, elogiando-lhe as excelências "pour faire distiller et consumer les humeurs superflues du cerveau." (*Singularitéde la France Antartique*, 158, ed. Gaffarel, 1878). Cristóvão Colombo já vira, em outubro de 1492, os indígenas fumando. Thevet denominou o tabaco de *herbe angoumoisine*, o primeiro a levá-la para França. O divulgador, entretanto, diz-se ser o embaixador Jean Nicot, que enviou de Portugal em 1560 um pouco de tabaco em pó para curar as *migraines* de Catarina de Médicis. O Padre Manuel da Nóbrega, em janeiro de 1550, escrevia: "Todas as comidas são muito difíceis de desgastar, mas Deus remediou a isto com uma erva cujo fumo muito ajuda à digestão e a outros males corporais e a purgar a fleuma do estômago," embora não a usasse. Gabriel Soares de Sousa (1587) dizendo-a petume ou erva santa, informa: "A folha desta erva, como é seca e curada, é muito estimada dos índios e mamelucos e dos portugueses, que bebem o fumo dela, ajuntando muitas folhas destas, torcidas umas com as outras, e metidas em um canudo de folha de palma, e põem-lhe o fogo por uma banda, e como faz brasa metem este canudo pela outra banda na boca, e sorvem-lhe o fumo para dentro até que lhes sai pelas ventas fora. Todo homem que se toma de vinho, bebe muito deste fumo, e dizem que lhe faz esmoer o vinho. Afirmam os índios que, quando andam pelo mato e lhes falta o mantimento, matam a fome e sede com este fumo, etc." (Cap. LXI). Engolir e expelir a fumaça era o *beber fumo*, considerado vicioso. D. Pero Fernandes Sardinha, 1º Bispo do Brasil, expulsou Vasco Fernandes Coutinho, donatário da Capitania do Espírito Santo, do uso da cadeira de espaldar na igreja de Pernambuco pelo crime de o velho soldado *beber fumo*. Outro, pelo mesmo vício, foi exposto na Sé da Bahia, nu da cintura para cima, com folhas amarradas ao pescoço durante todo o exercício da missa. O Papa Urbano VIII, na segunda vintena do séc. XVII, excomungou os bebedores de fumo. O fumo, levado à França por Thevet e Nicot, o fora a Lisboa por Luís de Goes, elogiado por Damião de Goes que, escrevendo seu nome, confessa: "a que chamamos de fumo e eu chamaria erva santa..." Fernão Cardim denuncia a popularidade do *beber fumo* em 1584: "... é uma das delícias, e mimos desta terra, e são todos naturais, e ainda os portugueses perdidos por ela, e tem por grande vício estar todo o dia e noite deitado nas redes a beber fumo e assim se embebedam dele, como se fora vinho." Numa cerimônia indígena a que Jean de Lery assistiu, a indiada em círculos recebia lufadas de fumo sopradas pelos três ou quatro *caraíbas* (pajés), com essa frase que os excitava ao combate próximo: "Para que vençais os vossos inimigos, recebei o espírito da força." (*Viagem à Terra do Brasil*, 194, ed. 1941). Nos catimbós o cachimbo, *marca*, é o centro de interesses e o principal objeto do *trabalho*. Nas macumbas do Rio de Janeiro, como nos catimbós do Nordeste, o ritual pede que a assistência fume sempre que puder. Num *xangô* de Pernambuco, o *mestre* escrevia, numa carta de desabafo: "Eu antes de conhecer Xangô, já comia e já bebia e já vestia, para isto eu tenho as minhas outras leis, meu cachimbo grande para me defender." (Gonçalves Fernandes, *Xangôs do Nordeste*, 39). O *beber fumo* sobrenada às vezes numa quadrinha popular:

"Sinh' Aninha bebe fumo
No seu cachimbo de prata;
Cada fumaça que bota
É um suspiro que mata."

Há remédios que são *fumados* ou misturados com o tabaco. Para dor de dentes, nevralgias, fuma-se com o tabaco alfazema ou cravo. De onde teria vindo a expressão *beber fumo*? Fumar seria apenas fazer, produzir, arrojar, lançar fumo. O movimento muscular de aspirá-lo, tragá-lo, expulsando-o pelas narinas ou apenas pela boca, só posteriormente se acomodou ao verbo *fumar*, ligado apenas ao fumo, fumaça. Como não era sólido, caracterizando-se pela mastigação, seria líquido antes da forma gasosa subsequente. Os africanos entenderam semelhantemente. Os negros de Angola, em quimbundo dizem *kunua makania*, beber fumo. Heli Chatelain reparou não dizer-se fumar tabaco, *to smoke tobacco*, e sim beber tabaco, "to drink tobacco." E comentou: "It seems difficult to conceive how tobacco can be a drink. But in Ki-mbundu instead of saying "to smoke tobacco" one says "to drink tobacco." Smoke is classified with the liquids." (*Folk-Tales of Angola*, 258).

Sobre o fumar como tabu de conduta e aferição social, antes de sua assimilação como vício comum e banal, há registro sugestivo. Manuel Querino: "Se, por acaso, o candidato (a casamento) não reunia as qualidades exigidas, no tempo aprazado, era posto à margem, com esta sentença fulminante: "Meu caro senhor, o rapaz não serve. Dizem até que ele fuma!" E assim se desfaziam tantos sonhos de ventura. No comércio, se o patrão desconfiava que o caixeiro se dava ao vício de fumar, era logo despedido, porque este costume só era permitido aos marítimos, gente sem cotação na época. Um diplomata baiano, que residiu em Paris, trouxe, de volta à terra natal, o hábito de fumar charutos, pois só se conheciam cigarros. Por muito tempo ficou sendo censurado, porém, mais tarde, ficou sendo fumar um hábito da sociedade elegante." (*Costumes Africanos no Brasil*, 318, Rio de Janeiro, 1938). Ver *Beber Fumo*.

FUMO-BRABO. Ver *Maconha*.

FUNÇÃO. Antiga denominação das nossas festividades religiosas, e das familiares de batizados, casamentos e aniversários, uma vez que nesses bons tempos de outrora, como em 1842 escrevia Lopes Gama no seu *O Carapuceiro*, essa palavra de *baile* era desconhecida, e muito menos se sabia do tal *soirée* e partida.

"Viola, minha viola,
Viola do coração!
Cantava uma cabra pachola
Tocando numa função.
Não há função,
Nem brincadeira,
Que não acabe
Por bebedeira."

O termo clássico de *função*, cuja condenação, pelas modernas denominações, tanto escandalizava a Lopes Gama, é, porém, ainda mantido pelos músicos, que assim chamam às solenidades de qualquer natureza em que tomam parte (Pereira da Costa, *Vocabulário Pernambucano*, 355). Usa-se também deste termo para designar festa ou festim em casa, ou nos templos: esteve uma rica função (Dr. Fr. Domingos Vieira, *Dicionário da Língua Portuguesa*, Porto, 1873). Manuel Antônio de Almeida, escrevendo em 1854-55, usa a velha sinonímia, evocando uma festa de batizado no Rio de Janeiro no tempo do Brasil-Reino: "Já se sabe que houve nesse dia *função*..." (*Memórias de um Sargento de Milícias*, cap. I). "Se vos mandarem chamar / Para ver uma função, / Respondei sempre que não. / Quem está bem, deixa-se estar." (Inácio José de Alvarenga Peixoto, *Obras Poéticas*, 265, ed. Garnier, Rio de Janeiro, 1865). "Desculpe o dono da casa / Eu dançar de pé no chão, / Eu vinha de muito longe / Não sabia da função!" (Popular). Ver *Samba*.

FUNDO DO MAR. Ver *Reino*.

FUNGADOR. Instrumento musical africano, trazido pelos escravos para o Brasil, segundo Luciano Gallet.

FUNGANGÁ. Ver *Baianá*[1], *Samba*.

FURRUNDUM. Doce de cidra ralada, feito com rapadura ou açúcar mascavo (Valdomiro Silveira, *Os Caboclos*, São Paulo, 205, 1920).

FURTO. É condição precípua para obtenção de certos amuletos, figas, ferraduras, corninhos. O Menino Jesus que está no braço de Santo Antônio é vítima de furtos para obrigar o santo a satisfazer o devoto pela imposição da penitência suprema, que é a ausência do Menino-Deus. Muito comum as imagens de Santo Antônio sem o Menino-Deus. Possuo três imagens comprovadoras. Edilberto Trigueiros, num estudo sobre "O Furto no Folclórico São-Franciscano" (*Boletim Alagoano de Folclore*, n.º 3, Maceió, março de 1958), informa de uma modalidade do furto piedoso: rapto do Menino-Deus de uma imagem da Matriz e sua restituição solene e pública, depois de atendida a súplica. Tradicional é o furto de aves, ovelhas, porcos, na noite de Quinta-Feira-Maior para Sexta-Feira da Paixão (ver *Malvadeza*), ou mais comumente da Sexta-Feira da Paixão para o Sábado da Aleluia ou deste para o Domingo da Ressurreição, herança de costumes portugueses e espanhóis que se derramou pela América Latina. Ver Luís da Câmara Cascudo, *Superstição no Brasil*, "A noite do furto tradicional", 213-217, 6ª ed., São Paulo, Global, 2002. No auto do *Quilombo* (ver) em Alagoas, há o episódio típico do *roubo da liberdade*, em que os negros roubam (com prévia autorização dos proprietários) objetos que são levados para o rancho e depois devolvidos na cena do *resgate*, mediante modesta espórtula. Em Portugal há promessas de dádivas de telhas roubadas em Castelo-Branco e as ferraduras cabem na mesma exigência. O povo da Zebreira "ainda hoje acarreta as telhas roubadas dos telhados dos vizinhos, para que São Domingos o livre de maleitas." (Jaime Lopes Dias, *Etnografia da Beira*, I, 117, 2ª ed., Lisboa, 1944). J. Leite de Vasconcelos (*Excursão Extremenha*, 4, Lisboa, 1917) registrara a crendice local das telhas roubadas curarem sezões. "A oliveira pertence ao número das plantas, cujas sementes ou estacas *pegam* melhor, e florescem bem, frutificam esperançosamente, quando roubadas." (Luis Chaves, *Páginas Folclóricas*, "Azeite Santo," 55, Porto, 1942). Bananeira roubada dá fruto melhor, assim como a jaqueira. Na pajelança do Pará o patuá do Uirapuru, mais poderoso para amor ou jogo, também deve ser obtido por meio do furto, identicamente as chaves do Sacrário (ver *Chaves*) e fragmentos da pedra-ara dos altares. A moça *furtada* teve no interior do Brasil grande popularidade sentimental, índice de amor ardente. Alguns apaixonados preferiam *furtar* a namorada mesmo sabendo, de antemão, que não lhes seria recusado o consentimento para o noivado: Piá do Sul (F. Contreiras Rodrigues), *Farrapo, Memórias de um Cavalo*, 114-115, Porto Alegre, 1985. "E diz que a não quer por nora, / E seu pae er assi, / Porque se casou furtada, / Nem chique nem mique, nem nada." (Gil Vicente, *Auto Pastoril Português*). "Beijo furtado / Tem mais valor, / Amor provado / Com mais calor." O objeto roubado conserva as *forças* do proprietário primitivo. Ver *Forças*.

GADE. Cerimônia característica do ritual do casamento cigano no Brasil. Muito comum, indispensável entre os ciganos sedentários, residentes no Rio de Janeiro e Bahia, pouco seguido entre os grupos nômades, foi desaparecendo nos costumes dos primeiros e reaparece, de vez em quando, no meio dos segundos. Gade quer dizer *camisa*. Melo Morais Filho, o primeiro a estudar e descrever as tradições dos ciganos, no *Os Ciganos no Brasil* (Rio de Janeiro, 1886), fixou a cerimônia, repetindo-a no seu *Festas e Tradições Populares do Brasil* (302-305) sob o título de "Um Casamento de Ciganos em 1830". É mais completo o quadro no *Os Ciganos no Brasil*: "A meia noite retiravam-se todos para um lado da sala, adiantando-se os noivos e as duas madrinhas. As violas e as canções vibravam mais fortes. Sobre um móvel, cinco lençóis, alvos como uma hóstia, aromatizados com alfazema e salpicados de flores, achavam-se superpostos. Quatro tochas acesas, encostadas a uma mesa, derramavam sobre o linho uma luz de âmbar e ouro. As janelas fechavam-se, a inquietação transparecia em todos os semblantes; o rito sagrado do *Gade* ia cumprir-se. E os padrinhos, que também eram quatro, desdobravam os lençóis, os suspendiam acima da cabeça, juntando as extremidades, passando um ao outro os círios que sustinham, alongando o braço oposto, e formavam o quarto, onde o sacrifício incruento deveria celebrar-se. Então nele entravam os desposados e as duas sacerdotisas. Os instrumentos tangiam mais vigorosos, como que para sufocar algum gemido de dor... Uma das matronas despia a noiva, deitava-a sobre um leito, introduzia-lhe o dedo indicador no vestíbulo da vagina, despedaçava a membrana hímen, enxugando na camisa de cambraia as gotas de sangue da virgindade. Vestida novamente, a um sinal ajustado, os padrinhos largavam os lençóis, e o marido mostrava no *Gade* as *rosas da pureza* aos alaridos do festim. Depois da música, dos cantos, das palmas e das flores, o noivo recitava um discurso. O final do que pronunciara o Sr. Pinto Noites é textualmente este: Senhores! os meus louvores e a minha embaixada estão descritos no quadro de formosura de Luisa, meu tesouro! Bravos, trovas, felicitações... O *Gade*, solenemente acondicionado numa caixinha de preço, embebido de aromas suaves, coberto de folhas de alecrim, ficava pertencendo ao esposo, que o guardava para sempre como penhor de sua aliança. E o *bródio* (festa) recomeçava..." (80-82), Rodrigues Marin (*Cantos Populares Españoles*, II, 101-102, Sevilla, 1882), escreve:

"En un praito berde
Tendi mi pañuelo;
Como salieron, — mare, tres rositas
Como tres luseros."

Aluden, según Demófilo, "a la costumbre que tienen los gitanos de presentar, al dia siguiente de la boda, la camisa de la desposada, para que las familias conocidas puedan cerciorarse de la virginidad de la ex-doncella." (*Colección de Cantes Flamencos*, Sevilla, 1881, pág. 117, nota). "Idéntica costumbre se observa en el condado de Módica y à ella parece referirse la frase popular *La Me Camisa Un Arristau Bianca*" (V. Giuseppe Pitrès, *Usi Natalizi, Nuziali e Funebri del Popolo Siciliano*, Palermo, 1879, pág. 115).

A tradição é de origem oriental e pormenorizadamente registrada no *Mil e Uma Noites* (VII, 23, J. C. Mardrus, Valencia, s. d.) na *estória* de Kamar Al-Zaman, uma das treze dadas como pertencendo ao séc. X ("História de Ghanem-ben-Ayub y de su hermana Fetnat", idem III, 170) também ocorre o mesmo episódio do costume.

Brantôme (*Les Dames Galantes*, 57, Garnier, Paris, 1947) informa que o uso era corrente na Espanha, "ainsi que l'on fait en Espagne" e também na Itália, Viterbo... "encor ay-je ouy dire, dans Viterbe cette costume s'y observe tout de mesme". Registro de fins do séc. XVI e começos do XVII. Ver *Exibição da Prova de Virgindade, Ciganos*.

GAGAU. Jogo de dados, muito popular na primeira metade do séc. XIX. O dois e o ás eram os pontos maiores. Frei Caneca cita-o no *Tifis Pernambucano* (XIII, 1824) como jogado na cadeia da Bahia pelos presos políticos de 1817. *Tomar gagau*, perder redondamente, completamente, dizia-se, em princípios do séc. XX em linguagem de namorados. Era ainda jogado na primeira década deste século. A voz *gagau!* significava: "Perdeu!". Citado no *Dicionário de Morais*. Do poeta norte-rio-grandense Lourival Açucena, 1827-1907, no "Pirraças de Amor" (*Poesias*, 18, Natal, 1927), composta em 1874, diz-se:

"E ele dizendo xetas,
Saudou-me com três caretas,
E por fim deu-me um gagau..."

GAGUEIRA. Para curar-se a gagueira, bate-se com uma colher de pau, por três vezes, na cabeça do gago.

GAITA. Na acepção de sanfona, gaita de foles, realejo, fole (ver *Acordeona*). Diz-se gaita no Rio Grande do Sul. Para o Norte a gaita ou gaitinho é a flauta, de taboca, bambu ou flandres, reta, espécie de pífaro. Gaita é sinônimo de dinheiro. Estar com ou sem *as gaitas*. Quem tem dinheiro tem bom-humor, como quem toca a gaita, alegrando-se e aos outros. Ver *Fole*.

GAITA DE FOLES. Ver *Sanfona*.

GAIVOTA-PRETA. Ver *Quero-Quero*.

GALANTES. Personagens não cômicos nos autos tradicionais brasileiros ou antigos bailes pastoris. Usam indumentária vastamente ornamental e declamam *loas*, versos laudatórios aos santos. Em 1493 os velhos traslados aludem aos grupos e figurações que desfilavam com bailados na procissão de *Corpus Christi* em Lisboa. Citam "errepresentação da dama e galantes" (Jaime Lopes Dias, *Festas e Divertimentos da Cidade de Lisboa*, 20, 1940). No Brasil, no bumba meu boi ainda dançam e declamam as damas e galantes:

"Vivam damas e galantes,
Vivam Berico e Mateus;
Viva o dono desta casa!
E viva quem mereceu!..."

GALINHA. Homero não a cita. A China conheceu-a onze séculos antes de Cristo e parece ter sido domesticada na Birmânia. Sua entrada na Grécia é dos tempos socráticos. Dá a ideia do mais inofensivo dos viventes, mas não é. Tem segredos detestáveis. A pacata *G. domesticus* dos nossos galinheiros pode dar nascimento ao pior bicho do mundo: ao basilisco, espécie de lagarto que mata pelo olhar como Catoblepas. Se ele é avistado primeiro por um homem, morre fulminado. A galinha que passa sete anos sem pôr ovos é a mãe do basilisco. E tem outras singularidades. Quando começa a cantar como o galo, é porque está atraindo a morte para a casa dos amos. Diziam os sertanejos que:

"Moça que assobia,
Galinha que canta,
Faca na garganta..."

Quem é feliz na criação de galinhas não o será nos amores nem no casamento. A galinha choca, então, é um perigo. Faz abortar qualquer mulher que dela se aproxime. Muita gente séria perdeu filhos porque, não dando crédito às coisas, mexeu com a galinha no choco. Mesmo um negócio fica ao avesso, se tocarem no ninho de uma galinha choca. Os pés da galinha são excomungados porque espalharam as palhas do presépio onde Nosso Senhor Jesus Cristo nascera. As cólicas do parto são evitadas se tomar caldo de galinha preta (Luís da Câmara Cascudo, *Informação de História e Etnografia*, 149-151, Coleção Mossoroense, Mossoró/RN, Fundação Vingt-un Rosado, 1991). Quando as galinhas se assustam, sem motivo visível, anunciam visitas, boas notícias. A sinonímia compreende a mulher fácil e o homem pusilânime ou pederasta. Na China, o *sian-kôn* é também chamado galinha, *lou-t-ze* (J. J. Matignon, *Superstitions, Crime et Misère en Chine*, 264, Paris, 1899). Pereira da Costa (*Vocabulário Pernambucano*, 360) registra séries de provérbios, citando a galinha. O Barão de Studart coligiu algumas superstições: *comer galinha arrepiada faz cessar as dores da torta* (dores uterinas *Post-partum*); *passar na garganta o sangue do pé da galinha preta cura angina; excremento de galinha em dentada de gente faz cair os dentes do mordedor; galinha espantando-se é anúncio de novidades; galinha brigando é anúncio de visita de mulher; pôr excremento de galinha nas espinhas do rosto faz secá-las e cair sem deixar sinal.*

GALINHA GORDA. Brincadeira de meninos durante banho n'água corrente, n'água viva, rio, mar. Um menino ergue uma pedra, segura na mão, gritando: "Galinha gorda! Gorda é ela! Vamos comê-la?

Vamos a ela!" Atira a pedra n'água, e todos mergulham para buscá-la. É de origem europeia, comum em Portugal e Espanha. Na Venezuela diz-se *Pancho Jolo*. "Uno de los muchachos tiene en la mano una piedra blanca o algo que se distinga por forma y color, y la muestra en alto, mientras grita: — Pancho Jolo! Y los demás contestan: — Jolo yo! Después prosigue: – Si la piedra se pierde, la cojo yo! Se zambullen todos en el água, tras de la piedra que se arroja con impetu por el que la mostró, y el que la halla, la bota luego." (R. Olivares Figueroa, *Juegos Infantiles en el Água, Onza, Tigre y León*, n.º 65, Noviembre de 1944, Caracas, Venezuela).

GALINHA-MORTA. Ver *Bambaquerê, Fandango*.

GALINHA XINXIM. Ver *Xinxim*.

GALINHEIRO. Última galeria nos teatros. Torrinhas. Poleiro. Do francês *poulailler*, na mesma acepção em Paris. Sendo entradas do mais baixo preço, permitia o ingresso dos humildes e também de estudantes, jornalistas e escritores pobres. Inúmeras vezes o *galinheiro* consagrava ou desconsagrava as companhias líricas ou dramáticas, com ruidosas pateadas e aplausos calorosos. A história, ou a crônica, dos *galinheiros* ou *poleiros* dos teatros, é a parte mais viva, pitoresca e sugestiva do movimento teatral. O anedotário, cômico ou satírico, do *galinheiro* deixa a perder de vista a relação do julgamento dos camarotes, frisas e poltronas, como testemunho de espírito, verve e graça crítica. Também é o lugar clássico onde se coloca a *claque*, aplaudindo por função contratual.

GALIZIA. Orgulho, luxo, vaidade, presunção (Peregrino Júnior, *Pussanga*, 191, Rio de Janeiro, 1930). Vocabulário amazônico.

GALLET. Luciano Gallet nasceu no Rio de Janeiro a 28 de junho de 1893 e faleceu na mesma cidade em 29 de outubro de 1931. Professor de piano. Diretor do Instituto Nacional de Música. Compositor. Grande animador do folclore musical. "Impôs a nossa música como uma realidade e não apenas uma diversão pitoresca", escreveu Renato Almeida (*História da Música Brasileira*, 461). *Estudos de Folclore*, Introdução de Mário de Andrade, Rio de Janeiro, 1934 ("O Índio na Música Brasileira", "O Negro na Música Brasileira", "Cantigas e Danças Antigas no Estado do Rio", Temas brasileiros).

GALO. O vitorioso Chantecler, cantado em mil páginas, possui larga folha de serviços estranhos. A tradição de chamar o dia e afugentar a noite já Lucrécio, 90 anos antes de Cristo, lembrava no *De Natura Rerum* (canto IV, versos 714-715): "... etiam gallum, noctem explaudentibus alis, Auroram clara consuetum voce vocare." Creem que, depois de certa idade, o galo esquece o sexo e põe ovos. O basilisco nasce também desses ovos de galo. É uma história corrente na Europa. "Ne croyez point à l'existence d'oeufs de coq, attendu que jamais coq n'a pondu: ce qui nous dispense de combattre cette autre erreur longtemps accréditée, qui veut qu'un oeuf de coq produise un serpent", escreveu Gratien de Samur no *Traité des Erreurs et des Préjugés* (62, Paris, 1843). Um magistrado de Bâle, no ano de 1474, condenou um galo a ser queimado vivo por ter posto um ovo, informa B. Warée (*Curiosités Judiciaires*, 441, Paris, 1859). O galo cantando, fora de hora, é moça que foge. E no Minha é agouro, como no Brasil.

"Galo que fora de hora canta,
Cutelo na garganta..."

registra J. Leite de Vasconcelos (*Tradições Populares de Portugal*, Porto, 1882). (Luís da Câmara Cascudo, *Informação de História e Etnografia*, 151-152, Coleção Mossoroense, Mossoró/RN, Fundação Vingt-un Rosado, 1991). Canto de galo junto de uma pessoa está a anunciar-lhe alguma coisa. Galo preto encaipora a casa; cantando em noite escura, é infelicidade, informa o Barão de Studart. O galo mereceu um volume de versos laudatórios no séc. XVI. Luis Brochado publicou em Lisboa, 1544, na oficina de Antônio Álvares, o *Trovas em Louvor do Galo*, com reedição em 1602. Relógio dos pobres, o canto do galo assombra o leão (já dizia Lucrácio), afugenta os demônios e dissipa o pavor noturno, avisando a proximidade luminosa, "Gallo canante spes redit", poetava Prudêncio no séc. IV. Há mais de vinte séculos, seu canto divide a noite... "Ad Gallicinium", diziam os romanos, "circa gallicinia", escreveu Petrônio. "Non contabit gallus, donec ter me neges", afirmou Jesus Cristo ao seu futuro vigário na terra... *At first cockrow*, marcam ingleses e norte-americanos. No Tibete há o mesmo horário: *Chake tangpo*, primeiro cantar do galo; *Chake nypa*, segundo cantar (W. Montgomery Mac Govern, *Mon Voyage Secret a Lhassa*, 143-144, Paris, 1926). Ver *Horas*. O canto do galo, fora do horário habitual, como anúncio de incêndio ou anormalidade ocorre em Petrônio (*Satyricon*, LXXIV).

Popular e velhíssima a adivinhação do galo, com versões várias em Portugal:

"À meia-noite acorda um francês,
Sabe da hora e não sabe do mês.
Tem esporas e não é cavaleiro;
Tem uma serra e não é carpinteiro,
Cava no chão e não acha dinheiro."

A versão do Minho:

"À meia noite
Se ergue o francês:
Se sabe da hora.
Não sabe do mês.
Tem esporas,
Não é cavaleiro;
Serra tem,
Não é carpinteiro;
Tem picão,
Não é pedreiro;
Cava na terra,
Não ganha dinheiro."

A adivinha, de visível origem letrada, já aparecera, nos motivos essenciais, no *XIII Piacevoli Notte* de Giofrancesco Straparola da Caravaggio (1560, *favola* III da *Notte* 4., ed. de Venetia, 1584):

"Nel mezzo de la notte un leua sú,
Tutto barbuto, ne mai barba fè,
Il tempo acenna, ne strologo fu,
Porta corona, ne fi puó dir Re.
Ne preti, & l'hore canta, & ancor più
Calza li spori, e cauallier non é
Pafei figliouoli, & moglie non ha,
Molto è fottil, chi indouinar lo sà."

Alberto Faria pronunciou (30-7-1925) uma conferência sobre "O Galo Através dos Séculos", publicada na *Revista da Academia Brasileira de Letras*, n.º 140, agosto de 1933. É o estudo literário mais completo no Brasil. Briga de Galos. Há mil e quinhentos anos antes de Cristo, os chineses já amestravam os galos para a luta, e a China foi o ponto de irradiação para o Oriente. As guerras dos gregos e persas trouxeram o galo para a Grécia e decorrentemente a divulgação dos duelos que apaixonaram o povo. Cidades, como Rodes e Tanagra, ficaram famosas no adestramento dos galos para a batalha. Criaram mesmo uma associação para a disciplina das regras, para a *Alectrionon Agon*. Da Grécia o divertimento passou para Roma, onde não foi menor a aceitação e popularidade. Centenas de medalhas, vasos, mármores, bronzes, esmaltes e camafeus, fixam a luta dos galos nas colônias gregas e romanas. Temístocles instituiu o combate de galos em memória da batalha naval de Salamina, 14 do mês de Boédromion, setembro. De Roma espalhou-se pelo mundo. Ingleses, espanhóis, portugueses foram fanáticos, e houve muita legislação tentando diminuir os gastos e prodigalidades vindas do jogo que se tornou caro e rixoso. Os ingleses exportaram para os Estados Unidos onde, especialmente no Sul, a briga de galo teve decididos cultores. As colônias espanholas, desde Filipinas ao México e deste à Argentina foram centros entusiásticos há séculos. O Brasil não foi menor, criando galos, selecionando raças e tipos, vendendo-os em preços altos, multiplicando as *rinhas*, onde gente rica e poderosa, pobres e mendigos iam acompanhar com interesse total a peleja apaixonante. É mais urbana do que rural, o que não significa a inexistência da briga de galos por todo o Brasil. Há períodos de intensa atividade e fases de declínio. Mas o jogo é teimoso como os próprios galos disputantes. Há uma genealogia dos galos, história dos tipos que se celebrizaram pela sucessão de vitórias, nomes curiosos, grandes criadores, devotos em apostas vultosas, etc. João do Rio (*Cinematógrafo*, "O Pavilhão das rinhas", 103-111, ed. Chardron, Porto, 1909) fixou uma dessas batalhas, assistida por gente ilustre. Sobre o assunto há uma bibliografia séria. Sobre a popularidade na Grécia e Roma ver "Alektryonon Agones" no *Dictionaire des Antiquités Grecques et Romaines* de Ch. Daremberg e Edm. Saglio, vol. I, Paris, Hachette, 1873. Alceu Maynard Araújo, "O Galo no Folclore", *Paulistânia*, n.º 46, S. Paulo, 1952. Ver *Canários, Horas*.

GALOPE. É um dos tipos de *martelo*, no "desafio", sextilha de decassílabos. Ver *Martelo*.

GAMBÁ. Cilindro de madeira, tapado de um só lado, com couro cru, em que se bate, produzindo um som especial, que não é o do zabumba (José Carvalho, *O Matuto Cearense e o Caboclo do Pará*, 58, Belém, 1930). Dança no sul de Minas Gerais, Varginha (Arquivo Folclórico da Discoteca Pública Municipal de S. Paulo, 1º vol., *Melodias Registradas por Meios Não Mecânicos*, 119, 1946, letra e música). Mamífero *Didelphis*, micurê, mucura, sariguê, sariguéia, timbu. José Veríssimo assistiu dançar o gambá na maloca dos indígenas Maués, rio Uariaú, afluente do Andirá, Amazonas, em 1882: "O *gambá* tira o nome do instrumento que nele serve: um cilindro de um metro de comprimento, feito de madeira oca, em geral de molongó ou jutaí, com uma pele de boi esticada em uma das extremidades à guisa de tambor, ficando a outra aberta. Tocam-no assentados em cima, batendo com as mãos abertas sobre a pele. A orquestra compunha-se de dois destes instrumentos e mais duas caixas, a que chamam tamborins; fazia um grande barulho pouco melódico, que parecia ser muito apreciado por eles (*indígenas*)... A parte dançante do *gambá* consiste em uma espécie de lundu, em que o cavalheiro, estalando castanholas com os dedos e sapateando com os pés, gira em retorcidas posições em torno da dama que, pelo seu lado, roda também, como a fugir-lhe a um amplexo, enquanto os músicos tocam e cantam, repetindo-se enfadonhamente: "Capitão barateiro, / Zonda (ondas) do má / Prometeu mas não deu, / Zonda do má, / Sete saia de chita, / Zonda do má, / Para dia de ano, / Zonda do má," etc. (*Estudos Brasileiros, 1877-1885*, 66-67, Pará, 1889). Cantaram também a "Nau Catarineta". Ver *Tambu*. Stradelli, em maio de 1888, assistiu uma festa de Santo Elias em Airão, Amazonas, e cita *il gambà, specie de lungo tamburo*, animando os bailarinos, Rio Branco, "Note di Viaggio," *Bollettino della Società Geografica Italiana*, vol. II, fasc. III,

214, Roma, marzo, 1889. Informa Pereira da Costa: "O gambá dá caça às galinhas e tem grande predileção pela aguardente; e bebe tanto, que fica completamente embriagado. *Bebe como um gambá.* Diz-se de um indivíduo beberrão. O gambá, com o nome de *seriguê*, foi o primeiro animal do Brasil conhecido na Europa, de um exemplar com uma cria que Vicente Yanez Pinzón apanhou na sua derrota norte a fora de Pernambuco em 1500, em demanda de Espanha." Pinzón nunca esteve em terras brasileiras, "a decantada viagem de descoberta limitou-se a trecho compreendido entre as Guianas e a costa do norte, que defronta a ilha Trinidad." (Duarte Leite, *Descobridores do Brasil*, 48, Porto, 1931). Ver *Mana-Chica*, *Tambu-Timbu.*

GAMELEIRA. Morácea, espécie *Ficus*, a que pertence Iroco (ver *Iroco*), orixá jeje-nagô. Loco dos bantos. Ocorre semelhantemente nos cultos da Índia. Ernst Hemneter ("O Ambiente de Cultura Índia", *Acta Ciba*, 6, 1936) informa: "Entre as árvores, o Banian (*Ficus indica*) e o Pipal (*Ficus religiosa*) são especialmente sagrados, e a miúdo seu tronco se encontra protegido por um muro de cimento, a modo de altar; em determinadas ocasiões, são objeto de culto religioso, e às vezes se veem lâmpadas ardendo, ao pé deles, as quais são alimentadas com *ghee*, a manteiga clarificada, de tão frequente uso no ritual índio. Ao passo que as plantas Tulusi são femininas, tais árvores passam por masculinas, e em certos casos, quando é necessária uma boda pela lei das castas, mas não se deseja ou não se acha um homem adequado, casam-se as mulheres com tais árvores, sob um solene cerimonial." O deus Crisna casou uma vez com a árvore Tulusi, que lhe é consagrada. O Banian e o Pipal, masculinos, recebem ofertas de noivados e casam, oficialmente, publicamente. A gameleira, fetiche de Iroco ou Loco, ainda não atingiu a esses privilégios. Para o povo a gameleira é árvore suspeita, e sua sombra noturna será dificilmente atravessada por gente do tempo antigo.

GANANZAMBI. Ver *Ganga Zomba.*

GANGA ZOMBA. Ganga-Zumba, Ganga-Zona, Gananzambi, *ngana Zambi*, o Deus Grande, Senhor Deus, em quimbundo, Angola. Ocorre nas macumbas do Rio de Janeiro e candomblés da capital baiana.

GANGA-ZONA. Ver *Ganga Zomba.*

GANGA-ZUMBA. Ver *Ganga Zomba.*

GANZÁ. Canzá ou caracaxá, espécie de maracá indígena, é um cilindro de folha de flandres, fechado, e com um cabo. Contém grãos ou seixos, que soam, agitando-se. Na Bahia, o ganzá se chama amelê, e por ganzá se conhece uma caixinha, de 0,10 por 0,15, em cuja parte superior se coloca um arame enroscado. Com uma haste de ferro, onde se enfiam cápsulas de fechar garrafas, de sorte a ficarem tilintando, se atrita o arame. Édison Carneiro fala de um ganzá ou canzá, gomo de bambu com talhos transversais (Renato Almeida, *História da Música Brasileira*, 114). Artur Ramos informa semelhantemente a Édison Carneiro. Para o Norte e Nordeste o ganzá é o maracá, ovoide, piriforme ou cilíndrico, de folha de flandres, com pedrinhas ou grãos de chumbo. Chamamo-lo também *pau de semente*, na cidade do Natal e litoral norte-sul do Estado do Rio Grande do Norte. O caracaxá é o mesmo reco-reco, pau com cortaduras em saliência, soando pelo atrito. O ganzá que Ramos e Carneiro citam é idêntico ao descrito no Peru, "palo liso que es frotado contra otro entrecortado en la superficie". (Fernando Romero, "Instrumentos Musicales de Posible Origen Africano en la Costa del Perú", *Afro-América*, vol. I, 54, México, 1945). Nuno Marques Pereira cita (*Compêndio Narrativo do Peregrino de América*, princeps em 1728) "o estrondo dos tabaques, pandeiros, canzás, botijas e castanhetas", numa festa noturna de negros escravos (sexta ed., Rio de Janeiro, 1939, I, 1923). Pereira da Costa registra *Granzal*: "Instrumento rústico, espécie de maracá grande, de folhas de flandres, tendo na extremidade do cabo uma peça arredondada contendo dentro certa porção de chumbo grosso de munição, e que agitado, produzindo um certo som ruidoso, marca os passos de certos bailados populares, nomeadamente o coco e o torrado. O *Vocabulário Pernambucano* (382) cita ganzá como sinônimo alagoano. Lembra que Bluteau registrara *granzal* como "campo de grãos", e Morais "agro de grãos". Aulete informa que o *granzal* é o terreno semeado de granza, o mesmo que a ruiva (grão-de-bico). A forma do ganzá existe entre os ameríndios (maracá) como na África, descritos por Cameron (*Across Africa*) na mão dos feiticeiros. O nome é africano: "Le Gan'za est la cérimonie de la circoncision des jeunes éphebes", do lago Tchad até o Congo Belga (Georges Marie Haardt e Louis Audouin Dubreuil, *Expedition Citroen, Centre Afrique, la Croisière Noire*, Paris, 1925). José Veríssimo assistiu a uma dança *ganzá* no Amazonas. O instrumento musical denominara o bailado. Não seria com o caracaxá ou reco-reco que se dispusesse o exigente ritmo coletivo africano em desenvolver sua festa de iniciação. Creio ganzá o nome africano do instrumento já existente entre os indígenas brasileiros. No Nordeste há o coco de ganzá, cantado pelo *coqueiro*, quase sempre meio improvisação, meio memoriado, no ritmo de um ou dois ganzás, balançados nas mãos. Leonardo Mota (*Sertão Alegre*, Belo Horizonte, 1928) registrou algumas *emboladas* de ganzá, legitimíssimos cocos de ganzá:

"Saco, saco,
Bizaco, saco de chumbo;
Minha mão não sai do prumo
Na pancada do ganzá.
Ai meu ganzá!
Que custou mil e seiscentos!
Ele tem merecimento,
Cada ponta um maracá!
Minha senhora,
Vontade também consola;
Macaco toca viola
Porém não bate ganzá!
Eu sou discipulo
De Romano e Serrador,
Sobe da terra um calor
Quando eu balanço o ganzá!"

Ver *Casaca.*

GARAPA. Nome comum de diversas bebidas refrigerantes feitas com água, açúcar ou mel, e o suco de frutas ácidas, como o tamarindo, maracujá, laranja e outros; a do limão, porém, tem o nome particular de *limonada*; a do caju, *ponche* ou *cajuada*; e a do mel de furo com milho em grão, *garapa picada*, por fermentar, ficar espumante, *picante*. No sertão dá-se o nome de *garapa* ao caldo de cana tirado das moendas das engenhocas ou usinas, também ao mesmo caldo, mas com certa dosagem de água, para o fabrico da aguardente. Expressão de uma coisa fácil de adquirir, a que se liga pouca importância e manifestada mesmo com um certo tom de desprezo, de desdém: *Para mim, é aquela garapa!*; ou de uma coisa boa, agradável. "O banho aqui, no impagável Pirapama, é aquela garapa!" (*A Pimenta*, n.º 16, de 1901). "Um choro baita, que veio terminar cá pela Boa Vista. Foi aquela garapa" (*Jornal Pequeno*, n.º 20, de 1916). *Danado por garapa*: desejo, vontade de qualquer coisa. "Polacas africanas, danadas por garapa, a saracotear pela sala..." (*Jornal Pequeno*, n.º 14, de 1916). Garapa, segundo Sílvio Romero, é um vocábulo de origem africana, com a expressão de *bebida*; e assim já muito vulgar entre nós no séc. XVII, como se vê de Guillielmi Pisonis, que frequentemente o emprega, e por uma vez também o Padre Simão de Vasconcelos, que, mencionando os vinhos usados pelos índios, inclui um de mel silvestre, ou de açúcar, *a que chamam garapa.* Constituindo uma certa espécie de garapa, naturalmente a *picada*, uma indústria lucrativa pela sua pública vendagem, foi criada uma imposição particular sobre o gênero, logo depois da restauração do domínio holandês, e assim o "Imposto da garapa, que se fazia no distrito da cidade de Olinda, no Recife, na banda de Santo Antônio até Afogados, e nas Salinas", foi arrematado em 1659 por 16$000, cujo tributo subiu tanto pelo desenvolvimento da indústria, que no triênio do 1744 a 1747 foi seu contrato arrematado por 459$000. "Garapeiro, vendedor de garapa; Garapeira, casa que vende garapa. Garapão. Bebida picante, fermentada, em outros tempos muito apreciada pelos africanos, apesar de uma embriaguez imediata e forte." (Pereira da Costa, *Vocabulário Pernambucano*, 364-365). Garapão denominava-se o lugar onde se vendia a bebida. A garapa de mel de furo e água era dada comumente aos cavalos em viagem, garapear os cavalos, diziam. Garapa para tosse ou garapa para enganar a fome, água com açúcar. A garapa picada diz-se mais vulgarmente do caldo de cana deixado para o dia seguinte. No Recife julgaram-na nociva, e a Câmara Municipal na sua "Polícia Sanitária da Cidade" em 1840 proibiu a venda pública da garapa picada, informa o médico Leduar de Assis Rocha (*Médicos, Cirurgiões e Boticas*, 126, Recife, 1941). Teodoro Sampaio (*O Tupi na Geografia Nacional*, 201, Bahia, 1928) indica procedência indígena: "Garapa, corr. *guarapa*, o gerúndio-supino de *guarab*, o revolvido, remexido; é a bebida adoçada com mel ou açúcar para refresco; designa hoje mais especialmente o caldo de cana." H. Capelo e R. Ivens (*De Benguela às Terras de Iaca*, Iº, 333, Lisboa, 1881) citam as indispensáveis *cabaças de garapa* e mesmo ensinam a receita duma espécie de cerveja africana, denominada *úalúa*, *quimbombo*, ou *garapa*: "... as jovens agora cuidam de obter a cerveja do mato, que se denomina *úalúa*, *quimbombo* ou *garapa*... Põe-se o milho de infusão durante três dias, e, quando começa a germinar, estende-se em amplas folhas e fica exposto ao sol, sendo logo triturado. O processo é o mesmo que o da cerveja para obter o diástase, depois coze-se em água até levantar grande escuma, e retira-se para o decantaço. Juntaram-se-lhe raízes de mandioca e de luco, o que lhe dá um travo amargo semelhante ao nosso lúpulo. Ao princípio é doce, mas, passando tempo, azeda e promove embriaguez". Mas *garapa* foi empregada como sinônimo da bebida africana, para melhor compreensão em Portugal e Brasil. Serpa Pinto (*Como Eu Atravessei África*, I, 146, Londres, 1881), que fez parte da mesma expedição geográfica de Capelo e Ivens, registra apenas os nomes africanos dessa cerveja ou garapa, *capata*, *quimbombo* ou *chimbombo*. O *Dicionário de Frei Dom Domingos Vieira*, edição de Lisboa, 1873, verbete "garapa" como termo do Brasil.

GARRAFADA. Panaceia feita por curandeiros do interior, destinada, na maioria dos casos, a curar todas as moléstias, se o doente obedecer aos *seguimentos* (regra dietética) do "doutor raiz", como são comumente denominados esses práticos da medicina popular, no sentido confusionista. Além de fórmulas tradicionais, algumas velhíssimas e deturpadas, há novidades e especialidades do curandeiro, suas descobertas e experiências *de bom proveito*. Raízes, cascas, folhas, frutos macerados, depois de lenta cocção, infusões com cachaça ou vinho branco, o líquido é posto na garrafa, enterrado certo tempo, ou posto a *serenar*, durante uma ou várias noites, com ou sem luar, debaixo de cerimonial cabalístico, silêncio, ausência do sexo feminino, exposição ao sol nascente ou lua nova, frio da madrugada ou sol a pino, etc. O consulente deverá abster-se de certos alimentos, tomar banhos em dias e horas preestabelecidos, conhecer ou não mulher, tudo com recomendações sisudas e graves, ministradas com voz majestosa, da suprema autoridade. Getúlio César (*Crendices do Nordeste*, 145-147, Rio de Janeiro, 1941) fixou excelentemente a garrafada: a garrafada é uma panaceia. Serve invariavelmente para todas as doenças. Seja o doente vítima de uma profunda lesão cardíaca, renal, etc., a garrafada cura; cura com certeza – dizem – muito embora o veículo da mesma seja aguardente (vinho branco é para os mais afortunados...). A fórmula infratranscrita, conforme disse um curandeiro, serve para "gálico, dores nas costas, dores na boca do estombo, fraqueza, desintruosidade (ventosidade), caseira (hemorroides), dores do lado, constipação na cabeça, bolo no estombo depois de cume, dores nas pernas, calô nas urinas, vexame no coração, repunança na natureza, pano dos figo infuleimado (inflamado), pontada na artura do peito, arrojo (vômito) de sangue e baticum no coração." Getúlio César registra os ingredientes de uma garrafada: "Raiz de caiubim, raiz de velame, cipó guardião, raiz de caninana, cabeça-de-negro, cabacinho, pós de Joana, mercúrio doce, cristal mineral, jodureto (iodureto) e aguardente. Toma-se da raiz de caiumbim e do velame o tanto de cada uma que enche o espaço formado entre os dedos indicador e polegar; do cipó guardião, o tamanho de dois dedos; da raiz de caninana a metade da porção de caiumbim; da cabeça-de-negro e do cabacinho, partido em cruz, bota-se um quarto; pó de Joana e mercúrio $100 de cada; cristal mineral $300; iodureto 1 grama, e aguardente forte e boa uma garrafada. A raiz do caiumbim deve ser retirada do lado que nasce o Sol. O guardião, ao ser cortado do pé, não deve ser arrastado, porque, se o for, vira veneno. A raiz de caninana deve ser arrancada em silêncio, porque, se, quem a estiver arrancando, falar, a transforma em elemento de morte. A cabeça-de-negro, se a garrafada for para homem, deve ser fêmea, que é a redonda; se for para mulher, deve ser macho, que é a comprida. Depois de tudo feito, conforme vai explicado, põem-se todos os remédios em uma garrafa de aguardente, arrolha-se bem e se enterra no cisqueiro, durante quinze dias, depois do que, pode alguém usá-la, tomando banho. Mas, para que a garrafada tenha o seu poder curativo integral, é necessário que, ao ser preparada, ou mesmo depois de preparada, nenhuma mulher grávida ou no período catamenial se aproxime dela, nem ao menos a toque, porque, em tal hipótese, perde a força." A dieta é a seguinte: "Não comer fruta de qualidade nenhuma, nem miúdo (fressura), carne de porco, galinha preta, bacalhau, caça do mato, pato, feijão de casta (mulatinho, flor branca e gurgutuba), peru, peixe de couro e curimã e café." Se, apesar da precaução tomada quanto à dieta, a garrafada não der, em todos os casos, o resultado desejado, o curandeiro se desculpa, dizendo que não seguiram as prescrições estabelecidas, e jogará a culpa em uma mulher, que passara, ao ser feito o remédio, ou dirá que os medicamentos não foram colhidos como deviam ser. Há dezenas e dezenas de garrafadas, de uso geral e específico, secretas (para sífilis, potência, aborto) e as comuns, atendendo à diversidade de males. Apesar da presença do médico e dos Postos de Saúde espalhados por toda parte, a garrafada ainda é uma "constante" inarredável no uso popular.

GARRANCHO. Ver *Crustáceos*.

GÁS. Óleo de nafta, querosene, petróleo. Começou a divulgar-se no Brasil na década 1850-1860, concorrendo timidamente com o azeite de carrapato, carrapateira, *Ricinus communis*, L., mamona, azeite de coco, azeite de baleia, etc. Depois da guerra do Paraguai (1870) estava espalhado, mas esperou a década imediata para conquistar os sertões. Com o nome de *gás* ainda é vulgar em vez do querosene. José Carvalho (*O Matuto Cearense e o Caboclo do Pará*, 188, Belém, 1930) recorda que o farmacêutico Garrido, do Crato, popularizou o *gás* no Cariri: "Foi ele, pois, quem pela primeira vez, levou para ali um farol e o... querosene! E à noite saía ele pelas ruas da cidade com o seu farol. E quando as pessoas, curiosas por ver a novidade, se aproximavam, dizia ele: – Arreda povo! Deixa o *gás* passar! – João Brígido, nos seus escritos, conta esse fato que, também, sempre ouvi referir, e que todos os cratenses o sabem, igualmente."

GATINHA. Ver *Tintureira*.

GATO. Nas *estórias* populares, especialmente nas fábulas, o gato é a agilidade, desenvoltura, rapidez de gestos e também falta de escrúpulos e de fidelidade. Não desempenha papel simpático, exceto no conto em que ajuda ao jovem amo pobre e o enriquece (ver abaixo *Gato de Botas*). Dizem-no o mais resistente dos animais, tendo sete fôlegos, e como cada fôlego é uma vida, o gato tem sete vidas, demorando a morrer, resistindo à morte sete vezes mais tempo que outro animal qualquer. Quem mata um gato tem sete anos de atraso, de infelicidades. É uma reminiscência do gato *mascotte*, *porte-bonheur*, entidade sagrada, protetora do baixo Egito, onde simbolizava o calor fecundante do sol, deusa em Behi Hassan e Bubaste, onde a chamavam Bast ou Bastit, com um focinho felino em vez da fisionomia humana, a Grande Gata do Céu, vencedora da serpente Apopi. Oelerus, deus da raça, possuía templo e colégio sacerdotal. As estatuetas em bronze ou madeira dourada, representando gatos, são abundantes nos túmulos, assim como as incontáveis múmias, ricamente enfaixadas. O deus Ra, do Heliópolis, tomava, comumente, a forma de gato. Desse cerimonial resta, esvaecida, a proibição de matar-se o gato e dizê-lo portador de felicidades. Sobre a veneração ao gato no Egito e suas múmias ver Gaillard et Daressy (*Faune Momifiée de L'Ancienne Egypte*, 8-11, Le Caire, 1905). Vinda de Portugal, há no Brasil a superstição do gato transmitir asma e provocar a coqueluche, curáveis com a carne do gato assada, tal-qualmente Rodney Gallop anotou (*Portugal*, 65): "... and it is believe that asthma is caused by cats and only be cured by eating roast cat." Sobre a literatura, tradições sobre o gato, ver Félix Pacheco, *Baudelaire e os Gatos* (Rio de Janeiro, 1934), onde há vasta informação transcrita. Pereira da Costa (*Folclore Pernambucano*, 46-48) reuniu notas curiosas relativas ao gato. Gato preto dá felicidade, embora o diabo tome essa forma constantemente. O gato ama a casa e não seus donos. Quando há mudança de residência, levam o gato dentro de um saco, tendo-se-lhe passado azeite no focinho, para perder o faro e não saber encontrar o caminho da casa anterior. Quem pisa o rabo de um gato, não casa no ano em que isto ocorre.

Gato de Botas. Tradicional divertimento popular no interior, vilas do sertão, povoações nas praias. Um rapaz, com os olhos vendados, procura quebrar com uma paulada um pote onde está um gato. Acertando o golpe, partida a vasilha, foge o animal entre os apupos da assistência. É tradição portuguesa. Rodney Gallop encontrou-a na Beira, *idem*, 116. As cerimônias europeias em que o gato era enforcado, queimado vivo, como lembrança do castigo às bruxas do *sabats*, ainda comuns em Portugal, Espanha, França, etc., não chegaram ao Brasil.

Gato de Botas. Um conto que nos veio da Europa e não penetrou ainda a camada popular. Sabem-no as crianças que leem os livros da França e Portugal. Não consta das coleções diretamente recolhidas da tradição oral (Sílvio Romero, Lindolfo Gomes, Silva Campos, Luís da Câmara Cascudo). P. Saintyves estudou as variantes europeias, asiáticas, africanas do Chat Botté (*Les Contes de Perrault et les Récits Parallèles*, IX, Paris, 1923) e as discussões eruditas sobre sua origem apaixonavam Cosquin e Andrew Lang. As versões mais divulgadas foram a de Straparola (*Piacevoli Notte*, XI, I, 1550) e a napolitana de Giambattista Basile (*Pentamerone*, II, IV). Ver a edição inglesa anotada por N. M. Penzer, Londres, 1932, dois volumes, a italiana, de Benedetto Croce, I, 153-159, além da francesa de Charles Perrault, que modificou o final das italianas. O Gato de Botas falta às coleções portuguesas de Teófilo Braga, edição de 1883 (Porto) e de Consiglieri Pedroso, edição inglesa, com estudo de W. R. S. Ralston (Londres, 1882). Couro de Gato. Dizem o mais resistente para instrumentos musicais, onde o som é obtido pela fricção. "Mas veio o samba. E com o samba veio a cuíca. E para a cuíca, o malandro descobriu que o couro mais forte e mais harmônico é o do gato." (Orestes Barbosa, *Samba*, 58, Rio de Janeiro, 1933.) Da sua prestigiosa tradição como amigo de escritores, há o recente (Londres, 1949) *A Dictionary of a Cat Lovers*, da Sra. Christabel Aberconway, com mais de 200 biografias ilustres.

GAÚCHO. Ver *Gaudério*.

GAUDÉRIO, GODÉRIO, GODERO. Parasita, vadio, filante, papa-jantar. Consoantemente com estas duas vozes, vem os verbos gauderar e goderar, de expressões óbvias. Termo de origem latina, vem de *gaudere*, infinito do verbo gaudeo, folgar, regozijar-se, alegrar-se, estar contente, satisfeito, alegre, risonho, e é de corrente antiga entre nós, porquanto tinha curso já na segunda metade do séc. XVII, como se vê destes versos de Gregório de Matos, na sua "Epístola ao Conde do Prado".

"Só por levar a gaudere
O que aos outros custa gimbo"

Já então estava bem definido o tipo de *gaudério* ou *godério*: o que queria levar de graça o que dos outros custava dinheiro, como diz o poeta Pereira da Costa (*Vocabulário Pernambucano*, 368):

"Godero me disse
Que eu goderasse;
Comesse o dos outros
E o meu guardasse..."

Beaurepaire Rohan registrara gaudério como parasita, amigo de viver à custa alheia. Fernando São Paulo cita a *Viagem Científica*, de A. Neiva e B. Bena, onde gaudério é o barbeiro, *Triatoma megistus*, o hematófago responsável pelo mal de chagas, em certas regiões de Goiás. É o gaudério a primitiva designação do gaúcho-malo, ladrão de fronteira, carneador do gado alheio, valentão e falador, e que Bernardo Ibáñez de Echávarri afirmava que "tienen la propriedad y costumbre de vender lo que no es suyo". A frase, aí por 1770, vinte anos depois, 1790, estava substituída por gaúcho, voz corrente e popularizada no correr das primeiras décadas do séc. XIX, quando o naturalista Saint-Hilaire a encontrou no Rio Grande do Sul, ainda mais ou menos pejorativa. Há um século que gaudério desapareceu, e gaúcho é homem do campo, vaqueiro. Resiste no Nordeste o *godero* explorador de incautos. Junto às gulodices de tabuleiro, os *engodos,* há sempre um menino pobre, namorando os bolos e doces, na teimosa esperança de ganhar um deles gratuitamente, atirado fora por quem não gostou, ou presente de Deus – acaso. Esse *mirone* se chama, entre nós, o *godero.* Há um pássaro godero, *Melothrus bonariensis,* um *Icteridae,* vadio e ladrão do trabalho dos outros pássaros. Põe os ovos no ninho do tico-tico (Fringilida, *Brachyspiza capensis*) e este que se encarregue de criar e manter os filhos do godero. Augusto Meyer (*Prosa dos Pagos,* IV) estudou o tema gaúcho, gaudério, guasca (São Paulo, ed. Martins, 1943) e mais documentadamente no ensaio *Gaúcho, História de uma Palavra,* Porto Alegre, 1957; Buenaventura Caviglia (Hijo): *Gaúcho de Garrucho,* Montevidéu, 1933. Nessa época *gaúcho* já possuía 36 origens etimológicas.

GAVIÃO DE PENACHO. Falconídeos, *Thrasaetus harpyia,* L., Japacani, Gavião Real. Stradelli dizia-o o mais bravo dos rapaces amazonenses. Comum em Goiás, onde os caçadores guardam-lhe as garras como amuletos. Tem fama de agressivo, atacando animais novos e até crianças. Barbosa Rodrigues (*Poranduba Amazonense,* Rio de Janeiro, 1890), registrou um acalanto do Japacani, nas cantigas do *macuru,* berço indígena, sob o n. X. É um velho motivo literário pela sua elegância belicosa.

GEMADA. Bebida feita com gemas de ovos, açúcar e leite quente, a mais comum e reconfortante. Substituem o leite pelo conhaque ou vinho do Porto, com efeitos idênticos. No sertão de S. Paulo conhecem a *Cobreúva,* onde entra a *pinga* (cachaça). Alceu Maynard Araújo (*Paulistania,* n.º 46, S. Paulo, 1952, "O Galo no folclore") dá outra receita estupefaciente na mesma região: "E para que a voz fique boa, bate-se uma gema de ovo com açúcar, junta-se uma pitadinha de breu em pó... e é só tomar que aguentará a cantar a noite toda. É bom para cururueiro, canturiões e canturinos." É o grande e tradicional remédio atalhador da fraqueza do peito, tonificante e restaurador. "Com gemada ao pé / É fraco quem qué(r)." Estrela amarela distintivo no oficial ato do Exército Nacional; a começar do posto de major (uma); tenente-coronel (duas) e coronel (três). Ver *Menina.* As alterações no uniforme do Exército datam do Dec. n.º 20.754, de 4 de dezembro de 1931.

GÊMEOS. No Brasil há a tradição portuguesa dos gêmeos, comum à Europa. Procura-se evitar o parto duplo, não comendo a mulher nenhuma fruta germinada, temendo, a lei da simpatia. São crianças dotadas de predicados singulares. Mesmo sem originalidade especial, todas as coisas, orações, pedidos, promessas, têm mais poder quando feitas pelos gêmeos. Na América de fala castelhana os *gemelos* o *mellizos* nascem com dons excepcionais para as preces secretas, curar pelo rasto, afastar as pragas de insetos das searas, aumentar o que abençoam. No Brasil, o gêmeo que atirar farinha seca para o ar em dia nevoento dissipará a neblina. Menino gêmeo não morre afogado. Nem se perde em caminho desconhecido. Esse respeito supersticioso tem uma área infinita e antiguidade incontável. Gregos e romanos possuíam seus deuses gêmeos: Eros-Anteros, Thanatos-Hipnos, Castor--Pólux, Júpiter-Juno, Apolo-Diana e a tradição era idêntica no Egito, Assíria, Índia, Pérsia, Caldeia. Chamam, no interior norte-brasileiro, mabaça. "Que é mabaça? Inquiriu o Luz. – Pois V. S. não sabe? São irmãos do mesmo pai e da mesma mãe, que nascem ao mesmo tempo." (J. M. Cardoso de Oliveira, *Dois Metros e Cinco,* 344, Rio de Janeiro, 1909). A interpretação psicanalítica sugere a representação do duplo, o ego e o superego, com a ambivalência de amor e medo, que faz os gêmeos odiados e amados em certas regiões. Price Mars explica mais simplesmente. A família africana, patriarcal e rural, como a primitiva família romana, tomaria o aparecimento dos *rarassas* (gêmeos) como um índice da proteção divina no crescimento do patrimônio humano, fundamento da riqueza. O mito dos gêmeos está sempre, e universalmente, ligado aos mistérios da conservação e fecundação vital. Homens e bens são abençoados e multiplicados pelos gêmeos. No Daomé, os *Hokovi* (gêmeos), com dois anos, são conduzidos ao mercado público e recebem uma pequena porção de todos os produtos expostos à venda. Seu nascimento é festejado pelo rei com o envio de 20.000 cauris. Os gêmeos, na hagiologia católica, são reverenciados na dupla proteção dos partos difíceis e sustento alimentar. Cosme e Damião, Crispim e Crispiniano, Gervásio e Protásio, têm seus devotos. A representação material dos gêmeos na Ásia, África, Oceania, é sempre os dois bonequinhos amarrados, como os Jimmagus de Cuba, estudados por Fernando Ortiz. Ver *Ibeiji.* Bibliografia essencial: Arthur Ramos, *O Negro Brasileiro,* 271, para a interpretação psicanalítica; Métraux, *La Religión des Tupinamba.* "Les Jumeaux Mythiques", 31; H. von Bracken, "Investigações Acerca dos Gêmeos; Povos Primitivos e Partos Gemelares"; "Os Gêmeos como Médicos Mágicos e Deuses da Terapêutica"; "Os Mitos dos Gêmeos"; Margarida Pfister-Burkhalter. "O Motivo dos Gêmeos na Arte" (*Acta Giba,* ano VII, n.º I, Janeiro de 1940); P. Saintyves, "Les Jumeaux dans L'Ethnographie et la Mythologie", *Revue Anthropologique,* XXXIV, Paris, 1925; Jean Price Mars, "Culte des Marassas", Haiti, *Afroamerica,* vol. I, n. 1-2, 41, México, D. F., Enero y Julio de 1946 e os trabalhos de J. R. Harris, "The Dioscuri in the Christian Legends", Cambridge, 1903, e "The Cult of the Heavenly Twins", Cambridge, 1906. Hermann Steuding escreveu que o mito dos gêmeos Rômulo e Remo na lenda da fundação de Roma é do ano 300 antes de Cristo. O tema dos gêmeos inimigos (Esaú e Jacó), oposto à união sagrada (Castor e Pólux), é um elemento antagônico de vida e morte, de criação, quando os dois gêmeos amigos são de conservação e proteção. Sobre a ação mágica dos gêmeos, sobre os fenômenos meteorológicos, ver J. G. Frazer (*Le Rameau D'Or,* I, 96, Paris, 1903). Gêmeo: é o pequeno palmo que se obtém com o índex e o polegar distendidos. Era popular em S. Paulo e falta na língua literária (José Feliciano, *Revista do Brasil,* XXVII, n.º 109, 83, S. Paulo, 1925). O mesmo que *Chave* [1] e *Palmo de Gato.* Ver *Dois-Dois, Doú* e *Alabá.*

GERMANA. Irmã Germana (1784, falecida antes de 1833), motivou, na primeira metade do séc. XIX, intenso movimento de intenção religiosa e de curiosidade popular na região central de Minas Gerais, ao redor da serra da Piedade em cujo cimo de 1.788 metros, o eremita Antônio Gonçalves Barcarena erguera uma igreja a N. Sra. da Piedade e um pequeno eremitério para os devotos contemplativos. Extremamente piedosa, amando longas cismas e continuadas orações, a Irmã Germana em 1808 transferiu-se para o abandonado claustro da serra da Piedade, vivendo em abstinências e êxtases, acompanhada por uma irmã. De 1810 em diante, orando no templo, tomava nas quintas--feiras, instintivamente, a posição de Jesus Cristo amarrado à coluna da flagelação, e no dia imediato repetia a cena da crucificação, hirta, insensível, gemente, durante 48 horas assombrosas. A notícia divulgou-se e milhares de romeiros visitaram a *santa,* suplicando-lhe intercessão e tocando-lhe as vestes como relíquias. Assistia-a o padre José Gonçalves, vigário do arraial de Roças Novas, e dois médicos, Antônio Pedro de Sousa e Manoel Quintão da Silva. Estudaram-na, concluindo pela sobrenaturalidade das crises catatônicas. O opúsculo, manuscrito, espalhou-se profusamente e foi impugnado por outro médico, Antônio Gonçalves Gomide (Rio de Janeiro, 1814), explicando o caso como manifestação cataléptica. O dr. Gomide não examinara a Irmã Germana, cujo renome e fama derramou-se por todas as populações circunvizinhas. Saint-Hilaire visitou-a em janeiro de 1818 e logo depois Spix e Martius, mas estes não a viram. D. Frei José da Santíssima Trindade, sexto Bispo de Mariana, fez transportar a Irmã Germana para o Recolhimento de Macaúbas, próximo a Sta. Luzia, no Rio das Velhas, onde faleceu sem interromper os surpreendentes fenômenos que celebrizariam, contemporaneamente, Teresa Neumann, a "vidente" de Konnesreuth, na Baviera (1898--1945). Apenas a Irmã Germana não tinha visões retrospectivas da vida e morte de Jesus Cristo, informações sobre a salvação dos consulentes e o suor de sangue nas horas angustiosas. A cela da Irmã Germana ainda é motivo de veneração local (Saint-Hilaire, *Viagens pelo Distrito dos Diamantes e Litoral do Brasil,* cap. VI; Spix e Martius, *Viagem pelo Brasil,* II.º vol. liv. 5.º, cap. I; Augusto de Lima Júnior, *Histórias e Lendas,* "A Serra da Piedade e a Irmã Germana", Rio de Janeiro, 1935).

GESTOS. Além do ato instintivo, inconsciente, automático, puramente reflexo, evitação do sentimento doloroso, existe a infindável série dos gestos intencionais, expressando o pensamento pela mímica, convencionada através do tempo. Essa *Signe Language, Gebärdensprache, Language per Signes, Language per Gestes,* tem merecido ensaios de penetração psicológica, indicando a importância capital como índice do desenvolvimento mental. Desta forma o homem liberta e exterioriza o pensamento pela imagem gesticulada, com áreas mais vastas no plano da compreensão e expansão que o idioma. Francis C. Hayes reuniu alentada bibliografia no seu "Gesture: A Working Bibliography", *Southern Folklore Quarterley,* dezembro de 1957, XXI, 218--317, Geinesville, Flórida, U.S.A. Primeira forma da comunicação humana mantém sua prestigiosa eficiência em todos os recantos do mundo. As pesquisas sobre antiguidade e valorização de certos gestos, depoimentos insofismáveis de temperamentos pessoais e coletivos, índices de moléstias nervosas, apaixonam estudiosos. Andrea de Jorio fixou *La Mimica degli Antichi Investigata nel Gestire Napoletano,* Nápoles, 1832, e Karl Sittl realizou longas buscas na documentária greco-romana, *Die Gebärden der Griechen und Römer,* Leipzig, 1890. Para fontes de uma sistemática no Brasil há o estudo de Hermann Urtel sobre os portugueses ("Beiträge zur Portugiesischen Volkskunde", *Zur Gebärdensprache,* 4-22, Hamburg, 1928) e Ludwig Flachskampf sobre os espanhóis ("Spanische Gebärdensprache", Erlangen, 1938). A correlação do gesto com os centros cerebrais, ativando-lhes a capacidade criadora, e não esses aquele, possui, presentemente, alto número de defensores. Esclarecem-se, atualmente, a antiguidade e potência intelectual da mímica como documento vivo, milenar e contemporâneo, individual e coletivo. Há gestos fontes de sistemas comunicativos e gestos privativos. Não havendo a obrigatoriedade do ensino mas sua indispensabilidade no ajustamento da conduta social, todos nós aprendemos o gesto desde a infância e não abandonamos seu uso pela existência inteira. Os desenhos paleolíticos registram os gestos mais antigos, de mão e cabeça, e toda literatura clássica, história, viagem, teatro, poemas, mostra no gesto sua grandeza de expressão insubstituível. No Brasil, apenas iniciamos a colheita dos gestos mais conhecidos (Rossíni Tavares de Lima, "Gestos Populares de São Paulo", *Folclore*, n.º 2, vol. II, S. Paulo, 1953; Veríssimo de Melo, "Universalidade dos Gestos Populares", *Sociologia*, vol. XX, n.º 4, S. Paulo, 1958). A observação nas classes mais humildes daria partida para verificações sobre sobrevivências e permanência mímicas. Os gestos mais antigos são os manuais e os últimos os olhares, com movimentos de cabeça, com significação especial, já denunciando estágios superiores de convenção coletiva. O critério mais comum tem sido dividir os gestos pelas suas intenções funcionais: negativas, afirmativas, normativas (ordens, convites, missões) e religiosas (submissão, vênia, adoração, respeito), origem dos gestos de saudação em sua maioria. Naturalmente as profissões determinam especializações nos acenos orientadores, e nos ambientes onde a voz humana está impossibilitada de fazer-se ouvir, o aceno volta a ter o monopólio da transmissão mental. Não existe, logicamente, a mesma tradução literal para cada gesto, universalmente conhecido. Na famosa estória popular da "Disputa por Acenos", cada antagonista entendia o gesto contrário de acordo com seu interesse (Luís da Câmara Cascudo, *Trinta Estórias Brasileiras*, 32--35, Porto, 1955). Negativa e afirmativa, gesto de cabeça na horizontal e vertical, têm significação inversa para chineses e ocidentais. Estirar a língua, que é insulto na Europa e América, é saudação respeitosa no Tibete. Vênias, baixar a cabeça, curvar os ombros, ajoelhar-se, levar a mão à fronte, são universais. A mecânica da adaptação necessária a outras finalidades de convívio explica a multiplicação. Ver *Civilização e Cultura*, cap. 13, "Homem falando! Homem escrevendo", 647-657, São Paulo, Global, 2004. Ver *Manuelagem*. Luís da Câmara Cascudo, *História dos Nossos Gestos*, 2ª ed., São Paulo, Global, 2004.

GIGANTE. Quase desapareceu dos nossos autos tradicionais. No bumba meu boi ou boi-calemba, no Rio Grande do Norte, resiste ainda um gigante com sua respectiva esposa, cumprimentando e dançando. Pelos Estados vizinhos, o gigante desapareceu nos reisados, e não há menção nas informações de Artur Ramos e Amadeu Amaral Júnior (*Folclore Negro do Brasil*, capítulos III e IV, Rio de Janeiro, 1953, "Reisado, Bumba Meu Boi e Pastoris", *Revista do Arquivo Municipal*, LXIV, 273-284). Adolfo Coelho, citado por Leite de Vasconcelos (*Tradições Populares de Portugal*, 279) notará, há setenta anos passados: "São raras hoje em Portugal as tradições acerca de gigantes, segundo cremos. Os gigantes, os ogres, foram substituídos na tradição por ladrões." A tradição dos gigantes, representados em junco, papelão, pano, acompanhando procissões ou cortejos populares, carnaval ou comemorações locais, é velha e querida por toda a Europa. Gog e Magog, esculpidos em 1708 por Saunders, em madeira; no Great Hall do Guildhall em Londres, vive o casal gigantesco, que abria o préstito oficial, na posse do Lord Mayor; em Douai passa Gayant, com oito metros de altura, acompanhado por Marie Cageton, de sete metros, e os filhinhos Jacqueot, Fillon e Binbin; em Bruxelas exibe-se o par de Jan e Mieúde; em Antuérpia, Douon e Antigon, o São Cristóvão de quatro metros, em vários pontos europeus, o grande Sansão, a cabeça de Golias, imensa como uma roda de carro. No México, em Querétaro, nas Fiestas de Navidad, há *cabezudos y gigantes* (*Anuário de la Sociedad Folklórica de México*, V, 303, 1945). Nas procissões brasileiras não há o gigante. Seu ambiente único é a literatura oral, as *estórias* de encantamento. Em sua maioria absoluta, materializa o mal (*Geografia dos Mitos Brasileiros*, "Ciclo dos Monstros", 217-248, 3ª ed., São Paulo, Global, 2002).

É o elemento mau nos contos populares, a força estúpida, sempre vencida pela astúcia. Estão desaparecendo em nossa literatura oral, substituídos por homens de estatura normal, tendo os mesmos sentimentos de malvadez, grosseria e brutismo. Nas festas tradicionais, o gigante aparece, de vime ou papelão, dirigindo conjuntos foliões, durante o carnaval, inominado, como o *Gigante* do bumba meu boi, que não canta e é apenas saudado por esta cantiga enigmática:

"Meu Deus, que bicho é esse
Que na roda apareceu?
Por causa deste bicho
O Amazonas se perdeu!"

O gigante, depois de um passo de valsa, lento e solene, encontra-se com a giganta, um tanto menor, e fazem o casamento dos monstros, que se retiram, dançando, e sempre silenciosos. O *João Paulino* e *Maria Angu* mostram o corpanzil em várias localidades de São Paulo, seguidos pela curiosidade humorada do povo. Creio que há outros tipos de gigantes com nomes especiais, mas registrei apenas o casal paulista. Também no carnaval os grupos, que têm nome de animais, costumam ser precedidos pela representação gigantesca do tipo que batiza o rancho. Os gigantes nos vieram de Portugal, onde continuam passeando, em Viana do Castelo e Ponta da Barca, os primeiros denominados, na forma espanhola *Gigantones*, e os últimos acompanhados dos *Cabeçudos*. Na Espanha são populares e já de séculos é sua presença. A origem será Flandres onde, desde a Idade Média, os gigantes processionais exibem a estatura avantajada, como a família do cavaleiro *Gayant* em Douai, com oito metros, sua gentil esposa Marie Cageton, de sete, e os três filhos imensos, Jacqueot, Fillon e Binbin. Outras cidades flamengas se orgulham dos seus gigantes, exibidos nas quermesses, Poparinghe (desde o séc. XIV), Alost, Audenarde, etc. (Ver A. van Gennep, *Le Folklore de la Flandres et du Hainaut Français*, 168, Paris, 1935-36; F. Krüger, *Géographie des Traditions Populaires en France*, 51, Mendonza, Argentina, 1950). O Prof. Krüger insiste pelo aspecto urbano, centros industriais, em que esses gigantes nasceram e seguem vivendo. O caráter perverso do gigante, sua fidelidade às causas adversas à boa doutrina, Golias, Gog, Magog, encontram repercussão na mitologia greco-romana, gigantes inimigos dos deuses, etc. A origem dos gigantes, representados materialmente em Espanha-Portugal, e consequentemente na América Ibérica, provirá, de Flandres, com contato secular, tornado intenso sob Carlos V (I de Espanha). Inegável é a influência espanhola no folclore belga (ver Jean Gessler, "Influencia Española en el Folklore Belga", 70-77 en *La Huella de España en Bélgica y Luxemburgo*, Madrid, s. d.). Albert Marinus, o mestre do folclore belga, informa da existência de gigantes em Namur, "au début du XVIème siècle, à un moment où l'Espagne n'avait encore pu exercer aucune influence... Les connaissances nouvelles actuellement acquises démontrent qu'il y avait déjà des géants en Belgique dans la seconde moitié du IVème siècle, à Nivelle notamment, c'est-à-dire à une époque où il ne pouvait être question d'une domination espagnole, ou l'influence de l'Autriche ne se faisait pas encore sentir non plus, où les Souverains étaient des princes autonomes: Philippe le Bon, Charles le Témeraire ("Attribution Hative des Origines", *Homenaje a Don Luís de Hoyos y Sáinz*, I, 213, Madrid, 1949). Verdade é que Filipe o Bom era genro, e Carlos o Temerário neto de D. João I, rei de Portugal. Há outros centros de difusão na Ásia, região onde também os gigantes processionais são conhecidos e mesmo nalgumas ilhas da Polinésia. Ver *Miota*.

GINETA. Ver *Sela*.

GINETE. Ver *Sela*.

GIRASSOL. Flor amarela (*Helianthus annuus*), muito decorativa. O povo crê que o girassol, como o nome anuncia, acompanhe o curso do Sol, virando-se na haste, seguindo o astro, de leste para oeste. Esse fototropismo tem sido secularmente aproveitado na literatura e mesmo popular. Antônio José da Silva, no *Guerras do Alecrim e da Manjerona* (I, IV, 1737): "Sol que gira, são teus raios, / E meu peito girassol."

GOAIÁ. Ver *Guajá*.

GODÉRIO, GODERO. Ver *Gaudério*.

GOGÓ-DE-SOLA. É um animal de pequenino porte, tendo o pescoço de cor da ferrugem. Vive na região do Acre e se celebriza pela agressividade inversa ao tamanho. Ataca o próprio homem, e como é de agilidade incrível, possui fama de assombroso. Só o matam a pau, porque é impossível alvejá-lo com armas de fogo. O *Folclore Acreano* (105) de Francisco Peres de Lima (Rio de Janeiro, 1938) é meu informador, embora tenha ouvido referências por pessoas residentes no Território do Acre. O gogó-de-sola está entre animal vivente e bicho fabuloso. Consultado, o Prof. Padberg Drenkpol sugeriu tratar-se de uma irara (*Galictis barbara*, L.) ou mustélida (o *Grison vittatus*, Schreb). O sr. F. Pires de Lima opina que o gogó-de-sola talvez seja um cachorro-do-mato hidrófobo. Os meses de fevereiro e março são a época das correrias do estranho bicho.

GOIAMUM. Ver *Crustáceos*.

GOIAZIS. Povo fabuloso do Amazonas, registrado por alguns cronistas dos sécs. XVI e XVII. Cristobal de Acuña: "Dizem que perto de sua residência, pela banda do Sul, em terra firme, vivem entre outras, duas nações, uma de anões, tão pequenos como criancinhas de peito, e que se chamam Guaiazis." (262, *Descobrimento do Rio das Amazonas*, S. Paulo, 1941). Simão de Vasconcelos informou, no mesmo plano: "Dizem que entre as nações sobreditas, moravam algumas monstruosas. Uma é de anões, de estatura tão pequena, que parecem afronta dos homens, chamados Goiazis." (*Antologia do Folclore Brasileiro*, vol. 1, 53, 9ª ed., São Paulo, Global, 2004).

GOLFINHO. Ver *Boto*.

GONÇALO. Santo português, festejado a 10 de janeiro, dia em que faleceu em 1259, em Amarante, no Douro, à margem direita do Tâmega. Eremita. Deixou tradições populares vivas. Construiu uma ponte de pedra. Tocava viola. Converteu as mulheres, dançando com elas, alegremente, mas tendo nos sapatos pregos que o feriam nos pés. Os romeiros portugueses que acodem a Amarante dão um nó nas giestas, e quem assim faz, logo casa. Trazem seus devotos figuras de trigo, cobertas de açúcar e mesmo pães, com formas fálicas. Outrora dançavam dentro da igreja de Amarante. É padroeiro das meninas que querem casar, seja qual for a idade. As festas de S. Gonçalo se espalharam e eram famosas dentro da Sé do Porto, onde as chamavam festas das regateiras. A festa veio para o Brasil com os fiéis do santo de Amarante. Em janeiro de 1718, Le Gentil de la Barbinais assistia, na capital da Bahia, a uma comemoração entusiástica a S. Gonçalo. Compareceu o Vice-Rei Marquês de Angeja, tomando parte na dança furiosa dentro da igreja, com guitarras e gritaria de frades, mulheres, fidalgos, escravos, num saracoteio delirante. Num final, os bailarinos tomaram a imagem do santo, retirando-a do altar, e dançaram com ela, substituindo-se os devotos na santa emulação coreográfica. Logo depois, outro vice-rei, Vasco Fernandes César de Menezes, Conde de Sabugosa, proibiu a dança de S. Gonçalo. Nuno Marques Pereira (*Compêndio Narrativo do Peregrino da América*, II, 114) anotou que Sabugosa "estando governando a cidade da Bahia, por ver umas festas, que se costumavam fazer pelas ruas públicas em dia de São Gonçalo, de homens brancos, mulheres e meninos e negros com violas, pandeiros e adufes, com vivas e revivas São Gonçalinho, trazendo o santo pelos ares, que mais pareciam abusos e superstições que louvores ao santo, as mandou proibir por um bando, ao som de caixas militares, com graves penas contra aqueles que se achassem em semelhantes festas tão desordenadas" (*Antologia do Folclore Brasileiro*, vol. 1, 58, 9ª ed., São Paulo, Global, 2004). As danças de S. Gonçalo continuaram por quase todo o Brasil. Em 1817 o francês Tollenare escrevia, no Recife: "Os rapazes e as raparigas dançaram durante toda a noite na igreja de S. Gonçalo, em Olinda; os cônegos proibiram-no este ano e no anterior; porque os europeus o censuravam como uma indecência indigna do templo de Deus." Tollenare protestou: "Conquanto estes pretensos moralistas d'além-mar tenham esquecido que Davi dançava diante da arca, que a dança fez por muito tempo parte das cerimônias religiosas, que os padres do Concílio de Trento o abrirem com um minueto; conquanto a dança não seja verdadeiramente profana senão pelo espírito que a anima, não direi sejam restabelecidos os bailes de S. Gonçalo; mas quisera fossem substituídos por outra coisa qualquer." A popularidade de S. Gonçalo se comprova na toponímia. Em 1940 havia município de S. Gonçalo no Ceará, Rio Grande do Norte, Pernambuco, Bahia, Rio de Janeiro e Minas Gerais. Piauí mudara o seu para o Amarante, equivalente. Povoações e lugarejos são incontáveis. As danças teimam em não desaparecer. Resistem em São Paulo e ninguém as pôde vencer no Nordeste. Não aparecem nas vilas e cidades, mas dominam nas fazendas, nos povoados, onde seus devotos pagam as promessas, dançando e cantando as jornadas tradicionais. Dança de São Gonçalo. É talvez a derradeira dança como ação religiosa, oferenda litúrgica, que possuímos. As promessas não são feitas apenas pelas moças casadouras com os noivos distantes, arredios ou problemáticos. Prometem fazer a dança pessoas doentes, especialmente do estômago e ventre. Além de promover o bailado, o devoto promete comer uma certa parte do animal, abatido para a festa (Guarulhos, S. Paulo) e dançar com a imagem. Esta parte de dançar com a imagem é típica e tradicional. La Barbinais viu São Gonçalo dançando com seus fiéis na Bahia setecentista. O Dr. Gil Soares, então residente na cidade do Martins, Rio Grande do Norte, fez a meu pedido um inquérito sobre a dança de S. Gonçalo, habitual na região, mormente na serra de Portalegre, onde é famosa. A informação é de 1939. A dança desaparecera das cidades, proibida pelos vigários. Refugiara-se para o interior, esperando clima propício. Datava de princípios do séc. XIX e teria vindo do município de São Gonçalo (Amarante), no Piauí, onde iam os sertanejos comprar novilhos, no princípio ou fins de cada ano. Realizam-na sob latadas, alpendres improvisados, nos terreiros, apenas com a cobertura vegetal, os lados livres. O instrumental se compõe de viola e tambor. Só se dança por promessa. Jamais por distração ou curiosidade. É dança sagrada. Quem pode pagar a promessa, sozinho, manda buscar o *pessoal de São Gonçalo*, aqueles que sabem cantar e dançar, e contrata a festa, distribuindo *agrados*. O devoto pobre, incapaz de financiar a festa, aproveita a ocasião para comparecer e conseguir, contribuindo ou gratuitamente, uma *jornada*, em pagamento espiritual da graça recebida. Escolhe-se o sábado, preferencialmente durante o dia, terminando na boca da noite. É raro a dança ser à noite. No tempo da escravidão nenhum *senhor* tinha a coragem de recusar licença a um escravo que dissesse dever uma promessa a S. Gonçalo e desejar ir assistir a uma dança votiva ou nela tomar parte. A disposição é simples. Dançam doze pessoas, em filas singelas de seis em cada. Um homem, com guitarra outrora, hoje viola ou rabeca, fica na frente, diante do altarzinho onde há uma imagem de São Gonçalo, monge, modesto. Esse violeiro é o *guia*. Atrás se põe uma mulher, a *contraguia*. Seguem-se mulheres. O mesmo no outro cordão, paralelo. Somente os músicos, quatro, são homens. O canto, a uníssono e com a mesma música, é acompanhado com um movimento de bolandas, para direita e esquerda, e depois da jornada desfilam ante o altar, uma fila para cada lado. Chama-se *jornada* a série de versos cantados sem interrupção, o ato. É divisão clássica do séc. XVI, quando as comédias e mesmo loas sacras tomaram a *jornada* como divisão, em vez de atos; ainda vemos as jornadas dividirem os pastoris, e antigamente as lapinhas, legítimos *Ludus Paschalis*. A dança de São Gonçalo consta de doze jornadas. Não se ultrapassa esse número, nem mesmo quando pedem *jornadas por promessa*. Os versos são quadras decoradas e algumas improvisadas, alusivas ao culto. As chistosas são raras mas aparecem. Três informantes, os Drs. Joaquim Inácio de Carvalho, Aldo Fernandes e Gil Soares, citam duas quadras que parecem popularíssimas na região oeste do Estado, onde a dança viveu e vive:

"S. Gonçalo de Amarante,
Casamenteiro das moças,
Casai-me a mim primeiro
Para então casar as outras.

S. Gonçalo de Amarante
Feito de pau de alfavaca;
Quem não tem rede nem cama
Dorme no couro da vaca."

Ou notas enviadas por Gil Soares, tomadas ao velho João Pedro, um dos mais antigos *guias* da região:

"S. Gonçalo de Amarante
É feito de pau de pinho;
Tem mais força no pescoço
Do que porco no focinho.

S. Gonçalo de Amarante
Mora na beira do poço;
Pois S. Gonçalo me diga
Se traíra tem pescoço..."

Desrespeitosas, mas bem intencionadas. As quadras verdadeiras começam e findam assim:

"Chega, chega, companheira.
Que já estamos empareada;
Pedindo licença ao Santo
Para a primeira jornada.

Esta vai por despedida;
Esta basta por agora;
Demos viva a São Gonçalo,
Louvores a Nossa Senhora!"

No *Terço de São Gonçalo*, todos cantam parados. Não há dança. As quadras cantadas são sempre laudatórias. Há uma atitude especial das dançarinas e dançarinos, obrigatória. Mão esquerda sobre o coração. O braço direito curvo, em forma de ângulo agudo, ficando a mão semiaberta, numa atitude de quem pede esmola, de quem suplica. Dizem que São Gonçalo dançava assim. As duas filas não se cruzam senão na *jornada do trancelim*, quando atravessam e recruzam um ao outro. Pereira da Costa (*Folclore Pernambucano*, 185-188) evoca os bailes de Gonçalo no Recife. O *casamenteiro das moças* era entrondosamente festejado. O Padre Lopes Gama, pelo *Carapuceiro*, indignava-se com a estranha liturgia dos são-gonçalistas. Dizia-se *a devoção da patuscada*. A bandeira onde o santo estava pintado e a imagem deste andavam "num corropio, ora nas mãos, ora na cabeça desta e daquela". "Na tal dança elas saracoteiam as ancas, remexem-se, saltam, pulam, e fazem cousas de cabeça, tudo para maior honra de Deus e louvor de S. Gonçalo." Lopes Gama salvou estes dois versinhos, eutoados pelas devotas:

"Viva e reviva
São Gonçalinho,
Dai-me, meu Santo,
Um bom maridinho!

Seja bonitinho
E queira-me bem;

Aquilo que é nosso
Não dê a ninguém!..."

Essa frase do "viva e reviva São Gonçalinho" já Nuno Marques Pereira citava antes de 1728, *princeps* do seu *Peregrino da América*. Lopes Gama escrevia em 1843, ouvindo os ranchos cantarem nas ruas de Olinda e Recife:

"São Gonçalo de Amarante,
Casamenteiro das velhas,
Por que não casais as moças,
Que mal vos fizeram elas?

Ai lê lê, ai lê lê
Meu santinho;
Viva e reviva
São Gonçalinho!"

O Sr. Marciano dos Santos (*Revista do Arquivo Municipal*, XXXIII) estudou a dança de São Gonçalo no Estado de São Paulo. Há em vários pontos. O autor assistiu a ela no lugar Vegas, a 26-X-1936, 10 quilômetros da sede municipal de Guarulhos. As imagens de S. Gonçalo são trabalhos locais e existe uma de alta expressão tradicional, o São Gonçalo violeiro, o santo com chapéu de massa, empunhando uma viola, exceção funcional em toda a iconografia católica. A festa se diz, na maneira velha, *função*. Altar com as duas imagens, S. Gonçalo padre e o violeiro, a pomba que é o Santíssimo e todos os santos da casa. A função é dentro de casa e não nos terreiros, como no Nordeste. Há mutirão, adjunto, trabalhando todos para maior esplendor. Mata-se gado. Diz o autor: "Há pessoas que fazem seus votos, prometendo comer determinada parte do boi: a língua, tripas. Avisam com antecedência o festeiro, e ele manda reservar as partes para que a promessa possa ser cumprida." A função é durante toda a noite. Janta-se longamente. A refeição é servida por quem fez a promessa de ser *servente*. Como distintivo, traz uma toalha enrolada ao pescoço. Três foguetões avisam o começo. Três matutos *tiram a reza*, o *capelão* e os dois acólitos, chamados *repartidores*. Ladainha de Nossa Senhora, orações distribuídas pelos presentes e ausentes, mortos e vivos, tal-qualmente ouvi no sertão de outrora. Danças se iniciam. Os dois grupos enfileiram-se diante do altar. O violeiro chefe à esquerda, tendo atrás de si o *contrato* (contralto). O segundo violeiro, encabeçando o outro grupo, como o ajudante, o *tipi* (tiple). Denúncias da exclusividade feminina, como vemos no sertão do Rio Grande do Norte? Em Guarulhos a turma é masculina. Padre-nosso, ave-maria. Cantam os violeiros as quadras, repetindo cada verso, repetidos pelos *contrato* e *tipi*. E flexionam os joelhos, lentos, até tocar o chão. Os *folgazões*, sinônimos de devotos, batem os pés, acompanhando o canto. Terminando a primeira quadra, os violeiros iniciam as rondas, evoluções, volteios coreográficos, seguidos pela fila respectiva. Cada personagem, violeiro, contralto, tiple, folgazão, tem sua forma de ir até o altar e reverenciar o santo, desenhos simples mas de efeitos sugestivos. Findas as evoluções, indo e vindo, é a hora do *caruru*, oferecimento das promessas:

"S. Gonçalo disse missa
No altar de S. João;
Senhor dono das promessas
Está chegando a sua hora:
– Tire o santo do altar!"

Os dançarinos fazem um círculo e os devotos que têm promessas a cumprir ficam dentro, formando outro círculo menor. "A mulher que prometeu dançar com o santo retira-o do altar, anda na roda interna, cobrindo parte do corpo do santo com um pano branco. Outras pessoas andam com velas acesas. Batem os pés só os dançarinos da roda externa. Os da interna andam a passos miúdos e muito concentrados." Fecham as janelas todas. Amanhece. As velas iluminam. São os cantos finais:

"São Gonçalo está contente
De se ver nas suas mãos."

Os devotos abandonam a roda interna. O ciclo externo, de dançarinos, faz as voltas prometidas. É a hora do lenço. A despedida:

"Vamos dar a despedida
Em louvor de S. Lourenço;
Minhas senhoras e senhores
Todos puxem por seus lenços...

Em louvor de São Lourenço
Todos guardem os seus lenços".

Os *folgazões* agitam os lenços, despedindo-se. Rezam o padre-nosso. Acabou. Dançam por todo o sul paulista. Sempre duas filas. Quando as mulheres participam, formam uma fila. Certas quadrilhas ocorrem na *dança* de Portalegre, no Rio Grande do Norte, ligeiramente modificadas:

"São Gonçalo de Amarante
Feito de nó de pinho
Dai-me força nas canelas
Como porco no focinho"

A quadra inicial é portuguesa e vive na abertura do bumba meu boi nordestino:

"Em nome de Deus começa
Padre, Filho, Espírito Santo
Este é o primeiro verso
Que neste oratório canto."

O verso nordestino, mais próximo do modelo português que J. Leite de Vasconcelos registrou:

"Nas horas de Deus, amém!
Padre, Filho, Espírito Santo;
São as primeiras cantigas
Que neste auditório canto!"

A dança de São Gonçalo é um dos últimos vestígios da dança religiosa, das fórmulas universais da súplica pelo ritmo dos bailados. Humilde, paupérrima, anônima, analfabetos os cantores, inconscientes os bailarinos, é uma sobrevivência, contra a corrente, resistindo. Essa permanência valoriza o poder de vitalidade psicológica invencida. Alceu Maynard Araújo (*Dança e Ritos Populares de Taubaté*, 9-16, Publicações do Instituto de Administração, n.º 33, São Paulo, 1948) descreveu igualmente, com pequenas alterações, a dança de São Gonçalo. O Sr. Manuel Antônio Franceschini é coautor do ensaio. *Folclore Nacional*, P.P.F.M.A. São Paulo, 1947; *Dança ou Festa de S. Gonçalo*, 14--21, marcação coreográfica da dança em S. Paulo (Ubatuba), Minas Gerais (S. Gonçalo de Graminha) e Bahia (Juazeiro); Assis Silva, *Sobre a Dança de São Gonçalo* (com informações sobre "S. Gonçalo no Piauí" e nota de Nonato Mota, "A Dança de S. Gonçalo"), Coleção Mossoroense, n.º 14, Mossoró, 1953; Geraldo Brandão, *Notas Sobre a Dança de S. Gonçalo do Amarante*, S. Paulo, 1953; Saul Martins, *A Dança de São Gonçalo*, Belo Horizonte, 1954; Maria Isaura Pereira de Queirós. "A Dança de S. Gonçalo, Fator de Homogeneização Social numa Comunidade do Interior da Bahia", *Revista de Antropologia*, vol. 6, n.º 1, S. Paulo, 1958; idem, "Der Sankt Gonçalo-Tanz", *Staden-Jahrbuch*, band-6, S. Paulo, 1958; Francisco de Assis Iglésias, *Caatingas e Chapadões*, 2º, 443, S. Paulo, 1958; Fernando Corrêa de Azevedo, "São Gonçalo no Paraná", *A Gazeta*, 18-IV-1959, S. Paulo; Norberto de Sousa, "Terço para São Gonçalo", *Boletim Trimestral da Comissão Catarinense de Folclore*, nos 20/21, Florianópolis, dezembro de 1954.

GONGO. Ver *Maconha*.

GONGUÊ. Pequeno tambor para danças, zambê, bambelô, etc. É também conhecido com o nome de *chama*, do verbo "chamar," por atrair os dançarinos. Produz um som seco, surdo, atravessando a massa da batucada e fazendo-se ouvir de longe, *chamando* quem o ouve para a função. Rio Grande do Norte.

GONZÉMU. O mesmo que Barquíssu. Ver *Barquíssu*.

GORJALA. "É um gigante preto e feio, que habita as serras penhascosas. A sua ferocidade lembra a do Polifemo de Homero, do qual é um descendente criado na imaginação sertaneja. Anda com as suas passadas imensas pelas ravinas, escarpas e grotões. Quando encontra um indivíduo qualquer, mete-o debaixo do braço e vai comendo-o às dentadas! Outrora, muita vez, quando um explorador desaparecia nos lugares ínvios, desconhecidos, por ter tombado num despenhadeiro profundo ou por ter sido devorado pelos índios, os seus companheiros afirmavam que o Polifemo Gorjala o devorara às dentadas... Os seringueiros da Amazônia conhecem o Gorjala sob a forma do gigante batalhador, encouraçado de casco de tartaruga, chamado Mapinguari" (Gustavo Barroso, *Ao Som da Viola*, 31, Rio de Janeiro, 1921).

GOTEIRA. Na linguagem da maçonaria é o profano, não maçom. Na cantoria sertaneja é o mau cantador.

"Tenho chumbo e bala
Para seu Nogueira;
Cantador goteira
Pra mim não fala."

(Vaqueiros e Cantadores, 245, São Paulo, Global, 2005).

GRACIANA. Ver *Fandango*.

GRALHA-AZUL. Nome dado a uma linda córvida, de que há dois tipos. *Cyanocorax cyanopogon*, Wied, e *Cyanocorax coerulens*, Vieill. Motivaram no Paraná a tradição de plantadoras de pinheiros (*Araucária brasileira*, Lamb.), enterrando as sementes com a ponta mais fina para cima e devorando a cabeça, que seria a parte apodrecível. Não deve ser abatida e é comumente respeitada pelo povo como ave protetora dos pinheirais (Luís da Câmara Cascudo, *Lendas Brasileiras*, "A Lenda da gralha-azul", 135-142, 9ª ed., São Paulo, Global, 2005). O texto transcrito no meu livro é de autoria do dr. Eurico Branco Ribeiro, escritor e médico eminente, depois desenvolvida na novela *Gralha-Azul*, S. Paulo, 1927.

GRANJA. Ver *Jabá*.

GRAVIANA. Ver *Cruviana*.

GRILO. (*Gryllotalpha vulgaris*). Um dos remédios tradicionais, de atuação infalível contra retenção de urina. O chá de grilo é de receituário prestigioso, e os efeitos são conhecidos por toda parte. "O chá de grilo (*Gryllotalpha vulgaris*) para retenção de urinas é de efeito indiscutível. Pega-se o grilo e cozinha-se apenas uma terça parte. Bebe-se o caldo. Bebendo o caldo de todo um grilo, mesmo de porte mediano, o doente passa da anúria à poliúria imediata". (Luís da Câmara Cascudo, *Meleagro*, 105, Rio de Janeiro: Agir, 1978). Obtém-se o mesmo resultado, torrando-se o grilo na chapa do fogão. O chá deve ser feito com 1/3. Na Europa o grilo afasta a infelicidade com o estritor obstinado do seu canto. Há um conto de Natal, de Dickens ("O Canto do Grilo") de fama ilustre. Em Portugal e Espanha os grilos são vendidos em pequeninas gaiolas, para encantar os possuidores com o canto sem fim durante a noite. Não emigrou para o Brasil essa predileção. Nem mesmo o renome do grilo-mascote durou no país. Um episódio histórico em que o grilo figura, adivinhando a proximidade de terra, em navegação longa, ocorreu em 1540, quando o Adiantado Álvaro Nunes Cabeça-de-Vaca atravessava o Atlântico para vir tomar posse dos domínios no rio da Prata. "Passada a linha, examinou-se o estado da aguada; achou-se que de cem pipas restavam três, para dar de beber a quatrocentos homens e trinta cavalos, visto o que, mandou o Adiantado proejar à terra mais próxima. Três dias se seguiu o novo rumo. Um soldado, que embarcara adoentado, trouxera consigo um grilo, que com sua voz o divertisse; mas, com não pequena mágoa do dono, guardara o inseto durante a viagem o mais absoluto silêncio. Agora, na quarta manhã, principiou o grilo de repente a levantar zumbido agudo, aventando a terra, como imediatamente se supôs. Tão descuidada era a vigia que se fazia que, quando assim admoestados olharam o mar, viram à distância dum tiro de besta uns rochedos, nos quais infalivelmente se teriam perdido, se não fora o animal. Tiveram apenas tempo de deitar ferro. Dali foram seguindo a costa, cantando o grilo todas as noites, como se estivera em terra, até que chegaram à ilha de Santa Catarina, onde desembarcaram." (Roberto Southey, *História do Brasil*, I, 160-161, Rio de Janeiro, 1862). Em Portugal o grilo é aconselhado para retenção de urinas. Informa o Pe. Firmino A. Martins (*Folclore do Concelho de Vinhais*): "Para urinar: tomar um chá feito de quartos de grilos." (I, 331, Coimbra, 1928).

GRIMAS. Pequenos cacetes, medindo cerca de trinta centímetros de longo, com diâmetro variável, empregados no folguedo dos cucumbis na Bahia, percutindo uns nos outros nas cenas de luta e de saudação do rei. Os valentões usavam-no igualmente, de madeira mais resistente, trazendo-o enfiado, disfarçadamente, dentro da manga do paletó. Lembra o cacetinho dos paulitos de Miranda do Douro, usados na famosa dança.

GRITADOR. Duende do vale de S. Francisco. "O Gritador é também conhecido como 'Zé-Capiongo', e vive gritando dentro da noite. Contam que ele é a alma de um vaqueiro que, desrespeitando a Sexta-Feira da Paixão, saiu a campear e nunca mais voltou. Sumiu misteriosamente com o cavalo, o cachorro e a rês que campeava. Virou assombração. Hoje vive gritando no mato, aboiando uma boiada invisível como ele. É o Gritador. Embora os seus gritos sejam mais ouvidos durante a noite, o Gritador não tem hora para gritar. Dizem que até ao meio-dia ele clama no meio do mato, assombrando os vivos, assustando os bichos. Nas noites de sexta-feira, além do seu aboio triste, são ouvidos o rumor dos cascos do seu cavalo e o ladrar do seu cachorro de campo." (Wilson Lins, *O Médio São Francisco*, 188-189, Bahia, 1952). Ver *Bradador*.

GROGUE. De *grog*. Designação genérica de bebida. Idem de bebidas misturadas. Embriaguez, estar meio grogue, estar grogue. É de uso popular urbano. Pereira da Costa informa que a origem do vocábulo deve-se ao apelido do Almirante Verulen (Old Grog) por usar calças de gorgorão (*grogram*) ou capote dessa fazenda, quando havia tempestade. O almirante costumava distribuir a ração de aguardente aos marinheiros adicionando água, para evitar a embriaguez. Daí o nome da bebida ligar-se ao *Old Grog*. Provém de meados do séc. XVIII.

GRONGA. (Gíria). Geringonça, feitiçaria por meio de beberagem, coisa mal feita; embrulhada, trapalhada; aguardente de cana com limão e água açucarada (batida). Troca ou permuta de posto nos C. T. não autorizada legalmente; barganha. (Ver Francisco Manoel Brandão, "Gronga", *Correio da Lavoura*, 8-12-1963, Nova Iguaçu, Rio de Janeiro).

GRUDE. Espécie de bolo de goma ou massa de mandioca, com açúcar e coco; e em geral assado, envolvido em folhas de bananeira (Pereira da Costa, *Vocabulário Pernambucano*, 385). Não conheço grude com açúcar.

GUAIÁ. "Ou chocalho, usado pelos negros. Em outros tempos, era feito de cuietê ou porongo e, agora, de folha de flandres, sob a forma de dois cones, ligados pela base, com um cabo oco, em cujo interior se colocam sementes ou bolinhas de chumbo. Uso: Batuque e Samba-Lenço" (Rossini Tavares de Lima, *Folclore de São Paulo*, 120, S. Paulo, s.d.). É uma modalidade do maracá.

GUAIAMUM. Caranguejo terrestre, azulado. Guaiamu, goaiamum, fumbaba, goiamum (Gecarcínidas, *Cardisoma guanhami*, Latr.). Vivem em buracos e, segundo o povo, abandonam o pouso, ouvindo trovoada. São criados também nos cevadouros domésticos, alimentando-se de tudo e constituindo ótimo prato, especialmente cozidos. Frei Vicente do Salvador (*História do Brasil*, I, cap. X), escrevendo na terceira década do séc. XVII, informa: "Há muitas castas de caranguejos, não só na água do mar e nas praias entre os mangues, mas também em terra, entre os matos, há uns de cor azul, chamados guaiamus, os quais, em as primeiras águas do inverno, que são em fevereiro, quando estão mais gordos e as fêmeas cheias de ovas, se saem das covas e se andam vagando pelo campo e estradas e metendo-se pelas casas, para que os comam." A carne do guaiamum é aconselhada para a cura da coqueluche ou tosse de cachorro. Quando vagueiam, diz-se estarem *ao atá*, andar, perambular. *Caranguejo que anda ao atá quer brincar*. Ver *Caranguejo, Siri*.

GUAJÁ. Crustáceo do gênero *Guaia*, vermelho. Marcgrave descreve vários espécimes (*História Natural do Brasil*, 182-183, São Paulo, 1942), eruditamente anotados pelo Prof. Paulo Sawaya. Dizem os pescadores que há uma "princesa" encantada no casco do guajá, vendo-se em alguns o contorno de uma mulher deitada. Do ponto de vista gastronômico, o guajá é uma delícia. Do tupi *guaiá*, o que é como bola, o roliço; o caranguejo. Pode ser também de *qua-iá*, o que mora em buraco (Teodoro Sampaio, *O Tupi na Geografia Nacional*). Gabriel Soares de Sousa (*Tratado Descritivo do Brasil em 1587*, cap. CXXXIX) registra "goaiá" e que "são muito poucos, mas muito bons". Caranguejo, Siri.

GUAJARA. Duende de Almofala, município de Acaraú, Ceará. Manifesta-se nas noites de inverno, raras vezes nos dias de verão, imitando vozes de animais, ruídos de caçador, pescador, colhedor de mel de abelhas, fingindo cortar árvores, assombrando os viajantes que passam perto do seu mangue e mesmo surgindo, como um pato, nas residências próximas, perturbando a tranquilidade normal. A tradição comum fá-lo invisível, determinando o pavor pela diversidade da simulação. Açoita os cães, que podem sucumbir depois do suplício. Grita, acompanha o viandante. Chamam-no também Guari e Pajé do Rio (Florival Seraine, "Sobre o Torém", sep. *Rev. Instituto do Ceará*, 1956, Fortaleza). Convergência dos duendes da mata, saci, curupira, caipora e, pela situação da moradia, elementos do "pescador encantado".

GUAJARÁ. Lago na ilha de Marajó, Pará. "Guajará era um lago falado, cuja lenda enchia os seus campos, a sua propriedade... Os vaqueiros contavam que tinha comunicação com o mar, a maré enchia e vazava, boiavam quilhas de barcos, lemes, pedaços de velas, vozes de afogados, bois bufavam no fundo, ninguém ousava pescar ou atravessar à noite no lago Guajará." (Dalcídio Jurandir, *Marajó*, 290, Ed. José Olympio). Ao redor do lago, ou dele emergindo, aparecem animais fantásticos, uma novilha branca, cavalos negros com fogo pelas ventas, etc. A tradição de uma comunicação do Guajará com o Atlântico é comum noutros lagos americanos e europeus. "As lagoas da serra da Estrela têm comunicação subterrânea com o oceano. Em noites de inverno, ouve-se o bramir das águas, que se agitam consoante os movimentos do mar. É crença que têm, ali, aparecido a boiar restos de mastros e outros objetos marítimos." (Ladoeiro e Vale do Lobo). (Jaime Lopes Dias, *Etnografia da Beira*, I, 189, Lisboa, 1944).

GUAMPA. O mesmo que *Binga* (ver), chifre bovino para conduzir líquidos. Alguns espécimes são artísticos, aparelhados de prata, com correntes do mesmo metal a fim de retirar água dos arroios, sem que o viajante desmonte. O vocábulo é de uso sulista. Guampa é utensílio comum na península Ibérica, quase sempre decorado pitorescamente com motivos locais. Polvarinho. (Rafael Jijena Sánchez, *El Chifle y el Chambao, sus nombres y extensión de su uso*, Buenos Aires, 1955). Ver *Binga*.

GUARACI. Ver *Coaraci*.

GUARAPÁ. Dança de roda, também chamada *Engenho Novo* (ver); Minas Gerais, fronteira paulista.

GUARARÁS. Instrumentos indígenas para marcar o ritmo da dança; são jarreteiras com pequeninas cabaças de frutas secas, qualquer objeto que possa conter pedrinhas, que ressoem no bate-pé da dança. Auaiú, aiapé, etc.

GUARDA. Ver *Sentinela*.

GUARDA DAS VIRGENS. O *Monge José Maria* (ver) possuía no seu arraial um grupo de caboclas para o serviço doméstico e íntimo do caudilho, inspirador semirreligioso dos sertanejos do Contestado. Morto na luta de Irani, em 22 de outubro de 1912, num encontro com a força militar do Paraná, nenhum dos seus adeptos deixou de aguardar seu regresso do céu, para guiar os fiéis à vitória indiscutível. Esperava-se igualmente a ressurreição do primeiro monge, o *São João Maria* (ver), tão diverso do segundo, que se dizia seu irmão. Na reorganização das tropas sertanejas rebeladas contra todos e contra tudo, especialmente depois da adesão total de Eusébio Ferreira dos Santos, reapareceu a guarda das virgens, não mais para o serviço doméstico, mas constituindo uma classe de videntes, intérpretes das vozes e ordens do finado Monge José Maria e às vezes do velho São João Maria. Os sertanejos obedeciam cegamente às determinações vindas dos chefes, Eusébio Ferreira dos Santos, Manuel Alves de Assunção Rocha, Elias de Morais, portadores das mensagens dos monges, através da guarda das virgens. Cada um desses caudilhos tinha essas pitonisas encarregadas de pôr os supremos mentores desaparecidos em contato com o seu povo em armas.

GUARDAMENTO. Ver *Sentinela*.

GUARI. Ver *Guajara*.

GUARIBA. Macaco do gênero Alouatta, pesado, lento, caricatura humana na gravidade ridícula. Capelão. Mono urrador. Barbado. Tem ampla bibliografia antiga e moderna, registro de sua presença urrando, noitinha, dentro da mata, com impressionante efeito aterrador. Dizem-no possuidor de linguagem humana (ver *Tropa de Monos*) e causar medo e pânico nos caçadores, pelos trejeitos e gatimônias imprevistas. Os caçadores amazônicos contam *estórias* assombrosas dos Guaribas. No *Diálogos das Grandezas do Brasil*, 1618 (diálogo V), já registram a faculdade do guariba curar seus ferimentos e amedrontar os caçadores, "com carrancas e biocos e outros medos que lhes fazem". Brandônio informa que "estes guaribas costumam a fazer-se a barba uns aos outros, quando as têm crescidas, ajudando-se pera isso de certas pedras agudas, unhas e dentes.". Frei Vicente do Salvador (*História do Brasil*, 1627) repete a façanha de barbear-se e que zombam do caçador infeliz. "Andam sempre em bandos pelas árvores e, se o caçador atira a algum e não o acerta, matam-se todos de riso." (pág. 41). O berreiro foi notado no *Diálogos*: "Estão em contínua grita que se ouve de muito longe, e toda pessoa que ignorar a causa terá pera si serem vozes humanas, ou som de instrumentos, porque daquela maneira respondem". Marcgrave (1648, *História Natural do Brasil*, 226-227, S. Paulo, 1942) foi o primeiro a descrever a *capela do monos*: "Encontram-se esses animais, em grande quantidade, nos bosques, onde emitem um grande grito, que pode ser ouvido de longe. Às vezes um só grita e outros, em grande número, formam uma roda, como se ouvissem uma alocução; esse grito é considerado cem vezes maior, quando se está ao longe. Este é o modo ordinário, como muitas vezes observei. Todos os dias, antes e depois do meio-dia, reúnem-se uma ou outra vez: um deles se assenta, num lugar mais elevado, no meio; os outros se assentam ao redor, num plano inferior; aquele canta, em alta voz, e dado um sinal, os outros cantam prosseguindo a canção, até que seja novamente dado um sinal; todos então calam-se num instante, e o presidente termina a canção com elevada voz." Wallace (*Viagens pelo Amazonas e Rio Negro*, 578, S. Paulo, 1939) crê tratar-se unicamente de um macho velho o encargo de tenor. Certos pajés podem transformar-se em guaribas. É ainda elemento vivo no folclore brasileiro. Ver *Tropa de Monos*.

GUASCA OU GAÚCHO. Apelido dos naturais do Rio Grande do Sul. Ver *Gaudério*.

GUAXINIM. (*Procyon cancrivorus*, Cuv.). Ladrão de canavial e original pescador de caranguejo nos mangues litorâneos. Pequenino e rosnador, o guaxinim aparece em muitas *estórias* populares, petulante e ameaçador em sua insignificância física. Pesca os caranguejos pondo a própria cauda, que tem longa e peluda, dentro do buraco, e suportando, com surdos rosnados de dor, a dentada do crustáceo que, seguro, é arrastado e sacudido fora da lura, num brusco safanão. Enquanto o caranguejo está atordoado, o guaxinim geme e lambe a cauda, consolando-se do sacrifício. Depois come o caranguejo. Mário de Andrade (*Os Filhos da Candinha*, 119, S. Paulo, 1943) descreve essa pescaria do guaxinim, que ele ouviu, em dezembro de 1929, na cidade do Natal. Pela classificação, é o mesmo Mayuatoc, *mano pelada* da Argentina, o mão-pelada assombroso (ver *Mão-Pelada*). O guaxinim, que conheço muito bem, é pequenino e não tem o sinônimo de "cachorro-do-mato, medianamente grande". Sobre o guaxinim, legítimo, pescador de goiamuns com o rabo, ver *Geografia dos Mitos Brasileiros*, "Mão-Pelada". Os indígenas o denominavam jaguaracambé (Rodolfo von Ihering).

GUDE. "Jogo infantil, com bolinhas de vidro, que se devem fazer entrar em três buracos, ganhando o jogador que chega em primeiro lugar, de volta ao primeiro buraco" (*Pequeno Dicionário Brasileiro da Língua Portuguesa*, 2ª ed., 1939). Guilherme Santos Neves ("O Jogo do Gude", *Folclore*, nºˢ 7-8, Vitória, Espírito Santo, julho-outubro de 1950) estudou o jogo com pormenores e fixando as variantes locais. Há a *barca*, um grande oval, riscado no chão, onde deixam as bolinhas convencionadas, as próprias e as do adversário, e à distância de dois a três metros traçam o *ponto*, risco paralelo à posição das bolas na *barca*. Escolhido quem jogará primeiro, pela maior ou menor aproximação da bolinha privativa, a *jogadeira*, atirada na direção do *ponto*, o brinquedo consiste, com suas regras e exigências, em tirar da *barca*, à força dos toques da *jogadeira* pessoal, uma a uma das bolas que lá ficaram. Parece-me ser uma variante do velhíssimo jogo português do truco, fito ou arraioula, registrado por Jaime Lopes Dias (*Etnografia da Beira*, VI, 148-149, Lisboa, 1942). Há variantes por toda a Europa.

GU-Ê-CRIG. É um herói popular nas *estórias* picarescas dos indígenas cadiuéu, remanescentes, no Brasil atual, dos índios de língua guaiacuru, constituindo a última tribo dos mbayá. Gu-ê-Crig é uma espécie de Pedro Malasartes, um Eulenspiegel, despudorado, zombeteiro, ladrão e covarde, aproveitador de todos os expedientes, mas cheio de vivacidade, atrevimento, originalidade. Embora muito antipatizado pelos indígenas, é motivo predileto de narrativas por suas aventuras reprovadas mas inesquecíveis. (Ver Darci Ribeiro, *Religião e Mitologia Cadiuéu*, publicação n.º 106 do Serviço de Proteção aos Índios, Rio de Janeiro, 1950, reunindo algumas peripécias típicas do famoso Gu-ê-Crig). Esses heróis, mesmo aqueles que têm plano sobrenatural, como *Poronominare*, *Baíra*, *Macunaíma* (ver), mereciam um estudo de confronto, reunindo-os aos demais companheiros de cinismo e alegre irresponsabilidade aventureira.

GUERERÊ. Alimento. Guisado que o caboclo faz das vértebras dorsais e da tripa grossa do pirarucu (Raimundo Morais, *Meu Dicionário*, etc., II, 21).

GUERREIROS. Auto popular no Estado de Alagoas. Pertence ao ciclo do reisado, aparecendo pela mesma época. Artur Ramos estudou-o (*O Folclore Negro do Brasil*, 114-126, ed. Civilização Brasileira, Rio de Janeiro, 1935). Compõe-se de elementos de velhos reisados, e finaliza pelo bailado do boi. O "guerreiros" a que assisti em Maceió, janeiro de 1952, tinha como figurantes: rei, rainha dos guerreiros e rainha da nação, mestre e contramestre, primeiro e segundo embaixadores, o índio Peri, a lira, general, sereia, dois palhaços e dois Mateus, num total de 30 e 45 participantes, damas, guerreiros, etc. Eram dois grupos de "guerreiros", que se exibiram sucessivamente, com chapéus maravilhosos, imitando catedrais, coroas, tiaras, mitras, em espelhos aljôfares, miçangas, fitas prateadas, num conjunto policolor e sugestivo. A coreografia é pobre, e os instrumentos constavam apenas de sanfonas (uma para cada grupo) e vários pandeiros. O mestre é o orientador das cenas, que são uma sucessão de atos sem ligação temática. No "guerreiros", registrado por Artur Ramos, havia elenco muito maior, com o rei dos caboclos, dois contraguias, estrela, borboleta, caboquinho, governador, velho, dançador do *entremeio*, etc. As cenas capitais são: a morte da lira e sua ressurreição e a luta de espada do índio Peri com os vassalos dos guerreiros. E vencido, preso e libertado, dançando com sua rainha. O boi surge no final, em rápido bailado. Disseram-me que o "guerreiros" é auto relativamente novo, datando de uns vinte anos, tendo nascido ao redor de 1930, destacando-se dos reisados tradicionais como junção de temas e movimento autônomo. (Ver Téo Brandão, "O Reisado Alagoano," *Jornal de Alagoas*, 6-1-1952). A música não tem peculiaridades típicas. É a mesma dos reisados. Ver Téo Brandão, "Reisados e Guerreiros", *Revista do Instituto Histórico de Alagoas*, XXIV, Maceió; idem, "Folclore de Alagoas", Maceió, 1949, idem, o "Reisado Alagoano", S. Paulo, 1953.

GUINO. São. Se a matrona perdeu o dedal de costuras, ou qualquer dessas coisas triviais e indispensáveis, uma simples promessa de três gritos a São Guino (deve ser São Guido) faz aparecer a coisa perdida, e então grita-se a bom gritar, por três vezes: "Achei, São Guino!..." (Rodrigues de Carvalho, *Cancioneiro do Norte*, 40, Paraíba do Norte, 1928).

GUIRAPURU. Ver *Uirapuru*.

GUNA. Ver *Ixê*.

GUNUCÔ. É a divindade das florestas, quer dizer *fantasma*. Só aparece ou se manifesta uma vez por ano, salvo invocação para consulta prévia. Em suas manifestações, num bamburral, aumentando e diminuindo de tamanho, ele só aparece aos homens que o recebem com trajos especiais. Dá consultas, prevê os males e ordena a observação de preceitos contra o que está para acontecer. É santo pertencente à tribo dos tapas, e o nagô dá-lhe o nome de *Ourixá-ô-cô* (Manuel Querino, *Costumes Africanos no Brasil*, 49). Obatalá ou Orixalá... é também invocado sob as denominações de Orixá-Guinam e Gunocô (Artur Ramos, *O Negro Brasileiro*, I, 32).

GURIATÃ. (*Euphonia aurea*, Pall.) Ave do litoral de canto variado, imitando os outros pássaros canoros. Guriatã-de-coqueiro, gurinhatã.

GURINHATÃ. Ver *Guriatã*.

GURUFIM. Canto de velório negro em S. Paulo. Possível prosódia popular de *golfinho*. Nélson Mota registrou um gurufim no Morro do Papagaio, cidade de S. Paulo, como "brincadeira pra distrair o velório". Um solista entoa a saída: "Gurufim já não está aqui / Gurufim foi pro alto mar." / Coro: "Foi pro alto mar." Solista: "Gurufim está com fome?" Resposta: "Gurufim não come". "Quem come então?" Resposta: "Quem come é tubarão." Outro: "Tubarão não come. Quem come então?" Outros peixes vão sendo enumerados e sempre com a advertência que não comem e sendo indicados outros, sucessivamente ("Gurufim, o Samba da Morte", *O Cruzeiro*, Rio de Janeiro, 14-IX-1946). O delfim, nos cultos do Mediterrâneo, era cetáceo sagrado, salvador de vidas e ligado às reverências de Afrodite, deusa marítima. A imagem da alma dos mortos atravessar o mar para alcançar o outro mundo, a barca dos mortos, os peixes acompanhantes e defensores, entre todos o golfinho, amigo de Arion, é crença egípcia que se espalhou amplamente. O gurufim será um vago elemento, recordando essa jornada de iniciação, já liberta das contingências fisiológicas.

GUSTAVO BARROSO. Nasceu em Fortaleza, Ceará, a 29 de dezembro de 1888, e faleceu no Rio de Janeiro, a 3 de dezembro de 1959. Terminou no Rio de Janeiro (1911) o curso jurídico que iniciara em Fortaleza. Desde muito moço participou do jornalismo cearense, escrevendo e desenhando. Militou na imprensa nacional até os últimos meses, numa atividade incessante, colaborando em revistas, pesquisando ângulos pouco conhecidos da história, sociologia e folclore. Sua bibliografia, cerca de 100 volumes, compreende quase todos os motivos intelectuais que o apaixonaram, da antropologia cultural à poesia, romance, conto, fábula, viagens, etc. Exerceu vários cargos de relevância, figurando em comissões no estrangeiro, congressos e conferências internacionais. Pertenceu a um grande número de associações literárias e científicas, brasileiras e estrangeiras. Membro da Academia Brasileira de Letras (1923) e do Instituto Histórico Brasileiro (1932), sendo o primeiro diretor do Museu Histórico (1922), organizando-o e tornando-o um estabelecimento modelar na espécie. Foi um mestre incontestável do folclore brasileiro, valorizando-o em fase que ninguém percebia interesse e valia, enriquecendo-o com livros de notável erudição, divulgando os confrontos temáticos que revelavam a universalidade e velhice do que se julgava local e apenas pitoresco no momento. Um estilo ágil e claro, de discreta elegância vocabular, trazia uma força de comunicabilidade admirável. Sua bibliografia essencial para o folclore: *Terra do Sol*, Rio de Janeiro, 1912, 5ª ed., *idem*, 1956; *Heróis e Bandidos*, Rio de Janeiro, 1917; *Casa de Marimbondos*, S. Paulo, 1921; *Ao Som da Viola*, Rio de Janeiro, 1921 (a primeira antologia folclórica publicada no Brasil); *O Sertão e o Mundo*, Rio de Janeiro, 1924; *Através dos Folclores*, S. Paulo, 1927; *Almas de Lama e de Aço*, S. Paulo, 1928; *Mythes, Cantes et Legendes des Indiens du Brésil*, Paris, 1930; *Aquém da Atlântida*, S. Paulo, 1931; *As Colunas do Templo*, Rio de Janeiro, 1933; *O Livro dos Enforcados*, Rio de Janeiro, 1939; *Coração de Menino*, Rio de Janeiro, 1939; *Liceu do Ceará*, Rio de Janeiro, 1941; *Consulado da China*, Rio de Janeiro, 1941. Os restos mortais do escritor estão depositados, dezembro de 1965, no pedestal da estátua na praça do seu nome em Fortaleza.

GUZUNGA. Tambor cilíndrico, com uma pele numa extremidade e percutida à mão, seguro por uma correia pelo ombro do tocador e ficando o instrumento debaixo da axila (Registrado por Alceu Maynard Araújo num jongo, Cunha, São Paulo, janeiro, 1948).

Hait-Teataçu. Flauta nasal dos nambiquaras de Mato Grosso. É formada por discos de cabaça, com três orifícios, um para a entrada do ar e os restantes, obturados parcialmente pelos dedos executantes, dão algumas gradações sonoras. Roquete Pinto julga influência dos parecis, Mato Grosso (*Rondônia*).

Haja Pau. De 1926 até por volta de 1950 pelo vale do Catu, em Goianinha e Canguaretama, no Rio Grande do Norte, ouvia-se uma voz comandar, incisiva e clara: — "Pau! Haja Pau!". Não havia tradição oral esclarecedora da voz errante e fantástica, espalhando pavor e mistério, não possuindo outra forma além do grito. A curiosidade era a voz, pura e simples, sem órgão transmissor visível. Todas as investigações foram inoperantes. No sul do Piauí, nas últimas décadas do séc. XIX, um rapaz, afoito derrubador de gado, sucumbiu numa sexta-feira da Paixão, com o cavalo, touro e o cão, por haver desobedecido ao preceito de "guardar o dia". Tornou-se Alma Penada na voz de ave noturna. "Na noite do mesmo dia, na sentinela (*velório do cadáver*), aquele pássaro até então nunca visto nem ouvido, cantou até madrugada alta. E daí por diante, por aquelas chapadas, à noite, especialmente noite sem luar, ouve-se o canto feio e rouco daquela ave que diz direitinho: — "Haja Pau! Haja Pau!": Fontes Ibiapina, *Passarela de Marmotas*, Teresina, Piauí, 1975.

Harmônia. Ver *Sanfona*.

Harmônica. Ver *Fole*.

Hartt. Ver *Charles Frederik Hartt*.

Helena. Santa Helena (247-327) mãe do Imperador Constantino, sua mentora religiosa, para convertê-lo ao cristianismo, foi a Jerusalém (326) e encontrou a verdadeira cruz que fora instrumento de suplício para Jesus Cristo, procedendo às pesquisas e buscas que dariam exemplos aos arqueólogos contemporâneos. Santa Helena intitula um município em Goiás, outro no Maranhão e uma vila no Estado de Minas, Zona da Mata. Não tem um culto muito oficial e regular, apesar do seu dia votivo a 18 de agosto e de ter promovido o culto à Santa Cruz, com sua invenção, a 3 de maio. A popularidade de Santa Helena é o seu *sonho*, uma oração em que se pede a resposta divina, por intermédio do sonho, como nos oráculos gregos terapêuticos. O Sonho de Santa Helena, fixado com a fidelidade à sua redação popular, constitui uma das confianças inabaláveis da fé coletiva. Oração do Sonho de Santa Helena. "Minha Santa Helena, não fostes a senhora que recebeu os três cravos de Jesus Cristo e um botastes nas ondas do mar, o outro destes ao seu filho Constantino e o último deixastes para dormir e sonhar? Pois eu quero que a senhora me empreste ele para que tenha (*diz o que deseja*) e dê a resposta no sonho. Se tiver de suceder o que quero, eu sonhe com águas claras, campos verdes, casas brancas, e se não tiver de acontecer, sonhe com águas turvas, campos secos e casas pretas." Reza-se padre-nosso, ave-maria e salve-rainha até o *nos mostrai*. Depois de rezar essa oração, não se fala mais, até depois do sonho (Luís da Câmara Cascudo, *Meleagro*, 151, Rio de Janeiro: Agir, 1978).

Herá-Herahun. Instrumento musical de sopro dos indígenas parecis, Mato Grosso.

Hezô-Hezô. Dos parecis, é também uma grande trombeta, com embocadura de pistão, possuindo uma formidável caixa de ressonância, feita de uma cabaça. Este instrumento pode também ser tocado sem o ressoador (Renato Almeida, *História da Música Brasileira*, 49). Os parecis são indígenas do Mato Grosso.

Hipocampo. Monstro fabuloso, metade cavalo, metade peixe: peixes hipocâmpios (*Hippocampus punctulatus*). Ver *Cavalo-Marinho*.

História. No sentido do conto popular, narrativa tradicional, das manifestações da literatura oral em prosa. Ver *Estória*.

Homem. A tradição popular brasileira mantém o homem na mesma posição privilegiada e universal. Apesar do elemento indígena, onde as *ci*, mães, tinham predominância, e foi preciso a revolução religiosa de Jurupari para doar ao homem o comando, o brasileiro conserva todas as crenças do domínio masculino, religioso, social, temático, amoroso. A origem do homem é a bíblica, feito de barro e soprado no rosto por Nosso Senhor. A mulher saiu da costela. Muita confusão sobre origem do negro (ver "Por Que o Negro é Preto," no verbete *Negro*). É preto por causa do pecado, descende de Caim, e este foi o primeiro negro, não se lavou na poça d'água que Nosso Senhor indicou para clarear a todos. Neste caso, os homens eram inicialmente pretos, como registra a lenda norte-americana, "All Folks Was Born Black" (B. B. Botkin, *A Treasury of American Folk-Lore*, 428-429, Crown Publishers, New York, 1944). Também há uma *estória* em que o negro foi feito com o barro massapê, por isso é prolífero e preto (Luís da Câmara Cascudo, *Informação de História e Etnografia*, "A Criação do Homem entre os Índios do Brasil," 103, Coleção Mossoroense, Mossoró/RN, Fundação Vingt-un Rosado, 1991). Entre os indígenas, a quase totalidade das lendas de criação refere-se à raça nascida depois do dilúvio (ver, *opus, cit.* acima, "A Tradição do Dilúvio Entre os Indígenas Brasileiros," 121-146).

Homem da Palha. Ver *Judas*.

Homem da Quaresma. Ver *Judas*.

Homens dos Pés de Loiça. Assombração, fantasmas que aparecem na ilha Grande, restinga de Marambaia, Mangaratiba, no Estado do Rio de Janeiro. "Senão eles verão os homens dos pés de loiça. — Que interessante! E quem são esses homens? — Assombrações. Uns dizem que almas de pescadores que penam; outros, espíritos de náufragos desgraçados. Têm os corpos, a voz, os olhos, os cabelos iguais aos de qualquer outro homem comum, mas os pés... Ai de quem olhar para os pés!... Os pés são feitos de loiça, com brilhos de luz. Quem ouvir o chamado dos homens dos pés de loiça, que não se vire, que não se comova e que não olhe para os seus pés. O remédio é fechar os ouvidos, apressar os passos na areia, fazer o padre-nosso e esconjurar o demo. — E se olhar? - Se olhar, dizem que fica louco. Teve um velho que morreu, chamado seu Colimério, que perdeu o juízo, porque avistou os homens dos pés de loiça... Hoje esse velho sempre é lembrado, para confirmar as maldições da lenda..." (José Mauro de Vasconcelos, *Vazante*, 118. ed. Martins, São Paulo, 1951).

Homolu. Ver *Omulu*.

Horas. Dividem o dia e a noite em propícias ou maléficas. As *horas abertas* são aquelas em que as *coisas más* podem agir. Demônios e fantasmas atuam livremente. Pela madrugadinha ou ao anoitecer, são justamente as horas em que se morre. A maior percentagem letal ocorre nesses momentos de desequilíbrio na temperatura. Ao escurecer e nas últimas trevas, aparecem pelas encruzilhadas a Porca de Sete Leitões, os negrinhos misteriosos, o Cavalo sem Cabeça, visagens brancas e vagas, com função exclusiva de assombrar, silvos, apitos, rumores sem explicação. Meio-dia, meia-noite e pelas trindades, são horas misteriosas para o povo. Horas de aparições e de bruxedos. Horas em que os anjos (meio-dia e meia-noite) estão cantando hosanas a Deus, e se uma praga ou esconjuro coincidir com os *améns* ditos pelos anjos no céu, tudo sucederá como foi dito. Falando sobre as encruzilhadas, J. Leite de Vasconcelos informava: Aparece lá o diabo, ao meio-dia, meia-noite e trindade! (*Tradições Populares de Portugal*, 266). Às trindades, que é a hora aberta, é quase de fé que nas encruzilhadas se vê coisa ruim (298). Teófilo Braga: À hora do meio-dia, encontram pelas estradas, nas encruzilhadas, umas coisas más, que se chamam rosemunhos (redemoinhos) (*O Povo Português*, II, 151). O Pretinho do Barrete Encarnado aparece sempre à hora de maior calma (152). O Homem das Sete Dentaduras aparece no Algarve, ao meio-dia. Herdamos de Portugal esses pavores e os vamos mantendo fielmente. Um horário popular em todos os Estados do Nordeste brasileiro é o seguinte:

Primeiro cantar do galo: 1 hora da manhã.
Segundo cantar do galo: 2 horas da manhã.
Madrugada alta. Frio da madrugada: 3 horas da manhã.
Madrugadinha. Ao amiudar do galo: 4 horas.
Quebrar da barra. Na "manhencença:" 5 horas.
Sol de fora: 6 horas.
Uma braça de sol: 7 horas.
Sol alto: 8 horas.
Hora do almoço: 9 horas.
Almoço tarde: 10 horas.
Perto do meio-dia: 11 horas.
Pino do meio-dia: 12 horas.
Pender do sol. Descambar do sol: 13 horas.
Viração da tarde. Ao refrescar: 14 horas.
Tarde cedo: 15 horas.
Tardinha. De tarde: 16 horas.
Roda do sol se pôr: 17 horas.
Pôr do sol, sol se pôr: 18 horas.
Aos cafuis. Hora da raposa. Noitinha: 19 horas.
Boca da noite: 20 horas.
Tarde da noite. Noite velha: 21 horas.
Hora de visagem: 22 horas.
Perto da meia-noite: 23 horas.
Meia-noite: 24 horas.

Relação do Prof. Raimundo Guerra (José Saturnino, *Língua Portuguesa*, II, 197-198, 1942) e com outras expressões colhidas por mim. Ver *Dia*, *Galo*. *Dia da Hora* é o Dia da Ascensão do Senhor. Várias tradições estão ligadas a esse dia. Os ovos postos durante esse prazo têm propriedades terapêuticas excepcionais, valendo por um quatro dos normais. Têm maior força as orações, promessas e propósitos. Quem nasce no dia da hora terá possibilidade de adivinho. Não há feiticeiro que possa fazer o mal nesse dia.

HUMOR. Ver *Reima*.

HOMOULU. Orixá da varíola, o mesmo que Xapanã, Omonulu, Omonolu, Abalaú-aiê, Obaluaiê, Babaiú-aiê, etc. Ver *Omolu*.

HUMULUCU. Iguaria que se faz de feijão-fradinho, temperado com azeite de dendê, cebola, sal e camarão, moídos juntamente na pedra. Chamam-lhe feijão-azeite. Bahia (Manuel Querino, *Costumes Africanos no Brasil*).

Iá. Dança no baile da varrição, festa de S. Benedito na vila de Santarém Novo, Maracanã, Pará. Com uma toada especial, os pares cantam *Iá! Iá!* Ver *Varrição*.

Iabaim. Mãe da bexiga, varíola. Nina Rodrigues (*Os Africanos no Brasil*): "Os negros falam muito em Iabaim, mãe da bexiga ou varíola, e eu supus uma divinização recente da vacina. Todavia esta interpretação tem contra si a repugnância e relutância dos negros a se fazerem vacinar" (342). Ver *Omolu*. Jacques Raimundo (*O Negro Brasileiro*, 35) opina ser Iabaim a grafia errada do iorubano *Iyãgbáyiyin*, de *iyãgbá*, a mulher idosa, a matrona ou a parteira, e de *yiyin*, a picada ou lancetada.

Iaiá-Ioiô. Tratamentos de "senhora" e "senhor", dados pelos escravos aos meninos da casa-grande, os jovens amos. Também havia o hipocorístico iaiazinha e ioiozinho e as formas contratas iazinha e iozinho. Ficou no uso popular do Nordeste. Também nhonhô e nhanhã, mais conhecidos no sul e centro do Brasil.

Iaiá de Ouro. Famosa feiticeira do Recife, em fins do séc. XIX e princípios do seguinte. Morava no Largo do Forte das Cinco Pontas e deixou alguma fortuna, graças à clientela avultada e grande crédito local. "Iaiá de Ouro" era também um tecido, chita, de cor vermelha, enfeitado com rodelas amarelas. "Iaiá de Prata" era o mesmo tecido, azul, com rodelas brancas, muito usado e preferido pelas mulheres ciganas e "fantasias" no carnaval de outrora.

Iansã. Orixá sudanês dos ventos e da tempestade, uma das mulheres de Xangô. Chamam-no também Oiá; na Bahia, Oiá é o orixá do rio Oiá (Níger). Há outro nome seu, Oxun. Nina Rodrigues informa (*Os Africanos no Brasil*): "Convém advertir, porém, que, entre nós, os negros mais o designam pelo nome de Yansã" (336). Yansã (oiá), a deusa do rio Níger... identificada com Santa Bárbara (Édison Carneiro, 81, *Negros Bantos*) no sincretismo religioso que a confundiu com a defensora dos efeitos dos raios e das tormentas. Seu dia é sexta-feira, dia de Xangô, e as cores, vermelho e o branco.

Iaôs. São as filhas de santo em preceito, cumprindo os deveres e encargos do curso de iniciação ou recém-iniciadas. Ver *Équédi* e *Ebômin*.

Iapinari. Filho de mulher virgem, Iapinari nasceu cego e recobrou a visão, esfregando o sumo dos olhos do cancão (*Cianocorax cyanoleucus*). Era grande tocador de membi, tornando-se famoso. Ficaria cego, se a mãe descobrisse a outra pessoa o segredo que lhe dera a luz dos olhos. Apaixonada por um moço, a mãe de Iapinari contou o segredo, e o filho voltou a cegar, precipitando-se no rio, onde se tornou um rochedo. A mãe, moças e rapazes da tribo que seguiram Iapinari também ficaram encantados. Lenda do rio Uaupés, rio Negro, Amazonas. A pedra Iapinari fica entre as cachoeiras de Tucunaré e Uaracapuri (Brandão de Amorim, XII, *Revista do Instituto Histórico e Geográfico Brasileiro*, tomo 100, vol. 154, 253).

Iaque-Que-Rê. Nas macumbas do Rio de Janeiro é sinônimo da mãe-pequena (João do Rio, *As Religiões no Rio*, 19). Ver *Agibonã*.

Iara. Nome convencional e literário da mãe-d'água, *ig*, água, *iara*, senhor. Ver, nas religiões afro-brasileiras, Anamburucu e Iemanjá. Ver *Mãe-d'Água* (Luís da Câmara Cascudo, *Geografia dos Mitos Brasileiros*, "Ipupiaras, Botos e Mães-d'água...", 147-168, 3ª ed., São Paulo, Global, 2002). Ver *Avó-d'Água*.

Ibeiji. Orixás jeje-nagôs, representados nos candomblés pelos santos católicos gêmeos Cosme e Damião. Não há fetiche dos Ibeiji, que são em Cuba os *Jimaguas*, estes sem qualquer semelhança com as imagens católicas. Os africanos católicos da Costa de Escravos costumavam batizar seus filhos gêmeos com os nomes de Cosme e Damião. O culto dos Ibeiji nos nagôs é uma homenagem à fecundidade. Nina Rodrigues identificou os *Ibeji* nas formas bonitas dos dois santos mártires, ligando-os à religião negra (*Os africanos no Brasil*, 340-342). Inexplicável é o desaparecimento dos ídolos Ibeiji e a sobrevivência cristã de Cosme e Damião. Dos Ibeiji nada se conhece caracterizadamente, no Brasil. Fernando Ortiz (*Los Negros Brujos*) descreveu os *Jimaguas* em Cuba e vale conhecê-los, sabendo-os idênticos aos Ibeiji que não se personalizaram no culto afro-brasileiro. "Los jimaguas o mellizos son también ídolos de gran poder para los brujos... son dos muñecos toscamente construidos de madera, a veces pintados de negro (color de su raza) y con un vestido de tela roja. Ciertos brujos suelen atar a los dos Jimaguas con un cordel, sin duda para expresar más gráficamente su carácter de gemelos. Los Jimaguas no han sido catolizados, ni, por lo tanto, representados por imágenes católicas, sin duda porque el santoral de los blancos no les prestó dos santos mellizos; por esta razón, mientras los orishas con frecuencia son adorados bajo imágenes católicas, los jimaguas se conservan los ídolos africanos, y en algunos altares son los únicos que se encuentran" (71-73). Ortiz A. B. Ellis, que cita o orixá Ibeji, divindade tutelar dos gêmeos, idêntico ao deus Hoho das tribos Ewe (jejes). A Ibeji está consagrado "un pequeño mono llamado Edon Dudu o Edun Oriokun, y generalmente a uno de los niños gemelos se le llama también Edon o Edun." Os brujos cubanos dizem a Fernando Ortiz ser o *Jimagua* representação de Dadá e Ogun, *irmãos de Xangô*, tanto assim que a faixa que os envolve é vermelha. E lembra as festas em que, em certas regiões da Guiné e entre os *Kavirondos* (oriente de Vitória Nianza), são recebidos os gêmeos (Ver J. Lubbock, *L'Origine Dell'Incivilimento*, 455, Turim, 1875), J. Roscoe, *Further Notes on the Manners and Costumes of the Baganda*, Jai, XXXII, 1902: J. G. Frazer, *Le Rameau D'Or*, trad. francesa, I, 96, Paris, 1903). Ibeiji, os gêmeos, são a divinização do parto duplo, acontecimento mais do que comum na vida dos negros nagôs. Na linguagem popular, o parto duplo se chama dois-dois. João do Rio encontrou, nas macumbas cariocas, mais dois possíveis orixás, Doú e Alabá, ligados ao culto de Ibeiji (Édison Carneiro, *Religiões Negras*. 44). Ver *Doú e Alabá*, *Gêmeos*, *Beices*.

Ibejê. Ver *Ibeiji*.

Ibeji. Ver *Ibeiji*.

Ibisi. Ver *Ibeiji*.

Ibualama. Ver *Inglê*.

Ica. Trombeta dos indígenas bororos de Mato Grosso, produzindo um som grave, com que acompanham ritos religiosos e cerimônias fúnebres. Um tubo de madeira, com um furo lateral, em que se sopra, produzindo um som laríngeo. Na outra extremidade se adapta um tubo de maior diâmetro; mede um metro (D. Antônio Colbacchini, *I Bororos Orientali Orarimugudoge del Mato Grosso, Brasile*, 97, nota, Torino, Itália, 1925).

Icamiabas. Ver *Amazonas*.

Idade pelos Dentes. O processo de avaliar a idade dos animais pela verificação dos dentes, constatando o estado de desgaste, é possivelmente universal e milenar. Como os castelhanos e portugueses trouxeram para o continente americano os animais de carga e tração, foram os introdutores da técnica que continua prestante e viva por todas as feiras de gado do Brasil. Tiveram-na naturalmente dos romanos. No *Metamorphoseon* de Apuleu (liv. VIII, 362, Nisard, ed. Firmin-Didot, Paris, s. d.) o personagem transformado em asno morde a mão grosseira e suja de um provável comprador, que lhe examinava a dentadura para computar-lhe a idade: "Jamque taedio contrectationis eorum qui de dentibus meis aetatem computabant, manum cujusdan foetore sordentem, qui gingivas identidem meas putidis scalpebat digitis, mordicus areptam, plenissime conteri."

Iemanjá. Mãe-d'água dos iorubanos. Orixá marítimo, a mais prestigiosa entidade feminina dos candomblés da Bahia. Recebe oferendas rituais, e festas espaventosas lhe são dedicadas, indo embarcações até alto-mar atirar presentes, às vezes animais vivos, como cavalos, e outrora crianças brancas foram sacrificadas. Protetora de viagens, teve o processo sincrético das deusas marinhas, passando a ser Afrodite, Anadiômene, padroeira dos amores, dispondo uniões, casamentos, soluções amorosas. Sua sinonímia é grande: Janaína, dona Janaína, Princesa do Mar, Princesa do Aiocá ou Arocá, Sereia, Sereia do Mar, Olôxún, dona Maria, Rainha do Mar, Sereia Mucunã, Inaê, Marbô, Dandalunda (Édison Carneiro, *Negros Bantos*, 72, Rio de Janeiro, 1937). Iemanjá, a mãe de todos os orixás, a mãe de tudo que existe sobre a face da terra (*idem*, 73). Quem vive do mar ou depende de amores é devoto de Iemanjá. No quadro das orixás, organizado por Donald Pierson, Iemanjá personaliza água salgada, a concha do mar é seu fetiche (era a pedra marinha no tempo de Nina Rodrigues); tem o leque e a espada como insígnias; seus alimentos sagrados são o pombo, o milho, o galo, o bode castrado; as cores rituais são vermelho, azul escuro e cor de rosa; as contas usadas pelas *filhas* são *pingos-d'água*; as pulseiras de alumínio: sábado é o dia sagrado, e o grito que a identifica, quando utiliza uma *ékédi*, é *hin-hiyemin!* Convergem para Iemanjá orações e súplicas no estilo e ritmo católicos. É Nossa Senhora em várias invocações, Candeias, Carmo, Piedade, Virgem Santa, etc. Protege, defende, castiga, mata. Vezes se apaixona. Tem amantes que leva para o fundo do mar. Nem os corpos voltam. É ciumenta, vingativa, cruel, como todas as égides primitivas. A festa de Iemanjá na cidade do Salvador é a 2 de fevereiro, Nossa Senhora do Rosário. Nos candomplés e xangôs é representada, no salão exterior das danças, como uma sereia. Ver *Dandalunda, Iara, Presente de Iemanjá*.

Ierê. Semente semelhante à do coentro, usada na velha culinária afro-baiana como tempero ao caruru, peixe, galinha.

Ifá. É uma divindade representada por dois vasos, contendo cada um dezesseis frutos de dendê, que apresentam somente quatro olhos ou sinais de orifício. Para *olhar* com o Ifá encerram-se os frutos nas mãos, que se sacodem de um lado para outro. À proporção que os *ifás* caem, um a um, o *olhador* vai predizendo o que há de acontecer. E assim satisfaz a consulta que lhe é feita, mediante pequena soma pecuniária (Manuel Querino, *Costumes Africanos no Brasil*, 57-58). Outro culto fitolátrico é o de Ifá, cujo fetiche é o fruto do dendezeiro (*Elaeis guineensis*). Ifá é um *orixá* adivinho. O processo de adivinhação com este orixá, usado pelos feiticeiros ou *babalaôs*, chama-se *olhar com o Ifá*. Há dois processos principais: no primeiro, utiliza-se o adivinhador de uma cadeia de metal, onde há, de espaço a espaço, a metade de uma noz de manga; é o *rosário ou colar de Ifá* (*opélé-ifá*). O feiticeiro atira o rosário e, do modo por que ficam dispostas as nozes, deduz os seus vaticínios. Outro processo consiste em encher as mãos com os frutos do dendê, sacudi-los, misturá-los bem e depois jogá-los na mesa ou no solo, aos poucos, tirando o adivinho as suas conclusões (Artur Ramos, *O Negro Brasileiro*, I, 38). O deus da adivinhação, Ifá, identificado com o Santíssimo Sacramento, está hoje praticamente confundido com o rosário (*opélé-ifá*) usado pelos babalaôs. O trabalho mais importante, e o mais difícil, dos candomblés, é o da *vista*, isto é, o de *olhar com o ifá*. Antigamente, levavam-se noites e noites a tocar para Ifá, a fim de que ele confirmasse o "anjo da guarda" descoberto, nas diversas pessoas do candomblé, pelo pai de santo. Os *olhadores* usam uma pequena esteira (*esteira de Ifá*) para adivinhar o futuro. A esteira fica no chão e responde, sozinha, às perguntas do babalaô. Mexendo-se para um lado, diz que sim; para o outro, diz que não. Quando a pergunta entusiasma Ifá, a esteira – dizem os negros – bate palmas... A esteira de Ifá tem o tamanho, aproximadamente, de dez centímetros. Este método de *olhar*, junto com a adivinhação por meio de búzios (*cawries*), atirados a esmo sobre o *taráméssu*, a mesa do *olhador*, ou por meio do *opélé-ifá*, completa a função normal dos babalaôs na Bahia (Édison Carneiro, *Negros Bantos*, II, 55). Identicamente em Cuba. "Ifá es el orisha de las cosas ocultas. Para arrancarle sus revelaciones el agorero, que especialmente en este caso funciona a la vez como sacerdote de la divinidad (al que, según Bowen, se llama Okpele), emplea una espécie de collar de cuatro hilos hecho de canutos de bambú amarillos y verdes alternativamente, y con semillas de mango secas y partidas por la mitad entre los canutos" (Fernando Ortiz, *Los Negros Brujos*, 177). William R. Bascom cita esses processos de adivinhação entre os iorubanos, com o colar de sementes, *opele*, e com 16 nozes de palmeira, *ikin*, indicando os negros do Daomé e Togoland como empregando também sistema de Ifá, orixá da cidade deste nome na Nigéria (*The Relationship of Yoruba Folk-Lore to Divining*, Jafl, 56, n.º 220). Ver *Efifá, Opelê*.

Ifigênia. Santa Ifigênia, virgem da Etiópia, é mártir, com festa votiva a 21 de setembro. Santa preta, foi uma das devoções dos escravos africanos, especialmente no sul do país. Várias Irmandades de Santa Ifigênia foram fundadas, e nelas havia a caixa social, destinada ao resgate dos escravos associados. O lendário Chico Rei, de Vila Rica (Ouro Preto), era devoto de Santa Ifigênia, padroeira da respectiva Irmandade, que o soberano negro auxiliava financeiramente. No Dia de Reis, em Vila Rica, as negras do cortejo de Chico Rei vinham, com as carapinhas polvilhadas de ouro, lavá-las e deixar o ouro numa pia de pedra existente no Alto da Cruz, onde havia uma imagem de Santa Ifigênia. O ouro servia para a libertação de outros escravos. Santa Ifigênia era a protetora da *nação* de Chico Rei (Diogo de Vasconcelos, *História Antiga das Minas Gerais*, 324, Belo Horizonte, 1904; Luís da Câmara Cascudo, *Lendas Brasileiras*, "Chico Rei", 109-114, 9ª ed., São Paulo, Global, 2005; Artur Ramos, *A Aculturação Negra no Brasil*, 122-123, Brasiliana. São Paulo, 1942. Augusto de Lima Júnior, *Histórias e Lendas*, 169-171, ed. Schmidt, Rio de Janeiro, 1935). Johann Emanuel Pohl (*Viagem no Interior do Brasil*, 2º, 72-76, Rio de Janeiro, 1951) assistiu em Traíras (Goiás) em junho de 1819 a uma semana de festejos à Santa Ifigênia. com cortejos aparatosos, onde figuravam rei, rainha, príncipe e princesa, bailados com indumentária rica, descargas, foguetes e roqueiras e entusiasmo vibrante dos negros e mulatos.

Ilária. Besta ou égua, na boca do simplório campônio, por julgar estes nomes indecentes, e assim mesmo, mudadamente pronunciados, diz ainda: com licença da palavra. "Matutó não diz uma besta ou uma égua, diz uma ilária" (*Lanterna Mágica*, n.º 446, 1894; Pereira da Costa, *Vocabulário Pernambucano*, 394). Podia prender-se ao costume medieval de dar nomes aos animais, nomes cristãos ou convencionais, como vemos no *Roman du Renart*.

Ilu. Tambor grande, tabaque grande, informa Manuel Querino (*Costumes Africanos no Brasil*). Espécie do chamado *Rum*, nos candomblés baianos.

Imbigo, Imbigada. Ver *Umbigo, Umbigada*.

Imbu. (*Spondias tuberosa*, Arruda Câmara). De *i-mb-u* (Teodoro Sampaio), árvore que dá de beber, alusão aos tubérculos grandes desta planta que, nas raízes, segregam água e matam a sede aos viajantes do sertão, em tempo de seca (*O Tupi na Geografia Nacional*, 223, Bahia, 1928). Os cronistas do Brasil colonial elogiam o imbu (e não umbu, ombu, ambu, formas contrárias à origem do vocábulo) como dessedentador natural (Gabriel Soares de Sousa. *Tratado Descritivo do Brasil em 1587*, LIII, que o chama de *ambu*). O fruto, extremamente sumarento, agridoce, é estimadíssimo. Dos mais verdes fazem um doce em calda, receita divulgada por Gilberto Freyre (*Açúcar*, 134-135, ed. José Olympio, Rio de Janeiro, 1939). Popular é igualmente a imbuzada, o sumo dos imbus, com açúcar e leite, com fervura até engrossar. O imbu ou umbu do Sul e Rio da Prata, árvore mais característica dos Pampas, é inteiramente diverso, tratando-se da *Phytolacca dioica*. Festas do Imbu. Carlos Estêvão (1880-1946) publicou no *Boletim do Museu Nacional*, XIV-XVII, Rio de Janeiro, 1942, um estudo sobre "O Ossuário da Gruta do Padre em Itaparica e Algumas Notícias Sobre os Remanescentes Indígenas do Nordeste", onde (160-163) há registro das festas por ocasião da colheita do imbu. O primeiro imbu é amarrado a um fio suspenso entre duas varas, e os melhores flecheiros, diante do povo reunido, atiram, um a um, para vará-lo. Varado o imbu, segue-se o divertimento ginástico do cabo de guerra, entre os grupos do "Sol" e da "Lua". Chegando a safra ao seu auge, segue um grupo de moças e mulheres casadas para a colheita do imbu, e os homens, festivamente adornados, vão ao seu encontro, regressando ao som de uma gaita de taquara e um apito feito do rabo do tatu-peba, os cestos de imbus enfeitados de flores silvestres. Homens e mulheres pintam-se de barro branco (tauá branco). Os cestos são dispostos no fim do terreiro, marcado cada qual com um distintivo de um candidato, e estes correm até alcançar os cestos. Começa então a fase da flagelação com urtiga e cansanção, num baile em que todos prestam ao seu companheiro próximo a graça de surrá-lo com as urtigas. Termina por uma *umbuzada* geral. São essas as fases marcantes da festa do imbu, no sertão de Tacaratu, Pernambuco.

Imperador do Divino. Ver *Divino*.

Imperatriz Porcina. Romance em versos, da segunda metade do séc. XVI, redação do poeta cego Baltasar Dias, que viveu no tempo d'El-Rei D. Sebastião. Alexandre Herculano e Teófilo Braga elogiam a obra do cego madeirense, que conquistara a simpatia popular ainda viva em Portugal e Brasil. Não conhecemos edições quinhentistas, mas as do séc. XVII são muitas. O folheto, constantemente reeditado nas duas pátrias, é de leitura popular contemporânea e ainda representado na região do Douro, em Portugal, sob forma de auto, "A Santa Imperatriz". Porcina, casada com Lodônio, imperador de Roma, repele o amor de seu cunhado Albano, na ausência do irmão, que fora à Terra Santa. Voltando o imperador, Albano acusou Porcina de adúltera, e o marido mandou-a matar, sendo salva pelo Conde Clitaneu, que a levou para o seu palácio, fazendo-a ama do filho único. Um irmão do conde, Natão, apaixonou-se por Porcina, e para vingar-se da recusa, degolou o sobrinho, deixando a espada na mão da ama adormecida. Clitaneu expulsou Porcina para uma ilha deserta, a fim de que morresse de fome. Nossa Senhora apareceu a Porcina, livrou-a dos animais e ensinou-lhe a fazer um filtro com ervas, curando todas as moléstias. Voltando para terra, graças a um navio, Porcina fez curas milagrosas, obrigando os doentes a confessar os pecados mortais. Natão e Albano estavam morféticos e foram curados, tendo antes contado a Clitaneu e ao imperador os seus crimes. Porcina reconciliou-se com o marido, voltando ao trono de Roma.

O assunto é oriental, constando de várias fontes persas, embora seja dado como indiano, "Tuti Namé" (na redação turca), "Mil e Uma Noites" (em certas coleções, na de Burton, por exemplo), "Al Farag Ba'da Alsídda", etc. Espalhou-se pela Europa, desde o séc. XI, ou XII em muitas redações latinas, "Gesta Romanorum" (nas coleções britânica e insular), "Crescentia, Florencia de Roma" e especialmente nos manuscritos dedicados aos milagres da Virgem Maria, "Miracles de la Vierge". De um desses, existente na Biblioteca Nacional de Paris (*De Puciditia et Tolerantia Cuiusdam Imperatricis*, do séc. XII) vem a "Imperatriz Porcina". É origem também de muitas versões castelhanas por traduções no séc. XVI, inclusive uma galega, possível fonte de Baltasar Dias, de uma cantiga do Rei Afonso, o Sábio, e da *patraña* de Juan de Timoneda ("El Patrañuelo", XXI). O motivo foi definitivamente estudado por A. Wallenskold "Le Conte de la Femme Chaste Convoitée par son Beau-Frere", Étude de Littérature Comparée, *Acta Societatis Scientiarum Fennicae*, tomo XXXIV, n.º 1º, Helsingford, 1907; Luís da Câmara Cascudo, *Cinco Livros do Povo*, Introdução ao Estudo da Novelística no Brasil, João Pessoa: Editora Universitária UFPb, 1979.

A novela, a única em versos, entre as tradicionais na leitura popular do Brasil e Portugal, tem o título seguinte: "História da Imperatriz Porcina, mulher do Imperador Lodônio, de Roma, na qual se trata como esse Imperador mandou matar a sua mulher por um falso testemunho que lhe levantou o irmão, e como esta escapou da morte e muitos trabalhos e torturas porque passou e como por sua bondade e muita honestidade tornou a recobrar seu estado, com mais honra do que antes."

INÁCIA. Era referência à "Ordenança Geral do Serviço da Armada", constantemente feita pelo Almirante Joaquim José Inácio (1808-1869), Barão (1867) e Visconde de Inhaúma (1868), figura exponencial na Marinha de Guerra do Império do Brasil, Ministro da Marinha (em 1861-62 no gabinete presidido pelo Marquês de Caxias e 1º Ministro da Agricultura), exigente no rigorismo disciplinar e ciumento da letra da lei naval. De tanto repetir e citar a Ordenança Geral, provocou a imagem humorística entre os oficiais, dizendo-se a Ordenança legítima esposa do almirante, e, consequentemente, a Inácia. Olhe a Inácia! Está na Inácia! Cuidado com a Inácia!, eram recomendações bem-humoradas na velha Marinha imperial, e mesmo nas primeiras décadas republicanas, quando já não existia mais a *Inácia*. Ver Anfilóquio Reis, *Dicionário Técnico de Marinha*, Inácia. Rio de Janeiro, 1947.

INAÊ. Ver *Iemanjá*.

INAFREQUETE. Ver *Aniflaquete*.

INAMBU. É nome comum a diversas aves da família *Tinamida*, especialmente as do gênero *Crypturus*. Altera-se para inamu, inhambu, enambu, nambu, nhambu. Segundo Henrique Silva (*Caças e Caçadas no Brasil*, 203), o canto do inhambu serve de relógio à gente do sertão, que suspende o trabalho diário nos campos, quando ele solta seu pio, às seis horas da tarde, aproximadamente (Rodolfo Garcia, "Nomes *de* Aves em Língua Tupi", *Boletim do Museu Nacional*, vol. V, n. 3, 26, Rio de Janeiro, 1929). O nome popular de inambu no Nordeste é nambu.

INDEZ. Ovo que se deita no ninho das galinhas, para animar ou provocar a que tem de pôr a demorada postura (Pereira da Costa, *Vocabulário Pernambucano*, 396).

ÍNDIOS. Ver *Capitães da Areia*.

INFERNO. É para o povo o inferno cristão, com as transformações, convergências e adaptações da mentalidade local. Como desconhecemos a concepção da vida sobrenatural dos negros escravos e dos indígenas, não é possível fixar a influência sobre o espírito coletivo brasileiro. O inferno é a imagem que nos foi trazida pelo colono português, grelhas ardentes, caldeiras borbulhantes, chumbo derretido, banhos de fogo, espetos, garfos, espontões, espadas vermelhas, instrumentos de suplício singular para esses incorpóreos. Também localizam o inferno em lugar subterrâneo. Cada inferno possui suas características. O Buvana dos brâmanes, o Naraca dos budistas, o Ti-Iuh dos chineses, o Nuter-Quer dos egípcios antigos, o Hades dos gregos clássicos, o Duzac dos persas de outrora, a Geena dos hebreus, o Helheim escandinavo, o Hotama muçulmano, nada semelha a ideia que São Mateus evocou no seu Evangelho (XXV, 41--46). A imagem de abismo resiste ainda na impressão das frases comuns: Vá pras profundas! Para as profundas dos infernos!

INGONO. Tambor de macumba e candomblé e também para danças populares, cocos, zambês, bambelôs. Bate-se com ambas as mãos nuas. É o mesmo zambê (do tipo maior), ingomba, angoma, o ngamba do Congo. Quase desapareceu por não ser facilmente transportável. Tem uma pele estendida e retesa apenas numa extremidade do tambor.

INHAME. É a conhecida túbera da planta do mesmo nome (*Dioscorea sativa*, Linn.), de origem africana, e daí a sua denominação vulgar entre nós de *inhame-da-costa*, e cuja cultura já era feita em meados do séc. XVI, de batatas trazidas das ilhas do Cabo Verde e São Tomé. O termo vem de *Yam*, que quer dizer, *comer*, na língua dos negros da Costa da Guiné (Pereira da Costa, *Vocabulário Pernambucano*, 397-8). Na *Carta de Pero Vaz de Caminha* e na *Relação do Piloto Anônimo*, documentos de abril de 1500, escritos em Porto Seguro, testemunhas do descobrimento do Brasil, registram o inhame como alimentação habitual dos indígenas, "muito inhame... nem comem senão desse inhame que aqui há muito... uma raiz chamada inhame, que é o pão de que ali usam". Artur Neiva esclareceu a confusão entre o inhame (Dioscoriáceas) e os carás, ainda hoje dados como sinônimos, e bem diversos na realidade (*Pequeno Dicionário Brasileiro da Língua Portuguesa*, verbete *inhame*). Gabriel Soares, em 1587, informava da abundância dos inhames na Bahia, onde apenas eram comidos pelos negros e os colonos brancos, preferindo a indiada os seus, não inhames, mas carás (Jaime Cortesão, *A Carta de Pero Vaz de Caminha*, nota 57, Rio de Janeiro, 1943), Na primeira sexta-feira de setembro realizava-se (ou talvez se realize ainda) nos candomblés da Bahia a festa do inhame-novo, em homenagem a Oxalá, santo principal do terreiro (Manuel Querino, *Costumes Africanos no Brasil*, 55). Início das festas afro-brasileiras.

INHAME-NOVO. Festa do inhame (Recife), do inhame-novo (Bahia), festas rituais dos xangôs pernambucanos (20-21-22 de outubro) e candomblés baianos (primeira sexta-feira de setembro). O inhame (Dioscoriáceas) era uma fécula comum na alimentação de todas as classes e a festa parece uma comemoração do ciclo da germinação da planta. Constitui uma homenagem a Oxalá (Obatalá, Orixalá). Manuel Querino descreve a festa do inhame-novo: "É o tributo de homenagem prestado a Oxalá, o santo principal do terreiro. É o início das festas do feiticismo. Na primeira sexta-feira do mês de setembro, a mãe do terreiro reúne as filhas de santo e se dirigem à fonte mais próxima, com o fim de captarem, muito cedo, a água precisa à lavagem do santo. Finda esta cerimônia, o santo é recolhido ao peji. Logo em seguida sacrificam um caprino, que é cozido juntamente com o inhame, não sendo permitido o azeite de dendê, que é substituído pelo limo da Costa. Retirada do fogo, a refeição é distribuída pelas pessoas presentes, que depois se retiram. Decorridos três sóis, começam as festas. Entre as cerimônias sobressai a seguinte: a mãe do terreiro, munida de pequeno cipó, bate nas costas das pessoas da seita. É a disciplina do rito e tem o efeito de perdoar as ações más, praticadas durante o ano." (*Costumes Africanos no Brasil*, 55). O inhame é de origem africana e era de uso comum em Portugal no séc. XV. Segundo uma tradição que Roger Bastide divulgou (*Imagens do Nordeste Místico em Branco e Preto*, 117-118), Oxalá, bem velho, morava com seu filho Oxum-guiam, que o queria muito. Tendo saudades do outro filho, Xangô, rei de Ioruba, Oxalá montou a cavalo para visitá-lo, desprezando os presságios do Babalaô consultado e as respostas do Opélé-Ifá. Viajando, Oxalá apeou-se para ajudar a uma velha, e o cavalo fugiu. Indo segurá-lo, Oxalá foi perseguido como criminoso, vagabundo, e atirado a uma prisão, onde sofreu fome e sede. Xangô, inquieto, consultou os augúrios, que o mandaram visitar as prisões. Nelas o rei dos nagôs encontrou seu pai Oxalá, libertando-o imediatamente. Oxalá morria de sede, e o rei mandou um séquito de escravas à fonte mais próxima, com as bilhas novas, buscar água fresca para dessedentar seu pai. Oxalá voltou para a companhia de Oxum-guiam e este lhe ofereceu um banquete. A festa do inhame-novo consta dessas fases tradicionais. Oxalá deixa o peji (viagem); as filhas de santo trazem água fresca para matar sua sede (procissão com as quartinhas) e finalmente há o banquete com os animais sacrificados: cabras, etc. A flagelação simbólica, citada por Manuel Querino, talvez significasse os sofrimentos de Oxalá ao ser preso, espancado e deixado numa prisão. Sincretismo da Paixão de Jesus Cristo, nesta última parte? Não sei.

INHAÚMA, INHUMA. Ver *Anhuma*.

INICIAÇÃO. A definição de Muhlmann abrange os elementos da iniciação entre indígenas e povos de civilização clássica e média: "Entende-se por iniciação a recepção solene dos adolescentes, às vezes também das moças, na comunidade dos adultos. Essa recepção é um processo de suma importância, acompanhado por todo o cuidado dos velhos. Suas atitudes para com os moços são orientadas por uma certa ambivalência. De um lado, eles têm o maior interesse em conservar e favorecer, de todo modo, o tesouro mais precioso da comunidade: a geração nova, garantia da continuidade do grupo. Por isso a iniciação é precedida ou sucedida por uma temporada de reclusão (retiro), durante a qual os jovens vivem, longe dos outros, em companhia de um velho, que lhes ensina os mistérios, ritos, doutrinas e tradições da tribo. Quem pretende ser *iniciado*, ser aceito na sociedade dos homens, tem que ter frequentado essa *escola*. De outro lado, os velhos querem conservar a posição social conquistada, vigiando, portanto, ciosamente, os jovens. Os jovens têm que comprar a admissão à comunidade dos adultos, com pesados sacrifícios, têm que sofrer penas, tormentos ou espancamentos, dando provas de sua coragem. Antes de lhes abrirem as portas da vida dos adultos, os anciãos lhes fazem sentir o seu poder." (citado no *Dicionário de Etnologia e Sociologia*, 126-127, Herbert Baldus e Emílio Willems, São Paulo, 1939). Essa iniciação era a admissão social dos jovens na comunidade geral. As etapas comuns eram a segregação, o jejum e a flagelação, seguindo-se o gradual conhecimento dos segredos do grupo, mistérios do clã, políticos, religiosos, contos etiológicos, etc. Mas a iniciação é a passagem do menino ou menina, moço ou moça duma para outra idade, duma para outra *Altersstaffel*, camada de idade, cumprindo o que Arnald van Gennep denominou os "ritos da passagem". Quando os mistérios gregos e romanos não eram obrigatórios, a iniciação, no plano etnográfico, o é, representando a inclusão de mais um guerreiro ou de mais uma futura mãe na sociedade. Os não iniciados constituem a massa dos estrangeiros ou dos escravos. A iniciação não concede apenas o conhecimento, mas os direitos tribais. As duas cerimônias de iniciação dos uananas (da família linguística tucano, segundo Paul Rivet), fixadas

por Brandão de Amorim (*Revista do Instituto Histórico e Geográfico Brasileiro*, tomo 100, vol. 154, 51-55, Rio de Janeiro, 1928), relativas aos moços e às moças, são bastantes para uma imagem de todas as demais, antigas e modernas, tendo, como têm, as características essenciais do rito quase universal. *Camon Numian Cosôa*, banho de sangue da donzela, iniciação da moça uanana, a entrada na puberdade. "Ao aparecer dos primeiros sinais dessa entrada (na puberdade, a vinda do mênstruo), levantam logo dentro de casa um quarto de talas de caraná (palmeira do tipo carnaúba), onde, ao vir do sangue, é ela encerrada. Enquanto dura esse período, ela nada come, bebendo apenas água assoprada pelo pajé (ver *Pajé* e *Sopro*). Terminado o sangue, é conduzida por entre fumigações (ver *Defumação*), sem ser vista de homem, pelas velhas, da cidade ao porto; aí toma banho, voltando novamente ao quarto. Desse dia em diante, até findar a lua, consiste a sua alimentação em maniauara e curadá (maniauara, curadá, beijus de tapioca, com ou sem castanha). No princípio da lua seguinte, toda a gente da cidade vai para a festa da sua puberdade. Os velhos, munidos cada qual de um pequeno cigarro, ficam do lado de fora, em volta do quarto, onde ainda se conserva a mocinha. Aí o pajé maior, isto é, aquele que tem maior número de fôlegos, assim começa, tendo nas mãos o cigarro grande: — Lua, eis aqui uma mulher que Mahsenqueró (Jurupari em tucano ou uanana) por tuas mãos deflorou, me ajuda a fazê-la perfeita para a darmos ao Sol! Fá-la bonita como tu! Que não goste de saber o que se passa no meio dos outros; que saiba guardar no coração o que não é bom que os outros saibam; que tenha coração paciente; que não queira experimentar de tudo quanto lhe parece bom! Essas exortações, além de outras, são feitas no cimo das serras, onde o pajé conduz a alma da nova donzela. Após esse pajé, se ergue o primeiro à direita, a quem ele entrega o cigarro grande, e a este se vão sucedendo os mais, até o derradeiro. Estes pajés, que têm de conduzir de serra em serra a alma da donzela, jejuam também durante uma lua, a fim de não estarem, no momento dessa cerimônia, ensaruados (Ver *Saruá*). Finda, às 6 horas da tarde, esta cerimônia, é levada a moça para a sala; aí é formada em torno dela uma grande roda, dentro da qual entram dois moços. O pajé maior começa a defumá-la com a fumaça do seu cigarro; depois, estende-lhe os braços para a frente. Um dos moços toma-a por eles, o segundo a segura pelos pés e ambos então a erguem no ar, à altura das mãos, ficando ela com o corpo retesado, de costas para cima. O pajé dá duas voltas em torno dela, depois para, dá-lhe duas fortes cipoadas de adabi (chibata); todos os convidados repetem o mesmo, sem que ela solte um só gemido. Os moços, finda a flagelação, põem-na de novo em pé. Aí lhe são logo cortados rentes os cabelos e todos, ao vê-los cortados, rompem assoviando e gritando: ê!... como saudação e contentamento por contarem mais uma moça. As mulheres tomam conta dela então e, por entre novas fumigações, a conduzem ao rio para aí banhar-se com a casca de japacani (palmeira). Depois do banho, volta para a sala, onde lhe é dada, em falta de jeju (peixe fluvial), carne de tatu, porque, dizem eles, o tatu é o único animal que em si contém a carne de todos os outros. O mesmo teor é seguido para todas as moças; para as nobres, contudo, essa cerimônia leva cinco luas, sendo a sua comida assoprada por Mahsenqueró (Jurupari), e sendo filha de tuxaua, é coberto o seu corpo com penugens de gavião." Noutras famílias (jês, tupis, aruaques) a moça é suspensa dentro de sua rede, durante três dias, com jejum rigoroso, sendo tatuada e recebendo os desenhos da tribo, com jenipapo (*Genipa brasiliensis*) e urucu (*Bixa orellana*). Só poderá casar-se quando o cabelo crescer. Noutras tribos a dieta dura até a cabeleira voltar ao estado anterior à festa da iniciação. É nesta cerimônia que as cunhãs tupis teciam o tapacurá, pulseira ou jarreteira, posta abaixo do joelho e cuja presença denunciava a virgindade da portadora. Desde que já não o fosse, devia a moça cortar o tapacurá, sob pena de ser levada pelos maus espíritos, dizia Gabriel Soares de Sousa em 1587. *Camuano Nindé*, iniciação dos rapazes uananas. É, identicamente, semelhante às iniciações indígenas em sua maior percentagem. Algumas tribos davam festa de dança e bebida, quando perfuravam o lábio inferior dos curumins (meninos entre 3 e 6 anos). Depois de furado o lábio, punham no orifício o tambetá, pedra de beiço, inicialmente de madeira e, depois, de pedra, quando o curumim passava à idade do casamento. Brandão de Amorim informa sobre a iniciação masculina: "A *Camuano Nindé*, ou iniciação dos rapazes nos costumes de Mahsenqueró (Jurupari), é feita em duas épocas. Quando eles chegam à idade dos oito anos, os pais e parentes os encerram todos em um compartimento da casa, onde os fazem jejuar, durante uma lua, a juquitaia e beiju. No dia marcado para a festa, logo de manhã cedo, todos os pajés e velhos do conselho começam a assoprá-los, aplicando-lhes de tempo a tempo algumas cipoadas precedidas de conselhos. Ao desaparecer do sol desse dia, já reunidos e munidos cada um de um adabi (chibata), todos os homens fazem na sala grande uma roda. A um sinal convencionado, os meninos, carregados cada qual por um homem, são trazidos para dentro da roda. A um novo sinal, fazem-se ouvir imediatamente, do lado de fora, os instrumentos de Jurupari. O pajé, ou o mais velho do conselho, adianta-se então, coloca-se em frente dos meninos e assim lhes fala:
— Vocês vão principiar a entrar no conhecimento dos costumes de Jurupari. Ele há de um dia aparecer para vocês. Ele sabe de tudo quanto se passa em cima da terra, e por nossa mão matará quem tiver coração fraco para as mulheres e para elas contar os segredos dele. Seus costumes mandam mostrar hoje para vocês os seus instrumentos. Esses instrumentos não se mostram, nem se conta como é jeito deles para as mulheres, porque são segredo. Quem assim não fizer, Jurupari o há de matar pelas nossas mãos, por isso, o que se passar pelos olhos de vocês, não contem a mulher. Ditas estas palavras, ele os vai açoitando a todos, cada um por sua vez, conservando-os de pé, com os braços levantados. A ele se seguem os outros velhos do conselho, repetindo as mesmas palavras e findando também por açoitá-los. À meia-noite entram os instrumentos de Jurupari. Cada menino é levado então perante os instrumentos pelo padrinho, que o havia trazido nos braços, para o meio da roda. Aí, açoitando-o com o adabi, ao passar de um para outro, lhe vai ele mostrando todos os instrumentos. Vem logo depois disso a dança da flagelação final, que termina as cerimônias. Consiste ela em dançarem os assistentes em torno dos iniciados, já reunidos outra vez no meio da roda grande, açoitando-os a compasso, conforme a cadência do maracá, até o romper do dia. Os iniciandos vão então banhar-se e lavar no rio o sangue que lhes corre do corpo; os instrumentos são reconduzidos ao seu esconderijo, todos os convidados se retiram, e as mulheres, que tinham sido afastadas para longe com todas as crianças, recebem aviso de voltar para casa. Esta primeira iniciação exerce uma grande influência nos iniciandos. Tornam-se graves, parecendo haverem-se para sempre despido da infância. A flagelação, cujos sinais perduram por muito tempo e que, na festa da puberdade das moças simboliza as vicissitudes dolorosas da nova idade em que acabam de entrar, significa, para eles, que devem conservar sempre viva a lembrança de tudo que lhes foi revelado, e resistindo a todas as seduções, de tudo guardar completo segredo. Para isso uma parte deles, ou porque não tenha confiança bastante em si mesmo para esconder o que se passou, ou porque a respeito procure evitar alusões e perguntas, vive, desde esse dia, afastada de suas mães. A segunda iniciação, que completa a Camoano Nindé, e na qual, como lhes foi prometido, aparece Mahsenqueró, só se realiza quando neles se patenteia a aptidão para fecundar. Para prepará-los a recebê-la, recolhem-nos ao jejuário, quarto cujas paredes são feitas de talas de caraná (palmeira), bem unidas, pintadas, em cima, de uma faixa preta, embaixo, de uma faixa de urucu, tendo entre elas duas uma cinta de penas de gavião real. Aí ficam por espaço de duas luas, sob a rigorosa vigilância dos velhos escolhidos para guardá-los, alimentando-se apenas, durante a primeira lua, de ovos assados de caba (uma espécie de formiga) e beiju, em pequena quantidade, e, durante a segunda, de maniuara. De forma alguma podem comunicar-se com os de fora, e muito menos ver mulher ou com ela falar, para não destruírem o efeito do jejum nem se ensaruarem. Ao aparecer da terceira lua, afastadas para longe, depois de preparados os mantimentos e bebidas, todas as mulheres e crianças, começam no dia marcado as diversas cerimônias da iniciação, sendo logo de manhã cedo trazidos e tocados em roda do jejuário os instrumentos sagrados. Às seis horas (da manhã), já reunidos na sala grande todos os homens, principiam os pajés a assoprar os adabis; os velhos do conselho, fumando os cigarros grandes de boquilho, ajudam a assoprá-los. Assim passam todo o dia, sem comer, bebendo apenas. Ao anoitecer, os velhos distribuem os adabis; todos os presentes, então, formam duas alas de porta a porta, ficando os velhos e pajés nas extremidades. Dado um sinal, começam a sair do jejuário os iniciandos em grupos de quatro.

Assim vão passando por entre as duas alas, sob o repetido açoite dos adabis, até chegarem ao banco para eles destinado e posto ao fundo, no fim das duas alas, onde se sentam. Essa flagelação tem por objeto acabar de purificá-los, afugentando qualquer veneno que o jejum não tenha tirado. Após ela, vão banhar-se no rio. Ao voltarem tornam a passar, debaixo de açoite, por entre as duas alas, indo sentar-se novamente no banco. A cada um deles entregam então um adabi, fazendo-os entrar na roda dançante para a dança chamada do adabi. Esta dança é formada por um grande círculo. Os dançantes põem a mão esquerda, passando-a por detrás, no ombro esquerdo do outro, e assim ligados agitam nos ares o adabi, segundo a cadência do maracá, entoando ao mesmo tempo as seguintes invocações ao Sol (Sen), à Lua (Sen igualmente) e ao Sete Estrelo (Itapitiontara): "Olha, ó Sol! / Olha, ó Lua / Olha, ó Sete-Estrelo! / Vejam nossos filhos, / Eles vão entrar! / Nos nossos costumes / Que Mahsenqueró ensina. / Sol, aquece seus corações! / Lua, esfria / tuas raivas! / Sete-Estrelo, faz as suas falas doces / E que saibam guardar / Tudo que Mahsenqueró ensina. / Sol, faz valentes seus corações! / Lua, adoça as suas falas! / Sete-Estrelo, ensina-os a fugir / De um dia contar tudo." Acabados esses cantos, os iniciandos entram para o centro da roda grande, onde recebem, de todos, novos açoites de adabi, voltando, em seguida, para o jejuário, conduzidos pelo mais velho do conselho. Por estes lhes é contada toda a instituição de Mahsenqueró, com exceção do que somente é permitido contar aos velhos, já provados e conhecidos como fortes de cabeça e coração. Após eles, os tocadores, que os acompanham também ao jejuário, mostram os seus instrumentos um por um, dizendo o seu nome e significação (ver *Instrumentos Musicais*), açoitando-os ao mesmo tempo, para mais uma vez lembrar-lhes que nada devem contar a respeito deles." De todas as informações dos cronistas coloniais do Brasil (sécs. XVI e XVII) depreende-se que a iniciação indígena na plenitude de sua expressão era a passagem do curumim-açu, do rapaz, ao estado de guerreiro, apto a procriar e combater, podendo usar as armas nobres da tribo, os grandes arcos ou o tacape. A cerimônia para furar os lábios ou a primeira tatuagem realizava-se à vista de todos, seguindo-se o banquete tribal, caça assada e abundante consumo de *Cauin*, *Cauí* (ver). Métraux (*La Religion des Tupinamba et ses Rapports avec Celle des Autres Tribus Tupi-Guarani*, 105-112, Paris, 1928) pode ser consultado pelo resumo registrado. Vestígios da Iniciação na Vida Contemporânea. Até poucos anos, primeira década do séc. XX, os rapazes pediam permissão aos pais para fazer a primeira barba. A vinda do mênstruo era cercada de uma série de tabus de alimentação e comportamento, resíduos de proibições seculares: a moça não atravessava água viva (água corrente), não provava fruta ácida, não passava por cima de cousa viva, galinha no choco, menino que estivesse deitado ao solo, cães, gatos, galos, sob pena de fazê-los morrer lenta e inexplicavelmente. Certas cores não deviam ser usadas nos vestidos, como o vermelho, o azul e o verde. Também não devia adormecer crianças do seu sexo, porque *apressava a lua*. As festas sociais contemporâneas, os bailes de apresentação da moça à sociedade, *a festa dos quinze anos*, os trotes nas escolas superiores, denunciam a sobrevivência de um rito de passagem, obstinado em viver em sua adaptação moderna. A presença do filho rapaz numa refeição solene, oferecida pelos pais em homenagem de alguém, tomando parte à mesa entre os *grandes*, levá-lo o pai ao clube, a bebida comum, autorização para fumar, persistem como elementos dispersos do complexo da iniciação. Na região pecuária, a primeira exibição de um rapaz num rodeio (no Extremo Sul) ou vaquejada (no Nordeste), a corrida para derrubar ou guiar uma ponta de gado, ir na guia, era uma oficialização da maioridade moral, embora não coincidisse com a maioridade civil (Ver A. van Gennep, "Des Rites de Passage", *Étude Systematique des Rites*. Ed. Plon Nourry, Paris, 1909). Ver *Mucera*.

INLÊ. "Há outra espécie de oxóssi, chamado Ibualama ou Inlê, casado com Oxum. Dança, com um *amparo* de três pernas em cada mão e com eles se castiga." (Pierre Verger, *Orixás*, Coleção Recôncavo, n. 10, Cidade do Salvador, 1951). Amparo é uma chibata de três pernas.

INSELÊNCIAS. Orações cantadas nos velórios. Ver *Excelências*.

INSTRUMENTOS MUSICAIS. Conhece o brasileiro instrumentos musicais indígenas, africanos e europeus. Essas indicações não implicam a origem, de impossível determinação, mas a possível procedência, o caminho para a utilização coletiva. Mesmo assim, tratando-se de tambores, apitos, flautas inteiriças, com um ou pouco mais orifícios, não é crível fixar-se áreas geográficas originais. A geografia do tambor, do instrumento de percussão inicial, compreende todas as regiões do mundo. Classificação: Usual é a do belga Mahillon, tornada clássica pela indicação de Riemann. Seguiu-a Renato Almeida, no mais completo volume sobre a música brasileira, incluindo o instrumental. Os instrumentos musicais são: *Idiofones* (vibrando por si mesmos ou percutidos, matracas, guizos, chocalhos, maracás, ganzás, bastão de ritmo, etc.); *Membranofones* (com membranas estendidas, soando pela percussão ou fricção, tambores, cuícas, etc.) e *Aerofones* (ressoando pela intromissão do ar, por orifício do ar, como no caso dos berra-bois, zunidores, zumbidos (*Bullroarer, Schwirrholz*), zoador, rói-rói no Nordeste brasileiro, zune, zuna dos portugueses; e para a primeira classe, trombetas, flautas, buzinas, apitos, chamas, assobios, pios, etc.). Participação: Os indígenas não conheciam instrumentos, cordofones. Os raros espécimens registrados são quase contemporâneos. Tinham abundância em tambores e especialmente os tipos aerofones, flautas, pios, buzinas sagradas, trombetas de guerra, de madeira e osso, com ou sem ressonadores. Os africanos trouxeram vários tipos de tambores, maiores, verticais, os ingonos e zambês (ou magonguês), com diâmetros duplos de qualquer exemplo brasileiro. Deviam ser de origem árabe, porque os tipos arcaicos africanos se aproximam dos ameríndios austrais. Da classe dos membranofones veio a puíta ou cuíca (de procedência oriental), instrumento curiosíssimo pela sua execução rudimentar e que deve ser velhíssimo. O emprego do couro do gato para o tímpano denuncia árabes, como certos tamborins triangulares de sonoridade seca, verdadeiros marcadores, tipos que, evoluindo, deram os surdos, tambores minúsculos nos bailes negros de roda. O "surdo" militar é de outro gênero, embora seja idêntico na função ritmadora. Nos idiofones negros uma novidade para o Brasil foi a campainha dupla, o agogô, espalhado em toda a costa africana, desde Angola à Costa de Escravos. O piano de cuia ou balafom também é negro. O canzá, ganzá, maracá são comuns a ambos os lados do Atlântico... e do mundo. Os portugueses possuíam, no séc. XVI, os instrumentos idiofones, membranofones, cordofones e aerofones, e todos vieram para o Brasil. Os jesuítas na catequese utilizaram amplamente o instrumental europeu, misturando-o ao local, valorizando e popularizando. Eles próprios executavam música nos instrumentos negros e indígenas. O irmão Barnabé, com o seu berimbau, vem atravessando, desde a página de Fernão Cardim, em 1583, a nossos dias, no meio das violas, pandeiros, tamborins e flautas, já tocados nos colégios inacianos da Bahia. Cardim cita o "cabaço cheio de pedrinhas", na mão indígena, sem o nomear, mas o compara com os "pandeirinhos dos meninos em Portugal". O uso da dança nas procissões multiplicava as ocasiões de ouvir e participar da música, cantada e instrumental, esta em sua maioria uma excitação coreográfica. Instrumentos Sagrados. O deus reformador Jurupari deixou instrumentos ligados ao seu culto secreto, com a proibição expressa de serem vistos por mulher ou expostos aos não iniciados. Identicamente ocorria nos *mistérios* de Elêusis. Os instrumentos sagrados iam nos cestos, escondidos aos olhos profanos que seguiam a marcha lenta do carro ritual. Alfred Russell Wallace, escrevendo em março de 1852 sobre o rio Uaupés, onde o culto de Jurupari é intenso, informa: "Também vi e ouvi, pela primeira vez, o Jurupari ou "música do diabo" dos índios naquela taba (*Jurupari or Devil-Music of the Indians*)... ouvimos um som, como que de trombone e de baixos, vindo do rio, em direção à aldeia... surgiram oito índios, cada um dos quais tocava um instrumento parecido com o fagote... faziam uma música selvagem, porém agradável. Todos tocavam os seus instrumentos ao mesmo tempo, constituindo o conjunto um concerto tolerável. Os ditos instrumentos são feitos de cascas de árvore, enroladas em espiral, e têm um bocal, feito também de folhas. À noite, fui à maloca, onde encontrei dois velhos que estavam tocando os instrumentos maiores, movendo-os de maneira singular, verticalmente ou para os lados, movimentos esses acompanhados de correspondentes contorções do corpo. Desde o momento em que começa a música, mulher alguma, velha ou moça; poderá permanecer ali, pois isso faz parte das estranhas superstições dos índios uaupés. Considera-se tão perigoso ver a mulher um daqueles instrumentos, que, quando assim acontece, ela é punida com a morte; e a execução de tal pena é, geralmente, por meio de envenenamento. Ainda que os tenha visto acidentalmente, basta que se suspeite haja visto a mulher, mesmo inadvertidamente, algum dos vedados instrumentos, não se lhe concede mercê, sendo ela inexoravelmente condenada à pena capital. E dizem que os próprios pais têm sido os executores da morte de suas filhas ou os maridos os de suas próprias esposas, quando se dá tal caso." (*Viagens pelo Amazonas e Rio Negro*, 447-448, trad. de Orlando Tôrres, São Paulo, 1939). Os instrumentos sagrados de Jurupari, feitos inicialmente por ele e reservados ciumentamente para seu louvor, são quinze, e tocam-nos aos pares, todos de sopro. O mais popular, guardando o nome do criador, é o maior, feito de gomos de bambu, com um pavilhão de paxiúba (*Iriartea exorrhiza*, Mart), do líber dessa palmeira, em forma espiral e sustido por telas laterais. Ermano Stradelli foi o primeiro a registrar os instrumentos de Jurupari, em sua totalidade, escrever-lhe fielmente a tradição ouvida no rio Negro. Aos seus guerreiros apóstolos o reformador indígena fala: "Primeiramente quero fazer-vos conhecer o nome de todos os instrumentos, e por que se chamam de tal maneira. Sentai-vos em torno de mim e ouvi-me: Este é o instrumento chefe, tem a minha altura e se chama *Ualri*, de quem todos conhecem a história (ver *Ualri*). Este, que tem o comprimento da minha perna, se chama *Yasmecereré* (jaguar, em tariana), porque é o único animal que semelha ao homem no valor e à mulher nos enganos. Este, que tem a largura do meu peito, se chama *Bêbêdo* (pato muta, em cabeua), cuja origem foi a curiosidade. Este, longo como o meu braço, se chama *Tintabri* (eurípígia, em uaupés). Esse pássaro nasceu de uma mulher que era muito bonita mas, embora linda, pintava-se com urucu, para ver se excedia às outras em beleza, e por isso o tuxaua dos cuiubis (Pelops) a transformou em eurípígia. Este, do comprimento da minha coxa, denomina-se *Mocino* (grilo, em arapazo), representa a sombra do homem-mulher, que, não querendo amar a ninguém, vive sempre escondido, cantando somente à noite, sendo mudado em grilo pela própria mãe da noite. Este, longo como dois braços, se denomina *Arandi* (arara, em pira-tapuia), representa uma bela mulher, mas sem atrativos nem gosto pelos homens pelo que foi transformada em arara pelo pai dos iautis (jabutis). Este, tendo dois pés de comprimento, chama-se *Dasmae* (rola, em aruaco), e representa o coração de uma moça que, durante a sua curta existência, se alimentava somente de frutas silvestres e foi mudada em rola, depois de morta, pelo seu próprio pai que era pajé. Este, largo como três das minhas mãos, chama-se *Piron* (águia, no dialeto dos jurupixunas), representa o pajé, porque foi este pássaro que lhe deu a pedra na qual começou a ver todas as cousas através da sua imaginação, com o fumo e o carajuru. Este, que tem o tamanho da minha canela, se chama *Dianari* e todos conhecem a sua história (pássaro preto, em uinambi tapuia). Este, que vai do meu joelho à cabeça, chama-se *Titi* (paca, em baniua), representa o ladrão e é a imagem de uma velha, que vivia à custa dos outros, e foi mudada em paca pelo acuti-puru (ciurida; ver *Acutipuru*). Este, que é do tamanho de duas mãos, chama-se *Ilapai*. Este outro, do comprimento da minha espinha dorsal, chama-se *Mingo* (formiga, em cueuana), sabeis a origem de ambos. Este, que vai do meu joelho ao mento, chama-se *Peripinacuari* (tem-tem, em uaupés, pequeno pássaro cantor, todo negro na cabeça e com os encontros amarelos), representa um belo moço desejado por todas as mulheres, mas que não se entregava a nenhuma, as quais, irritadas, o jogaram na cachoeira, depois de lhe haverem feito uma encantação. Este, medindo a metade do meu corpo, chama-se *Buê* (acuti, em cobeua), representa aquela velha medrosa que, esperando a todo momento o desmoronamento do céu sobre a terra, não plantou jamais uma única semente, vivendo do que plantavam os vizinhos, e foi mudada em acuti (ciuritas) pelo macaco-da-noite (*Aotes azarae*). E este último, que vai do meu ombro ao umbigo, chama-se *Canaroarro* (formiga saúva, em manau), representa aquele velho que, tendo visto em sonho a fome comendo a terra, trabalhava dia e noite, amontoando provisões dentro de casa, para ter o que comer, quando a fome viesse; foi mudado em formiga pelo tatu (dasipódia), para que fosse devorado ("Leggenda Dell'Jurupary", 37-38, *Bolletino della Società Geografica Italiana*, 3ª série, III, Luglio e segs., Roma, 1890). Os instrumentos tabus figuram em quase todas as religiões primitivas, materializando a presença do Deus inspirador ou artífice do instrumento que o evoca ou homenageia. O *botutu* dos sálibas do Alto Orinoco é feito de cortiça do majágua (*Hibiscus tiliaceus*) e mede oito palmos de comprimento. Lisandro Alvarado ("Música y Dansa Entre los Aborigenes Venezolanos", *Revista Nacional de Cultura*, n. 50, Mayo-Junio de 1945, Caracas, Venezuela) informa: "Para ser iniciado en los misterios del botuto, es preciso ser de costumbres puras y profesar el celibato. Los iniciados se someten a flagelaciones, ayunos y otros ejercícios de penitencia. Está prohibido a las mujeres, bajo pena de muerte, ver el instrumento sagrado. Hoy dia es tan sagrado como antes el botuto ritual entre Banibas y Corrupacos, y ia de morir por el veneno la mujer que tenga la mala suerte de verlo." (20). É uma pegada de Jurupari no Orinoco, cujas águas, pelo Cassiquiare, correm também para o rio Negro. Ver Rossini Tavares de Lima, "Música Folclórica e Instrumentos Musicais do Brasil", *Boletim Interamericano de Música*, n. 49, Washington, D. C. 1965. Ver *Iniciação*.

INVOCO. Feitiço, muamba, coisa-feita, cangerê. Conheço-o apenas em Sergipe. Clodomir Silva (1892-1932) escreveu um delicioso conto regional sergipano com esse título de "Invoco" (*Minha Gente*, Costumes de Sergipe, "O Invoco," 5-22, Rio de Janeiro, 1926),

IORUBANO. Ver *Nagô*.

IPANDU. (*Erythroxylun coca*). Arbusto donde se extrai a cocaína. Os caboclos torram-lhe as folhas, fazem delas um pó, que, misturado ao pó das folhas, também torradas, da embaúba (*Cecropia*), e adicionado ao polvilho da tapioca, constitui o ipandu, anestésico que pescadores e caçadores trazem na boca, durante o serviço, para enganar a fome (Raimundo Morais, *O Meu Dicionário de Cousas da Amazônia*, II, 29; também Teschauer, *Avifauna e Flora*, etc., 244-248, Porto Alegre, 1925). Martius registrou o uso do ipandu ou coca na população indígena do Amazonas e, decorrentemente, nos mestiços mesmo fixados nas vilas e cidades. Escreveu von Martius (*Viagem pelo Brasil*, III, 266-267): "Num outeiro, despido de mato, ao sul da vila (Ega, Amazonas), foi onde vi a primeira vez uma plantação de ipandu (*Erythroxylum coca*, Lam), que se poderia chamar de "chá do Peru e do Alto Maranõn", pois as suas folhas produzem o mesmo efeito estimulante. Os pequenos caules, de três pés de altura, estavam na extremidade de uma roça, que também continha trepadeiras de maracujá (*Passiflora maliformis*, L), carregadas de excelentes frutos, dispostos em filas, distantes três pés um do outro, e, como parecia, tinham sido despojados recentemente de suas folhas. Estas, do tamanho da folha da cerejeira, verde-pálidas, de textura delicada e de sabor herbáceo, que na boca se torna agridoce, um tanto adstringente e de aroma agradável, são postas a secar pelos índios na sombra ou em fornos, onde eles torram a farinha; depois são socados em gral de madeira, só ou com cinzas, finamente pulverizadas das folhas da embaúba-branca (*Cecropia palmata*), e, afinal, é conservado esse pó num gomo oco de taboca. Os índios costumam trazer consigo esse pó fino cinza-esverdeado com que, quando enchem a boca, assim como os turcos fazem com o ópio e os mascadores de tabaco com o fumo em rolo, para se estimularem e, sobretudo, para acalmarem de fato, por algum tempo, a necessidade da alimentação e do sono. Aumenta, com isso, a secreção da saliva, produz sensação de calor no estômago cheio, diminui a fome; tomado em pequena quantidade, produz jovialidade e alegria, e assim distrai dos cuidados; mas, em dose grande, causa abatimento e sonolência, sobretudo fraqueza de nervos. Tive ocasião de ver no Japurá como o chefe de uma horda de miranhas, que ia encetar uma demorada expedição de guerra, forneceu a cada um dos seus companheiros uma dose regular deste pó, por meio de uma colher feita de osso de peixe-boi, para precavê-los contra o cansaço. Quando o índio descansa na rede, toma de vez em quando uma pequena porção e conserva-a longamente nas bochechas estufadas, a fim de embalar-se em sonhos, para os quais sua indolência tanto o dispõe. Como se sabe, é generalizado entre os índios do Peru o costume de tomar o ipandu, que lá se chama coca; e, estou crente, dali foi que passou para o Brasil. Assim também esses povos incultos adquirem, com os mais altamente civilizados, modas e hábitos de seus vizinhos." (Ver nota VI no mesmo vol. III).

IPANEMA. Ver *Panema*.

IPETÊ. Iguaria de inhame que, depois de cortado miúdo, fervido até perder a consistência, tempera-se com azeite de dendê, cebola, pimenta e camarão, passados na pedra. Bahia (Manuel Querino, *Costumes Africanos no Brasil*).

IPUPIARA. Corr. *ípú-piara*, o que reside ou jaz na fonte; o que habita no fundo das águas. É o gênio das fontes, animal misterioso, que os índios davam como o homem-marinho, inimigo dos pescadores, mariscadores e lavandeiras (Teodoro Sampaio, *O Tupi na Geografia Nacional*, 227, Bahia, 1928). É um dos mais antigos mitos brasileiros, registrado pelos cronistas coloniais. Em maio de 1560, o Padre José de Anchieta escrevia: "Há também nos rios outros fantasmas, a que chamam Igputiara, isto é, que moram n'água, que matam do mesmo modo aos índios" (*Informação*, 128). Gândavo informava ter sido morto a espada em S. Vicente, no ano de 1564, um monstro marinho, que "os índios da terra lhe chamam em sua língua Hipupiara, que quer dizer demônio-d'água (120, *História da Província Santa Cruz*). Frei Vicente do Salvador, em princípios do séc. XVII, escreve identicamente sobre a existência dos *homens-marinhos*, mas sem descrevê-los. O jesuíta Fernão Cardim fixou-os: "... parecem-se com homens propriamente de boa estatura, mas têm os olhos muito encovados. As fêmeas parecem mulheres, têm cabelos compridos, e são formosas... O modo que têm para matar é: abraçam-se com a pessoa, tão fortemente, beijando-a e apertando-a consigo, que a deixam feita toda em pedaços, ficando inteira, e como a sentem morta, dão alguns gemidos como de sentimento, e, largando-a, fogem; e se levam alguns, comem-lhes somente os olhos, narizes, e pontas dos dedos dos pés e mãos, e as genitálias; e assim os acham de ordinário pelas praias com estas cousas menos." (*História do Brasil*, 89). O Padre Simão de Vascondos declara ter visto lapas cheias de ossadas dos homens-peixes e peixes-mulheres: "... vi suas caveiras, que não tinham mais diferença de homem e mulher, que um buraco no toutiço, por onde dizem que respiravam." Gabriel Soares de Sousa, em 1587, depõe semelhantemente: "... não há dúvida senão que se encontram na Bahia e nos recôncavos dela muitos homens-marinhos, a que os índios chamam pela sua língua Urupiara." (Cap. CXXVII, *Tratado Descritivo do Brasil em 1587*). Barleu, fiel às tradições europeias dos homens-marinhos e toda uma fauna assombrosa, não discutiu a crença e registrou o Ipupiara: "Maxime admirationi sunt Tritonis indigenis Ypypiaprae dicti, cum humanos vultos aliqua referant, et femellae caesariem ostentent fluidam et faciem elegantiorem." (134 da ed. *princeps*, Amstelodami, M.D.C. XLVII., *Rerum per Octennivm in Brasilia*, etc.). O documentário dos sécs. XVI e XVII não registra no Brasil outro ente marinho, com forma humana, além do Ipupiara, bestial, faminto, repugnante, de ferocidade primitiva e bruta. Nada existe, em quase duzentos anos coloniais, lembrando a convencional Iara, nem o mito da mãe-d'água com as cores e atributos sedutores dos ciclos mediterrâneos, as sereias irresistíveis. Não há canto nem transformação em moça bonita, palácio de cristal no fundo d'água, oferecimento de amor e de riquezas. O Ipupiara dará o Caboclo do Rio ou o Negro do Rio, virando embarcações, afogando, matando, assombrando, sem a permuta de favores. Nem o mito ameríndio das *cí* (mães) podia, psico e morfologicamente, compreender as sereias e nixes brancas da Europa, brancas, louras, cantoras, tendo a monomania da excitação sexual exclusiva. O que havia no Brasil indígena de quinhentos e seiscentos era o Ipupiara. Ver *Mãe-d'Agua* (*Geografia dos Mitos Brasileiros*, "Ipupiaras, Botos e Mães-d'água...", 147--168, 3ª ed., São Paulo, Global, 2002).

IRAPURU. Ver *Uirapuru*.

IRMÃO DO PICO. Expressão dos antigos condenados à prisão perpétua na ilha de Fernando de Noronha, referindo-se ao Pico, rochedo espontado e alto, que de longe se avista. Irmão do Pico era a perpetuidade na ilha, tão inseparável dela quanto o Pico, de quem o sentenciado se proclamava irmão.

IRMÃOS DA CANOA. Irmandade existente em Tietê, S. Paulo, dedicada ao Divino Espírito Santo, cuja festa fluvial promove. Alceu Maynard Araújo (*Documentário Folclórico Paulista*, 67, S. Paulo, 1952) informa: "Irmãos da Canoa — sociedade *sui generis* — uma confraria sem estatutos, sem reuniões, sem diretoria eleita (apenas com um presidente perpétuo, o ilustre folclorista e historiógrafo Benedito Pires de Almeida), porém onde há disciplina e fraternidade. Embora se dividam em dois grupos: irmãos do rio acima e do rio abaixo, sob o mesmo uniforme se unem todos os devotos, irmãos de uma só Irmandade — a do Divino Espírito Santo. Dirigem-na o mestre e o contramestre, também denominado" Irmão Andante. Figuram ainda o trio indispensável: "bandeireiro", alferes da bandeira do Divino, o "folião", violeiro, chefe da "folia", grupo angariador de esmolas (constituído por meninos, com caixa e ferrinhos) e o "salveiro" que, com o trabuco, dá as "salvas", as descargas louvadouras ao divino patrono. Quarenta e cinco dias antes da festa, os grupos vão esmolar, rio acima e rio abaixo, dançando o religioso "cururu" (ver *Cururu*) e, quando remam, cantando a "serenga" (ver *Serenga*). No último domingo do ano é o dia máximo da festa — há o encontro das canoas. Das que angariaram donativos rio acima e rio abaixo. Estas agora esperam com suas tripulações o sinal do festeiro, que ordena ao salveiro a fazer o primeiro disparo. O de rio abaixo dá um tiro com seu trabuco, o de rio acima responde. As canoas singram as águas do antigo Anhembi, umas subindo, outras descendo, e, cerca de cem metros próximo da ponte, há o "encontro". Os rojões sobem, as bombas espocam ensurdecedoras e a multidão delira. Findo o encontro, as canoas voltam para o Porto Velho, onde os irmãos da canoa, festeiro, autoridades religiosas, civis e militares, desembarcam, rumando com milhares de pessoas, em procissão, conduzindo o Divino até à matriz. Os romeiros, com seus tradicionais uniformes brancos, carapuça vermelha, descalços, remos arvorados, penetram na igreja. Há uma cerimônia religiosa."

IROCO. A grande gameleira das folhas largas, é notável pelo culto popular que a cerca. Nas estradas e nas matas encontram-se frequentemente quartinhas de água em torno dos troncos (Nina Rodrigues, *Os Africanos no Brasil*, 337). A filolatria fetichista entre os afro-brasileiros está representada, em primeira linha, no culto à gameleira (*Ficus religiosa?*), que os nagôs chamam *Iroco* e os jejes, *Loco*. Nos bosques e nas matas, nos caminhos do Garcia, do Retiro, do Rio Vermelho, etc., na Bahia, a gameleira iroco é preparada diretamente como fetiche, a que tributam as homenagens do culto. Iroco, preparada, não pode ser tocada por ninguém. Torna-se sagrada, tabu. Se a cortarem, correrá sangue em lugar de seiva, e será fulminado aquele que o fizer (Artur Ramos, *O Negro Brasileiro*, 38). Gameleira, *Ficus doliaria*, Mart. Esse culto jeje-nagô corresponde à devoção dos negros bantos ao *pé de Loko*, gameleira branca, representado o orixá de Katendê (Angola) ou Tempo, identificado com S. João Batista, mas realmente um culto à Natureza. A gameleira é uma personalização de orixás sudaneses e bantos, Iroco e Loco, para uns e outros (Édison Carneiro, *Religiões Negras*, 95). W. B. Seabrook informa que, no Haiti, Loco é deus dos bosques. Ver *Gameleira*.

IRU. Fava de um centímetro, usada pelos afro-baianos como condimento, embora em porção diminuta.

IRUQUERÉ. Ou Iruquerê, cauda de boi, com um cabo de osso ou madeira, enfeitado de relevos. Pertence ao culto de Oxóssi. Na África, entre sudaneses e bantos, é uma insígnia da realeza, enxota-moscas ou objeto privativo do rei ou dos primeiros príncipes. Todos os viajantes que atravessaram a África fazem menção do enxota-moscas do rabo de boi na mão do soba ou dos seus privados. Era de uso do Egito clássico.

ISGUETE. Baile, dança entre marinheiros, sem o elemento feminino, e que se realizava todas as noites num dos quartéis da fortaleza de Villegaignon, baía da Guanabara, Rio de Janeiro. "Tudo isso eu recordava e resumia numa gaveta do meu subconsciente, essa que trago sempre mais vistosa e desarrumada, naquela hora de pau, enquanto a guarnição da fortaleza, para mais de mil homens, recolhia aos quartéis, após o isguete e a faxina de macas." (Gastão Penalva, *A Marinha do Meu Tempo*, 345, nota 1, Rio de Janeiro, 1951).

ISIDORO. Cama de varas, jirau (Rodolfo Garcia, "Dicionário de Brasileirismos e Peculiaridades Pernambucanas", *Revista do Instituto Histórico e Geográfico Brasileiro*, 76-815).

ISOLA. Amuleto contra o mau-olhado, os dedos indicador e mínimo estirados, afastando, isolando, distanciando as forças contrárias, os "maus efeitos", a onda da inveja. *Isola* "é a mão cornuda, *mano cornuta*, fixando os dois cornos, os dois chifres, imagens da força, da potência, da fecundação, da abundância (corno de Amalteia), do crescimento. Os dedos indicador e mínimo lembrarão os cornos dos animais votivos do Sol e da Lua, astros da vida. Esses animais, touros, novilhos, bodes, são símbolos da energia reprodutora, da potência sexual, dedicados ao Sol, fonte da vida organizada, e a Lua, animadora dos ciclos vegetais e égide do crescimento, do desenvolvimento, da evolução normal. Os deuses fortes eram plasticamente imaginados ostentando cornos potentes, Júpiter, Dionísio, Pã. Os dedos paralelos da *Figa Isola*, a Mão Cornuda, recordam esses atributos oblacionais. Consequentemente, livram dos inimigos que possam trazer a fraqueza, o atraso, a infelicidade, a moléstia, todos os atributos contrários à virilidade, energia, decisão, vigor dos animais ornados de cornos. Os objetos que têm a forma cornuda, raízes, dentes, são também amuletos. Existem, industrializados, os cornos de nácar, coral, ágata, ouro, prata, madrepérola, com finalidade defensiva. Nas *cimarutas* de Nápoles a figa é elemento indispensável contra o *malocchio*. Ao simples encontro com alguém que tenha olhar estranho, aconselha-se o gesto instintivo da figa, a mão cornuda infalível no efeito protetor. Os cornos de boi, touro, etc., são expostos no alto de um poste nas plantações do Brasil, para evitar o mau-olhado e atrair a produção abundante. Nas pequenas vendas do sertão do Brasil os pequenos cornos ficam presos ao balcão ou pela parte inferior, como amuletos que garantem os bons negócios e a ausência dos maus pagadores. Dá-se, visivelmente, a confluência dos animais votivos do Sol e da Lua com o corno da abundância, originário da cabra Amalteia que amamentara Júpiter" (Luís da Câmara Cascudo, *Gorgoneion, Homenaje a Don Luís de Hoyos Sainz*, vol. I, 70-71, Madrid, 1949).

ISQUEIRO. Espécie de caixinha de algibeira, feita de chifre, onde os fumantes guardam a isca, isto é, algodão, ou qualquer outra matéria combustível, para receber as faíscas que o fuzil tira da pederneira, e produzir fogo (Pereira da Costa, *Vocabulário Pernambucano*, 399). Diz-se isqueiro, atualmente, referindo-se aos acendedores portáteis, com gasolina, tendo a pedra para acender pelo atrito.

ISQUELÊ. Talvez de esqueleto. Aparição, ou monstro de forma humana, que aparece aos viajantes, nas encruzilhadas ou nos pontos de passagem forçada; folclore norte-mineiro da região do rio São Francisco (Saul Martins, Belo Horizonte).

IUKÊ. Bastão de ritmo dos indígenas uapixanás do rio Branco, Amazonas, feito de um só colmo de taquara, enfeitado de chocalhos (Renato Almeida, *História da Música Brasileira*, 40).

IXÃ. Açoite listrado de branco. Um instrumento sagrado de Egungum. O portador do ixã, aquele que o pode sustentar, é o Amuxã (João do Rio, *As Religiões no Rio*, 44).

IXÊ. É um mastro que se ergue no meio ou de um lado no interior do barracão dos candomblés baianos. Alguns atingem o teto e outros não. O Prof. Roger Bastide estudou o ixê, "isto é, o mastro que tem no cimo os atributos de Xangô ou de qualquer outra divindade". (*Imagens do Nordeste Místico em Branco e Preto*, 78, Rio de Janeiro, 1945). No ensaio "A Cadeira do Ogã e o Poste Central" (*Estudos Afro-Brasileiros*, Boletim LIX da Faculdade de Filosofia, Ciências e Letras da Universidade de S. Paulo, 1946), apontando-o como o poste central que, nos santuários iorubanos, representa a sustentação do céu na terra, escreve o Prof. Bastide (48-50), interpretando o mastro central do candomblé na mitologia jeje-nagô: 1) é encontrado nos candomblés mais velhos ou mais tradicionais, os mais voltados para a África, ao passo que desaparece (porque sua significação mística foi esquecida) nos candomblés mais recentes ou deturpados; 2) se em certos candomblés vai até o teto, sob forma de simples coluna de madeira, no de Oxum-Maré não alcança o alto do edifício, ligeiramente se afasta do centro para o fundo da sala, e é extremamente ornado (e ornado justamente com imagens cósmicas). Se não toca o teto, isso prova que não serve para solidificar o edifício, que sua função é de ordem mística; 3) é ao redor desse poste, em toda parte onde existe, que as filhas de santo formam a "ronda"; é o centro ritual da festa. É ao seu redor igualmente que se celebra a cerimônia do axexê, quando morre um pai ou mãe de santo; 4) enfim (verificamo-lo em um terreiro, e pensamos que isso ocorre também em outros), é sob esse poste que está enterrado o *axé*, isto é, o "segredo" do candomblé, no qual repousa toda sua força mágica; 5) o poste se encontra em outros cultos afro-americanos, por exemplo, em Haiti, onde é chamado "Poteau-mitan" e onde é nitidamente ligado aos quatro pontos cardeais do espaço (ver Jacques Roumain: *Le Sacrifice du Tambour-Assoto*). Entretanto, pelo menos nas cerimônias que conhecemos, esse poste não permanece fixo no lugar, pode ser retirado depois da terminação dos ritos. Um dos cantos citados por Jacques Roumain liga o poste à árvore loko; as duas coisas são designadas pelo mesmo termo: "Eya poteau – a planté Negue Atisou", e é ao redor do poste ou da árvore divina que giram as danças sagradas. Parece-nos, pois, que tínhamos razão, ao dizer que o poste central é a última sobrevivência da imagem do cosmos, que liga o céu à terra por uma coluna de madeira ou de terra, e que se encontra, sob vários nomes diferentes, nas mais diversas mitologias: a árvore do mundo dos escandinavos, a cruz de Jesus do ocultismo cristão, a torre em patamares dos babilônios, etc., e até no folclore, representada pelo pau de sebo, imagem que, vimos, existia justamente na parte da África de onde saíram os negros escravos vindos à Bahia." Na *Encanteria* (ver), no Piauí, diz-se *Guna*.

IYALORIXÁ. Alourixá, mãe de santo, mãe de terreiro, diretora de um candomblé, sacerdotisa do culto jeje-nagô, iniciadora, mentora e governadora absoluta do seu candomblé. Cada barracão, terreiro, tem a sua *mãe*, responsável externa e internamente. É a alourixá. Para ser alourixá ou iyalourixá, além da iniciação, havia o período não inferior a sete anos no barracão, cumprindo as exigências do culto, sendo abiã, ékédi, iaô, ébomin, filha de santo, e finalmente mãe, mãe de santo, alourixá, etc. (Ver *Filha de Santo*). A escolha de uma filha de santo para uma mãe de santo é complexa e não há regulamentação na espécie. Depende da conduta anterior, projeção entre suas irmãs, popularidade, precisão, sabedoria nos cantos, bailados do orixá de quem é o *cavalo*. Vezes o *espírito* da mãe de santo defunta indica sua sucessora. Outras vezes é uma substituição quase automática, de acesso, passando a mãe-pequena a ser a diretora do candomblé, morrendo a *velha*. A mãe de santo pode ter alcançado este posto depois de anos e anos de serviço no candomblé ou ter sido *feita em pé*, possuindo os *poderes* por doação espontânea de um orixá, e não como consequência de sua dedicação no trabalho ritualista. Essas mães que fundam candomblés ou não foram filhas de santo não podem ter o prestígio das outras, mulheres veteranas no culto e tendo a naturalidade dos ademanes e cantos, capitalizada no tempo, de meninas e velhas, porque as alourixás mais veneradas são sempre maiores de sessenta anos. Seus candomblés são, especialmente, os da linha nagô, os mais disciplinados e sugestivos. Roger Bastide (*Boletim LIX, Universidade de São Paulo*, n. 1 de Sociologia, 42, 1946) registra a marcha ascensional para alourixá: "... a filha de santo, no decorrer de sua evolução iniciadora, passa por toda uma série de estados, tendo, cada um, um nome diferente: ela é inicialmente *asiam*, quando entra na casa dos deuses, torna-se *iauô*, quando faz o santo; depois de sete anos, ela é *vodum*, sete anos mais *ebani* (ou ebami) e é preciso ainda um período de sete anos para que possa ser *alourixá*, ou mãe de santo."

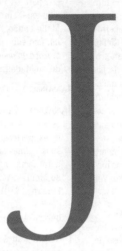

J

JÁ. Instrumento musical, trazido pelos africanos para o Brasil, segundo Luciano Gallet. É uma sineta de metal, utilizada na cerimônia de "dar comida" ao santo, orixá.

JABÁ. Carne-seca, carne salgada do Rio Grande, charque, carne salgada do Sul. Alimento muito utilizado, mormente no Norte e no Centro. Rohan e Teschauer averbam-no. "Nome por que é conhecida a carne salgada, em mantas, que vem do Rio Grande do Sul, acondicionada em fardos de serapilheira. É o principal alimento do seringueiro nordestino nos altos rios. Come-se muito na planície, de várias formas, mas sobretudo assada na grelha e com feijão. A carne-seca do Ceará é chamada granja. E a da Amazônia, de sol." (Raimundo Morais, *O Meu Dicionário de Cousas da Amazônia*). "Para aborrecer aquelas agrestes comidas, o chibé, o jabá, não era preciso ter o paladar submisso aos caprichos de uma enfermidade grave, qualquer incômodo os fazia enjoar." (Rodolfo Teófilo, *O Paroara*, 387). "A Januária, que tinha de fazer, ao clarear, o café com rapadura para o povo, e depois o feijão com angu, do almoço, e mais tarde a mesma cousa e o jabá da janta." (Valdomiro Silveira, *Os Caboclos*, 130). "No tempo do comando de Osório, a nossa etapa limitava-se a carne em abundância, pouca farinha e erva-mate, às vezes caúna. Polidoro mandou aumentar a farinha, porque os soldados do Norte gostavam e estavam habituados a esse alimento. O marquês ordenou feijão e carne-seca. O príncipe, para mitigar-nos a fome, em Capivari, nos dias "magros" das cordilheiras, forneceu uma lata de sardinha de Nantes por praça. Os soldados historiaram essas diferentes fases da nossa alimentação na seguinte quadra: "Osório dava churrasco / E Polidoro farinha, / O Marquês deu-nos jabá / E Sua Alteza sardinha." (Dionísio Cerqueira, *Reminiscências da Campanha do Paraguai*, 112). No apreciar com critério científico a alimentação do homem brasileiro, também faz jus a regular exame o jabá, do ponto de vista propriamente de valores nutrientes e energéticos, bem como no concernente às suas desvantagens a miúdo positivadas em face das dispepsias gástricas e intestinais tão frequentes no Brasil. "O termo "jabá" é tupi, corr. o *yabá*, para designar: fugir, esconder-se; o feijão." (Teodoro Sampaio, *O Tupi na Geografia Nacional*; Fernando São Paulo, *Linguagem Médica Popular no Brasil*, II, 19-20).

JABURU. Ave ciconídea, *Jabiru mycteria*, Licht. Roleta, figurando bichos em vez de números, tradicional, nas festas do interior brasileiro. O historiador J. Capistrano de Abreu (1853-1927) simbolizava no jaburu o Brasil. "Mais de uma vez quis escrever a ele (Manuel Barata) e a Goeldi, pedindo a fotografia da ave, que para mim simboliza nossa terra. Tem estatura avantajada, pernas grossas, asas fornidas, e passa os dias com uma perna cruzada na outra, triste, daquela austera, apagada e vil tristeza: é muito sua conhecida com certeza. A imagem do jaburu não me deixa." (Carta a João Lúcio de Azevedo, de S. Paulo, 15 de novembro de 1916, *Correspondência de Capistrano de Abreu*, 2º, 21, Rio de Janeiro, 1954). O jaburu, grave e sorumbático, sabe viver muito bem. Teodoro Sampaio dizia seu nome provir de *ya-abirú*, indivíduo repleto, ou de papo cheio. Não é, certamente, o Brasil, mas certos brasileiros, trágicos e fartos.

JABUTI. Tartaruga terrestre (*Testudo tabulata*, Spix). C. F. Hartt foi o primeiro a publicar uma coleção de aventuras do jabuti (*Amazonian Tortoise Myths*, Rio de Janeiro, 1875, oito contos), seguindo-o Couto de Magalhães no ano imediato. O jabuti é o herói invencível das *estórias* indígenas no Extremo Norte, cheio de astúcia e habilidade, vencendo os animais fortes e violentos. Hartt informava em 1875: "O jabuti, como lhe chamam os portugueses, ou *yauti*, como o denominam na língua geral, é uma pequena espécie de cágado, muito comum no Brasil, e de grande apreço como alimento. É um animal de pernas curtas, vagaroso, débil e silencioso; entretanto, representa na mitologia do Amazonas o mesmo papel que a raposa na do Velho Mundo. Inofensivo e retraído, o jabuti, não obstante, aparece nos mitos da língua geral como vingativo, astucioso, ativo, cheio de humor e amigo de discussão. "É verdade!", disse-me um índio em Itaituba, ao terminar um mito do jabuti. "É o diabo; e tem feito estragos!" Como há um ciclo de contos populares na África, onde ocorre a tartaruga, *awon* dos iorubanos, *langozôê* dos jejes, discutiu-se a emigração dos ciclos, mas a coexistência parece ser a decisão melhor (Artur Ramos, *O Folclore Negro do Brasil*, 173). Os temas aparecem nos *folk-tales* negros dos Estados Unidos, nas façanhas de Terrapin ou B'er Cooter. Os mesmos assuntos reaparecem nas *estórias* de outros animais, coelhos, raposas, veados, em vários folclores do mundo. O jabuti não se popularizou entre os mestiços brasileiros, e as suas aventuras na literatura oral, fora do ambiente indígena (Hartt, Couto de Magalhães), em maior percentagem, são pertencentes ao coelho, ao macaco, ao sapo. A origem africana exclusiva divulgaria com maior amplitude geográfica. O estudo de Charles Frederik Hartt (1840-1878) foi traduzido e anotado por quem descreve linhas em *Os Mitos Amazônicos da Tartaruga*, Arquivo Público Estadual, Recife, 1952. A língua torrada do jabuti, feito chá, acalma exasperações e excessos nervosos: "Deve tomar língua de jabuti torrada. Serve pra amansar o gênio e viver calada, deixando em paz a vida alheia." (Álvaro Maia, *Beiradão*, 205, Rio de Janeiro, 1958).

JACARANDÁ. Dança rural, em roda, acompanhada por viola, com estrofe em quadra e refrão em sextilha, todos em redondilha maior. (Renato Almeida, *História da Música Brasileira*, 171).

JACARÉ. Os dentes do jacaré (*caiman*) são, por simpatia, protetores da dentição infantil. A criança que usa um dente de jacaré, encastoado em ouro, no colar ou pulseira, terá dentes magníficos e que dificilmente ficarão cariados. O amuleto defenderá igualmente da dor de dentes. É uma superstição comum a toda a América Latina. Na Venezuela "los colmillos de caimán ejercen influencia protectora sobre las personas y sobre los animales domésticos; resguardándolos de maleficios y de los ataques de las fieras. Se dice que es mucho mayor el poder de dichos amuletos cuando éstos son arrancados de las mandíbulas del saurio en Viernes Santo, dia propício para conjuros y encantamientos... Montados en oro o plata, cuelgan corrientemente de cadenitas y collares entre la gente del pueblo de los Llanos." ("Onza, Tigre y Leon", *Revista para la Infancia Venezolana*, Mayo de 1945, n. 71, 7). Jacaré Mãe do Terremoto: Uma velha lenda conta que é um jacaré que sustenta o mundo, e que, quando cansado da posição em que está, procura outra e se mexe, faz tremer o mundo. Por via disso, o chamam *Iacaré tyrytyry manha*, jacaré mãe do terremoto (Stradelli, *Vocabulário da Língua Geral*, 447). Karl von den Steinen (1887) registra em Cuiabá uma dança do Jacaré. Cantavam versos e era possível refrão: "Deixa estar, jacaré, / Sua lagoa há de secar!" (*Entre os Aborígines do Brasil Central*, 712, São Paulo, 1940).

JACI. *Ia-cí*, a mãe dos frutos, a Lua; o mês lunar; o ornato feito de um pedação de concha branca e talhado em forma de crescente (Teodoro Sampaio, *O Tupi na Geografia Nacional*, 242). Na teogonia indígena era irmã e casada com o Sol, Coaraci, Coraci, Goaraci, Gorazi. Presidia a vida vegetal. Os indígenas faziam grandes festas, com comida e bebida, cantos e danças, logo que aparecia a lua nova. *Iaci omunhã*, *Iaci oiumunhã*, *Iaci pisasu*, e na lua cheia, *Iaci icaua* ou *Iaci-ruaturusu*. "Os deuses submetidos a Jaci ou Lua, que é a mãe geral dos vegetais, são: O Saci-Pererê, o Mboitatá, o Urutau, e o Curupira." (Couto de Magalhães, *O Selvagem*, 138). Ver *Coaraci, Lua*.

JACUBA. Café com farinha (Pereira da Costa, *Vocabulário Pernambucano*, 401). Beaurepaire Rohan ensina ser alimento ralo, feito com farinha, água e rapadura, na explicação mais popular e geral. Teodoro Sampaio crê o vocábulo de origem indígena, e José Veríssimo, de procedência africana. Beaurepaire Rohan sugere que a jacuba seja uma criação dos jesuítas, dando farinha de mandioca com água, na falta de trigo, nos dias de jejum. Em 1819 o naturalista Saint-Hilaire provava o petisco, no interior de Minas Gerais: "Acossado pela sede, aproximei-me de uma delas (fontes), e aí encontrei dois jovens mulatos, que comiam farinha diluída na água da fonte, prato frugal que chamam jácuba." (*Viagem às Nascentes do Rio São Francisco e pela Província de Goiás*, I, 247). Bebem-na os barqueiros do rio S. Francisco, juntando rapadura e talhadinhas de limão (J. M. Cardoso de Oliveira, *Dois Metros e Cinco*, 473-4). Diz-se na Marinha de Guerra ser o refresco tomado a bordo, depois da faina de carregar o carvão. O uso é geral e milenar. Até os deuses beberam, com outro nome, a jacuba. Ceres, procurando Proserpina, dessedentou-se com um "doux breuvage, composé d'eau et de farine séchée au feu", segundo a reportagem de Ovídio (*Metamorfoses*, V, II, trad. francesa de Gros). No *Pequeno Dicionário Brasileiro da Língua Portuguesa*, lê-se que jacuba é "refresco e pirão, preparados com água, farinha de mandioca, açúcar ou mel e, às vezes, temperado com cachaça. No Maranhão chamam *tiquara ou xibé*." Fernando São Paulo (*Linguagem Médica Popular no Brasil*, II, 20) registrou: "Espécie de pirão, feito com farinha de mandioca, ou farinha de milho, rapadura, ou açúcar propriamente, e água fria, a que poderá ser adicionado suco de limão." "... não se esquece o camarada de preparar para o patrão a refrigerante jacuba; parte um pedaço de rapadura, dissolve-o n'água e junta-lhe farinha de mandioca ou de milho, caso esta seja bem fresca." (Visconde de Taunay, *Céus e Terras do Brasil*, 32). "Com variante de sentido, é termo usado em quase todo o Brasil, até no Extremo Norte." (Amadeu Amaral, *O Dialeto Caipira*, 160). Não passou despercebida a viajantes ilustres, no Brasil de outrora: "Muito refrigerante e igualmente nutritiva é uma espécie de refresco de rapadura e farinha dissolvida n'água, bebida que se chama jacuba." (W. G. Eschwege, *Journal in Brasilien*, 1818, 1, 17). "... mune-se cada qual de uma enorme cuia, que enche da água do rio, com a precaução curiosa de afastar-se a da superfície; a fim de tirar-se a de baixo, por mais pura; depois adoçam essa água com muita rapadura raspada e carregam-lhe a mão na farinha: eis a jacuba..." (Durval V. de Aguiar, *Descrições Práticas da Província da Bahia*, 27). As variantes de sentido, a que se refere A. Amaral são verdadeiras: "Jacuba – Café com farinha de mandioca." (Pederneira, *Geringonça Carioca*). "... a merenda, a clássica jacuba, mistura de farinha, rapadura e água." (Martins de Oliveira, *No País das Carnaúbas*, 24, Bahia). Jacubar: – tomar refresco de farinha, água e rapadura (J. T., *A Gíria Brasileira*). A. Bessa menciona, como brasileirismo, na *A Gíria Portuguesa*. Cornélio Pires fala na "jacuba empanizadora, feita de água com açúcar mascavo e farinha de milho." (*Conversas ao Pé do Fogo*, 3ª ed. São Paulo, 135, 1927).

JACUNDÁ. Dança tradicional indígena no Amazonas e que se divulgou na população mestiça, sob várias outras denominações. Jacundá (*Crenichichla*) é um dos peixes favoritos na cozinha setentrional do Brasil. A dança de roda imita a pescaria do jacundá e possivelmente seria uma cerimônia propiciatória de sua captura, antes de haver perdido a intenção religiosa. "O jacundá consta de um círculo formado por homens e mulheres, alternadamente, de mãos dadas. Para o meio do círculo vai um homem ou uma mulher, em torno do qual gira todo ele, sempre ao som da mesma música e da seguinte cantiga: – Vamos gapuiá (pescar), jacundá, / Debaixo do pau, jacundá, / Gapuia, gapuia, jacundá, / Vamos gapuiá, jacundá, / No buraco da pedra, jacundá, / Ai! não deixa fugi, jacundá, / O peixinho é gostoso, jacundá, / Jacundá pintadinho /Jacundá, / No meio da roda, jacundá, / Pelos garapé (igarapés, riachos, ribeiros), jacundá, / Ai! segura, segura, jacundá, O "jacundá", isto é, o sujeito ou sujeita de dentro procura escapar-se do círculo para o meio do qual é empurrado pelos que o formam, até que, por fim, escapa-se, indo aquele ou aquela que o deixou safar-se, substituí-lo na roda, continuando assim o jogo, por muito tempo, ao som monótono da cantiga repetida interminavelmente." (José Veríssimo, *Estudos Brasileiros*, 69-70, Pará, 1889). É a mesma *pira-poracéya*, que von Martius viu dançar na barra do rio Negro em 1819, pelos indígenas, e Henry Walter Bates presenciou em 1850 no Catuá, arredores de Ega, dança da qual participavam mestiços e brancos. O nome certo é *pirá-poracé*, e não *pira-porasséia* ou *pira-poracéa*. Ver *Dança do Peixe*.

JACURUTU. Yacurutu, o mesmo *Jucurutu* (ver), o budonídeo *Bubo megallanicus*, Gm. *Strix clamator*, outrora. Barbosa Rodrigues (1842-1909) encontrou no rio Purus a lenda do Yacurutu, gigante antropófago, residindo numa ilha acima da foz do rio Negro, e daí saindo para devorar os filhos dos muras, habitantes de outra ilha um pouco abaixo. Os muras foram os mais ferozes assaltantes do Amazonas e Solimões, saqueadores e depredadores. A lenda explicava a origem de suas armas, como uma herança do vencido Yacurutu. Atendendo aos muras, os pajés mandaram o avô da tartaruga, *Yurará-ramonha*, que tinha o casco pegajoso, tentar o Yacurutu, que lhe pisou o dorso e foi arrastado para o rio, perecendo afogado." Indo morrer, dizem, falou: "Meus netos (*os muras*), vocês me vingarão. Aqui estão meus braços. Deles sairão as plantas para vocês me vingarem. Deles aparecerão o pau vermelho para os arcos, a paracuuba para gomo das flechas; dos meus nervos aparecerá a embira para a corda dos arcos; de minha gordura a castanha para alisar o gomo da flecha do arco; de meus cabelos, o curauá para cordas das flechas, e de meus ossos as tabocas para pontas d'estas. Quando acabou de aconselhar, desapareceu." (*Poranduba Amazonense*, 269, Rio de Janeiro, 1890). O poeta Pereira da Silva (*Poemas Amazônicos*) fixou a imagem em "A Dança Negra da Floresta", 124-125, Rio de Janeiro, 1938.

JAGUNÇO. Espécie de chuço, pau ferrado, haste de madeira com ponta de ferro aguçado, arma de ataque e defesa, popular especialmente na Bahia e Pernambuco. – Franklin Távora (*O Matuto, Crônica Pernambucana*, primeira edição de 1878 e segunda de 1902, Rio de Janeiro) cita o jagunço como arma pessoal. Passou a jagunço quem o manejava profissionalmente e jagunçada a reunião de jagunços, significando valentões assalariados, capangas, bandoleiros, correspondendo aos cangaceiros do séc. XX. O Visconde de Beaurepaire Rohan (*Dicionário de Vocábulos Brasileiros*, Rio de Janeiro, 1889) registra jagunço como guarda-costas de políticos, fazendeiros e senhores de engenho, dando-o como peculiar à Bahia. Seguia o *Dicionário de Aulete* (Lisboa, 1881), que consignara o verbete como brasileirismo e mais popular na região baiana. A Campanha de Canudos (ver *Conselheiro*) espalhou o nome de jagunço por todo o Brasil, como sinônimo de valente, decidido e fanático. O vocábulo não alcançara uso noutras regiões do Norte. Ver *Conselheiristas*.

JAMANTA. Arraia-grande, raia-boi (*Manta birostris*, Walp). Também Uja. O singular aspecto desse batoide, de forma romboidal, seu ferrão venenoso de dolorosas consequências para os agredidos, seus hábitos, fazem-no motivo de conversas e descrição entre aqueles que vivem do mar. Os pescadores de Cananeia, no Estado de S. Paulo, têm superstições relativas à jamanta. "São as jamantas mais frequentes, nos pequenos mares, em épocas de cio. E um dos mais belos espetáculos que à beira-mar pode contemplar-se é ver uma jamanta, nessas ocasiões, erguer-se das águas a alguns pés de altura e depois projetar-se de prancha no mar, que se cobre de espuma. O macho pula duas vezes consecutivamente, ao passo que a fêmea, três, segundo dizem os praianos. Supersticiosos, também recomendam aos viajantes que não apontem para o local em que a jamanta se elevou das águas pela primeira vez. Porque, então, não mais pulará... É muito interessante, aliás, o fato de a jamanta saltar uma vez de dorso para baixo e a outra em posição normal de nado. Como é fácil de imaginar, coincidindo encontrar-se próxima do local em que ela pula, uma canoa ou outra qualquer pequena embarcação, pode muito bem verificar-se um naufrágio." (Manuel Higino dos Santos, "A Cidade Esquecida", *Boletim do Dep. do Arquivo do Estado de S. Paulo*, vol. 9, 92, 1952).

JAMBAMBURI. Ver *Ogum*.

JAMBANE-PONTE. Ver *Ogum*.

JAMBANRAGUANTE. Ver *Cambanranguanjê*.

JANAÍ. Macaco de hábitos noturnos, inquieto e buliçoso, aparecendo nas cantigas amazonenses de adormecer como ameaçador de crianças: "Era o *janaí*, macaco vermelho da noite, que vinha pegar os curumins *pelo rejeito* e os arrastava para o mato, onde lhes bebia o sangue" (Álvaro Maio, *Beiradão*, 278, Rio de Janeiro, 1958). Henry Walter Bates dizia-o "o macaco noturno de cara de coruja", *ei-á* para os indígenas de Ega, onde o naturalista estudou-o em 1850. É, segundo o Prof. Cândido de Mello Leitão, o *Aotus azarae*, denominado *miriquiná*, comedor de frutas e insetos; *macaco-da-noite, macaco-da-meia-noite*. Janaí será o nome na região do rio Madeira e afluentes.

JANAÍNA. Ver *Dandalunda, Iemanjá*.

JANAÚ OU JANAÚG. "Animal que anda aos bandos pela floresta, como em matilha de cães ou pequenos lobos, perigosíssimo e carnívora, embebedando as suas vítimas com uma forte *catinga*, de que dispõe para saciar a sua voracidade." (Ignácio Baptista de Moura, *De Belém a S. João do Araguaya*, Rio de Janeiro. 1910). A viagem é de 1896. Superstição do Pará. No Alto Tocantins existe o *janaú-quara*, buraco ou morada do janaú, enseada no mesmo rio.

JANEIRA. Canção entoada por um grupo que visitava pessoas amigas, no primeiro dia do ano. *Dar as janeiras, cantar as janeiras, pedir as janeiras* são expressões que fixavam a festa tradicional ligada ao ciclo do Natal. São oferecidos presentes, alimentos, dinheiros aos cantadores que louvam aos santos e ao dono da casa visitada. É uma reminiscência portuguesa, que o Brasil conheceu e praticou até fins do séc. XIX e primeiros anos do XX. Gustavo Barroso registrou alguns versos da janeira, no Ceará (*Ao Som da Viola*, 292-293):

"Janeiro vai,
Janeiro vem,
Feliz daquele,
A quem Deus quer bem!
Janeiro vem,
Janeiro foi,
Feliz daquele
Que tem seu boi!

Janeiro ia,
Janeiro vinha,
Feliz daquele
Que tem galinha!

Janeiro vem,
Janeiro vai,
Feliz daquele
Que tem seu pai!

Janeiro foi,
Janeiro era,
Feliz daquele
Que tem sua terra!

Janeiro vinha,
Janeiro ia,

Deus nos proteja
E a Virgem Maria!"

Luís Chaves (*Natal Português*, 87) informa sobre as janeiras de Portugal, origem das nossas: "No dia 31 de dezembro, à noite e pelo dia 1º de janeiro adiante, vagueiam na rua grupos de adultos e grupo de jovens e crianças. Vão de porta em porta, param e cantam em coro: Primeiro, loas ao Menino Jesus, depois, louvores aos moradores — "ó de casa, nobre gente" — por fim pedem as "festas" ou as "janeiras" e "janeiradas". Levam a noite, até tarde, levam o dia a cantar:

"Oh, meu Menino Jesus,
A vossa capela cheira,
Cheira a cravos e a rosas,
E a flor da laranjeira.

Oh! meu Menino Jesus,
Boquinha de requeijão!
Dai-nos alguma coisinha,
Que a minha mãe não tem pão."

A primeira das quadrinhas, legitimamente portuguesa (Luís Chaves *opus cit*, Joaquim e Fernando Pires de Lima, *Tradições Populares de Entre-Douro-e-Minho*, 154 (Santa Quitéria); Afonso Duarte, *O Ciclo do Natal na Literatura Oral Portuguesa*, 69, Barcelos, 1937; Jaime Lopes Dias, *Etnografia da Beira*, VI, 74 (Divino Espírito Santo), ocorre em Minas Gerais em louvor da Virgem do Rosário (João Dornas Filho, "Influência Social do Negro Brasileiro", *Revista do Arquivo Municipal*, LI, 105) e num canto de candomblé da Bahia aos santos Cosme e Damião, Ibeji (Édison Carneiro, *Negros Bantos*, 56). O verso

"Ó de casa, nobre gente,
Escutai e ouvireis,
Lá das bandas do Oriente
São chegados os três reis."

era cantado nos *Reis*, nos ranchos que *tiravam os reis*, a 6 de janeiro (Melo Morais Filho, *Festas e Tradições Populares do Brasil*, 73, a quadrinha à pág. 76). Não cantavam esse versinho nas *janeiras*. Sobre as *janeiras* no Brasil, Sílvio Romero (*Cantos Populares do Brasil*) informa: "Temos, porém, as mais completas provas no testemunho de pessoas insuspeitas, de que por todas as províncias do Brasil as Janeiras foram muito populares e concorridas." (XIV). Sobre os cantares, versos e músicas das janeiras em Portugal, ver Gonçalo Sampaio (*Cancioneiro Minhoto*, Porto, 1940) e Afonso Duarte (*O Ciclo do Natal na Literatura Oral Portuguesa*, Barcelos, 1937). As janeiras estavam ligadas aos cultos agrários, as *Kalendas Januari*, festejadas no início do ano, propiciando a fertilidade futura. Anita Seppilli informa: "Continuava o hábito de celebrar festivamente as calendas de janeiro, com mascaradas (*vetula, cerculi*). (Conc. Turon, II cant. XXVI: "Cognovimus nonnullos inveniri sequipedas erroris antiqui, qui Kalendas Januari colunt)." Soubemos que há pessoas que, seguindo o erro antigo, festejam as calendas de janeiro (Labbe, *Sacrosanta Concilia*, vol. V, pág. 863, nota 13). Concil. Antisidion. cant. I.: "Non licet Kalendas Januari vetula aut cervulo facere, vel strenas diabolicas observare." "Não é lícito nas calendas de janeiro seguir as cerimônias do "vétulo" ou do "cérvulo" e observar as festas diabólicas" (Labbe, *op. cit.*, vol. V, 957). ("Origens do Carnaval," 23, *Revista do Arquivo Municipal*, XCVII).

JANGADA. Embarcação feita de paus roliços, presos com cavilhas, usada em pescaria, desde a época colonial. As mais antigas são de cinco paus, dois *bordos*, dois *meios* e o do centro, *mimbura*. Não havia vela, que deve ser influência direta dos caraíbas, ou por intermédio dos aruacos. Os tupis começaram usando a vela triangular, que denominavam "língua branca" (*cutinga*). Chamavam as jangadas de *itapaba*, *igapeba*, *piperi*, *candandu*, *catamarã* e ainda bote, burrinha, catre, paquete. A mais antiga citação é de Pero Vaz de Caminha, a 1-5-1500: "... alguns delles (indígenas) se meteram em almaadias duas ou tres que hy tijnham as quaes non sam feitas como as que eu já vy, somente tres traves atadas juntas, e aly se metiam iiij (4) ou b (5) ou sees (6) que queriam", etc. A almadia era bem diversa, sendo a canoa feita com uma só árvore, cavada, também de uso indígena e europeu. A jangada maior, clássica, é a *sete-paus*. O cavalete para a vela e mais aparelhos surgiram depois, ao correr do séc. XVI-XVII, Jean de Léry (*Viagem à Terra do Brasil*, XII), que esteve no Rio de Janeiro de março de 1557 a janeiro de 1558, descreve a jangada: "Também penetram no mar e nos rios em jangadas, a que chamam *piperis*; são feitas de cinco ou seis paus redondos, mais grossos que o braço de um homem, e bem amarrados com cipós retorcidos. Sentados nessas jangadas, com as pernas estendidas, dirigem-nas para onde querem, com um bastão, chato, que lhes serve de remo. Como esses *piperis* têm apenas uma braça de comprimento e dois pés, mais ou menos, de largura, resistem mal às tormentas e mal podem suster um homem." O remo chato propulsor diz-se jacumã. Pero de Magalhães Gandavo (na *História da Província Santa Cruz*, impressa em 1576) descreve a jangada maior: "... vão pescar pela costa em jangadas, que são uns três ou quatro paus pegados nos outros e juntos de modo que ficam à maneira dos dedos da mão estendida, sobre os quais podem ir duas ou três pessoas ou mais se forem os paus, porque são mui leves e sofrem muito peso em cima d'água. Têm catorze ou quinze palmos de comprimento e de grossura ao redor, ocuparam dois pouco mais ou menos" (cap. X). Do séc. XVII há registro em Joan Nieuhof (*Memorável Viagem Marítima e Terrestre ao Brasil*, ed. Brasileira, S. Paulo, 312-313, 1942): "Afoitam-se bastante no oceano, servindo-se apenas de três toras de madeira, atadas, a que chamam *igapeba* e que os portugueses chamam *jangada*." Os indígenas do rio S. Francisco construíam jangadas com o junco *piripiri* e os guaranis usavam o bambu (ver A. Métraux, *La Civilisation Matérielle des Tribus Tupi-Guarani*, 210-11. Paris, 1928). Jangada vem do hindustani *janga*, de forma semelhante, e o aumentativo *ada*, a janga maior. Parece não se ter divulgado em Portugal, nos finais do séc. XV, porque Pero Vaz de Caminha não a conhecia nem lhe dá o nome, confundindo-a com uma almadia, que é a piroga. O uso é universal, e, na Europa, germanos e gauleses a tiveram, assim como na Inglaterra, *raft* e Holanda, *singael*. Os gregos a empregavam, *schedia*, e igualmente os romanos, *ratis*, *rataria*, *ratiaria*. O barco construído por Ulisses para deixar a ilha Ogígia (Cós) era uma jangada (Homero, *Odisseia*, V). Os tipos mais populares de jangada no Nordeste brasileiro, a região do seu uso tradicional, são o bote, três metros de comprido por 80 centímetros de largo, paquete, 4 1/2 por um metro a um metro e trinta, e a jangada grande, 8 a 9 metros, por 1,80 a dois metros de largura. É popularíssima a jangada de seis paus. Nas jangadas maiores, a tripulação pode alcançar quatro homens, que têm os nomes de mestre, proeiro, bico de proa e contrabico. Na divisão do pescado, cada um deles tem sua marca especial. O mestre é o peixe sem sinal. O proeiro é o peixe cortado na cauda. A cauda toda cortada é do bico de proa, e riscado na cabeça é do contrabico. *Botar pra maré* é ir, viajar, ir pescar. *Dar de vela* é voltar. Ver Luís da Câmara Cascudo, *Jangada* - Uma pesquisa etnográfica, 2ª ed., São Paulo, Global, 2003.

JANHAR. *Janharnipen*, aruvinhar, velório dos ciganos. É mais próximo dos *voceros* sicilianos que das cenas tradicionais do velório europeu e ibero-americano. Melo Morais Filho descreveu um *janhar* no Rio de Janeiro, na década 1880-1890. "Lavado o corpo, untado com óleos e ervas aromáticas, com sua vestimenta magnífica, o transportavam para um esquife, fornecido por uma irmandade religiosa, e o colocavam sobre um estrado coberto de veludo preto, agaloado de ouro, guarnecido de oito tocheiros. Seguiam-se as narrativas fúnebres de suas virtudes, de seus exemplos de caridade e abnegação; lembravam os trajes de que usava, as comidas que mais saboreava, as quadras que dizia nos *bródios* (festas), finalmente a sua vida inteira, na sociedade e na família. E *janhavam*: — Oh! como era bom, quando estava em casa, ponteando a viola... Choro e gemidos entrecortados respondiam ao lamento. Um parente: — Quando chegava da rua, cansado, que se deitava naquela esteira, Um filho: — Vejam o lenço que tinha na mão, quando nos deixou, Ai! ai! ai! A viúva: — Olhem o chapeuzinho dele: não o botará mais na cabeça. Ai! ai! ai!... Que sorte, meu Deus! Minha tia, diz um dos circunstantes, tenha paciência, é este o caminho da verdade. A viúva: — Sim, meu sobrinho, sim. Ai! ai! ai! Venha ver como está; parece que está dormindo. Ai! ai! ai! Que sorte! que sorte é a minha! Os parentes, vendo o cadáver: — Ah! ah! como encolheu tanto! A viúva: — Sim, sim, é para crescer no céu. Ai! ai! ai! Um irmão: — Consola-te, minha irmã; resigna-te, que a resignação é uma prece que cai no seio de Deus. A viúva: — Sim, tenho muita resignação; mas a dor é maior do que a vontade que temos. Nesse ínterim, chega um parente, que vem transmitir os pêsames à viúva: — Então, prima, morreu o primo! A viúva: — Oh! não, primo; agora é que ele começa a viver. O primo: — Sim, minha prima, dorme-se melhor para acordar no céu. A viúva: — Os sapatos que calçava todas as manhãs, depois de os ter engraxado... Ai! ai! ai! Tudo se foi com ele; até a luz da minha vida, com a sua se apagou. Que sorte! que sorte, meu Deus! Antes as facas me houvessem atravessado, Duvel (Deus), do que ele ter morrido. A viúva, cortava os cabelos, deitava metade sobre a região precordial do finado e envolvia o resto no vestido com que estava, ao expirar o marido. Proferindo palavras cabalísticas, atirava numa fogueira lustral, preparada para este fim. Antes de sair ao enterro, empilhavam junto ao catafalco as roupas do morto, os pratos em que comia, a viola, as joias, etc... e *janhavam*, suspendendo-os sucessivamente. Até o levarem à tumba, a viúva andava de rastos sob o estrado, rezando por aquele que lhe fora o amor, o amparo e a vida. O saimento dirigia-se à igreja. O esquife, carregado pelos terceiros, ia coberto de flores e borrifado de lágrimas. A infeliz, de pés descalços, vestida de eterno luto, os filhos e os parentes acompanhavam-nos" (*Os Ciganos no Brasil*, 90-93, Rio de Janeiro, 1886).

JANTA. Jantar. Terceira e última refeição daquelas em que a gente da Amazônia subdivide a sua maneira alimentar. Das sete para as oito da manhã, café com leite, beiju, rosca, farinha de tapioca. Ao meio-dia, almoço. Às seis da tarde, janta. Fora dessas horas fixas, come-se muito. Logo ao levantar, uma xicrinha de café, No interior, soca-se o café com erva-doce. Entre o café e o almoço, "pra forrar o estômago", mingau de banana verde, mingau de milho, mingau de arroz. Entre o almoço e o jantar, vinhos de açaí e cacau. A sobremesa do caboclo quase sempre se compõe de frutos crus, banana com farinha, laranja, uxi, umari, bacuri, além de pupunha e do piquiá cozidos (Raimundo Morais, *O Meu Dicionário de Cousas da Amazônia*, II, 35). No velho sertão, até princípios do séc. XX, almoçava-se às 9 horas, jantava-se às 4 (16 atuais) e ceava-

-se ao escurecer, às trindades, aos cafus (lusco-fusco). A janta era a refeição principal, na forma clássica. Quando o almoço, *al-morsus*, às dentadas, seria comida rápida, para esperar o essencial, o jantar equivalia ao *prandium*, alimentação total na força do dia. Frei Luís de Sousa (*Vida de Dom Frei Bartolomeu dos Mártires*, I, 76, edição de 1850) informava: "... até horas de jantar, que para ele eram sempre as de meio-dia." "Jentare nulla invitat," dizia Afranius. A merenda era refeição intervalar citadina, "Merenda est cibus qui, declinante die sumitur, quasi post meridiem edenda et proxima coenae", escreve Isidoro. A influência portuguesa nos horários alimentares resistiu até a segunda década do séc. XX. Depois é que o almoço tomou a hora exata do jantar, pela intensidade dos negócios em horas outrora sagradas e livres da temperatura ardente. Escrevendo no séc. XIV, informava o arcipreste de Hita: "A ora de medio dia, quando yantava la gente" (*Libro de Buen Amor*, 101, Buenos Aires, 1945).

JANTAR DOS CACHORROS. Ver *Promessa a São Lázaro* (Promessas).

JAPANA. Arbusto até dois metros de altura (*Eupatorium ayapana*, Vent), rico de substâncias adstringentes, empregado em banhos (Alfredo da Mata, *Vocabulário Amazonense*, Manaus, 1939). Osvaldo Orico fala (*Vocabulário de Crendices Amazônicas*, 132, Comp. Edit. Nac., São Paulo, 1937) na japana como "erva cheirosa, que se emprega comumente para lavagem dos cabelos... Torna os cabelos brilhantes, sedosos, e tem ainda a propriedade de atrair as simpatias do sexo forte."

JAPECANGA. Chibata de um cipó flexível, cheio de nozinhos, assim chamada do nome vulgar da planta de que é tirada, a *Smilax japicanga*, da família das *asparagáceas*, de virtudes medicinais, e que vegeta às margens dos rios e em lugares frescos. Segundo uma crendice popular, a japecanga medra da carcaça da cigarra, que morre *estourando pelas costas* (Pereira da Costa, *Vocabulário Pernambucano*, 406). A tradução é árvore de espinhos. A classificação binominal foi feita por Griseb. É uma liliácea, conhecida igualmente por salsaparrilha. O caipora, duende protetor da caça, costuma aparecer, montando um porco-do-mato e agitando na mão, como um cetro, o galho da japecanga.

JAPUAÇU. Japu-grande (*Ostinops decumanus*, Pall, *Ictéridas*), pássaro verde-amarelado, com manchas amarelo-ferrugem, bico cinzento e a extremidade vermelho-cinábrio. Essa cor é uma recordação de sua viagem ao Sol, de onde trouxe o fogo para a terra, que o desconhecia.

JAQUES DA QUARESMA. Ver *Judas*.

JAQUIRANABOIA[1]. Inseto homóptero (*Fuilgora lanternaria*, Lin), de famosa tradição aterradora na Amazônia, onde o dizem portador de veneno fulminante, ressecando as árvores às quais mete o estilete ventral, que possui, para sugar a seiva. Os nordestinos, voltando do Pará e Amazonas, espalharam a fama terrífica da jaquiranaboia, que tem seus defensores, garantindo a inofensividade do inseto caluniado pelo seu aspecto assombroso, parecendo um pequenino dragão alado. Afirmam que a jaquiranaboia é cega e voa em linha reta, ferrão em riste, matando infalivelmente a quem ferir. Aparece nos desafios sertanejos:

"Eu sou a jitiranaboia,
Besouro do Piauí;
Quando meto o meu ferrão
Vejo a matéria sair"

Tu não és jitiranaboia,
Besouro do Piauí;
Tu és é o rola-bosta,
Besouro besta daqui!"

O mesmo que jequitiranaboia, tiranaboia, jitiranaboia, cobra-de-asa, cobra-do-ar, cigarra-cobra, cigarra-doida, etc., de *yakira*, cigarra, *mboy*, cobra, segundo Teodoro Sampaio. A periculosidade do inseto já se espalhara entre os indígenas amazônicos, possível origem da tradição ameaçadora. Em 1819, na praia do Catalão, arredores da barra do rio Negro, von Martius testemunhou o pavor que a jaqueitiranaboia causava aos indígenas: "Quando estavam empenhados nessa tarefa (*a pesca*), alguns dentre eles puseram-se a dar gritos angustiosos, dizendo que uma *jacarenamboia* (sic) lhes voava em volta, tendo vindo do interior da ilha; lançaram-se ao rio, mergulhando tanto quanto possível. Com muito espanto, soubemos que os índios consideram o lanterneiro como um inseto em extremo peçonhento, e procuram escapar, daquele modo, da sua picada. A forma singular do bichinho foi que provavelmente deu motivo a esse medo sem razão, e também o seu nome, que significa *cobra-jacaré* (sic). Apanhamos algumas delas, causando horror aos índios" (*Viagem pelo Brasil*, 3º, 221. Rio de Janeiro, 1938). O prestígio terrífico continua entre as populações do interior do Nordeste e Norte do Brasil.

JARAQUI. "Foi ali (Alto Tocantins), que vimos o jaraqui, excelente e odorífera bebida, clara e doce, feita de uma certa mandioca, a qual, depois de ralada, é colocada em massa dentro de cochos a que chamam camas, e em logar assombreado, afastado do contacto de qualquer pessoa, para não perturbar a fermentação durante três dias, em completa imobilidade. Qualquer movimento no vasilhame que

---

1 No texto original: "Jaquiranabóia" (N.E.).

contém a massa prejudicaria o bom êxito do preparado." (Ignacio Baptista de Moura, *De Belém a S. João do Araguaya*, Rio de Janeiro, 1910). A viagem é de 1896.

JARARACA. Trombeta com ressonador, formada por um tubo de taquara, tendo como pavilhão uma grande cabaça alongada e aberta em ambas as extremidades. Usada pelos parecis. Dança popular do interior nordestino, na região do agreste. É uma espécie de *schottische*. Há o refrão: "Pega o pau, agarra o pau e mata a coba, jararaca!", fingindo-se esmagar o ofídio com repetidas pancadas de pé. No Rio Grande do Norte dançava-se nos municípios de Taipu, Lajes, Angicos. A Sociedade "Araruna", fundada em Natal, 1956, tem exibido repetidas vezes a *jararaca*, com aplausos.

JARAU. Ver *Salamanca*.

JARDINEIRA. Dança figurada e cantada, de pares soltos, autônoma ou antecedente ao *Pau de Fita* (ver) ou a outro auto. Ocorre em S. Catarina (Florianópolis, Laguna) onde também a denominam "Dança de Cupido" e no Rio Grande do Sul, conhecida igualmente por "Arco de Flores" (Porto Alegre): Dante de Laytano, "O Folclore do Rio Grande do Sul", sep. da *Província de São Pedro*, n. 17, Porto Alegre, 1952; Osvaldo R. Cabral, "Folguedos Populares de S. Catarina", *Boletim Trimestral da Comissão Catarinense de Folclore*, n. 15-16, Florianópolis, 1953. Os pares, cantando, desfilam em meia-lua, fazem o *granchê* ou *garranchê* (*grand-chaine*), volteiam, e em dado movimento agitam arcos de madeira flexível, adornados de flores artificiais, e percutem pratos de zinco, os próprios e os dos parceiros. Preside o baile um menino fantasiado de Cupido, numa cadeira de espaldar. A indumentária é sempre uniforme para cada grupo, masculino e feminino. Osvaldo R. Cabral registrou coreografia, versos e músicas. Aparecem em junho, carnaval, festas do Divino ou Natal. Há no México, Cuilapan, Oaxaca, a dança *Los Jardineros*, com arcos floridos, mas representada por homens mascarados e vestidos de mulher: "is a charming burlesque of court life," informa Frances Tor. Necessariamente *Los Jardineros* bailarão noutras paragens centro e sul-americanas. Os arcos floridos são comuns em muitos folguedos portugueses e espanhóis. Os maiores, de lindo efeito ornamental, aparecem nos arraiais e ranchos de Portugal, especialmente no Norte, e deram origem ao *Sairé* (ver) amazonense, utilização devota de adaptação e não criação jesuítica no séc. XVIII e de exibição contemporânea.

JAUARETÉ-TAIÁ. Tajá da onça (*Caladium*); cultiva-se como planta ornamental "e a que atribuem a propriedade de tornar feliz nos amores." (Stradelli, *Vocabulário da Língua Geral*, 463).

JEAN DE LA FOICE. Ver *João Galafuz, Boitatá*.

JEGUEDÉ. Instrumento de percussão dos negros africanos, popularizado no sul do Brasil, onde denominou a dança que se fazia ao som do mesmo. A dança jeguedé era uma espécie de bambeló, ginástica, individual, com improvisações, embora dançada com muitos outros companheiros.

JEJES. Negros do Daomé, vindos para o Brasil como escravos, e que tiveram influência folclórica e etnográfica. Em princípios do séc. XIX, a navegação entre a Bahia e a cidade de São João de Ajudá, Ajudá, a Whydad dos documentários ingleses, era constante, como ponto exportador de escravos, reunidos nessa povoação para o envio à América Austral. Em 1722 o Capitão de Mar e Guerra Joseph de Tôrres construiu, levando todo material da Bahia, uma feitoria e uma fortaleza em Ajudá, denominando-a Fortaleza Césares, em homenagem ao Vice-Rei Vasco Fernandes César de Meneses, do Brasil. Os soberanos negros de Ardra, Abourné (Daomé ou Dagomé) enviaram embaixadas ao Rei de Portugal, afirmando amizade e obediência. Os jejes foram quase absorvidos pelos nagôs, especialmente no domínio religioso e social na Bahia. Um dos orixás jejes que resistiu e deixa ainda ser visível é Legba, Elegba, Elegbará, o senhor Leba, o homem das encruzilhadas e alguns vestígios do culto ofídico, a veneração à serpente, base litúrgica do Vondu nas Antilhas, é encontrado, embora em condições apenas perceptíveis. Há contos populares que convergem para o populário brasileiro, como as aventuras da tartaruga (*logozé*), popular em toda a África atlântica. Ver *Leba, Sudaneses*.

JEJUM. O *jejum* (na pronúncia popular) brasileiro é o jejum da Igreja Católica, mas africanos e ameríndios têm seus dias preceituais na espécie. Jejuavam os católicos o *traspasso*, desde o meio-dia da Quinta-Feira de Endoenças até o romper da Aleluia. Usual é a abstinência durante os quarenta dias da Quaresma, com o obrigatório jejum da Sexta-Feira da Paixão. Outrora, o jejum era objeto de promessas. Camões alude a essa tradição, vivíssima no séc. XVI e ainda corrente:

"Rezando as mães, irmãos, damas e esposas,
Prometendo jejuns e romarias."

(*Lusíadas*, 4, 26). Crime de lesa-divindade era *quebrar* o *jejum* pascoal. A *consoada*, refeição noturna e final (ver *Consoada*), era variada e farta, pela novidade das iguarias e o estado natural dos participantes. Numa cantiga, a de n. 73, do *Cancioneiro da Vaticana*, cita-se o uso:

"Como eu em dia de Páscoa
Queria bem comer."

PEDIR O JEJUM: Na Quinta-Feira Santa (ou Maior) ou na manhã da Sexta-Feira da Paixão, era costume, como ainda se verifica em muitas cidades, vilas e povoações brasileiras, pedir-se o jejum, alimentos para a consoada. Os ricos permutavam bandejas esplêndidas, e os pobres esmolavam, de porta em porta: "Esmola para o jejum de hoje..." Costumavam pedir o jejum em versos, décimas ou sextilhas, infalivelmente atendidos. Esses versos seriam uma modalidade daqueles que apareciam nos papéis finamente recortados, solicitando o "Pão por Deus", em Santa Catarina. Ver *Pão por Deus*.

JENI. Ver *Jinjibirra*.

JENIPAPO. Fruto do jenipapeiro (*Genipa brasiliensis*). Batista Caetano traduzia o vocábulo "nhandipab" por fruta-de-esfregar, e era justamente esse o processo utilizado pelo indígena para pintar-se com a bonita cor azul-negra, dos pés à cabeça, como ornamentação individual, tribal e religiosa. Com o urucu (ver *Urucu*), o jenipapo era o elemento indispensável e dominador no toucador de mulheres e homens amerabas. Pintavam-se os dois sexos e as mulheres eram, ou ainda são, especialistas na ornamentação dos maridos e filhos. O uso de jenipapo era geral às várias famílias indígenas e não restrito aos tupis da orla do mar. A tinta, pelo tanino contido, defendia a pele dos insetos, afastados ainda pelos óleos vegetais empregados para esse fim, além de um compensador contra os excessos da luz solar. A pintura, mesmo sem renovação, dura uns três dias, e quem escreve esse verbete pintou-se de jenipapo, para ficar bonito, e desesperou-se quase uma semana com a obstinação da tinta em persistir na sua pele. O uso do jenipapo entre o povo é a degustação da fruta e o fabrico do vinho com a polpa. O vinho de jenipapo e o licor de jenipapo são "constantes" no Nordeste e Norte do Brasil. Como a árvore se estende das Guianas até Espírito Santo, entrando para Minas Gerais (Pio Correia), amplo é o conhecimento que possuem os brasileiros de sua utilidade e sabor. Chama-se jenipapo à mancha mongólica ou mácula sacra mongólica, faixa ou mancha de cor escura, que aparece na cintura ou quadris de mestiços, embora alvos, e com a proclamada arianização de conjunto. Maria Stela Guimarães e Cecília de Castro Silva fizeram uma "Pesquisa Sobre a Mancha Pigmentária Congênita na Cidade de São Paulo" (*Revista do Arquivo Municipal*, XXXVI, 47--70), examinando 600 crianças, tendo encontrado a mancha em 210, 35%. A percentagem pela cor do examinado: negro, 97%; amarelo, 88%; pardo, 76%; branco, 16%. Pela cor dos ascendentes: brancos e negros, 81%; negros e pardos, 86%; amarelos, 86%; negros, 97%; brancos e amarelos, 100%! Apesar do amarelo ter percentagem inferior à do negro, 86% contra 97%, o mestiço do branco-negro acusa menor incidência da mancha mongólica que o filho do branco-amarelo, 81% contra cento por cento, 100%! A origem asiática parece positivar-se. Chamam ainda pinta roxa, mancha do fígado (Liberleck), etc.

"Mencionaremos ainda a mancha pigmentar, congênita, chamada indevidamente mancha mongólica, que aparece frequentemente nos recém-nascidos de diversas populações do globo, e que têm forma e cores variáveis, predominando na região sacra, e sendo devida a um depósito pigmentar na derme da região. Rara ou ausente nos europeus do Norte, essa mancha aparece em muitos povos, tendo-se verificado, por observações feitas em centenas de recém-nascidos no Porto, que ela é mais frequente do que se supunha nos europeus meridionais. Rivet liga-lhe grande importância como índice de migrações, encontrando certa correspondência entre esse fato morfológico e alguns fatos etnográficos e linguísticos. É assunto em estudo" (Mendes Correia, *Raças do Império*, 21, Porto, 1948). No Amazonas, entre trabalhadores de borracha, no mundo esparso pelos rios, *furos*, igarapés, o jenipapeiro cura moléstias do baço. "Remédio de botica não serve p'ra baço. É só botar o pé no tronco do jenipapo, na altura que puder. Corte a casca, igualzinha à medida do pé. Pendure no fumeiro da cozinha. A casca vai engelhando e o baço também." (Álvaro Maia, *Beiradão*, 230, Rio de Janeiro, 1958). Essa *simpatia* é muito popular no Pará, Amazonas, Acre.

JEQUITIRANABOIA[1]**.** Ver *Jaquiranaboia*.

JERIBITA. Aguardente, ou a cachaça, feita de borras de açúcar, de mel de furo, como define Morais, consoante com estes versos:

"Aguardente é jeribita
Filha da caninha torta.
Quem a vida quiser sem desdita
É constante tomar jeribita."

A dicção é antiga, já conhecida no séc. XVII, como se vê deste verso de Gregório de Matos na sátira "Verdades:" "Aguardente é jeribita!..." O alvará de 10-1-1757 impôs o tributo de dez tostões por pipa de *jeribita da terra e de fora* de consumo no Rio de Janeiro. Como variantes encontramos na gíria portuguesa: jeribato, vinho verde; jiripiti, aguardente; e jiripite, aguardente, ou certa bebida composta de diferentes licores (Pereira da Costa, *Vocabulário Pernambucano*, 373). Não é brasileirismo, como pensava Beaurepaire Rohan. Registrado em Domingos Vieira e H. Brunswick, *Dicionário da Antiga Linguagem Portuguesa*, Morais, etc. É um sinônimo de aguardente comum. Na toponímia de Portugal encontra-se jeribita, na vila de Paços de Arcos, arredores de Lisboa. "À entrada da vila, mal se saía de Caxias, encontra-se o bairro aristocrático, vulgarmente conhecido por Jeribita..." (M. P. Videira, *Monografia de Paços de Arcos*, 1-4, Caxias, 1947). A jeribita era enviada para a África e distribuída aos carregadores. Bebida como estimulante, constituía oferta preciosa para os sobas e dembos de Angola. Num documento datado de S. Paulo de Assunção, 12 de julho de 1730, o Governador Rodrigo César de Meneses escrevia a D. Sebastião Francisco Cheque Dembo Caculo Cacahenda: "Ofereço-vos esse quinto de jeribita, que como o tempo está fresco, servirá para vos aquentar." (Ivo de Cerqueira, *Vida Social Indígena na Colônia de Angola*, 90, Lisboa, 1947).

JESUÍNO BRILHANTE. Jesuíno Alves de Melo Calado, depois chamado Jesuíno Brilhante, foi o cangaceiro gentil-homem, o bandoleiro romântico, espécie matuta de Robin Hood, adorado pela população pobre, defensor dos fracos, dos anciãos oprimidos, das moças ultrajadas, das crianças agredidas Nasceu em Tuiuiú, Patu, Rio Grande do Norte, em 1844 e morreu lutando em Santo Antônio, águas do riacho de Porcos, Brejo da Cruz, Paraíba, em fins de 1879. Sepultaram-no no mato, no lugar "Palha." Seu crânio, exumado pelo seu amigo Dr. Francisco Pinheiro de Almeida Castro, esteve longamente na Escola Normal de Mossoró e foi presenteado no Rio de Janeiro ao Prof. Dr. Juliano Moreira. Uma rixa de sua família com a família dos Limões, em Patu, valentões protegidos pelos políticos, tornou-o de pacato agricultor em chefe de bando invencível em 1871. Ficaram famosos os assaltos à cadeia de Pombal (Pe.) para libertar seu irmão Lucas (1874) e, no ano de 1876, à cidade do Martins (RN). Cercados pela polícia local, Jesuíno e seus dez companheiros abriram passagem através das casas, rompendo as paredes, cantando a cantiga "Curujinha" e desapareceram. Ia sempre, disfarçado, às cidades maiores, hospedando-se em residências amigas, adquirindo munições e víveres. Durante a "Seca dos dois sete" (1877) arrebatava os víveres dos comboios oficiais para distribuí-los com os famintos. Nunca exigiu dinheiro ou matou para roubar. Sua popularidade prestigiosa perdura na memória do sertão do Oeste norte-rio-grandense e fronteira paraibana com admiração e louvor inalteráveis. Rodolfo Teófilo estudou-o no seu romance *Os Brilhantes* e Gustavo Barroso, num ensaio no *Heróis e Bandidos*; Rodrigues de Carvalho publicou o "A.B.C. de Jesuíno Brilhante" no *Cancioneiro do Norte*. (Luís da Câmara Cascudo, *Flor de Romances Trágicos*, com algumas pesquisas em cartórios e reminiscências familiares, 113-127, Rio de Janeiro: Cátedras, Natal: Fundação José Augusto, 1982). Raimundo Nonato, "Jesuíno Brilhante. O Cangaceiro Romântico", Rio de Janeiro, 1970. José Alves Sobrinho. "A Verdadeira História de Jesuíno Brilhante. Cangaceiro e Herói"; dois folhetos, 1977, Prêmio Leandro Gomes de Barros, da Secretaria da Educação do Município do Recife, PE.

JIA. Batráquio da espécie da rã (*Rana gigas*, Spix). "Animal de três espécies, de feição da rã, muito bom de se comer, e quem quer que a tenha, não carecerá de boa ceia." (*Diálogos das Grandezas do Brasil*). Coisa furtada, traficância, ladroeira. Objeto roubado, na gíria dos presidiários de Fernando de Noronha. "Homem da jia é ladrão" (*O Alfinete*, n.º 13 de 1890). Neste negócio andou causa acabada em *ia* (ditado popular). "Então você fez uma grande jia com as esmolas de Nossa Senhora do Carmo, para ostentar escândalos lá pelo Barro? "(*O Desespero*, n.º 6 de 1880). "Todos sabem e têm em vista as suas jias no contrato das carnes verdes" (*Lanterna Mágica*, n.º 160 de 1886). "À tarde, gosta o Bezerra de apreciar o deboche e amolação das mulatas; mas, à noite, vai fazer a sua jia" (*Mefistofeles*, n.º 35 de 1882). Abundância, quantidade. Chuva como cabelo de jia (ditado popular). Derivado: jieiro. Tu só tens duas qualidades boas, impostor e jieiro (*A Derrota*, n.º 12, de 1883). Porventura, Farias, estás também no número dos jieiros? (*Lanterna Mágica*, n.º 119, de 1885). O macacão Montenegro é o chefe dos jieiros no mercado (*idem*, 186, de 1887). Jia é vocábulo de origem tupi, alteração "juri", para qualificar a rã, em geral, nas suas variadas espécies; hoje, porém, designa a rã pequena, esverdeada (Pereira da Costa, *Vocabulário Pernambucano*, 375). Teodoro Sampaio faz provir jia de *giï*, rã grande. A mão da jia figura nos feitiços para encaiporar, atrasar ou retardar negócios, especialmente comerciais. A mão fica amarrada, enlinhada, porque a jia anda aos saltos, e pela continuidade simpática, avançará muito lentamente quem merecera uma mão de jia amarrada em sua intenção. Ver *Sapo*.

JIBOIA[2]**.** (*Boa constrictor*). Aparece nos velhos contos populares e nas lendas como uma das formas preferidas pelas forças malévolas, os deuses misteriosos, cujos vestígios são vagos e raros, como a boiuna, o serpentário, a coisa-má (Maa-aiua, ver *Maiua*), etc. É, na vida normal do Pará e Amazonas, um monstro pacífico, caçando ratos, sem outra função, exceto a de assombrar quem lhe vê no esplendor dos seus dez metros de extensão. Raimundo Morais (*O Meu Dicionário*, etc., II, 18) informa em caráter folclórico: "Os velhos tapuios dizem que a jiboia, depois de desenvolvida, vai para o fundo dos rios e lagos, nunca mais voltando à terra."

---

1 No texto original: "Jequitiranabóia" (N.E.).

2 No texto original: "Jibóia" (N.E.).

JIBONÃ. Ver *Ajibonã*.

JINJIBIRRA. Bebida refrigerante, picante, espumosa, feita de garapa de água de açúcar, qualquer fruta, cremor de tártaro, fermento de padaria ou de cerveja jinjibirra ou ácido cítrico. No Ceará é comumente preparada com um suco de jenipapo, e daí quase que desaparecendo o nome vulgar de jinjibirra pelo de *jeni*, abreviatura da fruta. A jinjibirra é a cerveja do zé-povinho. "Para substituir o *champagne* tivemos quatro dúzias de jinjibirra" (*A Tempestade*, 12 de 1858). "Toma cuidado com a jinjibirra. Não abuses da garapinha" (*América Ilustrada*, 21 de 1883). "Se cada garrafinha de jinjibirra, em vez de três vinténs, custasse cinco tostões, seria bebida de fidalgos" (*A Lanterna Mágica*, n.º 448, de 1895). Refutando Gonçalves Viana o *Novo Dicionário* de Cândido de Figueiredo, que dá o vocábulo jinjibirra como designando "bebida usada entre os indígenas do norte do Brasil", diz, acertadamente, que há nisto engano manifesto, pois nem a palavra tem o menor vislumbre de pertencer a línguas americanas, nem é natural que designe qualquer bebida indígena, concluindo: "É simplesmente a italianização, e por ela o aportuguesamento do inglês *ginger beer*, cerveja de gengibre, bebida refrigerante muito conhecida, *birra* em italiano, como *beer* em inglês, quer dizer cerveja, e nesta língua *ginger* significa gengibre." Aí temos, portanto, a etimologia do vocábulo "jinjibirra", "cerveja de gengibre", e a sua origem inglesa, cuja fórmula do preparo é quase a mesma usada entre nós: fermentação do gengibre, cremor de tártaro, e açúcar, com fermento e água. Cremos que foram os próprios ingleses os introdutores da popular bebida em Pernambuco, pelos anos de 1810, ao começar o seu estabelecimento entre nós, graças à Carta Régia de 28 de janeiro de 1808, franqueando os portos do Brasil à Inglaterra e às potências em paz com a coroa de Portugal. Como data mais remota do uso da jinjibirra em Pernambuco, consignamos este anúncio, publicado no jornal *O Cruzeiro*, n.º 115, de 1829: "No beco do José da Costa, no Forte do Mato, se vende jinjibirra muito útil para refresco, a botija a 160 e sem botija a 120." (Pereira da Costa, *Vocabulário Pernambucano*, 370-371). De Pernambuco espalhou-se a jinjibirra para todo o Nordeste do Brasil, sul e norte, com popularidade real. Bebia-se no sertão e era bebida comum nas festas regionais. Foi desaparecendo nas primeiras décadas dos séc. XX e hoje sua presença é rara, mas não impossível, durante os novenários dos oragos no sertão. Muito citada na poesia de improviso, desafios e emboladas, a jinjibirra não dispensaria o registro num estudo sistemático de folclore.

JITIRANABOIA[1]. (*Fulgora lanternaria*, Linneu). Ver *Jaquiranaboia*.

JOÃO. Santo católico, primo de Jesus Cristo, nascido a 24 de junho, degolado no castelo de Macheros, Palestina, a 29 de agosto do ano de 31. Pregador de alta moral, áspero, intolerante, ascético, São João é festejado com as alegrias transbordantes de um deus amável e dionisíaco, com farta alimentação, músicas, danças, bebidas e uma marcada tendência sexual nas comemorações populares, adivinhações para casamento, banhos coletivos pela madrugada, prognósticos de futuro, anúncio da morte no curso do ano próximo. O santo, segundo a tradição, adormece durante o dia que lhe é dedicado tão ruidosamente pelo povo, através dos séculos e países. Se ele estiver acordado, vendo o clarão das fogueiras acesas em sua honra, não resistirá ao desejo de descer do céu, para acompanhar a oblação, e o mundo acabará pelo fogo.

"Se São João soubesse
Quando era o seu dia,
Descia do céu à terra
Com prazer e alegria.

Minha mãe quando é meu dia?
— Meu filho, já se passou!
— Numa festa tão bonita
Minha mãe não me acordou?

Acorda, João!
Acorda, João!
João está dormindo,
Não acorda, não!"

Coincide seu nascimento com o solstício de verão (de inverno para a América Austral), quando as populações do campo festejavam a proximidade das colheitas e faziam os sacrifícios para afastar os demônios da esterilidade, pestes dos cereais, estiagens, etc. Toda a Europa conheceu essa tradição de acender fogueiras nos lugares altos e mesmo nas planícies, as danças ao redor do fogo, os saltos sobre as chamas, todas as alegrias do convívio e dos anúncios de messes abundantes. Os deuses que recebem essas homenagens são vários, mas a época é a mesma para a Ásia, África, Europa. O fogo, afugentador dos demônios da fome, do frio e da miséria, é deus fecundador, purificador e conservador, ligado e mesmo representante vivo dos cultos larários, penates, antepassados. Os cultos agrícolas foram, na Europa e com informação universal, divulgados no domínio do folclore e da etnografia, por James George Frazer, que recenseou centos e centos de cerimônia das fogueiras votivas e festas propiciatórias em junho-julho (*Le Rameau D'Or*, III,

---
1 No texto original: "Jitiranabóia" (N.E.)

459, e segs.), ervas que podem ser colhidas nessa noite e possuem qualidades sobrenaturais, mágicas e terapêuticas (518, Paris, 1911). Na Península Ibérica o culto a São João é um dos mais antigos e populares; Portugal possuiu no espírito de sua população todas as superstições, adivinhações, crendices e agouros amalgamados na noite de 23 de junho, convergência de vários cultos desaparecidos e de práticas inumeráveis, confundidos e mantidos sob a égide de um santo católico. Para o Brasil a devoção foi trazida pelos portugueses e espalhada com a satisfação de um hábito agradável. A maneira de comemorar o santo era a mais sugestiva e fácil para o proselitismo. Os indígenas ficaram seduzidos. Em 1583 o jesuíta Fernão Cardim, indicando as três festas religiosas celebradas pelos indígenas com maior alegria, aplauso e gosto inicial, escreveu: "A primeira é as fogueiras de S. João, porque suas aldeias ardem em fogos, e para saltarem as fogueiras não os estorva a roupa, ainda que algumas vezes chamusquem o couro" (*Tratado da Terra e Gente do Brasil*, 316; Rio de Janeiro, 1925). O franciscano Frei Vicente do Salvador, na segunda década do séc. XVII, informava que os indígenas "só acodem todos com muita vontade nas festas em que há alguma cerimônia, porque são mui amigos de novidades, como dia de S. João Batista, por causa das fogueiras e capelas" (393, *História do Brasil*, são Paulo, 1918). Adivinhações. O Barão de Studart reuniu uma série de adivinhações feitas na noite de S. João, noite de 23 de junho (*Antologia do Folclore Brasileiro*, vol. 2, 34-35, 6ª ed., São Paulo, Global, 2004): 1) "Em noite de S. João, passa-se um ramo de manjericão na fogueira e atira-se ao telhado; se na manhã seguinte o manjericão ainda está verde, o casamento é com moço, se murcha, é com velho." É reminiscência da tradição já antiga no tempo de Cristo. O Evangelho apócrifo de S. José registra o episódio da escolha do ancião para esposo da Virgem Maria. Doze velhos conduziram para o templo doze bastões e o de S. José se cobriu de lírios, símbolo de vida casta. O enverdecimento vegetal ocorre sempre como símbolo da existência humana. Nas árvores que representam os heróis, nos contos populares, há o emurchecimento, quando o representado está morto ou em perigo de morte. 2) "Em noite de S. João faz-se pirão com um pouco de farinha e põe-se-lhe dentro um caroço de milho; com os olhos fechados, divide-se o pirão em três porções e se coloca uma na porta da rua, outra sob o leito e a terceira na porta do quintal; se for encontrado o caroço de milho na porta da rua, é sinal de próximo casamento, se sob o leito, o casamento é demorado, se na porta do quintal, não há possibilidade de casamento". Na versão que conheço, a porção que augura casamento imediato é a sob o leito. 3) "Em noite de S. João, introduz-se numa bananeira uma faca que ainda não tenha servido; no dia seguinte, aparecerá na faca a inicial da noiva ou do noivo." 4) "Em noite de S. João, põe-se uma bacia ou tigela com água, e olha-se para dentro; se não houver visto a figura, é que se morrerá nesse mesmo ano. Outros fazem a experiência olhando para o fundo de uma cacimba." É a representação do reflexo como o *alter ego*, o duplo, a projeção da individualidade; seu desaparecimento importa na morte. 5) "Na noite de S. João duas agulhas metidas numa bacia d'água indicam casamento, se as agulhas se ajuntarem." 6) "Em noite de S. João, escrevem-se em papelitos os nomes de várias pessoas, enrolam-se os papelitos, e se põem numa vasilha com água; o papel que amanhecer desenrolado indicará o nome da noiva ou do noivo." Era o oráculo dos Pálices, com templo em Palica, na Sicília, perto de uma fonte sulfurosa. Os papéis sobrenadavam ou iam ao fundo, ficavam abertos ou fechados, conforme o pedido do consultante. Os gêmeos Pálices eram filhos de Júpiter e de Talia. 7) "Em noite de S. João, enche-se a boca de água e fica-se detrás da porta da rua: o 1º nome que se ouvir é o do noivo ou da noiva." É a tradição das *vozes*, que herdamos de Portugal, vestígio das consultas ao deus Hermes, no templo da Acaia. Das *Vozes* (ver) em Portugal, Rodney Gallop registrou uma versão, comuníssima no Brasil (*Portugal*, 75). 8) "Em noite de S. João, tomam-se três pratos, um sem água, outro com água limpa e o terceiro com água suja: quem faz a experiência aproxima-se com os olhos vendados, e põe a mão sobre um deles; o prato sem água não dá casamento, o de água suja indica que o casamento será com viúvo, e o de água limpa, com solteiro." 9) "Em noite de S. João, o experimentador, tendo jejuado no dia, escolhe bocados de cada prato das refeições e guarda-os; à noite prepara uma mesa no quarto de dormir e guarnece-a dos bocados guardados, como se esperasse algum conviva, dorme, e em sonhos vê o noivo ou a noiva assentar-se à mesa." P. Saintyves (*Les Contes de Perrault*, 11-18) dá vários exemplos dessa tradição na França, Alemanha, Itália. Na Rússia dizia-se *gadanié*, na França *La Nouvaine de la Chandeleur*. Grimm escrevera: "C'est une croyance presque générale que la veille de la Saint André (30 novembre), de la Saint Thomas (21 décembre), de Noël ou du Nouvel an, les filles deuvent inviter et voir leurs amants futurs." A cerimônia originar-se-á das refeições fúnebres, repastos dedicados aos mortos (ausentes). Nos candomblés os orixás servem-se, invisivelmente, de alimentos privativos para cada um deles. 10) "Em noite de S. João, põe-se uma moeda de vintém na fogueira, e atira-se, para dá-la, no dia seguinte, ao primeiro pobre que aparecer: o nome do pobre é o nome do noivo." 11) "Em noite de S. João dão-se nós nas quatro pontas do lençol, tendo-se previamente escrito nelas os nomes de quatro pessoas queridas, mas os nós, sendo bem frouxos: ao amanhecer, o nó que estiver desmanchado indicará o nome do futuro esposo ou esposa." Liga-se ao 6º, oráculo dos Pálices. 12) "Em noite de S. João, põe-se um pouco de clara de ovo num copo contendo água; no dia seguinte aparece uma igreja (casamento) ou um navio (viagem próxima), etc., etc." "Em Portugal, ao pôr-se a clara no copo, diz-se: "S. João de Deus amado, / São João de Deus querido, / Deparai-me a minha sorte / Neste copinho de vidro." 13) "Em noite de S. João, passa-se sobre a fogueira um copo contendo água, mete-se no copo, sem que atinja a água, um anel de aliança preso por um fio, e fica-se a segurar no fio; tantas são as pancadas dadas pelo anel nas paredes do copo quantos os anos que o experimentador terá de esperar por casamento." Alberto Faria (*Revista da Academia Brasileira de Letras*, 140, 393-394) cita Amiano Marcelino que narrou o processo adivinhatório dos astrólogos Hilócrio e Patrício, usado para saber o nome do sucessor do Imperador Valente (328-378). Sobre uma vasilha redonda gravaram as letras do alfabeto e um anel preso a um fio ficou oscilando e tocando sucessivamente nos sinais. Resultou Theod, e Valente mandou matar quem tivesse nome começando por estas letras. 14) "Para uma pessoa saber se está próximo a casar, planta, três dias antes de S. João, três cabeças de alho; quantas cabeças de alho aparecerem, nascendo, no dia de S. João, tantos serão os anos de espera do casamento; se nenhuma aparecer, é que a pessoa não casará." 15) "Quem, na noite de S. João, tirar numa pimenteira uma pimenta verde, casará com moço, se encarnada, casará com velho." A ligação do santo com os cultos agrários, visível pela insistência no desabrochar de flores, reverdecimento de folhas, acresce à ideia de matrimônio, de união carnal. À meia-noite, é possível aos homens valentes colher a flor da samambaia, que abre nesta ocasião, e o demônio costuma cercá-la de pavor para que ninguém possa ter um talismã, que tudo pode, como o fetal (*Osmundarregalis*, Linn) em Portugal, e na Rússia o *paporotnik* (*Aspidium felixmas*, Linn). A samambaia (*Aspidium coriaceum* e *Polypodium lepidopteris*) dará a felicidade em todos os empreendimentos. Frazer e Wilhelm Mannhardt estudaram as fogueiras como elementos dos cultos agrários ou símbolos do poder solar. Na fase solsticial, a fogueira representa, por mágica simpática, a fixação, a detenção da força do sol, sua conservação, conjurando os perigos de um afastamento prolongado, que o solstício parece anunciar. Os devotos de São João, do *senhor São João*, como dizem no Norte do Brasil, atravessam o braseiro vivo das coivaras, com os pés descalços, sem o menor acidente. Assisti, em junho de 1930, na cidade do Ceará-Mirim, a essa demonstração tradicional, tal-qualmente se via nos fiéis de Diana, que caminhavam, na Cilícia, sobre carvões ardentes, e os fiéis da deusa Ferônia igualmente passavam as brasas (ver *Passar Fogueira*). Luís da Câmara Cascudo ("Consultando São João," pesquisas sobre as adivinhações, Natal, 1949), Gastão de Bettancourt (*Os Três Santos de Junho no Folclore Brasileiro*, Ed. Agir, Rio de Janeiro, 1947), Veríssimo de Melo (*Superstições de São João*, Ed. Bando, Natal, 1949), Marisa Lira ("Festas Joaninas", comunicado à Comissão Nacional do Folclore, n.º 29, 18-VI-1948), Alceu Maynard Araújo ("Os Mastros de Junho," idem, n.º 67, 20-XII-1948). Para origem das adivinhações, Luís da Câmara Cascudo (*Superstição no Brasil*, "Adivinhas de São João", 166-176, 6ª ed., São Paulo, Global, 2002).

André Varagnac (*Civilisation Traditionnelle et Genres de Vie*, Paris, 1948) estudou os *feux de Saint-Jean*, ainda abundantes na França, sua utilidade social no divertimento coletivo. Arnold van Gennep (*Cycle de Mai, Cycle de la St. Jean et de la St. Pierre*, Paris, 1948) fixou o assunto, negando à teoria solar qualquer interpretação solsticial "parce qu'elle ne se situe pas le jour le plus long de l'année", aceitando a doutrina de Westermark e Frazer, da purificação e profilaxia contra os males que possam vir à colheita. Van Gennep e Varagnac publicam mapas das regiões francesas, localizando as fogueiras. No Brasil a fogueira de S. João é de iniciativa familiar e posta diante de cada residência. Não há vestígios de ação terapêutica sobre o homem ou animais e a acepção religiosa reduz-se à ideia de uma homenagem a São João Batista. A rara, mas existente, passagem sobre o braseiro com os pés nus (ver "Ferônia", *Anúbis*, X) não mais contém nenhuma intenção religiosa ou propiciatória. No Brasil o São João é festa de inverno e não de verão como na Europa e é preciso excluir, mesmo nesta época e para todo o Nordeste e Norte do Brasil, que a fogueira seja feita para aquecer ou constitua centro de reunião familiar. As festas joaninas realizam-se no interior das casas. No sertão do Rio Grande do Norte, Paraíba e Pernambuco, uma cena interessante é "Tomar a Fogueira". Um grupo de amigos simula assaltar a fogueira, disparando armas de fogo, e é repelido pelos locais (Ulisses Lins, *Um Sertanejo e o Sertão*, 105, Rio de Janeiro, 1957). Arnold vau Gennep (1872-1957) publicou um pequeno mas precioso estudo sobre "Observations sur la Répartion en France des Feux Cérémoniels de Carême-Carnaval et la Saint-Jean," (*Homenaje a Don Luís de Hoyos Sainz*, I, 169-172, com mapas, Madrid, 1949), indicando a presença da fogueira em 30.000 localidades francesas, e a continuação usual na Grã-Bretanha, Bélgica, Luxemburgo, Suíça e Alemanha. Ver Jamile Japur T. de Lima, "A Fogueira de São João no Estado de São Paulo", *A Gazeta*, 20-IV-1959, S. Paulo; Rossini Tavares de Lima, *A Literatura Tradicional da Noite de São João*, idem. A imagem do santo é lavada à meia-noite, substituindo o banho coletivo dos devotos noutras paragens (Cássio M'Boy, "Lavagem de São João no Embu", *A Gazeta*, 1-VIII-1959, S. Paulo). Durante a Noite de São João surge o compadrio, compadres e comadres (Ver *Comadre, Compadre*), considerados seriamente. Há também *casamentos* tidos como divertimento. Nos *gerais*, região entre Piauí e Goiás, o *casamento* na fogueira de S. João constituía, pelo menos até 1912, um sacramento. Artur Neiva e Belisário Pena (*Viagem Científica*, 168) registraram: "Entre os curiosos hábitos do povo, existe nos *gerais* o casamento realizado, na noite de S. João, o qual se realiza junto à fogueira, em presença dos pais dos noivos, padrinhos, pessoas da família, convidados e que é considerado válido para todos os efeitos. O isolamento em que vivem, e a grande distância que teriam de vencer para atingir o local donde se achasse sacerdote, sugeriu-lhes a singeleza poética dum contrato civil, ungido pelo fervor das suas crenças. Pois bem, quando os missionários passam, torna-se necessário aos casais unidos, alguns já por muitos anos, contribuir a título de esmola, com o correspondente ao duplo casamento banal, a fim de que a união seja abençoada."

JOÃO ALFREDO DE FREITAS. Nasceu em Teresina, Piauí, a 17 de novembro de 1862 e faleceu no Caldeireiro, arrabalde do Recife, Pernambuco, a 31 de dezembro de 1891. Bacharel em 1884. Advogado, professor de matemáticas, Chefe de Polícia no Rio Grande do Norte. Dedicou-se aos estudos de entomologia, folclore, Direito, fazendo pesquisas pessoais. O folclore seduziu-o e publicou dois estudos no assunto: "Fetichismo Religioso e Político", 1833. "Legendas e Superstições do Norte do Brasil", 1884 (ver *Antologia do Folclore Brasileiro*, vol. 2, 59-82, 6ª ed., São Paulo, Global, 2004).

JOÃO DA CRUZ. Sinônimo popular de dinheiro. Creio desusado. Morais cita-o na locução *faltou-me João da Cruz*. Referência à cruz de Cristo nas moedas portuguesas, e o nome de João, comum aos soberanos de Portugal e também denominação vulgar de uma espécie qualquer inominada. João Qualquer, João Ninguém, João Bobo, João Rico, João Bocó, etc.

JOÃO DE CALAIS. Novela francesa, de aventuras fantásticas, traduzida, sem nome da autora e do tradutor, para o português, editada em Lisboa, antes de 1783, constantemente reeditada com extraordinária popularidade em Portugal e Brasil; onde foi impressa pelos Laemmert, a partir de 1840, e reimpressa até nossos dias. A autora é Madame de Gomez (Madalena Angélica Poisson 1684-1770), que a incluiu nas suas *Les Journées Amusantes*, IIº, Paris, 1723, e não nas *Cent Nouvelles Nouvelles*, como informou Nisard, e Teófilo Braga repetiu. Madame de Gomez aproveitou uma *estória* popular e lhe deu a forma literária divulgativa, passando à *Bibliothèque Universelle des Romans* (dez., 1776) e reproduzida em quase todas as coleções do gênero na França dos sécs. XVIII e XIX. Do *Journées Amusantes* há várias reedições em Paris e Amsterdam. Rapidamente a novela passou ao anonimato da questão da autoria. É um motivo nos contos populares europeus. Bladé encontrou-o na Gasconha (*Contes Populaires de la Gascogne*, II, 1886), J. B. Andrews na costa francesa e italiana do Mediterrâneo (*Contes Ligures, Traditions de la Rivièré*, n.os 26 e 41, 1892), Paul Sébillot na alta Bretanha (*Contes Populaires de la Haute Bretagne*, terceira série, 1882), Wentworth Webster entre os bascos (*Basques Legends*, 1877), A. Le Braz entre os bretões (*La Légende de la Mort Chez les Bretons Armoricains*, 1902), Li Giner Arivau (*Folk-lore de Proaza* (Asturias), Biblioteca de las Tradiciones Populares Españolas, VIII, 1886), Gittée et Lemoine (*Contes Populaires du Pays Wallon*, 1891), Elsie Clews Parsons no Cabo Verde (*Folk-lore From Cape Verde Island*, I, 1923), e em Martinica, Guadalupe, Haiti (*Folk-lore of the Antilles, French and English*, I, 1933, II, 1936), em Portugal, num conto narrado por uma analfabeta, por Consiglieri Pedroso (*Mitografia*, Positivismo, II, cotação de Teófilo Braga) e no Brasil, como um conto popular por Aluísio de Almeida (*50 Contos Populares de São Paulo*, n.º 25, São Paulo, 1947) e por mim, em Natal. O enredo é baseado nos temas sedutores da *Esposa Resgatada, Privação da Sepultura por dívidas e o Morto Agradecido*. Ver Gordon Hall Gerould (*The Grateful Dead*, The History of a Folk-Story, Londres, 1908), Luís da Câmara Cascudo (*Cinco Livros do Povo*, João de Calais, pesquisas de origens, texto francês, documentação histórica dos motivos, etc., João Pessoa: Editora Universitária UFPb, 1979). O enredo é o seguinte, na tradução portuguesa que modificou a redação de Madame de Gomez: João de Calais, filho de um rico mercador de Calais, é arrastado por uma tempestade para a ilha de Orimânia, onde, na cidade de Palmânia, resgata um cadáver, que os cães dilaceram, por ser devedor insolvável. Paga o resgate de duas moças, que um pirata conduzia, e casa-se com uma delas, Constança. Em Calais, o pai reprovou o matrimônio, e João de Calais fez-se ao mar, deixando a esposa e o filhinho, e levando um retrato de ambos na sua nau. Chegando à Sicília, em Palermo, o rei reconheceu no retrato a princesa, sua filha, que tinha sido raptada por piratas. João regressa a Calais, com o príncipe Florimundo, para ir buscar a mulher. De volta a Palermo, Florimundo atira

João ao mar, com ciúmes. As correntes marinhas levam-no para uma ilha, onde vive dois anos, e é levado magicamente por um homem misterioso a Palermo, justamente quando Constança é obrigada a casar-se com o primo Florimundo. João faz-se reconhecer, e o príncipe é justiçado. Na festa das bodas, reaparece o homem misterioso, exigindo a metade do filho de João, e este, que prometera dar a metade do que mais amasse, cede. O homem recusa e diz ser a alma do morto, que os cães rasgavam em Palmânia. No original francês, o reino é Portugal, Palermo é Lisboa e o príncipe é Dom João. Há outra redação, também popular, de Jean Castillon.

João do Rio. Pseudônimo de João Paulo Emílio Cristóvão dos Santos Coelho Barreto, Paulo Barreto, nascido na cidade do Rio de Janeiro, a 5 de agosto de 1881, e falecido na mesma capital, a 23 de junho de 1921. Jornalista, fundador e diretor de jornais que se popularizavam rapidamente, cronista delicioso de graça, originalidade e *verve*, iniciou, reportagens sugestivas sobre o movimento literário, atividades religiosas, aspectos da vida carioca, fixando impressões rápidas, em dezenas de livros, que eram esgotados imediatamente, disputados pela curiosidade pública. Possuía um estilo personalíssimo, cheio de brilho e sedução. Traduziu Oscar Wilde, escreveu dramas, que foram representados e aplaudidos. Interessou-se profundamente pela regularidade do intercâmbio literário entre Portugal e Brasil. Teve amigos fanáticos e adversários teimosos. Morreu de um colapso, dentro de um automóvel, voltando, alta noite, do jornal. O seu enterro foi um desfile de quase toda a população do Rio de Janeiro. Interessarão ao folclore, entre outros, os seguintes livros seus: *As Religiões do Rio*, Rio de Janeiro (1904); *A Alma Encantadora das Ruas*, Rio de Janeiro, sem data; *Era Uma Vez...* contos para crianças, com Viriato Correia, Rio de Janeiro, sem data, oitava edição em 1936; *Fados, Canções e Danças de Portugal*, Rio de Janeiro, 1909.

João Fernandes. Dança sapateada, ao som da viola, fazendo parte do baile pastoril gaúcho; "fandango", segundo Pereira Curuja. Ver *Fandango*.

João Galafoice. Dão esse nome e também o de João Galafaice, em Alagoas, ao fenômeno luminoso, denominado *Jean de la foice*, em Sergipe, e João Galafuz em Pernambuco. "Em Alagoas o João Galafoice pertence ao bando assustador dos negros raptores de crianças. É um preto-velho, de surrão clássico, rondando as casas, para levar os meninos que estão fora da defesa doméstica." Alfredo Brandão ("Os Negros na História de Alagoas", 88, in *Estudos Afro-Brasileiros*, Rio de Janeiro, 1935) ensina que "A lenda de João Galafuz, prendendo-se talvez à luminosidade da água do mar, lenda que o Dr. Pereira da Costa descreve no seu *Folclore Pernambucano*, é aqui em Alagoas alterada na história de João Galafoice, o qual seria um negro, que, nas trevas da noite, agarrava os meninos que andavam fora de casa". (Luís da Câmara Cascudo, *Geografia dos Mitos Brasileiros*, 309-310, 3ª ed., São Paulo, Global, 2002).

João Galafuz. Nome com que a superstição popular designa uma espécie de duende, que diz aparecer em certas noites, emergindo das ondas ou surgindo dos cabeços de pedras submersas, como um facho luminoso e multicor, prenúncio de tempestade e naufrágios; crença essa dominante entre os pescadores e homens do mar do norte do Estado (de Pernambuco), e principalmente de Itamaracá, dizendo-se que esse duende marinho é a alma penada de um caboclo, que morreu pagão, acaso conhecido por João Galafuz. A superstição tem curso também em outros Estados, nomeadamente em Sergipe, sob o nome de *Jean de la Foice* (Pereira da Costa, *Vocabulário Pernambucano*, 407-408). Juan de la Foice, fogo-fátuo ou boitatá, em Sergipe (Gustavo Barroso, *Terra de Sol*, 266, Rio de Janeiro, 1912). Ver *Boitatá*.

João Galamaste. Citando Bluteau, Morais dicionarizou o verbete português correspondente: — Arreburrinho: s. m. Jogo que os rapazes fazem, cavalgando numa trave apoiada pelo meio num espigão, sobre o qual gira horizontalmente (Bluteau, *Vocabulário*). Em Pernambuco, *jangalamaste, talvez de young masters play*; brinco, divertimento do senhorzinho, do senhor moço, que deixaram os holandeses. Burrica, em Portugal. Gangorra. João Galamarte, no Nordeste. Zangaburrinha, em Minas Gerais.

João Maria. O Monge João Maria, profeta São João Maria, São João Maria, era realmente João Maria de Agostinho, de estatura mediana, barba branca, alourado, vestindo-se asseadamente, pregando religião com uma Bíblia, que interpretava ao seu sabor, abstêmio, vegetariano, sem receber dinheiro, profetizando, espalhando conselhos sobre a lavoura, falando confusamente, tendo grande prestígio no interior dos Estados de Santa Catarina e Paraná, onde fazia curas e batizava. Frei Rogério Neuhaus O. F. M. encontrou-o em dezembro de 1897, em Capão Alto, paróquia de Lajes, Santa Catarina. Informa que o povo o venerava como santo, fazendo promessas para ele batizar os filhos, antes do sacerdote. O Monge disse a Frei Rogério: "Eu nasci no mar. Criei-me em Buenos Aires, e faz onze anos que tive um sonho, percebendo nele claramente que devia caminhar pelo mundo, durante quatorze anos, sem comer carne nas quartas-feiras, sextas-feiras e sábados, e sem pousar na casa de ninguém. Vi-o claramente." (Frei Pedro Sinzig, *Frei Rogério Neuhaus*, 153-158, ed. Vozes de Petrópolis, segunda ed., s. d.). Frei Rogério aconselhou-o a deixar a mania profética e pregação bíblica, confessar-se e ser criatura normal. "Em 1896, era visto em União da Vitória. Era alourado e a sua palavra trazia a marca do sotaque castelhano. A tiracolo, uma sacola minúscula de algodão, em que levava a sua pequenina barraca e uma panela. Conduz um crucifixo e algumas imagens pequenas. Peregrina, dando cumprimento à antiga promessa, prestes a terminar, segundo diz. Não quer que o sigam os bandos, não aceita dinheiro, senão um pouso, um pouco de verdura, uns goles de leite ou um pedaço de queijo. Aconselha ao povo que tenha crença, que trabalhe na lavoura. Aqui e ali planta uma cruz, faz algumas profecias e parte. Para o sertanejo crédulo e simples, abandonado e ignorado, o monge é a representação da bondade, é o santo, que o procura e lhe dirige a palavra de consolo, o apóstolo que se lembrou da sua vida miserável. E a lenda desponta na imaginação do caboclo. Contam-se casos. Os lugares, em que o santo homem pousou, tornam-se santos, a água das fontes, de que ele bebeu na concha da mão, faz o milagre de curas inesperadas. E foi assim ficando a sua lembrança, entre saudades e esperanças, nimbada de santidade: São João Maria, o profeta dos sertanejos." (Osvaldo R. Cabral, *Santa Catarina*, 380-381, Brasiliana, São Paulo, 1937). Por todo antigo Contestado, região sul do Paraná e municípios serranos de Santa Catarina, o Monge São João Maria deixou fama imorredoura, e que se estende até fronteiras do Rio Grande do Sul. Desapareceu sem notícias e ninguém acredita ainda hoje na sua morte. Alguns fiam que ressuscitou (ver *Pai Veio*) e que está vivendo na serra do Taió, de onde voltará para ver o seu povo fiel. A gruta preferida para seu descanso, em Lapa, Paraná, é objeto de veneração e peregrinações ocultas e teimosas. Apesar de suas profecias favoráveis aos "Federalistas", o monge não era político e sua ação foi sempre religiosa, espiritual, mística. Mas resiste na memória da região, onde peregrinou e sofreu. Graças ao prestígio do seu nome mágico foi possível a vinda do Monge José Maria (ver *José Maria*) tão diverso em atitude e utilização da popularidade devota dos sertanejos, Há, naturalmente, em Paraná e Santa Catarina, uma literatura oral e popular sobre o Monge São João Maria, versos, orações, cantigas. O Sr. Euclides José Filipe ("O Monge ou o Profeta São João Maria", *Boletim Trimestral da Subcomissão Catarinense de Folclore*, n.º 4, 22-31, Florianópolis, junho de 1950) registrou versos sobre o monge, de origem alemã, notas de história, de arte e de espírito coletivo de admiração e saudade do "santo". Ver *Padre João Maria, Sebastianismo*.

Joaquim Nagô. É uma devoção popular em Montes Claros, Minas Gerais, invocada na solução de pequeninos problemas domésticos, desaparecimento de objetos, ameaça de mau tempo, etc. Era um escravo negro acusado de assassinar o coronel Joaquim Antunes de Oliveira, fazendeiro em S. José de Gorutuba, de costumes irrepreensíveis, vida santa e também localmente *canonizado* pelas famílias. Joaquim Nagô confessou o delito, sendo condenado e executado na forca em 30 de maio de 1836, depois da corda romper-se por duas vezes, apiedando a assistência. Contava pouco mais de vinte anos. Tempos depois um tropeiro agonizante, em Diamantina, confessara a autoria do crime para roubar. Joaquim Nagô passou à classe dos *santos inocentes* ou mártires da injustiça humana (Hermes de Paula, *Montes Claros*, 384-387, Rio de Janeiro, 1957).

João Paulino. Ver *Gigante*.

João Ribeiro. João Batista Ribeiro de Andrade Fernandes nasceu na cidade de Laranjeiras, Sergipe, a 24 de junho de 1860 e faleceu no Rio de Janeiro a 13 de abril de 1934. Professor de História, crítico, filólogo, esteta, polígrafo, com clareza, erudição e simplicidade incomparáveis realizou na Biblioteca Nacional, em julho-setembro de 1913, uma série de conferências sobre o folclore, autêntico e legítimo curso de extensão universitária, aproveitado para o seu volume respectivo, um dos mais preciosos na bibliografia nacional. *Frases Feitas*: estudo conjetural de locuções, ditados e provérbios, Dois volumes, Rio de Janeiro, 1908. *O Fabordão*: crônica de vários assuntos, Rio de Janeiro, 1910. *A Língua Nacional*: notas aproveitáveis, São Paulo, 1921. *O Folclore*: estudos de literatura popular, Rio de Janeiro, 1919. *Notas de um Estudante*: estudos nacionais e apontamentos de origem alemã, notas de história, de arte e de ciência, São Paulo, 1922. *Colmeia*: segunda série de *Notas de um Estudante*, São Paulo, 1923.

João, São. Ver *Capela*.

Joaquim Ribeiro. Nasceu a 27 de maio de 1907 na cidade do Rio de Janeiro, onde faleceu em 27 de abril de 1964. Bacharel em Direito. Foi uma das melhores culturas de sua geração, historiador, filólogo, folclorista, crítico, inteligência viva, enfrentando variedades temáticas na legitimidade do conhecimento. Professor no Colégio Pedro II, Escola Dramática Municipal, Técnico do Ministério da Educação e Cultura, seus livros documentam a feição brilhante, original, do seu temperamento inquieto, debatedor, inconformado com as soluções alheias à sua dedução. Está esparsa em revistas e jornais uma boa parte de seus ensaios, de pesquisa pessoal, comprovação meticulosa, argumentando com agilidade, quase sempre em timbre polêmico (*Estética da Língua Portuguesa, Origem da Língua Portuguesa, Nove Mil Dias com João Ribeiro*, deliciosa evocação da figura paterna, *As Cartas Chilenas e a Inconfidência Mineira*, *História da Romanização da América*, são os mais representativos. Inéditos: *Teoria e Hermenêutica Literária*, *Gavião de Penacho*, romance, *Aruanda, Iemanjá, Deuses de Barros*, teatro, *Estilística na Obra de Coelho Neto*, e uma *História do Folclore Brasileiro*). Pertenceu à Academia Brasileira de Filologia, Conselho Nacional de Folclore, Instituto Histórico, IBECC, e mais entidades intelectuais. Sobre o folclore, publicou no Rio de Janeiro A *Tradição e as Lendas*, 1928; *Introdução ao Estudo do Folk-lore Brasileiro*, 1934; *Folk-lore Brasileiro*, 1944; *Folklore dos Bandeirantes*, 1946; *Folclore Baiano*, 1956.

JOGO. A expressão popular compreende apenas o jogo de cartas, de gamão, bilhar, xadrez, etc. Como sinônimo de *brincadeira* infantil, jogo ginástico, motor, é de recente divulgação pedagógica. Duarte Nunes de Leão já registra essa mudança de significação: "E como na palavra jogo, que, querendo dizer, em latim, somente graça ou galanteria de palavras, a confundimos na significação da palavra *ludus*. E dizemos jogo de cartas, de bola, e todas as más maneiras de jogos," (Adolfo Coelho, in *Tesouro da Língua Portuguesa* do Dr. Frei Domingos Vieira, I. L., Porto, 1817). Os mais antigos jogos de baralhos são a bisca, o truque, espadilha, sueca, *tasquiné* (lansquenete), quatro reis, revezinho, modalidade do faraó, e no séc. XIX o bacará e os populares trinta e um, sete e meio, abafo, marimbo, trunfo, sete em porta e palmeira (no Rio Grande do Sul), etc. Foi o divertimento colonial da sociedade em todas as classes, e diziam em Portugal "Roupas de Jogo," valendo as mais vistosas e bonitas, dignas da função. Ver *Brinquedo, Brincadeira, Bola*.

JOGO DE BARALHO. O séc. XVI foi época de jogo intenso em Portugal. Gil Vicente, Antônio Ferreira, os criadores dos autos mais populares, citam abundantemente o vício das cartas. O mesmo ocorria por toda a América espanhola. Os jogos de naipes, que chamamos hoje cartas, foram soberanas distrações, que se tornaram custosas e raras de abandono. No *Auto da Barca do Purgatório*, Gil Vicente resumia, pela boca do diabo:

"Sempre jogava o fidalgo,
Bispo, escudeiro, ou que hé."

E no *Auto da Feira*, o diabo, armando tenda, anunciava:

"E trago d'Andaluzia
Naipes com que os sacerdotes
Arreneguem, cada dia,
E joguem té os pelotes."

As fidalgas jogavam baralho tão animadamente que as cartas voavam pelas janelas, como sucedeu àquela que deixou cair um *três de paus* na cabeça de Luís de Camões, que ia passando, e que versejou, um humorismo lúgubre:

"Para evitar dias maus
Da triste vida que passo,
Mandem-me dar um baraço,
Que já cá tenho três-paus!"

Três-paus, como sabem, era a força. E não houve solução de continuidade no amor à *orelha da sota*. Esses jogos de baralho (ver *Baralho[II]*), a linguagem especial para cada um, época de seu prestígio, a relação mais completa de todos eles, as superstições relativas ao jogo, jogadores e assistentes, os jogos silenciosos e as palrantes, bem merecem pesquisa e maior demora em fixá-los, pela importância que tiveram na vida social brasileira, em mais de quatrocentos anos. A lista subsequente é uma pequenina amostra dessa variedade, que distraiu e distrai brasileiros, no tempo e na espaço:

ABAFO.

ALAMOA: também chamada lamoa.

BACARÁ: trazido pelos soldados de Carlos VIII (1470-1498) da Itália para, a França, de onde se irradiaram.

BASTO: a maior carta é o dois de paus (Basto). Joga-se com três cartas.

BISCA: popular em Portugal e Espanha, o jogo preferido e familiar. Com uma grande variedade: bisca de nave, bisca de três, bisca lambida, bisca sueca.

BRIDGE: moderno, relativamente.

BURRO: jogo infantil com ou sem possibilidade de aposta. Há o burro em pé, espécie de *carga-la-burra*, jogando-se com o baralho em pé, equilibradas as duas metades, e será *burro* quem, retirando as cartas, o faça cair.

BURACO: relativamente novo. Para o Nordeste e Norte é posterior a 1930.

CAMPISTA.

CANASTRA: aplica-se a informação de buraco.

CASTELINHO.

CAVALO PODRE: infantil. *El Tonto* na Espanha.

COPAS.

CRAPOR: de *crapeaux*? Novo pelo Nordeste. Joga-se com dois baralhos.

ESPADA.

ESPADILHA: jogo velho, de início do séc. XIX.

FEDE: o mesmo que burro e havendo variações. Infantil.

LU: velho jogo. É o norte-americano *loo*.

LASQUENÊ: lansquenete, vindo das guerras de religião na Europa. Séc. XVII. De origem alemã. Joga-se com seis e até doze baralhos.

LAMOA: alamoa.

MANILHA: velho jogo português.

MARIMBO: popular no sertão. Joga-se com três cartas. Lembra o abafo.

MOLGÃO.

MORGO.

PACAU.

PRIMEIRA: Shakespeare cita-o como popular. Desde o séc. XVI joga-se no Chile. Ver *Primeira*.

PIF-PAF: moderno e não alcançou popularidade no sertão.

PÔQUER: poderoso na segunda metade do séc. XIX, especialmente nas últimas décadas, quando destronou o voltarete nas cidades.

PACIÊNCIA: com variantes incontáveis. É uma distração.

RELANCIM: relacim-arreodo, pé-duro, etc. Muito popular desde uns quarenta anos.

RONDA.

SUECA: sueca, sueca duê, popularíssimo jogo familiar.

SOLO: foi um rei no sertão oitacentista.

SETE E MEIO.

SOU EU!: jogo infantil, para distrair.

TRÊS CARTAS.

TRÊS SETE.

TRINTA E UM: citado desde o séc. XVI na Espanha.

TRUQUE: truco, continua popular, especialmente em São Paulo, Minas Gerais, etc. Ver *Truque*.

VERMELHINHA: com três cartas.

VINTE E UM.

VOLTARETE.

WHIST: jogado nas cidades. John Mawe viu-o jogado e preferido no Tijuco em 1809 (Minas Gerais).

JOGO DO BICHO. É o jogo diário de milhões de brasileiros, vício dominador, irresistível e soberano. Joga-se em todo o Brasil, das capitais às povoações menores, diariamente. O cálculo mais baixo alcança trinta milhões de cruzeiros, sacudidas nas apostas. A tabela é tentadora: com dez centavos ganha-se no "Grupo" dois cruzeiros, seis cruzeiros na "Dezena," sessenta cruzeiros na "Centena" e quatrocentos cruzeiros no "Milhar" do bicho. Nasceu o jogo do bicho no Rio de Janeiro em 1893, e em 1905 estava vitorioso em toda parte. Contra ele a repressão policial apenas multiplica a clandestinidade. O jogo do bicho é invencível. Está, como dizem os viciados, *na massa do sangue*. Sua origem é simples. O Barão de Drummond, João Batista Viana de Drummond, titular do Império, fundador e proprietário do Jardim Zoológico, tendo cortada a subvenção federal, que auxiliava a manutenção dos animais, aceitou a sugestão de um mexicano, Manuel Ismael Zevada, e inaugurou, em princípios de 1893, o jogo do bicho no Jardim Zoológico do Rio de Janeiro. Comprando um ingresso de mil réis para o Zoo, ganhar-se-iam vinte mil réis, se coincidisse o animal desenhado no bilhete ser o mesmo que seria exibido num quadro, determinadas horas depois. O Barão de Drummond fizera pintar vinte e cinco animais, e cada tarde um quadro subia, mostrando o bicho vitorioso. Os ingressos que tivessem o animal desenhado davam direito aos vinte mil réis. O jogo agradou e uma multidão ia ao Zoológico exclusivamente para comprar os bilhetes e esperar a sorte. Espalhou-se pelo povo, tornando-se um hábito. Anos depois, o Barão não mais possuía o monopólio, proibido o jogo no Zoológico, mas centenas de banqueiros vendiam as *poules* com os números referentes aos vinte e cinco bichos dadivosos. Derramou-se o jogo do bicho por todo o território nacional, avassaladoramente, como uma inundação. Os jornais publicavam palpites e houve mesmo um jornal diário, dedicado à nova ciência de decifrar sonhos e engendrar palpites para *acertar no bicho*. Os vinte e cinco bichos são: 1, Avestruz; 2, Águia; 3, Burro, 4, Borboleta; 5, Cachorro; 6, Cabra; 7, Carneiro; 8, Camelo; 9, Cobra; 10, Coelho; 11, Cavalo; 12, Elefante; 13, Galo: 14, Gato; 15, Jacaré; 16, Leão; 17, Macaco; 18, Porco; 19, Pavão; 20, Peru; 21, Touro; 22, Tigre; 23, Urso: 24, Veado e 25, Vaca. Diariamente o telégrafo anunciava aos banqueiros o número sorteado, depois o mesmo da Loteria Nacional. Hoje é o rádio encarregado dessa missão. Nas menores povoações sempre há um aparelho receptor que transmite o bicho e espalha alegrias e cóleras cada vinte e quatro horas. Há quem *venda bicho* há mais de quarenta anos, andando a pé pelas estradas sertanejas, procurando os fregueses, discutindo os palpites, esclarecendo os sonhos e deixando a *poule*, que guarda sempre uma esperança. Impossível reunir os processos populares para acertar no bicho, a variedade interpretadora dos sonhos, visões e intuições que vão do maravilhoso ao cômico. O encontro com animais, a sombra de objetos, notícias, nomes, pessoas, tudo serve para indicar o bicho que há de dar. Existem orações especiais para o caso, promessas e oferecimentos típicos. Há quem jogue todos os dias e quem se arrisca apenas nas festas do ano, em grandes datas ou por imperativo de um impulso superior. Lançar água a uma parede para deduzir da mancha o aspecto provável de um animal é comum. As manchas da saliva ou da urina guiam também. Borra de café, o velhíssimo processo da *marca de café*, é usual. O sonho é o melhor colaborador. Há naturalmente maneiras de obrigar o bicho a aparecer no sonho. Dorme-se amarrado: amarrados os pés, para sonhar com os quadrúpedes e amarradas as mãos para os bichos de asas ou talvez o quadrúmano. Sonhar com certas pessoas corresponde a determinados animais. Há quem possua lista dos vinte e cinco bichos e as vinte e cinco correspondências humanas, às vezes entidades ilustres do lugar. Aqui está a "Oração das Nove Almas Benditas" para sonhar com o bicho: "Valei-me, minhas Santas Almas Benditas: as três que morreram queimadas, as três que morreram afogadas, as três que morreram perdidas. E venham todas as nove para que me digam em sonho claro que bicho dará amanhã. Minhas Santas Almas Benditas, juntem-se todas as três, as seis e as nove e com os poderes de Deus e de sua Santa Mãe dai-me em sonho claro o bicho de amanhã sem confusão e sem embaraço. Rezar três salve-rainhas até *nos mostrai*". Artur Ramos (*A Aculturação Negra no Brasil*, 263-266, Brasiliana, São Paulo, 1942) registrou várias orações nesse gênero, colhidas no Nordeste. A minha é de Natal e foi encontrada num catimbó, fonte idêntica das que divulguei no *Meleagro*, Rio de Janeiro: Agir, 1978. Osvaldo R. Cabral, S. Catarina, reuniu informação curiosa no seu "Folclore do Jogo do Bicho". *Douro-Litoral*, quinta série, V-VI, 96, Porto, 1935, Portugal.

Jogo de Dados. Foi trazido pelos portugueses, porque era popular e já tradicional no séc. XVI. Eram os pequenos cubos de marfim, ou metal, tendo um algarismo em cada uma das seis faces. Não há jogo mais antigo. Os gregos diziam-no inventado por Palamedes, companheiro de Agamemnon na guerra de Troia. Conheciam-no egípcios, persas, assírios, babilônios, medas. Heródoto afirmava ser uma invenção dos lídios (*Clio*, XCIV). Era velhíssimo na Índia. No *Sabhparvan*, um dos livros do *Mahabarata*, o Príncipe Iudistira aposta todo o seu reino num lanço de dados com Duriodana (*Mahabarata*, 45-46, ed. Cultura, São Paulo, 1943). Kali e Dvapara eram deusas do dado (Somadeva, *The Ocean of Story*, IV, 240, notas de M. N. Penzer, Londres, 1925, e ver as anotações de Penzer ao conto "Davadatta the Gambler". *The Ocean of story*, II 231-232, Londres, 1924). No *Rig-Veda* (X, 34) há um hino do jogador aos dados, exaltando seu fascínio irresistível e os males atraídos com seu uso.

Não encontrei esse jogo na *Ilíada* nem na *Odisseia*. Mas os dados, *kubi*, eram populares em toda a Grécia clássica. Em Roma constituía jogo favorito de todas as classes, imperadores, senadores e plebeus, escravos e livres. Suetônio narra a mania de Júlio César, Augusto, Calígula, Cláudio, Nero, Domiciano, pelos dados, *datum* e especialmente *tessera*. Martial, falando pelos dados, poetava: "Pouco nos importa em ser inferiores em números aos ossinhos (*talus*, a *Taba*, ver) porquanto é conosco que se joga o mais alto jogo" (*Epigramas*, livro XIV, n.º XV). Estava como objeto inseparável na bolsa dos legionários que o levavam pelo mundo governado pelas águias imperiais. Era ainda o jogo da *alea*, servindo também para provocar os augúrios. Júlio César, atravessando o Rubicão, teria aludido à *alea*, o dado da sorte, e dito: *Jacta alea est*, "o dado está lançado!". Cito Suetônio, nessa redação, porque César silenciou nos seus *Comentários*. Na sátira de Rabelais era com os dados que o Juiz Bridoie decidia a justiça das partes apelantes do seu tribunal. Jogar dados foi divertimento e vício secular no Brasil. Contra eles havia uma prevenção devota, por ter sido com o jogo de dados que os legionários romanos tinham partilhado a túnica de Jesus Cristo, crucificado no Gólgota.

Jogo de Damas. Tivemo-lo de Portugal e espalhou-se pelo Brasil. Datando do tempo velho, é de prever sua antiguidade entre nós, explicação de popularidade. É mais urbano do que rural, mas o conhecem quase todos. Nas cidades e vilas maiores é um dos jogos favoritos do povo, carregadores, cabeceiros, carroceiros, trabalhadores, marinheiros, soldados, jogando-o apaixonadamente. Nas calçadas das ruas riscam facilmente o tabuleiro e movimentam caroços de feijão e de milho como tentos, disputando a partida. É jogo de todas as classes e possui devotos e técnicos. Jogado no Oriente, um dos jogos preferidos pelos muçulmanos, as *Damas* têm merecido pesquisa e discussão dos eruditos sobre sua origem. Em Roma jogavam-no sob o nome de *Ludus Latrunculorum* e na Grécia *Getteia* ou *Diosgrámisma*. Como é preciso dizer quem o inventou, os gregos indicam o inevitável Palamedes, e, séculos depois, já pelas alturas da Idade Média, inferiam que o pai das damas teria sido um sultão de Ceilão. Discutem, afirmando que o "latrônculo" não é damas mas xadrez, e assim tenho lido em muito livro ilustre. Parece-me engano manifesto. Jogava-se o "latrônculo" em Roma, em tabuleiro semelhante ao atual, e com tentos, pedras, de duas cores. Esses tentos podiam ser redondos e chatos, como na terracota que o Larousse mostra ou na forma de torres, correspondendo ao tipo dos peões do jogo do xadrez contemporâneo. Assim aparecem num papiro egípcio que está no Museu Britânico, reproduzido por Thomas Wrigt (*Histoire de la Caricature et du Grotesque dans la Littérature et dans L'Art*, trad. de Octave Sachot, 8, ed. Garnier Frères, Paris, sem data [1866?], onde um leão e um unicórnio jogam "aux dames, ou, pour mieux dire, au jeu que les Romains appelaient *Ludus Latrunculorum*, et qui, croit-on, ressemblait à notre jeu de dames". A razão, entre outras, é que no "latrúnculo" são iguais os tentos de cada jogador, o que seria impossível de verificar-se no xadrez. Indiscutivelmente, Martial refere-se às damas, citando o *Calculi* no seu *Epigramas*, livro XIV, n.º XX:

Insidiosorum si lubis bella latronum, Gemmeus iste tibi miles, et hostis erit

embora o tradutor francês tenha preferido *les échecs*. Ovídio (*Arte de Amar*, II), aconselhando ao amante perder no jogo para sua amada, escreve:

Sive latronici sub imagine calculus ibit, Fac pereat vitreo miles ab haste tuus.

Esses peões de vidro, que devem sucumbir ante a hoste adversa, não se coadunam com a hierarquia do xadrez, que sempre possui outros e distintos valores. No Museu Etrusco Gregoriano (Vaticano), há maravilhosa ânfora da segunda metade do séc. VI antes de Cristo, assinada por Ezequias, representando Aquiles e Ájax, jogando damas em Troia. Essa obra-prima da cerâmica ateniense (devo sua fotografia à gentileza do Embaixador Castelo Branco Clark) mostra evidentemente o jogo de damas atual, com pedras ao nível do tabuleiro e por isso invisíveis para o observador (ver *Guida Breve dei Musei e Gallerie Pontificie*, Città del Vaticano, 1948, pág. 85). Certo é que o jogo de damas é milenar e contemporâneo (Daremberb & Saglio, "Latrunculi", *Dictionaire des Antiquités Grecques et Romaines*).

Jogo do Gamão. Os romanos tinham um jogo intitulado *Duodenorum Scriptorum*, jogado em tabuleiro, com doze pedras e um par de dados. Esse jogo conhecido igualmente na Grécia atravessou séculos e se veio modificando. No séc. XV era popularíssimo na França, onde o diziam *Trictrac*, onomatopeia do choque dos tentos no tabuleiro, Desse *Ludus Duodenorum Scriptorum* nasceram variantes incontáveis, com denominações francesas, *Jacquet*, que é o *Trictrac* simplificado, *Garauguet* ou *Garanguet*, com três dados, *Toc*, *Tourne-Casa* com três tentos apenas, *Dames Rebattues*, *Revertier* ou *Reverquier*, *Plein* que é o mesmo *Grand Plein* ou *Petit Plein* ou ainda *Gran Jan* e *Petit Jan* e o *Jeu de Toutes Tables*, com quinze pedras de cor para cada um dos dois parceiros. Esse *Jeu de Toutes Tables* divulgou-se na Inglaterra, onde tomou o nome de *Gammon*, com algumas modificações. O *Trictrac* teve vida prestigiosa e regras decisivas sob Luís XIV. O *Gammon*, voltando da Inglaterra, gozou voga em Paris e veio para Portugal assim como para Espanha. Do velho *Duodecim Scriptis*, que Cícero citava, o *Gammon* é o nosso gamão, burguês, familiar, cheio de recordação das vilas e ruas pacatas, das farmácias provincianas, da vida serena que presidiu. Não há romance fixando costumes em que ele não compareça, amado e preferido companheiro das horas ociosas dos longos domingos de folga. Ainda possui fiéis e os seus amigos não desapareceram. Não é jogo do povo mas da pequena burguesia, do clero provinciano, dos funcionários públicos aposentados, dos juízes de direito em férias, de todos os vagares que devem ser saboreados lentamente.

Jogo da Malha. Ver *Tejo*.

Jogo das Pedrinhas. Ver *Pedrinhas*.

Jogo do Homem. Ver *Academia*.

Jogo do Sisudo. Ver *Silêncio*.

Joia[1]. Diademas, pulseiras, braceletes, anéis para todos os dedos, inclusive dos pés, ligas, jarreteiras, brincos, argolas para os lábios, asas do nariz e tabique nasal, aplicações de pedras preciosas no traje, cinto, sapatos, chapéu, foram inicialmente amuletos, elementos de magia defensiva, destinada a guardar as *entradas*, as *abertas*, os pontos sensíveis do corpo. Perdida a noção mágica de sua função é que a joia foi interpretada no plano utilitário do enfeite, ornato, decoração. Na velha economia doméstica representava a reserva disponível para os momentos difíceis. A ornamentação aparentemente excessiva das meninas casadouras em Portugal, Espanha, França, Itália, Alemanha, Escandinávia, era uma exibição do seu dote e do depósito para horas futuras de necessidade. Participando, pelo contato, da vida, aconselhava-se vender a joia quebrando-a previamente, para interromper a continuidade defensiva do amuleto. Augusto de Saint-Hilaire ainda registrou o costume em Mato Grosso, Goiás e, decorrentemente, em Minas Gerais, terras auríferas: "É o único capital que se possui, em reserva. Quando há necessidade de dinheiro, não se vendem as joias: quebram-nas, e é muito comum encontrar, em meio ao ouro em pó que circula no comércio, pequenos pedaços desse metal que foram trabalhados (*Viagem às Nascentes do Rio São Francisco e pela Província de Goiás*, 2º, 147, S. Paulo, 1937). Já se perdera a explicação secreta de não vender joias inteiras e que também seriam denúncias na falência financeira. Do francês, *joie*, alegria. Era nome de certas joias que

---

[1] No texto original: "Jóia" (N.E.).

não pude identificar. Num inventário de 1867 em Papary (hoje Nísia Floresta, Rio Grande do Norte) encontrei: "uma "alegria" de coral..." Joia, prêmio, recompensa especial.

JONGO. Espécie de samba, em S. Paulo, Minas Gerais, Espírito Santo, Estado do Rio de Janeiro. Sua coreografia difere duma para outra localidade. "No centro da roda, exibem-se os dançarinos individualmente, numa coreografia complicada de passos, contorções violentas e sapateado, no que revelam grande agilidade. O acompanhamento é feito exclusivamente por instrumentos de percussão, pequenos tambores, chamados *tambores de jongo*, que são barrilotes fechados por uma pele esticada. Às vezes o cantador traz um chocalho na mão. O interesse do jongo está na disputa que fazem os dançarinos de suas habilidades, sendo comum irem ao centro da roda dois deles – um homem e uma mulher – e encorajados pela vibração da assistência, realizam um verdadeiro desafio de passos. O canto é de estrofe e refrão, sustentado pelo ritmo surdo dos tambores, às vezes estranhamente combinados, e ajudados pelo batido das palmas" (Renato Almeida, *História da Música Brasileira*, 164). É, nesse tipo, o bambelô nortista, o coco de roda (ver *Bambelô, Coco, Bate-Caixa*). Alceu Maynard Araújo (*Documentário Folclórico Paulista*, 31) fixa diferentemente o jongo de S. Paulo: "O jongo em Cunha é realizado em torno dos instrumentos. Já recolhemos quatro modalidades diferentes de se dançar o jongo. Ora em torno dos instrumentos, ora estes são carregados pelos tocadores, como acontece em S. Luís do Paraitinga, Bananal, Barreiro, Areias. Em todos, porém, conserva sua característica de dança de roda, que se movimenta no sentido lunar, isto é, em sentido contrário aos dos ponteiros de um relógio. É comum nas danças de negros girarem no sentido lunar. Os passos são deslizantes para a frente com o pé esquerdo e direito, alternadamente. Ao finalizar cada deslizamento, há um pequeno pulo, ao aproximar o pé que está atrasado. De vez em quando os dançarinos dão um giro com o corpo, principalmente aqueles que estão na frente das poucas mulheres, que dançam. Estando em frente, vira e defronta-se com a mulher, e ambos mudam os passos, ora para a frente, ora para trás, duas vezes, depois giram. O homem, ao girar, fica novamente com as costas para a mulher. Também ela, às vezes, dá meia-volta, defronta-se com o homem que está atrás. Com esse, ela dá um passinho para a frente ao lado direito, balanceia para trás, depois balanceia para a esquerda, gira e dá-lhe novamente as costas". Informa ainda que o jongo "só é dançado à noite". De origem africana, o jongo mantém para seus grandes bailadores a fama de feiticeiros, sabedores de segredos mirabolantes e de poderes mágicos. O jongo é cantado por um ou mais solistas, e respondido o refrão pelo coro. Os tambores têm nomes de tambu, candongueiro e gazunga, ocorrendo a puíta e a angoia, cestinha de vime com caroços, ritmando o bailado. Ver ainda Oneyda Alvarenga, *Música Popular Brasileira*, 141, ed. Globo, Rio Grande do Sul, 1950; Rubem Braga, "Um Jongo Entre os Maratimbas," *Revista do Arquivo Municipal*, LXVI, S. Paulo, 1940; Alceu Amoroso Lima, *Manhãs de S. Lourenço*, 116, ed. Agir, Rio de Janeiro, 1950. Ver *Bate-caixa*.

JORGE. Santo do séc. IV, príncipe da Capadócia ou plebeu, que arrancou e destruiu o edito de Diocleciano contra os cristãos. Martirizado a 23 de abril de 303, seu dia votivo. Venerado na Rússia, Itália, Inglaterra (patrono em 800), Portugal, etc. Tornou-se um Perseu cristão, cavaleiro andante, vencedor de dragões e salvador de virgens cativas, casando com uma princesa egípcia e morrendo em Coventry. Os gregos o chamavam "megalomártir," o grande mártir. O Rei Fernando, de Portugal, recebeu a tradição de São Jorge através dos ingleses que o tinham como padroeiro. Dom João I, o fundador da dinastia de Aviz, tornou-se seu devoto e o fez patrono nacional em substituição a Santiago, que o era igualmente dos castelhanos, mandando que a imagem figurasse, montando um cavalo, na procissão de Corpus Christi, onde saiu pela primeira vez em 1387. Na festa de Corpus Christi no Brasil (Rio de Janeiro, São Paulo, Bahia, etc.) a figura de São Jorge, montando um cavalo branco e cercado de aparato militar, era o maior centro de interesse. No Rio de Janeiro a imagem possuiu capelinha na Rua de São Jorge. A Irmandade, em 1854, agremiou-se à Confraria de São Gonçalo Garcia. A imagem, que recebia as continências de todas as forças militares, salvas de artilharia, e era acompanhada pelo "Casaca de Ferro", vestido de folhas de flandres, imitando um guerreiro medieval, está recolhida à Igreja de São Gonçalo Garcia, na Praça da República (Melo Morais Filho, *Festas e Tradições Populares do Brasil*, "Corpus Christi, a Procissão de São Jorge", 257-264, Rio de Janeiro, 1946; Vieira Fazenda, "Antiqualhas e Memórias do Rio de Janeiro", *Revista do Instituto Histórico e Geográfico Brasileiro*, tomo 86, vol. 140, 237). Na cidade do Salvador, São Jorge saiu até 1865, com séquito e o "Homem de Ferro" (João Silva Campos, *Procissões Tradicionais da Bahia*, 234, Bahia, 1941). Em São Paulo veio até 1872, quando, desequilibrando-se, a imagem caiu sobre um soldado, matando-o. Está guardada no Museu da Cúria Metropolitana (Paulo Cursino de Moura, *São Paulo de Outrora*, 40, São Paulo, 1943). No populário, São Jorge é invocado como defensor das almas contra o demônio, tentações, suspeitas de feitiço, rivalizando, dentro de certa medida, com o poderoso São Miguel. Nos candomblés da Bahia identificam-no com Oxóssi e Odé, e nas macumbas do Rio de Janeiro, Recife e Porto Alegre com Ogum.

JORNADA. Divisão das comédias e autos pastoris, desde fins do séc. XV. Em 1619 Rodrigues Lôbo já citava (*Corte na Aldeia*) a divisão das comédias em jornadas em vez de atos e essas cenas. É a divisão dos pastoris atuais, das lapinhas antigas, das danças de São Gonçalo, enfim qualquer série de versos cantados ininterruptamente, com ou sem sequência temática, tendo o correspondente bailado. Ver *Pastoril*.

JOSAFÁ. Ver *Reino*.

JOSÉ. São José é orago de cento e setenta e uma paróquias e dá nome a doze municípios no Brasil. É o santo padroeiro de maior número de homenagens recebidas. Perde apenas para Santo Antônio, que é titular de 228. Ganha para São Sebastião (144), para o próprio São João (118) e mesmo para o Santo Chaveiro do Céu (58), segundo o cômputo de 1947. É o protetor dos lares católicos, dando a morte serena e cristã aos seus devotos. Quem crê em São José tem seu trabalho garantido e jamais lhe faltará o pão. Mas os seus fiéis devem resignar-se a viver tranquilos na mediania, no equilíbrio e na ausência de sonhos violentos de riqueza e domínio social. A *Patrística* ensina que São José teve culto no Oriente, desde o séc. V, e para o Ocidente seu nome ganhou relevo em fins do séc. VIII e princípios do IX. Sua festa oblacional, 19 de março, foi recomendada, assim como o seu ofício, à Igreja Latina pelos Papas Pio V, Urbano VII e Gregório X. Pio IX, em 1870, proclamou-o patrono da Igreja Universal e seu culto mereceu uma encíclica recomendatória de Leão XIII, *Quamquam pluries*, em 1889. Como o seu dia votivo, 19 de março, é véspera do solstício, pertence à cultura popular, sendo um dos pontos de referência para a previsão do inverno. Se chove pelo São José, o inverno é quase certo. São José *seco nublado, chuviscando* ou *molhado*, dá ao agricultor elementos de cálculo na sua meteorologia tradicional. São José de Botas. Em várias igrejas do Brasil (Maranhão, Rio Grande do Norte, Minas Gerais, etc.) há imagens de São José, calçando botas de cavaleiro em vez da clássica sandália. É o São José do Egito, peregrino, viajante, protetor dos caminheiros. "São José, o humilde e castíssimo esposo de Maria, foi menos lembrado dos povoadores primitivos como orago de capelas. Em todas, porém, obteve seu nicho, onde em pequeninas imagens de indumentária galega, com as botas clássicas de peregrino de Santiago, recebia seu culto" (Augusto de Lima Júnior, *A Capitania das Minas Gerais*, 76, Lisboa, 1940).

JOSÉ MARIA. O Monge José Maria era realmente Miguel Lucena da Boaventura, desertor da Força Militar do Paraná, aventureiro afoito e valente, aparecendo, em 1911, em Santa Catarina, com a fama de ser irmão do Monge *João Maria* (ver), e que vinha cumprir o que ele não pudera realizar. Cercado de devotos entusiásticos, dominou extensa região do sertão do Paraná e Santa Catarina, fazendo orações, cantando benditos e especialmente tratando de doentes com vegetais e muito com a poderosa força sugestiva de sua pessoa inconfundível. No Faxinal dos Padilhas organizou culto, dispondo seu povo nas divisões dos Quadros Santos. Tinha um grupo de moças que o acompanhavam. Sua escolta pessoal, de vinte e quatro sertanejos robustos, denominava-se os Doze Pares de França. Era leitor entusiasta do livro do Imperador Carlos Magno. Passou-se para o município de Curitibanos, e sua fama correu mundo, atraindo prosélitos armados e desarmados. Deixando, sem resistência maior, seu arraial, foi para o Faxinal de Irani, no Paraná, onde o Governo mandou dissolver o núcleo, empregando força militar, comandada pelo Coronel João Gualberto Gomes de Sá, capitão do Exército. Por infelicidade, a força cindiu-se, e o Coronel João Gualberto atacou o reduto de Irani, tendo apenas sessenta praças, e recusando atender aos sertanejos, que não queriam lutar e dispersar-se-iam. Com essa força insignificante realizou-se o assalto ao arraial, e os sertanejos contra-atacaram ferozmente, guiados pelos Doze Pares de França e seguindo o seu monge José Maria, a 22 de outubro de 1912. "Logo ao primeiro embate, a polícia perdia 12 homens e outros tantos os fanáticos. Dado o entrevero o monge atacou, armado de facão, o Capitão Gualberto, que, com dois tiros de revólver, o prostrou sem vida. Mas por sua vez caía o intrépido comandante da polícia paranaense, ferido de morte pelo golpe de facão que seu agressor lhe desfechara sobre a cabeça" (Romário Martins, *História do Paraná*, 362). Assim morreu, combatendo, o Monge José Maria. Acende-se então a Campanha do Contestado, a Guerra dos Sertanejos, obrigando os Governos dos dois Estados a sacrifícios cruéis, e que termina por uma intervenção federal, com o envio de forças do Exército, sob o comando do General Fernando Setembrino de Carvalho (agosto de 1914). O desenrolar dessa campanha áspera e difícil é rico de elementos sugestivos e constituintes de motivos permanentes da literatura oral da região, narrativas, reminiscências, etc. Proclamou-se a *Monarquia Sul-Brasileira* (ver) com um imperador fazendeiro e Carta-Aberta, tendo o resumo da doutrina administrativa. A guerra veio até meados de 1915, com o assalto e tomada dos sucessivos redutos dos *Pelados* (ver). Notável a figura dos caudilhos locais, ressuscitando bravura, impiedade e arrojo incríveis. A *Guarda das Virgens* (ver) era elemento preponderante, assim como o clima de entusiasmo fanático durante toda a ação. O Monge José Maria, morto, continuava a influenciar o seu povo, e tudo se fazia segundo sua inspiração semidivina. A bibliografia sobre a Campanha do Contestado ou a Guerra dos Sertanejos é longa. Para o conhecimento essencial: Mensagens dos Presidentes de Santa Catarina e do Paraná nesse período; General Setembrino de Carvalho, *Relatório Apresentado ao General de Divisão José Caetano de Faria, Ministro da Guerra*, 1915, Imprensa Militar, Estado Maior do Exército, Capital Federal, 1916; idem, "A Pacificação do Contestado", Rio de Janeiro, 1916 (Conferência no Clube Militar); General Demerval Peixoto, *Campanha do Contestado*, Episódios e Impressões, Rio de Janeiro, 1916 (estuda os pródromos da luta, de 1905 a princípios de agosto de 1914); Herculano Teixeira de Assunção, *A Campanha do Contestado*, As operações da Coluna do Sul, Imprensa Oficial, Belo Horizonte, 1917-1918; Osvaldo R. Cabral, *Santa Catarina*, 377-426, Brasiliana, São Paulo, 1937 (resumo claro de toda a campanha); Romário Martins, *História do Paraná*, 360-372, ed. Rumo, São Paulo-Curitiba, 1939; Lucas A. Boiteux, *História de Santa Catarina*, 191. ed. Melhoramentos, São Paulo, sem data; Frei Sinzig, *Rei Rogério Neuhaus*, O.F.M., ed. Vozes Ltda., Petrópolis, segunda edição, sem data, 202--230, 237-242, 246-269); Maria Isaura Pereira de Queiroz, *La "Guerre Sainte" au Brésil: Le Mouvement Messtanique du "Contestado"*, São Paulo, 1957; Maurício Vinhas de Queiroz, *Messianismo e Conflito Social* ("A Guerra Sertaneja do Contestado", 1912--1916), Rio de Janeiro, 1966.

José Maria. Ver *Guarda das Virgens, Sebastianismo*.

Juarauá. Peixe-boi (*Manatus americanus*, Lamartino). Na astronomia indígena é o nome dado à Mácula Megalânica, que está ao pé do Cruzeiro do Sul, também conhecida como saco de carvão (Stradelli, *Vocabulário da Língua Geral*, 481).

Jucurutu. Budonídeo, mocho *Bubo megallanicus*, Gm, jacurutu, nhancurutu. Denomina um município no Rio Grande do Norte. Ave agoureira para os indígenas, que interrompiam trabalhos de caça, pesca e expedição guerreira ouvindo-lhe a voz lúgubre. Gabriel Soares de Sousa descreveu o Jucurutu em 1587: "ave tamanha como um frango, que em povoado anda de noite pelos telhados; e no mato cria em tocas de árvores grandes, e anda ao longo dos caminhos; e aonde quer que está, toda a noite está gritando pelo seu nome" (*Notícia do Brasil*, LXXXVI, São Paulo, 2º tomo, (s. d., 1945), comentada pelo Prof. Pirajá da Silva). Dança popular desaparecida no Rio Grande do Norte, ainda viva em 1888. Era de roda, com palmas, volteando cada par ao cantar-se o refrão: – É jucurutu! tututu / É jucurutu, tutu! Ver *Jacurutu*.

Judas[1]. São bonecos de palha ou de pano, rasgados e queimados no Sábado da Aleluia. Tradição popularíssima na Península Ibérica, radicou-se em toda a América Latina desde os primeiros séculos da colonização europeia. No Rio de Janeiro oitocentista os Judas tinham fogos no ventre e apareciam conjugados com demônios, ardendo todos numa apoteose policolor, extremamente aplaudida pelo povo e registrada por Debret (*Viagem Pitoresca e Histórica ao Brasil*, II, 196-197). Banidos das cidades, os Judas continuam nos arrabaldes, pendurados dos galhos de árvores ou postes da iluminação pública, assaltados aos gritos, logo depois que os sinos anunciam a *aleluia* litúrgica, depois de *Ite missa est*. Todos os costumistas descreveram a queima do Judas ou sua dilaceração punidora. Certamente o Judas queimado é uma personalização das forças do mal e constituirá vestígio dos cultos agrários, espalhados pelo mundo. Frazer e Mannhardt registraram o uso, quase universal, de festas de alegria, nas proximidades do equinócio de verão, princípios ou fins das colheitas, para obter os melhores resultados nos trabalhos do campo. Queimava-se um manequim representando o deus da vegetação. Pela magia simpática, o fogo é o sol, e o processo se destinava a garantir às árvores e plantações o calor e a luz indispensáveis, submetendo a figura ao poder das chamas. Com vários nomes, Homem da Quaresma, Jacques da Quaresma, Judas de Palha, Homem da Palha, etc., o sacrifício do mau apóstolo é uma convergência de tradições vivas no trabalho agrícola. Testamento do Judas. No Brasil é costume velho (não tenho informações do séc. XVIII) fazer-se o julgamento do Judas, sua condenação e execução. Antes do suplício, alguém lê o Testamento do Judas, em versos, colocado especialmente no bolso do boneco. O testamento é uma sátira mais ou menos feliz das pessoas e coisas locais, com a graça oportuna e humorística para quem pode identificar as figuras alvejadas pela *verve* do poeta anônimo. Testamento de animais ainda são ouvidos no bumba meu boi e há um exemplo quinhentista no *Cancioneiro de Garcia de Resende* no "Testamento do macho ruço de Luís Freire, estando para morrer", sendo os últimos versos: "Aqui jaz quem não comeu / A seu dono um só real..." No *Vaqueiros e Cantadores*, 77-80, São Paulo, Global, 2005, registrei um exemplo de testamento de Judas, cheio de alusões às pessoas da então vila do Triunfo, hoje cidade de Augusto Severo, no Rio Grande do Norte. Ver *Testamento*. Sobre o assunto, a mais extensa informação é de Nieves de Hoyos Sancho ("Folklore de Hispanoamerica; La Quema del Judas", sep. da *Revista de Índias*, n.º 41, Madrid, 1950). Compreende México, Argentina, Peru, Brasil, Bolívia, Chile, Nicarágua, República Dominicana, Colômbia, Venezuela e Cuba. Sobre o tema no Uruguai, Emilio Ramón Paradela, *Un Vinten p'al Judas*, Montevideo, 1955. Ver *Testamentos*.

Judas[2]. Ver Rossini Tavares de Lima, "A Malhação de Judas em S. Paulo", sep. *Revista do Arquivo*, CLXIII, S. Paulo, 1959.

Judas de Palha. Ver *Judas*.

Judas Tadeu. Uma das devoções relativamente recentes, posterior a 1920, mas, alcançando uma popularidade invejável por todo o sertão, é o culto a São Judas Tadeu. Primo de Jesus Cristo, filho de Cleofas ou Alfeu, irmão de São José, tinha quatro irmãos eminentíssimos em graça: Tiago Menor, apóstolo, autor de uma epístola, Simão, apóstolo e segundo bispo de Jerusalém, José, chamado Barsabas ou o Justo, e Maria Salomé, casada com Zebedeu e mãe dos apóstolos Tiago Maior e João, autor do quarto Evangelho. Judas Tadeu é o relator de uma epístola, e foi martirizado em Edessa no ano 70. Apesar dessa dinastia sagrada, o santo foi confundido com o seu homônimo, Judas Iscariotes, e mesmo no tempo de Jesus Cristo havia a confusão. São João Evangelista (XIV, 22), referindo-se ao tio Judas, entendeu logo esclarecer: "non ille Iscariotes", não é o Iscariotes. De pouco mais de trinta anos, São Judas Tadeu está sendo invocado com uma fé que outrora pertenceu a outros celícolas. É o advogado das causas desesperadas, dos supremos momentos de angústia. Já aparecem orações suas nos saquinhos, promovidos a *breves* inseparáveis. Sobre ele há uma página viva de Ernest Hello (*Physionomies de Saints*, 355, ed. Parrin, Paris, 1921).

Judeu. Como reminiscência religiosa permanece no espírito popular a figura do judeu como símbolo da malvadez absoluta, alegrando-se com o sofrimento alheio, egoísta, insensível, imperturbável de orgulho. No vocabulário ficavam esses elementos longínquos da impressão coletiva contra o israelita. Judiar é maltratar, torturar, magoar. Judiaria não é a reunião de judeus, mas o ato, a ação de judiar. Comum apontar-se o gesto mau como natural no judeu:

"Quem matou meu passarinho
Foi judeu, não foi cristão;
Meu passarinho tão manso
Que comia em minhas mãos!"

"Um dia cheio de contrariedade é 'um dia de judeu'; e um dia triste, de sol entre nuvens e de amiudado cantar do galo, se diz que 'morreu judeu'". (Pereira da Costa, *Folclore Pernambucano*, 116). Quem cospe em cristão é judeu. Quem promete e falta é judeu. Quem come carne em dia de Sexta-feira da Paixão é judeu. Judeu bebe sangue de gente. Judeu come carne de menino novo.

Judeu Errante. Durante a Quinta-Feira Maior e a Sexta-Feira da Paixão, o Judeu Errante aparece onde a morte de Jesus Cristo está sendo comemorada. É um velho alto e magro, muito barbado, cabelo comprido e com um manto escuro. É uma figura mais literária que popular, e as menções vão desaparecendo nas *estórias* orais. Não lhe dão, no Brasil, outro nome além de "Judeu Errante." Era sapateiro em Jerusalém, chamado Ahasverus, quando Nosso Senhor, com a cruz aos ombros, passou diante de sua tenda. O sapateiro deixou o trabalho para empurrar o Salvador, gritando: "Vai andando! Vai logo!" Nosso Senhor respondeu: "Eu vou e tu ficarás até a minha volta!" E o homem ficou, até hoje, andando pelo mundo, liberto da lei da morte, sem pressa e sem descanso. Espera o regresso do Senhor, que lhe deu a imortal penitência. A tradição nos veio de Portugal. A lenda apareceu em Constantinopla, no séc. IV, e apareceu na Europa em 1228, quando um arcebispo da Grande Armênia, visitando a Inglaterra, disse no convento de Saint' Albans conhecer no seu país uma testemunha da paixão de Cristo, o judeu Cartaphilus, porteiro do auditório de Pôncio Pilatos, que esmurrara o Salvador, quando esse era arrastado diante dele, e fora condenado a esperar sua volta. A notícia apareceu em 1259. Cartaphilus convertera--se, sendo batizado por Ananias, que também batizara São Paulo. A *estória do monge Paris* foi incluída no *Flores Historiarum* do seu colega Rogésio de Wendower, em 1237, nove anos depois, espalhando-se nos claustros e escolas, depois, pelos sermonários, até o povo que lhe deu as cores de sua compreensão. Outro documento reforçador foi publicado em 1602, uma carta de Chrysostomus Dudulaeus, datada de 29 de junho de 1547, com o testemunho de Paul d'Eitzen, estudante em Wittemberg e discípulo de Melanchton, dizendo ter visto o Judeu Errante, de nome Ahasverus, numa igreja de Hamburgo. É a relação que traz à Europa o nome de Ahasverus, depois tão citado nos poemas, romances e peças de teatro. Ahasverus não é porteiro de Pilatos, mas sapateiro, empurrando o Cristo e sendo condenado por ele. Há outra versão ainda, corrente na Itália, onde o chamavam João Buttadeo, Bate-em-Deus, e que passou a ser João Vota-a-Dios. Votadeus, João Espera em Deus, esse último popular em Portugal e Espanha e de fácil encontro nos autos velhos e nos poetas como Antônio Prestes, Rodrigues Lôbo, Jorge Ferreira, etc. A bibliografia sobre o Judeu Errante é imensa e seu aproveitamento literário foi, no séc. XIX, uma verdadeira moda cultural. Estudaram-no, em Portugal, Carolina Michaëlis de Vasconcelos ("O Judeu Errante em Portugal", *Revista Lusitana*, I, I), Teófilo Braga (*As Lendas Cristãs*, Porto, 1892,

232) e no Brasil, João Ribeiro (*O Folclore*, XLII, Rio de Janeiro, 1919). Em Flandres o Judeu Errante é Jacques ou Isaac Laquedem, e na França possui ele apenas cinco *sous*, constantemente renovados e inesgotáveis. "Há vários ditos populares que parecem relacionar-se a esta lenda. Assim é o de *marca de Judas*, que lembra *Malcho Judas* ou *Marco*, um dos nomes do judeu em algumas versões. Também a frase popular, usada para designar lugares remotos, *onde Judas perdeu as botas*, parece indicar a lenda do sapateiro Ahasverus. Ainda em certas cidades, em Ulm e em Berna, guardam-se monstruosos sapatos que a tradição refere ao Judeu Errante" (João Ribeiro, *O Folclore*, 308). Ver *Anjo Corredor*.

JUDIAR. Ver *Judeu*.

JUDIARIA. Ver *Judeu*.

JUNÇA. É uma ciperácea, *Cyperus esculentus*, L, vivendo nas margens de rios, lagoas, alagados. É a *ndanda* de Angola, *Cyperus rotundus*, L, chamada *junça* pelos portugueses (John Gossweiler, *Flora Exótica de Angola*, 111, Luanda, 1950). Getúlio César estudou-a (*Curiosidades de Nossa Flora*, 199-201, Recife, 1956): "Na África o seu nome é *dandá*. Nesse país, os negros a utilizam como remédio e defumadores para expulsar os maus espíritos e atrair os bons. Essa reminiscência crendeira chegou até nós porque pessoas crentes na eficiência do *dandá*, quando desejam ser bem-sucedidas em alguma empresa, partem para ela mascando raiz de *junça*, a nossa *dandá*". Semelhantemente informava Manuel Querino, referindo-se à Bahia. Ver *Dandá*. Nos *candomblés de cabalas*, no Nordeste, acrescenta Getúlio César, existe um *Mestre Junça*, dando consultas médicas. Na *linha* respectiva, canta-se: "Mestre Junça, / Cauã! / É um mestre curador, / Tanto cura com a rama, *I* Cauã! / Como a raiz e a flor!" Na medicina popular a junça combate a flatulência. "As raízes da junça postas em aguardente ou vinho, tornam-se uma panaceia receitada para cólicas uterinas, intestinais, reumatismo, digestão difícil e, em fricções, para aliviar dores".

JUPURUTU. Espécie de clarineta, feita de taquara, a cuja extremidade está o bocal, tendo, à guisa de lingueta, uma pequena tala de folha de palmeira. Usado pelos indígenas do noroeste brasileiro (Renato Almeida, *História da Música Brasileira*, 51). Pífaro feito de um estipe de jupati, de dois ou três palmos de comprimento, acabando do lado contrário da embocadura por um alargamento em forma de trompa, feito de um tecido de arumã, coberto de cerol (Stradelli, *Vocabulário da Língua Geral*, 458).

JUREMA. Árvores da família das leguminosas (*Acacia Jurema*, Mart), a comum ou jurema-branca, e (*Mimosa nigra*, Hub) a jurema-preta. Os pajés, sacerdotes tupis, faziam uma bebida da jurema-branca, que passava por dar sonhos afrodisíacos. Era bebida sagrada, servida em reuniões especiais. Das raízes e raspas dos galhos, os feiticeiros, babalorixás pernambucanos, os mestres do catimbó, os pais de terreiro dos candomblés de caboclo na Bahia fazem uso abundante. Até o séc. XIX *beber jurema* era sinônimo de feitiçaria ou prática de magia. A reunião se dizia, nos documentos oficiais, *adjunto da jurema*. Num registro de óbito (Natal, 2-6-1758) do índio Antônio, sabe-se que estava preso "por razão do sumário que se fez contra os índios de Mopibu, os quais fizeram Adjunto de Jurema; que se diz supersticioso." Henry Koster registrou (*Travels in Brazil*, II, 89) os costumes dos indígenas em Itamaracá, indo para as assembleias secretas, recordar os usos desaparecidos oficialmente. Uma mocinha dormira noutra casa "because her father and mother were going to drink jurema". Facilmente encontramos versinhos baianos, alagoanos, pernambucanos, nos candomblés, catimbós e xangôs, aludindo à jurema:

"Eu sou caboclinho
Eu só visto pena
Eu só vivo em terra
Para beber jurema."

JUREMAL. Ver *Reino*.

JURITI-PEPENA. Superstição do Pará, em que se crê na vinda de uma juriti invisível que canta numa touceira de tajás. Os pios lamentosos da ave misteriosa anunciam desgraças, que serão evitadas por um feiticeiro, pajé, mestre, que saiba rezar, afastando o presságio. Se não for evitada a profecia da juriti-pepena, a vítima ficará aleijada.

JURUPARI. O demônio, o espírito mau, segundo todos os dicionários e os missionários, exceção feita do Padre Tastevin. "A palavra jurupari parece corrutela de jurupoari", escreve Couto de Magalhães em nota (16) da segunda parte do *Selvagem*, que ao pé da letra traduziríamos — boca mão sobre: tirar da boca. Montoio (*Tesoro*) traz esta frase: — *che jurupoari* — tirou-me a palavra da boca. O Dr. Batista Caetano traduz a palavra: "Ser que vem à nossa rede, isto é, ao lugar onde dormimos." Seja ou não corruta a palavra, qualquer das duas traduções está conforme a tradição indígena e, no fundo, exprime a mesma ideia supersticiosa das selvagens, segundo a qual este ente sobrenatural visita os homens em sonho e causa aflições tanto maiores quanto trazendo-lhes a faculdade da voz. Esta concepção que poderá ser a que criaram as amas de leite, amalgamando as superstições indígenas com as de além-mar, tanto vindas da África como da Europa, não é a do nosso indígena. Para ele Jurupari é o legislador, o filho da virgem, concebido sem cópula, pela virtude do sumo da cucura do mato, e que veio mandado pelo Sol para reformar os costumes da terra, a fim de poder encontrar nela uma mulher perfeita, com o que o Sol possa casar. Jurupari, conforme contam, ainda não a encontrou, e embora ninguém saiba onde, continua a procurá-la, e só voltará ao céu quando a tiver encontrado. Jurupari é, pois, o antenado lendário, o legislador divinizado, que se encontra como base em todas as religiões e mitos primitivos. Quando ele apareceu, eram as mulheres que mandavam e os homens obedeciam, o que era contrário às leis do Sol. Ele tirou o poder das mãos das mulheres e o restituiu aos homens, e, para que estes aprendessem a ser independentes daquelas, instituiu umas festas, em que somente os homens podem tomar parte, e uns segredos que somente podem ser conhecidos por estes. As mulheres que os surpreendem devem morrer; em obediência desta lei, morreu Ceuci a própria mãe de Jurupari. Ainda assim, nem todos os homens conhecem o segredo; só o conhecem os iniciados, as que, chegados à puberdade, derem prova de saber suportar a dor, serem seguros e destemidos. Os usos, leis e preceitos ensinados por Jurupari e conservados pela tradição ainda hoje são professados e escrupulosamente observados por numerosos indígenas da bacia do Amazonas, e embora tudo leve a pensar que Jurupari é mito tupi-guarani, todavia, tenha visto praticadas suas leis por tribos das mais diversas proveniências, e em todo caso largamente influíram e, pode-se afirmar, influem ainda em muitos lugares do nosso interior sobre usos e costumes atuais, e o não conhecê-las tem de certo produzido mais mal-entendidos, enganos e atritos do que geralmente se pensa. Ao mesmo tempo, porém, tem permitido, como tenho tido mais de uma vez ocasião de observar pessoalmente, que ao lado das leis e costumes trazidos pelo cristianismo e civilização europeia, subsistem ainda uns tantos usos e costumes, que embora mais ou menos conscientemente praticados, indicam quanto era forte a tradição indígena. Quanto à origem do nome, aceito a explicação que dela me foi dada por um velho tapuio, a quem objetava me ter sido afirmado que o nome de Jurupari quer dizer "o gerado da fruta" — *Intimãã, Iurupari céra onheên putáre o munha iané iurú pari uá*. Nada disso, o nome de Jurupari quer dizer que fez o fecho da nossa boca — Vinda, portanto, de *iuru* boca e *pari* aquela grade de talas com que se fecham os igarapés e bocas de lagos, para impedir que o peixe saia ou entre. Explicação que me satisfaz, porque de um lado, caracteriza a parte mais saliente do ensinamento de Jurupari, a instituição do segredo, e do outro lado, sem esforço se presta a mesma explicação nos vários dialetos tupi-guaranis, como se pode ver em Montoia, às vozes *iuru* e *pari* e às mesmas vozes em Batista Caetano. (Stradelli, *Vocabulário da Língua Geral*, 497-498). A origem tupi-guarani do mito é discutível. Foi divulgado, à força d'armas, no rio Negro, pelos indígenas da raça aruaca, vindos do Norte. É, geograficamente, o mito mais prestigioso, com vestígios vivos em quase todas as tribos. É um deus legislador e reformador, puro, sóbrio, discursador, exigente no ritual sagrado. Jurupari-demônio é uma imagem da catequese católica do séc. XVI. D. Frederico Costa, Bispo do Amazonas, na "Pastorai" (11-4-1909), documento de informação etnográfica, não aceitou o satanismo de Jurupari, de quem expôs os oito mandamentos: 1º A mulher deverá conservar-se virgem até a puberdade; 2º Nunca deverá prostituir-se e há de ser sempre fiel a seu marido; 3º Após o parto da mulher, deverá o marido abster-se de todo trabalho e de toda a comida, pelo espaço de uma lua, a fim de que a força dessa lua passe para a criança; 4º O chefe fraco será substituído pelo mais valente da tribo; 5º O tuxaua (chefe) poderá ter tantas mulheres quantas puder sustentar; 6º A mulher estéril do tuxaua será abandonada e desprezada; 7º O homem deverá sustentar-se com o trabalho de suas mãos; 8º Nunca a mulher poderá ver Jurupari a fim de castigá-la de algum dos três defeitos nela dominantes: incontinência, curiosidade e facilidade em revelar segredos". Os indígenas não adoram Jurupari. O bispo escreveu: "Parece também evidente que houve erro em identificar Jurupari com o demônio" (53). Nenhum demônio possuirá as exigências morais de Jurupari. Stradelli estudou o mito, ouvindo indígenas e assistindo à cena do culto nos afluentes do rio Negro. O reformador instituiu nas cerimônias instrumentos musicais de sopro, especialmente uma longa trombeta de paxiúba, que produz um som cavernoso e profundo, de evocação misteriosa e sinistra. As mulheres não podem, sob pena de morte, ouvir sequer esse som. Nem os instrumentos musicais, máscaras e outros apetrechos das danças de Jurupari podem ser vistos por mulher e mesmo rapaz não iniciado (Stradelli, "Legenda Dell'Jurupary," *Bolletino della Societá Geografica Italiana*, terc. série, III, Luglio e segs., Roma, 1890. *Em Memória de Stradelli*, "Jurupari", 65-70, Manaus, Editora Valer e Governo do Estado do Amazonas, 2001; *Geografia dos Mitos Brasileiros*, "Jurupari", 69-97, 3ª ed., São Paulo, Global, 2002; Renato Almeida, "Trombeta de Jurupari", *opus cit.*, 44-48). Ver *Instrumentos Musicais, Tupã*.

JURUTAÍ, JURUTUA, JURUTAUÍ. Ver *Mãe-da-lua*.

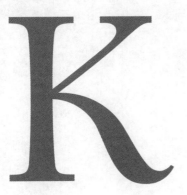

Ka. Tambor dos bororos orarimugudoges, Mato Grosso, constando de uma espécie de pilão com uma pele na extremidade.

Kadiuéu. Ver *Nibetad*.

Kaiguetazu. Flauta dupla dos parecis. Roquete Pinto julga-a trazida dos maués e mundurucus.

Karutana. Bastão de ritmo.

Kefke. Kepfe, catecate. Ver *Cumacanga*.

Ken. O mesmo que torê, instrumento de sopro entre os indígenas da raça tupi, para as danças comemorativas da caça, pesca e vitórias guerreiras. Barbosa Rodrigues escreve: "O ufauá e o Ken se distinguem pelo tamanho e não pelo feitio; ambos são feitos de taquaruçu com um ou dois nós destruídos, conservando-se somente um, no qual fazem um pequeno orifício, onde introduzem uma pequena taquara rachada. Tocam, adaptando a boca à abertura do taquaruçu e soprando, o que produz um som rouquenho e lúgubre, quase semelhante ao de uma buzina" ("O Canto e a Dança Silvícola", *Revista Brasileira*, IX, 44).

Kepfe. Ver *Cumacanga*.

Kerbs. Bailes populares no interior do Rio Grande do Sul, na zona dos colonos alemães. "De origem alemã são também os Kerbs, bailes populares alegres e movimentados, com duração de dias, nos quais transuda o bom humor da raça, estimulados pela cerveja e pelo *chopp*, bebidas introduzidas entre nós por eles, e que grandes apreciadores encontraram na população de outras origens". (Luís Carlos de Morais, *As Raízes da População Sul-Rio-Grandense*, Rio Grande do Sul, Porto Alegre, 1942). Ver Augusto Meyer (*Guia do Folclore Gaúcho*, "Kerb", ed. Aurora, Rio de Janeiro, 1951).

Kerediyua. Ver *Kerpimanha*.

Kerpimanha. *Kerepiyua, Kerpiyua*. A mãe, a origem do sonho. Para os tupis é uma velha, que desce do céu, mandada por Tupana, e que entra no coração da gente, enquanto a alma foi por este mundo a fora, para voltar quando a gente acorda. Então a alma, de volta, encontra no coração o recado de Tupana e que a velha deixou, esquecendo tudo quanto viu durante a vadiação. Como, porém, nem sempre Tupana manda recados, e a alma, quando volta, relembra muitas vezes, senão sempre, o que viu no tempo em que estava fora, temos duas espécies de sonhos: uns que representam a vontade de Tupana, e que o tapuio acata e cumpre, procurando conformar-se com a vontade neles expressa como avisos divinos; e outros que nada são, e nada valem. A dificuldade está em distinguir uns dos outros, ofício que pertence aos pajés, embora eles também nem sempre acertem. As tribos banivas, manaus, tarianas, barés, etc., dizem que a que desce do céu não é uma velha, mas uma moça sem pernas, que os banivas chamam *Anabanéri* e que desce de preferência nos raios das estrelas, pelo caminho do arco-íris, pelo que os sonhos mandados por Tupana são os que fazem de dia. Para os tupis, pelo contrário, são os da madrugada, quando a velha descia nos últimos raios das estrelas (Stradelli, *Vocabulário da Língua Geral*, 503). Interpretar os sonhos, tendo-os como mensagens divinas, foi profissão sacerdotal por toda a antiguidade, no Oriente e Ocidente, em todas as civilizações e épocas. A bibliografia popular é vasta e não há cidade do mundo sem *especialistas* e técnicos na ciência de explicar as imagens coerentes ou arbitrárias, que passaram durante o sono. Na Grécia e em Roma os sonhos proféticos podiam ser provocados nos *Charonium* ou *Plutonium*, mediante dieta, inalações e processos dirigidos pela casta sacerdotal. O deus invocado respondia durante o sono. Eram, em sua maioria, de indicação medicamentosa. Havia uma relação de valores para a interpretação, traduzindo o ministro sagrado a linguagem obscura pela correlação de objetos modernos e claros. Uma dessas tabelas ou traduções famosas é a do patriarca Nicéforo, de Constantinopla (806-815). Os sonhos vieram a ter novo prestígio com a escola psicanalítica de Freud.

Kerpiyua. Ver *Kerpimanha*.

Kilaino. Duende dos bacaeris, caraíbas do Mato Grosso, variante do Caipora, Curupira, Saci-Pererê. Capistrano de Abreu descreve o Kilaino: "entes maléficos, que moram no mato ou no morro, assumem formas diferentes, alimentam-se de ratos e passarinhos, não passam água, escondem a caça morta e as setas atiradas, as coisas que caem das mãos da gente; respondem aos gritos de uma pessoa, e gritam para transviar quem anda no mato" ("Os Bacaeris", *Ensaios e Estudos*, 271, 3ª série, Rio de Janeiro, 1938).

LABATUT. É um monstro com forma humana, antropófago, vivendo na região de fronteira do Ceará com Rio Grande do Norte, especialmente no chapadão do Apodi. "Labatut é um bicho pior que o lobisomem, pior que a burrinha e pior que a caipora e mais terrível que o cão coxo. Ele mora, como dizem os velhos, no fim do mundo, e todas as noites percorre as cidades, para saciar a fome, porque ele vive eternamente esfaimado. Anda a pé: os pés são redondos, as mãos compridas, os cabelos longos e assanhados, corpo cabeludo, como o porco-espinho, só tem um olho na testa, como os cíclopes da fábula, e os dentes são como as presas do elefante. Ele gosta mais dos meninos, porque são menos duros que os adultos. Ao sair da Lua, ele, que anda ligeiro, entrará pelas ruas, num trote estugado, parando às portas, para ouvir quem fala, quem canta, quem assobia e quem ressona alto e... trás! devorar!... Os cães dão sinal, latindo-lhe atrás!" (Martins de Vasconcelos, *Histórias da Sertão*, 10, Mossoró, Rio Grande do Norte, 1918). O nome do monstro é uma reminiscência das violências e brutalidades do General Pedro Labatut, que esteve no Ceará, de junho de 1832 a abril de 1833, reprimindo a insurreição de Joaquim Pinto Madeira, que se rendeu, com 1690 homens em armas. Labatut, oficial do Imperador Napoleão, companheiro de Simão Bolivar, arrebatado, atrabiliário, valente, faleceu marechal-de-campo do Exército Brasileiro, em 24 de setembro de 1849, na Bahia. A forma monstruosa é comum na espécie fantástica. atuando sob o nome de Labatut apenas na região citada.

LAÇO DE QUATRO TENTOS. Laço de couro de vaca ou novilho, medindo doze braças, o mais típico na faina pastoril gaúcha, citado comumente em toda a literatura popular e tradicionalista do Rio Grande do Sul. "O laço clássico do Rio Grande do Sul é uma trança de tentos de couro vacum, principalmente de vaca ou novilho, dado que o de touro é grosso demais. O laço normal é feito de quatro tentos, tendo a extensão de doze braças. Tento chama-se a tira de couro com que se trança, no caso em tela. Comumente o laço é feito de quatro tentos. E se compõe, também, de quatro partes: argola, ilhapa, corpo e presilha. A argola, geralmente de ferro ou metal resistente, mede cerca de três polegadas de diâmetro. A ela se prende a ilhapa, trança grossa e forte, com o comprimento ao redor de metro e meio. A ilhapa segue o corpo do laço, em cuja extremidade final se trança a presilha com o respectivo botão, servindo para apresilhá-lo à cincha ou cinchador. Fundamentalmente o lado é instrumento de apreensão. Secundariamente, arma de luta. Como instrumento de apreensão serve para laçar os animais pelo pescoço ou pelas aspas, assim como para pialá-los pelas patas. Como arma de luta, para laçar o cavalo do adversário, ou o próprio cavaleiro, na falta de outras armas de maior eficácia. É usado a pé ou a cavalo. Se o gaúcho laça a pé, é ele próprio quem suporta o tirão, ao cerrar-se a armada, flexionando o corpo e apoiando o laço sobre a virilha esquerda protegida pelo couro macio do tirador. Neste caso não tem função a presilha. Manejando a cavalo, cabe a este aguentar o tirão com a presilha abotoada à cincha. Montado, seja por necessidade de trabalho, seja por pacholice em dia de festa, o gaúcho o leva atado nos tentos, na parte traseira do lombilho ou serigote, caindo enrodilhado sobre o quarto do animal. Às vezes o coloca a bate-cola, isto é, sobre o meio da anca do cavalo, passando a cola por dentro das rodilhas. Mas sempre é apresilhado ao lado direito do cavalo, lado que por isso mesmo se chama *de laçar*, em oposição ao *lado de montar*, o esquerdo. Se o laço comum é trançado com quatro tentos, também os há de seis e até de oito. E as doze braças de comprimento só podem estender até quinze, e nunca mais do que isto, para total eficiência do tira" (Carlos Galvão Krebs, "O Laço de Quatro Tentos", *Correio do Povo*, Porto Alegre, 30 de agosto de 1959).

LADAINHAS. De Nossa Senhora, Sagrado Coração, Todos os Santos, etc. São *tiradas* (declamadas) ou cantadas durante os terços, novenas, trios, etc. Sua popularidade, baseada nos *poderes* místicos da imprecação religiosa, é antiga e vasta. São os últimos vestígios dos ladairos, as rogações públicas e coletivas feitas por ocasião de calamidades. Os velhos tiradores de ladainhas no sertão do Nordeste tinham vozes de alta expressão trágica, causando inesquecível impressão pela inflexão sonora e patética, *abalando as almas*. A parte musical das litanias tem merecido atenção dos musicógrafos, apreciando, na simplicidade melódica, o dinamismo da sugestão monótona, acabrunhadora e melancólica, reduzindo o auditório a um estado apático e doloroso de quietismo, resignação e arrependimento contrito. As Ladainhas Maiores foram instituídas pelo Papa Gregório Magno (590-604) e são rezadas no dia de São Marcos (25 de abril) e as Ladainhas Menores na segunda, terça e quarta-feira imediatamente anteriores à quinta-feira da Ascensão.

LADINO. Finório, esperto, fino, manhoso, sabido, sabendo desembrulhar-se de qualquer situação. Escravo Ladino era o que já falava o português e podia desempenhar algumas funções caseiras ou do artesanato. Ver *Negro Novo*. Informa Pereira da Costa (*Vocabulário Pernambucano*, 414): "Nome dado ao africano já instruído na língua vernácula, religioso e serviço doméstico ou do campo, para o distinguir do *negro novo*, o recentemente chegado, e a que se dava o nome de *boçal*". Já no séc. XVII, servindo-se de ambos os termos, dizia Gregório de Matos nas suas sátiras: "Negro ladino é o crioulo / Porque todos entendais, / Os ladinos e os boçais." Também ao índio, em iguais condições, se dava o mesmo qualificativo, e daí as expressões muito comuns entre os nossos cronistas de *negro ladino*, *índio ladino*. "Consenti no que me pedia, mas com o mandar alvajado com outro *escravo ladino, dos da terra*", isto é, um índio (*Diálogos das Grandezas do Brasil*). "Vende-se um escravo ladino do gentio de Angola" (*Diário de Pernambuco*, n.º 7, de 1887). "Cavalos, negros novos e ladinos, tudo, tudo lhe fazia conta" (*O Cometa*, n.º 30, de 1845). Fina, sagaz, esperto, atilado. "Sou esperto, sou ladino; na confraria do quengo, por ser eu o superfim, tenho o primeiro lugar" (*A Pimenta*, n.º 55 de 1902). Ladino é uma corrutela de *latino*, sinônimo de letrado, de culto e inteligente, e segundo Gonçalves Viana, originariamente aplicado em Portugal e na Espanha ao mouro bilíngue, e portanto inteligente, que, além do seu árabe, ou berbere, falava o romance da Península, que nos sécs. VIII e IX se chamava *latino;* passou depois a designar tudo quanto era intelectualmente fino, Corrente também o termo nas repúblicas platinas, e é efetivamente esta mesma a origem filológica e histórica que lhe dá Granada no seu *Vocabulário*.

LAFREQUETE. Ver *Aniflaquete*.

LAGO ENCANTADO DE GRONGONZO. O morro do Grongonzo fica no município de São Bento, Pernambuco, a sudoeste da sede municipal. É um morro arredondado. A lenda diz ali encontrar-se, às vezes, um grande lago, que desaparece depois, sem deixar vestígios. Quem o viu, não verá duas vezes. Não é possível a mesma pessoa vê-lo duas vezes na vida. Há no lago encantado de Grongonzo grandes riquezas escondidas, tesouros ocultos, cabedais fabulosos (Sebastião de Vasconcelos Galvão, *Dicionário Coreográfico, Histórico e Estatístico de Pernambuco*, I, 298, Imprensa Nacional, Rio de Janeiro, 1908).

LAGUIDIBÁ. Espécie de contas pretas, trabalhadas em chifre de boi, e usadas pelas crianças afro-brasileiras, no pescoço ou na cintura, em forma de colar, considerando-se um amuleto defensivo.

LAMA-DO-POTE. Lodo formado exteriormente, sobre as paredes do pote, da bilha de barro que contém água; lama, terra úmida subjacente a esse vaso, nos compartimentos de chão batido. Recurso terapêutica, popular, de uso tópico, contra certos males. Particularmente, a papeira, a caxumba, é por este *linimento* tratada, em aplicação exclusiva, ou alternada com uma pasta esquisita, feita de cinza e suco de limão. "Num ponto sombrio, e protegido, descansa a jarra da água de beber. É um grande pote, às vezes de mais de um metro de altura... O lodo, que se lhe ajunta por fora das paredes, é mezinha infalível para a cura da sapiranga, se não do próprio tracoma; as incrustações provenientes da má qualidade da água e que se possam formar no fundo recebem outras aplicações terapêuticas diversas" (Lourenço Filho, *Juazeiro do Padre Cícero*, 53; Fernando São Paulo, *Linguagem Médica Popular no Brasil*, II, 30-31).

LAMBE-SUJO. Folguedo popular, conhecido especialmente em Aracaju, capital do Estado de Sergipe, com algumas variantes apresentadas em cidades do interior do mesmo Estado, bem como na capital e interior do Estado de Alagoas. Baseia-se nos episódios de destruição de quilombos, feita pelos capitães-do-mato, muitos deles portadores de sangue indígena, que chefiavam seus guerreiros mamalucos. É, pois, uma sobrevivência do fato. Descrição: Até poucos anos atrás, era costume realizar-se em Aracaju, na data de 24 de outubro, uma interessante manifestação folclórica, por meio do brinquedo denominado "Festa do Lambe-Sujo". Pela manhã, percorriam as ruas da cidade grupos de *negros*, que trajavam calção vermelho, com uma simples camiseta e por cima desta um colete. Traziam na cabeça uma espécie de capacete, ou gorita, enfeitado com espelhinhos, bonequinhos, contas de vidro furta-cor, etc. Como arma empunhavam uma foice de madeira. Era o divertimento da garotada, que os acompanhava com grande vozerio. Eram, os lambe-sujo, formados sempre de pretos ou homens de cor, e os últimos enegreciam a pele com uma mistura de pós pretos e banha. Esmolavam às portas e todos lhes davam os níqueis de bom grado. À tarde, em um dos arredores da cidade, geralmente em lugar descampado, verificava-se o *combate* e a *prisão* dos *lambe-sujo* pelos *caboquinho*. Sob crescida assistência popular, desenrolava-se o seguinte espetáculo: Reuniam-se os negros no meio do descampado e começavam suas danças e cantos, que duravam uma a duas horas consecutivas. Ao centro ficava um rei e às vezes também uma rainha. Sambavam, agitando as foices, e cantavam em coro à meia-voz, dolente e repetidamente, o que se segue:

"Paraguaê, paraguaô
Paraguaê...
Ó meu mano
Paraguaô...

Samba nêgo
Branco não vem cá;
Se vinhé
Torna a vortá."

Ao fim daquele prazo, os *lamoesujo* eram cercados pelos *caboquinho*. Estes eram habitualmente adolescentes entre dez e dezoito anos, comandados por um capitão. Usavam indumentária de índio: tanga, braceletes, enfeites de pena, etc. O corpo pintado de vermelho; a arma era arco e flecha. Após o cerco, os caboclos enviavam aos negros um parlamento, com *ultimatum* de rendição. A resposta era sempre: "Não nos rendemos". Voltava a segunda embaixada, e desta vez os negros aprisionavam os parlamentares. Então, os caboclos apertavam o círculo, dava-se a *luta* e os *lambe-sujo*, aprisionados, entravam na cidade conduzidos por seus vencedores. Chegavam até a frente do palácio do Governo, onde os *negros capturados* pediam perdão ao governador, que os recebia sob risos e, aceitas as desculpas, autorizava que os soltassem. Assim terminava o folguedo. Interpretação: Nenhuma dúvida existe quanto ao significado do que se acaba de descrever. É uma alusão à destruição de quilombos, feita pejos conhecidos capitães-do-mato, muitos deles portadores de sangue indígena, que chefiavam seus guerreiros mamalucos. A segunda das duas estrofes do canto dos negros é perfeitamente esclarecedora. Existia também a variante do último verso, para "Pau há de levar", se bem que fosse mais comum a frase antes indicada. O processo do cerco, em círculo que se apertava cada vez mais, até a simulação do combate, é perfeitamente característico da ação aborígine. Procuramos ver se o "lambe-sujo" tinha alguma relação especial com as entradas de destruidores de mocambos em terra de Sergipe colonial, mas não achamos qualquer indício neste particular. Deve tratar-se, portanto, de uma sobrevivência folclórica geral daqueles episódios. Variantes: No interior de Sergipe, como em Alagoas, os negros possuíam um rei e, sempre, uma rainha. Esta última era raptada pelos caboclos, com a ajuda de uma negra, espiã a serviço dos mamalucos. Não há os embaixadores para parlamentarem a rendição dos pretos. A luta se verifica em duelos de espada com o rei, enquanto os demais negros usam a foice. Há várias tentativas de luta; os agressores penetram no *quilombo*. Os negros dançam, antes de serem atacados, com os mesmos versos antes mencionados, predominando a versão "Pau há de levar", no último dos versos. Há também desfiguração na indumentária negra. Já não usam as goritas para cobertura da cabeça, mas simples chapéus de palha, de uso comum entre as populações rurais. Ao invés de colete, camiseta. O folguedo é conhecido como Lambe-Sujo, em Sergipe, e como Quilombos, em Alagoas (Felte Bezerra, Aracaju, Sergipe). Ver *Quilombos*.

Lamoa. Ver *Jogo de Baralho*.

Lampião. Virgolino Ferreira da Silva, nasceu na fazenda da Passagem das Pedras, Vila Bela, Pernambuco, a 7 de julho de 1897 e morreu numa gruta da fazenda Angicos, Porto da Folha, Sergipe, na madrugada de 28 de julho de 1938, abatido com um tiro de fuzil na cabeça, pelo soldado Antônio Honorato da Silva, do destacamento da Policia Militar de Alagoas, comandado pelo Capitão João Bezerra da Silva. Sua amásia, Maria Bonita, caiu ao seu lado e mais nove companheiros, degolados para comprovação de que a horda tinha sido extinta. Teve a vocação irresistível, tornando-se assassino aos 17 anos. Com três de escola aprendera a ler e escrever. Vaqueiro destemido, amansador de cavalos e burros bravios, fazia *obras de couro* caprichadas, tocava animadamente a sanfona de oito baixos. Quando seu pai, José Ferreira da Silva, morreu, já o rapaz era criminoso de muitas mortes e assaltos. Não *tomou* o *cangaço* para vingá-lo. Em 1926 já era famoso, celebrado, conhecido e com uma patente de capitão, dada pelo Padre Cícero, do Juazeiro, datada do "Quartel General das Forças Legais, 12 de abril". Do Ceará à Bahia foi o mais temível chefe de cangaceiros de todos os tempos sertanejos. Estrategista nato, incomparável conhecedor da topografia regional, enfrentou a Policia Militar de sete Estados, em mais de cem encontros mortíferos, perdendo cerca de 800 homens, mortos ou aprisionados, durante o exercício do cangaço. Dez oficiais e mais de duzentos sargentos, cabos e soldados, sucumbiram combatendo seu grupo. Incalculável o número de suas vítimas. Violento, de uma fria crueldade implacável, sádico, estuprador, incendiário, ao contrário dos velhos cangaceiros de outrora que tiveram atitudes generosas e atos românticos de clemência, Lampião deixou uma lenda de sangue e de bestialidade, inconcebível e real. Irradiava uma energia poderosa, uma atração magnética de sua presença terrível, arrebatando de entusiasmo os seus homens, que jamais o traíam. Lutavam cantando, insultando, imitando as vozes de animais. Comumente carregavam os mortos e os feridos. Tinha astúcias, intuições estranhas, servidas por uma audição maravilhosa. O olho direito, inutilizado por um leucoma, não prejudicava a pontaria infalível. Seis vezes foi ferido. Nas horas de folga era alegre, pilheriador; animando bailes, dançando a noite inteira, cantando e tocando sanfona, aprendida desde os 16 anos. Gostava de ler revistas ilustradas e posar para o fotógrafo. Dia de domingo rezava longamente diante da imagem que trazia no bornal. Fazia versos. Ajudava nos partos das companheiras dos bandoleiros. Vilas e povoados ficavam desertos com a simples notícia de sua aproximação. Dois episódios deram-lhe renome prestigioso na memória cangaceira. Em 1922 assaltou Água Branca, Alagoas, saqueando a Baronesa de Água Branca, dona Joana Vieira de Siqueira Torres, despojando-a de joias e moedas de ouro do Império, com que se enfeitou. No domingo, 13 de junho de 1927, atacou a cidade de Mossoró, a segunda do Rio Grande do Norte, com mais de 50 cangaceiros, em pleno dia, cantando "Mulher Rendeira." Foi repelido e perdeu dois *cabras* ilustres, Colchete e Jararaca. Era a maior cidade que Lampião chegou a ver em sua atribulada e tempestuosa existência. Uma rede de coiteiros, protetores que o ocultavam mediante pagamento, intimidação ou interesse inconfessável, livrou-o, anos e anos, da morte, refazendo-lhe as forças, fornecendo-lhe munições e víveres, tratando-lhe os ferimentos informando-o das marchas das Polícias Militares volantes quê o perseguiam tenazmente. Dançador e divulgador do *Xaxado* (ver), cantador de emboladas e sambas, pródigo com o dinheiro que lhe custara apenas matar o possuidor, tornava-se de natural simpatia, o *homem*, para, os frequentadores de suas festas nos esconderijos seguros onde se refazia. Desse ignorado centro mandava os "comandos" predatórios para os saques e morticínios, fingindo dirigi-los pessoalmente, espalhando uma fama de ubiquidade. As famílias cujos homens tinham sido torturados, castrados, apunhalados, os cadáveres queimados, as moças violentadas e impelidas ao bailado, desnudas, diante de toda a malta, não sentiam a mesma opinião lisonjeira. As fazendas incendiadas, as boiadas mortas a fuzil, os açudes arrombados, as lojas despedaçadas, os vaqueiros com orelhas decepadas e mulheres marcadas com o *ferro* ardente nas faces, testemunhavam os modelos preferidos de sua atividade espantosa. Ocorriam fatos cômicos no ambiente de tragédia. Fugindo da tropa pernambucana que o acossava, Lampião e seu bando encontraram no caminho a festiva cavalgada de um casamento matuto. Apoderaram-se de todos os animais, deixando noivos e convidados, de roupa nova, no meio da estrada, num sol de verão, léguas e léguas distante do povoado. Ao lado das Polícias Militares, vários grupos de civis armados andavam igualmente *caçando* o bandido, que os denominava *cachimbos*. Constituiu, depois de 1932, um grande motivo para o noticiário sensacionalista, e seu nome passou para a imprensa europeia e americana, com fotografias e anedotários. Desde 1925 os poetas sertanejos profissionais começaram registrando suas façanhas e aventuras sangrentas. Mais de 150 folhetos recordam as proezas, e sua morte não estancou a inspiração. Os folhetos continuam aparecendo sobre o fim de Lampião, viagem para o inferno, julgamento, pensamentos, arrependimentos, planos, confidências. O fantasma é um centro de interesse positivo. A bibliografia literária brasileira possui a "Estante Lampião". O assunto é sedutor e bem merecia pesquisa demorada e segura, mais serena e percuciente que as reportagens sugestivas, sobre o derradeiro dos soberanos do cangaço nordestino, na legitimidade de sua grandeza selvagem. Ranulfo Prata, *Lampião*, Rio de Janeiro, 1934; Leonardo Mota, *No Tempo de Lampião*, Rio de Janeiro, 1936; Capitão João Bezerra, *Como Dei Cabo de Lampião*, Rio, de Janeiro, 2º ed., 1940; Melquíades da Rocha, *Bandoleiros das Caatingas*, Rio de Janeiro, s. d. (1941?); Veríssimo de Melo, *O Ataque de Lampião a Mossoró Através do Romanceiro Popular*, Natal, 1953; Optato Gueiros, *Lampião*, Recife, 1953; Raquel de Queirós, *Lampião*, drama, Rio de Janeiro, 1953; Raimundo Nonato, *Lampião em Mossoró*, Rio de Janeiro, 1955, 2ª ed., idem, 1956; Mário de Andrade, *O Baile das Quatró Artes*, S. Paulo, s. d., com o "Romanceiro de Lampião"; João Martins de Ataíde, *Entrada de Lampião em Mossoró*, Recife, 1927; anônimo, *Amores e Façanhas de Lampião*, Rio de Janeiro, 1945, etc. O Major Optato Gueiros, da Polícia Militar de Pernambuco, velho combatente contra Lampião, ouviu do próprio bandoleiro a explicação sobre a origem do seu apelido, que os jornais fizeram nacional: "Perguntei por que lhe deram esse apelido de Lampião. — Isso foi no Ceará, disse, houve lá uns tiros, tempo de inverno, as noites eram muito escuras, um companheiro deixou cair um cigarro e, como não o achasse, eu disse-lhe: — Quando eu disparar, no clarão do tiro, procure o cigarro; e assim foi, quando eu detonava o rifle, dizia, "acende, lampião!" E, desse dia em diante, fiquei Lampião". O cineasta Lima Barreto, de S. Paulo, em 1952, produziu o filme "Cangaceiros," premiado em concursos na Europa, com motivos de Lampião e o personagem central encarnando-o em indumentária e gestos. Nertan Macedo, *Cancioneiro de Lampião*, Rio de Janeiro, 1959. Nelly Cordes, *O Rei dos Cangaceiros*, S. Paulo, 1954; José Luna, *Lampião e seus Cabras*, Rio de Janeiro, 1963. Aglae Lima de Oliveira, "Lampião, Cangaço e Nordeste", 3ª ed., Rio de Janeiro, 1970. A autora é pesquisadora categorizada. Waldemar de Souza Lima, "O Cangaceiro Lampião e o VI Mandamento", Maceió, 1976. Excelente informação. Raul Fernandes, "A Marcha de Lampião", anunciado para 1978, Imprensa Universitária, Natal. Investigação exaustiva, comunicante interesse.

LANDO. Ver *Lundu*.

LANGA. Conjunto de doze rodas na dança de São Gonçalo. Roda é a união de formas e trocados. É cada uma das partes da dança de São Gonçalo, na região norte-mineira do rio São Francisco (Saul Martins, Belo Horizonte).

LAPINHA. Denominação popular do pastoril, com a diferença que era representada a série de pequeninos autos, diante do presépio, sem intercorrência de cenas alheias ao devocionário. Os presépios foram armados em Portugal desde 1391, quando as freiras do Salvador, em Lisboa, fizeram o primeiro. No séc. XVI o assunto foi dramatizado no plano popular, transformando-se o drama hierático no auto religioso, mas de movimentação contemporânea, portuguesa. O jesuíta Fernão Cardim cita um presépio em dezembro de 1583: "Tivemos pelo Natal um devoto presépio na povoação, aonde algumas vezes nos ajuntávamos com boa e devota música". (*Tratado da Terra e Gente do Brasil*, 301). Lapa, lapinha, é sinônimo tradicional de presépio. No proto--evangelho de Tiago (cap. XVIII) a Sagrada Família se recolheu a uma caverna onde nasceu Jesus Cristo. A caverna, cova, gruta, lapa, é de tradição o local dos mistérios, da ciência secreta, dos conhecimentos sobrenaturais, a escola superior da sabedoria. Morada dos primeiros homens, é o passo inicial para a inteligência analítica. Nos versos populares são de encontro fácil as citações à *cova de Salomão*, e no Rio Grande do Sul houve o sincretismo cultural para Salamanca, a cidade universitária e de velha ciência oculta ministrada nas covas e subterrâneos com iniciação e juramentos. Salamanca ficou sendo o sinônimo desses lugares escondidos e cheios de ciência poderosa. As aparições divinas a escolhem com preferência, Massabielle para Lurdes e Iria para Fátima, autenticadas pela Igreja Católica na França e Portugal e lugares de peregrinações. Nas confissões ao Santo Ofício citam as *covas mágicas* (*Denunciações da Bahia*, 461). Augusto Meyer estudou o mito da Salamanca do Jarau no Rio Grande do Sul (*Prosa dos Pagos*, 55, S. Paulo, 1943). P. Saintyves fixara o assunto excelentemente (*Essai sur les Grottes dans les Cultes Magico-Religieux et dans la Symbolique Primitive: du Culte des Grottes dans le Bassin Méditerranéen, aux Premiers Siècles de L'Ére Chrétienne*, Paris, 1918). A tradição de haver nascido Jesus Cristo numa lapa, muito corrente na Idade Média, a *lapinha de Belém*, continuou na América Ibérica. Em Portugal, Afonso Duarte registrou no *Ciclo do Natal na Literatura Oral Portuguesa*, 49, Barcelos, 1937, segunda ed.:

"Correi, correi ó pastores
À lapinha de Belém!
Vinde ver o Deus-Menino
Que nasceu pra nosso bem.

Vinde e vereis na lapinha
Sobre palhas reclinado
Aquele rei das alturas,
Filho de Deus Humanado."

As lapinhas, popularíssimas no Brasil, desapareceram quase completamente, substituídas pelos *Pastoris* (ver), sem a religiosidade de outrora e mesmo incluindo danças modernas e cantos estranhos ao auto. No Natal de 1584 foram os presépios trazidos pelos jesuítas para o Rio de Janeiro: "Neste colégio tivemos o Natal com um presépio muito devoto, que fazia esquecer os de Portugal; e também cá Nosso Senhor dá as mesmas consolações, e avantajadas. O irmão Barnabé Telo *fez a lapa*, e às noites nos alegrava com seu berimbau" (*Tratados da Terra e Gente do Brasil*, 345, Rio de Janeiro, ed. J. Leite, 1925). Ver *Pastoril* e *Queima*.

LARANJINHA. Aguardente de cana, aromatizada com cascas de laranja. "Preferidos os generosos vinhos e o champagne, onde o patriotismo da laranjinha e da boa pinga Massangana" (*O Tempo*, n.º 6, de 1890). "... malandro estava com a cabeça cheia dos vapores da laranjinha da Serra Grande" (*A Pimenta*, n.º 497, de 1906). Bola de cera, cheia de água perfumada para jogo do entrudo, representando frutas diversas, como a laranja, e daí o qualificativo de *laranjinha*, e a lima, de que provém, concorrentemente, o de *lima-de-cheiro*, ou, como no Rio de Janeiro, de *limão-de-cheiro*, que desapareceram com o uso das de borracha, e estas, por sua vez, com as bisnagas e lança-perfumes. "Agadanhando algumas limas-de-cheiro, tomara a frente do nosso passeante, e lhe dissera: Meu patrício, tenha paciência, sempre leve uma liminha" (*O Postilhão*, n.º 17, de 1846). Este uso vinha de longe, e já em 1810 escrevia Koster no seu livro de viagens: "O carnaval ou entrudo não admite outros folguedos, senão o de assaltos recíprocos com bolas de cera, cheias d'água, com seringas, laranjas e às vezes coisas piores". Em 1876, o Chefe de Polícia publicou um edital nas proximidades do carnaval, proibindo a venda de limas-de-cheiro, tanto de borracha como de cera. "A Câmara Municipal proibiu a venda de laranjinhas, e, por consequência, de borracha, mas criou um imposto de 500$000 sobre a venda de borrachas para limas!" (*A Duquesa do Linguarudo*, n.º 72, de 1877). Pereira da Costa (*Vocabulário Pernambucano*, 418). Ver *Carnaval*, *Entrudo*.

LARANJO. "Nas regiões interiores da Bahia, Pernambuco e Piauí, é muito comum a presença dum tipo ruivo de olhos azuis, conhecido pelos naturais pela designação de *laranjo*. De há muito que ouvíramos referências ao fato, mesmo por escritor estrangeiro e a explicação geralmente adotada é de que se tratava de descendentes dos holandeses; o fato, para nós, tem outra explicação, pois julgamos o aparecimento espontâneo, e isto podemos verificar com algumas crianças loiras descendentes de pais e avós que, embora brancos, não eram sequer aloirados; talvez não seja correto identificar o fenômeno com o que De Vries chamou *mutação*, mas, sem dúvida há analogia" (Artur Neiva e Belisário Pena, *Viagem Científica*, 167). Creio ser uma regressão aos tipos louros do norte de Portugal, de alta percentagem no povoamento do Norte brasileiro. Inteiramente lógico dentro dos esquemas de Mendel com suas ervilhas e Morgan com suas moscas. Ocorre, semelhantemente pelo Nordeste, e a esses *ruzagás*, tal denominação lhes damos (do *rosalgar*, bisulfureto de arsênico, pela coloração), for atribuída ascendência francesa e holandesa... sem que nem para quê.

LASQUINÊ. Ver *Jogo de Baralho*.

LAVAGEM DE IGREJA. Entre as promessas de caráter passageiro ou permanente, há naturalmente a de ajudar o asseio do templo, lavando, varrendo, enfeitando adros, corredores, naves, altares. Silveira Martins, na Câmara dos Deputados, no último decênio do Império (1880-1889), afirmava que a princesa imperial varria a igreja de Petrópolis. "Referindo-se à princesa imperial, esse mesmo ardoroso deputado, em um de seus discursos, garantiu ter ela por costume varrer, de vassoura em punho, a igreja de Petrópolis, como qualquer criada de servir". (Ernesto Matoso, *Cousas do meu Tempo*, 25, Bordeaux, 1916). As promessas de mandar lavar a igreja, mandar caiar a igreja, mandar reformar altares, são comuns. Em nenhuma parte houve, como durante tantíssimos anos ocorreu, a cerimônia de lavagem da igreja do Bonfim em Itapagipe, bairro da capital baiana, com tamanha regularidade sistemática e popularidade extrema. "Quem não recorda, na Bahia, dos longos séquitos de aguadeiros e carroceiros a guiar cavalos e muares enramados com folhagem de pitanga e barulhentas carroças atacadas de lenha, pela Calçada do Bonfim até o adro da igreja, onde já tripudiavam crioulas e mulatas, gente de todas as castas e matizes, com a bateria de tinas, bacias, esfregões e vassouras? Quem a viu, que a esquecesse, aquela extraordinária festa de água e álcool, aquele enorme disparate de benditos e chulas, de rezas e gargalhadas, de gestos contritos e bamboleios impudicos? A Vênus hotentote já exibia as suas opulências carnais e os seus rebolados de dançarina. Os ranchos de aguadeiros, despejando os barris, cambavam com garganteios estentóreos. Soavam bacias como sinos rachados. O estrépito das palmas formava um matraquear ensurdecedor. Num mesmo instante, joelhos que se dobravam ante os altares, estiravam-se agilmente nos passos e voltas de um atrevido fandango. Enquanto as vassouras chapinhavam nas lajes da nave, olhares caprinos, incendiados em chamas alcoólicas, devoravam colos negros e impantes, onde as contas do rosário vibravam como guizos de mascarado. Não faltavam ao espetáculo nem as gaiatices do espirituoso capadócio, nem músicas apropriadas ao tom da colossal pagodeira". (Xavier Marques, "Tradições Religiosas da Bahia", *A Tarde*, Bahia, 19-1-1929). Essa lavagem era na quinta-feira da oitava do Bonfim, preparativos para o grande domingo. O arcebispo da Bahia, Dom Luís Antônio dos Santos, proibiu a lavagem em portaria de 9 de dezembro de 1889, e a Força Pública tornou efetiva a proibição, não consentindo na festa tradicional, a 17 de janeiro de 1890. Os estudiosos da mitologia negra dizem que a "Lavagem do Bonfim" é uma cerimônia de cunho africano, dedicada a Obatalá. Seria mais prudente lembrar sempre a convergência de dezenas de festas tradicionais em Europa e África na "Lavagem do Bonfim." Nas *Compitales* romanas como na grande *Panateneia* grega as encruzilhadas e o Partenon eram lavados, molhados, ao som de cânticos. Os ídolos sempre tiveram seus dias de preparo votivo, especialmente os psicopompos, Mercúrio em Roma ou Hermes na Grécia e no Egito

Anúbis. Não era apenas o africano que banhava seus fetiches com azeite, mas também o romano o fazia com óleos sagrados. Os ídolos eram imersos assim como os santos são banhados, por castigo, se não fazem o milagre pedido, ou pela sugestão da lei simpática, para que mandem a chuva cair (ver *Chuva*) P. Saintyves escreveu um ensaio completo no assunto: "De l'immersiou des idoles antiques aux baignades des statues saintes dans le christianisme" (*Revue de L'Histoire des Religions*, CVIII, 144-192, Paris, 1933). Os ágapes, danças, cantos, banquetes, bebidas, saracoteios, regabofes dentro das igrejas foram coibidos em longa e teimosa legislação dos arcebispados e bispados portugueses, desde princípios do séc. XVI e por todo XVII e XVIII. "Conhece-se a famosa festa da lavagem de Nosso Senhor do Bonfim. A cerimônia não é de origem africana, pois que já existia em Portugal: foi introduzida na Bahia por um português, que teria combatido na guerra do Paraguai, tendo feito o voto, se saísse ileso, de lavar o átrio de Nosso Senhor do Bonfim. Ao subir em peregrinação, foi explicando àqueles que encontrava o que ia fazer e, pouco a pouco, foi-se formando à sua volta um pequeno grupo que se ampliava: nascera uma cerimônia. Mas os pretos, que tinham o costume, nas suas religiões, de lavar os objetos sacrificiais, com óleo de dendê, sangue ou água da fonte sagrada, confundiram naturalmente as duas cerimônias e transformaram a lavagem numa festa sincrética católico-fetichista" (Roger Bastide, *Estudos Afro-Brasileiros*, 22, São Paulo, 1946). Disse-me em Lisboa (1947) o folclorista português Dr. Luís Chaves que a lavagem das igrejas como promessa era comum em Portugal.

LAVANDEIRA. Pássaro branco-creme, com asas negras (*Fluvicola albiventris*, Spix), muito comum. Chamam-lhe lavandeira de Nossa Senhora, e quem a mata ofende a Virgem Maria, porque a ave ajudou-a a lavar a roupa do Menino-Deus. Olegário Mariano registrou a tradição:

"Lavandeirinha, lavandeirinha,
Nos dias quentes de calor,
Lava nas águas do riacho
A roupa de Nosso Senhor.

Lavandeirinha de asa preta.
Contigo eu vou lavar também
O vestido de chita pobre
Daquela a quem eu quero bem..."

"Alvéola, é a *motacilla* dos romanos; de *alveus*, leito do rio, *ales*, ave, e *volans*, que voa; e muito aproximadamente chamado pelos franceses: *hoche-queue*, cauda irrequieta, movediça. Sempre uma lenda, ou uma abusão, vem em defesa dos animais que não podem defender-se naturalmente. A lavandisca ou lavandeira é muito mansa e indefesa e, como tal, ampara-a esta abusão: ninguém a deve tocar, máxime se ela estiver no rio, sobre as pedras, ruflando as asas, como lhe é próprio, "porque ela está lavando a roupa de Nossa Senhora!" Por isso é que, embora ela nidifique no baixo das moitas, o seu ninho é tão respeitado pelas crianças como os dos demais passarinhos na Quaresma" (Quintino Cunha, *Pelo Solimões*, 293, primeira edição, Paris, sem data. É anterior a 1915).

LAZARINA. Espingarda passarinheira, de cano longo, chumbo fino e médio, de carregar pela boca, como sempre a conheci. Era inseparável dos velhos sertanejos e rapazes, nos domingos, abatendo pequenas peças de caça, paca, cotia, tatu, preá, mocó, etc. Picapau no Sul. Raríssimo seria o homem do interior sem a lazarina fiel, contando vantagens de pontaria e caçadas felizes sem testemunhas. Sobre a origem do nome, escreveu Alfredo de Carvalho (*Frases e Palavras*, Londres, 1906): "A partir de 1651 começaram a se tornar afamadas na Europa as armas fabricadas pelo espingardeiro milanês Lázaro Cominazzo; os seus sucessores se esmeraram em perpetuar os créditos da oficina original, que chegou aos princípios do século passado já transformada em notável estabelecimento industrial, mas conservando sempre a firma do fundador. No correr deste longo prazo, os produtos da fábrica milanesa foram espalhados pelos milhares e por toda parte, vulgarizando assim o nome de *Lazarino*, que entre nós passou de substantivo próprio a apelativo, à semelhança do que vemos suceder aos de Comblain e Mauser". Serpa Pinto (*Como eu Atravessei África*, I, 151, Londres, 1881) informa diversamente: "As armas de que usam são as chamadas no comércio lazarinas, são muito compridas, de pequeno adarme, e de sílex. Estas armas são fabricadas na Bélgica, e tiram o seu nome de um célebre armeiro português que viveu na cidade de Braga, no principio deste século, cujos trabalhos chegaram a adquirir grande fama, em Portugal e Colônias. Nas armas fabricadas na Bélgica para os pretos, que são uma imitação grosseira dos perfeitos trabalhos do armeiro português, lê-se nos canos o nome dele – Lázaro Lazarino, natural de Braga". Esta é a versão que se dicionarizou em Portugal. No sertão do Nordeste citavam exclusivamente a *Lazarina legítima de Braga*.

LÁZARO. Santo, protetor dos leprosos e afastador da moléstia. Os cães lhe são dedicados, e quem mata um cachorro deve uma alma a São Lázaro. Dar de beber aos cães sedentos, defendê-los, dar-lhes de comer, são benefícios que o santo pagará, protegendo a alma de quem assim se portou. Há muita *estória* confundida com as tradições populares de São Roque (ver *Roque*). No caminho que as almas percorrem no outro mundo, até o julgamento de Deus, padecem muita sede, e só existe na região a casa de São Lázaro. Se a alma tiver dado de comer e beber aos cães, encontrará água fria e límpida. Em caso contrário, só lhe restará o suplício sem consolo. Uma promessa poderosa é oferecer um jantar aos cachorros de São Lázaro (ver *Promessa*), tradição existente no Ceará e no Maranhão, onde a denominam "mesa de São Lázaro": "Para curar feridas brabas, doenças da pele, ou para livrar-se a gente delas, São Lázaro existe no céu, manda, na terra, os seus amigos, os cachorros, lamber feridas e curá-las com a saliva canina. O cão tornou-se por isso o animal sagrado de São Lázaro, como já o fora de São Bernardo. A fé arde sincera nessas almas ingênuas e as promessas são cumpridas à risca, com toda a solenidade possível. Em que consistem? Nas mesas de São Lázaro. É um acontecimento na localidade. Convidam-se todos os cães da redondeza. Nesse dia, cachorro passa bem. Ninguém lhes dá pancada. São lavados com sabão, penteados, enfeitados com laços de fita no pescoço. Afora da ceia, os donos trazem os animais para a promessa. No chão varrido, põe-se uma toalha de mesa bem engomada, pratos limpos são também postos ali. E a melhor comedoria, o melhor quitute, é colocada nos pratos para os cães. Não falta o vinho tinto nem o doce especial para a sobremesa. O beneficiado pelo milagre, o que recebeu a graça do santo, vem também comer com os cachorros, e a ceia assim se inicia por entre a gula brutal da canzoada e por entre as músicas que acompanham a festa alegremente. O fim de toda essa festa é sempre uma briga medonha de cachorros, que devoram tudo e espatifam os pratos, mas nem por isso deixam os donos da festa de se sentirem satisfeitos. Depois que os cães devoram a ceia é que o povo começa a tomar parte no jantar, comendo, ao menos, intencionalmente, com a canzoada" (Astolfo Serra, *Terra Enfeitada e Rica*, 64-65. São Luís do Maranhão, 1941). Contemporâneo de Cristo, irmão de Marta e Maria, ressuscitado pelo Salvador, São Lázaro tem uma minoria devota, contando-se assombros do orago. Livra da peste, da morte súbita e da miséria. Alguns hagiógrafos o dizem morto no ano 60 e outros, com atenção à tradição oral, afirmam que São Lázaro atravessou a Europa e foi o primeiro bispo de Marselha, na França, onde faleceu e está sepultado. Festa votiva a 17 de dezembro. É identificado pelos negros baianos como a representação cristã de Omulu, orixá das bexigas. Ver *Roque*.

LEANDRO GOMES DE BARROS. Nasceu em Pombal, Paraíba, e faleceu no Recife a 4 de março de 1918, com cinquenta e três anos. Viveu unicamente de escrever versos, imprimi-los e vendê-los. É autor de mais de mil folhetos, com cerca de 10.000 edições. O mais completo, original e prestigiado dos poetas populares do seu tempo, de incomparável simpatia para o seu público, incontável e devoto de suas produções. Espirituoso, satírico, sempre novo nas imagens e soluções psicológicas, foi a base literária dos cantadores, o autor que fazia as delícias do sertanejo, do Piauí a Sergipe, mercado infalível. Ver Gustavo Barroso, *Ao Som da Viola*, 513, Rio de Janeiro, 1921; Luís da Câmara Cascudo, *Vaqueiros e Cantadores*, 347-348, São Paulo, Global, 2005; F. Chagas Batista, *Cantadores e Poetas Populares*, 114, Paraíba, 1929. Depois de sua morte, muitos folhetos seus têm sido reimpressos com outra autoria. Lamentável a ausência de um volume antológico com suas composições mais características.

LEBA. Senhor Leba, do daomeano *lêgba*, diabo. Artur Ramos (*O Negro Brasileiro*, 34) diz ser deturpação de Elegbará. Eleguá em Cuba. É um dos nomes de Exu. W. B. Seabrook cita no Haiti o papa Legba, guardião das portas e protetor das encruzilhadas, um deus benévolo, ao contrário de Exu, homem da encruzilhada, ameaçador e misterioso. Certamente Leba não é demônio nem a encarnação da maldade, nem materializa o elemento da procriação, a força criadora da espécie. Nas mensagens que Adandozam, Rei do Daomé, enviou ao Príncipe D. João de Portugal, em 20 de novembro de 1804, alude-se ao grande deus Leba, de forma a excluir perversidade ou culto de pavor. O Rei Adandozam escreve: "Meu amável mano: há muito tempo que fiz patente ao meu grande deus Leba, que pelos seus grandes poderes lá no lugar, onde habita, que levasse em gosto e louvasse a amizade que eu desejava ter com os portugueses, e juntamente o oferecimento e trato, que queria fazer, sem faltar ao ponto da minha religião..." ("Cartas do Rei de Ardra e do Rei do Daomé para Sua Alteza Real", *Documentos dos Arquivos Portugueses que Importam ao Brasil*, n.ºs 12-14, 23, Lisboa, março-julho de 1946). Uma lição digna de registro, esclarecedora das funções divinas do senhor Leba, é a de George Peter Murdock (*Nuestros Contemporaneos Primitivos*, cap. XVIII, versão de Teodoro Ortiz, 492-493, México, 1945): "Aunque el destino fija quién vivirá y quién morirá, quién prosperará y quién sufrirá adversidades, sus decretos no se ejecutan por si solos. La diosa Mawa dá las órdenes, designa la deidad o el panteón que las ejecutará, y envia a su hijo mas joven Legba, a dar las instrucciones. Legba, mensajero de los dioses, es juguetón pero no maligno, se enoja fácilmente pero perdona, es grosero pero hábil. Es un bromista celestial que se complace en ser más listo que sus hermanos. Encargado de entregar los decretos del Destino y de Mawa a los dioses que los ejecutan, puede, sin embargo, dejar de hacerlo, o incluso desfigurar el mensaje. Si la orden que transmite es de muerte o de desgracia para uno de sus favoritos, para una persona que le ha ofrendado liberales sacrificios, es muy probable que la olvide, o que escoja como víctima a otra persona, alguién que le desagrade. Es, pues, prudente cultivar su favor, aunque no pertenece a ninguno de los panteones. Legba tiene un culto en todas las casas y una capilla a la entrada de cada aldea y de cada templo. Fuera de cada recinto – en el exterior, porque no hay que confiar en Legba si hay por medio mujeres – se alza una pequeña choza conteniendo una tosca imagen fálica del dios modelada en barro y rodeada de un círculo de garrotes nudosos incados en el suelo. Cada miembro de la casa deposita ofrendas diarias de alimentos sobre bajos montículos de tierra al lado de la capilla. Genial y muy humano a pesar de su rudeza, Legba oferece a los nativos un medio de evitar su sino. Su intervención explica en parte por que el dahomé, a diferencia de otros pueblos africanos, no se siente aterrorizado ni oprimido por la multitud de poderes sobrenaturales que le rodean". Ver *Jejes*.

LEGBÁ. Ver *Leba*.

LÉGUA DE BEIÇO. Designa a distância indicada pelo matuto, tabaréu, sertanejo, caipira, estendendo o lábio inferior: *é ali...* São, comumente, léguas intermináveis, apesar da simplicidade da informação.

LEILÃO. Os leilões de prendas, nas festas dos novenários religiosos, participam do folclore pela adaptação dos elementos locais, ditos, provérbios, pilhérias, sátiras, anedotas, formulário especial. A figura do leiloeiro, viva e astuta, centraliza a atenção coletiva e não haverá lugar onde não haja recordação de uma ocorrência humorística, boa resposta feliz, frase alegre e maliciosa, desse anônimo animador de um verdadeiro programa vocal. As batalhas pela posse de flores, frutos, pequeninos trabalhos enviados pela candidata de ambos os contendores ficam famosas. Há também modos hilariantes de arrematação. Cinquenta cruzeiros para Francisco cheirar e guardar este cravo? Sessenta cruzeiros para Francisco não cheirar e não guardar o cravo? Setenta para cheirar! Oitenta para não cheirar! E por aí vai... Vezes é uma garrafa de cerveja, dando alto preço, para que um fulano beba ou não beba. Está desaparecendo o formulário tantas vezes secular, os "dou-lhe uma, dou-lhe duas, dou-lhe três! Afronta aço que mais não acho! Quem dá mais?" E finalizava com a entrega simbólica do ramo verde que o imitia na posse da coisa arrematada e o voto final: "Que lhe faça bom proveito!" Os velhos arquivos darão centenas de documentos nessa espécie. Leilão de Crianças. O Sr. L. Gonzaga dos Reis, escrevendo sobre os costumes e tradições dos habitantes do município do Alto Parnaíba, no Estado do Maranhão, informa: "Outra usança sobremodo interessante, peculiar aos pubeiros (*habitantes da região*), merece também registro: é o costume de os ascendentes fazerem promessas às divindades da sua devoção fetichista, especialmente ao Divino Espírito Santo, para obterem a cura das crianças doentes. Restabelecidas estas, se o mal não é letal, são elas entregues aos padrinhos ou madrinhas espirituais, para serem vendidas, em leilão, no dia da festa da divindade, passando as mesmas a pertencer ao arrematante, que fica com o ônus da criação. É um esdrúxulo acontecimento arraigado no evo sentimento desse povo sincero na sua convicção" ("Alto Parnaíba," *Revista do Instituto Histórico e Geográfico do Maranhão*, n.º 3, 66, agosto de 1951, São Luís do Maranhão).

LELÊ ou **LELELÉ.** Espécie de contradança ainda popular nos salões de São Luís do Maranhão em 1906. Domingos Vieia Filho registra o vocábulo no *Linguagem Popular do Maranhão* (S. Luís, 1953) como Lelê. A única fonte citada são as *Memórias de um Ferroviário*, Eurico Macedo, pág. 70, Bahia, 1950, onde se lê: – "Nesse tempo dançava-se o tradicional *lelelé*, contradança de origem francesa, que os silvícolas souberam conservar, em muitos lugares do grande Estado (Maranhão), e cujos últimos lampejos, em 1906, ainda eram notados. Os pares não dançavam colados, nem agarrados em ambas as mãos, porém ligados ligeiramente, tocando castanholas, e serpenteando as filas em número de três, a de permeio ziguezagueando, ao som de álacre instrumento espanhol nosso conhecido... É lamentável que as gerações seguintes tivessem abandonado a tradicional peça coreográfica da alegre Euterpe, incontestavelmente mais artística do que qualquer outra regional do nosso País".

LENÇO. Não se deve dar lenço de presente, porque chama lágrimas. Convém trocá-lo. A pessoa presenteada deverá dar outro presente, imediato, ou o pagamento figurado, com uma pequenina moeda, outrora um vintém. Para o Norte e Nordeste do Brasil o lenço não figura nas danças nem há registro de que aparecesse nos bailes velhos, como no Rio Grande do Sul, por influência do Uruguai e Argentina e estes de Espanha. Mas dança com meneios de lenço não é figura exclusivamente espanhola e conhecem esse tipo na França, Bélgica, Hungria e Tcheco-Eslováquia. Em Portugal a oferta de lenço é tradicional assim como a indústria de lenços, bordados nas pontas, com estrelas, pombas, raminhos, especialmente corações, com frases amorosas e declaratórias de afeto: Sempre tua; Fiel amor; Sinceridade; Amor eterno; Amizade; Te esperarei sempre, etc., etc. Os lencinhos bordados ou franjados de rendas de almofadas eram presentes famosos entre namorados ou recém-casados, lembrança das amigas da noiva. A nova senhora devia morder o lenço numa extremidade antes de usá-lo para não esfriar as relações com quem a presenteara. O lenço também era objeto de código na linguagem dos sinais amorosos. No bolso do paletó, as pontas para cima, firmeza; para baixo, dobradas, amor ausente ou desconfiança, amargura; sem mostrar uma só ponta, rompimento; com uma flor natural entre as pontas, comprometido, noivo, amor fiel e correspondido; tirar o lenço e metê-lo no bolso duma vez, disponível, sem compromisso, livre para amar; dobrar o lenço à vista da criatura interessada, quero falar-te ou espere carta; abrir todo o lenço, cuidado, cautela, prudência. Hoje não há necessidade de dar trabalho ao lenço.

LENDA. Episódio heroico ou sentimental com o elemento maravilhoso ou sobre-humano, transmitido e conservado na tradição oral popular, localizável no espaço e no tempo. De origem letrada, lenda, *legenda*, "*legere*", possui características de fixação geográfica e pequena deformação. Liga-se a um local, como processo etiológico de informação, ou à vida de um herói, sendo parte e não todo biográfico ou temático. Conserva as quatro características do conto popular (*marchen, folk-tale*): Antiguidade, Persistência, Anonimato, Oralidade. Os processos de transmissão, circulação, convergência, são os mesmos que presidem a dinâmica da literatura oral. É independente da psicologia coletiva ambiental, acompanhando, numa fórmula de adaptação, seus movimentos ascensionais, estáticos ou modificados. Muito confundido com o mito, dele se distancia pela função e confronto. O mito pode ser um sistema de lendas, gravitando ao redor de um tema central, com área geográfica mais ampla e sem exigências de fixação no tempo e no espaço. A lenda da Mãe-d'Água, a lenda de Santo Antônio, a lenda do Barba Ruiva, evidenciam, no seu próprio enunciado, as diferenciações do mito de Perseu, do mito de Licáon, do mito do Velocino de Ouro. É clássico o volume de Arnald van Gennep, *La Formation des Légendes*, Paris, 1920.

LENHADOR. É uma explicação popular, comum a todos os estados do Brasil, sobre os rumores ouvidos na mata, perfeitamente identificáveis a um lenheiro rachando lenha, fazendo lenha para o molho diário. Distinguem-se, nas machadadas, o ruído das achas secas, o arrumar da pilha, todos os característicos de quem "faz lenha". Não há cidade ou vila em que não haja *estórias* idênticas, episódios com localização, dia e hora, conhecidos pelo mundo inteiro, com maior insistência nas regiões de corte de madeira, Canadá, Finlândia, Letônia, estados brasileiros de Santa Catarina, Paraná, Amazonas, Pará, Mato Grosso, etc. Nas matas do Distrito Federal, o lenheiro-fantasma cumpre sua tarefa misteriosa em determinadas ocasiões, dia ou noite de luar. Noutras paragens corta lenha na Semana Santa, e dizem ser uma alma que satisfaz sua penitência, fazendo lenha, depois do corpo ter sucumbido na ocasião em que ia trabalhar numa Sexta-Feira da Paixão. No continente americano, de fala espanhola, há o *Hachador* ou *El Hachero*, talqualmente o lenhador-fantasma do Brasil, manobrando o machado, juntando as achas com o cipó, a noite inteira, assombrando quem o ouve, porque ninguém jamais o avistou, continuando vivo para contar a *estória* real.

LEONARDO MOTA. Leonardo Ferreira da Mota nasceu na vila de Pedra Branca, Ceará, a 10 de maio de 1891, e faleceu em Fortaleza, a 2 de janeiro de 1948. Bacharel em Direito pela Faculdade do Ceará a 13 de março de 1916. Fundou e colaborou na imprensa cearense, mantendo seções humorísticas, que se tornaram famosas pela *verve* original. Nos jornais do Sul do país era de frequente presença. Conhecedor do sertão nordestino, observador da vida local, admirador devoto de sua literatura oral, especialmente a poesia, o anedotário, o adagiário, reuniu documentário excelente, publicando alguns volumes indispensáveis e preciosos pela abundância, honestidade e valor da informação. *Cantadores*, Livraria Castilho, Rio de Janeiro, 1921; *Violeiros do Norte*, Companhia Gráfica Editora Monteiro Lobato, S. Paulo, 1925; *Sertão Alegre*, Imprensa Oficial de Minas Gerais, Belo Horizonte, 1928; *No Tempo de Lampião*, Oficina Industrial Gráfica, Rio de Janeiro, 1930.

LIAMBA. Ver *Maconha*.

LIGEIRA. Uma das formas poéticas empregadas durante o desafio. São versos improvisados ou não, monorrimados, num ritmo aceso e vivo. Ocorre às vezes o refrão. Há exemplos no Nordeste e no Brasil Central (*Vaqueiros e Cantadores*, 183, São Paulo, Global, 2005):

"Tanto faz dar na cabeça
Como na cabeça dar...
Sou espinho de jurema,
Pescoço de morruá..."

Do Brasil Central (Goiás e Mato Grosso):

"E baliá!
Doutro lado grita gente
Sá Dona manda passá;
E baliá!
E se for bonita eu passo
Se for feia deixo lá..."

LIMÃO. É fruto de uso popular e universal. Basta trazê-lo, para evitar o mal-do-mar e mesmo o enjoo nas viagens aéreas. Para muitos é amuleto afastador de malefícios. O sumo é contraveneno. Na culinária e terapêutica, o limão é soberano. Literatura Oral. São conhecidos e vários os versos (quadrinhas) em que o limão figura, iniciados com a frase: "atirei um limão verde ou Eu te mando um limão verde e tomai lá este limão", etc. (Sílvio Romero,

Pereira da Costa, J. Simões Lopes Neto, Guilherme Santos Neves, etc.). É um elemento temático peninsular. Teófilo Braga e Rodrigues Marín registraram muitos exemplos em Portugal e Espanha. O ato de jogar frutos ou flores em alguém é, quase universalmente, um símbolo de declaração amorosa. O limão, laranja ou maçã (especialmente esta na Itália) são as frutas preferidas. Era comum em Roma e na Grécia (Vergílio, *Éclogas*, III, 64-65; Ovídio, *Heroicas*, Epístolas XX e XXI; Teócrito, (*Idílios*, V e XI; *Anthologie Grecque*, I, Epigramas n.ºˢ 79 e 80 (ed. Garnier, s. d. Paris, dirigida por M. Rat); Henri Gaidoz, *La Réquisition D'Amour et le Symbolisme de la Pomme;* J. Leite de Vasconcelos, "Arremessos Simbólicos na Poesia Popular", *Revista Lusitana*, VII, Lisboa, 1902; *Opúsculos*, VII, parte II, 928-941, Lisboa, 1938; Luís da Câmara Cascudo "Atirei um Limão Verde", sep. de *Douro-Litoral*, n.º V-VI da quarta série, Porto, 1951; Victor Chauvin, *Bibliographie des Ouvrages Arabes*, VI, 3, 128, Liège, 1902; Paul Sébillot, *Le Folk-Lore*, 29, Paris, 1913; René Basset, *Mille et un Contes, Récits & Légendes Arabes*, II, 9-10, Paris, 1926; René Basset, *Nouveaux Contes Berbéres*, n.º 109, Paris, 1897; Bartino Mario Moreno, *Favole et Rime Galla*, XLIII, 83-89, Roma, 1935; idem *Caratteristiche della Favolistica Etiopica*, 10, Napoli, 1949). É sabido o valor mágico do arremesso (P. Saintyves, "La Valeur du Jet Magique Comme Rit de Fécondité", *Revue Anthropologique*, XXXIX, Paris, 1929). O gesto é um dos tipos do Svayamvara, o casamento por escolha da noiva, de imemorial uso na índia e com amplo registro no *Katha Sarit Sagara*, de Somadeva, *The Ocean of Story* (tradução de C. H. Tawney, anotado por N. M. Penzer), I, 88, II, 16, III, 26, 181, IV, 238-240, 276, V, 197, VIII, 29, 30, e notas, Londres, 1925-27. A escolha no Svayamvara permite à noiva indicar o futuro marido, atirando-lhe com um fruto ou uma flor, tal-qualmente Vergilio, Teócrito e Ovídio registraram. Os versos populares recordam essa tradição. Ver Augusto Meyer, *Guia do Folclore Gaúcho*, limão, Rio de Janeiro, 1951; Guilherme Santos Neves, *Alto Está e Alto Mora*, Nótulas de Folclore, Atirei um limão verde, 17-21, Vitória, 1954. Augusto Meyer, opus cit., 96, registra o anexim: "Quem dá o limão, dá o coração".

Limonada. Ver *Garapa*.

Lindo-Amor. Menino vestido de papel de seda, com muitas cores e de efeito brilhante, que, na cidade do Salvador, sai pedindo dinheiro para a festa de Dois-Dois, São Cosme e São Damião; Heráclio Sales, "Maculelê", 7-10-1954, Rio de Janeiro, *Diário de Notícias*:

"Ó Lindo-Amor, Lindo-Amar,
São Cosme, São Damião
É um cravo, é uma flor."

Limiar. Ver *Soleira*.

Língua. Por toda a Europa e continente americano, estirar a língua é um insulto grosseiro, gesto de provocação irresistível. No Tibete é a maneira de saudar. "Satan et le plus vieux de nos compagnons étant censés appartenir à un rang supérieux, se contentèrent de retirer leurs chapeux, mais les autres membres de notre caravane durent saluer à la manière thibétaine, qui consiste, à ouvrir la bouche et à tirer la langue" (W. Montgomery Mac Govern, *Mon Voyage Secret à Lhassa*, 170. trad. Victor Marcel, Plon, Paris, 1926). Oito séculos antes de Cristo, o gesto tinha a mesma significação dos nossos dias. Quando os gauleses cercaram Roma, um atleta gaulês, gigantesco, desafiou sozinho o exército romano para um combate singular. Como demorasse em aparecer o adversário, o gaulês desatou a rir e estirou a língua, *atque linguam exertare*. Esse gesto sacudiu o jovem Titus Manlius à luta, indignado com o ultraje feito ao povo romano. Matou o gaulês, arrancou-lhe o colar e o pôs triunfalmente ao pescoço. Ficou sendo Titus Manlius Torquatus, de *torques*, colar (*Tito Lívio*, VII, 9, 10; *Aulo Gélio*, IX, 13, 3; *Valéria Máxime*, VI, 9, 1-2). Creio que a língua estendida ligar-se-á ao mito da Górgona, comumente representada com a língua fora da boca, numa careta hedionda (Gustavo Glotz, *Gorgones, in* Daremberg & Saglio). Assim é a Górgona de Camiros, a de Atenas (repetida em moedas, vasos, escudos), a de Esparta, a do escudo Strangford, que é cópia livre do original em prata, com que substituíram a Górgona de Fídias, para o escudo de Palas-Atenas, e que fora roubada, cópia tida como do ano 399 antes de Cristo, etc., etc. Seria um reforço à fealdade horripilante de Medusa, cuja cabeça foi decepada pelo herói Perseu. Como a simples visão da cabeça da Medusa petrificava, tornando pedra quem a visse, tentava-se repetir o assombro, fazendo ainda mais ameaçadora a carantonha da Górgona, na imitação humana subsequente. Pôr a língua de fora seria repetir a máscara da Górgona, o *Gorgoneion*, que depois se tornou amuleto (ver Luís da Câmara Cascudo. "Gorgoneion", *in Homenaje a Don Luís de Hoyos Sáinz*, I, 67-77, Madrid, 1949). Assombrar, aterrar o inimigo com caretas era tradição entre os combatentes primitivos. Com o passar do tempo, a significação modificou-se, e Tomás Wrigth, estudando o grotesco nas artes plásticas medievais, informa que a língua de fora da boca é emblema da luxúria, e indica as esculturas com essa atitude na igreja de Stratford sobre o Avon e claustro do Magdalen-College, em Oxford. Transcreve o deus Tifon e *uma figurinha de terracota do Museu de Berlim* que é, visivelmente, o deus Bés, Bisou, Bésou, palhaço dos deuses egípcios, amigo da jovialidade, apesar do aspecto bestial. Tifon é a continuação grega do egípcio Seto, irmão e inimigo de Osíris. Todos são representados com a língua pendente. Na Idade Média, além do símbolo da luxúria, passou a valer gula, voracidade insaciável. O gesto, na sua versão ainda popular na Europa e América, vale como uma frase, não mais a velha e clássica ameaça da Medusa. No Brasil, estirar a língua é mandar à merda, vá comer, ou vá beber merda! Liga-se, logicamente, ao emblema medieval da gula. O destino insultuoso que o gesto traduz é a secular *imundície na boca, stercus in ore, merda in bucca, lixo na boca*, brutalmente popular e cruelmente reprimida pelas *Ordenações Afonsinas:* "Todo homem ou mulher, que a outrem meter merda em boca, ou mandar meter, morra porém". Já em Portugal do séc. XII (Foral de Tomar em 1174) transformava a pena de morte em multa, *LX soldos* (Viterbo, *Elucidário*, II, 65). Em muitos divertimentos infantis, cabra-cega e certos jogos de silêncio, há alusão clara ao costume velhíssimo (Luís da Câmara Cascudo, "Leges et Consuetudines Medievais nos Costumes do Brasil", no *Homenaje a Don Fernando Ortiz*, I, 344-346, La Habana, 1955). A língua estirada, como elemento ameaçador, talvez inclua significações secretas, de funções ou potências, de força mágica, que não foram ainda suficientemente esclarecidas. Não é rara sua representação na cerâmica asteca, maia, inca, especialmente a de Nazca. Vários ídolos apresentam-se com língua dupla, como o deus-crocodilo de Ceclé, no Panamá. Ao lado da imagem da voracidade também estaria a da eloquência, força persuasiva, o entendimento verbal. A língua-de-fogo é um dos símbolos do Espírito Santo: "E foram vistas por eles (*os apóstolos*) línguas repartidas, como que de fogo, as quais pousaram sobre cada um deles" (*Atos dos Apóstolos*, 2, 3).

Linguado. Ver *Solha*.

Linha. No catimbó é o canto privativo do espírito que vai *acostar* ou está *acostado*. Cada "mestre" possui seu canto identificador, e, ao ouvi-lo, os fiéis sabem quem está atuando. Para chamá-los, o mestre do catimbó canta, e o "mestre" desce, acabando a cantiga, já *acostado*. Quando se diz a *linha* de mestre Carlos, a *linha* de Pai Joaquim, a *linha* de Xaramundi, é uma referência ao canto de cada um desses "mestres" nos domínios do catimbó. Todas as coisas vivas têm sua cantiga, e essa doutrina é universal na magia, ainda visível nos processos semânticos, canto, *en-canto, desencantar, en-cantado*, etc, Eram os nomes. O deus tinha seu *nomoi*, como o "mestre" sua *linha*. Escreve Mário de Andrade: "Pelo caráter conservador próprio dos rituais religiosos, muito cedo principiaram fixando-se certas melodias-tipo, inalteráveis, a que se atribuía influência mágica, moral, ou simplesmente eficiência ritual. Eram os *Nomoi* (singular *Nomos*). O *Nomos* provinha de comunicação divina e só mesmo artista grande é que o podia... receber. Os *Nomoi* eram designados pelo deus que louvavam (*Nomos Pítico*, dedicado a Apoio; Ditirambo, dedicado a Dionísio); ou pela ocasião social em que eram de preceito: o Pean triunfal, o Treno lutuoso, o Himeneu nupcial (*Pequena História da Música*, 30). Era o *rag* hindu. Cambarieu ensina: "Il y avait chez les Hindous, des chants (Rags), à chacun desquels présidait un dieu représentant une saison: la saison humide, la saison chande, la saison froide, la saison douce, la saison des pluies, la "rupture" ou fin des pluies. On ne pouvait chanter un de ces rags que dans la saison à laquelle il correspondait, sous peine d'amer une perturbation soudaine dans l'ordre des saisons. Il y avait aussi les chants dujour, et les chants de la nuit." (*La Musique*, 108). O Imperador Akbar mandou o cantor Nai Gopaul cantar a *rag* do fogo. Obrigado, o cantor obedeceu, pondo-se dentro d'água. Cantou e as chamas o envolveram, transformando-o em cinzas. A *linha* nos candomblés bantos tem outra significação. Artur Ramos (*O Negro Brasileiro*): "Há grupos de santos que surgem em falanges. Estas pertencem a várias *nações* ou *linhas*. Tanto mais poderoso é o grão sacerdote quanto maior é o número de *linhas* em que trabalha. Há a *linha da Costa, linha de Umbanda e de Quimbanda* (termos estes já de significação translata), *linha de Mina, de Cabinda, do Congo, linha do Mar, linha cruzada* (união de duas ou mais *linhas*), etc. O sincretismo permite trabalhar ainda com a *linha de caboclo, a linha de Mussurumim* (corrutela de *Mussulmi*) (96-97). Entre os antigos presidiários da ilha de Fernando de Noronha, *linha* era *bebida*. Linha preta, vinho tinto. Linha branca, aguardente.

Linha de Mesa. Ver *Feitiçaria*.

Linha de Umbanda. Ver *Umbanda*.

Literatura de Cordel. Denominação dada em Portugal e difundida no Brasil depois de 1960, referente aos *folhetos impressos* compostos pelo Nordeste e presentemente divulgados e correntes em todo o Brasil. Escrevi no *Cinco Livros do Povo*, (Introdução ao Estudo da Novelística no Brasil, João Passoa: Editora Universitária UFPb, 1979): — No Brasil diz-se sempre *Folhetos* referindo-se a estas brochurinhas em versos. Um título genérico não conheço. Em Portugal dizem "Literatura de Cordel" porque os livrinhos eram expostos à venda cavalgando um barbante, como ainda acontece em certos pontos do Brasil. Nicolau Tolentino, (1740-1811), fixou o quadro lisboeta no seu poema *O Bilhar*, falando sobre *os famosos entremezes, / Que do Arsenal ao vago caminhante / Se vendem a cavalo num barbante*. Diziam também *Literatura de Cego*, aludindo ao monopólio dado por El-Rei D. João V à

Irmandade do Menino Jesus dos Homens Cegos de Lisboa na provisão de 7 de janeiro de 1749, para vender esse gênero de mercadoria impressa. Na Espanha falam em *pliegos sueltos*. Na França é a *Litterature de Colportage*, de vendedores ambulantes, bufarinheiros, de *col porter, porter sur le cou*. "Ofereciam num tabuleiro pendente ao pescoço". Na Alemanha é o *Volksbücher*, que o Prof. Richard Benz estudou em cinco tomos, Jena, 1912. Na França o Mestre da *Histoire des Livres populaires, ou de la Litterature de Colportage depuis le siécle, XV*, foi Charles Nizard, Dentu, Paris, 1854, 1864. Em Portugal a inicial pertence a Teófilo Braga, *Os Livros Populares Portuguezes, Folhas-volantes ou Literatura de cordel*, Era Nova, Lisboa, 1881. A maioria destes folhetos emigrou para o Brasil, ingressando no patrimônio oral. Na Espanha, Menéndez Pidal, Rodrigues Marin, Pilar Garcia de Diego. Conservar a memória dos episódios pelo canto poético é fórmula universal e milenar. Usavam-na os indígenas brasileiros do séc. XVI, segundo Fernão Cardim, Gabriel Soares de Souza, André Thevet, e os africanos, sudaneses e bantos, Delafosse, Jounod, Frobenius, Chatelain: — L. da C. C. — *Da Poesia Popular Narrativa no Brasil*, 1965, reproduzida no *Ensaios de Etnografia Brasileira*, I. N.L., Rio de Janeiro, 1971. A característica da Literatura de Cordel é sua destinação gráfica, circulando em opúsculos impressos, desde a segunda metade do séc. XIX. Jamais vi folheto anterior a 1870. Já não pertence à Literatura Oral (*Literatura Oral no Brasil*, 2ª ed., São Paulo, Global, 2006) e sim "Tradicional". Cordel é vocábulo desusado no Brasil, mesmo entre letrados.

LITERATURA ORAL. O termo foi criado por Paul Sébillot (1846-1918) no seu *Liitérature Orale de la Haute Bretagne*, 1881, e reúne o conto, a lenda, o mito, as adivinhações, provérbios, parlendas, cantos, orações, frases-feitas tornadas tradicionais ou denunciando uma *estória*, enfim todas as manifestações culturais, de fundo literário, transmitidas por processos não gráficos. O termo genérico, que se popularizou e consagrou, deve ser esclarecido. As formas conservadas escritas e mesmo registradas são sempre minoria, como meio de circulação temática. Assim Literatura Oral compreende dança e canto e mesmo os autos populares, conservados pelo povo oralmente, embora conheçamos fontes impressas. Um baile popular, participando da etnografia, é Literatura Oral pelo canto e pela mesma coreografia, que é ensinada por quem sabe e, em percentagem altíssima, jamais foi marcada em letra de forma ou sinalação convencional.

Sobre o conto, fábula, mito, lenda, etc. ver os respectivos verbetes onde foram fixados no plano folclórico. O Prof. Dr. Nelson Romero, uma autoridade nacional no assunto, escreveu o estudo subsequente, analisando semanticamente esses vocábulos, origens e interpretações no campo filológico: "*Fábula* em latim *fabula*, de *fari* – falar. *Cf.* Varr. L. L. 6, 52: – Fatur is qui primum homo significabilem ore mittit vocem. Ab eo, ante quam ita faciant, pueri dicuntur infantes; cum id faciunt "iam fari". Ver Ernout – Meillet, Dict. Etymol - hoc verbo. Fábula é conversa, narração, principalmente *de re ficta*, conversa frívola, conto, anedota, historieta; depois, peça de teatro, narração e representação de cena irreal, engendrada. Veja-se o denominativo *fabular – fabulari*, conversa e também falar como *loqui*. Mas este último só se diz de *fala* ou *loquela* séria: rem hecle loquere – anda, dize coisa como é; enquanto que *rem fabulare* significa: narra a história, conta o boato, os ditérios, as novidades. Velha como o homem é a ficção na loquela, sem maldade. E nem sempre os homens podem *res et non verba*. Ao contrário, não sendo o pensamento, em geral, outra coisa senão a representação que cada qual tem do mundo, representação infinitamente fecunda, sempre agradou ouvir de outros narrações do que eles vão pensando, fertilizados pelo que vão vendo e cabendo. Assim, sempre foi uso matizar-se a fala e amenizar-se a narrativa, deixando a imaginação solta, a criar deliciosamente. Nem só os povos primitivos imaginam e fabulam assim, inventando. Todos os grandes espíritos de qualquer tempo sonham e traduzem suas ficções em contos, muita vez encantadores. Claro que os primitivos, não sei se mais puros, ou mais ingênuos, viram a prodigiosa força da palavra pronunciada por quem é capaz de realizá-la, e foram ao infinito e divinizaram o *Fatum* com o sentido do que foi, no princípio das coisas, *declarado, sentenciado* – o *destino* – inevitável. Em si, o *que há de ser;* quanto a nós, o *tenebroso*, o *desconhecido*, o *incerto*, que havemos de realizar *fatalmente*. Daí o *pessimismo* ou *nirvana*, pois não haveria meio termo para os que saíam fora de si próprios, fora do que eram em verdade, para acreditar na fantasia, como em *palavra eterna;* quer dizer para os que fantasiavam sobre o que sonhavam e não propriamente sobre *o existente* – o *Principium et Finis*.

Voltemos a nós, porém, e reflitamos nas seguintes palavras de Júpiter a Vênus (Ses. I, 258 a 268):

"Olli subridens hominum sator atque deorum vultu, quo caelum tempestatesque serenat, oscula libavit natae: dehinc talia fatur: Parce metu, Cytherea, manent immota tourum fata tibi. Cernes urbem et promissa Lavini moenia, sublimemque feres ad sidera caeli magnanimum Aeneam, neque me sententia vertit.
Hic (tibi fabor enim, quando haec te cura remordet, longius et volvens fatorum arcana movebo) bellum ingens geret Ialis, populosque feroces contundete, moresque vivis et moenia ponet…

Tem-se nas palavras supra a origem do termo, primeiro no sentido próprio de fala, loquela, narração; e, depois, na transição para o sentido translato, pelo qual se define na *Rhetorica ad Herennium*, 8, 13: "fabula est, quae neque veras, neque verisimiles continet res"; sentido em que emprega Cícero a palavra com o mesmo sabor de hoje, nosso, 2 – Divin, 55-113: "Num igitur me cogis etiam fabulis credere?..." Mas Cícero que representará sempre a suma cultura, na fruição da vida verdadeiramente digna de ser vivida, no DE REP., 2-10, estereotipa o vocábulo no sentido em que o tomam em todos os tempos que se julgam mais polidos e menos falsos: "Antiquitas recepit fabulas fictas etiam, nonnunquam incondite: haec aetas autem iam exculta, praesertim eludens omne, quod fieri non potest respuit".

Nos bons autores latinos se encontram designadas como fábulas as peças teatrais, quer dizer, produções literárias para representação. O que é certo é que fábula passou a ser *narração alegórica*. Não é narração propriamente falsa, mas imaginada, figurada para agradavelmente ensinar. Vejam-se as fábulas de Esopo, de Fedro, de La Fontaine.

Mito = *mythus* a graeco μυθοδ – *fabula, fabulosa narratio*. *Dicitur mythus initio*, significando *verbum* (fábula) *quod opponitur rei; graece* ad ἔπος *opponitur* ἔογον, *sed ad verbum* μυθοζ *opponitur verbum res* Μυθοζ – fábula (lenda-conto) *quod opponitur ad* αληθέζ, *nempe verum*.

O mito na história da civilização é um conjunto de lendas e narrações que referem personagens e acontecimentos anteriores aos fatos históricos conhecidos e que, por isso mesmo, se entretecem com episódios maravilhosos e fantásticos. Há mitos cosmogônicos, divinos, heroicos. Os primeiros são tentativas de explicação do aparecimento do universo, e, principalmente, do homem no mundo; os segundos se referem a deuses; os últimos a semideuses e super-homens. Difícil assinalar a origem dos mitos. Demonstram, em si mesmos, a precedência das explicações fantasmagóricas sobre as reais (por deficiência de comprovação) na tentativa de compreensão do universo e da finalidade do mundo e do homem. Bréal supôs ser o mito um produto enfermiço da própria linguagem. Diz que a língua com suas variações é que é responsável pela proliferação mítica. Os animistas e os antropologistas tentam outras explicações. A verdade é que faz parte da deficiência humana sonhar e iludir-se. Confundimos com o real os fantasmas da vida, isto é, os produtos de nossa irrequieta fantasia. Na confusão das sombras mentais se fundam as criações mitológicas que se transmitem diversicoloridas de geração em geração através das idades. Nos meios populares mais simples os mitos evidentemente irisam-se e polimorfizam-se ao sabor da simplicidade dos núcleos a que são referidos em narrações singelas.

Lenda do latim *legenda* (coisas para se lerem). Passou logo a ter o sentido de narrativa de fatos desfigurados pela imaginação popular. Quando descritos esses fatos agradavelmente, embora já deturpados, ou intencionalmente irreais, conseguem, por seu simbolismo simples, ser aceitos como brincos da imaginação humana, que tenta representar grandes vultos e grandes feitos (mesmo somente ideados), vão-se fixando na memória dos povos e passam a ser repositório de glórias ou de estímulos, como se pode facilmente verificar na lenda de Eneias para os romanos. Os livros cosmogônicos dos orientais, a mitologia dos gregos e a dos romanos, os poemas míticos dos povos setentrionais, os romances de cavalaria são todos repletos de lendas e deliciosos cismares da podre humanidade!

Conto – *de computus – comptus* de *computare* – computar, contar, reduzir a soma, por o cômputo outra coisa não é, na vida prática. Daí a ideia de sumariar, sendo o *conto* uma narrativa sumária de fatos fictícios ou reputados como tais. A propósito é excelente o cotejo que sobre conto, fábula, novela e romance estabelece Littré, em seu dicionário:

"Conte, Fable, Nouvelle, Roman. Il n'y a pas de différence fondamentale entre le conte et le roman; l'un et l'autre sont des narrations mensongères ou regardées comme telles. Tout ce qu'on peut dire, c'est que conte est le terme générique puisqu'il s'applique à tous les narrations fictives, depuis des plus courtes jusqu'aux plus longues. Le roman ne se dit que de celles-ci. Un conte de trois pages ne s'appellera jamais un roman, tandis qu'un roman est dans toute la rigueur du terme, un conte suffisamment long.

La Nouvelle ne se distingue pas non plus au fond du conte ou du roman. D'un l'usage ordinaire, c'est un roman de petite dimension dont le sujet est présenté comme nouveau ou peu ancien, ou avec des détails inconnus jusqu'ici.

La Fable, dans le sens d'apologue, est le récit d'une petite scène entre des animaux, ou des végétaux, auxquels on prête les sentiments et le langage humains.

Dans la conversation, quand, après un récit entendu, on dit: c'est un conte, ou c'est une fable, on entend que le récit n'est pas vrai. Quand on dit: c'est un roman, on veut dire que les aventures racontées sont extraordinaires; elles peuvent néamoins être vraies".

"Concordo com Littré em tudo isso, notando apenas que também há contos que reproduzem realidade vivida. E verdadeiros são os romances, os contos, as fábulas, as novelas que não falseiam os arquétipos que seus autores arquitetaram, entreteceram e realizaram. A questão aí é da ficção literária, às vezes total, outras vezes fundada na realidade, que mais ou menos verdadeiramente se procura retratar. Disse verdadeiramente, e não fielmente, pela dupla face desses problemas. Neles se referem *objeto* e *sujeito*, na complicação de atores a autores, sendo que estes últimos colhem e tentam reproduzir vibrações de almas estranhas, revivendo-as como repercutiram neles próprios, que são sentimento, afeto, sonho, compreensão, luz e trevas. Vê você, meu caro Cascudo, o que penso das palavras sobre as quais você me pediu opinião. O conto, no folclore, é o que mais interessa dentre o que venho notando: "Oh! des contes charmants et qui font peur le nuit!", exclamou Victor Hugo.

O homem sempre gostou de ouvir narrativas extraordinárias, fingidas, acima das misérias cotidianas, na luta pelo próprio sustento. Os gregos e os romanos, se não receberam dos orientais a sedução enternecedora das narrativas encantadas, tiveram os seus rapsodos e aedos, que deliciavam os povoados mais compactos, percorrendo os fogos e lares, e cantando as maravilhas que se aquilatam pelas epopeias de Homero e de Vergílio, as quais são transuntos, sínteses do estado da alma daqueles grandes povos". (Nelson Romero, Rio de Janeiro). Ver Jorge Amado, Biblioteca do Povo e Coleção Moderna, nos *Novos Estudos Afro-Brasileiros*, 2º tomo, 262-324, Rio de Janeiro, 1937; Orígenes Lessa, "Literatura Popular em Versos", *Anhembi*, n.º 61, vol. XXI, S. Paulo, 1955; Alceu Maynard Araújo, "Literatura de Cordel", *Vida Rotária*, n.º 67, S. Paulo, 1955; idem, "Considerações Sobre a Literatura Oral em Duas Comunidades Brasileiras", *Sociologia*, n.º 4, vol. XIX. S. Paulo, 1957. Sobre a pesquisa geral, documentário, classificação, Luís da Câmara Cascudo, *Literatura Oral no Brasil*, 2ª ed., São Paulo, Global, 2006.

LIVUSIA. Assombração quando acompanhada de barulho e ventania (informação de Saul Alves Martins, Belo Horizonte, Minas Gerais).

LOA. Verso de louvor, louvação em versos improvisados ou não. Em Portugal, a loa "é um resto conservado do tempo em que o povo tomava parte na liturgia, cantando alternadamente nos *Ludus* da Natividade. Nesse séc. ainda (séc. XVIII) a loa é a forma única do teatro popular, usada em todas as províncias do reino. Do ano de 1778 temos à vista uma "Loa Para se Representar na Noite dos Reis"; as cenas intitulam-se mutações" (Teófilo Braga, *História do Teatro Português*, 108-109, III, Porto, 1871). Era engano essa generalização. Em princípios do séc. XVIII, loa era verso de louvor, como atualmente no Brasil. Na *Musa Jocosa*, de Nuno Nisceno Sutil, Lisboa, 1709, reunião de entremezes, há uma "Loa do Silêncio", em que o amo diz:

"Venho deitar uma loa
Que andei té agora estudando.

Não falo em broa, parvo,
Senão em loa que é louvor."

(Teófilo Braga, idem, III, 138-139).

Da origem, loa, de *laus*, resta a frase popular: *É loa mas não entoa...* Loa é também uma cantiga no Norte brasileiro. Isaac Newton: "Loa: Simples e original toada composta e executada especialmente pelos canoeiros do baixo São Francisco e lagoa do Norte e Manguaba no Estado de Alagoas, subordinada, quase sempre, ao compassar dos remos. De um acento doce e melancólico, as palavras desta toada de caráter vulgar e singelo representam um pensamento verdadeiro, sob uma forma musical tão simples e natural, como as próprias convenções por eles usadas. É um *simile* das barcarolas venezianas, a *solo*, a *duo*, ou mesmo à maneira de diálogos". (*Dicionário Musical*, 160. Maceió, 1904).

LOBISOMEM. Mito universal, registrado por Plínio o Antigo, Heródoto, Pompônio Mela, Plauto, Varrão, S. Agostinho, Isócrates, Ovídio, Petrônio, etc. Converge para o mito a tradição religiosa dos lupercais, realizadas em fevereiro em Roma, para onde as levara da Grécia o árcade Evandro. Os colégios dos Lupercos, Quintiliares e Fabianos tiveram um terceiro, Lupercii Julii, onde Marco Antônio era sacerdote-chefe. Numa Iupercal tentou-se fazer de Júlio César rei. Em 494, Gelásio proibiu-a, mudando-lhe a feição para a solenidade cristã da festa da purificação. *Licantropo* da Grécia, *versiopélio* em Roma, *volkdlack* eslavo, *werwolf*, *verewolfe* saxão, *wahwolf* germano, *obototen* russo, *hamramr* nórdico, *loup-garou* francês. *Lobisomem*, *lobo-homem*, *lubizon*, *luvizon*, *lobinsón* em Espanha, Portugal, espalhou-se por todo o continente americano. Na África existe a tradição sagrada das transformações animais, homens-lobos, homens-tigres, homens-hienas, etc. Na China e Japão o folclore aponta as versões múltiplas. No *Cancioneiro de Resende* o poeta Álvaro de Brito Pestana cita: "Sois danado lobisomem". Em Portugal tem outros nomes, corredor (Minho), tardo (Paços do Ferreira). As fêmeas são peeiras e lobeiras (Minho). São filhos de comadre e compadre ou padrinho e afilhada. Correm fazendo barulho. São pessoas que jamais engordam ou conseguem cores de saúde. Oliveira Martins resume o mito europeu. "O *lobisomem*, *vervolfe*, *loup-garou*, *vou-kodlak*, dos alemães, franceses, eslavos, mito geral dos povos indo-europeus, é aquele que por um fado se transforma de noite em lobo, jumento, bode ou cabrito montês. Os sacerdotes do Sorano sabino, nos bosques da Itália primitiva, vestiam-se com as peles do lobo, animal do deus; a imagem confunde-se com o objeto na imaginação infantil, o sacerdote com o deus, a profissão com o fado. Porventura o mito nasceu do rito, assim como da crença vem a enfermidade. Os traços com que a imaginação do nosso povo retratou o lobisomem são duplos, porque também essa criatura infeliz, conforme o nome mostra, é dual. Como homem é extremamente pálido, magro, macilento, de orelhas compridas e nariz levantado. A sua sorte é um fado, talvez a remissão de um pecado; mas esta adição vê-se quanto é estranha ao mito na sua pouca generalização. Por via de regra, o *fado* é a moral – é uma sorte apenas. Nasce-se lobisomem: em lugares são os filhos do incesto, mas, em geral, a predestinação não vem senão de um caso fortuito, e liga-se com o número que a astrologia acádia ou caldaica tornou fatídico – o n.º 7. O lobisomem é o filho que nasceu depois de uma série de sete filhas. Aos treze anos, numa terça ou quinta-feira, sai de noite, e topando com um lugar onde um jumento se espojou, começa o fado. Daí por diante, todas as terças e sextas-feiras, de meia-noite às duas horas, o lobisomem tem de fazer a sua corrida, visitando sete adros (cemitérios) de igreja, sete vilas acasteladas, sete partidas do mundo, sete outeiros, sete encruzilhadas, até regressar ao mesmo espojadouro, onde readquire a forma humana. Sai também ao escurecer, atravessando na carreira as aldeias onde os lavradores recolhidos não adormeceram ainda. Apaga todas as luzes, passa como uma flecha, e as matilhas de cães, ladrando, perseguem-no até longe das casas... Quem ferir o lobisomem, quebra-lhe o fado; mas que se não suje no sangue, de outro modo herdará a triste sorte (*Sistema dos Mitos*, 294-295). Esses elementos criaram o lobisomem, o *lubisome*, no Brasil. Há modificações regionais. A licantropia se determina pelo incesto ou moléstia, hopoemia. Na noite de quinta para sexta-feira, o candidato se despe, e espoja-se numa encruzilhada onde os animais façam comumente a espojadura. Transforma-se em um bicho *grande*, *bezerro* de alto porte, com imensas orelhas, cujo rumor é característico. Procura sangrar crianças, animais novos e, faltando esses, a quem encontrar, antes do *quebrar da barra*, antes que o dia se anuncie. Para desencantá-lo basta o menor ferimento que cause sangue. Ou bala que se unte com cera de vela que ardeu em três missas de domingo ou na missa do galo, na meia-noite do Natal. Há centenas de depoimentos, afirmando encontros e lutas pessoais com o lobisomem, o mais popular dos animais fabulosos, com a maior área geográfica de influência e crédito tradicional". No *Geografia dos Mitos Brasileiros* (172-191, 3ª ed., São Paulo, Global, 2002) recenseei depoimentos sobre o mito e suas origens e modificações clássicas, Jaime Griz, *O Lobishomem da Porteira Velha*, Recife, 1956; Raimundo Nonato, *Estórias de Lobishomem*, Pongetti, Rio de Janeiro, 1959, registrando casos de tradição oral em Pernambuco e Rio Grande do Norte. Ver *Cumacanga*.

LOGUNEDÊ. Filho de Inlê e de Oxum Simbolizado por seixos de rio. Sincretizado com S. Expedito. Suas contas são verde-amareladas. Seu dia, quinta-feira. Este orixá tem a particularidade de ser, durante seis meses, homem, comer carne e ser caçador, e durante seis meses, mulher, viver nas águas e comer peixe. Saúda-se gritando: "Logum!" (Pierre Verger, *Orixás*, Coleção Recôncavo, n.º 10, Cidade do Salvador, 1951).

LOKU. Flauta de cabaça com dois orifícios opostos nas extremidades, um deles destinado ao bocal e marcado a cera. Fritz Krause encontrou esses modelos entre os savajés (Renato Almeida, *História da Música Brasileira*, 55).

LOMBA. Ver *Maconha*.

LONDU. Ver *Lundu*.

LONGUINHO. Santo do devocionário popular, especialmente no Nordeste do Brasil, onde as crianças do sertão lhe prometem três gritos, na maioria dos casos, se o objeto perdido for encontrado: "As crianças, quando perdem qualquer coisa, são instruídas a fazer uma promessa a São Longuinho nos seguintes termos: "Meu São Longuinho, se eu achar o que perdi, dou três saltos, três gritos e três assobios". Achando o objeto perdido, a promessa é imediatamente paga com estridência" (Getúlio César, *Crendices do Nordeste*, 168, Rio de Janeiro, 1941). O *Martyrologium Romanum* registra cinco santos Longinus, todos mártires. Longuinho é a versão popular de Longinus. Ver *Dino*, *Vítor*.

LOPES NETO, JOÃO SIMÕES. Ver *Simões Lopes Neto*.

LORDE. O rico, elegante, faustoso, com hábitos de conforto real ou aparente, imponente, superior, falsa ou efetivamente. Do inglês *lord*, senhor, deve ser vocábulo popularizado com a intensificação do intercâmbio comercial do Brasil com a Inglaterra em 1810. *Lordeza*, *lordança* em sentido pejorativo. Pereira da Costa (*Vocabulário Pernambucano*, 425) informa: "Bem trajado: luxuosamente vestido; metido a fidalgo, ostentando grandezas, vivendo confortavelmente". "Esses improvisados *lordes* do Partido da Praia só se lembram de vós quando necessitam, ou do vosso sangue, ou dos vossos sufrágios" (*O Clamor Público*, n.º 7, de 1845). "De lorde passou para mestre de latim e de inglês" (*O Cometa*, n.º 28, de 1844). "Uma sessão magna, em que somente estiveram presentes os lordes, barões, conselheiros e comendadores" (*O Homem do Povo*, n.º 1, de 1847). Derivados: *lordar*, *lordemente*, *lordeza*. "Todo o seu ordenado é para *lordar*, pois para comer está sugando o sangue de um amiguinho" (*A Derrota*, n.º 15, de 1883). "Faço despesas inteiramente supérfluas, para me apresentar *lordemente*" (Gaspar Gemes, *Cartas*, 1947). "Cuidado com o procurador; não queira ele saber donde vem tanta *lordeza*" (*Lanterna Mágica*, n.º 767, de 1904). "Mamãe se dana com a *lordeza* do Antônio Materno" (*A Pimenta*, n.º 603, de 1907). *Lorde Espora*, qualificativo de troça, dado a um indivíduo fátuo com pretensões a grandes coisas. O termo originariamente, vem de *lord*, título honorífico dos membros da Câmara Alta do Parlamento inglês. Oliveira Lima, *Memórias*, 7, ed. José Olympio, Rio de Janeiro, 1937, fala desse Lorde Espora, "ao tempo em que o velho Luís Gomes de Morais, o chamado Lorde Espora, amigo de Luís do Rêgo, hospedava em sua casa de Ponte d'Uchoa um famoso violinista francês..." Era filho de Antônio de Morais, o lexicógrafo do Dicionário que guarda seu nome eminente.

Lourenço. Santo do séc. III, mártir na perseguição do Imperador Valeriano em Roma. Foi assado vivo numa grelha de ferro sobre carvões acesos. Venerado a 10 de agosto. No ano de 370, o Papa São Dâmaso mandou construir uma igreja em sua honra, e Constantino Magno fez erguer uma outra sobre o túmulo do santo, *S. Lorenzo fuori le mure*. Para o povo, São Lourenço é o guardião dos ventos. Nas horas de estio, diz-se comumente no sertão do Brasil, por três vezes em voz alta: "São Lourenço! Solte o vento!" Identicamente a tradição, vinda de Espanha e Portugal, estende ao santo o poder de dirigir a chuva. O Prof. Aurélio M. Espinosa registrou no Novo México (*New-Mexican Spanish Folk-Lore*, vol. XXIX, n.º CXIV, 526: "Journal of American Folk-Lore"): "San Lorenzo, / barbas de oro, / ruega a Dios / que llueva a chorros". E também o santo tem poder sobre o Sol: "San Lorenzo, / labrador, / ruega a Dios / que salga el sol", No Chile, Ramón A. Laval registrou semelhantemente (*Oraciones, Ensalmos y Conjuras del Pueblo Chileno, Comparados con los que se Dicen en España*, 155, Santiago de Chile, 1910).

Louva-a-Deus. O mesmo que Põe-Mesa (*Stagmotoptera precaria*), um inseto montoide muito comum. Nuno Marques Pereira, escrevendo na primeira metade do séc. XVIII (seu livro, *Compêndio Narrativo do Peregrino da América*, foi publicado em 1728), assim se refere: "Há no Brasil uns bichinhos que lhes chamam louva-a-deus... Estes animalejos são como um grilo, porém, muito magros e estéticos: trazem sempre as mãos postas. juntas, os joelhos dobrados, e os olhos levantados para o céu, e por esta razão lhes chamam louva-a--deus". Lineu já obedecera a uma observação popular denominando-a *Mantis religiosa*. Marcgrave descreveu-a na sua *História Natural do Brasil* (n.º 733) sob o nome de *Gaaiara*. Afonso A. de Freitas (*Vocabulário Nheengatu*, 128, São Paulo, 1936) escreve que os indígenas denominavam de emboici, mãe-de-cobra, o louva-a-deus. "Mãe-de-cobra, pela circunstância curiosíssima de ser encontrado, ordinariamente, no ventre do inseto, um parasita de forma capilar, não raro atingindo a metros de comprimento e que, solto n'água, movimenta-se com todas as ondulações da cobra. Emboici é um animalzinho elegante em seus movimentos, que as crianças se comprazem em irritar, para vê-lo tomar posição de defesa, elevando as duas patas dianteiras e juntando-as à altura da cabeça, como em atitude de imploração, vindo-lhe daí a denominação vulgar de louva-a-deus". Um mestre do folclore galego, Dr. Bouza Brey, publicou um estudo precioso de informação sobre "Nombres y Formulillas infantiles de la "Mantis Religiosa" en Galícia", *Revista de Dialectologia y Tradiciones Populares*, tomo IV. 1º e 2º Madrid, 1948.

Lu. Ver *Jogo de Baralho*.

Lua. O brasileiro recebeu de portugueses, negros e indígenas tradições sobre a Lua, respeitos e amores fiéis. Mãe dos vegetais, preside o crescimento. Pela magia simpática, na lua crescente realiza-se o que depende de desenvolvimento. Cabelo cortado na lua nova aumenta logo e afina. Bota-se no olho da bananeira. Em Portugal acredita-se na *luada*, o malefício lunar, meio desaparecido no Brasil, mas visível na proibição da mulher grávida dormir banhada pelo luar, porque o filho será débil mental, *aluado*. Mostra-se dinheiro à lua nova para que o multiplique:

"Deus te salvei lua nova,
Lua que Deus acrescente;
Quando fores que vierdes
Trazei-me desta semente!
Deus te salve, lua nova,
Madrinha de São Vicente;
Quando voltares de novo
Trazei-me desta semente!"

Em Portugal, mostrando-se a moeda à Lua, fazem-se súplicas, correntes no Brasil:

"Lua nova
Tu bem vês
Dá-me dinheiro
Para todo mês.

Benza-te Deus, lua nova.
De três coisas me defendes:
Dor de dente.
Água corrente.
Língua de má gente!"

Rodney Gallop informou o que se verifica no Brasil, a lua madrinha de meninos: "In parts of Portugal, children are sometimes given the moon as god-mother". Semelhantemente, aludindo à brancura do astro, e associando as ideias de cabelo branco, velhice, doçura, bondade generosa nas velhas madrinhas risonhas e poderosas, há os versos tradicionais:

"A bênção, Dindinha Lua.
Vem me dar tua farinha,
Para eu dar à minha galinha
Que está presa na cozinha

Luar, luar.
Toma teu andar.
Leva esta criança
E me ajuda a criar.
Depois de criada
Torna a me dar!"

Os indígenas mais bravios eram devotos da Lua. Falando sobre os cariris, Pero Carrilho de Andrade (séc. XVII) informava: "... alegram-se muito quando veem a lua nova porque são muito amigos de novidades, contam os tempos pelas luas, têm seus agouros..." Couto de Magalhães (*O Selvagem*, 141-142) recolheu canções votivas de indígenas à Lua cheia (*Cairé*) e à lua nova (*Catiti*) "Eia, ó minha mãe (lua cheia)! Fazei chegar esta noite ao coração dele (amado) a lembrança de mim!... Lua Nova! Lua Nova! assopra em fulano a lembrança, de mim; eis--me aqui. estou em tua presença; fazei com que eu tão somente ocupe o seu coração!" Na Inglaterra existe invocação semelhante às canções amorosas das cunhãs tupis:

"All hail to thee, Moon, all hail to thee!
O phithee good Moon, revail to me
This night who my wife shall be!"

As norte-americanas também perguntam à lua nova pelo futuro amor:

"New Moon, newmoon, pray tell to me
Who my true lover is to be. –
The color of bis hair
The clothes he will wear.
And the day he'il be wedded to me."

No tempo em que era moda o cabelo comprido, diziam as mocinhas:

"Deus te salve, lua nova.
Deus te dê boa ventura;
Fazei que meu cabelo cresça
Que me bata na cintura!"

Um dos tabus de caça é não matar veado em noite de luar. E uma reminiscência grega. O veado, a corça, eram animais votados a Diana. Artêmia, Selene, à Lua enfim. Tal-qualmente o lavrador português, o brasileiro vê no disco lunar São Jorge combatendo o dragão. Eclipse da Lua. Já não causa o assombro de outrora, obrigando orações e promessas *para a Lua voltar*. Vale Cabral cita José Veríssimo, numa informação curiosa: "Durante o eclipse deste astro (a Lua), em 23 de agosto de 1877, o povo da capital do Pará fez um barulho enorme com latas velhas, foguetes, gritos, bombo, e até tiros de espingarda para *afugentar ou matar o Bicho que queria comer a Lua*, como explicavam semelhante cena". Em Campinas (São Paulo), deu--se o mesmo fato, conforme li num jornal (*Antologia do Folclore Brasileiro*, vol. 1, 311, 9ª ed., São Paulo, Global, 2004). Paul Sébillot: "Plusieurs peuplades de l'Amérique croyaient qu'un monstre était en train de la devorer... C'est pour cela que les Indiens lançaient des flèches dans le ciel et poussaient des cris pour faire lâcher prise à la bête; jusqu'au XVI siècle en France, on criait au moment de l'éclipse". (*Le Folk-Lore*, III). Prognósticos Meteorológicos. São, porém, de uma expressão belíssima os seguintes prolóquios sobre a Lua, indicados mesmo como infalíveis de certos fenômenos meteorológicos e da sua influência sobre o fluxo e refluxo das marés;

"Lua nova trovejada,
Oito dias é molhada;
Se ainda continua,
É molhada toda a Lua.

Lua nova de agosto carregou,
Lua nova de outubro trovejou,
Lua fora, Lua posta,
Quarto de maré na costa;
Lua nova, Lua cheia,
Preamar às quatro e meia.

Lua empinada,
Maré repontada".

E esses dois provérbios: "Lua de janeiro / Amor primeiro. – Quando míngua a Lua / Não comeces coisa algũa" (Pereira da Costa, *O Folclore Pernambucano*, 12-17). Em Portugal as superstições meteorológicas referentes à Lua são incontáveis. O espírito ocorre nas populações brasileiras do interior do país, herdeiras do português. *O Almanaque do Povo para 1946*, edição da Junta Central das Casas do Povo e do Secretariado Nacional da Informação, Lisboa, registrou; "Céu limpo e Lua no horizonte, de lá te virá o vento. Se vires a Lua vermelha, põe a pedra sobre a telha. Lua com circo, água traz no bico. Ares turvos e Lua com circo, chuva com cisco. Da Lua nova arrenego, com a cheia me alegro. Nasceu-te a Lua clara, para a feira te prepara. Quando minguar a Lua, não comeces coisa algũa". A apresentação das crianças à Lua será uma reminiscência possível de um ato do culto a Lucina, Diana-Lucina. O gesto de mostrar a moeda à Lua, explica Ellworthy, é ser a prata metal votivo, oferecido e consagrado a Diana na Grécia e Roma. Ellworthy registra semelhantemente ao que vemos em Portugal e Brasil... "we turn our silver in our pockets when we first see the new moon or

Diana" (*Tke Evil Eye*, 350, London, 1895). A Lua e os Frutos. O miolo do coco (*Nox nuccifera*), estando solto e reduzido, diz-se *coco velado* ou *comido pela lua*. A Lua protege e é senhora dos vegetais para europeus clássicos ou indígenas do tempo do Brasil colonial. "O povo, deparando qualquer fruta chocha, diz logo que a "Lua comeu". Ou sejam: caju queimado pelo relâmpago ou maturi, manga escura de um lado, coco sem água, goiaba e araçá minguados. enfim, todo fruto defeituoso nas formas, ou então, e mais precisamente, sem o miolo inteiro ou em parte, outra explicação não se colhe senão aquela onde entra a "participação criminosa" do astro frio e romântico. Até as raízes que servem de alimento para o homem não escapam ao comentário, desde que se achem defeituosas, mirradas ou finas demais, sem que haja mesmo o menor jeito de serem aproveitadas. A cana sofre igual crítica. E, por motivo qualquer, os gomos ficam encarnados e meio azedos. Já se sabe que foi a Lua quem andou por ali". (Ademar Vidal, *Lendas e Superstições*, 315, Rio de Janeiro, 1950). Ver *Jaci*.

LUA CRIS. Eclipse da Lua. Expressão arcaica, que é, por sua vez, alteração de *eclipse, ecris, Lua ris*. A *Lua cris* sói originar sofrimentos, infortúnios, desgraças, doenças... Ao lado do conhecimento científico do assunto, quanto ao influir cósmico, astronômico, sobre o organismo animal, perdura a superstição importada de além-mar, em eras remotas. "O eclipse (*ecris, lua cris*) da Lua é considerado como uma doença dela. A Lua aparece amarela, porque está doente de icterícia, e a pessoa que então olhar para ela arrisca-se a pegar a doença (Vila Cova, de Carros). Na província brasileira do Maranhão há um grande terror, quando a *lua vai fazer cris*, e todos se acautelam. As prevenções são estas: logo que principia o eclipse, acordam as pessoas que estão dormindo, porque, se não as acordarem, ficam sujeitas a dormir eternamente, ou a passar por outro qualquer infortúnio. Todas as pessoas da casa saem para fora, ou para o quintal, gritando às árvores frutíferas: acorda, laranjeira, olha a Lua cris; acorda, mangueira, segura os frutos e as folhas, olha a Lua cris..." (J. Leite de Vasconcelos, *As Tradições Populares de Portugal*, 23, Porto, 1882; Fernando São Paulo, *Linguagem Médica Popular no Brasil*, II, 44-45, Rio de Janeiro, 1936). Ver *Lua, Luar*.

LUAR. Do culto lunar, o respeito ao luar é reminiscência que denuncia sua vastidão de outrora. Dormir ao luar *fazia mal*. A mulher grávida não se demorava ao luar, para que o filho não nascesse fraco, *aluado*. Os atos fisiológicos não deviam ser praticados ao luar. A Lua sugava as forças humanas, durante o sono, e o luar enfraquecia, diz a tradição, quem dormisse sob seus raios. A predileção popular pelo luar de janeiro ou de agosto, como o mais bonito do ano, é herança de Portugal, posição da Lua mais distanciada ou mais próxima da Terra, tendo menor a obliquidade dos raios, menor área de sombras e, decorrentemente, maior esplendor dos reflexos. (Cláudio Basto, *Silva Etnográfica*, "Luar de Janeiro", 31-36, Porto, 1939). Pierre Loti: "... discutiam acerca da Lua, daquele rosto humano que lhes tinha ficado da noite como uma obcecadora imagem lívida, gravada na memória. Durante o quarto de vigília, eles tinham visto lá no alto, suspensa, sozinha, muito redonda no meio do imenso vácuo azulado, e foram até obrigados a esconder a cabeça (durante o sono, de barriga para o ar, voltados para as belas estrelas) por causa das doenças e malefícios que traz à vista dos marinheiros, quando adormecem sob o seu olhar". (63-64, *O Meu Irmão Yves*, XI, trad. revista por João de Freitas Bragança).

LUCAS DA FEIRA. O negrinho Lucas, escravo de dona Antônia, rica dona do "Saco do Limão", coube na partilha dos bens ao Padre João Alves Franco, que não conseguiu domar-lhe o gênio. Fugiu da Feira de Santana e tornou-se o assombro vivo em trinta léguas ao redor, senhor das estradas, cento e cinquenta vezes assassino, estuprador, incendiador, insensível e bruto como uma fera. Chefe de um bando de matadores, Lucas foi o rei do crime durante vinte anos, saqueando fazendas, roubando e matando os viajantes, protegido misteriosamente por aqueles que recebiam percentagem de suas tropelias. Depois de violar as moças, apunhalava-as ou deixava-as, untadas de mel, atadas às árvores para que morressem de fome, torturadas pelos insetos. Centenas de vezes escapou à prisão, apesar de ter companheiros enforcados, quando aprisionados nas expedições infelizes. Diziam-no possuidor de um patuá, que o tornava invisível, invulnerável e rápido como um relâmpago. Seu nome bastava para fechar uma povoação. O criminoso Cazumbá, preso na cadeia de Feira de Santana, ofereceu-se para prender Lucas da Feira, se tivesse os crimes perdoados, além do prêmio de quatro contos. Feito o ajuste, Cazumbá foi posto em liberdade. Na tarde de 24 de janeiro de 1848, na Pedra do Descanso, avistou Lucas e disparou-lhe um tiro de clavinote. Com o braço partido, Lucas internou-se no matagal, desaparecendo. Cazumbá, com tropa e povo, voltou a persegui-lo, quase imediatamente, revirando as cercanias e finalmente o negro Benedito apontou a furna onde o bandido vivia. Foram encontrá-lo ferido, tendo ao lado uma mulher que o tratava. Resistiu à prisão, recebendo outro tiro. Chegou a Feira de Santana semimorto, guardado pelos soldados enquanto a multidão delirava de alegria, promovendo festas, bailes, passeatas, fogos, luminárias, ruas embandeiradas. Foi enforcado na manhã de 25 de setembro de 1849. Tinha 45 anos de idade. Cazumbá foi perdoado e recebeu prêmio e dinheiro dos comerciantes que tiveram os caminhos tranquilos para o tráfico regular. Ficou na literatura popular da Bahia, motivando vasto noticiário e volumes dedicados à sua vida temerosa. Vergílio César Martins Reis e Artur Cerqueira Lima escreveram *Lucas, o Salteador*, Constantino do Amaral Tavares encenou um drama sobre Lucas da Feira. O documento que resistiu até nossos dias é o *A.B.C. de Lucas da Feira*, obra de um oficial de Justiça, Sousa Velho. O A.B.C. continua sendo reeditado e lido: Silvio Romero, *Cantos Populares do Brasil*, "O Lucas da Feira", in *Folclore Brasileiro*, I ed. José Olympio, Rio de Janeiro; Melo Morais Filho, *Festas e Tradições Populares do Brasil*, "Lucas da Feira", ed. Briguiet, Rio de Janeiro, 1946; Hermeto Lima, *Os Crimes Célebres do Rio de Janeiro*, "Lucas da Feira", capo XXII, Rio, de Janeiro, 1921; J. M. Cardoso de Oliveira, *Dois Metros e Cinco*, "O Lucas da Feira", XXXVII, ed. Briguiet, Rio de Janeiro, 1936 (a primeira edição é de 1905). O *A.B.C. de Lucas da Feira* encontra-se nas minhas notas ao correspondente capítulo de Melo Morais Filho, ed. Briguiet, e no *Novos Estudos Afro-Brasileiros*, Jorge Amado, "Biblioteca do Povo e Coleção Moderna", 302-305, ed. Civilização Brasileira, Rio de Janeiro, 1937. Ver Sabino de Campos, *Lucas, o Demônio Negro*. Romance Folclórico. Rio de Janeiro, 1957.

LUMINÁRIAS. Iluminação festiva, posta nas janelas das residências por ocasião de datas oficiais. Eram panelinhas de barro, com azeite de mamona e uma torcida de algodão que se acendia. Também usavam cascas de laranja, com azeite e o fio de algodão como mecha. "... na maior parte das casas, e sobretudo nas dos pobres, em vez de lanternas, a iluminação se fazia por meio de umas lamparinas, que se chamavam luminárias, e que, parece, eram antigamente o único meio de iluminação que se empregava; visto que, na linguagem vulgar, o pôr luminárias era sinônimo de iluminar-se a povoação; entretanto essas luminárias nada mais eram que umas pequenas panelinhas de barro, que, cheias de azeite de mamona e com uma torcida de algodão acesa, eram colocadas em maior ou menor número sobre as vergas de todas as portas e janelas, o que, não só de perto mas sobretudo de longe, não deixava de fazer uma bonita vista. Fosse, porém, qual fosse o meio de que cada um se servia para iluminar as suas casas, o que é certo é que nenhuma ficava que não fosse mais ou menos iluminada; e até o próprio carrasco, que morava em um morro vizinho e em um pequeno ranchinho, que ficava quase que dentro do mato, até esse não deixava de pôr na pequena janela do seu casebre as suas duas pequenas luminárias, que, vistas de longe e mais ou menos agitadas pelo vento, muito se assemelhavam a dois grandes vaga-lumes a relampaguear no mato". (Francisco de Paula Ferreira de Resende, *Minhas Recordações*, 68, ed. José Olympio, Rio de Janeiro, 1944). As luminárias foram usadas no Brasil desde o séc. XVI, recomendadas em Cartas Régias, até as primeiras décadas do séc. XIX.

LUNÁRIO PERPÉTUO. Foi durante dois séculos o livro mais lido nos sertões do Nordeste, informador de ciências complicadas de astrologia, dando informações sobre horóscopos, rudimentos de física, remédios estupefacientes e velhíssimos. Não existia autoridade maior para os olhos dos fazendeiros e os prognósticos meteorológicos, mesmo sem maiores exames pela diferença dos hemisférios, eram acatados como sentença. Foi um dos livros mestres para os cantadores populares, na parte que eles denominavam "ciência" ou "cantar teoria", gramática, história, doutrina cristã, países da Europa, capitais, mitologia. Decoravam letra por letra. É o volume responsável por muita frase curiosa, dita pelo sertanejo, e que provém de clássicos dos sécs. XVI, ou XVIII. A primeira edição é de Lisboa, em 1703, na casa de Miguel Menescal. O título inteiro, depois amputado nos volumes editados na última década do séc. XIX, denuncia o plano da "ciência popular": *"O Non Plus Ultra do Lunário e Prognóstico Perpétuo, Geral e Particular para Todos os Reinos e Províncias, Composto por Jerônimo Cortez*, valenciano, emendado conforme o Expurgatório da Santa Inquisição, e traduzido em português". Registra um pouco de tudo, incluindo astrologia, receitas médicas, calendários, vidas de santos, biografia de papas, conhecimentos agrícolas, ensinos gerais, processo para construir um relógio de sol. conhecer a hora pela posição das estrelas, conselhos de veterinária. Na edição de 1921, com orientação medicamentosa e filosófica de Avicena, há o seguinte processo (págs. 298-299) para" Tirar qualquer bicho que tenha entrado no corpo. Quando o bicho ou cobra entrar no corpo de alguma pessoa, que estiver dormindo, o melhor remédio é tornar o fumo de solas de sapatos velhos, pela boca, por um funil, e o bicho sairá pela parte do baixo: coisa experimentada". Fala também em eclipse, terremotos, geadas. É um livro *de valor*, mostrado aos *entendidos*.

LUNDU. Lundum, landu, londu, dança e canto de origem africana, trazidos pelos escravos bantos, especialmente de Angola, para o Brasil. A chula, o tango brasileiro, o fado, nasceram ou muito devem ao lundu. Era bailado de par solto, homem e mulher, e uma sua representação sul-americana, bem típica, é a samba-cueca, de Peru, Chile. Argentina. Tollenare assistiu dançar o lundu no teatro da cidade do Salvador, Bahia, em 1818 (*Antologia do Folclore Brasileiro*, vol. 1, 91-92, 9ª ed., São Paulo, Global, 2004): "O mais interessante (entremez) a que assisti foi o de um velho taverneiro avarento e apaixonado por uma jovem vendilhona. O velho está sempre a vacilar entre o seu amor e o seu cofre.

A rapariga emprega todos os recursos da faceirice para conservá-lo preso nos seus laços. O mais eficaz consiste em dançar diante dele o lundu. Esta dança, a mais cínica que se possa imaginar, não é nada mais nem menos do que a representação, a mais crua, do ato do amor carnal. A dançarina excita o seu cavalheiro com movimentos os menos equívocos; este responde-lhe da mesma maneira; a bela se entrega à paixão lúbrica; o demônio da volúpia dela se apodera, os tremores precipitados das suas cadeiras indicam o ardor do fogo que a abrasa, o seu delírio torna-se consultivo, a crise do amor parece operar-se e ela cai desfalecida nos braços do seu par, fingindo ocultar com o lenço o rubor da vergonha e do prazer. O seu desfalecimento é o sinal para os aplausos de todas as partes". F. J. de Santana Neri descreve o lundu (*Le Folk-Lore Brésilien*, 76, Paris, 1889): "Os dançarinos estão todos de pé ou sentados. Apenas se movem no começo, fazendo estalar os dedos num rumor de castanholas, levantando e arredondando os braços, balançando-se molemente. Pouco a pouco o cavalheiro se anima. Evolui ao redor de sua dama, como se fosse enlaçar. Ela, fria, desdenha seus avanços. Ele redobra de ardor e ela conserva sua soberana indiferença. Agora ei-los face a face, olhos nos olhos, quase hipnotizados pelo desejo. Ela se comove. Ele se lança, os movimentos se tornam mais sacudidos e ela treme numa vertigem apaixonada, enquanto a viola suspira e os assistentes, entusiasmados, batem as palmas. Depois ela se detém, ofegante, esgotada. Seu cavalheiro continua a evolução durante um instante e em seguida vai provocar outra dançarina que sai da fila e o lundu recomeça, febricitante e sensual". Renato Almeida (*História da Música Brasileira*, 72-78), Oneyda Alvarenga (*Música Popular Brasileira*, 147-155, ed. Globo, Porto Alegre, 1950) estudaram o lundu. Popular por todo o Brasil, citado demoradamente no *Cartas Chilenas* (Luís da Câmara Cascudo, "Lição Etnográfica das Cartas Chilenas", *Revista do Arquivo Municipal de São Paulo*, LXXXIX, 199), foi em Portugal o *doce lundu chorado* de que fala Nicolau Tolentino. Dança irresistível, e confundida com o samba, e a chula portuguesa, já era tradicional em Portugal no séc. XVI. Rodney Gallop (*Portugal*, 252) informa que El-Rei D. Manuel (1495-1521) proibira o lundum: "Under King Manuel I, a law was promulgated proscribing Batuques, Charambas and Lundums, and the accounts of contemporary travellers leave little doubt of their character". O prestígio do lundum em Portugal, durante o reinado de D. José e de D. Maria I, dispensa explicação, para evidenciar sua presença nos salões brasileiros, como já o era entre o povo em geral. O Padre Domingos Caldas Barbosa (1738-1800), carioca, foi o grande divulgador dos lundus na Corte de Portugal; *lundum*, como se dizia naquele tempo: Luís da Câmara Cascudo, *Caldas Barbosa*, col. *Nossos Clássicos*, Rio de Janeiro, 1958. Ver Rossini Tavares do Lima, *Da Conceituação do Lundu*. S. Paulo, 1953. Estuda especial e documentadamente o canto, Luís da Câmara Cascudo, *Made in Africa*, "Lundu", 57-60, 2ª ed., São Paulo, Global, 2002. Em Portugal desapareceu pelos finais do séc. XIX. Vindo de Angola, onde não lhe ouvi menção, dissipou-se noutras danças locais, perdendo o nome. Vive como uma modalidade faceciosa de canção no Brasil, porque a coreografia evoluiu para o *samba*, solto, individual, sacudido, enfim a *batucada*, onde cada bailarino é um competidor da execução anterior. Típica, nessa expressão, a pesquisa de Marina de Andrade Marconi, "Lundu Baiano, Desafio Coreográfico", (*Revista Brasileira de Folclore*, n.º 5, Rio de Janeiro, 1963), nas áreas de Franca (São Paulo) e Uberaba (Minas Gerais), com excelente documentário musical, tráfico e exposição clara. Ver *Chorado*, *Samba*.

Luz. A claridade afugenta os fantasmas, os entes assombrosos e agressivos, almas penadas, espírito de mortos recentes que se julgam vivos, todas as manifestações diabólicas. "Nosso Senhor só entra em casa que tem farol aceso" (Álvaro Maia, *Beiradão*, 31, Rio de Janeiro, 1958). Criança pagã, doente grave, mulher de resguardo, não devem dormir no escuro. Indígenas e negros africanos viajavam à noite agitando um tição incandescente, assim como hindus e os antigos caldeus. O Demônio teme a Luz, como os morcegos e as feras noturnas (Luís da Câmara Cascudo, *Made in Africa*, "O Luminoso Companheiro", 54-56, 2ª ed., São Paulo, Global, 2002). A Luz foi a segunda das criações de Deus (*Fiat lux*, *Genesis*, 1, 3) e o círculo de sua projeção é intransponível para os entes subalternos e terríficos. A Luz guarda, defende, vigia. Nas trevas, o homem está desarmado para as forças inimigas e misteriosas. Unicamente a Luz revela as dimensões exatas dos volumes, a limitação material no espaço. É uma presença divina e por isso deve pecar-se sexualmente em sua ausência. O pudor custodia a pureza luminosa. Ver *Fogo*.

Luzia. Santa da Sicília, nascida e morta em Siracusa (281-304). Lúcia, defensora dos olhos, invocada nas moléstias do órgão visual, foi martirizada durante a perseguição do Imperador Diocleciano. Uma tradição, conservada na representação pictórica da santa, apresenta-a com os dois olhos numa salva. Arrancara-os, enviando-os a quem os gabara, afastando o amor dos homens e um elemento de vaidade pessoal, 13 de dezembro, Dia de Santa Luzia, é sagrado para o interior do Brasil e população das praias. Não se caça nem se pesca. Quem amar seus olhos respeite a Santa Luzia. Os hagiologistas dizem que a santa de Siracusa não arrancou os olhos e sim sua homônima de Alexandria. No seu dia votivo faz-se a Experiência de Santa Luzia (ver *Chuva*), um dos mais populares prognósticos do inverno futuro. Quando cai um argueiro na vista de alguém, o remédio fácil e pronto é recitar, esfregando a pálpebra: "Corre, corre cavaleiro, / Vai à porta de São Pedro, / Dizer a Santa Luzia / Que me dê uma pontinha de lenço / Pra tirar esse argueiro". É uma das santas de culto mais fervoroso, com *trezenas* devocionais certas (Cônego A. Xavier Pedrosa, *Santa Luzia, sua Vida e seu Culto*, Rio de Janeiro, 1940). O pescador Francisco Ildefonso, Chico Preto, da praia de Areia Preta, Natal, contou-me que na Carnaúba do Adão, entre Reduto e Gostoso, município de Touros, Rio Grande do Norte, um pescador irreverente, que se atreveu a pescar de tresmalho no dia 13 de dezembro, recolheu um lanço cheio de peixes todos sem olhos. O encontro dos peixes cegos aterrorizou os pescadores, que jogaram a pescaria no mar. Os peixes recobraram a visão e desapareceram, nadando. Era um *aviso* de Santa Luzia (A. Castilho de Lucas, *Folclore Médico-Religioso*, Hagiografias Paramédicas, 67, Madrid, 1943). Santa Luzia de Cinco Olhos, a palmatória, referência aos cinco orifícios na palma desse instrumento de castigo escolar. No tempo da escravaria, os castigos de bolos, dúzias e dúzias, eram aplicados por pessoas que recebiam pagamento pelo quase ofício. O nome nos veio de Portugal. Luzia: nome popular dado ao Partido Liberal no Segundo Império, depois de 1842, quando Caxias derrotou a insurreição em Minas Gerais. Os liberais pernambucanos, depois da Revolução Praieira de 1848, eram quase sempre tratados por esse apelido, povo luzia, gente luzia, os luzias.

M

MAAUAÇU. Mauaçu, coisa grande. Banquete em que todos os convidados trazem alguma coisa que metem em comum. A comida que os pescadores ou os caçadores fazem em comum. Alguma coisa como um piquenique (Stradelli, *Vocabulário Português-Nheengatu e Nheengatu-Português*, pág. 507, citado constantemente como *Vocabulário da Língua Geral*).

MAÇÃ. Carnosidade pilosa que o barranqueiro-caçador acredita haver no bucho de animais, a qual, se conservada em segredo, serve para afastar malefícios e para apanhar caças ou peixes. O mesmo que pedra de caçador (informação de Saul Alves Martins, Belo Horizonte, Minas Gerais).

MAÇAQUAIAS. "São uns balainhos colocados aos pares ou mais em cada tornozelo, cheios de sementes, que produzem um ruído de chocalho quando as pernas se movimentam." (Dante de Laytano, *As Congadas do Município de Osório*, 39, Porto Alegre, 1945). A maçaquaia é um instrumento musical empregado pelos dançarinos dos moçambiques e quimbumbis, no Rio Grande do Sul. Ver *Iapá, Auaiú, Machacá*.

MACACA, JOGAR. Ver *Academia*.

MACACA, JOGO DA. Ver *Academia*.

MACACAPORANGA[1]. Laurácea de madeira assaz aromática, e tão apreciada pelo agradável aroma, e tanto que chegam a reduzi-la a pó com a língua do pirarucu, e, de mistura com outros, assim vendida para o preparo de "banhos de cheiro", comércio usual na Amazônia. Boa madeira de lei (Alfredo da Mata, *Vocabulário Amazonense*, Manaus, 1939).

MACACA, PULAR. Ver *Academia*.

MACACO. É a figura da agilidade, astúcia sem escrúpulos, infalivelmente vitorioso pela rapidez nas soluções imprevistas e felizes. Convergem para suas *estórias* as aventuras africanas e europeias da raposa, do coelho, do jabuti. No fabulário clássico o macaco aparece como símbolo de habilidade cínica. Heli Chatelain informa que, nas *stories* populares de Angola e mesmo nos *folk-tales* bantos, é notável *the monkey for shrewdness and ninbleness*, perspicácia e ligeireza. Figura nos papéis simpáticos, e, mesmo ávido e descaradamente matreiro, não perde a prestigiosa preferência do povo para as suas manhas e atos. Não conheço documentação indígena sobre as aventuras do macaco, tão popular entre os mestiços e sertanejos brasileiros, o herói da maioria das *estórias engraçadas* e vencedor de onças, caçadores, antas, bichos de porte esmagador, comparadamente a ele. Creio que os africanos trouxeram muitos episódios onde o macaco é o triunfador, embora não saibamos de que região tenham origem e se foram registrados. Penso mais numa região de bantos, embora um dos heróis tradicionais dessa literatura ora seja o coelho (*O Romance do Coelhinho*, Pe. J. Boavida, *Moçambique*, 81-86, nº 2, Lourenço Marques, 1935) e o simba, um gato-do-mato (Luís da Câmara Cascudo, *Os Melhores Contos Populares de Portugal*, 195, Rio de Janeiro, Dois Mundos Editora, 1944), aparecendo tão poucamente o macaco nos contos populares nas áreas negras da América (Elsie Clews Parsons, *Folk-Lore of the Antilles, French and English*). Alguns episódios vieram pelo português, que desconhecia, até a primeira metade do séc. XVII, o nome de *macaco*, dizendo-o no Brasil bugio (Gândavo, 58, 107, *Tratado da Terra no Brasil* e *História da Província de Santa Cruz*; Gabriel Soares de Sousa, *Tratado Descritivo do Brasil em 1587*, CIV; Frei Vicente do Salvador, *História do Brasil*, 41, *Diálogos das Grandezas do Brasil*, o V, mas já empregado por Marcgrave [edição latina em 1648], lib. VI, cap. V). A tradição mais espalhada e velha é ter sido o macaco gente. Macaco não fala para não dar recado. Para não viver alugado (trabalhando por jornal).

> "Toda a gente se admira
> Do macaco andar em pé;
> O macaco já foi gente
> Pode andar como quiser."

A tradição indígena, registrada por Couto de Magalhães (*O Selvagem*, 171-174), é que os servos da Cobra-Grande foram buscar a Noite dentro de um caroço de tucumã (*Astrocaryuma*, Mart.) e, não resistindo à curiosidade, abriram-no e tudo escureceu. A filha da Cobra-Grande transformou-se em macaquinhos. Conservam os macacos iurupixunas a boca negra e a risca amarela no braço, como sinal do breu que fechava o caroço de tucumã e que escorreu sobre eles, no ato de abrir. A lenda etiológica, que vive em Mato Grosso, estende-se ao Rio Grande do Sul, onde o Pe. Teschauer encontrou a versão dos macacos urradores, caroías, e os macacos monitós terem sido os indígenas caigang alcançados pelo dilúvio e refugiados nos cimos das árvores (*Poranduba Rio-Grandense*, 364). José Veríssimo, falando sobre "As Populações Indígenas e Mestiças da Amazônia, sua Linguagem, suas Crenças e seus Costumes", escreveu: "Encontra-se entre eles uma crença vaga e informe de que o macaco já foi homem". (*Revista do Instituto Histórico e Geográfico Brasileiro*, 355-356, L, Rio de Janeiro, 1887) e cita o dito paraense de que *os macacos não falam para não remar*. A tradição do macaco ter sido homem e não falar para não trabalhar, Tylor encontrou-a na África Ocidental, na ilha de Madagáscar e pela América do Sul (*La Civilisation Primitive*, I, 437). Os indígenas centro-americanos de São Miguel Acatán, em Guatemala, dizem que os macacos são os homens antigos, irmãos de Deus, "The monkeys are the Ancient Men, the brothers of God's Mother, the Virgin" (*Journal of American Folk-Lore*, Morris Siegel, 134, vol. 56, nº 220). Gaetano Casati cita o mesmo na África Equatorial. O nozo dos mambetos, o manzuruma dos sondehs, *Anthropopithecus troglodytes*, foi um homem que se cansou de trabalhar e refugiou-se na floresta, perdendo a noção da linguagem articulada. Em Vanioro o chimpanzé, ex-homem, está sob a imediata proteção do rei. Ao redor de Alberto Nianza a tradição é a mesma. "De incursions dans les champs et les banabitent les taillis font de fréquentes incursions dans les chaps et les bananeraies mais une vénération superstitieuse les met à l'abri des coups de l'homme" (*Dix Années en Equatoria*, 131, 278, 280, Paris, 1892). Do macaco ter sido gente, C. Tastevin, *Le Haut Taraucá*, *La Géographie*, XLV, 167, Paris, 1926; Koch Grunberg, no trecho traduzido pelo Pe. Teschauer, *Antologia do Folclore Brasileiro*. vol. 1, "O Noé dos Majogongs", 173-175, 9ª ed., São Paulo, Global, 2004; Dean S. Fansler, *Filipino Popular Tales*, 413, Lancaster e New York, 1921; Colbacchini, *I Bororos Orientali*, 217, Torino, s. d. Confronte-se com Ovídio, *Metamorfoses*, XIV, II, em que Júpiter transmuda os Cercopes da costa da Campanha, Ischia, em Pitecos, semelhantemente e diferentes dos homens (Luís da Câmara Cascudo, *Superstição no Brasil*, "O macaco foi gente", 70-72, 6ª ed., São Paulo, Global, 2002); Luís da Câmara Cascudo, *Dante Alighieri e a Tradição Popular no Brasil*, "O Macaco de Capocchio", 242-247, Natal: Fundação José Augusto, 1979).

MACACO, PULAR. Ver *Academia, Fandango*.

MACAQUINHO. Fazer macaquinho é andar com uma criança escanchada aos ombros, com as pernas para frente e segurando-as com as mãos (Pereira da Costa, *Vocabulário Pernambucano*, 431).

MACARÁ. Cobra grande que transportara no seu dorso os indígenas cusses do Alto Rio Negro, vindos do Amazonas. Os hineres, seus vassalos, vieram na barriga de Macará. Um tuxaua (chefe) desses cusses foi Cucuí (Brandão de Amorim, *Lendas em Nheengatu*, etc., 303).

MACAUÃ. Ver *Acauã*.

MACAXEIRA. No Norte e no Nordeste; aipi (ou aipim), com variedades, v. gr. a macaxeira-pacaré ou aipim-amarelo, no Ceará (*Chac. E. Quint.* de julho de 1939). Segundo C. Pereira (em *Chac. E. Quint.* de julho de 1941, pág. 564), os "filhós de macaxeira-pacaré com mel" são doces apreciados no Ceará; em São Paulo, mandioca (A. J. de Sampaio, *Alimentação Sertaneja e do Interior da Amazônia*, 274, Companhia Editora Nacional, São Paulo, 1944). Ver *Aipim*.

MACAXERA. Divindade dos caminhos, guiando os viajantes. Os potiguares ornam o portador da boa notícia; pelo contrário, os tupiguaís e córios, o feiticeiro inimigo da saúde humana (Marcgrave, *História Natural do Brasil*, 279). O Padre Fernão Cardim cita Macaxera, sem pormenores (*Tratado da Terra e Gente do Brasil*, 162), Luís da Câmara Cascudo

---

[1] No texto original: "Macaca Poranga" (N.E.).

(*Geografia dos Mitos Brasileiros*, "Os mitos nos cronistas estrangeiros", 169-172, 3ª ed., São Paulo, Global, 2002). Provém, possivelmente, de *mbaecáia*, a coisa abrasada, *o-se-queima*. Será uma versão de *res ignis* do Padre Anchieta, uma modalidade do Mboitatá, Batatá, Batatão, fogo-fátuo, desnorteador e espalhando medo.

MACIEL, ANTÔNIO VICENTE MENDES. Ver *Conselheiro*.

MACHACÁ. Balainho que os negros amarravam aos pés para as suas danças, e que, cheio de frutinhas secas, servia de chocalho (Luís Carlos de Morais, *Vocabulário Sul-Rio-Grandense*, citado por Dante de Laytano, *As Congadas do Município de Osório*, 57, Rio Grande do Sul). Ver *Aiapá, Auaiú, Maçaquaias, Machacá*. "Quanto à esquisitice dos moçambiques, porém, consistia em amarrarem às pernas, logo acima dos pés, uns balainhos de quase um palmo de comprimento e uma polegada de diâmetro, enchendo-se de uma frutinha seca, chamada "caetê". A esses balainhos davam o nome de "machacá" (*idem*, 56). Ver *Maçaquaias*.

MACHETE. Machim, machinho, machetinho, instrumento de cordas, espécie de cavaquinho, vindo de Portugal, possivelmente da ilha da Madeira, onde também lhe chamam braguinha. É pequeno, armado com quatro ou cinco cordas duplas, afinadas em quintas. Ernesto Vieira (*Dicionário Musical*) informa que o machete é conhecido em Lisboa como cavaquinho (Carlos M. Santos, *Trovas e Bailados da Ilha*, Funchal, 1942). Alceu Maynard Araújo, de São Paulo, informa: "Machete, também conhecido por machetinho, mochinho. É um tipo de viola muito usado no cururu (ver *Cururu*) rural, São Paulo. Pouco maior do que um cavaquinho, o machetinho é a metade de uma viola comum. Embora pequeno, o número de cordas é o mesmo, isto é, dez, ou melhor, cinco cordas duplas". Ver *Viola*.

MACHETINHO. Ver *Machete*.

MACHIM. Ver *Machete*.

MACHINHO. Ver *Machete*.

MACONHA. Diamba, liamba, riamba, marijuana, rafi, fininho, baseado, morrão, cheio, fumo brabo, gongo, malva, fêmea, maricas (*Cannabis sativa*), cânhamo, herbácea de origem asiática, vinda para o Brasil com os escravos negros africanos, segundo a maioria estudiosa. Ópio do pobre, fumam as folhas secas como cigarros, *morrão* com dois gramas, *baseado* com um e setenta, *fininho*, com um grama. Há também o *maricas*, que no Maranhão chamam *boi*, cachimbo feito com uma garrafa, um cabaço (*lagenaria*) ou feito de barro cozido, como tenho visto, com recipiente para água, lavando a fumaça, como o narguilé turco. Estimulante, dando a impressão de euforia, deixa forte depressão, a *lomba*, que só desaparece com superalimentação. A planta tem seus segredos e técnicas até na colheita. Há os pés machos e fêmeas. Os machos de nada servem. "Colhê-las, assoviando, ou na presença de mulher menstruada, troca o sexo da planta, a planta fêmea 'macheia' e perde as virtudes" (Garcia Moreno, *Aspectos do Maconhismo em Sergipe*, 10, Aracaju, Sergipe, 1946). A maconha é estimulante, fumada pela malandragem para criar coragem e dar leveza ao corpo. Não há conhecimento de ter a maconha algum cerimonial secreto para ser inalada. Como sucede no México, onde a dizem *marihuana, grifa, soñadora, oliukqui* entre cantos do louvor. Nos catimbós usam, rara e sempre ocultamente, o óleo da liamba nos *trabalhos difíceis*. Nos xangôs e candomblés não há prova do seu uso. É mais de predileção dos gatunos e vagabundos. Bibliografia essencial: José Lucena, "Os Fumadores de Maconha em Pernambuco" e "Alguns Novos Dados Sobre os Fumadores de Maconha", *Arquivos da Assistência a Psicopatas de Pernambuco*, ano IV, 1, 53, 1934, e 1-2, 197, 1935, Recife; Rodrigues Dória, *Os Fumadores de Maconha*, Bahia, 1916; Garcia Moreno, acima citado; Jarbas Pernambucano, *A Maconha em Pernambuco*, Novos Estudos Afro-Brasileiros, 187, Rio de Janeiro, 1937; R. Cordeiro de Farias, *Campanha Contra o Uso da Maconha no Nordeste do Brasil*, Rio de Janeiro, 1942, etc. Mário Ypiranga Monteiro, "Folclore da Maconha", *Revista Brasileira de Folclore*, nº 16, Rio de Janeiro, 1966.

MACULELÊ. Bailado guerreiro que se exige na festa de N. S.ª da Conceição na Praça da Purificação, na cidade do Salvador, e noutros pontos da Bahia, como em Santo Amaro. Dez ou vinte negros, de camisas brancas de algodão, beiços ampliados a vermelho, com as *esgrimas, grimas*, bastões de madeira em cada mão, cantam e bailam entrechocando as armas, como em certas partes dos congos e moçambiques no Brasil ou os pauliteiros de Miranda do Douro, em Portugal, vestígio da Dança de Espadas, milenar e quase universal. Darwin Brandão, "Maculelê", *Revista do Globo*, Porto Alegre, novembro de 1948; Édison Carneiro, *Dinâmica do Folclore*, 59, Rio de Janeiro, 1950; Heráclio Sales, "Maculelê", *Diário de Notícias*, 7 de outubro de 1954, Rio de Janeiro. Plínio de Almeida, "Pequena História do Macu-lê-lê", *Revista Brasileira de Folclore*, nº 16, Rio de Janeiro, 1966. Ver *Tum-Dum-Dum, Bate-Pau*.

MACUMBA. Instrumento musical africano (de percussão), que dá um som de rapa; o mesmo que candomblé, correspondendo ao xangô pernambucano. Diz-se mais comumente macumba que candomblé, no Rio de Janeiro, e mais candomblé que macumba, na Bahia. Macumba, na acepção popular do vocábulo, é mais ligada ao emprego do ebó, feitiço, coisa-feita, muamba, mais reunião de bruxaria que ato religioso como o candomblé. Ver *Feitiçaria*.

MACUNAIMA. E não Macunaíma, entidade divina para os macuxis, acavais, arecunas, taulipangues, indígenas caraíbas, a oeste do "plateau" da serra Roraima e Alto Rio Branco, na Guiana Brasileira. "Los macusi conservan un mito semejante acerca del diluvio. Lo mismo que entre los arecunas y acavai, su más alto ser, el Creador, se denomina Macunáima, esto es, el que trabaja de noche, y el ser opuesto, Epel y Horiuch. Luego que el grande y buen espíritu Macunáima creó la tierra y las plantas, bajó de la altura, trepó a lo alto de un árbol, desprendio con su potente hacha de piedra trozos de corteza del árbol, arrojolos al rio que debajo de él corria, y los convirtió asi en animales de toda espécie. Sólo cuando fueron éstos llamados a la vida creó el hombre, el cual cayó en un profundo sueño, y cuando despertó miró de pié una mujer a su lado. El Espíritu Malo obtuvo superioridad sobre la tierra, y Macunáima envió grandes aguas." (Lisandro Alvarado, *Datos Etnográficos de Venezuela*, 322, Caracas, 1945). A tradução da Bíblia para o idioma caraíba divulgou Macunaima como sinônimo de deus. *Makonàima Yakwarri otoupu tona poropohru;* o espírito de Deus pairava sobre as águas (*Gênese*, 1, 2) traduzido pela "Society for Promoting Christian Knowledge", de Londres. Criador dos animais, vegetais e humanos, Macunaima é o gêmeo de Pia, vingadores de sua mãe, morta pelos tigres, filhos de Konaboáru, a Rã da Chuva, e que mora nas Plêiades (Gilberto Antolínez, *Hacia el Índio y su Mundo*, 170, Caracas, 1946). Com o passar dos tempos e convergência de tradições orais entre as tribos, interdependência cultural decorrente de guerras, viagens, permutas de produtos, Macunaima foi se tornando herói, centro de um ciclo etiológico, zoológico, personagem essencial de aventuras e episódios reveladores do seu espírito inventivo, inesgotável de recursos mágicos, criando os homens de cera e depois de barro, esculpindo animais, transformando os inimigos em pedras, que ainda guardam a forma primitiva. Tornou-se um misto de astúcia, maldade instintiva e natural, de alegria zombeteira e feliz. É o herói das *estórias* populares contadas nos acampamentos e aldeados indígenas, fazendo rir e pensar, um pouco despido dos atributos de deus olímpico, poderoso e sisudo. Theodor Koch-Grunberg, 1872-1924, reuniu a melhor e maior coleção de aventuras de Macunaima nessa fase popularesca, no *Vom Roroima Zum Orinoco* (*Ergebnisse Einer Rise in Nordbrasilien und Venezuela in den Jahren* 1911-1913), nº II, Berlin, 1917. Algumas dessas *estórias* foram traduzidas pelo Dr. Clemente Brandenburger e publicadas na *Revista de Arte e Ciência*, nº 9, março de 1925, Rio de Janeiro ("Lendas índias da Guiana Brasileira"). Denominou um romance Mário de Andrade (ver *Mário de Andrade*) de *Macunaima. O herói sem nenhum caráter*. Rapsódia. São Paulo, 1928.

MACURU. Balouço onde as crianças ficam horas e horas brincando. É um arco de cipó, forrado de pano, com duas faixas, também de pano, cruzando-se no fundo, e nas quais o pequenino senta e enfia as perninhas. Suspenso o aparelho ao teto por uma corda, o pequerrucho com pés que mal tocam o solo balança-o (Raimundo Morais, *O Meu Dicionário*, etc., II, 51). Koch-Grunberg descreveu esse balanço entre os cobéuas do rio Cudiari ("Indianischen Frauen", *Archiv. Für Anthropologie, Neue Folge, Band VIII*, 96, Braunschweig, 1909).

MACURU, CANTIGA DE. Ver *Acalanto*.

MADRINHA. Animal que vai na frente da fila de cargas. Leva um bom chocalho e por ele todo o "comboio" se orienta. Karl von de Steinen empregou o vocábulo frequentemente: "... *Madrinha*, nome que se dá ao animal de guia que caminha à frente dos outros" (*Entre os Aborígines do Brasil Central*, 29, trad. de Egon Schaden, S. Paulo, 1940). "Tropas a passarem como as *madrinhas* garbosas, de cabeça de prata e uma boneca vermelha no topete, cincerros tinindo..." (68, *Histórias e Paisagens*, Afonso Arinos, Rio de Janeiro, 1921).

MADRUGADA DE TEJUAÇU. Fazer madrugada é aproveitar as horas antes do nascer do dia para algum trabalho.

"Mostro a quem vem e a quem vai,
Mostro a todos da jornada:
Mais vale quem Deus ajuda
Do que quem faz madrugada."

Assim cantava o poeta Jacó Passarinho (Leonardo Mota, *Cantadores*, 51). O Tejuaçu (*Tupinambis tequixin*) deixa sua loca, depois do sol alto, para aquecer-se. Diz-se madrugada de tejuaçu aos que, afirmando madrugar, o fazem já manhã, com o sol fora.

MÃE. Igualmente um tabu verbal, ainda resistindo nas classes populares e na visível relutância de ser mencionado mesmo na imprensa das cidades grandes, preferindo-se-lhe "progenitora". Nos brinquedos evita-se mencionar, para não ofender os companheiros. É o "sagrado nome de Mãe", como diz o povo. Nos desafios, insultos, o mais eficaz dos desafios é "falar na mãe". Quem não reagir a essa suprema provocação, é indigno de todas as companhias. Um dos elementos na carência lúdica de certas crianças é o temor na menção ao nome dos pais, especialmente ao da mãe, se esta tiver algum defeito físico ou pertencer à profissão reprovada pelo cânon social do colégio ou da cidade. O Padre Fernão Cardim, em 1584, elogiando os jogos e brincadeiras das crianças indígenas do Brasil, escreveu: "Os meninos são alegres e dados a folgar e folgam com muita quietação e amizade, que entre eles não se ouvem nomes ruins, nem pulhas; nem chamarem nomes aos pais e mães, e raramente quando jogam se desconcertam" (*Tratados da Terra e Gente do Brasil*, 175, ed. 1925). Vários adágios recomendam: Nome da mãe é sagrado. Com o nome de mãe não se brinca. Nome de mãe não é para todas as bocas. Mãe é sangue (e pai é sustento, o inverso da concepção epigenética, responsável pela *couvade*; ver *Couvade*), etc. Certamente está, de mistura com a tradição católica da veneração à Mãe de Deus, título oficial da Igreja, a religião da Ci ameríndia, a explicação indígena, na qual só as mães eram criadoras e responsáveis pela vida (ver *Ci*). As religiões em geral concedem a plenitude dos direitos ao pai (paternidade, patrimônio) e mesmo a Trindade católica é constituída masculinamente, real ou em potencial. Pai, Filho e Espírito Santo. A Virgem-Mãe é uma sublimação e pode ser perfeitamente compreendida pelos indígenas, devotos das Ci. O poder das mães fica patente não apenas na perpetuidade da figura querida no espírito do filho, mas o respeito ao emprego de frases que possam aludir à própria função criadora maternal. Inegável será muito de verdade do complexo freudiano de Édipo, mas convergentemente incidem outros elementos psicológicos, religiosos, tradicionais na conservação de costumes (*Folk-Ways*) ampliadores dessa concepção do nome de mãe e das sugestões profundas que ele provoca. Um dos mais antigos e populares processos de provocação à luta entre colegiais era riscar duas linhas paralelas no solo e indicar uma delas como representando sua mãe e a outra a mãe do adversário. O desafio será respondido, pisando-se na linha inimiga, cuspindo-lhe em cima, sacudindo-lhe uma pedra ou praticando qualquer ato positivador de desprezo e agressão. A luta física seguia-se, imediata. A origem dessa fórmula de batalha virá da convenção das "barras", riscos que valem as fronteiras intransponíveis sagradas pelo cerimonial religioso. A linha simbolizava o valo, o fosso, a muralha e, mesmo simples linha ou elevação diminuta, não podia ser transposta sob pena de morte. Há o modelo clássico de Rômulo e Remo. O nome de mãe seria convergência. Esta forma de desafio continua em uso entre meninos. De *mãe* deriva-se *matrimônio*.

MÃE DA CHUVA[1]. Ver *Amanaci, Amana-Manha*.

---
1 No texto original: "Mãe-da-Chuva" (N.E.).

MÃE-D'ÁGUA. Em todo o Brasil conhece-se por mãe-d'água a sereia europeia, alva, loura, meia peixe, cantando para atrair o enamorado que morre afogado querendo acompanhá-la para bodas no fundo das águas. O mito é morfologicamente europeu, do ciclo atlântico, posterior à poesia de Homero, para quem as sereias eram aves e não peixes cantando. As nereidas tinham pés (Hesíodo). As ninfas que mataram Hilas, companheiro de Hércules (Teócrito, XIII), não cantavam, embora residissem numa fonte. Há, espalhadamente, a sereia, meia mulher e tendo o apêndice caudal dos peixes, por todos os mares e rios da Europa, desde as russalcas eslavas às nixes fluviais do Reno. Mas as russalcas não cantam. Seduzem o namorado, levam-no para o fundo das águas, onde têm palácios, e aí o matam a cócegas. A Loreley do Reno canta, mas o namorado morre, porque o barco arrebentará nas pedras, na fórmula clássica das sereias homéricas. As russalcas tiveram culto popular, ofertas de roupas e fios presos às árvores. Na África sudanesa há Iemanjá, deusa marinha, sem personalização mas tendo o fetiche da água-marinha, e entre os bantos angoleses vivem duas *water-genius*, Kianda em Loanda e Kiximbi em Mbaka (Heli Chatelain, *Folk-Tales of Angola*, 284). Recebem ofertas de alimentos. Qualquer personalização desses orixás será na forma europeia da sereia, sem cantar, apesar do nome. No Brasil dos sécs. XVI e XVII não havia a mãe-d'água atual. O indígena, pela sua concepção teogônica, não podia admitir a sedução sexual nas *cis*, as mães, *origem de tudo*. Não tinham forma e a função era a defesa do elemento que tinham criado, mãe da fruta, mãe do fogo, mãe de coceira, etc. Ver *Ci*. O mito das águas compreendia a outra expressão misteriosa, não defensiva ou protetora, mas sempre contrária e assassina: a cobra-d'água, cobra-grande, mboiaçu, a cobra-preta, boiuna. Ver *Cobra, Boiuna*. O documentário indígena no Brasil só registra em duzentos anos a história inicial, o homem-d'água, Ipupiara (ver *Ipupiara*), faminto, esfomeado, bruto, matando para devorar, e a Mboiaçu, a Cobra-Grande, num vago vestígio cosmogônico, mas diferentíssima da mãe-d'água contemporânea. A forma da mãe-d'água, inicialmente, é ofídica. Na primeira metade do séc. XVII, o Padre Francisco de Figueiroa, missionário dos indígenas maínas do Alto Maranhão, Rodolfo Schuller ("O Ynerre", etc., *Arquivo da Biblioteca Nacional*, XXX) informa que o Inerre, o deus local, "tenía por mujer a un culebrón grande de los que nombran Madre del Água". Ainda em 1819 Von Martius escrevia que a mãe-d'água, *paranamaia*, mãe do rio, era serpente esverdeada ou parda (*Viagem pelo Brasil*, III, 135). Henry Walter Bates, escrevendo em 1850, no Amazonas, denunciava o boto como se transformando em mulher, de cabeleira solta, atraindo os rapazes para afogá-los em Ega (*O Naturalista no Rio Amazonas*, 2º, 251, trad. C. Melo Leitão, Brasiliana, S. Paulo, 1944), mas não é a mãe-d'água. A notícia é outra: "Os naturais da Amazônia acreditam todos na existência de monstruosa serpente aquática, de muitas vintenas de braças de comprimento, que aparece em diversas partes do rio. Chamam-lhe a mãe-d'água" (*idem*, 112). Uma informação contemporânea de Abguar Bastos (*Safra*, 194, José Olympio, Rio de Janeiro, 1937) endossa o tradicional: "O moço pergunta pela mãe-d'água. - Mãe-d'água é uma cobra, sim senhor. – Não vira mulher? – Que eu saiba, não senhor". Nenhum cronista do Brasil colonial registra a mãe-d'água como sereia, atraindo pelo canto ou simplesmente transformada em mulher. É sempre o Ipupiara, feroz, faminto e bruto. Ver *Boto*. Não conheço no documentário brasileiro mãe-d'água cantando, moça bonita do cabelo louro e olho azul, senão na segunda metade do séc. XIX, e mais intensamente depois da reação romântica que se iniciou pelo indigenialismo transfigurador de Gonçalves Dias. Além dos Ipupiaras, machos e fêmeas, registrados em Anchieta, Gabriel Soares de Sousa, Gândavo, Vicente do Salvador, Barleu, Fernão Cardim, etc., havia a Cobra-Grande, a Boiúna, sem função sexual provada, vaga entidade poderosa, que pode enviar a noite dentro de um caroço de tucumã (*Astrocaryum tucuma*, Mart.). Ver *Sereia*. (Luís da Câmara Cascudo, *Geografia dos Mitos Brasileiros*, "Ipupiaras, Botos e Mães-d'Água", 147-168, 3ª ed., São Paulo, Global, 2002; *idem*, *Anuário de la Socied Folk-Lórica de México*, vol. V, "Los Mitos de las Águas de Brasil", 11-34, México, 1945). Ver *Avó-d'Água, Ipupiara, Sereia*.

MÃE-D'ÁGUA DOCE. Ver *Axum*.

MÃE-DA-LUA. Ainda a Lua, urutau, jurutau (*Caprimulgidae*), do gênero Nyctibios, comum à América do Sul. Ave noturna, seu canto melancólico e estranho, lembrando uma gargalhada de dor, cercou-a de misterioso prestígio assombrador. Está rodeada de lendas e de superstições, espavorindo a gente do campo, personalizando fantasmas e visagens pavorosas. Só quem haja ouvido o grito da mãe-da-lua pode medir a impressão sinistra e desesperada que ele provoca durante a noite. A jurutuaí, um pouco menor, mas também chamada mãe-da-lua (*Nyctibius jamaicensis*), tem aplicação curiosa contra a sedução sexual. José Veríssimo registrou: "A pele da ave noctívaga jurutuaí preserva as donzelas das seduções e faltas desonestas. Conta-se que antigamente matavam para isso uma destas aves e tiravam a pele que, seca ao sol, servia para nela assentarem as filhas, justamente nos três primeiros dias do início da puberdade. Parece que esta posição era guardada por três dias, durante os quais as matronas da família vinham saudar a moça, aconselhando-a a ser honesta. No fim desses dias, a donzela saía *curada*, isto é, invulnerável à tentação das paixões desonestas, a que seu temperamento, destarte modificado, a pudesse atrair (*Cenas da Vida Amazônica*, 62, Lisboa, 1886). Veríssimo adianta que esse cerimonial fora abolido e que se limitavam a varrer o chão sob a rede da moça com as penas de urutuaí ou jurutuaí. A guarani *Nheambiú* transformou-se em urutau, por ter morrido seu amado Quimbae; noutra lenda (do rio Araguaia, entre os carajás) Imaeró se mudou nessa ave, porque Taina-Can (estrela-d'alva) preferiu sua irmã Denaquê para esposa. Na Argentina lhe chamam Cacuí, Aguaitacaminos na Venezuela, *Whip-poor-will* na Guiana Inglesa e na Flórida. Charles Waterton, que ouviu a mãe-da-lua em Demera, 1816, anotou: "Its cry is so remarkable that, having once heard ist, you will never forget... A stranger would never conceive it to be the cry of a bird". Comparou-o, modesta e classicamente, ao lamento de Níobe, antes de tornar-se pedra (107-108, *Wanderings in South America*, ed. Everyman, s. d.). Lehmann-Nitsche estudou longamente o cacuí ou urutau no *Las Tres Aves Gritonas* (Sep. *Revista de la Universidad de Buenos Aires*, tomo III, 1928). O Pe Teschauer estudou-o na *Avifauna e Flora* (69-78, Porto Alegre, 1925).

MÃE DA MATA[2]. Duende da floresta, que preside aos destinos da flora e da fauna que a habitam (*Dicionário de Língua Portuguesa*, 3261, IV, Laudelino Freire, Rio de Janeiro, 1942). É a Caa-Manha dos mestiços e brancos.

MÃE DANDÁ. Ver *Dandalunda*.

MÃE DA PESTE[3]. Para os indígenas todas as coisas, entidades e forças têm origem feminina, uma mãe, a CI (ver) e é natural que as calamidades não escapem à lógica folclórica. Henry Walter Bates ainda encontrou, na cidade de Belém, em 1851, a indicação da Mãe da Peste, epidemia de febre amarela que invadira a região — "Algumas pessoas contaram que durante várias tardes sucessivas, antes de irromper a febre, a atmosfera era densa, e que um escuro nevoeiro, acompanhado de forte bodum (*mau cheiro*), ia de rua em rua. Este vapor foi chamado Mãe da Peste, e era inútil procurar dissuadi-los da convicção de que ele fosse o precursor da pestilência": *O Naturalista no Rio Amazonas*, 1º, 375, S. Paulo, 1944.

---
2 No texto original: "Mãe-da-Mata" (N.E.).
3 No texto original: "Mãe-da-Peste" (N.E.).

Mãe da Seringueira[1]. Fantasma amazônico, protetor da seringa, seringueira (*Hevea brasiliensis*, Muell). Espécie de caapora (Luís da Câmara Cascudo, *Geografia dos Mitos Brasileiros*, "Caapora", 113-122, 3ª ed., São Paulo, Global, 2002):

"Dizem que o Amazonas
É um lugar arriscado,
Além das feras que tem
É muito mal-assombrado;
Tem a mãe da seringueira,
Uma visão feiticeira
Que faz o homem azalado.

Quando se vai tirar o leite
Augura o aviso mau
Sai na frente o freguês
A cortar também o pau;
Se ele teima em cortar
Todo leite que tirar
Não dá para um mingau!"

Mãe-de-Cobra. Ver *Louva-a-Deus*.

Mãe de Fogo[2]. – Ver *Boitatá*.

Mãe de Santo ou Mãe de Terreiro[3]. Sacerdotisa do culto jeje-nagô na Bahia, dirigindo a educação sagrada das filhas de santo ou cavalo de santo, presidindo às cerimônias festivas com indiscutida autoridade. "O culto de sacerdotisas muito se aproxima, porém, do que ele é na África. A denominação, geralmente adotada na Bahia, de *pai* ou *mãe de santo* ou de *terreiro*, é tomada à língua jeje. *Mãe de santo* é a tradução literal de *Vodu-no*, nome dado às sacerdotisas jejes do culto de *Dãnh-gbi* (*Vodu*, orixá ou santo; e *no*, mãe). Por extensão vieram as denominações *mãe de terreiro*, *pai de santo* ou *de-terreiro*. No entanto, entre nós, as sacerdotisas não são chamadas, como no Daomé, *mulheres ou esposas de santo*" (Nina Rodrigues, *Os Africanos no Brasil*, 350). Ver *Alourixá*.

Mãe de Terreiro[4]. Ver *Mãe de Santo*.

Mãe do Dia[5]. Ver *Araci*.

Mãe do Fogo[6]. É o próprio fogo ou a substância imponderável que o sustenta e dirige, origem do elemento, a mãe, a *ci*. Nesta acepção, diz-se no idioma tupi *Tatá-manha*, mãe do fogo, ou *Sacu-manha*, mãe do quente. É, na população mestiça, sinônimo do Batatá, Batatão, o Fogo-Fátuo (Peregrino Júnior, *Histórias da Amazônia*, 54, Rio de Janeiro, 1936, que a escreve "Mãe-de-Fogo").

Mãe do Mato[7]. Superstição do Pará. "Notei que, nos acampamentos feitos dentro das matas, os trabalhadores, ao se encaminharem para o serviço, desatam as redes ou desarmam as camas, com medo de que a velha *Mãe do Mato*, protetora dos animais fabulosos, venha colocar em cada leito algum graveto de madeira, como sinal que possa fazer o efeito de morfina, prostrando em sono profundo o incauto que ali se deitar, predispondo-o a ser devorado por esses animais" (Ignacio Baptista de Moura, *De Belém a São João do Araguaya*, Rio de Janeiro, 1910). A viagem é de 1896. Ver *Caamanha*.

Mãe do Ouro[8]. É um mito, inicialmente meteorológico, ligado aos protomitos ígneos, posteriormente ao ciclo do ouro; *ubi est ignis, est aurum*. Os registros subsequentes indicam sua transformação. Vale Cabral: "Mulher sem cabeça, que habita debaixo da serra do Itupava, entre Morretes e Antonina, província do Paraná. Tem a seu cargo guardar as minas de ouro. Onde ela está, é prova evidente que há ouro, e por isso tomou o nome. Há poucas pessoas da localidade que afirmam tê-la visto" (*Antologia do Folclore Brasileiro*, vol. 1, 314, 9ª ed., São Paulo, Global, 2004). A informação é de 1884. Na região do S. Francisco é a zelação, estrela cadente, serpente mãe do ouro, encantada (Manuel Ambrósio, *Brasil Interior*, 61). Em S. Paulo não há forma, mora nas grotas, persegue homens, e estes preferidos deixam a família, seduzidos como por uma sereia; citam-na como uma bola de fogo de ouro (Cornélio Pires, *Conversas ao Pé do Fogo*, 156, S. Paulo, 1927). No Rio Grande do Sul é informe, agindo com trovões, fogo, vento, dando o rumo da mudança. Noutra versão (Veiga Miranda, *Mau-Olhado*, 31-33, S. Paulo, 1925) a mãe do ouro passeia luminosa, pelos ares, mas vive debaixo d'água, num palácio (*Geografia dos Mitos Brasileiros*, 311-316, 3ª ed., São Paulo, Global, 2002).

Mãe-Pequena. Ver *Iaque-Que-Rê*.

Mãe Valéria. Mãe Valéria era uma parteira de Belém do Pará, muito conhecida e estimada pelas famílias paraenses das últimas décadas do séc. XVIII. D. Francisco de Sousa Coutinho, Governador e Capitão-General do Grão-Pará e Rio Negro (1790-1803), mandou, em janeiro de 1800, prender Mãe Valéria no fortim do Reduto e mais duas parteiras no Convento de S. José. Foram seviciadas, espancadas com palmatórias "e depois a dita Valéria e duas outras conduzidas de noite à beira do mar ali são adornadas no colo com um afogador de pedras de alvenaria, e com ele vão padecer perpétua imersão nas ondas. Todos esses atos, se obrão de ordem do Governador, a quem suadirão de que elas ocasionarão a morte, no parto, de sua amada, quando a verdadeira causa de em tais circunstâncias d'ela fenecer a vida foi a ciosa curiosidade de saber se o Governador estava no baile de uma casa onde vivia a Dama que ela suspeitava ter intentos de conquistar o coração de seu amante. Com a morte desta mulher ele se entristece sobremaneira por que lhe tinha achado graças que muito poderão em seu ânimo": Antônio Ladislau Monteiro Baena, *Compêndio das Eras*. "No dia do funeral o comboio fúnebre foi tão numeroso quanto a lisonja mais extremosa o podia fazer. Igual concurso houve nas sumptuosas exequias, que se fizerão na Igreja dos Religiosos Carmelitas onde foi sepultada": idem. Jorge Hurley (*Belém do Pará sob o Domínio Português*, 1616 a 1823-98-99, Belém, Pará, 1940) conclui: – "Pondo à margem esse ato de selvageria, muito reprovado por todos, mas decorrente da insegurança e do pouco valor que as leis davam às vidas humanas, nessa época de governo arbitrário, de poderes ilimitados, Dom Francisco de Sousa Coutinho foi um governo ótimo, altamente operoso, o qual muito fez pelo engrandecimento e progresso da terra paraense". Mãe Valéria, durante tantíssimos anos, ficou pertencendo à devoção popular, merecendo ser ente de força intercessora, a quem as promessas eram feitas com toda a fé. Morrera mártir e su'alma estava com Deus, ajudando àqueles que nela acreditavam.

Magalhães, Basílio. Ver *Basílio de Magalhães*.

Magalhães, Celso de. Ver *Celso de Magalhães*.

Magalhães, José Vieira Couto de. Ver *Couto de Magalhães*.

Magalona. Ver *Princesa Magalona*.

Magatô. Ver *Mana-Chica*.

Magusto. Ver *Mangusta*.

Maia. "Interessante divertimento em que tomam parte duas ou quatro pessoas. Num terreno bem plano, a uma distância de cerca de vinte metros, colocam-se dois toquinhos de vinte centímetros de altura, sobre o chão. Sendo quatro os jogadores, ficam dois adversários de cada lado, tendo cada um deles quatro 'maias', que são discos de metal, de meio centímetro de espessura por dez de diâmetro, aproximadamente, e se inicia o jogo. Cada jogador joga uma maia, tentando derrubar o toquinho do lado oposto ou, quando menos, fazer com que a maia fique bem próxima do mesmo. Se acertar no toquinho, ganha dois pontos; se errar, deixa a maia ficar no lugar onde parou. Jogadas todas as maias dos dois adversários, procede-se à contagem dos pontos assim: cada vez que derrubou, dois pontos; cada maia mais próxima do toquinho vale um ponto. Os jogadores do outro lado apanham as maias e continuam o jogo, fazendo o mesmo. Vão-se somando os pontos e o grupo que conseguir primeiro vinte e cinco pontos ganhará" (Fausto Teixeira, "Vocabulário da Caipira Paulista", *Revista do Arquivo Municipal*, CXI, 89, São Paulo, 1946).

Maias. As maias não vieram para o Brasil, apesar de tão populares em Portugal. Crianças e rapazes cantando, enfeitados de flores e ramos, visitam as casas de amigos, no primeiro de maio, saudando o "Maio Moço". Reminiscências de cultos rurais, oblações aos deuses da fecundidade da semente, vivem ainda nos costumes peninsulares. Mas, a deduzir-se pelo estudo do Sr. L. Gonzaga dos Reis ("Alto Parnaíba", 71, *Revista do Instituto Histórico e Geográfico Maranhão*, nº 3, agosto de 1951, São Luís do Maranhão), existem as maias naquele município maranhense: "No dia 1º de maio, os moradores enfeitam a fachada das casas, engrinaldando as janelas e as portas com flores naturais, silvestres ou cultivadas, como singela oferenda à deusa desconhecida Flora, no que dão inequívoca prova de bom gosto, ao mesmo tempo que festejam a primavera".

Maina. Ver *Jiboia*.

Maionga. Ou maiongá é o banho pela madrugada, tomado pela filha de santo, durante o curso de sua iniciação, numa fonte mais próxima do candomblé. "Os banhos rituais durante a 'feitura' do santo (banhos de folhas) chamam-se, segundo Manuel Lupércio, *ariexé*, diz ele que em nagô, ao passo que os banhos na fonte mais próxima, de madrugada, têm, segundo João de Pedra Preta, chefe do candomblé da Gomeia, o nome de *maionga* ou *maiongá* (Édison Carneiro, *Negros Bantos*, 113).

Maíua. Contração de *Maa-aíua*. O ser misterioso de onde provém todo o mal. É a Maíua que pode estragar a criança que está para chegar à puberdade, e basta a sua vista para a inutilizar para todo o sempre, de onde o resguardo, o jejum e as cerimônias diversas, a que são sujeitos moços e moças na mor parte das tribos indígenas. Segundo a lenda do Jurupari, as Maíuas nasceram da cinza de Ualri (tamanduá), o velho que não soube guardar o segredo (Stradelli, *Vocabulário da Língua Geral*, 519).

---

1 No texto original: "Mãe-da-Seringueira" (N.E.).
2 No texto original: "Mãe-de-Fogo" (N.E.).
3 No texto original: "Mãe-de-Santo" ou "Mãe-de-Terreiro" (N.E.).
4 No texto original: "Mãe-de-Terreiro" (N.E.).
5 No texto original: "Mãe-do-Dia" (N.E.).
6 No texto original: "Mãe-do-Fogo" (N.E.).
7 No texto original: "Mãe-do-Mato" (N.E.).
8 No texto original: "Mãe-do-Ouro" (N.E.).

MAL. Consoante o meio, e, mesmo, em dada região, a palavra Mal exprime estados mórbidos diferentes. Lepra, raiva, erisipela, tuberculose pulmonar, doença epidêmica, doença reinante, doença grave, impressionante.

> Mal caduco: epilepsia.
> Mal da praia: erisipela.
> Mal da terra: ancilostomose (sul do Brasil).
> Mal de cuia: lepra.
> Mal de umbigo: tétano umbilical, tétano dos recém-nascidos.
> Mal de sete dias: o mesmo que mal de umbigo.
> Mal de engasgo: disfagia espasmódica.
> Mal de gota: epilepsia.
> Mal de Lázaro, Mal de S. Lázaro, Má de Lazo, Mal-feito, Mal-morfético: lepra.
> Mal de Luanda: escorbuto.
> Mal de secar: tuberculose pulmonar.
> Mal de sete couros: afecção na região palmar do pé. A regeneração dos tecidos se faz por descamações sucessivas, imaginando-se a formação de sete camadas, sete couros, sete peles. A dermatose pode atingir o dorso do pé.
> Mal do baço: esplenite. Hipertrofia liênica. Esplenoptose. Tumor do baço. Taba. Dureza do baço.
> Mal do monte: erisipela.
> Mal do fundo: doença venérea, sífilis.

(Resumo de notas pessoais e do verbete Mal, Linguagem Médica Popular no Brasil, II, 66-80, de Fernando São Paulo).

MALASARTES. Pedro Malasartes é figura tradicional nos contos populares da Península Ibérica, como exemplo de burlão invencível, astucioso, cínico, inesgotável de expedientes e de enganos, sem escrúpulos e sem remorsos. Convergem para o ciclo de Malasartes episódios de várias procedências europeias, vivendo mesmo nos contos orais dos irmãos Grimm, de Hans Andersen, dos exemplários da Europa de Leste e do Norte. É o tipo feliz da inteligência despudorada e vitoriosa sobre os crédulos, os avarentos, os parvos, os orgulhosos, os ricos e os vaidosos, expressões garantidoras da simpatia pelo herói sem caráter. Em Portugal, a mais antiga citação é a cantiga 1132 do *Cancioneiro da Vaticana: chegou Payo de moaes Artes*, datando de fins do séc. XIV. Na Espanha ocorre em vários livros do séc. XVI, aproveitado literariamente, denunciando popularidade total. Na *Lozana Andaluza*, de Francisco Delicado, 1528, cita-se Pedro de Urdemalas. Tirso de Molina (*Dom Gil de las Calzas Verdes*, 2º ato, cena primeira) compara a heroína a Pedro de Urdemalas. Cervantes de Saavedra escreveu a *Comédia Famosa de Pedro de Urdemalas* (Madrid, 1615), onde o personagem vence pela arteirice imprevista, embora sem as liberdades morais dos contos populares. Ramón Laval informa que, em meados do séc. XVI, Alonso Jerónimo de Salas Barbadillo publicara a primeira parte do *El Sutil Cordovés Pedro de Urdemalas*. D. Francisco Manuel de Melo, no apólogo dos *Relógios Falantes*, cita a Pedro de Malas Artes. Pedro Malasartes, Malasartes, Urdemalas, Urdemales, Urdimale, Ulimale, Undimale, veio com portugueses e espanhóis para a América, onde se aclimatou e vive num vasto anedotário. O Prof. Aurélio M. Espinosa, da Stanford University, recolheu no *Cuentos Populares Españoles*, III, muitos episódios em várias províncias castelhanas. No Chile, Ramón Alvear Laval encontrou outros tantos, publicando um ensaio, *Cuentos de Pedro Urdemales*, Santiago de Chile, 1925, reimpressão em 1943. María Cadilla de Martínez fez semelhantemente em Porto Rico, *Raices de la Tierra*, Arecibo, 1941, sobre Pedro Urdemala, Pedro Urdiala ou Juan Animala. No Brasil, Sílvio Romero publicou um conto, "Uma das de Pedro Malas Artes", 5º do *Contos Populares do Brasil*; o Prof. Lindolfo Gomes divulgou doze façanhas, *Contos Populares*, I, 64. No *Vaqueiros e Cantadores*, São Paulo, Global, 2005, registrei o Pedro Malasartes na poesia popular sertaneja nalgumas aventuras famosas (*Pedro Malazarte no Folclore Poético Brasileiro*, 249-255) e comentei seis aventuras suas no *Contos Tradicionais do Brasil*, "Seis Aventuras de Pedro Malazarte", 174-179, 13ª ed., São Paulo, Global, 2004, publicando um estudo sobre o personagem ("Histórias de Pedro Malasartes", *A Manhã*, 11-6-1944, Rio de Janeiro). Jorge de Lima e Mateus de Lima publicaram (Rio de Janeiro, segunda ed. 1946) um volume, *Aventuras de Malasartes*, mas se trata de sucessos de Till Eulenspiegel, estranhos à literatura oral brasileira. Malasartes figura como Till Eulenspiegel pela identidade de alguns processos psicológicos e não pelos assuntos. Não coincide Malasartes com os temas de seus irmãos Gusman d'Alfarache, Lazarillo de Tormes, Marcos de Obregón. *Estebanillo González, El Buscón* e outros eminentes da novelística picaresca espanhola. O episódio mais tradicional é a venda de uma pele de cavalo, urubu ou outro pássaro vivo, tido como adivinho, por anunciar o jantar escondido pela adúltera e expor o amante como sendo um demônio. É fusão de dois temas espalhadíssimos na Europa. O primeiro, *Magic Cow-hide* (K114, K1231, na sistemática de Stith Thompson), é elemento de um conto muito conhecido, *The Rich and the Poor Peasant*. Mt-1535 de Arne-Thompson, nº 61 dos irmãos Grimm, divulgado por Andersen, Afanasiev, Gonzenbach. O segundo tema, identificação do amante como diabo e aproveitamento do jantar oculto, deu assunto a Cervantes para o entremez *La Cueva de Salamanca* (1610 ou 1611). Leite de Vasconcelos (*Tradições Populares de Portugal*, 294, Lisboa, 1882) registrou uma *estória* de "Pedro Malasartes e o Homem de Visgo", que é o *Tar-Baby* dos folcloristas ingleses e norte-americanos, uma das mais espalhadas do mundo. O Prof. Espinosa reuniu 318 variantes e há longa bibliografia na espécie (*Os Melhores Contos Populares de Portugal*, notas, 247, Rio de Janeiro, 1944). O nome de Pedro se associa ao apóstolo São Pedro, com anedotário de habilidade imperturbável, nem sempre própria do seu estado e título. Na Itália, França, Espanha, Portugal, São Pedro aparece como simplório, bonachão, mas cheio de manhas e cálculo, vencendo infalivelmente. Rodríguez Marín registra o *Cinco Contezuelos Populares Andaluzes*, onde o divino chaveiro é um exemplo de finura velhaca e simplicidade ladina. Pedro Malasartes é a figura humana que determinou um ciclo de facécias em maior quantidade, de exemplos e com atração irresistível (Amadeu Amaral, *Pedro Malasartes, Tradições Populares*, Instituto Progresso Editorial S. A. São Paulo, 1948; Lindolfo Gomes, *Contos Populares Brasileiros*, 80-97, Ed. Melhoramentos, São Paulo, s. d.; Luís da Câmara Cascudo, *Contos Tradicionais do Brasil*, "Seis Aventuras de Pedro Malazarte", 174-179 13ª ed., São Paulo, Global, 2004, Ramón Laval, *Cuentos de Pedro Urdermales*, Santiago de Chile, 1943 (na introdução estudo bibliográfico); ver a nota do Prof. Angel Valbuena y Prat prolongando a comédia *Pedro de Urdemalas*, de Cervantes de Saavedra, *Obras Completas*, 534, Ed. M. Aguilar, Madrid, 1946; Aurélio M. Espinosa, *Cuentos Populares Españoles*, 1º, os contos, 407-420, III, bibliografia, notas, 130-140, Madrid, 1946, 1947). Aluísio de Almeida, *O Vigarista Malazarte* (contos e notas), sep. "Investigações", nº 28, S. Paulo, 1941.

MAL-ASSADA. Torta de ovos batidos e fritos; carne mal-assada; é uma forma culinária análoga ao churrasco, mas de frigideira. Na Bahia, segundo Sodré Viana, mal-assada de ferrugem é carne temperada com sal e frita em frigideira de ferro em que juntem vinagre, cebola, pimenta, tomate e salsa ralada; o caldo resultante fica cor de ferrugem; para comer com arroz e farófia molhada (A. J. de Sampaio, *A Alimentação Sertaneja e do Interior da Amazônia*, 274, São Paulo, 1944).

MAL-ASSOMBRADA. Casa em que aparecem fantasmas ou há rumores misteriosos e apavorantes. O ruído das correntes arrastadas, gemidos, passos repetidos, fogachos, luzes repentinas, portas e janelas bruscamente abertas ou fechadas sem explicação, pedras caindo no telhado, sem que alguém as atire, móveis deslocados, barulhos de vidros partidos ou armários derrubados e que continuam imóveis e perfeitos, são as características mais vulgares. Explicam como sendo os espíritos, almas errantes, que pedem orações, desejam entregar tesouros enterrados ou suplicam uma sepultura digna e regular. Plínio, o Moço (VII, carta XXVII), narra diversos episódios, alguns ainda populares na Europa e América. Não há cidade, povoação, vila ou aldeia sem certas casas mal-assombradas, recantos sombrios, encruzilhadas, ruas, vielas, pontos favoritos de pavores.

MALEFÍCIO. Malefiço. Sortilégio. Encantamento. Estado mórbido. Fazer malefício: causar mal, enfeitiçar, prejudicar, deflorar, estuprar. "Fêis malefiço à menina." "Diz qu'ele tem malefiço. Só benzeno trêiz vêiz, na hora das ave-maria." Tratadistas de outrora mimoseavam o malefício com capítulos sisudos... "Capítulo X. Dos Malefícios. Porque estes achaques são diabólicos, e parece ser uma disposição contra a Lei Divina, e caridade humana, subtraindo o natural amor, que é perpétuo entre o marido e a mulher, desde o dia do vínculo do matrimônio até ao último dia da vida, por isso, os antigos e modernos Doutores sobre isto escreveram cuidadosamente, donde os antigos disseram que o malefício só se pode fazer em o homem, e faz esta diabólica disposição, que o homem não pode ter cópula com sua mulher, o que é muito indecente, e vergonhoso, para que os antigos escreveram muitos remédios... Também a artemísia dependurada em a entrada da porta, conforme a opinião de alguns antigos, faz que o malefício ou encantamento não tenha vigor para fazer mal aos homens daquela casa aonde estiver suspensa... Disseram, também, que se algum que estiver com malefício, o que obrigue a amar a alguém, ou que alguém o ame a ele, lhe tomem o seu esterco da pessoa a quem ama, e lhe ponham em o sapato direito do amante, e o queimem, e o que primeiro sentir o fedor, dissolverá o malefício; o que alguns afirmam terem experimentado o sobredito, e ser verdadeiro." (J. Ferreira de Moura, *Sintagma Cirúrgico*, págs. 541-542; 1713, Fernando São Paulo, *Linguagem Médica Popular no Brasil*, II, 83-84).

MALEMBE. Cânticos rogatórios nos candomblés de origem banto. "Nas situações difíceis, particulares ou coletivas, os negros bantos se valem dos malembes, cânticos de misericórdia que se destinam a abrandar o coração dos orixás: – Eu venho de longe, / cheguei agora, / pedindo *malembe* a Nossa Senhora." (Édison Carneiro, *Negros Bantos*, 11).

MALINA. Síndrome febril, ordinariamente forte, por vezes grave, mortal. Seu agente nem sempre é o mesmo. Bacteriemias do grupo colitífico. Paludismo, mormente quando a forma clínica é função do *Plasmodium falciparum*. Obscuras infecções, dietas intestinais. As chamadas febres climáticas. Intoxicações alimentares. Tudo que é capaz de criar a síndrome tífica, o tifismo. Pode ser "maligna". "Menino, não coma fruta apanhada com o sol quente, que faz malina!" "Foi chupá melancia, suado, e o feverão malinado tá tinindo!" "Malina" é expressão disseminada no grande país.

"Não podem falar de mim, com essas caras espichadas e amarelas de achacados de maligna" (A. Rangel, *Quando o Brasil Amanhecia*, 315). "Um dia o Sr. Capitão Alvim, que é pessoa esclarecida, perguntou-nos que é uma febre palustre de forma pseudocontínua grave: Fico sabendo que da mesma moléstia perdi tais e tais doentes, que foram tratados com sangrias, sanguessugas, etc., dizendo-nos o médico que eram casos de maligna." (J. Lourenço de Magalhães, *Das Febres Palustres e Particularmente da Febre Pseudocontínua em Sergipe*, pág. 19, 1873). Pedro Pinto faz um reparo: "Em Portugal, na linguagem do povo, maligna, ou malina, também é nome de sezonismo, que pode ser de mau caráter ou não. Certas doenças infectuosas, como bexigas ou varíola, sarampo ou sarampão, ora surgem com caráter benigno e vão a fio de cura, quase espontaneamente, ora aparecem com um cortejo sintomático assustador, mostrando, logo de início, a gravidade do caso. De outras feitas, manifesta-se benigna a infecção e depois muda, levando, muita vez, o doente à morte. Diz o povo, então, que a doença malignou, forma que se vê em Camilo: 'Logo que saímos da barra nos começou uma epidemia de sarampo, de que um só malignou e morreu.'" (*Narcóticos*, pág. 103, vol. 2º). A ideia de que nem toda "malina" é obra do hematozoário de Laveran, não é de hoje. "Ano de mil setecentos e vinte e quatro correndo este ano com as misérias dos antecedentes por praguejarem os milhos quase todos os anos e serem atuais as doenças de malignas e maleitas em todos estes distritos e os que delas escapavam com vida ficaram opilados alguns e outros hidrópicos e todos em geral com pernas e barrigas inchadas e as cores de defuntos." (J. Barbosa de Sá, *Relação das Povoações de Cuyabá e Matogrosso de seos Princípios thé os Prezentes Tempos*, 1775, Anais da Biblioteca Nacional, vol. XXIII). "As moléstias mais comuns por essas paragens são as sezões ou febres intermitentes, as malinas ou febres malignas, que são sempre acompanhadas da corrupção, a que no continente da América Meridional os espanhóis denominam 'el bicho'. A corrupção é o - maculo - moléstia oriunda da Costa da África, que ataca os negros e principalmente os da Angola e Moçambique; e que reina também na Dinamarca" (J. Ferreira Moutinho, *Notícia Sobre a Província de Mato Grosso*, pág. 167, 1869). E é para tornar frisante, aqui, que os nossos sertanejos nos falam de "sezão malinada". "Malina", termo tão constante nos lábios do povo, surge para logo que é corrupção da palavra "maligna". Não o é. Porque ambas as vozes foram utilizadas, há muito, em Portugal e no Brasil, com o predomínio, é real, da expressão "maligna". Tudo o que temos dito, se entenda nas febres epidêmicas, pestilenciais, e malinas podres, nas febres ardentes, intermitentes, acrescentes, e acessionais, em que há podridão do sangue e dos humores biliosos de primeiras e segundas vias. (J. M. Sachetti Barbosa, *Considerações Médicas*, pág. 364, 1758). "Na freguesia de Requião, no Arcebispado de Braga, houve, há pouco mais de vinte anos, uma horrível epidemia de bexigas petequiais e malinas, que teve princípio no mês de agosto, e durou até novembro, produzida, sem a menor hesitação, pelo gás carbônico, desenvolvido de um cadáver desenterrado." (J. C. P., *Ensaio Sobre os Perigos das Sepulturas Dentro das Cidades, e nos seus Contornos*, pág. 87, 1812). "... o xarope de azedo da cidra é muito cordial contra as febres malinas." (Antônio da Cruz, *Recopilaçam de Cirurgia*, pág. 272, 1661). "A causa próxima das febres malignas são os humores podres, alterados com alguma qualidade oculta venenosa" (Curvo Semedo, *Polyanthéa Medicinal*, pág. 562, 1727). "Todavia os autores que tratam da febre maligna ensinam que nela se deve purgar no princípio, sem preceder cozimento nos humores" (Fr. Manoel Azevedo, *Correçam de Abusos*, I, pág. 61. 1690). "Quais são as enfermidades confundidas com as febres primitivas, e essenciais, dando-se-lhes umas vezes o nome de malignas, outras de lentas, nervosas, julgando-se muitas vezes que os doentes estão salvos, quando neste ato têm morrido" (J. M. Bomtempo, *Trabalhos Médicos*, pág. 20, 1825). "Também os galênicos dizem que a 'Casta da Medicina' necessita de uma grande cura com sangrias, e purgas, porque padece uma 'terrível maligna'" (Severino de S. Modesto, *Conversação Familiar, e Exame Crítico*, pág. 293, 1750). "... porque os purgantes diminuem a matéria de que procede a febre, e precipita o humor, quando se vai fermentando; não só nas quartãs, terçãs obra, mas nas febres contínuas, há ainda nas malignas, em que muitas vezes a água de Inglaterra faz maravilhas por causa da Quinapina de que é composta" (D. Caetano S. Antônio, *Pharmacopéa Lusitana*, pág. 58, 1754). "Daqui se infere dizerem bem, os que dizem, que as picadas de peixe são venenosas; não porque elas em si o sejam; mas porque causam com suas picadas e feridas a morte a muitos; e se o morrer ainda muitas vezes por justos termos e desamparam da natureza, julgamos ainda mais, dizendo que morreu de uma maligna razão terá quem disser, que uma morte tão apressada, por conta de uma picada só com efeitos de veneno se poderá desculpar" (Manuel da Silva Leitão, *Arte com Vida, ou Vida com Arte*, pág. 151, 1738). "Nas malignas que não forem ardentes, como são ordinariamente a maior parte delas, prevalecendo mais os perniciosos efeitos do seu veneno, que as escandescências do seu calor, dar-se-ão os bezoárticos mais rigorosos" (F. Fonseca Henriques, *Socorro Délfico*. pág. 792, 1731. "Febre maligna, Fièvre maligne, Febris perniciosa br. Fever malicious"). Bartolomeu Álvares, *Coleção de Palavras Familiares*, pág. 40, 1764; Fernando São Paulo, *Linguagem Médica Popular no Brasil*, II, 86-90.

MALINKES. Ver *Mandinga*.

MALOCA. Ver *Maloqueiro*.

MALOQUEIRO. Rapaz vadio, desprotegido, faminto, jogador e gatuno, vivendo sob as pontes do Aracaju, em Sergipe, aos grupos, vigiados pela polícia e detestados pelos pequenos comerciantes, vítimas diárias. "Durante a noite, porém, sob essas pontes, há crianças e rapazes dormindo estirados, calmamente, sobre os largos tirantes que sustentam a sua estrutura, enquanto, poucos palmos abaixo, rugem as águas escuras do rio Sergipe em procura do mar... Pela manhã estiveram no Mercado Modelo, no Mercado do Aribé, na Estação da Estrada de Ferro, fazendo, aqui e ali, pequenos serviços, ou, então, furtando frutas e carteiras. Estiveram no cais e comeram a comida dos marinheiros... Esses são os Capitães da Areia da Cidade de Aracaju. Mas têm denominação especial: são os *índios*, os *maloqueiros*. Os ferreiros os temem, porque, via de regra, as suas mãos ligeiras e seus golpes são certeiros. Vivem maltrapilhos, famintos, doentes e viciados. Fumam maconha... Não há jogo que os índios não conheçam. E jogam tudo a dinheiro... Nunca jogam entre si, mas com estranhos. Jogam para ganhar, como profissionais. E quase sempre, se preciso, apelam para os truques, para as falcatruas, para as ladroeiras. Se há briga, se um parceiro, lesado, quer bater no índio, então, amigo, basta um assobio longo e estridente. E como por encanto, surgem, de todos os lados, dezenas de índios e de maloqueiros para auxiliar o companheiro naquele transe perigoso. Mas quando chega a polícia, violenta e retardada, apenas encontra no chão um desconhecido cheio de equimoses." (Mario Cabral, *Roteiro de Aracaju*, 120-121, Aracaju, 1948). A vida do maloqueiro, errante, boêmia, irresponsável, à margem da ordem e da proteção legal, tem sido assunto literário tal-qualmente seus irmãos, os outros maloqueiros de todas as cidades do mundo, com ou sem pontes. Maloqueiro provirá de *maloca*, a casa de guerra em nheengatu, ou simplesmente a casa, decorrentemente, o grupo humano que dela participa, ligado pelos vínculos do solidarismo tribal. Corresponde ao "Capitão de Areia" na cidade do Salvador, na Bahia. Ver *Capitães de Areia*.

MALUNGO. Companheiro, camarada; da mesma condição. Irmão de criação, colaço (S. Paulo). Etim.: os negros chamavam malungos aos companheiros de bordo ou viagem, generalizando-se, depois, no Brasil o epíteto; provém do locativo conguês *m'alungu*, contr. de *mualungu*, no barco, no navio (Jacques Raimundo, *O Elemento Afro-Negro na Língua Portuguesa*, 139, Rio de Janeiro, 1933). Provirá igualmente de *mu'alunga*, forma contrata de *mu kalunga*, no mar, segundo José L. Quintão, *Gramática Kimbundo*, 56, Lisboa, 1934. Escreve sobre malungo Pereira da Costa (*Vocabulário Pernambucano*, 440-441): "Parceiro, companheiro, igual, camarada, parente; da mesma laia, espécie ou condição". *Meu malungo*, chamavam os escravos africanos aos que tinham vindo para o Brasil na mesma embarcação, escreve Morais. "Com a capa da Constituição, saem a desculpar-se e denunciar os seus malungos" (*O Cruzeiro*, nº 154, de 1829). "Ele e seus malungos irão breve de cambalhotas" (*A Carranca*, nº 75, de 1846). "A sua vida pública e particular serve de severa repreensão e doloroso martírio a esse tratante borrador d'O Camarão, e a todos os seus malungos" (*Sentinela da Liberdade*, nº 22, de 1848). Vocábulo de origem africana, depois da extinção do tráfico, foi perdendo a sua origem e antiga razão de ser e, por assim dizer, por completo, com o desaparecimento dos africanos, escravos ou não, uma vez que os seus descendentes, os *crioulos*, nascidos entre nós, o foram também esquecendo; entretanto, ficou na linguagem vulgar, e é corrente mesmo como expressão depreciativa, em todas as suas acepções originárias, como vimos. *Marungo* era a voz originária do vocábulo, como exemplificadamente se vê destes versos tirados à africana: "Nosso vai pra zi Cabanga, / Fazê nossa zi foçan; / Azéda, azéda marungo, / Dêxa passá zi caxan" (*O Barco dos Traficantes*, nº 8, de 1858). "Vamo tudo em Beberibe, / Cumprimentá nosso dunga, / Croá hoje Rei de Congo, / Nosso Rei, nosso marunga" (*América Ilustrada*, de 10 de janeiro de 1857). Estudando Macedo Soares a etimologia do vocábulo, interroga se vem de *mah'ungo*, vizinho, escrevendo: "Os *mah'ungos* são vizinhos dos abundos e dos congueses, e com cuja língua tem a deles tanta afinidade que diz Cannecatim: 'Estando eu entre as terras dos mah'ungos, fazendo missão, observei que os meus intérpretes falavam na língua bunda, e eles na mah'unga ou conguesa, e mutuamente se entendiam, referindo-me tudo quanto se dizia e eu desejava saber'".

MALVA. Ver *Maconha*.

MALVADEZA. O dia da malvadeza é tradicional no Estado de São Paulo, na região triangulada pelas cidades de Jundiaí, Campinas e Indaiatuba. Luís Martins: "O que achei de estranho e absolutamente novo foi o Dia da Malvadeza. Na Quinta-Feira Santa, quando vai começando a anoitecer, os administradores das fazendas percorrem inquietos todos os estábulos, currais, pastos, depósitos, granjas, tulhas, casas de máquinas, galinheiros e cevas. Sentinelas são colocadas nas porteiras, reforçadas com cadeados. Até muito tarde se passa num estado de sobreaviso, atento ao menor ruído suspeito da cavalgada ou latido longínquo de cão. E mesmo já na cama, os responsáveis pela fazenda não se entregam ao mesmo sono tranquilo e pesado das outras noites serenas. É que a Quinta-Feira Santa é o dia consagrado à Malvadeza. Nessa noite, bandos de foliões que ficaram até tarde contando "causo" à luz do luar magnífico e bebericando pinga sem cessar gozam do estranho direito, consagrado pelo uso e pela tradição, de poder impunemente praticar toda sorte de estropelias e brincadeiras de mau gosto que lhes passem pela cabeça. E vão correndo as fazendas, os sítios, as colônias, numa fúria de devastação que só não se realiza se há gente suspeitosa acordada que lhes atrapalhe os desígnios, revelando a vigília com um tiro de alerta, dado para o alto, a fim de lhes mostrar que há pessoas de guarda. Os praticantes das malvadezas são os próprios colonos das outras fazendas, conhecidos e amigos das vítimas. Mesmo que essas cheguem a saber da autoria das devastações, não se zangam, porque os outros estão apenas no uso de um divertimento que eles próprios muitas vezes reprovam, mas que não chega a constituir uma coisa condenável... É verdade que as pessoas mais sérias e trabalhadoras não se entregam a esses gracejos, e falam com certo desprezo dos outros, vadios e boêmios pouco merecedores de consideração. Mas às vezes há até fazendeiros no meio dos grupos devastadores. Que fazem eles? Tudo que lhes passa pela cabeça esquentada de álcool, tudo que dê maçada e mesmo prejuízo aos outros. Abrem porteiras soltando o gado, assustando os animais, arrastam carroças para longe, amarram latas velhas nos rabos dos burros que se tornam endiabrados, roubam frutas, quebram instrumentos, inutilizam serviços feitos. Seja dito, a bem da verdade, que raríssimas vezes estragam as plantações, num respeito instintivo pelas dificuldades comuns a todos que vivem das dádivas da terra. No dia seguinte, é uma balbúrdia na fazenda ou no sítio. Vai-se tirar leite da vaca; que é da vaca? Vai-se selar o cavalo para sair; onde foi parar o cavalo? As porteiras estão todas abertas, o gado está longe, espalhado pelas plantações, os animais foram espantados com barulhos insólitos para fazendas muito distantes, tudo está difícil e complicado. Têm que sair empregados a pé, procurando tudo por toda parte, perdendo o dia inteiro em reparar os prejuízos da "malvadeza"(*Cultura Política*, 12, 221-222). Essa liberdade durante a quaresma ocorre noutros países e noutras modalidades entre nós. A liberdade durante o entrudo, a tradição que julgo desaparecida de fazer o maior barulho possível com todos os objetos de copa e cozinha, quando se despediam as famílias que haviam assistido ao carnaval na residência de amigos (Henry Koster, *Viagens ao Nordeste do Brasil*, 417), a serração da velha, tão popular e horrível, os *testamentos* dos Judas, onde os nomes de autoridades e de ricos proprietários locais eram zombados cruelmente, ainda refletem os velhos costumes portugueses de *chorar o entrudo*, satirizando pelas ruas os mais poderosos homens da vila ou cidade, ou *cacada* ou *caqueirada*, que era o jogar-se para dentro das casas trastes velhos, panelas, cestos acesos, potes de barro, cacos, latas velhas, aos gritos e apupos. Lembram a liberdade durante as saturnálias romanas, lupercais, hilárias, etc. São sempre festas ou atos nas proximidades ou no ciclo dos equinócios de verão ou inverno, invertidas as estações para a América austral. Frazer e Manhardt documentaram que essas cerimônias são vestígios de cultos agrários, propiciando o fim do frio, que mata as searas, ou a vinha do calor fecundante, expulsão dos demônios inimigos da colheita, final da época da alimentação restrita, etc. Todos os elementos contrários são personalizados numa figura que sucumbe (dando o nosso Judas no Sábado da Aleluia) queimada, rasgada, atirada ao rio, depois de um julgamento inflexível. Na Quinta-Feira Santa ou Quinta-Feira Maior, véspera da morte da divindade, haverá essa liberdade absoluta de ação, índice da expansão dos sofrimentos, da amargura contra o desconhecido, o *fatum*, a lei obscura e fatal. Na Costa dos Escravos, Lagos, Daomé, etc., quando o rei morre, durante os dois primeiros dias ou no espaço de uma noite ou de um dia, os bandos depredam tudo, queimam, matam, trucidam, gritando e chorando a morte do soberano até que seja aclamado o substituto e com ele a ordem. O Dia da Malvadeza será, evidentemente, uma convergência desses elementos, com o mistério de uma fixação geográfica em São Paulo, no município de Jundiaí, não ocorrendo semelhanças noutro qualquer ponto do Brasil. Afonso Duarte (*O Ciclo do Natal na Literatura Oral Portuguesa*, 26, Barcelos, segunda edição, 1937) informa hábito semelhante em Portugal, origem indiscutida da tradição paulista: "Nesta noite sagrada toda a vigilância é pouca, para que não levem para o fogo do adro tudo o que possa arder: peças de mobília, os balcões das casas, os terrados dos lavradores e tapumes e silvados dos pátios e quintais. Uma vez que o roubo entrou no adro, o proprietário perde-lhe todos os direitos". "Há tradicional furto de galinhas e perus na madrugada do Sábado de Aleluia e noutras partes, ao amanhecer o Domingo de Ressurreição" (Hélio Galvão, "Tradições Populares da Semana Santa", *Tradição*, nº 53, Recife, janeiro de 1946).

Comuníssima a tradição, pois. Na Bolívia, como uma repercussão do costume que se espalha pela América, há a kjespiche. "En Viernes Santo, los dueños tienen que cuidar sus propiedades y sembrados, porque, como está muerto el Señor y no puede ver si saber nada, los rateros hacen su recorrido, estudiando donde pudieran maniobrar con mayor provecho. A la costumbre de robar en este dia, en son de juego o travesura, se llama *kjespiche*" (Víctor Varas Reyes, *Huiñaypacha*, "Aspectos Folklóricos de Bolívia", 179, ed. América, Cochabamba, 1947). Ver *Dia do Furto Tradicional*.

MAMALUCA. Mamaluca era a filha do branco com mulher indígena. Teodoro Sampaio (*O Tupi na Geografia Nacional*, 258) diz provir de *maimã-ruca*, o que procede da mistura, o mestiço, preferindo, visivelmente esta à grafia usual de mameluco. Ver *Mameluco*. Em Belém do Pará dizia-se das mulheres mestiças sem apuramento de origens étnicas e que ostentavam a indumentária que a mulata da Bahia popularizou e consagrou. Ainda nos primeiros anos do séc. XIX deslumbravam o Conde dos Arcos, Governador e Capitão-General do Grão-Pará e Rio Negro, Dom Marcos de Noronha e Brito, que mandou o pintor Antônio Leonardo, vindo de Lisboa, fixar em vários quadros as Mamalucas mais vistosas pelo seu traje sugestivo, enviando para a Corte essas provas da elegância e faceirice femininas. O historiador Antônio Ladislau Monteiro Baena, *Compêndio das Eras*, 408-409, coevo, descreve as figuras resplandecentes das *mamalucas* paraenses: "As ditas mulheres usão uma sáia de delgada caça, ou de seda nos dias de maior luxo, e de uma camisa cujo toral he de pano que mais sombrea do que cobre os dous semiglobos que no seio balançando se divisão entre as finas rendas que contorneão a góla. Estas roupas são quasi una clara nuvem que ondeando inculcam os moldes do corpo (tão fecundo quanto a Terra paraense). Botões de ouro ajustão o punho das mangas da camisa: pendem-lhe o collo sobre o peito cordoens, collares, rozarios e bentinhos do mesmo metal: a madeixa he embebida em baunilha e outras, plantas odóras entretecidas nos dentes de um grande pente de tartaruga em forma de telha com a parte convexa toda coberta de uma lamina de ouro lavrada, sob cuja circunferencia oscilão mêias luas, figas e outros diches de igual preciosidade á da lamina: e na testa, pela raiz do cabello, circula um festão de jasmins, malmequeres encarnados e rosas mogarins. Neste guápo alinho, e descalças realção estas mulheres seus atrativos naturaes, e conquistão vontades entranhando n'alma meiga illusão, que o repouso lhe quebra". Não usavam o torso, turbante, e sim a grinalda de flores, de provocante efeito.

MAMELUCO. Mameluco, filho de branco com mulher indígena: "qui natus est ex patre europeo et matre brasiliana nominatur Mameluco", registrou Marcgrave. Couto de Magalhães elogiou-a: "O cruzamento do branco com o índio produziu uma raça mestiça, excelente pela sua energia, coragem, sobriedade, espírito de iniciativa, constância e resignação em sofrer trabalhos e privações; é o *mameluco*, tão justamente célebre na história colonial de S. Vicente. Infelizmente estas boas qualidades morais são compensadas por um defeito quase constante: o da imprevidência ou indiferença pelo futuro. O *mameluco*, como o índio seu progenitor, não capitaliza, nada poupa. Para ele o mês seguinte é como se não existisse." (*O Selvagem*, 116-117). Teodoro Sampaio provou que a velha grafia dos sécs. XVI e XVII era mamaluco, contração de *mamairuúca*, o misturado, o que se retira da mistura, sem ligação com o mameluco oriental do sultão El Malek-Saleh, do Egito, dando-se apenas a confusão pela semelhança fortuita.

MAMORANA. "Uma planta que nasce em touceira, à beira d'água. Tocadas pelo vento, suas folhas fazem, umas de encontro às outras, um ruído peculiar. O povo diz: "É a voz da mãe da mamorana." (Peregrino Júnior, *História da Amazônia*, 284). É uma bombácea *Bombax aquatica*, Aubl., da margem de igarapés de águas escuras e de várzeas pantanosas, segundo Alfredo da Mata (*Vocabulário Amazonense*, 191). "A mamorana, cujas touceiras cresciam à beira d'água, tocada pelo vento, fazia o seu típico rumor. Conceição achou que aquilo era agouro. - Vôote! É a voz da mãe da mamorana... E benzeu-se" (Peregrino Júnior, *Histórias da Amazônia*, 217).

MAMULENGO. Espécie de divertimento popular em Pernambuco, que consiste em representações dramáticas, por meio de bonecos, em um pequeno palco alguma coisa elevado. Por detrás de uma empanada, escondem-se uma ou duas pessoas adestradas, e fazem que os bonecos se exibam com movimento e fala. A esses dramas servem ao mesmo tempo de assunto cenas bíblicas e de atualidade. Tem lugar por ocasião das festividades de igreja, principalmente nos arrabaldes. O povo aplaude e se deleita com essa distração, recompensando seus autores com pequenas dádivas pecuniárias. Os mamulengos entre nós são mais ou menos o que os franceses chamam *marionette* ou *polichinelle* (Beaurepaire Rohan, *Dicionário de Vocábulos Brasileiros*, Rio de Janeiro, 1889). *Puppet-shows* como o chamou Henry Koster, *João Redondo* (Rio Grande do Norte), *João Minhoca*, no Rio de Janeiro (João do Rio, *Vida Vertiginosa*, 285), nome de herói popular, como era Don Cristóbal em Espanha, Hans Wurts na Alemanha, Punch na Inglaterra, Jean Klassen na Áustria, Hans Pikelharing na Holanda, Karagauz na Turquia, Pupazzi, Guignol, foram aplaudidos em toda a Europa desde a Idade Média. Tiveram e têm teatrinhos em Paris e Londres, exclusivos. Egípcios tiveram seus mamulengos. Os gregos denominavam-nos *neuro-spata*; *simulacra*, *imagungulae* em Roma, *barattini* italianos. Difícil apurar o povo que não o possuiu ou o possui. Luís Edmundo (*No Tempo dos Vice-Reis*, 447, *Revista do Instituto Histórico e Geográfico Brasileiro*, vol. 163, tomo (109) documenta a popularidade dos títeres na capital brasileira no séc. XVIII. O mamulengo é verdadeiramente o *guignol*, o *pupazzi* italiano. As figurinhas são animadas pela mão do encenador, fazendo o dedo indicador movimentar a cabeça, o médio e o polegar aos braços. Fantoche. Ricardo, em Portugal. Ver *Babau*.

MANACAPURU. Cidade, sede de município no Amazonas, à margem esquerda do rio Solimões, 80 milhas de Manaus. Tem a mesma função tradicional de *marapatá*, guardar a consciência de quem sobe o Solimões, decidido a "fazer fortuna". O naturalista Henry Walter Bates, em maio de 1850, escrevia: "Dizem viajantes e exploradores sem escrúpulos, que subindo o Solimões, deixa a gente a vergonha em Manacapuru, para só readquirir na volta." (*O Naturalista no Rio Amazonas*, 2º, 151, Brasiliana, 237-A, S. Paulo, 1944).

MANA-CHICA. É uma quadrilha, dança figurada, de Campos, Estado do Rio de Janeiro. Os pares começam girando em *balancê*. Depois fazem *chemin des dames*, findo o qual, de novo se reúnem e dão várias voltas. A seguir, a grande *chaine* com sapateado. Novo *chemin des dames*, enquanto os cavalheiros, frente a frente, sapateiam. Afinal, os pares se reúnem. A Mana-Chica não é apenas uma dança, mas um tipo de dança, de que fazem parte, sob a denominação de *fado* (?), as seguintes: Marreca, Andorinha, Mineira, Magatô, Baradabás, Feijão-Miúdo, Quindim; Balão-Faceiro, Gambá ou Extravagância. Há ainda uma Mana-Joana, quase igual à Mana-Chica, com a diferença que os cavalheiros dançam com chapéu na cabeça, descobrindo-se diante das damas no curso popular das figuras. A Extravagância é talvez a dança mais popular entre os pretos da zona campista (Renato Almeida, 188, *História da Música Brasileira*). Ver *Baradabás*.

MANA-JOANA. Dança popular de Campos, Estado do Rio de Janeiro; é uma espécie de quadrilha francesa, simplificada. Ver *Mana-Chica*.

MANAUÊ. Ver *Manuê*.

MANDADO. Ver *Fandango*.

MANDICHORÃO. Ver *Anujá*.

MANDINGA. Feitiço, despacho, mau-olhado, ebó. Os negros mandingas eram tidos como feiticeiros incorrigíveis. Os mandingas ou malinkes, dos vales do Senegal e do Níger, foram guerreiros conquistadores, tornados muçulmanos. "Este povo, a que os negros chamavam mandinga, os espanhóis mandimença e masmol, maniinga (do radical *mani* ou *mali*, o hipopótamo, visto que eram povos totêmicos, e a terminação *nke*, povo), tinha uma índole guerreira e cruel. Não obstante a influência maometana, eram considerados grandes mágicos e feiticeiros, e daí o termo mandinga, no sentido de mágica, coisa-feita, despacho, que os negros divulgaram no Brasil" (Artur Ramos, *Culturas Negras no Novo Mundo*, 334). Henry Koster, em 1814, na ilha de Itamaracá, descreve o horror de um negro encontrando uma mandinga à sua porta: "... he said that it was mandinga, which had been set for the purpose of killing him" (*Travels in Brazil*, II, 94).

MANDIOCA. Entre os indígenas parecis do Mato Grosso conta-se a lenda da origem da mandioca. Zatiamare e sua mulher, Kôkôtêrô, tiveram um casal de filhos: um menino, Zôkôôiê e uma menina, Atiôlô. O pai amava o filho e desprezava a filha. Se ela o chamava, ele lhe respondia por meio de assobios; nunca lhe dirigia a palavra. Desgostosa, Atiôlô pediu a sua mãe que a enterrasse viva, visto como assim seria útil aos seus. Depois de longa resistência ao estranho desejo, Kôkôtêrô acabou cedendo aos rogos da filha, e a enterrou no meio do cerrado. Porém ali não pôde ela resistir por causa do calor, e rogou que a levasse para o campo, onde também não se sentiu bem. Mais uma vez suplicou a Kôkôtêrô que a mudasse para outra cova, esta última aberta na mata; aí sentiu-se à vontade. Pediu, então, à sua mãe que se retirasse, recomendando-lhe que não volvesse os olhos quando ela gritasse. Depois de muito tempo gritou. Kôkôtêrô voltou-se rapidamente. Viu, no lugar em que enterrara a filha, um arbusto mui alto, que logo se tornou rasteiro assim que se aproximou. Tratou da sepultura. Limpou o solo. A plantinha foi-se mostrando cada vez mais viçosa. Mais tarde, Kôkôtêrô arrancou do solo a raiz da planta: era a mandioca (Clemente Brandenburger, *Lendas dos Nossos Índios*, 34-35). Numa lenda dos bacairis, o veado salvou o peixe bagadu (*Practocephalus*) e este presenteou-o com mudas da mandioca que possuía no fundo do rio. O veado plantou e comia sozinho com a família. Keri, o herói dos bacairis, conseguiu tomar a mandioca e dividiu-a entre as mulheres indígenas (Karl von den Steinem, *Entre os Aborígines do Brasil Central*, 487-488) A cultura da mandioca fixou o indígena nas áreas geográficas de sua produção e possibilitou a colonização do Brasil pela adaptação do estrangeiro a essa alimentação. As lendas mostram a etiologia sagrada, nascida de corpo humano em sacrifício consciente. Ver *Farinha*, *Mani*.

MANDIOCA-DOCE. Ver *Aipim*.

MANDRACA. Beberagem de feitiçaria amorosa. "Nhá Tereza recuou pela sombra de um monjoleiro até a cozinha, foi buscar a garrafa da mandraca; dois martelos de aguardente da cabeça, com cheiro de flor de laranja, a aguardente melhor e mais trepadeira que se conhece, onde tinha posto raspas de vinte unhas e um fio de cada cabelo, com uma agulinha meio azulega que o negro da Costa lhe dera." (Valdomiro Silveira, *Mixuangos*, 67-68). "... vocábulo usadiço e imemorial no Planalto, com os seguintes significados: feitiço, magia, cartomancia, arte com que se consegue coisa difícil, se não impossível" (Augusto Meyer, *Guia do Folclore Gaúcho*, 108, Rio de Janeiro, 1951).

MANÉ. Ver *Mané-Gostoso*.

MANÉ-BESTA. Ver *Mané-Gostoso*.

MANÉ-BESTALHÃO. Ver *Mané-Gostoso*.

MANÉ-COCO. Ver *Mané-Gostoso*.

MANÉ-GOSTOSO. Boneco de engonço, com movimentos nas pernas e braços puxados por cordões. Brinquedo infantil. Antigo personagem do bumba meu boi. Homem tolo, imbecil, palerma, aparvalhado, sem vontade. É um mané-gostoso!... O mesmo que mané-coco, mané-besta, mané de sousa, pai-mané. Beaurepaire Rohan (*Vocabulário da Língua Brasileira*, Rio de Janeiro, 1889), fixando *mané*, diz ser apócope de *manêma*, significando no tupi-guarani mofino, frouxo, pusilânime. Ocorre, naturalmente, a apócope do português "Manuel", dito popularmente Mané, mané-tolo, mané-bestalhão, manezinho, etc. Beaurepaire Rohan informa que *manembro* é idêntico ao *mané* no vale do Amazonas.

MANÉ DE SOUSA[1]**.** Ver *Mané-Gostoso*.

MANÉ-TOLO. Ver *Mané-Gostoso*.

MANEIRO-PAU. Ver *Mineiro-Pau*.

MANEZINHO. Ver *Mané-Gostoso*.

MANGONGUÊ. Tambor cilíndrico, coberto com uma pele esticada apenas numa extremidade. Percutido com os dedos unidos de ambas as mãos, alternadamente. Era usadíssimo nos sambas de negros de engenho, no tempo da escravatura no vale açucareiro do Ceará-Mirim, Rio Grande do Norte. Mede aproximadamente um metro, no mínimo. Fica entre as pernas do tocador que, arrebatado na inspiração contagiante do ritmo, dá pulos e balançados, sem deixar o batuque frenético no mangonguê. Também o dizem magonguê. Reaparece às vezes nos bambelôs das praias, empolgando os dançarinos.

---

[1] No texto original: "Mané-de-Sousa" (N.E.).

MANGUSTA. Comida do Ceará, da região do Cariri. Mangusta é lanche ou merenda. Numa panela de água põem-se algumas mangas (*Mangifera indica*, Lin.), colhidas *de vez*, perto de amadurecer, e cozem-nas. Esfriadas as mangas, cortadas em fatias, são passadas por uma urupema, ficando pureia de mangas. Com açúcar e leite frio à vontade, ficando a mangusta mais grossa ou mais fina, serve-se (Resumo do comunicado do Dr. Lourival Seraine, doc. 166, à Comissão Nacional de Folclore). É um prato contra o tabu alimentar do leite com manga, tido como fatal. O nome que parece provir da manga lembra um outro, popularíssimo em Portugal nos fins do outono, as castanhas assadas, acompanhadas de vinho ou água-pé, no dia de São Martinho (*come-se muita castanha e bebe-se muito vinho*). Diz-se em Portugal *Magusto*.

MANI. Menina de cujo corpo nasceu a mandioca, *Manihot utilissima* Pohl., euforbiácea, base da alimentação brasileira. Ver *Farinha*. A lenda de Mani, que Couto de Magalhães registrou em 1876, é a seguinte: "Em tempos idos, apareceu grávida a filha dum chefe selvagem, que residia nas imediações do lugar em que está hoje a cidade de Santarém. O chefe quis punir no autor da desonra de sua filha a ofensa que sofrera seu orgulho e, para saber quem ele era, empregou debalde rogos, ameaças e por fim castigos severos. Tanto diante dos rogos como diante dos castigos, a moça permaneceu inflexível, dizendo que nunca tinha tido relação com homem algum. O chefe tinha deliberado matá-la, quando lhe apareceu em sonho um homem branco, que lhe disse que não matasse a moça, porque ela efetivamente era inocente, e não tinha tido relação com homem. Passados os nove meses, ela deu à luz uma menina lindíssima e branca, causando este último fato a surpresa não só da tribo como das nações vizinhas, que vieram visitar a criança, para ver aquela nova e desconhecida raça. A criança, que teve o nome de Mani e que andava e falava precocemente, morreu ao cabo de um ano, sem ter adoecido e sem dar mostras de dor. Foi ela enterrada dentro da própria casa, descobrindo-se e regando-se diariamente a sepultura, segundo o costume do povo. Ao cabo de algum tempo, brotou da cova uma planta que, por ser inteiramente desconhecida, deixaram de arrancar. Cresceu, floresceu e deu frutos. Os pássaros que comeram os frutos se embriagaram, e este fenômeno, desconhecido dos índios, aumentou-lhes a superstição pela planta. A terra afinal fendeu-se, cavaram-na e julgaram reconhecer no fruto que encontraram o corpo de Mani. Comeram-no e assim aprenderam a usar da mandioca (134-135, *O Selvagem*). O nome mandioca proviria de *Mani-óca*, casa de Mani. É lenda da raça tupi. Ver Herbert Baldus, *Lendas dos Índios do Brasil*, S. Paulo, 1946; Alberto da Costa e

Silva, *Antologia de Lendas do Índio Brasileiro*, Rio de Janeiro, 1957.

MANIÇOBA. Prato preparado com folhas novas de mandioca (*Manihot utilissima*, Pohl.), pisadas convenientemente, espremidas, em seguida cozidas de envolta com toucinho, carne de porco, mocotó, temperos. Existem algumas modificações regionais. Perante a higiene alimentar, discordava-se do entusiasmo de R. Morais, que a julga "iguaria excelente": "Panelada de folhas de maniva, socadas ao pilão e cozinhadas com adubo de peixe ou carne. Em geral a gente da Amazônia faz hoje esse prato com mocotó, língua salgada, tripa, fiambre, cabeça de porco. Iguaria excelente, precisa ferver pelo menos 24 horas, a fim de que as folhas fiquem tenras e macias" (*O Meu Dicionário de Cousas da Amazônia*). Eis a descrição feita por um "técnico": "Colhe-se certa porção das folhas tenras do aipim; convenientemente lavadas e livres dos talos, trituram-se no pilão ou em máquinas comuns, usadas para moer milho, coco, carne, etc. Espreme-se o sumo, que é desprezado ou deitado fora. As folhas assim pisadas vão ao fogo com pouca água até ferver de modo que fiquem delidas. A carne de charque, cabeça de porco partida, mocotó moqueado de gado bovino, toucinho em quantidade suficiente, sal, alho, folha de louro e hortelã-pimenta, tudo isso quando estiver a ferver recebe as folhas pisadas do aipim, e deixa-se cozinhar bem" (Manuel Querino, *A Arte Culinária na Bahia*, 27; Fernando São Paulo, *Linguagem Médica Popular no Brasil*, 93-94).

MANILHA. Ver *Jogo de Baralho*.

MANIQUERA. "Soubemos mais que da mandioca se extrai uma aguardente de 38° a 40°, e de excelente paladar, tudo pelo efeito da fermentação da massa. A *maniquera* é feita da mandioca chamada *maniocaba*, cujo caldo, tirado da massa, é cozido com arroz até uma certa temperatura, e tomado frio como um mingau, ou antes como um refrigerante agradável" (Ignacio Baptista de Moura, *De Belém a S. João do Araguaya*, Rio de Janeiro, 1910). A viagem é de 1896.

MANJA. Folguedo de criança, às carreiras, perseguidas, até que consigam chegar ao ponto determinado, *bater a manja*, e ficarem livres (Pereira da Costa. *Vocabulário Pernambucano*, 453).

MANJERICÃO. Ver *Fandango*.

MANJERONA. *Origanum vulgaris*, *margelaine* dos franceses, *mayoran* e *meiran* alemã, origano, é uma planta aromática, cujo óleo é aplicado como antiespasmódico e tônico. Deixam a manjerona nos gavetões e armários de roupa, como a alfazema, alecrim, rosedá, manjericão, para perfumar, afastar insetos. Na bruxaria, a manjerona defende dos *ventos maus* e pragas.

MANTEIGA DE TARTARUGA. "Iurará, icaua. É a gordura extraída dos ovos crus, que para este fim, depois de colhidos, desencovando-os, são esmagados dentro de largas vasilhas e, em falta de melhor, dentro da própria canoa, e misturados com água são deixados esquentar ao sol. O calor derrete a gordura, que vem à tona d'água, e o resto vai ao fundo. A frialdade da noite coagula a gordura, que, recolhida, é guardada em potes de barro para servir oportunamente ou ser entregue ao patrão para a venda. Já, ao que se conta, foi uma grande indústria, que os primeiros colonos aprenderam dos indígenas. Hoje nos poucos lugares onde ainda se pratica, mal dá para o consumo local. A manteiga de tartaruga é uma raridade tanto no mercado do Pará como do Amazonas, e todos os dias se torna mais rara." (Stradelli, *Vocabulário Nheengatu-Português*, 495).

MANTIQUIRA. Ver *Fandango*.

MANUÊ. Ou manauê, bolo de fubá de milho, mel, etc. (A. J. de Sampaio, *opus cit.*, 281). Gilberto Freyre registra a velha receita do bolo manuê, tal-qualmente conhecemos: 1 1/2 litro de massa de mandioca fresca, leite de um coco tirado com 3 xícaras de água, uma colher de sopa de manteiga (50 gramas). Açúcar a gosto. Espreme-se a massa, juntam-se todos os ingredientes e amassa-se tudo até que se possa enrolar; o que se faz em folhas de bananeira cortadas retangularmente. Assa-se em forno quente (*Açúcar*, 89, José Olympio editor, Rio de Janeiro, 1939).

MANUEL QUERINO. Manuel Raimundo Querino nasceu na cidade de Santo Amaro, Bahia, a 28 de julho de 1851, e faleceu na capital baiana em 14 de fevereiro de 1923. Voluntário da Guerra do Paraguai, cursou desenho e arquitetura na Escola de Belas-Artes em 1882. Ensinou desenho geométrico e aposentou-se em 1916 como terceiro oficial da Secretaria da Agricultura. Dentro dessa humildade foi um dos estudiosos da raça africana na Bahia, registrando com invejável fidelidade e pureza psicológica os assuntos relativos à vida religiosa e social do afro-baiano, divertimentos, culinária, aculturação, sincretismo. Sua pequena bibliografia é indispensável, quando se trata da contribuição do negro à etnografia e folclore do Brasil. Sendo ele próprio pertencente à raça africana, ninguém com maior dedicação e ternura examinou essas pesquisas.

Costumes Africanos no Brasil. Prefácio e notas de Artur Ramos. Rio de Janeiro, 1138. É uma seleção de estudos, compreendendo trechos da *Raça Africana e seus Costumes na Bahia*, 1916; *O Colono Preto como Fator da Civilização Brasileira*, 1918; *Arte Culinária na Bahia*, 1928; *Notas do Folclore Negro*, excertos de *A Bahia de Outrora*, 1922, vultos e fatos populares.

A Bahia de Outrora: Cidade do Salvador, 1946. Reunião de crônicas sobre festas populares, tradicionais, e notas da história tradicional da Bahia.

MANUELAGEM. Linguagem das mãos, do francês, *manuelage*. Albert Marinus, *Langage et "Manuelage"*, Il Tresaur, nºs 4-6, an-IV, Nápoles, 1952. Ver *Gestos*. Os gestos das mãos pertencem à classe dos universais e milenários, sendo os mais expressivos, indispensáveis para a complementação da imagem. Diz-se que o homem do povo com as mãos amarradas fica mudo. A linguagem manual, o jogo de sombras provocado pelas mãos conjugadas, a simbologia das figuras evocadas pelos acenos, a força definitória do pensamento pela atitude das mãos, o folclore dos dedos (ver *Dedos*), as medidas determinadas pela mão (palmo, polegada, punhado, mão-cheia, mão, manípulo, chave, pitada) afirmam de sua importância decisiva. Daniel Fryklund demonstrou que as noções de "direito" e "esquerdo" "existent seulement en combinaison avec le mot main". Pelos dedos da mão o homem aprendeu a contar, defender-se, modelar, viver em sociedade. Cushing mostrou a extensão do *Manuel Concepts* e Levy-Bruhl afirmou: "Le primitif, qui ne parlait pas sans ses mains, ne pensait pas non plus sans elles". Mímica. Teatro mímico. Linguagem dos mudos. A mímica, mais antiga e universal que o idioma humano, assinala mais firmemente a personalidade: Jousse, "Le Mimisme Humain et L'Anthropologie du Langage", *Revue Anthropologique*, 7-8, Paris, 1936. A manuelagem reúne a pesquisa, sistematização e interpretação da linguagem manual.

MÃO. O povo, mantendo a tradição romana, da *dextra* e *sinistra*, empresta a esta os valores decorrentes do nome. A mão direita, destra, hábil, feliz. A sinistra, inábil, desastrada, infeliz. Os vocábulos *destreza* e *sinistro* valem como expressões completas do julgamento. A campanha pedagógica pela ambidestreza foi pessimamente compreendida pelo povo, que reagiu contra o processo de fazer alguém *canhoto*. O lado direito, a mão direita, a mão esquerda, o lado esquerdo, guardam suas significações clássicas. Ver P. Saintyves, "La Main dans la Magie, Amulettes et Talismans", *Aesculape*, XXIV, Paris, 1934; Luís da Câmara Cascudo, *Superstição no Brasil*, 145-152, 6ª ed., São Paulo, Global, 2002. *A Mão Indicando Altura*: alcancei no sertão-oeste do Rio Grande do Norte, dois gestos popularíssimos, indicando estatura de seres humanos ou irracionais. Querendo-se fixar o tamanho de um bezerro ou de um burrinho, o sertanejo estendia o braço, a mão com os dedos unidos, em vertical, informando: "O bicho é desse *porte!*" Porte era privativo para a comparação de animais. Fosse a referência a uma criatura humana, o vocábulo empregado seria *tamanho* e não *porte*. No braço na horizontal, a mão ficava em pronação, a palma para baixo: "O menino já está desse *tamanho!*" Érico Verissimo registrou esses dois gestos no México. Teriam vindo da Península Ibérica. Fossem nativos, não se divulgaram amplamente (Luís da Câmara Cascudo, *Voz de Nessus*, 73-74, João Pessoa/PB, Universidade Federal da Paraíba, 1966). Francisco de Assis Iglésias (*Caatingas e Chapadões*, 2º vol. 578, Brasiliana, 271, S. Paulo, 1956) registrou-os no Piauí, 1912-1919. Não se refere à distinção entre *tamanho* e *porte*. "Para indicar, mais ou menos, a altura de um animal, espalmam a mão em plano vertical e dizem: 'O bezerro tem esta altura'. Se se referem a um ente humano, indicam com a mão aberta em plano horizontal: 'O meu bichinho tá é desta altura mesmo'." Érico Verissimo (*México*, 262-263, Porto Alegre, 1957), menciona três gestos relativos à indicação de altura: a mão fechada com o indicador estendido, para pessoas; a mão na horizontal com os dedos juntos, para animais; a mão de palma para baixo, para coisas. Não veio de Portugal ou Espanha mas da África Ocidental, de Angola. Modificou-se no Continente Americano. Informa Heli Chatelain (*Folk-Tales of Angola*, nota 537, Boston and New York, 1894): "The height is shown by the narrator with his and. When the stature of human beings is to be shown, the hand is held perpendicular; for other things, it is held horizontal". É possível Heli Chatelain haver-se enganado, trocando o valor da posição quanto às entidades avaliadas.

MÃO E CONTRAMÃO[1]. "O problema dos engarrafamentos ficou tão sério, que a municipalidade viu-se impelida a tomar providências. Então, mediante um edital de 22 de outubro de 1847, estabelecia um sistema de direção única para essas ruas. Com o fim de orientar os condutores dos veículos, foram afixadas nas esquinas umas placas de metal, nas quais uma mão, desenhada com o indicador apontado, indicava a direção permitida. Foi essa placa, com a mão apontada, quem deu origem às expressões *Mão* e *Contramão*, que são expressões de origem puramente carioca. Realmente, desde os primeiros anos do automóvel (1900), foram as *mãos* substituídas pela *flecha*, de convenção internacional. Mas o carioca, com o seu espírito tradicionalista, *aguentou a mão*. Diga-se, de passagem, que o Rio de Janeiro figura entre as primeiras cidades do mundo que adotaram o sistema de *mão de direção*" (Dr. Cláudio Bardy, "Curiosidades do Rio", XXXVII, *Telebook*, Rio de Janeiro, 1965).

MÃO CORNUDA. Ver *Isola*.

MÃO DE CABELO[2]. Entidade fantástica, de forma humana e esguia, tendo as mãos constituídas de fa-

---

[1] No texto original: "Mão e Contra-Mão" (N.E.).
[2] No texto original: "Mão-de-Cabelo" (N.E.).

chos de cabelos. Anda envolta em roupagem branca. É o espantalho das crianças no sul da Província de Minas Gerais. Aos meninos que costumam mijar na cama é muito empregada esta frase caipira: "Óia, si neném mijá na cama, Mão de Cabelo vem ti pegá e cortá minhoquinha de neném" (Vale Cabral, in Antologia do Folclore Brasileiro, vol. 1, 314, 9ª ed., São Paulo, Global, 2004).

MÃO DE MILHO[1]. Medida brasileira que compreende cinquenta espigas de milho. Meia-mão, vinte e cinco espigas. Em Portugal diz-se "mão de laranjas", que vale quatro. Há, secularmente, a "mão de papel", cinco cadernos, 25 folhas, Gregório de Matos, em meados do séc. XVII, já citava a "mão de milho".

MÃO DE VACA[2]. Com o nome de mocotó, Sodré Viana registra uma receita típica, glória baiana: Unhas de vaca, tripas (tripas grossas são mais gordas e mais saborosas), dobradinhas (na Bahia se chamam "livro"), coalheira, bucho, um pedaço de bofe bem tratado. Machucam-se hortelã, tomate, bastante cebola, alho, pimenta-do-reino, cominho e sal. Depois de cortados em pedaços, os miúdos, lavados com limão e escaldados, são postos na panela e, sobre eles, os temperos acima, com vinagre e bem ralados. Mexe-se bem. Tampa-se a panela. Uma ou duas horas depois, põe-se água e começa-se a cozinhar em fogo brando. Três horas de fervura à noite são suficientes. Na manhã seguinte, juntam-se à panela um pedaço de charque, outro de linguiça e um bom pedaço de toucinho. Leva-se novamente ao fogo (agora forte). Quando a unha estiver esmigalhando, o mocotó está pronto. Faz-se pirão do caldo que ficou na panela: farinha posta continuamente e bem mexida, num movimento circular, até que fique da consistência de papa. À medida que esfria, o pirão endurece. Serve-se bem quente. Molho de pimenta e limão, bastante limão. Folhas de hortelã no molho (Caderno de Xangô, 61--62). Cervantes cita o prato no Don Quijote, II, LIX.

MÃO-MORTA. Ver Mão-Mole.

MÃO-MOLE. Jogo que se brinca com as crianças e no qual elas deixam ir a sua mão à vontade do agente, batendo-se-lhe com ela vez por outra no rosto e no peito, dizendo "Mão-Mole, Mão-Mole". Em Portugal, de onde o tivemos, dizem ser "Mão-Morta".

MÃO-PELADA. Animal fabuloso da fauna fantástica de Minas Gerais, espécie de lobo avermelhado, de porte de bezerro novo, tendo uma pata dianteira encolhida e pelada. Há uma página magistral de Afonso Arinos (1868-1916) sobre o Mão-Pelada em Histórias e Paisagens, 63, Rio de Janeiro, 1921. Na Argentina chamam-no Mayatoc e também Mano Pelada, Zorro de río, um plantígrado da família dos "Procyons cancrivores", espécie brasiliensis, Ihering, igualmente conhecido desde a América do Sul: Rafael Cano, Del Tiempo de Ñaupa, 176, Buenos Aires, 1930. Corresponde ao nosso guaxinim. Ver Luís da Câmara Cascudo, Canto de Muro, 66-70, 4ª ed., São Paulo, Global, 2006.

MÃOZINHA DE JUSTIÇA. Ver Mãozinha-Preta.

MÃOZINHA-PRETA. Assombração em São Paulo e que alcança a fronteira de Minas Gerais e o Estado do Rio de Janeiro. É uma pequenina mão negra, solta no ar, fazendo todos os trabalhos de casa, com uma rapidez, resistência e força miraculosas. Também, conforme ordens, castiga, bate, surra e termina a tarefa, quando lhe dizem: Chega, Mãozinha de Justiça! Como a mão é negra, não castigava nem atormentava os escravos. Daí sua popularidade entre eles (Cornélio Pires, Conversas ao Pé do Fogo, 146-148, 3ª ed., São Paulo, 1927; Folclore Nacional, Centro de Pesquisas Mário de Andrade, sep. da Revista do Arquivo Municipal, CXVII, 22, São Paulo, 1948). Mãos errantes que castigam e acariciam, ajudam o serviço caseiro, são conhecidas pela Europa e América (J. Leite de Vasconcelos, Tradições Populares de Portugal, 290-292, Porto, 1882).

MAPINGUARI. É um animal fabuloso, semelhando-se ao homem, mas todo cabeludo. Os seus grandes pelos o tornam invulnerável à bala, exceção da parte correspondente ao umbigo. Segundo a lenda, é ele um terrível inimigo do homem, a quem devora. Mas devora somente a cabeça. De um velho tuxaua, já semicivilizado, ouvi dizer que nele estava o antigo rei da região (Mário Guedes, Os Seringais, 221-222, Rio de Janeiro, 1920). J. da Silva Campos fixou a versão do rio Purus, Amazonas: "Um Mapinguari, aquele macacão enorme, peludo que nem um coatá, de pés de burro, virados para trás, trazia debaixo do braço o seu pobre companheiro de barraca, morto, estrangulado, gotejando sangue. O monstro, com as unhas que pareciam de uma onça, começou a arrancar pedaços do desgraçado e metia-os na boca, grande como uma solapa, rasgada à altura do estômago (Basílio de Magalhães, "Contos e Fábulas Populares na Bahia", in O Folclore no Brasil, 321-322). Francisco Peres de Lima descreve o Mapinguari no território do Acre: "... este animal deriva-se dos índios que alcançam uma idade avançada, transformando-se em um monstro das imensas e opulentas florestas amazônicas – ao qual dão o nome de Mapinguari. O seu tamanho é de 1,80 m aproximadamente, a sua pele é igual ao casco de jacaré, os seus pés idênticos aos de uma mão de pilão ou de um ouriço-de-castanha" (Folclore Acreano, 103, Rio de Janeiro, s. d. [1938]. Fácil é ver o processo de convergência para o Mapinguari, gigante antropófago que vai tomando as características do Gorjala, do Pé de Garrafa, a invulnerabilidade, os pés invertidos do Curupira e Matutiú, etc. O Mapinguari continua assombrando pelas matas do Pará, Amazonas e Acre. No seu aspecto primitivo é idêntico ao Khoungouraissou, que o Coronel Prjévalski ouviu descrever no Han Sou, na Mongólia, "il marchait habituellement sur les deux pieds, que son corps était orné de poils noirs épais et ses pattes munies d'énormes griffes". E com extraordinária força física, denunciada pela abundância de pelos (Mongólia et Pays des Tangoutes, 304, Paris, 1880; Luís da Câmara Cascudo, Geografia dos Mitos Brasileiros, "Ciclo dos Monstros", 3ª ed., São Paulo, Global, 2002).

MAR. Nunca encontrei nos mestres do folclore europeu alguma documentação popular sobre a tradição do mar na crendice coletiva. Todos citam os seres encantados que vivem no mar, sereias, homens brancos ou morenos, trouxas de roupa, procissões de afogados na noite de Sexta-Feira da Paixão, como Mistral viu também no "Mireio", cantos, luzes, navios iluminados e transparentes, jangadas velozes que desaparecem como fumaça, peixes estranhos, cações, baleias, polvos gigantescos. Refiro-me ao mar considerado isoladamente, o próprio elemento sem os seus habitantes e acessórios. O mar entidade substancial como Oceanus, o Velho do Mar, Haliôs Géron, casado com Tétis, vivendo no limite ocidental da terra e sem contato com os outros deuses do Olimpo grego ou do Panteon romano. O que apurei, conversando com os pescadores nas praias norte-rio-grandenses, é muito pouco (Doc. 73, da Comissão Nacional de Folclore). O mar é um ser com vontades, manias, gostos e simpatias rápidas ou de prolongação suspeita. Há regras invioláveis para quem viva sobre seu dorso. Em embarcação que se possa tocar n'água com a mão não se deve cantar depois do sol desaparecer. Não se grita senão havendo claridade. Não se insulta o mar batendo-lhe com o calcanhar, joelho ou cotovelo. O mar ama as cores azul, vermelha e branca, por isso é que elas existem em todos os navios. As coisas sinistras e confusas que boiam nas horas da treva têm sempre essas três cores, separadas ou reunidas. Quem estiver dentro das águas do mar, nadando, não diga "Jesus, Maria e José". O mar se irrita porque não foi batizado e é pagão. Tem mais pudor do que Poseidon ou Netuno. Praia em que mulher toma banho não tem peixe. O mar é sagrado. Nos momentos em que mal se ouve o rumor das vagas, o mar está cochilando. Não se pragueja no mar, porque a praga pode voltar (choque de retorno). Quem fala do mar morre nele. O mar não enriquece nem mata de fome. O mar, como Deus, consente mas não para sempre.

MARA. Nos compostos traz sempre a ideia de algo de ruim, de mau, que não presta, sem dar lugar, todavia, na mor parte dos casos, à tradução. Isso acontece, me dizia o velho Quenomo, pajé Cabéua, porque Mara foi gente ruim, e tudo que dela sair não pode ser senão ruim, mau, imprestável. Na lenda, Mara é a filha de um pajé que, aprendida a ciência paterna, dela se serve para fazer mal, pelo que o pai a faz morrer, para evitar que empeste o mundo com a descendência dela. O fazê-la morrer não é, porém, fácil tarefa. Conhecendo Mara as intenções do pai, ilude sempre todos os meios por este excogitados para conseguir o seu fim, e só depois de muito lidar é que consegue fazê-la morrer afogada, mas não pode impedir que, nas ânsias da morte, da baba dela se originem umas tantas ervas más, que servem para fazer maracaimbara, isto é, feitiços. Outra versão faz casar Mara, e então é o marido que a mata (Stradelli, 514, Vocabulário da Língua Geral).

MARABÁ. Corr. mair-abá, raça de francês (mair), gente que é procedente de estrangeiro. Era como se denominava, entre os índios, o filho do prisioneiro ou estrangeiro (Teodoro Sampaio, O Tupi na Geografia Nacional, 261, ter. ed. Bahia, 1928). O Pe Simão de Vasconcelos (Crônica da Companhia, etc., L. 3, nº 27), um dos primeiros a registrar o nome, informara do ódio que esses mestiços causavam na tribo: "Tinha certa velha enterrado vivo um menino, filho de sua nora, no mesmo ponto em que a parira, por ser filho a que chamam 'marabá', que quer dizer de mistura (aborrecível entre esta gente)." O prisioneiro de guerra no Brasil colonial era acompanhado por uma mulher, filha de chefe ou de guerreiro famoso, para ajudá-lo a viver. Descrevendo o suplício de um prisioneiro, Gonçalves Dias escreve: "A mulher do prisioneiro, depois de o ter chorado, será a primeira, se lhe é possível, a comer dele. Se deste coito se torna grávida, educam o filho até certa idade, e em alguma ocasião de festa, em falta de outro, o matam com as mesmas cerimônias, não obstante pugnarem em favor dele as circunstâncias do nascimento, da convivência e da educação; porque eram sempre reputados o sangue e a carne dos inimigos. Eram estas festas chamadas cunhãmembira, que equivale a dizer-se o filho de um inimigo, ou da mulher, que, segundo as suas opiniões, valia a mesma cousa." (135-136, O Brasil e a Oceânia, sem data (1867), Rio de Janeiro). Gabriel Soares de Sousa (Tratado Descritivo do Brasil em 1857, S. Paulo, 1937): "... dão a cada um (prisioneiro) por mulher a mais formosa moça, que há na sua casa, com quem se ele agasalha, todas as vezes que quer, a qual moça tem cuidado de o servir, e lhe

---

[1] No texto original: "Mão-de-Milho"(N.E.).
[2] No texto original: "Mão-de-Vaca"(N.E.).

dar o necessário para comer e beber, com o que cevam cada hora, e lhe fazem muitos regalos. E se esta moça emprenha do que está preso, como acontece muitas vezes, como pare, cria a criança até idade que se pode comer, que a oferece para isso ao parente mais chegado, que lho agradece muito, o qual lhe quebra a cabeça em terreiro com as cerimônias que se adiante seguem, onde toma o nome; e como a criança é morta, a comem assada com grande festa, e a mãe é a primeira que come desta carne, o que tem por grande honra, pelo que de maravilha escapa nenhuma criança que nasce destes ajuntamentos, que não matem: e a mãe que não come seu próprio filho, a que estes índios chamam cunhambira, que quer dizer filho do contrário, têm-na em ruim conta, e em pior se o não entregam seus irmãos, ou parentes com muito contentamento." (CLXXI). Cunhambira é forma contracta de cunhá, moça, mulher, e membir, gerado, produzido, o filho, valendo dizer o filho da mulher. Naturalmente muitas indígenas ocultavam seus filhos, defendendo-os da tradição, salvando-os enfim, como Soares de Sousa registra. Com a presença do europeu e pelo prestígio da catequese, os indígenas permutavam constantemente o marabá ou cunhambira por objetos de uso, desaparecendo o costume. Resiste, como vestígio do uso, a frase filho de uma mãe ou simplesmente filho da mãe, tradução fiel de cunhãmembira e que é um insulto entre o povo. O tema do marabá foi outrora de predileção literária. Gonçalves Dias escreveu a poesia "Marabá", muito declamada, e o compositor Francisco Braga (1868- -1945) tem um poema sinfônico com o mesmo título, letra de Escragnole Dória (Renato Almeida, História da Música Brasileira, 440).

MARABAIXO. Dança popular e preferida no território do Amapá, especialmente em Mazagão Velho, desde o Sábado da Aleluia até Domingo do Espírito Santo. "Não tardou que, a uma ordem do Velho Julião, voltassem pela sala dois tocadores de 'caixa', de chapéu à cabeça, e logo homens, mulheres e crianças se puseram a dançar o Marabaixo, variando os 'passos' com os toques e as atitudes dos bailantes, abraçados, uns, em fila, três a três, lado a lado, isoladamente, frente a frente, mas sem se tocar, provocando-se e esquivando-se, sorrindo-se ou encarando-se de cenho franzido e olhos faiscantes. Jorravam-lhes dos lábios versos ali improvisados ou as cantigas próprias do Marabaixo, como Aonde tu vai rapais, Pedra verde e Lírio roxo"; Nunes Pereira, O Sahiré e o Marabaixo, 96, Rio de Janeiro, 1936. É mais um baile que bailado específico. Comporta vários tipos de dança, ao som de dois tambores e cantos, solo e coro. Ver Jorge Hurley, Itarãna, "O Marabaixo", 149-151, Belém, Pará, 1934. Édison Carneiro, Dinâmica do Folklore, 73-74, Rio de Janeiro, 1910, informa – "O marabucho de Macapá (Amapá) deve ser a mais distante influência exercida pela capoeira, dos seus pontos de irradiação no Rio de Janeiro, na Bahia e no Recife. Os foliões saem cedinho, no dia do Espírito Santo, conduzindo duas bandeiras, ao som de um par de tambores, para buscar a murta - cobrar da vizinhança uma contribuição, em dinheiro, para a festa. De passagem, assinalemos que, em muitos folguedos populares, as pessoas conhecidas são obrigadas a pagar multa, facilmente transformável em murta, pronúncia popular de multa, especialmente havendo, na região, murta em abundância, como é o caso em Macapá. O grupo se dirige para a igreja local, onde, outrora, era recebido com o bimbalhar alegre dos sinos – os padres, atualmente, nem abrem a igreja, como se faz agora, na Bahia, com a lavagem do Bonfim – e, depois de fazer as suas orações, começa a diversão no adro. Forma-se uma roda de capoeira, com vários homens do grupo a conseguir contendor, provocando os presentes. Um deles faz o solo, os demais respondem. As canções, quando em marcha, são canções tradicionais, adaptadas a fatos diários, como a quadra que diz que a rua tal "tá ficando que é um primô. / Essas casas foram feita / prá só morá os doutô..." mas, durante o desafio da capoeira, diante da igreja, são de improviso do solista, embora obedeçam, em geral, ao padrão nacional do desafio cantado. Quando a noite chega, todos se dirigem para o Laguinho, um bairro de negros de Macapá, ou para alguma casa conhecida, para continuar a festa noite adentro - homens e mulheres dançando, mas sem nenhum contato uns com os outros. Pelo que informa Geraldo Palmeira, o marabacho se realiza sob a direção de um casal de festeiros, que acompanham todos os movimentos do grupo, distinguindo-se dos demais por trazer em volta do pescoço ou no braço uma toalha branca. Com a multa recolhida durante o trajeto até a igreja, a festeira faz uma guloseima – uma rosca de farinha de trigo, de que todos se servem." Com o nome de Pelo Mar Abaixo há uma moda de roda no norte de Portugal.

MARACÁ. O primeiro dos instrumentos indígenas no Brasil. É o ritmador dos cantos e das danças ameríndios. É uma cabaça (Crescentia cugete, Lin.) na extremidade de um pequenino bastão- -empunhadura. No interior há sementes secas ou pedrinhas, fazendo rumor pelo atrito nas paredes internas do bojo. De vários tamanhos e formas, simples ou duplas, como as nkwanga do Congo; ou piriformes como o bud-rattle do Alasca, são ornamentadas, gravadas, recobertas de tecidos de palha, plumas, peles de animais, segundo a tradição tribal. Há maracás feitos de crânios de animais, esferas de madeira ou barro cozido e mesmo de casco de certos desdentados, como os tatus e também de jabutis. Ensina Teodoro Sampaio: "Maracá, corr. marã-acá, a cabeça de fingimentos ou de ficção; instrumento usado pelos feiticeiros (pajés), feito de um cabaço, do tamanho da cabeça humana, com orelha, cabelos, olhos, narinas e boca, estribado numa flecha como sobre pescoço. No maracá faziam fumo, dentro, com folhas secas de tabaco, queimadas, e desse fumo, que saía pelos olhos, boca e nariz da figura, se inebriavam os tais feiticeiros e ficavam como que tomados do vinho: neste estado, faziam visagens e cerimônia, prediziam o futuro e em tudo que afirmavam criam os outros índios, como se foram revelações de algum profeta (Simão de Vasconcelos, Crônica da Comp. de Jesus, Liv. II, p. CI). Depois da conquista, o nome maracá ficou servindo para denominar chocalho (O Tupi na Geografia Nacional, 261). De fácil encontro e descrição nos cronistas coloniais, Lery, Thévet, Abbeville, Soarés de Sousa, Staden, Anchieta, Fernão Cardim, etc." Há vários instrumentos derivados do maracá, e se todos eles, como observa Izikowitz, têm função de marcar o ritmo e acompanhar a dança, isso é secundário. A função precípua e fundamental era a mágica. E o poder mágico do som que é essencial, o ritmo, a ornamentação, as culturas, os paus com guizos, as madeiras sagradas, o canto e suas palavras, a dança com seus movimentos sugestivos de corpo, etc., tudo isto mágico em si mesmo, são fatores que contribuem intencionalmente para aumentar e intensificar o efeito da magia como o do som confuso, e tudo isso é uma parte de todas as outras cerimônias que o homem ideou e realiza na sua luta pela existência, a fim de alcançar a proteção dos bons fados e se defender das influências diabólicas. (Renato Almeida, História da Música Brasileira, 39). Os instrumentos sagrados, em todas as religiões do mundo, têm o poder de afastar os demônios pelo som. O próprio Jeová ordenou a Moisés o uso da campainha de ouro, soando ao entrar e sair o sacerdote do santuário, sob pena de morte (Êxodo, XXVIII, 31-35), e Sir James George Fazer reuniu documentação sobre a função exorcismadora do som (sinos, chocalhos, campainhas, discos, bastões, lâminas) por todos os continentes e raças. Não será identificação de selvageria a crença de pajé ameríndio no seu maracá, quando, num pontifical romano, citado por Frazer (nota 1483), sabe-se que "Ut ubicumque sonuerit hoc tintinnabulum procul recedat virtus insidiantium umbra phantasmatum, omnisque spiritus procellarum." (Le Folklore dans L'Ancien Testament, trad. E. Audra, 358-378, 422, Paris, 1924).

MARACAPERA. Ver Solha.

MARACATU. Grupo carnavalesco pernambucano, com pequena orquestra de percussão, tambores, chocalhos, gonguê, (agogô dos candomblés baianos e das macumbas cariocas), percorre as ruas, cantando, dançando sem coreografia especial. Respondem em coro ao tirador de loas, solista. Sempre foi composto de negros em sua maioria. É visível vestígio dos séquitos negros que acompanham os reis de congos, eleitos pelos escravos, para a coroação nas igrejas e posterior batuque no adro, homenageando a padroeira ou Nossa Senhora do Rosário. Perdida a tradição sagrada, o grupo convergiu para o carnaval, conservando elementos distintos de qualquer outro cordão na espécie. Diz-se sempre nação, sinônimo popular de grande grupo homogêneo, e os títulos têm sabor primitivo: Nação de Porto Rico, Nação de Cambinda Velha, Nação do Elefante, Nação do Leão Coroado. À frente vão rei e rainha, príncipes, damas, embaixadores, dançarinas (vestidas de baianas) e indígenas com enduapes e cocares emplumados. Não há enredo. Trata-se de um desfile no ritmo dos tambores reboantes. Abrem o préstito duas negras trazendo os calungas, um homem, o Príncipe Dom Henrique, e uma mulher, a Princesa Dona Clara, ou apenas esta, bailando pela mão da condutora e recebendo as dádivas do Povo. Chamam a Dama do Paço, quando esta carrega apenas uma boneca, um calunga, e vai dançando e saudando com a boneca, pedindo, mudamente, dinheiro. A intenção da boneca fetiche ou atributo majestático foi tema discutido. O cortejo é o mais luxuoso, relativamente, de todos os conjuntos pobres, com lantejoulas, espelhos, aljôfares, colares, turbantes, mantos, abundância de adornos, de fazendas brilhantes. Uma característica nos velhos maracatus do Recife (há também no Ceará e pelo interior de Pernambuco, na zona da mata) é o grande chapéu de sol vermelho, rodando sempre. Ascenso Ferreira registrou que: "Esse chapéu de sol tinha no mínimo três cores e era adornado com franjas ou rendas, bem como todo circulado de espelhos, que luziam ao sol." O chapéu de sol acompanhando inseparavelmente o rei é elemento árabe, ainda típico na África setentrional. Significa o Sol protetor. Ver Luís da Câmara Cascudo, Superstição no Brasil, "O guarda-sol", 242-245, 6ª ed., São Paulo, Global, 2002. Outrora, e às vezes reaparecem animais de palha ou de madeira, reminiscências totêmicas das tribos, desfilando, como diante do rei de congo, eleito e aclamado na escravidão e no exílio dos engenhos de açúcar. Renato Almeida, História da Música Brasileira; Ascenso Ferreira, Maracatu, Arquivos, Prefeitura Municipal do Recife, nº 2. 151-163, Recife, 1942; Artur Ramos; Folclore Negro do Brasil, 96-101; Mário de Andrade, Maracatu, Espelho, Rio de Janeiro, junho de 1935; Oneyda Alvarenga, Música Popular Brasileira; Pereira da Costa, Folklore Pernambucano; Mário de Andrade, "A Calunga dos Maracatus", in Édison Carneiro, Antologia do Negro Brasileiro, 272, Porto Alegre,

1950; Guerra Peixe, *Maracatus do Recife*, S. Paulo, 1955. O maracatu é uma sobrevivência dos desfiles processionais africanos. Curiosamente, fixou-se inicialmente na zona do Recife, e agora aparece em Fortaleza, Ceará, com força de novidade poderosa, Leão Coroado, Ás de Espadas, Rancho de Iracema. Os grupos recifenses estão desaparecendo e mesmo o centenário Maracatu do Elefante é uma visagem colorida do que foi. Parece o maracatu condenado à morte pela ausência de renovação, Os conjuntos, maracatus de orquestra, divulgando as músicas tradicionais e compondo no estilo das mesmas, estão resistindo com possibilidades maiores de sobrevivência. Ver *Cabinda*, *Congados*.

MARAGATO. Denominação dada, no Rio Grande do Sul, aos partidários políticos do parlamentarismo defendido pelo tribuno Gaspar da Silveira Martins (1835-1901). Surgiu com a Revolução Federalista de 1893 e persiste até hoje, por extensão aos participantes do Partido Libertador, de certa forma, herdeiros do patrimônio ideológico do Partido Federalista. A origem da palavra, esdrúxula, encontra-se na República Oriental do Uruguai. Gomercindo Saraiva (1852-1894), chefe revolucionário *gasparista*, procedia do Departamento de São José, da vizinha República do Prata, quando invadiu o Rio Grande do Sul com armas nas mãos, ao lado das forças insurretas de Joca Tavares (General João Nunes da Silva Tavares, Barão de Itaqui, 1816-1906). Trazia consigo um grupo de combatentes, todos eles nascidos naquele departamento. Ora, todos os uruguaios nascidos em São José são conhecidos, no país, como *maragatos*. Os legalistas republicanos, que obedeciam ao comando político de Júlio de Castilhos (1859-1903), presidente então do Estado do Rio Grande do Sul, deram aos revolucionários parlamentaristas o batismo pejorativo de *maragatos*, atribuindo-lhes um propósito mercenário. A insultuosa denominação passou, mais tarde, a ser um título honroso para a oposição parlamentarista do Rio Grande do Sul. O vocábulo, hoje incorporado ao linguajar gaúcho, tem, no entanto, origens mais remotas. Os povoadores do Departamento de São José e ainda do Departamento de Santa Luzia, na República Oriental do Uruguai, vieram, em barcos partidos do porto de La Coruña, Espanha, diretamente da região geográfica que se aproxima aos montes Cantábricos, conhecida em toda a Espanha como *la Maragatería*. Esta região pertence à Província de Leon. Localizaram-se na República Oriental do Uruguai. A origem desse povo que Oliveira Martins estudou, apontando-o como um *nódulo racial*, resistente a todas as influências descaraterizantes, é ainda muito discutida na Espanha. Inúmeros debates sucederam ao tema. Roque Barcia, por exemplo, explica que a palavra *maragato* é composta. *Marca*, diz ele, em castelhano, quer dizer *limite* de um reino. *Marcos* eram, portanto, as lindes de um país. Daí *maragato*, os homens da fronteira ou das lindes de um país. João Ribeiro esposou doutrina contrária, também corrente na Espanha, de que a palavra tinha origem céltica. Dava-lhe a forma primitiva de *mare-kat*, isto é, designativa do homem que cavalga, que anda a cavalo, que monta a cavalo. Padre Sarmiento afirma, porém, que a palavra procede da cor fosca da terra habitada por esse povo original, na Espanha. Garcia Lomas anota — "Maragato: habitante de la Maragatería. No dialeto montanhês (Santander) *maragatu* é uma máscara que representa o maragato carregado de telas coloridas e cintas multicores." Dozy afirma que os *maragatos* procedem de um grupo de berberes que se deixaram ficar entre Astorga e León, nos tempos dos reis católicos. D. Federico Aragón y Escacena entregou-se, porém, a estudos mais profundos sobre o assunto. E coincide o seu ponto de vista com o do grande historiador Miguel Morayta, de que a palavra tem a mesma origem do povo a que designa. E explica nos seus estudos antropológicos aquilo que Morayta insinuou nas páginas de sua monumental *História de Espanha*: que, na conquista da Península pelos muçulmanos tocou aos berberes o noroeste da Espanha, castigados pelos árabes, que os haviam submetido politicamente no Egito. Eram cristãos primitivos. E como tal, foram os primeiros *mudéjares*, reconquistados, mais tarde, pela religião católica. D. Matias Rodrigues também esposa a mesma tese. A história auxilia esta conclusão, pois é certo que os doze mil homens comandados por Tarique, na invasão sarracena de 711 e 712 da Península Ibérica, eram todos eles berberes. Como berberes, trouxeram à Espanha hábitos e costumes que ficaram na vida de seus *ayuntamientos* e cidades. Usavam bombachas, coletes, botões de prata, lenços vermelhos, barbicachos na forma de borlas episcopais, cinturões de fazenda ou couro, bordados de moedas, na forma da *guaica* dos gaúchos, chapéus de abas largas, na forma do *sombrero* do Prata, e ligas coloridas, ajustadas à altura dos joelhos, onde se prendia a polaina de couro ou fazenda, no modelo da *bota de potro*. Os *maragatos*, que atravessaram o Atlântico, trouxeram para a República Oriental do Uruguai esses hábitos e tradições. Daí, foi fácil a irradiação para o Rio Grande do Sul, por uma fronteira de raia seca. Foram esses *maragatos* que impuseram ao gaúcho de então, habituado ao *xeripá*, o uso da bombacha. Daí aquele verso do Cancioneiro Popular do Rio Grande do Sul:

"A gaita matou a viola,
O fósforo matou o isqueiro,
A bombacha o xiripá,
A moda o uso campeiro."

O primeiro escritor brasileiro que se preocupou com o assunto, isto é, que estudou o *maragato* e apontou a origem da bombacha nas tradições desse povo, foi Sílvio Júlio, um dos conhecedores mais profundos da literatura espanhola e hispano-americana no Brasil e precursor de sua divulgação entre nós. A origem do *maragato* na Espanha tem sido motivo de prolongadas polêmicas. D. Matias Rodrigues restabeleceu, porém, um elo seguro e impressionante: descobriu que os doze mil homens comandados por Tarique e que foram por Abdelazis, primeiro Emir de Espanha, localizados no noroeste da Península Ibérica, procediam de uma região do Nilo, distante sessenta quilômetros ao suleste de Sicut e que se chamava Maragath. Daí, a fácil conclusão de que esse povo, localizado às faldas dos montes Cantábricos, desse à região que foi sua o batismo nostálgico de *Maragatería*. Isso nos leva, desde logo, à origem berbere do *maragato*, o que vem corroborado pelos estudos antropológicos profundos realizados por D. Federico Aragón Y Escacena. Bibliografia: R. Dozy, *Historia de los Musulmanes de España*, trad. ed. Emecé. Buenos Aires, 1946; *Anales da Sociedad Española de Historia Natural*, Breve estudio antropológico del pueblo maragato (Série II. Tomo Décimo. Madrid, 30 de Junio de 1902); Santiago Alonso Garrote, *El Dialecto Vulgar Leonez Hablado en Maragatería y Tierra de Astorga*, 2ª ed., Madrid, 1947; Vivian de Saint Martin, Maury, Beudain, etc., 1878; Roque Barcia, *Sinonimos Castellanos*, ed. póstuma, 1880; Academía Española, *Dicionário*, 13ª ed., Castillo Goycochêa, "Maragatos e Gaúchos," *Província de São Pedro*, nº 3, Porto Alegre, 1945; Constantino del Esla, "Os Maragatos," *Província de São Pedro*, nº 4, Porto Alegre, 1946; Concha Espina, *La Esfinge Maragata*, 12ª. ed. Barcelona, Editorial Mateu; Manoelito de Ornellas, *Gaúchos e Beduínos*, 1ª ed. Rio de Janeiro, 1948, 2ª ed. idem, 1956; Garcia Lomas, *Dialecto Popular Montañés*, pág. 236; Daniel Granada: *Vocabulário Rioplatense*, pág. 274; Cyro Bayo, *Vocabulário Criollo-Español*, pág. 136; Segovia, *Dicionário de Argentinismos*, págs. 306 e 308; Romaguera Correa, *Vocabulário Sul Riograndense*, pág. 123; Roque Canage, *Vocabulário Gaúcho*, pág. 84; Luís Carlos de Morais, *Vocabulário Sul-Rio-Grandense*, ed. Livro Globo, pág. 144, Porto Alegre, 1945 (Manoelito de Ornellas, Porto Alegre, Rio Grande do Sul). A influência maragata acusa-se, além da calça-bombacha, no amplo chapelão de abas largas, no jaleco curto, de fazenda resistente, substituindo o *chaleco de cuero*, os velhos cinturões largos, ornados de moedas de ouro, as tradicionais botas *de potro*, elementos que se tornaram típicos na antiga indumentária *guasca*. Os fundamentos étnicos e culturais dos Maragatos constituem, em alta percentagem, uma incógnita. *La enigmática maragatería*, concluiu Júlio Carro. No Rio Grande do Sul, popularmente, quem não é *chimango*, partidário do Governo, é *maragato*, oposicionista.

MARAJIGOANA. Ente misterioso entre os indígenas. Anotando a *História Natural* de Marcgrave, escreve Johannes de Laet: "Marajigoana não significa divindade, mas a alma separada do corpo ou outra coisa, anunciando o instante da morte, não obstante conhecido dos próprios brasileiros, e todavia aquilo certissimamente temem." (279). É um *duplo*, a visagem do próprio indivíduo, que se apresenta a si mesmo, anunciando a morte, como é comum na Europa a visão do próprio enterro e a identificação do morto ser o mesmo observador. Os bretões chamam a este *duplo* a *milloraine*. J. Meirs registra: "A *Milloraine* é uma espécie de aparição que nos representa a nós mesmos, antes de morrer." (*Solar Enfeitiçado*, I, 63).

MARAPATÁ. Pequena ilha na foz do rio Negro, Amazonas. A tradição informa que é o limite da consciência do civilizado. Quem sobe o Amazonas deixa a vergonha em Marapatá. Na Europa diz-se que o europeu deixa a consciência no cabo da Boa Esperança, quando vai fazer fortuna no Oriente. A novidade é antiga. No séc. XVII era comum afirmar-se não haver pecado depois de transposta a linha equatorial. *Ultra aequinoctialem non peccatur*. Tipo de beiju amazônico.

MARBÔ. Ver *Iemanjá*.

MARÇALINA. Santa Marçalina foi canonizada pelo povo do município de Pedreiras, no Estado do Maranhão. Era uma velha muito serviçal e caridosa atendendo à vizinhança, tratando dos boiadeiros e viajantes, fazendo-lhes os alimentos e cuidando deles, quando adoeciam. Mulher negra, humilde, infatigável, era conhecida por "Mãe Marçalina". Faleceu, sendo sepultada com o acompanhamento de muito povo e a sua falta lamentadíssima. Semanas depois, correu a fama de que a sepultura de Mãe Marçalina aparecia misteriosamente iluminada durante a noite e pela manhã verificaram o túmulo semiaberto e recendendo um perfume delicioso. Era a santificação visível. Mãe Marçalina passou a Santa Marçalina com devotos inúmeros, promessas cumpridas e quantidade de milagres nos arredores. É, como para o bretão, um santo indiscutível, legitimado pela fé regional. Ver Astolfo Serra, *Terra Enfeitada e Rica*, 73-75, São Luís do Maranhão, 1941.

MARCHA. A marcha carnavalesca, que se tornou música de dança, espevitada, maliciosa e brejeira, é excepcionalmente a nossa música alegre. Também semierudita, também carioca, iniciou-se com os cordões e os ranchos carnavalescos... Depois a marcha se transformou, talvez por certas particularidades de ritmo, na que é, com o samba, a nossa música predileta de salão, vindos ambos do carnaval, embora haja marchas carnavalescas que também se inspiram nas de pastorinhas (Renato Almeida, 193, *História da Música Brasileira*). Ver *Frevo*.

MARCO. É uma construção imaginária, que os cantadores do Nordeste dizem ter mandado erguer, cheia de armas invencíveis, espécie de fortaleza inexpugnável, com segredos defensivos e forças mágicas, a que ninguém poderá resistir. Os velhos cantadores de outrora, no embate do desafio, descreviam os assombros do marco, cabendo ao adversário, no ímpeto da improvisação, desarmar o arsenal, num combate de viva imaginação:

"Eu vou contar uma história,
Quem quiser preste atenção,
De um marco que eu levantei
No centro do meu sertão,
Sobre os desertos dum ermo,
Pra dividir o meu termo.
Separar meu quarteirão.

....

Vou assentar o meu marco,
Deixar minha divisão;
Ó meu Deus, dê-me um talento,
Igual vós deste a Sansão!
Dê-me ciência pra obra
Igual a rei Salomão!

....

Mandei bombear o marco
Com 1200 cano.
Todos do mesmo modelo
Dum canhão americano.

Até com outra nação
Nós já temos munição
Para brigar quinze anos.

....

Saiba Deus e todo mundo;
Meu marco está assentado
Com orde do imperadô
Licença do delegado!
Com dez légua de distância,
Meu ronco é diferençado!..."

(Leonardo Mota, Violeiros do Norte, 82-83, 96-97, São Paulo, 1925).

MARCOS. Santo, um dos quatro evangelistas, primeiro bispo de Aquileia e fundador da Igreja de Alexandria. Companheiro de São Pedro até o martírio deste em Roma. Supliciado no Egito, a 25 de abril de 67. Na Península Ibérica, a festa de São Marcos teve grande popularidade. Protegia o gado e amansava o mau gênio e turbulência infantis. Uma das tradições mais conhecidas era a festa do touro, em que um desses animais ia processionalmente à igreja e assistia, dentro da nave, às cerimônias, sendo coroado de flores, afagado como a própria representação viva do apóstolo. Diga-se de passagem que o animal simbólico de São Marcos é o leão. O touro pertence ao evangelista Lucas. O boi de São Marcos, ou o touro de São Marcos, pertencia à classe das sobrevivências greco-romanas, e o Sr. Ciro Caro Baroja mostrou sua ligação com os cultos dionisíacos, o Baco-Dionísio-Touro vitivo (Ciro Caro Baroja, "El Toro de San Marcos", *Revista de Tradiciones Populares*, I, 88, Madrid, 1944, o mais completo como informação e documentário; M. García Matos, "Curiosa Historia del Toro de San Marcos en un Pueblo de la Alta Extremadura", *Revista de Dialectología y Tradiciones Populares*, IV, 600, Madrid, 1948; J. Leite de Vasconcelos, *Tradições Populares* de *Portugal*, 178, Porto, 1882, *Estudo Etnográfico*, 28, Porto, 1881; Jaime Lopes Dias, *Etnografia da Beira*, VII, 132). No dia de São Marcos, 25 de abril, os romanos faziam a festa da *rubigalia*, dedicada a Rubigus (Ovídio, *Fastos*, IV, 905), de que a comemoração cristã é transformação. Era o primeiro dia do estio e o último do inverno. O ano pastoril em Roma, *Annus Pastorum*, começava a 21 de abril, *Aprilis, Aperire*, abrir. As festas pastoris em Espanha e Portugal, as feiras de gado nesse dia, são reminiscências. No Brasil não houve culto a São Marcos, mas sua figura é presente no devocionário supersticioso de orações fortes, dedicadas justamente à doma dos touros bravos. Oração de São Marcos: "São Marcos te marque com seu marco. Nosso Sinhô Jesus Cristo te amanse com o seu divino manto, o Divino Espírito Santo te encarne no meu coração, o Espírito Divino me ajude a fazê essa dição. Touro brabo, Cristo dos Cristos, Sinhô dos Senhores, Reses dos Reses, Mestre dos Mestres, Mestre dos doze apóstolos te abrande pra mim, touro brabo, assim como São Marco foi ao pé da serra buscá os touros brabo e os trouxe manso e pacífico atrás de si: à sua vontade e ao seu querer assim vou eu F... te buscá e hei de te trazê manso e pacífico atrás de mim à minha vontade e ao meu querê. Touro brabo, eu te amanso com sete frade vertuoso, sete livro de missa, sete pedra dela, com sete sanguim, com São Inácio e com o pé da arve de olivêra que bota a raiz pelo má e a rama pelo á e aquelas palavras que diz o sacerdote quando vai levá a santa unção aos enfêrmo. Touro brabo, assim como Maria Santíssima andou pela rua da amargura, chorando e saluçando em percura do seu amado filho Nosso Sinhô Jesus Cristo, assim vou eu F... (ou vai F...) te pegá e hei de te trazê manso e pacífico à minha vontade e meu querê. Touro brabo, eu pra ti sou o só quilaro e uma péula de ouro fino." (Getúlio César, *Crendices do Nordeste*, 82-83, Rio de Janeiro, 1941). Artur Ramos publica outra oração de São Marcos e Santo Amâncio (*A Aculturação Negra no Brasil*, 270-271, São Paulo, 1942), onde reaparece a fórmula do "São Marcos te marque", mas pertence a uma coleção de rezas de catimbó, sem ligação com os trabalhos pecuários.

MARÉ. O desenlace fatal dos moribundos só se verifica por ocasião da vazante da maré (Pereira da Costa, *Folclore Pernambucano*, 112). A antiguidade desta superstição já era assinalada por Aristóteles e confirmada por Plínio (*História Natural*, II, 220). Frazer resume: "Suivant une autre croyance antique attribuée à Aristote, aucune créature ne pouvait mourir qu'à merbasse. Cette croyance, d'aprés Pline, fut confirmée, au moins en ce qui concerne les êtres humains, par une expérience qui eut lieu sur les côtes de France. Philostrate assure de même qu'à Gadès personne ne mourait pendant que la mer était haute" (*Le Rameau D'Or*, I, 46--47). Frazer citando Sébillot, M. E. James, Dickens, Henderson, Harrison, Martin, etc., mostra essa tradição em Portugal, Espanha, Inglaterra, sul do Chile, Colúmbia Britânica (indígenas haiadas, waikas). Shakespeare (*King Henry V*) registra a superstição, dizendo Falstaff morrer quando a maré começa a vazar: "parted even just between twelve and one, even at the turning o' tide" (Ato II, cena III).

MARELINHA. Ver *Academia*.

MARGEM. Distinguem no seringal o centro e a margem. Nesta estão o barracão ou casa matriz, com a moradia do patrão ou administrador, e a casa de mercadorias. Desse ponto principiam as "estradas" e os "varadouros", que vão anastomosar-se com os "piques" todos rumo ao centro, e por onde os seringueiros, os animais de carga e os "comboios" transitam. Amazonas (Alfredo da Mata, *Vocabulário Amazonense*, 197, Manaus, 1939).

MARIA ANGU. Ver *Gigante*.

MARIA BUENO. Santa local, canonizada pela tradição do devocionismo popular em Curitiba, Paraná. Assassinada em janeiro de 1893 por seu amante, um soldado de cavalaria, teve o túmulo homenageado com velas acesas e seguiram-se promessas, súplicas, milagres, multiplicando a devoção até os nossos dias. Há no mausoléu de Maria Bueno, dado como cumprimento de promessa, uma veneração permanente, expressa em votos, coroas, flores, rogatórias escritas no mármore tumular e grande número de velas acesas. É o caso de Marçalina no Maranhão ou de Chaguinha em São Paulo (Mariza Lira, *Migalhas Folclóricas*, 87-88, ed. Laemmert, Rio de Janeiro, 1951).

MARIA-CACHUCHA. Dança espanhola de par solto, sapateada, com castanholas, e cantada. Diziam-na da Andaluzia. Muito popular no Brasil, desde a segunda década do séc. XIX, nos teatros das cidades e vilas maiores, divulgando-se em cantigas e ditos de fácil retenção. O Padre Miguel do Sacramento Lopes Gama, no seu *Carapuceiro*, Recife, 28 de fevereiro de 1838, citando as danças modernas, desabafa sobre o *sorongo, cachucha, montinela e outras patifarias semelhantes*. Pereira da Costa (*Vocabulário Pernambucano*, 144) informa que o *Diário de Pernambuco* em 1830 anunciava o ator Caetano Filgueira ter dançado a Cachucha, e em outubro de 1831 anunciava-se a venda de um par de castanholas *próprias para dançar a Cachucha, ou outra qualquer dança*. O musicólogo mexicano Vicente T. Mendonza, que estudou La Cachucha (*Homenaje a Don Luís de Hoyos Sainz*, 223-233, Madrid, 1949), esclarece ter origem em Cádiz, como canção popular de marinheiros, e nascida entre 1810-1812, espalhada pela Europa e América Latina. Cantavam no Brasil muitos versinhos, possivelmente com a música da cachucha ou maria-cachucha:

"Maria Cachucha,
Quem é teu pimpão?
– É um moço bonito
Chamado Janjão!

Maria Cachucha,
Com quem dormes tu?
— Com um menininho
Chamado Angu!"

MARIA-CADEIRA. Na Bahia, maria-cadeirinha em São Paulo, coche-quebrado n'América espanhola, cadeirinha no Estado do Rio de Janeiro e Nordeste do Brasil. Brinquedo infantil no tipo do "carneirinho, carneirão". Ver *Cadeirinha*.

MARIA-CHICA. Ver *Balão Faceiro*.

MARIA DAS PERNAS LONGAS[1]. Ver *Chuva*.

MARIA-É-DIA. Ver *Marido, Marido-é-Dia*.

MARIA-ISABEL. Ver *Maria-Izabé*.

MARIA-JÁ-É-DIA. Ver *Marido, Marido-é-Dia*.

MARIA-MACUMBÉ. Brinquedo infantil, que consiste em esconderem-se as crianças para que uma, que fica de costas ou de olhos vendados, as procure e agarre alguma. O mesmo que "pique".

MARIA-MOLHA. Ver *Chuva*.

---

1 No texto original: "Maria-das-Pernas-Longas" (N.E.).

Maria-Zabé. Maria-isabel, carne cozida com arroz. É comida diária no Baixo Amazonas e alimentação comum dos garimpeiros nos rios das Mortes e Araguaia.

Maribondo. Dança popular em Goiás. "Os assistentes formam um círculo; o dançante fica ao meio deste, com o pote equilibrado sobre a cabeça. Os do círculo gritam: "Negro, o que qui tem?" Ele responde: "Maribondo, Sinhá!", passando as mãos pelo rosto e pelo resto do corpo, como se tirasse maribondos que o mordessem, dançando, pulando sem se derramar a água do pote, encimada por um cuité. O instrumento próprio é a caixa ou o pandeiro. Quando o dançante se cansa, ajoelha-se aos pés do assistente que for escolhido para substituí-lo. Este, não querendo sair a dançar, pagará uma multa em bebidas: vinho, aguardente, etc., conforme os passes (A. Americano do Brasil, *Cancioneiro de Trovas do Brasil Central*, 261-262, S. Paulo, 1925).

Maricas. Ver *Maconha*.

Marido, Marido-é-Dia. *Elaenea flavogaster*. Maria-é-dia, peitica, pequeno pássaro, cujo canto onomatopaico repete distintamente a frase que o batizou popularmente na Amazônia. É matutino e muito recordado por quem viveu na região referida. É comum a todo o Brasil. No Nordeste chamam-no "Maria-já-é-dia". A peitica nordestina (*Tapera naevia*) dizemos "sem-fim", correspondendo ao "saci" do Sul.

Marijuana. Ver *Maconha*.

Marimba. Instrumento musical africano, composto de uma série de placas de madeira, graduadas em escala musical, soando por percussão de duas baquetas. Foi muito popular no Brasil até princípios do séc. XX. Raro, atualmente. Além desse xilofone africano, havia a outra marimba, da África do Norte, também popular nos grandes centros escravos. Era formada de dois arcos semicirculares, com séries de coités, que faziam de caixa de ressonância para uma tecla que havia em cada uma. Batia-se com um pau de extremidade grossa. É o mais melodioso dos instrumentos africanos. O primeiro corresponde ao "marinhon" sul-americano.

Marimbo. Ver *Jogo de Baralho*.

Marinheiro. Qualificativo, com expressões depreciativas, dado aos portugueses, e que, naturalmente, vem dos anos de 1710 às explosões revolucionárias do movimento político conhecido na história por Guerra dos Mascates. Presos e embarcados para Lisboa os pernambucanos cabeças da revolta, de onde os que escaparam dos tormentos e da morte nas prisões foram deportados para as inóspitas regiões africanas, sobreviveu um, Leonardo Bezerra Cavalcânti, que, depois de treze anos de prisão, teve licença de voltar para o Brasil, mas não para Pernambuco. "Ele fixou-se na Bahia, narra Muniz Tavares, de onde escrevia aos seus partidários: Não corteis um só quiri das matas; tratai de poupá-los para em tempo oportuno quebrarem-se nas costas dos *marinheiros*, epíteto aplicado por escárnio aos nascidos em Portugal". Fixada assim a origem do termo e a época do seu aparecimento, ficou, vulgarizou-se e espalhou-se mesmo por quase todo o Norte do País, tendo principalmente acentuação ao tempo das lutas em prol da nossa emancipação política, quando, entre outros versos populares, apareceram estes, ainda não de todo esquecidos:

Marinheiro, pé de chumbo,
Calcanhar de frigideira;
Quem te deu a confiança
De casar com brasileira?

(Pereira da Costa, *Vocabulário Pernambucano*, 461). O nome continua aplicado, no interior do Brasil, aos estrangeiros residentes na região, sem intenção pejorativa.

Marinheiros. Membros da Irmandade do Divino Espírito Santo, em Piracicaba, S. Paulo, realizando parte mais sugestiva de sua festa, num "encontro" de embarcação sobre o rio Piracicaba, promovida por um festeiro que se candidata e que a fará apenas uma só vez em sua vida. Alceu Maynard Araújo (*Documentário Folclórico Paulista*, 63, São Paulo, 1952) descreve: "Às 16h40m descem todos os 'marinheiros' do rio-abaixo para a barranca da margem esquerda do rio Piracicaba. Tomam lugares nos três batelões. No primeiro, próximo à margem esquerda, vai a bandeira do Divino na proa do barco capitânia. Neste barco também está a folia: viola e pandeiro apenas. No segundo barco vão cinco remeiros, popeiro e fogueteiro. Já não usam trabuco e sim rojões. No terceiro barco, seis remeiros, popeiro e dois meninos cumprindo promessa... Do rio-acima desce a balsa. No tablado flutuante vêm autoridades eclesiásticas, civis e militares, banda de música, garbosamente uniformizada, festeiro e mordomos. Num altar a bordo está a coroa de prata de imperador do Divino. As barcas e balsa se encontram. É o "encontro". Há foguetório, ressoa o Hino Nacional Brasileiro, soltam pombos, espocam mais rojões e bombas ensurdecedoras. Os devotos que apinham a margem esquerda do rio Piracicaba ajoelham, persignam-se e pedem bênçãos ao Divino... As canoas e balsa encostam no Porto Velho. O povo procura beijar a bandeira que veio rio abaixo. Está pesadíssima, são milhares de fitas amarradas no seu topo – as promessas". Em procissão seguem todos para a igreja, onde cerimônia religiosa termina a festividade. Depois há a entrega da bandeira ao novo festeiro, jantar, cururu e, no próximo domingo, procissão final. Ver *Irmãos da Canoa*.

Mário de Andrade, Mário Raul de Moraes Andrade. Nasceu em S. Paulo a 9 de outubro de 1893 e faleceu na mesma cidade a 25 de fevereiro de 1945. Professor do Conservatório de Música, trabalhou em várias outras repartições estaduais e federais. Fundou na Prefeitura de S. Paulo o Departamento de Cultura, com a *Revista do Arquivo Municipal*, a Sociedade de Etnografia e Folclore, de inexcedíveis projeções como informação e documentário. Criou e organizou em julho de 1937 o Primeiro Congresso da Língua Nacional Cantada (*Anais* publicados em S. Paulo, 1938). Grande estudioso do folclore, observador etnográfico insuperável, conhecendo admiravelmente bibliografia, foi um dos primeiros musicólogos americanos e sua presença nos estudos do folclore brasileiro é diária e sensível. Seus trabalhos ainda não estão totalmente reunidos em volumes. Ver sua bibliografia na *Revista do Arquivo Municipal*, CVI, 193-196, S. Paulo, 1946.

Ensaio Sobre a Música Brasileira. Estética e Folclore, S. Paulo, 1928. *Modinhas Imperiais*, S. Paulo, 1930. "Pastorais do Natal", *Ilustração Musical*, dezembro de 1930. Rio de Janeiro. *Música, Doce Música*, S. Paulo, 1934; "Congos", *Lanterna Verde*, nº 3, fevereiro de 1935. Rio de Janeiro. Maracatu. *Espelho*, junho de 1935, Rio de Janeiro. *A Música e a Canção Popular no Brasil*. Pub. Serviço de Cooperação Intelectual do Ministério das Relações Exteriores. Rio de Janeiro, 1936. "A Entrada dos Palmitos", *Revista do Arquivo Municipal*, XXXII, S. Paulo, 1937. O *Samba Rural Paulista*. Idem, XLI, 1937. *Namoros com a Medicina*. Porto Alegre, 1939. "Música do Brasil", *Caderno Azul*. Curitiba, Paraná, 1941. "A Nau Catarineta". *Revista do Arquivo Municipal*, LXXIII, S. Paulo, 1941. *Geografia Religiosa do Brasil*. Publicações Médicas, CXXIV, S. Paulo, 1941. "As Danças Dramáticas do Brasil". *Boletim Latino-Americano de Música*, VI, abril de 1946. Rio de Janeiro. *O Turista Aprendiz*, Secretaria de Cultura, Ed. Duas Cidades, São Paulo, 1976.

Maroto. Designação depreciativa dada aos portugueses na época da Independência, que ficou principalmente na Bahia, onde é vulgar. São desse tempo de exaltação política estes versos ainda não de todo esquecidos na tradição popular:

"Fora, marotos, fora,
Viagem podem seguir;
Brasileiros já não querem
Marotos mais no Brasil."

"Infame reinado de D. João VI e de todos os tiranos portugueses: fora marotos!" (*A Sentinela da Liberdade na Guarita de Pernambuco*, nº 58, de 1823). "Não posso deixar de admirar a audácia com que esse maroto lança mão da pena para insultar a um brasileiro" (*A Tempestade*, nº 7, de 1858). Na época da sua origem era o termo empregado até mesmo em documentos oficiais: "No combate de 15 de fevereiro (na Bahia) sofreram os marotos a bravura dos pernambucanos, de mistura com outros seus irmãos de armas (ofício do General Labatut à Junta do Governo de Pernambuco, de 22 de fevereiro de 1823) (Pereira da Costa, *Vocabulário Pernambucano*, 464-465). Popularizou o epíteto o doutor Barata, Cipriano José Barata de Almeida, agitador dos tempos da Independência, tribuno fervoroso e antigo deputado às Cortes de Lisboa, fundador e redator da "Sentinela da Liberdade na guarita de" e seguia-se o lugar onde estava o inquieto político que veio a falecer na cidade do Natal, a 1º de junho de 1838 (Ver Luís da Câmara Cascudo, *O Doutor Barata*, Bahia, Imprensa Oficial, 1938).

Marrafa. "É dança do fandango, não é conhecida serra acima, somente no litoral (Parati, Ubatuba, Ilha Bela). Fazem duas rodas, uma de homens, outra de mulheres, estas ficam na roda interna, aqueles na externa. As mulheres movimentam-se no sentido dos ponteiros do relógio, e os homens em sentido contrário. A um dado sinal dos violeiros, os pares defrontam-se. As mulheres quase não saem do lugar, seu deslocamento é muito restrito, dão um passo muito pequeno à direita. O homem balanceia com uma dama, depois dá um passo para a direita para balancear com outra, justamente no momento em que o violeiro canta: "Quebra na marrafa, quebra na marrafa". O balanceio é dado sem darem as mãos o cavalheiro e a dama. Dançam durante muito tempo. E sem palmas e sem sapateado. Dançam com a mesma dama várias vezes, pelo fato de estarem sempre rodando. Às vezes, o violeiro brinca, e manda quebrar na marrafa seguidamente. A *Marrafa* é dançada depois da meia-noite". (Alceu Maynard Araújo, *Danças e Ritos Populares de Taubaté*, 44-45, Publicações do Instituto de Administração, nº 33, São Paulo, 1948). Os versos cantados não têm alusão ao baile. O verso é este:

"O bonito na gaiola,
Chorando sua prisão
Quebra na marrafa;
Chegou a feia na porta,
Paciência, coração.
Quebra na marrafa."

Não há relação alguma com a dança portuguesa das "marrafas" ou "marrafinhas". Ver *Tangolomango, Fandango*.

Marreca. Ver *Mana-Chica*.

Marruá. É o novilho, o touro que não foi ao curral, vivendo livre, bravio. É o grande assunto sertanejo a sua captura pelos vaqueiros, tornando-se cada vez mais famoso o marruá que escapa, anos e anos, à perseguição dos marrueiros especializados nas buscas e conhecimentos para apanhá-lo. Havia um Lundu do Marruá, descrito por Manuel Querino (*Costumes Africanos no Brasil*, 287) e de que Pereira da Costa cita um verso:

"Quando eu era pequenina
E aprendia o bê à bá,
Minha mestra me ensinava
O lundu do marruá."

Sílvio Romero ("A Poesia Popular no Brasil", *Revista Brasileira*, VI, 448, Rio de Janeiro, 1880) registrava:

"Quando eu era pequenina
E aprendia o bê a bá,
Minha mestra me ensinava
O Lundu do Mon Roy."

Na edição do *Estudos Sobre a Poesia Popular do Brasil*, 342, Laemmert, Rio de Janeiro, 1888, modificou:

"Quando eu era pequenina
E aprendia o bê a bá,
Minha mestra me ensinava
O lundu do marruá!"

Certo é que houve um Lundu do Mon Roy, em fins do séc. XVIII, e dele há manuscrito, segundo Pinto de Carvalho, na Biblioteca de Lisboa. Pela confusão homofônica o Mon Roy passou a Marruá. Mesmo o versinho é contrafação de outro, anterior e de caráter religioso:

"Quando eu era pequenina
E aprendia o bê a bá,
Minha mestra me ensinava
A Deus do Céu adorar!"

O *Marruá* legítimo tem motivado muito verso autêntico ou convencionalmente sertanejo.

MARTELO. São versos de dez sílabas, com 6, 7, 8, 9, e 10 linhas. Pedro Jaime Martelo, 1665-1727, professor de literatura na Universidade de Bolonha, diplomata e político, inventou os versos martelianos ou *martelos*, de doze sílabas, com rimas emparelhadas. Esse tipo de *alexandrino* nunca se adaptou na literatura tradicional brasileira, mas o nome ficou, origem erudita visível em sua ligação clássica com os letrados portugueses do primeiro quartel do séc. XVIII. O martelo de seis pés é chamado *martelo-agalopado*. Há confusão na nomenclatura dos tipos poéticos sertanejos em sua maioria pela ignorância dos cantadores analfabetos ou rapidez do registro do observador. Aqui está um martelo de dez pés, legítima obra-prima para o cantador nordestino. Cantar o martelo, improvisá-lo ou declamá-lo, respondendo ao adversário no embate do desafio, é o título mais ambicionado pelos cantadores.

"Sou Antônio Tomé do Trairi.
Quando pego um cantor metido a duro,
Deixo o corpo do pobre num monturo
E ele grita que só mesmo um bem-te-vi;
A macaca vai batendo de per si
E o pobre berrando no salão,
E eu com ele no gume do facão,
E o sangue lhe correndo pelos pés,
Cada dia de surras leva dez...
Nunca mais ele tem malcriação!"

(Luís da Câmara Cascudo, *Vaqueiros e Cantadores*, 21-22, São Paulo, Global, 2005). Fórmula geral, ABBAACCDDC, O *martelo-agalopado* é ABCDB. Medida para aguardente e vinho, martelo de cachaça, martelo de vinho. Ver *Boletim Alagoano de Folclore*, ano III, nº 3, Maceió, maio de 1958: "Martelo agalopado", de Manuel Nenê e Joaquim Vitorino, 48-51.

MARTIM-PESCADOR. É um orixá dos candomblés bantos na capital da Bahia, entidade local, criada pelo interesse, imaginação e mítica mestiça e negra dos afro-baianos. "O mais estranho dos orixás das águas é o pássaro martim-pescador, também conhecido, entre os negros, por marujo, pássaro cuja missão consiste em ser leva e traz para as súplicas dos mortais às divindades do mar. Este moço de recados *sui generis* desfruta por isso mesmo uma posição invejável no coração dos bantos, que o deificaram e continuamente lhe rendem homenagem. Quando isso acontece, o martim-pescador, também chamado martim-bangolá ou martim-ki-mbanda, agradece da seguinte maneira, que não deixa na sua simplicidade de ser comovedora: "Meu caranguejinho / do fundo do má, / Deus lhe dê vida e saúde, / Casa para morá, / dinheiro para gastá. / Venha cá, venha cá..." Sem dúvida, o caso do martim-pescador é único na história do fetichismo negro no Brasil" (Édison Carneiro, *Negros Bantos*, 84).

MARUJADA. O mesmo auto tradicional *Fandango* (ver). Denominação da Bahia para o Sul. É baile rústico no Paraná, sinônimo de festa matuta regional. Ver D. Martins de Oliveira, *Marujada* (Rio de Janeiro, 155-191, sem data), registrando a marujada-fandango, com a presença de mouros, no rio S. Francisco. Em Bragança, Pará, desde 3 de setembro de 1798, existe a Irmandade de São Benedito, festejando seu patrono, 18-26 de dezembro (o dia de S. Benedito é 3 de abril) com solenidade religiosa e parte pública, antiga e fielmente mantida, onde se inclui a curiosa Marujada, única em seu feitio em todo o Brasil. Armando Bordalo da Silva realizou uma excelente pesquisa no assunto. "A Marujada é constituída quase que exclusivamente por mulheres, cabendo a estas a sua direção e organização. Os homens são *tocadores* ou simples acompanhantes. Não há número limitado de marujas, nem tampouco há papéis a desempenhar. Nem uma só palavra é articulada, falada ou cantada, como auto ou como argumentação. Não há tampouco dramatização de qualquer feito marítimo, nem qualquer referência à "Nau Catarineta". A nossa marujada é estritamente caracterizada pela dança cujo motivo musical único é o retumbão. A organização e disciplina são exercidas por uma *Capitoa* e por uma *Subcapitoa*. A primeira *Capitoa* foi eleita pelas marujas em assembleia, mas daí por diante é a *Capitoa* quem escolhe a sua substituta, nomeando a *Subcapitoa*, que somente assumirá o bastão de direção por morte ou renúncia daquela. As marujas se apresentam tipicamente vestidas: usam uma blusa de mandrião branco, todo preguead o e rendado, e a saia, encarnada, azul ou branca com ramagens de uma dessas cores, é uma grande saia rodada indo quase ao tornozelo. A tiracolo cingem uma fita azul ou encarnada, conforme a ramagem ou o colorido da saia; na cabeça ostentam um chapéu todo emplumado e cheio de fitas multicores e no pescoço trazem um colar de contas ou cordão de ouro com medalhas... Os homens, músicos e acompanhantes, se apresentam de calça e camisa branca ou de cor, chapéu de palha de carnaúba revestido de pano, tendo a aba virada de um dos lados, fixada com uma flor de papel encarnada ou azul, e são dirigidos por um *Capitão*. Os instrumentos musicais são: tambor grande e pequeno, a *onça* ou cuíca, pandeiros, rabeca, viola, cavaquinho e violino. Na rua as marujas caminham ou dançam em duas filas indo à frente de uma delas a *Capitoa*, e à frente da outra a *Subcapitoa*, empunhando aquela um pequeno bastão de madeira, enfeitado de papel, tendo na extremidade superior uma flor. Atrás e ao centro, fechando as duas alas, vão os tocadores e os demais marujos. Em fila a dança é de passos curtos e ligeiros, em volteios rápidos, ora numa direção, ora noutra, inversamente. Assim elas caminham descrevendo graciosos movimentos, tendo os braços ligeiramente levantados para frente à altura da cintura, como se tocassem castanholas. Dançando obedecem a música plangente do compasso marcado pelo tambor grande em ritmo de "bagre". A marujada dança preferencialmente nos seus barracões, um ao lado da igreja e o outro próximo à casa do juiz ou juíza. Sai à rua nos dias de Natal, São Benedito e 1º de janeiro, e não recusa os convites para dançar em casas de família, iniciando as mesmas com a reverência tradicional de seus antepessados." "Contribuição ao Estudo do Folclore Amazônico na Zona Bragantina", *Boletim do Museu Paraense*, Emílio Goeldi, série Antropológica, nº 5, Belém, gentilmente comunicado ainda em impressão pelo autor. No barracão é que as marujas dançam os velhos números de simpatia popular, *Retumbão*, *Bagre*, *Chorado*, *Nau Catarineta*, *Fandango* (ver).

MARUJADA DE BRAGANÇA. Ver *Caribó*.

MARUJO. Ver *Fandango*.

MARUNGO. Ver *Malungo*.

MÁSCARA. É de uso universal e não pode ser calculada, no tempo, sua origem. As grutas paleolíticas de Trois-Frères e Les Cambarelles (Ariège, Dordogne, França) e do barranco de Gasulla (Castellon, Espanha) conservam figuras de homens mascarados de corços e de touros. São conhecidas as máscaras egípcias, de lâminas de ouro, cobrindo a face mumificada dos faraós. A Ásia é a pátria funcional da máscara, sempre na intenção sagrada, coreografia ritual aos deuses, personificados fisionomicamente no símbolo facial em tela, pano, papiro, madeira, metais preciosos, mudando as feições do bailarino. Na Grécia, as mais antigas apareceram nas festas dionisíacas, feitas de folhas de parreira. Pelas ilhas dos mares do Sul eram atributos divinos, com efeitos preternaturais. Pela África negra a Máscara tem domínio terrífico, ligada aos cultos apavorantes, tornadas vivas, emissoras de potências irresistíveis, sendo o *mascarado* um embaixador dos deuses, punidor de crimes, revelador de culpas, intocável pelo caráter delegatório. Ninguém deve identificar o portador da máscara, segredo inviolável, cujo conteúdo fora confiado durante a iniciação, normalmente a circuncisão entre as populações muçulmanizadas. Nas associações secretas, de Serra Leoa a Tanganica, agem os partícipes sob a máscara dos animais-patronos. As máscaras imprestáveis são enterradas com cerimonial em recantos remotos, suplicando-se perdão pelo abandono, prometendo-se visitas e constante fidelidade, sob pena de fatal vingança.

No Brasil, de modo geral, todos os grupos indígenas possuíam bailados com máscaras, notadamente Caraíbas e Aruacos. Os Uananas, da família Tucano no rio Uaupés (afluente do Rio Negro, Amazonas), sepultam os mortos com o semblante velado com uma máscara de casca de abóbora. Os naturalistas viajantes do séc. XIX documentaram excelentemente, com narrativas e desenhos. São amuletos defensivos, propiciadores de caça e pesca pelas danças figurativas do animal desejado, atraindo-o pelo simulacro, como os bailarinos das grutas paleolíticas. Outras, imitam o rosto humano, deformado pelo propósito assombroso, intimidante. Consideram-nas entidades independentes, suscetíveis de ação e reação pelos poderes acumulados. Algumas não podem ser vistas por mulheres. Um bom número pertence às representativas e lúdicas, comuns nas festas de recreação, dedicadas às colheitas. Convergem para a máscara as superstições do *duplo, outro-eu, eu-subjetivo*, atuantes na *sombra* e no *reflexo*. A máscara de teatro vulgarizou-a na Europa, disfarce elegante desde a Renascença, fingimento tentador, emblema do carnaval europeu, chegando, nesse plano, ao Brasil em meados do séc. XIX. As máscaras indígenas não tiveram projeção popular. Da significação milenar da máscara constituir *outra pessoa*, resta-nos a invariável voz falsa, esganiçada, o falsete de todos os mascarados. Ver *Careta, Falsete, Reflexo, Sombra*.

MASCAR FUMO. Os nossos indígenas mastigavam as folhas secas do petim, peti ou petum, o tabaco, erva-santa. Especialmente os tupis eram amigos dessa atividade, que quase se universalizou, como o bétel no Oriente, a coca sul-americana e a goma de mascar nos nossos dias. O jesuíta Antonil (*Cultura e Opulência do Brasil por suas Drogas e Minas*, 1711) cita abundantemente o uso de mascar o tabaco: "Homens há que parece não podem viver sem este quinto elemento; cachimbando a qualquer hora em casa, e nos cachimbos, *mascando as suas folhas*, usando de torcidas, e enchendo os narizes deste pó" (cap. VIII). Antonil opina que o mascar o tabaco não é tão sadio mas, pela manhã, em jejum e moderadamente, "serve para dessecar a abundância dos humores do estômago". Pela Europa do norte, Inglaterra, Holanda, o costume, popularíssimo entre marítimos, era soberano. Creio que ainda há placas de tabaco próprio para mascar, como tantas vezes vi em Natal velho. Ver *Tabaco*. O pedaço para mastigar, como os elegantes *chiclets*, diz-se *masca*. Artur Neiva e Belisário Pena (*Viagem Científica*, 165, realizada em 1912) informavam sobre o tabagismo nos sertões da Bahia, Piauí e Goiás: "Geralmente o uso de *masca* começa aos 12 anos e muitas vezes são os próprios pais que iniciam os filhos com o intuito de evitar a geofagia, indício de provável anquilostomose. O tabagismo é muito mais desenvolvido entre as mulheres, sendo muito comum as que *mascam e pitam* 1/2 vara e mais de fumo por semana. A *mascadeira* não abandona a *masca* ou *brejeira* nem para comer e muitas dormem com o fumo na boca." Belisário Pena registra uso semelhante por todo Norte de Minas Gerais.

MASTROS. Em várias localidades do Brasil, Norte, Sul e Centro, há a tradição do "mastro" de São João e do orago da freguesia respectiva ser erguido diante da igreja, com música, canto e foguetes, ao iniciar-se a festividade votiva. Noutros pontos existe apenas o "levantar da bandeira", o hasteamento de uma bandeira com a efígie do sacro patrono. Mas sobrevive, como registrou Alceu Maynard Araújo ("Os Mastros de Junho", doc. 67 à Comissão Nacional (de Folclore), o costume de plantar uma árvore pelos três santos de junho (Santo Antônio, São João e São Pedro) e pendurar-lhe frutos, flores, enfeites de papel, ao som de cantos. Nalgumas partes o mastro recebe as mesmas honras votivas. As premissas da colheita são dispostas nessas árvores, replantadas em cantos especiais e, depois da festa, queimadas e guardado um tição que tem efeito mágico contra tempestade, tal-qualmente o cepo do Natal na Europa. A intenção proclamada é que a terra dará melhores e mais abundantes frutos depois dessas árvores e mastros enfeitados, muitos com sua *estória* desaparecida e, em maioria, reduzidos a manter a bandeira do santo. Essas árvores e mastros votivos são reminiscências dos cultos agrários, homenagens propiciatórias às forças vivas da fecundação das sementes, ocorrendo especialmente no solstício do verão, junho, correspondendo ao do inverno para nós do Brasil. Um mês antes, maio, na Europa, as festas de caráter popular avivam a tradição de culto ao poder germinativo da terra, com o bailado e visita das maias, árvores e mastros de maio. Nas festas de Dionísio erguia-se o pinheiro, coberto de figurinhas de barro, falos, presentes, centro de sonoras farândolas, que Vergílio lembrou na *Georgica*, II, 373-374: "Com risadas e versos descompostos, I Festivais, Baco, invocam-te, em pinheiros / Figurinhas de barro te suspendem." J. G. Frazer (*Le Rameau D'Or*, III, 36-46, ed. Schleicher, Paris, 1911) compendiou vasta informação sobre o assunto por toda a Europa. "Cette énumération de tous les pouvoirs bienfaisants attribués aux esprits des arbres permet de comprendre pourquoi des coutumes, comme cenes de l'arbre de Mai ou du poteau de Mai, se sont répandues dans tant de pays et tiennent une place si considérable dans les fêtes populaires des paysans européens. Au printemps, au début de l'été, ou même le jour du solstice, c'était et c'est encore l'usage, en maintes régions de l'Europe, d'aller au bois, d'y couper un arbre, de l'apporter au village, et de l'y planter au milieu de la joie générale. Ailleurs les villageois se contentent de couper des branches d'arbre dans les forêts et de les fixer à chaque maison. Le but évident de ces rites est d'assurer soit à tout le village, soit à chaque demeure, les avantages et la prospérité que lhes esprits des arbres, sont capables de donner." Entre os indígenas do Brasil colonial havia uma tradição semelhante. Claude d'Abbeville (*História da Missão dos Padres Capuchinhos na Ilha do Maranhão*, 253, trad. Sérgio Milliet, ed. Martins, São Paulo, 1945): "Têm uma outra superstição: a de fincar à entrada de suas aldeias um madeiro alto, com um pedaço de pau atravessado por cima; aí penduram quantidade de pequenos escudos feitos de folhas de palmeira e do tamanho de dois punhos; nesses escudos pintam com preto e vermelho um homem nu. Como lhes perguntássemos o motivo de assim fazerem, disseram-nos que seus pajés o haviam recomendado para afastar os maus ares". É um registro de 1612. O hasteamento de bandeiras dos oragos católicos terá outra origem, alheia aos "mastros" votivos dos cultos agrários. É reminiscência da chantação do lábaro, do vexilo de comando, as insígnias de soberania, que ficavam diante da tenda do general. Todos os povos do Mediterrâneo usaram desse cerimonial, assim como egípcios, persas, assírios. Onde estava o lábaro ou o vexilo estava o Chefe. Depois, as bandeiras substituíram os símbolos de bronze. Ainda hoje a bandeira nacional e os bandeirins de comando avisam da presença oficial das autoridades no prédio onde elas drapejam. A Bandeira do Santo, no alto do mastro, informa que ele está presente na sua festa e aguarda o concurso de seus fiéis. Sempre que o mastro estiver com oferendas, frutos, flores, fitas, então revive um vestígio do culto da vegetação. O hasteamento possui significação mágica e assim na festa da Santa Cruz em Carapicuíba, S. Paulo, os devotos fazem súplicas no momento exato em que erguem o mastro votivo, socando a terra ao derredor (ver *Santa Cruz*). A tentativa de generalizar a significação do Mastro de Maio com o Poste Central, ainda vivo em certos candomblés, cuja interpretação de imagem cósmica, ligando o céu à terra, Roger Bastide expôs (*Estudos Afro-Brasileiros*, "A Cadeira do Ogan e o Poste Central", 44-50, 1ª série, S. Paulo, 1946), parece forçada e indispensável. O Poste Central, ao redor do qual bailavam nos velhos candomblés, existia entre os indígenas brasileiros, com finalidade idêntica. Max Schmidt, no aldeamento de Paranatinga, em 1901, descreve: "De quando em quando entravam alguns xiguanos (*bacairis do Xingu*) de rostos caiados de vermelho e preto dançando em torno do poste que está no centro do quarto (ao que parece propositadamente para esse fim) e acompanhando essa dança com cantigas monótonas" (*Estudos de Etnologia Brasileira*, 31, S. Paulo, 1942). O Mastro de Maio e o Poste Central são, etnograficamente, entidades diversas. O primeiro é símbolo propiciatório da fecundação vegetal e o segundo uma égide evocadora da perdida unidade telúrica do mundo, passando a representar a imagem da firmeza, da sustentação do equilíbrio, e, decorrentemente, signo de soberania, domínio, força disciplinadora.

MATA-BORRÃO. Papel encorpado e preparado de modo a absorver, secar a tinta da escrita. O termo é antigo, e Morais o registra, mas na acepção de *papel de filtrar*, como claramente se vê da sua combinação com o vocábulo *passento*, e mesmo porque, no seu tempo entre nós, onde vivia ele, o que se empregava para secar a tinta da escrita era uma areia muito fina, preta, originária da ilha de Fernando de Noronha, ou branca, do continente, e a que se costumava dar colorações diversas; e como em tudo neste mundo entra o luxo, havia também uma areia dourada. Vem daí o nome de *areeiro*, dado a um pequeno vaso de metal, vidro, ou louça, com pequenos orifícios na parte superior, contendo areia para deitar na escrita, e que, ao lado do tinteiro, figurava nas escrivaninhas. "O João Pobre já tinha na mão o tinteiro empunhado, e o Aguiar o areeiro" *O Cometa*, nº 31, de 1845). O areeiro, porém, tinha antigamente o nome de *poeira*, por conter a areia de secar a escrita, chamada "poeira". "O pano da mesa grande dos despachos será de seda, e o tinteiro, *poeira* e campainha serão de prata" ("Regimento da Relação do Brasil" dado em 7 de março de 1609). O vocábulo *mata-borrão* era também, entre nós, empregado em um outro sentido, que não encontramos claramente definido, mas que não é de difícil penetração. "Não contando com que pudessem pagar as maroteiras que um tal Caninana praticara no tempo das eleições, fizeram com que esse adido ao destacamento da vila, não fazendo serviço algum, a não ser *mata-borrão* particular dalgum daqueles heróis" (*O Clamor Público*, nº 66, de 1845). O uso do mata-borrão, entre nós, destinado a secar a tinta da escrita, ficando assim abolido o antiquado areeiro, é moderno, porquanto vem dos anos de 1860, e de manufatura francesa. "Ai daquele que ousar falar (do *Diário de Pernambuco*) dessa grande folha de papel mata-borrão" (*O Alabama*, nº 7, de 1863). Pereira da Costa, *Vocabulário Pernambucano*, 470.

MATA-FOME. Espécie de bolo ordinário, pequeno, em forma de disco (Pereira da Costa, *Vocabulário Pernambucano*, 471). É bolo de gente pobre. Gilberto Freyre cita os mata-fomes pernambucanos, imitando camelo, cavalo, camaleão, palmatória, coração, etc.

MATANÁ-ARITI. Jogo favorito dos parecis (Ariti). Dividem-se os jogadores em dois grupos, e cada qual procura arremessar a bola aos contrários, impelindo-a com uma cabeçada. Roquete Pinto ("Rondônia", 91, *Arquivos do Museu Nacional*, XX, Rio de Janeiro, 1917) registrou a denominação verdadeira, que é "matané-ariti", Theodore Roosevelt assistiu ao jogo, em fevereiro de 1914, no chapadão dos parecis, e descreveu no seu *Through the Brazilian Wilderness*, chamando-o *head-ball*. "Pois o caso é que esses índios parecis jogam animadamente futebol com a cabeça. O jogo é exclusivamente deles, pois nunca ouvi ou li que fosse usado por outra tribo ou povo. Usam uma bola oca e leve de borracha, por eles mesmos fabricada. É esférica, com cerca de 20 centímetros de diâmetro. Os jogadores formam dois partidos, colocados de modo semelhante aos do *rugby*, e a bola é colocada no solo, ao ser iniciado o jogo, como no futebol. Então um jogador se adianta a correr, atira-se de barriga ao solo, e com uma cabeçada atira a bola para o outro grupo. Esta primeira batida, quando a bola está no solo, nunca a levanta muito, e ela rola e pula para o lado dos contrários. Um destes corre para a bola, e, com uma marrada, a devolve aos da parte adversa. Em geral esta segunda cabeçada levanta a bola, e ela volta em curva alta em pleno ar; um jogador do lado oposto então corre e apara a bola com tal impulso do pescoço musculoso, e tal precisão de destreza, que ela volta para o outro lado, como a de couro, quando é chutada muito alta. Se a bola vai para um lado, é trazida de novo, e recomeça o jogo. Muitas vezes é rebatida de um para outro campo uma dúzia de vezes, até que seja impelida tão alto que passe sobre as cabeças dos adversários, caindo atrás deles. Ouve-se então a gritaria de alegre triunfo dos vencedores, e o jogo recomeça com renovado prazer. É claro que não existem regras como num clássico jogo de bola dos nossos, mas não vi desavenças. Os jogadores podem ser oito ou dez, ou maior número, de cada lado. A bola não pode ser tocada com as mãos ou os pés, ou qualquer coisa, exceto o alto da cabeça. É difícil saber o que seja mais digno de admiração, se o vigor e destreza com que a bola é devolvida, quando vem alta, ou a rapidez e agilidade com que o jogador se projeta de cabeça ao solo, para rebater a bola que vem baixo. Não posso compreender como não esborrachem o nariz. Alguns jogadores dificilmente falhavam a cabeçada para devolver a bola que chegava a seu alcance, e com forte impulso ela voava, numa grande curva, em distância realmente de admirar." (Theodore Roosevelt, *Através do Sertão do Brasil*, 199-200, Brasiliana, S. Paulo, 1944).

MATE. Erva-mate, *Ilex paraguaiensis*, aquifoliáceas; originária da América do Sul, nativa no Paraguai oriental e no Brasil meridional. O mate, infusão das folhas, secas, torradas e pulverizadas, é bebida indispensável e típica no sul do Brasil, Paraguai, Uruguai, Argentina. O chá-mate, servido com açúcar e com outro preparo de folhas, é também divulgado mas sem a continuidade e predileção do mate amargo, chimarrão (ver *Chimarrão*), sorvido por um tubo de metal (bomba) e contido numa cuia, porongo, de vários tipos e acabamentos. *Mateador*, que gosta da mate. *Matear*, verbo intransitivo, tomar mate. O uso é pré-colombiano pela mastigação das folhas que fortaleciam os guaranis. Inseparável da paisagem folclórica do gaúcho do Rio Grande do Sul, Santa Catarina, Paraná, Mato Grosso. Especialmente do gaúcho, constituindo-lhe uma "permanente" característica e sugestiva. Pe. Carlos Teschauer (1851-1930), *Avifauna e Flora nos Costumes, Superstições e Lendas Brasileiras e Americanas*, A erva-mate, 180-191, Porto Alegre, 1925; idem, *Poranduba Rio-Grandense*, A erva-mate na história e na atualidade, 369-436, Porto Alegre, 1929; Barbosa Lessa, *História do Chimarrão*, 2ª ed. Porto Alegre, s. d. Roberto Avé-Lallemant (1812-

-1884) visitando o Rio Grande do Sul, em março de 1858, registra a importância folclórica do mate: "O símbolo da paz, da concórdia, do completo entendimento – o mate! Todos os presentes tomaram mate. Não se creia todavia que cada um tivesse sua *bomba* e sua *cuia* próprias; nada disso! Assim perderia o mate toda a sua mística significação. Acontece com a cuia de mate como à tabaqueira. Esta anda de nariz em nariz e aquela de boca em boca. Primeiro sorveu um velho capitão. Depois um jovem, um pardo decente – o nome de mulato não se deve escrever; depois eu, depois o "spahi", depois um mestiço de índio e afinal um português, todos pela ordem. Não há, nisso, nenhuma pretensão de precedência, nenhum senhor e criado; é uma espécie de serviço divino, uma piedosa obra cristã, um comunismo moral, uma fraternização verdadeiramente nobre, espiritualizada! Todos os homens se tornam irmãos, todos tomam mate em comum! Quem o compartilha pela primeira vez julga estar numa loja maçônica. O erudito clássico vê, na pequena cuia, a edição in-doze da *mystica vannus* dos tempos pré-cristãos e o domínio da loura Ceres" (*Viagem pelo Sul do Brasil*, 1º, 191, Rio de Janeiro, 1953). Do Paraná, a impressão é semelhante (idem, 2º vol. 251-252) – "Mate, mate e mais mate! Essa a senha no planalto, a senha nas terras baixas, na floresta e no campo. Distritos inteiros, aliás, províncias inteiras, onde a gente desperta com o mate, madraceia o dia com o mate e com o mate adormece. As mulheres entram em trabalho de parto e passam o tempo de resguardo sorvendo mate e o último olhar do moribundo cai certamente sobre o mate. É o mate a saudação da chegada, o símbolo da hospitalidade, o sinal da reconciliação. Tudo o que em nossa civilização se compreende como amor, amizade, estima e sacrifício, tudo o que é elevado e profundo e bom impulso da alma humana, do coração, tudo está entretecido e entrelaçado com o ato de preparar o mate, servi-lo e tomá-lo em comum. A veneração do café e o perfumado fetichismo do chá nada são, nem sequer dão uma ideia da profunda significação do mate, na América do Sul, que não se pode descrever com palavras, nem cantar, nem dizer, nem pintar, nem esculpir em mármore. Comparativamente, nada é o célebre "There be none of beauties daughters" de Byron. Sim, tivesse Moore conhecido o mate, a sua amável Peri teria reconquistado as portas do paraíso e a felicidade dos imortais com o mais belo que há, com um maravilhoso diamante, com uma gota de mate!" Esse clima psicológico que Avé-Lallemant encontrou, há cem anos, não sofreu modificação em sua intensidade nas áreas geográficas de sua observação. Ver *Chimarrão* e *Tereré*.

MATETÊ. Caldo gordo, muito adubado e engrossado com farinha sessada (Pereira da Costa, *Vocabulário Pernambucano*, 472).

MATI. Ver *Matintapereira*.

MATINTAPEREIRA. Mati, mati-taperê; nome de uma pequena coruja, que se considera agourenta. Quando, a horas mortas da noite, ouvem cantar a mati-taperê, quem a ouve e está dentro de casa, diz logo: Matinta, amanhã podes vir buscar tabaco. "Desgraçado - deixou escrito Max. J. Roberto, profundo conhecedor das coisas indígenas – quem na manhã seguinte chega primeiro àquela casa, porque será ele considerado como o mati. A razão é que, segundo a crença indígena, os feiticeiros e pajés se transformam neste pássaro para se transportarem de um lugar para outro e exercer suas vinganças. Outros acreditam que o mati é uma maaiua, e então o que vai à noite gritando agoureiramente é um velho ou uma velha de uma só perna, que anda aos pulos." (Stradelli, *Vocabulário da Língua Geral*, 518). A mantintapereira é uma modalidade do mito do saci-pererê, na sua forma ornitomórfica (*Geografia dos Mitos Brasileiros*, 126-128, 3ª ed., São Paulo, Global, 2002). A matintapereira não é, realmente, uma coruja, como pensava Stradelli, mas um cuculida, *Tapera naevia*, Lin., também conhecido como *Sem-fim* e *Saci*. Ver *Saci*.

MATI-TAPERÊ. Ver *Matintapereira*.

MATRACA. Instrumento de percussão, de madeira, com uma ou mais tábuas, que se deslocam, percutindo a própria plancha onde estão presas, quando se oscila o instrumento. Noutros modelos as tábuas são substituídas por argolas de ferro. A matraca produz um rumor seco, persistente. Matraca, Espanha e Portugal. Carraca: É de origem oriental, servida pelos sacerdotes para orientar os devotos nas genuflexões e dirigir os desfiles; Índia, China, Japão, Tibete, etc. Os cristãos, proibindo o uso das campainhas metálicas aos muçulmanos, permitiram a esses o emprego das matracas. Na liturgia católica figura durante a Semana Santa, Quinta-Feira Santa e Sexta-Feira da Paixão (procissão do Fogaréu, Soledade, etc.), até o "gloria in excelsis" do Sábado da Aleluia. Nas gafarias da Idade Média os leprosos eram obrigados a fazer-se anunciar, agitando uma matraca. Aparece no bumba meu boi (Maranhão) e nalguns grupos carnavalescos.

MATRIMÔNIO. Entre o povo brasileiro "matrimônio" é o conjunto de deveres e direitos decorrentes do ato litúrgico do casamento. É a ação. Dizem, comumente, a "lei do matrimônio" significando esse código ideal e por todos proclamado como intangível. A face sexual é característica nessa "lei" abstrata e poderosa, tantas vezes citada. Fernando São Paulo fixou o aspecto: "Matrimonho. Corr. Matrimônio. Cópula. 'Fazer matrimônio': copular. 'Seu doutô, quantos dias odispois dessa meizinha posso fazê matrimonho?' 'Fazê matrimonho cum animá'; praticar bestialidade, não raro com objetivo terapêutico. É conhecida a suposição de que a blenorragia pode desaparecer graças ao coito com animais, perigoso preconceito, em que se mesclam estupidez e crendice. Também se sabe que semelhante absurdo teve origem em outras paragens e se não efetua apenas no Brasil (I). Corre parelha com a preocupação de ser curada a gonorreia transmitindo-a a uma mulher em união carnal, e com maior probabilidade de êxito, desvirginando-a, estuprando-a. "Matrimônio" por vezes quer dizer "nádegas". Estava montada de sela, de banda, caiu do cavalo e estrepô o matrimonho num toco." (I) "Nous ne saurions trop insister contre le danger que présente le préjugé stupide, d'après lequel certains jeunes gens, lorsqu'ils ont contracté une blennorrhagie, s'empressent d'aller la communiquer à une femme, persuadés qu'ainsi ils s'en débarrasseront. Ceci explique un fait en apparence monstrueux: la sodomie bestiale, pratiquée le plus inconsciemment du monde par les Arabes. Mahomet permettait la fornication avec des animaux, à la condition que se fût dans un but curatif. Ainsi il est permis, d'apres le Coran, de forniquer avec des animaux femelles, quand on est atteint de "gonorrihée simple ou syphilitique": on expliquerait de la sorte, s'il faut en croire notre confrère Paul de Régla, les nombreux cas de bestialité qui, au début de notre conquête algérienne, amenaient fréquemment des Arabes, surpris le plus souvent dans les écuries de notre cavalerie en flagrant délit de bestialité; semblaient trés étonnés des condamnations qui les frappaient. Longtemps on ne crut point à leurs déclarations; mais, à la longue, informations prises, il fallut bien constater que c'était lá un moyen thérapeutique, et non une dépravation du sens génésique" (Cf. Paul de Régia, *El Ktab, les Lois Secrètes de L'Amour*, Paris, 1893). (Cabanes et Berraud, *Remèdes de Bonne Femme*, Paris, Maloine, 1907, pág. 218) (*Linguagem Médica Popular no Brasil*, II, 99-100). Ver *Bestialidade*.

MATUIÚ. Indígenas fabulosos que tinham os pés invertidos, com os calcanhares para frente. O primeiro a registrá-los foi o jesuíta Cristóbal de Acuña em 1639, descendo o rio Amazonas, citando uma nação de "gente onde todos têm os pés para trás, de modo que quem, não os conhecendo, quisesse seguir as suas pegadas, caminharia sempre em direção contrária à deles. Chamam-se mutayús e são tributários destes tupinambás". (*Descobrimentos do Rio das Amazonas*, 263, S. Paulo, 1941). O Padre Simão de Vasconcelos (*Crônica da Companhia de Jesus no Estado do Brasil e do que Obraram seus Filhos nesta Parte do Novo Mundo*, lib. I, cap. 31, 20, Rio de Janeiro, 1864) divulgou-os: "Outra é de casta de gente que nasce com os pés às avessas, de maneira que quem houver de seguir seu caminho há de andar ao revés do que vão mostrando as pisadas;

chamam-se matuiús". Aulo Gélio (*Noites Áticas*, IX, IV) fala nos homens que andam com velocidade extrema e tendo os pés ao contrário: "alius item esse homines apud eamdem caeli plagam, singulariae velocitatis, vestigia pedum habentes retro porrecta, non, ut caeteorum hominum, prospectantia". Santo Agostinho se refere a esses monstros no *De Civitate Dei*, lb. XVI, cap. VII... "quibusdam plantas versas esse post crura". *A Crônica de Nuremberg*, 1492, chama-os Opistópodos. Essa pegada inversa determinou ferraduras ao contrário para os animais enganarem os perseguidores. Nos romances do séc. XV e XVI espanhóis e franceses (do Sul), encontram-se os cavalos ferrados como os matuiús tinham os calcâneos. No séc. XVIII o contrabandista francês Louis Mandrin possuía, para suas cavalgaduras, *les fers à rebours*. Ambrosetti para os caingangues e Urbino Viana para os xerentes descrevem um calçado de tecido de palha, deixando um rastro de mentira, ocultando a direção exata dos indígenas ("Los Índios Kaingángue", 322, *Revista del Jardín Zoológico*, II, Buenos Aires, 1894; Urbino Viana, "Akuen ou Xerentes", 39, *Revista do Instituto Histórico e Geográfico Brasileiro*, 100, vol. 155). Ver *Curupira*. Luís da Câmara Cascudo, *Dante Alighieri e a Tradição Popular no Brasil*, "Matuiús Dantescos", 80-82, Natal: Fundação José Augusto, 1979. É o castigo dos adivinhos e mágicos, a marcha invertida, *Inferno*, XX, 12, 13-15.

MATUNGO. Instrumento musical que é uma cuia com ponteiros de ferro, num tambor grande. Diz-se do cavalo velho, imprestável.

MATUPÁ. Barranco, perianta, capim em touças desenraizando das margens, que flutua à mercê das correntezas, mururés, paus secos, cheios de flor e de lama, em cujos garranchos verdes viajam os pássaros de canto sonoro, as aves de plumagem colorida, as serpentes de veneno traiçoeiro, e que desce nas enchentes, ao sabor das correntes, nos rios e igarapés da Amazônia (Peregrino Júnior, *Matupá*, 199, Rio de Janeiro, 1933).

MAUAÇU. Ver *Maauaçu*.

MAU-OLHADO. "Oculis quoque exiliialem fascinationem fieri, in iisdem libris scriptum est: traditurque, esse homines in Illyriis, qui interimant videndo, quos diutius irati viderint", informa Aulo Gélio no IX livro das *Noites Áticas*. Os olhos exercem essa fascinação, registrada nos livros clássicos, de tal maneira que pessoas da Ilíria podiam matar, estando irritadas, olhando fixamente. É o mau-olhado, *o olho de seca-pimenteira*. A crença é universal e milenar. Mau-olhado, *malocchio*, *evil eye*, *bose Blick*, *mal de ojo*, fascínio, olho-grande, etc., são outros tantos sinônimos. Os gregos empregavam especialmente a cabeça da Medusa (*Gorgoneion*) para repelir o mau-olhado, e desenhar ou gravar olhos em objetos era defendê-los das forças invisíveis do mal. Os amuletos mais populares, figa, corninho, meia-lua, corcunda, elefante, destinam-se a combater o mau-olhado (Luís da Câmara Cascudo, *Gorgoneion*, separata do tomo I, *Homenaje a Don Luís de Hoyos Sainz*, Madrid, 1949, 67-77; Luís da Câmara Cascudo, *Meleagro*, Rio de Janeiro: Agir, 1978). Ver *Isola*, *Olhado*.

MAXAMBOMBA. Denominação popular dada aos trens de Empresa dos Trilhos Urbanos (1867-1917), depois chamada "Brazilian Street Railway Company", ligando a cidade do Recife aos principais arrabaldes, Apipucos, Caxangá, etc. Outro serviço de via férrea, Trilhos Urbanos do Recife a Olinda (1870-1914), indo a Beberibe, também recebeu a mesma alcunha. O nome ficou nos versos populares, *estórias*, anedotário, especialmente na poesia tradicional pernambucana. Nos sambas e emboladas a maxambomba reaparece.

"Moça nenhuma
Me faça tromba
Qu'eu as embarco
Na maxambomba!

Trepei na bomba,
Comi pitomba;
Sacudi os caroços
Na maxambomba!"

Na cidade do Salvador houve também maxambomba, nome dado às "gôndolas" (ônibus), que iam da cidade alta até a Barra, e das Pedreiras ao Bonfim. Manuel Querino (*Costumes Africanos no Brasil*, 266) cita versinhos alusivos:

"Subi na torre
Pra comer pitomba,
Jogando os caroços
Na maxambomba.

Ande mais depressa,
Senhor condutor,
Isto é maxambomba
Não é vapor."

MAXIXE. Foi por algum tempo expoente da nossa dança urbana, tendo cedido lugar ao *samba*, devido talvez à sua coreografia complicada, difícil e exagerada. Resultou da "fusão da *habanera* pela rítmica, e da *polca* pela andadura, com adaptação da síncopa africana". Outros o fazem uma prolação do lundu, mesclado com a toada (Renato Almeida, *História da Música Brasileira*, 189). Era dança de salão, de par unido, exigindo extrema agilidade pelos passos e figuras rápidas, mobilidade de quadris, tanto figuras da dança como invenções dos dançarinos. O maxixe dançado por profissionais, nos cabarés, era quase uma dança ginástica. Apareceu na segunda metade do século XIX. Jota Efegê, *Maxixe, a Dança Excomungada*, Rio de Janeiro, 1974, é a informação mais completa.

MAXUAÍ. Casta de festa em que até certa hora tomam parte as crianças, a quem tapam a cara com máscaras, atirando-as no círculo da dança e marcando o tempo com gaitas de taboca. Quando as crianças vão dormir, as mulheres tomam seu lugar (Solimões) (Stradelli, *Vocabulário da Língua Geral* 519).

MAZOMBO. Filho de europeu nascido no Brasil colonial.

MBOIAÇU. Ver *Cobra-Maria*.

MBOITATÁ. Ver *Macaxera*.

MECHA. Era uma torcida de tabaco metida dentro de uma narina. Uso repugnante e velho que ainda alcancei no sertão do Nordeste. Morais registrou: "Mecha: torcida de fumo, o tabaco para purgar pelos narizes." Quando se citava alguém, viciado pelo fumo, dizia-se: "Fuma, masca, toma torrado e usa mecha." Antonil (*Cultura e Opulência do Brasil por suas Drogas e Minas*, 1711, cap. VIII, segunda parte) informa: "Usam alguns de torcidas dentro dos narizes, para purgar por esta via a cabeça, e para divertir o estilicídio, que vai a cair nas gengivas, e causa dor de dentes: e postas pela manhã e à noite, não deixam de ser de proveito. Só se encomenda aos que usam delas o evitarem a indecência que causa o aparecer com elas fora dos narizes, e com uma gota de estilicídio sempre manente, que suja a barba e causa nojo a quem com eles conversa." Ver *Tabaco*.

MEDICINA POPULAR. Constituiu-se no Brasil com os fundamentos essenciais indígenas, africanos (sudaneses e bantos) e portugueses. A percentagem, na regra da proporção, é de 1 para 2 para 5.

Indígenas - Psicoterapia medular, radical, positiva. Sopro e sucção para a eliminação do motivo determinador da enfermidade, fixado no *loco dolenti*, materializado em fragmento vegetal, osso, pedrinha, sugado e expelido, teatralmente. Sopro, entremeado de surda cantilena ininteligível e exorcista, acompanhada a maracá, dispersando as fluídicas forças adversas. Soluções universais e sem idade no tempo. Ver *Pajé*, *Sopro*, *Sucção*. Maior conhecimento de tóxicos para caça, pesca e estômagos inimigos. A geografia das plantas alimentares ou produtoras de tintas ornamentais para cerâmica e decoração pessoal, era infinitamente maior às destinadas à medicação. Sangria, escarificação, utilizadas notadamente no plano cultural, assim como a flagelação com urtigas, um revulsivo para reumatismo, também sabido na Hondura Britânica. Defumação, vomitório, jejuns, com finalidades religiosas, primeiro catamênio, rito de Jurupari, couvade, e não tratamentos. Desconhecemos o pajé preparando infusões, decocções, maceratos, emplastos, massagens, ataduras. Ignoramos os recursos hemostáticos, adstringentes, vulnerários, diaforéticos. Também os eméticos em função catártica, antiflogísticos, cáusticos revulsivos. Idem, toda a farmacopeia contra as febres, das maláricas às tíficas. No domínio obstétrico, não havia problema, dada a expulsão do feto pela mecânica muscular normal, sem assistência, sozinha no mato, livre de acidente hemorrágico ou eclâmpsia. Nenhum fortificante, estimulante, excitante, por via oral. A inaudita regularidade menstrual dispensava os emenagogos. Para a contenção de fraturas, luxações, machucaduras profundas, queimaduras extensas, não sabemos as soluções contemporalizantes e sedativas. Nem a medicação de urgência contra o veneno ofídico pelos sécs. XVI-XVIII. Depois, surgiram receitas de ascendência vulgar europeia, ou influência analógica, comer as vísceras torradas das aves ofiófagas, na lógica formal com que o curandeiro recomenda o chá das raízes do "Ficus-benjamim", (*Ficus retursa*, var. *nitida*), para readquirir potência sexual, atendendo a projeção radicular dessas moráceas *levantar* o cimento das calçadas. As espécies prestigiosas, desde o séc. XVIII, originaram-se na Europa, alho, arruda, alecrim, agrião, alfazema, mastruço, limão, inclusão do sal e da pimenta, esta a *capsicum* nativa, mas valorizada pela ação dos cáusticos europeus e hortelã, manjericão, chás, suadouros, dieta alimentar outrora obedecida na imposição da couvade. Fiz duas investigações na terapêutica vulgar brasileira, fundamentalmente considerada *caboca*, indígena e legítima: uma flora medicinal no catimbó (*Meleagro*, 93-118, Rio de Janeiro: Agir, 1978) e um receituário da pajelança em Belém do Pará (*Folclore do Brasil*, "Banhos de Cheiro. Defumações. Defesas mágicas", 193-251, Natal: Fundação José Augusto, 1980), excelentes positivações de aculturismo dominador e notório, notadamente europeu. A figura do nosso *Medicine-Man* foi transfigurada pela motivação literária indigenista, começando pelo pajé do *Iracema*, fazendo-a égide de sabedoria hermética e cabalística, esculápio de batoque no beiço, iniciado em segredos supremos. Toda a flora e fauna não teriam mistérios para o pajé, sobrevivente modesto no vendedor dos *remédios do mato*. Será, qualquer deles, infalivelmente superior ao *remédio de frasco*, mas na classe dos medicamentos inócuos, falsificados na criminosa, impune e comum simulação industrial. Os nossos *remédios do mato*, em sua quase totalidade, são fórmulas populares de fonte portuguesa, valorizando os recursos locais, em quase cinco séculos de confiança e uso.

Africanos – Trouxeram banhos, gorduras animais, para fricções, jejum dietético, reminiscência do *Ramadã*, unguentos aquecidos, maior volume de remédios ingeríveis, cataplasmas, vomitórios, purgativos, defumação médica, banhos quentes, outra herança moura, vulnerários, ataduras com ervas esmagadas para úlceras, tônicos, suadouros, sarjaduras e emolientes prévios, afrodisíacos, vermífugos. Na África, a fauna comporta grandes mamíferos, elefantes, hipopótamos, rinocerontes, búfalos, macacões possantes. Nos rios boiam crocodilos imensos e nas fozes dormem os nédios *dikunges*, peixe-boi, tendo todos funções terapêuticas, mágicas, opoterápicas. Leões, girafas, zebras, leopardos são farmácias vivas. Para o ameraba os animais de vulto avantajado, peixe-boi, anta, piracuru, praticamente são inúteis para combater doenças. Todas as aplicações são recentes e de sugestão branca e mestiça de branco. No ensaio "Superstições Negras e Terapêutica Supersticiosa", com que participei da coletânea *Macumba, Batuque e Candomblé*, S. Paulo, pesquisei a presença dessas influências no Brasil contemporâneo e popular. Os amuletos medicamentosos serão africanos, réplica das relíquias cristãs dos Santos-Terapeutas, Cosme, Damião, S. Bento, S. Brás, Sta. Apolônia, Sta. Luzia, S. Roque, S. Sebastião etc., assunto excelentemente estudado pelo doutor A. Castillo de Lucas (*Folclore Médico-Religioso*, Madrid, 1943). O negro trazia reminiscências dos grandes impérios sudaneses e bantos, do Senegal e Tanganica, movimentação de povos pelo impulso dos soberanos conquistadores, ampliando as áreas do conhecimento da medicina tradicional. Contacto mouro e árabe, e por esse intermédio, da Índia, da China, de toda a orla do Mediterrâneo, de Marrocos à Ásia Menor, roteiro de caravanas e estrada de penetração guerreira. Conhecia metais, gado, as feiras, hierarquias, possuindo a vocação associativa, explicação para a sobrevivência dos candomblés e defesa das permanentes psicológicas. Quem vulgariza as plantas populares, arruda, alecrim, manjericão, é o escravo negro. O indígena não conseguiu impor a jurema, viva apenas nos catimbós e candomblés de caboco, sem a expansão das demais, fixadas por Debret. Entre um indígena-ancião e o *negro-velho*, o interesse do povo ambienta o segundo, numa irresistível atração misteriosa, julgando-o guardião de fórmulas miríficas e fiel intérprete da sabedoria africana, oculta e defendida da curiosidade dos *brancos*.

Portugueses – Foram influência decisiva, imediata, integral, herdeiros da milenar farmacopeia da Europa e consuetudinarismo da assistência dos povos que lhe haviam ocupado o território. *De médico e louco, todos nós temos um pouco*, é refrão português. Era a ciência das aldeias, das vilas, das herdades, dos povoados; ciência dos cadernos de observação familiar, os volumes de Buchanan e Chernoviz, as velhas curandeiras, as "entendidas", de atuação infalível e renome profundo. Em dezembro de 1577, Santa Teresa de Jesus quebrou um braço, em Ávila. A priora de Medina mandara-lhe uma *curandera*. Na carta CCXXIX, de Ávila, 7 de maio de 1578, Santa Teresa narra o episódio ao Padre Jerônimo Gracián: "La mujer vino a curarme el brazo, que lo hizo muy bien la priora de Medina en enviaria, que no le costó poco, ni a mi el curarme... Parece que quedo curada..." Uma semana antes de falecer, agosto de 1715, "une espèce de manant provençal, fort grossier", Le Brun foi levado à presença de Luís XIV para fazê-lo beber um remédio contra a gangrena e, conta o duque de Saint-Simon, o Rei Sol bebeu por duas vezes. O 4º Bispo do Grão-Pará, D. Frei João de São Joseph Queiroz, 1760, de quem Camilo Castelo Branco publicou as *Memórias* em 1868, escreveu: "Julgo ser melhor curar-se a gente com um tapuia do sertão, que observa a natureza com mais desembaraçado instinto e com mais evidente felicidade." A tendência normal é recorrer à medicação primária e rústica quando desfalece o crédito à ciência oficial. Antigamente o doutor formado estava distante das matas e sertões. O "branco", ou sinhá-dona da casa-grande, assumia o direito de formular e dirigir, tal-qualmente fizera em Portugal, distribuindo meizinhas para empacho, entalo, catarro-amalinado, tosse de cachorro, pereba reimosa. Derramou-se pelo Brasil o dilúvio dos chás, da purga com seus cuidados, meia-branca, cabeça amarrada que fora imposição em Roma Imperial, comida de dieta, sobroço ao vento-encanado, sol no pescoço, luar nos olhos, *horas abertas*, quebrar o resguardo da parturiente ou purgado, aplicação d'água quente, ventosas, a incrível flebotomia, a *stercoterapia* soberana, enfim a *sabença*, parcialmente ensinada pelos graves *Capelos Amarelos* da Sorbonne, Salerno, Montpellier.

Sobre Medicina Popular, Alfredo da Matta, *Flora Médica Brasileira*, Manaus, 1913; Drs. Artur Neiva e Belisário Penna, *Viagem Científica pelo Norte da Bahia, Sudoeste de Pernambuco, Sul do Piauhy e de Norte a Sul de Goyaz*, Rio de Janeiro, 1916; F. C. Hoehne, *O Que Vendem os Hervanários da Cidade de São Paulo*, S. Paulo, 1920; Prof. Dr. Fernando São Paulo, *Linguagem Médica Popular no Brasil*, dois tomos, Rio de Janeiro, 1936; Mário de Andrade, *Namoros com a Medicina*, Porto Alegre, 1939; C. F. P. von Martius, *Natureza, Doença, Medicina e Remédios dos Índios Brasileiros* (1844), tradução e notas do Prof. Dr. Pirajá da Silva, Brasiliana, 154, S. Paulo, 1939; Fausto Teixeira, *Medicina Popular Mineira*, Rio de Janeiro, 1954; Eduardo Campos, *Medicina Popular*, 2ª ed., Rio de Janeiro, 1955; Oswaldo Cabral, *A Medicina Teológica e as Benzeduras*, S. Paulo, 1958; José Pimentel de Amorim, *Medicina Popular em Alagoas*, S. Paulo, 1959; Alceu Maynard Araújo, *Medicina Rústica*, Brasiliana, 300, S. Paulo, 1961; Maria Stella de Novaes, *Medicina e Remédios no Espírito Santo*, 2ª ed. Vitória, 1964; José Magalhães, *Medicina Folclórica*, Fortaleza, 1966; Lourival Ribeiro, *Medicina no Brasil Colonial*, Rio de Janeiro, 1971; Sylvio Abreu Fialho, *O Mundo dos Olhos*, Rio de Janeiro, 1975.

MEDIDA. É uma fita que representa o comprimento de uma imagem de santo. Estiram a fita da cabeça aos pés da imagem. É um amuleto, conforme o poder do santo. Medida de São Sebastião é para peste, feridas. De São Brás, para engasgos. De Santa Luzia, para doenças de olhos. De S. Onofre, contra a miséria. Do Senhor do Bonfim, contra infelicidades. Usam a "medida" amarrada ao pescoço ou num saquinho. A venda é comum nos lugares de devoção. Tollenare, escrevendo em 1817 no Recife, informa: "À porta da igreja, e mesmo no seu interior, as negras mais bonitas, ricamente vestidas sem abandono do tipo dos seus trajes habituais, cobertas de correntões, brincos e braceletes de ouro maciço, os dedos cheios de anéis, vendem por conta dos senhores, que as aparamentaram assim, fitas chamadas 'medidas', bentas ou santificadas pelo contato da imagem milagrosa, que se encontra em cada templo, e todo mundo as traz ao seio ou à botoeira" ("Notas Dominicais", 447, *Revista do Instituto Arqueológico Pernambucano*, vol. XI, nº 61, 1904, Recife). As medidas mais populares são as do Senhor do Bonfim e Bom Jesus da Lapa, na Bahia, o Bom Jesus de Pirapora, em São Paulo, assim como da Aparecida, S. Francisco do Canindé, no Ceará, Nossa Senhora de Nazaré, no Pará, Nossa Senhora da Abadia, em Goiás, S. Amaro, no Recife, cuja festa Henry Koster descreveu, Nossa Senhora dos Impossíveis na serra do Lima, Patu, Rio Grande do Norte, além das devoções especiais, santos protetores espécie de "genius", para cada pessoa. Koster registrou na capela de S. Amaro a venda das "medidas", que valiam amuletos: "St. Amaro, the healer of wounds, at whose chapel are sold bits of ribbon, as charms, which many individuals of the lower orders of people tie round their naked ancles or their wrists, and preserve until they wear out, and drop off" (*Travels in Brazil* I, 25, London, 1817). Identicamente em Portugal: "Medida, fita de seda com a imagem de um santo colocada e letras impressas, que se vende nas festividades religiosas, revertendo o produto da venda para o cofre do santo. Colhido em Montemor-o-Novo" (J. A. Pombinho Júnior, *Retalhos de um Vocabulário*, 102, Porto, 1939).

MEIA-CANA. Uma das danças componentes do baile fandango no Rio Grande do Sul. Ver *Fandango*.

MEIA-CANHA. Ver *Fandango*.

MEIA-LUA. Procissão fluvial no Amazonas que se faz com a imagem do santo embarcada e seguida pela Folia. O barco e as montarias (canoas) dão muitas voltas defronte do povoado onde o santo é venerado; tipicamente é São Benedito (Eduardo Galvão, *Santos e Visagens*, 52, 71, 79, 199, S. Paulo, 1955).

MEIZINHA. É a forma popular de "mezinha", medicamento, remédio. O estudo do doutor Fernando São Paulo (*Linguagem Médica Popular no Brasil*, II, 104) fixou a segunda grafia. Ver *Mezinha*.

MEJÊ. Ver *Ogum*.

MEL. De abelha, primitivo e popularíssimo no mundo inteiro; *mel de engenho*, feito do cozimento do caldo da cana-de-açúcar, vulgarizado na Europa do séc. XV em diante, informa dona Carolina Michaelis de Vasconcelos, e no Brasil no segundo terço do séc. XVI. *Melado*, no Sul do País. No Nordeste é sinônimo de ébrio. *Meladinha*, mel de abelhas com aguardente, o banal *cachimbo* no sertão. *Mel de furo* é o mel inferior, escorrendo das formas de açúcar. Este era o preferido, por mais fácil apropriação, aos escravos e aos indígenas. Com água, faziam a refrescante *garapa*, com farinha de mandioca era uma refeição. Os indígenas e africanos tinham predileção ao mel de abelhas, *mel de pau*, procuradíssimo tanto na África quanto no Brasil antes da presença europeia. *Meleiro*, homem tirador do mel de abelhas ou apenas o vendedor. Foi a primeira substância doce conhecida pelo homem que a utilizou antes da domesticação dos insetos melíferos, no Neolítico, de quando datam desenhos documentadores. Erland Nordeskiold evidenciou a vulgarização do mel de abelhas por todo o continente americano anteriormente à ocupação espanhola e portuguesa. Milênios anterior à cristalização do açúcar pelos árabes, resiste a frase denunciadora de sua espantosa ancianidade: *doce como o mel!* Foi o "açúcar" das civilizações clássicas, delícia dos Deuses Olímpicos, *mel de Himeto*, elaborado pelas abelhas éticas às margens do Ilissus. Base da gulodice, medicamentos, alegrias do paladar. Ainda em 1912, os drs. Artur Neiva e Belisário Penna constatavam sua indispensabilidade alimentar pelos sertões da Bahia, Piauí e Goiás. No vocabulário e toponímia brasileira, *Ira*, o mel, é uma constante denominadora. Informa-me o Prof. Rossini Tavares de Lima (S. Paulo): *"Melança*. J. N. de Almeida Prado escreveu que a *melança* foi tempos atrás uma distração, esporte, espetáculo no Estado de São Paulo. Muita gente tinha loucura pelo *mé e pau*, perdendo mesmo a cabeça, quando se aproximava de uma *veiera*. Ninguém se importava com as picadas das abelhas, que se enrolavam nos cabelos e zumbiam aos ouvidos. A *melança* no Sul do Estado possuía tanta atração como caçadas, pescarias, carreiras de cavalo. Organizavam-se caravanas ou grupos, sobretudo aos sábados, domingos e dias santos, que entravam pelas matas previamente escolhidas, levando facões, foices, machados, corotes, guampas e cabaças. Havia verdadeiros especialistas na procura do *mel de pau*, anunciado pela presença da bromeliácea conhecida por gravatá, gragoatá ou caragoatá. Daí os conhecidos versos: "Caraguatá na ponta, / Cupim no pé, / Este pau tem mé, / Chega, chega, rapaziada!" Todos os naturalistas que viajaram atravessando o Brasil pelo interior atestam o mel de abelhas como uma tentação irresistível para os tropeiros ou indígenas do séquito, orientados pelo zumbido do enxame ou os voos insistentes de certas aves, guiadoras para as colmeias.

Meladinha. Ver *Cachimbo*.

Melo Morais Filho. Alexandre José nasceu na Bahia em 23 de fevereiro de 1844 e faleceu no Rio de Janeiro a 1º de abril de 1919. Médico, formado em Bruxelas, revalidou o diploma no Rio de Janeiro, 1876. Diretor do Arquivo Municipal, aposentou-se em 1918. Foi o primeiro tradicionalista do seu tempo, o "companheiro único", como o chamava Sílvio Romero. Colaborador de jornais e revistas, deixou vultosa bibliografia na espécie, preciosa informação etnográfica e folclórica. Dirigiu uma verdadeira campanha para a valorização das festas tradicionais, encenando autos e bailes populares, fazendo-os representar.

Pátria Selvagem: Rio, de Janeiro, 1884. Poemas sobre a lenda do Algodão; Palácio da Mãe-d'Água; Tapera da Lua; lenda das Pedras Verdes; Uiaras; lenda da Abóbora; Lua dos Afogados; Noites do Equador; Tempestade dos Trópicos; Endemoninhada; Novena; Romaria do Bom Despacho; a Rede; a Mulata; Véspera de Reis. E. Deleau: *Les Légendes des Indiens*. Notas. *Cancioneiro* dos *Ciganos* (Poesia popular dos ciganos da Cidade Nova), Rio de Janeiro, 1885. *Os Ciganos no Brasil* (Contribuição etnográfica), Rio, 1896. *Festas e Tradições Populares do Brasil*, Rio de Janeiro, 1901 e reedições. A mais recente, 1946, foi anotada por Luís da Câmara Cascudo. Briguiet. *Serenatas e Saraus*. Três volumes. Rio de Janeiro, 1902. I Bailes Pastoris. Reisados e Cheganças. Lundus e Modinhas de Caldas Barbosa. II Atualidades: Recitativos. Diálogos e Monólogos. Cançonetas. Cenas Dramáticas. Cenas Cômicas. III Hinos. Modinhas diversas. XIV-288, VIII-387, XI-300. *História e Costumes*. Rio de Janeiro, 1904. *Fatos e Memórias*. Rio de Janeiro, 1904.

Membé. Ver *Membi*.

Membi. Memi, membé, flauta, assobio, pífaro. É o nome da flauta feita do osso da tíbia, e é troféu de guerra ou de caça, sendo que no primeiro caso é feita de uma tíbia humana. É uso que não é especial aos nossos silvícolas, mas que dividem com todos os povos primitivos. Os romanos, é sabido, chamavam flauta à tíbia, em lembrança da sua origem. Memis de osso humano hoje são raros; o comum é serem de osso de veado ou de onça, mas raramente de macaco (Stradelli, *Vocabulário da Língua Geral*, 523).

Memi. Ver *Membi*.

Menina. Mocinha, adolescente, namorada, predileta, preferida. Amiga, amante: "Quem tem a sua menina, / Não bota os olhos pra minha!" Menina dos olhos, pupila. Estrela de metal azul, insígnia dos primeiros três postos do oficialato do Exército Nacional, pelo dec. nº 20.754, de 4 de dezembro de 1931: uma, segundo-tenente; duas, primeiro-tenente; três, capitão. Ver *Gemada*.

Meninas da Saia Verde. Ver *Saia Verde*.

Menino do Rancho. Entre os indígenas do Brejo dos Padres, Taracatu, Pernambuco, e seus descendentes, realiza-se a cerimônia do Menino do Rancho, que é a captura de um menino pelos mestres, pajés, ali denominados "praiás", e levado para um rancho, começando então a aprendizagem das tradições tribais, preparativos para a iniciação futura. O menino é defendido por um grupo de homens da tribo, os "padrinhos", ornamentados e armados de cacetes contra os praiás, munidos de ganchos, havendo muita batalha, saltos e fintas, e bailados finais de parte a parte. "Desde o momento em que os praiás se apossam do menino, este passa a lhes pertencer, frequentando o "poró", para servi-los por ocasião das festas, e passando, por fim, quando já homem, a fazer parte do "grêmio". De modo que aquela festa, como já disse, é, nem mais nem menos, a iniciação do neófito na sociedade dos "praiás" ou dos "encantados", como são, também, conhecidos aqueles" (Carlos Estêvão, "Ossuário da Gruta do Padre em Itaparica e Algumas Notícias Sobre os Remanescentes Indígenas do Nordeste", *Boletim* do *Museu Nacional*, XIV-XVIII, Rio de Janeiro, 1942, 163-165). Compare-se, como uma sugestão de passagem, esse Menino do Rancho com a dança simbólica do furto do espírito do morto, a que Koch-Grunberg assistiu no rio Airari, fronteiro da Colômbia *Zwei Jahren Unter den Indianern*, Reisen in Nordwestbrasilien, 1903-1905, I, 133-135, ed. Ernst Wasmuth, Berlin, 1909), onde há cena idêntica, luta entre mascarados, cacetes e ganchos semelhantes.

Menstruada. A mulher com o fluxo catamenial, boi, regras, paquete, é tabu universal. Não pode atravessar água corrente, deitar galinhas para o choco, tocar em crianças doentes, em líquidos que estão em fermentação, nas árvores com frutos verdes, fazer a cama dos recém-casados, dar o primeiro banho numa criança ou o primeiro leite, mesmo por mamadeira, amamentar, assistir a batizado, sepultamento de adultos (tabu para a menstruada), guardar frutos para amadurecer, enfim, é uma força negativa, um obstáculo vivo, um poder maléfico inconsciente para tudo quanto represente ou constitua início de desenvolvimento, desdobração, crescimento. Se tocar no pão levedado, este não fermentará. Se pisar numa cobra, esta morrerá. Se passar por cima de um ninho com aves, todas elas sucumbirão. "... lembra aquele autor (Mohlisch) a velha crença que proíbe às mulheres menstruadas tocar em certos alimentos, assim como o preparo de conservas, que então facilmente se deteriorariam. Se, para a ciência, tais noções não passaram nunca de simples superstições, acredita Mohlisch estarmos ainda nos primeiros inícios de nossos conhecimentos, sendo que, nesse sentido, têm muitas superstições e crendices populares recebido inesperadas confirmações científicas. Autores de nomeada não mais se admiram do lavrador querer plantar e semear somente no crescente, pelo fato de eles próprios terem verificado que os partos e o início das regras são mais frequentes em determinadas fases da lua. Muito interessante, nesse particular, é a observação de Schick, mostrando que o suor de muitas mulheres grávidas, ou até apenas menstruadas, contém substâncias tóxicas, pomposamente chamadas de menotoxinas, capazes de fazer murchar flores e que, passando ao leite, podem prejudicar o recém-nascido, como é frequentemente admitido pelo leigo, quando condena a amamentação dada por mulher menstruada. Em antigas publicações científicas encontraram-se referências de que o presunto e outras carnes estragam-se quando preparados e salgados por mulher menstruada. Em fábricas de ópio e mesmo em refinaria de açúcar houve tempo em que as mulheres não eram aceitas, sob pretexto de que sua presença podia deteriorar os produtos em questão. O doutor Laurent, que publicou, nos *Annales des Sciences Physiques*, em 1897, um trabalho sobre os efeitos mecânicos das regras, menciona ser frequente o arrebentamento das cordas de instrumentos musicais, quando tocados por mulher, na época da menstruação. Mommsen relata haver verificado experimentalmente que o contato com secreções ou excreções de mulher menstruada tinha efeito desfavorável sobre as sementes de determinadas leguminosas, cujo desenvolvimento era prejudicado. E o mesmo acontecia pela ação do próprio leite, quando secretado durante o período das regras" (A. da Silva Melo, *Alimentação, Instinto, Cultura*, 56-57, Rio de Janeiro, s. d. [1943]. Os remédios sertanejos perdem efeito, quando dados ou apenas tocados por mulher menstruada. Mesmo ao prepararem as "garrafadas" (reunião de raspas de raízes, folhas, frutos selvagens, cem coisas diversas, diluídas em aguardente, expostas sete dias ao "serene", enterradas no "lado que nasce o sol", etc.) evitam aproximação de alguém nesse período. "Para que a garrafada tenha o seu poder curativo integral, é necessário que, ao ser preparada, ou mesmo depois de preparada, nenhuma mulher grávida ou no período catamenial se aproxime dela, nem ao menos a toque, porque, em tal hipótese, perde a força" (Getúlio César, *Crendices do Nordeste*, 147, Rio de Janeiro, 1941). Em Portugal os furões (*Putorius furo*) morrem quando veem uma mulher menstruada, por isso não devem ser tratados por mulheres" (J. Leite de Vasconcelos, *Tradições Populares de Portugal*, n. 328; Luís da Câmara Cascudo, *Meleagro*, 57-59, Rio de Janeiro, Agir, 1978).

Mentiras. As *estórias* mentirosas, pilhérias, anedotas, casos estupefacientes, inverossímil sucesso, são muito populares e constituem um gênero especial, onde a imaginação exagerada e livre se liberta dos limites da lógica. Todos os países têm as figuras clássicas e locais. Certas classes sociais gozam do velho privilégio universal de fornecedores na espécie, caçadores, pescadores, viajantes (Fernão Mentes? Minto; Fernão Mendes Pinto, "de longas vias, longas mentiras", *À beau mentir qui vient de loin*). Os romanos diziam que os habitantes de Crotona eram profissionalmente mentirosos ("Sin autem, urbaniores notae hominis, sustinetis semper mentiri, recta ad lucrum curritis", Petrônio, *Satyricon*, CXVI) e os gregos afirmavam o mesmo de Creta (*au pays des Crótois menteurs, Anthologie Grecque*, nº 275, epigrama de Getulicus, contemporâneo do Imperador Vespasiano, ed. Garnier, 68, Paris, s. d., vol. 1º). Há cidades imaginárias ou reais que se tornam famosas pela estupidez, ignorância ou fatuidade de seus moradores; na Inglaterra, Norfolk, Pavencey, no Sussex, Gotham, no Nottinghamshire, Schildburgo, na Alemanha, Schlaraffenland, Cakaygne, terra dos tolos, que vão procurar o sol, ou querem guardar a luz solar armazenada, não sabem contar, não conhecem o galo ou o gato, etc. Figuras incomparáveis de mentirosos impassíveis, como o Barão de Munchhausen. Os norte-americanos denominam a essas *estórias* de mentiras *tall-tales*, ou *yarns* ou simplesmente *liars* (B. A. Botkin, *A Treasury of American Folk-Lore*, "Liars, Yarns and Tall-Tales", 490-552, Crown, New York, 1944; Stith Thompson, *Motif-Index ou Folk-Literature*, V, "Humor of Lies and Exaggeration", 404-412, Bloomington, 1935). As *estórias* mentirosas, com seus heróis, convencionalmente locais, são índices de um determinado grau de civilização. Os primitivos e os selvagens não conhecem esse gênero de contos populares. Os motivos, aparentemente regionais, são comumente de ampla divulgação europeia e oriental. Tanto mais populares quanto mais universais.

MESTRE. Título dado aos peritos trabalhadores manuais. Mestre carapina, mestre pedreiro, mestre sapateiro. O que ensina, mestre de cavalos, mestre-escola. É uma reminiscência, como nome de tratamento respeitoso, do artesão medieval, consciente de sua dignidade funcional. No sertão nordestino que conheci, ninguém dizia "seleiro" mas "mestre seleiro", respeitando uma propriedade no ritual, que a tradição conservara. Nome dos espíritos que "acostam", "baixam" nas "mesas" (sessões) do catimbó, mestre, mestra. Os principais são mestre Carlos, mestre Inácio de Oliveira, Roldão, Luís dos Montes, Manuel Pequeno da Serra do Buíque, Bom Florá, Manuel Cadete Rei do Vajucá, Antônio Tirano, José Pereira ou Galo Preto, mestra Faustina, mestra Balbina, Angélica, Iracema, etc. Os que têm título de rei ou são indígenas e africanos não são tratados por mestre, pai Joaquim, Gogique e Gogideque, Pinavaruçu, Rei Heron, Xaramundi, Tabatinga, Canguruçu Muçurana, Manicoré Agicé, Itapuã, Ritango do Pará, Tia Luísa, Malunguinho Nanã, Nanajiê, Rei Nanã, Taruatá, etc. (Luís da Câmara Cascudo, *Meleagro*, 51-62, Rio de Janeiro, Agir, 1978). Ver *Babalaô*.

METARA. Ver *Batoque*.

MEXIRIBOCA. "É um termo burlesco, como o inglês *hodge-podge*, carne, arroz, farinha e outros ingredientes, misturados e comidos com colher." "A comida constou como sempre de pratos de galinha e carne, feijão, arroz, farinha e molho de pimenta – o que se chama mexiriboca – com queijo, cerveja, e Porto, dos armazéns dos engenheiros" (Richard F. Burton, *Viagens aos Planaltos do Brasil*, 252, Brasiliana, nº 197, S. Paulo, 1941). Burton estava na povoação da Lagoa Dourada, Minas Gerais, em 1867.

MEZINHA. Medicamento. Meizinha. "Meizinha, mezinha. Releva notar que a primeira forma, que é a caipira, está mais próxima do étimo medicina (m), representando, possivelmente, a geral pronunciação antiga" (Amadeu Amaral, *Dialeto Caipira*). Conforme o obsoleto grafar, mezinha era "meezinha", donde ser defensável ao indivíduo inculto pronunciar "meizinha". "E elle começou a fazer sua cura e suas meezinhas aa senhora do castello e ffez hũn banho de sangue do seu proprio braço deestro" (J. J. Nunes, *Crestomatia Arcaica*, 85). Muita vez "meizinha" é beberagem grosseira, droga, misto de substâncias complexas. "Muito mais doente e com moléstia ruim, teria ficado boa, se não se metesse com mezinhas e feitiçarias ensinadas" (Domingos Olímpio, *Luzia-Homem*, 50). "Nem é senão mezinha muito apropriada à peçonha das serpentes ou cobras; e disto espremetido para as lumbrigas, e para as bexigas, e sarampo e para "colerica pasio" (chamada nestas partes "mordexi") é de fama comum da gente da terra, onde há este pau" (Pau-de-Cobra, *Rauwolfia serpentina*, Benth.) (Garcia da Orta, *Colóquio dos Simples e Drogas da Índia*, 1563, II, pág. 181). Mezinha pode corresponder a clister. "Clister, cristel, ajuda ou mezinha" (Langaard, *Dicionário de Medicina Doméstica e Popular*, II, 469). É de Gonçalves Viana o seguinte passo: "Esta palavra, que representa o latim *medicina*, significa atualmente "clister", porém antes queria dizer "medicamento", sentido em que às vezes ainda é empregado, como se vê no trecho seguinte: "Todos os doentes se dispuseram a tomar a mezinha, que saborearam com grande fé de cura." O texto é claro, e mais claro seria sem o cacófaton do remate, que poderia fazer crer outra significação, atento o valor do termo no uso corrente. No derivado popular "mezinhices", ainda prevalece o antigo emprego do vocábulo mezinha" (*Apostilas aos Dicionários Portugueses*, II, 138). Raramente, no linguajar plebeu, "mezinha" possui o sentido lato de remédio. De onde a onde, entretanto, os clássicos recorriam a esta acepção dilatada. "... não pode a mulher fazer a seu marido maior mezinha para lhe querer bem, que conformar-se com sua condição e aprazer-lhe em todo, e não lhe dar nojo e não curar de outros amavios" (João de Barros, *Espelho de Casados*, apud João Ribeiro, *A Inquietação do Casamento*, 35). O autor cita trechos de Frei Luís de Sousa e de Dom Francisco Manuel de Melo. Enfim, para o povo, em geral "mezinha" é medicamento; "remédio" é tudo que se presta a tratamento. Dir-se-ia, pelos modos, que ainda a plebe obedece às *Ordenações do Reino*: "Os boticários terão dois arráteis, e meio arrátel, duas quartas de arrátel, e dezesseis onças pelo miúdo, que são arrátel, e oito oitavas pelo miúdo, que são uma onça, para pesarem as mezinhas." (Primeiro livro, título 18, pág. 99). E o discernimento, quanto a remédio e medicamento vai fruindo do classicismo em ciência coetânea, em razoável pacto (Fernando São Paulo, *Linguagem Médica Popular no Brasil*, II, 107). Ver *Meizinha*.

MICO. Ver *Fandango*.

MICURA. Ver *Timbu*.

MIGUEL. Príncipe da milícia celestial, o guerreiro de Deus, aquele que combate Satanás, desde o princípio dos tempos. Citado no profeta Daniel (X, 13, 21) como príncipe e um dos protetores de Israel; em *São Judas* (epístola, I, 9), e no *Apocalipse* (XII, 7), ambos na batalha contra o anjo mau. Tem culto católico e dos cismáticos (29 e 8 de setembro). É um dos modelos fixados pelos pintores do Renascimento, figurando um homem novo e vigoroso, armado de espada fulgurante ou lança de prata, com elmo romano, derrubando um dragão ou um demônio. Tendo os judeus trazido do Egito a ideia da psicostasia, avaliação, pesagem das almas, São Miguel, Micael ("*Quis ut Deus?*", quem é como Deus?) sustenta na mão a balança onde a alma é colocada. O anjo custódio, anjo da guarda, defende, e o diabo acusa. Na psicostasia egípcia, Anúbis e Mait (a Verdade) levavam a alma ao tribunal de Osíris, que era assistido pelos quarenta e dois conselheiros. Posta a alma na balança, depois da confissão negativa, Anúbis depositava numa concha o seu coração, e Mait a pena de ouro, o símbolo de sua divindade. Tôt dizia o resultado. No Antigo Testamento reaparece a pesagem das culpas: Thekel: "Pesado foste na balança", etc. (Daniel, V, 27). São Miguel Arcanjo ficou com esses dois atributos: a defesa de Deus, das virtudes contra os vícios (demônios) e o que sustém a balança para pesar as almas dos mortos. "O espírito, apenas desprendido da matéria, comparece perante o arcanjo São Miguel, e tomando ele a sua balança, coloca em uma concha as obras boas e na outra as obras más, e profere o seu julgamento, em face da superioridade do peso de umas sobre as outras. Quando absolutamente não se nota o concurso de obras más, o espírito vai imediatamente para o céu; quando são elas insignificantes, vai purificar-se no purgatório; e quando não tem em seu favor uma só obra boa sequer, vai irremissivelmente para o inferno, donde só sairá quando se der o julgamento final, no dia do Juízo, seguindo-se então a ressurreição da carne" (Pereira da Costa, *Folclore Pernambucano*, 83-84). É invocado nas orações católicas, para guardar e livrar a alma das garras do diabo, nos últimos momentos da vida terrena e viagem para o outro mundo. Nesse caráter de soldado, guerreiro, lutador, São Miguel é santo popularíssimo, defensor dos valentes, patrão divino dos capoeiras, identificado com Xangô, nas macumbas do Rio de Janeiro, com Oxóssi nos candomblés da Bahia e com Odé nos xangôs do Recife. Há no Brasil seis municípios e 37 paróquias com o nome de São Miguel. Sobre sua identificação na tradição, ver Luís da Câmara Cascudo, *Superstição no Brasil*, 28-34, 6ª ed., São Paulo, Global, 2002.

MIGUEL LUCENA DA BOAVENTURA. Ver *José Maria*.

MIJAR NA COVA. Uma das supremas ameaças populares é prometer urinar sobre a sepultura do inimigo (Leonardo Mota, *No Tempo de Lampião*, 201, Rio de Janeiro, 1930). Urina no túmulo era sacrilégio para o romano, e as inscrições registram o pedido, afastando o desrespeito: "Hospes ad Hunc Tumulum ne Mejas ossa Precantur Tecta Hominis." O poeta Aulus Persius Flaccus, falecido em Roma no ano 64 depois de Cristo, lembra que se poderá evitar o sacrilégio, desenhando duas serpentes, tornando o lugar sagrado e a micção impossível: "Pueri, Sacer est Locus: Extra Mejite" (Sátira primeira). As imagens dos imperadores eram salvaguardadas com os dísticos: "Damnati Sunt eo Tempore, qui Urinam eo Loco Fecerunt, in quo Statuae & Imagines Erant Principis." Nas tradições populares orientais ocorre a mesma proibição, *Mil e Uma Noites* (J. C. Mardrus, VI, 48-49, trad. de Vicente Blasco Ibáñez, Valencia, s. d.). Oliveira Lima (*Memórias*, 24. ed. José Olympio, Rio de Janeiro, 1937) conta que Teófilo Braga, preterido duas vezes para a cadeira de literatura, depois do terceiro concurso, procurou o ministro do reino, que era, em Portugal, Antônio Rodrigues Sampaio, e disse: "Olhe, se eu desta vez não for nomeado, deixo-me de mais estudos, dedico a minha vida a atacá-lo e injuriá-lo, e, depois do senhor morrer, ainda lhe vou mijar sobre a cova." Sampaio apenas respondeu: "Não ponha mais na carta; está nomeado." Contara Teófilo Braga o episódio a Oliveira Lima.

MILAGRE. O *milagre* é a representação do órgão ou parte do corpo humano curado pela intervenção divina e oferecido ao santuário em testemunho material de gratidão. Os milagres são quadros registrando o episódio ou objetos de cera, ouro, prata, marfim, materializando a parte doente que sarou. Há milagres feitos toscamente em gesso, madeira, osso. Nas grandes igrejas, nos lugares de romaria, há sempre a *casa dos milagres*, destinada a recolher essas ofertas (Bom Jesus do Bonfim, Aparecida, em S. Paulo; Lapa, no rio S. Francisco; Nazaré, em Belém do Pará; S. Francisco, no Canindé (Ceará); Abadia, em Goiás; Pirapora em S. Paulo; Nossa Senhora dos Impossíveis, na serra do Lima (Patu, Rio Grande do Norte), etc.). São os *ex-votos* que os fiéis, atendidos pelos deuses, ofereciam aos templos (Diana, em Éfeso, Apolo, em Delfos, o de Anfiraus, em Oropos, o de Esculapius, em Epidauro, incontáveis, testificando a antiguidade do *ex-voto suscepto*).

MILHO. Uma lenda pareci da origem do milho: Um grande chefe pareci, dos primeiros tempos da tribo, Ainotarê, sentindo que a morte se aproximava, chamou seu filho Kaleitôe e ordenou-lhe que o enterrasse no meio da roça assim que terminassem os seus dias. Avisou, porém, que, três dias depois da inumação, brotaria de sua cova uma planta que, algum tempo depois, rebentaria em sementes. Disse-lhe que não a comesse: guardasse-a para a replanta, e ganharia a tribo um recurso precioso. Assim se fez; e apareceu o milho entre eles (Clemente Brandenburger, *Lendas dos Nossos Índios*, 33, Rio de Janeiro, 1931). A lenda guarani da origem do milho (*Zea mays*) também envolve o sacrifício humano. Dois guerreiros procuravam inutilmente caça e pesca e desanimavam de encontrar alimento para a família, quando apareceu um enviado de

Nhandeiara (o grande espírito) dizendo ser uma luta entre os indígenas a solução única. O vencido seria sepultado ali mesmo, e de sua sepultura nasceria uma planta, que alimentaria a todos, dando de comer e beber. Lutaram os dois, e sucumbiu Avati. De sua cova nasceu o milho, *avati*, *abati*, no idioma tupi (Pe Carlos Teschauer, *Avifauna e Flora*, etc., 162-163, Porto Alegre, 1925). Do México até Paraná, o milho está articulado com os antigos cultos pré-coloniais, figurando nos relevos, signo divino, personalizado por Mama Sara, e sendo mesmo uma constelação (*saramanca* - folha de milho). Depois da mandioca, o complexo etnográfico do milho é o mais vasto e com projeção folclórica pela culinária tradicional (pamonha, canjica, mungunzá, pipocas, espiga de milho assado, farinha de milho, etc.).

MILINDÔ. Dança popular no Crato, Cariri, Ceará, tendo a peculiaridade de ser executada exclusivamente pelo sexo feminino. "O milindô é dança de roda do gênero coco, mas com certa diferenciação. No coco é de praxe só haver um tirador de versos, enquanto todos os outros dançadores entoam o estribilho em coro e muitas vezes batendo palmas. No milindô cada componente do folguedo pode tirar seus versos, de sua própria composição ou de qualquer cantador popular. "Na ocasião em que se canta o estribilho, em coro, os pares despregam-se da roda em movimento e dão uma volta completa. O ritmo da música pode variar da marchinha para o baião e até mesmo a valsa, que teve o condão de adaptar-se, com feitio regionalista, em quase todos os recantos do planeta." "No milindô não há acompanhamento de qualquer instrumento musical, nem que sejam os mais rudimentares, a exemplo do ganzá, maracá, ou reco-reco. A dança acompanha o ritmo dos cânticos. Não fica ninguém no meio da roda dançante, como sucede no samba da Bahia, ou na dança viadinho, também integrante do folclore caririense. Podem os pares ser trocados, quando se canta o estribilho, mas sempre com os vizinhos, a fim de não perturbar a harmonia do folguedo. J. de Figueiredo Filho, "Milindô, Dança Popular do Rico Folclore Caririense", n'*O Povo*, Fortaleza, 7-1-1957. O autor julga que o milindô tenha vindo de Alagoas, na espécie do coco de roda, e tomado localmente a denominação. Ver *Xaxado*.

MILONGA. "Trapalhada, enredo, embrulho; palavrório, rodeio, desculpas de cabo de esquadra. "Deixem-se de *milongas* e embrulhadas; respondam a estes argumentos de arromba" (*Diário de Pernambuco*, nº 276, de 1829). "Ah! se um deles soubesse o que está para acontecer, punha-se fora dessa milonga" (*América Ilustrada*, 1873). "Não posso compreender que diabo de milonga é esta" (*América Ilustrada*, nº 47, de 1877). Termo originário da língua bundo-congolense, é o plural de *mulonga*, palavra, e só usado entre os negros, significando palavrada, palavras tolas ou insolentes, segundo Macedo Soares; e como escreve Cannecatim, chiste, graça e também questão. Barbosa Rodrigues, porém, encontrou o vocábulo no Amazonas, com as acepções de remédio, feitiço, talismã, e assim o registra na sua *Poranduba Amazonense;* e no Rio da Prata, onde também tem curso, é particularmente dado a uma *tomada popular muy sencilla y monótona*, segundo Daniel Granada (Pereira da Costa, *Vocabulário Pernambucano*, 487). Valendo *remédio*, o mesmo que feitiço, é corrente na África como *milongo*. H. Capelo e R. Ivens (*De Benguello às Terras de Iácca*, I, 68, 279, Lisboa, 1881). "'*Milongo n'gana ame*, remédio, senhor meu." Equivalia, nesse sentido, ao tupi *puçanga*.

MILONGO. Ver *Milonga*.

MIMÊ. Apito de taquara dos indígenas mauês, do Amazonas (Renato Almeida, *História da Música Brasileira*, 56).

MINEIRA. Ver *Mana-Chica*.

MINEIRO COM BOTAS. Sobremesa de bananas, queijo e goiabada.

MINEIRO-PAU. Antiga dança de roda, cantada e ritmada com palmas. Os dançarinos voltam-se para a direita e para a esquerda, com um leve cumprimento ao companheiro deste lado, ou fazendo menção de dar umbigada. Cantam quadrinhas, de qualquer motivo, intercalando cada verso com o estribilho: *Mineiro-Pau! Mineiro-Pau!* Idêntica na Paraíba. No Ceará diz-se *maneiro pau*, bailado de roda, figurantes masculinos, acentuando a nota dominante com o entrechoque de pequeninos cacetes, característicos. É coreografia movimentada. Estudou o *Maneiro-Pau*, com documentação musical, o dr. J. de Figueiredo Filho *O Folclore no Cariri*, *Maneiro-Pau*, 68-76, Fortaleza, 1962).

MINGUSOTO. No folclore da Paraíba é um fantasma aterrador, habitando a capital do Estado. Mingusoto é informe e aterrador. É uma espécie crescida do alma de gato, que amedronta as crianças. Mingusoto, infixo, desmarcado em sua influência, é infinito nas manifestações que o pavor multiplica. Dizem-no senhor dos elementos, águas vivas dos rios, águas mortas das lagoas e barreiros. Mas já está com os elementos europeus deturpadores. Fantasma poderoso, que domina os lençóis subterrâneos, gemendo no silêncio das noites, dá-se ao sestro de abrir as igrejas, organizando mudas, enormes e lentas procissões noturnas, que se desenrolam com o cerimonial terrífico das aparições coletivas, populares na Idade Média. Essas procissões, que surgem e desaparecem, com suas bandeiras, pálios, irmandades coguladas, fiéis, confundindo-se na treva, vem da Europa, e não há figura legendária que não as tenha visto em Sevilha, Roma ou Heidelberg. O doutor Fausto, Dom Juan e o violinista Paganini deram depoimentos. Mingusoto, além desses hábitos de assombração cristã e litúrgica, materializa-se no leão de bronze ou no galo de ferro, que coroam as torres de São Bento e de São Francisco em João Pessoa, igrejas apontadas como residenciais. Também o descrevem vivendo nas praias da Camboinha ou de Tambaú. Curiosamente, o abantesma ainda não escolheu corpo definitivo para visitas sistemáticas. Interessante que não se conhece a sua forma exata de gente. Nem mesmo se desconfia dela. Pelo nome é que se conclui parecer mais de homem que de mulher. Domina as matas, o mar e os rios. "É dono dos elementos", informa Ademar Vidal. Mas não há registro de atividade característica do Mingusoto. "Nada exige, mas amedronta." É um medo com as prerrogativas clássicas da indecisão antropomórfica, com vasto prestígio indeterminado" (*Geografia dos Mitos Brasileiros*, 376-379, 3ª ed., São Paulo, Global, 2002). Em Portugal, o medo ou *miedo* aparece como um "home alto, bestido de branco", como Leite de Vasconcelos registrou em Miranda.

MINHOCÃO. Serpente gigantesca, fluvial e subterrânea, vivendo no rio São Francisco e varando léguas e léguas, por baixo da terra, indo solapar cidades e desmoronar casas, explicando os fenômenos de desnivelamento pela deslocação do corpanzil. Escava grutas nas barrancas, naufraga as barcas, assombra pescadores e viajantes. É a réplica da boiuna, sem as adaptações transformistas em navio iluminado e embarcação de vela, rivalizando com o barco-fantasma europeu. O minhocão é um soberano bestial, dominando pelo pavor e sem seduções de mãe-d'água ou sereia atlântica. Saint-Hilaire registrou o minhocão em Minas Gerais e Goiás (*Antologia do Folclore Brasileiro*, vol. 1, 87-88, 9ª ed., São Paulo, Global, 2004), tentando a possível identificação científica (*Geografia dos Mitos Brasileiros*, 324-327, 3ª ed., São Paulo, Global, 2002). J. M. Cardoso de Oliveira (*Dois Metros e Cinco*, Rio de Janeiro, 1909) fixou o depoimento dos barqueiros do São Francisco, em fins do séc. XIX: "É um bicho enorme, preto, meio peixe, meio serpente, que sobe e desce este rio em horas, perseguindo as pessoas e as embarcações; basta uma rabanada, para mandar ao fundo uma barca como esta nossa. Às vezes toma a forma de um surubim, de um tamanho que nunca se viu; outras, também se diz, vira num pássaro grande, branco, com um pescoço fino e comprido, que nem uma minhoca; e talvez por isso é que se chama o minhocão" (490-491).

MIOTA. Estaferno que aparece nas festas do Divino Espírito Santo em S. Luís de Paraitinga, S. Paulo, divertindo as crianças. "A Miota é representada por uma mulher alta e magra, vestida com fazenda matim. É feita engenhosamente com uma série de carretéis enfiados num cordel, de tal forma que a pessoa que vai dentro da armação, puxando as cordinhas adrede colocadas, faz a Miota ter movimentos de títere, mexendo seus braços esguios, balançando desordenadamente a cabeça de megera" (Alceu Maynard Araújo, *Poranduba Paulista*, I, 83-84, S. Paulo, 1957). Falta acrescentar que a Miota se orgulha de ter um pescoço maior que o próprio corpo. O nome é corrução de *amiota*, esposa do gigante Ferraguz ou Ferrabrás, da "História do Imperador Carlos Magno". Ver *Gigante*.

MISSA DOS MORTOS. Missa das almas, missa dos defuntos. Missa celebrada por um padre morto e a que assiste um auditório de defuntos. Vezes o celebrante e os fiéis são esqueletos. Missa das almas em Portugal. *Misa de las Animas* em Espanha e América espanhola. Tradição conhecida em toda a Europa, desde a Idade Média, com registro copioso nas lendas e versões locais. Alphonse Daudet escreveu, divulgando uma tradição da Provença: "Les trois messes basses", em *Lettres de Mon Moulin*. Em todos os Estados do Brasil há versão regional. Augusto de Lima Júnior (*Histórias e Lendas*, 155-157, Rio de Janeiro, 1935) registra a lenda de Ouro Preto, dada como tendo ocorrido na igreja das Mercês de Cima; Lindolfo Gomes (*Contos Populares*, II, 21-22) recolheu a variante de Lima Duarte, no mesmo Estado de Minas Gerais. O Padre Francisco Pacheco de Campos (1778-1864) em meados do séc. XIX testemunhou a Missa dos Mortos na Matriz de Itu, São Paulo. Arruda Dantas, *Padre Bento*, São Paulo, 1976.

MISSA PEDIDA. Missa paga com dinheiro de esmola, solicitado como penitência ou promessa. Diz-se também missa de esmola. Constituía um voto de tradicional eficácia pela efêmera humilhação do pedinte, às vezes pessoa de posição social e financeira. O Sr. Carlos Alberto de Carvalho enviou à Comissão Nacional de Folclore (doc. 104) uma comunicação sobre "Aspectos Folclóricos da Missa Pedida", na Bahia, onde há muito pormenor interessante.

MISSA-SECA. Era o apelido dos protestantes, presbiterianos, nos primeiros anos da propaganda religiosa. "Um filho de família católica, apostólica, romana, casar-se com uma *missa-seca!*, diziam." (Coriolano de Medeiros, *O Tambiá da Minha Infância*, 31, Paraíba, 1942). "Não compreendo patrício *missa-seca*, nem clamando por Maomé" (Alberto Rangel, *Correspondência de Capistrano de Abreu*, III, 200, Rio de Janeiro, 1956).

MIUDINHO. O *miudinho* é dança e um dos passos dos sambas. Eu mesmo tive ocasião de ver, na Bahia, as mulheres o dançarem em sambas de roda, de modo prodigioso. Avançam como se fossem bonecas de mola, com o corpo imóvel e um movimento quase imperceptível de pés, num ritmo rápido e sempre igual:

"Devagá, miudinho,
Miudinho só!"

O *miudinho* dança introduziu-se nos salões menos aristocráticos, com grande êxito e coreografia adaptada e par enlaçado, em "passo curto, dengoso, atilado, feição mimosa, delicada, pouco pronunciada em seus traços, dança ou bailado popular". No tempo da regência, era uma das danças da sociedade, e permaneceu por muito tempo em voga (Renato Almeida, *História da Música Brasileira*, 163-164). A dança do miudinho já tem os seus cajus, uma vez que encontramos referência sua, já em 1832, nestes versos do poema pernambucano "A Columneida", impressos naquele ano: "Protestando que nunca em sua vida / Aprendera a dançar tal *miudinho*" (Pereira da Costa, *Vocabulário Pernambucano*, 491).

MNEMONIA. Dou este nome às fórmulas ritmadas que se destinam a fazer a criança decorar nomes, dedos, dias da semana, meses, números, etc. Exemplos de mnemonias no Brasil, Estados Unidos, México:

"Um, dois, feijão com arroz;
Três, quatro, feijão no prato;
Cinco, seis, chegou minha vez;
Sete, oito, comer biscoito;
Nove, dez, comer pastéis.

Uno, dos, señor Juan Dios.
Dos, tres, señor Juan Andrés.
Tres, cuatro. señor Juan Lobato.
Cuatro, cinco, señor Jacinto.
Cinco, seis, señor Monséis.
Seis, siete, señor Pericuete.

One, two, buckle my shoe;
Three, four, shut the door;
Five, six, pick up sticks;
Seven, eight, shut the gate;
Nine, ten, begin again."

Uma mnemonia brasileira, de origem portuguesa, para contar até dez:

Una, duna, trina catena;
Bico de ema;
Solá, soladá?
Gurupi, gurupá;
Conte bem que são dez!

A popular, e quase universal, enumerando os quatro primeiros botões: *Rei, Capitão, Soldado, Ladrão! Pobre, Rico, Mendigo, Ladrón! Richman, Poor Man, Beggerman, Thief; Doctor, Lawyer, Merchant, Chief.*

Ver *Dedos*, onde há o estudo das mnemonias respectivas. Parlenda.

MOACARETÁ. O Conselho. Os velhos da tribo, que assistem o tuxaua (chefe) e conservam os costumes e as tradições dos antigos. Esses conselhos, como é natural, desaparecem diante da civilização. No rio Negro, assim como no Solimões e Baixo Amazonas, já mal se encontra a lembrança dos conselhos dos anciãos, entre os descendentes civilizados dos senhores da região. Embora, há uns trinta e tantos anos passados, ainda se encontrasse existente o conselho dos barés no rio Negro, hoje, para encontrá-lo vivo, precisa-se sair dos centros mais ou menos civilizados, precisa-se procurá-lo entre as tribos, que ainda se conservam mais ou menos arredias da civilização. Em geral, o conselho era e é composto do tuxaua, o pajé e mais três velhos. O principal ofício que têm é o de manter vivas as tradições e costumes, e por via disso, em todas as reuniões festivas, um deles é encarregado de contar e instruir os moços acerca das lendas e dos usos dos seus maiores, o que é feito sempre antes de tomarem o capi (Stradelli, 528, *Vocabulário da Língua Geral*).

MOÇA[1]. Que já teve o primeiro catamênio. "Ela é moça. Tá cun dois mêiz qui veio o premêro rejume." Atingida a idade da menarca, a mulher do povo é fiscalizada quanto à vinda do mênstruo inicial. "A experiência popular tem por certo que menina sadia deve ser 'moça', isto é, começar a ser regrada, antes, ou até os 15 anos" (J. Adeodato, *Emenologia Clínica*, 97). "Moça: virgem, donzela." "Diz que a Marianinha non é mais moça. O doutô foi inzaminá se ela tá ofendida mesmo", "Moça-donzela, moça-dama": virgens bem-comportadas, exemplares, aureoladas de respeito. "Ali estavam, gafadas de pecados velhos, serodiamente penitenciadas, as bestas, êmulas das bruxas das igrejas, revestidas de capona preta, lembrando a holandilha fúnebre da Inquisição; as 'solteiras', termo que nos sertões tem o pior dos significados, desvoltas e despejadas, 'soltas' na gandaia sem freios; as 'moças-donzelas', recatadas e tímidas e honestas mães de família, nivelando-se pelas mesmas rezas" (Euclides da Cunha, *Os Sertões*, 199). "Moça"; amante, concubina, prostituta (*Amazônia, Zonas do Centro e do Sul*). "Moça. Amante. Capitão passou ontem com a moça dele. Moça do Coronel Anastácio é bem bonita. O caboclo suprime o artigo definido" (Raimundo Morais, *O Meu Dicionário de Cousas da Amazônia*). "Eu não vim sê 'moça' no Cuiabá. Eu vim, como vancê, faiscá um pouco de ouro na lavra. Quero vivê como quarqué cristão. Deus me livre que home se engrace comigo"! (Paulo Setúbal, *O Ouro de Cuiabá*, 262). "Como isso? Uma menina tão acanhada! É para ver! Desconfiem das sonsas... Fugiu, e lá rodou com ele para a cidade, não para casar, nem para enterrar. Foi ser 'moça', a pombinha" (Monteiro Lobato, *Urupês*, pág. 93, 5ª ed.), São Paulo, 1951). (Fernando São Paulo, *Linguagem Médica Popular no Brasil*, II, 111-112). Escreveu Jaime Cortesão: "*Moça*, no sentido de donzela ou mulher nova, é hoje desusado em Portugal, ao contrário do que sucede na linguagem brasileira" (*A Carta de Pero Vaz de Caminha*, nota nº 32, Rio de Janeiro, 1943). Era corrente no séc. XVI e o escrivão da Armada tratou as indígenas, invariavelmente, por *moças*. Cortesão cita o *Cancioneiro de Resende* e Bernardim Ribeiro, podendo ajuntar-se Gil Vicente, Soropita, Cristóvão Falcão, Damião de Góes, etc. João de Barros já registra a sinonímia de *moça* para amiga, amásia, manceba, que também o brasileiro usa e conhece, tal-qualmente registrou o Prof. Fernando São Paulo. Em Portugal significa, comumente, criada, serva, empregada, ama. No Brasil continua na dupla referência à juventude e ao estado donzelil. Filha já moça, moça-velha, mocinha e moça. Rapariga, vulgaríssimo em Portugal, repugnou à compreensão popular no Brasil, parecendo-lhe valer prostituta, mulher-perdida. Antítese, Moça e Rapariga.

MOÇA[2]. *Babal*, tanga, usada e preferida pelas indígenas do rio Uraricuera, um dos formadores do rio Branco, Amazonas. "Los índios de esta región que se extienden al norte hasta Roraima, son los Macuxi, Uapixana y Jaricuna. Algunos de los individuos que componen estas naciones pueden ser calificados como civilizados, pues se visten, están separados en pequeñas comunidades rurales y dedicados a faenas pastoriles, mientras que otros andan con solamente una cuerda de algodón al rededor de la cintura, y un trapo en la horcajadura como vendajen formando la letra T. Las mujeres usan una moça que consiste en un trapecio hecho de cuentas de unas diez pulgadas por ocho, colgado por delante, y generalmente con un dibujo de llave egipcia. Estos objetos sou muy estimados entre las indias de las naciones Makú y Maiongong que viven muy arriba en el Uraricuera, en la vecindad de las bocas de los afluentes del Arakasa y Parima. Algunos indivíduos de estas tribus bajan el río todos los años hasta el extremo oriental de la Isla Maraca, y traen como artículos de cambio, canoas, remos, mandioca, raspadoras, prensas para la misma, y hamacas" (A. Hamilton Rice, *El Rio Negro* (*Amazonas*) *y sus Grandes Afluentes de la Guayana Brasileña*, 48, Cambridge, Massachusetts, 1934. Tradução de D. Juan Riano y Gayangos, ex-Embajador de España en los Estados Unidos de América).

MOÇA-BRANCA[1]. Abelha, *Trigona augustala*, Lep, produzindo cera abundante e mel inferior. Sinônimo popular de cachaça. José Calasans, *Cachaça, Moça-Branca*, cidade do Salvador, Bahia, 1951:

―――――
1 No texto original: "Moça Branca" (N.E.).

"Cachaça, Moça-branca,
Fía de véio trigueiro,
Quem se encarca muito nela
Morre pobre, sem dinheiro."

MOÇAMBIQUES. Bailado popular em Goiás, Minas Gerais, São Paulo, Rio Grande do Sul, participando dos festejos do Divino, N. Sª do Rosário ou São Benedito (A. Americano do Brasil, *Cancioneiro de Trovas do Brasil Central*, 268, S. Paulo, 1925; João Dornas Filho, "A Influência Social do Negro Brasileiro", *Revista do Arquivo Municipal*, LI, S. Paulo, 1938; idem, o *Refinado ou Congada em Itaúna*, Euclides, 8, 3; Renato Almeida, *História da Música Brasileira*, 278-279, Rio de Janeiro, 1942; Dante de Laytano, *As Congadas do Município de Osório*, Porto Alegre, 1945; *Folclore Nacional*, 4, S. Paulo, 1946; Oneyda Alvarenga, *Música Popular Brasileira*, 144-146, Porto Alegre, 1950; Alceu Maynard Araújo, *Documentário Folclórico Paulista*, 55-57, S. Paulo, 1952). Usando túnicas azuis ou vermelhas, cintadas, capacete enfeitado de fitas e espelhos, jarreteiras de guizos (*paiás* ou *maçaquaias*), desenvolvem coreografia movimentada, em filas ou arabescos, agitando, entrechocando os bastões, em lutas simuladas ou seguindo o desenho convencional feito por aqueles, estrelas ou escadas, provas de equilíbrio, precisão e segurança do bailarino. Os instrumentos são de percussão mas aparecem conjuntos com viola, violão, rabeca, cavaquinho. É expressão lúdica mas inteiramente votiva, dedicada às finalidades do culto exterior católico tradicional, não devendo ser repetida fora das épocas oblacionais. Lembra, em certos ângulos, os maculelês brasileiros e os paulitéiros de Miranda do Douro, em Portugal, pelas convenções coreográficas com os bastões, reminiscências de espadas, implemento quase universal e milenar (Europa, Ásia, África). Teria sido no tempo da escravaria dança de conjunto negra e daí a denominação "moçambique". A. Americano do Brasil: "Dança africana, como explica a palavra que a caracteriza, moçambique. Foi conhecida e usada nos sertões pelos primeiros escravos mineiros trazidos para o trabalho da extração de ouro". Em sua apresentação contemporânea nenhum elemento tipicamente africano sobreviveu. Sua velocidade inicial teria as características do bailado negro, roda, canto uníssono, figuração central de solista ou par, convite à sequência pela umbigada, vênia ou batida de pé, bailado em fila, volteado. Essas figuras são "negras" e também arcaicas para a maioria das danças que já não podem ser computadas no tempo. Exceto a batida de umbigo ou de nádegas, que, parecendo-me *made in Africa*, veio de Espanha e Portugal, para danças de fileiras ou de rondas. Mas o "moçambique" é nome africano num conjunto coreográfico já nacionalizado e distante dos "típicos" negros. Barbosa Lessa levou à cena em S. Paulo uma peça teatral, com todos os motivos do bailado e seu clima social de devoção (o *moçambique* pode ser dançado como cumprimento de promessa), obtendo êxito: "A Rainha de Moçambiques" (Rossini Tavares de Lima, *Folguedos Populares de São Paulo*, "O Moçambique", 263-265, sep. "IV, Centenário da Fundação da Cidade de São Paulo", 1954). Maria de Lourdes Borges Ribeiro, *A Dança do Moçambique*, S. Paulo, 1959. Não existe em Moçambique, África Oriental, dança alguma com esse nome. Havia, no norte de Portugal, um bailado de negros, vestidos de vermelho, entoando refrão referente a Moçambique. "Antigamente, fazia-se na Igreja Matriz uma festa a Nossa Senhora do Rosário, e uns *pretos* que viviam em Azurara, no lugar da Granja (que, talvez por isso, ficou a chamar-se *Campo da Preta*), juntamente com outros pretos de Vila do Conde, festejavam muito esta Senhora, a quem chamavam a *Senhora do Rosandário* e "sua padroeira". No dia desta festa, faziam muitas danças e pantomimas no adro da Igreja e pelas ruas, vestidos de vermelho e com paus enfeitados nas mãos. Cantavam o seguinte:

"Nós vimos de Moçambique,
Ai ri ru,
Chegamos aqui agora,
Ai ri ró ré,
Não pudemos vir mais cedo,
Ai ri ru,
Hoje nos vamos embora,
Ai ri ró ré."

Bertino Daciano R. S. Guimarãens, Eugênio de Andrea da Cunha e Freitas, Serafim Gonçalves das Neves, *Azurara*, Concelho de Vila do Conde. Subsídios para a sua monografia, 115, Porto, 1948. Não conheço outra fonte portuguesa.

MOCIM. Ver *Muçu*.

MOCÓ. Um pequeno roedor (*Cavia rupestris*, Wied.). Da pele fazem bolsas, que têm o mesmo nome, mocó, onde os sertanejos guardam dinheiro e objetos miúdos. Na Amazônia chamam mocó ao saquinho tendo um feitiço qualquer, especialmente o osso do pavão; é um amuleto para o amor, fascina as mulheres. "... para ajudar a amolecer o coração da cunhatã, tratou logo de arranjar um "mocó". Matou um pavãozinho do mato numa sexta-feira, enterrou ele numa encruzilhada e esperou que a terra lhe comesse a carne. Passados uns tempos, então, à meia-noite de outra sexta-feira, foi lá na encruzilhada e desenterrou os ossinhos do bicho, que atirou no igarapé. A correnteza carregou todos os ossos, menos um, que ficou de bubuia. E esse ossinho era o "mocó". De posse dele, Antônio Gondeixa adquiriu a certeza de que havia de ser dono do coração de Conceição, e criou mais coragem" (Peregrino Júnior, *Matupá*, 18, Rio de Janeiro, 1933). Amuleto. Patuá.

MOCORORÓ. Bebida refrescante feita de mandioca ou arroz. No Maranhão era um mingau de arroz. No Ceará, bebida de sumo de caju, com quatro dias de fermentação ao ar livre.

MOCOTÓ. Ver *Mão de Vaca*.

MODINHA[1]. É uma canção brasileira, de gênero tradicional, quase sempre amorosa. As mais antigas tinham, mesmo, sabor acentuadamente erótico, e por vezes equívoco. Gilberto Freyre a elas se refere, dizendo-as impregnadas do erotismo das casas-grandes e das senzalas. Ribeiro dos Santos, que as ouviu em Portugal, no séc. XVIII, diz que eram "cantigas de amor tão descompostas, que corei de pejo, como se me achasse de repente em bordéis ou com mulheres de má fazenda"; e Lord Beckford, muitas vezes citado, tem uma tirada que bem define as deliciosas *modinhas*, tão em voga na sisuda Lisboa do tempo de Dona Maria I: "Aqueles que nunca ouviram falar desse original gênero de música – diz ele – ignoram as mais feiticeiras melodias, que já existiram desde os dias dos sibaritas. Elas consistem em lânguidos compassos interrompidos, como se a respiração faltasse, devido ao excesso de enlevo, e a alma estivesse ansiosa por encontrar a alma irmã de algum objeto amado. Com um descuido infantil, elas se insinuam no coração, antes que ele tenha tempo de armar-se contra a sua enervante influência: imaginamos estar ingerindo leite, e estamos admitindo o veneno da volúpia no mais íntimo recesso de nossa existência". Versos como os de Domingos Caldas Barbosa:

"Eu tenho uma nhanhazinha
De quem sou sempre moleque;
Ela vê-me estar ardendo,
E não me abana c'o leque."

exemplificam esse clima erótico das velhas modinhas, que a melodia dengosa, vagamente sentimental, ainda mais acentuava.

Modinha é um diminutivo de *moda*, tipo mais antigo da canção portuguesa, cuja denominação coexiste, no Brasil, com aquela: *moda de viola*, *moda paulista*, etc. Está na índole da língua e na tradição dos compositores esse emprego do diminutivo; o mesmo ocorre com *fado* e *fadinho*, *polca* e *polquinha*, *tango* e *tanguinho*, *choro* e *chorinho*, etc. A diversificação entre *moda* e *modinha* ocorreu em Portugal, no séc. XVIII, logo seguida por uma outra distinção perfeitamente definida: a *modinha portuguesa* e a *modinha brasileira*. A esta dizem respeito as restrições moralistas acima referidas. Apesar disso, eram cantadas nos melhores salões de Lisboa; e os escritores que observaram a música portuguesa do tempo, sempre destacam a *modinha brasileira*, pela qual manifestam preferência. A comparação entre os documentos existentes hoje em dia prova cabalmente essa distinção entre os dois tipos de *modinhas*. E mesmo no Brasil foram frequentemente cantadas as *modinhas portuguesas*, de linha melódica mais singela, estabilidade tonal e modal maior, isto é, privadas daquilo que fazia o encanto das *brasileiras* e que já era um traço inconfundível de caracterização nacional. Efetivamente, Martius, referindo-se às *modinhas brasileiras* que ouviu em nosso País, no começo do século passado, diz que elas "conservam integralmente o sabor popular e denunciam de vez em quando o *pathos* verdadeiramente lírico de poetas quase sempre anônimos". Outro ponto divergente entre *modinhas portuguesas* e *brasileiras* é o canto a duas vozes, empregado com frequência pelas primeiras e nunca pelas nossas.

Nas velhas *modinhas* impressas, quase sempre o poeta e o compositor ficavam no anonimato. Mas sabemos que os poetas da Escola Mineira tiveram seus versos a miúdo empregados pelos compositores do tempo; até hoje muitas liras de *Marília de Dirceu* ainda andam, anônimas, na boca dos cantadores de modinhas. Em Portugal, o mulato brasileiro Domingos Caldas Barbosa foi o mais afamado dos modinheiros setecentistas. A música, embora, às vezes, composta por mestres de nomeada, era despretensiosa e acessível aos de mais baixo coturno; tanto que Rafael Coelho Machado, em seu *Dicionário Musical*, publicado em 1842, escreve, no artigo *modinhas*: "pequenas composições que andam em voga, e que qualquer curioso pode compor".

Com o advento do romantismo e a difusão da valsa, o tipo da *modinha* se modificou profundamente. A brejeirice primitiva cedeu lugar ao mais derramado sentimentalismo; e a rítmica predominante, binária, característica das velhas *modinhas*, passou ao ternário, quase constante das peças choraminges de meados do séc. XIX. Os poetas preferidos agora são Gonçalves Dias, Álvares de Azevedo e Casimiro de Abreu. Não têm conta as modinhas publicadas, na época, com os seus versos.

Até então a *modinha* havia sido, indubitavelmente, um gênero tradicional, por mais de um século arraigado (aos hábitos burgueses para o povo. Ao seu declínio como canção de bem corresponde a voga crescente que vai tendo nos círculos de seresteiros, cantores boêmios das cidades. E corresponde, também, a uma nova transformação de sua fisionomia: o abandono dos ritmos ternários para adotar os quatro tempos do *schottische*, que, como dança, se introduzira em bailes e pagodes, determinando um melodismo específico, muito doce, a que recorriam, por fim, não só os pioneiros de festa, como os chorões e cantadores de serenatas. A partir dessa época, pôde a *modinha* ser contada em nosso acervo folclórico.

Mário de Andrade, em seu excelente prefácio às *Modinhas Imperiais*, mostra-se surpreso com essa folclorização da *modinha*. "Dar-se-á o caso absolutamente raríssimo – diz ele – duma forma erudita haver passado a popular? O contrário é que sempre se dá. Formas e processos populares, em todas as épocas, foram aproveitados pelos artistas eruditos, e transformados de arte que se apreende em arte que se aprende." A argúcia habitual de Mário de Andrade não o enganou; embora com o raciocínio entravado pelo conceito clássico de música popular, ele percebeu o que Carlos Vega veio a estabelecer, mais tarde, com teoria, baseado em seus estudos sobre o folclore argentino: que os fatos folclóricos passam do superior ao inferior; que a música hoje popular já foi, um dia, música das classes altas (ver *Música Popular*).

A modinha nunca teve estrutura formal fixa. Frequentemente nas mais antigas, em compasso binário, encontramos *modinhas* antigas sem essa diferenciação rítmica para concluir: *modinhas* com introdução ou sem ela; *modinhas* a duas ou a três partes; *modinhas* terminando com o canto ou confiando ao piano uma frase final. O plano tonal também é variável. Há *modinhas* sem modulação: geralmente, porém, prevalecem a mudança de tom e a mudança de modo. Mário de Andrade observou, mesmo, casos curiosos em que, contrariando a praxe, *modinhas* há que se iniciam no modo maior e terminam no homônimo. E assinalou, como tendência mais generalizada, no plano modulatório, a passagem para o tom da subdominante, o que é, aliás, um traço perfeitamente característico da música brasileira.

Não são muitos esses traços característicos do nosso folclore musical, que encontramos nas *modinhas*. Na hierarquia dos gêneros que o constituem, elas ocupam um lugar alto, isto é, pouco profundo, mais perto das cidades do que do sertão, dos que têm letras do que dos analfabetos. Levam sempre acompanhamento de piano, imprimiram-se profusamente e muitas das vezes foram escritas por bons músicos, conhecedores do seu ofício. Mas o fato é que o gênero se popularizou e, indiscutivelmente, constitui uma das mais autênticas tradições da música popular brasileira. Dificilmente, hoje em dia, um cantador de *modinhas* saberá declinar o nome do poeta e do compositor das peças que constituem o seu repertório. Elas andam anônimas, pelo interior do país; e outras, à sua imitação, vão sendo criadas, sem conhecerem a luz dos prelos. Apesar da aludida escassez de elementos característicos nas *modinhas*, uma vez ou outra eles podem ser assinalados. Assim, por exemplo, encontramos o típico abaixamento do sétimo grau, em documentos setecentistas, como a modinha – "Prazer igual ao que eu sinto", da coletânea de Spix e Martius, o "Eu vi amor pequenino", das "Canções Populares", harmonizadas por Luciano Gallet. E a síncopa de semicolcheia, colcheia, semicolcheia, no primeiro tempo da melodia, já se acha sistematizada na modinha "Tive por certa menina", que é guardada, em manuscrito, na Biblioteca da Escola Nacional de Música da Universidade do Brasil (vol. 4002, obra 8, 824). Um estudo exaustivo da *modinha*, histórico e estilístico, foi feito por Mário de Andrade, no Prefácio e nas Notas da coletânea que publicou sob o título de *Modinhas Imperiais*. Como coletânea, além dessa, há um precioso álbum, editado à guisa de suplemento da monumental *Reise in Brasilien*, de Spix e Martius e intitulado *Brasilianische Volkslieder und Indianische Melodien* (seus exemplares são extremamente raros). Coleções importantes de peças soltas encontram-se na Biblioteca da Escola Nacional de Música da Universidade do Brasil e em poder de alguns particulares; os *Anais do Primeiro Congresso da Língua Nacional Cantada* (São Paulo, 1938) publicam catálogos muito elucidativos de algumas dessas coleções, que figuram na Exposição de Documentos Musicais, realizada por ocasião do aludido Congresso. (L. H.). Luís Heitor Correia de Azevedo (Rio de Janeiro).

MODINHA[2]. O Prof. Luís Heitor Correia de Azevedo, da Universidade Nacional (Rio de Janeiro), fixou excelentemente os elementos característicos da modinha. O nome está desaparecendo, mas o verso cantado continua dominador em todo o Brasil e mantendo muitos dos elementos tradicionais. As estações emissoras de rádio conservam programas de recordação, reavivando o prestígio das antigas modinhas sentimentais. Foram também estudadas em Mário de Andrade, *Modinhas Imperiais*, S. Paulo, 1930; Renato Almeida, *História da Música Brasileira*, 62-72, Rio de Janeiro, 1942; Guilherme de Melo, *A Música no Brasil*, 130-148, Rio de Janeiro, 1947; Oneyda Alvarenga, *Música Popular Brasileira*, 284-291, Porto Alegre, 1950. Um poeta e compositor da música popular, José Vitoriano de Medeiros (1892-1955), que faleceu tenente-coronel da Polícia Militar do Rio Grande do Norte, presenteou-me com uma coleção de modinhas, impressa, que registro para dar uma imagem da predileção brasileira no gênero. Edições do Rio de Janeiro: *Trovador Moderno*, Fagundes Baeta, 1923; *Lira das Moças*, Fag. Baeta, s. d.; *O Novo Trovador da Malandragem*, Amador Santelmo, 1926; *Marchas e Sambas*, Angelo Delattre, 1943; *Novos Cantares*, Catulo Cearense, 1909; *Trovador da Malandragem*, Eduardo das Neves, 1926; *O Cantor de Modinhas Brasileiras*, Eduardo das Neves, 1937; *Mistérios do Violão*, Eduardo das Neves, 1905; *Trovas e Canções*, Catulo da Paixão Cearense, 1910; *Lira do Trovador*, Arlindo Sereno, s. d.; *Lira Brasileira*, Catulo da Paixão Cearense, 1908; *Lira do Namorado*, Cabo Félix, s. d.; *Marchas e Sambas*, Angelo Delattre, 1938; *Marchas e Sambas*, A. Delattre e Filho, 1942; *Marchas e Sambas*, Angelo Delattre, 1941. Editadas em São Paulo: *Cantor Popular Moderno*, s. d.; *Lirismos d'um Capadócio*, J. Crisóstomo da Silva, 1926; *Cancioneiro Popular Moderno*, Eduardo das Neves e Baiano (10 ed.) 1921; *Cantor Popular Moderno*, pelo mesmo, 10ª ed., 1923; *Álbum de Modinhas Brasileiras*, Catulo da Paixão Cearense e Mário, 1924; *Trovador Paulista*, s. d.; *Lira do Trovador*, Eduardo das Neves e Mário, 1921; *Musas da Meia-Noite*, Motososchry, 4ª ed., 1927; *Luar do Sertão*, H. Marques, 1928; *Ecos da Lira*, Motososchry, 1928; *Lira dos Almofadinhas*, Motososchry, 1928; *Choros do Pinho*, Motososchry, 1928; *Noites de Luar*, H. Marques, 1928; *O Cantor do Sul*, H. Marques, 1928; *Trovador Popular Moderno*, Eduardo das Neves e Baiano, 1921; *O Trovador do Norte*, H. Marques, 1928; *Trovador das Selvas*, Motososchry, 1928; *Lira Popular*, H. Marques, 1928; *O Serenatista Paulistano*, H. Marques, 1928; *Lira da Roça*, H. Marques, 1928; *Canções Populares do Brasil*, prefácio de Brito Mendes (com músicas), Rio de Janeiro, sem data (impresso no Porto, Portugal, em 1911). O Prof. João Batista Siqueira, *Modinhas do Passado*, Rio de Janeiro, 1956 (Investigações folclóricas e artísticas) divulgou um indispensável estudo na espécie, na série iniciada pelas *Modinhas Imperiais*, de Mário de Andrade (S. Paulo, 1930). Ver Melo Morais Filho, *Cantares Brasileiros*, Rio de Janeiro, 1900; idem, *Serenatas e Saraus*, três volumes, Rio de Janeiro, 1º (1901, 1902 na capa), II e III, 1902.

MOFINA, MOFINO. Fraco, pusilânime, covarde. O Padre Etienne Brasil é o único a falar numa espécie de orixá africano com este nome: "É usança antiga entre os negros deitar feijão às encruzilhadas, em oferendas a Mofina, um dos seus deuses lares" ("O Fetichismo dos Negros do Brasil", *Revista do Instituto Histórico e Geográfico Brasileiro*, LXXIV).

MOLEQUE. Negrinho, rapaz preto. *Adolescens niger*. Homem sem dignidade, que não satisfaz compromissos, irresponsável, doidivanas. "Palavra de moleque é isso mesmo!" Rapaz, rapazola, rapazote, em kimbundo, *Muleke*; Pe. Antônio da Silva Maia, *Dicionário Complementar Português-Kimbundu-Kikongo*, Editorial Missões, Cucujães, 1964.

MOLGÃO. Ver *Jogo de Baralho*.

MONARQUIA SUL-BRASILEIRA. Numa dada fase da campanha do Contestado (ver *José Maria*, *João Maria*, *Guarda* das *Virgens*, *Pelados*) houve a proclamação da Monarquia Sul-Brasileira, sendo escolhido imperador o fazendeiro Manuel Alves de Assunção Rocha, que aceitou, usou o *dom* e assinou uma "Carta Aberta", precioso documento de sua futura lei substantiva e orgânica, publicada pelo General Demerval Peixoto (*Campanha do Contestado*, "Episódios e Impressões", Rio de Janeiro, 1916). Denuncia-se a nenhuma divulgação das doutrinas republicanas no espírito popular e seu fidelismo ao ideal monárquico, sonho que, uma vez realizado, materializaria a perfeição administrativa, estabelecendo a justiça social, a abundância normal de outrora e a severidade nos costumes e leis. Monarquista a seu modo era o Monge José Maria, como o Antônio Conselheiro no seu arraial de Canudos. Como depoimento de mentalidade popular, vale essa monarquia proclamada num reduto e que desapareceu sem rastros depois do aniquilamento de outro arraial. Cheguei a ver uma bandeira da monarquia sul-brasileira, capturada no reduto de Santa Maria, a 3 de abril de 1915. Era um retângulo de pano branco de algodão, tendo no meio uma cruz latina, bordada de linha azul e encimada por uma coroa. Mostrou-ma o Sr. Júlio Pinheiro da Câmara, atual escrivão na cidade de Serra Negra do Norte (RN) e que lhe emprestara um sargento do Exército, ex--participante do assalto. Na "Carta Aberta", ao lado dos princípios gerais, há matéria de fundo sentimento tradicional, sublimação de críticas e expressões sugestivas da mentalidade popular. "Carta Aberta à Nação. Eu, D. Manuel Alves de Assunção Rocha, aclamado Imperador Constitucional da Monarquia Sul-Brasileira, em primeiro de agosto do corrente ano (1914), com sede no reduto de Taquaruçu do Bom Sucesso, convido a Nação para lutar para o completo extermínio do decaído governo republicano, que durante 26 anos infelicita esta pobre terra, trazendo o descrédito, a bancarrota, a corrução dos homens e, finalmente, o desmembramento da pátria comum. Comprometo-me:

1 — Em pouco tempo a eliminar o último soldado republicano do território da Monarquia, que compreende as três províncias do Sul do Brasil: Rio Grande, Paraná e Santa Catarina.

2 — Para o futuro, anexar ao Império o Estado Oriental do Uruguai, antiga Província Cisplatina.

3 — Organizar um Exército e Armada dignos da Monarquia e reorganizar a Guarda Nacional.

4 — Dar ao País uma Constituição completamente liberal.

5 — Reduzir os impostos de exportação e importação e bem assim estabelecer o livre-câmbio dentro do território do Império.

6 — Fazer respeitar meus súditos, logo que me seja possível, em qualquer ponto do planeta.

7 — Fazer garantir a inviolabilidade do lar e do voto, tão menosprezados pelo decaído regime.

8 — Fazer respeitar, em absoluto, a liberdade da imprensa, também menosprezada pela antiga República.

9 — Tornar inexpugnável a barra do Rio Grande e todo o litoral do País.

10 — Guarnecer a fronteira com o Estado de São Paulo e fronteira argentina, logo que seja reconhecido oficialmente o novo Império e organizado o Exército Imperial.

11 — Assumir, relativamente, todos os compromissos do antigo regime que relativamente couberem ao Império Sul-Brasileiro.

12 — O Exército Imperial será a primeira linha e a Guarda Nacional a segunda linha.

13 — Unificação da lei judiciária do País.

14 — Restringir a autonomia dos municípios.

15 — Emitir provisoriamente um numerário nominal e em seguida conversão metálica.

16 — A religião oficial será a Católica Apostólica Romana.

17 — Liberdade de culto.

18 — Cogitar do desenvolvimento da lavoura, sem desprezo da indústria.

19 — O imposto protecionista à indústria e lavoura do Império.

20 — Livres os portos do Império a todo estrangeiro, sem cogitar-se da raça, crença, etc.

21 — Serão considerados nacionais todos os estrangeiros que residirem dois anos no País.

22 — Modificar o atual sistema de júri, que não está mais compatível com o século.

23 — O ensino será obrigatório, tanto para a infância como para o Exército.

24 — A criação do Exército Aviador, que atualmente está dando resultado na guerra europeia.

25 — Edificação da Corte Imperial, que será no centro do território Imperial.

26 — A bandeira e a coroa do Império Sul--Brasileiro: serão adotadas as antigas da decaída Monarquia Brasileira.

27 — A pena de morte em vigor, com a forca.

28 — O serviço militar será obrigatório.

29 — À agricultura nacional será dada uma área de terra independente de pagamento, em terras nacionais.

30 — De 1º de setembro em diante entrará em vigor a lei marcial aos inimigos da Monarquia.

Viva a Monarquia Sul-Brasileira! Deus guarde e vele pela Monarquia!

Reduto de Taquaruçu do Bom Sucesso, em 5 de agosto de 1914.

O Imperador Constitucional da Monarquia Sul-Brasileira, Dom Manuel Alves de Assunção Rocha."

Osvaldo R. Cabral (*Santa Catarina*, 401, Brasiliana, São Paulo, 1937) informa que o manifesto monarquista é atribuído ao negociante Guilherme Gaertner, e adianta que a monarquia para os fanáticos do Monge José Maria era a pregação deste e não o manifesto político. Mas a repercussão popular entre os *pelados* foi grande, e bateram-se sob essas bandeiras improvisadas, usando as fitas brancas no chapéu, vivando o imperador, que era homem do mesmo ambiente espiritual, criador e mantenedor de todos. Recordo-me de haver visto uma bandeira dessa Monarquia Sul-Brasileira, mostrada pelo sr. Júlio César Pinheiro da Câmara em 1921, Natal, por empréstimo de um seu amigo, sargento do Exército, participante da Campanha do Contestado. Era branca, tendo no centro uma cruz latina, vazia de campo, encimada pela coroa real, fechada, tipo D. João V, tudo bordado a retrós verde.

MONGE. Ver *João Maria de Agostinho* e *José Maria.*

MONGE DE IPANEMA. Estranho eremita aparecido na região de Sorocaba, São Paulo, em dezembro de 1844, e desaparecido, sem vestígios, no final de 1857. Atendia aos enfermos, adivinhava, dando assistência espiritual aos numerosos consulentes que o procuravam em romaria. Arruda Dantas, *Padre Bento*, São Paulo, 1976.

MONGO VELHO. O indígena Vuitir, chefe aos puris, foi elemento preponderante para a fundação de Queluz, São Paulo, trazendo umas oitenta famílias para a povoação que nascia. Fora batizado com o nome de João Batista, mas o chamavam sempre Mongo, e carinhosamente Mongo Velho. Sem razão conhecida, Mongo Velho abandonou a povoação e desapareceu, sendo muito lembrada sua figura (Augusto Emílio Zaluar, *Peregrinação pela Província de S. Paulo*, 255-256, ed. Cultura, São Paulo, 1943 [a primeira edição é de 1863]). O Prof. J. B. Melo e Sousa (*Histórias do Rio Paraíba*, "O Mistério do Mongo Velho", 31-49, ed. Aurora, Rio de Janeiro, 1950) reuniu os elementos da presença folclórica do Mongo Velho. Em Jataí há um "Jongo do Mongo Velho", onde o estribilho alude à esperança do regresso do herói: "Mongo Véio vai vortá! E ao final: "Mongo Véio não vortô!" O Sr. J. B. de Melo e Sousa informa que Vuitir abandonou Queluz (1802) porque presenciara a seviciação de uns escravos africanos e ficara revoltado com a crueldade. No Jongo do Mongo Velho representa-se a cena da flagelação dos escravos e a revolta do indígena puri.

MONO. Ver *Fandango.*

MONTENELO. Montinelo. Dança popular na terceira década do séc. XIX no Recife e possivelmente noutros lugares do Brasil. Lopes Gama cita-a abundantemente no seu *Carapuceiro*. No nº 28, de 22 de julho de 1837:

"Se a valsa pouca se usa
Vêm galope e montenelo."

No nº 2, de 20 de janeiro de 1838: "Basta que os meninos vão às primeiras letras e em casa aprendam a dançar: porque está decretado pelas luzes do século que o ril, a gavota, o sorongo, o afandangado, o montenelo e as quadrilhas são instrução muito mais interessante do que o pelo-sinal, etc.". No nº 13, de 28 de fevereiro de 1838, volta a falar contra as danças em voga, "sorongo, cachucha, montinelo e outras patifarias semelhantes".

MONTINELO. Ver *Montenelo.*

MOQUECA. Quitute de peixinhos, mariscos ou camarões, com leite de coco, azeite doce ou de dendê e outros temperos, e muita pimenta, das chamadas *de cheiro*, próprias para as comidas de peixe. A moqueca pra ser boa / Deve ser de camarão / O tempero que ela leva / É pimenta com limão (Pereira da Costa, *Vocabulário Pernambucano*, 499).

MOQUÉM. Gradeado de madeira sobre o lume, para assar peixe ou carne de gado, etc., pelo calor, sem contato com a chama. Carne moqueada resiste muito tempo. Era a forma característica do ameríndio conservar a caça por algumas semanas, e se tornou familiar ao europeu e ao negro. Os franceses dicionarizaram o vocábulo, escrevendo-o *boucan*. Constantin Tastevin (*Origine de Quelques Mots Français Empruntés à la Langue Tupy-Guarany*, les Missions Catholiques, 2623, 12, Septembre 1919, Lyon): "Boucaner - En tupy mukaen ou mbukaen, cuire, composé de mu ou mbu "faire" et caen ou cai "bruler" ... De là vient: "boucan", en tupy mukaen tawa, gril en bois installé sur un trépied élévé et sur lequel on dispose le gibier ou le poisson que l'on veut cuire et dessécher à la fumée: de là vient encore "boucanage", action de boucaner; et "boucanier" nom donné au XVIII siècle aux flibustiers des Antilles, sorte de pirates des îles qui vivaient surtout de chasse, de pêche et de pillage. La viande boucanée peut se conserver plusieurs jours, si le boucanage est bien fait" (441). Escreve-se também "muquém". O mesmo que mocaentaua. Denominação dada a uma constelação. Mocaentaua: Constelação que compreende parte de Órion e de Sirius. O mocaentaua é feito do cinto de Órion e as estrelas que lhe formam o busto, sendo que a empunhadura da espada é o aracu que está a cozinhar. Sirius, Betelgeuse, Rigel, Bellatrix e Mintaka são as lontras que estão para furtar o peixe do mocaen (Stradelli, *Vocabulário da Língua Geral*, 528-529). O peixe aracu é um *Corimbatae*. Na astronomia indígena do Amazonas, as quatro estrelas principais do Órion, Betelgeuse, Rigel, Bellatrix e a *kappa*, são chamadas as lontras (*Lutra paranensis*). O moquém era o único processo utilizado pelo indígena para conservar os alimentos azotados. Não era forma culinária. Ver Luís da Câmara Cascudo, *História da Alimentação no Brasil*, "Fogo, trempe, moquém e forno", 83-89, 4ª ed., São Paulo, Global, 2011.

MORAIS FILHO, ALEXANDRE JOSÉ MELO. Ver *Melo Morais Filho.*

MORCEGO. Não há no Brasil muita tradição popular sobre os quirópteros. São apenas considerados agoureiros, quando revoam em maior quantidade. No Sul e Centro suas proezas são empurradas para a culpa do Saci-Pererê, trançar as crinas dos animais, deixá-los fatigados (pela perda de sangue), furar as frutas guardadas, provocar os ruídos estranhos, etc. Sua predileção pelos sapotizeiros (*Achras sapota*, L.) tornou suspeita e tenebrosa a sombra da árvore, especialmente à noite. Para o povo o morcego é uma transformação dos ratos velhos. São infalivelmente sacrificados pelos meninos, quando apanhados ou tonteados com baladeiras e bodoques. Não há a caçada aos morcegos como em Portugal, ao escurecer, os rapazes agitando varas untadas de sebo: "Morcego, morcego, / Vem à vara que tem sebo!". Os velhos afirmavam que o morcego era o *passarinho do diabo*. Um caso, contado outrora, diz que, reunidos os animais para a eleição do seu rei, o morcego foi expulso de entre as aves por não ter bico, e da assembleia dos outros, por voar. Morcego é o passageiro que viaja no estribo do bonde ou o garoto que o toma e salta, repetidas vezes, brincando. Morcegar. Importuno. Vá morcegar no inferno. Ver *Cupendiepe.*

MORCEGO-VAMPA. Superstição no município de Palmares, Pernambuco. "... o morcego-vampa, que de noite chupa o sangue de quem dorme sem reza, e faz a gente virar lobisomem." Jaime Gris, *Gentes, Coisas e Cantos do Nordeste*, 41, Recife, 1954.

MORDIDO DE COBRA. O *curado* de cobra difere do *curador*. O primeiro está imune do veneno, mas não é obrigado a transmitir aos outros seu processo imunizante. O curador é o médico. Nada tem de feiticeiro para os sertanejos. Conheci longamente em Augusto Severo o octogenário negro Antônio Gambeu, famosíssimo pela naturalidade com que se aproximava e manuseava todas as espécies de cobras. Vivia quase cercado de cascavéis, jararacas, surucucus, corre-campos, criando-os como animais domésticos, para matá-los e vender a banha, ingrediente mirífico para reumatismo e outras doenças de velhos. Gambeu identificava as cobras pelo rasto. E, com toda essa autoridade, não sabia *curar*. Todo curador é curado de cobra, mas nem todo curado de cobra é curador. Os remédios familiares, a que tantas vezes assisti aplicar, eram: o cautério de fogo, brasa ou ferro quente, na ferida, emplastros de folha de fumo mascado, purgante de pinhão (*Jatropha curcas*, L.), beber sumo de limão ou uma beberagem horrenda, feita de pimentas malaguetas esmagadas em pouca água e engolida às colheradas. O doente confessava não sentir o ácido das primeiras doses. O Príncipe Maximiliano de Wied-Neuwied (*Reise Nach Brasilien*, III, 384, Frankfurt a/M, 1820) resume alguns cuidados dados aos *mordidos de cobra*. A sucção, quando não há dente cariado ou ferida na boca, é universal. Freyrelss sugou o pé de um indígena puri na Bahia. Queimavam a ferida com pólvora de caça e faziam compressas de sal. Sellow viu aplicar a gordura do teiú (*Lacerta leguixiu*). Martius (*Viagem pelo Brasil*, I, 284) indica como remédios cuja aplicação presenciou: a raiz-preta, uma rubiácea (*Chiococca anguifuga*, Mart.). Beber quantidades da decocção e usar cataplasmas das folhas secas e raízes esmagadas, alternando-se com as de diversas outras plantas, como o loco (*Plumbago scandens*, L.), que forma empolas, o picão (*Bidens graveolens* nob, e *Leucantha* W.) a erva-de-santana (*Kuhnia arguta* H.) e o *Spilanthes brasiliensis*, frequentemente renovadas. Um remédio curioso, que todos me diziam ter vindo dos indígenas, é o chifre de veado, tornado carvão, amarrado em cima da ferida, para *chupar o veneno* (Luís da Câmara Cascudo, nota 9 a *Viagens ao Nordeste do Brasil*, de Henry Koster, 325, Brasiliana, 1942, São Paulo). George Gardner (*Viagens no Brasil*, 41-42, trad. Albertino Pinheiro, Brasiliana, São Paulo, 1942) informa da inusitada aplicação do ensalmo *Sator, Arepo, Tenet, Opera, Rotas*, para a mordida da cobra: "Porém o método mais extraordinário de que jamais ouvi falar é o que me comunicou um fazendeiro, que me acompanhou ao Rio, de volta das montanhas (Órgãos). O remédio consiste no bem conhecido acróstico latino ou, como eles lhe chamam, palavras mágicas: Sator, Arepo, Tenet, Opera, Rotas. Escreve-se cada linha separadamente numa tira de papel, enrola-se em forma de pílula e dá-se o mais depressa possível à pessoa ou animal mordido." São tradicionais as recomendações para que o doente não ouça voz de mulher, sob pena de terrível retorno. Não deverá ver a luz solar. Aconselhável retirar-se da casa a mulher que estiver grávida. Não se explica a ninguém a verdadeira origem do ferimento e sim *foi mordido por um bicho* ou *furou-se num espinho reimoso*. Artur Neiva e Belisário Pena (*Viagem Científica*, 161-162) compendiaram a medição usual pelo interior de Pernambuco, Bahia, Piauí, Goiás; muita aguardente, o indispensável alho, sal, pólvora, querosene, aplicação de ferro em brasa, rosalgar (bissulfureto de arsênico), permanganato de potássio, infusão de umburana-de-cheiro ou raspas do tronco do pinhão-bravo, a chave do sacrário na boca.

MORENINHA. Ver *Serra*.

MORGO. Ver *Jogo de Baralho*.

MORRA OU MORA. "As colônias estrangeiras, que contribuíram para a formação de São Paulo e que ainda lá estão através de seus descendentes, integraram no folclore paulistano muitos elementos da cultura de que procediam. Assim, por exemplo, os italianos com o jogo da *Mora, Morra*, cuja origem teria sido o divertimento romano *micare digites*. Nesse jogo, os participantes, levantando a mão direita e mantendo no alto o punho fechado, empenham-se em adivinhar o número de dedos que serão esticados no momento em que os punhos se abaixarem. Cada um, então, estende os dedos da mão, gritando um número até dez e se esse corresponder à soma dos dedos, assinala-se um ponto a favor do jogador que acertou. Os pontos ganhos são marcados com a mão esquerda, distendendo-se um dedo, a cada ponto conquistado." Rossini Tavares de Lima, S. Paulo. Citado em Cícero, Petrônio, Calpúrnio, Santo Agostinho. "Decidiam com a *micatio* ou *mora* pequenas questões usuais nos mercados romanos, e há um edito do séc. IV de um prefeito de Roma proibindo a prática da *morra* como recurso decisório. Os legionários romanos levaram-no para as colônias e países conquistados (Luís da Câmara Cascudo, *Dante Alighieri e a Tradição Popular no Brasil*, "O Jogo da Zara", 59-64, Natal: Fundação José Augusto, 1979). A *mora* ou *morra* é conhecida desde o Rio Grande do Sul. Há uma modalidade brasileira, a *porrinha*, jogada com paus de fósforos.

MORRADA. Ver *Fandango*.

MORRÃO. Ver *Maconha*.

MORRER. "Morrer de morte morrida"; ter morte natural. "Morrer de morte matada"; falecer por assassínio, suicídio, acidente. "Morrer de sucesso"; desaparecer em consequência de desastre, extinguir-se repentinamente. Não se confunda "sucesso", neste entendimento, com "mau sucesso", que vem a ser parto infeliz, prematuro ou a termo, raramente móvito, aborto. Também se diz "morrer de desgraça", quando a fatalidade resultou do desastre, do assassinato. "O coveiro não quis dar sepultura ao corpo no sagrado, alegando que o infeliz tinha morrido de desgraça" (R. Teófilo, *Os Brilhantes*, 104). "Morrer como um passarinho": falecer tranquilamente, em agonia mais ou menos rápida, ou suave, sem angústia. Por vezes, morrer em plena lucidez e sem o padecer inerente à agonia. "Chamou todos, um por um; despedindo-se, botou a bênção nos filhos e morreu como um passarinho" (Batista Coelho, *Os Caiçaras*, 144). "Com a progressão da moléstia fizera-se mais doce e mais humilde. Não se queixava. Não era nunca impaciente. Se tinha remédio, se havia leite, tomava-os; mas se faltavam, por acaso, não fazia um gesto, não murmurava uma palavra que viesse revelar o seu desgosto. "Está morrendo que nem um 'passarinho', diziam as irmãs e conhecidos". (Armando Fontes, *Os Corumbas*, 156). "Ter morte bonita", isto é, precedida de agonia calma, muita vez demorada, sem penoso padecer, com estoicismo, despedindo-se, dando ordens, conselhos. O contrário é "ter morte feia", isto é, trágica, a patentear temores, pusilanimidade, pavor, a sentir dores cruciantes, com esgares, trejeitos. Consequentes à ideia da "morte morrida" e da "morte matada", formaram-se as expressões "defunto morrido" e "defunto matado". Observe-se, aliás, que "defunto morrido" se assemelha ao "defunto cadáver", exprimir excêntrico mas amparado. "... e outros demais consideravam, rogavam que os não privassem da consolação de ver e reverenciar o defunto cadáver." (Fr. D. Jaboatão, *Novo Orbe Seráfico Brasílico*, 1858; II, pág. 360. Fernando São Paulo. *Linguagem Médica Popular no Brasil*, II, 118-119).

MORRO-SECO. Ver *Fandango*.

MORTE. Ver *Alma*, *Cadáver*, *Defunto*, *Presságio*, etc.

MOSCA. Há uma invencível repugnância popular pela mosca, inteiramente alheia à exigência higiênica. A *Musca domestica* é susceptível de atender aos imperativos sagrados e mudar-se com dia certo, indicado na intimação. Diz-se: "Moscas malvadas! / Da sexta-feira para o sábado, / Estejam mudadas!" É uma das formas preferidas pelo demônio para irritar os cristãos. Saliva, gotas de sangue e de suor não são deixadas a descoberto, temendo-se que o diabo, transformado em mosca, se aproveite desses resíduos para suas maldades. Esse diabo-mosca, *fly-god*, é Belzebu, o deus-mosca dos filisteus, por viver o ídolo coberto de moscas, atraídas pelo sangue das ofertas, *Baal-zebud*, o Baal-Mosca.

MOTA, LEONARDO. Ver *Leonardo Mota*.

MOTUCU. Entidade misteriosa e malévola dos indígenas manaus, aruacos do rio Negro, Amazonas. O Motocu vive nas florestas e tem os pés virados, como o curupira ou o matuiú. "Uma das principais fábulas provindas dos manaus é a do Motocu, ou demônio dos pés virados, cujas perenes jornadas faziam-se por intermináveis atalhos, incendiando floresta e deixando após si rochas estéreis" (*Pelo Rio-mar, Missões Salesianas do Amazonas*, 24, Rio de Janeiro, 1933).

MOURÃO. O mesmo que trocado, tipo de versos usados na cantoria sertaneja. Ver *Trocado*. Há de cinco e de sete pés, os mais usuais. São dialogados e difíceis, obrigando a resposta imediata do outro cantador, dentro de rimas já escolhidas e limitadas. Um mourão ou moirão, de cinco pés:

A) — "Vamos cantar o mourão,
B) — Prestando toda a atenção!
A) — Que o mourão bem estudado
É obra que faz agrado
E causa satisfação."

Os cantadores José Siqueira de Amorim (cearense) e Lourival Bandeira Lima (alagoano) cantaram em nossa casa, na noite de 23 de maio de 1949, um mourão de dez pés, obrigando a enunciação de números. Siqueira de Amorim denominou-o "Mourão de Você Vai":

A) — "Vou começar um trabalho
Pra você me acompanhar;
Lá vai, 1, 2 e 3...

B) — Eu não posso dispensar
E nisto não me atrapalho,
Lá vai 4, 5 e 6...

A) — Mas cantando desta vez
Tu tens de encontrar um pai!

B) — Você vai!

A) — Se eu cair o povo diz
Que eu caí foi porque quis
Se for por dez pés, lá vai!..."

Os mourões e trocados não são tipos comuns nas cantorias, e os cantadores usam apenas nas demonstrações públicas de agilidade mental, espécie de apresentação das possibilidades de improvisação no gênero. Ver *Trocado*.

MOURISCA. No Brasil, as festas de mouros começaram a popularizar-se no séc. XVIII. Em 1733, em Ouro Preto, no "Triunfo Eucarístico", houve uma dança mourisca, com "suaves vozes e vários instrumentos"; em 1760, na Bahia, por ocasião do casamento de D. Maria, se exibiu "uma dança de oficiais de cutelaria e carpintaria, asseadamente vestidos com farsas mouriscas"; nas festas havidas, no Rio, para celebrar o casamento do príncipe D. João com D. Carlota Joaquina, apareceu no cortejo um carro alegórico com mouros. Não era ainda auto popular, mas as danças mouriscas, ou alusões à luta contra a mouraria, sem desenvolvimento dramático. As primeiras descrições, em que já se sente a constituição do bailado dos mouros, no Brasil, na forma que perdurou, são as de Martius, Koster e Saint-Hilaire. Martius assim descreve "a festa nacional na primeira semana de maio", a que assistiu em Ilhéus, na Bahia: "Rapazes vestidos como mouros e cavaleiros cristãos passaram a cavalo pelas ruas, acompanhados de música barulhenta, até uma espaçosa praça, onde estava plantada uma árvore guarnecida com as armas portuguesas semelhante à "árvore de maio", alemã. Combate violento travou-se entre as duas hostes, dando particularmente ao cavaleiro que representava São Jorge ocasião de fazer brilhar as virtudes senhoris do padroeiro de Ilhéus. Ambos os partidos, porém, segundo os costumes romanescos, olvidaram em breve a inimizade, num banquete ruidoso, seguindo-se o baile com requebrado *landum* (lundu) e o quase imoral *baducca* (batuque)" (Renato Almeida, *História da Música Brasileira*, 220). O desfile de mouros ou rapazes vestidos de mouros era uma homenagem a quem recebia a festa e um símbolo do domínio sobre a raça vencida. O auto, evidentemente, é posterior ao simples desfile, que se modificou para a dança mourisca, rei, soldados, agitando armas, mas sem enfrentar cristãos. A terceira *mourisca* era uma dança de salão, de par, prestigiada pelo ambiente fidalgo em que foi acolhida. Resta o auto, o *cristãos e mouros*, comum ao continente. Ver *Cristãos e Mouros*.

MOUROS. Ver *Cristãos e Mouros*.

MUÃ. Camarão. *Mocoin Muã*, os dois camarões, isto é, Castor e Pólux, para os indígenas uaupés do Rio Negro, tarianas da raça aruaca (Informação de Stradelli).

MUAMBA. Ver *Catimbó*, *Despacho*, *Invoco*.

MOCAXIXI. Ver *Caxixi*.

MUCERA. Cerimônia de dar ao menino indígena o batismo, especialmente entre os aruacas do Rio Negro, Amazonas. Fixou o mucera, e de maneira excelente, Ermano Stradelli: "Feito o nome, dado o nome. A de dar o nome é uma das bonitas cerimônias indígenas, a que tenho assistido mais de uma vez. A imposição do nome se efetua quando o menino que deve recebê-lo já começa a falar e já anda por si, entre os dois e três anos de idade. No dia aprazado, os vizinhos se reúnem todos, desde a madrugada, logo depois do banho matinal, na casa dos pais. O pajé, o pai do menino e o mais velho dos parentes, que tomaram banho mais cedo, estão, desde antes do levantar do sol, fechados num repartimento especial, preparado ad hoc, na extremidade oposta à entrada. Cada um tem na mão uma cuia de carajuru da lua, e no chão, no meio dos três, está fincado o cigarro cerimonial. Os que chegam se assentam em bancos dispostos de forma a deixar no centro, entre a porta da frente e a dos fundos, uma passagem livre e desimpedida. As mulheres vão para a cozinha. Os três que estão fechados no quartozinho, depois de ter cada um enchidas as bochechas de fumaça, logo ao nascer do sol, assopram por cima das cuias de carajuru em todas as direções, invocando pelos seus nomes as mães das coisas que vivem no céu, nas águas, nas matas e sobre a terra, para virem prestar atenção ao nome que o menino vai receber, para protegê-lo e acompanhá-lo, como protegeram e acompanharam os pais e os avós dele, que nunca faltaram com o que é devido às mães das coisas. A litania não é curta, e levam horas na invocação feita em voz alta, mas sem acompanhamento por parte dos assistentes, que, sentados nos bancos, nas redes, em terra, como podem, enchem a casa e bebem caxiri, que é servido largamente pelas mulheres que estão na cozinha e somente vêm para este serviço. Quando o sol chega a pino, isto é, ao meio-dia, os oficiantes, que ficaram fumando e bebendo, calados, desde que acabou a primeira invocação, recomeçam outra vez. A terceira invocação começa umas duas horas antes de deitar-se o sol: mas então já não se acham na casa somente os homens, mas também todas as mulheres e todas as crianças, e todos repetem em altas vozes o nome de cada mãe das coisas que os três velhos invocam. A criança que deve receber o nome é deixada a brincar à vontade, no meio do quarto, com os outros meninos, se os há, e quando está para desaparecer o último raio do sol, o pajé, que com o pai do menino e o parente mais velho saiu do quartinho onde passou o dia, o pega nos braços e apresentando-o ao sol, de modo a fazer-lhe receber os últimos raios, diz o nome, e este é então muitas vezes o nome que já trouxe algum dos avós ou algum outro nome de que ao momento se agradem, e isto especialmente se se trata de filho de chefe. Muitas vezes, todavia, o nome do menino é escolhido e lhe é dado em atenção ao objeto que estava pegando no momento em que o pajé o pegou para apresentá-lo ao sol, ao gesto que fez, à palavra que disse, porque então é como se o próprio sol lhe desse o nome. Isso, pois, explica como em muitos casos, quando se procura a significação dos nomes indígenas, se tem a surpresa de encontrar significações as mais disparatadas e, muitas vezes, merda disso, merda daquilo." (*Vocabulário da Língua Geral*, 537-539). Brandão de Amorim (*Revista do Instituto Histórico e Geográfico Brasileiro*, tomo 100, vol. 154), descrevendo o batismo entre os uananas, indígenas tucanos muito confundidos com os tarianas (aruacos) do rio Negro, mostrou a semelhança cerimonial, em alta porcentagem idêntica à maioria dessas festas realizadas nas tribos brasileiras. Chamam-na *Mahkanaka basare*. "Essa cerimônia, como a do batismo de menino a quem deram o nome de Dianomion (pato), principia às seis horas da manhã, terminando às seis horas da tarde. Enfileirados de uma para outra porta, em duas filas, os velhos e pajés, o primeiro deles à direita assopra ou consagra um pequeno jamaru (Cucurbitácea) cheio de caldo de mandioca, misturado com o leite materno, entoando: "Meu coração, meu coração, / Faz valente esta criança! / Faz bonito este caldo / Para ela beber!" Em seguida, tirando com um gesto a alma da criança, leva-a ao cimo da mais alta serra, aí entoa: "Nome dele é Pato / Quando ele em terra e n'água! / Há de ser valente com ele / Até morrer!" Daí a vai (alma) conduzindo ao cimo de outras serras, onde entoa novos cantos. Essas serras são as de Kurikuriaí, Kabari, Kuriari, Tunuí e Jacamim. Ao voltar da última delas, restitui a alma à criança e passa o jamaru ao seu vizinho de fileiras. Este repete a mesma cerimônia e, depois dele, os seguintes, até chegar ao derradeiro da fileira. Aí dão de beber à criança um pouco do conteúdo do jamaru, cabendo, então, à segunda fileira continuar a cerimônia. O batismo está completo, quando o jamaru se acha esgotado pela criança." (50-51). Ver *Iniciação*, *Nome*.

MUCKERS. Movimento de fanatismo religioso no município de São Leopoldo, Rio Grande do Sul, entre 1872 e 1874. O carpinteiro João Jorge Maurer, casado com Jacobina Mentz, de família anabatista, ouviu vozes que o aconselhavam a deixar o ofício e tornar-se curandeiro, o que fez, com proveito e fama. Sua mulher começou a ter visões, sonhos proféticos, terminando por afirmar-se representação real de Jesus Cristo. Era sonâmbula, possessa, mística, arrebatada, voluntariosa. A figura do curandeiro João Jorge Maurer passa a subalternizar-se, e Jacobina fundou culto e missão, arrebanhando os primeiros fiéis. Em maio de 1873, diante de denúncias retidas, a polícia de São Leopoldo deteve o casal e alguns adeptos, ouvindo-os e aconselhando-os a deixar a pregação e as profecias. Voltando aos arredores do morro Ferrabrás, onde residiam, Maurer e Jacobina multiplicaram-se em orações e ritos, e os Muckers nasceram. Mucker vale dizer santão, exagero devoto, falso crente, fanático. Jacobina, sempre falando em nome de Cristo, substituiu o marido Maurer pelo moço Rodolfo Sehn, dando-lhe em compensação a esposa do amante, que foi obrigada a aceitar a permuta. De janeiro de 1874 os muckers iniciaram uma campanha de banditismo feroz, matando, incendiando quatorze residências de recalcitrantes em aceitar o domínio da seita, degolando crianças a facão, trucidando mulheres e velhos, depredando, espalhando terror, incêndio e morte. Baldados os recursos locais, foi preciso apelar para forças repressivas consideráveis. O Coronel Genuíno Olímpio de Sampaio veio com tropas, mas foi repelido pelos muckers, ocultos no mato, usando guerrilhas, tocaias, assaltos imprevistos. Finalmente, a 17 de julho de 1874, o Coronel Genuíno tomou a cidadela dos muckers, incendiando a casa de Maurer, que fugira com Jacobina, Rodolfo Sehn e alguns devotos para a mata, abrigando-se em tendas de couro e dispostos a resistir. Na mesma noite da vitória, os muckers contra-atacaram e feriram mortalmente o Coronel Genuíno, que faleceu no dia 20. Seguiu-se outra fase de desorganização das tropas legais repelidas, assim como os corpos de paisanos e colonos auxiliares, em vários encontros parciais. Em 2 de agosto de 1874, o Capitão Francisco Clementino de Santiago Dantas assaltou o arraial dos muckers, que resistiram tenazmente, ao redor de suas barracas de couro. Cercados, foram dizimados. Jacobina e Rodolfo Sehn sucumbiram juntos. Os sobreviventes foram presos e processados em São Leopoldo e condenados à prisão, entre 30 e 8 anos, em março de 1876. Em 1883, numa revisão do processo, foram absolvidos. Encontraram, tempos depois da derrota dos muckers, os cadáveres decompostos de dois indivíduos, que pareciam haver morrido por enforcamento. Foram identificados como sendo João Jorge Maurer e seu irmão Carlos. Em 1897 ainda alguns muckers renovaram o velho processo de morte por degolamento e tiros de alguns antigos adversários. Como a lentidão policial exasperasse os colonos, duzentos deles reuniram-se e fizeram justiça, matando cinco dos muckers mais conhecidos, em janeiro de 1898. Daí em diante tudo serenou. A Revolta dos Muckers ainda é relembrada na região e determinou, como era natural, intensa citação popular, com a narrativa de fatos reais ou imaginários, criando-se lendas sobre as principais figuras da sangrenta e tenebrosa seita (Pe Ambrósio Schupp, *Os Muckers*, segunda edição, trad. de Alfredo Cl. Pinto, ed. Selbach & Mayer, Porto Alegre, s. d. (a primeira edição, alemã, é de 1900); Rafael M. Galanti. *História do Brasil*, V, 1-4, São Paulo, 1910; Olinto Sanmartin, *Imagens da História*, "O Capitão Dantas e o episódio dos muckers", ed. *A Nação*, Porto Alegre, 1951).

MUÇU. (*Symbranchus marmoratus*, Bloch.). Mocim, muçum, frequente em todos os cursos d'água doce, tanques e alagados (Alberto Vasconcelos, *Vocabulário de Ictiologia e Pesca*, 82). Gabriel Soares de Sousa comparou-o às eirós portuguesas (*Notícia do Brasil*, CXLIV), chamando-o mocim. No *Diálogos das Grandezas do Brasil*, V. 1618, Brandônio cita a abundância dos muçus: "Quando pelo inverno se formam neles (campos) alagoas, logo se acham nelas uns peixes, a que chamam muçus." Em Mato Grosso o muçu é o conservador das fontes e dos lagos doces. Totem dos muíscas, transformou-se em cobra e muçu. Os muíscas emigraram para o Brasil, vindos do Norte, sendo os terenas o grupo mais meridional (informação do Dr. João Barbosa de Faria, etnólogo da Comissão Rondon). Raimundo Morais (*O Meu Dicionário de Cousas da Amazônia*, II, 73, Rio de Janeiro, 1913) informa que "a carne do muçu é magnífica, parecida à das lampreias, constituindo, pois, um excelente prato na mesa da planície amazônica". O povo explica o muçu como tendo sido a transformação do fio do rabo do cavalo nas águas estagnadas: "Des poils ou des chaveux peuvent produire des poissons ou des serpents... En Ecosse, le crin de cheval mis dans l'eau se change en anguille; dans le comté de Kent c'est sa racine qui devient sa tête; dans le nord de l'Ecosse, un crin de la queue d'un étalon se transforme en un *Gordius aquaticus;* en France, il donne naissance à un serpent; en Poitou et en Sicile, il peut être produit par des cheveux mis dans l'eau ou même abandonnés à l'air libre" (Paul Sébillot, *Le Folk-Lore*, 163, Paris, 1913).

MUÇUÃ. (*Cinosternum scorpiodes*). O quelônio preferido nas comezainas festivas da planície. Pequenino, preparam-lhe a carne na própria carapaça, que, depois de ir ao forno com o picado dentro, tem o nome de casquinho de muçuã. Vive nos lagos pouco profundos e em terra, quando eles secam. Caçam-no a fogo no verão (Raimundo Morais, *O Meu Dicionário de Cousas da Amazônia*, II, 73-74, Rio de Janeiro, 1931).

MUCURA. Bebida típica servida durante a dança do *marabaixo* (Mazagão, Amapá, Pará). "A mucura, bebida própria desse ambiente, feita de cachaça com ovo batido, lasquinhas de casca de limão e açúcar, havia sido distribuída generosamente"; Nunes Pereira, *O Sairé e o Marabaixo*, 97, Rio de Janeiro, 1956. Denominação genérica para marsupiais *Didelphis;* gambá. Cadeia Pública no Nordeste. Ver *Timbu*.

MUÇURUNAS-MARACÁS. Os amambés, do Tocantins, tinham cintas de guizos, chamadas muçurunas-maracás, "fraldão feito de contas de pucá (*cissus*, sp) que terminam em guizos feitos de unhas de veado e campainhas de jamaru (*curumbita* sp)" (Renato Almeida, *História da Música Brasileira*, 37).

MUDANÇA. Espécie de charivari, na Bahia, préstito cômico, mascarado, indo pelas estradas com estandartes, atabaques, agogô e ganzá, conduzindo objetos imprestáveis, latas velhas, cestos rotos, utensílios domésticos estragados, deixando tudo à porta da pessoa alvejada pela antipatia ou crítica do grupo. Durante o percurso cantam modinhas e cocos: Arquivo Folclórico da Discoteca Pública Municipal de S. Paulo, 1º vol. (Coleção Camargo Guarnieri), 257, S. Paulo, 1946.

MUGUNZÁ. Espécie de papa feita de milho descascado, temperada com leite de coco ou de vaca, açúcar, manteiga e canela (Pereira da Costa, *Vocabulário Pernambucano*, 512). Toma-se o milho próprio para mugunzá (inteiro, sem olhos) e deixa-se em água fria durante a noite. No dia seguinte, lava-se e vai ao fogo para cozinhar em água. Quando o milho está tenro, põem-se leite de coco, sal e açúcar. Deixa-se ferver um pouco. O leite de coco poderá ser substituído por leite de vaca (Gilberto Freyre, *Açúcar*, 123, Rio de Janeiro, 1939). Sodré Viana divulga a receita do mugunzá de colher, que leva pó de arroz (farinha ou fubá de arroz) em quantidade suficiente para engrossar o caldo, que deve ter a consistência de uma sopa de batatas (*Caderno de Xangô*, 65).

MUIRAPUAMA. É uma olacácea empregada na terapêutica popular amazônica, com fama de virtudes excepcionais, tônica do sistema nervoso, estimuladora das funções sexuais: *Ptychopetalum olacoides*, Bent, ou *P. uninatum*. "Só ensina a catar muirapuama no mato. Arranca sem tocar! Tocando nas folhas, a vara endurece. Entesa e não sai do chão. Quebrando, perde o tutano. Precisa agradar as folhas e cavar um buraco em redor. A muirapuama se mexe à moda de gente, e se entrega. Como se usa, é outro segredo." (Álvaro Maia, *Banco de Canoa*, "Cenas de Rios e Seringais do Amazonas", 87, Manaus, 1963).

MUIRAQUITÃ. Artefato de jade, que se tem encontrado no Baixo Amazonas, especialmente nos arredores de Óbidos e nas praias, entre as fozes dos rios Nhamundá e Tapajós, a que se atribuem qualidades de amuleto. Segundo uma tradição ainda viva, o muiraquitã teria sido presente que as amazonas davam aos homens em lembrança da sua visita anual. Conta-se que para isso, nas noites de lua cheia, elas extraíam as pedras ainda moles do fundo do lago em cuja margem viviam, dando-lhes a forma que entendiam, antes de ficarem duras com a exposição ao ar. Barbosa Rodrigues via nelas a prova evidente de antigas migrações asiáticas. O certo é que até hoje no Amazonas, como no resto do continente americano, não se tem encontrado jazidas de jade ou mesmo jade que não tenha sido trabalhado, e que os artefatos encontrados tanto na América do Sul como na América do Norte parecem pertencer todos a uma mesma indústria e civilização (Stradelli, *Vocabulário da Língua Geral*, 569). As traduções variam: *mira-ki-itá*, botão ou nó de gente; *muira-kitá*, nó de pau. A pedra é trabalhada, tomando a forma de batráquio, peixe, quelônio, cilindro, com sulcos para ajustar o cordel para a suspensão ao pescoço. É sempre esverdeada, de jade, nefrite, jadeíte, polida e de lindo efeito. Possuo um muiraquitã cilíndrico, perfurado longitudinalmente. Além da lenda das amazonas, recebendo uma vez por ano a visita amorosa dos indígenas no seu acampamento, ao redor do lago Espelho da Lua, *Iaci-uaruá*, e presenteando as nefrites retiradas do lago em semiliquidez e petrificadas pelo contato do ar atmosférico, o portador seria bem recebido onde a exibisse, com a frase *muiraquitã catu* (Barbosa Rodrigues, *O Muirakitã, Estudo da Origem Asiática da Civilização Amazônica dos Tempos Pré-Históricos*, 25, Manaus, 1889). A origem asiática da nefrite apaixonou pesquisadores brasileiros, e houve muita discussão pelo fato de os muiraquitãs aparecerem sempre trabalhados e desconhecer-se uma jazida do material aproveitado para esses amuletos. Gabriel Soares de Sousa (1587, cap. CXCIV) e Frei Ivo d'Evreux (1613, cap. XIII) já haviam registrado esses depósitos naturais: "No mesmo sertão há muitas pedreiras de pedras verdes (Soares) – uma montanha... onde se acham umas belas pedras verdes, dotadas de muitas propriedades" (d'Evreux). A bibliografia é longa e seduziu a Barbosa Rodrigues, Ladislau Neto, Charles Frederik Hartt, Orville Derby, Hermann von Ihering, Teodoro Sampaio, Eugene Hussak. Simoens da Silva informa sobre as jazidas de *Nephrite in Brazil*, na cidade de Amargosa, Bahia (*Proceedings of the Nineteenth International Congress of Americanists*, 229, Washington, 1917) e peças encontradas em Campinas (S. Paulo), em Piüí (Minas Gerais), Pinheiros (Rio de Janeiro), Óbidos (Amazonas) e Olinda (Pernambuco). O Instituto Arqueológico Pernambucano possui um espécime encontrado no interior, na cidade de Flores (Mário Melo, "Um Muiraquitã Pernambucano", *Anais do XX Congresso Internacional de Americanistas*, I, 251, Rio de Janeiro, 1924). Ver, sobre o aspecto geral do tema, o ensaio de Franz Heger, de Viena, na publicação acima, 255; Santana Neri, *Folk-Lore Brésilien*, "La Mueraquitan, Porte-Bonheur", 174, Paris, 1889; Alfredo Ladislau, *Terra Imatura*, "O Muiraquitã", 183, Rio de Janeiro, 1933; Osvaldo Orico, *Vocabulário de Crendices Amazônicas*, 170, S. Paulo, 1937; Sílvio Romero, *Etnografia Brasileira*, Rio de Janeiro, 1888, expõe razões críticas sobre as teses de Barbosa Rodrigues e Ladislau Neto, divulgadores do muiraquitã. Possuo um muiraquitã, o denominado *ita-tuxaua*, pedra de chefe, cilíndrica, perfurada no sentido longitudinal, para trazê-la ao pescoço. Ver *Quitá*.

MUJANGUÊ. Massa de ovos crus, de tartaruga, tracajá, gaivota, misturados com farinha-d'água e açúcar. É um acepipe muito usado nas viagens da planície amazônica. Salta-se nas praias, colhem-se ovos nas covas, e a refeição, forte, substancial, está feita. É o mujanguê (Raimundo Morais, *O Meu Dicionário de Cousas da Amazônia*, Rio de Janeiro, 1931, II, 71).

MUJICA. Prato tradicional do Pará. Vicente Chermont de Miranda registrou-o no seu *Glossário Paraense*: "Preparado culinário no qual se ferve a comida até desfazer-se ou desfiar-se facilmente, sendo o caldo engrossado com farinha de mandioca. É o modo mais usual de preparar-se a arraia e outros peixes e crustáceos, cuja carne com uma cocção regular se desfaz em uma papa. Etim.: do Tupi, "mu", fazer, "ajic", duro, consistente."

MULA SEM CABEÇA[1]. É a forma que toma a concubina do sacerdote. Na noite de quinta para sexta-feira, transformar-se-á num forte animal, de identificação controvertida na tradição oral, e galopa, assombrando quem encontra. Lança chispas de fogo pelas narinas e pela boca. Suas patas são como calçadas de ferro. A violência do galope e a estridência do relincho são ouvidas longamente. Vezes soluça como uma criatura humana. O encanto desaparecerá, quando alguém tiver a coragem de arrancar-lhe da cabeça o freio de ferro que leva. Dizem-na *sem cabeça*, mas os relinchos são inevitáveis. Quando o freio lhe for retirado, reaparecerá despida, chorando arrependida, e não retomará a forma encantada, enquanto o descobridor residir na mesma freguesia. A tradição comum é que este castigo acompanha a manceba do padre, durante o trato amoroso (J. Simões Lopes Neto, Daniel Gouveia, Manuel Ambrósio, etc.); ou punição depois de morta (Gustavo Barroso, *Sertão e o Mundo*, 181-182). A mula corre sete freguesias em cada noite, e o processo para seu encantamento é idêntico ao do lobisomem, assim como, em certos Estados do Brasil, para *quebrar-lhe o encanto* bastará fazer-lhe sangue, mesmo que seja com a ponta de um alfinete. Para evitar o bruxedo, deverá o amásio amaldiçoar a companheira, sete vezes, antes de celebrar a missa. Manuel Ambrósio cita o número de vezes indispensável, muitíssimo maior (*Brasil Interior*, 53). Chamam-na também "Burrinha de Padre" ou simplesmente "Burrinha". A frase comum é *anda correndo uma burrinha*. E todos os sertanejos sabem do que se trata. No México a dizem *Malora*, e se espalha pelo continente até a Argentina, sob os nomes de Mula Anima, Alma Mula, Mula sin Cabeza, Mujer Mula, Mala Mula, etc. E sempre com o elemento moral: "... todas estas versiones coinciden en un punto: hablan de una mujer casada, que desde hace más de diez años mantiene relaciones amorosas ilícitas, con un cura, la que en castigo de su falta, a determinadas horas de la noche, se convierte en Mula Anima" (Rafael Cano, *Del Tiempo de Ñaupa*, 145, Buenos Aires, 1930). Num dos mais populares livros de exemplos na Idade Média, o *Scala Celi*, de Johannes Gobi Junior, há o episódio em que a hóstia desaparece das mãos do celebrante, porque a concubina assiste à missa (*Studies in the Scala Celi*, de Minnie Luella Carter, dissertação para o doutorado de Filosofia na Universidade de Chicago, 1928, mss. em meu poder). Gustavo Barroso supõe que a origem do mito provenha do uso privativo das mulas como animais de condução dos prelados, com registros no documentário do séc. XII: *... mulam corporis mei... meo soprino, meam mulam, in qua ego ambulo* (*Sertão e o Mundo*, 186). A mula era o animal das viagens regulares, ficando o cavalo encaparado para as batalhas. Alexandre Herculano faz a Rainha Leonor Teles dizer ao rei: "O teu donzel d'armas, Rei Fernando, segue com os outros pajens caminho de Santarém, montado no teu cavalo de batalha. Aqui só tens a mula do teu corpo para seguires jornada" (*Arrhas por Foro D'Espanha*, 96. *Geografia dos Mitos Brasileiros*, 191-195, 3ª ed., São Paulo, Global, 2002). Ver *Cavalo Sem Cabeça, Burrinha*.

MULATO. Filho de branco e negra, faiodermo; "natus ex patre europeo et matre ethiopissa dicitur Mulato" (Marcgrave). Produto do cavalo e da burra.

MULEMBA OU MULEMA. Instrumento membranofônio usado nos batuques de São Paulo. Ver *Quinjengue*.

MULHER. Sob certos aspectos é ainda tabu para os povos do interior. Na proporção do conhecimento de novos hábitos, essa tradição vai-se diluindo e a distância é menor, moralmente, entre os dois sexos. Outrora havia a perfeita segregação feminina, e o hábito, vindo dos árabes, era nenhum homem, mesmo irmão e pai, entrar nas camarinhas onde dormissem moças ou além da sala do trabalho comum, onde elas trabalhavam. Faziam as refeições depois dos pais e filhos e, havendo visitas, "pessoas de fora", não acompanhavam o próprio marido à mesa. Nas ruas não estavam ao lado do esposo e sim em posição especial, depois dos filhos menores. O marido, pai ou irmão mais velho fechava o cortejo, ou o abria, como Debret desenhou "Um Funcionário a Passeio com sua Família" (*Viagem Pitoresca*, I, 126-127, pl. 5). A sugestão das modas de França é que influiu para o marido dar o braço à mulher na rua e não manter a fila indiana, um a fundo, que era o uso do bom tempo. Esses hábitos de reclusão foram registrados por todos os viajantes e naturalistas estrangeiros que atravessaram o interior do Brasil. Nas cidades o uso velho foi cedendo rapidamente, no primeiro quarto do séc.

---

[1] No texto original: "Mula-sem-Cabeça" (N.E.).

XIX. Nos sertões ainda há exemplo. A proibição religiosa grega de ninguém oferecer sacrifícios aos deuses, saindo da companhia de uma mulher, ou depois do ato sexual, sem a cerimônia indispensável da purificação (Hesíodo, *Os Trabalhos e os Dias*, 110, tradução de M. Patin), mantém-se no folclore brasileiro. O sacerdote que não amaldiçoar sua manceba, antes de ir celebrar a missa, obriga-a a transformar-se na Mula sem Cabeça, na Burra, na Burrinha do Padre. O ato genésico enfraquece os fortes, e os cangaceiros, vaqueiros em dia de apartação, "não usam de mulher". No *Sagarana* (Rio de Janeiro, 336, 1946) o bandido Joãozinho Bem-Bem ordena: "E as moças... Para mim não quero nenhuma, que mulher não me enfraquece: as mocinhas são para os meus homens." Os cangaceiros famosos, que foram presos ou mortos, estavam vivendo com mulher e, consequentemente, "com o corpo aberto". O preceito é conhecido e obedecido em muitos pontos do mundo, na Ásia, África e Oceania. Gonçalves Fernandes estudou o tema psicanaliticamente ("O temor fundamental à mulher e outros tabus de conduta nordestinos", *Neurobiologia*, tomo V, nº I, Recife, 1942). Teme-se o contato feminino na véspera de viagens longas. O ato sexual não é propício para quem viajará de avião no dia seguinte. Encontrei essa crendice entre viajantes, motoristas e mesmo alguns pilotos profissionais, norte-americanos e brasileiros. Creio que essa concepção não está ligada à ideia clássica do estrangeiro inimigo, *hospes hostis* dos romanos, tendo, na participação do gozo com a mulher, a impressão de uma força adversária, que enfraquece ou diminui o potencial de força ou de ímpeto realizador. Melhor será a segunda série do comentário de Gonçalves Fernandes: "Mais um passo, chega-se ao temor fundamental de ser enfraquecido pela mulher ou pela sua estratégia sexual, o temor do contágio feminil, uma como aquisição contígua de sua feminilidade, de participação dessa fraqueza específica, que impediria a realização de rasgos outros viris mas ansiados. E isto se explica pela separação de indivíduos por sexo, tão a gosto do primitivo, mercê da generalização de condições de vida anímica ou de formas outras de sublimação, que tornavam igualmente débeis os impulsos genitais, extravasando-se a sexualidade em ações outras de intensa projeção libidinal: a luta, a caça, o culto mágico. A lassidão pós-coito, também invocada como ponto de apego na gênese do temor fundamental à mulher, a moleza física, que sucede, ao espasmo genésico, a dependência em que se situa o homem, a influência exercida pela mulher sobre aquele a quem se entrega. São ainda fatores que subsistem mesmo no civilizado, e encontrados amiúde em protocolos de análise. A repulsa à mulher, antes o medo à mulher, todavia, a sua apresentação como malefício a evitar ("Cangaceiro não deve 'andar' com mulher: abre o corpo") evidencia doutra maneira a explorar o sentimento narcísico, tão posto em grande aumento na personalidade do cangaceiro. A oposição narcísica à mulher, consequente ao complexo de castração, por outro lado, poderia por semelhança de sistema, o neurótico forma suas fobias, desenvolvendo uma estrutura artificial (Freud), representar no civilizado o reverso, guardadas as proporções do tabu em apreço. "Visita de mulher em casa de homem, segunda-feira pela manhã (quando ele tem de iniciar os trabalhos duma nova semana em perfeita forma), faz mal", encerra o mesmo temor, variando de cenário. Não é proibição colhida entre cangaceiros, mas entre habitantes da zona da mata e litoral, persistindo, no entanto, os mesmos móveis inconscientes ou até conscientes comuns a ambos: a vitória do empreendimento a que se dedicam, o temor do fracasso nos negócios, na luta pela vida, um embate tão comparativamente aproximado à luta em si, numa equivalência da própria escaramuça genital. Ambas influenciadas na mesma órbita da libido criadora." O homem virgem era invencível, porque sua resistência possuía inesgotáveis reservas interiores. É um dogma natural de todas as idades. Os romanos praticavam a infibulação para conservar a saúde aos moços, a força nos gladiadores e a voz no teatro (Juvenal, *Sátira*, VI, 71; Marcial, *Epigramas*, livro XIV, CCXV). A Sabedoria encarnava-se na sempre virgem Minerva e não em Vênus, Juno, Tétis, Diana. Durante a Idade Média, o romance da Cavalaria Andante consagrou o temor à mulher. Os cavaleiros virgens eram invencíveis, no tipo da Távola Redonda, à conquista do Santo Graal, como Galaaz. Dom Nuno Álvares Pereira, o Condestável de Portugal, tentou imitar Galaaz, sinceramente: "... usava mais ler a estória de Galaaz, em que se continha a soma da Távola Redonda; e porque em ela achava que per virtude de virgindade, que em ele houve e em que perseverou Galaaz acabara muitos grandes e notáveis feitos" (*Crônica do Condestabre de Portugal Dom Nuno Álvares Pereira*, c. IV, pág. 9, ed. 1911). O Condestável estava certo de perder a força física, casando-se. A doutrina da castidade tem uma bibliografia esclarecedora, facilmente encontrável. Além dos tabus do contato sexual, há outros infinitos, especialmente durante a fase menstrual, quando a mulher não deve atravessar água corrente, deixar galinhas para chocar, aproximar-se de crianças doentes, de líquidos que estão em fermentação (interrompe-a), de árvores de frutos ainda verdes, fazer a cama para recém-casados, dar o primeiro leite, pôr mamadeira a uma criança ou o primeiro banho, assistir o batizado (mal para a criança) ou sepultamento (mal para ela), guardar frutas para amadurecer, enfim tabu para quanto represente início de desenvolvimento, desdobração, crescimento. A mulher não pode tocar na pedra d'ara dos altares nem pôr a mão nos objetos que guardam ou conduzem, expondo a Sagrada Partícula, sacrário, âmbula, ostensório, etc. Se pisar numa cobra, esta morrerá. Se passar por cima de um ninho, todas as aves sucumbirão breve.

MULHER, ANDAR COM. Ver *Tabu* (II).

MULHER DE DUAS CORES. É uma assombração, visagem, fantasma que aparece de dia, na luz do sol, nas estradas de Minas Gerais, fronteira com S. Paulo, ou dentro das pequenas matas. Veste roupa de duas cores, branco-preto, azul-encarnado, azul-amarelo, etc., e não fala, não canta, não resmunga. Limita-se a atravessar caminho, com um passo surdo e leve, pisando sem usar o calcanhar, silenciosa, sem olhar para os lados nem para ninguém. Corresponde ao medo, *miedo* português, nas raias de Espanha, espalhando pavor pela simples presença. "Quando senão quando, passou rente comigo uma mulher estrambótica, muito magra, vestido de duas cor; pro lado direito era azul inteirinha, inté o rumo do nariz; pro lado esquerdo, amarela só; se o azul fosse mais tapado um quezinho, a mulher tava do jeito de uma águia imperial. Carregava trouxinha de roupa debaixo do braço direito, e caminhava de pressa, quaji de carreira, mas porém só inté no meio dos pés, sem não botar os carcanhar no chão" (Valdomiro Silveira, *Mixuangos*, 207, Rio de Janeiro, 1937).

MULHER DO PIOLHO[1]**.** Símbolo da teimosia inarredável, da obstinação absoluta e total. "Mas o Joaquim Pezão, obstinado como a mulher do piolho" (Leonardo Mota, *No Tempo de Lampião*, 218, Rio de Janeiro, 1930). "Mulher do mata-piolho, teimosa, intransigente, cabeçuda, tenaz, opiniosa" (Pereira da Costa, *Vocabulário Pernambucano*, 510). É uma indicação do conto popular, em que a mulher, tendo apenas fora d'água, que a cobre, as mãos, ainda imita o movimento de esmagar entre as unhas dos polegares o piolho que dizia ter o marido. O conto é universal e a bibliografia sobre ele é vasta. No Brasil, João Ribeiro, *O Folclore, Origens de uma História Popular*, Rio de Janeiro, 1919; Gustavo Barroso, *O Sertão e o Mundo*, "O Ciclo da Mulher Teimosa", Rio de Janeiro, 1923; em Portugal, entre outros, o longo documentário de Cláudio Basto, "A Teimosia das Mulheres nos Contos Populares", in *Brasília*, II, Coimbra, 1943, com sete variantes; Alfredo Apell, *Contos Populares Russos*, "A Mulher Teimosa", XXIII, Lisboa, s. d. (1920). É na sistematização do Prof. Stith Thompson o Mt. 1365, C: "The Wife Insults the Husband as Lousy-Head". A fonte mais antiga é o Cardeal Jacques de Vitry, *Sermones Vulgares*, nº 221, pág. 222, no séc. XIII. De sua popularidade há a facécia de Poggio, XIX, "de muliere obstinata quae virum pediculosum vocabit", denunciando a vulgarização do séc. XV (Luís da Câmara Cascudo, *Os Melhores Contos Populares de Portugal*, 236, 239, Rio de Janeiro, Dois Mundos Editora, 1944; e *Contos Tradicionais do Brasil*, 241-242, 13ª ed., São Paulo, Global, 2004).

MULINHA. Na zona do S. Francisco, faz-se, durante as festas de Reis, o rancho da mulinha, sendo o animal conduzido por um vaqueiro. O rancho sai para tirar Reis nas casas, a cujas portas cantam, dançando uma *chula*, variante da tradicional. Depois de entrarem, os do rancho abrem roda, para que ao centro dancem a mulinha e o vaqueiro, fazendo uma série de passos e flexões, numa coreografia animada, em que o bicho deve revelar grandes qualidades, sempre acompanhados pelo canto tirado por um dos presentes, repetindo o coro o refrão de um só verso, ao fim de cada verso, com metro variado, assim:

"Sapateia, mulinha,
É ouro só
Dá pinote mulinha
É ouro só
Faceira mulinha
É ouro só."

Finda a dança, a mulinha canta uma quadra, pedindo dinheiro e, na saída, agradece e se despede até pro ano. Os instrumentos são ganzá, viola, pandeiro e um "tamborete", que faz a marcação do ritmo (Renato Almeida, *História da Música Brasileira*, 243-244). É semelhante à *Burriquita*, com seu condutor, *El Zambo*, cantando e dançando, acompanhado de um séquito, louvando, que recebe o cortejo, em dezembro, na Venezuela.

MULTA, PAGAR A. Ver *Acuar*.

MULUNGU. Instrumento musical africano introduzido no Brasil pelos africanos escravos. Citado por Luciano Gallet. Árvore (gênero Erythrina) utilizada da farmacopeia popular, as cascas em infusão, calmante, peitoral, cozimento para apressar a maturação dos abcessos nas gengivas (Renato Braga, *Plantas do Nordeste*, Fortaleza, 1960). Fabricação dos *cavaletes* para apoio do nado nos rios cheios. *Molungo* na África (conde de Ficalho, John Gossweiler). "O termo *Mulungu* é empregado para designar o Ser Supremo em vinte e cinco línguas e dialetos do Este africano, desde o Baixo Zambeze até o lago Vitória e da costa até o rio Luangua. Esse Ser Supremo é vulgarmente tido como Criador e associado ao trovão, ao relâmpago

---

[1] No texto original: "Mulher-do-Piolho" (N.E.).

e à chuva." (A. Rita Ferreira, *Bibliografia Etnológica de Moçambique*, Lisboa, 1962). No Brasil, apesar da numerosa presença de escravos vindos d'África Oriental, naturalmente seus devotos, não teve a menor influência religiosa. Explicar-se-á pela mais rápida e poderosa ascendência dos orixás sudaneses ou os negros ignorariam o *Mulungu* nas regiões de origem.

MUNGANGA. Trejeitos, caretas, movimentos bruscos, sugerindo comicidade. Os mgangas que Cameron tantas vezes viu celebrarem as cerimônias propiciatórias tinham gesticulação exuberante, tentando impressionar. Desses sacerdotes africanos nos veio a muganga brasileira.

MURUARI. Pequeno aventai que as mulheres usam para cobrir as partes pudendas, de mais ou menos um palmo de largo e meio de alto, feito das coisas mais heterogêneas, usado apenas como ornamento. Nas urnas funerárias de Marajó se encontram muruaris feitos de barro, alguns elegantemente ornados de desenhos vermelhos, outros com ornamentos em baixo-relevo. Hoje os indígenas que com eles costumam adornar-se, quando podem, os usam de miçangas; na falta, porém, continuam a servir-se, como originariamente, de pequenas frutas de caroços duros, como os de caranha, de algumas espécies de palmeira ou de murta e que se prestam a ser facilmente polidos. Em qualquer caso, é admirável a arte como são tecidos e os desenhos, geralmente elegantíssimas gregas, que os adornam (Stradelli, *Vocabulário Nheengatu*, 559). O mesmo que babal, *Folium vitis*, cache - sexe. Angione Costa (*Introdução à Arqueologia Brasileira*, 79) faz resumo perfeito do assunto, através dos estudiosos Ladislau Neto, Hartt, Ferreira Pena, Heloísa Alberto Torres, etc. (São Paulo, 1934).

MURUCU. Longa haste ornamentada de plumas e de desenhos em alto-relevo e munida de uma ponta de lança móvel, e alguma rara vez de ferrão de arraia, num dos lados, e no outro de um maracá, aberto na própria madeira em que é feito o murucu, acabando em ponta e endurecido ao fogo. É a insígnia dos chefes de muitas tribos do uaupés e japurá, e dela se servem hoje para puxar as danças, como já se serviram para guiar os próprios guerreiros na peleja. O murucu é geralmente usado pelas tribos que usam o torocana, parecendo por isso mesmo arma tupi-guarani (Stradelli, *Vocabulário da Língua Geral*, 559). Ver *Bastão de Ritmo*.

MURUCUTUTU. Pequena coruja, casta de pequena *Strix*, que deve o seu nome ao grito que repetidamente faz ouvir, quando, durante a noite, vagueia em procura de presa. Parece ser considerada como a mãe do sono. Nas cantigas das amas indígenas, o murucututu é invocado para dar o seu sono às crianças que custam a dormir (Stradelli, *Vocabulário da Língua Geral*, 559). Barbosa Rodrigues (*Poranduba Amazonense*, 288) diz ser a murucututu agoureira, e dá o acutipuru (*Sciurus*), uma espécie de caxinguelê, como emprestando o sono aos meninos insones (há mesmo uma cantiga no *Poranduba*). Osvaldo Orico informa tal-qualmente Stradelli, tendo a autoridade de haver nascido na região. Canta-se para adormecer as crianças: Murucututu, / da beira do telhado, / leva este menino, / que não quer ficar calado (*Vocabulário de Crendices Amazônicas*, S. Paulo, 1937, 172) (*Pulsatrix perspicillata*).

MÚSICA POPULAR. Nos países latinos a designação confunde-se com *música folclórica*; no *Dictionaire Pratique et Historique de la Musique*, de Michel Brenet, por exemplo, encontramos a seguinte definição de *música popular*: "peças conservadas na memória do povo, em diversos países, e cuja origem é, algumas *vezes*, muito antiga". Os anglo-saxões, entretanto, fazem uma nítida distinção entre *música popular* e *música folclórica*: popular é a música de baixa extração e sucesso barato, composta por músicos menores, impressa, divulgada pelo disco e pelo rádio (p. ex. sambas de carnaval, tangos argentinos, *foxes* e *blues*, cançonetas francesas, etc.); *folclórica* é a música anônima, de transmissão oral, antiga, e que constitui o patrimônio comum do povo de uma determinada região (p. ex cocos e emboladas, modas de viola, *zamacuecas*, *yaravís*, *spirituals*, *ballads*, *noels*, etc.). Charles Seeger, referindo-se à música do Novo Mundo, diz que há a considerar quatro idiomas distintos: "o primitivo, o folclórico, o popular e o artístico" (*The Importance to Cultural Understandig of Folk and Popular Music*). Embora cômoda, essa distinção não é usual entre nós; e alguns autores brasileiros chamam de *popularesca*, para diferenciar de *popular*, a música que os anglo-saxões qualificam desta segunda maneira. A distinção entre *música primitiva* e *música folclórica* não oferece dificuldades: à primeira pertencem os documentos puramente etnográficos (música dos ameríndios); à segunda, os documentos propriamente folclóricos (música do povo).

Segundo Carlos Vega, cuja teoria do folclore tem algo de revolucionário, há íntima correlação entre a *música popular* (ou *folclórica*) e a música *artística* (por ele chamada de *oficial*). E pode haver relação, também, entre aquela e a *música primitiva*, cuja evolução se processa à parte. Na realidade, Carlos Vega alarga o sentido de *música popular*, admitindo que "nem toda *música popular* é *folclórica*", isto é, tomando por *música popular* os hinos, marchas patrióticas, cantos escolares e de igrejas, que têm larga difusão entre o povo, mas são, evidentemente, peças artísticas, harmonizadas, escritas de acordo com as regras ortográficas e sintáticas da boa música. E alarga, também, o sentido de *música primitiva*, nela incluindo não só a ameríndia, mas também a das populações rurais, que nessa música tem origem, conservando suas características capitais. Para a boa compreensão do que se segue, é necessário lembrar que, de acordo com o uso, a expressão *música popular* é empregada neste artigo como sinônimo escrito de música folclórica. Sustenta Carlos Vega que essa música não tem curso paralelo ao da *música artística*, já eliminada no ambiente superior (classes altas, cidades), e que sobrevive no inferior (classes populares, campo). Uma forma de dança ou de canção hoje em uso no grupo superior pode amanhã tornar-se popular, se for esquecida por aquele, e encontrar abrigo no grupo inferior. Carlos Vega admite, também, que a *música popular* tinha origem na *primitiva*, adquirindo, porém, certos caracteres distintivos que essa não possui (ritmo mensurável, fixação de pequenas formas, etc.). É música que já foi superior, em época recuada, quando o grupo ameríndio, a que pertenceu, a cultivava, sem conhecer outra, que lhe fosse inferior. A definição de Carlos Vega é a seguinte: "A música folclórica é música antiga - pode não ser muito antiga - eliminada dos nossos grupos superiores atuais ou superior em outros altos grupos extintos, sobrevivente e atual."

Um problema que se impõe, ao estudar o fenômeno da *música popular*, é o da criação coletiva e do anonimato. É evidente que uma peça musical popular qualquer teve um autor, foi composta por alguém; frequentemente, recolhendo documentação no interior do país, o investigador depara informadores que cantam ou tocam as suas próprias produções, sendo indiscutível que por esse fato elas não deixam de ser perfeitamente folclóricas. São folclóricas não pela antiguidade e larga difusão do documento em si mesmo, mas pelo gênero, pelas suas peculiaridades rítmico-melódico-harmônicas e jeito típico de interpretar do informador; tudo isso é que é tradicional e faz parte do patrimônio de conhecimentos do povo. Quando o documento persevera na memória popular e tende a tradicionalizar-se, caminha para o anonimato. E em seu processo de propagação intervém, realmente, a coletividade, para recriá-lo à sua feição, impondo o seu gosto, predileções e idiossincrasias. A multiplicidade e a diversidade das versões com que se apresenta um mesmo documento atestam essa colaboração popular. O documento é conservado, modificando-se; e essas modificações visam a conformá-lo às tendências do grupo, podendo grupos diversos fixar versões diversas do mesmo documento, de acordo com o tipo de expressão musical predominante em cada um.

Em certas manifestações musicais de feição negra, no Brasil, o observador pode presenciar o fenômeno da criação da música popular, cujo processo se apresenta completo, pela sucessão instantânea das duas etapas: invenção individual e transformação coletiva. Mário de Andrade estudou essa técnica detalhadamente em sua monografia sobre o "Samba Rural Paulista". A primeira intervenção do grupo é para julgar o canto novo, aceitando-o ou rejeitando-o. Um dos participantes lança o canto, que os restantes procuram repetir, acomodando-o às batidas da percussão. Muitas vezes, apesar das tentativas, o canto não vinga; é abandonado. Mas, sempre que é adotado, sofre modificações de ritmo e de intervalos melódicos, fixando-se, afinal, numa fórmula por todos bem aceita, que vai sendo entoada com entusiasmo crescente, arrastando os mais tímidos ou inexperientes, que acabam unindo suas vozes ao conjunto. A música coletiva é geralmente mais singela do que a original.

Em seu estudo sobre *A Música e a Canção Populares no Brasil*, Mário de Andrade sustenta a teoria de que temos *música popular*, porém não possuímos *canções populares*. "Não é tal canção determinada que é permanente – diz ele – mas tudo aquilo de que ela é construída. A melodia, em seis ou dez anos, poderá obliterar-se na memória popular, mas os seus elementos constitutivos permanecem usuais no povo, e com todos os requisitos, aparências e fraquezas do tradicional." Convém observar entretanto que, se não temos elementos de prova para atribuir antiguidade considerável a qualquer de nossos cantos populares, por outro lado já estamos em condições de constatar, hoje, a permanência de muitos deles, encontrados em uma determinada região, ou cobrindo várias regiões, repetidos pelos mais diversos informadores. Isto se observa, principalmente, em relação aos cantos infantis ou de trabalho, cantos que integram os autos-bailados populares ou estribilhos de cantos para dançar. Entre eles encontramos documentos verdadeiramente folclóricos, não só pelos processos empregados, mas também pela sua fixação em melodias completas, conservadas, com ou sem letra, na memória popular. Pode-se dizer, em tais casos, que populares são não apenas as *espécies* a que pertencem esses cantos, mas os próprios *indivíduos*, os cantos.

Em 1944, Joaquim Ribeiro, em seu livro sobre *Folclore Brasileiro*, esboçou uma divisão da música popular brasileira em áreas geográficas assinaladas pelo tipo de atividade musical predominante entre os seus habitantes e afinidade de elementos técnicos, encontrada entre essa e outras atividades musicais da mesma área. Estabeleceu, assim, as seguintes: 1º da *embolada*, no Nordeste; 2º da *moda*, na área agrícola do Sul; 3º do *jongo*, na zona de influência banta; 4º dos *aboios*, na zona pastoril do sertão. Tomando por base esse tipo de classificação, e ampliando e apurando a de Joaquim Ribeiro, que ele mesmo considerava provisória e sujeita a modificações inspiradas "pelos inquéritos diretos, que poderão oferecer dados para sistematização mais exaustiva", podemos chegar a uma divisão do país em nove áreas, que são as seguintes: 1º *Área Amazônica* (na bacia Amazônica), ainda escassamente estudada; 2º *Área da Cantoria* (compreendendo o sertão nordestino e sua projeção pelo interior baiano), caracterizada pela prática dos *desafios* poético-musicais, canto dos *romances* tradicionais, das *louvações* improvisadas, emprego da técnica antifonal (cada estrofe confiada alternadamente a um dos cantadores), da rabeca e da viola como instrumentos acompanhantes, melodias de senso tonal debilitado ou inexistente (presença de escalas exóticas), ritmo livre, independente do tempo musical; 3º *Área do Coco* (no litoral nordestino), com predominância desse canto de dança e sua variante, a *embolada*, emprego do *ganzá* (chocalho geralmente cilíndrico), percussão de palmas e intervenção de um refrão coral curto, bem ritmado, no fim e às vezes no meio da estrofe solista, que pode ser improvisada e tem sempre significação jocosa, ou mesmo satírica; 4º *Área dos Autos* (tendo Alagoas e Sergipe como núcleos principais, mas ramificando-se por quase todos os demais Estados), abrigando o riquíssimo folclore desses folguedos populares dançados e cantados, de origem ibérica (*cheganças, fandango*), de extração negra (*congos, quilombos*), de temática ameríndia (*caboclinhos, caiapós, danças de tapuios*), ou de formação cabocla (*bumba meu boi*); 5º *Área do Samba* (principiando na zona agrícola da Bahia e cobrindo os Estados do Sul até S. Paulo, com núcleos isolados em outros pontos de mais forte afluência negra, como Pernambuco), caracterizada pelo emprego abundante dos instrumentos de percussão e consequente complexidade rítmica, sistematização da síncopa, refrão coral contrapondo-se à estrofe solista e predominância da forma coreográfica do *samba*, de que são subsidiários o *jongo* e outros tipos de dança com os mais variados nomes, além dos cantos rituais de *macumbas* e *candomblés*; 6º *Área da Moda de Viola* (projetando-se de S. Paulo, onde confina com a *Área do Samba*, para o centro e o sul do país), caracterizada pela constância do canto a duas vozes paralelas, frouxidão do ritmo musical e emprego da viola; 7º *Área do Fandango* (acompanhando o litoral dos Estados sulinos), musicalmente dependente da área anterior, porém definida pela preservação de velhas danças sapateadas e palmeadas, como o *chimarrita*, o *anu*, o *queru mana*, etc.; 8º *Área Gaúcha* (na região dos pampas, extremo sul do país), com predominância absoluta do acordeão, lá chamado gaita, prática dos *desafios* ou *cantos à porfia*, importação de ritmos coreográficos e vocabulário platinos; 9º *Área da Modinha* (dispersa pelos centros urbanos mais antigos), compreendendo não somente esse tipo de canção tradicional mas, também, música instrumental, como os *choros*, e apresentando um tipo de melodia exageradamente sentimental, rebuscada, em que predomina o modo menor (ao contrário das demais áreas), alterada por excessivo cromatismo e abundantes artifícios harmônicos, e confiada à voz humana ou a instrumentos de sopro, como a flauta ou o clarinete, com acompanhamento de violões e cavaquinhos. Sobre todas essas áreas estende-se o *Ciclo dos Cantos Infantis*, de acalentar crianças ou para servir às suas rodas coreográficas e jogos; em sua maioria são cantos de pura importação europeia, integralmente tradicionalizados, e conservam, até hoje, grande vitalidade.

As melhores obras publicadas sobre *música popular* brasileira são o *Ensaio Sobre Música Brasileira*, de Mário de Andrade, seguido de excelente coletânea de documentos, os *Estudos de Folclore*, de Luciano Gallet, onde também há documentos musicais, e a primeira parte da *História da Música Brasileira* (2ª edição), de Renato Almeida. Sobre problemas de *música popular* em geral, leia-se *Fraseologia* (2 volumes), de Carlos Vega, ou o resumo da mesma, precedido por um ensaio sobre a ciência do folclore, constante de seu livro *Panorama de la Música Popular Argentina*. Consulte-se, também, o estudo de Julien Tiersot sobre *La Chanson Popular*, no 5º volume da 2ª parte da *Encyclopédie de la Musique* de Lavignac e L. de la Laurencie. (L. H.) Luís Heitor Correia de Azevedo. Rio de Janeiro.

MUTAMBA. Folhas de *Guazuma ulmifolia* (Lam.); feita secar, é usada como substitutivo do tabaco, ou fumada misturada com este, para obter efeitos estupefacientes. É também usada para fumigações feitas à boca da noite, para afugentar os entes malfazejos, que costumam vagar depois do pôr do sol (Stradelli, *Vocabulário da Língua, Geral*, 562). O mesmo que ibuxuna, macungo, mutambo, guaxuma, guaxima. Getúlio César (*Curiosidades de Nossa Flora*, Recife, 1956), registra longa série das utilidades terapêuticas da mutamba.

MUTIRÃO. Nome genérico por que é conhecido o trabalho cooperativo entre as populações rurais. Há outras denominações regionais, mas tende a generalizar-se a de *mutirão*, de origem tupi. Derivação do costume rural, é *vaca, vaquinha*, para aluguel de carros nas cidades, com igual contribuição dos interessados. O mutirão compreende determinados trabalhos: broca de roçados, capina de plantações, cava de leirões, reparos em paredões de açudes, cobertura de casas de palha, transporte de maneira pesada, canoas, etc. Por ampliação, pode abranger igualmente algumas formas de parceria no trabalho agrário. O mutirão é uma instituição social que atenua, corrigindo-os, os efeitos individualistas que a economia latifundiária imprimiu à vida rural brasileira. O dono do serviço anuncia a sua intenção de realizar um mutirão. Convida os vizinhos, que acodem pressurosos. No dia designado, manhã cedo, chegam os trabalhadores munidos dos instrumentos necessários: foices, enxadas, machados, cordas. De ordinário há um responsável pela direção dos trabalhos, o *cabo*, evidente reminiscência da época das bandeiras. O dono do serviço é considerado com honras excepcionais e, no regresso, à tarde, é conduzido de cadeirinha ou sobre os ombros de algum trabalhador. É indispensável a música. Na véspera, um animal doméstico é sacrificado. Aguardente em profusão. À noite, no terreiro da casa, danças regionais. Nas zonas de colonização alemã Ernst Wagemann e Emílio Villems encontraram o mutirão com a denominação de *juntament*, "prova de que houve influências brasileiras sobre as formas do mutirão primitivo", como observa Willems, assinalando noutro passo que "certas aplicações do mutirão entre os colonos não se conhecem na Alemanha", enquanto Wagemann acrescenta que o ajuntamento no Espírito Santo "corresponde exatamente ao *Bittarbeit*". Há cantigas especialmente destinadas às festas do mutirão, que constituem mesmo um excelente espécime de canto coral, com duetos, tercetos e até quartetos. Também há versos improvisados, aludindo a incidentes jocosos ou cômicos. Existem mutirões femininos entre rendeiras e fiandeiras e para outros trabalhos executados por mulheres. O mutirão não é nem ameríndio nem afro-negro. É antes uma permanência cultural. Uma instituição social. Uma resultante do instinto gregário do homem. Consequência da vida em sociedade. A unificação de esforços no sentido econômico. O povo une-se para enfrentar o trabalho, como se une para bater o inimigo comum às portas da cidade, ou para apagar o fogo na casa do vizinho. Apenas cada grupo social organiza segundo seus hábitos ou tendências peculiares, em consonância com o ambiente. É uma instituição universal.

INCIDÊNCIA GEOGRÁFICA

ALEMANHA — Bittarbeit.
BORNÉU — Hando, neweh.
BRASIL — Amazonas — Aiuri, ajuri, ajuricaba, mutirum, potirum, puxirum.
Pará — Mutirão, mutiron, mutirum, putirão, putiron, putirum.
Maranhão — Estalada, mutirão, putirão.
Piauí — Adjutório.
Ceará — Adjunto, adjutório.
Rio Grande do Norte – Adjunto, ajuda, arrelia, faxina.
Paraíba — Arrelia, bandeira, batalhão.
Pernambuco — Adjunto, corte, pega de boi.
Alagoas — Adjunto.
Sergipe — Adjuntório, batalhão.
Bahia — Adjutório, batalhão, boi de cova.
Espírito Santo — Mutirão, putirão.
Rio de Janeiro — Mutirão, putirão.
São Paulo — Ajuda, muchirão, mutirão, puchirão, putirão.
Paraná — Mutirão, pixirum, puchirão, putirão.
Santa Catarina — Mutirão, pixirum.
Rio Grande do Sul — Adjutório, pixirum, puxirão, puxuru.
Minas Gerais — Batalhão, mutirão, muxirão, puxirão.
Goiás — Mutirão, suta, traição
Mato Grosso — Mutirão, traição.
CANADÁ — Corvée.
CHILE — Minga, mingaco.
COLÔMBIA — Chagua, faena, gavilán, minga.
CUBA — Junta, cobija, guateque.
DAOMÉ — Dokpower.
EQUADOR — Fagina, minga.
ESTADOS UNIDOS DA AMÉRICA — Log-rolling, chreshing-ring, quilting-ring, husking-bee, house-raising.
FRANÇA — Filouas.
GUIANA HOLANDESA — Kweki.
JAPÃO — Yui, temegaeschi.
HAITI — Coumbite.
MÉXICO — Oaxaca: Faena, tequio, mudanza.
Yucatán: Fagina.
PERU — Minga, mingaco.
PORTUGAL — Beira: Carreto.
Minho: Bessada, esfolhada.
REPÚBLICA ARGENTINA — Minga, rodeo.
REPÚBLICA DOMINICANA — Timoun.

Bibliografia: CLÓVIS CALDEIRA, Mutirão, "Formas de Ajuda Mútuas no Meio Rural", São Paulo, 1957. Companhia Editora Nacional; HÉLIO GALVÃO, O Mutirão no Nordeste, Rio de Janeiro, 1959. Ministério da Agricultura, Serviço de Informação Agrícola — (HELIO GALVÃO, da Universidade do Rio Grande do Norte).

MUXIRÃO. Ver *Mutirão, Adjunto, Traição*.

MUXOXO. Som rápido, semelhando um estalido, obtido pela contração do terço médio da língua sobre a abóbada palatina, num brusco movimento de sucção, soltando-a imediatamente para que o som repercuta na garganta. Não há, como vemos nos muitos verbetes dicionarizados, movimento nos lábios. É gesto tradicional e popular, significando o desprezo, pouco caso, indiferença (Luís da Câmara Cascudo, "Notas Pretas", *Revista do Arquivo Municipal*, S. Paulo, LXXXV, 176).

NAÇÃO. Raça. Espécie, casta de gente ou coisa. Nesta acepção, Brunswick menciona (no *Dic. da Antiga Linguagem Portuguesa*), referindo-se até à "nação de legumes"... Nação, palavra de largo emprego no Norte, no Nordeste, revela, nessas regiões, dilatação do seu sentido clássico. "Nação de doença." O acervo atinente aos documentos de ordem literária presta-se a certo comprovar. "Estudante é uma nação de gente que só vive de cabeça virada..." (J. Américo, *A Bagaceira*, 93). "Na seca deste ano, de nação de quatro pé só quem escapa é tamborete." (L. Mota, *Cantadores*, 382). Sem dúvida, é ainda o operar do primitivo manejo do vocábulo, na era colonial do país, prolongado aos nossos dias. "Os índios desta província são inumeráveis pela terra adentro, de várias nações e costumes e linguagem..." (Anchieta, *Informações e Fragmentos Históricos*, pág. 52, 1586). "... nação de índios chamados guaranês; é esta nação, de todas as que se têm descoberto na América, a mais bárbara e feroz; vive adiante das matas que estão sobre o rio Itapicuru, por aqueles campos, mais como feras do que gente humana." (Melo Morais, *História dos Jesuítas e suas Missões na América do Sul*, 374, 1872). "Sem falar nos aldeamentos dos índios, todos da nação 'chavé'..." Visconde de Taunay (*Dias de Guerra e de Sertão*, 80); Fernando São Paulo (*Linguagem Médica Popular no Brasil*, II, 129-130). No sentido de espécie, classe, casta, a *nação* é vocábulo diário no uso único, desconhecendo-se, no interior do Norte e Nordeste, sinonímia.

NAFREQUETE. Ver *Aniflaquete*.

NAGÔ. Nome por que se conhece assim o iorubano como todo negro da Costa dos Escravos que falava ou entendia o ioruba. Migeod (*The Langs, of West Afri.* II, 360) assinala que *nagô* é nome dado, no Daomé, pelos franceses ao iorubano: do efé *anagó*, nome por que se designa o iorubano. Tem o feminino *nagoa* (Jacques Raimundo, *O Negro Brasileiro*, 158). Abundantemente exportados para o Brasil, os nagôs tiveram prestigiosa influência social e religiosa entre o povo mestiço, conservando, com os processos de aculturação, seus mitos e tradições sacras. Localizados em maior porção na Bahia, foram estudados, nos seus descendentes e projeção etnográfica e folclórica, por Nina Rodrigues, Manuel Querino, Artur Ramos, Édison Carneiro, etc. É o grupo negro mais conhecido em seu complexo social vivo. A persistência nagô determina o candomblé, macumba, catimbó, xangôs, sinônimo do primeiro vocábulo, reunião do seu cerimonial. Os sacerdotes, babalaôs, babas, babalorixás, o auxiliar axogum, pai, mãe, filha de santo, o ebó (feitiço), instrumentos musicais (tambores, agogô, aguê, adjá, afofiê), os contos da tartaruga, *awon*, a culinária que se tornou clássica na Bahia, com o vatapá, acaçá, abobó, acarajé, abará, o santuário peji, os orixás Obatalá (Orixalá ou Oxalá), Exu, Ogum, Oxumaré, Oxóssi, Omolu, Ibeiji, Ifá, Anamburucu, Iroco, Iansã, os todo-poderosos Xangô e Iemanjá são elementos fixadores dessa prestigiosa presença na antropologia cultural. Ver *Sudaneses*.

NAMI-PORA. Arrecadas, brinco, o que enche, orna as orelhas. Muitas das tribos indígenas trazem os lóbulos das orelhas furados, para neles introduzir, em dias de festa, os ornamentos tradicionais, tufos de penas de tucano, penas de arara, conchas, etc. Às vezes, para que o buraco não se restrinja ou feche, trazem nele enfiado ou um pedaço de tacana para flecha, ou outro qualquer pedaço de madeira leve (Stradelli, *Vocabulário da Língua Geral*, 573). *Nami*, orelha, *póra*, morador.

NAMI-PUÍRA. Contas das orelhas. Arrecadas feitas de fios de contas. É ornamento preferido das mulheres, que, em via de regra, estão menos adstritas do que os homens aos ornamentos tradicionais. Os homens, quando usam de contas, as usam como acessório, mas nunca substituem com elas os ornamentos do costume (Stradelli, *Vocabulário da Língua Geral*, 573). *Nami*, orelha, *puíra*, *puera*, pequeno, delgado, contas.

NAMORO DE CABOCLO. Espécie de amor platônico: paixão em segredo que, por acanhamento, receio ou falta de coragem, não se declara. A locução vem do seguinte, constante do ciclo das nossas Histórias de Caboclos: Gostava muito um caboclo de certa rapariga muito bonita, e a todos gabava-se de que era sua namorada. Alguém, porém, ouvindo um dia essas suas pacholices, diz-lhe: - Caboclo, olha que se o pai da moça souber que tu namoras com ela, desanda-te uma boa sova de pau. Ao que respondeu ele na sua meia língua: - Não tivesse receio; porque se a moça não soubesse, muito menos o pai dela (Pereira da Costa, *Vocabulário Pernambucano*, 515-516). Caboclo está com paixão, / Sabe ele e ela não! Namoro distante, demasiado respeitoso, timidez excessiva.

NANA. Ver *Nanar*.

NANAR. Termo de criança. Dormir. Mamã, quero nanar. O mesmo que *nana* (sem acento). Termo de que as crianças se servem para designar o ato de dormir. Fazer nana; locução de que se servem as amas, quando falam às crianças para as sossegar, significando dormir (D. *Fr. Domingos Vieira, DIC.*, Porto, 1873). Fazer adormecer uma criança no colo ou nos braços, ou embalando-a no seu berço, ou na rede, cantando, em geral, as *cantigas de berço*, do nosso folclore:

"Nanai, meu menino,
Nanai, meu amor;
Que a faca que corta
Dá talho sem dor."

Morais registrou o termo como expressão de *dormir*: Vamos nanar, queres nanar, menino? E Aulete, igualmente, como mimológico:

"Boizinho, boizinho,
Que está no curral;
Vem ver o menino
Que não quer nanar."

(De uma cantilena maranhense. Pereira da Costa, *Vocabulário Pernambucano*, 516). Ver *Ninar*.

NÃO ME TOQUES[1]. Doce feito com tapioca de goma, leite de coco e açúcar e que desmancha facilmente na boca (Domingos Vieira Filho, *A Linguagem Popular do Maranhão*, S. Luís, 1953). Doce "esquecido," raiva, bolinho de polvilho. Pessoa cheia de melindres e suscetibilidades.

NARIZ. Órgão do olfato, da função respiratória normal. Popularmente *Venta, Ventas*, narinas, ou o próprio nariz. Em nheengatu, *Ti, Tin*, é nariz, focinho, e também *Vergonha* (Stradelli), origem do modismo - "Não tem vergonha nas ventas". Furam o tabique divisor pondo uma argola de metal nos bovinos irascíveis, ligada a uma corda, facilitando a condução. *Levado pelo nariz*, sem reação, abúlico, servil; *Senhor do seu Nariz*, livre, autônomo, soberano. *Mordido na Venta* é o apaixonado ardoroso, namorado impaciente, aludindo a carícia romana registada em Plauto e Cneio Névio, dois séculos antes de Cristo, e ainda viva nos ainos do norte do Japão: (*História dos Nossos Gestos*, 133-134, 2ª ed., São Paulo, Global, 2004). Reis africanos e asiáticos cortavam o nariz dos prisioneiros de guerra reduzindo-os à escravidão. Ainda no séc. XVII era penalidade regular para os assaltantes das caravanas e dos viajantes isolados. Ao ladrão vulgar decepavam a orelha e não o nariz. O faraó Actisanés fundou na fronteira da Síria uma colônia unicamente constituída pelos bandoleiros desnarigados, denominando-a *Rinkoloyras*, informa Deodoro da Sicília. A integridade nasal denunciava independência física: (*Locuções Tradicionais no Brasil*, 130, 181-182, 240-241, 243, 251, São Paulo, Global, 2004). Havia o anel nasal de ouro, *Nedzen*, adorno feminino e não sinal de opróbrio. Narigada, porção aspirável de rapé. "Meti-lhe a mão nas ventas" é esbofetear, desfeitear, humilhar. "Passou-lhe nas ventas", exposição agressiva. Nariz comprido, decepcionado. Nariz torcido, mau humor. Meter o nariz em tudo... Às vítimas de opiniões ou julgamentos caprichosos, arbitrários, injustos, diziam em Roma - *Displicuit Nasus Tuus*, teu nariz desagradou.

NASCIMENTO GRANDE. José Antônio do Nascimento, o mais famoso, invencível e popular valentão do Recife, na última década do séc. XIX e cinco primeiros lustros do séc. XX. De alta estatura,

---
1 No texto original: "Não-me-Toques" (N.E.).

corpulento, chegando a ter 130 quilos, morenão, bigodes longos, muito cortês e maneiroso, usava invariável chapelão desabado, capa de borracha dobrada no braço e a célebre bengala de quinze quilos, manejada como se pesasse quinze gramas e que ele chamava *a volta*. Uma bengalada derribava um homem, duas desacordavam e três matavam. Daí a frase ainda corrente no Nordeste: *a volta é cruel*, referindo-se à *volta* do Nascimento Grande. Era de força física incrível, agilidade felina e resistência inesgotável. Estivador no porto do Recife, erguia e conduzia volumes que estarreciam os mais hercúleos carregadores. Tornou-se guarda-costas de políticos poderosos e conservou altas relações. De honestidade comprovada, apesar de muito protegido, nos últimos vinte anos jamais tomava a iniciativa nas lutas, invariavelmente vencedor. Sempre era desculpado por haver agido em legítima defesa. Sua fama fazia-o alvo preferido de todos os grandes capoeiras e campeões malandros que enchiam o velho Recife, desejosos de acabar com a soberania de Nascimento Grande. O nome derramava-se por todo o Norte em versos e recordações possíveis e inacreditáveis. Muito religioso e cheio de superstições, dizia ter o *corpo fechado*, e só assim explicavam nunca ter sido ferido a bala, embora inúmeras vezes seus inimigos descarregassem toda a carga dos revólveres à queima-roupa. São ainda relembradas suas lutas terríveis com Antônio Padeiro, que ele matou, ou com o seu compadre João Sabe Tudo, em muitíssimos encontros, que reuniam multidões de assistentes e, ferido Sabe Tudo, Nascimento Grande levava o adversário para os curativos no hospital e aguardava a próxima batalha em que, fatalmente, vencia. Um valente da época, Corre-Hoje, foi com oito homens agredi-lo na sua propriedade, em Vitória de Santo Antão. Nascimento defendeu-se de tal forma que sete dos assaltantes fugiram e Corre-Hoje foi abatido com um tiro de pistola. Vendo-o morto, Nascimento deitou o cadáver num banco, acendeu velas votivas e estava velando e rezando, quando a polícia, retardatária, apareceu. Em Belém do Pará matou o valentão Pirajé e no Rio de Janeiro o célebre capoeira Camisa Preta, ambos desafiantes teimosos para uma luta de morte. Já velho e doente, enfrentado no Recife por um mulato atrevido, Pajéu, desarmou-o em segundos, deu-lhe uma sova e vestiu-lhe uma saia de mulher. Encurralado num beco por dez soldados, trepou num telhado baixo e de lá saltou sobre a patrulha, dizimando-a, espavorindo-a com os golpes de sua *volta*. Nunca, entretanto, desobedecera à intimação de um representante policial, fosse mesmo o mais fraco dos soldados. Era popularíssimo e com amigos por toda parte. Fixou-se no Rio de Janeiro, dizem que com mais de cem anos de idade, e faleceu em Jacarepaguá, em janeiro de 1936. O jornalista pernambucano Edmundo Celso prepara um estudo sobre o herói popular e João Martins de Ataíde publicou um folheto em versos, *Vida de Nascimento Grande, o Homem do Pulso de Ferro*, Recife, 1936.

NATAL. É a maior festa popular do Brasil, determinando um verdadeiro ciclo, com bailados, autos tradicionais, bailes, alimentos típicos, reuniões, etc. De meados de dezembro até Dia de Reis, 6 de janeiro, uma série de festas ocorre por todo o Brasil, especialmente pelo interior, onde a tradição é mais viva e sensível. O bumba meu boi, boi, boi-calemba, cheganças, marujadas ou fandango, pastoris como as velhas lapinhas de outrora, congadas ou congos, reisados estão nos dias prestigiosos. Para aguardar-se a missa do galo, à meia-noite, há todos esses divertimentos, públicos: nas festas particulares ou nas socieaades. A denominação portuguesa de *noite de festa* persiste no Brasil, onde dezembro é denominado mês de festa. Dia de Festa, Noite de Festa é o dia, a noite de Natal. Esse nome de Natal não tem ainda vulgarização de "festa". Diz-se mais "Natal" nas cidades e entre os letrados, total ou parceladamente. Para o povo é noite de festa. Não há mais representação dentro de igrejas, como até fins do séc. XVIII, mas algumas são exibidas em palcos armados ao ar livre, diante dos templos, por exemplo o Fandango ou Marujada. Sobre uma Noite de Natal na Bahia antiga, reunião dos festejos mais curiosos e queridos pelo povo, ver Melo Morais Filho (*Festas e Tradições Populares no Brasil*, 61-78, Rio de Janeiro, 1946). A noite do Natal foi fixada em 25 de dezembro pelo Papa Júlio I no séc. IV. Antes desta data as igrejas comemoravam diversamente como a grande alegria, clero e povo mobilizavam todos os elementos para uma comemoração ruidosa e sonora, canto, bailado, música, refeições e bebidas sem fim. As representações da cena de Natividade, ao vivo, com animais, nasceram daí, como os cânticos votivos, *Nöel, Christmas Carol, Pastorella, Weihnachten Lied, Villancicos*, surgidos desde que o povo deixou de saber o latim, para acompanhar o canto sagrado dos sacerdotes, e louvou, à sua maneira, a grande noite do ano. Os mais antigos cânticos datam do séc. IX, e a época do esplendor foi o XVI. O Natal português ainda está cheio de cantos (Afonso Duarte, *O Ciclo do Natal na Literatura Oral Portuguesa*, Barcelos, 1937, segunda ed.; Luís Chaves, *Natal Português*, Lisboa, 1942; *Folclore Religioso*, III, Porto, 1945; Jaime Lopes Dias, *Etnografia da Beira*, volumes I, II e VI). Ver os verbetes *Festa, Lapinha, Pastoril* e, sobre os autos populares, *Bumba Meu Boi, Chegança, Congos, Fandango, Marujada*, etc.

NAU CATARINETA. Xácara portuguesa de assunto marítimo, narrando uma travessia no Atlântico em circunstâncias trágicas. A identificação do barco e da época do sinistro tem apaixonado pesquisadores e pertence ao aparato erudito. O motivo reaparece na literatura oral dos povos navegadores, França, Inglaterra, Espanha, nos episódios inevitáveis de calmaria, fome e desespero na solidão oceânica. "Court paille, Santa Catalina, El Marinero, Little Bilee, The Ship in Distress", são exemplos dessa repercussão temática na poesia popular. Nenhum outro poema anônimo possui bibliografia mais alentada. Almeida Garrett deduzia ter origem a Nau Catarineta da viagem da nau Santo Antônio, que, em 1565, transportara Jorge de Albuquerque Coelho, de Olinda para Lisboa, determinando a narrativa de Bento Teixeira Pinto e uma natural projeção na memória coletiva. Creem outros que a nau voltava da Índia. Um volume raro, *Il Moro Transportato*, Reggio, 1672, registra a evocação dos capuchinhos Michael Angelo de Gattina e Denis Carli di Placenza, em situação angustiosa sob a linha equinocial, de fato semelhante, ocorrido há poucos anos, ao *infelice Vascello detto Cattarineta*, possibilitando existência histórica do motivo sentimental da xácara. Estudam excelentemente o problema, que continuará aberto: Mário de Andrade, "A Nau Catarineta," *Revista do Arquivo Municipal*, LXXIII, S. Paulo, 1941; Almeida Garrett, *Obras Completas*, II, 488-489, Lisboa, 1904; Augusto César Pires de Lima, *A Nau Catarineta e o Naufrágio que Passou Jorge de Albuquerque Coelho, Vindo do Brasil no Ano de 1565*, Prisma, Porto, 1937; Renato Almeida, *História da Música Brasileira*, 211-216, Rio de Janeiro, 1942; Luís Chaves, *Estudos de Poesia Popular*, 107-137, Porto, 1942; Luís da Câmara Cascudo, *Literatura Oral no Brasil*, 401-414, 2ª ed., São Paulo, Global, 2006; Fernando de Castro Pires de Lima, *A Nau Catarineta*, Ensaio de interpretação histórica, Porto, 1954; Gastão Sousa Dias, "A Nau Catrineta", sep. *Ocidental*, nº 201, vol. XLVIII, Lisboa, 1955. Suas variantes estão registradas em fontes impressas incontáveis em Portugal e Brasil: Sílvio Romero, *Folclore Brasileiro*, I, 203-206, Rio de Janeiro, 1954; Pereira da Costa, *Folklore Pernambucano*, 248, Rio de Janeiro, 1908; Gustavo Barroso, *Ao Som da Viola*, 99, Rio de Janeiro, 1921; Jaime Cortesão, *O Que o Povo Canta em Portugal*, 142, Rio de Janeiro, 1942; Pedro Calmon, *História do Brasil na Poesia do Povo*, 14, Rio de Janeiro, 1943; Lucas A. Boiteaux, *Poranduba Catarinense*, 25, Rio de Janeiro, 1944; Guilherme Santos Neves, *A Nau Catarineta*, Vitória, 1949; Rossíni Tavares de Lima, "Achegas ao Estudo do Romanceiro no Brasil," 43, *Revista do Arquivo Municipal*, CLXII, S. Paulo, 1959; Teófilo Braga, *Romanceiro Geral Português*, I e III, Lisboa, 1906 e 1909; Rodney Gallop, *Portugal, 216, Cambridge*, 1936; J. A. Pires de Lima e F. de C. Pires de Lima, *Romanceiro Minhoto*, 49, Porto, 1943; Gonçalo Sampaio, *Romanceiro Minhoto*, 150, Porto, 1940; P. Fernandes Tomás, *Velhas Canções e Romances Portugueses*, Coimbra, 1913. A Nau Catarineta, cantada isoladamente em Portugal e no Brasil, convergiu para o auto do *Fandango* (ver), onde é a jornada XVI. Evidentemente a xácara não determinou o auto, mas sim para ele foi atraída. É uma das jornadas mais antigas e típicas. Em Natal é conhecida desde 1813-1815, com solfa inalterável, que diverge das registradas em Portugal e noutras paragens do Brasil.

NAZARÉ. Nossa Senhora de Nazaré tem sido motivo de festa de excepcional popularidade em Belém do Pará, possivelmente a mais concorrida entre a massa católica. Realiza-se em setembro, na forma das procissões portuguesas, desfile de promessas, exibição de ex-votos, centro de interesse folclórico e etnográfico de valor incomparável pela multiformidade dos elementos humanos concorrentes à solenidade de caráter popular. Chama-se à principal parte dos festejos, ao desfile religioso acompanhando a imagem da santa, o *Círio* (ver *Círio*), talqualmente dizem em Portugal, especialmente na Estremadura: ... "A type of religious festival peculiar to Estremadura, which has lost much during the last twenty years, is the Cirio." Rodney Gallop (*Portugal*, 160), Luís Chaves (*Portugal Além*, 126), Ernesto Chaves (*Belém*, 180-186), informando este que o Círio "recai, sempre, no segundo domingo de outubro". Raimundo Morais (*Meu Dicionário de Cousas da Amazônia*) escreve: "Procissão religiosa que se faz em Belém, capital do Pará, em louvor de Nossa Senhora de Nazaré. É a maior do Norte e talvez de todo o Brasil. Manifestação católica, que se inicia pela manhã: os quatorze dias de festejos da santa mais milagrosa da Amazônia representam profunda devoção. Os fiéis de todas as classes sociais timbram em se exibir reverentes, cumprindo promessas ridículas, como desejosos de mostrar homenagens à rainha do céu. Cem mil pessoal, talvez, tomam parte no círio" (I, 136-137, Rio de Janeiro, 1931).

NDABARU. Ver *Dabaru*.

NDUÉ. Ver Dué.

NEGRINHO DO PASTOREIO. Tradição popular do Rio Grande do Sul, em sua zona pastoril. Um negrinho, escravo de estancieiro rico e mau, somítico e perverso, perdeu a tropilha de cavalos baios que pastoreava, e foi mandado surrar barbaramente pelo amo. Ainda sangrando, atiraram-no dentro de um formigueiro, onde o negrinho faleceu.

Reapareceu, na lenda compensadora do seu martírio, montando um baio, à frente de uma nova tropilha, invisível, mas identificável pelo som, percorrendo as campinas. É afilhado de Nossa Senhora, e a quem lhe promete cotos de velas o Negrinho do Pastoreio faz encontrar os objetos perdidos. Sua área de projeção alcança imediações da fronteira de São Paulo. Esporadicamente aparece um ato de devoção ao Negrinho, num ou noutro ponto do Brasil, espalhado o mito pelas famílias gaúchas. É o mito religioso, de fundamento católico e europeu, com a convergência de atributos divinos ao martirizado Negrinho, canonizado pelo povo. (*Geografia dos Mitos Brasileiros*, 328-334, 3ª ed., São Paulo, Global, 2002; Roque Calage, "*As Nossas Lendas*", *Antologia do Folclore Brasileiro*, vol. 2, 227-238, 6ª ed., São Paulo, Global, 2004; J. Simões Lopes Neto, *Lendas do Sul*, Pelotas, 1971). Ver o estudo de Augusto Meyer no *Guia do Folclore Gaúcho*, 117--125, Rio de Janeiro, 1951.

Negro[1]. Sobre os elementos africanos na cultura brasileira, ver *Banto, Jeje, Nagô, Sudaneses*. Para consulta geral, Artur Ramos (*Introdução à Antropologia Brasileira*, I volume, 293-478, C. E. B., Rio de Janeiro, 1943). O entusiasmo pela figura simpática do negro tem desfigurado algumas conclusões de muitos dos nossos estudiosos, afastando o que realmente é afronegro e o que trouxe o escravo para o Brasil, tendo recebido de várias culturas. Em etnografia e literatura oral o confronto é indispensável, e o lógico será o registro do material colhido entre negros, sem a preocupação instintiva de apontar uma fonte sempre negaceante e difícil. Notória é a presença jeje-nagô na Bahia, candomblés, culinária, indumentária, mas a influência para outras regiões é menor e tornada (fins do séc. XIX em diante) mais sensível pelo deslocamento negro ido da Bahia. Devia interessar o negro fora do seu ambiente religioso, estudado excelentemente por Nina Rodrigues, Artur Ramos, Manuel Querino, Édison Carneiro e ultimamente pelas pesquisas, no Recife, de René Ribeiro. A literatura oral negra, as deformações psicológicas dos temas gerais, danças, anedotas, sátiras, *estórias* criadas ou recriadas com adaptação local, tiveram menores apaixonados, exceto as coleções de João da Silva Campos e o estudo de Artur Ramos no *Folclore Negro do Brasil* e a análise de Renato Almeida na monumental *História da Música Brasileira*, segunda edição, assim como os estudos do inesquecível Mário de Andrade. O negro fora do candomblé, da macumba e do xangô (o catimbó real nada tem com esses grupos e associações religiosas, ver *Meleagro*, Rio de Janeiro: Agir, 1978) está aguardando os seus devotos, apesar dos elementos que já não devem ser numerosos nem legítimos pelo amálgama cultural intenso que se tem verificado nos centros de maior densidade negra. As influências literárias e carnavalescas nos candomblés, macumbas e xangôs são sensíveis e poderosas, em marcha lenta e segura para um processo dessorador. Pelo sincretismo religioso e diferenciação ambiental, o candomblé que existe na Bahia não existe em parte alguma da África banto ou sudanesa. O ex-escravo que regressou à costa africana não voltou ao Xangô puro nem à Iemanjá feiticeira. Continuou a mistura baiana, que lhe era mais familiar, agradável e natural. Inseparável da cultura e, mais do que da cultura, da sensibilidade brasileira, o negro doou ao Brasil diretamente e por intermédio do mestiço, o conhecimento quase total do seu patrimônio anterior, o que não ocorreu ao indígena e o seu mameluco. O estudo do negro, brasileiro alcançou os planos de atenção, pesquisa e informação que o indígena não mereceu e nem mesmo o brasileiro de outras origens. Por Que o Negro é Preto. Todos os homens nasceram pretos, e Nosso Senhor, ouvindo a queixa, mandou que se fossem lavar num poço. Aqueles que encontraram a água limpa, saíram brancos. A água mais toldada deu os mulatos e gente de cor mais carregada. Os negros chegaram por fim e só encontraram água escura e rara. Tiveram apenas ocasião de molhar as palmas dos pés e das mãos. São as únicas que se tornaram brancas. E uma *estória* popular. (Variantes em Medeiros e Albuquerque, *Em Voz Alta*; Ademar Vidal, "Por Que o Negro é Preto" no *Contos Tradicionais do Brasil*, 262-264, 13ª ed., São Paulo, Global, 2004; Francisco de Paula Ferreira de Resende, *Minhas Recordações*, 115 (ouvida de uma escrava, Ana Margarida), ed. José Olympio. Rio de Janeiro, 1944; Joel Chandler Harris, *Why the Negro is Black*, "Uncle Remus, his Songs and his Sayings," 166-168; C. Tastevin, *Les Idées des Africains*, "La Géographie," LXII, nº 5-6, Paris, 1934; B. A. Botkin, *A Treasury of American Folk-Lore*, "All Folks Was Born Black," 428-429, Crown Publishers, New York, 1944).

Negro[2]. Presente no Brasil desde o segundo terço do séc. XVI, substituindo o indígena na indústria açucareira e mineração, as mulheres tornadas *Mãe Preta, Mãe de Leite*, constitui colaboração permanente, profunda e complexa, participando das raízes formadoras da cultura popular coletiva. Trouxe reminiscências de nível superior aos nativos, uso de metais, gado, estradas, feiras, organização dos grandes reinos negros, sudaneses e bantos, com ou sem projeção moura: Manicongo, Gao, Haussas, Iorubas e Benin, Abomey, Ashantis, Fulas, Mandingas no Atlântico, Monomotapa, Zimbauê, no Índico, os Estados pela orla oriental da África do Sul, articulados aos árabes, à Índia, à China e recebendo a influência do Mediterrâneo, Egito pela Núbia e Sudão. Possuía uma hierarquia, comando, chefias regionais, associações, disciplina militar. É uma literatura oral de incalculável extensão e profundeza. Foi, anos e anos, estudado no Brasil no ângulo puramente religioso, preteridas as ricas províncias etnográficas, técnicas de trabalho, riqueza temática, vocação aglutinante para alianças e convergências, explicadora da reconstrução dos candomblés ao correr do séc. XVIII e revoltas na centúria imediata. Ultimamente, está interessando o *negro total*, em sua integridade e naturalidade humana, e não numa determinada atividade intelectual que não seria radical e única como característica funcional. Gustavo Freytag afirmou que "a alma de um povo não se civiliza". Civilização sinônimo de modificação essencial no processo da sensibilidade receptiva íntima e do julgamento exterior, o critério na solução psicológica. A industrialização em massa não altera mentalidade grupal. É um "progresso", uma fórmula de melhoria técnica. Não ultrapassa a mecânica de ação realizadora. Essa *continuidade* é uma legítima defesa nacional. Não fosse, teriam desaparecido os povos que se ampliaram no domínio geográfico e regressaram à célula inicial. Diluíam-se como os assírios, medos, persas, caldeus, mongóis, Império de Carlos Magno e dos Doze Pares de França. Os que não mudaram a *alma*, na acepção de Freytag, são "permanências", contemporaneidades. Os outros pertencem à arqueologia histórica e evocadora. O negro no Brasil aceitou todos os elementos impostos ou oferecidos mas modificava-os à sua imagem e semelhança. É possível *compreendê-lo* no conjunto e nunca na parcialidade motivadora. Compreende-o na totalidade do movimento, amando, trabalhando, comendo, dançando, tendo medo dos seus ilundos e orixás. O sudanês vindo para o Brasil é o mesmo fixado em Cuba e no sul dos Estados Unidos. Guardou a unidade emocional mas não a semelhança unitária da expressão quanto à cultura local produzida. Essa diferenciação é a fórmula de adaptação miraculosa, como não tiveram os chineses nos mares do Sul, e o segredo de sua dinâmica. Justamente a frase de Bancroft sobre os ameríndios: "Is uniform in its variety, and varied in its unity." O lema folclórico e etnográfico deveria ser o conselho de Paulo de Tarso aos Tessalonicenses: "Omnia autem probate", examinai tudo... Não o devemos transfigurar. Nem tudo quanto o negro faz é africano. Devemos manter a devoção da pesquisa terebrante para a revelação do seu sacrifício, semeador de brasilidade viva. Para o estudo, ver *Artur Ramos, Nina Rodrigues, Bantos, Sudaneses*. A bibliografia é variada, difusa e ampla. Compendiou-a, excelentemente, Édison Carneiro, no *Ladinos e Crioulos*, 231-240, Rio de Janeiro, 1964, alcançando esta data, nas fontes essenciais. José Honório Rodrigues, *Brasil e África*, Rio de Janeiro, 1961; Antônio Olinto, *Brasileiros na África*, Rio de Janeiro, 1964; Luís da Câmara Cascudo, *Made in Africa*, 2ª ed., São Paulo, Global, 2002, investigações da cultura banto em Angola, Congo, Cabinda.

Negro e Onça. É tradição em todo o Brasil que a onça, *Felis uncia*, prefere a carne do negro à de qualquer outro homem. Indo um branco, um indígena e um preto, a onça atacará, fatalmente, este último. No *Diálogos das Grandezas do Brasil* (Rio de Janeiro, 253, 1930), terminado em 1618, Brandônio, falando sobre as onças, ou *tigres*, informava: "A homem branco não ouvi dizer nunca que matassem, mas só aos índios, e negros de Guiné sim, quando se acham muito famintos". Entre o povo, em uso de chalaça vulgar, vendo algum negro ou negra caprichosamente trajados, vinha o reparo em voz alta: "Ah! uma onça..." provocando reação imediata de quem se julgava agredido com a alusão. Pelo Amazonas, von Martius semelhantemente registrou em 1820: "Por vezes, esses animais (onças), incitados pela fome, aparecem até mesmo nas colônias, onde apenas provocam os habitantes, e, então, assaltam de preferência ao homem preto ou de cor, que não ao branco." (*Viagem pelo Brasil*, 3.°, 173, Rio de Janeiro, 1938). Em 1843, no Recife, quando da construção da ponte pênsil de Caxangá, cantavam:

"Na ponte de Caxangá,
Fizeram uma geringonça.
Bacalhau é comer de negro
E negro é comer de onça."

Bacalhau era o azorrague de couro cru, trançado até quatro pernas, especialmente destinado ao castigo de escravos. A tradição não é brasileira mas africana. Corre pelas bacias do Níger ao Zaire. Angola, Rodésias, Moçambique e Zambézia. John A. Hunter registrou-a em Quênia: "Ouvi os nativos comentarem entre si que os leões não comem gente branca, apenas negros." (*O Caçador*, 318, S. Paulo, 1960). O leão e o leopardo atacavam o preto africano com a naturalidade da predileção alimentar habitual, antiga, natural e comum. Os grandes felídios estariam afeitos aos negros e a carne dos europeus seria novidade de suspeita experiência. Veio a imagem para o Brasil onde a encontramos popular no começo do séc. XVII, 1618, no Nordeste. A carne do "branco" é demasiado salgada.

Negro é Preto. Todos os homens nasceram escuros e Nosso Senhor mandou que fossem lavar-se num poço, rio, lagoa. Aqueles que encontraram a água limpa, saíram brancos. O líquido mais toldado deu os morenos, mulatos e gente de cor mais carregada. Os negros chegaram por fim e só tiveram água enlameada, suja e rara, molhando apenas as palmas das mãos e dos pés. São as únicas regiões de matiz claro (Medeiros e Albuquerque, *Em Voz Alta*, "O Pé e a Mão," conferência em agosto de 1905, Rio de Janeiro, 1909; Ademar Vidal, *Lendas e Superstições*, "Mentira", Rio de Janeiro, 1949; Francisco de Paula Ferreira de Resende, *Minhas Recordações*, 115, ouvida de uma escrava, Ana Margarida, Rio de Janeiro, 1944; Joel Chandler Harris, *Uncle Remus*, "Why the Negro is Black," New York, 1921; C. Tastevin, *Les Idées des Africains*, "La Geographie," LXII, ns. 5-6, Paris, 1934; B. A. Botkin, *A Treasury of American Folklore*, "All Folks Was Born Black," New York, 1944). Na Alemanha Deus fez o branco e o Diabo fez o negro, *Wie der Teufel den Neger erschuf*. Numa versão que ouvi no oeste do Rio Grande do Norte e que Ademar Vidal registrou na Paraíba, com alguma modificação, uma mulher tendo muitos filhos, vendo que Nosso Senhor aproximava-se da casa, escondeu-os num quarto, ficando apenas com uns oito a dez no terreiro. Depois de abençoá-los, Nosso Senhor perguntou o que estava guardado no aposento de porta cerrada: "Uns sacos de carvão," respondeu a mulher. "Que eles conservem a cor!", replicou o Divino Mestre. Partindo, a mulher foi ver os filhos ocultados e deparou um grupo de negrinhos, os primeiros que existiram no mundo. Ver em Luís da Câmara Cascudo, *Made in Africa*, "Do Negro e do Preto", distinções verbais pela África portuguesa e em Portugal, preferindo-se *preto* a *negro*, quase ofensivo e sinônimo de escravo, 45-53, 2ª ed., São Paulo, Global, 2002.

NEGRO NOVO. O recém-chegado da África nos tempos da escravidão, que começava a aprendizagem da língua vernácula, dos princípios da religião e do serviço que lhe era destinado, é assim chamado, para o distinguir do escravo antigo, já instruído, chamado *ladino*. "Casa para alojamento de *negros novos* à Rua da Cadeia do Recife nº 50"(*Diário de Pernambuco*, nº 251, de 1829). "Furtavam centenas de *negros novos* e os iam esconder nas matas" (*O Vapor dos Patoleiros*, nº 21, de 1867). "Cavalos, negros novos, e ladinos, tudo lhe fazia conta" (*O Cometa*, nº 30, de 1845). *Falar língua de negro novo*; mal, incorretamente. Ditados populares sobre o negro, correntes e vulgares: Bacalhau é comer de negro, negro é comer de onça; boa conta lança o preto, seu senhor o está vendendo; negro cresceu, apanhou; negro de luva é sinal de chuva; negro em festa de branco é o primeiro que apanha e o último que come; negro em pé é um toco, e deitado é um porco; negro jurado, negro apanhado; negro nu não dança; negro pequeno é moleque; negro quando pinta, três vezes trinta; negro quando não suja, tisna; negro só tem de gente os olhos; negro é carvão, e o branco seu dinheiro; quem não tem coragem não amarra negro (Pereira da Costa, *Vocabulário Pernambucano*, 518).

NEGRO PRETO. É expressão designativa de homem muito escuro, negro ébano. Falando dos falupos, escrevia o Capitão André Álvares d'Almada, em 1594: "são negros pretos – chamo pretos muito negros" (*Tratado Breve dos Rios de Guiné*, 39, ed. Lisboa, 1946). No Brasil o título de "preto" não é ofensivo como o tratamento de "negro". Era, outrora, comum ouvir-se o negro replicar, como se estivesse insultando: "sou negro, mas não sou da sua cozinha!" Ou: "negro na cor, mas branco nas ações". Com o possessivo ou diminutivo constitui meiguice e agrado terno: meu negro, meu negrinho – mesmo para os brancos. O Imperador D. Pedro I assinava-se "seu negrinho" para a Marquesa de Santos. Nas *estórias* populares os negros muito pretos são encarregados dos maus papéis, traição, rapto, violência e inevitavelmente castigo final. Negrinho, "mui negro", ocorre na América espanhola, Chile, Argentina, Uruguai, etc.

NERY CAMELO, CONSTANTINO. Nasceu em Santa Quitéria, Ceará, a 25 de dezembro de 1898 e faleceu sentado no patamar da Catedral de Fortaleza, onde assistira à missa noturna, em 3 de novembro de 1974. Funcionário dos Telégrafos, bacharelou-se em Direito em 1941 na Universidade do Brasil, Rio de Janeiro. Perfeito conhecedor dos sertões nordestinos, realizou colheita original e variada da cultura popular, transmitindo-a em conferências, jornais e livros com vivacidade, clareza e verismo. Livros essenciais: *Alma do Nordeste*, 3ª ed., 1939; *Através dos Sertões*, 1939; *Viagens na Nossa Terra*, 1938, todos editados no Rio de Janeiro.

NEVOEIRO. Não tem mitos etiológicos no Brasil, explicando-lhe origem e forma, como em Portugal, Espanha, França, Itália, etc. Conheço apenas os processos mágicos para dissipar o nevoeiro. É pôr-se farinha num prato, expô-lo ao relento, oferecendo-o a Santa Clara. A confusão verbal consagrou-se como égide contra o nevoeiro. Grita-se "Santa Clara, clareai o dia!" por três vezes. Veio de Portugal a crença. No *Diário de Navegação de Pero Lopes de Souza*, nota do dia 12 de agosto de 1531, está a mais antiga referência: "... e ao meio-dia vimos terra: seríamos dela um tiro d'abombarba: até ver se por nos afastas dela víramos no bordo do mar, até ver se alimpava a névoa, para tornarmos a conhecer a terra. Indo assim no bordo do mar mandou o capitão I. arribar, para fazermos nossa viagem para o Rio de Santa Maria: e fazendo o caminho do sudoeste demos com hũa ilha. Quis a Nossa Senhora e a *bem-aventurada Santa Clara, cujo dia era, que alimpou a névoa*, e reconhemos ser a ilha da Cananéia." (*Diário da Navegação de Pero Lopes de Souza*, 1530-1532, comentado pelo Com. Eugênio de Castro, I, 205-207, Rio de Janeiro, 1940).

NHÁ-MARUCA. Ver *Fandango*.

NHANCURUTU. Ver *Jucurutu*.

NHANDU. Ver *Ema*.

NHANDUGUAÇU. Ver *Ema*.

NHANHÃ. Ver *Iaiá*.

NHANINHA. Ver *Fandango*.

NHEENGATU. Ver *Coaraci*.

NHÔ-CHICO. Dança popular do litoral do Estado do Paraná. Renato Almeida descreve: "Nhô Chico é uma dança muitíssimo curiosa. É tida como original da marinha paranaense. Retinem as violas. Formam-se todos em roda, ao longo do salão. Canta um violeiro:

"Aí vem Nhô-Chico,
De mão em mão,
Escolhendo as moças
Pela feição.

Não te dou meu coração
Porque o não posso arrancar
Arrancando-o, sei que morro;
Morto não te posso amar.

Aquela mais alva
Que ginga no chão
Tem linda cintura
De mão de pilão.

Aí vem Nhô-Chico,
De mão em mão,
Escolhendo as moças
Pela feição."

E ao som das violas e dos descantes, todos os pares volteiam e sapateiam, ao mesmo tempo, sendo que a própria assistência faz mil trejeitos com o corpo, acompanhando a voluptuosidade da dança" (181, *História da Música Brasileira*).

NHONHÔ. Ver *Iaiá*.

NIBETAD. "É o herói mítico que os cadiuéus identificam com as Plêiades; era ele que seus antepassados saudavam, durante as cerimônias com que comemoravam o reaparecimento anual daquela constelação" (Darci Ribeiro, *Religião e Mitologia Kadiuéu*, 9, 69, etc., Serviço de Proteção aos Índios, Rio de Janeiro, 1950). Nibetad é um homem que desceu do céu, casou com uma cadiuéu e deixou dois filhos, Gawé-txéheg e Nõmileka, grandes feiticeiros. Ver *Sete-Estrelo*.

NINA RODRIGUES. Raimundo Nina Rodrigues nasceu em Vargem Grande, Maranhão, a 4 de dezembro de 1862 e faleceu em Paris, França, a 17 de julho de 1906. Doutorou-se em medicina no Rio de Janeiro, 1889, tendo cursado quatro anos na Bahia. Clinicou no Maranhão até 1889. Professor na Faculdade de Medicina da Bahia (adjunto de patologia geral) em 1890, passou a substituto de medicina legal, em 1891, catedrático em 1895. Etnógrafo, criminalista, patologista, sociólogo, deixou cerca de quarenta monografias sobre esses assuntos, contendo observações diretas. Foi o iniciador dos estudos negros no Brasil. Sendo maior etnólogo que folclorista, não lhe mereceu atenção menor e carinho real essa última disciplina no registro e exame das atividades psicológicas dos africanos e seus descendentes na Bahia.

L'Animisme Fétichiste des Nègres de Bahia. Bahia, 1900. Há tradução brasileira. "Théologie fétichiste des nègres de Bahia; Liturgie fétichiste des nègres de Bahia. Sortilège, prédiction, état de possession, oracles fétichistes; Cérémonies du culte fétichiste, candomblés, sacrifices, rites funéraires; La conversion des abro-bahianais au Catholicisme."

Os Africanos no Brasil. Revisão e prefácio de Homero Pires. São Paulo, 1932 (1933). São indispensáveis os capítulos VI (Sobrevivências totêmicas; festas populares e folclore), e VII (Sobrevivências religiosas; religião, mitologia e culto).

NINAR. O mesmo que *nanar*: Pôr a dormir o menino, adormentá-lo (Morais). "A velha *nina* o netinho, e canta com voz tão doce que parece um passarinho." (*Lanterna Mágica*, nº 159, de 1886). "Ela não teve uma avó, como a minha, que, quando eu era menino, *ninava-me*, cantando modinhas que nunca mais esquecerei." (*O Alfinete*, n.º 6, de 1890). "Vai *ninar* os teus meninos, dar-lhes leite para mamar." (*A Pimenta*, nº 86, 1902). *Ninar* é corruptela de um verbo português obsoleto, *Aninar*, que Bluteau registra, escrevendo: Aninar a criança. Tê-la nos braços e cantar-lhe para a adormentar: costumam as amas a dizer-lhe, cantando: "ah! minha nina, nina," donde vem o *aninar*. *Puellum in sinu, suavi canta sopire*. Morais registra também assim o termo, como familiar, e com as expressões de *arrolar, adormentar a criança*. Aulete, porém, já consigna *ninar* como termo infantil: acalentar, adormecer, dormir a criança (Pereira da Costa, *Vocabulário Pernambucano*, 520). Aninar, ninar é sempre com cantigas, cantigas de ninar. Ver *Acalanto, Nanar*.

NIOPÓ. Rapé obtido com a torrefação das sementes do paricá (*Piptadenia peregrina*, L.). Ver *Paricá*.

NÓ. Nas superstições populares o nó representa a dificuldade, a obstrução, a parada. Na feitiçaria e nos catimbós os fios de algodão simbolizam a vida humana e os nós feitos pelo "mestre" atrasam, retardam ou param o curso da felicidade nos negócios, no amor e na situação social. Na transferência de moléstias para uma árvore, a doença é materializada em fios de algodão e abandonados nos lugares escolhidos. É uma herança clássica da religião grega, tornada universal no mundo romano. A vida era o fio fiado por Cloto, posto no fuso por Láquesis e cortado por Átropos. Nada mais sugestivo no fio da vida do que o nó (a interrupção), interrompendo a unidade do conjunto. A bruxaria europeia conservava o uso dos nós como processo de impedir o ato sexual. O *nouer l'aiguillette* significava a impossibilidade fecundadora. No Brasil a "aiguillette" foi substituída por uma peça interna da roupa da vítima ou fragmento, onde o nó é dado e umedecido com líquidos de fabricação secreta pelo feiticeiro. Deu nó, desatar o nó, são frases expressivas dessa credulidade. Quem desatará este intrincadíssimo e enredadíssimo nó? Feio é, eu nele não quero cuidar" (Santo Agostinho, *Confissões*, liv. II, cap. X, 46, ed. Garnier, Rio de Janeiro, 1905). Ver *Dar o Nó*.

NÓDOA. A tradição de que a nódoa de fruta desaparecerá na subsequente safra da mesma espécie ocorre em todo o Nordeste e Norte do Brasil. Raimundo Morais informou semelhantemente: "Mancha indelével, produzida pelo suco de certos frutos, pela seiva de alguns paus. O pingo do caju é nódoa; a essência do caroço do abacate é nódoa; a água da bananeira é nódoa. Você está com uma nódoa de caju na saia, comadre. Fui chupar caju na casa do coronel, fiquei cheia de nódoas. Agora só para o ano, quando o cajueiro florir de novo, é que a mancha desaparece" (Raimundo Morais, *O Meu Dicionário de Cousas da Amazônia*, II, 77, Rio de Janeiro, 1931).

NOITE. Mantém no espírito popular sua impressão de mistério. Para as populações do interior do Brasil, as horas da treva são sinistras, e o mundo se povoa de seres estranhos e poderosos. Muitas tradições clássicas da Grécia são correntes, assimiladas nas versões cristãs. A mais conhecida é que não se devem pronunciar nomes malditos, nem praguejar, porque acontece o que se sugeriu, e o diabo acorre ao chamamento, pois é seu domínio a noite escura. As "horas abertas" são os dois crepúsculos, vespertino e matutino, e a meia-noite, o "pino da meia", hora horrível, é de universal assombro fantástico. O respeito que os gregos e os romanos tinham pela Noite, filha do Caos, irmã e esposa de Érebo, era complexo e cheio de minúcias e cerimônias. As entidades terríveis de infinito poder tinham nascido da Noite, e algumas sem união carnal, como Moira (o Destino), Átropos (morte), Hipnos (sono), os Sonhos, Momo, a Miséria, as três Parcas, as Hespérides, Nêmesis, Apaté (a fraude), a Connoite. Uma outra reminiscência do culto grego à Noite é frase popular aconselhando a reflexão, a meditação raciocinada e tranquila: sertanejo diz que "tudo que é de ruim anda do bote uma noite no meio". Para decidir-se ante problema de vulto, diz-se, no sertão, que é preciso "deixar uma noite no meio", entre a proposta e a decisão. A noite ensinará, serenamente, a melhor sentença. Os gregos a diziam "Eufronê", a Benfazeja, e Embulia, "Mãe do Bom Conselho". Com essa invocação se prende a Noite conselheira dos sertanejos do Brasil. Como em qualquer parte do mundo, durante a noite, aparecem os fantasmas, almas do outro mundo, luzes espantosas, gritos, gemidos, tesouros enterrados, penitências estranhas, animais fabulosos, todo o cortejo apavorante, que vive nas trevas da noite.

NOME. De crianças era sempre o do santo do dia em que ocorresse o nascimento. O costume é de toda terra católica do mundo e ainda se mantém em vários pontos da América e Europa. "Nunca cambian nombre del santo o santa que correspondió a la fecha del nacimiento y que debe corresponder al nino, porque creen que, si no siguen el santoral, se desvirtúa la dicha del bebé. Si es niña, no se casará por haberse despreciado a su santa y vivirá desgraciada; si es niño, resultará un perverso" (Gilberto Orosco, *Tradiciones y Leyendas del Istmo de Tehuantepec*, 7, México, 1946). Martinho Lutero nasceu a 11 de novembro, dia de São Martinho. A toponímia brasileira se iniciou pela obediência ao dia oblacional. A expedição de 1501, capitaneada por Gaspar de Lemos, batizava os principais acidentes geográficos no litoral brasileiro de acordo com os santos do calendário do dia. Cabo de São Roque, 16 de agosto de 1501; cabo de S. Agostinho, 28 de agosto; rio São Miguel, 29 de setembro; rio São Jerônimo, 30 de setembro; rio São Francisco, 4 de outubro; rio das Virgens, 21 de outubro; baía de Todos os Santos, 1.º de novembro; rio de Santa Luzia (talvez rio Doce), 13 de dezembro; cabo de São Tomé, 21 de dezembro; baía do Salvador, 25 de dezembro (Natal); Angra dos Reis porque foi avistada no Dia de Reis, 6 de janeiro (1502); São Sebastião (ilha), em 20 do mesmo mês; São Vicente, a 22, e ainda o cabo de Santa Maria, a 2 de fevereiro, Candelária. Os soberanos europeus conservam religiosamente a tradição de incluir entre os vários nomes o do santo do dia. No Brasil os nossos dois imperadores cumpriram fielmente o costume secular. Dom Pedro I, nascido a 12 de outubro, era *Serafim*, e Dom Pedro II era *Bibliano*, por ter nascido a 2 de dezembro, dia da santa virgem e mártir. Poder Mágico do Nome. O nome tem a força mágica em seu conteúdo. É apenas uma forma exterior de potências que agirão, invocadas. A simples pronúncia do nome dos mortos determina sua presença invisível mas perceptível às pessoas sensíveis. A tradição manda respeitar o morto, não lhe pronunciando o nome de batismo, para que não se interrompa seu repouso. E também para não atrair a visita fantástica. Os membros da família do morto usam dizer, referindo-se ao morto, *o defunto, o finado, o falecido*, empregando fórmulas religiosas e afastadoras do fantasma, alma, visagem; *meu pai, que Deus tem; meu marido que está na santa glória; fulano, que está com Deus; sicrano, que Deus tenha em sua companhia*, etc. Freud (*Totem e Tabu*) registra: "Um dos costumes mais singulares mas também instrutivos do tabu, durante o luto dos primitivos, é a proibição de mencionar o nome do morto. O costume é extremamente difundido, recebeu numerosas variantes e teve importantíssimas consequências" (97-98). Freud, citando Frazer, mostra a imensa área geográfica dessa tradição, australianos, polinésios, siberianos, malgaxes, noroeste da América, indígenas guaicurus do Paraguai e, como estamos vendo, entre as populações ibero-americanas. O nome era elemento vivo, suscetível de encarnar valores psíquicos e materiais da própria pessoa que o usava. A Childe ("Uma Rainha Egípcia") informa: "Os egípcios acreditavam que o nome é uma parte viva, especial da personalidade e que, suprimido o nome de um ser, onde se encontrasse, aquele ser, como vivo ou como espírito, não podia mais existir; destruindo o nome, eles julgavam destruir a essência individual. Pois bem, apenas Hatshopsitu fechou os olhos, Tutmés mandou martelar o nome e a figura da rainha sobre todas as paredes dos templos e cobriu a base dos obeliscos onde seu nome figurava; Senmut, o seu engenheiro chefe, Nehesi, Tutií, seus cortesãos, foram tratados do mesmo modo: as muralhas, as estátuas, as estrelas, os túmulos foram raspados em todos os pontos onde seus nomes apareciam; assim foi também com o vizir Hapusenbu" (*Boletim do Museu Nacional*, vol. XI, nºˢ 3-4, 95, setembro-dezembro, Rio de Janeiro, 1935). Escrever o nome de alguém num papel e fazê-lo queimar é de agouro certo. Colocar o nome escrito dentro de um formigueiro ou de um cupim, para que seja destruído, é outro antiquíssimo processo da mágica simpática, tendo por base a onipotência do nome. Chamar o diabo ao meio-dia ou à meia-noite, por três vezes, em voz alta, numa encruzilhada, é invocá-lo da maneira mais poderosa, quase irresistível. O Barão de Studart, citado na *Antologia do Folclore Brasileiro* (vol. 2, 31-48, 6ª ed., São Paulo, Global, 2004), reuniu muitas superstições brasileiras denunciadoras dessa força mágica: Quando se tem o pé dormente, manda-se uma pessoa bater nele três vezes, dizendo: "Levanta, pé, para ir à missa." Penetrar no quarto pela manhã, ao meio-dia e às 6 horas da tarde, dizendo "boa noite" afugenta as muriçocas do quarto. Para acabar com as pulgas de uma casa, vai-se à missa e diz-se: "Pulgas, vamos para a missa." Na volta da igreja, deve-se entrar por outra porta da casa. Quem sofre de um unheiro ou panarício, introduz o dedo num buraco feito na parede e diz três vezes: "Nunca vi unheiro verde em buraco de parede." E fica curado (nºˢ 192, 206, 271, 272, 275). Dirigir-se nominalmente à doença é fixá-la e dirigi-la. O terço (hordéolo) obedece a quem diz: "Terçol, terçol, vai-te com o sol! Soluço vai e soluço vem, para cima de quem me quer bem! Ô de casa! Quem é? Esta frieira para o teu pé!" Certos hábitos seculares estão ligados ao nome, no âmbito da família, limitando os nascimentos ou felicitando o portador. Studart registrou: O filho mais velho não deve ter o nome do pai, porque então morrerá cedo (nº 163). Quem tem muitos filhos, para que cessem os partos, põe ao último nascido o nome do pai (nº 164). Os nomes de Geraldo, Antônio, Emanuel, Luís de França, Elias, etc. também farão a mulher não mais ter filhos, pondo um deles no mais moço. A menina chamada Maria goza de muitos privilégios mágicos. Não pode sofrer feitiço nem será bruxa. Numa série de sete filhas, a última deve batizar-se por Maria, e a primeira ser sua madrinha, para evitar o bruxedo em casa. Na época de grandes ventos, remoinhos e ventanias fortes, grita-se: "Aqui tem Maria!" por três vezes. E o vento muda de rumo. O poder evocador dos nomes ainda foi registrado por Studart: Dizer, sem querer, o nome da pessoa ausente é que esta nos falou também do nome (nº 247). Para que chegue depressa uma pessoa ausente, mete-se sob a mesa o filho mais moço e manda-se que chame por ela (nº 248). O poder do nome é tanto que para os cachorros se livrarem da hidrofobia, basta dar-lhes o nome de peixes, baleia, cação, sirigado, tubarão, tuninha, piranha. Anita Seppili lembra que, no cerimonial da dedicação de um templo, a divindade iniciava sua residência em virtude da atração divinatória do próprio nome, pronunciado pelo pontífice. "Por outro lado, Roma tinha um nome secreto (que ignoramos), somente conhecido dos sacerdotes, a fim de que, ao evocá-lo, nenhum inimigo pudesse provocar-lhe a queda" *Revista do Arquivo Municipal*, LXXXV, 25, São Paulo, 1942). Francis Bacon ensinava: "Name though it seem but a superficial and outward matter, yet it carrieth much impression and enchantment." "A Alá pertencem também noventa e nove *nomes fulgurantes*, dispersos no Alcorão e nos hadits, e que se recitam ao tocar as contas do rosário muçulmano; um centésimo é inefável e misterioso ignorado dos homens." (Eduardo Dias, *Árabes e Muçulmanos*, I, 38, Lisboa, 1940). Jeová ou Javé diz apenas ser *aquele que era e será*. Era comumente substituído por sinônimos, Adonai, Eloim, traduzido para o grego por *Kürios*, e *Dominus* no latim cristão, *Senhor*, apenas. São títulos da ação divina e não nomes da entidade infinita e poderosa. É, como se vê, o respeito ao nome, o tabu para que não se divulgue o nome exato e verídico, pondo quem o possui na dependência de um ato mágico malfazejo. Esse respeito ao poder invocador do nome era patrimônio também da Grécia e do mundo clássico. Os gregos não pronunciavam ou pronunciavam o menos possível o nome de Átropos (a Morte), temendo que a terrível deusa atendesse ao apelo involuntário. Heróstrato, em 356, incendiou o templo de Diana em Éfeso. Queria ser perpetuamente lembrado por esse gesto. Os efésios proibiram, por lei imediata, que fosse pronunciado o nome de Heróstrato. Os dois exemplos dizem dos valores mágicos do nome. A substituição do nome do sacrificador para que o espírito do morto não o perseguisse, Métraux estudou entre as tribos tupis do Brasil (*La Religion des Tupinambas*, 163-164): "Le changement de nom était la plus importante des précautions qui devaient être prises par quiconque se croyait exposé à la malveillance d'un esprit. Dans les cas particulier, devaient changer de nom, outre le prisonnier, les personnes suivantes: celui qui avait capturé le prisonnier, celui qui l'avait rattrapé à la course ou maîtrisé avant quil fût attaché, la femme, les frères, les soeurs et les cousines du "matador", bref tous ceux qui avaient participé d'une façon quelconque à la mort du captif ou étaient apparentés avec celui qui l'avait donnée. Le changement de nom était une mesure de prudence adoptée également par tout individu en ayant tué un autre et qui était destinée à enlever à l'esprit toute emprise sur celui contre qui il était irrité. Aujourd' hui encore en cas de maladie grave, les Apapocúva ont recours au changement de nom comme à un remède infaillible. En "debáptisant" le patient, ils s'imaginent écarter de lui les influences malignes qui motivent son état." Outros vestígios na história ou no folclore atestam o receio de pronunciar certos nomes de animais. Entre os romanos não se falava no lobo, porque ele podia aparecer. Era sua superstição que passou às histórias infantis (*Lupus in Fabula*), como passara a loba do Capitólio, que era o "totem" ma-

ternal do grande povo. No provérbio "falar no mau, preparar o pau" este "mau" é o diabo, como é o da oração dominical mal traduzida (*Liberta nos a male*, livra-nos do "mau" e não do mal) (João Ribeiro, *Curiosidades Verbais*, 121, São Paulo, sem data). *Nomen, Numen*, ensinavam os velhos de outrora (Luís da Câmara Cascudo, *Superstição no Brasil*, "Nomem, numen", 104-109, 6ª ed., São Paulo, Global, 2002). Ver *Mucera*.

NÕMILEKA. Ver *Nibetad*.

NORDESTE. Vento do Nordeste, reputado mau, secando as plantas e determinando uma epizootia nos galináceos. Deu o Nordeste nas galinhas e morreram todas. Em Portugal N.E. tem a mesma reputação maléfica:

Em quanto do Nordeste o sopro frio
Murcha o rosto gentil da ninfa bela,
Os prados queima, os pântanos congela,
As águas sorve pouco a pouco ao rio.
Poetava o Abade de Jazende, em 1787.

NOSSO PAI. É o Santíssimo Sacramento, o Viático, a sagrada partícula, levada processionalmente aos doentes graves, acompanhada pelo povo. Era um dos espetáculos registrados pelos viajantes estrangeiros que assistiram à passagem do Nosso Pai pelas ruas do Recife, Bahia, Rio de Janeiro ou São Paulo. A tradição ibérica e o mesmo cerimonial ocorriam nas ruas de Madri ou Lisboa. A surpresa seria para quem não conhecesse essas duas -capitais europeias. Oliveira Lima descreve o cortejo no Rio de Janeiro, na época em que o Regente D. João, depois D. João VI, reinava no Brasil: "Uma procissão diária, nas ruas do Rio de Janeiro ou de qualquer outra das nossas cidades, era a do Viático, o conhecido "Nosso Pai", levado aos moribundos e doentes, debaixo do pálio ou da umbela, segundo o acompanhamento ia mais ou menos luxuoso. Ladeavam o sacerdote os irmãos do Santíssimo, de opa vermelha, um tangendo a campainha sem parar, outros alçando a cruz e os castiçais. A estes se agregava um sem-número de devotos, entoando a ladainha e assim fazendo acompanhamento vocal à música militar, de trombetas ou de tambor e pífano, segundo a arma que precedia a guarda, chamada do posto mais próximo, e marchando com as espingardas em funeral e a barretina na mão ou segura ao braço pela correia do queixo. Todas as igrejas repicavam à passagem do cortejo sagrado, o qual, no caso de chuva, se reduzia ocasionalmente a uma sege a passo, conduzindo o sacerdote o cibório e o sacristão a cruz e uma lanterna de prata, e indo ao lado do carro um negro a pé, tocando a sineta. No caso de ser o enfermo, que esperava o sacramento, membro da família real ou empregado da Real

Casa, o padre era transportado num coche do paço, com criados de libré, a cavalo, para carregarem os tocheiros e tangerem a campainha, que provocava as orações e evocava no espírito dos transeuntes ajoelhados uma simpatia dolorida." (*Dom João VI no Brasil*, 973-974, Rio de Janeiro, 1908). Escrevendo no Recife em 1809, Henry Koster anotava semelhantemente: "Outro incômodo para os estrangeiros era o respeito tributado ao Sacramento, conduzido com toda a cerimônia e pompa aos moribundos. Exigia-se que se ficasse de joelhos, ao se lhe deparar, e permanecesse nessa posição até que estivesse à vista. Os ingleses, de certo modo e por deferência à religião do país, conformaram-se, mas o costume está passando" (*Viagens ao Nordeste do Brasil*, 60). Melo Morais Filho (*Festas e Tradições Populares do Brasil*, "Nosso Pai ") registrou a tradição (367-366, Rio de Janeiro, 1946), assim como Luís Edmundo (*O Rio de Janeiro no Tempo dos Vice-Reis*, 47-49, Rio de Janeiro, 1932). Na corte de Lisboa setecentista, uma tradição aristocrática era acompanhar "Nosso Pai". William Beckford informou que o Conde de Vila Nova, depois Marquês de Abrantes, nunca admitiu que fosse outro quem iniciasse o cortejo, tangendo a campainha de prata (*A Corte da Rainha D. Maria I*, 40, Lisboa, 1901 (a nota de Beckford é relativa a junho de 1787). Atualmente "Nosso Pai" é levado aos moribundos, de forma mais discreta, sem o cerimonial de outrora.

NOVA SEITA. As seitas protestantes evangélicas, batista, presbiteriana e outras e, depreciativamente, os seus adeptos:

"João Marques, caixeiro fona,
Deixa esta vida, te ajeita,
Vai engraxar tuas botas
E não sejas nova seita."

(Pereira da Costa, *Vocabulário Pernambucano*. 521). Gustavo Barroso publicou (*Ao Som da Viola*, 606) "um Debate do Ministro Nova Seita com o Urubu" (Rio de Janeiro, 1921):

"Vou contar uma história,
Que há pouco tempo se deu:
Uma velha nova seita
Foi buscar lenha e morreu.
Um urubu achou ela,
Disse: Aqui tiro o meu."

O nome é comum no sertão nordestino.

NOVE HORAS. Nas cidades e vilas do Brasil colonial às nove horas da noite era o fim da vida social. Nos quartéis rufavam a *caixa das nove*, tambor anunciando a proibição de o escravo andar pelas ruas ou o passeante passar a ser revistado pelas patrulhas de polícia. De meados do séc. XIX a

caixa das nove foi substituída, em vários lugares, por umas tantas badaladas do sino da matriz, *o sinal de recolher*, significando o mesmo. Dizia-se: São nove horas! Quem de dentro, dentro! Quem de fora, fora! Ouvindo-se o som do sino ou da caixa militar, findava a visita, e a cidade caía no silêncio. Um sujeito *cheio de nove horas* é criatura misteriosa, complicada, com restrições e subterfúgios, não aceitando os convites banais, desculpando-se com obrigações inadiáveis e possivelmente imaginárias. O "toque das nove" era uma reminiscência do Couvre-Feu medieval, o sinal dado pelos sinos das igrejas. François Villon, na segunda metade do séc. XV, cita no poema "Le Lais" (*Le Petit Testament*) "j'ois la cloche de Sorbonne, / Qui toujours à neuf heures sonne / Le Salut que l'Ange predit." Correspondia ao *toque do Aragão* no Rio de Janeiro de 1825, badaladas pelos sinos da Igreja de São Francisco, às dez horas da noite, determinadas pelo Intendente de Polícia, Des. Francisco Alberto Teixeira de Aragão (d. Vieira Fazenda, "Antiqualhas e Memórias do Rio de Janeiro", *Revista do Instituto Histórico e Geográfico Brasileiro*, tomo 88, vol. 140, 31; Melo Morais Filho, *Festas e Tradições Populares do Brasil*, 114, ed. Briguiet, Rio de Janeiro, 1946). O Des. Aragão dirigiu a Polícia da Corte em 1824-27 e faleceu em 10 de junho de 1847 como Ministro do Supremo Tribunal de Justiça do Império (Coronel Laurênio Lago, *Supremo Tribunal de Justiça e Supremo Tribunal Federal*, 21-23, Rio de Janeiro, 1940).

NUDEZ. O estado de nudez possui alta expressão mágica. O corpo inteiramente despido representa submissão completa aos poderes dos entes invocados e, por ambivalência, intimida-os, obrigando-os a atender aos desejos do devoto. Há a crença do efeito apotropaico da nudez, explicado pela exibição dos órgãos sexuais, afastadores dos demônios da esterilidade e inibição fecundadora ou vital. Certos "despachos" do catimbó são feitos nas encruzilhadas, estando o operador despido totalmente. Assim frequentavam as bruxas clássicas o *sabat infernal*. Os candidatos à forma de lobisomem devem despir-se previamente. Feitiço não alcança uma pessoa nua, isto é, feitiço por contato. A nudez é isolante. Frazer (*Golden Bough*, I, 248-273) reuniu extensa informação sobre a nudez como elemento indispensável nas rogatórias mágicas para obter chuva, na antiga Sérvia, Romênia, Rússia, etc. N. M. Penzer (*The Ocean of Story*, II, 117-120) registrou documentação ampla sobre o assunto, especialmente na Índia (Londres, 1924): "From the above examples we can see that there is a distinct mystic significance attached to the naked body, an uncanny power which can be utilised for the purpose of producing rain, procuring offspring, etc.

But is the case with all power, it can also be used for less praiseworthy purposes. It can be employed for acquiring magical properties, to gain control over a person or a spirit" (*idem*, 119).

NUM SI PODE[1]. "Não se Pode" é um fantasma que aparece na praça da Igreja de N. S. das Dores, em Teresina, Piauí. Mulher de talhe desmesurado, com alvíssima mortalha, surge nas noites e madrugadas, determinando um pavor irresistível. Não se pode afrontar aquele assombro, espalhador de um medo indizível (informação de Vítor Gonçalves Neto, Teresina, Piauí). Registrou-a em versos o Sr. João Terry (*Chapada do Corisco*, 28 -29, Teresina, 1952). Ver *Cresce e Míngua*. Fontes Ibiapina, *Passarela de Marmotas*, Teresina, 1975, em que desfilam as "assombrações" do Piauí, informa que "não se pode" é a resposta do fantasma quando lhe perguntam o nome, quando "seu verdadeiro nome de origem é *miota*", que o leitor tenha a bondade de procurar neste Dicionário, surpreendendo-se de tanto caminho e tempo percorridos.

NUVENS. A nuvem é um ser de vida própria. Tem movimentos conscientes. O sertanejo do Nordeste brasileiro estava ligado à meteorologia romana do tempo de Lucrécio. Exceto a evaporação, o resto da ciência é a mesma do livro VI do *De Natura Rerum*. A nuvem é dividida em nuvem de vento (estrato e cirro) e nuvem de chuva (nimbo e cúmulo). O cúmulo é a torre, velha esperança de chuveiro. O sertanejo crê que a nuvem tenha força de absorção, aproximando-se dos rios, lagoas, açudes. O reservatório principal é o mar. Aí as nuvens *carregam*. Vêm finas, quase invisíveis, viajando sobre o mar. Regressam pesadas e lentas, escuras de chuvas. Chegando à superfície marinha, a nuvem distende um braço, um floco, e vai sugando, bebendo, ficando larga, ampla, cinzento-negra, até que, pejada e farta, sobe e viaja, guiada pelo vento. E o sal? A nuvem coa, deixando-o onde se dessedentou. Noutras versões o sal é atirado em poeira impalpável, à solta, nos dias furiosos de verão, em pleno estio ardente. A nuvem trazendo água do mar é fiel à tradição portuguesa. E veio de Roma, da Grécia, da Índia. O Padre Antônio Vieira clamava na Sé da Bahia, em 1640, ante Dom Jorge de Mascarenhas, Vice-Rei do Brasil: "Apareceu uma nuvem no meio daquela baía, lança uma manga ao mar, vai sorvendo por oculto segredo da natureza, e depois que está bem cheia, depois que está bem carregada, dá-lhe o vento, e vai chover daqui a trinta, daqui a cinquenta léguas." Do séc. XVIII é o poema *A Marujada ou a Vida Marítima*, do Padre José Gomes de Sousa Gadelha:

"Afirma por causa certa,
E não duvida jurar,
Que já viu, estando alerta,
As nuvens com a boca aberta
Bebendo as águas do mar."

Quatro séculos antes de Cristo, Aristófanes lembrava o mito nas nuvens, representado em 423, numa olimpíada, em Atenas, contra Sócrates. O Sócrates aristofânico invoca as nuvens e, na versão de Brotier, dizia: "vous puisiez de l'eau avec vos urnes d'or aux embouchures du Nil" (*Théatre D'Aristophane*, trad. André Charles Brotier, I, 197, ed. Garnier, Paris, s. d.). Kalidasa, cuja vida ainda se discute se ocorreu no I ou no VI século da era cristã, escreveu o *Meghadûta*, que é a *Nuvem Mensageira*. Nela o amoroso Iaksha encarrega a nuvem de levar recados à bem-amada. E ensina o caminho para encontrá-la: "Ta pluie versée, quand tu auras, nuage, renouvelé ton eau dans sons fleuve", e ainda: "Tu boiras, au bruit heureux de ta foudre, l'eau jointe à la douceur que la Vaitravati roule dans ses vagues mobiles" (*Oeuvres Choisies de Kalidasa*, 313-314, trad. Hipolite Fauche, Paris, 1865). O sertanejo, como se vê, tem padrinhos clássicos e velhíssimos (Luís da Câmara Cascudo, *Informação de História e Etnografia*, "Superstições Meteorológicas", 195--197, Coleção Mossoroense, Mossoró/RN, Fundação Vingt-un Rosado, 1991). Essas tradições são populares em todo o Brasil. Nas regiões rurais de pecuária e plantio as nuvens são examinadas como anúncios do tempo, pela forma, massa, coloração, horas em que se acumulam no horizonte. Não conheço *estórias* brasileiras sobre a origem das nuvens nem interpretações de seus formatos.

---

1 No texto original: "Num-si-Pode" (N.E.).

OBÁ. Orixá nagô das macumbas do Rio de Janeiro. É a mulher de Agodô, o formidável. João do Rio (*As Religiões no Rio*, 28) escreveu: "... e até Obá, que, príncipe neste mundo, é no éter hetaira do formidável santo Ogodô." Na tradição sagrada dos nagôs, Obá, orixá do rio Obá, é filha de Iemanjá, nascida do seu ventre, que rebentou depois do incesto de Orungã, também filho de Iemanjá e de Aganju (o Oganju das macumbas cariocas), a água e a terra firme. A lenda que João do Rio iniciou. Obá príncipe na terra e orixá fêmea no mundo dos "encantados" parece versão de outro ponto do litoral africano, possivelmente dos jejes, e espalhada no culto negro brasileiro sem repercussão maior. Os grandes pesquisadores baianos não encontraram a lenda nos candomblés da cidade do Salvador ou do Recôncavo. Édison Carneiro registrou na Bahia uma lenda etiológica referente a Obá (*Religiões Negras*, 38-39): "Não se sabe por que, Xangô dispensava mais atenção a Oxum do que a Iansã. O desolado orixá, invejando a felicidade de Oxum e procurando captar as simpatias do marido, pergunta à outra o que fazia para ser tão amada; Oxum, velhacamente, lhe diz que, no caruru de Xangô, pusera certa vez a orelha. Iansã vai na onda, corta a orelha e põe-na no prato de Xangô. Assim nasceu mais um orixá, Oiá, ou ainda Obá. Esse orixá, quando aparece nos candomblés da Bahia, o que é raríssimo, traz a orelha esquerda tapada com folhas".

OBAG. Foram, na tradição dos iorubanos, os ministros do Rei Xangô, os mangbás, divulgadores, instituidores e defensores do culto, dando ao soberano tornado orixá os hábitos celestiais idênticos às predileções que possuía na terra, iguarias, cores, armas, atributos, etc. Na capital baiana, no arrabalde de S. Gonçalo do Retiro, foi criado, com excepcional solenidade, num candomblé nagô, o conselho dos ministros de Xangô, os obag. São doze. Seis do lado direito do rei, Abiódun, Ônikôyi, Otum Onanxôku, Ôku, Kaká Nfô e Ôssi Ônikôyi (Donald Pierson, *Brancos e Pretos na Bahia*, 361). Os obag eram representados por doze *ogãs*, entre os mais velhos e prestigiosos. É um elemento denunciador da revivescência religiosa afro-baiana e mesmo um regresso espiritual às fontes do culto na costa africana. O Prof. Roger Bastide escreveu sobre os obag: "Esses ministros, que têm o título de 'obag', não foram ainda estudados verdadeiramente, e o que narro em seguida é insuficiente. A divisão em seis à direita e seis à esquerda parece corresponder à distinção entre o bem e o mal; mas, como o mal é sempre subordinado ao bem, os seis últimos estão sempre subordinados aos primeiros, que têm uma autonomia superior. São também chamados de 'senhores do harés', e, com efeito, eles se distinguem dos 'ogãs' pelo fato de os 'ogãs' terem apenas uma filha de santo que lhes é consagrada, enquanto os 'obag' têm sob sua autoridade todas as filhas de santo que pertencem a um mesmo orixá. Seus privilégios são grandes; por ex., têm direito de tocar o 'exé', a cabeça que chama os espíritos, e de sacudi--la, depois de ter tocado o solo, exatamente como a mãe de santo. Por outro lado, suas obrigações são mais severas e sua iniciação mais longa. Cada um tem um substituto, que fica à sua disposição e que tomará seu lugar, por ocasião de sua morte. Finalmente, como a mãe de santo, sete anos depois de sua morte, volta para apresentar seus últimos adeuses, antes de desaparecer para sempre da terra, os espíritos dos 'obag' comparecem, sete dias depois da morte, para fazer suas últimas recomendações; não se pode vê-lo, mas ouve-se sua voz". (*Imagens do Nordeste Místico em Branco e Preto*, 67--68, 107, ed, Cruzeiro, Rio de Janeiro, 1945).

OBÁ-LOGUM. Ver *Ogum*.

OBALUACÊ. Ver *Baru*.

OBALUAIÊ. Ver *Baru, Humoulu, Omulu*.

OBALUFÃ. Orixá iorubano, citado por João do Rio, nas macumbas cariocas, Não há pormenores sobre sua identidade e ação. Jacques Raimundo (*O Negro Brasileiro*, 39), estudando Oxolufã, diz que a palavra se compõe de *oshó*, mago ou feiticeiro, e *alufã*, pastor. Será um dos nomes de Obá, ou ligado ao seu culto? Pastor de Obá? Guarda, vigilante, defesa de Obá? João do Rio evidenciou a presença de Obá, nas macumbas do Rio de Janeiro, no princípio do séc. XX (*Religiões no Rio*, 28).

OBÁ-ROGUM. Ver *Ogum*.

OBATALÁ. O maior dos orixás iorubanos. O missionário Bowen fez originar o nome do santo africano de *oba-ti-nlá*, o rei que é grande, ou de *Oba-ti-alá*, rei da brancura ou da pureza. É o sucessor do vago Olorum. Obatalá é o Céu, o Firmamento, personalizado e agente em relação ao mundo e aos viventes. "Obatalá veio partilhar com Odudua a função da reprodução e não se limitou a fazer de barro amassado o primeiro casal humano, mas preside à formação da criança, no útero materno. O casamento do Céu, Obatalá, com a Terra, Odudua, devia forçosamente trazer a concepção andrógina em que se acham os nagôs, pelo menos os que vieram para o Brasil. É o segundo estádio do ctonismo iorubano, é o período do hermafroditismo. Odudua-Obatalá pode figurar na lista não menos longa dos deuses andróginos, dos Baal-Berith, Astarté, Afrodite, etc. "Obatalá é por excelência o rei dos orixás, pelo menos é o mais influente deles. É ainda o Céu-Deus, mas o Céu-Deus a que estão confiadas as interferências imediatas nas ações humanas. Se nos desdobramentos, se nas simplificações da concepção de Olorum tocou a Xangô manejar o raio e o trovão, a Obatalá coube promover a fecundidade. Obatalá é rigorosamente uma divindade ctoniana. A crença de que Obatalá e Odudua constituem uma divindade andrógina não pode ser tão restrita como o supõe Ellis. Podemos afirmar que é a concepção corrente entre os nagôs brasileiros que indiferentemente se servem dos dois nomes para designar o mesmo orixá. A representação desta divindade, já por um ser humano provido de braço e perna e terminando em cauda por uma esfera; já por duas meias cabaças cortadas em forma de prato ou de cuia rasa e superpostas uma à outra, para simbolizar o Céu, Obatalá, e a Terra, Odudua, tocando-se no horizonte; já pela justaposição dos dois órgãos da geração, em funcionamento, são outras tantas provas desta interpretação. E todas estas representações que Ellis mencionava na Costa dos Escravos, eu as encontro aqui na Bahia, onde de ordinário as cuias ou pratos da cabaça pintados de branco são substituídos por uma tigela de louça branca, de tampa, contendo limo da Costa, vindo da África, *cawries* e um arco de metal." (Nina Rodrigues, *Os Africanos no Brasil*, 324, *passim*). Frobenius (*Histoire de la Civilisation Africaine*, cap. XXIX) estuda a marcha desta concepção cosmogônica, a Terra e o Céu personalizados como homem e mulher, em junção carnal e afastados por um deus (filho ou sem individualização como o deus Schow no Egito) para que seja possível que o dia e a vida se organizem (ver *Orixá*). É encontrada na Ásia e além do Egito. Frobenius deparou sua representação no curso do Níger e, como vemos em Ellis e em Nina Rodrigues, nos iorubanos atlânticos e na América Austral. Obatalá em Cuba foi estudado por Fernando Ortiz, e as prerrogativas do orixá, exceto os nomes, são idênticas às do Nordeste brasileiro: "Obatalá es el primero y más grande de los seres creados... Otros nombres sirven también para designarla, como son: Orisha-nlá (el gran orisha), Alamorere (el de la buena arcilla, porque, como Jehová, creó de barro el cuerpo humano), Orisha-kpokpo (el orisha de las puertas, porque es el guardián de todas ellas), Alabalasé (el que predice lo futuro), etc. Obatalá es andrógino... se le confunde con la Virgen de las Mercedes, que junto con la del Cobre y la de Regla alcanzó privilegiado culto. También a Obatalá se le llama en Cuba el Santísimo Sacramento, aludiendo a la transubstanciación dogmática del Diós de los católicos. Asimismo, a veces, aunque no con frecuencia, representan a Obatalá por la imagen de Cristo crucificado. No obstante hay brujos que conservan aún el ídolo que representa a Obatalá, tosco muñeco de madera, vestido al parecer femeninamente, con la cara tatuada a usanza de los negros conocidos en Cuba por Carabalís. En Bahia se consagra el viernes a Obatalá. En Cuba sucede lo mismo". (*Los Negros Brujos*, 52, *passim*). Na época em que Nina Rodrigues realizou suas pesquisas na Bahia, Obatalá era mais conhecido sob esse nome que atualmente. No comum, chamam-no Orixalá, ou, mais propriamente, Oxalá. Ver *Orixalá, Oxalá*.

OBI. A noz de cola, indispensável no cerimonial jeje--nagô (*Cola acuminata*).

OBI-AM. Orixá iorubano, esposa de Orixá-lá, o mesmo Obatalá, o maior dos orixás.

OBORI. Nos xangôs do Recife corresponde ao "dar comida à cabeça" dos candomblés da Bahia. Ver *Comida à Cabeça*.

OBRIGAÇÃO. Esposa, família, amante. "Brigação". "Venho receitar minha obrigação que anda co'as regras distraviadas." "Passa por ser a 'obrigação' do Benedito, respeita a ele, mas se dá ao respeito que nem uma dona de família." (Afrânio Peixoto, *Fruta do Mato*, 115). "E me ajude a desmontar, / Leve-me ao quarto e chamar / Mande a minha 'obrigação'; / Ao velho Pedro da Ajuda / Diga que, estando na muda, / Picou-me a cobra na mão." (Rodolfo Teófilo, *Lira Rústica*, 174). Euclides da Cunha prestigiou este vocábulo, no mencionado sentido: "Encourados de novo, seguem para os sambas e cateretês ruidosos os solteiros, famanazes no desafio, sobraçando os machetes, que vibram no *choradinho* ou *baião*, e os casados levando toda a *obrigação*, a família". (*Os Sertões*, 130). Perdura, deste modo, no Brasil coevo, uma antigalha vernácula, que traduz a noção do dever da ordem, da disciplina. São "as pessoas da obrigação", assim compreendidas no Portugal vetusto, as pessoas da família, da casa. Os próprios esculápios, os que exerciam antigamente a medicina luso-brasileira, referiam-se à *obrigação*. "Uma filha de Joana Maria, da obrigação da casa de Dom José de Meneses, sendo criança da idade de seis anos, teve uma tosse, fastio, magreza." (Curvo Semedo, *Poliantea Medicinal*, pág. 177, 1727; Fernando São Paulo, *Linguagem Médica Popular no Brasil*, II, 139-140). Comuníssima no sertão do Nordeste a pergunta: como vai "a obrigação"? como sinônimo da família. Traduz, além do sentido de responsabilidade, a noção exata da autoridade, a chefia do grupo doméstico, dependente pela subordinação sagrada, tradicional e econômica. A origem seria da frase "pessoas da obrigação de alguém", valendo dependência, a *gens*, a família, os fâmulos e os clientes, na linguagem do Direito Romano. Na região da Beira, em Portugal, ainda se diz: "as pessoas da obrigação", no plano espiritual que empregamos nos sertões brasileiros.

OÇAIM. Ver *Orixanim*.

OÇANHUM. Ver *Orixanim*.

OCHAMBIM. Ver *Oxambim, Orixanim*.

OCUM-GIMOUN. É um orixá que João do Rio ouviu citar pelos negros do Rio de Janeiro, quando de sua pesquisa jornalística nas macumbas cariocas. Jacques Raimundo (*O Negro Brasileiro*, 114) escreve: "As palavras iorubanas apresentam-se as mais das vezes muito desfeitiadas, não só nos trabalhos de Nina Rodrigues, mas no de Manuel Querino e João do Rio, sobretudo no deste, por falta de conhecimento da língua ioruba: por exemplo: *Ocumgymoun*, melhormente *Ocunjimoum*, nome complementar de Iemanjá, o qual sem dúvida representa o iorubano: *ôkun-ji-imôh-ohum*, literalmente: o mar que dá ou concede o conhecimento das coisas, isto é, o mar onisciente".

ODÉ. Ver *Jorge*.

OGÃ. Auxiliar e protetor dos candomblés na Bahia. Cada candomblé possui vários ogãs e estes tem seu orixá protetor. Donald Pierson fixou o ogã. "Entre outros funcionários sagrados, contam-se os ogãs, isto é, os membros masculinos da seita, que ajudam o pai ou a mãe de santo no ritual, especialmente na invocação da presença dos orixás, durante as danças cerimoniais, auxiliam a iniciação dos novos ogãs, agem como intermediários entre a seita e as autoridades legais e contribuem para as despesas do culto." (*Brancos e Pretos na Bahia*, 349) Jacques Raimundo informa: "Ogã, espécie de acólito ou ajudante nas cerimônias do terreiro, cuja proteção lhe cumpre. Sendo palavra iorubana, procederá de *ohgáhan*, pessoa ilustre, eleita ou preferida". (*O Negro Brasileiro*, 159). "No terreiro de Anselmo, o *ogã*, espécie de protetor do culto, pode tirar as invocações e dirigir um toque até o final, não realizando, todavia, as outras funções do pai de terreiro. No terreiro de Apolinário, os filhos de santo fazem ao ogã a mesma saudação respeitosa e as mesmas reverências a que têm direito o babalorixá". (Gonçalves Fernandes, *Xangôs do Nordeste*, 44). Nina Rodrigues foi o primeiro a estudar a figura do ogã. "Dans certaines contrées de l'Afrique, principalment au Gabon, il droit aussi au nom *d'Ougan* (ougangas, ouagangas, m'gangas, ai--je trouvé dans des ouvrages français). Cependant à Bahia le mot a une signification particulière. *L'Ougan* ou les *Ougans*, car chaque confrérie peut avoir son *ougan*, sont responsables du Candomblé et sont les protecteurs. La persécution dont les Candomblés étaient l'objet et la mauvaise réputation des sorciers rendaient indispensable la recherche de protecteurs forts et puissants, pouvant assurer la tolérance de la police. A ces protecteurs qui peuvent être ou n'être pas des mitiés, mais qui croient au fétichisme ou ont un intérêt quelconque dans les Candomblés, on donne en récompense le titre et les honneurs *d'Ougans*. Les *Ougans* ont des devoirs bornés et des droits trés étendus. Outre la protection qu'ils donnent, ils doivent ofrir à leurs saints des animaux pour les sacrifices et les fêtes. Ils ont droit aux compliments spéciaux des fils de saints comme aussi à celui d'être entendus dans les déliberations du *terreiro*, s'ils sont menacés d'une insulte ou d'un malheur quelconque ils peuvent faire sortir tous les saints et le *terreiro* pour leur défense. On se tromperait si l'on croyait que la charge *d'Ougan* est difficile et peu recherchée. Le pouvoir des pères de *terreiros* sur les croyants est presque illimité, et soit par des services domestiques ou autres qu'ils exigent, soit dans la satisfaction de désirs licencieux les *Ougans* se payent largement de la protection réelle, effective. Les interdictions les plus rigoureuses et les plus formelles de la police, tombent comme par enchantement devant les recommandations et les forces que les *Ougans* mettent en action. Le ressort se trouve toujours dans l'intérêt électoral qui dans ce pays fait de tout une girouette, et c'est chez les hommes politiques influents qu'ils vont chercher leurs plus puissants protecteurs. Je connais un sénateur, chef local d'un parti politique, qui s'est constitué protecteur en chef des *Ougans* et des pères de *terreiros*. Qu'on ajoute à ces intérêts directs et matériels la croyance superstitieuse de certaines personnes dans les pratiques fétichistes, et l'on se fera une idée du degré de la force de protection indirecte dont peuvent disposer aujourd'hui les sorciers". (*L'Animisme Fétichiste des Nègres de Bahia*, 50-53). Artur Ramos descreve a iniciação do *ogã*: "Conduzido pela mãe de terreiro, o aspirante a *ogã* é sentado numa cadeira de braços e sobre ele estende-se um pano da Costa. Em seguida levanta-se e dá uma volta completa na sala, sob novo manto, seguro nas extremidades por quatro filhas de santo. Ao passar pelos tocadores de atabaques, deixa cair alguns níqueis num pequeno receptáculo. Finda esta cerimônia, que é acompanhada pelo pai e a mãe de terreiro, que entoam cânticos africanos, senta-se na sua cadeira e recebe as homenagens dos presentes. O *ogã* deve *confirmar* a sua iniciação, contribuindo pouco tempo depois para as despesas de uma festa que varia de grandeza conforme as suas posses. Nos antigos candomblés, o *ogã* estava sujeito a um certo número de obrigações, que hoje vão desaparecendo. Mesmo porque, com fitos inconfessáveis, muitas pessoas se iniciam como *ogãs*, iludindo a confiança dos negros, até para fins políticos. Na Bahia foram-me citadas várias personalidades de influência política, antigos *ogãs* de candomblés, com intuitos eleitorais ou crentes no poder oculto dos sacerdotes negros". (*O Negro Brasileiro*, 51-52, Rio de Janeiro, 1934). "O caráter religioso dos ogãs, segundo Luís Saia, seria, aliás, muito mais marcado ainda em São Luís do Maranhão, onde todos eles são pretos, iniciados no culto, conhecendo mesmo pormenores que os babalorixás não conhecem e onde se confundem muitas vezes com a orquestra." (Citação de Roger Bastide, *Estudos Afro-Brasileiros*, 45, nota. S. Paulo, 1946). Nesse volume, o Prof. Bastide estuda a cadeira do ogã, articulando-a ao complexo do trono, vestígio vivo e notório do trono sacerdotal dos iniciados jejes e iorubanos, mantendo visível prestígio litúrgico.

OGÃ DE FACA. Ver *Axogum*.

OGANGO. Orixá nagô nas macumbas do Rio de Janeiro quando João do Rio realizou a famosa reportagem jornalística em 1904. Era do sexo feminino.

OGANJU. João do Rio (*Religiões no Rio*, 28) cita esse orixá na relação dos deuses africanos conhecidos nas macumbas cariocas. Artur Ramos identificou--o com Aganju, a terra firme, filho de Obatalá e Odudua, que desposou Iemanjá, sua irmã. É a tradicional teogonia dos nagôs. Nina Rodrigues, resumindo o Coronel A. B. Ellis, escreveu (*Os Africanos no Brasil*, 330): "Do consórcio de Obatalá, o Céu, com Odudua, a Terra, nasceram dois filhos, Aganju, a terra firme, e Iemanjá, as águas. Desposando seu irmão Aganju, Iemanjá deu à luz Orungã, o ar, as alturas, o espaço entre a terra e o céu". Para Frobenius o título de Aganju é diverso: "Selon la cosmogonie des Jorouba atlantiques, la déesse-terre Odoudoua engendra un garçon, Aganjou (firmament), et une fille, Yemanja, mère des poissons et déesse des eaux. De l'union du frère et de la soeur naquit Oroungan, dieu du soleil au midi". (*Histoire de la Civilisation Africaine*, sixième édition, 141, Paris, 1938).

OGODÔ. É um orixá citado por João do Rio nas macumbas cariocas. Luciano Gallet (*Estudos de Folclore*, 58, Rio de Janeiro, 1934) escreve: "apenas: *Ogodô* (o formidável)".

OGUEDÊ. É a banana denominada *da terra*, frita no azeite de cheiro. Sobremesa afro-baiana e também servida como conduto. Oguedê é vocábulo nagô, significando *banana*.

OGUIRI. Amuleto famoso, que se traz sob as axilas. O mesmo que Aguiri. Ver *Aguiri*.

OGUM. Orixá do ferro e da guerra, das lutas, dos embates, das vias de fato, filho de Iemanjá, divindade nagô, prestigiosa nas macumbas do Rio de Janeiro e nos candomblés baianos. Seu dia é a quinta-feira, com Oxóssi. Dá nome, na Bahia, a *terreiros* ijexá (jeje) como a *quetos* (quietos, ketu, nagô, iorubano), tanto de Angola como caboclos. No Rio de Janeiro é o *poderoso Ogun* (escrevem indistintamente Ogun e Ogum). Artur Ramos informa que lhe dão mesmo na cidade a primazia nos altares dos terreiros. "A cor predileta do Ogum é o azul profundo, e o seu fetiche pode ser um pedaço de ferro qualquer, claro que depois de *preparado* pelo pai de santo." (Édison Carneiro, *Negros Bantos*, 62). Roger Bastide informa que os colares das filhas de Ogum são de contas azul-marinho na Bahia, amarelas no Recife ou mesmo vermelhas e brancas, em disposição diferente da do colar de Xangô. As pulseiras são de bronze. A *ferramenta* de Ogum se compõe de safra de ferreiro, foice, cavador, pá, enxada, lança, malho, espada, punhal, arco, flecha, hide, dilonga, facão (obé), bacia esmaltada, quartinha vermelha, arco (ofá) e seis pratos. Come erã (cabeça de boi e carne verde), e os animais que lhe são sacrificados são o bode, o galo, a galinha-d'angola. As plantas votivas são a espada-de-ogun (*Sanseveria ceylanica*) e aroeira (Anacardiácea). Ogum corresponde ao Toboco dos marruínos e Té do Daomé. Em Angola é o Roxo Macumbe. No Conto o Incôsse Cacumbe, Ncôsse. Entre os caboclos na Bahia é Jambane-Ponte, Jambamburi, Tambancê. Representam-no, na iconografia católica, como Santo Antônio (Bahia), São Roque (Alagoas), São Jorge (Rio de Janeiro, Recife, Porto Alegre), São Paulo e São João (Recife). Nina Rodrigues (*L'Animismé Fétichiste des Nègres de Bahia*, 31, Bahia, 1900) fala na pedra de *Ogum*, entre os engenhos D'Água e de Baixo, no município de São Francisco, em forma de paralelepípedo irregular, lugar de cerimônias em honra de Ogum, sacrificando-se animais, expondo-se armas, etc. Os negros dos arredores afirmavam ver na pedra de Ogum um homem vestido de vermelho, tendo na mão uma grande espada. *Ogun est celui qui ouvre la route à Esù*. Nos cânticos em seu louvor é constantemente chamado Ogum-de-Lê, Ogum-Magê, etc. Jacques Raimundo esclarece: "*Dêle*, epíteto que os afro-baianos dão a Ogum, denunciando a origem, de acordo com as atribuições do agitado deus da guerra, provindo do ioruba *déleh*, o que chega à terra, o que toca ou domina o campo". (*O Negro Brasileiro*, 30). *Mejê* é epíteto de Ogum entre os afro-baianos e, de acordo com as atividades agressivas do deus belicoso, representa o ioruba *omijé*, rasgão, rotura, ferimento. Ogum é o orixá que tem numerosas alcunhas: Ogum-Delê, Ogum-Mejê, Exu-Bará, Xubará, Subará, Exu-Ogum (Xogum), Oramiã (Oraminhã, Oramiá, Oraminhá e Oraminha, em João do Rio, *Religiões do Rio*, 28), Balogum (Obá-Logum, Obá-Rogum); vê-se logo que as formas apontadas entre parênteses são alterações cuja explicação nos abstemos de referir, porque ressalta com transparência. Exu-Ogum, a que alude Nina Rodrigues (*Animisme*, 25), é um apelido que os iorubas lhe dão na África: "*éshu-ôgum* o diabo das batalhas (*ogum* é batalha; *òhgun*, com acento grave no *o*, é o nome do deus)" (*idem*, 34). É nota complementar o que escreve Fernando Ortiz em Cuba sobre o mesmo orixá (*Los Negros Brujos*, 61-62): "A Ogún, orisha emanado también de Yemanyá según A. B. Ellis, hermano de Shangó al decir de Bowen, y Marte de los yorubas, se le rinde culto en Cuba, confundido a veces en *Eshú* y con *Oshúñ*, llamán dosele también Osunda. El ser Ogún dios de la guerra y de la lucha facilita la confusión con Eshú, divinidad malévola. Su indistinción de Oshún nace además, sin duda, de la semejanza fonética. Nina Rodrigues se hace eco accidentalmente de la pretendida identidad de Eshú y Ogún, al decir que Eshú es invocado con el nombre de *Eshú-ogún*. Esto parece un contrasentido, pues Ogún, repito, es hermano del gran orisha Shangó, según Bower, y, por lo tanto, divinidad benévola, aunque por su carácter bélico se aproxime a veces a Eshú. Un negro le decía en sentido figurado, a Nina Rodrigues: Ogún es el que abre el camino a Eshú, lo cual demuestra también que ambos son los orishas Ogún y Eshú. Además Ogún es representado por fetiches de hierro, asi como Eshú, lo que facilita la confusión, que en Cuba parece existir también. Los afro-baianos catolizan a Ogún adorándolo bajo el nombre de San Antonio. En Cuba se le llama San Pedro, y, como decia un brujo, abre el camino a las limpiezas, asi como el negro de Bahia le decia el doctor brasileño que abria la puerta a Eshú. No habrá influído el carácter de portero celestial atribuído a San Pedro en su identificación con Ogún? Por otra parte, las llaves características de las imágenes de dicho santo pudieron ser consideradas como grandes fetiches de hierro". O grito do Ogum é *guara-min-fô*. O dia votivo de Ogum é quinta-feira, segundo Manuel Querino, Nina Rodrigues, Artur Ramos, ou terça-feira, por informação de Donald Pierson e Roger Bastide. Ogum ou Agum é um rio em Lagos, na colônia inglesa da Nigéria. Nina Rodrigues (*Os Africanos no Brasil*, 156) cita uma sessão espírita no Bom Gosto da Calçada do Bonfim, Bahia, onde as orações, em declamação dialogada entre a médium e a assistência, incluíam, uma por outra vez, Ogum entre o santoral católico. "Virgem em adoração ia percorrendo as matas e as florestas. Vinde, homens, vinde, espíritos, vinde sem mais tardar, pelo poder do Deus de Israel, pelo poder do Salvador, pelo poder de Ogum." Respondiam, em coro: — Ela percorria os caminhos, ela percorria as florestas, ela ia adorando um deus verdadeiro. A escolha de Ogum para figurar ao lado do Deus de Israel e do Salvador evidencia em que nível de possibilidades benéficas e maléficas é considerado. Nos candomblés baianos as invocações de Ogum são várias: Ogum-Menino, Ogum Sete-Espadas, Ogum Sete-Encruzilhadas, Ogum do Cariri, Ogum da Pedra Branca. Ogum da Pedra Preta, Ogum-Maiê, Ogum de Ronda, Ogum *de lê*, Ogum *de menê*, Ogum Marinho, Ogum Sete-Caminhos, etc.

Oiá. Deusa do rio Oiá ou Níger. Mulher de Xangô e sua irmã. De culto semidesaparecido, tem vestígios visíveis nos cantos e tradições dos candomblés baianos. Édison Carneiro (*Negros Bantos*, 58) registrou algumas cantigas do orixá, fixando-a bem independente de Iansã (ver *Iansã*), com quem se confunde comumente na Bahia. "Ê-vem Oiá, / que chegou da ardeia! / Ê-vem Oiá, / pela lua cheia!." "Por isso que não temos o rio Oiá, o orixá se converte entre nós na deusa das tempestades e tormentas, muito temida pelos nossos negros em lembrança, que se conserva viva, das suas lutas violentas com Xangô, de quem é esposa. Convém advertir, porém, que entre nós os negros mais a designam pelo nome de Iansã." (Nina Rodrigues, *Os Africanos no Brasil*, 335-336). Ver *Iansã, Obá*.

Oiteiro. Era como que um certame ou concurso poético, que se costumava celebrar nas festas religiosas, à noite, depois de terminados os atos da igreja. É óbvio que esse uso nos veio da metrópole, e a esse respeito escreve Teófilo Braga o seguinte na sua *História Literária Portuguesa*: "Havia no séc. XVIII um costume em que a poesia se tornava um elemento das festas; chamava-se-lhe Oiteiro Poético, em que se versejava nas eleições dos abadessados. Seria ainda uma apagada reminiscência das cortes de amor. Tolentino pinta com traços pitorescos este costume, que formava reputações:

> Fora cem vezes em noturno Oiteiro,
> Da sábia padraria apadrinhado;
> E dizem que glosava por dinheiro...
> ....
> Rompi Oiteiros em Santana e Chelas,
> Chamei sol à prelada, e às mais
>   [estrelas..."

Entre nós, porém, os Oiteiros se remontam a meados do séc. XVI, porquanto, em 1573, o Governador-Geral Luís de Brito e Almeida foi festivamente recebido na Bahia, e aparatosamente no Colégio dos Jesuítas, onde houve mistério e Oiteiro.

Em Pernambuco era à noite que se efetuavam os oiteiros, para o que se armava um elegante palanque no pátio da igreja, como que representando o monte Parnaso, sobre o qual tinha assento uma mulher convenientemente trajada, figurando de musa, a qual distribuía os motes para serem glosados pelos poetas que concorriam ao certame. Toda a praça se iluminava e se adornava de arcos de folhagem odorante, geralmente de caneleira e pitangueira, e de bandeiras multicores; e literalmente cheia de povo, apresentava um aspecto imponente e agradável. Os poetas contornavam o palanque, e dado o mote pela musa, cujos conceitos eram sempre adequados ao objeto da festa, quer fosse religiosa ou não, aquele dentre eles que se propunha a glosá-lo batia palmas e recitava imediatamente a glosa. Não raras vezes acontecia aparecer mais de uma glosa sobre o mesmo mote. Se a poesia agradava, harmonizando-se perfeitamente ao objeto do mote e formando um pensamento naturalmente desenvolvido, uma peça, enfim, artisticamente burilada, era o poeta vitoriado pelo povo com frenéticas aclamações e palmas; e, no caso contrário, havia sinais de veemente desagrado, que muitas vezes chegavam a ruidosas vaias. Os Oiteiros entre nós tiveram muita voga até os primeiros anos do século passado (séc. XIX); eram muito concorridos e apreciados e neles se exibiam os melhores e mais afamados poetas da época. Daí por diante vem a sua decadência, até que, em meados do século, já tinham caído em completo desuso. Nesse poético passatempo, que tinha por cenário quase sempre a praça pública, diz Pacífico do Amaral, não era raro verem-se os poetas repentistas empenhados em levar de vencida uns aos outros, na pugna das consoantes e rimas, desviarem-se reciprocamente do assunto principal e atirarem-se ao desconhecido, completando muitas vezes em sentido inteiramente contrário ao pensamento apenas enunciado pelo colega *in frente*, como também aproveitarem-se do ensejo para ferir com epigramas e indiretas este ou aquele indivíduo, costume ou uso (Pereira da Costa, *Folclore Pernambucano*, 277-278). O mesmo autor cita algumas décimas improvisadas nos Oiteiros na capital pernambucana. O exemplo abaixo transcrito dirá da liberdade com que o mesmo mote era glosado, e esse critério era comum, onde os Oiteiros viveram. A primeira décima é do Padre Filipe Benício Barbosa, de meados do séc. XVIII, e a segunda, de um poeta popular anônimo: Mote: *A Conceição de Maria*.

> "Fez Deus no dia primeiro
> O mundo sem luzimento;
> No segundo o firmamento
> E fez o mar no terceiro;
> No quarto fez o luzeiro,
> Que a todo o mundo alumia,
> No quinto a animalia,
> No sexto fez os humanos;
> Daí a quatro mil anos
> A conceição de Maria!

> No engenho da Taboca
> Havia uma vaca amarela;
> Que tocava charamela,
> Na povoação da Jacoca.
> Moça bonita é pipoca,
> Velho tem barriga fria,
> Peixe magro arrepia,
> Quem joga só quer ganhar,
> Eu o que quero é louvar
> A conceição de Maria!"

Na cidade do Natal, no Rio Grande do Norte, os Oiteiros resistiram até 1885, quando houve o último. "Depois das festas religiosas, especialmente da padroeira, em novembro, armava-se um palanque, bem enfeitado de manjericão, espirradeira e malva, ao lado direito da matriz. Não havia muita atração. Raros fogos do ar. Não sabíamos os segredos da pirotécnica. Terminadas as novenas, cada noite, todo o povo, os ricos, os pobres, os sisudos comerciantes, os rapazes azougados, especialmente as moças de cachimbo enrolado, cintura alta, leves anquinhas estufando o vestido, fina *memória* no dedo, alegria de coral no peito, flor para baixo (amor ausente) e olhos ternos, reuniam-se derredor do tabuado. Era o Oiteiro. Era a prova das armas poéticas, a luta de improvisação, a batalha dos vates, os jogos florais nessa melancólica província. Os homens e as mulheres assistiam a essa demonstração positiva de *verve* de espontaneidade. Trepava o poeta naquelas alturas e de lá dizia: *venha mote!* Alguém indicava um mote, sempre de assunto religioso, como *Tota pulchra es, Maria,* louvores a São José, as dores do Bom Jesus. Mas não pensem que os poetas recitavam os versos improvisando-os dentro da unção ascética e mística dos motes. Aproveitavam para surrar os desafetos, para *justar-contas* com os boateiros, para fazer rir. Era cômico, natural e curioso... O velho professor José Gotardo Emerenciano, dono da propriedade que começava onde está a Residência Salesiana (antiga Vila Barreto) e quase alcançava o Areial, perto de Rocas, era dono de uma engenhoca de moer cana. O canavial estendia-se por onde hoje estão elegâncias de cimento armado e telha francesa da Rio Branco e Rua do Sul, Teatro Carlos Gomes, etc. O engenho ficava por trás mesmo do teatro. Tinha o nome de Pitu e seu encarregado era um camarada de quem resta apenas o apelido de Serigadinho. Num Oiteiro na Igreja do Bom Jesus, José Elísio Emerenciano, numa décima improvisada para o mote *a Jesus, que é nosso bem,* fixou o engenho e seu gerente:

"Quem foi que falou agora?
Foi o senhor de Pitu?
Onde o sapo cururu
Não cessa de solfejar?
Quem esse engenho louvar
Garapa de graça tem;
Serigadinho também
Não cessa de engrossar,
Louvores viemos dar
A Jesus, que é nosso bem."

(Luís da Câmara Cascudo, História da Cidade do Natal, 158-161, 4.ª ed., Natal, RN: EDUFRN, 2010).

Ojá. Fetiche de candomblé, constando de uma faixa ornada de conchas e contas.

Okê. Nome de um orixá na Bahia, vivendo em Plataforma, arredores da capital, no alto de uma colina. Para os iorubanos o grande orixá Obatalá vivera no cimo de um monte denominado Oké. Nina Rodrigues é fonte única (*L'Animisme Fétichiste des Nègres de Bahia,* 139-140): "Un père de terreiro m'a asuré qu'il y a à Bahia, au faubourg de la Plataforma, un monticule qui est adoré comme un 'Orisha Oké', par ce que les nègres après avoir adoré Obatala sur un mont ou sur une colline ont fini par diviniser et adorer la montagne elle-même". O orixá Oké é filho de Iemanjá, nascido quando o ventre da deusa das águas rebentou. Oké é orixá das montanhas, na teogonia nagô. Diviniza, com sua presença, as elevações naturais, personificando a montanha. Nina Rodrigues pode, como se vê, registrar o culto de Oké na Bahia, hoje desaparecido.

Ojó. Ver *Ajó.*

Okô. Ver *Orixá-Agô.*

Olhado. Alteração da saúde, causada por influência de olhos maus. Quebranto. Feitiço. Olho. Mau olho. O mau-olhado em todo o Brasil Central possui ainda todo o seu misterioso poderio, e indivíduos há, possuidores de tal fama perniciosa, que "até falar ofende". São *jettatori,* cuja presença ou fala são suficientes para aniquilar a melhor terapêutica local, em prejuízo do enfermo, cuja morte lhes é atribuída (Artur Neiva, Belisário Pena, (*Viagem Científica,* 161). "Os próprios médicos não sabem o que é. De repente sente umas cousas que sobem e descem; às vezes dá-lhe para rir, outras vezes para chorar. Ela tem um lado quente, outro frio; ora vê uns coriscos vermelhos e azuis diante dos olhos... – Ó criatura, quem sabe se não foi mau-olhado que lhe deitaram?" (Viriato Padilha, *Os Roceiros,* 151). A própria classe culta possui grande número de crentes nos malefícios violentos ou sorrateiros do "olhado", a que a criança paga maior tributo. Acontece muitas vezes que o diagnóstico segura e racionalmente formulado é posto à margem, desrespeitado por leigos avezados à crendice e à superstição. E a benzedura impera, como soberana terapia. "Eu ia saindo do portão com o menino, quando passou uma velha e, olhando para a criança, exclamou: – Que lindo! É mesmo como o Menino Jesus! Uma semana depois, a criança morria de varíola" (Hernani de Irajá, *Feitiços e Crendices,* 63). "Estas sementes (refere-se à *Canavalia gladiata* e à *C. ensiformis*) servem para serem colocadas ao pescoço das crianças, pois o vulgo lhes atribui virtudes preventivas contra os maus-olhados, cousas a que, segundo a opinião dos ervanários, as crianças se acham expostas." (F. C. Hoene, *O que Vendem os Ervanários de São Paulo,* 108). Não foi o povo que erigiu e alcandorou a noção do "olhado", que é clássica e anciã nos domínios literários e científicos. Veja-se esta doce recriminação à divindade, emanada dum Padre Vieira: "Basta, Senhor (com quem falarei, senão com vossa divina majestade, e com quem me queixarei, senão com vossa divina misericórdia?). Basta, Senhor, que também os vossos olhos dão olhado!" (*Sermões,* XV, pág. 33). Seja apontado o capítulo extenso que sobre este tema grafou o Mirandela, no famoso tratado *Medicina Lusitana, Socorro Délfico:* – Aos clamores da natureza humana, para total profligação de seus males (1731), com este lanço iniciado: "Da fascinação, quebranto, ou mal de olho. Deste mal quisemos escrever em primeiro lugar, porque é tão comum, não só entre os meninos, mas em todas as idades, que com razão deve preferir a todos, na ordem da escritura. Não é nosso intento fazer digressões sobre haver ou não haver quebranto, que nisto se empregam já nervosissimamente muitos autores; diremos somente o que baste para se conhecer e se curar esta enfermidade". (pág. 157). Para indicar a mesma função morbigênica, a palavra "olho" é sinônimo de olhado, fascinação, quebranto, encantamento. Olho mau, olho ruim, olho grosso, olho de secar pimenta, olho de matar pinto, palavras, locuções constantes da fraseologia, inerentes à medicina popular. Neste ponto, como em tantos outros, há séculos que os cientes e os inscientes se não distinguem, joio e trigo misturam-se. "Olhar, olho" são nobres e plebeus. "Para obviar, e vencer estas fascinações, ou fossem naturais, ou diabólicas, usavam os antigos de certas imposturas, e observações, que julgavam eficazes; como bem dizer ao Menino à primeira se o olhavam com admiração, e gosto desta sorte: 'Deus o benza; Deus os prefação.' Ou também 'Cuspir logo fora'; porque tinham para si, que o cuspo tinha a virtude para impedir toda a fascinação ou natural, ou mágica." (Brás Luís de Abreu, *Portugal Médico, ou Monarquia Médico-Lusitana,* pág. 625, 1726). Em meio dos numerosos escritos, que fulguram no seu tempo, e favorecem esta demonstração, sobreerguem-se algumas proposições curiosas, da autoria dum Doutor Fr. Manuel de Azevedo, gravadas no trabalho, *Correção de Abusos Contra o Verdadeiro Método da Medicina* (1690): "Este Tratado da Fascinação e Olho, ainda que árduo, e dificultoso, tomei entre mãos, para que todos os que por curiosidade querem saber cousas escondidas, e particulares da natureza, saibam, e tenham por verdade averiguada, que há Fascinação, e Olho, com o qual muitos meninos, e ainda grandes, caem em diversas, e perigosas enfermidades; e às vezes em mortes irremediáveis... Acudamos já aos meninos, que quanto mais gordos, vivos, e mimosos, tanto com maior pressa desta infernal peste, se transformam, quebram, e por fim morrem... E que as mulheres sejam mais certas no dar olho, e fascinam, que os homens, se prova com elas serem de ordinário mais invejosas, que os homens, mais fraudulentas, e mais cheias de humores fecais, os quais, se a natureza não deita pelas evacuações menstruais, ficando repleto, e cheio o corpo, se levantam fumos, e vapores malignos, com os quais viciados mais os espíritos visivos, infeccionam, e matam a qualquer corpo que topam, e neste tempo se dá mais ordinariamente olho ou quebranto; e muito certo é, que se uma mulher nesta ocasião conceber, parindo, será a criatura cheia de muitos, e diversos males, como bustelas, lepra, usagre, chagas, epilepsia, e outros acidentes procedidos da infecção do sangue mênstruo, e podre, que a natureza tomou no tempo de conceber para fábrica do corpo; pelo que advirtam os casados, que na tal ocasião menstrual não tenham ajuntamentos com suas mulheres... E as mulheres que com mais furiosa inveja dão olho, e quebranto, são as velhas; pois estas como já disformes, magras e no último de sua vida constituída, invejam qualquer olhe a formosura, principalmente a que principia sua vida, desejando tornar à flor de sua idade, e reverdecer nos costumes, e malícia... E de mim posso afirmar, se me deu olho, ou quebranto por três vezes, e uma delas sendo já de bem dura idade, e tão quebrantada, sem frio, nem febre, que claramente conheci ser quebranto, e assim me vali de pessoa que sabia o tirava, e tirando-me fiquei como dantes". (págs. 2, 3, 29, 33, do II). À semelhança da "espinhela-caída", do "tangolomango" e outras "entidades mórbidas", o "olho" pode propiciar explanação maior, por cujo intermédio se apreciem alguns laivos de razoabilidade. Bastaria a revisão do tema em face do decantado magnetismo animal, do hipnotismo, da sugestão. E como a oportunidade não o consente, permitam-me, só, mais dois comentos. Afirma Cândido Lusitano: "Olhado e quebranto são vozes populares que pertencem ao estilo ínfimo: na linguagem elegante pede a prosa termos emprestados à poesia, e usa de 'fascinação' ou 'filtro', por evitar baixeza do discurso". (*Reflexões Sobre a Língua Portuguesa,* III, pág. 101, 1842). Também a Manuel José de Paiva aprouve considerar impuro o termo "olhado", conforme o assento praticado no livro *Enfermidades da Língua* (1760). Entretanto, o rebusco, a este respeito, positiva o contrário. O "olhado" é um mal conhecido, esparso por toda parte. Mostra-o a indagação folclórica, através do mundo. A ignorância desta verdade tem originado descuidos, enganos, por parte de personagens festejados. Mantegazza, escrevendo sobre a medicina popular na Argentina, assegurou: "O 'olhado', ou 'dano' não é doença vulgar, como o diz a locução, e como eu próprio acreditei, por ocasião de minha primeira estada na América, mas algo de sobrenatural, cuja exata significação com dificuldade percebi". Ao que um crítico alemão opôs: "É surpreendente que Mantegazza, italiano que é, desconheça o 'mal occhio', que em sua pátria desempenha tão importante papel". (*Globus. Illustrierte Zeitschrift für Lünder und Völkerkunde,* XXXVII B, 1880, pág. 314. "Volkmedizin in der argentinischen Republik"); Fernando São Paulo (*Linguagem Médica Popular no Brasil,* II, 142-147). Ver *Amuleto, Figa, Mau-Olhado* (Luís da Câmara Cascudo, *Meleagro,* 72-80, Rio de Janeiro, Agir, 1978).

OLHADOR. Aquele que dirige a consulta a Opelê, a Ifá, deus nagô da adivinhação. O mesmo que babalaô. Ver *Babalaô*.

OLHAR PARA TRÁS. É uma das tradições religiosas mantidas no populário brasileiro, vinda de Portugal, que a recebeu da antiguidade clássica. Olhar para trás é um dos gestos condenados pelos tabus de conduta. Quem olha para trás, viajando só, assombra-se, fica em estado de pavor inexplicável e súbito. A onça acompanha, para matar, o caçador que olha para trás. Na transferência de moléstia às árvores, quem olha para trás readquire a enfermidade abandonada ao vegetal. No cortejo do casamento, os noivos não devem olhar para trás. Nos encantamentos, bruxedos, catimbós ou feitiços deixados num determinado lugar, olhar para trás é conduzir os fluidos maléficos. Na África (Abissínia) os caçadores de leopardo não olham para trás, sob pena de o animal segui-los (Frobenius, *Histoire de la Civilisation Africaine*, 66). *Noli respicere post tergum*, recomendou Jeová a Ló e sua família (*Gênese*, 19, 17) na iminência de Sodoma ser destruída pelos fogos do céu. A mulher de Ló olhou para trás e foi transformada em estátua de sal, *versa est in statuam salis* (*idem*, 26). Orfeu recuperou Eurídice sob a condição de não olhar para trás, enquanto estivesse no inferno. Voltou-se e perdeu-a para sempre. Em Roma, no domínio religioso, não se olhava para trás no cerimonial, oferenda de votos ou purificações. As "purgamenta", coisas que haviam servido para a purificação, eram deixadas num recanto deserto, encruzilhada, ou atiradas ao mar ou rio, mas sempre sem que fossem vistas e, obrigatoriamente, por cima da cabeça, *trans caput*, como garantia desse tabu (Petrônio, *Satiricon*, notas de M. Héguin de Guerle ao capítulo CXXXIV, Virgílio, *Éclogas*, VIII, *ne respexeris*, Claudien, *Quarto Consulado de Honório*, verso 330, Nemesiano, écloga IV). Quando Ulisses sacrifica na orla do Hades, para ouvir a profecia de Tirésias (*Odisseia*, XI), obedece às instruções de Circe, que recomendou o fizesse olhando para o mar e de costas para o inferno (cap. X). Anita Seppilli (*Revista do Arquivo Municipal*, LXXXV, 10) cita Carlos Pascal, *Scritti Varii di Letteratura Latina*, 369, "Una superstizione artica", que estudou esse pavor sagrado de voltar-se, sempre que se trate de cerimônias fúnebres, de túmulos e piras. Numa lenda dos indígenas barés, Amazonas, Brasil, sobre o herói Poronominare, este é curado pelo boto (*Desfinida*) com a condição única de não olhar para trás, *nti kuri remaan sacacuera kiti* (Brandão de Amorim, "Lendas Nheengatu", *Revista do Instituto Histórico e Geográfico Brasileiro*, tomo 100, 157). Também em Portugal como no Brasil não se olha para trás, quando se atira o primeiro dente de leite ao telhado (ver *Dentes*). A origem dessa proibição é um vestígio das cerimônias de iniciação, onde o neófito atravessava um trecho do caminho sem olhar para trás, embora solicitado por todos os apelos imagináveis. Voltar-se era regressar ao passado, tornando-se indigno da sabedoria que lhe ia ser confiada (ver Luís da Câmara Cascudo, *Superstição no Brasil*, "Não olhe para trás!", 73-78, 6ª ed., São Paulo, Global, 2002).

OLHO. Nos ditados e locuções: Pelos olhos se conhece que tem lombrigas: manifestação de desejos ou intenções. "Logo há de haver quem diga, pois pelos olhos lombriga se conhece" (*Cancioneiro do Norte*). Olho da rua! Puxe, saia! Por, botar no olho da rua, despedir, dispensar, mandar embora. "O homenzinho queria passar de caixeiro a sócio, e o patrão botou-o no olho da rua." (*Jornal do Recife*, n.º 280, de 1915). Companhia do olho vivo: quadrilha de gatunos. Ir de olhos fechados: precisamente a um certo lugar. Olho no padre, olho na missa, olho no sacristão: não perder nada de vista; em observação atenciosa. F. fecha os olhos para o mundo e abre-os para Deus: palavras que se pronunciam, fechando-se com os dedos os olhos abertos de um defunto. Olhos aboticados, de pata gelada, de pitomba lambida: grandes, estufados, fora das órbitas. Olhos de cabra morta: tristes, lânguidos, sem expressão. Olho-de-Peixe: espécie de pimenta (*Capsicum*) muito vulgar. Olhos de peixe cozido: cobertos com uma pele branca. Olhos de maracujá: grandes, vivos, bonitos. Olhos de macuim: pequenos, apertados, encovados. Olhos de seca-telha, ou pimenteira: cobiçosos, invejosos, perniciosos. Olhos de retrós embaraçado: vesgos, estrábicos. Olhos de víbora: pequenos, vivos, luzentes. Olhos maus: perniciosos, que maleficamente atuam sobre as pessoas e até mesmo sobre as coisas inanimadas, deitando-lhes quebranto ou olhados. "Drogas misteriosas com que as bruxas curam os olhos maus" (*Jornal do Recife*, n.º 92, 1915). Sangue no olho: vivo, esperto, arreliado. Agora aguenta-te com ele, que tem sangue no olho e cabelo na venta (Franklin Távora). Olhos no caminho: esperar com ansiedade por alguém. Ter mais olhos que barriga: diz-se de quem apetece quanta comida vê, mesmo de barriga cheia (Pereira da Costa, *Vocabulário Pernambucano*, 524-525).

OLHO GRANDE. Olho mau, passível de irradiação maléfica, vendo mais do que os olhos ordinários. "Uma das maiores prevenções alimentadas pela superstição popular na Amazônia, como aliás em todo o Brasil, é contra as pessoas do 'olho grande'. Na gíria esta expressão é sinônimo de malefício magnético. Acredita-se que certos indivíduos podem despedir do olhar fluidos perigosos e nocivos, que causam os mais variados efeitos. Assim como o magnetismo animal admite a hipótese de poder uma criatura exercer sobre a outra uma influência particular suscetível de produzir impressões sensíveis, por meio de fluidos dirigidos, da mesma forma o 'olho grande' representa uma lei importante e decisiva para a gente do povo. Quando acontece perder uma pessoa a situação, a fortuna, o emprego, e decair financeira, moral e fisicamente, não é difícil encontrar-se a causa. As comadres explicam logo: foi o 'olho grande'. Há 'olho grande' para tudo: contra os bons negócios, contra felicidade doméstica e até contra os noivados promissores e os bebês que engordam nos bercinhos. Por isso, muita gente corre ao uso de figas e de toda espécie de amuletos para poupar-se à irradiação dos fluidos que andam no ar." (Osvaldo Orico, *Vocabulário de Crendices Amazônicas*, 181-182, São Paulo, 1937; Luís da Câmara Cascudo, *Meleagro*, 72-80, Rio de Janeiro, Agir, 1978).

OLOBÓ. Ver *Orobó*.

OLÔKUN. Na teogonia dos nagôs, estudada pelo Coronel A. B. Ellis, é o deus do mar, filho de Iemanjá, nascido do seu corpo, depois do incesto de Orungã. Na Bahia "há vagas lembranças, ainda, de Olôkun, o deus do mar, no mito primitivo". Édison Carneiro, *Negros Bantos*, 84). Não conheço reminiscências do culto. Devia ser orixá poderoso, deificação do próprio elemento móbil e criador dos deuses, réplica africana ao Okeanum grego.

OLORÔ-QUÊ. Orixá iorubano, que João do Rio cita nas macumbas cariocas.

OLORUM. O maior dos deuses iorubanos, senhor do céu, o alto firmamento, a mais poderosa força divina em estado potencial e não em ação. Um deus africano sem culto, sem organização sacerdotal, sem liturgia, paira cada vez mais longe do sofrimento humano, superior às súplicas e ao curso dos acontecimentos. É o superdeus dos nagôs. Nina Rodrigues resumiu: "Olorum, o Céu-Deus, satisfazendo dificilmente a condição de objeto concreto de culto, que reclama a atividade do sentimento religioso inferior do negro, é apenas a representação da mais alta aptidão da raça para generalizar. Concepção da minoria inteligente, a divindade não penetrou a massa popular, não lhe desperta, não lhe fala ao sentimento religioso, e Olorum representa assim uma divindade singular, que não tem culto organizado, que não possui sacerdócio, que não tem adoradores. Impressionado com a confusão que os missionários já têm feito de Niankupan, Niamô, Mawu e Olorum, com o Jeová dos cristãos, não só traduzindo esses nomes por Deus, como vendo neles uma sobrevivência da revelação divina no paraíso, o Coronel Ellis empenha-se em mostrar que Olorum não passa de uma personificação do firmamento, com funções puramente meteóricas, um verdadeiro *nature god*, a quem ele nega todo e qualquer sentido, ação ou ideia de um ser onipotente. A divinização mítica do firmamento, divindade abstrata, sem interferência nas ações humanas, não exigindo culto nem possuindo adoradores, habilita, sem dúvida, os nagôs a encontrar nas suas crenças uma concepção similar a que referir a do Senhor Onipresente e Onipotente da catequese cristã dos missionários". (*Os Africanos no Brasil*, 323). Na subsequente fase da mítica iorubana, Obatalá substitui Olorum, já antropomórfico, com ingerência sublunar, Céu-Deus com participação na formação e administração humana. Longe do mundo, Olorum veio nos escravos negros para a Bahia. Ignora-se como seria reverenciado. Certo é que constituía e possivelmente constitui, no recesso das almas mais dotadas do poder de abstração, elevação e grandeza mística, o longínquo, imóvel e verdadeiro deus nagô. Ainda em 1895 lia-se, no dintel da porta de um açougue na Baixa do Sapateiro, cidade do Salvador, Bahia, a inscrição iorubana: *Ko si obá Kan afi Olorum;* literalmente: "Não há rei um senão Deus." É possível a influência muçulmana dos malês, mas é presente a invocação a Olorum. Semelhantemente, em Cuba, Fernando Ortiz registrou: "Para los yorubas el Jupiter Optimus Maximus, el Señor del Cielo, es Oloruñ, conocido también por otros nombres, como Olodumare (el siempre justo), Oga-Ogó (glorioso y elevado ser), Iluwa (senhor), Obá-Ogó (rey de gloria), Obañgidzi (el señor, Eledá, Elemi, etcétera. Oloruñ no está representado por ídolo alguno ni merece culto especial; los fideles deben comunicarse con este dios por conducto de divindades secundarias, llamadas Orishas". (*Los Negros Brujos*, 50-51). Le Roy, Bispo de Alinda, informou o mesmo: "Chez les Yorubas, par exemple, dans la vallée du Niger, Dieu est communément appelé Olorun, c'est-à-dire 'Le Maître des Cieux'. Mais on vénère aussi un grand nombre d'autres divinités: ce sont les Orishas, qui président à l'atmosphère, du feu, au commerce, à la naissance, à la mer, à la guerre, à la chasse, à l'agriculture, etc.". (*Christus*, 77-78, Paris, 1923). Para os jejes Olorum corresponde a Nicassé, e para os bantos é Zambi em Angola e Zambianpongo no Congo (Roger Bastide). Em algumas raras macumbas do Norte do Brasil, o nome de *Olorum* é ainda lembrado, embora os negros lhe ignorem a significação. De uma neta de africanos, que ainda vive em Pilar (Alagoas), a velha Gervásia, ouvi *que Olorum* (ela pronuncia *oloro* e *ololo*) é o Deus do Céu, o Padre Eterno. De outro descendente de africanos, e que me forneceu um extenso vocabulário de nomes *nagôs*, o Valdevinos, ouvi as seguintes fórmulas de agradecimento: *Olorum modupé* e *Olorum didê*, que ele me traduziu como "Deus te proteja" e "Deus seja contigo"; e ainda estes versos: "Oloru é do céu, nóis devemos adorá". (Artur Ramos, *O Folclore Negro no Brasil*, 15, Rio de Janeiro, 1935).

OLOXUN. Ver *Iemanjá*.

OLUBÓ. Prato afra-baiano. Manuel Querino ensina o olubó: "Descascada e cortada a raiz da mandioca, em fatias muito delgadas, são estas postas a secar ao sol. Na ocasião precisa, são essas fatias levadas ao pilão, e aí trituradas e passadas em peneira ou urupema. A água a ferver, derramada sobre o pó, traduz o *olubó*, que é uma espécie de pirão (*Costumes Africanos no Brasil*, 187).

OMALÁ. É a *comida do santo*, o conjunto de alimentos votivos destinados ao orixá. Cada orixá possui seu omalá. "Outros alimentos destinados aos orixás, e religiosamente postos nos seus altares, nos dias determinados, por exemplo, caruru com angu ou arroz para Xangô, nas quartas-feiras, tem o nome especial de *omalá*. Omalá de Oxóssi, Omalá de Oxum, Omalá de Ibeji... etc., etc." (Édison Carneiro, *Religiões Negras*, 76). "O omalá de Ibeji compõe-se principalmente de caruru, acaçá, acarajé, abará e farofa de azeite de dendê, sendo a festa conhecida de 'caruru de Cosme e Damião'. Muito interessante, neste banquete fetichista, é o costume de dar comida às crianças numa grande bacia, que se coloca no chão, sobre uma esteira, onde se assenta a meninada para comer em comum, utilizando apenas as mãos. Costume africano, talvez..." (*idem*, 45). Ver *Caruru-dos-Meninos*.

OMBRO. Está ligada ao ombro, espáduas, uma multidão de gestos e atos de simbolismo tradicional. É a sede da força, da resistência, do poder físico. Espadaúdo vale dizer forte, muito mais do que pela exibição de salientes deltoides. Hombridade, virilidade, talvez natural, decorrem dessa sugestão. Outrora fazia-se o prisioneiro na batalha batendo-se com a espada no ombro. Os indígenas do Maranhão, segundo Frei Ivo d'Evreux, calcavam o ombro a quem aprisionavam em luta. Os reis recebem a unção do óleo sagrado na espádua. O primeiro a recebê-la foi Teodósio o Jovem, em 408, no Oriente. No Ocidente foi Pepino, ungido em Soissons por São Bonifácio, em nome de Papa Zacarias, em 752, e pelo pontífice Estêvão II, em 754. No batismo católico, o catecúmeno é ungido entre as espáduas. O padrinho deve tocar a criança, no momento exato do batismo e da crisma, pondo-lhe a mão no ombro. O Pe Jorge Ó Grady de Paiva, a quem devo as notas litúrgicas, lembra ainda vestes sagradas para uso nos ombros, o omofório, símbolo da jurisdição dos bispos orientais, e o pálio, para os arcebispos do Ocidente; a casula, paramento que cai sobre os ombros e simboliza o jugo do Senhor, o véu umeral ou véu de ombros, usado para conduzir o Sacramento ou dar a Bênção do Santíssimo, e os escapulários. Baixar os ombros é submeter-se. Erguer os ombros é desdenhar. Ombro a ombro é igualdade. Era um dos gritos de reunião da guarda escocesa de Luís XI: Escocês, ombro a ombro! Mão no ombro significa não apenas confiança, intimidade, mas aproximação afetuosa e protetora. Era a posição comum das senhoras ao lado dos maridos; ele sentado e ela de pé, com a mão no ombro. A maioria das fotofias do séc. XIX e princípios do XX mostrará a popularidade dessa posição entre os esposos, mesmo reis e rainhas. Bater no ombro é provocação. Armava-se o cavaleiro, tocando-lhe com a espada os ombros e a cabeça, além doutras cerimônias. Um pacto simbólico, pelos sécs. XIII e XIV, era os soberanos ou ricos homens porem as mãos nos ombros, reciprocamente, perante os guerreiros. Valia quase um testemunho público de fraternidade jurada. "Na zona percorrida da Bahia, Pernambuco e Piauí, existe curioso modo de saudação entre os recém-chegados; apertam-se as mãos e em seguida pousam uma das mãos sobre o ombro do amigo, enquanto fazem perguntas de estilo. É cumprimento obrigatório e provavelmente representa hábito de etiqueta usada em outras épocas." (Artur Neiva e Belisário Pena, *Viagem Científica*, 178). Era o tipo clássico, antiquíssimo, de origem portuguesa, a conversa *de mão no ombro*, o máximo da cordialidade, confiança, afeto. Significa ainda o *ombro a ombro*, igualmente, fraternalmente. "Ombro a ombro com o Mantuano Virgílio." (D. Francisco Manoel de Melo, *Hospital das Letras*, Lisboa, 1657).

OMIIÔ. Ver *Omin-ô*.

OMINHÔ. Ver *Omin-ô*.

OMIN-Ô. Registrado por João do Rio nas macumbas do Rio de Janeiro em 1904. Jacques Raimundo elucida (*O Negro Brasileiro*, 36): "Iemanjá é a mãe da água do mar e a água do mar transforma-se num prodígio para curas e encantamentos de fortuna, adorando-se por fim como o próprio símbolo da deusa; é o *Omim-ô*, que João do Rio (*Religiões no Rio*, 28) menciona do ioruba *omi-iyóh*, a água salgada ou do mar, palavra que toma ainda outras formas: *Omi-iô, Omiô, Ominhô*.

OMIÔ. Ver *Omin-ô*.

OMOLU. Ver *Baru, Humoulu, Omulu*.

OMONOLU. Ver *Baru, Humoulu, Omulu*.

OMULU. Orixá da varíola, Omonolu, Homoulu, de Manuel Querino, Obaluacê, santo da varíola nas macumbas do Rio de Janeiro, o Chankpanna dos nagôs da Costa dos Escravos (Ellis), Chaponã, Sapona, Afomã, de Nina Rodrigues, Wari-waru, Abalaú, Aiê. Obaluaiê, etc. Artur Ramos (*O Negro Brasileiro*, 37) informa: "*Xapanã* ou *Omolu* (síncope de *Omonolu*) é o orixá da varíola. Os negros baianos também o chamam Abalaú-aiê (*Obaluaiê* no Rio, *Babaiú-aié*, em Cuba), 'o homem da bexiga', e o dão como inseparável do 'homem das encruzilhadas' ou *Exu*. A aproximação se explica, tendo-se em vista que Omolu é um orixá malfazejo, demoníaco, de atributos fálicos; os animais que se lhe sacrificam são o galo e o bode. Alimenta-se também de milho com azeite de dendê. O seu fetiche é uma pequena vassoura enfeitada de búzios. Omolu não pode ser festejado dentro do terreiro em companhia dos outros orixás. O seu *peji* é situado à parte, numa cabana isolada, onde só podem penetrar os sacerdotes do culto. Os seus lugares preferidos são as encruzilhadas das ruas, das estradas, os caminhos esconsos, onde vive de parceria com Exu e Ogum. Nas antigas epidemias de varíola, na Bahia, o seu culto tomou uma extensão assombrosa. Em alguns candomblés ouvi também a forma *Ogodum*, para designar Xapanã ou Omolu, possivelmente devido à sua companhia com Ogum, com quem se reúne, por vezes, nas encruzilhadas. Com estes orixás *não se brinca*. E os negros da Bahia credulamente referem-se a vários fatos como o caso, que me foi relatado no Gantois, de Américo, antigo filho de santo que quis retirar-se de um candomblé no momento em que cantavam a Omolu. 'Não saia que você se arrepende!' – exprobaram-lhe. Não fez caso e saiu, 'que me importa!' exclamando. No caminho, alta noite, encontrou um velho que lhe esfregou as mãos no rosto. Ali mesmo caiu e ficou três dias, no fim dos quais foram encontrá-lo coberto de bexigas". Édison Carneiro (*Religiões Negras*, 43) dá pormenores sobre este orixá nos candomblés da Bahia: "Xampanã, orixá da varíola, é outro que, como Oxalá, nunca aparece como Xampanã mesmo, mas sob outros nomes. Omolu é Obauaiê, respectivamente identificados, hoje, como São Lázaro e São Roque. Xampanã alimenta-se de galo e bode e, às vezes, de milho com azeite de dendê. Quando na forma de Omolu, é um orixá feio, de corpo seminu (apenas um pano branco atravessado por cima dos seios da filha de santo), calças enormes, de madrasto, enfeitadas de rendas na boca, por baixo das saias, o que talvez seja devido diretamente aos jejes, cujas sacerdotisas dançavam assim, de calças por baixo das saias e um pano branco (*ôja*) por sobre os peitos. A filha de santo carrega o fetiche do santo, uma pequena vassoura com búzios. Parece-me que o caráter malfazejo desse orixá vai desaparecendo. No candomblé do Engenho Velho, tive ocasião de ver Omolu manifestar-se e dançar, paramentado, no meio dos demais orixás. Os negros dão-no como inseparável de Ogum, deus da guerra, e de Exu, o mal, habitando também as encruzilhadas. E, para 'santo da bexiga', não está mal a companhia..." O Prof. Roger Bastide, com observação pessoal e direta e reunindo os estudos de Nina Rodrigues, Artur Ramos, Édison Carneiro, Melville J. Herskovits, Manuel Querino, Gonçalves Fernandes, Donald Pierson, Protasius Frikel, Etienne Brasil, etc., levantou vários quadros expositivos dos orixás, correspondências, atributos, relações, sincretismo, etc., de que nos valemos neste verbete (*Contribuição ao Estudo do Sincretismo Católico-Fetichista*, Estudos Afro-Brasileiros, I, Universidade de São Paulo, Faculdade de Filosofia, Ciências e Letras, Boletim LIX, Sociologia, 1946). Para o culto de Omolu as vestimentas são vermelhas e pretas e palha da Costa. As pulseiras são do búzio cauri. As pinturas nas penhas e nas iauôs, roxas. Os apetrechos são duas xícaras de louça, palha da Costa, búzios, cabo de madeira. Um dilongo. Otá. Hide. Quartinha pintada. Milongo. Um cruzeiro. Chequerê. Agogô. Barro. Omolu come pipoca, arobô, acaçá, milho com azeite de dendê. Os animais que lhe são sacrificados: bode, galo, porco. As plantas votivas são canela-de-velha (*Miconia albicans* ou *Zinnia elegans*), casadinho (*Mikania*). O dia sagrado é a segunda-feira. Os Omulus são vários, dezesseis ao todo, conforme os candomblés. Têm as divisões dos crentes, separados por suas simpatias, talqualmente ocorre no catolicismo, onde as invocações têm, em cada situação geográfica, um culto, como se se tratasse de uma outra égide. Não são os mesmos devotos os do Bom Jesus da Lapa e o Bom Jesus do Bonfim, ambos na Bahia e ambos Jesus Crucificado. Nem idêntica a maneira das súplicas e a satisfação das promessas. O Omolu ou Xapanã dos nagôs corresponde, para os negros jejes, a Azoani (marruíno) e Duzina (Daomé). Caviungo ou Cajanjá em Angola, Quincongo no Congo, Gargamela para os cabindas que viviam no Rio de Janeiro, segundo João do Rio. Omolu corresponde a São Roque, São Bento ou São Lázaro na Bahia; São Sebastião e São Bento nas Alagoas; São Lázaro e o Santíssimo Sacramento, no Rio de Janeiro; São Sebastião e ultimamente N. Senhor do Bonfim, no Recife. Na equivalência dos tipos de Orixás, Omulu-o-Velho é São Lázaro, e Omolu-o-Moço (Obaluaiê) é São Roque, nos candomblés baianos. Em Cuba é São João Batista. Na invocação de Babaiú-aiê (Obaluaiê) é São Lázaro no Haiti. Os colares de Omolu são de macau de palha da Costa, contas pretas e brancas nos terreiros nagôs, pretas e vermelhas nos terreiros bantos. O Prof. Donald Pierson informa que o grito anunciador da presença de Omolu é *hã!*... "Durante o tempo em que Omolu possui a filha de santo, dois ogãs do candomblé devem segurar, acima da sua cabeça, uma toalha branca. Os assistentes ficam na obrigação de 'arremedar' o velho. Se ele assobia, devem assobiar. Se ele pigarreia, devem pigarrear também. Para Omolu, a orquestra toca o *ópanige*, a sua música especial." (Édison Carneiro, *Negros Bantos*, 86-87). Em Cuba, Fernando Ortiz não identificou esse orixá. "Babayú-ayé es otro orisha del santoral brujo afro-cubano, que recibe el nombre de San Lázaro, no sé por qué motivo. Acaso sea una divindad médica." (*Los Negros Brujos*, 63). A função de Omolu pertence a outro orixá, Biã Ortiz escreveu: "Bián, por ejemplo, es un demonio negro que propaga la viruela. Esta deidad es conocida tambíen en el Brasil y llamada Saponan, Wari-warú, Afoman y Omenolú, según Nina Rodrigues, opus cit." 69. Omolu, espécie de padroeiro das bexigas, é de excepcional popularidade na Bahia. O Prof. Roger Bastide relacionou 86 candomblés. Muitos não declararam seu principal orixá. Entre os candomblés declarados, Omolu possui o maior número dos terreiros: doze. Seguem-se, na ordem numérica, Oxóssi com sete, Oxalá com cinco, Xangô quatro, Ogum quatro, Oxum três, Oiaá três, Oxum-Maré um, e dois com dupla égide, Oxalá-Ogum e Omolu-Xangô. A importância dessa dedicatória é tanto maior quanto se verifica que o terreiro do Engenho Velho, possivelmente o mais antigo da Bahia, é casa de Omolu. Ver *Xapanã*.

ONÇA. Nome vulgar das espécies do mamífero carnívoro do gênero felino, assim denominado, mas particularmente dado à onça-pintada, ou verdadeira (*Felix onça*, Linn.), ocorrendo as espécies suçuarana e tigre, sendo esta menos feroz que aquela. Marcgrave estudou e descreveu três espécies do gênero em Pernambuco, que menciona com os nomes indígenas jaguará, jaguaretê e caguacuarana, vindo o nome de onça-tigre dado à preta, naturalmente pela sua ferocidade. Da onça faz já menção um cronista de começos do séc. XVI, escrevendo: "Também se acham nesta terra umas onças ou tigres muito listrados, do tamanho de um bezerro, grandes perseguidores do gado doméstico, do qual costumam sempre matar muitos... Estes animais, quando se acham famintos, acometem ao homem; e homem branco nunca ouvi dizer que matassem, mas sim índios e negros de Guiné". Espécie de jogo em tabuleiro, como de damas, representando as pedras a onça e um certo número de cachorros, ganhando a partida quem consegue encurralar a fera numa furna de um triângulo com base para cima, e cercando-a de modo a não poder sair. Jogo de onça, jogar a onça. Indivíduo audaz, valente, destemido. "Que é cabalista, e cabalista onça, provam as suas façanhas eleitorais." (*O Diabo*, n.º 32, de 1876). "Eu cá, sim, sou cabra onça." (*América Ilustrada*, n.º 181, de 1877). "Tem comissários onças a nossa edilidade." (*Lanterna* Mágica, n.º 181, de 1887). Com os predicados de corajoso, enérgico e destemido, teve o apelido de onça o sargento-mor José Correia da Silva, que dirigiu o serviço policial de 1787 a 1811. Virá daí, daquela época,

o vocábulo com tais acepções, ou já era vulgar e destarte aplicado, com muita propriedade, aquele primeiro chefe da nossa segurança pública? Ou por analogia, de igual apelido disposto ao Governador do Rio de Janeiro Luís Vahia Monteiro (1725-1732) por iguais predicados, e de onde vem o ditado ainda muito corrente de *coisas do tempo do Onça!* Estar na onça! em quebradeira, em dificuldades, na pindaíba. "Está a onça com o tesouro, não mais nem um vintém." (*O Consti*tuinte, n. 4, de 1861). "Coitado, andava na onça. Não possuía nem um real." (*O Conservador Vermelho*, n.º 21, de 1863). "Quem estiver na onça, chegue-se a ele, que sozinho faz três coisas: empresta o dinheiro, reconhece a firma e faz a procuração." (*Lanterna* Mágica, n.º 95, de 1884). Ocorre nas locuções *comer de onça* e *história de onça*, já registradas (Pereira da Costa, *Vocabulário Pernambucano*, 526-527). As onças são a suçuarana ou parda (*Felix concolor*) e a preta ou pintada (*Felix onça*). No folclore brasileiro a onça personaliza a força bruta, a estupidez enérgica, arrebatada, violenta, como é a anta entre os indígenas amazônicos. É sempre derrotada pela astúcia do coelho, do sapo, do macaco, inferiores e sagazes. Corresponde ao leopardo na literatura oral da África. As frases *No tempo do Onça* e *coisas do Onça* podem referir-se ao apelido dado no Recife e no Rio de Janeiro aos respectivos governadores, mas João Ribeiro (*Frases* Feitas, 125, 274, Rio de Janeiro, 1908) adverte que a explicação pode ser demasiado regional para frase de repercussão desmarcada. *Estar na onça*, pode estar sem recursos, falho, quase pedinte, provirá da onça, moeda divisionária, a oitava parte do marco ou décima segunda da libra. Havendo ainda o peso, décima parte do arrátel. *Comer de onça, comer por onça* é comer aos pouquinhos, às migalhas, em doses homeopáticas. Nada tem a ver com o felino. João Ribeiro cita Baldovino numa frase italiana, muito popular: *Su l'undici once*, na onzena, ou estar na décima primeira onça, isto é, em situação aflitiva, de absoluta carência. Amigo da Onça: falso amigo, costumando procurar situações difíceis para os outros; inconveniente, inoportuno. Origina-se de um conto popular, também corrente na América Latina, em que dois amigos conversam sobre a possibilidade de um deles deparar uma onça e disparar-lhe a espingarda: — E se o tiro falhar? — Recorro ao revólver. – E se não o encontrar? – Ataco à faca. – E se a faca quebrar? – Fujo. – E se a onça o perseguir? – Trepo numa árvore. – E se não existir uma árvore – Diz o outro: então você é amigo da onça ou meu amigo? (Lindolfo Gomes, *Contos Populares Brasileiros*, 57 (nota), Edições Melhoramentos, São Paulo, 1948; Afrânio Peixoto, *Parábolas*, 276, Rio de Janeiro; Veríssimo de Melo, "Amigo da Onça", artigo no *Diário de Pernambuco*, Recife, 16-6-1949).

Estar na Onça: diz-se na Marinha "estar na onça", quando há uma dificuldade. Onça é dificuldade: onça de mantimentos, onça de óleo, onça-d'água, onça de munições. É não ter mantimentos, óleo, água. Safar a Onça é resolver a questão, encontrar solução própria. Onça é também instrumento musical no Médio São Francisco. Wilson Lins registra: "São toadas dolentes ou cocos ligeiros, cantados com o acompanhamento de viola, pandeiro e onça" e explica: "A Onça é um instrumento da família da cuíca, feito de caixa de querosene." (*O Médio São Francisco*, 125, Bahia. 1952). Alfred Russel Wallace, pesquisou Amazonas, 1848-1852, informando sobre a onça, no conceito local: "A onça, dizem os indígenas, é o animal mais astuto da floresta. Imita perfeitamente os piados e berros de quase todos os pássaros e animais, a fim de atraí-los para perto de si. Costuma pescar nos rios, batendo com a cauda na água, imitando assim a queda de frutos, e, quando o peixe se aproxima, fisga-o com as agudas garras. Pega e come a tartaruga, tendo eu mesmo encontrado alguns cascos dos animais que haviam sido devorados por elas, que, com as poderosas garras, lhes arrancaram a carne e outras partes mais, deixando-os completamente limpos. O próprio peixe-boi é atacado pelo jaguar, no elemento daquele; e uma testemunha ocular de tal fato assegurou-me que, tendo ficado à espreita, para esse propósito, poude observar ainda uma onça carregar para a praia o enorme animal, que devia ter o peso igual ao de um boi. A onça é inimiga fidagal dos cães, e mata-os de preferência a qualquer outro animal... É crença geral entre os indígenas e habitantes brancos do Brasil, que a onça tem o poder de fascinar os outros animais. Contam-se muitas estórias a esse respeito, e que comprovam isso". (*Viagens pelo Amazonas e Rio Negro*, 585-587, Brasiliana, 156, São Paulo, 1939).

ONÇA-BOI. A fabulosa onça-boi é um dos animais fantásticos da fauna assombrosa do Amazonas e Acre. Caçadores, seringueiros guardam a memória de sua existência e há depoimentos vigorosos de testemunhas pessoais, de audição e vista. É uma onça-pintada com a anomalia de ter quatro patas como o boi, cascos fortes, redondos, deixando o rastro típico. A onça-boi anda sempre aos pares, e quando o homem fugitivo consegue subir a uma árvore para livrar-se do casal, que não pode trepar aos galhos, para prendê-lo lá em cima, uma onça monta guarda, enquanto a companheira procura comer, beber e dormir, vindo render a outra, depois de algumas horas. O homem acaba esgotado pela fome e sede, e cai, sendo devorado. Os caçadores, avistando o par, atiram logo um tiro de pontaria à onça-boi macho. Morrendo esta, a outra fugirá. O contrário é desaconselhado. Genésio Xavier Torres, servente do Tribunal de Apelação em Natal, disse-me ter ouvido o ronco e visto o rastro redondo da onça-boi no acompamento n.º 23, perto da boca do rio Abunã, no Madeira (*Geografia dos Mitos Brasileiros*, 334-335, 3ª ed., São Paulo, Global, 2002).

ONÇA BORGES. Onça fantástica da zona mineira do rio São Francisco, alargando a área de presença até a região das fazendas de criar. Conta-se ter sido uma transformação do misterioso vaqueiro Ventura, não mais voltando à forma anterior pela covardia do companheiro, que não teve coragem de colocar na boca da onça um molho de folhas verdes, indispensável para o retorno ao humano. A onça Borges se tornou a mais violenta e afoita das onças e deu trabalho heroico para matá-la. Reaparece, às vezes, continuando as estropelias contra o gado miúdo e graúdo (*Geografia dos Mitos Brasileiros*, 346-350, 3ª ed., São Paulo, Global, 2002). Manuel Ambrósio, *Brasil Interior*, 30-50).

ONÇA CABOCLA. Monstro encantado, que se metamorfoseia em gente, ou melhor, em velha tapuia. Alimenta-se de pessoas, tendo preferência pelo fígado e pelo sangue das vítimas; folclore norte-mineiro do vale do São Francisco (Saul Martins, Belo Horizonte).

ONÇA DA MÃO TORTA. "Os caçadores, principalmente, temem muito encontrar este monstro. Trata-se de uma onça enorme, rajada e que tem a pata dianteira torta. Ela é enfeitiçada e, por mais que a atirem, não sofre nada. Isto porque a onça é a alma penada de um vaqueiro velho. Este vaqueiro foi muito ruim, tendo cometido toda sorte de crimes. Matava, roubava, perdia moças. Enfim, era muito mau. Um dia, o vaqueiro, já velho, morreu. Imediatamente, nas matas próximas, começou a aparecer uma onça grande, esquisita, que tinha a mão torta. Os caçadores, encontrando-a, tirotearam longo tempo a fera. Porém sem resultado algum, pois as balas batiam nela e caíam no chão. E ela se retirou calmamente para o interior da mata. Todo mundo acredita que essa onça seja encarnação da alma do vaqueiro, que, castigada, anda errando pelas florestas da região." (José A. Teixeira, *Folclore Goiano*, 397, São Paulo, 1941). Ver *Onça-Maneta*.

ONÇA E JACARÉ. Da voracidade do jacaré falam todos os viajantes e naturalistas, caçadores e vagabundos de qualquer época. Raimundo Morais informa que o hidrossáurio "devora todos os animais, de parte a onça, que o come pelo rabo, sem que ele faça um movimento". É tradição unânime nos depoimentos de quem viajou pela Amazônia. Hipnotizado pelo urro do felino, o jacaré deixa-se devorar sem reação. Ameaçando todos, "receia a onça, a única fera que o devora, imobilizando-o com o olhar, que o hipnotiza espetacularmente", escreveu Aurélio Pinheiro (*A Margem do Amazonas*,

137, São Paulo, 1937). Um dos mais antigos registros, e o mais completo, é do Cônego Francisco Bernardino de Sousa (*Lembranças e Curiosidades do Vale do Amazonas*, 258-259, Belém, 1873): "Feroz e terrível para com o homem, é covarde e pusilânime o jacaré em relação à onça. Parece incrível o que vou escrever, mas é verdade que todos conhecem no Amazonas e que por muitas pessoas me foi referida. Agarra a onça pela cauda o jacaré e devora-o, sem que este se atreva a tentar a menor resistência. Salta no rio, ou no lago, puxa-o para terra, vira-o e, muitas vezes, dá-lhe nas queixadas, mete-lhe as garras no ventre e martiriza-o à semelhança do gato antes de devorar o rato. Depois de haver assim martirizado aquele imenso e possante anfíbio, que ali está quieto, imóvel e como que fascinado, pula sobre ele e começa a devorá-lo pela cauda. Terminada a primeira refeição, cobre com folhas a parte da comida, afasta-se da vítima, que ainda vive, e retira-se, segura de que o encontrará no mesmo lugar, quando voltar. Se por ali acontece passar alguém, embravece o jacaré, abre a imensa goela e ameaça atirar-se sobre o indivíduo que passa; entretanto, espera, sem fazer o menor movimento, sem tentar nem sequer fugir, que volte de novo a onça, para acabar de devorá-lo. Referiu-me o reverendo vigário de Silves que uma vez encontrou em seu sítio uma onça devorando um jacaré. Ao aproximar-se do local em que ambos se achavam, fugiu a onça, deixando a presa com a cauda meio comida. Avistando-o, tornou-se o jacaré furioso e, retirando-se o vigário e ocultando-se a uma certa distância, viu voltar a onça, que aliás nem era grande, e acabar de devorar a presa, que ali havia ficado, como que à sua espera. Não sei explicar essa espécie de fascinação que exerce a onça sobre esse gigante dos lagos e dos igarapés. Creio que duvidosa não seria a vitória em favor dele, se ousasse travar luta corporal com a onça, porque é prodigiosa a força que tem o jacaré na cauda e nas queixadas. Entretanto, não há exemplo de haver ele ousado semelhante cometimento. Deixa-se agarrar pela onça e morre sem oferecer a mais pequena resistência. A onça parece conhecer a fascinação que sobre ele exerce, assim como também parece respeitar a terrível falange de dentes, que lhe enchem as queixadas. E, pois, antes de entrar na água para atravessar um rio, ou um lago, urra duas ou três vezes, como para anunciar a sua passagem, e os jacarés, que seriam capazes de a devorar, se não a conhecessem, fogem espavoridos para o fundo do rio ou do lago". Alfred Russel Wallace, viajando pelo Amazonas, 1848-1852, registra a tradição: "Um rapaz português, negociante, contou-me que viu (o que também muitas outras pessoas já me haviam dito, pois isso tem acontecido várias vezes) uma onça devorar, vivo ainda, um enorme jacaré, do qual ia arrancando e comendo pedaços da carne da cauda. Às vezes, a onça se afastava uma jarda ou duas e, quando o jacaré fazia qualquer movimento para locomover-se em direção ao rio, saltava sobre ele e pegava de novo a comer-lhe a cauda. Enquanto estava assim a devorá-lo, o jacaré permanecia perfeitamente imóvel. De uma feita, estivemos observando um gato brincar com uma lagartixa e ambos comportavam-se de maneira idêntica, esta tentando locomover-se, quando aquele, por uns instantes, a deixava, mas daí pulava sobre ela e de novo a agarrava. Assegurou-me o referido informante que viu o jaguar proceder da mesma maneira com o jacaré". (*Viagens pelo Amazonas e Rio Negro*, 586, Brasiliana, 156, São Paulo, 1939).

Onça-Maneta. É um animal fabuloso, caracterizado pelo rastro. Onça que perdeu uma das patas dianteiras. É de espantosa ferocidade, força incrível e mais ágil, mais afoita, mais esfomeada que outra qualquer de sua espécie. Aparece inopinadamente, atacando sempre rebanhos, caçadores, viajantes, num arranco desesperado e brutal, como se não comesse há muitos meses. Naturalmente a origem foi uma onça, que, ferida numa pata ou tendo-a decepada em luta, conseguiu fugir aos caçadores e da matilha de cães e, por algum tempo, ferida e doida de raiva, guerreara fazenda e roceiros, numa despedida heroica. Veiga Miranda citou-a em São Paulo (*Mau-Olhado*, 132, São Paulo, 1925). Maior registro em "Folclore Nacional", 18-19, sep. de *Revista do Arquivo Municipal*, CXIX, São Paulo, 1948. Ver *Onça da Mão Torta*.

Onça Pé de Boi. É uma figura do folclore do Acre. "Esse animal sai do círculo dos bichos fabulosos e imaginários, porque de fato existe. No recesso daquela imensa e opulenta floresta, onde só se veem céu e terra, longe dos lugares de vida, é a região onde se encontra a fera acima citada. Perigosíssima no seu todo, pois, além de sua ferocidade, anda somente de casal; e, quando se depara com o homem, o seu maior inimigo, trata logo de aniquilá-lo. As possibilidades de vida, aí, são diminutas, a não ser que o infeliz desbravador tenha tempo de defender-se com as armas que carrega para sua defesa, abatendo-os. Mesmo que o homem consiga trepar-se numa árvore, no caso de não dispor de um rifle ou de um bacamarte, é como se tivesse ele próprio lavrado a sua sentença, porque, enquanto ele tiver forças para permanecer agarrado aos galhos, esperando o momento oportuno para fugir, o casal de 'onça pé de boi' não se afasta de sua presa, não deixa o tronco da árvore, vigiando atentamente a presa apetitosa. Enquanto uma sai à procura de alimentação, a outra fica esperando que o prisioneiro desça à terra. E assim demoram, até a queda do infeliz. Se por um acaso da sorte algum mateiro, no seu ofício de descobrir as enormes seringueiras, que formam as estradas, passa por ali, a sua atenção é logo chamada para o rastro deixado na terra mole pelo nocivo e perigosíssimo animal, avivando os seus movimentos que já são feitos cuidadosamente. Se o miserável prisioneiro ainda tem ânimo para gritar, atrai, com isso, a presença do experimentado mateiro, que, já sabendo do perigo, se dirige para o local dos gritos, procurando, então, descobrir a fera, que tem as patas identicamente às de um boi gigante, afastando o seringueiro da catacumba sem cruz que aqueles ferozes animais lhe preparavam." (Francisco Peres de Lima, *Folclore Acreano*, 108-109, Rio de Janeiro, 1938). Há depoimentos da existência da onça-boi no Amazonas (*Geografia dos Mitos Brasileiros*, 334-335, 3ª ed., São Paulo, Global, 2002).

Onofre. Santo de culto popular no Brasil. Destina-se a guardar, com sua presença, a despensa, guarda-comida, onde quer que existam alimentos. A imagem de Santo Onofre é colocada voltada de costas, olhando para dentro. Mesmo nos oratórios é essa a sua posição normal. Santo da guarda, diziam os velhos, conserva, na diuturnidade da vida, a subsistência, garantindo-a. Decorrentemente, fizeram-no padroeiro de jogadores felizes, trazendo a "boa sorte" nos baralhos e dados. "S. Onofre, todos o sabem, é o padroeiro da fartura. Católicos de envergadura, ainda pelo interior, costumam conservá-lo dentro do guarda-comida. Como desde algum tempo, por um tropo de engenho popular, a comida 'comida' passou a significar 'dinheiro' ou ainda, 'boa conquista amorosa e proveitosa', principiaram certas mulheres a usar o santo a bem de sua clientela. Este episódio de extrema significação não foi, todavia, o único. Ainda com o mesmo S. Onofre, alguns jogadores profissionais, eivados de princípios de educação religiosa, usam estranha operação talvez inspirada na técnica de certos ladrões... alguns jogadores do interior usam, nas mesas de jogo, enfiar entre as pernas uma imagem de S. Onofre, superstição essa que se deriva do culto doméstico do mesmo santo" (Fernando Mendes de Almeida, "O Folclore nas Ordenações do Reino", 29, 89, *Revista do Arquivo Municipal*, LVI, São Paulo, 1939; Mário Melo, "Culto de S. Onofre", comunicado à CNFL, Comissão Nacional de Folclore, doc. 56, 25-XI-1948; Luís da Câmara Cascudo, "S. Onofre no Folclore Brasileiro", *A República*, 2-XII-1948, Natal).

Santo Onofre, eremita da Tebaida, onde viveu em penitência sessenta anos, é do séc. IV, festejado a 12 de junho. Há uma sua biografia romanceada por Eça de Queiroz.

Opanijé. Um dos bailados no candomblé jeje-nagô da Bahia. "Mais uma vez se forma o círculo; e as *filhas de santo*, cantando o mais alto que podem, cambaleiam em um movimento semitrôpego, com os braços flexionados nos cotovelos, levantando-os e baixando-os. Um *ogã* diz que esta dança é chamada *Opanijé*. Alguns momentos mais tarde, uma *filha de santo*, de cerca de quarenta e cinco anos de idade, estende-se subitamente no chão, apoiada nas mãos e nos pés, as pernas bem distendidas, toca repentinamente o chão com a testa, em frente aos tambores, grita *Ei-ii*, salta em pé, atira-se para a frente, espasmodicamente, depois repete a exibição. Aparece no círculo uma moça, trazendo um turbante cor-de-rosa e dourado, e tendo na mão direita uma adaga de latão, de quarenta e cinco centímetros de comprimento. Com os olhos fechados, dá início a uma dança violenta, golpeando com a adaga para a esquerda e para a direita. O compasso dos tambores se acelera. Outra *filha de santo*, uma preta grande e ágil, finge bater com a mão na moça; e as duas dançam, fingindo brigar, ao mesmo tempo que o bater dos tambores se torna mais rápido e tumultuoso, até que as dançarinas se aproximam uma da outra, de modo que um atrito parece inevitável. Avançando rapidamente, outras *filhas de santo* seguram as duas mulheres pela cintura e separam-nas, enquanto que a música retarda o compasso." (Donald Pierson, *Brancos e Pretos na Bahia*, 370). Ei-i-i é o grito que denuncia a presença de Xangô. "Para Omolu, a orquestra toca o *opanijé*, a sua música especial." (Édison Carneiro, *Negros Bantos*, 87).

Opelê. Rosário de Ifá (ver *Ifá*). João do Rio escreve *Obelê*. "O processo de adivinhação com este orixá (Ifá), usado pelos feiticeiros ou babalaôs, chama-se *othar com o Ifá*. Há dois processos principais. No primeiro, utiliza-se o adivinhador de uma cadeia de metal, onde há, de espaço a espaço, a metade de uma noz de manga; é o *rosário* ou *colar de Ifá* (*Opelê-ifá*). O feiticeiro atira o rosário e, do modo por que ficam dispostas as nozes, deduz os seus vaticínios." (Artur Ramos, *O Negro Brasileiro*, 38). Okpele para o missionário Bowen, *Opelê*, forma mais usada comumente na Bahia. Fernando Ortiz (*Los Negros Brujos*, 177-180) informa do emprego habitual desse processo em Cuba (La Habana), com um colar de quatro fios, *hecho de canutos de bambú amarillos y verdes alternativamente, y con semillas de mango secas y partidas por la mitad entre los canutos... Aunque tampoco nada diga de ello Nina Rodrigues, es verosímil que todos los collares de Ifá deben componerse de diez y seis medias semillas*. A tradição é que Ifá plantou um caroço, *opelê*, de palmeira e nasceram dezesseis. Wiliam R. Bascom informa que na Nigéria, Daomé, Togolândia, o *opelê* tem apenas oito sementes em duas fieiras. Como cada semente, ao cair, o fará com a ponta ou cabeça (*heads or tails*), as combinações das diversas posições, formando figuras, *odu*, atingem ao número de 256. Todos têm nome especial, e as combinações das figuras anunciam o futuro, a previsão e profecia de Ifá ("The Relationship of Yoruba Folk-Lore to Divining", *Journal of America Folk-Lore*, 56, 127). Durante a cerimônia da consulta ao Ifá, o feiticeiro narra *estórias* tradicionais, fabulosas, *alo*, o que parece não se verificar na Bahia e Rio de Janeiro.

ORAÇÃO. É sempre uma fórmula de pedido a Deus. A oração-forte, amuleto e talismã, guardada numa sacola, defende de todos os males ou, lida ou rezada, abala os céus, cedendo a divindade aos rogos deprecatórios do suplicante, para o bem ou para o mal. Tudo por força irresistível da forma que comove a divindade, afastando a própria justiça. As orações-fortes têm caracteristicamente essa função defensiva e, quando agem, quase sempre se dirigem para a conquista do amor ou defensão da morte. Pedem, às vezes, notícias, números que vão constituir o bilhete vitorioso da loteria ou ao jogo do bicho. A parte terapêutica não pertence à oração-forte. As orações para curar enfermidades são os ensalmos ou mais propriamente rezas. A reza, arma da rezadeira, é um elemento indispensável no complexo popular brasileiro, herdeiro do povo português. A rezadeira, mulher de virtude, feiticeira, etc., é figura imutável no cenário psicológico, inseparável e fatal em todos os momentos de dor mais teimosa ou de mágoa mais resistente. O regresso, lento e obstinado, à rezadeira se processa na razão inversa da confiança do doente nos recursos da medicina oficial (Luís da Câmara Cascudo, *Meleagro*, 147-163, Rio de Janeiro: Agir, 1978, no registro de algumas orações-fortes mais populares).

ORAÇÃO-FORTE. São as súplicas dirigidas a Deus ou aos santos, segundo fórmulas que não devem ser usadas comumente. As orações-fortes são trazidas ao pescoço, num saquinho cosido, ou dentro da carteira, do bolso, em lugar oculto. Outras orações-fortes, ou estas mesmas, são rezadas em momentos de aflição extrema, como remédio salutar e supremo para sua resolução. As orações ensacoladas, guardadas nas bolsas ou conduzidas ao pescoço, tão comuns pelo Brasil inteiro, confundem-se com a tradição dos patuás, amuletos de força defensiva, afastando os perigos e as ondas do mal. Quando abrem o saquinho, a oração "perde as forças", e é preciso fazê-la copiar, ou arranjar outra. O brasileiro recebeu a oração-forte, protetora, dos portugueses e dos africanos muçulmanos. Os negros usavam e usam orações em árabe, frases do *Alcorão*, dísticos de saudação a Deus, escritos numa tira de papel, enrolada e guardada por uma bolsinha de pano ou de couro, conduzida ao pescoço ou presa à cinta. Às vezes há um verdadeiro colar de bolsinhas contendo súplicas irresistíveis. Esses africanos trouxeram para o Brasil seus hábitos, e estes tiveram influência contínua. Os portugueses igualmente amam as orações destinadas a comover os céus, abalar a divindade, *fazer violência a Nosso Senhor* por meio de rogos sob fórmulas misteriosas e de significação poderosa e secreta. O costume é universal e sua antiguidade sagrada. Na tradição cristã, aparece com o filactério, do grego "phulaktêrion", antídoto, de "phulassein", guardar, conservar, ocultar. Eram as folhas com rezas copiadas diligentemente e conservadas pela sua força mágica. Eram, para os judeus, estojos de couro, guardando as palavras da lei e amarrados no braço esquerdo ou na fronte quando oravam. Transformaram-se lentamente em amuletos preservadores. Eram pergaminhos com trechos da vida de Cristo, trazidos pelos cristãos como arma contra os demônios. A fórmula verbal, comum a todas as religiões, será infinitamente poderosa quando mais secreta. A oração oral e a oração escrita, para ser lida nos dias de amargura e necessidade ou ser trazida pelo devoto, são elementos espalhados pelo mundo, sem direito de precedência e possibilidade de marcar o nascimento e origem da tradição no tempo, os deuses eram obrigados a ceder perante a dicção de certas fórmulas sagradas. O segredo era a raridade do uso: hindus, persas, caldeus, egípcios, gregos, fenícios, romanos deixaram muito documento na espécie. J. Leite de Vasconcelos ("Carmina Mágica do Povo Português", 512, *Era Nova*) escreve sobre o assunto: "As formas cultuais podem dividir-se em duas grandes categorias: Esconjuro e Adoração. No esconjuro, o mal tem de se submeter às fórmulas; na adoração, a divindade dispõe de vontade própria. O 'esconjuro' compreende os exorcismos, as cruzes, e nele se empregam a água, sal, ramos, etc. A expiação, como bater no peito e na face, o batismo, etc. fazem ainda parte desta classe. São principalmente seus sacerdotes os 'bentos' e 'exorcistas'. A adoração subdivide-se ainda em: preces, ação de graças e adoração propriamente dita. Na prece dá-se às vezes um fato notável: quem pede não só pede um bem para alguém, mas um mal para outrem!" Na oração-forte canalizam-se restos de formulários das bruxas da Idade Média, alusões mitológicas, superstições greco-romanas, vestígios de cultos esquecidos e mortos cuja citação ideal é uma ressonância milenar. Essas orações são patrimônio das famílias cristãs e também das velhas feiticeiras, as curandeiras, rezadeiras, catimbozeiros, etc. Numa investigação feita pela Polícia na cidade do Natal, nos "catimbós" e casas de feiticeiros, grande número de orações foi encontrado, cadernos cheios de rezas-fortes, fonte econômica, vendidas aos interessados em fazer alguém amar ou sofrer. A oração, em etnografia e folclore, é uma "constante" europeia. Quase nada sabemos das orações ameríndias e as negro-africanas que recebemos têm decisiva colaboração muçulmana. O europeu, foz de todas as influências orientais e da África setentrional, trouxe-as na memória e semeou-as. Há uma boa percentagem de orações seculares, "Justo Juiz, Forças do Credo, Santo Amâncio, Oração Utilíssima", dada como escrita por Santo Agostinho e findada pela invocação suprema: "Agios o Theos, Agios Ischiros, Agios Athanatos, Eleison Imas", Deus santo, Deus forte, Deus imortal, tende misericórdia de nós – declamada nos concílios e gritada pela multidão nas horas de peste, fome e guerra. É uma das orações de saquinho, de marca, de segredo. São milhares. Como pertence às forças demoníacas ou misteriosas tudo quanto seja ao contrário do natural, estabelecido por Deus, o "Credo às avessas" é oração terrível. Outras foram criadas pela soma de absurdos jogos de fórmulas comuns, cheias de sigilos e de alusões obscuras, que todos julgam de efeito fulminante, como a "Oração da Cabra Preta", "das Almas", "das Estrelas", etc. As orações pedem o objeto desejado, confiando que a divindade decida da súplica, ou indique os sinais cuja visão confirme o deferimento. No "Sonho de Santa Helena" o exemplo é típico: "Deus te salve, minha gloriosa Santa Helena, que no mar passaste e a cruz de Cristo encontraste. Três cravos que ele tinha os quais tiraste. Um deitaste no mar para ser sagrado; o outro deste ao vosso filho Constantino para ser santo e o terceiro deste ao Santo Antônio. Por estas três santas e sagradas coisas que fizeste, eu te peço que me descubras em sonho... (pede o que quer). Se assim for, mostra-me campos verdes, águas claras, mesa armada e casas novas. Se for ao contrário, campos secos, águas turvas, mesas limpas e casas abatidas. Padre-nosso e ave-maria. Oferece a São Constantino". Esse São Constantino é o imperador até hoje incanonizável. Os "quatro sinais" devem aparecer no sonho e confirmar o que se suplicou, outro tipo é a Oração Ininterrupta. Deve ser dita sem parar, até o final. Qualquer engano, detenção, é uma resposta da divindade, um mau augúrio. É o Rosário da Conceição. Reza-se depressa, quanto mais rapidez melhor. Parar é receber a negativa divina. Teima-se. Se parar pela terceira vez, não se reza mais. O "rosário" simples. Nos "padre-nossos" diz-se: "Ó Virgem da Conceição, Senhora Concebida, Mãe de Deus, Reino da Vida, Senhora dai-me a mão que minh'alma caída está; meu corpo estremecido sem a vossa consolação, vós aflita e ofendida fostes, Virgem ao pé da Cruz e aflita e ofendida chamo por vós, mãe de Jesus, Ó Virgem da Conceição, vós não fostes aquela que dissestes, pela vossa sagrada boca, que quem por vós chamasse cento e cinquenta vezes por dia havia de ser valida? Pois é chegada a ocasião em toda tribulação. Valei-me, ó Virgem da Conceição". Também chamam a esta oração "Rosário Apressado". É de uso unicamente verbal e não pode ser rezada sempre, porque "é forte demais". Na "Oração do Rio Jordão" há elementos velhíssimos e sugestivos. É oração popular e uma das preferidas pelos cangaceiros, bandoleiros, ladrões armados, usando-a ao pescoço e confiados inteiramente na impunidade que o "breve" lhes daria. Sendo rezada com fé, torna a pessoa invisível, desarma os poderosos e faz seu portador atravessar um exército, sem ser preso nem molestado. Os grandes cangaceiros do Nordeste são devotos da "Oração do Rio Jordão", Rio Preto foi ferido, Antônio Silvino foi preso e Virgulino Lampião morreu, porque haviam perdido a oração maravilhosa. É esta: "Estavam no Rio Jordão ambos os dois. Chegou o Senhor São João: Alevanta-te, Senhor, que lá vêm os inimigos teus! Deixa vir, João, que todos vêm atados de pés e mãos e almas e coração. Com dois eu te vejo, com três eu te ato. O sangue eu te bebo, coração eu te parto. Vocês todos ficarão humildes e mansos como a sola dos meus sapatos (diz três vezes batendo com o pé direito). Deus quer, Deus pode, Deus acaba tudo quanto Deus e eu quisermos". A frase "com dois eu te vejo, com três eu te ato" ocorre nas orações peninsulares dos sécs. XVI e XVII. Na *Tragédia Policiana*, Toledo, 1547, *Orígenes de la Novela*, XV, 115, está: "Con los dos que te miro con cinco te escanto, la sangre te bebo y el corazón te parto". Rodríguez Marín (*idem*, XIV, 177-179) cita essa fórmula nos processos da Santa Inquisição, nas orações das feiticeiras condenadas. Em 1600, Alonso Barlanga rezava: "Con tres te miro, con cinco te ato, etc.". Isabel Bautista (1638) dizia: "Con dos te miro, con tres de tiro, con cinco te arrebato, calla, bobo, que te ato, tan humilde vengas a mi, como la suela de mi zapato". Francisco Rodrigues, feiticeiro de Toledo (1645) usava dessas orações deprecatórias: "Con dos te miro, con una te hablo". Todos esses elementos estavam reunidos numa oração da bruxa Juana Ana Pérez, de Valencia (1639). Lia-se: "Con dos te miro, con cinco te ato, tu sangre bebo, tu corazón te arrebato, con los pares de tu madre y mia, la boca te tapo. La garfia del fiero león que te ligue y te ate el corazón. Asno, mira que te ligo y te ato y te reato y te vuelvo a reatar, que no puedas comer ni beber, ni armar ni desarmar, ni en campo verde estar, ni en campo seco pasear, ni en casa de ninguna mujer entrar, ni con ella holgar, ni en viuda ni en casada, ni en doncella, ni en soltera a afeto llegar. De aqui adelante de mis ojos vengas atado, hechizado, conjurado, a quererme, amarme, todos tus dineros vengas a darme, que vengas, que vengas, que vengas". Compare-se a oração valenciana de 1639 com as duas subsequentes, recolhidas em Natal, no ano de 1940, num "catimbó," no bairro do Alecrim. São atualidades seiscentistas. Oração das Estrelas: "Valei-me a Oração das Estrelas que são nove. Juntem-se todas as nove estrelas e vão dar nove abalos no coração de Fulano. Se ele estiver bebendo, não beberá. Se estiver comendo, não comerá. Se estiver conversando, não conversará. Se estiver dormindo, não dormirá enquanto não vier falar-me. Valei-me a Oração das Estrelas! Se a Oração das Estrelas não me valer, valei-me as sete camisas do Menino Jesus. Se as sete camisas não me valerem, valei-me a hóstia consagrada. Se a hóstia não me valer, Fulano, tu não sabes o que os padres nas santas missas veem na hóstia consagrada, e assim seja tu para mim. Fulano, tu correrás atrás de mim como São Marcos correu ao pé da igreja pela mulher de Caim. Fulano, Deus acaba tudo quanto quer e eu acabarei com tudo quanto quiser, com todos os pensamentos que tiveres com outras. Só poderás olhar para mim. Padre-nosso, ave-maria, gloria-ao-padre, oferecendo-se a Nossa Senhora do Desterro e da Conceição". Oração do Meio-Dia: "Deus te salve, Hora do Meio-Dia, em que o Senhor seguiu. Se encontrares Fulano, dai-lhe três solavancos no coração, assim como Jesus Cristo deu no ventre da Virgem Maria. Fulano, com dois olhos te vejo, com três cravos encravados no teu coração, com três hóstias consagradas, com três meninos pagãos e três cálices de missa consagrados. São Marcos fazei-me o vosso milagre. Vos peço prendais o coração de Fulano nas minhas vontades; que Fulano chegue para mim como as ervas do campo se chegam ao pé da Cruz, manso como um cordeiro. Tudo que tiver me dará, tudo que souber me dirá, nada me há de negar. Fulano não possa ver, estar, nem comer e beber sem comigo vir falar. Fulano andará chorando atrás de mim como as almas andam atrás da luz de Deus". Esta oração é para o amor. A da Pedra Cristalina é para os valentes, os corajosos, os lutadores. É uma das mais valiosas. Raro será o brigão que a desconheça. É de confiança absoluta. Sintetiza a oração-forte com todas as cores, características de credulidade e fé na irresistibilidade da súplica, fazendo estremecer o firmamento. "Minha Pedra Cristalina, que no mar fostes achada entre o cálix bento e a hóstia consagrada. Treme a terra mas não treme Nosso Senhor Jesus Cristo no altar. Assim tremam os corações dos meus inimigos quando olharem para mim. Eu te benzo em cruz e não tu a mim, entre o Sol, a Lua e as estrelas e as três pessoas distintas da Santíssima Trindade. Meu Deus! Na travessa avistei meus inimigos. Meu Deus! Eles não me ofenderão, pois eis o que faço com eles: Com o manto da Virgem sou coberto e com o sangue do meu Senhor Jesus Cristo sou valido. Têm vontade de me atirar mas não atirarão e, se atirarem, água pelo cano da espingarda correrá. Se me amarrarem, os nós se desatarão. Se me acorrentarem, as correntes se quebrarão. Se me trancarem, as portas da prisão se abrirão para me deixar passar livre, sem ser visto por entre os meus inimigos, como passou Nosso Senhor Jesus Cristo no dia da Ressurreição por entre os guardas do sepulcro. Oferecimento: Salvo fui, salvo sou, salvo serei. Com chave do sacrário eu me fecharei. Três padres-nossos, três ave-marias e três glória-ao-padre." Uma oração-forte condenada é a Oração da Cabra Preta, pedindo os auxílios do Cão (Demônio) de mistura com Santa Justina. Essa oração incluiu uma outra, fortíssima, temida por todos, o "Credo às avessas". "Santa Justina disse que quem em campo verde andasse e uma cabra preta encontrasse, tirasse o leite e três pães fizesse, um para Satanás, outro para Ferrabrás e outro para o Cão Coxo, que não fica atrás. Minha Santa Justina, vós como tão poderosa, o Cão quero que me mande falar, sem me ofender nem me assombrar e antes me dar (pede o que quer). Se tiver de ser certo três sinais quero ver: cachorro ladrar, gato miar, galo cantar. O Credo às avessas vou rezar. Não creio em Deus Padre todo-poderoso, nem criador do Céu e da Terra, nem creio em Jesus Cristo seu único filho, que não foi concebido por obra e graça do Espírito Santo. Não nasceu de Maria Virgem nem padeceu sob o poder de Poncius Pilatos, nem foi morto e sepultado e nem desceu aos infernos, nem subiu ao céu, nem está sentado à mão direita de Deus nem julgará os vivos e os mortos. Não creio no Espírito Santo, nem na Santa Igreja Católica, nem na comunhão dos santos, nem na remissão dos pecados, nem na vida eterna. Valei-me as sete cabras pretas, valei-me os cinco milheiros de diabos, valei-me os três reis do Oriente, valei-me as três almas encantadas, os três sinos (sinais, selos; estrelas de dois triângulos) de Salomão, pois quero com o Cão Coxo falar e Santa Justina há de mandar já e já. Minha Santa Justina disse que quem em campo verde andasse e três cabras pretas encontrasse, três pães fizesse. Eu o fiz e tudo espero em ver, tocar, ouvir e falar. Amém." (Luís da Câmara Cascudo, *Meleagro*, 147-163, Rio de Janeiro: Agir, 1978).

ORAÇÃO DO SONHO DE SANTA HELENA. Ver *Helena*.

ORAINHA. Incluído por João do Rio na relação dos orixás das macumbas cariocas no primeiro lustro do séc. XX. Está visivelmente deturpado. Creio tratar-se do mesmo orixá Orominha, que Jacques Raimundo identifica como um dos nomes de Ogum.

ORAMIÁ. Ver *Ogum*.

ORAMIÃ. Ver *Ogum*.

ORAMINHA. Ver *Ogum*.

ORAMINHÁ. Ver *Ogum*.

ORELHA. Há muita tradição sobre orelhas, tornando-as um verdadeiro complexo etnográfico. Estão ligados ao pavilhão auricular elementos de significação secular, restos de usos e costumes, vestígios da legislação medieval que resistiram até depois do Renascimento. Cortar as orelhas ao inimigo vencido e levá-las como troféu é ainda barbaridade conhecida no continente americano. Ter as orelhas do adversário era o supremo orgulho do potentado dominador. No tempo de Juan Manuel de Rosas dominando a Argentina, com Buenos Aires subjugada pelo despotismo sanguinário e truculento da La Mazorca, as orelhas dos generais e coronéis unitários eram disputadas como ofertas favoritas ao ditador. A gentil Manuelita, filha de Rosas, recebeu como presente digno de sua alta simpatia as orelhas do Coronel Facundo Borba, depois da batalha do Monte Grande. Contava-se o inimigo derrotado pelo número das orelhas apresentadas, ao longo da espada, ao general. Os cangaceiros do Nordeste brasileiro conservaram a tradição de levar, enfiadas na bandoleira, as orelhas cortadas aos vencidos. As velhas donas senhoriais da aristocracia rural eram amigas de colecionar orelhas daquelas que disputavam a preferência do marido. A técnica não é brasileira e sim quase universal. Não vamos esquecer o que sucedeu à linda Cléo de Mérode, uma das rainhas da elegância amorosa na velha Paris de 1900. Havia mesmo um penteado à Cléo, cobrindo as orelhas. E sabem por quê? Porque Cléo não tinha orelhas, cortadas numa aventura misteriosa de amor e ciúme. "Se decía que, perdidas sus orejas en cierta aventura extravagante de amor y de celos, recurrió al expediente artístico de tapárselas con su hermosa cabellera, partiéndola en dos graciosas franjas que se entrelazaban en el moño" (*A, B, C*, Madrid, 1-1-1950). A pena de cortar as orelhas aos ladrões (*Ordenações Afonsinas*, Liv. I, tít. 60, § 11) ficou no uso velho do alto sertão brasileiro até a primeira década do séc. XX. E não desapareceu de todo. A frase humilhante *arranco-lhe as orelhas* recordava a lei antiga, viva ainda no *quero as orelhas dele*, *você fica sem as orelhas*, etc. "Levar pelas orelhas" é sinônimo de obrigar à confissão, arrastando o depoente à barra do tribunal. Uma citação do *Elucidário*, de Frei Joaquim de Santa Rosa de Viterbo (II, 127, Lisboa, 1865), avivará o saldo desses costumes no Brasil: "Foi tempo em que os franceses e outros povos pegavam da orelha às testemunhas, e assim as levavam a darem o seu depoimento na presença dos juízes. Igualmente puxavam pelas orelhas e davam bofetadas aos meninos, para que, sendo já crescidos, se lembrassem do que se passou diante deles, e sendo necessário o pudessem jurar. Este costume lhes proveio dos romanos, entre os quais levava o autor ao réu perante o juiz pegando-lhe pela orelha, se ele não queria ir por sua livre vontade. De uma pedra preciosa em que estava esculpida uma mão apertando uma orelha, com uma inscrição que dizia *memor esto*, faz menção Revardo". (*Ad Leg*, XII, Tabui, cap. 5). Ainda hoje se puxa pelas orelhas aos meninos, para os lembrarem das coisas, resto sem dúvida da superstição dos gregos e romanos, que assim o praticavam em obséquio da deusa Memória, a quem as orelhas eram consagradas. Aí está a razão obscura e clássica dos puxões de orelhas aos estudantes rebeldes. Era um horroroso processo mnemônico. Atraía Mnemosine, deusa da memória e dona simbólica das orelhas alheias. Como a própria palavra do Evangelho Salvador entrava pela orelha e por ela a sabedoria, São Paulo escreveu na *Epístola aos Romanos*, X, 17: *A sorte que a fé é pelo ouvir...* (Luís da Câmara Cascudo, "Leges et Consuetudines Medievais nos Costumes Populares do Nordeste Brasileiro", *Anhembi*, n.º 4, vol. II, 33-34, São Paulo, 1951). Quando alguém sente a orelha direita arder ou esquentar-se é porque estão falando de bem, e, se sucede o mesmo na orelha esquerda, é de mal que falam. Orelha da Sota: sinônimo de jogar, jogo de baralho, indistintamente. Sota era a dama. Torcer a orelha e não deitar sangue: arrepender-se. De orelha em pé: cauteloso, vigilante, prevenido, desconfiado.

ORELHAR. Ver *Primeira*.

ÔRIO. Sacrifício de animais para conseguir a benevolência dos céus (Édison Carneiro, "Linhas Gerais da Casa de Candomblé", *Revista do Arquivo Municipal*, LXXI, São Paulo, 133, 1940). É do rito jeje-nagô.

ORIXÁ. Divindades da religião iorubana, intermediárias entre os devotos e a suprema divindade, inacessível às súplicas humanas. Simbolizam forças naturais, e é lógico que suas atribuições sejam confundidas no entusiasmo dos fiéis. Os orixás residem na costa da África e, atraídos pelo cântico e ritmo dos tambores em sua honra, encarnam-se, apossam-se dos seus instrumentos vivos, médius, *cavalos*, intérpretes, falando, tomando o aspecto que tiveram na terra e ainda tem nas paragens onde vivem. Fernando Ortiz explica a função dos orixás: "Olorun no está representado por ídolo alguno ni merece culto especial; los fieles deben comunicarse con este dios por conducto de divinidades secundárias, llamadas Orishas... – Los Orishas (voz derivada, según Bowen, de Asha: ceremonia religiosa) se dividen en tres rangos. En el primero no caben sino tres, llamados: Obatalá, Shango e Ifá. El segundo lo forman un sin número de dioses de menor poder, muchos de los cuales apenas alcanzan reconocimiento antropomórfico fuera del fetiche donde se fijan. El tercero comprende a los demás fetiches, amuletos, Gris-Gris, etcétera, innominados por lo general". (*Los Negros Brujos*, 51-52). Não há no Brasil essa hierarquia trazida pelos escravos negros da costa africana, iorubanos (nagôs) que levaram aos jejes do Daomé, também cativos, o prestígio dos seus orixás. Da cultura jeje-nagô, os orixás passaram para os pretos do grupo banto, que não tinham divindades com intensidade de culto capaz de influir e determinar o sincretismo que as religiões iorubanas provocaram com o catolicismo, dando mesmo aos orixás as formas materiais dos santos e chamando, comumente, aqueles o nome destes. Diz-se na Bahia, onde as religiões negras estão num estado mais visível de influência original, *santo* em vez de *orixá*, mãe de santo, pai de santo, filha de santo, cair no santo, assentar o santo, preparar o santo, etc. Os orixás têm, cada um, cânticos e ritmo dos tambores próprios, chamando-os ou anunciando sua presença no candomblé. Os principais orixás são quatorze. Oxalá, Xangô, Ogum, Oxóssi, Omolu, Exu, Iemanjá, Iansã, Oxum, Anamburucu (Nanamburucu, Nanã, Onanã), Oxum-Manrê, Locô (Rocô, Irocô), Ifá e os gêmeos Beji ou Ibeji. Não se sabe o sexo de Ifá. Locô é personalizado numa gameleira. Oxalá é macho-fêmea. Iemanjá, Iansã, Oxum, Anamburucu e Oxum-Maré são femininas. Os outros, homens na forma. A personalização é o atributo funcional do orixá, sua ação na terra. Os Ibejis continuam, como Exu, misteriosos. Exu lentamente marcha para o lado do auxílio aos homens, perdendo a fama demoníaca e absolutamente má. Oxalá paira acima. Pode tudo, comanda tudo. Sente-se que é um pouco vago pela própria extensão de sua força divina. Xangô é o raio, o relâmpago, o trovão. Ogum a guerra, a luta, o embate físico, as vias de fato. Oxóssi é a caça e também, a deduzir-se do seu culto, o segredo das matas, dos caminhos, a segurança das jornadas através das florestas; com o sincretismo ameríndio já usa, vez por outra, canitar, anduape, plumas de tuxaua indígena. Omolu é a peste, varíola, dirige a peste, livrando quem o ama do contágio. Iemanjá é o domínio do mar, da água salgada, peixes, tomando todos os direitos que pertenciam a Olukum, o oceano. Iansã é o vento, a tempestade, o mau tempo para a navegação à vela. Anamburucu, a chuva. Oxum, a água fresca e doce dos rios, dos lagos, dos córregos. Oxum-Maré, o arco-íris. Esses orixás têm suas *filhas*, sacerdotisas votadas ao seu culto, vestindo suas cores, usando pulseiras, colares típicos, dando no peji o alimento oblacional, omalá. Todos têm insígnias, animais que podem ser sacrificados nas suas festas, dias votivos e até gritos patenteados, de propriedade intransferível. Oxum-Maré, Exu, Ifá e os Bejis não possuem vozes. Oxalá é um gemido trêmulo. Xangô, *ei-i-i*. Ogum diz *guaramin-fô!* Oxóssi ladra como um cachorro. Omolu é apenas *há*. Iemanjá grita *hin-hi-yemin!* Iansã é o *ei-i-i* de Xangô, mais suave. Oxum se contenta com o *hmm-hmm*. Anamburucu imita o borbulhar da chuva mansa, *bu-bu-bu-bu-bu...* Locô é um assobio baixo, assustador, saindo da sombra da gameleira. Cada orixá se desdobrará em muitos orixás. Todos com o mesmo nome ou outro, mas sendo, intrinsecamente, o primitivo. Uma continuidade mítica que se prolonga em todas as representações e em qualquer delas está, potencialmente, fixa. Há incontáveis Exus e Oxóssis. O Prof. Roger Bastide fala em 11 Exus e 16 Omulus, "um vestido de vermelho, outro, de marrom, outro de bege-escuro, cada qual com um nome diferente e com prescrições também diferentes, cada um comendo seus animais e sua comida própria. É evidente que essa multiplicidade do mesmo orixá corresponde à multiplicidade das nações, ou melhor, das tribos importadas". Donald Pierson (*Brancos e Pretos* na Bahia, 327) conta a *estória* do homem louco que *tinha sete Exus no corpo*. É convergência dos "espíritos maus" que o exorcismo católico expulsa. O processo de aculturação tem sido estudado (Artur Ramos, Roger Bastide, Gonçalves Fernandes) e evidencia a lenta preamar do baixo-espiritismo terapêutico no Rio de Janeiro, "santos" receitando remédios e dietas. Na Bahia ainda o sincretismo possui os elementos vivos e diferenciados. Uma mocinha dirigiu uma carta, pedindo casamento, à sua madrinha: "Nossa Senhora de Montserrat, senhora do mar, Janaína". Janaína é um dos nomes de Iemanjá. É carta de 1936 e foi atirada ao mar, ao *mar-santo*, para que Nossa Senhora ou Iemanjá recebesse (*apud* Donald Pierson, cit. 318). "Os panteões jeje-nagô e congo-angola contêm aproximadamente o mesmo número de divindades, ou seja, cerca de uma centena de orixás, cada um. O panteão *caboclo* tem talvez uma vintena a menos. Cada orixá possui seu próprio fetiche, insígnia, dia sagrado, alimentos sagrados, cores e roupas sagradas (incluindo pulseiras e contas de cor) e um 'grito' próprio. Hoje em dia, só em raros casos os fetiches são imagens esculpidas. Usualmente são pedras polidas, gastas pelas águas de um rio ou do mar. São cuidadosamente tratados no *peji*, ou santuário, por um encarregado especial, que, a intervalos regulares, os lava e renova as oferendas de alimentos e bebidas colocadas diante deles. E, em alguns centros, considera-se Oxalá como a divindade mais importante; em outros, Xangô; e ainda em outros Omolu (ou Xapanã, como às vezes é chamado). Olorum, 'o pai dos orixás', está hoje quase esquecido na Bahia, embora se possa encontrar ocasionalmente um preto velho que ainda o considere como o 'criador de todos os outros orixás'. Os crentes pensam que os orixás habitam a África; e quando se pergunta como podem vir de tão longe para comer e beber as oferendas a eles dedicadas, a resposta não tarda: 'Eles são chamados e vêm já'" (*idem*, 342-343). A possessão da filha de santo pelo orixá é o ato característico do culto, a *queda no santo*. "*O cair no santo* é um estado psicológico especial. O cansaço fisiológico provocado pela dança, a fadiga motivada pela atenção dispensada aos cânticos indefinidamente repetidos, tudo isso provoca o fenômeno da *queda no santo*, espécie de transe de caráter histeroide, que ataca de preferência as mulheres. Há toda uma variedade de expressão no *estado do santo*, desde os simples delíquios passageiros até as mais violentas explosões motoras com suas clássicas convulsões. Para os negros esses fenômenos indicam a 'entrada' do santo ou orixá no corpo do crente, a quem a partir de então são prestadas todas as homenagens e reverências culturais do terreiro. Trata-se, em tal caso, do fenômeno da 'possessão' pelos espíritos, base comum de todas as religiões primitivas". (Artur Ramos, *A Aculturação Negra no Brasil*, 150-151, São Paulo, 1942). Os orixás devem ter cada um a sua história, aventuras, episódios típicos, um ciclo, com os amigos e companheiros, adversários ou cúmplices. Além dessa parte, constituindo a literatura e fixando o mito, haverá a lenda da ação que explica, justifica a santidade do orixá, a *estória* individual do orixá, criação, evolução, o processo da santificação. Parece que os mitos negros no Brasil são todos ligados ao culto e conservados secretos.

ORIXÁ-AGÔ. Orixá nagô, citado por João do Rio como venerado nas macumbas cariocas. Artur Ramos (*O Negro Brasileiro*, 39) supõe tratar-se de Okô, orixá da agricultura na teogonia iorubana, nascido do ventre de Iemanjá, depois do incesto de Orungã.

ORIXÁ-GUINAM. Ver *Gunocô*.

ORIXALÁ. O mesmo que Obatalá. Comumente chamado Oxalá, de *O (ri) xalá* o grande Orixá (Artur Ramos). Manuel Querino dizia ser uma forma contrata de *Och Allah*, *o que revela ter* o *nagô uns laivos do maometismo*. Jaeques Raimundo opina diferentemente: "*Oxalá*, nome complementar da deusa Obatalá, entre os afro-baianos, não tem origem arábica, segundo a imputação gratuita de Manuel Querino, de *Och Allah*, nem é uma forma sincopada de *O (ri) xalá*, como acredita o Professor Artur Ramos. O afro-negro costuma emprestar aos seus santos os nomes dos ídolos ou seres por que os representam; uma dessas simbolizações da deusa era uma lima ou limão verde, e nisto está uma razão do seu nome complementar; do ioruba *ohsan*, a lima, ou limeira, e *nlá*, grande, notável; *ohsanlá*, oxalá (cp. *orisha-nla*, *orisha-la*). Obatalá não só ministra a justiça. mas, concorrendo com Ifá, prediz também o futuro; a justiça que distribui é a *ohyan-la*, a grande mercê, e quando devassa o porvir chama-se-lhe *onsheh-nla*, a grande mensageira". (*O Negro Brasileiro*, 30-31). Ver *Obatalá*, *Oxalá*.

ORIXÁ-NAGÔ. Ver *Orixá-Agô*.

ORIXANIM. Orixá da medicina, o mesmo que Oxambim, o Ochanbim de Nina Rodrigues. Ocorre como Oçanhim, Oçaim.

ORIXAOCÔ. Orixá citado por João do Rio como influente nas macumbas cariocas. Trata-se, certamente, do orixá Okô, o orixá da agricultura, filho de Iemanjá, o mesmo Orixá-Agô.

ORIXÁ-OGRINHA. Citado por João do Rio entre os orixás mais populares nas macumbas cariocas, no princípio do séc. XX.

ORÔ. Aparição, visagem. Nina Rodrigues escreveu: "... entre nós só existe ao que me consta, nos terreiros mais afastados. É um fantasma que leva dia e noite a anunciar a sua presença com a emissão de sons plangentes e vibrantes, ouvidos a grandes distâncias. Sabe-se que estes sons são tirados muitas vezes de uma espécie de flauta de bambu". (*Os Africanos no Brasil*, 353, São Paulo, 1932).

OROBÓ. Cola amargosa para mascar, um elemento típico no cerimonial jeje-nagô na Bahia. O mesmo que olobó.

OROMINHA. Orixá que João do Rio inclui entre os prestigiosos *encantados* da costa da África, nas macumbas cariocas, nos primeiros anos do séc. XX. Jacques Raimundo (*O Negro Brasileiro*, 36-37) diz ser um dos nomes de Ogum, de *óhran-miyán*, dando Oramiã, Ora-Minha, etc.

OSSÉM. Cerimônia semanal nos candomblés jeje-nagôs. As filhas de santo, no dia oblacional de cada um, vão oferecer aos orixás os alimentos votivos. Manuel Querino informa (*Costumes Africanos no Brasil*, 54): "Num dos dias da semana varre-se o santuário, substitui-se a água das quartinhas, renova-se a comida dos pratos. Cada invocação tem sua comida especial. Homoulu alimenta-se de ourobô e pipocas. Xangô, de caruru, e assim por diante. A esse trabalho chamam *fazer ossé*". Na cerimônia romana do Lectisternium, por ocasião das grandes calamidades públicas, os deuses eram conduzidos processionalmente para salas de banquete onde uma refeição festiva lhes era oferecida. O mais antigo Lectisternium foi no ano 356 antes de Cristo. A festa durava oito dias e era repetida em todas as residências ricas.

OSSO. Jogo do osso: "muito usado na campanha (do Rio Grande do Sul); consiste em atirar no chão, convenientemente preparado, à cancha, um osso de machinho de gado vacum, devendo cair para cima uma determinada parte do osso. Conforme caia ou não a parte citada, é 'sorte' ou 'culo'" (Darci Azambuja. *No Galpão*, 176, Porto Alegre, 1935; J. Simões Lopes Neto, *Contos Gauchescos*, "Jogo do Osso", 212, Editora Globo, Porto Alegre, Rio Grande do Sul, 1949). Ver *Taba*.

OSSONHE. É um orixá que corresponde ao Caipora indígena, unipedal, zombeteiro. Manuel Querino escreveu (*Costumes Africanos no Brasil*, 48): "Ossonhe é um outro orixá e corresponde ao *Caipora*, que só tem uma perna. O africano nutre a mesma crença do indígena, neste particular. "O *Caapora*, vulgarmente *Caipora*, veste as feições de um índio, anão de estatura, com as armas proporcionais ao seu tamanho, habita o tronco das árvores carcomidas, para onde atrai os meninos que encontra desgarrados nas florestas. Outras vezes divagam sobre um tapir ou governam uma vara de infinitos *caititus*, cavalgando o maior deles. Os vaga-lumes são os seus batedores; é tão forte o seu condão que o índio que por desgraça o avistasse era malsucedido em todos os seus passos. Daqui vem chamar-se caipora ao homem a quem tudo sai ao revés." (Gonçalves Dias, *Obras Póstumas*, vol. VI, 130). Jacques Raimundo (*O Negro Brasileiro*, 158-159) grafa Oçonhe: "O gênio da mata que transmite a infelicidade a quem o vê". Querino (*Raça Africana*) é quem alude primeiro ao orixá, dando a entender que, adotando o mito do *Caipora*, o *Caipoi* na gíria do negro (Artur Ramos, *Negro Brasileiro*, 124), o afro-baiano supersticiosamente crê que o espírito da floresta é portador de má morte; chama-lhe Ossonhe, que deve ser uma falsa audição de *Oxonhe* ou *Oxonhê*. O verdadeiro nome do gênio é *Eberê*; os iorubanos conhecem o mito, o *egbére*, o gênio maléfico, espécie de anãozinho que vaga à noite nas matas. *Oçonhe*, ou antes *Oxonhe*, um nome complementar, preferido dos afro-baianos do iorubano, *óshónu, iyé*, o enfermo ou aleijado da vida".

OTA. As pedras do peji. Nas festas de Oxalá são levadas pelas filhas do santo e lavadas entre cânticos nas águas correntes de um rio, segundo o ritual jeje-nagô nos candomblés da Bahia.

OUJA. Faixa ou tira de pano branco, amarrada ao tronco da gameleira, fazendo parte do culto a Locô (jejes), Iroco (nagôs), orixá cujo fetiche é a própria gameleira branca (*Ficus doliaria*, Mart.). Ver *Iroco*.

OURIÇO-CACHEIRO. Ver *Cuandu*.

OVA. É o nome genérico dos óvulos de peixe. Ova de tainha, muito abundante, é um alimento precioso. Seca ao sol e, depois de assada ou frita, faz parte das melhores mesas (Raimundo Morais, *O Meu Dicionário de Cousas da Amazônia*, II, 80).

OVELHA NEGRA. É a exceção pecadora nas famílias virtuosas, o elemento que interrompe a série da impecabilidade moral doméstica, o *errado*, inadaptado, rebelde aos imperativos das leis sociais, vocacionalmente criminoso, incapaz de correção e consciência das faltas. O *black lamb, brebis noir*, no meio da uniformidade do rebanho, é suspeito e vigiado pelos pastores europeus, como entidade misteriosamente votada ao Demônio e às forças do mal. O animal negro era dedicado aos deuses telúricos, às grandezas obscuras e poderosas, Tellus Mater, Tétis e Gaea, mãe dos seres, inesgotável nutridora dos viventes. Homero (*Ilíada*, III), narra o desafio de Páris a Menelau, terminando a guerra por um combate singular. Há uma cerimônia preliminar, indispensável: sacrifício de um cordeiro branco ao sol e de uma ovelha negra à terra. O Rei Príamo foi o sacerdote. Tétis, Helius e as Erínias tinham a missão suprema da vigilância, fazendo observar a santidade dos juramentos e a fiel observância da palavra empenhada, castigando no inferno o feio pecado da violação dos compromissos de honra. A ovelha negra era, pois, a predestinada a simbolizar a expiação, a punição da felonia, da traição, do perjúrio. O Bode Expiatório dos israelitas devia ser *aussi noir que possible* (J. G. Frazer, *Rameau D'Or*, II, 350, Paris, 1908). A ovelha negra se excluía do comum, do habitual, do rotineiro. E sua destinação era terrível. Ficou-nos a imagem, numa sobrevivência de ritual sagrado que Homero descrevia há 3.138 anos...

OVO. As superstições sobre o ovo estão ligadas, em sua maioria, ao espírito da fecundidade. Para batê-los, como para dispô-los no ninho para o choco, é preciso ter *boa mão*, felicidade. Marca-se o ovo com uma cruz, para não gorar e *tirar* dele galinha e não galo. Pereira da Costa reuniu as versões brasileiras, vindas de Portugal, referentes ao ovo (*Folclore Pernambucano*, 58-59): "O deitar ovos às galinhas para a reprodução da espécie não é uma cousa tão simples como talvez se supõe. Tem sua ciência, como vulgarmente se diz, acaso pelo cortejo de preceitos supersticiosos que o preside. Em primeiro lugar cumpre atender-se à época, de forma que terminem na fase do crescente da Lua os vinte e um dias da incubação, para que, com a sua força, saiam os pintos sem dificuldades, fortes e espertos, e não se perca um só. Apesar desta prescrição vulgaríssima, preside também a crença de que das galinhas deitadas ao crescente saem mais frangos que frangas, e ao contrário, se for ao minguante. Para os ovos não gorarem, faz-se uma cruz com tinta de escrever sobre cada um, e quando se destinam os pintinhos a uma pessoa qualquer, escreve-se o nome por baixo da mesma cruz. Preparado o ninho, depositam-se nele os ovos, um a um, e à proporção que os vão colocando, fazendo-se com eles o sinal da cruz, pronuncia-se esta espécie de oração: 'Nas horas de Deus, / Por São Salvador. / Nasçam todas fêmeas / E um só galador'. Terminando este processo, deita-se a galinha, e ao sair os pintos é bom queimar-se as cascas dos ovos. Há uma circunstância que grandemente concorre para o bom êxito de uma deitada de galinha: *ter boa cabeça*...

Ovos da Hora, isto é, os ovos da galinha, postos no dia da Hora, ou da Ascensão do Senhor, em maio, especialmente os que forem postos de meio-dia à uma hora, gozam de uma virtude singularíssima, conservam-se por muito tempo tão frescos como se houvessem sido postos recentemente, e absolutamente não se corrompem; e por fim secam a gema e a clara, formando uma espécie de massa compacta, que, dissolvida em qualquer bebida, é infalível contra a embriaguez... Quando uma galinha está com ovo e custa muito a por, deita-se um *indez* no ninho, isto é, um outro ovo, como para animar ou provocar a demorada postura; para endireitar um ovo virado, basta pendurar a galinha pelos pés na chave de uma porta; e para que uma franga, ou mesmo uma galinha que acabou o choco, comece logo a por, arrancam-se-lhe as penas do rabo, pronunciando-se, ao tirar de cada pena, a conhecida frase: *crescer pra por*". O ensalmo que Pereira da Costa registrou em Pernambuco (comum ao Brasil) é o encontrado por J. Leite de Vasconcelos em Vila Real (*Carmina Mágica do Povo Português*, XIII): "Em louvor de S. Salvador /Que nasçam tudo frangas, / E um galador". Cascas de Ovos são utilizadas na extremidade, de varas das cercas. Afastam o *mau-olhado* que provoca a esterilidade, porque o ovo é o mais expressivo símbolo da fecundidade, da plenitude da força germinativa. *Cheio como um ovo* é frase corrente no populário do Brasil. Aliar-se-á, naturalmente, à ideia da decoração, do adorno, pondo-se a casca de ovo cobrindo o topo dos paus de faxina. C. W. von Sydow nega que a casca de ovo tenha significação simbólica de fertilidade e sim apenas um elemento de ornamentação. "The cock and the dolls are not the vegetation spirit in beast or human form, and the eggeshells are hardly fertility talismans; they have all arisen from the people's naive desire to adorn their pole and make it as beautiful as they can, so that it may, if possible, excel the maypole of the neighbouring village" ("The Mannhardtian Theories about the Last Sheaf and the Fertility Demons from a modern critical point of view", *Folk-Lore*, 95, XLV, 299, Londres, 1934). Ovos da Páscoa. Essa tradição europeia, especialmente francesa, espalhou-se pelas cidades brasileiras, sem que tenha alcançado as simpatias do povo em geral. Ainda se mantém como um hábito elegante de sociedade abastada, amiga de imitar e obedecer aos hábitos alheios. Os clérigos das igrejas e os estudantes da Universidade de Paris, no séc. XIII, como os rapazes desocupados e alegres, formavam o cortejo com bandeiras, guiões e música e desfilavam até a catedral, onde cantavam *laudes*. Depois, espalhavam-se pelas ruas, cantando e fazendo *la quête des oeufs de Pâques*. Esses ovos, pintados de azul, vermelho, verde, eram dados aos amigos ou enviados para os amigos e parentes do interior. Século a século o costume se arraigou, aparecendo distribuição de ovos dourados, pintados com motivos artísticos, dados pelo rei, pelos príncipes, pelos prelados. Lancret, Watteau, Boucher, Fragonard pintaram deliciosas miniaturas nos ovos da Páscoa que grandes fidalgos mandavam como presentes. São atualmente, e na maioria, artificiais, de todos os tamanhos e temas, contendo bombons, joias, lembranças de vários preços. A significação prender-se-á ainda ao símbolo da vida contida no ovo, como na Páscoa comemoram os cristãos a perpetuidade do sacrifício de Cristo e sua vitória sobre a morte. O Barão de Studart registrou duas outras superstições sobre o ovo. Para curar umbigo estofado ou crescido pelo choro, é tocar o umbigo com a ponta do ovo de galinha da primeira postura. Pinto saído do ovo deitado em sexta-feira não tem fel (*Antologia do Folclore Brasileiro*, vol. 2, nºs 94 e 177, 36, 40, 6ª ed., São Paulo, Global, 2004). Casca de Ovo, Medida de Capacidade. A casca do ovo foi uma medida de capacidade, de uso quase diário outrora. Para certos bolos (ver *Pão de Ló*) e doces aconselhavam *duas cascas de leite de gado*, ou de leite de coco. Mais frequentemente era a casca de ovo empregada como medida para água, indispensável na feitura do bolo. Um ovo quente era posto na boca dos meninos faladores, como castigo. Era também uma tortura aplicada aos negrinhos escravos, quando mentiam. Ovos no Ninho. Em virtude da magia do nome, quem encontra ovos no ninho de passarinho não diz em voz alta que viu ovos mas "pedrinhas", sob pena de uma cobra ir chupá-los todos. Em Portugal a tradição é idêntica, fonte da brasileira.

OVO E A GALINHA. Quem nasceu primeiro: o ovo ou a galinha? O problema é velho e foi examinado, há séculos, por toda espécie de estudiosos, desde teólogos e naturalistas. O folclore recebeu-o, e houve debate nos desafios sertanejos de outrora sobre a questão. Meu pai (Francisco Cascudo, 1863-1935) ouviu o famoso cantador Gulino do Teixeira (Hugolino Nunes da Costa, 1832-1895) cantar muitas décimas sobre o assunto, decidindo-se que a galinha nascera em primeiro lugar, de acordo com a santa *Bíblia*. Devia referir-se ao *Gênese* I, 21, no quinto dia, quando Javé criou *omne volatile secundum genus suum*. Atualmente o velho enigma está resolvido, com duas sentenças antagônicas e autorizadas. Segundo Darwin, primeiro apareceu uma espécie de ave, que pôs e chocou ovos e teve descendentes iguais a ela, mas à medida que se foram desenvolvendo, as diferenças de meio, hábitos, etc., provocaram mudanças nos descendentes. Essas mudanças foram transmitidas pelos seus ovos, até que, com muitas alterações destas, através de sucessivas gerações, por fim apareceu a galinha, a qual produziu o conhecido ovo. Segundo a genética moderna, primeiro apareceu uma qualidade de ovo, que produziu certa espécie de ave. Mas, em algumas destas aves, aconteceu algo que provocou mutações, que fez com que elas pusessem ovos contendo certos genes modificados, e estes geraram aves diferentes dos pais. À medida que foram continuando as mutações, e correndo o tempo, apareceu uma nova variedade de ovo com genes novos. Estes ovos produziram a galinha, e esta o ovo (Amram Scheinfeld e Morton D. Schwitzer, *Você e a Hereditariedade*, 363, trad. A. Freire de Carvalho, ed. José Olympio, Rio de Janeiro, s. d.).

OVOS DA PÁSCOA. Depois de 1920 apareceram no Brasil, especialmente nas grandes cidades do Sul, os Ovos da Páscoa, vindos de Paris, trazidos como lembranças para os amigos. Popularizam-se lentamente, sem que alcancem constituir um costume nem mesmo um hábito elegante. Nas confeitarias surgem os ovos de chocolate e massa doce, e são comprados, oferecidos e saboreados com muito pouca atenção ao que possam significar. Para o interior brasileiro o ovo da Páscoa não apareceu senão esporadicamente. A origem data pelo menos do séc. XIII, quando os *clercs*, estudantes da Universidade de Paris e rapazes iam cantar *laudes* na porta da catedral e, depois, organizados em procissão, faziam colheita de presentes pascoais, ovos especialmente. Distribuíam-nos aos amigos, colegas, parentes, vizinhos, tingidos de azul ou vermelho. Permutavam-se, nessa época, presentes, e o nome popular era *dar* ou *receber os ovos da Páscoa*. Com o tempo os ovos da Páscoa foram sendo pintados e ornados de desenhos caprichosos. O Rei de França distribuía cestas de ovos dourados nessa ocasião. Pelos sécs. XVII e XVIII, os ovos da Páscoa serviram de motivos artísticos, e Lancret, Fragonard, Watteau tornaram alguns espécimes verdadeiras obras de arte. O costume é comum a todos os países católicos. Para o Brasil a moda é recente.

OXALÁ. O maior dos orixás, entidade andrógina, é a maior tradição religiosa como sobrevivência africana na Bahia. "Orixalá ou Oxalá tem um caráter bissexual e simboliza as energias produtivas da natureza. Esse caráter andrógino de Oxalá é evidente no seguinte cântico que colhi nos candomblés da Bahia, e onde se verifica a coexistência da raiz *baba* (em nagô: pai) com a expressão 'mãe de Deus': 'Oxalá-rei ô i, babá ô é / Oxalá-rei / Odé mo orixalá rou / Oxalá-rei babá, orixalá / Oxalá-rei ô mãe de Deus / Babá orixalá-rei'. / É representado por meio de conchas ou cauris, limão verde dentro de um círculo de chumbo". (Artur Ramos, *O Negro Brasileiro*, 32-33). Pela convergência e força da aculturação, Oxalá identificou-se com o mais popular e prestigioso culto de toda a Bahia, Nosso Senhor do Bonfim, imagem do Crucificado, na sua grande e bonita igreja, no alto de uma colina, em Itapagipe, arrabalde da capital. Esse sincretismo denuncia, na escala hierárquica, o alto posto divino de Oxalá na mítica afro-baiana. Édison Carneiro informa: "O dia do culto especial de Oxalá é a sexta-feira. Ora, identificado, como está, com o Senhor do Bonfim (santo de maior devoção entre o povo da Bahia), pode-se dizer que Oxalá tem, semanalmente, o culto mais ruidoso da Bahia. Todas as sextas-feiras, peregrinos dos subúrbios, da própria cidade e das circunvizinhanças vêm em romaria visitá-lo e implorar-lhe proteção e auxílio. Os da cidade às vezes sobem a ladeira do Bonfim de joelhos. Uma visita ao 'quarto dos milagres' na igreja do Bonfim bastará para a certeza do contingente fetichista da devoção ao Senhor do Bonfim. Antigamente, a cerimônia da 'lavagem' da igreja (sexta-feira anterior às festas do Bonfim) era uma verdadeira bacanal negro-fetichista, com cânticos africanos, cachaça e, por vezes, amor. E aí estava a razão por que Nina Rodrigues fazia Oxalá simbolizar a riqueza e a fecundidade. Modernizada, essa bacanal continua a existir nas festas populares do Bonfim (terceiros sábado, domingo e segunda-feira do ano), que abalam toda a Bahia, havendo mesmo, no último dia, uma espécie de carnaval, na Ribeira (Itapagipe). Voltando aos candomblés, vale a pena notar que Oxalá, quando neles aparece, sempre o faz sob outros nomes, nunca como Oxalá mesmo. Ora é Oxalá-Moço, desempenado, garboso, Oxodiã. Ora é Oxalá-Velho, alquebrado, arrimando-se a um bordão em cuja extremidade chocalham lantejoulas, Oxolufã. Todos os enfeites de Oxalá são brancos, sendo-lhe sacrificados a cabra e pombo". (*Religiões Negras*, 36-37). "Na falta de um deus supremo, por assim dizer 'palpável', os negros da Bahia, jeje-nagôs ou bantos, adoram Oxalá. Oxalá-Obatalá no mito primitivo, mora mesmo no alto de um monte, como na África. Nos candomblés afro-bantos da Bahia, registrei as expressões nagôs Orixá-Babá (santo pai) e Babá-Okê (grande pai), empregadas para designar o pai da pátria. Este orixá possui, aliás, grande variedade de nomes. Reginaldo Guimarães registrou os nomes de Kassuté, Lemba, Lembarenganga, etc., e eu, no candomblé de Paim, registrei a expressão conguesa Kassubeká, todos empregados para indicar o grande Orixá a quem estão afeitas as funções sexuais da reprodução. Um cântico, por mim recolhido em Itapoã, cântico que é uma verdadeira 'chamada' dos vários Orixás, diz a certa altura: – Você viu Oxalá / por detrás daquele monte? – O culto de Oxalá existiu, portanto, no seu estado puro, na Bahia. No tempo de Nina Rodrigues, havia, em Plataforma, um morro a que os negros adoravam, sob o nome de Oké, é, quando o velho Nina perguntava por que o Senhor do Bonfim era identificado com Oxalá, os negros lhe respondiam que por 'morar' no alto de um monte, a colina do Bonfim, como outrora, na África, Opatalá. Daí, talvez, desses dois fatos, a expressão Babá-Okê e – por que não? – o cântico acima transcrito. Nesse cântico, Oxalá, embora 'por detrás' do monte, volta a ter a mesma representação que tinha para os negros da costa da África. Os negros bantos da Bahia chamam a igreja do Bonfim de *Lançaté de Vovô*. Se se estudar a posição de Oxalá na família dos orixás da Costa dos Escravos, ver-se-á que lhe cabe o lugar de avô... ou, se se quiser, de bisavô, o que, aliás, o diminutivo carinhoso *vovô* – faz supor. Os negros, portanto, não esqueceram a seriação mítica dos orixás." (*Negros Bantos*, 38-39). No peji de Oxalá seu fetiche é o anel de chumbo e búzios, os cauris, que valem a moeda na costa da África. A insígnia é o cajado de pastor com pequenos sinos. Os animais sacrificados são cabras brancas e pombos. Os apetrechos são a sopeira de louça, dilonga, itá, sete búzios, quartinha branca, bacia de louça branca, quatro pratos de louça, pequenos (Roger Bastide). A cor votiva é o branco. Branca as vestimentas das filhas de Oxalá, branco o colar, branco o alumínio da pulseira. O grito ritual é um gemido trêmulo. Corresponde ao Oulissa dos jejes, Cassumbeca ou Cassumbecá de Angola, Inacoude Jegum. Ganga Zumba dos Cabindas. Oxalá-Moço ou Oxu-Gaiam é o Menino Jesus na Bahia, Jesus Cristo ou o Senhor do Bonfim no Recife. Oxalá-Velho, Oxalá-Fá, Oxalofum é Nosso Senhor do Bonfim, na Bahia, e o Padre Eterno, no Recife. Também o chamam, na Bahia, *velhão*, significando sua antiguidade. A festa de Oxalá, em setembro, na Bahia, em outubro, no Recife, também é denominada "festa do inhame" ou "festa do inhame novo" (Ver *Inhame Novo*) e consta da lavagem das otás (pedras do peji) na água fresca da fonte, procissão das filhas de Oxalá para renovar a água das quartinhas, sacrifício de animais e um repasto comum. O *Pilão de Oxalá*, de carne de cabra e *oba*, a farinha de milho branco sem sal. Manuel Querino alude a uma cerimônia de flagelação simbólica durante essa festa. A mãe de terreiro fustigava com um cipó as costas dos membros da seita, e esse açoite tinha o condão de apagar os pecados cometidos. Ver *Orixalá*.

OXAMBIM. O mesmo que Ochambim, um dos três orixás da Medicina. Os outros dois são Agê-Xalugá e Ajá. Ver *Orixanim*.

OXÉ. Verga ou vara curta, usada nos sortilégios e também nas cerimônias de Xangô. Do iorubano *oshé*, o pequeno bordão ou cacete do deus do trovão; sabão negro, em forma de bola, conhecido também por *sabão da Costa* (Pernambuco, Bahia, Rio de Janeiro). João do Rio reproduz uma quadra em nagô, na qual se alude a esse produto: *O-ché-iturá a narê praquê* (*Religiões no Rio*, 51); (Jacques Raimundo, *O Negro Brasileiro*, 162). Há uma terceira acepção de *Oxé*, valendo ídolo ou imagem de pequeno tamanho, segundo Manuel Querino. Jacques Raimundo crê ter sido engano de audição, pois o vocábulo, nesse caso, seria *ixé* e não *oxé*.

OXÓ-OCI. Ver *Oxóssi*.

OXÓSSI. Orixá da caça e dos caçadores. De certo modo é a égide da mata, afastando seus misteriosos pavores. Um dos mais antigos e famosos candomblés da Bahia, o do Gantois, onde Nina Rodrigues realizou suas pesquisas, as primeiras que se faziam no Brasil sobre religiões africanas e sua aculturação local, é dedicado a Oxóssi. Oxó-Oci nas macumbas cariocas, segundo João do Rio. O fetiche que o representa no peji é um arco com uma flecha e, informação do Prof. Donald Pierson, uma frigideira de barro e também uma pedra. As insígnias são, além do arco e flecha, rabo de boi (creio que elemento de aculturação banto, onde o rabo de boi é um objeto usado pelos sobas soberanos), polvarinho e o *capanga de Oxóssi*, reunião de coisas usadas por um caçador, espingardinha, buchas, bornal, vareta, etc. O dia de Oxóssi é quinta-feira. Atualmente a quinta-feira não lhe pertence totalmente, porque associaram Ogum. As suas filhas vestem verde e amarelo, pintura verde, pulseiras de bronze e os colares de continhas, verde-branco nos candomblés bantos, e azul-claro nos nagôs. São animais votivos o galo e o carneiro. O alimento é o achochô, segundo Roger Bastide, uma comida de milho. Das plantas lhe pertencem a caiçara ou cacatinga (*croton*, Euforbiáceas, *Oblanum pulverulentum*). Oxóssi é venerado através de duas formas, Oxóssi o velho, chamado Odé, correspondendo a São Jorge (Bahia e área geográfica maior), Santo Onofre e São Sebastião em Porto Alegre (Rio Grande do Sul), onde é igualmente as Almas, São Jorge, no Recife, e São Sebastião, no Rio de Janeiro. Édison Carneiro escreve: "No candomblé do Engenho Velho, as filhas de santo trazem ainda, apoiado ao ombro, um longo chicote de crinas. Os cânticos em louvor de Oxóssi revelam fortes reviviscências totêmicas e, por vezes, vestígios de cultos desaparecidos já como o culto das árvores". (*Religiões Negras*, 42). Fernando Ortiz (*Los Negros Brujos*, 59-61) fixando Oxóssi em Cuba, onde é conhecido, completa o retrato de orixá, acompanhando-o no culto que lhe prestam os negros iorubanos de fala castelhana: "*Oshó-Oshi*, nacido de Yemanyá según A. B. Ellis, es el dios de los cazadores y de los caminantes. Está simbolizado por una figura humana armada de un arco, y a veces por el arco tendido sosteniendo una flecha, es decir, por el arma de que se servia, el dios en sus explicaciones cinegéticas. Es una invocación a Oshó-Oshi lo que refiere un anónimo articulista: Los brujos cuando ven un *majá* (a maior serpente em Cuba, *Epicrates angulifer*, La Sagra) para que no les haga daño le gritan por tres veces estas palavras *Osí, osá, osé!* y el animal queda inmóvil. Si se repiten con frecuencia estas frases, el majá se enfurece consigo mismo. Creen los brujos que cuando el animal cumple un siglo de edad (entonces le llaman *Yuyú*) se lanza al mar, convirtiéndose en serpiente y que en esa nueva vida sufre mucho, razón por la que cada vez que se les presenta un majá tratan de matarlo, pues al llegar el momento de su transformación maldice del que lo encontró y no lo mató. Esta maldición es muy temida. En Bahia se catoliza a Oshó-Oshi llamándole San Jorge, por estar éste en sus imágenes montado a caballo y alanceando un dragón, y según debieron pensar los negros, no conocedores de monstruos infernales, cazando culebras monstruosas. En Cuba algunos brujos conocen un santo, que pronuncian *Ochosé*, el cual debe ser el orisha *Oshó-Oshí* y lo llaman San Alberto, ignoro porqué razón (acaso quieran decir San Huberto, poco pronunciado en Cuba)". Oxóssi é chamado Odé pelos jejes. Em Angola o dizem Mutalambô ou Catalambô Gúnza. No Cõngo é Mutacalombô. Oxóssi tem *assento*, santuário privativo, entre árvores, num bosque ou à margem deste. Algumas invocações de Oxóssi é que têm o *assento* perto do barracão, com entrada exterior. O grito que anuncia Oxóssi é como um latido de cachorro. Ver *Jorge*.

Oxum. Orixá dos rios e das fontes, deusa do rio Oxum, na África, égide das águas doces, como Iemanjá é das salgadas ondas do mar, e Anamburucu, Namburucu ou Nanã é orixá da chuva. Na teogonia que o Coronel A. B. Ellis divulgou, Oxum é filha de Iemanjá. Na tradição popularizada pelos afro-baianos, é casada com seu irmão Xangô, talqualmente suas irmãs Oiá (Iansã) e Obá. Confundem-na com Iemanjá, também festejada nos sábados. Seu fetiche é uma pedra marinha ou mesmo ou seixo polido pelas águas correntes. A insígnia é um leque de latão, o *abedê*, tendo no meio uma estrela branca ou uma sereia. Suas filhas usam colar de latão amarelo-ouro, pulseiras largas, cores douradas. O omalá de Oxum é a tainha, cabra, galinha e feijão. Seu apetrecho, segundo Roger Bastide, é de louça aporcelanada, um hide, três conchas dilonga, quartinha branca e um otá-ouriço. O grito anunciador é *hmm-hmm*. Donald Pierson inclui, entre as insígnias de Oxum, o espelho e pequenos sinos. "Os negros baianos distinguem *Oxum-Apará*, quando 'brinca com espada' e Oxum-Abalô, quando 'brinca com leque' (Artur Ramos, *O Negro Brasileiro*, 36). Identificam-na com Nossa Senhora em várias invocações: Rosário, Candeias (Candelária), Lourdes, Conceição, Prazeres, Carmo. No Daomé dizem-na Iemanjá, Kissimé em Angola, Micaiá no Congo. Em Cuba ocorre identicamente: 'Oshún, diosa del rio de su nombre, una de las mujeres de Shangó, también merece culto en Cuba. Es llamada por los brujos la Virgen de la Caridad del Cobre, sin que pueda ver otra analogía que la identidad del sexo y el milagro de la virgen católica, que apareció sosteniéndose sobre las águas del mar.'" (Fernando Ortiz, *Los Negros Brujos*, 62). Édison Carneiro encontrou nos candomblés baianos de influência banto a denominação "Oxum-Abaé", como sendo na língua jeje, peculiar à orixá. "Na falta do rio Ochun, a orixá Ochun se converte numa espécie de náiade, a divindade das fontes e regatos." (Nina Rodrigues, *Os Africanos no Brasil*, 335). Ver *Iansã*.

Oxum-Marê. O mesmo Oxu-Manré, Oxum-Maré, Oxumaré, Ochumarê, Osunmarré, orixá do arco-íris, santo iorubano, ocupado em transportar água da terra para o ardente palácio das nuvens, onde reside Xangô. O dia de Oxum-Maré é a terça-feira, com Anamburucu (ver *Anamburucu*, Namburucu, Nanã, orixá da chuva. Em fins do séc. XIX era de pouco respeito entre os negros da Bahia, sem culto. Em 1904 João do Rio o citava entre os santos negros prestigiosos, nas macumbas do Rio de Janeiro. Dirige candomblés na Bahia e tem uma corte extensa de filhas de santo dedicadas ao seu nome, dançando sua dança e cantando suas cantigas. "Nem mesmo Nina Rodrigues poderia imaginar a importância que o culto desse orixá iria ter atualmente. Há, na Mata Escura (arredores da capital da Bahia), um candomblé com o seu nome, dirigido pelo pai de santo Jacinto. Os negros jejes apelidam o orixá de Obessén, os bantos, principalmente de Angola, de Angorô, identificando-o com São Bartolomeu, chegando mesmo a festejá-lo, ruidosamente, no dia 24 de agosto, na povoação que, nas imediações de Pirajá, tem o seu nome e é um dos maiores centros convergentes da devoção negro-fetichista na Bahia. No dia do Ano Bom, vários candomblés organizam uma grande festa que, sob o nome de *matança de Oxunmarê*, consiste numa verdadeira imitação do orixá, pois as filhas de santo, de quartinha à cabeça, vão à fonte mais próxima buscar água, como o criado de Xangô. – Minha mãe tá me chamando. / Aldeia! / Onde vai Oxunmarê?" (Édison Carneiro, *Negros Bantos*, 82-83). Oxum-Maré corresponde a Anyi-Ewo dos jejes, Obesén dos marruínos, Sobô-Aba em Daomé, Angorô de Angola, Angoromés do Congo, São Bartolomeu na Bahia. As filhas de Oxum-Maré usam fita verde, colares de pedras alaranjadas. Os apetrechos são uma cobra em forma de um *hidé, dilonga, otói* (Roger Bastide), contas raspadas com chumbo verde e três pratos pequenos de louça (*idem*). A Serpente do Culto de Oxum-Maré. São conhecidos os vestígios do Vodun entre os negros baianos mas a serpente pertence igualmente a Oxum-Marê. "Quando as filhas de Oxumaré imitam o arrastar de uma serpente sobre o solo, é porque o arco-íris, na mitologia daomiana, está ligado à serpente-marinha." (Roger Bastide, *Imagens do Nordeste Místico*, 112). O arco-íris representado pela serpente é mito africano que se estende do Senegal ao Congo Belga. Tastevin (*Les Idées Religieuses des Africains, la Géographie*, n.º 5-6, tomo LXII, Paris, 1934) fixou claramente a popularidade dessa materialização. O arco-íris é N'Tyama. serpente que vive no fundo do rio Congo no primeiro rápido e quando, depois da chuva, vem aquecer-se à superfície, o dorso se reflete nas nuvens, formando o espectro das sete cores. "N'Tyama n'est que la monture, le cheval de Nz'ambi." O arco-íris é *mu-kyama* no Congo Belga, a grande serpente policor. "L'arc-en-ciel, Lu Kanda, est un Serpent, mais ce n'est pas un serpent ordinaire. Nz'ambi l'envoie pour arréter la pluie", dizem os Ba Kamba. Esse mito se dispersa pelo mundo sem possibilidade de delimitação em sua fonte inicial. Pela Ásia é comum o mito da serpente ou do dragão pluvial, atraído ou repelido por orações e oferendas de arroz, segundo as necessidades dos plantios. Entre os indígenas sul-americanos a mesma tradição é conhecida. Não parece, pela sua antiguidade e processo verbal de exposição, que seja uma influência africana entre os ameríndios, especialmente nas regiões onde raramente apareceu um melanoderno. Lehmann-Nitsche (*Mitologia Sudamericana*, VIII e XI), estudando os Chiriguanos da Bolívia (tupi-guaranis) (*La Astronomia de los Chiriguanos*, 83, Buenos Aires, 1924) e os Vilelas do Chao Oriental (*La Astronomia de los Vilela*, 221-232, Buenos Aires, 1921), evidenciou a vulgarização do mito por quase todo o continente. As serpentes estão sempre nos temas aquáticos, simbolizando o próprio elemento ou seus habitantes ou dirigentes. No idioma naua serpente, *coatl*, figura nos nomes de infinitos deuses. E a tradução de *coatl* é *o que contém água*, do radical *co*, o continente, e *atl*, água. No ponto restrito de serpente ser o arco-íris, Lehmann-Nitsche cita nos vários dialetos do idioma talamanca, América Central, *quebé*, *chocobá*, *schcobá* valer arco-íris e serpente. Cita as aproximações de *jauale*, arco-íris, para *ufauali*, serpente, nos aruacos estudados por von Martius, e Koch Grunberg. Segue-se a identidade verbal e mítica entre os arecunãs (grupo Garibe) do rio Caroni, Guiana venezuelana, caxinauás (grupo Pano) do rio Ibuaçu, tarauacás, Acre, Brasil, ipurinás do Alto Purus, jíbaros do Equador, cocamas (grupo tupi-guarani) no Brasil, chiriguanos (tupi-guaranis) da Bolívia, chaués (aruacos, com intrusão linguística tupi-guarani), bororos de São Lourenço, estudados por Carlos von den Steinen em Mato Grosso, Brasil, lenguas do Chaco setentrional (tupi-guaranis), vilelas, do Chaco oriental, quíchuas de Santiago del Estero, Argentina, araucanos de Bariloche, fronteira Chile-Argentina. Assim, indígenas e africanos tinham um elemento comum para explicação etiológica do arco-íris. O culto de Oxum-Marê possuirá essa popularidade decorrente de uma crença também existente na população ameraba. A coincidência da serpente nas áreas da massa negra aglomerada não se justificará pela imagem de Oxum-Marê exclusivamente. Continua a serpente nos catimbós mestiços com forte acentuação cabocla como nas pajelanças amazônicas, com menor influência africana, visível. De Oxum-Marê, positivamente, é o culto ao arco-íris, a dança sagrada imitativa, com função, esquecida ou ignorada, de provocar o bom tempo. Numa genealogia dos deuses iorubanos, escrita pelo missionário Bowen, Oxum-Marê se chama Aidokhuedo (Fernando Ortiz, *Los Negros Brujos*, 56).

PACAU. Ver *Jogo de Baralho*.

PACICÁ. Quitute preparado com os miúdos da tartaruga temperados e cozinhados no próprio casco, servindo este de panela (Stradelli). Raimundo Morais escreve Paxicá: "Guisado de fígado da tartaruga. Cortam essa víscera em quadradinhos do tamanho de dados e guisam-na numa caçarola. É um dos mais finos pratos do magnífico "boi do Amazonas"; muito oleoso, porém" (*O Meu Dicionário de Cousas da Amazônia*, II, 87).

PACIÊNCIA. Ver *Jogo de Baralho*.

PAÇOCA. Poçoca. Alimento que consiste, ordinariamente, numa mistura-conserva de carne-seca e farinha de mandioca, ou milho, às vezes acrescida de rapadura.

"De manhã a minha Rosa / Traz-me paçoca e o café; / Almoçamos sobre as esteiras / De palmas de catolé / Rodeados dos filhinhos / Maria, João e José" (Juvenal Galeno, *Lendas e Canções Populares*, 33). Foram aborígenes que no-la forneceram: "Paçoca, corr. *poçoca*, ger-supino de *poçoc*, esmigalhar à mão, desfiar, pilar, esfarinhar. "Poçoça" é, pois, o desfiado, o pilado, o esfarinhado. É o alimento preparado com carne assada e farinha, piladas conjuntamente, constituindo isso uma espécie de conserva, mui própria para as viagens do sertão" (Teodoro Sampaio, *O Tupi na Geografia Nacional*, 253). Viajantes eminentes mimosearam a "paçoca" com apreciações e notas. "Particularmente nos sertões, serve-se um prato muito nutritivo e de longa conservação – a "paçoca". É carne de boi gorda e seca, assada no espeto (Spiesze) e, depois de misturada com farinha, pisada num pilão de madeira, demoradamente, até que a carne seja triturada, e sua gordura perfeitamente infiltrada da farinha. Come-se com isto, ainda, um pedaço de rapadura (kleine zucker-kuchen)" (W. Eschwege *Journal in Brasilien*). "A composição da "paçoca" não possui unidade, bem como seu preparo, no todo do País. No Rio Grande do Sul, é alimento feito de carne-seca e farinha de mandioca ou de milho, piladas conjuntamente, constituindo uma espécie de conserva, muito própria para as viagens do sertão" (Teschauer, *Novo Dic. Nacional*). Na Amazônia, "é a amêndoa da castanha assada e socada num pilão com farinha-d'água, sal e açúcar. Reduzir tudo a pequenos grãos, impregnada a farinha e óleo de açúcar, está feita a paçoca, que é vendida em cartuchos de papel nas cidades. Em geral, é preparada com a castanha comum (*Bertholetia excelsa*), mas há quem faça de sapucaia, e até mesmo da castanha-de-caju" (R. Morais, *O Meu Dic. de Cousas da Amazônia*). "A castanha-de-caju, de ouriço ou gergelim pilado, misturado com farinha-d'água. Também é preparada de carne assada socada no pilão, com farinha, até ficar em uma massa bem triturada e misturada" (Chermont, *Glossário Paraense*). Em São Paulo, o registro estatui: – Paçoca: "Carne pilada com farinha; amendoim pilado com farinha e açúcar" (A. Amaral. *O Dialeto Caipira*). Num mesmo Estado, pode a "paçoca" alterar de composição, conforme a região. Enquanto no sul da Bahia, por exemplo, é feita de banana-da-terra com coco ralado, no centro e no norte passa a ser obtida da carne-seca pilada com farinha e rapadura, ou sem esta. Desigual também o é entre os ameríndios. Bertoni verifica: – Passoká: "Farinha, mel e certas amêndoas assadas (castanhas de *Bertholetia*, noz de Pachira, amêndoas de palmeiras)" (*La Civilización Guarani*, 501). (Fernando São Paulo, II, 184-186, *Linguagem Médica Popular no Brasil*). Von Martius (*Viagem pelo Brasil*, I, 255, Rio de Janeiro, 1938) informava que a paçoca constituía uma parte integral da alimentação de todo brasileiro, especialmente escravos negros. Mas a confundia com o charque e a carne-seca do sertão.

PACOTE. Ver *Tainha*.

PACUMÃ. Ver *Pucumã*.

PACURI. Ver *Bacuri*.

PADÊ DE EXU[1]. Oferta de alimentos rituais feita ao orixá Exu, antes de qualquer cerimônia ou festa no candomblé afro-brasileiro na Bahia. "O candomblé começa, mesmo, com o "padê", ou "despacho" de Exu, porque é preciso entretê-lo ("despachá-lo"), com pipocas e farinha de azeite de dendê, senão ele virá atrapalhar a festa... Sacrificam-se-lhe o cão, o galo e o bode" (Édison Carneiro, *Religiões Negras*, 42). "Nada se faz sem Exu, – assevera-me Maria José, neta de africanos, – para se conseguir qualquer coisa, é preciso fazer o "despacho de Exu", porque, do contrário, ele atrapalha tudo!" "O despacho de Exu" é a cerimônia inicial, ou Padê, nos terreiros. Costumam-no chamar os negros "o homem das encruzilhadas", porque onde há encruzamento de estradas, ou de ruas, lá está Exu, que é preciso "despachar", dando-lhe pipocas e farinha com azeite de dendê. (Artur Ramos, *O Negro Brasileiro*, 34). Um ato propiciatório dedicado a uma determinada divindade, antes do cerimonial normal ou solene, ocorria em Roma, onde Vesta ou Hestia era homenageada antes de todos os deuses e sempre que se iniciava um sacrifício. Parecido com a exigência do Padê de Exu é a obrigação de os monges budistas do Japão recitarem uma fórmula exorcista, começando qualquer ato religioso, afastando Binaíakia que mora no monte Shoumé (Souméran), que, se não receber a homenagem, comparece sem ser chamado e faz justamente o que se evita no Padê de Exu, complica, confunde, desnorteia toda a reunião sagrada.

PADRE CÍCERO. Cícero Romão Batista nasceu no Crato, Ceará, em 24 de março de 1844 e faleceu na cidade do Juazeiro em 20 de julho de 1934. Sacerdote em 1870, fixou-se no arraial do Juazeiro em 1872, então com cinco casas de telha, trinta de palha e uma capelinha de N. Sª da Conceição. Em 1911 era vila, cidade em 1914, com 30.000 habitantes. Foi o único brasileiro a tornar-se centro de interesse sobrenatural, motivando romarias com finalidades morais e não terapêuticas, que a morte não desvaneceu. Sua presença física constituiu a explicação do movimento irresistível, desde os sertões da Bahia ao interior do Amazonas. Santo do Juazeiro, Santo Pequeno, uma das pessoas da Santíssima Trindade, o *meu Padrinho Padre Cícero* permanece uma constante psicológica dentro da dinâmica social do povo nordestino. Suspenso de ordens religiosas em 1897, a proibição de ministrar os sacramentos em nada lhe afetou o prestígio transbordante e avassalador. Deputado Federal, Vice-Presidente do Estado. Determinou uma bibliografia riquíssima em folhetos, opúsculos, pesquisas sociológicas, e seu nome vive nos cantadores e na literatura oral do Nordeste. Morto, a devoção continua. Areia do túmulo é conduzida em saquitéis para remédios e amuletos. A estátua em bronze (escultura de Laurindo Ramos, inaugurada a 24 de março de 1924) é objeto de veneração pública. Sua efígie em medalhas de ouro, prata, alumínio, vende-se aos milhares, tendo no anverso figuras de santos. Ver Alencar Peixoto, *Juazeiro do Padre Cícero*, Fortaleza, 1913; Xavier de Oliveira, *Beatos e Cangaceiros*, Rio de Janeiro, 1920; L. Costa Andrade, *Sertão a Dentro* (Alguns dias com o Pe. Cícero), Rio de Janeiro, 1922; Rodolfo Teófilo, *A Sedução do Juazeiro*, S. Paulo, 1922; Floro Bartolomeu, *O Juazeiro e o Padre Cícero*, Rio de Janeiro, 1923; Pe. Manuel Macedo, *O Juazeiro em Foco*, Fortaleza, 1925; Godofredo de Castro, *Juazeiro*, Fortaleza, 1925; Simoens da Silva, *O Padre Cícero e a População do Nordeste*, Rio de Janeiro, 1927; Lourenço Filho, *Juazeiro do Padre Cícero*, S. Paulo, sem data; M. Denis, *Mistérios do Juazeiro*, Juazeiro, 1925; Reis Vidal, *Padre Cícero*, Rio de Janeiro, 1926; Irineu Pinheiro, *O Juazeiro do Padre Cícero e a Revolução de 1914*, Rio de Janeiro, 1938; Luís da Câmara Cascudo, *Vaqueiros e Cantadores*, "O Padre Cícero", 142-155, São Paulo, Global, 2005; Edmar Morel, *Padre Cícero, o Santo do Juazeiro*, Rio de Janeiro, 1956; Pe Antônio Gomes de Araújo, *Apostolado do Embuste*, Crato, 1956; Pe Azarias Sobreira, *Em Defesa de um Abolicionista*, Fortaleza, 1956; Abelardo F. Montenegro, *História do Fanatismo Religioso no Ceará*, Fortaleza, 1959; Otacílio Anselmo e Silva, *A História do Padre Cícero*, em publicação, Itaytera, ano V, n.º V, Crato, 1959; Padre Azarias Sobreira, *O Patriarca do Juazeiro*, Petrópolis, 1969; Padre Dr. Helvídio Martins Maia, *Pretensos Milagres em Juazeiro*, Petrópolis, 1974; Aldenor Benevides, *Padre Cícero e Juazeiro*, 2ª ed., Brasília, 1969; Caio Porfírio Carneiro, *Uma Luz no Sertão*, Clube do Livro, São Paulo, 1973.

PADRE JOÃO MARIA. Cavalcanti de Brito nasceu na fazenda Logradouro do Barro, município de Jardim de Piranhas, RN, a 23 de junho de 1848 e faleceu na cidade do Natal, em 16 de outubro de

---

[1] No texto original: "Padê-de-Exu" (N.E.).

1905. Era irmão de Amaro Cavalcanti (1849-1922, Senador, Jurisconsulto, Ministro de Estado, Prefeito do Distrito Federal, Ministro do Supremo Tribunal Federal). Cursou o Seminário de Olinda e ordenou-se em Fortaleza, em 1871. Prestou colaboração religiosa em Jardim de Piranhas, Flores, Acari, S. Luzia do Sabugi (Paraíba) e, em 1876, passou a vigário-colado de Papari, atual Nísia Floresta, RN, vindo paroquiar Natal em 1881, a qual constava de uma única freguesia. De inexcedível espírito apostólico, incomparável na dedicação paternal ao seu rebanho, conselheiro, médico homeopata, caminhando três léguas para confessar e sacramentar um moribundo, percorrendo a cidade inteira na vigilância amorosa do interesse sagrado, carregando água, fazendo alimentos e aplicando remédios aos doentes ignorados e distantes da assistência oficial, inesgotável de caridade, privando-se de tudo para distribuir aos pobres; nos últimos anos de sua existência era uma figura iluminada pelo prestígio sobrenatural, venerada por toda a população. Já o diziam taumaturgo. Fundou escola paroquial. Presidiu a Sociedade Libertadora Natalense, em 1888, orientando moralmente a Abolição, e manteve um periódico literário católico, o *Oito de Setembro* (1897-1907). Iniciou a construção da nova matriz, que dizia ser a futura catedral. Diabético, esgotado pelo trabalho de todas as horas durante a epidemia de varíola, em 1905, faleceu numa casinha no Monte, hoje Alto do Juruá, arredores de Natal, cantando baixinho o *Tota pulchra es Maria*. A cidade inteira seguiu-lhe o féretro, com as mais vivas demonstrações de dor. Em 1919 inaugurou-se seu busto em bronze, trabalho de Hostílio Dantas, na Praça João Maria, que se tornou local de culto popular, notório e contínuo. Há sempre um grupo orando, de joelhos, e o gradeado enche-se de ex-votos, retratos, fitas, muletas, objetos de cera e madeira, cruzes, rosários, quadros votivos. Todas as noites ardem dezenas de velas, pagando promessas. É o Santo da cidade. Bibliografia: *Padre João Maria*, polianteia do *Oito de Setembro*, Natal, 14-XI-1905; *Padre João Maria, Subsídios para a História*, Fortaleza, Ceará, 1906; Boanerges Soares, *Padre João Maria*, Natal, 1956 (segunda edição, ampliada); *Padre João Maria*, poliantéia da Liga Artístico-Operária, Natal, 1935; Mons. José Landim, *Um Perfil de Sacerdote*, Natal, 1936 (biografia impressa no Recife); *Padre João Maria*, Sentida homenagem de João Carlos de Vasconcelos e da Tipografia S. Teresinha, Natal, 1955; idem, segunda edição aumentada, Natal, 1957.

Pagão. A criança sem batismo está cercada, universalmente, de respeitos e determina uma série de superstições comuns a todo o Brasil. São sobrevivências vindas de Portugal e capitalizadas de todo o mundo. Sem vício e sem virtude, sem pecado e sem merecimento, o pagão não é responsável. O diabolismo medieval respeitava-o pelos seus poderes individuais, sem as águas cristãs, não vindos da comunidade, a que não pertencia, nem da religião em que ainda não fora iniciado. Eram poderes decorrentes do seu estado especialíssimo de anjo sem culpa, criatura inocente, mas com o pecado original. O pagão livra do raio na casa onde estiver. Faz deter-se a chuva, erguendo os dois pés, como se fosse suster o firmamento. Morrendo, só pode ser enterrado junto à porteira dos currais, porque o gado é abençoado e assistiu ao nascimento do Salvador, ou nas encruzilhadas, porque estão em forma de cruz. No *Diário de Natal* (27-1-1948) há o registro dessa tradição. O homem sepultou o pagão que a polícia encontrara, explicando que o fizera porque no interior do estado os natimortos não eram enterrados "no sagrado" e só o deviam ser nos currais e encruzilhadas. Sete anos depois de sepultado, o pagão chorará do fundo da cova, e ouvirão o choro. Tudo quanto lhe pertence, objetos de uso direto e o seu corpo, pertence à classe dos amuletos. Osso de menino pagão multiplica os bens materiais de quem o possui. "Para o pescador do alto-mar ser feliz e apanhar maior quantidade de peixe deve levar consigo um pedaço de osso de menino pagão e nunca deixar de enfeitá-lo com fita de santo". (Guilherme Studart, *Antologia do Folclore Brasileiro*, vol. 2, 47, 6ª ed., São Paulo, Global, 2004). A fita de santo é a fita medindo o comprimento da imagem ou a ela amarrada com promessa. Depois de algumas semanas, no segundo caso, retiram a fita do corpo do santo, e fica servindo para muitos atos provocadores do milagre ou da bênção divina. O pagão não dorme no escuro. Não se deve por na sua boca uma pedrinha de sal. Deve ter debaixo do travesseiro uma tesoura aberta para espantar as bruxas. Deve ser chamado unicamente por nome de santo e jamais por apelido ou diminutivo. Como não pode ir para o céu, porque não é cristão, nem para o inferno, porque não pecou, o pagão vagará pelo Limbo e reaparecerá sempre, nas encruzilhadas, esquinas de cemitério, pátios de fazenda, estradas solitárias, choramingando pelo batismo. O viajante de coragem deve então atirar água na direção do choro e dizer as palavras rituais: Eu te batizo em nome do Padre, do Filho e do Espírito Santo! Ouvirá risos e os pagãos, tornados anjos de Deus, serão protetores do padrinho. "Na casa em que se enterrou um menino pagão, que morreu ao nascer ou nasceu morto, no fim de sete anos ele chora em sua sepultura de um modo rouco e abafado. Ouvido o choro por qualquer pessoa, deve batizá-lo, assim se fizer, não chora mais e vai habitar no céu com os anjinhos do Senhor" (Guilherme Studart, *Antologia do Folclore Brasileiro*, vol. 2, 48, 6ª ed., São Paulo, Global, 2004).

Pagar o Mijo. Bebida paga pelo padrinho em homenagem ao afilhado, depois do batizado. "O padrinho pagou o mijo da criança – algumas garrafas de vinho do porto que foram imediatamente consumidas" (Coriolano de Medeiros, *O Tambiá da Minha Infância*, 94, João Pessoa, 1942). Quando o padrinho é o avô, diz-se *beber o mijo*.

Pagará. Dança popular do Rio Grande do Sul e de São Paulo, fazendo parte do baile campestre denominado comumente "fandango". Ver *Fandango*.

Pagaré. O mesmo que *Pagará*.

Pagode. Festa, reunião festiva e ruidosa, festa com comida e bebida, havendo ou não danças, festa sempre de caráter íntimo, comparecendo amigos, pagodeira. *O Tesouro da Língua Portuguesa*, de Frei Domingos Vieira (ed. de 1873, Lisboa), registra a origem do vocábulo na acepção de Portugal e Brasil: "Fazer pagodes: fazer funções e divertimentos de comezainas e danças, e, cantares e prazeres licenciosos, à semelhança dos que na Ásia fazem as bailarinas de certos pagodes, ganhando para sustentação delas, e de seus ministros o preço da prostituição." Fernão Rodrigues Lobo Soropita, contemporâneo de Camões, falava semelhantemente: "lá, ao invés da garganta, fazem suas festas e pagodes, e tudo o mais deixam despovoado." Ver *Coco, Samba*.

Pai. Chefe natural, autoridade indiscutível, vitalícia, inderrogável. Voz imperiosa e sagrada pela tradição. O maior. "Pai de todos", o dedo médio. Unanimidade acatadora em qualquer literatura oral, "suplente de Deus". Imagem instintiva da Proteção, Guarda, Vigilância. Mantenedor da Família e seu defensor desvelado. Patrimônio. Patrocínio. Patrono. "Max Muller ensinou-me que Pai, *pitar, patar, pater, fadar*, vinha da raiz *pa* que não é engendrar, fecundar, mas proteger, sustentar, nutrir. O *pai*, como gerador, fecundador, dizia-se em sânscrito *ganitar*, e como protetor e defensor, *pitar*... Pai é o mantenedor, protetor, guerreiro que caça e guarda a prole. A *mãe* gera, acolhe, aquece, alimenta a ninhada": Luís da Câmara Cascudo, *Civilização e Cultura*, 668, São Paulo, Global, 2004. No Folclore o Pai é a Experiência, o pioneiro sabedor dos caminhos indispensáveis à marcha e conduta dos descendentes.

Paiauru. Bebida fermentada feita de beiju queimado (Stradelli).

Pai de Santo[1]. Ver *Babalaô*.

Pai do Mato[2]. Nas tradições folclóricas de Alagoas, o pai do mato é um bicho enorme, mais alto que todos os paus da mata, cabelos enormes, unhas de 10 metros, orelhas de cavaco. O urro dele estronda em toda a mata. À noite, quem passa na mata ouve também a sua risada. Engole gente. Bala e faca não o matam, é trabalho perdido. Só se se acertar numa roda que ele tem em volta do umbigo. Em alguns "reisados," aparece uma figura representando o entremeio do pai do mato, sob a forma de um sujeito feio, de cabelos grandes. É comum a expressão entre as mães de família, a propósito dos filhos que estão com cabelos grandes, sem cortar: "Está que é um pai do mato." "Você quer virar pai do mato, menino?" No "reisado" canta-se no entremeio do pai do mato: "Ó que bicho, / Só é pai do mato!..." (informação de Téo Brandão, Maceió, Alagoas). Com denominação idêntica e materialização, vive o pai do mato em Pernambuco, informa-me o poeta Ascenso Ferreira. Roquete Pinto emprega o pai do mato na tradução que faz de um "ualalocê" dos índios parecis (em *Rondônia*, 84, Arquivos do Museu Nacional, XX, Rio de Janeiro, 1917). Compare-se o pai do mato com o Ganhambora, o Mapinguari, o Bicho Homem, espécimes do ciclo dos monstros (*Geografia dos Mitos Brasileiros*, 386-387, 3ª ed., São Paulo, Global, 2002). "Sem que jamais tivesse sido visto, conta a lenda queijeira da zona de Anicuns que o pai do mato é um animal de pés de cabrito, à semelhança do deus Pã da mitologia, tendo como este o corpo todo piloso. As mãos assemelham-se às dos quadrúmanos. Diferencia-se destes, entretanto, por andar como ente humano, com o qual se assemelha na fisionomia. Traz no queixo uma irritante barbinha à Mefistófeles, e a sua cor é escuro-fusca, confundindo-se com a do pelo do suíno preto enlameado. Dizem que anda quase sempre nos bandos de queixadas, cavalgando o maior, e conservando-se sempre à retaguarda. Raramente anda só e raramente aparece ao homem. Quando alguém se lhe atravessa na estrada, não retrocede, e, com indômita coragem, procura dar cabo do obstáculo que se lhe antepõe. É corrente, onde ele tem o seu "habitar", que arma branca lhe não entra na pele, por mais afiada e pontiaguda que seja, salvante no umbigo, que é nele parte instantaneamente mortal... A urina dele é azul como anil" (Derval de Castro, *Páginas do meu Sertão*, 70-71, São Paulo, 1930). O autor estuda o sertão de Goiás.

Pai-Mané. Ver *Mané-Gostoso*.

Pai Veio[3]. "O indivíduo que se dizia a reencarnação de São João Maria de Agostinho, ou melhor, o São João ressuscitado, no início do fanatismo do Contestado. Muitos jagunços *presenciaram* o fenô-

---
1 No texto original: "Pai-de-Santo" (N.E.).
2 No texto original: "Pai-do-Mato" (N.E.).
3 No texto original: "Pai Véio" (N.E.).

meno da ressurreição, que se efetuou no interior de uma grande pedra, e o famigerado Deodato ficou sendo Chefre, por ter sido o primeiro abençoado pelo Pai Veio, no momento em que a pedra rachou pelo meio. Houve festas, cavalgadas, fogos e procissões. Todos os crentes tinham a obrigação de pedir-lhe *ponhasse* a bênção, pelo menos uma vez por dia, quando permaneciam no reduto. Anos depois, antes de morrer, pressentindo que a hora lhe era chegada, mandou que os "Pelados" se formassem em fileiras e, carregado por quatro jagunços em um "Banguê, passou abençoando um por um, a todos os presentes, incutindo-lhes o máximo de fé e coragem, pela "Causa Santa" que combatiam. Em seguida morreu, cercado de todos os cuidados, e suas roupas e objetos de uso particular constituíram os mais preciosos amuletos e relíquias, que o povo "santo" sempre guardou com respeito e veneração Dizem que ainda hoje, às escondidas, seu túmulo recebe visitas de velhos admiradores, porém mui raramente. Existem opiniões que se contradizem, quanto ao local da sepultura: Uns dizem que essa se encontra no Caraguaté, e outros na serra de Santa Maria" (Euclides J. Filipe, "Termos Regionais", *Boletim Trimestral da Comissão Catarinense de Folclore*, n.º 3, 22-23, Florianópolis, março de 1950). Deodato era um dos mais famosos caudilhos na campanha do Contestado, Joaquim Adeodato ou Adeodato Manuel de Ramos, chefe do reduto de Santa Maria, que o Capitão Tertuliano de Albuquerque Potiguara tomou no dia 3 de abril de 1915. Ver *João Maria*, *José Maria*, *Monarquia Sul-Brasileira*, *Pelados*, *Guarda das Virgens*, *Sebastianismo*.

PAJAUARU. Bebida fermentada feita de mandioca (Peregrino Júnior). Stradelli grafa *Paiauru*, bebida fermentada feita de beiju queimado. Von Martius escreveu *pajauaru*, bebida feita da raiz da mandioca fermentada. O pajauaru tem alto índice alcoólico e embriaga os seus devotos, exaltando-lhes o temperamento tranquilo e calado, atirando-os às rixas e debates bulhentos.

PAJÉ. Paié. "O pajé é o médico, o conselheiro da tribo, o padre, o feiticeiro, o depositário autorizado da ciência tradicional. Pajé não é qualquer. Só os fortes de coração, os que sabem superar as provas da iniciação, que têm o fôlego necessário para aspirar a ser pajé. Com menos de cinco fôlegos não há pajé que possa afrontar impunemente as cobras venenosas; é preciso ter mais de cinco fôlegos para poder curar as doenças venenosas. Os pajés que têm de sete fôlegos para cima, leem claro no futuro, curam à distância, podem mudar-se à vontade no animal que lhes convém, tornar-se invisíveis e se transportar de um lugar para outro com o simples esforço do próprio querer. "Hoje não há mais paié", me dizia o velho Taracuá, "somos todos curandeiros." E eram queixas de colega a colega, porque eu passei sempre por muito bom pajé, graças à fotografia ao microscópio, e às coleções de plantas, espécie de Caladiuns, que fazia durante o tempo que passei no meio dos indígenas no rio Uaupés." (Stradelli). Sobre o conjunto dos sistemas médicos conhecidos pelo sacerdote-curador ameríndio, escreveu Wilton Marion Krogman, da Universidade de Chicago: "Os sistemas médicos dos ameríndios compreendiam a trepanação, incisão, excisão, amputação, sarjadura, escarificação, sutura, cataplasmas, bandagens, banhos sudoríficos, extração de dentes, sangrias, ventosas, sucção, pressão manual, massagens, entalamento, redução e consolidação de fraturas e hemostasia mediante o torniquete. A essa lista, Hrdlicka, Moodie e McCurdy juntam a cauterização, processo que Stewart se recusa a admitir. Moodie cita a possibilidade de enxertos ósseos, possibilidade esta que, porém, não goza de aceitação geral. Os conhecimentos médicos dos ameríndios reduziam-se a ervas, raízes e cascas, algumas sementes e flores, substâncias animais e insetos, terras ou minerais, com os quais se preparavam pós, cozimentos, extratos e infusões. Conheciam os venenos que eram utilizados com várias finalidades. As citadas substâncias empregavam-se principalmente para preparar soluções curativas, purificadoras, hemostáticas, narcóticas, sedativas, purgativas, eméticas, febrífugas e estimulantes. Além disso, eles tinham, aparentemente, certas noções da influência do regime alimentício e da dieta medicinal na saúde. É interessante notar que o ameríndio "contribui com 59 drogas para a nossa farmacopeia moderna" (Stone) e que a ele devemos "cinco sétimos da riqueza agrícola do mundo" (Mason). Em seus conhecimentos médicos e em seus sistemas, o ameríndio era profundamente objetivo, mas em suas interpretações profissionais, diagnose e prognose, se mostrava muitas vezes obscuro e subjetivo. Com bastante frequência a base do tratamento, à parte os resultados imediatos mais evidentes, estava fundada nos encantamentos místicos e sobrenaturais do curandeiro ou feiticeiro" (*Acta Ciba*, 10, 202, 1945). Não há, no Brasil, documentos sobre trepanação e amputações feitas pelos pajés, cujos processos são desconhecidos em pormenores. De um modo geral, a síntese do Professor Krogman é feliz. Além da expulsão do "espírito da moléstia," comum a todos os curadores-feiticeiros do mundo, pelo canto, batida rítmica de maracás (o pajé não usava o tambor sagrado dos xamãs), bailado, os meios que Stradelli indicou, havia forçosamente a redução e consolidação de fraturas, excisões e incisões, métodos para as úlceras abertas na caça, feridas superficiais e penetrantes pelas armas de guerra, queimaduras, além das doenças gerais, que afetavam ao indígena brasileiro. Não há também referência sobre os banhos sedativos. Cercava o pajé um ambiente de respeito, tornado veneração e medo, quando se tornava velho, de desigual humor, semirrecluso em sua cabana, retirada, sabedor dos mistérios divinos, conversador único e intérprete solitário entre o grupo e a divindade. A impressão do pajé aos colonos foi imponente e os jesuítas catequistas tiveram-no como principal adversário, embora de ação indireta e disfarçada, temendo a reação dos europeus, armada e potente. Os grandes missionários, entre eles o Padre Manuel da Nóbrega, para distanciar e substituir o pajé, utilizaram, *al divino*, os métodos do inimigo, cantando e dançando com o maracá, ao som de orações católicas, em vez dos exorcismos em nheengatu. O Professor Doutor Pirajá da Silva (anotando *Notícias do Brasil*, II, 264) informou: "A habilidade do pajé como cirurgião se resumia a práticas muito grosseiras: sangrar e entalar fraturas". Para o estudo sobre o Pajé, ver Gabriel Soares de Sousa, *Notícia do Brasil*, 1587, CLXI, Padre Manuel da Nóbrega, *Cartas do Brasil*, 1549-60, IV, V, XII, XIII, Padre José de Anchieta, 1554-94, *Cartas*, IV, IX, Informações do Brasil, 434, *Diálogos das Grandezas do Brasil*, sexto, Padre Fernão Cardim, 1584, *Tratado da Terra e Gente do Brasil*. Do conhecimento que tem do Criador, 162 (edição de 1925), Frei André Thevet, *Les Singularités de la France Antarctique*. XXXV-XXXVI, Paris, 1878, Frei Claude de Abbeville, *História da Missão dos Padres Capuchinhos na Ilha do Maranhão*, 1614, LII (edição 1945), Jean de Lery, *Viagem à Terra do Brasil*, XVI, (ed. 1941), Frei Ivo d'Evreux, *Viagem ao Norte do Brasil*, IX, XI, XII, XXXIII (ed. 1929), Hans Staden, *Viagem ao Brasil*, XXII (ed. 1930), Magalhães Gândavo, *Tratado da Terra do Brasil* (anterior a 1573), cap. 7º ed. 1924; Gândavo refere a existência das velhas adivinhas, como Hans Staden fizera (pág. 155), Frei André Thevet *Cosmographie Universelle*, ed. 1575, exemplar que pertenceu ao Barão do Rio Branco, 915-916, Barléu, 280, edição 1940, Marcgrave, *História Natural do Brasil*, livro VIII, caps. XI, 279, XII, 281, XIII, 282, edição 1942, Estêvão Pinto, *Os Indígenas no Nordeste*, II, 295--304, São Paulo, 1938, A. Métraux, *La Religion des Tupinambás*, etc. 98, Paris, 1928, Adolfo Morales de los Rios. *O Paié, Anais do XX Congresso Internacional de Americanistas*, vol. I, 289-308, Rio de Janeiro, 1924. O vocábulo continua em pleno uso popular, aplicado aos velhos sabedores de remédios ou aconselhadores de regras terapêuticas. É ainda sinônimo de ancião conhecedor de segredos, "velho como pajé", chefe de família influente, mentor político do interior, feiticeiro negro, um apelido popular de dirigente religioso amigo de autoridade e tomando ares misteriosos e superiores. Remédio, conselho, fórmula curativa de origem obscura, indicada como muito antiga: remédio de pajé, conselho de pajé, segredo de pajé são frases denunciadoras do prestígio na população mestiça. Ver *Pajelança*, *Iniciação*. Von Martius, *Viagem pelo Brasil*, III, nota 16, via em 1819 bem diversamente a ciência do pajé: "A palavra "pajé" (piajé, piaccé) é comum, assim como muitas outras, às línguas dos caraíbas, tamanacos e tupis, e não hesitei em empregá-la a respeito dos *chamanes* das tribos, visto as feitiçarias e bruxarias serem iguais às praticadas pelos povos das Guianas e do continente. Exorcismos com cusparadas, com toques, massagens, fumigações, etc., para quem se demorar algum tempo entre os indígenas, são práticas que se verificam diariamente, pois o pajé acha do seu interesse mostrar-se, quanto possível, em atividade. Em todas essas manipulações do intrometido charlatão, nunca encontrei vislumbre de mais alto conhecimento ou de especial experiência médica. Eles exercem o seu ofício com tão cega crendice no efeito do tratamento e tão completamente despreocupados com o diagnóstico do caso, que se deve pensar que, se se enganam, é pelo fato de estarem eles mesmos enganados por seus próprios preconceitos. Ademais, os juris, assim como os uainumãs, os cauixanas e muitas outras tribos não se servem de expressão particular para "Deus". Empregam, aliás, o termo "Tupan", da língua tupi, o qual na sua fala significa o *Mau Demônio.*" Nas minhas investigações no *catimbó* (*Meleagro*, 51-62, , Rio de Janeiro, Agir, 1978), encontrei *mestres* profissionalmente mentirosos e cínicos e outros profundamente devotos dos *bons saberes*, com a mesma credulidade dos consulentes. E era mundo contemporâneo e diverso daquele em que von Martius viajara há mais de cem anos. Verificar-se-ia semelhantemente com os pajés amazônicos de 1819. Bem anterior a von Martius, o jesuíta João Daniel, missionário no Amazonas (1780-97), dividia os pajés em *catu*, bom, verdadeiro, excelente, e *aíba*, inferior, mau, ruim, escrevendo: "O pajé *catu* não é tão ruim, nem tão embusteiro como o *aíba.*" A classificação continua válida.

PAJÉ DO RIO. Ver *Guajará*.

PAJELANÇA. Ação do feiticeiro amazônico, que conserva o título nheengatu de "pajé" (ver *Pajé*). Cerimonial do pajé para alcançar fórmulas terapêuticas, tradicionais, por meio dos espíritos "encantados" de homens e de animais. É um dos nomes limitados aos Estados do Pará e Amazonas. Conjunto de regras e atos do feiticeiro aconselhando, ditando regras de vida, vendendo remédios (ver *Puçanga*), amuletos (ver *Uirapuru*), etc. "No extremo norte, a pajelança mistura práticas mágicas afro-ameríndias, fermentadas pelo baixo espiritismo. Na base de certas pajelanças está a zoolatria. Não são os orixás, nem os espíritos dos mestres catimbozeiros que descem, nem os animais, caroanas, que se encarnam, nos pajés, para operar as curas. Baixam, por uma corda imaginária, o jacaretinga, a mãe do lago, a cobra grande e outros bichos fantásticos. O pajé e os demais circunstantes bebem tafiá (cachaça). No barracão onde se realiza o ritual, ficam os doentes. O pajé pergunta ao bicho, que nele se encarnou, como curar este ou aquele mal. Se o bicho sabe, indica a "puçanga", que é uma beberagem enfeitiçada, fazendo também o pajé benzeduras, passes mágicos e defumações. Se, ao contrário, o bicho ignora, informa qual é o que entende do assunto e, então, o pajé o desencarna, para encarnar o entendido, quase diria, o especialista. Mas o bicho ou antes, a alma do bicho que se apossa do pajé, muitas vezes quer dançar, quer brincar e se divertir, o que dá lugar a danças muito vivas e interessantes e que, por serem de bicho, são mímicas. Em outras partes, porém, a pajelança amazônica que chega ao norte do Piauí se mistura e se confunde mesmo com elementos do "catimbó", como uma só e mesma coisa, além de incorporar práticas de feitiçaria negra. A música dessas funções, segundo me informa Jorge Hurley, é variada, mas dentro do mesmo tradicional ambiente afropindorama. O maracá é o instrumento sagrado na mão do pajé. Valdemar Henrique recolheu em Soure, no Pará, uma melodia de pajelança, a invocação a Tangurupará (pajé do fundo), o mais respeitado caboclo desse culto, o que revela a influência catimbozeira, aparecendo ainda outros "mestres" que fazem "fumaças" nas "mesas" nordestinas, como Manicoré, mestre Carlos Xaramundi e outros. Manizer assistiu a uma cena de um pajé à cabeceira de um doente, em plena função de "medicine-man", com maracá e feixe de plumas de ema. Havia canto, iniciado a meia voz, para cair em seguida no patos e chegar a vociferação. "Um discurso cadenciado, continua Manizer, com palavras arrastadas ao qual se substitui uma nota alta e prolongada em falsete, que decresce harmonicamente até cair num tom grave, sobre o qual o canto se vai prolongando até a completa extinção, quando recomeça a mesma nota aguda, etc. Esta série alterna com gritos, imitando o rugido dos animais, com vociferações inarticuladas e um brado estridente". Foi um dos remanescentes dessas práticas indígenas que formou, com os sincretismos citados, a "pajelança", na qual se procura pelo efeito da "puçanga" livrar o doente do feitiço que lhe causou a enfermidade. Porque para os índios, a moléstia não é um fato natural, mas o resultado de uma força contrária que é preciso anular com outra mais forte. Se, porém, foi produzida pelas mães das coisas más, explica Stradelli, não há "puçanga" eficiente." (Renato Almeida, *História da Música Brasileira*, 146, 147). Ver *Encanteria, Feitiçaria*.

PAJÉS-SACACA. Pará-Amazonas. Feiticeiro de alto poder. Sacaca vale dizer bruxaria, muamba, coisa-feita. Nome de uma euforbiácea, *Croton cajucara*, Benth. "A capacidade de viajar pelo fundo dos rios é a que distingue os pajés mais poderosos, os chamados *sacacas*. Acredita-se que possam permanecer dias ou semanas seguidas sob a água e viajar enormes distâncias com a maior rapidez. Todo *sacaca* tem um "porto", ponto de partida e chegada de suas viagens. Diz-se que para atravessar os rios, os *sacacas* se vestem de uma "casca" de pele da Cobra-Grande. Os *sacacas* não morrem como a gente, comum, desaparecem para viver no "reino encantado" do fundo das águas. Viajam habitualmente sós" (Eduardo Galvão, *Santos e Visagens*, "Um Estudo da Vida Religiosa de Itá,", Amazonas, 129-130, S. Paulo, 1955). O sacaca pode atuar à distância, incorporando-se numa pessoa, com ou sem distúrbios. "Ontem à noitinha, depois de passado o primeiro repartimento, o Romualdo, sempre alegre durante a viagem, deu mostras de estar doente. Vi-o mesmo abandonar o remo e entortilhar-se sobre o banco, procurando melhor aconchego entre os sacos que o cercavam. Pouco depois, o seu corpo entrava a tremer e, embora ele se esquivasse às perguntas que o Sampaio e eu lhe fazíamos, acreditamo-lo acometido de um acesso palustre. Havia, porém, um ar de susto e mistério entre os outros remadores, que o olhavam penalizados e também não nos davam maiores informações a respeito. Já estávamos muito intrigados, quando ao cabo de duas horas tudo isso se dissipou e o Romualdo, tornando às boas, apresentava-se até bem alegre. Só mais tarde soubemos que durante aquele tempo, ele estivera *atuado* pelo "sacaca", o pajé do fundo do rio, e daí o seu estado de angústia. O pior é que, segundo nos adiantaram, quando ele se sente em tais transes, tem, por vezes, violentos ataques convulsivos e, forte como é, nem quatro pessoas o dominam então. Imagine-se agora se desse tipo houvesse sido a sua crise ao tempo em que éramos dez na canoa, em plena escuridão da noite... Sem dúvida alguma, nem só a ele, mas a nós todos estaria fadado ir conhecer o "pajé do fundo" (Gastão Cruls, *A Amazônia Que Eu Vi*, 275-276, 3ª ed. S. Paulo, 1945).

PALA. Ver *Chiripá*.

PALITO. Tanto na capital, como no interior, está bastante radicado o uso de se chamar palito ao fósforo. E o mais curioso é que a população doméstica também se tornou de uma série de prevenções contra os palitos de cera, achando que davam azar e traziam fatalidade para casa. O resultado dessa crendice, no Brasil, foi a falência ou o fechamento da fábrica (Osvaldo Orico, *Vocabulário de Crendices Amazônicas*, 189). A superstição foi geral e é uma raridade um palito de fósforo de cera. A associação de ideia do fósforo de cera ardendo como as pequeninas velas acesas nas cerimônias fúnebres condenou o uso, e ninguém mais emprega senão os palitos de madeira. Zonas inteiras, de sul e norte, devolviam as caixas dos palitos de cera pela absoluta ausência de compradores.

PALMATÓRIA. Roda de pau, ou sola, ou pele de cação, unida a um cabo, com que nas escolas dão golpes sobre a palma da mão aberta por castigo; castiçal com bocal de pouca altura, pegado a um prato, e seu rabo, de folha de flandres, latão, prata, para pôr bugias, que não fiquem as luzes tão altas como nos castiçais (Morais, *Dicionário da Língua Portuguesa*, ed. 1831). Palmatória é a Santa Luzia ou Santa Luzia dos Cinco Olhos das escolas portuguesas e brasileiras de outrora. Era castigo também aplicado às escravas e crianças. A origem é remotíssima, dizendo-se conhecida em Roma, ao lado do açoite, como "excitador" da memória infantil. No fim dos cursos havia a Festa da Palmatória, aparecendo esta enfeitada com flores de papel e fitas, em lugar de honra na mesa do professor. Em certos colégios, até poucos anos passados (ao redor de 1930), os alunos que terminavam os estudos ginasiais ofereciam uma palmatória, de papelão, enorme, ornamentada, ao grupo que ficava. "Palmatória não é santa mas obra milagre." A palmatória, *ferula*, era o castigo tradicional das crianças escolares em Roma. Martial lembra quanto a *ferula* era detestada pelas crianças e amada pelos mestres: "Invisae nimium pueris, grataeque magistris" (*Epigramas*, Livro XIV, n.º LXXX). Ver *Santa Vitória*.

PALMINHA. Dança de Goiás que, segundo informação de Renato Almeida, é "espécie de quadrilha rural. Sai um homem agitando um lenço, dando voltas e entregando-o a uma moça com quem dança, par solto, até que esta entregue o lenço a um outro rapaz, e se repete, até que todos tenham dançado. O lenço só é dado depois do possuidor ter feito a roda completa. Tem figuras semelhantes às da quadrilha: caminho da roça e sobretudo movimentos centrais com passo à esquerda e passo à direita, batendo palmas, mão, contramão, no sentido inverso ao do passo, e depois com as duas mãos, girando em seguida".

PALMITOS. Entrada dos palmitos, entrada das palmeiras, festa tradicional em Mogi das Cruzes, São Paulo, durante as festividades do Divino Espírito Santo. A entrada das palmeiras ou "entrada dos palmitos", como a nomeia de preferência a gente do povo, realiza-se tradicionalmente em Mogi das Cruzes, durante os festejos do Divino e só por ocasião destes. As pessoas mais idosas do lugar dizem presenciar a cerimônia desde crianças, já como costume tradicional. Trata-se, portanto, de reminiscência muito antiga, cuja implantação se perde por trás dos anos. Logo depois da alvorada com foguetes e bombas, um cortejo (uma procissão como religiosamente os meus informantes qualificaram o cortejo), tendo à frente o festeiro, isto é, o imperador do Divino, eleito no ano anterior e cujo mandato está no penúltimo dia, dirige-se a um determinado campo dos arredores, em busca dos palmitos. Os palmitos, essas palmeirinhas comuns em nossas regiões de campos, cortados junto à raiz, já se acham empilhados sobre vários carros de bois. Chegada a procissão a esse lugar, que fica sempre a um quilômetro mais ou menos da cidade, os carros de bois se movem com seus puxadores na frente. Forma-se então a procissão de volta à cidade, os carros abrindo o cortejo, e atrás o festeiro e o povo, com a filarmônica fechando a romaria. Nos tempos de esplendor da tradição, a passagem dos palmitos pela cidade era uma verdadeira apoteose. Imagine-se a fila movente de quarenta a cinquenta carros de bois, todos festivamente enfeitados de cores, com o gemer ardente dos eixos de madeira (hoje proibidos) e a grita dos puxadores. A procissão entra na cidade, ao som de música, repicam os sinos, e estralejam no céu os fogos do ar. Depois de várias voltas pelas ruas, os palmitos são afincados na beira das calçadas com espaço de dez a dez metros mais ou menos. E a festa se acaba. A tradição, creio, se resume a isso apenas. O vegetal trazido do campo à cidade é tradicionalmente a palmeira, em geral nova e de pequenas dimensões, fácil de ser manejada. Nos dias imediatamente anteriores à entrada das palmeiras, estas são cortadas sem rito especial, e ajuntadas no lugar escolhido para início da entrada. O afincamento do vegetal nas ruas é hoje extensivamente interpretado como adorno da cidade. Não existem personagens especiais, nem máscaras. Nesse ano de 1936, os dançadores da congada acompanharam a procissão, participando delas apenas como o povo. E é de fato costume tradicional por todo o Centro, os figurantes das danças dramáticas, que se realizam por ocasião das datas religiosas (congadas, moçambiques, caiapós, geralmente pela festa do Divino), acompanharem as cerimônias todas, como povo apenas, sem que os padres lhes permitam mais qualquer coparticipação singular. Não me parece possível que a entrada dos palmitos possa ser interpretada como espécie de mutirão destinado apenas a ornamentar a cidade. Basta lembrar o simples fato de ela ocorrer já no fim da série dos dias de festa. Numa semana de festejos e folias continuados de 24 a 31 de maio, a entrada dos palmitos se realizou no dia 30. Se uma tradição profunda não precedesse a cerimônia, ela se realizaria naturalmente no dia 24 (um domingo), conservando a cidade ornamentada por toda a semana festiva. E principalmente o fato de a cerimônia ter seu nome especial, "entrada dos palmitos", em que a palavra "entrada" determinava bem o propósito nuclear de "fazer o vegetal" entrar na cidade, carregando-o em forma processional, prova tratar-se exatamente dum culto (Mário de Andrade, "A Entrada dos Palmitos," *Revista do Arquivo Municipal*, XXXII, 52-53, São Paulo, 1937). "O palmito, escreve T. C. Jamundá, é elemento integrante da cultura teuto-brasileira dos pomeranos que habitam o Vale de Itajaí, em Santa Catarina. No meio rural, aparece na alimentação, construção rústica, ornamentação da festa do lar, igreja, escola. As churrascadas são sempre acompanhadas com palmito em conserva. E nos dias festivos, as folhas servem para enfeitar os animais, carroças e automóveis. Por ocasião dos aniversários, há palmito em conserva e também nos pastelões e misturas com camarão. Casa sem palmito é casa sem festa." (Rossini Tavares de Lima, São Paulo).

Palmo de Gato. Medida comparativa popular no Nordeste brasileiro; a distância entre o polegar e a extremidade do indicador estendido. O mesmo que *Chave*[2] (ver). O cantador Firino de Góis Jurema, historiando suas aventuras, informava:

Faltou-me Um Palmo de Gato
Para cantar com Bilinguim.
Quando passei no Salgado
A casa dele era assim...
Porém eu não fui a ele
E nem ele veio a mim.

(Luís da Câmara Cascudo, Vaqueiros e Cantadores, 341, São Paulo, Global, 2005).

Palmo de gato: pouca coisa, aproximadamente, quase vizinho. Ver *Gêmeos*.

Paludismo. Ver *Malina*.

Pamonha. Espécie de bolo de fubá de milho ou arroz cozido com água e sal até ficar gelatinoso e envolto em folhas verdes de bananeira; é depois de frio dissolvido em água e açúcar, tornando-se assim uma alimentação refrigerante e substancial, com o nome de garapa de pamonha, mui aconselhada às mulheres que amamentam. "O tal discursarão era assim uma cousa a modo de pamonha metida em folhas de banana" (*O Azorrague*, n.º 22, de 1845). "É com um bambu uma pamonha." (Luís Alves Pinto, 1880). Pamonha doce: preparada com a massa de milho verde, temperada com leite de coco e açúcar, e cozida depois, envolta na palha do próprio milho. Indivíduo inerte, moleirão, preguiçoso. "Muita gente julgava o Sr. Neto uma pamonha de carne". (*O Diabo a Quatro*, n.º 106, de 1877). "A mulata, se é bonita, / Quase sempre é sem-vergonha / Casa cor; negro cambado, / Pare moleque pamonha" (*Lanterna Mágica*, n.º 46, de 1895). *Cara de pamonha:* "Uma cara chata, assim à semelhança de pamonha doce, embrulhada em folhas de bananeira". (*O Campeão*, n.º 46, de 1862). Pamonha, segundo Teodoro Sampaio, vem de tupi, *pamuna*, certa comida preparada pelos índios com o milho ralado (Pereira da Costa, *Vocabulário Pernambucano*, 534). A pamonha de milho verde é iguaria indispensável nas festas de junho, festejando-se Santo Antônio, São João e São Pedro (13, 24 e 29). O comum é ser servido na folha de bananeira e comida fria, como sobremesa. É, das *comidas de milho*, uma das mais populares e antigas. "Quitute feito de massa de milho pilado, embrulhado em folhas de bananeira e cozido n'água, dando uma *polenta* grosseira, que me tem muitas vezes servido de pão. Da pamonha, porém, em geral se servem para fazer o caxiri de milho. Depois de cozidas, as desmancham n'água, costumam mascar uma parte das pamonhas, operação em que se empregam todos os presentes. O caxiri de milho, isto é, a caisuma, fica pronta no terceiro dia, e então é servido depois de cuidadosamente escumado do bagaço que sobrenada". (Stradelli, *Vocabulário da Língua Geral*). Ver *Acaçá*.

Pamonha de Garapa. Ver *Acaçá*.

Pam'y. Espécie de corneta de dois palmos de comprimento, feita de duas porções de capa de madeira, cavadas e depois inteiriçadas. Sopra-se pelo furo lateral (Renato Almeida, *História da Música Brasileira*, 49).

Pana. É um instrumento formado por três ou quatro cabaças ligeiramente achatadas, furadas nas extremidades e depois ligadas por meio de uma resina negra, chamada "berago", e se toca como a "ica" (P.e Antônio Colbacchini, *I Bororo Orientali Orarimugudoge del Mato Grosso*, 97, Milano, sem data, 1925). A ica é uma trombeta empregada pelos bororos nos cerimoniais religiosos ou fúnebres. Possui um "suono laringeo".

Pandeiro. Instrumento de percussão, ritmador, acompanhador do canto pela marcação do compasso. Foi trazido ao Brasil pelos portugueses, que o tiveram através de romanos e árabes. Os pandeiros mais antigos não tinham pele, e apenas soavam atrito de soalhas presas lateralmente. Apesar de residir em Pernambuco, o dicionarista Morais, ainda na edição de 1831, registrava o pandeiro velho, e mesmo assim, citando o quinhentista João de Barros: "Instrumento músico; é um aro de madeira, em cuja altura há vãos, e neles uns arames, em que estão enfiadas várias lâminas de latão, ou soalhas, que, batendo umas nas outras, quando se brande, tange, ou vibra o pandeiro, fazem um som agudo. Move-se com a mão direita e talvez se dá com ele sobre a palma da esquerda." Em Portugal, de sua popularidade há o registro de Gil Vicente no prólogo do *Triunfo do Inverno:* "Em Portugal vi eu já / Em cada casa pandeiro." Os árabes conheceram ambos os tipos, com pele ou apenas de guizos, este mais empregado nas danças, e o outro no canto. "Curiosamente, o sertanejo, da Paraíba ao Ceará, que esteve enquistado até 1910, conservando idioma, hábitos, tradições, indumentária, cozinha de séculos passados, guardando modismos que Portugal já perdera, não manteve a gaita (pífano, gaita de sopro), e o pandeiro, instrumentos indispensáveis dos velhos portugueses cantadores. No Minho a gaita ainda sacode as danças. No Brasil o negro valorizou-a nas toadas africanas dos "Caboclinhos". No velho sertão de outrora o pandeiro esteve na sua época. Resistiu até a segunda metade do séc. XIX, mas já usado parcamente. Inácio da Catingueira, que faleceu em 1879, ainda cantava desafio, batendo pandeiro, enquanto o colega ponteava a viola, também chamada "guitarra". No seu longuíssimo embate com Francisco Romano, em 1870, este diz: "Inácio, esbarra o pandeiro, / Para afinar a guitarra". Sílvio Romero registrou uma quadrinha pernambucana que dizia: "Quando eu pego na viola / Que ao lado tenho o pandeiro". A morte do pandeiro e demais instrumentos de percussão seria a ausência das danças coletivas, as danças de roda, cantadas, quase privativas das crianças. O canto alternado, inciso, arrebatado, insolente, dispensa o pandeiro que, no litoral e no agreste, perdeu terreno para o ganzá marcador de ritmos por excelência". (*Vaqueiros e Cantadores*, 195, São Paulo, Global, 2005). O pandeiro voltou ao uso intensivo nas orquestras típicas do Rio de Janeiro que deram prestígio aos conjuntos criados por todo o Brasil. Pelo interior do Nordeste não existe mais. Desapareceu das praias e está nas cidades. O pandeiro é o *timpanum*, "timpanon" das bacantes e dos sacerdotes de Cibele, "thoph" ou "top" da Bíblia, "douf" árabe, "doef" turco, fontes do mourisco "adufe", e pandeiro retangular, tocado em Espanha e Portugal. É o "tympanum" da versão dos Setenta, "Sumite psalmum, et date tympanum: psalterium jucundum cum cithara" (*Psalmus*, LXXX, 2).

Panelada. Comida preparada com os intestinos, os pés e certos miúdos do boi, adubado com toucinho, linguiça ou chouriço, e convenientemente temperada. É prato próprio de almoço, e servido com pirão escaldado, feito do respectivo caldo em fervura, com farinha de mandioca. Nas troças do passamento de festa, em outros tempos, figurava o furto da *panelada* do vizinho, espreitando-se a cozinha, à noite inteira, até que fosse dado tirar a panela em que cozia, a fim de ficar convenientemente preparada pela manhã, a ser servida no almoço, convidando-se, porém, o dono espoliado a participar da petisqueira. "Panelada é sempre almoço de sujeito valentão" (*Lanterna Mágica*, n.º 447, de 1895). "O cardápio do almoço compunha-se de sarapatel e panelada" (*A Pimenta*, n.º 38, de 1902). "Espere por mim com a minha gente para almoçarmos, queremos panelada gorda e bom vinho" (Franklin Távora, Pereira da Costa, *Vocabulário Pernambucano*, 539).

Panema. Infeliz na caça ou na pesca, mofino, impressível, sem expediente, inútil, incapaz de qualquer iniciativa e tendo apenas resultados desastrosos no que entenda. Significa também estéril, improdutivo, infecundo. *I-panema*, água má, sem peixes.

Pano. Nas locuções, *pano de amostra*, manifestação de força, prestígio; *mostrar a força dos pastéis*. "Pano de bunda", o que se põe na dos recém-nascidos. "Pano de espada," panácio. "Pano de marca," pedaço de pano de algodão em que figuram, para modelos de trabalhos de marca, abecedários, algarismos, bordados e ornatos diversos, feitos com linha especial, das cores azul e encarnada, e com o denominado *ponto de marca*. "Panos quentes," paliativos, subterfúgios, rodeios, enganos, promessas falazes, remédios de momento e ineficazes. Esta locução, registrada em vários adágios antigos e modernos, e conhecida na medicina popular, tem entre os espanhóis a mesma expressão, *paños calientes*, concorrentemente entre os italianos, *pani caldo*, e entre estes já está documentada em 1547, como escreve João Ribeiro em detido estudo sobre a sua origem e acepções (Pereira da Costa, *Vocabulário Pernambucano*, Recife, 1937). O pano era a indispensável cobertura da cabeça feminina, infalível quando alguma mulher do povo saía à rua, fiel ao costume português. "Bote um pano na cabeça e vá perguntar" (João Alfredo Cortez, *Cinzas de Coivara*, 204, Rio de Janeiro, 1954).

Panqueca. Espécie de fritada, de ovos batidos, frita em manteiga, de ambos os lados, e depois coberta de açúcar e polvilhada com canela. É prato de sobremesa. Descanso cômodo. Estar na panqueca: sem cuidados, contente e satisfeito de sua vida. "Dous tipos livres mandam a moral à breca, e vão passar em qualquer canto o seu natal na panqueca" (*A Pimenta*, n.º 92, de 1902). "Caladinho, na panqueca, os apara-cocos do clube saíram à tarde, dando a nota na zona" (*Jornal do Recife*, n.º 52, de 1914). (Pereira da Costa, *Vocabulário Pernambucano*, 540).

Pão. As superstições e tradições sobre o pão vieram naturalmente de Portugal. A fabricação do pão, com suas cerimônias, cruzes na massa, ensalmos para crescer, afofar, dourar a crosta, foram correntes no Brasil, na proporção em que se cozia nas residências. Passando para as padarias, a superstição foi desaparecendo. Resta ainda pelo interior a proibição de atirar o pão fora, deixá-lo cair propositadamente, não o reerguer, benzendo-se com ele, símbolo da vida e guarda do espírito de Deus na hóstia. Quando ele nos cai da mão, inadvertidamente, alguém da família está passando necessidade; tanto maior quanto maior for a distância entre o pedação de pão e a pessoa de quem caiu por acaso. Em Portugal dizer: "O pão não se arremessa: pousa-se; não se corta: parte-se; se adrega ele cair ao chão, apanha-se e beija-se. Quando se pousa sobre a mesa, nunca deve ser voltado, e assim todos têm o cuidado de o colocar bem. Ao pão há sempre associada uma ideia de religiosidade, quer ela seja pagã ou cristã" (Emanuel Ribeiro, *Grande Seara*, "Problemas de Arte", Porto, 1934).

PÃO DE DEUS[1]. Ver *Jejum*.

PÃO DE LÓ[2]. "Pandeló" era o bolo tradicional dos doentes e das famílias enlutadas, enviado como presente ou lembrança de conforto. O pão de ló era sempre fofo, dourado, macio, com sua crosta espessa e bem feita. Não era torrado. As fatias, *fatias de pão de ló*, sim, eram sempre secas ao fogo, para acompanhar o chá ou o café. Também era o bolo das casas velhas, habitualmente servido. A fatia de pão de ló aparecia, inevitável, nas mesas dos padres abastados e dos magistrados antigos. Era o bolo mais *inocente* do mundo. Não fazia mal a ninguém. Pertenceu à sobremesa portuguesa, onde se mantém e de onde a recebemos. "Houve o costume, hoje raro, de os amigos íntimos enviarem aos doridos no dia do enterro ofertas de doces, que eram depois servidos aos que assistiam ao funeral" (Emanuel Ribeiro, *O Doce Nunca Amargou*, 16, Universidade de Coimbra, 1928). Ainda são, em Portugal, famosos os pães de ló de Penafiel, Lamego, Amarante, Margaride, Alfezeirão. Era ainda o doce oferecido, com um copo de vinho, aos condenados à morte, no momento em que subiam à forca. Algumas famílias ofereciam gratuitamente esse *bolo de enforcado*. Chamam comumente *pandeló*. "Bolo feito com farinha de trigo, ou do reino, como é vulgar entre nós, ovos batidos, açúcar e das casquinhas de ovos com água, e assado ao forno em forma de lata." O célebre general das massas, apesar da pretensão do mano Luís, também deseja o tal *pandelozinho* (*O Capibaribe*, n.º 3, de 1848). *Pandeló torrado*: o mesmo bolo cortado em fatias delgadas e torradas ao forno. *Pandeló de toda festa*: indivíduo que aparece em toda parte, não perde festa alguma, uma espécie de *bolacha que em toda parte se acha*, segundo o ditado. Em outros tempos, que chegaram à nossa infância, o pandeló constituía um *presente de pêsames*, e assim, coberto na bandeja ou salva, que o conduzia, com um lenço de seda preta. Concorrentemente, porém, temos a variante de *pão de ló*, ou *lot*, como também se escreve. "Para o bandalho estou batendo *um pão-de-lot*, com seus confeitos de sândalo" (Caneca). "O *pão de ló* do poder caiu nas mãos de Olinda" (*O Guarda Nacional*: n.º 5, de 1848). "Sobe uma política, fazem a distribuição do *pão de ló* em grossas fatias pelos da panela" (*Lanterna Mágica*, n.º 241, de 1888). Ao que parece, era o popularíssimo bolo, originariamente, entre nós, chamado *pam de ló*, como se infere do "Regimento do ofício de Caldeireiro, com os preços taxados das suas obras", expedido pela Câmara do Senado do Recife, em vereação de 9 de agosto de 1777, nestes termos: "Por bacias de fazer doce e *pam de ló*, vem de pão, na acepção de bolo, e *ló* com as suas próprias expressões de espécie de escumilha, tecido muito fino, froixo, raro, e assim, bolo fino, fofo, branco, mole como efetivamente é" (Pereira da Costa, *Vocabulário Pernambucano*, 537-538). Não era bolo econômico porque *rendia* pouco, sendo das famílias ricas e dias de festa, e não muito popular. *Antes quero sustentar jumento a pão de ló do que você com farinha*, dizia-se às pessoas que comiam muito. Alcântara Machado (*Vida e Morte do Bandeirante*, 66, ed. Martins, São Paulo. 1943) cita um inventário de 1651, do Capitão Valentim de Barros, onde aparecem duas bacias de cobre para fazer pão de ló. Na cidade do Salvador, Bahia, havia uma rua do Pão de Ló.

PÃO POR DEUS[3]. "*Corações*, também conhecidos por "pães por deus", são curiosas mensagens feitas de papel multicor, recortado em caprichosas filigranas e pacientes rendilhados, alguns até demandando paciência e habilidade para abri-los. No interior, em uma ou duas quadrinhas, o remetente solicita ao destinatário "um pão por deus", uma dádiva qualquer. Segundo opinião unânime dos que ainda se recordam dos tempos em que a circulação de tais mensagens era grande, as mesmas eram enviadas nos meses de outubro e novembro, ficando o destinatário na obrigação de enviar até o Natal uma oferta ao remetente" (Osvaldo R. Cabral, "A Respeito dos Corações e dos Pães por Deus", *Boletim Trimestral da Comissão Catarinense de Folclore*, n.º 2, 26 e segs., Florianópolis, dezembro de 1949). O autor, documentadamente, evidencia a adaptação em Santa Catarina do "pão por deus", popularíssimo em Portugal peninsular e insular (J. A. Pires de Lima e F. C. Pires de Lima, "Os Fiéis de Deus", *Homenaje a Don Luís de Hoyos Sainz*, I, 259-261, Madrid, 1949), tomando a rogatória, na Europa publica a forma letrada e poética em Santa Catarina, tal-qualmente o *pedido de jejum* (Ver *Jejum*) durante a Semana Santa até poucos anos pelo nordeste e norte do Brasil. Em Joinville chamavam também *pampordeus* e o Sr. Plácido Gomes ("Sobre o Folclore Joinvilense", mesmo número do citado Boletim, pág. 14) transcreve duas quadrinhas típicas:

"Sois bonita, delicada,
Foi dote que Deus vos deu
Mais bonita sereis decerto
Se me deres pampardeus.

Aqui vai meu coração
Nas asas de um passarinho
Vai pedindo pampordeus
Ao meu único amorzinho."

PAPA-ARROZ. Apelido dos naturais do Estado do Maranhão.

PAPA-CEIA. Ver *Vênus*.

PAPA-FIGO. É a pessoa que mata crianças para comer o fígado, curando-se da lepra ou morfeia. Creem que a lepra é degenerescência do sangue. Mal de sangue, mal de fígado. Recupera-se a pureza sanguínea obtendo-se um novo fígado que o gera. "E havia o papa-figo, homem que comia fígado de menino. Ainda hoje se afirma em Pernambuco que certo ricaço do Recife, não podendo se alimentar senão de fígados de crianças, tinha seus negros por toda parte pegando menino num saco de estopa": Gilberto Freyre, *Casa-Grande & Senzala*, 368, Rio de Janeiro, 1933. Convergia a figura para o Negro Velho, o Homem do Saco, Lobisomem, todo o ciclo do pavor infantil. Quando a Comissão Rockfeller, no combate à febre amarela, mandara retirar parte do fígado para verificação, dizia-se ser um fornecimento em massa aos leprosos ricos e nunca uma exigência da análise. Pederasta ativo. Ver *Geografia dos Mitos Brasileiros*, 239-243, 3ª ed., São Paulo, Global, 2002. Ver *Fígado*.

PAPAGAIO. Papagaio de papel, coruja, arraia. No dicionário de Morais lê-se: "Folhas de papel, ou lenço, estendidas sobre uma cruz de canas, e cortadas em figura oval, com um rabo na parte fina, que se soltam ao ar, e lá se sustêm, seguras por um cordel, ou barbante; é brinco de rapazes." Morais residiu no Recife, onde deve ter visto o papagaio muito divulgado. Raimundo Morais fala sobre o papagaio amazônico: "Brinquedo feito de talas, com rabo de pano, que os meninos empinam, preso ao barbante ou linha. Nos dias de verão, quando sopram os alísios, o céu da planície fica pintado de papagaios de todos os tamanhos e feitios. Fazem--nos também redondos e chamam-nos arraias. Guerreiam-se e lutam no ar. Alguns levam lâminas de vidro na cauda, para cortar a linha do adversário, quando quer dar o golpe chamado "moquear", isto é, colher o outro pelo rabo" (*O Meu Dicionário de Causas da Amazônia*, II, 83). Os portugueses trouxeram o papagaio do Oriente, Japão e China, onde é popular, em todas as classes sociais, desde remotíssimo tempo. Por intermédio português, como creio, ou peninsular, divulgou-se o papagaio de papel pela Europa, *cerf volant, barulete, cometa, kite, Hirschkäfer, Papierdrache*, comum a toda a América. Do uso na China falam todos os viajantes. John Finnemore descreve uma batalha entre crianças japonesas manobrando os papagaios (*Japão*, cap. XIII). No Brasil chamam-no raia, ou arraia, em alusão à forma romboidal do peixe. Usam prender na extremidade da cauda uma lâmina cortante, lasca de vidro, a rucega, para cortar o barbante do adversário. Ganha quem o fizer desequilibrar-se e descer, "arrear", cortado o fio ou cruzado, como se combate no Japão, na página de Finnemore. Outro divertimento ligado ao papagaio é "passar telegrama", rodelas de papel postas no fio e levadas até o corpo do papagaio, pairando a centos de metros de altura. Na China existe também essa brincadeira e é citada pelo romancista inglês A. J. Cronin no *The Keys of Kingdom*, no último capítulo. No Chile chamam-no "volantín" e Eugênio Pereira Salas reuniu copiosa informação sobre o assunto (*Juegos y Alegrias Coloniales en Chile*, "Juegos de la Calle: El Volantín", 163-178, Santiago, 1947). Dois séculos antes de Cristo, o general chinês Han-Sin utilizava o papagaio para enviar notícias a uma praça sitiada. Apontam Arquitas de Tarento, contemporâneo e amigo de Platão, como autor do brinquedo. O papagaio, em 1752, foi instrumento de experimentação científica nas mãos de Benjamim Franklin. Pipas, quadrados, pandorgas, cáfilas. Em festivais de Folclore em São Paulo, Piracicaba e Olímpia, agosto, setembro de 1964, agosto de 1972, agosto de 1974, houve "Empinação de Papagaios", informa-me o folclorista João Chiarini, Carlos Galvão Krebs, pesquisador gaúcho, notícia que em Rivera, Uruguai, e na vizinha cidade brasileira Santana do Livramento, remontam *Cometas* na Sexta-feira Santa. "Cometa" é denominação espanhola do "Papagaio", usual nos países platinos.

PAPA-GOIABA. O natural do Estado do Rio de Janeiro, o fluminense.

PAPAI NOEL. Veio para o Brasil na segunda década do séc. XX e sua vulgarização é posterior a 1930. Figura de obrigação formal nos festejos do Natal, é sempre de iniciativa oficial e letrada, jamais popular. Com a felpuda e rubra indumentária de inverno polar, dificilmente ajustar-se-á à normalidade resplandecente do verão brasileiro,

---

1 No texto original: "Pão-de-Deus" (N.E.).
2 No texto original: "Pão-de-Ló" (N.E.).
3 No texto original: "Pão-por-Deus" (N.E.).

dezembro ardente, de praias amplas, trajes ligeiros e luminosidade cegante. Sem a mais remota e fortuita ligação com o ciclo do Natal católico de Espanha e Portugal, fontes do culto no Brasil, é de efeito mais hilariante que venerando na apreciação coletiva. As credenciais de sua popularidade na Europa do Norte, frio, gelo, nevoeiro, ficaram materialmente nulas na passagem da equinocial. Na Europa, a história do Papai Noel é estória confusa e difusa. Resumo compósito, reúne traços das lendas de S. Klaus e de S. Nicolau, padroeiro da Rússia Imperial, do Bonhomme Noël, que o fixa na França do Bonhomme Janvier, presenteador francês durante a festa dos Reis (6 de janeiro), e mesmo do esquecido Père Fouettard, que trazia um molho de varinhas para os meninos maus. Dizem-no morador no Polo Norte e viaja, cada fim de ano, num trenó puxado pelas renas douradas, numa velocidade de pensamento, carregado de brinquedos. Entra nas casas, predestinadas à sua visita, pela chaminé, enchendo de surpresas bonitas as meias e os sapatos enfileirados ao pé da lareira, na noite de 24 para 25 de dezembro, pleno inverno europeu. Na lenda de S. Nicolau, este atirou uma quantia em ouro para ajudar a um vizinho e as moedas caíram dentro das meias ou sapatos que estavam no fogão. É uma versão popular que não consta da *La Légende Dorée* (I, 25, ed. Garnier, Paris, s. d.) do arcebispo de Gênova, Jacques de Varaggio (1230-1298). Não conheço representação do Papai Noel antes do séc. XIX e assim mesmo depois dos primeiros vinte anos. A figura inevitável era S. Nicolau ou S. Klaus, com indumentária bem diversa, hábito talar, carapuça cônica, barba em ponta (Richard Weiss, *Volkskunde der Schweiz*, 169-173, Elenbach-Zurich, 1946). Os alemães foram grandes divulgadores do Papai Noel, como haviam sido da árvore do Natal (ver *Árvore do Natal*). Na América, o mais antigo desenho foi publicado em Nova Iorque, no "Harpers Illustrated Weekly" em dezembro de 1863, composição do bávaro Thomas Nast (1840-1902), naturalizado norte-americano. Esse desenho de Nast foi o inconsciente modelo para milhares de cópias e de plágios, na Europa e, de torna-viagem, no continente americano. Não conseguiu o Papai Noel zona de conforto na Península Ibérica e nem mesmo na Itália, onde o Menino-Deus, Gesú Bambino, o presépio, mantêm suas prestigiosas simpatias na predileção popular para o Natal e suas alegrias domésticas. "Natale coi tuoi / Capo d'anno con chi vuoi!" dizem os italianos. Na Itália não há Papai Noel e os presentes de Reis são ofertas da bruxa Befana, vestida de negro, cavalgando uma vassoura, com o saco repleto de dádivas. Na Espanha os distribuidores são magnificamente escolhidos nas pessoas dos três Reis Magos. Todos deixam os brinquedos nos sapatinhos e meias expectantes ao calor do fogão solitário.

PAPA-JERIMUM. Nome dado aos norte-rio-grandenses, fundando-se numa tradição de que um presidente de província pagara o funcionalismo público com essas cucurbitáceas. Durante o governo provincial, o episódio não se verificou. No período da capitania ocorreu fato que poderia determinar a pilhéria. O Governador da Capitania do Rio Grande do Norte Lopo Joaquim de Almeida Henriques, que administrou de 30 de agosto de 1802 a 19 de fevereiro de 1806, atrabiliário e violento, mandou fazer roçados de mandioca e melancia (não se fala nas abóboras famosas) e com eles pagara "possivelmente" (o documento único que possuímos não fala em pagamento). (Gonçalves Dias, "Catálogo dos Capitães-Mores e Governadores do Rio Grande do Norte", *Revista do Instituto Histórico Brasileiro*, XVII; Tavares de Lira, *História do Rio Grande do Norte*; Luís da Câmara Cascudo, *Governo do Rio Grande do Norte*). O fato era comum, pagar-se à tropa e funcionários em víveres. A 2 de dezembro de 1712 a Câmara da Vila de São José de Ribamar queixava-se ao Rei de Portugal que o Capitão-Mor do Ceará, Francisco Duarte de Vasconcelos, estava pagando a tropa de infantaria do presídio não em dinheiro mas em gêneros. No Extremo Norte, o Governo chegou a satisfazer seus débitos com pacotes de ovas de tainhas (*Mugil incilis*). Conta Raimundo Morais (*O Meu Dicionário de Cousas da Amazônia*, II, 139): "A ova (da tainha), seca ao sol, é muito procurada. Nos tempos coloniais corria como dinheiro, pois era com pacotes de tainha que se pagavam os funcionários públicos. Uns ganhavam 20 pacotes, outros 30, 40, 100. Não virá daí o termo pacote, que se dá ao conto de réis?" Mesmo destituído de fundamento histórico, o apelido pegou e continua.

PAPA-MAMÃO. O natural do município de Olinda, Pernambuco.

PAPANGU. Tolo, ridículo, bobo, grotesco. "Esse intrépido, se é verdade o que dizem, é o papa-angu mais ridículo de todo o mundo" (*O Esqueleto*, n.º 3, de 1846). "Lá pras tantas, estarei reduzido a uma simples papa-angu" (*Jornal do Recife*, n.º 49, de 1914). Sob o título "O Papa-Angu," circulou em 1846 um periódico político em Recife. O termo vem de uma espécie grosseira, assim apelidada, e que, à espécie de farricoco, tomava parte nas extintas procissões de cinzas, caminhando à sua frente, armado de um comprido relho, com que ia fustigando o pessoal que impedia a sua marcha. "Ficam proibidos os farricocos e papangus, figuras de morte e de tirano, nas procissões que a Igreja celebra no tempo da Quaresma" (Posturas da Câmara Municipal do Recife, 1831; Pereira da Costa, *Vocabulário Pernambucano*, 541). "O povo chama aos três dias de folia o Tempo dos Papangus. Os papangus são os mascarados que enchem as ruas principais, embrulhados em lençóis, cobertos de dominós ou disfarçados de todas as maneiras. Alguns já são tradicionais" (Gustavo Barroso, *Coração de Menino*, 50).

PAPA-VENTO. O mesmo que camaleão (*Iguana tuberculata*), muito vulgar nas *estórias* antigas, versos populares, havendo mesmo uma ronda infantil denominada "Camaleão". Papa-Vento é nome no sertão. Numa *estória* muito conhecida, em versos, *Casamento dum Calangro*, lê-se:

"Foi o calangro em casa
De seu tio Papa-Vento
Tomar a bênção e disse
Antes de tomar assento:
– Venho lhe pedir a mão
De sua filha em casamento."

(Registrado por Gustavo Barroso, Ao Som da Viola, 674-685).

Come-se a carne, e a gordura sara inchações e feridas de pele. Herdou o povo as duas impressões portuguesas sobre o camaleão: mudar de cor, o que é fácil de comprovar, e viver pela simples aspiração do ar, o que seria impossível, mas continua sendo crido. Camões (*Filodemo*, 5, 3) fala dos "trajos mudados como camaleão". Rodrigues Lobo (*Corte na Aldeia*, diálogo 13) menciona os "camaleões de cortesia, que se sustentam com os ares dela". Gil Vicente lembra, na *Farsa Chamada Auto das Fadas*: Tem este fraco animal / Tão estranho alimento, / Que não se farta de vento. No *Diálogos das Grandezas do Brasil* (V), Brandônio recorda o camaleão, "senebu" (sinimbu) dos tupis, ficando dias numa árvore "sem se mudarem dela, parece que sustentando-se do vento, como escrevem os naturais". Gabriel de Sousa, indicando os camaleões (*Tratado Descritivo do Brasil* em 1587, cap. CXIV), indica o "anijuacanga": "são outros bichos que não têm nenhuma diferença dos camaleões mas são muito maiores que os de África, cuja cor naturalmente é verde, a qual mudam como fazem os de África, e estão logo presos a uma janela um mês, sem comerem nem beberem; e estão sempre virados com o rosto para o vento, de que se mantêm; e não querem comer cousa, que lhes deem, do que comem os outros animais". O Prof. Pirajá da Silva identifica o anijuacanga como o *Enyalius catenatus*, Wied. Marcgrave embora dedique dois capítulos (XI e XII do Livro VI) aos lagartos lacertílios, não registra a alimentação aérea do camaleão, dizendo apenas ter um lagarto resistido sete meses sem comer. O Prof. Paulo Sawaya, anotador do livro, resumiu as notícias existentes sobre as modificações da cor nesses lagartos, já notadas por Aristóteles. Sawaya ensina que essas variações constituem um elemento da regulação térmica do animal (LXXXIV, n.º 706). Numa lenda dos negros fãs, do Congo Francês, o camaleão avisa ao herói Bingo que seu pai Nzamé se aproxima: Em recompensa, por se ter o herói livrado da perseguição, doa ao camaleão o poder de mudar de cor à vontade, e desta forma fugir aos inimigos (Blaise Cendrars, *Anthologie Nègre*, 20, Paris, 1927). Santa Rita Durão (*Caramuru*, VII, LVIII) expôs a tese e deu parecer:

"Vê-se o camaleão, que não se observa
Que tenha, como os mais, por alimento
Ou folha, ou fruto, ou nota carne, ou
[erva,
Donde a plebe afirmou que pasta em
[vento;
Mas sendo certo que o ambiente ferva
De infinitos insetos, por sustento
Creio bem que se nutra na campanha
De quantos deles, respirando, apanha."

PAQUETE. Embarcação do Alto São Francisco, movida a vela, destinada a passageiros e a carga. Grande jangada, com dois bancos e duas velas, de marcha veloz, para a condução de passageiros e carga, sendo aqueles abrigados em uma cozinha à ré, coberta de palha de coqueiros, e sobre um jirau, que lhe serve de lastro, ficando a carga disposta e convenientemente segura no resto da embarcação. Este gênero de jangadas, que raramente se vê hoje no porto do Recife, já serviu para um serviço regular de navegação costeira, tendo por limites o Ceará ao norte e a Bahia ao sul. Foi em uma destas embarcações que o Padre Roma, emissário dos pernambucanos de 1817, partiu das Alagoas para a Bahia, em desempenho da sua incumbência política, tão tristemente malograda. Fazendo por este tempo o serviço de condução de malas postais para os correios e agências dos portos em que tocava, vem aí sua denominação de "paquete." Quando deliberei partir de Itamaracá tive necessidade de procurar uma boa jangada... Recomendaram-me o "Paquete do Norte" (Daniel P. Kidder, 1838). (Pereira da Costa, *Vocabulário Pernambucano*, 544, 545). "Fluxo menstrual. O paquete chegou." Rodolfo Garcia menciona no *Dicionário de Brasileirismos*. "Ele não teve mais sossego, enquanto não arranjou o pássaro-fantasma, que preserva as donzelas de seduções e faltas. Matou a ave, tirou-lhe o couro e botou no terreiro para secar. Depois o entregou a Raimunda, para que assentasse a cunhatã em riba dele, quando ficasse "de paquete nos três primeiros dias da puberdade" (Peregrino Júnior, *Matupá*, 15; Fernando São Paulo, *Linguagem Médica Popular no Brasil*, II, 175). Nesta última acepção a origem é a "Convenção sobre o Estabelecimento dos

Paquetes", entre Brasil e Inglaterra (19-II-1810). O artigo 1º estatuía a viagem mensal de um paquete de Falmouth ao Rio de Janeiro; "A packet shall sail from Falmouth to Rio de Janeiro once in every month". A periodicidade sugeriu a associação de ideias. Ver *Menstruada*.

PARAFUSO. Passo do frevo pernambucano. Antiga e prestigiosa parte no maxixe. Dança do sul de Pernambuco, na zona do açúcar. É uma espécie de samba, onde homens e mulheres bailam em roda, cantando. No final dos versos, fazem uma pequena série de voltas, terminadas por um "staccato" e batida forte de pé. O estribilho-refrão denomina o baile:

"Parafuso, fuso, fuso, fuso,
Roda, fuso, fuso, fuso,
Torna a rodar!
Ai! que a gente veio ao mundo
Somente pra vadear!
Ai! Roda fuso, fuso, fuso!
Parafuso, fuso, fuso, fuso!"

(Informação do poeta Jayme Griz, Recife). A marca "caracol" nas velhas quadrilhas dançadas no sertão tinham também o nome de parafuso. Molinete no jogo da capoeira. Brinquedo infantil em S. Paulo. As crianças formam fila e ziguezagueando cantam: "Quem quiser o parafuso, / Saia fora e venha ver, / Venha ver o parafuso, / Até o dia anoitecer", etc.: Florestan Fernandes, "As 'Trocinhas' do Bom Retiro", sep. *Revista do Arquivo*, CXIII, 72, S. Paulo, 1947. Jayme Griz, *Gentes, Coisas e Cantos do Nordeste*, Recife, 1954, registra letra e música da *dança do parafuso* no sertão pernambucano, 23-24 e n.º 3.

PARCELA. Fórmula poética entre os cantadores do Nordeste do Brasil, muito empregada nos grandes "desafios", que se tornaram famosos. A parcela pode ter 8 a 10 versos, tendo os nomes de parcela de oito e de parcela de dez respectivamente. A fórmula é sempre ABBAACCDDC e na parcela de oito o primeiro verso é livre, ABBCCDDC. A mais típica e preferida é a parcela de dez, onde há deliciosos exemplos de remoque e viva imaginação (ver *Vaqueiros e Cantadores*, 238, 298-304, São Paulo, Global, 2005):

"Eu dou-te uma surra,
Quebro o espinhaço,
E não me embaraço
Com coisa tão pouca.
Te escangalho a boca,
Não te deixo um dente,
Moleque indecente,
Te ajeita comigo,
Que estou no perigo.

Estou no perigo,
Sou renitente,
Te ajeita comigo,
Cantor indecente;
Não te deixo um dente
Escangalho a boca,
Com coisa tão pouca
Eu não me embaraço,
Eu dou-te uma surra,
Quebro o espinhaço!

Aquilo que digo
Tu estás dizendo,
Pelo que estou vendo
Estou cantando só...
É muito melhor
Que você se ajeite
Você se endireite,
Que estou zangado,
Moleque safado,
Você me respeite...

Você me respeite,
Moleque safado,
Que estou zangado,
Você se endireite;
É bom que se ajeite,
Eu acho melhor
Eu ir cantar só,
Pelo que estou vendo
Você sai perdendo
Você me respeite...

Vai minha Parcela
Muito apreciada.
Não sendo cansado
Gosto muito dela.
Se torno mais bela
Assim desse jeito.
Sou cantor perfeito
Pra qualquer sala
Só com escala
Tu estás satisfeito!

Vamos Francalino,
Endireite a goela
Você na Parcela
Pra mim é menino!
Perdes o destino
Da tua morada.
Não sabe a estrada
Por onde chegou;
Meu chiqueirador
É teu camarada!"

PARICÁ. Leguminosa mimosácea (*Piptadenia peregrina*, Benth). "Fruta do paricazeiro e o pó extraído da mesma fruta, torrada e socada para ser aspirada pelas narinas por meio de um instrumento especial, feito de ossos de pernas de aves, geralmente maguati, soldados com cerol, feito forquilha, ou para ser insuflado reciprocamente, quando tomado cerimoniosamente em suas festas pelos muras. Para estes parece suprir o *caápi*, que não conhecem ou não usam, atribuindo-lhes os mesmos efeitos estupefacientes e inebriantes. Na farmacopeia indígena o paricá é aconselhado como reconstituinte e como remédio contra a diabete." (Stradelli, *Vocabulário da Língua Geral*). Empregam o pó do paricá nas pajelanças. Outrora, no tempo áureo dos pajés, o paricá auxiliava, pelos sonhos maravilhosos, a previsão do futuro. Paul Le Cointe informa: "Com as sementes, os índios fabricam uma sorte de rapé, o niopó: as sementes são secas ao sol e trituradas; o pó soprado nas ventas produz uma excitação muito grande, loquacidade, cantos, gritos, saltos." (*A Amazônia Brasileira*, III, Árvores e Plantas Úteis, Indígenas e Aclimatadas, 360-361, Manaus, 1934). A casca, utilizada em chá ou xarope, serve para bronquites. Ver *Niopó*.

PARLENDA. São versos de cinco ou seis sílabas, recitados para: – a) entreter, acalmar, divertir as crianças; b) escolher quem deve iniciar o jogo ou aqueles que devem tomar parte na brincadeira. Quando a parlenda é destinada à fixação de números ou ideias primárias, dias da semana, cores, nome dos meses, etc., chamo "mnemonias" (ver *Mnemonias*). Os portugueses denominam as parlendas cantilena ou lengalengas. Na literatura oral é um dos entendimentos iniciais para a criança e uma das fórmulas verbais que ficam, indeléveis, na memória adulta.

"Bão-balalão!
Senhor capitão!
Em terras do mouro
Morreu seu irmão,
Cozido e assado
Em um caldeirão;
Eu vi uma velha
Com um prato na mão,
Eu dei-lhe uma tapa
Ela, papo... no chão!"

Acompanha essa parlenda um movimento de bolandas, de vaivém à criança que a ouve, ou simplesmente levando-lhe os braços para um e outro lado, num ritmo dos versos. Uma parlenda das mais populares e típicas:

"Amanhã é domingo,
Pé de cachimbo;
Galo monteiro
Pisou na areia
A areia é fina
Que deu no sino,
O sino é de prata
Que deu na barata
A barata é de ouro
Que deu no besouro
O besouro é valente,
Que deu no tenente
O tenente é mofino
Que deu no menino..."

É parlenda norte-rio-grandense. Há variantes em João Ribeiro (*Folclore*, XXVII), Pereira da Costa (*Folclore Pernambucano*, 503), Sílvio Romero (*Estudos Sobre a Poesia Popular no Brasil*, 243, Rio de Janeiro, 1888). J. R. dos Santos Júnior (*Lengalengas e Jogos Infantis*, 9-10, Porto, 1938) registrou algumas versões de Portugal, quase todas idênticas na maioria dos versos: "Amanhã é domingo / Pé de cachimbo", ou "Amanhã é domingo, / Bate no pingo", (colhidas em Maia, Porto). Pertencem essas parlendas ao tipo dos temas encadeados, "tales arranged in chains", ketten Marchen, os "formula-tales" da classificação Aarne-Thompson. Sílvio Romero (*opus cit*, 244) registra outra parlenda igualmente "nacional" pela memória infantil que a repete:

"Dinglin... dingues, Maria Pires?
Estou fazendo papa!
Para quem
Para João Manco.
Quem o mancou?
Foi a pedra.
Cadê a pedra?
Está no mato.
Cadê o mato?
O fogo queimou.
Cadê o fogo?
A água apagou.
Cadê a água?
O boi bebeu.
Cadê o boi?
Foi buscar milho.
Para quem?
Para a galinha.
Cadê a galinha?
Está "pondo".
Cadê o ovo?
O padre bebeu.
Cadê o padre?
Foi dizer missa.
Cadê a missa?
Já se acabou!"

Pereira da Costa traz a variante pernambucana (*opus cit*, 501-502); Juan Alfonso Carrizo (*Cancioneiro Popular de Tucumán*, I, 385-386) registra duas versões argentinas; Maria Cadilla de Martínez (*Poesia Popular en Puerto Rico*, 238, e *Juegos y Candones Infantiles de Puerto Rico*, 91-15) divulga as locais, Pumpunéte, Pimpitigallo, Pezâ Pecigaña, já existentes no séc. XVI. Rodrigues Marin (*Varios Juegos Infantiles del Siglo XVI*, 16) estuda a parlenda, com bibliografia esclarecedora. É ainda um jogo infantil, quando no Brasil resiste apenas através de uma fórmula verbal. J. R. dos Santos Júnior (*Lengalengas e Jogos Infantis*, 8) registra uma versão portuguesa de Braga (Tim-tim-tim, Joaquim Manquinho, / Tim-tim-tim, quem te mancou?) e Augusto C. Pires de Lima (*Jogos e Canções Infantis*, 122) uma outra: Ningue-ningue, faço papas. / São, naturalmente, incontáveis, e os estudiosos notam a impulsão infantil para responder em versos, criticando denominações de localidades, satirizando a roupa nova do companheiro, o corte do cabelo, a cabeça pelada ("Cabeça pelada, / Urubu camarada, / Quem te pelou? / Foi a besta melada", etc.), modificações cômicas de orações tradicionais ("Pelo sinal, / Do bico real / Comi toucinho / Não me fez mal", "Ave-Maria / Tigela vazia", etc.), exegese de nomes próprios (João babão, João bestalhão, João cagão; Maria rabo de jia, Maria filha de jia, Maria água fria; José bicho de pé; Manuel papa mel; Ana banana, etc.), utilizando versos antigos ou improvisados dentro dos moldes da parlenda. Parlendas de Escolha são fórmulas rimadas para sortear quem deve iniciar o jogo ou "ficar", dirigir ou ter a parte mais responsável, muito desejada ou nada desejada pelo grupo infantil. Recorrem à sorte por meio de uma parlenda. As nossas, em maioria, vieram de Portugal, facilmente verificável pelo simples exame de livros portugueses. Decide-se pelo "mãozinha" ou "sapatinho de judeu", mandando o companheiro a escolher uma das mãos fechadas. Coincidindo a escolha na que esconde a pedrinha, essa ficará; em caso contrário, estará livre. Diz-se: Sapatinho de judeu! (estendem-se as mãos fechadas) Mão de baixo (ou de cima) quero eu! Mão de baixo (ou de cima, a que não foi escolhida) não dou eu! As parlendas de escolha mais tradicionais são recitadas rapidamente, enquanto o menino guia do brinquedo vai batendo, no compasso do verso, na cabeça de cada companheiro. Ao findar o último verso, "fica" quem foi tocado por derradeiro. Aqui estão algumas parlendas de escolha:

"Rei
Capitão
Soldado
Ladrão
Menino,

Menina
Macaco
Simão.

Sola, sapato,
Rei, rainha
Onde quereis
Que eu vá dormir?
Na casa de mãe
Aninha.

Una, duna, tena, catena,
Bico de pena,
Gurupi, gurupá,
Solá, soladá,
Conte bem
Que são dez."

As variantes são inúmeras por todo o Brasil, mas nessa base rítmica e fraseológica. Essas três parlendas são conhecidas em Portugal, Espanha e América espanhola. A primeira ocorre mesmo nos países de fala inglesa: Rich man, poor man, beggerman, thief, / Doctor, lawyer, merchant, chief." Da segunda, Jaime Lopes Dias (*Etnografia da Beira*, VI, 152) dá variante: "Sola, sapato, rei, rainha vai ao mar, buscar sardinha, etc.". A terceira é popularíssima na Península Ibérica. Uma curiosa versão da Venezuela diz assim: Una, dona, / tena, catona. / Estaba la reina / En su camareta. / Vino Gil, / Rompió cuadril. / Vino Antón, / Rompió cuadrón. / Cuéntalas bien, / Que veinte son! / Dessas parlendas em Portugal há documentário na "Revista Lusitana", vol. XIX. Veríssimo de Melo reuniu uma série típica do Nordeste (*Parlendas*, Biblioteca da Sociedade Brasileira de Folclore, Natal, 1949).

Paroara. O natural do Pará.

Parraxaxá. Canto de insulto entoado pelos cangaceiros no intervalo das descargas de fuzis contra os soldados das polícias militares. Citando nominalmente os oficiais combatentes, o *parraxaxá* os agride, apontando covardias e crimes dos adversários, enaltecendo a coragem do bando e as figuras bravias dos chefes bandoleiros. A tradição milenar da agressão verbal durante o combate, de fácil encontro na *Ilíada*, permaneceu sempre entre os criminosos volantes do Nordeste, tendo cantos especiais, distribuindo apelidos aos contrários, narrando as próprias façanhas de maneira espetacular e façanhuda. Não havia grupo cangaceiro sem um repertório de cantigas contundentes e elogiativas, entoadas nas batalhas furiosas nas caatingas, tabuleiros e carrascais do Nordeste brasileiro. Jaime Griz (Recife) informa-me da antiguidade do *parraxaxá*, no sertão de Pernambuco, com o nome de "canto de guerra". Sua solfa e o ritmo das quadrinhas talvez tenham motivado o *xaxado* (dança), nascido no mesmo ambiente e sob condições ecológicas idênticas.

"Eu não respeito poliça,
Soldado nunca foi gente,
Espero morrer de velho
Dando carreira em tenente.

Aí moleque Higino,
Só tenho para te dá;
A bala do meu rifle,
A ponta do meu punhá!"

Partido Alto. Espécie de samba (um dançarino solista, um estribilho com quadras repetidas ou improvisadas) dos morros cariocas. Um dos elementos formadores das escolas de samba, trazido para o Rio de Janeiro por baianos em fins do século passado (samba de roda). Realizado agora ocasionalmente, e não para o grande público (Informação de Édison Carneiro).

Parto. Uma das fases mais cheias de tabus de conduta e de comportamento é durante a gravidez. Destinados a facilitar a expulsão da criança e garantir um período gravídico tranquilo, defendendo o feto de nascer torto, aleijado, com manchas dos objetos guardados no seio, cordões apertados, ligas, etc., alimentos, ritmo de passo, esses processos são reuniões de regras de uso quase universal, juntas em cada país pela imigração ou convergência de proximidade. Portugal trouxe a tradição europeia sobre a gravidez e parto, com suas superstições, respeitos, orações e atos propiciatórios. Ignoramos a parte indígena, dada a rapidez do parto das mulheres ameríndias e a desatenção no registro dessa espécie. Os homens guardavam a couvade (ver *Couvade*) e decorrentemente a mulher teria parte íntima na conservação dos tabus de conduta. As negras escravas assimilaram depressa os usos e costumes das mulheres brancas, levando para elas a ciência de remédios vegetais e fortalecendo a crendice dos agouros, amuletos, com a recordação dos hábitos africanos, tidos dos árabes. O português é, ainda nesse campo, um exportador de superstições. Basta confrontar os estudos portugueses com as tradições brasileiras de caráter preventivo sobre o período da gravidez e parto. Gravidez: A mulher grávida não deve colocar objeto sobre o seio, porque o filho o trará impresso na carne. A chave fará na criança um lábio leporino. Se a mãe olhar um eclipse lunar, o filho nascerá com uma meia-lua no rosto ou nalguma parte do corpo. A medalha fará um sinal, uma pinta escura. Não deve olhar para animais mortos, caveiras, podridões, nada que a impressione, porque refletirá sobre o corpo do filho, fazendo-o feio, contorto, de estômago ruim, aleijado, etc. Não deve atravessar água corrente. Não pode ser madrinha de criança, porque ficará sempre fraquinha. Se pisar numa cobra, esta morrerá. Se visitar uma pessoa mordida de cobra, o doente morrerá. Se tiver um susto, o marido deve lavar imediatamente o rosto e dar água para a mulher beber. Não pode sofrer a insatisfação do "desejo", devendo comer o que apetecer, sob pena de "perder a barriga", abortar. Não come fruta gêmea, inconha, porque terá parto duplo. Quem prometer objeto a mulher grávida e não cumprir a promessa, terá o rosto cheio de espinhas. Se a mulher brincar com macaco, gato, cachorro, um animal de pelo, o filho pode nascer muito cabeludo e parecido com um desses bichos. Para Não Ter Filhos: As meninas que nascem de bruços são estéreis. Para a mulher não ter filho, deve tocar com a mão direita em pedra d'ara no altar, enterrar a placenta, depois do parto, de boca para baixo; pôr no último filho o nome do pai ou de São Geraldo (sugestão nominal de "geral"); pegar no badalo de um sino de igreja consagrada a São Sebastião (de Sabazius, deus dos trácios e frígios, correspondente ao Dionísio grego e ao Baco romano); engolir três caroços de chumbo, rezando três padre-nossos e três ave-marias. Preceitos: A grávida não deve olhar para escamas de peixe, porque não será feliz no resguardo, nem pisá-las, porque não deitará a placenta, etc. A mulher de boca grande pare depressa. Mulher de mãos finas e perna grossa é de parto difícil. Quadris estreitos, o parto é horroroso. Vestir a ceroula do marido, pôr na cabeça o chapéu do marido, às avessas, soprar em garrafa, são remédios para "ajudar". Para facilitar o parto e apressá-lo, dão à paciente uma beberagem chamada "cabeça de galo," composto de pimenta-do-reino, sal, alho e água. Outro meio de facilitar é o de chamar uma Maria virgem para bater nos quadris da mulher vigorosamente. Se custa a nascer a criança, botam então um defumador por debaixo da saia da mulher ou a põem num "cavalete" de parir, ou a penduram pelas axilas com o auxílio de cordas. Um meio mágico de apressar e facilitar o parto é o seguinte: o marido dá tantos nós quanto possível na fralda da camisa, monta num cavalo de pau (cabo de vassoura) e esquipa em volta da casa; antes teve o cuidado de pôr o chapéu na cabeça da esposa, o que é indispensável para o êxito. E assim continua esquipando até que ela "descanse" (Gonçalves Fernandes, *Folclore Mágico do Nordeste*, 35-36). Há uma fórmula, usada no sertão. A mulher resmunga, como salmodiando: "Minha Santa Margarida! / Não estou prenhe nem parida / Mas de Vós favorecida!" Vai dizendo até *descansar*. A santa protetora dos partos é a Senhora Santana, e as invocações Nossa Senhora do Bom Parto e de Ó (Expectação). Forra-se a cama da parturiente, no lugar dos quadris, com o couro do raposo. Dizem diminuir as dores da "torta", pós-parto. Canja de galinha arrepiada "abre as carnes", facilitando o parto. A placenta é enterrada cuidadosamente em canto que a parturiente não saiba, senão depois do resguardo. O cordão umbilical é enterrado sob a soleira da casa, para que o menino seja caseiro, amigo de sua casa. Outras pessoas guardam o cordão umbilical com risco de ser comido por algum animal, dando à criança os vícios próprios de sua bestialidade, avidez, covardia, rapinagem, desasseio, inquietação, etc. Sobre determinação e previsão do sexo, ver *Sexo*. Era, outrora, uso infalível a dieta de galinha cozida, para a mulher. Um mês antes do parto já estavam no galinheiro, compradas, dadas ou furtadas, as "galinhas do resguardo", que duravam 40 dias. Até fins do séc. XIX, o sino da Matriz batia nove badaladas vagarosas, anunciando "mulher em parto". Rezavam para que tivesse uma "boa hora", Uma exigência antiga era que o parto se desse na penumbra, com pouca luz, para o recém-nascido não ter um gênio vivo, impulsivo, arrebatado. A mulher devia usar meias. Muitas vezes só as usava nessa contingência protocolar. E amarrar a cabeça com pano branco. Pano de cor era proibido. O marido não devia assistir ao parto, para não "vexar", apressar demasiado. Um remédio, de pura simpatia, era quando, demorando as dores sem resultado, o marido montava a cavalo e galopava furiosamente, pelo pátio, em linha reta, sem falar, indo e vindo. Raramente a mulher resistia a essa sugestão. O menino chorava logo, nascido. Era de obrigação manter-se o aposento na meia escuridão e em silêncio, para não quebrar o resguardo. Ver Mário Ipiranga Monteiro, *O Complexo Gravidez-Parto e suas Consequências*. Folclore Amazônico, Manaus, 1952; Eduardo Campos, *Medicina Popular*, Rio de Janeiro, 1955; Osvaldo Cabral, *A Medicina Teológica e as Benzeduras*, S. Paulo, 1958; Antônio Castillo de Lucas, "Obstetrícia Popular", *Archivos Iberoamericanos de Historia de la Medicina*, vol. III, fase. II, Madrid; 1951; idem, "Adagiário de Obstetrícia", sep. do *Jornal do Médico*, XVIII, Porto, 1951; idem *Folkmedicina*, cap. XXIX, Madrid, 1958, registra a documentação popular europeia, especialmente ibérica; Alceu Maynard Araújo, *Medicina Rústica*, S. Paulo; Veríssimo de Melo, *Três Aspectos da Superstição Brasileira*, Gravidez, Parto, Infância, *Folk-Lore*, n.º 1-2, Vannata. Nápoles, 1950; Domingos Vieira Filho, "Superstições Ligadas ao Parto e à Vida Infantil", sep. da *Revista do Instituto Histórico e Geográfico do Maranhão*, junho de 1952; Hildegardes Cantolino Vianna, "Breviário de uma Sendeirona", comunicado n.º 84, à CNFL, Rio de Janeiro, 8-4-1949.

Passado. Ver *Fandango*.

Passador. Condutor de gado, levando-o das fazendas de criação para as feiras ou pontos de venda, através de dezenas de léguas. Superintendia os tangerinos, escolhendo estrada, fazendo atalhos e sabendo os passos melhores, ou vaus nos rios cheios e as *travessias* menos perigosas, conhecendo os depósitos naturais onde a água ficava, nas locas dos rochedos, lapas das serras e em certas raízes e bolbos. Homens de excepcional coragem, decisão imediata, enfrentando situações terríveis, cheias, incêndios, estouros da boiada, encontro com cangaceiros, resistindo às seduções das vilas atravessadas, o jogo, a bebida, a mulher, foram de modéstia, honradez e energia incomparáveis. No *Cultura e Opulência do Brasil por suas Drogas e Minas* (Lisboa, 1711), Antonil (o jesuíta João Antônio Andreoni) escreveu: "Quem quer que entrega a sua boiada ao *passador*, para que a leve das Jacobinas até a Capoame, que é jornada de quinze, ou dezesseis até dezessete dias, lhe dá por paga do seu trabalho um cruzado por cada cabeça da dita boiada, e este corre com os gastos dos tangedores e guias e tira da mesma boiada a matalotagem da jornada" (268, São Paulo, 1923). Nas velhas *estórias* do sertão a figura do passador de gado, desaparecida atualmente, assume relevo surpreendente e constitui um dos exemplos mais simpáticos dos elementos humanos da atividade pastoril de outrora. Viveu desde os sertões da Bahia até o Piauí, conduzindo as boiadas para os mercados distantes.

Passa-Pachola. Ver *Fandango*.

Passar Fogueira. É atravessar com os pés nus o braseiro da fogueira de São João. Assisti a passar fogueira em Sousa (Paraíba), Nova Cruz, Santa Cruz, São José de Mipibu e Ceará-Mirim (Rio Grande do Norte) sem anormalidade. Não houve preparação prévia, orações nem mesmo espírito religioso e sim divertimento, arrogância desportiva. Todos eram trabalhadores rurais. A exigência única era evitar a cinza e as pequenas chamas. Passa-se caminhando lentamente e em silêncio. Na toalha incandescente ficam as manchas das pegadas por alguns minutos. É impressionante. Em Jaboatão, Pernambuco, quase uma vintena de seminaristas, numa folia sanjoanina, passou fogueira, inclusive um dos professores, sacerdote culto e viajado, Pe J. P. N., que me deu um depoimento escrito. Passa-se fogueira em todo o nordeste e norte do Brasil e também em Minas Gerais. Não conheço referência no Portugal. Na Espanha conhece-se bem e há prática em Castelha Velha, Pedro Chico y Rello ("El Portento de Caminar Sobre el Fuego", *Revista de Dialectología y Tradiciones Populares*, III, 88, Madrid, 1947). Como elemento cerimonial religioso, de iniciação, prova e purificação, muitas religiões antigas possuíram a passagem pelo fogo ou caminhar sobre as brasas; "passing through the fire e fire walk". Nas festas da deusa Feronia, em meados de setembro, os devotos passavam a fogueira, pisando brasas, em Roma, Terracina, Preneste (Palestrina), Capena, Soracte, etc. Vários povos da Índia, Dosadhs, Buiías, os habitantes de Madras, em homenagem ao deus Darma Rajah e sua esposa Drobedé. Na Capadócia a Artêmia Parásia era desta forma reverenciada. (Frazer, *Rameau D'Or*, III, 501). Identicamente verifica-se no Taiti, onde os feiticeiros podem transmitir a incolumidade mesmo aos estrangeiros (J. Maxwell, *La Magie*, 109). Há no arquivo da Society for Psychical Research de Londres muito documento na espécie. As origens da cerimônia, como fixação das forças de fecundação e germinação, Bona, Dea, Ceres, Libera, Flora, Pamona, Pales, Feronia, Diana (na Cilícia onde seus adoradores atravessavam o braseiro, sem queimaduras), são citadas pelos estudiosos.

Era uma cerimônia propiciatória para conservação da energia vitalizadora, mas intervêm outros elementos, numa convergência que impossibilita a unidade da visão, ordálio, prova do fogo, purificações, etc. Ainda em Portugal existe o "homem do cravo", que entra num grande forno aquecido ao rubro, para deixar o bolo votivo de Nossa Senhora da Guia, em Abiul, Pombal, Senhora da Guia, do Avelar, perto de Tomar, sem que nada lhe suceda. Há anos, o Rei do Fogo, o hindu Khuda Bux, passeou tranquilamente num tapete de brasas, diante de dez professores da Society for Psychical Research em Londres. Os Profs. Harry Price e Digdy Moynagh tiveram queimaduras do segundo grau, tentando imitá-lo. Além de condições físicas, ainda não identificadas, o estado psicológico do executante tem sido apreciado de excepcional garantia para a prova. Tanto na Espanha como no Brasil a passagem da fogueira é ritual do São João. No Brasil já não há orações ou gestos rituais para afastar a possibilidade da queimadura. O ato é oblacional e no sertão diz-se, antes de passar a fogueira: Em louvor de São João!... (Luís da Câmara Cascudo, *Superstição no Brasil*, "Ferônia", 79-86, 6ª ed., São Paulo, Global, 2002). Ver *João*.

Passarinha. O baço. Estar com a passarinha na mão ou com a passarinha tremendo é ter medo, estar receoso. "Afigura-se que este apelido do órgão esplênico é consequente ao seu confronto com um pássaro. Por outro lado advirta-se que "passarinha," no idioma castelhano, é, igualmente, denominação vulgar do baço do porco. Os léxicos, por via de regra, circunscrevem a definição de "passarinha" ao baço do suíno e respectiva gordura. O povo brasileiro vai adiante, nomeando assim, também, o baço de outros animais, e, dentro da chamada erudição popular, o próprio baço do homem. A frase "não me bate a passarinha" é acatada e trivial. "Dor na passarinha", "dureza na passarinha" ouvem-se por vezes. O povo, ao ver o baço do porco, pensa, por certo, que nós igualmente devemos ter aquele órgão, a que ele ficará também chamando "passarinha" (A. Saavedra, *Linguagem Médica Popular*, 65). "O movimento contínuo dos braços fazia-lhe doer muito a passarinha (baço) que, arqueada, fora das arcas, esticava tanto a pele que a fazia lustrosa" (R. Teófilo, *O Paroara*, 386). "Passarinha (dor na...), dor no baço. Diz-se também *dor de veado*. Parece, como nesta alusão, devida à fadiga do músculo diafragma, nas carreiras ou esforços continuados" (Afrânio Peixoto, *Miçangas*, 56). Enfim, recorde-se que o diminutivo "passarinho", ora em pleno vigor, sucedeu ao outro, "passarinha", que foi posto à margem. "Tan toste que acabada / ouu' o mong'a oraçon, / oyu hua passarinha / cantar log'en tan bon son". (J. J. Nunes, *Crestomatia Arcaica*, 3ª ed., 428; Fernando São Paulo, *Linguagem Médica Popular no Brasil*, II, 183). Na divisão do boi, no auto popular do mesmo nome (ver) diz-se: A passarinha / É da velha Aninha. Os poetas e cantadores populares, o sertanejo em geral, não usam senão dizer a "passarinha", em relação ao baço".

Passarinheiro. Vendedor de pássaros. Cavalo espantadiço, inquieto como um pássaro. Pereira da Costa (*Vocabulário Pernambucano*, 459): "Cavalo manhoso, espantadiço." "Muito pesado e passarinheiro, ao ponto de saltar cercas e porteiras" (*O Vapor dos Traficantes*, n.º 25, de 1857). "Mas onde arranjaste tu este quartau passeiro e passarinheiro?" (Franklin Távora). Registrando Morais este vocábulo, cita a autoridade de Antônio Pereira Rêgo, na sua obra *Instrução de Cavalaria e Súmula de Alveitaria*, impressa em Coimbra em 1673. À vista disto, era natural supô-lo de uso português. Aulete, porém, o considera exclusivamente brasileiro, o que nos faz pensar que caiu em desuso em Portugal. "Valdez no seu artigo *Pajarero*, além do sentido em que o empregam na Espanha, o indica como termo da América meridional, significando fogoso, em relação ao cavalo forte e brioso; e diz também que no México o aplicam ao cavalo espantadiço, o que está de acordo com a acepção em que o empregamos no Brasil" (Beaurepaire Rohan). Frei Domingos Vieira registra "Cavalo passarinheiro, espantadiço," sem alusão à origem. A vulgaridade do seu uso sertanejo determina sua inclusão como elemento folclórico.

Pássaros. São assim denominados em Belém, Pará, os grupos que apresentam pelo São João (junho) pequenos dramas de enredo mágico e sentimental, cenas cômicas e bailados sem significação especial, mantendo o interesse público pela movimentação das danças modernas e tradicionalidade de certas figuras. Constituíam outrora os Cordões de Bichos ou de Pássaros, de origem indígena; cortejo que acompanhava uma ave ornamental, com sugestiva e limitada coreografia, e desempenhava motivo dramático, pois quase sempre a ave era abatida pelo caçador e ressuscitada pela ciência do pajé. Desses Cordões de Bichos, presenças urbanas dos bailes indígenas nas malocas amazônicas, nasceram uma espécie de "ranchos", aglutinando personagens variadas, cantando e pulando *ad libitum*, para encher as horas das noites joaninas, ao clarão das fogueiras. O assunto central não se ampliou e sim o número crescente de participantes, que permitiu a convergência temática de temas múltiplos, não articulados ou fundidos em sequência lógica, mas simplesmente vividos pelo mesmo grupo folião, visitando casas amigas em Belém ou propriedades abastadas na Bahia: Peregrino Júnior, *Histórias da Amazônia*, "Fogueira de Guajará", Rio de Janeiro, 1936. Para o interior, Bragança e Curuçá, a diversidade seduzia a população, vulgarizando o gênero que centralizava aves, peixes, mamíferos. "Muitos *cordões de bichos* acorrem à cidade, exibindo-se, em várias casas, sendo digno de destaque o do Pinica-Pau, do Abade; o do Pavão, do Bairro Alto; o da Garça, do Umarisal; o do Araçari, da praia Suiá; o da Onça, do Rio Grande e o dos Lavradores, da povoação de S. Pedro, à margem da rodovia Curuçá-Castanhal" (Jorge Hurley, *Itarana*, 134, Belém, 1934). O velho Pássaro, com seus passos certos, cantos repetidos e memorizados, vultos comuns na tradição paraense, transformou-se lentamente em burleta, zanzuela, com solfa renovada, assunto presente e um corpo de baile, atraindo aplausos pela trepidação do requebro sedutor. Do antigo modelo já quase nada resta e os Pássaros atuais foram para os teatrinhos, circos, barracões, parques, como qualquer conjunto amadorístico recente e sem história no passado. "O Pássaro constitui um espetáculo muito singular – uma estranha mistura de novela de rádio, burleta e teatro de revista, a que não falta certa cor local. Há um drama, um dramalhão descabelado, com fidalgos vestidos à moda do séc. XVI ou XVII, mas, para suavizá-lo, o *pássaro* inclui cenas jocosas de matutos, *sketches* que nada têm a ver com o enredo e uma dança de belas jovens de 15 a 17 anos, seminuas, a tremelicar provocadoramente os seios e as ancas, a que se chama o *ballet*. Parte essencial da representação, uma espécie de justificativa do apelido do grupo, é a cena em que um caçador furtivo tenta matar, a tiro, o *Tentém* ou o *Coati*, que ora é o bicho de estimação da sua prometida, ora é um príncipe encantado, a que a boa Fada finalmente ressuscita. Uma criança encarna o animal – trazendo-o, vivo, numa gaiola à cabeça, quando ave, ou preso ao peito – e representada por ele. Cada ano os *pássaros* apresentam uma peça nova, escrita de encomenda e paga ao autor na média de mil cruzeiros. Outra pessoa, também paga, escreve a música – ou adapta músicas à peça": Édison Carneiro, *A Sabedoria Popular*, "Os Pássaros de Belém", Rio de Janeiro, 1957.

Passo[1]. Pequenas capelas situadas em lugares diversos, em número de sete, ou anualmente armadas para o dia da procissão dos Passos, tendo em cada uma delas, sobre um altar, uma imagem em vulto natural, representando uma das fases da paixão de Cristo, e diante das quais para o cortejo e, avançando até junto à carola do Senhor, entoa a orquestra um cântico com letras apropriadas à estação. A frase *correr os passos* designa a devota visita dos fiéis a essas estações. "Visitadíssimos foram também os passos armados" (*Jornal do Recife*, n.º 65, de 1913). Passos dos sermões quaresmais: os que são armados no camarim das igrejas, com a representação sucessiva de cada uma das sete fases da paixão de Cristo, e descerrados ao terminar a prática. Casas de depósitos de gêneros coloniais, que correspondem hoje aos armazéns de recolher, alfândegas ou não. "Os passos de açúcar são umas grandes lojas, onde se recolhem os caixões até se embarcarem nos navios" (Fr. Vicente do Salvador). "Derribada a árvore do pau-brasil, é tirado todo o branco, porque no âmago dela está o Brasil; depois de limpo se ajunta em rumas e os conduzem em carros, até as porem nos passos, para que os batéis o possam ir buscar" (*Diálogos das Grandezas do Brasil*). A mais remota notícia que temos da existência desses passos, entre nós, chega ao ano de 1590, referente a um que Fernão Soares tinha nas povoações de Recife. Esses passos eram situados à margem dos rios navegáveis, entre os quais nomeadamente figurava o Passo do Fidalgo, em Santana, à margem do Capibaribe, e de tantas referências nas crônicas das nossas lutas contra os batavos invasores (Pereira da Costa, *Vocabulário Pernambucano*, 550). A tradição ainda se mantém em muitas capitais brasileiras e cidades do interior, armando os *passos* oito dias antes da Paixão. As residências engalanam-se, expondo-se às janelas as mais lindas colchas bordadas, toalhas de crivo, rendadas, jarros com flores. O passo é armado no lado exterior da casa, na rua, como um pequeno altar, e expõe um grupo plástico de uma fase da marcha de Jesus Cristo para o Calvário ou um quadro, representando alguma cena desse ciclo. A procissão, uma das mais concorridas e populares da Quaresma, acompanha a imagem de Jesus carregando a Cruz, e se detém, alguns minutos, diante do passo, cantando os padres e respondendo o coro trechos sacros. Depois do último *passo*, há a cena do *encontro* de Jesus Cristo com Nossa Senhora da Soledade, chorando, com um lencinho na mão. Há um sermão escolhido, por orador de nomeada. Depois o costume é visitar-se *os sete passos*, um por um, rezando-se um padre-nosso, uma ave-maria e uma salve-rainha, para que se veja outra Quaresma em paz e a salvamento.

Passo[2]. Coreografia do frevo (ver *Frevo*), a dança, o bailado com que é dançado o frevo, especialmente no Recife, pátria dele, Valdemar de Oliveira ("Introdução ao Estudo do Frevo", in *Contraponto*, n.º 4, Recife, 1947, Resumo); "Passo é dança com que se dança o frevo. O capoeira foi o ancestral do passo. Em Pernambuco do tempo em que o frevo nasceu, dominava o capoeira, que sempre gostou muito de acompanhar banda de música, gingando na frente dela, com um cacete na mão. O 'passista' de hoje é um descendente direto dos cafajestes, mas não querendo fazer outra coisa senão o passo. Este já se fazia, também nas caudas do clube, nos 'cordões' que revelam tão funda influência das jornadas de pastoril. Outra influência sobre o 'passo' foi a do bumba meu boi, onde o médico, o engenheiro, o padre capelão não abandonam o seu chapéu de sol aberto, com o qual se equilibram nas figurações coreográficas, que lembram, perfeitamente, determinadas atitudes dinâmicas do 'passo'. Como dança, o 'passo' é tudo quanto há de mais arbitrário e individualista. Está muito sujeito às circunstâncias do momento, à capacidade maior ou menor da massa, às irregularidades do calçamento, ao poder de estímulo musical, até ao dia e à hora. Sendo, embora, muito arbitrário, feito de imprevistos, pedindo muito à invenção do povo, o 'passo' ganhou, com o tempo, suas feições características, cristalizando-se em atitudes que denunciam uma 'natureza coreográfica definida'. É individualista, disse, porque não há parceria nem combinações de grupo. Suas criações são momentâneas, provocadas em ambientes de espontaneidade absoluta, na 'onda' desgovernada. O 'passo' tem muito de impulsividade, de instabilidade, de versatilidade, de improvisação, de instinto, para poder espartilhar-se numa descrição rígida, como a de certas danças de desenhos fixos e limitados. Há algumas figuras fundamentais, sem dúvida, mas o livre-arbítrio é a regra, nunca se encontrando dois 'passistas' dançando igual. O equilíbrio é sobretudo função dos braços, mas também do chapéu de sol, convindo anotar os 'passos' dos 'engraçados', surpreendidos nas clareiras da massa alucinada ou destacada dela, num passeio furtivo pela calçada próxima. Imita-se o bêbedo, o pederasta, o epiléptico, o macaco, a ema, o caranguejo, o urubu... Mas isto é 'compasso de espera' de um 'se mostradeiro', para mergulhar, de novo, na onda. O 'passo' mais típico é mesmo o que lembra a luta dos capoeiras, investindo, negaceando, riscando a faca no chão, fugindo no meio de maçaroca humana. Tudo isso agilmente, acrobaticamente, como bons ginastas. Mas, insisto... cada um faz por si, jogando com sua imaginação, tal qual se estivesse esgrimindo fantasmas, sem querer brigar. Como não há doenças, mas doentes, bem se poderia dizer que não há 'passo', há 'passistas'. Duas coisas não descubro no 'passo': sexualidade e religiosidade. O sexo, de fato, não influi nele, sendo os recalques libertados de outra natureza. A dança é tão despótica que não dá tempo para se cuidar de outra coisa. O caráter egocentrista da dança é forte demais. Quanto à religiosidade, tão viva no maracatu, nenhuma. Nenhum vestígio de lendas de mitos, de superstição. Mesmo em certas atitudes de êxtase, de renúncia, de abandono, não descubro ascensão espiritual, integração no ideal ou no absoluto. Simplesmente, cansaço, fadiga, um estado de repleição física. De orgasmo trabalhoso."

Pastoril. Cantos, louvações, loas, entoadas diante do presépio na noite do Natal, aguardando-se a missa da meia-noite. Representavam a visita dos pastores ao estábulo de Belém, ofertas, louvores, pedidos de bênção. Os grupos que cantavam vestiam de pastores, e ocorria a presença de elementos para uma nota de comicidade, o velho, o vilão, o saloio, o soldado, o marujo, etc. Os pastoris foram evoluindo para os autos, pequeninas peças de sentido apologético, com enredo próprio, divididos em episódios, que tomavam a denominação quinhentista de "jornadas" e ainda a mantêm no nordeste do Brasil. A jornada valia "ato" ou "cena", conforme seu número. Para essas representações convergiam assuntos de outros autos e mesmo de bailes tradicionais, reisados, janeiras, e as velhíssimas "pastorais", que eram apenas o canto em uníssono, diante do presépio, de um grupo fingindo ou sendo mesmo de pastores. Portugal possui o "Auto do Presépio", gênero típico registrado por Rodney Gallop (*Portugal*, 180, Cambridge, 1936). Na Bahia houve o "Presépio de Fala" (Manuel Querino, *A Bahia de Outrora*, 204-207, Bahia, 1946). Das "pastorais" legítimas vêm as "loas das lapinhas", cantadas na ilha da Madeira (Luís Chaves, *Páginas Folclóricas*, 144). O canto, sem enredo e representação, saudando a Natividade, tendo ou não tema coreográfico, é o *Noël* francês, o *Christmas Carol* dos ingleses, *Pastorella* italiana, *Weinacht Lied* dos alemães, *Vilancicos*. O auto pastoril, com sucessão de cenas, falas e cantos, como Gil Vicente encenou em Évora, pelo Natal de 1523, diante d'El-Rei D. João III, é uma referência para a popularidade do gênero, já aproveitado para obras de criação individual e apresentado dentro de uma igreja ou diante de um presépio armado. É uma ação teatral de assunto sacro, vivido por homens simples, com aproveitamento satírico e lírico, que não se transmitiu aos pastoris anônimos, que continuaram inteiramente dedicados ao louvor divino. Depois do Natal vinham, em Portugal e também no Brasil, os bandos que cantavam, pedindo "Reis", "tirando Reis", "cantando para lhes darem os Reis", como assistiu, na Bahia, Nuno Marques Pereira, nas primeiras décadas do séc. XVIII (*Antologia do Folclore Brasileiro*, vol. 1, 57, 9ª ed., São Paulo, Global, 2004). Os pastoris eram executados dentro de salas, com canto, dança, enredo. Atualmente se chamam ainda "pastoris" e são representados em tablados, em palcos, sem a presença, outrora indispensável, de imagens religiosas, o presépio, iluminado e enfeitado. As músicas eram de grave *tonus* religioso, embora algumas danças tivessem compassos vivos, animando os volteios das pastoras em volta do altarzinho, como ainda se vê nas danças de São Gonçalo (ver *Gonçalo, São*). As letras, ou melhor, os versos foram de poetas conhecidos na Bahia e Pernambuco, mas há "bailes" (autos) sem autoria identificada. Músicas de inspiração sabida, e muitas vindas de mais de cem anos. Melo Morais Filho descreve "A Noite de Natal" na Bahia de outrora (*Festas e Tradições Populares do Brasil*, 61-78, Rio de Janeiro, 1949) e Renato Almeida estudou excelentemente o assunto (*História da Música Brasileira*, 225-236). "O que tem maior significado no pastoril é constituírem as pastoras o elemento básico na função coro, tomado como personagem. Ele é que tem o papel dramático, sendo os pastoris reminiscências dos autos da Natividade e dos vilancicos portugueses, poemas dialogados e musicados sobre motivos religiosos e profanos. O pastoril nasceu dos dramas litúrgicos da Natividade, representados nas igrejas, nos quais se assistia ao nascimento de Jesus, ao aviso aos pastores, à adoração dos magos e à oferenda de incenso mirra e ouro, e, por fim, à mensagem do anjo aos reis, para não irem ao palácio de Herodes" (Renato Almeida, 226). "Os pastoris se cantam ainda em vários Estados do Norte, mas em plena decadência, e, em pouco tempo, deles só restará a lembrança. Em Pernambuco e no Nordeste em geral, os pastoris são cordões, feitos em geral aos sábados, do Natal até as vésperas de carnaval, indo as pastoras divididas em duas filas paralelas: uma chamada cordão azul e outra cordão encarnado" (*idem*, 231). Na cidade do Natal os pastoris nunca se exibiram durante o carnaval e sempre pelo Natal e em recinto fechado ou em palcos ao ar livre, mas sem o desfile pelas ruas. O mesmo noutros Estados. Os personagens são, de cada cordão: mestra, contramestra. As "figuras" principais: Diana, anjo ou belo anjo, cigana, o velho, profissionalmente engraçado, o Zegal, estrela do Norte, Cruzeiro do Sul, além de outras que aparecem ocasionalmente por influência local ou reminiscência avivada. As pastoras cantam com pandeiros, e a orquestra é de pau e corda, violões, cavaquinhos, com um instrumento de sopro solista. Depende dos recursos financeiros do grupo. Ainda se mantém o processo dos autos, apresentação das figuras, loas ao público e despedida final, tudo cantado e dançado. Um pouco antes de findar, há leilão de prendas, frutas, flores, trabalhos manuais, oferecidos pelas mestras e pastoras, açulando a rivalidade entre os partidários dos cordões azul e encarnado. Pelo Norte é muito comum a produção literária laudatória nessa ocasião. Outrora os melhores poetas locais faziam desafios, atacando o cordão adverso ou elogiando o próprio. Ver Ascenso Ferreira (*Presépios e Pastoris*, Arquivos da Prefeitura do Recife, 1-2 de 1943, 135, 162, com documentação musical); Pereira da Costa (*Folclore Pernambucano*, 189-194, 475-498); Melo Morais Filho (*Serenatas e Saraus*, I, 3-17, doze "bailes pastoris", os mais antigos, Rio de Janeiro, 1902); Sílvio Romero (*Cantos Populares do Brasil*, 153-164, Rio de Janeiro, 1897); Manuel Querino (*Bailes Pastoris*, Cidade do Salvador, 1914); Guilherme Melo (*História Artística, Dicionário Histórico, Geográfico e Etnográfico do Brasil*, I, 1627, Rio de Janeiro, 1922); Mário Sette (*Maxambombas e Maracatus*, 9-20, Recife, 1938); Gustavo Barroso (*Ao Som da Viola*, 104-147, 148-177, 178-210, Rio de Janeiro, 1921). As Cores dos Cordões do Pastoril: inclusão do nome "cordão" no pastoril denuncia a influência poderosa da dança e música profana, carnavalesca. Os cordões têm denominação de azul e encarnado, cores votivas de Nossa Senhora e de Nosso Senhor. Não encontrei referência aos cordões, com suas cores, em data anterior à guerra do Paraguai, verdadeira hégira nos costumes do sertão brasileiro com o regresso dos voluntários da pátria que haviam visto terra e gente do sul do país e uruguaios, argentinos e paraguaios, alimentação, hábitos, vocabulário, etc. A indumentária dos pastoris atuais é simples, predominando os lenços na cabeça, faixas, diademas com areia, cristal, colares reluzentes, etc. Em Pernambuco as pastoras vestem de bailarinas, saias bem curtas, despertando o entusiasmo. No R. G. do Norte conservam os pastoris o caráter de mocidade real, figurando mocinhas e meninas. Em Pernambuco não há exigência desse preceito. Ver L. Lavenère, *Jornadas*. Cantigas de pastoris, Maceió, 1948; José Nascimento de Almeida Prado, "Baile Pastoril no Sertão da Bahia", *Revista do Arquivo*, CXLIV, São Paulo, 1951. Ver *Lapinha* e *Queima*.

PASTORINHAS. O mesmo que *Pastoril* (ver). "Passemos agora em revista a mais bela e aparatosa das nossas festas, as pastorinhas ou pastoris" (Pereira da Costa, *Folclore Pernambucano*, 189). Ver também *Presépio*.

PATACA. Moeda colonial, de prata, do valor originário de 320 rs., e que ainda perdurou em circulação por muito tempo depois da nossa emancipação política, com a mesma cunhagem em prata, mas com os valores de uma, duas, três e vinte patacas, sendo esta última de ouro de vinte e dois quilates e com o peso de quatro oitavas, originária do reinado de D. João V, chegando a sua cunhagem somente até o de D. João VI. Na Casa da Moeda do Recife, que funcionou de 1672 a 1702, foram cunhadas moedas de meia, uma e duas patacas, e as divisionárias de 80, 40 e 20 rs., de prata, tendo todas elas um P no centro da face em que se via a esfera armilar, para indicar sua cunhagem em Pernambuco, como as do Rio de Janeiro e da Bahia tinham respectivamente um R e um B. A pataca era antigamente o padrão de unidade para a fixação de uma quantia qualquer. "Pelos anos de 1640 chegaram a Pernambuco duas naus de Angola carregadas de negros, e tomando os holandeses mão da carga venderam os negros por mui alto preço, de 250 a 300 patacas cada peça e por mais aos que os levaram fiados" (Fr. Manuel Calado). O mesmo seguiu-se depois, na fase dos governadores portugueses, como, nomeadamente, se vê dos atos de Félix José Machado, de 1712, exemplificadamente: mandando dar ao Tenente José Cardoso 80 patacas para satisfação do conserto da casa da pólvora em fortaleza de Tamandaré; 15 patacas para pagamento de um serviço de correio à Bahia. Terra das patacas: era a denominação que os portugueses davam ao Brasil, em alusão à sua prodigiosa riqueza e recursos naturais, e onde vegetava a árvore da pataqueira. "Diz-me compadre Zélis, nesta terra das patacas encontraste algum dinheiro?" (*América Ilustrada*, 1872). O termo pataca era concorrentemente empregado nas acepções do dinheiro, fortuna, riqueza: Aquele sujeito tem ou possui a sua pataca, ou é apatacado, isto é, possui alguma coisa, é mesmo endinheirado. Para exprimir o contrário, porém, tínhamos a locução popular de: Não se ver nada, isto é, nada existe, nada tem, nada possui. Cavalo apatacado: Os cavalos ruços rodados, que têm umas malhas brancas, redondas (Morais). Bananeira meia-pataca: Uma espécie de musácea, conhecida em Pernambuco com este nome. Quatro-patacas: Vegetal da família das apocináceas (Almeida Pinto). A moeda de vinte patacas a todos agrada. Da pataca do sovina o diabo tem três tostões e dez réis. Bunda no chão, pataca na mão. Pataca lisa: com a cunhagem quase apagada; e daí chamar-se a um indivíduo de tipo feicional pouco ou nada pronunciado, cara de pataca lisa. Quanto é pataca e meia, tostão, três vinténs (ditados populares). "Ai do pobre que na escola, de repente não dissesse, sem gaguejar, quanto valiam 15, 20 ou 40 patacas" (Vieira Fazenda). Pataca é uma palavra de origem espanhola, do nome de uma moeda da mesma nacionalidade, que começou a aparecer e ter curso, entre nós, em começos do séc. XVII, como: "Do rio da Prata costumam navegar para Pernambuco muitos peruleiros em caravelas, de onde trazem grande soma de pataca de quatro e oito reales." Pataca: "Moeda de prata das Índias de Castela, que hoje (1727), como escreve Bluteau, vale em Portugal 150 rs." Consoantemente diz Morais, registrando o vocábulo: "Moeda espanhola, de prata, do valor de 300 a 900 rs." Depois de tudo isto só nos é dado consignar o que escreve Aulete, no ano da graça de 1881, definindo o termo: "Moeda de prata brasileira do valor de 320 réis aproximadamente." E assim fica, sem comentários... (Pereira da Costa, *Vocabulário Pernambucano*, 551-552).

PATACÃO. Moeda de prata de dois mil réis, cuja denominação vem dos tempos da circulação das antigas moedas de três patacas ou 950 réis, e assim chamadas por serem das de pataca do mesmo metal as de maior valor e peso específico, cujo valor foi depois subindo até atingir ao de 2$000, que permaneceu enquanto tiveram circulação, sendo substituídas pelas de cunho próprio daquela quantia, já em tempos do Brasil independente, e que ficaram com a antiga denominação vulgar de *patacão*, que permanece. No Ceará ocorreu a mesma coisa, e naturalmente, em geral, como consta das nossas crônicas. "Pelos anos de 1833 deu-se no Ceará à moeda de prata de três patacas o nome de patacão, correndo então com o valor de 1$120 réis, que depois subiu a 1$200, e assim subindo até chegar a 2$000, em que permaneceu": "Ainda ontem ganhei no gagau 600 patacões" (*O Carapuceiro*, n.º 12, de 1837). "Se no olho me luzir o patacão, / Por brejeiro me tenha, ou moleque / Se modinhas não cantar ao violão" (P.P.S.P.) (Pereira da Costa, *Vocabulário Pernambucano*, 552-553).

PATACÃO DE SOLA[1]**.** Vale dizer coisa desprezível, inferior, desvaliosa. "Patacão de couro é sinônimo de homem casado" (*A República*, Natal, 6-X-1900). "Moças e rapazes não devem deixar os patacões de sola passarem-lhe a perna." Houve moeda de couro? Camões, no *El Rey Seleuco*, escreve: "Aquele tempo, em que corriam as moedas dos sambarcos." Sambarco é sapato velho, diz Morais. Santa Rosa de Viterbo (*Elucidário*, II-99-100 e nota de M. B. Lopes Fernandes, ed. de 1865, Lisboa) nega qualquer fundamento, mas Lopes Fernandes admite. A tradição é que o Rei D. João I cunhara moedas de couro, quando do cerco de Lisboa. José Soares da Silva (*Mem. Del-Rei D. João I*, liv. I, cap. 38, § 262) é a primeira fonte (Lisboa, 1730-32, Oficina de José Antônio da Silva). Comines informa que o Rei Jean II, *le Bon*, de França (1319-1364), fizera lavrar moeda de couro com um cravo de prata no meio e que houvera grandes clamores no reino por causa da inferioridade dessa moeda. O *Larousse* registra que o Rei Martin I de Yvetot "battait monnaie au moyen d'un morceau de cuir taillé portant une empreinte avec une tête de clou au millieu". Certo é que não aparecem os espécimes de moedas de couro nas coleções de Portugal e França. Mas incontestavelmente existe uma tradição oral, que se passou ao Brasil, conservando a impressão de inferioridade, usada ainda na linguagem popular.

PATA DE COELHO. Amuleto que se divulgou no Brasil depois de 1942, trazido pelos norte-americanos. O *rabbit's foot* é de origem africana,

---

[1] No texto original: "Patacão-de-Sola" (N.E.).

dos negros sudaneses, onde o coelho é um motivo prestigioso de astúcia, esperteza e felicidade invencível pelo seu engenho improvisador, documentado num largo ciclo de estórias populares. Personaliza-se no sul dos Estados Unidos no Uncle Rabbit (Joel Chandler Harria, 1848-1908, *Uncle Remus*, His Songs and His Sayings, constantemente reeditado; Luís da Câmara Cascudo, *Literatura Oral no Brasil*, cap. VII, 2ª ed., São Paulo, Global, 2006). A pata, o pé, representa a estabilidade, a posse, a segurança, a firmeza, o equilíbrio. Articula-se com a imagem da locomoção, agilidade, movimento, defesa na fuga ou nas reações imediatas. A força do encanto converge para a pata do coelho. "Its foot is especially valuable as a charm", escreve Philip F. Waterman (*The Story of Superstition*). O coelho participa da tradição sagrada hindu. Sacrificou-se espontaneamente para matar a fome de um brâmane, que era o deus Indra. Emocionado, Indra pôs a imagem do coelho na lua. "Indra placed the image of the hare in the moon." informa Dorothea Chaplin. Um bodisatva venerado existe sob a forma leporina e identificado com a espécie. Os tugues, devotos de Kali, adiam qualquer expedição avistando um coelho atravessar o caminho. Os árabes só o matam por necessidade e jamais por divertimento, como fazem os europeus e mesmo alguns povos africanos meridionais. Ligam-no às superstições do ciclo lunar, temendo ofender a Lua, onde reside o rei dos coelhos. A pata do coelho também é popular na Inglaterra, mas quase desconhecida na Europa continental entre o povo. No Brasil as estórias do coelho são variadas e o apresentam quase sempre como vencedor. Já se encontra aculturado com outros amuletos. Na Bahia existe berloque com a pata de coelho, figa e uma efígie do Senhor do Bonfim. Quando, em maio de 1944, o último avião norte-americano ia largar da Inglaterra para proteger o desembarque das forças aliadas na Normandia, o General Ira C. Eaker ofereceu ao piloto uma pata de coelho, como *good luck*. E, pelo sucedido, deu certo. Em Portugal e Espanha, a pata do topo, mão esquerda da toupeira, usavam trazer encastoada em prata contra o mau-olhado. O topo, a toupeira abre-caminho, vence dificuldade, encontra solução para os obstáculos deparados.

PATENTE, PAGAR A. Ver *Acuar*.

PATOS. Ver *Deixe os Patos Passar*.

PATRUÇA. Ver *Solha*.

PATUÁ. Amuleto, que consiste em um saquinho, ou breve de pano ou couro, contendo uma oração qualquer, para trazer ao pescoço, pendente de uma fita ou cordão; caderno de orações, en-salmos e receitas, orações de mandinga, tiradas do patuá, o que tudo são famosas feitiçarias. "Há infelizes que acreditam tão sinceramente na influência de tais patuás-mandingas que, uma vez de posse deles, supõem-se invulneráveis, assassinos muitas vezes que se tornam perigosíssimos, por viverem persuadidos de que não há mal que possa entrar-lhes" (Araripe Júnior). "Os cabras e semelhante gentalha trazem, nos patuás corporais, sanguinhos, pedaços de pedra d'ara e cousas que cuidam supersticiosamente que os livram de ferro e balas de quem briga com eles, ou para amansar os senhores, etc." (Morais). "Um papel metido num pedaço de couro velho. Parece que é um patuá para livrar de arma e de prisão" (Franklin Távora). Com o nome de Patuá há uma serra no município do Bonito. *Patuá e papaguá*, como escreve Beaurepaire Rohan, são pronúncias diferentes do mesmo vocábulo pertencente à língua tupi. Morais, porém, registra *patiguá*, Gonçalves Dias, *patauá*; mas no *Dicionário Português e Brasiliano*, mais antigo, vem *patuá*, com a expressão de caixa, cuja voz segue Martins com as acepções de arca, canastrinha, quase da feição do baú. E assim é, como se vê destes versos de umas quadrinhas em tupi e português, colhidas por Couto de Magalhães no Pará: "Te mandei-te um passarinho, *Patú miri pupé*", que traduz: "Mandei-te um passarinho, dentro de uma caixa pequena." Batista Caetano, enfim, diz que *patuá* é uma contração de *patiguá*, de *upatinguá*, o que pertence à rede ou à cama: cesto, caixa, canastra, baú (Pereira da Costa, *Vocabulário Pernambucano*, 555). "Em tupi, *patuá* quer dizer caixa, caixão, designando-se com essa palavra todas as modalidades da magia que dão sorte. Na noite de quinta para sexta-feira santa vai-se, entre as 11 e 12 da noite, buscar patuá numa encruzilhada, por exemplo, junto à cruz que fica na estrada que leva a Coxipó. Pode-se, então, fazer um pacto com o diabo e pedir sorte nas cartas, com as mulheres, talento para tocar violino, certeza no tiro e outras coisas mais. Os negros vão armados dum grande sabre. Às vezes são assaltados por um animal feroz, mas quando prosseguem no seu caminho, encontram o diabo-mor, em forma de bode, boi, sapo ou rã. Permite que beijem o traseiro, concede-lhes a realização do desejo por determinado tempo e ordena-lhes que venham uma vez por ano à assembleia geral. Não adianta pedir dinheiro. É proibido proferir o nome de algum santo. Também há mulheres que vão buscar patuá. Uma viu um grande bode preto, perdeu a coragem de fazer seu pedido e gritou 'Maria Santíssima!' Desde aquele momento, ela julgava sempre estar queimando e sacudia as roupas como se visse fogo, e morreu após pouco tempo". Patuás são igualmente os amuletos de "santos" ou do "dia-bo" (Karl von den Steinen, *Crendices Populares de Cuiabá*, in *Antologia do Folclore Brasileiro*, vol. 1, 157, 9ª ed., São Paulo, Global, 2004). Ver *Amuleto, Caborge, Oração, Talismã*. Na primeira vintena do séc. XIX, Frei Francisco de Nossa Senhora dos Prazeres Maranhão ("Poranduba Maranhense", 1820, 147, *Revista de Geografia e História*, São Luís, 1946:) "... muitos trazem no peito um bolsinho com palavras santas e relíquias de santo, ou coisa semelhante, e têm tanta fé nisto que julgam poder matar e ferir, sem que alguém lhes possa fazer o mesmo, por se julgarem impenetráveis; chegam a tanto que pedem aos que duvidam disto que lhes deem um tiro com arma de fogo para experimentarem a sua impenetrabilidade; porém só são felizes quando se não faz semelhante experiência. Chamam ao dito bolsinho *patuá*: e algumas vezes o vendem por muito dinheiro." Em Portugal, a Constituição do Bispado de Lamego, em 1683, cita, reprovando como atestado de falta de fé e desobediência às regras canônicas, "o que traz nomes, orações ou palavras escritas, ao pescoço, crendo que por sua virtude nunca será ferido na guerra, ou nas brigas, ou que não morrerá em fogo nem afogado, ou de morte súbita e que tudo lhe sucederá prosperamente".

PAU DAS FITAS[1]. Ver *Pau de Fita*.

PAU DE ARARA[2]. Denominação popular dos veículos que transportam os sertanejos nordestinos para os Estados do sul do País. O improvisado e precário arranjo para acomodar as famílias, a promiscuidade, o desasseio, o rumor incessante das vozes de homens, mulheres e crianças, associou o caminhão à imagem do *pau de arara*, gradeado de madeira em que os psitacídeos são levados para os mercados citadinos. O Coronel Luís Tenório de Brito, do Instituto Histórico de S. Paulo, pernambucano velho, registra, no seu livro inédito "Outras Memórias", a figura primitiva do "pau de arara", origem do vocábulo, hoje nacional: "Uma das curiosidades na vida de 50 anos passados naquelas regiões intermediárias consistia na passagem do 'correio', assim chamado o homem que levava a correspondência às longínquas povoações do sertão, a começar da última estação ferroviária, na época em Belo Jardim, indo até às divisas de Pernambuco com os Estados vizinhos. Viajava a pé, calçado com reforçadas alpargatas de sola. Vestia uniforme de brim azul, resguardada a cabeça com amplo chapéu de palha de ouricuri. Às costas, a mala, colada ao corpo, com correias afiveladas à frente e recheada de cartas, jornais e valores que ia deixando em cada agência situada no roteiro preestabelecido. Seguiu pela estrada 'real', tanto porque eram rotas conhecidas, com pousadas certas, reguladas as distâncias para cada jornada, coincidindo com a existência de água e o conforto relativo, como pela segurança pessoal, dada a intensidade do movimento nesses caminhos. Almocreves, boiadeiros ou simples viajantes escoteiros povoavam aqueles ermos. Aliás, não há nas crônicas sertanejas lembranças de qualquer assalto ao 'correio'. A curiosidade, porém, a que me refiro está noutra atividade do estafeta. É que, ao regressar à capital, menos pesada a mala, arrumava ele uma grade de madeira leve, a qual se lhe equilibrava horizontalmente sobre os ombros, emergindo a cabeça do centro um metro mais ou menos para a frente, outro tanto para trás. Nas tábuas paralelas, acorrentava ele pelos pés araras, papagaios, jandaias e periquitos, que já encontrava esperando, com a freguesia certa. E lá vinha o homem, no meio daquela barulheira que de longe se ouvia. No Recife, vendia tudo, compensando os lucros, os incômodos de tão fantástica viagem. Quando, há alguns anos, apareceu em São Paulo o nordestino, fazendo o trajeto em autocaminhão, com tábuas adaptadas em sentido transversal à carroçaria, em tremenda promiscuidade e desconforto — logo surgiu a classificação de 'Paus de Arara' para o veículo e o passageiro. O interessante é que isto veio de lá, do Nordeste. Pejorativo ou não, o epíteto nasceu com esta forma de transporte, vindo com o emigrante. Por que 'paus de arara', perguntam o diletante, o folclorista, o sociólogo? E ninguém me tira da cabeça que, contemporâneo daqueles idos já distantes, conhecedor de costumes sertanejos que o tempo já destruiu, tenha sido o autor da brincadeira. Estabeleceu a analogia entre o estafeta e o caminhão, a passarada e os passageiros... E pegou." Pau de Arara não é apenas o transporte, mas também o transportado, como assinala o Coronel Luís Tenório de Brito. João, pau de arara, está rico! O pau de arara Simplício. Viajou num pau de arara. Virou o pau de arara, matando e ferindo os passageiros...

PAU DE FITA[3]. Portugueses e espanhóis trouxeram o folguedo para o continente americano. Pau das Fitas. "Bailes de roda, algarvios, em volta de mastros floridos, como o rodete, em Alportel, Alte, Olhão e Portimão" (Luís Chaves, *Páginas Folclóricas*, 175, Porto, 1942). *Baile-de-cordón, carxofa, magrana, baile-de-gitanas* (Cataluña), *danza-de-las-cintas*, em Espanha: (Aurélio Capmany *El Baile y la Danza, Folklore y Costumbres de España*, II, Barcelona, 1931). Presente no México (*danza de los listones*), derrama-se até a Argentina (*La*

---
[1] No texto original: "Pau-das-Fitas" (N.E.).
[2] No texto original: "Pau-de-Arara" (N.E.).
[3] No texto original: "Pau-de-Fita" (N.E.).

danza de las cintas), *matachines* na Colômbia, *danza de los mineros* no Peru, *Sebucán* na Venezuela: Vicente T. Mendoza, "La Danza de las Cintas o de la Trenza". *Anuário de la Sociedad Folklórica de México*, VI, México, 1947; Carlos Vega, *Las Danzas Populares Argentinas*, I, 89-114, Buenos Aires, 1952; France Toor, *Mexican Folkways*, "The Ribbon Dances", New York, 1947; *Onza, Tigre y León*, n.º 66 (com o Sebucán), Caracas, 1944. No Brasil: Sílvio Romero, *História da Literatura Brasileira*, I, 163-165, "O Folguedo da Trança", Rio de Janeiro, 1943; Dante de Laytano, "O Folclore do Rio Grande do Sul", 83, sep. da *Província de São Pedro*, n.º 17, Porto Alegre, 1952; Osvaldo R. Cabral, "Folguedos Populares de S. Catarina", 41-78, *Boletim Trimestral da Comissão Catarinense de Folclore*, n.º 15-16, junho-setembro de 1953, Florianópolis; J. C. Paixão Côrtes e L. C. Barbosa Lessa, *Manual de Danças Gaúchas*, 57-60, Porto Alegre, 1956. Em S. Paulo participa das Folias do Divino, segundo pesquisas de Alceu Maynard Araújo, "dança das fitas". Em janeiro de 1851, o futuro Visconde do Rio Branco (José Maria da Silva Paranhos, 1819-1880) descreveu no Rio de Janeiro um pau de fita, fazendo parte de *numeroso e luzido Reis*, organizado no bairro do Catete (*Cartas ao Amigo Ausente*, 19, Rio de Janeiro, 1953). No Rio Grande do Norte vi o pau de fita reduzido ao final do Bumba meu Boi, denominado *engenho de fita*. Não havia trançado e apenas os personagens do auto giravam em torno do pequeno poste, segurando a ponta de uma tira de pano. (Natal, Ceará-Mirim, S. José de Mipibu, etc.). O musicólogo Mário de Andrade estava em minha companhia quando assistiu ao Bumba meu Boi, em Natal, em dezembro de 1928. Ching-ching em Bragança. Pará. Ver *Trança, Trançado, Jardineira*.

PAU DE JABUTI[1]. Cinco jabutis amarrados a uma vara, como fazem os caçadores para vendê-los: Peregrino Júnior, *Histórias da Amazônia*, 285, Rio de Janeiro, 1936.

PAULO-CAFOFO[2]. O mesmo que Fogo-Apagou, ave da família das peristérídas (*Scardafella Squamosa*, Temm, e Knip). O nome é onomatopaico. "Não se fiem na rolinha-cascavel, a fogo-apagou, do Sul, e conhecida no Nordeste por paulo-cafofo" (*Scardafella squamosa*). Quando ela começa a piar perto duma casa, fiquem certos que dali vai sair um enterro (Luís da Câmara Cascudo, *Informação de História e Etnografia*, "Avifauna no Folclore Brasileiro", 152, Coleção Mossoroense, Mossoró/RN, Fundação Vingt-un Rosado, 1991).

---

1 No texto original: "Pau-de-Jabuti" (N.E.).
2 No texto original: "Paulo Cafofo" (N.E.).

PAXICÁ. Ver *Pacicá*.

PÉ. O que joga por último; a base, a raiz ou fralda de uma colina: o pé da serra; o pé do monte: abreviatura, portanto, de sopé. Frases e ditados populares. Ao pé: junto, perto, nas imediações: A casa de João fica ao pé da de Manuel. Arrasta-pés: dança. Arrastar a asa: manifestação de pretensões amorosas. Bater com o pé na boca: não blasfemar. Botar o pé atrás: resistir, opor-se. Botar o pé na rua: andar, sair apressadamente, pôr-se ao fresco. Cair aos pés: humilhar-se, prostrar-se. Dar com o pé, ou dar pontapés na fortuna: de expressão própria. Enterrar os pés: pular, sair, levantar-se precipitadamente. Encontrar forma do pé: gente igual, da mesma laia. Falsear o pé: tropeçar, escorregar, cair. Entrar com o pé direito: com felicidade e ventura, e assim aconselhado, ao entrar em uma nova casa de residência. Fazer seu pé de roda: fazer a corte. Gado em pé: vivo, em boiada, exposto à venda nas feiras. Negociante de gado em pé. Não tomar pé: não poder vencer a profundidade de uma corrente, ou as dificuldades e embaraços de um negócio. Nem que tenha pé por banda como embuá: recusa, negativa peremptória. Pé-d'água: aguaceiro, chuva forte, inesperada, mas pouco duradoura. Cair um pé-d'água. Pé de banco: estudante do terceiro ano dos cursos superiores, cujo qualificado é originário da Universidade de Coimbra, e já em voga em meados do séc. XVIII, como se lê no *Palito métrico*: "Aos estudantes do terceiro ano chamam pés de banco, por serem já capazes de terem assento na vida acadêmica." Pé de cantifa: pretexto, insinuação, lábias para conseguir alguma coisa. Pé de castelo: firme, seguro, resoluto, dedicado. Pé de moleque: espécie de bolo de massa de mandioca, com ovos, manteiga, castanha e açúcar preto, ficando assim com uma cor escura, e daí o nome. "Os gastrônomos não perderam vaza de apertar a boa canjica, o bolo de bacia e o tradicional pé de moleque" (*A Pimenta*, n.º 3, de 1901). Pé de pato: o diabo. Pé de pau: árvore. "Ocultos por trás de um pedregulho ou de um pé de pau, à espera do adversário descuidado" (Alfredo de Carvalho). Pé de peixe: abertos, defeituosos, pisando mal. Pé de pessoa ou de gente: indivíduo, transeunte. Logo que anoitece, não se vê na rua pé de pessoa. "Eu me vi cercado / De cabos, tenentes, / Cada um pé de cana / Era um pé de gente" (*Versos de Cabeleira*). Pé-de-pilão: inchado, volumoso, pesado. "Já deu nove horas / já saiu a lua / Pé de pilão / Está na rua" (Parlenda popular). Pé dormente: de moqueca, encostado, preguiçoso. "Na frase vulgar, estar de moqueca é estar de pé dormente, sem se importar de cousa alguma" (Gonçalves Dias). "Barriga cheia. / Pé dormente; / Vou pra cama / que estou doente" (Ditado). "Pé lá, pé cá", ir depressa a um mandado, sem demora, e voltar logo. Pé no mato, pé no caminho: de viagem. Pé-pulinho: caminhar com um dos pés firmado sobre os dedos, por um incômodo qualquer, andando assim aos saltos, aos pulinhos. Pé ou pés de chumbo: denominação depreciativa dada aos portugueses no tempo da Independência. "Carvalho e Caneca espalhavam aterradoras notícias, de que os pés de chumbo queriam escravizar-nos, e unir o Brasil a Portugal" (*O Cruzeiro*, n.º 137, de 1829). "Quando Deus criou a gente do Brasil, já foi para servir eternamente aos príncipes de Portugal; e a quanto *pé de chumbo* nos quisesse vir senhoriar?" (*A Miscelânea Periodiqueira*, n.º 2, de 1833). "Exército, marinha e tribunais / De belos pés de chumbo iam se enchendo" (*A Columneida*). Pé de chumbo é uma locução portuguesa, com a expressão de pessoa que anda lentamente e, na sua gíria popular, com as de estúpido, ignorante, imbecil. Pé de ouro: indivíduo que dança bem. "Lá vem ele... É um pé de ouro... Vai dançar comigo a primeira valsa" (*Jornal do Recife*, n.º 224, de 1915). Pés de espalha-patrulha, ou espalhados, abertos para fora. Pés de papagaio, voltados para dentro. Pés-frios: *gettattore* que encaipora os jogadores, apreciando as suas cartas, o seu jogo; indivíduo de maus olhos, de influxos perniciosos. "A Gertrudes, devido aos pés-frios da Laura, já foi duas vezes despedida pelos meirinhos" (*A Pimenta*, n.º 381, de 1905). Diz-se também pé-frio. "Asa negra, pé-frio, *gettattore* infernal. Livra-nos Deus do teu contato!" (*Jornal do Recife*, n.º 5, de 1916). "Chega a ser um horror o pé-frio que atormenta a triste vida da Lila" (*A Pimenta*, n.º 553, de 1907). Pés-rapados: alcunha depreciativa dada pelos mascates, em 1710, à gente do partido da nobreza, ou pernambucano emancipacionista, nome que se lhe deve, como escreve um cronista do tempo, porque os deste partido, havendo de tomar armas, punham-se logo descalços e à ligeira, para com mais desembaraço as manejarem; e assim eram conhecidos por destros nelas, e muito valorosos: desta sorte, os que eram da parte da nobreza chamavam-se nobres, ou pés-rapados. O termo, porém, já era vulgar entre nós, para qualificar o indivíduo que andava descalço, de pés no chão, e vinha de tempos idos, como se vê destes versos de Gregório de Matos: "Se tens o cruzado, Anica / Manda buscar os sapatos / E se não lembra-te do tempo / Que andaste de pé-rapado." A frase, porém, ficou, e com o mesmo tom depreciativo, para designar a gente de condição baixa, humilde arraia-miúda. "Pela expressão pé-rapado, designam os matutos o sujeito pobre, que não tem nada de seu" (Franklin Távora). "Mandam correr à noite, nas pontes, os pés-rapados, e não mandam ver nas cavas do colete dos gravatas-limpas os punhais e facas de ponta" (*Lanterna Mágica*, n.º 127, de 1885). "O pé-rapado, o infusório, é sempre quem paga o pato" (*O Zigzezigue*, 1899). Ditados e rifões: Bater com o pé na boca: não blasfemar. Pé de galinha não mata pinto. Quem quer moça bonita bole com o pé e a bolsa. Sair de pés para frente: morto. Seu beiço é curto, seu pé tem gancho: é baixo, não é capaz; não faz, não se atreve. Tirar o pé da lama: sobressair, subir, elevar-se. Ter a língua preta e o pé redondo: incapacidade, impedimento, incompatibilidade para falar ou agir em qualquer coisa. Um pé sujo procura um chinelo roto: procurar, conviver com gente da mesma laia, do mesmo quilate (Pereira da Costa, *Vocabulário Pernambucano*, 559). Signo de posse, estabilidade, equilíbrio, firmeza (ver *Pata de Coelho*). "Possessio appellata est (ut Labeo ait) a pedibus, quase positio; quia naturaliter tenetur ab eo, qui eu insistit." (Du Cange, *Investiture*). Símbolo da possessão territorial. Em várias orações suplica-se a imposição do pé de um santo como uma intervenção benéfica. O Prof. Hermann Urkel registrou em Portugal (*Beiträge zur Portuguiesischen Volkskunde*, 62, Hamburgo, 1928) um exemplo autêntico do singular processo vocativo: "Senhora da Conceição / Ponde aqui a vossa mão, / Senhor São José / Ponde aqui o vosso pé."

PEÇONHA. Atadura, laço de que se utilizam para subir os paus lisos, ou por demais grossos, e que não podem ser comodamente abraçados com as pernas. Há de duas espécies: uma prende os pés para permitir fazer-se finca-pé nelas; outra, é é a que se usa para os paus muito grossos, consta de laços de nó corrediço, que permite deslocá-los de conformidade com as necessidades da subida e da descida (Stradelli, *Vocabulário da Língua Geral*).

PÉ DE CALANGO[3]. Denominação popular nordestina, especialmente no alto sertão, das moedas antigas com algarismos romanos. O calango (*Anisolepis*, etc.) deixa na areia um rastro que lembra os XX.

PÉ DE DEUS E PÉ DO DIABO. Na cidade de Oeiras, Piauí, há uma laje com a impressão de um pé, direito e perfeito, e próximo uma pegada torta e feia. Dizem que a primeira é o pé de Deus, e cobrem-na de flores. A outra é o pé do diabo e depositam espinhos (Informação do folclorista cearense Neri Camelo, 30-8-1949).

PÉ DE GARRAFA[4]. É um ente misterioso, que vive nas matas e capoeiras. Não o veem ou o veem raramente. Ouvem sempre seus gritos estrídulos, ora amedrontadores, ora tão familiares que os caçadores procuram-no, certos de tratar-se de um companheiro transviado. E quanto mais rebuscam,

---

3 No texto original: "Pé-de-Calango" (N.E.).
4 No texto original: "Pé-de-Garrafa" (N.E.).

menos o grito serve de guia, pois, multiplicado com todas as direções, atordoa, desvaira, enlouquece. Os caçadores terminam perdidos ou voltam a casa depois de luta áspera para reencontrar a estrada habitual. Sabem tratar-se do Pé de Garrafa, porque este deixa sua passagem assinalada por um rastro redondo, profundo, lembrando perfeitamente um fundo de garrafa. Supõem que o singular fantasma tenha as extremidades circulares, maciças, fixando vestígios inconfundíveis. Vale Cabral, um dos primeiros a estudar o Pé de Garrafa, disse-o natural do Piauí, morando nas matas como o Caapora e devia ser de estatura invulgar, a deduzir-se da pegada enorme que ficava na areia ou no barro mole do massapê. Gustavo Barroso (*As Colunas do Templo*, 256) cita *Le Folk-Lore du Pays Basque*, de Julien Vinson, onde há um "homem selvagem, cujo pé esquerdo deixa no solo uma pegada redonda". Se esse duende viesse dos Bascos, certamente não havia de vir diretamente ao Brasil, mas por intermédio dos castelhanos ou mesmo dos portugueses da raia de Espanha. Estaria mais no Rio Grande do Sul do que no Piauí e Mato Grosso, onde os euscaros são raríssimos. Não conheço notícia sua em Portugal. Pé de Garrafa, Pé de Quenga, o pé contorço, arredondado, é índice demoníaco. Mãos em garra e pés redondos são "constante" do senhor diabo. Alípio de Miranda Ribeiro descreve-o: "É o Pé de Garrafa; o rastro está no chão, tal qual o sinal deixado no pó pelo fundo duma garrafa. Se o poaieiro não é bom, está perdido, deu tantas voltas que nunca mais acha saída. Um conhecido meu encontrou com esse bicho. Tem a figura dum homem; é completamente cabeludo e só possui uma única perna, a qual termina em casco em forma de fundo de garrafa. Eu nunca vi, entretanto vi o rastro e ouvi os gritos; e os senhores que vão à mata da Poaia hão de, pelo menos, ver o rastro como eu" (informação de Sebastião Alves Correia Jacobina, Mato Grosso, *Revista do Brasil*, n.º 50, 189, São Paulo, 1920). Nas velhas Missões de Januária, em Minas Gerais, o mítico Bicho-Homem é também chamado Pé de Garrafa. O Prof. Manuel Ambrósio explica que o Bicho-Homem tem "um pé só, pé enorme, redondo, denominado, por isto, Pé de Garrafa" (*Brasil Interior*, 69, São Paulo, 1934) (Ver Luís da Câmara Cascudo, *Geografia dos Mitos Brasileiros*, 228-232, 3ª ed., São Paulo, Global, 2002). Barbosa Rodrigues informa que o Caapora ou Caipora era conhecido em certos Estados como sendo unípede e com um casco arredondado. É um monstro assombrador dos sertões de outrora, sem muito noticiário recente.

Pé de Moleque[1]. Tradicional bolo de mandioca, escuro, maciço, conhecido em todo o Brasil. Receita do pé de moleque à moda de Pernambuco: "Quatro ovos, seis xícaras de massa de mandioca, meio quilo de açúcar de segunda, uma xícara de castanhas de caju pisadas, um coco, três colheres de sopa de manteiga, erva-doce, cravo e sal. Espreme-se a massa, passa-se numa peneira, depois junta-se o leite de coco tirado com um pouco d'água. Em seguida, os ovos, a manteiga, o açúcar, as castanhas pisadas, uma colherinha de sal e outra de cravo e erva-doce pisados. Leva-se ao forno numa forma untada e põem-se em cima algumas castanhas de caju inteiras" (Gilberto Freyre, *Açúcar*, 94-95, Rio de Janeiro, 1939). "No Estado do Rio, é doce seco de açúcar, rapadura ou melado com fragmentos de amêndoas ou de amendoim" (A. J. de Sampaio, *A Alimentação Sertaneja e do Interior da Amazônia*, 299, São Paulo, 1944).

Pé Direito e Pé Esquerdo. No banquete de Trimalcião havia um escravo encarregado de lembrar aos convidados que entrassem no salão com o pé direito, *Dextro* pede! (Petrônio, *Satyricon*, XXX). Pela milenar convenção verbal e religiosa, o lado direito, destro, destreza, dirigir, é a ordem, o seguimento, a retidão justa, á bondade, o espírito da lei. Quem pisa com o pé direito atrai para si mesmo os melhores prenúncios de felicidade e de vitória. O lado esquerdo, sinistro, é o inclinado ao mal, esquerdo, esquerdear (discordar), desastre, incêndio, naufrágio, desgraça. Esses valores determinam, para os pés, as mãos, as coisas sucedidas do lado direito ou do lado esquerdo, uma série supersticiosa de cuidados, atenções, respeitos instintivos pela Europa inteira e parte vultosa do mundo. A Constituição do Bispado de Lamego em 1683 citava esse costume como "observações vãs" passíveis de repreensão, "quem, entrando em casa, ou saindo, faz mistério, de ser primeiro com um dos pés mais que com outro" (ver Luís da Câmara Cascudo, *Superstição no Brasil*, "Pé Direito!", 145-152, 6ª ed., São Paulo, Global, 2002). O inventor Alberto Santos Dumont (1873-1932) planejou e mandou construir para a sua residência em Petrópolis, Estado do Rio de Janeiro ("A Encantada", Rua Riachuelo, 22, onde residiu a partir de 1918), escadas por onde só é possível subir ou descer iniciando-se a marcha com o pé direito. Ver *Direito* e *Esquerdo*.

Pedra de Escândalo. A frase, ainda corrente, indicando o motivo da murmuração crítica, refere-se à *lithos hydreos*, pedra da injúria, do escândalo, do opróbrio, onde o acusado se sentava para ser julgado no Areópago, em Atenas. *Boa pedra* e *má pedra* ou *pedra ruim*, aplicadas ao conceito da conduta humana, decorrem do processo de avaliação das pedras preciosas, legítimas ou falsas.

Pedras. "As pedras já falaram e viveram mesmo, como que em agremiações ou sociedades mais ou menos organizadas; e, se perderam essas prerrogativas, bem como, propriamente, certas faculdades físicas, individuais, conservam, contudo, ainda outros predicados inerentes à vida animal como os da audição, do riso, do choro e do caminhar, segundo a expressão, vulgaríssimos prolóquios e locuções populares: 'As pedras têm ouvido; fazer rir ou chorar as pedras; as pedras se encontram, quanto mais as criaturas.' Consideradas como uma substância pura e sagrada, entre as nações da antiguidade, levaram os egípcios o seu respeito tributado às pedras ao ponto de usarem-nas, de preferência aos metais, no serviço de embalsamamento das múmias e na cerimônia religiosa da circuncisão. Como que dotadas de predicados divinos, segundo a crença de alguns povos da antiguidade quando ainda a civilização não tinha penetrado até eles, libertando-se da barbaria, tiveram também as pedras um culto particular entre esses povos, e tão religiosa e fervorosamente praticado pelo fanatismo dos seus sectários que o encontrando o cristianismo, quando começou a irradiar-se, firmando suas doutrinas, o combate energicamente, fulminando a sua condenação, até que a Igreja, por fim, decretou formalmente a sua abolição, anatematizando-o repetidamente, a partir do concílio de Arles, no séc. V; mas para transformar este culto gentio em culto cristão, suavemente, sem abalos e resistências, conservando contudo os seus vestígios, instituiu para a veneração hiperdúlica as invocações da Senhora de Pedra, da Penha, do Pilar, da Lapa e do Monte, tão comuns entre nós como entre todos os povos católicos. S. Pedro, o príncipe dos apóstolos, é a pedra angular da Igreja Católica, e seu nome tem mesmo esta própria expressão, "porque lhe foi dado o posto, comparando-o à pedra que serve de fundamento a um edifício". Os marcos miliários das estradas e os de assinalamento de posses territoriais, com suas competentes testemunhas, e os frades de pedra colocados às esquinas das ruas já constituíram objetos de um particular respeito e veneração, como reminiscência do culto do "falo", o órgão da geração – origem de todas as vidas do universo – e cujas imagens, nas épocas das primitivas civilizações, principalmente indiana e grega, se viam esculpidas nos templos, nos campos e nas casas, como símbolos da fecundidade. O marco divisório, porém – que guarda os limites invioláveis do território – gozou dos predicados de um deus, sob o nome de "Terminus", ou Termo; e de parceria com Júpiter, que dentre os diversos cognomes com que é designado na mitologia tem o de "Terminalis", por se lhe consagrarem as demarcações dos campos, teve um culto especial, celebrando-se em honra de ambos essas festas solenes, de um cunho puramente religioso, que a História registra com a denominação de "Terminalis". A pedra fundamental de um monumento qualquer recebe as bênçãos da Igreja, e é solenemente lançada. É pecado tocar na pedra d'ara do altar, e principalmente as mulheres, como um objeto sagrado, porque importa isso uma profanação, resultando daí a perda de suas virtudes. Quando morre alguém que pactuou com o demônio e ele o vem buscar, deixa como vestígios do cadáver uma certa porção de pedras" (Pereira da Costa, *Folclore Pernambucano*, 28-30). "Quando a gente de caminho dá uma topada em uma pedra, deve dizer 'Deus te salve', porque pode ser uma alma penada, purgando-se dos seus pecados. A cura da gaguez consegue-se facilmente, falando-se com umas pedrinhas na boca, remédio esse que vem de eras muito afastadas, e dos gregos, talvez, porque, como se sabe, foi assim que Demóstenes viu-se livre de semelhante defeito" (*idem*, 33). Por uma pedrinha na boca, estimulando a salivação, é antiquíssimo remédio sertanejo para não ter sede. Henry Koster usou o processo, com gabos (*Viagens ao Nordeste do Brasil*, 127). Transferência da Fadiga: Uma pedrinha, umedecida na saliva, é friccionada em ambos os calcanhares e atirada por cima do ombro, sem se olhar onde vai cair. Com a pedrinha irá o cansaço. "En beaucoup de régions demi-civilisées ou sauvages, ce jet est une cérémonie magique destinée à transférer sa fatigue à une pierre, dont parfois se frotte, et qu'il lance dans des endroits spécialement destinés à cet usage, et qui sont assez ordinairement dans des lieux ou la route est difficile" (Paul Sebillot, *Le Folk-Lore*, 89, Paris, 1913). A transferência da fadiga é gesto comum entre os tropeiros e comboieiros do Nordeste, da região sertaneja.

Pedras — Culto das Pedras — Vestígios. Europeus e africanos trouxeram ao Brasil os vestígios da litolatria já desaparecida nos países de origem em seu conjunto litúrgico e doutrinário, mas viva nas superstições e tabus de conduta. A pedra d'ara nos altares católicos é um derradeiro sinal da pedra sacrificial, onde a vítima era imolada. Ungida e consagrada por um bispo, sobre ela é colocado o cálice e se depõe a hóstia, oferecendo-se o santo sacrifício da missa. As pedras podem representar almas em penitência e devemos, ao tropeçar nelas, saudá-las com um "Deus te salve!". Sagradas pela tradição são as pedras das soleiras da porta principal (ver *Soleira*). Foram seres vivos, transformados pela vontade divina. Elevações figuram "O Frade e a Freira", no Espírito Santo, entre os municípios de Cachoeiro de Itapemirim e do Rio Novo, à margem do rio Itapemirim, lembrando um amor de pecado, que Deus castigou (*Lendas Brasileiras*, 121-125, 9ª ed., São Paulo, Global, 2005). Como, por toda parte, as formas das serras e pedras altas sugerem imagens e os contos etiológicos vão nascendo, explicando como se teria dado o fenômeno. As pedras

---
1 No texto original: "Pé-de-Moleque" (N.E.).

são suscetíveis de receber a fadiga e as moléstias humanas. Valem orações. Montes de Pedras: Quem viaja pelo interior do Brasil encontra quase sempre, ao pé das cruzes, que assinalam o lugar onde morreu, mataram, ou sepultaram um indivíduo, pequenos montes de seixos. Cada um destes, sabe-se, representa uma oração. O viajante que por ali passa reza em favor da pobre alma do morto um padre-nosso, ou uma ave-maria, e, depois, lança uma pedra ao pé da cruz, de maneira que, dentro de algum tempo, um monte de seixos se ergue sobre a humilde sepultura. O fato pode ser observado entre vários povos europeus; porém, é verdadeiramente curioso encontrá-lo no interior da África escaldante, perpetuado numa lenda religiosa. Ei-la, tal como foi recolhida por Blaise Cendrars e catalogada com a epígrafe de conto de origem fã, no capítulo de lendas cosmogônicas da Antologia Negra: "Depois disso, lançaram-se as cinzas sobre o corpo de Ndun (rei dos primeiros homens), e, quando a cova estava cheia, o Criador acrescentou: – Ide procurar pedras. Foram buscar pedras e puseram-nas sobre a sepultura. As pedras elevaram-se alto, muito alto. O Criador disse; – Eis aí o sinal. Quando em viagem virdes o lugar onde repousa um homem, lançai-lhe uma pedra, um ramo ou uma folha. Deveis fazer assim! E os homens lhes responderam: Sim, faremos assim" (Blaise Cendrars, *Anthologie Nègre, Chant de la Mort*, 26-27, ed. Correa, Paris, 1947). Os negros fãs, m'fã, pauínos são do Congo francês. Corrente essa tradição em Portugal. Leite de Vasconcelos (*Tradições Populares de Portugal*, 93) e Teófilo Braga (*O Povo Português*, etc., I, 188-192) registram-na abundantemente. Santa Rosa de Viterbo atribui a origem do uso ao costume grego de atirar pedras em homenagem a Hermes, fazendo votos para a viagem propícia, mas Hermes era também um psicopompos, um guia transportador das almas dos mortos para o outro mundo. No Minho, "quando um aldeão passa por pé de alguma cruz, que indica o sítio em que se cometeu um assassínio, apanha uma pedra e, depois de rezar pelo descanso eterno do morto, atira-a para o montão de pedras que se vai formando em volta da cruz." Victor Rugo (*Le Rhin*), visitando a Champagne, escreve que "Arconville a encore le tas de pierres du Huguenot, que chaque paysan grossit d'un caillou en passant." Esses montículos de pedras oblacionais são denominados "obos" na Mongólia, dedicados ao espírito da montanha. O Coronel Prjevalski anotou: "Ses indigènes ont pour ces Obos un respect superstitieux et, en passant, ils y déposent une pierre, un chiffon ou un flocon de poils de chameau" (*Mongolie et Pays des Tangoutes*, 51-52, Paris, 1880). Henry Binder encontrou o mesmo em Amadith, no Curdistão: "Quand un homme a été trouvé mort sur la route, à l'emplacement où il a été tué on fait un tas de pierre, et chaque passant en ajoute une" (*Au Kurdistan, en Mésopotamie et en Perse*, 205, 1887). Frazer (*Le Rameau D'Or*, II, 204-240, Paris, 1908) cita o mesmo costume no deserto de Gobi, no distrito de Tellemarken na Noruega, na Suécia, na ilha estoniana de Oesel, os daiacos de Batang em Bornéu. Escreve Frazer: "Dans les pays du monde les plus divers, les passants avaient ou ont encore l'habitude de jeter soit une pierre soit un bâton en tout lieu qui a été le théâtre d'une mort violente, quelle qu'en ait été la cause. Cet usage a été constaté, sous la même forme, en Irlande, en France, en Espagne, en Suède, en Allemagne, en Bohême, à Lesbos, au Marroc, en Arménie, en Arabie, dans l'Inde, dans l'Amérique du Nord, au Vénézuéla, en Bolivie, à Célèbes et en Nouvelle Zélande. Il arrive parfois que le mort est enterré à l'endroit même ou il a été, mais ce n'est pas toujours le cas. Néanmoins la coutume de jeter des pierres ou des bâtons sur des tombes a été observée en naints pays, même lorsque ces tombes sont celles de personnes qui ne sont pas mortes de mort violente." E cita uma viagem de Cook a uma das Aleutidas, a Unalashka, onde os habitantes sepultam seus mortos nos cimos das colinas: "Au-dessus on voyoait un tas de pierres. J'observai que tous les passants en ajoutaient une." Semelhante é a notícia de Sébillot (*Le Folk-Lore*, 89); "En France, on désigne sous le nom de "murgers", en Anglaterre sous celui de "cairn", qui est devenu d'un usage courant, les pierres accumulées, à de certains endroits, et que finissent par former un tas considérable, parce que les passants en ajoutent une, quand ils se trouvent devant. Elles sont, en Europe, ordinairement destinées a à perpétuer le souvenir d'un meurtre ou d'un enterrement sur place, parfois celui d'un événement remarquable. Chez les Baloches de l'Inde, elles ont la même destination, et chaque passant doit y ajouter une pierre. Les Cafres observent cet usage pour éviter une disgrâce ou pour obtenir une faveur." A ideia inicial seria do altar rústico, comum a todas as religiões, erguido pela simples reunião de pedras toscas, o primeiro monumento articulador entre o homem e as forças misteriosas que ele personalizou e temeu. Jeová recomendara expressamente a Moisés: "Quod si altar e lapideum faceris mihi, non aedificabis illud de sectis lapidibus; si enim levaveris cultrum super eo, polluetur" (*Éxodo*, XX, 25). O altar de pedras brutas agradava ao Senhor e as pedras trabalhadas poluiriam o sacrifício. Como monumento de lembrança, o montão de pedras, o *cairn*, aparece no Velho Testamento como testemunho de uma convenção, ou atestando a presença da divindade. Os lugares do culto eram, primitivamente, pedras consagradas. Assim fizera Jacó em Betel, depois de ter sonhado com a luminosa escada dos anjos. Entre ele e Labão, santificando o acordo, houve um *cairn*. Os gregos tiveram pedras como deuses. No mercado de Faraé, na Acaia, Pausânias vira trinta pedras quadradas valendo trinta deuses (VII, 22). Os estatuários gregos é que evoluíram para a imagem. A pedra e depois a pilastra foram as representações iniciais. Apolo (como *Agyieus*), Diana, Ceres, Minerva não tiveram, de princípio, outra personalização. Cibele, Magna Mater, no seu maior templo, o "metroon" de Pessinonte, na Ásia Menor, era uma pedra, "passos," caída do céu, um meteorólito, solenemente enviado para Roma no ano de 204 (A. C.), onde possuiu o templo da Vitória, no monte Palatino, durante a segunda guerra púnica. Mesmo noutros templos de mãe dos deuses, na Grécia, Pireu, Olímpia, Atenas, fora outrora um simples bétilo. Ferdinand Justi julga que a Arca da Aliança dos hebreus tivesse apenas um meteorólito. Isaías denunciava essa litolatria hebreia: "Nas pedras lisas dos ribeiros está a tua parte; estas são a tua sorte; a estas também derramas a tua libação, e lhes oferece ofertas" (LVII, 6). Identicamente Jeremias apostrofava a superstição da época, às árvores e às pedras, dando à árvore a paternidade e à pedra a origem da vida: "dicentes ligno: Pater meus es tu; et lapidi: Tu me genuisti" (II, 27). Os cultos solares, já conhecidos e nacionalizados pelos cananeus, também eram comuns na Grécia, "baitil-os" ou "baitil-ion", pedras redondas e negras, tendo uma alma, um deus fixado no seu interior, dando, às vezes, oráculo. Dessas cerimônias proveio o respeito às pedras dos umbrais e soleiras, tão vivo no interior do Brasil, as portas sagradas, Xoana ou Aschera. Ninguém ignora a pedra negra da Caaba, reverenciada em Meca pelos milhões de muçulmanos. Esses rituais repercutiram na África e nos orixás da orla do Atlântico, jeje-nagôs, refletem a influência. Xangô, Oxóssi, Iansã, Oxum, Anamburucu, Oxum-Manrê são representados nos fetiches por pedras. Iemanjá, deusa amorosa e marítima, como a Vênus páfia, tem a pedra marinha e as conchas, tal-qualmente a deusa anadiomena, na simbologia ritual. A transferência de males ou presságios para as pedras, como no processo de feitiço ou bruxedo europeu e o ebó, muamba, troca de cabeça dos feiticeiros africanos, ocorria igualmente em Roma: três pedrinhas atiradas no caminho afastavam a infelicidade: "ou qu'il n'ait jeté lui-même trois petites pierres dans le chemin, comme pour éloigner de lui ce mauvais présage" (Teofrasto, *De La Superstition* en la Bruyère). Dos cultos larários romanos ainda sobrevive a superstição ligada às pedras do fogo, pedras do fogão, a trempe (ver *Trempe*). Pedras Preciosas. As superstições de amuletos de pedras preciosas ou a forma mágica de cada uma, evitando febres, mau olhado, negócios desastrosos, dando felicidade no jogo e no amor, nas viagens e nos negócios, vivem no Brasil mais nas cidades e entre letrados e semiletrados, como reminiscência de leituras velhas ou difundidas pelos almanaques de produtos farmacêuticos, publicando resumos de elementos da astrologia, numerologia, pedras votivas de cada mês (que devem ser usadas em anel, pulseira ou colar por quem nasceu naquele mês) e é fácil encontrar anúncios de casas especialistas nas vendas de pedras simbólicas. Entre o povo, que não pode usar joias, a superstição delas não se faz sentir. Janeiro: turquesa e ônix; fevereiro: safira e ametista; março: berilo e opala; abril: ametista e diamante; maio: safira e turquesa; junho: água-marinha e topázio; julho: brilhante e pérola; agosto: rubi e brilhante; setembro: esmeralda e topázio; outubro: opala e carbúnculo; novembro: granada e topázio; dezembro: brilhante e safira. Tradições do Culto. Gonçalves Fernandes encontrou na Paraíba "viva litolatria". "No município de Alagoinha, próximo algumas horas de automóvel da capital do Estado, existe uma mestiça muito popular em toda a redondeza, "comadre" Leocádia Crisóstomo, que criou um culto a uma pedra alta, que se eleva num morro, por detrás da sua casa. Ela chama a pedra Nossa Senhora da Gruta e enche-a de adornos, velas acesas em promessa, bandeirinhas de papel. Leocádia, muito estimada, congrega os populares em procissão até a pedra-fetiche, sendo já muito comum fazerem-se promessas à pedra-deus. Adorando-a como Nossa Senhora da Gruta, comadre Leocádia concilia com a sua censura o inconsciente racial desperto" (*O Folclore Mágico no Nordeste*, 18). Informa o mesmo autor que no município de Campina Grande, no mesmo Estado, na serra do Fagundes, "duas grandes pedras elevadas e juntas, as pedras de Santo Antônio, são objeto de culto". E ainda "em Galante, na Várzea do Arroz, há uma outra pedra também adorada. Chamam Santo Antônio do Arnould" (*idem*, 20-21). Sobre o reino encantado da Pedra Bonita (1836-1838) e a santa da pedra (1819), em Pernambuco, ambos de marcada ascendência de culto às pedras, ver *Sebastianismo*. Sobre a convergência do culto à pedra e a tradição das pedras de raio, ver *Pedra de Santa Bárbara*. Vestígio Afro-Brasileiro do Culto. Uma tradição entre os afro-brasileiros da Bahia, devotos dos orixás do panteão jeje-nagô é a pedra de Ogum entre os engenhos d'Água e de Baixo, no município de São Francisco (Bahia). O Professor Nina Rodrigues, depois de citar a pedra marinha como fetiche de Iemanjá, escreve: "Mas a litolatria africana não se limita a essas manifestações. Há ainda no interior pedras sagradas, cuja origem divina se encontra nas dimensões ou na irregularidade das formas. Sei, com toda a certeza, que muitas dessas pedras existem e pessoalmente conheço uma das mais curiosas. Essa pedra, conhecida sob o nome de pedra de Ogum, é adorada como fetiche. Encontram-se constantemente sobre essa pedra os restos ou vestígios de sacrifício: sangue, penas de aves, conchas marinhas, etc. Algum tempo depois, no dia imediato a uma iniciação, encontrei a pedra de Ogum toda enfeitada de ramos e cercada de colunas engrinaldadas de mirto; destroços de lanternas, que tinham sido acesas durante a noite precedente, juncavam o solo. Sobre a pedra e em toda a extensão de sua parte superior tinham derramado "acaçá" reduzido a papa. Vários negros e outras pessoas afirmaram-me, com um acento de profunda convicção, que na pedra de Ogum se tinha visto a figura de um homem vestido de vermelho, tendo uma grande espada na mão" (*L'Animisme Fétichiste des Nègres de Bahia*, 31-33, Bahia, 1900). Sobre a persistência do culto litolátrico dos candomblés baianos, macumbas cariocas, há ainda a informação sobre os "parás" (ver Pará) gaúchos: "O objeto mais sagrado em qualquer altar é a pedra dedicada ao santo. Aqui (em Porto Alegre), como nas outras partes, o poder que reside na pedra, expressado por uma mãe de santo, foi de afeição e orgulho e também de respeito. Ela exibiu uma, recentemente adquirida, com exclamações à sua beleza; numa segunda vista, afastou o pano atrás do qual estavam as pedras nos seus receptáculos, e exclamou: "Aqui estão meus pais" (Melville J. Herskovits, "Os Pontos mais Meridionais dos Africanismos do Novo Mundo", *Revista do Arquivo Municipal*, XCV, 86, São Paulo, 1944; Luís da Câmara Cascudo, *Superstição no Brasil*, "A Pedra na Cruz", 50-56, 6ª ed., São Paulo, Global, 2002). Ver *Cruz*.

PEDRA BONITA, REINO DA. Ver *Sebastianismo*.

PEDRA DE BEIÇO. Ver *Batoque*.

PEDRA DE LETREIRO. Pedra pintada, pedra de letras, petrógrifos, desenhos rupestres, coatiaratiua, itacoatiara. "Em todos os sertões do Brasil, se encontram, nos talhados de pedra das serrotas ou nas rochas à beira dos rios, inscrições estranhas, profundamente gravadas, revelando a existência duma pictografia anterior ao descobrimento" (Gustavo Barroso, *Aquém da Atlântida*, 175, São Paulo, 1931). "O índio nunca fez desses desenhos uma utilidade maior. Quando aparece uma inscrição convencionada, ela não vai além de uma ideologia primária, não vai além da ideia de aviso, não ultrapassa o plano de uma comunicação". (Angione Costa, *Migração e Cultura Indígena*, 61, São Paulo, 1939). "Os indígenas deixaram aqui e acolá, nos lugares de passagem e demora forçadas, onde a existência de pedras mais ou menos duras lhes permitia fazê-lo, numerosos desenhos feitos, ao que parece, gastando a pedra com outra pedra. No lugar denominado Lajes, na confluência do Solimões com o rio Negro, que passam a formar o verdadeiro Amazonas, por exemplo, as inscrições vêm misturadas com riscos mais ou menos profundos, que parecem ser outra cousa senão traços deixados pelos afiadores de machados; mas outros lugares há em que tal mistura se observa, e, embora toscas as figuras, demonstram que foram feitas com um fim determinado, o que é confirmado também pela repetição de certos sinais e figuras. Quando as encontrei da primeira vez, e foi em Mura (Moura?), no rio Negro, duvidei logo que fossem, como se pretendia, simples trabalhos de desocupados sem escopo algum. Mais tarde, no Alto Uaupés, toda e qualquer dúvida a respeito me foi tirada. Tais desenhos, embora toscos e de uma ingenuidade quase infantil, especialmente quando comparados com o que se quis representar, são verdadeiros e próprios hieróglifos, sinais convencionais com significação ainda hoje conhecida pelos nossos indígenas, que os veneram como monumentos deixados pelos seus maiores. De algumas delas me foi dado obter a significação e uma espécie de chave, que foi publicada com uma coleção das inscrições pertencentes à região do rio Uaupés no *Bollettino della Società Geografica Italiana*, (Fascículo V, 1900). Como a sua ubiquação parecia dizê-lo, muitas delas são indicações de migrações, sinais deixados pelos traços que precedem, para guia dos que seguem, com a menção do modo de acolhimento, recursos da localidade, tempo de demora, via seguida, etc. Outras se referem a lendas e tradições dos diversos povos que nele se seguiram ou à lei e aos ritos do Jurupari. Em qualquer caso, tinha razão o velho Quenomo, um cubéua do Cuduiari, quando dizia a Max. J. Roberto, o meu companheiro de jornada na minha última viagem ao Uaupés: "Penhe pecoatiára papéra iané íarecô itá iacoatiára arama" – vocês escrevem o papel, nós temos a pedra para escrever –. As inscrições, que fizeram dar o Serpa o nome de Itacoatiara, não parecem de origem indígena" (Stradelli, *Vocabulário Nheengatu*, 476-477). As pedras de letreiro existem em todos os Estados, gravadas com maior ou menor profundidade, e cobertos os desenhos e letras com tinta negra, vermelha, cinzenta, aparentemente indelével ou de durabilidade prolongada. O problema é discutido no plano das itacoatiaras constituírem trabalho indígena ou vestígios de uma civilização anterior, desaparecida e sem maiores elementos de identificação. Como os desenhos rupestres são conhecidos no mundo inteiro, em todos os continentes e raças, citados desde remota antiguidade, o assunto tem apaixonado alguns estudiosos, e as soluções estão ainda no nível das controvérsias e sugestões. Outro aspecto do tema é o desenho lítico significar alguma coisa ou simples divertimento, passatempo do artífice. É uma mensagem ou apenas um *ludus homini*? Há muita erudição e tempo em ambos os lados do dilema, e surgiu mesmo, necessariamente, uma terceira escola, eclética, concordando com os extremos e ficando no meio, afirmando existir divertimento, brincadeira, indicação e sentença religiosa nas pedras pintadas. "... existe uma arte espontânea e infantil, puro brinco de índio, outra que representa uma necessidade de comunicação e ainda outra, que só aparece nos limites e em duas zonas interiores do Brasil, de fins puramente religiosos e funerários" (Angione Costa, "Arte Rupestre" no Brasil, *Migrações e Cultura Indígena*, 74-75). Há muita informação nos cronistas coloniais (*Diálogos das Grandezas do Brasil*, I), onde há o mais velho registro, referente ao encontro de itacoatiaras no rio Araçagipe, na Paraíba, em 29 de dezembro de 1598, pelo Capitão-Mor Feliciano Coelho de Carvalho, transcritas e trazidas aos nossos dias (pág. 49). Os naturalistas que viajaram o Brasil do séc. XIX não esqueceram de indicar as pedras pintadas. Os estudos brasileiros mais demorados, com bibliografia, ilustrados em sua maioria pela cópia dos desenhos são: Ladislau Neto ("Investigações Sobre a Arqueologia Brasileira", *Arquivos do Museu Nacional*, vol. VI, Rio de Janeiro, 1885), Tristão de Alencar Araripe ("Cidades Petrificadas e Inscrições Lapidares no Brasil", *Revista do Instituto Histórico Brasileiro*, tomo L, 1887), João Franklin de Alencar Nogueira ("Inscrições na Serra da Rola e na Gruta Casa da Pedra, Ceará", *Revista do Instituto Histórico Brasileiro*, tomos LV e LVI, 1892), Alfredo de Carvalho (*Pré-História Sul-Americana*, Recife, 1910), Nelson de Sena ("A Idade da Pedra do Brasil", Terceiro Congresso Científico Latino-Americano, Belo Horizonte, 1905), Francisco Soares da Silva Retumba ("Relatório ao Presidente da Paraíba", Pernambuco, 1886, figurando no livro de João da Lira Tavares *A Paraíba*, 162-205, Paraíba, 1909), Luciano Jacques de Morais (*Inscrições Rupestres no Brasil*, Rio de Janeiro, 1924), Gustavo Barroso (*Aquém da Atlântida*, os *Mahadéus do Sertão*, 175-246), Angione Costa ("Arte Rupestre" no Brasil, no *Migrações e Cultura Indígena*, 51-89, São Paulo, 1939), Alfredo Brandão (*A Escrita Pré-Histórica do Brasil*, Rio de Janeiro, 1937), Raimundo Morais (*O Homem do Pacoval*, 288-297, São Paulo, sem data) e ensaios de vários autores, publicados na *Revista do Instituto Arqueológico Pernambucano* e *Revista do Arquivo Municipal de São Paulo*. Angione Costa e Luciano Jacques de Morais registram bibliografia excelente. Entre os estrangeiros, são essenciais: John Casper Branner ("Rock inscriptions in Brazil," *American Naturalist*, XVIII, Filadélfia, 1884, traduzido por João Batista Regueira Costa e publicado na *Revista do Instituto Arqueológico Pernambucano*, 12, 1885 e reproduzido no n.º 60, 1904), Charles Frederik Hartt ("Brazilian Rock Inscriptions", *American Naturalist*, tomo V, Salem, 1871, traduzido por J. B. Regueira Costa, *Revista do Instituto Arqueológico Pernambucano*, n.º 47; 1895), Theodor Koch-Grünberg (*Südamerikanische Felszeichnungen*, Berlin, 1907, (desenhos em pedras sul-americanas), Ermano Stradelli ("Iscrizione Indigine della Regiona Dell'Uaupès", separata do *Bollettino della Società Geografica Italiana*, fasc. V, Roma, 1900), A. A. Mendes Correia (*Gravuras Rupestres no Brasil*, Porto, 1932). Teodoro Sampaio ("Arqueologia Brasileira", *Dicionário Histórico, Geográfico e Etnográfico Brasileiro*, I, 852, Rio de Janeiro, 1922) com autoridade indiscutida diverge do "ludus homini", sugerindo, com habitual prudência científica, outro rumo: "As inscrições achadas no Brasil são de dois tipos: as incisas ou esculpidas e as simplesmente pintadas. Deparam-se elas em todo o País e no resto da América do Sul, fato que, por si só, pela sua generalização, está a dizer-nos que, na pré-história indígena, maior valor se lhes deve atribuir do que o de simples "ludus homini", produto sem significado de mero passatempo ou de recreação do selvagem ocioso. As gravuras em pedra ou litóglifos, abertas com instrumentos toscos, quais os de que se utilizam os índios, não se executam ainda mesmo no arenito mais mole, tão completas e por vezes tão extensas, exigindo tão árduo e aturado labor, se, para tanto, não é o executor ou artista dominado por um sentimento mais elevado, por um pensamento superior, seja ele embora cultural, religioso ou de simples reminiscência. As pictografias ou inscrições feitas com tinta, nem mesmo estas, que muito menor esforço ou dispêndio de tempo requerem, devem ser tidas, pelo observador escrupuloso, como meros divertimentos do selvagem em horas de ócio. O preparo da tinta quase indelével, que resiste por séculos à ação do tempo, exige cuidado e trabalho que não se compadecem com o emprego fútil dos momentos de ociosidade. O índio que grava na pedra ou pinta na mesma pedra um sinal ou figura qualquer, dependente isto de material que lhe exige custoso e prévio preparo, não brinca, reflete um pensamento que lhe merece o esforço despendido. Nem por ser selvagem deixa ele de ter sentimento e memória susceptíveis de perpetuação por escultura ou pintura. As inscrições lapidares de procedência indígena na América do Sul acodem, de ordinário, a um sentimento religioso e, no Brasil, as mais das vezes, têm um caráter funéreo, são acessórios das necrópoles do gentio primitivo". Teodoro Sampaio crê que os petrógrafos estejam em sua maioria próximos aos antigos cemitérios indígenas ou nas lapas e cavernas. A observação registra que os desenhos nunca estão distanciados dos cursos d'água e às vezes à margem dos rios pluviais. A percentagem definitiva dos desenhos dá aos indígenas da raça jê, habitantes do interior, a responsabilidade de sua feitura, coincidindo a existência das itacoatiaras com a região dos antigos e convencionais tapuios quinhentistas. Mas, pelo menos na orla e para o *hinterland*, já haviam os indígenas tupis e cariris perdido o segredo do fabrico das tintas inapagáveis e a explicação dos desenhos no séc. XVI e no imediato, quando Feliciano Coelho de Carvalho e Elias Herckmans debalde procuram obter esclarecimentos sobre a origem dos petrógrifos do rio Araçagipe ou na serra da Cupoaba. Brandão do Amorim recolheu uma tradição dos indígenas pacaraus, num dos afluentes do rio Negro, no Amazonas, denunciando ainda o conhecimento da pintura de sinais nas pedras, indicando percurso: "Os pacaraus pintaram logo nas pedras seu sinal para sua gente ver, depois subiram o rio, foram para a ilha do Fogo, atrás daquela gente. Os restos das gentes dos pacaraus chegaram à ilha da Jararaca, viram logo o sinal de seus companheiros, disseram: Vigiem como somos valentes! Aqui estão os sinais de nossa gente, eles estão mostrando que devemos subir em seu seguimento cinco enseadas!" ("Lendas em Nheengatu", *Revista do Instituto Histórico Brasileiro*, tomo 100, vol. 154, Rio de Janeiro, 1928). A importância folclórica das itacoatiaras não é inferior à sua projeção etnográfica. São sempre lugares com lendas, fixando a curiosidade das circunvizinhanças, determinando assombrações e contos etiológicos, tesouros encantados, residência de monstros, prisões de princesas, entradas para moradas misteriosas, onde as maravilhas de arte e os montões de pedras preciosas deslumbram. Nas proximidades da orla marítima, diz-se sempre que os desenhos foram "obra do holandês". O holandês é a explicação de toda curiosidade natural ou de todo trabalho cuja autoria se perdeu. Corresponde ao mouro na península Ibérica. Sobre as pedras que têm impressões de pegadas, conhecidas como pedras de São Tomé ou Rastro de São Tomé, ver Tomé. Sobre as pedras de letreiro, ver ainda Estêvão Pinto (*Os Indígenas do Nordeste*, 1, 40-66, São Paulo, 1935). Na *Revista do Arquivo Municipal de São Paulo*, RAMSP, alguns estudos e pesquisas foram publicados, fixando observações e comentários sugestivos: Herbert Baldus ("As Pinturas Rupestres de Santana da Chapada", *Mato Grosso*, XI, 5-14), José Antero Pereira Júnior ("Notas Sobre Inscrições Lapidares", *Revista do Arquivo Municipal de São Paulo*, LXXVII, 97-100), *idem* (*Revista do Arquivo Municipal de São Paulo*, XCIV, "Itacoatiara de Ingá", 143-149), idem (*Revista do Arquivo Municipal de São Paulo*, XCV, "Considerações a Respeito de Alguns Sinais da Itacoatiara de Ingá", 113-116) *idem* ("Itacoatiaras." *Revista do Arquivo Municipal de São Paulo*, XC), *idem* ("Algumas Itacoatiaras Paraibanas", *Revista do Arquivo Municipal de São Paulo*, CIII), *idem* ("Algumas Notas Sobre os Litóglifos do Rio Araçuagipe, na Zona da Serra de Cupaoba, e Outros Apontamentos", *Revista do Arquivo Municipal de São Paulo*, CVI), Mário Melo ("Os Litóglifos de Vila Bela", etc., 7-24, *Revista do Instituto Arqueológico Pernambucano*, XXIX, 1930), Bernardo de Azevedo da Silva Ramos (*Inscrições e Tradições da América Pré-Histórica, Especialmente do Brasil*, I (e único), Rio de Janeiro, 1930), Melquíades Borges ("Inscrições Rupestres", *Boletim do Museu Nacional*, vol. 9), Aníbal de Matos (*Pré-História Brasileira*, 220-294, São Paulo, 1938), *idem* (*Monumentos Históricos, Artísticos e Religiosos de Minas Gerais*, 58-63, Belo Horizonte, 1935); *idem* (*História da Arte Brasileira*, 70-75, Belo Horizonte, 1937), Mário Melo ("Arqueologia Pernambucana", *Revista do Instituto Arqueológico Pernambucano*, XXXII, 7-14, 1934).

PEDRA DE RAIO[1]. Pedra de corisco; os objetos de pedra encontrados pelo povo são dados como trazidos pelo raio e enterrados pela força do meteoro. Ficam, mais ou menos, numa profundidade de sete braças, e cada ano sobem uma braça. Sete anos depois de caídas, estão na superfície da terra. O raio é um sinal, uma arma divina, arma de arremesso, como a usava Júpiter Kerauntios. A pedra é trazida no raio, e o trovão é justamente o rumor da pedra atravessando o ar. O homem esqueceu rapidamente a Idade da Pedra, na substituição dos utensílios de bronze e de ferro, não mais identificando o que deparava feito naquele material. O povo, encontrando enterrados no solo as armas e os utensílios de pedra polida, vendo a sua conformação singular, criou um mito espontâneo com o produto de uma indústria remota, cuja tradição perdera. As pedras de raio acham-se em toda a Europa e não só na Europa; e por toda parte são tidas como o resíduo petrificado da exalação, e dotadas de merecimentos singulares. Quando troveja, os quiens (Khyen) do Arakan olham cuidadosamente para o raio, a ver onde cai, e se toca em casa ou em árvore, ou se se some na terra; assim que a tempestade passa, cavam, lamentando-se quando nada encontram; se acham a pedra, guardam-na como talismã. Não consta que na Europa a superstição atingisse a este grau, mas é sabido que as pedras fortuitamente encontradas se consideravam consolidações do raio; já isto sucedia entre os romanos, que as tinham por talismãs, distinguindo-se, segundo se veem Plínio, os "cerauniae", pontas de flecha, dos "betulé", machados. Nas antiguidades etruscas veem-se colares de ouro com pontas de flechas por amuletos (Oliveira Martins, *As Raças Humanas e a Civilização Primitiva*, 217-218, II, Lisboa, 1881). Era a lição da cultura romana em Plínio, Tito Lívio, Plutarco, Agrícola. Os italianos chamam "saeta". Os franceses "pierre de foudre". Os ingleses, "thunderbolts", ligando-as ao trovão. P. Saintyves estudou longamente o assunto (*Corpus du Folklore Pré-Historique*, II, Paris, 1935) e "Pierres magiques: Bétyles, haches-amulettes et pierres de foudre", com suplemento (1939) e C. Blinkenberg na Inglaterra (*The Thunderweapon in Religion and Folk-Lore*, London, 1911); Paul Sébillot (*Le Folk-Lore de France*, I, Paris, 1904), e o estudo na *Revue de L'École D'Anthropologie* ("Le Culte des Pierres en France"); J. Leite de Vasconcelos (*Tradições das Pedras. Era Nova*, Lisboa, 1881, e *Tradições Populares de Portugal*, 97, Porto, 1882); Luís Chaves ("Folclore dos Monumentos Pré-Históricos", 181, *Páginas Folclóricas*, Porto, 1942). Criado em região sertaneja no Rio Grande do Norte, muitas vezes, depois de tempestades, ouvi perguntar: acharam a pedra do raio? Reunindo os bons augúrios em favor de Galba, Suetônio registra, no ano 68, que o raio caíra num lago cantábrico, encontrando-se doze achas, machados de pedra, sinais iniludíveis da majestade imperial: "Non multo post Cantabria lacum fulmen decidit: repertaeque sunt duodecim secures haud ambigum summi imperii signum" (Galba, VIII). A tradição em Portugal, de onde a recebemos, é idêntica e fiel aos romanos: "Toda gente tem ouvido falar nas pedras de raio (as cerânias dos antigos), que, segundo o povo, caem quando troveja, e racham as árvores, etc. Esta cunha de pedra (Resende), quando cai, afunda-se sete varas, e só vem à superfície no fim de sete anos, levando cada ano a subir uma vara (Trás-os-Montes, Angorez, Vouzela). Na ocasião em que cai, dá muitos saltos no chão, deixando a terra esganhada (Rio Tinto). A cunha é lançada nos telhados para livrar de raio a casa (Torre de Moncorvo) (Leite de Vasconcelos, *Tradições das Pedras*, 75). A braça valia 2,2 m, e a vara 1,10 m. A volta da pedra de raio à superfície também varia nos países da Europa, América, Ásia, etc., onde a tradição é semelhante. Na Sibéria, três anos, no Anã, três meses e dias, seis anos em Rouergye e onze anos nos Vosges, sete anos (como no Brasil) na Baixa Alsácia, Delfinado, Aude, Alto Garona; sete anos, sete meses, sete dias na Itália, Suécia, Açores, Antilhas (P. Saintyves, *Corpus du Folklore Pré-Historique*, 20-21, Suplemento II, Paris, 1939). A pedra de corisco tem a utilidade de evitar, com sua presença, o raio. Onde ela estiver, não cairá o raio. Guardam-na com cuidados, expondo-a, em lugar bem visível, mas não ao ar livre, nos momentos de trovoada ou relâmpagos. Damigéron, que viveu no primeiro século na Era Cristã, aconselhava: "Deves trazê-la contigo, guardando castidade, e nunca serás ferido pelo raio; a casa e propriedade que guardarem essa pedra serão poupadas igualmente. E também, nas viagens por mar, se a levares, não morrerás pelo raio nem pela tempestade". É justamente o que ainda pensa uma boa parte da população do interior do Brasil. Diz-se no Nordeste, especialmente nos sertões, "pedra de corisco" e não pedra de raio. Pedra de corisco era o velho nome português no séc. XVI. Assim escreveu em 1533, Gil Vicente, na *Romagem de Agravado*:

"Ai de mim, que estou em tal risco
De penosa confusão,
Que tenho já o coração
Feito pedra de corisco
E o meu espírito carvão."

Ver *Pedra de Santa Bábara*.

PEDRA DE SANTA BÁRBARA[2]. Nome que davam os africanos na Bahia à pedras de raio ou pedra de corisco, e que se conserva entre seus descendentes e mesmo empregado pela população mestiça nalgumas paragens do Nordeste brasileiro. A pedra de santa bárbara para os escravos africanos era objeto de culto visível, desaparecido com o séc. XIX. Não é possível afirmar o esquecimento total nos netos dos africanos respeitadores da prática parcial da superstição. "A pedra nefrítica ou faca indígena, que o índio tem como talismã, e por isso é respeitada pelas virtudes imaginárias de um amuleto, o africano denomina pedra de santa bárbara, e acredita que ela se desprende da atmosfera em ocasião de tempestade. E nessa presunção prepara medicamentos para beneficiar o organismo humano: toma das folhas de certos arbustos que só ele conhece, corta-as com a dita pedra, coloca-as em uma vasilha com a gema do ovo, e depois envolve nessa mistura aquele instrumento indígena. Durante essa operação, o africano entoa uma oração no dialeto em que se exprime, a que dá o nome de 'Etu-tu'. Assim preparada a droga, apresenta esta todas as virtudes milagrosas, e a qualquer doente é aplicada do seguinte modo: o indivíduo despe-se, tendo os braços voltados para trás, inclina o tronco para a frente, na atitude de quem vai apanhar o remédio com a boca, e nessa ocasião o operador aproxima a droga nos lábios do enfermo, que a ingere. O 'malê' também dá o mesmo valor miraculoso à pedra nefrítica, como medicamento, com a diferença de que basta colocá-la sobre o remédio, por determinado tempo, para que a droga participe logo de toda a ação curativa. É crença entre africanos e indígenas que, por ocasião de

---

1 No texto original: "Pedra-de-raio" (N.E.).

2 No texto original: "Pedra-de-Santa-Bárbara" (N.E.).

tempestade, a pedra de santa bárbara, caindo das nuvens, introduz-se no subsolo até a profundidade de sete braças e só ao cabo de sete anos é que volta à superfície, e nessa ocasião só a pode encontrar a pessoa privilegiada" (Manuel Querino, *Costumes Africanos no Brasil*, 81-82).

PEDRAS DO FOGÃO. As três pedras do fogão brasileiro do interior, chamado simplesmente "o fogo", possuem tradição sagrada. É a trempe, em Portugal o aro de ferro sobre três pés, em que se assenta a panela ao lume. Os indígenas do idioma tupi diziam ser a itacurua, sapo de pedra, às vezes de barro cozido. Ver *Trempe*.

PEDRINHAS (JOGO DAS). Joga-se com cinco ou mais pedrinhas. Atira-se uma pedrinha ao ar e, enquanto esta sobe e desce, apanham-se as outras, que estão repousando, e se juntam todas na mão, atirando-se sucessivamente duas, três, quatro ao ar, apanhando-se as que restam. Perde quem não conseguir reunir as pedrinhas todas. As combinações são variadas. Noutras ocasiões jogam pondo a pedrinha no dorso da mão. Diz-se em Portugal também Bato. É o secular jogo dos ossinhos, osseletes, astragalismo, popularíssimo na Grécia e em Roma. No século segundo antes de Cristo, o escultor grego Policlés expôs a linda "Astragalizonte", uma jovem jogadora de astrágalos. Havia o jogo em marfim, metais preciosos, etc., sempre imitando ossos dos pés e mãos. Os legionários romanos levaram o jogo dos ossinhos por todos os recantos do império. Em Portugal chamam ainda telhos (Pedroso, Gaia), pedras ou chocos (Navais, Póvoa de Varzim), jogas (Paços de Ferreira), bodelha, no Norte, etc. Na revista "Douro-Litoral", VIII (primeira série), e II (segunda série), III (terceira série), há registros de muitas variantes portuguesas do jogo das pedrinhas. Dizem na Beira, "chinas". Jaime Lopes Dias (*Etnografia da Beira*, Lisboa, 1942). Dona Maria Cadilla de Martínez registrou-o em Porto Rico (*Las Chinas y los Chinos, Juegos y Canciones Infantiles de Puerto Rico*, 82, San Juan, Puerto Rico, 1940), aludindo à "pentalia" romana, também jogada com cinco pedras. No Museu de Nápoles há uma ânfora grega, onde um grupo feminino assiste um jogo de pedrinhas ΑΛΕΞΑΝΔΡΟΣ ΑΘΗΝΑΙΟΣΘ ΕΤΑΦΕΝΡC. Os ingleses o conhecem pelo nome traduzido do latim, "knucklebones". No Brasil é jogo popularíssimo entre crianças e mesmo para os adultos das classes pobres.

PEDRO. São Pedro, discípulo, santo chaveiro, primeiro papa, festejado a 29 de junho, juntamente com São Paulo, aparece nas *estórias* populares como personagem astuto, finório, espécie de Pedro Malasartes, com maior dignidade, mas desenvoltura idêntica. De sua simplicidade e boa-fé, espontânea credulidade, visíveis no Novo Testamento, o povo o tornou uma expressão curiosa, que ora se liberta de circunstâncias aflitivas ou difíceis com imperturbável sangue-frio, ou resolve essas situações com processos não muito ortodoxos, mas perdoados pela indulgência de Jesus Cristo, seu companheiro nas jornadas. Rodrigues Marin recolheu na Espanha "Cinco contezuelos populares andaluzes", onde São Pedro é uma encarnação simplória mais desembaraçada de Sancho Pança. Há muitas patranhas dessa habilidade. No *Contos Tradicionais do Brasil*, 318-319, registrei o episódio "Os rins da ovelha". São Pedro comera a víscera e negava ter feito, até que confessou, para receber a parte de direito destinada a quem comera o rim. É o Mt. 785 de Aarne-Thompson, "Who ate the lamb's heart?" Como chaveiro do céu recebe as almas, e o anedotário o coloca no primeiro plano para sofrer ou afastar as sabedorias empregadas para uma entrada clandestina no paraíso. Pela aculturação afro-brasileira corresponde aos orixás que têm assento exterior, Leba, Legbá, etc. Lindolfo Gomes reuniu elementos para um "Ciclo de São Pedro", no Brasil (*Contos Populares*, II, 86-92). Bandeira Furtada. Era uma tradição popular em certas localidades do norte brasileiro furtar uma das bandeiras hasteadas à porta de casas residenciais, e comunicar depois a futura devolução, com cortejo solene. Recebiam a bandeira furtada, com festas, bailes, músicas. O hábito de ter a bandeira à porta era privativo da época joanina, de Santo Antônio, 13 de junho, a São Pedro, 29. Sempre era a data escolhida para a devolução da bandeira. "Uso daquela época era reunirem-se vários rapazes sempre naquela postada à frente da casa de gente distinta, abastada, que contasse com algumas moças bonitas. Conduziam o estandarte e, no dia seguinte, por meio de uma carta em boa caligrafia, e melhor adjetivada, comunicava-se ao chefe daquela família que, na véspera de São Pedro, seria realizada a "entrega" com toda a solenidade. Realmente, pelas oito horas da noite do dia indicado, numa charola bem confeccionada, conduzida por moças caprichosamente vestidas, cantando um hino sob acompanhamento de uma banda musical, vinha a bandeira furtada. À frente, os membros da comissão e demais associados queimavam busca-pés e fogos de bengala, por último, os curiosos. A recepção sempre pomposa; salão repleto de famílias, discurso de entrega, discurso de agradecimento, danças animadas, banquete à meia-noite, mais discursos brindando os donos da casa, o belo sexo, umas modinhas, algum recitativo, continuação das danças até os primeiros claros da manhã" (Coriolano de Medeiros, *O Tambiá da Minha Infância*, 49-50, João Pessoa, 1942). Aluísio de Almeida registrou dois episódios do ciclo de São Pedro na literatura oral paulista (*50 Contos Populares de São Paulo*, nos 39 e 40, São Paulo, 1947). Comemoração. É festejado semelhantemente a São João, embora em menor escala. Na Bahia os festejos eram promovidos especialmente pelos sacerdotes seculares (Presbíteros de São Pedro) e pelas viúvas, atendendo à tradição popular de o santo ter enviuvado. É festejado pelos marítimos, por ter sido pescador, com missas votivas, desfile marítimo, etc., em vários lugares, entre eles no Rio de Janeiro. "Foi na noite de 28 de junho que chegamos aos arredores de Campinas. A radiosa beleza da noite tropical tornava-se ainda maior pela iluminação da cidade, pelas imensas fogueiras espalhadas pela planície, e brilhantes fogos de artifício lançados de todas as ruas e de todas as plantações circundantes. Os clarões e o barulho eram tais que, sem qualquer esforço de imaginação, ter-se-á acreditado estar perto de alguma cidade sitiada, durante um violento bombardeio. Era a 'Véspera de São Pedro'; e todo homem que tinha um Pedro ligado a seu nome sentia-se na obrigação de acender uma imensa fogueira diante de sua porta, e soltar uma porção de foguetes, além de descarregar inúmeras pistolas, mosquetes e morteiros. Sob semelhante tormenta, entramos em Campinas" (D. P. Kidder e J. C. Fletcher, *O Brasil e os Brasileiros*, II, 107, São Paulo, 1941). Amarrar o Pedro. Qualquer Pedro pode e deve ser amarrado, no dia do seu onomástico, com uma fita no braço, e será obrigado a dar um presente a quem o amarrou. É muito usado no Nordeste.

PEDRO MALASARTES. Ver *Malasartes*.

PEDRO SEM. Ver *Sem*.

PEGA-CABOCLO. Anel de cabelo pendente sobre a testa (Valdomiro Silveira, *Mixuangos*, 251). Diz-se no Nordeste: anzol de pega-rapaz. É um cachinho de cabelo, que as mocinhas sertanejas e dos arredores urbanos usam. Ver *Penteado*.

PEGA-FOGO. Dança cantada e sapateada, figurando no fandango, baile popular no Rio Grande do Sul. Ver *Fandango*.

PEGA-PINTO. (*Boerhavia hirsuta*). Uma nictagenácea herbácea, diurético popular, não apenas no chá mas especialmente como refresco, gelado, vendido comumente nos cafés do Rio Grande do Norte e Ceará. Refresco de pega-pinto.

PEITICA. Ave Cuculidae (*Tapera naevia*, Lin.) de canto monótono, insistente, inacabável; pessoa impertinente, obstinada, importuna; mofina, pilhéria repetida com intenção pejorativa; teima, azucrim: "Cantador que anda / Tomando peitica / Apanha que fica / Com a orelha bamba, / Quando se amocamba / Seu ninho desmancho / Não encontra agasalho / Encontra é trabalho / Pesado e de gancho". Do poeta J. da Natividade Saldanha: "A agoureira peitica solitária / Que do velho ingazeiro aflita geme". No V dos *Diálogos das Grandezas do Brasil*. (1618), Brandônio informa: "Outra ave, por nome *peitica*, a qual é tão molesta e agourenta para o gentio da terra, que os obriga a fazer grandes extremos, quando a topam ou ouvem cantar" (Edição da Academia Brasileira de Letras, 220, Rio de Janeiro, 1930). O mesmo que Saci.

PEITO DE FORNO. É o picado da tartaruga, temperado com limão, sal e pimenta, espalhado no próprio peito, recoberto com uma leve camada de farinha-d'água bem fina, passada numa gurupema de crivo miúdo, e levada ao forno. Serve-se na mesa, mesmo nas cidades, onde as famílias já têm hábitos apurados, assim ao natural, como saiu do forno (Raimundo Morais, *O Meu Dicionário de Cousas da Amazônia*, II, 89, Rio de Janeiro).

PEIXE. O folclore na ictiofauna brasileira é quase todo europeu, dissolvido nas vagas crendices que porventura tínhamos dos indígenas e algumas que foram trazidas pelos africanos. Mas esses, em sua maioria, eram indivíduos do sertão, escravizados pelas guerras ou vendidos pelos próprios soberanos e arrastados para a servidão no Brasil. Os negros pescadores não eram cedidos pelos sobas, porque significavam utilidades reais, indispensáveis para a vida grupal. A maioria das superstições negras teve como veículo o traficante português, o *negreiro*, condutor das *peças*, contaminando-se com a irradiante tradição dos assombros e medos do mar, durante a demora para embarque e no correr da travessia, da África para o Brasil. As tradições mais vivas do ameraba eram os homens e as mulheres marinhas, *Ipupiaras*, ferozes devoradores dos que mariscavam (Luís da Câmara Cascudo, *Geografia dos Mitos Brasileiros*, "Ipupiaras, botos e mães-d'água", 147-168, 3ª ed., São Paulo, Global, 2002). A Sereia é importação. Nem um mito indígena indicava a sedução ou o canto atraente. Também na África verificava-se o mesmo. A penetração da Sereia mediterrânea é que explica sua presença maviosa nos continentes preto e vermelho (Luís da Câmara Cascudo, *Contos Tradicionais do Brasil*, nota ao "Marido da Mãe-d'Água", 74-75, 13ª ed., São Paulo, Global, 2004). A palavra "Iara" valendo "Sereia" é invenção literária. A *Mãe-d'Água* indígena é a *Cobra-Grande*. As *piperi* e *igapebas* (jangadas) e *igaritês* (canoas) não se aventuravam mar-afora e sim bordejavam na proximidade do litoral. Não havia, no lado do Atlântico pré-colombiano, o auxílio da vela, do leme de direção e da bolina compensadora (Luís da Câmara Cascudo, *Jangada - Uma pesquisa etnográfica*, 80-100, 2ª ed., São Paulo, Global, 2003). Essa limitação do conhecimento marítimo se expressa no vocabulário tupi:

Pará, valendo rio e mar. O tubarão traduzia-se com *ipiru*, devorador de patos (Caetano Batista). Não há, na fauna fantástica ameríndia ligada ao Brasil, monstros marítimos e sim adaptações intelectuais de viajantes e desenhos alucinantes nos mapas e portulanos. Tudo *made in Europa*. Não podia haver palácio submarino, montões de joias, trajes suntuosos, melodias sedutoras, festas galantes, porque o indígena ignorava essas imagens. O europeu transferiu para os peixes brasileiros as lendas e os pavores locais, ampliando-os na relatividade da paisagem tropical. Os esqualídeos, cações e tubarões foram ganhando renome e prestígio. A baleia, que o brasileiro dizia ser unicamente *pirapoam*, o peixe que se empina, ganhou dimensões e valores imprevistos através da mentalidade branca, viva nos olhos dos arpoadores. Ainda em 1819, von Martius não encontrava no Amazonas as *estórias* do Boto (delfinídeo) enamorado, e sim do Ipupiara e da Mãe-d'Água ofídica. Em 1850 Henry Walter Bates registra quase os mesmos episódios contemporâneos, incluindo o Boto feminino, seduzindo os rapazes de Ega, mas aponta o europeu e o mestiço como elementos criadores e divulgadores entre a indiaria. A união carnal, comum nas lendas da Europa entre as Sereias e Ondinas e os apaixonados, reflete-se nos delfinídeos e serenidas (peixe-boi) amazônicos, anotada a *estória* por von Martius (*Viagem pelo Brasil*, III, 227, nota, Rio de Janeiro, 1938) apesar da impossibilidade funcional, pela disposição vulvar dos sereníneos. A cópula daria fartura ao pescador sem nenhuma ideia de encanto. A classe maior das tradições folclóricas entre os peixes compreende unicamente sua temibilidade agressiva, dentes, barbatanas, espinhos e ferrões que produzem úlceras incuráveis ou dores prolongadas. Outros, em que a violência na ofensiva requer cuidadosa evitação, peixes que atacam o pescador, ferem sob qualquer volume líquido, *vem em cima*, como onças feridas. Daí o tubarão-tintureira, *Galeocerdo maculatus* ou *Prionodon glaucus*, ser denominado "cação-jaguara". Outros têm *estórias* pelo rumor surdo que emitem, imitando gemidos, rosnados, roncos, murmúrios. Outros, de carne suspeita de veneno natural, corrosiva, *carregada*. Um tubarão de forma estranha, o cação-martelo, ou chapéu-armado, *Sphyrna tudes*, era merecedor dos mistérios que não possui. Há, entretanto, *estórias* de cações que se diluem n'água pura ou areia molhada e fina, cação-areia, cação-mijão, *Odontaspia americanus*. O reflexo do sol na pele lisa de um desses esqualídeos arranjou-lhe o apelido de cação-espelho ou cação-sombrero, sem maior repercussão. A toninha, *Delphinus phocaena*, tenta, sempre que pode, salvar o náufrago, como o delfim ao poeta Arion. Os pescadores que residem perto dos mangues (rizoforáceas) contam *estórias*, de caráter etiológico, explicando os desenhos existentes na carapaça dos caranguejos (ver. *Crustáceos*). É curioso que o crustáceo tenha mais tradições que os peixes vistosos, singulares ou agigantados. Por esse meio aparecem informações do cangulo (*Balistes vetula*, Lineu) ser o único peixe que dorme e os miolos sedativos para o sistema nervoso. Peixe encantado mesmo, somente o boto, mas na sua figuração humana (ver *Boto*). Naturalmente há na ictiofauna remédios, amuletos, espinhas, olhos, partes da mandíbula, dorso, barbatanas, medula, verga, gorduras, músculos, que participam da terapêutica popular praieira e da puçanga amazônica atuais.

PEIXE-BOI. Não conheço em folclorista amazônico referência supersticiosa ao Peixe-Boi, *Trichecus manatus*, o *Guaraguá* dos tupis, *Manatim* da América Central e Antilhas, *Dikunge* das águas do Senegal a Angola, *Dugong* do Oceano indico, onde o português o avistou, batizando-o com o prosaísmo utilitário do nome atual. Desajeitado, lento, disforme, teria sido o avô das sereias melodiosas. Não é um cetáceo mas um sirenídeo, de *Seirên*, a sereia. Não possui tradição de encantamento. Nenhuma lenda ou crendice articula-se ao Guaraguá, sórdido mastigador de cananaranas e mururés. É um sirenídeo sem pecados. Verdade é que acusam a esposa de ter amantes do gênero humano, falsa fama pertencente às botas. Von Martius acreditou: (*Viagem pelo Brasil*, III, 227, Rio de Janeiro, 1938). A vulva da vaca-marinha, oculta pelos músculos abdominais, não permite cópula a não ser com os de sua espécie. Alexandre Rodrigues Ferreira descreveu-o em 1785, com uma leve tinta pitoresca: "Tanto que desfalece o puxam; e à borda da canoa lhe dão com um pau algumas pancadas fortes na cabeça e no focinho; que é quando o peixe-boi geme de maneira que comove a compaixão por se representar a quem ouve, que está ouvindo gemer uma criança. Daí se pretende que proceda o nome *Lamantim*, que lhe dão os franceses – a lamento. De suas peles apenas se servem os habitantes para alguns chicotes que fazem. As suas pás servem às índias para com elas moverem nos fornos a farinha. Os índios fabricam delas suas colheres. De suas costelas torneiam-se algumas pequenas peças curiosas". Henry Walter Bates (1850) informa: "A carne do peixe-boi tem o sabor da carne de porco, mas a gordura que forma espessas camadas entre as partes magras, é de cor esverdeada e de gosto desagradável de peixe". Para outras notícias, Nunes Pereira, *O Peixe-Boi da Amazônia*, Manaus, 1945, e o ensaio de José Durand, "Ocaso de Sirenas". *Manaties en el Siglo XVI*, Tezontle, México, 1950. O Dikunge, *Manatus senegalensis*, Desmarest, denomina-se *Ma* para os mandingas, *adja* para os haussás, *essé* para os nagôs. Na África Ocidental o peixe-boi exige tratamento mágico, respeitos e cuidados para sua captura, tão distantes do colega brasileiro. Quando alguém precisa matar um *essé*, deve munir-se de um *ogu*, amuleto, e dispô-lo cuidadosamente na ponta da *ofa*, lança de caça. Sem o *ogu*, o *essé* jamais será atingido e vingar-se-á infalivelmente do agressor. Os iorubanos creem que, no país *lubu*, na Nigéria, houve um homem que se transformou em *essé*. Ainda existe uma família *Essé*, um clã *Essé* no *Lubu*, fronteira de Camerum, prestando culto ao ancestral *Essé*, o nosso inocente peixe-boi. Os negros Mandés e Fulas sabem dessa tradição embora não a pratiquem. Os encarregados do culto são os negros do sib *Essé* que é Nagô, onde vive a devoção ao *Orixá Adja*, divinização do *Manatus senegalensis*, com suas iaôs, ialorixás, babalorixás, cores, bailados, cantos, batidas reverentes nos *Rum*, *Rumpi* e *Lé*. Registro, pela primeira vez no Brasil, um futuro Orixá *baixando* possivelmente num candomblé nacional, o *Orixá Adja*, do mundo jeje-nagô, gente de Iemanjá...

PEIXE-CACHORRO. Ver *Boto*.

PEIXE-CANGA. Ver *Tintureira*.

PEIXE-AFRÂNIO. Ver *Afrânio Peixoto*.

PEJA. "Festa realizada pelos trabalhadores do engenho, ao término dos trabalhos da moagem da safra colhida... O engenho pejou... ou o engenho está pejado... São frases corriqueiras na área açucareira, indicando que a fábrica acabou de moer a cana colhida. Os caboclos festejavam a peja a seu modo. Colocavam as canas nas moendas, cantando versos alusivos ao fim dos trabalhos da safra. Um desses versos é conservado em um coco alagoano, e diz assim: Acabou-se a cana, / Acabou-se o mé. / Até para o ano / Se Deus quisé. A peja é comemoração mais dos trabalhadores, não havendo interferência dos senhores de engenho no festejo, como sucede no caso da botada, que sempre é festejada pelos donos de engenho com missas, almoços, danças, etc. Os trabalhadores de engenho é que comemoram a peja, alegrando-se com o fim da moagem" (Manuel Diégues Junior, *O Bangue das Alagoas*, Rio de Janeiro, 268-269, 1949). Pejo não é apenas vergonha, pudor, modéstia, mas também impedimento, estorvo, embaraço, obstáculo. Foi frase corrente em Portugal e Brasil o *pejar o engenho*, significando que não moía mais por algum tempo, e assim Dom Frei Domingos Vieira escreveu o verbete no seu *Dicionário*. O vocábulo não se manteve e apenas o encontro nos livros de fins de séc. XIX, descrevendo as cenas da vida rural. Nas outras zonas açucareiras do Brasil correspondia ao *último carro* ou *última carrada*, a chegada do derradeiro carregamento de cana cortada no canavial para o engenho. O carro de bois vinha enfeitado de bandeiras e fitas de papel, palhas de palmeira, e carreiros e cambiteiros cantavam, trazendo-o até a porta principal da casa-grande, onde os senhores de engenho recebiam a homenagem distribuindo gratificações, *os agrados*, como se dizia outrora. Até a primeira década do séc. XX, essa cerimônia tradicional era realizada no vale do Ceará-Mirim, Rio Grande do Norte. Mannhardt (*Wald und Feldkulte*) e Frazer (*The Golden Bough*), estudando os cultos agrários, deram excepcional importância ao transporte do último molho, do *Last Sheaf*, cerimonial propiciatório aos gênios da fertilidade, da força germinativa das sementes. Por toda a Europa o derradeiro molho de cana de açúcar, trigo, cevada, milho, etc. era trazido processionalmente, decorado com cores vivas, entre canto e dança. C. W. von Sydow nega qualquer caráter sagrado ou oblacional, traduzindo apenas uma manifestação natural de alegria pelo final da tarefa agrária e a esperança de uma fase de abastança e fartura de alimentação, graças aos resultados da colheita ("The Mannhardtian Theories About the Last Sheaf and the Fertility Demons from a Modern Critical Point of View", in The Folk-Lore, n.º 95, vol. XLV, 291-309, December, 1934, London). Em Portugal, Jorge Dias ("Sacrifícios Simbólicos Associados às Malhas", sep. *Terra Lusa*, n.º 1, Lisboa, 1951). A antiguidade do cerimonial denuncia a regularidade da crença que se manteve, nos elementos constitutivos, em qualquer região agrícola onde exista a produção tradicional. No túmulo de Menna, segunda metade da XVIII dinastia, há um desenho representando o final da colheita de trigo. "L'homme présente les prémices de sa récolte sous l'aspecte d'une marionnette en épis de blé. Ce coutume en survit jusqu'à nos jours" (Arpag Mekhitarian, *La Pinture Egyptienne*, 73, Paris, 1954). A XVIII dinastia, Novo Império, ocorreu entre 1555-1090 antes de Cristo. Ver *Botija*.

PEJI. Altar armado e dedicado a um orixá nos candomblés jeje-nagôs e bantos. Peji de Obatalá, peji de Oxóssi, peji de Oxum-Manrê. No Rio de Janeiro diz-se nas macumbas "altar", altar de Ogum-Magê. "Altar, oratório, santuário, capela; orixário, 'residência dos orixás'. A palavra 'peji' desconhece-se na África; os iorubanos chamam os seus templos ilé, somando o do orixá (Ilé-Ohlohrun, a casa de Olorum; Ilé-Orisha, a casa do santo; etc.), ou igbó, terreiro (daí o termo 'terreiro', por tradicionalismo), dizendo 'Igbó-Ifá', etc. Peji é uma aquisição americana, criação do afro-negro no Brasil: a maneira por que nos igbós se arranjavam os altares, já sob a influência romana, sugeriu o emprego do nome iorubano agbeji, com que se designa uma espécie de cobertura ou pálio amplo, com orla ou aba de franjas, para proteção contra o rigor do sol, ou contra a chuva. A princípio, aliás, os negros armavam os altares ao ar livre" (Jacques Raimundo, *O Negro Brasileiro*, 164).

PEJI-GAN. Dono ou senhor do altar, sinônimo de pai de santo, mestre, babalorixá nos candomblés jeje-nagôs. "Nos 'terreiros', o sacerdote toma o nome de pai de santo (o dono ou *senhor* do altar); esta última forma ouvi na Bahia" (Artur Ramos, *O Negro Brasileiro*, 43). Ver *Babalaô*.

PELADOS. Denominação dada aos fiéis do Monge José Maria e seus sucessores durante a campanha do Contestado. Os guerrilheiros usavam o cabelo raspado inteiramente. Chamavam aos soldados estaduais ou do Exército *peludos*. Ver *José Maria*.

PELEJA. Luta poética entre os cantadores sertanejos, desafio cantado, o debate de improviso.

"Eu achei ser desaforo
De um cantador xerém,
Andar fazendo pelejas
Sem as ter tido com alguém;
Segui pelo rastro dele
Fui o pegar no Bolém.

....

Eu gosto de ouvir pelejas
Sendo bons os cantadores
Porque depois tenho assunto
Para contar aos leitores;
Prefiro uma cantoria
A ouvir histórias de amores."

(trechos da Peleja de Antônio da Cru com Antônio Tomé e da Peleja do João Piauí com José da Catinguera).

PELOTA. Ver *Banguê*.

PENCA. Para alguns estudiosos o balangandã, barangandã, berenguenden ou balangangan (ver *Balangandã*) é a mesma Penca, enfeite-exorcismo usado pelas baianas tradicionais. O Sr. Eduardo Tourinho (*Alma e Corpo da Bahia*, 228, ed. José Olympio, Rio de Janeiro, 1950) estabelece diferença. O balangandã é "uma peça de prata em forma de argola que – de uma corrente em torno do pescoço – pende até o meio das costas. Nessa argola o barangandã – está enfeixada uma porção de amuletos, etc.". "Há a Penca, suspensa à cinta pelas alças passadas numa corrente de prata, que uma chave do mesmo metal fecha. Na Penca, estão: a *Figa* o mais comum dos amuletos, obrigatoriamente usados contra doenças, desastres, malefícios. *Pau de Angola* – encastoado em prata – favorável à longevidade. *Cilindros* com arruda, guiné e manjericão – contra a má sorte. O *Sino* ou *Duplo Sino* – o *Adjá* – próprio dos candomblés. O *Cágado* ou a *Tartaruga* – como a *Aranha* ou o *Porco*, o *Trevo*, a *Figa* ou o *Corcunda*, os *Triângulos Mágicos*, a palavra *Agha* ou a palavra *Aoun* – é fetiche de bom augúrio. O *Coração* quer dizer amor e, quando encimado com uma flama, "paixão ardente". O *Cachorro* é o emblema da fidelidade e evoca São Lázaro e São Jorge, tal o *Carneiro* lembra São Jerônimo. As *Mãos Dadas* significam amizade. A *Pomba* lembra os mártires tornados santos mas – de asas abertas em forma de cruz – é a evocação do Espírito Santo. A *Romã* representa o gênero humano em todo o seu esplendor e miséria. A *Chave* sugere o Tabernáculo, o Oratório, mas a *Chave de Figa* segurando *farofa amarela* vale como talismã para fechar o corpo a todos os males. A *Ferradura* atrai felicidade. A *Lua* é a representação de São Jorge e o *Galo*, a de todos os santos. O *Burro* simboliza Xangô - que é São Jerônimo. O *Cangaceiro*, Omulu (São Lázaro). O *Boi* é Omulu Moço (Santo Isidoro). O *Veado*, tal como a *Espada*, é Oxocê guerreiro e caçador: São Jorge. A *Faca* é símbolo de Ogum (Santo Antônio). As *Uvas* representam Oxum, que é Nossa Senhora das Candeias. O *Caju*, o *Abacaxi* e o *Milho* lembram, ainda, São Jerônimo. O *Moringue* evoca São Cosme e São Damião. A *Palmatória* é o símbolo de Nanã (Santana) e o *Sol* o de Oxumarei, que é São Bartolomeu. O *Tambor* e o *Pandeiro* lembram as cerimônias dos terreiros. *Moedas* e *Peixes*, inexplicavelmente embora, também figuram na Penca".

PENEIRA. Ver *Caxixi*.

PENTEADO. As mulheres indígenas usavam cabelos soltos, como também uma ou duas tranças, enleadas com cipós finos (Staden, Lery, Thevet, Abeville). Cortavam, em maioria, franja na testa e os ornatos mais populares eram flores ou sementes secas, enfiadas em diademas de meia fronte ou cingindo toda a cabeça. As africanas, com o cabelo curto e difícil de acomodação, exigiam maior cuidado nos enfeites. Amarravam comumente uma tira de pano segurando a testa, evitando o pó e conservando a construção do penteado. Dividia-se a carapinha em dois montões ou repuxavam-na em infinitas trancinhas e sobre tudo passava-se a pequenina toalha que prendia a testa e depois, princípios do séc. XVIII em diante, a cabeça inteira com o turbante oriental, que populariza o tipo denominado *baiana*. Assim vemos nos desenhos de Debret e Rugendas. No séc. XVII, que nenhuma diferença essencial afasta do anterior, a documentária holandesa mostra o pano na cabeça das negras e o cabelo em trança das indígenas. A mulher branca conservou a multiformidade dos penteados europeus, e estes influíram poderosamente sobre as negras e indígenas que serviam nas casas senhoriais, engenhos, fazendas, residências nas cidades e vilas, pelo irresistível poder da imitação. Em geral mantinha-se a divisão clássica, vinda desde Grécia e Roma, da moça solteira e donzela ter os cabelos soltos, *in capillo*, e as casadas e viúvas o penteado preso, *cum touca*. O coque, cocó, totó, o *tutulum* romano, era privativo das casadas, colocado no alto da cabeça para as mais velhas matronas ou na nuca, como usava a Vênus de Cnido. Mas há exemplo do cabelo em cacho, quase pertencente às donzelas, querido também das casadas, como a senhora que vai para a capela com o seu marido (Rijksmuseum, Amsterdam, época do domínio holandês) em que a encontramos sem mantilha, peça obrigatória em percentagem definitiva para as mulheres casadas e viúvas, e com o cabelo cacheado. O penteado, depois da vinda da família real para o Brasil, foi sendo uniformizado pelo uso da corte e este era uma presença francesa, especialmente no Primeiro Império, Regência e Segundo Império. Penteado e ornamentos de cabelo esperam o seu estudo. Linguagem do Cabelo. A forma de arranjar a cabeleira feminina possuía seu vocabulário, cuja significação amorosa o namorado entendia perfeitamente. Num jornalzinho de Aparecida do Norte, S. Paulo (*A Briga*, de 1905), há informações dessa língua cifrada e convencional: aparado na testa, em franja: como sou feliz em ver-te! Muitas tranças: muitos embaraços para o nosso amor. O coque sobre o occipital, para trás: perde seu tempo! O coque no alto da cabeça: não te posso varrer do pensamento. Penteado em caracol: demoras tanto em pedir-me!... (Informação de Conceição Borges Ribeiro, Aparecida do Norte, S. Paulo). Risco no penteado à esquerda: não. À direita: sim. No meio: sou tua ou confio em ti. Com as orelhas descobertas: espero notícias, aguardo cartas, quero falar-te, venha pedir-me, etc. Com a testa coberta: não te quero, recuso-te, tenho outro, etc. Todo o cabelo puxado para trás: não tenho compromisso. Volta de cabelo, isolada, na testa, pega-rapaz ou pega-caboclo. O mesmo na fronte: amor ausente (fronte esquerda) e na direita, amor presente, ou já tenho quem me queira, tenho meu amor, sou de outro, etc. Ver *Cabelos*.

PENTEADO, AMADEU AMARAL. Ver *Amadeu Amaral*.

PÉ-QUEBRADO. É disposição rítmica e estrófica preferida para os antigos versos satíricos, "mofinas", paródias de orações com intenção política, testamento de Judas, poemas cômicos e, rara vez, descritivos ou mesmo líricos. Muito vulgar em Portugal e Espanha do séc. XVI, divulgou-se na mesma centúria no Brasil. O Padre José de Anchieta usou-a no seu poema "Ao Santíssimo Sacramento", na fórmula típica que ainda reaparece em produções sertanejas e de velhos improvisadores:

"Oh que pão, oh que comida,
Oh que divino manjar,
Se nos dá no santo altar
Cada dia!

Filho da Virgem Maria
Que Deus Padre cá mandou,
E por nós na cruz passou
Crua morte.

E para que nos conforte"
etc... etc...

Ver Luís da Câmara Cascudo, Vaqueiros e Cantadores, Poesia mnemônica e tradicional. "Pé-quebrado", 73-77, São Paulo, Global, 2005.

PEQUI. Pequiá (*Caryocar brasiliensis*, Camb.). Fruta comestível. Cita-a abundantemente o cantador. A tradição de certas frutas facilitarem a fecundação humana ocorre no sertão do São Francisco com o pequi. Não tanto que dispense o contato masculino, *Lucina sine concubitu*, como pensavam os antigos pertencer às açucenas e alfaces, estas dando nascimento a Hebe por tê-las degustado Juno e aquelas, como se vê no romance de Dona *Auzenda*, versão castelhana:

Alli nace un arboledo, que azucena
[se llamaba.
Cualquier mujer que la come,
[luego se siente preñada.

Creio a tradição explicar-se pelo comércio durante a colheita desses frutos, facilitando a promiscuidade. Na colheita do café se dizia:

"Quem tiver sua filha virgem
Não mande apanhar café;
Se for menina, vem moça,
Se for moça, vem mulher!"

O registro dessa fama do pequi foi feito pelo Imperador D. Pedro II no seu diário da jornada à cachoeira de Paulo Afonso em 1859: "O meu guia foi um fulano de tal Calaça (Manuel José Gomes) conhecedor deste sertão até Juazeiro, e dos cariris novos, onde, segundo me disse, as mulheres emprenham na estação do pequi, excelente fruta, mas algum tanto enjoativa, para ele, por causa do *oroma*, pronúncia dele" ("Visita de D. Pedro II à Cachoeira de Paulo Afonso", *Anuário do Museu Imperial*, X, 126, Petrópolis, 1949).

PERDE-GANHA. Jogo de cartas, no estilo da bisca, ou de pedras, gamão, damas, firo, em que ganha aquele que perder todas as vazas ou pedras.

PEREIRA DA COSTA. Francisco Augusto Pereira da Costa nasceu no Recife a 16 de dezembro de 1851 e faleceu na mesma cidade a 21 de novembro de 1923. Era diretor aposentado da Secretaria da Câmara dos Deputados Estaduais. Em 1872 publicou seu primeiro artigo, sobre o número sete. Foi o maior pesquisador da história pernambucana. A bibliografia é vasta e infinitos os artigos na imprensa. Reuniu pacientemente abundante documentação folclórica, fazendo longas pesquisas nos arquivos e jornais antigos e modernos, fontes de informação preciosa. Attilio Joffely, *Um Brasileiro Singular*, Rio de Janeiro, 1964. *Folclore Pernambucano*:

641 páginas do tomo LXX da *Revista do Instituto Histórico Brasileiro*, Rio de Janeiro, 1908. Registrou, com comentários, superstições, poesia popular, romanceiro, cancioneiro, pastoris, parlendas, brinquedos, miscelânea, quadrinhas. *Vocabulário Pernambucano*: Compreende todo o volume XXXIV da *Revista do Instituto Arqueológico, Histórico e Geográfico Pernambucano*, Recife, 1937, 763 páginas. Os verbetes, com abundante documentação popular, são de interesse folclórico. Ver *Bibliografia de Pereira da Costa*, por Jorge Abrantes e Francisco Barreto Caeté, in "Homenagem do Arquivo Público a Pereira da Costa", 85-135, Imprensa Oficial, Recife, 1951.

PERERENGA. Instrumento africano trazido para o Brasil pelos escravos. Luciano Gallet registrou-o (*Estudos de Folclore*, 59, Rio de Janeiro, 1934). É um tambor, dos médios, usado no Maranhão para a dança da punga ou dança do tambor.

PERIANTÃ. Ver *Matupá*.

PERICÃO. Ver *Pericón*.

PERICÓ. Ver *Pericón*.

PERICÓN. Dança popular no Rio Grande do Sul, fazendo parte do "fandango", baile campestre. Foi vulgaríssima na Argentina, Chile, etc., mas quase desapareceu, reaparecendo nas festas folclóricas. Na campanha (campo, interior) do Rio Grande do Sul e do Uruguai ainda resiste o pericón, assim como seu irmão, o cielito. Carlos Vega (*Danzas y Canciones Argentinas*, Buenos Aires, 1936) informa que "es una danza extinta, aunque de tanto en tanto se exhuma como espectáculo" (203). Ver *Fandango*.

PERNA. Amigo certo, inseparável; companheiro de troças, patuscadas e pagodeiras: Uma *boa perna*. "As filhas do almocreve não queiram perder tão *boa perna* para a folgança" (Franklin Távora). *Fazer perna*: tomar parte, associar-se a qualquer coisa. *Passar a perna*: enganar, conseguir preterir a outrem numa pretensão ou concorrência. *Comer por uma perna*: explorar alguém. *Estirar as pernas*: andar, sair a passeio. *Perna de governo*: íntimo, ouvido, influente, vindo a locução do tempo das juntas de governos provisórios, compostas de vários membros. *Pernas de alicate*: para dentro, arqueadas. *Pernas de Kirie eleison* (de crieleisão, como diz o zé-povinho): com certos defeitos, de andar indeciso. *Pernas de maçarico*: finas em extremo, como as da ave pernalta desse nome, e, concorrentemente, de taquari (*Zizina e Esmeralda*). *Perna santa*: inchada ou intumescida pela elefantíase ou erisipela branca. "Um rapaz de *perna santa* é alvo de mil clamores por um namorado que espanta" (*A Pimenta*, n.º 23, de 1902). *Ficar de pernas quebradas*: prejudicado, em críticas circunstâncias, derrotado. *Pernas pra que te quero!*: abrir um poeirão, correr a bom correr (Pereira da Costa, *Vocabulário Pernambucano*, 571).

PERNADA. Jogo ginástico, brincadeira de agilidade, entre valentões, malandros e capadócios. Assisti no Rio de Janeiro, Copacabana, em 1954, e várias vezes em Natal, entre marinheiros mercantes, que a diziam carioca ou baiana. É uma simplificação da capoeira. Um contendor fica imóvel, firme, e o outro tenta desequilibrá-lo com uma pernada, golpe súbito com a perna ou o pé. Não pode repetir o golpe. É a vez do companheiro ensaiar sua destreza. Não há canto ou frase acompanhante. É um pequenino duelo. Um desses marinheiros disse-me que Zé da Ilha, no Rio de Janeiro, era o rei da pernada carioca. É o Bate-Coxa das margens alagoanas do S. Francisco. Édison Carneiro, *Dinâmica do Folklore*, 71-73, Rio de Janeiro, 1950, estuda a Pernada: "O batuque ou *pernada*, bem conhecido na Bahia e no Rio de Janeiro, não passa de uma forma complementar da capoeira. Exige mais atenção e concentração de esforços do que destreza e galhardia, mais eficiência do que encenação. Na Bahia, somente em arraiais do Recôncavo ainda se batuca, embora o bom capoeira também saiba *largar a perna*, mas no Rio de Janeiro já se dá o contrário – a preferência é pela *pernada*, que na verdade passou a ser o meio de defesa e ataque da gente do povo. Quanto ao batuque da Bahia, escrevi, há muitos anos: "A luta mobilizava um par de jogadores, de cada vez. Estes, dado o sinal, uniam as pernas firmemente, tendo o cuidado de resguardar o membro viril e os testículos. Havia golpes interessantíssimos, como a *encruziada*, em que o atacante atirava as duas pernas contra as pernas do adversário, a *coxa lisa*, em que o lutador golpeava coxa contra coxa, seguindo o golpe com uma *raspa*, e ainda... o *baú*, quando as duas coxas do atacante davam um forte solavanco nas do adversário, bem de frente. Todo o esforço dos lutadores era concentrado em ficar de pé, sem cair. Se, perdendo o equilíbrio, o lutador tombasse, teria perdido, irremediavelmente, a luta. Por isso mesmo, era comum ficarem os batuqueiros em *banda solta*, isto é, equilibrados numa única perna, a outra no ar tentando voltar à posição primitiva. "O batuque da Bahia se chama *batuque, batuque-boi, banda* e raramente *pernada* – nome que assumiu no Rio de Janeiro. Ficaram famosos, como mestres na arte de batucar, Angolinha, Fulô, Labatut, Bexiga Braba, Marcolino Moura... A orquestra das rodas de batuque era a mesma das rodas de capoeira – pandeiro, ganzá, berimbau. O batuque, no Rio de Janeiro, se simplificou – não é uma brincadeira entre peritos, nem precisa de orquestra. O parceiro é escolhido por provocação. Este *se planta*, ou seja, une as pernas e se firma no chão, à espera da *pernada* do batuqueiro. Se, ao ser atingido, cai, o parceiro tem de ser substituído por outro. Se, entretanto, se mantiver de pé, o batuqueiro lhe cede a vez, *plantando-se* para receber-lhe o golpe. A *pernada*, desta maneira, "seleciona os melhores entre os mais ágeis, os mais atentos, os mais seguros no golpe – e nas pernas". Se o capoeira, no Recife, deixou o *passo*, no Rio de Janeiro nos legou a *pernada*, um bem popular do carioca". Ver Édison Carneiro, *A Sabedoria Popular*, "A pernada carioca", Rio de Janeiro, 1957. Ver *Bate-Coxa, Batuque, Batuque-Boi, Capoeira*.

PERU[1]. Indivíduo enfatuado, presumido, vaidoso, com um porte de ridícula afetação: inchado como peru. O que assiste a um jogo, como simples espectador, apreciando apenas as partidas, ou metendo-se a ensinar e censurar os jogadores, e daí as discussões e frases: peru calado ganha um cruzado; peru de fora toma tabaco e vai embora. Namorado ou pretendente. "Rapazes do que mais seleto, mais chique, mais desfrutável, que a nossa sociedade conhece pela denominação de perus" (O *Diabo a Quatro*, n.º 111, de 1877). "Os perus da Rua da Concórdia não deixam a esquina! Ó que perus renitentes! Vejam lá, perus; se a molecagem tomar conta destes namoros, vocês estão danados, azucrinados e sem amores" (*A Derrota*, n.º 9, de 1883). "Vendo o Juca a Dondon, e peru já afeito ao negócio, fez-lhe logo o seu pé de roda" (*A Pena*, n.º 7, de 1889). Derivados: Aperuação, aperuar, já registrados; peruagem, peruzada. "O centro da peruagem é o Santa Isabel" (*América Ilustrada*, n.º 757, de 1904). O termo peru vem do galináceo deste nome (*Meleagris gallopavo*), originário do México, onde tinham o nome indígena de *huajalate*, mas importado da possessão espanhola do Peru tirou daí entre nós esta denominação vulgar, como tantas coisas que tiram o seu nome dos lugares da sua procedência, como bretanha, genebra, conhaque, cambraia. "O Sr. Lacerda tem direito incontestável a ser o rei constitucional de todos os galináceos que vieram do vice-reino espanhol da América, ou em português claro, os que vieram do Peru" (*A Lanceta*, n.º 63, de 1890). De introdução, no Brasil, contemporânea à época da sua colonização, mas com o nome de *gallopavo*, porque era conhecido naquela possessão espanhola, vindo daí sua classificação científica, imposta por Linneu, como vimos, assim o chama Gabriel Soares, e depois entre nós mesmos, o autor dos *Diálogos das Grandezas do Brasil*, que, tratando da capitania de Pernambuco, diz que havia na terra "muitos e bons galipavos" para a criação deles. Mas a nova denominação imposta ao apreciado galináceo, originada da sua procedência, já tinha então concorrentemente voga na colônia, como se vê de um documento anterior, a carta do Padre Cardim, que, dando conta de um cronista da primeira metade do séc. XVII, refere que havia na terra *grande abundância de perus*. E assim ficando, já o historiador Fr. Vicente do Salvador (1627), geralmente tratando do Brasil, menciona o peru entre as aves domésticas, e tratando depois dos jacus, diz que são umas aves que na feição e grandeza são quase como os perus. Finalmente como consta de um cronista da primeira metade do séc. XVII, Fr. Manuel Calado, já então estava o termo radicado entre nós, pelas referências que faz no seu livro, particularmente descrevendo os jardins do palácio de Friburgo, quando diz "que de perus e galinhas havia grande número". Estava portanto, vulgarizado o novo termo, e assim, geralmente, em todo o país". Quanto à etimologia do vocábulo, escreve o seguinte o autor da obra *Les races arynes du Peru*, citado por Sílvio Romero na sua *Etnografia Brasileira*: "O nome que as tribos indígenas emigrantes deram à sua nova pátria foi Peru. Peru, com efeito, quer dizer em sânscrito o oriente, o mar, o sol, as montanhas de ouro; e designa por conseguinte o país situado a leste da Índia (com todos aqueles característicos principais). No feminino tem o termo outras acepções, além da que lhe é própria nomeadamente: chapéu alto, velho, em mau estado; depreciativamente, chamado a uma mulher, como perua simplesmente ou como perua choca; estar como perua choca: inquieto, buliçoso, alvoroçado; e *ver-se metido no cu de uma perua*, em encrencas, embrulhadas, perigo mesmo. Os nossos campônios, vendedores de aves, tendo o termo perua como um tanto rebarbativo, substituem-no pelo de *Teresa*, e quando excepcionalmente o empregam daquele modo, ou mesmo no diminutivo, uma *peruinha*, como é mais decente, fazem-no sempre pronunciando a frase de respeito: com licença da palavra" (Pereira da Costa, *Vocabulário Pernambucano*, 572-573).

PERU[2]. Cachaça com vermute no Ceará, traçado, no Rio de Janeiro. O apreciador de jogos, assistindo sem participar ou dar "palpites" dispensáveis, "Peru calado / Ganha um cruzado". Ver *Peru* no verbete *Alimentação*. A ave, originária do México onde a denominam *guajalote*, foi levada pelos espanhóis ao país que lhe deu o nome, *biru, peru, pirum*. Do Peru veio para o Brasil. Ver Antenor Nascentes, *Dicionário Etimológico da Língua Portuguesa*, voc. Peru, Rio de Janeiro, 1955, para o mistério do nome; idem, *Tesouro da Fraseologia Brasileira*, 2ª ed. Rio de Janeiro, 1966.

PERUA. Ver *Teresa*.

PERUDÁ. Ver *Rudá*.

PERU DE ATALAIA[1]. Dança no baile da Varrição, festa de S. Benedito, na vila de Santarém Novo, Maracanã, Pará. Ver *Varrição*.

---

1 No texto original: "Peru-de-Atalaia" (N.E.).

Pesca com o Boto. Na Laguna, sul de Santa Catarina, os pescadores de tainhas (mugílidas) combinam os lanços de tarrafas com a pescaria do boto (delfinidas). Este entra para a lagoa que se comunica com o mar e em horas sabidas pela observação e prática, especialmente ao amanhecer, aguardam a investida do boto, que persegue a piracema de tainhas na direção da barra. Nesse momento os pescadores tarrafeiam, com resultado. O boto levanta o pescado e o leva na melhor direção e sítio próprio para o ataque dos pescadores de Laguna (Resumo de "A Pesca com o Boto", João dos Santos Areão, *Boletim Trimestral da Comissão Catarinense de Folclore*, n.º 2, 8-13, Florianópolis, dezembro de 1949). "O boto tem sido o grande amigo do pescador; sem ele a população de Laguna em certas ocasiões do ano não teria daquele alimento tão saboroso, que vive nas águas do mar e que a astúcia do homem sabe com sua artimanha captar".

Pescador Encantado. É uma visão nas lagoas, rios igarapés, enseadas, pesqueiros, etc. Durante a pescaria noturna, especialmente quando se pesca com tarrafa, avista-se outro pescador tarrafeando nas imediações. Às vezes ouve-se o rumor da rede caindo n'água, ruído inconfundível, perfeitamente identificado no ouvido dos profissionais. Centenas de depoimentos afirmam a existência do fantasma, inofensivo, amedrontando pelo silêncio teimoso com que responde aos gritos amáveis dos companheiros, tendo-o por uma criatura humana, ansiosa pela aproximação ao terminar a tarefa. O pescador desaparece, dissipando-se como fumaça, ou sumindo, de pronto, numa curva. Os pescadores ficam contando a *estória*, zangados com quem lhes nega a veracidade da narrativa. Em certos lugares há repugnância em pescar nas noites de sexta-feira, havendo luar. A proibição nalguns dias santos ou da Quaresma é comum. Está o Pescador Encantado em toda parte do mundo onde haja pescaria noturna. Na Venezuela chamam-no *El Tarrayero*.

Pés de Louça. Ver *Homens dos Pés de Louça*.

Peteca. Brinquedo ou jogo de rapazes, atirando ao ar uma bola de trapos, revestida de palha de milho ou pano, e convenientemente disposta a ser impulsionada com a palma da mão, a fim de a não deixarem cair. Essa bola tem o nome de *peteca*, e daí jogar a peteca. "O Cazuza aos trambolhões andava como peteca" (*América Ilustrada*, 1872). "A pedra foi direito qual peteca, e a fruta apedrejada caiu em cheio" (*Lanterna Mágica*, n.º 541, de 1896). O jogo de peteca é também conhecido na Bahia, como se vê desta passagem de Antônio Carmelo, descrevendo os folguedos de um recreio do seminário da cidade: "A espaço ouviram-se palmadas fortes, como se fossem bolas... assustei-me: eram alguns alunos que disputavam uma partida de peteca, com vigor e entusiasmo". Peteleco, cascudo. "Ensina aos discípulos a darem vaia, assobios e petecas, no meio da rua" (*A Derrota*, n.º 16, de 1883). "E a petecas o bruto assim corrido, foi meter o focinho na latrina" (*A Pimenta*, n.º 23, de 1901). Desprezado, escorraçado, ludibriado. "Vivia com pouca roda por ser peteca praieiro" (*O Proletário*, n.º 8, de 1847). "Nem a velha mais careca / Não me quer responder: / Sou de todas o peteca" (*O Careteiro*, n.º 3, de 1853). Servir de peteca; de pagode, divertimento, gracejo, joguete; alvo de mofa e zombaria. "O Zeca não serve de peteca" (*América Ilustrada*, n.º 12, de 1883). "Depois de ter servido de gato podre na corte, vem servir de peteca na província" (*O João Fernandes*, n.º 5, de 1886). "Ainda ontem tão forte, tão temido; hoje, porém, servindo de peteca, de zombaria dos moleques e garotos" (*Lanterna Mágica*, n.º 147, de 1886). Sobre o vocábulo *peteca*, originariamente tupi, escreve Gonçalves Dias no seu dicionário: "Encontramos esta expressão em algumas frases, no sentido de bater. *Cobapeteca*, bater no rosto, esbofetear; *nana peteca*, lavar roupa, mas lavar batendo e não somente esfregando. Daqui vem chamar-se peteca a espécie de volante ou sopapo feito de folhas de milho, que as crianças lançam ao ar com a palma da mão. Daqui, por fim, se originou a frase, hoje vulgar, fazer peteca de alguém". Registrando Couto de Magalhães o termo petequear, diz que é um verbo de raiz túpica, por jogar, e também do guarani, *petez*, bater, segundo Batista Caetano (Pereira da Costa, *Vocabulário Pernambucano*, 574-575).

Pezinho. Dança vulgarizada em Santa Catarina, onde deve ter chegado na sua variante açoriana, em que os pares fazem uma roda, de mãos dadas, e cantam adiantando o pé direito e tocando com o bico deste no chão, repetidas vezes (Renato Almeida, *História da Música Brasileira*, 171). Dança de roda infantil no Nordeste. Cantam, batendo com o bico do pé no chão, versos em quadrinhas, sendo obrigatório o refrão: Bote aqui, bote aqui o seu pezinho, / Bote aqui, bote aqui, junto do meu; / No botar, no botar do seu pezinho, / Um abraço e um beijo lhe dou eu!

Piaba. Pequenino peixe de água doce, de escamas, muito abundante nos rios e lagoas. Descrevendo-o, Marcgrave diz do seu minúsculo tamanho: "pisciculos duos aut tres digitos longus interdum quattuor aut quinque quando maximus". Fernando Halfeld diz das piabas do rio S. Francisco, que é peixe ordinário, de papo e corcunda. "Pernambuco, esta terra de Camarão, está de piabas" (*A Duquesa do Linguarudo*, n.º 105, de 1877). "Há mais de uma hora, vizinha, que está com a vara na mão! E nem uma piabinha!" (*A Pimenta*, n.º 13, de 1902). "As crianças passaram todo o dia à borda dos riachos, à cata de piabas, esquivas" (Rangel Moreira). Vivo, esperto, ligeiro: Aquele menino é uma piaba. No sertão é muito comum dar-se o nome de piaba ao cavalo bom corredor, árdego, vivo e, com tais predicados, destríssimo na pega dos bois extraviados das fazendas. "Lá vem seu Francisco Lins no seu cavalo piaba" (*O Boi Espácio*). Bucho de piaba: diz-se que o tem o indivíduo indiscreto, falador, linguarudo. "Quanto a mim, não passarei o segredo a ninguém; agora, quanto aos seus camaradas, que são de bucho de piaba, é que não me responsabilizarei" (*A Província*, n.º 48 de 1916). Derivados: Piabagem: Serviço, negócios pequenos, insignificantes: Andar metido numas piabagenzinhas que nada adiantam. Piabar: Meter-se em especulações, em certos negócios. "Um serventuário de justiça, que também piaba nos negócios de ausentes" (*Pernambuco*, n.º 331, de 1913). Piaba é um termo de origem tupi, que, segundo Batista Caetano, vem do verbo *pi-hab*, torcer pele, beliscar. Entre nós temos o nome de Piabas em algum engenho, riachos e lagoas, e o Piatiba, em uma coroa junto à foz do rio Maria Farinha, corrutela de *piabtiba*, abundância de piabas (Pereira da Costa, *Vocabulário Pernambucano*, 577-578).

Piano de Cuia[1]. Cabaça grande, envolta num trançado de algodão, à semelhança de rede de pescaria, tendo presos pequenos búzios nos pontos de interseção das linhas. Esta rede fica um pouco folgada em torno da cabaça, de modo que, agitada, esta produza ruído, que é aumentado pelo rolar de alguns seixos no interior da cabaça (Manuel Querino, *Costumes Africanos no Brasil*, 106). O piano de cuia, também chamado agê, é um instrumento marcador de ritmo, especialmente nos bailes afro-brasileiros, indispensável agora nos conjuntos musicais típicos.

Pião. Pinhão, brinquedo de maneira, piriforme, com uma ponta de ferro, por onde gira pelo impulso ao cordão enrolado na outra extremidade e puxado com violência e destreza. O pião roda velozmente, "dormindo", e há várias convenções entre as crianças para o desenvolvimento do jogo. "O *strombos* dos gregos e o *turbo* dos romanos é o mesmo jogo do pião das crianças de hoje, e data pelo menos da pré-história, da civilização, idade micenaica ou pelágica, pois figuram os "piões de argila" primitivos na coleção de Schliemann" (João Ribeiro. *O Folclore*, 40). O mesmo que *toupie*, *breifel*, *top*, *juego del peón*, *peonza*, *trompo*, de franceses, alemães, ingleses, espanhóis, centro e sul-americanos, de uso quase universal. Virgílio e Horácio citam o *turbo*. Nas adivinhações é um tema sugestivo. Versões de Portugal (Teófilo Braga, "As Adivinhas Portuguesas", em *Era Nova*, 254) e do Brasil:

"Para andar lhe pus a capa
E tirei-lha para andar,
Que ele sem capa não anda,
Nem com ela pode andar,
Com capa não dança,
Sem capa não pode dançar;
Para dançar se bota a capa,
Tira-se a capa para dançar."

A "capa" é o cordel que aciona o pião. Leonardo Mota (*Cantares*, 31) registrou, num famoso desafio entre Jerônimo de Junqueiro e Zefinha do Chabocão, a figura do pião numa das fases mais vivas das perguntas e respostas:

"Gerome, tu pra cantar
Fizeste pauta c'o Cão...
Que é o passo que tem
Nos altos do teu sertão,
Que dança só enrolado
E sorto não dança não.
Dança uma dança firmada
C'um pá sentado no chão?

Zefinha, eu lhe digo o passo
Que tem lá no meu sertão,
Que dança só enrolado
E sorto não dança não;
Dança uma dança firmada
C'um pá sentado no chão:
É folguedo de menino,
É carrapeta ou pinhão!"

No Brasil a maioria das condições para o jogo é semelhante à registrada em Portugal (Jaime Lopes Dias, *Etnografia da Beira*, VI, 166-167; Augusto César Pires de Lima, *Jogos e Canções Infantis*, 26-27). Rocha-Mandahil evocou (*Revista Lusitana*, vol. XXVI, 172-183, Porto, 1927) o Arcebispo de Braga, Dom Jorge (1703-1756), irmão bastardo do Rei Dom João V, jogando entusiasmadamente o pião. Uma informação completa sobre o jogo do pião está no "Notas de Folclore Infantil Sul-Paulista", de Aluísio de Almeida, *Revista do Arquivo Municipal*, CVIII, 116-118, São Paulo, 1946, comparando com os jogos infantis portugueses reunidos por A. C. Pires de Lima, acima citado. Ver *Finca*.

Piauizeiro. O natural do Piauí.

Picada. Três badaladas dos sinos dos campanários das igrejas, fortemente vibradas ao mesmo tempo, e com um pequeno espaço de uma às outras, para dar começo aos repiques festivos. Caminho estreito nas matas ou terrenos cobertos de alta e espessa vegetação, com alinhamento regular ou não, abertos para o corte e arrastamento de madeira, para encurtar a passagem entre dois pontos, evitando rodeios, e servindo de viação pública; ou para ex-

---

1 No texto original: "Piano-de-Cuia" (N.E.).

ploração e estudos de trabalhos geodésicos, sendo assim o termo muito vulgar nos relatórios e cartas de tais trabalhos. *Picada* é um termo vernáculo e consignado nos nossos léxicos, mas com expressões outras; última acepção: caminho estreito, que se faz por entre mato, derribando algumas árvores (Pereira da Costa, *Vocabulário Pernambucano*, 578).

PICADINHO. Guisado de carne picada. É um dos mais antigos pratos da cozinha portuguesa, mencionado nas leis que regulavam o número dos serviços da mesa real e geral. De sua popularidade na alimentação diária do povo português há a indicação na *Pragmática* d'El Rei Dom Sebastião (de 2,8--IV-1570), que ordenava que ninguém despendesse mais que os seus rendimentos, que procurasse guardar sempre algumas sobras para comprar bens de raiz ou prata chã, e finalmente que pessoa alguma não possa comer à sua mesa mais que um assado e um cozido, e *um picado*, ou, desfeito, ou arroz, ou cuscuz (Pinheiro Chagas, *História de Portugal*, IV, 302).

PICA-PAU. Ou picapau (*Picida*.) Pedaço de papel dobrado de certo modo que lhe dá a vaga aparência de um pássaro, e que as crianças, segurando com a mão direita, fazem, por meio de pequenos sopros, bater com o bico na unha do polegar da mão esquerda (Amadeu Amaral, *O Dialeto Caipira*, 187). Folha do Pica-Pau. Também se refere à pena. "Quem apanhar a pena do pica-pau-ferreiro (ave), na ocasião em que ele trabalha para furar o pau, e guardá-la, nunca lhe faltará nada, pois tem a felicidade consigo. É até costume dizer-se do felizardo em jogo ou negócio: este tem pena de pica-pau" (Guilherme Studart, *Antologia do Folclore Brasileiro*, vol. 2, 48, 6ª ed., São Paulo, Global, 2004). "Uma lenda, antes crença, que passa como indígena, que se ouve entre os tapuios e que contam em tupi, é a do irapaçu ou do pica-pau (*Megapicus rubricolis*, Lin.). Posto que o herói dela seja um zigodáctico do Brasil, contudo ela não é indígena; foi transplantada da Alemanha, e tão bem medrou que deu frutos, cujas sementes têm reproduzido a espécie mais variada, dando flores que embriagam o tapuio, com a sua crença. Quantos não acreditam mais nela do que nas verdades evangélicas. Entre os zigodáctilos do vale amazônico existe um, preto, com a cabeça vermelha, que é tido como um pássaro feiticeiro, não dando fortuna como uirapuru, mas concorrendo para ela. Aninham-se os uirapaçus nos buracos de árvores secas, que com o bico fazem, e aí deitam seus ovos. Difícil é saber-se onde se aninha, e esta dificuldade anima a crença. Dizem que este pássaro tem a virtude de conhecer uma raiz mágica, que, tocada em qualquer parte, faz com que tudo se abra, como portas de prisões, cofres, etc. A dificuldade está em achar o ninho. Achado este, espera-se a época em que os filhotes começam a alimentar-se, e, aproveitando-se a saída do uirapaçu, tapa-se bem o buraco, prepara-se embaixo uma grande fogueira com sacaí (graveto, pau seco) e espera-se pela volta do pássaro. Este chegando, se encontra o ninho tapado, voa e desaparece. Prepara-se então o fogo, e quando ao longe se avista o pássaro, lança-se fogo ao sacaí. Chega o uirapaçu, trazendo no bico a raiz mágica, e, vendo o fogo, a deixa cair. De posse desse talismã, o tapuio nunca será preso, nada para ele se poderá ocultar, porque, com a raiz, ele sairá de qualquer prisão e abrirá qualquer porta" (Barbosa Rodrigues, *Antologia do Folclore Brasileiro*, vol. 1, 220-221, 9ª ed., São Paulo, Global, 2004). João Ribeiro estudou esse "culto-proto-histórico" (*O Folclore*, 1919, XXX) como o fez na Inglaterra J. Rendel Harris (*Picus Who is Also Zeus*, Cambridge, 1916), expondo bibliografia e caminhos através do tempo. Picus seria um rei de Itália, com um culto popular, anterior a Júpiter. Virgílio, Aristófanes, Ovídio, Plínio, Deodoro da Sicília, Plutarco, Eliano registram-no. Na ilha de Creta lia-se no mármore do túmulo: "Aqui repousa Picus, que também se chama Júpiter" (*Deodoro*, II, 87, edição Hoefer). Os romanos acreditavam no mito igual, e o processo para obter-se a folha do pica-pau é idêntico ao brasileiro. Alberto Magno, no séc. XIII, expunha o mito como o conhecemos: "Se quiseres rebentar cadeias e grilhões, vai à floresta e observa um ninho de pica-pau; trepa na árvore e fecha a boca do ninho com o que tiveres à mão. Logo a ave, que te espreita, corre por uma planta que traz e sobrepõe ao estorvo, que desde logo se rompe e cai. Deves pôr embaixo da árvore um lençol onde possas colher a planta ou folha misteriosa, talismã contra todas as cadeias". Também a simples invocação de uma planta, o sésamo, abria a caverna dos tesouros dos quarenta ladrões no *Mil e Uma Noites*. São populares na Europa as *estórias* de folhas, flores mágicas, colhidas numa noite determinada, Natal, São João, São José, coincidindo os equinócios de inverno ou verão, dando poderes sobrenaturais para o amor, jogo, negócios, caça, etc. Muitas plantas são disputadas pelo próprio demônio, em debate que dura até a alva. Essa tradição convergiu para a versão do Ceará de Gustavo Barroso. Dessas plantas mágicas Homero cita moli, dada por Mercúrio a Ulisses para que resistisse e vencesse o poder de Circe (*Odisseia*, X). Blaise Cendrars (*Antologie Nègre*, n.º 16, Paris, 1927) cita um conto dos negros subirjas, do Alto Zambeze, onde o pássaro Katyituî (pica-pau) é o único a romper a bicadas o couro espesso do monstro Seédimwe, que tudo engolira e fora morto pelo cão selvagem. "Todas as aves de gênero pícides, espalhadas por quase todo o mundo antigo, se faziam acompanhar dessa legenda poética e edificante. Vemos, pois, que árabes, judeus, gregos, germanos e latinos, todos se pagam do mesmo preconceito desde os tempos mais remotos. O Picus, o Driocolaptes, o Woodpecker, enfim, o pica-pau, com as suas mágicas e sonoras bicadas nos velhos troncos das árvores, representa um papel considerável na imaginação de todos os povos" (João Ribeiro, *opus cit.*, 202-203). J. Rendel Harris explica a divindade de Picus, lembrando que a fase do culto às aves precedeu ao antropomorfismo de Uranus, Cronos, Zeus. O mito da folha, pena, raiz, do pica-pau parece-me convergência de dois ciclos. O culto proto-histórico de Picus e a tradição das plantas maravilhosas. O liame associativo seria a impressão popular do bico resistente do pica-pau e a relativa facilidade com que abre e esburaca árvores de duro cerne. Na Venezuela conta-se quase identicamente da pedra do "zamuro" (*Coragyps atratus*) que vai buscar uma pedrinha no rio Jordão para recompor os ovos quebrados intencionalmente por quem se apoderará do amuleto, ficando felicíssimo. "Ter folha de pica-pau" é, na Venezuela, a frase: "Deve tener la piedra del zamuro". Ver *Fandango*.

PICUMÃ. Ver *Pucumã*.

PIF-PAF. Ver *Jogo de Baralho*.

PILÃO. Espécie de gral ou almofariz, de madeira rija, como a sucupira, com uma ou duas bocas, e tamanhos vários, desde os pequenos, para pisar temperos, até os grandes, para descascar e triturar o milho, café, arroz, etc. O instrumento ou peça de madeira, com que se pisa no pilão qualquer substância, tem o nome de mão de pilão, que em Portugal se chama pilão: Pilão, mão de gral. (*Aulete*). Os pilões grandes, de um metro, pouco mais ou menos, de altura, e de duas bocas, trabalham com duas mãos, de madeira pesada e tamanho proporcional. "Eu te piso / eu te repiso / te reduzo a granizo / no pilão de Salomão" (versos populares). "No pilão que eu piso milho / Pinto não come xerém" (*Cancioneiro do Norte*). "Um pilãozinho que serve para pisar tudo quanto há: bacalhau, pimenta-da-índia, erva-doce, camarão, etc". (*A Marmota Pernambucana*, n.º 46, de 1850). Mais vale pisado a pilão do que comprado a tostão (adágio). Perna ou pé de pilão: inchado. Os índios usavam do pilão, a que chamavam induá, feito ao seu modo; e, descrevendo Teodoro Sampaio os utensílios de uma habitação selvagem, conclui: Fora da cabana, encostado à parede, mas deitado por terra, via-se o pilão (*induá*). A mão de pilão chamavam eles *indoá ména*, e introduzido pelo português o gral ou almofariz, deram-lhe o nome de *Indoá mirim*, pilão pequeno, e à respectiva mão de *indoá mirim ména* (Pereira da Costa, *Vocabulário Pernambucano*, 582-583).

PILÃO DE FOGO[1]. É uma superstição de São Paulo (Campinas, Juqueri, M'Boi, Lindoia, Joanópolis e Capital). Um pilão misterioso aparece inopinadamente pelas estradas, rolando, atrapalhando os viajantes e mesmo perseguindo-os, com um barulho atordoador. Vezes surge coberto de fogo e desta forma acompanha os espavoridos tropeiros. É uma variante do Batatá, Mboitatá, Batatão.

PILÃO DE POUCO-PONTO. Pouco-Ponto é uma propriedade rural, com engenho de açúcar, termo da vila de São Francisco, à margem da Estrada de Ferro Centro-Oeste, na Bahia. O seu proprietário, em 1891, era o Dr. Garcia Dias D'Avila Pires de Carvalho e Albuquerque, poliglota, homem culto, Numa noite, ouviu-se o rumor característico de um pilão "batendo caçula", batendo amiudadamente, num ritmo vivo, igual. "Bater caçula" é trabalhar no pilão com duas mãos, batendo uma e logo a outra, por um, comumente dois trabalhadores. É tarefa feminina, e as grandes batedeiras de caçula eram filhas ou netas dos escravos africanos. Não foi possível descobrir no engenho Pouco-Ponto quem batia caçula. Durante meses, das 21 às 3 horas, o misterioso pilão assombrava pela cadência dos golpes. O proprietário, rico e cheio de amizades, mobilizou centenas de homens, mesmo soldados do Exército, amigos, parentes, dando minuciosas visitas, examinando-se palmo a palmo o terreno, enquanto o pilão batia sem cessar. Ninguém o localizou, apesar dos esforços teimosos do Dr. Garcia d'Avila e vizinhos. Engenheiros, professores de física, técnicos, foram examinar a região, baldadamente. Silenciou depois de espalhar a *estória* pelos municípios próximos e além-fronteiras, o pilão invisível, mas, vez por outra, dizem ouvi-lo bater tarde da noite. "Ainda vivem pessoas respeitabilíssimas que comem xerém". (*Cancioneiro do Norte*). "Um Santo Amaro, na vila de São Francisco, e nas terras vizinhas do engenho, testemunhas do enigmático fato. Sem falar de muitos tabaréus, não menos críveis, que correram igualmente, a ouvir o encoberto batedor de "caçula", e tomaram parte nas diligências procedidas para aclarar o mistério". (João da Silva Campos, *Tempo Antigo*, 170-174, Bahia, 1942). O autor escrevia em 1939. É uma variante brasileira da tradição do tamborileiro de Tedworth, março de 1662 a abril de 1663, na Inglaterra.

PILHÉRIA. Durante os três dias do carnaval, e, outrora, no percurso de certas procissões religiosas, havia um direito tradicional da pilhéria, do apodo, de brincadeiras atrevidas, algumas brutais, constituin-

---

1 No texto original: "Pilão-de-Fogo" (N.E.).

do revelações sensacionais de fatos imaginários ou reais, à vista do público, humilhado profundamente o pseudoacusado. Era uma reminiscência da liberdade sagrada das lupercais, um direito consuetudinário, que autoriza os escravos e servos a criticar e zombar dos senhores e amos, sem possibilidade de reação e represália. Nessas ocasiões aproveitava-se o anonimato para insultar, e a miséria para justar contas. Os testamentos dos Judas (ver *Testamentos*) apontavam ao ridículo as pessoas graves, os homens ilustres, ricos, mandões, imponentes, superiores. Em Portugal dizia-se "chorar o entrudo" (Beira), judenta (Guimarães), pulhas (Douro), arremedas (Oleiros), milhães (Minho), havendo a procissão dos ferrolhos em Turquel, as caqueiradas da Beira Baixa, o "deitar testadas" do Algarve, domingo da caqueira, atirando-se para dentro das casas louça partida em cacos e suja de toda sorte de porcaria, fazendo-se bater todas as panelas, trastes, tampos, num estridor diabólico, como ainda Henry Roster ouviu no Brasil na ilha de Itamaracá. Com esse sentido de pilhéria espirituosa e de vitupério, de crítica e, na Bahia, os famosos "passaportes", contando os "crimes", os "podres" da sociedade. Um reflexo reaparece ainda nos "novenários" publicados nas festas religiosas, noticiando os acontecimentos e criticando com ferocidade incontida os desafetos e adversários, membros de outros grupos, rivais de amor ou simplesmente antipáticos ao clã, que redige o jornalzinho. Ver *Trotes*.

Piloto. Indivíduo que tem uma vista só. "Quem tem um olho só é piloto" (*A Marmota Pernambucana*, n.º 32, 1850). "Mamãe se dana com a pilotinha do beco do Amaro, a pedir festas aos seus coiós" (*A Pimenta*, n.º 582, de 1907). "Um estudante piloto por natureza, isto é, que só pode ver a sua Mesquilota por um olho, porque o outro anda sempre embuçado por causa do frio" (*América Ilustrada*, n.º 19, de 1890). *Piloto, o navio chegou no porto?* (Troça de garotos). (Pereira da Costa, *Vocabulário Pernambucano*, 583).

Pimenta. Esperto, vivo, buliçoso; mulher ardente, libidinosa. O nome da vulgar piperácea, empregada naquelas acepções, vem do seu sabor ardente e abrasador, principalmente a pimenta vulgarmente chamada *de cheiro* (*Capsicum adoriferum*, Vel.); a *cumari*, a *quiía* comari, tupínico, segundo Marcgrave; e a malagueta (*Capsicum batacum*, Lin.), que, segundo Almeida Pinto, é a *querijá-apuá* dos índios. Além destas espécies de pimenta, existem outras, igualmente cultivadas, nomeadamente as que são assim chamadas: "Olho-de-peixe, tripa-de-macaco e umbigo-de-tainha". À solanácea, com o nome vulgar de *pimentão*, pelo grande desenvolvimento a que atinge, davam os índios o nome de *quiyá açú*, pimenta grande. Pimenta-do-reino (*Piper nigrus*, Lin.), originária da Índia, mas assim chamada para a distinguir das espécies indígenas, e mesmo porque vinha por intermédio da metrópole, o *reino* de Portugal. Cultivada no extinto Jardim Botânico de Olinda, foi propagada, mas a sua cultura não vingou. O uso geral da pimenta nas refeições de carne e peixe, sendo nestas particularmente empregada a de *cheiro*, com molho forte, picante, chamado de *mulata*, ou fraco, pouco ardente, chamado de *viúva*, vem dos índios, do seu *iquiataia*, a pimenta seca ao sol, reduzida a pó e misturada com sal, como ainda se usa, porém pisada, misturadamente, com a farinha de mandioca, e assim pulverizada no anguzó e no bobó (Pereira da Costa, *Vocabulário Pernambucano*, 583).

Pimentel, Alberto Figueiredo. Ver *Alberto Figueiredo*.

Pincho. Jogo de dinheiro entre crianças. Colocam um caroço de tucumã ou uma bola de chumbo a seis passos, e cada um, entre dois, três, quatro parceiros, faz pontaria com uma moeda de cobre ou níquel. O que tiver melhor pontaria coloca todas as moedas de cara, numa ruma, e bate com a bola. As que voltarem a coroa para cima são ganhas. Se restarem algumas, dá segunda pancada. Sobrando ainda, o segundo parceiro faz a mesma coisa. Liquidado isto, principiam de novo. "Disque tu estavam jogando o pincho, Quincas? Ainda te mando soldado te pegar. É mentira, mamãe". (Raimundo Morais, *O Meu Dicionário de Cousas da Amazônia*, II, 93).

Pinhão. Pião, pinhão-de-purga, mandubiguaçu (*Jatropha curcas*, L.). "Arbusto agreste, da família das euforbiáceas, indígena, muito abundante entre nós, e vulgarmente conhecido por *pinhão-de-cerca*, por ser aproveitado para cercas nativas, ao que muito se presta. De muita eficácia contra as feitiçarias, olhados e quebrantos, segundo a crendice popular, é por isso geralmente cultivado, figurando em um vaso qualquer nas casas de pequeno negócio, e não muito raro, um raminho, nos tabuleiros das quitandeiras ambulantes. Uma *surra de pinhão* num feiticeiro ou catimbozeiro quebra-lhe o poder da magia. Corrutela de *pião*, vem daí a frase: *tomar o pinhão na unha*, com as expressões de contrariedade, sentir os efeitos de uma pirraça, tomar a carapuça de uma indireta" (Pereira da Costa, *Vocabulário Pernambucano*, 586). Ver *Pião, Jogo do Pinhão*. Popularíssimo no interior de Minas Gerais, correspondendo ao jogo das castanhas no norte e nordeste do Brasil. Francisco de Paula Ferreira de Resende (*Minhas Recordações*, 196, ed. José Olympio, Rio de Janeiro, 1944) descreve o jogo: "Feito um pequeno buraco no chão, e de preferência junto de alguma parede ou de algum barranco, dois ou mais meninos colocavam-se em uma certa distância e com um certo número de pinhões e os atiravam de um em um em direção àquele buraco; e todos os pinhões que dentro deste iam por acaso cair estavam ganhos ou já fora de combate. Então tratava-se de encovar, por meio de piparotes, que se davam com o dedo polegar ou com outro qualquer dos dedos da mão, os restantes pinhões que tinham ficado por fora; de sorte que, regulada a precedência pelo maior número de pinhões que, ao princípio, atirados, tinham caído no buraco, ou no caso contrário, pela maior proximidade em que do mesmo buraco haviam caído, aquele dos jogadores a quem cabia a preferência ia sempre jogando, enquanto os ia encovando; e quantos encovava, tantos ganhava; até que, falhando uma vez, seguia o companheiro imediato; e assim por diante". Os frutos que servem para esse jogo são do pinheiro (*Araucaria brasiliana*, Lamb.).

Pinheiro. Uma dança tradicional do Rio Grande do Sul, figurando entre outras no baile popular do interior, *Fandango*, ver.

Pinica-Pau. O mesmo que pica-pau, mais popular no sul e extremo norte do País. Uma cantiga popular:

"Pica-pau é atrevido,
De um pau fez um tambor,
Para tocar alvorada
Na porta do seu amor."

No *Compêndio Narrativo do Peregrino da América*, sexta edição, Rio de Janeiro, 1939, de Nuno Marques Pereira e escrito na Bahia nas primeiras décadas do séc. XVIII, há, à pág. 59:

"O valente pica-pau
De um pau fez o tambor,
E com o bico tocava
Alvorada ao mesmo sol."

Pintainho. Ver *Cabra-Cega*.

Pinto Pelado. O pinto pelado, gogo, nuelo, frango, capão, são elementos da literatura oral e de superstição. Magro, feio, esquelético, depenado, o pinto, capão, frango, é vitorioso, possuindo capacidade sobrenatural de resistência. Engole rios, florestas, feras, gigantes, restituindo-os vivos e aptos a servi-lo no momento exato e decididor. Sílvio Romero recolheu em Sergipe a variante brasileira (*Folclore Brasileiro*, II, n.º 4, ed. José Olympio, Rio de Janeiro, com bibliografia e notas). Pela Europa existe o Meio-Galo, Meio-Frango, Meio-Pinto com as mesmas faculdades extraordinárias. Em Portugal, Espanha, França, etc., o Demi-Coq, Medio Pollico, Halfchick são modelos maiores. O Prof. Aurélio M. Espinosa recolheu em Cuenca e Córdoba, estudando eruditamente setenta e três variantes (*Cuentos Populares Españoles*, I, 582-587, as duas versões espanholas, Madrid, 1946, III, 373-386, os comentários, Madrid, 1947), opinando pela origem francesa do motivo. O Sr. Ralph Steele Bogg ("The Halfchick Tale in Spain and France", *FF. Communications*, n.º 111, vol. XLIII 2, Helsinki, 1933) examinou o assunto, dizendo-o castelhano. Do ponto de vista supersticioso, existem no Brasil, Norte, Centro e Sul, pintos, capões, frangos e galos encantados, que surgem inesperadamente aos lenhadores e caçadores, dando pulos inauditos, alcançando, embora desprovidos de penas, os altos galhos das árvores, dançando, falando e rindo, assustando a todos, e desaparecendo misteriosamente. A característica é sempre o pinto ou frango pelados, magros e doentes, de aspecto esquisito. Em São Paulo tem o nome de Domingos Pinto Colchão, apresentando-se como um galo depenado, endiabrado, entrando pelas casas, derrubando tudo e saindo às gargalhadas, zombando dos moradores ("Mitos do Estado de São Paulo", *Revista do Arquivo Municipal*, CXVII, São Paulo, 1948) e também perseguindo os avarentos, apoderando-se dos bens dos usuários, etc. (*idem*, Pederneiras, São Paulo). João Pinheiro, governador do Estado de Minas Gerais, que amava as *estórias* populares, contou ao senador Elói de Sousa um episódio típico. Um grupo de tropeiros decidiu abrigar-se numa tapera, que se dizia mal-assombrada. Fizeram uma grande fogueira e rodeavam-na, cantando alegremente a viola. De repente, saiu do mato um pinto grande, frango, magro, feio, de grandes pernas, pelado, capenga e veio rondando os tropeiros. Depois dirigiu-se para a fogueira, saltou no meio das brasas e das chamas, deitando-se, deliciado, e para o assombro dos homens, exclamou, satisfeito: *Eta foguinho bom!* Os tropeiros dispararam numa carreira furiosa...

Pinto Piroca. "Visagem" amazônica. "Na cidade e nas freguesias ocorre, algumas vezes, a aparição do *Pinto Piroca*. Um habitante de Jocojó assim o descreveu: — Ninguém ainda viu o Pinto Piroca, mas de vez em quando a gente ouve o seu pio. Dizem que ele se parece com um pinto gigante com o pescoço pelado, mas ninguém sabe direito. Nossos pais é que contavam assim. A gente repete o que eles diziam. Os velhos sabem melhor que a gente. O Pinto Piroca é tratado como as outras *visagens*, o melhor é evitar a sua aproximação, fazer qualquer zoada ou provocação. As crianças aprendem desde cedo a comportar-se diante das *visagens*, para não atrair a sua malignidade" (Eduardo Galvão, *Santos e Visagens*. Um estudo da vida religiosa de Itá, Amazonas, 109, S. Paulo, 1955). Piroca, em tupi, é pelado. Trata-se de crendice europeia vulgarizada e que também determinou um ciclo de estórias populares. Ver *Pinto Pelado*.

Pinu-Pinu. Casta de urtiga, muito comum em todo o vale do Amazonas. No Uaupés se servem das folhas de pinu-pinu para acalmar as dores reumáticas, açoitando com elas a parte doente, até ficar numa só bolha. Naturalmente não é para curar; mas tenho visto mais de uma vez quem dela usava e se encontrava imobilizado num fundo de rede levantar-se e poder atender às próprias ocupações, como pessoa em perfeita saúde (Stradelli, *Vocabulário Nheengatu-Português*, 601).

PIOS. O mesmo que chama, instrumento de sopro, pequeno silvo, destinado a imitar o canto de aves, atraindo-as para espera do caçador (*Appeau, chantarelle, Lockpfeife, Lockvogel*). São feitos comumente de madeira, osso ou argila. É de uso universal. Hernandez Pacheco encontrou na caverna de Paloma, Astúrias, na parte correspondente ao madaleniense superior, um fragmento de costela de um animal, trabalhado pela mão humana e visivelmente um pio, um silvo para caça volátil. O madaleniense precede imediatamente ao primeiro período neolítico. "Instrumentos semelhantes aos apitos e assobios, feitos de madeira, osso, chifre ou metal, e que imitam, quando manejados com habilidade, o canto das aves no cio. Estas, atraídas pelo suposto companheiro, são vítimas do caçador "atocaiado" (C. Ribeiro de Lessa, *Vocabulário de Caça*, 102, São Paulo, 1944). Ver *Chama*.

PIPOCA. Milho em grão a torrar em uma vasilha de barro, com alguma areia colocada sobre o fogo, e que, com o calor e mexido com um pauzinho, estoura em grande parte, apresentando bonitos e caprichosos flocos brancos, geralmente sob o aspecto de uma flor lindíssima. Segundo as regras da popular pragmática, é preciso acompanhar aquele processo com uma cantarola, com estes versos invariavelmente repetidos: "Pipoca bonita, Menina feia! / Pipoca feia, Menina bonita". E assim, a pipoca, que não quer ser feia, rebenta naqueles flocos, e sem o que o milho não rebenta, ficando apenas torrado, com uma cor pardacenta. "Amo a cor que se coloca / Na pipoca / Na parte que não rebenta." (Da chula *Mulatinha do Caroço*). "A esposa bonitinha evaporou-lhe o Joca, como no caco, esplêndida pipoca" (*Lanterna Mágica*, n.º 17 de 1882). "Os lavradores já saltam como na brasa a pipoca" (*Idem*, n.º 243 de 1882). Rosário de pipocas: as pipocas em flor, enfiadas em uma linha, com as extremidades presas, à feição de rosário. "Oitenta contos não são oitenta rosários de pipocas ou castanhas" (*Lanterna Mágica*, n.º 12 de 1882). Ditados e locuções populares: Milho torrado é pipoca. Grotis pipocas!: Foi-se! Acabou-se! Gorou! Se o vires sem dentes, dá-lhe pipocas. Pipocas! Ora pipocas! Deixe-me! Não me amoles! Vá pentear macacos! "Pois então... pipocas!" (*América Ilustrada*, n.º 11 de 1872). "Ora pipocas, pomadista!" (*A Pimenta*, n.º 12 de 1902). A pipoca, originariamente, vem dos índios, vulgarmente conhecida entre eles por *popoka*, no tupi quer dizer a pele estalando, ou arrebentando, o milho torrado, segundo Teodoro Sampaio; ou de *abatixi popoc*, milho que estala, donde vem a palavra *popoca*, como escreveu Gonçalves Dias, e assim, descrevendo o nosso épico Durão os usos e costumes dos selvagens, menciona as pipocas, a que chamam o milho que, lançado na cinza quente, rebenta como em flocos brancos, dizendo no Canto IV: "Quais torravam o aipi: quem mandiocas; Outros na cinza as cândidas pipocas." A pipoca, porém, é também conhecida entre outros povos, como assim escreve o Padre Etienne Brasil: "O milho ou pipoca do nosso povo é o guguru, que se encontra na África, Pérsia, Turquia e Palestina. "Pipoca, popoca, ou papoca, assim chamam no Ceará. Bolha de água na pele, provocada por queimadura ou picada de inseto; pústula de varíola." "Toda a superfície do corpo atacada pelas abelhas estava coberta de papocas d'água, verdadeiras bolhas de queimaduras" (Rodolfo Teófilo). Derivado! Pipocar: Fugir, desaparecer, correr; rebentar, borbulhar, ferver em borbotões. A água está pipocando. Pipocar, segundo Couto de Magalhães, é um verbo de raiz túpica, por abrir, arrebentando (*Vocabulário Pernambucano*, Pereira da Costa, 589-590), Ver *Fandango*.

PIQUE. Os mateiros e toqueiros, conhecedores da mata amazônica, escolhem os pontos onde estão as melhores seringueiras. Marcam essas árvores e essa marcação é o "pique". Ver *Margem*. O mesmo que *Maria Macumbé*.

PIRACA. Garrafa com querosene e uma mecha para acender. É a iluminação para as festas populares, nas praias do Rio Grande do Norte, especialmente os folguedos públicos, fandangos, bumba meu boi, etc. A luz da piraca resiste perfeitamente ao vento.

PIRACUÍ. Farinha de peixe. O peixe depois de moqueado, bem seco, de modo a tornar-se quebradiço, é socado no pilão, reduzido a pó, peneirado, para ser posto em paneiros forrados de folhas de arumã e ser guardado no fumeiro. Preparado desta forma, o peixe se conserva por muito tempo, e serve especialmente nas viagens escoteiras por terra, em que não há tempo a perder. As qualidades de peixe que melhor se prestam para fazer o piracuí são os peixes de escama; e entre eles os de médio tamanho, pouco importando as espinhas, mas devendo-se escolher de preferência o que não for muito gordo. As espinhas, que não ficam pulverizadas no pilão, ficam na peneira. A gordura torna rapidamente rançosa a farinha (Stradelli, *Vocabulário da Língua Geral*).

PIRAIA-GUARÁ. Ver *Boto*.

PIRA-IAUARA. Ver *Boto*.

PIRAÍBA. "Piraiua, peixe de pele, que atinge grande desenvolvimento, um dos maiores, se não o maior dos habitantes do Rio Mar e seus afluentes, que sobe até grande distância da foz. Extremamente voraz, é acusado, quando lhe vem a jeito, de engolir crianças e até homens, se lhe atribuindo a causa de não boiarem muitos dos cadáveres de afogados, o que, a meu ver, deve ser posto a cargo das piranhas e candirus. Dessa acusação e do fato de serem suas carnes pouco estimadas, como carnes de peixe de pele, se dá a etimologia do nome como proveniente de *pirá* e *aiua*, isto é, peixe ruim. Não é esta a etimologia que me deu como verdadeira um velho morador do rio Negro, que, explicando-me que a piraíba é mãe de todos os peixes, lhe fazia vir o nome de *pirá* e *iua*, isto é, o tronco, a origem dos peixes. Seja como for, se a carne das grandes piraíbas é geralmente pouco estimada, aos filhotes não acontece outro tanto; especialmente no Pará uma posta de piraíba nova é considerada um manjar delicado" (Stradelli). *Branchy platystoma filamentosum*, Licht. Com dois metros de tamanho por mais de um de diâmetro, pesando 150 quilos, a piraíba devia impressionar, pelo corpanzil, a imaginação do indígena. Várias são as lendas e tradições locais em que esse bagre monstruoso aparece, encantado, desafiando pescadores, ou arrastando embarcações para o fundo do rio, devorando a tripulação. Barbosa Rodrigues recolheu uma lenda no rio Negro (Amazonas) em que o filho de um chefe indígena (tuxaua) vivia encantado na barriga de uma piraíba. Todos os dias atiravam uma criança para que a piraíba deixasse a pesca livre, no lago. Para libertarem a tribo daquele sacrifício, tentaram pescar a gigantesca piraíba, só o conseguindo, por conselho do pajé, com uma linha de pescar feita com o cabelo das mulheres. Morta a piraíba, aberto o ventre, voou um pássaro, gritando: Tincuã! "O céu ficou completamente escuro, a terra tremeu, o lago secou e a gente toda morreu, e só ficou no mundo o pássaro cantando: "Tincuã! tincuã!" (*Poranduba Amazonense*, 89-92). Raimundo Morais informa: "Chega a três metros de comprimento, engolindo um homem. Vive nos grandes rios e baías. De vez em quando salta fora da água quase a prumo. O caboclo conhece, pelo salto da piraíba, se o rio enche ou vaza. Quando ela pula para o montante, enche; para o jusante, vaza. Malvista a sua carne, que aliás é saborosa, pela gente rica, só as classes menos abastadas das cidades da Amazônia a comem. No entanto os médicos americanos do Hospital da Candelária, acima de Porto Velho, no rio Madeira, preferem-na a qualquer outra, mesmo à pescada, na alimentação dos doentes. O caso se torna mais singular, porque alguns desses médicos eram verdadeiras sumidades no mundo científico" (*O Meu Dicionário de Cousas da Amazônia*, II, 95).

PIRAIUA. Ver *Piraíba*.

PIRANHA. (*Pygocentrus piraya*, Cuy, ou *Serrasalmus rhombeus*, L.) Peixe de água doce, podendo atingir até 45 centímetros de comprimento a espécie maior, a preta. Os grandes bandos, de voracidade incrível, atacam todas as coisas vivas, destruindo-as com rapidez imprevista. Despovoam zonas inteiras de gado, mutilando os úberes das vacas e devorando os bois que caem feridos nas travessias dos rios. "No interior do Amazonas, Mato Grosso, Goiás e Pará, são frequentes os casos de pescadores mutilados pelas dentadas do terrível animalzinho. Ficará o leitor admirado, se um dia presenciar em um *corixo* mato-grossense a avidez com que milhares de piranhas se atiram famintas sobre a rês ferida que lhes cai nos afiados dentes! São incalculáveis os prejuízos que os criadores sofrem com as vacas leiteiras que comumente perdem parte do úbere ao passar nos córregos onde estão os maléficos peixes. Se há sangue em qualquer parte do boi que entra na água para beber, então o desastre é certo; a vítima é assaltada por milhares de bocas e, sem que haja tempo para retroceder, a rês fraqueja e tomba na água. O ataque aumenta de intensidade e, após alguns minutos, vê-se jazer no fundo da água a ossada branca, resto único do disputado repasto! Houve em Mato Grosso uma horda de selvagens que, por andarem com uma bolsa de couro protegendo-lhes as partes pudendas, receberam dos portugueses o nome de porrudos. Esses sacos de couro cru eram usados pelos bugres constantemente, para evitar os inúmeros casos de castração que sofriam nas caçadas em que necessitavam entrar na água. Contam-se muitas histórias a respeito do insaciável apetite das piranhas, umas que merecem crédito, outras absolutamente destituídas de fundamento. Amostra de algumas delas: os cães de caça dos lugares onde há muitas piranhas não se atiram imediatamente na água. Chegam à borda do rio, latem repetidas vezes, deixam as piranhas se ajuntar em cardumes e depois correm para outro ponto da barranca e se jogam na água atravessando-a ilesos. Os macacos, como animais mais inteligentes que são, quando querem beber água onde há piranhas, servem-se de canudinhos de taquari... "Contam que os boiadeiros, nos pontos de passagem infestados por tão temido bicho, costumam, antes de transposição de toda a boiada, tanger na água as reses mais fracas e magras, que sacrificam, como obrigado tributo, ao tremendo apetite das piranhas" (Visconde de Taunay). Nos documentos históricos da guerra do Brasil com o Paraguai, há referências a vários casos trágicos de soldados que, feridos e obrigados pelo inimigo a transpor riachos ou mesmo rios daquela região, eram despedaçados em curto lapso de tempo pelas piranhas, ficando deles somente o esqueleto branco de todo, no fundo das águas transparentes dos riachos" (Agenor Couto de Magalhães, *Monografia Brasileira de Peixes Fluviais*, 166-167, São Paulo, 1931). Pereira da Costa registra a tradição "de que os boiadeiros que tinham de atravessar o rio, conduzindo as suas boiadas, botavam na frente, para romper a marcha, um boi magro, para servir de pasto às piranhas, e, assim entretidas, deixar o gado passar incólume. Seja como for, o conhecido adágio *o boi magro vai na frente*, de expressões óbvias, vem, não há dúvida, da legenda" (*Vocabulário Pernambucano*, 591). Teodoro Sampaio traduz piranha do tupi *pir-ãi*, que corta a pele, a tesoura, a tenaz. Gabriel Soares de Sousa descrevia, em 1587: "A piranha quer dizer tesoura, tem tais dentes que corta o anzol cérceo; pelo que os índios não se atrevem a meter-se na água onde há este peixe; porque remete a eles muito e morde-os cruelmente; se lhes alcança os genitais, leva-lhes cérceos, e o mesmo faz à caça que atravessa os rios onde este peixe anda" (*Tratado Descritivo*, CXLIV). No *Diálogos das Grandezas do Brasil* (quinto), Brandônio informa que a piranha tem inclinação leonina e excede, em ser carniceira, aos tubarões. Essas duas notícias, de 1587 e 1618, dizem da fama antiga da piranha, de tão fácil encontro na literatura oral do Brasil, especialmente nas poesias populares, como termo de comparação, imagem expressiva, etc. Comum nos topônimos. *Dança da Piranha*. Dança popular no Brasil central. A. Americano do Brasil (*Cancioneiro de Trovas do Brasil Central*, 273-274, São Paulo, 1925): "Compõe-se de homens, mulheres e até crianças que formam uma grande roda, saindo ao meio dela um dos dançantes, que executa passos variados, ao tempo em que os da roda girando à direita e à esquerda, cantam:

"Chora, chora, piranha,
Torna a chorar, piranha;
Põe a mão na cabeça,
Piranha!
Põe a mão na cintura...
Dá um sapateadinho...
Mais um requebradinho,
Piranha!
Dize adeus ao povo, piranha,
Pega na mão de todos, piranha!"

A tal piranha faz o que se lhe manda, chorando, pondo a mão na cabeça, etc. Por fim, conseguindo agarrar a mão de qualquer dos da roda, puxa-o para o meio do círculo, tomando-lhe o lugar. Assim se continua".

Pirão. Espécie de massa, mais ou menos consistente, feita de farinha de mandioca, fubá de milho ou de batata-inglesa, para se comer com a carne, peixe ou qualquer outra iguaria. O pirão da farinha de mandioca, porém, é preparado de vários modos, com água e sal, fria ou quente ou caldo de carne, peixe, marisco ou caranguejo, nomeadamente: *pirão escaldado*, feito com o caldo a ferver sobre a farinha ou vice-versa, *mexido*, de farinha, água ou caldo mexido na vasilha posta no fogo, tomando assim uma consistência glutinosa. Angu de manteiga, preparado com farinha sessada, mexido ao fogo, e alisado no prato com manteiga. Pirão-d'água, feito de água fria, também chamado *cru* ou *solto*, e de *galinha*, quando é destinado à sua alimentação. "Há farofas tão mal feitas que parecem pirões de galinhas" (*América Ilustrada*, 18-75). Há enfim o pirão de caju, feito com farinha e água ou sumo do receptáculo carnoso do fruto do cajueiro. Ditados: "É muito bom achar um pirãozinho feito". "Onde cabe o pirão, cabe muita coisa." "Quem come do meu pirão leva do meu bordão." Levado o termo ao plural, tem, porém, a acepção de comida, alimento: comprar, receber os pirões. "O soldinho que venço vai chegando para os pirões" (*O Guarda Cívico*, n.º 5 de 1878). "Nós iremos para Jaboatão cerrar os pirões de um amigo" (*Lanterna Mágica*, n.º 140 de 1885). "Ganhando muito dinheiro para comprar os pirões" (*A Pimenta*, n.º 20 de 1901). Pirão é um termo de origem tupi, e segundo Teodoro Sampaio, corrutela de *ipurô*, posto de molho, ensopado, farinha de mandioca com água a ferver. É este o pirão originário dos índios, que corresponde ao que tem vulgarmente o nome de *pirão escaldado* (Pereira da Costa, *Vocabulário Pernambucano*, 591-592). Pirão como sinônimo de alimentos em geral, pirões, denuncia que o conduto se tornara prato essencial desde os primeiros anos da colonização portuguesa no Brasil. A adaptação do europeu e do africano à farinha foi um elemento decisivo da fixação demográfica. De sua universalidade há essa tradução de "pirões" como significando alimentação e mesmo vida, existência. "Não comer mais pirão" é morrer. Subentende-se que a farinha fosse, como ainda é, a base da alimentação popular no Brasil. Henry Koster, registrando a vida social do Nordeste, na primeira década do século XIX, não esqueceu de, noticiando uma tentativa de assassinato e as conversas dos criminosos numa casa próxima, antes da fuga, dizer que o ferido não comeria mais pirão, *eating any more piram* (*Viagens ao Nordeste do Brasil*, 280, tradução de Luís da Câmara Cascudo).

O pirão *escaldado*, caldo sobre a farinha, é de origem indígena (Luís da Câmara Cascudo, *História da Alimentação no Brasil*, "Mingau e Pirão", 102--106, 4ª ed., São Paulo, Global, 2011).

Pirarara. (*Pirarara bicolor*, Spix). Peixe de pele dos rios. Malhada de preto, branco e vermelho, a sua gordura é tida como de muito valor na pajelança doméstica. "Fomente ele, comadre, com manteiga de pirarara. É tiro e queda. Mano Chico estava assim. Pois com dois fomentos foi roçar". A gordura é aplicada ainda com grande êxito nos papagaios e periquitos. Obrigam esses trepadores a engolir nacos de carne da pirarara, para lhes transformar o colorido da plumagem. De verdes, ficam todos malhados de encarnado. "Gente, como o louro tá diferente... Foi manteiga de pirarara, nhá Zefa" (Raimundo Morais, *O Meu Dicionário de Cousas da Amazônia*, II, 96). Um peixe portador de cores tão vivas e crescendo tanto como a pirarara (1,20 m de comprimento) não tem, entretanto, o menor valor econômico, pois é rejeitado mesmo por pessoas despidas de todo escrúpulo gastronômico; a pirarara é repudiada por ter carne muito gordurosa e de mau gosto, produzindo manchas amarelas na pele, iguais às que produzem as doenças do fígado; conta-se, como verdade, uma prática dos índios, que usam a banha da pirarara para fazer com que os seus papagaios mudem a coloração da plumagem, ficando elas, de verde que eram, salpicadas por muitas manchas amarelas. O meu dedicado amigo Sr. Américo da Costa Gadelha, antigo seringueiro do Madeira e Purus, afirmou-me a exatidão do resultado do emprego da banha da pirarara para mudar a cor das penas das aves; assim é que me garantiu ter encontrado entre os índios muras muitos "psitacídeos ostentando no verde-folha da plumagem muitas manchas amarelas, provocadas pela constante ingestão de alimentos com a gordura de pirarara" (A. Couto de Magalhães, *Monografia Brasileira de Peixes Fluviais*, 171, São Paulo, 1931). A pirarara também é conhecida na Amazônia pelos nomes de pirabepre, laitu e uarará. Alberto Vasconcelos ajunta os de paquarima e parabrepé (*Vocabulário de Ictiologia e Pesca*, 100, Recife, 1938). Sobre a modificação plumária dos papagaios artificialmente, ver *Tapiragem*.

Pirarucu. (*Arapaima gigas*) "O gigante de escamas das águas doces do Brasil" (Agenor Couto de Magalhães, *Monografia Brasileira de Peixes Fluviais*, 171-178, São Paulo, 1931; Alfredo da Mata, *Vocabulário Amazonense*, Manaus, 1939; Stradelli, *Vocabulário Nheengatu-Português*) atinge a mais de dois metros, constituindo sua carne o alimento comum das populações pobres. No verão, quando as águas baixam, surgem povoados às margens dos rios onde o pirarucu vai ser pescado, a arpão, anzol de espera (camuri) ou a flecha. Substitui com vantagens o bacalhau. Bodeco é o nome do filhote do pirarucu. *Pirá-urucu*, o peixe urucu, pelas suas manchas avermelhadas. Durante a época da pescaria, esses acampamentos são centros de interesse etnográfico pelos processos de preparação, *estórias* dos pescadores sobre os hábitos do pirarucu, formas facilitadoras de identificar a sua marcha debaixo d'água, curiosidades da desova, maneiras de escapar-se, reminiscências de pescarias de outrora, onde foram alcançados espécimes de tamanho monstruoso, etc.

Pires, Cornélio. Ver *Cornélio Pires*.

Piripirioca. Ver *Priprioca*.

Pirolito. Ver *Fandango*.

Pirota. Ver *Totó*.

Pisadeira. É o pesadelo, personalizado numa velha ou velho. "O pesadelo, a *"nocturna oppressio"* romana, sempre foi explicado pela intervenção maléfica de um íncubo, demônio ou espírito perverso. Para quase todos os povos da Terra o pesadelo, a clássica onirodinia, era devido a um gigante ou um anão, uma mulher ou um homem horrendo que, aproveitando o sono, sentava-se sobre o estômago do adormecido e oprimia-lhe o tórax, dificultando a respiração. Em português e espanhol (*pesadilla*) derivam de "peso", "pesado"; na maioria dos outros idiomas, conserva-se o vestígio da velha tradição sobrenatural do pesadelo. No francês *cauchemar*, por *chauchemar*, do antigo verbo *chaucher*, calcar, latim *calcare*, e do germano *mar*, demônio íncubo, e *duchken*, comprimir, apertar. No italiano mantém a palavra integra, *incubo*. Em inglês *nightmare*, o demônio da noite, o diabo noturno, como também no holandês *nigtmerrie*. Não é despautério crer o indígena brasileiro que o pesadelo era uma velha que o visitava, com seu cortejo de agonias indizíveis. Chamavam-lhe os tupis, Kerepiiua. Não era bem a Kerpi-Manha, a mãe do sonho, correspondendo a Anabanéri, dos baniuas, moça sem pernas, que descia do céu no arco-íris, e que era o sonho. Quando, depois da catequese, Jurupari passou a significar o demônio noturno, aparecendo junto aos adormecidos guerreiros, traduzia-se seu nome como sendo a contração de "i-ur-upá-ri", o que vem à, ou sobre a cama na lição de Batista Caetano de Almeida Nogueira. Os sertanejos do nordeste brasileiro creem numa velha ou num velho de barbas brancas, que lhes arranha a face durante a opressão. Amanhecem fatigados e quase todos dizem ter lutado com o fabuloso velho, que possui força espantosa. Ninguém explica o pesadelo senão por uma vontade malévola e de origem extramaterial. É o íncubo, o velho, a velha, o anão, o Efialto, o gigante, a pisadeira, os supremos responsáveis. Dada a importância dos bons e maus sonhos na história do mundo, sua influência política e religiosa, o sábio W. Heinrich Roscher, estudando os sonhos diabólicos ou pesadelos ("alpträum"), chegou a formular o esquema duma mitologia patológica, dando o pesadelo como origem dos demônios, monstros, tradições de encanto, transformações, bestiário fantástico, etc. A esse capítulo da sua monumental *Enigma da Esfinge* (*Das Rätsel der Sphinx*) Roscher denominou por sinônimo do pesadelo, "Ephialtes, o gigante mitológico, filho de Netuno e de Aloé, que tentou escalar o céu e caiu sob as flechas de Apolo e Diana, a luta convulsa do sol e da lua contra as grandes vagas orgulhosas, que ameaçam a amplidão". De Portugal, entretanto, nos vieram os maiores elementos do pesadelo. J. Leite de Vasconcelos reuniu algumas versões no seu *Tradições Populares de Portugal* e são ainda hoje as explicações da origem da Pisadeira atormentadora dos nossos matutos e caipiras. No Algarve é o Fradinho da Mão Furada. "O Fradinho da Mão Furada entra por alta noite nas alcovas, e pelo buraco da fechadura da porta. Tem na cabeça um barrete encarnado (cf. o diabo), escarrancha-se à vontade em cima das pessoas, e a ele são atribuídos os grandes pesadelos. Só quando a pessoa acorda é que ele se vai embora" (pág. 289). "O pesadelo é o diabo, que vem com uma carapuça e com mão muito pesada. Quando a gente dorme com a barriga para o ar, o pesadelo põe a mão no peito de quem dorme e não deixa gritar" (pág. 290). De Portugal, evidentemente, nos veio a Pisadeira. Mas de onde Portugal recebera o mau sonho, a "nocturno oppressio"? A influência da Provença nas terras portuguesas foi longa e poderosa. Provençais espalharam ritmos e processos para os versos primitivos. Para os provençais o pesadelo é uma velha, com as manhas da Pisadeira. Apenas, em Provença e Portugal, desce pela chaminé, caminha ao tórax do adormecido. Mistral, no canto VI da "Mireio", evoca a "Chaucho-viêo", a feia mas legítima progenitora da nossa Pisadeira. Na tradução de F. R. Gomes Júnior, 239, Rio de Janeiro, 1910, lê-se:

"Por aí vedes o pesadelo?
Pelo tubo das chaminés
Desce furtivamente sobre o peito
 [úmido

Do adormecido que cai
Mudo, se agacha, e oprime
Como uma torre e o encabresta
De sonhos que fazem horror
 [e dolorosos."

Cornélio Pires descreve a Pisadeira: "E a Pisadeira? – Essa é ua muié munto magra, que tem os dedo cumprido e seco cum cada unhão! Tem as pernas curta, cabelo desgadeiado, quexo revirado pra riba e nari magro munto arcado; sombranceia cerrada e zóio aceso... Quando a gente caba de ciá e vai durmi logo, deitado de costa, ela desce do teiado e senta no peito da gente, acarcano... acarcano... a boca do estamo. Purisso nunca se deve dexá as criança durmi de costa. – Talvez seja o Pesadelo... É... deve ser... é quistá de nome" (*Conversas ao Pé do Fogo*, 152-153, São Paulo, 1927. Resumo do *Geografia dos Mitos Brasileiros*, 335-338, 3ª ed., São Paulo, Global, 2002).

Piso, Pagar o. Ver *Acuar*.

Pitar. Cachimbar, fumar charuto ou cigarro. "As pessoas reunidas na varanda *pitavam* o infalível cigarrito de palha" (José de Alencar). Termo de origem tupi e guarani, é de uso geral não só no Brasil como também nas Repúblicas Platinas e do Pacífico, e do Chile. Particularmente, podemos documentar com estes versos de Guajardo, citados por Zorobabel Roiz: "Unos salen a las fiestas / A bolsear y a codear puchos, / No compran tabaco ni hoja / Y el pitar les gusta mucho". O fumar, pitar, beber fumo, originário dos índios, que entre nós usavam para isto a *pityma*, chamada depois erva-santa, e tabaco pelos espanhóis (*Nicotina tabacum*, Lin), em cachimbos de barro com o tubo de taquari ou taboca-mirim, a que chamavam *pitubao* ou *petymbuab*, e concorrentemente do cigarro, enrolando o fumo; a *pityma*, em capas tiradas do entrecasco da tuari, e às quais talvez chamassem *pokeca*, que quer dizer embrulho, capa, mortalha, tinha entre os tupis o nome de *pitér*, que significa beijar, chupar, sorver, segundo Gonçalves Dias, ou *petyar*, tomar o petum, *pityma*, tabaco. Entre os guaranis, porém, como escreve Batista Caetano, era *petar* o termo genérico de fumar o *pety-peim*, tabaco, nome vulgar da nicotina e de outras plantas empregadas em fumar, na *penguá*, o cachimbo, e daí o verbo *"pembur"*, soltar o fumo, exalar a fumaça pela boca, pelo nariz" (Pereira da Costa, *Vocabulário Pernambucano*, 593-594). Ver *Fumar*.

Pitiguari. Pequenino pássaro da família *Vireonidae* (*Cylarhis cearensis guyanensis*, Baird). Vive em todo o Brasil e leste da Bolívia. Seus nomes populares são variados: "Olha o caminho, que vem gente" (Pernambuco). "Gente de fora vem" (Bahia). "Olha pro caminho, que já vem" (Rio Grande do Norte). Fizeram-no ainda sentinela para avisar da proximidade das visitas e tentativas de rapto de donzelas (informação de Mário Melo, Recife). A tradição é que o pitiguari cantando, fatalmente uma visita chegará.

Pitinga. É uma espécie de mingau, preparado com massa de mandioca, sal, alho e pimenta, Pereira da Costa registrou-o no seu *Vocabulário Pernambucano*. 594.

Pitiú. O indígena tupi-guarani dizia perceber a raça humana pelo cheiro especial que tresandavam seus representantes. Pitiú, em nheengatu, é cheiro, especialmente de peixe. Diz-se, comumente, pitiú, sempre ligado à ideia do peixe. Ermano de Stradelli informa: "O indígena afirma que o branco "opitiú" cheira a peixe; o preto "ocatinga", fede, e o tapuio "osakena catu" cheira bem" (*Vocabulário da Língua Geral*, 609).

Plêiades. Ver *Sete-Estrelo*, *Nibetab*.

Pó. O mesmo que tabaco torrado, rapé, fumo tornado pó para ser aspirado como esternutatório. Atualmente é sinônimo de cocaína. Está viciado no pó, vive cheirando o pó, dá tudo pelo pó, já não se refere, como outrora, ao rapé, oferecido em tabaqueira de tartaruga, ouro, porcela ou chifre, Pó é cocaína.

Poçoca. Ver *Paçoca*.

Pobre Diabo. Capela do Pobre Diabo ou de Santo Antônio do Pobre Diabo. Mais comum a primeira denominação que se vulgarizou pela Amazônia. Capela construída na última década do séc. XIX no bairro da Cachoeirinha, Manaus, no trecho conhecido por *Pobre Diabo*, alcunha de Antônio José da Costa, português, bodegueiro. Ergueu-se a Capela com auxílio do vizindário, localizando festas com grande afluência popular na noite do orago. Abre-se ao culto público eventualmente. A originalidade do nome, comum no linguajar plebeu lusitano, vulgarizou a Capelinha pelo norte e nordeste do Brasil. Informação do historiador dr. André de Menezes Jobim (Manaus).

Põe-Mesa. Mantoide (*Stagmatoptera precaria*), nome dado no nordeste e norte do Brasil ao inseto conhecido no Centro e Sul como louva-a-deus. "Sua presença é indício de bom agouro. Significa promessa, esperança, notícia agradável, que vem por aí. A velha aspiração de saber-se o sexo da criança por nascer é resolvida pela crendice do povo em torno do põe-mesa. Assim, quando se tem pessoa grávida em casa, a coisa mais fácil, para antecipar se o bebê será menino ou menina, é apelar para o concurso da saltitante visita. Segura-se o inseto e dá-se-lhe um sopro: se apenas move as pernas dianteiras, é mulher; se grimpa e tenta saltar sobre a pessoa, é homem" (Osvaldo Orico, *Vocabulário de Crendices Amazônicas*, 195-196). Há na África muitas tradições encantadas sobre o põe-mesa. Entre os boximanes a *mantis religiosa* transforma-se no antílope Bubale que é imortal (Frobenius, *Histoire de la Civilisation Africaine*, 244). A informação de Raimundo Morais (*O Meu Dicionário de Cousas da Amazônia*, II, 99) constitui curioso verbete sobre a "Ponhamesa": lindo gafanhoto inofensivo, tido como bom agouro. É uma esperança. Eu vi hoje uma ponhamesa. Alguém 'stá para chegar. É mano João que vem aí. Vamos pegar aquela ponhamesa pra gente ser feliz, maninho. As pessoas do interior julgam que a ponhamesa adivinha o sexo das crianças que estão para nascer. Assim, se há alguém para "descansar" no sítio, pegam a ponhamesa e sopram-lhe na testa: se ela bate com as duas patinhas dianteiras, é fêmea; se faz um gesto de querer fechar, é macho. No Sul chamam-na de louva-a-deus. No Nordeste, da Bahia até o Maranhão, chama-se esperança outro inseto. Ver *Esperança*, *Louva-a-Deus*, *Sexo*.

Poker. Ver *Jogo de Baralho*.

Polca. "Com o nome de polca, apareceu uma dança da Boêmia, por volta de 1830, consoante a informação de Reimann, na medida de 2/4 e movimento de "allegreto". No Brasil, foi dançada, pela primeira vez, no Teatro São Pedro, na noite de 3 de julho de 1845, pelos pares Filipe e Carolina Catton e De Vecchi e Farina. O êxito foi tão considerável que, três dias depois, o casal Catton abria curso de polca. Já em outubro desse ano, o jornal humorístico "Chavari" dizia que se dançava à polca, andava-se à polca, trajava-se à polca, enfim tudo se fazia à polca. E em 1846 surgiu a Sociedade Constante Polca, anunciando bailes a fantasia, com esta quadrilha: Chegai, senhores, chegai! / Vinde o adeus receber, / Da polca que será vossa / Mesmo depois de morrer!!! E as polcas começaram a se fazer, e a dança se tornou predileta no Brasil, adaptando-se maravilhosamente entre nós..." "A palavra polca quer dizer polaca. Os polacos chamam ao país Polsca, e Polca ou Pulc foi também o nome de um regimento da Polônia. A dança, que hoje chamam assim, é conhecida naquele país pelo nome de Mazurek, que vem da Mazawia, um dos mais bonitos lugares da Polônia. Todas as árias nacionais deste povo desditoso têm um caráter peculiar, festivo ou de melancolia, que se não confunde com nenhuma outra música. A Mazurek é a menos antiga destas árias, mas o tipo de todas as suas danças. O compasso da Mazurek é em três tempos; o seu movimento varia muitas vezes, e exprime admiravelmente os sentimentos suaves e ternos, ora graciosos, ora poéticos, ora vivos, ora risonhos: as figuras e passos são uma série de movimentos complicados, com certo sistema de volta, com menos rapidez do que a valsa, a cadência de um movimento em notas picadas em valores desiguais, que requerem grande energia e leveza para boa execução". Compuseram polcas todos os nossos músicos populares, e alguns deles, como Calado e Chiquinha Gonzaga, nelas fixaram elementos do que, depois, no maxixe, na marcha e no samba se caracterizaria como música carioca. Não só o Brasil todo dançou polca, por muitos anos, como ainda lhe demos uma feição nova e nossa e criamos também a polca sertaneja "de andamento mais rápido e muito rimado", cujo "caráter melódico e rítmico" a afasta da estrangeira, e o "puladinho" (Renato Almeida, *História da Música Brasileira*, 185-187). "Gripe. Polca". Termo popular caído em desuso, simples modismo que foi. Figueiredo e Teschauer registram-no. A revisão dos documentos prestantes ao tema não positiva ter sido a "polca" realmente uma infecção identificada com a "gripe". Passou, no entanto, em julgado: "polca" é influenza. "Da epidemia de febre eruptiva reumatiforme, vulgarmente "polca", que reinou no Rio de Janeiro em 1846, 1847 e 1848" (Nina Rodrigues, *Fragmentos de Patologia Tropical*, 8). "No ano de 1847 se manifesta um mal epidêmico, que no Rio de Janeiro lhe deram o nome de Polca, em virtude de uma dança muito bonita e da moda que na Corte existia" (Melo Morais, *Crônica Geral do Brasil*, 1886, II, 360; Fernando São Paulo, *Linguagem Médica Popular no Brasil*, II, 218-219).

POLEGAR. O primeiro, mais curto e grosso dedo da mão e do pé; dedão, cata-piolho (ver *Dedos*). Dedo da força. O povo crê que o homem com o polegar cortado não tenha força física nem potência sexual. É o dedo que, por vício, as crianças chupam. Os ferimentos no polegar são mais perigosos do que nos demais dedos. O tétano entra no corpo por um ferimento no polegar. É tradição corrente na Europa (James Harpole, *Leaves From a Surgeons Case-Book*, I, Londres). Polegar *pollex*, de *polleo*, poder, força, vigor, virtude, eficácia, explica, pela sua etimologia, a origem da crendice justificadora da energia, materializada por esse dedo. Em Roma, nos espetáculos do *Circus*, dava-se aprovação para o gladiador vitorioso poupar a vida do vencido, erguendo o polegar para o alto. O polegar para baixo, *pollice verso*, era sentença de morte. Há o famoso quadro de Gérome (1873), representando essa cena (*Horácio, Epístolas*, I; *Juvenal, sátira*, III): "Utroque pollice laudare; Vertere pollicem". Juntar as extremidades do polegar e do indicador eram igualmente, em Roma, sinal de aprovação, gesto comum nos Estados Unidos, significando *al right* ou *O. K*. No Brasil é alusão obscena. Erguer os dois polegares vale dizer aplauso, aceitação. É gesto conhecido nas escolas de aviação, quando o piloto-mestre aprova o aluno que voou sozinho ou com a responsabilidade dos controles. Poltrão (covarde, pusilânime, preguiçoso) provém de *Pollex truneus*, polegar cortado, solução tomada pelo romano que fugia ao serviço militar das legiões, tornando-se incapaz de manejar a espada e a lança. "Nec eorum aliquando quaisquam munus martium pertimescens, pollicem sibi proecidit", registrou Amiano Marcelino. O Imperador Augusto mandou vender em leilão um cavaleiro romano e confiscou sua fortuna, por haver este mandado cortar os polegares de dois filhos, eximindo-os do dever militar: "Equitem romanum, quod duobus filiis adolescentibus, causa detrectandi pollices amputasset, ipsum bonaque subjecit hastae" (Suetônio, *Augusto*, XXIV). Popularizou-se na guerra de 1939-1945 o *Thumb-up*, polegar erguido, símbolo da confiança, da tenacidade e da energia. Na França, *mettre les pouces* é render-se. Montaigne escreveu um estudo muito curioso sobre *Des Pouces* (*Essais*, liv. II, cap. XXVI).

POLEIRO. Ver *Galinheiro*.

PONCHE. Fatiota, roupa de vestir; garapada, refresco; *Um ponche de caju*. "Do loiro caju, / Anália, bebamos / O ponche gostoso / Que aviva o prazer... / Anália, eu só quero / O ponche agridoce / Contigo beber (J. da Natividade Saldanha) (Pereira da Costa, *Vocabulário Pernambucano*, 598). Procede de uma palavra persa significando cinco, porque cinco era o número das bebidas reunidas para fazê-lo. Habitualmente o ponche é sempre de frutas e servido frio ou gelado. Ver *Garapa*.

PONCHO. "Espécie de capa grossa — geralmente de pano azul e forrada de baeta vermelha — cortada de modo arredondado e com pequena abertura no centro, pela qual se enfia o pescoço. Em São Paulo usa-se *ponche*: "Laço nos tentos, a chilena ao pé / o *ponche* na garupa pendurado, / o pala ao ombro – indispensável é – / o facão, a garrucha e a guampa ao lado" (Cornélio Pires, *Cenas e Paisagens da Minha Terra*, pág. 56). Segundo Amadeu Amaral (*O Dialeto Caipira*, pág. 192), o ponche paulista difere, pelo feitio, do poncho gaúcho. "Poncho-pala ou pala, poncho leve, de brim, merinó, lã, ou até de seda, de feitio quadrilátero e com as extremidades franjadas". O pala é usado em São Paulo e Goiás (Aurélio Buarque de Holanda, *Glossário*, nos *Contos Gauchescos e Lendas do Sul*, de J. Simões Lopes Neto, 393, 397, Editora Globo, 1949, Porto Alegre, RS). Pisar no Poncho é desafiar, provocar. "Se me pisarem no poncho / Descasco logo o facão". O poncho é a *penula*, capa para a viagem e guerra, na República Romana. De sua quase universalidade, Birket-Smith, *Vida e Historia de las Culturas*, I, 203-204, Buenos Aires, 1952. De sua antiguidade, H. Obermaier, A. García y Bellido e L. Pericot, *El Hombre Prehistórico y las Orígenes de la Humanidad*, Madrid, 1955. Num túmulo deparado em Guldhoi, datado da idade do bronze, o traje masculino *consistía en una amplia capa ovalada con una abertura para el cuello*, pág. 256. Não obstante os argumentos de G. Montell e W. Krickeberg, creio o poncho alienígena e pós-colombiano. Ver *Chiripá*.

PONGA. Conhecido jogo, que Beaurepaire Rohan registra como vulgar nas províncias do Norte, e assim o descreve: "Espécie de jogo, o qual consiste em um quadrilátero de madeira, cartão ou papel, no qual se traçam duas diagonais e duas perpendiculares, que se cruzam em um centro comum. São dois os jogadores e cada um se serve de três tentos, que se distinguem pela cor ou pela forma, dos do adversário. Aquele que primeiro consegue pôr em linha reta os seus três tentos, ganha a partida. É um jogo muito do gosto dos meninos". "Que maravilha naquela função! Tudo se jogava, e o que mais admirou-me foi ver também ali o jogo da ponga... Certo indivíduo era grande na ponga!... e era tal a habilidade que tinha, que nunca o vi deixar de fazer ponga! As linhas da ponga eram pintadas com alvaiade, e as pedras eram pedacinhos de pau-brasil, bem torneados" (*O Guarda Nacional*, n.º 20, de 1843). "Fazer a sua paradinha, jogar a ponga, é também sentar pedra no meio" (*O Paisano*, n.º 3, de 1843). Por aqui se vê que já então o jogo era vulgar em Pernambuco. Jogar a ponga: Enganar, iludir, ludibriar. "O Casimiro jogou a ponga com o Guerra na história do terreno de marinha da Rua Aurora" (*O Cometa*, n.º 2, de 1843). "Jogou a ponga com Santa Rita, decerto que, se não acode a Irmandade, engolia a igreja com imagens, sinos, badalos e catacumbas" (*O Formigão*, n.º 3, de 1850). Andar às pongas: Sem ocupação, enfiando água, enchendo as ruas de pernas. "Outros que ontem andavam por aí às pongas, hoje, depois que empolgaram um empreguinho, zombam da desdita alheia" (Gaspar Gomes, *Cartas*, 1846). Bater ponga: "Brinquedo de rapazes ao banho nos rios, batendo n'água com as mãos de certo modo a produzir um som pouco sibilante, cavo" (Pereira da Costa, *Vocabulário Pernambucano* 598-599). O mesmo que *Firo*. A citação de Beaurepaire Rohan encontra-se no seu *Dicionário de Vocábulos Brasileiros*, 2ª ed., Salvador, Bahia, 1956. A primeira edição é de 1889, Rio de Janeiro. Ver *Punga*.

PORCA DOS SETE LEITÕES. É uma superstição do Brasil meridional e central, de origem portuguesa. Em São Paulo e Minas Gerais registrou Cornélio Pires: "A Porca dos Sete Leitões. Essa gosta mais de vivê rondando igreja na vila e as cruis da estrada, c'oa lei toada chorando atrais. - É má? – Cumo quê... – Inté que não... interrompeu a Cristina. – Essa sombração é muito boa; só pressegue os home casado que vem fora de hora pra casa..." (*Conversas ao Pé do Fogo*, 156, São Paulo, 1927). Precisa-se a cidade de Itu como zona de conforto para a visagem: "Contava-se naquela época a aparição de uma porca com sete leitões" (*O Saci Pererê*, "Resultado de um inquérito", 88, São Paulo, 1917). Karl von den Steinen encontrou-a em Cuiabá: "Aparição noturna, semelhante às mulas sem cabeça, e que se observa em ruas solitárias, é a porca com leitões. Trata-se, então, sempre da alma duma mulher que pecou contra o filho nascituro. Quantos forem os abortos, tantos serão os leitões" (*Antologia do Folclore Brasileiro*, vol. 1, 160, 9ª ed., São Paulo, Global, 2004). J. Leite de Vasconcelos registrou no *Tradições Populares de Portugal*, Porto, 1822: "Às trindades, que é a hora aberta, é quase de fé que nas encruzilhadas se vê coisa ruim, na forma de uma porca com bácoros" (pág. 298), nota das *Superstições Populares do Minho*, de Dona Maria Peregrina da Silva, (*idem*, 313-314). "O diabo aparece pelos corgos (ribeiros), em figura de uma porca com sete leitões (Mondim da Feira). Em Resende dizia-se que no sítio do Boqueirão do Paço aparecia uma porca ruça com uma manada de sete leitões ruços, e que esta porca era o diabo". A porca, símbolo clássico dos baixos apetites carnais, sexualidade, gula, imundície, surge inopinadamente diante dos frequentadores dos bailes noturnos e lugares de prazer. Muitos notívagos, na França do sul, têm tido esse encontro com "une grosse truie, qui apparaissait, parfois, devant les libertins qui sortaient du cabaret", como anotou Fréderic Mistral (*Mes Origines Mémoires et Récits*, 37, Paris, 1927). Ocorre, vinda da Espanha, na Venezuela (Gilberto Antotinez, "La Puerca de los Siete Lechones", *El Nacional*, Caracas, 13-7-1947).

PORCINA. Ver *Imperatriz Porcina*.

PORCO. Desasseado, sujo, imundo, repelente. Estudante que prestou apenas um exame. Conta do porco é o número *um*, lembrando o ronco do animal. Pereira da Costa reuniu alguns ditados referentes ao porco: Comer ou dormir como porco; ganhar um ovo de porco (nada); toucinho de porco só se vê depois de morto; passar de porqueiro a porco; porco da roça (estragando tudo); quem anda aos porcos, tudo lhe ronca; quem com porcos mistura, farelos come; ser como o porco, que de cada cochilo nasce um filho. Meu pai me dizia uma coisa / Que agora vim a crer; / Quem se mistura com porcos / Farelos vem a comer. Porco-do-Mato (*Dicotyles*), os principais são o taiaçu ou queixada (*Tauassu pecari pecari*, Link), caititu eu catete (*Pecari tacaju, tajacu*, L), ambos citados nos velhos cronistas do séc. XVI e em Marcgrave, que estuda o tajaçu caaiçoara (*História Natural do Brasil*, 229, n.º 671). Todos informam que estes porcos teriam o umbigo nas costas. No *Diálogo das Grandezas do Brasil* (quinto, 242-243, edição da A.B.L.) alude-se a um curioso processo da caça e, sendo verídico, como não o era, atestador da ferocidade incrível da manada. O caçador, sabendo da aproximação do bando de porcos-do-mato, escolhe uma árvore forte e sai a provocar a manada, gritando e fazendo-se ver. Os porcos arremetem imediatamente, perseguindo o atrevido, que se socorre da árvore, subindo e lá de cima, inteiramente cercado pela vara de porcos alucinados de raiva, começa a praticar a forma inesperada de caçar sem cansar-se: "... mas o pronto caçador, como os vê envoltos naquela braveza, não faz mais que, com agudo dardo, que leva nas mãos, picar um dos porcos, de modo que lhe tire sangue, donde os outros, em lhe vendo correr, arremetam a morder ao que está sangrado, e ele, por se defender, morde também aos que o perseguem, e assim se vão dessangrando uns aos outros, enganados com o cevo do sangue, que cada um de si derrama, até que travam todos uma cruel batalha, na qual se vão despedaçando com os dentes até caírem mortos, estando a tudo isto o caçador, segurísssimo, assentado sobre a árvore, donde com muito gosto espera o fim da contenda para colher o despojo, o que o faz de muitos porcos, que no mesmo lugar ficam mortos, os quais faz levar para sua casa, donde ordena deles o que lhe parece, por ser carne de maravilhoso comer". Nos mitos do Saci-Pererê ou de Caapora ou Caipora, o porco-do-mato aparece sempre como a montada do duende encantado. Quase ritual é o Caipora surgir guiando um bando imenso e grunhidor de porcos-do-mato, animais preferidos, tal-qualmente ocorre com o Curupira, ao mundo amazônico.

Porco-Espinho. Ver *Cuandu*.

Porco Preto. Superstição do Paraná, Campo Largo. Há outra aparição temida – o porco preto. Ninguém sai de casa em noite escura, que não o encontre na estrada. Enorme, ataca as pessoas e os animais. Nem pau, nem pedra, nem bala o atingem. Corre atrás das pessoas, e só desaparece quando entra na vila" (Marisa Lira, *Migalhas Folclóricas*, 84, ed. Laemmert, Rio de Janeiro, 1951). Comum na França, Provença, em Portugal. Ver *Porca dos Sete Leitões*.

Poró. Ver *Menino do Rancho*.

Poronominare. Entidade divina, herói de um ciclo de aventuras muito conhecidas entre a indiaria da bacia do rio Negro, no Amazonas. O mito parece ter vindo para o Brasil amazônico, partindo da Venezuela, dos indígenas maipures, do rio Orinoco. Daí, pelo Cassiquiare, espalhou-se no rio Negro, e afluentes, Uaupés, Apaporis, etc. Foi divulgado nessa região pelos barés, barrés, baés, aruacos de língua harmoniosa, insinuantes e trabalhadores. Na figura sempre vitoriosa e simpática de herói, meio humorístico, meio malicioso, sexual e sem escrúpulos, Poronominare passou para a tradição popular de outros idiomas, como o caribe e mesmo o nheengatu (tupi do Norte), onde Brandão de Amorim o encontrou e registrou. De sua origem divina na Venezuela, ligado ao culto das virgens-mães e heróis civilizadores, ensina Lisandro Alvorado: "Los Maipures explicaban la creación del hombre diciendo que Purrunaminari, enamorado de Tapani-Marru, virgen bellísima produto con el solo deseo la encarnación de Sisiri, nombre que tomó el hijo de la virgen. No sabemos con todo hasta qué punto fueron modificados estos mitos por la teogonía de los misioneros" (*Dados Etnográficos de Venezuela*, 320, Caracas, 1945). Sisiri, primeiro homem, e noutras versões apenas o "filho do Puru", é enviado para defender a Terra, fundar cidades e matar os monstros. No Brasil aparece Poronominare como o Macunaíma dos caribes, vencendo sempre, cínico, inesgotável de sabedoria e astúcia, implacavelmente castigador de quem o molestou. Apesar de espalhado o mito pelos barés, os indígenas de outras raças o conhecem e o citam pelo próprio nome, embora já modificadas as tradições e aventuras pelo processo da convergência. Apesar dessas deformações picarescas, Poronominare mantém sua origem divina. No Amazonas, sua lenda final apresenta-o no cimo da serra de Uiriu, com o seu fiel Iure, que tremia de medo, cercados pelas gentes inimigas, que subiam lentamente para matar o herói. "Iure estava sentado junto dele, tinha os olhos fechados, falava no seu coração. Aquela gente, que estava pela costa da serra, tremia de medo, perto da sua cabeça estrondava o trovão. Aí já mesmo, contam, sem ninguém saber como, aquela gente dormiu. Desde esse dia, ninguém mais viu Poronominare e Iure por estas terras. Quando a gente acordou, no outro dia, e desceu a serra, viram somente o rastro de Poronominare e Iure a caminho de Suai" (Brandão de Amorim, "Lendas em Nheengatu e em Português", *Revista do Instituto Histórico e Geográfico Brasileiro*, tomo 100, vol. 147, 154, Rio de Janeiro, 1928).

Porta. São numerosas as superstições relativas à porta. Devemos entrar e sair pela mesma porta. Por onde sair o noivo para a igreja, forçosamente por ela voltará, trazendo a esposa. Quem sai por outra porta, leva a felicidade, ou parte da felicidade, dos donos da casa. Entra-se sempre com o pé direito e não se bate com o pé na porta. Os romanos dedicavam à porta da entrada quatro divindades: Janus, presidindo todo o conjunto, *janula*; Forculus protegia as folhas de madeira, os lados, batentes, *fores*: Limentius defendia a soleira, *limen*; Cardia encarregava-se dos gonzos, *cardines*, origem da palavra cardial. Quando as portas se abrem inexplicavelmente, a morte entra por elas. Na véspera do assassinato de Júlio César, Calpúrnia sonhou com o trucidamento do marido no senado romano, e neste momento as portas do aposento se abriram misteriosamente; "ac subito cubiculi fores sponte patuerunt" (Suetônio, *Júlio César*, LXXXI). Muito comum, por toda a Europa, África, Ásia e demais partes do mundo, as portas ornamentadas de amuletos mais ou menos escondidos sob disfarces decorativos, sinais de Salomão, ferraduras, cruzes, figas, aranhas, cabeças de galo, estampas de S. Jorge, de S. Sebastião, de S. Miguel, e pelo lado interior, suspensas grandes figas de madeira, orações impressas em forma de cruz, etc. É o lugar sagrado para as bênçãos e maldições, e uma das orações mais poderosas do séc. XVII, levando seus devotos ao Santo Ofício, era a do Portal-Portalejo, citada por Teófilo Braga (*O Povo Português*, etc., 2º, 107). Para maiores notícias, Luís da Câmara Cascudo (*Superstição no Brasil*, "Em louvor de Janus", 97-99, 6ª ed., São Paulo, Global, 2002).

Pote. Vaso de barro para guardar água de beber. O nome veio de Portugal onde Gil Vicente já o citava, vulgaríssimo, em 1526 (*Diálogo Sobre a Ressurreição*), com origem confusa, difusa e completa que Antenor Nascentes compendiou no seu *Dicionário Etimológico*. Dona Carolina Michaelis de Vasconcelos decide: "Pote é germânico". Havia-os no Brasil onde os indígenas de fala tupi diziam-nos *cambucí, camuti* e mais comumente *samucim*, denominando município no Ceará. É, praticamente, a jarra-pequena. Vale dizer o guardado, o escondido, o defeso, a prisão, cadeia. *Está no pote!* Na Península Ibérica, participando do cerimonial finalizador das colheitas, enchiam-no de frutos, doces, flores, e deveria ser rompido por alguém com os olhos vendados. *Pinata* na Espanha. *Topfschlagen* nas terras alemãs. Tradicional e secularmente pôr-se um gato vivo dentro da vasilha, outrora atirada às chamas, depois quebrado por uma pessoa com os olhos amarrados. *Gato no Pote*. Ambos os divertimentos, especialmente o *Gato no Pote*, tornaram-se vulgares no Brasil. A *Pinata* espalhou-se por toda América espanhola, ilhas e continente, folguedo contemporâneo e sedutor. *Quebra-Pote*. É um dos brinquedos mais generalizados nas festas religiosas de São Paulo. Descreve-o o prof. Francisco Pereira da Silva, de Caçapava: "Ergue-se a um canto do terreiro uma armação de madeira em forma de forca ou ao jeito de traves de campo de futebol. Nessa armação pendura-se um pote de barro cheio de balas, bombons e guloseimas apreciadas pelas crianças. Assim, fica o pote exposto a excitar a criançada, que ansiosa espera do festeiro a ordem para o início do brinquedo. Armado de um pau, de olhos vendados, um menino cada vez tenta acertar uma cacetada no pote, o qual, quebrado, atrai a meninada, que em tumulto precipita-se sobre o conteúdo, que se espalha no chão. Pode haver prêmio ao quebrador e, por vezes, colocam água no pote e o imprevisto e a decepção, quando o quebram, provocam risos e assuadas na assistência. Do brinquedo do *Quebra-Pote*, porém, também participa gente grande não apenas crianças" (Rossini Tavares de Lima, São Paulo).

Potirum. Ver *Ajuri*.

Potó. Inseto estafilínida do gênero *Paederus*, "potó-pimenta", expelindo um líquido vesicante, dilacerando e enodoando a epiderme. "Rasgo mais do que piranha, corto mais do que potó!"

Potocas. Mentiras, exageros, patranhas, petas, lorotas. Em Fortaleza, Ceará, no dia 1º de abril, *dia da mentira*, elegiam o maior potoqueiro da cidade, com o título de "Coronel Comandante do Batalhão dos Potoqueiros de Fortaleza", fixando a apuração no famoso *cajueiro botador*, que havia na Praça do Ferreira. As eleições anuais vieram de 1904 a 1920, quando o cajueiro foi derrubado. Ver Raimundo Girão, *Geografia Estética de Fortaleza*, 179-180, Fortaleza, 1959.

Praga. Rogativa imperiosa e ardente às potências sobrenaturais para que castiguem cruelmente o inimigo execrado. Origina-se da *imprecatio*, cerimônia religiosa, em Rosa às Fúrias e na Grécia às Erínias, deusas da Vingança. Realizava-se publicamente nos templos, súplica em voz alta, *in-precare*, confiando-se às Divindades a justiça da represália. Voto de maldição em ato punitivo, executado por Deus, entre os cristãos, invocado nas fórmulas indispensáveis: "Permita Deus que... Deus há de ser servido que..." Ignoro os modelos indígenas e africanos negros, devendo constar de ofertas propiciatórias e não apenas de vozes, desacompanhadas de objetos votivos. Praga, *plaga, plégê, plaie, piaga, plague*, influência lógica das "Pragas do Egito", *Êxodo*, VII-XII, contra o recalcitrante Faraó Meneftah I, sugere também imagem de multidão agressiva, destruidora, maléfica, inexplicável aparecimento de rãs, piolhos, moscas, gafanhotos; epizootias, enfermidades imprevistas e dolorosas, tumores, sarna, úlceras, morte consecutiva de filhos, elementos constantes nas "Pragas" dizimadoras da obstinação faraônica, mantida por Iavé. Em Portugal e Brasil a denominação inalterável é *praga*, que Meyer-Lübke afirmava provir de *Chaga* (*Êxodo*, IX, 10-11), e *Praguejar* seria "jurar pelas chagas de Cristo", naturalmente provocando-as nos entes odiados. Nos idiomas europeus a Praga-Maldição diz-se *imprecação* ou simplesmente *Maldição:* Olaf Deutschmann, "Formules de Malédiction en espagnol et en portugais", "Miscelânia à memória de Francisco Adolfo Coelho", I, 215-272, Lisboa, 1949, o documentário mais completo no assunto: Luís da Câmara Cascudo, *Superstição no Brasil*, "Rogar Pragas", 477-478, 6ª ed., São Paulo, Global, 2002. Imprensa Universitária da Paraíba, João Pessoa, 1974. Para sua eficiência a *praga* deve ser "rogada" nas "horas abertas", meio-dia em pleno sol ou meia-noite nas trevas, tendo as mãos fechadas e os braços elevados para o céu. A *praga* dita por ocasião na missa, na "Elevação", *entre a hóstia e o cálice*, será de efeito inevitável. Está mencionada nos arquivos da Inquisição de Toledo e Valência, em 1538. A *praga* fundamenta-se no poder da palavra, materializando quanto representa: Luís da Câmara Cascudo, *Superstição no Brasil*, "Nomem, Numen", 104-109, 6ª ed., São Paulo, Global, 2002. São literariamente clássicas as imprecações de personagens trágicos em Ésquilo, Sófocles, Eurípides. Inesquecíveis as *pragas* da abandonada Dido contra o fugitivo Eneias: (Virgílio, *Eneida*, Livro-IV).

Praia de Viração[1]. Tabuleiro em que se viram tartarugas; só possível em tempo de verão, quando o quelônio sai d'água e sobe em terra, para desovar, na areia. Viram-no, então, de peito para cima, aos cem, duzentos, milhares, de forma que ele não pode mais locomover-se. Vamos fazer uma viração amanhã na praia do Tamanduá. É um processo que concorre para extinguir a tartaruga, pois é feito antes da reprodução. Já não existem posturas municipais proibitivas (Raimundo Morais, *O Meu Dicionário de Cousas da Amazônia*, II, 103). Chamam também Viração. É um momento de larga informação etnográfica e folclórica, como nas colheitas de ovos de tartaruga, salga do pirarucu, etc.

Praiás. Ver *Menino do Rancho*.

Prananguma. Instrumento musical de percussão. "Instrumento de tipo chocalho, que Mário de Andrade encontrou em um 'Moçambique' de Santa Isabel (São Paulo). "Es un instrumento que tiene el mismo princípio acústico del ganzá, sólo que difere de éste completamente por la forma. Consiste en una lata redonda, achatada, de unos treinta centímetros de diámetro, que contiene plomos o perdigones. Se cierra la lata con los perdigones dentro, soldándola completamente, y se le adjuntan dos alas por donde el tocador coje el instrumento y lo mueve. Como ocurre con los... virtuosos del ganzá, el tocador de pernanguma sabía sacar de su instrumento muchos ruidos diferentes, chillidos suaves con el correr lento de los plomos, golpes violentos, golpes más suaves" (nota inédita). (Oneyda Alvarenga, *Música Popular Brasileña*, 256, México, 1947). O mesmo que pernanguma.

Prato. Medida para secos, valendo dois litros na zona limítrofe de Pernambuco e Paraíba. Conhecida no Rio Grande do Norte. Pelo interior da Bahia e Piauí atingia a quatro litros.

Pratos. De metal, percutidos um no outro, foram indispensáveis, durante séculos, nas bandas militares. São de origem oriental e divulgados pelos chineses e turcos. Destes últimos veio a moda para a Europa. Figuram nos conjuntos instrumentais populares em boa percentagem. Da terceira década do séc. XX começaram a aparecer nos grupos de sambistas do Rio de Janeiro, espalhando pelas cidades do Brasil o uso dos pratos de louça, como ritmadores, atritados com uma moeda, uma lâmina de metal, etc.

Preá. Cávidas, especialmente popular o *Cavia aparea*, pequeno roedor, muito ágil, boa caça para o sertanejo. Apariá, apereá, registrado nas crônicas do Brasil colonial como prato excelente. Nas *estórias* populares é um tipo de finório, desapertando-se de tudo, espécie do Tio Conejo da América espanhola. Dá apelido ao intruso, aproveitador, penetra, dançando, comendo e bebendo sem convite:

"Minha gente venha vê
A vidinha do preá;
Morando nas macaxeira
Comendo sem trabalhá!"

Preceito. Regra consuetudinária, ordem costumeira, ordenatório tradicional, conjunto de hábitos, tabus, orientação familiar. Preceito do matrimônio, preceito alimentar, etc. Getúlio César reuniu alguns preceitos dos cangaceiros. Desrespeitar um desses preceitos é perder um elemento defensivo contra o acaso infeliz. "Os cangaceiros são cheios de abusões, e todas elas põem em prática. Para *não abrirem* o *corpo*, não passam pinguela. Não comem tapioca. Não se sentam em pedra de amolar. Só passam por uma árvore ficando a mesma do seu lado direito. Não atravessam riachos, córregos e rios. Não saltam cerca, dando a frente à mesma, mas de banda, e pondo em primeiro lugar a perna direita. Não passam por debaixo de cerca, e quando a necessidade a isto obriga, primeiro tiram o chapéu. Não mudam de roupa, nem tomam banho e não fazem barba no dia de sexta-feira. Não bebem água, estando de bruços e com a mão; quando não têm uma cuia, utilizam-se dos chapéus para esse fim. Não atravessam uma encruzilhada de caminho. Quando carregam as armas, tomam o cuidado de só colocarem balas em número (nones) ímpar, e em combate atiram contando os tiros, para evitar que, na arma, fiquem balas em número par. Antes de montar em uma sela, procuram verificar se na mesma esconderam peças do vestuário de mulher. Acreditam que uma camisa, uma calça, uma combinação, etc., escondida sob uma sela, os expõe a uma morte certa e imediata. Não deixam a rede armada, quando correm. Quando assaltados abruptamente, correm, levando as redes com as cordas cortadas. Não dormem com os pés voltados para os lados de uma igreja. Quando arranchados em uma casa, não armam as redes de maneira que fiquem na mesma direção dos caibros. Quando em viagem, evitam encontro com mulheres, para não se tornarem vulneráveis e se livrarem dos perigos. Há dias na semana em que não combatem e outros em que não viajam" (*Crendices do Nordeste*, 193-194, Edições Pongetti, Rio de Janeiro, 1941). O respeito supersticioso a certos dias, segunda-feira (Dia das Almas), sexta-feira, dia 13, primeira sexta-feira de agosto, hora do meio-dia e da meia-noite, liga-se à realização ou não realização de determinados atos. O preceito é a norma. Desobedecer é dispensar os favores sobrenaturais, inexplicáveis, mas poderosos pela antiguidade. Quebrar o preceito explica, para o sertanejo, a desgraça, a infelicidade, a morte violenta e súbita. Durante o meu curso jurídico no Recife (1924-1928) visitei várias vezes Antônio Silvino na Detenção. O mais famoso cangaceiro do Nordeste disse-me que oração-forte era apenas a fé, e o mal do homem era esquecer os preceitos. Definiu o preceito como a "lei dos antigos". Ver *Forças*.

Prego. Bicada, uma pancadinha da *branca* (aguardente); bebedeira, carraspana. "Pois sempre pelo comum, / Gosto de tomar meu prego" (*Cancioneiro do Norte*). Interrupção da viagem de um veículo, por emperro dos animais, um acidente, ou um desarranjo qualquer nos movidos a vapor e eletricidade. "E os pregos? Aqueles pregos que a maxambomba de Olinda dá pelo caminho?" (*América Ilustrada*, 1872). "Que sofrem os viajantes de bondes e diligências os tão frequentes pregos". (*Lanterna Mágica*, n.º 202, de 1887). O termo é também empregado em outros sentidos, mas sempre nas acepções de parar, interromper, empacar. "O Santa Isabel deu um prego, porque nessa boa terra só há subvenção para companhias líricas" (*O Etna*, n.º 39, de 1882). "Falou em prosa, deu muito bem o seu recado, e não deu prego" (*América Ilustrada*, n.º 21, de 1882). Derivado: pregar (Pereira da Costa, *Vocabulário Pernambucano*, 606-607). Como sinônimo de cachaça, aguardente, é comum nos versos populares, mais próximos às cidades do litoral.

Pregões. Os pregões de rua são vozes ou pequenas melodias com que os vendedores ambulantes anunciam a sua mercadoria. São conhecidos no mundo inteiro e em todos os tempos. Podemos dividi-los em duas categorias: os individuais, em que o vendedor escolhe uma maneira de apregoar, valendo-se muitas vezes de melodias conhecidas, entre nós, de emboladas, modinhas, maxixes, sambas e até mesmo de árias vulgarizadas; e os genéricos, que são utilizados por todos os vendedores do mesmo artigo, como os vassoureiros e compradores de garrafas vazias, no Rio de Janeiro (Renato Almeida, *História da Música Brasileira*, 89). Cícero (*De Divinatione*, II, 84) conta que, ao embarcar Crasso no porto de Brindisi, para combater os partas, ouviu-se uma voz gritando "Cave, ne eas" (cuidado, não vás!) Pareceu a todos uma misteriosa advertência. Era apenas um vendedor de figos secos, que apregoava sua mercadoria, "caune-as", pronunciando espaçadamente o substantivo. Marcus Licinius Crassus morreu combatendo os partas, em 53 antes de Cristo.

Preguiça. Animal da ordem dos desdentados (*Bradypus tridactylus*, Lin), de duas espécies, conhecidas entre os índios com o nome genérico de *aí*, ou *ai'g*, tendo, porém, a de cor preto-escura, o particular de *aipixu'ma*, que isto exprime. Segundo Tschudi, citado por Teodoro Sampaio, aquele qualificativo indígena procede do grito do animal, que articula um *a* fechado, muito prolongado. Concorrentemente tinha o animal entre o gentio natural o nome de *ahum*, segundo um cronista antigo. Os portugueses, porém, deram-lhe o de *preguiça*, por ser tão preguiçoso e tardo em mover os pés e mãos, que, para subir a uma árvore, ou andar um espaço de vinte palmos, é mister meia hora, e posto que o aguilhoem, nem por isso foge mais depressa; como escreve Frei Vicente do Salvador, vendo-se, destarte, que já em começos do séc. XVII era o animal assim vulgarmente chamado. Esse nome, porém, vinha dos primeiros tempos da colonização do país, porquanto, já em 1560, Anchieta assim o escrevia, tratando do animal a que os índios chamavam *aig*, e nós preguiça. Para caracterizar a preguiça, conta-se de uma, que, levando um dia inteiro subindo em uma árvore, e que, ao chegar no alto, desastradamente caíra, exclamara: *Diabo leve as pressas!* A uma que estava deitada, descansando, perguntaram: — Preguiça, queres mingau. — Quero, respondeu. - Vai ver a cuia. — Não quero, não, retrucara. Pai da preguiça, ou sofrer de preguiça recolhida, diz-se do indivíduo preguiçoso em extremo (Pereira da Costa, *Vocabulário Pernambucano*, 607).

Prendas. O séc. XIX foi o século do brinquedo de prendas, por todo o Brasil. Não desapareceu o jogo indispensável de outrora, alegria que salões burgueses e fidalgos, da Regência aos primeiros anos da República. Não há mais o clima animador para sua repercussão e vivo prestígio, mas não morreu. Está, mais ou menos, reduzido a um passatempo de gente bem moça e das reuniões sem música. Recebemo-lo de Portugal, onde dominara desde as primeiras décadas do séc. XVIII, verdadeira mania social sob D. João V (Júlio Dantas, *O Amor em Portugal no Século XVIII*, "Jogos de Prendas", 171-176, ed. Chardron, Porto, 1917). Viera da França o *jeux de gages*, preferido sob o pomposo Luís XIV e não desdenhado pelo Regente Filipe d'Orleans, Luís XV, e Luís XVI e a Rainha Maria Antonieta. Amortecido sob a Revolução, reapareceu no Diretório, Consulado, Império, seguindo-se até Napoleão III. E de todo não morreu. Era, entre os *jeux de société*, o legítimo *jeu innocent*, animando a sociabilidade, inquieto, inventivo, inesgotável de "penitências" e de recursos. Na Inglaterra teve voga e simpatia o *games of forfaits*. E não foi de menor notoriedade pela Alemanha, Escandinávia, enfim Europa inteira. Divide-se em duas fases. A colheita das prendas, multas por um engano, erro, omissão, ocorridos no desempenho do brinquedo. Depois há o cumprimento da pena, a satisfação imposta por quem dirige o jogo amável. A variedade é

---
1 No texto original: "Praia-de-Viração" (N.E.).

grande, para que possa ser registrada, e também o conhecimento dispensa outros pormenores.

PRESENTE DE IEMANJÁ. Oferta ritual feita à rainha do mar. Na Bahia, em 2 de fevereiro, no dique; no Rio de Janeiro na praia do Russel ou Santa Luzia, outrora, o *obá* de Iemanjá, como João do Rio registrou em 1904. Presentemente o local é Copacabana e lugares elegantes, com divulgação jornalística, e uma multidão assistente, entre irreverente e devota, no dia 31 de dezembro, como no Recife, na Praia Grande em São Paulo, e em Natal, onde houve oferta espetacular em 24 de dezembro de 1966, no final da av. Circular. Em Brasília, a primeira dessas cerimônias realizou-se no domingo, 22 de agosto de 1965 no lago Paranoá, pelo Pai de Terreiro Joãozinho da Gomeia e seu grupo. No tempo de Manuel Querino (1851-1923), o *presente* era pagamento de "promessa" pessoal, acompanhado de amigos, sem a movimentação numérica contemporânea. João do Rio, em 1904, anotava: "O despacho, ou *ebó* da mãe d'água salgada, é um alguidar com pentes, alfinetes, agulhas, pedaços de seda, perfumes, linhas, tudo o que é feminino". Puseram na praia e as ondas arrastaram para o mar alto. O "presente" atual consta de cestas artisticamente ornadas de flores e fitas de papel colorido, com dezenas e dezenas de objetos de uso elegante, sabonetes, vidros de essências, latas de talco, leques, pentes, colares, brincos, anéis, espelhos. Outrora diziam ter havido sacrifício de crianças brancas e de animais, às vezes um cavalo branco, votivo de Netuno-Poseidon. Os ofertantes, vestidos de branco, cantando, embarcam e atiram o "presente" no meio das águas mais profundas. Submergindo, é sinal que Iemanjá aceitou a homenagem. De contrário, recusou. Em Epidauro-Limera, Lacônia, na Grécia, nas festas dedicadas à deusa *Ino-Leucoteia*, jogavam no lago os bolos de sacrifício, e, se sobrenadavam, era índice de repulsa divina, anunciando infelicidades: "on jetait dans le petit lac qui portait le nom d'Ino des gâteaux de sacrifice; et suivant qu'ils s'enfonçaient ou non, céetait signe de bonheur ou de malheur", informava Pausânias (*Description de la Grèce*, III, 23, 5), há oito séculos. O *Presente de Iemanjá*, mais tradicional e poderoso de sugestão na capital baiana, documenta-se em Manuel Querino, *Costumes Africanos no Brasil*, "A Festa da Mãe d'Água", Rio de Janeiro, 1938; Édison Carneiro, *Religiões Negras*, "Presente à Mãe d'Água", Rio de Janeiro, 1936; Roger Bastide, *Imagens do Nordeste Místico em Branco e Preto*, 122--126, Rio de Janeiro, 1945; Odorico Tavares, Bahia, *Imagens da Terra e do Povo*, "O Reino de Iemanjá", Rio de Janeiro, 1951. A *Quianda*, sereia de Angola, morando ao derredor da ilha de Luanda e reverenciada pelos axiluandas, moradores ilhéus, recebe o seu presente, constando unicamente de alimentos e bebidas, como deveria ter sido os iniciais de Iemanjá (Luís da Câmara Cascudo, *Made in Africa*, "Sereias de Angola", 18-24, 2ª ed., São Paulo, Global, 2002).

PRESÉPIO. Grupo de barro ou pasta representando a cena de adoração ao Menino Jesus na manjedoura de Belém. São José, Nossa Senhora, os pastores, animais, cercam Jesus Cristo. Depois de 6 de janeiro, aparecem os três Reis Magos, séquitos, camelos, outros bichos. Os presépios eram armados em dezembro, fiéis ao hábito português, e atraíam visitas pelo esplendor e novidade da apresentação. Às vezes surgiu uma cidade inteira, com carros modernos, gente, palácios, ambientando a Natividade. Os presépios continuam sendo exibidos por todo o Brasil, nas igrejas e residências particulares, visitados por curiosos e devotos que deixam, depois da oração contemplada, a espórtula. De fins do séc. XVIII até princípios do XX, os pastoris ocorriam diante do presépio, e então eram denominados Lapinhas (ver *Lapinha*, *Pastoril*), cantando as pastoras as "jornadas" oblacionais, divididas nos "cordões" Azul e Encarnado, com entusiastas fiéis e espetaculares. Ainda hoje (1946), em Portugal, grupos de pastores reais vão à igreja, na noite de Natal, cantar e oferecer presentes ao Divino Infante (Jaime Lopes Dias, *Etnografia da Beira*, "A Adoração dos Pastores", vol. VI, 88-109, Lisboa, 1942). A lapinha, cantada diante do presépio com o respeito religioso ritual, desapareceu. Anotando Melo Morais Filho "A Noite de Natal" (Bahia), *in Festas e Tradições Populares do Brasil*, nota 24, escrevi: "O presépio é tido como criação de São Francisco de Assis em Grécio, 1223, e as freiras do Salvador já o erguiam em Lisboa no ano de 1391. Só no séc. XVI inicia-se a dramatização com canto e dança, recebendo contribuição dos cantos populares e a produção literária anônima em louvação ao divino Natal" Pereira da Costa (*Folclore Pernambucano*) crê ter sido o franciscano Frei Gaspar de Santo Agostinho o introdutor dos presépios em Olinda, onde faleceu nonagenário, em 1635. O pastoril ou, melhor, a lapinha, cantada diante do presépio, era a mais rica e frequentada das festas do Natal. Seu desvirtuamento acentuou-se depressa e em 1801 o bispo de Olinda, Azevedo Coutinho, protestava contra as pastorinhas, pela alta percentagem de mundanidade que escurecera a transparência inocente dos doces autos antigos. No Recife, a Sociedade Natalense, fundada a 8 de março de 1840, para solenizar o Natal com representação tradicional, levou a efeito, na Igreja do Espírito Santo, pastoris jamais rivalizados. Os presépios, sem os bailes pastoris, foram do especial agrado carioca. O Cônego Filipe Pinto da Cunha e Sousa, depois monsenhor, falecido a 15 de fevereiro de 1812, teve seu presépio em Madre de Deus visitado pelo Príncipe Regente Dom João. Vieira Fazenda falava, saudoso, "do presépio do Barros", Francisco José de Barros, marceneiro da rua dos Ciganos (atualmente rua da Constituição), que "o próprio Imperador Dom Pedro II fora olhar". Da popularidade do presépio há o registro do Padre Fernão Cardim, referente ao Natal de 1583. "Tivemos pelo Natal um devoto presépio na povoação, aonde algumas vezes nos ajuntávamos com boa e devota música, e o irmão Barnabé (Telo) nos alegrava com seu berimbau" (*Tratado da Terra e Gente do Brasil*, 301).

PRIMEIRA. Jogo de cartas, cujos pontos maiores são o flux, o cinquenta e cinco e a primeira. "A *primeira* é um jogo ligeiro, de impressões rápidas e fortes, e que, no dizer dos entendidos, só tem graça quando é a dinheiro; nele não entra quase cálculo ou combinação; muitas vezes um palpite, uma *coraçonada*, como dizem alguns, um passe repentino, faz melhorar a sorte do parceiro que está caipora, dando-lhe a posse de uma boa *parada*. Nas mesas há geralmente três espécies de jogadores: o turbulento e provocante, que diz insolências; o alegre, que fuma e pede o seu trago de bebida, e o jogador calado, de chapéu nos olhos, que rompe as cartas, quando perde. Para uns o jogo deve ser de relancina, isto é, corrido, de uma só vez, produzindo comoções ligeiras, desencontradas, conforme os vaivéns da sorte; para outros, demorado, escolhido, fazendo passes, e deixando oscilar o espírito entre o prazer de arrastar a parada e o descalabro de a perder; estes gostam de *orelhar* a carta decisiva, a predileta, puxando-a com a mão direita para cima e com a esquerda apertando-a para não deixá-la surgir; assim é que o naipe sai como que arrancado à força, lá do fundo, isto é, de um fundo imaginário, ideal, onde se debatem a boa e a má fortuna (Laf. *Recordações Gaúchas*, pág. 19-20. Glossário dos *Contos Gauchescos e Lendas do Sul*, 398, ed. Globo, Porto Alegre, 1949, J. Simões Lopes Neto). Era populariíssimo no Chile, já em 1598 (Eugênio Pereira Salas, *Juegos y Alegrias Coloniales en Chile*, 205, Santiago, 1946), e Shakespeare o cita, *Primeiro a game at cards* (*The Complete Works of William Shakespeare, Glossary*, 1094, ed. World Syndicate, Cleveland, New York, s. d.). O *orelhar* diz-se também *chorar a carta*. Ver *Jogo de Baralho*.

PRIMEIRO DE ABRIL. Dia da Mentira, mistificação, enganos. As razões maiores indicam uma origem francesa. Até a segunda metade do séc. XVI o dia primeiro de abril começava o ano. Abril, *aperire*, abrir. O Rei Carlos IX, por uma *ordonnance* do Roussillon, Dauphiné, em 1564, determinou que o primeiro de janeiro iniciasse o ano na França, daí por diante. Com as consequências da transferência de festas e solenidades do Ano-Novo, muita gente ficou perturbada com o desaparecimento das datas tradicionais, retardando entendimento e uso. Por *plaisanteries*, apareceu uma série de pilhérias, saudações, falsas notícias, convites e presentes no primeiro de abril, como se ainda fosse o Dia de Ano-Bom. Em abril o sol deixa o signo zodiacal de *Piscis*, e nasceu a denominação de *Poissons d'avril* porque eles tentavam governar janeiro, que tem o signo do Aquário. Durante o séc. XIX os jornais anunciavam festas, recepções, acontecimentos sensacionais, inexistentes, atraindo a curiosidade ou presença dos crédulos toleirões, furiosamente desapontados, quando verificavam a inexatidão.

PRIMEIRO ENCONTRO. Desafio e aprazamento para resolver, pelas armas, a pendência na subsequente conjuntura. No *primeiro encontro* decide-se a questão, topa-se a parada, tira-se a diferença. "Um costume antigo, ainda remanescente em São Paulo no último quartel do século XIX, nas regiões mais sertanejas, era o primeiro encontro." Quando dois desafetos, cheios de ódio e rancor, não podiam chegar às vias de fato, ou porque respeitavam o local e a categoria dos presentes, ou porque terceiros bem intencionados intervinham na contenda, costumavam ajustar ou tratar o "primeiro encontro". "Cada qual se afastava para a sua moradia, e daí em diante tratava de andar alerta e com as armas que tivesse ao dispor. Onde quer que se encontrassem, num povoado, num ermo, ou numa estrada, a luta seria de morte" (Frederico Lane, "Armas e Técnicas de Briga nas Regiões Rurais de São Paulo", *Revista do Arquivo Municipal*, GLXI, 34, S. Paulo, 1958). Sem solução de continuidade a cita para o *primeiro encontro* segue com sua perigosa frequência por todo nordeste e norte do Brasil e também no extremo sul e centro do Brasil. Mesmo no Rio de Janeiro são registrados na imprensa os duelos iniciados pela fórmula usual desafiante, não apenas entre a baixa e média mas na sociedade fartamente instalada em bens materiais. Essa reminiscência medieval não desapareceu na Europa e menos no continente americano. Ver *Tirar um cotejo*.

PRINCESA DO AIOCÁ. Ver *Iemanjá*.

PRINCESA DO AROCÁ. Ver *Iemanjá*.

PRINCESA DO MAR. Ver *Iemanjá*.

PRINCESA ENCANTADA. "Em Jericoacoara, terra histórica do Ceará, há, sob um serrote, onde o farol alumia a escuridão das noites, uma Princesa Encantada, morando numa gruta, cheia de riqueza. Só se desencantará, se alguém for sacrificado. A Princesa está transformada numa serpente, com a cabeça e os pés femininos. Faz-se uma cruz com o sangue humano no dorso da cobra. E ela voltará à forma humana, para sempre. Essas princesas serpentinas são comuns no folclore nortista. Mário Melo fala na furna da serra Talhada, em Vila Bela, Pernambuco, morada duma princesa. Escreve Mário

Melo ("Lendas Pernambucanas", *Revista do Instituto Arqueológico Pernambucano*, vol. XXIX, 34, Recife, 1930): "De uma feita, explicou-me, passarinhava nas imediações com um companheiro e teve desejo de desvendar o mistério. Entrou, com aquele, esgueirando-se. Um pouco adiante, viu uma jiboia, cobra-de-veado. Levantou a espingarda em atitude de pontaria, e ia desfechar o tiro, quando o companheiro lhe bateu ao ombro, advertindo que não atirasse, porque a cobra era a Princesa Encantada, que ali habitava e, com o derramamento de sangue, se desencantaria, e estariam perdidos. Recuou, recuaram e não entrariam mais na furna." Essas princesas tornadas serpentes são vestígios do ciclo das Mouras na Península Ibérica. Em Portugal, quase a totalidade das Mouras Encantadas vive sob as escamas reluzentes de imensos ofídios repelentes. Nas noites de São João ou Natal, antes de meia-noite, voltam à forma humana, tornadas mulheres lindas, cantam, penteando-se com os pentes de oiro. Junto, imóvel, a pele da serpente espera a volta do corpo para a continuação do fado. O ferimento, mesmo diminuto, bastando merejar sangue, é o regresso à humanidade, a volta ao humano, como diziam os cabalistas. A Cobra Honorato, a Cobra-Norato, de tantas *estórias* no Pará, deixaria a sina, se alguém a ferisse a ponto de "fazer sangue". É o remédio contra a licantropia" (Resumo, *Geografia dos Mitos Brasileiros*, 292-294, 3ª ed., São Paulo, Global, 2002). (Sobre a Princesa de Jericoacoara, ver Olavo Dantas, *Sob o Céu dos Trópicos*, 194-195, Rio de Janeiro, 1938, Ed. José Olympio).

PRINCESA MAGALONA. *História da Princesa Magalona, filha de el-rei de Nápoles e do nobre e valoroso cavaleiro Pierres, Pedro de Provença, e dos muitos trabalhos e adversidades que passaram* é um original do Cônego Bernardo de Treviez, em provençal ou latim, já popular no primeiro quarto do séc. XIV. O texto francês, posterior, divulgou-se muito, em traduções italianas, alemãs, flamengas, dinamarquesas, polacas, castelhanas, gregas, etc. A mais antiga edição castelhana é de Burgos (1519), havendo outra, do mesmo ano, em Sevilha, pelo impressor Jacó Cromberger, que em 1521 estava em Portugal, e deve ter continuado reeditando essa literatura. Menéndez y Pelayo elogia a Princesa Magalona, *sin duda de las mejores de su género* (*Orígenes de la Novela*, II, 46-47, ed. Glem, Buenos Aires). Ignoro a data da tradução portuguesa, conhecendo as de 1783, Lisboa, e outra de 1789, com título igual ao contemporâneo. A Princesa Magalona ou Formosa Magalona figura no teatro popular português. O folheto, em prosa, tem constantes reedições em Portugal e Brasil (Luís da Câmara Cascudo, *Cinco Livros do Povo: Introdução ao Estudo da Novelística no Brasil*, 223-280, João Passoa, Editora Universitária/UFPb, 1994; G. Michaut, "Pierre de Provence et la Belle Maguelonne", Paris, Col. *Poèmes et Récits de la Vieille France*). Há versões poéticas da novela em Portugal e Brasil, setissilábicas. O Conde Pierre, filho dos condes da Provença, sabendo da beleza de Magalona, filha do Rei de Nápoles, apresenta-se nas justas, vencendo todos os adversários, conservando-se incógnito. Rapta a princesa e no caminho adormece a noiva e uma ave arrebata o lenço, onde guardara os anéis, que a mãe de Pierre dera ao filho e este a Magalona. Querendo recuperar as joias, o rapaz é arrastado para o mar e feito prisioneiro por um navio do sultão de Alexandria, de quem se torna escravo, depois amigo, confidente, secretário e ministro poderoso. Magalona, não encontrando o noivo, trocou a roupa com uma pastora, peregrinou até Provença, onde fundou um hospital para navegantes, sendo muito querida dos velhos condes governadores. Pierre obteve permissão para voltar, e ocultou em jarros contendo sal as joias e ouro que tivera de presente. Na Provença todos o julgavam morto, especialmente porque um pescador encontrara os anéis no ventre de um grande peixe. O navio que trazia Pierre demorou-se numa ilha, e o fidalgo, indo passear, adormeceu, e o barco partiu sem ele, indo depositar no hospital da Provença os jarros com sal, onde Magalona deparou a riqueza, alertando-lhe na imaginação a proximidade do noivo. Salvo por um barco de pesca, Pierre alcança sua terra, procurando o hospital, sendo reconhecido por Magalona, que o leva aos pais. Festas, o Rei de Nápoles declara o futuro neto seu herdeiro presuntivo e acabou-se a *estória*, que vem encantando o povo há quatrocentos anos. Estudei demoradamente a Princesa Magalona, origens dos motivos literários, variantes, fontes, etc. (Ver no assunto, Werner Söderhjelm, "Pierre de Provence et la Belle Maguelonne", *Mémoires de la Société Néo-Philologique*, VII, 7-49, Helsinki, 1924, o estudo, para mim, mais claro). Da popularidade de Pierre e Maguelonne na França lembro que figuram no céu da Provença como duas estrelas. A Vésper, Estrela do Pastor, "nous la nommons encore Maguelonne, la belle Maguelonne qui court après Pierre de Provence (Saturno) et se marie avec lui tous les sept ans." (Alphonse Daudet, *Lettre de Mon Moulin*, "Les Étoiles" ed. Nelson, 67, Paris, s. d.). Identicamente, Fréderic Mistral (*Mes Origines, Mémoires et Récits, 146*, ed. Plon, Paris, s. d.). A novela, em prosa, continua sendo reeditada em Portugal e no Brasil.

PRÍNCIPE OBÁ. Era um negro da Bahia, chamado Cândido da Fonseca Galvão, voluntário do batalhão "Zuavos Baianos", participou da guerra do Paraguai, batendo-se valentemente em Curupaiti, onde foi promovido ao posto de alferes. Voltando da campanha, em 1870, fixou-se no Rio de Janeiro, dizendo-se *Príncipe Obá II*, soberano dos negros minas. Alto, forte, majestoso, vestindo sempre sobrecasaca, cartola no cimo da gaforinha, pince-nez de vidros fumados ou monóculo de aro de ouro, o Príncipe Obá era a figura mais popular da Capital do Império. Os negros e negras da nação mina reverenciavam-no como a um rei, dobrando o joelho, ao vê-lo, e as vendedeiras do Largo da Sé pediam-lhe a bênção real, ajoelhadas. Nos dias de recepção no Paço Imperial, o Príncipe Obá comparecia fardado e, vez por outra, adiantava-se à frente do próprio corpo diplomático, para saudar o imperador ou a imperatriz. Publicava manifestos alusivos ao seu reinado, com retrato, distribuindo-os ao seu povo. Na tarde de 2 de dezembro de 1889, o Príncipe Obá foi a S. Cristóvão saudar o imperador pelo seu aniversário. Informaram-no que D. Pedro II fora deposto e exilado, e o Brasil era, desde 15 de novembro, uma República. Obá ficou indignado, dando vivas ao Império. O Governo cassou-lhe a patente que conquistara no Paraguai. O Príncipe Obá faleceu em meados de 1890. A imprensa do Rio de Janeiro, mesmo os jornais mais graves, registraram o falecimento de Obá, com necrológios extensos, evocando vasto anedotário. É muito citado no seu tempo. Melo Morais Filho, no *Festas e Tradições Populares do Brasil*, dedicou um longo artigo ao Príncipe Obá e outros às figuras populares de outrora, Capitão Nabuco (o homem mais forte de então), o Príncipe Natureza, maluco discursador, o Castro Urso, vendedor de loterias, o "padre" Quelé, o Bolenga, etc., etc. Para o orixá nagô desse nome, ver *Obá*.

PRIPRIOCA. "Piripirioca, ciperácea aromática do gênero *Killingia*, raízes muito apreciadas em perfumaria regional. Do tupi "piriri", junco pequeno, "oc" ou "oca", casa, i. é, de uso doméstico, por causa do aroma. Perfume mais popular" (Alfredo da Mota, *Vocabulário Amazonense*, 250). É um dos perfumes mais tradicionais na Amazônia, para bragal e uso próprio. Os manaus, de raça aruaca, têm uma lenda etiológica sobre a priprioca, registrada no idioma tupi por Brandão de Amorim ("Lendas em Nheengatu e em Português", *Revista do Instituto Histórico e Geográfico Brasileiro*, tomo 100, vol. 154, pág. 105, Rio de Janeiro, 1928, 2º de 1926). "Priripirioka Iypyrungaua", origem da priprioca. Piripiri, ente misterioso, fugia das donzelas da maloca que o procuravam. Exalava o perfume suave que apaixonava as cunhatãs. Quando elas o julgavam preso, tornava-se nuvem, fumo, desaparecendo. Aconselhadas pelo jovem pajé Supi, as donzelas prenderam Piripiri com fios de cabelo. Mesmo assim o rapaz diluiu-se no ar, adormecendo-as a todas. Pela manhã viram no lugar de Piripiri uma planta que guardava o seu perfume. Supi ensinou-as a usar aquele cheiro que entontecia o coração dos homens. Piripiri subiu para o céu e está no Pari da Arara, a constelação do Ararapari, o boldrié de Órion. A planta ficou com seu perfume; é a sua casa; *Piripiri-oca*, a casa de Piripiri.

PROCISSÃO. As procissões religiosas, desfiles de fiéis, acompanhando o pálio onde ia o sacerdote, ou seguindo andares ou charolas, com as imagens dos santos do dia, foram instituídas no Brasil, desde 1549, quando o primeiro governador-geral, Tomé de Sousa, fundou a cidade do Salvador e vieram os jesuítas. "A primeira solenidade celebrada com esplendor nesta "heroica e leal cidade" foi a procissão de Corpo de Deus. Mas lembremo-nos também de que Tomé de Sousa, pondo o pé em terra, na povoação do Pereira, a fim de dar início à fundação da sede do governo da América portuguesa, fê-lo em ordem de procissão. Não em passo militar, senão em andada de romaria. Logo os jesuítas adotaram e propagaram tais atos devocionais, com caráter penitencial ou festivo, para atração da indiada e edificação dos colonos corrutos. E a Bahia foi por séculos a terra das procissões" (João da Silva Campos, *Procissões Tradicionais da Bahia*, pág. I, antelóquio, Secretaria de Educação e Saúde, 1941). O Padre Manuel da Nóbrega (*Cartas do Brasil*, 86, Rio de Janeiro, 1931) escrevia a 9 de agosto de 1549, anunciando haver realizado duas procissões solenes, cânticos públicos e trombetas, a do Dia do Anjo (19 de julho) e a do "Corpus Christi" (19 de junho). Com danças e invenções à maneira de Portugal, ruas enramadas, grande acompanhamento e jogando toda a artilharia que estava em terra. Da Bahia as procissões se divulgaram por todas as Capitanias. Constituem, nos domínios etnográfico e folclórico, centros de interesses pelos processos de aculturação, que podem ser verificados, convergências religiosas, sincretismo supersticioso, etc. É o momento das "promessas" estranhas, vindas do uso português e muitas de longa antiguidade (ver *Promessa*), penitência, etc. As procissões de Nossa Senhora de Nazaré, em Belém do Pará, e do Senhor do Bonfim, na Bahia, são desfiles preciosos de informação para folclore e etnografia. As procissões dos oragos são as mais típicas, fechando o novenário de festas tradicionais. As procissões de penitência, com flagelantes, as procissões das almas, para diminuir-lhes as penas no purgatório, vieram até os últimos anos do século XIX (Melo Morais Filho, *Festas e Tradições Populares do Brasil*, "Encomendações das Almas", 247-255; Luís da Câmara Cascudo, *História da Cidade do Natal*, 4ª ed., 137-150, Natal, RN: EDUFRN, 2010; Pereira da Costa, *Folclore Pernambucano*, 100), mantendo-se assim o antiquíssimo desfile de Los Hermanos Penitentes, ainda empregando a flagelação nalgumas partes do mundo (Reginald Fisher. *Notes on the Relation of the Franciscans to the Penitentes*, El Palacio, XLVIII, 263-271, Santa Fé, New Mexico,

1941). As "Procissões de Penitência", atravessando as ruas escuras ao som de matracas e cânticos lúgubres, não desapareceram no Brasil, constantes em épocas de epidemias, catástrofes, etc., incluindo a flagelação. Na cidade de Pilão Arcado, margem esquerda do rio S. Francisco, na Bahia, na noite da Sexta-Feira da Paixão os penitentes, exclusivamente homens, reúnem-se no cemitério e vêm até o adro da matriz, disciplinando-se, entoando rogatórias fúnebres, cabeças envoltas em panos brancos, precedidos de cruz de madeira. Todas as residências no trajeto conservam-se fechadas para evitar a identificação profanadora dos piedosos participantes. Cumprem as *Sete estações*, detendo-se para orar e flagelar-se. Recolhem-se pela madrugada (informação do Prof. Oswaldo de Sousa, que registrou o *Bendito*). "O Culto dos Mortos" — *Cadernos Brasileiros*, n.º 40, Rio de Janeiro, 1967. As procissões pedindo chuva são formas rogativas em plena contemporaneidade católica (ver Melo Morais Filho, *opus cit*, 281, com a minha nota 76, transcrevendo a oração ritual "Ad Petendam Pluviam" e na informação musical, Renato Almeida, *História da Música Brasileira*, 133-134). Procissão dos Mortos também ocorre no Brasil, aclimatando-se a tradição comum a toda a Europa cristã (*Geografia dos Mitos Brasileiros*, 377-379, 3ª ed., São Paulo, Global, 2002; *Contos Tradicionais do Brasil*, 312-314, 13ª ed., São Paulo, Global, 2004). Numa síntese europeia, Stith Thompson, E491, Puymaigre, *Le Folk-Lore*, 250 (Paris, 1885), Liebrecht, *Volkskunde*, 28. Na igreja de N. Sra. do Rosário do Embu, S. Paulo, em determinada noite, os esqueletos dos padres jesuítas abandonam a sepultura comum sob o altar-mor e desfilam processionalmente até o cemitério, "onde permanecem horas seguidas, em confabulação com os mortos. Ao desmaiar da noite, o cortejo volta para a igreja. Por isso, quando a luz se apaga no Embu, os moradores dizem que a procissão dos padres vai sair, pois ela é feita às escuras" (Leonardo Arroyo, *Igrejas de São Paulo*, 119, Brasiliana, 331, S. Paulo, 1966). Os afogados também andam processionalmente sobre as ondas do mar, na noite de Finados (informação do pescador mestre Filó), como Mistral descreveu na noite de São Médar, no Ródano (*Mireio*, V) e nuns versos populares do norte brasileiro reaparece (*Geografia dos Mitos Brasileiros*, 361, 3ª ed., São Paulo, Global, 2002):

"Tem visto procissões
Nas ondas do mar profundo
Com muito mais cerimonha
Das que se faz neste mundo;
A depois desaparece
E a tempestade cresce
Ficando o mar furibundo."

PROFECIA. Vindos de povo que crê firmemente nos profetas e profecias, os brasileiros possuem os seus representantes na espécie de ver o futuro e anunciá-lo sob formas sibilinas e confusamente atraentes. Os negros escravos, exceto os muçulmanos, não tinham profetas, mas os portugueses trouxeram o sapateiro Bandarra na memória e esperaram o Rei D. Sebastião durante trezentos anos. Ver *Sebastianismo*. Todos os mentores religiosos, frades e leigos, que tiveram mando no espírito popular, eram tidos como profetas e mesmo videntes. Depois de mortos, e alguns em vida, dão nascimento a um ciclo de profecias e de conselhos de acomodação social, prolongando o prestígio do morto na lembrança coletiva. Essa profecia, ampliada, deturpada no passar dos anos, chega a constituir uma algaravia misteriosa e de alucinante poder de sugestão para o povo. A grande profecia em todo o norte do Brasil, desde os sertões da Bahia até o Piauí, é a profecia de Frei Vidal, decorada por milhares de pessoas, e espalhada há mais de cem anos, num número incalculável de cópias manuscritas. Frei Vidal de Frascarolo era religioso capuchinho, do Convento da Penha, no Recife. Em dezembro de 1796 chegou ao Ceará (Fortaleza) missionado. Andou por todo o Nordeste e deixou fama de iluminado profeta. A profecia, nalgumas cópias que li, é datada de 1817, sem dia, mês e localidade. Vale por um exemplo completo no gênero. Profecia de Frei Vidal Capuchinho: "Quando vires quatro irmãos saírem da União, guarda-te Pernambucano, que lá chega o teu quinhão. Quando vires os homens do Brasil presos e desgraçados, as masmorras ocupadas, piratas no mar, a gente da Europa a assolar, ameaça o tempo da chegada. Quando vires os rapazes de Pernambuco de barretinha e mitra aprendendo exercício (deve ser barretinha-de-mitra), fazendo batalha, corre logo com a mecha ao fogão, que os soberbos cavaleiros já te cercam, unam todos a corpo, ataquem o inimigo e defendam a lei do Cristo, que, quando se virem perdidos, aí verão o milagre! Serão grandes os trabalhos e grandes as tropas, que muitos estarão por bosques e serras, para não verem o sangue correr na terra. Os contrários se recearão das armas que vêm no mar, que no meio delas virá a nau dos quintos reais, carregada de ouro, de prata e diamante. É muito crua a guerra que vem para cá. Aí começarás o soldo do vosso soberano e cada um será premiado conforme as suas façanhas. Aí verás na afamada Muribeca nascer uma mina de prata que abrangerá toda a sua América. Quem diria que de José nasceria Maria e que nele findaria? Em conclusão, José e João não recuarão! Intentos grandes haverão, porém na era de Mil Oitocentos e Noventa, antes ou depois, verás coisas mil no mês mais vizinho de abril. Quando vires Pedro e outros flagelados todos se acabarão abocados, por serem findos os três tempos com os seis números dobrados e então acontecerá o que venho expor: – um grande círculo haverá que a redenção cobrirá e uma grande estrela haverá que a todos iluminará. Esta será a guia que primeiro não quererão, depois abraçarão e do centro do sertão virá quem tudo acabará. Isto há de acontecer porque os sinais que nos cobrem assim o indicam. Um só rei haverá que tudo dominará e eu posto onde Deus for servido verei o acontecido. De dois VV, um de perna para baixo e outro de perna para cima, quatro voltas de um compasso, vai chegando a um ponto de um disforme mortaço, e no meio ponto a tesoura verão a guerra consumidora e o tempo será tal que tudo irá final. Quando vires o sol escuro, amola a faca para comeres o couro no futuro. Que a era dos XX verá rebanhos do vinte mil. Isto há de acontecer quando o céu fizer sinal, os povos fora da linha andarão como pinto atrás da galinha. Quando vires a guerra fechar as duas pontas, serão tomadas todas as contas. Tudo há de acontecer, arder e depois florescer, porque Deus o quer e eu o sei por ser assim que está escrito". Há outras profecias citadas e criadas mas sem o prestígio da de Frei Vidal Capuchinho. Milhares de cópias mantêm em estado de potência as profecias do Padre Ibiapina (Padre Dr. José Antônio Ibiapina, 1806-1883), do Padre Cícero (Padre Cícero Romão Batista, 1844-1934) e de Antônio Conselheiro (Antônio Vicente Mendes Maciel, 1828-1897), o chefe dos heroicos jagunços de Canudos, na Bahia. Profecias são também cânticos de ocasião, na Folia de Reis no Estado do Rio de Janeiro, para saudar o dono da casa (Zaide Maciel de Castro e Araci do Prado Couto, A Literatura das Folias de Reis. *Revista do Livro*, n.º 13, 69, março de 1959, Rio de Janeiro).

PROMESSA. O mesmo que ex-voto, objeto doado aos santos, em satisfação de uma súplica atendida. A "promessa" pode constar da obrigação de praticar ou não determinados atos, abster-se de usar certas cores, servir-se de alimentos indicados, conservar cabelo e barba, sendo homem, cortar o cabelo sendo mulher, vestir exclusivamente uma cor, cumprindo infinito número, de deveres penitenciais oferecidos no momento de aflição. Ao lado das "promessas" religiosas, há a sobrevivência de votos tradicionais e antiquíssimos, nada ortodoxos mas teimosamente julgados eficientes e agradáveis aos santos, como seriam aos deuses mortos de outrora. Não fazer a barba e o cabelo até o implemento de uma ocorrência pedida ao santo era promessa utilíssima e severa para os homens antigos. Ligava-se aos ritos da vingança, e quebrar a promessa acarretaria males indescritíveis. É um ato, prometido ou não, ainda comum por todo o interior do Brasil. Sobrevive das tradições clássicas greco-latinas. Júlio César só fez barba e cabelo depois de vingar a derrota do seu lugar-tenente Titurius, "barbam capillumque summiserit, nec ante dempserit quam vindicasset", informa Suetônio (*Júlio César*, LXVII). Tal-qualmente sucedeu ao Imperador Augusto, quando Varus perdeu as três legiões na Germânia: "Adeo namque consternatum ferunt, ut per continuos menses barba capilloque summisso" (*Augusto*, XXIII). Subir degraus ou locomover-se de joelhos. Em Roma, uma promessa tradicional era percorrer de joelhos o campo de Tarquínio o Soberbo, *cruentis erepet genibus*, fala Juvenal (*Sátiras*, VI, v. 524-526). Era posição ritual nas suplicações e atitude de veneração nas cortes da Ásia, popularizada pelo Império Bizantino. Na Índia, em 1934, dois devotos percorreram 1250 milhas inglesas até o templo da deusa de Badrinát, andando de gatinhas. São contemporâneas as promessas de subir de joelhos a escadaria da Igreja da Penha, no Rio de Janeiro, Senhor do Bonfim da Bahia, etc. A "Escada Santa" que Jesus Cristo subiu para apresentar-se a Poncius Pilatos está no palácio de Latrão, em Roma, "et se compose de vingt-huit degrés de marbre, qu'il n'est permis de monter qu'à genoux", previne o próprio Baedeker. O costume se mantém integralmente. Os 28 degraus são galgados de joelhos, contritamente. Como os santos têm predileções e os campos jurisdicionais estão divididos nas crendices populares, os fenômenos meteorológicos estão ligados à lenda, e a chuva, indispensável e vital, continua dependendo da vontade suprema de Deus, suplicado *ad petendam pluviam*. No Império Romano, Júpiter Pluvius, como o Indra dos hindus atuais, dispunha do direito de fazer chover, "jovem aquam exorobant" (*Petrônio*, XLIV) ou "implorat aquas docta prece blandus" (*Horácio, Epístolas*, livro II, 1). As representações da cura, restos dos navios naufragados, roupa de náufragos, membros e órgãos em cera ou mármore, indicando enfermidades vencidas, muletas, bengalas, carrinhos de paralíticos, vêm de longe, e os templos gregos, os túmulos dos deuses desaparecidos e ressuscitados pelas escavações, atestam a popularidade dessa forma de perpetuar a intervenção divina e feliz. Atirar moedas no mar ou em certos lugares do rio, onde há um santo venerado, oferta que os jeje-nagôs da Bahia ampliam nos grandes "presentes" a Iemanjá, também é uma sobrevivência romana. "Que quer dizer isto? indagou do piloto, que, assim como os barqueiros, se tinha levantado e, num silêncio supersticioso, atirara ao rio uma moeda de cobre. – É esmola que todo barqueiro deve dar a um Santo Antônio que há aí numa capela, seu doutor; senão a viagem não acaba bem. Ricardo atirou igualmente uma moeda com grande satisfação dos romeiros" (J. M. Cardoso de Oliveira, *Dois Metros e Cinco*, 489, Rio de Janeiro, 1909). É uma tradição do rio São

Francisco, como existe em quase todo o Brasil. Em Roma atiravam-se moedas de prata no lago Curtius, para que alguém gozasse saúde; era uma oferenda simbólica. Suetônio registrou: "Omnes ordines in lacum Curtii quotannis, ex voto pro salute ejus, saipem jaciebant" (*Augusto*, LVII). Promessa a São Lázaro. "Esta promessa consiste no que vou relatar: Sarada a ferida, a pessoa prepara um grande jantar, como se fora para pessoas distintas: mesa, toalha, copos, talheres, enfim nada é esquecido, assim como as melhores iguarias, doces de diversas frutas, e bebidas de diversas qualidades, sobressaindo entre todos o aluá. Depois de estar tudo pronto, manda convidar os vizinhos e seus cachorros. Chegados ao local onde está preparado o jantar, assentam-se à mesa... os cachorros, sendo servidos com toda a etiqueta por seus próprios donos. Depois que os tais convivas acabam de comer, e que nada mais desejam, é que as pessoas convidadas sentam-se à mesa, para fazer por sua vez uma larga refeição. À noite, os convidados se reúnem no terreiro da casa, com os conhecidos da vizinhança, para o samba e para a bebedeira, que deve durar até o amanhecer. Esta é uma entre as muitas excentricidades do povo de Uruburetama (Ceará), segundo fui informado; verdade é que não se sabe onde teve origem. Em São Francisco foi onde se tornou mais comum este uso, havendo pessoas que celebram esta festa anualmente, e só por devoção" (Rodrigues de Carvalho, *Cancioneiro do Norte*, 57, Paraíba, 1928). Promessa de Danças e de Alimentar-se com Determinada Iguaria. As danças de São Gonçalo (ver *Gonçalo, São*) continuam sendo prometidas ao santo português, como fórmula oblacional. É a única dança sagrada que sobrevive na tradição popular brasileira. Além da promessa de oferecer a dança, há também o oferecimento do animal, que devem sacrificar e servir durante a festa, e alguns devotos oferecem aos convidados bebidas e alimentos, porque fizeram a promessa desse ofício, enquanto durasse a refeição. "Há pessoas que fazem seus votos, prometendo comer determinada parte do boi, a língua, tripas. Avisam com antecedência o festeiro, e ele manda reservar as partes, para que a promessa possa ser cumprida" (Marciano dos Santos, "A Dança de São Gonçalo", *Revista do Arquivo Municipal*, XXXIII, 95, São Paulo). "Durante a ceia, o serviço é feito pelos "serventes", que trazem ao pescoço, como sinal de identificação, uma toalha enrolada. Estes "garçons" são também pessoas que fizeram promessa de servir como tais nas funções em louvor do santo" (*idem*, 97). Comuns as promessas de abster-se de doces ou gulodices. Ver *Roque*.

Provérbio. Do latim *Pro verbum*, denunciando a oralidade funcional. Adágio, aforisma, máxima, anexim, valendo direção moral, conduta, advertência, em breves palavras, facilitando memoriação imediata. Gênero universal e milenar. "Como diz o provérbio dos antigos"... I – Samuel, 24-13. Denominou o *Livro dos Provérbios*, do Rei Salomão, dez séculos antes de Cristo. Resumo doutrinal das antigas ciências e mesmo prática religiosa, constituiu fórmula didática na Idade Média, divulgando sábios gregos e romanos, como fez Erasmo de Rotterdam no *Chiliades Adagiorum*, 1540, compilando mais de quatro mil aforismas. O brasileiro Marquês de Maricá (1773-1848) em 4188 *Máximas* sintetizou sua experiência filosófica, sob o modelo de La Rochefoucauld. Edição mais completa, Rio de Janeiro, 1958. A coleção famosa em Espanha é o *Adagios que dicen las Viejas tras el Fuego*, Sevilla, 1508, e em Portugal o *Adágios Portuguezes Reduzidos a Lugares Communs*, Lisboa, 1561, do Licenciado Antônio Delicado. Luís da Câmara Cascudo, *Literatura Oral no Brasil*, 79-82, 2ª ed., São Paulo, Global, 2006. Alexina de Magalhães Pinto, *Provérbios Populares, Máximas e Observações Usuais Coligidos na Tradição Oral*, Rio de Janeiro, 1917; Mário Lamenza, *Provérbios*, Rio de Janeiro, 1941: José Perez, *Provérbios Brasileiros*, São Paulo, 1961: Ático Vilas Boas da Mota, *Provérbios em Goiás*, Goiânia, 1974, em magistral exposição, bibliografia excelente: Fontes Ibiapina, *Paremiologia Nordestina*, Teresina, 1975, com anotações de incomparável sabor regional. Bráulio do Nascimento, *Bibliografia do Folclore Brasileiro*, Rio de Janeiro, 1971, registra 105 fontes nacionais. Toda criatura humana sabe uma anedota e alguns provérbios. O sinônimo mais popular no Brasil é *ditado*, vindo de *dito*. "Dito e feito."

Puba. Mandioca amolecida na água, depois de uns tantos dias de molho em uma vasilha qualquer, perdendo assim a sua substância venenosa, e preparando-se então a *massa de mandioca*, de usos diversos. "A puba e a tapioca, / que é todo o mimo e a flor da mandioca" (Durão). Termo tupi, significando a mandioca em certo estado de fermentação, segundo Couto de Magalhães, vem do particípio *pur*, ferver ou fermentar; puba: fermentado, apodrecido (Batista Caetano); (Pereira da Costa, *Vocabulário Pernambucano*, 610).

Puça. Designação depreciativa, dada aos portugueses, no período das nossas lutas em prol da independência nacional. Geralmente vulgarizado, e escrevendo Frei Caneca em 1824 o "Itinerário" da sua marcha para o Ceará, acompanhando as vencidas forças republicanas da malograda Confederação do Equador, diz que, na manhã de 13 de dezembro, seguiram para ir tomar quartéis na fazenda da Cachoeira, *propriedade de uma puça*. "Essa gente cearense, conhecida por *cabeça chata*, é toda excomungada, porquanto, chegando de Portugal, ao tempo da Independência, uma imagem do Senhor dos Passos, embarcaram-na logo em uma jangada, com uma saca de farinha e um barril de água, ao som de assobios e algazarra, gritando: Fora, puça! fora, marinheiro! Vá para a sua terra, labrego!" (*O Barco dos Patoceiros*, n.º 12, de 1864). "Que o frade puça fique lá pela sua santa terrinha, a comer batatas, e beber vinho verde" (*O Desespero*, n.º 8, de 1880). Derivado: Puçalhada, o mesmo que marinheirada, portuguesada. "Ferve na rua Velha a puçalhada / Que a mil patifarias se dedica" (*A Coluneira*). Puça é um termo português, dado concorrentemente à erva dos muros ou dos namorados, segundo Aulete; e, entre nós, o nome vulgar de dois vegetais da família das ampelidáceas, e o de uma fruta selvática do Ceará e do Maranhão, conhecida por tal nome; e, assim, não nos é dado verificar o porquê daquele nome dado aos portugueses, depreciativamente. Morais registra *puçal*, medida de cinco almudes de vinho. Virá daí o qualificativo (Pereira da Costa, *Vocabulário Pernambucano*, 610-611). Puça é ainda a rede de dormir, quando pequena e pobre, bem simples, sem varandas (franjas). A lenda em que os cearenses expulsam o Senhor dos Passos é muito conhecida. Publiquei uma variante. Dizem que essa expulsão determinou a seca do Ceará (Ver *Contos Tradicionais do Brasil*, 265, 13ª ed., São Paulo, Global, 2004).

Puçanga. Remédio, medicina, feitiço que serve para livrar do efeito de outro feitiço. A doença para o indígena não é um fato natural, é sempre o produto de uma vontade contrária e maléfica, e se algumas vezes é produzida pelas mães das coisas-más, na mor parte das vezes é o produto do querer de algum pajé inimigo, que enfeitiçou o doente, e a puçanga então é para desfazer o efeito deste. Para as doenças produzidas pelas mães das coisas-más, por via de regra, não há puçanga (Stradelli). A puçanga, além da função mágica terapêutica, é filtro para provocar o amor, fixá-lo, tornando o sentimento permanente. Corresponde ao ebó, muamba, canjerê, coisa-feita e também, nessa acepção, a um processo curativo secreto.

Pucumã. Pacumã, picumã. Remédio tradicional para estancar o sangue aberto, de ferimentos, cortes. Além desta aplicação hemostática, tem indicações várias. "Substância básica; no complexo de várias mezinhas, ou utilizada isoladamente, em aplicação tópica. Acontece que a fuligem da medicina rústica não é puramente o depósito anegrado das chaminés, em cuja composição tomam parte carbonatos, fenóis, produtos enfiseumáticos. Nas residências campesinas e outras, os fogões dão lugar a acúmulo de fuligem misturada com poeiras, teias de aranhas, detritos diversos. Outro remédio caseiro do Nordeste, frequentemente usado, é o picumã. Chamam-se assim as teias de aranha, que pendem das chaminés dos fogões, cheias de poeira e de outros detritos. Nada melhor, segundo a opinião vulgar, para estancar o sangue. Coloca-se aquilo, regulando a quantidade, conforme o tamanho do golpe, sobre o mesmo, e o sangue para de correr como por milagre" (Gustavo Barroso, *Através dos Folclores*, 129). Contudo, o espanto causado pelo apreço popular do picumã não há de ser integral. Porque a fuligem, verdade é que menos complicada, ainda é tolerada pela medicina culta. A fuligem faz parte das decantadas "Gotas amargas de Beaumé", cuja fórmula é a seguinte: Fava de Santo Inácio, 500 g, carbonato de potássio, 5 g, picumã, um grama, álcool, a 60°, mil gramas. Advirta-se que a farmacopeia brasileira acertou no suprimi-la, embora, praticamente, esse dispositivo legal não conduza numerosos esculápios à proscrição de semelhante antigalha. Sobre ela assenta José Veríssimo: "Picumã, fuligem pendente do teto das cozinhas ou do interior das chaminés, afetando formas de bambinelas; penduricalho de fuligem. De "apecumã" (umã) superfície toda negra, casca enegrecida, como quer o Sr. Almeida Nogueira" (*As Populações Indígenas e Mestiças da Amazônia*, 338; Fernando São Paulo, *Linguagem Médica Popular no Brasil*, II, 203-204). O pucumã continua aplicadíssimo, de plena confiança sertaneja. A terapêutica nos veio de Portugal, onde ainda, como no Brasil, a teia de aranha é hemostático indiscutido (Jaime Lopes Dias, *Etnografia da Beira*, I, 188, Lisboa, 1944).

Puíta. O mesmo que cuíca. Puíta é nome mais vulgarizado no norte do Brasil. Luciano Gallet registrou puíta (*Estudo de Folclore*, 59), e Afonso Cláudio escreveu piúta, "que produz um som idêntico ao ronco do porco". Na Venezuela chamam a puíta Furruco, correspondendo à castelhana "zambomba", "ronca" em Portugal. O nome certo é puíta, do quimbundo *kipuíta*, nome do instrumento (Jacques Raimundo, *O Elemento Afro-Negro*, etc., 149). Ver *Cuíca*.

Pulga. (Sifonápteros). "Nas locuções populares: Andar com a pulga na orelha: prevenido, desconfiado. Cada um tem o seu modo de matar pulgas: o seu modo de entender, de agir, de fazer qualquer coisa. Contente como cachorro com pulgas: alegre, satisfeito. Um salto de pulga: lugar próximo. Da casa de João à de Pedro é um salto de pulga. À vista disto e dos autos, andam as pulgas aos saltos". (Pereira da Costa, *Vocabulário Pernambucano*, 611). A frase *alegre como cachorro com pulga* significa a falsa alegria, a satisfação aparente, enganada pelos trejeitos inquietos do animal mordido pelas pulgas.

Há uma fórmula para expulsar as pulgas. O Barão de Studart registrou: Para acabar com as pulgas de uma casa, vai-se à missa e diz-se: Pulga, vamos para a missa. Na volta da igreja, deve-se entrar por outra porta da casa (*Antologia do Folclore Brasileiro*, vol. 2, 44, 6ª ed., São Paulo, Global, 2004). "Para acabar com as pulgas, quer as comuns quer as *Pulex penetrans*, vulgarmente chamada "bicho dos pés", o processo é mais complicado. Em uma quinta-feira, à tarde, varre-se bem essa casa, e a pessoa que tem de fazer o "benzimento" levanta-se no outro dia muito cedo, não fala absolutamente, não boceja, e nem abre a boca. Reza por três vezes uma ave-maria, toma depois um bochecho d'água, e barrufa os cantos da casa, dizendo mental e repetidamente: Pulgas e bichos, / Fiquem citados, / Que de hoje pra manhã / Vocês são mudados" (Pereira da Costa, *Folclore Pernambucano*, 54).

PUNGA. Dança popular no Maranhão, capital e interior. Domingos Vieira Filho (em 23-5-1947) informa-me — Ponga, como consignou Renato Almeida, em sua excelente *História da Música Brasileira*, louvado não sei em que informação, nada mais é do que a punga (João Dornas Filho consigna o vocábubulo *pungo*, chapéu, *A Influência Social do Negro Brasileiro*, Curitiba, 1943, pág. 78), que é a mesma "dança do tambor". A punga é também chamada "tambor de crioula". Ponga, como sabe, é um jogo (Cf. Cândido Figueiredo in *Novo Dic. da Líng. Port.*, vol. II, pág. 342, Lisboa, 1899, e *Pequeno Dicionário Brasileiro da Língua Port.*, pág. 903, São Paulo, 1942). Renato Mendonça em *A Influência Africana no Português do Brasil* (São Paulo, 1933) não registra o vocábulo *punga*. Creio que *punga* é termo corrente apenas no Maranhão e significa, na dança em questão, a *umbigada*, a *punga*. Em abono, cito Viriato Correia: "Mas havia uma certa barafunda que a desnorteava. Gritava-se como num mercado, os homens berravam roucos, trepados nos bancos, os vassalos batiam palmas cadenciadas de samba, em meio, e as mulheres davam pungas escandalosas, encarrapitadas umas nos ombros das outras" (*in Miranetes*, pág. 81, São Luís, 1902). A Punga é uma dança cantada mas sem versos próprios, típicos. Geralmente são improvisados na hora, quando as libações esquentam a cabeça e despertam a "memória" do "tiradô" de versos. A punga é dançada num terreiro limpo e batido. Homens e mulheres formam um círculo e esperam o toque inicial do tambor grande. Começada a função, cada um vai caindo na dança, dando dois passos à frente e uma rodada, e dirigindo-se para o círculo, a escolher quem vai levar a punga. Avança, de barriga empinada, procurando atingir com o umbigo o escolhido, num gesto cômico e lascivo, que provoca risos e gritos de triunfo. Enquanto isso, os tambores marcam o ritmo bárbaro. O que recebe a punga entra por sua vez na dança e dá os mesmos passos, "pungando" a outrem. Em alguns lugares, porém, a punga se transforma numa agitação frenética, num bambolear ardente e lascivo do corpo excitado pelo tantã dos tambores e pela voz do cantador, que vai "tirando" seus versos. Hoje, segundo depoimento de mestre Nascimento, um velho descendente de africano, a quem consultei, a punga está muito diferente da primitiva e verdadeira, que é religiosamente marcada pelo tambor. Parece ser fácil dar uma pungada. Mas isso requer habilidade. A punga não deve ser violenta, o que, no entanto, não impede que, em certas ocasiões, o dançador se esparrame no chão. Macedo Soares registra uma dança muito em voga em Loanda, semelhante à nossa punga. "Em Loanda e outros presídios e distritos, o batuque consiste também num círculo formado pelos dançadores, indo para o meio um preto e uma preta, que, depois de executar vários passos, vai dar uma embigada, a que chamam *semba*, na pessoa que escolhe, a qual vai para o meio do círculo, substituindo-o" (Macedo Soares in *Dicionário Brasileiro*, pág. 87, apud Lindolfo Gomes in *Contos Populares*, vol. I, pág. 119, São Paulo, s. d.). Os instrumentos usados são de percussão: três tambores, um grande, médio e pequeno. Tambor grande, pererenga (médio), socador (pequeno). O tambor é feito de tronco de mangue (*Rhyzophora mangle*) (informação do preto Nascimento), cavado a fogo e recoberto em uma das extremidades com pele de veado. Produz o tambor grande um som cavernoso, que exerce verdadeira ação hipnótica nos dançadores e nos assistentes, que sentem desejos de cair na fuzarca. Há mulatos fornidos e negros vigorosos, de mãos de ferro, que percutem o tambor com excepcional mestria. Área geográfica da punga: É dançada em todo Estado e principalmente nas áreas de maior concentração negro-africana. Em Alcântara, além das "caixeiras" do Divino Espírito Santo, há as crioulas do tambor. Correia de Araújo me disse que em Pedreiras, sua terra natal, se dança a punga. Para evidência do fidelismo da punga maranhense ao batuque em Quilengues ou à semba de Loanda, ver a descrição da dança feita por Alfredo de Sarmento, que transcrevo no *Viagens ao Nordeste do Brasil*, 331-332 de Henry Koster (Brasiliana, São Paulo, 1942), anotando um samba a que Koster assistiu em Pernambuco. Punga, ponga, provirá do tupi *pong*, soar, bater, ou antes soar por percussão, segundo Batista Caetano de Almeida Nogueira. Escrevendo no *Carapuceiro* de 19-4-1842 no Recife, Lopes Gama informava: "O que fervia era o landum, e estalavam as embigadas com o nome de 'pungas'". Ver *Tambor*.

PURAÇANGA. Ver *Araçanga*.

PURACÉ. As danças indígenas são cerimônias religiosas com que festejam as estações e as épocas que trazem a abundância, assim como os mais importantes acontecimentos da vida humana; imposição do nome, chegada à puberdade, casamento, comemoração dos mortos. O indígena, bom observador do costume dos antigos, de conformidade com a lei de Jurupari, deve celebrar a volta de cada lua cheia, fazendo com ela coincidir as festas comemorativas e propiciatórias. Nos afluentes do alto rio Negro, assim como nos do médio Orinoco e nos do Japurá, os indígenas guardam ainda severamente a lei, como aliás tenho podido verificar eu mesmo. Onde o contato com a civilização já tolheu o cunho de obrigatoriedade aos antigos costumes, como em muitas partes do rio Negro, do Solimões e baixo Amazonas e do próprio Pará, as velhas danças cerimoniais se encontram inconscientemente substituídas pelas ladainhas, seguidas de danças (Stradelli). O registro dos cronistas coloniais relata a dança indígena como em círculo, de homens somente, ou compreendendo mulheres, conforme fosse ou não dedicada ao rito exigente de Jurupari. Os naturalistas viajantes do séc. XIX informaram semelhantemente, mas as danças rituais estavam, como notara o Conde de Stradelli, semiesquecidas. De 1882 é essa descrição de um puracé entre os indígenas jacaré-tapuias do rio Castanho no Amazonas. "Começou o puracé. A música compunha-se de dois 'maracás' enfeitados com penas de arara, um tamborzinho tocado pelo pajé, com as duas mãos e entre os joelhos, feito de um cilindro oco de pau, coberto nas bases por peles de maracajá, e uma flauta de canela de veado, tocada como clarineta e somente com três buracos. Nada tinha de harmoniosa, e as suas melodias escandalizavam os nossos tímpanos. Não parava. O pajé suava como um frade e o caxiri andava à roda, onde todos batiam palmas compassadas. Ora saía um 'curumiaçu' de ombros largos e elegante, de cabeleira flutuando sobre as espáduas musculosas, girava rápido, dava saltos e caía, sapateando diante da 'cunhãmucu' do seu agrado. As palmas redobravam. A rapariga saía com passos miúdos, os seios trêmulos, os cabelos negros e longos até à cintura, onde passava o cinto que prendia a tanga bordada de miçangas, dava voltas graciosas, levantando os braços lisos, bamboleando os quadris e sapateando rápida e forte até ser substituída por outra. O caxiri sempre a correr a roda, exaltando o requebro daquela gente" (General Dionísio Cerqueira, *Reminiscências da Fronteira*, 123-124, Rio de Janeiro, 1928). Ver *Dança*.

PURACLIARA. Diretor da dança, diretor da sala, dono da festa. Nas danças indígenas, o diretor da festa, que dirige as danças e vigia para que tudo proceda de conformidade com os velhos costumes tradicionais, é, quando há, o filho mais velho do tuxaua ou do dono da maloca onde a festa é dada; e, na falta, é pessoa designada por este e geralmente escolhida entre os parentes mais próximos. Ele se distingue dentre todos, não só por levar enfeites mais simples e especiais, mas também porque empunha o murucu e embraça o escudo elegantemente trançado de cipó, o *caapi iriru pupeca*, tampa do vaso do capi, de que se utilizará, quando servir o capi. Como diretor da sala, dá o sinal do início e fim das danças, marca o momento em que as mulheres podem vir tomar parte nelas ou devem delas sair, dirige a distribuição das bebidas, determinando os moços que devem distribuir o caxiri, e serve ele mesmo o capi, que somente pode ser bebido pelos iniciados, com exclusão dos moços e das mulheres (Stradelli, *Vocabulário da Língua Geral*).

PUTICI. Abundância, quantidade, grande número: Um putici de laranja, de ovos, etc. "Boa apanha de feijão fez você. Que putici! Dá bem seus dois alqueires" (Franklin Távora). O termo virá de Potosi, no Peru, célebre pelas suas minas de prata, as mais abundantes do mundo, até agora exploradas, e que tanto deram para falar? Potuci, escrevia-se antigamente (Pereira da Costa, *Vocabulário Pernambucano*, 612). O *Pequeno Dicionário Brasileiro da Língua Portuguesa* (seg. ed. São Paulo, 1939) registra *potici*, brasileirismo; abundância, multidão. Rodolfo Garcia incluiu-o, com as formas alternadas, potici-putici, idêntico significado, no seu *Dicionário de Brasileirismos* (*Revista do Instituto Histórico e Geográfico Brasileiro*, tomo 76, 899). É vocábulo muito encontrado nas *estórias* populares e nos versos de desafio sertanejos, especialmente na antiga poesia de improviso.

PUTIRUM. Ver *Adjunto*, *Mutirão*.

PUXA DE COCO[1] **OU PUXA-PUXA.** Espécie de cocada feita de sambongo, o coco com mel de furo ou de engenho, em ponto bastante consistente, de modo a ser cortado em talhadas, depois de seco e estendido, ou disposto, separadamente, em forma de discos. "Puxa-puxa de coco" (*A Tempestade*, n.º 12, de 1858). "Naquele lugar tremendo podia ser que eu ficasse sendo de puxa-puxa" (*América Ilustrada*, n.º 26, de 1878). Milho seco, milho assado, puxa de coco, bola queimada (Parlenda popular) (Pereira da Costa, *Vocabulário Pernambucano*, 614). Puxa-Puxa é o nome mais comum deste doce popularíssimo no Nordeste.

PUXA-PUXA. Ver *Puxa de Coco*.

---

1 No texto original: "Puxa-de-Coco" (N.E.).

QUADRA DE PUNIÇÃO. Castigo infligido, no Amazonas, ao elemento da Folia que infringiu os preceitos regulamentares do grupo. "O folião tem que ser disciplinado. Pode beber cachaça, mas se embriagado ou inconveniente é punido. Os que deixam de atender ao chamado de *mestre*, ou que faltam com o respeito ao santo, abandonando a Folia para procurar mulher, são castigados. A forma mais simples de castigo é a advertência em público, através da *quadra de punição*, versos cantados pelo mestre e coro, que aludem à falta e ridicularizam o indivíduo, que é obrigado a manter-se ajoelhado sob a bandeira da Folia." (Eduardo Galvão, *Santos e Viagens*, 58, São Paulo, 1955). Ver *Telebé*.

QUADRÃO. São versos dialogados, tipos que os cantadores profissionais do Nordeste apresentam nas provas públicas, nas exibições da cantoria, mas não participam realmente na batalha do desafio, onde os modelos são outros. Ver *Desafio*. Quadrão é o aumentativo de "quadra", e caracteriza-o o canto alternado, verso a verso, quando no Mourão ou Trocado (ver) cada cantador dirá dois versos ou mais. O cantador cearense José Siqueira de Amorim cantou em nossa casa, na noite de 23 de maio de 1949, alguns "quadrões" de oito e dez, modelos esplêndidos do tipo:

"A) — Meu amigo e camarada,
B) — Vamos cantar um pouquinho
A) — Pra melhorar o caminho
B) — De nossa grande jornada.
A) — Não gosto de palhaçada,
B) — Porque causa confusão,
A) — Vamos entrar na questão,
B) — Pra melhorar o pagode,
A) — Nesta luta vai quem pode
B) — Cantando dez em quadrão!
Qualquer um cantador forte
Vindo do sul ou do norte,
Me insultando encontra morte
E vai dormir sob o chão!
Mesmo sendo valentão
Não viaja em minha estrada
Diz tudo mas não faz nada
Nos oito pés de quadrão!"

QUADRILHA. A grande dança palaciana do séc. XIX, protocolar, abrindo os bailes da corte em qualquer país europeu ou americano, tornada preferida pela sociedade inteira, popularizada sem que perdesse o prestígio aristocrático, vivida, transformada pelo povo que lhe deu novas figuras e comandos inesperados, constituindo o verdadeiro baile em sua longa execução de cinco partes, gritadas pelo "marcante", bisadas, aplaudidas, desde o palácio imperial aos sertões. Lopes Gama, pelo seu *Carapuceiro*, escrevia no Recife de 23 de outubro de 1842:

"O furor das contradanças
Por toda parte s'estende,
A todo o gênero humano
A quadrilha compreende.

Nas baiucas mais nojentas,
Onde a gente mal se vê,
Já se escuta a rabequinha,
Já se sabe o balancê."

A "quadrilha", em cinco partes, com introdução vibrante, movimentos vivos em 6/8 e 2/4, se dançou em todo lugar, terminando sempre num galope. Apareceu no começo do séc. XIX, e pela época da Regência fazia furor no Rio, trazida por mestres de orquestras de dança francesas, como Milliet e Cavalier, que tocavam as músicas de Musard, "o pai das quadrilhas", e Tolbecque. Foi cultivada por nossos compositores, que lhe deram acentuado sabor brasileiro, a começar por Calado, que as fez com acento bem carioca. Hoje é dança desaparecida em quase toda parte, com as suas variantes inglesas "lanceiros" e "solo inglês". A quadrilha não só se popularizou, como dela apareceram várias derivadas no interior. Assim a "quadrilha caipira", no interior paulista, o "baile sifilito" na Bahia e Goiás, a "saruê" (deturpação de "soirée") no Brasil Central e, por ventura, a mais interessante dentre todas elas, a "mana-chica" e suas variantes em Campos. Várias danças do "fandango" usam-se com marcação de quadrilha, da mesma forma que o "perícón" e outros bailes guascos da campanha do Rio Grande do Sul (Renato Almeida, *História da Música Brasileira*, 187-188). No último baile solene do Paço, em 31 de agosto de 1852, dançaram vinte quadrilhas (ver Wanderley Pinho, *Salões e Damas do Segundo Império*, 113, São Paulo, 1942).

QUARTEIRÃO. Inspetor de quarteirão. Divisão dos distritos policiais de subdelegacias, compreendendo uma rua, ou quarteirão, policiada por um inspetor, subordinado ao respectivo subdelegado.

"Caranguejo é doutor,
O siri é capitão,
Aratu por ser pequeno,
Inspetor de quarteirão."

(Trovas populares) (Pereira da Costa, *Vocabulário Pernambucano*, 615). A figura do inspetor de quarteirão é muito popular no anedotário do Norte brasileiro, nos versos populares, etc., pela sua presença nas pequeninas comédias da vida diária. Sendo a autoridade mais encontradiça, para ela convergiam os mil casos cômicos locais. Está desaparecida na organização policial moderna.

QUARTO. A quarta parte do dia de serviço do jornaleiro; chegou tarde e perdeu o quarto. "Sorte" do vaqueiro; dos bezerros que nascem, tem ele de quatro um. Ele não pode ter um bichinho, logo que tem um quarto, vende-o ao amo, não deixa fazer sorte (Rodolfo Teófilo, *Lira Rústica*, 253). Ver *Sentinela*.

QUATÁ, QUÁ TAHÁ. Ver *Coatá*.

QUATI. Coati, quati-mundé (*Nasua narica*, Lin.). Não é o mesmo caxinguelê ou coatimpuru, mas duas espécies, *Nasua solitaria* e *Nasua socialis*, zu Wied. Ocorre nas cantigas populares, e houve no sertão nordestino uma dança denominada "quati", dança de roda, com o solista no meio, sapateando, corcunda, o mais que podia, imitando o vulto curvado do procionídeo. Chamava-se outrora "quati" a funcionário extranumerário da Alfândega do Recife (Rodolfo Garcia) e não era apelido da função, como registrou Pereira da Costa. A frase "se eu não sou tão ligeiro, quati me lambia" é bem antiga, e segue resistindo na memória do povo. Já era vulgar, nos primeiros anos do séc. XIX. "O Major Vidigal, que principia aparecendo em 1809, foi durante muitos anos, mais que o chefe, o dono da Polícia colonial carioca. Habilíssimo nas diligências, perverso e ditatorial nos castigos, era o horror das classes desprotegidas do Rio de Janeiro. Alfredo Pujol lembra uma quadrinha que corria sobre ele no murmúrio do povo:

"Avistei o Vidigal.
Fiquei sem sangue;
Se não sou tão ligeiro
O quati me lambe."

(Mário de Andrade, introdução às *Memórias de um Sargento de Milícias*, 9, São Paulo, 1941). O vergalho do quati é amuleto no Pará. Dá sorte. Torrado, bebido como chá, é poderoso estimulante sexual no Amazonas. "Depois vocemecê vai tomar chá de ouerana com piroca torrada de quati... Os olhos do boto, o chá das oueranas e piroca torrada do quati transformaram o velho Solidônio num touro danado." (Álvaro Maia, *Banco de Canoa*, "Cenas de Rios e Seringais do Amazonas", 91, Manaus, 1963). A fricção da gordura do quati-macho é um regulador para os distúrbios uterinos nos sertões de Pernambuco, Bahia, Piauí, Goiás. A ouerana, uirana, é uma salicácea, *Salix martiana*, Leyb, crescendo nas várzeas e baixadas dos grandes rios.

QUATIPURU. Ver *Acutipuru*.

QUATRAGEM. Dança popular no interior de Minas Gerais. Bernardo Guimarães (1827-1884) descreveu-a no seu romance *O Seminarista* (1872) no capo XII. "A quatragem é a dança pitoresca dos nossos camponeses, dança favorita do roceiro em seus dias de festa, e as delícias do tropeiro, nos serões do rancho, após as fadigas da jornada. Dança vistosa e variegada, entremeada de cantares e tangeres, cantiga maviosa, já freneticamente sapateada ao ruído de palmas, adufes e tambores. Sem ter o desgarre e desenvoltura do batuque brutal, não é também arrastada e enfadonha como a quadrilha de salão; ora salta e brinca estrepitosa e alegre, se requebra em mórbidas e compassadas evoluções. Como o próprio nome indica, forma-se de um grupo de quatro pessoas. A música é desempenhada pelos dançantes, que, além de uma garganta bem limpa e afinada, devem ter nas mãos ao menos uma viola e um adufe. Há uma quantidade incalculável de coplas para acompanhar esta dança, e a musa popular cada dia engendra novas. São pela maior parte toscas e mesmo burlescas e extravagantes; todavia algumas há impregnadas dessa maviosa e singela poesia que só a natureza sabe inspirar."

QUEBRA-BUMBA. Ver *Quebra-Bunda*.

QUEBRA-BUNDA. É uma dança de Goiás, arcaizada, e também chamada dança de velhos (ver *Velhos*). Renato Almeida informa que se dança a quebra-bunda com orquestra típica, não participando mulheres, e os dançarinos usam barbas fingidas. É uma espécie da quadrilha rural. Apesar do conjunto musical compreender sanfona, os foliões usam indumentária exigente, fraque e cartola. Cantam versos e há o seguinte estribilho:

"Quebra-bunda, quebra-bunda,
Quero ver bunda quebrar;
Quebra-bunda, quebra-bunda,
Quebra-bunda de minha Sinhá!"

Embora tenha informação coreográfica, é de supor que os dançarinos, em determinado momento, voltando-se de costas, batam com as nádegas, repetindo às avessas a posição do bate-baú (ver *Bate-Baú*), em que percutem os participantes os ventres, semelhando, pelo rumor, um baú que bruscamente se fechasse. Ambas as danças são africanas. Fred. Blanchod (*Estranhos Costumes do Continente Negro*, 341, trad. Crisanto de Melo, ed. Tavares Martins, Porto, 1946) registrou-os ambos. O bate-baú no Oubangui, bailado de três Banziris: "Após alguns movimentos em passo cadenciado, chocam-se com um tal arrebatamento, ventre contra ventre, que este choque produz um som cavo e estranho. Não obstante ser um gesto pouco vulgar para um europeu, este passo de dança, executado com simplicidade, afigura-se-me destituído de qualquer obscenidade". O quebra-bunda no Congo: "No *Congo*, ao som de um tantã exasperado, forma-se igualmente um círculo: com uma moleza devassa, destacam-se, de pontos opostos, duas bailadeiras de olhos de ruminantes, fixos e meigos; volteiam sobre si próprias e, depois, adquirindo vigoroso impulso, encontram-se no centro e chocam, num frenético paroxismo, os seus posteriores um contra o outro".

QUEBRA-COCO. Ver *Coco*.

QUEBRA-MACHADO. Dança popular no sertão de Goiás. Conhecia-se no velho Brasil do séc. XIX como fazendo parte do "jogo ou brincadeira de prendas". "Vai dar-se início ao quebra-machado, a dança predileta de certa parte do sertão goiano, na qual as damas combinam entre si qual o cavalheiro que preferem para seu par, porém sem que ele o saiba. Todas combinadas, o 'machadeiro', que no caso é o cavalheiro, vem tirar a dama que ele supõe tê-lo escolhido. Se acerta, a dama logo lhe dá o braço; no caso contrário, ela lhe dá as costas, como sinal de que não era o esperado. Dizem, então, que 'quebrou o machado', o que é motivo de grandes risos, gargalhadas e motejos." (Durval de Castro, *Páginas do meu Sertão*, 83-84, São Paulo, 1930). No velho jogo de prendas havia uma sorte idêntica. Combinado, entre as moças, quem deveria ser o cavalheiro, este vinha sentar-se na cadeira vizinha, e, se não coincidisse a escolha, a dama voltava-lhe as costas ou mostrava o cotovelo. Chama-se "casamento francês".

QUEBRANTO. Os velhos dicionários portugueses registraram como desfalecimento, prostração, quebramento de corpo, mas no Brasil implica sempre a influência exterior maléfica do feitiço, do mau-olhado, as forças contrárias. O mesmo que olhado. É o feitiço por fascinação, a distância, sem a coisa-feita, o ebó intermediário, a muamba ou mandinga. "Desfalecimento. Pródromo de estado infeccioso agudo. Languidez. Mau-olhado." O quebranto era considerado doença, espécie mórbida individuada, naqueles tempos em que tratadistas escreveram capítulos e proposições relativos ao assunto: "Da fascinação, quebranto, ou mal de olho... O quebranto é muitas vezes mal perigoso, por ser feito de uma qualidade venenosa, que subitamente ofende os fascinados, a cujos danos ordinariamente se não acode com os remédios de que necessita, pela pouca lembrança que se tem do quebranto, e porque ele excita febres, dores de cabeça, e outros sintomas que representarão uma doença de aspecto grave, tratando-se destes males com remédios evacuantes, maior o perigo, porque se debilitam as forças, e cresce o dano enquanto se não cura o olhado. Nos meninos de poucos meses e nos adultos de temperamento sanguíneo e colérico é de maior perigo, porque nestes estão mais patentes os poros, e por eles se introduz melhor a qualidade fascinante". (F. da Fonseca Henriques, *Medicina Lusitana, Socorro Délfico*, págs. 157 e 160, 1731). "... e se acaso na companhia destas pessoas se achava alguma, que ele entendesse ser menos sua afeiçoada, já a ela se lhe imputa o tal testemunho falso do quebranto. E é tal a crença nesta matéria, que, para que nos não cansemos, se nem esta tal lá se achou dizem, que nem só as que querem mal, a uma criatura dão quebranto; mas também as que bem querem, quebranto dão". (Manuel da Silva Leitão, *Arte com Vida, ou Vida com Arte*, pág. 463, 1738). Nos domínios literários não é menos opulento o registro do quanto importou, e importa, a noção do "quebranto". "Má cainça que te coma, / Mau quebranto te quebrante / E mau lobo que t'espante. Toma duas figas, toma." (Gil Vicente, *Obras*, Livro IV, *Das Farsas*, 20). "Mariana, sentada no pavimento, com o rosto sobre os joelhos, parecia sucumbir ao quebranto das trabalhosas e aflitivas horas daquele dia." (Camilo Castelo Branco, *Amor de Perdição*, 219). Do que se não poderia desmembrar o interesse do folclore. "Todo homem casado / Deve ter seu pau no canto, / Para benzer a mulher / Quando estiver de quebranto." (Melo Morais Filho, *Festas e Tradições Populares do Brasil*, 53; Fernando São Paulo, *Linguagem Médica Popular no Brasil*, II, 241-243). A citação de Gil Vicente é da farsa. "Quem tem farelos", representada diante do Rei Dom Manuel nos Paços da Ribeira em 1505. A figa era aconselhada, como ainda o é, contra o quebranto. "Quer Deus que trago um corninho por amor do quebranto", dizia Sevadilha nas *Guerras do Alecrim e Manjerona* (I, cena II) de Antônio José da Silva, representada em Lisboa no carnaval de 1737. Ver *Olhado*.

QUEBRA-QUILOS. Revoltosos contra o sistema decimal de pesos e medidas. Adotado no país pela Lei nº 1.157, de 26 de junho de 1862, somente anos depois é que o governo mandou pôr em execução o novo sistema, a partir do dia 1º de julho de 1873. Surgiu então séria oposição nas feiras de certos municípios do interior de Pernambuco, em fins de 1874, destruindo os sediciosos amotinados as medidas do novo padrão, e dando fim aos pesos; e opondo-se ao pagamento dos impostos, avançam a destruir e incendiar os arquivos das Câmaras municipais, coletorias e cartórios. Alastrando-se o movimento, e chegando mesmo a certos municípios dos vizinhos Estados de Alagoas, Paraíba e Rio Grande do Norte, tiveram enfim de ceder os amotinados, em sua maior parte criminosos e turbulentos, que sob tal pretexto cometiam toda sorte de crimes e danos, graças à ação enérgica do governo com o emprego da força pública em todos os centros de agitação. O movimento, chamado Revolta dos Quebra-Quilos, já estava sufocado em meados de 1875, mas causou grandes prejuízos; e a própria capital (Recife) mesmo não ficaria imune, se a tempo não se providenciasse como o caso urgia.

"Toca, toca minha gente,
Toca, toca a reunir;
Que os matutos quebra-quilos
Por aí não tardam a vir."

(*América Ilustrada*, 1874). O qualificativo de "quebra-quilos" tornou-se então popularíssimo; apareceram músicas, canções, e cigarros assim chamados, e até mesmo o que era antigamente defluxo é hoje "quebra-quilos" (*idem*, 1875); ficou, porém, e já não muito vulgar, como sinônimo de valentão, destemido, audaz: "Outro também virá, dunga de fama, tentunquê, quebra-quilos encourado" (*idem*, n.c 11, de 1877) (Pereira da Costa, *Vocabulário Pernambucano*, 618). É uma tradição histórica, como a revolta de Pinto Madeira no Ceará, que fornece aos cantadores e às conversas alusões e reminiscências infindáveis. Na literatura oral ainda sobrevivem versos e *estórias* da luta, especialmente a violência da repressão, não distinguindo os inocentes e compreendendo no castigo da morte os adversários políticos mais humildes. As canções, vez por outra, reaparecem:

"Sou quebra-quilo, encoletado em
[couro,
Por vil desdouro, se me trouxe
[aqui:
A bofetada minha face mancha,
A corda, a prancha se me afligir
[senti..."

Encoletado em couro, quebra-quilo encourado, são referências ao suplício que se tornou famoso na época; um colete de couro fresco, vestido na vítima, que tinha a respiração sufocada pela pressão da veste, endurecida pelo calor do sol. Era uma aplicação de tortura, trazida e conhecida no Rio da Prata. Dizia-se "enchalecar", como na cantiga de Santos Vega: "Que yo sigo atrás de vos / Hasta hacerte enchalecar". Anotando este verso, elucida Eleutério E. Tiscornia: "Enchalecar. El tormento de enchalecar, que se inventó en tierra uruguaya y se aplicó alos prisioneros de guerra en el primer tercio del siglo XIX, consistía en recubrirlos con un cuero fresco de potro o de vaca, de forma que, dejándoles sólo fuera la cabeza, les comprimía el cuerpo desde el pecho hasta los pies. Eran así entregados a una muerte lenta y segura, que sobrevenía cuando el cuero se secaba y agarrotaba los miembros. Escritores argentinos y uruguayos convienen en que este suplício, que se llamó enchalecamiento, tuvo origen en las huestes del famosso caudillo Artigas, y éste lo utilizó" (Sarmiento, *Facundo*, c. III; *Cartas a Del Carril*, VI-s; Magariños Cervantes, *Caramurú*, 13). "Acevedo Dias refiere que los gauchos llamaban 'enchipamiento' a ese tormento y que su diabólica invención se atribuye al capitán artiguista Jorge Pacheco." (Ismael, c. XXIV) (*Poetas Gauchescos*, 163, Buenos Aires, 1940). O colete de couro, suplício típico dos quebra-quilos, é igualmente citado.

QUEDA DE BRAÇO[1]. Luta de força muscular entre dois indivíduos, que, unidos pelas mãos e fixando os cotovelos sobre uma superfície plana, esforçam-se por abater o antebraço, um do outro, ficando vencedor o que isto conseguir. Quando um dos lutadores se julga superior em forças, oferece ao outro o partido de *mão e cambão*, isto é, reforçar o antebraço direito com a mão esquerda, ficando ele sem esta vantagem. "A queda de braço tem graça justamente quando os lutadores medem forças iguais... Francisco era apontado em todos os ranchos, desde Goiania até o Recife, como o primeiro pegador de queda de braço daquelas alturas." (Franklin Távora). Descrevendo este escritor uma destas pugnas no seu romance *O Matuto*, e constituindo o seu assunto fatos ocorridos entre nós pelos anos de 1710, diz que a queda de braço era já nesse tempo em grande uso entre os almocreves do Norte (Pereira da Costa, *Vocabulário Pernambucano*, 619). Francisco de Morais (1567) a descreve num embate entre cavaleiros no seu *Palmeirim d'Inglaterra*, cap. XXXVIII. Eça de Queirós evocou São Cristóvão lutando queda de braço com um príncipe, na primeira metade do séc. II. Comuníssima exibição de resistência entre gente do povo e nas marinhas de guerra da Inglaterra, Estados Unidos, Brasil, etc. Pelo sertão a crônica verbal guarda o nome de atletas no apaixonante esporte de derrubar o braço do adversário, mão a mão, ou segurando pela *cana*, pulso, mesmo que o antagonista usasse da *peia*, o mesmo que *mão e cambão*. Melo Morais Filho (*Festas e Tradições Populares do Brasil*, 460--461, Rio de Janeiro, 1946) fixou um dos mais célebres encontros do Capitão Nabuco (filho do Ministro do Supremo Tribunal de Justiça do Império, José Paulo Figueiroa Nabuco de Araújo, 1769-1863) com o deputado português Santana, que foi vencido, utilizando o contrário apenas o dedo indicador. O Capitão Nabuco, falecido entre 1863 e 1864, foi o homem mais forte da capital do Império. No Recife a tradição lembra Joaquim Salvador Pessoa de Siqueira Cavalcânti, 1820--1906, apelidado "Siqueira Barbudo", jamais derrotado, assim como Antônio Milhomens na cidade do Natal. Queda francesa, na Bahia. *Indian Wrestling*, nos Estados Unidos. *Webster's New Twentieth Century Dictionary*, 2º, Cleveland and New York, 1956: "Wrestle. To struggle hand to hand with an opponent in an attempt to throw or force him to the ground without striking blows". Corresponde ao francês *jouer à bras de fer*. Na Itália, *braccio di ferro*.

---

[1] No texto original: "Queda-de-braço" (N.E.).

QUEHUES. Espécie de maracá. Barbosa Rodrigues fala ainda de outros maracás: "os quehues usados pelos ipurucotós, os da tribo dos corixanás, que são chocalhos feitos de um tecido de palha, cheio de seixos, como guizos, "que trazem pendentes de uma corda, cujas extremidades seguram simultaneamente com ambas as mãos"; e de um outro que é um cilindro de madeira coberto de folíolos de palmeira, presos com fios e cheios de endocarpo de frutos desconhecidos. Há maracás em que a cabeça é substituída por crânio de animal e em outros por uma pequena esfera em madeira ou barro" (Renato Almeida, *História da Música Brasileira*, 38).

QUEIJO DO CÉU. No Paraíso há um grande e delicioso queijo, feito pelos anjos, e que só poderá ser cortado e servido pelos esposos fiéis. Daí, as frases comuns: — Aquele que cortar o queijo do céu! Você pensa que vai partir o queijo do céu? Símbolo da recíproca fidelidade conjugal. É tradição portuguesa. Na Beira é um presunto ou um queijo. No Minho, uma imensa broa (Viana do Castelo, Castelo de Vide). Nos antigos andores de São Lúcio e Santa Bona, Os Bem-Casados, figurava o "queijo do céu", exposto nas procissões no Recife, Olinda, e na cidade do Salvador, nas procissões de Cinzas. Nesse último local ainda em 1861 e na cidade do Serro, Minas Gerais, em 1951. São Lúcio, bem-aventurado, nasceu em Toscana e faleceu em Poggibonsi por volta de 1260. Casado com Buonadonna, constituíram o primeiro casal de "terceiros franciscanos". Culto permitido em 1273, confirmado em 1694. Festa marcada para 28 de abril (Informação de Frei Bonifácio Müller, O. L. M. Convento de S. Francisco, Olinda). Não há, entretanto, nenhuma referência ao famoso queijo, que a tradição popular tornou inseparável dos Bem-Casados. A documentação é oral e segue seu curso.

QUEIMA. A diferença entre as lapinhas e os pastoris é que as primeiras eram representadas diante dos presépios, as lapas, lapinhas clássicas (ver *Lapinha*). Os pastoris eram realmente a mesma coisa, mas podiam dispensar a lapinha de Belém. No princípio confundiram-se e constituíam a mesma dança semidevota, reunindo em muitas "jornadas" pequenos autos, quatro pastoras e um velho, quatro partes do mundo, liberdade, despotismo, paz, guerra e união, ciganas, caçadores, peregrina, etc. Em cada província havia compositores e poetas para a criação de jornadas. Apenas algumas são, relativamente, parecidas, alusivas ao assunto do Natal, chegada e saída de pastoras, o "boa-noite, meus senhores", os cantos do Ano Bom e Reis, a queima das palhinhas, etc. No mais havia uma renovação parcial nas jornadas. Na mesma cidade as lapinhas diferiam umas das outras. Com o passar do tempo, a popularidade do folguedo afastou-o da devoção intencional. Os presépios foram desaparecendo e as pastoras cantavam novidades ao sabor do gosto contemporâneo. Uma ou outra resistia, fiel à tradição das lapinhas que, verdadeiramente, já não existem. Os pastoris resistem, por todo o Nordeste, mas tão afastados do ambiente, letra e forma de outrora quanto um pinguim no Saara. Anualmente aqui na cidade do Natal há de quatro a cinco pastoris, espalhando pelos bairros, pastoras dos cordões Azul e Encarnado, e um velho, chamado, no Recife e na Paraíba, Bedegueba. O zagal da lapinha está no céu das lembranças saudosas. Agora, como há mais de século, no intervalo das jornadas, há sempre oferecimento de flores das pastoras ao público. Cada cordão tem a mestra e a contramestra. Esses dois versinhos mostram a eloquência do oferecimento e o canto do coro, depois do presente aceito... e pago:

"Senhor Fulgêncio,
Por sua bondade,
Aceite este cravo
De amorosidade!

Senhor Fulgêncio
Foi quem mereceu
O cravo cheiroso
Que a mestra lhe deu!"

Os pastoris começam em princípios de dezembro. Há grande festa na véspera de festa, esperando a missa do galo. No Ano-bom há mudança de jornadas, de algumas, aparecendo os presentes simbólicos ao Menino-Deus, a vela para alumiar, a camisa para vestir, o cintinho, os paninhos, as brasas para aquecer, o incenso, o barrete "que livra do frio", a atadura, o lençol, as fitas, a água, as flores, etc. No Dia de Reis, 6 de janeiro, novas jornadas, aludindo-se aos três Reis Magos e novos louvores ao Menino-Deus. Nessa noite ou mesmo depois há a queima das palhinhas. Quando há muitos pastoris e, melhor, outrora, muitas lapinhas, que eram mais enfeitadas, a queima não podia coincidir com a mesma cerimônia de outra lapinha. Combinava-se o dia para uma delas, e as pastoras da outra vinham assistir e participar. Rodrigues de Carvalho (*Cancioneiro do Norte*, 51, Paraíba, 1928) informa: "A nota final das representações pastoris é a queima; a latada, que forma a gruta e a bíblica Belém é desmanchada; e as pastoras levam feixinhos de gravetos, fazendo uma fogueira, que logo arde. A jornada da queima é saudosa, e aos corações das raparigas inspira muitas apreensões, sintetizadas nestes dois versos:

Até para o ano,
Se nós vivas formos."

Ascenso Ferreira descreve a queima das palhinhas ou das lapinhas, cerimonial hoje desaparecido e era raro ressuscitado, quando uma lapinha desperta do sono velho e canta as loas velhas (*Presépios e Pastoris*, Arquivos, ano II, nºs 1-2, Recife, dezembro de 1943): "No dia dos Santos Reis Magos, realizavam-se as queimas de lapinha". Essa cerimônia, que ainda hoje se realiza em Campo Grande e outros arrabaldes desta capital, tem como base um cortejo, a cuja frente um grupo de moças conduz as palhas de coqueiros, que servirão para formação do nicho onde esteve armada, durante o período do Natal, a cena do nascimento de Jesus. Seguem-se duas filas prolongadas de meninas e meninos, conduzindo balões multicores, fechando o séquito uma orquestra de instrumentos de sopro, que toca a seguinte melodia, enquanto a multidão canta:

"A nossa lapinha
Já vai se queimar...
E nós, pastorinhas,
Devemos chorar.

Queimemos, queimemos
A nossa lapinha
De cravos e rosas,
De belas florinhas.

Queimemos, queimemos,
Gentis pastorinhas,
As secas palhinhas
Da nossa lapinha."

Chegados ao local escolhido para a cerimônia da "queima", são as palhas reunidas num monte, e ateia-se fogo nelas, formando-se em torno da fogueira um grande círculo, que descreve uma roda, cantando moças e rapazes de mãos dadas, ainda ao som da música citada:

"A nossa lapinha
Já está se queimando...
E o nosso brinquedo
Está se acabando.

As nossas palhinhas
Já estão se acabando...
E nós, pastorinhas,
Nós vamos chorando."

Pouco a pouco, porém, as chamas da fogueira se vão amortecendo. Brasas. Depois, apenas o bafo morno das cinzas. O cortejo volta ao seu ponto de partida, cantando:

"A nossa lapinha
Já se queimou...
E o nosso brinquedo
Já se acabou.

Adeus, pastorinhas!
Adeus que eu me vou...
Até para o ano
Se eu viva for!"

Pereira da Costa (*Folclore Pernambucano*, 497--498) registra versos dessa cerimônia. Nela participam exclusivamente as pastoras, as mestras e contramestras, o velho e mais figuras do pastoril e mais ninguém. A roda é feita pelas pastoras, cantando. O último canto é diante do altar sem os enfeites decorativos e vistosos. Um versinho, das velhas lapinhas de Natal, Paraíba, Recife, etc., lembra essa última quadra da derradeira jornada:

Adeus, meu menino,
Adeus, meu amor!
Até para o ano
Se nós vivo for...

Alguns pastoris fazem a *queima* diante da sala ou latada onde realizam as danças saracoteadas. No comum não há a queima que era recordada. Antes, nos grandes dias, há leilão de prendas, frutos e flores do grupo pastoril, ocasião da batalha entre os partidários do Azul ou do Encarnado. Queima do Bumba Meu Boi. Há, no agreste do Rio Grande do Norte, a queima do bumba meu boi no dia de Reis. Todas as figuras do folguedo, Birico, Mateus, Catirina, damas e galantes, os bichos, reunidos, atiram para a fogueira uma boa parte do material servido para o auto. As carcaças dos animais, armadas em madeiras, guardando apenas as cabeças para fazer novos bichos no ano seguinte, os chapéus ornamentais das damas e galantes, retirados os espelhos e as fitas, as esteiras, e estopas que fazem a empanada onde as "figuras" aguardam as "deixas", o recheio do arcabouço do boi, lona, sarrafos, mechas de algodão, tabicas, latas, tudo vai para o fogo entre cantos apropriados e saudosos. O último objeto atirado às chamas é o chicote do Mateus, o vaqueiro negro, que chora e canta, despedindo--se dele, causando a impressão que noutro público causa a *ária do capote* da *Boêmia* de Puccini. Hélio Galvão (Natal), que assistiu à cena num bumba meu boi na praia de Tibau (Goiana), disse-me ser inesquecível pela emoção real dos participantes, especialmente o grande trio negro, Birico, Mateus e Catirina, que vai às lágrimas reais. Assisti no Tibau, em 20-2-1952, à "queima" de um bumba meu boi e creio que, por ser improvisada e fora do ciclo (que termina no dia de Reis, 6 de janeiro), a cena não me causou impressão alguma, embora sugestiva pela pequena coivara que pulveriza o arcabouço do boi. Apesar da reclamação da assistência, exigente pelo pormenor tradicional, galante e damas, Birico e Mateus não atiraram chapéus e chicotes. Houve uma ronda cantada ao redor do fogo, despedindo-se do boi. Soube que no município de Macau há espetáculo idêntico e também na ilha de Marajó, no Pará, onde o meu informante (Mílton Siqueira de Brito Vieira) disse-me ter presenciado em Soure uma "queima". Fingem sangrar o boi, beber o sangue e depois queimam as carapaças, "isto tudo harmoniosamente, com cantos que chegam a arrancar lágrimas aos olhos dos espectadores". Ver *Bumba Meu Boi*[1], *Pastoril*.

QUEIXADA. Quixada, queixada, porco-do-mato, nome genérico que o povo dá à espécie não domesticada, teaçu ou taiaçu (*Dicotyles torquatus*), também chamado cateto ou caititu, taiaçuetê ou taietê (*Dicotyles labiatus*), descritos por Cuvier. É a montada preferida do Caapora ou Caipora.

"Montado numa queixada,
Rompe do bosque a espessura;
Da onça não teme as garras,
Tendo três palmos de altura!"

diz um versinho pernambucano dedicado ao Curupira. Barbosa Rodrigues (*Poranduba Amazonense*, 10). O caipora ressuscita-os, quando são abatidos pelos caçadores, falando-lhes ou ferrando-os com sua aguilhada (João da Silva Campos, *Contos e Fábulas Populares da Bahia*, XLV).

QUENTÃO. Bebida do interior de São Paulo e Minas Gerais: "Quentão, fortíssima pinga, fervida com açúcar e gengibre" (Francisco Damante, *O Bom Povo*, "Festas, costumes e lendas populares", 67, São Paulo, 1925).

QUERERÊ. Alimento preparado pelos caboclos com as vértebras dorsais e o grosso intestino do peixe pirarucu, Amazônia (Alfredo da Mata, *Vocabulário Amazonense*, 255, Manaus, 1931).

QUERINO, MANUEL RAIMUNDO. Ver *Manuel Querino*.

QUERO-MANA. Dança popular no Rio Grande do Sul, Paraná e S. Paulo. Sapateada, valsada e acompanhada por violas e batida de palmas, além do canto de quadrinhas típicas: "Quero-mana, Quero-mana, / Quero-mana que não vem, / Os galos já estão cantando / Os passarinhos também". Pertence ao baile rural gaúcho, denominado "fandango", assim como ao paulista. Querumana. Ver *Bambaquerê*, *Fandango*.

QUERO-QUERO. Ave pernalta (Caradriídeo, *Belonopterus cayennensis*). O tetéu do Nordeste, gaivota-preta, tero-tero, terém-terém, chiqueira, etc. Os indígenas lhe chamavam guigrateutéu, guira-téu-téu, o pássaro téu-téu (Fernão Cardim, *Tratado da Terra e Gente do Brasil*, 97). Comum ao folclore brasileiro do Norte, Centro e Sul em cantos, *estórias*, tradições. Cantado e citado em poemas regionais do Rio Grande do Sul, em discursos famosos. Numa poesia conhecida, "Lá..."

"Se um grito de fero açoite
Estruge no ar austero,
Não tremas, é o quero-quero
Que vem dar-te a boa noite!"

Rui Barbosa, em 1914, incluiu-o num discurso célebre pela vivacidade maliciosa e originalidade da sátira. Evocou a "figura imperatória do quero-quero, o Chantecler dos potreiros. Este pássaro curioso, a que a natureza concedeu o penacho da garça real, o voo do corvo e a laringe do galo, tem, pela última dessas prendas, o dom de encher a soledade dos descampados e sangas, das macegas e canhadas com o grito estrídulo, rechinante, profundo, onde o gênio pintoresco dos gaúchos descobriu a fidelíssima onomatopeia que o batiza". (*Coletânea Literária*, 280, dirigida por Batista Pereira, São Paulo, 1940). O Professor Pirajá da Silva (anotando *Notícia do Brasil*, de Gabriel Soares de Sousa, cap. LXXXIV, II, 99), resume, no comentário ao "Uirateonteon": nome onomatopaico do grito dessa ave, pertencente à subfamília *Charadrinae*, é o terém-terém, téu-téu, quero-quero, tero-tero, espanta-boiada. *Belonopterus cayennensis lampronotus* (Xagler). A voz, extremamente desagradável e estridente, é: querr, querr, querr. Uirá ou guirá quer dizer ave; o resto do vocábulo é a imitação do grito dessa ave, que, espantada, voa em bandos, aturdindo os ares. Uirateonteon, uirá-teon-teon, pássaro que sucumbe de quando em quando; alusão ao repouso que faz sobre as águas do mar, depois de longo voo rasteiro (*O Tupi*, 337). Referindo-se a essa ave, chamada "tinhosa" em português, escreveu o Fernão Cardim: "Guigratéutéu, isto é, pássaro que tem acidentes de morte, e que morre e torna a viver, como quem tem gota coral e são tão grandes estes acidentes que muitas vezes os acham os índios pelas praias, os tomam nas mãos e, cuidando que de todo estão mortos, os botam por aí, a eles, em caindo, se alevantam e se vão embora". (*Tratado da Terra e Gente do Brasil*, 97). Em tupi o vocábulo "teon" quer dizer morte (*Dic. Bras.*). Tendo em vista os caracteres zoológicos descritos pelo autor, também lembramos a "Sula leucogastra" (Bod-daert). "Quero-quero vai voando / E os esporões vai batendo; / Quero-quero quando grita, / Alguma coisa está vendo" (*Cancioneiro Guasca*, J. Simões Lopes Neto, 112, Pelotas, 1917). Ver *Teté*.

QUERUMANA. Ver *Quero-Mana*.

QUIBEBE. Papa ou purê de abóbora ou de banana com paçoca; na Bahia, segundo Sodré de carne ou outra comida; ou com farinha de mandioca. Em Campos (Estado do Rio de Janeiro) é frequentemente usado o quibebe de banana, água e sal, para comer com ensopado. Viana, abóbora cortada em pequenos cubos e charque escaldado e também cortado em pedaços; temperos machucados (alho, cebola, salsa), pimenta-do-reino e um pouco de banha, se necessária. Cozinha-se até o caldo engrossar muito. Na Amazônia: massa de abóbora cozida, a que juntam leite (Alfredo da Mata). Segundo S. A. Oliveira, é alimento preparado com grelos de abóbora (A. J. de Sampaio, *A Alimentação Sertaneja e do Interior da Amazônia*, 308-309, São Paulo, 1944).

QUIBUNGO. Papão negro, ogre africano, popular na literatura oral da Bahia. "... se domiciliou na Bahia, vivendo nas *estórias* populares. Só se alinha dentro da fileira dos entes espantosos da nossa fauna imaginária, porque sua vida é diária nas citações contínuas. Não é, entretanto, como Mapinguari, o Capelobo, o Pé de Garrafa, um mito, mas apenas uma figura, um personagem, um centro de interesse na literatura oral afrobaiana. O Quibungo surge sempre num conto romanceado, com episódio feliz ou trágico mas indeterminado, inlocalizado, vago, nebuloso, infixo. É um Barba-Azul de meninos. Saturno preto, infecundo e bruto, devorador permanente de crianças, tema de espantos, expressões para disciplinar as insubmissões precoces ou as insônias persistentes. É uma variante do tatu e da cuca, da dinastia informe dos pavores noturnos... Em quase todos os contos em que aparece o Quibungo, há versos para cantar. Esse detalhe denuncia sua articulação aos "alôs", às *estórias* contadas e declamadas na África equatorial e setentrional. Estende seu reino por Angola e Congo, familiar nos alôs, fazendo proezas tão idiotas como indispensáveis aos recursos episodiais das pequeninas *estórias* só percebidas pela retentiva infantil e clara dos negros (*Geografia dos Mitos Brasileiros*, 235, 3ª ed.), São Paulo, Global, 2002). Em idioma de Angola, o Quibungo vale dizer lobo. Seria herói de um ciclo popular de *estórias*, no modelo europeu do *Roman du Renart* ou, como supõe Dias de Carvalho, português conhecedor da região, Quibungo é Quimbudo, membro do grupo Cumbundo, depredador, assaltador, bandoleiro, inimigo. Assim tratará a imagem do malvado, devorador, perverso, elementos que o caracterizam na tradição verbal da Bahia (Nina Rodrigues, *Os Africanos no Brasil*, 304-305). O Quibungo é um duende dos negros bantos, mas não conheço sua literatura no país de origem. Trazido pelos escravos bantos, que se espalharam por toda parte, o Quibungo ficou restrito à Bahia, não aparecendo nas *estórias* infantis dos Estados vizinhos. Os traços formadores ocorrem no ciclo dos monstros (*Geografia dos Mitos Brasileiros*, 235-239, 3ª ed., São Paulo, Global, 2002). Dizem que o Quibungo é uma transformação do negro velho como o Mapinguari. Exceção dos monstros fantásticos, o Quibungo é vulnerável e pode ser morto a tiro, a faca e a pau. "É um bicho meio homem, meio animal, tendo uma cabeça muito grande e também um grande buraco no meio das costas, que se abre quando ele abaixa a cabeça, e fecha, quando levanta. Come os meninos, baixando a cabeça, abrindo o buraco e jogando dentro as crianças." (Nina Rodrigues, *Os Africanos no Brasil*, 301, São Paulo, 1933). "Quibungo: negro africano, quando fica muito velho, vira Quibungo. É um macacão todo peludo, que come crianças." (Recôncavo da Bahia) (J. da Silva Campos, *Contos e Fábulas Populares da Bahia*, 219, em O *Folclore no Brasil*, de Basílio de Magalhães). Baile dos negros em Minas Gerais (*Pequeno Dicionário Brasileiro da Língua Portuguesa*, 855, São Paulo, 1939).

QUICUMBI. Ver *Cucumbi*.

QUICUMBRE. Ver *Cucumbi*.

QUILOMBO. O quilombo ou dança dos quilombos, existente nas Alagoas, é considerado como uma sobrevivência histórica dos Quilombos dos Palmares, que a partir dos meados do séc. XVII se estabeleceram em terras da Comarca das Alagoas, então pertencente à Capitania de Pernambuco, mais particularmente na serra da Barriga, no local onde hoje se situa a cidade de União dos Palmares.

Representa-se em qualquer época do ano como entretenimento isolado, mas geralmente como parte de festividades religiosas: festas de padroeiros, festas de Natal, etc. Para a representação, que se realiza numa praça ou largo, arma-se uma palhoça – o Mocambo – onde se localizam os negros, e que é enfeitada de bandeirolas de papel de seda e cercada pelo *Sítio ou Jardim*: bananeiras e mamoeiros transplantados para o local. A certa distância faz-se uma paliçada, atrás da qual se escondem os índios ou caboclos.

Estes trajam tangas, cocares, braceletes, perneiras de pena ou capim, tudo sobre calções e camisetas tinturados de vermelho, pintam-se de ocre e carregam arcos e flechas. Os Negros vestem calças curtas de mescla azul e camiseta branca, sem mangas, chapéu de palha de ouricuri (Cocos coronata), e pintam-se de fuligem e carregam foices de madeira como armas de guerra. Os Reis – um dos Negros e outro dos Caboclos – usam trajes semelhantes aos dos outros folguedos natalinos do ciclo dos Reisados (Reisados, Guerreiros, etc.); calções, manto, blusa de cetim azul ou vermelho, meias compridas, guarda-peito enfeitado de espelhos, coroa de ouropel, aljôfar e areia brilhante. Como armas os Reis empunham antigas espadas da Guarda-Nacional. A Rainha, menina entre 5 e 10 anos, usa vestido branco, comprido, com guarda-peito de espelhos, capa de cetim enfeitada de espiguilha e diadema de papelão pintado.

Há ainda como personagens importantes: a *Catirina* (homem vestido como escrava negra, carregando nos braços um boneco); o Papai Velho (Pai do Mato em Piaçabuçu), com cajado e foice nas mãos, às vezes com barbas brancas; o *Espia dos Caboclos*, num traje mais rico e vistoso de índio, e o Vigia dos Negros, com chapéu enfeitado de espelhinhos e uma espingarda a tiracolo.

O auto ou dança realiza-se em três etapas ou partes. Mas é a última – a *Luta e Prisão dos Negros* –, desenvolvida à tarde, que constitui a parte espetacular do auto. Isto porque as duas primeiras partes – o *Roubo* e *Batuque*, realizadas na noite da véspera da festa, e o *Resgate*, na manhã seguinte – são privativas dos brincantes ou apresentam menos o que se apreciar, sendo certas vezes eliminadas da apresentação.

O *Roubo* é chamado *Roubo da Liberdade* porque os negros obtêm a devida permissão das pessoas roubadas e das autoridades policiais da localidade para o saque, que demais fiscalizam e anotam todos os objetos "roubados". Carregam, então, os negros para seu rancho de palha os mais variados objetos, que conservam em seu poder até o dia seguinte, quando serão resgatados.

Após o saque os Negros levam o resto da noite a batucar ao som do "Esquenta Mulher", orquestrinha típica composta de caixa, bombo, 2 pífanos e pratos, e que tem no interior também os nomes de zabumba, terno, terno de oreia ou banda de pifes. Cantam, então, as seguintes musiquetas muito conhecidas e características, a primeira dos Negros e a segunda dos Caboclos (que no batuque, sem os enfeites de pena, folgam lado a lado com os Negros):

"Folga Negro
Branco não vem cá.
Se vinhé
Pau é de levá.

Tiririca
Faca é de cortá.
Folga parente,
Caboco não é gente."

"Dá-lhe toré,
Dá-lhe toré,
Dá-lhe toré,
Dá-lhe, dá-lhe toré
Faca de ponta
Não mata muié."

Já madrugada é que comem a panelada (cozido de carne de boi, com osso de tutano, verduras, etc., servido com pirão escaldado ou coberto de farinha de mandioca), que levou toda a noite a cozinhar no mocambo dos pretos e adjacências.

O *Resgate*, pela manhã, consiste na devolução dos objetos roubados pelos Negros aos respectivos donos, mediante pequena espórtula. Uma vez terminado o Resgate, o Rei dos Negros vai buscar a Rainha, ao som do "Esquenta-Mulher". E entre danças e música é conduzida ao seu trono (cadeira colocada no fundo do mocambo), a cuja frente continuam as danças dos negros até hora do almoço, quando o grupo se dispersa.

À tarde, voltam os Negros, após haverem visitado (seguidos aliás pelos caboclos que lhes repetem as manobras) a capela ou igreja mais próxima, onde se prosternam e fazem evoluções variadas, sempre ao som do "Esquenta-Mulher".

Em seguida dirigem-se os Negros para o Sítio e o Mocambo, e os índios para sua paliçada.

Inicia-se, então, o episódio das lutas e roubo da Rainha. Ao tempo em que, no rancho dos Negros, recomeça o batuque, agora somente dançado, sem cantos, ao som do "Esquenta-Mulher", os Caboclos começam sua marcha em busca dos Negros, ora avançando, ora recuando, escondendo-se nas moitas de mato da redondeza ou na folhagem do "sítio", cheirando e escutando chão, marchando na ponta dos pés, dançando o "toré" que a orquestrinha de pífanos ataca alternadamente com o "Folga Negro".

Avisados por seu Vigia, saem os Negros de sua palhoça, em grande alarido, para enfrentar o inimigo. Trava-se, então, uma série de combates simulados, precedidos por evoluções dos dois grupos. Os reis negro e índio esgrimam espadas e os demais figurantes dos dois partidos imitam a luta com seus arcos e flechas ou suas foices de madeira, volteando, saltando, correndo, recuando, sempre ao ritmo das duas musiquetas.

Depois de vários embates, os Caboclos são repelidos e debandam. Mas não desistem do intento de subjugar os Negros. Mandam o Espia de Índio colocar em frente do rancho dos Negros uma garrafa de jurema, que é descoberta pelos Negros e que por eles ingerida os faz adormecer, caídos ao chão.

Aproveitam-se os Caboclos da oportunidade e capturam a Rainha, que é levada para o seu acompamento ou paliçada.

Despertando, ao fim de algum tempo, os Negros dão pela falta da Rainha e saem novamente a combater os Caboclos, que reaparecem em frente ao Sítio. Nesse meio tempo, o Papai Velho e a Catirina, burlando a vigilância dos Caboclos, conseguem reaver a Rainha, que volta ao seu trono no Mocambo dos Negros. Ao regressar do combate, tem notícia o Rei dos Caboclos da recaptura da Rainha pelos Negros. E volta imediatamente ao combate, cada vez mais encarniçado.

E já quando vai caindo a tarde, os ataques dos Caboclos se tornam cada vez mais perigosos e insistentes, o andamento das musiquetas do *Dá-lhe Toré* e do *Folga Negro* se torna cada vez mais rápido, até que um golpe lançado pelo Rei dos Caboclos contra o peito esquerdo do Rei dos Negros fere-o de morte. O Rei dos Caboclos *enguiça-o* imediatamente, isto é, passa-lhe por cima do corpo, e os Negros refugiam-se no reduto, enquanto a Rainha sai a tirar esmolas para o enterro do defunto marido.

Nesse ínterim, porém, o próprio Rei dos Caboclos ressuscita o Rei dos Negros, fazendo-o cheirar uma folha de jurema (ou, em seu lugar, qualquer outro mato), e logo se reiniciam os combates, que vão terminar pouco tempo depois com a prisão do Rei dos Negros. Espocam foguetes, fogem e debandam os Negros, a meninada cobre de vaia os vencidos e os Caboclos vitoriosos aprisionam e amarram os Negros, que são vendidos aos assistentes. A Rainha, igualmente aprisionada, é vendida a um dos maiorais presentes à festa. E entre choros, súplicas, e gatimônias e gaiatices do Papai Velho e da Catirina, que imitam a língua atravessada dos antigos negros da Costa, termina o auto ou bailado dos quilombos.

Esta descrição corresponde à forma atualmente representada em Maceió, arrabalde de Bebedouro, entre os anos de 1951 e 1958, havendo variantes correspondentes a épocas e localidades diversas do Estado. (Viçosa – 1914, Alfredo Brandão; Pilar – 1930, Artur Ramos; Santana do Panema – 1945, Oscar Silva; Piraçabuçu – 1950, Alceu Maynard Araújo).

Era outrora considerado como uma sobrevivência histórica da epopeia palmarina, segundo Alfredo Brandão e Artur Ramos. Aliás, segundo este último, sobrevivência inconsciente, pois nenhum dos brincantes a quem ouviu "tinha a menor noção das lutas históricas dos Palmares. Eles ignoravam por completo a significação do auto dos quilombos. Ou procuravam uma explicação qualquer, sem a menor ligação com a epopeia palmarina".

Tal fato, como outros que têm sido assinalados, levaram Renato Almeida e Oneyda Alvarenga a pôr ressalvas no autoctonismo alagoano do auto e em sua pretendida origem histórica palmarina.

Estranhando a circunstância de celebrar o folguedo uma luta de negros e índios que nunca tiveram entre si rivalidade ou ódio, e o fato raro e esquisito de comemorarem aqueles num auto sua própria derrota, tentou Renato Almeida explicar a incongruência pelo desvio para o índio (participante de alguns dos troços de invasores palmarinos) da animosidade que deveria ser dirigida para os brancos.

Oneyda Alvarenga alargou ainda mais as dúvidas, ao assinalar sua identidade ou semelhança com os cucumbis e quicumbres, tais como foram descritas por Guilherme Pereira de Melo: "Quilombos e quicumbres eram danças africanas por meio das quais os negros representavam simuladamente combates havidos entre escravos foragidos e refugiados nos sertões do nosso País contra os indígenas que, aprisionando-os, os vendiam aos espectadores, sendo o produto empregado nas despesas das folganças" (*Música no Brasil*).

Para essa equiparação Oneyda Alvarenga valeu-se da oposição negro-caboclo (índio), existente nos cucumbis, quicumbres e nos quilombos, bem como da semelhança das palavras cacumbis, cucumbre, quicumbre e quilombo. Anote-se, em apoio dessa tese, a informação que nos foi prestada pelo Tenente Manuel Euclides, da Comissão Alagoana de Folclore, natural de Piaçabuçu, e segundo a qual o quilombo na ribeira do S. Francisco é conhecido sob o nome de *cacumbi*.

Sugere ainda Oneyda Alvarenga que do estudo dos cucumbis, em que os índios são vendidos, é possível supor-se que o quicumbre e os quilombos ou quicumbres-quilombos não terminavam primitivamente pela derrota dos negros. A modificação final se teria processado, quem sabe, em consequência de uma reordenação semierudita e branca, feita nos últimos anos do século passado, ou limiar do atual.

Esta ideia da folclorista paulistana é perfeitamente plausível. É possível não somente que brancos e semieruditos tenham reelaborado uma versão de um auto mais primitivo (cacumbi, quicumbi, quicumbre, congo), ajustando o folguedo à realidade ou quase realidade da história palmarina, mas até que o próprio nome de quilombo (concomitante à modificação do emprego) seja obra deles.

Nada há de estranhar nessa hipótese, pois que atualmente cada vez mais se chega à conclusão de que a maioria de nossos autos (caboclinhos, reisado alagoano, guerreiro, quilombo, etc.) é reinterpretação ou reelaboração do auto dos congos, que por sua vez já o é das mouriscadas, morescas e morris-dances europeias, adaptadas em cada país, segundo Violet Alford e Rodney Gallop, às condições históricas e tradicionais de cada região.

Uma prova, a nosso ver, da veracidade da hipótese de Oneyda Alvarenga é a presença de uma rainha branca, menina, em nosso quilombo.

Afastada, como infirmada para historiografia, a lenda, ou tradição referida por Édison Carneiro (*O Quilombo dos Palmares*, pág. 55), segundo a qual o Zumbi fora casado com uma branca, Dona Maria, filha de um senhor de engenho de Porto Calvo, raptada pelos negros, não há como não ligar sua presença no auto à reminiscência do auto dos congos. O próprio Renato Almeida é de parecer que há no fato reminiscência inexplicável, opinião que era também a de Artur Ramos. Édison Carneiro, sem apontar o episódio como relacionado com o auto dos congos, afirma a existência de traços dos congos nos quilombos, que aliás não lhe parecem criação espontânea do povo.

Aliás, poder-se-ia ir um pouco mais adiante e pensar que diretamente ou através dos citados congos e cucumbis a rainha dos quilombos tenha vindo dos autos que, parece, lhe deram origem – as mouriscadas.

Jaime Lopes Dias, numa versão de mouriscada portuguesa – A descoberta da moura, de Vale Formoso – dá notícia de uma menina, a moura, de vestido comprido e diadema à cabeça (exatamente como em nosso quilombo), raptada pelo rei mouro e levada para seu castelo, que é atacado por seus inimigos e conquistado.

Em Chanteuges (Auvergne), segundo Van Gennep (*Folklore du Dauphiné*) o *babouin*, personagem central da festa, raptava uma menina que era a rainha da festa. Na Sicília, segundo Raffaelli Croso (*I Popoli dell'Europa*) em Mezzoiuso, por ocasião do carnaval se encena uma representação do mestre de campo, em que se dá assalto a um castelo e se aprisiona a rainha.

É possível que a tradição do rapto, aprisionamento de pequenas rainhas das várias diversões europeias e particularmente das mouriscadas, tenha passado ao Brasil e reaparecido em autos direta ou indiretamente derivados dos mesmos. Anote-se que numa dança de presumida inspiração indígena, o caiapó, há segundo descrição de Rossini Tavares de Lima também uma menina que é repetidamente raptada e recuperada.

Em todo caso, de qualquer forma como seja encarado – sobrevivência histórica do quilombo dos Palmares ou reinterpretação de autos mais antigos e existentes em outras regiões do Brasil –, o fato é que o quilombo é ainda uma tradição viva em Alagoas, conquanto alguns autores já tenham chegado a considerá-lo como desaparecido.

Segundo Felte Bezerra, que assistiu a ele, com os outros participantes da IV Semana Nacional de Folclore, em Maceió, Bebedouro, em 1952, o auto ou dança dos quilombos corresponde ao *lambe-sujo* de Aracaju (Veja este verbete). Téo Brandão (Maceió, Alagoas). Ver *Congados*.

QUIMANGA. Refeição que os jangadeiros levam para o mar. Guardam dentro de um cabaço. Outras informações de pescadores indicam quimanga como a vasilha e não o conteúdo. Cafuleta em Pernambuco.

QUIMÃO. Ver *Timão*.

QUIMBANDA. Sacerdote nos candomblés de procedência banta. O mesmo que Umbanda ou Embanda. Ver *Umbanda*. "O chefe da macumba ou Umbanda é chamado também 'pai de terreiro', por influência nagô" (Artur Ramos, *O Negro Brasileiro*, 94).

QUIMBEMBÉ. Bebida preparada com milho fermentado, registrada por Beaurepaire Rohan e Rodolfo Garcia. O mesmo que Aluá.

QUIMBEMBEQUES. Berliques presos a um fio, como figas e medalhas, que põem ao pescoço das crianças (Pernambuco). Palavra de sabor e origem africana; deve ser entre os negros o nome dado a um conjunto de penduricalhos, usados como enfeites. Entre os ambundos "quinguelenguêle" é brinco, arrecada, pingente para as orelhas. Ainda que não lhe atinemos com o étimo, tudo faz crer que seja uma falsa audição de "imbambeteque", imbamba-ia-iteque, porções de quiteques (ídolos) (Jacques Raimundo, *O Elemento Afronegro na Língua Portuguesa*, 152, Rio de Janeiro, 1933).

QUIMBETE. Dança de origem negra em Minas Gerais e indicada por Luciano Gallet.

QUINAS. Café de quatro quinas: temperado com rapadura (Valdomiro Silveira, *Mixuangos*, 253). No jogo de gamão, dados, dominó, etc., são dois cinco.

QUINDIM. Uma dança de Campos, Estado do Rio de Janeiro, do baile mana-chica. Possivelmente uma das figuras mais populares. No plural, quindins, é um doce tradicional. Quindins vale dizer requebros, graças típicas, peculiares e características de uma menina ou moça. Quindins de Iaiá é doce muito popular nas velhas casas senhoriais, indispensável no serviço de sobremesa, não nas refeições solenes, mas nas festas íntimas, reunindo toda a família. "Uma libra de açúcar (500 gramas), uma quarta de manteiga (120 gramas), 16 gemas (sendo três com claras), um coco ralado, cravo, canela, água de flor de laranja. Bate-se tudo, bota-se meia libra de farinha de trigo, torna-se a bater. Depois de pronto, bota-se em forminhas untadas de manteiga e leva-se ao forno." (Gilberto Freyre, *Açúcar*, 145, Ed. José Olympio, Rio de Janeiro, 1939). Ver *Mana-Chica*.

QUINJENGUE. Instrumento membranofônio, de percussão direta, usado na dança, de origem africana, batuque (São Paulo). Feito de madeira, oco, tendo uma das bocas obturada por um couro de boi. A forma do quinjengue é acentuadamente cônica, afunilada. Na extremidade onde está pregado o couro, o diâmetro da abertura é de mais ou menos vinte centímetros. A partir é um palmo desta membrana, afunila-se bruscamente, atingindo na extremidade oposta (à do couro) um diâmetro de cinco centímetros. No batuque, dança encontrada no vale do médio rio Tietê, os batuqueiros referem-se a este instrumento, ora chamando-o de quinjengue, ora de mulemba ou mulema. Na zona jongueira, vale do rio Paraíba do Sul, instrumento idêntico usado no jongo é conhecido pelo nome de candongueiro e sangavira. Menor ainda do que estes, no jongo temos: mixirico ou biritador ou guzunga. Distingue-se o quinjengue do tambu (ou atabaque) pela forma, tamanho e som. A forma é acentuadamente afunilada, o tambu não o é (nem guzunga, biritador, mixirico, são pequenos, mas não afunilados); o tambu mede metro e meio, o quinjengue, quando muito, um metro; o som do quinjengue é agudo, ao passo que o do tambu é grave. Daí, tanto no jongo como no batuque, os dançadores chamarem o tambu de Pai João e o quinjengue (ou mulemba ou candongueiro) de Mãe Joana (Alceu Maynard Araújo, informação especial, 9-XI-51, São Paulo). Ver *Sangavira*.

QUIPATA. Porção de peixe que os pescadores dão aos companheiros que foram infelizes na pescaria ou não puderam ir ao mar (Pernambuco) (Alberto Vasconcelos, *Vocabulário de Ictiologia e Pesca*, 105, Recife, 1938).

QUIRIRU. Ver *Anum*.

QUITÃ. O mesmo que muiraquitã, pedra da felicidade. "Pedra, pau ou outro qualquer material trabalhado de certo modo artístico por aborígines e, quando em minério, sempre preferido o de colorido verde. Davam primazia e até exclusividade desses artefatos, ou melhor, amuletos, aos índios amazonenses, o que é inexato. Dos minérios preferidos, de acordo com os estudos de D. Derville, destacam-se a esteatite e o iete (azeviche), este anegrado, como indica seu nome, e pesquisados por Barbosa Rodrigues (*Muiraquitã*, seu belo trabalho). Até poucos anos, cabia à Amazônia, e em particular ao Estado do Amazonas, fornecer os quitãs, principalmente os manufaturados e minerais, ou itaquitãs, as pedras da felicidade, e tão célebres em arqueologia regional e brasileira. No entanto, no Estado da Bahia, em Amargosa, foi descoberto e determinado um itaquitã antropomorfo de nefrite, jadeíte, iete, quartzo e esteatite, e também no Ceará (?). Os quitãs mais encontrados têm sido os de minerais, ou seja, os itaquitãs, e os de madeira ou muiraquitãs. Recordam eles no folclore da Amazônia a lenda do Lago Encantado da formosa Iaci-Uaruá, isto é, espelho da lua. Admirável foi ter o sábio Barbosa Rodrigues intitulado a sua magistral monografia sobre o assunto *Muiraquitã*, corrup. do tupi "mbiraquitan", de significação restringida ao amuleto de madeira, talvez originário da China. Os verdadeiros quitãs têm orifício em um dos extremos, para serem trazidos ao pescoço. Não confundir com os tembetás as pedras para abertura de bivalvos. (Alfredo da Mata, *Vocabulário Amazonense*, 256-257). A distinção entre muiraquitã e itaquitã não tem sido obedecida pelos próprios investigadores, dando-se à primeira denominação a propriedade do vocábulo. O assunto apaixonou arqueólogos e etnógrafos, motivando bibliografia própria. Não citando os estudiosos estrangeiros, entre eles o Prof. Heirich Fischer, de Friburgo, que examinou os espécimes amazônicos, são indispensáveis os pesquisadores brasileiros: Barbosa Rodrigues: *Exploração e Estudo do Vale do Amazonas*. "Relatório sobre o rio Jamundá" (Rio de Janeiro, 1875): "Antiguidades do Amazonas" (no *Ensaios de Ciência*, 93-125, por vários amadores, Rio de Janeiro, 1876); *O Muiraquitã e os Ídolos Simbólicos*. "Estudos da origem asiática da civilização do Amazonas nos tempos pré-históricos" (Rio de Janeiro, 1899, dois tomos. Houve edições anteriores, reduzidas, em 1882, 84, 89 – duas edições, Manaus, Rio – e 1891); Sílvio Romero: *Etnografia Brasileira*, 65-83, Rio de Janeiro, 1888; Ladislau Neto: *Investigações Sobre a Arqueologia Brasileira*, Arquivos do Museu Nacional, VI, 1885 (257-544); idem: *De la néphrite et de la jadeite chez les indigènes américains*, apresentado no VII Congresso Internacional de Americanistas, reunido em Berlim, 1888, ("*Verhandlungen* S. 205 ffe"); Antônio Carlos Simoens da Silva: Nephrite in Brazil, XIX Congresso Internacional de Americanistas, *Proceedings*, 229-235, Washington, 1917; Franz Hagen: *Muyrakitãs*, Anais do XX Congresso Internacional de Americanistas, vol. I, 255-260, Rio de Janeiro, 1924; A. B, Meyer, *Die Nephritfrage Kein Ethnologisches Problem*, Berlim, 1883; H. von Ihering: *Ueber das Naturlich Vorkommen von Nephrit in Brasilien*, apresentado no XIV Congresso Internacional de Americanistas, Stutgart, 1904, S. 507-515 do *Verhandlungen*, 1907. O interesse das quitãs ou muiraquitãs não é apenas, e seria suficiente, arqueológico e etnográfico, mas folclórico, Continua sendo um amuleto poderoso, prestigiado pela credulidade. Uma tradição oral, vinda do Amazonas-Pará, afirma que será satisfeito o desejo de quem o formular, segurando, com fé, uma muiraquitã. Só se pede uma vez. Possuo uma muiraquitã e vez por outra sou procurado por quem deseja fazer a supersticiosa experiência. Ver *Muiraquitã*.

QUITICAR. Golpe diagonal, um junto do outro, que se dá nos peixes miúdos, de muita espinha, para serem fritos ou assados inteiros. Quitique bem esse jaraqui, que tem espinha demais. Eu quitico um peixe que ninguém sente espinha (Raimundo Morais, *O Meu Dicionário de Cousas da Amazônia*, II, III). Quiti é cortar, aparar, também raspar, esfregar, limpar, etc. (Batista Caetano, *Vocabulário*, etc., 438, Anais da Biblioteca Nacional, vol. VII, Rio de Janeiro, 1879). Usa-se o mesmo processo no Nordeste do Brasil, embora não pudesse conseguir a denominação. Os peixes pequenos, d'água doce, especialmente a traíra, são "tratados" dessa forma, "para juntar as espinhas". É uma série de golpes em diagonal, paralelos, até a cauda do peixe. Naturalmente os cortes se destinam a facilitar a absorção do molho ou salmoura prévia.

QUIXADA. Ver *Queixada*.

QUIZILA. Antipatia, inimizade, zanga, aborrecimento, impaciência, mal-estar, enfaro, rixa, pendência, estado de excitação, hiperestesia. Não pertenceria ao folclore se a quizila (*quijila*, *quijilia*, quinzília, suizília) não fosse determinada por influências espirituais malévolas. Quizila é um estado de receptibilidade. Daí ainda os sinônimos de teimosia, mania, ideia fixa, repugnância, prevenção. Manuel Querino informa que "é a antipatia supersticiosa que os africanos nutrem por certos alimentos e determinadas ações. De acordo com as prescrições do ritual, as mulheres ('filhas de santo') ainda observam o seguinte: Umas podem comer abóbora, taioba, peixe de pele, e outras não; a ninguém é permitido passar com uma vela acesa, lanterna, candeeiro ou coisa igual, por detrás delas; não ingerem restos de comida; não bebem álcool; não vestem roupas que lhes não pertençam; não acompanham cortejos fúnebres; não visitam doentes; não podem ir a festejos, sem prévio convite; não podem ser acordadas violentamente, nem acodem a chamamento sem saber de quem. Essas prescrições variam conforme o anjo da guarda ('santo', 'orixá') de cada pessoa, e assim umas as observam na íntegra e outras só em parte" (*Costumes Africanos no Brasil*, 76). Esse sistema de tabus dos candomblés baianos se reflete naturalmente na população mestiça e recebe a influência dos tabus alimentares, as restrições e proibições vindas da Europa (ver *Tabu*). Antônio de Morais Silva (1764-1824), que morou no Engenho Novo de Mumbeca, em Jaboatão (Pernambuco), registrou o verbete "Quigila" no seu dicionário (primeira ed., 1789; cito a quarta, 1831): "Antipatia, que os negros de África têm com alguns comeres ou ações, de sorte que se os contrariam nisso, padecem doenças, e talvez se lhes segue a morte: dizem alguns que estas antipatias se lhes causam da proibição de seus pais, que os perseguem, se contravêm a elas, vindo do outro mundo a isso as suas almas". Roger Bastide, quase cem anos depois, constata nos candomblés afrobaianos a existência de "tabus de certos alimentos, cada orixá tendo suas plantas e animais tabus, que aqui se chama de "quizila". "Por exemplo, para Oxóssi a quizila do caranguejo (se for comido, ele devorará as estranhas), da manga (que contém terebintina, que atacaria os órgãos), etc. (*Imagens do Nordeste Místico*, etc., 55). Virá do quimbundo *ku-jila*, jejuar, regra preceito (Jacques Raimundo, *O Elemento Afronegro na Língua Portuguesa*, 153; Fernando São Paulo, *Linguagem Médica Popular no Brasil*, II 254-256; A. J. de Macedo Soares, *Obras Completas*, Revista do Instituto Histórico Brasileiro, volume 177, 69, Rio de Janeiro, 1942). Ver *Calundus*. Do quimbundo *quijila*, regime, dieta: de *kujila*, guardar abstinência (Oscar Ribas, *Ilundo*, Divindades e Ritos Angolanos, 148, Museu de Angola, Luanda, 1958).

R

RÃ. É, como o sapo, universalmente tida como protetora das nascenças d'água. Sua presença habitual nos lugares úmidos atraiu-lhe a fama que, de certo modo, a protege, pois quem a mata arrisca-se a ver diminuída a água da fonte ou mesmo secar. "L'amour immodéré des grenouilles et des crapauds pour l'eau a valu à ces batraciens une réputation universelle de gardiens de la pluie; à ce titre, ils jouent souvent un rôle dans les charmes destinés à faire pleuvoir." (J. G. Frazer, *Le Rameau D'Or*, I, 109, trad. R. Stiémel, Paris, 1903). Certas rãs, quando coaxam, estão chamando chuva. Outras aparecem coincidentemente nas épocas chuvosas. Os indígenas denominavam essa espécie "Mãe da chuva", *Amana-manha* (Stradelli). Ver *Jia*, *Sapo*.

RABADA. Comida preparada com a rabadilha ou carne da rabada do boi ou da vaca. (Pereira da Costa, *Vocabulário Pernambucano*, 626). A carne cozida, adubada com os condimentos tradicionais, é servida com o pirão do próprio caldo, ajudado pelo molho de pimenta malagueta. É um dos pratos domingueiros ainda prestigiosos.

RABECA. É uma espécie de violino, de timbre mais baixo, com quatro cordas de tripa, afinadas por quintas, sol-ré-lá-mi, e friccionadas com um arco de crina, untado no breu. Tem uma sonoridade roufenha, melancólica e quase inferior. Nos agudos é estridente. Tocam-na, apoiando-a na altura do coração ou no ombro esquerdo, sempre a voluta para baixo. É a posição ritual que encontramos nas histórias da música. Assim Hugo Riemann publica um anjo tocando a giga, e Gaudenzio Ferrari, em posição idêntica, retratou os seus "Angeles Músicos". Nenhum tocador de rabeca é capaz de executar qualquer trecho, pondo o instrumento na posição usual do violino. Essa continuidade demonstra a velhice da rabeca sertaneja e sua fidelidade ao passado. Lembra certos instrumentos árabes. A rabeca veio justamente do *arabéb*, passando pelo antigo *crouth*. Fora, em encarnação anterior, a viola de arco, instrumento preferido pelos trovadores da Idade Média. Havia mesmo o verbo *violar* na acepção de executar à viola. *Pons de Capduilh e trobava e violava e cantava bẽ*. Muitos dos velhos cantadores que conheci, já aposentados, vivendo de pequenas roças, sem voz e sem história, guardavam a tradição das rabecas, dos temas tristes, executados antes e depois da cantoria. Fabião das Queimadas nunca tocou viola. Usava a rabequinha fanhosa, áspera e primitiva. Assim ouvi seus romances de apartação, as lendas das vacas e bois invencidos nas derrubadas ou os versos satíricos, cantados na solfa do Redondo-Sinhá. O cego Sinfrônio Pedro Martins fez a Leonardo Mota a louvação da sua companheira fiel:

"Esta minha rabequinha
É meus pés e minhas mãos,
Minha foice e meu machado,
É meu mio e meu fejão,
É minha planta de fumo,
Minha safra de algodão!"

Sobre o nome da rabeca (ou rebeca) há menção, numa das lendas mais conhecidas da Europa feudal. É o episódio de Blondel, pajem do Rei Ricardo Coração de Leão. Aprisionado pelo Duque d'Áustria, Leopoldo, o Rei da Inglaterra foi encerrado numa torre do castelo de Durrenstein e vigiado dia e noite. Para descobrir o paradeiro de seu senhor, Blondel fez-se cantor ambulante e percorria a Áustria. Sabendo vagamente, em Durrenstein, da existência de um prisioneiro de alta jerarquia, o menestrel cantou, perto da torre, uma das canções conhecidas pelo rei. Ricardo respondeu, cantando o verso seguinte. Estava localizada a prisão. Blondel voltou para a Inglaterra e, no ano seguinte, 1194, o rei era resgatado. Que instrumento tocava Blondel para acompanhar seu canto? As mais antigas crônicas medievais, citadas e transcritas pelo Conde de Puymaigre (*Le Folklore*, "La Légende de Blondel", Paris, 1885), indicam a viola ou a rabeca. Num dos textos mais velhos encontra-se que Blondel "priste sa viole et començà à violer une note, et en violant se délitoit de son signeur qu'il avait trouvé". Noutra fonte já o instrumento tem a denominação dos nossos dias. "Un sien menestrel, natif de Normandie, nommé Jehan Blondel, bien jouant et chantant sur la rebeke." Apesar das controvérsias musicógrafas, sabe-se que a *viole* e a *rebeke* eram quase iguais e se fundiram depois (ver Hugo Riemann, *História de la Música*, figo 13, pág. 40, ed. Labor).

RABICHO DA GERALDA. Publicado por José de Alencar no *Nosso Cancioneiro*, no jornal *O Globo*, Rio de Janeiro, 1874, refundido de quatro originais que lhe foram enviados, no péssimo processo que Almeida Garrett inaugurara com os romances e xácaras portuguesas. É possivelmente o mais antigo modelo da gesta do gado, poesia cantando as proezas de um boi do Ceará, que durante nove anos resistiu aos vaqueiros lançados em sua perseguição. Noutra fonte, a luta prolongou-se por onze anos (Sílvio Romero, *Estudos Sobre a Poesia Popular do Brasil*, 119-123, Rio de Janeiro, 1888; Americano do Brasil *Cancioneiro de Trovas do Brasil Central*, 168-174, S. Paulo, 1925; Sílvio Romero, *Cantos Populares do Brasil*, 66, Rio de Janeiro, 1897; Rodrigues de Carvalho, *Cancioneiro do Norte*, 211, Paraíba, 1928, copiado de papéis deixados por Antônio Bezerra de Meneses [1921-1941] e dando Quixeramobim e o ano de 1972 como cenário e data do romance). É em quadras, ABCB, denunciando a forma mais antiga. O Rabicho da Geralda foi abatido a tiros de bacamarte:

"Acabou-se o boi de fama,
O corredor famanaz,
Outro boi como o Rabicho
Não haverá nunca mais."

(Ver Luís da Câmara Cascudo, notas ao Folclore Brasileiro de Sílvio Romero, I, ed. José Olympio, "O Rabicho da Geralda". "Cantos Populares do Brasil", Rio de Janeiro, 1952).

RABO. É um índice demoníaco, sinal de bestialidade, selvageria, estupidez. Os demônios são caudados como os sátiros, com caudas de bode e mesmo de cavalo (Anita Seppilli, "O Diabo na Literatura e na Arte", *Revista do Arquivo Municipal*, São Paulo, LXXXV). "Antigamente e ainda hoje, entre os velhos paulistas, chamavam-se "rabudas" as pessoas excessivamente severas, sempre prontas a punirem com rigor faltas perdoáveis por insignificantes. "Rabudo" era e ainda é hoje entre os roceiros de São Paulo, sinônimo de "coisa ruim" (demônio) (Afonso A. de Freitas, *Vocabulário Nheengatu*, 146, São Paulo, 1936). Nas tradições europeias, os godos eram considerados pelas populações espanholas como tiranos repugnantes, e nos reinos de Aragão e Navarra, principado do Bearn, ainda vivem os agotes, descendentes dos godos opressores. Segundo a impressão popular, o agote nasce com um rabo, como um atestado de sua malvadez secular. Diz-se, no Brasil, a uma criança inquieta e travessa, que tem *cotoco*, coto, traço, pedaço, referindo-se a uma cauda explicadora do mau gênio infantil. A fama do Judeu de Rabo é antiquíssima e todos os inimigos são julgados como rabudos. Os espanhóis eram tidos pelos portugueses como possuidores de uma cauda respeitável. Os franceses tinham dos ingleses a mesma impressão. Vários povos longínquos teriam apêndices caudais, na ilha de Bornéu, na Formosa e Luján. Pedro Mártir informa da existência de uma gente na terra Insignavim que nascia com rabo, não flexível como o dos animais, porém tão duro e teso que não se assentavam senão em bancos furados, e, para se assentarem no chão, mandavam fazer buracos para acomodar o rabo. Era lenda corrente em Portugal que a Rainha Dona Brites de Gusmão era rabuda, e apesar disto se casara com El-Rei Afonso III de Portugal (1210-1279). Dona Brites, filha do Rei D. Afonso X de Castela, trouxera para Portugal as cotas de rabo, espécies de justões com faixas longas no dorso. A fama era tão séria que, 269 anos depois de morta, o Rei D. Sebastião mandava abrir a sepultura de Dona Brites no mosteiro de Alcobaça para verificar a tradição. A mãe d'El-Rei D. Diniz perdeu o renome assombroso, depois dessa profanação, em 1569. Uma rainha de França e Inglaterra, Eleonora de Aquitânia, também merecera as honras de lenda semelhante, justificação popular da energia irradiante da grande rainha, mãe de Ricardo Coração de Leão e bisavó de Luís IX de França, São Luís. No Brasil colonial vivia a tradição de uma tribo indígena caudada, os costatapiias ou uginas, no rio Juruá, Amazonas, dados como originários da ligação sexual das mulheres da tribo com os macacos coatás (Ateles). Um missionário carmelita, Frei José de Santa Teresa Ribeiro, certificou *in verbo sacerdotis*, como vira no ano de 1751 ou 1752 um desses espécimes, "um rabo da grossura de um dedo polegar, e do comprimento de meio palmo, coberto de couro liso sem cabelos" e o indígena o aparava todos os meses porque crescia bastantemente (*Dicionário Histórico, Geográfico e Etnográfico do Brasil*, II, 37, Rio de Janeiro, 1922). Sobre essa teratologia escreveu o anatomista português Prof. Dr. Joaquim Alberto Pires de Lima (*Queue de Conch Chez Une Enfant*, "A Cauda Humana", no seu *Dobrando Soc.*

d'Anthropologie de Paris, 1927; *o Cabo Tormentório*, 129, Porto, 1148, ampliando a informação clássica de Fischer, *Dysmorphies du Rachis*, Paris, 1928). Quem Conta Estórias de Dia Cria Rabo. É tradição popular brasileira. Recusam narrar as *estórias* de Trancoso ou de fadas durante as horas de sol, dizendo-se ameaçados de ficar com um rabo no fim das costas. O hábito secular de contar *estórias* ao clarão das fogueiras, depois de comer, é idêntico para ameríndios e africanos, europeus e asiáticos. A hora da narrativa é sempre à noite, depois do trabalho diurno. Para justificar a recusa às crianças, recorrem ao elemento fantástico. Sebillot recenseou a tradição que é universal *(Le Folklore*, 16-17). Na Irlanda, na África, na Nova Guiné, no Alasca, em Portugal, segundo observação pessoal, há o mesmo tabu. Os castigos a quem conta *estória* de dia são variados e quase todos transformações bestiais, orelhas de burró, ficar como um antílope, crescer as orelhas, virar morcego, etc. "Il est prohibé de conter avant le coucher du Soleil car on s'expose à enterrer sa mère, à être transformé en bouteille ou en poisson" (Remy Bastien, *Anthologie du Folklore Haitien*, 13, México, 1946). "Mas... estou eu a contar aqui essas histórias, sem me lembrar do 'castigo' que sofre o contador de histórias, de dia... 'cria rabo de cutia'. Daqui por diante, pois, só contarei histórias... de noite! (Isto também é folclore)." (José Carvalho, *O Matuto Cearense e o Caboclo do Pará*, 14).

Rabo de Galo. Mistura de bebidas alcoólicas. Aguardente e vermute (São Paulo). Conhaque, vermute e gim; conhaque e vermute (Recife). É a tradução do *cocktail*.

Rafael. Na linguagem gauchesca, significa a fome, o apetite. Também se emprega na campanha do Rio Grande a expressão "chegou o Rafael", para dar a entender que a refeição está na hora, ou tardando muito. Em *Antônio Chimango*, ao descrever a fome crônica do herói, diz o autor:

"Isso então... era um alarme!
Feijão, milho assado, mel,
Canjica, rolão, pastel...
Tudo... tudo ele topava;
Parece que sempre andava
Às volta com Rafael."

Andar às voltas com o Rafael é o mesmo que padecer fome canina. O único vocabularista a registrar os versos de Ramiro Barcelos, sem comentários, foi Luís Carlos de Morais. Trata-se, provavelmente, de um resíduo folclórico, mas em vão tenho procurado a pista para o estudo de suas origens. *O Pequeno Dicionário Brasileiro da Língua Portuguesa* consigna *rafa*, termo de gíria, com o significado de *fome, penúria*, Augusto Meyer, *Guia do Folclore Gaúcho*, 149, Rio de Janeiro, 1951). Ver *Velha do Chapéu Grande*.

Rafi. Ver *Maconha*.

Raia-Boi. Ver *Jamanta*.

Rainha Ginga. Ver *Congadas, Congados, Congos*.

Rainha do Mar. Ver *Iemanjá*.

Raio. A maioria das tradições referentes ao raio é de proveniência portuguesa. Os cuidados e superstições são tendentes a evitar a morte pela fulminação, queimando as palhas secas do Domingo de Ramos, expondo os santos protetores, Santa Bárbara, São Jerônimo, etc., fazendo cruzes com essas mesmas palhas e pregando-as à porta principal da casa, cobrindo a cabeça ou envolvendo o pescoço com pano de seda, fechando portas e janelas, afastando todos os objetos que possam atrair o raio, etc. Creem todos que o raio traga uma pedra (ver *Pedra de Raio)*, enterrada pela violência do meteoro, e subindo para a superfície uma braça, por ano, tempo idêntico para uma certa região da França (Baixa Alsácia, Delfinado, Aude, Alto Garona, etc.) e quase todo o Portugal. Algumas árvores atraem e outras repelem o raio.

Raiva. Bolinhos de farinha de trigo, manteiga, ovos e açúcar, sequinhos. Em Portugal tinham sempre a forma de um S. No Brasil substituem a farinha de trigo pela goma de mandioca, dando à raiva uma consistência maior e mais saborosa. No Norte do Brasil é doce de tabuleiro e com seus fiéis.

Ramalhão. Dança popular paulista (Cunha, Guaratinguetá) acidentalmente executada em Aparecida, onde Maria de Lurdes Borges Ribeiro a estudou (A Dança do Ramalhão, com nº 335, à CNFL, Rio de Janeiro, 12-3-1956), pagando-se promessa a São Gonçalo (ver *Gonçalo*). Fila de homens, defrontando a de mulheres, balanceando, volteando, permutando lugares, ao som de viola. Sextilhas em que o 3º verso é refrão, cantados, de pares soltos. "A moda do Ramaião / ai, não se canta mais assim, / a, a, minha moreninha, / não se canta mais assim, / se canta daquele jeito / que meu bem cantou pra mim". Solfa é marcação coreográfica. Versos decorados e mesmo improvisados. Nenhum elemento tipicamente característico.

Ramo. Doença, afecção, enfermidade que o ar veicula, em sendo de natureza infecciosa, ou produz por conta própria. Ramo de Influenza, gripe. Ramo do Ar, Ramo Ruim, congestão cerebral. Estupor. Paralisia (particularmente hemiplegia). Gota-serena, amaurose. Ramo do Valente, variedade tremenda do ramo do ar, causador primeiro do *estupor*, das congestões e apoplexias. (Fernando São Paulo, *Linguagem Médica Popular no Brasil*, II, 259-260, Rio de Janeiro, 1936).

Ramos, Artur de Araújo Pereira. Nasceu em Pilar, hoje Manguaba, Alagoas, a 7 de julho de 1903 e faleceu em Paris, França, a 31 de outubro de 1949. Médico em 1926 pela Faculdade da Bahia, dedicou-se aos estudos de psicanálise e higiene mental, pesquisando religiões e o folclore negro, ampliando as conclusões de Nina Rodrigues. Em 1938, fixou-se no Rio de Janeiro, professor de antropologia e etnografia na Faculdade Nacional de Filosofia da Universidade do Brasil, fundou a Sociedade Brasileira de Antropologia e Etnologia (1941), colaborando nas publicações especializadas no Brasil, América e Europa. Sua obra, vasta e sólida, é básica para o conhecimento da cultura negra no Brasil e indispensável para uma visão geral do problema no continente. Muitos livros seus, traduzidos e reimpressos, fizeram-no conhecido no mundo sábio como uma das mais altas e legítimas autoridades na Africanologia. Diretor do Departamento de Ciências Sociais da Unesco, desempenhava essas funções, ao falecer, de colapso cardíaco. Sua bibliografia compreende 458 trabalhos originais, livros, ensaios, artigos. Os volumes mais populares (datas das primeiras edições) são: *O Negro Brasileiro*, ed. Civilização Brasileira, Rio de Janeiro, 1934. *O Folclore Negro do Brasil* (mesma editora), Rio de Janeiro, 1935. *As Culturas Negras do Novo Mundo* (idem), Rio de Janeiro, 1937. *A Aculturação Negra no Brasil*, Brasiliana, nº 224, S. Paulo, 1942. *Introdução à Antropologia Brasileira* – (1 volume. As culturas não europeias) ed. C. E. B. Rio de Janeiro, 1943 (II volumes "As Culturas Europeias e os Contatos Raciais e Culturais). Ed. C. E. B. Rio de Janeiro, 1947. *A Renda de Bilros e sua Aculturação no Brasil* (colaboração de D. Luísa de Araújo Ramos). Pub. Sociedade de Antropologia e Etnologia, nº 4, Rio de Janeiro, 1948. *Estudos de Folclore*. Definição e limites. Teorias de Interpretação, ed. C. E. B. Rio de Janeiro, s. d. (1952). Ver *Curriculum Vitae*, Artur Ramos, Rio de Janeiro, 1945 (1903-1945).

Rancho. No Nordeste é sinônimo de agasalho, hospedagem, pousada, e também choça, casinha rústica, barraca. Da Bahia para o sul é um grupo de festeiros das solenidades populares do Natal, cantando e dançando, tendo ou não vestuário uniforme. Nina Rodrigues *(Os Africanos no Brasil*, 263-265, S. Paulo, 1932) registrou: "O Rancho ou Reisado, como no centro do Estado o chamam, é um grupo de homens e mulheres, mais ou menos numeroso, representando pastores e pastoras que vão a Belém e que de caminho cantam e pedem agasalho pelas casas das famílias. Podemos dividir o Rancho em duas categorias: o Terno, que é o Rancho mais sério e mais aristocrata, e o Rancho propriamente dito, que é mais pândego e democrata... O Rancho prima pela variedade de vestimentas vistosas, européis e lantejoulas, a sua música é o violão, a viola, o cavaquinho, o canzá, o prato e às vezes uma flauta; cantam os seus pastores e pastoras, por toda a rua, chulas próprias da ocasião, as personagens variam e vestem-se de diferentes cores, conforme o 'bicho', 'planta' ou mesmo objeto inanimado que os pastores levam à lapinha. Antigamente os bichos eram a burrinha, que representa um rei montado, e o boi, dono do curral, no qual veio ao mundo o Redentor. Hoje a bicharia da clássica arca de Noé ficou a perder de vista com a dos ranchos. É o cavalo, a onça, o veado, a barata, o peixe, o galo, o besouro, a serpente, a concha de ouro e muitos outros animais, além de seres fabulosos como: a Fênix, a Sereia, o Caipora, o Mandu; de plantas e flores como: a laranjeira, a rosa Adélia, a rosa Amélia, e até seres inanimados como o navio, a coroa, o dois de ouro e outros. Nos ranchos, além de pastoras, há balizas, porta-machados, porta-bandeiras, mestres-salas e ainda um ou dois personagens, que lutam com a figura principal, que dá nome ao rancho. Assim no do peixe, há um pescador; no do cavalo, um cavaleiro que as mais das vezes faz 'triste figura'; no do veado ou da onça, um caçador; no da barata, uma velha armada de enorme chinelo; no do galo, um guerreiro com armadura e capacete de folhas de flandres, manejando uma enorme catana de papelão prateado; nos flores ou plantas, um jardineiro com um grande regador; no do navio, há marinheiros, pilotos, contramestres, enfim, uma marinha inteira e uma fortaleza que bate-se com o navio. Estes ranchos vão até a lapinha, onde a comissão dos festejos dá um ramo ao primeiro que chega. Todos eles cantam e dançam nas casas por dinheiro. Suas danças consistem num lundu sapateado, no qual a figura principal entra em luta com o seu condutor, que sempre o vence; depois jogam, sempre dançando e cantando, um lenço aos donos da casa que restituem-no com dinheiro amarrado numa das pontas e saem cantando, dançando, batendo palmas, arrastando os pés, num charivari impossível de descrever-se". (Ver Renato Almeida, *História da Música Brasileira*, 237-245; Melo Morais Filho, *Festas e Tradições Populares do Brasil*, ed. Briguiet, Rio de Janeiro, 1946; Mário de Andrade. "As Danças Dramáticas do Brasil", *Boletim Latino-Americano de Música*, tomo VI, Rio de Janeiro, 1946; Oneyda Alvarenga, *Música Popular Brasileña*, 30 e 49, México, 1947). Em Portugal, aplicando-se aos autos dizem reisada, especialmente no Norte, Douro e Minho, ligando-se, como no Brasil, para onde vieram, dos Pedidos de Reis, ou Aguinaldos em Espanha. Não conheço em Portugal os grupos conduzindo animais, exceto as lutas simbólicas do dragão, drago, coca, santa coca, nas festas de Corpus Christi na respectiva procissão, onde o monstro lutava com o cavaleiro, armado de ponto em branco. Reúnem-se naturalmente as imagens de reis, reinado (como Sílvio Romero notou) e o pedido de pouso, de agasalho, de rancho, tal-qualmente ocorre em Portugal, onde os reis, janeiras, maias são também grupos que cantam, dançam e recebem auxílios em alimentos e dinheiro. Em Natal dizem apenas reis, tirar os reis, e o último realizou-se em 1929. Em Belém do Pará os ranchos de São João constituem um centro notável de interesse folclórico pela variedade da indumentária e dos motivos ornamentais dos grupos, alguns luxuosamente vestidos. A denominação rancho nos veio de Portugal. Teófilo Braga (*O Povo Português nos seus Costumes, Crenças e Tradições*, II, 258, Lisboa, 1885) cita o *rancho de cantores* que nos Açores saem cantando e pedindo para obras pias, durante Reis e sebastianas (6 e 20 de janeiro). Durante o carnaval no Brasil, no Rio de Janeiro preferencialmente, os ranchos aparecem como grupos de foliões, com instrumentos de corda e sopro, cantando em coro versos musicados e alusivos ao grupo, a marcha do rancho ou mesmo os mais populares na ocasião. Esses ranchos, que Renato Almeida estudou, passaram lentamente a préstitos, com reis e rainhas, pajens, bandeiras, alegorias, com danças particulares para algumas figuras componentes. Tiveram o nome de cordões, mas ultimamente o rancho prevaleceu. Alguns ranchos tiveram grande popularidade na Capital Federal como Flor do Abacate, Ameno Resedá, Dois de Ouro, etc. O diminutivo popular do rancho era o bloco, rancho pequeno, não de agrupação fortuita de foliões, mas com solfas ensaiadas, estandarte e mesmo, alguns, com intenções de crítica social ou política.

Antônio José da Silva, na ópera joco-séria *Guerra do Alecrim e da Manjerona*, representada no Teatro do Bairro Alto, no carnaval de 1937, em Lisboa, incluiu os ranchos do Alecrim e da Manjerona, rivais.

Rapadura. Ou Raspadura, tijolos de açúcar mascavado. Gulodice tradicional no Norte do Brasil. Há rapadura de açúcar branco, rapaduras de laranja, confeitadas com cravos, amendoins, castanhas, etc. Objeto de comércio intenso no Nordeste. Eram famosas as rapaduras do Cariri. Pelos séculos XVIII e XIX era a forma usual do açúcar, especialmente em viagem, e assim registrou Henry Koster em 1810. Semelhantemente ocorre na América espanhola. Narciso Garay (*Tradiciones y Cantares de Panamá*, "L'Expansion Belge", 1909, 1930) informa: "Rapadura es el 'azúcar panela' de que hablan las Ordenanzas de Granada de 1672. La voz *panela* entre nosotros es extranjera. Para servir este azúcar, que no es granulado ni en terrones, hay que rasparlo con cuchillo, y de allí tal vez provino el nombre de *raspadura* que le damos". Morais (1831) escreve Rapadura.

Rasga-Mortalha. Pequena coruja alvacenta (*Tyto alba*) de voo pesado e baixo. O atrito das asas lembra um pano resistente que fosse rasgado bruscamente. Os supersticiosos dizem que a coruja está *rasgando mortalha* para algum doente da vizinhança. Atraída pelas luzes acesas no aposento dos doentes, a rasga-mortalha insiste nos seus voos e rumores, assustando a todos, como num aviso de morte inevitável e próxima. Ver *Coruja*.

Rasoura. Pequena procissão em roda da igreja ou de um percurso limitado. As rasouras do Carmo. "Terminada a festa, realizou-se uma rasoura no adro da Matriz". (*A Província*, nº 151, Recife, 1915 (Pereira da Costa, *Vocabulário Pernambucano*, 631). Ver João da Silva Campos, *Procissões Tradicionais da Bahia*, 9-13, Secretaria de Educação e Saúde, 1941. Era uma sobrevivência da *Amburbiale* em Roma, adaptada ao cerimonial cristão. A *Amburbiale* era uma procissão circulando uma praça, com finalidade penitencial. Ver *Circulação*.

Raspador. Reco-reco, usado na Folia de São Benedito do Amazonas. "O raspador é outro instrumento essencial. Constitui-se de uma taquara grossa, fechada nas extremidades pelos próprios nódulos, com parte de sua superfície dentada. Sobre essas superfícies *raspa-se* uma vareta. O efeito é de um reco-reco. O raspador é instrumento exclusivo do mestre-sala, que através dele dá todas as vozes de comando. Assim o primeiro sinal para reunião dos foliões que estejam dispersos é dado pelo *raspador*, logo seguido do tambor-mor em ritmo acelerado." (Eduardo Galvão, *Santos e Visagens*, 55, S. Paulo, 1955).

Raspadura. Ver *Rapadura*.

Rastejador. O que acompanha a caça pelos seus vestígios. A percepção quase miraculosa do rastejador é uma sobrevivência dos ciclos cinegéticos que apuravam as faculdades decisivas para a captura da caça. É uma técnica comum aos povos caçadores, ligada ao sentido de orientação. Há páginas impressionantes em todos os sertanistas e caçadores. Ver Osvaldo Lamartine, *Caça nos Sertões do Seridó*, "Por Rastejamento", na série *Documentário da Vida Rural*, S.I.A., Rio de Janeiro, 1960.

Rasto. O rasto é muito do indivíduo e decorrentemente um elemento precioso na feitiçaria. Muita muamba é feita com a areia do rasto da vítima. J. Leite de Vasconcelos (*Tradições Populares de Portugal*, 304, Porto, 1882) informa: "As feiticeiras adivinham. Quando querem enfeitiçar alguém, apanham com uma moeda de três vinténs em prata (dinheiro de cruzes) a terra da pegada do pé esquerdo da tal pessoa, e com a terra *encanham* a pessoa, que por isso fica muito magra, fraca, doente, etc. (isto é, *encanhada*, Vila Real). As feiticeiras, quando querem enfeitiçar alguém, apanham a terra da pegada do pé direito (sic), atam-na num pano e depois atiram-na à cova de um defunto; quando o defunto estiver desgastado, morre a pessoa, (Guimarães)"; Luís da Câmara Cascudo (*Meleagro*, 125-126, Rio de Janeiro: Agir, 1978): Como réplica possuímos no Brasil o 'chá de rasto', aprovado em hemorragias. "Em caso de hemorragia produzida por um ferimento qualquer, aconselham fazer uso de 'chá de rasto' como específico. O chá é feito assim: O doente anda sete passadas, uma pessoa apanha a terra calcada pelos pés do ferido e com ela faz um chá com água fervendo e dá ao paciente para beber." (Getúlio César, *Crendices do Nordeste*, 173-174). Apagar o Rasto é fazer esquecer quem o produziu. Juvenal Galeno (*Lendas e Canções Populares*, 1859-1862, segunda edição, Fortaleza, 1892) alude à tradição, "Despedida", 595:

"E de mim se esqueçam logo...
Meu rasto varram no chão!"

Apagar ou varrer o rasto era semelhante ao apagar ou raspar o nome, símbolo terrível do olvido. "O Senhor apagará o seu nome de debaixo do céu!" ameaçava o Deuteronômio (XXIX, 20), recordando a tradição egípcia de "matar o nome" do faraó ou do príncipe condenado, fazendo-o raspar dos monumentos. (Luís da Câmara Cascudo, *Superstição no Brasil*, "Nomem, Numen", 104-109, 6ª ed., São Paulo, Global, 2002).

Rasto de Lã. "É curiosa a aplicação que têm no interior os fios de algodão que, excedendo a cobertura dos fardos, se apegam aos galhos das plantas mais ou menos espinhosas, que bordam as estreitas sendas sertanejas; segundo a direção em que eles estão tendidos, indicam o sentido em que se deve caminhar para ir ter aos povoados, e não às fazendas, de onde procede a fibra. É o que os almocreves chamam *rasto de lá*". (Rodolfo Garcia, *Dicionário de Brasileirismos*, Revista do Instituto Histórico e Geográfico Brasileiro, tomo 76, 365). Lã é o algodão em rama, no vocabulário sertanejo.

Ratoeira. Dança regional no Estado de Santa Catarina, municípios de Camboriú, Porto Belo, Biguaçu, Florianópolis e São José. "Um grande círculo formado por moças e rapazes, de mãos dadas. No centro da roda fica um rapaz ou uma moça, que canta uma quadrinha, enquanto os do círculo avançam, repetindo a quadrinha. Nessas ocasiões desabafam os corações, cantando declarações de amor ou desafios aos rivais." (Walter F. Piazza, *Fandangos e Ratoeiras*, trabalho enviado ao Congresso Brasileiro de Folclore e publicado no *Boletim Trimestral da Comissão Catarinense de Folclore*, 9-10, 171, Florianópolis, 1951).

Realejo. Ver *Acordeona, Fole, Gaita, Sanfona*.

Rebaçã. Ver *Ribaçã*.

Recado pelo Morto. Na Europa (Portugal, Espanha, França, Itália, etc.), África (Daomé, Zambézia) e na América do Sul e Central, o cadáver pode ser portador de recados, desempenhar missões confidenciais, junto à alma de alguém que ele encontrará no Outro Mundo. O Coronel da Polícia Militar José Bezerra de Andrade (Rio Grande do Norte) assistiu, na cidade de Santa Cruz (RN), a uma mulher encarregar a uma defunta de dar um recado à alma de sua sogra. O poeta Antônio Nobre (Só, Antônio, 1891) alude a essa crendice em Portugal: "Morria o mais velho dos nossos criados, / Que pena / Que dó! / Pedi-lhe, tremendo, fizesse recados / À alminha da Avó..." Eça de Queiroz (*Correspondência de Fradique Mendes*, carta à Guerra Junqueira) recorda o hábito dos soberanos do Zambeze sacrificarem escravos como portadores de mensagens aos deuses. Semelhantemente informa George Peter Murdock, *Our Primitive Contemporaries; Even in ordinary times he sacrifices a message to his royal ancestors* (pág. 589, New York, 1957), entre os antigos reis do Daomé. Na França, há o conto de Georges d'Esparbés (1863-1944) "L'Ordennance" (*La Grogne*, Paris, 1907). Johann Emanuel Pohl (1782-1834) assistiu aos poracramecrãs do Maranhão narrarem ao morto de um ano o que se passara na aldeia depois do seu falecimento (*Viagem no Interior do Brasil*, 2º, 155, Rio de Janeiro, 1951). Ver *Cadáver*.

Reco-Reco. Nome dado a instrumentos de percussão, que traduzem um som de rapa, causado pelo atrito de duas partes separadas. No seu feitio talvez mais conhecido, o reco-reco consiste num gomo de bambu com talhos transversais, friccionados com um pauzinho, forma a que na Bahia dão o nome de ganzá. Na Bahia há uma variedade de reco-reco, consistindo em "uma caixa pequena, de dez por quinze centímetros, em cuja parte superior se coloca um arame enroscado. Com uma haste de ferro, onde se enfiam cápsulas de fechar garrafas, de sorte a ficarem tilintando, se atrita o arame". (Renato Almeida). Parece que o povo é fértil em criar reco-reco. No samba que observou em Pirapora, Mário de Andrade encontrou um reco-reco que "consistia numa reprodução exata desses instrumentos de fazer contas por meio de bolinhas de madeira corrediças em fios de arame, esticado paralelamente numa moldura de madeira com cabo. Apenas as bolinhas de madeira eram substituídas por cápsulas de garrafas de cerveja". Outra forma de reco-reco consiste numa tabuinha sulcada que é atritada por um pauzinho (Oneyda Alvarenga, *Música Popular Brasileira*, 311, ed. Globo, Porto Alegre, 1950). O reco-reco visto em Pirapora (S. Paulo) com um ou dois fios, cheios de cápsulas de garrafa de cerveja, é popular no Norte do Brasil, assim como o mais tradicional e comum bambu ou simples pedaço de madeira com sulcos transversais, onde se atrita uma vareta de pau. Ver *Casaca, Catacá, Raspador*.

Recortado. Dança popular no Rio Grande do Sul, S. Paulo, Minas Gerais, Mato Grosso, Goiás. Cantada e sapateada, com acompanhamento de viola. A coreografia é variada. "A movimentação conhecida do Recortado se reduz a 'uma série de mudanças dos violeiros que ocupam lugares ora junto de uns, ora junto de outras dançarinas' (Goiás, S. Paulo); mudanças de lugar que os figurantes fazem com os seus fronteiros (Minas Gerais, S. Paulo); voltas que os pares fazem entre si (Minas Gerais); aproximar e recuar rápido das figuras ou balanceado de corpo e passos para diante e para trás (Minas). A estas características se juntam as palmas e o sapateado. A coreografia se desenvolve com o canto (Goiás, São Paulo), ou apenas nos seus intervalos (São Paulo, Minas, Rio Grande do Sul)". (Oneyda Alvarenga, *Música Popular Brasileira*, 188, Porto Alegre, 1950). Americano do Brasil (*Cancioneiro de Trovas do Brasil Central*, 279-280, S. Paulo, 1925) informa que o recortado "é uma variante do batuque da plebe, no qual o violeiro canta meia quadra e os companheiros a terminam. A figura principal é a grande roda ou a quadra, indo os dançantes dando umbigadas nas damas, à direita e à esquerda, sempre cantando e sapateando, até que tenham passado uma e mais vezes por todas as damas". Luís Heitor ("O Recortado na Moda Goiana", *Cultura Política*, nº 33, 201, Rio de Janeiro, 1943) registra que o recortado é processo complementar da "moda" em Goiás, versos, ou simples estrofe, com um andamento mais vivo que o da moda e de assunto humorístico, vivo e alegre. Não se confunde, evidentemente, com a dança do recortado. Em S. Paulo o *recortadinho* aparece com essa função extensiva da moda ou final de contradança. Identicamente em Minas Gerais. Recortado, recorte, recortadinho. No Rio Grande do Sul inclui-se no baile rural fandango. Ver Renato Almeida, *História da Música Brasileira*, 168-169, Rio de Janeiro, 1942; Alceu Maynard Araújo "Sebastião das Dores, o Fandangueiro", "Revista Sertaneja", nº 19, pág. 49, S. Paulo, novembro de 1959. Ver *Bambaquerê, Fandango*.

REDE. Morais define: "No Brasil, tecido de malha com ramais, os quais se atam nos extremos de uma vara, ou a duas argolas, e fica como uma funda, na qual se deitam a dormir, ou são levados às costas de pretos, que sustêm cada um no ombro o extremo da tal vara, ou *pau de rede*, que é uma espécie de cana maciça d'Angola, assaz leve". A rede como veículo desapareceu. Segura nos armadores, debaixo das árvores, nas viagens, armada nos alpendres das casas ricas ou nas latadas dos pobres, é a cama balouçante e comum dos brasileiros do Norte. Nas residências de conforto há sempre camas, mas, via de regra, o dono da casa dorme na rede. A saudade da rede é uma das queixas do nortista, vivendo no Sul, ou nas cidades onde tal preciosidade foi abolida. Recebemo-la dos indígenas. O uso, no Sul, foi muito divulgado até inícios do séc. XIX. Augusto St. Hilaire (*Segunda Viagem do Rio de Janeiro a Minas Gerais e a São Pedro*, Brasiliana, S. Paulo, 142-143, 1932) registra: "O uso da rede, quase sempre desconhecido na Capitania de Minas, é muito espalhado na de São Paulo, a exemplo dos hábitos dos índios, outrora numerosos nesta região. Já tive muitas vezes a ocasião de notar que, por toda parte onde existiram índios, os europeus, destruindo-os, adotaram vários de seus costumes e lhes tomaram muitas palavras da língua". O primeiro registro da existência e uso de rede de dormir no Brasil foi feito pelo escrivão Pero Vaz de Caminha, a 27 de abril de 1500, descrevendo a casa indígena, "todas duma só peça, sem nenhum repartimento, tinham dentro muitos esteios; e, de esteio a esteio, uma rede atada pelos cabos, alta, em que dormiam" (Jaime Cortesão, *A Carta de Pero Vaz de Caminha*, 226, ed. Livros de Portugal, Rio de Janeiro, 1943). Ver Rossini Tavares de Lima, "As Redes de Balanço de Sorocaba", comunicado à CNFL, n. 388, 4-12-1957, Rio de Janeiro; Sérgio Buarque de Holanda, *Caminhos e Fronteiras*, "Redes e Rendeiras", 295-313; Rio de Janeiro, 1957; Luís da Câmara Cascudo, *Rede de Dormir* - Uma pesquisa etnográfica, 2ª ed., São Paulo, Global, 2003.

REDEMOINHO. Redemoinho, vento circular. Remoinho, redemoinho, rodamoinho não é o pé de vento. O pé de vento é a lufada brusca, inesperada, que passa reboando. O remoinho é o vento em espiral, rodando como um parafuso gigantesco. Tem vida própria e atende às intercessões divinas. A origem, diz o povo, é o encontro de dois ventos. Briga de ventos, duelo, vadiação. No Sul do Brasil é o Saci-Pererê o responsável pelos remoinhos. Salta no meio dos ventos e roda, gira, corcoveia, arrebatando folhas, garranchos, poeiras. Atira-se um rosário de contas brancas ou uma palha benta e tudo cessa. Ou se dá o alarma: Aqui tem Maria! Aqui tem Maria! Com o nome de Nossa Senhora, o Saci-Pererê não quer confianças. Vai brincar noutra paragem. Certos santos têm poderes especiais:

"São João disse quando chegasse
por ali (aponta-se) não demorasse..."

E o remoinho, dançando a jiga, obedece. Risca-se no solo o sinal de salomão, a estrela de seis pontas, com dois triângulos: cruzam-se os polegares, sacode-se farinha. O remoinho se dispersa. Ou então:

"Santo Antônio passou por aqui e
deixou dito que não demorasse..."

Uma cruz improvisada dá o mesmo resultado. Os tangerinos, almocreves, comboieiros, arrieiros, mascates, têm mais confiança no *sino-salomão*, desenhado às pressas na areia da estrada. Em Portugal: "No Minho o balborinho é tido como almas penadas que não podem estar no céu, por deverem restituição aos vivos. Em Vila Nova d'Anços crê-se que à hora do meio-dia encontram pelas estradas, nas encruzilhadas, umas cousas más, que se chamam rosemunhos (redomoinhos). O rosemunho é como uma poeirada; leva paus, pedras, e, se apanha alguma pessoa no meio, leva-a também pelos ares, mas, se a pessoa trouxer umas contas na algibeira e as atirar à tal cousa má, não lhe acontece mal algum". (Teófilo Braga, *O Povo Português nos seus Costumes, Crenças e Tradições*, II, 151, Lisboa, 1885). "Quando se produz um redemoinho de vento, a que o povo na Beira Alta e noutras partes chama *borborinho*, acredita-se que então anda no ar o diabo, ou bruxas ou qualquer 'cousa má'. Para estes seres fugirem, faz-se uma cruz com a mão, ou diz-se Credo, santo nome de Jesus. (Fafe); ou atira-se-lhes com um canivete aberto, – e nesse caso sai do borborinho uma feiticeira (talvez bruxa) (Moncorco). Também se cuida que no balborinho (borborinho) vão, não tanto os diabos, como as "almas penadas" que não entraram no céu por não fazerem certas restituições aos vivos. O povo foge dele, mas como que o vai seguindo, dizendo: Santo nome de Jesus! Credo! *Abrenuntio!* mas principalmente: Vai-te para quem te comeu as leiras! Fazem-lhes cruzes e acompanham depois com a vista a queda das palhas levantadas pelo vento: onde elas caem, cuida-se que foi o sítio em que houve roubo de terra (Briteiros, comunicação do meu amigo Sr. Martins Sarmento). Em Guimarães ouvi dizer que, quando o borborinho levanta muitas folhas, vai um diabo em cada folha. Em São Pedro do Sul dizem ao borborinho, para ele fugir:

"Balborinho do pecado
Vai-te com Santiago;
Balborinho do demonho,
Vai-te com Sant'Antonho."

(J. Leite de Vasconcelos, Tradições Populares de Portugal, 46-47, Porto, 1882).

REFEIÇÕES. Até a primeira década do séc. XX, no interior de todos os Estados do Brasil, mantinha-se o horário clássico de refeições, fiel à mais remota antiguidade. Almoçava-se pela manhã, nove horas no máximo, jantava-se ao meio-dia e ceava-se ao escurecer, ao cair da noite, logo depois que o sino da matriz ou da capela batia as "trindades" ou o "angelus" e aparecia no céu a papa-ceia, Vênus vespertina, relógio sideral da última refeição. Havia, em muitas famílias, a "merenda", entre as duas refeições, jantar e ceia. Tudo de acordo com o antiquíssimo regime alimentar. O almoço correspondia ao nosso "café pela manhã", quebra-jejum, *petit déjeuner, breakfast*, do castelhano "almorzo" que Covarruvias fazia derivar do árabe *al* e do latim *morsus*, dentada, ou melhor *ad-morsus*. Refeição rápida, colação matinal. O jantar era comumente ao meio-dia. "Até horas de jantar, que para ele eram sempre as do meio-dia", escreve Frei Luís de Sousa (*Vida de D. Frei Bartolomeu dos Mártires*, I, 73, ed. Cultura, São Paulo, 1943). Trezentos anos antes, no séc. XIII, Juan Roiz, Arcipreste de Hita, informava:

"Después fué de Santiago, otro día
siguiente, A oras de meio día, cuando
yantava la gente."

(Libro de Buen Amor, 101, ed, Espasa-Calpe, Buenos Aires, 1946). Era a hora em Roma e em Atenas: "Philosophus Taurus accipiebat nos Athenis coena plerumque ad id diei, ubi jam vesperaverat". (Aulo Gelio, *Noites Áticas*, II, liv. XVII, VIII, ed. Garnier, Paris, s. d.). Duarte Nunes de Leão insurgia-se contra a confusão que mudara o significado real do vocábulo. "E como na palavra jantar corruta de *jentaculum* latino, que quer dizer 'almoço', que se comia pela manhã, por ela significamos o comer ordinário, a que os latinos chamavam *prandium* e se comia na força do dia". A ceia, *cena*, cesna, era naquela hora que o filósofo Taurus recebia os amigos em Atenas. A merenda, explicava Afranius Fratus, "dicitur cibus post meridiem qui datur". Ou, em Nônio, fixando as regras: "Merenda est cibus qui declinante die sumitur, quasi post meridiem adenda et proxima coena". Desta merenda, substituída pelo "lanche", do inglês *lunch, luncheon*, temos o uso, os outros horários o tempo levou... Mas resiste em muitas partes do interior esse regulamento. Vez por outra, em viagem, deparo o jantar ao meio-dia e ouço o dono da casa avisar, superior e risonho: "Eu sou do regime velho"... Ver *Comer*.

REFLEXO. Uma das mais antigas crenças primitivas, ainda viva e com poderosos vestígios no espírito popular do Brasil, é o tabu do *reflexo*. A imagem reproduzida na água ou na superfície polida dos espelhos, tem uma impressão de sobrenaturalidade e de mistério. A *duplicação* parece materializar-se e um *alter-ego*, um *outro-eu*, olha o companheiro distante no fundo da face imóvel refletora. Os povos mais velhos, em sua maioria, acreditavam que a *alma*, princípio divino e motor da vida, impulsivo do movimento e da vontade, poderia ficar, inteira e real, no reflexo exterior. A imagem era uma projeção completa, uma personificação, impalpável mas visível da alma humana. Não era o *duplo* mas a própria *alma* que abandonara o corpo e o olhava, como independente dele. Havia proibição de olhar-se n'água viva em quase todas as paragens do mundo. Na Grécia, a lenda beociana de Narcisus, na Índia, nas leis de Manu, no *Mânava-drama-çâstra*, para os pretos africanos do sul, oeste e leste, Melanésia, aztecas do México, europeus ibéricos, todos conservam a superstição do *reflexo*. A imagem refletida é *uma alma disponível* às forças do mal. Pode ser mutilada, prisioneira, transportada, ferida. No Brasil, em noite de S. João ou Ano-Bom, quem não se avistar n'água é porque morrerá. Identicamente ao espelho. Ver *Espelho*. Semelhantemente, ocorre com a fotografia, evitada pelos primitivos-contemporâneos. O retrato conduzia a alma ou parte dela, utilizável para o bem ou para o mal.

Em Angola diziam-me que as pessoas muito fotografadas *enfraqueciam*. Os batas da Sumatra resistiram a von Bremer como os canelas do Brasil a Simson ou os pele-vermelhas norte-americanos a Wied-Neuwied. Outrora, na África, era mais fácil fotografar um leão que a um soba. A defesa instintiva da imagem foi estudada por Frazer. O etnógrafo Gonçalves Fernandes jamais obteve consentimento do velho Adão, poderoso babalorixá no Recife, para deixar-se fotografar. Ver Luís da Câmara Cascudo, *Superstição no Brasil*, "Narcisus ou o tabu do reflexo", 100-103, 6ª ed., São Paulo, Global, 2002.

REGATÃO. Homem que se dava, nos sécs. XVI e XVII, ao resgate dos indígenas, comprando-os por preço vil aos seus preadores. O regatão adquiria baratamente toda sorte de produtos da terra, enriquecendo com a ignorância e credulidade indígena. "Que direi dos resgates que faziam? Donde por uma foice, por uma faca ou por pente traziam cargas de galinhas, bugios, papagaios, mel, cera, fio de algodão, e quanto os pobres tinham." (Frei Vicente do Salvador, *História do Brasil*, 128, S. Paulo, 1918). O nome era aplicado nesta época. "Espalhada esta nova pelos gentios das aldeias, quiseram logo tomar vingança em os regatões." (*idem*, 224). Traficante no Extremo Norte, vendendo tudo, numa barca que é casa, armazém e escritório, subindo e descendo os rios do Pará e Amazonas, com maior ou menor escrúpulo, com coragem fria e obstinação incomparável, resistindo, ficando rico ou desaparecendo, é figura sugestiva na paisagem social em que vive (Ver Raimundo Morais, "O Regatão", *Na Planície Amazônica*, 61, Manaus, 1926).

REI. Ver *Ril*.

REIMA. Reuma, humor; fiel à teoria galênica dos humores, o sertanejo explica pela reima muita tendência, obstinação, gênio pessoal.

"Maria Tebana, agora
Digo uma graça contigo;
A reima do bicho home
Nasce da maçã do figo,
A reima do bicho feme
Eu sei, mas porém não digo..."

(Leonardo Mota, Cantadores, 215, ed. Castilho, Rio de Janeiro, 1921).

REINO. Divisão do "mundo do além" nos catimbós do Nordeste. Reinados ou reinos têm por unidade a aldeia. Cada aldeia tem três mestres. Doze aldeias fazem um estado, com trinta e seis mestres. No estado existem cidades, serras, florestas. Quantos são os reinos? Sete, segundo uns, ou cinco, noutras notícias. Os cinco reinos são Vajucá, Juremal, Tenema, Urubá e Josafá. Os sete reinos são Vajucá, Tigre, Canindé, Urubá, Juremal, Fundo do Mar e Josafá. Um reino compreende um número ilimitado de cidades, cujo algarismo não é idêntico para os mestres terrestres informadores. Os reinos mais conhecidos, povoados pelos mestres (espíritos que "acostam" para responder consultas) poderosos e curadores, são Vajucá e Jurema (Luís da Câmara Cascudo, *Meleagro*, 54-55, Rio de Janeiro: Agir, 1978). "Com esta indicação eram conhecidos quase todos os gêneros e mercadorias que nos tempos coloniais vinham direta e exclusivamente da metrópole, o reino de Portugal, uma vez que nas suas possessões era vedado o comércio marítimo estrangeiro; qualificativo esse que era extensivo mesmo a mercadorias de produção estranha, como a pimenta (Piper), que sendo originária da Índia, tinha, como ainda hoje tem, o nome de "pimenta-do-reino"; e consoantemente, "farinha-do-reino" (a de trigo), "queijo-do-reino", etc. (Pereira da Costa, *Vocabulário Pernambucano*, 636).

REINO DA PEDRA BONITA. Ver *Sebastianismo*.

REIS. Foram festas populares na Europa (Portugal, Espanha, França, Bélgica, Alemanha, Itália, etc.) dedicadas aos três Reis Magos em sua visita ao Deus Menino, e ainda vivas em vestígios visíveis. Na Península Ibérica, os reis continuam vivos e comemorados, sendo a época de dar e receber presentes, "os reis", de forma espontânea ou por meio de grupos, com indumentária própria ou não, que visitam os amigos ou pessoas conhecidas, na tarde ou noite de 5 de janeiro (véspera de Reis) cantando e dançando ou apenas cantando versos alusivos à data e solicitando alimentos ou dinheiro. Os colonizadores portugueses mantiveram a tradição no Brasil e de todo ainda não desapareceu o uso nalgumas regiões. Nuno Marques Pereira (*Compêndio Narrativo do Peregrino da América*, II, 45, Rio de Janeiro, 1939) registra um desses grupos pedindo os Reis na Bahia na segunda década do séc. XVIII: "... uma noite dos Santos Reis, saíram estes (homens) com vários instrumentos pelas portas dos moradores de uma vila, cantando para lhes darem os Reis, em prêmio do que uns lhes davam dinheiro, e outros doces, e frutas, etc." Melo Morais Filho descreve uma "Véspera de Reis" na Bahia (*Festas e Tradições Populares do Brasil*, ed. Briguiet, Rio de Janeiro, 1946) com a festiva alegria dos bandos (ranchos e ternos) pedindo os Reis:

"Ó de casa, nobre gente,
Escutai e ouvireis,
Lá das bandas do Oriente
São chegados os três Reis!"

O dia de Reis marca, especialmente no Norte, o final do ciclo do Natal, terminando as lapinhas e pastoris com a "queima", e os autos tradicionais bumba meu boi, chegança, fandango, congos, exibem-se pela última vez. Na cidade do Natal há uma festa muito concorrida pelo povo na capela dos Reis Magos na Limpa, onde são veneradas as imagens que estavam no Forte dos Reis Magos e que foram enviadas por El-Rei D. José em 1752. José Maria da Silva Paranhos (o futuro Visconde do Rio Branco, 1819-1880) descreveu em janeiro de 1851 um Reis na capital do Império: "No bairro do Catete, o nosso *Fauboury St. Germain*, alguma coisa houve que merece honrosa menção, já pelo seu valor intrínseco, já pelo estimativo devido à raridade. Formou-se ali, no saudável sítio das Laranjeiras, um numeroso e luzido Reis, composto dos adultos e menores das famílias das mais gradas do lugar, que fez diferentes incursões com o mais feliz êxito. À frente iam os três Reis Magos, vestidos a caráter, e montados em garbosos e bem arreados ginetes. Vinham-lhes à retaguarda três bojudos ônibus (provavelmente de aluguel): o primeiro conduzia nove inocentes vestidas irmãmente e ladeadas de suas afetuosas mães; o segundo transportava uma carga do sexo masculino inteiramente à semelhança da que ia na frente; o terceiro; finalmente, levava em seu seio o grosso da caravana e toda a sua bagagem (*Cartas ao Amigo Ausente*, 18-19, Rio de Janeiro, 1953). Dirigia o conjunto musical o argentino Martínez. Foi apresentado um *Pau de Fita* (ver) e depois foram ouvidas "algumas modinhas da terra, cantadas ao violão por um amável patriota". Visitaram três residências. Paranhos fala na "sensaboria da noite anterior", vingando-se pelo sono. O Reis era, em 1851, raridade e a modinha aparecia, ironicamente, como patriotismo. A canção francesa era índice de alto gosto e cantá-la denunciava inteligência indiscutível. E Paranhos era um dos mais avisados espíritos da então nova geração brasileira. Ver *Janeira, Folia*.

REIS DO BOI. Ver *Bumba Meu Boi*[1].

REISADO. É denominação erudita para os grupos que cantam e dançam na véspera e dia de Reis (6 de janeiro). Em Portugal diz-se reisada e reiseiros, havidos no Norte, Famalição, Maia, Mondin-de-Basto, Ponte-de-Lima e Vila-de-Conde (Luís Chaves, *Páginas Folclóricas*, 144, Porto, 1942), que tanto pode ser o cortejo de pedintes, cantando versos religiosos ou humorísticos, como os autos sacros, com motivos sagrados da história de Cristo, no exemplo citado por Alberto Pimentel de uma representação de Herodes e o Nascimento do Menino em Friães e Santo Tirso (*As Alegres Canções do Norte*, 269, Lisboa, 1905). J. Leite de Vasconcelos denomina quase sempre Reis a esses grupos (*Ensaios Etnográficos*, II, 260, VI, 59, 433), embora diga que o auto de Friães seja uma "reisada ou auto popular de Natal". Sobre a controvérsia, Renato Almeida, *História da Música Brasileira*, 237, Mário de Andrade, *As Danças Dramáticas do Brasil*, *Boletim Latino-Americano de Música*, 62, nº VI, Rio de Janeiro, 1946, Oneyda Alvarenga, *Música Popular Brasileira*, 32, Porto Alegre, 1950. No Brasil, a denominação, sem especificação maior, refere-se sempre aos ranchos, ternos, grupos que festejam o Natal e Reis. O reisado pode ser apenas a cantoria como também possuir enredo ou série de pequeninos atos encadeados ou não. Um reisado a que assisti em Maceió, Alagoas, janeiro de 1952, tinha vários motivos, lutas do rei com os fidalgos, até que era ferido, depois de prolongado duelo a espada, sempre solando e sendo respondido, em repetição e uníssono, por todo o grupo, espetaculosamente vestido e com coroas e chapéus estupefacientes, espelhos, aljôfares, fitas, panos vistosos com areia brilhante, etc. O reisado era da cidade de Viçosa. Ver Teo Brandão, *O Reisado Alagoano*, São Paulo, 1953, Florival Seraine, *Reisado no Interior Cearense*, sep. do Instituto do Ceará, Fortaleza, 1954. Ver *Janeira, Folia, Guerreiros, Trança, Turundu*.

RELACIM. Ver *Jogo de Baralho*.

RELIGIÃO DE CABOCLO. Ver *Feitiçaria*.

REMATE. Caldo de carne fresca ou de peixe, conforme o prato principal tenha sido cozido ou peixada, servido para rematar, findar a refeição. Pereira da Costa (*Vocabulário Pernambucano*, 637) registrou: Caldo grosso, com carne picada, farinha sessada, ou polvilho de milho, e convenientemente temperado. "Um caldo, espécie de remate grosso, com que as moças biqueiras na comida fazem as onze" (*O Diabo a Quatro*, nº 25, Recife, 1875). Com o nome de remate ou apenas caldo ainda é o último prato, antes da sobremesa, em muitas casas amigas da tradição.

REMOINHO. Ver *Redemoinho*.

RENDAS. Tive sempre um grande interesse pelo estudo das rendas de almofada, rendas de bilros. Em princípio de 1945, comentando o livro de Miss Florence Lewis May (*Hispanic Lace and Lace Making*, New York, 1938) publiquei um artigo no *Diário de Notícias* do Rio de Janeiro, que não consigo encontrar nem precisar. Herman Lima, estudando "Museus Regionais" (a *Cultura Política*, nº 49, 109, Rio de Janeiro, fevereiro de 1945) citou o trecho que transcrevo: "Uma profissão humilde e linda é a da nossa rendeira, tecendo maravilhas de delicadeza e equilíbrio nas almofadas toscas, no jogo mecânico dos bilros de pau. São artífices em ambientes paupérrimos, conseguindo obras-primas que encantam os olhos estrangeiros... A rendeira e suas rendas pertencem aos domínios etnográficos e aguardam um estudo sincero e limpo de sua atividade. Estudo de todos os elementos que constituem essa indústria, tradicional e doméstica, labor secular de freiras e de fidalgas, depois popularizado, determinando centros de atividade coletiva, como nas nossas praias e em Portugal. Sabemos que a renda é trabalhada em todas as classes sociais, pelas mãos ricas e pobres da moça brasileira. Certas famílias possuem o segredo de motivos impressionantes, não dando divulgação aos *papelões*, que são os modelos seguidos. As rendas têm nome, história, anedotários. As rendeiras têm suas rainhas, espécie de abelha-mestra, levando para o túmulo segredo de certos pormenores. Ao lado sobrevive o labirinto, com suas aplicações. Tudo está por fixar e comentar, como Miss Florence Lewis May o fez com as rendas espanholas". As nossas rendas vieram de Portugal, que as recebera de Flandres, da França e da Itália, centros já notáveis desde meados e fins do séc. XV. Para a Espanha intensificou-se a indústria sob Carlos V, um flamengo pelo lado de dentro e cercado de flamengos. Para Portugal, além do caminho direto, houve a influência trazida pelos portugueses em torna-viagem do Oriente, Pérsia, China, Índia. O séc. XVII foi a melhor época. Vemos, nas gravuras do Brasil holandês, o gosto pelas rendas nos trajes femininos e masculinos. É uma indústria particularmente litorânea, em Portugal, na Espanha e no Brasil. De excepcional beleza, alguns modelos norte-rio-grandenses e do Ceará perdem sua delicada e fina segurança pela rapidez com que estão sendo feitos, sob o imperativo econômico. Trabalho da mulher e filhas dos pescadores, era um auxílio às despesas da casa e não uma determinante. Vendidas as rendas, o dinheiro servia para a roupa e os humildes adornos do "povo de saia". Como a vida é cara, as rendeiras trabalham depressa, procurando a colocação imediata, como meio de vida. Centenas vendem aos "atravessadores", que revendem no Ceará. Todas as praias do norte do Rio Grande do Norte são grandes subsidiárias das rendas "do Ceará". Os mais lindos tipos são conseguidos por altos preços mandando fazer, pagando antecipadamente, quase garantindo a subsistência da rendeira, para que trabalhe devagar e bem. Assim ainda são possíveis maravilhas, mas se a rendeira possuir os velhos *papelões* ciumentamente escondidos e raramente aproveitados, para não perder o tom de preciosidade. Há uma bibliografia razoável no assunto, especialmente artigos em jornais e revistas: Manuel Diégues Júnior, Francisco de Paula Leite Oiticica, etc. Ver o melhor ensaio na espécie, Luísa e Artur Ramos, *A Renda de Bilros e sua Aculturação no Brasil*, publicações da Sociedade Brasileira de Antropologia e Etnologia, Rio de Janeiro, 1948. Luís da Câmara Cascudo, *Rendas e Rendeiras*, separata do prefácio do volume inédito de d. Maria Luisa Pinto de Mendonça, *Renda de Bilro*, Instituto de Antropologia da Universidade Federal do Ceará, Fortaleza, 1965. Valdelice Carneiro Girão, "Rendas do Ceará", *Revista Brasileira de Folclore*, nº 6, Rio de Janeiro, 1963.

REPENTE. Na batalha do desafio entre cantadores sertanejos, durante *o pega* mais vivaz, "Repente" é a resposta inesperada e feliz, aturdindo a improvisação do adversário. O cantador João Izidro confundiu o antagonista com este "Repente": *Dizer que nunca foi preso, / É mentira conhecida! / Você passou nove meses / Numa prisão oprimida! Prisão duma só entrada / Por onde teve a saída!* No Palácio do Governo de São Paulo os cantadores Severino Pinto, Dimas, Otacílio e Lourival Batista visitavam o Governador Ademar de Barros, que os recebeu eufórico, perguntando: "Que fazem estes cangaceiros por aqui?" *Repente* de Severino Pinto: "Visitando o nosso Chefe!". F. Coutinho Filho, *Violas e Repentes*, 2ª ed., Rio de Janeiro, 1972.

REPÚBLICA. Casa de estudantes, pensão onde vivem exclusivamente estudantes. Outrora, nas cidades de curso superior, Olinda, Recife, Bahia, Rio de Janeiro, São Paulo, os estudantes elegiam o presidente da república e ministros. Ruas inteiras ficavam famosas pelas barulhentas "repúblicas", sedes de ruidosas festas e mesmo produção literária. A origem provém da denominação idêntica que em Coimbra era dada às residências dos estudantes da Universidade. Ver *Castelo*.

RESTILHO. Restilo, aguardente duas vezes destilada. "O restilho (extrato de cachaça, mais forte que rum) em pouco ativou-os" (Lísias Rodrigues, *Roteiro do Tocantins*, 104, ed. José Olympio, Rio de Janeiro, 1943). "Depois de terem tomado uma talagada de "restilho", animaram-se na "catira" *(idem*, 105).

RETIRANTE. Nome dado ao sertanejo que deixava o sertão, expulso pela seca prolongada. Continua em uso. Apareceu pela primeira vez na imprensa, ao redor da seca de 1877, noticiando as ondas de milhares de retirantes que emigravam, exaustos de recursos, procurando "refrigério" no litoral, viajando para o Extremo Norte.

RETORCIDA. Dança sapateada, pertencente ao fandango do Rio Grande do Sul (baile campestre), dançada no campo pelo povo. Ver *Fandango*.

RETUMBÃO. Uma das danças da Marujada na festa de S. Benedito em Bragança, Pará. O mesmo que Carimbó, Corimbó, Curimbó, noutras regiões paraenses. É a dança preferida da *Marujada* (ver). Tambor grande e pequeno, pandeiros, onça (cuíca), rabeca, viola, cavaquinho e violino. "No Retumbão os circunstantes fazem rodas, sem no entanto marcar o compasso por meio de palmas, e geralmente dois pares dançam de uma só vez. O homem vai, em primeiro lugar, sozinho, dançar no salão; executando rápidos revolteios, convida a dama, fazendo ligeiro aceno com a mão e batendo mais fortemente o pé em direção da escolhida. Dançam sempre dois a dois, separados, fazendo círculos, em torno do salão em volteios ligeiros, ora para a direita, ora para a esquerda, estalando fortemente os dedos como castanholas. Os homens acompanham as mulheres, ora na frente, ora atrás, seguindo-lhes os passos como se fosse uma fuga interrompida bruscamente, ora numa direção ora noutra, incitados pelos meneios da mulher. Assim dançam muito tempo; dançam até um cansar, quando então, batendo duas vezes com o pé no chão, se retira da roda o que está fatigado. O que fica dançando faz sozinho alguns revolteios pelo salão, após o que escolhe seu par, batendo o pé no chão fortemente e com a mão lhe fazendo ligeiro aceno. As mulheres geralmente dançam muito bem e melhor do que os homens. No final da dança as mulheres, para fazer galhofa ou mostrar sua agilidade e perícia, costumam, a um descuido do cavalheiro, metê-lo debaixo do rodado de sua grande saia, enlaçando-o com os braços e apertando-o à altura do pescoço. Quando isto ocorre sai o dançarino apupado pelos circunstantes, sob o motejo dos companheiros, e dificilmente volta ao salão. As músicas executadas pelos tocadores nos barracões são as mesmas que qualquer *jazz* tocaria nas festas da cidade, mas de quando em vez tocam o retumbão, em que o tambor grande, a "onça" e o pandeiro predominam, marcando o compasso e o estilo dessa dança, que se choca com os ritmos das danças modernas. Esse ritmo pode ser reproduzido de memória, pelo dizer onomatopaico do seguinte versinho: "É tempo de cupu, / peixe pedra, baiacu". (Armando Bordalo da Silva, "Contribuição ao Estudo do Folclore Amazônico na Zona Bragantina", *Boletim do Museu Paraense Emílio Goeldi*, Série Antropológica, vol. 5, Belém, Pará, gentilmente enviada, em provas, pelo autor). O instrumental é realmente de percussão e não há canto. O convite batendo o pé é característico de certas danças na Guiné portuguesa. Ver *Bagre[2]*, *Carimbó, Chorando, Marujada*.

REUMA. Ver *Reima*.

REZA DE DEFUNTO. Conjunto de orações rezadas em voz alta ou cantadas diante do morto. Nordeste. Além das salve-rainhas e terços, compreende os benditos e as excelências, com denominações especiais. Excelência para ajudar o moribundo a morrer. Excelência da hora, citando-se a hora da morte. O "sol incriso", eclipsou-se, excelência cantada, se a morte se verificar durante a tarde, e entoada quando do crepúsculo. Excelência para ele ou dele, oferecida ao defunto. Terço rezado pelos assistentes e "tirado" em voz alta. Ofício de Nossa Senhora ou dos defuntos ou ainda fiéis defuntos. Excelência da hora, quando o galo canta pela primeira vez. Excelência da barra do dia, quando o dia vem clareando. Excelência Mariá, em que se cantam as partes do corpo do morto e as partes de sua roupa (informação do maestro Guerra Peixe). Excelência da roupa ou da mortalha, quando vestem o defunto. Excelência do cordão (da mortalha). Excelência da despedida. Reza da saída (do caixão). Canta-se essa reza até desaparecer o cortejo fúnebre. Ladainha de todos os santos.

RIAMBA. Ver *Maconha*.

RIBAÇÃ. Rebaçã, arribaçã, avoante, avoete, de arribação, ave de imigração comum no sertão do Nordeste (*Zenaide maculosa*, Goeldi). "As pombas de arribação, ou rebaças, como são vulgarmente chamadas, aparecem todos os anos, nas catingas, no fim do inverno, em bandos inumeráveis, pousando nos campos de capim-milhão, de cuja semente se nutrem. Milhares de pessoas as perseguem, matando a tiros de espingarda e até a pauladas, colhendo ao mesmo tempo os ovos postos a granel sobre a terra. Os animais carnívoros, e por sua vez, entre eles, répteis venenosos, como a cascavel, causam grandes estragos nesses bandos de aves; mas é tal a quantidade que, parece, não diminuem de número, até que arribam para outros lugares. Nos anos secos, quando o povo sofre fome, as rebaças são para os sertanejos durante uma quinzena, pouco mais ou menos, o que para o povo judeu no deserto foram as codornizes." (Irineu Jofili, *Notas Sobre a Paraíba*, Rio de Janeiro, 1892). É um tema comparativo na literatura oral dos sertões e motivo etnográfico sugestivo. As ribaças assadas, especialmente as titelas, o peito da ave, constituem prato saboroso e citado nas tradições locais. As ribaças são apanhadas de todas as maneiras, desde a paulada até os engenhos mais curiosos, queixós, aratacas, esparrelas, esperas disfarçadas n'água dos açudes, etc. Os ovos são apreciados pela população e consumidos por todas as bocas. Usam de fritá-los, cozê-los, esfarinhá-los na farófia, etc. "Corria a notícia de que no cercado da serra estava *caindo um pombal*. Para ali se dirigiam os moradores da vizinhança e muitos vindos de longe, levando toda sorte de vasilhas para coleta e transporte dos ovos. Pelo caminho iam encontrando, já de volta, homens, mulheres e meninos carregados de balaios, cestos, cuias e combucas, cheios de ovos frescos. Até cargas de caçuás, repletos de ovos a granel, eram conduzidos em jumentos... Principiava, então, no ponto inicial da postura e percorria seguidamente toda a extensão do pombal a vultosa colheita de borrachos, grandes e gordos, proporcionando aos sertanejos um alimento tenro e saboroso." (Esperidião de Queiroz Lima, *Antiga Família do Sertão*, ed. Agir, XLV, Rio de Janeiro, 1946). "A apanha total atingia, diariamente, a algumas dezenas de milhares de pombas, que eram partilhadas entre os apanhadores e a fazenda. Para as avoantes, depenadas, limpas, salgadas levemente e secas ao sol, não faltavam compradores, os 'pombeiros', que iam vendê-las barato nas cidades." (*idem*, 300). O Pe Huberto Bruening (*A Avoante*, Coleção Mossoroense, Mossoró, 1959) divulgou um interessante ensaio sobre a ribaçã, avoante, *Zenaide auriculata* ou *Zenaida maculosa*, a primeira de Goeldi e a segunda de Rudolph von Ihering.

RIBADA. Dança do fandango do Rio Grande do Sul. Ver *Bambaquerê, Fandango*.

RIL. Do inglês, *Reel;* Reil (Alexina de Magalhães Pinto, *Cantigas das Crianças e do Povo*, 121, ed. F. Alves, Rio de Janeiro, s. d.), Rilo (A. Americano do Brasil, *Cancioneiro de Trovas do Brasil Central*, 277, ed. M. Lobato, São Paulo, 1922), Rill da Virgínia (Vanderlei Pinho, *Salões e Damas do Segundo Império*, 276, ed. Martins, São Paulo, 1942), Reel Irlandês (Maria Cadilla de Martínez, *Costumbres y Tradicionalismos de mi Tierra*, 39, Puerto Rico, 1938). Era dança popular no Recife na primeira metade do séc. XIX. Miguel do Sacramento Lopes Gama (*Carapuceiro*, nº 2, 20 de janeiro de 1838) desabafava: "Basta que os meninos vão às primeiras letras, e em casa aprendam a dançar; porque está decretado pelas luzes do século que o ril, a gavota, o sorongo, o afandangado, o montenelo e as quadrilhas são instruções muito mais interessantes que o pelo-sinal, o padre-nosso, os mandamentos da lei de Deus, etc., etc.". Foi dançado no Cassino Fluminense no Rio de Janeiro, em Minas Gerais, e, em 1922, figurava na Dança de Velhos em Goiás, onde era uma das figuras. Alexina de Magalhães Pinto escreveu que o reil era "dança antiga, formando um oito a disposição dos pares". A. Americano do Brasil, que a registrou em Goiás, informa que havia, entre as marcas da dança de velhos, o oito ao lado do rilo. No Cassino Fluminense dança-se o *Rill* da Virgínia. O *Reel* era dança da Irlanda e se tornara uma das marcas do *country-dance* na Inglaterra e passou para a França, onde se intitulou "virginie" e foi uma das marcas da quadrilha, que tanto deveu à *country-dance*, apossando-se de inúmeras das suas marcas. Os pares deviam imitar o movimento do carretel, dobadoura, sarilho, fazendo, numa das evoluções, o número oito. O príncipe Alfredo (1844-1900), filho da rainha Vitória da Inglaterra, visitou o Rio de Janeiro, pela segunda vez, em junho de 1867. Houve um baile no Cassino Fluminense, evocado pelo historiador Francisco Marques dos Santos (*Anuário do Museu Imperial*, XVIII, 126; Petrópolis, 1957): "Ao som de uma gaita de foles (cornamusa), tangida pelo tocador desse instrumento que fazia parte do séquito do duque de Edimburgo, dançou-se duas vezes o *Reel* escocês, sendo o primeiro par de S. A. Real a Sra. Thornton (*esposa do ministro inglês*), e o segundo a Sra. Gunning – tomaram parte outras senhoras e vários oficiais ingleses".

RILO. Ver *Ril*.

RIO. As águas vivas, o mar e os rios, são elementos venerados pela antiguidade clássica. Os feitiços lançados aí têm efeito decisivo, e para desmanchá-los é preciso utilizar igualmente o veículo. Todos os entes assombrosos, Lobisomem, Burrinha-do-Padre, Batatão, Saci-Pererê, Caipora, as próprias feiticeiras e feiticeiros não atravessam água viva. Esses últimos "perdem as forças" mágicas, se o tentarem, diretamente, molhando parte do corpo. Num conto bretão de Emile Souvestre, *Peronnik l'idiot* (*Le Foyer Breton*, 262-263, ed. Nelson, Paris, s. d.), *Madame Peste* só pode atingir o feiticeiro Rogéar, quando transportada através do rio no cavalo do jovem Peronnik. O fio d'água defendia Rogéar. Em São Paulo (*Saci-Pererê*, "Resultados de um Inquérito", 1917, 73) há um episódio em que o Saci espera que um canoeiro o leve para a ilha fluvial, porque o *Sacy tem horror à água*, embora outro depoimento (pág. 54) informe que ele *entra n'água sem se molhar*, o que parece ser contra todas as tradições. A maioria absoluta dos rios nordestinos descem durante o inverno, quando chove nas cabeceiras. Raríssimos são os permanentes, como no sul do país. Em qualquer parte os rios detêm naturalmente as simpatias das populações ribeirinhas e há um sem-número de lendas e *estórias* referentes aos habitantes misteriosos dos rios, o rio próprio, com suas maneiras típicas, anúncios de enchentes e vazantes, etc. No sertão, quando o rio *descia* no inverno, a notícia da passagem de suas águas era feita por meio de foguetões ou tiros de rifles. Na proximidade das povoações e das fazendas, os moradores iam *esperar a cabeça do rio*, a primeira água, saudando-a com descargas e gritos de alegria. São para registrar os brinquedos e jogos infantis dentro d'água, os transportes locais, jangadas, botes diversos, cavaletes, etc., as pescarias, o aparelhamento da pesca, os processos para tratar o peixe, conservando-o para a venda nas feiras, a culinária, etc.

RIO CONDUTOR DE OFERENDAS. Os deuses do mar, cultuados ao redor do Mediterrâneo, resumos de teogonias asiáticas e africanas, iluminados pelo gênio grego, não recebiam as homenagens no próprio elemento que representavam. Posseidon-Netuno, Anfitrite, Vênus (Anadiomene e Afrodite), Glauco, Nereu, Proteu, Tritão, Dóris, Forcis, Queton, Saron, Aliôs Geron, o misterioso *velho do mar*, o Oceano, filho de Urano e Gaia, possuíam templos em terra firme e aí eram reverenciados. As ofertas atiradas ao mar aparecem nas épocas históricas, ofertas simbólicas porque as sacrificiais eram reservadas para o cerimonial nos santuários, com sacerdócio e forma oracular. Às divindades dos rios, dos lagos e das fontes foram destinadas as primeiras oblações diretas, jogadas n'água, moedas, miniaturas que são possíveis ex-votos, armas, utensílios domésticos, paradas nos depósitos pré-históricos. Ainda é comum na Europa e América Latina sacudir a moeda no rio, diante de uma capela que se ergue na margem ou suposta igreja existente no fundo das águas. Tradicional o *presente de Iemanjá* – flores, perfumes, tecidos finos, joias baratas, animais vivos, cartas rogatórias – posto ao lume d'água e que se submerge, levando ao orixá os testemunhos da fidelidade devota afro-brasileira. No culto ao Bom Jesus da Lapa, Bahia, o rio de São Francisco encarrega-se de conduzir a satisfação das promessas e encalhá-las nas ribas do penhasco onde está a imagem dominadora de toda a região. Em cabaças decoradas e típicas, contendo velas, fitas, cabelos, dinheiro, cartas, as promessas são confiadas ao rio, que as conduz, lealmente, até Pirapora, seja qual for a distância e a topografia desconcertante de curvas, enseadas e barrancos. M. Cavalcânti Proença informa: "Também os caboclos que não podem ir até Bom Jesus da Lapa colocam as suas oferendas em cabaças que largam de rio abaixo e estas vão ter ao seu destino, havendo ficado célebre uma enviada por um italiano com uma carta e sete mil e seiscentos em dinheiro e que, numa violação geográfica, foi posta no rio Sapucaí, da bacia do Paraná. Pois andou de mão em mão até ser lançada no S. Francisco e foi descendo, descendo, quando, ao passar em frente ao templo, derivou pelo braço que vai ao pé do santuário, sendo apanhada". (*Ribeira do São Francisco*, 153, Rio de Janeiro, 1944). Semelhantemente depõe Wilson Lins: "... os beiradeiros do Alto São Francisco quando não podem, por qualquer motivo, fazer romaria, botam os seus presentes no rio e a correnteza leva diretamente para os pés do morro-santuário. Encostado ao morro passa um braço do rio e é por ele que os presentes vindos de longe vão ter ao Bom Jesus. De mais longe que venha um presente, ninguém ousa desviá-lo do seu roteiro. Esses presentes geralmente viajam dentro de cabaças enfeitadas, e são, em sua maioria, velas, tostões e cachos de cabelos". (*O Médio São Francisco*, 172, Bahia, 1952). Noraldino Lima escrevera no mesmo sentido: "É assim que os fazendeiros urucuianos e outros, não podendo cumprir pessoalmente as promessas, fazem-no por intermédio dos afluentes do São Francisco. Para isso preparam uma caixinha, dentro da qual depositam o dinheiro prometido e uma vela. O rio leva a mensagem da fé, água abaixo, léguas e léguas, até o porto da Lapa, onde qualquer pescador, qualquer lapense colhe a caixa e o conteúdo, levando este à gruta do Bom Jesus. Se no sertão ninguém rouba ao homem, quanto mais ao santo. A caixinha do sertanejo desce tranquilamente o rio: é vista por centenas de olhos; todos que conhecem o São Francisco e seus costumes sabem que ali vai dinheiro, e às vezes dinheiro grosso; entretanto, ninguém toma essa caixinha senão para desembaraçá-la de algum ramo, que porventura esteja estorvando-a no seu destino, rumo da Lapa, onde há um santo que proteje o sertão." (*No Vale das Maravilhas*, 153-154, Belo Horizonte, 1925). Ver *Bom Jesus da Lapa*.

RIO DORMIDO. Muito comum na Europa e Ásia a tradição de que os rios, entidades vivas, têm predileções e ódios, exercendo vinganças e doando prêmios a pessoas com as quais simpatizam. Há lendas referentes ao sono dos rios, e Teófilo Braga divulgou a referente ao Tejo, Douro e Guadiana (*Contos Tradicionais do Povo Português*, II, 146, Porto, 1883). Decorre dessa crendice a obrigação de despertar ou não o rio do seu sono ou acordar a água que dorme: ver *Água*. Wilson Lins registrou a versão do rio São Francisco: "Remeiro quando acorda de noite, se sente sede, não bebe água sem antes atirar um pedacinho de pau dentro do rio, para ver se o rio está correndo... É que o rio pode estar dormindo. Se o rio estiver dormindo, o pau atirado na correnteza fica parado. Então o remeiro não bebe água, pois seria temerário acordar o rio, ou beber *água dormindo*. Segundo a crença popular, à meia-noite o rio dorme. Dorme pouco, dorme por um espaço de dois minutos, ou menos, mas o certo é que dorme. Durante o sono do rio, tudo para: a correnteza fica estagnada, as cachoeiras param de cair, e a própria Paulo Afonso fica como num instantâneo fotográfico, imóvel, silenciosa. Enquanto o rio dorme ninguém deve mexer na água, para não acordá-lo. Acordar o rio faz mal, provoca castigos da mãe-d'água. Contam que um barqueiro novato, que não acreditava nas superstições do povo do rio, ficou louco, porque tomou banho à meia-noite, quando o rio estava dormindo. Dizem que enquanto o rio dorme, os peixes se deitam no fundo, e a mãe-d'água vem para fora pentear os cabelos nas canoas, as cobras perdem o veneno, e os que morreram afogados saem do fundo do rio, rumo às estrelas. Por isso é perigoso acordar o rio. A revolta da mãe-d'água, do caboclo-d'água, dos peixes, das cobras e dos afogados arruinará a vida do imprudente que interromper o sono do rio". (*O Médio São Francisco*, "O Rio Dorme", 145-146, Bahia, 1952). No sertão de Pernambuco é possível roubar-se uma cacimba, se a água estiver dormindo. Ver *Cacimba Roubada*.

RISCAR. Deter o cavalo bruscamente. Era, para os antigos cavaleiros do sertão, o mais alto título do conhecimento em matéria de equitação. Subitamente freado, o cavalo retesava as pernas, deslizando numa escorregadela tanto maior quanto a firmeza das rédeas do cavaleiro. Muitos devotos iam "medir a risca", comparando-a com outras conhecidas e tornadas famosas na tradição orgulhosa do sertão. O bandoleiro gentil-homem Jesuíno Brilhante fazia o seu cavalo "Peixe Branco" dar uma risca de três metros. O Coronel Miguel Ribeiro Dantas, senhor do engenho "Diamante", no vale do Ceará-Mirim, Rio Grande do Norte, perdoou a um escravo que cavalgara às escondidas o seu cavalo de estimação, por ter o negro feito a proeza de uma grande risca no pátio da casa-grande (Luís da Câmara Cascudo, "Lege et Consuetudine Medievais nos Costumes Populares do Nordeste Brasileiro", 41-42, *Anhembi*, nº 4, vol. II, São Paulo, 1951). No Uruguai e Argentina dizem *sentada*, com o mesmo efeito entre os gaúchos. No *Diálogos*, V, 172-173, de Bartolomé Hidalgo (1788-1822) há referência:

"le dió una sentada al pingo
y todos Viva! gritaron."

RITA. Santa Rita de Cássia é padroeira de trinta paróquias e madrinha de cinco municípios no Brasil. Há culto regular e antigo sobre a santa viúva do séc. XV e também dos fins do antecedente, pois nasceu em 1381 e veio a falecer em 1480, a 22 de maio, seu dia votivo. Ainda não estava beatificada, e os brasileiros (contra a tradição canônica) elevaram-na a padroeira de freguesias, antecipando a canonização, que veio no séc. XIX. A popularidade de Santa Rita, ou melhor, Santa Rita dos Impossíveis, é conceber respostas pela voz anônima do povo, depois de ouvir o curioso Rosário de Santa Rita, que é divulgadíssimo por todo o Nordeste e Norte do Brasil. Nos padres-nossos diz-se:

"Santa Rita dos Impossíveis,
De Jesus sempre estimada,
Sede minha protetora,
Rita, minha advogada.
Valei-me pelas coroas
A primeira de solteira,
Com que foste coroada;
A segunda de casada,
A terceira de freira
Tocada de divindade."

E nas ave-marias:

"Valei-me, Santa Rita do meu amor,
Pelas cinco chagas de Nosso Senhor."

Depois de orar o rosário, sai-se, e as primeiras vozes ouvidas são a resposta da santa. Ver Vozes (Luís da Câmara Cascudo, *Superstição no Brasil*, "Hermes em Acaia e a consulta às vozes", 35-39, 6ª ed., São Paulo, Global, 2002; Getúlio César, *Crendices do Nordeste*, 91-98, ed. Pongetti, Rio de Janeiro, 1921; Luís da Câmara Cascudo, "Ermete Nell'Acaia e la Consulta degli Oracoli nel Brasile", *Rivista di Etnografia*, marzo-giugno, 1949, Napoli).

ROBERTO DO DIABO. Novela popular no Brasil e Portugal, com fundamento em tradição corrente na França, Inglaterra e Alemanha e que se tornou leitura comum na Espanha. Nenhum fundamento histórico possui a historieta editada e reeditada desde o séc. XVI, na Espanha, de onde passou a Portugal e, depois de 1840, impressa e reimpressa no Brasil. Nascida de *estória* popular desde o séc. XIII na tradição ora francesa, e tendo o episódio uma versão poética, um *lay* cantado na Bretanha, possui várias redações em prosa. O poema do séc. XIII foi publicado em 1837 por Tributien. Na Inglaterra o romance apareceu impresso nos sécs. XV e XVI. A prosa publicou-a Wynkyn de Worde, em 1510, *Robert the Devyll*. Noutras regiões inglesas, Roberto toma o nome de Sir Gowther, reunidas as versões, com bibliografia, e publicadas em 1886 (Oppeln) por K. Breul. Na Alemanha é clássico o estudo de M. Tardel, *Die Sage von Robert der Teufel in Neueren Deutschen Dichtungen*, Berlim, 1900, e na França o volume de E. Löseth *Roberto le Diable, Roman D'Aventures*, ed. F. Didot, Paris, 1903. Duma versão em prosa, edição de Paris em 1496, *La Vie du Terrible Robert le Diable, Lequel fut Après L'Homme de Dieu*, veio a tradução castelhana de Burgos, junho de 1509, *Lu, Espantosa y admirable vida de Roberto el Diablo, assi al principio llamado; hijo del Duque de Normandia; el qual despues por su sancta vida fué llamado hombre de Dios*. Incontáveis são as edições espanholas dos sécs. XVI, XVII, XVIII, apesar da inclusão do folheto no *Índex Expurgatório do Santo Ofício* em 1581. A primeira tradução portuguesa foi feita por Jerônimo Moreira de Carvalho, Físico-Mor do Algarve, impressa na casa de Bernardo da Costa Carvalho, Lisboa, 1733, in 4º. Desta tradução vêm todas as reimpressões da novela, até os nossos dias, *História do Grande Roberto, Duque da Normandia e Imperador de Roma, em que se trata da sua conceição, nascimento e depravada vida, por onde mereceu ser chamado Roberto o Diabo, e do seu grande aprendimento e prodigiosa penitência, por onde mereceu ser chamado Roberto de Deus, e prodígios que, por mandado de Deus, obrou em batalha*. As tentativas para identificar esse Duque da Normandia com personagens históricos têm falhado. A ópera de Meyerbeer *Roberto le Diable*, libreto de Scribe e Germain Delavigne (Paris, 1831), é baseada numa versão manuscrita, diversa do romance popular e ainda alterada pelos dois escritores. O assunto corrente é o seguinte: Roberto nasceu de um voto de sua mãe, Duquesa da Normandia, que, desesperada por não ter filhos, pediu que o diabo a fizesse mãe. Violento, bestial, de uma crueldade assombrosa, Roberto cometeu todos os crimes e brutalidades, arrependendo-se e procurando um eremita em Roma que lhe deu por penitência fingir-se louco durante sete anos e alimentar-se do que arrebatasse da comida dos cães. Um almirante atacou Roma, despeitado por o imperador não lhe dar a filha, princesa muito bonita mas sofrendo de mudez. Roberto é mandado por um anjo armar-se e defender a cidade, o que fez, desbaratando em vários encontros o exército do almirante. Depois da luta, trocava a armadura pelos andrajos de mendigo. O imperador prometia a mão da filha ao guerreiro misterioso, e o próprio almirante apresentou-se, dizendo-se vencedor de suas tropas, por amor à princesa. A moça recobrou a voz e denunciou o verdadeiro herói, por ela surpreendido, quando se desvestia e curava das feridas recebidas em combate. Perdoados os seus pecados, Roberto casa, derrota na Normandia uns fidalgos rebelados e vinga em Roma a morte do sogro, assassinado pelo almirante, tornando-se imperador. Um dos filhos de Roberto foi Ricardo da Normandia, um dos Doze Pares de França. Na versão tradicional francesa, Roberto renuncia à mão da princesa e morre num eremitério, em orações e vigílias santas. Há versões poéticas portuguesas e brasileiras, mais ou menos contemporâneas. Uma versão brasileira termina assim:

"Ficou Roberto em Roma,
Feito império da nação,
Era muito generoso,
Amava a religião.
Governou com paciência,
Pela Constituição!
Viveu Roberto casado,
No seio da confiança,
Tiveram um filho único,
Que ficou como lembrança,
Foi Ricardo da Normandia,
Dos Doze Pares da França."

As fontes de Roberto do Diabo são realmente três. Primeiro *Les Cronicques de Normandie*, impressas em Rouen por Guillaume Le Talleur, 1487, contando a história de Roberto até que, convertido e penitenciado, torna-se homem de Deus. Segundo, *Le Roman de Robert le Diable*, transformado no séc. XIV no *Dit* ou *Dité de Robert le Diable*, publicado por Tributien em 1837, Paris, que atribuía sua autoria a um normando do séc. XIII. Nesse *Roman* ou *Dité*, Roberto recusa casar com a filha do Imperador de Roma e morre ermitão, fazendo milagres o seu túmulo na Igreja de Latrão. Outra cópia do *Roman*, do séc. XIV ou princípios do séc. XV, foi posta em prosa nessa centúria, sob o título de *La Vie du Terrible Robert le Diable Lequel Après fut Nommé L'Homme Dieu*, in 4º, gótico, P. Mareschal, Lyon, 1946, caindo no sabor das desfigurações populares, recriado constantemente nas edições da *Bibliotéque Bleue*. Terceiro, uma *Moralité Mystique* denominada *Miracle de Notre Dame de Robert le Diable*, republicada recentemente por Edouard Fournier, *Le Mystère de Robert le Diable* (Paris, Dendu, s. d. É o texto do séc. XIV com versão moderna). No *Miracle* Roberto obedece à voz do ermitão e termina a penitência, casando-se com a filha do Imperador de Roma, como ocorre no folheto ainda hoje lido no Brasil e em Portugal. O *Roman* foi igualmente publicado e comentado por E. Löseth, *Robert le Diable, Roman D'Aventures*, Paris, F. Didot, 1903. Ver ainda Mme. Amélie Bosquet, *La Normandie Romanesque et Merveilleuse*, Paris, Techener, 1875, 1-25; Luís da Câmara Cascudo, *Cinco Livros do Povo*: Introdução ao Estudo da Novelística no Brasileira, 169-221, João Pessoa, Editora Universitária/UFPb, 1994, com maior extensão documental e informativa, incluindo textos antigos e contemporâneos.

ROÇA. Terreno plantado de mandiocas, terra para farinha. Na acepção de terreno de plantio, já consta de documentos portugueses de 1327. O mesmo que roçado. No vocabulário popular é sinônimo de propriedade, de posse, de autoria. *Isto é da minha roça*.

RODA. Danças de roda eram conhecidas pelos indígenas. Portugueses e africanos trouxeram as suas. Nenhuma novidade de maior porque a informação das danças de roda é milenar. A primeira dança humana, expressão religiosa instintiva, a oração inicial pelo ritmo, deve ter sido em roda, bailado ao redor de um ídolo. Desde o paleolítico vivem os vestígios das pegadas em círculo em cavernas francesas e espanholas. O movimento seria simples e uniforme, possivelmente com o sacerdote no centro, dirigindo o culto e animando o compasso. À volta das informes esculturas simbolizando bisões e renas, bailaram os caçadores, suplicando a presa abundante e fácil e os tiros certos, das lanças e dardos de pontas de pedra lascada. Roda. Etnograficamente o Brasil, como o continente, conheceu a roda, o veículo de roda, depois da conquista européia. O primeiro veículo seria o contemporâneo carro de bois, de rodas maciças e eixo fixo, dado por R. Lowie como existente desde o ano 3.300 antes de Cristo na zona de Babilônia, indicando o país basco e o Cáucaso como as regiões da persistência do tipo. C. Leonard Woolley encontrou-o nas escavações de Ur, em civilização remotíssima (Júlio Caro Baroja, *Los Pueblos del Norte de la Península Ibérica*, 146 e seg., Madrid, 1943) e Schmolke deparou um exemplar em França, Gavarnie, Altos Pireneus (F. Krüger, *Géographie des Traditions Populaires en France*, 153, Mendoza, 1950). Segundo Krüger os argentinos dizem *catanga* às rodas maciças *(roues pleines)* na província de Salta "et en d'autres pays de l'Amérique du Sud (Bolivie, Chili, etc.)." No Brasil ainda rodam cerca de uns 150.000, segundo informação pessoal do saudoso Bernardino de Sousa, que deixou um volume completo no assunto. No Nordeste os carros de bois são tipicamente os primitivos e desapareceram as rodas com cortes em meia-lua registrados por Marcgrave e Franz Post durante o domínio holandês. Ver Luís da Câmara Cascudo, "Jangada e Carro de Boi", *Jornal do Comércio*, Rio de Janeiro, 23-3-1941; M. Rodrigues de Melo, *Patriarcas & Carreiros*, Tradição ed. Recife, 1944; 150.000 "Carros de Bois no Brasil!", *Correio da Manhã*, 7-2-1948, Rio de Janeiro. Já velho de dez séculos, quando Júlio César conquistou as Gálias, ainda o carro geme pelas estradas contemporâneas do Brasil, *stridentia plaustra* (Vergilio, *Georgia*, III, 536) sem pausa e sem descanso. Rodas Infantis. "As rodas infantis guardam em geral a forma lusitana, com que chegaram aqui, embora variadas e deformadas. Mas nelas é que melhor permanecem as fontes portuguesas, parecendo a Mário de Andrade que 'a criança brasileira se mostra particularmente incapaz de criar melodias nacionalmente raçadas'. É certo que esse mesmo escritor reconhece, como se deu com a *Ciranda, Cirandinha*, um processo de transformação para chegar a uma forma que, 'sem ser propriamente original, já é necessariamente nacional'. Numerosas são as nossas cantigas de roda, várias delas dançadas, em passos mínimos. Hoje já muitas caíram no esquecimento, mas nelas têm perdurado, através do tempo, numa constância que não tem tido as outras modalidades populares, as expressões originárias, a despeito de serem cantadas, metidas umas dentro das outras, e com as mais curiosas deformações das letras, pela própria inconsciência com que são proferidas as palavras pelas bocas infantis. O fenômeno da persistência é, aliás, muito natural. Não só a criança é menos inventiva, como também a sua vida se desenvolve num ambiente circunscrito, onde não penetram as influências estranhas. Assim, só atual sobre elas o tempo e as resultantes do modo de cantar e brincar, principalmente de pronunciar as palavras. À força de cantar e ouvir, abrasileiraram-se muitos desses cantos e são tão nossos como se nascidos no Brasil. Têm carta legítima de nacionalização. Seja a *Senhora Dona Sancha*, coberta de ouro e prata; seja a moda da *Carrasquinha* (ou Carranquinha) que faz a gente ficar pasmado; seja a *Ciranda, Cirandinha*, ou qualquer outra, todas essas cantigas estão vivas na nossa memória, em doce recordação, quando as ouvimos nos brinquedos dos nossos filhos. Não há dúvida de que pouco na roda infantil brasileira é especificamente nacional, mas talvez a razão disso seja o fato de, adotadas as lusitanas, ou ainda as de procedência francesa, nos terem servido tão bem, na sua ingênua simplicidade, que duraram e, ao revés de outras formas musicais importadas, que se mesclaram e transmudaram em matéria nova, as cantigas de roda defenderam o caráter primitivo o mais possível. Sem embargo, é preciso notar que, em vários pontos do país, os garotos já se apropriaram de toadas locais, para as suas rodas, cantando-as, porém, com um caráter próprio. É digna de registro a influência francesa nas cantigas de roda." (Renato Almeida, *História da Música Brasileira*, 107-108). Para as cantigas de roda brasileiras ver Alexina de Magalhães Pinto, *Os Nossos Brinquedos*, Lisboa, 1909; *Cantigas das Crianças e do Povo*, Livraria F. Alves, Rio de Janeiro, 1911; João Gomes Júnior e João Batista Julião, *Ciranda, Cirandinha*, ed. Melhoramentos, São Paulo, 1924; Íris Costa Novais, Diva Dinis Costa e Gedir de Faria Pinto, *Vamos Brincar de Roda*, Imprensa Nacional, Rio de Janeiro, 1946; Frei Pedro Sinzig, *O Brasil Cantando*, Vozes, Petrópolis, 1938; Marisa Lira e Leonor Posada, *Uma, Duas Argolinhas*, Livraria Jacinto, Rio de Janeiro, 1941; P. Deodato de Morais e Osvaldo Orico, *Cartilha Brasileira*, Livraria Francisco Alves, Rio de Janeiro, 1930; Cecília Meireles, "Infância e Folclore", artigos em *A Manhã*, Rio de Janeiro, 1943; Guilherme Santos Neves e João Ribas da Costa, *Cantigas de Roda*, I, Vitória, Espírito Santo, 1948, II, Vitória, Espírito Santo, 1950; Vila Lobos, *Guia Prático*, Coleção Escolar, I vol. Ver *Circum-Ambulação*.

RODA DE PAU. Castigo tradicional no Brasil velho. Veio até meados do séc. XIX e ainda conta com admirações devotadas no interior do país. No dicionário de Domingos Vieira registra-se "roda de couces"; que se dão acompanhando a quem os leva à roda da casa por onde foge (*idem*, Morais). Franklin Távora (*Lourenço*, romance da primeira década do séc. XVIII, *Revista Brasileira*, VIII, 346--347, Rio de Janeiro, 1881) descreve a roda de pau. "Seis escravos formaram uma roda, como se se aparelhassem para certa dança circular que usavam os nossos índios. Cada um estava munido de uma vara de quiri, fina e longa, que ao fogo perdera a casca... Ao meio do círculo fora arrojado o espião, nu da cintura para cima, com as mãos atadas atrás das costas... Sobre este, que umas vezes implorava perdão, outras soltava imprecações injuriosas, descarregaram os executores os instrumentos da infame e infamante pena. O paciente, que ao princípio rugia de cólera, ou gritava ou vociferava, do meio para o fim, quebradas as forças, enfraquecidos os espíritos, recebia em silêncio, mal se sustentando de pé, e por último caído por terra, as varadas brandidas pelos vigorosos pulsos africanos. Era isto que se chamava *roda de pau*, castigo muito praticado naqueles tempos por naturais de Pernambuco." É uma reminiscência do suplício romano das varas, aplicado aos legionários covardes ou fujões. As varadas eram dadas no condenado, que corria entre filas de executantes. Durante algum tempo, mesmo em fins do séc. XIX, usou-se *correr a coxia*, a bordo, no mesmo sentido. Aí as varas eram substituídas pelos cabos de corda, calabrotes. O uso de surrar apenas da cintura para cima e preferencialmente nas espáduas estava recomendado na antiquíssima legislação penal portuguesa.

RODAGEM. Ver *Fandango*.

RODAMOINHO. Ver *Redemoinho*.

RODA-PAGODE. Atividade lúdica dos adultos do Baixo São Francisco por ocasião das festas de plenitude ou principalmente na pequena vacância agrícola de inverno, por ocasião das festanças do ciclo junino. Em torno das fogueiras, grupos alegres de adultos de ambos os sexos, de mãos dadas, cantam, saltam-nas, deixam uma fogueira, passam para outra, misturam-se os grupos. Estes vão se avolumando até reunirem-se todos ao redor de uma grande fogueira numa praça pública, o quadro. Ali todos cantam e a roda-pagode alagoana põe no corpo da gente uma vontade insopitável de dançar, de bailar, pois seu ritmo é convidativo. Ela congraça os membros adultos da comunidade, caem as barreiras sociais, pobres e ricos, moradores das casas de tijolos e das choupanas de palha, de mãos dadas, alegres cantam esquecendo-se das tricas políticas, das desditas, das mágoas das rixas e intrigas familiares, do bate-boca de comadres, dos desníveis sociais: ali todos pertencem à grande família alagoana – una, alegre e feliz. As cantigas são tradicionais e traduzem em seus versos fatos e coisas do hábitat do ripícola são-franciscano, mas a roda-pagode dá-lhes uma vida nova – a comunicabilidade, alegria congraçadora que eclode pela passagem do ano cósmico na grande festa do solstício do inverno coincidindo principalmente com a festa junina, à noite de 23 para 24 de junho de todos os anos, noite em que São João Batista está dormindo. (Alceu Maynard Araújo, São Paulo).

RODEIO. Reunião do gado de uma estância no Rio Grande do Sul para contagem, cura de bicheiras ou qualquer outro mal, simples vistoria e para o *aparte*, seja para vender o gado apartado, seja para retirá-lo para outra invernada. Local em que se reúne o gado, em geral, sempre no mesmo lugar. Numa estância, pode haver vários locais de rodeio: rodeio grande, rodeio da mangueira, etc. Parar Rodeio. Operação de reunir o gado (repontar), desde os mais remotos rincões, no local do rodeio. Pedir Rodeio. Solicitação que se faz a um fazendeiro vizinho, para procura de gado extraviado. Dar Rodeio. Reunião do gado, a pedido de um vizinho ou de um tropeiro. (General José Bina Machado). Já em 1817 Aires do Casal descrevia o rodeio: "Em cada fazenda há uma colina, ou terreno dos mais elevados, determinado com o nome de *rodeio*, plano na sumidade, e com capacidade para receber todo o gado, onde se ajunta, as vezes que se julga necessário. Para isto, distribuídos os pastores a cavalo em torno do gado, começam a bradar-lhe *rodeio, rodeio*, a cujas vozes o gado marcha a trote para o rodeio em fileira, e dividido em manadas de 50 até 100 cabeças, segundo o número em que pastam. Esta manobra é indispensável, a fim de pôr o sinal e marca do dono no animal que ainda a não tem, para se castrarem, operação que se lhes faz em tendo dois anos, e pelo método praticado com os porcos, e para tirar o que passa de quatro anos; tanto para que o gado não exceda o número das cabeças que a fazenda pode *sustentar*, faltando-lhe o pasto, como porque, passando a viver mais tempo no campo, não quer obedecer ao rodeio, foge, e desordena o resto do gado". (*Corografia Brasílica*, 1º, 96, S. Paulo, 1943. A primeira edição é: – *Corographia Brazilica, ou Relação Histórico-Geographica do Reino do Brasil...* por hum Presbitero secular do Gram Priorado do Crato. Rio de Janeiro. Na Impressão Regia. MDCCC. XVII). O poeta gaúcho M. Pereira Fortes (Manuel do Carmo) fixara o quadro no seu *A Marcação*, 52, S. Paulo, 1940:

"E no lugar onde o gado,
Ao rodeio acostumado,
É mais fácil de ajuntá,
Aos poucos se vai juntando
A novilhada e apartando
O que se tem de marcá…"

RODEIRO. "É o caso, por exemplo, do tremor de terra, que sacode, de quando em vez, a região da cachoeira do Itaboca. Para os caboclos daqui, aquele tremor de terra é produzido por uma arraia-gigante, do tamanho de um navio, chamada 'rodeiro', que, quando está zangada, vem à tona e engole os 'motores' com a gente que está dentro." (Lísias Rodrigues, *Roteiro do Tocantins*, 271-272, ed. José Olympio, Rio de Janeiro, 1943). Itaboca, no rio Tocantins, fica no Estado do Pará. Denominam "motores" às embarcações que têm um motor na popa. A arraia gigante do Tocantins corresponde ao *Iacaré tiritiri manha*, jacaré-mãe-terremoto, no Amazonas, provocando-o, quando se volta no fundo das águas, procurando outra posição (Stradelli).

RODILHA. Círculo, ou rosca de pano, que os carregadores põem à cabeça, e nela assentam a carga, para os não molestar. Termo vulgar entre nós, com esta particular acepção, e assim registrado por Morais, não é contemplado nos modernos dicionários (Pereira da Costa, *Vocabulário Pernambucano*, 646). Do velho uso português fala uma écloga de Rodrigues Lobo (X, fl. 110, 1605): Leva uma mão a rodilha, / Feita da sua toalha, / Com hũa mão sustenta a talha, / Ergue com a outra a fraldilha. Ditado: Quem não pode com o pote, não pega na rodilha. *Cesticillus* em Roma.

RODINHA. Nome popular do lasquenê, entre os malandros do Rio de Janeiro.

RODRIGUES, JOÃO BARBOSA. Ver *Barbosa Rodrigues*.

RODRIGUES DE CARVALHO, JOSÉ. Nasceu em Alagoinha, Paraíba, a 18 de dezembro de 1867 e faleceu no Recife a 20 de dezembro de 1935. Advogado, jornalista, professor, jurista, exerceu cargos de eleição popular e na alta administração paraibana. Seu livro, clássico na bibliografia folclórica, foi publicado em época de perfeita indiferença pelo assunto. *Cancioneiro do Norte*, Fortaleza, Ceará, 1903; segunda edição na Paraíba, 1928, aumentada, 3ª ed., INL, "Louvação ao Cancioneiro do Norte", Manuel Diegues Júnior, Rio de Janeiro, 1967.

RÓI-RÓI. Ver *Zumbidor*.

ROJÃO. Rojão de viola. Há duas acepções. A forma velha, que conheci no sertão, ao redor de 1910 (sertão do Ceará, Rio Grande do Norte e Paraíba) era o pequeno trecho musical, tocado a viola ou rabeca (por ambas também), antes do verso cantado pelo cantador. Como na cantoria do desafio clássico não havia acompanhamento musical, os trechos eram executados antes do verso e depois para o descanso do primeiro cantador e pausa para o adversário preparar a resposta. Esse trecho dizia-se Rojão ou Baião (Luís da Câmara Cascudo, *Vaqueiros e Cantadores*, 175, São Paulo, Global, 2005). Era *um toque rasgado de viola* como Morais registrou no seu dicionário (ed. 1831) e que o *Pequeno Dicionário Brasileiro da Língua Portuguesa* verbetizou como *toque de viola arrastado* (2ª ed., S. Paulo, 1939). Muitos rojões desdobrados no plano da extensão servem ou serviam para dançar. Este é o sentido do verso de Ferreira Itajubá (Manuel Vergílio, 1876-1912) escrevendo em 1910:

"Como é doce o rojão das violas
[nas aldeias!
A lua alva de abril refrescando
[as areias!"

Ultimamente, depois de 1918, Rojão tem nova significação, valendo duração, medida, forma, estilo da cantoria, sua extensão e modelo. Pode ter sido uma contaminação do calão automobilístico onde Rojá é justamente a cadência, o ritmo da velocidade. Um motorista dizia-me em Natal: "A velocidade não faz a viagem boa, o certo é segurar o rojão". Rojão nesta segunda fase está sendo comumente usado pelos cantadores nordestinos. Rojão é ainda foguete, fogo do ar, como em Portugal. Era realmente no séc. XVIII um interlúdio. Com o Rojão tocado em viola iniciava canto recreativo. No *Compêndio Narrativo do Peregrino da América*, vol. II, 46 (a 2ª parte estava inédita, e a dedicatória é de 12 de novembro de 1733), Rio de Janeiro, 1939, leio: "E levantando-me sem mais cerimônias, peguei em uma viola, e depois de a temperar, e *fazer um rojão*, cantei esta letra". A forma violeira que ainda alcancei em 1910 era clássica.

ROLADEIRA. Ver *Sela*.

ROLDÃO. O sobrinho do Imperador Carlos Magno, o mais famoso dos Doze Pares de França, é de citação comum dos desafios e cantigas populares sertanejas, exemplo de coragem sobre-humana e destemor incomparável. Roldão morreu combatendo os bascos revoltados contra o domínio francês além dos Pireneus. Surpreendendo a retaguarda do exército, os bascos derrotaram as tropas fatigadas, sucumbindo o paladino na tarde de 15 de agosto de 778 em Roncesvales, perto de Pamplona, Aragão. O imperador voltou ao campo de batalha, sepultando os pares mortos, e mandando erigir a igreja do Espírito Santo, sob cujo altar-mor ficaram os guerreiros cantados na *Chanson de Roland*, surgida entre 1090 e 1130. A única citação histórica, datada cerca de quarenta anos depois de Roncesvales, é a menção de Eginhard, registrando a morte de *Hruodlandus, préfet de la marche de Bretagne*. A popularidade de Roldão entre os cantadores nasceu da *História do Imperador Carlos Magno e dos Doze Pares de França*, reunidas as partes anteriormente publicadas e traduzi das em Lisboa (1728 e 1737) e edição trazendo a terceira parte (proeza de Bernardo del Carpio) em 1745. Da segunda metade do séc. XVIII data a galopada sonora de Roldão pelas memórias brasileiras. E continua. Inútil tentar registro de sua bibliografia erudita. O mais recente estudo é precioso: — Ramón Menéndez Pidal, *La Épica Francesa y el Tradicionalismo*, Barcelona, 1958. Na cavalhada de Bebedouro, arredores de Maceió, Alagoas, o primeiro "mantenedor" denominava-se Roldão. Ver Luís da Câmara Cascudo, *Mouros, Franceses e Judeus - Três presenças no Brasil*, "Roland no Brasil", 41-48, 3ª ed., São Paulo, Global, 2001.

ROLETE. Pedaço de cana-de-açúcar, descascada, para chupar. É de venda comum pelas regiões brasileiras e os pregões têm sido registrados pelos compositores musicais. Muito citado nos versos populares.

ROLINHA. Dança de roda infantil. Os versos eram seguidos pelo refrão:

"Olha a rolinha, doce, doce,
S'embaraçou, doce, doce,
Caiu no laço, doce, doce,
Do nosso amor, doce, doce."

Figurou no "Pelo Telefone", de Donga, em 1917, composição onde pela primeira vez, segundo as pesquisas de Almirante, apareceu a palavra Samba numa música impressa. Rio de Janeiro.

ROMANCE. São poemas em versos octossílabos (pela versificação castelhana e setissílabos pela nossa) refundidos e recriados nos sécs. XV e XVI, com rimas assonantes nos pares, e os Ímpares livres, vindos dos sécs. X, XI, XII, como as canções de gesta, registrando as façanhas guerreiras de espanhóis e franceses. Foram poemas feitos para o canto nas cortes e saraus aristocráticos, e não a poesia democrática e vulgar, feita para o povo. No séc. XVI, a recriação foi um processo de acomodação ao gênio popular e muitos motivos surgiram, dentro dos metros e modelos passados, versificados ao sabor do gosto popular, mas fiéis aos tipos antigos. Passaram as assonâncias e tonância às rimas simples, e neste caráter o romance teve voga extraordinária, cantadas e trazidas para o Brasil, como para toda a América espanhola, pela memória do colonizador. A gesta militar de outrora, o poema nacional ao gosto de Laveleye, epopeia nacional, anônima e coletiva (*La Saga des Nibelungen dans les Eddas et dana le Nord Scandinave*, 14, Paris, 1866) passou ao plano popular, número e heterogêneo, buscando os efeitos da emoção do lirismo do amor, temas sempre sensíveis e poderosos no espírito popular, alheio aos motivos fidalgos de luta e de conquista, às loucuras cavalheirescas do Voto do Pavão e aos sonhos do domínio cristão nas terras onde Cristo nascera. O séc. XVI foi a época do romance em Portugal e justamente a fase do povoamento do Brasil. Os romances vieram, cantados, e resistiram até, possivelmente, o séc. XVIII, quando foram esquecidos no uso, mas não nas memórias coloniais. Apenas na segunda metade do séc. XIX os romances começaram a ser registrados no norte brasileiro, já vitoriosa a campanha valorizada em Portugal com Almeida Garrett e na Inglaterra com Walter Scott. Garrett, infelizmente, recebendo várias cópias de trechos de romances, reconstruía o modelo perdido com o material agenciado, e não sabemos o que é tradicional e o que é realmente a colaboração garretiana. No Brasil, a primeira pequenina coleção foi publicada em 1873 por Celso de Magalhães no jornal *O Trabalho*, no Recife. José de Alencar divulgou então os romances brasileiros, a gesta do ciclo do gado, *estórias* de novilhos e bois valorosos, que durante anos haviam resistido às pesquisas dos vaqueiros encarregados de capturá-los. Os animais contam a odisseia, narrando a vida aventurosa, a luta, dando adeuses aos elementos naturais, serras, bebedouros, malhadas, aos cavalos teimosos na perseguição e mesmo aos vaqueiros vitoriosos. José de Alencar denominou essa série de artigos *Nosso Cancioneiro*. Nenhum documentário mereceria reprodução mas ainda (1951) se conserva nas mesmas páginas do *Globo*, onde foram impressos em 1874 no Rio de Janeiro. Sílvio Romero publicou (*Cantos Populares do Brasil*) a primeira grande coleção de romances portugueses encontrados no Brasil já diferenciados pelo mestiço, fiel à psicologia ambiental e outros modelos nacionais (Lisboa 1883, Rio de Janeiro, 1897, e edição recente de José Olympio, *O Folclore Brasileiro*, primeiro volume). Alguns dos romances estavam reduzidos a simples trechos, outros quase completos e todos com as modificações que valem como variantes. Foram *Dona Infanta, a Noiva Roubada*, o *Bernal Francês, D. Duarte e Dona Donzilha, Dona Maria e D. Arico, o Conde Alberto, D. Carlos de Monte-Albar* (duas versões), *Dona Branca, o Casamento Malogrado, a Nau Catarineta* (duas versões), *Iria a Fidalga, Flor do Dia, A Pastorinha, Florioso, O Cego, Xácara do Cego* (variante), *Juliana, Xácara de Dom Jorge* (variante), *A Flor de Alexandria, Branca Flor, Xácara de Flores Bela* e romances brasileiros. Só no séc. XX houve continuação com a série divulgada por Pereira da Costa no *Folclore Pernambucano*. *Revista do Instituto Histórico Brasileiro*, tomo LXX, 1908. O Almirante Lucas A. Boiteux registrou muitos romances em Santa Catarina ("Poranduba Catarinense", *Revista do Instituto Histórico Brasileiro*, volume 184, 1944). Nenhum com música. Em 1939 divulguei uma versão da "Bela Infante", com música (*Vaqueiros e Cantadores*, 275-278, São Paulo, Global, 2005; edição atual). As pesquisas continuam e ultimamente a colheita tem sido promissora. Rossini Tavares de Lima recolheu em São Paulo e nalgumas partes de Minas Gerais e de Mato Grosso dez romances, com quarenta variantes, todas com solfas. Guilherme de Santos Neves registrou cinco em Espírito Santo, Teo Brandão três em Alagoas, Hélio Galvão treze no Rio Grande do Norte, algumas com música, Fausto Teixeira uma em Minas Gerais. Para o I Congresso Brasileiro de Folclore (Rio de Janeiro, agosto de 1951) os Srs. Joaquim Ribeiro e Wilson W. Rodrigues enviaram um *Romanceiro Tradicional do Brasil*, oito romances que constituíam uma pequena coleção do Prof. Inácio Raposo, datada de 1853, com confrontos. Os romances tradicionais portugueses no Brasil, assim como os romances brasileiros de gênero narrativo, gesta do gado, episódios líricos ou políticos, devem merecer pesquisa mais atenta e publicação mais uniforme. Nenhum outro documento, exceto o conto, poderá avantajar-se na importância para o estudo da persistência temática lusitana e as modificações nacionais reveladoras de uma assimilação e transformação psicológica. Ver Rossíni Tavares de Lima, "Achegas ao Estudo do Romanceiro no Brasil", sep. da *Revista do Arquivo*, CLXII, S. Paulo, 1959; *Romanceiro no Brasil*, in *Dicionário das Literaturas Portuguesa, Galega e Brasileira*, 715-716, Porto, fasc. 15.

ROMÃO. O mesmo que Romãozinho, entidade zombeteira, inquieta e malévola, espécie de Saci-Pererê, de Lutino, divertindo-se em preparar acidentes desagradáveis e humilhantes aos viajantes solitários. Conhecem o Romãozinho na parte norte de Minas Gerais, norte, leste e nordeste de Goiás, fronteira do Maranhão com esse Estado e Bahia. Converge para ele o mito do fogo, aparecendo como o fogo-fátuo, apagando e acendendo a chama azul e misteriosa. "Demônio rural e urbano", informa Ciro dos Anjos (*Diário da Manhã*, 27-7-1927, Belo Horizonte). Cf. I. G. Americano do Brasil, *Lendas e Encantamentos do Sertão*, 45-47, São Paulo, s. d. (1938); Basílio de Magalhães, *O Folclore no Brasil*, 82-83, Rio de Janeiro, 1939. Identificando-o com o Saci, José A. Teixeira (*Folclore Goiano*, 361-374. São Paulo, 1941): "... vive errante, assombrando estradas e cidades do vale do Paraná. Faz ruído, joga pedra nos telhados e areia nas janelas, assobia nas fechaduras; arrebata as rédeas dos cavaleiros e confunde os caminhos. Romãozinho é a assombração certa dos viajeiros e dos habitantes da extensa região. Contudo, aos de fora, os estranhos, ele não é maléfico, senão amigo: pois dá recados ao ouvido, procura objetos perdidos, etc. Os moradores do lugar podem também granjear-lhe a amizade e os favores, oferecendo-lhe comidas, que devem ser postas nas encruzilhadas". (362). (Ver Luís da Câmara Cascudo, *Lendas Brasileiras*, 83-87, 9ª ed., São Paulo, Global, 2005). Wilson Lins (*O Médio São Francisco*, "Romãozinho", 181-185, Bahia, 1952) historia as proezas do duende, irrequieto, malévolo, inesgotável de malícia atormentadora.

ROMARIA. São centros de interesse folclórico pela variedade dos elementos convergentes, danças, cantos, alimentos, indumentária, sincretismo religioso, sobrevivências de costumes que encontram nesses momentos clima favorável à exteriorização normal. A parte exterior das romarias, depois da satisfação das promessas, doação de espórtulas, entrega de ex-votos, assistência ao cerimonial litúrgico, é campo aberto ao estudo da etnografia e do folclore, de alto interesse humano. Os portugueses trouxeram a tradição das romarias para o Brasil. Não consta que os indígenas tivessem pontos de afluência religiosa e os africanos conheceram as romarias depois de muçulmanizados. No Brasil, os principais centros de romaria são: Nossa Senhora de Nazaré, em Belém do Pará, São Francisco de Canindé, em Canindé, Ceará, Bom Jesus do Bonfim, em Itapagipe, cidade do Salvador, Bahia, Bom Jesus da Lapa, Pirapora, rio São Francisco, Nossa Senhora Aparecida, Aparecida, e Bom Jesus de Pirapora, ambos em São Paulo. Todos os Estados têm lugares de predileção popular para romarias locais, festas dos oragos, etc. O Juazeiro, no Ceará, ainda leva dezenas de milhares de romeiros anualmente para visitar o túmulo do Padre Cícero Romão Batista e orar na matriz. Um pequeno centro de devoção muito procurado no Nordeste do Brasil é o santuário de Nossa Senhora dos Impossíveis, no alto da serra do Lima, arredores da cidade do Patu, Rio Grande do Norte. Nesses templos há sempre a "casa dos milagres" com centos e centos de ex-votos, merecedores de estudo etnográfico e artístico.

Romero, Sílvio. Ver *Sílvio Romero*.

Ronca. Ver *Cuíca*.

Roncador. Instrumento negro no Brasil, citado por Luciano Gallet.

Roncó. Atabaque nos candomblés de cabocló, sincretismo afro-indígena.

Ronda. Ver *Brinquedo, Jogo de Baralho*.

Rondolo. O cônego Luís Castanho de Almeida, conhecido no domínio do folclore e da história como Aluísio de Almeida, registrou há alguns anos, como mito da colônia italiana da região de Piracicaba (S. Paulo), o "Rondolo". Trata-se de ave muito grande, enorme abutre que voa das nuvens negras, anunciadoras de tempestades. O Rondolo, pela sua periculosidade, deve ser afastado do local onde aparece, por meio de exorcismo, que pode ser feito por um sacerdote ou um cristão qualquer (Rossini Tavares de Lima, S. Paulo).

Roque. Santo do séc. XIV. Nasceu e morreu em Montpellier. Antigo padroeiro dos cardadores. Distribuiu sua fortuna com os pobres e viajou para Itália em peregrinação, atendendo aos doentes da peste que assolava a Península. Adoecendo, ocultou-se numa gruta, onde um cão o descobriu. O dono do cão, o cavaleiro Gotardo, tratou de Roque e curou-o. Continuou sua missão de caridade aos pestosos, e quando voltou a Montpellier foi confundido com um criminoso e atirado a uma prisão onde faleceu, cinco anos depois, sem identificar-se, a 16 de agosto de 1327, seu dia votivo, tendo 32 anos. Invocado nas horas de epidemia, especialmente cólera-morbo e varíola, é muito popular nas tradições religiosas da Europa e América. Nas representações iconográficas São Roque é sempre acompanhado por um cão. Decorrentemente, protege os cães tal-qualmente São Lázaro, a quem é associado em várias lendas. Os sertanejos, como os portugueses velhos, chamavam-no "senhor São Roque". No Nordeste do Brasil, S. Roque também recebe as promessas curiosas do "jantar aos cachorros", como na "Mesa de São Lázaro" (ver *Lázaro* e *Promessa*). "Dessas abusões está cheio o nosso Brasil. Em Amarração, no Piauí, foi-me dado presenciar um jantar deveras extravagante. Uma senhora, adoecendo de uma ferida, depois de grandes lutas para obter a cura, lembrou-se, um dia, de recorrer a São Lázaro e São Paulo, prometendo aos mesmos santos um lauto jantar aos cachorros da redondeza, caso ficasse curada. Tempos depois, verificando-se a cura, efetuou ela o pagamento da promessa. Uma tarde, em frente da casa, com o terreiro varrido, uma grande toalha estendida sobre o mesmo e orlada de pratos cheios de carne, chegaram os inúmeros convidados, dando início ao banquete solene. Mas, em meio da festa, o jantar degenerou em tremenda luta entre os comensais, querendo uns abocanhar os outros e assim foi-se em estilhaços a maioria dos pratos. A festa, depois de afastados os cães, prolongou-se até alta madrugada, em remexidas contradanças ao som de afinada sanfona." (Getúlio César, *Crendices do Nordeste*, 90-91, Rio de Janeiro, 1941). Os devotos de São Roque não morrem de colapso, de úlceras ou de peste. Usam, no dia 16 de agosto, uma fita roxa. Nos candomblés da Bahia S. Roque é identificado com Omulu e em Alagoas com Ogum. Meu São Roque: É uma das marcas no jogo de prendas. Enquanto alguém, escolhido para ser o senhor São Roque, fica sentado numa cadeira, fazendo caretas e momices, o devoto, ajoelhado a seus pés, deve resistir à provocação do riso, dizendo continuamente: "Aqui me tem, meu São Roque, sem me rir e sem chorar". Quem rir paga prenda e substituirá o santo. Com o nome de "mercado de santos" o naturalista Agassiz tomou parte do folguedo no interior do Ceará, em abril de 1866. (Luís Agassiz e Elisabeth Cary Agassiz, *Viagem ao Brasil*, 1865-1866, trad. Edgar Süsskind de Mendonça, 541-542, S. Paulo, 1938). Os indígenas terenas, do sul de Mato Grosso, subgrupo dos guanás, aruacos, conhecem uma variante, o Laiá, onde quem rir dos trejeitos e facécias do *atihocoti* (bufão) paga multa (Fernando Altenfelder Silva, "Mudança Cultural dos Terena", *Revista do Museu Paulista*, nova série, vol. III, 366-367, S. Paulo, 1949). Mal de São Roque: a doença de São Roque é a bubônica, febre contínua, apostemas e carbúnculos nas axilas e virilhas. Ver Joaquim Pires de Lima, *Ares do Campo*, "A Doença de S. Roque", 7-17, Barcelos, 1937, Portugal.

Roque Calage. Nasceu em Santa Maria, Rio Grande do Sul, a 15 de dezembro de 1888, e faleceu em Porto Alegre, em 23 de maio de 1931. De empregado no comércio passou ao jornalismo profissional, colaborando na imprensa de sua terra, São Paulo e Rio de Janeiro. Dez volumes de contos regionais, vocabulários, conferências, tradicionalismos fixam o observador admirável, costumista nítido e justo na evocação e estudo. (*Terra Gaúcha*, Porto Alegre, segunda ed., 1914. *Terra Natal*, Aspecto e impressões do Rio Grande do Sul, Porto Alegre, 1920. *Quero-Quero*, Cenas Crioulas, Porto Alegre, 1927. *Rincão*, cenas de campo, Porto Alegre, segunda edição, 1924. *Vocabulário Gaúcho*, Porto Alegre, segunda edição em 1928, primeira em 1926. *No Fogão do Gaúcho*, Porto Alegre. 1929).

Roqueira. Pequena peça feita de um cano de espingarda ou pedaço de ferro, preso a um toro de madeira como carreta. Carrega-se pela boca e dispara-se com um tição ou facho no ouvido empolvado, festejando o São João. É o tipo tradicional da artilharia sertaneja nesses dias alegres. Nos casamentos do sertão as roqueiras disparavam, saudando os noivos na chegada à casa residencial. Antigamente as roqueiras eram peças de artilharia que jogavam balas de pedra.

Rosário de Catolé. Ver *Catolé*.

Rosário de Garras. "Espécie de amuleto destinado à cura de animais bichados, por simpatia. Compunha-se de garras enfiadas, isto é, de pedaços de arreios velhos e imprestáveis ou pontas de couro. O curandeiro ou qualquer peão de confiança lançava o estranho colar ao pescoço do animal atacado de bicheira, feridas cheias de vermes, e aguardava a cura, sem recorrer aos processos geralmente usados na benzedura, passes mágicos, orações, fórmulas sacramentais da taumaturgia indígena." (Augusto Meyer, *Guia do Folclore Gaúcho*, 156, ed. Aurora, Rio de Janeiro, 1951).

Rosaura. Ver *Circulação*.

Roupa de Ver a Deus. Era a roupa escura ou preta, de melhor fazenda, mandada fazer para as ocasiões solenes, usada nas missas dominicais. Vezes o mesmo traje servia a existência inteira do seu proprietário, casamento, matrimônio dos filhos, e era sepultado com ela. Contam que o Barão de Açu, conselheiro Luís Gonzaga de Brito Guerra (1818-1896), com a mesma casaca com que colara grau na Academia de Olinda, casou e anos depois tomou posse no Tribunal de Justiça de Ouro Preto, como desembargador. Ao falecer, era Ministro do Supremo Tribunal de Justiça do Império, aposentado. A roupa de ver a Deus aludia à missa como momento de homenagem divina.

Roxo. Mistura de café com aguardente; interior de São Paulo. (Informação de Rossíni Tavares de Lima).

Rudá. Couto de Magalhães, descrevendo a teogonia dos tupis, informa que Rudá ou Perudá era o deus do amor indígena, encarregado de promover a reprodução dos seres criados. "As tradições o figuram como um guerreiro que reside nas nuvens. Sua missão é criar o amor no coração dos homens, despertar-lhes saudades e fazê-los voltar para a tribo, de suas longas e repetidas peregrinações. Como os outros deuses, parece que tinha deuses inferiores, a saber: Cairé, ou a lua cheia, Catiti ou lua nova, cuja missão é despertar saudades no amante ausente. Parece que os índios consideravam cada forma da lua como um ente distinto. Há incontestavelmente propriedade e poesia nesta concepção da lua nova e lua cheia como fonte e origem de saudades. A mesma senhora a quem devo a lenda que deixei transcrita acima deu-me a letra e música das invocações que os tupis faziam a Rudá e a seus dois satélites." Estas invocações eram feitas ao pôr do sol ou da lua, e o canto, como quase todos os dos índios, era pausado, monótono e melancólico". "Ó Ruda, tu que estás nos céus, e que amas as chuvas... Tu que estás no céu... faze com que ele (o amante), por mais mulheres que tenha, as ache todas feias; faze com que ele se lembre de mim, esta tarde, quando o sol se ausentar no ocidente". Invocação à lua cheia, Cairé: "Eia, ó minha mãe (a lua), fazei chegar esta noite ao coração dele (do amante) a lembrança de mim". Invocação à lua nova, Catiti: "Lua nova, lua nova! assoprai em fulano lembrança de mim, eis-me aqui, estou em vossa presença; fazei com que eu tão somente ocupe o seu coração". O deus do amor tinha também a seu serviço uma serpente que reconhecia as moças que se conservavam virgens, recebendo delas os presentes que lhe levavam, e devorando as que haviam perdido a virgindade. Os tupinambás do Pará acreditavam que havia destas serpentes no lago Juá, pouco acima de Santarém". (Couto de Magalhães, *O Selvagem*, 123, 139-146 – parte II, Rio de Janeiro, tipo da Reforma, 1876).

Rum. É o atabaque maior dos candomblés da Bahia. Ver *Ilu*.

Rumpi. Nos candomblés é o atabaque médio (Bahia).

Runjebe. Contas pretas de Omulu, para pulseiras e colares. (Édison Carneiro, *Candomblés*, 127, Bahia, 1948).

S

Sabão. Dança do fandango no Rio Grande do Sul e São Paulo. Era popular em Pernambuco em meados do séc. XIX. O Padre Miguel do Sacramento Lopes Gama, no *Carapuceiro*, de 17 de fevereiro de 1838, referindo-se às danças sérias e sossegadas, cita: "Tínhamos o coco, o *Sabão* e a comporta, que se dançavam lindamente ao som de uma cítara". E no n.º 65 do mesmo periódico, de 12 de novembro de 1842, recordava:

"Em bodas e bautizados
É que se dava função,
Dançavam-se os minuetos,
Comporta, o coco e o Sabão."

No auto do Congos há um bailado (em Natal) onde cantam:

"Nosso rei, nosso rei, nosso rei
[dançou!
Dançou, dançou, dançou o sabão!"

Ver *Fandango*.

Sabença. Sabedoria, conhecimento, cultura, saber. Viterbo ainda fala na *sabença* de Nosso Senhor, cioso do bom escrever em seu *Elucidário*. Teófilo Braga descobriu na Biblioteca Pública do Porto (*Era Nova*, 324) uns fragmentos de tradução portuguesa dos versos do Arcipreste de Hita, o nosso amigo do *Livro do Bom Amor*. Num poeminha está a sentença:

"Os estrólogos antigos
Dizem em a ciência,
Eu digo da estrologia
Que é mui nobre sabença…"

No séc. XV era ouro de lei. Pertence ao vocabulário dos cantadores.

Sabiá. Turdidas e nome dado por extensão ao gênero *Saltator*, *Frigillidae*; com muitas variedades, sabiá-cica, gongá, guaçu, piranga, piri, poca (citada por Gabriel Soares de Sousa em 1587), sabiá-una, etc. Um dos pássaros mais sonoros e citados na poesia popular e plano literário:

"Sabiá canta na mata,
Descansa no pau agreste;
Um amor longe do outro
Não dorme sono que preste."

De Catulo da Paixão Cearense:

"A sabiá lá no alto
Da ingazeira serena
Chorava como se fosse
Uma viola de pena."

Gonçalves Dias oficializou o sabiá:

"Minha terra tem palmeiras
Onde canta o sabiá,
As aves que aqui gorjeiam
Não gorjeiam como lá."

O sabiá é grande amigo das pimenteiras. Come pimenta que nem sabiá, dizemos. Por esse veiculo as pimenteiras divulgavam-se e eram aproveitadas pelos indígenas do séc. XVII. Frei Claude d'Abbeville (*História da Missão dos Padres Capuchinhos na Ilha do Maranhão*, 188, ed. Martins, São Paulo, 1945) informava sobre o sabiá: "Vive nas hortas à procura de pimenta. E onde cai seu excremento, nascem pimenteiras, cujo fruto é utilizado pelos índios para negociar. Assim, esse pássaro serve de jardineiro, semeando a pimenta por todos os lados, e os índios o consideram um bom pássaro, porquanto seu excremento lhes permite ter machados, foices e outras mercadorias de que necessitam". Claude d'Abbeville esteve na ilha do Maranhão de julho a dezembro de 1612.

Sabongo. Sambongo. Beaurepaire Rohan cita como sinônimo "currumbá", doce de coco ralado, com mel de engenho, mel de rapadura com fervura até o "ponto apertado", quase de cocada. Comem puro ou com farinha de mandioca. O Padre Miguel do Sacramento Lopes Gama (1791-1852) resmungava no *Carapuceiro*, de 20 de janeiro de 1838, no Recife, contra aquele que desprezará arroz de leite para comer sabongo (que dizem ser mel com coco).

Sacaca. Ver *Pajés-Sacaca*.

Saci. Saci-Pererê, entidade maléfica em muitas, graciosa e zombeteira noutras oportunidades, comuns nos Estados do Sul. Pequeno negrinho, com uma só perna, carapuça vermelha na cabeça, que o faz encantado, ágil, astuto, amigo de fumar cachimbo, de entrançar as crinas dos animais, depois de extenuá-los em correrias, durante a noite, anuncia-se pelo assobio persistente e misterioso, inlocalizável e assombrador. Pode dar dinheiro. Não atravessa água como todos os "encantados". Diverte-se, criando dificuldades domésticas, apagando o lume, queimando alimentos, espantando gado, espavorindo os viajantes nos caminhos solitários. Há muita documentação sobre o Saci, origem e modificação. Os cronistas do Brasil colonial não o mencionam. Parece ter nascido no séc. XIX ou finais do antecedente. Conhecemos aves com o seu nome. O carapuço vermelho é o *pileus* romano, e já Petrônio (*Satyricon*, XXXVIII) registrava a crendice romana do *pileus* do íncubo dar riqueza a quem o arrebatasse. O negrinho buliçoso, visível ou invisível, troçando de todos, aparece no folclore português. Os elementos do Saci e suas armas vêm de muitas paragens e são dos melhores tipos de convergência. (*O Saci-Pererê*, "Resultado de um Inquérito", São Paulo, 1917, reuniu extenso documentário sobre o mito). Para estudo mais demorado, pesquisas, confrontos, documentos, ver Luís da Câmara Cascudo, *Geografia dos Mitos Brasileiros*, "Saci-Pererê", 122-143, 3ª ed., São Paulo, Global, 2002. Ver *Matinta Pereira*, *Curupira*, *Marido*, *Peitica*.

Saci-Pererê. Ver *Kilâino*.

Saco. Peça de roupa de mau corte, frouxa, empapuçada. "Vestir as mulheres de fazendas grosseiras, e meter os corpos dentro de roupas, que, pela sua chata uniformidade, parecem sacos" (C. Wagner). Grande corte, em forma de meia lua ou imenso circo, que se apresenta nos paredões abruptos dos rebordos escarpados de serras e maciços montanhosos, segundo Bernardino de Sousa, concluindo: É termo usado em Pernambuco, onde a tal formação se apresenta amiúde no maciço montanhoso constituído pelas serras de Coqueiro, S. José, Catimbau, Quirid'Alho, a noroeste da vila do Buíque. O mais notável é o saco do Brejo, com 6 quilômetros de diâmetro interno, compreendendo três sacos internos: Pingadeira, Caiano, Cocos. Saco da beneficência: a bolsa que corre nas assembleias maçônicas para recolher as espórtulas destinadas à beneficência. Saco das proposições: a bolsa que corre nas mesmas assembleias para recolher qualquer escrito destinado à presidência. Saco roto: indivíduo falador, indiscreto, que não sabe guardar segredo. Pôr a regra na boca do saco: prevenção, cautela para evitar desmandos e abusos. Um no saco, um no papo, outro embaixo do sovaco: diz-se da mulher que tem muitos filhos. Surra de saco de areia. Não botar em saco roto: não esquecer uma afronta e esperar por uma ocasião propícia de vindita. "Eu bem sei que tu te viras mais para o Joaquim, mas nem tu nem ele as botam em saco roto" (A. Alves Barbosa). Quem vai dar, leva um saco para apanhar; saco vazio não se põe em pé; não, cabem dois proveitos num saco (Adágios) (Pereira da Costa, *Vocabulário Pernambucano*, 652-653).

Saco de Areia. A surra de saco de areia era castigo mortal, outrora aplicado no Brasil colonial e mesmo nos primeiros anos do séc. XX. Ninguém escapava depois de sofrer a punição desproporsitada, sinônimo de sentença de morte. (Franklin Távora, *Lourenço*, *Revista Brasileira*, VIII, 347, Rio de Janeiro, 1881) fixou o suplício: "À surra de saco de areia ligava-se uma superstição: o povo acreditava que o paciente de semelhante suplício não declarava, em caso nenhum, o nome do ofensor. Era castigo aplicado a culpas graves, e consistia em um longo estojo de lona, cheio de areia fina, bem socado, que, tanto pela forma, como pelo tamanho e dureza, se parecia com um cacete. À circunstância de ter no mundo uma moeda de cobre e uma rodela de fumo, invenção da superstição do povo ignaro, atribuía este a especial virtude de impor silêncio ao que com ele era castigado, e que, por muito moído em todo o corpo, mui raras vezes sobrevivia ao castigo". O saco de areia nos viera de Portugal e era fórmula velha com tradição ilustre. Diz a tradição oral que o arcebispo de Tessalônica, Dom José Inácio de São Caetano, confessor da Rainha Dona Maria Primeira, onipotente prelado, a quem William Beckford tanto elogiara o bom-senso natural, fora abatido na matinha do palácio, de Queluz, em novembro de 1788, com saco de areia.

Saco de Carvão. Ver *Juarauá*.

Sá-Dona. Tratamento comum nos cantadores sertanejos, dirigindo-se à senhora dona da casa, sinhá dona. Lembro que os portugueses tinham o Záadona valendo senhora, mulher livre, forra, ingênua, segundo Santa Rosa de Viterbo no seu *Elucidário*, 2.º, 278, Lisboa, 1865.

Saguim. Do nheengatu, *ça-soi*, os olhos inquietos, vivos. Soim. Macaquinho. Não sou saguim para morrer de caretas. Dizem que o saguim morre de exasperação, quando alguém faz caretas diante dele. É da família *Hapálidas*, com variedades. Domestica-se facilmente. Sagui, sauí, saium. Nas *estórias* populares, o saguim aparece sempre pretendendo resolver situações difíceis, pretensioso e atrevido, mas esperto e curioso. Em 25-XI-1931 o aviador australiano Bert Hinkler partiu de Parnamirim, Natal, atingindo Bathurst na manhã seguinte, vencendo, pela primeira vez, o salto leste-oeste, América do Sul-África. Levava a bordo um saguim, primeiro animal a fazer um voo transatlântico.

Saiá-Saiá. Dança pertencente ao fandango do Paraná, baile rural.

Saia-Verde. As Meninas da Saia-Verde são entidades que se manifestam no catimbó nordestino. "Não são três nem sete mas incontáveis e moram no fundo do mar, um dos reinos invisíveis. Mestre Zinho ensinou-me que eram outrora chamadas "Ondinas" e não eram sereias, porque tinham pés e andavam. Essas Meninas da Saia-Verde não "acostavam" senão na serra da Raiz, na Paraíba, com o catimbozeiro Benedito. Depois que este morreu, as Meninas da Saia-Verde começaram a visitar as "mesas" e fazer "fãs". A "linha" é a seguinte:

"Lá vem as Meninas da Saia-Verde,
Ela é gente nobre
Ela é gente nobre,
Ela é gente nobre
Ela é gente nobre,
Do Rio Verde!"

(Luís da Câmara Cascudo, Meleagro, 172, Rio de Janeiro: Agir, 1978).

Saideira. A última dança num baile, a despedida, o derradeiro copo bebido, a anedota que fechará a série. Vamos à saideira! Só a saideira! De "sair". Nordeste do Brasil.

Saieta. Doce da polpa do coco da palmeira buriti, *Mauritia vinifera*, Mart, tradicional em Minas Gerais. O nome desapareceu mas von Martius registrara-o: "Um saboroso petisco é preparado com a polpa do coco, misturada com açúcar, que, com o nome de *saieta*, é doce apreciado e artigo de comércio do sertão de Minas, despachado até para a costa" (*Viagem pelo Brasil*, 2.º, 184, Rio de Janeiro, 1938).

Sairé. Ver *Jardineira*.

Saiuim. Ver *Saguim*.

Sal. É citado por Jesus Cristo em linguagem simbólica, a conservação, a durabilidade (Marcos, IX, 49, Lucas, XIV, 34, Mateus, V, 13). É o *sal sapientiae* no batismo católico. Sobre a simbólica do sal Ernest Jones escreveu o erudito *The Symbolic Significance of salt* ("Essays on Applied Psycho-Analysis", Londres, 1923), mostrando a universalidade de sua aplicação como elemento antimágico ou afastador de malefícios. Seu uso nos recém-nascidos, fricção ou absorção, é muito anterior ao batismo católico, que manteve um elemento de crendice oriental, uma força apotropaica. Basta lembrar Ezequiel, XVI, 4, recordando a Jerusalém, em nome do Senhor: "Quando, ao teu nascimento, no dia em que nasceste, não te foi cortado o umbigo, nem foste lavada com água, vendo-te eu, nem tampouco foste esfregada com sal". Sal é também o esquecimento, a esterilidade. Pôr sal à porta de uma rival obriga-a a deixar o namorado. Salgar o chão é condená-lo à improdutividade. No catimbó o sal é poderoso, indispensável para "o trabalho às esquerdas", para o mal. Derramar o sal na mesa é agouro, que Leonardo da Vinci não esqueceu na Ceia, pondo o saleiro entornado diante de Judas. Nas *Denunciações da Bahia* (ed. Paulo Prado, 303, São Paulo, 1925) Joana Ribeiro, em agosto de 1591, foi denunciada por ter salgado uma membrana fetal, embruxando o recém-nascido. Um dos feitiços tremendos é o sal misturado com areia na pegada de uma criatura, tendo no meio uma unha, um cabelo, um pedaço de roupa íntima. Provoca feridas incuráveis. O contrafeitiço é diluir o sal n'água do mar, com um cerimonial complicado (Luís da Câmara Cascudo, *Meleagro*, 107-108, nota 48, 122-125, 126-127, Rio de Janeiro: Agir, 1978). Iavé recomenda que "em toda a tua oferta oferecerás sal" (*Levítico*, II, 13). A ciência popular manda comer sal junto para que se conheça uma criatura. El-Rei D. Duarte no *Leal Conselheiro*, capo XIX, mandava que se comesse um moio de sal, para melhor conhecimento do amigo. Um moio de sal equivalia a sessenta alqueires. Os franceses também aconselham a degustação de *un muid de sel* com o futuro amigo. O *muid*, do latim *modius*, mesma raiz de moio, valia duzentos e quarenta litros. Os negros de Angola não encontraram melhor símbolo para o batizado. Se são cristãos, informam: *Didimungua*, comi sal. O padrinho é o pai do sal, *tat'a mungua*. A madrinha, mãe do sal, *mam'a mungo*. O afilhado, filho do sal, *mon'a mungua*. Os companheiros de batizado, irmãos do sal, *pange a mungua*. Comer o sal na casa de alguém é estabelecer um vínculo de sagrado fidelismo. Assim os servos de Artaxerxes, escribas e conselheiro, recordavam-se de Jerusalém, de que haviam comido o sal no palácio real, razão de seu devotamento; "Nos autem memores salis quod in palatio comedimus" (*Esdras*, IV, 14 e segs.). Oferta litúrgica na Grécia e em Roma. Imagem do espírito, da graça, da vivacidade mental, ter sal (Cícero, Cornélio Horácio). Salário era a quantia em dinheiro para o legionário romano adquirir o sal indispensável. Para o Oriente o sal da hospitalidade é um dogma, um pacto, um *ahd*. Numa estória de Mil e uma *Noites* (Victor Chavin, *Bibliographie des Ouvrages Arabes*, VI, 195-196, Liège, 1902) um trabalhador, obrigado pela miséria, acompanha um grupo de ladrões assaltantes do tesouro real. Vendo na escuridão brilhar um objeto branco, que ele julga uma joia, toca-o com a língua e reconhece ser um bloco de sal. Tendo provado o sal do rei, o trabalhador considera-se imediatamente seu hóspede, ligado ao soberano pelo vínculo da hospitalidade, que o sal determina. Reagiu contra os ladrões, obrigando-os a abandonar o roubo, salvando o tesouro. Depois de peripécias, o trabalhador, "hóspede do sal", confessa ao rei o que fizera e é nomeado tesoureiro. Tal é a simbologia do sal. Feiticeiro e bruxa não pisam sal, que é substância sagrada.

Salamanca do Jarau. Lenda do Rio Grande do Sul (ver *Teiniaguá*) localizada no cerro do Jarau, na Coxilha Geral de Santana, sobre a fronteira com o Uruguai, ao norte da cidade de Quaraí. A Salamanca é uma furna encantada, cheia de tesouros, que a Teiniaguá conhece e custodia. Fixa-se a denominação comum de Salamanca, na Espanha, famosa pelo ensino de ciências mágicas, professada em subterrâneos, e daí a frase, correntíssima na Europa, *covas de Salamanca*, que substituíram as *covas de Salomão*, lugares dos altos segredos maravilhosos. De comum e vária citação na Espanha era popular, na mesma acepção, em Portugal quinhentista: "... foi-se a essa índia, que é pior que as covas de Salamanca", escrevia o Des. Antônio Ferreira na comédia *Bristo*, II, cena 2. A lenda da Salamanca, escola de nigromancia, estirou-se até o séc. XVIII (Menéndez y Pelayo, *História de los Heterodoxos Españoles*, III, 368 e segs., ed. Emece, Buenos Aires, 1945). Ver *Covas* (Sobre o assunto, Augusto Meyer, *Prosa dos Pagos*, "A Salamanca do Jarau", 57-74, ed. Martins, São Paulo, 1943). O professor das fórmulas mágicas nas covas de Salamanca era um sacristão, Clemente Potosi, pelo ano de 1322. O herói da Salamanca do Jarau é também um sacristão. As *salamancas*, como depósitos de ouro e joias, espalharam-se pela América ibérica.

Saliva. Representa, em muitas *estórias*, a criatura humana, dotada de voz. Com ela Jesus Cristo curou cegos e surdos-mudos (*Marcos*, VII, 33, IX, 23, João, IX, 6). Assim Vespasiano fez um cego recobrar a visão (*Suetônio, Vespasiano*, VII, Tácito, *História*, IX, LXXXI). A saliva é material precioso na feitiçaria, podendo matar (João do Rio, *Religiões do Rio*, 54-55), e na mão de um sabedor experimentado dará tanto quanto a própria vida do paciente. Na Grécia e em Roma escarrar era afastar o malefício, como ainda hoje vemos, quando alguém se refere a feitiços e muambas (*Tibulo, Segunda Elegia; Plínio, História Natural*, XXVIII; *Teócrito, Idílio VI; Petrônio, Satyricon*, CXXXI, *Lucano, Farsália*, IX). O médico setecentista Brás Luís de Abreu (*Portugal Médico ou Monarquia Médico-Portuguesa*, 265, Coimbra, 1726) registrava: "... ou também cuspir logo fora; porque tinha para si que o cuspo tinha a virtude para impedir toda a fascinação ou natural ou mágica". Não convém deixar a saliva exposta e sim cobri-la imediatamente com areia ou dissolvê-la sob o pé, como fazem os africanos e o nosso povo. A saliva é a materialização do sopro e este é a primeira função vital. Há vários empregos medicamentosos com a saliva, especialmente a saliva em jejum, remédio soberano contra o mau-olhado, tanto em Roma como atualmente. J. D. Rolleston, estudando *The Folk-Lore of Children's Diseases*, cita a saliva, *especially fasting saliva*, para evitar o mau-olhado nas crianças, pondo-a mesmo nas roupas ou na face infantil (*Folk-Lore*, LIV, 292, Londres). O demônio pode apoderar-se de alguém, pousando na saliva abandonada. Por isso nenhum feiticeiro que se preze de saber a arte deixa a saliva à disposição dos inimigos ocultos (ver Luís da Câmara Cascudo, *Meleagro*, 107-114, Rio de Janeiro: Agir, 1978, na parte mais geral do assunto; *Superstição no Brasil*, "Superstições da saliva", 138-144, 6ª ed., São Paulo, Global, 2002).

Salta-Atrás. Os filhos de mamelucos com negra, como diz o auto da *Descrição de Pernambuco* em 1746, enumerando as qualidades das pessoas que compunham a população da Capitania naquela época; e como, na frase de Alfredo de Carvalho, "mamelucos eram os filhos de índia com brancos", segundo o autor daquela *Descrição*, resulta com toda a evidência que semelhante denominação ou alcunha exprimia exatamente a consciência duma retrogradação no aperfeiçoamento racial. O termo, porém, não é regional, uma vez que na América espanhola, e na República do Equador, nomeadamente, é ainda hoje comezinho para designar certa casta de mestiços de índios com negros. Antigo entre nós, como vimos, é ainda corrente, na zona sertaneja, particularmente, tendo, porém, às vezes, expressões depreciativas. "Olhe, meu salta-atrás, se continuar a incomodar a vizinhança, a polícia lhe tomará contas" (*América Ilustrada*, 1873). João Ribeiro, porém, sem documentação de espécie alguma, diz que o termo deriva de "Satanás" (vai de retro, salta-atrás), que designava os pretos escravos, naturalmente africanos (Pereira da Costa, *Vocabulário Pernambucano*, 656-657).

SALTAR FOGUEIRA. Folguedo tradicional do Brasil por ocasião das fogueiras do São João. Perdeu qualquer significado religioso, consistindo apenas numa exibição jubilosa de destreza. Ver *João*. A festa foi trazida pela devoção portuguesa para o Brasil e os indígenas ficaram encantados com a moda nova, tomando-a como própria. O Padre Fernão Cardim, em 1583, informava: "Três festas celebram estes índios, com grande alegria, aplauso e gosto particular. A primeira é as fogueiras de São João, porque suas aldeias ardem em fogos, e para saltarem as fogueiras não os estorva a roupa, ainda que algumas vezes chamusquem o couro" (*Tratado da Terra e Gente do Brasil*, 316, ed. Leite, Rio de Janeiro, 1925). Saul Alves Martins, que estudou o folclore da região norte-mineira do vale do rio de São Francisco, informou-me de uma persistência religiosa, ligada à fogueira joanina. "Saltar Fogueira, cerimônia religiosa, celebrada pelo catrumano-barranqueiro, ... meia-noite do dia 23 de junho, e que consiste em rodear a fogueira de São João toda uma família, sob a direção do chefe, suplicando favores ao santo". Catrumano diz-se do matuto, morador do interior, correspondendo ao caipira, mal-ajeitado, crédulo, primitivo. Barranqueiro é o residente na barranca do rio.

SALU. Dança do fandango no Rio Grande do Sul. Ver *Fandango*.

SALVA. No baixo S. Francisco, segundo pesquisa de Alceu Maynard Araújo em Piaçabuçu, Alagoas, é a solfa de canto oracional ou louvador na região. "*Salva* é a música de *reza*, tocada pelo terno de zabumba. Tocam para acompanhar rezas e novenas. Dizem que reza sem acompanhamento de música de zabumba é *reza de sentinela*, de velório. Acompanham as procissões tocando as *salvas*. A esse conjunto se deve a grande animação das rezas de novena do meio rural nordestino. A *salva* pode ser profana ou religiosa. É profana quando numa festa familiar ou de bairro um dos músicos diz uma quadra ou sextilha (o que é mais comum), e a seguir tocam uma peça musical correspondente a esses versos preferidos. A *salva* religiosa consiste na recitação de uma oração e a seguir executam a música dessa reza. As rezas declamadas pelos membros do terno de zabumba são as mesmas que se cantam nos ofícios religiosos católicos romanos. Na *salva*, quer profana ou religiosa, o dizer dos versos sempre antecede à música do instrumental. Há uma etiqueta observada pelos tocadores de *salva*: não se retiram do local ("cercado", capela ou casa) onde estiveram sem a *salva da despedida*, que consiste no seguinte: os quatro membros do terno de zabumba, cada qual tem que proferir, geralmente improvisando, uma quadra elogiosa aos presentes, aos santos, aos donos da festa. Depois que todos os membros disseram seus versos, retiram-se tocando alegre marchinha" (Alceu Maynard Araújo e Aricó Júnior, *Cem Melodias Folclóricas, Documentário Musical Nordestino*, S. Paulo, 1957). As *salvas* são de iniciativa, execução e conservação folclórica, sem que intervenha o elemento sacerdotal. Ver *Zabumba*.

SAMBA. Baile popular urbano e rural, sinônimo de pagode, função, fobó, arrasta-pé, balança-flandre (Alagoas), forrobodó, fungangá. Dança popular em todo o Brasil. Dança de roda, inicialmente o mesmo batuque (ver. *Batuque*), é atualmente dançado, como elemento citadino, com par enlaçado. Determinou o verbo sambar, dançar, e sambista, quem canta ou dança o samba. Provém de *semba*, umbigada em Loanda. Alfredo de Sarmento (*Os Sertões D'Africa*, "Apontamentos de viagem", Lisboa, 1880) informa: "Em Loanda e em vários outros presídios e distritos, o batuque difere... consiste também num círculo formado pelos dançadores, indo para o meio um preto ou uma preta, que, depois de executar vários passos, vai dar uma umbigada (a que chamam *semba*) na pessoa que escolhe entre as da roda, a qual vai para o meio do círculo substituí-lo". (Ver *Umbigada*). Batuque é denominação genérica para o baile africano e o Rei D. Manuel proibia sua função nas primeiras décadas do séc. XVI. Com a designação de Samba não conheço dança africana nem registro algum de viajante, durante o séc. XIX. Danças com umbigadas vieram para a América Latina com outros nomes, lundu, lariate, calenda, batuque (batuque comum, batuque paulista, goiano, cateretê), etc. *Idem* o coco, dança de roda, com solista no meio, incluía a umbigada (ver *Coco*), assim como o esquecido baiano ou *Baião* (ver). Samba é nome angolês, que teve sua ampliação e vulgarização no Brasil, consagrando-se no segundo lustro do séc. XIX. Não tenho referências anteriores. O samba tem alguma comunicação com o Zamba do Peru, Chile, Argentina, etc.? Os tratadistas desses países negam qualquer contágio. O Zamba ou a Zamacueca, coreográfica e musicalmente, nada têm com o bravio samba. Zamacueca é irmã gêmea do lundu, (ver *Lundu*), que também era dançado sem umbigadas. *Zamba*, ensinam, é a mulher mestiça. *No voy a los fandangos / Porque mi zamba no quiere...* Mas a semântica não rejeitaria aproximação entre zamba, zambê (dançando em Natal, roda, percussão, cantos) e samba. Os árabes popularizaram em Espanha a Zambra, dança feminina, com percussão e sopro, dando-se as mãos as bailarinas. Nenhuma ligação possível com samba brasileiro. Na África a dança, no registro português de cinco séculos, diz-se batuque. A dança é às vezes o instrumental. Frei Miguel do Sacramento Lopes Gama, no *Carapuceiro* (n.º 6, Recife, 3-2-1838), esbraveja indignado contra o *samba d'almocreves*, e no n.º 64, de 12-XI-1842, registra:

"Aqui pelo nosso mato,
Qu'estava então mui tatamba,
Não se sabia outra cousa
Senão a Dança do Samba."

O nome, entretanto, teve vulgarização lenta e apenas em 1916 apareceu a primeira música impressa em que ele se mencionava, "Pelo Telefone", de Ernesto Sousa, Donga, Rio de Janeiro. O samba possui atualmente uma grande variedade de tipos e de formas, nos quadros rurais e urbanos, e, no Rio de Janeiro, a variedade, que é uma das velocidades iniciais, é o samba do morro. Neste ainda perdura a denominação de batucada. Como baile popular o samba repete o mesmo processo aglutinante do fandango, tomado como reunião dançante campestre, convergindo para ele inúmeras formas de danças (ver *Fandango*). Dir-se-á ajustada a frase de. Montaigne: "Quelque diversité d'erbes qu'il y ayt, tout s'enveloppe sous le nom de salade". Substitua-se *salade* por *samba*. A difusão do samba é antiga e mesmo prodigiosa. Alcançou os aldeamentos indígenas no correr do séc. XVIII, levado pelos escravos africanos fugitivos, e o ritmo e disposição coreográfica seduziram as malocas. Johann Emanuel Pohl, visitando em 1819 os poracramecrãs do rio Maranhão, assistiu a uma dança que ele, em vários registros, denomina *boburzi*, *boduzke*, *bondurzi* e *botucke* e avisa "que se deve distinguir do batuque, dança usual entre os negros". Descreve: "Todos se põem em círculo. Um homem salta para a frente e dança à vontade em volta de círculo, até que segura uma mulher pela cintura, bate os joelhos violentamente contra os dela e volta ao círculo. Então, a mulher fica no círculo, dança em volta e com o mesmo movimento escolhe um homem, que depois solta. Tudo se faz ao som de uma viola e os espectadores batem as palmas, de acordo com o compasso, repetindo um estribilho, como, por exemplo: *Areia do mar!* Os brasileiros gostam tanto dessa dança, que são capazes de continuá-la durante toda a noite, embora com isso tanto se excitem e se fatiguem, que muitas vezes caíam exaustos e tenham de ficar doentes no dia seguinte. Desde os primeiros tempos, os missionários combateram violentamente essa dança, por ser indecente. Nisso se distinguiram sobretudo os capuchinhos, *de propaganda fide*, de Roma. Não conseguiram, porém, aboli-la, por ser, como já dissemos, apaixonadamente apreciada por todos os habitantes" (*Viagem no Interior do Brasil*, 2., 160-161, Rio de Janeiro, 1951). Pohl viu a dança em vários pontos de Minas Gerais e Goiás. É visivelmente o samba. Edison Carneiro, *Samba de Umbigada* (Rio de Janeiro, 1961), estudou os motivos coreográficos "Tambor-de-crioula, Bambelô, Coco, Samba-de-roda, Partido-alto, Samba-lenço, Batuque e Jongo-caxambu", com excelente técnica de exposição comunicante. Na espécie, impõe-se a leitura aos interessados. Ver *Batucada, Batuque,* *Umbigada, Sarambeque, Separa-o-Visgo, Sorondo, Tango, Torrado, Vamos Peneirar*.

SAMBOCA. Água de coco com açúcar (povoação de Rio do Fogo, Rio Grande do Norte).

SAMBONGO. Ver *Sabongo*.

SAMBURÁ. Cesto de cipó, pequeno, de fundo largo e boca afunilada, para usos diversos, preso a cordéis para pendurar, ou trazer a tiracolo, como fazem os pescadores para recolherem o que pescam. Barriga de samburá: sambudo. Pescar para o seu samburá: arranjar-se, cuidar de si, dos seus interesses. Um cesto e um samburá: abundância, quantidade, grande número. Gabriel Soares de Sousa já o citava. (Pereira da Costa, *Vocabulário Pernambucano*, 658, resumido).

SANFONA. Acordeona, gaita de foles (no Brasil velho), realejo, fole (nome idêntico no norte de Portugal), harmônica. Diz-se gaita no Rio Grande do Sul que, no Nordeste e Norte, corresponde ao pífano e flautas rudimentares e rústicas. Verdadeira orquestra nos bailes populares. Acompanha cantos. O *Dicionário de Larousse* informa ter sido a acordeona inventada em 1827 por "un facteur nommé C. Buffet". Sua introdução no norte brasileiro é ao redor da guerra do Paraguai, 1864-1870. A gaita parece ter aparecido anteriormente nas regiões meridionais. Ver *Acordeona, Fole, Gaita*.

SANGAVIRA. Instrumento membranofônio, de percussão direta, usado no jongo no vale do rio Paraíba do Sul (São Paulo). É uma espécie de *Candongueiro* ou *Quinjengue* (ver).

SANGRIA. Mistura de vinho, água, açúcar e limão. Incisão feita na veia ou artéria, para se soltar o sangue do corpo, define Morais, no Dicionário, ed. 1831, processo onipotente até a primeira década do séc. XX e vez por outra lembrada por qualquer incômodo. O doutor Brás Luís d'Abreu, falecido em 1756, publicou em Coimbra, 1726, o seu substancial *Portugal Médico*, ensinando (372, § 53): "E ainda dado caso que se seguisse alguma noxa de *sangria*, contudo, como o frenesi não pode esperar as demoras da purga, sempre se deve tirar sangue sem dilação, porque no exercício deste remédio, ainda é maior a utilidade que se tira, do que a ofensa, que se teme; pois se evacua, e se diverte o humor com mais celeridade; o que não pode fazer o remédio purgante, que pela sua demora, e agitação põe pela maior parte em pior condição a queixa". As sangrias eram comumente dadas pelos barbeiros, cujas lancetas afiadas elogiam nos anúncios dos jornais. A literatura é abundante sobre esses famosos barbeiros sangradores que merecem o tratado de Leonardo de Pristo (Coimbra, 1719, *Arte de Barbeiros Flebotômanos*). Há uma quase biblioteca no assunto (J. Leite de Vasconcelos, *Etnografia*

Portuguesa, 1º, 90-91, Lisboa, 1933). Na literatura oral reaparece a figura: "Quem dói o dente é que vai à casa do barbeiro" que também era dentista. A sangria perdeu sua universalidade, sendo aplicada em casos específicos.

SANGUE. Cor, rubor da face. Mênstruo. Sangue Aguado: sangue dos anêmicos, cloróticos. Sangue Bom: sangue não arruinado por sífilis, lepra, tuberculose, câncer, intoxicações. Sangue Branco: soro sanguíneo. Sangue Doce: diz-se do sangue que, no imaginar da plebe, é doce, agradável aos parasitos hematófagos, que o saboreiam devidamente, ao impulso das leis biológicas a que eles se subordinam. Antes de sorrir a esta afirmativa do insciente, cumpre averiguar o porquê desta observação popular. Haverá modificações no sangue, causadoras de razões de preferência no que tange a insetos e outros animais sugadores do sangue humano? Que haverá, por exemplo, no atinente ao pH, à glicemia, à viscosidade? Sangue Forte, Força do Sangue: pletora, hipertensão arterial, hiperglobulia, síndrome de Vaquez-Osler, eritremia, urticária, manifestações cutâneas de uricemia. Sangue Novo: urticária, roséola, pitiríase rósea de Gilbert, dermatite herpetiforme Duhring-Brocq, diabétide, dermatose dependente de uricemia, brotoeja. Sangue Pisado: coalho sanguíneo, equimose, sufusão sanguínea, Sangue Podre: sangue anegrado, a indicar hematose reduzida ou extinta. Sangue nas septicemias, na gangrena, na asfixia. Sangue Vivo: sangue rubro arterial (Fernando São Paulo, *Linguagem Médica Popular no Brasil*, II, 283-284). "Nenhum "mestre" de catimbó que se tenha em conta de "sabente" permite que uma gota do seu sangue ou o seu escarro fiquem a descoberto. Onde quer que caia a gota do sangue ou fique o escarro, recobrem cuidadosamente com areia ou espalham com o pé ou fricção de papel de jornal. No *Levítico*, 17,13 o Senhor recomenda cobrir de pó o sangue derramado das caças." O *Deuteronômio* ainda o denomina altamente: o sangue é a alma (XII, 23). É o movimento, o impulso, a velocidade inicial. Elifas Levi, o magista, explica: "C'est le substratum de la lumière vitale matérialisée, Il est fait à l'image et à la ressemblance de l'infini", e mais belezas nesse diapasão". (Luís da Câmara Cascudo, *Meleagro*, 107, Rio de Janeiro: Agir, 1978). Nos processos mágicos de participação, o sangue é o elemento mais poderoso, que melhor e mais intrinsecamente representa a individualidade humana, o objeto a ser trabalhado pelas forças mágicas. Por isso o sangue do catamênio misturado com café e dado a beber é um filtro amoroso de invencível poderio. O doutor Bernardo Pereira já registrava esses benefícios no seu espantoso *Anacephaleosis Médico-Teológica Mágico-jurídica Moral e Política* (Coimbra, 257, 1734). Uma gota de sangue, já seca, é preciosidade na mão do catimbozeiro, sabedor "dos bons saberes", com fumaça às esquerdas. Documento escrito com sangue obriga o cumprimento exato e fiel. O lobisomem se desencanta, logo que corra uma gota do seu sangue. O banho de sangue, especialmente de sangue de gente moça, cura a lepra e sobre esse ponto há bibliografia longa e remota, Augusto Magne (*A Demanda do Santo Graal*, II, 120, Rio de Janeiro, 1944), Hermeto Lima (*Os Crimes Célebres do Rio de Janeiro*, 41, o crime da Onça, em 1833, velha leprosa que matava crianças para tomar banho de sangue. Rio de Janeiro, 1921) e as eruditas notas de N. M. Penzer, resumindo as notícias mais antigas e crendices universais sobre o banho de sangue, no *The Ocean of Story*, I, nota 2, 97-98, "Kathamukha", Londres, 1924, "A alma da carne está no sangue" (*Levítico*, XVII, II, 14, *Deuteronômio*, XII, 16, "O sangue é a alma", idem, verso 23).

SANHAÇU. Sanhaço (*Tanagridae*) de *saí-açu*, o saí-grande; sanhaço de fogo, sanhaço-coqueiro, de encontros, frade, pardo, etc. Grande comedor de mamão (*Carica papaya*) diz-se: fulano é por cachaça como sanhançu por mamão! Pereira da Costa registra sanhaçu como sinônimo de beberrão, assim como mamoeiro, no mesmo sentido. Cinzento-chumbo, com asas azul-esverdeadas, canta deliciosamente.

SANSA. Cuia ou casco de jabuti, coberta de uma prancheta de madeira, onde são fixadas tiras metálicas. Toca-se com os dedos. Instrumento africano trazido pelos escravos para o Brasil.

SANTA BONA E SÃO LÚCIO. Eram muito invocados outros como padroeiros dos bem casados, afastando os motivos de querelas e discussões prolongadas entre casais. Nunca vi imagens desses dois santos, mas alcancei dizer-se *aquela nem Santa Bona dá jeito*, referindo-se à mulher inquieta e faladeira. No *Martyrologium Romanum* estão registrados dezenove Lúcios, mas nenhum deles casado com Santa Bona, indicada no prestante e raras vezes citado *Larousse*, como virgem e mártir em Treviso, no séc. VII e venerada a 12 de setembro. Na igreja de São Francisco de Assis, Mariana, Minas Gerais, havia um grupo representando a São Francisco dando as santas regras a São Lúcio e Santa Bona, Os Bem Casados (*Revista do Serviço do Patrimônio Histórico e Artístico Nacional*, n.º 7, 61, Rio de Janeiro, 1943, Cônego Raimundo Trindade, *A Igreja de São Francisco de Assis de Mariana*). Figuravam num andor na procissão de Cinzas na Bahia em 1861 (João da Silva Campos, *Procissões Tradicionais da Bahia*, 21, Secretaria de Educação e Saúde, 1941). Figurava na Procissão de Cinzas, o andor dos *Bem Casados*, no Rio de Janeiro (Vieira Fazenda, *Rev. do Inst. Hist. Bras.*, tomo 88, vol. 142, 341, Rio de Janeiro, 1923). A tradição recebemo-la de Portugal, Tavira (Algarve), Mafra, Porto, na igreja de S. Francisco.

SANTA CLARA. Ver *Clara*.

SANTA CRUZ. Popularizou-se depressa entre a indiada o símbolo da cruz, plantada pelos missionários nos terreiros das malocas, conduzida processionalmente, saudada pelo canto diário, fixando o local das cerimônias religiosas, sítio dos novenários, orações, autos, reuniões, pregações. Fora o primeiro trabalho deixado pelo europeu na terra brasileira. Santa *curuzu* dos guaranis, santa *curuçá* dos tupis, figurou decorrentemente no devocionário mameluco, mestiço, caboclo. Apesar do delírio apagador da velha toponímia nacional, Santa Cruz denomina cinco municípios brasileiros, Rio Grande do Norte, Rio Grande do Sul, Goiás e dois em São Paulo (Santa Cruz das Palmeiras e Santa Cruz do Rio Pardo). Dezenove paróquias com esse nome espalham-se de norte a sul. Foi a Santa Cruz a primeira demonstração exterior do culto católico, beijando o Santo Cruzeiro de Porto Seguro os portugueses, para que os tupiniquins os imitassem. Serviu de padrão delimitador do sítio da cidade, demarcada para a divisão dos chãos para casas de morada. Mereceu sempre o respeito popular, e há as devoções à Santa Cruz, expressas nos "terços". rezados ao ar livre, no seu dia votivo, "Invenção da Santa Cruz", 3 de maio. Na cidade do Natal há essa devoção desde o séc. XVIII na Santa Cruz da Bica. Os cruzeiros chantados diante das igrejas atraem uma verdadeira mística. Ali se reuniam os confrades para as *Encomendações das Almas* (ver). Há promessas pagas com velas acesas e fitas amarradas na madeira. Outrora era um local muito procurado para sepultamento. Era como um voto, sabidamente feito, enterrar-se no cruzeiro, ao redor do Santo Madeiro. Quando não havia iluminação pública nas cidades, vilas e povoações, o lampião do cruzeiro era a luz única, abrindo o olho chamejante na noite tropical. Lembrava Paris do séc. XIV, quando o Rei Philippe le Long mandou "tenir une chandelle allumére à la porte du Châtelet" em 1318, a solitária e única luz pública em toda a capital da França. A devoção à Santa Cruz ainda é comum no Brasil. Dança em Louvor da Santa Cruz. Realiza-se na vila de Itaquaquecetuba, em São Paulo, na noite de 2 para 3 de maio uma festa popular em homenagem à Santa Cruz, o cruzeiro em face da matriz. Não há intervenção eclesiástica. O povo dirige sua manifestação como entende. Reunidos, rezam diante da Santa Cruz, ajoelhados e contritos os fiéis. O "capelão", que é um paisano, canta versos religiosos em louvor:

"Santa Cruz desceu do céu,
Com seu rosário na mão;
Abençoai nossa planta
Também a nossa criação

Gloriosa Santa Cruz,
Nossa mãe e padroeira;
Com sua divina graça
Consolai o mundo inteiro.

Santa Cruz desceu do céu
Com, seus braços abertos,
Para perdoar nossos pecados
Que trazemos encobertos."

Beijam a Santa Cruz. Deixam esmolas. Acendem velas. Perto da meia-noite os romeiros iniciam o baile devocional, começando da porta da igreja, marchando para o cruzeiro. A dança se desenvolve em roda, em sentido contrário aos ponteiros do relógio, batendo todos os pés compassadamente, duas vezes o esquerdo e uma o direito, obrigando o corpo a um bamboleio repicado. O "tipe" canta mais alto que o "contrato". O "contrato" canta por cima do contramestre e o contramestre por cima do mestre. Os instrumentistas não dançam. E parece que é tradição, segundo observou Rossíni Tavares de Lima, que quem entra na dança deve dançar até o amanhecer. Muitas vezes a festa se prolonga pelas alturas das oito horas, dependendo do número de cruzes na frente das quais devem cantar. Quem cansa, senta na sarjeta e espera o fim. No caminho entre uma cruz e outra, não dançam nem cantam. Os versos são em estícios, improvisados pelo mestre... Terminam a cantoria, em "fermato" com um *ó* agudíssimo, em falsete, muito prolongado, lembrando o grito indígena. E já se retirando de frente da cruz, gritam ainda: "Viva a Santa Cruz!" Os dísticos são entremeados de ave-maria ou outra oração. Cada oração é dedicada a dois, três ou quatro santos. As melodias são cantadas em binário e geralmente não ultrapassam quatro compassos, sempre começando em anacruse. Segundo os versos que cantam, os violeiros tomam atitudes diferentes, classificadas por Alceu Maynard Araújo como "posição profana" e "posição religiosa": ou conservam a viola junto à barriga ou rente ao rosto. Junto às cruzes, ficam dois tocheiros, um de cada lado, e parece que fazem promessa para carregar as tochas. Na calçada, embaixo da cruz, às vezes colocavam os dançadores, que já haviam cumprido a promessa, as suas velas. Há promessas, também, de dançar uma, duas, três ou mais voltas. Quanto aos violeiros, estes cantam no mínimo três vezes na frente de cada cruz" (Reportagem de Daniel Linguanotto, *Correio Paulistano*, 2-V-1949). Alceu Maynard Araújo estudou também a festa, "Dança da Santa Cruz", em Taquaquecetuba, *Documentário Folclórico Paulista*, 35-37, S. Paulo, 1952, com missa solene a 2 de maio (*Invenção da Santa Cruz*), café e biscoitos na Casa de Festa, oração na Capela e depois dança ao redor da Santa Cruz e de outras erguidas diante das residências, iluminadas a gás neon, velas de cera ou luz elétrica. Viola e adufe.

No *O Estado de São Paulo*, edição de 10-V-1959, há uma reportagem sobre "Festa da Santa Cruz na Aldeia de Carapicuíba", 22 quilômetros da capital paulista. A padroeira local é Santa Catarina. "O levantamento do mastro é um dos elementos do ciclo de maio incorporado à Festa: os que desejam algo devem fazer o respectivo pedido, enquanto socam a terra, ao pé do mastro, pois, assim, serão satisfeitos" (Flávio de Almeida Prado Galvão, S. Paulo). Os drs. Artur Neiva e Belisário Penna, *Viagem Científica*, 1912 (Rio de Janeiro, 1916, 168), informam: "Em quase todas as moradias, mesmo as das cidades como Joazeiro, Petrolina, etc., veem-se cruzes pintadas às portas ou janelas; nas povoações goianas fazem-nas de madeira e as pregam na parede principal da residência. Em Almas esta prática é observada rigorosamente e sem exceção duma só habitação; a cruz é feita, não por ocasião da inauguração da residência, mas quando reina epidemia, e, uma vez colocada, não é mais retirada, No sertão nordestino anterior a 1920 a quase totalidade das casas-de-campo, afastadas dos povoados, ostentavam cruzes pintadas de negro ou vermelho, preferencialmente na porta principal, aliás a única, para quem saísse ou entrasse, da rua. Ver *Sarabaguê*.

Santa Etelvina. "Surgem, a quando e quando, santos e entidades na imaginativa popular. Em Manaus, por exemplo, Santa Etelvina, detentora de milagres, tem um túmulo-capela no cemitério São João, o principal da cidade. Lá se veem amuletos, ofertas, elas acesas diariamente. Estudantes primários, aprovados em situação difícil, deixam os seus cadernos no gradil. Quem foi Santa Etelvina? Cearense adolescente, empregada em trabalhos rurais, assassinada barbaramente nos arredores de Manaus, no começo do século. Surgiram, desde logo, os milagres". (Informação do senador Álvaro Maia, Amazonas, 1967). Devo ao historiador amazonense André de Meneses Jobim a informação seguinte: "Etelvina d'Alencar, filha de Gosme José d'Alencar e Antônia Rosalina de Alencar, nasceu em Boa Vista, Icó, Ceará, 1884, e foi assassinada morta na Colônia Campos Sales a 17 de março de 1901". No seu túmulo, cemitério de S. João Baptista (Cemitério do Mocó), em Manaus, reza a lápide: "Mão perversa arrancou-lhe a vida. Piedade do Povo do Amazonas erguendo-lhe o monumento".

Santa Luzia. Ver *Palmatória*.

Santana Neri. Frederico José de Santana Neri nasceu na cidade de Belém do Pará em 1848 e faleceu no Rio de Janeiro a 5 de junho de 1901. Doutor em Direito pela Universidade de Roma, bacharel em Ciências pela Sorbonne, viveu quase sempre em Paris, onde fundou a Associação Literária Internacional, de que foi presidente Victor Hugo. O Papa Leão III fê-lo Barão. Sua bibliografia é extensa, compreendendo finanças, emigração, economia, história, política, viagens, etc. Em dezembro de 1885 pronunciou no Instituto Rudy, onde fora precedido por Frederico Mistral e Frederico Passy, uma conferência sobre a poesia popular brasileira, cuja repercussão simpática obrigou-o a reunir material folclórico e publicar um volume, prefaciado pelo Príncipe Roland Bonaparte. Era o primeiro livro, publicado na Europa e em língua estrangeira, inteiramente dedicado ao folclore brasileiro em caráter sistemático. *Folk-Lore Brésilien* — Poésie populaire. Contes et légendes. Fables et Mythes. Poesie. Musique. Danses et Croyances des Indiens. Accompagné de douze morceaux de musique. Préface du Prince Roland Bonaparte. Librairie Académique Didier, Perrin et Cie. XII, 272, Paris, 1889.

Santa Radi. É uma santa canonizada pelas populações do Alto Madeira, Amazonas, onde nasceu, viveu e faleceu. Era moça bonita, serena e simples, ensinando catecismo às crianças, tocando violino de ouvido, muito religiosa, rezando sempre. Curava erisipela e "mal-do-ar", paralisia, apaziguando desavenças domésticas, evitando lutas. Em vida, consideravam-na "Santa". Morta, incluíram-na na ladainha cantada nos novenários: *Sancta Radi! Ora pro nobis!* Falando das devoções locais no rio Madeira, informa Álvaro Maia (*Beiradão*, 227): "De casa mesmo, só Santa Radi, que aparece com vestimenta de vagalume e canta com as cunhãs, quando não há reza com muita gente". Ao que me escreve o senador Álvaro Maia, o prestígio de Santa Radi está meio abalado nas antigas regiões do seu culto (1967).

Santa Vitória. Nome vulgar da palmatória, e assim particularmente conhecida nas escolas de instrução primária, onde ainda impera, apesar de regulamentação proibida. "Se vier para cá, passo-lhe a Santa Vitória" (*América Ilustrada*, 1874). "Santa Vitória de cinco buracos (os orifícios da palmatória, dispostos em forma de cruz) tira a mandinga de quem é velhaco" (ditado popular). Em alusão àqueles orifícios, tem a palmatória em Portugal a denominação chula de "Menina de cinco olhos". "Furtar a Santa Vitória": tirar a palmatória da escola, nas proximidades das férias, restituindo-a, depois, belamente enfeitada com fitas de cores e emoldurada de flores, dentro de uma bandeja, forrada com uma bonita toalha de labirinto, e acompanhando-a os presentes ao mestre-escola para o bródio da festa escolar dos exames e das férias do ano (Pereira da Costa, *Vocabulário Pernambucano*, 662). O mesmo que Santa Luzia dos Cinco Olhos. Todas essas denominações vieram de Portugal, onde havia festa ao mestre. A palmatória era usual no séc. XVI (ver Augusto César Pires de Lima, *Estudos Etnográficos, Filológicos e Históricos*, 2.º vol., 183, Porto, 1948). Ver *Palmatória*.

Santelmo. Ver *Corpo Santo*.

Santo de Pau Oco. Frase irônica aplicada a um menino travesso, traquinas, ou a um indivíduo santarrão, manhoso, hipócrita. "Estamos de rosário na mão, orando com o maior fervor ao Sr. Padre Augusto, que é santo de pau oco" (*A Lanceta*, n.º 31, de 1890). Santo de pau oco é o nome com que o povo chama a S. Vibaldo, por figurar de pé, dentro de um volumoso e carcomido tronco de árvore, como figurava na extinta Promissão de Cinzas, e ainda hoje é assim exposto com os demais santos dos andores daquela procissão na igreja velha da Ordem Terceira de São Francisco do Recife, em dias festivos (Pereira da Costa, *Vocabulário Pernambucano*, 662). A explicação é outra, atendendo-se à divulgação por todo o território brasileiro. As imagens de santos, esculpidas em madeira, eram ocas, e vinham de Portugal, cheias de dinheiro falso. O Museu Histórico Nacional, do Rio de Janeiro, possui uma Nossa Senhora da Glória, presente de José Mariano Filho, que é tipicamente uma "santa do pau oco". A tradição dessa esperteza corre pela Capital Federal, São Paulo, Pernambuco. Meneses de Oliva estudou claramente o assunto. *A Santa do Pau Oco e Outras Histórias*, 21-35, Rio de Janeiro, 1957; Carlos Galvão Krebs, *Santo do Pau Oco*, Revista do Globo, n.º 685, Porto Alegre, 1957.

Santos sem Dia. Todos os santos têm seus dias votivos, na quase totalidade correspondentes à data da morte. Dia em que iniciam a vida imortal. Há, entretanto, para o povo, do Brasil e possivelmente nos países católicos, os santos sem dia, criações humorísticas para significar a imprecisão, a distância, a vaguedade de obrigações. Dia de São Nunca, de tarde. Dia de São Pagamião. Lembram o dia de *San Blanco*, no Chile, oragos que não estão no calendário cristão. Respondem que não há santo sem dia porque o Primeiro de Novembro é Dia de Todos os Santos, estabelecido pelo Papa Bonifácio IV em 607, dedicando a igreja do antigo Panteão em Roma à Virgem e a Todos os Mártires, sob o nome de igreja de Nossa Senhora dos Mártires. O Papa Gregório III, em 731, dedicou uma capela a Todos os Santos, na Basílica de São Pedro em Roma. Foi esse pontífice quem fixou o dia de Todos os Santos no primeiro de novembro. A Igreja grega comemora o Todos os Santos no primeiro domingo depois de Pentecostes, desde o séc. IV.

São Lúcio. Ver *Santa Bona, Bem Casados*.

Sapateado. Há pouca documentação sobre o sapateiro entre os indígenas. Seus bailados, de roda, eram num arrastar de pés, ritmado pelo maracá. Africanos e portugueses foram grandes sapateadores. Certas danças de Espanha, que se aclimataram secularmente em Portugal, são verdadeira ginástica de pés, de velocidade incrível, como o fandango beirão e o do Ribatejo, especialmente "o da tranca", que no Rio Grande do Sul chamam "chula". Todas as danças populares de roda, em que há um solista, ou par, no centro, obrigam o sapateado, trocado de pé, batendo-se no compasso. O mesmo sabe-se na África. São, pois, as fontes do sapateado brasileiro.

Sapatos. Imagem do pé, fundamento do corpo físico, é o equilíbrio, movimento, deslocação para a guerra, caça, vida social. Há extremo cuidado de não se deixar o sapato com o solado para cima, posto em sentido contrário. O sapato emborcado está chamando a morte para o dono, para quem o usa. A imagem sugere o corpo em posição inversa à normal, com a cabeça para baixo e os pés para cima. Assim eram enterrados os réprobos, os sacrílegos, em certas paragens do Oriente, porque viviam diametralmente opostos aos outros homens religiosos e de boa conduta. Usa-se o sapatinho como amuleto para atrair os bons eflúvios e manter a situação financeira, a força social e a saúde existente. No antiquíssimo direito consuetudinário, o sapato significava a imissão de posse jurídica. Dá-lo era entregar o objeto cedido ou confirmar a obrigatoriedade contratual. Assim faziam os hebreus. "Era costume em Israel, entre os parentes, que, quando um cedia seu direito a outro, para a cessão ser válida, o que cedia tirava o seu sapato e o dava ao seu parente" (*Livro de Rute*, IV, 7). Damião de Góis, escrevendo entre 1558-67, recorda o episódio do chefe mouro de Safi, Marrocos, Raho Benxamut: "Raho descalçou um sapato e lho deitou em sinal do que lhe prometera. (*Crônica do Rei D. Manuel*, IV parte, capo VI). Numa versão da xácara "Dona Ana dos Cabelos de Ouro" encontra-se: "Dava mais, do pé direito, / O meu bordado chapim" (Pereira da Costa, *Folclore Pernambucano*, 297). Gregório de Tours no *De Vita Patrum*, séc. VI, cita ainda o *praebet calceamentum*, entrega do sapato, como elemento na cerimônia matrimonial, como vemos na *estória* de "Maria Borralheira", a universal Cinderela. O costume tradicional europeu de deixar os sapatos na lareira, para que neles fiquem os presentes do Natal, denuncia perfeitamente a intenção psicológica, o desejo de sua perpetuidade basilar (Luís da Câmara Cascudo, *Gorgoneion*, 75-76, *Homenaje a Don Luis de Hoyos Sainz*, I, Madrid, 1949). João Ribeiro (*Notas de um Estudante*, 51-56, S. Paulo, 1922) estudou o assunto. No séc. VI era ainda popularíssima a cerimônia na Alemanha e Funck-Bretano. *Lutero*, trad. Elói Pontes, 171, 292, Rio de Janeiro, 1943, descreve: "Acabamos de dizer que o casamento foi celebrado no próprio convento, onde Lutero morava. Após a cerimônia, as testemunhas foram, segundo o costume, conduzir os novos esposos ao leito nupcial, onde um deles, ainda conforme o uso, retirou do nubente um dos sapatos, para colocá-lo sob o dossel da cama, em presença da jovem esposa, o que devia assinalar que, em casa, a autoridade era apanágio do marido". "O doutor Martim assistia ao casamento da filha do seu amigo João Lufte. À noite, acompanhou os jovens esposos ao leito nupcial. Descalçou o marido e colocou um dos sapatos sob o dossel do leito, como símbolo da soberania que o homem deve exercer em casa". Ver as notas de Marian Roalfe Cox, *Cinderella*, 505, Londres, 1893, Ainda na ilha de Marken, na Holanda, os noivos oferecem um par de tamancos (*sabots*) às noivas. Eis por que o sapato é amuleto. Ver *Pé*.

Sapo. É um elemento indispensável nas bruxarias, servindo de paciente para a transmissão mágica do feitiço. Com a rã (ver *Rã*), é o tradicional protetor das fontes e nascentes d'água, lugares de sua presença inevitável. "O amor imoderado das rãs e sapos pela água trouxe a esses batráquios uma reputação universal de guardiães da chuva; nesse papel desempenham frequentemente uma função nos encantos destinados a fazer chover" (J. G. Frazer, *Le Rameau D'Or*, I, 109, Paris, 1903). Por toda a América, Ásia, África, o sapo mantém esse título. Os indígenas do Amazonas o chamam mãe da chuva, *amana-manha*, segundo Stradelli. Na Austrália é Bunjil Willung, a Senhora Chuva. No *Rig-Veda* há um canto especial dedicado aos batráquios, provocadores da chuva indispensável (M. Bloomfiel, "On The Frog-Hym Rig-Veda", *Journal of the American Oriental Society*, VII, 173-179, 1896). Ainda na Índia (Nepal) o sapo é divinizado sob a invocação de "Paremêsvara Buminata". Nas mais antigas teogonias, os sapos guardam as águas e é preciso a intervenção do herói para obrigá-los a libertar o líquido precioso aos homens (J. G. Frazer, *Le Rameau D'Or*, I, 109-112; Andrew Lang, *Myth, Ritual and Religion*, I, 41-44, 1913; Paul Sébillot, *Le Folk-Lore*, 91-92, Paris, 1913; Tobias Rosemberg, *El Sapo en el Folklore y en la Medicina*, ed. Periplo, Buenos Aires, 1951). As ornamentações constituídas pela estilização de batráquios, comuns na América, incluindo astecas, maias, incas, xibxas, etc., são motivos religiosos, para a regularidade pluvial. Os sapos esculpidos nas pedras ao redor das fontes não têm outra significação. A deusa mexicana Toci ou Tocitzin, avó dos homens, alma da terra, coração do mundo, é representada também na forma batraquial, tendo o corpo coberto de bocas abertas, simbolizando a umidade terrestre. Literatura Oral e Tradicional. O sapo é um personagem vivo em todas as literaturas orais do mundo e em todos os estados de civilização. Desde as fábulas de Esopo aos contos populares africanos, oceânicos, chineses ou hindus, europeus ou australianos, o sapo é um elemento de representação cômica, e, às vezes, de astúcia solerte e vitoriosa. Os dois exemplos opostos são o sapo que viaja para a festa no céu, dentro da viola do urubu, e a sua aposta de corrida com o veado. Acreditava-se existir na cabeça dos sapos uma pedra, a *crapaudine*, eficaz nos sortilégios e poderosa para verificar os venenos. Era tradicional um processo de adivinhar por meio dos sapos, a Bactromancia. Ver *Jia, Fandango*.

Sapo-Cururu. Ou sapo-jururu, cantiga de ninar, acalanto divulgadíssimo no Brasil.

"Sapo-cururu
Da beira do rio,
Quando o sapo canta, ó maninha,
Diz qu'está com frio..."

Figura em quase todas as coleções de versos infantis.

Sapo-Jururu. Ver *Sapo-Cururu*.

Saponã. Ver *Baru, Omulu, Xapanã*.

Saquarema. Denominação depreciativa do Partido Conservador em uma das fases da sua agitação política no país, e entre nós, precisamente, assim já vulgarmente chamado em 1846, quando começou a publicar o seu periódico, *O Saquarema*, em oposição à situação liberal e ao governo do presidente da província, o Conselheiro Antônio Pinto Chichorro da Gama. "O povo luzia ser resolve / Dos escravos saquaremas... Só saquaremas malvados, / Governam com perseguição!... Os saquaremas vis entes / Sempre abomineiros" (Salve-rainha dos luzias). "Tu não sabes que os saquaremas só querem dos galegos as amarelas?" (*O Formigão*, n.º 7, de 1850). Saquarema, como termo de acepção política, teve por origem o seguinte, como encontramos: "Pelos anos de 1845 apareceu no Rio de Janeiro um célebre Padre Ceia, que se distinguiu como subdelegado de polícia da vila de Saquarema. Expedindo uma ordem de prisão, dizia que, se o réu resistisse, *fosse morto paulatinamente*. Isto serviu para larga e acrimoniosa discussão contra os liberais, situacionistas, e o nome de Saquarema tornou-se logo notável e apreciado. Como Rodrigues Torres (Visconde de Itaboraí) e Paulino José Soares de Sousa (Visconde de Uruguai), chefes conservadores, tinham grande parentela nessa vila, e com eficácia defendiam os seus parentes, e estes foram mais ou menos atendidos em contraposição aos atos do Padre Ceia, foi a sua denominação se convertendo em sinônimo de favorecido, potentado, que ao princípio deu-se aos parentes daqueles dois personagens políticos, e que depois passou ao partido inteiro, em todo o país. A maledicência partidária, porém, engendrou uma origem injuriosa, tirando-a do verbo *sacar*, e daí sacaremos, saquaremos, saquarema" (Pereira da Costa, *Vocabulário Pernambucano*, 664-665.)

Sarabagué. Ou sarabaqué, dança da Santa Cruz na aldeia de Carapicuíba, S. Paulo. "Na Festa, os primitivos habitantes de Carapicuíba, o jesuíta e o índio, são relembrados, aqueles nas novenas, nos cânticos religiosos, nas louvações em quadrinhas da Cruz do Calvário, este nas figurações da dança de Santa Cruz, também chamada Sarabagué, ou Sarabaqué, que, no seu final, recorda um ataque de azagaias. A Sarabaqué, denominação que remonta ao tempo em que Carapicuíba era habitada por índios, forros, dança-se defronte da capela de Santa Catarina, padroeira da localidade, e de seu cruzeiro, depois diante das cruzes de toda a vila e, por último, diante do cruzeiro em frente da casa do festeiro do ano. Em cada um dos locais, faz-se a *saudação*, dança-se a *roda* e termina-se com a *despedida*. A Festa, precedida sempre da novena, que se inicia em fins de abril, dura de 1º a 4 de maio. No último dia, além da dança da Santa Cruz, dançam-se o *chimarrete*, a *cana verde* e a *cirandinha*". (Flávio de Almeida Prado Galvão, "Festa da Santa Cruz na Aldeia de Carapicuíba", *O Estado de São Paulo*, 10-V-1959). "Depois da saudação, os músicos e dançarinos iniciam a roda da dança da Santa Cruz; os homens postam-se do lado de fora e as mulheres do de dentro, dançando aos pares, desenlaçados, um de fronte do outro". "Ao iniciar-se a dança da Santa Cruz, os dançarinos, com os músicos à frente, executam a saudação defronte da capela ou do cruzeiro. Os instrumentos musicais são: violas de dez cordas, pandeiros, que substituíram os velhos adufes, reco-reco e puíta. Os dançarinos acompanham a música batendo palmas". (idem). Ver *Santa Cruz*.

Sarambé. Ou sarambu, segundo Luciano Gallet, dança africana trazida pelos escravos para o Brasil. Renato Almeida incluiu-a na classe dos sambas. Minas Gerais e Bahia. O mesmo que sarambeque?

Sarambeque. Dança portuguesa, já popular na primeira metade do séc. XVII em Lisboa. Dom Francisco Manuel de Melo, em março de 1650, reprovava-a: "Não louvo o trazer castanhetas na algibeira, o saber jácaras e *entender de mudanças do sarambeque*, por serem indícios de desenvoltura (*Carta de Guia de Casados*, 60, ed. Simões Lopes, Porto, 1949). Júlio Dantas (*Eles e Elas*, ed. Chardron, Porto, 189-193, 1918) descreve-a: "É um bailado de movimentos vivos, saracoteado, desnalgado, menos grosseiro do que a "fofa" dos alfamistas e das regateiras do tempo de D. João V, mais rápido e mais vivaz do que a "chacoina", o "oitavado" ou o "Zabel-Macau". Júlio Dantas crê o sarambeque "originariamente português", como a fofa, o canário, o arromba, o arrepia, e em plena moda no séc. XVIII, nas procissões de "Corpus Christi". O sarambeque disputava com a chegança a popularidade sob D. João V, e veio até a primeira década do séc. XIX. Durara mais de cento e cinquenta anos. O sarambeque, dança aristocrática do séc. XVII, bailada como a "galharda" e a "pavana", passou a bailado popular e comum. Luciano Gallet (*Estudos de Folclore*, 61, ed. Wehrs, Rio de Janeiro, 1934) incluiu-a entre as "danças negras implantadas no Brasil", dando Minas Gerais como sua área mais conhecida. Renato Almeida (*História da Música Brasileira*, 161, ed. Briguiet, Rio de Janeiro, 1942 (deu-a como um sinônimo de "samba" na Bahia, como o "sarambé" e o "sorongo".

Sarambu. Ver *Sarambé*.

Sarandi. Dança humorística de Goiás, correspondendo ao arara, ao vilão da mala, ou ao chapéu. "Neste (*pagode, baile, festa*) a dança preferida é o sarandi, aliás original e interessante. Forma-se uma roda em que cada homem está com sua dama, sem número de pares determinados, ficando, porém, um cavalheiro, sozinho, circulado por todos. A sanfona retine, então, uma chula, e todos, dançando em volteios, cantam:

"Eu sarando o sarandi,
Vamos todos sarandar,
Vamos dar meia-volta,
Meia volta vamos dar
E no fim da meia-volta
Os cavalheiros troca os par."

E, ao darem a meia-volta, os cavalheiros desligam-se de seus pares e passam para a dama seguinte. Se não forem espertos, ficam sem ela, pois o cavalheiro do centro da roda, apelidado de ladrão, procura apoderar-se de uma das damas naquele momento. E a viola vai repisando sempre a chula, enquanto eles vão dançando horas a fio, até romper o dia seguinte" (Derval de Castro, *Páginas do meu Sertão*, 111-112, São Paulo, 1932).

Sarapatel. Prato feito com sangue e miúdos de porco ou outro animal, condimentado com a especiaria clássica, salsa, louro, coentro, cebola, alho, cominho, cravo e previamente lavadas as peças com sumo de limão. Come-se com farinha. O guisado, picadinho e bem cozinhado, constitui uma das iguarias tradicionais. Sarapatel vale dizer também balbúrdia, confusão, mistura disparatada. Ver *Sarrabulho*.

Sarará. Formiga vermelha de asas. Mulato alvacento, de cabelos vermelhos, por analogia à cor da formiga (Pereira da Costa, *Vocabulário Pernambucano*, 666).

Sarna. Dança figurada no Rio Grande do Sul. Registrou-a Ênio de Freitas e Castro, na fazenda da Avaria, município de São Francisco de Paula, em 1942. "Enquanto dançam, fingem os pares que se coçam, algumas vezes, como se estivessem atacados de sarna (não só isso em bailes de verdade, mas, sim, em reuniões familiares). Existem versos que não me foi dado recolher. O andamento é igual ao do "Boi Barroso", com o qual tem coincidências de estilo (melodia em terças, mesma tonalidade, subida ao sétimo grau). Repete-se inúmeras vezes antes de concluir" (*Música Popular do Rio Grande do Sul*, "Rio Grande do Sul", 390, Porto Alegre, 1942).

Sarrabalho. Uma das danças do fandango no Rio Grande do Sul.

Sarrabulho. Nunca pude compreender bem a diferença entre sarapatel e sarrabulho. Uma técnica ensinou-me que o sarrabulho era preferencialmente o guisado de miúdos e sangue do carneiro, mas podia ser de porco, também. Entrando para a panela todas as vísceras, passa a ser o sarapatel. Melhor andou o grave Antônio de Morais Silva, carioca, senhor de engenho em Pernambuco e conspícuo dicionarista, que registrou sarrabulho como sinônimo de sarapatel. E fez muito bem. Vistos, estou com o eminente relator. Ver *Sarapatel, Fandango*.

Saruá. Malefício, influência má, castigo pela quebra de um tabu, estado especial para recepção dos elementos maus; saruado, quem está sofrendo as consequências do saruá. Frases correntes entre os mestiços amazônicos, mamelucos, etc. Informa Stradelli (*Vocabulário Nheengatu-Português*, 643): "Saruá, o mal que alguém pode produzir, mesmo de longe, e que é esperado como consequência natural e necessária de um ato qualquer, voluntário, ou não, em dano das pessoas da própria família ou alheias, mas às quais é ligado de algum modo, ou sobre as quais pode ter uma influência qualquer, por possuir alguma causa que lhes pertenceu. É a influência que pode exercer o pai sobre os próprios filhos, logo depois de concebidos e durante toda a meninice, comendo, bebendo ou fazendo alguma causa que por isso mesmo lhe é defendida. Daí vem o resguardo do marido pelo parto da mulher, ficando ele em descanso, como se fora a parturiente, o cuidado de não comer certas caças ou certos peixes, especialmente de pele. durante a gravidez da mulher e a meninice dos filhos. E a influência que afirmam exercer a mulher grávida sobre as cousas que a cercam, tornando-se capaz de tudo estragar com o simples olhar, podendo muitas até afrontar impunemente as cobras mais perigosas, que pelo contrário podem morrer, se olhadas ou tacadas por elas. É o que faz que se na maloca onde ela se acha deve ser moqueada alguma caça ou pesca, ou a mulher sai ou o moquém se arma fora, longe da vista dela. Mas não é só a mulher grávida que é saruá; saruá são todas as fêmeas grávidas, pelo que é obrigação estrita do caçador, que as encontrar, deixá-las ir em paz sob pena de se tornar panema e nunca mais voltar a ser caçador afortunado. Os estranhos também podem fazer saruá, e é um dos poderes do pajé, embora haja pessoas que o podem fazer sem sê-lo. Em qualquer caso, porém, precisam de ter em seu poder alguma cousa que pertença ou tenha pertencido à pessoa contra quem se quer dirigir o saruá; e se é suficiente um cabelo, um pedaço de unha, um pouco de raspagem da pele, qualquer "sujo" que venha do sujeito, sem tê-lo, nada podem fazer. Isto posto, o saruá, se tem alguma causa do quebranto, e da jetatura e de outras superstições europeias, tem caracteres próprios, que o tornam original". Ver *Iniciação*.

Saruê. Esta dança, como indica a sua denominação, corrutela de *soirée* ou sarau, é um misto de figuras das quadrilhas francesa e americana, com passos de danças originais do sertão, marcas estapafúrdias, mistura de português e francês cozinheiro e corrompido. (A. Americano do Brasil, *Cancioneiro de Trovas do Brasil Central*, 279, São Paulo, ed. Monteiro Lobato. 1925). Ver *Timbu*.

Satanás. Do hebreu *haschatân*, dando o árabe *xáitan*, soberano das forças contrárias ao Homem, chefe dos anjos rebeldes, Rei dos Demônios, o "Inimigo", este um dos sinônimos mais populares do Diabo. Citado no "Livro de Job", 1-7, 1520 anos antes de Jesus Cristo. É o nome que Jesus Cristo pronuncia em repulsa: Mateus, 4-11, Marcos, 1-13, Lucas, 4, aplicando-o até ao apóstolo Pedro (Mateus, 16-23). Não é tão usual como Diabo e Demônio. É de pronúncia temerosa, porque o nome atrai o que personaliza: Luís da Câmara Cascudo, *Superstição no Brasil*, "Nomem, Numen", 104-109, 6ª ed., São Paulo, Global, 2002. Ver *Salta-Atrás*.

Saúba. Ver *Saúva*.

Saúde Cantada. No romance *Tronco do Ipê* (Rio de Janeiro, 1871) José de Alencar registrou um modelo da *saúde cantada*, saudação em versos, ordinariamente quadrinhas improvisadas e parcialmente decoradas, entoada no fim de uma refeição festiva em recinto familiar. O Coreto é uma canção tradicional no momento da bebida e não exigia a criação imediata. Apenas repetia-se o que todos sabiam e sabem, porque existem dezenas de coretos em Minas Gerais e as cantigas de beber não morreram de todo, como duram nos países saxões os *drinking's songs*, provocando as façanhas dos bebedores. A *saúde contada* como o *vivório* paulista do vale do Paraíba (ver *Vivório*) são as reminiscências dos "agradecimentos" obrigatórios, em prosa ou verso, tão comuns na Península Ibérica. Não podia haver almoço ou jantar de alguma importância sem que um dos convivas não saudasse o anfitrião com entusiasmo caloroso. A *saúde cantada* como o *vivório* caracterizam-se pela individualização laudatória, o que não existe no coreto nem nas demais canções de beber, europeias e americanas. Na cidade do Natal houve a tradição das *saúdes cantadas* em que era mestre o poeta Lourival Açucena (1827-1907). E ainda nos dias presentes o poeta Evaristo Martins de Sousa não se faz rogar para saudar, em versos improvisados e cantados, os amigos reunidos num bom almoço domingueiro. O modelo é a quadrinha, ABCB, e indispensáveis as referências afetuosas aos presentes. Informa Elói de Sousa: "Um dos hábitos antigos em Natal, também costume generalizado em todo o Nordeste, eram os versos cantados ao fim dos grandes jantares, como brinde de alegria mais comunicativa do que as saudações de hoje, que dão a essas reuniões caráter cerimonioso, às vezes quase lúgubre. Muitos desses versos ele (referia-se ao historiador Tobias Monteiro, 1866-1952) canta ainda agora (1941) com o mesmo entusiasmo, embora velado pela saudade dos tempos de antanho, em que participou desse conjunto de vozes familiares" (*Tobias Monteiro. Jornalista e Historiador*, 77-78, Rio de Janeiro, 1942). Estudei as *Saúdes-Cantadas*, histórico e documentação musical, na *História da Alimentação no Brasil*, "Saúdes cantadas e canções de beber", 698-721, 4ª ed., São Paulo, Global, 2011. Ver *Coreto, Vivório*.

Sauí. Ver *Saguím*.

Saúva. Ou saúba, chamada carregadeira, sobitu, formiga de roça. As fêmeas chamam-se *tanajuras* e constituem acepipe tradicional. Charles Frederik Hartt comeu saúva e gostou. Informa no *Contribuições para a Etnologia do Vale do Amazonas*, Arquivos do Museu Nacional do Rio de Janeiro, tomo VI, 125, 1885: "Todo mundo sabe que existe no corpo de certas formigas um ácido chamado fórmico, e que na Suécia as formigas são usadas para fazer vinagre. Quando estive no Amazonas, ouvi muitas vezes gabar o gosto da saúva. Uma senhora americana, residente em uma plantação, perto de Santarém, perguntou-me se eu já tinha comido saúva, ao que respondi: — Não. — Pois bem, disse ela, não deixareis o Amazonas sem experimentá-las, porque são muito gostosas. Dizendo isto, mandou uma mulher buscar algumas, e em poucos minutos voltou com uma bacia d'água, em que algumas, centenas de saúvam estavam afogadas. A criada tinha feito um pequeno buraco na estrada, ao longo da qual as formigas estavam passando, e aí caíram. A senhora tomou uma formiga da bacia, tirou-lhe a cabeça e comeu-a com evidente prazer. Assim animado, eu segui o seu exemplo, e quando o inseto ficou esmagado entre os meus dentes, a minha boca foi invadida por um sabor um tanto forte de especiaria, assemelhando-se um pouco ao cravo. O sabor picante torna completamente impossível o uso da saúva para outro fim que não seja o da especiaria ou condimento. Adicionadas ao molho tucupi, elas dão-lhe um gosto muito agradável, como posso asseverar por experiência própria. Se os camarões são bons para alimento, por que não o seriam também as formigas?" Usam ainda a saúva como tempero no molho tucupi. Henry Walter Bates escreveu: "Vi os índios do Tapajós, onde o peixe é escasso, temperarem o tucupi com saúvas" (*O Naturalista no Rio Amazonas*, I, 344, tradução de Cândido de Melo Leitão, S. Paulo, 1944). Ver Luís da Câmara Cascudo, *Canto de Muro*, "Reino de Ata", 147-169, 4ª ed., São Paulo, Global, 2006. Ver *Formiga e Tanajura*.

Schottische. Apareceu durante a Regência e dominou na Maioridade e Segundo Império, tendo mais de mil composições dedicadas ao gênero. Dança de salão, aristocrática, passou ao povo e, desaparecendo da sociedade onde vivera, incorporou-se aos bailes populares e regionais, sendo o ritmo de muita dança velha, como arrepiada, jararacas, serrote. etc. No Rio Grande do Sul havia e há vários tipos de "schottisches", com denominações especiais e típicas. O ritmo vivo, de 2/4, presto, dá para animar a festança. "Schottische" e polca foram expulsos dos bailes de gente ilustre, mas continuam vivos nas alegrias do povo. Nos Estados do Nordeste, nos bailes "de rifa" ou nos bailes de "quota", indispensavelmente, o fole, harmônica, sanfona ou realejo sacodem para o ar o desenho melódico de muito "schottische", antigo, e também inúmeros criados pelos sanfoneiros. Nas *Cartas ao Amigo Ausente*. José Maria da Silva Paranhos (Visconde do Rio Branco, 1819-1880), em 28 de junho de 1851, informa: "A *schottische*, eis uma das novidades mais interessantes da semana, do Campestre, do Cassino, do Rio de Janeiro! A *schottische* está destinada para dar brados em todas as nossas reumoes dançantes, a esta hora terá proscrito a estouvada e voluptuosa polca, e há de disputar o terreno palmo a palmo à delirante valsa da Germânia. A *schottische* é uma melodia alemã, cheia de cadência e de graça — como se fora feita para o caráter e gosto dos brasileiros. A música é maviosa, dessas que o nosso povo sabe tocar, cantar e *assobiar*. Depois dos alemães, dela enamoraram-se os ingleses e os franceses, e mesmo que alguns outros mais nos precedessem, a *schottische*, a sedutora compatriota de Meyerbeer, há de morrer de amores por nós e nós por ela. Viva a *schottische*! Viva o Sr. Toussaint que no-la apresentou!" Jules Toussaint era professor de dança (Ed. do Ministério das Relações Exteriores, organizada e prefaciada por José Honório Rodrigues, pág. 174, Rio de Janeiro, 1953), Foi nesse 1851 que o *schottische*, guardando sua denominação *escocesa*, alcançou o baile público, derramando-se popularmente pela capital do Império.

Sebastianismo. Ver *Sebastianistas, Touro Encantado*.

Sebastianistas. O sebastianismo vivia em Portugal muito antes do Rei Dom Sebastião nascer. Quase todos os povos têm essa crença, e raro será o que não acredite no regresso de figura imortal para conduzir seu povo à glória mais alta. Quem morreu por ele, ressuscitará. O Rei Artur, Gengis-Kan, Átila, Barba-Roxa, tiveram e têm adeptos. Esse sentimento informe e poderoso encarna o pensamento coletivo de superação ao trágico cotidiano e sua obstinada esperança na redenção pela presença miraculosa de uma força nacional e querida. Muda apenas, através dos tempos, o processo de crer ou de esperar. O sebastianismo, como força impulsionadora da energia nacional, jamais foi apático ou resignado. A esperança personalizava a vitória nas figuras de sua simpatia. Muito ao sebastianismo deveu D. João IV. E o Padre Antônio Vieira sabia das reservas maravilhosas que essa imagem despertava no espírito popular, para que não a esquecesse e a soubesse usar. Há, pois, incessantemente, com outros nomes, sebastianismo, força anônima e coletiva em potencial. J. Lúcio de Azevedo estudou uma parte dessa deslocação psicológica no *Evolução do Sebastianismo* (Liv. Clássica Editora, Lisboa, 1947). A bibliografia é longa e não cabe aqui expor as origens. Para o Brasil a ideia sebastianista deve ter emigrado logo, com os homens da Extremadura, Alentejo, o norte de Portugal, fontes da colonização. Esse sebastianismo podia ter tomado um matiz de culto religioso mais exigente e minucioso, uma moral mais ascética e rigorosa, dentro dos quadros católicos. John Luccock, visitando a província do Rio de Janeiro em 1816, registra o vestígio da crença: "Tanto isso como outros demais fatos inclinaram-me a dar crédito ao que já me haviam dito, a saber, que o meu amigo pertence a uma pequena seita chamada sebastianismo, com alguns poucos dos quais já casualmente tenho travado relações. São sinceramente devotos na sua crença em Deus e ardentes de amor pelo Redentor, mas seguem os ritos da Igreja, mais por educação que por convicção, mantendo, a muitos respeitos, em relação aos católicos, a mesma posição que, perante os protestantes ingleses, ocupam os puritanos" (*Notas sobre o Rio de Janeiro*, 236, ed. Martins, São Paulo, 1942). Em fins de 1817 von Martius encontra outro fiel na pessoa do Guarda-Mor Inocêncio, na serra do Caraça, Minas Gerais: "O porte de nosso distinto hospedeiro, homem grisalho, era um tanto solene, e, involuntariamente, nos fazia lembrar os "quakers". De fato, ele era também um dos adeptos do sebastianismo, que estão sempre à espera da volta do Rei D. Sebastião, morto na batalha de Alcácer-Quibir, contra os mouros, e, com isso, a volta da mais gloriosa época do reino de Portugal. Estes sebastianistas, que se distinguem por sua atividade, economia e riqueza, são em maior número no Brasil, e, especialmente, em Minas Gerais, do que na própria mãe-pátria" (J. B. von Spix e C. F. von Martius, *Viagem pelo Brasil*, trad. Lúcia Furquim Lahmeyer, I, 370, Rio de Janeiro, 1938). Mas seriam minoria. Euclides da Cunha (*Os Sertões*, 5.ª ed., Rio de Janeiro, 1914), rastejando as raízes mentais dos jagunços de Canudos, da multidão sertaneja, acreditava que, verificado o povoamento do Brasil durante D. João III, os terrores da Idade Média tinham cristalizado no catolicismo peninsular, na frase de Oliveira Martins, e o clima não mudara, no tempo, para as almas do interior brasileiro. "Imóvel o tempo sobre a rústica sociedade sertaneja, despeada do movimento geral da evolução humana, ele respira ainda na mesma atmosfera moral dos iluminados que encalçavam, doudos, o Miguelinho ou o Bandarra. Nem lhe falta, para completar o símile, o misticismo político do sebastianismo. Extinto em Portugal, ele persiste todo, hoje, de modo singularmente impressionador, nos sertões do Norte" (*opus cit*, 141). As manifestações coletivas do sebastianismo no Brasil verificaram-se na primeira metade do séc. XIX em Pernambuco. Em 1819, na serra do Rodeador. Bonito, Silvestre José dos Santos, dizendo-se profeta e missionário instituído por uma Santa de Pedra que falava, fundou um arraial de adeptos, pregando a ressurreição de D. Sebastião, que partilharia seus tesouros infinitos com os fiéis de Mestre Quiou, nome oficial de Silvestre. Havia irmandades, cerimonial com abóbada de aço, cantos, hierarquia, etc. Como a economia do núcleo seria mais de rapina que de produção normal, desobedecidas as intimações, o Governador Luís do Rego mandou o Marechal Luís Antônio Salazar Moscoso atacar o povoado. Em outubro de 1820 o povoado do Rodeador, o futuro reino de Dom Sebastião, foi assaltado, incendiado, seus homens trucidados e as mulheres e crianças levadas para o Recife. Reino da Pedra Bonita, hoje Pedra do Reino, no município de Vila Bela, Pernambuco. Em 1836 o mameluco João Antônio dos Santos revelou que El-Rei D. Sebastião estava encantado perto dali e seria ressuscitado, com riquezas incomparáveis. Fez-se peregrino, divulgando a crença e reunindo vassalos fanáticos, tendo a Pedra Bonita como sede, cilindros de granitos, paralelos, com 150 e 148 palmos de altura, respectivamente, incrustados de malacachetas espelhantes ao sol. Nas grutas abobadadas instalaram-se os vários departamentos da grei. Pedro Antônio cedeu o apostolado ao mestiço João Ferreira, que ampliou o reino, coroando-se rei, com o tratamento de "santidade" e ósculos nos pés, possuindo várias mulheres, guardas e todos os direitos. Embriagavam-se com uma bebida de jurema e manacá, o vinho encantado, e excitados praticavam as mais revoltantes cenas de brutismo, selvageria e sexualidade. Dom Sebastião voltaria a viver, se as pedras enormes e determinada área de terreno ao redor fossem molhadas de sangue humano. Sacrificaram dezenas e dezenas de vidas, mulheres, velhos, crianças, homens válidos, compulsória ou espontaneamente levados ao martírio da degolação. Os cães eram vitimados também, porque voltariam transformados em dragões em serviço do rei. Os dois primeiros reis, João Antônio e João Ferreira, foram assinados em honra de D. Sebastião. O terceiro soberano, João Antônio, irmão do primeiro, foi aclamado, aos gritos de "Viva D. Sebastião! Viva o nosso irmão Pedro Antônio!" Em fins de 1838 uma tropa policial, comandada por Manuel Pereira da Silva, apareceu para prender os assassinos e dissolver o reino da Pedra Bonita. Dizia-se que El-Rei D. Sebastião apareceria nesse momento, com o seu exército. Armados de arma branca e de paus, os sebastianistas da Pedra Bonita enfrentaram as carabinas da força policial, gritando, entusiasmados: — Não os temamos! Acudam-nos as tropas do nosso reino! Viva El-Rei D. Sebastião! Pedro Antônio morreu combatendo, e dezessete vassalos sucumbiram. Outro grupo foi batido nos arredores, resistindo muitos. O sacerdote do bando, Frei Simão, falso frade, caiu também. Restou aos vencedores o encargo de dar sepultura aos mortos, e ao socorro religioso estabelecer a regularidade do culto naquelas paragens. Antônio Ático de Sousa Leite, "Memória sobre o Reino Encantado na Comarca de Vila Bela", com o título de *Fanatismo Religioso*, Juiz de Fora, 1898; Pereira da Costa, *Folclore Pernambucano*, 33--44, *Revista do Instituto Histórico e Geográfico Brasileiro*, tomo LXX, Rio de Janeiro, 1908; A. A. de Sousa Leite, "Memória sobre a Pedra Bonita ou Reino Encantado", *Revista do Instituto Arqueológico Pernambucano*, vol. XI, 217. Araripe Júnior romanceou o "Reino Encantado". Na *Revista do Instituto Arqueológico Pernambucano* há muitos trabalhos sobre a "Santa de Pedra", o episódio da serra do Rodeador em Bonito). Sebastianismo em Canudos. O arraial fundado por Antônio Vicente Mendes Maciel (1828-1897) obrigando a quatro expedições militares e ao emprego de artilharia e dinamite, página de resistência heroica do sertanejo, conquistando o entusiasmo de Euclides da Cunha no *Sertões* (princeps tip. Laemmert, Rio de Janeiro, 1902 com sucessivas reedições), livro de real e justa revolta ao brutalismo da fórmula encontrada para castigar os jagunços e pulverizar suas 5.200 moradas, viveu sua época messiânica de sebastianismo e o "Bom Jesus Conselheiro", título de Antônio Vicente Mendes Maciel, era sebastianista convicto. D. Sebastião acabaria com a *Lei do Cão* (regime republicano ou casamento civil) e tudo melhoraria. Antônio Conselheiro profetizara: "Em verdade vos digo, quando as nações brigam com as nações, o Brasil com o Brasil, a Inglaterra com a Inglaterra, a Prússia, com a Prússia, das ondas do mar D. Sebastião sairá com todo o seu exército. Desde o princípio do mundo que encantou com todo o seu exército e o restituiu em guerra. E quando encantou-se afincou a espada na pedra, ela foi até os copos e ele disse: — Adeus mundo! Até mil e tantos, a dois mil não chegarás! Neste dia, quando sair com o seu exército, tira a todos no fio da espada deste papel da República. O fim desta guerra se acabará na Santa Casa de Roma e o sangue há de ir até à junta grossa". O Povo cantava:

"D. Sebastião já chegou
E traz muito regimento
Acabando com o civil
E fazendo casamento.
Visita nos vem fazer
Nosso Rei D. Sebastião.
Coitado daquele pobre
Que estiver na lei do cão!"

(*Os Sertões*, 172, 207). Para a informação folclórica da Campanha de Canudos, José Calasans Brandão da Silva, *O Ciclo Folclórico do Bom Jesus Conselheiro* (Contribuição ao estudo da Campanha de Canudos, Bahia, 1950), e a sugestiva reportagem de Odorico Tavares, "Canudos cinquenta anos depois", no *Bahia*, "Imagens da terra e do povo" (José Olympio, ed. Rio de Janeiro, 1951). Ver ainda Pereira da Costa, "Reino Encantado de São Sebastião", *Diário de Pernambuco*, 27-29 de julho de 1902, "Uma Seita de Sebastianistas na Serra do Rodeador", *Jornal do Recife*, 29-30 de janeiro de 1902. Como modificações do pensamento sebastianista, ver *João Maria*, *José Maria*, *Pai Veio*, *Touro Encantado*.

SEBASTIÃO. São Sebastião é muito popular no Brasil, padroeiro da cidade de São Sebastião do Rio de Janeiro, titular da respectiva arquidiocese, orago de 144 paróquias e dando nome a sete municípios brasileiros, além de vilas e povoados. Na batalha final contra os franceses que ocupavam a Guanabara, "a crença, segundo a tradição corrente entre os tamoios e assinalada por alguns dos nossos cronistas, entre os quais Melo Morais pai, diz que o próprio santo protetor da cidade foi visto de envolta com os portugueses, mamelucos e índios, batendo-se contra os calvinistas" (Max Fleiuss, *História da Cidade do Rio de Janeiro*, 49, ed. Melhoramentos, São Paulo, s. d.). E o dia da luta coincidiu com a festa de São Sebastião, 20 de janeiro de 1567. Sebastião nasceu em Narbona e foi legionário do Imperador Carino. Diocleciano nomeou-o chefe da primeira coorte dos pretorianos. Cristão, auxiliando seus irmãos na fé, foi denunciado ao Imperador, que o mandou amarrar a uma árvore e seteá-lo até a morte. Sebastião merecera do Papa Caio o título de Defensor da Igreja. Deixado como morto, Sebastião foi pensado e curado por uma viúva, Lucina. Sua representação clássica é nesse suplício onde não morreu. Voltando a saúde, Sebastião procurou encontrar-se com o imperador e exprobou-lhe a crueldade brutal. Diocleciano fê-lo perecer bastonado, no dia 20 de janeiro de 288 em Roma. Tinha 38 anos. Os cristãos retiraram-lhe o cadáver da *Cloaca Máxima*, sepultando-o na catacumba que teve o seu nome. Uma basílica, perto da Porta Capena, ergueu-se em sua honra. Parte das relíquias de seu corpo foi dada pelo Papa Eugênio II à abadia de Saint Médard de Soissons em 828. É o santo defensor das moléstias contagiantes, invocado nas epidemias, nas guerras e escassez de víveres. Os devotos de São Sebastião não morrem de fome, de peste nem de guerras.

SECREÇÕES. Elementos de ação mágica. Ver *Saliva, Suor, Urina*, etc. (Ver Mário de Andrade, *Namoros com a Medicina*, "A Medicina dos Excretos", 63--124, ed. Globo, Porto Alegre, 1939).

SEIXO. Logro, bolo, calote, dívida não paga. Seixeiro, trapaceiro, enganador, caloteiro. Passar um seixo, enganar, iludir, não pagar.

SELA. Uma das peças integrantes do conjunto de arreios para equitação, precisamente aquela sobre que assenta o cavaleiro. É construída sobre o *arção*, peça de madeira conformada ao dorso do animal. O *arção* é representado por um arco em ângulo agudo, que se destina à parte anterior da sela. Partem do *arção* as *alpendras*, colocadas paralelamente e presas na extremidade oposta por uma sola larga e resistente. Para ter a segurança necessária, o *arção* é enervado em couro cru. Para a capa da sela usa-se de preferência couro de veado, bezerro ou porco. Normalmente a sela tem quatro *abas*, duas de cada lado, sendo as de cima de acabamento aperfeiçoado, com vistosos bordados a linha. O revestimento interno da sela é de pano, acolchoado com folhas secas, de angico ou vassourinha ou pendão de cana. A esta almofada dá-se o nome de *suadouro*, ou antes, *suador*, porque fica em contato com o lombo do animal. O *Dicionário de Morais* registra três tipos de sela: *bastarda, estardiota* (ou *de brida*) e *gineta*. A *bastarda* era um tipo intermediário entre a *gineta* e a *estardiota*, sem *borrainas*, mas com dois *arções*. Inventários do séc. XVIII revelam a existência apenas da *bastarda* e da *gineta* no nordeste brasileiro (Hélio Galvão, "Velhas Heranças", em *Bando*, ano III, vol. II, agosto-setembro, 1951). Hoje não conhecemos o tipo de dois *arções*, de que o *lombilho*, usado em Goiás e no Rio Grande do Sul, é possível sobrevivência (cf. Aurélio Buarque de Holanda, *Glossário* à edição crítica dos *Contos Gauchescos e Lendas do Sul*, de J. Simões Lopes Neto, Livraria do Globo, Porto Alegre, 1949). Os tipos de sela atualmente conhecidos no Nordeste são: 1) *de estrada;* 2) *selim;* 3) *silhão;* 4) *roladeira;* 5) *ginete;* 6) *susana,* 1) A sela *de estrada* é remanescente da *estardiota*, o que é fácil de verificar pelas transformações da palavra: estadiota, es-*tradiota, estrada*. É pequena, delicada, borrainas anteriores, maçoneta (maçaneta) pouco saliente, preferida por senhores-de-engenho e pessoas de idade, 2) o *selim* é de procedência inglesa, pouco usado, distinguindo-se da *de estrada* pelo fato de serem sobressalentes as extremidades posteriores do *suador*. É adotado pela cavalaria do Exército, com ligeiras modificações, sem *rabicho*. 3) o *silhão* é uma sela adaptada ao uso feminino, com gancho na face anterior para facilitar o equilíbrio, e apenas um estribo, à direita, com *loro* curto. Está em franca decadência porque as mulheres preferem montar como homem, fato já constatado por Gardner (*Viagens no Brasil*, pág. 137). Mas tanto no Seridó como no oeste norte-rio-grandense o *silhão* é ainda muito utilizado. 4) A *roladeira* é um tipo de sela característico do Nordeste, preferido pelos fazendeiros e proprietários abastados. Sela vistosa, elegante, elevada atrás e adiante, maçoneta (maçaneta) saliente, borrainas anteriores e posteriores, sendo estas inteiriças, sem solução de continuidade e recurvadas, acompanhando o próprio relevo da sela, de modo a deixar bem sensível o sulco em que assenta o cavaleiro. A *roladeira* é uma evolução da *bastarda*, que Koster observou, embora sem mencionar-lhe o nome, ser alta e cômoda, obrigando a uma posição hirta (*Viagens ao Nordeste do Brasil*, págs. 44, 133 e 204). 5) O *ginete* é a sela dos vaqueiros, de conformação própria para o trabalho do campo, com borralnas muito baixas apenas na frente, elementos que permitem ao cavaleiro livre movimentação nas carreiras dentro do matagal. As *abas* internas são salientes, em virtude da atrofia das externas. 6) A *susana* é de introdução recente. Representa uma derivação do *ginete*, com mais acabamento e *abas* iguais. Pelos requisitos que reúne, a *susana* vai conquistando as preferências dos cavaleiros. São acessórios da sela: a) *rabicho;* b) *cilha;* c) *peitoral;* d) *rabichola;* e) *loros;* f) *estribos;* g) *manta*. O *rabicho* e o *peitoral* destinam-se a garantir a estabilidade da sela, evitando que deslize para diante ou para trás, respectivamente. Indispensável para os vaqueiros, o *peitoral* é mais usado nas regiões serranas. Preso à sela em ambas as extremidades, passa pelo peito do animal e tem no centro uma coração talhado em couro, orlado de tachas reluzentes. O *rabicho* é ligado à parte posterior da sela, passando por baixo da cauda do animal. Igual função de segurança tem a *cilha*, ajustando a sela ao dorso da montada, passando por baixo da barriga e podendo aumentar ou diminuir a pressão, através de fivelas. A *cilha* é de couro trançado na parte central e é inteiriça nas *roladeiras, susanas* e *ginetes*. Nos *silhões, selins* e *de estrada* ela é presa de um e outro lado a correias fixas. A *rabichola* é pouco uso, adaptável às *roladeiras, susanas* e *ginetes*, mas somente em muares. Os *loros* são tiras de couro que se prendem às *alpendras*, saindo para o exterior através de uma incisão à base do assento, de ambos os lados, tendo à sua extremidade os *estribos*, que são normalmente de ferro. A *manta* é acessório ornamental, colocada como proteção ao *suador*. Geralmente é de couro de bode, conservando os longos pelos, curtido apenas de um lado, "passado na casca". A *manta* substituiu a *sobreanca* ou *xairel* dos cavaleiros antigos. Nos inventários já referidos vêm mencionadas várias *sobreancas* bordadas, uma delas avaliada por 3$200, Os dicionários definem *burraina* (*borraina* ou, mais popularmente, *burranha*) como a almofada que reveste a parte interna da sela. Tal como a conhecemos, *burraina* é um friso saliente, de dois a quatro centímetros de alto, localizada na parte anterior da sela, de cada lado, à altura dos joelhos do cavaleiro, guardando certa concavidade. Somente a *roladeira* tem *burrainas* na parte posterior. A posição do cavaleiro era antigamente determinada pelo tipo de sela: a perna recurvada, quase em ângulo reto, loros curtos, na *gineta;* pernas distendidas, loros compridos, como se o cavaleiro estivesse de pé, na *estardiota*. Na estátua equestre de Rodolfo de Habsburgo, na fachada da catedral de Estrasburgo, o conde está montado com a perna distendida. É esta a posição preferida pelo cavaleiro nordestino. Apenas alguns vaqueiros usam loros menos compridos, mas nunca em posição que permita a perna recurvada, como na gineta clássica. No Exército, porém, cavalga-se à gineta (Hélio Galvão, Natal, RN.).

SELO. Valia outrora quatrocentos e oitenta réis, pataca e meia. Veio até os meados do séc. XIX, mas o vocábulo resistiu mais tempo, embora sem aplicação prática.

SEM. Pedro Sem, que teve e hoje não tem, figura tradicional na literatura oral portuguesa, igualmente popular no Brasil. Sua pretensa biografia é espalhada em prosa e verso, abundantemente reimpressa nos dois países, citada como exemplo do castigo divino ao orgulho desmesurado. Inácio José Feijó escreveu um dramalhão de cinco atos sobre o assunto. No Porto, Portugal, mostraram-me a torre de sua casa senhorial. Duro, desdenhoso, altivo, Pedro Sem, olhando do cimo da sua torre uma esquadra de seus barcos que voltava carregada de riquezas, exclamara: Mesmo que Deus quisesse, não podia fazer-me pobre! Imediatamente uma tempestade dispersou e fez naufragar a todos os navios. Um incêndio devorou o palácio, abatendo a torre. O rico negociante pedia esmolas para comer, dizendo: "Dai esmola a Pedro Sem, que teve e hoje não tem!" Que há de verdade nessa lenda? Camilo Castelo Branco *(Três Irmãs)* faz um sogro dizer a um genro perdulário: "Eu tinha dezessete anos quando conheci Pedro Sem de Vilar, ou Pedro Cem, como vulgarmente se diz, rico e opulento, senhor de incalculáveis tesouros, caixa-geral do Contrato do Tabaco, possuidor de formosas quintas e alterosos navios, que lhe traziam as riquezas do Novo Mundo. Tinha eu vinte anos, senhor Duarte, quando meu pai me enviou com algumas moedas de prata de esmola a Pedro Sem, que estava acabando na indigência em um dos quartos em que seus criados dormiam, e um seu credor lhe deixou por caridade. Isto não são histórias de velho, senhor Duarte. O fato aconteceu ontem; sabem-no os homens mais novos vinte anos que eu. E veja, meu amigo, que os seus haveres não valem todos uma só das três quintas de Pedro Sem que se estendiam desde a Torre da Marca até Navogilde e Pasteleiro". Pedro, Pedro Sem da Silva, o Pedro Cem, nascera no Porto e aí faleceu a 9 de fevereiro de 1775. Residia na Raboleira, perto da cidade. Era riquíssimo mas empobreceu, relativamente, sem que jamais chegasse à miséria. Viveu e morreu abastado. Seus três filhos herdaram e morreram ricos, especialmente Vicente Pedro Sem, grande proprietário no Douro. Luís da Câmara Cascudo, "A Lenda de Pedro Cem no Folclore Brasileiro", em *Vaqueiros e Cantadores*, 279-286, São Paulo, Global, 2005). Magalhães Basto (*Silva de História e Arte*, "Da Torre de Pedro Cem", 205-221, Porto, 1945) estudou o tema, esclarecendo o problema da Torre da Marca legítima, informando sobre a existência de duas famílias, a do Sem e a dos Pedrossem. Qual das duas deu o personagem punido na tradição? Os Pedrossens eram de origem hamburguesa e vindos para o Porto, na segunda metade do século XVII. Enriqueceram no comércio, ligando-se pelo matrimônio às famílias locais e perduraram até princípios do século XIX. Esses Pedrossens jamais foram proprietários da Torre chamada "do Sem" já construída e mencionada em documentos de 1431, quase duzentos anos antes que viessem para Portugal. Os Sem, antiga gente aristocrática, desapareceram nos primeiros anos do século XVI. A Torre passou para os Brandões Sanches. Os Sem não foram negociantes. A firma conhecida entre os traficantes é a dos Pedrossens. Em 1758 a Torre estava desmantelada, sem telhado e sem madeiramento. Os Sem haviam desaparecido há séculos. Restavam os Pedrossens. A Torre é apontada como o lugar "histórico" do episódio e sem o pormenor não resiste ao exame. Pode-se ter verificado o caso noutro local, com algum Pedrossem, tal-qualmente dizem as vozes do povo. "Jamais le fait réel ne manque" na origem das lendas, ensina Van Gennep. O assunto tem sido objeto de pesquisas e comentários em Sousa Viterbo, Pinho Leal, Braamcamp Freire, etc.

SEM-FIM. Ver *Marido, Matintapereira*.

SEM PESCOÇO. Há no litoral do município de Goianinha (Rio Grande do Norte) um cerro denominado Sem Pescoço. É um morro alto, de contornos regulares, de areia alvíssima, com vegetação abundante. Assenta sobre uma planície. Derredor capoeiras e roçados. Nenhum animal o poderá galgar, pela frouxidão das areias. A povoação mais próxima, Tibau, fica a uns três quilômetros. Ninguém passa à noite pelo Sem Pescoço. Por que essa denominação? De eras remotas, conta-se que aparece nesse local, sobrevoando as árvores, partindo sempre do morro, um corpo sem cabeça. Fazendo evoluções, ou demorando sobre uma ou outra árvore mais alta, chama com insistência o incauto que tem a infelicidade de o avistar: ei, ei, ei..." (Hélio Galvão, "Três Estórias", *Diário de Natal*, 11-1-1948, Natal, Rio Grande do Norte).

SENHOR-DE-FORA. Santo Viático levado aos enfermos com acompanhamento popular (ver *Nosso Pai*). "Quando eu conheci a Campanha (Minas Gerais), era ainda uma grande desgraça, e muitas vezes mesmo um grande escândalo, o morrer-se sem todos os sacramentos. Daqui... resultava que muito raro era a semana que não se tivesse de levar o Viático a algum enfermo e que, por consequência, e muito frequentemente, não se tocasse o Senhor-de-Fora. Se, antes de repicar e durante o tempo que repicava, o sino dava por intermitência as cinco badaladas do estilo, todos já sabiam que o Sacramento que tinha de levar-se era para algum dos habitantes de dentro da povoação, e quem não tinha um objeto muito rigoroso que o retivesse em casa, imediatamente saía para acompanhá-lo... No centro e no fim das duas filas, ia então o vigário com o Sacramento, o qual era umas vezes conduzido debaixo da umbela ou de um chapéu de sol muito grande, coberto de seda carmesim e forrado de seda branca e outras vezes debaixo do pálio, cujas varas de prata eram carregadas por seis pessoas. Atrás do Sacramento, finalmente iam todas as pessoas que não vestiam opas, ou que se iam incorporando pelo caminho; e se na povoação existia algum destacamento militar, e o Sacramento por ele passava, imediatamente parte dele era obrigado a ir fazer parte do préstito, colocando-se logo atrás do pálio; o que tudo acabava por fazer, às vezes, um acompanhamento tão grande, que se poderia tomar por uma verdadeira procissão, mas, circunstância esta que era de um péssimo agouro para o pobre doente, visto que se considerava como cousa certa que um acompanhamento muito grande ou fora do ordinário era neste caso um sinal infalível de morte para aquele que ia ser sacramentado... Concluindo tudo isto, voltava-se para a igreja, e tanto na ida como na volta, ou o vigário recitava salmos, que eram respondidos pelas pessoas que os sabiam, ou todos em coro cantavam o bendito. Desde que chegava-se à capela do Santíssimo, punha-se o Sacramento sobre o altar, cantava-se o "Tantum Ergo" e depois o bendito; e, recolhido o Sacramento ao sacrário, dispersava-se o povo. Se, porém, para anunciar a saída do Sacramento, em vez daquelas cinco badaladas intermitentes eram apenas três as que o sino dava, desde logo se ficava sabendo que o Sacramento era para fora da povoação, e embora neste caso ele tivesse de sair ou ser levado a cavalo, isto não obstava que muitas vezes, menos de meia hora depois, ele se pusesse na rua; e não acompanhado por uma meia dúzia apenas de cavaleiros, mas, pelo contrário, por dez, por vinte e muitas vezes por muito mais". (Francisco de Paula Ferreira de Resende, *Minhas Recordações*, 47-49, ed. José Olympio, Rio de Janeiro, 1944).

SENHOR SAMPAIO. Ver *Fandango*.

SENTINELA. Velório no interior de Pernambuco, Alagoas, Ceará. Quarto na Paraíba e Rio Grande do Norte e também no Ceará, onde ainda denominam Guarda, o mesmo que em S. Paulo, onde é conhecido por Guardamento: Cândida Maria Santiago Galeno, "Ritos Fúnebres no Interior do Ceará", *Correio do Ceará*, Fortaleza, 29.3-1957; José Nascimento de Almeida Prado, "Trabalhos Fúnebres na Roça", sep. *Revista do Arquivo*, CXV, S. Paulo, 1947. Durante a *sentinela*, sempre à noite, cantam as Excelências, *incelenças* (ver). O Major Optato Gueiros (*Lampião*, 79, Recife, 1953) registra uma das mais estranhas "Sentinelas" havidas no sertão pernambucano, fronteira de Alagoas: "Os cangaceiros tomaram a direção da fronteira com Alagoas. Na passagem por Terra Vermelha assassinaram Manuel Quirino, de cuja família já haviam morto uns dez membros. Ali chegamos, encontrando as seguintes informações: Aqui esteve o grupo, advertiu-nos Pedro Francisco, da Tiririca, e a buraqueira aí adiante é grande. Entrincheirados ali, quem escapa? E adiantou: Lampião fez aqui essa morte e mandou juntar todas as mulheres da redondeza pra "sentinela". A casa encheu-se e, quando as mulheres começaram a primeira *incelença*, Lampião bradou: — Esbarra, esbarra! que é isso, que *estrupida* é essa?! A cousa hoje é diferente... E determinou que as mulheres arrodeassem o cadáver cantando: — "Ó mulher rendeira, / Ó mulher rendá, / Chorou por mim não fica, / Soluçou vai no borná". E em vez de reza, cantou-se "mulher rendeira", até o *quebrar* da barra". Ver Teo Brandão, "Sentinelas e Enterros", *Diário de Notícias*, 7-XII-1952, Rio de Janeiro. Refere-se às "sentinelas" alagoanas.

SENZALA. Morais registrou como brasileirismo: a casa de morada dos pretos escravos, ou casa semelhante, telhada, ou palhaça. Era o que Joaquim Nabuco dizia ser "o grande pombal negro". É topônimo conhecido desde o séc. XVI, na segunda metade. A origem é africana, valendo o mesmo que morada, habitação, ambundo, senzala.

SEPARA-O-VISGO. Espécie de samba na Bahia, citado por Renato Almeida (*História da Música Brasileira*, 163).

SEPÉ. Sepé-Tiaraju, São Sepé, José Tiaraiú, herói guarani, alferes-mor da aldeia jesuítica de S. Miguel, morto em combate pelo Governador de Montevidéu, D. José Joaquim Viana, a 7 de fevereiro de 1756, à margem de um afluente do Vacarai, com um tiro de pistola. O tratado de Madri, 1750, permutara a portuguesa Colônia do Sacramento pelos castelhanos Sete Povos das Missões, com 30.000 indígenas aldeados pela Companhia de Jesus. A cláusula VI despejava a população guarani do seu território, possuído há quase 150 anos, e Sepé chefiou a reação que recusava o abandono das terras. Três dias depois de sua morte, 1.500 guaranis eram trucidados em Caibaté, abatidos pela artilharia, cavalaria, infantaria de Espanha e Portugal. Pelo destemor, agilidade, iniciativa de luta, Sepé-Tiaraju foi a figura impressionante desse sentimento de propriedade local, madrugada do patriotismo, pela orgulhosa defesa do rincão de caça, pesca, plantio e morada. Mereceu canonização popular, dizendo-o marcado por um sinal na face, um *lunar*, como predestinado à glória imortal. Os historiadores do Rio Grande do Sul e da campanha da demarcação salientam a ação decisiva e valente do tuxaua guarani de S. Miguel: — Visconde de S. Leopoldo, Roberto Southey, Alfredo Varela, Pe Carlos Teschauer, Aurélio Porto, J. C. do Rego Monteiro, Fernando Luís Osório, Tasso Fragoso, Pe Rafael Galanti, e, especificamente, P. de Assis Brasil, *O Combate de Caibaté*, Porto Alegre, 1935; Manoelito de Ornenas, *Tiaraju*, Porto Alegre, 1945; J. Simões Lopes Neto, *Contos Gauchescos e Lendas do Sul*, divulgando o poema sobre "São Sepé", Porto Alegre, 1949; Augusto Meyer, *Guia do Folclore Gaúcho*, Rio de Janeiro, 1951, etc. Em 1955 o Governo Estadual, atendendo a uma sugestão para ereção de monumento a Sepé-Tiaraju, no 2.º centenário de sua morte, ouviu o Instituto Histórico do Rio Grande do Sul, que, em parecer redatado pelo historiador Otelo Rosa, opinou contrariamente à exaltação do caudilho guarani. Houve réplica e tréplica compendiadas no volume de Mansueto Bernardi, *O Primeiro Caudilho Rio-Grandense*, Fisionomia do herói missioneiro Sepé-Tiaraju, Porto Alegre, 1957. Parece-me Sepé-Tiaraju mais literário, como expressão temática, que popular, na plana folclórica, do Rio Grande do Sul.

SEPULCRO, SEPULTURA. Ver *Covas*.

SEQUILHOS. Doces seeos. Morais verbetizou: Bolinhos, rosquinhas de massa seca, com amêndoa, ou sem ela, de vários temperos, e feitios. Gilberto Freyre registra uma velha receita pernambucana: "12 gemas de ovos, 360 gramas de açúcar e 1/2 quilo de farinha de trigo. Batem-se os ovos com açúcar e vai-se botando a farinha até ficar em ponto de abrir em folhas. Fazem-se os bolinhos, cortando-os com carretilha. São levados ao forno para assar em folhas de flandres untadas com manteiga" *(Açúcar*, 91, ed. José Olympio, Rio de Janeiro, 1939). É de proveniência portuguesa, com o mesmo nome.

SERAFIM. Santo confessor da Ordem dos Capuchinhos, em Ascoli, Itália, venerado a 12 de outubro. O Papa Clemente X canonizou-o. Teria a mão contorta. As crianças brincam, retorcendo a mão sobre o pulso dizendo: Esmola para São Serafim, quem não der, fica assim!...

SEREIA. Entidade meio peixe e meio mulher, que seduz pelo canto os navegantes e pescadores, fazendo-os naufragar e morrer. Mostra-se, às vezes, ao pescador, que se apaixona perdidamente, atirando-se n'água para reunir-se à sereia e morrendo afogado. Confundem-na com a mãe-d'gua das águas brasileiras, que era a cobra-d'água (ver *Mãe-d'Água*) e não tinha processo algum de sedução. As sereias, no tempo de Homero, eram três aves e não peixes. Encontro apenas em *Ovídio* (*Arte de Amar*, livro 3º) o "Monstra maris Sirenes erant, quae voce canora / Quamlibet admissas detinuere rates". E contando a *estória* de Ulisses, que se passou com as aves. O vocabulário tupi não tinha voz que traduzisse fielmente a sereia, e Gonçalves Dias tentou o vocábulo Iara, contrato, segundo ele, de Ig-Iára, água-senhor. Iara foi sempre "senhor", e nesta acepção empregou-o Couto de Magalhães, que, traduzindo para o nheengatu o auto de batismo do Príncipe do Grão-Pará, verteu a frase: "No ano de 1875, depois que Nosso Senhor Jesus Cristo nasceu" para Iané Iára Jesus Cristo Ocêma Riré, 1875 Acaiú Ramé. Ali está a verdadeira tradução da iara, senhor. Os cronistas do Brasil colonial desconheceram a sereia, tal-qualmente ela hoje seduz e se apresenta fisicamente. Recebemo-la *made in Europa*, e facilmente assimilou-se nas superstições, pelas águas do mar e dos rios. (Barbosa Rodrigues, in *Antologia do Folclore Brasileiro*, vol. 1, "A Iara", 223-228, 9ª ed., São Paulo, Global, 2004; Santana Néri, *Folk-Lore Brésilien*, 95 e 150, Paris, 1889, dois episódios da sereia, no Pará e Amazonas). Para livrar o indígena da sedução da sereia o remédio é uma fumigação de alho e uma surra com a corda do arco. Fica restabelecida. Outra página clássica da sereia crismada indígena está no *Tronco do Ipê* de José de Alencar. Trata-se de um processo comum de convergência, tendo como época o séc. XIX. Para ajudar a expansão, o culto da orixá sudanesa Iemanjá fê-la apresentar-se como sereia, e assim a encontramos nos Pejis, feita em *biscuit* ou gesso, branca, olho azul e loura. As sereias eram também divindades funerárias, indicando a voz suave dos mortos ou destinadas a chorar pelos defuntos. Figuravam esculpidas nas estelas, cipos e túmulos. Nos sepulcros de Sófocles e de Isócrates estavam as sereias, e muitos epigramas gregos referem essa tradição (*Anthologie Grecque*, Epigrammes

Funéraiers, II. 123 e 177, epigramas fúnebres de Mnasalco e de Érina, n.ºs 491 e 710. trad. de Maurice Rat, Garnier, Paris, s. d.) assim como Eurípedes, na *Helena* (412 anos antes de Cristo), invoca as sereias como ligadas ao culto dos mortos. Aparecem em várias igrejas e capelas em Portugal, Travanca, Cabeça Santa, Rio Mau, Águas Santas, como elemento decorativo mas visivelmente articulado à sua versão sagrada greco-romana. No convento de São Francisco (1779) em João Pessoa, Paraíba, há seis sereias esculpidas nas bases das colunas da capela do Santíssimo Sacramento e nos dois altares laterais. Estão de cabeleira em concha, cinto venusino abaixo dos seios, uma volta de flores na altura do ventre e o longo corpo ictiforme serpeando como ornamento e moldura. São os únicos exemplares da sereia funerária que conheço no Brasil (Luís da Câmara Cascudo, *Superstição no Brasil*, "As Sereias na Casa de Deus", 207-209, 6ª ed., São Paulo, Global, , 2002). Ver *Fandango, Iemanjá*.

SERENATA. É o canto e música instrumental executados ao sereno, ao ar livre, diante da casa de quem dedica a homenagem. Tínhamos as serenatas amorosas, canções e modinhas entoadas à porta da namorada, como também as homenagens sociais, prestadas por um grupo que desta forma significava admiração. Até as primeiras décadas do séc. XX a serenata era uma instituição social. Nas noites de luar percorria as residências dos amigos, cantando e repetindo ceias, até o amanhecer. Mandava o protocolo que as portas e janelas estivessem fechadas e fossem abertas depois de cantada a primeira modinha. Todo o Brasil conheceu e usou a serenata que de todo ainda não desapareceu. Um poeta norte-rio-grandense, Cosme Lemos, denominou seu livro de versos, *Um Lugar na Serenata*, porque fizera versos para ter direito de acompanhar os seresteiros na serra do Martins. O pernambucano Silveira Carvalho decidira:

"Quem ama para dar provas
Deve três cousas cumprir:
Tocar violão, fazer trovas,
Havendo luar não dormir!"

Todos os povos históricos tiveram a serenata. Cantar à porta do seu amor é direito consuetudinário e milenar. Bancroft (*Natives Races of the Pacifics States*, I, 549), falando sobre a remotíssima civilização dos Pueblos e Moquis norte-americanos, informa do costume ritual da serenata, com flauta, como processo normal de conquistar o noivado: "When a young man sees a girl whom he desires for a wife, he first endeavours to gain the good will of the parents; this accomplished he proceeds to serenade his ladylove, and will often sit for hours, day after day, near her house, playing on his flute". Os romanos amavam a serenata e Horácio alude ao costume nas *Odes* (II, VII e), especialmente na VII, Ad Asterien: "Prima nocte domum claude, neque in vias / Su cantu querulae despice tibiae / Et te saepe vocanti / Duram difficilis mane". Os gregos chamavam *Paraclausithyron* esses cantos diante da porta. Por todo o séc. XIX parte essencial da produção poética destinava-se às serenatas. Obrigatoriamente o único instrumento de sopro nas serenatas era a flauta. Os demais, de cordas, o indispensável violão, os cavaquinhos, às vezes o violino e depois o bandolim, solista, nos intervalos, melocomentando a modinha. Ao redor da Maioridade, 1840 em diante, foi o domínio da serenata, e as modinhas e canções dedicadas ao canto ambulatório e noturno são em número infinito. Todas as cidades, vilas e povoações tiveram suas glórias e possivelmente seus sucessores atuais. Como um testemunho de sua vitalidade, na lua cheia de setembro de 1951, às duas horas da manhã, recebi em Natal, a homenagem de uma serenata, bandolim e violões veteranos, ressuscitando as velhas valsas sonorosas de meio século.

SERENGA. Canto que os remeiros "Irmãos da Canoa", por ocasião da festa do Divino Espírito Santo (Tietê, São Paulo) fazem quando remam para o "Encontro" festivo das duas bandeiras e irmãos do rio abaixo e do rio acima. O canto é sem palavras e dá-nos a impressão melódica do cantochão. Possivelmente o canto ajude a ritmar as remadas. Estas, em cada barco, são também ritmadas pelo bater de pé do proeiro, mas a Serenga não deixa de ter uma função facilitadora e sincrônica do esforço despendido no remar (Alceu Maynard Araújo, informação especial, 9-XI-1951, São Paulo).

SERENINHA. Ver *Fandango*.

SERENO. Serenar, ir fazer sereno, ficar assistindo às festas, do lado de fora, ao relento, serenando. Todas as festas tiveram e têm, com outro nome, o sereno, que dizemos hoje assistência. Saída de cortejos reais, casamentos, bailes, banquetes, eram os grandes motivos do sereno, comentários, críticas, sugestões, mesmo versos e às vezes cantigas, tornadas populares. Ir assistir à entrada da sociedade elegante no teatro ou bailes oficiais e mesmo ficar, obstinadamente, sofrendo frio e calor, durante a festa inteira, "vendo com os olhos e comendo com a testa", constituía dever de muita gente. Nascia daí a primeira reportagem feroz dos pequeninos dramas e comédias sociais. Sereno da Medicina Popular: Certos remédios depois de feitos eram expostos durante algumas horas da noite ou durante toda a noite *ao sereno*. Adquiriam virtudes maiores no plano terapêutico. Garrafadas e farinhas *serenadas* valiam o duplo na conquista da saúde. Acreditava-se que, depois de certas horas da noite, caísse o sereno, espécie de orvalho finíssimo, possuindo efeito benéfico e maléfico para determinados estados físicos. Os médicos mais prestigiosos, séculos XV-XVIII, não esqueciam o conselho de "deixar ao sereno, *dexandole de noche al sereno, se ponga ao sereno*", duplicando os valores curativos. Continua preceito na farmacopeia tradicional. Mistério da Noite. Irradiação de Estrelas.

SERICOIA[1]. Espécie de saracura (*Aramides cajanea cajanea*), cujo canto anuncia chuva próxima. "E a sericoia cantava / Da chuva dando sinal" (Juvenal Galeno, *Lendas e Canções Populares*, 1859-65, 566, segunda edição, Fortaleza, Ceará, 1892).

SERINGUÊ. Ver *Gambá*.

SERPENTE. Tem a serpente para o povo um poder misterioso de vitalidade e de força. Uma serpente cortada pelo meio será duas serpentes. Ninguém jamais a encontrou morta, insensível ou incapaz. Só morrerá se a matarem. É o símbolo do Mal e da Sabedoria. Os sertanejos falam sempre na Serpente do Tempo Antigo como a mais alta expressão de energia irresistível.

"Ante o perigo
É qu'sou valente,
Sou a Serpente
Do Tempo Antigo.
Negro comigo
Não tem ação,
Boto no chão,
Quebro a titela,
Arranco a moela,
Levo na mão!"

(Luís da Câmara Cascudo, *Vaqueiros e Cantadores*, 245, São Paulo, Global, 2005). Certo sobreviverá um vago traço da devoção à serpente. A ofiolatria resiste na Índia, África Central, povos oceânicos, Grécia, Egito, Roma, o Oriente clássico, que cultuaram a serpente e as figuras de Tritão, Tifão, hidra de Lerna, a serpente de Seasibus Pitão, Sosípolis em Olímpia, deuses ofioformes, protetores de fontes, representantes da fecundidade da terra, da força criadora terrena, dos segredos herméticos, do infinito (mordendo a própria cauda). Vivem em mil provas plásticas, ânforas, moedas, baixos-relevos, camafeus. Na África equatorial, do Congo francês até Camerum, a serpente é a forma dos gênios bons, os *so-bele*, espíritos da floresta, ensinando silenciosamente o caminho certo. Pintar a serpente era consagrar o lugar em Roma. Aulus Persius aconselhava a quem desejasse evitar os monturos desenhar duas serpentes, tornando o recinto sagrado: *Pinge duos angues: pueri, sacer est locus* (Satira Prima). Na civilização dos castros em Espanha e Portugal o culto da serpente está notoriamente comprovado (Joaquim de Carvalho,

---

[1] No texto original: "Sericóia" (N.E.).

A Cultura Castreja, "Sua Interpretação Sociológica", 9, nota 35, Lisboa, 1946, com bibliografia relativa ao tema). De sua extensão nos mitos e tradições, Tobias Rosenberg (*La Serpiente en la Medicina y en el Folklore*, Buenos Aires, 1951), Ramón Alberto Alderete Núñez (*La Víbora*, "Contribución al Estudio del Folklore Norteño", Tucumán, Argentina, 1946), Luís da Câmara Cascudo (*Geografia dos Mitos Brasileiros*, 288-298, 3ª ed., São Paulo, Global, 2002). M. Olfield Howey (*The Encircled Serpent*, "A Study of Serpent Symbolism in all Countries and Ages", London, s. d.), Júlio Vicuña Cifuentes (*Mitos y Superstitiones*, "Estudios del Folklore Chileno Recogidos de la Tradición Oral", terceira edição, 55, Santiago do Chile, 1947), Vicente Risco (*Creencias Gallegas*, "Tradiciones Referentes a Algunos Animales", *Revista de Dialectología y Tradiciones Populares*, tomo III, caderno 2.º, 171, Madrid, 1947), Luís da Câmara Cascudo (*Lendas Brasileiras*, "A Serpente Emplumada da Lapa", 49-54, 9ª ed., São Paulo, Global, 2005). Símbolo diabólico, da tentação do mal, ainda a serpente resiste nas fórmulas exorcistas católicas: "Adjuro te, serpens antiqua" (*Rituale Romanum*, tit. XI, cap. 2, 341, Ratisbonae, 1929) nos *Ritus Exorcizandi Obsessos a Daemonio*. É a serpente do tempo antigo de que falam os cantadores nordestinos. "A cobra, quando entra n'água, deixa o veneno em terra, e por isso, picando então a alguém, não produz mal algum, mas a mulher, no seu estado interessante, ainda mesmo mordida em terra pelo mais venenoso ofídio, nada absolutamente sofre. Deus a preserva do perigo para não morrer com ela o inocente pagão que traz nas suas entranhas. A mulher que, ao encontrar-se com uma cobra, virar o cós da saia, dizendo: "estás presa por ordem de São Bento", que é o advogado contra os ofídios, imobiliza-a, e a serpente deixa-se matar sem resistência. Cumpre notar, porém, que os ofídios e bem assim os animais daninhos são de criação do demonio, como diz a legenda, referindo: Quando Deus, ao quinto dia da criação do mundo, fez os animais domésticos, e todos os répteis da terra, cada um segundo a sua espécie, na frase do Gênese, invejoso Satanás dessas maravilhas, pediu-lhe licença para também fazer os seus bichinhos; e anuindo Deus às suas súplicas, abusou o anjo mau da graça concedida, e criou os ofídios e todos os animais daninhos e nocivos ao homem" (Pereira da Costa, *Folclore Pernambucano*, 55).

SERRA, MORENINHA. É um gênero de dança praticado nos pousos de folias, no sul de Goiás. Presenciamo-lo no município de Catalão. *Vis à vis* uma da outra, colocam-se duas alas: uma de homens e outra de mulheres, formando pares. Os violeiros não tomam parte na dança, mas cantam os versos. Os dançantes, em meneios, dando-se as mãos (homem e mulher), imitam os gestos de dois serradores a puxarem o serrote, cantando o seguinte estribilho:

"A serra para ser bonita
Chiquinha suspende o braço,
Depois da serra puxada
Morena me dá um abraço."

(A. Americano do Brasil, *Cancioneiro de Trovas do Brasil Central*, 283-284, S. Paulo, 1925).

Os violeiros cantam quadrinhas quase líricas e os dançarinos repetem o estribilho.

SERRA-BAIA. Dança tradicional entre os ciganos no Rio de Janeiro. Melo Morais Filho descreveu-a em *Os Ciganos no Brasil*, 46-47, Rio de Janeiro, 1886: "Deu-se o sinal para a dança: *É a serra-baia*. Ó menino, diz um cigano velho ao tocador que ponteia: bate no pinho! Faz babar as raparigas!... E, lesto, um rapagão de formas atléticas pula no meio da sala e canta:

"Sobre mim raios despeje,
O céu que nos ouve agora,
Se sobre a minha vontade
Não tens mando a toda hora."

Terminando o verso, quebra o corpo, abaixa-se, ergue-se, puxa a fieira diante de uma moça que levanta-se. Rodam duas vezes, param defronte um do outro, afastam-se, aproximam-se, recuam sapateando, saltando, dançando, cantando:

"Nossa Senhora da Glória
Tem grande merecimento,
Mas a Senhora Sant'Ana
Trago mais no pensamento.
É lê... lê... É lô... é lá..."

As danças fervem no rodopio, o sapateado é mais célere, e doces cantigas cantam à porfia. No fervor do bailado a dama fica só, porque o cavalheiro senta-se. Às suas seduções outros não resistem e dançam, ultimando a Serra-Baia pela voz do tocador, que requebra, ponteia e descanta".

SERRAÇÃO DA VELHA. No Brasil conheceu-se desde princípios do séc. XVIII a cerimônia caricata de *serrar a velha* durante a Quaresma. Os dias variavam, vindo até o Sábado da Aleluia. Um grupo de foliões serrava uma tábua, aos gritos estridentes e prantos intermináveis, fingindo serrar uma velha que, representada ou não por algum dos vadios da banda, lamentava-se num berreiro ensurdecedor: Serra a velha! Serra a velha! E a velha gritando, gritando. Vezes ocorria essa comédia diante da residência de pessoas idosas e o grupo era repelido a cuias d'água e mesmo tiros de espingarda ou pistola. Noutras ocasiões mediante convênio prévio, a súcia recebia bolos e bebidas, para a refeição ao amanhecer, porque a serração era durante a noite, para tornar mais sinistro o espetáculo. Vez por outra a Serração da Velha era feita fora da Quaresma e com intenção política, demonstração de desagrado, à porta de um chefe decaído ou derrotado nas eleições. Na década 1860-1870 a Serração da Velha foi desaparecendo e morreu de vez, depois de algumas aparições inopinadas. Veio-nos a folia de Portugal, onde era e é popular por todo o país. Luís Edmundo (*O Rio de Janeiro no Tempo dos Vice-Reis*, 1763 a 1808, *Revista do Instituto Histórico Brasileiro*, vol. 163, tomo 109, Rio de Janeiro, 199-207, 1932) descreve uma Serração da Velha na capital da colônia, em época perfeitamente típica para o folguedo, com muitos versos (ver Teófilo Braga, *O Povo Português nos seus Costumes, Crenças e Tradições*, II, 269-270, Lisboa, 1885). E informa: "As cerimônias populares da Serração da Velha variam segundo as localidades; porém sempre na noite da quarta-feira da terceira semana da Quaresma: Celebra-se à luz de archotes, com música e algazarras, fingindo-se serrar através do coro uma velha metida num cortiço, e chamada Maria Quaresma. O testamento da velha, enfiado de pulhas em verso de pé quebrado, tem sido por muitas vezes feito e impresso". É de fácil encontro nos folcloristas portugueses. J. G. Frazer (*Le Rameau D'Or*, III, 109, trad. de J. Toutain, Paris, 1911) escreve: "L'usage de "scier la Vieille", que l'on pratiquait et l'on pratique encore en Italie, en France, en Espagne, le quatrième dimanche du Carême, n'est évidément, suivant l'hypothèse de Grimm, qu'uhe variante de l'" Expulsion de la Mort". Nieves de Hoyos Sancho estudou recentemente o assunto, fazendo o recenseamento contemporâneo da tradição na Europa. ("La Muerte del Carnaval y el Serrar la Vieja", *Revista de Antropología y Etnografía*, t. 5, Madrid, 1951). Meu filho Fernando Luís da Câmara Cascudo assistiu na usina Pititinga, Alagoas, no Sábado da Aleluia, março de 1959, a uma *serração da velha*. Por essa época, a polícia do Recife recebeu incontáveis queixas e reclamações de pessoas ameaçadas ou distinguidas pela *serração*, denúncias evidentes de sua contemporaneidade. No Código de Posturas da Vila Imperial de Papari (hoje Nísia Floresta, RN) de 1897, o § 3º do art. 54, proibia: — O brinquedo de Serramento de Velhos, multa de 5$000 ao infrator. Ver *Testamentos*, *Velha*.

SERRADOR. Ver *Fandango*.

SERRAMENTO. Ver *Serração da Velha*.

SERRANA. Dança do fandango do Rio Grande do Sul. Ver *Fandango*, *Bambaquerê*.

SERROTE. Dança popular no Rio Grande do Norte, tipo "schottische". "Chote, dançado por dois ou três pares apenas. Formavam na sala, os cavalheiros de um lado e as senhoras do outro. Ao som da viola, saíam num pulo miúdo, trocando os pés para um e outro lado. Ao se encontrarem, na ida, apertavam homem e mulher a mão direita, e na volta, a esquerda. A dança se dirigia sempre em sentido contrário, de modo que o encontro do cavalheiro com a dama, cada um vindo de um ponto contrário (dois ângulos da sala), justificava o nome da dança" (Aluísio Alves, *Angicos*, 331, ed. Pongetti, Rio de Janeiro, 1940).

SERTÃO. É o interior. Assim escreviam João de Barros, Damião de Góis, Fernão Mendes Pinto, o Padre Antônio Vieira, o escrivão Pelo Vaz de Caminha. As tentativas para caracterizá-lo têm sido mais convencionais que reais. Sua fauna e flora existem noutras paragens do mundo que em nada semelham o sertão. Melhor, e folcloricamente, é dizer anterior, mais ligado ao ciclo do gado e com a permanência de costumes e tradições antigas. O nome fixou-se no Nordeste e Norte, muito mais do que no Sul. O interior do Rio Grande do Sul não é sertão, mas poder-se-ia dizer que sertão era o interior de Goiás e de Mato Grosso, na fórmula portuguesa do séc. XVI. A origem ainda se discute e apareceu mesmo a ideia de forma contrata de *desertão*. Morisot, comentando a relação de Rolox Baro em Pierre Moreau (*Relations Veritables et Curieuses de L'Isle Madagascar et du Bresil*, ed. Augustin Courbé, págs. 266-267, Paris, 1651), sugeriu: "Le Certan est une contrée particulière dans le Continent, qui est derriere Pernambuque. Ce mot signifie Bouce D'Enfer, à ce que m'a notre traducteur". E continua o debate.

SESTA. Repouso depois da refeição, ao meio-dia. De uso quase universal e de antiguidade velha, encontramos como tradição higiênica nas regiões tropicais (Segundo Livro de *Samuel*, IV, 5; Suetônio, *Augusto*, LXXVIII, *Nero*, VI, Júlio César, *De Bello Gallico*, VII, XLVI). Do latim, *Meridio* ou *Meridior*, dormir a sesta depois do meio-dia: "Dormiebat super stratum suum meridie" (Samuel); "ut meridie conquieverat" (Júlio César). Sesta é a Sexta, quinta das horas canônicas, correspondendo ao meio-dia. Sinônimo popular de "fazer a sesta" é *fazer o quilo*, descansar, repousar, depois da refeição; de *kilu*, sono, em quimbundo (José L. Quiritão, *Gramática Kimbundo*, 67, Lisboa, 1934).

SETE-ESTRELO. Sete-Estrelas, Plêiades, tal-qualmente em Portugal. Tenho também ouvido indicar a constelação de Órion. No rio Negro, as Plêiades são chamadas *Cyiucé*, mãe dos que têm sede, segundo Barbosa Rodrigues. São as *Sete Cabrillas* em Espanha e a *Poussinière* na França. Para os indígenas macuxis é *Tamecan*. Eram sete crianças que padeciam fome na casa dos pais, e um dia, pedindo o auxílio da estrela Ueré, cantaram e dançaram, e cantando e dançando, subiram para o céu, onde se tornaram as Plêiades. Barbosa Rodrigues (*Poranduba Amazonense*, 221 e segs.) registra as tradições das Plêiades no Amazonas, entre a indiaria. Quando o Sete-Estrelo aparece, as aves vão subindo nos poleiros, acompanhando a ascensão de Cyiucé. Na lenda de Jurupari, Ceuci transformou-se nas Plêiades, por ter desobedecido ao filho. Os nauas davam-lhe o nome de Motz, e nela se tornaram os quatrocentos companheiros de Hunahpu, assassinados por Zipacna. Era a estrela dos navegantes, na antiga navegação do Mediterrâneo. Há lendas sobre as Plêiades em quase todos os povos mediterrâneos e europeus. Ver *Nibetad*.

SETE-E-MEIO. Ver *Jogo de Baralho*.

SETE-FORÇAS. Ver *Banho de Cheiro*.

SEXO. Determinar ou prever o sexo da criança, durante o período de gravidez, é uma tradição eminentemente popular por toda a Europa. Portugal foi o nosso fornecedor geral. A maioria total das crendices nessa espécie corre igualmente entre a gente portuguesa, como é comum e diária entre espanhóis, franceses, italianos, suíços, belgas, holandeses, etc. Certamente não haverá elemento científico no assunto e sim, nalguns casos, observações pessoais, que se tornaram populares, conversas de velhas parteiras, amigas de confidência. Cláudio Basto reuniu em Portugal uma coleção excelente ("Determinismo e Previsão do Sexo", *Águia*, n.º 7, vol. XXII, Porto, 1923). Por essa fonte verifiquei a procedência portuguesa de nossas superstições na tese. Ferver um quiabo se abre depois da fervura: menina; se fica fechado: menino. Dar um talho num coração de galinha e fazê-lo cozinhar; se o coração conserva o talho aberto, é menina; ao contrário, menino. Põe-se uma folha de salsa (*Petroselium sativum*, Hoffm) na chapa do fogão; se a folha encrespa com o calor, encolhendo, será uma menina; conservando-se mais ou menos lisa, menino. Pergunta-se à senhora, bruscamente: que tem na mão? Se ela, instintivamente, olhar para a mão direita, menino; esquerda, menina. Subindo uma escada, pondo o pé direito, menino. O primeiro movimento do feto para o lado direito, menino. Nesse particular os motivos são variados, sempre atendendo ao convencional direito-homem, esquerdo-mulher (Luís da Câmara Cascudo, *Superstição no Brasil*, "Pé Direito!", 145-152, 6ª ed., São Paulo, Global, 2002), já estudado por Hipócrates. Se o ventre da grávida for pontudo, saliente para diante, é menino; se crescer para os lados, transversalmente, ou for arredondado, é menina. Pedir que a grávida mostre a mão; se a estender com o dorso para cima, terá um rapaz; se mostrar a palma, uma moça. Quando a futura mamãe prepara o enxoval do bebê, deve notar a primeira pessoa de fora que a procura: o sexo coincidirá. Esses prognósticos são incontáveis. Ver *Põe-Mesa*.

Ship-Chandler. Casa de fornecedores para navios. A variedade dos artigos, de que os navios estrangeiros precisavam, justificava a curiosidade com que o estabelecimento era visto pelo povo. Algumas casas forneciam, discreta ou ostensivamente, objetos vindos da Europa e da América, por preços mais baratos. Os negociantes ricos, os estrangeiros, costumavam diariamente comparecer nesses contos, conversando e bebendo. Muitas bebidas apareceram pela primeira vez através do Ship-Chandler; o uísque escocês, a legítima *Foking* holandesa, o licor de Curaçau, o gim da Jamaica, o kümmel de Riga, as carnes salgadas, para avivar o paladar, eram encontrados sempre. E também exoticos dos países longínquos (Japão, Macau, Hong-Kong), tecidos, colares, leques, porcelanas, deixadas pelas tripulações, pagamento de débitos, cauções ou mesmo vendas, para bons ganhos.

Silêncio. Os romanos tinham um dia dedicado à deusa do silêncio, Lara, Muta ou Tácita, três nomes da mesma entidade festejada a 18 de fevereiro. Elemento indispensável e primordial aos ritos sagrados de todas as religiões do mundo. É o ambiente das iniciações. Para o folclore o silêncio é uma constante. Pertence a incontáveis superstições. Remédios fortes, certos estados morbosos, fases da dieta (purgantes de jalapa, pinhão ou cabacinha), tratamento de mordida de cobra venenosa, desenterrar dinheiro dado por alma do outro mundo, tomar banho de cheiro, visita de sétimo dia, guarda de defunto, viagem noturna, promessa de acompanhar procissão, calado, são outros tantos aspectos em que o silêncio é parte essencial (Luís da Câmara Cascudo, *Superstição no Brasil*, "Presença da Muta", 201-203, 6ª ed., São Paulo, Global, 2002). Há vários jogos infantis no Brasil em que perde aquele que romper o silêncio. Também é conhecida a facécia "Quem falar primeiro lava os pratos", tema universal, com variantes em quase todos os países, fixado no Mt-1351, *Who Will Speak First?* de Aarne-Thompson, narrada desde a Inglaterra até o Japão (Stith Thompson, *The Folk-Tale*, 195, Dryden Press, New York, 1946), estudando o ciclo dessas àpostas de silêncio por W. N. Brown (*The Silence Wager Stories* "their origin and their diffusion", *American Journal of Philologie*, XLIII, 289-317, 1922). René Basset, comentando o *Fumeur de Hachich et sa Femme*, reuniu longa bibliografia, *Mille et un Contes, Récits & Légendes Arabes*, 2.º, 400-402, Maisonneuve, Paris, 1926, assim como Victor Chauvin, *Bibliographie des Ouvrages Arabes*, VIII, 132, analisando as variantes do *Les Quarante Vizirs*, n.º 124. Ainda em George Laport, *Les Contes Populaires Wallons*, 102, *Jean et Jeanne, le couple silencieux* (FF.C. vol. XXXII, Helsinki, 1932) e Maurits de Meyer, *Les Contes Populaires de la Flandres*, n.º 1351, *Qui parlera le premie??* (FF.C. vol. VII, 65, Helsinki, 1920); Luís da Câmara Cascudo, "Leges et Consuetudines Medievais nos Costumes Populares do Nordeste Brasileiro", *Anhembi*, n.º 4, II, 38, São Paulo, 1951; Manuel Rodrigues de Melo, *Várzea do Açu*, 210, ed. Agir, Rio de Janeiro, 1951. Estudei o assunto no *Trinta Estórias Brasileiras*, "Quem falar primeiro lava os pratos" (Lisboa, Editora Portucalense, 1955). No *The Ocean of Story* (Somadeva's Kathá Sarit Ságara, trad. de C. H. Tawney, I, 66, 72, 74, II, 4, e nota, 212, sobre "Silent Couple Story"). N. M. Penzer escreveu notas substanciais sobre a existência do tema na Índia (ed. J. Sawyer, Londres, 1924), Tanto na magia branca o silêncio era uma preparação para intervenção do sobrenatural como nos mistérios órficos constituía uma permanente, fixando atenção na ideia divina e libertando o corpo da obsessão material. Nos cantimbós, macumbas, xangôs e candomblés, onde os orixás são atraídos pelo canto propiciatótio, toque do batuque ritual, o silêncio é exigido para a colocação do padé de Exu, das muambas ou ebós, feitiços, sob pena de transtorno completo do "trabalho". É ainda usual no Brasil o jogo do Sisudo, em que todos os jogadores ficam sérios e em silêncio, pagando prenda o que fala ou ri. Há exigência de silêncio para a travessia de certos caminhos mal-assombrados, rios difíceis, proximidade de tempestades nos igarapés e "estirões" do Pará-Amazonas-Mato Grosso. Acreditam que a voz humana tenha o condão de atrair a animosidade dos seres encantados ou, mesmo, provocar fenômenos naturais, chuva de pedra, ventanias, agitação de ondas. Todos os alpinistas conhecem a obrigação do silêncio em determinados trechos das montanhas geladas assim como o lago Baku se enfurece ouvindo gritos durante as horas de calma, e castiga os barqueiros, submergindo as embarcações. De crença semelhante entre os guatós do Mato Grosso, ao redor da baía Gaíba, escreve Max Schmidt: "Os índios evitavam qualquer sílaba inútil, inquietando-se quando alguém proferia alguma palavra: conhecedores que eram dessas viagens fluviais sabiam que toda cautela era pouca e o silêncio que reinava em torno bem traía o perigo. Eles julgam que os ruídos feitos sobre as águas, durante uma travessia de um desses grandes lagos, excitam ainda mais os elementos ameaçadores. Quem já experimentou viajar assim, em mau tempo, quando o remador perscruta as ondas a aproximarem-se de longe, certo de que um naufrágio podia perder imediatamente a todos, pois seriam sacrificados pelos inúmeros peixes vorazes, também não gosta que o perturbem no esforço que faz para se manter calmo diante da situação, pois o indivíduo sente então, com mais intensidade, os efeitos dos elementos ameaçadores. É fácil, portanto, compreender que o homem de nível mental menos desenvolvido atribua maiores ou menores efeitos aos próprios elementos de acordo com o que se verifica no seu próprio estado de espírito. Daí a ideia simples que o leva a julgar que os elementos enfurecidos se excitam mais ainda com ruídos ou palavras inúteis. É, entretanto, completamente improcedente pretender que os guatós possuam a representação de quaisquer forças espirituais superiores, cuja cólera seria provocada pelos ruídos inúteis, desde que têm semelhante concepção do mundo" (*Estudos de Etnologia Brasileira*, 121, S. Paulo, 1942). Ver *Som*.

Silva Campos. João da Silva Campos nasceu em Oliveira dos Campinhos, Santo Amaro, Bahia, a 27 de janeiro de 1880 e faleceu na capital baiana a 4 de junho de 1940. Engenheiro pela Escola Politécnica da Bahia em 1905, serviu em muitas comissões técnicas, percorrendo todo o Brasil. Tradicionalista puro, folclorista nato, foi um observador magnífico e soube fixar, sem deformar e reduzir, quanto julgou digno de registro. "Contos e Fábulas Populares da Bahia", publicadas no *Folclore no Brasil*, de Basílio de Magalhães, Rio de Janeiro, 1928, segunda edição na Revista do Instituto Histórico e Geográfico Brasileiro, volume 172. Rio de Janeiro, 1939. *Procissões Tradicionais da Bahia*, Secretaria de Educação e Saúde, Bahia, 1941. *Tempo Antigo*. Crônicas d'antanho, marcos do passado, histórias do Recôncavo. Publicações do Museu da Bahia, 1942. "Tradições Baianas", *Revista do Instituto Histórico da Bahia*, n.º 56, Bahia, 1930. "Tradições do Sul da Bahia". Idem, n.º 62, 1936. *A Voz dos Campanários Baianos*. Bahia, 1936. *Crônicas Baianas do Século XIX*. Bahia, 1937.

Silveira, Valdomiro. Ver *Valdomiro Silveira*.

Silvino, Antônio. Ver *Antônio Silvino*.

Sílvio Romero. Nasceu na cidade de Lagarto, Sergipe, a 21 de abril de 1851 e faleceu no Rio de Janeiro a 18 de julho de 1914. Professor na Faculdade Livre de Ciências Jurídicas e Sociais do Rio de Janeiro, de Filosofia no Colégio Pedro II, exerceu atividade intensa na divulgação, estudo e crítica e na apreciação de todos os aspectos da cultura humana. Foi o maior divulgador e agitador de ideias culturais de sua época. Sua bibliografia é extensa, contando livros sobre quase todos os assuntos. Iniciou a história literária no Brasil. O folclore lhe deve as primeiras coleções de contos, cantos e poesias populares, explicações, comentários, valorizações, enfrentando a indiferença e a ignorância do ambiente. Deixou publicados cerca de noventa volumes. *Cantos Populares do Brasil*. Acompanhados de introdução e notas comparativas de Teófilo Braga. Dois volumes, Lisboa, 1883. Segunda edição, Rio de Janeiro, 1897, bem superior. *Contos Populares do Brasil*. Com um estudo preliminar e notas comparativas de Teófilo Braga, Lisboa, 1885. Edição brasileira, Rio de Janeiro, 1897, aumentada, é a melhor. *Estudos Sobre a Poesia Popular no Brasil*. Rio de Janeiro, 1888. Publicou-os anteriormente na *Revista Brasileira*. "Novas Contribuições para o Estudo do Folclore Brasileiro". Três estudos publicados na terceira edição da *História da Literatura Brasileira*, ed. José Olympio, Rio de Janeiro, I, 139--174, 1943. *Folclore Brasileiro*. Três volumes, ed. José Olympio, Rio de Janeiro, 1952. 1.º, *Cantos Populares do Brasil*; 2.º, *Contos Populares do Brasil*, introdução e notas de Luís da Câmara Cascudo.

Simões Lopes Neto. João Simões Lopes Neto nasceu em Pelotas, Rio Grande do Sul, a 9 de março de 1865, falecendo a 14 de junho de 1916 na mesma cidade. Abandonou o curso de medicina no Rio de Janeiro fixando-se em sua terra, sendo industrial, comerciante, corretor, jornalista, teatrólogo. Seus livros sobre os costumes gaúchos, lendas, mitos, tradições locais, são fontes seguras de fidelidade e clareza. *Contos Gauchescos*. Folclore regional. Pelotas, 1912. *Lendas do Sul*. Populário. Pelotas, 1913. *Cancioneiro Guasca*. Coletânea de poesia popular rio-grandense. Pelotas. Primeira edição, 1910; segunda, 1917. *Contos Gaucheseos e Lendas do Sul*. Edição crítica, por Aurélio Buarque de Holanda, Augusto Meyer e Carlos Reverbel. Editora Globo, Porto Alegre, 1949.

Simpatia. Em magia crê-se que o efeito é semelhante à causa que o produziu. Imitá-lo é determinar sua repetição. O dicionário de Domingos Vieira ensina: Relação que existe entre dois ou mais órgãos mais ou menos afastados uns dos outros, e que faz com que um deles participe das sensações descobertas, ou das ações executadas por outro. Do grego, *Sympátheia*, *sym*, com e *pathos*, paixão, sofrimento. Essa conformidade invencível levou a magia a fixar o processo, que se tornou popular por todas as partes do mundo.

Sinalização. Deixar vestígios propositais para orientação nas matas ou, caminhos pouco conhecidos, para guiar o caçador subsequente. O indígena tupi denominava a essa técnica Caapepena. Identicamente é usado no norte e nordeste brasileiros entre caçadores. A raridade das florestas e a abundância das estradas fizeram desaparecer a caapepena e a sinalização, galhos torcidos, quebrados, varas fechando a estrada que não deve ser seguida, indica onde as peças de caça foram escondidas. Ainda empregada no Pará, Amazonas, Goiás e Mato Grosso para marcação de rumo, assim como na região das matas em S. Paulo. É processo comum entre os primitivos contemporâneos. Entre os negros sudaneses, num conto ocorrido no Gabão, encontra--se estilo semelhante (Pe H. Trilles, *Proverbes, Légendes et Contes Fangs*, 254, Neuchâtel, 1905): "Tu vas aller aujourd'hui à la chasse avec ton père pour apprendre à poursuivre le gibier. Rappelle-toi bien ceci: un bon chasseur marque, toujours sa route en brisant les extrémités des branches. Va, et fais bien attention à agir de la sorte". Corresponde aos *osma yatótpere* e *skarkátpere* dos kachúyana, indígenas caraíbas do rio Trombetas. Ver Frei Protásio Frikel, OFM, "Sinais e marcos de orientação e advertência indígena", *Revista de Antropologia*, vol. 4, n.º 2, S. Paulo, dezembro de 1956.

SINHÁ. Corrutela de *senhora*, termo originariamente usado pelos escravos africanos para chamarem as mulheres dos seus senhores, chamando, porém, às filhas *sinhazinha*, ou *sinhá moça*. Gente Sinhá – de boa família, bem educada, gente fina:

"Eu não sou cabana
Lá do Pará,
Sou, menina boa.
Gente sinhá."

(Pereira da Costa, *Vocabulário Pernambucano*, 674). Desaparecidos os escravos, sinhá passou a ser apelido doméstico, comum no Nordeste.

SINH'ANINHA. Ver *Fandango*.

SINHÔ. Forma popular da palavra *senhor*, com a mesma origem de *Sinhá*. Hoje, porém, é um termo familiar, de tratamento dos meninos, com os seus diminutivos de *sinhozinho* e *sinhazinha*, e concorrentemente com este, o de *sinharinha* (Pereira da Costa, *Vocabulário Pernambucano*, 675, *Revista do Instituto Arqueológico Pernambucano*, vol. XXXIV, n.ºˢ 159-162, Recife, 1937).

SINO. Do latim *signu*, sinal, na Índia e China desde tempo imemorial, fixou-se nos templos católicos no séc. VII. Torre sineira, séc. XIII. No Brasil, no séc. XVI. Era batizado como criatura humana, tendo nome e padrinhos. Às vezes havia uma percentagem de ouro no bronze, produzindo sonoridade musical. "Igreja sem sino é Santo sem língua". Muitas superstições sobre a corda do sino, badalo, as "beiradas". Os carrilhões melodiosos não se vulgarizaram na Cultura Popular. Chamava os fiéis aos deveres da oração aos "semelhantes", sofredores, moribundos, mortos. Convocação para os atos religiosos. Afastava os Demônios da tempestade. Avisava a existência de incêndios, inundações, assaltos guerreiros: visitas de autoridades supremas. Acompanhava a existência inteira, casamento, batizado, agonia, Extrema Unção, "Senhor Fora", parto difícil, dobrando a Finados. Ao anoitecer, "Angelus", Trindades, três badaladas obrigando recitar Ave Maria. Toque de Recolher, 9-10 da noite, Silêncio. Em Paris, François Villon, no "Lais", 1456, recordava: – *J'oie la cloche de Sorbonne / Qui tousjoura a neuf heures sonne.* Mandava o *Couvre-feu*. As Câmaras Municipais possuíam o "Sino do Conselho", convocando os Vereadores ou reunindo o Povo. Repicar era alegria e dobrar, tristeza. Um elogio clássico exaltava-o. *Defunctos ploro! / Pestem fugo! / Festa decoro! / Funera plango! / Fulgura frango! / Sabbata pango!* Inesgotável inspiração política e sentimental. Ver *Som*.

SINSARÁ. Ver *Fandango*.

SIRI. Crustáceo do mar e dos rios, até onde chega a afluência das marés vivas, do gênero *Lupea*, da ordem dos decápodes, e de várias espécies, nomeadamente o siri de mangue, o mole e o capiba, o grande, o maior da espécie, naturalmente, e estudado por Marcgrave sob o nome de lupa-apoã. Siri donzelo, um rapaz simplório, tímido, apalermado. Partes de siri-boceta, de tolo, de leso, muito de indústria para conseguir alguma coisa. O siri magro carrega água para o gordo (adágio). (Pereira da Costa, *Vocabulário Pernambucano*, 675). Siri é o rapaz que carrega o facho aceso ou o lampião no bumba meu boi ou congos, quando os personagens vão para o lugar da representação. A fritada de siris, casquinho de siri, pata de siri são delícias. Ver *Guaiamum, Guajá, Crustáceos, Caranguejo*.

SIRINX. Ou flauta de Pã. Num dicionário de folclore brasileiro não há lugar para discutir a história dos instrumentos musicais, mesmo sabendo-se da importância do assunto. Essencial é apenas dizer que o instrumento tem área quase universal em seu uso. O indígena brasileiro sabia construí-lo e tocá-lo. O Sr. Otávio Bevilaqua estudou o assunto definitivamente e, havendo curiosidade, a fonte é *A Sirinx no Brasil*, *Revista Brasileira de Música*, vol. IV, 1.º e 2.º fascículos.

SIRIRI. Ronda infantil, e dança popular em Mato Grosso, inteiramente diversas. A primeira tem área funcional muitíssimo mais vasta, abrangendo todos os Estados do Nordeste. O Siriri fica no meio da roda que canta: "Vem cá, Siriri, / Vem cá, Siriri, / As moças te chamam, / Tu não queres vir". O Siriri responde: "Eu não vou lá, não, / Eu não vou lá, não, / Eu peço uma esmola, / Vocês não me dão!" Coro, enquanto o Siriri dança: "Olha o Siriri / Duma banda só / Ele canta, ele dança, / De ninguém tem dó!" O Siriri, no compasso da solfa, segura uma das meninas que o substitui. A dança em Mato Grosso foi mencionada por Max Schmidt (*Estudos de Etnologia Brasileira*, 14-15, 27, etc., São Paulo, 1942) em janeiro de 1901 e, com o Cururu, era das preferidas do povo, não apenas os mestiços mas também indígenas. "Enquanto se dançava o *cururu* dentro de casa, lá fora se realizava outra espécie de dança, muito apreciada em Mato Grosso, o *ciriri*, acompanhado, também, por música e versos cantados. Como não se dispunha de mais instrumentos, cobriram-se algumas cadeiras com o couro à guisa de tambores e os pratos fizeram de caracachá, em que tocavam ritmicamente por meio de garfos. Dançarinos e cantadores formavam uma roda em que ia constantemente um par para o centro a dançar. A dança tinha muitas variações e os movimentos eram cada vez mais rápidos, principalmente no fim, quando os dançarinos já não vinham em par e sim cada um de per si. Um rapazola negro mostrou resistência excepcional, mas a sua companheira preta não ficava atrás em flexibilidade" (pág. 14). Dois versinhos, dos colhidos por Max Schmidt (1874-1950):

"Me mandarão esperar
Na tranqueira do capim
Esperei desesperei
Quem quer bem não faça assim.

Lá em cima daquele morro
Tem um pé de alfavaca,
Um homem que não tem rede
Dorme no couro da vaca."

Rossini Tavares de Lima ("O Ciriri de Mato Grosso", *A Gazeta*, S. Paulo, 25-5-1957) divulgou uma informação do Sr. Joaquim Damasceno Silva, de Cáceres, em que o siriri é dançado em filas de homens e mulheres que se defrontam. "O acompanhamento é feito com tambor e reco-reco, e os tocadores desses instrumentos se colocam no centro da fileira dos dançadores. Para começar a dança, os homens, ao som do instrumental, e fazendo-se acompanhar de palmas, cantam o baixão em *ai, lai, lai, lai*. Logo, terminado este, um cantador joga uma quadrinha, que não demora a ser repetida por todos. E com os instrumentos a tocar, o bater de palmas, um e outro dançador saem a procurar as damas e com estas vêm num dançar cadenciado e sambando, sem lhes tocar as mãos, até o lugar de onde partiram. As damas, então, procuram outros dançadores e dessa maneira prossegue o ciriri, descrito pelo nosso informante, o qual lembra, nos passos, o samba lenço de São Paulo. Deve-se registrar que as damas ou cavalheiros que não dançam ficam a balancear". Ver ainda Maria Amália Corrêa Giffoni, *Danças Folclóricas Brasileiras* (Sistematização Pedagógica), 141-149, S. Paulo, 1955, "O Ciriri". Alceu Maynard Araújo e Aricó Júnior (Cem *Melodias Folclóricas*, Documentário Musical Nordestino, S. Paulo. 1957) recolheram um *Anda roda Siriri*, em Piaçabuçu, Alagoas, margem do S. Francisco, ronda infantil muito vulgar entre as crianças do local, letra e música, variantes do tipo que conheci. Virgílio Corrêa Filho, *Fazendas de Gado no Pantanal Mato-Grossense*, 49, Rio de Janeiro, 1955, registra o *siriri*. João Ribeiro, *O Folk-Lore*, 226-230, Rio de Janeiro, 1919, sugere que *siriri* podia juntar-se ao sentido vocabular *siri*, correr e *ociriri*, que foge, corre. O siriri é um marisco. A forma *otiriri* é também conforme a fonética dos dialetos túpicos; ç ou h – t nas formas ditas absolutas. Ficou surpreendido por haver deparado uma dança portuguesa dos fins do séc. XVIII denominada Otiriri: "Antes tocasse o Zabel Macão / O Otiriri, dá-lhe com um páo", num entremez, "O Caçador", Lisboa, 1784.

SISUDO, JOGO DO. Ver *Silêncio*.

SITUÉ. Ver *Sutué*.

SOBITU. Ver *Saúva*.

SOCADOR. Instrumento negro, trazido pelos escravos africanos para o Brasil, entre os vinte e cinco enumerados por Luciano Ganet.

SOFOLIÉ. Espécie de fazenda antiga, de vestuário de homem, já vulgar na segunda metade do séc. XVII, como se vê de um soneto de Gregório de Matos, descrevendo a Procissão de Coisas em Pernambuco naquela época: "Um negro magro em sofolié justo, / De juás azorragues dous pendentes". "Se eu daqui a dez anos para mim / Não fizer um calção de sofolié, / Não me chamem jamais Mestre Joaquim" (*Vademecum dos Poetas*). Morais registra o termo como "um tecido de algodão raro, de várias cores" (Pereira da Costa, *Vocabulário Pernambucano*, 678).

SOGRA. Motivo universal de ódio e rancor convencional por parte dos genros. Versos, anedotas, provérbios, pilhérias, em todas as línguas do mundo, tornam a sogra objeto de ridículo feroz, de permanente intriga, inimiga do lar e da paz doméstica. Era o mesmo entre gregos e romanos, e será difícil encontrar um povo onde a sogra não seja o tema de perversidades e raiva constante. Os etnógrafos e psicanalistas foram obrigados a criar o Tabu da Sogra, atendendo que, na África, Ásia, Austrália, os genros a evitam encontrar e mesmo ver, vezes mantendo, na aproximação fortuita, o máximo respeito. Frazer, *Totemism and Exogamy*, Londres, especialmente o II vol.; Freud, *Totem e Tabu* (trad. T. P. Porto Carrero, Rio de Janeiro, 1933); Salomon Reinach, "Le Gendre et la Belle-Mère", *L'Anthropologie*, XXII, Paris, 1911; J. H. Hutton. *Avoidance of the Mother-in-Law*, Man, XLIV, Londres, 1944; Marcel Mauss, "Le Tabou de la Belle-Mere chez les Baronga", *L'Anthropologie*, Paris, 1914, tomo XXV; A. A. Mendes Correia, *Tabu da Sogra nos Bantos da África Portuguesa*, Trabalhos da Soc. Port. de Antrop. e Etn., fase, III-IV do vol. X, Porto, 1945. Na Europa há o mesmo sentimento de inimizade latente e contínuo. Certo é que existe, por toda parte, em maioria dos casos, a evitação (*avoidance*) muito mais sensível e viva entre genros e sogras do que entre noras e sogros. Frazer registra seis casos de evitação entre sogro e nora para quarenta e três entre sogra e genro. Freud dá explicação pela prova da ambivalência entre ambos, elementos e sentimentos afetuosos e hostis, atração sexual recalcada e o horror do incesto. John Lubbock recorda a possibilidade de uma reminiscência do rancor da sogra como lembrança. A situação do sogro é que anula, em percentagem alta, essas conclusões. Tendo os mesmos motivos, não tem a animosidade convencional que emprestamos às sogras. No folclore, especialmente nos contos populares, as sogras representam o mesmo papel odiento das madrastas, e, quando cúmplices, são auxiliadoras para o mal, como as sogras alcoviteiras do *Disciplina Clericalis*. Era o pensamento de Juvenal na *Sátira* VI, "Mulieres: Desperanda tibi salva concordia socru", etc.

Soia. Ver *Solha*.

Soim. Ver *Saguim*.

Sol. É o grande inimigo das forças do Mal, e raro e difícil será o feitiço que possa operar durante as horas luminosas do sol. Diante dele só devemos atitudes de respeito à sua divindade para centenas de povos em dezenas de séculos. Nenhum ato fisiológico deve ser praticado em face do sol. Essa recomendação, já feita por Hesíodo, é contemporânea. Para o lado em que o sol nasce a veneração deve ser maior. Na força do sol, nas horas do meio-dia, sol a pino, os anjos estão cantando e as pragas ou as rogativas têm efeito surpreendente, poder de sentença divina, se coincidirem com o "amém" final do coro angélico. Muitos remédios, de base vegetal, devem ser preparados nas horas solares e raspadas as raízes, caules, tomadas as folhas, flores ou frutos do lado do leste, ao sol nascente. Sol na Cabeça são certas cefalalgias constantes, tornadas cefaleias insuportáveis. Curam com um copo d'água, amarrado num guardanapo ou pano branco, e voltado o bocal sobre a cabeça do doente. Há uma oração própria. A água escorre, através do pano, muito lentamente ou quase nada. Depois da oração rezada, o doente melhora e ficará curado com mais duas aplicações, sempre em número ímpar. Gregório de Matos (1623-1695) escreveu uma décima, dedicando-a "A uma Dama, tirando o sol da cabeça por um vidro cheio de água" (*Obras Completas*, I, 321, ed. Cultura, São Paulo, 1943). Afirmam que a água ferve ao contato com a cabeça que *tem sol*. Muito popular e velha é essa doença em Portugal, de onde nos vieram nome e ensalmos curadores. Francisco de Assis Iglésias, *Caatingas c Chapadões*, 2., 557-558, S. Paulo, 1958; Getúlio César, *Crendices do Nordeste*, 151, Rio de Janeiro, 1941; Eduardo Campos, *Medicina Popular*, 59--61, Fortaleza. 1951; Osvaldo Cabral, *A Medicina Teológica e as Benzeduras*, 150-152, S. Paulo, 1958; Prof. Joaquim Roque, *Rezas e Benzeduras Populares*, 18-21, Beja, Portugal, 1946.

Soleira. A soleira da porta é lugar tradicional de respeito no folclore universal. Os romanos dedicavam a soleira, *limen, liminis*, ao casal de deuses Limentinus e Limentina. O limiar, lumiar, soleira, entrada da porta, era sagrado. "Prendia-se à soleira, à pedra da entrada, a fileira de superstições vivas. Ninguém a pisava sem descobrir-se, porque ali começava realmente o domínio doméstico, o reinado caseiro. Não se podia varrer o lixo sobre a pedra da soleira nem escarrar nos seus limites. Ali enterrava-se o umbigo das crianças recém-nascidas, para que fossem amigas do lar e inimigas de vadiagens e passeios longos. As simpatias do plano mágico eram guardadas sob a pedra. Para o dono da casa deixar de beber ou de jogar baralho, abandonar os hábitos andejos, o lugar privilegiado para ocultar-se a muamba era na soleira. As primeiras unhas cortadas ao filhinho, o primeiro cabelo aparado à filha iam para a soleira. No Rio Grande do Sul, o primeiro dentinho da criança atira-se ao telhado e o segundo esconde-se sob batente do limiar. A ponta da cauda do cachorro fujão, do gato devoto de visitas longínquas ficavam na soleira como garantias da inabalável fidelidade localista. As pragas irrogadas nesse local, ao meio-dia, são quase fatais... As defumações começavam pela porta da rua, mas realmente da soleira. Dali recebia a mãe o filho voltando do batizado. Na Grécia e em Roma a noiva, voltando do matrimônio, não a podia tocar. É a alusão de *Catulo*, num epitalâmio (LXI): "Transfer omine cum bono / Limen aureolos pedes, / Rasilemque subi forem". Esse respeito era tanto no pompé grego como no deductio in domun romano. Na *Écloga* VIII Vergilio alude à soleira como o lugar indicado para a deposição de objetos determinantes da voita do amado. Os gregos ali depunham os filtros amorosos (*Teácrito*, II, *magas*). Em Portugal, Beira, os recém-casados ajoelham-se na soleira e são abençoados pelos pais, antes de entrar (Jaime Lopes Dias, *Etnografia da Beira*, III, 167). No sepultamento egípcio, conta Máspero, a múmia se detinha uns minutos na soleira do túmulo para receber as despedidas da família. Os papéis, negros da Guiné Portuguesa, inauguram a casa nova fazendo uma refeição da soleira (Landerset Simões, 64, *Babel Negra*, Porto, s, d,). Na região de Santo Tirso, Minho, parte do batizado realiza-se na soleira da porta da igreja e o batizando entra depois que o sacerdote diz o *Acternam ac justissinam* e põe a ponta esquerda da estola sobre a cabeça, (Lima Carneiro, *Douro Litoral*, IX, 39, Porto, 1944). Para maiores informações sobre a soleira, Luís da Câmara Cascudo, *Superstição no Brasil*, "Limentinus", 92--96, 6ª ed., São Paulo, Global, 2002.

Solferino. Ver *Cor de Bispo*.

Solha. Aramaçá, soia, maraçapeba (*Pleuronectes*), etc, A família do linguado é bem conhecida pela abertura bucal rasgada na parte superior muito mais que na inferior. A explicação popular constitui um dos melhores tipos do conto etiológico. Nossa Senhora perguntou à solha se a maré enchia ou vazava. A solha, arremedando a Santa Virgem, fez uma voz fina e nasal e repetiu-a, zombando. Nossa Senhora condenou-a a ficar com a boca onde a pusera para arremedá-la. Ver Afonso Cláudio, *A Maraçapeba*, "Trovas e Cantares Capixabas", 125--126, Rio de Janeiro, 1923; Luís da Câmara Cascudo, *Contos Tradicionais do Brasil*, 269-270, nota ao conto acima citado, 13ª ed., São Paulo, Global, 2004; Agenor Couto de Magalhães, *Monografia Brasileira de Peixes Fluviais*, 84, São Paulo, 1931; Santana Néri, *Folklore Brésilien*, 224, Paris, 1889; Roberto Correia Stiel, "A Lenda do Sapeta", doc. 176 da Comissão Nacional de Folclore, referente a Santos, São Paulo, etc. Em Portugal e Espanha é popular. Consiglieri Pedroso recolheu-e a leio divulgada por Teófilo Braga, *Contos Tradicionais do Povo Português*, II, 160, Porto, 1883, *Nossa Senhora e a Solha* e no *Contos Tradicionais do Algarve*, I, 303, *A Solha*, Tavira, 1900, de Francisco Xavier d'Oliveira Ataíde. Essa *estaria* do "peixe castigado", *bestrafte Fisch*, é corrente por quase toda a Europa e foi registrada por Oskar Dähnhardt no II volume, 252-253, duas versões, do *Natursagen* ("Eine Sammlung naturdeutender Sagen, Märchen, Fabeln und Legenden", quatro volumes, Leipzig e Berlin, 1907-1912), informando que na Noruega e Islândia o caso é com o "heilbutte", na Estônia com o linguado e o rodovalho, na Pomerânia com o "Flunder". O conto nos veio de Portugal. Ver Robert Lehmann-Nitsche *Studien Zur Südamerikanischen Mythologic*, "Dic Actiologischen Motive", 129 e nota 1, Hamburgo, Friederischem, De Gruyter & Cia., 1939.

Solo. Ver *Jogo de Baralho*.

Solo-Inglês. Espécie de lanceiros, muito dançado na Maioridade e Segundo Império, na corte e nas províncias. Dançavam-no com dois pares, havendo vênias, trocados de lugar e volteios, lembrados com saudade por quem tomara parte neles. Estava quase esquecido em fins do séc. XIX e não alcançou a popularidade de outros gêneros.

Soló. Caldo de feijão engrossado com farinha sessada, temperado, e com pimenta (Pereira da Costa, *Vocabulário Pernambucano*, 678).

Som. É universalmente conhecido o efeito mágico do som, sua finalidade apotropaica. A melodia é divina e a cacofonia é diabólica. *Donde hay música no puede haber cosa mala*, ensina Sancho Pança (*Dom Quixote*, II, XXXIV). O som afasta os demônios e os eflúvios maléficos. Há sonoridade divina no paraíso e não há música no inferno. Os instrumentos metálicos tiveram, inicialmente, a função do exorcismo, a repulsa às coisas más. Posteriormente tornaram--se elementos de apelo aos devotos e indispensáveis para agradar as horas amenas do ócio. Sinos, campainhas, guizos, sinetas, chocalhos, todos os produtores do som expulsavam os demônios em todas as crenças do mundo. Ao lado da utilidade de fixar a presença do animal que o usasse, cavalo, boi, vaca, cabra, etc., havia o efeito de afugentar o mal e mesmo evitar o cansaço. Assim os cavalos eram cobertos de guizeiras e mesmo os falcões. Certos objetos do culto católico possuíam campainhas que não eram apenas decorativas mas, intrinsecamente, recordavam a função mágica do som. As custódias e os cálices-custódias tinham campainhas. Em Portugal são famosas a custódia de Guimarães (1534), a de prata dourada de Dom Diogo de Sousa na Sé Catedral do Porto, o cálice de Nossa Senhora de Oliveira em Guimarães, a de Verride, a de Vila Nova de Poiares. No Brasil temos a custódia-cálice do Convento de São Bento no Rio de Janeiro, e as das igrejas de Nossa Senhora de Assunção em Reritiba, Espírito Santo, do Pilar em Itamaracá, Pernambuco, a do Pilar em Ouro Preto, Minas Gerais, e um cálice na Matriz de São Pedro, na cidade do Salvador, Bahia, todas com campainhas. Na catedral de Saint--Etienne, em Sens, França, existe uma estola e um manípulo orlados de guizos de prata dourada. Em Portugal há báculos episcopais ornados de campainhas. Até o séc. XVI as sinetas eram privativas do culto e ninguém as podia empregar em uso doméstico. "De Oriente a Ocidente as religiões conservam o processo de combater os seres malditos, fazendo ressoar os bronzes e os ferros sagrados. Onde quer que apareça um instrumento sonoro, a intenção é apotropaica de uso milenar por todas as partes do mundo. Crianças da China ou do Brasil, da Itália ou das ilhas da Oceânia usam guizos ou pequeninas campainhas de metal a título de decoração ou ornato, mas realmente destinados ao combate com os maus espíritos, semeadores da doença, da adversidade e da morte. Em muitas tribos indígenas asiáticas e sul-americanas, de África e dos mares do Sul, os tambores, bombos, tantãs, timbales são formas de terapêutica musical diretamente contra o causador da moléstia, o deus da doença ou o demônio que a provoca. Sir James George Frazer reuniu documentária extensa nas inúmeras literaturas religiosas do mundo, lembrando as campainhas de ouro que ornavam a túnica sagrada do Grande Sacerdote dos Israelitas, e que deviam soar, obrigatoriamente, quando este penetrasse no Santíssimo, sob pena de morte (*Éxodo*, XXVIII, 31-35). Os pequeninos sinos protetores eram usados na Grécia e em Roma entre crianças e adolescentes mais sujeitos às tentações e assaltos. Os sinos dos campanários chorando os mortos, *defunctos ploro*, arredavam do caminho celestial os espíritos malévolos, que dificultam a derradeira jornada. Nas tempestades, quedas de raio, quase sempre provocadas pelo diabo, aconselhavam tocar os sinos, *fuga fulmina*. Frazer informa que "c'est une opinion communément reçue depuis l'antiquité que les démons et les esprits peuvent être mis en fuite par le son du métal, que ce soit le tintement des clochettes, la voix grave des cloches, le choc aigu des cymbales, le roulement des gongs ou le simples cliquetis des plaques de bronze ou de fer entrechoquées ou frappées avec des marteaux ou des baguettes". *(Le Folklore dans L'Ancien Testament*, 359). W. L. Hildburgh escreve: "The little bens (only of the original four are still in place) served also, as did similar little bells, from Western Europe to the eastern edge of Asia, to protect the child from harm of occult origin". (*The Folk-Lore*, vol. LV, 137, Londres, 1944); Luís da Câmara Cascudo, *Gorgoneion*, separata da *Homenaje a Don Luís de Hoyos Sainz*, 76-77, Madrid, 1949, *Meleagro*, 86, Rio de Janeiro: Agir, 1978; *Custódias com Campainhas*, "Ourivesaria Portuguesa", n.º 13, 14, Porto, Portugal, 1951. As campainhas e pequeninos sinos de metal precioso são usadíssimos como colares, brincos, pulseiras, broches, etc. Aparecem às vezes com, os modelos que eram comuns nas joias milenárias do Egito (Máspero, *Égypte*, 214, ed. Hachette, Paris, 1912). Ver *Silêncio*.

SOMBRA. É coisa para ser respeitada. Para os romanos *úmbra* era sombra e alma; mundo das sombras, sombra dos mortos, sobrevivem em nossas superstições. Por todo o mundo a sombra é entidade julgada quase independente do corpo que a projeta. Não se deve pisar numa sombra, crendice espalhada por quase toda a Europa. "Quem brinca com a sombra s'assombra". É, às vezes, a forma escolhida pelas almas para desincumbir-se de alguma missão benéfica, aviso aos vivos. Confunde-se com o reflexo, outra manifestação do espírito vital e da própria alma (Luís da Câmara Cascudo, *Superstição no Brasil*, "Narcisus ou o tabu do reflexo", 100-103, 6ª ed., São Paulo, Global, 2002; Gonçalves Fernandes, "A Alma, a Sombra e o Reflexo", *Cultura Política*, n.º 41, 163-166, Rio de Janeiro, 1944). Nos xangôs de Pernambuco os babalorixás evitam cuidadosamente que alguém lhes cruze a sombra, "procedimento que lhes poderá trazer grande dano espiritual" (René Ribeiro). A tradição da sombra é universal. Como os babalorixás dos xangôs do Recife não consentem que alguém lhes pise a sombra, o boto vermelho (Boto Iara) encanta qualquer pessoa cuja sombra atravesse (ver *Botar*) nos rios do Pará. Os pescadores de Cananeia, no Estado de S. Paulo, acreditam que a Tintureira (ver *Tintureira*) engole a sombra do viajante e o entontece, fazendo-o cair n'água. "Antônio Doido, o homem que virou trem... quando apupado pela meninada desenfreada, nas ruas, rebelava-se e atirava pedras, não sobre os travessos rapazes que o azucrinavam, mas na sombra dos seus endiabrados apupadores. Encontrando-o um dia de bom humor, perguntei-lhe por que, quando perseguido pela meninada das ruas, e às vezes até por desalmados rapazes, atirava-lhes pedras não no corpo, na carne dessa gente, mas na sombra dos seus perseguidores. Respondeu-me ele, estranhamente, que atirava pedras na sombra deles para doer mais... É que batendo na sombra bate na alma... e vai doer depois nas almas deles. E essa dor não terá mais cura", Jaime Griz, *Palmares, seu Povo, suas Tradições*, 15, Recife, 1953). Ver *Botar*.

SONHO. Em todos os povos e épocas o sonho foi aviso divino e elemento sobrenatural. Criou-se uma ciência para explicá-lo, a oniromancia. Um corpo sacerdotal possuía o privilégio das versões para o público. Os deuses falavam através dos sonhos, Ísis, Cíbele, Hemitreu, Serápis, Trobonius, Apolo, Esculápio em Epidauro, os adivinhos Anfiaraus em Oropos, Ática, Calcas em Drum, na Apúlia. Júpiter decide Agamêmnon a assaltar Troia, enviando-lhe um sonho (*Ilíada*, II) "Voa sonho, falaz, do Atrida às popas; / Quanto prescrevo, exato lho / anuncia". Na *Bíblia* são dezenas de mensagens sagradas, os sonhos de Jacóem Bétel, Labão, Daniel, as sete vacas gordas do Faraó que José decifrou, etc. Cícero discute o sonho, temendo-o. Morfeus e Hipnos são deuses que distribuem os sonhos, como a *Kerpimanha* (ver) dos tupis ou a Anabanéri dos baniuas. Egípcios, caldeus, persas, babilônios, fenícios, romanos e gregos tiveram o sonho como uma manifestação sobre-humana. Artemidoro de Éfeso, no segundo século da era cristã, escreveu uma *Interpretação dos Sonhos*, que Dumoulin traduziu em 1664 (Rouen), Nicéforo, Patriarca de Constantinopla, no séc. IX, escreveu uma relação dos sonhos mais comuns e seus equivalentes, alguns ainda vivos na memória popular, dentes caídos, mau presságio, águas claras, felicidade, fogo, alegria, pranto, alegria próxima, etc. Na literatura popular e sagrada da Índia o sonho é uma constante, tal-qualmente no Ocidente, Somadeva, Katha Sarit Sagara (*The Ocean of Story*, trad. de C. H. Tawney e notas de N. M. Penzer, Londres, I, 19, H, 157, IX, 36, 38, *40*, 4, V, 190, IH, 82-83, V, 30, VI, 11, VIII, 198, I, 70, 12-13, 19, etc., 1928), Os livros de sonho, interpretação de sonhos, sonhos para jogo são incontáveis. Africanos, ameríndios e portugueses foram devotos fiéis dos sonhos e seus descendentes não abandonaram o uso e abuso. João Ribeiro (*O Folclore*, 137-154, Rio de Janeiro, 1919) estudou eruditamente as superstições dos sonhos e os livros a eles dedicados. Uma longa bibliografia fixou o assunto, quer historicamente, quer nas várias tentativas de explicação psicanalítica. O povo continua sonhando e traduzindo segundo os processos velhos, analógicos ou dedutivos, obstinado em aceitá-lo como aviso, mensagem, anúncio sobrenatural e digno de exame e pesquisa. Ver *Dormir, Botija*.

SONHO DE SANTA HELENA. Ver *Helena*.

SONIDOR. Ver *Zumbidor*.

SOPA DE CAVALO CANSADO. Sopa de vinho tinto com açúcar, canela e pão torrado. É muito usada entre os lavradores do norte de Portugal, de onde a recebemos.

SOPRO. Hálito, bafo, é outro elemento no catimbó, vindo de religiões e técnicas universais. O manitu dos algonquinos norte-americanos, o Grande Espírito dos peles-vermelhas, vale dizer "sopro", respiração. É a essência da vida organizada, Compreende-se bem a exigência de seus resguardos e sua força comunicante mágica, Como remédio, o sopro e o cuspo vivem no Brasil e em Portugal (Pe Firmino A. Martins, *Folclore do Conselho de Vinhais*, I, 24, Coimbra, 1928). Toda a Bíblia atesta que o hálito de Jeová, Iavé, fora a fonte da existência humana, *inspiravit in faciem ejus spiraculum vitae* (*Gênese*, II, 7), O profeta Eliseu ressuscitou o filho da Sunamita, soprando-lhe na boca. O menino espirrou sete vezes e abriu os olhos (II *Reis, IV*, 35). O sacerdote sopra na face da criança, que batiza, expulsando o espírito mau e instalando o Paráclito: "Deinde ter exsufflet leniter in faciem infantis, et dicat semel: Exi ab eo, immunde spiritus, et da locum Spiritui sancto Paraclito". Sir James George Frazcer compendiou no *Folklore dans L'Ancien Testament* (trad. E. Audra, Paris, 1924) a criação do homem pelo sopro de Deus, através das religiões comparadas. A concepção materializadora do Espírito deve ao sopro uma imagem inicial. Dizemos sopro de vida, derradeiro sopro, como expressões vivas (Luís da Câmara Cascudo, *Meleagro*, 114-116, Rio de Janeiro: Agir, 1978). O feiticeiro pode curar muita doença apenas soprando o lugar molesto. A duração do sopro, maior ou menor, é bom ou mau agouro no apagar das velas de aniversário. O sopro é uma força mágica. Um duende amazônico do Rio Branco, Cainamé, adoece e mata os seus desafetos, limitando-se a soprar sobre eles. Um indígena magro, amarelo, arrastando os pés, explica: *foi Cainamé que soprou, seu branco, e eu vou morrer* (Antônio Cantanhede, *O Amazonas por Dentro*, Contos, Lendas e Narrativas, 177, Manaus, 1950). Stradelli (*Vocabulário Nheengatu*, 595) ensina sobre o Peiuuá, o sopro; "O sopro entra em todas as cerimônias e atos do pajé. É soprando sobre a parte doente, acompanhando-se ou não com o maracá e com massagens mais ou menos prolongadas, que curam muitas moléstias, fazendo sair do corpo do doente as cousas mais disparatadas, que pretendem ter sido aí introduzidas por pajés inimigos. É sobretudo sobre a mão fechada numa certa e determinada direção, e abrindo-a lentamente sem desviá-la que mandam aos ausentes, por um simples ato do seu querer, a infelicidade, a doença, a morte. É soprando sobre a mão fechada e abrindo lentamente em um gesto largo os cinco dedos, enquanto sopram, que espalham o mau tempo e desfazem as trovoadas. É soprando sobre a mãe aberta e recolhendo lentamente os dedos que atiram a felicidade e chamam a chuva, quando precisam. O sopro, acompanhado das invocações e passes rituais, que são transmitidos de *paié* a *paié* depois de longas provas e severa iniciação, é a arma mais temida pelas turbas supersticiosas que neles acreditam. Pura charlatanaria, não há dúvida, embora, quando se trate de verdadeiras e próprias doenças, não hesitem em aplicar os remédios que largamente lhes oferece a flora das suas matas, mas que na mor parte das vezes age eficazmente, graças à sugestão que naturalmente produz a fé na sua eficácia nunca abalada pelos insucessos, desde que na ingenuidade do meio é sempre fácil achar uma razão plausível para explicá-los". Alma, Espírito, *anima, spiritus* significam vento, corrente de ar, e daí, sopro, sopro divino, alma, espírito. "Convém, entretanto, distinguir que *anima*, equivalente semântico de *psiqué*, significa ar na qualidade de princípio vital, sopro divino, espírito divino, donde espírito, alma. O l. *animus* g. *Thümós* opõe-se tanto a *corpus* quanto a *anima*, por ser o princípio pensante. *Ânemos*, vento, pertence à mesma família de *anima*, cuja raiz comum: AN, também se encontra no s.: *anima, spiro, anas, spiritus* e *anila, ventus*" (Orris Soares, *Dicionário de Filosofia*, 42, Instituto Nacional do Livro, Rio de Janeiro, 1952). O pneuma, ar, sopro, era denominação dada pelos estoicos a um princípio de natureza espiritual, considerado por eles como o quinto elemento. Na velha medicina, pneuma era um fluido particular ao qual eram atribuídos os fenômenos da vida e das moléstias (Larousse). (Ver Alexander H. Krappe, "O Sopro de Deus", *Modern Language* Notes, LX, 7-11-1945). Ver *Espírito, Iniciação*.

SORONGO. Dança africana que os escravos trouxeram para o Brasil. Renato Almeida informa ser uma espécie de samba. Bahia e Minas Gerais. O Padre Miguel do Sacramento Lopes Gama, no *Carapuceiro*, no Recife, n.º 2, de 20 de janeiro de 1838, cita-o como dança popular: ... "porque está decretado pelas luzes do século, que o ril, a gavota, o sorongo, o afandangado, o montenelo, e as quadrilhas são instrução muito mais interessante do que o pelo-sinal". E na edição de 17 de fevereiro do mesmo 1838, citando as danças modernas, menciona o "sorongo, cachucha, montenelo e outras patifarias semelhantes". Ver *Sarambeque*.

SORTE. Destino, fado; a sorte quem dá é Deus. Acidente, acaso, boa fortuna, felicidade, boa e má sorte. Livro de versos numerados, em quadrinhas, contendo profecias humorísticas para rapazes e moças durante a festa de São João. De sua antiguidade no Brasil há uma denunciação de Gaspar Rodrigues, morador no engenho velho de Fernão Soares, freguesia de Santo Amaro, Pernambuco, datada de 22 de janeiro de 1594, perante o Santo Ofício: "Denunciou mais que avera três ou quatro anos que viu a Jorge Fernandes, solteiro, sobrinho de Luís Antônio morador no mesmo engenho ter um livro de sortes no qual se lançavam três dados e por certos pontos e letras viam a quantas folhas haviam de ir buscar o que queriam saber e lhe viu fazer por muitas vezes as ditas sortes para saber o que cada um lhe perguntava e fazia as ditas sortes perante muitas pessoas, ensinando-as, e muitos as lançavam também com ele publicamente no dito engenho". (*Denunciações de Pernambuco*, 1593-1595, 170, São Paulo, 1929).

Sorvete. Do árabe *chorbat*, sumo de frutas, em calda de açúcar, diluída n'água gelada, acidulada com limão, hortelã, etc. Era esse o sorvete do Oriente e de que só guardamos o nome. De sua antiguidade resta-nos o registro no *Mil e Uma Noites*, na *estória* de Nouredin Ali e de Bedredin Hassan, onde se lê que o *scherbet* é uma bebida composta de sumo de limão ou de outras frutas, açúcar e água, na qual se dissolveu pastilhas aromáticas. O sorvete, talqualmente o conhecemos, veio com as confeitarias francesas, durante o período da Regência, não tenho notícia de sua existência no Primeiro Império. Na Maioridade, 1840, era popular e indispensável nas festas. O Visconde de Sepetiba, Aureliano de Sousa e Oliveira Coutinho (1800-1855) gastou numa festa que ofereceu aos amigos *mais de duzentos mil réis de sorvetes* (Luís da Câmara Cascudo, *O Marquês de Olinda e seu Tempo*, 196, Brasiliana, São Paulo, 1938). Seu domínio não alcançou as populações do interior. O sertanejo recusa o sorvete, "frio de mais", suspeitando que desequilibre o calor interno. Nas cidades o prestígio é decisivo. Os portugueses o conheceram através do Oriente. Nuno Marques Pereira (*Compêndio Narrativo do Peregrino da América*, II, 37, Rio de Janeiro, 1939; a primeira edição é de 1728, o autor nascera em 1652 e faleceu depois de 1733) cita o sorvete: "beber vários sorvetes".

Sou-Eu. Ver *Jogo de Baralho*.

S.P.Q.R. Letras que figuram nos pendões de irmandades religiosas, aparecendo nas procissões. Seria, inicialmente, Senatus Populusque Romanus, Senado e Povo Romano, dos estandartes da República de Roma. Noutras fontes, a sigla vinha dos sabinos. Sabino Populo quis Resistit? Ou a forma cristã, Salva Populam quem Redemisti. A tradução popular é mais simples, Sabão, Pão, Queijo, Rapadura!

Stradelli. Ermano de Stradelli, Conde de Stradelli, nasceu em Borgotaro, Piacenza, Itália, a 8 de dezembro de 1852 e faleceu em Umirizal, arredores de Manaus, Amazonas, a 24 de março de 1926. Viajou para o Brasil em 1879. Visitou Amazonas e Pará, indo ao rio Purus e afluentes, Juruá, Uaupés, acompanhando a missão brasileira do Barão de Parima ao Rio Branco, e ainda percorreu o rio Madeira, Jauaperi, voltando à Europa em 1884. Laureou-se em Direito na Universidade de Pisa, regressando à América do Sul em 1887, tentando identificar as nascentes do Orinoco. Desceu este rio, entrando no Brasil pelo Cucuí, rio Negro, até Manaus, em fevereiro de 1888. Fixou-se no Amazonas, advogando, sendo promotor público, demarcando terras, desenhando mapas. Naturalizou-se brasileiro em 1893 (ver *Em Memória de Stradelli*, Luís da Câmara Cascudo, 3.ª ed. revista, Manaus: Editora Valer e Governo do Estado do Amazonas, 2001). *Duas Lendas Amazônicas*. Piacenza, Itália, 1900. São as lendas da cachoeira do Caruru e a história valente de Ajuricaba. "L'Uaupés e gli Uaupés", *Bolletino della Società Geografica Italiana*, maggio, Roma, 1890 "Leggenda Dell'Jurupari", mesmo Bolletino, luglio, agosto, Roma, 1890. "Leggenda del Taria", *idem*, maggio, Roma, 1896. "Inscrizioni Indigena della Regione Dell'Uaupés", *idem*, maggio, Roma, 1900. "Vocabulário Nheengatu-Português e Português-Nheengatu", *Revista do Instituto Histórico e Geográfico Brasileiro*, tomo 104, volume 158, Rio de Janeiro, 1926. Também denominado *Vocabulário da Língua Geral*, 768 págs., abundantemente citado neste dicionário.

Studart. Guilherme Studart, Barão de Studart, nasceu em Fortaleza, Ceará, a 5 de janeiro de 1856 e faleceu na mesma cidade a 25 de novembro de 1938. Médico. Deixou cerca de cento e cinquenta trabalhos sobre história e geografia do Brasil, especialmente do Ceará. De invulgar capacidade de pesquisa possuiu arquivo riquíssimo. Médico em 1877 prestou serviços relevantes na assistência social. O Papa Leão XIII fê-lo barão em 1900. Os dois ensaios publicados sobre a demopsicologia são merecidamente colocados na primeira plana. "Notas Sobre a Linguagem e Costumes do Ceará", publicado na *Revista Lusitana*, Lisboa, 1892. "Usos e Superstições Cearenses", na *Revista da Academia Cearense*, Fortaleza, 1910. Ver *Antologia do Folclore Brasileiro*, vol. 2, 31-48, 6ª ed., São Paulo, Global, 2004.

Subará. Ver *Ogum*.

Sucção. Foi um processo terapêutico clássico para extrair venenos e "humores" malignos. Stradelli (*Vocabulário Nheengatu*, 609) ensina: "Piterapaua, Chupada. É uma das formas com que os pajés curam em certos casos os doentes; chupando-lhes, extraem do corpo as cousas mais heterogêneas, literalmente, cobras e lagartos, além de sapos, espinhos, arestas de peixe, pedaços de madeira, pedras e quantas cousas há e que, segundo afirmam foram introduzidas no corpo dos doentes pela arte dos pajés inimigos. A cura é certa, se o pajé que chupa tem mais fôlego do que aquele que causou a doença. Se este tem mais fôlego, a cura é impossível. O pajé que tem menos fôlego não pode opor-se de modo nenhum ao querer do que tem mais. Só pode haver luta, e esta é toda em dano do doente, entre os dois pajés de fôlegos iguais". Barléu (*História dos Feitos, etc. (Res Brasiliae)*, trad. Cláudio Brandão, 282, Rio de Janeiro, 1940) transcreve uma informação de Jacó Rabi, descrevendo um tratamento feito ao rei dos cariris por um pajé. O pajé extraía, sugando as partes doentes do tuxaua, uma enguia, uma pedra branca e uma raiz. "O rei e o povo aceitavam tudo isso com inabalável fé". A sucção era forma usual da medicina grega, e Homero na *Ilíada*, canto IV, descreve o médico Macáon, "Peritissimo filho de Esculápio", como traduz Manuel Odorico Mendes, sugando a ferida que o troiano Pândaro fizera em Menelau: "Chupa o sangue, e lhe asperge os lenimentos / Que ensinara a seu pai Quíron amigo". Ainda é o processo heroico no sertão bravio, quando das mordidas de cobra, a sucção para extrair o veneno. Certos catimbozeiros empregam a terapêutica do doutor Macáon em Troia nos arredores de Natal. Ver *Chupada*.

Sucuriju. *Eunectes murinus*. Esta cobra é uma verdadeira mina literária. Apesar de ser a maior da Amazônia, encontra-se mais nos livros que nos igapós. Tem feito piores estragos entre leitores que entre pescadores. Sobre o seu tamanho, a fantasia trovadoresca dos rapsodos e a grave medida dos naturalistas ainda não chegaram a um acordo. Vai do tamanho de uma montaria ao tamanho duma galera. Em casos de aperto dramático, botam-lhe olhos de fogo, metem-lhe velas, máquinas e mandam-na espantar a humanidade com o nome de cobra grande, boiuna, mãe-d'água. A verdade é que ela não é venenosa, mede cerca de 15 metros, e o perigo que oferece reside na força constringente com que parte os ossos da presa, para depois engoli-la (Raimundo Morais, *O Meu Dicionário de Cousas da Amazônia*, II, 135). Curioso é ter sido Raimundo Morais o evocador da boiuna transformada em navio fantasma (*Na Planície Amazônica*, 84, segunda edição, Manaus, 1926). Sobre a sucuriju, Sucurujuba ou Sucuruju escreve Pereira da Costa (*Vocabulário Pernambucano*, 608-681): – Ofídio aquático ou quase anfíbio, que atinge a grandes dimensões, e não é muito venenoso. É esta a serpente das nossas legendas populares do rio São Francisco. Termo de origem indígena, vem do primitivo, ou originário, *sucuri*, corrutela de *suú-curi*, o que morde ligeiro, o que atira o bote apressado; serpente aquática (*Boa aquática* ou *Eunectes murinus*), alterado em socori, sucuriú, sucuriúba, sucuruiú segundo Teodoro Sampaio; e daí as variantes de nomes por que o ofídio é conhecido, nomeadamente, no Pará por sucuriju, no Maranhão sucuruju, na Bahia, sucuriuba, em Sergipe sucuruiú e sucuruiuba, e nos Estados do Sul sucuri. Barbosa Rodrigues informa que havia uma dança indígena com o tema da sucuriú: "Na sucuriju todas as evoluções da dança são arremedando o andar, o correr, o enroscar-se e o apertar da caça, deste ofídio" (*Revista Brasileira*, tomo IX, "O Canto e a Dança Silvícola". 52, Rio de Janeiro, 1881).

Sudaneses. Compreende os iorubas da Nigéria (nagô, ijexá, eubá, quêtu, ibadau, iobu, etc.), os negros do Daomé (jeje, etc.), fanti-ashanti da Costa do Ouro, chamados popularmente minas, e os grupos de outras regiões da Gâmbia, Serra Leoa, Sibéria, Costa do Marfim, da Malagueta, etc. Estende-se, como influência sudanesa, às culturas guineano-sudanesas, que tiveram o credo muçulmano, fulas, mandingas, haussás e elementos de menor porção, tapa, bornu, gurunsi, etc. Nina Rodrigues (*Os Africanos no Brasil*, 58), aludindo à massa escrava vivendo no Brasil, decide: "Dentre estes, se não a numérica, pelo menos a preeminência intelectual e social, coube, sem contestação, aos negros sudaneses". Os jejes teriam, regressando alforriados da Bahia para a África, reconstruindo Abadranfon por estes crismada de Porto Seguro, como uma lembrança brasileira. Os nagôs mandavam, também considerados "brasileiros", em Agoê, entre o Pequeno e o Grande Popo, conhecida localmente por Ajigô. Aí fizeram capela, dedicada ao Senhor Bom Jesus da Redenção, informa o missionário Bouche, mas acredito mais ter sido "do Bonfim". E construíram escolas, falando português e dizendo-se "brancos" (A. J. de Macedo Soares, "Estudos Lexicográficos do Dialeto Brasileiro". *Revista do Instituto Histórico Brasileiro*, vol. 131, 177 e segs., Rio de Janeiro, 1942). Dos jeje-nagôs, os primeiros fortemente influenciados pelos segundos, tivemos a maioria dos orixás dos candomblés da Bahia. Candomblé, segundo A. J. Macedo Soares, 63, cit., significa "quarto pequeno e escuro, reservado para guardar trastes velhos". As iguarias mais típicas da cozinha afro-baiana são presenças nagô, vatapá, caruru (Macedo Soares diz ser de origem tupi o nome), efó, acaçá, acarajé, bobó de inhame, aberém, abará, etc., e dos haussás o famoso arroz de haussá. O cerimonial religioso dos candomblés deve maior percentagem aos nagôs. É indubitavelmente a mais segura e nítida "constante" afronegra na Bahia e decorrentemente sua projeção religiosa espalhou-se por onde a "nação" viveu (ver *Jeje* e *Nagô*). Sofreram logicamente forte aculturação ameríndia e portuguesa, mas são identificáveis e sensíveis os seus elementos típicos. São iorubas os instrumentos musicais dos candomblés em sua maioria, os ilus (tambores), agogô, adjá, afofiê, o aguê, etc. O azeite de dendê, o inhame, o urucungo também são usados e velhos entre os bantos. Na literatura oral a parte é menor mas as *estórias* da tartaruga, *awon*, assim como a aranha, *anansi*, dos minas (fanti-ashanti) são muitas, com exemplos registrados por Nina Rodrigues e por João da Silva Campos. Desses sudaneses, especialmente dos nagôs, tivemos a indumentária teatral e sugestiva da negra baiana que, oficial e universalmente, dizemos *baiana* (ver *Baiana*[1]). Antônio Olinto, *Brasileiros na África*, Rio de Janeiro, 1964; Édison Carneiro, *Ladinos e Crioulos*, Rio de Janeiro, 1964.

Sueca. Velho e tradicional jogo de cartas, que em Portugal é uma das modalidades da bisca, a bisca-sueca. Joga-se com dez cartas e quatro parceiros, valendo mais o ás e o sete. A família das biscas aclimatou-se excelentemente no Brasil: bisca-lambida, de três parceiros, podendo "pedir cartas", lambendo o dedo para retirá-las do monte, bisca de nove (cartas), bisca de três, com treze cartas, etc. Ver *Jogo de Baralho*.

Sujo. Depois das secreções, não há elemento mais precioso na feitiçaria que a sujeira. A roupa emporcalhada, suada, poeirenta, pelo uso pessoal continuado, constitui base incomparável para a coisa-feita, o canjerê, a muamba poderosa, de efeito irresistível. Certos objetos ou panos de contato mais direto, depois de muito usados, quase representam a própria pessoa nos domínios da feitiçaria branca e preta. Stradelli informava que o *sujo* tinha o mesmo valor para um pajé amazônico. Água servida do banho serve também. "Inclui-se a água servida de banho. Ganesha, ou Ganapati, o deus da sabedoria hindu, ventrudo e com uma tromba de elefante, pertence à sagrada família de Siva. Foi criado pela deusa Parvati da poeira que tirou do banho, do *sujo*, como diria um catimbozeiro" (Luís da Câmara Cascudo, *Meleagro*, nota 60, Rio de Janeiro: Agir, 1978). Ver *Covas*.

Sumé. Personagem misteriosa, homem branco que, antes do Descobrimento, apareceu entre os indígenas, ensinando-lhes o cultivo da terra e regras morais. Repelido, abandonou a região, caminhando sobre as águas do mar. "Dizem eles que S. Tomé, a quem eles chamam Zomé passou por aqui, e isto lhes ficou por dito de seus passados e que suas pisadas estão sinaladas junto de um rio; às quais eu fui ver por mais certeza da verdade e vi com os próprios olhos, quatro pisadas mui sinaladas com seus dedos, as quais algumas vezes cobre o rio, quando enche; dizem também que, quando deixou estas pisadas, ia fugindo dos índios, que o queriam frechar, e chegando ali, se lhe abrira o rio e passara por meio dele à outra parte, sem se molhar, e dali foi para a Índia. Assim mesmo contam que, quando o queriam frechar os índios, as frechas se tornavam para eles, e os matos lhe faziam caminho por onde passasse" (Manuel da Nóbrega, *Cartas do Brasil*, 101 (a carta é de 1549), Rio de Janeiro, 1931). "Também é tradição antiga entre eles que veio o bem-aventurado apóstolo S. Tomé a esta Bahia, e lhes deu a planta da mandioca e das bananas de S. Tomé; e eles, em paga deste benefício e de lhes ensinar que adorassem e servissem a Deus e não ao demônio, que não tivessem mais de uma mulher nem comessem carne humana, o quiseram matar e comer, seguindo-o com efeito até uma praia donde o santo se passou, de uma passada, à ilha de Maré, distância de meia légua, e daí não sabem por onde. Devia de ser indo para Índia, que quem tais passadas dava bem podia correr todas estas terras, e quem as havia de correr também convinha que desse tais passadas". (Frei Vicente do Salvador, *História do Brasil* (1627), 103, ed. Melhoramentos, São Paulo, 1918). A vulgarização da lenda se deu pelo simples registro de Simão de Vasconcelos, *Crônica da Compañia de Jesu do Estado do Brasil* (1663), LXI, Lisboa, 1865. (Ver A. Métraux, *La Religion des Tupinamba*, II, 16-20, Paris, 1928). Noutras fontes Sumé (Frei André Thevet escreve Sommay) era apenas *grand Pagé et Cararībe*, afastando qualquer ideia de alienígena.

Suor. As peças de roupa internas são preciosos elementos para a feitiçaria, especialmente molhadas pelo suor. Tanto quanto a saliva, o suor pode representar a entidade física a ser objeto de efeito mágico. As camisas femininas, úmidas com o suor, constituem sedução irresistível, quando, convenientemente preparadas pelo feiticeiro, possam ser aspiradas por alguém. Certas bebidas, café, chá, chocolate, coadas através da camisa suada, de uso da mulher amorosa, atrairão o amor inviolável de quem as tiver sorvido. Nos casos de quebranto infantil, um dos remédios clássicos é o pai, ou homem mais próximo no parentesco, passar a criança entre as pernas abertas, estando suado. A irradiação humana, espécie de halo poderoso, afasta o malefício. O suor servirá de fixador. É preciso que o operador esteja suado. Na Idade Média havia filtros de poder sobrenatural, porque neles entrava, como parte essencial, o suor de seis virgens (ver *Virgens*).

Superstições. Resultam essencialmente do vestígio de cultos desaparecidos ou da deturpação ou acomodação psicológica de elementos religiosos contemporâneos, condicionados à mentalidade popular. São milhões de gestos, reservas e atos instintivos, subordinados à mecânica do hábito, como gestos reflexos. As superstições participam da própria essência intelectual humana e não há momento na história do mundo sem sua inevitável presença. A elevação dos padrões de vida, o domínio da máquina, a cidade industrial ou tumultuosa em sua grandeza assombrosa, são outros tantos viveiros de superstições, velhas, renovadas e readaptadas às necessidades modernas e técnicas. Todas as profissões têm o seu "corpus" supersticioso, e aqueles que confessam sua independência absoluta da superstição é porque não chegaram no instante da confidência reveladora. O Visconde de Santo Tirso: "Era supersticioso Napoleão, e era supersticioso Bismarck. É livre de toda superstição qualquer jumento, o que prova que a liberdade do espírito não é incompatível com o comprimento das orelhas" (*De Rebus Pluribus*, 158, Lisboa, 1923). A superstição é sempre de caráter defensivo, respeitada para evitar mal maior ou distanciar sua efetivação. Os sinais exteriores são os amuletos que, incontáveis, transformaram-se em adornos e joias e vivem na elegância universal dos nossos dias. Essa legítima defesa estende-se às zonas mais íntimas do raciocínio humano e age independente de sua ação e rumo. A própria etimologia latina mostra que superstição é uma sobrevivência em sua preservação. Ver *Abusão*.

Suribi. Um dos tipos mais interessantes de trombetas com ressoador é a Suribi, da zona do rio Içana (índios do rio Negro). Serve para acompanhar o toque das flautas de Yapurutu. É um instrumento de 1,30 m, com um tubo feito da palmeira *iriartia* e uma caixa de ressonância, também tubular, de palmeira trançada e coberta com breu. Se o instrumento entortar, basta aquecê-lo a 30º para que o breu amoleça e ele retome a forma primitiva. W. E. Roth o cita como forma invulgar (Renato Almeida, *História da Música Brasileira*, 49, ed. Briguiet, Rio de Janeiro, 1942).

Surubim. Rio no Estado do Piauí. Peixe silurídeo dos rios brasileiros. Nome de um boi famoso, fins do séc. XVIII ou princípios do séc. XIX, cantado em versos populares no sertão nordestino (Luís da Câmara Cascudo, *Vaqueiros e Cantadores*, 121, São Paulo, Global, 2005, onde registrei a música e o único verso que decorei):

"Meu boi nasceu de manhã,
[ó maninha.
Ao mei'dia se assinou!
Às quatro horas da tarde,
[ó maninha,
Com quatro touros brigou!"

O Piauí foi grande fornecedor de gadaria ao Nordeste.

Surucucu. Viperída (*Lachesis mutus*) venenosíssima. Para o sertanejo é o símbolo do veneno implacável. Mas é curável o mordido. Sobre o surucucu escreve Stradelli (*Vocabulário Nheengatu-Português*, 653): "Uma das cobras mais venenosas das florestas amazônicas, *Lachesis*. A carne moqueada é usada na farmacopeia indígena para cura do reumatismo. Na falta, são administrados os ossos pulverizados em infusão de cachaça ou simplesmente misturados com o café. Como contraveneno, se me tem afirmado ser eficaz, quando usada logo, a lavagem do lugar ferido, com água que tenha servido para lavar as pudendas de indivíduo do sexo contrário ao que foi mordido, secundando o efeito com beber também uma cuia da mesma água. As pudendas não devem ser de indivíduo muito moço nem de criança; quanto mais velho o sujeito, melhor, afirmam todos, pelo que parece que a parte ativa seja o amoníaco. Eu nunca tive ocasião de experimentar a verdade da asserção. Noto, todavia, que na lenda do Jurupari é este o remédio empregado pelo pajé, para curar-se, e aos seus, dos efeitos das mordidelas dos bichos, cobras, aranhas, lagartos, cabas e formigas, que nasceram das cinzas de Ualri".

Sururu. Molusco comestível (*Mytilus alagoensis*, J. Lima) muito empregado na culinária alagoana, especialmente em Maceió, como fritadas, empadas, refogado, saladas, etc. É retirado da lama dos brejos. Sururu vale dizer igualmente barulho, confusão, balbúrdia, briga.

Susana. Ver *Sela*.

Suspiro. Doce feito com clara de ovos, açúcar branco e casca de limão, para dar um leve gosto. Assa-se em formas variadas. São de origem oriental. Eram famosos, no séc. XVIII, os suspiros feitos no convento de Odivelas em Lisboa. Doce aristocrático, servido nas festas fidalgas, abadessados, grades, etc., democratizou-se no Brasil, onde continua popular e vendido nos humildes tabuleiros. Há, para o norte do Brasil, sabedoras de receitas especiais de suspiros, fazendo-os de sabor e delicadeza incomparáveis, tendo formas de frutos, flores, etc. (ver Gilberto Freyre, *Açúcar*, ed. José Olympio, Rio de Janeiro, 1939, Emanuel Ribeiro, *O Doce Nunca Amargou*, Doçaria Portuguesa, História, Decoração, Receituário. Coimbra, 1928).

Sutué. Antiga peça de vestimenta de mulher, muito em voga na época que vem de fins do séc. XVIII a certos anos do seguinte. "Saias de seda com o imprescindível sutué, espécie de balandrau, em capuz, quase sempre de pano fino cor de rapé ou verde-escuro, de que usavam as senhoras idosas. Este adorno tinha uma grande gola de veludo, que ia ter quase ao meio das costas, assim à laia de murça. Donde veio semelhante nome, sutué, ignoramos" (Pacífico do Amaral). A moda chegou também ao Ceará, onde teve voga, contemporaneamente, mas com o nome de Situé. "Era uma peça de valor o chamado Situé, capa longa, de fazenda de seda, com punhos e gola de veludo". (João Brígido; Pereira da Costa, *Vocabulário Pernambucano*, 684-685).

TABA. Tava, jogo do osso, divertimento predileto do gaúcho do Rio Grande do Sul; apaixonante em sua simplicidade, leva às apostas mais loucas. Já popular e favorito entre os legionários do Império Romano, foi espalhado pelo mundo. Os castelhanos divulgaram-no nas suas colônias americanas. Veio para o sul do Brasil através de argentinos e uruguaios. Taba é o astrágalo da vaca, osso do jarrete do gado vacum, osso do garrão, como dizem os gaúchos. O poeta argentino Bartolomé Hidalgo (1788-1822), comentando, no seu poema popularesco *Diálogos*, a série de desventuras políticas de Fernando VII, recorria ao jogo da taba como expressiva imagem:

"Todo es de balde, Contreras,
Pues si conoce Fernando
Que aunque haga rodar la taba,
Culos no más sigue echando
No es una barbaridad
El venir áhura roncando?"

(*Poetas Gauchescos*, 71, edição anotada por Eleutério F. Tiscornia, ed. Losada, Buenos Aires, 1940). J. Simões Lopes Neto (*Contos Gauchescos e Lendas do Sul*, "Jogo do Osso", 213, ed. Globo, Porto Alegre, 1949) descreve o jogo da taba: "Vancê sabe como é que se joga o osso? Ansim: Escolhe-se um chão parelho, nem duro, que faz saltar, nem mole, que acama, nem areento, que enterra o osso. É sobre o firme macio, que convém. A cancha com uma braça de largura, e três de comprimento; no meio bota-se uma raia de piola, amarrada em duas estaquinhas ou mesmo um risco no chão serve; de cada cabeça da cancha é que o jogador atira, sobre a raia do centro; este atira pra lá, o outro atira de lá pra cá. O osso é a taba, que é o osso do garrão da rês vacum. O jogo é só de *culo* ou *suerte*. *Culo* é quando a taba vai com o lado arredondado pra baixo; quem atira assim, perde logo a parada. *Suerte* é quando o lado chato fica embaixo: ganha logo e sempre. Quer dizer: quem atira *culo* perde; se é *suerte*, ganha, e logo arrasta a parada. Ao lado da raia do meio fica o *coimeiro*, que é o sujeito depositário da parada, e que a entrega logo ao ganhador. O coimeiro também é que tira o barato — para o pulperio. Quase sempre é algum aldragante velho e sem-vergonha, dizedor de graças. É um jogo brabo, pois não é?" Tabas dos romanos. É, também, citado em Homero, *Ilíada*, XXIII, 88. Ver *Osso*.

TABACO. Espécie de rapé, feito de fumo em rolo, mas aberto em folhas, torradas ao espeto e moídas, depois, em uma quenga ou caco de barro, até ficarem reduzidas a pó, e daí o nome de *tabaco de caco*, caco simplesmente, ou o menos vulgar de *torrado*, preparado este que já era vulgar entre nós no séc. XVII, como se vê deste verso de Gregório de Matos: "Tabaco é fumo pisado". Os índios tupis conheciam-no igualmente, com o nome particular da sua língua, *pitima çui*, tabaco de pó (Gonçalves Dias), bem como os guaranis, sob o nome de *pecui* ou *petingui*, pó de tabaco para ser aspirado (Batista Caetano); vindo o preparado da solanácea indígena *betum*, corrutela de *petim*, o tabaco, o fumo (Teodoro Sampaio), "essa outra planta de muitos desejada", que "por fragrância que o olfato ativo sente / Erva Santa dos nossos foi chamada, / Mas tabaco depois da Espanha gente (Santa Rita Durão). Conselho e tabaco dá-se a quem pede (Adágio). Levar, tomar para o seu tabaco: receber uma lição, reprimenda, castigo mesmo. Não vale uma pitada de tabaco: coisa alguma, nada absolutamente. Tabaquear o caso: tomar, oferecer uma pitada de tabaco, fumar o seu charuto ou cigarro, a propósito de qualquer coisa a que não se liga importância. "O fidalgo entendeu tabaquear o caso, e fumou o seu charuto ("Jornal do Recife", n.º 96, de 1915). O vocábulo tabaco vem do nome indígena da ilha do Tabago, uma das pequenas Antilhas inglesas, onde os espanhóis encontraram a planta do fumo, ao seu descobrimento". (Pereira da Costa, *Vocabulário Pernambucano*, 685-686). Ver *Mecha* e *Mascar Fumo*.

TABACUDOS. Apelido dos naturais do Estado do Paraná. De *taba*, aldeia.

TABAQUEIRO. Ver *Binga*.

TABARÉU. Matuto, roceiro, habitante do campo. Este nome de tabaréu, dado ao nosso campônio, rústico, desconfiado, ingênuo, inacessível, mal-amanhado, vem de igual vocábulo português, apesar de Couto de Magalhães dizer que é de origem indígena, significando: Soldado de ordenança, mal exercitado, que não largava o capote, quando entrava de serviço, e, figuradamente, o que não sabe falar e exercer o seu ofício (Aulete). Morais, porém, definindo o termo naquela acepção, acrescenta: alardo, terço de tabaréus, mal-encarados (Pereira da Costa, *Vocabulário Pernambucano*, 686).

TABU. "É uma palavra polinésia, cuja tradução nos é difícil, por isso que não possuímos mais a noção correspondente. Essa noção fora ainda familiar aos romanos, cujo *sacer* equivalia ao tabu dos polinésios; também o *hágios* dos gregos e o *kodauch* dos hebreus deviam ter o mesmo sentido que o tabu dos polinésios e outras expressões análogas, usadas por diversos povos da América, África (Madagáscar) e da Ásia setentrional e central. Para nós, representa o tabu duas significações opostas: a do sagrado ou consagrado e a do lúgubre, perigoso, proibido ou impuro. O contrário de tabu entre os polinésios é *noa*, quer dizer, ordinário, acessível a todos. O conceito de tabu contém, pois, uma ideia de reserva; e, de fato, manifesta-se ele, essencialmente, em proibições e restrições. A nossa locução "horror sagrado" apresentaria muitas vezes um sentido coincidente com o de tabu. As restrições de tabu são algo de muito distinto das proibições puramente religiosas ou morais. Não emanam de nenhum mandamento divino, mas proíbem por si próprias; distinguem-se das proibições morais, por falta de classificação num sistema, que considere a necessidade de abstinência em geral e também fundamente essa necessidade. As proibições tabus carecem de todo fundamento; são de origem desconhecida; incompreensíveis para nós, parecem lógicas para aqueles que vivem sob o seu domínio. Wundt (na sua *Psicologia dos Povos*, volume II, Mito e Religião, pág. 308) diz que o tabu é anterior aos deuses e precedeu a qualquer religião. Os fins do tabu são muito diversos. Assim, os tabus diretos têm por fim: *a*) a proteção de personagens importantes como chefes, sacerdotes, objetos e outros, para preservá-los de possíveis danos; *b*) a proteção dos fracos, mulheres, crianças e pessoas comuns em geral, contra os perigos resultantes do contato com cadáveres, da absorção de determinados alimentos, etc.; *c*) a precaução contra as perturbações que podem sobrevir em determinados atos importantes da vida, como o nascimento, a iniciação dos adolescentes, o matrimônio, as funções sexuais; *d*) a proteção dos seres humanos contra o poder ou contra a cólera dos deuses e demônios; *e*) a proteção dos nascituros e das crianças pequenas contra os múltiplos perigos que os ameaçam por força da dependência simpática em que estão para com os pais, quando estes, por exemplo, realizam determinados atos ou absorvem certos alimentos, cujo gozo poderia transferir às crianças certas qualidades. Outro dos fins do tabu é proteger a propriedade de um indivíduo, a sua ferramenta, o seu campo, etc., contra os ladrões". (S. Freud, *Totem e Tabu*, 37-40, trad. J. P. Porto Carreiro, ed. Guanabara, Rio de Janeiro, 1933). Ver Luís da Câmara Cascudo, "As Tradições do Tabu no Nordeste Brasileiro", *O Tacape*, n.º 20, Recife, outubro de 1928. "São qualificados tabus todos os indivíduos, lugares, objetos e estados passageiros que sejam portadores daquela misteriosa propriedade. Chama-se tabu também a proibição baseada nessa propriedade e, por fim, conforme o sentido literal da palavra, tudo aquilo que é sagrado ou superior ao nível vulgar e, ao mesmo tempo, impuro ou sinistro" (Freud, *opus cit.*, 43). O Prof. Dr. Gonçalves Fernandes (Recife) escreveu, para este dicionário, o estudo subsequente sobre alguns tabus de conduta das populações do nordeste do Brasil:

ENSAIO ANALÍTICO SOBRE
ALGUNS TABUS DE CONDUTA DAS
POPULAÇÕES DO NORDESTE DO BRASIL

I

Das crenças que registrei entre as populações do Nordeste, em trabalho anterior[1], destacam-

---

[1] Gonçalves Fernandes — *O Folclore Mágico do Nordeste*, Civil. Bras. Ed. Rio, 1938.

-se em interesse analítico os "faz-mal", tabus de conduta que persistem em todo o interior dessa região. *Faz mal* fazer uma série de atos, proibições que na sua maioria não se apoiam em princípios de ética social, para o civilizado, ou de religiosidade ostensiva, nem mesmo em normas de senso comum, mas se mantêm em relação mágica – fonte ampla e primária de todas as proibições primitivas, uma como previsão de gestos simpáticos, que se poderiam tornar instrumento de situações inconscientes em censura. Nestes tabus de conduta, onde se atinge a influência de culturas arcaicas[1], possivelmente mescladas pelo colonizador europeu com sistemas cultuais próprios a outros colonizadores, os escravos de nações africanas, e ainda mais os preconceitos ameríndios – nestes tabus de conduta há alguns que dizem respeito à sombra e ao reflexo. *Faz mal pisar a sombra duma pessoa* (poderia ocasionar-lhe a morte); *faz mal passar à frente dum enterro* (a sombra se arriscaria a se projetar sobre o caixão de defunto e este lha tomaria ou poderia tomá-la); *faz mal olhar e se mirar num espelho* (poderia aparecer a cara do diabo); *faz mal olhar o rosto refletido na água de fundo de cacimba* (o diabo poderia levar a alma da pessoa para as profundezas do inferno); *faz mal deixar de cobrir com crepes os espelhos em casa onde morreu alguém* (quem olhar o espelho poderá morrer dentro em pouco); *faz mal menino brincar com a sombra* (porque à noite se assombra). Estas superstições, revivências em torno do conceito da alma e sua projeção, sombra, reflexo, a identificação *sombra = alma, reflexo = alma*, integram-se naquela condensação que levou Jung ao conceito do inconsciente coletivo – horizonte comum de vasta obra de sincretismo. Suas variantes vêm sendo assinaladas entre os povos civilizados de cultura ocidental, de toda a Europa e entre as comunidades de cultura primitiva da Nova Guiné, das ilhas de Salomão, da Índia, das ilhas de Amboia e Uliase, do Camerum, de Dschaga, Fidji, entre povos de dialeto quiche, entre nativos de Alonquin, Abipons, Arawaki, Basute, Kais[2].

Entre os basutes acredita-se que é perigoso deixar projetar-se a sombra: sobre um rio, porque um crocodilo pode agarrá-la e, fazendo-o, mata o indivíduo. Que sei mais?... Isto, se compulsarmos apenas os investigadores modernos. Mas, quem se voltar para os clássicos da literatura terá a anotar a mesma simbólica entre romanos da antiguidade (*umbra*, entre os romanos, era a sombra dos vivos e a alma dos mortos), entre os persas, entre os egípcios. Estes tinham a sombra como a forma primitiva da alma: seria *ka*, que tanto quer dizer *alma* como *duplo, reflexo... sombra*[3]. E a concepção de alma tão visível levava-os a fazer as suas oferendas, desde os objetos simbólicos de adorno a pratos de comida e iguarias e até brinquedos, com que enchiam as criptas funerárias, onde a sombra estaria liberta do corpo morto. Num salto a outra cultura, assinala-se que a palavra *refaim*, do hebraico, expressa o que resta dum morto: a sombra entre os primitivos, verificando-se que, em certos dialetos desses povos, uma só palavra serve para designá-las[4]. Em quiche, alma e sombra são representadas pela palavra *natub*. Em arawaki *neja* tanto é alma como sombra. *Lekal*, para os abipões, é alma, eco, imagem e sombra. Entre os basutes, *sorit* é a sombra e o espírito depois da morte do corpo. Na Nova Guiné, *arruge* quer dizer alma e sombra. Na Austrália, afirma Frazer, consideram-se duas almas: uma ligada ao coração, que se diz *ngai*, e outra que é a própria sombra *chei*. Entre os habitantes de Batak, acredita-se que a alma é a sombra em substância (Warnek). No dialeto asteca, a palavra *xecati* significa sombra, vento e alma. Os esquimaus têm igualmente uma palavra com o sentido duplo: *tarnac*, alma e sombra. Os negros de Dschagga julgam que a sombra é tudo que do corpo possa descer para o reino da morte. Neglien observa a ideia hindu de que a vida do inimigo cessaria, se se apunhalasse a sua sombra. No interior do nordeste brasileiro é tabu pisar a sombra de alguém – poderia determinar-lhe a morte este ato simpático, uma injúria à sua sombra, sua alma, seu duplo, refletindo-se no corpo vivo, identicamente.

Tem-se reflexo = alma, tão só, em outros tabus de conduta nordestinos, como "faz mal olhar e se mirar num espelho", o que poderia fazer aparecer o diabo, e onde se associa, à maneira do primitivo, o *Eu correlato*, idêntico, a um *Eu oposto*, demoníaco e perecível[5]. Crença que se encontra também na tradição popular europeia, em superstições semelhantes. Na Rússia Imperial acreditava-se que, não possuindo o diabo uma sombra – um reflexo, procuraria frequentemente se apossar da sombra ou do reflexo de alguém. Uma velha lenda européia, vivida num conto de Hoffman – "O Estudante de Praga" – igualmente citada por Rank, conta a história da oferenda fantástica feita a Balduíno, um estudante, pelo diabo, que lhe aparece em disfarce, propondo-lhe a fortuna em troca duma coisa a levar do seu pobre quarto. O rapaz quase nada possui: uns móveis velhos e um espelho. E aceita, certo do bom negócio, o trato. Mas o que o diabo leva consigo é o inesperado e imprevisto: carrega com a imagem do estudante refletida no espelho. Na tradição popular espanhola, refere-se, há, por sua vez, à história do diabo de Salamanca, que se apodera da sombra refletida dum estudante, deixando-o por toda a vida desgraçado, um ser incompleto, um homem sem sombra refletida. Na Prússia Oriental há a superstição de que quem olhar num espelho à meia-noite perderá o seu reflexo, pois o diabo o tomará... tal como se crê no nordeste brasileiro, onde isto aconteceria a qualquer hora. Deixar de cobrir com crepes os espelhos em casa de morto "faz mal" para o nordestino, pois "quem se olhar ao espelho poderá morrer próximo". Este tabu já foi assinalado em certas localidades das Ilhas Britânicas, na Alemanha, na França, na Silésia... Na Dalmácia acredita-se também que quem se mirar num espelho, onde houver um cadáver, morrerá dentro em pouco. Na França há uma crendice, segundo a qual se afirma que na noite de Santo Epifânio se vê ao espelho como se ficará na hora da morte. E o espelho nessa assertiva de levar ao mundo dos desígnios futuros, refletindo imagens, dissociando-as, enquadra em separado o *outro*, o duplo, que tanto pode ser o *Eu idêntico* como o oposto, ou ainda um *Eu passado*, patrimônio que não se quer perder.

Para o primitivo, tão certo dirá ainda o espelho do lado espiritual da vida que, posto à sua frente, falou um nativo de Fijii para Thomas Williams: "Agora posso ver o mundo dos espíritos" (Rank, *ob. cit.*). Este lado anímico, por si mesmo, está defendido por outros tabus que ensombreiam o mistério do temido e desejado – os tabus são ambivalentes. E, assim, nas Índias Holandesas, olhar demoradamente num espelho "faz perder a beleza", como nas observações sobre o teatro de marionetes, no *Amphitrion*, de Kleist, trata-se dum jovem de grande beleza, que perdeu os seus encantos, por se ter olhado num espelho. E para a antiguidade clássica tem-se mais Ovídio com a lenda de Narciso, quando Tires diz que o jovem viveria muito tempo, se não se mirasse num espelho. A este propósito, a literatura de todos os tempos fornece largo subsídio. Quem não se lembra da rainha do conto de Grimm, enamorada de si mesma, interrogando o seu espelho mágico: "Quem é, nesta terra, que tem mais beleza?"... A crença no duplo expressa símbolos do narcisismo: um *Eu passivo* de punição, o *Eu criminoso*, criado pelos sentimentos de culpa, um *Eu oposto*, que o adverte da morte a que não pode fugir – o castigo, compensando-se à crença, que é forma de reação diante do remorso, dum outro *Eu perene*, que alcançará o domínio eterno sobre a angústia e sobre o extermínio: a aspiração à imortalidade.

Nas noites de São João, em todo o Nordeste, uma das sortes tradicionais é procurar, à meia-noite, ver a própria imagem refletida numa bacia d'água. Não vê-la significaria não viver até o outro dia de São João vindouro. Os gregos da antiguidade criam semelhantemente estar sujeito a morrer quem não visse refletida n'água a sua imagem. Uma crença comum, perdida em relação de tempo, cultura e espaço.

O primitivo tanto vê na sombra como no reflexo ou na imagem o retrato da alma ou a alma em si. Entre afro-brasileiros de hoje subsiste o temor de que um retrato caia nas mãos dum inimigo, pois assim estaria o indivíduo à sua mercê. Estaria em suas mãos a outra parte do seu Eu, a imagem, e qualquer ofensa ou mau-trato a ela feitos dariam lugar, por ação simpática mas também por injunção quase direta, a sofrimentos correlatos que sentiria a distância. Um "babalorixá" (sacerdote negro), que teve grande voga no Recife, não permitia que o fotografassem. Quando o solicitavam para isso, recusava-se quase espavorido[6].

A psicanálise evidencia que a origem comum destes tabus reside na crença original de que a sombra não só significa a vida como a morte, e nesta dualidade tem-se o sentido duplo da alma (Rank). O temor de tocar o espírito da morte, o medo da morte, ela própria, levou o homem a prever o conceito da personalidade a duas faces: uma mortal e outra imortal. A que desaparece com o corpo e a outra, eterna, sua projeção – a sombra, a sombra desprendida e liberta, um reflexo. Nestes tabus de conduta veem-se o amor projetado no Ego, o temor à morte, a sagração da sombra, a imagem refletida, que não se pode perder, a sobrevivência.

II

Continuando a análise dos tabus de conduta das populações do Nordeste, passo àqueles que expressam o temor fundamental à mulher. A censura, a restrição social, partindo do tabu do primitivo, no clã, e assentando-se num suporte mágico, encaminham-se à formação duma moral de abstenção que visa, antes de tudo, a uma proteção vital. A sua sobrevivência na vida social tem-se não apenas sob a forma dos códigos de moral ou de religião, mas debaixo dum "cachet" de proibições inconscientes, não codificadas, e propagadas

---

1 Muitos deles identificados como de origem etoniano-protoário-acádica...

2 Taylor – *Primitive Culture*, T.I. 3ème ed. Paris, 1903.

3 Máspero – *Études de Mythologie et d'Archeologie Égyptiennes*, 1e. v. Paris, 1893.

4 Frazer – *The Golden Bough, eth, ed.* T. II. Taboo and the perils of the Soul. London, 1911.

5 Rank – "A Sombra como um símbolo da alma". *Der Doppelgänger*, Img. III, 1914.

6 Gonçalves Fernandes – *Xangôs do Nordeste*. Civil. Bras. Ed. Rio, 1937.

pela tradição oral, as superstições... Diz-se no sertão nordestino que *cangaceiro andou com mulher, abriu o corpo*, ou seja: está sujeito a perecer por quebra da proteção mágica, o fecha-corpo, que julgam obter por ação de orações-fortes, conduzidas em *breves* dependurados ao pescoço, e ainda por conjuro realizado por feiticeiro experiente em fechar o corpo; como em toda a zona da mata e litoral, afirma-se que *visita de mulher em manhã de segunda-feira dá liliu* (encaipora, dá azar, provoca desastres...). Antigos cangaceiros do bando de Virgulino Lampião, presos antes do extermínio do seu chefe, e por mim observados no Gabinete de Antropologia de Pernambuco, atribuíam o fim violento do conhecido bandoleiro ao fato dele se ter juntado com mulher. Esta crença tem seu substrato no temor fundamental à mulher, já assinalado por etnólogos entre povos primitivos[1] de regiões diversas (Tabu de isolamento pessoal, de Crawley).

Entre os primitivos, o tabu da virgindade alarga-se num vasto sentido coativo que abrange todo o comércio sexual, excedendo-se mesmo pela bilateralidade de gênero e todas as coerções atuais das comunidades da fórmula branco-adulto-civilizado. Destes tabus evidenciados entre povos primitivos salienta-se o do afastamento da mulher, quando se projeta uma caçada, um empreendimento especial, uma expedição guerreira ou uma excursão. Não se trata duma "purificação" consequente ao sentimento de culpa, duma expiação pelos danos causados, como acreditam alguns psicanalistas, interpretando no mesmo plano as abstinências, os jejuns e vasto ritual mágico das preparações à guerra. Mas, particularizando, assinale-se que os primitivos de Timor igualmente evitavam a aproximação com mulher, depois de se terem iniciado no combate, como entre as tribos daiacas o afastamento à mulher é preceito semelhante. Ainda, na Nova Guiné, na ilha Logea, nas tribos teapiri ou motumotu, o homem que participava de combate não devia juntar-se com mulher, e entre os peles-vermelhas dos EUA. já foram observadas as proibições de contato com mulher para os guerreiros nas proximidades do combate. A quebra destes preceitos traria como consequência a derrocada das forças do homem e o levaria ao fracasso ou à derrota[2]. A investigação analítica esclarece que a proibição deriva-se da distinção de sexo, estabelecida pela mentalidade primitiva numa base que dispõe a mulher como ser estranho e diferente. Para esta forma de pensamento a ideia de estranho está intimamente li-

---

1 Frazer – *Taboo and the perils of the Soul*, cit.
Bartames-Ploss – *A Mulher na História Natural e na Etnografia*, op. cit.
Freud – *Contribuições à Psicologia da Vida*. Ed. Guanab.
2 Freud – *Ob. cit.*

gada à de inimigo, e Muller-Lyer[3] mostra como em antigos idiomas encontra-se uma só palavra para designá-las. Mais um passo e chega-se ao sentido do temor de ser enfraquecido pela mulher ou pela sua estratégia sexual, o temor do contágio feminil – uma como aquisição contígua de sua feminilidade – situação inferiorizante, o temor de participação dessa fraqueza específica que impediria a realização de rasgos outros viris mais ansiados. E isto se explica na separação de indivíduos por sexo, tão a gosto do primitivo, e na generalização de condições de vida de exaltação anímica ou de formas outras de sublimação que tornavam igualmente débeis os impulsos genitais, extravasando-se a sexualidade em ações outras de intensa projeção libidinal: a luta, a caça, o culto mágico. A lassidão pós-coito, também invocada como ponto de apego na gênese do temor à mulher, a moleza física que sucede ao espasmo genésico, a dependência em que se situa o homem, a influência exercida pela mulher sobre aquele a quem se entrega, são ainda fatores que subsistem mesmo no civilizado e encontramos a miúdo em protocolos de análise[4]. A repulsa à mulher, antes o medo à mulher, todavia, a sua representação como malefício a evitar ("cangaceiro não deve – pode – não deve *andar* (copular) com mulher: abre-o-corpo"...) evidencia, doutra maneira a explorar, o sentimento narcísico tão posto em grande aumento na personalidade do cangaceiro. A oposição narcísica à mulher, consequente ao complexo da castração, por outro lado, poderia por semelhança de sistema – o neurótico forma suas fobias, desenvolvendo uma estrutura artificial[5] – representar no civilizado o reverso, guardadas as proporções do tabu em apreço. "Visita de mulher em casa de homem, segunda-feira pela manhã" (quando ele tem de iniciar os trabalhos duma nova semana em perfeita forma) "faz mal", encerra o mesmo temor, variando de cenário – não é proibição colhida entre cangaceiros, mas entre habitantes da zona da mata e litoral, persistindo, no entanto, os mesmos móveis inconscientes ou até conscientes, comuns a ambos: a vitória do empreendimento a que se dedicam, o temor do fracasso nos negócios, na luta pela vida, um embate tão comparativamente aproximado à luta em si, numa equivalência da própria escaramuça genital. Ambas influenciadas na mesma órbita da libido criadora.

---

3 "... la ciencia del lenguage nos da a conocer el hecho importante de que en los antiguos idiomas se usaba originariamente la misma palabra para extraño y enemigo". cit. Pinto, E. – *Os Indígenas do Nordeste*. Ed. Nac. Rio, 1938.
4 Um meu paciente, a quem estava entregue a direção de empresa de grande responsabilidade, temia enfraquecer-se "andando" com mulher.
5 Freud – *Obs. Complt.*

III

Encontra-se o tabu do fogo entre as proibições de conduta das populações do Nordeste, sobrevivência de costumes fixados no folclore entre superstições de povos diversos, em variantes que subjetivamente se relacionam, e onde transparece um nítido sentido sexual. Há mesmo em certos "faz-mal" nordestinos, que dizem respeito ao fogo, uma introjeção sexual direta. Veja-se em *faz mal menino brincar com fogo*. Não se memoriza no Nordeste a associação dum perigo, duma "injúria" do fogo – uma queimadura, mas, ao contrário, duma injúria *ao fogo*, e a explicação direta que abertamente dão à medida coativa é diferente sexual e originariamente peniana: explica o povo que *menino que brinca com fogo mija na cama*. Abraham[6] demonstrou psicanaliticamente a simbólica sexual do fogo numa equivalência do esperma. Freud[7], analisando uma sua enferma, encontrou nos seus sonhos a substituição do fogo peja urina. Jones, a este respeito, registra o seu pensamento de que só muito tarde a criança aprecia a importância do fogo[8]. Esta atração infantil pelo fogo e o temor ao fogo, no Nordeste, cercam-se doutras proibições. Diz-se ainda que *faz mal menino mijar no fogo, porque seca as urinas* (a fonte da urina...), proibição aparentemente ligada ao antagonismo água-fogo, e que revela de certo modo que a restrição se assenta em interesse popularmente verificado ali entre crianças da região pelo fogo (não apreciando a importância do fogo...) e associa mais uma vez o aparelho gênito-urinário ao fogo. A violação do principio traria como consequência uma punição, a enfermidade, ou seja, uma "doença do tabu" – à primeira vista, a parada da excreção urinária, mas encerrando num sentido simbólico profundo o temor da perda duma ação futura, simbolicamente fecundante. Sabe-se doutro modo, que a urina aparece frequentemente associada ao fogo pela similitude de calor ou sensação de ardor provocada, máxime na criança, no ato de urinar. Este tabu relaciona-se ainda com intimidação à proibição de conduta local – *faz mal menino brincar com fogo, porque urina na cama*. Têm-se aí os elementos primários, encontrados na formação da pirofobia noturna de certos fóbicos, quando o medo de urinar na cama ou desejo disso se realizar assinalam a fixação do temor infantil, num encadeamento que liga os princípios urentes e irritantes da execração ao fogo, assinalando Freud ter encontrado frequentemente o fogo como

---

6 Abraham – *Traum und Mythus, eine studie zur Völker-Psychologie*. S.S. 1909.
7 Freud – *Obs. Compl.* V. VIII.
8 Jones – *Psicanálise da Religião Cristã*. Trad. bras. Ed. Guan. 1934.

um símbolo constante e comum da urina[9]. O cuspir no fogo, para o nordestino também um tabu de conduta: *faz mal cuspir no fogo, seca o cuspo*, encerrando uma atração ali verificada e uma oposição contrariante, associa a saliva e o fogo numa das expressões correlatas de elementos fecundantes que não se devem perder ou extinguir. Na tradição popular inglesa, tem-se o "spit-fire", locução que significa popular e livremente pessoa de "língua afiada", possivelmente originária do dragão mítico, que cuspia fogo, ligando o tubo digestivo à ideação específica do que recebe e excreta igualmente, num entrosamento de elementos libidinais, que partem da língua, como elemento simbólico associado. Esta associação língua-sexualidade é registrada igualmente em superstições de Nachtmar, colecionadas por Lainstner, citadas por Jones[10], como ainda no folclore cristão encontram-se referências constantes à língua como ao fogo, ora línguas de fogo, ora espadas afiadas que saem da boca, símbolos todos empregados como forças geradoras, concepcionais, num sentido mais largo. Entre os romanos e os gregos da antiguidade, o culto ao fogo no lar era realizado em altar votivo (Vesta), onde dádivas propiciatórias lhe eram depositadas, encerrando um anseio de proteção, de participação protetora, que concedesse ao indivíduo o poder específico da sua ação vital e vitalizante: o elã genésico ou como uma força em ação. Entre os hindus, o fogo-divindade, simbolizado em *Agni*, aparece como o criador da vida ou a própria vida. No *Rig-Veda* têm-se entre os hinos do seu culto estes versos: "Agni, tu és a vida, tu és o protetor dos homens, a ti devemos a vida!" (sentido vital nitidamente sexualizado). No interior do Nordeste ainda *não se bota luz acesa no chão, faz mal*, onde o símbolo fálico se poria em contato com o da terra, expressivo de poder feminino, dando a suspeitar a evasão duma fonte de energia ante o objeto: o fogo fecundaria a terra – coisa temível, esclarecendo lendas locais que o ato poderia dar lugar ao aparecimento de assombração, seu fruto. *Faz mal*, a mais, *entrar em casa* (símbolo feminino) *com luz acesa na mão*, outro tabu de conduta, que irradia o mesmo temor conjugado.

TACACÁ. Papa de goma, amido da mandioca, reunida a quantidade variável de tucupi (ver *Tucupi*) com alho, sal e pimenta, a que juntam quase sempre camarões. Processo de arte culinária, muito apreciado e privativo da Amazônia (Alfredo da Mata, *Vocabulário Amazonense*, 278, Manaus, 1939). Um dos pratos tradicionais no Maranhão é o pato no tucupi. O tacacá divulga-se pelo Norte e Nordeste, trazido pelos amazonenses e paraenses.

---

9 Freud – *Ob. cit.*
10 Jones – *Ob. cit.*

TACAPU. Ver *Bastão de Ritmo*.

TACHA. Mancha, mácula, defeito, falta que se põe em alguém; vício, mau costume:

"Eu já cantei c'o Maldito
E achei ele um bom rapaz...
Só a tacha que ele tinha
Vexava a gente demais,
Cantava de trás pra diente
E de diente pra trás..."

(Leonardo Mota, *Cantadores*, 205, ed. Castilho, Rio de Janeiro, 1921). O povo crê que o homem que tem alguma tacha, sinal ou moléstia deformante ou mutiladora, contorto, certo tipo de cegueira, seja um exemplo do castigo divino. Se Deus o marcou, alguma coisa lhe achou. Essa prevenção, aliás universal, contra os deformados, tinha sanção no Velho Testamento (*Levítico*, XXI, 18-21) proibindo que os cegos, coxos, "em quem houver alguma deformidade", nariz chato, membros demasiado compridos, com o pé ou a mão quadrados, corcunda, anão, belida no olho, sarna ou impigens, testículo quebrado, pudessem aproximar-se do altar e oferecer sacrifícios, e esta defesa estendia-se aos animais defeituosos (*Deuteronômio*, XV, 21).

TACAPE. Ver *Acangapema*.

TAIEIRAS. Grupo feminino que, vestido tradicionalmente de baianas, acompanhava a festa de Nossa Senhora do Rosário, em Lagarto, Sergipe, na celebração de São Benedito, 6 de janeiro, dançando e cantando. Melo Morais Filho (*Festas e Tradições Populares do Brasil*. "A Procissão de São Benedito no Lagarto", ed. Briguiet, Rio de Janeiro, 1946) informa: "De Nossa Senhora do Rosário o formoso séquito eram as taieiras. Este grupo, encantador e original, compunha-se de faceiras e lindas mulatas, vestidas de saias brancas, entremeadas de rendas, de camisas finíssimas e de elevado preço, deixando transparecer os seios morenos, ardentes e lascivos. Um torço de cassa alvejava-lhes a fronte trigueira, enfeitado de argolões de ouro e lacinhos de fita; ao colo, viam-se-lhes trêmulos colares de ouro; e grossos cordões do mesmo metal volteavam-lhes, com elegância e mimo, os dois antebraços, desde os punhos até ao terço superior. E uma das taieiras, girando no ar a sua varinha enfeitada, acompanhando o andor, cantava:

"Virgem do Rosário,
Senhora do mundo,
Dê-me um coco d'água
Se não vou ao fundo!"

E todas em coro, nas danças saracoteadas, nos requebros mais graciosos, respondiam, cantando também:

"Inderé, ré, ré,
Ai! Jesus de Nazaré!"

Taieira:
"Meu São Benedito
Não tem mais coroa,
Tem uma toalha
Vinda de Lisboa..."

Coro:
"Inderé, ré, ré,
Ai! Jesus de Nazaré!"

Taieira:
"Virgem do Rosário,
Senhora do Norte,
Dê-me um coco d'água
Se não vou ao pote!"

Coro:
"Inderé, ré, ré,
Ai! Jesus de Nazaré!"

E adiantada seguia a procissão nas ruas, vilas, vencendo o itinerário estabelecido, ao som da música e das canções populares, onde o elemento religioso confundia-se com o profano. Ocorrem no Estado de Alagoas.

TAINHA. (*Mugil incilis*). Peixe que aparece com abundância nas costas de Marajó voltadas para o Atlântico, no tempo de verão. Os currais de Soure ficam cheios. Vendem-na fresca, moqueada e salgada. A ova, seca ao sol, é muito procurada. Nos tempos coloniais corria como dinheiro, pois era com pacotes de tainha que se pagavam os funcionários públicos. Uns ganhavam 20 pacotes, outros 30, 40, 100. Não virá daí o termo pacote, que se dá ao conto de réis? (Raimundo Morais, *O Meu Dicionário de Cousas da Amazônia*, II, 139).

TAJÁS. São incontáveis no Pará e Amazonas, com tipos mais lindos pelas dimensões, desenho e colorido. O gênero *Caludium* é popularíssimo entre os indígenas, centro de superstições assombrosas, tradições medicamentosas, transmitido à população mestiça, fiel respeitadora de todos esses pavores. Convenientemente *preparado* pelo pajé (feiticeiro), o tajá é amuleto ou talismã, abrigando forças de ação defensiva, guardando a residência ou objetos confiados à sua vigilância, afastando os inimigos visíveis (cães, onças, ladrões, cobras, etc.) ou invisíveis (bruxarias, forças contrárias, eflúvios maléficos, etc.). Há um tajá para cada desejo humano, desde o amor até a gulodice. A variedade de aroideias assombra o indígena, e esse medo transmitiu-se ao mestiço. Não há pajés sem tajás, nem casa de bom e velho paraense sem a touceira de caládios, de grandes ou pequenas folhas, despertando a curiosidade ou irradiando o respeito. O tajá-pinima é decorativo. O tajá-piranga, tajá vermelho, é o fornecedor do veneno com que, no rio Uaupés, matam as mulheres curiosas, que surpreenderam o segredo do culto de Jurupari. O tajá-puru, prestigioso no Baixo Amazonas, dá felicidade e abundância no amor, na pesca e na caça. O taiurá, enorme, é um guarda. Há o tajá-onça, iauareté-tajá, o tajá-cobra, mboia-tajá, vigias da casa cabocla, atacando o ladrão atrevido. Há a taioba, de folhas e tubérculos usados na alimentação, sopa, caruru, cozido de taioba. O tambatajá (*Dracontium asperum*, Koch), popularizado pelos indígenas maués, que dizem irresistível para fortalecer os laços sexuais, despertar a atenção amorosa e tornar indispensável a companhia desejada. Tambá é, no idioma tupi, a concha e também a vulva feminina. Os macuxis têm uma lenda etiológica dos tajás. Contam que o chefe Pakalamoka, vendo que o seu povo não tinha amor firme e era dizimado pelas moléstias e a perseguição do ente mau Keyemé, procurou a Mãe do Mato, Caamanha, e, ensinado por ela, flechou um karotoikó, espécie de coruja branca, de cauda comprida, que voava, em bando, para a Lua. Armou uma fogueira em cima do corpo da korotoikó e adormeceu. Quando despertou, ao redor do lago, onde estivera a coruja branca, cresciam todas as espécies de tajás, de feitios e cores deslumbrantes. As virtudes dos tajás dos macuxis são incontáveis como os seus tipos. Há tajás para defender casa e roça do indígena; tajá para fazê-lo bom caçador e bom pescador; tajá que o torna invisível aos inimigos e mesmo aos olhos astutos do cruel Kemé, tajá contra as fadigas; tajás que o fazem vencer todas as provas: tajás que o faz querido das mulheres (Nunes Pereira, "Pakalamoka e a Lenda dos Tajás" (dos índios Macuxis), *Lanterna Verde*, 1º, 34-36, maio de 1934, Rio de Janeiro). Há ainda o tajá-sol. "Possui este, no centro da folha, uma grande mancha vermelha com o formato de um coração, cercado pela moldura verde. Quando os índios estavam longe de sua amada e sentiam necessidade de vê-la recorriam a um processo mais veloz que o aeroplano e menos dispendioso que a televisão. Gritavam pelo nome da pessoa desejada, no centro do tajá do sol. E logo a imagem do ente querido aparecia na parte rubra da folha, como um espelho incendiado pelo poder da ausência (Osvaldo Orico, *Vocabulário de Crendices Amazônicas*, 231, São Paulo). Tajá do sol é o coaraci-tajá. Vezes o feitiço é feito num tajá, para empobrecer, adoecer ou matar alguém. Um tajá fica encantado, gemendo ou piando como uma ave misteriosa, juriti-pepena (ver *Juriti-Pepena*), e é preciso que venha um feiticeiro "curar", rezar para afugentar o agouro (Peregrino Júnior, *Histórias da Amazônia*, 109-112, Rio de Janeiro, 1936). "A cultura do tajá é outra crendice. O tajá (planta) preparado, cultivado com o seu rito especial, serve para o que chamamos *mascote* e eles chamam *cajila*, do pescador. Os pescadores, na maioria, andam com o seu tajá na canoa; é ele que lhes dá felicidade na pesca. O tajá mais forte, que tem melhores qualidades "pescativas", é o que nasce do sangue, ou da cinza do sangue, do gavião-caripira. É um rito interessante, que eu prometi ao caboclo, sob palavra, de não o revelar a ninguém. O caripira é um gavião grandemente pescador. É grande, tem asas pretas e o peito e o ventre brancos. Adejando, por cima d'água, raramente perde o bote armado ao peixe que se descuida à tona... O pescador, que quer com ele preparar a sua cajila, mata-o, a tiro, e com o sangue ensopa a sua camisa; queima-a, e com a cinza alimenta o seu pé de tajá. Não há cajila melhor!" (José Carvalho, *O Matuto Cearense e o Caboclo do Pará*, 28-29, Belém, 1930). Tajá-Onça "é uma planta da família das Aroideias. No pajeísmo os tajás têm lugar saliente. Uma folha de tajá-veadinho atrás da orelha faz de um covarde um herói. O tajá-peua, escondido no batente da porta principal da casa, faz casamentos felizes para os inquilinos ou donos. Três folhas de tajá-cachorrinho, na guarda-pisa de uma saia, prendem o homem que a mulher deseja, por toda a vida, e além disto fazem maridos caseiros. O alimento principal dos tajás é a água com sangue. Há naturais, porém, que à noite lhes põem à roda carne fresca, e afirmam que eles a devoram. Enfim, o tajá-onça serve para se transformar em onça e botar sentido à casa, em ausência do dono. Este tajá é assim chamado porque tem as folhas salpicadas de branco, e as protuberâncias das raízes tomam sempre a forma de uma pata de onça" (Quintino Cunha, *Pelo Solimões*, 319, Paris, sem data).

TALISMÃ. Objeto mágico, de força ativa, como o amuleto é defensivo. O amuleto defende seu possuidor contra as influências maléficas. O talismã determina uma ação direta, pondo à disposição do seu portador o serviço de entidades mágicas, ou facilitando a realização de todos os desejos. A lâmpada de Aladino, o anel de Polícrates são talismãs, como o anel ou selo de Salomão, dominador de anjos, gigantes, demônios. No Brasil o uirapuru, o olho de boto, a canela de socó, o rabo do tamancuaré são talismãs, quando convenientemente preparados pelo pajé ou feiticeiro. (Sobre amuletos, Luís da Câmara Cascudo, *Gorgoneion*, sep. da *Homenaje a don Luís de Hoyos Sainz*, Madrid, 1949, *Meleagro*, 81-86, Rio de Janeiro: Agir, 1978).

TAMACOARÉ. Nome de um lagarto; de árvores gutiferáceas; de um cipó (*Ipomea superstiosa*, Barbosa Rodrigues), populares nas tradições amazônicas.

Stradelli (*Vocabulário Nheengatu-Português*, 657--659) registrou excelentemente o assunto: "Casta de pequeno lagarto, muito conhecido e comum em todos os rios e lagos do Amazonas, onde vive nas árvores da margem, ficando horas e horas imóvel sobre um galho de pau, com que, aliás, quase que se confunde, por causa da cor e do desenho geral da pele, à espera da presa, qualquer inseto que lhe passe ao alcance, e que pega com um movimento rapidíssimo, que raro ou nunca falha. Espantado ou acossado, se deixa cair como corpo morto n'água, onde mergulha e se refugia, parecendo assim ser anfíbio. A incansável paciência da espera, a sagacidade da defesa, a ligeireza dos movimentos lhe granjearam a admiração incondicionada do indígena, que lhe atribui a virtude de comunicar estas mesmas qualidades a quem o possuir e dele trouxer sobre si alguma causa depois de seco e convenientemente preparado. O tamacoaré nesta condição é um dos mais preciosos talismãs, ou puçangas (para falar como ele) que o tapuio possa possuir. Além de lhe dar a constância e sagacidade necessária para bem dirigir-se na vida e conseguir tudo quanto depender de tempo e paciência, é suficiente um pouco de raspagem da sua pele, dada a beber a quem nos quer deixar, para impedi-lo de o fazer; basta uma perna, um dedo amarrado numa das pontas da corda do arco, para que a flecha não erre o alvo; mas pode-se passar em resenha toda a crendice indígena sem chegar-se a dizer para que serve o tamacoaré, desde que um tamacoaré, se preparado por pajé que tenha os fôlegos necessários, de cinco para cima, serve para tudo, e o seu dono tudo pode esperar dele até que, por sua culpa por alguma infração à lei, não lhe tenha neutralizado a virtude, ou a ação de algum pajé, mais forte do que a do pajé que o preparou, não o tenha tornado sem préstimo. São estas eventualidades que conservam a fé. Tamacoaré-Constelação. Uma das constelações que encontrei conhecida pelos indígenas do Uaupés, Tarianas e Tucanos, e que corresponde mais ou menos à Cassiopeia, à Cadeira, como é conhecida geralmente pelo povo. O tamacoaré ficou no céu desde a festa que Tupana deu a todos os bichos. Quando a gente de Tupana pôs fora os convidados, muitos deles teriam preferido ficar, porque se davam muito bem onde estavam; o tamacoaré ficou, porque estava tão imóvel e quieto no seu lugar que ninguém o viu; depois, visto que já estava e não incomodava ficou. O seu hieróglifo ocorre frequentemente nas inscrições das pedras, e consiste, na sua forma mais simples, em um longo traço, levemente engrossado do lado da cabeça, cortado por duas linhas transversais, a anterior próxima a este lado, curva para cima, a inferior, pouco mais ou menos a um terço de todo o comprimento do traço, curva para baixo. Daí variando, conforme a habilidade do artista, que em muitos casos o completa com umas tantas estrelas agrupadas do lado da cabeça. O mesmo hieróglifo se encontra também na proa das canoas, e me foi explicado que aí é posto para a canoa não ficar no fundo, fazer como o tamacoaré, mergulhar se for necessário, mas voltar à tona d'água. Tamacoaré-óleo Medicamentoso. Óleo detergente e antisséptico, muito empregado para cura de chagas e feridas, que é recolhido por meio de incisões feitas na casca de uma espécie de caraípa, que cresce nas terras altas. Para obter o óleo, aplicam ao lugar da incisão uns chumaços de algodão, que, depois de embebidos, são cuidadosamente espremidos, recolhendo o óleo, quando não há vidros, em cabaças, geralmente feitas com fruta de coloquíntida. O óleo do tamacoaré não é sempre de virtudes iguais, e me foi mais de uma vez afirmado pelos colegas pajés que o óleo extraído quando a planta mete novos brotos, em lugar de curar, envenena as chagas. É o que talvez explique a variabilidade dos efeitos que este produz, embora esta possa também ter por causa o vir o verdadeiro óleo de tamacoaré misturado com outros óleos, tirados por ignorância ou mesmo por pouco escrúpulo, de plantas diversas, embora parecidas".

TAMANDARÉ. O Noé dos tupinambás. Filho do Sommay (Sumé) e irmão de Aricute, vivia com seu irmão numa aldeia. Voltando de uma expedição guerreira, Aricute insultou Tamandonare (na grafia de Thevet), atirando contra sua cabana o braço de um inimigo, que decepara. A aldeia desapareceu imediatamente, e Tamandaré, batendo com o pé no solo, fez surgir uma fonte d'água, que impetuosamente inundou a terra, cobrindo serras e árvores. Tamandaré subiu para uma palmeira, com sua mulher, e Aricute imitou-o, trepando num jenipapeiro, acompanhado da esposa. Alimentando-se dos frutos dessas árvores, escaparam ao dilúvio, e descendo, quando as águas foram secando, separaram-se e repovoaram a terra com os seus descendentes. De Tamenduaré (grafia de Simão de Vasconcelos) vêm os tupinambás, e de Aricute os tomimis. "Tamandaré, *tamandar-ré*, depois da volta ou em seguida ao rodeio (Pernambucano). É também o nome do Noé da lenda do dilúvio, entre o gentio brasílico. Segundo Batista Caetano, Tamandaré pode proceder de Tamoindaré (*tab-moi-inda-ré*) "aquele que fundou povo, isto é, o repovoador da terra" (Teodoro Sampaio, *O Tupi na Geografia Nacional*, 313, Bahia, 1928). Ver *Aré*.

TAMANDUAÍ. Tamanduazinho, tamanduá pequeno (*Myrmecophaga didactyla*, ou *Cyclotuns didactylus*). "Lindo mamífero, pouco maior do que um grosso rato, sem dentes, de focinho alongado e língua vermiforme e viscosa, o pelo macio como seda, comprido, fulvo, leonado, claro, as mãos e os pés armados de fortes unhas, que não largam facilmente a presa e se fazem respeitar. As unhas assopradas e preparadas com carajuru da lua por pajé são consideradas potentíssimos amuletos, e é uma unha de tamanduaí que Jurupari dá à Cárida, quando partem em perseguição dos velhos traidores do segredo, e é pondo-a no nariz que ele é transportado para onde quer, e se transforma no que mais lhe convém. Ainda hoje, tanto no Pará como no Amazonas, a unha da mão esquerda do tamanduaí, seca e preparada, vale muito bom dinheiro, e é procurada pelos jogadores, como capaz de lhes trazer a sorte" (Stradelli, *Vocabulário Nheengatu-Português*, 659).

TAMARACÁ. De *itá-maracá*, o maracá de pedra, maracá típico dos tupis. Tambor de tronco escavado, com uma pele esticada numa extremidade. Os indígenas denominavam os primeiros sinos de bronze "maracás de pedra", itamaracás.

TAMBANCÊ. Ver *Ogum*.

TAMBAQUE. "Em São Paulo, nas festas de Nossa Senhora do Rosário, os pretos faziam um batuque, chamado tambaque, precedido por um cortejo, com rei e rainha, que levavam todos para a sua casa e ofereciam um jantar opíparo" (Renato Almeida, *História da Música Brasileira*, 264).

TAMBATAJÁ. Uma arácea, *Caladium auritum bicolor*, em que a folha maior tem sobre si uma menor, recortada em forma de vulva (Amazonas) ou coração (Pará). De *sambá*, *tambá*, concha, e *taiá*, acre, picante, ácido, genérico dos caládios. Amuleto para conquista e fidelidade amorosa. Sambatajá. Deve ser usado discretamente, perdendo *as forças* quando visto. Segundo outras informações, a exposição aumenta a potência atrativa.

TAMBETÁ. Ver *Batoque*.

TAMBOR. Indígenas, portugueses e africanos conheciam e usavam do tambor, de vários tamanhos e formas. Gabriel Soares de Sousa (*Tratado Descritivo do Brasil em* 1587, cap. CLXII) informa que os tupinambás cantavam e dançavam ao som de "um tamboril, em que não dobra as pancadas", levando-os para a guerra. "Os roncadores levam tamboril, outros levam buzinas, que vão tangendo pelo caminho, com que fazem grande estrondo, como chegam à vista dos contrários" (cap. CLXVII) e os amoipiras "usam na guerra tambores que fazem de um só pau, que cavam por dentro com fogo tanto até que ficam mui delgados, os quais toam muito bem" (cap. CLXXXI). Não é de admirar que Karl von den Steinen os haja encontrado entre os bororos, nas últimas décadas do séc. XIX e tenha sido registrado no Baixo Amazonas. Discutem os pesquisadores se o indígena teve o tambor por intermédio do europeu, e há bibliografia na espécie. Parece-me que o testemunho de Gabriel Soares de Sousa é meridiano. O não dobrar a pancada creio referir-se à função simples do tamboril marcar o compasso, como os nossos *surdos* atuais, mesmo das bandas musicais militares, e não o não ser tocado por uma vaqueta apenas, como pensou Métraux. O número e variedade dos atabaques trazidos pelos escravos africanos, sudaneses e bantos positivam a popularidade da percussão entre eles. Do português é dispensável a informação, conhecedor, há séculos, de toda a diversidade do instrumental de percussão, e com a boa cópia trazida pelos árabes dominadores. A influência dos tipos de tambores indígenas é que foi muitíssimo inferior aos africanos, e os adufos, pandeiros, caixas de guerra, pandeiretas portuguesas tiveram prestígio maior. Mas a autonomia dos tambores indígenas e sua existência pré-cabralina parecem-me indiscutíveis no Brasil. Dança do Tambor, Tambor de Mina, Tambor de Crioulo. As danças denominadas "do tambor" espalham-se pela Ibero-América. No Brasil, agrupam-se e são mantidas pelos negros e descendentes de escravos africanos, mestiços e crioulos, especialmente no Maranhão. Conhece-se uma Dança do Tambor, também denominada Ponga ou Punga (ver *Punga*), que é uma espécie de samba, de roda, com solo coreográfico, e os Tambor de Mina e Tambor de Crioulo, série de cantos ao som de um ferrinho (triângulo), uma cabaça e três tambores, com dança cujo desempenho ignoro. Os versos guardam, ao lado de modificações locais, vestígios negros do culto do Vodum, nome dado pelos jejes aos "encantados" que se dizem orixás entre os nagôs. Uma missão de pesquisas folclóricas do Departamento de Cultura da Municipalidade de São Paulo colheu em São Luís do Maranhão (1938) as músicas e letras do Tambor de Mina e do Tambor de Crioulo, com gravação mecânica. Os textos foram publicados em 1948 ("Tambor de Mina e Tambor de Crioulo", Prefeitura do Município de São Paulo) com informações e indicações sobre a colheita, deficiente e vaga. Estão ligados esses tambores de mina e de crioulo às manifestações religiosas dos "terreiros", ao passo que a *punga* (dança e batida) parecem alheias ao sincretismo afro-brasileiro na espécie. Édison Carneiro informa-me que o "Tambor de Crioula é o Bambelô do Maranhão, mas com a circunstância de que só dançam as mulheres. Passa-se a vez de dançar com a *punga*, que é um leve bater de perna contra perna. Punga é também espécie de *pernada* do Maranhão: batida de perna com perna para fazer o parceiro cair. Às vezes o tambor de crioula termina com a *punga* dos homens". Ver Valdemar

Valente, "A Função Mágica dos Tambores", *Revista do Arquivo Público*, nºs 9-10, Recife, 1953.

TAMBORIM. Tambor pequeno, com a pele de um só lado, tocado a mão e seguro pela esquerda. Sua fácil execução provoca a popularidade e mesmo a construção, obra do povo. Foi, com a gaita de sopro, um dos primeiros instrumentos europeus vindos para o Brasil. Na carta de Pero Vaz de Caminha, abril de 1500, mencionam-se o tamboril, encantando os tupiniquins, que o ouviam pela primeira vez.

TAMBU. Instrumento de percussão usado nos jongos de São Paulo. "O tambu é um pau roliço, oco, medindo mais ou menos um metro de comprimento e cerca de 35 a 40 centímetros de diâmetro, afinando para uma das extremidades: a oposta a esta tem a boca obturada por um couro de boi, bem esticado e pregado na madeira, com tachas amarelas e alguns cravos pretos... O tambu é amarrado ao corpo do tocador por uma corda que dá duas voltas, e assim é o candongueiro (ver *Candongueiro*). Esta maneira difere das demais que tenho visto no jongo de Cunha, no batuque de Tietê, onde os tocadores de tambu sentam-se sobre ele com as pernas abertas, para tocar" (Alceu Maynard de Araújo, "O Jongo de Taubaté", *Jornal de São Paulo*, 8-2-1948). Ver Rossini Tavares de Lima, *A.B.C. do Folclore*, S. Paulo, 1952; Maria Amália Corrêa Giffoni, *Danças Folclóricas Brasileiras*, 313-326, S. Paulo, 1955, registra excelente informação. Há canto, e a dança consta da saudação, canto masculino, coreografia. Bailam em fila e há umbigada. Ocorre o tambu em Tietê, Capivari, Piracicaba, etc. Ver Frederico Lane, Jamile Japur, Rossini Tavares de Lima, "Notas Sobre o Atual Batuque ou Tambu do Estado de São Paulo", *Folclore*, n.º 1, S. Paulo, 1952. Ver *Gambá*.

TANAJURA. A fêmea da formiga saúva, formiga de asas. Constituíam prato popular em todo o Brasil as formigas assadas. "A tanajura assada é um manjar delicioso para os nossos campônios, que as apanham em quantidade prodigiosa, de um modo singularíssimo. Colocam-se embaixo da árvore sobre a qual tem a tanajura o seu ninho, e com uma urupema às mãos, e pronunciando em certa toada a parlenda: Tanajura cai, cai, / Pela vida de teu pai, se desprendem elas e caem sobre a urupema, e em quantidade tal que imediatamente se enche do apetecido" (Pereira da Costa, *Folclore Pernambucano*, 57). O Barão de Eschwege anotou esse costume na então Capitania de São Paulo: "Ao começar o tempo mais quente do ano, isto é, em outubro, aparecem com asas as formigas grandes, que julgo serem as fêmeas, reúnem-se então aos milhares, à entrada do formigueiro, e dali voam em enxame; entretanto, esse estado alado não dura muito, assim cai uma após outra do bando, e espalham-se por toda a região. Cada uma, desde que perde as asas, logo trata de cavar a toca, põe ovos e estabelece o novo formigueiro. Na Capitania de São Paulo chamam tanajuras tais formigas. Costuma-se comer as grandes, separar a parte posterior e assá-las na frigideira com toucinho, não sendo mau o seu paladar" (Guilherme, Barão de Eschwege, *Diário de uma Viagem do Rio de Janeiro a Vila Rica, na Capitania de Minas Gerais, no Ano de 1811*, tradução de Lúcia Furquim Lahmeyer. *Revista do Museu Paulista*. XXI, 888-889, São Paulo, 1937). Quando D. Pedro de Almeida e Portugal, depois primeiro Marquês de Alorna, tomou posse do governo de São Paulo e Minas Gerais, em 1717, na ida para Vila Rica, hospedou-se num rancho de paulista. "O dono do rancho era paulista, o qual com generoso ânimo ofereceu a S. Exª para cear meio macaco, e umas poucas de formigas, que era com tudo quanto se achava. Agradeceu-lhe S. Exª a oferta, e perguntando-se-lhe a que sabiam aquelas iguarias, respondeu que o macaco era a caça mais delicada que havia naqueles matos circunvizinhos, e que as formigas eram tão saborosas, depois de cozidas, que nem a melhor manteiga de Flandres lhes igualava" (Luís Camilo de Oliveira Neto, *Do Rio de Janeiro a Vila Rica*, "Com o Diário da Jornada que fez o Exmo. Senhor Dom Pedro desde o Rio de Janeiro até a cidade de São Paulo, e desta até às Minas, ano de 1717", *Revista do Patrimônio Histórico e Artístico Nacional*, 3, 307-308, Rio de Janeiro, 1939). Ver *Formiga* e *Saúva*.

TANGARÁ. Creio que, depois do canto do uirapuru, mais registrado do que ouvido, nenhum tema ornitológico tem merecido maior bibliografia que a dança dos tangarás. Na última década do séc. XVI, o Padre Fernão Cardim fixava o bailado (*Tratado da Terra e Gente do Brasil*, 53-54, ed. J. Leite, Rio de Janeiro, 1925). "Tangará. Este é do tamanho de um pardal; todo preto, a cabeça tem de um amarelo laranjado muito fino; não canta, mas tem uma cousa maravilhosa que tem acidentes como de gota coral, e por esta razão o não comem os índios, por não terem a doença; tem um gênero de baile gracioso, se um deles se faz morto, e os outros o cercam ao redor, saltando, e fazendo um cantar de gritos estranhos, que se ouve muito longe, e como acabam esta festa, grita, e dança, o que estava como morto se alevanta, e dá um grande assovio, e grito, e então todos se vão, e acabam sua festa, e nela estão tão embebidos, quando a fazem, que ainda que sejam vistos, e os espreitem, não fogem; destes há muitas espécies, e todos têm acidentes". Todos os gêneros da família Pipridae, rendeiras, uirapurus, tangarás figuram no folclore. Além do registro do jesuíta Cardim, o sábio Emílio Goeldi (*Aves do Brasil*, 334-335) assistiu a uma dança desse *Chiroxiphia caudata* e a descreveu. Swainson: "Eu próprio tenho assistido mais de de uma vez aos concertos da *Chiroxiphia caudata*, principalmente em agosto e em regra nas primeiras horas da manhã. Um ou mais dos machos fazem ouvir de diferentes pontos um brado, que soa como um *tiú-tiú* expedido em tom breve, e dir-se-ia o sinal de chamada. A esse apelo observa-se que diversos figurantes se encontram algures no matal, num ponto que abarca poucos centímetros. Vão a mais e mais aproximando-se uns dos outros, e afinal pousam em um ou mais galhos baixos de uma ou mais moitas vizinhas. Um indivíduo, que de preferência trepa num galho caído meio obliquamente, abre a dança com *tra-tra*, muito distinto, com o qual voa de um galho, pousando num ramo, depois de breve curva. Ainda não está sentado, e já segundo lhe ocupou o lugar, voando igualmente com *tra-tra*, e novamente postando-se na vizinhança. A mesma manobra repetem em série todos os indivíduos reunidos, e o concerto dura um quarto de hora, meia hora sem interrupção. Afinal, um dos indivíduos dá um sibilo agudo, solto com extraordinária aspereza, e tudo fica tranquilo. Está findo o concerto. Repete-se, porém, ainda várias vezes, em vários lugares da mata, ao mesmo tempo, por sociedades diversas. Tanto quanto pude verificá-lo, pareceu-me que só os machos tomavam parte nele". No Estado do Paraná, entretanto, o tangará se está transformando num mito local, num conto etiológico, demonstrando a vitalidade ininterrupta da imaginação popular. O caboclo Chico Santos tinha vários filhos, desempenados e fortes trabalhadores, doidos por bailes, fandangos e rodas. Viviam dançando. Durante a Semana Santa não se puderam conter e dançaram animadamente. Adoeceram todos de varíola e, um a um, morreram. E cada um que ia morrendo tomava a forma do tangará, o pássaro dançarino. E ficaram dançando, cada manhã, em rodeios e reviravoltas, cantando a mesma toada, até que Nosso Senhor tenha compaixão deles todos e os leve para o céu. Essa tradição se conserva na marinha paranaense, na vila de Guaraqueçaba (Luís da Câmara Cascudo, *Geografia dos Mitos Brasileiros*, "Os Filhos de Chico Santos", 303-305, 3ª ed., São Paulo, Global, 2002).

TANGO. Não se popularizou. O povo conservou as denominações tradicionais e mesmo o tanguinho, que tentou a conquista coletiva, passou a ser chamado "samba", nome vago e plástico, para tudo compreender. É o tango dança de salão, e reservado hoje para significar o "argentino".

TANGOLOMANGO. Dar o tangolomango, morrer. Cantiga de roda em que, no final de cada verso, uma menina deixa o brinquedo. Sílvio Romero registrou-a em Sergipe e Rio de Janeiro, *Cantos Populares do Brasil*, 365, ed. F. Alves, Rio de Janeiro, 1897, e Manuel de Melo havia anteriormente estudado com vasto documentário europeu ("Tangro-Mangro", *Revista Brasileira*, VI, 163-170, Rio de Janeiro, 1880), mostrando ser uma dessas *formulettes numeratives* analisadas por Eugène Rolland, o *juego de números* popular na Espanha e pesquisado por D. Manuel Milá. Muito conhecido em Portugal, F. Adolfo Coelho, *Romances Populares e Rimas Infantis* ("Zeitschrift für romanische Philologie", Balle, 1879), J. Leite de Vasconcelos, *Tradições Populares de Portugal*, 298, Porto, 1882, "designam o mal, de um modo vago. De alguém que tem um achaque, etc., diz-se "deu-lhe o trango-mango". João Ribeiro estudou o assunto (*O Folclore*, 122, Rio de Janeiro, 1919), ligando a cantiga aos ensalmos numerativos, de fórmula regressiva e tão velhos na Europa, sendo um dos mais tradicionais o contra glândulas e tumores, *Nuvem glandulae sorores*, e vindo decrescentemente até o *Una fit glandula, Nulla fit glandula*. A. A. Barb recentemente examinou o tema no *Folk-Lore*, vol. LXI, Londres, 1950, *Animula Vagula Blandula*, 15-30. Ver ainda Teófilo Braga, *O Povo Português nos seus Costumes, Crenças e Tradições*, 2º, 175, "Tángano-mángano", Lisboa, 1885; Vicente T. Mendonza, *El Romance Español y El Corrido Mexicano*, 738, *Los Diez Perritos*, México, 1939, com os textos de Adolfo Coelho e "Las Nueve Glándulas Hermanas", de Marcelo Burdigalensis. A versão de Leite de Vasconcelos começa pelas "vinte e quatro marrafinhas" e "Marrafinhas de Lisboa" são canto e dança, não para crianças, mas para adultos, a que Augusto César Pires de Lima assistiu dançar em Santo Tirso, *Estudos Etnográficos, Filológicos e Históricos*, 3º, 385-388, Porto, 1948, também no estilo de ir, sucessivamente, morrendo uma a uma as marrafinhas, vítimas do *trango-mango*. No Brasil, para onde vieram os elementos, é apenas uma parlenda (João Ribeiro, cit., 122) ou cantiga de roda, como era cantado no meu tempo, e de que muitas vezes participei em Natal, São José de Mipibu, Nova Cruz. Não a ouvi pelo sertão. A cantiga ou parlenda ligar-se-á idealmente aos ensalmos numerativos pela associação da imagem decrescente. A versão de Sílvio Romero, a mesma que cantei, começa e finda:

"Eram nove irmãs numa casa
Uma foi fazer biscoito;
Deu o tango-lo-mango nela,
Não ficaram senão oito."

Essa uma, meu bem, que ficou
Meteu-se a comer feijão;
Deu o tango-lo-mango nela,
Acabou-se a geração."

Ver *Marrafa*.

TANGO-MÃO. Ver *Tango-Mau*.

TANGO-MAU. Designação de certa casta de gente, para cuja acentuação particular, precisa, não encontramos dados positivos. Como se colhe de Bluteau, é um vocábulo de origem africana, de acepções diversas, entre as quais a de indivíduo que foge da sua terra e deixa a pátria; e depois, no suplemento do seu vocabulário, diz que é designativo de raça espúria e mestiçada de portugueses e negros em estado semibárbaro na África. Aqui temos o mulato, portanto, como produto de semelhante cruzamento, e consequentemente o cabra, mestiço do negro e mulato, parecendo-nos assim que são estas as expressões do termo *tango-mau* entre nós, como se colige de um documento oficial do alvorecer do séc. XVII, o auto de um conselho que o Governador-Geral do Brasil, Diogo Botelho, de estada em Pernambuco, convocou uma expedição militar destinada ao Maranhão, no qual foi resolvido que marchassem 200 homens portugueses e 800 frecheiros potiguares e tabajaras, sob o comando de Pero Coelho de Sousa, "os quais 200 homens portugueses são todos gente do sertão, mamelucos, *tangos maus* e homiziados". Falando o Padre Antônio Vieira (séc. XVII), em um dos seus escritos, do tráfico de africanos pelos portugueses, diz que estes se serviam nas suas empresas de homens ladinos, a que chamam pombeiros, e os negros lhes chamam *tangomaos* (Pereira da Costa, *Vocabulário Pernambucano*, 691-692). Frei Joaquim de Santa Rosa de Viterbo (*Elucidário das Palavras, Termos e Frases que em Portugal Antigamente se Usaram e que Regularmente se Ignoram*, 2ª, 227, Lisboa, 1865) registrou Tangomão, informando: "Desta palavra, que usa a Ordem, liv. I, tit. 16, § 6, tem sido a interpretação mui vária, e discordante. Os que dizem que Tangomão é o que foge, e deixa a sua pátria, e morre fora dela, ou por suas culpas, ou por seus particulares interesses, tocaram sem dúvida no verdadeiro espírito da lei; pois se a sentença pronunciada contra os bens do Tangomão há de subir à presença d'El-Rei, para se decidir se eles pertencem, ou não, ao real fisco; fica manifesto que o dono morreu ausente, e fugitivo. Não negaremos contudo, que havendo passado esta palavra de Guiné a Portugal, particularmente se entende dos que fogem e morrem por toda a Guiné e Cafraria".

TANGUINHO. Ver *Corta-Jaca*.

TANGURUPARÁ. É o *Monassa niger*, com o bico avermelhado, como tinto de sangue. Há nos Estados do Pará e do Amazonas um conto etiológico explicando a cor do bico e o pavor que esse pássaro incute aos japiins vadios da mata. "... a lenda do tanguru-pará (noutros lugares chamam, também, taguri-pará) é a seguinte: O japiim, que arremeda todo mundo, até gente e cordeiro, não arremeda, ou imita, absolutamente, o pio, porque o seu canto é apenas um pio, ou assovio, do tanguru-pará. Por quê? O tanguru-pará é um pássaro, mais ou menos, do tamanho do próprio japiim, de plumagem cinzento-escura, e que tem o bico vermelho como sangue. E como, sem dúvida, ele implica com essa graça de alguém lhe arremedar a voz (também muita gente o faz), disse uma vez para o engraçado do japiim: Se tu me arremedares, eu faço contigo o que fiz com o teu avô. - Que fizeste com meu avô? – perguntou-lhe o outro. – Que fiz? Matei-o e bebi-lhe o sangue! Olha para o meu bico como ficou! E o japiim, de medo, nunca mais arremedou, até hoje, o tanguru-pará. E nem o fará, decerto. Ouvindo eu essa interessante história, ou lenda, e ouvindo também afirmarem os naturais que o pássaro travesso, de fato, não imitava, absolutamente, o pio do outro, mais de uma vez, por mim próprio verifiquei a verdade do fato. Os japiins andam, isto é, voam, sempre, em bando. E quando eu via, a passar, voando, um bando gárrulo deles, imitava o pio, ou assovio, do outro, e eles imediatamente desciam para terra a se ocultar nas árvores ou moitas que encontrassem. O fato, pois, é rigorosamente autêntico" (José Carvalho, *O Matuto Cearense e o Caboclo do Pará*, Contribuição ao folclore nacional, 42-43, Belém, Pará, 1930). "Os japiins (xexéus), comunistas nas suas colônias suspensas, arremedavam zombadores ou outros pássaros cantadores... menos o tangurupará, cujas melodias alegres eles não podiam ou não se atreviam a imitar, porque tinham medo, dizem os índios, do que aconteceu ao velho tapuia, o avô galhofeiro, cujo sangue, como um troféu de vitória, tinge o feito dos herdeiros do belo cantor, que o matou" (General Dionísio Cerqueira, *Reminiscências da Fronteira*, 49, Rio de Janeiro, 1928). O registro é de 1882. O japim, japi, *Cassicus cela*, um *Icteridae*.

TANTANGUÊ. Ver *Cabra-Cega*.

TAPA-CRISTO. O mesmo que *Trepa-Moleque*.

TAPACURA. Liga, atadura, que os indígenas do rio Uaupés, especialmente as mulheres, usam trazer estritamente amarrada abaixo do joelho e que pretendem os preserve das cãibras e lhes dá resistência para as longas caminhadas. A tapacura, geralmente de curauá, tingida em amarelo e mais raramente em vermelho, é tecida a bilros, em pontos de renda, mais unidos e formando um tecido compacto de desenhos elegantíssimos, em que predomina a grega, em relevo. No dizer das pessoas entendidas em trabalhos de renda, as tapacuras são verdadeiras obras-primas, tanto na elegância do desenho, como na execução do trabalho, e as tenho visto sempre chamar a atenção e despertar a admiração das senhoras, especialmente europeias, a quem as tenho mostrado (Stradelli, *Vocabulário Nheengatu-Português*, 662). "... e põem nas pernas por baixo do joelho umas tapacurás, que são do fio do algodão, tinto de vermelho, tecido de maneira que lhas não podem tirar, o que tem três dedos de largo; o que lhes põem as mães enquanto são cachopas, para que lhes engrossem as pernas pelas barrigas, enquanto crescem, as quais as trazem nas pernas enquanto são namoradas, mas de maneira que as possam tirar, ainda que com trabalho" (Gabriel Soares de Sousa, *Tratado Descritivo do Brasil em 1587*, 369, Brasiliana, São Paulo, 1938). Às tapacuras ou tapacurás liga José de Alencar (*Ubirajara*, nota 7) a tradição da fidelidade virginal das cunhãs indígenas. Só a podem usar as virgens, e a cunhã desfaz sua tapacurá desde que não mais seja digna de trazê-la; mas Gabriel Soares de Sousa informa que o objeto em questão é outro, as pulseiras de fio de algodão, amarradas no braço.

TAPERIBAZEIRO. Cajazeira, cajá (*Spondias*). "É árvore que adquire formas colossais, cresce rapidamente e pega de galho, pelo que, quando um taperibazeiro cai, derribado pela tempestade, se não cai no rio e não é carregado por este, rebenta logo por todos os lados, deitando raízes e brotando em todos os pontos em que fica em contato com o solo. Por essa causa, conta a lenda, quando o jabuti fica preso debaixo de qualquer outra espécie de árvore, por que é dotado de vida dura e que pode aguentar longos jejuns, fica resignado e diz em tom de mofa – tu não és de pedra, hás de apodrecer, eu sairei. Se, porém, fica debaixo de um taperibazeiro, perde logo toda e qualquer esperança, porque sabe que não apodrece, e metendo novas raízes e criando novos galhos, o enterra para todo e sempre" (Stradelli, *Vocabulário Nheengatu-Português*, 663).

TAPIOCA. Espécie de beiju, feito de goma de mandioca meio seca, e cozida, em uma vasilha rasa, circular, tomando assim a sua forma, e recebendo então uma certa porção de coco ralado, coberto com uma camada fina da mesma goma, revirada para cozer esta parte, e dobrada ao meio, ficando assim com a feição de um semicírculo. São estas as chamadas tapiocas de coco, e às quais já faz referência o autor do *Diálogos das Grandezas do Brasil*, servindo-se à mesa em lugar do pão. Tapioca Molhada: Feita da mesma goma, porém menores, e depois de assadas, dobradas ao meio, molhadas com leite de coco e açúcar, e polvilhadas com canela, "o que tem muita graça", na frase de um cronista do séc. XVI. Farinha de Tapioca ou Do Maranhão. A goma da mandioca umedecida e preparada de modo a ficar granulosa, própria para papas, posta de molho, e temperada com gemas de ovos, açúcar e manteiga, e no prato, polvilhada com canela. O nome de tapioca, originalmente, era o da goma de mandioca, como se vê da sua particular notícia e descrição também no referido *Diálogos*, como depois também assim a forma originária, túpica, de tapioca, que, segundo Teodoro Sampaio, é corrutela de *typi-og*, tirado ou colhido do fundo; o sedimento, o coágulo, o resíduo do suco da mandioca, alterado em tapioca (Pereira da Costa, *Vocabulário Pernambucano*, 693). No *Tupi na Geografia Nacional*, ed. de 1928, Teodoro Sampaio diz provir de *typy-oca*, com a mesma tradução. Brandônio ensina a Alvino, aí por 1618, a fatura da farinha de mandioca e excelência da tapioca, no diálogo quarto (*Diálogos das Grandezas do Brasil*, 176-177, Rio de Janeiro, 1930).

TAPIORA. Também *Tapioara*, animal fabuloso para os mariscadores do rio Madeira e afluentes, Amazonas; de *Tapira-oiara*, abreviada em *Tapiora*. É uma onça anfíbia, vivendo nos igapós e charcos, atacando os pescadores na própria canoa, com incrível violência. Denuncia-lhe a presença imprevista a penetrante e perturbadora catinga, *inema*, fedor característico. Cumpre uma missão punitiva, sobrenatural. "E o caso do Raimundo Pantoja? Entendeu de desrespeitar dia santo. Teve aviso duas vezes e murchou. Uma vez, foi no igapó, no dia de São Sebastião. A *Tapiora* vinha acendendo os dentes. Brilhava que nem flandre novo no sol. Veio um fedor que embebedava. Raimundo Pantoja caiu na canoa e pediu perdão. Quando acordou, a *Tapiora* havia sumido" (Álvaro Maia, *Beiradão*, 271). Pela primeira década do séc. XX não existia a *Tapiora* ou *Tapioara* mas a *Tapira-Iauára*, que o conde de Stradelli registrou: "*Tapyira-Iauára*, anta-cachorro, anta-onça, que aparece aos caçadores que violam as leis de caça matando as fêmeas quando grávidas. Contam que é uma onça com cabeça de anta, que quando o caçador confiante, porque a vê descuidada deixá-lo aproximar, pensa podê-la flechar a salvo, se levanta e mostra o que é, investindo, mal dando-lhe tempo na mor parte dos casos, a fugir sem olhar para trás" (*Vocabulário*, 665). É um desdobramento e ampliação do mito, custódia de caça para pesca, sempre no plano da repressão aos excessos.

Tapira. Ver *Tapiora*.

Tapiragem. Falando das habilidades dos tupinambás, escrevia, nos últimos vinte anos do séc. XVI, Gabriel Soares de Sousa: "... e também contrafazem as penas dos papagaios com sangue de rãs, arrancando-lhes as verdes, e fazem nascer outras amarelas" (*Notícia do Brasil*, CLIX). O Prof. Pirajá da Silva anotou: "Os tupinambás tapirizavam ou contrafaziam os papagaios; para isto serviam-se de umas rãs, e, dentre elas, preferiam as da espécie *Trachaycephalus nigromaculata*, Tschudi. Arrancavam, em pontos escolhidos, as penas vermelhas dos papagaios e depois atritavam o lugar depenado com o dorso da rã. As penas novas nasciam amarelas. Alguns papagaios sofrem bastante, outros morrem. Ainda hoje se apreciam os papagaios de plumagem assim artificialmente variegada. São os papagaios contrafeitos ou tapirizados" (ver *O Homem do Pacoval*, 219). Em francês o verbo *tapirer*, proveniente do galibi *tapiré*, vermelho, significa dar artificialmente a cor vermelha ou amarela; *tapier des plumes des perroquets*. Tapirage – Tapirização, ou melhor, contrafação. Gabriel Soares escreveu que os tupinambás contrafaziam os papagaios. Na Faculdade de Medicina de Paris, foi apresentada uma tese com este título: *Tapirage des perroquets* (261, nota, São Paulo, II). Os papagaios são tapirizados com as rãs e também gordura de pirarara (*Pirarara bicolor*, Spix) um peixe d'água doce (Raimundo Morais, *O Homem do Pacoval*, 219, São Paulo, s. d.; Agenor Couto de Magalhães, *Monografia Brasileira de Peixes Fluviais*, 171, São Paulo, 1931; Dionísio Cerqueira, *Reminiscências da Fronteira*, 186, Ed. Briguiet, Rio de Janeiro, 1928).

Tapuia. Durante muito tempo, tapuia designou o indígena do interior, o selvagem típico. A divisão sumária e fácil era apenas: tupis, pelo litoral, e tapuias, pelo sertão. A denominação generalizou-se, e diz-se comumente no Pará e Amazonas tapuia como sinônimo de indígena, de caboclo da terra. Stradelli fixou seu ponto de vista, de observação em quase meio século de residência amazonense, sendo aceito por Teodoro Sampaio. "Tapuia, tapuio, *tapyía*, isto é, indígena. E esta se me afigura a sua significação etimológica, se, como creio, *tapyia* é a contração de *táua*, taba, *epy*, origem, princípio, *ía*, fruta, e por via disso mesmo tem o sentido de "fruto de origem da taba". O desaparecimento de sílabas não acentuadas na formação das palavras indígenas não tem nada de extraordinário, é até corrente: vê, Tápe. Acresce que é esta a significação corrente. Quem diz tapuio, entende dizer indígena, sem distinção de tribo e nem sempre subentendendo a restrição de indígena não civilizado. Não obsta o fato de os tupis da costa darem, como parece, o nome de tapuias a todas as tribos indígenas que não eram tupi-guaranis, pelo que encontra traduzido por "inimigos". A tradução, está claro, foi feita antes atendendo ao estado do fato do que à etimologia da palavra. Esta é, pelo contrário, confirmada pela circunstância da generalização do nome a todas as tribos que tinham sido obrigadas a retirar-se para o sertão, perante a invasão, e que eram realmente fruto de origem das tabas" (*Vocabulário Nheengatu-Português*, 664-665).

Tarape. Ver *Tarapeua*.

Tarapema. Ver *Tarapeua*.

Tarapeua. Tarape, tarapema, grossa formiga de cabeça chata. Os pescadores, especialmente do Solimões, enfiam na ponta da flecha a cabeça dela, afirmando que deste modo a pontaria é certeira e a flecha não se desvia (Stradelli, *Vocabulário Nheengatu-Português*, 667).

Tareco. Bolinho torrado, feito de farinha de trigo, ovos e açúcar, redondinhos e saborosos. Indústria pernambucana, que se popularizou pelos Estados vizinhos, o tareco é oferecido aos passageiros dos comboios que demandam o Recife, e conhecido por todas as idades. Data, ao que parece, dos primeiros anos do séc. XX.

Taró. Também tarol, caixa, tambor mais estreito, percutido com duas vaquetas (Paraíba, Pernambuco, Alagoas). Usam-na no maracatu pernambucano.

Tartaruga. (*Podocnemis expansa*). Da água doce, os nativos chamam-na iuraraguaçu. Pescam-na de viração, nos tabuleiros, ao tempo da desova, de anzol, de flecha, de tapagem, em outras épocas. Põe em média cem ovos, que o sol se incumbe de chocar, enterrados nas praias. É uma das iguarias delicadas da Amazônia. O boi do caboclo. Dela se fazem vários pratos: o guisado, o sarapatel, o paxicá, o picado do peito, a farofa no casco. A gordura derretida é um tempero superior à banha de porco. Assada, de um dia para outro e posta no tucupi, é deliciosa (Raimundo Morais, *O Meu Dicionário de Cousas da Amazônia*, II, 143). Ver *Jabuti*.

Tartaruga, Fogo do. Ver *Fogo do Tartaruga*.

Tarupá. Beiju expressamente preparado para fazer o caxiri, de onde se extrai a tiquira ou cachaça de mandioca (Stradelli, *Vocabulário Nheengatu-Português*, 667). Ver *Beiju*.

Tato. Brinquedo infantil – uma pancada nos dedos do companheiro, para fazer cair o que este tem na mão, que passa a pertencer àquele que deu a pancada (Édison Carneiro, *A Linguagem Popular da Bahia*, 52, Rio de Janeiro, 1951).

Tatu. Dança do fandango de São Paulo e do Rio Grande do Sul. "Casta de mamífero, mais ou menos inteiramente defendido por uma espécie de couraça e que apesar de ter uma esplêndida dentadura rica de molares, embora privada de incisivos e caninos, é considerado um desdentado e como tal classificado. Dasypus e suas variedades. Os indígenas têm pelas carnes do tatu uma concepção muito original, afirmando que elas reúnem em si as virtudes de todas as outras carnes, e que, por via disso mesmo, podem ser comidas sempre e impunemente, sem perigo de infringir qualquer proibição de comer certa e determinada qualidade de carne e sem perigo de fazer saruá" (Stradelli, *Vocabulário Nheengatu-Português*, 668). Figura em muitos ditados e versos populares e, como animal exótico, na cartografia brasileira antiga. "O tatu é o mais longo e, sem dúvida, o mais importante dos nossos cantos populares ligados ao fandango": Augusto Meyer, *Guia do Folclore Gaúcho*, 169-172, Rio de Janeiro, 1951. Citando Apolinário Porto Alegre informa o mesmo autor: — "Ao princípio o tatu, entre nós, era considerado realmente um ser de talentos extraordinários em consequência das lendas tupi-guaraníticas que tinham passado para o nosso pecúlio tradicional. O ciclo lendário ou místico das lendas do jabuti, que Couto de Magalhães recolheu no Amazonas e no norte do Brasil, na língua original do aborígine, também era no Sul do patrimônio popular. Mas, em vez de ser o jabuti, não sabemos por que motivos, era o tatu a principal figura das narrativas". No nordeste do Brasil o tatu não é personagem frequente nas *estórias* populares e sim, um tanto mais, o jabuti ou cágado. E, curiosamente, o indígena tupi foi a população inicial litorânea, na região. O jabuti é uma dessas "constantes", reforçada pela predileção africana. Ver J. C. Paixão Côrtes e L. C. Barbosa Lessa, *Manual de Danças Gaúchas*, 71-73, Porto Alegre, 1956. Há 109 quadrinhas sobre as aventuras do tatu gaúcho. A dança é cantada e sapateada. Maria Amália Corrêa Giffoni, *Danças Folclóricas Brasileiras*, S. Paulo, 1955, escreve: — "A coreografia curta e simples é compensada pelo sapateado dos cavalheiros, abrilhantado pelo retinir das grandes esporas, que forma curioso contraste com os passos delicados das damas. Estas mostram-se, sempre, brejeiras e tentadoras". Ver *Jabuti*. Tatu denomina uma dança no Mato Grosso, *uma das mais apreciadas e interessantes*, segundo A. Americano do Brasil, que a descreve, *Cancioneiro de Trovas do Brasil Central*, 268-270, S. Paulo, 1925. Ver *Bambaquerê, Fandango, Volta no Meio*.

Tauaçu. Pedra que, presa a uma embira ou corda (poita), serve de âncora para a jangada fundear; de *itá-açú*, pedra grande.

Teiniaguá. É um lagarto encantado, que possui na cabeça uma pedra preciosa, um carbúnculo cintilante. Numa lenda do Rio Grande do Sul (Pe Carlos Teschauer, *Poranduba Rio-Grandense*, 446-449, ed. Globo, Porto Alegre, 1929; J. Simões Lopes Neto, *Contos Gauchescos e Lendas do Sul*, 289-322, ed. Globo, Porto Alegre, 1949) um sacristão da Igreja de São Tomé conseguiu aprisionar o teiniaguá, que se transformava em linda moça. Preso e condenado à morte, por ter quase abandonado o serviço e cometido sacrilégio, o sacristão foi libertado pelo lagarto e conduzido para a serra do Jarau, onde ainda vive, guardando os tesouros ocultos na "Salamanca". A tradição de lagartos que possuem joias na cabeça é secular e há uma alusão em Flaubert (*A Tentação de Santo Antão*, trad. João Barreira, 128, ed. Chardron, Porto, 1902): "Hás de ver, estando a dormir sobre primaveras, o lagarto que só desperta todos os séculos, quando lhe cai, de amadurecido, o carbúnculo da testa". Na fazenda dos Lemes, três quilômetros de Aparecida, Estado de São Paulo, havia um lagarto dourado. Corria, "largando faísca", da serra para um morro da fazenda. "Cada vez que o lagarto dourado entrava no morro, que era uma rampa, brotava uma vertente". Numa determinada noite, o lagarto fez aparecer uma fonte d'água azulada. E nunca mais voltou. É uma informação de Conceição Borges Ribeiro (Aparecida, São Paulo). Ver a *Salamanca do Jarau*.

Teiru. Flauta típica dos índios parecis. Uma melodia com o mesmo nome e de origem idêntica (Roquete Pinto, *Rondônia*, 84, 89, Arquivos do Museu Nacional do Rio de Janeiro, vol. XX, 1917).

Teiú. Ver *Teju*.

Tejo. Jogo popular no Rio Grande do Sul, quase desaparecido. Augusto Meyer (*Guia do Folclore Gaúcho*, 172, Rio de Janeiro, 1951) descreve-o: "Além do jogo do osso, ou *tava*, deve ser mencionado o *tejo*, de uso menos corrente, a ponto de não figurar o termo nos últimos vocabulários". Cezimbra Jacques descreve esse jogo campeiro, no seu ensaio publicado em 1883: "O tejo é jogado com moedas de cobre que atiram sobre as costas de um facão para esse fim fincado no solo, dentro de um pequeno quadro; se se acerta na faca o cobre, e dentro do quadro, faz-se um ponto; mas do contrário, perde o que atira e passa a atirar o adversário". A descrição de Romaguera Correia, no *Vocabulário*, é mais clara e minuciosa: "Jogo camponês que consiste em atirar moedas de cobre sobre uma faca fincada dentro de um quadro grande subdividido em dois outros menores, e conforme bate ou não na faca, ou cai neste ou naquele quadro, sem tocar nos riscos, ganha o jogador um certo número de pontos". Segundo o mesmo autor, é vocábulo castelhano. Trata-se provavelmente de uma variedade do jogo da malha, ou do chinquilho, pois *tejo* em castelhano, além de significar o pedaço redondo de telha que se usa naquele jogo e no da *amarelinha*, também toma expressamente a acepção de "jogo da malha". Ver *Cachola*.

Teju. Teiú, Tiju. Comumente tijuaçu (*Tupinambis tequixin*), lagarto que no *Diálogos das Grandezas do Brasil*, 1618, se afirma ser "um sardão, grande perseguidor de galinhas, e contudo estimado para se haver de comer" (Diálogo Quinto); é popular entre o povo; especialmente pela sua inimizade com as cobras, que enfrenta e luta, batendo-se com a longa cauda serrilhada. Mordido, corre para roer uma determinada planta, caule ou raiz, voltando para ultimar a adversária. O antídoto do tijuaçu é um dos motivos tradicionais em nossa literatura oral, exemplo brasileiro de tema velhíssimo pelo mundo, com animais que se restabelecem comendo uma certa planta e recomeçando o combate... N. M. Penzer registrou longa bibliografia sobre a *Life-Restoring Plant* (*The Pentamerone of Giambattista Basile*, I, 77, Londres, 1932) assim como René Basset, *Nouveaux Contes Berbéres* (321, Paris, 1897). A mais antiga menção é a lenda do adivinho Poliido de Corinto (Apolodoro, *Bibliothèque*, I, III, cap. 3; Ovídio, *Fastos*, I, VI, versos 750-752). Num conto popular brasileiro que Sílvio Romero colheu, "O Cágado e o Teiú" (*Contos Populares do Brasil*, *Folclore Brasileiro*, II, n.º 53, ed. José Olympio, Rio de Janeiro, 1952), o teiú consegue convencer o cágado a deixar-se cavalgar e servi-lo de montada até a casa da filha da onça, disputada por ambos; ocorre o tema antigo e vulgarizado na Europa, América, Ásia e África, de onde parece ter vindo (ver Luís da Câmara Cascudo, *Contos Tradicionais do Brasil*, 194-195, 13ª ed., São Paulo, Global, 2004; Stith Thompson, *Motif-Index ou Folk-Literature*, IV, 349, K1241, Bloomington, 1934). Jorge Marcgrave (*História Natural do Brasil*, 237, São Paulo, 1942) descreveu o tijuaçu, teiuguaçu ou temapara, segundo os tupinambás, dizendo-o "lagarto notável" e que guardara um espécime, que resistira sete meses sem alimentar-se.

Telebé. "De certo babalorixá do Recife comentava-se sua predileção pelas *toadas de couro* ou Telebé, cânticos que ele intercalava durante os *toques* em sua casa, e que se acredita induzem o filho "arisco" ou faltoso a entrar em possessão, e nesse estado involuntariamente esgravatar as unhas no chão, açoitar-se com urtiga, cair pesadamente ao solo, golpear-se com palmatória (instrumento disciplinar encontrável em todo *peji*), bater com a cabeça de encontro às paredes ou aplicar-se outras formas de autopunição" (René Ribeiro, "O Indivíduo e os Cultos Afro-Brasileiros do Recife", *Sociologia*, vol. XIII, n.º 4, 333-334, S. Paulo, 1951).

Tempo. Medida de duração das coisas, época. Diz-se sempre tomando-se um ponto de referência. Na linguagem popular usa-se No Tempo Antigo, No Tempo dos Antigos, No Tempo do Rei Velho, referindo-se a El-Rei Dom João VI, especialmente em sua estada no Brasil (1808-1821), No Tempo do Imperador (D. Pedro II), No Tempo do Velho (*idem*), Quando Veio a Lei Nova (regime republicano,1889). Para épocas remotas: No Tempo dos Afonsinhos. A. Coelho, que dirigiu a publicação do *Dicionário de Domingos Vieira* (vol. I, Porto, 1871, ver. "Afonsinhos"), informa: "No tempo dos Afonsinhos. Introduziu-se esta palavra no povo português, por via da legislação; no tempo de Dom Dinis teve vigor em Portugal a lei das Sete Partidas, de Afonso o Sábio; o primeiro código geral da nação foi também as *Ordenações Afonsinas*, publicadas na menoridade de D. Afonso V. Nada mais natural do que, ao derrogarem estas diferentes leis pelos códigos subsequentes, certas praxes e usos ficassem nulos, e como tais pertencendo ao tempo das Afonsinas. Esta locução adverbial é ainda muito usada". Tempo do Onça tem feito gastar tinta e tempo para identificar-se quem era a Onça denominador desse tempo recuado. Apontaram para o sargento-mor José Correia da Silva que, de 1787 a 1811, dirigiu o serviço policial do Recife, ou o governador do Rio de Janeiro, Luis Vahia Monteiro (1725-1732), ambos com o apelido de "Onça", mas dificilmente responsável pela paternidade do vocábulo, que se tornou conhecido por todo o Brasil. Aventou-se que a frase certa seria "no tempo da onça", moeda divisionária da libra, corrente na Sicília, Malta, Espanha, mas não consta que circulasse no Brasil, e mesmo a frase indiscutida é "no tempo do Onça" e não "da onça". Ver *Onça*. No Tempo do Ronca: muito usado ainda. Tempo da Amorosa, Pereira da Costa identificou como sendo a época em que estava em voga uma peça tocada em viola ou noutro instrumento de corda, e que Bluteau (1727) dizia ser "muito suave e grave" e daí provinha o "no tempo da amorosa", muito citado até proximidades do séc. XX. Muitas são formas indeterminadas, como os espanhóis dizem "no tempo do Rei Perico" ou de Maria Castaña, do Rei Alchéringa dos australianos, *au temps jadis*. Elemento precioso nos contos orais é a localização do tempo feita pelos contadores de *estórias*.

TEMPO

O deus Tempo, cultuado nos candomblés de Angola e do Congo, na Bahia, não é outro senão o deus Lóko dos jejes. Os negros de Angola também o chamam de Katendê,

Katendê ngana Zambi,

e, sem dúvida, o estão transformando numa divindade distinta. Parece que, como Tempo, o deus dos jejes incorpora vários espíritos inferiores que, na crença dos bantos, habitam as árvores.

O *irôko*, árvore sagrada em toda a Costa dos Escravos, e na terra dos jejes considerada como deus, Lôko, "o deus das árvores" (Herskovits), é a *Chlorophora excelsa* na África e dispõe de altares públicos em Abomey e Porto Novo, no Daomé (Parrinder). Na Bahia, entretanto, é a gameleira branca, "a grande gameleira das folhas largas", talvez a *ficus religiosa*, "árvore abundante neste Estado" (Nina Rodrigues). No Maranhão, onde a influência jeje se faz sentir tão poderosamente na Casa das Minas, Lôko se representa pela cajazeira (Nunes Pereira).

Para nagôs e jejes, na Bahia, a gameleira seria Francisco de Assis. Katendê ou Tempo, entretanto, se identifica com São Sebastião, se bem que Manuel Lupércio, velho entendido, afirme que Tempo corresponde ao Senhor dos Navegantes, objeto de grande procissão marítima no Ano Bom, e Katendê a Santo Expedito... A ligação do deus à hagiologia católica não está ainda muito clara, seja na forma jeje-nagô, seja na forma Angola-Congo.

Como característica comum, a árvore – tanto a gameleira como a cajazeira – é sagrada e intocável. Entre os jejes, na África, Lôko sempre indica a morada de um deus, um ponto que o deus gostaria de ver transformado em altar, – e nisso reside o seu caráter sagrado. No Brasil, porém, a árvore é o próprio deus. E, nos dois continentes, constitui o melhor lugar para depositar oferendas aos deuses.

Nina Rodrigues escreveu, em fins do século passado: "A árvore pode ser um verdadeiro fetiche animado ou ao contrário representar apenas a moradia ou o altar de um santo". E, em verdade, a gameleira, enfeitada de panos brancos e vermelhos, ou seja, preparada como altar, vira tabu. Ferida, sangrará... Nina Rodrigues deu como famosas as gameleiras do Politeama, do Campo da Pólvora e do Garcia, na cidade do Salvador. Um respeito supersticioso as cercava. Evitava-se passar por elas a desoras... Foi ao pé de uma gameleira, no lugar chamado Gomeia, na Bahia, que a negra Pascoalina se transformou em Dã, a serpente dos jejes.

Somente nagôs e jejes se entregavam a este culto na Bahia, no tempo de Nina Rodrigues. O nome nagô da árvore, *irôko*, se alterou no intervalo para *rôko*, com *r* brando, mas afinal predominou a forma jeje, de modo que atualmente a gameleira, para os crentes e para os leigos, é simplesmente "pé de Lôko". Os negros de Angola e do Congo, que não conheciam Lôko, incorporaram-no aos seus candomblés – derivação muito recente dos candomblés jeje-nagôs, como tentei provar no *Candomblé da Bahia*, – sob os nomes de Katendê e Tempo. E já os candomblés de caboclo, último rebento dos candomblés, o transformaram no *encantado* Juremeiro, que habita o pé da jurema (*Accacia jurema*).

Lôko era o orixá pessoal de Firmina, uma das "velhas" da Casa das Minas. Na Bahia, como observei, é raro que alguém seja *cavalo* de Lôko, orixá considerado difícil de *fazer*, mas, se por acaso surge nas festas públicas dos candomblés, dança de joelhos, coberto de palhas da Costa. Nunca soube de alguém possuído por Tempo, mas há *cavalos* de Katendê – e estes se vestem cerimoniosamente de branco, com um gorro de que pende um pano bordado que lhes oculta a face.

Como Tempo, o deus Lôko está mudando de fisionomia, às vezes como diferenças atmosféricas:

"Vira o Tempo!
Olh'o Tempo virou!"

Outras vezes como tempo-hora:

"Olh'o Tempo zará!
Tempo zaratempô!
Tempo não me dá lugá
Para eu descansá..."

Para animar as cantigas para Tempo há a interjeição *Zaratempô*!

No Maranhão, Lôko, irmão de Badé (Xangô), não fuma (Nunes Pereira); na Bahia, como o diz um dos seus cânticos, "mora da ladeira"... (Édison Carneiro, Rio de Janeiro).

Tem-Tenzinho. Ver *Cauré*.

Tenema. Ver *Reino*.

Teodora. Ver *Donzela Teodora*.

Teoria. Forma, doutrina, costume pessoal. Estou indo na minha teoria. Cada homem tem sua teoria. Artificialismo, exibição, teatralismo. Cheio de teoria. "Cantar teoria: para os cantadores cantar teoria ou cantar em teoria é discutir gramática, história do Brasil, doutrina cristã ou outro qualquer ramo de conhecimento" (Leonardo Mota, *Violeiros do Norte*, 266, São Paulo, 1925).

Terém-Terém. Ver *Quero-Quero*.

Tereré. Mate feito n'água fria, de uso no Paraguai. Não se aclimatou no Brasil meridional, onde o chimarrão é dominador preferido. O tereré nada significaria como sabor e solução de "matar o tempo", mantendo o calor do convívio humano nos galpões gaúchos. *Tereré não resolve*, diziam neles, e a frase, depois de 1930, correu todo o Brasil, denominando sambas cariocas. Barbosa Lessa, *História do Chimarrão*, 101. Durante algum tempo foi popularíssima no Rio de Janeiro e pelo norte brasileiro. Deixe de conversa mole, tereré não resolve!... Ver *Mate*.

TERESA. Nome popular da perua. "Nossos campônios, vendedores de aves, tendo o termo *perua* como um tanto rebarbativo, substituem-no pelo de *teresa*, e quando excepcionalmente o empregam daquele modo, ou mesmo no diminutivo, *uma peruinha*, como mais decente, fazem-no sempre pronunciando a frase de respeito: "com licença da palavra" (Pereira da Costa, *Vocabulário Pernambucano*, 573).

TERNO. Reunião de três objetos. Terno de roupa, de cama, de mesa, de música. Grupo festeiro pelo Natal e Reis, Terno de Reis, Terno do Natal, cantando a uníssono em coreografia desfilante, com fantasias ligeiras, visitando famílias amigas. As cantigas, nem humoristas nem eróticas, eram acompanhadas por três instrumentos de sopro, pistom, clarineta, bombardino, posteriormente aumentados em número, incluindo percussão, outrora inexistente. Decadente, mas comparece nas festas tradicionais na Bahia. Ver *Rancho*.

TERO-TERO. Ver *Quero-Quero*.

TERRA CAÍDA. Desmoronamento das ribanceiras nas margens do rio Amazonas arrastando trechos extensos de terras, às vezes cultivadas e povoadas. O povo explica a *terra caída* pela ação da Cobra Grande ou entidades fabulosas, residentes no fundo da corrente. É de encontro na bibliografia dos naturalistas, viagens de estudos, dando motivo aos poetas. Henry Walter Bates, em maio de 1850, descreveu a *terra caída* no rio Solimões, com nitidez que merece evocação: "Os barqueiros do Alto Amazonas vivem em constante terror das *terras caídas*, que acidentalmente ocorrem nos barrancos alcantilados e terrosos, especialmente quando as águas estão subindo. Grandes barcos são às vezes esmagados por estas avalanchas de barro e árvores. Eu pensaria que as narrativas fossem exageradas, se não tivesse tido a oportunidade de assistir a uma em grande escala, durante esta viagem. Certa manhã fui despertado antes do raiar da aurora por insólito som, parecendo o troar da artilharia. Estava deitado sozinho, em cima do camarote. A noite era muito escura e todos os meus companheiros dormiam, de modo que fiquei escutando. Os sons vinham de considerável distância, e o estrépito que me acordara foi sucedido por outros muito menos formidáveis. A primeira explicação que me ocorreu foi que se tratasse de um terremoto pois, embora a noite fosse de calmaria, o largo rio estava muito agitado e o barco jogava terrivelmente. Logo depois outra estrondosa explosão se fez ouvir, aparentemente muito mais próxima que a primeira. Seguiram-se outras. O ribombar de trovoada rolava acima e abaixo, ora parecendo ao alcance da mão, ora afastando-se; os súbitos estampidos eram, às vezes, seguidos por uma pausa ou por prolongado estrondo surdo. Com a segunda explosão, Vicente, que estava roncando perto do leme, acordou e me disse que era a *terra caída*, mas eu custava a acreditar. O dia amanheceu quando os estrondos duravam há uma hora, e então vimos o trabalho de destruição avançando do outro lado do rio, a umas três milhas. Grandes massas da floresta, incluindo árvores de tamanho colossal, provavelmente com 200 pés de altura, eram abaladas aqui e ali e caíam a fio comprido, dentro do rio. Depois de cada avalancha, as ondas por ela levantadas, batendo com fúria sobre o barranco que se esboroava, e causava a queda de outras massas, minando-as por baixo. A porção de costa sobre a qual se estendia o alimento era de uma ou duas milhas, mas a sua extremidade ficou escondida de nossas vistas por uma ilha. Era um grande espetáculo; cada desabamento criava uma nuvem de neblina; a concussão em um ponto provocava a queda de outras massas a uma longa distância, e assim os estrondos continuaram, com poucos indícios de um fim": *O Naturalista no Rio Amazonas*, 2º, 164-165, S. Paulo, 1944.

TERREIRO. É o pátio limpo diante das residências do interior, zona sob a jurisdição moral do dono da casa. Quem pisar no meu terreiro tem de me respeitar. Terreiro é sinônimo de candomblé na Bahia e de macumba no Rio de Janeiro. Terreiro de pai fulano, terreiro de mãe sicrana. Chamar a terreiro é desafiar, lembrança dos torneios, liças, justas de outrora.

TESCHAUER. Padre Carlos Teschauer nasceu em Birstein, Hesse, na Prússia, a 10 de abril de 1851 e faleceu em São Leopoldo, Rio Grande do Sul, a 6 de agosto de 1930. Sacerdote jesuíta, veio para o Brasil em 1880, fixando-se no Rio Grande do Sul, de onde não mais se ausentou. Foi professor, vigário, estudioso de história e tradições gaúchas em plano eminente. É uma autoridade legítima em história, indialogia, etnografia da região. Brasileiro na grande naturalização de 1891. *Avifauna e Flora nos Costumes, Superstições e Lendas Brasileiras*, Porto Alegre, 1925. *Poranduba Rio-Grandense*, Porto Alegre, 1929. Estuda o ciclo e lendas do ouro, da erva-mate.

TESOURO. Dinheiro enterrado, o mesmo que botija para o sertão do Nordeste, ouro em moeda, barras de ouro ou de prata, deixados pelo holandês ou escondidos pelos ricos, no milenar e universal costume de evitar o furto ou o ladrão de casa de quem ninguém se livra. Os tesouros dados pelas almas do outro mundo dependem de condições, missas, orações, satisfação de dívidas e obediência a um certo número de regras indispensáveis, trabalhar de noite, ir sozinho, em silêncio, identificar o tesouro pelos sinais sucessivamente deparados e, se conseguir arrancar o ouro, deixar uma moeda. Jamais carregar tudo. Aconselham, quando o tesouro é defendido por inimigos infernais, fazer um sino-salamão, sinal de Salomão, a estrela de dois triângulos, e trabalhar dentro dela, livre das investidas de Satanás, furioso porque a alma vai salvar-se pelas missas celebradas. O tesouro é encontrado unicamente por quem o recebeu em sonhos. Mesmo que dê todas as indicações, o outro companheiro não o verá. Se faltar alguma disposição, erro no processo extrativo, o tesouro transformar-se-á em carvão. Todos os sinais desaparecerão, se o silêncio for interrompido, mesmo por um grito inopinado ou por uma oração. A primeira moeda encontrada é a que deve ficar no lugar do tesouro. Por toda a superfície da terra os tesouros, "riquezas", "cabedais", estão esperando os felizes escavadores que tenham coragem e fidelidade aos tratos supraterrenos. O cerimonial é quase o mesmo por toda parte do mundo. Ver *Botija*.

TESTAMENTOS. Foram muito usados e populares no Brasil, reaparecendo vez por outra os testamentos humorísticos e satíricos. Testamentos de Judas gozavam de estima velha, assim como os testamentos de animais. A característica consiste nas deixas testamentárias, divisão cômica dos bens fictícios do finado ou partes do corpo do animal doados às pessoas conhecidas com intenção motejadora e crítica. O gênero é muito antigo. Célebre é o *Testament de L'Âne*, de Ruteboeuf, falecido em Paris à volta de 1285. De sua vulgarização restam-nos os documentos preciosos para a vida íntima de Paris no séc. XV, constantes do *Petit Testament* (1456), e o *Grand Testament* (1461), de François Villon. O poeta deixa objetos imprestáveis e ridículos: "Mes brayes, estans aux Trumilieres, / Pour coeffer flus honnestement: S'amyie Jehanne de Millieres; ao barbeiro, Les rongneures de mes cheveulx; Au savatier mes souliers vieuls; Et a Nicolas de Louvieux, / A chascun l'escaille d'ung oeuf", etc. Em Portugal, no *Cancioneiro Geral* de Garcia de Resende, há um exemplar de fins do séc. XV, o *Testamento do Macho Ruço de Luís Freire*, bem ao sabor popular:

"E que meu amo agravos
Me desse com amarguras.
Deixo-lhe três ferraduras,
Que não têm mais de dois cravos:
E pelo dele me queixo
De males que me tem dados,
Dois ou três dentes lhe leixo,
Que mande fazer em dados."

Conhecido é também o testamento constante no *Pranto de Maria Parda*, de Gil Vicente, nas primeiras décadas do séc. XVI:

"Item dirão por dó meu
Quatro ou cinco ou dez trintairos,
Cantados por tais vigairos,
Que não bebam menos qu'eu.
....
Item mando vestir logo
O frade alemão vermelho
Daquele meu manto velho
Que tem buracos de fogo."

Em Portugal, além do testamento do Judas, havia o testamento da Velha, vítima da *Serração da Velha* (ver *Judas* e *Serração da Velha*), às vezes impressos e lidos com gabos. O gênero é conhecido na Espanha, como na França, testamentos do Galo, do Gato, etc. (José Pérez Vidal, "Romances Vulgares, Testamentos de Bestias", *Revista de Dialectología y Tradiciones Populares*, t. III, cuadernos 3º e 4º, 524-550, Madrid, 1947, com um longo "Testamento del Mulo"); Pilar García de Diego, *El Testamento en la Tradición Popular* (idem, 551-557). Nos Açores há o costume. "A morte de um burro dá quase sempre lugar a um bando com alusões relativas à doença e sua origem, cuidados dos tratadores e ao testamento em que o animal reparte os órgãos por diversos burros e habitantes da localidade, conforme supostas necessidades" (Luís da Silva Ribeiro, *Algumas Palavras sobre o Vilão do Teatro Popular da Ilha de São Miguel*, 21-22, Angra do Heroísmo, 1945). No ciclo do carnaval português ocorre ainda a *Divisão do Burro* (Jaime Lopes Dias, *Etnografia da Beira*, VI, 66-67, Lisboa, 1942, idem, VII, 86, Lisboa, 1948) em Oleiros e Sertã:

"Aí vai a cabeça
P'ro senhor Zé Monteiro.
A que ele tem não presta;
A do burro vale mais dinheiro
Um pedaço do burro
É para a Maria Padeira;
O que ela precisa é a pele
P'ra fazer uma peneira!"

Em Meirinhos (Concelho de Mogadouro, Trás-os-Montes) realiza-se a "Matança do Porco Bispo", um *Turdidae* pequenino, *Erithacus rubecula* (J. R. dos Santos Júnior, "Duas Notas de Etnografia Trasmontana", *Las Ciencias*, n. 3, Madrid, 636--645). Fazem uma divisão como se tratasse de um animal enorme, às pessoas do lugar:

"Aí vão sete arrobas do bico,
Para o senhor Padre Francisco.
Aí vão quatro arrobas de costelas e o rabo,
Para o senhor Serafim Salgado.
Aí vão sete arrobas de peitaça,
Para a senhora Maria José da Praça."

Em muitos países centro e sul-americanos, onde há bailados tendo um animal como figurante, especialmente touros, há um testamento com a divisão subsequente. No "El Cujtan Cuyamet" ou "El Tunco de Monte" na República de El Salvador, existe a tradição (Rafael González, *Fiestas Cívicas, Religiosas y Exhibicioncs Populares de El Salvador*, 26-28. San Salvador, 1945):

"Chan no lomu
Chan tu mayordomu.
Ni gordura,
Ya guichan señor cura.
Ni lengua
Ya guichan ña Rosenda.
Ni untu,
Y guinchan tu dijuntu."

Sobre os testamentos de Judas, Luís da Câmara Cascudo, *Vaqueiros e Cantadores*, 77-80, São Paulo, Global, 2005. Foi usual o testamento rimado, criação popular comum à península Ibérica e América do Sul: Julio Vicuña Cifuentes, *Romances Populares y Vulgares*, Testamento de Don Juan de Austria, 251-258, Testamento de Don Tomás Mardones, 461-467, 557-564, Santiago de Chile, 1912. A divisão simbólica do animal é reminiscência do repasto totêmico ou vestígio do ritual cinegético? A tradição da caça, sua antiguidade, aristocratização progressiva, tornada exercício nobre, com direitos, protocolos, rituais, exigências, podia explicar o processo da divisão como a fase final da "montaria". Contemporaneamente em Oleiros há batidas aos javalis, e depois do animal morto procede-se à divisão da fera, dentro de uma escala de valores intransponíveis. "A cabeça e até onde chegam as orelhas bem estendidas e as miudezas para o caçador que matou ou feriu mortalmente a fera, sem necessidade de novo tiro; só a cabeça sem as miudezas para o caçador que a feriu mas não matou, porque em tal caso as miudezas pertencem ao que a acabou de matar; o lombo para o padre que na freguesia diz a missa de alva, para que celebre em ação de graças pelo feliz resultado da montaria; as pernas, chamadas emprazas, para o emprazador ou emprazadores e o demais em partes iguais para todos os caçadores, batedores e cães, porque também a estes, em proveito de seus donos, é feito quinhão" (Jaime Lopes Dias, *Etnografia da Beira*, III, 116-117, Lisboa, 1929). Essa divisão é tanto mais impressionante, se nos lembrarmos da lenda de Meleagro na Etólia. O javali de Calidon recebeu o primeiro golpe da mão de Atalanta, e Meleagro, abatido o animal, ofereceu-lhe a cabeça da fera, provocando o protesto, luta e morte dos seus tios, Plexipo e Toxeu (Ovídio, *Metamorfoses*, VIII). Ainda hoje, como vimos numa povoação portuguesa da Beira em Portugal, a cabeça do javali cabe a quem feriu a fera. Esses direitos milenários que Gastão Febus (*La Chasse de Gaston Phoebus, Comte de Foix, Envoyée par lui à Messire* Philippe de *France, Duc de Bourgogne*, Paris, ed. *Journal des Chasseurs*, 1854, notas de Joseph Lavallée) vão desaparecendo lentamente, mas tiveram cinco mil anos de domínio e de influência na face do mundo. A relação dos membros da peça de caça com os respectivos caçadores, a cabeça, peça nobre, ao vencedor e sucessivamente, ainda hoje está valendo "direito" na Europa. Creio que a divisão simbólica e cômica, que vemos nos testamentos e que aparece, raramente, num ou noutro bumba meu boi no Brasil, é um vestígio dos direitos e tradições da caça. Ver Pilar García de Diego, *El Testamento en la Tradición*, separata da *Revista de Dialectología y Tradiciones Populares*, IX, cad. 4, Madrid, 1958, idem, tomo X, cad. 3, Madrid, 1954. Ver *Bumba Meu Boi*[1].

TESTAMENTO DE JUDAS. Ver *Judas*.

TETÉU. (*Belonopterus cayennensis*). Teu-Téu, quero--quero no Rio Grande do Sul (Caradriídeos). "O tetéu é um camarada muito suspeito. No Amazonas há um longirrostro que não dorme. É o maguari (*Ardea maguari*, Gmel, ou *Ciconia maguari*, de Tenm.). Passa a vida tentando dormir, colocando o bicão enorme sobre o lombo. Vai dorme-não-dorme, quando o bico escorrega, e o maguari desperta, gritando. O nosso tetéu é assim também. Põe uma patinha no meio da perna e fecha os olhos. A pata escapole e o tetéu acorda, badalando uma guizalhada de despertar menino. Mas o que torna o tetéu pouco amistoso é que ele, voando dos lugares molhados para os secos, leva a desdita na certa. De seco para o molhado, é felicidade (Luís da Câmara Cascudo, *Informação de História e Etnografia*, "Avifauna no Folclore Brasileiro", 153-154, Coleção Mossoroense, Mossoró/RN, Fundação Vingt-un Rosado, 1991). Ver *Quero-Quero*.

TÉU-TÉU. Ver *Tetéu*.

TIARAIÚ. Ver *Sepé*.

TIBARANÉ. É um indígena velho, de rosto enrugado, maltrapilho, andando silenciosamente, ao entardecer. Quando as crianças assobiam, o tibarané se aproxima manso, pedindo fumo. Se não lhe satisfazem a súplica, carrega o menino. O Dr. João Barbosa de Faria disse-me (julho de 1938) que o tibarané era uma ave noturna, de canto persistente, tênue, lembrando o assobio infantil. Castiga quem assobia de noite. Será outro exemplo do processo transformador que deu a *Tapera naevia* no Saci, os Filhos de Chico Santos nos tangarás e alguma ave, não identificada, apesar das tentativas, no tipo clássico do velho que assombra as crianças, tema mais europeu que ameríndio ou africano. O tibarané é mito de Mato Grosso (Ver Luís da Câmara Cascudo, *Geografia dos Mitos Brasileiros*, 344-345, 3ª ed., São Paulo, Global, 2002).

TIBUNGUE. "Esse mora no mato, tem uma perna só e uma seta de fogo na testa. Faz pequenas malinezas nas roças. Parece com o *Saci-Pererê*, mas não pita. É de pequena estatura. Aqui não conhecemos o Saci, o Caapora e outros somente através da literatura; não são nossos conterrâneos" (Hermes de Paula, *Montes Claros*, 530, Minas Gerais).

TICÃO. Ver *Fandango*.

TICUMBI. Modalidade de congos ou congada no Estado do Espírito Santo, município de Conceição da Barra, tendo um bailado final, que denomina o auto. "O ticumbi, congada ou baile de congo é dramatização que se não confunde com o cucumbi do Rio de Janeiro (Melo Morais Filho, *Festas e Tradições Populares do Brasil*, 167, 1946) nem com o cucumbi baiano (Manuel Querino, *A Bahia de Outrora*, 63, 1946), nem com o *Auto dos Congos do Ceará* (Gustavo Barroso, *Ao Som da Viola*, 213, 1921), ou com os Congos, versão norte-rio--grandense recolhida e estudada por Mário de Andrade ("Os Congos", revista *Lanterna Verde*, n.º 2, 1935), nem também com as Congadas do município de Osório, no Rio Grande do Sul (*As Congadas*, Dante de Laytano, 1945), nem tampouco com as antigas Congadas cariocas (Luís Edmundo, *Rio de Janeiro no Tempo dos Vice-Reis*, 187, 1932). No ticumbi capixaba não figura nenhuma *Rainha Ginga*, nem *Príncipe Sueno* ou *Suena*, nem *mametos*, nem *Quimbotos* ou qualquer feiticeiro, nem o *Rei Henrique Cariongo*. Também não há mortes, ressurreições, nem coroação de reis ou rainhas. É assim o nosso baile de congo muito mais simples e menos dramático do que as representações mencionadas. Tem, porém, o seu enredo, o seu assunto-fio, que se desenvolve longa e demoradamente na repetição interminável dos cantos, embaixadas e bailados característicos. Compõe-se o ticumbi de certo número de negros, entre os quais o rei congo (ou "reis de congo"), o rei bamba (ou "reis de bamba"), seus secretários e o corpo de baile ou "congos", que representam os guerreiros das duas "nações". Vestem-se a caráter, de longas batas brancas e rendadas, com traspasse de fitas coloridas; calças brancas com friso lateral vermelho ou sem ele; na cabeça coberta por um lenço branco, um vistoso chapéu todo enfeitado de flores de papel de seda e fitas de várias cores. Os reis trazem coroa de papelão ricamente ornamentada com papel dourado, flores e prateado; peitoral vistoso, com espelhinhos e flores de papel brilhante; capa comprida, de adamascado, e, na mão ou na cinta, longa espada. Os dois secretários diferençam-se dos "congos" em trazerem capa, como seus reis, e espada. Como instrumentos musicais usam apenas chocalhos de lata e pandeiros. Há, porém, fora da dramatização, uma viola, que serve apenas para "dar o tom". O enredo do auto é simples: dois reis negros querem fazer, cada qual e sozinho, a festa de São Benedito. Há embaixadas de parte a parte, com desafios atrevidos (servindo de embaixadores os dois secretários). Por não ser possível qualquer entendimento ou acordo, trava-se a guerra, tremenda luta bailada entre as duas hostes. Dança-se, então, a *primeira guerra de "reis"* congo ou *guerra sem travá*, e depois a *guerra travada*. Desta última participam os dois reis, que, no meio dos "congos" em roda, batem as espadas cadenciadamente, junto com seus secretários. Vencido, afinal, o rei bamba, submetem-se a ele e os seus "vansalos" ao batismo, terminando o auto com a festa em honra do rei congo, quando então se canta e se dança o ticumbi, que dá nome à representação:

"Auê, como está tão belo,
O nosso ticumbi!
Vai puxando pro seu rendimento
Que são Binidito é filho de Zambi!"

(O Folclore, órgão da Subcomissão
Espírito-Santense de Folclore, ano I,
n.º 4, Vitória, janeiro-fevereiro, 1950).

Ver *Congadas*.

TICUPI. Ver *Tucupi*.

TIGRE. Árvore que fornece madeira para usos diversos. Espécie de onça ou tigre, muito listrada, do tamanho de um bezerro, e grande perseguidora do gado doméstico, como a descreve um cronista de princípios do seu séc. XVI, e assim também chamada por Marcgrave. É a *jaguara* ou *jaguar* dos índios, corrutela de *ya-guára*, a que devora, ou dilacera, o comedor ou devorador, e daí Jaguari, Jaguaribe ou Jaguaripe, rio da onça. Valentão, destemido; guarda-costas, capanga. Tigre, nesta particular acepção, vem por assim chamar às suas ordenanças, homens escolhidos, de confiança e valentia, uma diligente autoridade policial do bairro do Recife, José dos Santos Neves, o popularíssimo Zeca. "O Sr. Santos Neves só tem mandado os seus tigres conduzir pelo cais do Apolo a 200 canalhas" (*O Diabo a Quatro*, n.º 132, de 1878). Canalha, era como ele chamava aos presos correcionais; e a ordem de conduzi-los ao xadrez "pelos cais do Apolo" queria dizer: bababi neles. Barril ou cubo de despejo na maré, no tempo em que ainda não havia na cidade (Recife) um serviço regular de esgoto ou *drainage*. "As casas dora em diante terão mais valor, visto como os ingleses vão dotá-las de aparelhos que dispensam o medonho tigre" (*Lanterna Mágica*, n.º 25, de 1882). "As matérias excrementícias em parte eram para as praias carregadas nos memoráveis tigres" (Dr. Otávio de Freitas). O serviço de condução dos tigres, em pleno dia, era feito por pretos, geralmente escravos, que anunciavam a sua passagem pelas ruas, gritando, *Vira! Vira!* e por cujo trabalho recebiam uma pataca. É bem provável que esse qualificativo viesse do Rio de Janeiro, onde, no tempo, era vulgar, com semelhante aplicação. "Nada de city improvement, tigres domesticados passeavam por todas as ruas da cidade do Rio de Janeiro, inclusivamente a do Ouvidor" (Dr. Castro Lopes) (Pereira da Costa, *Vocabulário Pernambucano*, 705-706). O uso dos tigres ou cubas, comum a todas as capitais europeias de outrora, o foi no Brasil por toda parte, até à instalação dos serviços sanitários. A onça (*Felis uncia*) é denominada popularmente no sertão "onça-tigre". Ver *Reino*.

Tiju. Ver *Teju*.

Til. Ver *A.B.C.*

Timão. Espécie de capote ou comprido sobretudo de lã ou pano grosso, geralmente preto ou de fazenda escura, usado pelas mulheres em outros tempos, mas não muito remotos, porquanto ainda a alcançamos, porém limitado às parteiras, beatas e mulheres de baixa condição: Mulher de saia e timão. "Proibi certas visitas, / Damas que vêm de timão / A título de devoção, / Ou que trazem bicos, rendas, / Perendengues e fazendas" (*O Carapuceiro*, n.º 28, de 1837). "Timão velho de mulher prostituta e maldizente" (*Sentinela da Liberdade*, n.º 18, de 1848). "É a mulher de timão o mensageiro mais fácil de um namoro" (*América Ilustrada*, 1872). Espécie de bata, roupão ou chambre, de chita, usado pelos homens, em casa. "Uma jaqueta era véstia, / Uma calça era calção, / Sobrecasaca rodaque, / Robe de chambre, um timão" (De uns versos de 185-3). "Teresa de curto vestido, e Antônio de timão ruço" (*Lanterna Mágica*, n.º 502, de 1896). Vestimenta de menino para andar em casa ou sair à rua, até certa idade; um timão de batizado; uns timãozinhos de chita ou de fustão. Timão é corrutela do vocábulo português *queimão* ou *quimão*, que Morais define: Roupão talar com mangas, aberto por diante, e largo. Era este, naturalmente, o timão usado no seu tempo em Pernambuco (Pereira da Costa, *Vocabulário Pernambucano*, 706-707). Faltou apenas informar que *timão*, *quimão*, é forma portuguesa do *quimono*, trazido pelos portugueses do Oriente. De um velho lundu:

"Quando eu morrer, quero ir
Com o meu balão,
E a minha toca, e também
Com o meu timão!"

Timbó. Nome dado ao sumo de diversas plantas, paulínias, cóculos e afins, que têm a propriedade de atordoar e matar os peixes que o ingerem, embora em pequena quantidade, sem contudo ser nocivo a quem os come. A planta ou a parte dela utilizada, o que varia conforme a qualidade, é pisada e misturada com tijuco. A mistura assim obtida é jogada n'água no lugar escolhido. O peixe, quando o timbó é de boa qualidade e bem preparado, não demora muito a vir à tona, onde é apanhado sem dificuldade. Nos lugares de correnteza, porém, para não se perder muito peixe inutilmente, precisa-se barrar o rio ou igarapé a jusante, o que fazem geralmente com tapagem de pari, e somente quando se trata de igarapés muito estreitos e pouco correntosos contentam com atravessar as canoas e esperar o peixe na passagem. Em geral, todavia, os lugares preferidos são os de pouca ou nenhuma correnteza, que só precisam do trabalho de jogar o timbó e recolher o peixe. O timbó é misturado com tijuco, para que assente e mais facilmente se misture com a água. A pesca com timbó, que parece usada pelos indígenas, desde tempos imemoriais, ao mesmo tempo que, quando o lugar é bem escolhido por conhecedores dos hábitos dos peixes, é sempre muito proveitosa, tem o defeito de estragar muito peixe, especialmente miúdo. Na realidade, se o peixe graúdo, segundo se afirma, fica apenas atordoado e volta facilmente a si, logo que se encontra em águas limpas, outro tanto não acontece ao peixe miúdo; este morre em grandes quantidades, especialmente se não se trata de tamanho, mas de peixe novo (Stradelli, *Vocabulário Nheengatu-Português*, 675-676). Ver *Tinguijada*.

Timbu. Marsupial do gênero *Didelfis*, saruê, gambá (Nordeste), cassaco (Pernambuco), micura ou mucura (Amazônia), sarigué (Bahia). Matador de galinhas. Intervém nalgumas *estórias* populares, sempre com papéis de tolo, logrado inevitavelmente, como o seu mano norte-americano, o *Brer Possum*; Joel Chandler Harris, *Uncle Remus, His Songs and his Sayings*, III e XXVII, contos, D. Appleton, New York, London, s. d. Frei Vicente do Salvador o chama taibu. Taibi para os potiguares, *Carigueya* ou *Iupatiima*. Marcgrave (*História Natural* do Brasil, 222-223, São Paulo, 1942) descreve o timbu macho e a fêmea com sua bolsa típica, e informa as preciosidades do timbu: "A cauda deste animal é um remédio singular e admirável contra a nefrite, porquanto se é retalhada, posta de infusão n'água, e desta quando se toma a quantidade de uma dracma algumas vezes, em jejum, produz-se a purificação dos ureteres; são expelidos os cálculos e outras cousas que os opilam; também desenvolve a produção de leite; alivia as cólicas; traz vantagem às parturientes e acelera o parto; provoca os mênstruos. Além disso, se, triturada, for aplicada a espinhos introduzidos na carne, faz com que saiam; serve também de purgativo; penso até que na Nova Espanha não se encontra outro remédio de tanta utilidade. Este animal vive nos lugares quentes, e se alimenta de carne, frutos, ervas e pão; por esse motivo muitos o conservam a título de recreio". Um gambá cheira o outro. Barriga de timbu, estendida, repleta, opilada. Nas praias do sul do Rio Grande do Norte e parte do agreste chama-se timbu a mistura da farinha de castanha de caju com o sumo da mesma fruta. Ver *Tumbansa*.

Tincuã. (*Cocculus cornutus*, L.) Alma-de-gato, *uira* ou *guira-paié*, pássaro feiticeiro. Quando canta, está prognosticando desgraças, dizem os indígenas do rio Solimões. Barbosa Rodrigues recolheu a lenda do tincuã (*Poranduba Amazonense*, 89-92, Anais da Biblioteca Nacional, vol. XIV, Rio de Janeiro, 1890): "Um chefe teve noutro tempo um filho, que levou encantado, com a pele riscada, na barriga de uma piraíba. Esta piraíba comia a gente que passava pelo lago. Os tapuios diariamente punham uma criança à velha piraíba para ela engolir e deixar passar aqueles que iam pescar no lago. Os chefes viam que diariamente a gente desaparecia no lago e disseram, segundo dizem: — Vamos já cortar uambé para fazer uma corda para pescar a piraíba que tem um filho na barriga. — Vamos! Foram, depois disso, ao mato buscar uambé para fazer uma linha de pescar, para puxar a piraíba, e a isca deles foi uma criança bem bonita, que atiraram no meio do lago. A piraíba pegou no anzol, que puxaram, porém a piraíba era valente e arrebentou a linha e fugiu. Depois um feiticeiro chamou os chefes e lhes disse: — Meus netos, vocês não peguem a piraíba, porque ela não é boa, é cousa má, é a alma do filho do chefe. Vocês agora façam uma linha de pescar com os cabelos de vossas mulheres para então a pegarem. As mulheres imediatamente cortaram os cabelos e fizeram uma linha de pescar bem grossa e depois puseram para isca uma criança e puxaram a velha piraíba. Os pajés disseram: — Vocês a matem, abram-lhe a barriga e nela acharão um pássaro, que é a alma do filho do chefe. Vocês não o deixem fugir ou voar, porque, quando ele cantar: Tincuã!, nós todos morreremos. Acharam o pássaro na barriga, mas fugiu da mão deles. O pássaro subiu e cantou: — Tincuã! Tincuã! O céu ficou completamente escuro, a terra tremeu, o lago secou e a gente toda morreu, e só ficou no mundo o pássaro cantando: — Tincuã! Tincuã! O pássaro-feiticeiro, que nós vemos hoje, foi outrora o filho do chefe, que estava na barriga da piraíba. Contam que ele canta, quando as notícias não são boas".

Tinguijada. Pescaria feita com o envenenamento do peixe, lançando-se n'água, para este fim, certas plantas tóxicas, como a meladinha, melão-de-são-caetano e o tingui, de que se origina o termo, tornando-se assim facílima a sua pesca, e sem prejuízo algum à saúde:

"Nos dias de tinguijada,
Que folganças! Que folia!
Ao som de estúrdia viola
Belo peixe se comia!"

A tinguijada vem dos índios, que lançavam o tingui e outras plantas nos rios ou alagados, para embebedar os peixes e assim facilmente pescá-los, como escreve um cronista seiscentista, o Padre Simão de Vasconcelos (Pereira da Costa, *Vocabulário Pernambucano*, 708). Tingui *Jacquinia tingui*. As tinguijadas eram centros de atração popular, pescarias ruidosas, aproveitando-se o pescado para comê-lo quase imediatamente, em escaldados e peixada saborosa, ao som de violões e cantos. Ainda, vez por outra, sabe-se da notícia de uma tinguijada. Em Portugal a pesca com o trovisco era conhecida e usual desde a antiguidade. Era a entruviscada, entorviscada, introviscada, também um direito senhorial, começando com a criação da monarquia portuguesa. Os enfiteutas, vassalos e colonos eram obrigados não apenas a preparar o trovisco como dispor a merenda para os reis e fidalgos e seus séquitos "quando fosse seu gosto ocupar-se, uma vez no ano, neste proveitoso divertimento" (Vitero, *Elucidário*, I, 283). Ver *Timbó*.

Tintureira. Peixe esqualo (*Prionodon glaucus*). Com o mesmo nome conhecem um galeorrinídeo, *Galeocerdo maculatus*, o jaguara, e um esfirnídeo, *Sphyrna zygaena* (Alberto Vasconcelos, *Vocabulário de Ictiologia e Pesca*, Recife, 1938); cornuda, cação-martelo, peixe-canga, gatinha, cação-espelho, porque em certas ocasiões ofusca o pescador com o brilho do sol refletindo no seu corpo. É um grande assunto para os pescadores de todo o Brasil Atlântico. "De todas as espécies de esqualo, refere-nos algures Lima Figueiredo, "a mais inteligente e feroz é a tintureira". Tem a habilidade de cantar como galo, roncar, fingindo imitar o pescador. Muitas vezes ele segura o anzol pelo lado falso e puxa-o fortemente. O pescador pensa que fisgou a presa e com toda a força procura içá-la. Num dado momento, a tintureira solta o anzol e, não raro, o pescador cai, indo algumas vezes parar dentro d'água, ao alcance do solerte animal... Seguindo as embarcações, sejam estas grandes ou de pequeno porte, navega a tintureira um tanto disfarçada. Dessa maneira, procura despertar a atenção de qualquer pessoa, que tudo faz por descobrir a natureza daquilo que mal vislumbra debaixo das águas. Debruçando-se à borda da embarcação, para melhor enxergar, e, às vezes, arrebatada pelo cação... Dizem os pescadores, também, que a tintureira nessas ocasiões procura fazer refletir sobre a pele luzidia a imagem da pessoa, a qual, ao mirar-se em tal espelho, é presa de tonturas, caindo muita vez ao mar. Ou ainda, que o perigoso esqualo como que magnetiza a vítima, ou a atrai, "engulindo-lhe" a sombra ou imagem projetada n'água" (Manuel Higino dos Santos, "A Cidade Esquecida", *Boletim do Dep. do Arquivo do Estado de S. Paulo*, vol. 9, 93-94, 1952). Ver *Sombra*.

Tipiti. Do tupi *tipi*, espremer, e *ti*, sumo, líquido. Aparelho de compressão e expressão, tecido em forma rotular, com extremidades afuniladas e terminando em alças. Presa uma delas em certa altura, contendo o bojo a massa da mandioca, procede-se à expressão, distendendo-se gradual e fortemente na outra alça, empregando força manual ou pesos em série crescente (Alfredo da Matta, *Vocabulário Amazonense*, 293, Manaus, 1939). Usado nas Guianas inglesa, holandesa e francesa, de onde crê A. Métraux haver partido sua expansão para Amazonas e Venezuela. Karl von den Steinen não encontrou o tipiti no Xingu (1884) e não há registro quinhentista entre os cronistas franceses do Brasil equinocial. Sua presença foi constatada do Rio de Janeiro às Antilhas francesas e do Pilcomaio ao Paraguai, e não conhecido na orla do Pacífico e regiões andinas. Denomina uma Dança do Tipiti no Amazonas, aculturação do "pau de fitas". Ver *Dança do Tipiti*.

Tipoia[1]. Rede de dormir, estreita, pequena e pobre; barraca de folhas em Goiás; carruagem a um cavalo; carro velho; coisa reles, comum e vulgar; faixa-descanso para braço ferido. Pereira da Costa (*Vocabulário Pernambucano*, 708-709) informa: "Espécie de faixa de pano ou charpa, para sustentar um braço ferido. Rede de dormir ou de condução de um doente ou cadáver. "Vindo o sono a todos, vão pras tipoias dormir" (Juvenal Galeno). "A ponte de Motocolombó embalançava com o peso dos cavalos, tipoias, redes, berlindas, traquitanas, etc." (*O Cometa*, n.º 21, de 1844). Termo de origem africana, segundo uns, ou tupi, segundo outros, e tão vulgar em Angola como no Brasil, com as expressões de *serpentina*, *palanquim de rede*, como escreve Morais. O que é certo é que entre nós vem já, documentadamente sabido, da segunda metade do séc. XVI, pela sua menção e definição por um cronista do tempo, o Padre Fernão Cardim, dizendo que a tipoia era "um pedaço de rede em que os indígenas trazem os seus filhos às costas, como ciganos, enganchados nos quadris". O uso ainda corrente e vivo é relativo à rede de dormir.

Tipuca. Leite que se extrai da vaca, no momento em que esta já tem o úbere quase esgotado. É grosso, rico em gordura. Os doentes, nas fazendas, só tomam tipuca. "Compadre, você está quase como um baiacu. É tipuca, meu bem..." (Raimundo Morais, *O Meu Dicionário de Cousas da Amazônia*, II, 149).

Tiquara. Garapa, qualquer bebida fermentada (A. J. de Sampaio, *A Alimentação Sertaneja e do Interior da Amazônia*, Brasiliana, 238, S. Paulo, 1944). Sinônimo de cachaça no extremo-norte brasileiro.

Tiquira. Aguardente resultante da destilação do líquido em que foi dissolvido o beiju-açu. Do tupi *tykir*, cair gota a gota (Alfredo da Matta, *Vocabulário Amazonense*, Manaus, 1939). Cachaça destilada do sumo da mandioca.

Tirador de Coco. Ver *Coco*.

Tirana. Canto e dança originários de Espanha e que recebemos por intermédio de Portugal, onde a tirana ainda é baile de rapazes e raparigas, bem animado e cheio de movimento. Possivelmente, a tirana, que veio para o Rio Grande do Sul, teve caminho através de Buenos Aires, mas esta a teria recebido do Peru, Bolívia ou do Chile, roteiro de suas danças, como crê Carlos Vega (*Danzas y Canciones Argentinas*, 88, Buenos Aires, 1936). Que foi a tirana na Espanha? *O Dicionario de la Música Ilustrado*, 2º, 1146, Barcelona, s. d., informa: "Tirana o Tontilla. Las Tiranas fueron en un princípio aires de baile y canto. El baile cayó en desuso y se conservó sólo la canción. Es en compás de 6/8 y de movimiento moderado. Véase como describe este baile un antiguo y autorizado documento: "La Tirana, al paso que se cantaba con coplillas de a cuatro versos asonantados de ocho sílabas, se baila con un compás claro y demarcado, haciendo diferentes movimientos a un lado y otro con el cuerpo, nevando las mujeres un gracioso jugueteo con el delantal al compás de la música, al paso que los hombres manejaban su sombrero o el pañuelo a semejanza de las nociones que conservamos de los bailes de las antiguas gaditanas. Habiendo degenerado el baile en libertinaje, fué desterrado de los saraos. Sin embargo, bajo el nombre general de tirana, siguieron los aficionados y músicos componiendo multitud de canciones para la guitarra... que pasaron a Petersburgo, Viena y otras cortes donde el célebre maestro español don Vicente Martín, hizo fanatismos insertándolas en sus óperas". Ofrecen numerosos maestros de tiranas las tonadillas y otras obras teatrales de la segunda mitad del siglo XIII y comienzos del XIX". Em Portugal é bailado de roda. *Danças Regionais* (ed. Secretariado Nacional da Informação, Lisboa, s. d.) registra a coreografia, letra e música da tirana (o folheto não tem páginas numeradas): "Tirana. Baila-se do Minho à Beira-Ria, mas melodicamente é meridional. Tiranas chamaram-se às tricanas de Coimbra. Instrumental: como já se indicou para cada região. As lavradeiras de Riba Lima cantam-na em coral-terno. O seu ritmo valseado predomina no nosso teatro musicado e nos ranchos, mas erroneamente rotulado de Vira. Esta dança tem diversas marcações. Posição inicial: Duas rodas concêntricas, uma formada de rapazes e outra de raparigas, sendo interior esta última. 1º passo. Giram ambas em sentido contrário. Trocar estes movimentos após o nono compasso. 2º passo. Formar uma cadeia de mãos dadas, com as duas rodas, movimentando-se ora num sentido ora noutro, isto é, ao primeiro compasso e ao nono. Primeiro os rapazes pela frente das raparigas, estas pelas suas costas e vice-versa". O solista canta uma quadra e o coro o refrão:

"As voltas que o linho dá
Antes de ir para o tear,
Não são tantas como as minhas,
Tirana!
Qu'eu neste mundo vou dar."

No Rio Grande do Sul a tirana era popularíssima. João Cezimbra Jacques, *Assuntos do Rio Grande do Sul*, 18, Porto Alegre, 1912, julgava-a vinda entre 1822 e 1835. "Existiam também diversas tiranas, a tirana-grande, dança sapateada em roda grande, diversas tiranas de dois, bailados em grupos de dois pares, a tirana de ombro, assim chamada devido à aproximação seguidamente do ombro de um dos cavalheiros com a dama do outro cavalheiro e vice-versa; e fora destas, havia também a tirana-tremida, assim denominada pelo trinado das cordas da viola e também chamada tirana dos farrapos". Cantava-se:

"Tirana, feliz tirana:
Tirana de um dolorido.
Uma tirana de gosto,
Deixa um gaúcho perdido."

A tirana-canção espalhou-se mais pelo norte do Brasil e dela há registro vário na Bahia e no Alto São Francisco. Dança entre os indígenas maués no Amazonas, em São Paulo e em Cuiabá, onde, em 1790, dançaram a tirana, segundo registro de Renato Almeida, *História da Música Brasileira*, que bem estudou o assunto (ed. Briguiet, 79-85, Rio de Janeiro, 1942). Foi igualmente popular no Rio de Janeiro e interior da província, citada por Manuel Antônio de Almeida, *Memórias de um Sargento de Milícias*: "Já se tinha cantado meia dúzia de modinhas e dançado por algum tempo a tirana" (ed. Martins, 101, São Paulo, 1941), reportando-se ao tempo de D. João VI no Brasil. Martins Pena, *O Juiz de Paz da Roça*, escrito em 1837 e representado no teatro São Pedro em outubro de 1838, termina a comédia por uma tirana, dançada por todos, acompanhada a viola (Ed. Organização Simões, 42-43, Rio de Janeiro, 1951). Sílvio Júlio estudou a origem e modificações da tirana (*Revista das Academias de Letras*, n. 39, 40-49, Rio de Janeiro, 1942; "Duas Velhas Danças Gaúchas", *Anuário do Museu Imperial*, IX, 45-76, Petrópolis, 1948), mostrando que o roteiro da tirana para o Rio Grande do Sul fora por Buenos Aires e que a origem do nome se devia à atriz Maria Rosario Fernandez, *La Tirana*, sevilhana estabelecida em Madri desde 1773. Verificou a modificação da dança através de sua viagem e subsequente aclimatação. Os versos sobreviveram ao baile, que, algumas dezenas de anos desaparecido, está voltando à vida e à popularidade no Rio Grande do Sul e São Paulo. O compasso da tirana em Portugal continental é quase sempre de seis por oito, mas na ilha Terceira, Açores, há tipos de 3/8, cantados com quadras sem refrão intervalar (João Carlos da Costa Muniz, *Doze Canções Populares da Ilha Terceira*, Açores, 15, 1952). José Veríssimo assistiu a cantar e dançar a Tirana numa maloca dos maués, rio Uariaú, afluente do Andirá, no Amazonas, em setembro de 1882: — "Ao som da mesma música e com os seguintes versos, cantados numa toada mole, dançam a Tirana, que não passa de uma espécie de polca compassos meneiados como os do lundu. Eis os versos: "Eu vi, eu vi, tirana, / Ninguém me contou, tirana, / Meu amor, ingrata, tirana, / Não sei como não morri, tirana". Bisados os dois últimos versos, voltam a repetir a quadra toda, o que podem fazer cem vezes sem dar mostras de

---
[1] No texto original: "Tipóia" (N.E.).

enfado: "*Estudos Brazileiros*", 69, Pará, 1889. Ver *Bambaquerê, Fandango*.

Tiranaboia[1]. Ver *Jaquiranaboia*.

Tirana-Grande. Ver *Fandango*.

Tiraninha. Ver *Fandango*.

Tirar um Cotejo. Desafio para luta de arma branca em S. Paulo, fronteira de Mato Grosso. Corresponde ao *medir as armas* no nordeste brasileiro. Pela irresistível tendência brigona, vocação exibicionista, o famanaz convida, sem cólera ou antecedente de rancor, alguém que encontrou armado, para *tirar um cotejo*, ou, no Nordeste, pergunta friamente: "Vamos medir as armas?" E o duelo começa, violento e rápido, terminando por ferimentos e até morte. Frederico Lane (*Vorta, Boi, Vorta!* pág. 98-99, S. Paulo, 1951) registra a tradição dos valentes desocupados ou covardes atrevidos, no conto, "Bonito facão pra tirá um cotejo". No velho sertão das primeiras décadas do séc. XX havia também a frase, de intenção idêntica: "Vamos experimentar as facas? Faça-se às armas! Vamos brincar de faca! Vamos vadiar na quicé!" Quicé é a faquinha afiada como uma navalha, caxirenguengue. *Vamos pro ferro frio?* Ver *Primeiro Encontro*.

Tire o Chapéu[2]. Dança de Parati (Estado do Rio de Janeiro). As damas trazem o chapéu (do cavalheiro) à cabeça e o tiram quando o cantador o manda: — Tire o chapéu, menina, / Torne a tirá, menina / etc. (Informação de Édison Carneiro).

Tirolito. Ver *Fandango*.

Toada. Cantiga, canção, cantilena; solfa, a melodia nos versos para cantar-se. Izaac Newton (*Dicionário Musical*, 288, Maceió, 1904) define: "Música confusa, sons ruidosos, que nada dizem, sinônimo de Soada". Renato Almeida (*História da Música Brasileira*, 105): "Outra forma do romance lírico brasileiro é a toada, canção breve, em geral de estrofe e refrão, em quadras. Melancólica e sentimental, o seu assunto, não exclusivo mas preferencial, é o amor, sobretudo na toada cabocla. Toada em si é qualquer cantiga, mas a referência aqui é a essa espécie lírica tão comum e às vezes também sobre motivo jocoso ou brejeiro, como esta colhida em engenho de Pernambuco, com acentuada influência do fado:

"Azulão é passo preto,
Rouxinol cor de canela,
Quem tem seu amor defronte
Faz ronda, faz sentinela."

Oneyda Alvarenga (*Música Popular Brasileira*, 275-276): "A toada se espalha mais ou menos por todo o Brasil. Musicalmente não tem o caráter definido e inconfundível da moda caipira. Talvez porque, abrangendo várias regiões, a toada reflita as peculiaridades musicais próprias de cada uma delas. Ou talvez porque, em vez de nome de um tipo especial de canção, a palavra toada seja empregada mais no seu sentido genérico corrente na língua (o mesmo de moda) ou como designação de qualquer canto sem destinação imediata. De qualquer modo parece que a toada não tem características fixas que irmanem todas as suas manifestações. O que se poderá dizer para defini-la é apenas o seguinte: com raras exceções, seus textos são curtos — amorosos, líricos, cômicos — e fogem à forma romanceada, sendo formalmente de estrofe e refrão; musicalmente as toadas apresentam características muito variadas: todavia as toadas do Centro e Sul se irmanam pela melódica simples, quase sempre em movimento conjunto, por um ar muito igual de melancolia dolente, que corre por todas elas e pelo processo comum da entonação a duas vozes em terça". Não me foi possível, de minha parte, identificar uma toada, embora sejam elas citadas no Rio Grande do Sul, São Paulo, Ceará, Alagoas, etc. Os elementos possivelmente típicos e constantes ocorrem noutros modelos e ficam no quadro geral das modas ou modinhas matutas, em quadras, com refrão, algumas conhecidas como chulas. Tendo vivido muitos anos no sertão, só conheço toada como sinônimo da solfa, da música, o som e o tom. Como é a toada daquela modinha? É sempre ligada à forma musical e não à disposição poética. Era assim o sentido clássico do vocábulo. "Pregador dos que tomam as palavras das Escrituras pelas toadas, e não no verdadeiro sentido", exclamava o Padre Antônio Vieira. Toada é qualquer cantiga, dizemos no sertão. João Ribas da Costa (*Canoeiros do Rio Santa Maria*, 60, Rio de Janeiro, 1951) registra: "Canto de qualquer gênero — Toada". O cangaceiro Boca Rasgada, a quem perguntei se cantava a cantiga oficial de Lampião, *É Lamp, é Lamp, é Lamp*, respondeu: "Me lembro só da toada!" É assunto para ser fixado pelos musicólogos.

Toada de Couro. Ver *Teleré*.

Tocandera. Ver *Tocandira*.

Tocandira. Tocanida, tocandera (*Cryptocerus atratus*). Grossa e comprida formiga preta, armada de um esporão, como o das vespas, cuja ferroada, muito dolorosa, chega a produzir febre. Bicho nascido das cinzas de Ualri, conforme conta a lenda do Jurupari, se torna inócua para as mulheres grávidas, e os índios sustentam, e com eles muitos civilizados, que a ferroada da tocandira deixa de doer, quando lavada com a urina de um indivíduo do sexo diferente, e na falta com a água da lavagem das suas partes sexuais, e que a cópula produz o mesmo efeito. Sobre este fato, os mundurucus estabeleceram uma das provas impostas aos moços, que, saindo da puberdade, passam a ser guerreiros. Obrigam-nos a meter a mão direita num tecido de fasquias de jacitara, uma espécie de luva, guarnecida de tocandiras com o ferrão pelo lado de dentro. Ninguém lha pode tirar, senão a moça que vai casar com ele; o moço guerreiro não pode continuar solteiro, efetuando-se o casamento logo em seguida na casa-grande da festa (Stradelli, *Vocabulário Nheengatu-Português*, 678-679).

Tocanira. Ver *Tocandira*.

Toé. Solanácea (*Datura insignis*, Barb. Rodrigues), subespontânea em terrenos abandonados. Entorpecente e usado em sortilégios. Flores vermelhas, quase encarnadas, e bonitas. Encontradiço em Iquitos e cultivado também na fronteira brasiloperuana. Procede do Peru? Maricaua Baixo e Alto Amazonas (Alfredo da Mata, *Vocabulário Amazonense*, 294, Manaus, 1939).

Tonta. Dança do fandango do Paraná. "A tonta é unicamente cantada pela manhãzinha, como despedida da festança, à hora em que o sol se faz anunciar. É uso fechar toda a casa, dando lugar a que os raios do sol penetrem pelas frinchas das janelas e portas. Esta dança é valsada e sapateada com mais intensidade, em alguns lances. As trovas devem incluir referências ao sol, que é assunto principal das cantigas" (Renato Almeida, *História da Música Brasileira*, 182).

Tontinha. Ver *Fandango*.

Topar. Topar o boi, topar o touro, enfrentá-lo, com a vara de ferrão ou à mão limpa, à unha, agarrando-o pelos chifres, subjugando-o. A ferroada bem dirigida desequilibrava o animal, fazendo-o tombar. Corria a fama daqueles que sabiam topar boi. Também popularíssima é a facécia que resumo: Ao redor de um curral estavam curiosos, vendo um touro soberbo, braminado de ódio, escavando a terra, desafiando os vaqueiros. De repente um dos circunstantes, avistando um rapaz desconhecido, magro, de ar atoleimado, exclamou, como se encontrasse um velho amigo: — Ah! meu povo! Aqui está um dos melhores topadores que há nesta ribeira! Está aqui quem nunca encontrou touro para não sujigar! Está aqui quietinho, como se não fosse o homem que é! Toda gente bateu palmas, entusiasmada, e o rapaz, que nunca vira um touro de perto, embriagado com os aplausos, com os gritos, com o excitamento do povo e olhares admirados das moças, gritou logo: — E topo mesmo! Agarrou na vara de ferrão e pulou para dentro do curral. O touro precipitou-se para o valente e derrubou-o, pisando-o e não o matou porque os vaqueiros saltaram e afastaram o animal enfurecido. O rapaz, sujo, ferido, humilhado, rasgado, só atinou, restabelecida a respiração, em dizer, furioso e de faca na mão: Quem foi o filho duma cachorra que disse que eu sabia topar touro?

Toque-Emboque. Antigo jogo de bola com arco, já vulgar entre nós pelos anos de 1710, como se vê de um cronista da Guerra dos Mascates, referindo que o cabo de uma tropa de bandoleiros que foi ao Caricê, "de caminho quis prender a um Manoel Correia, e a outro seu irmão, a quem achou jogando com Estêvão Borges, o *toque-emboque*". O jogo, porém, já era conhecido em Portugal no séc. XVII, como se vê destes versos de Antônio Serrão, poeta lisboeta, em um dos seus romances na Academia dos Singulares, citados por João Ribeiro: "Porque neste toque em boque / Trocais de tal modo as bolas". O Padre Pereira registra o termo, definindo: *Ludus globorum ligneorum*. Conjeturamos que já então era o jogo vulgar no Maranhão, como se vê de uma paragem marítima com o nome de Toque-Emboque, situada entre Taiutapera e o Gurupi, e, ainda mais, pelo seguinte, que escreve o Padre Betendorf, referindo uma viagem, em canoa, àquelas paragens, em companhia do visitador dos jesuítas, em 1669: "Em Toque-Emboque lhe deu uma onda ao peito e o molhou todo, o que vendo eu lhe disse galanteando: Padre, isso quiseram as ondas jogar com Vossa Reverendíssima como sabedor deste jogo, para ver se era destro nele". Pelas *Constituições do Arcebispado da Bahia* (1707), porém, são vedados aos clérigos os jogos da pela, bola, toque-emboque, laranjinha, paus e outros semelhantes, porque são jogos públicos. Morais registra o termo, parecendo assim que ainda no seu tempo era o jogo vulgar entre nós. Presentemente, porém, é absolutamente desconhecido (Pereira da Costa, *Vocabulário Pernambucano*, 713). Morais diz que é "jogo de bola com aro" e não com arco, como registrou Pereira da Costa. Identicamente Domingos Vieira.

Toquim. Ainda alcancei a seda finíssima chamada toquim, de Tonquim, mandato francês no nordeste da Indochina. Não somente era vendido o tecido para o traje feminino, como especialmente famosos consideravam os xales, de franjas delicadas, com desenhos ou de uma só cor, sempre vistosos e sugestivos. Dizia um versinho popular (Mário Sette, *Anquinhas e Bernardas*, 170, ed. Martins, São Paulo, 1940):

---
1 No texto original: "Tiranabóia" (N.E.).
2 No texto original: "Tire-o-Chapéu" (N.E.).

"Meu papai quero seda,
Quero um xale de toquim,
Quero um anel de brilhante,
Quero um leque de marfim."

Toré. Buzina indígena. Stradelli a diz feita de casca de pau, de couro de jacaré, utilizando a parte da cauda, extraída inteira. Tem a forma de um porta-voz, com boca de sino. Os macus tinham torés de barro. No Nordeste (Pereira da Costa, *Vocabulário Pernambucano*, 714) era espécie de flauta, feita de cana de taquara. Significava também uma dança indígena, ainda em voga em princípios do séc. XX entre os mestiços indígenas de Cimbres. A dança era cantada. Pereira da Costa recorda um dos versos: "Toré, toré, dá cá o pé / Eu não como muqueca de amoré!" No auto dos Quilombos em Alagoas, os negros dançam o toré, em círculo, tendo no meio um velho que "tira a toada". Alfredo Brandão (*A Escrita Pré-Histórica do Brasil*, 109, Civilização Brasileira, Rio de Janeiro, 1937), que a presenciou, diz que "nada tinha de cerimonial religioso, era uma diversão ligada a recordações guerreiras. Acompanhava-a, em vez de maracá, a música de pífanos e trombetas, feitas estas últimas de palha tenra e enrolada da palmeira pindó". Renato Almeida, que descreve a dança e registra uma toada (*História da Música Brasileira*, 271) escreve (nota 304): "Sobre o toré, Alfredo Brandão, que se ocupou dessa dança em *A Escrita Pré-Histórica do Brasil*, págs. 109 e 175, e no ensaio *Os Negros na História de Alagoas*, in *Estudos Afro-Brasileiros*, I, pág. 89), me informa que assistiu ao torneio dos quilombos, com duas modalidades: a que cito neste capítulo, que era a dança guerreira, executada apenas por homens vestidos de índios, com os corpos tingidos de urucum, formando um círculo, a cujo centro ficava um velho caboclo, espécie de mestre de cerimônias, o qual tirava a toada. Os outros dançadores repetiam o estribilho Ó Toré, e cada vez que faziam isso batiam com força com o pé no chão. A outra modalidade era a marcha dos caboclos que iam atacar os mucambos, o que faziam, cantando ao som de pífanos, zabumbas e cornetas feitas de folhas tenras de palmeira pindoba, a seguinte copla: To, toré, to. To, toré. Tó, toré, to. To, toré". Toré é o boré de Gonçalves Dias. O toré ainda é dançado pelos carijós da serra do Umã (Felicitas, *Danças do Brasil*, 15-16, Rio de Janeiro, 1958) ao som de duas tubas de metro de comprimento (*Iakhitxa*), instrumentos sagrados, e maracás. As mulheres, de duas em duas, bailam diante das *iakhitxas*, sucessivamente substituídas. Alceu Maynard Araújo registrou em Piaçabuçu, margem do rio S. Francisco, Alagoas, um Toré como variante do catimbó, cerimônia onde os *caboclos* ou os *encantados*, atendendo ao "mestre", *baixam* para ensinar remédios, como num candomblé de caboclos: Alceu Maynard Araújo e Aricó Júnior, *Cem Melodias Folclóricas*, S. Paulo, 1957 (com cinco solfas). Ver *Boré*.

Torê. Ver *Ken*.

Torém. Dança em Almofala, município de Acaraú, Ceará. Etimologicamente é o mesmo Toré, mas a coreografia difere, segundo a pesquisa de Florival Seraine ("Sobre o Torém", dança de procedência indígena. Sep. *Rev. Instituto do Ceará*, Fortaleza, 1956). A roda de homens e mulheres, sem traje especial, gira ao redor do bailarino central, que, com o *aguaim* na mão (maracá), imita ginasticamente os movimentos de animais, guaxinim, caninana, jaçanã, nambu, o peixe garoupa, etc.". Ao som do *aguaim*, que tange com perícia, e sempre cantando, José Miguel executa movimentos com o corpo, que às vezes sugerem um quê de lascívia; requebra-se todo, mexe com os quadris; bate com os pés ao solo ritmadamente; recua um dos pés, enquanto avança com o outro, que efetua movimento de reptação análogo ao de uma serpente; pula com uma só das pernas; marcha na ponta dos pés em rápidos e curtos passos, simulando o andar de certo mamífero regional; tudo isso com admirável destreza e plasticidade". Enquanto dança, entoa versos mutilados, acentuadamente da língua tupi e referindo-se ao animal evocado. Os dançarinos do torém são, em boa maioria, descendentes dos indígenas da região, inclusive dos misteriosos tremembés. Os bailados comemorativos ou propiciatórios de caça ainda resistem por todo o mundo indígena, ameríndio e africano, polinésio e melanésio e, na espécie do torém, houve uma convergência dos temas cinegéticos, que são dançados sem intenção funcional e apenas recreativa.

Torete. Ver *Araçanga*.

Tori. Buzina dos parintintins, feita de uma cabaça, tendo na parte inferior um orifício e, na superior, um tubo de cano ajustado convenientemente com embocadura *a flageolet* (Renato Almeida, *História da Música Brasileira*, 44). Tupi, *turiya*, turizeiro, árvore que no Amazonas dá os fachos e tochas para a iluminação das festas indígenas.

Torocano. Ver *Trocano*.

Torrado. Rapé, tabaco em pó para aspirar, tabaco de caco. Dança pernambucana que Pereira da Costa (*Vocabulário Pernambucano*, 713) descreveu, popular no Recife em 1915, citando o *Diário de Pernambuco*, n.º 204: "Este torrado é uma cousa pavorosa. É mais do que um frevo. Para dançá-lo (gente afeita a samba e seus compostos) todos se reúnem, homens e mulheres, em lugar mais ou menos escasso às vistas de gente séria... Faz-se uma gritaria confusa, que obedece a uma toada interminável, seguida por meneios e gestos obscenos de gente que constitui uma numerosa roda. Como no samba, há umbigadas e outros passos obrigados. O Torrado, porém, se diferencia do samba pelo passado da pitada. É por isso que só pode ser dançado por pessoas do chuá".

Torrinhas. Ver *Galinheiro*.

Totó. O mesmo que cocó, coque, pirote, penteado feminino, caracterizado por um enrodilhado de cabelos, um pouco acima da nuca. Rodete em Espanha. *Tutulus* em Roma.

Toucinho. Brincadeira de crianças: pancada que se dá com a mão espalmada, na batata da perna, para produzir a flexão dos joelhos do menino. Obs. Se o garoto flexiona a perna, diz-se que "não come toucinho" e vice-versa. (Édison Carneiro, *A Linguagem Popular da Bahia*, 53, Rio de Janeiro, 1951.)

Tourinhas. Bluteau e seu continuador brasileiro Morais registraram a tourinha em Portugal: "Jogo, espetáculo onde se toureavam novilhas mansas, e talvez arremedo delas, fingindo-se toiros de canastras com cabeças fingidas; os judeus costumavam dar este divertimento aos reis, quando iam às terras onde havia judiarias". Deve haver engano quanto à participação dos judeus nas tourinhas citadas. Para os israelitas "tourinhas" eram volumes da Tora, do Pentateuco, em menores dimensões, envolvidos em brocados e panos finos e, com eles nas mãos, à entrada das vilas onde podiam residir, recebiam os reis por ocasião das visitas. As outras Tourinhas eram os mesmos Touros de Canastra, touros de fingimento, armações de vime, disfarçadas com coberturas de cor, tendo um homem pelo lado de dentro, movimentando-as, atirando-se aos rapazes que se esquivavam aos gritos, imitando sem perigo a tourada verdadeira. Aí estava pois, em Portugal, um dos elementos vivos do bumba meu boi, vadio e folgazão, independente do pomposo Boeuf Gras francês e do lírico *Monólogo do Vaqueiro*, de Gil Vicente.

Touro de Canastra. Ver *Tourinhas*.

Touro Encantado. Na praia dos Lençóis, entre os municípios de Turiaçu e Cururupu, no Maranhão, nas noites de sexta-feira, não havendo luar, aparece um grande touro negro com uma estrela resplandecente na testa. Quem estiver na praia será tomado de pânico irresistível. Quem estiver no mar ouvirá o canto das *açafatas*, entoado do fundo das águas, onde está a cidade encantada d'El-Rei Dom Sebastião. Quem tiver a coragem de ferir o touro na estrela radiante vê-lo-á desencantar-se e aparecer El-Rei D. Sebastião. A Cidade de São Luís do Maranhão submergir-se-á totalmente, e diante da praia dos Lençóis emergirá a Cidade Encantada, onde o rei espera o momento de sua libertação. Na praia dos Lençóis é proibido pelos pescadores levar-se qualquer recordação local, que tenha sido colhida na praia ou n'água do mar, conchas, estrelas, búzios, algas secas, etc. Tudo pertence a El-Rei D. Sebastião e é sagrada sua posse (informação de Erasmo Dias, S. Luís do Maranhão). Ver *Sebastianismo*.

Traçado. *Cocktail*, mistura de bebidas. Comumente, aguardente com vermute. Rio de Janeiro.

Tracuá. Formiga do gênero "asteca", que dizem ter a propriedade de fabricar certa substância de que os índios e seringueiros usam para manter o fogo em isqueiros. Pavios. Amazônia. Do tupi *taia* queimante, *cuara* buraco, referência à picada terrível da formiga. (Alfredo da Mata, *Vocabulário Amazonense*, 295, Manaus, 1939).

Traição. "Traição, leitor, é uma espécie de muxirão, que se realiza em certa região do interior goiano. Quando os vizinhos percebem que alguém está precisando dum auxílio na roça, reúnem-se todos da redondeza, homens e mulheres, e de madrugada chegam de sopetão na sua casa. E debaixo de cerrada descarga de clavinotes e bacamartes, no meio duma algazarra wagneriana, acordam o "atraiçoado". Posto isso, dirigem-se os homens para a roça, ficando então as mulheres umas fiando algodão e outras preparando o almoço, para o que já levam o necessário, a fim de não trazer muita dificuldade ao dono da casa, que não os esperava. O jantar é por conta do "atraiçoado". E de manhã à tarde, trabalham cantando e disputando serviços de eito em eito:

"Eu sou passarinho,
Eu sou sabiá,
Eu quero fazê meu ninho
No fundo do teu quintá,
Da limeira no gainho
Pra podê te namorá."

À noite, segue-se o catira, que vai até o amanhecer do dia seguinte" (Derval de Castro, *Páginas do Meu Sertão*, 56-57, São Paulo, 1930).

Traíra. Taraíra (*Holpias malabaricus*, Bloch, *Erythrinus crytinus*, L.). Vive muito na literatura oral, imagem de comparação para mulher malcriada ou menino glutão, morrendo pela boca como traíra. "A traíra é dos peixes de água doce o que está mais largamente distribuído através da grandeza territorial das Américas. Encontrada, como é, desde o Prata até o México, é ela o peixe que venceu as maiores dificuldades de adaptação, espalhando-se prodigiosamente. A traíra conta com uma resistência física privilegiada, capaz de afrontar as maiores vicissitudes das regiões que passa a habitar: vencendo o frio mais intenso (metendo-se no lodo), suportando o mais abrasador calor (subindo à tona d'água), cria o seu *habitat* ao cabo de alguns anos". (A Couto de Magalhães, *Monografia Brasileira de Peixes Fluviais*, 209, São Paulo, 1931).

TRANÇA. Jogo ou folguedo da trança é um divertimento ligado aos reisados do Natal e Ano Bom. Cantavam em Laranjeiras, Sergipe, segundo Sílvio Romero: "O Folguedo da Trança é um apêndice dos reisados do Natal e Ano Bom. À casa onde vão cantar, mandam moças uma vara enfeitada, numa das extremidades da qual há um suporte que a faz conservar-se em pé e na outra estão presas dez longas fitas de cores diversas. A vara é colocada na sala e fica oculta por uma cortina. À hora aprazada, surgem dez moças, lindamente enfeitadas, cantando à porta da sala, pedindo licença para entrar. Correm, depois, a cortina e surge a vara com as longas fitas pendentes. Cada rapariga segura uma fita e vão cantando a fazer com elas uma complicada trança. Há sempre um grupo que faz de coro. À entrada cantam todos:

"Senhora dona da casa,
Doce creme de virtude,
Aqui está na vossa porta
A mais bela juventude.

Coro: Bote para fora
Queijo, caruru,
Vatapá, canjica,
Arroz e peru.

Viva o dono da casa,
Viva a nossa função,
O sincero das palmas,
A noite de São João."

Segue-se a cena da trança que é feita ao som destes cantos:

"A nossa amizade
Vai sempre crescendo
Na trança de fitas
Que vamos tecendo...

Coro: Viva o dono da casa.
Viva a nossa função,
O sincero das palmas,
A noite de São João.

Vamos todas juntas,
Correndo contentes,
Saudar as pessoas,
Que aqui estão presentes.

São cantos da roça,
São flores agrestes,
São penas das asas
Dos anjos celestes..."

Vão cantando, assim, versos mais ou menos adequados, e o respectivo estribilho, até findarem a trança" (Sílvio Romero, *História da Literatura Brasileira*: I, 163-165, Ed. José Olympio, Rio de Janeiro, 1943). Ver *Pau de Fitas*.

TRANÇADO. Ver *Fandango, Pau de Fitas*.

TRAPICHE. Armazém de depósito de mercadorias. Nos séculos XVI e XVII trapiche era o engenho de fazer açúcar, movido pela tração animal, especialmente de bois.

TREPA-MOLEQUE. Grandes pentes ou marrafas de tartaruga ou marfim, finamente trabalhados, enfeitados de ouro ou prata, usados pelas senhoras pelos finais do séc. XVII, XVIII e segunda metade do XIX. Atingiam às vezes a trinta centímetros e são precisamente o que os espanhóis denominam *peinetas*, quase sempre sustentando as mantilhas de rendas ou "mantón de Manilla". Os trepa-moleques eram, alguns, verdadeiras joias pelo acabamento e elegância. Como se elevavam, presos na parte posterior do cabelo penteado ou do totó ou cocó, dizia-se que um moleque de casa por eles poderia subir, dado o comprimento e largura. O mesmo que Tapa-Cristo, porque não permitia que visse a "elevação" quem estivesse por trás de um desses ornatos. Manuel Antônio de Almeida (*Memórias de um Sargento de Milícias*, I, XVII) mostra uma das obrigações de elegância no tempo do Rei Velho, D. João VI: era a senhora "trazer à cabeça um formidável trepa-moleque de dois palmos de altura". Ver *Tapa-Cristo*.

TRÊS-CARTAS. Ver *Jogo de Baralho*.

TRÊS-PEDAÇOS. Denominação do Bumba meu Boi no Porto da Rua, município de Porto de Pedras, litoral norte de Alagoas. O nome é local, dado pelo criador do folguedo, Mestre Cirilo, que o explica como uma recordação da figura do "Morto-Vivo" ou o "Vivo-Carregando-o-Morto", o clássico Corpo Morto dos velhos Bumba Meu Boi e que é um personagem do carnaval de Lisboa e dos entremezes lusitanos de outrora. Como em Alagoas o auto desaparecera praticamente, o Três-Pedaços atesta sua sobrevivência e mereceu estudiosa pesquisa de Teo Brandão. Dois Mateus, a negra Catirina, que é homem fantasiado de mulher: Burrinha, Cavalo-Marinho, Mané Pequenino e Mané do Rosário, Pantasma (Fantasma com a prosódia do PH inicial) Morto-Vivo ou Vivo-Carregando-o-Morto, Foiará (Folharal, o Bicho-Folharal das *estórias* antigas), Margarida, Mandu, Jaraguá (mal-assombrado que já funciona em conjuntos pernambucanos e norte-rio-grandenses), duas Caiporinhas e duas Sereias (meninos), um Pastor, Sinhá Filipa, Escova-Bota, Lobisomem, Cego (guiado pelo Escova-Bota), Doutor para curar o Boi, Fiscal cobrador do imposto e Soldado. O Boi dança, arremete, espalha auditório e é morto por Mateus sem justificação plausível. Repartição do Boi para atender à dívida do Doutor. O Boi ressuscita espontaneamente e volteia no baião final do entremez. Acompanhamento de violas e canto, solo e coro. Cada figura tem sua solfa e sua dança, participadas pelo trio Catirina e os dois Mateus, sapateando e desafinando humoristicamente. Teo Brandão dará um ensaio completo sobre o assunto, *Um Auto Popular Brasileiro nas Alagoas*; que pude ler, gentilmente enviado pelo autor.

TRÊS REIS MAGOS. Ou as Três Marias. São as três estrelas do Boldrié do Órion, Alnitek, Anilam e Mintaka.

TRÊS SETES. Ver *Jogo de Baralho*.

TRÊS-VEZES-SETE. Furto, roubo. "Fazer três-vezes-sete". Obs. Pode-se substituir a expressão pelo gesto de furtar ou roubar – o polegar direito na palma da mão esquerda, como eixo, e os outros dedos da mão direita em movimento circular. Pronuncia-se habitualmente *três-vê-sete* (Édison Carneiro, *A Linguagem Popular da Bahia*, Rio de Janeiro, 1951).

TREZE. Número fatídico, pressagiador de infelicidades. As pessoas nascidas no dia 13, por ambivalência, serão venturosas. A superstição de evitar treze convidados à mesma mesa é tradicional em todos os povos cristãos como uma reminiscência da "Ceia Larga" na Quinta-Feira Maior, quando Jesus Cristo ceou com os doze apóstolos, anunciando-lhes a traição de um deles e o próprio martírio. Afirma-se que morrerá um dos comensais ou o primeiro a deixar a refeição. Judas Iscariotes fora o primeiro a abandonar a mesa (*João*, XIII, 30) e suicidou-se (*Mateus*, XXVII, 5). Morrem antes do Mestre. Existia, muito antes do nascimento de Cristo, o receio temeroso ao treze. Mommsen não encontrou um só decreto em Roma datado do dia 13. Hesíodo (*Os Trabalhos e os Dias*), sete séculos antes da era cristã, aconselhava não semear no décimo terceiro dia. Salomão Reinach (*in* Saglio) informa que "le treizième jour du mois fût déjà evité par les anciens, en qualité de Trithé de la seconde décade". Na Europa, o 13 não figurava na numeração dos alojamentos, apartamentos de hotéis e navios e mesmo nas poltronas dos primeiros aviões de passageiros. Na Inglaterra, uma mulher falecera de colapso por encontrar sua residência numerada com o número 13. Tentam opor uma reação ao pavor do 13 e vários Thirteen Clubs combatem o agouro, reunindo-se e festejando justamente essa data. A Igreja Católica divulga as trezenas de Santo Antônio, treze dias de orações em homenagem ao santo que faleceu a 13 de junho de 1231. Mas os dias 13 são fatídicos, escolhidos para *fumaça às esquerdas* (para o mal), no Catimbó, feitiço maléfico, envultamento, muamba de morte ou doença grave, etc. Ver Luís da Câmara Cascudo, *Superstição no Brasil*, "Treze à mesa", 300-302, 6ª ed., São Paulo, Global, 2002.

TREZE DE MAIO. Denominação pejorativa dada aos libertos pela lei de 13 de maio de 1888. Um "A. B. C. dos Negros", que Leonardo Mota colheu no Maranhão (*Sertão Alegre*, 218-221, Imp. Ofici. de Minas Gerais, Belo Horizonte, 1928), começa e termina com esses versos:

Agora tocou a sorte
Dizer o que o preto sente.
Falar dos "treze de maio"
Que também querem ser gente.
....

Til como é letra do fim
Por ser acento moderno,
Inda tenho fé de ver
Treze de Maio no inferno.

Em Pernambuco cantava-se:

Nasceu periquito,
Morreu papagaio;
Não quero história
Com Treze de Maio!

TRINTA E UM[1]. Ver *Jogo de Baralho*.

TROCADO. Tipo especial na cantoria tradicional do Nordeste. Não pertence realmente ao "desafio" mas é usado nas exibições dos cantadores. São versos dialogados, obrigando a uma resposta imediata, obedecendo às rimas que o primeiro cantador escolheu. É um dos tipos mais difíceis da cantoria sertaneja. Chamam-lhe também mourão. Ver *Mourão*. Um dos "trocados" mais apreciados é o de "sete pés", setissílabo, fórmula ABABCCB:

A) — "Agora meu companheiro
Vamos cantar um trocado!

B) — Pode trazer seu roteiro
Que me encontra preparado;

A) — Em verso não lhe aborreço
Mas em trocados eu conheço
Quem é que canta emprestado!"

(Luís da Câmara Cascudo, *Vaqueiros e Cantadores*, 182-183, São Paulo, Global, 2005). Trocado é ainda o conjunto de "movimentos executados pelas dançadeiras de São Gonçalo, muito semelhantes à marcha do ginasta" (Informação de Saul Alves Martins, Belo Horizonte, Minas Gerais).

---

1 No texto original: "Trinta-e-Um" (N.E.).

Troca de Imagens. Isaac Grinperg, *Mogi das Cruzes de Antigamente*, 152, S. Paulo, 1964, regista tradição local, referente a Santo Ângelo, de Jundiapeba, conduzido processionalmente a Mogi das Cruzes nas longas estiagens. Quando esquecem a restituição, a imagem regressa à sua capela sem o intermédio devoto, denunciando a travessia pelos pés sujos de barro. Ver *Chuva*.

Trocano. Torocano, instrumento de percussão indígena, espécie de telégrafo e sinaleiro, transmitindo as comunicações de povoação em povoação. Stradelli (*Vocabulário Nheengatu-Português*, 680-681) descreve: "Instrumento com que os indígenas comunicam de maloca em maloca e serve para chamar a gente e dar sinais. É um toro de madeira, inteiriço, escavado a fogo, de uns dois a três metros de comprimento e geralmente mais de metro e meio de diâmetro (os tamanhos variam muito), de madeira leve e sonora, com três buracos de uns dez centímetros de diâmetro, reunidos por uma estreita fenda, que ficam voltados para cima, quando está, como costume, suspenso entre quatro paus, num buraco feito para este fim no chão, pouco mais largo do que o instrumento, mas mais profundo do que um homem. O trocano é suspenso nos paus por tipoias de envira, que podem ser encurtadas ou alongadas à vontade, fazendo-o subir ou descer no buraco, conforme for conveniente. Quando se trata de reunir a gente da maloca e, por isso mesmo, não é necessário que seja ouvido muito longe, as enviras são encurtadas e o trocano fica mais ou menos fora do chão; quando o aviso deve ser ouvido longe, as tipoias são alentadas e o trocano descido. Os sinais são dados, batendo no trocano com um macete de cabeça de goma elástica, ou envolvida em tiras de couro de anta, entre os dois buracos extremos, obtendo-se, segundo o lugar em que se bate, sons diferentes, que, conjuntamente com o número de golpes e seu espaçamento, permitem a transmissão de notícias por meio de pequenas frases, combinadas num código de sinais muito primitivo, mas suficiente para as necessidades locais. O que é certo é que nos distritos suficientemente povoados, onde as malocas não são excessivamente afastadas uma da outra, qualquer notícia se propaga com muita celeridade e segurança. O som nas melhores condições, isto é, de manhã e de noite, não creio que se ouça a mais de dez ou doze quilômetros de distância; a uma distância de seis a sete quilômetros o tenho ouvido eu, e ainda bastante distinto para admitir que se ouça mais longe. Nestas condições nenhuma dúvida há que o que se ouve muitas vezes afirmar com certa ênfase, que o trocano é o telégrafo dos índios, tem seu viso de verdade, embora, tudo somado, o seu ofício não passe do que tiveram os sinos, desde tempos imemoriais, e ainda hoje têm em muitos casos". A transmissão de sinais por meio de tambores é processo universal e milenar. O Cônego Francisco Bernardino de Sousa (*Lembranças e Curiosidades do Vale do Amazonas*, 108, Pará, 1873) descreve o trocano, adiantando que "também serve para chamada de baile, e se distingue pelo diferente toque". O naturalista Alexandre Rodrigues Ferreira escreve que o trocano "era instrumento de guerra de quase todos os gentis do Pará", o que não parece, pelo exposto, bem certo.

Trocar. Como reverência às imagens ou estampas de santos, não se devem empregar os verbos comprar ou vender e sim "trocar". Troca-se o dinheiro pela imagem. Troquei uma imagem muito fiel de São Judas Tadeu, por oito cruzeiros. Outra reserva verbal era dizer-se *comprar o feitio* da imagem, isto é, o trabalho do santeiro e não o santo "vulto". No inventário de Dona Isabel Soares, autuado em setembro de 1750 (cartório de Goianinha, Rio Grande do Norte) lê-se: "O feitio de uma imagem do Senhor, de prata, 1$500" (Hélio Galvão, *Velhas Heranças*, Bando, ano III, vol. II, n.º I, 30, Natal, 1951).

Troças. Grupos de estudantes ou de crianças reunidos para fins lúdicos, esportivos ou destinação recreativa de divertir-se a custa de alguém. Pequenos *ranchos*, constando de poucas pessoas, organizados durante o carnaval, sem acompanhamento de músicos e, às vezes, sem cantigas especiais. No Recife, na época carnavalesca, ficaram famosas as "troças" dos Abanadores do Arruda, Potoqueiros de S. Antônio, Guaianum na Vara, Babaquaras, Pão da Tarde, o Homem do Cachorro do Miúdo, o Prato Misterioso (depois transformado em clube), Azeiteiros da Rua Nova. Em Natal, a célebre "troça" era a das Maxixeiras, saindo na manhã da segunda-feira, homens vestidos de baianas, caras de alvaiade, rodelas de carmim nas bochechas, maracá na mão, visitando os amigos e distribuindo bom humor. No Sul, especialmente em São Paulo, denominam *trocinhas* os grupos infantis da mesma rua, reunidos para um verdadeiro processo de iniciação social, jogos, lutas, divertimentos internos, seleção da capacidade associativa, exercício de comando, disciplina, iniciativa, estímulo, responsabilidade. Há um excelente estudo-pesquisa de Florestan Fernandes, "As Trocinhas do Bom Retiro", *Revista do Arquivo*, CXIII, S. Paulo, 1947. Essas *trocinhas*, existentes em todos os recantos do mundo, são elementos mantenedores do dinamismo vitalizador do folclore lúdico, defendendo os jogos e as cantigas do esquecimento e, pela movimentação assimiladora dos grupos, determinando variantes.

Trombeta. O indígena brasileiro conheceu a trombeta, buzina, usando-as como instrumento excitador e guerreiro e também nas festas religiosas de Jurupari, no culto do qual os instrumentos são sagrados e múltiplos, especialmente as trombetas. Negros e brancos sabiam muito bem soprar nesses tubos e conseguir sonoridade ritmada e simples. Certamente as mais antigas trombetas indígenas têm a embocadura na extremidade, e as que a possuem lateralmente são cronologicamente posteriores e discutem se a influência é europeia ou africana para tal modificação. Renato Almeida (*História da Música Brasileira*, 43-51) reuniu o que se sabe no assunto. Como instrumento popular quase desapareceu o emprego, mas entre a indiada, sempre ligado culto de Jurupari, confessado ou não, continua resistindo no extremo norte brasileiro.

Tropa de Monos. Grupo, capela de bugios, bando de macacos. É denominação do sul do Brasil. "Assim como os nossos sertanejos denominam de *capela* os grupos sociais de bugios, tratam os agrupamentos de monos de *tropa*. O mono, *Brachyteles arachnoides* (E. Geoff), é o maior macaco americano e, no Estado de São Paulo, encontra-se ainda pelas faldas da serra de Paranapiacaba, sendo caça de carne muito substanciosa. Inúmeras histórias e anedotas são contadas a respeito do bugio. Quase desconhecidas são as que se referem ao mono, cujos hábitos são pouco conhecidos fora dos ambientes sertanejos. Muito espirituosa é uma história do Juquiá-Guaçu. Um preto foi caçar e topou com um casal de monos no alto de um cauvi. O mono, de respeitável porte, acocava nos braços o filhinho, e a fêmea, franzina de corpo, estava a seu lado no galho da árvore. O mono só avistou o caçador, que se aproximava quietinho, quando este lhe apontou a espingarda. O mono imediatamente entregou o filho à companheira, esclarecendo o seu gesto: "Catarina, pegue o Bonifácio, que eu quero descer lá embaixo. Quero vê se esse negro é macho!" (Frederico Lane, *Vorta Boi, Vorta!* 151, São Paulo, 1951). A mesma *estória* já ocorre no Espírito Santo, vale do Rio Doce, fronteira de Minas Gerais. Um trabalhador rural contou ao engº Ceciliano Abel de Almeida uma variante: "Era uma Sexta-Feira Santa e um caçador, sem atender os rogos de sua dona, foi caçar. Assim que penetrou na mata virgem, deparou-se-lhe um bando de macacos. O homem apoia a espingarda ao ombro para fazer pontaria. De imediato, um dos monos, que sustinha um filhote, exclama: "Muié toma o Gabrié, que eu quero vê o que esse homem qué!" O caçador pasmado caiu sem sentidos e só no sábado de Aleluia foi encontrado, ficado leso por muitos dias" (*O Desbravamento das Selvas do Rio Doce*, 27, Rio de Janeiro, 1959). Ver *Guariba, Capela*.

Trote. Vaia, gritaria, apupos. Festa de estudantes do segundo ano nas faculdades, "recebendo" os do primeiro ano, os calouros. Algumas apresentam cortejos humorísticos, discursos bestialógicos, fantasias carnavalescas, vestidas pelos iniciados, obrigados a pagar todas as despesas e a cumprir o programa planejado pelos "veteranos". Outros "trotes" são de revoltante estupidez, famosos pela grosseria humilhante imposta aos que se iniciam e que, por sua vez, vão exigir dos futuros "calouros". É uma herança da Universidade de Coimbra, célebre pelos aparatosos processos de boas-vindas aos novatos, inclusive a raspagem da cabeça, reminiscência da proibida e bruta *brimade* militar na França. O trote corresponde às festas burlescas, dadas com os motivos idênticos, na Festa delle Matricole, Fête des Inscriptions, The Celebration of "Freshmen", Fiestas de las Matrículas, Matrikelfest, Brimade, etc., na Itália, França, Estados Unidos, Espanha, Alemanha, etc. Independente do trote acadêmico ou universitário, *dar trote* é fazer uma pilhéria, apanhando a vítima desprevenida e de credulidade fácil. Os mais antigos trotes atingem ao ano de 1831 no Curso Jurídico de Olinda, quando houve morte de um estudante, por causa das vaias entre novatos e veteranos (Clóvis Beviláqua, *História da Faculdade de Direito do Recife*, I, 45, Rio de Janeiro, 1927). Ver *Pilhéria*.

Trovão. Estão quase totalmente desaparecidas as tradições populares referentes ao trovão. Ouvindo-o, procedem a algumas medidas preventivas, evitando o raio que é anunciado pela trovoada. A presença do trovão como castigo divino ou aviso já não possui mais devotos. Está o todo-poderoso meteoro rebaixado à classe de um fenômeno natural. A influência religiosa do trovão foi infinita e um dos títulos mais impressionantes dos velhos deuses de outrora era o fazer-se ouvir pelo trovão. Não foi outra a técnica da catequese religiosa no Brasil, utilizando o trovão como um deus, Tupã, e fazendo-o significar a divindade onipotente. O Prof. Trombetti provou que o trovão era a significação mais espalhada e tradicional da divindade (*Puluga, il Nome più Diffuso della Divinità*, Bolonha, 1921; Jorge Bertolaso Stella, "A Glotologia e a Pré-História", *Revista do Instituto Histórico de São Paulo*, vol. XXXI, 1936, separata, pág. 35).

Truco. Ver *Truque*.

Trundundum. Ver *Tum-Dum-Dum*.

Truque. "Jogo entre quatro parceiros, cada um dos quais dispõe de três cartas. É este o mais popular dos jogos de cartas, no interior de São Paulo e de quase todo o Brasil. Em São Paulo joga-se com as seguintes cartas, pela ordem dos valores: os dois, os três (bicos), o sete-oro (sete de ouros), a "espádia" (espadilha), o sete-copa (sete de copas), o quatro-pau (quatro de paus), ou "zape". Faz parte da pragmática do jogo levá-lo sempre com pilhérias e bravatas, umas e outras geralmente acondicionadas em fórmulas estabelecidas. Truque de Mano, variedade que se joga entre duas pessoas" (Amadeu Amaral, *O Dialeto Caipira*, 222, São Paulo, 1922). Trucada: "uma vez, uma *jogada* ou *mão* de truque; o ato de trucar", *idem*, 222. Truquero: "jogador de truque", *idem*, 222. Trucá (R): "o ato de provocar o adversário, no jogo do truque, antes de uma jogada. O que *truca* exclama, em regra: *truco!* O adversário *manda*, ou *corre*. Se manda, na dúvida de fazer a vaza, é geralmente com a frase – *Bamo vê*, ou *Jogue*. Se tem a certeza de ganhar, ou pretende amedrontar o outro, responde com ênfase, às vezes aos gritos: *Tome seis! Seis, papudo! E diga por que não qué!* e outras bravatas por esse estilo". Trucá (R) de Farso: "trucar sem carta que assegure o lance, só para amedrontar o adversário", *idem*, 223. Valdomiro Silveira (*Mixuangos*, 91-99, ed. José Olympio, Rio de Janeiro, 1937) fixou o jogo no seu conto Truque, de onde transcrevo a Moda do Truque:

"Zape matou sete-copa,
Menina, falai comigo na horta;
Sete-copa matou espadilha,
Menina, falai comigo de dia;
Espadilha matou sete-ouro,
Menina, os seus olhos parece besouro;

Sete-ôro que mata um três,
Menina, falai comigo outra vez;

Um três que mata um dois,
Menina, falai comigo despois;
Um dois que mata um ás,
Menina, comigo não fala mais!"

O jogo nos veio de Portugal, onde tem os mesmos nomes, Truco, Truque, já citado em Bluteau (1712-1721). Já era popular na Bahia em 1618 (*Denunciações da Bahia*, 81, Rio de Janeiro, 1936, ed. da Biblioteca Nacional). Ver *Jogo de Baralho*. Num festival de Folclore em Olímpia, São Paulo, agosto de 1974, houve o 3º Campeonato de Truco, na Praça da Matriz.

Tucupi. É o sumo da mandioca, fresca, apurado ao fogo, até tomar a consistência e a cor do mel de cana. Para meu gosto é o rei dos molhos, tanto para as caças, como para o peixe, devendo-se de acrescentar que é aconselhado para cura do beribéri, na dose de um cálice depois de cada refeição, e que se lhe atribuem curas extraordinárias: Stradelli, *Vocabulário Nheengatu-Português*, 1828. "A massa (*da mandioca ralada*) fica então fortemente comprimida (*no tipiti*) e o suco que se escapa vem escorrer num vaso colocado embaixo. Este suco é no começo venenoso, mas, depois de fermentado, torna-se inofensivo e capaz de servir como bebida; é o tucupi". (Luís Agassiz e Elizabeth Cary Agassiz, *Viagem ao Brasil*, 1865-1866, Brasiliana, 95, S. Paulo, 1938). É molho tradicional na cozinha amazônica e no Maranhão. Famoso o "Pato no tucupi".

Tumbansa. No Norte: suco fresco de caju, com farinha de castanha de caju, seg. Chác. e Quint., março 1941, pág. 325, cit. (A. J. de Sampaio, *Á Alimentação Sertaneja e do Interior da Amazônia*, 323, Brasiliana, São Paulo, 1944). Ver *Timbu*.

Tundá. Anquinha que avolumava os vestidos femininos na parte posterior, correspondendo à *tournure* francesa, *puff*, muito em voga no Brasil, na segunda metade do séc. XIX e de fácil encontro nos versos satíricos da época.

Tum-Dum-Dum. Dança popular em Bragança, Pará, pertencente ao ciclo de São João e presentemente desaparecida. Informa Bordalo da Silva (Pará) tratar-se de festa cabocla, exclusivamente masculina. Duas filas de homens, de calça e camisa branca, descalços, armados de um bastão de madeira, no ritmo do tamborim, bailavam em alas e círculo, batendo os bastões no solo, no do parceiro e finalmente num moirão, poste que ficava no centro, sustentado por um rapaz. Batiam de três modos: — no chão e no do companheiro fronteiro; no solo e no do camarada ao lado; no chão e no moirão central. Os bastões tinham cerca de dois metros de comprimento. Não cantavam. Reminiscência da dança de espadas, destaca-se pela originalidade do poste central, que não ocorre, de meu conhecimento, em nenhum outro bailado fixado pelos pesquisadores no Brasil e no estrangeiro. Dança ginástica, sob a cadência do tamborim, figurando luta, deve constituir um documento vivo dos mais antigos bailados do mundo, ausência de enredo, canto, significação utilitária, traduz a homenagem votiva da guerra, pura e simples, mais puro, mais simples, mais antigo que o Maculelê. Pereira da Costa, *Vocabulário Pernambucano*, registra trundundum, barulho, arruaça, bernarda, com uma variante de 1878 onde se lê *turundurum*, no mesmo sentido. Ver *Maculelê*.

Tupã. Creio Tupã ou Tupana um deus criado pela catequese católica no séc. XVI e nome imposto pelo hábito às crianças e aos catecúmenos. O vocábulo daria apenas a imagem do trovão e, tomando o efeito pela causa, o processo de identificação vitoriou porque não havia rivalidade na teogonia local. A documentação da época é em sua maioria totalmente adversa a qualquer ideia de uma entidade superior e onipotente, nem o indígena atingira ao estado de personalizar a divindade e menos de fixar-lhe direitos e ações. O assunto, que apaixonou estudiosos, foi examinado com maior vagar e exposição de textos no *Geografia dos Mitos Brasileiros*, "Tupã", 57-69, 3ª ed., São Paulo, Global, 2002, e as conclusões lógicas, raciocínio e debate do tema, estão nessa fonte que indico à curiosidade do leitor. Ver *Ci* e *Jurupari*. Stradelli, com quase meio século de conhecimento da indiaria amazônica, apaixonado pelo amigo "selvagem", fixou a questão de forma concordante com a minha. Sem o aparelho erudito que fui obrigado a manejar, mostrando, pelo confronto e cotejo a antiguidade do processo individualizador e a impossibilidade psicológica do Tupã realmente indígena, Stradelli escreveu um depoimento sincero e alto, baseado na sua observação imediata e longa: "Tupanã. Deus. Que ideia o indígena faz de Deus? Não saberia dizê-lo com certeza. Pela tradição da lenda do Jurupari, e que parece comum a todas as tribos tupi-guaranis e se acha propagada e aceita pela mor parte das tribos que lhes têm estado em contato, embora nunca se fale em Tupana, sente-se que ele está acima das mães das cousas todas, como um ser vagamente suspeitado, mas necessário, como a mãe das mães das cousas, e se veem na convicção de que a palavra Tupana é uma adaptação, talvez, posterior. Todavia, nenhuma dúvida há que a primeira e mais sensível manifestação de alguma cousa acima e fora do comum de todos os dias, de alguma cousa de incompreensível e superior está no trovão acompanhado do relâmpago, e que Tupana indica exatamente algum ser, o qual tem o poder de trovejar e repetir a ação. O sufixo *ána*, com efeito, tanto indica que a ação expressa no prefixo já teve lugar como que continua e persiste. Tupana, pois, é o ente desconhecido que troveja e mostra a sua temibilidade pelo raio, que abate, como se fossem palha os colossos da floresta, e tira a vida aos seres, deixando uns restos carbonizados. Do pouco que conheço das crenças e tradições indígenas, me parece poder afirmar que a ideia de um ser criador de todas as cousas, dono e regedor deste Universo não a tem, nem em geral a compreendem. Tupana não passa da mãe do trovão, tida na mesma consideração de todas as outras mães, mas porque mãe de cousas de que o indígena não precisa, que dispensa, é uma mãe que não se honra nem se festeja. Na realidade, quando todas as outras mães têm danças e festas, que lhes são dedicadas, nunca ouvi que houvesse festa dedicada a Tupana. O Tupana, que vai figurar nas frases que se seguem (no Vocabulário), é o Deus cristão, e a adaptação é dos antigos missionários, que, ao mesmo tempo que traduziam por diabo Jurupari, traduziram Tupana por Deus e a que, como é sabido, já se atribuiu a invenção da nossa boa língua" (Stradelli, *Vocabulário Nheengatu-Português*, 684-685).

Tupana. Ver *Tupã*.

Tupis. Quando os portugueses chegaram ao Brasil, os tupis estendiam-se do Rio Grande do Sul ao Rio Grande do Norte. Foi a primeira raça indígena que teve contato com o colonizador, desde o primeiro dia e decorrentemente a de maior presença como influência no mameluco, no mestiço, no brasileiro que nascia e no europeu que se fixava. Alimentos, idioma, processos de caça e pesca, superstições, costumes amalgamaram-se, extensa e profundamente. O tupi é a raça histórica, estudada pelos missionários, falada pelo estrangeiro dominador, dando a tropa auxiliar, recebendo batismo e ajudando o conquistador a expulsá-lo de sua terra e anulá-lo como entidade social. É o povo mais estudado, de maior bibliografia e o mais conhecido. Logicamente dele recebemos uma massa mais avultada de "constantes" no nosso folclore. Seus deuses ou entes poderosos e sobrenaturais resistem até nossos dias, Jurupari, Caapora, Anhanga, Curupira, Baitatá, Batatá, Batatão, o segundo, quarto e quinto eminentemente populares, a Cobra-d'Água encantada (Boiuna), o Uirapuru, incomparável amuleto, o Boto, o Matintapereira, o Urutau (Mãe da Lua) e também Urutauí, dez outros. Eram os artífices das redes de dormir, criadores da farinha de mandioca (farinha de pau), do complexo da goma de mandioca, das bebidas de frutas e de raízes, da carne e peixe moqueados, elementos que possibilitam o avanço branco pelo sertão, garantindo-lhe subsistência regular e nutritiva. Subestimamos muito a influência indígena no nosso folclore, embora seja mais destacada e vasta que a do africano. Este teve e tem suas zonas de conforto, mas os mitos mais nacionais, depois dos europeus, trazidos pelos portugueses, são os indígenas e, em maior proporção, os de origem tupi. Influíram nos processos do sincretismo religioso, participando dos Candomblés de Caboclo (Caboclo é sinônimo popular de indígena ou seu descendente), determinando a Pajelança amazônica e trazendo para os Catimbós nordestinos um grande número de seus entes fabulosos, guerreiros, pajés, fauna e flora. Companheiro de bandeirante paulista e baiano, ficando nas terras mais distantes, deixou muito de sua mentalidade e folclore nas regiões onde lutou e viveu, bem longe das tabas nativas. Foram, em maior percentagem, fiéis aos portugueses contra os holandeses e na Confederação dos Cariris, de fins do séc. XVII a princípios do séc. XVIII no Nordeste, acompanharam os soldados que iam bater o cariri e seus aliados, deixando-se ficar nas primeiras fazendas, adaptando-se ao ciclo nascente do gado ou permanecendo nos aldeamentos nos serviços da agricultura. As áreas de sua influência temática são muitíssimo maiores que as zonas de sua ocupação demográfica. Vamos encontrando vestígios de sua língua, costumes e superstições nas regiões da indiada adversa, no folclore e na toponímia. O folclore brasileiro conserva uma boa parte do fabulário tupi e as colheitas de Charles Frederik Hartt, Barbosa Rodrigues, Herbert H. Smith, Tastevin, Stradelli, Brandão de Amorim, Couto de Magalhães são depoimentos decisivos na espécie.

Turi. Ver *Tori*.

Turundu. Dança dramática em Minas Gerais, município de Contagem, distrito das Neves. João Dornas Filho ("A Influência Social do Negro Brasileiro", *Revista do Arquivo Municipal*, 110-114, vol. LI, São Paulo, 1936) é o informador. Ocorre no ciclo do Natal a Reis e também a 2 de fevereiro (Purificação da Virgem ou Candelária, Nossa Senhora das Candeias). É um reisado e chamam-no igualmente "Folia". Consta do "deretor", os três reis magos, sendo que o Rei Gaspar é o "Guarda-mor da Folia", o mulato Bastião e mais vinte a trinta figurantes. Instrumentos, caixa e chocalho, mas Dornas Filho alude ao "monótono e arrastado gemer dos instrumentos", o que pode ser viola e rabeca. O turundu visita as casas amigas, saudando os moradores com versos de reis, e o Bastião improvisa ou repete quadrinhas, pedindo cachaça, café, etc. O "verdadeiro turundu" é uma narrativa de cada um dos reis magos, declamação enfática de uma aventura maravilhosa com uma princesa encantada, que vivia numa floresta. Recebera presentes mágicos, baús inesgotáveis de ouro, toalhas que oferecem refeições deliciosas, violas cuja sonoridade obriga a que todos bailem. A própria princesa rende-se ao rei narrador e realiza-se a festa do imaginário casamento. "Ao descrever o baile, que então se realizara pelo seu casamento com a princesa, o mascarado, que se mantinha encolhido no banco, põe-se de pé num salto e, seguido por todo o grupo de foliões, vinte a trinta pessoas que o cercam, inicia o sapateado forte e barulhento, ao som dos instrumentos e das vozes. É o turundu". Os versos são quadrinhas de sabor popular. Um menino faz então a "perninha", solo bailado, dança ginástica. Depois vão cantar noutra parte. A característica é a narrativa dos reis magos, um *alô* fabuloso, com elementos temáticos sabidamente orientais e que o europeu divulgou, o baú (bolsa inesgotável), toada de refeições, viola irresistível com o imprevisto aproveitamento para o bailado, geral e findador.

Turundurum. Ver *Tum-Dum-Dum*.

Tutano. Medula dos ossos, é de predileção popular. Ao seu sabor especial junta-se a ideia universal do tutano constituir a essência, o miolo, a materialização da força física do animal, sua energia sexual e locomotora. Era alimento comum dos povos primitivos, desde seu aparecimento na terra. Não há depósito em cavernas, atestando a presença humana, onde fatalmente não se encontre os ossos das peças de caça abatidas, fendidos para a extração do tutano. "Los sesos y las diversas partes de la cabeza eran, sin duda, consumidos como partes delicadas y exquisitas, siendo también muy apreciada la medula ósea, y así se advierte que, sin excepción, todos los huesos están partidos y fragmentados para extraer el tuétano con las finas espátulas de hueso, de Las que se han encontrado diversos ejemplares" (Eduardo Hernández-Pacheco, *La Vida de Nuestros Antecesores Paleolíticos*, 22, Madrid, 1923). O mesmo sábio informa que o tutano, mesclado com óxido de ferro, constituía a tinta para pintar o corpo e também para traçar as figuras que vemos nos muros dessas cavernas, residências de milênios.

Tutu. Bicho-tutu, papão assombrador de crianças. Citado nos acalantos. Há vários tutus espantosos, tutu-zambeta, tutu-marambá, tutu-do-mato. Na Bahia, confundindo com o caititu, é um porco do mato. Vale Cabral, Alberto Faria, Pereira da Costa, Basílio de Magalhães divertiram-se, estudando o tutu; ver Luís da Câmara Cascudo, *Geografia dos Mitos Brasileiros*, 197-199, 3ª ed., São Paulo, Global, 2002, onde há um resumo das pesquisas sobre o tutu. Prato regional em Minas Gerais e São Paulo, tutu de feijão. "Tutu: Pegue-se o feijão que sobrou da véspera e refogue-se em gordura com todos os temperos e um pouco d'água. Em seguida, vai-se engrossando com farinha de mandioca até adquirir a consistência que se quiser. Em Minas, serve-se com pedaços de linguiça frita e, no Rio de Janeiro, cobre-se com molho de tomates. Em São Paulo toma o nome de "virado à paulista" e serve-se coberto com ovos fritos, torresmos e costeletas de porco" (Marisa Lira, *Migalhas Folclóricas*, 163, Rio de Janeiro, 1951).

Tuxaua. Chefe, maioral, tusaua. O tuxaua, que parece soar, quem tem o sangue, é do sangue, de *tui*, sangue, e *sáua*, sufixo, que substantiva a ideia contida no prefixo, se não é forçosamente o filho do próprio chefe, que por qualquer razão não lhe pôde suceder, todavia é sempre alguém da família deste. Só na falta será um estranho. Pela lei e o costume, salvo caso de indignidade, ou impossibilidade material, os filhos sucedem aos pais e isso naturalmente, como aqueles que já tinham autoridade e já mandavam como lugares-tenentes dos próprios pais, tanto nas danças e festas cerimoniais, como no mando da tribo. A autoridade do tuxaua, todavia, não é lá grande coisa, salvo talvez em tempo de guerras, hoje cada dia mais raras e difíceis entre os indígenas; só obtém ser obedecido, dentro do costume pela persuasão e o ascendente próprio, individual, que possa adquirir, mas por via de regra lhe seria impossível exercer qualquer coação. A sua autoridade, pelo contrário, é grande como chefe do conselho da tribo e executor das suas sentenças. Esta condição de ser chefe do conselho exclui de sucederem ao pai os filhos que ainda não tenham a idade ou a sisudez suficiente para dele fazerem parte. A condição de serem dignos nos importa na exclusão de todos aqueles que de algum modo infringiram os costumes herdados dos avós, e os que, demonstrando não saber obedecer e ser submissos a seus legítimos superiores, mostraram que são inaptos e indignos para mandar gente. De conformidade, no Uaupés, já assisti à exclusão de um moço, por outro qualquer motivo digno de ser tuxaua, somente porque tinha desrespeitado e desobedecido ao próprio pai. O tuxaua, para garantir à tribo a própria sucessão, não somente em muitas tribos é obrigado a casar moço, mas nas que seguem a lei do Jurupari, deve divorciar-se da mulher estéril e casar tantas vezes quantas sejam necessárias até ter filho varão. Em qualquer caso é o conselho da tribo que declara o filho sucessível ao pai, e que na falta ou incompatibilidade deste, escolhe o novo tuxaua, de preferência na própria família deste e, só na falta, o estranho a esta, que julgar mais digno (Stradelli, *Vocabulário Nheengatu-Português*, 683-684).

U

UAINA. Fase de toxidez da água de certos afluentes, quando ocorrem os primeiros repiquetes, e os peixes ficam então entorpecidos e a bubuiar, sendo apanhados facilmente com as mãos e mortos a pauladas (tambaquis). Assim água ruim, peixe ruim, que se não deve beber e comer. Do tupi (Alfredo da Mata, *Vocabulário Amazonense*, 300, Manaus, 1939).

UAIUARA. Duende amazônico, assombrador, registrado em 1819 unicamente por Von Martius. "Quase por toda parte, os índios reconhecem três espécies de espíritos maus: o *jurupari*, o *curupira* e o *uaiuara*. Demônio de casta muito inferior é o *uaiuara* (talvez 'senhor da mata'?), que geralmente costuma aparecer aos índios sob a forma de homúnculo ou de cão robusto, de compridas orelhas abanantes. Este deixa-se mais terrivelmente pressentir à meia-noite, como os caçadores de Artur, da lenda alemã. Talvez seja esse duende o lobisomem do emigrante": *Viagem pelo Brasil*, 3º, 215 e 217, Rio de Janeiro, 1938. O anotador Basílio de Magalhães escreve: "Não se nos deparou o termo *uaiuara* nos tratadistas. Mas Raimundo Morais (*ob. cit.* vol. II, pág. 157) registra o vocábulo *uaiua*, 'estado em que fica a água dos afluentes, com os primeiros repiquetes'. E, como se lê em Teodoro Sampaio (*ob. cit.*, pág. 221), 'guayú exprime a vinda, a chegada, a invasão ou irrupção'. Assim, *uaiuara* provavelmente significa 'o que chega de repente', isto é, a 'assombração', ou a irrupção de alguma grande calamidade" (nota 8, pág. 215). (Raimundo Morais, *O Meu Dicionário de Cousas da Amazônia*, Rio de Janeiro, 1931; Teodoro Sampaio, *O Tupi na Geografia Nacional*, pág. 212, na 3ª ed., Bahia, 1928). Alfredo da Mata registra *uaina*: "fase de toxidez da água de certos afluentes, quando ocorrem os primeiros repiquetes, e os peixes ficam então entorpecidos e a bubuiar, sendo apanhados facilmente com as mãos e mortos a pauladas (tambaquis). Assim água ruim, peixe ruim, que se não deve beber e comer". (*Vocabulário Amazonense*, 300, Manaus, 1939). O Conde de Stradelli inclui no seu *Vocabulário uairi*, casta de tambaqui, ostra. Uara vale dizer "que come", o comedor de, potiguara, comedor de camarão. E também proveniência, pertinência, localização, *oca-uara*, que é de casa (Stradelli). O mesmo que *guara*, o que come, o que se alimenta, também o ente, o vivente, o indivíduo. Como sufixo, indica procedência, nacionalidade (Teodoro Sampaio). Será o que vem, que procede da *uaina*, da *uaiua*, do estado letal de certos igarapés. Comedor de tambaqui era rebaixar o duende a um nível banal. Não reaparece noutras fontes de informação amazônica depois de Von Martius.

UALALOCÊ. Flauta típica dos indígenas parecis.

UALRI. (Tamanduá em baniua). Velho indígena iniciado por Jurupari e que o traiu, revelando o segredo dos instrumentos sagrados. Malvado e vingativo, tornou-se impopular e odiado. Foi queimado vivo e de suas cinzas nasceram insetos e répteis venenosos (Stradelli, "Leggende dell'Jurupary", 12-19, sep. do *Bolettino della Società Geografica Italiana*, julho, Roma, 1890). Ver *Instrumentos Musicais*.

UARANGÁ. Bastão de ritmo dos ipurucatás com maracás na parte superior, construído de um só colmo de taquara.

UARAPERU. Instrumento musical de sopro de algumas tribos amazônicas. "Um pedaço de taboca do comprimento de um palmo com uma abertura retangular no meio, por onde o tocador sopra, abrindo ou fechando com os dedos as duas extremidades abertas, conforme precisa. O som do Araperu serve ao pescador para chamar os peixes e tem o dom de acordar e atrair as moças que dormem no fundo do rio." (Stradelli, *Vocabulário Nheengatu-Português*, 696).

UARIUAIÚ. Bailado indígena, que representava a caça do macaco guariba, uariuaiú (Amazonas). Mycetes.

UATAPI. Instrumento musical amazônico, buzina feita de búzio, que já em 1587 Gabriel Soares de Sousa registrava entre os amoipiras do sertão da Bahia.

UATAPU. Colares de conchas ou de pedaços de conchas, usados pelos indígenas como ornamentos em suas danças. É ornamento muito apreciado e exclusivo dos homens. No rio Tiquié, em Pari Cachoeira, na maloca dos barrigudo-tapuia-aimorés, me fizeram ver um saco de tururi, cheio de colares de conchas, que pareciam de origem marinha e dos quais não me foi possível obter nenhum, embora oferecesse até uma espingarda de dois canos com pólvora e chumbo (Stradelli, *Vocabulário Nheengatu-Português*, 697).

UBATÁ. Instrumento negro trazido pelos escravos africanos para o Brasil.

UBATUBANA. Ver *Fandango*.

UBELÊ. Ver *Opelê*.

UÇÁ. Caranguejo uçá, *oussá*, registrado por Jean de Lery, Uca. Marcgrave estudou-os na *História Natural do Brasil*. Grandes, saborosos, estão integrados na economia popular, especialmente gordos nos meses que não têm R, maio, junho, julho e agosto.

UDECRÁ. Espécie de viola usada pelos xerentes e que deve constituir um modelo de inspiração européia. Chamam-na também Udês-Hecrá.

UFUÁ. Instrumento musical indígena do Amazonas. Barbosa Rodrigues descreve-o como uma trombeta, de taquaruçu, com um orifício onde fica uma pequena taquara rachada. Produz um som roufenho e lúgubre.

UIRAPURU. "Irapuru, pássaro ornado, pássaro emprestado, *ouirapuru*, é a maravilha da mata. Quando aparece e faz ouvir o seu canto, dizem que todos os pássaros da vizinhança acodem para ouvi-lo. O canto eu nunca o ouvi. Na mata tenho encontrado mais de uma vez reuniões de pássaros das mais diferentes espécies, em ajuntamentos muito parecidos com os que na Europa os passarinhos fazem em roda da coruja, mas nunca pude ver o pássaro que servia de chamariz. O passarinho, que me tem sido mostrado como tal, é um *tirannus*, de cor acinzentada e preta, pouco vistosa, com uma mancha branca nas costas, em forma de estrela, que somente aparece quando abre as asas, ficando coberta por elas, quando em descanso. Mais de uma vez o tenho tido, e uma vez já o matei em plena floresta, mas era isolado e sem acompanhamento, o que já me fez desconfiar da informação, embora obtida de diversas pessoas e em lugares diversos. Seja como for, Goeldi dá com o nome de uirapuru duas *pipras* e um *chiroxiphia*, que vêm nas estampas coloridas, sem que a eles se refira no texto, pelo que não sei onde ouviu estes nomes. Os quatro ou cinco uirapurus preparados para amuleto, que tenho tido ocasião de ver, somente tinham de comum o tamanho, embora dois fossem indubitavelmente uns *tirannus*; vinham tão deformados e sujos de carajuru com resina de cunuaru, que era impossível saber de que cor tinham sido, e individualizá-los. Ao uirapuru preparado convenientemente por mão de pajé se atribui a virtude de tornar feliz e trazer fortuna a quem o possuir. A crença não se encontra tão somente espalhada entre os indígenas, mas também entre o povo civilizado, e não há tendeiro aqui no Norte do país, e especialmente no Pará e Amazonas, que, embora nascido em terras de além, não tenha pago, bem pago, um uirapuru, ou não esteja pronto a pagá-lo (se houver raridade) para tê-lo na gaveta ou na burra, ou enterrá-lo na soleira da porta, com a firme convicção de que é o meio mais seguro de atrair a freguesia e a fortuna. Disso, pois, naturalmente, o multiplicar-se dos uirapurus e as falsificações, tornadas fáceis pelo modo como são preparados os verdadeiros, e de aí a razão, dizia o meu amigo pajé, de muitas vezes nenhum efeito produzirem" (Stradelli, *Vocabulário Nheengatu-Português*, 703-704). Henry Walter Bates descreveu o uirapuru em 1856, visto em Ega. Escreve *papa-uirá*, que o tradutor e anotador, o Prof. Cândido de Melo Leitão, aceitou. *Papa* como frequentativo de *pá*, sonoro, e *uirá* de guirá, pássaro, título bem lógico para o uirapuru, e tanto mais expressivo que o *puru*, enfeitado, emprestado, ou *piru*, seco, magro. Bates viu três pássaros diferentes todos apresentados como legítimos uirapurus. Pelo *papa-uirá* explicavam os indígenas e mestiços a presença de bandos de aves diversas, reunidas sem razão plausível. Estariam "conduzidos por um passarinho cinzento, chamado papa-uirá, que fascina os outros e os guia com uma dança fatigante entre as brenhas". Não alude ao canto (O *Naturalista no Rio Amazonas*, 2º, 321-322, Brasiliana, São Paulo, 1944). Raro será o cronista do mundo amazônico sem o registro do uirapuru e suas façanhas sedutoras. Couto de Magalhães, na sua teogonia convencional dos tupis, deu ao Guirapuru o domínio dos pássaros, o ente protetor das aves: "O dos pássaros ou Guirapuru: o nome quer dizer pássaro emprestado, ou pássaro que não é pássaro. Este guirapuru toma a forma de um pássaro que anda sempre rodeado de muitos outros. As superstições populares do Pará atribuem a tal pássaro a virtude de conduzir à casa daquele que possui um deles continuado concurso de gente. Não há no Pará, no Maranhão e Amazonas muitos taverneiros que não tenham na soleira da porta enterrado um guirapuru, a quem atribuem a virtude de conduzir fregueses à sua taverna. Um guirapuru, por este motivo, custa caro; eu possuo um morto (não é possível apanhá-lo vivo), que custou me 30$ no Pará". (*O Selvagem*, 136, Rio de Janeiro, 1876.). O primeiro estrangeiro que realmente ouviu o uirapuru e fixou-lhe a melodia foi Richard Spruce, numa excursão de Óbidos ao rio Trombetas, de 19 de novembro de 1849 a 6 de janeiro de 1850 (*Notes of a Botanist on the Amazon and Andes*, I, 101-102, "edited and condensed by A. R. Wallace", Mac Millan and C. Ltd., Londres, 1908): "*A tuneplaying-bird;* um pequeno despertou-me o maior interesse, embora não o tivesse visto. É denominado Uira-Puru, literalmente *pássaro pintado*, e dizem ser do tamanho de um pardal. Como o senhor Bentes me prevenira, eu iria certamente ouvi-lo nas cachoeiras, e acrescentou que 'ele cantava para todo o mundo como uma caixa de música'. Daí eu estar sempre atento, e um dia, afinal, ao meio-dia, na hora em que as aves e os animais estão mais silenciosos, tive o prazer de ouvi-lo bem próximo a mim. Eram inconfundíveis os claros sons metálicos, exatamente modulados como por um instrumento musical. As frases eram curtas mas cada uma incluía todas as notas do diapasão, e depois de repetir a mesma frase umas vinte vezes passava subitamente para outra, de quando em vez com a mudança de clave de uma quinta-maior, e prosseguia por igual espaço. Normalmente fazia uma breve pausa, antes de mudar de tema. Eu já o escutava, há bastante tempo, quando me ocorreu a ideia de fazer a transcrição musical. A seguinte frase é a mais frequente:

Simples como é, esta música era, vinda de um músico invisível no fundo da mata selvagem, de uma magia que me encantou quase uma hora. Então, bruscamente, parou, para recomeçar tão longe que mal pude percebê-la a extinguir-se". Gastão Cruls (*Amazônia Que Eu Vi*, 75-76, Brasiliana, S. Paulo, 1945) ouviu o uirapuru e ao lado da notação de Spruce, registrou outras, bem diversas. "Mas o uirapuru é garganteador de tais recursos e gosta tanto de improvisar... Depois, entre Spruce e Benjamim, medeiam largos oitenta anos e não é para admirar que de lá para cá ele haja enriquecido os seus processos." A posição em que cai o uirapuru ao ser abatido, indica o sexo que o deve usar como amuleto. Caindo ressupino, será para mulher e ficando de bruços, pertencerá ao homem, depois de convenientemente "preparado" pelo pajé. Sobre o canto do uirapuru, notação musical, ver ainda Gastão Cruls, *Hileia Amazônica*, 183-187, Rio de Janeiro, 1958.

UJA. Ver *Jamanta*.

ÚLTIMO. É o número simpático nos contos populares. O último filho, o mais moço, o último dos cães, fiel e forte, o cavalo último, resistente. A tradição sobre o "primogênito" é bem inferior à do último-gênito, aquele que demora mais tempo na companhia doméstica e prefere a bênção com pouco dinheiro à maldição com muito. Uma imagem desse privilégio é José do Egito, o mais moço dos filhos de Jacó e de Raquel, vendido por seus irmãos e salvador da família inteira. Sir James George Frazer (*Le Folk-Lore dans L'Ancien Testament*, trad. E. Audra, 153-180, Paris, 1924) estudou longamente as origens e áreas de influência do prestígio do último-gênito, preterindo mesmo o irmão mais velho na herança ("L'héritage de Jacob ou l'ultimogéniture", conhecida na Inglaterra como o "Borough English"). Frazer mostra que a origem seria dos povos agrícolas e não pastoris. A dispersão dos irmãos mais velhos e a sucessiva fixação noutros tantos centros econômicos ou de produção independente, trariam a maior demora do *último filho* na casa paterna, logicamente encarregado da proteção e defesa do lar e dos velhos pais, recebendo parte maior na herança pelos serviços prestados. Com outras razões dificilmente explicar-se-á a existência desse processo, o inverso do morgadio, pela Ásia quase inteira e grandes regiões populosas da África.

UMBANDA. Ainda ao tempo das reportagens de João do Rio, os cultos de origens africanas do Rio de Janeiro chamavam-se, coletivamente, *candomblés*, como na Bahia, reconhecendo-se, contudo, duas seções principais – os *orixás* e os *alufás*, ou seja, os cultos nagôs e os cultos muçulmanos (*malês*) trazidos pelos escravos. Mais tarde, o termo genérico passou a ser *macumba*, substituído, recentemente, por *Umbanda*.

Meio século após a publicação de *As Religiões no Rio*, estão inteiramente perdidas as tradições malês e em geral os cultos, abertos a todas as influências, se dividem em *terreiros* (cultos nagôs) e *tendas* (cultos nagôs tocados pelo espiritismo).

O catolicismo, o espiritismo e o ocultismo tentaram ganhar para si os cultos populares e, em consequência, há inúmeros folhetos, muitos lidos, que veiculam as mais diversas explicações para os fenômenos da Umbanda, relacionando-os, ora aos aborígines brasileiros, ora à magia do Oriente, ora aos druidas de Kardec. Mais ou menos aceitas essas explicações, se não pela massa de crentes, os *filhos de fé*, ao menos pelos responsáveis pelas casas de culto, alguns elementos formais, ainda não suficientemente sedimentados, estão penetrando na teogonia e na liturgia: o arcanjo Miguel comanda todos os personagens celestes de acordo com a posição que se imagina que desfrute no catolicismo, como chefe dos anjos; a esses personagens o espiritismo atribuiu fluidos de cores diferentes, num verdadeiro desperdício de imaginação, enquanto ao ocultismo se deve, certamente, a tentativa de sistematização deles em grupos sucessivos de sete... A pressão exercida sobre a Umbanda por esses novos modos de conceber o mundo não conseguiu, porém, comprometer gravemente um núcleo original de crenças e de práticas que tem preservado a sua integridade.

As divindades da Umbanda – que os folhetos dividem em sete linhas, sete legiões e sete ou doze falanges, estas ainda divisíveis em falanges menores – podem ser repartidas objetivamente em três grupos fundamentais, tendo à sua volta, flutuantes e instáveis, outros seres ainda não muito bem caracterizados:

(1) Os orixás nagôs, conhecidos em todos os cultos de origem africana no Brasil, são o cerne da Umbanda.

(2) Fusão de concepções particulares angolenses e conguesas com a concepção ideal do aborígine brasileiro, vulgarizada pela revolução da Independência, os caboclos formam um grupo de grande homogeneidade entre os personagens venerados *em terreiros e tendas*.

(3) Os velhos escravos sabidos nas coisas da África encontram o seu lugar na Umbanda entre os *cacarucai*, os "pretos-velhos" componentes da chamada Linha das Almas, que, como diz um dos folhetos (Byron Torres de Freitas e Tancreto da Silva Pinto, *Doutrina e Ritual de Umbanda*, 1951), "não cumpriram toda a sua missão na Terra". Maria Conga, Pai Joaquim e o Velho Lourenço são os mais conhecidos entre eles. Talvez sejam a contribuição particular dos "cambindas" (cabindas) de João do Rio ao *flos sanctorum* popular.

Estes três grupos – dos quais os dois últimos se constituíram neste século – são o coração da Umbanda. Estão ainda em processo de aceitação anjos e santos católicos, "povos", personagens mitológicos e fantásticos e figuras de todo tipo, que "vieram de Aruanda" e conhecem "a lei de Umbanda", que muito provavelmente se unirão aos integrantes de outros grupos, com quem porventura se venham a parecer, ou – já que o período de expansão das concepções da Umbanda parece estar encerrado – se apagarão da memória coletiva.

Afora esta multiplicação de divindades, o modelo nagô dos cultos de origem africana permanece vivo nos *terreiros* cariocas. O chefe de culto, *ganga, tata, babalaxé, babalaô*, conforme o rito a que obedece, tem para ajudá-lo a *mãe-pequena* (*jabonã*), que o substitui, e o sacrificador de animais (*axogun*). Os iniciados (*cambonos*) e as iniciadas (*sambas*) – nas *tendas*, respectivamente *médiuns* e *médias* – dançam em roda (*gira*) diante do altar (*gongá*) e, com o transe místico, recebem as *entidades*, os *encantados* e os *guias* celestes. Entre *cambonos* distinguem-se o *cambano de ebó*, que deve saber todas as artimanhas e todas as encruzilhadas de Exu, e o *cambono colofé*, acólito geral das cerimônias públicas e privadas. As mulheres que não têm o privilégio do transe são servidoras das divindades (*cotas*), enquanto os homens na mesma situação são ogãs – *colofé*, de *estado* (ou seja, do altar), de atabaque e de *terreiro*, este último hierarquicamente superior aos demais. O processo de iniciação não tem a mesma duração nem a mesma complexidade de que se reveste em outros lugares, mas exige a permanência do iniciando no *terreiro*, as lavagens de cabeça (*bôri*) e de contas e boa quantidade dos frutos africanos ôbi e orobô, a aprendizagem de cânticos rituais (*pontos*) e de maneiras de propiciar o favor das divindades ou de acalmar a sua ira. As cerimônias fúnebres obedecem ao padrão do *axexê*. Sem grande diferença do que acontece em outros pontos do país, a distribuição dos dias da semana entre as divindades contempla exclusivamente os orixás nagôs. A identificação destes com os santos católicos se faz como em toda parte, mas Ogum tem símile em São Jorge e o Oxóssi festeja-se como São Sebastião, padroeiro da cidade. Em substância, o *despacho* de Exu, com que começam as cerimônias públicas, continua a fazer-se como o faziam os nagôs... Assim, apesar de complicado, às vezes, por práticas estranhas, espíritas e ocultistas, o modelo tradicional dos cultos de origem africana resiste.

Sob outros aspectos, porém, a Umbanda foge ao modelo.

O espiritismo ofereceu, com o copo d'água, em que se refletem os fluidos, uma alternativa que, dada a sua simplicidade, pôs em perigo os búzios divinatórios dos nagôs. Leem-se páginas de Allan Kardec nas *tendas*, estabelece-se comunicação com os mortos, os *guias* e os *irmãos do espaço*, se dispõem a fazer *caridade*, os perturbados são alijados por meio de *passes* e *concentrações*. O contato com o ocultismo, em grande voga ainda por volta de 1930, comunicou à Umbanda os defumadores, os banhos de descarga, os "trabalhos" para os mais diversos fins (por exemplo, para "desamarrar" a sorte), reviveu signos e encantações, exorcismos e flagelações, e complicou as oferendas a Exu, seja mandando abrir as garrafas de cachaça e as caixas de fósforos, seja discriminando quais os *despachos* a depositar em encruzilhadas machas (em cruz) e em encruzilhadas fêmeas (em T), com exclusão daquelas em que passem trilhos de bonde, porque "a influência do ferro ou aço neutraliza o efeito" (Oliveira Magno, *Práticas de Umba*, 1951).

Fora destas contribuições estranhas, a Umbanda apresenta algumas dessemelhanças próprias em relação aos outros cultos. A importância que nela tem Exu parece uma reminiscência, ainda que vaga, das danças representativas do ato sexual que se executavam, em sua homenagem, na África, mas que não chegaram ao Brasil ou, pelo menos, não foram registradas aqui. Não somente há uma grande variedade de Exus, alguns de existência apenas no Rio de Janeiro, Exu Lalu, Exu Tranca-Rua e Exu Caveira, um deles "sem rabo" e por isso podendo sentar-se – Exu das Almas, como qualquer pessoa pode servir-lhes de *cavalo*, uma prática desconhecida em outros pontos. À meia-noite, nas festas públicas, canta-se para Exu – e normalmente todos os presentes são possuídos, os homens pelo mensageiro dos orixás, as mulheres pela sua companheira Pomba-Gira. Em vez de vestimentas especiais para cada *encantado*, os caboclos exclusive, os participantes das festas costumam uniformizar-se – blusa de cetim brilhante, geralmente branca, saias ou calças de cor. Os cânticos rituais *(pontos)* são reforçados por sinais pintados no chão com *pemba*, giz *(pembe*, em Angola), de modo que se podem distinguir os *pontos cantados* ou *curimbas (cuimba*, segundo Cannecatim) e os *pontos riscados*. E, há alguns anos sem justificativa conhecida nas tradições populares, *tendas* e *terreiros* realizam cerimônias propiciatórias do Ano Novo, publicamente, nas praias cariocas e fluminenses.

Com o Exu Caveira, que preside cerimônias sem paralelo no cemitério de Irajá, e os *pontos riscados*, a Umbanda, curiosamente, se aproxima dos cultos negros do Haiti.

Segundo Heli Chatelain *(Folk-tales of Angola*, 1894), a palavra *Umbanda* tem diversas acepções correlatas na África: "(1) A faculdade, ciência, arte, profissão, negócio: a) de curar com medicina natural (remédios) ou sobrenatural (encantos); b) de adivinhar o desconhecido pela consulta à sombra dos mortos ou dos gênios e demônios, espíritos que não são humanos nem divinos; c) de induzir esses espíritos humanos e não humanos a influenciar os homens e a natureza para o bem ou para o mal. (2) As forças em operação na cura, na adivinhação e no influenciar espíritos. (3) Os objetos (encantos) que, supõe-se, estabelecem e determinam a conexão entre os espíritos e o mundo físico".

Englobadamente, como vimos, esta tríplice definição calha bem à Umbanda carioca.

O vocábulo *macumba* está sendo progressivamente rejeitado. Não obstante *Umbanda*, como diz Chatelain, derivar-se de *Kimbanda*, por meio do prefixo *u*, no Rio de Janeiro Umbanda seria a magia branca e Quimbanda a magia negra – e a esta última ligar-se-ia a macumba. Outros veem impropriedade no termo, que designaria, não os cultos, mas um instrumento musical, descrito (Lourenço Braga. *Umbanda e Quimbanda*, 1951) como "vara de ipê ou de bambu, cheia de dentes, com laços de fita em uma das pontas, na qual um indivíduo, com duas varinhas finas e resistentes, faz o atrito sobre os dentes, tendo uma das pontas da vara encostada na barriga e outra encostada na parede". Confirmando a existência desse estranho instrumento, há um *ponto* de Calunga das Matas:

"Ô Caçanjé, cadê Calunga?
— Tá lá nas matas
Tocando macumba."

Por se localizar na ex-Capital da República, a Umbanda sofreu o impacto das mais variadas e poderosas influências, favoráveis e desfavoráveis. Perseguida, e muitas vezes expulsa do Rio de Janeiro, não teve outro recurso senão colocar-se à sombra do catolicismo popular, do espiritismo e do ocultismo para escapar à destruição. Tudo indica, porém, que essa fase de provação passou – e que o tipo de culto que representa, em vez de sucumbir, sobreviveu, não se anulando ante os aliados eventuais e os inimigos de outrora, mas talhando, rigorosamente à sua maneira, crenças e práticas, divindades e cerimônias. Com a instalação da democracia no Brasil, a Umbanda está refazendo as suas forças ao longo do caminho que leva a Aruanda (Édison Carneiro). *"Umbanda* é presentemente, 1976, designação usual e preferida por todo Brasil. Desapareceu *Macumba*, reservada para o Feitiço, 'despacho', *ebó*, jamais para a agremiação nos 'terreiros', e raramente diz-se *Candomblé*, mera reminiscência. Édison Carneiro, no *Linguagem Popular da Bahia*, Rio de Janeiro, 1951, não registrara *Umbanda*, documento expressivo para sua pouca circulação, trinta anos passados, na Bahia, Rio de Janeiro, Recife." (L. da C. C.).

UMBIGADA. A pancada com o umbigo nas danças de roda, como um convite intimatório para substituir o dançarino solista, tem a maior documentação para dizer-se de origem africana. Em Portugal ocorre no fandango e no lundu, como uma *invitation à la danse*, como vemos na punga do Maranhão, nos cocos de roda ou bambelôs e em certos sambas. Também aparece como uma constante, usada por todos os componentes no decurso da dança e não apenas para o convite à substituição. Nesse caso está o batuque paulista, que não é de roda mas em filas paralelas, as umbigadas são sucessivas. Há bambelôs (cocos de roda) em que a umbigada é inexistente. O convite é feito por uma vênia ou batida de pé diante da pessoa preferida. Batida de pé ou rápida saudação, curvando-se sem deixar de sapatear. Vi em Portugal, especialmente nos arredores do Porto, várias danças de roda, em que os pares faziam a menção da umbigação, toda vez que se defrontavam e não mais como convite ao solo coreográfico que, nesse particular, não havia, tratando-se de um bailado sem pontos individuais. O lundum ou lundu dançou-se no Brasil com umbigadas, e assim informa Lopes Gama no *Carapuceiro*, n.º 65, Recife, 12 de novembro de 1842:

"Também era muito usado
O dançar às umbigadas
O belo landum chorado."

E no n.º 19, de 4 de abril de 1842: "O que fervia era o landum, e estalavam as umbigadas com o nome de "pungas". A informação africana é abundante. H. Capelo e R. Ivens *(De Benguela às Terras de Jacca*, I, 64, Lisboa, 1881), referindo-se à travessia entre os quilengues em 1878, escrevem: "Após três ou quatro voltas perante os espectadores, termina o dançarino por dar com o próprio ventre na primeira ninfa que lhe parece, saindo esta a repetir cenas idênticas". Alfredo de Sarmento *(Os Sertões D'África*, Lisboa, 1880) descreve mais nitidamente a dança negra com ou sem a umbigada: "Forma-se um círculo de dançadores no meio de uma arena, ficando em redor os assistentes. Formado o círculo, saltam para o meio dois ou três pares, homens e mulheres, e começa a diversão. A dança consiste num bambolear sereno do corpo, marcado por um pequeno movimento dos pés, da cabeça e dos braços. Estes movimentos aceleram-se conforme a música se torna mais viva e arrebatada, e em breve admira-se um prodigioso saracotear de quadris, que chega a parecer impossível poder-se executar, sem que fiquem deslocados os que a ele se entregam... Quando os primeiros pares se sentem extenuados, vão ocupar os seus respectivos lugares no círculo, e são substituídos por outros pares, que executam os mesmos passos... Em Luanda e em vários outros presídios e distritos, o batuque difere deste que se acaba de descrever e que é peculiar do Congo e dos sertões situados ao norte do Ambriz. Naqueles distritos e presídios, constitui também o batuque num círculo formado pelos dançadores, indo para o meio um preto ou uma preta, que, depois de executar vários passos, vai dar uma embigada (a que chamam *semba*) na pessoa que escolhe entre as da roda, a qual vai para o meio do círculo substituí--lo. Esta dança, que se assemelha muito ao nosso *fado*, é a diversão predileta dos habitantes dessa parte do sertão africano (Congo) onde a influência dos europeus tem modificado de algum modo a sua repugnante imoralidade". Uma página contemporânea, "Batuque" (de Albano Neves e Sousa, *Panorama*, n.º 21, vol. 4, junho de 1944, Lisboa), fixa o bailado angolês, o final da dança viva de uma negra sugestiva: "O ritmo da música foi afrouxando, e Lumina, exausta, o pano arrastando pelo chão como penas de pássaro morto, bateu o pé em frente da outra dançarina. Dançara aquela e dançaram muitas mais, mas nenhuma como Lumina, a filha do século da terra". Henry Koster *(Viagens ao Nordeste do Brasil*, 316, Brasiliana, São Paulo, 1941) não reparou no processo da escolha: "Um homem ia para o centro da roda e dançava minutos, tomando atitudes lascivas, até que escolhia uma mulher, que avançava, repetindo os meneios não menos indecentes, e este divertimento durava às vezes até o amanhecer". Tollenare não cita a umbigada nas danças negras a que assistiu no Recife de 1817. Freireyss registra-o num batuque em Minas Gerais em 1815: "Os dançadores formam roda, e ao compasso de uma guitarra (viola), move-se o dançador no centro, avança e bate com a barriga na barriga de outro da roda, de ordinário pessoa de outro sexo" *(Antologia do Folclore Brasileiro*, vol. 1, 78, 9ª ed., São Paulo, Global, 2004). A umbigada veio para o Brasil com os escravos bantos. No Congo e sertões ao norte do Ambriz, o convite é a vênia, batida de pé ou rápida saudação. Em Angola há as duas formas, a batida de pé diante da pessoa convidada (o final do bailado de Lumina) e a umbigada, *semba*, registrada por Alfredo de Sarmento, Hermenegildo Capelo e Roberto Ivens. Há um versinho nordestino consagrador:

"São sete menina,
São sete fulô;
São sete umbigada
Certeira qu'eu dou!"

Escrevendo sobre o batuque, informa Alceu Maynard Araújo *(Documentário Folclórico Paulista*, 11, S. Paulo, 1952): "É uma dança do ritual de procriação. Há mesmo uma figuração coreográfica, chamada pelos batuqueiros "granché", "grancheno" ou "canereno", na qual pai não dança com filha, porque *é falta de respeito dar umbigada;* então executam movimentos que nos fazem lembrar a coreografia da "grande chaine" (grande corrente) do bailado clássico. (Granchá é mesmo deturpação dos vocábulos franceses, muito usados na dança da *quadrilha*.) Evitam o "incesto", executando o "cumprimento" ou "granché", "pois é pecado (sic) dançar (e a dança só consiste em umbigadas), nos seguintes casos: pai com filha, padrinho com afilhada, compadre com comadre, madrinha com afilhado, avó com neto ou batuqueiro jovem". Se porventura, por um descuido, um batuqueiro bate uma umbigada na afilhada, esta lhe diz: "a bênção, padrinho". O padrinho mais que depressa vem lhe dando as mãos alternadamente até perto da fileira onde estão os batuqueiros, sem batucar. Esta atitude tomada na dança do batuque, para os "folcloristas" sem preparação sociológica, é traduzida apenas como "dança de respeito". Mas o "cumprimento" examinado à luz da antropologia cultural mostrará que os batuqueiros fazem o "granché", porque este evitará o incesto, o que temem praticar. Por isso mesmo é evitado por meio do "granché", pois aquele tabu sexual é uma observância já encontrada nas sociedades pré-letradas. Só este argumento, sem falar dos movimentos da umbigada, que no fundo são uma representação do ato genésico, nos dá prova suficiente para afirmarmos que o batuque é uma dança do ritual da reprodução". *Semba* é umbigo em quimbundo. *Dissemba*, singular; *massemba*, plural. No *Dicionário Etimológico Bundo-Português*, do Padre Albino Alves, C. S. Sp. (II, Lisboa, 1951), registra-se *"Semba*, dança". Não *Samba*. No *Dicionário Kimbundo-Português*, de A. de Assis Júnior (Luanda, Argente, Santos e Cª), lê--se: *Masemba*, umbigada (na dança). *Kusemba*, v. tr. e intr. Agradar, galantear, desvanecer. Oscar Ribas (*Missosso*, III, Luanda, 1964) disse-me: *"Samba* é deformação de *Semba* pois qualquer dos bailados é constituído de umbigadas". A dança *Rebita*, onde há o passo *Fogope* com a umbigada, dizia-se realmente *Masemba*. O *Rebita* é de Benguela (Luís da Câmara Cascudo, *Made in Africa*, "Umbigada", 130--141, 2ª ed., São Paulo, Global, 2002). *Dicionário Complementar Português-Kimbundu-Kikongo*, do Padre Antonio da Silva Maia (Cucujães, 1964): "Umbigada, pancada com o ventre, *Di-semba*, plural *ma-semba"*. Oscar Ribas divulga vasto documentário fotográfico da *Massemba*, caracterizada pela umbigada: *Izomba*, "Associativismo e Recreio", Luanda, 1965. No Dundo, terra de Lunda, em Angola, assisti a *kalekula* dos negros Bangalas, dita também *Cassonda*, exclusivamente masculina (a *Massemba* inclui mulheres), lembrando o *Bambelô*. Creio a umbigada uma "constante" dos bantos, influindo em Portugal em muitas danças populares, *Vira, Cana-verde, Sarapico*, etc. Ver Édison Carneiro, *Samba de Umbigada*, Rio de Janeiro, 1961. Ver *Coco Samba*.

Umbigo de Boi[1]. Cipó de boi, azorrague flexível e de grande resistência, feito do ligamento cervical posterior do boi. Surra de umbigo de boi é pior que apanhar de fio de arame farpado. Do seu uso imemorial há citação na *Ilíada*, de Homero (VI, 136--138), onde Licurgo bate com o umbigo de boi, *nerfs*

---
1 No texto original: "Umbigo-de-Boi" (N.E.).

de boeuf, as amas de Dionísio, e este foge espavorido. Manuel Odorico Mendes, inexplicavelmente, traduziu por "aguilhada".

Umbu. Ombu, ambu *(Spondias tuberosa)* do tupi *i-mb-ú*. Ver *Imbu*.

Umbuzada. Ver *Embu*.

Unicorne. *(Palamedea cornuta)*. Pernalta colorida de preto e branco, do tamanho de um peru. Patas fortes e negras. Anda aos pares. Come capim e insetos. Tem um chifre e esporões nas asas. Seu grito, repetido e respondido pelo companheiro, é imitado assim pelo caboclo: João Gomes, que tu comes? Minhoca, minhoca... João Gomes, que tu comes? Minhoca, minhoca (Raimundo Morais, *O Meu Dicionário de Cousas da Amazônia*, II, 158), Anhuma (Alfredo da Mata, *Vocabulário Amazonense*, 305, Manaus, 1939).

Urina. No catimbó, pajelança, candomblés e macumbas, a urina não é um bom elemento representativo da entidade que deve ser enfeitiçada ou sofrer a influência de uma muamba, ebó, coisa-feita, etc. O povo crê que a urina seja anuladora do feitiço, afastadora de males. Urinar sobre uma muamba, um feitiço, é anular-lhe as "forças". No Extremo Norte, a roupa suja não é confiada à lavagem sem ser urinada, ou borrifada com essa secreção. É uso de muita gente. O feiticeiro que beber urina fica desarmado por muito tempo. Até princípios do séc. XX, pelo Nordeste, foi castigo horrendo imposto aos galanteadores conquistadores infelizes, o beber urina, especialmente guardada, dias e dias, para o suplício. Durante o meu curso jurídico no Recife (1924-1928) comentava-se o ocorrido de um desses sucessos, e conheci a pessoa que se apontava como "vítima" do remédio clássico contra a luxúria. Na terapêutica sertaneja, a urina de vaca, bebida pela manhã, em jejum, é específica contra a maleita, a febre malária. Lavar os pés com urina de gado cura dardos, frieiras, impigens e mesmo certas feridas. Na região de pastorícia, a urina do gado tem várias aplicações medicamentosas. Aconselhada como específica contra a geofagia infantil (Leonardo Mota, *Violeiros do Norte*, 243, S. Paulo, 1925). No séc. XV bebiam-na os feridos de flechas ervadas. Em 1425, Rui Mendes de Vasconcelos, convencido de estar *ferido de herva*, ouviu o conselho do Rei D. João I: *"bebey loguo da ourinha, que he mui proveitosa pera esto*, e como repugnasse ao fidalgo, o próprio soberano *por lhe mostrar que nam ouvese nojo, gostou a ourina"* (Fernão Lopes, *Crônica de D. João I*, CIX). Ver Luís da Câmara Cascudo, *Folclore do Brasil*, 203, 238-239, Natal: Fundação José Augusto, 1980.

Urso. Figura raramente nos contos populares. Símbolo do moleirão, desajeitado, pouco inteligente e teimoso; falso amigo, intrigante, desleal. Quem sonha com urso sonha com a morte.

Uruá. Ver *Aruá*.

Urubu. Catártidas *(Cathartes foetens*, etc.), Camiranga, de cabeça vermelha, o urubutinga, branco, urubu-rei, etc. Vivendo de animais mortos, é ave agoureira e pouco simpática no folclore, egoísta, orgulhosa, solitária. Mas figura em muitos contos populares e num papel de relativa simpatia. É esperto, astuto, raramente enganado. Substituiu o corvo europeu nas fábulas importadas. É o compadre urubu das facécias e fábulas brasileiras. No adagiário é muito frequente. Celso de Magalhães, citado por Sílvio Romero (*Estudos Sobre a Poesia Popular do Brasil*, 104, ed. Laemmert, Rio de Janeiro, 1888), informa: "...razão também do urubu ser ave maldita. No interior das províncias, é crença que não se deve atirar em um corvo, sob pena de quebrar-se a espingarda e nunca se poder matá-lo. O fato de desfolharem-se todas as árvores em que os corvos fazem pouso, cremos que devido às suas secreções, é também apontado como consequência de sua maldição. O corvo, quando morre, diz o povo ainda, seca ao tempo e nem as formigas o comem". Ver *Reino*.

Urucá. Ligas com frutos secos, pequeninas cabaças contendo sementes ou pedrinhas, usadas nos artelhos para ritmar certas danças indígenas do Amazonas. Como essas ligas também eram conhecidas pelos africanos, figuram em bailes de origem negra no Brasil.

Urucu. Pasta de cor vermelha, extraída da *Bixa Orellana*, Lin, usada desde tempos imemoriais pelos ameríndios em geral. Foi devido à coloração que a pele tomava, quando untada de urucu, que aos índios se deu a designação de pele-vermelha. Está provado hoje que o urucu protege eficazmente o corpo contra os efeitos dos raios solares e contra a picadura dos insetos, sem impedir a transpiração normal. Os tupi-guaranis urucuzavam-se diariamente após o banho matinal, usando certa argila, à guisa de sabão, para dissolver o urucu do dia anterior. Os cronistas franceses escreveram *ouroucou*. Nas Guianas e na Venezuela era denominado *rucou;* na língua nahuatl aparece a denominação de *achiotl*, e os yucatecas e antilhanos davam-lhe o nome de *bixa* ou *bija*. O P. Gumilha, em 1745, afirma que do urucu havia largo uso na região do Orinoco. No texto (de Marcgrave) vem também grafado vrucu e vracu (Plínio Ayrosa, *Notas à História Natural do Brasil*, XCVIII, São Paulo, 1942). O urucu servia de condimento e colorante para certas iguarias, sendo substituído pelo açafrão. O P. C. Tastevin ("Origine de Quelques Mots Français Emprutés à la Langue Tupy-Guarany", *Les Missions Catholiques*, pág. 441, n.º 2623 Lyon, 1919) adianta: "Rocou ou Roucou, Recouer et Roucouyer. C'est un arbrisseau dont le fruit, qui est une cabohe, renferme une pulpe très usitée en teinture et employée pour la cuisine". Ver *Jenipapo*.

Uruçu. *(Melipona soutellaris, Trigona subterranea*, Triesi). Uma das primeiras abelhas indígenas domesticadas pelo colono português, seduzido pela delicadeza e sabor do mel e excelência da cera, castanha-clara. É o mel aconselhado nas velhas farmácias e boticas de outrora. Usadíssimo, preferencialmente, para a "meladinha", mel com aguardente, ou o "charuto", vinho com mel de abelha.

Urucubaca. Cafife, caiporismo, azar, sorte mesquinha, sorte torcida, má sorte. O termo, com tais acepções, apareceu no Rio de Janeiro em 1914, quando o Marechal Hermes da Fonseca deixou o governo, e a ele aplicado com um ridículo esmagador; tomou logo vulto, e irradiou-se por todo o país. Apareceu então *um filólogo paciente*, naquela cidade, que *descobriu* a etimologia de urucubaca, dizendo que vem de urubu, bicho de mau agouro, e *cumbaca*, peixe dos ribeiros de Santa Cruz, peixe azarento, que, caindo no anzol do pescador, estraga-o para o resto do dia; ficando assim proclamada a origem fluminense do termo, e "natural de Santa Cruz a expressão tão em voga hoje em dia", como conclui o aludido filólogo paciente a sua "escavação", publicada no jornal *A Noite* e logo transcrita por nós *(Jornal Pequeno*, n.º 53, de 1915). Nada temos que ver, quanto àquela etimologia, que vem tomar lugar entre outras de certos vocábulos assim engenhosamente arquitetados, como, nomeadamente, os nomes de duas povoações de Portugal, Jerumenha e Mecejana, impostos a uma localidade no Piauí e a outra no Ceará, dados como *de origem tupi*, e com as suas respectivas interpretações! A tudo isto, porém, cumpre-nos obtemperar: O termo urucubaca é vulgar entre nós, e corrente já desde muito, com as acepções de feitiço, mandinga, catimbó, como se vê deste trecho de um artigo publicado num periódico do Recife: "Parece até que lhe deitaram urucubaca, que está o homem tão pateta, que não dá por si, e continua a fazer o triste papel de bobo da súcia". *(O Clamor Público*, n.º 17, de 1845). Na zona sertaneja, nas localidades que se originam de aldeamentos de índios, e entre os que restam ainda, vivendo promiscuamente entre os novos povoadores, o termo é vulgar com a expressão de *mandinga de caboclo*, e em outras localidades, nome de uma pequena larva, que prodigiosamente aparecendo, e criando asas depois, nos terrenos brejados de plantação de algodão e cereais, destrói-nas por completo em uma noite. É o *caiporismo da urucubaca*, diz o povo na ocorrência de semelhante prejuízo (Pereira da Costa, *Vocabulário Pernambucano*, 731-732).

Urucungo. Orucungo, oricungo, uricungo, ricungo, rucungo. Instrumento de procedência africana, que consiste num arco de madeira, tendo um arame retesado, passado entre as pontas. Numa das extremidades, ou no centro do arame, é presa uma pequena cabaça, de forma arredondada, com uma abertura circular. O som é obtido pela percussão da corda com os dedos ou com uma vareta ou uma haste de metal: a cabaça funciona como caixa de ressonância, que o tocador coloca sobre o peito ou a barriga. Outra variedade do instrumento não possui cabaça; o tocador prende a corda entre os dentes, funcionando, pois, a boca como caixa de ressonância. Também chamado berimbau, berimbau de barriga, marimbau, gobo, bucumbumba, gunga, macungo, matungo e mutungo e, em Belém do Pará, marimba. Na Bahia, no jogo da capoeira, costumam associar-lhe o caxixi (Oneyda Alvarenga, *Música Popular Brasileira*, 312, Ed. Globo, Porto Alegre, 1950). Conheço um tipo de urucungo (no Rio Grande do Norte diz-se berimbau de barriga) em que há uma cabacinha com sementes secas, servindo de pequeno maracá, preso na haste com que o tocador percute o fio de arame. Dizem-no origem de todos os instrumentos de corda. Ver *Berimbau de Barriga*.

Urué. Na tradição oral do Piauí fala-se de um negro falastrão, que tomou pauta com Satanás, para derrubar e amansar todos os cavalos, sem jamais ser derribado nem vencido por outro qualquer vaqueiro. Chamava-se Barra Nova, e ficou famoso como Urué, por dizer sempre quando ia beber: *vou matar urué*. O diabo tentou um dia arrebatá-lo, mas Urué salvou-se ficando meio amalucado (Leônidas e Sá, *Folclore Piauiense*, Literacultura, III, 367, Teresina, 1913).

Urumaçá. Ver *Solha*.

Urumará. (*Aaptus chopi*, Vieillot). Um dos anunciadores do dia, vivo e buliçoso. "O dia vem nascendo / no bico dos urumarás /", poetou Jorge Fernandes, o grande poeta de Natal.

Urupema. Cesto raso ou chato, circular, côncavo, feito de um tecido de palha de uru ou uruba (marantácea), ou da taquara (gramínea) preso ao arco de um cipó grosso, resistente, apropriado ao fim, o caule da *Galphimia officinalis*, que por isso é vulgarmente conhecido pelo nome de cipó arco de urupema. Espécie de peneira grosseira, de uso muito vulgar, é destinada a escorrer a maniva, o leite de coco, passar a massa do feijão cozido, da mandioca ou da goma, para peneirar ou sessar o milho, arroz, farinha, e outros misteres. A urupema é um utensílio de cozinha originário dos índios. Tecida a espécie de esteira, forte, resistente, feita da cana-brava, chamada ubá, que em vez de gelosias ou rótulas tapava as portas e janelas das cabanas, também originária dos índios, e que depois foi geralmente adotada. Aqui mesmo no Recife, uma certa ordem de casas, em outros tempos, usava de urupemas nas suas portas e janelas, até que o Governador D. Tomás José de Melo, em fins do séc. XVIII resolveu proibi-las, mandando que essas urupemas ou peneiras fossem substituídas, pondo-se em seu lugar rótulas de madeira. Outras localidades tinham-nas também nas suas casas, nomeadamente na vila hoje cidade de Goiana, de onde desapareceram pelo ano de 1821, por ordem do Governador General Luís do Rego Barreto, sobre cujas particularidades narra um cronista: "Marchando para ali aquele general à frente de uma divisão militar, deu em um dia ordem para exercício às três horas da tarde; e quando estavam as tropas reunidas no largo do Carmo, mandou ensarilhar armas, e dispersar, recebendo os soldados ordem de derramarem-se por toda a cidade, a fim de, quando tocasse a reunir, avançarem para todas as portas e janelas que tivessem urupemas, arrancá-las, e conduzi-las para o referido largo. Com efeito, os soldados cumpriram exatamente esta ordem, e pelas ave-marias um montão de urupemas, ardendo, divertia os espectadores, e fazia chorar rabugentos velhos". Contemporaneamente apareceu no Recife um pelo-sinal político, dirigido a Luís do Rêgo, cuja peça faz referência ao fato, nestes versos: "Com grande astúcia e furor / Ele e os seus nos aterra, / E as urupemas desterra / Dos nossos". As urupemas das janelas eram inteiriças, e abriam para fora; e as das portas constavam de duas peças horizontalmente partidas ao meio, abrindo a superior também para fora (Pereira da Costa, *Vocabulário Pernambucano*, 732-733). As urupemas são usadíssimas. Como gelosias estavam perfeitamente justificadas, leves, fáceis de substituir e limpar, permitindo uma luz coada e doce e perfeita comunicabilidade com a atmosfera exterior. Diminuía o excesso luminoso, sem que prejudicasse o ambiente, tornando-o, ao contrário, recolhido, fresco e acolhedor. Era a urupema malsinada uma solução local, realística e de lógica inteira, elementos que não couberam na cabeça do General Luís do Rêgo e continuam fora da percepção de muitos contemporâneos, sempre que se trate de soluções brasileiras ainda não preconizadas na Europa ou América. É de lá que nos deve vir o conselho para as nossas soluções. A urupema era uma solução. "Não podendo o povo construir adufas de sarrafos de madeira, convexos pelo lado externo, e planos pelo lado interno, difíceis de serem compostos por exigir processo manual, socorreu-se da experiência do silvícola tupi, compondo à maneira ameríndia telas de taquara (*Arundinaria verticellata*, Nees) ou de uru (*Ischnosyphon* sp. *Fan Maranthaceas*) que passaram a ser usadas de modo corrente em todo o país. Sob o ponto de vista funcional, as urupemas e peneiras agiam exatamente no mesmo sentido das adufas árabes, a que o povo dera de modo genérico o nome de "rótulas". Adufas e urupemas tinham o privilégio de coar a excessiva luz ambiente, não impedindo, todavia, que através dos crivos, livremente circulasse o ar... Os inimigos dos muxarabis, gelosias e adufas de fundo oriental abstiveram-se prudentemente de indicar ao povo medidas de qualquer outro caráter para corrigir os excessivos rigores da luminosidade tropical". (José Mariano Filho, *Influências Muçulmanas na Arquitetura Tradicional Brasileira*, 23-24 e 26, Rio de Janeiro, 1943).

Ururau. Jacaré de papo amarelo, comum no rio S. Francisco. Na cidade de Campos, Estado do Rio de Janeiro, existe no rio Paraíba do Sul um ururau fantástico, devorador insaciável de noctívagos e de libidinosos, além de função policial nos bandos fora de horas lícitas e normais. Até certo ponto, o ururau campista é um guardião da moral coletiva. *Arurá* no rio Tietê, S. Paulo.

Urutau. Ver *Mãe da Lua*.

Urutauí. Casta de acuraua (Nictibius). É crença espalhada no Pará que o urutauí preserva as donzelas das seduções, e por via disso, hoje, conforme conta José Veríssimo, em muitos lugares do interior, varrem com as penas da cauda do urutauí, sob a rede de dormir da noiva, o chão, que deve levar o tupé (esteira), como meio seguro de garantir a honestidade da futura esposa (Stradelli, *Vocabulário Nheengatu-Português*, 710). "Urutauí (*Nyctibius jamaicensis*, Gm. Fam. Caprimulgidae). Também chamado urutau-menor. Etim.: de *urutau* e *í*, pequeno. Para Barbosa Rodrigues, vem de *yuru*, boca, e *tahy* por *çãi*, distendida, escancarada. Preferível a primeira explicação. Alt. *Jurutauí*. "A pele da ave noturna jurutauí preserva as donzelas das seduções e faltas desonestas. Conta-se que antigamente matavam para isso uma destas aves e tiravam a pele, que, seca ao sol, servia para nela assentarem as filhas, justamente nos três primeiros dias do início da puberdade. Parece que esta posição era guardada por três dias, durante as quais as matronas da família vinham saudar a moça, aconselhando-a a ser honesta. No fim desses três dias, a donzela saía *curada*, isto é, invulnerável à tentação das paixões desonestas a que seu temperamento, destarte modificado, a pudesse atrair" (Cf. José Veríssimo, *Cenas da Vida Amazônica*, 62, Lisboa, 1886; Rodolfo Garcia, "Nomes de Aves em Língua Tupi", *Boletim do Museu Nacional*, vol. 5, n. 3, Rio de Janeiro, 1929). O urutau é a "Mãe da Lua" no norte do Brasil. É o cacuy na Argentina e sobre ele, também o urutauí, o saudoso Prof. Robert Lehmann-Nitsche compendiou muita notícia no seu "Las Tres Aves Gritonas", 228 e segs. *Revista de la Universidad de Buenos Aires*, 2ª série, séc. VI, tomo III, 1928; ver Emílio Goeldi, *Aves do Brasil*, 199, Barbosa Rodrigues, *Poranduba Amazonense*, 152, Walter Dupouy, "Un Nystibius Grandis de Aragua, Venezuela", *Revista Nacional de Cultura*, n.º 47, 115, Caracas, 1944. Ver *Mãe da Lua*.

Usina. Grande instalação industrial. No Norte e na região açucareira, usina é sinônimo de produção de açúcar, inimiga vitoriosa dos velhos e tradicionais banguês, engenhos de tração animal ou a vapor, derrotados pela maquinaria e poderio financeiro da organização usineira. Figura no folclore como alta expressão de força, de poderio, de império. Raramente cita-se o usineiro, mas a usina surge como um símbolo irresistível e soberano de poder. As suas máquinas, o novo ritmo de trabalho, o rumor da grande colmeia produtora são motivos para cantigas, emboladas, desafios e vasto imaginário comparativo.

VAI DE RODA[1]. Dança portuguesa, popular nas últimas décadas do séc. XIX, nas festas de Nossa Senhora da Penha de Irajá, Rio de Janeiro, conforme o registro de Melo Morais Filho. Não posso precisar qual o livro de Antônio Torres onde o vai de roda era mencionado como dançado em Minas Gerais, Diamantina.

VAIA. Uma manifestação instintiva do espírito popular é a tendência para a assuada, zombaria coletiva, expressa em vozerio indistinto ou apodos atirados na intenção do motejo cordial. A responsabilidade individual, dispersa na massa humana, justificava esse direito da apóstrofe contundente e do escárnio pilhérico, inexplicável e natural. As *Vaias* durante o carnaval, espontâneas, típicas, irreprimíveis, constituem exemplo. Impossível indicar a iniciativa, o primeiro grito resumindo a impressão latente em potencial, preexistente ou determinada na ocasião, explodindo no matraquear ruidoso, indistinto e feroz, entre gargalhadas e gritos confusos. Outrora, viajando nos comboios da Great Western, de Natal ao Recife, notava que uma vaia de meninos e rapazes acompanhava a passagem da composição ferroviária pelas vilas e povoações onde não se detinha. Era inevitável a vaia recíproca dos passageiros de terceira classe, quando dois comboios passavam paralelos. Semelhantemente ocorria entre passageiros dos botes e canoas que trafegavam o Potengi. Pelo Amazonas e Pará os *gaiolas* e *vaticanos* desatracando tinham uma assuada dos que ficavam nas margens, nas barrancas do rio, respondida entusiasticamente pelos viajantes. Operários e trabalhadores transportados nos grandes caminhões do Governo, fatalmente saúdam os veículos que vão encontrando, em sentido contrário, repletos de companheiros, com estridentes assuadas que duram pouco, mas significam como uma imemorial obrigação de cortesia galhofeira. Subindo o rio da Plata, de Montevidéu para Buenos Aires, constatei o mesmo em 1946. Identicamente no rio Sena, em Paris, balbúrdia antigamente comum entre bateleiros porque "the Seine is a domesticated river", dizia John F. Kennedy. Esses costumes estão desaparecendo mas não morreram totalmente. São índices melancólicos de que o humor popular está em evidente declínio e as preocupações opressoras permitem raras evasões, sublimadoras e legítimas. Tem, entretanto, raízes milenárias. Heródoto (*Euterpe*, LX) narra as peregrinações egípcias para Bubástis ou Busíris, no Delta, em louvor de Ísis, em centenas de barcas embandeiradas, onde os peregrinos iam permutando vaias estrondosas com as populações apinhadas na orla das cidades ribeirinhas. (Cinco séculos antes de Cristo.) Em Atenas, estuda Lenormant, quando o cortejo solene dos iniciados nos mistérios de Eleusis desfilava pela Via Sagrada, atravessando a ponte de Cefiso, era recepcionado com assombrosa vaia interminável, ditos, reproches, alusões irônicas e mesmo insultos. Era o *Gefirismoi*, indispensável ao ritual. Nas festas dionisíacas havia o famoso *Esámason*, concedendo-se prêmio ao mais atrevido improvisador. Durante as Tesmoforias em homenagem a Ceres e Proserpina, repetia-se a assuada, com o nome de *Sténia*. Durante a semana da *Saturnalia* em dezembro, no *Saturnalia agere* havia o *Jus Upupare*, o direito da vaia, consequência lógica do *tota servis licentia permittitur*, em Roma, participante da festividade, notadamente contra os mais ilustres e poderosos personagens. Às vezes uma simples e única frase, flecha anônima, fica vibrando, como uma sobrevivência de reparo e mofa. No *Diário da Viagem do Imperador a Minas Gerais* (março-abril de 1881), na estação de Pomba, 29 de abril de 1881, D. Pedro II anotou: "Na estação além de muitos vivas sérios ouvi um *Viva o pataco!*" Alusão à efígie imperial nas moedas. Alcançara o alvo (*Anuário do Museu Imperial*, vol. XVIII, 116, Petrópolis, 1957).

VAJUCÁ. Ver *Reino*.

VALDOMIRO SILVEIRA. Nasceu em Cachoeira, São Paulo, a 11 de novembro de 1873, falecendo em Santos, no mesmo Estado, em junho de 1941. Bacharel em Direito, promotor público, advogado notável, jornalista, secretário da Educação, deputado estadual, vice-presidente da Constituinte Paulista, desde 1891 publicou contos regionais, de feição típica. Fixador de costumes e tradições paulistas, é de informação segura e firme para o folclore. *Os Caboclos*, São Paulo, 1920; segunda edição, 1928. *Nas Serras e nas Furnas*, Contos, São Paulo, 1931. *Mixuangos*, Contos, Rio de Janeiro, 1937.

VALE. *José do Vale*, romance tradicional do nordeste brasileiro. Ver *Zé do Vale*.

VALE CABRAL. Alfredo do Vale Cabral nasceu na Bahia a 17 de novembro de 1851 e faleceu no Rio de Janeiro em 23 de outubro de 1894, aposentado como funcionário da Seção de Manuscritos da Biblioteca Nacional. Com Teixeira de Melo fundou a *Gazeta Literária* (1883-1884), onde divulgou seus estudos e pesquisas do folclore brasileiro. Foi a maior autoridade em bibliografia nacional no seu tempo. Os dois ensaios que publicou são preciosos de informação. "Canções Populares da Bahia", *Gazeta Literária*, págs. 217, 257, 315, 417. "Achegas ao Estudo do Folclore Brasileiro", *Gazeta Literária*, Rio de Janeiro, 1884. Transcrito na *Antologia do Folclore Brasileiro*, vol. 1, 304-316, 9ª ed., São Paulo, Global, 2004.

VALÉRIA. Ver *Mãe Valéria*.

VALSA. Veio a divulgar-se no Brasil durante fins do 1º Império e período regencial, justamente quando Paris inteira a consagrava, 1830 e seguintes. Discutem a origem, porque essa discussão é o encanto profissional dos eruditos. Os franceses dizem que a valsa veio da Volta, dança popular na Provença desde o séc. XII e que chegou, sob Luís XII, a Paris, onde foi muito dançada sob a dinastia dos Valois. Os alemães explicam que a *Walzer* é produto legitimamente germânico, desde o nome que se universalizou. Viera, então, da *Springtanz* e que era tipo e melodia popularíssima no séc. XVII. *Ach! du lieber Augustin*. Certo é que, partindo da Volta, espécie de "galharda" provençal, ou da *Springtanz* alemã, a valsa espalhou-se realmente de 1780 a 1830, dominando então Europa e América como dança de sala, leve, airosa, sentimental, aristocrática, no seu compasso fácil e ondulante de 3/4. No Brasil, no primeiro Império e segundo, a valsa era dançadíssima, e o povo gostou do seu ritmo. Ainda continua viva e atual nas festas do interior. Inútil informar do seu prestígio urbano.

VALSAVIANA. Valsa Viana, varsoviana, "varsovienne". Tendo o caráter de polca, mazurca e redova, a varsoviana foi criação francesa, introduzida nos salões de Paris por um professor de dança, de nome Désiré, em 1853. Popularizou-se rapidamente, tornando-se favorita da Imperatriz Eugênia. O gênero das varsovianas agradou a europeus e americanos e no Brasil foi preferida, tendo várias composições no seu estilo, 3/4, movimento moderado, com as notas apoiadas no princípio de cada compasso forte, 2º, 4º, etc. (Grove, *Dictionary of Music and Musicians*, Third Edition; Willi Apel, *Harvard Dictionary of Music*; Hugo Riemann, *Dictionnaire de Musique*, fontes enviadas pelo Prof. A. Sá Pereira, Escola Nacional de Música, Rio de Janeiro. O *Larousse* publica uma "Varsovienne" e há outra no "Bailados do Folclore Internacional" (*Cartilha de Educação Física*), do Sr. F. G. Gaelzer, ed. Globo, Porto Alegre, com a instrução para dançar-se. Até a primeira década do séc. XX, a Varsoviana ou Valsaviana, como popularmente era denominada, teve seus devotos, marcando uma espécie de hégira, recordando o tempo feliz das vênias, curvaturas e cortesias de salão, reino dos bons dançarinos, com sapatos de solado especial para as voltas da valsa. Por isso, pejorativa ou saudosamente, há quem aluda ao *tempo da valsaviana*, como os "mais antigos" lembravam o garbo elegante do solo inglês. Um bom exemplo do ritmo e melodia de uma das "Varsoviennes", citada por Grove, é o seguinte:

---

[1] No texto original: "Vai-de-Roda" (N.E.).

VAMONEZ. Dança popular no Amapá, Pará, especialmente em Mazagão Velho. "Os festejos de S. Tiago ou do Divino eram encerrados com dança Vamonez, ao ar livre ou no interior das casas. Aos pulos, os *bailantes* gritavam, de vez em quando, um estridente *êh! êh!* Nada nos foi permitido apurar com relação à denominação dessa dança, quer como criação coreográfica do povo, quer como elemento folclórico da Festa de S. Tiago ou da Festa do Divino. Talvez essa denominação tenha provindo do contato de mineiros e seringueiros da Guiana Francesa com os negros e mestiços de Mazagão Velho." (Nunes Pereira, *O Sahiré e o Marabaixo*, 106, Rio de Janeiro, 1956).

VAMOS NA CHÁCARA[1]. Ver *Fandango*.

VAMOS PENEIRAR. Espécie de samba na Bahia.

VAPI. Ver *Vatapi*.

VAQUEIRO. Pastor de gado, guarda das vacas; *cow-boy*, rapaz da vaca, *Vacher*, pastor de bezerros, *Rinderhirt*, figura central do ciclo pastoril. Sua atividade determina-lhe o individualismo arrogante, autonomia moral, decisão nos atos e atitudes. É o clima ideal para o cantador de desafios, o cangaceiro afoito, o valente defensor da propriedade confiada à sua coragem solitária. "Na criação do gado, a lida unificou os homens ricos e pobres. Os donos e os escravos na mesma linha tenaz de coragem e de batalha. Não pode haver diferenciação específica nas missões de *dar campo* para o moço branco e o negro escravo. São dois vaqueiros. Vestem a mesma véstia de couro. Encontraram o mesmo perigo, o mesmo carrascal, a mesma grota, o aclive súbito e escabroso onde o barbatão galgou, fulminante, encosta acima, sumindo como uma visagem. Os cavalos serão o melhor e o sofrível. Não podem dar ao vaqueiro escravo o pior cavalo, porque o *serviço* não se fará. A honra da fazenda é não perder o touro bravio, o novilho famoso, já cantado pelos poetas da ribeira como invencível. *Botar o boi no mato* é uma nódoa no armorial fazendeiro. O cavalo do escravo é como a montada de um pajem feudal, também nobre porque conduz um servo brasonado pelas cores fidalgas da casa comital. Vão os dois, patrão e servo, para a mesma batalha, lado a lado, ao encontro do mesmo fim, com disposições idênticas e nas veias a mesma herança orgulhosa de vaqueiro e de cavalo sem derrotas". (Luís da Câmara Cascudo, *Sociologia da Abolição em Mossoró*, sep. do *Boletim Bibliográfico*, n.º 95-100, Mossoró, 1956). Do mesmo autor, ver *Tradições Populares da Pecuária Nordestina*, Rio de Janeiro, Serviço de Informação Agrícola, 1956, estudando: — Geografia dos currais: Dois tipos de cultura: Vaquejada: Aboio: Romance de animais: Curador de rasto: Traje do vaqueiro: Bumba Meu Boi: Cavalo-Rei: Curado de Cobra e Curador de cobra: Cacimba roubada: Mestre de cavalo. Ed. pelo Ministério da Agricultura no Documentário da Vida Rural, vol. 9.

VAQUEIRO MISTERIOSO. Em todas as regiões brasileiras de pastorícia, antigo Nordeste, Mato Grosso, Goiás, Minas Gerais, Bahia, há a tradição de um vaqueiro misterioso, sabedor de segredos infalíveis, mais destro, mais hábil, mais afoito, melhor cavaleiro que todos os outros reunidos. Usa vários nomes. Ninguém sabe onde ele mora, nem a terra em que nasceu. Aparece nas horas de vaquejada ou apanha de gado novo, ferra ou batida para campear. Vence a todos os companheiros. Recebe o pagamento. Desaparece para surgir vinte, cinquenta léguas adiante, noutra fazenda, repetindo as façanhas julgadas sobrenaturais. Monta um cavalo velho ou uma égua aparentemente imprestável e cansada. Mal vestido, humilde, sofrendo remoque dos vaqueiros e campeadores, termina sendo o primeiro, o mestre supremo, aclamado como um herói, desejado pelas mulheres, convidado para os melhores lugares pelo fazendeiro. Recusa todas as seduções e remergulha no mistério. Aparecendo numa fazenda, o vaqueiro desconhecido cerca e encaminha para o curral, ele sozinho, quase toda a gadaria e em pouquíssimas horas. Galopa léguas e léguas em minutos. Imobiliza touros possantes com um gesto ou uma palavra. Seu cavalo é um relâmpago. No Nordeste, nas vaquejadas, corre sempre para derrubar e nenhum novilho, nenhum garrote, foge à irresistível "mucica" que o sacode, três vezes de patas para o ar, ao chão, entre palmas. Correndo de "esteira" não há boi-marruá, novilhote reboleiro ou vaca-velhaca que "espirre" para o mato, ganhando o "fechado". No copo, garfo e alegria é sem rival (Luís da Câmara Cascudo, *Geografia dos Mitos Brasileiros*, "Vaqueiro Misterioso", 346-350, 3ª ed., São Paulo, Global, 2002). Ver Manuel Ambrósio, *Brasil Interior*. "Onça-Borges", 30-50, São Paulo, 1934.

---
[1] No texto original: "Vamos-na-Chácara" (N.E.).

VAQUEJADA. Reunião do gado, nos fins do inverno, para o beneficiamento, castração, ferra, tratamento de feridas, etc. Outrora, o gado do Nordeste era criado, como no Sul, nos campos e pastagens indivisas. A reunião anunciava a divisão, entrega das reses aos seus proprietários, a *apartação*. Uma certa parte do gado era guardada ou reservada para a derrubada, a vaquejada propriamente dita, o folguedo de derrubar o animal, puxando-o bruscamente pela cauda, indo o vaqueiro a cavalo. Correm sempre dois cavaleiros e o colocado à esquerda é o *esteira*, para conservar o animal em determinada direção. Emparelhado o cavaleiro com o novilho, touro, boi ou vaca, aproximado o cavalo, o vaqueiro segura a cauda do animal dando um forte puxão e, no mesmo minuto, afastando o cavalo. É a *mucica* ou *saiada*. Desequilibrado, o touro cai, espetacularmente, patas para o ar, *mocotó passou!* Se não o derruba e o novilho alcança livrar-se, *botou o boi no mato*, e há uma vaia estrepitosa. A vaquejada é festa popularíssima no sertão e reúne grande número de curiosos. Algumas atraem vaqueiros famosos que vêm de longe, com os seus cavalos citados na tradição oral. É a ocasião em que os cantadores, sempre presentes, improvisam a descrição da festa e mesmo, se o animal é valente e já conhecido, a *estória* do touro, imortalizando-o, como o boi Surubim, o Rabicho da Geralda, a Vaca do Burel (fazenda no rio de São Francisco), o boi Mão de Pau, etc. (Luís da Câmara Cascudo, *Vaqueiros e Cantadores*, 116-127, São Paulo, Global, 2005). Fora da exibição das vaquejadas, o vaqueiro derruba o animal que persegue para poder enchocalhá-lo, mascará-lo, peá-lo e trazê-lo para o curral. Há, às vezes, lances dramáticos nestas derrubadas no "fechado", catingas ou carrascais, sem testemunhas e sem aplausos. Qual a origem desse processo de derrubar pela cauda? Não conheço registro anterior a 1870. Nenhum viajante o cita, nem mesmo Henry Koster (*Viagem ao Nordeste do Brasil*, São Paulo, Brasiliana, 1942), que atravessou do Recife a Fortaleza, em 1810, e sempre assistiu à derrubada pela vara de ferrão, nem foi registrada pelos versos recolhidos por Sílvio Romero, Pereira da Costa, Rodrigues de Carvalho, referentes aos animais célebres. Wied-Neuwied, Saint-Hilaire, Spix e Martius, todos os naturalistas nas primeiras décadas do séc. XIX silenciam sobre esse meio de derruba. A primeira citação é de 1874, de José de Alencar no *Nosso Cancioneiro*: "Espera-o, porém, de pé firme o vaqueiro, que tem por arma unicamente a sua vara de ferrão, delgada haste coroada de uma pua de ferro. Com esta simples defesa, topa ele o touro no meio da testa e esbarra-lhe a furiosa carreira... Segue-o o vaqueiro, sem toscanejar; e após ele rompe os mais densos bamburrais. Onde não parece que possa penetrar uma corça, passa com rapidez do raio o sertanejo a cavalo; e não descansa, enquanto não derruba a rês pela cauda". Ainda nos últimos anos do séc. XIX, J. M. Cardoso de Oliveira (*Dois Metros e Cinco*, 260, 3ª ed., Briguiet, Rio de Janeiro, 1936) descreve uma derrubada no sertão da Bahia, segurando o vaqueiro o touro pelo chifre. Em 1897, Euclides da Cunha registra a derrubada pela cauda (*Os Sertões*, 126, 5ª ed.): "O touro largado ou o garrote vadio em geral refoge à revista. Afunda na caatinga. Segue-o o vaqueiro. Cose-se-lhe no rastro. Vai com ele às últimas bibocas. Não o larga; até que surja o ensejo para um ato decisivo: alcançar repentinamente o fugitivo, de arranco; cair logo para o lado da sela, suspenso num estribo e uma das mãos presa às crinas do cavalo; agarrar com a outra a cauda do boi em disparada e com um repelão fortíssimo, de banda, derribá-lo pesadamente em terra... Põe-lhe depois a *peia* ou a máscara de couro, levando-o, jugulado ou vendado, para o rodeador". Há esse mesmo processo na Venezuela. "Otro método para detener un toro en su fuga estriba en la atrevida maniobra que se llama colear, que consiste en tirar de la cola del animal para tumbarlo en lo más veloz de su carrera, lo cual no es tan fácil" (*Onza, Tigre y León*, n.º 47, Caracas). No Chile: "Se distinguió por su destreza en estas lidias Juan Olmos, que derribaba un toro sujetándolo por la cola". (Antonio Pereira Salas, *Juegos y Alegrías Coloniales en Chile*, 86, Santiago de Chile, 1947). No México o vaqueiro apanha a cauda do touro, coloca-a debaixo da perna e afasta o cavalo. "Sometimes, too, at festival-time, a horseman will ride alongside a bull, closer and closer to him; the bull, alarmed, goes faster; the horseman catches the bull's tail firmly under his leg, with a deft twist pulls his horse up sharp — and the bull fall, somersaulting and breaking his back" (Tom Driberg, *South of the Border*, Londres, Lilliput, 1948). Como não havia notícia desse motivo em Portugal, livro, jornal ou pesquisa pessoal, procurei na Espanha, vendo o *toro coleado* nos países de fala castelhana. O erudito Prof. Luís de Hoyos Sainz, a quem consultei, informou-me que não é desconhecida na Espanha essa maneira de derribar. Citando o Sr. José Maria Cossio, "máxima autoridad sobre las cuestiones de toros", escreveu-me (18-V-1948) dizendo: "Ignoro si su origen es español o acaso americano, lo que sí es cierto, es que en América se practica como deporte, deducido de las necesárias operaciones para el manejo de las reses en el campo a princípios del siglo XIX". Cossio cita o *colear* na Espanha e, ao deduzir-se, já o praticavam no Chile nos últimos anos do séc. XVIII, conforme leio no informador chileno, antes citado, mas crê que "la de hacerla por el rabo cree que el origen de la suerte es español, pero ha sucedido que las operaciones de campo que se hacen con los toros a caballo han llegado a tener en América auténtica personalidad, hasta constituir especialmente en México toda una serie de suertes que forman el llamado jeripeo en el que se comprende no sólo el derribar con garrocha y a mano, sino lanzar y toda clase de habilidades tipicas". Conhecida e não mais usada na Espanha, a derrubada pela cauda continua popular entre povos de origem castelhana desde tempo anterior ao seu aparecimento no Brasil. Curiosamente no Rio Grande do Sul, aberto à influência castelhana, não se conservou o processo nem mesmo por comunicação com os países vizinhos. Segue-se derrubando com laço e boleadeiras. Nos estados centrais ou do Extremo Norte, onde a vaquejada surge com a derrubada, sempre é explicada pela presença de nordestinos emigrantes. Outro problema é que esse método, de origem espanhola ou de divulgação castelhana na América, radicou-se no Nordeste, região de menor influência étnica e etnográfica na espécie. Ver *Boi*. Luís da Câmara Cascudo, *A Vaquejada Nordestina e sua origem*, prefácio do Prof. Sylvio Rabello, Natal/RN, Fundação José Augusto, 1971.

VARADOURO. É o lugar seco à margem do mar ou do rio, onde é possível recolher as embarcações pequenas, catraias, canoas, jangadas, baiteiras, etc., e encalhar as barcaças para pequenos reparos ou mesmo descarga ou carregamento de mercadorias. Na Amazônia o varadouro tem outra significação, valendo o canal comunicante do rio com um lago ou mesmo um atalho, no rio, encurtando a distância, na várzea alagada ou submersa. Varar é, especificamente, fazer encalhar, pôr a seco, levar a embarcação para a terra. Ver *Margem*.

VARRIÇÃO. Grupo festeiro de São Benedito na vila de Santarém Novo, Maracanã, Pará (21 de dezembro a 6 de janeiro) recebendo donativos para o grande jantar; cabeças de porco, toucinho, mocotó, fressuras, etc., depois do qual há baile tradicional, dançando-se o Carimbó, o Peru de Ataláia e o Iá, este com uma cantoria especial, para saírem os pares, às vozes de *ia! ia!* (Bruno de Meneses, *São Benedito da Praia*, Folclore de Ver o Peso, 79, Belém, Pará, 1959). Ver *Iá*.

VARSOVIANA. Ver *Valsaviana*.

VASSOURA. É objeto possuidor de tabus indiscutíveis. Deve estar sempre na posição vertical. Não pode ser emprestada, quando já servida, porque carrega a felicidade duma para outra casa. Casa nova exige vassoura nova, para que esta não traga as contrariedades da velha residência. Posta ao inverso, e detrás da porta, afugenta as visitas prolongadas. Tornada imprestável, deve ser queimada e jamais atirada ao monturo, porque dará infelicidade aos donos. Na Europa é o veículo tradicional que transporta as bruxas às reuniões dos "sabbats" tenebrosos e, decorrentemente, olhada com desconfiança, quando na mão das mulheres velhas. Feita com certos arbustos, afasta os sevandijas teimosos. Quem apanha uma sova de vassoura seca o corpo. Vassoura deitada é desgraça financeira infalível. Vassoura meio queimada, atirada no quintal vizinho, conduz toda a má fortuna alheia. O remédio é queimá-la inteiramente, enterrando as cinzas. A primeira vassourada de vassoura nova pertence à mulher velha, nunca à gente moça. Nossa Senhora da Vassoura. O Sr. L. Gonzaga dos Reis ("Alto Parnaíba", *Revista do Instituto Histórico e Geográfico do Maranhão*, n.º 3, 67-68, agosto de 1951) informa que em Jurubeba, povoado do distrito de Angicos, Alto Parnaíba, Maranhão, um cartaz reclame da "Saúde da Mulher", representando uma enfermeira vassourando, mereceu devoção e promessas, com o nome de "Nossa Senhora da Vassoura" e que será a padroeira local (pág. 68). O desenho de Raul Pederneiras ilustra um produto de Daudt, Oliveira & Cia., do Rio de Janeiro. Sobre a origem desse anúncio, aliás o primeiro luminoso, com movimento, que apareceu no Rio de Janeiro, 1917 (?), ver João Daudt Filho, *Memórias*, 213-214, 3ª ed., Rio de Janeiro, 1949. Os romanos tinham a *scopae* e os varredores eram os *scoparii*, de função não humilde quando exercida nos templos. O *neocorus* apresentava-se com uma vassoura semelhante às nossas. As superstições ligadas à vassoura são muitas e espalhadas por todos os continentes e insulândias, sugerindo o movimento a expulsão dos males e feitiços propositais (J. G. Frazer, *Le Rameau D'Or*, II, 235). Reuni as mais típicas na pesquisa sobre a "Vassoura!" (*Superstição no Brasil*, 239-241, 6ª ed., São Paulo, Global, 2002).

VATAPÁ. Tradicional prato da cozinha afro-baiana. Peixe ou crustáceos numa papa de farinha de mandioca, com o molho de dendê e alguma ou muita pimenta. Há vários modelos na mesma base, incluindo carne. Com o caruru constitui iguaria de largo renome. Jacques Raimundo informa que o vatapá era originariamente dos negros nupês, adotado pelos iorubanos, que o levaram à Bahia, com o nome de *ehba-tápa*, pirão ou engrossado à maneira dos tapas. *Ehba* é o pirão (*O Negro Brasileiro*, 166, Ed. Record, Rio de Janeiro, 1936).

VATAPI. Ou Vapi, espécie de tambor, de madeira leve, usado pelos nossos silvícolas (Renato Almeida, *História da Música Brasileira*, 41).

VATICANO. Grandes vapores, regionais de 900 e 1.000 toneladas, que trafegam em diversos rios da Amazônia. Excelentes e confortáveis embarcações, todas teladas contra os mosquitos e carapanãs. Três toldos e máquinas sobre o convés. Iluminação elétrica. Lembra pequeno palácio flutuante, e daí talvez o seu pomposo nome regional (Raimundo Morais, cito em Alfredo da Mata, *Vocabulário Amazonense*, 310, Manaus, 1939).

VELA. Acesa significa a vida, a fé, a presença do homem cristão. Rara será a solenidade da Igreja Católica sem as velas acesas, desde o Santo Sacrifício da Missa até a cerimônia do batizado. Na hora da morte, o moribundo deve ter uma vela na mão. As promessas mais comuns são pagas com velas. Os túmulos recebem velas acesas como oferendas, lembranças valendo orações (ver *Alumiação*). São bentas e processionalmente conduzidas dentro ou fora das igrejas no dia 2 de fevereiro, Purificação de Nossa Senhora, Nossa Senhora das Candeias, Candelária, motivo de muitas superstições na Europa (França, Inglaterra, Itália, Portugal, Espanha). Queimadas nas épocas de peste e calamidades públicas diziam como uma oração coletiva. Enquanto Jean II, Rei de França, esteve prisioneiro dos ingleses (1356-1359), ardia um imenso círio diante de Notre Dame em Paris. Ver *Círio de Nazaré*. A excomunhão maior na Idade Média terminava pelo apagamento das velas que simbolizavam a alma do condenado. São usuais as velas na Procissão do Enterro na Semana Santa. O Papa Gelásio I (472, nesse ano o Pontífice era São Simplício, 49º Papa) autorizou as velas nas procissões para substituir os costumes pagãos das marchas com tochas acesas, em fevereiro, dedicadas a Juno e Vesta (1º), Fauno (13), Lupercais (15), Fornacais (17, ao forno), Parentais (17-18, aos finados), Terminais (20, ao deus Termo) e às Equírias (26, jogos equestres). A *marche-aux-flambeaux* recordam essas homenagens religiosas, agora dedicadas aos motivos patrióticos, políticos e esportivos. Corrida do facho, de revezamento, lampadadromias, lampadaforias, na Grécia clássica. A vela que serviu no altar é um elemento precioso para as feitiçarias e amuleto defensivo e ofensivo (talismã). Os velhos criminosos acreditavam que bala feita com cera de igreja (de velas bentas) rompia a proteção mágica das orações fortes. Os espectros e animais fantásticos não ousam apresentar-se onde estiver uma vela acesa. Os duendes amazônicos respeitam o troço de vela benta. Para cavar botija (tesouro enterrado) é indispensável a vela acesa, saída de um altar e meio consumida. Sua presença emocional recorda o uso comum nas cerimônias nas catacumbas, refúgios na perseguição imperial de Roma, alumiando a reunião com sua breve e furtiva luz. Na festa de S. Benedito em Gurupá, Baixo Amazonas, jogam velas de cera nas águas em homenagem ao santo, que protege os navegantes (Bruno de Meneses, *São Benedito da Praia*, Folclore de Ver o Peso, 79, Belém, Pará, 1959).

VELHA. Entidade maléfica ou grotesca, intervindo nas *estórias* para a função malévola de perturbar a felicidade ou dificultar a conquista legítima de alguma coisa. Como permanência da velha das tradições de Europa, misteriosa e cheia de poder, simbolizando segredos, a morte, a treva, o inverno, reaparece em algumas superstições. O pesadelo é uma velha, que oprime o tórax do adormecido (ver *Pesadelo*). A velha invisível, que mora no furo do Aturiá, estreito de Breves, no Pará, recebe a oferta de roupas e mais objetos de quantos passem por esse local. Mesmo perdida no Brasil a significação temática, durante muito tempo sobreviveu a Serração da Velha (ver *Serração da Velha*). A velha-do-chapéu-grande é a fome. A velha é a morte. Mas há o lado simpático. Certas orações, remédios, cuidados, valem muito mais, se feitos por mão de gente velha. Outrora somente uma velha podia lavar e engomar os panos do altar-mor, onde está o Santíssimo Sacramento, e os necessários para a celebração da missa. A primeira canja para a primípara devia ser preparada por mão de velha que tivesse netos, assim como o primeiro banho infantil. Certas úlceras melhoravam tratadas por mulher velha, jamais por moças ou jovens casadas, mesmo a esposa do doente. Bênção ou maldição de velha são de efeito seguro. Encontrar uma velha pela manhã dá sorte, especialmente se for a primeira pessoa deparada e ainda mais sendo negra.

VELHA-DO-CHAPÉU-GRANDE. Personalização da fome no Nordeste. O jornal "A República", Natal, 16-5-1907, noticiando a seca, publicou: "Março foi inteiramente seco. Abril começou seco e assim se conserva até hoje, de modo que já podemos considerar empoleirada no seu trono a terrível Velha-do-Chapéu-Grande". O Des. Filipe Guerra, sabedor completo de todas as tradições nordestinas referentes ao problema da seca, disse-me tratar-se da fome. Ver *Rafael*.

VELHO. Figura cômica nos pastoris, bedegueba na Paraíba. É o palhaço, o declamador de versos humorísticos mais ou menos apimentados e, às vezes, indecentes. Veste como o palhaço clássico ou estapafurdiamente, fraque de cor berrante, calça listrada, grande gravata, flor imensa na botoeira, cabeleira ou chapéu de abas vastas, bengalão ou fina vareta, que o ajuda nos passos caricatos do bailado com que finge acompanhar a dança das pastoras. No carnaval carioca o velho era um dos mascarados, uma das figuras mais tradicionais e populares, tendo uma dança especial, dificílima e sempre muito aplaudida, quando executada com precisão. "O velho, sempre evocação grotesca de um selorico setecentino, de sapatarras de verniz com longuíssimas fivelas, calções apertados, em cetim, casaca preta de alanares, destacando sobre a véstia gema de ovo o bofe de renda. Na mão esquerda, bengala; na direita, luneta. Sobre os ombros, uma cabeçorra de papelão, enorme, mostrando face escanhoada e um rabicho, com laço Catogan, atirado negligentemente para as costas.

"Ó raio, ó sol, suspende a lua
Bravos ao velho que está na rua!"

Assim canta o poviléu, animando o selorico, que caminha passarinhando, em marcha irregular, com descaídas rítmicas na calçada, ora erguendo, no espaço, o seu enorme bastão, ora fincando no olho terrível da máscara, que é um olho em túnel, a luneta magnífica. De repente, o brado da patuleia, que adora em particular o tipo e a sua estranha coreografia: – Dança o velho, dança! – Se há "princez" ao lado ou próximo, o "velho" com ele dança – sem música, já se vê, apenas segundo o compasso das palmas que lhe batem os que ali estão. Na falta do "princez", dança sozinho. Dança a chula, sapateado de origem africana, mais dança de pés e de pernas que de tronco, uma vez que o busto tem que se manter ereto, os braços movendo-se, apenas, para estabelecer o equilíbrio da figura. É um exercício diabólico, em que os pés ora resvalam, ora se entrecruzam, movimento agitado de pernas que se juntam e que se afastam, não raro caindo em desfalecimentos procurados para fazer tombar o corpo, que deve estar sempre no seu prumo majestoso e senhoril. Nesse jogo de membros inferiores, o velho está fazendo, com o bico do pé, no lugar onde dança, figuras espaventosas, que a gentalha da rua conhece e explica: linhas, letras, nomes, desenhos. Gostei do jota! – Roda de carro! Bonito! – Velho, traça a letra K! Difícil. A letra K e a letra R são as mais difíceis de fazer nesse bailado singular. O velho, porém, executa-as. A multidão, posta em círculo, aplaude e continua pedindo. – Corta-jaca! – Basta! Provou! É "cuera"! Naturalmente a dança do "velho" com "princez", que é quem, pelas regras de coreografia carnavalesca, deve provocá-lo "puxando a fieira", é muito mais interessante, os concorrentes caprichando no arabesco do bailado, cada qual pensando demonstrar, mais que o outro, agilidade e maestria. A dança do "velho" só, no entanto, é dança do mesmo modo apreciável". (Luís Edmundo, *O Rio de Janeiro do meu Tempo*, III, 789-791, Rio de Janeiro, 1938). Nos antigos pastoris, a figura do velho era respeitável, e dizia frases de alta moral. Assim ainda ouvi uma "jornada" em Maceió, janeiro de 1952.

Velhos (Dança de). Dança tradicional em Goiás, trazida pelos portugueses, segundo A. Americano do Brasil (*Cancioneiro de Trovas do Brasil Central*, 277, São Paulo, 1925). Dançou-se na sociedade urbana, tornando-se rural. "É composta de homens mascarados, de barbas brancas, e moços vestidos de mulher; aqueles trajando blusa à marinheira, enfeitada de galão e calções de cor encarnada, da mesma cor da blusa, meias brancas e sapatos de tafetá ou de liga, de várias cores; e estes trazendo vestidos de escócia, cinto de fita azul, chapéu enfeitado, luvas, adereços vários. As figuras principais da dança são: o batuque, a contradança, o rilo, o oito, etc.". A indumentária varia de lugar. O autor não descreve a coreografia. Os figurantes cantam versos, acompanhados por um conjunto de viola, violão, etc. Em São Paulo há a dança de velhos, em Franca, e no Estado do Rio de Janeiro, em Angra dos Reis, por ocasião da Festa do Divino. Em São Paulo dançavam a "palomita" e os "lanceiros", e a "marcha", quando se deslocavam dum para outro ponto. Em Angra dos Reis dançam a "marcha", um "arrasta-pé" e um "chiba" (*Folclore Nacional*, Centro de Pesquisas Folclóricas Mário de Andrade, Conservatório Dramático e Musical de São Paulo, 1947, com as músicas da marcha, palomita, de São Paulo (Franca), e a marcha, arrasta-pé, e china, de Angra dos Reis). Melo Morais Filho (*Festas e Tradições Populares do Brasil*, "A Festa do Divino", ed. Briguiet, Rio de Janeiro, 1946) registra a dança de velhos na Província do Rio de Janeiro: "Nisso apareciam os doze velhos cabeçudos, com suas competentes lunetas, suas casacas de rabo de tesoura e de botões de papelão, andando curto, arrastando os pés, que seguiam para o tablado, às risadas dos espectadores, que lhes aplaudiam o desgarre". Rossini Tavares de Lima apresentou um estudo sobre a dança de velhos, no Congresso Brasileiro de Folclore (Rio de Janeiro, agosto de 1951), com documentação musical. Cleofe Person de Matos recolheu uma dança de velhos (Parati, 1948, Estado do Rio de Janeiro): "Em Parati, à marcha que acompanhava a entrada dos dançarinos, que faziam de 'velhos', com passos hesitantes, inseguros, apoiados em bengalas, seguia-se uma 'contradança' (ou um 'arrasta-pé' ou ainda uma espécie de 'miudinho', na expressão do informante, Manuel dos Anjos Torres), em função da qual ocorria súbita transformação: os supostos 'velhos', esquecidos dessa condição, atiravam longe a bengala e passavam a dançar com entusiasmo e agilidade a 'contradança'. Esse fato vem assinalado no trabalho de Rossini Tavares de Lima, através de uma observação de Vítor Caminha". Cleofe Person de Matos lembra que o Imperador D. Pedro I assistiu, em Minas Gerais, à representação de uma dança de velhos, por ocasião de sua visita oficial àquela província. Zaide Maciel de Castro estudou a Dança dos Velhos em Parati, Estado do Rio de Janeiro, registrando as três fases musicais, marcha, contradança ("allegro") e fadinho. É uma quadrilha limitada às três fases, havendo na "marcha" *a meia-lua por fora* e *meia-lua por dentro* e no "allegro" o *garranchê*, prosódia popular do *grand' chaine*. Não mais há transformação dos "velhos" em moços, senão no "allegro", onde a dança é ligeira e saltitante. A indumentária é a clássica: calções, meias compridas, casaca, camisas de peitilho bordado com babados. As "velhas" vestem bata branca e saia estampada e rodada, chegando aos tornozelos. Todos usam de bordões para apoio na marcha fingimento vacilante e trôpega (*in Módulo*, n.º 14, Rio de Janeiro, agosto de 1959).

No México, Michoacán, há uma dança *Los Viejitos*, tida como secular. Os velhos, como no Brasil, são homens novos e excelentes bailarinos. Não há participação feminina.

Velho-Vai-Moça-Fica. Ver *Fandango*.

Velório. Vigília guardando o defunto até a hora do sepultamento. Para o Norte, dizemos "fazer quarto ao defunto" e não velório. Os escravos e seus descendentes imediatos cumpriam essa cerimônia com cantos próprios e mesmo certas danças, como os malês (Melo Morais Filho, *Festas e Tradições Populares do Brasil*, ed. Briguiet, Rio de Janeiro, 1946, "A Festa dos Mortos"). Sobre essa tradição fúnebre, Luís da Câmara Cascudo, *Superstição no Brasil*, "Anúbis ou o Culto do Morto", 17-34, 6ª ed., São Paulo, Global, 2002; José Nascimento de Almeida Prado, *Trabalhos Fúnebres na Roça*, separata da *Revista do Arquivo*, CXV, São Paulo, 1947; Gonçalves Fernandes, *O Folclore Mágico do Nordeste*, 65, Rio de Janeiro, 1938; Renato Almeida, *História da Música Brasileira*, 132. Ver *Excelência* neste dicionário, cânticos religiosos entoados durante o velório e que nos vieram de Portugal. Velório de Anjinho. A criança morta com meses de idade até um ano tem um velório especial e festivo, com cantos, desafios louvadores acompanhados à viola, glorificando sua viagem para o céu e felicitando os pais pela felicidade desse destino. Registrado no Brasil, entre outros, por Sílvio Romero, *Cantos Populares do Brasil*, XI; Juvenal Galeno, *Lendas e Canções Populares*, Fortaleza, 1892 (2ª ed.), recolhendo versos do velório de anjinho, XXVIII, e Euclides da Cunha, *Os Sertões*, 143 (5ª ed., Rio de Janeiro, 1914). Igualmente festejam a morte de crianças em Portugal, especialmente na Ilha da Madeira, Teófilo Braga, *O Povo Português nos Seus Costumes, Crenças e Tradições*, I, 214, Lisboa, 1885; Chile, Julio Vicuña Cifuentes, *He Dicho*, 42-43, Santiago, 1926, "Los Velórios de Angelitos"; e Argentina, Felix Coluccio, *Diccionario Folklórico Argentino*, 191-192, Buenos Aires, 1948, onde o padrinho e a madrinha do morto dançam, ao som de harpa ou guitarra, com o féretro do afilhado; ver Luís da Câmara Cascudo, *Superstição no Brasil*, "Velório de Anjinho", 153-157, 6ª ed., São Paulo, Global, 2002. Em São Domingos os velórios são chamados também "Nueve Dias", reminiscências do *Novemdiales* romano. Ver, para este país, Miguel Angel Monclus, *Escenas Crioulas*, 97-100, Santiago, República Dominicana, 1941. O velório é uma instituição universal, e indicar qualquer povo ou raça como origem é apenas uma atitude de simpatia e jamais de informação real. Para os velórios de negros no Uruguai, ver Idelfonso Pareda Valdez, *Negros Esclavos y Negros Livres*, 94, Montevidéu, 1941. No aspecto geral, as obras clássicas de Nina Rodrigues, Artur Ramos, Gilberto Freyre, *Os Africanos no Brasil*, *O Negro Brasileiro* e *Casa-Grande & Senzala*, respectivamente, registram informação vária e rica, à bibliografia. Alceu Maynard Araújo, *Danças e Ritos Populares de Taubaté*, "Velório ou Guarda de Defuntos", 24-29, São Paulo, 1948. Ver *Sentinela*.

Venerando. Era um escravo quase branco, de feições atraentes, comportado, frugal e casto. Repeliu o amor da senhora, apaixonada por ele. Falsamente acusado de haver tentado contra o pudor de sua ama, recebeu duzentos açoites. Dias depois, o senhor foi misteriosamente assassinado e todas as desconfianças alvejaram Venerando, processado sem crime, condenado sem culpa, cruelmente enforcado. Soube-se de toda a verdade. A alma de *Venerando* ficou protegendo os acusados inocentes, os injustamente perseguidos, os caluniados por todo município de Montes Claros, em Minas Gerais (Hermes de Paula, *Montes Claros*, 387-388, Rio de Janeiro, 1957).

Vento. Para provocá-lo há a tradição universal do assobio (ver *Assobio*). No sertão, três assobios longos atraem o vento, infalivelmente. Outro processo aconselhável é sessar, ao ar livre, milho ou arroz, atirando-os para o alto. Soprar o búzio era igualmente provocação irresistível. Gritava-se "São Lourenço! Solte o vento!" São Lourenço, que morreu numa grelha de ferro, assado a fogo vivo, domina os ventos, como o pagão Éolo. Nos navios de vela, não se assobiava, temendo a vinda furiosa do vento. É crença comum em todas as marinhas de outrora, no tempo do "mar à vela". Os ingleses dizem, denunciando a antiguidade do costume, *to whistle for a wind*, assobiar pelo vento, chamá-lo. Identicamente na Itália, Espanha, França, Portugal, Alemanha, etc.

Vênus. Vésper, à tarde, estrela da tarde, boieira, papa-ceia. Matutina, estrela da manhã:

"Pus-me a contar as estrelas
Só a boieira deixei;
Por ser a mais luminosa
Contigo eu a comparei."

(J. Simões Lopes Neto, *Cancioneiro Guasca*, 91, ed. Echenique, Pelotas, 917). Boieira porque conduz, indicando a hora, o gado ao curral. Papa-ceia, por coincidir com a hora da ceia de outrora. São denominações portuguesas.

Ver a Cama. Era a visita feita à casa dos noivos, na véspera do casamento. A família da noiva fazia convites aos mais íntimos, para visitarem a nova residência dos futuros nubentes. Mesmo no dia do casamento, a visita ao aposento dos recém-casados era e é tradicional, pelo Nordeste e Norte como pelo Sul. Parte curiosidade, parte costume velho, o hábito segue seu caminho. É um uso do Portugal velho e a ele alude Jaime Lopes Dias (*Etnografia da Beira*, I, 121, Lisboa, 1944, 2ª ed.). Ver *Cama de Casal*.

VEREQUETE. Ver *Aniflaquete*.

VERMELHINHA. Ver *Jogo de Baralho*.

VERSO. Poesia rimada e ritmada. Toda e qualquer composição poética. Para o sertão alude unicamente à quadrinha, de rimas simples, ABCB, correspondendo à "copla" espanhola. Era o processo normal e comum da produção popular. Até a primeira década do séc. XX, os versos populares, ABC, poesias mnemônicas, empregavam infalivelmente a "quadrinha". Todos os desafios foram sob essa fórmula e não em sextilhas, como presentemente. O verso clássico da "cantoria" era o *verso de quatro pés*. A composição improvisada, a *glosa* sugerida pelo *mote*, é que era em *décimas*, o velho modelo da segunda metade do séc. XVIII. As antigas produções em "quadrinha" foram remodeladas e apresentadas em sextilhas, depois de 1900 a 1910, tipo que os antigos cantadores jamais utilizaram na "cantoria".

VÉSPER. Ver *Vênus*.

VÉSTIA. A roupa encourada do vaqueiro sertanejo. Gibão, peitoral, perneiras, chapéu com barbicacho e guantes (as luvas). Euclides da Cunha (*Os Sertões*, 118-119, 5ª ed. F. Alves, Rio de Janeiro, 1914): "O seu aspecto recorda, vagamente, à primeira vista, o de guerreiro antigo, exausto da refrega. As vestes são uma armadura. Envolto no *gibão* de couro curtido, de bode ou de vaqueta; apertado no colete também de couro; calçando as *perneiras*, de couro curtido ainda, muito, justas, cosidas às pernas e subindo até às virilhas, articuladas em *joelheiras* de sola; e resguardados os pés e as mãos pelas *luvas* e *guarda-pés* de pele de veado – é como a forma grosseira de um campeador medieval, desgarrado em nosso tempo. Esta armadura, porém, de um vermelho pardo, como se fosse de bronze flexível, não tem cintilações, não rebrilha, ferida pelo sol. É fosca e poenta. Envolve ao combatente de uma batalha sem vitórias..."

VÍCIO. Geofagia, onanismo, alcoolismo.

VILÃO. Baile popular em Goiás. A. Americano do Brasil (*Cancioneiro de Trovas do Brasil Central*, 267, São Paulo, 1925) escreve: "Consiste numa espécie de *moulinet* da quadrilha francesa, no qual os dançantes formam uma grande roda, ligados pelas extremidades de lenços. O violeiro fica de fora e vai cantando e repicando a viola; os dançantes, com esgares esquisitos, executam piruetas ao rigor do compasso, formando depois uma ala, sempre ligados pelos lenços. É também conhecida pelo mesmo nome uma variante, em que, em vez de lenços, empregam paus apropriados ou mengueras, e no fim das diversas figuras formam uma grade com os cacetes, em cima da qual o violeiro sobe e é carregado pelo grupo. Ainda se dança no Brasil central o Vilão da Faca, em que se empregam, em vez de lenços ou paus, facas. Em São Paulo dançam o Vilão de Lenço e o Vilão de Mala. No Vilão de Lenço os dançadores ficam em duas alas e na frente o violeiro. Quem rege o baile diz-se "mestre de fandango". Cada qual segura a ponta de um lenço, e o seu "vis-à-vis" a outra extremidade, de um ou sucessivamente passando sob a arcada feita com os lenços. Vilão de Mala é uma espécie do sarandi, do chapéu, do arara, divertimento ao som da música. Os dançarinos procuram, a um sinal dado pelo violeiro, ocupar os assentos dispostos proximamente. Um dos participantes não terá lugar e ficará de pé. Este, sob os risos e chacotas dos assistentes, apanha a mala e a coloca nas costas. E a dança prossegue animadamente"; Alceu Maynard Araújo e Manuel Antônio Franceschini, *Danças e Ritos Populares de Taubaté*, 24-25, Instituto de Administração, I, n.º 33, São Paulo, 1948. A dança ou baile de vilão (morador na vila, camponês) é citada em Portugal, como popular, desde o séc. XV. Na Madeira há o bailinho dos vilões. Vilão é o tipo que representa o elemento mau nas peças teatrais populares, o intrigante, o malvado, o caluniador, castigado no último ato. Sobre o vilão, baile, representação, cantiga, ver Luís da Silva Ribeiro, *Algumas Palavras Sobre* o *Vilão do Teatro Popular da Ilha de São Miguel*, Angra-do-Heroísmo, 1945. Alceu Maynard Araújo cita no fandango paulista o "Vilão de Agulha" (Ubatuba).

VILÃO DA MALA. Ver *Fandango*.

VILÃO DE AGULHA. Ver *Fandango*.

VILÃO DE LENÇO. Ver *Fandango*.

VILA-LOBOS. Heitor, nasceu no Rio de Janeiro a 5 de março de 1887 e faleceu na mesma cidade em 17 de novembro de 1959. Um dos mais eminentes compositores de universal projeção contemporânea. Sua imaginação prodigiosa, a surpreendente originalidade das soluções técnicas, a beleza envolvente e sempre nova de sua melodia, a riqueza inesgotável dos recursos de expressão, o domínio soberano em qualquer dos gêneros, a graça, irradiante e natural simpatia de sua figura, fizeram-no personalidade de invulgar e rara presença na legitimidade do gênio indiscutível. Sua obra, vasta e soberba de solidez e força sugestiva, mantém o sabor musical acentuadamente brasileiro, mormente do folclore, fonte predileta da inspiração magistral, valorizando rondas infantis, bailados indígenas que viviam a mitologia amerabá, danças e cantos negros, modinhas e choros dos seresteiros românticos, numa elevação de ritmos da tradição e aproveitamento dos efeitos instrumentais populares. Não os estilizava, mas recriava, ampliando em sonoridade as simples células motoras que existem na dinâmica do instinto musical brasileiro. O interesse, devotamento, alegria do convívio humano para com todas as manifestações da cultura coletiva do Brasil, integram Vila-Lobos como uma das égides naturais na campanha de pesquisa e estudo do folclore nacional. As fontes bibliográficas sobre o Maestro Vila-Lobos são incontáveis, ensaios, artigos, exposições, programas, livros sobre assuntos musicais, biografias, dicionários, enciclopédias, etc. Os volumes citados divulgam a biografia, indicam o percurso de suas produções, fixando o ambiente inspirador (Vasco Mariz, *Heitor Vila-Lobos*, Rio de Janeiro, 1949; C. Paula Barros, *O Romance de Vila-Lobos*, Rio de Janeiro, 1951; Arnaldo Magalhães de Giacomo, *Vila-Lobos*, S. Paulo, 1959).

VINCHA. (pronuncia-se *vintcha*). Vocábulo rio-platense ainda não dicionarizado nos glossários regionais do Rio Grande do Sul, onde hoje é de uso comum entre os tradicionalistas que o trouxeram recentemente da Argentina e do Uruguai. Designa uma tira de tecido ou couro trançado ou não, cru ou curtido, que passa pela testa e se amarra à nuca, com a finalidade de segurar os cabelos. De origem próxima radicada nos indígenas meridionais da América do Sul, a *vincha* foi apropriada pelos gaúchos primitivos, brasileiros e castelhanos, emergentes lá por meados do século XVIII, que não dispunham de barbeiros nos desertos verdes das coxilhas ou do pampa, cortando seus próprios cabelos a faca, por trás.

Ensina Antônio Augusto Fagundes, pesquisador da indumentária gaúcha e seus complementos, que, mesmo omitindo a palavra que a designa, desde os primeiros tempos os colonizadores luso-brasileiros usaram a *vincha* nas atuais terras do Rio Grande do Sul. É que nos planos meridionais da América austral a *vincha* convergiu com o lenço amarrado à cabeça, vigente com idêntica finalidade na Península Ibérica, i. é., em Portugal e Espanha, lembrando os ciganos continentais e os "boucaniers" da pirataria marítima, tão popularizados décadas atrás pelo cinema norte-americano de aventuras.

A voz *vincha* nos chegou – através da Argentina e do Uruguai – das tribos *querandies* ou *pampas*, que circunvagavam pelas cercanias de Buenos Aires em permanentes "malones" até que, em 1879, sob o comando do general Júlio A. Roca, então Ministro da Guerra da Argentina, foram dizimadas ou submetidas na mais gigantesca "maloca" lançada contra os índios do Rio da Prata por um exército de cinco mil homens.

Daniel Granada não registra o termo para o Uruguai em seu *Vocabulário Rio-platense Razonado*. Mas ele aparece em dois modernos autores argentinos. Em Felix Coluccio, *Diccionario Folklorico Argentino*: "Vincha. Faja de género que se ata a la cabeza para sostener el cabello" (seguem abonações). E Tito Saubidet, *Vocabulário y Refranero Criollo*: Vincha. Cinta, panuelo, fajita de tejido pampa, tira de género ou de cuero con que los indios y paisanos se enlazaban y sujetaban el cabello. Ahora solo usa el pañuelo en esa forma el domador para evitar que el pelo le gaiga sobre los ojos durante la gineteada. También en las carreras de caballos, en las boleadas y en todo ejercicio ecuestre en que le estorba el sombrero, el gaucho ciñe la *vincha* o el pañuelo" (segue abonação de Lucio V. Mansilla).

Em que pese a convergência do lenço ibérico e da *vincha* sul-americana aqui nestas plagas, tal peça se nos afigura claramente como uma típica "Elementargedanke" (ideia elementar) segundo a lição de Adolf Bastian. Pois a *vincha* – cujo nome ignoro em grego clássico – aparece na cabeça do chamado *Auriga de Delfos*, um cocheiro, boleeiro de carro puxado a cavalos, retratado num bronze de 1,80 m de altura e que os historiadores das artes visuais datam de cerca da primeira metade do século V a. C. Isto, sem falar na *vincha* dos *truculentos* cavaleiros e caçadores assírios, como na dos guerreiros persas. Nos dias correntes, consequência das longas melenas em moda, até jogadores de pingue-pongue adotam a *vincha*. E os tenistas também, como Tomás Koch, o ás do tênis brasileiro. (Carlos Galvão Krebs, Porto Alegre, Rio Grande do Sul).

VINGANÇA. "Chamam *vingança*, no baixo Amazonas, a certas deformidades que trazem os recém-nascidos, as quais vêm como castigo de atos reprováveis praticados, não somente pela gestante, mas por qualquer outra pessoa que lhe seja próxima, ou também, por espanto ou surpresa que aquela tenha experimentado. Assim, se o caçador abater a caça e mutilá-la, trazendo-a à presença da mulher grávida, de modo a causar-lhe espanto, a parte mutilada, como as patas, por exemplo, a criança nascerá sem pé ou sem mão, conforme for dianteira ou traseira a parte maltratada do animal. Na cidade de Itacoatiara, no baixo Amazonas, existiram dois cães aleijados dos quartos traseiros. Afirmam pessoas dali que algumas gestantes que, por piedade ou porque gostassem desses animais, e lhes dessem comida, e outras porque se espantassem, ao vê-los, deram à luz crianças aleijadas dos pés (Antônio Cantanhede, *O Amazonas por Dentro*, contos, lendas e narrativas, 136, Manaus, 1950).

VINTE E UM[1]. Ver *Jogo de Baralho*.

---

1 No texto original: "Vinte-e-Um" (N.E.).

VIOLA. Instrumento de cordas dedilhadas, cinco ou seis, duplas, metálicas. Tendo seis cordas, repetem o *mi* ou o *si*. O encordoamento era de aço, as duas primas e segundas, a terceira de metal amarelo (latão), o bordão de *ré*, de aço, o de *lá* e o de *mi*, de latão. No Nordeste, a maioria tem dez trastos. As afinações variam, *mi-si-sol-ré-lá*, ou, segundo Oneyda Alvarenga, *mi-lá-ré-sol-si-mi*, ou mesmo a inversão destas. É verdadeiramente o grande instrumento da cantoria sertaneja. Violeiro é sinônimo de cantador. Outrora amarravam uma fita nas cravelhas, depois de cada vitória nos desafios. As violas enfeitadas eram troféus, consagrados e invejados. Foi o primeiro instrumento de cordas que o português divulgou no Brasil. O século do povoamento, o XVI, foi a época do esplendor da viola em Portugal, indispensável nas romarias, arraiais e bailaricos, documentado em Gil Vicente e nos cancioneiros. O padre Fernão Cardim cita-a abundantemente no Brasil. A orquestra típica das festas jesuíticas era a viola, o pandeiro, o tamboril e a flauta. Animador dos bailes populares em todos os quadrantes brasileiros. Recebendo de Espanha o violão, como a viola vulgarizado pelos mouros, o português denominou-o no aumentativo de viola, instrumento-rei. Diz a Inês Pereira (Gil Vicente, 1523):

"Que seja homem malfeito,
Feio, pobre, sem feição,
Como tiver descrição,
Não lhe quero mais proveito
E saiba tanger viola,
E coma eu pão e cebola,
Sequer uma cantiguinha,
Discreto, feito em farinha,
Porque isto me degola."

É o critério, trezentos anos depois, do cantador Jerônimo do Junqueiro descrevendo sua adversária, a famosa Zefinha do Chabocão:

"Me assentei perante o povo,
(Parecia uma sessão)
Quando me saiu Zefinha
Com grande preparação:
Era baixa, grossa e alva,
Bonita até de feição;
Cheia de laço de fita,
Trancelim, colar, cordão;
Nos dedos da mão direita
Não sei quantos anelão...
Vinha tão perfeitazinha.
Bonitinha como o Cão!"
Para confeito da obra:
Uma viola na mão!"

Sílvio Romero lembra o lamento de um ricaço empobrecido e saudoso das alegrias evaporadas: "Eu sou aquele que possuiu sete violas!" John Mawe ouve em Minas Gerais, 1809, modinhas ao *violão* e encontra inúmeras violas nas fazendas. O príncipe de Wied-Neuwied escrevia em 1815: "Não se vê, pelo Brasil, outro instrumento senão a viola". Von Martius confirmava dois anos depois: "É aqui a viola, tanto quanto no sul da Europa, o instrumento favorito". Em 1823, o general Raimundo José da Cunha Mato atravessa, numa jornada estudiosa, de que escreveu *Itinerário*, Minas Gerais dirigindo-se a Goiás, e depõe: "Todo vadio que possui uma guitarra (violão) tem o seu pão ganho sem necessidade de trabalhar, e encontra sempre quem o queira em casa!" Guitarra é o nome espanhol do violão, ainda não popularizado nessa designação. Emílio Zaluar, no São Paulo de 1860, dizia a viola "inseparável dos povos indolentes". O português levou-a a todas as regiões coloniais, integrando-a na cultura local, até na Polinésia. Dá nascimento a vários formatos e nomes mas a fonte é indiscutível e legítima. Pelo Sul e Centro do Brasil mantém seu domínio soberano. Queluz (Conselheiro Lafaiete, Minas Gerais) possuiu quinze fábricas de violas. Quase todos os autos e bailes no Sul e Centro do Brasil, do Rio Grande do Sul ao Rio de Janeiro, obrigam a viola. Já em 1816-1821 Saint-Hilaire deparava-as por toda essa região. Para conhecimento dos tipos, afinações, técnicas, geografia folclórica, ver Rossini Tavares de Lima, "Estudo Sobre a Viola", *Revista Brasileira de Folclore*, 8/10, Rio de Janeiro, 1964; Alceu Maynard Araújo, *Folclore Nacional*, II, "Viola", 433-451, S. Paulo, 1964.

VIOLÃO. Instrumento de cordas dedilhadas, maior que a viola, em forma de oito. Tem seis cordas, com a afinação *mi-lá-ré-sol-si-mi*, as três primeiras de metal, as outras de tripa. É a mesma guitarra espanhola, com o *mi* grave a mais. Embora usado também nas zonas rurais, é essencialmente um instrumento urbano, de grande popularidade, especialmente como acompanhador de canto (Oneyda Alvarenga, *Música Popular Brasileira*, 313, ed. Globo, Porto Alegre, 1950). Atualmente as cordas do violão, em maioria, são de matéria plástica e preferidas pelos executantes de solos. As cordas de metal e tripa, ou tripa e seda, continuam no gosto rural. Não conheço referência ao violão, anterior ao séc. XVIII.

VIRAÇÃO. Processo para apanhar tartarugas nas praias, em época da desova (setembro e outubro). Diz a crendice que a tartaruga-mãe traça na areia, a marchar inclinada e de esguelha, com a aresta da carapaça, linha em largo semicírculo. Isto feito, aglomeram-se nesse perímetro as demais a cavar sulcos com os bordos dianteiros da carapaça para aí depositar os ovos. Eis quando se largam da tocaia pescadores, a aproveitar, prestes, a fadiga dos animais, que são virados "de peito para cima" e assim impossibilitados "na marcha". São verdadeiras devastações, porque, além da fartíssima colheita, segue-se a dos ovos apanhados, quiçá aos milheiros. Pernicioso e antieconômico sistema até hoje em execução, de sorte a sentir já a população do grande vale dificuldades na obtenção do alimento usual, hoje caríssimo e tornado raro em certos rios. Amazônia (Alfredo da Mata, *Vocabulário Amazonense*, 311, Manaus, 1939). Raimundo Morais informa ser o macho da tartaruga, o capitari, encarregado de delimitar a área da desova e não a tartaruga-mãe. Ver *Capitari*.

VIRA-ROUPAS. As velhas lavadeiras de outrora, em qualquer país do mundo, acreditavam na existência de um ente malévolo que se divertia virando ao avesso a roupa deixada no coradouro, ensaboada, para enxugar, arrancando-lhe os botões, enchendo de areia os bolsos, além de deixar riscos nas peças mais cuidadosamente recomendadas; traços pretos em roupa branca, traços brancos em roupa escura, impossíveis de explicação. Na maioria dos casos, pelo Norte do Brasil, não identificam o duende malfazejo senão com vaga sinonímia diabólica, *uma coisa ruim, o fute, o-não-sei-que-diga*, etc. Joana de Modesto (Joana Farias), a mais antiga lavadeira de Natal, falecida no Hospital Miguel Couto, a 11 de abril de 1953, com cem anos presumíveis, minha ama de leite, contou-me muitas *estórias* misteriosas, ocorridas na lavagem de roupa nos rios e lagoas dos arredores da cidade. Ademar Vidal (*Lendas e Superstições*, 73-74, ed. Cruzeiro, Rio de Janeiro, 1950) denomina-o Vira-Roupas: "Vira-Roupas é homem alto e magro, muito ligeiro e muito esperto". Era o pesadelo das lavadeiras paraibanas.

VIRGEM. O estado virginal confere poderes sobrenaturais. Certos remédios dobram de eficácia, servidos por mão de virgem. A virgindade explicava nas *estórias* populares e na tradição mágica a força irresistível e os atos sobre-humanos de valentia, no caso do homem casto, como Galaaz. A virgem Cláudia Quinta, sacerdotisa de Vesta, pôde, em 217 antes de Cristo, desencalhar o navio que trazia a pedra negra de Pessinonte, puxando-o apenas com o seu cinto de vestal, amarrado no rostro da nave. Diante da virgem, rara é a força mágica operante. O unicórnio brutal dormia em seu regaço. Um dos mais poderosos elixires da longa vida, citado em Milão, era composto com o hálito e a transpiração de seis virgens. A virgem não podia sofrer a pena máxima em Roma (Suetônio, *Tibério*, LXI, Tácito, *Anais*, V, IX). As secreções das mulheres virgens eram vendidas para remédios. Há muita fórmula terapêutica popular em Portugal onde intervém uma Maria Virgem. Faz desaparecer lobinhos, quistos, mordendo-os, ou impingens, tocando-as com o polegar. Cura as crianças herniadas, fazendo-as passar através duma árvore partida ou de um junco quebrado, e recebidas por um Manuel ou um João, igualmente em estado donzel. O diamante, usado pela virgem, duplica o fulgor. Só a virgem acendia o fogo sagrado de Vesta em Roma. Na Índia crê-se que o canto da virgem adormeça o próprio elefante selvagem (*The Ocean of Story*, III, 172), e na Europa a virgem pode acalmar, dominar e vencer também esses animais enfurecidos (*Gesta, Romanorum, estória* 115). Nas *Ordenações Afonsinas* (Liv. III, tít. 100, § 2) proibia-se penhorar às *Donas dos panos de seu corpo, nem cama*. Os tupinambás do Pará expunham as moças como prova de castidade às serpentes do lago do Juá, acima de Santarém. "A serpente começava a boiar e a cantar até avistar a moça, e, ou recebia os presentes, se a moça estava efetivamente virgem, e nesse caso percorria o lago cantando suavemente, o que fazia adormecer os peixes, e dava lugar a que os viajantes fizessem provisão para a viagem; ou, no caso contrário, devorava a moça, dando roncos medonhos" (Couto de Magalhães, *O Selvagem*, 145, ed. 1876). O sangue da virgem curava a lepra. Na *Demanda do Santo Graal* (II, LXII, 463, dirigida por A. Magne, ed. Instituto Nacional do Livro, Rio de Janeiro, 1944) uma velha dona sacrificara sessenta virgens para curar-se da sua gafeira. As virgens criadoras tiveram o culto mais profundo e natural. Era o poder para a vida e sempre o potencial mais puro. *Nari* dos hindus *Mute-Ísis* dos egípcios, *Atar*, dos árabes, *Astoret* dos fenícios, *Afrodite-Anadiomena* dos gregos, *Vesta* dos romanos, *Luonotar* dos finlandeses, *Herta* dos germanos, *Dea* dos gauleses, *Iza* dos japoneses, *Ina* dos oceânicos foram reverenciadas nessa invocação espontânea e poderosa. Nas *estórias* populares é a vencedora, a heroína, o papel simpático e sugestivo. Ver *Suor*.

VIRGINDADE. Ver *Exibição da Prova de Virgindade*.

VISAGEM. Assombração, fantasma, alma do outro mundo, aparição sobrenatural. Cabelo assanhado como quem viu visagem. Apareceu uma visagem! Forma indecisa, causando pavor. Sentimento fingido, hipocrisia. Deixe de fazer visagem comigo! Ver *Bicho Visagento*.

VISÃO. Visagem, fantasma que aparece aos garimpeiros do rio das Garças. "Aparece à volta das casas velhas ou das taperas onde alguém, em tempos idos, deixou um 'enterro'. Contam que na cidade bicentenária de Diamantino (Mato Grosso), certa vez, à noite, um homem viu a Visão junto à parede de taipa de uma velha casa abandonada. Fechou os olhos e seguiu naquela direção até alcançar a parede, com a faca, marcou o ponto onde ela aparecera. No dia seguinte, no local onde reconheceu as marcas que fizera, pôs-se a esburacar a parede e descobriu um 'gargalo' de uma garrafa cheia de ouro": Francisco Brasileiro, "Monografia Sobre o

Rio das Garças", sep. *Revista do Arquivo*, CXLIV, 352, S. Paulo, 1951. Ver *Dama de Branco*.

VÍTOR. É nome de trinta e cinco santos católicos, registrados no *Martyrologium Romanum*. Não sei qual deles motivou a devoção sertaneja de prometer três gritos a São Vítor, para encontrar-se objeto perdido. "Para achar-se um objeto perdido, basta oferecer-se três vivas a São Vítor." (Pereira da Costa, *Folclore Pernambucano*, 119). Deve ter sido associação ao nome de Vítor, Vitória, viva. Com o mesmo processo de pagamento, o sertão do Nordeste faz suas promessas a São Dino e a São Longuinho ou Longino (ver esses nomes). Originou-se da interjectiva *Victor!*, expressão aclamativa, de excitamento e de aplauso, comum do séc. XVI em diante, nas fontes castelhanas e portuguesas. João Ribeiro e Alberto Faria estudaram o assunto (*Fabordão*, "Vítor, amigos!", 78-87, Rio de Janeiro, 1910). Vítor era um viva, um grito, um aplauso. João Ribeiro e Roberto Faria ignoravam a tradição brasileira das promessas de grito a São Dino, São Longuinho e São Vítor. *Nomen Numen*. Na comédia *Verse y Tenerse por Muerto*, de Manuel Freire de Andrade, impressa em 1670, diz o autor ao final:

"Y aquí, discreto auditório
A vuestras plantas rendido,
El poeta más moderno."

De Limosna os Pide un Victor (Teófilo Braga, *História do Teatro Português*, II, 305-306, Porto, 1870). Ver *Longuinho*.

VIÚVA — VIÚVO. Era entidade de alto respeito, e sua presença imprimia um verdadeiro halo de veneração, onde quer que chegasse. Representava a ideia viva da morte e quase um sobrevivente. Fiel à tradição da Grécia e Roma, vinda através de Portugal, o viúvo conservava barba, por algum tempo, e cortava o cabelo, meses depois do falecimento do cônjuge. Devia vestir negro, pelo menos um ano. A mulher viúva usava vestes pretas, o resto de sua existência. *Aliviar* o luto, vestido roxo, lilás, é uso relativamente recente, do último lustro do séc. XIX, pelo interior do Brasil. Algumas viúvas cortavam o cabelo e assim ficavam para sempre. Ainda conheci, no interior da Paraíba, Rio Grande do Norte e Ceará, velhas de cabelo cortado, *como homem*, em sinal de renúncia às vaidades humanas e especialmente ao atrativo sexual, que a cabeleira sintetizava poderosamente para os olhares masculinos. A viúva possuía mais direitos ao respeito público que o viúvo. As viúvas velhas tinham prerrogativas para orações em momentos desesperados, moléstias graves, ameaçadas de morte, negócios difíceis. As viúvas de costumes irrepreensíveis, chamadas *viúvas de boa vida*, eram convidadas para ajudar os doentes, orar e fazer companhia às moças ricas e órfãs de mãe. Eram, igualmente, tabus. Não deviam assistir aos partos, porque os retardavam. Não podiam vestir a noiva, sentar na casa dos recém-casados nem pegar em menino pagão. Sendo a viúva uma propriedade simbólica do defunto, compreende-se a série de proibições e favores advindos da proteção invisível da morte. O marido falecido devia rondar sempre perto da figura tão querida da esposa. Daí, para não atrair o morto, a viúva era necessariamente uma mulher de pouca conversa, falando baixo e jamais gritando. Frazer estudou a *viúva silenciosa* começando do vocábulo em hebreu, equivalente a *muda* ("illem"). Liga-se à viúva a imagem da mulher desprotegida e fraca, à mercê de qualquer violência e sem possibilidade de defesa. A impopularidade dos cangaceiros começa do dia em que assaltam as propriedades de viúva, de *uma pobre viúva*, embora rica, enérgica e poderosa. Dor de Viúva. Apesar desse ambiente de respeito, creem pouco que a viúva esteja perpetuamente votada à saudade do defunto. Diz-se *dor de viúva* ou *de viúvo* ao sofrimento causado por um choque repentino na rótula ou cotovelo, provocando uma dor viva, penetrante, insuportável mas rápida. Os espanhóis dizem: *Dolor por mujer muerta / Llega hasta la puerta*. Ou: *Dolor de viudo, / Corto y agudo*. E no Brasil: *Viúva rica com um olho chora, com o outro repica*. Na Espanha: *Cuando va por la calle / La viuda rica / Un ojo dice "unones", / Y otro repica*. Na Itália: *La vedovella colla vedovanza / Piange lo morto e nello vivo pensa, / In altro giovinetto ha la speranza*. Casamento de Viúvos. Estão desaparecidos os prejuízos contra o casamento de viúvos entre si, ou viúvo ou viúva com outra pessoa. Até os primeiros anos do séc. XX, havia reprovação popular, expressa em versos, cantigas e pilhérias. Se o casamento ocorre dentro do primeiro ano de viuvez, é ainda fatal a frase: "Se a mulher esperasse pouco tempo, assistia ao casamento do marido". O viúvo velho com moça nova, ou vice-versa, ainda causa má impressão, reação crítica natural do grupo social defraudado, como notou André Varagnac. A velha opinião era contrária ao casamento de viúvos. Na Roma republicana havia proibição formal, que foi anulada pelo Império, tendo em vista o número crescente de viúvas novas, criadas pelas guerras de conquista. No Brasil corre uma *estória* típica. Um amigo de Jesus Cristo convidou-o para suas bodas. Nosso Senhor compareceu e abençoou o casal. Tempos depois, o homem enviuvou e deliberou casar-se novamente. Foi convidar Nosso Senhor, que lhe disse: "Não vou, mas mando" (um representante). E mandou. O homem enviuvou pela segunda vez, contratou núpcias e voltou à presença de Jesus Cristo para o convite. Nosso Senhor declarou: "Nem vou, nem mando". Era a reprovação total. Não tenho documentos para registrar no Brasil a existência do *Charivari*, manifestação burlesca de protesto ao casamento de viúvos, *in secundis et tertiis, quorumdam nuptiis*, como reza o cânon do Concílio de Tours, em 1445, proibindo o charivari sob pena de excomunhão. Era um grupo de foliões, mascarados, batendo latas, peças de cozinha, tocando os mais estranhos instrumentos desafinados, em ruidosa e pejorativa homenagem, diante da casa dos recém-casados. O charivari é mencionado por Ducange (*Glossaire*, Charivarium, V) como já popular em Avignon, em 1337. Houve também na Península Ibérica. É bem possível ter havido no Brasil o charivari. O voto instintivo e popular é para a viúva, e não o viúvo, conservar-se no seu estado de *eterna esposa*, como defendem os positivistas. Na Grécia as viúvas tinham um templo especial, destinado ao culto de Hêra Khêra, Juno-Viúva, em Estinfalo, na Arcádia.

VIVAS. Durante todo o Império, houve a obrigação protocolar dos três "vivas" da praxe, erguidos pela primeira autoridade provincial nas festas solenes ou de regozijo público. Viva a Religião Católica, Apostólica e Romana! Viva a Constituição do Império! Viva Sua Majestade o Imperador! Algum áulico levantava fatalmente um "viva" a quem erguera os três anteriores. Nem todos sabiam gritar esses três vivas, precisando ser incisivo, de voz clara e empolgadora. Engasgando-se, invertendo a posição das entidades saudadas, ficando com a voz em falsete, afeiava enormemente o cerimonial, causando o riso fácil da multidão. No Rio Grande do Norte, o Presidente Casimiro José de Morais Sarmento (1813-1860), que administrou a Província de 1845 a 1847, deixou fama. Também sucedeu que, de uma feita, estando no Palácio da rua da Cruz, de chambre, desprevenido e alheio à solenidade do dia, fora surpreendido com o vozerio do povo diante da janela, aguardando a presença do presidente. Morais Sarmento vestiu o fardão, calçou as luvas, pôs o chapéu bicórneo, apareceu ao povo, erguendo os três vivas, entusiasticamente correspondidos... de fardão da cintura para cima e de chambre da cintura para baixo.

VIVÓRIO. "Nalgumas cidades do vale do Paraíba, em S. Paulo, no final de festas tradicionais, Ano Bom, Espírito Santo, Páscoa, por ocasião de refeições festivas em residências particulares, alguém saúda em verso as pessoas proeminentes. É o *vivório*. Os homenageados agradecem sem bater palmas. A este ato de efusão e agradecimento algumas pessoas chamam de 'vivório', outros de 'fazer o viva'. Conhecido também por 'vivório de almoço da cidade' ou 'vivório da cidade', diferente daquele feito no final de um mutirão, na hora da despedida, um agradecimento coletivo, chamado 'vivário de mutirão'. O 'vivório da cidade' difere do 'vivório de mutirão'. Aquele é individual, só de versos e sem resposta dos homenageados: este é coletivo, onde todos cantam enquanto prestam auxílio à 'tarefa do patrão', após terminadas as suas. O vivório no mutirão é a parte mais alegre desta forma de ajuda vicinal a caminho do desaparecimento". (Alceu Maynard Araújo, *Porandupa Paulista*, 180-182, S. Paulo, 1957). Ver *Coreto* e *Saúde Cantada*.

VOADOR. (*Cephalacanthus volitans*, Lin, *Teigla volitans*). Pirabebe, peixe voador ou *uêuê*, que voa, citado em todos os cronistas coloniais, começando por Hans Staden em 1547. Peixe de piracema, de cardume, pescado nos meses de abril a princípios de julho, na costa nordestina, especialmente no Rio Grande do Norte (Pedra, Galinhos, Caiçara) lugares da *safra*. Pesca-se em mar alto, em botes ou jangadas sem fundear. Derramam o *engodo*, fígado de cação, tripas do próprio voador, azeite grosso, qualquer substância gordurosa e os peixes, atraídos, vêm aos milhares, roncando ao redor das embarcações e são pescados com o jererê, rede triangular, armada como uma raqueta de tênis de uso individual. Aberto, salgado e seco ao sol nos "estaleiros" da praia é vendido em garajaus de um milheiro deles, para os Estados vizinhos, alimento popularíssimo, assado ou cozido, com pirão. Durante as "safras" do voador, as praias da pescaria são centros procuradíssimos pelos pequenos circos de cavalinho, lanterna-mágica, cinemas rudimentares, mil formas de caça-níqueis, além dos bailes, fobós e cocos, que duram a noite inteira. O voador, nesta época, *corre* como moeda. Um bote de regulares dimensões apanha quarenta milheiros diários e uma jangada, com quatro homens, de 10 a 12 milheiros. Os grandes botes vão a 60 milheiros.

VODU. Denominação genérica dos deuses jejes, de Vodu, santo, consagrado. Os voduns jejes são menos conhecidos, graças à prestigiosa popularidade dos orixás nagôs. Vivem sob os nomes iorubanos, Badê ou Sobô (Sogbo) é Xangô, Loko, a gameleira é Iroko, Gun é Ogum, Obéssem é Oxumarê, Legba é Exu, Agué é Oxóssi, Azoani, Sakpata é Omulu, Aziri é Oxum, Olissassá é Oxalá, etc. O traço marcante do culto Vodu é Dangbê, a serpente sagrada do Daomé, a Dã dos candomblés da Bahia, princípio da mobilidade, segundo Herskovits e também a eternidade das forças criadoras, o segredo dos mortos, as águas correntes, fecundas e vivas. Os vestígios semidesaparecidos que Nina Rodrigues encontrara na Bahia e os raros elementos inicialmente deparados por Artur Ramos diriam da morte desse elemento. Ultimamente os estudiosos têm registrado incontáveis provas da presença da serpente nos candomblés e terreiros da Bahia, Recife, Maceió, etc.; Édison Carneiro, *Negros Bantos*, 104-105, Rio de Janeiro, 1937; Gonçalves Fernandes, *Xangôs do Nordeste*, 75, Rio de Janeiro, 1937; Aydano do

Couto Ferraz, "Vestígios de um Culto Daomeano no Brasil", *Revista do Arquivo Municipal*, LXXVI, 271-274, São Paulo, 1941. Encontrei num terreiro de Xangô em Vergel do Lago, arredores de Maceió, janeiro de 1952, no peji do Centro Africano São Jerônimo, uma cobra feita de massa, enroscada, uma grande pele ofídica estendida e suspensa num canto, no altar de Ogum, e no Museu Histórico uma pulseira serpentina e uma serpente envolvendo lanças de um trono de Ogum, trabalho delicado de ferro forjado, objetos vindos de um terreiro de Maceió desaparecido. A presença da serpente, Dã, Danh-gbi, Dangbé, está notoriamente comprovada. Falta o seu estudo, influência, elementos no culto, utilização litúrgica, etc. No assunto, ver Artur Ramos, *Introdução à Antropologia Brasileira*, I, XIV, Rio de Janeiro, 1943, e a obra clássica de Melville J. Herskovits, *Dahomey, An Ancient West African Kingdom*, II, New York, 1938. Édison Carneiro escreveu para este Dicionário o estudo seguinte sobre Vodum, a melhor síntese no assunto:

VODUM

A religião nacional dos jejes não teve, no Brasil, a importância da nagô, elevada à categoria de padrão e modelo de todos os candomblés de influência negra. Os cultos nagô e jeje são tão semelhantes na África, que se torna difícil traçar a fronteira física entre um e outro. Aqui, devido à maior concentração de escravos nagôs, houve predominância das práticas de Yoruba, cabendo às jejes uma função auxiliar. Desde fins do século passado, Nina Rodrigues já se referia às religiões do negro baiano como "jeje-nagôs". Artur Ramos, reconhecendo em toda parte as linhas mestras dos cultos desses dois povos, estendeu o qualificativo a todo o país. Em verdade, não houve entre nós um culto jeje independente, nem se pôde criar aqui, como aconteceu no Haiti, um culto *vodum*.

Contudo, e a despeito dessa preponderância dos nagôs, não seria exato afirmar que o culto jeje desapareceu completamente sob a avassaladora influência de Yoruba. Em Belém do Pará, em São Luís do Maranhão, na Bahia e no Rio de Janeiro, ainda é possível encontrar traços bem nítidos das concepções dos jejes. No Maranhão e na Bahia, há mesmo candomblés exclusivamente dedicados a esse culto.

Os deuses jejes são chamados *voduns*, termo que corresponde ao nagô *orixá*, mas *vodum*, neste sentido de deus, parece que só se emprega na Casa das Minas (São Luís do Maranhão) e nos três candomblés jejes que se conhecem na Bahia. Os costumes ligados aos *voduns* permaneceram, embora não sem certas modificações. Pelo que informa Herskovits, há no Daomé o hábito de antepor ao nome do *vodum* o monossílabo respeitoso *To*, que identifica o ancestral deificado. Esse hábito se conserva no Maranhão e no Pará, tendo-se adulterado a palavra, em São Luís, para *Toi* (pai) e em Belém, indiferentemente, para *Toia* ou *Toiá*. Individualmente, também, os *voduns* sofreram alterações, às vezes de nome, às vezes de personalidade, com a viagem transatlântica.

Sogbô, deus do trovão no Daomé (Herskovits) e na Bahia (Çobô), no Maranhão cede o lugar a Badé (Nunes Pereira), figurando como Çobô uma deusa velha, que seria a mãe do Xangô do povo jeje. Badé teria também uma irmã, Abê, considerada "senhora" ou "dona" do mar. Na Bahia, Çobô tem as mesmas cores simbólicas de Xangô – vermelho e branco –, mas em São Luís veste azul. Nanã Burucu (Nana Buluku), que em toda parte, e especialmente na Bahia, surge como o mais velho dos *voduns*, a deusa-mãe de tudo o que existe, parece corresponder, em Belém, à Yansã nagô pelo menos nos cantos do *babaçuê* registrados pela Missão de Pesquisas Folclóricas (1937) da Municipalidade de São Paulo – uma modalidade de culto que Oneyda Alvarenga comparou, com justeza, aos candomblés de caboclo. Loko, à falta da gameleira no Norte, se liga à cajazeira, que assume o mesmo caráter de árvore sagrada. Outros *voduns* mais encontradiços são Zamadan, Zemadom, Zé Madome (Pará) ou Zomadone (Maranhão); Dôçu; Liçá (Lisa, contraparte masculina de Mawu, no Daomé – o nome jeje para Oxalá); Averekê (Belém) ou Averequete (São Luís)... Deste último, que frequenta os cantos do *babaçuê*, onde é saudado como

A joriti
pomba vuadô

– e talvez o "a" seja a exclamação "ah" – Nina Rodrigues ainda pôde notar a sua presença na Bahia, qualificando-o, em companhia de outro *vodum*, Nati, como "divindade marinha" dos jejes, sob o nome de Avrikiti. Muitos destes *voduns*, e mais Legba (Exu), mensageiro dos deuses, e Gu (Ogum), protetor das artes mecânicas, foram assimilados nos candomblés baianos de Emiliana, Manuel Menez e Falefá. O nome de Loko suplantou na Bahia o seu correspondente nagô, Iroco – inclusive como designação popular da gameleira branca, "pé de Loko" – e o deus, ultimamente, se apresenta já sob novas formas, Katendê (Angola) e Tempo (caboclo), em outros candomblés. O arco-íris entre jeje-baianos tem o nome, de Obessém, mas vale a pena notar a semelhança que há entre o culto que lhe prestam na fonte de São Bartolomeu, nas vizinhanças da cidade do Salvador, e o de Saut d'Eau, no Haiti. Embora o arco-íris seja cultuado ali como o Oxumarê dos nagôs, que também tem a forma de serpente, deve-se lembrar que, no Daomé, o arco-íris, Aido-Hwedo, é uma Dã fêmea, que no rabo carrega relâmpagos. Os peregrinos baianos contam que, no alto da pedra de onde cai a água milagrosa de São Bartolomeu, costuma aparecer uma cobra, quando o sol, rompendo a folhagem espessa, ali desenha o arco-da-velha...

A cobra, Dã, "o princípio de mobilidade" (Herskovits), parece merecer culto apenas na Bahia. A lâmina de ferro, de 50 cm, terminada em cabeça e rabo de serpente, que Nina Rodrigues viu no terreiro de Livaldina – a mãe de santo desconhecia a sua significação e origem –, talvez não tenha ligação direta com o culto da Dã. Indiquei, nos *Candomblés da Bahia*, que está por fazer o estudo desse aspecto particular das religiões populares, mas em verdade a cobra, Dã, está presente em todas as práticas dos candomblés jejes na cidade do Salvador. Aliás, na concepção nacional do Daomé, todo *vodum* tem a sua Dã especial. Uma cobra tinha lugar de honra entre os altares num *xangô* de Maceió. E, nas macumbas cariocas, vez por outra surge uma cobra em posição de destaque nas cerimônias, traindo, embora esmaecida, a influência dos jejes.

O chefe do culto se chama *vodunô* na Bahia, seja qual for o seu sexo – exatamente como no Daomé –, mas no Maranhão tem os nomes de *nochê*, mãe (Nina Rodrigues escreveu *nocê*), e *tochê*, pai. As iniciadas são *vodúnsi* na África e na Bahia (no Haiti, *hounsi*) e, no Maranhão, *noviches*. Os chefes da Casa das Minas se referem às suas subordinadas como *vichê*, filhas.

Uma cerimônia ritual, o *panã*, que se realiza na Bahia, e que pode ser equiparada à quitanda das iaôs, semelha, nos pontos essenciais, à "declaração de guerra", uma das últimas festas simbólicas do processo de iniciação no Daomé, tal como a descreve Herskovits: armadas de longos cipós, e com absoluta liberdade de fazer o que bem entenderem, as iniciandas espancam os que se aproximam das frutas, doces e guloseimas que expõem ao público – para que este as roube. Exceto neste aspecto especial, porém, a cerimônia não se distingue mais da sua correspondente nagô.

O hábito haitiano do *vêvers* encontra símile no *ponto riscado* tão conhecido nas macumbas cariocas. Louis Maximilien explica que o chefe, no Haiti, faz desenhos especiais ao pé da coluna central da casa de culto, utilizando farinha de trigo ou de milho (farinha de Guiné), cinza, gengibre ou café em pó... Possivelmente, há neste costume influência dos silvícolas americanos, não sendo justo atribuí-lo apenas aos jejes. Interessante, porém, que brasileiros e haitianos, por este ou aquele caminho, tenham chegado ao mesmo lugar!

A concepção de *cavalo* do deus e o hábito de a divindade comunicar aos circunstantes o recado que deseja mandar à pessoa que lhe serve de instrumento na ocasião. – "Diga ao meu cavalo..." – talvez tenham vindo dos jejes. Zora Neale Hurston nos dá a fórmula mágica, corrente no francês crioulo do Haiti: "Parlay cheval ou...". O fenômeno da possessão, com todas as crenças que implica, tem as mesmas características entre nagôs e jejes. Parece que, neste particular, concorrem, quem sabe em que condições, os dois povos.

Em suma, os jejes não desapareceram, nem se pode dizer que tenha sido completamente nula a sua contribuição às religiões populares brasileiras. Pelo contrário, não somente demonstraram boa dose de resistência à absorção pelos nagôs, como deixaram rastros vivos, na exata proporção do pequeno número de escravos jejes chegados ao país. Ver *Dã*, *Tambor*.

VOLTA-NO-MEIO. Balbi, citado por Mário de Andrade (*Música, Doce Música*, 116, São Paulo, 1934), menciona essa dança como popular no Brasil, anterior a 1822, sem indicação local. Na dança do Tatu, no Rio Grande do Sul, encontro um refrão alusivo: "Anda a roda, / o tatu é teu; / Voltinha no meio, / o tatu é meu" (J. Simões Lopes Neto, *Cancioneiro Guasca*, 19, Pelotas, 1917). Seria "parte" do Tatu gaúcho?

VOLTARETE. Ver *Jogo de Baralho*.

VOLTA-SENHORA. Dança do fandango em S. Paulo. Alceu Maynard Araújo informa ser valsado. Ver *Fandango*.

VOZES. As vozes indistintas ou as frases soltas, ouvidas nas ruas, são formas oraculares. Studart informa (*in Antologia do Folclore Brasileiro*, vol. 2, 39, 6ª ed., São Paulo, Global, 2004): "Para adivinhar o futuro reza-se o rosário de Santa Rita, ao mesmo tempo que se procura ouvir na rua ou da janela a palavra ou frase que será a respeito do que se pretende saber. Reza-se o rosário de Santa Rita, substituindo-se os padres-nossos do rosário comum pelas palavras – Rita, sois dos impossíveis, de Deus muito estimada, Rita, minha padroeira, Rita, minha advogada, e substituindo as ave-marias, pelo estribilho: Rita, minha advogada". Getúlio César, em Granja, Ceará, testemunhou a mesma tradição: "São pessoas que desejam saber notícias dos parentes distantes, no Amazonas. Fazem oração (o rosário de Santa Rita) e esperam ouvir dos que conversam a resposta desejada. Um *pode ser*, *talvez*, *nunca*, *muito breve*, *sim*, *não*, etc., são palavras e frases que vêm dar respostas à pergunta que fizeram, quando rezavam o rosário. Afirmam ser isso positivo e recorrem ao rosário com absoluta segurança". (*Crendices do Nordeste*, 912, ed. Pongetti, Rio de Janeiro, 1941). Teófilo Braga (*O Povo Português nos seus Costumes, Crenças e Tradições*, II, 95-97, Lisboa, 1885) registra a existência desse processo em Portugal, insular e peninsular, assim como J. Leite de Vasconcelos (*Tradições Populares de Portugal*, 258, Porto, 1822), dedicando-se a oração a São Zacarias. Diz-se *ir às vozes*. Morais Sarmento lembrou que talvez daí provenha o *Vox Populi, vox*

Dei. Identicamente na Itália, Sicília. No séc. XVII Dom Francisco Manuel de Melo referia-se ao fato, "Relógios Falantes" (*Apólogos Dialogais*, 24, ed. Castilho, Rio de Janeiro, 1920): "... e com o próprio engano com que elas traziam a outras cachopas do São João às quartas-feiras, e da Virgem do Monte às sextas, que vão mudas à romaria, 'espreitando o que diz a gente que passa'; donde afirmam que lhes não falta a resposta dos seus embustes". O mesmo costume encontrei no Recife (1924-1928), sendo escolhida sempre a Igreja de São José de Ribamar. Oravam e depois saíam para *ouvir as vozes* na rua. Cervantes de Saavedra registra semelhantemente na Espanha seiscentista. Ouve Dom Quixote a um menino a frase: "No te canses, Periquilo, que no la has de veren todos los días de tu vida; e responde a Sancho Pança: Qué? No ves tú que aplicando aquella palabra a mi intención, quiere significar que no tengo de ver más a Dulcinea?" (*Don Quijote de la Mancha*, II, LXXIII). E do séc. XV é a informação da alcoviteira Celestina: "La primera palabra que hoí por la calle fué de achaque de amores". (*La Celestina*, ato IV, Fernando de Rojas, ed. Losada, Buenos Aires, pág. 78, 1941). No Brasil pelo São João e em Portugal pelo Natal cantam *as vozes*, rezando a oração de São Pedro, pedindo que as palavras primeiras entendidas depois da oração e quando o devoto se ponha à janela sejam sim ou não, definindo a súplica. Um dos mais antigos documentos na espécie é dado por Santo Agostinho (*Confissões*, liv. VIII, cap. XII, págs. 215-216, ed. Garnier, Rio de Janeiro, 1905). Santo Agostinho (354-430) estava em Milão debatendo-se numa crise de angústia e indecisão religiosa quando ouviu uma criança cantar, na casa vizinha, uma canção cujo estribilho era *o tolle, lege, tolle, lege*, e aplicando ao seu caso a sugestão foi ler a Epístola de São Paulo aos Romanos e converteu-se. A origem desse processo é o oráculo de Hermes em Acaia. Depois de orar ao deus, fazia-se o pedido à orelha de Hermes (Mercúrio) e deixava-se o templo com os ouvidos tapados com as mãos, ou com um manto. As primeiras palavras entendidas no átrio, no adro, pela voz do povo, era a resposta divina à súplica devocional (Luís da Câmara Cascudo, *Superstição no Brasil*, "Hermes em Acaia e a consulta às vozes", 35-39, 6ª ed., São Paulo, Global, 2002).

Vu. Falando dos antigos Ranchos de Reis na Bahia, Manuel Querino cita esse instrumento musical, rudimentar e popular nos festejos de outrora: "Houve antigamente nesses ranchos uma personagem saliente: um popular conduzia pequeno caixão com uma tábua móvel que, a um determinado movimento, produzia um som onomatopaico, designado por Vu" (*A Bahia de Outrora*, 36).

Waranga. Ver *Bastão de Ritmo*.

Wari-Waru. Ver *Baru, Omolu*.

Whist. Ver *Jogo de Baralho*.

X. Moeda de cobre valendo dez réis, corrente no Brasil colônia. Os denários romanos eram igualmente marcados com o X, significando o valor de dez ases. Xenxém, xanxã. Não ter um X, não valer um X, referem-se a essa moeda divisionária do tempo velho, sem recursos e sem valia.

XÁCARA. Romance, seguidilha, que se canta à viola em som alegre, registra o Dicionário de Domingos Vieira. É a definição de Morais, que adianta ter vindo xácara do castelhano. Narrativa popular, em verso, *Pequeno Dicionário Brasileiro da Língua Portuguesa*, 2ª edição. Almeida Garrett escrevia, comentando o "Chapim-del-rei ou Parras verdes" no *Romances Reconstruídos* (Baladas): "Nós temos, se não me engano, no gênero narrativo popular, as três espécies, *romance*, *xácara*, *solau*: no *romance* predomina a forma épica, conta e canta principalmente o poeta; na *xácara* prevalece a forma dramática, diz o poeta pouco, às vezes nada – falam os seus personagens muito; o *solau* é mais plangente e mais lírico, lamenta mais do que reconta o fato, tem menos diálogo e mais carpir; às vezes, como no Solau da Ama, em Bernardim Ribeiro, não há senão o lamento de uma só pessoa que vai aludindo a certos sucessos, mas que os não conta" (Almeida Garrett, *O Romanceiro*, 427-428, edição dirigida por Fernando de Castro Pires de Lima, ed. Simões Lopes, Porto, 1949). Não se popularizou no Brasil e aparece no uso literário, nos estudos de poesia tradicional portuguesa no Brasil. Xácara será, evidentemente, a canção narrativa e daí sua fácil confusão com o romance.

XANGÔ. Um dos mais populares, prestigiosos e divulgados orixás dos candomblés, terreiros, macumbas, do Recife ao Rio Grande do Sul. Casa das Minas em São Luís do Maranhão. Foi trazido pelos escravos vindos de Togo, Daomé, Lagos, barra do Níger, golfo do Benin, jejes e iorubas ou nagôs. É uma presença no continente ou insulândia americana onde quer que aqueles povos hajam sido fixados desde o séc. XVIII, especialmente. No Recife denomina a organização e mesmo o local do culto afro-brasileiro. Rei nagô, Xangô é divindade das tempestades, raios, trovoadas, descargas da eletricidade atmosférica. O fetiche é, logicamente, um meteorito, e a insígnia a lança e a machadinha de pedra, dupla, a bipene, objeto de culto nos povos do Mediterrâneo desde a Idade dos Metais. Apresenta-se como um homem novo e forte, ágil, sensual, arrebatando na dança ginástica suas devotas atuadas. Usa contas vermelhas e brancas, pulseira de latão e come galo, bode, caruru e cágado. Seu grito é *êi-í-í*. Sincretiza-se com São Jerônimo e Santa Bárbara, santos católicos protetores contra os meteoros. O dia votivo é quarta-feira e a festa especial 30 de setembro. (Nina Rodrigues, *L'Animisme Fètichiste des Nègres de Bahia*, Bahia, 1900; idem, *Os Africanos no Brasil*, S. Paulo, 1932; Artur Ramos, *O Negro Brasileiro*, Rio de Janeiro, 1943; Édison Carneiro, *Religiões Negras*, Rio de Janeiro, 1936: idem, *Candomblés da Bahia*, Bahia, 1948: Gonçalves Fernandes, *Xangôs do Nordeste*, Rio de Janeiro, 1937; Melville J. Herskovits, *Pesquisas Etnológicas na Bahia*, Bahia, 1943; idem, "Os Pontos Mais Meridionais dos Africanismos do Novo Mundo", *Revista do Arquivo Municipal*, S. Paulo, 1944, Donald Pierson, *Brancos e Pretos na Bahia*, S. Paulo, 1945; Roger Bastide, *Imagens do Nordeste Místico em Branco e Preto*, Rio de Janeiro, 1945; Nunes Pereira, *Casa das Minas*, Rio de Janeiro, 1947; René Ribeiro, "Xangôs", *Boletim do Instituto Joaquim Nabuco*, vol. 3, Recife, 1954: Valdemar Valente, *Sincretismo Religioso Afro-Brasileiro*, S. Paulo 1955). Xangô foi levado para o teatro (Zeza Seljan, *3 Mulheres de Xangô*, Rio de Janeiro, 1958; idem, *Festa do Bonfim*, Rio de Janeiro, 1958). Ver *Feitiçaria*.

XANXÃ. Ver *X*, *Xenxém*.

XAORÔ. Tornozeleira de guizos usada pelas iniciandas. Sinal de sujeição (Édison Carneiro, *Candomblés da Bahia*, 128, Bahia, 1948). Auaiú, Aiapé, Guararás, etc., para os indígenas.

XAPANÃ. Saponã, Chaponã, Shankpanna (grafia de Ellis), Wari-Waru, Afoman, é o mesmo Omonolu, Omolu, orixá de bexiga (varíola), ou seja Omolu velho ou Obaluaiê moço. Ver *Omulu*, *Baru*, *Humoulu*.

XAQUE-XAQUE. Xeque, xeque-xeque. Palavras onomatopaicas que designam pelo menos três espécies de chocalhos: xere, nas suas aplicações, 1, 2, 4; piano de cuia; ganzá (Oneyda Alvarenga, *Música Popular Brasileira*, 313, ed. Globo, Porto Alegre, 1950). Ver *Agué*.

XARÁ. Dança regional pertencente ao fandango do Rio Grande do Sul. João Cezimbra Jacques (*Assuntos do Rio Grande do Sul*), embora afirmando a procedência gaúcha do xará, informa que os colonos açorianos dançavam muito o "cará" e o Xará (págs. 18 e 21, ed. Globo, Porto Alegre, 1912). Xará é o homônimo. Ver *Bambaquerê*.

XAXADO. Dança exclusivamente masculina, originária do alto sertão de Pernambuco, divulgada até o interior da Bahia pelo cangaceiro *Lampião* (ver) e os *cabras* do seu grupo. Dançam-na em círculo, fila indiana, um atrás do outro, sem volteio, avançando o pé direito em três e quatro movimentos laterais e puxando o esquerdo, num rápido e deslizado sapateado. Os cangaceiros executavam o Xaxado marcando a queda da dominante com uma pancada do coice do fuzil. Xaxado é onomatopeia do rumor *xa-xa-xa* das alpercatas, arrastadas no solo. Passou como uma originalidade coreográfica, revelada por Lampião, para os palcos-estúdio das estações emissoras de rádio, televisão, cinema e revistas teatrais, mas falhou como dança de sala porque não é possível atuação feminina. "O rifle é a dama", diz-me Luís Gonzaga, o grande cantor-sanfoneiro, sabedor do assunto. A letra é caracteristicamente agressiva, contundente, belicosa, satírica e um Xaxado lírico é contrafação e artificialidade irresponsáveis. A música é simples, contagiante como toda melodia popular feita para a memorização inconsciente, sem que possua elementos típicos, e parece provir do *Baião* (ver) de viola, constando de quadra e refrão, repetidos em uníssono pelo bando. Não há acompanhamento instrumental. Só a voz humana. Mulher não dança Xaxado como homem não dança *Milindô* (ver). Já existem Xaxados para sanfona, compostos nas cidades, mas a dança está em declínio. Sua grande atração radiofônica ocorreu na década de 1946-1956. O poeta Jaime Griz (Recife) fez, a meu pedido, um inquérito sobre o Xaxado, concluindo que Lampião não foi seu inventor, mas divulgador e que a dança era conhecida no agreste e sertão pernambucano desde 1922-1926. A situação política nacional dessa época determinou um recrudescimento no cangaceirismo que se tornara partidário e em serviço das facções em lutas. Foi a aura de Lampião e com ele a sua dança predileta, o Xaxado, batido a coice de fuzil, espalhando-se por todo o Nordeste. Parece que o Parraxaxá é anterior e elemento originário (ver). Em 1930, o Xaxado estava popularizado e, depois de 1935, figurava nos programas radiofônicos, mais ou menos assiduamente:

"Lá vem Sabino
Mais Lampião;
Chapéu de couro,
Fuzil na mão!

Lampião tava drumindo
Acordou muito assustado
Deu um tiro numa braúna
Pensando qu'era soldado!"

XAXARÁ. Espécie de bastão do deus Omolu, feito de palha enfeitado de búzio (Édison Carneiro, *Candomblés da Bahia*, 128, Publicações do Museu do Estado, Bahia, Brasil, 1948).

XENXÉM. Xanxã, moeda de cobre valendo dez, vinte e quarenta réis, facilmente contrafeita e que se tornou popularíssima. Constituiu um dos problemas para o Real Erário e depois Tesouro Imperial recolher o xenxém espalhado e falso por todo o Brasil. A lei de 3 de outubro de 1833 mandava recolher o xenxém, mas a moedinha seguiu vida folgada e milagrosa nos bolsos pobres e batida nas fábricas particulares. Vez por outra as verdadeiras moedas, cunhadas na Casa da Moeda do Rio de Janeiro, eram apreendidas e denunciadas como falsas. Falso como um xenxém. Dinheiro de pobre, figura nos versinhos populares de outrora. Não vale um xenxém. E o xenxém valia sempre. Ver *X*.

XEQUERÊ. Ou Xequedé. Ver *Xere*.

XEQUE, XEQUE-XEQUE. Ver *Xaque-Xaque*.

XEQUEDÉ. Ver *Xere*.

XERE. E suas variantes fonéticas xeré, xerê, xereré, xererê – palavra que designa pelo menos quatro formas de chocalhos metálicos: I) Dois cones de folha de flandres soldados pelas bases e dotados de um cabo cilíndrico estreito. Tipo mais comumente conhecido pelo nome de maracá ou simplesmente chocalho. II) Uma variante desse tipo, de dois corpos ressonantes, um em cada extremidade de uma pequena barra cilíndrica. Artur Ramos fornece fotografia de um exemplar em que as extremidades têm, circundando os cones, um arco com pequenas placas vibrantes, como o dos pandeiros. III) Esfera de ferro dotada de um cabo do mesmo material. IV) Um instrumento que Manuel Querino e autores posteriores definem como sendo "uma espécie de vasilha de cobre contendo calhaus, espécie de chocalho, tido como objeto de mistério. Sacudido que seja, as filhas de santo ficam alvoroçadas. Pertence a Xangô". A fotografia pouco nítida que esse autor fornece mostra um instrumento com bojo e gargalo, de forma semelhante à de uma cabaça estreita e alongada. Na sua primeira forma, é instrumento corrente no Brasil. A segunda e a quarta estão documentadas especialmente em relação aos candomblés da Bahia e a terceira aos xangôs do Recife. Entretanto, no seu aspecto sem os aros, a segunda é encontrável nos conjuntos instrumentais urbanos. Nos xangôs do Recife a palavra xere é aplicada para designar também o agogô, a campa e o piano de cuia. (Oneyda Alvarenga, *Música Popular Brasileira*, 313, ed. Globo, Porto Alegre, 1950).

XERÉ, XERÊ. Ver *Xere*.

XERÉM. Milho pilado para cuscuz e bolo. O tipo mais grosso é a comida de pintos: "No pilão qu'eu piso milho / Pinto não come xerém!" Chocalho de cobre de Xangô (Édison Carneiro, *Candomblés da Bahia*, 128, Bahia, 1948). Dança nordestina, executada em sanfona. Com o mesmo nome já ouvi uma polca e um "schottische". No Piauí o Xerém é dança cantada, compreendendo o "xexém", o "viu" e "minha nega". Chamam Xerém do Sertão. "Quatro coisas neste mundo / O homem deve sabê: / Trabaiá, bebê cachaça, / Furtá moça e sabê lê". (Francisco de Assis Iglésias, *Caatingas e Chapadões*, 2.ª, 407, S. Paulo, 1958). Xerém não é africanismo, mas arabismo. Pedro da Silveira: "O *cuscuz* de Cabo Verde e da Madeira, o *xerém* – denominação arábica ou berbere que emigraria do Algarve para a Madeira, onde ainda é encontradiça, e de aí galgaria o mar até Cabo Verde – são coisas que o açoriano, pelo menos o de hoje, não conhece" (*José Leite de Vasconcelos nas Ilhas de Baixo*, 61, Lisboa, 1959). Ver *Baio*.

XERERÉ, XERERÊ. Ver *Xere*.

XERIFE. Ver *Alicali*.

XEXÉU. (Cassicus). Grande imitador do canto de todos os outros pássaros e mesmo certos rumores fáceis de aprender. Um xexéu que possuí imitava maravilhosamente o ruído estridente e rápido da corrente atritando na escápula de uma rede, obrigando meu pai a mandar azeitar a escápula para livrar-se do rumor incômodo, promovido pelo xexéu. Numa variante de motivo quase universal do conto em que o animal astuto, preso na boca do captor, livra-se conseguindo que este diga alguma coisa, o xexéu aparece iludindo a sabidíssima raposa, que o levava para os filhos. Corresponde ao japim amazônico, que arremeda todos os pássaros, exceto o tangurupará. É uma das aves simpáticas em nossa literatura oral, onde sempre vence pela astúcia. Diz-se também "catinga de xexéu" ao mau cheiro, especialmente ao negro. "Cabelo de ninho de xexéu" ou simplesmente "ninho de xexéu" é qualquer coisa mal disposta, desarranjada, revolta, assanhada.

XIBA. Dança popular. Sílvio Romero (*Cantos Populares do Brasil*) registra como sinônimo de samba no Norte e cateretê no Sul: "Chama-se chíba na província do Rio de Janeiro, samba nas do Norte, cateretê, na de Minas, fandango nas do Sul, uma função popular da predileção dos pardos e mestiços em geral, que consiste em se reunirem damas e cavalheiros em uma sala ou num alpendre para dançar e cantar". Guilherme Melo (*A Música no Brasil*, no Dic. Hist. Geog. e Etn., 1.º) informa ser a chiba "uma dança de roça, ao ar livre, em que por instrumentos entram o violão, a viola de arame, o cavaquinho, sob a toada dos quais se canta e se sapateia ao ritmar das palmas, dos pratos e dos pandeiros". Renato Almeida (*História da Música Brasileira*, 161) crê a chiba portuguesa mas transformada em samba pelos pretos no Brasil, possivelmente a mesma pé de chiba que Dom Francisco Manuel de Melo registra no "Auto do Fidalgo Aprendiz", enumerando as danças conhecidas e populares no séc. XVII: – Pois, mestre, o que mais sabeis? / – Uma Alta, um Pé de xibão, / Galharda, Pavana rica: / e nesta, novas mudanças. Em informação pessoal Renato Almeida retifica o que escrevera anteriormente. Chiba é uma quadrilha rural, assistida por ele no Estado do Rio de Janeiro, com pares que se defrontam e fazem figurações. Não há instrumental de percussão, salvo pandeiro. Em geral duas violas e cavaquinho, número variável. O mais faz o sapateado, que é violento e específico.

XILA. Espécie de tecido de algodão liso, fino, com quadros azuis de padrões diversos, popular para todo tipo de traje. É muito citado nos livros que recordam os costumes brasileiros dos últimos anos do séc. XVIII e primeiras décadas do XIX, embora a xila tivesse vindo até meados da centúria. Morais não a registrou, embora residisse em Pernambuco, onde a xila era muito usada no seu tempo.

XINXIM. Galinha xinxim, iguaria tradicional da cozinha afro-baiana. Marisa Lira divulgou a receita (*Migalhas Folclóricas*, 165, ed. Laemmert, Rio de Janeiro, 1951): "Morta a galinha e limpa, corta-se em pedaços que se deitam numa panela, onde se fez um bom refogado. Mal dourem os pedaços, juntem-se, lentamente, pequenas porções d'água até ficar bem macia. Adicionem-se camarões secos em quantidade suficiente, sal, se for preciso, cebola, sementes de abóbora ou melancia, torradas, raladas, e azeite de dendê".

XIPOCA. "Estamos falando em "armas"... Havia outra que também usávamos para atirar projéteis. Era a xipoca. O projétil era inofensivo: pasta de papel molhado. Não causava grande estrago com o seu impacto. O alvo era sempre alguma pessoa. Fazíamos as nossas *guerras* com a xipoca. Dois grupos. Um ficava distante do outro cerca de cinco a oito metros. O projétil de uma boa xipoca atinge o dobro da distância. E o da mal feita, não vai além de quatro metros. A munição era um jornal. Levávamos também em nossa "trincheira" uma vasilha com água para molhar o papel. E quando esta faltava, chegávamos até a mascá-lo. As "trincheiras" eram as barras que riscávamos no chão. A "terra de ninguém" era, como dissemos, mais ou menos cinco a oito metros. Só podíamos invadir a trincheira adversária quando tivéssemos acertado maior número de "balaços"... e a munição tivesse acabado. A xipoca era feita da seguinte maneira: um canudo de taquara de mais ou menos trinta centímetros de comprimento. O êmbolo feito de madeira resistente e pouco maior do que o tamanho do tubo. Ele devia correr não muito folgadamente dentro do cano. O preparo da xipoca era feito cuidadosamente, pois do seu perfeito acabamento resultava o sucesso na "guerra". Quanto maior a pressão, mais distante era lançado o projétil. Municiávamos assim a xipoca: tomávamos um pedaço de papel, bem amassado e umedecido que, em seguida, era colocado no tubo. Com a vareta (êmbolo) socávamos o papel até atingir a extremidade oposta (deve-se socar bem, depois do que colocar nova "bucha" e procurar socar de novo. Com a introdução desta bucha o ar no tubo comprime-se, aumentando a pressão). O preparo está pronto. A xipoca está carregada... só falta disparar. Para lançar o projétil fazia-se da seguinte maneira: com a mão esquerda segurava-se o tubo, com o polegar sobre o tampão de papel. Encostava-se a vareta apoiada no peito e empurrava-se. No momento que estivesse bem comprimido o ar, tirava-se o polegar esquerdo e o projétil de papel saltava, dando um pequeno estampido. Recomeçava-se então o municiamento" (Alceu Maynard Araújo, "Lúdica Infantil", *Boletim Trimestral da Comissão Catarinense de Folclore*, n.º 8, 11-12, Florianópolis, junho de 1951). O autor refere-se ao interior de São Paulo (Botucatu). Em Portugal a xipoca é o "repuxo" (Augusto César Pires de Lima, *Jogos e Canções Infantis*, 134, ed. Domingos Barreira, Porto, 1943). Para os demais nomes do brinquedo em Portugal, J. Leite de Vasconcelos (*História do Museu Etnológico*, 392, Lisboa, 1915). Em Minas Gerais denominam Bomba. Saul Alves Martins informou: "Bomba, lança-bucha de taquara, ou brinquedo infantil que consiste em socar um tampão de folhas na boca dum canudo, depois forçá-lo a projetar-se com estampido pela compressão do ar interior através doutra bucha, que é empurrada por uma vareta de diâmetro quase nada inferior ao do cilindro".

XIQUE-XIQUE. Instrumento sobre o qual conheço uma única referência: a que o dá como empregado nas congadas e moçambiques de Itaúna (oeste de Minas). Essa informação não esclarece que forma tem esse que, pelo seu nome, é certamente um chocalho (Oneyda Alvarenga, *Música Popular Brasileira*, 313-314, ed. Globo, Porto Alegre, 1959). Cactácea do Nordeste. Nas épocas de seca, o sertanejo queima o xique-xique para retirar os espinhos e oferece-o ao gado, que o devora. Uma das imagens das secas nordestinas é justamente a frase: "Já estão queimando xique-xique". É índice da falta absoluta de pastagens e de água.

XIRÉ. Ordem de precedência em que os "santos" dos candomblés afro-negros no Rio Grande do Sul são nomeados, evocados, cantados, nos rituais iniciadores das cerimônias (Melville J. Herskovits, "Os Pontos mais Meridionais nos Africanismos do Novo Mundo", *Revista do Arquivo Municipal*, XCV, 89, São Paulo, 1944).

Xiró. Caldo de arroz temperado com sal (*Pequeno Dicionário Brasileiro da Língua Portuguesa*, 2.ª ed.).

X.P.T.O. Excelente, superior, belíssimo, ótimo; *X.P.T.O. London* ainda ouvi dizer-se, referindo-se a um produto qualquer, julgado superfino. Castro Lopes (*Origens de Anexins, Prolóquios, Locuções Populares, Siglas, Etc.*, 2.ª ed., F. Alves, 76-77, Rio de Janeiro, 1909) deu um depoimento: "Uma fábrica inglesa remetia para o Rio de Janeiro certa mercadoria (parece que eram cobertores de lã) com a marca X.P.T.O., London. Era esta mercadoria a melhor no seu gênero; nenhuma lhe levava vantagem; de sorte que qualquer outra da mesma espécie que não tivesse marca comercial (*trade mark*) não podia com ela competir. As quatro letras, que toda a gente pronunciava como as do alfabeto português, são quatro caracteres do alfabeto grego e representam a abreviatura da palavra Cristo. O fabricante inglês, para indicar a excelência da sua mercadoria, empregou a sigla, que significa – Cristo –, servindo-se das quatro letras gregas, das quais o suposto – X – corresponde ao nosso CH (com o som de K), e a que parece um – P – é em grego a letra – R –, que se chama Rô. As duas outras correspondem ao nosso T e ao nosso O. X.P.T.O. é, portanto, a abreviatura do nome Cristo em grego, que com as letras do alfabeto latino seria CH. R. T.O.; e London escrito por baixo de tais letras, o nome da cidade donde procedia a mercadoria". Curioso é que o X.P.T.O. não London mas Cartaxo figura no *Enfermidades da Língua, ou Arte que Ensina a Emudecer para Melhorar*, de Silvestre Silvério da Silveira e Silva (pseudônimo de Manuel José de Paiva), impresso em Lisboa em 1760. O "X.P.T.O. London" era corrente em Portugal e está registrado no *Tesouro da Língua Portuguesa*, de Frei Domingos Vieira, ed. do Porto, 1874: Termo de gíria. X.P.T.O.; diz-se para designar a excelência duma coisa. Coisas de X.P.T.O. Isto é de X.P.T.O. Diz-se também: X.P.T.O. London. Qual a origem desta frase assaz espalhada e hoje pela primeira vez recolhida? X.P.T.O. era uma abreviação de Cristo nos antigos manuscritos, mas a forma X.P.T.O. London parece indicar que a frase se originou duma marca comercial ou de expedição".

Xogum. Ver *Ogum*.

Xoxó. Ver *Abuxó*.

Xubará. Ver *Ogum*.

Xundaraua. Mãe de peixe-boi. O pescador que tem a felicidade de possuí-lo é certo de não voltar da pescaria sem ter morto um; é-lhe proibido, todavia, matar mais de um, assim como matar o primeiro, que se lhe apresente (Stradelli, *Vocabulário Nheengatu-Português*, 714).

Zaadona. Ver *Sá-Dona*.

Zabelê. (Tinamidae, *Crypturus noctivagus*, Wied), Jaó, no Sul. É caça apreciada pela delicadeza da carne. Citada como ave excelente nos versos dos cantadores. Gostosa como titela de zabelê.

Zabumba. Segundo os léxicos modernos, é o nome chulo ou popular dado ao Bombo, instrumento de percussão; antigamente, porém, como escreve Bluteau, era o mesmo que Zaz, partícula onomatopaica, para exprimir o som da pancada, que se dá. O termo entre nós, já na acepção daquele instrumento, vem da segunda metade do séc. XVIII, porquanto, como escreve Lopes Gama, foi "quando governou Pernambuco o General José César de Meneses, que apareceu aqui o *zabumba* pela primeira vez" (*O Carapuceiro*, n.º 15, de 1837). O zabumba é o instrumento popular, predileto, inseparável, dos nossos sambas, batuques, maracatus, pastoris e zé-pereiras e constituindo como que a nota predominante, característica, daqueles divertimentos populares (Pereira da Costa, *Vocabulário Pernambucano*, 758). Em Portugal, como na Espanha, dizem Zabumba (Zambomba na Espanha) ao que chamamos Cuíca. "Há poucos meses cantaram-nos em Campo Maior o "Menino do Senhor" com acompanhamento da Zabumba ou Ronca, cuíca no Brasil" (Armando Leça, *Música Popular Portuguesa*, 178, Porto, s. d.). Na Espanha acompanham as Pastorales, Vilancicos do Natal (ver *Cuíca*). Mas o Bombo ou Bumbo é popularíssimo em Portugal, por qualquer parte, mesmo ritmando as lindas cantigas de arraial e romaria. No norte de Portugal, Beira, há um conjunto instrumental denominado Bombo, dois bombos e dois tambores, dois e três ferrinhos e um pífaro. Noutras regiões (Minho, Viana do Castelo, Ponte de Lima, Guimarães) o grupo é composto de instrumentos unicamente de percussão. Aí está de onde nos veio o gosto pelo bombo, zabumba. O mesmo que Esquenta-Mulher e Cabaçal. Terno de zabumba, popular por todo o baixo S. Francisco e ao redor de Maceió. "Está presente para acompanhar o bailado dos quilombos, a dança das baianas, para tocar *salvas* nas rezas e acompanhar as procissões do meio rural e para os bailes onde não faltam, pois um baiano (baião) ou uma polca tocada por ele, todos os presentes dançarão, daí seu apelido de "esquenta mulé"... "Outra função religiosa do terno de zabumba, além das *salvas*, é sair para pedir esmolas, acompanhando respeitosamente uma imagem de santo. Dentre eles o mais comum é Santo Antônio Caminhante. Caminhante pelo fato de ser conduzido numa pequena caixa de madeira ou papelão para o peditório" (Alceu Maynard Araújo e Aricó Júnior, *Cem Melodias Folclóricas*, Documentário Musical Nordestino, S. Paulo, 1957). Ver *Salva, Bombo, Cuíca*.

Zambê. Tambor de metro e mais, cilíndrico, com uma pele numa das extremidades, percutido com ambas as mãos pelo tocador que cavalga o instrumento, sustentado por tiras de couro. Denomina-se também *dança de roda, zambê, com umbigada, coco de zambê, coco de roda, bambelô*. Zambê é igualmente o baile popular, função, pagode. Nessa acepção escreve o poeta Otoniel Meneses (*Sertão de Espinho e de Flor*, 83, Natal, 1952):

> "A um canto, João-de-Binona
> Coça o bucho da sanfona,
> Escanchado num baú.
> O Zambê vai ser de arranco,
> Obrigado a vinho branco,
> Cachaça e mel de uruçu…"

João Alfredo Cortez descreve o zambê, baile rural ao ar livre: "Às 7 hs., mais ou menos, foi chegando a cabroeira, sentando-se no chão, junto ao fogo aceso no pátio para esquentar o *pau* e a *chama*. O *pau* era roliço, com um pedaço de couro cru numa das bocas. A *chama* era um pequeno barril também com um couro na boca. Pilão pediu permissão para começar. Cavalgando o pau, que amarrava na cintura com um relho, veio batendo ritmicamente e, andando, sem perder o compasso, ajoelhando-se, deitando-se, rolando no solo, acompanhado pela *chama* que, num batuque rápido e sonoro, permanecia de pé, até o tocador dar um *viva* ao dono da casa. Este dava dinheiro e formada a roda de mulheres, molecotes, crianças, velhos e mocinhas, começavam a dança e o canto. Acompanhando o batuque dos instrumentos africanos, um dos presentes saltava na roda, dava saltos, bailava de cócoras, pulava, rodava e, extenuado, dava uma umbigada num homem ou em u'a mulher e esse era obrigado a substituí-lo. O coro, em redor, batendo palmas, seguindo o tom do *pau* e da *chama*, cantava, com vozes sonoras e dolentes, diversos cocos. O primeiro foi: "Oh! Ana". Dolores, voz alta e boa, tirou a embolada: "Oh! Ana, ai nesse coco não vadeio mais! / Oh! Ana, oh Ana, / Rebate a tábua do caixão de gás! / Oh! Ana! Oh! Ana!..." O zambê, apressando a cadência, ligeira e retumbante, fazia bambolear as ancas polpudas, opulentas, bem torneadas e convidativas das mulheres. De repente, o zambê diminuía a batida, e cansados, cobertos de suor, paravam; abraçados, corpos colados, iam beber a cachaça gratuita, enquanto os tocadores aqueciam os couros retesos dos instrumentos, ficando a experimentar o som, em repetidas e velozes pancadas no couro vibrante. O zambê rolou até a madrugada" (*Cinza de Coivara*, 208-209, Rio de Janeiro, 1954). Peregrino Júnior, *Histórias da Amazônia*, 196 e 201, emprega *zambê* como baile, festinha, o *zambê foi animado*... o zambê do batizado, Rio de Janeiro, 1936. Ver *Coco*.

Zaniapombo. "A gente dos candomblés acredita num ser superior, um deus supremo, geralmente chamado Olorum (nagô) ou Zaniapombo (Angola, Congo, caboclo)... Os negros de Angola e do Congo não tinham deuses próprios, conhecendo apenas, remotamente, *Zambi* (Angola) e *Zambi-Ampungu* (Congo), que, talvez por influência da concepção católica da pomba do Espírito Santo, se transformaram e reuniram em Zaniapombo".(Édison Carneiro, *Candomblés da Bahia*, 41, 51-52, Publicações do Museu do Estado, Bahia, 1948).

Zaoris. São homens nascidos numa sexta-feira da Paixão. Têm olhos com um brilho especial, misterioso, inconfundível. Nada há oculto para eles. Veem através dos corpos opacos. Os tesouros enterrados, as minas de ouro, jazidas diamantinas, são localizados debaixo da terra pelos olhos luminosos dos zaoris. São figuras indispensáveis nas lendas do ciclo do ouro, na América do Sul. Estão nos fabulários platino, paraguaio, chileno. Dizem que se encarregaram outrora de indicar onde os jesuítas expulsos das Missões ou os incas perseguidos haviam enterrado o ouro incontável. Os árabes chamam ao geomântico Zahari e daí o Zaori, que tudo vê debaixo da terra. Ficou popular na Espanha com seus atributos sobre-humanos. Quevedo, *Los Suenos*, "Visita de los Chistes", poetou:

> "Nació viernes de Pasión
> Para que Zahori fuera,
> Porque en su día muriera
> El bueno y el mal ladrón."

E Cervantes de Saavedra, no entremez *El Viejo Celoso*, faz dizer a alcoviteira Hortigosa: "yo le pondré al galán en su aposento de vuestra merced y le sacaré si bien tuviese el viejo más ojos que Argos y viese más que un Zahori, que dicen que ve siete estados debajo de la tierra". E mestre Sancho Panza cita *es zahori de las histórias*, *Don Quijote* (II, XXXI). O zaori está no folclore do Rio Grande do Sul: Carlos Teschauer, *Poranduba Rio-Grandense*, 444-445, ed. Globo, Porto Alegre, 1929; J. Simões Lopes Neto, *Contos Gauchescos e Lendas do Sul*, 341-342, ed. Globo, Porto Alegre, 1949; Luís da Câmara Cascudo, "Seis Mitos Gaúchos", in *Rio Grande do Sul, Imagem da Terra Gaúcha*, 384-385, Porto Alegre, 1942; *Geografia dos Mitos Brasileiros*, 350-352, 3ª ed., São Paulo, Global, 2002.

Zé-Capiongo. Ver *Gritador*.

Zé do Vale. Sílvio Romero, Melo Morais Filho e Pereira da Costa divulgaram notícias de José do Vale, facínora que se tornou famoso pelos crimes e afinal capturado graças à cumplicidade da amásia. Filho de família conhecida, o fato repercutiu pelos sertões, salientando-se a intervenção apaixonada da mãe do criminoso, tentando por todos os meios libertar o filho, subornando o Presidente da Província com ofertas de dinheiro, escravos, joias, etc. Zé do Vale seria do Piauí mas sua fama derramou-se por todo o Nordeste. Houve então um "Reisado", dramatização do motivo de sua prisão e peripécias, figurando a Sereia, a Caninana, o Besuntão da Lagoa, o Engenho, o Velho Tondoró, a Velha Tondoró, o Caboclo, a Cativa, o Pica-Pau, o Madu, a Maria Teresa, o Sarameu, a Mariquita, dois soldados, o Presidente (da Província), o pai de Zé do Vale, a mãe, duas irmãs e o próprio Zé do Vale. Esse reisado convergiu para o bumba meu boi e aí se dissolveu, recebendo o boi, o vaqueiro, a caiporinha, a catarina, enfim, o elenco do auto poderoso de vitalidade. Desse reisado de Zé do Vale quase nada resta, além de um diálogo entre a mãe do bandido e o Presidente, e depois entre Zé do Vale e sua progenitora, afirmando ele que se ia livrar no Rio de Janeiro. Pela semelhança temática com o "romance do Cabeleira", muitíssimo anterior, a façanha de Zé do Vale confundiu-se intensamente com a cantiga do criminoso pernambucano (ver *Cabeleira*). Camargo Guarnieri colheu na Bahia (1937) duas variantes de Zé do Vale, com o título genérico de "Chegança (Reisado)" (*Arquivo Folclórico da Discoteca Pública Municipal*, "Melodias registradas por meios não mecânicos", I, 264-265. São Paulo, 1946), apenas alguns versos e as músicas, em 2/4 e 3/8. A que conheço e aprendi é inteiramente diversa embora seja 2/4. Os versos que aprendi são assim:

"— Minha mãe assuba,
Fale como gente,
Assuba o palácio
Fale ao Presidente.

— Dona, por aqui?
Grande novidade!
— Vim soltar um preso
Cá nesta cidade.

— Senhor Presidente
Se dinheiro vale,
Tome lá dez contos
Solte Zé do Vale!

— Minha Senhora,
Eu não solto, não!
Seu filho é malvado,
Tem má condição.

Matou muita gente
Por esse sertão,
Da minha justiça
Não faz conta não.

— Senhor Presidente,
Do meu coração,
Tenho prata e ouro
Pra ganhar questão.

Tenho este escravo
De estimação,
Pra seu Presidente
Não tem preço não.

— Minha senhora
Eu não quero, não!
Seu filho é malvado.
Tem má condição.

— Tenho esta mulata
De estimação!
Pra seu Presidente
Não tem preço não.

Seu Presidente,
Pelo Sacramento,
Solte Zé do Vale
No incontinente...

— Minha senhora
Eu não solto não!
Seu filho é malvado,
De má condição!

— Minha mãe sossegue,
Deixe de cegueira,
Qu'eu vou me livrar
No Rio de Janeiro...

Quem tiver seu filho
Dê-lhe ensinação.
Pra nunca passar
Dor no coração!

Quem tiver seu filho
Dê-lhe todo dia
Que depois passa
Dores de agonia...

— Minha mãe sossegue,
Guarde seu dinheiro;
Qu'eu vou me livrar
No Rio de Janeiro!..."

Há diferenças entre esta versão e a de Sílvio Romero, já cheia das interpolações do Cabeleira. Era cantada com repetições *ad libitum*, três e quatro vezes, de dois em dois versos. Na versão de Pereira da Costa (*Folclore Pernambucano*, 422-426) há alusões mais claras:

"— Senhô Presidente!
— Mulher por aqui?
— Vim soltar um preso
— Lá do Piauí."

As três versões, Sílvio, Pereira da Costa e a minha, do sertão norte-rio-grandense, as solfas ainda vivas, mostram a popularidade do motivo e sua extensão, da Bahia ao Piauí. Pereira da Costa deduz que o assunto deve ser posterior a 1824, quando surgiu o Presidente da Província e o limite, no tempo, seria até 1850. Ver minhas notas ao "Reisado de José do Vale" no *Folclore Brasileiro*, de Sílvio Romero, *Cantos Populares do Brasil*, I, ed. José Olympio, Rio de Janeiro. Eduardo Medeiros ofereceu-me (novembro de 1951) uns fragmentos do romance de Zé do Vale, assim como a solfa que conhecia:

"Seu Presidente / Se dinheiro
[vale,
Dou-lhe doze contos / Solte Zé
[do Vale!
Minha senhora, / Não aceito, não /
Seu filho é malvado / Tem
[mau coração /
Matou muita gente / Lá no
[seu sertão.
Tenho uma criada / De estimação
Pra seu Presidente / Não tem
[preço não.
Seu Presidente / Sou uma mulher
Abra sua boca / Diga quanto
[quer!

Zé do Vale:

Deixe minha mãe: Não peça
[mais não.
Dê-me um bacamarte / Mato
[esse ladrão!"

ZELADOR. Ver *Babalaô*.

ZÉ-PEREIRA. Cantiga, acompanhada por bombos, entoada na véspera do carnaval, anunciando a festa popular e também cantada durante os três dias tradicionais. Conhecida no Brasil desde meados do séc. XIX em todo o território nacional. Diz-se zé--pereira ao bombo e ao conjunto dos foliões que o canta. É de origem portuguesa, popular no norte de Portugal e Beiras, com o mesmo nome quanto ao grupo de bombos que atroa alegre e ferozmente, não apenas no carnaval, mas nas épocas de festas locais e romarias. "Barulham na arruada os gaiteiros e Zé P'reiras" (Armando Leça, *Música Popular. Portuguesa*, 156, Porto, s. d.). "O zé-pereira figura com frequência nos arraiais festivos do Norte e da Beira. Na festa da Agonia, em Viana do Castelo, assistiu uma vez o autor destas linhas a um arraial em que tocaram a um tempo dezenas de bombos, que faziam estrondo ensurdecedor, verdadeiramente selvático" (J. Leite de Vasconcelos, *Boletim de Etnografia*, n.º 5, 27, Lisboa, 1938). O versinho brasileiro, inicial e clássico, era:

"Viva o zé-pereira!
Que a ninguém faz mal!
Viva o zé-pereira!
No dia do carnaval!"

ZINHOS. "Nome que dão ao menino, quando pequeno; substitui também o substantivo "filho": "sou casado e tenho cinco zinhos". Notei que em todas as danças a que assisti em Cunha, os meninos tomam parte. Na folia de Reis, o "tipe" é menino; o alferes da bandeira na folia do Divino; os netos do rei na dança do Moçambique são exímios moçambiqueiros, e no jongo muitos meninos entram dançando, não cantam "ponto", e não são hostilizados pelos adultos. Ali vão aprendendo, e com isso a tradição vai sendo transmitida às novas gerações" (Alceu Maynard Araújo, "Jongo", nota 3, 40, *Revista do Arquivo Municipal*, CXXVIII, São Paulo, 1949).

ZORATELÔ. Flauta típica dos indígenas parecis. Produz um som grave.

ZORÔ. Prato tradicional. Marisa Lira fixou uma receita (*Migalhas Folclóricas*, 164, ed. Laemmert, Rio de Janeiro, 1951): "Aferventam-se camarões e mulato velho; cortem-se em pedaços e refoguem-se em azeite, com salsa, pimenta-do-reino, cebola, cebolinha e tomates. Junte-se, depois, maxixes, jilós ou quiabos, cortados em rodelas, e um pouco de água. Deixe-se cozinhar bem. Sirva-se com angu de milho".

ZUHOLOCÊ. Flauta popular entre os indígenas parecis. Emite um som agudo.

ZUMBI. Vem do quimbundo *nzumbi*, espectro, duende, fantasma. Confunde-se com o seu homófono Zumbi, provindo de *nzámbi*, divindade, potestade divina e, por translação, aos chefes sociais, *m'ganga Zumbi*, dizem os negros cabindas, referindo-se a Deus. Zumbi foi o título de chefe dos rebelados pretos que se refugiaram no quilombo dos Palmares, na serra da Barriga, em Alagoas, a "Troia Negra", de Nina Rodrigues. Pereira da Costa enganou-se dando um nome pelo outro, quando estudou o verbete em seu *Vocabulário Pernambucano*, Zumbi é um negrinho, confusão com Saci, que aparece nos caminhos e é o companheiro de Caapora (Caipora) em Sergipe. Pede também fumo e bate ferozmente em quem não o satisfaz. É pequenino, ágil, nu, procurando as crianças que vão apanhar frutas silvestres, para desnorteá--las, dando assobios finos e prolongados, ou surrá--las como o Curupira. Sílvio Romero funde o Zumbi com o lobisomem sergipano, sem aduzir material convincente. O Zumbi corre especialmente através do mato ralo, a capoeira, vendo-se rápido e impressionante o seu vulto cor de ébano lustroso. Beaurepaire Rohan fala no Zumbi da Meia-Noite, diabinho atormentador, espécie dos "diables Vauverts". Zumbi também se diz do feiticeiro. Há vagamente uma tradição de um Zumbi retraído, misterioso, taciturno, saindo apenas à noite, referido por Nina Rodrigues. Nesta acepção é a nota de Pereira da Costa, comentando a frase *estar feito Zumbi*, com insônia, velando, vagando durante a noite. Popular por quase todo o Brasil é ainda um espantalho infantil, *olha Zumbi!*, como notou Macedo Soares. Vale Cabral cita muitas espécies. Zumbi muitas vezes se revela em pequena estatura humana e cresce à proporção que alguém dele se aproxima para curvar-se em forma de arco sobre a pessoa. Oculta-se, assustando o cavaleiro distraído. O Zumbi pode ser a alma de preto velho transformada em pássaro, gemendo ao entardecer. O Zumbi no Haiti (Zombie) é um cadáver animado por força mágica e obrigado a trabalhar para o encantador. Insensíveis, alimentados parcamente, terão a penitência finda, se provarem o sal. Em Alagoas dizem Zumbi de Cavalo ao fantasma do cavalo, um cavalo sabidamente morto, que reaparece galopando pelas estradas (Luís da Câmara Cascudo, *Geografia dos Mitos Brasileiros*, 352-355, 387-388, 3ª ed., São Paulo, Global, 2002). Luís da Câmara Cascudo, *Made in Africa*, "Notícia do Zumbi", 113-118, 2ª ed., São Paulo, Global, 2002. Pesquisa sobre a entidade em Angola e no Brasil. Hermes de Paula (*Montes Claros, 611*) informa: "Catopês ou Dansantes. É o mesmo *Zumbi* ou congada de outros lugares".

ZUBIDOR. Rói-rói (Nordeste), sonidor, berra-boi; *ciuringa*, *tavoleta* (Itália), *bramadtra* (Cuba), *zuna* (Portugal), *zunidor* (Rio de Janeiro), *bull-roarer* (Grã-Bretanha), *schwirrholz* (Alemanha, Áustria), *rombos* (Grécia), *aidje* dos bororos do Brasil Central, empregado para efeitos mágicos no Japão, China, Rússia, Austrália, Nova Guiné e nas três Américas, compreendendo a insular. Fragmento de madeira, chapa de osso, marfim, metal, matéria plástica, na ponta do cordel e soando pela deslocação do ar a ser girado circularmente. Apesar de sua inutilidade sonora, é um elemento vulgarizadíssimo no mundo, pertencente ao cerimonial de iniciações na Grécia e Melanésia e defendido presentemente como brinco infantil. Sua industrialização denuncia a contemporaneidade mercantil. Provocava chuva (Nova Guiné e Açores). Chamava os "espíritos" (bororos), não podendo ser ouvido por mulheres e crianças: Karl von den Steinen.

ZUNIDOR. Ver *Zumbidor*.

ZUZÁ. "De frutos secos do piqui fazem chocalhos, zuzá, que atam aos tornozelos, como guizos, para dançar". (Roquete Pinto, *Rondônia*, 91. Arquivos do Museu Nacional, XX, 1917). Pareci. (Piqui, *Caryocar brasiliensis*).

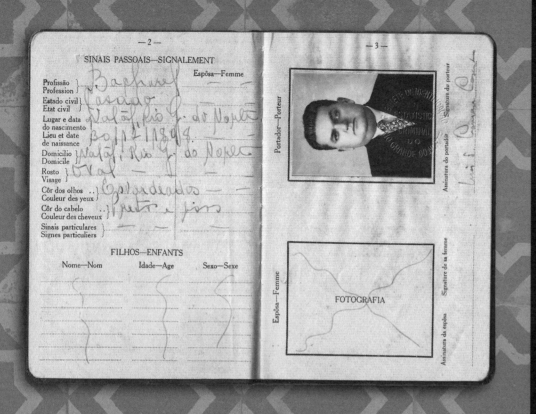

TUCUPI:-" é o sumo da mandioca,fresca,apurado ao fogo,até tomar a consis
-tência e a côr do mel de cana.Para meu gôsto é o rei dos môlhos,tanto
para as caças,como para o peixe,devendo-se de acrescentar que é aconselhado para cura do beribéri,na dose dum cálice depois de cada refeição,
e que se lhe atribuem curas extraordinárias"

-GATU-PORTUG
comprimida
-cado em bai
torna-se inc
siz e Elizab
Paulo,1938.
o "Pato no t

CURUPIRA:-depois do último periodo,incluir o seguinte:-

Eduardo Galvão, SANTOS E VISAGENS, 99-102, Brasiliana-284,
ta informação recente e nítida:-"Currupira é um gênio da
dade ou nas capoeiras de sua vizinhança imediata não exi
Habitam mais para longe,"muito dentro" da mata.A gente d
ta em sua existência,mas ela não é motivo de preocupação
piras não gostam de locais muito habitados.Em Maria Ribeira,freguezia de
Itá,existe na trilha que vai para a mata uma sapopema gigantesca.E mora-

Imagem de Cascudo[1]

Carlos Drummond de Andrade

– Já consultou o Cascudo? O Cascudo é quem sabe. Me traga aqui o Cascudo.

O Cascudo aparece, e decide a parada. Todos o respeitam e vão por ele. Não é propriamente uma pessoa, ou antes, é uma pessoa em dois grossos volumes, em forma de dicionário que convém ter sempre à mão, para quando surgir uma dúvida sobre costumes, festas, artes do nosso povo. Ele diz tintim por tintim a alma do Brasil em suas heranças mágicas, suas manifestações rituais, seu comportamento em face do mistério e da realidade comezinha. Em vez de falar *Dicionário brasileiro* poupa-se tempo falando "o Cascudo", seu autor, mas o autor não é só dicionário, é muito mais, e sua bibliografia de estudos folclóricos e históricos marca uma bela vida de trabalho inserido na preocupação de "viver" o Brasil.

Agora, mandam dizer de Natal que vão comemorar os 50 anos de atividades culturais, os 70 anos de idade de Luís da Câmara Cascudo, o que é de inteira justiça. Bater palmas ficou muito sem sentido, depois que, na televisão, artistas se aplaudem a si mesmos, fingindo que aplaudem os acompanhantes ou o público, este último convidado perenemente a aplaudir tudo e a todos. O governo autoaplaude-se, imitando o novo costume, e o Brasil parece uma festa... encomendada. Vamos esquecer o convencionismo publicitário, diante das comemorações a Cascudo. Este fez coisas dignas de louvor, em sua contínua investigação de um sentido, uma expressão nacional que nos caracterize e nos fundamente na espécie humana.

Lendo agora o vasto documento de Joaquim Inojosa sobre *O movimento Modernista em Pernambuco* (também dois tomos em véspera de quatro), vou encontrar o jovem Luís da Câmara Cascudo, nos longes de 1925, tangendo a lira nova. Não é surpresa para mim, que o saiba poeta modernista, não arrolado por Bandeira em sua antologia de bissextos. Em carta que Inojosa reproduz (seu livro contém muita coisa que vale a pena conhecer, como retrato intelectual dos anos 1920), o futuro autor da *Geografia dos mitos brasileiros* manda-lhe dois poemas modernistas para serem publicados no Recife. Eram de um livro que em agosto se chamava *Bruaá* e em novembro do mesmo ano passaria a intitular-se *Caveira no campo de trigo*. Nunca se editou esse livro. O poeta Cascudo permaneceria inédito, sufocado pelo folclorista e historiador.

Este cronista sabia da fase poética de LCC por haver recebido dele, eram eras remotas, um *Sentimental epigrama para Prajadipock, Rei do Sião*, um reino "governado em francês". Como também lhe conhecia estes *Lundu de Collen Moore*, que marca suas preferências nativistas sobre os mitos importados de Hollywood, é bem típico do nosso modo de dizer em 1929:

Os olhos de Collen Moore
olhos de jabuticaba
grandes, redondos, pretinhos...
mais porém
são olhos de americano,
meu-bem.

Eu sempre prefiro os seus,
meu-bem!

Olhos de ver no cinema,
só lembra a gente espiando
e depois é se esquecendo,
meu-bem.
Eu sempre prefiro os seus,
meu-bem!

Olho de gente bem branca
que não mora no Brasil
fala fala atrapalhada,
meu-bem,
é olho de terra boa
mas porém
eu sempre prefiro os seus.
Meu-bem!...

Tocando o verso inicial pela prosa, Cascudo não abandonou "mais porém" a poesia. Em sua paixão de brasileirista, vista-a no lendário, nas tradições, na espiritualidade primitiva e lírica de nosso pessoal. E registra-a com esse amor de toda uma vida fiel à sua terra e sua gente.

---

1 Publicado na *Revista Província*, n. 2. Natal: Fundação José Augusto, 1968, 2ª ed. fac-similar. Natal: EDUFRN, Fundação José Augusto, IHGRN, 1998.

Bibliografia de Luís da Câmara Cascudo

LIVROS

Década de 1920

Alma patrícia. (Crítica literária)
  Natal: Atelier Typ. M. Victorino, 1921. 189p.
  Edição atual – 2. ed. Mossoró: ESAM, 1991. Coleção Mossoroense, série C, v. 743. 189p.

Histórias que o tempo leva... (Da História do Rio Grande do Norte)
  São Paulo: Monteiro Lobato & Co., 1924. 236p.
  Edição atual – Mossoró: ESAM, 1991. Coleção Mossoroense, série C, v. 757. 236p.

Joio. (Páginas de literatura e crítica)
  Natal: Off. Graf. d'A Imprensa, 1924. 176p.
  Edição atual – 2. ed. Mossoró: ESAM, 1991. Coleção Mossoroense, série C, v. 749. 176p.

López do Paraguay.
  Natal: Typ. d'A República, 1927. 114p.
  Edição atual – 2. ed. Mossoró: ESAM, 1995. Coleção Mossoroense, série C, v. 855. 114p.

Década de 1930

O homem americano e seus temas. (Tentativa de síntese)
  Natal: Imprensa Oficial, 1933. 71p.
  Edição atual – 2. ed. Mossoró: ESAM, 1992. 71p.

O Conde d'Eu.
  São Paulo: Companhia Editora Nacional, 1933. Brasiliana, 11. 166p.

Viajando o sertão.
  Natal: Imprensa Oficial, 1934. 52p.
  Edição atual – 4. ed. São Paulo: Global, 2009. 102p.

Em memória de Stradelli (1852-1926).
  Manaus: Livraria Clássica, 1936. 115p.
  Edição atual – 3. ed. revista. Manaus: Editora Valer e Governo do Estado do Amazonas, 2001. 132p.

O Doutor Barata – político, democrata e jornalista.
  Bahia: Imprensa Oficial do Estado, 1938. 68p.

O Marquês de Olinda e seu tempo (1793-1870).
  São Paulo: Editora Nacional, 1938. Brasiliana, 107. 348p.

Governo do Rio Grande do Norte. (Cronologia dos capitães-mores, presidentes provinciais, governadores republicanos e interventores federais, de 1897 a 1939)
  Natal: Livraria Cosmopolita, 1939. 234p.
  Edição atual – Mossoró: ESAM, 1989. Coleção Mossoroense, série C, v. DXXVI.

Vaqueiros e cantadores. (Folclore poético do sertão de Pernambuco, Paraíba, Rio Grande do Norte e Ceará)
  Porto Alegre: Globo, 1939. Biblioteca de investigação e cultura. 274p.
  Edição atual – São Paulo: Global, 2005. 357p.

Década de 1940

Informação de História e Etnografia.
  Recife: Of. de Renda, Priori & Cia., 1940. 211p.
  Edição atual – Mossoró: ESAM, 1991. Coleção Mossoroense, série C, v. I-II. 211p.

Antologia do folclore brasileiro.
  São Paulo: Livraria Martins, 1944. 2v. 502p.
  Edição atual – 9. ed. São Paulo: Global, 2004. v. 1. 323p.
  Edição atual – 6. ed. São Paulo: Global, 2004. v. 2. 333p.

Os melhores contos populares de Portugal. Seleção e estudo.
  Rio de Janeiro: Dois Mundos Editora, 1944. Coleção Clássicos e Contemporâneos, 16. 277p.

Lendas Brasileiras. (21 Histórias criadas pela imaginação de nosso povo)
  Rio de Janeiro: Leo Jerônimo Schidrowitz, 1945. Confraria dos Bibliófilos Brasileiros Cattleya Alba. 89p.
  Edição atual – 9. ed. São Paulo: Global, 2005. 168p.

Contos tradicionais do Brasil. (Confronto e notas)
  Rio de Janeiro: Americ-Edit, 1946. Col. Joaquim Nabuco, 8. 405p.
  Edição atual – 13. ed. São Paulo: Global, 2004. 318p.

Geografia dos mitos brasileiros.
  Rio de Janeiro: Livraria José Olympio Editora, 1947. Coleção Documentos Brasileiros, v. 52. 467p.
  Edição atual – 3. ed. São Paulo: Global, 2002. 396p.

História da Cidade do Natal.
  Natal: Edição da Prefeitura Municipal, 1947. 411p.
  Edição atual – 4. ed. Natal, RN: EDUFRN, 2010. 692p. Coleção História Potiguar.

O homem de espanto.
  Natal: Galhardo, 1947. 204p.

Os holandeses no Rio Grande do Norte.
  Natal: Editora do Departamento de Educação, 1949. 72p.

Década de 1950

Anúbis e outros ensaios: mitologia e folclore.
  Rio de Janeiro: Edições O Cruzeiro, 1951. 281p.
  Edição atual – 2. ed. Rio de Janeiro: FUNARTE/INF: Achiamé; Natal: UFRN, 1983. 224p.

Meleagro: depoimento e pesquisa sobre a magia branca no Brasil.
   Rio de Janeiro: Livraria Agir Editora 1951. 196p.
   Edição atual – 2. ed. Rio de Janeiro: Livraria Agir Editora, 1978. 208p.

História da Imperatriz Porcina. (Crônica de uma novela do século XVI, popular em Portugal e Brasil)
   Lisboa: Edições de Álvaro Pinto, Revista Ocidente, 1952. 83p.

Literatura Oral no Brasil.
   Rio de Janeiro: José Olympio Editora, 1952. Coleção Documentos Brasileiros, v. 6 da História da Literatura Brasileira. 465p.
   Edição Atual – 2. ed. São Paulo: Global, 2006. 480p.

Em Sergipe d'El Rey.
   Aracaju: Edição do Movimento Cultural de Sergipe, 1953. 106p.

Cinco livros do povo: introdução ao estudo da novelística no Brasil.
   Rio de Janeiro: José Olympio Editora, 1953. Coleção Documentos Brasileiros, v. 72. 449p.
   Edição Atual – 3. ed. (Fac-similada). João Pessoa: Editora Universitária UFPB, 1994. 449p.

Antologia de Pedro Velho de Albuquerque Maranhão.
   Natal: Departamento de Imprensa, 1954. 250p.

Dicionário do Folclore Brasileiro.
   Rio de Janeiro: Instituto Nacional do Livro, 1954. 660p.
   Edição atual – 12. ed. São Paulo: Global, 2012. 756p.

História de um homem: João Severiano da Câmara.
   Natal: Departamento de Imprensa, 1954. 138p.

Contos de encantamento.
   Salvador: Editora Progresso, 1954. 124p.

Contos exemplares.
   Salvador: Editora Progresso, 1954. 91p.

História do Rio Grande do Norte.
   Rio de Janeiro: Ministério da Educação e Cultura, Serviço de Documentação, 1955. 524p.
   Edição atual – Natal: Fundação José Augusto/Rio de Janeiro: Achiamé, 1984. 529p.

Notas e documentos para a História de Mossoró.
   Natal: Departamento de Imprensa, 1955. Coleção Mossoroense, série C, 2.254p.
   Edição atual – 5. ed. Mossoró: Fundação Vingt-un Rosado, 2010. 300p. Coleção Mossoroense, série C, v. 1.571.

Notícia histórica do município de Santana do Matos.
   Natal: Departamento de Imprensa, 1955. 139p.

Trinta "estórias" brasileiras.
   Lisboa: Editora Portucalense, 1955. 170p.

Geografia do Brasil holandês.
   Rio de Janeiro: José Olympio Editora, 1956. Coleção Doc. Bras., v. 79. 303p.

Tradições populares da pecuária nordestina.
   Rio de Janeiro: Serviço de Documentação Agrícola, 1956. Brasil. Doc. Vida Rural, 9. 78p.

Vida de Pedro Velho.
   Natal: Departamento de Imprensa, 1956. 140p.
   Edição atual – Natal: EDUFRN – Editora da UFRN, 2008. 170p. Coleção Câmara Cascudo: memória e biografias.

Jangada: uma pesquisa etnográfica.
   Rio de Janeiro: Ministério da Educação e Cultura, Serviço de Documentação, 1957. Coleção Vida Brasileira. 181p.
   Edição atual – 2. ed. São Paulo: Global, 2003. 170p.

Jangadeiros.
   Rio de Janeiro: Serviço de Documentação Agrícola, 1957. Brasil. Doc. Vida Rural, 11. 60p.

Superstições e costumes. (Pesquisas e notas de etnografia brasileira)
   Rio de Janeiro: Antunes, 1958. 260p.

Canto de muro: romance de costumes.
   Rio de Janeiro: José Olympio Editora, 1959. 266p.
   Edição atual – 4. ed. São Paulo: Global, 2006. 230p.

Rede de dormir: uma pesquisa etnográfica.
   Rio de Janeiro: Ministério da Educação e Cultura, Serviço de Documentação, 1959. Coleção Vida Brasileira, 16. 242p.
   Edição atual – 2. ed. São Paulo: Global, 2003. 231p.

Década de 1960

Ateneu norte-rio-grandense: pesquisa e notas para sua história.
   Natal: Imprensa Oficial do Rio Grande do Norte, 1961. Coleção Juvenal Lamartine. 65p.

Vida breve de Auta de Souza, 1876-1901.
   Recife: Imprensa Oficial, 1961. 156p.
   Edição atual – Natal: EDUFRN – Editora da UFRN, 2008. 196p. Coleção Câmara Cascudo: memória e biografias.

Grande fabulário de Portugal e do Brasil. [Autores: Câmara Cascudo e Vieira de Almeida]
   Lisboa: Fólio Edições Artísticas, 1961. 2v.

Dante Alighieri e a tradição popular no Brasil.
   Porto Alegre: Pontifícia Universidade Católica do Rio Grande do Sul, 1963. 326p.

Motivos da literatura oral da França no Brasil.
   Recife: [s.ed.], 1964. 66p.

Dois ensaios de História: A intencionalidade do descobrimento do Brasil. O mais antigo marco de posse.
   Natal: Imprensa Universitária do Rio Grande do Norte, 1965. 83p.

História da República no Rio Grande do Norte. Da propaganda à primeira eleição direta para governador.
   Rio de Janeiro: Edições do Val, 1965. 306p.

Nosso amigo Castriciano, 1874-1947: reminiscências e notas.
   Recife: Imprensa Universitária, 1965. 258p.
   Edição atual – Natal: EDUFRN – Editora da UFRN, 2008. Coleção Câmara Cascudo: memória e biografias.

Made in Africa. (Pesquisas e notas)
   Rio de Janeiro: Editora Civilização Brasileira, 1965. Perspectivas do Homem, 3. 193p.
   Edição atual – 2. ed. São Paulo: Global, 2002. 185p.

Flor de romances trágicos.
   Rio de Janeiro: Livraria Editora Cátedra, 1966. 188p.
   Edição atual – Natal: Fundação José Augusto/Rio de Janeiro: Cátedra, 1982. 189p.

Voz de Nessus.
   João Pessoa: Departamento Cultural da UFPB, 1966. 108p.

Folclore do Brasil. (Pesquisas e notas)
   Rio de Janeiro: Fundo de Cultura, 1967. 258p.
   Edição atual – 2. ed. Natal: Fundação José Augusto, 1980. 258p.

Jerônimo Rosado (1861-1930): uma ação brasileira na província.
   Rio de Janeiro: Editora Pongetti, 1967. 220p.

Mouros, franceses e judeus (Três presenças no Brasil).
   Rio de Janeiro: Editora Letras e Artes, 1967. 154p.
   Edição atual – 3. ed. São Paulo: Global, 2001. 111p.

História da alimentação no Brasil.
   São Paulo: Companhia Editora Nacional, v. 1, 1967. 396p.; v. 2, 1968. 539p.
   Edição atual – 4. ed. São Paulo: Global, 2011. 954p.

Coisas que o povo diz.
   Rio de Janeiro: Edições Bloch, 1968. 206p.
   Edição atual – 2. ed. São Paulo: Global, 2009. 155p.

Nomes da Terra: história, geografia e toponímia do Rio Grande do Norte.
   Natal: Fundação José Augusto, 1968. 321p.
   Edição atual – Natal: Sebo Vermelho Edições, 2002. 321p.

O tempo e eu: confidências e proposições.
   Natal: Imprensa Universitária, 1968. 338p.
   Edição atual – Natal: EDUFRN – Editora da UFRN, 2008. Coleção Câmara Cascudo: memória e biografias.

Prelúdio da cachaça. (Etnografia, História e Sociologia da aguardente do Brasil)
   Rio de Janeiro: Instituto do Açúcar e do Álcool, 1968. 98p.
   Edição atual – 2. ed. São Paulo: Global, 2006. 86p.

Pequeno manual do doente aprendiz: notas e maginações.
   Natal: Imprensa Universitária, 1969. 109p.
   Edição atual – 3. ed. Natal: EDUFRN, 2010. 108p. Coleção Câmara Cascudo: memória e biografias.

A vaquejada nordestina e sua origem.
   Recife: Instituto Joaquim Nabuco de Pesquisas Sociais – IJNPS/MEC, 969. 60p.

Década de 1970

Gente viva.
   Recife: Universidade Federal de Pernambuco, 1970. 189p.
   Edição atual – 2. ed. Natal: EDUFRN, 2010. 222p. Coleção Câmara Cascudo: memória e biografias.

Locuções tradicionais do Brasil.
   Recife: Editora Universitária, 1970. 237p.
   Edição atual – São Paulo: Global, 2004. 332p.

Ensaios de Etnografia Brasileira: pesquisa na cultura popular do Brasil.
   Rio de Janeiro: Instituto Nacional do Livro (INL), 1971. 194p.

Na ronda do tempo. (Diário de 1969)
   Natal: Universitária, 1971. 168p.
   Edição atual – 3. ed. Natal: EDUFRN, 2010. 198p. Coleção Câmara Cascudo: memória e biografias.

Sociologia do açúcar: pesquisa e dedução.
   Rio de Janeiro: MIC, Serviço de Documentação do Instituto do Açúcar e do Álcool, 1971. Coleção Canavieira, 5. 478p.

Tradição, ciência do povo: pesquisas na cultura popular do Brasil.
   São Paulo: Editora Perspectiva, 1971. 195p.

Ontem: maginações e notas de um professor de província.
   Natal: Editora Universitária, 1972. 257p.
   Edição atual – 3. ed. Natal: EDUFRN, 2010. 254p. Coleção Câmara Cascudo: memória e biografias.

Uma história da Assembleia Legislativa do Rio Grande do Norte: conclusões, pesquisas e documentários.
   Natal: Fundação José Augusto, 1972. 487p.

Civilização e cultura: pesquisas e notas de etnografia geral.
   Rio de Janeiro: José Olympio, 1973. 2v. 741p.
   Edição atual – São Paulo: Global, 2004. 726p.

Movimento da Independência no Rio Grande do Norte.
   Natal: Fundação José Augusto, 1973. 165p.

Prelúdio e fuga do real.
   Natal: Fundação José Augusto, 1974. 384p.

Religião no povo.
   João Pessoa: Imprensa Universitária, 1974. 194p.
   Edição atual – 2. ed. São Paulo: Global, 2011. 187p.

O livro das velhas figuras.
   Natal: Edições do IHGRN, Fundação José Augusto, 1974. v. 1. 156p.

Folclore.
   Recife: Secretaria de Educação e Cultura, 1975. 62p.

O livro das velhas figuras.
   Natal: Edições do IHGRN, Fundação José Augusto, 1976. v. 2. 170p.

História dos nossos gestos: uma pesquisa na mímica do Brasil.
   São Paulo: Edições Melhoramentos, 1976. 252p.
   Edição atual – 2. ed. São Paulo: Global, 2004. 277p.

O livro das velhas figuras.
   Natal: Edições do IHGRN, Fundação José Augusto, 1977. v. 3. 152p.

O Príncipe Maximiliano de Wied-Neuwied no Brasil (1815-1817).
   Rio de Janeiro: Editora Kosmos, 1977. 179p.

Antologia da alimentação no Brasil.
   Rio de Janeiro: Livros Técnicos e Científicos, 1977. 254p.
   Edição atual – 2. ed. São Paulo: Global, 2008. 304p.

Três ensaios franceses.
   Natal: Fundação José Augusto, 1977. 84p.

Contes traditionnels du Brésil. Alléguéde, Bernard [Tradução].
   Paris: G. P. Maisonneuve et Larose, 1978. 255p.

Década de 1980

O livro das velhas figuras.
   Natal: Edições do IHGRN, Fundação José Augusto, 1980. v. 4. 164p.

Mossoró: região e cidade.
   Natal: Editora Universitária, 1980. Coleção Mossoroense, 103. 164p.
   Edição atual – 2. ed. Mossoró: ESAM, 1998. Coleção Mossoroense, série C, v. 999. 164p.

O livro das velhas figuras.
   Natal: Edições do IHGRN, Fundação José Augusto, 1981. v. 5. 136p.

Superstição no Brasil. (Superstições e costumes, Anúbis e outros ensaios, Religião no povo)

Belo Horizonte: Itatiaia; São Paulo: EDUSP, 1985. Coleção Reconquista do Brasil. 443p.

Edição atual - 6. ed. São Paulo: Global, 2002. 496p.

O livro das velhas figuras.

Natal: Edições do IHGRN, Coojornal, 1989. v. 6. 140p.

Década de 1990

Notícia sobre dez municípios potiguares.

Mossoró: ESAM, 1998. Coleção Mossoroense, série C, v. 1.001. 55p.

Os compadres corcundas e outros contos brasileiros.

Rio de Janeiro: Ediouro, 1997. 123p. Leituras Fora de Série.

Década de 2000

O livro das velhas figuras.

Natal: Edições do IHGRN, Sebo Vermelho, 2002. v. 7. 260p.

O livro das velhas figuras.

Natal: Edições do IHGRN, EDUFRN - Editora da UFRN, 2002. v. 8. 138p.

O livro das velhas figuras.

Natal: Edições do IHGRN, EDUFRN - Editora da UFRN, 2005. v. 9. 208p.

Lendas brasileiras para jovens.

2. ed. São Paulo: Global, 2008. 126p.

Contos tradicionais do Brasil para jovens.

2. ed. São Paulo: Global, 2006. 125p.

No caminho do avião... Notas de reportagem aérea (1922-1933)

Natal: EDUFRN - Editora da UFRN, 2007. 84p.

O livro das velhas figuras.

Natal: Edições do IHGRN, Sebo Vermelho, 2008. v. 10. 193p.

A Casa de Cunhaú. (História e Genealogia)

Brasília: Edições do Senado Federal, v. 45, 2008. 182p.

Vaqueiros e cantadores para jovens.

São Paulo: Global, 2010. 142p.

EDIÇÕES TRADUZIDAS, ORGANIZADAS, COMPILADAS E ANOTADAS

Versos, de Lourival Açucena. [Organização e anotações]

Natal: Typ. d'A Imprensa, 1927. 93p.

Edição atual - 2. ed. Natal: Universitária, Coleção Resgate, 1986. 113p.

Viagens ao Nordeste do Brasil, de Henry Koster. [Tradução]

São Paulo: Editora Nacional, 1942.

Festas e tradições populares do Brasil, de Mello Moraes. [Revisão e notas]

Rio de Janeiro: Briguiet, 1946. 551p.

Os mitos amazônicos da tartaruga, de Charles Frederick Hartt. [Tradução e notas]

Recife: Arquivo Público Estadual, 1952. 69p.

Cantos populares do Brasil, de Sílvio Romero. [Anotações]

Rio de Janeiro: José Olympio Editora, 2v., 1954. Coleção Documentos Brasileiros, Folclore Brasileiro, 1. 711p.

Contos populares do Brasil, de Sílvio Romero. [Anotações]

Rio de Janeiro: José Olympio Editora, 1954. Coleção Documentos Brasileiros, Folclore Brasileiro, 2. 411p.

Poesia, de Domingos Caldas Barbosa. [Compilação]

Rio de Janeiro: Editora Agir, 1958. Coleção Nossos Clássicos, 16. 109p.

Poesia, de Antônio Nobre. [Compilação]

Rio de Janeiro: Editora Agir, 1959. Coleção Nossos Clássicos, 41. 103p.

Paliçadas e gases asfixiantes entre os indígenas da América do Sul, de Erland Nordenskiold. [Introdução e notas]

Rio de Janeiro: Biblioteca do Exército, 1961. 56p.

Os ciganos e cancioneiros dos ciganos, de Mello Moraes. [Revisão e notas]

Belo Horizonte: [s.ed.], 1981.

OPÚSCULOS

Década de 1930

A intencionalidade no descobrimento do Brasil.

Natal: Imprensa Oficial, 1933. 30p.

O mais antigo marco colonial do Brasil.

Natal: Centro de Imprensa, 1934. 18p.

O brasão holandês do Rio Grande do Norte.

Natal: Imprensa Oficial, 1936.

Conversa sobre a hipoteca.

São Paulo: [s.ed.], 1936. (*Apud Revista da Academia Norte-rio-grandensede Letras*, v. 40, n. 28, dez. 1998.)

Os índios conheciam a propriedade privada?

São Paulo: [s.ed.], 1936. (*Apud Revista da Academia Norte-rio-grandense de Letras*, v. 40, n. 28, dez. 1998.)

Uma interpretação da couvade.

São Paulo: [s.ed.], 1936. (*Apud Revista da Academia Norte-rio-grandense de Letras*, v. 40, n. 28, dez. 1998.)

Notas para a história do Ateneu.

Natal: Instituto Histórico e Geográfico do Rio Grande do Norte, 1937. (*Apud Revista da Academia Norte-rio-grandense de Letras*, v. 40, n. 28, dez. 1998.)

Peixes no idioma Tupi.

Rio de Janeiro: [s.ed.], 1938. (*Apud Revista da Academia Norte-rio-grandense de Letras*, v. 40, n. 28, dez. 1998.)

Década de 1940

Montaigne e o índio brasileiro. [Tradução e notas do capítulo "Des caniballes" do Essais]

São Paulo: Cadernos da Hora Presente, 1940.

O Presidente parrudo.

Natal: [s.ed.], 1941. (*Apud Revista da Academia Norte-rio-grandense de Letras*, v. 40, n. 28, dez. 1998.)

Sociedade Brasileira de Folk-lore.

Natal: Oficinas do DEIP, 1942. 14p.

Simultaneidade de ciclos temáticos *afro-brasileiros.*

Porto: [s.ed.], 1948. (*Apud Revista da Academia Norte-rio-grandense de Letras*, v. 40, n. 28, dez. 1998.)

Conferência (Tricentenário dos Guararapes). [separata]
   Revista do Arquivo Público, n. VI. Recife: Imprensa Oficial, 1949. 15p.

Consultando São João: pesquisa sobre a origem de algumas adivinhações.
   Natal: Departamento de Imprensa, 1949. Sociedade Brasileira de Folclore, 1. 22p.

Gorgoneion [separata]
   Revista "Homenaje a Don Luís de Hoyos Sainz", 1. Madrid: Valerá, 1949. 11p.

DÉCADA DE 1950

O símbolo jurídico do Pelourinho. [separata]
   Revista do Instituto Histórico e Geográfico do Rio Grande do Norte. Natal: [s.ed.], 1950. 21p.

O Folk-lore nos Autos Camoneanos.
   Natal: Departamento de Imprensa, 1950. 18p.

Conversa sobre direito internacional público.
   Natal: [s.ed.], 1951. (*Apud Revista da Academia Norte-rio-grandense de Letras*, v. 40, n. 28, dez. 1998.)

Atirei um limão verde.
   Porto: [s.ed.], 1951. (*Apud Revista da Academia Norte-rio-grandense de Letras*, v. 40, n. 28, dez. 1998.)

Os velhos entremezes circenses.
   Porto: [s.ed.], 1951. (*Apud Revista da Academia Norte-rio-grandense de Letras*, v. 40, n. 28, dez. 1998.)

Custódias com campainhas. [separata]
   Revista Oficial do Grêmio dos Industriais de Ourivesaria do Norte. Porto: Ourivesaria Portuguesa, 1951. Capítulo XI. 108p.

A mais antiga igreja do Seridó.
   Natal: [s.ed.], 1952. (*Apud Revista da Academia Norte-rio-grandense de Letras*, v. 40, n. 28, dez. 1998.)

Tradición de un cuento brasileño. [separata]
   Archivos Venezolanos de Folklore. Caracas: Universidade Central, 1952.

Com D. Quixote no folclore brasileiro. [separata]
   Revista de Dialectología y Tradiciones Populares. Madrid: C. Bermejo, 1952. 19p.

O poldrinho sertanejo e os filhos do vizir do Egito. [separata]
   Revista Bando, ano III, v. III, n. 3. Natal: [s.ed.], 1952. 15p.

Na casa de surdos. [separata]
   Revista de Dialectología y Tradiciones Populares, 9. Madrid: C. Bermejo, 1952. 21p.

A origem da vaquejada no Nordeste do Brasil. [separata]
   Douro-Litoral, 3/4, 5a série. Porto: Simões Lopes, 1953. 7p.

Alguns jogos infantis no Brasil. [separata]
   Douro-Litoral, 7/8, 5a série. Porto: Simões Lopes, 1953. 5p.

No tempo em que os bichos falavam.
   Salvador: Editora Progresso, 1954. 37p.

Cinco temas do Heptaméron na literatura oral ibérica. [separata]
   Douro-Litoral, 5/6, 6a série. Porto: Simões Lopes, 1954. 12p.

Os velhos caminhos do Nordeste.
   Natal: [s.ed.], 1954 (*Apud Revista da Academia Norte-rio-grandense de Letras*, v. 40, n. 28, dez. 1998).

Notas para a história da Paróquia de Nova Cruz.
   Natal: Arquidiocese de Natal, 1955. 30p.

Paróquias do Rio Grande do Norte.
   Natal: Departamento de Imprensa, 1955. 30p.

Bibliografia.
   Natal: Lira, 1956. 7p.

Comadre e compadre. [separata]
   Revista de Dialectología y Tradiciones Populares, 12. Madrid: C. Bermejo, 1956. 12p.

Sociologia da abolição em Mossoró. [separata]
   Boletim Bibliográfico, n. 95-100. Mossoró: [s.ed.], 1956. 6p.

A função dos arquivos. [separata]
   Revista do Arquivo Público, 9/10, 1953. Recife: Arquivo Público Estadual/SIJ, 1956. 13p.

Exibição da prova de virgindade. [separata]
   Revista Brasileira de Medicina, v. XIV, n. 11. Rio de Janeiro: [s.ed.], 1957. 6p.

Três poemas de Walt Whitman. [Tradução]
   Recife: Imprensa Oficial, 1957. Coleção Concórdia. 15p.
   Edição atual – Mossoró: ESAM, 1992. Coleção Mossoroense, série B, n. 1.137. 15p.

O mosquiteiro é ameríndio? [separata]
   Revista de Dialectología y Tradiciones Populares, 13. Madrid: C. Bermejo, 1957. 7p.

Promessa de jantar aos cães. [separata]
   Revista de Dialectología y Tradiciones Populares, 14. Madrid: C. Bermejo, 1958. 4p.

Assunto latrinário. [separata]
   Revista Brasileira de Medicina, v. XVI, n. 7. Rio de Janeiro: [s.ed.], 1959. 7p.

Levantando a saia... [separata]
   Revista Brasileira de Medicina, v. XVI, n. 12. Rio de Janeiro: [s.ed.], 1959. 8p.

Universidade e civilização.
   Natal: Departamento de Imprensa, 1959. 12p.
   Edição atual – 2. ed. Natal: Editora Universitária, 1988. 22p.

Canção da vida breve. [separata]
   Sociedade Portuguesa de Antropologia e Etnologia, Faculdade de Ciências do Porto. Porto: Imprensa Portuguesa, 1959.

DÉCADA DE 1960

Complexo sociológico do vizinho. [separata]
   Actas do Colóquio de Estudos Etnográficos Dr. José Leite de Vasconcelos, Junta de Província do Douro Litoral, 18, V. II. Porto: Imprensa Portuguesa, 1960. 10p.

A família do Padre Miguelinho.
   Natal: Departamento de Imprensa, 1960. Coleção Mossoroense, série B, 55. 32p.

A noiva de Arraiolos. [separata]
   Revista de Dialectología y Tradiciones Populares, 16. Madrid: C. Bermejo, 1960. 3p.

Etnografia e direito.
   Recife: Imprensa Oficial, 1961. 27p.

Breve história do Palácio da Esperança.
   Natal: Departamento de Imprensa, 1961. 46p.

Roland no Brasil.
   Natal: Tip. Santa Teresinha, 1962. 11p.

Temas do Mireio no folclore de Portugal e Brasil. [separata]

Revista Ocidente, 64, jan. Lisboa: [s.ed.], 1963.

História da alimentação no Brasil. [separata]

Revista de Etnografia, 1, Museu de Etnografia e História, Junta Distrital do Porto. Porto: Imprensa Portuguesa, 1963. 7p.

A cozinha africana no Brasil.

Luanda: Imprensa Nacional de Angola, 1964. Publicação do Museu de Angola. 36p.

O bom paladar é dos ricos ou dos pobres? [separata]

Revista de Etnografia, Museu de Etnografia e História. Porto: Imprensa Portuguesa, 1964. 6p.

Ecce iterum macaco e combuca. [separata]

Revista de Etnografia, 7, Museu de Etnografia e História, Junta Distrital do Porto. Porto: Imprensa Portuguesa, 1965. 4p.

Macaco velho não mete a mão em cambuca. [separata]

Revista de Etnografia, 6, Museu de Etnografia e História, Junta Distrital do Porto. Porto: Imprensa Portuguesa, 1965. 4p.

Prelúdio da Gaita. [separata]

Revista de Etnografia, 8, Museu de Etnografia e História, Junta Distrital do Porto. Porto: Imprensa Portuguesa, 1965. 4p.

Presença moura no Brasil. [separata]

Revista de Etnografia, 9, Museu de Etnografia e História, Junta Distrital do Porto. Porto: Imprensa Portuguesa, 1965. 13p.

Prelúdio da cachaça. [separata]

Revista de Etnografia, 11, Museu de Etnografia e História, Junta Distrital do Porto. Porto: Imprensa Portuguesa, 1966. 17p.

História de um livro perdido. [separata]

Arquivos do Instituto de Antropologia Câmara Cascudo, v. II, n. 1-2. Natal: UFRN, 1966. 19p.

Abóbora e jirimum. [separata]

Revista de Etnografia, 12, Museu de Etnografia e História, Junta Distrital do Porto. Porto: Imprensa Portuguesa, 1966. 6p.

O mais pobre dos dois... [separata]

Revista de Dialectología y Tradiciones Populares, tomo XXII, Cuadernos 1º y 2º. Madrid: C. Bermejo, 1966. 6p.

Duó.

Mossoró: ESAM, 1966. Coleção Mossoroense, série B, n. 82. 19p.

Viagem com Mofina Mendes ou da imaginação determinante. [separata]

Memórias da Academia das Ciências de Lisboa, Classe de Letras, 9. Lisboa: [s.ed.], 1966. 18p.

Ancha es Castilla! [separata]

Memórias da Academia das Ciências de Lisboa, Classe de Letras, tomo X. Lisboa: Academia de Ciências de Lisboa, 1967. 11p.

Folclore do mar. [separata]

Revista de Etnografia, 13, Museu de Etnografia e História, Junta Distrital do Porto. Porto: Imprensa Portuguesa, 1967. 8p.

A banana no Paraíso. [separata]

Revista de Etnografia, 14, Museu de Etnografia e História, Junta Distrital do Porto. Porto: Imprensa Portuguesa, 1967. 4p.

Desejo e Couvade. [separata]

Revista de Etnografia, 17, Museu de Etnografia e História, Junta Distrital do Porto. Porto: Imprensa Portuguesa, 1967. 4p.

Terras de Espanha, voz do Brasil (Confrontos e semelhanças). [separata]

Revista de Etnografia, 16, Museu de Etnografia e História, Junta Distrital do Porto. Porto: Imprensa Portuguesa, 1967. 25p.

Calendário das festas.

Rio de Janeiro: MEC, 1968. Caderno de Folclore, 5. 8p.

Às de Vila Diogo. [separata]

Revista de Etnografia, 18, Museu de Etnografia e História, Junta Distrital do Porto. Porto: Imprensa Portuguesa, 1968. 4p.

Assunto gago. [separata]

Revista de Etnografia, 19, Museu de Etnografia e História, Junta Distrital do Porto. Porto: Imprensa Portuguesa, 1968. 5p.

Vista de Londres. [separata]

Revista de Etnografia, 20, Museu de Etnografia e História, Junta Distrital do Porto. Porto: Imprensa Portuguesa, 1968. 29p.

A vaquejada nordestina e sua origem.

Recife: Instituto Joaquim Nabuco de Pesquisas Sociais, 1969. 48p.

Aristófanes. Viva o seu Personagem... [separata]

Revista "Dionysos", 14(17), jul. 1969. Rio de Janeiro: SNT/MEC, 1969. 11p.

Ceca e Meca. [separata]

Revista de Etnografia, 22, Museu de Etnografia e História da Junta Distrital do Porto. Porto: Imprensa Portuguesa, 1969. 9p.

Dezembrada e seus heróis: 1868/1968.

Natal: DEI, 1969. 30p.

Disputas gastronômicas. [separata]

Revista de Etnografia, 23, Museu de Etnografia e História, Junta Distrital do Porto. Porto: Imprensa Portuguesa, 1969. 5p.

Esta he Lixboa Prezada... [separata]

Revista de Etnografia, 21, Museu de Etnografia e História, Junta Distrital do Porto. Porto: Imprensa Portuguesa, 1969. 19p.

Locuções tradicionais. [separata]

Revista Brasileira de Cultura, 1, jul/set. Rio de Janeiro: CFC, 1969. 18p.

Alexander von Humboldt: um patrimônio imortal – 1769-1969. [Conferência]

Natal: Nordeste, 1969. 21p.

Desplantes. [separata]

Revista do Arquivo Municipal, v. 176, ano 32. São Paulo: EGTR, 1969. 12p.

Década de 1970

Conversa para o estudo afro-brasileiro. [separata]

Cadernos Brasileiros CB, n. 1, ano XII, n. 57, janeiro-fevereiro. Rio de Janeiro: Sociedade Gráfica Vida Doméstica Ltda., 1970. 11p.

O morto no Brasil. [separata]
Revista de Etnografia, 27, Museu de Etnografia e História, Junta Distrital do Porto. Porto: Imprensa Portuguesa, 1970. 18p.

Notícias das chuvas e dos ventos no Brasil. [separata]
Revista de Etnografia, 26, Museu de Etnografia e História, Junta Distrital do Porto. Porto: Imprensa Portuguesa, 1970. 18p.

Três notas brasileiras. [separata]
Boletim da Junta Distrital de Lisboa, 73/74. Lisboa: Ramos, Afonso & Moita Ltda., 1970. 14p.

Água do Lima no Capibaribe. [separata]
Revista de Etnografia, 28, Museu de Etnografia e História, Junta Distrital do Porto. Porto: Imprensa Portuguesa, 1971. 7p.

Divórcio no talher. [separata]
Revista de Etnografia, 32, Museu de Etnografia e História, Junta Distrital do Porto. Porto: Imprensa Portuguesa, 1972. 4p.

Folclore nos Autos Camoneanos. [separata]
Revista de Etnografia, 31, Museu de Etnografia e História, Junta Distrital do Porto. Porto: Imprensa Portuguesa, 1972. 13p.

Uma nota sobre o cachimbo inglês. [separata]
Revista de Etnografia, 30, Museu de Etnografia e História, Junta Distrital do Porto. Porto: Imprensa Portuguesa, 1972. 11p.

Visão do folclore nordestino. [separata]
Revista de Etnografia, 29, Museu de Etnografia e História, Junta Distrital do Porto. Porto: Imprensa Portuguesa, 1972. 7p.

Caminhos da convivência brasileira. [separata]
Revista Ocidente, 84. Lisboa: [s.ed.], 1973.

Meu amigo Thaville: evocações e panorama.
Rio de Janeiro: Editora Pongetti, 1974. 48p.

Mitos brasileiros.
Rio de Janeiro: MEC, 1976. Cadernos de Folclore, 6. 24p.

Imagens de Espanha no popular do Brasil. [separata]
Revista de Dialectología y Tradiciones Populares, 32. Madrid: C. Bermejo, 1976. 9p.

Mouros e judeus na tradição popular do Brasil.
Recife: Governo do Estado de Pernambuco, Departamento de Cultura/SEC, 1978. 45p.

Breve História do Palácio Potengi.
Natal: Fundação José Augusto, 1978. 48p.

Década de 1990

Jararaca. [separata]
Mossoró: ESAM, 1990. Coleção Mossoroense, série B, n. 716. 13p.

Jesuíno Brilhante. [separata]
Mossoró: ESAM, 1990. Coleção Mossoroense, série B, n. 717. 15p.

Mossoró e Moçoró. [separata]
Mossoró: ESAM, 1991. 10p.

Acari, Caicó e Currais Novos. [separata]
Revista Potyguar. Mossoró: ESAM, 1991.

Caraúbas, Assú e Santa Cruz. [separata]
Revista Potyguar. Mossoró: ESAM, 1991. 11p.
Edição atual – Mossoró: ESAM, 1991. Coleção Mossoroense, série B, n. 1.047. 11p.

A carnaúba. [fac-símile]
Revista Brasileira de Geografia. Mossoró: ESAM, 1991. 61p.
Edição atual – Mossoró: ESAM, 1998. Coleção Mossoroense, série C, v. 996. 61p.

Natal. [separata]
Revista Potyguar. Mossoró: ESAM/FGD, 1991.

Mossoró e Areia Branca. [separata]
Revista Potyguar. Mossoró: ESAM/FGD, 1991. 17p.

A família norte-rio-grandense do primeiro bispo de Mossoró.
Mossoró: ESAM/FGD, 1991.

A "cacimba do padre" em Fernando de Noronha.
Natal: Sebo Vermelho, Fundação José Augusto, 1996. 12p.

O padre Longino, um tema proibido.
Mossoró: ESAM, 1998. Coleção Mossoroense, série B, n. 1.500. 11p.

Apresentação do livro de José Mauro de Vasconcelos, *Banana Brava*, romance editado pela AGIR em 1944.
Mossoró: ESAM, 1998. Coleção Mossoroense, série B, n. 1.586. 4p.

História da alimentação no Brasil. [separata]
Natal: Edições do IHGRN, 1998. 7p.

Cidade do Natal.
Natal: Sebo Vermelho, 1999. 34p.

O outro Monteiro Lobato. [Acta Diurna]
Mossoró: Fundação Vingt-un Rosado, 1999. 5p.

Década de 2000

O marido da Mãe-d'água. A princesa e o gigante.
2. ed. São Paulo: Global, 2001. 16p. Coleção Contos de Encantamento.

Maria Gomes.
3. ed. São Paulo: Global, 2002. 16p. Coleção Contos de Encantamento.

Couro de piolho.
3. ed. São Paulo: Global, 2002. 16p. Coleção Contos de Encantamento.

A princesa de Bambuluá.
3. ed. São Paulo: Global, 2003. 16p. Coleção Contos de Encantamento.

La princesa de Bambuluá.
São Paulo: Global, 2006. 16p. Colección Cuentos de Encantamientos.

El marido de la madre de las aguas. La princesa y el gigante.
São Paulo: Global, 2006. 16p. Colección Cuentos de Encantamientos.

O papagaio real.
São Paulo: Global, 2004. 16p. Coleção Contos de Encantamento.

Facécias: contos populares divertidos.
São Paulo: Global, 2006. 24p.

7
Cascudo e a redescoberta do Brasil, por Laurentino Gomes

21
Nota da décima segunda edição
Nota da nona edição

22
Nota da oitava edição
Nota da quinta edição
Nota da quarta edição

23
Nota da terceira edição
Nota da segunda edição

24
Nota da primeira edição

29
Dicionário do Folclore Brasileiro

411
Imagem de Cascudo, por Carlos Drummond de Andrade

413
Bibliografia de Luís da Câmara Cascudo